中华人民共和国地方志丛书

日照市
东港区志

（下卷）

日照市东港区地方史志编纂委员会 编

方志出版社

图书在版编目(CIP)数据

日照市东港区志 / 日照市东港区地方史志编纂委员会编．— 北京：方志出版社，2013.12

ISBN 978-7-5144-1141-6

Ⅰ．①日… Ⅱ．①日… Ⅲ．①区（城市）—地方志—日照市 Ⅳ．① K295.23

中国版本图书馆 CIP 数据核字(2013)第 311007 号

日照市东港区志

编　　者：日照市东港区地方史志编纂委员会

责任编辑：王笃银

出 版 者：方志出版社

（北京市东城区夕照寺 14 号院富瑞苑公寓 6 层）

邮　　编　100061

网　　址　http://www.fzph.org

发　　行：方志出版社发行中心

（010）67110500

经　　销：各地新华书店

法律顾问：北京高文律师事务所

印　　刷：日照日报印务中心

开　　本：889×1194　　1/16

印　　张：99.25

字　　数：2954 千字

版　　次：2013 年 12 月第 1 版　　2013 年 12 月第 1 次印刷

印　　数：0001~5000 册

ISBN 978-7-5144-1141-6/K·928　　定价：1680.00 元（上下卷）

目 录

下 卷

第二十五编 中国共产党日照市东港区地方组织

第二十六编 地方权力机关

第二十七编　地方行政机关

第二十八编　政协地方组织

第二十九编　中国国民党　民主党派地方组织

第三十编　群众团体

第三十一编　公安　司法

第三十二编 军 事

第三十三编 社会主义精神文明建设

第三十四编 民 政

第三十五编　人事　劳动

第三十六编　科学技术

第三十七编　教　育

第三十八编　文化艺术

第三十九编　体　育

第四十编 医药 卫生

第四十一编 民俗 宗教

第四十二编 方 言

第四十三编　街道　镇

人　物

专　记

附　录

索　引

第二十五编

中国共产党日照市东港区地方组织

境内中共地方组织，始建于1928年春。日照籍共产党员、革命先驱安哲执行中共山东省委决定，回家乡秘密组织建立中共日照县委。1929年2月，成立第一个农村党支部。1932年10月，组织举行“日照武装暴动”，掀开地方组织建设与革命斗争紧密结合的崭新一页。

抗日战争时期，境内斗争环境异常残酷。中共下元特支、日照临时县委、日北县委、日照中心县委等地方组织先后领导抗日军民，与日伪反动武装展开顽强斗争。解放战争时期，中共日照县委组织领导减租减息、土地改革，动员优秀儿女参军支前，为全国解放做出巨大贡献。

新中国成立后至1966年“文化大革命”前，党的地方组织领导境内人民完成国民经济三年恢复任务、对生产资料私有制进行社会主义改造、组织抗美援朝、开展“三反”“五反”运动、实行人民公社化、组织生产救灾、纠正“五风”，开展大规模社会主义建设事业。

1966年5月开始的“文化大革命”，使党的地方组织、政权机构和人民群众蒙受了挫折与劫难。“文化大革命”初，党政机关被冲击，领导干部被批斗，各级党组织瘫痪。

中共十一届三中全会以来，党的工作重心转向经济建设。1980年年底，日照县委从试行土地包产到户、联产计酬入手，不断推进农业管理体制改革。1986年，日照市委提出“工业农业一齐抓，重点抓工业，抓好工业促农业”的工作思路，乡镇企业快速崛起，经济体制改革全面启动。这期间，广泛开展“实践是检验真理的唯一标准”的大讨论和以“解放思想、扩大开放”为主题的教育活动，各级党组织的思想、组织、作风建设水平得到提高。

1992年12月东港区设立后，中共东港区委在各级党组织中连续开展邓小平理论、“三个代表”重要思想和科学发展观等主题教育活动，极大地激发了广大党员干部“艰苦创业”“富民兴区”的积极性。招商引资、工业经济、特色农业和社会主义新农村建设步伐加快。同时，不断加强各级党组织和领导班子建设，执政能力不断提高，全区政治、经济、社会各项事业进入又好又快、全面发展时期。

第一章　组织机构

第一节　中共日照县委员会机构

(1928—1985年)

中共日照县委员会(以下简称日照县委)，1928年春创建。安哲任书记，设立宣传、组织工作机构，牟春霆、郑天九分别分管组织、宣传工作。下设安家村、山字河村、牟家小庄和县中学党支部委员会。1932年春，省委决定将日照县委升格为中心县委，领导日照县和莒县、沂水、诸城部分地区的党组织。安哲任书记，牟春霆任组织部部长，郑天九任宣传部部长，郤梅斋、杨德王、汉成运、于共方为委员。中心县委先后建立涛雒、夹仓、巨峰、邵疃、河山、两城等6个区党的基层委员会和诸城特别党支部及其他45个党支部、25个团支部，发展党、团员500余人，在百余个村庄开展党的活动。同年10月，日照暴动失败，县委遭敌人破坏。次月，省委派祝刚到日照，成立日照县临时特支。12月20日，中共日照县工作整理委员会成立，祝刚任书记，李云鹤任宣传委员。不久，又恢复县委，祝刚任书记，李云鹤任组织委员。1932年12月，县委又升格为中心县委，李云鹤任书记。1933年2月，因遭叛徒出卖，党的组织受到严重破坏，被迫停止活动。

土地革命战争时期中共日照县党的组织机构情况表

表 25-1

机构名称	设置时间	机构组成	基层组织
中共日照县委	1928 年春— 1932 年春	组织、宣传	安家村党支部、山字河村党支部、牟家小庄党支部、县中学党支部
中共日照中心县委	1932 年春— 1932 年 10 月	组织部 宣传部	诸城特支、涛雒区委、巨峰区委、邵疃区委、河山区委、两城区委、夹仓区委
中共日照工作整理委员会	1932 年 11 月— 1932 年 12 月	—	—
中共日照县委	1932 年 12 月— 1932 年 12 月	—	—
中共日照中心县委	1932 年 12 月— 1933 年 2 月	—	—

抗日战争爆发后，1938 年 6 月，中共下元特支建立。1938 年 11 月，中共日照临时县委成立，设组织、宣传、交通等工作机构。1938 年 12 月，日照县委在小曲河村重新组建，由秘书处、组织部、宣传部、统战部、民运部、敌工部、职工部、青年部、妇女部组成。1941 年 3 月，县委在日照北部成立日北工委，8 月底，日北工委已恢复和建立 7 个区委、1 个特支、30 余个党支部，有党员百余名。

1942 年 9 月，成立日北县委(抗日战争胜利后撤销)。同时，滨海地委决定日照县委升格为中心县委，设秘书处、组织部、宣传部、民运部、敌工部、日北工委。1944 年 6 月，日照中心县委改组为日照县委。设秘书处、组织部、宣传部、党训部、敌工部。

抗日战争时期中共日照县党的组织机构情况表

表 25-2

机构名称	设置时间	机构组成	基层组织
中共下元特支	1938 年 6 月— 1938 年 11 月	—	—
中共日照县临时县委	1938 年 11 月— 1938 年 12 月	—	—
中共日照县委	1938 年 12 月— 1942 年 9 月	秘书处、组织部、宣传部、统战部、民运部、敌工部、职工部、青年部、妇女部、日北工委(1943 年 3 月设)	一分区委、二分区委、三分区委、四分区委、五分区委、六分区委、七分区委、八分区委、九分区委、团林分区委
中共日照中心县委	1942 年 9 月— 1944 年 9 月	秘书处、组织部、宣传部、民运部、敌工部、日北工委	太平分区委、涛雒分区委、巨峰分区委、碑廓分区委、汾岚分区委、大坡分区委、虎山分区委(1943 年 6 月)、黄墩分区委、高兴分区委、沈疃分区委(1943 年 3 月)、址坊分区委、薛庆分区委
中共日照县委	1944 年 9 月— 1945 年 8 月	秘书处、组织部、宣传部、党训部、敌工部	太平分区委、涛雒分区委、巨峰分区委、碑廓分区委、汾岚分区委、大坡分区委、虎山分区委、黄墩分区委、高兴分区委、沈疃分区委、址坊分区委、薛庆分区委

解放战争时期，日照县委设秘书处、组织部、宣传部、民运部、党训班。

新中国成立后，1950 年 5 月，县委划归中共沂水地委领导并建立县委纪律监察委员会。全县设 16 个分区委、1 个镇委。1953 年 6 月，县委设常委。

图 25-1　1938 年 12 月，中共日照县委在小曲河重新组建

1953 年 8 月，县委划归中共胶州地委领导。1956 年 2 月，全县设 14 个区委、2 个镇委。纪律监察委员会改称监察委员会。

1956 年 5 月，县委划归中共临沂地委领导。

1958 年 6 月，县委设书记处。1962 年 10 月撤销。

1968 年 3 月，日照县革命委员会(以下简称县革委)成立。党、政统揽，下设办公室、政治部和生产指挥部。

1969 年 9 月，县革委党的核心领导小组成立。

1971 年 3 月，中共日照县第四次代表大会召开。会上选举产生中共日照县第四届委员会。

1973 年 9 月，全县各级党组织全部恢复活动。

1975 年 11 月，实行党政分开。县委设办公室、组织部、宣传部、统战部和机关党委。

1984 年 6 月，丝山、奎山两个公社和石臼镇改建为 8 乡 1 镇，划归临沂行署石臼港办事处管辖。其他 19 个公社、镇改称区，区下设乡。县委下辖 19 个区委。

解放战争时期中共日照县党的组织机构情况表

表 25-3

机构名称	设置时间	机构设置	基层组织
中共日照县委	1945 年 8 月—1949 年 9 月	秘书处 组织部 宣传部 民运部 党训部	1945 年 8 月—1946 年 3 月设立：城关分区委、奎山分区委、石臼分区委、丝山分区委、河山分区委、涛雒分区委、汾岚分区委、大坡分区委、碑廓分区委、巨峰分区委、黄墩分区委、三庄分区委、沈疃分区委、南湖分区委、太平分区委、高兴分区委、虎山分区委
			1946 年 4 月—1947 年 6 月设立：城奎分区委、石臼分区委、城北分区委、涛雒分区委、圣岚分区委、巨峰分区委、芦山分区委、沈疃分区委、望海分区委
			1947 年 7 月—1948 年 2 月设立：城关分区委、奎山分区委、石臼分区委、城北分区委、城东分区委、涛雒分区委、安岚分区委、碑廓分区委、巨峰分区委、芦山分区委、沈疃分区委、望海分区委

基本完成社会主义改造和开始全面建设社会主义时期中共日照县党的组织机构情况表

表 25-4

名称	设置时间	机构设置	基层组织
中共日照县委	1949 年 10 月 — 1966 年 5 月	办公室(1954 年 10 月前称秘书处)、组织部、宣传部、文教工作部(1956 年春—1958 年春)、统战工作部(1958 年 4 月—1959 年 5 月)、农村工作部(1958 年 1 月设)、政法工作部(1956 年 11 月—1962 年 6 月)、民运部(1950 年春撤)、纪律检查委员会(1950 年 12 月—1956 年 4 月)、监察委员会(1956 年 4 月设)、财政贸易工作部(1954 年 7 月—1962 年 6 月)、财贸政治部(1964 年 5 月设)、工业交通部(1956 年 6 月—1962 年 6 月)、沿海工作委员会(1953 年春—1955 年 6 月)、沿海生产工作部(1955 年 6 月—1962 年 6 月)。机关党委(总支)、政策研究室(1960 年 8 月—1962 年 6 月)、工委(1958 年 6 月撤)、青委(1958 年 6 月撤)、妇委(1958 年 6 月撤)、《日照红旗》报社(1958 年 7 月—1959 年 7 月)	1949 年 10 月,全县设 13 个区委、1 个镇委:城北区委、河山区委、两城区委、城东区委、石臼区委、奎山区委、涛雒区委、安岚区委、碑廓区委、巨峰区委、望海区委、沈疃区委、芦山区委和城关镇委,区为分区委员会,镇为特支 1950 年 5 月,将望海、沈疃、芦山 3 个区划分为高兴、山河、南湖、沈疃、三庄、黄墩 6 个区,全县共 16 个区、1 个镇,各区按顺序号称谓 1952 年 11 月,又调整划出五区(大坡)、七区(磴山)、八区(安岚),增设石臼、涛雒、岚山 3 个镇,全县共 16 个区,4 个镇委 1956 年 1 月,分区委员会改称区(镇)委员会。同时,新设夹仓、虎山、吴台区 1956 年 2 月 1958 年 1 月,2 个镇委,以地名称谓。即:河山、吴台、丝山、奎山、涛雒、磴山、安岚、碑廓、巨峰、望海、南湖、沈疃、三庄、黄墩区和城关、石臼镇 1958 年 19 月,撤区建乡(镇),全县共设 26 个乡、3 个镇,乡、镇设委员会 1958 年 9 月 1959 年 2 月,全县建立 25 个人民公社,并以命名称谓,设党的委员会。即:红星公社党委(城关)、爱国公社党委(莲村)、东风公社党委(两城)、海滨公社党委(刘家楼)、明星公社党委(秦家楼)、灯塔公社党委(石臼)、五星公社党委(奎山)、金星公社党委(夹仓)、海生公社党委(涛雒)、磴山公社党委(下元)、庆丰公社党委(虎山)、海洋公社党委(岚山)、前进公社党委(朱曹)、英雄公社党委(碑廓)、卫星公社党委(巨峰)、跃进公社党委(马庄)、红旗公社党委(高兴)、将帅公社党委(将帅沟)、高峰公社党委(下湖)、先锋公社党委(南湖)、和平公社党委(沈疃)、日光公社党委(响水河)、幸福公社党委(三庄)、宝山公社党委(竖旗)、甲子山公社党委(黄墩) 1959 年 2 月 1962 年 12 月,全县合并为 19 个人民公社并按地方称谓。在此期间,曾撤销夹仓公社建立金沟公社,金沟公社合并至石臼公社,由西湖公社划出陈疃公社。即:城关公社党委、两城公社党委、丝山公社党委、石臼公社党委、奎山公社党委、夹仓公社党委、金沟公社党委、涛雒公社党委、下元公社党委、虎山公社党委、安岚公社党委、碑廓公社党委、巨峰公社党委、马庄公社党委、高兴公社党委、下湖公社党委、南湖公社党委、西湖公社党委、陈疃公社党委、三庄公社党委、黄墩公社党委 1962 年 12 月,撤社设区,区以下设人民公社,全区共设 15 个区委。即:城关区委、两城区委、丝山区委、石臼区委、奎山区委、涛雒区委、安岚区委、碑廓区委、巨峰区委、马庄区委、高兴区委、南湖区委、西湖区委、三庄区委、黄墩区委

“文化大革命”期间中共日照县党的组织机构情况表

表 25-5

机构名称	设置时间	机构设置	基层组织
中共日照县委	1966 年 5 月 — 1976 年 10 月	办公室(1975 年 11 月恢复) 组织部(1975 年 11 月恢复) 宣传部(1975 年 11 月恢复) 统战部(1975 年 11 月恢复) “五七”干校	1966 年 5 月以后,全县设 15 个区委。即:城关区委、两城区委、丝山区委、石臼区委、奎山区委、涛雒区委、安岚区委、碑廓区委、巨峰区委、马庄区委、高兴区委、南湖区委、西湖区委、三庄区委、黄墩区委 1968 年 11 月撤区改设 15 处人民公社,后又划区 1968 年 3 月以后,各区、社设立革命委会 1970 年 1 月—1971 年 3 月,各区、社革委建立党的核心领导小组 1971 年 3 月—1976 年 10 月,全县 15 个区划为 21 个人民公社,其中由两城、安岚、涛雒、巨峰、南湖、西湖、三庄等区析出河山、虎山、大坡、下湖、陈疃、竖旗 6 个公社,各公社建立党委

说明：1969 年 9 月—1971 年 2 月，由县革委党的核心领导小组代行县委职责时，机构设置未变

1976—1985 年中共日照县党的组织机构情况表

表 25-6

机构名称	设置时间	机构设置	基层组织
中共 日照县委	1976 年 10 月 — 1985 年 5 月	办公室、组织部、宣传部、统战部、农村工作部(1984 年 5 月设)、企业政治工作部(1984 年 5 月设)、纪律检查委员会(1979 年 5 月设)、政法委(1984 年 5 月设)、党史办、信访科、机关工委、日照县报社、党校、各公社党委	—

第二节　中共日照市委员会(县级、地级)机构

1985 年 3 月，日照县与石臼港办事处合并，建立日照市(县级)。成立中共日照市委员会(以下简称日照市委)，设办公室、组织部、宣传部、统战部、农工部、企工部、纪委、政法委、党史委、信访办(1987 年 7 月设)、机关党委、研究室(1986 年 6 月设)、行政科、机要科、组织员办公室、老干部局、日照报社(1987 年 7 月设)、党校。

1989 年 6 月 12 日，日照市升格为地级市。10 月 31 日，市委设办公室、研究室、组织部、宣传部、统战部、纪律检查委员会、机关党委、市委党校、日照报社。之后，增设保密委员会办公室、政法委、社会治安综合治理委员会办公室(与市委政法委合署办公)、台湾工作办公室、老干部局、行政事务管理局。

1985—1989 年中共日照市委(县级)组织机构情况表

表 25-7

机构名称	设置时间	机构设置	基层组织
中共 日照市委	1985 年 5 月 — 1989 年 11 月	办公室、组织部、宣传部、统战部、农工部、企工部、纪委、政法委、党史委、信访办(1987 年 7 月设)、机关党委研究室(1986 年 6 月设)、行政科、机要科、组织员办公室、老干部局、日照报社(1987 年 7 月设)、党校	1985 年 5 月日照市建立，全市调整为 9 个镇、12 个乡、1 个办事处，设 22 个基层党委

1989 年中共日照市委(地级)工作机构情况表

表 25-8

机构名称	设置时间	机构设置	备　注
中共 日照市委	1989 年 11 月	办公室 研究室 组织部 宣传部 统战部	先后增设保密委员会办公室(挂日照市保密局的牌子)、政法委、市社会治安综合治理委员会办公室(与市委政法委合署办公)、台湾办公室、老干部局、行政事务管理局，市直机关党委改为市直机关工委，研究室改为政策研究室。信访办公室于 1993 年 7 月由正科级升格为正处级，1996 年 5 月改称为信访局。市委党校于 1991 年 1 月由正科级升格为正处级，1998 年 1 月升格为大专体制，为副厅级；日照报社于 1990 年 8 月由正科级升格为正处级，1994 年 1 月更名为日照日报社

第三节　中共东港区委员会机构

中共东港区委员会(以下简称东港区委)于 1993 年 1 月组建。设办公室、组织部、宣传部、统战部、政法委员会、机关党委等工作部门。1996 年 7 月，区委、区政府信访办公室更名为区信访局，设立档案局。1996 年 11 月，设区委政策研究室(原区委办公室政策研究室同时撤销)、区委保密委员会办公室、区委机要局(原区委办公室保密办、机要科同时撤销)、区委党史研究室、区文学艺术界联合会、精神文明建设委员会办公室、对外宣传办公室。

1993 年中共日照市东港区委工作机构情况一览表

表 25-9

机构名称	设置时间	机构设置	备　　注
中共日照市东港区委	1993 年 1 月	办公室 组织部 宣传部 统战部 政法委 机关党委	1996 年 7 月，区委、区政府信访办公室更名为区委、区政府信访局，由区委、区政府共同管理，以区委办公室管理为主。设立档案局，与区档案馆一个机构，挂两块牌子，由区委办公室管理。1996 年 11 月设立区委政策研究室，为区委所属正科级机构，列区委工作部门序列，原区委办公室政策研究室同时撤销。设立区委保密委员会办公室（挂区政府保密局的牌子）、区委机要局，均为正科级机构，由区委办公室管理，原区委办公室保密办、机要科同时撤销。设立区委党史研究室，为正科级事业单位，由区委办公室管理。设立区文学艺术界联合会、精神文明建设委员会办公室、对外宣传办公室，由宣传部统一管理

1928—1995 年中共日照县委、市委（县级、地级）历任书记、副书记更迭情况表

表 25-10

组织机构	职　务	姓　名	籍　贯	任　职　年　月	备　注
中共日照县委	书　记	安　哲	日照东港	1928 年春—1932 年春	组建
中共日照中心县委	书　记	安　哲	日照东港	1932 年春—1932 年 10 月	—
中共日照县工委作整理委员会	书　记	祝　刚	河南商丘	1932 年 11 月—1932 年 12 月	—
中共日照县委	书　记	祝　刚	河南商丘	1932 年 12 月	组建
中共日照中心县委	书　记	李云鹤	安徽霍邱	1932 年 12 月—1933 年 2 月	—
中共日照临时县委	书　记	赵志刚	河北阜城	1938 年 11 月—1938 年 12 月	—
中共日照县委	书　记	范景蘧	日照东港	1938 年 12 月—1939 年 2 月	—
		白炎波	陕西清涧	1939 年 2 月—1939 年 5 月	代理
		郑子久	日照岚山	1939 年 5 月—1941 年 5 月	—
中共日照县委	书　记	范梅圃	山东新泰	1941 年 5 月—1941 年 7 月	代理
		范梅圃	山东新泰	1941 年 8 月—1942 年 9 月	—
中共日北工委	书　记	郑子久	日照岚山	1941 年 3 月—1941 年 7 月	兼
		李桂五	—	1941 年 7 月—1942 年 9 月	—
中共日北县委	书　记	钮新民	—	1942 年 9 月—1943 年 4 月	—
		张敬堂	—	1943 年 4 月—1943 年 10 月	—
		李桂五	—	1943 年 10 月—1944 年 5 月	—
		曲　经	—	1944 年 5 月—1945 年 9 月	—
中共日照中心县委	书　记	李仲林	山东莱西	1942 年 9 月—1943 年 2 月	—
		李　均	山东昌邑	1943 年 3 月—1944 年 9 月	—
	副书记	范梅圃	山东新泰	1942 年 9 月—1943 年 7 月	—
中共日照县委	书　记	牟景途	山东寿光	1944 年 9 月—1947 年 11 月	—
		赵明德	日照岚山	1947 年 11 月—1950 年 1 月	—
		高　星	江苏涟水	1950 年 6 月—1951 年 11 月	—
		张学伟	山东沂水	1951 年 11 月—1952 年 11 月	—
		孙志瑗	日照东港	1952 年 11 月—1954 年 9 月	—
		徐　华	山东沂水	1954 年 9 月—1955 年 6 月	—

续表 25-10

组织机构	职　务	姓　名	籍　贯	任　职　年　月	备　注
中共日照县委	书　记	刘光荫	山东临沭	1955 年 7 月— 1956 年 5 月	—
	副书记	赵明德	日照岚山	1944 年 9 月— 1945 年 8 月	—
		赵明德	日照岚山	1946 年 7 月— 1947 年 11 月	—
		高　星	江苏涟水	1950 年 1 月— 1950 年 6 月	—
		尹新坡	日照东港	1950 年 6 月— 1952 年 11 月	—
		孙志瑗	日照东港	1950 年 6 月— 1951 年 11 月	—
		刘光荫	山东临沭	1953 年 2 月— 1954 年 9 月	—
		徐　华	山东沂水	1953 年 4 月— 1954 年 9 月	—
		牟步善	日照岚山	1953 年 6 月— 1956 年 5 月	—
		刘光荫	山东临沭	1954 年 9 月— 1955 年 6 月	—
		牛本安	山东沂南	1955 年 12 月— 1956 年 5 月	—
		王家柱	山东沂南	1955 年 12 月— 1956 年 5 月	—
		郑承信	山东五莲	1955 年 12 月— 1956 年 5 月	—
中共日照县第一届委员会	书　记	刘光荫	山东临沭	1956 年 5 月— 1957 年 4 月	—
		李鲁生	山东平邑	1957 年 4 月— 1958 年 6 月	—
	副书记	牟步善	日照岚山	1956 年 5 月— 1960 年 7 月	—
		牛本安	山东沂南	1956 年 5 月— 1960 年 7 月	—
		王家柱	山东沂南	1956 年 5 月— 1960 年 7 月	—
		郑承信	日照五莲	1956 年 5 月— 1960 年 7 月	—
	第一书记	李鲁生	山东平邑	1958 年 6 月— 1960 年 7 月 （1958 年 6 月县委设立书记处）	—
	书记处书记	牟步善	日照岚山	1958 年 6 月— 1960 年 7 月	—
		牛本安	山东沂南	1958 年 6 月— 1959 年 10 月	—
		王家柱	山东沂南	1958 年 6 月— 1960 年 7 月	—
		郑成信	日照五莲	1958 年 6 月— 1960 年 6 月	—
		高树春	山东招远	1959 年 9 月— 1959 年 11 月	—
		凌旺勤	日照岚山	1960 年 3 月— 1960 年 7 月	—
		庄茂禄	日照东港	1960 年 3 月— 1960 年 7 月	—
		张洪烈	河北	1960 年 5 月— 1960 年 7 月	—
中共日照县第二届委员会	第一书记	李鲁生	山东平邑	1960 年 7 月— 1962 年 10 月	—
	书记处书记	牟步善	日照岚山	1960 年 7 月— 1962 年 10 月	—
		王家柱	山东沂南	1960 年 7 月— 1962 年 10 月	—
		张洪烈	河北	1960 年 7 月— 1962 年 10 月	—
		凌旺勤	日照岚山	1960 年 7 月— 1962 年 10 月	—
		庄茂禄	日照东港	1960 年 7 月— 1962 年 10 月	—
		丁履廉	日照岚山	1961 年 8 月— 1962 年 10 月	—
	书　记	李鲁生	山东平邑	1962 年 10 月— 1963 年 11 月 （1962 年 10 月撤销书记处，仍称县委书记、副书记）	—
	副书记	牟步善	日照岚山	1962 年 10 月— 1963 年 11 月	—
		王家柱	山东沂南	1962 年 10 月— 1963 年 11 月	—
		凌旺勤	日照岚山	1962 年 10 月— 1963 年 11 月	—

续表 25-10

组织机构	职 务	姓 名	籍 贯	任 职 年 月	备 注
中共日照县第三届委员会	书 记	牟步善	日照岚山	1963 年 11 月— 1966 年 5 月	—
	副书记	王家柱	山东沂南	1963 年 11 月— 1964 年 9 月	—
		凌旺勤	日照岚山	1963 年 11 月— 1966 年 5 月	—
		丁履廉	日照岚山	1963 年 11 月— 1966 年 5 月	—
		庄茂禄	日照东港	1963 年 11 月— 1966 年 5 月	—
县革委党的核心领导小组	组 长	郭敬寰	山东淄博	1969 年 9 月— 1970 年 7 月	军代表
		翟 敏	山东昌邑	1970 年 8 月— 1971 年 2 月	军代表
	副组长	李秀林	山东沂水	1969 年 9 月— 1971 年 2 月	军代表
		牟步善	日照岚山	1969 年 9 月— 1971 年 2 月	—
中共日照县第四届委员会	书 记	翟 敏	山东昌邑	1971 年 3 月— 1973 年 10 月	军代表
		牟步善	日照岚山	1973 年 10 月— 1977 年 2 月	—
		张洪荣	山东沂水	1977 年 2 月— 1978 年 4 月	—
		高昌礼	山东鱼台	1978 年 8 月— 1980 年 9 月	—
	副书记	牟步善	日照岚山	1971 年 3 月— 1973 年 10 月	—
		李秀林	山东沂水	1971 年 3 月— 1973 年 10 月	军代表
		周家斗	日照岚山	1971 年 3 月— 1977 年 2 月	—
		庄茂禄	日照东港	1973 年 10 月— 1975 年 9 月	—
	副书记	凌旺勤	日照岚山	1973 年 10 月— 1980 年 9 月	—
		丁履廉	日照岚山	1975 年春— 1978 年 4 月	—
		傅恩恕	山东临沭	1975 年夏— 1978 年 4 月	—
		郑承泰	日照岚山	1977 年 12 月— 1980 年 9 月	—
		白正和	山东沂源	1977 年 12 月— 1980 年 9 月	—
		任鹤年	日照岚山	1978 年 2 月— 1980 年 9 月	—
		张敬清	山东沂水	1979 年 2 月— 1980 年 9 月	—
中共日照县第五届委员会	书 记	高昌礼	山东鱼台	1980 年 9 月— 1981 年 12 月	—
		胡建隆	山东临沂	1981 年 12 月— 1984 年 2 月	兼
	副书记	郑承泰	日照岚山	1980 年 9 月— 1981 年 12 月	—
		张敬清	山东沂水	1980 年 9 月— 1984 年 2 月	—
		白正和	山东沂源	1980 年 9 月— 1981 年 12 月	—
		张洪举	山东沂水	1981 年 12 月— 1984 年 9 月	—
		史佩涓	山东莒南	1981 年 12 月— 1984 年 2 月	—
		王军平	日照岚山	1984 年 2 月— 1984 年 9 月	—
		刘京玉	山东蒙阴	1984 年 2 月— 1984 年 9 月	—
中共日照县第六届委员会	书 记	张洪举	山东沂水	1984 年 9 月— 1985 年 4 月	—
	副书记	王军平	日照岚山	1984 年 9 月— 1985 年 4 月	—
		刘京玉	山东蒙阴	1984 年 9 月— 1985 年 4 月	—
		张培宏	山东昌乐	1984 年 9 月— 1985 年 4 月	—
中共日照市委（县级）	书 记	王家政	山东沂南	1985 年 5 月— 1987 年 8 月	兼
	副书记	房训佐	山东烟台	1985 年 5 月— 1987 年 8 月	—

续表 25-10

组织机构	职　务	姓　名	籍　贯	任　职　年　月	备　注
中共日照市委（县级）	副书记	刘京玉	山东蒙阴	1985 年 5 月— 1987 年 8 月	—
		李尔孝	辽宁沈阳	1985 年 5 月— 1987 年 8 月	—
		张培宏	山东昌乐	1985 年 5 月— 1987 年 8 月	—
		王庆新	—	1985 年 12 月— 1987 年 5 月	挂职
中共日照市第七届委员会	书　记	王家政	山东沂南	1987 年 8 月— 1987 年 11 月	兼
	副书记	房训佐	山东烟台	1987 年 8 月— 1987 年 11 月	—
		刘京玉	山东蒙阴	1987 年 8 月— 1987 年 11 月	—
		李尔孝	辽宁沈阳	1987 年 8 月— 1987 年 11 月	—
		张培宏	山东昌乐	1987 年 8 月— 1987 年 11 月	—
中共日照市委员会（地级）	书　记	王树文	山东荣成	1989 年 10 月— 1990 年 8 月	—
	副书记	王家政	山东沂南	1989 年 10 月— 1990 年 8 月	—
		刘丙寅	河北黄骅	1989 年 10 月— 1990 年 8 月	—
		于学田	山东郯城	1989 年 10 月— 1990 年 8 月	—
中共日照市第八届委员会	书　记	王树文	山东荣成	1990 年 8 月— 1995 年 6 月	—
		尹忠显	山东青州	1995 年 6 月— 1995 年 12 月	—
	副书记	王家政	山东沂南	1990 年 8 月— 1995 年 12 月	—
		刘丙寅	河北黄骅	1990 年 8 月— 1995 年 12 月	—
		于学田	山东郯城	1990 年 8 月— 1995 年 12 月	—

1993 — 2007 年中共日照市东港区委历任书记、副书记、常委更迭情况表

表 25-11

届　次	职　务	姓　名	籍　贯	任　职　年　月	备　注
中共日照市东港委员会	书　记	徐善来	五莲县	1993 年 1 月— 1995 年 11 月	—
	副书记	张玉佩	费县	1993 年 1 月— 1993 年 5 月	—
		孙海亭	招远市	1993 年 1 月— 1995 年 11 月	—
		靳惠民	莒县	1993 年 1 月— 1994 年 3 月	—
		赵建明	江苏省南京市	1994 年 3 月— 1995 年 3 月	挂职
		王爱东	岚山区	1993 年 1 月— 1994 年 6 月	挂职
		陈为信	东港区	1994 年 6 月— 1995 年 11 月	—
		王子春	莒县	1994 年 6 月— 1995 年 11 月	—
	常　委	徐善来	五莲县	1993 年 1 月— 1995 年 11 月	—
		张玉佩	费县	1993 年 1 月— 1993 年 5 月	—
		孙海亭	招远市	1993 年 1 月— 1995 年 11 月	—
		靳惠民	莒县	1993 年 1 月— 1994 年 3 月	—
		王爱东	岚山区	1993 年 1 月— 1994 年 6 月	挂职
				1994 年 6 月— 1995 年 11 月	—
		王子春	莒县	1993 年 1 月— 1995 年 11 月	—
		王　智	莒南县	1993 年 1 月— 1995 年 11 月	—
		王西凌	莒南县	1993 年 1 月— 1995 年 11 月	—
		张博华	五莲县	1993 年 1 月— 1995 年 11 月	—
		焦安廷	东港区	1993 年 1 月— 1993 年 12 月	—
		刘兰香(女)	东港区	1993 年 1 月— 1995 年 11 月	—
		陈为信	东港区	1994 年 6 月— 1995 年 11 月	—

续表 25-11

届 次	职 务	姓 名	籍 贯	任职年月	备 注
中共日照市东港委员会	常 委	解世增	东港区	1994 年 6 月— 1995 年 11 月	—
		张 彦	岚山区	1993 年 12 月— 1995 年 11 月	—
中共日照市东港区第九届委员会	书 记	徐善来	五莲县	1995 年 11 月— 1996 年 2 月	—
		张玉佩	费县	1996 年 2 月— 1997 年 12 月	—
		王均生	东港区	1997 年 12 月— 1998 年 3 月	—
	副书记	孙海亭	招远市	1995 年 11 月— 1997 年 12 月	—
		王泽晓	五莲县	1997 年 12 月— 1998 年 3 月	—
		陈为信	东港区	1995 年 11 月— 1997 年 12 月	—
		王子春	莒县	1995 年 11 月— 1998 年 3 月	—
		解世增	东港区	1996 年 2 月— 1997 年 12 月	—
		王 智	莒南县	1996 年 12 月— 1998 年 3 月	—
		李维花（女）	五莲县	1997 年 12 月— 1998 年 3 月	—
	常 委	徐善来	五莲县	1995 年 11 月— 1996 年 2 月	—
		张玉佩	费县	1996 年 2 月— 1997 年 12 月	—
		王均生	东港区	1997 年 12 月— 1998 年 3 月	—
		孙海亭	招远市	1995 年 11 月— 1997 年 12 月	—
		王泽晓	五莲县	1997 年 12 月— 1998 年 3 月	—
		陈为信	东港区	1995 年 11 月— 1997 年 12 月	—
		王子春	莒县	1995 年 11 月— 1998 年 3 月	—
		王 智	莒南县	1995 年 11 月— 1998 年 3 月	—
		李维花（女）	五莲县	1997 年 12 月— 1998 年 3 月	—
		王西凌	莒南县	1995 年 11 月— 1997 年 12 月	—
		张博华	五莲县	1995 年 11 月— 1996 年 12 月	—
		刘兰香(女)	东港区	1995 年 11 月— 1996 年 2 月	—
		张 彦	岚山区	1995 年 11 月— 1997 年 12 月	—
		解世增	东港区	1995 年 11 月— 1997 年 12 月	—
		刘西良	费县	1995 年 11 月— 1998 年 3 月	—
		王 斌	寿光市	1996 年 12 月— 1998 年 3 月	—
		孔凡征	东港区	1996 年 12 月— 1998 年 3 月	—
		马绪文	莒县	1997 年 12 月— 1998 年 3 月	—
		梁化勇	章丘市	1996 年 3 月— 1998 年 3 月	—
		杨春忠	开发区	1997 年 12 月— 1998 年 3 月	—
中共日照市东港区第十届委员会	书 记	王均生	东港区	1998 年 3 月— 2001 年 1 月	—
		孙 雨	莒南县	2001 年 1 月— 2002 年 12 月	—
		刘西良	费县	2002 年 12 月— 2003 年 3 月	—
	副书记	王泽晓	五莲县	1998 年 3 月— 2001 年 12 月	—
		王子春	莒县	1998 年 3 月— 1999 年 2 月	—
		王 智	莒南县	1998 年 3 月— 1999 年 2 月	—
		李维花（女）	五莲县	1998 年 3 月— 2002 年 12 月	—
		王 斌	寿光市	1999 年 2 月— 2001 年 1 月	—
		刘西良	费县	2001 年 1 月— 2002 年 12 月	—
		孔凡征	东港区	2001 年 2 月— 2003 年 3 月	—
		马绪文	莒县	2001 年 2 月— 2003 年 3 月	—

续表 25-11

届　次	职　务	姓　名	籍　贯	任　职　年　月	备　注
中共日照市东港区第十届委员会	副书记	毛晖明	莒县	2002 年 12 月—2003 年 3 月	—
	常　委	王均生	东港区	1998 年 3 月—2001 年 1 月	—
		王泽晓	五莲县	1998 年 3 月—2001 年 1 月	—
		王子春	莒县	1998 年 3 月—1999 年 2 月	—
		王　智	莒南县	1998 年 3 月—1999 年 2 月	—
		李维花（女）	五莲县	1998 年 3 月—2002 年 12 月	—
		王　斌	寿光市	1998 年 3 月—2001 年 1 月	—
		刘西良	费县	1998 年 3 月—2003 年 3 月	—
		梁化勇	章丘市	1998 年 3 月—2003 年 3 月	—
		孔凡征	东港区	1998 年 3 月—2003 年 3 月	—
		马绪文	莒县	1998 年 3 月—2003 年 3 月	—
		毛晖明	莒县	2002 年 12 月—2003 年 3 月	—
		杨春忠	开发区	1998 年 3 月—1998 年 8 月	—
		解学文	莒县	1999 年 2 月—2003 年 3 月	—
		赵明甫	岚山区	1999 年 2 月—2003 年 3 月	—
		姜　毅	文登市	1999 年 2 月—2003 年 3 月	—
		陶佃友	莒南县	2001 年 1 月—2003 年 3 月	—
		牟善海	岚山区	2001 年 1 月—2003 年 3 月	—
		薛慧敏（女）	胶南市	2003 年 1 月—2003 年 3 月	—
中共日照市东港区第十一届委员会	书　记	刘西良	费县	2003 年 3 月—2006 年 5 月	—
		张永霞（女）	岚山区	2006 年 5 月—2007 年 1 月	—
	副书记	毛晖明	莒县	2003 年 3 月—2005 年 3 月	—
		郑加贵	五莲县	2005 年 3 月—2007 年 1 月	—
		孔凡征	东港区	2003 年 3 月—2007 年 1 月	—
		马绪文	莒县	2003 年 3 月—2006 年 1 月	—
		解学文	莒县	2003 年 3 月—2007 年 1 月	—
	常　委	刘西良	费县	2003 年 3 月—2006 年 5 月	—
		张永霞（女）	岚山区	2006 年 5 月—2007 年 1 月	—
		毛晖明	莒县	2003 年 3 月—2005 年 3 月	—
		郑加贵	五莲县	2005 年 3 月—2007 年 1 月	—
		孔凡征	东港区	2003 年 3 月—2007 年 1 月	—
		马绪文	莒县	2003 年 3 月—2006 年 1 月	—
		解学文	莒县	2003 年 3 月—2007 年 1 月	—
		陶佃友	莒南县	2003 年 3 月—2006 年 1 月	—
		赵明甫	岚山区	2003 年 3 月—2006 年 1 月	—
		姜　毅	文登市	2003 年 3 月—2004 年 1 月	—
		薛慧敏（女）	胶南市	2003 年 3 月—2006 年 12 月	—
		牟善海	岚山区	2003 年 3 月—2007 年 1 月	—
		窦更勤	岚山区	2003 年 3 月—2007 年 1 月	—
		刘锋慧	五莲县	2006 年 1 月—2006 年 12 月	—

续表 25-11

届次	职务	姓名	籍贯	任职年月	备注
中共日照市东港区第十一届委员会	常委	王汉日	岚山区	2006 年 1 月— 2007 年 1 月	—
		毛维岗	莒县	2006 年 1 月— 2007 年 1 月	—
		王耀洲	滨州市	2004 年 1 月— 2006 年 1 月	—
		高挺华	沂水县	2006 年 1 月— 2007 年 1 月	—
		张　涛	邹平县	2006 年 10 月— 2007 年 1 月	—
		朱传勉	岚山区	2006 年 12 月— 2007 年 1 月	—
中共日照市东港区第十二届委员会	书记	张永霞(女)	岚山区	2007 年 1 月—	—
	副书记	郑加贵	五莲县	2007 年 1 月—	—
		解学文	莒县	2007 年 1 月— 2007 年 12 月	—
		牟善海	岚山区	2007 年 12 月—	—
		张治安	安徽省阜阳市	2007 年 10 月— 2007 年 12 月	挂职
	常委	张永霞(女)	岚山区	2007 年 1 月—	—
		郑加贵	五莲县	2007 年 1 月—	—
		解学文	莒县	2007 年 1 月— 2007 年 12 月	—
		牟善海	岚山区	2007 年 1 月—	—
		王均波	岚山区	2007 年 1 月—	—
		窦更勤	岚山区	2007 年 1 月— 2011 年 11 月	—
		张　涛	邹平县	2007 年 1 月—	—
		王汉日	岚山区	2007 年 1 月—	—
		毛维岗	莒县	2007 年 1 月—	—
		高挺华	沂水县	2007 年 1 月—	—
		朱传勉	岚山区	2007 年 1 月—	—
		申淑清(女)	开发区	2007 年 11 月—	—

第二章　党的代表会议

第一节　党员代表会议

1950 — 1955 年，县委先后召开过 6 次党员代表会议。代表产生前，先经县委确定数额和比例，然后由基层党组织指定。党员代表会议的主要任务是总结部署党的中心工作，传达贯彻上级党委指示。

第一次党员代表会议

1950 年 3 月 8 日— 13 日召开。入会代表 220 人。会议总结 1949 年工作，制定全年与春季工作计划。会议部署并要求全党带领广大群众搞好生产救灾、恢复发展农副业生产、结束土改工作试点等。

第二次党员代表会议

1950 年 6 月 1 日— 6 日召开。入会代表 270 人。会议总结前段工作，部署夏季生产任务。强调立即动员组织夏收夏种，抓紧夏锄并搞好生产救灾。

第三次党员代表会议

1951 年 3 月 27 日— 31 日召开。会议对当年任务和春季工作作出决议，强调把抗美援朝、结束土改和镇压反革命三大运动推向高潮。

第四次党员代表会议

1953 年 8 月召开。会议传达贯彻党在过渡时期总路线和总任务。会后，县委制定发展国民经济第一个五年计划和实施措施。

第五次党员代表会议

1954年5月15日—18日召开。会议贯彻县委"积极领导，稳步前进"的办社方针，全面部署生产、办社、统购统销三位一体工作。

第六次党员代表会议

1955年1月12日—18日召开。会议总结检查上年工作，部署当年任务和实施措施。

第二节　党的代表大会

中共日照县第一次代表大会

中共日照县第一次代表大会于1956年5月14日—20日在县城召开。正式代表550名(其中女代表54人)，实到545名，列席代表16名。

大会听取刘光荫代表县委作的工作报告。经入会代表讨论、修改、补充，一致通过县委工作报告。会议学习《全国发展农业生产纲要(草案)》，制定日照实施"纲要"四十条规划、措施及1956—1957年发展农业和整顿互助合作组织的具体任务、要求，就当年工作任务作出决议。大会确定，1956年必须切实贯彻以生产、合作为中心，做好生产救灾、粮食统销补课、发行公债、整党建党、社会治安、文化教育、除"四害"、防疫卫生、支援国防建设、转业军人安置与烈军属照顾，以及继续进行改造落后乡、村等项工作。加强党的思想建设与组织建设，积极参加全省高额丰产(粮食亩产225千克)竞赛。

图25-2　中共日照县第五届委员会第一次会议全体人员合影(摄于1980年9月)

大会选举产生中共日照县第一届委员会和出席省第一次党代会代表。选举产生县委委员25人，候补委员3人，出席省党代表13人(其中1名为候补代表)，刘光荫当选县委书记。

中共日照县第二次代表大会

中共日照县第二次代表大会于1960年7月20—24日在县城大礼堂召开。代表625名，实到590名。

大会听取和审议李鲁生代表县委作的工作报告，温江洲作的监察工作报告，张金华作的关于加速实现卫生高标准化的报告，对这三个报告作出决议。大会确定，坚决贯彻以农业为中心的方针，保证圆满完成1958年提出的粮食"一年自给、二年有余、耕三余一"奋斗目标，力争尽快过好粮食关。大会提出"全党全民总动员，乘胜跃进夺超产"的口号。大会要求各级党组织，必须进一步改进领导，转变作风，深入农业生产过程，与群众同吃、同住、同劳动、同商量、同心同德，赢得更大胜利。

大会选举产生中共日照县第二届委员会和出席全省第二次党代会代表。选举产生县委委员31人，候补委员6人，出席省党代会代表14人，李鲁生当选县委书记。

中共日照县第三次代表大会

中共日照县第三次代表大会于1963年11月16日—20日在县城大礼堂召开。入会代表448名。大会听取和审议牟步善代表第二届县委作的工作报告、温江洲作的监察工作报告，对这两个报告作出决议。大会要求，响应党的八届十中全会号召，开展"阶级斗争、生产斗争和科学实验"三大革命运动，贯彻"以农业为基础、以工业为主导"的发展国民经济总方针，进一步巩固人民公社集体经济，完成发展生产和改善社员生活的第一个奋斗目标。本着中央"十项决定(草案)"精神，利用两三年时间，点面结合、分期分批地开展社会主义教育运动，搞好整党，加强党的基层组织建设。大会肯定了贯彻党中央调整方针和十二条、六十条以来，全县工农业生产及各项工作的成就。

大会选举产生中共日照县第三届委员会和出席省第三次党代会代表。选举产生县委委员24人、候补委员5人,出席省党代会代表10人,牟步善当选县委书记。

图25-3 中国共产党日照县第六届委员会合影 (摄于1984年)

中共日照县第四次代表大会

中共日照县第四次代表大会于1971年3月7日—14日在县城大礼堂召开。正式代表1427人,实到1412人,列席代表89人。

会上重点学习"无产阶级专政下继续革命的理论"。审议并通过翟敏所作题为《谦虚谨慎,戒骄戒躁,沿着毛主席的无产阶级革命路线继续革命,乘胜前进》的工作报告。大会肯定"文化大革命"成绩,部署今后工作并做出决议。

大会根据"老、中、青、军、干、群相结合"原则,选举产生中共日照县第四届委员会和出席省第四次党代会代表。选举产生县委委员35名、出席省党代会代表9人,翟敏(军代表)当选县委书记。

中共日照县第五次代表大会

中共日照县第五次代表大会于1980年9月12—15日在县城大礼堂召开。正式代表479名,实到474名。

会议听取和审议高昌礼代表县委所作题为《全党动员,为加速我县四化建设而奋斗》的工作报告,张敬清所作的县委纪律检查委员会工作报告,对两个报告分别作出决议。会议确定今后三年要把农业摆在国民经济首位,继续调整好农业经济结构,使农林牧副渔全面发展,走农工商综合发展路子。认真搞好工业结构调整,保护竞争,促进联合,加快工业发展速度。搞活财贸工作,更好地为发展生产和人民生活服务。加强农业基础,搞好农村建设;加强党的建设,改善党的领导,充分发挥党员先锋模范作用,调动干部群众积极性,夺取各项工作新胜利。

大会选举产生中共日照县第五届委员会,委员35名,候补委员6名。选举出席省第五次党代会代表7名。选举高昌礼为县委书记。

中共日照县第六次代表大会

中共日照县第六次代表大会于1984年9月16日—18日在县城剧院召开。正式代表400名,候补代表30名,列席代表41名,特邀代表36名。

大会听取和审议张洪举所作题为《加强党的建设,全面开创我县四化建设的新局面》的工作报告、丁银昌所作《中共日照县纪律检查委员会工作报告》,对以上两个报告作出决议。会议确定,当前和今后一个时期的主要任务是:深入贯彻党的十二大和省第四次党代会精神,解放思想,立足改革,团结一致,开拓前进,以"四化"建设为中心,加强党的思想、组织和作风建设,尽快实现财政经济状况、社会风气和党风的根本好转,全面开创社会主义现代化建设的新局面。

大会选举产生中共日照县第六届委员会,委员35名、候补委员6名和县纪委委员13名。决定自本届始设全委会。

中共日照市六届一次全委会议选举产生县委常委10人,选举张洪举为书记。县纪委第一次会议选出纪委书记、副书记和常委。

中共日照市第七次代表大会

中共日照市第七次代表大会于1987年8月28日—30日在日照剧院召开。正式代表485名,列席代表20名,特邀代表42名。会议听取和审议王家政代表中共日照市(县)第六届委员会作的工作报告、董书堂代表中共日照市(县)纪律检查委员会所作的工作报告,大会一致通过两个报告。大会确定今后三年的主要任务是:全面贯彻执行中共十一届三中全会以来的路线、方针、政策,以经济建设为中心,坚持四项基本原则,坚持改革、开放、搞活,坚持两个文明一起抓,加强党的建设,改善和加强党的领导,使全市各级党组织成为领导两个文明建设的坚强核心。基本完成由农业型向工贸型、由内向型向外向型开放城市过渡的物质、技术、思想准备,为本世纪90年代经济腾飞奠定基础。

大会选举产生中共日照市第七届委员会，委员35名，候补委员5名；选出中共日照市纪律检查委员会委员13名。

中共日照市七届一次全委会议选举产生市委常委11人，选举王家政为书记(兼)。市纪委第一次全体会议选出纪委常委、书记、副书记。

中共日照市第八次代表大会

中共日照市第八次代表大会于1990年8月22日—24日在日照剧院召开，是地级日照市建立后的首次党代表大会。出席会议的正式代表300名，实到295名。列席代表74名，特邀代表32名。

大会听取和审议王树文作《加强团结，锐意进取，为建设社会主义现代化港口城市而奋斗》的工作报告、刘京玉作的市纪委工作报告，对两个报告分别作出决议。大会确定，今后三年整个工作的指导思想是：进一步贯彻落实中共十三届四中、五中、六中全会精神，加强党的领导和建设，进一步密切党群关系，坚持改革开放，大力发展城市经济，继续巩固农业基础地位，确保全市政治稳定、经济稳定和社会稳定。经济建设主攻方向是：以发展外向型经济为重点，加强港口管理，搞好城市基础设施建设，搞活商贸流通，积极争取新上一批大中型骨干项目，不断增加经济实力。经过三年努力，全市国民经济主要比例关系和产业结构进一步优化，交通、通讯等基础设施与经济发展不相适应的矛盾逐步缓解；农业基础作用明显加强，工业有一批新项目建成投产，外向型经济的主体地位基本确立；第三产业有较大发展，城乡市场更加活跃，科技、教育、文化、卫生、体育等各项事业进一步繁荣；在经济发展和控制人口的基础上，农民和城市居民实际收入不断提高，有相当一部分家庭的生活接近小康水平。为确保上述奋斗目标的实现，要强化措施，促进经济持续、稳定、协调发展；坚定不移地全面深化改革；支持港口建设，加强对外开放；坚持“科教兴市”方针，大力发展科教文卫事业；切实加强意识形态领域工作；加强党的领导和建设。

大会选举产生中共日照市第八届委员会，委员24名，候补委员5名。选出市纪委委员15名。

中共日照市八届一次会议选出常委、书记、副书记，选举王树文为市委书记。

中共日照市东港区第九次代表大会

1995年11月4日—6日，中共日照市东港区第九次代表大会在日照剧院举行。正式代表354名(实到348名)，列席人员36名。

徐善来代表中共日照市东港区第八届委员会向大会作《坚持党的基本路线，继续弘扬东港精神，为把东港建设成为经济繁荣、社会文明、人民富裕的强区而努力奋斗》的报告。

大会提出，到2010年基本实现社会主义现代化，基本构想是分两步走：第一步，“九五”期间，工农业总产值超过百亿，进入全国强区(县)行列，人民生活达到小康水平。第二步，到2010年基本实现现代化，把东港建设成为一个经济繁荣、社会文明、人民富裕的具有港城特色的现代化沿海城市中心区。

大会选举产生九届区委和新一届区纪委。选出九届区委委员29名，区委候补委员6名，区纪委委员17名。

中共日照市东港区九届一次全委会议选举产生九届区委常委、书记、副书记。徐善来当选为书记。

中共日照市东港区第十次代表大会

1998年3月12日—13日，中共日照市东港区第十次代表大会在日照剧院举行。

这次党代会代表280名(实到275名)，列席人员40名。王均生代表中共日照市东港区第九届委员会向大会作题为《振奋精神，真抓实干，为实现跨世纪宏伟目标而努力奋斗》的报告。

大会提出今后五年全区经济社会发展的主要奋斗目标是：国民经济保持较高的增长速度，到2002年，地区生产总值达到63.4亿元，年均增长16%；经济发展的外向度有较大提高，到2002年，力争出口创汇达到4400万美元，年均增长25%；人民生活达到富裕水平，到2002年，全区人均地区生产总值达到6300元；社会事业全面进步，社会文明程度提高到一个新水平。

大会采用差额预选、等额正式选举办法，以无记名投票方式，选举产生第十届区委和新一届区纪委。选出十届委员29名、区委候补委员6名、区纪委委员17名。

中共日照市东港区十届一次全委会议选举

产生十届区委常委、书记、副书记。王均生当选为书记。区委委员、区委候补委员出席会议，区纪委委员列席会议。

中共日照市东港区第十一次代表大会

2003年3月1日—3日，中共日照市东港区第十一次代表大会在政府小会堂召开。

图25-4　中共日照市东港区第十一次代表大会开幕式　(摄于2003年)

刘西良代表中共日照市东港区第十届委员会向大会作题为《深入贯彻“三个代表”重要思想，为全面建设小康社会而努力奋斗》的报告。大会审议并通过第十届区委工作报告和区纪委工作报告。

大会提出今后五年，全区经济社会发展的主要奋斗目标是：全区GDP达到108亿元，年均增长15%；地方财政收入2.6亿元，年均增长12%；全社会固定资产投资完成31亿元，年均增长20%；经济结构进一步优化，三次产业之比达到20∶41∶39，全区经济整体竞争力明显增强。

大会采用差额预选、等额正式选举办法，以无记名投票方式，选举产生第十一届区委和新一届区纪委。选出十一届委员29名、区委候补委员6名、区纪委委员17名。

中共日照市东港区十一届一次全委会选举产生十一届区委常委、书记、副书记，刘西良当选为书记。

中共日照市东港区第十二次代表大会

2007年1月15日—17日，中共日照市东港区第十二次代表大会在市会展中心召开。

这次党代会的代表共230名、列席人员61名。张永霞代表中共日照市东港区第十一届委员会向大会作题为《抢抓机遇、科学发展，为建设富强文明和谐的新东港而奋斗》的报告。大会审议并通过第十一届区委工作报告和区纪委工作报告。

大会提出今后五年全区经济社会发展的主要奋斗目标是：努力建设殷实繁荣的富强东港。地区生产总值年均增长18%以上，到2011年，达到340亿元。地方财政收入年均增长15%，达到15亿元。城镇居民人均可支配收入和农民人均纯收入分别达15000元和6300元，初步建立起比较完善的社会保障体系，实现全面建设小康社会标准。

大会采用差额预选、等额正式选举办法，以无记名投票方式，选举产生第十二届区委和新一届区纪委和出席市十一次党代会代表。选出十二届委员35名、区委候补委员7名、区纪委委员25名。

中共日照市东港区十二届一次全委会议选举产生十二届区委常委、书记、副书记。张永霞当选为书记。

图25-5　中共日照市东港区第十二次代表大会开幕式　(摄于2007年)

附：　1969 — 1992 年日照县(市)出席全国党代会代表一览表

表 25-12

姓　名	职　　务	性　　别	届　　次	时　　间
费立英	县革委副主任	女	九大	1969 年 4 月
王玉华	团县委书记	女	十大	1973 年 8 月
马东生	日照港务局党委书记	男	十三大	1987 年 10 月
王树文	市委书记	男	十四大	1992 年 10 月

第三章　工作要略

境内中共地方组织，在各个历史阶段，认真贯彻执行党的路线、方针、政策。坚持立党为公，领导广大党员、干部、群众积极开展革命斗争，进行经济建设和改革开放，发展各项社会事业。

第一节　新中国成立前日照县委工作要略

(1928 — 1949 年 10 月)

建立组织　领导暴动

1928 年春，东港籍共产党员安哲，执行中共山东省委决定，秘密回到家乡，与先期在境内进行革命活动的共产党员郑天久、牟春霆建立中共日照县委。

县委建立后，安哲负责城北地区的工作。他以教学为掩护，利用多种形式接近群众，在安家村发展长工李芹年、佃户明世厚和织袜工安茂祥等人入党，建立起党支部，到 1932 年 10 月，在安家村发展党员 40 多名。郑天九在山字河三官庙创办“平民夜校”，利用夜校教育发动贫雇农并首先发展守庙的贫苦青年汉成运入党。1929 年 2 月，建立境内第一个农村党支部。“平民夜校”举办 3 年多，发展党员 50 余人。牟春霆于 1931 年 3 月在牟家小庄建立党支部。1931 年秋，县委开始在县中学发展党员并建立县中学党支部，郑野云任党支部书记。至此，境内有一百多个村庄有中共党的组织活动。

1932 年春，省委决定将日照县委升格为中心县委。10 月，中心县委按照省委的部署，决定由安哲、牟春霆、郑天九、杨德玉、于共方等 5 人组成鲁南革命委员会，安哲任总指挥。同时，建立以党、团员为骨干的中国工农红军鲁南游击纵队并决定 13 日举行“日照武装暴动”。入夜，暴动分南北两路同时进行，安哲指挥北路支队，先后解除两城镇王家滩、安家岭、卜家庵子、青岗沟等村 20 多个反动商团、民团、盐警的武装。南路支队在郑天九、牟春霆指挥下，收缴十几个村庄地主的枪支。16 日集结在曙光小学进行整编，决定北上与北路支队会师，但因遭到反动当局的重兵镇压未能实现。南路支队挥师南下，在日照西南部开展游击战斗。北路支队于 19 日进入五莲山与九仙山间的老君堂进行整编，24 日突破敌人包围圈到达寨山隐蔽。25 日，安哲召开干部会议，决定疏散队伍，转移干部。南路支队于 26 日化整为零，转入地下斗争。

发展统一战线　领导抗日斗争

抗日战争爆发后，国民五十七军一一二师中共地下工委派出赵志刚等人，以“五十七军日照宣传队”名义，到涛雒、下元一带活动，于 1938 年 6 月成立中共下元特别党支部，赵志刚任书记。不久，又公开成立日照县抗日民众自卫联合会(简称区联会)。同年秋，国民军一一二师调离日照，下元特支又与驻莒县国民六十九军新六师中共地下工委取得联系。8 月，中共鲁东南特委在莒南大店成立。为收编盘踞黄墩一带的土匪武装朱信斋部，特委向朱部派去杨昆、牛瑞甫等一批党员干部，开展统战工作。朱部被收编为八路军山东抗日游击第二支队四大队（1941 年 3 月，朱公开叛变，1944 年 1 月被八路军活捉，后公审枪决）。

1939 年 6 月后，面对日本侵略军占领日照、网罗伪顽势力不断对抗日根据地进行残酷扫荡的严峻局面，日照县各级党组织坚决贯彻执行党的抗日民族统一战线方针、政策，于1939年11月创建抗日武装县大队。1940年3月，建立日照县抗日民主政府。同时，工、农、青、妇、儿童团等各种抗日救亡团体也相继建立起来。

1941年4月下旬，县委与政府机关及县大队驻沟洼村休整。25日凌晨，遭到国民五十七军三三一旅旅长孙焕彩部和顽匪李延修部共千余人的突然袭击。干部战士英勇反击，县机关大部分人员突围出村。此后，县委执行上级"县不离县、区不离区，坚持抗日斗争"指示，坚守西起碑廓东至安岚长不足20千米、南北宽不足10余千米的狭小抗日根据地展开顽强战斗。1941年3月，成立由郑子久兼任书记、李桂五任副书记的中共日北工作委员会，开辟莒日公路北敌后战场。至8月，日北工委已恢复和建立7个区委、1个特支、30余个党支部，有党员百余名。

1942年8月中旬至年底，驻山东八路军连续发起3次甲子山反顽战役，取得重大胜利，从根本上扭转了全县抗日斗争的困难局面。1945年9月，取得抗日战争全面胜利。

进行减租减息　开展大生产运动

1943年夏，县委按照中共中央《关于抗日根据地土地改革政策的决定》和3个"附件"中有关减租减息、增资(比抗战前租额减低25%，减息以一半为计息标准。同时，增加雇工工资，并由货币改为实物，一般以每年高粱175～200千克为增资标准)要求，开展"双减、增资"运动。12月，召开各区群工干部会议，从各中心区抽调村干部20人、每边沿区抽调村干部10人，举办"查减"工作训练班，半日学习半日工作，深入发动群众，广泛开展算账对比和"谁养活谁"的教育说理斗争。通过两年"双减、增资"运动，广大贫雇农的生活得到改善，基本群众的优势得到初步确立，党与群众的关系进一步密切，农村青壮年踊跃报名参加民兵、参军参战、支援前线。

1943—1946年，县委响应山东分局"开展大规模生产运动"的号召，积极开展大生产运动。日照中心县委机关人员在安东卫开垦盐田近10公顷，并在巨峰、马疃、山口、黄埠子、土山等村的荒滩、荒山上开垦出大片土地，种粮种菜，饲养畜禽。

大生产运动中，境内解放区广大农村推行常年变工、临时变工、春耕变工等多种变工互助，开展帮收、帮耕、帮种活动，解决群众劳力、牲畜不足的困难。组织区与区、乡与乡、村与村进行生产竞赛。大生产运动打破敌人的经济封锁，部队、机关和人民群众的生活得到改善，农业和手工业经济也有较大发展。

1945年8月，县委按照滨海专署部署，在全县开展以反汉奸、反恶霸、反伪政权为主要内容的反奸诉苦运动。向各区派出工作队，深入农村建立积极分子队伍，充分发动群众检举揭发汉奸、恶霸、伪政人员的罪恶。同年11月，在涛雒召开大型"公审诉苦"大会，公开处决伪区长和汉奸头子。

1946年4月，河山区安家村召开斗争恶霸地主安松甫大会，600多人参加，几十个贫雇农现场诉苦。之后，又组织了一次包括5个区、100多个村、6000多佃农参加的联合斗争大会。开展反奸诉苦的同时，还发动群众同伪保长开展"结账清算"斗争。在反贪污、反黑地、反狗腿、反谣言的群众斗争中推翻伪村政权，建立民主村政权。

进行土地改革　支援解放战争

1946年7月，县委召开土改工作会议，传达中共中央《关于清算减租及土地问题的指示》，对全县土地改革进行动员部署。9月，传达华东局《关于彻底实现土地改革的指示》，土改运动在全县展开。1947年7月23日，县委在郜疃召开全县农民代表大会，贯彻华东局《关于山东土改复查的新指示》，进一步布置土改复查工作。会议要求彻底摧毁封建势力，从政治上、经济上消灭地主阶级。此后，部分农村发生"乱抓、乱杀、乱扫地出门"现象。1947年8月，在芦山区后崖村召开扩大会议，总结土改复查工作的经验教训，郭子化、谷牧参加，提出纠正土改复查中"左"的错误问题。1950年夏，县委、县政府根据《华东土地改革实施办法的规定》，成立"土地改革委员会"，下发《麦收后秋收前结束土改的意见》。11月底，制定《日照县结束土改计划(草案)》，建立县、乡两级农协，进行划分阶级成份、确定地权、颁发土地证等工作。1951年3月，土改运动全面结束。

解放战争时期，全县先后组织10万余名子弟兵团和民工支前参战。1946年12月底，县委组织5000名民工，支援鲁南战役。之后，又组织担架团、运输队，分期分批随军转战，支援莱芜、孟良崮、淮海等战役，出色完成运送粮草弹药和抢运伤员任务。仅在淮海战役中，就出动民工91724人次，小车9000多辆，担架2000多副。

淮海战役结束后，组织200多名精干船工、水手随军渡江南下，与500名日照子弟兵团战士一起参加解放淞、沪、杭、福州、厦门等战役。在三年解放战争中，到处都有党员干部带头、父母送子、妻子送郎、兄弟相争及亲友一起参军入伍的动人情景。许多村庄获得“武状元村”“扩军模范村”“动参模范村”等光荣称号。

第二节　新中国成立后日照县委工作要略

(1949年10月—1985年5月)

镇反、肃反　巩固新生政权

新中国成立后，遵照中央及省委、地委关于坚决、严厉镇压反革命的指示精神，自1950年11月始，县委组织公安、法院等专门力量，广泛发动群众，在全县开展镇压反革命运动(简称“镇反”)。

1951年5月1日，县委组织举行镇反大游行，集中公审1947年残杀干部群众200余名的国民党特务阮永安、反动恶霸地主潘子林、刘振魁、葛世合和海匪王建安等罪犯，枪决20名反革命分子。6月，致信各区委，强调执行镇反政策要慎重。年底，全县以区为单位，对国民党党、团、特成员及其他军政人员，进行悔过自新登记。

1952年8月，县委发出彻底取缔反动会道门、追捕外逃反革命分子、清理积案指示。10月，县公安局集中逮捕一批反革命分子和反动道首。

1953年6月，对蒋军、政、警、宪分子和国民党党、团、特成员重新逐一进行登记造册。1955年始，全面开展敌伪政治档案清理工作。

1955年，镇反工作继续开展。11月中旬，县公安局集中逮捕反革命分子269名。1955—1956年，共逮捕反革命案犯及其他刑事犯罪分子555名。

自1956年3月始，遵照中央、省委、地委指示，开展为期三年的内部肃反运动。3月15日，县委制定《关于今后两年内完成肃清暗藏的反革命分子运动的全面规划》。1959年5月底，内部肃反运动结束。

1961年7月，根据中央和省、地委关于在内部开展肃反运动的指示，县委恢复健全肃反运动领导小组。至年底，分期分批在县直机关、厂矿企业、文教卫生等部门开展了一次内部肃反运动。

1951—1958年，全县组织力量，先后对“甘珠尔瓦呼图克图青岛通讯处日照办事处”“九宫老母道”和“北平五台山向善普化佛教会”等反动会道门进行取缔。逮捕其反动首领67名，对篡夺花崖乡党总支领导权、勾结敌特、阴谋暴乱的反动会首进行查处。

掀起“抗美援朝、保家卫国”热潮

1951年5月，县委在全县开展支援抗美援朝运动。成立“日照县保卫世界和平反对美帝侵略委员会”。全县举行声势浩大的和平签名运动，签名者达33.7万人，占总人口的50.3%。在县城和主要集镇，举行26万余人参加的“五一”抗美援朝、保家卫国示威大游行。在县五届各界人民代表会议上，成立日照抗美援朝分会。8月，县六届各界人民代表大会提出开展“爱国公约、捐献飞机大炮、拥军优属”三项爱国运动，当月捐款7000万元(旧人民币)。4000余名青年报名志愿赴朝抗美，2017名新兵待命出征。

进行“三反”“五反”　维护经济秩序

1952年1月9日，县委根据党中央《关于立即限期发动群众开展“三反”斗争的指示》和华东分局、沂水地委的有关要求，部署县直机关和各财经企业单位开展反对贪污、反对浪费、反对官僚主义的“三反”斗争。领导干部带头开展批评与自我批评。2月1日，根据沂水地委指示，县委对开展“打老虎”运动进行动员部署。2月8日，召开全县坦白检举大会。5月初，“三反”运动进入定案处理阶段。按照“检查从严、处理从宽”“少数从严、多数从宽”政策，对揭露出的696名贪污分子进行处理，对104名被打下的“老虎”进行复核。其中，立案56人，基本立案28人，追回赃款5万余元。运动中曾出现扩大化和逼、供、信现象，县委在立案处理时予以纠正。

按照中共中央《关于在城市中限期展开大规模的坚决彻底的“五反”斗争的指示》和山东分局《关于在工商界中开展“五反”运动的指示》，县委于1952年2月召开动员大会，在私营工商业者中开展“反对行贿、反对偷税漏税、反对盗骗国家财产、反对偷工减料和反对盗窃经济情报”的“五反”运动。县委部署重点在城关镇驻地开展了反行贿、反欺诈、反暴利、反偷税运动。

贯彻总路线、进行社会主义改造

1952年，县委认真贯彻执行党在过渡时期的总路线，对农业、手工业和资本主义工商业进行社会主义改造(简称“三大改造”)。农业方面，在互助组的基础上，试办4处初级农业生产合作社。1953年11月，县委决定扩大合作社数量。1954年年底，制定《今冬明春开始合作化运动的方案》。1956年9月，县委印发《关于1956年完成社会主义合作化的意见》，确定把初级社升为高级社。年底，入高级社户数占总户数的93%以上，渔、盐民全部加入高级合作社。至此，全县基本实现社会主义性质的农业合作。手工业的改造主要是由手工业生产合作小组和手工业供销合作社发展成手工业生产合作社。对手工业从业人员，一律进行改造，安排工作。对资本主义工商业的改造，主要是有计划地发展个别企业公私合营，逐步发展到全行业的公私合营。1956年2月和8月，县委两次制定实施办法，成立由小商贩组成的合作小组或合作商店。对饮食业普遍进行整顿，统一由国营公司或供销社指定中心商店领导。年底，“三大改造”任务基本完成，以生产资料公有制为基础的社会主义经济制度在全县确立。

组织工农业生产“大跃进”

1958年，农业战线率先开展“大跃进”运动。“五风”(共产风、浮夸风、干部特殊化风、瞎指挥风、强迫命令风)开始泛滥。4月，召开发展地方工业跃进大会，制定《县委1958—1962年工业发展规划》，工业大跃进全面铺开。6月，举行贯彻“鼓足干劲，力争上游，多快好省地建设社会主义”总路线动员大会，号召全县人民向技术革命和文化革命进军，进一步掀起社会主义建设新高潮。7月，召开“插红旗”“大跃进”大会，号召全县人民“从思想、工作上插红旗，树立‘敢想、敢说、敢做、敢为’的共产主义风格；拔掉白旗，批判资产阶级‘西风’，为全面大跃进而努力奋斗”。8月，响应党中央号召，开展大炼钢铁运动，成立钢铁生产指挥部，全县10余万人参与“大兵团”作战，土法上马

图25-6 1958年大炼钢铁的高炉

的炼钢小高炉遍地开花。县委又集中力量开建高旺庄、城关钢铁生产基地。大炼钢铁运动历时半年多，消耗了大量的人、财、物力，炼出大量劣质钢铁。9月，全县成立25个人民公社。人民公社实行公有制，各村大办食堂，群众吃饭不要钱，形成“供给制式大兵团作战”局面。

纠正“平调”错误　恢复、发展生产

1959年，县委贯彻执行中共八届七中全会精神，决定对1958年“一平二调”错误进行清理退赔。5月，出台分配社员自留地规定，要求生产队在劳动安排上应把种自留地列入社员劳动出勤范围，以利发展家禽生产。11月，成立县多种经营经济委员会，号召并组织大力开展多种经营活动。

1959—1961年，由于“大跃进”等“左”的错误和国际形势等因素及自然灾害影响，境内遭受连续三年严重经济困难。1960年3—10月，县委动员15周岁以上小学超龄学生6234人回队参加农业生产，下放非农业人口11396人。另外，动员283名县直机关干部到基层单位任职，加强对农业生产第一线的领导。1960年4月，继续纠正“一平二调”错误，组织万余人深入基层搞政策兑现。8月，贯彻党中央“全党动手、大办农业、大办粮食”指示，开展以生产备荒为中心、以秋收秋种为重点的增产节约运动。10月，要求进一步贯彻

“三级所有，队为基础”方针，实行“三包一奖”(包工、包产、包成本、超产奖)政策，确保生产队“四个固定”(劳动力固定、畜力固定、农具固定、地片固定)。11月，成立生产救灾指挥部，要求调动一切力量和充分利用一切有利因素，全力以赴，增产节约、压缩商品粮油供应定额、多方进行生产自救。12月，对全县灾情做出系统统计，制定《关于开展生产救灾运动的方案》。提出以生产救灾为中心，互帮互助为方针，大抓农业，广开门路，积极救灾。

1961年1月，县委推行“一包两定”(包产、定留量、定上交)做法，生产队完成上缴任务后，多产多分、少产少分。打破“大锅饭”和平均主义的分配方式。同时，召开四级干部会议，彻底批判以“共产风”为重点的“五风”，继续纠正“一平二调”错误。7月，县委“算账兑现领导小组”抽调人员组成三个工作组，检查纠正平调情况，进行算账退赔。要求本着“倾家荡产，破产还债”的精神搞好退赔。8月，决定继续减少城镇非农业人口，共下放到农村3902人，以减轻国家负担，增加农村劳动力。

开展“学大寨、学大庆”群众运动

1964年3月，县委发出“大学大寨，迅速掀起春季农业生产高潮、艰苦奋斗改造山河”的号召。提出坚决攻下粮油“四四高地”(粮食4亿斤、花生4千万斤)奋斗目标。集中人力物力，打好农田水利基本建设、积挖运肥、植树造林、春播歼灭战，猛攻麦田管理关。1965年12月，《大众日报》刊发《日照全面规划综合治理山水田》文章，充分肯定县委带领人民艰苦奋斗，自力更生，全面规划、综合治理山水田取得的显著成绩。此后，农业学大寨运动在全县广泛深入地开展起来。

1964年2月，县委组织县直机关和企业干部1200多人，听取上级有关大庆油田经验报告。随后，全县各企事业单位掀起学习大庆“三老”“四严”“四个一样”(即：做老实人、说老实话、办老实事；严格的要求、严格的组织、严肃的态度，严明的纪律；工作时白天和黑夜一个样，坏天气和好天气一个样，领导在场和不在场一个样，没有人检查和有人检查一个样)良好作风的热潮。广泛开展技术练兵、清资查库、修旧利废、增产节约，比、学、赶、帮、超竞赛和争创“五好”单位、“五好”职工活动。1976—1978年，县委多次召开工业学大庆会议和先进集体、个人表彰会，推动工业学大庆运动不断深入。

转移工作重心　全力发展经济

1979年春，县委贯彻中共十一届三中全会精神，把工作重心逐步转移到经济建设上来，提出用三年时间对全县国民经济进行调整、改革、整顿、提高。同时，下发《中共日照县委关于加快农业发展的决定》，提出“一快三全”(加快农业发展速度，整个工作全面抓，粮、油全面丰收，农、林、牧、副、渔全面发展)农业工作思路。

1980年11月，县委在马庄公社小后村等大队进行包产到户和农副业专业承包联产计酬责任制试点。1981年11月，县委决定在全县推行以大包干为主要形式的家庭联产承包责任制。首先进行土地承包，承包期一般在15年以上。此后，又对大型农机具、农业设施进行承包或作价到户经营。对集体茶园、果园、林场等多种经营和工副业项目也招标承包到户、组。1982年年底，全县实行大包干的生产队6245个，占总数的94.6%。1983年，进一步完善农业生产责任制，继续调整农业经济结构，大力发展专业户、重点户和经济联合体，推行经营责任制。1984年，延长土地承包期，使家庭联产承包责任制进一步深化，农村经济开始向专业化、商品化转变。

1982年4月，贯彻中央和省、地委关于全面整顿工业企业精神，县委印发《工业企业整顿工作意见》并成立整顿小组，对全县39家县属工业企业进行全面整顿。同年，石臼港建设启动，1985年投入试运营。随之，兖石铁路建成并投入使用。与此同时，被列入全省“七五”重点建设项目之一的岚山港主体工程建设也初具规模。

进行整党整风　组织政治运动

新中国成立后，遵照中共中央指示和部署，县委多次组织开展整党整风。1950年11月，县委决定在全县开展以解决党员干部作风不纯、骄傲自满、命令主义及违法乱纪问题为主要内容的整风活动，县、区、乡分批进行。1951年10月，县委召开整党动员大会，决定对党的基层组织进行普遍整顿。1952年1月，县委整党工作组在小屯和潘家洼(现属岚山区)进行农村整党试点，至1955年4月底结束。经过整党，“基本分清敌我、先锋队与群众、先进与落后、可教育与不可教育、可改造与不可改造的界限”。1957年5月，按照中央和省、地委部署，在全县范围内开展整风运动。按照“先党内、后党外”原则，各级开展积极的“鸣放”活动，揭露出党内一些干部存在的官僚主义、主观主义、个人主义等问题。根据边整边改要求，存在问题的单位和个人制定整改方案并进行整改。后又进行反右斗争，出现混淆两类不同性质的矛盾、严重扩大化问题。12月份，县委按照上级统一部署，组织开展整风运动。1959年年底，按照中央指示，对“右派”分子分期分批摘帽。1961年2月，县委下发《关于在全县范围开展全党全民整风整社运动的意见》，要求以生产救灾为中心，以党中央十二条政策为纲，彻底纠正“五风”错误，转变作风，纯洁组织，调动群众的积极性。

1963年8月，县委在奎山区开始社会主义教育(即：清工分、清账目、清财务、清仓库)试点。1964年1月，抽调850人组成工作队，分赴15个区、687个大队，开展面上社会主义教育。1965年3月，贯彻中央《农村社会主义教育运动中目前提出的一些问题》(二十三条)文件精神，继续组织开展社会主义教育运动。10月，山东省“四清”(清政治、清组织、清经济、清思想)工作团进驻日照，采取“一带一”方式，进行点上社会主义教育。4984名工作队员于6日入点，至1966年7月撤点，日照县社会主义教育和“四清”运动结束。

1966年，“文化大革命”爆发。6月，县委派出工作组进驻学校，指导“文化大革命”。8月，县委召开会议，传达《十六条》。冬，“文化大革命”全面开始。1967年年初，县委、县人委及各级领导机关被群众组织夺权。1968年3月，县革委成立。4月，县革委部署整党建党工作，要求各级党组织以毛泽东思想为指针，以斗私批修为纲，以大批判为动力，充分发动群众，进行整党建党。这次整党建党出现群众整党现象，伤害了大批党员干部。1969年，县革委机关开展整党建党。1970年，县革委党的核心领导小组部署全面整党。整党分两批进行。同时，先后开展清理阶级队伍、“一打三反”(一打：打击反革命破坏活动；三反：反对贪污盗窃、反对投机倒把、反对铺张浪费)和整党建党运动。1972年2月，县委发出通知，要求各级党组织开展“批林整风”运动。12月，县委对农村基层党组织进行整顿，至1973年3月结束。1975年12月，县委印发《关于今冬明春加强基层党组织建设的意见》，要求抓好后进单位领导班子整顿、纳新(发展新党员)、每个生产队建立一个党小组工作。1975年11月，全县各公社党委集中进行整风。1976年2月，县委常委集中整风。从1976年至1977年，县委先后部署三次“揭批江青反革命集团战役”。

中共十一届三中全会后，县委认真落实党的各项方针政策，组织“实践是检验真理的唯一标准”大讨论，在各个领域进行拨乱反正。认真纠正冤假错案，为167名错划为“右派分子”的人予以纠正，为208名党员撤销错误处分，为715名人员恢复党籍，还为地主、富农分子摘掉帽子。1982年10月，重点对基层组织进行整顿，改变部分党支部组织涣散、软弱、瘫痪与思想不够解放的状况。

第三节　日照市委工作要略

(1985年5月—1992年12月)

发展商品生产　实行对外开放

1985年5月，日照市(县级)建立。市委提出“发挥两港、两路优势，大力发展商品生产，积极开展对外开放”的工作思路。1986年，推进农副产品派购制度改革和产业结构调整，商品经济发展出现新局面。1987年8月，市委组织部对农村广大党员干部分批轮训，集中学习《发展农村商品经济常识》一书，以商品经济知识提高农村党员和群众整体素质和能力。同年，市委召开发展庭院经济会议，提出以村庄院落为基地，以种养、加工为内容，发展多种形式的庭院经济，增加农民收入。1988年，提出深化农村第二步改革，完善双层经营机制，全面发展农村商品经济。1989年，继续认真贯彻执行家庭联产承包责任制，试行“两田制”(口粮田、责任田)，积极发展多种经营，林果、畜牧、水产、创汇农业和乡镇企业得到较快发展。

1986年，国家宣布日照市为对外开放城市。5月，市委、市政府作出《关于进一步推动经济横向联合若干问题的规定》，提出建成开放型、多功能、现代化城市的总体构想。8月，市委召开全市经济工作会议，要求发挥港路、资源优势，“工业农业一齐抓，重点抓工业，抓好工业促农业”，在积极抓好国营龙头企业的同时，把大力发展乡镇企业作为振兴全市经济的重点。

1988 年 3 月，日照市列入山东半岛经济开发区。市委提出各级要鼓励工业、乡镇企业利用外资，大搞“三来一补”(来料加工、来件装配、来样加工、补偿贸易)，逐步走向国际市场。1989 年，按照“提高经济效益，抓好工业生产，完善承包合同制”工作思路，狠抓乡镇企业和出口加工区建设。同年，全市乡镇企业达到 34676 家，其中乡镇办工业 189 家，村办和个体办 34487 家。1990 年 2 月，全市召开乡镇企业表彰会议，引导乡镇企业健康发展。1991 年 6 月，印发《日照市发展外向型经济的若干规定》《日照市鼓励外商投资的实施办法》《日照市鼓励华侨和香港澳门同胞投资试行办法》《日照市鼓励台湾同胞投资办法》，引进外资工作启动。8 月，市出口加工区举行开工典礼。之后，市委、市政府先后到西安、北京等地举行经济技术洽谈，并引进技术人才。1992 年 9 月 1 日，印发《日照市乡镇企业股份合作制试行办法》，乡镇企业股份制改革开始起步。至 1992 年 10 月，市委、市政府共组织引进各类人才 603 人。投资 29 亿元的木浆厂开工建设，投资 50 亿元的日照电厂 35 万千瓦两个机组并网发电，投资 2 亿元的 10 万立方米水厂投产供水。同时，日照钢铁厂的前期论证工作启动。邀请中国设计院专家，对城市主城区东移后的海滨旅游业、文化教育区、工业区、生活区、港口区等总体布局进行全面论证和规划设计。

整顿、巩固党的基层组织

1985 年 6 月，根据中共中央整党指导委员会和省委、地委的要求，市委决定在全市范围内开展整党工作。整党分三批进行，参加整党的基层组织 1840 个，党员 4.81 万名。整党中，根据“四化”(革命化、年轻化、知识化、专业化)要求，加强各级领导班子建设。1989 年 5 月，市委要求从严加强对党建工作的领导。1990 年 3 月，提出要加强基层党组织的建设，把党的农村基层组织建设成为带领群众勤劳致富发展集体经济、建设社会主义新农村的坚强领导核心。1990 — 1992 年，市委对市直机关思想作风进行整顿，要求树立“改革创新、廉洁勤奋、团结实干、纪律严明、高效服务”的机关作风。同时，组织进行三次农村社会主义教育活动，开展基本国情和社会主义优越性、党的路线方针政策、社会主义道德风尚和民主法制教育。

第四节　东港区委工作要略

(1993 年 1 月— 2007 年 12 月)

加强党的建设　提高执政能力

1993 年 6 月，区委提出“艰苦创业，奋发图强，和衷共济，振兴东港”十六字“东港精神”，团结带领全区人民发展经济和社会各项事业。9 月，印发《关于加强全区领导班子思想作风建设的意见》，从理论学习、思想意识、民主集中制、工作作风、群众路线、廉政建设、奋斗精神等八个方面提出明确要求。同时，继续在全区开展社会主义教育活动。1994 年，教育对象为全区机关、企事业单位，重点是党员和干部。1995 年，活动的主题是进一步推进农业和农村改革，加大农业内部结构调整力度，加速农业和农村经济市场化、商品化进程。1996 年，教育活动的目标任务确定为发挥党员干部模范作用再掀创业高潮。1999 年活动的主要目的是加强党的宗旨和理想信念教育，增强市场经济意识。

1995 年 5 月，区委制定《关于加强农村基层组织建设的三年规划》，主要任务是：整顿后进党支部，建设高素质党支部队伍，加强和改进党员教育和管理。

自 1997 年始，加强基层民主政治建设，推广党支部选举“两票制”、村务大事公决、村务财务公开、村务参议监督等民主管理制度，保障群众的决策权、知情权、参政权和监督权，夯实群众工作基础。同时，在区直机关开展思想作风建设活动，重点解决宗旨意识差、优质服务差、办事效率低、官僚主义作风等问题。

1998 年 6 月，开展创建“六好乡镇党委”活动，制定《进一步加强农村基层组织建设的意见》，要求进一步增强搞好农村基层干部队伍建设的责任感和紧迫感，抓好农村党员干部教育培训。10 月，从区乡两级抽调 1380 名机关干部，分赴全区各个村居，开展为期 3 ～ 5 个月的“千名干部下农村”活动，宣讲党的政策，加强村领导班子建设，理清发展路子，出好增收致富点子。

1999 年，在全区领导班子和领导干部中开展“讲学习、讲政治、讲正气”的“三讲”教育。区委在基层干部和广大党员干部中开展为期两个月的“学党章、学法规、学政策”的“三学”活动。以“三讲”带“三学”，以“三学”促“三讲”，全区各级干部的政治素质普遍提高，党组织的战斗力得到加强。

2001年上半年，区委用三个多月时间，在全区15个镇(街道)和87个区直部门开展“三个代表”重要思想学习教育活动，1.5万名党员干部参加学习，对98名镇(街道)党委书记、区直部门负责人、84名企业负责人进行专题培训。下半年，又在全区876个村居5776名两委干部中开展为期两个多月的学习教育活动。2002年，进行“三个代表”学习教育活动回访复查，集中力量抓好各项整改措施的落实，巩固活动成果。

2003年8月，区委印发《关于深入开展农村基层组织建设“三级联创”的活动实施方案》，制定《“五个好”村党支部考核标准和考核办法》，促进各级各项工作争先创优上水平。

2006年，在总结两城镇试点经验的基础上，全区推广实施以基层班子建设为基础、以村务管理为中心、以信访承诺为纽带的“三位一体”联动建设活动。这一做法被中央有关部门和国家信访局推广。同年，制定《关于加强农村党员教育培训工作的意见》《关于进一步加强农村入党积极分子队伍建设的意见》等文件，逐步形成加强基层组织建设的长效机制。

2007年，在全区组织实施深化“五帮五促”(帮思想，促转变；帮智力、促发展；帮技术，促增收；帮劳力，促济困；帮培训，促就业)活动，并落实为期两年的“五帮五促”包联工作制。深入开展以“东部街道带动西部镇，经济强村带动西部薄弱村，规模企业联系产业村，机关单位联系示范村”为主要内容的“双带双联”活动。全区共有356个基层党组织和2356名党员参与“双带双联”活动，提供帮扶资金(物资)264.6万元，发展集体和个人经济项目300余个。同年，深化村务大事村民公决制度建设，推行政务、村务、财务公开制度。6月，村务大事村民公决制度荣获“全国首届村务公开民主管理制度创新奖”。

●中共日照市东港区委主办　●内部资料　免费赠阅　注意保存　2007年6月

我区荣获首届
全国村务公开民主管理制度创新奖

全国表彰8个，全省唯一

本报讯(通讯员　文祥)　在6月13日全国村务公开民主管理理论研讨会上，我区村务公决制度荣获首届全国村务公开民主管理制度创新奖，成为全国8个创新奖之一，是全省唯一获此殊荣的单位。

村务公决制度，源于我区涛雒镇上元村1997年7月一次成功的集资改电事宜。在区委、区政府的高度重视和不断完善下，逐步形成了一套科学严密、操作性强的制度。村民以户为单位通过投票决定村务大事，直接行使决策权力。它解决了因市场经济发展、流动人口增加带来的村民会议召集难和村民代表会议决策受限的问题，使村级民主决策的实现形式更加灵活完善。村民可以最大限度地参与决策，使决策更加切合村情民意，落实更加民主公开，强化了全程监督，加快了农村民主政治建设进程，促进了经济社会的发展和稳定。

该做法先后受到全国人大、中央组织部、中央农村工作领导小组、中央政策研究室、民政部及山东省委、省政府等的高度评价，被写进了《全国村务管理培训教材》、《山东省村务公开民主管理工作规范》、《山东省村民会议议事规则》等重要文献。《人民日报》、中央电视台等中央新闻媒体多次对这一做法进行重点报道。2003年，我区分别被评为全省和全国村民自治模范区。2006年2月，在全国村务公开民主管理工作会议上，我区作为山东省唯一的典型作了大会交流，在全国产生了广泛的影响。

首届全国村务公开民主管理制度创新奖，按照创新程度、效益程度、民主参与度、可持续性、可推广性等指标，采用量化打分方式对全国162个申报项目投票筛选，确定了24个候选项目，经公示、实地考察验收，由专家评审委员会最后投票并报全国村务公开协调小组研究，确定了8个创新奖和16个提名奖。为做好项目申报工作，在省、市的大力支持下，区委、区政府高度重视，积极做好材料申报、验收准备、全面汇报及专家答疑等环节的工作，使得村务公决制度在众多参评项目中脱颖而出。

图25-8　《新东港》报刊登的区获“全国首届村务公开民主管理制度创新奖”的消息　(摄于2007年6月)

实施工业兴区战略

建区后，历届区委以经济建设为中心，充分发挥城区、沿海、沿路三大优势，确定“工业强区”工作指导方针，大力实施“培大育强”工程和工业带动战略，工业发展实现重大突破。

图25-7　全市“三位一体”现场会在东港区召开　(摄于2005年)

1993年，面对区工业基础薄弱的实际，区委、区政府制定《关于鼓励乡镇企业加快发展的十项规定》和《关于进一步发展个体私营经济的若干规定》，把发展乡镇企业摆在经济工作的突出位置。1995年，区委组织开展争创强乡、强镇、强企业活动，制定实施《关于加快发展“一村一品、一乡一业”的意见》。1997年7月，制定《关于实施工业兴区战略，进一步加快区属工业发展的意见》，推进经济增长方式转变，抓好以一园(工业园)、一城(农贸城)为中心的区属工业"隆起带"。1998年2月，制定《关于进一步鼓励扶持个体私营经济发展的实施意见(试行)》，为个体私营经济发展提供良好的舆论氛围和优惠政策。2000年年初，提出工业发展实现由"遍地开花"向"园区聚集"转变，本着节约土地，避免水、电、路、讯等配套设施重复建设的原则，决定设立高科技工业园区。5月，"日照市高科技工业园"开工建设。区委要求各镇、街道结合产业和城镇建设规划，充分利用小城镇基础设施和公用设施，创办一批各具特色的工业经济园区。2000年后，先后在城区建起日照市高科技工业园和日照国际工业园，在南湖、两城、涛雒和三庄、陈疃、西湖三镇交界处等地建起镇级工业聚集区。2005年，区委提出重点抓好高科技工业园和镇(街道)工业园区配套建设，实现基础设施投入、到位资金、工业税收三个翻番目标。2007年，以"高新区"为主体，以涛雒、两城、河山工业基地为"两翼"，其他镇级工业基地为补充的工业园区格局基本形成。

图25-10　高新技术产业园招引项目集中开工仪式　　(摄于2007年)

至2007年年底，"高新区"吸引投资46亿元，进园企业200多家。河山工业聚集区被批准为"台湾工业园"，西部三镇、南湖等镇级工业基地也初具规模，各有过千万元的项目进园。

加大招商引资力度

区委在实施工业强区战略中，始终以招商引资为突破口。2000年3月，成立区招商引资办公室，具体负责招商引资项目的推进、督查和服务工作。招商引资"指标到个人，考核到部门"。2002年6月，成立区招商局，以突出专业招商，推进全民招商。2003年，区委提出"咬住工业抓园区、集中力量抓招商"，将全区工作分为招商引资和党的建设、社会稳定工作三条线运作，让大部分干部腾出主要时间和精力抓招商引资。明确区级领导成员和区直部门、镇街道党政"一把手"是招商引资第一责任人。区招商局更名为投资服务局，实行高科园、投资服务局、投资服务大厅"三位一体"，统一管理。2004年，在全区领导骨干成员中实行"五个一"制度(包联一个企业，推进一个在谈项目，招引一个新项目，挂靠一个市直部门，联系一个特色园区)；实施三个"三分之一"制度，要求区级领导成员和领导骨干在工作时间上要做到三分之一处理日常事务，三分之一深入基层调研，三分之一走出去招商引资。建立招商引资项目数据库，运行大项目跟踪督导和重点项目领导包保调度机制。2005年6月，设立行政审批服务中心，实行有审批职能的部门集中办公。此后，又重点强化产业招商、企业招商、园区招商和专业招商的力度，多次组团赴韩国和中国香港、北京、江浙、苏南等地组织专题招商。

图25-9　东港区参加北京联谊会项目签约仪式　　(摄于2007年11月)

2006年，区委以科学发展观统领全局，着力打造高新技术产业和先进制造业集聚区、临港物流和商贸中心区、旅游经济强区和滨海宜居生态区，不断完善产业招商、专业招商、园区招商、以商招商机制，重点招引汽车制造、光电信息、生物医药、临港物流等大项目、高科技项目和现代服务业项目。

2007年，利群、银座、贵和等知名流通企业落地，建国君豪、君临天下、戴斯酒店等高档餐饮企业营业，海帆商务中心、辉煌国际海港城等一批新型商业设施建设加紧进行。同年，共引进过千万元的项目176个、过5千万元的26个、过亿元的12个，到位资金63.9亿元。

至2007年年底，全区共招引过千万元项目758个、过5千万元项目197个、过亿元项目114个，总到位资金238.01亿元。

发展特色农业和现代农业

建区以来，区委把加快转变经济发展方式作为主攻方向，围绕高效生态农业"调优一产"，制定推动产业化、标准化、品牌化扶持措施，发展日照绿茶、设施蔬菜、精品渔业等特色农业。基本建成中西部茶、西部果、中北部桑菜、东部水产养殖的四大区域经济带。

1998年，成立区茶业管理局，专门负责全区茶业发展的产前、产中和产后服务。至2003年，茶园总面积发展到3569公顷。2004年区划调整后仅存695公顷。经过3年重新发展，至2007年，茶园面积2422公顷，年产量641吨，产值5771万元。申报为国家级有机绿茶栽培标准化示范区，成为全国重点产茶区、全国十大生态产茶区，"日照绿茶"被认定为中国驰名商标。

1996年，制定《关于加快畜牧业生产发展的决定》，引导畜牧业科学、规模发展，相继建成3个大型畜牧养殖中心和一批良种猪、杂交黄牛、杂交肉羊、优良肉蛋鸡等特色养殖生产基地。至2007年，建成各类畜牧养殖小区198个，规模养殖场达2716个，肉、蛋、奶产量年均递增11%、9%和26%。引导农民改善山区生态环境，打造生态村镇，建成万亩板栗生产基地。实施"科技兴果、以果富农"战略，加快果业生产步伐，建立5个300公顷左右示范园，在河山镇设立全国"乡镇级科技示范基地"。制定"稳定捕捞、主攻养殖、强化加工、搞活流通"的水产业发展工作方针，建成涛雒镇万亩淡水养殖区，建起百余家水产育苗场，建成中国北方最大亲虾越冬基地和全国四大苗种生产基地。水产工厂化养殖、海水立体养殖和浅海生态养殖面积分别达到37.9万平方米、7067公顷和12667公顷，成为"全国水产品标准化生产示范基地""全省海洋经济先进区"。2006年始，引导农民引种有机蓝莓，当年在陈疃西尚沟试种成功。2007年开始成片发展。2007年，10个镇(街道)新引进现代农业项目257个，新发展高效经济作物2533公顷，新建10处无公害设施栽培蔬菜、花卉生产基地，区域性农业龙头企业90家。

加快社会主义新农村建设

2003年，区委印发《关于做好区级领导联系镇、街道，区直部门包扶贫困后进村工作的通知》，选定49个部门对40个村进行为期3年的"帮扶"工作，帮助落后村改变面貌。

2006年，成立新农村建设领导小组，围绕"生产发展、生活宽裕、乡风文明、村容整洁、管理民主"总要求，制定《关于实施"五帮五促"包联责任制，推行社会主义新农村建设的意见》，选定30个村进行新农村建设试点工作。

2007年，制定《关于深化"五帮五促"包联工作责任制，开展"双带双联"活动的意见》，按照"示范带动、全面发展"思路，在全区选择100个经济基础强、班子基础牢、群众基础好的村进行试点，突出抓好"四个一"工程建设(培植一项富民强村的主导产业、建设一处群众娱乐休闲的街头公园、创建一条高标准文明街、配套完善一处农

图25-11　农村街心公园　(摄于2006年6月)

图 25-12　农民新住房　　（摄于 2007 年 8 月）

村综合服务中心）。年底，有半数以上试点村在有关部门、单位的帮助支持下达到“四个一”目标。同年，进行农村社区建设规划，配备培训社区服务工作人员，不断完善服务功能。

至 2007 年年底，全区共建成文明村 132 个、文明街 150 多条、街头（心）公园 52 个，有 108 个村形成各具特色的主导产业。

改善办学条件　提高教师待遇

1993 年，投资 9800 万元，新建、扩建学校校舍 20.7 万平方米。先后投资 6200 万元，改善学校内部设施，购置课桌 2.1 万套，教学仪器 26.7 万件，新增图书 30 万册。1995 年始，先后投资 7300 万元，新建区职业教育中心、日照第二实验中学、第三实验小学和日照实验高级中学。2001 年，开始实施农村中小学危房改造工程，先后新建校舍 11.5 万平方米、扩建校舍 8.5 万平方米、维修校舍 5.7 万平方米。2007 年，结合学校布局调整，整体搬迁学校 25 所，推进学校危房基础性项目 82 个。1995 年 10 月，顺利通过省级验收。

1994 — 2002 年，分三批将全区 1823 名民办教师转为公办教师。建立和完善教师工资按月发放保障机制。从 2003 年开始，乡镇教师工资由区财政统一发放到个人账户。同时，确定小学教师的职务等级工资在国家规定的专业技术等级工资标准基础上提高 10%，在乡镇任教的教师上浮一档工资。2004 年 1 月始，教师住房补贴随工资按月发放。同时，出台优惠政策，采取多种措施，改善教师住房条件。2000 年后，新建农村中小学教师公寓楼 10 余座，建成区教师公寓楼 28 座。

至 2007 年年底，全区完成新建改造校舍 25.7 万平方米，投资 8520 万元。教学仪器、电化教育和信息技术设备达到全省中上水平，通过了省级验收。

推动科学技术应用和进步

建区不久，区委即提出“科教兴区”战略构想，通过科技下乡、科技进社区、科技入户等活动和科普“村村通”、农村现代远程教育等载体，加强农民技能培训。先后推广农作物优质高效配套栽培、设施农业栽培、节水灌溉、高效营林、海珍品育苗、设施化养殖、海产品精深加工、农产品储藏保鲜等 20 多项新技术。先后于 1998 、2000 、2001 年推荐储备各类专业拔尖人才 25 人。1998 年 6 月，东港区被科技部表彰为“科技工作先进区”，于 2003 、2005 、2007 年三次通过两年一度的全国科技进步考核。至 2007 年，全区共承担省以上科技项目 69 个，争取科技补助经费 1129.5 万元，有 117 项优秀科技成果获得市以上科技进步奖。

在推进科技进步的同时，政府鼓励企业加大科技投入，提高自主创新能力，研究开发具有自主知识产权的专利技术，加强专利的申请和专利技术的实施工作。2005 年 8 月，海恩锯业有限公司开发的有排屑孔阵的“圆锯片基体”获得德国专利。至 2007 年，全区累计申请专利 1406 项，授权专利 780 项。其中，2007 年申请专利 320 项，授权专利 28 项。

创新计划生育工作机制

1995 年始，实行《人口与计划生育目标管理责任书》制度。在考核指标设置上，加大优质服务考核力度，实行“一票否决”新规定，对达不到“责任书”规定要求的乡镇及其党政主要领导，取消其当年度综合性先进的评选资格。2000 年，组织落实“村级计生专职人员女性化、年轻化、知识化”要求，实行公开考聘。制定《关于推行计划生育村民自治工作意见》，推动计生工作向自主、自觉、自愿方向发展。2006 年 4 月，制定《关于认真落实科学发展观、进一步加强人口和计划生育工作的决定》及实施方案。2007 年 10 月，印发《关于全面加强人口和计划生育工作，统筹解决人口问题的实施意见》，对预防低生育水平反弹、解决城市和流动人口计生工作难点等问题提出新的措施。实施“属地管理、单位负责、一街两制（社区统管、居委协助)、居民自治、社区服务、综合治理"新机制，实行流动人口与常居人口同宣传、同统计、同管理、同服务、同考核，与当地居民共享计划生育优质服务的政策。2007年，流动人口计划生育管理服务工作跨入全省先进行列。

改善城乡居民医疗条件

1995年，落实国家提出"2000年人人享有卫生保健"要求，在全区推广陈疃镇"乡办乡管"式合作医疗试点经验。2002年，建立以大病统筹为主的新型农村合作医疗制度，成立"新型农村合作医疗监督委员会"，对全区合作医疗进行监督、指导，并推行合作医疗基金"区级统筹、分户管理、独立核算"管理方式。在2003年4月抗击传染性非典型肺炎和2004年1月防治"禽流感"重点防疫任务时，全区提出"党政主要领导负总责、属地管理属地负责、谁主管谁负责、职能部门分工负责"的指导原则，明确各级党政主要领导为第一责任人，逐级签订责任书。建立疾病防治和公共卫生管理机制。加大全区医疗设施投入，对16个乡镇、街道医院进行改造或重建。1996年，投资300万元，新建区医院，形成区内医疗、教学、科研、保健中心。建成6层和13层病房楼两座，建筑面积25128平方米，新增床位250个。2000年后，不断整合区内医疗资源，先后建起东港区中医医院和日照市老年康复护理院(秦楼)。2005年，完成对7个镇、3个街道卫生院的改造。至2007年，全区医生医疗机构基本形成门类齐全、布局合理、功能完善的医疗预防保健服务体系。

积极实施旧城改造　加快城市化进程

旧城改造实行重点推进和谐拆迁。1993年10月，区委提出统筹规划、分批改造、"拆除一片旧房，建立一个社区，启动一处商场，繁荣一条街道"城中村改造工作指导方针。历届区委不断加强措施、完善政策，城市化进程不断加快，先后建成太阳城市场、完成万平口海滨广场一期工程、营子三角绿地及河道改造、东港广场、信合广场、海滨二路南段开发等多个旧城改造项目。2007年，为加快城中村改造步伐，成立"城中村改造领导小组"，制定实施方案、考核办法，推动旧城改造进一步规范化、科学化。依托旧城改造，加快发展商贸经济，开工并完成9个投资过亿元、33个过3000万元的商贸服务建设项目。在旧城改造过程中，合理规划、重点推进，组织得力工作人员，深入细致做好拆迁对象的思想工作，实现了"依法拆迁、阳光拆迁、和谐拆迁"。

努力打造海滨城市新形象。2002年始，连续三年开展"创建国家环保模范城"活动。2003年4月，实行"党政一把手负总责、属地管理属地负责、职能部门分工负责"和区级领导包片、单位部门包村居责任制，从区直机关到街道、村居齐心协力抓创建。2005年9月，顺利通过国家考核验收，2006年5月，被全国爱卫会正式命名为"国家卫生城市"。2007年8月，开展"创建全国绿化模范城市"工作，全民动员，全方位做好创建工作，成功入选"全国绿化模范城市"。

图25-13　日照街道旧城改造现场　(摄于2007年)

第四章　纪检监察

新中国成立前，境内中共各级党的组织未设置专门的纪检监察机构，党的纪律、作风等有关工作由各级党委、组织部门管理。建国后，各级党委逐步建立党的纪检监察机构。1950 年 12 月，中共日照县委纪律检查委员会设立(以下简称县纪委)。1956 年 5 月，改称县委监察委员会。“文化大革命”期间，监察机关停止工作。1978 年 9 月，组建县纪委筹备小组。1979 年 5 月，县纪委正式成立。

1985 年 2 月，成立县级中共日照市纪律检查委员会(以下简称市纪委)。1988 年 1 月，市监察局成立。

1989 年 11 月，设立地级日照市后，成立地级中共日照市纪律检查委员会。1992 年 10 月，按照中共中央、国务院决定，纪检、监察机关合署办公。

1993 年 3 月，中共东港区纪律检查委员会(以下简称区纪委)和区监察局成立，实行一个领导班子，一套工作机构，两种职能体制。区监察局局长按有关程序确定后，由区人大常委会任命。张茂尧、陈平、王安国、张玮先后任局长。

1950 — 2007 年日照县(市)、东港区纪(监)委书记更迭情况表

表 25-13

<table>
<tr><th>纪（监）委</th><th>任　　期</th><th>书　记</th></tr>
<tr><td>中共日照县委纪律检查委员会</td><td>1950 年 12 月— 1956 年 4 月</td><td>刘继先(兼)
牟步善</td></tr>
<tr><td>日照县监察委员会</td><td>1956 年 4 月— 1966 年</td><td>牛本安(兼)
牟步善(兼)
凌旺勤(兼)
温江洲</td></tr>
<tr><td>中共日照县委纪律检查委员会</td><td>1978 年 9 月— 1985 年 5 月</td><td rowspan="2">张敬清(兼)
丁银昌
丁原胜
董书堂</td></tr>
<tr><td>中共日照市（县级）纪律检查委员会</td><td>1985 年 2 月— 1989 年 11 月</td></tr>
<tr><td>中共日照市纪律检查委员会（地级）</td><td>1989 年 11 月— 1993 年 3 月</td><td>刘京玉</td></tr>
<tr><td rowspan="2">中共日照市东港区纪律检查委员会</td><td>1993 年 3 月— 1995 年 11 月</td><td>王子春</td></tr>
<tr><td>1995 年 11 月— 1998 年 3 月</td><td>张　彦</td></tr>
<tr><td rowspan="3">中共日照市东港区纪律检查委员会</td><td>1998 年 3 月— 2005 年 12 月</td><td>马绪文</td></tr>
<tr><td>2005 年 12 月— 2006 年 12 月</td><td>解学文</td></tr>
<tr><td>2006 年 12 月—</td><td>朱传勉</td></tr>
</table>

各级党组织的纪律、作风建设随着社会主义建设事业的发展、变化，不断更新内容，不断加强、提高。新中国成立初至“文化大革命”前，多次开展以反对官僚主义、反对脱离群众脱离实际、反对贪污浪费为主要内容的党内整风运动，保证了党的基层组织和党员、干部队伍的纯洁性、革命性和战斗性。“文化大革命”中，党的组织机构受到严重冲击，一度出现“左”的思想泛滥、纪律作风松弛等问题，但党员、干部队伍仍保持着肃贪反腐、艰苦奋斗的传统和作风。中共十一届三中全会后，广大党员、干部发挥忘我奋斗和无私奉献的先锋模范作用，保障社会主义市场经济的快速、健康发展。与此同时，党内作风方面也发生了一些亟待解决的新情况、新问题。有的地方和部门落实“党要管党，从严治党”要求不够有力，教育、监督不到位；一些党员、干部意志衰退，经

受不住权力、金钱、美色的考验等等。因此，加强党风廉政建设就成为各级党组织的一项十分重要的工作任务。

第一节 党风廉政建设与反腐败

新中国成立后，县纪检监察机关按照上级统一部署，结合形势发展需要，不断开展整风、反贪等活动。

在发展社会主义市场经济新形势下，一些部门、单位和领导干部中，形式主义、官僚主义盛行，以权谋私、贪图享乐、行贿受贿现象蔓延，经济领域的犯罪增加。仅1997—2007年，全区纪检监察机关立案查处党员、干部贪污、受贿、侵占、挪用及其他违反财经纪律、严重败坏党员形象的案件就有352起，占同期各类违纪案件查处总数的53%。

教育活动

中共十一届三中全会后，党风廉政建设与反腐败斗争提上重要日程。1979—1982年，县委纪检监察机关以《中国共产党章程》《关于党内政治生活的若干准则》为主要学习内容，先后在党员、干部中集中进行优良传统、端正党风、廉政建设与反对腐败教育。

1987—1989年，市纪委围绕治理经济环境，全面深化改革，集中开展廉洁勤政、反对腐败教育。总结表彰17个廉政工作先进集体和16名先进个人。1990—1992年，结合清理查处干部职工违纪建私房问题，开展党规党法学习教育。

1993年，区纪委贯彻反腐败以"教育为主、预防为主"方针，联系党员干部思想实际，会同区委组织部、宣传部开展"三学"(学党章、学理论、学法规)和"社教"(社会主义思想教育)活动。派出23人次在部分乡镇和区直单位进行了11次廉洁勤政专题教育；表彰推广廉洁勤政典型27个，向全区剖析通报腐败堕落的反面典型8个。1996年，区纪委分别组织1.4万余名党员干部参加中纪委、省纪委组织的党纪政纪条规知识竞赛，先后总结推广41个廉洁勤政先进典型。印发领导干部廉洁自律"38个不准"2000余份。播放电教片5000多场次，接受电化教育2万余人次。

1997年，对全区党员干部进行以"讲学习、讲政治、讲正气"为主要内容的党性、党风、党纪教育，有针对性地编写党纪教育与反腐倡廉材料，对全区党员、机关党员干部、新提拔干部、各级领导干部分别进行教育培训。在培训教育中，编写《加强党风廉政建设、改进机关作风》《学十五大精神、转变干部作风》《党员要做遵纪守法的模范》等6种辅导材料，印刷4000余份，在全区各级分发，组织开展教育培训。

2001—2003年，组织党员干部认真学习区委《关于党员领导干部作风建设有关问题的暂行规定》，开展"学规定、查问题、改作风"教育。并在领导干部配偶中开展"廉政进家庭、争当廉内助"活动。

2004—2007年，在全区党政系统开展建设"廉政东港""廉政建设年""行政许可法"等学习、教育活动。举办科级干部警示教育报告会、廉政教育报告会、以案释法报告会、廉政影片放映周等活动，作报告20余场次，播放影片18部次，教育干部1.2万人次。对评选出的区级"十佳廉内助"进行表彰。组织全区1600余名干部参加《中国共产党纪律处分条例》和《中国共产党党内监督条例》知识考试和知识竞赛。组织区、镇(街道)机关干部集体观看电教片《忏悔录》《生命之重》和话剧《天堂向左深渊向右》《风范》等。

开展廉政谈话 建立廉政档案

2003年，从关心爱护和监督管理的角度出发，向全区180余名提拔、重用的新任领导干部发出廉政公开信，提出廉洁从政的具体要求。对镇(街道)、区直部门"一把手"实行集体廉政谈话。

2004年，组织70名主要领导干部进行述职述廉，对6名干部进行信访预警约谈。2007年，按照干部管理权限，实行分级负责，在全区开展党风廉政谈话，约谈教育干部2250余人次，指出存在问题3200余条，建议要求3260余项。为每名科级干部建立以个人基本情况、奖惩情况和廉洁情况为主要内容的廉政档案，并作为区委对干部提拔使用的重要依据。

2007年，全面推行村级干部"勤廉双述"、廉政谈话和经济责任审计三项监督制度，年内对800余名农村干部进行廉政谈话。

查处违纪违规行为

1990年，全市清理干部职工违规建私房问题。查清 1983 年以来，干部职工在城区建私房 3024 户。其中，干部 1409 人，职工 1535 人(干部中处级 76 人，科级 378 人，建两处以上的 47 人)。对严重违规者给予党纪、政纪处理。1993 年，制定公费安装住宅电话标准，拆除违反规定安装住宅电话 8 部。1994 年，根据省委、省政府办公厅文件要求和区委部署，对全区各级党政机关事业单位和有行政管理职能的企业单位及领导干部乘坐的小汽车进行清理。对全区现有 160 辆小汽车的档次、购车资金进行检查。严格控制购买和更换小汽车，对全区 7 辆超标准小汽车(区级领导干部乘坐使用的 4 辆，乡科级机关配备使用的 3 辆)于 1995 年 4 月 5 日下午 6 点前全部更换处理。1996 年，制定各乡镇(街道)和村小汽车购置使用规章制度。1997 年，出台《关于党政机关小汽车配备使用管理的暂行规定》，对小汽车实行编制管理，严格车辆购买报批制度。1997 年，对全区公费购买通讯工具进行专项治理。对公费购买移动电话、BP 机和公费安装住宅电话进行集中清理。6 月，下发《关于对公费购买移动电话、BP 机和安装住宅电话进行摸底调查的通知》，印发《关于全区党政机关、事业单位干部住宅电话和移动电话管理的暂行规定》，对全区党政机关、事业单位用公款安装的 254 部电话全部处理给个人，收缴处理款 17.74 万元。对全区党政机关、事业单位用公款购买的 145 部移动电话全部按规定进行处理。同时，收缴封存 BP 机 163 部，并对企业干部和农村干部住宅电话使用做出明确规定。2000 年，制定《关于进一步加强党政机关、事业单位移动电话管理的暂行规定》，实行“限额报销、超支自负”管理办法，每年节约电话费 120 余万元。

2001 年精简公务用车，对 103 辆超编小汽车一律由拍卖中心面向社会公开拍卖。仅此一项，每年减少支出 400 多万元。2002 年，拍卖村级公务用车 31 辆。至 2003 年年底，清查各类违规小汽车 268 辆。

1998 — 1999 年，狠刹公款吃喝玩乐歪风。围绕落实区委《关于严格禁止党政机关、事业单位用公款吃喝玩乐的暂行规定》，提出“六项制度”。即：来人接待报告制度，招待审批制度，招待费单独列支制度，招待情况定期公开制度，招待费包干制度和招待费专项审计制度。各级一把手为第一责任人，分管财务领导是直接责任人，纪委书记(纪检组长)是监督责任人。制定《关于进一步加强和完善对公款吃喝玩乐问题监督检查的办法》，向全区公开举报电话，开展专项举报活动。坚持月调度、季通报工作制度，组织专门人员，深入全区，明查暗访。半年中，开展全面检查 2 次，组织 46 人次进行 10 次明查暗访活动，对有吃喝问题的 120 余人进行询问、谈话，处理违规公款吃喝党员干部两名。

图 25-14　区纪委制作的党员干部警示教育栏
(摄于 2007 年 5 月)

1999 年春节前，印发《关于春节期间严禁公款请客送礼的通知》，对节日期间党风廉政建设提出明确、具体要求。2001 年，印发《关于进一步加强禁止公款吃喝玩乐工作的通知》《关于在区内公务接待工作中勤俭节约、反对铺张浪费的通知》，取消农村招待费。2003 年，印发《关于进一步狠刹公款吃喝风的通知》《关于进一步规范公务接待的通知》，制定禁止公款吃喝十四条禁令，实行接待审批、接待情况逐次逐项登记、接待费预算管理等八项工作制度，加大公款接待监督检查力度，公款吃喝风得到有效遏制。2005 — 2006 年，先后组织专门人员深入宾馆、酒店、乡镇街道明查暗访 40 次，并摄制电视录像片在区级领导会议上进行播放。

2007 年，区委对干部作风作出“约法三章”：全区各级各部门所有领导干部，除陪同客商必需外，工作日中午一律不准饮酒；区内各级各部门、镇街道之间一律不准相互吃请；区级领导到部门和基层调研检查工作，未经批准，一律不准在基层和部门就餐，不准接受各种名目的馈赠。要求把“约法三章”作为一把手工程，下决心管住自己，管好自己的部门和单位，管好自己的下属人员。

实行廉政建设责任制

1999年以来，区纪委制定贯彻落实中共中央、国务院《关于实行党风廉政建设责任制的规定》及具体实施细则，对党风廉政建设责任逐项分解、细化，完善必要的配套、保障措施，严格责任追究。层层签订党风廉政建设责任状，开展执行党风廉政建设责任制情况大检查。

2007年，配合实行廉政建设责任制，组建党风廉政建设教育宣讲团，为全区农村党支部书记培训班授课7次，巡回镇街道宣讲10场。播放激励警示教育片30余片次，教育党员干部3万余人次。制定《关于加强农村基层党风廉政建设的实施意见》，健全完善《农村干部工作规程》和镇、村两级议事决策机制，完善村务大事公决等制度。下发《关于加强村级集体资金管理严格禁止利用村办企业隐匿收支规避监管的通知》，组织镇(街道)对60多个村居进行清理清查。全区普遍建立起村务参议监督委员会。

申报登记与审计

1995年，制定《关于党政领导干部生活重大事项申报制度》《关于党政机关工作人员在公务活动中接受礼品登记处理规定》《关于充分发挥职工民主监督作用，促进企业廉洁经营的意见》等规范性文件。建立廉政建设责任制，区政府领导成员包乡镇、区直部门，并将申报情况及时通报。

2004年，制定《关于实行任期内经济责任审计制度的意见》《违反预算外资金管理规定的责任追究办法》等10余项规章制度，对12个部门单位进行专项经济审计，对1个单位私设小金库进行查处。2006年，制定《关于实行镇街道、区直部门单位主要负责人任期内经济责任审计制度的意见》，加强对领导干部任期内经济责任审计。年内，对全区15个部门、单位主要负责人进行任中经济审计，对8名领导干部进行离任审计。2007年，创新审计监督制度，由过去离任审计和任中三年审计一次的做法，变为一年一审计、离任审计和任中审计相结合的经济责任年审制。对24个单位的28名领导干部进行离任审计，对46个部门单位主要负责人进行任中经济责任审计。

图25-15　区审计局对领导干部实施离任审计

(摄于2006年8月)

制止公费旅游

1993年，清理出国(境)考察费用开支。1995年，根据上级有关指示、要求，对全区出国旅游组团情况进行摸底、登记造册和上报工作。2000年，下发《关于进一步加强廉政建设，禁止节假日公费旅游的通知》，公开举报电话，对区交通局稽查大队违规集体组团旅游情况进行严肃处理并通报全区，公费旅游得到有效遏制。

第二节　案件查处

1951年，县委纪检监察机关结合抗美援朝运动、结束土改和镇反工作，查处一批丧失阶级立场和腐化堕落分子。1952年在"三反"运动中，对犯有严重贪污腐化和官僚主义错误的党员干部给予党纪处分，撤销党内职务3人，开除党籍19人，追究刑事责任1人。1954年，对破坏国家计划和农业合作化行为的贪污、盗窃、官僚主义及腐化堕落的党员干部予以查处。在1957年整风反右、1958年"拔白旗"和1959年"反右倾"运动中，由于指导方针上的问题，错误处分了一些党员干部。1961—1965年，在社会主义教育运动中，查处违反财经纪律、挥霍浪费、违反党的政策等案件195起，给予纪律处分49人，其中开除党籍13人、留党察看10人。"文化大革命"期间，纪检、监察工作停止。

1980—1981年，查处违纪案件174起。1982年，查处经济违纪案件50起，处分党员干部32人，追缴赃款和赃物折款7.31万元。1987-1989年，围绕经济体制改革，重点查处钻改革空子搞以权谋私的案件。3 年查处党内各类违纪案件 434 起，处分党员 366 人。1989 年，全市立案查处党员干部违纪案件 190 起，查结 174 起，结案率 91.6%，处分党员 176 人。其中，开除党籍 49 人，留党察看 65 人，撤销党内职务 4 人，警告、严重警告 58 人。同时追究刑事责任 7 人。查处违反计划生育政策的党员 128 人，占受处分党员总数的 72%。

1990 年，共立案查处党内违纪案件 159 起，结案 153 起，结案率 96.23%。处分违纪党员 148 人，其中处级干部 1 人、科级干部 8 人，开除党籍 34 人、留党察看 80 人、撤销党内职务 2 人。党内严重警告 16 人、警告 16 人。1991 年，立案查处党内违纪案件 175 起。1992 年，查处各类违纪案件 140 起。其中，违反计划生育政策的案件 52 起，其他案件 88 起。处分党员 135 人，其中开除党籍 25 人、留党察看 59 人，撤销党内职务 7 人、严重警告 18 人、警告 26 人。

1993 年 3 月至 2007 年年底，全区对违纪问题共立案 775 起，处分违纪党员 772 人。其中，科级干部 15 人，开除党籍 140 人，留党察看 132 人，撤销党内职务 17 人，党内严重警告 213 人，党内警告 270 人。受行政处分 4 人，其中行政开除 1 人，记过 3 人。

1993 — 2007 年东港区党纪处分情况表

表 25-14　　　　单位：件、人

年　份	案件合计	党内警告	党内严重警告	撤销党内职务	留党察看	开除党籍	备　注
1993	39	14	6	3	9	2	—
1994	39	3	9	0	20	7	—
1995	37	0	9	1	12	12	—
1996	40	15	5	1	4	13	行政记过 1
1997	33	9	9	1	12	2	—
1998	49	14	13	2	11	9	—
1999	67	6	30	1	21	9	—
2000	64	22	15	3	8	15	—
2001	68	25	24	1	11	7	—
2002	69	35	17	1	8	8	—
2003	56	23	26	1	6	10	—
2004	54	27	10	1	6	10	行政记过 2，开除 1
2005	41	17	11	0	0	11	—
2006	57	27	17	0	3	10	—
2007	62	33	12	1	1	15	—
合计	775	270	213	17	132	140	—

1997—2007年东港区纪检监察案件查处分类情况统计表

表25-15　　　　单位：件

年份 \ 案件性质	贪污	受贿	侵占	挪用	违反财经纪律	违反计划生育	工作失职	违反组织劳动人事纪律	嫖娼	故意伤害	侵权	泄密	非法传销	道德败坏	强奸	盗窃	酗酒闹事	公款吃喝送礼	非法拘禁	不当收入	私藏枪支爆炸物	抢劫	拐卖人口	交通肇事	猥亵儿童	故意伤害	挥霍浪费	以权谋私	敲诈勒索	损坏公物	赌博	破坏国家资源	非法占有	非法搜查	滥用职权审批	偷税	销毁凭证账簿
1997	5	5	5	2	1	4	6	1	—	—	1	1	1	—	—	—	—	1	—	—	—	—	—	—	—	—	—	—	—	—	—	—	—	—	—	—	—
1998	5	—	2	3	7	9	10	6	1	—	1	—	—	1	1	1	2	—	—	1	—	—	—	1	—	—	—	—	—	—	—	—	—	—	—	—	—
1999	3	3	7	5	—	36	8	1	—	—	—	—	—	1	—	—	—	—	—	—	—	—	—	—	—	1	—	1	—	—	—	—	—	—	—	—	—
2000	6	2	3	5	—	5	30	4	2	1	—	—	—	1	1	—	—	—	—	—	—	1	1	—	—	—	—	—	—	1	—	—	—	—	—	—	—
2001	7	2	11	4	1	3	24	4	—	2	—	—	—	—	—	—	—	—	1	—	5	—	—	—	1	2	—	—	—	1	—	—	—	—	—	—	—
2002	2	—	4	5	—	4	49	—	—	—	—	—	—	—	—	—	—	—	3	—	—	—	—	—	—	—	2	—	—	—	—	—	—	—	—	—	—
2003	—	3	8	3	1	—	42	1	—	—	—	—	—	2	1	—	—	—	—	—	1	—	—	—	—	1	—	—	1	2	—	—	—	—	—	—	—
2004	—	—	5	1	3	7	24	4	—	1	—	—	—	—	—	—	—	—	—	—	—	—	—	1	—	—	—	—	—	—	3	2	2	1	—	—	—
2005	4	1	7	1	—	3	27	—	—	—	—	—	—	—	—	—	—	—	—	—	—	—	—	—	—	—	—	—	—	—	—	—	—	—	2	2	—
2006	2	2	—	1	5	5	39	3	—	2	—	—	—	—	—	—	—	—	—	—	—	—	—	—	—	—	—	—	—	—	—	—	—	3	—	—	—
2007	—	9	—	2	5	8	43	1	—	1	—	—	—	—	—	1	—	—	—	—	—	1	—	1	—	—	—	1	—	—	—	—	—	3	—	—	2
合计	34	27	52	32	23	84	302	25	3	7	2	1	1	5	3	2	2	1	4	1	6	2	1	3	1	4	2	2	1	4	3	2	2	7	2	2	2

第三节　纠风、行评与专项治理

纠正不正之风

1993 年，对全区 23 所中小学收费情况进行全面检查。查处超标准收费 3 项、4.85 万元，规定项目外收费、代收费 101.17 万元，责令各办学单位在限期内将这部分收费退还学生。年内还清理机关团体无偿占用企业人、财、物问题，责令限期退还企业无偿占用人员 13 名，占用资金 2041 万元，转嫁费用 1.01 万元，借用资金 65.2 万元，占用房屋 41 间。1994 年，清理涉及东港区 12 个部门的 17 项不合理收费，清理注销行政收费许可证 15 个。1995 年，收缴违纪款 12.7 万元，纳入财政代管资金 36.2 万元。取消中小学不合理收费 14 项，清退代收费、自立项目和超标准收费 26.38 万元。在全区中小学普遍建立收费卡和收费报告制度。1996 年，规范中小学收费，处理 3 起中小学违规收费行为，对教育附加费的使用管理进行整顿。对区直部门举办的培训班、研讨会及收费情况进行专项检查，对公费出国(境)团组进行清理。同时，清理干部职工拖欠的公款 210.78 万元。1997 — 2007 年，每年对中学收费开展监督检查。2007 年，查处教育乱收费案件两起。

1999 — 2007 年，查处 42 起制售假冒伪劣药品案件，没收伪劣药品价值 2.6 万元，罚款 8 万余元，取缔无证行医 171 家。围绕新型农村合作医疗、药品安全等方面问题，开展执法监察 25 次，取缔非法行医 51 起。

行业作风评议

1994 — 2007 年，每年组织一次由区级领导、人大代表、政协委员、社会各界代表参加的重点部门行业作风民主评议。对后进单位主要负责人进行诫勉谈话并责令限期整改。区直 77 个部门和行业公开社会服务承诺，38 个区直部门实行挂牌上岗制度。2002 年，压减各类审批项目 172 个，建立行政审批服务大厅，14 个具有行政审批职能的部门集中办公，67 个部门单位的服务效能、工作质量通过新闻媒体向社会作出公开承诺。2003 年，实行首问负责制和服务承诺制，推广“一站式”服务。对全区保留的 256 项行政审批事项进行重新审查清理。23 个部门单位进驻服务中心，面向社会公布 179 项审批事项。2005 年，建立 3017 人组成的评议代表储备库，评议时随机抽取 30% 的人员参加评议。同时，改过去统一评议为分类评议，改年终一次评议为半年一次评议。对征求到的 1495 条次问题和建议，列出单子，以纪委监察局《督办通知》的形式反馈到各主管部门、单位，责令其限期整改。2007 年，配合“作风建设年”活动，改进评议办法，提高评议质量，征求到 1495 条次问题和意见，提高了作风评议的针对性、公正性和实效性。

1994 — 2007 年东港区参评部门、单位数量表

表 25-16　　单位：个

年份	1994	1995	1996	1997	1998	1999	2000	2001	2002	2003	2004	2005	2006	2007
区直部门	16	28	34	38	17	30	42	41	43	48	44	46	43	53

监察监督

1996 年开始，组织有关部门开展减轻农民负担等多项执法监察，查出违纪金额 396.2 万元，挽回直接经济损失 76 万元。1997 年，深入到 18 个乡镇(街道)、40 多个村进行调查研究，针对存在的问题，制定《关于减轻农民负担工作的实施意见》。4 月中旬，组织力量对农村集资提留、达标项目及有关文件进行全面清理，查出涉及农民负担的文件 61 份，取消 13 个违规项目文件。1999 年，重点进行减轻农民负担监督卡和政府采购招标制度落实督查，发放农民负担监督卡 23.5 万户，入户率 100%。精减村干部 1173 人，减轻农民负担 100 余万元，清理农民不合理负担 13.8 万元。规范提留统筹计提范围，取消高价地。2000 年，严格农民负担预决算审批制度，减轻农民负担 400 多万元。2002 年，借助村两委换届，压缩村干部和误工补贴人员7000余人，减轻农民负担887.7万元。2004年，全区集中清理拖欠、截留、挪用农民征地补偿款5772万元，清欠农民工工资1675万元。2005年，受理农民工投诉案件62起，清欠农民工工资50余万元。

2001年始，对政府采购进行专项监督。2003年组织政府采购134项，采购金额721.25万元，节资率14.46%。2004年，开展工程招投标专项治理活动，全区共招投标发包工程15项，公开招标率100%。招标拍卖挂牌出让经营性土地12.11公顷，实现政府收益3548.15万元。政府集中采购额1534.75万元，节约资金327.1万元，节支率17.57%。2005年，政府采购115次，累计合同金额2238.94万元，节支427.8万元，节支率16.04%。2006年，出台《关于对招投标、招聘工作实行全程监督检查的办法》，对招投标及招聘工作实行全程监督检查，先后10多次参加联合督查组，加强对潮石路绿化、南沿海公路建设等政府重点投资项目的全程监督管理。全程参与政府采购、药品采购等重大招投标8次，人事公开招聘工作8次。2007年，监督签订政府采购合同170份，金额1010.47万元，节支率14.23%。参与监察公开招标工程建设项目3个，签订合同金额880万元。参与监督小学教师和社区、计生、卫生人员等人事招考、招聘200余人。2000—2007年，先后6次参与卫生部门的医疗器械、药品采购监督，金额达1.2亿元，让利群众1200余万元。

专项治理

2005年，清理整顿违法排污企业47家。2006年，组织环保、公安、工商、供电等有关部门，开展专项执法监察6次。对80余家违法排污企业依法实施关停整顿，对10家给予行政处罚，取缔、关停103户淀粉加工排污大户。2007年，挂牌督办违法排污企业10家，依法关停污染水源地的公路加油站2座。

2006—2007年，组织协调组织、人事、财政、审计等部门，开展"清理现有公务用车，完善公务用车编制；清理编制外人员，严格人事编制和人事纪律；清理部门单位各项非税资金收入，严格财务管理"三项专项治理活动，纠正存在问题。同时，开展商业贿赂专项治理。制定《治理商业贿赂专项治理活动实施方案》，对重点领域、重要部门单位进行专题教育，组织开展治理商业贿赂自查自纠活动。自纠案件10起，涉案资金100余万元。签订《抵制商业贿赂廉洁自律责任状》400份。会同工商等部门对13所医院进行专项检查，对存在问题责令集中整改。

2007年，协助区委在全区开展"作风建设年"活动，加大专项治理力度。起草《关于加强党员领导干部作风建设的实施意见》并制定《实施方案》。配备密录设备，组织专门人员开展明查暗访，对各级各部门作风建设状况进行了3次大规模明查、30余次暗访。对明查暗访中发现的19名违规机关工作人员分别给予组织处理、经济处罚和批评教育。对查摆问题不扎实的22个部门、整改措施不够有力的26个单位和个人发出整改单，督促重新查摆、制定整改方案。制作作风建设明查暗访情况专题片，对干部进行警示教育，促进机关工作作风转变。

第四节　"三务"公开

政务公开

1994年7月，在全区推行政务公开。1998年，集中一个月的时间，在涛雒镇和区土管分局、国税分局、教委、工商分局4个区直部门，分别开展政务财务公开民主管理工作试点。召开全区现场动员会，出台文件，推动乡镇(街道)、区直部门、行政村居建立政务财务公开栏，公开面95%以上。2005年，开展"政务公开建设年"活动，全区所有区直部门、镇(街道)全部实行政务公开。

厂务公开

2001年开始，全面推行厂务公开，制定《关于在全区推行厂务公开制度的实施意见》，内容包括：企业发展规划、任务、目标，企业物资供应、产品出售、债权债务、技术改造、基建项目，企业的改组、改造、兼并、破产等情况；住房分配方案、资金福利分配、评先树优、减员增效、下岗分流、社会保险金缴纳等情况；企业业务招待费、交通、通讯工具使用、水电费、办公设施购置等情况。

村务公开

1998年秋，全区推广涛雒镇村务公开经验，推行村务公开"五统一"(统一公开形式，统一公开内容，统一公开时间，统一公开程序，统一检查考核）。区成立专门检查组，对公开情况实行月抽查、季检查、半年初评、年终总评。

同时，全区村务公开实行两项制度。第一、实行村务大事村民公决制度。即对涉及村民重大利益的村内事务，向各户发放“意见卡”，让村民在同意或不同意栏内签名，交决策权于群众；第二、村民质询会议制度。即对涉及本村的经济社会事宜，公开接受群众质询。

2003年，推动“三务公开”深入发展，在农村，建立党支部议事规则、村民代表议事制度、村级重大事项申报制度、财务管理制度、村务公开制度、村规民约制度。健全两委会议记录、村民代表会议记录、公开内容登记、反馈意见登记。在机关事业单位实行“三簿一单六项制度”（三薄：领导班子会议记录薄、公开内容登记薄、民主监督小组议事记录薄；一单：派餐单；六项制度：廉政建设制度、财务管理制度、人事管理制度、车辆电话使用管理制度、办公用品管理制度、政务财务公开制度）。

2004年后，根据各单位实际工作创新四种形式公开：集约式公开，在区行政审批大厅前设置高标准的公开栏，将有审批项目的14个部门的工作职责、审批程序、政策依据等集中公开，在区政府大院内办公的17个部门、单位，实行集中统一公开；递进式公开，除将基本内容在公开栏内公开外，各部门、单位把细致具体的内容印制成明白纸发放，设咨询岗专人解答有关问题；立体式公开，对涉及全局性的政策规定和中心性的工作及时在电视台和《东港通讯》上向社会公布，有条件的单位还通过电子屏幕、电子触摸屏、互联网等形式公开；参与式公开，让各界人士参与有关重要工作、重要决策的具体过程，在民主决策与监督中进行公开。

第五章　组织建设

1928年春，日照县委由牟春霆负责组织工作。1932年春，县委升为中心县委，牟春霆任组织部长。同年10月“日照暴动”失败，组织工作中止。1938年12月，县委在小曲河成立，组织部重建。“文化大革命”中，组织工作受到冲击。1968年3月，日照县革命委员会成立，组织工作由政治部负责。1975年11月，县委组织部恢复。1985年5月，日照市委（县级）组织部成立。1989年11月，地级市委组织部成立。1993年1月，东港区委组织部成立。内设7个职能科室：办公室、研究室、干部科（加挂参照管理工作办公室牌子）、组织科（加挂组织员办公室牌子）、干部监督审理科（加挂考核办公室牌子）、干部教育科（加挂下派干部工作办公室牌子）、知识分子工作科。2002年9月，组织部内设5个职能科室：办公室、研究室、干部科（加挂知识分子工作办公室牌子）、组织科、干部教育监督审理科。

组织部下辖区委老干部局（正科级行政单位）。

1932—2007年日照县（市）、东港区委组织部部长任职情况表

表25-17

姓　名	任　职　年　月
牟春霆	1932年2月—1932年10月
范干民	1938年11月—1938年12月
郑子久	1938年12月—1939年5月
孙汉卿	1939年5月—1942年9月
赵明德	1942年9月—1944年6月
张君实	1942年6月—1947年11月
张学义	1947年11月—1950年1月
孙志瑗	1950年1月—1950年4月
刘继先	1950年4月—1951年7月
牟步善	1951年7月—1954年7月
牛本安	1954年7月—1959年4月（1955年12月1959年4月任副书记，兼组织部长）
凌旺勤	1959年4月—1960年3月
刘克珍	1960年3月—1962年10月
牟墩杰	1962年10月—1969年9月
辛士诚	1969年9月—1975年11月

续表 25-17

姓　名	任　职　年　月
董玉凯	1975 年 11 月— 1978 年 5 月
夏良柏	1978 年 5 月— 1981 年 9 月
刘京玉	1981 年 9 月— 1984 年 2 月
王世田	1984 年 2 月— 1987 年 8 月
邓洪爱	1987 年 8 月— 1989 年 11 月(县级市)
张振业	1989 年 12 月— 1996 年 1 月(地级市)
王　智	1993 年 1 月— 1996 年 12 月
王　斌	1996 年 12 月— 1999 年 2 月
解学文	1999 年 2 月— 2003 年 3 月； 2003 年 3 月— 2006 年 3 月(区委副书记兼)
毛维岗	2006 年 3 月—

第一节　党员队伍建设

党员发展

1925 年春夏之交，丁君羊(又名丁基实，涛雒官庄人)，由山东省执委书记尹宽和王翔千介绍入党，是最早的日照籍党员。1926 年春，由丁君羊介绍，日照籍进步青年安哲、郑天九加入中国共产党。1928 年县委建立后，境内开始秘密发展党员。1932 年 10 月，安哲以安家村小学教员身份，在安家村秘密发展党员。郑天九利用“平民夜校”作掩护，在邵疃、山字河一带培养、发展党员。同年全县党员达 700 余人，后由于日照暴动失败和叛徒出卖，境内党的组织受到严重破坏，党员发展处于低潮期。

1937 年 10 月，范景蘧受命回日照联络隐蔽下来的党员，恢复傅(疃)平(台)党支部并开始发展吸收新党员。到 1940 年，境内党员增至 1000 余人。解放战争中，党员队伍有了较大发展。1947 年 7 月始，全面实行党支部、党员公开，至 1949 年 10 月，全县党员已达 2.08 万名。

1950 年 5 月，县委贯彻中共中央《关于发展和巩固党的组织的指示》和 1951 年全国第一次组织工作会议通过的《关于发展新党员的决议》，发展对象主要以农民为主。以 1965 年为例，全县新增党员 405 人，其中农民 381 人，占 94%。

1978 年后，各级开始重视知识分子入党问题。文教卫生战线的党员，1978 年为 1110 人，1989 年为 2730 人，1989 年比 1978 年增加 146%。

1985 年后，市委按照“坚持标准，保证质量，改善结构，慎重发展”方针，党员发展工作重点放在解决党员队伍老化问题上，注重在工、农、商、学等各行业工作第一线发展青年党员。

1994 年，东港区委印发《关于进一步加强入党积极分子队伍建设的意见》，要求每个基层党支部常年保持 5 ～ 10 名入党积极分子，每年至少发展 1 名新党员。1998 年，区委组织部编写《中国共产党发展党员工作指南》，系统介绍了党在新的历史时期发展党员工作的基本程序、基本知识和有关政策，解答党员发展中的一系列问题并作为培训入党积极分子的必读教材。2000 年，组织部印发《关于发展党员实行五项制度的意见》。五项制度为：民主推荐入党积极分子制度，对确定为发展对象的入党积极分子进行测评、公示制度，实行发展对象预批、培训制度，党委派出人员参加党支部大会制度，组织人员考察、谈话制度。2004 年，区委在生产一线、

图 25-16　区直机关新党员入党宣誓仪式　(摄于 2006 年)

知识分子和在外经商人员、长期流动人员和非公有制企业中培养入党积极分子2500余名。2005—2007年，印发《东港区关于进一步完善发展党员工作制度的意见》《东港区发展党员工作责任追究方法》《关于进一步加强农村入党积极分子队伍建设的意见》等文件，进一步规范、完善党员发展工作机制。

1932—2007年部分年度中共日照县(市)、东港区党组织、党员情况表

表25-18

年份	党组织（个）			党员（人）			
	党委	党总支	党支部	总数	正式	预备	女
1932	—	—	45	700余	—	—	—
1940	—	—	94	1000余	—	—	—
1949	—	—	710	19038	—	—	—
1954	21	224	894	19755	19265	490	3235
1957	4	205	1002	21123	20179	944	3015
1961	22	16	1220	22662	21670	992	3098
1965	103	21	1239	23273	22744	529	2899
1971	23	1	1274	33680	—	—	4715
1978	25	130	1444	39492	38969	523	4939
1985	29	60	1725	48162	46240	1886	5279
1987	29	146	1808	50207	48816	1391	5540
1988	46	147	1894	50811	49939	872	5658
1989	49	145	1949	51550	50642	908	5641
1993	24	135	1436	38731	37842	889	4038
1994	21	141	1442	39415	38158	1257	4223
1995	25	136	1486	40330	38687	1643	4516
1996	26	146	1506	41300	39621	1679	4701
1997	29	151	1535	42285	40908	1377	5057
1998	26	153	1525	42874	41577	1297	5148
1999	26	157	1528	43673	42411	1262	5286
2000	26	159	1546	44556	43279	1277	5496
2001	25	96	1532	45185	44197	988	5726
2002	25	94	1488	45786	44808	978	5871
2003	25	96	1373	42653	41645	1008	5452
2004	23	63	1049	30527	29815	712	4257
2005	23	61	1061	30487	29742	745	3978
2006	24	64	1069	31253	30360	893	4254
2007	26	79	1131	31952	31048	904	4345

党员思想教育

党组织建立初期，党员思想建设活动一般为秘密约谈或临时聚会，内容一般为传达党的指示、阅读进步书刊、学习党的知识等。抗日战争和解放战争中，党员学习教育内容主要为党的统战理论、实行民主、减租减息及土改、复查等有关方针政策等。

新中国成立初期，党组织主要进行清除封建残余思想，巩固社会主义新生政权等方面的政治思想教育。

在社会主义革命和建设的各个历史阶段，党员思想教育建设内容各有侧重。"人民公社化"时期，主要开展社会主义、集体主义思想教育。"文化大革命"中主要以学习毛泽东著作和"无产阶级专政下继续革命理论"为主要内容。中共十一届三中全会后，主要进行邓小平理论学习和改革开放方针政策教育等思想建设活动。

建区后，区委重点对党员进行"三个代表"重要思想和"科学发展观"与党的基础知识、《关于党内政治生活的若干准则》及保持共产党员先进性等思想教育和建设活动。

图 25-17　党员学习党的知识　　(摄于 2003 年)

整党整风是对党员进行经常性教育的重要方法。平时多用"三会一课"及政治运动、重要纪念日和重温入党誓词等对党员进行思想、政治教育。

附：　　不同时期的《入党誓词》

时间	入党誓词	备注
1927 年前	遵守党纲党章，参加党的组织，服从党的分配，定期缴纳党费，遵守党的纪律，保守党的机密，为共产主义奋斗到底	时称党员守则
红军时期	严守机密，服从组织，牺牲个人，阶级斗争，努力革命，永不叛党	—
抗日战争和解放战争时期	我志愿加入中国共产党，坚决执行党的决定，遵守党的纪律，不怕困难，不怕牺牲，为共产主义事业奋斗到底	—
中共十二大(1982 年)以后	我志愿加入中国共产党，拥护党的纲领，遵守党的章程，履行党员义务，执行党的决定，严守党的纪律，保守党的秘密，对党忠诚，积极工作，为共产主义奋斗终身，随时准备为党和人民牺牲一切，永不叛党	—

图 25-18　区直机关党员在烈士陵园重温入党誓词　　(摄于 2007 年)

党员管理

根据党在不同历史时期的任务要求，历届区(县、市)委都对境内党员进行严格、科学的组织管理。战争时期，党员管理的重点主要是：严守党的组织机密，不惜牺牲个人生命完成党交给的战斗任务，严厉惩处背叛党、背叛革命的异己分子，以保证党组织的纯洁性。

新中国成立初期，党员管理的主要任务是从保证夺取政权、解放人民的斗争需要迅速转移到巩固政权、维护党的领导核心上来。1953 年 4 月，县委慎重处理已经发现的党内违法乱纪分子，纯洁党员队伍。1955年年初，鉴于对党员缺乏经常性的教育管理和党内出现的新问题，县委又对不合格党员进行组织处理。1957年，县委印发《给党员的一封信》和《对农村党员的几项具体要求》，对农村党员提出思想觉悟、作风、完成工作任务、做群众榜样、遵纪守法等方面的具体要求。

20世纪60年代前期，在整社和“四清”运动中，对党员队伍管理工作进行认真整顿。县委推广两城区加强对新党员教育管理经验，要求党员自觉接受群众监督并由群众参与搞好党员鉴定。“文化大革命”中受“左”的思想影响，党员管理处于停顿和混乱状态。

1978年后，县(市)委加大对党员的管理力度。1988、1989年，全市开展处置不合格党员工作。1991年，在集中帮教的基础上，对327名党员进行了组织处理。

建区后，区委不断创新党员管理机制。1995—1996年，实行“党员联系户”“党员责任区”等管理措施。2003年，推广实施西湖镇开展党员“十户联组”、加强基层组织建设管理的经验。2004年，开展党员“设岗定责”活动，党员以岗定责，责任到人。根据新时期党员队伍新变化，区委要求严格党员组织关系接转制度，制定、落实对流动党员、离退休党员、失业党员等各类党员进行分类管理办法。

图25-19 两城镇党员服务站为党员提供服务
(摄于2007年)

2007年，区委下发《中共日照市东港区委关于深化“五帮五促”包联工作责任制、开展“双带双联”活动的意见》。要求党的组织要齐抓共管，搞好党员管理工作。

党员队伍构成

境内党员队伍构成，各个历史阶段有所不同。革命战争年代以学生、农民中的优秀分子为主。新中国成立后，农村党员比例较高。中共十一届三中全会后，知识分子入党数量增加。十七大后，企业经营者和非公有制成分的人入党数量迅速增长。

以农民和知识分子比例变化为例，农村党员占党员总数比例：1957年为88%，1978年为82%，1989年为74%，2007年为65%，呈下降趋势。知识分子占党员总数比例1957年为1.1%，1978年为2.8%，1989年为5.3%，2007年为11%，呈上升趋势。

按照入党时间划分：2007年年底，全区建国前入党的1358名，占4.3%；1949年10月至1966年4月入党的4017名，占12.6%；1966年5月至1976年10月入党的6245名，占19.5%；1976年11月至2007年年底入党的党员12279名，占38.4%。

按照党员年龄划分：2007年年底区内党员中35岁以下的6156名，占19.3%；36岁到45岁的7038名，占22%；46岁到55岁的6556名，占20.5%；56岁到60岁的3589名，占11.2%；61岁以上的8613名，占27%。

按照党员文化程度划分：1953年文盲15413名，占76.2%，无高中以上学历。1985年文盲11322名，占23.5%；高中学历3295名，占6.8%；中专1513名，占3.1%；大专以上的574名，占1.2%。2007年大专以上学历5724名，占17.9%；中专3372名，占10.6%；高中5786名，占18.1%；初中及以下17070名，占53.4%。

建区前部分年份与建区后各年份党员文化程度情况统计表

表 25-19　　单位：人

年份	党员数量	大学		中专	高中	初中及以下			备注
		研究生	本科、专科			初中	小学	文盲	
1953	20219	—	—	—	—	37	4769	15413	日照县（市）
1954	19755	—	—	—	4	53	3463	16235	
1957	21123	—	1	—	20	219	5533	15350	
1961	22862	—	11	—	33	513	12077	10228	
1965	23273	—	33	—	72	720	10727	11721	
1980	42125	—	178	422	1263	4947	21472	13843	
1985	48126	—	574	1513	3295	8521	22901	11322	
1986	49293	—	718	1762	3872	9121	22513	11307	
1987	50207	—	877	2071	4410	9843	22070	10936	
1993	38731	—	981	2325	4356	9065	16819	5185	东港区
1994	39415	—	1291	2522	4477	9421	16711	4993	
1995	40330	—	1633	2927	4775	9894	16581	4520	
1996	41300	—	2103	3168	5258	10264	16504	4003	
1997	42285	—	2616	3300	5637	10799	16171	3762	
1998	42874	6	3071	3346	5639	11448	15811	3553	
1999	43673	6	3601	3375	5818	11920	15784	3169	
2000	44556	58	4002	3510	6051	12176	15666	3093	
2001	44465	50	4598	3646	6221	12320	15440	2190	
2002	45786	8	5086	3922	6454	12608	15147	2561	
2003	42653	16	5414	3633	6497	27093			
2004	30530	17	4737	2880	4916	17980			
2005	30484	26	5138	2472	4705	18143			
2006	31253	27	5306	3256	5550	17114			
2007	31952	29	5695	3372	5786	17070			

说明：2004 年，划归岚山区 4 个镇街道的数量不在内

第二节　基层组织建设

农村党支部建设

基层党支部的建立与发展　日照县委成立伊始，首先在农村秘密开展建立党的基层组织工作。1928 年春，安哲以小学教员身份，在本村发展长工李芹年等人入党并于次年建立安家村党支部。郑天九在家乡山字河、邵疃一带以国货贸易公司推销员身份联络穷苦百姓，首先发展看庙的贫苦青年汉成运入党，并在当年建立起境内第一个农村党支部。牟春霆于 1931 年 3 月建立牟家小庄党支部。至日照暴动前，全县共有农村党支部 45 个，同时，100 多个村庄秘密开展党的组织活动。1932 年 10 月以后，由于日照暴动失败和叛徒出卖等原因，境内基层党组织遭到极大破坏。

1937 年 10 月，范景蘧回日照恢复傅(疃)平(台)党支部。1938 年春，中共下元特支成立。11 月，中共日照临时县委成立后，又相继建立涛雒、卜落子等党支部。12 月中旬，中共日照县委在小曲河正式成立，相继建立安东卫、北关、下河等党支部。到 1940 年年底，全县共建立党支部 94 个。

1947 年年初，按照中央指示农村党支部逐步向社会公开。全县在土改运动中公开党支部 199

个，在生产自救中公开330个，其余党支部在以后几年也陆续公开。到1954年，全县共有农村基层党支部825个。

1952—1955年年底，按照第一次全国组织工作会议通过的《关于整顿党的基层组织的决议》，对全县农村党支部组织进行一次普遍整顿。整顿活动分“整党动员、八项条件授课教育、党员登记、党员鉴定和组织处理、改选支委和建立健全党支部各项活动制度”五步进行。全县1.84万名在册党员全部参加学习、整顿活动。整顿活动中发展新党员1428名。出党人员2300名，其中开除党籍的94人。

1958年6月，县委针对农村党员分布不平衡，不少村仅有一两名党员甚至无党员的情况，重点培养发展在大炼钢铁和兴修水利中涌现出的积极分子入党，以充实农村党支部。同年，全县1068个大队，建立党支部的有918个。

1965年10月，县委把“一个好的领导核心是否建立起来”作为农村“四清”工作搞得好坏的重要标准，高度重视农村党支部建设。全县建起党支部的大队1067个。

“文化大革命”前期，全县农村基层党组织建设工作停止，1970年年初陆续恢复。1989年年底，境内共有农村党支部1095个。

1993年以来，区委不断加强农村党支部建设。1995年制定《关于加强农村基层组织三年规划》，1998年推行农村支部选举“两票制”经验，2006年印发《关于进一步加强农村入党积极分子队伍建设的意见》。农村党支部班子建设不断加强、优化，党员数量增加、质量提高。2001年，东港区委重视和加强新型经济社会组织中党的建设工作，努力做到“新型经济社会组织发展到哪里，党组织就发展到哪里，党的工作就开展到哪里”。东发〔2001〕21号文件规定：凡是有正式党员3名以上的新型经济组织，都要及时建立党组织；党员人数不足3名的，就近与其他单位建立联合党支部。2006年，东港区委制定《关于进一步加强社区党的建设工作的意见》，金阳、富康等社区党支部相继成立。至2007年年底，全区共有村党委3个、农村支部551个、社区党支部50个。

换届与选举　革命战争年代，在党组织公开之前，党支部数量较少。党支部书记人选一般由上级党组织指定，或指定后采取举手表决方法予以确认。农村党支部书记和党支部成员一般由上一级党委考察确定，经党员大会举手或投票进行等额选举。

新中国成立后，基本延用这一方法。1984年后，农村党支部班子构成和成员配备逐步按“四化”(革命化、年轻化、知识化、专业化)要求进行，选举办法也由等额选举向差额选举或先差额选举再等额选举转化。各级党委在不同时期对农村基层党支部成员的年龄、知识、性别构成和选配标准不断提出新的标准和要求，选举方法逐步规范科学，民主公开程度也不断提高。

建区后，区委和各镇、街道党委对新形势下农村基层党组织建设进行新的探索和创新。

“一肩挑”与兼职兼任　2000年，提倡农村党支部书记兼任村民委员会主任，即“一肩挑”。提倡党支部班子成员兼任两个或两个以上职务。到2000年年末，全区80%的村居实现“村(居)职兼任”，压减村干部1900余人。2002年，全区525个村居实现党支部书记、村主任“一肩挑”，占总数的58.2%。党支部成员兼村委成员的1852名，占总职数的69.7%。

2004年，第八届村民委员会换届选举与党支部换届选举一并进行，继续提倡党支部书记、村民委员会主任“一肩挑”；党支部、村民委员会成员交叉任职；村民委员会下属委员会主任也由党支部、村民委员会成员兼任；党小组长、村民小组组长也由一人兼任。这次党支部、村民委员会换届选举，全区按期完成村民委员会换届选举的580个，按期完成党支部换届选举的576个，分别占总村数的99%和98%。选举产生党支部、村民委员会成员1621人。其中，交叉任职的1307人，兼职率达80.6%。514个村实现书记、主任“一肩挑”，占完成党支部换届选举村的90%。通过交叉任职，全区共减少村两委干部740人，每年减少开支400余万元。

2007年，第九届村民委员会换届选举。全区有499个村实现书记、主任“一肩挑”，占总村数的85.5%。

“两票制”与“两推一选”　1997年，涛雒镇党委在村党支部换届选举工作中，首创“两票制”：在选举前，不预设候选人，先由党员和群众代表分别填写推荐票，两种推荐票都过半数者方有资格为候选人；候选人确定后，再由全体党员进行正式投票选举。变过去封闭式运作为公开、透明式运作，群众参与度提高，深得党员、群众拥护。1998年以后，区委在全区推广这一做法。同时，得到市委、省委和中组部领导的充分肯定和高度评价。2000年10月，省委组织部下发《关于印发<关于“两推一选”农村党支部成员的意见>的通知》，要求“今后，农村党支部班子换届和调整，一般要实行‘两推一选’的方法，提高选拔任用工作的民主公开程度和党员群众的认可程度”。

2002年、2005年、2007年3次农村党支部换届或调整中，全区都实行了“两推一选”办法。

评议与考核 1989年4月开始，乡镇(街道)党委对基层党支部和干部的政治态度、思想素质、道德品质、工作实绩等进行全面评价、审议、考察和审核。主要有“达标升级”“上争创”“三级联创”三种形式。

“达标升级”：对农村党支部进行全面评议、综合考核、分类指导和奖罚。主要办法是以乡镇街道为单位，按照经济建设、精神文明建设和党的建设三个方面制定分类标准。分类前，由乡镇街道党委组织有关部门专职人员组成考评小组，制发评价表，汇总评价得分。根据考核结果，党委集体研究确定类别，划出一类、二类、三类三个层次。由乡镇街道党委向农村党支部下发“类别认定书”。同时，明确该党支部年度目标责任，年底进行全面考核验收，看其是否完成规定任务，达到哪个类别，考核结果直接与村干部年终工资待遇挂钩。1989年4月，首先在河山乡试点，随后在全市推开。当年在全市1095个农村党支部中测评出一类502个，占 45.85%；二类522个，占47.67%；三类71个，占6.48%。同年年底，经过组织部考核与群众评议，自我评价与检查验收相结合的办法进行全面综合考核。验收结果是：一类党支部达到617个，占56.35%；二类447个，占40.82%；三类31个，占2.83%。一类党支部上升10.5个百分点，二类、三类分别下降6.85和3.65个百分点。这项活动由市委组织部组织开展、由乡镇党委具体实施，从1989年开始一直持续到1992年年底。

“上争创”活动(“上”，就是三类班子上台阶；“争”，就是二类班子争先进；“创”，就是一类班子创红旗)是“达标升级”活动的延续。2003年始，此形式由绩效综合考核代替。

“三级联创”：区、镇、村三级联动的创先树优活动。2003年，为进一步加强农村基层党组织建设，实现区委提出的“三级联创”目标，区委组织部印发《关于2003年度农村基层党组织“三评一考”工作意见》，要求以十六大党章规定的党员义务、权利为标准，以党员工作实绩为评议内容，按照优秀、合格、基本合格、不合格四个档次进行评议；以农村两委成员、群团组织和经济组织负责人为对象，在“德、能、勤、绩”四个方面，按照优秀、称职、基本称职、不称职四个档次进行评议；以“五个好”村党支部标准，对村党支部进行评议，并按一、二、三3个档次进行排序。

整顿后进党支部 新中国成立后，基层组织建设中，一直坚持在培养树立先进的同时，对落后、贫困村的党支部以多种形式进行整顿、帮扶，促其转化、提高。

1959年8月，县委印发《关于加强农村支部领导的工作意见》，重点是纠正“五风”，落实“三级所有、队为基础”工作任务。

1971年，全县党的组织活动逐步恢复。县委印发《关于以批修整风为纲，整顿党支部试点情况的报告》，从县、社干部中抽调1108人组成425个工作组进村进行帮助整顿工作。到次年3月，全县1089个农村党支部，整顿1010个，调整党支部436个。

1990年3月与1991年4月，市委从全市党政机关和事业单位分两次抽调395名干部，先后分赴19个乡镇、53个村和24个企业挂职包点。下派干部到基层单位进行为期一年的整顿、帮扶，其主要任务是搞好“基层党组织建设、物质文明建设、精神文明建设”。

1996年12月，区委下发《关于开展千名干部联村帮户活动意见》，决定区、乡两级领导每人包一个后进村。有28名区级领导、256名脱产干部组成工作组，进村整顿提高党支部。2003年6月，区委印发《关于做好区级领导联系镇、街道，区直部门包扶贫困后进村工作的通知》。全区选定49个区直部门对40个贫困后进村进行为期3年的“帮联”工作并于2005年年底进行统一考核，区级领导累计蹲点1672天，部门共帮扶资金85万元，整顿党支部35个，充实党支部成员60人，40个后进村全部改变后进面貌。2006年，根据市委第四轮包联工作的要求，区委对30个社会主义新农村建设示范村和36个无村级组织活动场所的后进村实施包联工作责任制。

2007年3月，区委制定《关于深化“五帮五促”包联工作责任制，开展“双带双联”活动的意见》，在全区实施东部街道带西部镇、经济强村带经济弱村、规模以上企业联系村、部门干部驻点联村整顿帮扶计划。东部3个城区街道带西部3个边远镇，39个经济强村(居)带39个经济弱村，100家规模以上企业联系100个村，45个部门的120名干部驻点联村。通过采取双向对接、交流座谈、宣传引导、定期调度等措施，激发带联双方的积极性和主动性，双方围绕建设村级组织活动场所、改善村容村貌、招商引资、发展经济、解决民生等问题，进行广泛合作与帮扶。据统计，责任单位为联带对象扶持无偿资金130.1万元，物资折款134.5万元，提供致富信息1600余条，发展集体和个人经济项目300余个，建自来水工程11处，硬化美化道路12条。

强化沿海渔村党建　实行改革开放以后，渔业生产发生变化，船上作业的党员时常远离家乡，远离组织，出现“有党员无组织”现象。石臼街道裴家村党支部根据渔村的特殊位置和特点，提出“把党小组建到船上”的党建新思路，使沿海党组织的设置向出海作业的渔船上延伸，打造渔村党建“海上堡垒工程”。在不同船组、船队和有三名以上党员的单船上，分别设立党小组，选定作风过硬，海上生产经验丰富的党员担任党小组长，活动地点就设在党小组长船上，使渔村党组织的触角由海岸伸到海上作业区和船队，实现“船行千浬有组织”。1990年7月，在岚山头街道召开全市沿海渔村党建工作经验交流会，推广裴家村党支部创建“海上堡垒工程”的经验。1991年1月，市委组织部与中央党校理论部联合举办首届“全国部分沿海城市基层党建工作研讨会”，裴家村的经验和日照的做法受到肯定和重视。

建区后，东港区委不断加强沿海渔村党建工作，深化“海上堡垒工程”建设。至2007年，全区63个沿海村党支部都有专人负责船上党员工作。

争创“五个好”党支部　2004年8月，东港区委印发《关于深入开展农村基层组织建设“三级联创”的活动实施方案》，制定《“五个好”村党支部考核标准和考核办法》。具体内容是：建设一个好的党支部班子，培养锻炼一支好的党员队伍，选准一条好的发展路子，完善一个好的经营机制，建立一套好的民主管理制度。在争创活动中，境内各村党支部普遍结合自己的实际，制定具体的工作目标和落实措施。年终采取自评、量化评分与全面考核相结合的办法，全区评选出“五个好”村党支部426个。

2004年后，先进村党支部的评选按照镇街道党委对各村年度考核的成绩高低确定。

机关、企事业党建

机关、企事业单位党支部建设由机关工委(党委、党总支)负责。1953年起，县委即有专人负责机关党务工作。1956年2月设立机关党总支，牛本安、薄自禄、刘克珍先后任党总支书记。1964年11月更名为机关党委，刘克珍、崔照坤、刘继然先后任书记。“文化大革命”中机关党委撤销，1975年恢复。1985年5月，市直机关党委成立，刘继然任书记。1989年11月，市直机关党委升格并更名为市直机关工委，张培宏任书记。1997年7月东港区区直机关党委成立，王智兼任书记，崔久成、安郁经、刘贤春、窦更勤先后任书记。2003年6月更名为区直机关工委，窦更勤、宋昱桦、丁肇波、王敦宏、王磊先后任书记。

机关事业单位组织建设　新中国成立后，县直机关和事业单位逐渐增多，基层党支部随之建立起来。1952年8月，县直机关事业单位共有党支部11个，党员172名。

1956年2月，县委组织部设立机关党总支。1957年6月，县委组织部、文教部联合发出《关于在小学教师党员中建立党支部的通知》，要求各区、镇将小学教师中凡有三名正式党员以上未建立党支部的，单独建立教师党支部。当年共建小学党支部16个。同时，在中学、日照师范设立党委，卫生系统也相继建立基层党支部。1963年6月，根据地委关于加强党对财贸工作领导的指示，各基层供销合作社相继成立基层党支部。

“文化大革命”初期，机关事业单位基层党支部停止工作。1969年10月，县直单位相继成立党的核心领导小组，机关事业单位开始恢复党的组织生活。1970年6月，县革委党的核心领导小组下发《关于加速各级领导班子革命化建设的决定》。1971年，逐步在公社(区、镇)设立党委，同时单独或联合建立机关党支部。

中共十一届三中全会后，在党政机关、人民代表大会、政治协商会议、人民团体设立基层党支部或党组。

区直机关党委成立后，具体指导区直机关和企事业单位党员发展工作，开展各项组织活动。2006年年初，对区直机关党组织进行调整充实，共调整总支、党支部班子24个，调整充实党务干部52人。在全区区直机关深入开展创建“优质化、高效能”机关活动。同时，以创建“优秀科室”“机关服务品牌”“节约型机关”活动为载体，进一步转变机关作风，提高机关服务效能。

2007年，全区有机关党委9个、党总支13个、党支部316个。

企业党的建设　20世纪50年代前期，资本主义工商业改造完成后，境内国营修配厂等企业开始建立基层党组织。1958年，全县18家社办铁木业社中凡有三名以上党员的陆续建立党组织。同时，相继建设制革总厂、缫丝厂、酒厂、化肥厂、水泥厂等一批骨干企业的党组织陆续建立起来。

“文化大革命”初期，企业党的组织停止活动。1972年开始，在“工业学大庆”运动中企业党组织逐步重建并开展活动。1975年，45家县属企业全部建立党组织。

十一届三中全会后，党对企业的领导进一步加强。全县19家国有企业、17家集体所有制企业，分别建立党委、党总支或党支部，119家社办企业有三名以上党员的都先后建立基层党支部。

1984年始，推行企业厂长(经理)承包责任制。1985年，推行国有企业改革，实行政企分开，党组织的职能弱化。1987年，全市76家市属企业实行公开招标实行第二轮承包，企业基层党组织有所削弱。1989年10月，市委逐步完善企业领导干部和领导班子建设管理新机制，在企业设党委22个，党支部100个。

1994年，区委组织部印发《关于加强股份制企业党建工作的通知》，提出在产权制度改革中，必须加强党对企业的领导。1997年9月，区委要求加强非公有制企业党建工作。按照“成熟一个，发展一个”的思路，加大工作力度，努力扩大党建工作覆盖面。到2005年，全区非公有制企业631家中，有82家建起党组织。对不具备建立党组织条件的企业，则通过挂靠，选派党建指导员，负责培养入党积极分子。

2007年，全区共有企业党委4个、党总支5个、党支部214个。

图25-20　省、市、区领导检查指导区法院党建工作　　(摄于2007年)

镇(街道)党委建设

1932年春，中共日照中心县委建立涛雒、夹仓、巨峰、邵疃、河山、两城6个区委，这是境内最早的一批党的基层委员会。此后的各个历史阶段包括人民公社化时期，乡、镇(街道)党委建设都成为境内党的组织建设重要环节。

1984年3月，撤销人民公社。日照县设19个区，辖61个乡。区设区委，乡设乡党委。

1985年8月，撤区组建乡镇，原区委、区公所主要负责人分别调整为乡镇街道的党政主要负责人。

1987年，市委组织部为进一步贯彻落实中央〔1986〕4号文件精神和干部“四化”方针，对全市乡镇街道进行民主评议。评议的对象是党政领导班子集体及领导成员。评议的内容主要为德、能、勤、绩。评议的办法是述(班子集体和成员分别进行述职)、议(由考评工作组主持，部门负责人、农村党支部书记参加)、评(填表、打分)，然后进行综合考核，形成评议意见。这项活动，每年年末组织进行一次。

1988年11月，市委、市政府根据国务院《关于加强农村基层政权建设工作的通知》精神和省、地有关工作部署，制定《关于加强乡级政权建设工作的实施方案》。将市直部门设在乡镇的429个分支机构下放给乡镇，保持编制、人员、经费不变，然后在乡镇设立"五委一办"(农委、工交委、财贸委、文委、社会保障委和政府办公室)作为分支机构的协调机构。

1989年5月，市委制定党建措施，对乡镇街道班子建设提出四项要求：坚持"稳定骨干、优化结构、提高素质、积蓄优秀"原则，对不团结、不协调和争权夺利、干不出实绩的及时采取组织措施；选拔培养好乡镇后备干部，重视培养妇女干部和非党干部进乡镇领导班子；积极稳妥地推进干部人事制度改革，逐步完善干部目标责任制、民主推荐、考核评比、交流、下派及管理、培训、离退休制度；两年之内乡镇党政班子要建立起一系列议事规则、表决、决策等工作程序，并严格遵照执行。

建区后，区委制定《关于按照"三个代表"要求，加强和改进党的基层组织建设的实施意见》，要求进一步加强和改进镇(街道)党委建设。各镇、街道党委在实践中根据各自实际，开展争创"五个好"活动(领导班子好，党员干部队伍好，工作运行机制好，小康建设业绩好，农民群众反映好)。

2003年，实施"龙头工程"，加强镇(街道)党委班子建设。对镇(街道)党委班子进行适应性调整，共提拔39人，调整交流93人，使班子平均年龄从40周岁降至36周岁，大专以上文化程度的提高到95.8%。制定《镇街道党委书记履行农村基层组织建设职责情况的考核标准和考核办法》。

2004年8月，区委印发《关于深入开展农村基层组织建设"三级联创"的活动实施方案》。各镇街道结合各自实际，突出各自特点，制定措施，落实责任。通过年终考核，全区有8个镇(街道)党委进入先进行列。

2004年后，先进镇、街道党委的争创按照区委对镇街道综合考核成绩的高低确定。各镇街道均在管理区设立党总支，具体协调党委政府决策在农村的落实。镇街道党委对党总支工作及时督查，年终按照年初责任书内容进行考核。至2007年，全区共有管理区党总支61个。

第三节　干部队伍建设

干部培养选拔

革命战争年代，以对敌斗争坚决和英勇善战为标准；经济建设时期，以"又红又专"、德才兼备为标准；中共十二大把"四化"方针写入党章，成为党的干部队伍建设的基本指导原则。

选拔录用干部的方式方法　新中国成立前和新中国成立初期，主要实行委任制。县级干部由当时的滨海地委及沂水地委陆续委任。之后，县、市、区、乡(镇)各级、各类单位负责人及机关干部都实行委任制。

中共八大以后，各级领导机关(包括县委、市委、区委、基层党委、基层党支部、人民团体等)，除派出的代表机关(县、市时的区委、乡镇的管理区党总支)和在非党组织中的党组和办事处机构外，都按程序经选举产生。

1965年6月，组织部门有计划地选调品学兼优本科以上毕业生，到基层工作锻炼，作为党的领导干部后备人选和县级以上党的机关工作人员的重点培养对象。后由于"文化大革命"干扰中断。中共十二大后该项工作又在全国开展。至2007年，东港区共接收选调生97人。

1984年，省委组织部、省人事局

图25-21　秦楼街道举行征求驻地高校意见恳谈会　(摄于2007年)

制定《关于乡镇党政群机关关于干部实行选聘制的意见》，从各行政村或街道担任领导职务和在乡参加两年以上劳动的专业户、科技模范户、经济联合体的优秀青年中选聘机关干部。乡镇全民所有制企事业单位聘用干部，参照上述规定办理。1984—1989年，日照市(县)共选聘乡镇政府机关干部11人，选聘农村经管站干部21人，为两位在乡镇企业中作出特殊贡献的厂长经理办理聘用制干部手续。

1990年，全市在企事业单位内部推行干部人事制度改革，选拔30名聘用制干部。1992年，改革干部任命制为聘用制，500余名优秀工人被聘任到干部岗位。1993年，从市直全民所有制企事业单位一线优秀工人中聘用487名企业单位干部和131名事业单位干部。1994—2003年，为全区企事业单位8名管理人员和专业技术人员办理聘用制干部手续。

2006年1月，"公务员法"实施后，党政事业单位任用干部必须经过各级各类考试选拔录用。

选拔任用干部的主要渠道 国家机关、企业、事业单位因工作需要，在编制定员以内补充干部，首先由人事部门或主管部门在本地区、本部门现有干部和国家统一分配的军队转业干部中或从大中专毕业生中调派解决。解决不了的从其他渠道通过一定方式、方法进行调配。

新中国成立初期，从农村干部或优秀青年中选拔机关干部，即"农村征干"。当时，由于干部资源缺乏，基层党委从农村优秀青年中招用一部分农忙时在村队劳动、农闲时脱产帮助小乡工作的半脱产人员。在"四清"运动中抽调一批农村优秀青年帮助工作，1971年转为机关干部。在农业学大寨运动中，抽调部分人员组成工作队，后转为机关干部。1978年，在农村优秀党支部书记中招用一部分不脱离农村、不脱离农业生产、不脱离农业户口的"三不脱离"干部，到基层党委或革委帮助工作。在农村优秀党支部书记中通过考试方式进入公务员队伍。从农村科技人员中通过考试转为机关、事业或企业干部等。

20世纪70年代初，从工人中选用机关干部，即"以工代干"。企业选调部分工人到干部岗位"以工代干"。至1983年，日照县"以工代干"人员近1246人。1983年8月，按照中央组织部、劳动人事部《关于整顿"以工代干"问题的通知》精神，经过13个月的工作，使1154名被批准转为国家正式干部。

1966年2月，县委组织部录用50名服役制干部，帮助"四清"工作。服役期为5年，期满回原乡参加农业生产，后来于1971年全部转为基层机关干部。

新时期选拔任用干部的新措施 根据中央《党政领导干部选拔任用工作条例》和《公务员法》，区委认真贯彻落实新时期选拔任用干部新法规，在选拔任用领导骨干、青年后备干部、妇女干部、知识分子干部方面，采取"两推一选""一推双考"、竞争上岗、挂职锻炼等措施。1993—2000年，全区有18名农村党支部书记、乡镇(街道)企业负责人选拔进入乡镇(街道)领导班子。171名35岁以下的干部提拔为副科级干部，占副科级干部的17.8%。97名高校选调生充实到乡镇(街道)工作，16人被提拔为科级干部，其中1人考任县长助理。84人参加市委"一推双考"副处级干部选拔，录取1人。2000年5月，区委选调23名年轻干部到江苏省昆山市(15名)、浙江省金华市(8名)挂职锻炼3个月。2004年4月，组织部出台《关于选拔年轻干部到企业挂职的实施意见》，20名干部被选拔到区内规模以上企业挂职，选派16名副科级干部到高科园、投资服务局等招商一线挂职锻炼。

按照《党政领导干部选拔任用工作条例》的有关规定，2003年，区委对镇街道、区直部门和区委管理的干部进行适应性调整，共调整215人，其中平级调整166人，提拔85人。调整中，对新任党政正职的全部实行全委会"票决制"。在全委会闭会期间，常委会讨论决定前，要分别书面征求区委委员的意见。对新提拔及由非领导职务转任为领导职务干部的，全部实行任期公示制度。至2007年，共分8次对54名调整任职的镇街道"一把手"进行票决或征求意见；对提拔任职的284名、由非领导职务改任领导职务的89名干部进行任前公示。

2003年，组织人事部门按照《关于加快推进事业单位人事制度改革的意见》，探索实行事业单位领导干部选聘制。聘任人需与选聘单位领导人签订合同，聘期一般为三年。对聘任干部年度任期目标完成情况进行全面考核、动态管理。被选聘的干部34名中，有两名优秀人选经组织考察，提拔任命为单位主要负责人。

干部培训

抗日战争和解放战争中，县委组织干部学习中央文件和毛泽东的相关文章，克服各种错误思想，改进领导作风，为抗日战争和解放战争的全面胜利奠定基础。

新中国成立初期，以职工总会的名义，举办训练班，提高地方干部的文化水平。1951年，县委要求：对不具备初中文化程度的干部，一律到县机关干部业余文化补习学校和所在区的初级或高级班进行文化培训，分批抽调干部进专属工农干部文化补习学校培训学习；凡具有初中文化程度的干部及知识分子、新党员，一律参加政治常识培训；具有相当理论水平的干部则参加中级班培训。1953年11月，以会代训，培训地方干部1200余人。1954年12月，县委发出《关于1954年冬学工作指示》，对干部进行政治教育和文化教育。重点是扫除乡村干部和积极分子中的文盲。1956年3月开始，县委分四批抽调脱产、半脱产乡干部中的文盲离职进行文化培训。到1957年3月，有186名脱产干部、234名半脱产干部摘掉文盲帽子。

1959年3月，县委贯彻中共中央、国务院《关于干部参加体力劳动的决定》，组织党政群干部下放到公社当社员，进行劳动训练，每人每年参加劳动时间不得少于30天。厂矿、企事业干部下基层当工人、营业员、服务员，每人每年劳动不得少于90天。学校书记、校长也要经常参加劳动。干部下放要与群众“三同”(同吃、同住、同劳动)。这项活动一直坚持到“文化大革命”前。

“文化大革命”初，全县干部教育培训工作停顿。1968年县革委成立后，举办“毛泽东思想学习班”，组织干部“天天读”，学习“老三篇”(《为人民服务》《纪念白求恩》《愚公移山》)。“文化大革命”后期，许多干部进“五七”干校培训锻炼。

中共十一届三中全会后，干部培训工作适应全党工作重点转移的需要，努力为社会主义现代化建设培养懂科学、懂技术、会管理的干部。1979年6月，县委组织县直机关全体干部和县直企事业单位主要负责人进行科学、技术管理专题集中学习培训。

1980—1982年三年内，县委对全县包括农村基层干部在内的两万名干部分期分批进行培训。培训的内容是学习十一届三中全会文件、《关于党内政治生活的若干准则》和党的基础知识，开展关于真理标准问题的学习讨论。培训目的是端正思想路线，紧跟党的工作重点转移。

1981—1983年，县委对县乡两级3000余名干部进行理论培训，学习政治经济学、科学社会主义、哲学及《陈云文稿》和《邓小平文选》等。

1987年2—11月，市委举办全市正规化理论教育《科学社会主义概述》读书班并参加全省统一考试。读书班共分四期进行，1286名干部参加读书班考试。9月至10月，市委对全市担负领导职务的党员干部，集中进行“增强党性”教育培训，以加强党员干部的纪律观念，提高工作效率，密切党群关系。

1988年7月，市委制定《关于党和国家机关保持廉洁的规定》并组织培训教育。

1989年下半年，市委组织部对农村党员干部分期分批进行商品经济常识培训。1991年7月，市委开展党规党法教育培训活动，重点是学习《中国共产党章程》《关于党内政治生活的若干准则》、经济法规。1992年3月至10月，市委分三期举办全市机关和企事业单位干部读书班，系统学习《中国共产党七十年》等党史读物。同时，对全市党政干部进行改革开放和经贸知识培训。

1993年后，区委分期分批对全区党员干部进行政治理论、政策法规、改革开放、经营管理各类培训。办班140余期，培训干部1.98万余人次。1998年冬，区委印发《关于组织千名干部下农村集中开展教育整顿活动的意见》，从区乡两级抽调干部1387名，帮助农村开展集中教育活动。

2001年和2003年，区委分别制定实施《2001—2005年东港区干部教育培训工作规划》和《东港区大规模开展干部教育培训工作规划》及《实施方案》，先后举办中央领导重要讲话、微机使用、新任农村党支部书记、村主任等专题培训班36期，培训科级干部1600余人次，一般干部3800余人次，农村干部2600余人次。2004年，选派30名优秀年轻干部到韩国进行韩国语培训半年。2005年3月，区委组织80名城区优秀农村

图 25-22　全区建设社会主义新农村党支部书记培训班　（摄于 2006 年）

党支部书记到青岛市委党校学习培训并对全区农村干部进行集中培训，全年共培训农村党员干部近 3.7 万人次。

2006 年和 2007 年，印发《关于加强干部教育培训工作实施意见》《关于学习贯彻<干部教育条例>的通知》，举办农村党支部书记培训班 5 期，镇(街道)干部培训活动 36 次，培训机关干部、农村两委干部 5000 余人次。

干部监督管理

1950 年 2 月，县委为规范干部监督管理，制定《切实实行集体领导科学分工的党委制》《各部委的工作制度》《报告制度》《请假和组织生活规定》等一系列干部监督、管理制度。

1954 年，县委根据中共中央《关于审查干部的决定》，制定《审查干部工作计划(草案)》，结合当时的中心任务，对全县 16 个区 4 个镇和 15 个直属单位的党员干部 944 名、非党员干部 677 名，进行一次全面细致的审查，首先在县公安局试点，然后再审查其他干部。至 1958 年 5 月，全面完成审干工作。审查范围是：全部党、政、群、公、检、法脱产干部，企事业领导班子成员和秘书、机要、统计、检查等涉密人员。审查对象是：历史上参加过反动党、团、伪、顽、警宪、特、道会门，被捕、被俘、脱党、离队，家庭出身和社会关系有问题的人员。

根据中共中央《关于加速进行党员干部甄别工作的通知》，1962 年 7 月，县委对 1958 年以来受错误批判、错误处分的党员、干部进行甄别工作。共甄别 3634 人，占几年来受批评、处分总人数的 80%。

1965 年 9 月 1 日—25 日，县、区、社机关干部集中到县，以会议形式进行“四清”运动动员，1366 人参加。重点解决领导核心革命化问题和部分干部“四不清”问题。采取“说服教育、洗手洗澡、轻装上阵、团结对敌”方法开展批评与自我批评。

1977 年 9 月开始，县委组织对“资产阶级帮派体系”大检举、大揭发、大批判活动，对党员干部进行全面清查。1978 年 3 月，面上清查工作基本结束。1978—1986 年，县委按照党中央的指示，分别对“整风反右”“四清”“文化大革命”三个时期的案件进行复议纠正，审查有关干部党员 3825 人，做出纠正结论的 1997 人。

1986 年 9 月，市委组织部对落实干部政策、解决历史遗留问题进行全面总结验收。至此，历时八年的审查复议工作基本结束。其中，复议新中国成立以来受党纪处分的干部、职工 710 人，重新安排工作和改办退休的 147 人。

1988 年 5 月，市委按照中央干部下管一级和“管少、管好、管活”原则，制定《日照市干部管理暂行规定》。要求：坚持干部“四化”方针，加强各级领导班子建设；严格按规定选拔领导干部，严格控制机构编制和领导干部职数，实行交流、回避制度；业务主管要加强对设在乡镇街道办事处下属单位的干部管理工作；选拔党政领导干部一律实行试用期；进一步下放干部管理权限，把党政机关股级干部全部放到各单位管理。事业单位局级干部委托主管部门管理，任免前征求组织部和分管副市长意见。企业干部放到主管部门管理，使企业干部和党政干部脱钩，市委不再直接管理企业干部。

1994 年 7 月，区委制定《关于搞好干部管理的意见》，实行分级分类管理。全区副科级以上干部由区委统一管理并由区委组织部代行日常管理职能。属区委管理的干部的调配，由区委常委会研究，组织部办理手续。党群、人大、政协、政法人武系统一般干部，由区委组织部审批并办理手续，其他干部调动由区人事局审批办理。

1987 年 11 月始，市委组织部对全市乡镇街道办事处和市直部门负责人进行民主评议。主要评议领导班子和领导成员的德、能、勤、绩。这项工作结合年终总结形成制度，每年进行一次。

1988 年 11 月，市委、市政府制定《关于加强乡级政权建设工作的实施方案》。建立乡镇长任期目标责任制。1989 年始，全面开展“达标升级”活动，逐步建立完善干部目标责任、考核评比、干部交流和下派锻炼等制度并结合落实年度目标责任制，对市直机关和乡镇(街道)实行位次管理。规定连续三年考核优秀者提拔重用，连续三年考核末位者调离或降级使用。

1990 年 7 月，市委、市政府印发《关于干部建私房若干问题的处理意见》和《关于清理公费上学的通知》。查处党员干部违法违纪建私房违规公费上学、公款吃喝等问题。

1991 — 1992 年，市委继续对党员干部思想、作风、纪律方面存在的问题进行整顿，严禁用公款招待吃喝送礼。市纪委与各乡镇(街道办事处)党委、政府和市直机关党委(党组)签订廉政责任书。

1994 年，区委责成区纪委、监察局为全区 18 个镇、街道和区直部门的 256 名副科级以上干部建立“廉洁档案”，每人 1 卷，不定期跟踪监督，半年考核记录一次。

1998 年，印发《关于对领导干部实行谈话打招呼函询和诫勉的意见》《关于禁止乡镇干部走读的意见》和《关于对“一把手”进行审计的意见》。至 2000 年，共对 33 名干部进行经济审计，对 11 名有问题的干部进行谈话、打招呼。2003 年，印发《关于实行镇街道、区直部门(单位)主要负责人任期内经济责任审计制度的意见》，用五年时间对全区规定范围内干部审计一次。当年，结合领导班子和干部适应性调整，组织对 42 名领导干部进行经济离任审计。

2004 年，区委组织领导班子和领导干部年度考察，印发《关于对领导班子和领导干部进行经常性考察的实施意见》。抽调业务骨干对全区 63 个区直部门和 14 个镇(街道)党政领导班子和领导干部进行年度考察。对 2003 年提拔任职试用期满的 22 名干部进行全面考核。

2006 年，宣传和贯彻落实《干部使用条例》《党内监督条例》《中组部关于切实解决干部选拔任用工作中的几个突出问题的意见》，完善对干部推荐提名、考察、考核、讨论决定等各个环节的监督措施。落实《关于对党员干部述职述廉的暂行规定》，做好领导班子和领导干部的经常性考察考核工作。

2007 年，加强领导干部作风建设，坚持抓好干部诫勉、谈话、函询等干部监督措施。对 48 个部门单位领导干部进行任期内经济责任审计，对 24 个单位的 28 名领导干部进行离任审计。

干部离岗

自 2002 年起，区委结合镇(街道)领导班子换届，确定：区直部门与镇街道正科级满 53 周岁、副科级满 50 周岁的领导干部一律实行离岗制度，不再占领导职数和行政编制。

老干部工作

1982 年后，县委根据中共中央《关于建立老干部退休制度的决定》和国务院《关于老干部离职退休制度的几项规定》，对到龄的老干部陆续办理退休手续。1984 年始，每年召开离退休老干部春节茶话会，通报工作情况，征询老干部的意见和建议。

从 1985 年开始，分期分批组织老干部参观本地工农业项目建设，并到外地参观学习。1985 年，经临沂地委批准，日照市 104 名离休老干部提升为县处级待遇。后又为部分离退休老干部办理厅局级待遇。1985 年后，市委组织引导老干部发挥政治优势和经验优势，建言献策，发挥参谋顾问作用。

图 25-23　东港区庆“九九老人节”老干部文艺汇演　　(摄于 2007 年 10 月)

1987年6月，设立市老干部工作管理局，各乡镇配备专职老干部主任，落实好离退休老干部的政治、生活待遇，保证“基本政治待遇不变、生活待遇略微从优”。

1988年，成立日照市老干部公交财贸、农林水利水产、政法三个参谋咨询小组。1990年，组织部分老干部成立“日照市农业顾问组”。1992年，成立老干部读书会、读报小组30个，有120余名老干部被聘为民主理财小组成员，信访稳定联络员，让老干部参与村史、方志编撰工作，担负管理各级活动室、敬老院和村民文化大院。

1993年8月，东港区成立老干部管理局，专管老干部工作，焦安美、徐世平、安玉学、王廷俭、王伟举先后任局长。

按照“从优”方针，为老干部按时全额发放离休费，据实报销医药费，定期为老干部查体。2001年10月，建立离休干部离休费保障机制，乡镇332名离休干部离休费全部上划区级财政，422名离休干部离休费纳入区级统筹。建立离休干部医药费保障机制，乡镇离休干部医药费上划区级财政，离休干部加入区级医疗统筹。

2002年8月，区老干部大学挂牌成立。开设书法、绘画、音乐、舞蹈和保健5个专业，学员220人。每年“九九重阳节”等节日组织老干部开展各种文化体育活动。

至2007年，全区共有20多名老干部参加关心下一代工作，100多名老干部担任中小学校法制宣传员和校外辅导员，老干部大学在校学员460名。

知识分子工作

1952年7月，县委发出《关于失业知识分子的调查》的文件，要求对中间和偏右(除不可挽救者外)的知识分子，主动了解其思想情况和政治表现，经常对其进行前途教育，逐步改造使用。对其中政治上没有大问题、区乡干部同意介绍者，经文教科考试合格，可任用或试用；对政治认识差或受管制的失业知识分子，下决心对其教育改造，按其思想转变程度，陆续安置适当工作；凡政治复杂尚弄不清面目者，经过一个时期审查后任用。此后，分期为20名知识分子安排工作。

1956年5月，县委召开由组织部和宣传部、团县委、中学、教育科等有关部门负责人参加的关于知识分子问题会议。加强对知识分子的政治思想教育和业务学习指导，充分调动和发挥全县1442名知识分子的作用。会议确定：由统战部负责做好知识分子的安排使用工作，宣传部负责做好知识分子的政治思想教育和理论学习工作，文教部门负责做好知识分子的科学研究和业务学习工作，组织部负责做好在知识分子队伍中的党建工作。

1978年后，县委根据中央“尊重知识，尊重人才”精神，认真做好复查与平反昭雪知识分子中的冤假错案工作，对知识分子充分信任，放手使用，做到有职有权有责，努力改善工作条件和生活条件。1982年12月，县委召开全县工程师、农艺师、畜牧兽医师座谈会，鼓励他们在促进经济发展中发挥更大作用。

1985年春节期间，县委、县政府在全县广泛开展尊师重教活动。总结推广尊师重教的经验，为30年教龄的教师颁发荣誉证书。9月3日，县委作出“尊师重教”几项决定。主要内容是：把教育工作列入议事日程，解决知识分子入党难问题，切实解决好民办教师待遇，严肃处理侮辱、打骂教师及侵吞、占用学校房产、场地、设备、扰乱学校正常秩序等事件，帮助学校和教师解决具体困难。对外籍老教师划出地盘，建立教师村，解决住房难。

1987年3月，市委、市政府下发通知，号召在全社会发扬尊师重教好风尚。7月，市委组织部确定直接管理一批有突出贡献的市级中、青年拔尖人才。由市委、市政府发给证书，建立专门档案，按规定享受待遇。8月，市委落实知识分子政策领导小组更名为市委知识分子工作领导小组。

1993年后，东港区共推选出市级拔尖人才6人，市级优秀青年科技人才1人，市级优秀青年知识分子6人，区级专业技术拔尖人才、优秀企业管理人才7人，区级优秀知识分子100人。聘任科技副乡镇长18名，有863个行政村配备科技副主任，98人荣获“乡村优秀科技人才”称号。制定《东港区2002—2010年人才队伍发展规划纲要》。2006年，制定《东港区“十一五”人才规划》。2007年，全区高级专业技术职称人员共有1800多人。

第六章　宣传教育

1928年春，日照县委由郑天九负责宣传工作。1932年2月，郑天九任宣传部长。1933年2月，中共日照党组织遭到严重破坏，宣传活动中止。1938年11月恢复宣传工作。1966年5月"文化大革命"开始后，宣传部一度中止工作。1975年11月恢复县委宣传部。1985年5月，日照市委(县级)宣传部成立。1989年11月，升格为地级市委宣传部。1993年1月，设立东港区委宣传部。

1928—2007年日照县(市)、东港区委宣传部部长任职情况表

表25-20

机构名称	姓　名	任　职　年　月	备　　注
县委	郑天九	1928年	负责宣传工作
中心县委	郑天九	1932年	—
县委工作整理委员会	李云鹤	1932年12月	委员
临时县委	秦亢青	1938年11月	负责宣传工作
县委	杨心培	1938年12月—1940年春	—
	范醒民	1940年春—1940秋	—
	贾　倜	1941年—1942年9月	—
中心县委	辛　玮	1942年9月—1944年9月	—
县委	雷鸣玉	1944年9月—1945年春	—
	尹仲岩	1945年春—1947年秋	—
	郭万亭	1948年10月—1949年8月	—
	苏绪芝	1951年夏—1953年4月	—
	郭常芳	1954年8月	—
	陈　雷	1975年11月—1978年6月	—
	王允柱	1979年2月—1983年2月	—
市委(县级)	相玉卿	1984年5月—1989年9月	—
市委(地级)	李连成	1989年10月—1997年12月	—
区委	王西凌	1993年4月—1997年12月	—
区委	李维花(女)	1997年12月—1999年1月(兼)	—
	范奉东	1999年1月—2001年1月	—
	陶佃友	2001年1月—2003年1月	—
	薛慧敏(女)	2003年11月—2006年12月	—
	窦更勤	2006年12月—	—

第一节 社会宣传

国内革命战争时期

1928年日照县委成立后，通过秘密举办“平民夜校”向群众宣传革命道理，启发阶级觉悟。对党员的宣传教育多实行单线联系，秘密学习党的上级指示，党员及积极分子与贫雇农谈心，向他们宣传革命、进步思想。“五卅”惨案后，县委组织学生和爱国青年知识分子、店员等举行游行、示威，张贴标语，开演讲会，宣传抗日和抵制日货。

1938年夏，国民五十七军112师中共地下工委派六六七团三营负责党务工作的赵志刚等人，以“国民五十七军日照县抗日宣传队”的名义，到日照县南部下元村一带进行抗日宣传活动。不久，又公开成立日照县抗日民众自卫联合会。联合会利用召开演讲会、张贴标语、创办“血花剧社”等形式，宣传抗日民族统一战线，发动群众团结抗战。12月，县委派出工作团深入农村，书写抗日标语，教唱抗日歌曲，宣传共产党、八路军的政治主张，扩大政治影响。

1945年9月至1946年5月，开展反奸诉苦和减租减息运动宣传。1946年夏，宣传土地革命的重大意义，宣传革命斗争形势，鼓励民众“一切为了前线”，踊跃参军支前，夺取全国革命斗争的最后胜利。

经济恢复和基本完成社会主义改造时期

围绕恢复生产和巩固民主政权，组织开展时事政策宣传教育。引导干部、群众坚定信心，战胜困难，建设美好家园。1950年，进行抗美援朝、保家卫国宣传，激发爱国主义和国际主义热情。1951年4月，开展镇压反革命宣传活动，教育群众认清镇反的必要性。1952年，开展“三反”“五反”运动宣传教育。1953年，按照中共中央宣传部《关于党在过渡时期总路线的学习和宣传提纲》要求，在全县党内外动员和团结广大群众为实现党的过渡时期总路线总任务而奋斗。1954年，开展第一部《中华人民共和国宪法(草案)》的学习和讨论。1955年，开展第一个五年计划宣传教育活动。1957年前，大力宣传互助合作运动和整风反右斗争重大意义。

全面建设社会主义时期

1958年1月始，全县通过群众游行、广播喇叭、大小会议等多种形式掀起“大跃进”宣传高潮。1959—1961年的三年困难时期，主要进行奋发图强、自力更生的教育，宣传贯彻国民经济“调整、巩固、充实、提高”八字方针，教育干部、党团员克服困难，带领群众共渡难关。1962年11月始，全县机关和农村开展社会主义教育和整风整社运动宣传。1963年始，宣传雷锋事迹，广泛开展学习雷锋活动。

1963年8月，县委在奎山区进行社会主义教育运动试点。组织演出《夺印》《三世仇》等表现阶级斗争的戏剧节目并展出漫画和实物，请老干部、老贫农讲革命斗争史、讲家史，提高对“社教”运动现实意义的思想认识。

“文化大革命”期间

“文化大革命”期间，受“左”的思想影响，广播、报刊、大字报、传单等反复宣传“文化大革命”的必要性和重要性。宣传的内容主要为毛泽东主席最新指示(时称宣传毛主席指示不过夜)、《五一六通知》、“十六条”“两报一刊”(《人民日报》《解放军报》《红旗杂志》)社论和无产阶级专政下继续革命的理论等。

社会主义现代化建设时期

宣传党的基本路线　1978年后，宣传工作的中心任务是学习贯彻党的基本路线和实事求是的思想路线，推动工作重心转移。

1981—1988年，通过各种形式，宣传《关于建国以来党的若干历史问题的决议》、经济体制改革、治理整顿经济秩序、反对资产阶级自由化等内容。

1989—1991年，主要开展中共十三届五中、六中、七中全会精神、坚持“四项基本原则”、反对和平演变、集中精力搞好经济建设为主要内容的宣传教育活动。

1992年10月，组织党员、干部、群众学习中共十四大文件和邓小平建设有中国特色的社会主义理论。

1993年11月—12月，在全区广大党员干部中集中开展中央农村工作会议和社会主义市场经济知识的学习宣传活动。

1994年，组织开展“东港精神”宣传教育活动。1996 年，围绕加强精神文明建设和全民读书活动，开展宣传、教育工作。

1997 年开展“二次创业”宣传动员和喜迎香港回归宣传活动。

2001 年，开展十五届六中全会精神学习宣传和庆祝北京申奥成功活动。2002 年，开展税费改革宣传活动。2003 — 2004 年，开展十六届三中、四中全会精神宣传教育活动。2005 年，组织开展十六届五中全会精神和纪念抗日战争胜利 50 周年暨红军长征胜利 70 周年系列宣传活动。

2006 年，继续开展贯彻落实中共十六大精神，全面落实科学发展观、加快建设小康社会宣传活动。2007 年，开展中共十七大精神系列学习宣传活动，组织承办全国水运会系列主题宣传活动。

宣传精神文明　1981 年后，在干部群众中开展“五讲、四美”和“民主与法制”宣传教育活动。1981 年 3 月，县委提出开展“学雷锋、树新风”活动要和开展“五讲、四美”活动相结合。1983 年始，连续开展以“五讲、四美”活动为主要内容的“文明礼貌月”活动。

1991 年 3 月起，全市每年把三月确定为“精神文明月”，广泛开展“学雷锋、学先进、讲奉献、树新风”活动。

建区以来，全区精神文明建设以提高公民素质和社会文明程度为重点，开展以社会公德和行为规范为重点的思想道德教育，开展“崇尚科学、破除迷信”宣传活动。

2004 — 2007 年，突出加强对未成年人的思想道德建设宣传。在《精神文明建设规划》中，对市民思想道德素质和科学文化素质教育作出重点安排，组织“青年志愿者”“扶弱济困”“义务奉献”等活动。

宣传英模人物　1993 — 1996 年，在全区掀起领导干部学孔繁森、基层干部学王廷江、职工、群众学韩素云的活动热潮。同时，大力开展学习刘加锋、焦自钦、郑晓平、刘现华等区内先模人物事迹活动。

2004 — 2007 年，对全区各行各业涌现出的先进典型进行整理，编印成《群星耀东港》宣传册，免费发放区直部门、单位和乡镇站所、村居，供广大干群学习借鉴。

第二节　新闻宣传

建区之初，以扩大东港对外影响，全面反映区委、区政府的重大决策和工作进展为重点开展新闻宣传工作。1998 年，新闻宣传以个体私营经济发展、旧城改造、农业总体开发、农田水利基本建设、机关作风建设等全区重点工作为主要内容。《树好形象聚民心——东港区抓干部作风建设纪事》在《大众日报》头版头条刊出，《一纸硬规定，刹住吃喝风》专题节目在山东电视台《今日报道》中播出，同时，创办《东港通讯》。

1999 年，通过专栏、专题报道等形式，重点宣传茶叶、水产、旅游三大优势产业。东港电视台编辑制作《东港新闻》156 期，《大众日报》发表《东港看茶》《东港看海》、农业结构调整三个系列报道，山东电视台播发有关东港经济、社会发展的新闻 46 条。

2000 — 2004 年，对经济建设、党的建设、精神文明建设、招商引资、滨海旅游、高科技工业园建设、特色农业、茶业、民营经济发展和“抓双创、防非典”等工作为重点进行系列、专题报道。共出版《东港通讯》168 期，东港电视台摄制播出《东港新闻》502 期。

2005 年，成立东港新闻工作者协会。启动“跨越发展集中宣传年”活动。2006 年，集中开展“站在新起点、实现新跨越”“百名记者看东港”“新农村、新气象”等一系列新闻宣传专项活动。在《大众日报》等省级主流媒体刊发重点新闻稿件 70 余篇。《东港通讯》先后开设《204 国道环境综合整治》《新农村、新女性》《亮点推介》《招商一线》等专栏。

2007 年 5 月创刊《新东港》。建立健全网上评论员队伍，加强互联网管理。

第三节　对外宣传

1993 年始，适应开放、发展的新形势，参与全市举办的各种经贸活动的对外宣传工作。配合市宣部门接待香港《大公报》《文汇报》等媒体记者到区进行采访。1993 年 8 月，配合市外宣部门接待中国国际广播电台组织的由 7 国专家组成的

“海上山东”采访团到东港采访。1994年，接待台湾中华电视台《海棠风情》摄制组对东港进行专题采访。2003年起，连续三年配合组织中国(日照)国际茶博会并在人民大会堂召开新闻发布会。同时，制作画册、折页、录像片、城市交通图、书刊、会刊，向海外客商发放。

第四节　党内学习

主要学习形式

抗日战争时期，由于斗争环境十分残酷，党组织的学习活动都要秘密进行。每次上党课，一般只有两三个人参加，主要学习《党员必读》和上级有关抗战的指示、文件。解放战争时期，党员学习教育以《目前形势和我们的任务》和“打倒蒋介石，解放全中国”为主要内容。

新中国成立后，党员教育逐步正规化、制度化。“三会一课”(党员大会、党支部会、党小组会和党课)制度日臻完善，学习形式灵活多样。

“文化大革命”初期，党的各级组织受到冲击，“三会一课”基本停止。

实行改革开放后，继续坚持“三会一课”制度。

建区后，党的基层组织坚持“三会一课”制度。党员领导干部除按时参加所在党支部、小组生活会外，每半年召开一次领导班子民主生活会。同时，坚持每年进行一次民主评议党员活动。

1982年11月始，对农村党员进行冬训，以十二大精神和党章为主要培训内容，参训党员3.39万人，占总数的86%。

1983年年底始，县委组织部、宣传部围绕解决党性观念、宗旨观念、法制观念问题组织上党课、听广播、开展大讨论，提高广大农村党员的政治素质和法制观念。

建区后，围绕党的中心任务适时开展党员学习和培训活动。2003年6月，区委、区政府制定印发《2003—2006年日照市东港区农村党员干部科技知识培训规划》。要求：全区镇(街道)干部每年参加科技培训不少于80学时，村干部、农民党员不少于100学时(含面授和现场示范)，村干部和60岁以下的农村党员每人至少掌握1～2门实用技术，20%以上的村“两委”成员达到农民技师水平，70%以上的青年党员获得绿色证书或成为农民技术员，40%以上党员成为科技示范户，80%以上的村级领导班子具有依靠科技发展农村经济，增加村级集体收入的能力。重点扶持培养14个科技致富示范村，1700个党员科技致富带头人。

远程教育　2004年，制定《全区农村党员干部现代远程教育工作实施意见》。协调落实站点资金67万元，分两批先后建设远程教育站点453个。2005年，远程教育三期工程的建设顺利推进，112个站点全部完成。农村站点覆盖率100%。2007年年底，在50个社区建立起远程教育站点。

图25-24　党员在村居远程教育站点学习（摄于2007年8月）

主要学习内容

学习党章　新中国成立后，学习党章是党员学习活动的一项重要内容。1957年，中共八大通过新党章。县委印发《给党员的一封信》，组织广大党员学用新党章。

1983年5月，全县参加学习新党章活动的党员有32520人，占应参加学习人数的81%。

1990年7月—10月，市委组织开展“学党章，正党风”活动，以党章为基本教材，要求每个党员对照检查思想上、组织上、作风上存在的问题，开展批评和自我批评，全面提高党员素质。

2003年1月，全区开展“党章集中学习月”活动。区委组织部制定实施方案，印发活动配档表。分集中学习，对照检查，民主评议，整改提高四个阶段进行。

理论学习　1954—1956年，主要学习党在过渡时期的总路线、毛泽东《关于农业合作化问题》和八大会议文件等。1957年起，主要学习毛泽

东《关于正确处理人民内部矛盾的问题》等著作。1962年，重点学习扩大的中共中央工作会议(七千人大会)文件，毛泽东哲学著作，刘少奇《论共产党员的修养》等。

“文化大革命”期间，主要学习《毛主席语录》和“老三篇”(《为人民服务》《愚公移山》《纪念白求恩》)等毛泽东著作和“无产阶级专政下继续革命”理论。同时，组织党员干部学习《共产党宣言》《反杜林论》《国家与革命》等马列经典著作。

中共十一届三中全会后，主要学习党的基本路线理论、社会主义初级阶段理论、邓小平理论和社会主义市场经济理论。1992年，重点学习邓小平视察南方谈话。十四大召开后，组织学习中共十四大报告、社会主义市场经济知识和《邓小平文选(第三卷)》等。

建区后，区委及各级党组织更加重视理论学习。宣传部每年都制订年度理论学习计划、阶段性学习计划和专题学习方案。区委、基层党委、党组、党支部都相继建立理论学习中心组，定期集中学习讨论。

三讲三学　1999年，按照中央和省、市委统一部署，开展“三讲”“三学”活动。1999年下半年，首先在区级领导和领导干部中开展“三讲”教育(讲学习、讲政治、讲正气)。在征求意见和民主评议中，共发放《征求意见表》《民主测评表》2037套，梳理每个领导班子成员存在的问题后进行反馈。同时，在全区基层党员干部中集中开展为期两个月的“三学”活动(学党章、学法规、学政策)，以“三讲”带“三学”，以“三学”促“三讲”。在“三学”活动中，全区共有4万名党员干部参加学习，参学率98%。

学习“三个代表”重要思想　2001年11月至2002年1月，全区开展“三个代表”重要思想学习教育活动。区委成立“三个代表”重要思想学习教育领导小组，区级领导包镇联村，乡镇领导干部包片驻村。整个活动分动员准备、集中学习、对照检查、整改提高四个阶段进行。在全区15个镇(街道)和87个区直部门中，有1.5万名党员干部参加学习，对98名镇(街道)党委书记、区直部门负责人及84名企业负责人进行专题培训。在全区876个村居中，有5776名两委干部参加“学教”活动。2002年开展“三个代表”重要思想学习教育活动回访复查，集中力量抓好各项整改措施的落实。

保持共产党员先进性教育　2005年1月至2006年6月，在全区开展保持共产党员先进性教育活动。活动分三批次进行，每批次半年时间。第一批次是区党政机关及部分企事业单位，第二批次是城市基层和镇街道机关，第三批次是农村和部分党政机关。涉及335个部门、单位，24个党委，64个党总支，1069个党支部，31253名党员。活动中，始终做到“三个到位”：即思想认识到位、领导表率到位、工作措施到位。

2006年，建立健全保持共产党员先进性的长效机制。在深入调研、征求意见的基础上，印发《关于加强农村党员教育培训工作的意见》《关于实施“五帮五促”包联责任制，推进社会主义新农村建设的意见》《关于进一步规范党费收缴、管理工作的通知》等文件，逐步形成保持共产党员先进性的长效机制。

学习科学发展观　中共十七大召开前后，全区党员干部即开始组织学习科学发展观的有关论述。2005年，区委把学习和落实科学发展观作为“开展保持共产党员先进性教育活动”的重要内容。2006—2007年，注重把学习和实践科学发展观紧密结合起来，为建设文明、开放的新东港提供思想动力。

图25-25　区领导到基层调研学习教育活动情况　(摄于2006年8月)

第五节 党校教育

解放战争时期，县委成立县学，主要培训农村基层干部。1948年秋，成立党训班。1964年6月，日照县委党校成立。“文化大革命”初期，党校停办。1972年10月党校恢复，时称“五七”干校。1976年10月改称县委党校。1985年5月成立市委党校。1991年1月，市委党校升格。1995年3月24日，成立东港区委党校筹备委员会。1999年3月22日，区委党校成立，并于4月6日举行挂牌仪式。

1948—2007年日照县(市)、东港区委党校负责人一览表

表25-21

机构名称	职务	姓名	任职年月	备注
县委党训班	主任	曹森	1948年12月—1952年12月	—
		安丰岩	1952年12月—1954年3月	—
		杨国恩	1954年11月—1959年4月	—
	教导员	郑培英	1948年12月—	—
	副主任	王世林	1959年5月—1961年8月	主持工作
		李志一	1961年8月—1964年8月	主持工作
县委党校(“文化大革命”期间为“五七”干校)	校长	王书申	1964年6月—1965年8月	—
		陈雷	1975年11月—1979年5月	兼任
		刘明贤	1984年5月—1985年5月	—
	副校长	牟锦善	1975年11月—1979年4月	主持工作
		林珊	1979年4月—1980年7月	主持工作
	副校长	王书申	1980年7月—1983年5月	主持工作
		刘明贤	1983年5月—1984年5月	主持工作

续表25-21

机构名称	职务	姓名	任职年月	备注
市委党校	党委书记兼校长	刘明贤	1985年5月—1989年6月	(县级市)科级
			1989年6月—1990年12月	(地级市)科级
	校长	于学田	1991年1月—1995年11月	兼任
	常务副校长	许传义	1991年1月—1993年6月	主持工作
区委党校筹委会	主任	王子春	1995年3月—1999年4月	—
区委党校	校长	王均生	1998年3月—2001年1月	兼任
		孙雨	2001年1月—2002年12月	兼任
		刘西良	2003年3月—2006年6月	兼任
		张永霞	2006年6月—	兼任
	党委书记	宋泰	1997年2月—2001年1月	—
		范奉东	2001年1月—	—

教育培训

革命战争时期，党员干部多由上级党校培训。县委党训班主要是对脱产干部和农村党支部书记进行轮训。

党组织和党员公开后，注重党员领导干部理论水平的提高。1951年，县委选拔部分不脱产干部，先后在党训班培训后，转成脱产干部。1951年秋到1952年年底，共举办轮训班8期，培训农村党员干部2000余人次。学习方式主要是传达上级文件，部署当时工作，结业时每人写思想总结。

1970年2月，县委举行“毛泽东思想学习班”，对党员干部进行培训。

1985—1992年，共举办党员培训班21期，培训党员7787人次；到乡镇辅导65次，辅导约10.5万人次；举办乡镇干部岗位职务培训班4期，培训143人；举办中共十三大精神培训班2期，培训535人；举办“学哲学、建党、科社”理论

培训班 5 期，培训处级干部 170 人。1987 年，各乡镇党校相继成立，同时，组织对本级党员干部和党员分期分批进行培训。

1993 — 1995 年区委党校在筹建期间，主要会同区委组织部、宣传部对区内党政、企事业单位干部、农村两委干部进行专题教育。

1999 年，举办农村党支部书记培训班 8 期，培训 1200 人次。同年，举办新提拔新进班子科级干部培训班 1 期，培训 164 人。2000 年在市职业中专举办农村党支部书记培训班 6 期，培训 720 人次。1999 年 7 月至 2001 年 1 月，举办区领导干部"三讲学习教育活动"培训班。2001 年，举办企业负责人培训班 1 期，培训人员 46 名。2002 年举办农村党支部书记培训班 3 期 253 人次，学习党的"十六大"精神科级干部培训班 2 期、251 人次。2003 年，举办农村村主任培训班 3 期、291 人次，农村党支部书记培训班 5 期、592 人次；新提拔科级干部培训班 1 期、52 人次。2004 年，举办农村党支部书记培训班 4 期、561 人次。2005 年，举办农村党支部书记培训班 5 期、513 人次，举办新提拔科级干部 1 期、71 人次。2006 年，举办农村党支部书记培训班 3 期、283 人次，举办公开考选科级干部培训班 1 期、14 人。2007 年 3 月 13 日至 4 月，举办农村党支部书记培训班 4 期、443 人次；5 — 7 月，举办科技干部培训班 2 期、308 人次。

图 25-26　区委党校挂牌仪式　　(摄于 1999 年)

专修班

根据中央对干部知识化要求，党校通过专修班形式加强干部的知识培训。1985 年 9 月，招收大专班一个 37 人、中专班两个 104 人；1986 年 9 月，招收中专班一个 23 人，进行两年脱产学习，经过严格考试，全部完成所设计的专业课程，为市直、乡镇两级培养输送管理人才。

函授

2002 年起，开设学历函授班。2002 级省经济管理函授专科班学员 40 人。2003 年，省经济管理函授专科班学员 35 人。2004 年，始设本科班，设省函授经济管理本科班招生 98 人，中函经济管理高起本招生 49 人。2005 年，开设 3 个班，分别为省函经济管理本科班招生 36 人，省函法律本科班招生 20 人、中函高起本班招生 16 人。2006 年，招生 3 个班，开设省函山东省党校经济管理本科班，招生 33 人；省函山东省党校法律本科班招生 19 人，中函经济管理高起本班招生 15 人。2007 年，开设专业与 2006 年相同，仍为 3 个班，招省函经济管理本科班 28 人，法律本科班 40 人，中函经济高起本班 20 人。函授专科学制为 3 年，本科学制为 2.5 年，高起本学制为 5 年。

第七章　统一战线

1938 年 12 月，县委建立统一战线工作部(以下简称统战部)。1942 年 9 月撤销。1958 年 4 月，恢复统战部，1959 年撤销。1975 年 11 月，重设统战部。1989 年 11 月，日照市委统战部升格为处级单位。

1993 年 4 月，东港区委统战部成立。1993 年 7 月，在统战部内设民族宗教办公室，对外使用"东港区人民政府民族宗教事务办公室"名称。1995 年 5 月，设立区委台湾工作办公室，为正科级单位(与区委统战部合署办公)。

1938—2007年日照县(市)、东港区统战部部长任职情况表

表25-22

机构名称	姓　名	任　职　年　月
县委统战部	刘鸿若	1938年12月—1941年5月
	牟友民	1941年5月—1942年9月
县委统战工作部	薄自禄	1958年4月—1959年5月
	温江洲	1975年11月—1981年12月
县委统战工作部	夏良柏	1982年1月—1984年5月
	孙延年	1984年5月—1985年5月
市委统战部(县级市)	孙延年	1985年5月—1989年11月
市委统战部(地级市)	王学孟	1989年11月—1996年2月
区委统战部	宋宝堂	1993年5月—1994年4月
	赵廷万	1994年4月—2002年4月
	王汉日	2002年4月—2003年3月
	赵存兴	2003年3月—

第一节　统一战线工作

1938年，为建立抗日民族统一战线，中共下元特支根据国民五十七军一一二师地下党工委的指示，在下元村建立"日照县抗日民众自卫联合会"(简称"区联会")，以宣传队的名义进行公开活动。积极宣传"有钱出钱，有力出力"的抗日爱国思想，争取社会上层人士、开明士绅站到抗日旗帜下来。1939年，由于国民党反动派掀起反共高潮，县委遵照上级指示，坚持抗日民族统一战线的独立自主原则，同顽固派李延修、尹鼎五开展反摩擦斗争。同时，在政权建设中严格执行"三三制"原则，吸收党外爱国人士参政议政。为争取社会上层人士和开明士绅参加抗日斗争，1943年春，县长崔介亲自召集爱国士绅座谈，共商抗日救国大计。戴仲廉、郑振东等一大批爱国人士，积极参加抗日工作。

新中国成立以后，通过各界人民代表会议，吸收各界爱国人士参加国家管理和机关工作。在历届县人民委员会委员中，非党人士都占一定的比例。在社会主义改造中，认真贯彻私商政策，加强同各界人士的团结与合作。1960年，对党外人士实行"不抓辫子、不扣帽子、不打棍子"的"三不"政策，开展形势教育，积极疏通党和各界人士的关系。

"文化大革命"期间，统战工作停顿。

1978年10月至1982年4月，为164名错划为"右派"和3名错划为"反党反社会主义分子"的人员全部予以平反，恢复党籍和原有工资级别，妥善安置工作并为因受株连而失去公职的9名家属恢复工作。同时，恢复21名家属和134名子女商品粮供应。对173名起义投诚人员全部落实政策。因追究"历史问题"而失去公职的全部复职，错判徒刑的无罪释放，各种"帽子"全部摘掉。对无人赡养、生活困难的，定期发给生活补助费。

1985年，对起义投诚人员颁发起义投诚证件137份。对因"台属"问题而受牵连、受不公正对待的人员落实政策。

1986年，各乡、镇、街道成立台、侨属联谊组及非党知识分子协作组。到1989年年底，全市共有统战对象9.63万人，占全市总人口的9.35%。

1993年以来，区委先后印发《关于进一步加强统一战线工作的意见》《关于进一步加强全区对台工作的通知》等文件，成立区统战工作、对台工作、民族宗教工作和私营企业思想政治工作等领导小组，从政策上、领导上加强统一战线工作。镇、街道配齐统战委员，区直各部门一名领导成员分管统战工作，建立健全统战工作网络。先后15次召开全区统战工作会议，结合全区实际，贯彻中央、省、市委政策，全面部署统战工作任务。各乡镇(街道)、区直部门(单位)先后进行传达贯彻，并采取党校讲课、知识竞赛等多种形式，在党内外广泛进行统一战线理论政策的宣传教育。共在区级以上报刊发表新闻稿件130多篇，市以上统战理论刊物发表文章30多篇。

建区伊始即建立党和政府对民主党派、无党派代表人士适时召开通报会、协商座谈会和保持联系等制度，就全区政治经济形势、精神文明建设、惩治腐败和重大人事安排等问题，及时与各民主党派和无党派代表人士进行通报、协商和座谈，听取意见。至2007年，全区各级共召开通报协商会15次，迎春茶话会6次，征询各种意见、建议210多条。在充分尊重民主党派组织独立的前提下，积极帮助他们按照各自"章程"，加强组

织建设。2007年,全区民主党派成员共有47人(民革6人、民盟8人、民进10人、农工22人、九三学社1人)。

1994年12月,统战部与区委组织部共同制发《关于培养选拔党外干部的意见》。至2007年,全区对1105名党外人士进行政治安排和实职安排:有3名、87名、387名党外人士分别当选为省、市、区人大代表,有2名、91名、535名党外人士分别担任省、市、区政协委员。至2007年,东港区共有党外干部18人。其中:副处级干部7名,正科级干部3名,副科级干部8名。同时,加强党外知识分子工作,协助有关部门做好对党外人士的培养、考察和选拔工作,举荐德才兼备的党外干部进入各级领导班子,并建立党外后备干部储备库。2007年,全区共有党外知识分子4000多名,党外后备干部20人。

1996年以来,配合区委组织部开展在非公有制企业建立党组织工作,2007年全区已有140家非公有制企业建立党组织,全区非公有制企业共有中共党员2091人。

1997年3月,设立东港区工商业联合会(以下简称区工商联),具体负责广泛联合非公有制经济人士,促进非公有制经济健康发展。分别于1997年4月、2002年8月、2007年6月召开区工商联第五、第六、第七届会员代表大会,选举产生区工商联第五、第六届、第七届执委领导班子。2007年,区工商联会员发展到1258名,其中企业会员431名。建立7个镇商会、3个街道分会、1个市场分会、5个行业商会。

从建区开始,区委不定期召开各界人士为经济建设服务专题动员会议,先后组织统战干部、民主党派、工商联、无党派人士等到外地就统战工作为经济建设服务进行考察学习。支持民主党派、工商联、广大党外知识分子和各界人士围绕经济建设这个中心,开展科技咨询服务,牵线搭桥,内引外联。至2007年,民主党派、工商联和各界人士围绕改革开放和经济建设参政议政,提出各种提案、议案、建议571件,组织统战对象开展经济、技术、信息咨询1500多次,举办培训班660期,培训各类技术人才6万人次,统战各部门牵线搭桥,直接或间接引进投资项目72个,投资总额41603万元,引进外资总额1414.6万美元,科技支农兴工项目800多个,增加经济效益5700万元。

第二节　民族工作

1990年10月,日照市委始设民族宗教事务工作办公室,成永山任主任。1993年7月,东港区民族宗教事务办公室成立。

东港区民族宗教事务办公室具体组织开展《城市民族工作条例》等民族法律、法规和政策宣传,受理少数民族流动人员投诉,开展民族情况调查,了解掌握全区民族状况等。

民族宗教办公室每年对全区的少数民族分布情况进行调查统计。通过调查,摸清全区少数民族分布情况。随着东港区社会经济的全面发展,在少数民族人口增加的同时,所涉及的民族个数也在不断增加。据第五次人口普查,全区共有29个民族,人口为1467人,占0.16%。与1990年第四次人口普查相比,少数民族人口增加863人,增长229.52%。少数民族个数和人数增加,主要是中央、省和外地驻日照单位增多,外地来工作和婚姻迁入的少数民族人口不断增加。

2005年,区委办公室、区政府办公室以东办发〔2005〕29号文件转发《区委统战部、区民族宗教办关于贯彻落实日办发〔2005〕18号文件建立长效工作机制维护民族团结和社会稳定的意见》,调整充实区民族宗教工作领导小组,建立民族宗教工作信息员队伍并对其进行民族宗教法律法规和政策培训,对全区少数民族分布情况进行调查统计,建立信息预警机制和应急处理机制。

1993—2007年,通过办培训班、以会代训等形式培训基层干部3500人次,发放宣传材料18万份,教育引导全区各民族增强"共同团结奋斗、共同繁荣发展"意识,帮助基层干部掌握党的民族政策,提高基层干部做好民族工作能力。

第三节　宗教工作

建区后,区民族宗教事务办公室负责组织开展马克思主义宗教观和宗教政策法规等方面的宣传教育,使广大群众自觉抵制邪教组织的渗透和影响。

2002年,东港区《提高认识,加强管理,努力做好新形势下宗教工作》典型材料在全市宗教工作会议上进行交流。有1人被山东省人民政府授予山东省民族团结进步先进个人称号。

2004年7月，协调宣传、司法、新闻等部门，调动社会宣传资源和社会力量，通过多种形式，集中宣传国务院《宗教事务条例》，把"条例"的基本精神传播到机关、企事业单位、社会团体、乡村和社区，共发放宣传材料2万份。

至2007年，对全区宗教情况进行7次调查，摸清了全区宗教状况。2007年，全区共有经政府宗教事务管理部门批准设立的宗教活动场所4处(其中基督教2处、伊斯兰教1处、佛教1处)，基督教家庭聚会点29处。共有"基督教""伊斯兰教""佛教"信教群众2000余人，有外国信教人员700余人。信教群众分布较广，遍布8个镇、街道，57个村、居(社区)。按照"保护合法，制止非法，抵御渗透，打击犯罪"十六字方针，会同公安部门对区内非法聚会点依法进行清理整治，先后取缔30余处非法宗教活动点，收缴非法宗教传单10余万张，宗教书刊40余册，对30余名自封传教人进行批评教育，对非法传教人进行批评教育并限期改正，对10多名跨区域传教人进行批评并驱逐出境。

第四节　海外统战工作

新中国成立前，境内去台人员4091人，是全省去台人员较多的区县之一。其中政治上有影响、经济上有实力、学术上有造诣的"三有"人物96人，上层人士14人。

1994年1月，东港区台胞接待站设立。1995年5月，成立并召开首届东港区台属联谊会和海外联谊会。发展60名政治上有影响、经济上有实力、学术上有造诣的海外"三胞"重点人物为会员，加强民间组织与海外"三胞"的联系。同时，重视加强海外"三胞"接待工作。至2007年，全区共接待"三胞"和海外友人1770人次，其中团组35个、重点人物403人次。

第五节　对台工作

1990年10月成立日照市台湾工作办公室。1995年5月设立区委台湾工作办公室、区政府台湾事务办公室，李荣刚、董德玉、李兆玉先后任主任。

1994—2007年，区内居民因私赴台900余人次，安置回乡定居台胞69人，赴台定居2000人，涉台婚姻22对。

对台经贸

1994年《中华人民共和国台湾同胞投资保护法》实施，许多台胞到东港投资兴业。东港区在台胞、台属中开展"以台引台"和以"写一封家书、介绍一个项目、引进一笔资金"为内容的招商引资活动。

1999年，举办或参与举办"东港区三胞联谊恳谈会""新亚欧大陆桥日照桥头堡开发建设恳谈会""日照市建市十周年对外经贸联谊会"等大型对外招商活动。组团参加"中国(厦门)投资贸易洽谈会""鲁台经贸洽谈会"等国家、省、市举办的对外招商活动。参会期间，组织版面，开设摊位，主动联络台商，向台商重点推介"鲁南海滨国家森林公园""台商工业基地""高科技工业园""科技农业""海上东港""赶海园"和"基础设施建设"等招商项目。区专门组团赴台进行招商或派出招商小分队到广东、福建及江苏等台商密集区进行"上门招商"。

区在高科园内专门设立1.5平方千米的台商工业基地，为台商创建优良发展环境。区建成"三大服务体系"，即台商投资时的一条龙服务、企业建设过程中的全方位服务、企业开工投产后的经常性服务体系。

1994—2007年，全区累计批准台资企业40家，合同利用台资额9000万美元，实际利用台资5068.2万美元。

交往交流

台湾当局开放台湾居民赴大陆探亲后，两岸人员往来日益密切。

2001—2007年，区委、区政府、区政协主要领导带队分别多次赴台进行农业、经贸、城建、财政等考察、参访。

2001年5月至2004年10月，台湾"日照中学校友联谊会""日照旅台同乡会"等多家民间团体多次回乡探亲、旅游、考察。

1994—2007年，广大台胞为家乡公益福利事业捐赠款物505万多元。

对台宣传

利用接待活动进行面对面宣传，以拉家常叙乡情方式进行宣传，利用信函进行宣传，每年仲秋节、春节等传统节日期间，以区领导名义向台胞代表人士，寄发贺卡，表达家乡人民对他们的殷切期盼；利用新闻媒介进行宣传。区里组织制作宣传东港的光碟、录像带、宣传册、图片等资料，利用接待、外出招商引资的机会向台胞发放宣传。同时，在外宣报刊上发专刊，宣传东港的优秀传统文化、区位优势和优越的投资环境以及家乡的名胜古迹、朴实的民风民情等。

2000 年 11 月，邀请台湾中华电视台到东港，对自然景观进行拍摄，扩大东港在台湾的知名度。

2004 年 10 月，举办“台湾问题图片展”。

1994 — 2007 年，共召开台湾形势报告会 15 次，台胞台属联谊座谈会 18 次，发放宣传材料 1.5 万余份。

区台办连续十多年被省台办授予涉台宣传教育工作先进单位。

台属工作

建区后，对辖区内台胞及眷属进行普查，确定重点工作对象并登记造册，主动帮助他们排忧解难。协同有关部门帮助台商台属处理经济、家庭纠纷并为台商子女联系就学等事宜，消除台商投资的后顾之忧。1995 年 5 月成立并召开首届东港区台属联谊会。至 2007 年，区台办协调处理涉台家庭纠纷 80 起，帮助解决台胞子女就学问题 30 人次。

第八章　政法工作

第一节　政法机构

1956 年，中共日照县委设立政法部。1962 年，政法部撤销，其工作职责由县人民委员会政法办公室承担。1982 年 8 月，中共日照县委成立政法委员会。1990 年 7 月，市委设立政法委员会，各乡镇(街道)设社会治安综合治理办公室。1993 年 1 月，中共日照市东港区委设立政法委员会，领导、协调区公安、检察、法院、司法等主管部门(单位)，各司其职，维护社会治安、依法打击、惩处犯罪、开展平安东港建设。

1956 — 2007 年日照县(市)、东港区政法委负责人任职情况表

表 25-23

机构名称	职务	姓名	任职年月	备注
县委政法委工作部	部长	薄自禄	1956 年 11 月—1958 年 4 月	—
		周加斗	1960 年 4 月—1962 年 6 月	—
县委政法领导小组	组长	任鹤年	1979 年 4 月—1982 年 7 月	—
县委政法委	书记	张敬清	1982 年 8 月—1985 年 5 月	兼任
市委政法委	书记	刘志春	1985 年 5 月—1989 年 11 月	—
市委政法领导小组	组长	于学田	1989 年 11 月—1990 年 7 月	正处级

续表 25-23

机构名称	职务	姓名	任职年月	备注
市委政法委	书记	于学田	1990 年 7 月—1992 年 2 月	兼任
		朱士杰	1992 年 2 月—1995 年 6 月	—
区委政法委	副书记	丁兆仁	1993 年 5 月—1993 年 8 月	主持工作
		张胜英	1993 年 8 月—1996 年 2 月	主持工作
	书记	张博华	1996 年 3 月—1996 年 12 月	—
		孔凡征	1996 年 12 月—2001 年 1 月	—
	副书记	尹德亮	2001 年 1 月—2001 年 5 月	主持工作
	书记	牟善海	2001 年 5 月—2006 年 2 月	—
		刘峰慧	2006 年 2 月—2006 年 12 月	—
		王汉日	2006 年 12 月—2007 年 11 月	—
		申淑清	2007 年 11 月—	—

第二节　社会治安综合治理

1993 年，东港区制定《东港区社会治安综合治理五年规划》《东港区关于加强社会治理暂行规定》，开展“平安东港建设”“精神文明创建”活动。各级设立社会治安综合治理委员会(简称综治委)。1993 年始，每年度初，区、镇(街道)、村居层层

签订社会治安综合治理目标责任书，实行属地管理，“一把标手”负责制。1994年，在全区实施“重大案件防范责任查究”和“社会治安综合治理一票否决制度”，重视信访管理，健全区、镇(街道)、村居三级信访民调队伍。区直部门全部设立专(兼)管信访科室，配备专(兼)职信访工作人员，镇、街道设立信访办公室，村居设立信访民调员。1999年，开展“大接访”活动，针对农村存在的突出问题，进行集中整治。2005—2007年，依法处置群体性治安事件30余起，接待群众上访279起，息访罢诉293起。

星级系列创建

创建“五星级文明户” 1991年，日照市政法委以尹家河乡作试点，在农村开展“道德星”“治安星”“文化星”“新风星”“致富星”“五星级文明户”创建活动。1994年，区政法委推广实施社会治安综合治理“细胞工程”，在全区村居开展争创“五星级文明户”活动。1994—2007年，全区每年评出的“五星级文明户”占全区总户数的45%以上。

创建“五星级文明村” 1997年，东港区开展争创“五星(党建星、法治星、安全星、文明星、小康星)级文明村”活动，对“五星级文明村”实行严格定量考核。1997年后，每年都评出一批“五星级文明村”。至2007年，全区无重大治安、刑事、灾害事故发生、无集体越级上访的村居占总村居数的60%以上。

争创“五星级好干部” 1997年，全区在农村开展争创“五星级好干部”(“德才星、廉洁星、勤政星、法制星、政绩星”)活动。五星级好干部评选结合“三评一考”工作，半年初评，年底总评。1997—2007年，全区“五星级好干部”占干部总数的80%以上。

图25-27 实验中学学生进行“模拟法庭”演练 (摄于2001年)

争创“五星级法制校园” 2001—2007年，在全区中小学校开展争创“五星级法制校园”(“安全星、道德星、法制星、卫生星、创新星”)活动。创造有利于青少年学生身心健康发展的育人环境。

严打整治

1983—1987年，严厉打击刑事犯罪，依法从重从快判处一批杀人、抢劫、强奸、流氓、拐卖妇女等严重破坏社会秩序、危害人民生命财产安全的犯罪分子。先后开展“打击流窜犯”“追捕逃犯”“三打一禁”(打击团伙犯罪嫌疑人、打击车匪路霸、打击拐卖妇女儿童，查禁卖淫嫖娼)等专项斗争。抓获各类违法犯罪分子762名，摧毁犯罪团伙39个，破获各类刑事案件3097起。

2001年4月起，按省、市统一部署，开展打黑除恶、治爆缉枪、打击经济犯罪。在为期两年的严打整治中，破获刑事案件2999起，抓获犯罪嫌疑人1823人。其中，逮捕795人，劳教101人。查获犯罪团伙166个，抓获团伙成员605人，缴获赃款及赃物折款767.9余万元。

图25-28 治安队伍训练 (摄于2006年7月)

2002年12月，全区开展冬季严打专项斗争。公安分局、交警、治安巡警、边防、武警支队等多单位、多警种联合行动，出动官兵400余人次。破获刑事案件222起，抓获犯罪嫌疑人130名，查获犯罪团伙18个，抓获团伙成员51人，缴获赃物折款10万余元。

第三节 “平安东港”建设

2004年，东港区开展争创省级“平安建设”先进区活动。区成立建设“平安东港”领导小组，在政法委设立办公室。分设5个督导组，由5名区

图 25-29　区委召开平安东港建设会议　(摄于 2004 年)

级领导任组长，有关部门一把手为成员，分片负责创建工作的督查指导。各镇、街道、各部门设立相应组织和办事机构。

城区创建活动

采取“四联举措”创平安。即思想联结：把搞好城区治安纳入城市建设和发展的总体部署，树立以小治安促进大治安思想；力量联用：组建 22 支

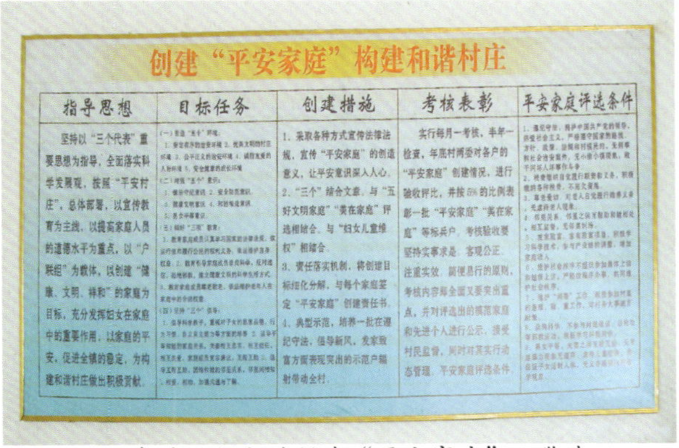

图 25-30　东港区制定的创建“平安家庭”一览表
(摄于 2007 年)

88 人的专职治安巡控队和 260 余支 2300 余人的治安巡逻队伍。110 机动队、专职巡控队和派出所控面，警区治安联防队控片，巡逻队控点；行动联手：专职巡控队、治安联防队、治保巡逻队、青年志愿巡逻队以及老年人巡逻队联防、联勤、联动；区域联治：在案件多发地段和时段，设立治安办公室，加强情报信息控制。城区周边设立治安检查点，划分联防责任区。

农村创建活动

全区开展“平安镇”“平安村居”“平安家庭”创建活动。建立户、村、片、镇四级治安调处机制，确保小事不出村、大事不出镇，把矛盾解决在基层和事发状态。

学校创建活动

开展“法制校园”“安全校园”“文明校园”建创活动。

实行社区共建、警校共育。建立家庭、学校、社会三位一体预防青少年违法犯罪工作机制。设立“法制课堂”，开展争当“遵纪守法小公民”活动。加强校内外安全管理和教师职业道德培训，推行师德标准社会承诺制。开展文明礼仪教育，促进学生文明习惯养成。

图 25-31　学校法制教育长廊
(摄于 2002 年)

机关创建活动

开展创建“平安机关”“平安单位”“平安系统”“平安行业”活动。全面落实人防、物防、技防措施，建立各项工作制度，确保机关内部平安。

同时，深入进行道路交通秩序治理、消防安全检查，避免和杜绝爆炸、投毒、重大火灾、重大交通事故发生。全面排查安全生产隐患，依法进行安全生产监督管理，确保境内无重、特大生产事故发生。

第九章　区委办公室工作

第一节　沿革与职责

沿革

1939 年 1 月，日照县委始设秘书。1947 年 5 月始设秘书处。1952 年 10 月设秘书主任。1956 年 1 月，县委始设办公室。1969 年 9 月至 1971 年 2 月，设县革委党的核心领导小组办公室。1971 年 3 月恢复县委办公室。1985 年 5 月设立市委(县级)办公室。1989 年 11 月设立市委(地级)办公

室(处级)。

1993 年 1 月，东港区委办公室成立。

职责

区委办公室围绕区委总体工作部署，收集信息、反映动态、综合协调，为党委决策提供服务；承担党委文电、重要文稿的起草、修改、校核、印制工作；负责党委日常公文处理，对上级和本级党委重大决策、重要工作部署的贯彻落实情况进行督促检查，对领导同志指示、批示进行督办落实；负责党委各种会议事务和党委领导同志重要活动的组织安排工作；负责安排上级党委领导人及有关来宾接待服务工作，负责党政系统密码通信和密码管理，负责上级党委、区委文件及要害部门核心机密文电传递工作，指导全区保密、机要工作，协调指导党委系统办公室工作。围绕党委中心工作和重要决策，组织有关经济、政治、科教、党建等方面方针、政策问题的调查研究，就全局性、方向性、政策性问题提出意见和建议，供党委决策参考；管理档案馆(档案局)，协调指导历史档案和机关档案资料的征集、接受、整理、保管、利用和研究工作；管理党史研究室，协调指导党史研究工作。征集、整理、编撰东港区地方史资料，开展专题研究，开展党史、革命传统教育；完成党委领导交办的其他工作。

1939 — 2007 年日照县(市)、东港区党委办公室主任任职情况表

表 25-24

机构名称	职务	姓名	任职年月
中共日照县委	秘书	安震	1939 年 1 月— 1940 年 10 月
		苏天	1940 年 10 月— 1941 年 5 月
		许溪南	1941 年 5 月— 1942 年 9 月
		王伟	1942 年 9 月— 1943 年 5 月
		郭建培	1944 年 6 月任职
	秘书处秘书	郭建培	1947 年 5 月离职
		吴元纯	1947 年 9 月任职
		秦贻会	1948 年 1 月— 7 月
		吴元纯	1951 年 6 月离职
		赵自增	1951 年 7 月— 1952 年 10 月
	秘书主任	赵自增	1952 年 10 月— 1954 年 9 月
	办公室主任	赵自增	1956 年秋离职
	秘书主任	任鹤年	1960 年 6 月— 1962 年 6 月
		任增恩	1962 年 6 月— 1963 年 2 月
中共日照县委	秘书主任	任鹤年	1963 年 3 月— 1969 年 10 月
日照县革委党的核心领导小组	办公室主任	李欣岗	1969 年 11 月— 1971 年 2 月
中共日照县委	办公室主任	李欣岗	1971 年 3 月— 1973 年 10 月
		任鹤年	1973 年 11 月— 1978 年 2 月
		张永宣	1978 年 2 月— 1984 年 4 月
		葛彦京	1984 年 5 月— 1985 年 5 月
中共日照市委（县级）	办公室主任	葛彦京	1985 年 5 月— 1989 年 10 月
中共日照市委（地级）	办公室主任	葛彦京	1989 年 11 月— 1994 年 2 月
中共日照市东港区委	办公室主任	张博华	1993 年 1 月— 1996 年 2 月
		刘西良	1996 年 2 月— 1998 年 1 月
		赵明甫	1998 年 3 月— 2005 年 5 月
		王汉日	2005 年 5 月— 2006 年 3 月
		窦更勤	2006 年 3 月— 2006 年 12 月
		王均波	2006 年 12 月—

第二节　政策研究

1960年8月，日照县委始设政策研究室(1962年6月撤销)，郑培诚任主任。1986年6月市委设研究室，8月改称政策研究室，司朝瑞任主任。1989年10月，市委设研究室(处级)，李永健任主任。

东港区委政策研究室成立于1996年11月，是区委管理的正科级单位。陶瑞安、毛维岗、费立志、崔社勇、赵文志、刘兴华先后任主任。其主要工作是：紧贴区委中心工作，认真履行职责，围绕政策、典型、战略等工作重点，适应新形势，研究新情况，坚持服务中心、服务决策，以《呈阅件》《调查研究》等为载体，不断提高政务服务水平，在研究政策、分析形势、搞好调研、提出对策、推广典型等方面发挥积极作用。

开展政策性研究

区委政策研究室立足于为区委科学决策提供政务服务这一职能，对区委关注和事关全局问题进行研究。先后编发《国家政策调整动态》《国家、省对财政、外贸等有关扶持政策》《山东省省级开发区的有关情况分析》《东港区情及全国全省全市全区经济工作思路及重点》《东港区2004年度出口退税基本情况及2005年度预测分析》《东港区财政形势分析及建议》《关于加快东港发展的思考》《全省30经济强县情况分析》《东港区与全省30强县主要指标对比分析》《对省内部分经济强县(市)发展态势的分析》等决策参考材料，得到区委领导肯定。会同区发展计划局、统计局参与东港区五年规划的制定。

开展专题调查

对农业综合开发、乡镇管理体制改革、深化农村改革、培植旅游茶业水产三大特色产业、失地农民安置、股份制改造、劳动力转移、招商引资、镇域经济发展、实施“工业强区、商贸富区、旅游兴区、农业稳区”四大战略重点、新农村建设、党的建设、基层民主政治建设、社会事业发展等重大问题进行调查研究，提出对策和建议，为领导决策提供依据。1996年，重点对农业产业化、工业兴区、外向型经济、民营经济进行调研，提出发展建议。1998年，对发展个体私营经济、旧城改造、农业综合开发工作进行调查研究，提出建议。2000年，对“海上东港”建设、“四轮驱动”战略等进行调查研究。2001年以来，重点对加快推进园区建设、大力开展招商引资进行调研。2005年，开展招商引资专题调研，重点研究项目落地难等存在问题的原因及面临的形势、机遇和优势分析，借鉴招商引资先进地区经验做法，提出以创新招商方式、完善招商机制、完善产业布局、解决项目落地难、加强环境建设为主要内容的对策建议，形成《关于对全区招商引资工作的调查与思考》。区委主要领导对招商引资工作调研报告，作出重要批示，并以文件的形式印发全区，进行讨论和思考，推动全区招商引资工作的深入开展。

总结推广典型

先后总结推广基层组织建设、基层民主政治建设、村(居)股份制改造、失地农民就业安置、农村劳动力转移、新农村建设、镇域经济发展等方面50多个典型经验做法，指导全区面上工作。其中：涛雒镇村务大事村民公决、村民质询会议制度的做法得到上级充分肯定并在全区推广；西沈马庄等作为社会主义新农村典型、后楼村作为基层组织建设典型上报省；2004年东港区抓典型带全局、用典型推动“三农”工作，特别是构建农村稳定长效机制、市场化运作农村公益事业、开发性安置失地农民方面的经验做法，省市主要领导做出批示，给予充分肯定。

起草重要文稿

根据区委领导安排，参与区委重要文件、汇报、领导讲话等材料的起草工作，较好地完成市委理论中心组读书会汇报、市领导东港调研汇报、述职报告、党代会报告等重大材料的起草任务。

第三节　党史研究

1976年10月，日照县委始设党史办。1983年5月，设党史资料征集办公室，李广华任主任。1985年6月，市委设党史资料征集委员会，葛彦京兼任主任。1990年3月，市委设党史研究室，李广华任主任。

1996年11月，东港区委党史研究室成立。2005年5月，董德玉任副主任，主持工作。2007

年11月，李萍任主任。建室以来，坚持“以史鉴今、资政育人”工作方针，开展党史编撰、资料征集、专题研究、党史宣传、书籍发行工作。

组织开展社会主义时期东港党史专题资料征编工作。根据市委办公室《社会主义时期日照党史专题资料征编方案》要求，区委办公室制发《社会主义时期东港党史专题资料征编方案》，成立《社会主义时期东港党史专题资料》编审委员会，组成编写组，聘请有一定政治理论水平和写作能力的人员承担编写任务。开展党史大事记编写工作。至2007年，征集区委大事记资料280多万字，整理形成10万多字的初稿，并出版三本《东港党史大事记》。

区委党史研究室加强与市党史研究室、各镇街道、区直部门的联系合作，在两城镇安哲烈士故里安家村，建设以烈士名字命名的安哲学校、安哲纪念馆，在三庄镇范家楼村八路军驻日照办事处滨海军区六团指挥部旧址建立八路军驻日照办事处滨海军区六团纪念馆，在五卅惨案著名烈士尹景伊的故里涛雒镇张家敖头村建设景伊小学。

订阅党史刊物赠送给全区各镇街道、区直有关部门。利用重要纪念日和重大节假日，组织有关部门开展爱国主义和革命传统教育。采取讲座、座谈、研讨、知识竞赛、学习参观革命传统教育基地等多种形式，对党的历史和革命先烈深入宣传。同时，宣传东港改革和发展历程，宣传区改革开放进程中涌现出的先模人物。

第四节　绩效考核

建区伊始，区委即高度重视对乡镇(街道)党委、政府和区直部门各项工作完成情况的考核。2003年3月，制定《东港区招商引资考核奖惩办法》和《东港区招商引资动态考核实施细则》，建立起动态考核机制。区委每年责成专门考核人员对全区的招商引资工作进行考核，以保证全区招商引资任务目标的圆满完成并成立招商引资考核小组。

2005年7月3日，正式成立东港区考核办公室，李惠英任主任。负责对镇(街道)、区直部门单位年度招商引资、经济社会事业发展及稳定等各项工作目标进行考核、确认。制发《2005年镇街道目标管理绩效考核实施办法》和《2005年区直部门目标管理绩效考核实施办法》，建立起全区目标管理绩效考核工作台账和数据库，构建全区考核工作网络。同年，由11个主考部门组成考核组，对10个镇(街道)、68个区直部门单位进行年度目标管理绩效考核，全区考核工作步入良性运行轨道。

2006年，建立日常督查考核工作台账，对区委、区政府重大决策和重要工作部署及时立项，加强督促检查，并将日常考核情况计入年终考核总分。

2007年，科学调整考核指标体系。突出“工业强区、商贸富区、旅游兴区、农业稳区”四大重点，兼顾物质文明建设、精神文明建设和政治文明建设的体系特色。在制定考核目标中，对国家、省、市的指令性计划和区委、区政府提出的年度奋斗目标及工作重点，全部纳入目标考核，重点突出经济发展指标和社会主义新农村建设有关目标。将镇街道分三类进行量化考核，突出不同区域发展方向和全区战略布局要求，主要考核经济发展和农业农村工作指标。对区直部门单位，则按职能性质和特点分为党委口、政府口经济管理部门、政府口非经济管理部门、双重管理部门4个组进行考核。重点考核职能工作目标，将政府工作报告、十一五规划、领导讲话、各部门单位本职业务工作、各单位在经济工作会议表态发言中涉及到的目标，逐项分解、逐条量化，共计43大项、300余小项考核指标，分别充实到各单位的职能工作目标中，建立健全绩效考核工作台账和数据库，使绩效考核工作制度化。

图25-32　东港区2005年绩效考核奖惩兑现大会

第十章 信访

新中国成立后，信访工作一直由县委、县政府办公室秘书人员兼管。“文化大革命”初中断。1971年5月，县革委办公室设信访组，周庆忠任组长。1981年8月改称县委办公室信访科。1985年3月，县改市，设中共日照市委办公室信访科、日照市人民政府办公室信访科，王常学、毛继进先后任科长。1987年9月，两科合并成立市委、市政府信访办公室，列市委序列，毛继进、徐子楼先后任主任。1993年，设区委、区政府信访办公室，尹德亮兼任主任。1996年7月，更名为区委、区政府信访局，列区委序列，管西云、张玉良、安玉学、马宗光、杨玉柱、李青先后任局长。同时，基层乡镇、相关机关、部门也先后设立、配备信访机构和工作人员，形成比较完善的信访网络。

图25-33 信访政策宣传进农户 (摄于2002年)

第一节 社会信访

新中国成立后至中共十一届三中全会前，人民群众来信来访数量较少，一般为反映干部政治立场、经济及作风问题。1978—1986年，随着拨乱反正、落实政策、平反冤假错案的逐步深入，境内信访量急剧增加。其间，共受理群众来信来访15936件起，全市解决历史遗留问题、平反冤假错案4635人(起)。其中：纠正“文化大革命”中受刑事处理、死伤残、双开除问题952人，纠正平反历次政治运动中受错误处理和影响的问题1070人。同时，解决起义投诚、侨属遗留问题771人，落实知识分子政策317人。为563名城户下乡、下放公办教师和师范、中专毕业生及卫生系统诊所人员办理农转非并安排工作。解决计划生育遗留问题247人，解决优抚方面遗留问题259人，解决50年代精减下放职工生活补贴问题373人，解决退休改离休问题83人。80年代以后，经济、政治体制改革步伐加快，特别是农村改革和企业改革不断深入，一些深层次矛盾逐渐显现出来，涉及人民群众切身利益的现实问题较多，群众上访特别是集体上访量呈上升趋势，且情况复杂，处理难度大。1987—1992年，共受理群众来信来访9937件(起)。

东港区建立后，群众信访反映的问题随着形势的变化呈现多样化、复杂化特点。由于农村干群矛盾、企业改制、土地征用、拆迁安置等原因，群众上访特别是集体上访、越级上访又有上升趋势。1993—2007年，共受理群众来信来访25151件起。为了妥善处理群众反映的问题，化解矛盾，一些创新性措施相继出现，先后实行领导阅信、接访、包案处理信访问题制度。1993—2006年，区、乡镇(街道)党委、政府领导共阅批群众来信4107件、接待群众来访13340起、包案1548件。1998—2006年，区、乡镇(街道)党政主要领导人每月亲自处理一件群众最关心的信访问题1578件。加大立案督办力度。至2006年，区信访局共立信访案件1932件，实行“信访问题查不清不报结、信访问题定性不准不报结、处理意见不落实不报结、没有信访人意见不报结、未经领导审核把关不报结”制度，发出督办单1356份，签订双向责任书1860份，填写上访答复意见书1456份，回访信访户442户。2006年7月，全区开展处理进京非正常上访专项治理活动，对6件进京非正常上访案件进行查处。2007年7月，全区集中开展“信访调处百日攻坚活动”，通过对进京去省上访、来区到市信访和上访老户进行集中接访、办理，为人民群众解决大量实际问题。同时开通网上信访、信访短信平台，拓宽信访渠道。

1993—2007年东港区受理群众来信来访情况统计表

表 25-25

年 份	信访总量	来信（件）	来 访		区受理总量		乡镇（街道）受理总量	
			个访（起/人）	集访（批/人）	来信（件）	来访（起/人）	来信（件）	来访（起/人）
1993	1683	1033	587/955	63/495	681	298/507	352	368/943
1994	1506	896	564/739	46/249	603	253/391	293	357/597
1995	1746	1040	649/964	57/294	656	314/587	384	392/671
1996	1704	939	698/1008	67/389	614	359/634	325	406/763
1997	1877	909	883/1147	85/463	592	406/673	317	562/937
1998	1812	901	835/1106	76/351	542	374/596	359	537/861
1999	1806	751	972/896	83/594	468	634/893	283	421/597
2000	1824	591	1096/1724	137/1496	354	691/1229	237	542/1991
2001	2552	576	1817/1829	159/1893	312	768/1786	264	632/1936
2002	1917	634	1135/1655	148/2659	341	592/2077	293	691/2237
2003	1544	472	945/1832	127/1968	254	529/1776	218	543/2024
2004	1829	450	1244/2776	135/3116	236	445/2740	214	537/3152
2005	1214	265	853/2537	96/1789	152	419/1561	113	586/2765
2006	1080	396	609/1862	75/1356	249	317/1326	147	367/1892
2007	1057	368	602/1766	87/1473	175	295/1313	193	394/1926

第二节 纪检信访

纪检监察信访主要受理对党员、党组织及行政监察对象的检举控告及申诉。

新中国成立初期至“文化大革命”前，群众来信来访主要反映党员干部铺张浪费、官僚主义、以权谋私等问题。

1952年，受理检举、控告和申诉案件236起，处分党员236人。

1961—1965年，信访量上升，五年间共受理信访4716件，年均900余件。

1966—1976年，“文化大革命”期间纪检信访工作中断。

“文化大革命”后到建区前的来信来访、控告申诉主要反映冤假错案、经济违纪、党员干部多占宅基地、违纪建私房、“农转非”“招工”等问题。

1979年，受理群众来信来访1078件，纠正了一批党政机关内部的冤假错案。落实党的政策，给208名党员撤销错误处分，为715人恢复党籍。

1980—1988年，对在整风“反右派”“反右倾”“四清”“文化大革命”运动中处理的案件进行复议，按照“实事求是，有错必纠”原则，做出复议结论。

1989年，受理人民来信来访538件次，查结501件次，处结率93%。其中，初信初访514件次，处结488件次，结案率95%。重信重访12件次，占信访总量的2.2%。

1990年，受理群众来信来访1126件次，处结1106件次，占98%。其中，初信初访一次结案率为97.6%。

1992年，受理群众信访685件次。其中，控告630件次，申诉15件次，处结634件次，处结率为98.3%。

建区后，群众来信来访主要反映党员干部贪

污、受贿、侵占、挪用、失职渎职、违反计划生育政策、违反社会主义道德以及征地、拆迁等引发的问题。通过群众来信来访，为查处党员干部违纪案件提供线索。

1993 年，受理群众来信来访 190 起，422 件次。其中，来信举报 153 起，303 件次，来访 37 起，119 人次，结案 185 起，结案率 97%。

1994 年，受理群众来信来访 106 起，278 件次。其中来信 199 件次，电话举报 1 件次，来访 78 人次，结案 103 起，处结率 97%。通过信访初查转案的 17 起，处分党员 18 人。

1995 年，受理群众来信来访 170 起，326 件次。其中，来信 291 件次。来访 35 次(138 人次)，查结 166 起，按期结案率 98%。上级批转的 157 件重要信访案件全部按期查结，及时妥善处理 6 起集体上访和越级上访案件。

纪检监察来信来访工作中做到“四个坚持”：坚持领导轮流接访、阅信、包查重点案件制度；坚持标本兼治；坚持快查快结；坚持发挥信访网络作用。1995 年 5 月，日照纺织抽纱厂 50 人集体上访，区纪委接访后，立即与区经委、区劳动局联合，对反映问题进行查实、反馈，妥善处理了此案。

1996 — 2007 年东港区纪检监察机关受理群众来信来访情况统计表

表 25-26

年份	受理来信来访					受理行政投诉案件	
	总数(起)	件次	处结	结案率	解决集访	总数(起)	结案
1996	243	534	240	99%	—	—	—
1997	330	485	330	100%	—	—	—
1998	307	408	305	99%	—	—	—
1999	381	—	381	100%	—	—	—
2000	524	566	524	100%	7	—	—
2001	414	—	414	100%	9	—	—
2002	267	298	265	99%	—	9	9
2003	242	—	242	100%	—	39	39
2004	252	—	251	99.6%	—	68	68
2005	111	—	110	99.1%	—	46	46
2006	98	—	95	97%	—	28	28
2007	338	—	338	100%	—	25	25

2005 年，探索实施以“信访承诺卡、办案公开卡、跟踪回访卡”为主要内容的“一案三卡”公开办案制度。2007 年，继续实施“一案三卡”制度，开展纪检信访干部下基层活动，变群众上访为干部下访，以疏通信访渠道，提高信访案件结案率。

第三节　基层信访

1986 年，全市所有乡镇(街道)配备信访助理员。1988 年全市村(居)成立信访民调小组，配备 1 — 2 名信访民调员。各机关和企事业单位明确信访工作专(兼)职科室和人员。1989 年 1 月，根据省委〔1988〕9 号文件精神，市委研究决定在乡镇(街道)设立信访办公室，配备副乡级信访办公室主任。1989 年 5 月，下发《日照市乡镇街道办事处信访办公室工作暂行规定》。1990 年 4 月，印发《日照市乡镇街道办事处信访工作目标管理试行办法》。

图 25-34　街头发放信访法律法规材料　(摄于 2005 年)

1988 年以来，境内开展争创(无进京去省上访、无越级集体上访、无信访积案)“三无乡镇”活动。1995 年，尹家河乡创造结合社会治安综合治理推行信访工作“细胞工程”经验。1998 年，东港区涛雒镇创造“村务大事民主公决”和“村民会议质询”制度经验。2003 年，两城镇探索实施以基层班子建设为核心、以农村财务监管为重点、以信访承诺制为抓手的基层信访工作“三位一体”配套联动建设经验。2003 年 12 月，全区在两城镇召开现场会议，在全区推广两城镇经验。全区基层

图 25-35　国家信访局负责同志到东港区调研“三位一体”工作　　　　(摄于 2007 年)

信访工作水平不断发展和提高，特别是总结创造的基层信访工作经验，成为全区信访工作的亮点。2007 年，群众来信来访量呈下降趋势。

第四节　机关、部门信访

区人大、法院、检察、公安、民政、国土、计划生育等机关、部门、行业先后设立群众来信来访办公科室并配备专(兼)职工作人员，及时接待、调查、处理信访问题。

区人大常委会办公室信访科自 1993 年设置后，受理人大代表和群众来信来访 4082 件次，成为人大了解社情民意、加强人大监督的重要渠道。

区法院信访接待工作始于 1951 年，由负责民事审判的同志兼任或办公室兼管。1993 年，正式成立信访接待室，责成专人负责。1992 年，开始对告审和信访工作实行立案统管。1996 — 1999 年，推行信访工作岗位目标责任制，认真抓好初信初访、停信息访和矛盾化解工作。2000 年后，立案、信访工作由立案庭负责，再审工作由审判监督庭负责，进一步细化分工，明确责任。坚持实行院长接访、预见信访苗头和省、市、区三级法院会审信访案件制度，切实为群众排忧解难。2005 年，再审调解结案率 71%。

2007 年，区法院重新修订《信访工作考核办法》。发挥信访联动协作机制的作用，对初信初访坚持“属地管理、分级负责”的处理原则，开展涉诉上访老户和非正常上访专项治理活动和“零上访”单位争创活动。涉法信访受理、处结工作更加科学化、规范化。

检察院信访工作始于 1950 年 8 月。日照县检察署成立后，即开始接待人民来访，处理人民来信，受理控告申诉案件。“文化大革命”开始后，检察院信访工作停止。1978 年，检察机关重建后即恢复信访工作。1988 年 7 月，设立日照市人民检察院经济法纪罪案举报中心(隶属于控告申诉科)，专门负责贪污、受贿等案件的举报受理。建区后，受理人民来信来访、控告申诉案件纳入正规。积极查处控告申诉案件，1993 年受理各类来信来访 159 件次。1998 年始，实行检察长接访日制度，和“重大访、告急访、集体访检察长接待”制度。1998 — 2002 年，共受理人民群众来信来访 1075 件次。2003 — 2007 年，推行“首办责任制”和“来访人选择接访人”办法，坚持节假日接访和法律服务、告诉求助制度。受理群众来信来访、电话、网络举报等 787 件次，均在期限内及时审查、结案、回复。

区公安分局信访科设立于 1993 年 4 月，至 2007 年，接收群众投诉、举报、调查处理涉警上访案件 1946 人(件)次，受理各类有关信访案件 913 起。2006 年 5 月始，实行局长周三接访、局其他领导轮流接访制度。落实各类信访案件“分级负责、归口办理”和“定责任单位、定包案领导、定具体责任人员、定具体工作措施，包查处、包疏导、包稳控、包息诉”的“四定四包”责任制，每天都有一名局领导在信访室接待群众来访。

民政局信访办公室设立于 2004 年 10 月，负责受理区内民政信访。至 2007 年，接待群众来访 120 人次，处理群众来信 60 件，民政信访处结率 100%。

国土分局信访工作开始于 1993 年，信访室设立于 2006 年 8 月。1993 — 2007 年，受理国土资源矛盾纠纷来访群众 430 人次，处理各类信访件 380 件。实名信访反馈率 100%，结案率 100%，结服率 98% 以上。

人口与计生局信访科设立于 1993 年 7 月。主要受理群众反映违法生育处理处罚不及时、不到位，干部包庇违法生育，各种计生证件办理不及时、推诿，计生执法不规范等问题。至 2007 年，受理来信、来访 576 件次。从接访处理到结果反馈，实行“包保”责任制和下访、回访服务制度，以确保信访处结质量。

第二十六编

地方权力机关

境内封建社会的县级权力机关为县衙。其县尹、知县等官员的任免权归封建王朝。民国时期，其权力机关为行政公署或县政府，县知事或县长由省政府任命。民国时的参事会、议事会、参议会为议政机关。

新中国成立后，政权组织形式为人民代表大会(会议)，县(市、区)人民代表大会为最高权力机构。县(市、区)人民代表大会及其常委会在同级党委领导下，履行宪法和法律赋予的职权，对事关全局的经济发展和社会进步的重大事项及人民群众普遍关心的重大问题进行审议、讨论，依法作出决议、决定。1949年11月至1954年7月，县各界人民代表会议共经历十一届。1954—2007年，县(市、区)人民代表大会共经历十六届。县长(市长、区长)、副县长(副市长、副区长)、人民检察院检察长、人民法院院长，由县(市、区)人民代表大会选举产生。

第一章　民国时期的代议制

第一节　议事会　参事会

议事会

1912年3月，日照县设参事会，区设议事会。1918年春，为选举第二届省议会议员，县公署成立选举事务所，负责参事会筹备工作。每区选自治委员1名，与县城的士绅名流组成参事会，丁琪章当选为议长。

参事会

1921年夏，为迎接省三届议会的召开，日照再次成立选举事务所，改选参事会，范学铭当选为议长。1928年5月，国民党日照县政府裁撤军阀统治时的参事会。至此，参事会废止。

第二节　参议会

日照县临时参议会

1940年3月，中国共产党领导下的日照县抗日民主政府成立。遵照上级指示，在各界人士代表会议的基础上，经过充分准备，建立日照县临时参议会。县委书记郑子久被选为临时参议长，高夑宸为副参议长。1940年秋，高夑宸出席山东省临时参议会成立大会。11月，根据省临时参议会要求，日照县参议会在吕家土山正式建立，选举高夑宸为参议长。会上邀请各界人士讨论抗日战争的形势，审查政府的施政方针，提出了不少提案，帮助政府改进工作。1943年春，日照县临时参议会进行第二次选举，高夑宸仍任参议长，秦寄萍当选为副参议长。戴仲廉、郑振东、邱星斋、张希唐、秦六田、秦文若等党外进步人士当选为参议员，秦寄萍等人当选为驻会委员。参议员在参议会中有职有权，对根据地建设做出积极贡献。在中共日照县委领导下，促进了政权建设“三三制”(即在政府工作人员中，共产党员、非党左派分子、中间派各占三分之一)原则的贯彻执行。

抗日战争胜利后，日照县参议会积极参与反奸诉苦、土改复查等运动，同时，主持日照县抗日烈士纪念塔的筹建工作。

国民党日照参议会

1944年，国民党政府指令各地建立民意机关——临时参议会。日照因国民党县政府濒临垮台，未能组成。1946年夏，流亡青岛的日照县国民党县政府首次成立日照参议会，贺师古任参议长，丁钧石、尹铭三等为副参议长，参议员10多名。为竞选“国大”代表，参议员各自忙于搞选举、拉选票。1948年4月，参议会由于国民党军队败退而解散。

第二章　各界人民代表会议

新中国建立后，根据《中国人民政治协商会议共同纲领》和中央人民政府颁布的《县各界人民代表会议组织通则》规定，建立各界人民代表会议，为协议机构。1949年11月—1954年7月，县各界人民代表会议共历经十一届。

第一节　会议制度的产生与职能

1949年9月，中国人民政治协商会议通过的《中国人民政治协商会议共同纲领》规定，在不具备召开人民代表大会的情况下，由各界人民代表会议代行人民代表大会职权。境内第一届各界人民代表会议经过1949年10—11月近两个月的紧张筹备，由县、区、乡各级人民政府与各界人民群众，采取推选、协商、邀请等方式，产生工、农、商、民兵、武装、青年、妇女、文教、医务、党、政等各个界别的代表247名，于1949年11月24日召开了作为协议机构的第一届各界人民代表会议。至1954年7月，各界人民代表会议历经十一届(其中，第十一届代行人民代表大会职权，选举了县长、副县长)。各界人民代表会议的主要职责是：听取、讨论县委、县人民政府的各项工作报告，同时，还对当时土地改革、抗美援朝、镇压反革命、“三反”“五反”等一些重大政治运动、生产运动的报告进行专题讨论、审议，并通过了相应的决议、决定。各界人民代表围绕当时的形势任务、政治运动、生产生活、群众关心的问题，对政府提出提案、批评和意见。提案内容涉及到土地改革、生产救灾、农民负担、恢复生产、土地税收、贯彻《中华人民共和国婚姻法》、改进干部作风、发展合作社、民政、司法、文教、卫生、工商、公安等十几个方面。同时，还选举产生了各届常务委员会。

第二节　各届人民代表会议

第一届各界人民代表会议

1949年11月24日—26日举行。与会代表247名。会议听取县委书记赵明德作的形势报告，听取并审议曹方强作的《县人民政府工作报告》。选举主席1人，副主席2人，常务委员会委员9人，曹方强当选为主席。会议收到提案148条。与会代表明确了新中国成立初的形势，消除怕“变天”、分到土地心里不踏实等思想顾虑。对部分党员干部在土改复查中存在的包办、强迫命令的做法提出批评，使干部群众关系进一步密切。

第二届各界人民代表会议

1950年3月26日—28日举行。与会代表417名。会议总结上届代表会议以来的工作，重点研究恢复生产、开展生产救灾工作，并通过相应的决议。号召全县人民开展互助存贷，节衣缩食，多种早粮，度过春荒。会议选举产生15人组成的常务委员会，曹方强任主席，陈明斋、王润阶任副主席。选举产生生产救灾和护林两个委员会。

第三届各界人民代表会议

1950年7月22日—25日举行。出席代表433名，其中特邀代表17人。会议听取并审议《县人民政府四个月来的工作报告》，部署夏季生产任务和部队复员安置准备工作，号召以生产救灾为中心，做好各项工作。

第四届各界人民代表会议

1950年12月15日—17日举行。出席代表443名。会议听取并审议《县政府工作报告》，开展抗美援朝、保家卫国的教育。研究做好结束土地改革、开展冬季农副业生产等事宜。

第五届各界人民代表会议

1951年5月31日—6月3日举行。出席代表386名。会议主要议题：一、深入开展抗美援朝、保家卫国的爱国主义教育运动；二、贯彻执行《中华人民共和国惩治反革命条例》，大张旗鼓地开展镇压反革命运动；三、部署夏季生产工作。会议选举产生17人组成的常务委员会。

第六届各界人民代表会议

1951年8月13日—15日举行。出席代表443名。会议前段召开第五届二次各界人民代表会议(又称抗美援朝各界人民代表会议)，动员全县人民，深入开展爱国丰产运动，订立爱国公约，努力搞好捐献飞机大炮和优属工作，进一步开展抗美援朝、保家卫国运动。会议后段召开第六届各界人民代表会议，听取并审议《县人民政府工作报告》。会议动员全县人民响应抗美援朝、保家卫国的伟大号召，以搞好农业生产为压倒一切的中心任务，结合土改做好部署镇压反革命等工作，千方百计完成夏粮征购任务。

第七届各界人民代表会议

1951年12月9日—12日举行。到会代表417名。会议总结一年来的工作，部署继续开展结束土改、抗美援朝、镇压反革命三大运动，加强政权建设，搞好优属代耕、发展经济和发放抚恤粮款等工作。会议还就婚姻法的宣传教育问题作专门部署。

第八届各界人民代表会议

1952年6月1日—3日举行。出席会议代表373名，列席代表21名。会议听取并批准《县政府春季生产工作报告》，通过夏季生产工作决议，专题报告"三反""五反"运动情况，选举产生常务委员21人。

第九届各界人民代表会议

1952年8月15日—17日举行。出席会议代表387名，列席代表23名。会议听取并审议《夏季生产工作报告》，通过秋季生产工作意见。会议还就镇压反革命、搞好"婚姻法"宣传和查处案件工作情况作专题报告。选举产生常务委员21人。收到提案136条。

第十届各界人民代表会议

1952年10月24日—26日举行。出席会议代表384名，列席代表14名。会议审议《县政府关于秋季生产及各项工作的报告》，作出《秋冬工作的决议》。改选常务委员会，选举产生常务委员21人。收到提案275件。

第十一届各界人民代表会议

1952年12月31日—1953年1月4日举行。出席代表569名，邀请代表28名。会议听取并审议《县政府工作报告》和《财政预决算报告》。对"三大运动"、农副业生产、爱国增产竞赛运动进行总结。就贯彻执行《中华人民共和国婚姻法》做出决议。提出今后工作任务：继续加强抗美援朝工作，开始执行第一个五年计划，完成和超额完成1953年生产计划，迎接第一次全国人民代表大会的召开。会议成立县人民政府委员会，委员25人，选举徐鸿翔为县长，丁履廉为副县长。改选县人代会常务委员会，选举常务委员31人，徐鸿翔为主席，薄自禄、陈明斋为副主席。此次会议代行人民代表大会职权。

第三章　人民代表大会

1954年，依据《中华人民共和国全国人民代表大会及地方各级人民代表大会选举法》，境内开始实行人民代表大会制度，采用普选的方式选举产生县人民代表大会代表，参与国家大事和地方政府工作的讨论，行使人民当家作主的权力。县、乡、镇均成立选举委员会，全面进行选民登记、资格审查，并选出乡镇人民代表。经中共日照县委研究提出候选人名单，再经县直机关、群众团体、各界代表酝酿协商确定后，分配到乡、镇，由乡、镇代表大会选举产生县人民代表大会代表。1980年始，人民代表改等额选举为差额选举，改间接选举为直接选举。人民代表在各届人民代表大会上听取、审议政府工作报告、国民经济执行情况报告、财政决策及预算报告、法院、人民检察院工作报告，通过讨论、审议、表决，作出重大、重要决议、决定。提出涉及政治、经济、社会、生产、生活等各方面的提案或议案。选举人民政府正、副县长和法院院长、检察院检察长。1993年始，区人大常委会由每届任期三年改为五年。选举产生人大常委会组成人员。年度代表会议一般在每年年初召开。

第一节　第一届人民代表大会

第一次会议

1954年7月5日—10日在县城举行。代表450名，到会429名。会议听取审议《日照县人民政府关于1954年上半年的工作总结》，学习和讨论《中华人民共和国宪法(草案)》，修订夏季工作意见。选举王家柱为县长，丁履廉、袁肇扬为副县长。选举出席山东省首届人民代表大会的代表5人。会议收到提案539件。

第二次会议

1955年2月3日—6日在县城举行。出席代表327名，列席代表15名。会议听取并审议《政府工作报告》，研究实行义务兵役制、兵员征集和巩固发展互助合作、粮食统购统销、认购国家建设公债等事宜。并作出相应的决议。

第三次会议

1955年12月27日—31日举行。出席代表399名，列席代表15名。会议听取审议《县政府工作报告》，作出《关于四年超额完成五年农业生产计划的决议》。胡杰当选为县长，丁履廉、袁肇扬当选为副县长，杜家良当选为县人民法院院长，选举25名委员组成县人民委员会。自此，县人民政府改称为县人民委员会。

第二节　第二届人民代表大会

第一次会议

1957年1月16日—21日举行。正式代表387名，实到358名，列席代表13名。会议听取并审议《县人民委员会工作报告》，就整社、增产节约等工作做出决议。会议补选王智民为副县长。

第二次会议

1957年5月27日—31日举行，与会代表309人，县直机关科、局长及企事业部门负责人列席会议。会议学习毛泽东《关于正确处理人民内部矛盾的问题》的讲话，审议通过《1957年春季工作情况和夏季工作意见的报告》以及《财政预决算报告》。

第三次会议

1957年12月29日—1958年1月1日召开。与会代表335人，列席代表12人。会议听取和审议《县人民委员会工作报告》。会议围绕农业合作化、粮食统购统销等问题进行讨论，作出决议，并决定：从1958年1月开始，每月的15日、30日为县长接待人民来访日。

第三节　第三届人民代表大会

第一次会议

1958年5月26日—31日举行。代表392名，实到355名。会议听取并审议《县人民委员会工作报告》《财政预决算报告》《人民法院工作报告》。选举产生由22人组成的县人民委员会。选举张金华为县长，丁履廉、袁肇扬、王智民为副县长；选举出席省第二届人民代表大会代表6人。会议收到提案290件。会议号召全县人民要全面贯彻"鼓足干劲，力争上游，多快好省地建设社会主义"的总路线，进一步掀起农业生产新高潮，确保各项生产指标的实现，使各项工作实现全面跃进。

第二次会议

1959年12月9日—14日举行。实到代表296人。会议听取并审议《县人民委员会工作报告》《财政预决算报告》《人民法院工作报告》，通过《关于成立日照县人民公社联社的决议》。会议补选赵明毅为县人民法院院长。会议进行"反右倾，鼓干劲"动员。大会收到提案162件。

第四节　第四届人民代表大会

第一次会议

1960年11月30日—12月5日举行。代表410人，实到362人。会议总结"大跃进"的经验教训，批判"五风"，贯彻"以农业为基础，以生产救灾为中心"的指导方针，要求进一步掀起冬季生产新高潮，为夺取农业丰收而奋斗。会议听取并审议《县人民委员会工作报告》，审议批准《财政预决算报告》和《法院工作报告》。会议选举出县人民委员会29名委员。选举张金华为县长，袁肇扬、王智民、赵明毅、尚汝福为副县长，选举孙升为人民法院院长。

第二次会议

1961年12月22日—26日举行。正式代表340人，列席代表10人。会议听取并审议《县人民委员会工作报告》《财政预决算报告》和《人民法院工作报告》，通过《关于认真贯彻"以农业为基础，以工业为主导，农轻重并举的方针"的决议》，提出恢复发展工农业生产的奋斗目标。补选丁履廉为县长。会议收到提案306件。

第三次会议

1962年12月30日—1963年1月5日举行。正式代表320人，列席代表7人。会议听取并审议《县人民委员会工作报告》，通过《关于划区设公社的决议》。会议根据中共八届十中全会精神，总结一年来的政府工作，研究调整国民经济、深入进行社会主义教育、进一步巩固集体经济等事宜。会议收到提案337件。

第五节　第五届人民代表大会

第一次会议

1963年5月19日—27日召开。正式代表410人，实到381人，列席代表3人。会议听取并审议《县人民委员会工作报告》《法院工作报告》《财政预决算报告》。会议选举产生县人民委员会委员26名。选举丁履廉为县长，庄茂禄、袁肇扬、赵明毅为副县长。选举孙升为法院院长。选举8名出席省人民代表大会的代表。会议收到提案487件。

第二次会议

1964年7月22日—25日召开。出席代表354人。会议听取并审议《县人民委员会工作报告》《法院工作报告》《财政预决算报告》，讨论社会主义教育运动，总结贯彻国民经济总方针的经验，研究部署夏季超产运动。补选庄茂禄为县长，傅承玺为副县长。会议收到提案238件。

第三次会议

1965年5月19日—22日召开。正式代表329人，列席代表13人。会议听取并审议《县人民委员会工作报告》《财政预决算报告》和《法院工作报告》。讨论通过第三个五年计划、农业生产规划。会议收到提案349件。

第六节　第六届人民代表大会

1966年3月25日—30日召开。代表450人，实到412人。会议听取并审议《县人民委员会工作报告》《财政预决算报告》《法院工作报告》。会议选举产生由29名委员组成县人民委员会。选举傅承玺为县长，董玉凯、袁肇扬、郑培成为副县长，孙升为法院院长。会议总结社会主义教育运动的经验，号召全县干部、群众大力开展学习毛泽东著作运动，争取社会主义革命和建设的更大胜利。

第七节　日照县革命委员会

1968年3月11日，日照县革命委员会成立大会召开。肖永谦任主任，丁履廉、李广禄、费立英、张开禄任副主任。此次大会列入第七届人民代表大会届次。1969年，落实中央关于解决山东问题的批示后，县革委补充了部分新委员。

第八节　第八届人民代表大会

1978年3月28日—30日召开。与会代表799名。会议听取并通过《日照县革命委员会工作报告》，作出相应的决议，通过县革委提出的“五五”时期后3年国民经济计划和“六五”期间国民经济发展的初步设想。

会议就宣传新时期的总路线和新宪法、揭批“江青反革命集团”及“农业学大寨”等项工作做

图26-1　日照县第八届人民代表大会代表们在学习讨论（摄于1978年）

出部署。选举产生日照县革命委员会，张洪荣任主任，李秀林、郑承泰、白正和、王玉华、任增恩、山云条、郑培成任副主任，孙升任法院院长，崔成久任检察院检察长。

第九节　第九届人民代表大会

第一次会议

1981年12月31日—1982年1月3日召开。正式代表445人，特邀代表5人，列席代表51人。县政协一届委员列席会议。会议听取并审议

图 26-2　日照县第九届人民代表大会第一次会议　　(摄于 1981 年)

《县革命委员会工作报告》《国民经济计划、财政预决算报告》，听取和审议县法院、检察院工作报告。会议宣布：县革命委员会历史使命结束，恢复县人民政府。会议选举产生县人大常委会，傅承玺任人大常委会主任，牟敦杰、郭常芳、张鸿儒、郑培成、王世林为副主任；选举史佩涓为县长，任增恩、许传贵、牟乃善、庄资诚、王家政、丁秀珍、郑行俭为副县长。选举孙升为法院院长，崔成久为检察院检察长。会议收到提案 450 件。

第二次会议

1983 年 1 月 31 日—2 月 3 日召开。正式代表 425 人，特邀代表 8 人，列席代表 56 人。政协一届全体委员列席会议。会议听取并审议县人民政府、县人大常委会、县人民法院、县人民检察院工作报告和日照县 1982 年国民经济计划执行情况、1983 年国民经济社会发展和“六五”计划安排意见及财政预决算报告，并对这些报告作出相应决议。同时，还通过《关于进一步做好计划生育工作的决议》。会议选举出 9 名出席山东省第六届人民代表大会的代表。会议收到提案 133 件。

第十节　第十届人民代表大会

第一次会议

1984 年 8 月 26 日—29 日召开。正式代表 447 人，实到 439 人，列席代表 93 人，特邀代表 24 人。政协二届委员会全体委员列席会议。会议听取并审议县人民政府、县人大常委会、县人民法院、县人民检察院的工作报告和 1983 年国民经济计划执行情况、1984 年计划安排意见以及财政预决算报告，并作出相应的决议。会议选举 13 名常务委员组成第十届人大常务委员会，庄茂禄任人大常委会主任，庄资诚、郭常芳、丁秀珍、郑行俭、黄献法任副主任。王军平当选为县长，单联云、惠君、朱景顺、张守训、李尚文为副县长。李建友任法院院长，赵文新任检察院检察长。会议收到提案 279 件。

图 26-3　日照县第十届人民代表大会第一次会议　　(摄于 1984 年)

第二次会议

1985 年 5 月 22 日—25 日召开，正式代表 451 人，实到 414 人，特邀代表 27 人，市政府所属部、委、办、局主要负责人和全体政协委员列席会议。会议听取并审议《政府工作报告》《国民经济计划报告》《财政预决算报告》《人大常委会的工作报告》和人民法院工作报告、人民检察院工作报告，并作出相应的决议。会议按照国务院1985年3月22日关于撤销日照县建立日照市(县级)的批复和省人大常委会《关于依照法律程序建立日照市几个问题的复函》精神，作出县改市的决议。会议补选丁银昌、王世田为市人大常委会副主任，选举房训佐为市长，张培宏、单联云、张守训、臧全禄、李尚文为副市长。会议收到提案和建议、意见205件。

第三次会议

1986年4月20日—22日召开。正式代表451人，特邀代表38人，市政协全体委员和部、委、办、局负责人列席会议。会议听取并审议《政府工作报告》《国民经济计划报告》《财政预决算报告》《市人大常委会的工作报告》和市人民法院、市人民检察院工作报告，并作出相应的决议。会议收到提案155件。

第十一节　第十一届人民代表大会

第一次会议

1987年4月9日—12日举行。代表428人，实到416人，市政协三届委员和部、委、办、局负责人列席会议。会议听取并审议市人大常委会、市人民政府、市人民法院、市人民检察院的工作报告，审议批准《1987年国民经济和社会发展计划的报告》《财政预决算报告》。与会代表着重讨论坚持四项基本原则、反对资产阶级自由化，决心坚持改革、开放、搞活，积极开展“双增双节”运动。会议实行差额选举，选举人大常务委员会委员23人。选举史佩涓为人大常务委员会主任，庄资诚、郑行俭、丁银昌、王世田、臧全禄、黄献法为副主任；选举房训佐为市长，李尔孝、单联云、丁原胜、张守训为副市长；选举李建友为法院院长，赵文新为检察院检察长。

第二次会议

1988年1月4日—7日举行。与会代表385人。会议收到提案和建议、意见228件。市政协委员和部、委、办、局负责人列席会议。会议听取并审议《政府工作报告》《国民经济和社会发展计划报告》《财政预决算报告》《人大常委会工作报告》和人民法院、人民检察院工作报告，并作出相应的决议。与会代表学习中共十三大文件，对如何坚定不移地执行党在社会主义初级阶段的基本路线等问题进行研究。会议以对话的方式答复代表对政府工作提出的建议、批评和意见。会议选举出席省七届人民代表大会代表8人。

第三次会议

1989年3月27日—30日举行。会议代表396人，特邀代表42人，市政协委员和部、委、办、局负责人列席会议。会议听取和审议《政府工作报告》《国民经济和社会发展计划报告》《财政预决算报告》《人大常委会工作报告》和市人民法院、市人民检察院工作报告。会议着重讨论治理经济环境、整顿经济秩序、全面深化改革等有关事宜。会议收到提案和建议、意见109件。

图26-4　日照市第十一届人民代表大会第一次会议　（摄于1987年）

第十二节　第十二届人民代表大会

第一次会议

1990年1月10日—14日举行。代表395人，出席386人，驻日照的省七届人大代表、市四届政协委员、市直部、委、办、局和部分国家、省驻日照单位负责人列席会议。省人大常委会临沂地区工作委员会的领导到会祝贺。省人大常委会作出《关于组建日照地级市有关事项的决定》。省委研究决定成立以王树文为组长，史佩涓、徐朋杰等为副组长的市人大筹备组，对会议进行认真筹备。会议听取并审议《市政府工作报告》《国民经济、社会发展计划报告》《财政预算报告》，市人大常委会和法院、检察院的工作报告，并作出相应的决议。选举产生地级日照市政权领导班子和市、城郊两级法院、检察院负责人。选举23名常务委员组成市人大常委会，王树文为主任(兼)，史佩涓、徐朋杰、黄献法为副主任。选举王家政为市长，房训佐、熊可山、肖开富、何学志为副市长。选举于焕伦为市中级人民法院院长，董书堂为市人民检察院检察长，范建俊、赵焕玺分别为市城郊人民法院院长和市城郊人民检察院检察长。会议收到议案和建议、意见171件。

第二次会议

1991年3月27日—31日在日照剧院举行，代表397人，列席70人，会议听取审议《市政府工作报告》《日照市国民经济、社会发展十年规划和第八个五年计划纲要》《日照市1990年国民经济、社会发展计划执行情况和1991年国民经济、社会发展计划〈草案〉的报告》《日照市1990年财政决算和1991年财政预算〈草案〉的报告》《市人大常委会工作报告》《市中级人民法院工作报告》《市人民检察院工作报告》，并相应作出决议。会议选举刘京玉为市人大常委会副主任，选举人大常委会委员1人。会议收到代表建议、批评和意见215件。

第三次会议

1992年3月21日—24日在日照剧院举行，代表395人，列席69人。会议听取审议《市政府工作报告》《日照市1992年国民经济和社会发展计划〈草案〉的报告》《日照市1991年财政决算和1992年财政预算〈草案〉的报告》《市人大常委会工作报告》《市人民法院工作报告》《市人民检察院工作报告》，并相应作出决议。会议选举何学志为市人大常委会副主任，孙运河为市人民检察院检察长。会议收到代表建议、批评和意见132件。

图26-5　日照市第十二届人民代表大会第三次会议（摄于1992年）

第十三节　第十三届人民代表大会

第一次会议

1993年2月27日—28日在日照剧院举行。本次会议是东港区建立后的第一次人民代表大会，按省、市人大常委会决议，顺延原日照县(市)人代会的届次。代表387人，出席382人。会议选举杨崇淦为区人大常委会主任，郑全进、刘汉花(女)、贺照禄、王仕芝、丁兆华、辛崇利为副主任。选举11名委员组成区人大常委会，选举张玉佩为区长，靳惠民、解世增、丁立瑞、李永斗、臧旺玉为副区长。选举王冉为区人民法院院长，赵焕玺为区人民检察院检察长。选举市人大代表157名。

第二次会议

1994年3月19日—22日在日照剧院举行。代表397人，出席379人，列席67人。会议听取并审议东港区《政府工作报告》《关于东港区一九九三年国民经济和社会发展情况与一九九四年计划(草案)的报告》《关于东港区一九九三年财政决算和一九九四年财政预算草案的报告》《区人大常委会工作报告》《区人民法院工作报告》《区人民检察院工作报告》，并作出相应的决议。书面印发《岚山办事处工作报告》。会议补选孙海亭为东港区人民政府区长，补选区人大常务委员会委员6名。会议收到代表建议、批评和意见82件。

第三次会议

1995年3月10日—12日在日照剧院举行。代表400人，特邀、列席107人。会议听取审议东港区《政府工作报告》《关于东港区1994年国民经济和社会发展计划执行情况与1995年计划草案的报告》《关于东港区1994年财政决算和1995年财政预算草案的报告》以及《区人大常委会工作报告》《区人民法院工作报告》《区人民检察院工作报告》，并作出相应的决议。书面印发《岚山办事处工作报告》。会议收到代表建议、批评和意见46件。

第四次会议

1996年3月8日—10日在日照剧院举行。代表400人，出席357人，特邀、列席105人。会议听取审议东港区《政府工作报告》《关于1995年全区国民经济和社会发展计划执行情况与1996年计划草案的报告》《关于东港区国民经济和社会发展"九五"计划及2010年远景目标纲要的报告》《关于东港区1995年财政预算执行情况和1996年财政预算草案的报告》，并作出相应的决议。书面印发《岚山办事处工作报告》。会议补选2名区人大常委会委员，吴军、周绪诚为区人民政府副区长。会议收到代表建议、批评和意见31件。

图26-6　日照市东港区第十四届人民代表大会第一次会议（摄于1998年）

第五次会议

1997年3月6日—8日在日照剧院举行。代表400人，出席348人，特邀、列席136人。会议听取审议东港区《政府工作报告》《关于1996年全区国民经济和社会发展计划执行情况与1997年计划(草案)的报告》《关于东港区1996年财政决算和1997年财政预算(草案)的报告》以及《区人大常委会工作报告》《区人民法院工作报告》《区人民检察院工作报告》，并作出相应的决议。书面印发《岚山办事处工作报告》。会议补选杨安奎、孙开河为区人大常委会副主任，补选4名区人大常委会委员。会议收到代表建议、批评和意见43件。

第十四节　第十四届人民代表大会

第一次会议

1998年1月14日—18日在日照剧院举行。代表336人，出席330人，特邀、列席17人。会议听取审议东港区《政府工作报告》《关于东港区1997年国民经济和社会发展计划执行情况与1998年国民经济和社会发展计划(草案)的报告》《关于东港区1997年财政预算执行情况和1998年财政预算(草案)的报告》以及《区十三届人大常委会工作报告》《区人民法院工作报告》《区人民检察院工作报告》，并作出相应的决议。书面印发《岚山办事处工作报告》。

会议选举出153名代表出席日照市第十四届人民代表大会，选举陈为信为区十四届人民代表大会常务委员会主任，郑全进、刘汉花(女)、贺照禄、王仕芝、丁兆华、杨安奎、孙开河、相同耀为副主任，选举14名委员，选举王泽晓为区政府区长，刘西良、周绪诚、刘锋慧、王坤英(女)、李章培、刘兆亮为副区长，选举王万军为区人民法院院长，厉保新为区人民检察院检察长。会议收到代表建议、批评和意见79件。

第二次会议

1999年3月23日—25日在日照剧院举行。代表338人，出席311人，特邀、列席72人。会议听取审议东港区《政府工作报告》《关于东港区1998年国民经济和社会发展计划执行情况与1999年国民经济和社会发展计划(草案)的报告》《关于东港区1998年财政预算执行情况和1999年财政预算(草案)的报告》以及《区人大常委会工作报告》《区人民法院工作报告》《区人民检察院工作报告》，并相应作出决议。书面印发《岚山办事处工作报告》。会议补选4名区人大常委会委员。会议收到代表建议、批评和意见73件。

第三次会议

2000年3月5日—7日在日照剧院举行。代表339人，出席339人，特邀、列席84人。会议听取审议东港区《政府工作报告》《关于东港区1999年国民经济和社会发展计划执行情况与2000年国民经济和社会发展计划(草案)的报告》《关于东港区

1999年财政预算执行情况和2000年财政预算(草案)的报告》以及《区人大常委会工作报告》《区人民法院工作报告》《区人民检察院工作报告》,并相应作出决议。书面印发《岚山办事处工作报告》。会议收到代表建议、批评和意见45件。

第四次会议

2001年3月6日—8日在日照剧院举行。代表342人,特邀、列席96人。会议听取审议东港区《政府工作报告》《关于东港区2000年国民经济和社会发展计划执行情况与2001国民经济和和社会发展计划(草案)的报告》《关于东港区2000年财政预算执行情况和2001年财政预算(草案)的报告》以及《区人大常委会工作报告》《区人民法院工作报告》《区人民检察院工作报告》,并相应作出决议。书面印发《岚山办事处工作报告》。会议补选李增森、刘加臣为区人大常委会副主任,补选4名区人大常委会委员,刘西良为区人民政府区长,张则俊为区人民法院院长。会议收到代表提出的建议、批评和意见53件。

第五次会议

2002年3月2日—4日在日照剧院举行。代表339人,特邀、列席141人。会议听取审议东港区《政府工作报告》《关于东港区2001年国民经济和社会发展计划执行情况与2002年国民经济和社会发展计划(草案)的报告》《关于东港区2001年财政预算执行情况和2002年财政预算(草案)的报告》以及《区人大常委会工作报告》《区人民法院工作报告》《区人民检察院工作报告》,并相应作出决议。书面印发《岚山办事处工作报告》。会议收到代表提出的建议、批评和意见27件。

第十五节 第十五届人民代表大会

第一次会议

2003年1月18日—21日在日照电影院举行。代表326人,特邀、列席49人。会议听取审议东港区《政府工作报告》《关于东港区2002年国民经济和社会发展计划执行情况与2003年国民经济和社会发展计划(草案)的报告》《关于东港区2002年财政预算执行情况和2003年财政预算(草案)的报告》以及《区人大常委会工作报告》《区人民法院工作报告》《区人民检察院工作报告》,并相应作出决议。书面印发《岚山办事处工作报告》。

会议选举陈为信为区十五届人民代表大会常务委员会主任,周绪诚、孙开河、李章培、李增森、刘加臣、石勤玲(女)为副主任,选举18人为常委会委员,选举毛晖明为区人民政府区长,陶佃友、刘锋慧、王坤英(女)、王军卫、陈文祥、刘加宝为副区长,选举王道新为东港区人民法院院长,钟树芳为东港区人民检察院检察长,选举出东港区出席日照市第十五届人民代表大会的代表150名。会议收到代表建议、批评和意见52件。

图26-7 日照市东港区第十五届人民代表大会第一次会议 (摄于2003年)

第二次会议

2004年2月7日—10日在日照电影院举行。代表326人,特邀、列席50人。会议听取审议东港区《政府工作报告》《关于东港区2003年国民经济和社会发展计划执行情况与2004年国民经济和社会发展计划(草案)的报告》《关于东港区2003年财政预算执行情况和2004年财政预算(草案)的报告》以及《区人大常委会工作报告》《区人民法院工作报告》《区人民检察院工作报告》,并相应作出决议。书面印发《岚山办事处工作报告》。会议收到代表建议、批评和意见62件。

第三次会议

2005年1月24日—26日在日照电影院举行。代表258人，特邀、列席36人。会议听取审议东港区《政府工作报告》《关于东港区2004年国民经济和社会发展计划执行情况与2005年国民经济和社会发展计划(草案)的报告》《关于东港区2004年财政预算执行情况和2005年财政预算(草案)的报告》以及《区人大常委会工作报告》《区人民法院工作报告》《区人民检察院工作报告》，并相应作出决议。会议收到代表建议、批评和意见50件，并现场办理9件。

第四次会议

2006年2月15日—17日在日照电影院举行。会议听取审议东港区《政府工作报告》《区人大常委会工作报告》及《区人民法院工作报告》《区人民检察院工作报告》，书面审议《关于东港区2005年国民经济和社会发展计划执行情况与2006年国民经济和社会发展计划(草案)的报告》《关于东港区2005年财政预算执行情况和2006年财政预算(草案)的报告》，并作出相应的决议。大会选举梅志强为东港区第十五届人民代表大会常务委员会主任，选举郑加贵为东港区人民政府区长，牟善海、隋红臣为区人民政府副区长。会议收到代表建议、批评和意见43件。

第五次会议

2007年3月6日—9日在市会展中心举行。代表258人，特邀、列席58人。会议听取和审议《政府工作报告》；审议区政府《关于东港区2006年国民经济和社会发展计划执行情况与2007年计划草案的报告》，审查、批准《东港区2006年国民经济和社会发展计划执行情况与2007年计划(草案)的报告》；审议区政府《关于东港区2006年财政预算执行情况和2007年财政预算草案的报告》，审查、批准《东港区2006年财政预算执行情况与2007年财政预算(草案)》的报告；听取和审议《区人大常委会工作报告》《人民法院工作报告》《人民检察院工作报告》，并分别作出决议。会议接受李章培辞去区十五届人大常委会副主任的请求，补选刘锋慧、陈为刚为区人大常委会副主任，1名区人大常委会委员。会议收到代表建议、批评和意见36件。

第十六节　第十六届人民代表大会

第一次会议

2007年12月8日—11日，在市会展中心举行。代表276人，出席会议的代表273人，特邀、列席55人。会议听取审议东港区《政府工作报告》以及《区人大常委会工作报告》《区人民法院工作报告》《区人民检察院工作报告》，书面审议《关于东港区2007年国民经济和社会发展计划执行情况与2008年计划(草案)的报告》《关于东港区2007年财政预算执行情况和2008年财政预算(草案)的报告》，并相应作出决议。会议选举解学文为区第十六届人民代表大会常务委员会主任，刘锋慧、石勤玲(女)、陈为刚、陈淑顺、陈国祥为副主任，选举17名区人大常委会委员。选举郑加贵为区人民政府区长，张涛、王汉日、陈文祥、刘加宝、隋红臣、安丰华(女)为副区长，选举李志毅为东港区人民法院院长，陈为永为东港区人民检察院检察长，选举东港区出席日照市第十六届人民代表大会的代表共98名。会议收到代表建议、批评和意见53件。

图26-8　日照市东港区第十六届人民代表大会第一次会议　(摄于2007年)

第十七节　乡镇人民代表大会

乡、镇人民代表大会为乡、镇权力机构。《中华人民共和国全国人民代表大会和地方各级人民代表大会选举法》规定：乡(镇)人民代表大会代表由选民直接选举产生，区级人大常委会负责指导和领导各乡(镇)人大换届选举。1954 — 1987 年，各乡、镇(社)共召开 5 届代表大会，议题是听取和审议乡、镇(社)政府工作报告，依法选举正、副乡镇(社)长。人民公社化时期，乡、镇代表大会被人民公社社员代表大会取代。1981 年为社(镇)代表大会。1984 年恢复乡、镇代表大会。代表由选民依法直接选举产生。1987 年 1 月，各乡、镇、街道建立人大代表联络办公室。1989 年 1 月，更名为人大工作办公室。各乡镇(街道)人大工作机构，定期组织代表开展视察、调查、走访、联系选民等活动，对政府提出建议，解决群众关心的问题。

附：日照县（市）、东港区出席全国和省历届人代会代表名单

表 26-1

	届　次	代　表　姓　名							
全国人民代表大会	第五届	肖德晋							
	第六届	窦福林							
	第七届	刘丙寅							
省人民代表大会	第一届	林　明	王献唐	郭公春	田锡美	范永宽	宋开明		
	第二届	徐子真	田锡美	范永宽	陈淑乐	许衍梁	王献唐	袁葵英	
	第三届	丁履廉	聂　鑫	张玉英	范永宽	张金华	王祥一	袁葵英	徐子真
	第六届	山云条	王家政	张洪举	杨传甲	郑全花	唐保禄	傅承荣	赖步海
	第七届	史佩涓 郑全花	房训佐 尹相溪	何学志 周弘初	车金河 胡美禄	马鸣皋 陈为信	唐保禄 孔德祥	伊健民	李维书
	第八届	张玉佩	陈为信	孔德祥	张宗团	王岫云			
	第九届	王泽晓	王岫云	朱志祥	刘贤亭				
	第十届	毛晖明	相同耀	朱志祥	彭善功				

第四章　人大常委会

日照县第一至第八届人民代表大会未设立常委会。1954 年，根据宪法规定，建立"议行"合一的县人民委员会。1981 年 12 月，召开县第九届人民代表大会第一次会议，依据《中华人民共和国地方各级人民代表大会和地方各级人民政府组织法》的规定，选举产生日照县第九届人民代表大会常务委员会。1993 年 1 月，设立东港区人大常委会。依照宪法和法律规定，1993 年 1 月以前，县(市)人大常委会每届任期 3 年，尔后，区人大常委会每届任期 5 年。至 2007 年 12 月底，已历经 8 届 27 年。

第一节　办事机构

日照县人大常委会下设办公室。1984 年 8 月，增设法制科、代表联络科、调查研究科。1987 年 4 月，市人大(县级)增设选举办公室。不久，将科改为工作委室。下设办公室、人事代表工作室，法制、财经、城建环保和教科文卫4个工作委员会。

1989年，人大常委会下设办公室、法制工作委员会、财政经济工作委员会、农村经济工作委员会、城乡建设环境保护工作委员会、教科文卫工作委员会。1993年2月，东港区人大常委会下设办公室、法制工作委员会、财政经济工作委员会、教育科学文化卫生工作委员会。从2005年起，内设办事机构为：常委会办公室、法制工作委员会、财政经济工作委员会、教科文卫委员会。

1982—1993年日照县(市)九届～十二届人大常委会领导人任职情况表

表26-2

届次	职务	姓名	籍贯	任职年月
第九届	主任	傅承玺	日照	1982年1月—1984年8月
	副主任	牟敦杰	日照	1982年1月—1984年8月
		郑培成	日照	1982年1月—1984年8月
		张洪儒	莒县	1982年1月—1984年8月
		郭常芳	日照	1982年1月—1984年8月
		王世林	日照	1982年1月—1984年8月
第十届	主任	庄茂禄	日照	1984年8月—1987年4月
	副主任	庄资诚	日照	1984年8月—1987年4月
		郭常芳	日照	1984年8月—1987年4月
		郑行俭	邹平	1984年8月—1987年4月
		丁秀珍(女)	淄博	1984年8月—1987年4月
		黄献法	寿光	1984年8月—1987年4月
		丁银昌	日照	1985年5月—1987年4月
		王世田	单县	1985年5月—1987年4月
第十一届	主任	史佩涓	莒南	1987年4月—1990年1月
	副主任	庄资诚	日照	1987年4月—1990年1月
		郑行俭	邹平	1987年4月—1990年1月
		丁银昌	日照	1987年4月—1990年1月
		王世田	单县	1987年4月—1990年1月
		臧全禄	河北清苑	1987年4月—1990年1月
		黄献法	寿光	1987年4月—1990年1月
第十二届	主任	王树文(兼)	荣成	1990年1月—1993年3月
	副主任	史佩涓	莒南	1990年1月—1996年4月
		徐朋杰	诸城	1990年1月—1992年2月
		黄献法	寿光	1990年1月—1993年3月
		刘京玉	蒙阴	1991年3月—1993年3月
		何学志	江苏	1992年3月—1993年3月

1993—2007年东港区人大常委会(第十三届～十六届)领导人任职情况表

表 26-3

届次	职务	姓名	籍贯	任职年月
第十三届	主任	杨崇淦	济南市	1993年1月—1998年1月
	副主任	郑全进	岚山区	1993年1月—1998年1月
		刘汉花（女）	岚山区	1993年1月—1998年1月
		贺照禄	岚山区	1993年1月—1998年1月
		王仕芝	岚山区	1993年1月—1998年1月
		丁兆华	岚山区	1993年1月—1998年1月
		辛崇利	岚山区	1993年1月—1997年1月
		杨安奎	岚山区	1997年1月—1998年1月
		孙开河	开发区	1997年2月—1998年1月
第十四届	主任	陈为信	东港区	1998年1月—2003年1月
	副主任	郑全进	岚山区	1998年1月—2001年1月
		刘汉花(女)	岚山区	1998年1月—2003年1月
		贺照禄	岚山区	1998年1月—2001年1月
		王仕芝	岚山区	1998年1月—2003年1月
		丁兆华	岚山区	1998年1月—2003年1月
		杨安奎	岚山区	1998年1月—2003年1月
		孙开河	开发区	1998年1月—2003年1月
		相同耀(不驻会)	东港区	1998年1月—2003年1月
		李增森	岚山区	2001年1月—2003年1月
		刘加臣	东港区	2001年1月—2003年1月
第十五届	主　任	陈为信	东港区	2003年1月—2006年2月
		梅志强	东港区	2006年2月—2007年12月
	副主任	周绪诚	岚山区	2003年1月—2007年12月
		刘锋慧	五莲县	2006年3月—2007年12月
		孙开河	开发区	2003年1月—2007年12月
		李章培	岚山区	2003年1月—2007年3月
		李增森	岚山区	2003年1月—2007年12月
		刘加臣	东港区	2003年1月—2007年12月
		石勤玲(女，不驻会)	烟台市海阳县	2003年1月—2007年12月
		陈为刚	东港区	2006年3月—2007年12月
第十六届	主　任	解学文	莒县	2007年12月—
	副主任	刘锋慧	五莲县	2007年12月—
		石勤玲(女，不驻会)	烟台市海阳县	2007年12月—
		陈为刚	东港区	2007年12月—
		陈淑顺	岚山区	2007年12月—
		陈国祥	东港区	2007年12月—

第二节　主要工作

决定重大事项

历届人大常委会，通过听取审议政府、法院、检察院提案和专项工作情况汇报，并作出相应决议、决定。日照县(市)人大常委会，自1981年12月至1989年，共召开65次常委会议，就本地各方面重大事情作出决议、决定123项。1993—2007年，东港区人大常委会共召开101次常委会议，听取审议专题汇报306个，做出决议、决定176项。

1991年9月27日—28日，市十二届人大常委会第12次会议，听取审议日照市与土耳其特拉布松市结好议案的说明，并作出相应的决议。

1993年7月26日，区十三届人大常委会第4次会议，作出设立区人大常委会办事机构“法制工作委员会、财政经济工作委员会、教育科学文化卫生工作委员会”的决定。

1994年1月15日，区人大常委会第7次会议，审议批准区政府《关于日照市东港区与山东省肥城市结好的议案》和《关于日照市东港区与陕西省宜君县结好的议案》。3月14日，第8次会议，审议通过区政府关于撤销计划统计委员会分设计划委员会和统计局的议案。5月10日，第9次会议，根据区政府提案，同意撤销区文化体育委员会，分设区体育运动委员会和区文化局。12月17日，第12次会议审议批准区政府关于撤销奎山乡设置奎山镇、撤销南湖乡设置南湖镇、撤销陈疃乡设置陈疃镇、撤销小后村乡设置后村镇、撤销高兴乡设置高兴镇的请示，对上述议案、提案、请示均作出相应决定。

图26-9　日照县第九届人大常委会全体委员合影　（摄于1984年1月）

1995年1月6日，区人大常委会第13次会议，听取审议区政府关于设置奎山街道的请示及说明，决定批准这个请示，作出相应决定。6月26日，区人大常委会第17次会议，审议通过区人大常委会主任会议提请的《关于罢免王树文日照市第十三届人民代表大会代表职务案》。10月14日，区人大常委会第19次会议，审查批准区政府关于丝山乡撤乡设街道办事处，西湖乡、河山乡撤乡设镇的请示，并作出相应决定。

1996年9月19日，区十三届人大常委会第25次会议，审议批准《日照市东港区依法治区五年规划》。审议批准《关于将原街道人大工作办公室更名为街道人大工作委员会的议案》，决定将原日照、石臼、秦楼、奎山4个街道人大工作办公室，更名为街道人大工作委员会。11月15日，区人大常委会第26次会议，听取审议区政府关于“三五”普法规划汇报，作出《关于在公民中开展第三个五年法制宣传教育的决议》。

1997年6月28日，区人大常委会第30次会议，依次听取审议区政府关于《东港区科学技术发展第九个五年计划及2010年规划纲要》和《东港区“科教兴区”规划纲要》及制定情况的说明，会议决定批准这两个“规划”。

1998年3月26日，区十四届人大常委会第3次会议，听取审议区政府《关于认真贯彻落实<城市规划法>和<城市房屋拆迁管理条例>加快旧城改造工作的汇报》，作出《关于贯彻落实<城市规划法>和<城市房屋拆迁管理条例>加快旧城改造的决议》。

2000年4月20日，区人大常委会第17次会议通过《关于讨论决定本行政区域内重大事项的若干规定》。8月8日，区人大常委会第19次会议，根据《中华人民共和国森林法》和《山东省森林资源管理条例》有关规定，作出《关于加强对古树名木及珍稀树木保护管理的决议》。审议批准区政府《关于日照市东港区与金华县缔结友好区县的议案》。

2001年4月16日，区人大常委会第26次会议，听取审议区政府关于“四五”普法规划和依法治区第二个五年规划汇报，作出《关于在全区公民中开展第四个五年法制宣传教育的决议》《关于日照市东港区依法治区第二个五年规划的决议》《关于批准区政府撤销虎山乡设置虎山镇的议案的决定》。

2002年9月18日，区人大常委会第36次会议，审议批准区政府《关于东港区与陕西省乾县缔结友好区县的议案》。

2006年5月31日，区十五届人大常委会第24次会议，听取审议区政府关于“五五”普法规划和依法治区第三个五年规划汇报，作出《关于在全区公民中开展第五个五年法制宣传教育的决议》和《关于日照市东港区依法治区第三个五年规划的决议》。

人事任免

历届日照县(市)、东港区人大常委会依法行使任免权，做到任命前知人知情，任命后加强监督。

1982—1989年，县(市)人大常委会共任免政府、法院、检察院和人大机关干部634名。1993—2007年，区人大常委会共任免政府、法院、检察院国家机关工作人员945名。

法律监督

人大常委会通过视察、执法检查、调查等形式，对政府、法院、检察院实施工作监督和法律监督。

1993—2007年，区人大常委会组织代表视察、执法检查和专题调查85次，提出建议、意见425条，常委会将建议、意见书面向政府、法院、检察院及有关部门进行反馈，要求按照建议、意见的内容认真抓好落实，并将落实结果书面报告区人大常委会。

视察　1985年，十届人大常委会，对市政规划建设管理工作进行视察，作出相应的决定，根据决定，开通4条大街。1986年，对“森林法”的贯彻执行情况进行视察。

1993年5月3日—5日，对农民负担情况及减轻农民负担工作情况进行视察。对“四清理、三整顿”工作提出5条建议。

1994年4月28日，视察三庄、东陈疃、河山、两城、西湖等乡镇环境保护情况。提出加大环境保护宣传力度，树立大环保意识，健全环境监督管理制度等6条建议。6月23日—24日，分4个视察组对区民政局、工商行政管理局等18个区直部门贯彻实施减轻农民负担情况进行视察。

1997年9月4日，对公安工作情况进行视察，提出重视基层基础工作，充分发挥农村治安、调解、普法等队伍的作用，把人民内部矛盾及时解决在萌芽状态。

1998年5月4日，对贯彻实施电力法规情况进行视察。提出5条建议。9月6日，对全区贯彻实施“农业法”情况进行视察。到石臼、秦楼、河山、南湖、三庄、黄墩、涛雒、巨峰、大坡等乡镇(街道)，了解农业结构调整、农业投入、科技推广应用及减轻农民负担等情况。12月15日—16日，进行市、区人代会会前集中视察。听取区政府关于计划、财政执行情况、农业和农村经济发展情况、农村基层民主法制建设情况、廉洁勤政建设情况和区法院、区检察院关于公正司法情况汇报。到西湖、黄墩、后村、涛雒、太阳城市场、石臼黄海路派出所和石臼法庭进行视察。

1999年4月29日，对社会治安工作进行视察。针对社会治安工作中存在的困难和问题，提出7条建议。9月27日，对茶业发展情况进行视察，提出加大措施，规范管理，合理布局，加快茶园规模化、产业化、科学化发展等6条建议。10月29日，对贯彻实施《村镇建设管理条例》情况进行视察。听取区政府工作情况汇报，提出5条改进建议。

2001年5月30日，对贯彻实施《中华人民共和国环境保护法》情况进行视察。到日照东元布艺有限公司、崮河、付疃河下游、陈疃河、日照广大建筑材料有限公司等地和企业查看污水治理及排放情况和营子河综合治理工程。针对存在问题，提出5条建议。9月19日—20日，对全区贯彻实施“森林法”情况进行视察。实地察看沿海防护林、古树名木保护情况，铁路公路两旁植树造林情况和封山育林情况等。12月12日—13日，对农业结构调整、水产业发展、工业运行、园区建设、公检法等工作进行会前集中视察。

2002年4月23日，对贯彻实施《中华人民共和国公路法》及《中华人民共和国公路管理条例》情况进行视察。提出进一步加强道路建设与管理，加大执法力度等6条建议。10月10日，对高科技工业园开发建设情况进行视察。

2003年4月25日，对贯彻实施《村庄和集镇规划建设管理条例》情况进行视察。9月18日，对贯彻实施“义务教育法”情况进行视察。11月19日，对农村公路改造情况进行视察。12月12日，进行会前集中视察。察看南湖镇村村通油路工程、陈疃水泥厂、三庄镇工业小区更好食品厂建设现场、三庄法庭、涛雒镇中心小学、丁肇中祖居、孙家村工厂化养殖、石臼凯旋广场和高科技工业园的开发建设情况，听取政府、法院、检察院的工作情况汇报，提出5条建议。

2004年4月28日，对贯彻实施“环境保护法”情况进行视察。提出防治结合，加强生态环境建设，大力发展循环经济等5条建议。6月23日，对乡村卫生事业发展情况进行视察。针对农村卫生基础薄弱，乡镇卫生院投入不足等问题，提出整改建议。2005年5月20日，对村镇规划建设情况进行视察。提出要高起点规划等6条建议。10月28日，对农民增收工作情况进行视察。听取区政府有关情况汇报，进行座谈讨论，提出5条建议。

2006年12月22日，对公安工作情况进行视察。12月28日，进行会前集中视察。实地查看实验二小、祥龙纤维、洁晶药业、龙特刀具、区法院新建审判大楼、石臼街道辉煌国际海港城、刘家湾赶海园、涛雒镇驻地环境综合整治和新农村建设、日照街道金阳农贸市场等现场，听取政府、法院、检察院工作情况汇报。

2007年7月，对经济发展、新农村建设和城市建设情况进行视察，提出要进一步提高招商引资工作的质量和效益、加快旧城改造步伐等6条建议。10月19日，对交通情况进行视察。听取区政府有关情况汇报，提出建议6条。

执法检查　1995年9月4日，到区直有关部门和日照、石臼、涛雒、大坡、三庄、陈疃、两城等乡镇街道及康翔豆制品有限公司、日照市造纸厂、高旺金矿、日照市环保节能设备厂、日照市第三水泥厂、日照市制钉设备厂等企业进行环保执法检查。

1996年8月1日，对贯彻执行“环保法”情况进行检查。提出进一步加大环保法规的宣传力度，增强全民环保意识等3条建议。

1997年4月11日，对贯彻实施“食品卫生法”情况进行检查。提出强化食品卫生监督措施、严格执法等4条建议。

1998年5月23日，对贯彻实施“工会法”情况进行检查。6月2日，就政法系统思想作风整顿后的公安工作进行检查。提出推广学习先进经验，按照“严肃执法、热情服务”的工作方针，严厉打击各类犯罪等建议。7月13日，对贯彻“公司法”情况进行检查。9月15日—16日，对贯彻实施“职业教育法”情况进行检查。对一职专、二职专、成人中专等学校建设、内部设施、学校管理、师资队伍、办学效益等方面进行检查，听取区教委工作汇报。11月13日，对区法院集中清理未执行案件行动情况进行执法检查。听取区人民法院工作汇报，并进行审议。

1999年4月21日，对“村民委员会组织法”落实情况进行执法检查。8月26日，区人大常委会对“渔业法”贯彻执行情况进行检查。听取区政府的工作情况汇报，并进行座谈讨论。

2001年7月30日，对贯彻落实“食品卫生法”情况进行检查。提出加大食品卫生监督执法力度，严厉打击不法行为等6条建议。

图26-10　区人大视察税收征收管理情况　　（摄于2007年）

2002年3月26日，对贯彻落实“烟草专卖法”情况进行检查。9月2日，对贯彻实施“税收征管法”情况进行检查。

2003年5月8日，对贯彻实施“传染病防治法”情况进行检查。现场检查区卫生防疫站、实验二中、两城镇“非典”监测检查站和安门庄村的“非典”防治情况，要求各级领导为打赢防治“非典”攻坚战做出应有的贡献。

2004年7月28日，对贯彻实施“农业法”情况进行检查。提出继续抓好农业产业结构调整等

图26-11　区人大常委会到企业调研　（摄于2007年）

5条建议。8月26日，检查“人口与计划生育法”贯彻实施情况。实地查看部分镇、街道和村的人口与计划生育工作情况，听取区政府相关工作情况汇报，针对流动人口多等存在的困难和问题，提出加强计生队伍管理等5条建议。

2005年8月12日，对贯彻“实施药品管理法”情况进行检查。10月18日，对“四五”普法依法治理情况进行检查。听取区政府有关情况汇报，提出6条建议。

2006年10月31日，对“义务教育法”贯彻实施情况进行执法检查。听取区政府情况汇报，提出5条建议。11月30日，对贯彻实施“消费者权益保护法”情况进行执法检查。提出要继续加大对“消费者权益保护法”的宣传力度等4条建议。

2007年6月15日，对“食品卫生法”贯彻实施情况进行检查。提出要进一步加强“食品卫生法”的宣传等3条建议。6月29日，对“村民委员会组织法”贯彻实施情况进行检查。提出3条建议。8月30日，对“土地管理法”贯彻实施情况进行检查。听取区政府有关情况汇报，提出5条建议。10月31日，对“税收征收管理法”贯彻实施情况进行检查，提出4条建议。

专题调查　1996年4月26日，区人大法工委、区妇联、区司法局联合对妇女参政、受教育、劳动就业、特殊保护等方面的内容进行调查。提出努力提高妇女整体素质等5条建议。

1999年4月下旬，对贯彻实施“农业法”情况进行调查。到部分乡镇、街道、村，重点了解土地延包、减轻农民负担、粮食购销政策的落实和农业科技推广及投入等情况。6月29—30日，对贯彻实施“矿产资源法”情况进行调查。

2001年6月下旬，对浅海滩涂海水污染情况进行调查。7月上旬，对学前教育工作情况进行调查。

2002年4月30日，对贯彻实施“工会法”情况进行调查。形成书面调查报告，提出3条建议。6月和8月分别对贯彻实施“土地管理法”“环境保护法”及实施可持续发展战略情况进行调查。

2003年3月20日，对文化市场及新闻出版管理工作情况进行调查。6月下旬，对“水法”贯彻实施情况进行调查。针对存在的问题，向区政府提出6条建议。

2005年3月、5月和8月，分别对劳动保障工作、农村剩余劳动力转移和“老年人权益保障法”贯彻实施情况进行调查。11月中旬，对新型农村合作医疗制度实施情况进行调查。

2006年8月中旬，对外经贸工作情况进行调查。提出进一步做好对外招商引资工作等建议。8月25日，围绕社会主义新农村建设情况进行专题调研。听取区政府情况汇报，提出6条建议。

民主评议　1997年5月，区人大常委会经过民主测评、全面考核，在区公、检、法三机关中评选出优秀法官、检察官、警官10名。同年6月28日，区十三届人大常委会第30次会议通过《关于授予公检法机关10位同志“优秀法官”“优秀检察官”“优秀警官”荣誉称号的决定》。

第三节　代表工作

县(市)、区人民代表大会代表，是依法通过民主选举产生、有一定任期、受选民或原选举单位监督和罢免的国家权力机关组成人员。1980年，改等额选举为差额选举，由间接选举改为直接选举。

区人大常委会不断加强对代表培训，完善代表活动制度，探索联系人大代表工作的新路子，为代表依法履职创造条件。

代表培训

每年组织部分代表集中学习培训。2005年7月，区人大常委会举办镇、街道人大暨代表小组工作培训班，各镇人大副主席、街道人大工委副主任、人大秘书、部分区人大代表和代表小组组长参加培训。区人大常委会有关委室负责同志分别对“宪法”“地方组织法”和“代表法”进行学习辅导，部分镇、街道、代表小组交流工作开展情况和代表履职经验。

图 26-12　全区镇街道人大负责人及代表小组组长培训班 （摄于 2007 年）

代表小组

东港区历届人大常委会，本着“就地就近、便于代表活动”的原则，采取省、市、县、镇人大代表混合编组的方式划分代表小组，民主推选小组长，建立、健全代表小组活动制度。2007年，各镇、街道建立59个代表小组，为代表在闭会期间的活动提供组织保证。

代表活动

应邀列席常委会会议，参加常委会组织的视察、检查、调查等活动。

2000年1月24日，根据区十四届人大常委会第十次会议通过的《关于开展评选先进代表小组、优秀区人大代表和人大工作先进单位活动的意见》，在全区开展“争当先进代表小组”“争当优秀人大代表”活动。2000年，对18个代表小组，39名区人大代表，日照街道等6个人大工作先进单位进行表彰。

区人大常委会每年两次走访人大代表，参加代表小组活动，倾听代表的意见、建议。2005年7月上旬，区人大常委会通过分组走访区人大代表，收集到46条代表建议意见，向区委写出报告，区委主要领导阅后，作出批示，要求政府、法院、检察院采取措施，抓好落实。

代表议案及建议、批评和意见办理

历界历次人代会收到的议案，除会议期间答复办理外，其余全部在会后转交县(市)、区政府、法院和检察院等有关部门或单位办理，县(市)、区人大常委会负责督促检查。从九届至十一届人民代表大会，共收到代表提议案1787件。1993—2007年，区人大代表在人民代表大会会议期间共提出建议、批评和意见892件，全部办理完毕。代表的满意率、基本满意率达100%。1993年以来，共收到日常工作中代表提交到人大常委会的建议意见210件，均按程序转政府、法院、检察院办理。

第二十七编

地方行政机关

境内西汉时设立海曲县，金朝始设日照县，其行政机构称为县衙。元朝设县尹，明代改称知县。清沿明制，知县下设教喻、训导、典史、监场大使及巡检司。清乾隆年间，县以下实行乡、社、村制。

1912年，县级行政机关称行政公署，知县改称知事。1928年，行政公署改为县政府，知事改称县长。县政府下设总务科、财政局、建设局、教育局。警察所改称公安局。1931年，全县划为7个区、162个乡、19个镇。

1940年3月，日照县抗日人民政府成立，并由公众代表公推县长。抗日战争胜利后，更名为日照县政府。1949年春，改名为日照县人民政府(以下简称县政府)。1955年12月，改名为日照县人民委员会(以下简称县人委)。1968年3月，成立日照县革命委员会(以下简称县革委)。1982年1月，恢复县人民政府。

1985年3月撤县，建立日照市(县级)，县政府更名为日照市人民政府(以下简称市政府)。1989年6月成立地级日照市人民政府。

1992年12月，日照市设区带县，成立东港区人民政府(以下简称区政府)。建区初，区政府下设办公室、经贸委、农委等24个职能局(办)和农机局、畜牧局、广播电视局等14个事业管理单位及信访局、体改委等与区委共管科局，行使全区经济社会发展规划、管理等行政职能。之后，有关行政管理机构随工作需要有合有分、有减有增。

第一章　旧时府衙

第一节　县衙

机构设置

西汉时东港区境域属海曲县。金朝始设日照县。县级行政机构称县衙。

元置县尹1人，置达鲁花赤1人，与县尹共掌县事。(达鲁花赤，意为掌印。其时，汉人无实权，主要由蒙古人掌印办事。)下设教谕、主簿、县尉、典史、兵马指挥、守镇百户、巡检司等。

明改县尹为知县，设县丞。下设教谕、训导、主簿、典史。置涛雒盐场正副大使、三皇岭巡检（洪武年间移夹仓镇)、税课局大使、广丰仓大使、驿丞2人(一人驻白石，一人驻傅疃)。县以下实行乡、隅、里、甲制，分别设乡约、隅头、里正（也称里长)、甲首，其主要职责是征收课税，具体处理花户钱粮事宜。

清代沿明制，知县、县丞以下设教谕、训导、典史、涛雒盐场大使、巡检司(驻夹仓，乾隆八年移安东卫)。清初实行乡、里、村制，清乾隆年间，开始实行乡、社、村制。

县官更迭

金、元两代县尹姓名失载甚多，明、清较详，有史可考者辑录如下：

元朝县尹表

表27-1

姓　名	籍贯	科第	任职年份
相　林	日照	宣武将军兼总领	崇庆元年（1212年）至中统二年（1261年）
相　仁	日照	—	中统二年（1261年）至至元二年（1264年）
马　柔	—	—	皇庆年间(1312—1314年)
路　逵	乐安	—	—
闫　辅	—	—	天历年间(1329—1330年)
仇　敬	盘水	—	至正年间(1341—1360年)
王　瑗	—	—	

明朝知县表

表27-2

姓　名	籍贯	科第	任职年份
苏惟一	—	—	洪武年间(1368—1398年)
张　亮	—	—	
李　综	河南武陟	—	
马　亮	—	—	
杨信民	江阴	—	永乐二十一年(1423年)
沈　庆	—	举人	正统十四年(1449年)
刘　坤	江南邳州	—	正统年间(1437—1449年)
刘　炫	—	—	景泰七年(1456年)

续表 27-2

姓　名	籍　贯	科第	任职年份
路　庆	山西壶关	举人	天顺八年(1464 年)
张　定	直隶景州	监生	成化年间(1465 — 1487 年)
赵一贯	直隶文安	举人	
郝　瓛	山西翼城	举人	
张　表	河南鹿邑	解元	成化十年(1474 年)
白汝舟	河南祥符	举人	弘治年间(1488 — 1505 年)
赵景鸾	河南临颖	举人	
赵　聪	河南汲县	举人	
郭　敏	山西盂县	举人	
李　茂	—	—	正德年间(1507 — 1522 年)
刘　潮	直隶迁安	举人	正德八年(1513 年)
卢　昂	江南亳州	举人	正德十四年(1519 年)
王应桢	河南上蔡	举人	嘉靖元年(1522 年)
沈　登	安徽凤阳	—	嘉靖年间(1522 — 1565 年)
连　矿	直隶永年	庶吉士	嘉靖三年(1524 年)
颜　绣	江西分宜	选贡	嘉靖十四年(1535 年)
李　相	江西泸溪	选贡	
张　钿	河南渑池	岁贡	嘉靖年间(1522 — 1565 年)
郑　魁	广东永安	选贡	
梁道盛	湖广耒阳	岁贡	
赵重器	直隶深泽	举人	
李　裕	江南华亭	举人	嘉靖二十二年(1543 年)
冯舜田	山西蒲州	举人	嘉靖三十年(1551 年)
张执中	直隶清苑	举人	嘉靖三十五年(1556 年)
尹　思	江西赣县	监生	嘉靖三十八年(1559 年)
张成教	直隶邯郸	举人	嘉靖年间(1522 — 1565 年)
刘梦元	直隶南皮	岁贡	嘉靖四十四年(1565 年)
董国俊	浙江鄞县	举人	隆庆年间(1567 — 1572 年)
许鹏南	江南昆山	举人	
冯中州	直隶景州	选贡	万历元年(1573 年)

续表 27-2

姓　名	籍　贯	科第	任职年份
王　玮	广西石州	举人	万历元年(1573 年)
李如金	山西闻喜	举人	万历四年(1576 年)
黄　仕	河南新蔡	监生	万历五年(1577 年)
严思恭	云南后卫	举人	万历十年(1582 年)
刘　乾	直隶保定	监生	万历十四年(1586 年)
张尧辅	陕西宜川	举人	万历十五年(1587 年)
杜一岸	陕西澄城	选贡	万历十七年(1589 年)
王子佐	浙江余姚	选贡	万历年间(1573 — 1619 年)
尹景阳	江南昆山	举人	
朱尧时	云南	举人	
李文星	直隶威县	举人	
江汇海	直隶霸州	举人	
蔡淑遴	河南卫辉	举人	
史光代	山西隰州	选贡	
陈如锦	河南永城	举人	
王名晋	直属任丘	举人	
胡守让	山西万泉	举人	天启年间(1621 — 1627 年)
王守正	山西临晋	举人	
李　坫	江南仪真	选贡	
索鸣鹤	直隶衡水	举人	
赵世贞	湖广黄冈	举人	崇祯年间(1628 — 1644 年)
杨希孔	直隶永清	举人	
陆又机	浙江平湖	选贡	
李宗昉	河南项城	选贡	
刘明遇	四川重庆	举人	
郑麟喻	江南祁门	选贡	
孟佳士	直隶东明	举人	

清朝知县表

表 27-3

姓　名	籍　贯	科第	任职年份
王士奇	直隶静海	选贡	顺治二年(1645 年)
仇　宁	云南楚雄	举人	顺治四年(1647 年)
吕补衮	直隶长垣	进士	顺治八年(1651 年)
苏才美	直隶盐山	举人	顺治十五年(1658 年)
杨改之	广东番禺	举人	康熙二年(1663 年)
杨士雄	浙江义乌	监生	康熙三年(1664 年)
吴文源	浙江山阴	岁贡	康熙十五年(1676 年)
王维世	陕西三源	举人	康熙十九年(1680 年)
佟国瓒	满州	—	康熙二十一年(1682 年)
张汝贤	广西天河	进士	康熙二十三年(1684 年)
罗士柏	遵义	举人	康熙四十一年(1702 年)
成永健	江南盐城	进士	康熙五十一年(1712 年)
高克谟	江南江都	举人	雍正四年(1726 年)
刘翰书	山西垣曲	进士	雍正五年(1727 年)
徐德泓	浙江乌程	进士	雍正七年(1729 年)
赵文颖	昌黎	举人	雍正九年(1731 年)
陈世佺	浙江石门	举人	雍正十年(1732 年)
李孕昌	福建永春	进士	乾隆元年(1736 年)
汪守銮	安徽休宁	举人	乾隆九年(1744 年)
朱戒三	浙江会稽	—	乾隆十年(1745 年)
王　垲	陕西蒲城	举人	乾隆十二年(1747 年)
沈廷枚	甘肃宁朔	拔贡	乾隆十四年(1749 年)
彭宗古	四川中州	举人	乾隆十八年(1753 年)
绳　武	满州	—	乾隆二十年(1755 年)
孙世璋	邛州	进士	
李　绶	四川中江	举人	乾隆二十三年(1758 年)
杨志梁	浙江海盐	副贡	乾隆三十二年(1767 年)
谢　遇	—	—	乾隆四十三年(1778 年)
杨英会	顺天大兴	—	乾隆五十年(1785 年)
林　搴	广东海丰	举人	乾隆五十二年(1787 年)
曹企端	陕西	—	乾隆五十四年(1789 年)
沈潜修	—	—	乾隆五十五年(1790 年)

续表 27-3

姓　名	籍　贯	科第	任职年份
蔡　临	顺天宛平	附生	乾隆五十九年(1794 年)
张秉锐	江苏丹徒	进士	
贺梦逵	江西萍乡	举人	嘉庆二年(1797 年)
王道亨	江苏吴县	副贡	嘉庆三年(1798 年)
陈达经	金堂	举人	嘉庆六年(1801 年)
董大醇	顺天大兴	庶吉士	
童俊德	同安	举人	嘉庆八年(1803 年)
朱景华	高安	举人	
吴　锟	江苏长洲	举人	嘉庆九年(1804 年)
杨攀龙	广东顺德	举人	嘉庆十年(1805 年)
杨嗣曾	河南商城	进士	
高泽履	江西鄱阳	进士	嘉庆十四年(1809 年)
张孚远	顺天宛平	监生	嘉庆十六年(1811 年)
善　宝	汉军正黄旗	举人	
邹　桂	顺天大兴	—	嘉庆十七年(1812 年)
宋懋祁	江苏长洲	监生	嘉庆十九年(1814 年)
唐慧吟	邓州	监生	嘉庆二十年(1815 年)
彭　翊	福建侯官	进士	道光四年(1824 年)
朱世廉	山西保德州	附生	道光十二年(1832 年)
音　德	蒙古旗生员	—	
范　恕	大兴	监生	道光十四年(1834 年)
周瑞图	福建侯官	进士	道光十五年(1835 年)
祝镜清	浙江仁和	举人	道光二十年(1840 年)
杨炳甲	顺天乐山	举人	
殳庆源	浙江钱塘	监生	道光二十一年(1841 年)
吴　壎	福建闽县	举人	道光二十二年(1842 年)
唐际中	晋宁州	举人	道光二十七年(1847 年)
黄虎臣	江南如皋	附监生	道光二十八年(1848 年)
娄家兰	清河	举人	道光三十年(1850 年)
沈其昌	宛平	拔贡	
张德霖	直隶沧州	监生	咸丰元年、五、七、九年
邹炳麟	顺天大兴	从九品	咸丰五年(1855 年)
陈庆成	武德	廪贡	
桂　昌	满洲	举人	咸丰六年(1856 年)
张锡纶	直隶安肃	廪贡	咸丰七年(1857 年)

续表 27-3

姓　名	籍　贯	科第	任职年份
陈文英	顺天大兴	监生	咸丰七年(1857 年)
章文涌	顺天大兴	监生	咸丰九年(1859 年)
朱　源	浙江钱塘	进士	
陶　煊	浙江会稽	供事	咸丰十年(1860 年)
张书升	直隶定州	拔贡	
谢庆元	顺天大兴	贡生	咸丰十一年(1861 年)
徐星焘	江南沭阳	监生	
蒋　通	浙江海宁	举人	同治三年(1864 年)
椿　龄	满洲	举人	同治六年(1867 年)
金宗镛	江苏吴江	监生	同治八年(1869 年)
陈兆庆	浙江山阴	监生	同治十年(1871 年)
傅　淦	安徽泗州	增贡	
宫本昂	江南泰州	监生	同治十二年、光绪五年
陈乃昌	顺天大兴	监生	光绪二年(1876 年)
张汝嘉	直隶香河	举人	
傅维弼	盐山	进士	光绪三年(1877 年)
章仪和	清苑	举人	光绪四年(1878 年)
赵敏功	河南河内	举人	光绪六年(1880 年)
李　祜	江苏阳湖	监生	光绪八年(1882 年)
陈　懋	直隶清苑	举人	光绪九年(1883 年)
董　燕	浙江秀水	—	光绪十五年(1889 年)
李和燮	湖北黄安	进士	光绪十七年(1891 年)
吕丙元	安徽旌德	—	光绪二十年(1894 年)
杨耀林	直隶清苑	进士	光绪二十五年(1899 年)
周郑表	浙江仁和	廪贡	
缪润绂	汉军正白旗	进士	
赵　炯	福建侯官	—	光绪二十七年(1901 年)
沈介福	浙江临安	—	光绪二十八年(1902 年)
王敬勋	直隶清苑	—	光绪三十二年(1906 年)
陈景星	贵州石阡	进士	光绪三十三年(1907 年)
廖永璠	四川资州	—	光绪三十四年(1908 年)
袁励贤	顺天宛平	—	

第二节　民国县政府

1912 年，县行政机关称县行政公署，改知县为县知事。初期，县公署机构沿用清制。1913 年，县公署设总务、民政两科，另设劝学所(1906 年初设)、财政所和警察所。1915 年，建立县警备队。1920 年，成立劝业所。1923 年，劝业所改为实业局，后改为教育局。

1928 年 5 月，县行政公署改称县政府，县知事改称县长。县政府机关初设总务科、财政局、建设局、教育局。警察所改称公安局，裁撤县警备队，组织人民自卫团(简称民团)，建立民团大队，县长兼任大队长。

1933 年年初，县政府机关设 5 科 1 局，即：一科(民政)、二科(司法)、三科(财政)、四科(建设)、五科(教育)和公安局。附属机关有合作社指导所、民众教育馆、钱粮征收处和金库。1935 年，一科改为民政科，撤销二科，成为 4 个科。同年 6 月，裁撤民团，成立联庄会。

1939 年，县政府设秘书室、民政科、财政科、建设科、教育科、粮政科、钱粮征收处、金库、司法处、警务处和保安大队等。1947 年 8 月，国民党八十三师十九旅占据石臼所，日照流亡县政府从青岛还乡，增设军事科，公安局改称警察局。

民国初年，全县划为 15 个区，乡、社仍保留。1931 年，15 个区改划为 7 个区，设 162 个乡、19 个镇。区被正式作为县政府的派出机关，设立区公所，置区长 1 人。下设财粮助理员、文教助理员等各 1 人，雇员 1 人，区丁 2 人。乡(镇)建立乡(镇)公所，设乡(镇)长 1 人，副乡(镇)长 1 ～ 2 人，乡丁数人。村实行邻、闾制。25 户为邻，5 邻为闾，设闾、邻长。1933 年，实行保甲制。十户为甲，甲设甲长；十甲为保，保设保长。

1912—1927 年民国日照县知事更迭表

表 27-4

姓名	籍贯	任职年月	姓名	籍贯	任职年月
范宜燮	四川	1912 年	殷绳武	—	1916 年
王家祯	—	1914 年	丁琪章	—	1918 年
王文奇	四川华阳	1915 年 3 月	范学铭	河北	1921 年

续表 27-4

姓名	籍贯	任职年月	姓名	籍贯	任职年月
刘玉珠	泰安	1923 年	周世平	—	1926 年
唐廷章	浙江兰溪	1924 年	袁耀堂	河北磁县	1927 年 5 月
谭　尘	—	1925 年			

1928—1948 年国民政府日照县长更迭表

表 27-5

姓名	籍贯	任职年月	姓名	籍贯	任职年月
罗伧教	湖南	1928 年 4 月	李世徵	山东齐河	1934 年 4 月
冯国栋	—	1929 年 5 月	薛鹤龄	—	1935 年 4 月
邓树屏	—	1930 年 6 月	吴士珍	—	1937 年 3 月
赵国祯	—	1930 年 9 月	赵丹坡	—	1938 年 2 月
王文彬	—	1931 年 1 月	牟希禹	日照	1938 年 10 月
胡湘衡	—	1931 年 6 月	陈　瑞	长清	1939 年 3 月
张子华	河南项城	1931 年 9 月	张希周	沂水	1939 年 10 月
王家宾	河北雄县	1932 年 3 月	牟伯毅(代)	日照	1940 年 3 月
杨锦彪	河北霸县	1932 年 8 月	尹鼎武	日照	1940 年 7 月
李维德	—	1933 年 10 月	李俊杰	栖霞	1943 年 5 月

续表 27-5

姓名	籍贯	任职年月	姓名	籍贯	任职年月
潘西池	—	1943 年 12 月	窦堉任	诸城	1946 年 10 月
曹星垣	日照	1944 年 1 月	王殿瑄	郯城	1947 年 3 月—1948 年 4 月

附：日伪县公署

1939 年 6 月，日本侵略军侵占县城，成立日照县治安维持会，汉奸耿凤五充任会长。8 月 29 日，拼凑成立伪县公署，下设秘书室和民政、财政、建设、教育、宣传 5 科，并建立伪保安大队、警察所(下设分所)。至 11 月，占领两区 4 乡镇 81 个村庄。至 1941 年底，共控制 4 个区，11 个乡。伪第一区辖太平、南湖、皋陆；伪第二区辖涛雒、高兴、栈子；伪第五区辖石臼、两城、河山；伪第七区辖沈疃、三庄共 11 个伪乡公所，直至 1945 年 9 月倒台。有 402 个村(时日照全县共 1050 个村庄)被划分成 156 个保、1429 个甲，设保、甲长。

在日伪控制区内，成立"宣抚班"，1940 年改称"中华民国日照新民会"，隶属山东省新民总会沂州道办事处。具体活动由驻日照的日本陆军特务机关控制。下设军人分会、警察分会、商业分会、教育分会、妇女分会、青少年分会、农村分会等，并借保、甲制度，强化民众组织。经济上成立合作组合，如：石臼的"水产组合""仓库组合""杂货组合""三菱代销店"等。1941 年组建太平、南湖、皋陆、涛雒、高兴、栈子、石臼、两城、河山、沈疃、三庄等十余个乡镇合作社。利用这些合作组织垄断进口货物，掠夺原材料，控制商品生产和销售。

1939—1945 年日伪日照县知事更迭表

表 27-6

姓　名	籍　贯	任职年月	姓　名	籍　贯	任职年月
耿凤五	日照	1939 年 8 月	陈成功	莒县	1945 年 7 月
李振德	栖霞	1940 年 9 月	曲鲁平	文登	1945 年 8 月
李光家	泰安	1941 年 4 月			

第二章　人民政府

第一节　机构沿革

1940年3月16日，日照县各界民众代表200余人和当地群众共1000余人，在长兰村(今五莲县境内)召开大会，揭露国民政府县长张希周破坏抗日、妥协投降、盘剥压迫民众等罪行，罢免其县长职务。17日，代表们经过充分酝酿，民主选举出行政委员19人，公推刘鸿若为县长，成立日照县抗日民主政府，并发布《日照县抗日民主政府布告》。

抗日战争胜利(1945年9月)后，县抗日民主政府更名为县政府。1949年春，县政府更名为县人民政府。1955年12月，根据1954年颁布的新中国第一部宪法，将县人民政府更名为县人民委员会。

1968年3月11日，日照县革命委员会成立。1969年，根据中央关于解决山东问题十条批示精神，县革委进行补台。1982年1月，县第九届人民代表大会第一次会议决定，撤销县革委，恢复县人民政府。

1985年3月22日，经国务院批准撤销日照县，建立日照市(县级)。5月，县政府更名为日照市人民政府。

1992年12月，国务院批准日照市设区带县。东港区成立，以原日照市行政区域为行政区域。东港区人民政府驻海曲中路(原日照市政府驻地)。

1940—1993年历届日照县(市)长、副县(市)长任职情况表

表27-7

届　期	职　务	姓　名	籍　贯	任职年月
抗日民主政府	县长	刘鸿若	日照	1940年3月—1941年5月
		牟友民(代)	日照	1941年5月—1942年9月
		崔　介(兼)	河南范县	1942年10月—1943年3月

续表27-7

届　期	职　务	姓　名	籍　贯	任职年月
抗日民主政府	县长	刘鸿若	日照	1943年3月—1945年月4月
		辛　明	莒县	1945年4月—1945年8月
县政府	县长	辛　明	莒县	1945年8月—1946年8月
		刘鸿若	日照	1946年8月—1948年11月
		曹方强	沂南	1948年11月—1949年9月
	副县长	丁　波	日照	1947年7月—1947年11月
县政府	县长	曹方强	沂南	1949年10月—1950年7月
		尹新坡	日照	1950年7月—1952年2月
	副县长	徐鸿翔	莒南	1950年8月—1952年2月
县人民政府	县长	徐鸿翔	莒南	1952年2月—1954年4月
	副县长	丁履廉	日照	1953年4月—1954年7月
第一届人民代表大会	县长	王家柱	沂南	1954年7月—1955年12月
		胡　杰	—	1955年12月—1957年1月
	副县长	丁履廉	日照	1954年7月—1957年1月
		袁肇扬	日照	1954年7月—1957年1月
第二届人民代表大会	县长	胡杰	—	1957年1月—1958年5月
	副县长	丁履廉	日照	1957年1月—1958年5月
		袁肇扬	日照	1957年1月—1958年5月

续表 27-7

届　期	职　务	姓　名	籍　贯	任职年月
第二届人民代表大会	副县长	王智民	日照	1957 年 1 月—1958 年 5 月
第三届人民代表大会	县长	张金华	郯城	1958 年 5 月—1960 年 11 月
	副县长	丁履廉	日照	1958 年 5 月—1961 年 6 月
		袁肇扬	日照	1958 年 5 月—1960 年 11 月
		王智民	日照	1958 年 5 月—1960 年 11 月
第四届人民代表大会	县长	张金华	郯城	1960 年 11 月—1961 年 6 月
		丁履廉	日照	1961 年 6 月—1963 年 5 月
	副县长	袁肇扬	日照	1960 年 11 月—1963 年 5 月
		王智民	日照	1960 年 11 月—1962 年 7 月
		赵明毅	泰安	1962 年 2 月—1963 年 11 月
		尚汝福	栖霞	1960 年 2 月—1962 年 6 月
第五届人民代表大会	县长	丁履廉	日照	1963 年 5 月—1964 年 7 月
		庄茂禄	日照	1964 年 7 月—1965 年 9 月
	副县长	庄茂禄	日照	1962 年 10 月—1964 年 7 月
		袁肇扬	日照	1963 年 5 月—1965 年 9 月
		傅承玺	日照	1964 年 7 月—1965 年 9 月
第六届人民代表大会	县长	傅承玺	日照	1965 年 9 月—1968 年 3 月
	副县长	袁肇扬	日照	1965 年 9 月—1966 年 8 月
		董玉凯	赣榆	1965 年 9 月—1968 年 3 月
		郑培成	日照	1965 年 9 月—1968 年 3 月

表续 27-7

届　期	职　务	姓　名	籍　贯	任职年月
革命委员会	主任	肖永谦	临清	1968 年 3 月—1970 年 8 月
		李秀林	沂水	1970 年 8 月—1973 年 10 月
		牟步善	日照	1973 年 10 月—1976 年 10 月
	副主任	丁履廉	日照	1968 年 3 月—1976 年 10 月
		李广禄	荣成	1968 年 3 月—1970 年 8 月
		费立英	日照	1968 年 3 月—1975 年 9 月
		张开禄	蒙阴	1968 年 3 月—1969 年 9 月
		郭敬环	淄博	1969 年 9 月—1970 年 3 月
		李秀林	沂水	1969 年 9 月—1970 年 8 月
		杨信泉	即墨	1969 年 9 月—1973 年 10 月
		牟步善	日照	1969 年 9 月—1973 年 10 月
		周家斗	日照	1969 年 9 月—1976 年 10 月
		杨俊德	河北省	1969 年 9 月—1970 年 8 月
		王玉华	日照	1969 年 9 月—1976 年 10 月
		王允柱	东平	1969 年 9 月—1971 年 4 月
		翟　敏	昌邑	1970 年 8 月—1973 年 10 月
		傅承玺	日照	1975 年 11 月—1976 年 10 月
		任增恩	日照	1975 年 11 月—1976 年 10 月
	主任	牟步善	日照	1973 年 10 月—1977 年 2 月
		张洪荣	沂水	1977 年 2 月—1978 年 7 月

续表 27-7

届　期	职　务	姓　名	籍　贯	任职年月
革命委员会	主任	高昌礼	鱼台	1978 年 8 月—1981 年 12 月
	副主任	丁履廉	日照	1976 年 10 月—1978 年 2 月
		王玉华	日照	1976 年 10 月—1978 年 4 月
		周家斗	日照	1976 年 10 月—1977 年 2 月
		傅恩恕	临沭	1976 年 12 月—1978 年 2 月
		傅承玺	日照	1976 年 10 月—1981 年 12 月
		任增恩	日照	1976 年 10 月—1981 年 12 月
		山云条	日照	1977 年 6 月—1981 年 12 月
		郑承泰	日照	1978 年 4 月—1981 年 12 月
		李秀林	沂水	1978 年 4 月—1978 年 10 月
		白正和	沂源	1978 年 4 月—1981 年 12 月
		郑培成	日照	1978 年 4 月—1981 年 12 月
		牟敦杰	日照	1978 年 8 月—1981 年 12 月
		刘克银	平邑	1979 年 1 月—1981 年 12 月
		张洪儒	—	1980 年—1981 年 12 月
第九届人民代表大会	县长	史佩涓	莒南	1982 年 1 月 1984 年 3 月
		王军平(代)	日照	1984 年 3 月—1984 年 8 月
	副县长	任增恩	日照	1982 年 1 月—1984 年 3 月
		许传贵	日照	1982 年 3 月—1984 年 3 月
		牟乃善	日照	1982 年 1 月—1984 年 3 月
		丁秀珍(女)	淄博	1982 年 1 月—1984 年 3 月
		庄资诚	日照	1982 年 1 月—1984 年 3 月

续表 27-7

届　期	职　务	姓　名	籍　贯	任职年月
第九届人民代表大会	副县长	王家政	沂南	1982 年 1 月—1983 年 5 月
		郑行俭	邹平	1982 年 1 月—1984 年 3 月
第十届人民代表大会	县长	王军平	日照	1984 年 8 月—1985 年 4 月
	副县长	单联云	日照	1984 年 2 月—1985 年 4 月
		李尔孝	沈阳	1984 年 2 月—1984 年 6 月
		张守训	牟平	1984 年 9 月—1985 年 4 月
		朱景顺	临沂	1984 年 7 月—1985 年 4 月
		惠　君(女)	日照	1984 年 2 月—1985 年 4 月
		李尚文	昌乐	1984 年 8 月—1985 年 4 月
	市长(县改市)	房训佐	福山	1985 年 5 月—1987 年 4 月
	副市长	张培宏	昌乐	1985 年 5 月—1987 年 4 月
		臧全禄	河北清苑	1985 年 5 月—1987 年 4 月
		单联云	日照	1985 年 5 月—1987 年 4 月
		张守训	牟平	1985 年 5 月—1987 年 4 月
		李尚文	昌乐	1985 年 5 月—1987 年 4 月
第十一届人民代表大会	市长	房训佐	福山	1987 年 4 月—1990 年 1 月
	副市长	李尔孝	沈阳	1987 年 4 月—1990 年 1 月
		单联云	日照	1987 年 4 月—1990 年 1 月
		丁原胜	日照	1987 年 4 月—1990 年 1 月
		张守训	牟平	1987 年 4 月—1990 年 1 月
		杨作田	日照	1987 年 4 月—1990 年 1 月
		梁广海	聊城	1988 年 4 月—1990 年 1 月

续表 27-7

届　期	职　务	姓　名	籍贯	任职年月
第十一届人民代表大会	副市长	邵士增	平邑	1989 年 5 月—1990 年 1 月
第十二届人民代表大会	市长	王家政	沂南	1990 年 1 月—1993 年 3 月
	副市长	尹忠显	寿光	1992 年 12 月—1993 年 3 月
		房训佐	福山	1990 年 1 月—1992 年 12 月
		熊可山	蒙阴	1990 年 1 月—1993 年 3 月
		肖开富	临沂	1990 年 1 月—1993 年 3 月
		何学志	灌云	1990 年 1 月—1992 年 3 月
		陈万光	临朐	1990 年 9 月—1993 年 3 月
		陈晓丽(女)	四川旺苍	1990 年 9 月—1992 年 9 月（聘请）
		焉荣竹	烟台	1992 年 9 月—1993 年 3 月
		祝利民（女）	诸城	1992 年 12 月—1993 年 3 月

1993—2007 年东港区政府(第十三～十六届)区长、副区长更迭表

表 27-8

届次	职务	姓　名	籍贯	任职时间
第十三届	区长	张玉佩	费县	1993 年 2 月—1993 年 5 月
		徐善来	五莲	1993 年 6 月—1994 年 3 月（代理）
		孙海亭	招远	1994 年 3 月—1997 年 12 月
		王泽晓	五莲	1997 年 12 月—1998 年 1 月

续表 27-8

届次	职务	姓　名	籍　贯	任职时间
第十三届	副区长	靳惠民	莒县	1993 年 2 月—1994 年 3 月
		解世增	东港	1994 年 6 月—1997 年 12 月
		刘西良	费县	1997 年 12 月—1998 年 1 月
		张崇安	高密	1993 年 6 月—1997 年 12 月（挂职）
		丁立瑞	岚山	1993 年 2 月—1996 年 2 月
		李永斗	岚山	1993 年 2 月—1997 年 12 月
		臧旺玉	岚山	1993 年 2 月—1996 年 2 月
		周绪诚	岚山	1996 年 3 月—1998 年 1 月
		邓兰芝	—	1995 年 3 月—1996 年 9 月（挂职）
		吴　军	长清	1996 年 3 月—1997 年 12 月
		刘锋慧	五莲	1997 年 12 月—1998 年 1 月
		王坤英（女）	东港	1996 年 12 月—1998 年 1 月
		李章培	岚山	1997 年 12 月—1998 年 1 月
		刘兆亮	五莲	1997 年 12 月—1998 年 1 月
第十四届	区长	王泽晓	五莲	1998 年 1 月—2001 年 1 月
		刘西良	费县	2001 年 1 月—2003 年 1 月
	副区长	刘西良	费县	1998 年 1 月—2001 年 1 月
		孔凡征	东港	2001 年 2 月—2003 年 1 月
		周绪诚	岚山	1998 年 1 月—2003 年 1 月

续表 27-8

届次	职 务	姓 名	籍 贯	任职时间
第十四届	副区长	刘锋慧	五莲	1998 年 1 月—2003 年 1 月
		王坤英（女）	东港	1998 年 1 月—2003 年 1 月
		李章培	岚山	1998 年 1 月—2003 年 1 月
		刘兆亮	五莲	1998 年 1 月—2002 年 12 月
		侯孝国	五莲	1999 年 8 月—2000 年 8 月（挂职）
		王秀玲	五莲	2000 年 7 月—12 月（挂职）
		王德荣	五莲	2000 年 8 月—2001 年 8 月（挂职）
第十五届	区长	毛晖明	莒县	2003 年 1 月—2005 年 4 月
		郑加贵	五莲	2005 年 4 月—2007 年 12 月
	副区长	陶佃友	莒南	2003 年 1 月—2006 年 1 月
		牟善海	岚山	2006 年 2 月—2007 年 12 月
		张 涛	邹平	2006 年 9 月—2007 年 12 月
		刘锋慧	五莲	2003 年 1 月—2006 年 2 月
		王坤英（女）	东港	2003 年 1 月—2007 年 12 月
		王军卫	沂水	2002 年 12 月—2007 年 11 月
		陈文祥	岚山	2003 年 1 月—2007 年 12 月
		刘加宝	东港	2003 年 1 月—2007 年 12 月
		姜 毅	文登	2004 年 9 月—2007 年 12 月

续表 27-8

届次	职 务	姓 名	籍 贯	任职时间
第十五届	副区长	隋红臣	诸城	2006 年 2 月—2007 年 12 月
第十六届	区长	郑加贵	五莲	2007 年 12 月—
	副区长	张 涛	邹平	2007 年 12 月—
		王汉日	岚山	2007 年 12 月—
		陈文祥	岚山	2007 年 12 月—
		刘加宝	东港	2007 年 12 月—
		隋红臣	诸城	2007 年 12 月—
		安丰华（女）	东港	2007 年 12 月—
	顾问	姜 毅	文登	2007 年 12 月—

2003—2007 年高新区、区政府办公室副处级以上干部任职表

表 27-9

姓 名	职 务	任职时间
孔凡征	高科园党工委书记、管委会主任（正处兼）	2003 年 1 月—2006 年 12 月
高月光	高新区党工委书记	2006 年 12 月—
	高新区管委会主任	2006 年 12 月—2007 年 11 月
白建民	高新区党工委副书记、管委会主任	2007 年 11 月—
张茂尧	副处级干部	2001 年 1 月—2006 年 12 月

第二节 县级政府机构设置

日照县抗日民主政府成立时，设民政、财粮、实业、文教 4 个科。后增设公安局、武装科、司法科。解放战争时期，又增设秘书室、粮食局、卫生科和合作联合社，民政科改名为战勤科。

新中国成立后，日照县政府设秘书科、民政科、财政科、实业科、教育科、卫生科、司法科、粮食局、公安局、邮电局、银行、合作推进社等 12 个部门。1952 年增设人事科、监委会、农税科、水产科、林业所，撤销司法科，实业科改为建设科，合

作推进社改称供销合作社联合社。1956年底，县人委设秘书室、民政科、人事科、计委、统计科、劳动科、工业局、手管科、财政科、税务局、工商科、粮食局、册籍室、交通科、建设科、水利局、林业局、水产局、教育科、卫生科、文化科、体委、公安局等25个部门。后又充实、调整或撤销一些机构。1962年，按照精兵简政精神，县人委精简到17个部门，设办公室、人事科、民政科、文教科、卫生科、交通科、财政科、粮食局、商业局、税务局、工业局(包括手工业联社)、农业局(包括林、水、畜、牧)、水产局、盐务局、公安局、计委、供销合作社等。

1968年3月，日照县革委成立。下设“两部”(政治部、生产指挥部)、一室(办公室)。政治部下设组织组、宣传组、群工组。生产指挥部下设内务组、政工组、科研组、档案局、知青办、计委、物资供应站、交通运输服务站、工业局、财税局、粮油服务站、供销合作社、人民银行日照支行、盐务局、农业局、林业局、水利局、水产局、气象局、教育组、广播站、计划生育办公室、体育组、军管组(含原公、检、法)等。

1978年年底，设办公室、人事局、民政局、工交办公室、农林水办公室、文教办公室、财贸办公室、科委、体委、沼气办公室、环境保护办公室、地震办公室、计量局、多种经营办公室、气象站、电业局、法院、检察院、公安局、教育局、文化局、卫生局、计划生育办公室、外贸局、人民银行、建设银行、商业局、工商局、粮食局、计委、劳动局、财税局、供销合作社、交通局、邮电局、盐务局、物资局、基建局、工业局、第二工业局、农业局、林业局、水利局、灌溉局、水产局、农机局等。

1982年恢复县人民政府。县政府下设办公室、计划委员会、经济委员会、科学技术委员会、城乡建设环境保护委员会、体育运动委员会、计划生育委员会、民政局、公安局、司法局、人事局、劳动局、审计局、财政局、税务局、工商行政管理局、统计局、物价局、商业局、交通局、农牧局、农机局、林业局、水利局、水产局、多种经营办公室、乡镇企业局、粮食局、教育局、卫生局、文化局等。

1985年5月，撤县建市时，市政府设办公室、计划委员会、经济委员会、科学技术委员会、城乡建设委员会、体育运动委员会、计划生育委员会、对外经济贸易委员会、体制改革委员会、民政局、公安局、司法局、国家安全局、人事局、劳动局、审计局、监察局、财政局、税务局、工商行政管理局、物价局、统计局、计量局、市政局、环境保护局、土地管理局、机械化工局、轻纺局、矿产建材局、商业局、物资局、粮食局、水产局、农机局、教育局、文化局、卫生局、广播电视局、口岸办公室、外事办公室、侨务办公室、档案局。不列市政府工作机构序列，归属市直有关部门领导的机构有：史志办公室、职工教育办公室、区划办公室、经济技术协作办公室、公证处、法律顾问处等。

建区初期，区政府设办公室、经贸委(与乡镇企业局合署)、农委、计委、外经委、建委、教委、科委、体委、计生委、司法局、民政局、劳动人事局(与编办合署)、财政局、统计局、交通局、水利局、卫生局、审计局、土地管理分局、海洋与水产局、文化局、农业局、林业局。由区委办、区政府办管理的科级单位有信访局、保密局、体改委、物价局。副科级单位有法制局。科级行政性事业单位有：农机局、畜牧局、地矿局、旅游局、广播电视局、侨办(与侨联合署)、供销联社、商业行业办、物资行业办、行管局、茶业管理局、档案馆(馆、局合一)、粮食局、国有资产管理局、预算外资金管理局。后，部分机构有增有减、有合有分，基本稳定。

第三节　基层行政机构设置

区公所

1940年，县抗日民主政府下设区，为政府派出机关，置区长、副区长，设民政、财粮、公安、文教等助理员及文书若干人。1958年7月撤销区建制，县下直接辖乡。1963年1月，恢复区建制。1971年春再次撤销。1984年4月再次恢复。1985年5月又撤销。

乡(镇)人民政府

为基层行政机关。新中国成立前称乡公所，新中国成立后为乡人民政府，由乡长、文书等组成。1956年春，改为乡人民委员会，由乡长、副乡长和委员若干人组成。乡干部由农村干部充任，属半脱产性质。1958年1月，撤销区建制，将全县197个乡合并为26个乡、3个镇。置乡(镇)长、副乡(镇)长。下设民政、财政、公安、文教等助理员和文书若干人。1984年4月，撤销人民公社建置，恢复区建制。1985年3月，撤区并乡，全市划为一个办事处、21个乡镇。行政机构为乡、镇人民政府，由乡(镇)长、副乡(镇)长和助理员若干人组成。

2007年，东港区辖日照、石臼、秦楼3个街道和涛雒、两城、河山、南湖、西湖、陈疃、三庄7个镇。

人民公社管理委员会

1958年9月，全县29个乡镇合并为25个人民公社。体制为“政社合一”。设公社管理委员会，由社长、副社长和助理员等若干人组成。

人民公社革命委员会

1968年春，各人民公社先后建立革命委员会，实行“一元化”领导，由主任、副主任、委员若干人组成。1971年春，全县划为21个人民公社，公社革委为行政机关。1982年春，公社革委会撤销，复称管理委员会。

村级行政组织

1940年，在根据地各村庄陆续建立村政权，实行村闾制。设村长(亦称庄长)、账先生等。办公场所为村公所。1954年，根据《中华人民共和国宪法》，撤销村长制，村政权遂消失。

1958年，建立人民公社，下设管理区；管理区下设生产大队和生产队。1968年春，各生产大队成立革命委员会，由主任、副主任和委员若干人组成。1982年春，生产大队革命委员会改称大队管理委员会。1984年，生产大队建制撤销，恢复村建制，设村民委员会(以下简称村委会)，置主任、副主任和村民委员会委员。村民委员会是“群众性的自治组织”。1990年，实施“城市居民委员会组织法”，全市有31个村改居。2004年，开始成立城市社区，至2007年年底，全区共有50个社区。其中，村居改社区35个，纯城市社区15个。

第三章　人民政府施政

第一节　主要施政方式

抗日民主政府施政方式，主要是制发文件，召开会议，发动群众。战争年代环境恶劣，施政方式相对灵活。新中国成立后，人民政府在实践过程中，施政方式逐步完善和规范。改革开放以后，人民政府实行集体领导和个人分工相结合工作制度。县(市)长主持全面政务工作，副县(市)长负责处理分管工作，主要事项提请县(市)长或副县(市)长办公会研究决定。主要施政方式是县(市)政府全体会议、县(市)长办公会和现场办公会等。

建区后，区政府由区长、副区长、区长助理、区政府各部门负责人组成。区政府实行区长负责制，区长主持全区政务工作，常务副区长协助区长主持区政府日常工作，副区长负责处理分管工作、区长助理协助区长工作，重要事项提请区长或区长办公会研究决定。其主要施政方式有：

会议

区政府全体会议　区政府全体会议由区长、副区长、区长助理和区政府组成部门主要负责人组成。必要时召开扩大会议，吸收各镇政府(街道办事处)、区属各企事业单位以及国家、省、市属驻东港单位主要负责人参加，视情邀请区委有关部门、区人大和区政协专门委员会以及各人民团体负责人列席。会议议题由区长确定，由区长或常务副区长召集和主持。区政府全体会议一般半年召开一次，必要时由区长决定随时召开。主要任务是：传达贯彻上级党委、政府及区委重要指示、决定和会议精神及区人民代表大会及其常委会决议、决定；总结和部署区政府阶段性重要工作；讨论分析全区经济和社会发展形势，通报重要工作情况；讨论需要由区政府全体会议决定的其他事项。

常务会议　区政府常务会议由区长、副区长、区长助理、区政府办公室主任组成，区政府办公室副主任列席，区政府有关部门主要负责人列席相关议题的讨论。根据会议内容，可邀请区人大、政协专门委员会负责人及有关专家列席。区政府常务会议由区长决定召开，由区长或常务副区长召集和主持。主要任务是：传达上级党委、政府及区委重要指示、决定和会议精神，以及区人民代表大会及其常委会决议、决定，研究提出具体贯彻意见；听取区政府重要工作情况汇报；研究分析形势，讨论决定区政府工作中的重大问题；讨论通过提请区人民代表大会及其常委会审议的议案；讨论通过由区政府制定发布的政府规范性文件和重要决定；讨论决定各部门请示区政府的重要事项；研究全区国民经济和社会发展长远规划、年度计划、财政预决算等；讨论需要区政府常务会议决定的其他事项。

区长办公会议　区长办公会由区长、副区长组成，区长助理、区政府办公室主任、副主任列席。根据会议内容需要，必要时，区政府有关部门主要负责人列席相关议题的讨论。区长办公会议由区长或区长委托常务副区长召集和主持。主要交流重要工作情况；研究处理需提交常务会议解决的重要问题；研究区政府日常工作中其他重要事项。

区长碰头会　会议由区长、副区长、区长助理组成，区政府办公室主任、副主任列席。会议由区长或区长委托常务副区长召集和主持，一般每周举行一次。主要交流上周工作情况，安排下周工作计划。

专题会议　区政府专题会议由区长、副区长、区长助理或区长、副区长、区长助理委托办公室主任、副主任召集，区政府有关部门负责人出席。涉及两位以上副区长、区长助理分管工作的，可共同召集会议。专题会议根据需要随时召开。主要研究协调区政府领导分工职责范围内的专门问题；协调解决部门之间有意见分歧的问题；研究协调需提交区政府集体研究决策的有关问题。

区政府会议凡涉及资金、项目、机构编制安排的，严格按照规定的审批权限和程序办理。

制发公文

公文内容　以区政府或区政府办公室名义制发公文，其内容属于关系全区国民经济和社会发展重大改革方案、政策措施、政府规范性文件以及需要全区各级国家行政机关、企事业单位执行和周知的重要事项，主要包括：对上级党委、政府决定、命令、行政法规、重要工作部署和区委、区人大及其常委会决定、决议提出贯彻实施意见；须由区政府向市政府、区委、区人大及其常委会报告、请示的重大问题；发布区政府决定、地方性政策措施和政府规范性文件；安排部署区政府确定的重要工作任务，对区政府部门和各镇政府(街道办事处)工作作出指示；答复区政府部门和各镇政府(街道办事处)报请区政府决定、解决的重大问题；批转区政府部门的重要工作情况和意见等。

签发制度　凡以区政府或区政府办公室名义制发的公文，均由区政府办公室负责审理和送审、送签。以区政府名义行文的公文文稿，由区政府办公室分管主任审核，区政府办公室主任审签，分管副区长、区长助理审阅后，报区长签发。以区政府办公室名义行文的公文文稿，由区政府办公室分管主任审签，报请区长或分管副区长批示后，由区政府办公室主任签发。

以区政府名义向市政府的请示、报告，以及涉及重大方针、政策事项，由区长签发；以区政府名义报请区人大常委会审议的议案、区政府发布的政府规范性文件，由区长签发；区政府序列部门、行政事业单位科级干部任免公文，由区长签发；以区政府名义下发的其它公文，根据公文内容，由分管副区长审签后，由区长签发；内容涉及数名副区长分管范围的，需由有关副区长会签，报区长签发；已经区政府常务会议议定的事项和属于例行批准手续的事项，需以区政府名义行文的，由区长签发；以区政府办公室名义制发的公文，报区长或有关副区长批示后，由区政府办公室主任签发。

各镇政府(街道办事处)、区政府各部门报区政府审批的公文，由区政府办公室按程序统一受理。需要区政府审批的公文，除区政府领导直接交办事项和直接报送的绝密事项外，不得报送领导个人或多头报送、越级行文。请示类公文要一事一议，报告类公文不得夹带请示事项。各镇政府(街道办事处)、区政府各部门报送区政府的请示性公文，由主要负责人签发。属于政府部门职权范围内的问题需要发文时，以部门名义行文；涉及几个部门业务范围的问题，有关部门联合行文。

政务督查考核

区政府办公室每年对《政府工作报告》确定的工作任务和政策措施及事关全区发展的重大决策，分解立项，落实到各镇(街道)、各部门单位，制定绩效考核方案和责任目标，由区考核办公室负责调度考核。区政府各部门和镇(街道)都建立目标考核管理体系，对目标任务内容进行层层分解，并加以量化，任务到岗，责任到人。对群众反映的热点、难点问题，区政府办公室组织有关单位，深入基层，调查研究，进行专项督查。凡进入目标考核管理的部门和单位，年初由上而下逐级审核，有些部门和镇(街道)要签订目标责任书，举行目标责任签字仪式，年终逐级考核验收，兑现奖惩。

第二节 政事辑要

历届地方人民政府认真贯彻落实党的路线、方针、政策，坚持执政为民，在不同历史阶段，组织领导境内人民群众积极进行革命斗争、经济建设和改革开放，全面发展各项社会事业。

日照县抗日民主政府

1940年3月，日照县抗日民主政府成立。18日，发出第一号《布告》，颁布施政方针。《布告》要点是：执行“三三制”原则(即在政府工作人员中，共产党员、非党左派分子、中间派各占三分之一)，实行抗日救国纲领；统一征收抗日救国公粮，实行合理负担；废除苛捐杂税，统一财政收入；发展生产建设，厉行勤俭节约；开展战时文化教育，恢复与发展小学教育，举办抗日夜校；团结抗日各阶层人民，开展抗日救国各项工作；保障人民生命财产安全，没收汉奸财产，防奸防特，实行抗日戒严；发展抗日武装，优待抗日军人家属。自此，日照境内形成广泛的抗日民主统一战线。

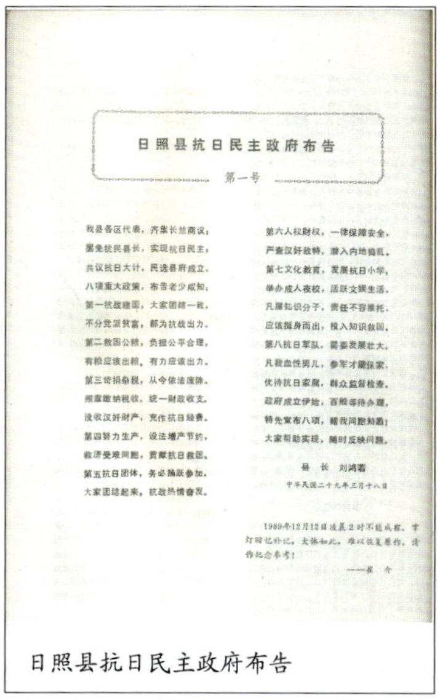

日照县抗日民主政府布告

第一号

我县各区代表，齐集长城商议：
罢免扰民县长，实现抗日民主；
共议抗日大计，民选县府成立。
八项重大政策，布告老少咸知：
第一抗战建国，大家团结一致，
不分党派贫富，都为抗战出力。
第二救国公粮，负担公平合理，
有粮应该出粮，有力应该出力。
第三苛捐杂税，从今依法废除。
照章缴纳税收，统一财政收支。
没收汉奸财产，充作抗日经费。
第四努力生产，设法增产节约，
救济受难同胞，贡献抗日救国。
第五抗日团体，务必踊跃参加，
大家团结起来，抗战热情奋发。
第六人权财权，一律保障安全，
严查汉奸敌特，潜入内地捣乱。
第七文化教育，发展抗日小学，
举办成人夜校，活跃文娱生活。
凡属知识分子，责任不容推托，
应该挺身而出，投入知识救国。
第八抗日军队，需要发展壮大，
凡我血性男儿，参军才能保家。
优待抗日家属，群众监督检查。
政府成立伊始，百般等待办理，
特先宣布八项，望我同胞知悉！
大家帮助实现，随时反映问题。

县长 刘鸿若

中华民国二十九年三月十八日

1989年12月12日凌晨2时不能成寐，于灯下回忆补记，大体如此，难以恢复原作，请作纪念参考！

——崔介

日照县抗日民主政府布告

图27-1 日照县抗日民主政府布告

抗日民主政府带领广大军民在反击日、伪、顽进犯的同时，认真抓好根据地乡、村政权建设。建立民兵组织，壮大抗日自卫团，开展敌后游击战，树立贫雇农优势。1942年冬至1943年夏，全县开展大规模减租减息与增资斗争，改善人民群众生活，扩大抗日根据地。1943年，日照中心县委、县政府为粉碎敌人的经济封锁，开展大生产运动。带领机关人员开垦荒滩、荒山、积肥、种粮种菜、饲养家畜。组织农民运输队运盐进山，产销结合，增加收入。同时，开展以帮收、帮耕、帮种为主要内容的变工、互助活动。经过大生产运动，日照抗日根据地部队、机关和人民群众生活得到较大改善，并储备大批粮食、棉花、油料、食盐等重要物资，为大反攻作物质准备。抗日根据地文化教育事业逐步发展。各区均配备文教助理，各村成立文教委员会，具体负责和领导战时文化教育工作。1942年秋，抗日烈士子弟小学与碑廓王家庄小学合并成立日照县抗日模范小学。当年建立抗日小学61所。1944年7月，全县已有学校201所、教师282名、学生7625名。另外，根据地还普遍开展社会教育，村村举办冬学、民校、识字班，

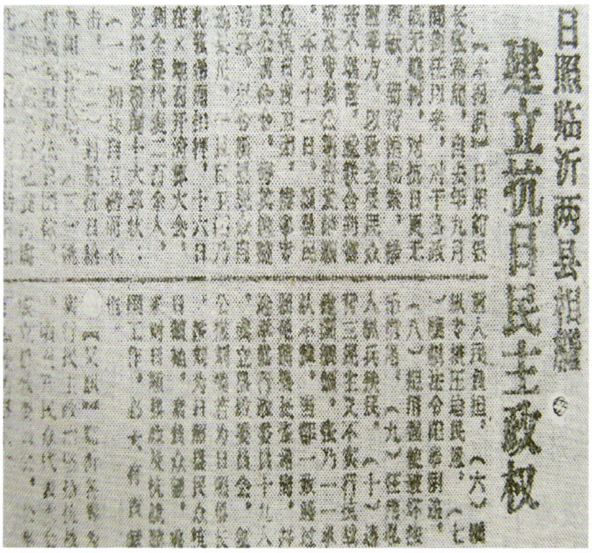

日照临沂两县根据地

建立抗日民主政权

图27-2 《大众日报》报道日照县建立抗日民主政权

各集镇和较大村庄都建立俱乐部和剧团。1943年年底，碑廓等7个区建立33个俱乐部和26个剧团，通过各种形式进行抗日宣传。

日照县政府

抗战胜利后，抗日民主政府改为县政府。县政府领导全县人民反对内战，召开反奸诉苦和“双减”斗争大会，对中、小地主进行说理斗争。至1946年6月16日，共召开斗争大会743场次，与1824户地主进行说理算账，1.04万户贫雇农得到“双减”利益。连同反奸诉苦在内，取得斗争果

实：土地 3181.2 公顷，粮食 1.87 万千克，钱款 3266 万元，布匹 5.27 万尺。

1946 年夏季，县政府据中共中央“五四”指示精神，发动广大农民在全县进行土地改革。从

图 27-3　日照民工支前路上　　(摄于 1946 年)

1946 年 7 月开始，到 1947 年 10 月份，共分配土地 5115.3 公顷、房屋 3 万多间，35% 贫雇农分得胜利果实。1947 年春，开展土地还家和土地复查运动，纠正土改工作中“左”的错误。1950 年夏，根据《华东土地改革实施办法的规定》，成立“土地改革委员会”。11 月底，制定《日照县结束土改计划(草案)》，并建立县、乡两级农协，划分阶级成份、确定地权、颁发土地证。1951 年 3 月，县人民政府向获地农民颁发土地证 26.05 万份，13.4 万公顷土地归农民所有。全县 48.6 万无地或少地雇农、贫农和其他从业者获得生产资料，延续几千年的封建土地制度被废除。

解放战争中，积极动员进步青年参军参战。全县动员 1.1 万余名青年参军，组织大批民兵、民工支援前线。为支援莱芜战役，全县组织成立子弟兵团，组织担架民工 3000 余人，支援主力部队作战，有 2400 余人立功受奖。1947 年，全县 80% 青壮年随军支前。淮海战役中，县政府于 1948 年 9—11 月分别派出三批支前大军。共出动长备民工 5.31 万人、短期民工 3.86 万人、子弟兵团 2266 人、小推车 9192 辆、担架 2182 副，加工军粮 150 余万千克，运送军粮 226.5 万千克。淮海战役结束后，动员帆船 56 只、水手 234 名、子弟兵团 500 名，随第三野战军渡江参加宁沪杭等战役。

日照县人民政府

组织农业合作化运动　1950 年，县人民政府大力组织变工互助。同年，全县有常年互助组 2736 个，季节性互助组 8772 个。1951 年 5 月，变工互助组有一类组 858 个、二类组 1703 个、三类组 3426 个。1952 年 7 月，县委、县政府相继召开互助合作代表会议，贯彻中共中央关于“组织起来互助合作”路线，试办 4 个初级农业生产合作社。1953 年 11 月，又试办 45 个。1954 年 10 月，全县初级农业生产合作社发展到 88 个。至 11 月，已建立农业生产互助组 6236 个、临时互助组 6963 个，组织起来的农户占总农户的 70%。建立渔业生产合作社 4 个，常年渔业生产互助组 150 个、临时互助组 142 个，入组渔民占渔民总数的 72.36%。

1956 年，初级社向高级社发展。3 月，全县已建高级社 526 个、初级社 708 个。年底，入高级社户数占总户数的 93% 以上，渔盐民全部实现高级合作化。1957 年，建立高级社 920 个，全县基本实现农业合作化。

进行工商业社会主义改造　1950—1953 年，境内私营商业约占整个商业经济的 80% 左右。至 1956 年 12 月，全县有 3845 户、7129 名手工业者和工商业者全部进行公私合营，接受改造的小商小贩 2208 户、2511 人。其中，过渡为供销社职工的 187 人；合作商(饭)店 131 个、528 人；合作小组 137 个、877 人；继续自营的 741 人。在私营工商业中，开展反行贿、反偷税漏税、反盗窃国家资产、反偷工减料、反盗窃国家经济情报的“五反”运动，参加运动的干部有 1200 多人，挖出一批贪污盗窃分子。

开展扫盲运动　1952 年，政府推广“祁建华速成识字法”。首先在全县农村开展速成识字运动，有 4000 多人摘掉文盲帽子。1955 年冬至 1956 年 3 月，全县青壮年文盲参加长年文化学习，约占文盲、半文盲总数的 40%。

脱产、半脱产干部中的文盲分四批离职补习文化。1957 年 3 月，186 名脱产干部和 234 名半脱产干部摘掉文盲帽子。11 月，全县 6.4 万余人，

入各类识字班、扫盲班学习，扫除文盲近万人。1958年全县扫除文盲6.79万人。1960年，县成立扫除文盲和业余教育委员会，专门负责扫盲工作。1977年3月，临沂地区验收批准日照县为“扫除青少年文盲县”。

开展爱国卫生运动　新中国成立初，县政府成立爱国卫生运动委员会，规定：每年农历5月和12月各进行5天卫生大扫除。1952年春，美帝国主义进行细菌战，沿海各区先后发现7种毒虫并很快波及全境。县政府组织开展“除害灭虫突击周”活动。4月，卫生部门在各区举办58期防疫训练班，受训人数21.8万。区、乡普遍建立起卫生诊所，进行卫生教育，宣传防治天花、黑热病等烈性传染病知识。1958年，从广开肥源入手，全县狠抓以“四改造”(改造厕所、猪牛圈、鸡窝、泼水汪)、“五建设”(建田间猪、牛、羊圈、厕所、肥池)、“六统一”(人粪尿、猪羊牛驴粪、鸡粪、炕土、干灰、泼水汪统一管理)为重点的积肥卫生基本建设。1959年，日照县被授于全国“爱国卫生先进县”称号。

治山、治水、改土　1955年冬开始，县政府按照“全面规划、综合治理”方针，发动群众开展治山、治水、治田和植树造林活动。其间，绿化面积4.13万公顷(其中新造林1.86万公顷)，占宜林面积90%以上。608个大小山头中初步绿化的591个。66条大小河流两岸栽种乔木、灌木。在近一百千米海岸线上，营造了平均宽度180余米、面积达1733公顷防护林带，全县70%以上的生产大队初步实施村庄绿化。此间，对傅疃河、巨峰河、崮河、两城河、陈疃河等十几条大河进行治理，修建了一批中小型水库、塘坝。全县大部分土地经过初步整治，达到“旱能灌、涝能排”标准，部分山岭地修成梯田。由于自然面貌和生产条件改善，生产水平显著提高，1957—1963年，全县粮食平均亩产150千克左右。

贯彻总路线　1958年6月开始，贯彻“鼓足干劲，力争上游，多快好省地建设社会主义”总路线。1958年9月，响应“大办人民公社”号召，全县成立25个人民公社，实行公有制，办起公共食堂3218处，实行吃饭不要钱。响应国家“以钢为纲”“大炼钢铁”的号召，同年9月1日成立日照县钢铁指挥部，县、社合营建立高旺庄卫星钢铁厂，动员10万青年在高旺土法上马建小高炉210座，每日投入生产高炉100座，产铁100吨。10月10日，日照水库动工兴建，1959年6月22日竣工。该水库总库容3.18亿立方米，有效灌溉面积2.27万公顷，电站装机3台1440千瓦。水库枢纽工程完成土石179万立方米，累计投资190.29万元。同时，新建和扩建日照机械厂、发电厂、缫丝厂、酒厂、皮革厂、皮鞋厂、石棉矿等工业企业。

大办农业、大办粮食　1960年8月，吸取“大跃进”教训，贯彻党中央关于“全党动手、大办农业、大办粮食”指示，开展以“生产备荒为中心、以秋收秋种为重点”的增产节约运动。

1963年，开展山、水、林、田、路综合治理，1964年春末，开展农业学大寨运动，农业各项生产活动掀起高潮。1966年春季，进行“南竹北移”“南茶北引”实验，为全县毛竹栽培和日照绿茶发展，摸取一定经验。全县荒山河滩基本绿化，大沙洼万亩林场和沿海防护林已基本建成。日照水库等118座大中小型水库基本配套完善，有效灌溉面积达2.67万公顷。实行稻改，推广良种、科学种田，1964年，粮食平均亩产增加到228.5千克。1965年，在严重干旱的情况下，粮食平均亩产仍然达到220千克以上。1966年，粮食总产比1960年增长61.5%，花生总产增长3.4倍。工农业总产值增长147%，社员人均分配增长79.5%，日照由缺粮县变成余粮县。

贯彻“八字方针”　1958年，由于农业政策失误，全县粮食虽然丰产，但没有丰收。1959年，县

图27-4　大搞农田水利基本建设　(摄于1963年)

委、县政府开始纠正"一平二调三收款"做法，进行算账退赔。1960年10月，贯彻中共中央"调整、巩固、充实、提高"八字方针，落实"三级所有，队为基础"政策，实行"四小作业"(小段计划、包工、验收、评比)办法，确保生产队"四个固定"(劳动力、畜力、农具、地片固定)。1961年1月，推行"一包两定"(包产、定留量、定上缴)，生产队完成上缴任务后，多产多分、少产少分，打破"大锅饭"和平均主义的分配方式。恢复农民自留地、自留园，鼓励家禽养殖，允许发展家庭副业。动员15周岁以上小学超龄学生6234人回队劳动，下放非农业人口11396人。283名县直机关干部下放到基层单位，支援农业第一线。1961年8月，压缩城镇非农业人口3902人到农村。1962年4月，城镇人口再减少1781人。5月，遵照上级有关行政机关整编精减的指示，对县、社两级领导班子进行整编精减，减少干部编制138人。社以下不设管区，由公社直接领导生产大队，减少机关层次。8月，全县再次精减职工103人和非农业人口263人。1961年5月，全县掀起学习《农业六十条》热潮。为便利发展生产，对全县区划进行调整，把19个公社划为35个。1962年12月，鉴于人民公社规模过大，公社党政机关事务过多，再次进行建置调整，全县设立15个区、102个人民公社。

县革命委员会

1968年3月，县革委成立，在全县开展"斗批改"运动。各级普遍开办学习班，进行"路线教育"。派工人宣传队进驻"老大难"单位，派军训团进驻各中学。发动群众"清理阶级队伍"。12月，公办小学全部下放到大队办，中学下放到公社管理，全县1350名公办小学教师被下放回原籍。

1970年春，贯彻国务院北方农业会议精神，组织869名脱产干部分赴372个生产大队驻点，大搞农田水利基本建设。1973年，粮食总产2.93亿千克，比1970年增长41.5%，亩产比1970年增长43%。

1975年，对全县土地进行治理。1977年12月，贯彻全国农业学大寨会议精神，全县开展农田基本建设大会战，开辟24个战场，建设大寨田3467公顷，扩大水浇地4000公顷。全年累计整地改土1.2万公顷，新建机、电灌站6座，打井553眼。同时，对境内水库除险、配套，新建一批水利工

图27-5 1975年秋，沂沭河清淤工地　　(市党史办供)

程。经过治理，全县绝大部分耕地基本达到"山丘地区造梯田，平原改园田、条田，盐碱涝洼改稻田"的要求。多次完成沂沭河东调任务，傅疃河得到有效治理。

1977年，贯彻全国工业学大庆会议精神，扩建、新建化工厂、电厂、麻纺厂、玻璃厂等。

1980年11月，县政府在马庄公社小后村等大队进行联产计酬责任制试点。同时，在全县推行"四专一联"(专业队、专业组、专业户、专业工，联产计酬)办法。此后，相继对大型农机具、农业设施进行承包或作价到户；对集体茶园、果园、林场等多种经营和工副业项目也进行招标承包到户到组经营。

恢复后的日照县人民政府

1982年1月，县九届人大一次会议决定撤销县革委，恢复县人民政府。

县政府全面推行农村经济体制改革，至1982年，全县实行大包干的生产队6245个，占总数的94.6%，49.5万农民户签订家庭联产承包合同书，承包土地45113公顷。

1982年，全县粮食亩产达到507千克，比1978年的270千克增长85%；总产4.05亿千克，比1978年增长55.3%；农业总产值3.29亿元，比1978年的1.57亿元增长1倍多，成为农

业总产值翻番县。在稳定和完善土地承包的同时，把家庭联产承包责任制推广到林、牧、副、渔各个领域。全县划分自留地及责任山1.23万公顷，除林地所有权归集体所有外，其使用权、林木所有权及经营权归承包户。

1982年1月，县政府调整农业内部产业结构，提出致富日照的“一条方针”(即在确保粮油稳定增长的基础上大力发展以林牧为主的多种经营)、“五条路子”(即大力发展林果、花生、渔业、畜牧业和社队工副业)。同年5—8月，全县雨季造林1801公顷，嫁接栽种各种果树60万株，发展棉槐84.5万墩，新栽金银花68.7万墩，夏季育苗44.6公顷。1982—1983年，全县补植造林1000余公顷，新栽苹果212万株，新发展果园3300余公顷，苹果总面积达6667公顷。1983年全县“四旁”树木736万株。1984年开始，着重抓好以延长土地承包期为重点的家庭联产承包责任制，农村商品生产出现发展新势头，农业总收入、林牧渔业收入、农产商品率逐年增加。1984年冬，贯彻中共中央〔1984〕1号文件精神，按照“大稳定、小调整”和“从简从速”原则，县政府在时家村、西草坡、南草坡三个村进行土地打价定级承包试点。将土地分等级作价，进行合理补偿，集体统一管理水利设施，统一规划和组织农田基本建设，建立农业生产服务组织，1985年在全县推开。1984年以后，大力发展专业户、重点户和经济联合体。一些农民不断从农业中分离出来从事商业流通，商品市场日趋活跃。

1982年11月，放开小商品价格，实行市场调节和三类工业品实行企业协商定价及工商企业产品自销等物价新政策，定价品种达374种。1984年，进一步放宽物价政策和管理权限。1985年4月，粮油棉由统购改为合同定购，并逐步放开生猪、鲜蛋、蔬菜、果品、海水鱼等农副产品价格，实行市场调节。1985年1月，新设立王家滩、大土山、卞庄、大石、泥田沟、韩家营子、辛家蒲汪、崖头、小王沟、大湖10处集贸市场。

1982年，县政府调整学校布局，改善办学条件。全县确定243个教学点，新建校舍2484间，维修1326间，添置课桌凳1.71万套。1982年11月，召开全县教育系统先进单位和先进工作者代表大会，527名代表出席会议。同年，对民师实行职责计酬责任制，并提高民办教师待遇。

1983年，全县适龄儿童入学率96.82%，在校生巩固率99.17%，毕业率为96.58%，12～15岁少儿学生普及率为97%，基本普及小学教育。

1985年5月，对中等教育结构进行调整，将全县22所公办高中调整压缩成12所，其余办成公办初中，初中布局和规模更加合理。将河山、黄墩和后村中学分别改为县农业技术中学、农业中学和林业技术中学，初步改变中学教育单一状况。

1983年，财政体制将“增长分成”调整为“超收分成”。

1983年，对国有大中型企业实行第一步利改税，按利润的55%征收所得税；对小型国营企业按八级超额累进税率征收所得税，税率最高为55%，最低为7%；服务业税率为15%。1984年下半年，进行第二步利税改革，税后利润归企业自主使用，促进企业发展。1985年，从简政放权、企业内部管理等方面对国有企业进行改革，实行厂长负责制，转换企业经营机制。1984年起，进行企业用工制度改革，企业单位招工除特殊工种或需要外，均实行劳动合同制。

1983年，积极推进干部人事制度改革。按干部队伍“革命化、年轻化、知识化、专业化”标准选拔任用干部，并对在任县级领导班子进行民主测验。

日照市人民政府

1985年县改市后，继续深化农村土地经营制度改革，集中进行农村撤队建村后的财务移交工作，将原生产大队、小队两级组织的财务全部移交给村委会管理。农村经营管理工作转移到促进承包合同兑现，完善生产责任制上来。实行“两田制”，把全部耕地分为“口粮田”和“责任田”。“口粮田”按人均分，不承担定购任务和社会统筹等。“责任田”按劳承包，承担农业税赋、农产品定购和社会统筹等。

1985年8月，聘请北京现代科学技术讲习站专家来日照举办培训班。中科院、国家科委等单位专家教授就科技革命和现代科学技术、乡镇企业发展、农副产品加工、水产品开发等新技术课题进行传授，50多名经济、科技管理专业人才参加培训。1989年2月，鼓励科技人员进入经济领域，每乡镇配备一名科技副乡(镇)长；同时对引进科技项目和科研机构、科研人员实行优惠政策。

1985年11月，开始改革教育管理体制，实行分级办学。市主办、管理普通高中、职业技术学校、教师进修学校、实验中学、实验小学；乡镇主办、管理初级中学、中心小学、中心幼儿园和中心农民夜校；村主办、管理小学、幼儿园和农民业校。市、乡镇设立教育委员会。在学校体制上，将全市学校按类别定为正处级、正科级和副科级事业单位。

1986年8月，市政府贯彻发展多种经营为主方针，全市实现林果、畜牧、水产、创汇农业和乡镇

图27-6　区渔业局放流车虾苗　　(摄于2007年6月)

企业等5个重点突破。大作“海”字文章，发展海岛滩涂养殖。1987年冬，全市挖滩涂虾池400公顷，改造老虾池667公顷，发展扇贝养殖20公顷，对虾养殖面积1226.7公顷，总产140万千克。

1989年设立地级市后，成立日照市出口加工区(今日照经济技术开发区)。1991年，确定220千伏变电扩建、7000门程控电话等市10大重点建设项目，项目总投资3.38亿元。加大对外开放力度，鼓励乡镇企业利用外资，从事“三来一补”(来料加工、来件装配、来样加工、补偿贸易)，推动企业开拓国际市场。6月12日，市政府印发《日照市发展外向型经济的若干规定》《日照市鼓励外商投资的实施办法》《日照市鼓励华侨和香港澳门同胞投资试行办法》《日照市鼓励台湾同胞投资办法》，为日照引进外资，发展外向型企业制定优惠、开放政策。1989年，全市乡镇企业达到34676家，其中乡镇办189家、村办和个体办3.45万家。到1992年，全市出口商品企业发展到40余家，80余个品种。

建市后，市政府大力培植工业经济，加快城市建设步伐。新建棉纺织厂、针织厂、星明服装厂、五金机械厂、啤酒厂等企业，对市内桥梁加固，路面硬化、加宽，新建邮电大楼和电视台。1985年9月，开通省内第一座卫星电视地面接收站，用50瓦彩色电视发射机转播中央电视台第一套节目。1988年1月《日照县报》更名为《日照日报》。1991年建立日照电视台自办频道、日照电视微波站和日照人民广播电台。水电供给、通讯设施逐步完善。公路、铁路、海港形成联运格局。

东港区人民政府

深化改革　深化农村土地经营制度改革。1999—2004年，农村土地实行二轮承包。全区803个村完成土地延包任务，占总村数的95%；延包土地4.12万公顷，占耕地面积的95%。2004年实行“均田制”，使土地资源分配更加科学合理。同时，继续鼓励外部经济单位或个人进行林地开发经营，进行林地“确权登记”试点。2005年调研制定土地流转政策，规范土地流转工作。

深化乡镇企业改革。自1994年下半年，先后对乡镇企业进行产权制度改革试点，重点推行股份制和股份合作制。1997年年底，对区属企业进行产权制度改革。到1999年年底，全区78家区

图27-7　东港区特色农业专业村分布图　　(摄于2007年)

属企业、183家乡镇办企业相继采取不同形式的改制，企业资产由集体所有变为股东共有。

深化行政审批制度改革。1999年后，适应加入世界贸易组织形势，清理、废止规范性文件74件，取消行政审批事项172项。2005年6月，建立政务审批大厅，完善便民服务功能。

深化流通领域体制改革。完成农村合作基金会清理整顿工作，化解供销社社员股金挤兑风险，政府承担兑付资金，保护股民利益。在粮食流通领域，建立两线运行机制，实行政策性业务与商业经营分开，逐步完成股份制改造，搞活粮油市场。

图27-8　东港国家农业科技示范项目验收汇报会　(摄于2006年)

深化社会保障制度改革。各类养老保险、住房制度、卫生管理体制等各项改革有序进行。实施城镇职工基本医疗保险、城镇和农村居民最低生活保障、离退休人员工资社会化发放等制度。在职职工、退离休人员工资不断增加，城市和农村低保等救助制度不断完善，标准不断提高。

深化财政税务体制改革。2001年，建立起"划分税种、核定收支、自求平衡"的财政管理体制。2002年起，完善区镇两级财政收入分享机制，建立"国库集中支付、政府集中采购"制度，推行会计集中核算。逐步进行农村税费改革，多次调减税率，取消"三提五统"，2006年全部取消农业税和农业特产税。

落实各项强农惠农政策。2006年取消农业税后，粮食直补、农资综合直补、农机购置和家电下乡补贴、能繁母猪补贴、渔船燃油补贴、库区移民后期扶持补助等各项惠农政策得到落实。城市低保、农村低保等救助制度不断完善，标准不断提高。

实施"农业稳区"战略，调整农业内部结构　1993年后，以农民增收、财政增长为目标，优化调整农业内部结构。到1997年，新发展高效经济园林0.33万公顷，大棚蔬菜533.3公顷，发展畜牧养殖大户1.36万户，建造成片生态树林1.53万公顷。

1998年12月，设立茶业管理局，专门负责茶业发展规划的制定和茶叶产前、产中、产后服务工作。1999年，制定《关于加快茶叶发展步伐建设江北第一绿茶基地的意见》，把茶业确立为全区特色主导产业之首，出台"免征农林特产税""为大户提供贴息贷款""在流通环节减税""免费培训技术人员"等一系列优惠政策，促进茶业生产大发展。2001年后，引进"龙井长叶""龙井43"等优良茶叶新品种和茶园管理新技术、新设备，对部分大片茶园实行微喷节水灌溉。

2007年，制定《关于发展高效农业的意见》，当年发展高效经济作物2380公顷，粮食总产达到16.78万吨。新发展浅海养殖273.33公顷、无公害栽培蔬菜生产基地10处、立体生态养殖366.67公顷，基本构筑起中西部0.53万公顷茶、

图27-9　日照三奇医疗卫生用品有限公司生产车间　(摄于2006年5月)

西部1.67万公顷果、中北部0.67万公顷桑菜、东部0.6万公顷水产养殖的“四大区域经济带”。

至2007年，全区蔬菜、水果、茶叶、黄烟、桑蚕、花卉等高效经济作物发展到2.61万公顷。水产工厂化养殖、海水养殖面积分别达到40万平方米和0.65万公顷。各类畜牧养殖小区280个，规模养殖场2716个，专业养殖户1.8万户。

在调整农业内部结构的同时，不断改善农业生产条件。1994年始，先后实施多起黄淮海平原综合开发，总面积6180公顷。投资6838.71万元，对中低产田改造、水土保持和特色农业开发。1999年始，先后对陈疃河、西湖铨园河、三庄龙门崮等小流域实施综合治理4467公顷。2000—2007年，累计投资近2亿元，对部分中小型水库进行除险加固，扩大、恢复和改善灌溉面积2900余公顷，完成各类农田水利基本建设项目近万个。2001年，开发农业高新科技示范项目，投资2414.8万元，建起有机农作物、经济园林、蔬菜、花卉示范基地390公顷，带动了全区农业高新技术的应用和推广。

2007年，一、二、三产业之比调整为9.1∶40.9∶50。全区森林覆盖率达到33.1%。

实施“工业兴区”战略，壮大工业企业　1993—1997年，批准利用外资项目89个，合同利用外资3068万美元，实际利用外资2275万美元。

2000年，实施“工业强区”战略，大力发展民营经济，制定发展个体私营经济和招商引资优惠政策，吸引国内外各界人士到东港投资办企业。2000年后，在城区建起日照市高科技工业园、日照国际工业园，在南湖镇、两城镇、涛雒镇和三庄、陈疃、西湖三镇交界等地建起工业聚集区。2002年，全区限额以上工业企业达42家，实现增加值2.9亿元、利税7000万元，个体工商户发展到2.59万户，民营企业达1391家。到2004年，各类园区达20处。其中，工业园18处，进园开工企业412家。2005年，全区工业企业达到6102家。其中，规模以上企业107家，以纺织抽纱、食品加工、机械制造、医药化工、木器制造和建材为主的六大主导产业已初具规模，实现利税62566万元。

2007年，长富药业、国恒能源等15个过亿元项目开工建设。区规模以上企业发展到164家，实现工业增加值38.68亿元。个体工商户发展到1.6万户，私营企业3800家。全区工业增加值、主营业务收入、利税收入分别是2002年的13.7倍、12.4倍和10.9倍。

图27-10　东港区招引项目集中开工典礼　(摄于2007年)

至2007年，全区共招引过千万元项目700多个、过5千万元的项目近200个、过亿元项目100多个。

实施“商贸富区”战略，发展新兴产业　加强

图27-11　15万吨胶乳项目合资合同签字仪式　(摄于2007年)

商贸设施建设。1993年开工建设太阳城市场,至1999年,新建改造各类市场29处。2000年后,南方家园、温州城、观海苑、江豪建材等大型批发市场相继投入使用。利群、银座、贵和等知名企业陆续进入区内经营,百货大楼、凌云工贸、友谊商店等营销规模不断扩大。新兴服务业快速发展,辉煌国际海港城等楼宇经济项目带动效应明显,国际铁矿石交易中心等电子商务项目开业运营,中石油科研所等研发经济项目签约落地。

图27-12 生态海岸 (摄于2005年3月)

外经贸工作取得重大突破。建区后,积极争取利用外资,主动参加国家商贸活动,先后组团参加广交会、青洽会、乌洽会、厦交会、韩国加工贸易洽谈会等国内外大型经贸会议,吸引大量外资投入东港经济建设。2000年后,随着招商引资工作的开展,利用外资的渠道进一步扩宽。2004年7月1日,外贸经营权由审批制改为备案登记制后,境内一批生产企业、流通公司及民营企业开始进入外贸领域,成为对外贸易新的增长点。2006年,全区利用外资项目41家,办理增资项目5家,合同利用外资1.96亿美元。2007年,全区有投资总额超过百万美元的外贸项目30多家,其中,投资超千万美元的近10家。外贸投资涉及机械、化工、电子、食品、建材、轻工、纺织、农业、旅游等领域,自营出口突破千万美元,进口贸易额7.19亿美元,当年实现利用外资5200万美元。

现代物流开始起步。南方家园、日照茶博园等园区逐步完善。依托亿吨大港发展临港物流业,至2007年,招引物流企业22家,投资4000万元,其中5家投入运营。

实施"旅游兴区"战略,大力发展旅游业 1999年起,先后建起大沙洼国家森林公园、竹洞天风景区、刘家湾赶海园、万平口灯塔广场、海水浴场、桃花岛和龙门崮风景区、丁肇中祖居等一批旅游景点。加大旅游业的管理力度和提升改造,王家皂、任家台、乔家墩子、肥家庄、董家滩等民俗旅游形成规模。全区民俗旅游接待床位8万余张,"渔家乐"成为省内外知名民俗旅游品牌。2007年,全区接待游客1260万人次,门票收入4166万元,实现旅游综合收入55.5亿元。

至2007年,区内饭店、星级宾馆酒店达到2500多家,其中四星级2家,三星级酒店21家,二星级酒店6家,旅游接待推荐单位20余家。旅游接待床位约12万张。其中准标间床位1.5万余张,民俗旅游接待床位近8万张,学生公寓接待床位1万余张,经济床位1.5万余张。全区旅游景区(点)及海水浴场达到15处,旅游商品、纪念品,定点生产单位12家。市区拥有出租车及其他旅游车2000余辆,旅行社发展到102家,持证导游近千名。设有管理机构的景区有8处,其中"AAA级"以上景区2处,海水浴场8处,有民俗旅游村17处,其中全国农业旅游示范点6个。

加强基础设施建设 不断加大公益基础设施投资。建区后,先后拓宽改造204国道、016、048省道境内段、新建硬化沿海公路等6条县乡公路,硬化里程227千米。建设信合广场、东港区医院、第二职业中专、日照剧院等一批基础性服务设施。积极配合市政府搞好城市基础设施建设,确保大学科技园、中港区、奥林匹克水上公园、世帆赛基地、日照发电厂及日东高速公路、同三高速公路、北京路、迎宾路、山海路、沿海路、临沂路、市垃圾处理场等20余项重点工程顺利建成或投入使用。

2003年,潮石路、南沿海路改道扩建、两石路等一批重点交通项目陆续竣工。实施村村通等级公路工程,至2007年累计投资3.11亿元,硬化农村道路400余条、1000余千米,全区100%的行政村通上硬化路。并对城区120条(段)背街小巷、30条排污沟进行综合治理。积极做好日照电厂、日东、同三高速公路、菏日铁路复线、大学城及城市基础设施建设等重点项目的协调服务工作。2004—2005年，以道路绿化美化、垃圾处理为重点进行环境综合整治，改造、铺装市区人行道40余条，新增绿化面积640万平方米。重视生态环境保护，先后拒批污染项目60余个，对14家污染企业实行挂牌督办，基本实现节能减排目标。对营子河、香店河等城区主要河道进行综合治理，城市环境质量明显提高，为日照市争创全国卫生城市、环境优美城市、园林绿化先进城市做出贡献。

进行旧城改造　1993年10月，太阳城市场一期工程开工建设，成片旧城改造工程启动。石臼街道实行村居自行改造，拆除房屋51290间，建居民楼250多幢，总建筑面积110多万平方米，建成东方、明阳、宏达、文化、中盛、林海、阳光等20多处居民小区。1998年，城西投资1.5亿元，完成旧城拆迁448户，房屋2829间，面积6.45万平方米。完成万平口海滨旅游区一期工程、营子三角绿地、东港广场、信合广场、海滨二路南段成片开发等工程，绿化4万平方米，硬化7.9万平方米。1999年，拆迁房屋3.43万平方米，改造面积17.38万平方米，建成商业服务设施18处。

2000年，以县委老家属院、日照茶叶批发市场、石臼路居委三大片改造为重点，完成投资1.6亿元，拆迁房屋8.1万平方米，建设商住设施22万平方米，绿化6.2万平方米，硬化10.6万平方米。2001年，推进海曲路、海滨二路、营子居等重点地段旧城改造，拆迁民房2400间，建设安置楼房10栋、5万平方米。至2003年，共完成房屋拆迁60万平方米，建设面积126万平方米，绿化70.6万平方米，硬化40.1万平方米。2007年后，根据市《关于城中村改造的意见(试行)》，在石臼街道万平社区、秦楼街道湖西头村进行试点，开启新一轮旧城改造工作。拆迁面积8.52万平方米，开工建设39.3万平方米。坚持依法拆迁、阳光拆迁、和谐拆迁，全面启动17个城中村(居)的拆迁改造工作，拆迁45.7万平方米，开工建设安置楼9.6万平方米。

实施“科教兴区”战略　1994—2002年，分三批将1823名民办教师全部转为公办教师。同时，建立教师队伍考录补充机制，先后招考录用中小学教师386名，充实到乡村中小学任教。1999年，组建区职业教育中心、实验高中等一批高标准学校。全区教育投入累计3.8亿元，教育“两基”顺利通过省政府验收。实施农村中小学布局调整和危房改造工程，对日照实验高中等城区中小学进行扩建和整合。2002年落实“两免一补”(减免义务教育阶段书本费、学杂费，对职业学校学生进行生活补贴)政策。教师工资列入区财政预算，按月发放。2004年1月始，教师住房补贴随工资发放。2007年，新建、维修中小学校舍8.7万平方米，推进8项农村学校危房基础性改造。创建为“全国教育科研工作先进区”和“全国教育科研先进实验基地”。

1993—1997年，5年共实施科技项目56项，累计实施科技计划项目122项，推广新技术、新成果90项，取得重要科技成果42项。2002年，制定《科学技术奖励办法》。2007年，建立市级以上工程技术研究中心10个，实现高新技术产值38亿元。先后三次通过两年一度的全国科技进步考核验收，创建为“国家科技工作先进区”和“山东省科普工作示范区”。

图27-13　改造后莲程花园居民新区　(摄于2007年)

统筹发展社会事业　医疗卫生事业健康发展。建区后，区、乡、村三级医疗防保体系逐步健全。2000年5月，区医院与北京阜外医院，实现长期横向技术协作，门诊综合楼建成并

图 27-14　社区文艺展演赛　　(摄于 2006 年 6 月)

投入使用，医疗条件和医疗水平不断提高。新型农村合作医疗制度深入实施，镇村卫生一体化管理扎实推进，疾病预防控制、医疗救治和突发公共卫生事件的应变处置能力不断增长，获得“全省农村卫生工作先进区”称号。2006 年 7 月，作为以东港为主城区的日照市荣获“国家卫生城市”称号。

计划生育基本国策落实到位。建区以来，区政府成立并及时调整充实计划生育专门领导机构，不断加强专业队伍和技术培训，认真宣传落实人口与计划生育政策，提高优生优育服务质量，流动人口管理工作跨入全省先进行列。完善计划生育利益导向和优质服务机制，加强出生人口性别比综合整治，人口自然增长率始终控制在 6 ‰以下，全面完成市下达的各项指标。

至 2007 年，连续 15 年被评为市级计生工作先进单位，创建为全国、全省“计划生育优质服务先进区”和“全国优生工程示范区”。

加快文化体育事业发展。建区不久，建成省内第一个多路微波广播电视系统。2000 年后，相继举(承)办海曲之夜文化节、农民运动会、社区运动会等一系列文体活动。东港民歌《满江红》被列入国家非物质文化遗产名录，两城遗址被列入国家重点大遗址保护项目。1993 — 2007 年，东港运动员在省级以上各类体育竞赛活动中夺得 22 枚金牌。

加强新农村建设　2006 年，成立新农村建设规划领导小组，抽调专业人员先后编制完成《东港区城镇体系规划》、全区新农村建设总体规划、28 个专项规划和 7 个镇街道、296 个村居的规划编制工作。

2007 年，在全区选择 100 个重点村开展新农村建设试点。实施农村“四个一”工程，即每个村培植一项富民强村的主导产业、创建一处群众娱乐休闲的街头公园、创建一条高标准的文明街、配套完善一处农村综合服务中心。试点村在帮扶单位的帮助下，当年 50 多个村达到目标要求。

同年，在总结城市社区建设经验基础上进行农村社区建设规划。配备培训社区工作人员，并完善劳动就业、户籍、党建、计划生育、平安建设、就业、社会治安等社区服务功能。

至 2007 年，全区共建成文明村 172 个，建成社区 50 个，其中农村社区 35 个。

图 27-15　集中发放小麦良种　　(摄于 2007 年)

图 27-16　新农村购物超市　　(摄于 2007 年 8 月)

第四章　区政府办公室工作

第一节　沿革与职责

沿革

1940年3月，日照县抗日民主政府始设秘书。1945年8月，日照县政府始设秘书室。1956年1月，日照县人民政府设秘书室，后改称办公室，至1965年7月，李培良、刘升杰、高兴峰先后任主任。1968年3月—1982年1月，高兴峰、尹世清、刘仕祥先后任主任。1982年1月，恢复县人民政府，设办公室，王军平、李广春先后任县革委办公室主任。1985年6月—1989年6月升为地级市前，日照市政府设办公室，李广春任主任。1989年12月，市政府办公室升为正处级，刘丕祥兼任秘书长，党英明任主任，至设区带县时，李广春、董彦湘、王常学、刘洪法、王振仑、李永华先后任副主任。

1993年1月，东港区政府办公室成立，刘西良、徐加云、王廷俭、王廷亮、焦春锋、王伟福、辛本胜、刘峰先后任主任。2002年，根据党政机关机构改革要求，对职能设置、内设机构和人员编制进行规范。设置综合、秘书、文秘、信息、督查、行政6个职能科室。根据有关规定，管理区政府法制办公室、区经济体制改革办公室、区地方志办公室，协同区委办公室管理区信访局。

主要职责

围绕区政府总体工作部署，收集信息、反映动态、综合协调，为政府决策提供服务。

秘书调研，围绕全区经济社会发展、改善民生和政府自身建设等工作重心，吃透上情、把握下情、了解外情，做好上级精神、领导意图及区情的有机结合，发挥以文辅政的作用；文电办理，围绕区委、区政府中心工作，发挥各项职能，确保区政府机关高效运转；政务信息，围绕“宣传东港、推介东港”，做好区内政务信息的上报；政务督查，围绕政府工作部署，做好承办或转办各级领导批示件，做好督促、检查；公开电话办理，负责公开电话的接收、上报、批转及督查落实；电子政务，负责东港政务门户网的组建、更新，整合区直各部门、企业和公众信息网络资源，为部门网站提供统一导航，搭建公众网上办事窗口；组织协调，主要组织安排政府办公室召开的各种会议，协调联络处理由区政府处理的突发事件和应急事项，执行24小时轮流值班工作制度，规范用印审批程序。具体办理电话通知、领导干部请销假、印信使用审批、编辑《区政府领导政务活动》、邀请区政府领导出席活动、邀请市领导出席活动等事项。

第二节　行政事务管理

1968年3月，日照县革委始设行政组，贾维孝任组长。1979年6月，县政府设行政事务管理局，贾维孝任局长。1985年5月至1987年11月，市政府设行政事务管理科，陈淑青任科长。1989年12月，市政府设行政科，至1992年12月，王和田、王茂振先后任科长。

1997年3月，东港区行政事务管理局成立。为正科级事业单位，具体负责区级机关后勤事务管理工作。周加胜、叶连祜、杨田奎、安玉刚、徐东波先后任局长。2000年10月，区级机关进驻新办公楼后，实行昼夜服务，负责供电、给排水、中央空调、电梯等系统的安全、正常、稳定运行。同时，抓好安全工作，安装办公大楼火灾自动报警系统，配备灭火器材。安装室外电视监控系统，严格门卫查验证制度。负责楼层保洁、开水供应、会议服务、机关食堂服务等工作，保证大楼安全和机关正常办公秩序。另外，负责对区直机关4个生活小区及行政审批服务中心的物业管理工作。

第三节　法制管理

1990年11月，日照市政府始设法制办公室。1993年1月，东港区政府法制办公室成立，由区政府办公室管理。1997年，更名为区政府法制局。2003年1月，恢复区政府法制办公室，为二级行政单位，负责全区法制管理工作。1998年起，规范、确认行政执法人员的执法资格。1998年，对全区1000余名申领行政执法证人员进行公共法律知识培训，并组织严格的考试。至2007年，组织大规模培训五次，培训行政执法人员6000余人次。落实行政执法责任制，加强行政执法重大行政处罚案件的备案工作，严格审查各部门的行政处罚文书，制定《东港区重大行政处罚案件备案办法》《推行行政执法责任制实施方案》，并以区政府名义公布实施《东港区行政执法责任追究暂行办法》。至2007年，共受理行政复议案件192件，起草、修改、审查把关规范性文件230余件。

第四节　行政审批服务

2005年6月，东港区行政审批服务中心(以下简称中心)成立，为区政府直属正科级事业单位，编制6人，陈云菊、孙萍先后任主任。负责对部门进驻行政审批项目和行政事业性收费进行组织、协调、监督、管理和服务。

2005年9月，东港区行政审批服务大厅投入运行，大厅总面积1600平方米，设置33个业务审批服务窗口、4个便民服务窗口和1个银行收费窗口，首批进驻单位23个，当年办理事项179项。至2007年，共进驻单位24个，服务窗口46个。

图27-17　东港区行政审批服务大厅　(摄于2006年)

第五节　侨务　外事

侨务管理

新中国成立后，侨务工作由县人民政府民政科(局)负责。1957年11月，日照县成立归国华侨联合会，袁肇扬任主席。1971年，县革委政治部设专人负责侨务。1975年年底，侨务工作改由县委统战部负责。1979年4月，成立县侨务办公室，秦洪记、秦洪志、申作松先后任主任。1985年5月后改为市侨务办公室。1989年11月，地级市建立后，外事办公室、侨务办公室与侨联合署办公，成立市政府外事侨务办公室。秦洪志、姜文才、臧家亮先后任主任。1993年，成立东港区侨务办公室，为正科级行政单位，管理全区侨务工作。宋光聚、郑培田、王炳升、崔久西、杨为国先后任主任。

华侨与外籍华人　东港区是山东重点侨乡之一。早期东港籍华侨多是劳苦百姓出身，大多分布在朝鲜、韩国、俄罗斯、日本等国家和地区。

第一次世界大战期间，有人到欧洲参战，战后在国外定居，成为华侨。旅日华人华侨，大多是被骗募、强征的华工。部分东港籍的国民党军政人员、学生等从台湾、香港等地辗转移居美国、巴西、加拿大等国家，成为华侨或外籍华人。改革开放后，部分留学人员学成留居当地，成为新的华侨。定居美国的东港籍侨胞和美籍华人，获得硕士以上学位的有300多人。其中，各类专家100余人。高能物理学家、诺贝尔奖获得者—丁肇中最为著名。

至2007年，东港籍华侨、外籍华人近万人，遍布世界五大洲26个国家和地区。旅居美国的最多，其次为朝鲜、韩国、日本、加拿大、澳大利亚等。其中，80%以上的华侨已加入居住国国籍，成为外籍华人。他们所从事的行业领域中，工商业占41.4%、文教卫生占7.5%、科研占6.8%、军政占0.8%、学生占27.7%、其他职业占15.8%。

归侨与侨眷　境内归侨，大多是新中国成立后从朝鲜回乡的。抗美援朝期间，国家通过华侨联合会，动员在朝鲜的部分华侨陆续回国定居。“文化大革命”期间，又有部分旅朝华侨回国定居。此后，华侨回国定居的极少。

改革开放后，全区侨眷人口逐渐增加。侨眷分布在区内社会各界，他们与海外亲友保持着密切联系。至 2007 年，东港区共有侨眷 1.16 万户，4.9 万人。其中，华侨华人眷属 5350 户，2.23 万人。新移民眷属 132 户，2640 人。归侨眷属 4810 户，1.92 万人。

侨务活动　新中国成立后至 1953 年 7 月，国家拨专款 1 万元安置从朝鲜归国的华侨有 374 户 1600 余归侨，及时帮助解决土地、房子以及生活等困难。

20 世纪 60 年代后，归侨有三分之一生活低于当地群众平均水平，五分之一属于贫困户。为扶持和帮助归侨脱离贫困，由政府民政部门以社会救济形式帮助他们解决生活中的困难。中共十一届三中全会后，由社会救济转向“重点扶持、劳动致富”形式，提高他们自身脱贫能力。1997 年，启动全区农村归侨侨眷奔小康工程，绝大多数归侨侨眷摆脱贫困。2003 年“日照侨务扶贫救助基金”，首次募集资金 30 多万元。之后用其增值部分，对东港区 240 余户贫困归侨侨眷进行救助。同时，每年还开展侨务扶贫和“送温暖”活动，积极主动走访慰问归侨侨眷贫困户，为归侨侨眷排忧解难。至 2007 年，全区共走访贫困归侨侨眷 1580 户次、累计发放侨务救济金 42 万余元。

“文化大革命”期间，因“海外关系”，归侨、侨眷受到歧视。中共十一届三中全会后，进行拨乱反正，落实政策。到 1983 年，全市归侨、侨眷的冤、假、错案全部得到平反纠正。1985 年后，对域内华侨私房情况进行认真调查核实，经市政府批准落实 56 户侨房政策。经省政府批准，将丁肇中、薄善萍、尹树生、尹衍枕 4 户故居作为重点，退还私有房产。同时归侨、侨眷在政治、工作、生活、住房、工作及其子女升学就业等方面都得到一定照顾和帮助。

1978 年后，海外华侨、华人同东港的联系越来越密切，回乡探亲、旅游和进行经济、科技、文化、教育合作与交流日益频繁。1979 年— 1989 年 10 年间，接待到日照的华侨、华人 4350 人次。1991 年 6 月 22 日至 24 日，组织举办“日照市三胞暨海外友人联谊会”，邀请到会客商 60 余人。1990 — 2007 年，共接待到东港的华侨、华人和港澳同胞 7640 人次。

海外文化交流　在华人华侨相对集中的地方，一般都有华侨学校、华文报馆，保留了中国的语言文字、传统礼俗和伦理道德，使中华文化在异国他乡得以传承和发展。旅美华侨、书画家郭桢女士，在国外多次举办画展，传播中国画艺术。旅韩侨领秦裕光，十分重视华侨子女的文化教育，带头出资在韩国兴办华侨学校，并倡导华侨成立华侨自己的文教组织“韩华居善堂文化协会”。

1978 — 2007 年，先后有 560 人次到东港讲学、交流。留美学者秦嗣钊教授，美籍华人、诺贝尔奖金获得者、美国麻省理工学院高能物理学家丁肇中博士，美籍华人、美国国家科学院有机化学家薄善萍博士，美籍华人、经济学家尹树生教授等，多次应邀回国讲学。

华侨捐助　1978 年以后，华侨捐助事业开始兴起。捐助者逐年增加，捐助款物逐年增多。

1978 年以来，美籍华人许传修、尹书田、裴竹章、王汉川，旅美侨胞于孝淑、新加坡华侨等个人和集体，采取多种方式多次向家乡的基础设施、学校建设、公益事业、红十字会捐助资金和物资折款总额达到 505 万元人民币。

外事

1950 — 1985 年间，外事工作由县人民政府办公室负责。1985 年由市人民政府外事办公室负责。1986 年 8 月，市旅游局成立后与外事办公室合署办公。1989 年 11 月后，外事工作由市外事侨务办公室负责。建区后，1997 年设立外事办公室，隶属区政府办公室。

1980 — 1989 年期间，外事活动频繁。诸多驻华使馆官员来访，先后探讨考察日照港建设、钢铁厂建设、港口运输、煤炭及商业贸易等事宜。许多知名人士和专业团组，就临港工业开发以及工业、农业、水产、外贸、交通等建设项目前来洽谈考察。围绕日照港建设，1982 年 11 月至 1985 年 8 月，先后派出 10 批、44 人，就合同审查、设备监造和技术培训等事宜出访日本。1984 年 7 月至 1989 年 8 月，先后派出 6 批、32 人次到美国、日本、比利时等国接受技术培训。1985 — 1989 年接待来访外国专家、工程技术人员 77 批、131 人次。主要为日照港机械设备安装、调试提供技术服务。

区外事办成立后，负责办理全区因公出国

人员有关审批、签证、护照事宜，了解和掌握全区因公出国团组和人员在国外活动情况以及来访外国人在本区活动情况。至2007年，办理有关事项70余项，办理接待来东港区访问的外宾、外国驻华官员、记者以及来自国际友好县区的访问团组110余次。先后为东港与陕西省铜川市宜君县、山东省肥城市、浙江省金华县、陕西省乾县缔结友好区县，进行组织、协调和联络工作。

第二十八编

政协地方组织

1981年10月，中国人民政治协商会议日照县委员会(简称日照县政协)成立。1985年5月，县政协改称市政协。1989年10月，中共山东省委批复成立地级日照市政协，届次按原县级市政协届次顺延。1996年1月，中国人民政治协商会议日照市东港区委员会(简称日照市东港区政协)设立，届次按日照县市政协届次顺延。

区政协对全区政治、经济、文化和社会生活中重大问题的决策进行协商。对宪法和法律法规的实施、重大方针政策的贯彻执行、地方行政机关及其工作人员的工作质量，通过建议和批评的方式进行监督。对人民群众普遍关心的热点、难点问题，开展调查研究，进行协商讨论。通过调研、视察报告或提案、建议案等形式，向地方党委和政府提出意见和建议。

第一章　组织机构

第一节　县(市)政协机构

1981年10月，县政协下设文教卫生、科技、工商、文史资料和侨务对台5个工作组，机关设办公室。1984年8月，下设群团、农林、科技、工商、文教卫生、文体新闻、侨务对台和文史资料8个工作组，机关设办公室、文史资料办公室和委员联络科。1985年5月，县政协改称市政协，原届次不变。增设学习、提案工作、文史资料研究3个委员会。1986年1月，设立乡镇办事处委员学习联络组。1986年9月，机关增设组织宣传科。1987年4月，增设工业科技、农林水科技、工商财贸、教育、卫生、群团、新闻体育、文化艺术和祖国统一联谊9个工作组。1989年3月，撤组设委，设学习、提案工作、文史资料、经济、农业、文教卫生、祖国统一联谊7个专门委员会。机关设办公室、文史资料办公室和组织宣传科、政协委员联络科。1990年1月，市政协机关设办公室和学习提案委员会、文史联谊委员会、经济建设委员会、科教文卫委员会。同年2月，在乡镇设立政协联络办公室。1993年9月，市政协办公室增设研究室(正科级)。

第二节　区政协机构

1996年1月，经中共山东省委同意，中共日照市委批准设立中国人民政治协商会议日照市东港区委员会。3月7日，政协第五届日照市东港区委员会第四次会议召开，日照市东港区政协机构成立。区政协机关内设办公室、学习提案经济建设委员会、文史联谊科教文卫委员会三个委室(均为正科级)，办公室设秘书科和行政科两个科室。各乡镇(街道)原政协联络办公室的机构不变。2002年1月，各乡镇(街道)政协联络办公室撤销。各镇(街道)政协工作由党委宣传委员负责。2006年10月，设立区政协秘书长一职。

1982—2007年历届日照县(市)政协领导人更迭表

表28-1

届别	职务	姓名	籍贯	任职年月
第一届	主席	张敬清(兼)	山东沂水	1982年1月—1984年2月
		刘京玉	山东蒙阴	1984年2月—1984年8月
	副主席	董玉凯	江苏赣榆	1982年1月—1983年10月
		夏良柏	日照东港	1982年1月—1983年10月
		刘克银	山东平邑	1982年1月—1984年8月
		刘克珍	日照岚山	1982年1月—1983年10月

续表 28-1

届别	职 务	姓 名	籍 贯	任职年月
第一届	副主席	温江洲	山东招远	1982 年 1 月— 1983 年 10 月
		张天印	山东单县	1982 年 1 月— 1984 年 8 月
		黄献法	山东寿光	1982 年 1 月— 1984 年 8 月
		朱筱泉	日照东港	1982 年 1 月— 1984 年 8 月
		李尚文	山东昌乐	1984 年 2 月— 1984 年 8 月
		郑全花(女)	日照岚山	1984 年 2 月— 1984 年 8 月
第二届	主 席	刘京玉(兼)	山东蒙阴	1984 年 8 月— 1985 年 5 月
		赵全忠	日照东港	1985 年 5 月— 1987 年 4 月
	副主席	陈学志	日照岚山	1986 年 7 月— 1987 年 4 月
		刘克银	山东平邑	1984 年 8 月— 1987 年 4 月
		惠 君(女)	日照东港	1985 年 5 月— 1987 年 4 月
		徐凤文	山东莒县	1986 年 4 月— 1987 年 4 月
		郑全花(女)	日照岚山	1984 年 8 月— 1987 年 4 月
		骆登坤	山东聊城	1984 年 8 月— 1987 年 4 月
		丁作民	日照东港	1984 年 8 月— 1987 年 4 月
		范在金	山东高密	1985 年 5 月— 1987 年 4 月
第三届	主 席	赵全忠	日照东港	1987 年 4 月— 1990 年 1 月
	副主席	陈学志	日照岚山	1987 年 4 月— 1990 年 1 月
		刘克银	山东平邑	1987 年 4 月— 1990 年 1 月
		惠 君(女)	日照东港	1987 年 4 月— 1990 年 1 月
		徐凤文	山东莒县	1987 年 4 月— 1990 年 1 月
		赵从鹤	日照东港	1988 年 1 月— 1990 年 1 月
		骆登坤	山东聊城	1987 年 4 月— 1990 年 1 月
		丁作民	日照东港	1987 年 4 月— 1990 年 1 月
		范在金	山东高密	1987 年 4 月— 1990 年 1 月
		孙吉芳	山东枣庄	1987 年 4 月— 1990 年 1 月
		伊健民	浙江温州	1987 年 4 月— 1990 年 1 月
第四届	主 席	王家政(兼)	山东沂南	1990 年 1 月— 1993 年 3 月
	副主席	赵全忠	日照东港	1990 年 1 月— 1993 年 3 月
		陈学志	日照岚山	1990 年 1 月— 1993 年 3 月
		伊健民	浙江温州	1990 年 1 月— 1992 年 2 月

1990—1993年日照市第四届政协委室负责人任职情况表

表28-2

姓 名	籍 贯	职 务	任职年月
徐凤文	莒县	政协秘书长	1990年1月—1993年3月
相玉卿	日照东港	政协办公室主任	1991年12月—1993年3月
张守华	日照东港	政协办公室副主任	1990年1月—1993年3月
刘克银	平邑	学习提案委员会主任	1990年1月—1993年3月
贺照禄	日照东港	学习提案委员会副主任	1990年1月—1993年1月
范在金	高密	文史联谊委员会主任	1990年1月—1993年3月
李竹芳	平度	文史联谊委员会副主任	1990年1月—1993年3月
赵从鹤	日照东港	经济建设委员会主任	1990年1月—1993年3月
林维礼	日照东港	经济建设委员会副主任	1990年1月—1993年3月
惠君(女)	日照东港	科教卫文委员会主任	1990年1月—1993年3月
郑全进	日照东港	科教卫文委员会副主任	1990年1月—1993年1月
马世治	莒县	科教卫文委员会副主任	1990年7月—1993年3月

历届东港区政协领导人更迭情况表

表28-3

届别	职 务	姓 名	籍 贯	任职年月
第五届	主席	陈为信	日照东港	1996年2月—1997年12月
		张 彦	日照岚山	1997年12月—1998年1月
	副主席	杨安奎	日照岚山	1996年2月—1997年1月
		辛崇利	日照岚山	1997年1月—1998年1月
		张成贵	日照岚山	1996年2月—1998年1月
		梁云爱(不驻会)	山东诸城	1996年3月—1998年1月
		王岫云(女，不驻会)	山东垦利	1996年3月—1998年1月
		杨善祯	日照东港	1997年2月—1998年1月
第六届	主席	张 彦	日照岚山	1998年1月—2003年1月
	副主席	辛崇利	日照岚山	1998年1月—2003年1月
		张成贵	日照岚山	1998年1月—2003年1月
		梁云爱(不驻会)	山东诸城	1998年1月—1999年3月
		王岫云(女，不驻会)	山东垦利	1998年1月—2001年1月
		杨善祯	日照东港	1998年1月—2003年1月
		林玉营(不驻会)	日照岚山	1997年12月—2003年1月
		韩纪亮	日照岚山	1999年2月—2003年1月
		李宜周(不驻会)	日照东港	2001年1月—2003年1月

续表 28-3

届别	职　务	姓　名	籍　贯	任职年月
第七届	主席	张　彦	日照岚山	2003 年 1 月—2006 年 1 月
		马绪文	日照莒县	2006 年 1 月—2007 年 12 月
	副主席	张成贵	日照岚山	2003 年 1 月—2006 年 1 月
		赵明甫	日照岚山	2006 年 1 月—2007 年 12 月
		相同耀	日照东港	2003 年 1 月—2007 年 12 月
		韩纪亮	日照岚山	2003 年 1 月—2007 年 3 月
		赵存兴(不驻会)	日照莒县	2003 年 1 月—2007 年 12 月
		郭慧敏(女，不驻会)	沈阳市	2003 年 1 月—2007 年 12 月
		张玉忠(不驻会)	山东郓城	2003 年 1 月—2007 年 12 月
		朱传勉(不驻会)	日照岚山	2006 年 1 月—2007 年 3 月
		王纪栋(不驻会)	日照东港	2006 年 12 月—2007 年 12 月
		沈文武	山东莒南	2006 年 1 月—2007 年 12 月
第八届	主席	马绪文	日照莒县	2007 年 12 月—
	副主席	赵存兴	日照莒县	2007 年 12 月—
		郭慧敏(女，不驻会)	沈阳市	2007 年 12 月—
		张玉忠(不驻会)	山东郓城	2007 年 12 月—
		王纪栋(不驻会)	日照东港	2007 年 12 月—
		沈文武	山东莒南	2007 年 12 月—
		王　诺(不驻会)	日照东港	2007 年 12 月—

第二章　政协会议

第一节　政协日照县第一届委员会

一届一次全委会议

1981 年 12 月 30 日—1982 年 1 月 4 日召开，会议宣告政协日照县委员会正式成立。会议听取并讨论夏良柏作的《认清形势，明确任务，努力做好政协工作》的报告，列席县九届人大一次会议，听取并讨论县革命委员会工作报告和其他报告；审议通过有关决议。经过民主协商，会议选举张敬清为县政协主席(兼)，董玉凯、夏良柏、刘克银、刘克珍、温江洲、张天印、黄献法、朱筱泉为副主席，27 名常务委员。

一届二次全委会议

1982 年 8 月 8 日—10 日召开。会议传达全国政协五届十九次常委会议和省政协四届十八次常委会议精神，组织与会委员学习讨论《中国人民政治协商会议章程修改草案》，对政协章程修改草案提出 5 条补充修改意见，审议通过会议决议。

一届三次全委会议

1983 年 1 月 30 日—2 月 3 日召开。中共日照县委书记胡建隆出席会议并致开幕词。会议传达贯彻全国全省人大会议和政协会议精神，学习新“宪法”和新“政协章程”；审议通过常务委员会工作报告和一届一次会议提案办理情况的书面报告，列席县九届人大二次会议，听取并讨论《政府工作报告》和其他报告；审议通过有关决议。会议增选1名县政协常务委员。会议要求政协委员认真学习中共十二大精神，为实现“六五”计划积极贡献力量。

第二节　政协日照县(市)第二届委员会

二届一次全委会议

1984年8月25日—30日召开。中共日照县委书记张洪举出席会议并讲话。会议审议通过一届县政协常务委员会工作报告和一届一次会议以来提案办理情况的报告，列席县十届人大一次会议，听取并讨论《政府工作报告》和其他报告；审议通过有关决议。会议选举刘京玉为县政协主席(兼)，刘克银、郑全花、骆登坤、丁作民为副主席，选举36名常务委员。

二届二次全委会议

1984年11月18日—19日召开。中共日照县委书记张洪举出席会议并讲话。会议传达全省市县政协为四化建设服务经验交流会精神，张天印等13位委员介绍为四化建设服务的经验体会，听取并讨论《日照县城镇建设规划实施计划》和《日照城镇规划建设管理暂行规定》，通过《关于学习〈中共中央关于经济体制改革的决定〉的决议》。

二届三次全委会议

1985年5月21日—26日召开。中共日照市委书记王家政出席会议并讲话。会议审议通过常务委员会工作报告和二届一次会议以来提案办理情况的报告，列席市十届人大二次会议，听取并讨论《政府工作报告》及其他报告；审议通过有关决议。会议增选赵全忠为主席，惠君、范在金为副主席，增选4名常务委员。

二届四次全委会议

1986年4月19日—22日召开。中共日照市委书记王家政出席会议并讲话。会议审议通过常务委员会工作报告和二届三次会议以来提案办理情况的报告，列席市十届人大三次会议，听取并讨论《政府工作报告》及其他报告；审议通过有关决议。会议增选徐凤文为政协副主席，增选4名常务委员。会议要求政协委员围绕“改革、开放、搞活、振兴日照”这个中心，充分发挥政治协商、民主监督和综合“人才库”的作用，开创政协工作的新局面。

第三节　政协日照市第三届委员会

三届一次全委会议

1987年4月8日—12日召开。中共日照市委书记王家政出席会议并讲话。会议审议通过二届市政协常务委员会工作报告、二届一次会议以来提案办理情况的报告和二届市政协文史资料研究委员会工作报告，列席市十一届人大一次会议，听取并讨论《政府工作报告》及其他报告；审议通过有关决议。会议选举赵全忠为市政协主席，陈学志、刘克银、惠君、徐凤文、骆登坤、丁作民、范在金、孙吉芳、伊健民为副主席，选举43名常务委员。会议号召全体政协委员和各界爱国人士要旗帜鲜明地坚持四项基本原则，反对资产阶级自由化，在政治上同党中央保持一致，为祖国统一和振兴中华而努力奋斗。

三届二次全委会议

1988年1月3日—6日召开。中共日照市委书记王家政出席会议并讲话。会议审议通过常务委员会工作报告和三届一次会议以来提案办理情况的报告，列席市十一届人大二次会议，听取并讨论《政府工作报告》及其他报告；审议通过有关决议。会议增选赵从鹤为市政协副主席，增选2名常务委员。

三届三次全委会议

1989年3月26日—30日召开。中共日照市委书记王家政出席会议并讲话。会议审议通过常务委员会工作报告和提案委员会关于三届二次会议以来提案办理情况的报告，列席市十一届人大三次会议，听取并讨论《政府工作报告》和其他报告；审议通过有关决议。会议组织委员大会发言，对市政府工作提出意见和建议。

第四节　政协日照市第四届委员会

四届一次全委会议

1990年1月9日—13日召开。中共日照市委书记王树文出席会议并讲话。会议审议通过三届市政协常务委员会工作报告和提案工作委员会关于三届一次会议以来提案办理情况的报告；列席市十二届人大一次会议，听取并讨论《政府工作报告》和其他报告；审议通过有关决议。会议选举王家政为市政协主席(兼)，赵全忠、陈学志、伊健民为副主席，徐凤文为秘书长，选举38名常务委员。

四届二次全委会议

1991年3月26日—30日召开。中共日照市委书记王树文出席会议并讲话。会议审议通过常务委员会工作报告和学习提案委员会关于四届一次会议以来提案办理情况的报告，列席市十二届人大二次会议，听取并讨论《政府工作报告》和其他报告；审议通过有关决议。会议增选1名市政协常务委员。

四届三次全委会议

1992年3月20日—23日召开。中共日照市委书记王树文出席会议并讲话。会议审议通过常务委员会工作报告和学习提案委员会关于四届二次会议以来提案办理情况的报告(书面)，列席市十二届人大三次会议，听取并讨论《政府工作报告》和其他报告；审议通过有关决议。会议增选1名市政协常务委员。

第五节　政协日照市东港区第五届委员会

1996年1月经中共山东省委批准设立东港区政协委员会，顺延日照市政协届次。

区政协五届四次会议

1996年3月6日—9日，区政协召开成立大会，中共东港区委书记张玉佩出席会议并讲话。列席区十三届人大四次会议，听取并讨论区人民政府《关于东港区国民经济和社会发展“九五”计划及2010年远景目标纲要草案的报告》等报告。会议选举陈为信为区政协主席(兼)，杨安奎、张成贵、梁云爱、王岫云为副主席。选举26名常务委员。

区政协五届五次全委会议

1997年3月4日—7日召开。中共东港区委书记张玉佩出席会议并讲话。会议听取并讨论常务委员会工作报告和提案工作报告，列席区十三届五次人代会，听取《区政府工作报告》及其他报告。会议选举辛崇利、杨善祯为区政协副主席，补选2名政协常委。

第六节　政协日照市东港区第六届委员会

区政协六届一次全委会议

1998年1月12日—16日召开。中共日照市委常委、东港区委书记王均生出席会议并讲话。会议听取并审议常务委员会工作报告及提案工作报告，列席区十四届人大一次会议，听取并协商讨论《政府工作报告》和其他报告。会议选举张彦为区政协主席，辛崇利、张成贵、王岫云、梁云爱、杨善祯、林玉营为副主席，选举26名政协常委。审议通过会议决议。

区政协六届二次全委会议

1999年3月22日—24日召开。中共日照市委常委、东港区委书记王均生出席会议并讲话。会议听取并审议常务委员会工作报告及提案工作报告，列席区十四届人大二次会议，听取并讨论《区政府工作报告》及其他报告。会议选举韩纪亮为区政协副主席，选举4名政协常委。

区政协六届三次全委会议

2000年3月4日—6日召开。中共日照市委常委、东港区委书记王均生出席会议并讲话。会议听取并审议常务委员会工作报告及提案工作报告，列席区十四届人大三次会议，协商讨论《区政府工作报告》和其他有关报告。会议补选2名政协常委。

区政协六届四次全委会议

2001年3月5日—7日召开。中共东港区委书记孙雨出席会议并讲话。会议听取并审议常务委员会工作报告及提案工作报告，列席区十四届人大四次会议，听取并讨论“十五”计划纲要报告及其他报告，通过大会决议。

区政协六届五次全委会议

2002年3月1日—3日召开。中共东港区委书记孙雨出席会议并讲话。会议听取并审议常务委员会工作报告及提案工作报告，列席区十四届人大五次会议，听取并讨论《政府工作报告》及其他报告，通过大会决议。

第七节　政协日照市东港区第七届委员会

区政协七届一次全委会议

2003年1月16日—20日召开。中共东港区委书记刘西良出席会议并讲话，会议听取并审议常务委员会工作报告和提案工作报告；列席区十五届人大一次会议，听取并讨论《区政府工作报告》及其他报告；审议通过大会决议。会议选举张彦为区政协主席，张成贵、相同耀、韩纪亮、赵存兴、郭慧敏、张玉忠为副主席，选举40名常务委员。

区政协七届二次全委会议

2004年2月7日—9日召开。中共东港区委书记刘西良出席会议并讲话。会议听取并审议常务委员会工作报告和提案工作报告；列席区十五届人大二次会议，听取并讨论《政府工作报告》及其他报告，审议通过有关决议。

区政协七届三次全委会议

2005年1月22日—25日召开。中共东港区委书记刘西良出席会议并讲话。会议听取并审议常务委员会工作报告和提案工作报告，列席区十五届人大三次会议，听取并讨论《政府工作报告》及其他报告，审议通过有关决议。

区政协七届四次全委会议

2006年2月14日—16日召开。日照市副市长、中共东港区委书记刘西良出席会议并讲话。会议听取并审议常务委员会工作报告和提案工作报告，列席区十五届人大四次会议，听取并讨论《政府工作报告》及其他报告；审议通过有关决议。会议选举马绪文为区政协主席，赵明甫、朱传勉为区政协副主席。

区政协七届五次全委会议

2007年3月5日—8日召开。中共日照市委常委、东港区委书记张永霞出席会议并讲话。会议听取并审议常务委员会工作报告和提案工作报告，列席区十五届人大五次会议，听取并讨论《政府工作报告》及其他报告；审议通过有关决议。会议补选王纪栋、沈文武为区政协副主席，增选1名区政协秘书长，1名区政协常务委员。

第八节　政协日照市东港区第八届委员会

区政协八届一次全委会议

2007年12月7日—10日召开。中共日照市委常委、区委书记张永霞出席会议并讲话。会议听取并审议常务委员会工作报告和提案工作报告；列席区十六届人大一次会议，听取并讨论《政府工作报告》及其他报告；审议通过有关决议。会议选举马绪文为第八届区政协主席，赵存兴、郭慧敏(女)、张玉忠、王纪栋、沈文武、王诺(女)为副主席，1名政协秘书长，选举24名政协常务委员。

图28-1　东港区政协八届一次会议　(摄于2007年12月)

第九节　其他重要会议

各界人士为四化服务经验交流会

1986年5月28日—30日，市政协召开“各界人士为四化服务经验交流会”，426名各界人士与会，24人作典型经验介绍。

政协工作会议

1989年1月19日，全市政协工作会议召开。会议传达贯彻省委〔1988〕8号文件和全省政协工作会议精神，研究部署1989年工作。

1990年12月17日，全市政协工作会议召开。会议传达全省政协工作会议精神，研究部署全市政协工作。

1997年4月21日，全区政协工作会议召开。中共东港区委书记张玉佩，中共东港区委副书记、区长孙海亭，中共东港区委副书记、区政协主席陈为信分别讲话。会议印发《日照市东港区人民政府关于支持区政协履行政治协商、民主监督、参政议政职能的决定》。区委、人大、政府、政协、纪委、人武部的领导出席会议。各乡镇长(街道办事处主任)、联系政协工作的党群副书记、政协联络办公室主任和区直部门主要负责人参加会议。

2006年10月25日，全区政协工作会议召开。中共日照市委常委、区委书记张永霞出席会议并讲话，区政协主席马绪文回顾总结十年来政协工作的经验和做法。中共东港区委副书记、区长郑加贵主持会议并作总结讲话。会上印发《中共东港区委关于加强人民政协工作的意见》和《东港区人民政府关于支持人民政协履行职能的办法》。中共东港区委常委，区人大常委会主任，区政府副区长，区政协副主席，各镇(街道)党委书记、宣传委员，区直各部门、单位和国家、省、市属驻东港各单位主要负责人，区政协机关各委室主任、副主任，驻东港区的市政协委员参加会议。

全市统战政协工作理论研讨会

1991年7月22日—27日，全市统战政协工作理论研讨会召开。会议学习江泽民总书记“七一”讲话和中央有关文件，听取统战政协工作知识辅导。各乡镇统战委员、政协联络办公室工作人员参加会议。

晋豫鲁十城市政协横向联系暨经济技术协作第五次会议

1991年9月10日—12日，晋豫鲁十城市政协横向联系暨经济技术协作第五次会议在日照召开。省政协副主席苗永明到会祝贺。市领导王树文、王家政、赵全忠、陈学志、伊健民出席开幕式，中共日照市委书记王树文致辞，市长王家政介绍市情。

庆祝人民政协成立50周年大会

1999年9月21日，市、区联合在日照影院举行庆祝人民政协成立50周年大会，中共日照市委书记焉荣竹，市政协主席王家政、副主席刘凤仙分别讲话。区政协主席张彦，副主席辛崇利、张成贵、王岫云、杨善祯、林玉营、韩纪亮出席大会。

第三章　政协委员

第一节　委员产生

政协委员的产生要经过严格的程序：(1)提名推荐。地方委员会委员名单由地方各党派、无党派人士、各人民团体、各个界别等提名推荐协商提出。(2)协商确定建议名单。对各方面提出的推荐名单由同级中共党委有关部门进行综合平衡，充分同各推荐方面协商形成建议名单。(3)审议通过。将委员建议名单提交政协主席会议审议同意后，由常务委员会协商决定，经全体常务委员会组成人员过半数同意予以通过。(4)公布。经常务委员会会议通过的委员，由政协办公室分别通知推荐单位和本人，向委员颁发委员证书，并通过新闻媒体向社会公布。增补政协委员也要经过提名、协商、审议通过和公布等步骤。

第二节　权利和义务

权利

政协委员在本会会议上有表决权、选举权和被选举权，有对政协工作提出批评和建议的权利，有通过政协会议和组织参加讨论国家和当地政府工作大政方针、以及其他活动的权利，有对国家机关和国家工作人员的工作提出建议和批评的权利，有对违法违纪行为检举揭发，参与调查和检查的权利，有声明退出政协的权利，在受到警告或撤销参加资格的处分时有请求复议的权利。

义务

遵守和履行政协章程和政协会议通过的决议，密切联系群众，经常反映群众的愿望和呼声；

加强学习，了解国家的大政方针和法律法规，提高参政议政水平；加强纪律观念，按规定参加政协组织的会议和活动，完成政协组织委托的任务。

第三节　历届政协委员界别构成

政协日照县一届一次全委会议

共有委员103名。其中，中共党员33名，女委员12名。共分15个界别：中共7名，共青团4名，妇女4名，工会6名，农民9名，科技14名，卫生8名，教育12名，文艺2名，新闻体育3名，工商财贸7名，归侨侨眷6名，爱国民主人士5名，少数民族1名，特邀15名。

政协日照县二届一次全委会议

共有委员140名。其中，中共党员56名，女委员25名。共分16个界别：中共7名，共青团5名，妇女7名，工会8名，农民19名，科技23名，卫生9名，教育15名，文艺1名，新闻体育4名，工商10名，台胞台属5名，归侨侨眷5名，爱国民主人士6名，少数民族1名，特邀15名。

政协日照市三届一次全委会议

共有委员237名。其中，中共党员93名，女委员40名。共分16个界别：中共45名，共青团5名，妇女7名，工会5名，农民28名，科技34名，卫生15名，教育25名，文化艺术9名，新闻体育5名，工商22名，爱国人士3名，归侨侨眷7名，台胞台属18名，少数民族2名，特邀7名。

政协日照市四届一次全委会议

共有委员255名。其中，中共党员94名，女委员43名。共分16个界别：中共52名，共青团6名，妇联7名，工会9名，农民23名，科技37名，卫生17名，教育31名，文化艺术8名，新闻体育5名，工商联25名，爱国人士3名，归侨侨眷5名，台胞台属18名，少数民族2名，特邀7名。

政协日照市五届一次全委会议

共有委员266名。其中，中共党员96名，女委员45名。共分21个界别：中共26名，共青团5名，工会4名，妇女5名，农工党5名，民盟5名，工商联3名，科协6名，爱国人士1名，少数民族5名，农民12名，台胞台属11名，归侨侨眷4名，经济45名，医药卫生18名，教育36名，科技24名，文化艺术10名，新闻4名，体育2名，特邀35名。

政协日照市东港区五届四次全委会议(东港区政协成立大会)

共有委员180名。其中，中共党员68名，女委员36名。共分17个界别：中共24名，民主党派8名，共青团4名，妇联5名，工会4名，工商3名，科协3名，台胞台属12名，归侨侨眷5名，文体4名，科技13名，经济25名，教育22名，医药卫生12名，农民11名，少数民族2名，特邀23名。

政协日照市东港区六届一次全委会议

共有委员210名。其中，中共党员51名，女委员48名。共分16个界别：中共17名，农业20名，经济33名，科技11名，科协3名，少数民族2名，文体5名，侨联4名，台胞台属11名，共青团4名，工会2名，妇女6名，工商5名，医药卫生17名，教育26名，特邀44名。

政协日照市东港区七届一次全委会议

共有委员240名。其中，中共党员96名，女委员56名。共分16个界别：中共22名，农业21名，经济44名，科技8名，少数民族2名，文体8名，侨联5名，台胞台属12名，共青团5名，工会5名，妇女12名，工商19名，医药卫生17名，教育20名，特邀36名，社会福利与社会保障4名。

政协日照市东港区八届一次全委会议

共有委员242名。其中，中共党员96名，女

图28-2　政协八届一次会议现场　(摄于2007年12月)

委员67名。共分16个界别:中共党员17名,农业16名,经济44名,科技8名,少数民族2名,文体10名,侨联6名,台胞台属10名,共青团11名,工会9名,妇女14名,工商联35名,医药卫生13名,教育19名,特邀22名,社会福利与社会保障6名。

第四章　主要工作

第一节　组织学习

1982年,新"宪法"和新"政协章程"公布后,组织召开常委会议进行传达学习。1984年,县政协二届二次全委会议作出《关于学习〈中共中央关于经济体制改革的决定〉的决议》。1988年11月,市政协三届七次常委会议审议通过《关于贯彻中共中央十三届三中全会精神的决议》,开展学习贯彻中共十三届三中全会精神。1989年,开展学习贯彻中共十三届四中全会精神,并作出学习决议。

1996年,由学习提案委员会编发《学习参考资料》,作为委员的学习材料,每年编发4期,委员人手一份。1996年,组织学习全国政协《关于政治协商、民主监督、参政议政的规定》。开展向民主党派人士马绪涛学习活动。1997年,组织学习中共十五大精神。1999年,认真组织开展"三讲"(讲学习、讲政治、讲正气);"三学"(学党章、学法规、学政策)教育活动。2000年,组织委员学习邓小平理论和江泽民在人民政协成立五十周年大会上讲话。2001年,重点组织学习江泽民"七一"讲话、中共十五届六中全会精神和WTO知识,先后开展"三个代表"重要思想学习活动,"学、守、正"(学党章、守纪律、正党风)集中教育活动。2003年,组织学习中共十六大精神。2004年,学习《政协章程》修正案、中共中央总书记胡锦涛和全国政协主席贾庆林在庆祝人民政协成立55周年大会上的讲话。2005年,开展保持共产党员先进性教育活动,先后集中学习20余次,针对存在的问题,分别制定整改措施和整改方案,明确整改重点和整改时限。组织开展"为民实践月"活动和"结穷亲、解民忧、受教育、促发展"活动。2006年,学习贯彻《中共中央关于进一步加强人民政协工作的意见》和各级政协工作会议精神,在十七、十八次常委会议上进行集体学习,制定下发学习贯彻"意见"的通知。2007年,组织开展"作风建设年活动"。

第二节　制度建设

1982年4月,县政协一届二次常委会议审议通过常务委员会学习、工作制度。1986年,二届五次常委会议研究制订乡镇委员学习联络组工作职责。1987年8月,主席办公会议决定实行机关岗位责任制。1989年6月,三届十次常委会议审议通过《关于政治协商、民主监督暂行规定》和《常委会工作制度》。1990年,市政协对常务委员会工作规则、专门委员会组织通则、提案工作细则等各项规章制度进行补充修改,四届二次常委会议审议通过后公布实施。6月,四届三次常委会议审议通过《乡镇办事处政协工作联络办公室工作简则》。1993年,五届市政协先后研究制定常务委员会工作规则、专门委员会组织通则和提案工作条例等规范性文件。

1996年,区政协制定贯彻《政协全国委员会关于政治协商、民主监督、参政议政的规定》的《实施细则》。制定《常务委员会工作规则》《办公室工作职责》以及机关《会议制度》《学习制度》《财务管理制度》等,制定乡镇(街道)政协联络办公室《工作规则》《工作职责》《工作人员守则》。2001年,制定《关于加强反映社情民意工作的实施意见》《区政协党组关于加强自身建设的意见》。2003年,健全和完善《区政协常务委员会建设的若干规定》《区政协常务委员会工作规则》以及《区政协机关规章制度》等。2006年,制定《区政协关于进一步加强自身建设的意见》《关于委员履行职责考核评议办法》《主席副主席常委联系委员办法》,对委员发挥作用情况实行考核评议,充分调动委员履行职能的积极性、主动性和创造性。2007年,结合“作风建设年”活动,对原有机关规章制度进行修改完善,使之与政协实际工作紧密相连,并印发全体机关人员遵照执行。

第三节 征编文史资料

1983年11月30日,日照县政协发出《关于征集编写文史资料的意见》。1987年11月,召开日照市第一次文史资料工作会议,向75名业余文史资料撰写员发聘请书。至1996年,共整理编印《日照文史》6辑,约112万字。

区政协成立后,认真开展文史资料的征集整理工作。于1997年10月出版《东港文史》第一辑。该辑近20万字,分为建置沿革、东港概况、文教之窗、港台回音、海外英流、人物、名胜古迹、珍产拾零、百业撷英等9个篇目。1999年10月,编辑出版《东港文史》第二辑,该辑是文化艺术专辑,主要辑录有较高造诣的东港籍(包括祖籍)文化名人和书画名家,全书共计18万字。2003年12月,编辑出版《东港文史》第三辑。该辑为建区十周年专辑,共设政治篇、经济篇、事业篇、改革创新篇、荣誉英模篇、大事辑要等6个篇目,简述建区十年的基本情况,内容涉及历届领导人更迭、会议、区划沿革、机构设置、农业、工业、科教、文体卫生、广播电视、旅游、交通、城建、荣誉英模、外事活动、体制改革等。2006年12月,编辑出版《东港文史》第四辑(军政人物专辑)。该辑共收录人物184名,含东港籍副师级以上军界人物、副厅级以上政界人物,历任中共日照县(市)委书记、县(市)长,中共东港区委书记、区长,以及东港籍民国时期和台湾军政人物。全书文字约26万余字,收编照片164张,人物简介182篇,回忆录、事迹、传略34篇。

第四节 调查视察活动

建区前的调查视察

1981—1989年期间,调查视察活动由各工作组具体组织,先后对农业、工业、商业、文教卫生等开展调查视察活动,写出调查视察报告11份。1982年4—6月,与统战部联合对全县“三胞”及其眷属情况进行调查。10月份,与县人大常委会组成联合视察组,对城关、三庄的13所学校进行视察。1986年7月,文教卫生组对医疗卫生工作进行视察,科技工作组组织对全市水产养殖情况进行调查。1987年9月,农业科技组对浅海滩涂开发利用情况进行调查,摸清滩涂开发利用的现状和执行政策中的问题,针对存在的问题提出4条建议。1988年4月,农业科技组对部分乡镇蔬菜生产情况进行调查,市委、市政府采纳调查组的建议意见,成立蔬菜生产领导小组。8月,市政协成立联合调查组,考察日照市出口加工区、外贸公司及沿海乡镇经济情况,向市委、市政府提交《关于发展我市外向型经济有关问题的调查报告》。1989年6月,农业委员会组织对全市农业投入情况进行调查,向市委、市政府报送调查报告。1990年,经济建设委员会组织进行林业政策、桑蚕业发展情况的调查,科教文卫委员会进行职业教育、体育工作、人口与计划生育问题以及新传染病发生情况的调查。调查报告报送市委、市政府,得到党委政府和有关职能部门的高度重视。1993年,经济建设委员会组织开展“三资”企业的现状和发展情况的调查,调查报告得到市委、市政府的充分肯定。

建区后的调查视察

1996年4—5月,对乡镇政协工作进行调查,形成《全区乡镇政协工作调查报告》,明确乡镇政协工作的思路,解决建区三年来区乡政协工作“断层”的实际状况,建立纵向工作联系网络。1996年上半年,对农业生产情况进行调查,形成《重视农业,加快农业产业化进程》的建议案,提

图28-3 区政协领导视察全区义务教育发展工作 (摄于2006年)

图 28-4 区政协领导视察工业企业发展情况 (摄于 2006 年)

出加快全区农业产业化发展的 8 条具体措施。1997 年，对农民负担情况及贯彻中央 13 号文件情况进行调查，形成《关于切实减轻农民负担的建议案》，提出 10 条建议。1998 年，对茶叶生产情况进行调查，形成《关于全区茶叶生产的调查报告》，推动全区茶叶生产快速健康发展；对城区小学入学难情况进行视察，推动日照市第三实验小学建设。

2001 年，把民营企业发展情况作为调研重点，历时五个月，形成关于民营经济发展的调查报告，推动民营企业发展壮大。2003 年，组织对全区人畜饮水问题进行调查，推动全区人畜饮水解困工程建设。对计划生育工作进行视察，为人口与计划生育工作建言献策。2004 年，视察“村村通”工程进展情况。2005 年，对全区烤烟生产、交警执法服务、公路建设、环境保护和公安工作进行视察，向区委写出专题视察报告，提出意见和建议。

2006 年，先后就招商引资和加快县域经济发展工作进行调研。2007 年，对全区土地资源节约集约利用、工业经济运行、村镇卫生院建设、旅游、社会主义新农村、义务教育经费保障机制落实情况进行调研视察，向区委写出专题报告，提出意见和建议。

第五节 提案工作

建区前的提案工作

一届县政协把提案放在政协工作的重要位置，予以充分重视。对委员们提出的提案，及时转交有关单位办理，并将办理结果及时向委员反馈，对难以落实的提案在答复中作详细说明解释。

1985 年 5 月，二届县政协设立提案工作委员会，具体负责委员提案的收集、审查、移交和督办。1986 年 4 月，召开提案交办会议，将提案集中移交给市委办公室、市政府办公室，再由“两办”将提案转交承办单位办理。办理结果改为承办单位直接答复提案人，同时报市委、市政府、市政协，改变以往政协向承办单位单独寄发提案的做法。

1987 年，三届一次会议后，及时汇编提案摘要，报送市级领导参阅，以及时了解政协委员的建议和意见。在移交办理提案时，将提案原件存档备查，将复印件移交办理。对办理情况的复文，分管副书记和副市长亲自审阅把关。

四届市政协进一步完善提案办理工作，加大对提案办理的督查。1990 年 3 月，四届二次常委会议通过《提案工作细则》。学习提案委员会先后组织到提案较多的部门单位调查了解提案办理情况，就有关问题提出意见和要求。市政府办公室对办理答复意见严格把关，对不符合要求的答复，一律退回重新办理。同时重视委员对提案答复的反馈，在办理答复委员提案时，附上“委员提案办理情况征询意见表”，及时了解委员对提案办理的满意程度，对不满意的重新进行办理和答复。

建区后的提案工作

五届四次、五次会议，共提出提案 116 件，审查立案 114 件。全委会议结束后，区政协学习提案委员会会同区政府办公室召开政协提案办理工作会议，对各承办单位提出明确的要求。区政协学习提案委员会加强与各承办单位的联系和沟通，积极承担起组织、协调、督查等各个环节的工作。五届政协提案办复率、委员满意率均达到 100%。

六届区政协共提出提案 269 件。领导班子成员跟踪督办反映问题比较突出的重点提案 14 件，区委、区政府领导亲自阅批重要提案 8 件。政协常委会结合提案内容展开的调查、视察活动 10

余次。组织召开5次提案工作座谈会，邀请有关委员和有关承办单位领导一起交流经验、探讨问题，撰写16篇提案论文，提高提案工作质量。委员通过调研提出的关于实施素质教育和解决城区中小学入学难的提案，促使区委、区政府作出决策，在两年内建成第三实验小学和实验高中，缓解城区入学压力。区政协在办理委员提案的基础上，通过调研提出《关于贯通我市北沿海公路》的提案，促成北沿海路建成开通，该提案被评为省优秀提案。

七届区政协共提出提案613件，立案611件。提案的办复率均为100%，面办率在95%以上，委员对办理结果的满意和基本满意率96%以上。七届区政协推行"办前批示制""问询评议制""联席会议制"三制举措，提高全区各级对提案的重视程度。提案工作者、承办单位以及委员之间形成合力，提高办复质量。完善招商引资政策、加快园区基础设施建设等提案，使全区招商引资的氛围更加浓厚、园区发展更加迅速。规范和保证民俗旅游良性发展的提案，使王家皂、乔家墩子等民俗旅游村脱颖而出。西部部分石材加工业户对日照水库水质造成污染的提案提出后，区政协组织环保部门专门进行视察，提出治理整改建议，使这一涉及群众切身利益的焦点问题得到有效解决。在城市建设类提案办复工作中，区城建局、交通局、公路局等部门对提案逐一进行研究，解决营子河美化亮化工程、城南崮子路排水工程以及城区望海路东段、福海路东段、日丹路三条路的硬化、开通多条公交线路等一系列群众关心的热点、难点问题。

日照县(市)、东港区政协提案数据统计表

表28-3

会议名称	收到提案（件）	提出提案委员人次	立案（件）	办理（办复）	办复率	满意率和基本满意率	面办率
一届一次	77	—	77	77	—	—	—
一届三次	74	—	72	72	—	—	—
二届一次	159	99	124	102	—	—	—
二届三次	97	77	75	86	—	—	—
二届四次	103	—	96	101	—	—	—
三届一次	226	424	221	214	96.8%	—	—
三届二次	137	194	137	132	96%	—	—
三届三次	166	231	155	155	100%	—	—
四届一次	202	336	195	194	99.5%	98%	—
四届二次	253	509	226	225	99.6%	95%	—
四届三次	122	227	122	122	100%	95%	—
五届一次	133	242	133	133	100%	97%	—
五届二次	197	318	191	191	100%	98%	30%
五届三次	223	340	223	223	100%	96%	56%
五届四次	38	71	38	38	100%	100%	85%
五届五次	78	197	76	76	100%	100%	85%
六届一次	53	156	53	53	100%	100%	95%

续表 28-3

会议名称	收到提案（件）	提出提案委员人次	立案（件）	办理（办复）	办复率	满意率和基本满意率	面办率
六届二次	64	219	63	63	100%	100%	95%
六届三次	51	131	51	51	100%	98%	95%
六届四次	62	130	57	57	100%	95%	95%
六届五次	39	102	39	39	100%	100%	95%
七届一次	83	260	83	83	100%	100%	95%
七届二次	107	334	107	107	100%	96%	95%
七届三次	159	434	158	158	100%	98%	95%
七届四次	115	282	115	115	100%	100%	95%
七届五次	149	313	148	148	100%	100%	95%

说明：1.一届二次、二届二次全会为专题会议，无提案

2.二届历次全会因有些提案内容基本相同，故立案数为综合归纳数，办复数为提案办理复文数

第六节　联谊交友

1983 年 6 月，召开部分港、澳、台属座谈会。

1984 年 12 月，县政协召开台胞亲属新年座谈会。

1997 年“七一”前，区政协举办各界人士“庆七一、迎回归”书画展。

1998 年年底，成立“东港区书法美术家协会”，开展书画联谊交流。实施政协常委联系个体私营企业制度，每位政协常委联系 1 — 2 个个体私营企业。

1999 年 10 月，举办“双庆”书画展，展出作品 120 余幅。

2000 年，成立日照农民书画院，开工建设建筑面积 1300 平方米的书画院工程。

2001 年，举办建党 80 周年书画展，组织参加“全国农民画联展”活动。

2002 年，参加全省政协工作经验座谈会，作书面发言。

2003 年，组织政协委员做好防“非典”工作，捐助款物 4.5 万余元。组织召开民营企业家座谈会。举办庆元旦、迎“两会”书画展。

2004 年，举办“日照民间艺术展”，展示日照农民画、黑陶、剪纸、根雕等民间艺术作品。推动日照农民画做为中法文化交流活动项目，远赴法国展出。

第二十九编

中国国民党　民主党派地方组织

1925年，国民党日照县党部成立，建立区党部3个、直属分部1个。1932年秋，参与对中共日照县委组织的“日照暴动”的血腥镇压。1939年始，推行“防共、限共、溶共”的反共路线，破坏抗日活动，杀害抗日军民。至1941年10月，县党部下设区分部21个。1942年秋，人民武装甲子山反顽战役胜利后，国民党日照县党部及县政府全部瓦解。1944年10月后，国民党日照县党部又几经重组、溃败。1948年4月，日照全境解放，县党部人员逃到青岛，后随国民党军队逃离大陆。

民主党派东港地方组织，从20世纪80年代末开始建立发展。1989年5月，中国农工民主党山东省委直属日照小组成立。1995年12月，成立农工民主党日照市委。1990年10月，中国民主同盟直属小组成立。1997年成立民盟日照市委。2000年1月，中国民主促进会日照支部成立。2001年12月，九三学社日照市委成立。2005年9月，中国国民党革命委员会日照支部成立。各民主党派履行政治协商、民主监督和参政议政等职责，为全区经济、社会发展建言献策，发挥积极作用。

第一章　中国国民党日照县党部

第一节　组织沿革

清光绪三十一年(1905年)，涛雒镇丁家官庄人丁惟汾在日本加入同盟会，同时，吸收日照籍许衍灼、丁天鹤、薄子明、李凤鸣等爱国进步人士组建山东同盟会，推丁惟汾为主盟人。

1912年8月，中国同盟会改组为中国国民党，丁惟汾任山东省党部理事。1925年3月，山东省党部委任尹士健、许式之、丁史言前来日照，秘密召集县中学党员张纪莪、林梓材、王汝森和张隆洲等，借李姓住宅开会，宣布县党部成立。牟伯毅和郑培泽等先后入党。7月，国民党人王仲裕回县召开党员谈话会，指导党务活动。此时，正值张宗昌祸鲁，大肆逮捕国民党人，年底，日照党务活动暂停。

1926年，处于地下状态的县党部工作人员秘密开展党务活动。其间，秘密发展党员、学习和研究三民主义。1927年，省党部委任王景贤、王冠三、郑景孺和丁史言为日照党务筹备委员。

1928年，县党部筹备委员会在城关天齐庙成立。郑景孺任常务委员兼做宣传工作，王景贤任青年妇女委员，王冠三任民众运动委员，丁史言任组织委员。后又增派尹作圣、尹鼎五、刘维恒、卜文瑛、张纪莪和丁孝侯为整理委员。秋，筹委会进行全县党员登记，共审核批准党员80余人，成立3个区党部，1个直属区分部。第一区党部在县城，第二区党部在洪凝区，第三区党部由夹仓、涛雒和石臼所等地党员组成。各区党部下辖3个分部。直属区分部设在三庄。冬，国民党日照县指导委员会成立，委员最多时12人。1929年3月，“清党”结束，奉省党部令改称执行委员会。10月，又以整理党务为名改称整理委员会。牟伯毅、尹盛晓和胡月村先后出任常务委员。1930年冬，复改为执行委员会，胡仲霖任常务委员。1933年4月，重新成立整理委员会，张纪莪任常务委员。1934年秋，因县长薛鹤龄告状于省府，张纪莪被撤职，由吕季智和丁孝侯继任常务委员。1935年8月，山东省主席韩复榘下令停发县党部经费，县党部停止活动。

1939年1月，县党部重建。牟伯毅任书记长，发展党员200多人。6月，日本侵略军大“扫荡”，日照重陷敌手，县党部临时解散。冬，又在李家土山村集合，郑全甫任书记长，设干事2人。不久，移住迟家庄(今五莲县境)一带。1941年10月，崔仙舫继任书记长，活动在大坡和山旺一带，下设21个区分部。1942年秋，人民武装甲子山反顽战役胜利后，国民党县党部、县政府和县动委会(全称为日照县抗日民众动员委员会)全部瓦解。

1944年10月，尹铭三(涛雒镇王家村人)任县党部书记长，次年9月逃往青岛。1946年7月，尹铭三对逃往青岛的国民党员进行登记，并成立聊城路、贵州路、南阳大厦、冠县路、小青岛、市场三路、寿张路、泰山路、夏津路、青海路和日照县中学、西镇小学等14个区分部和直属小组。1947年夏，实行党团(国民党和三青团)合并，改书记长制为常务委员制。8月，县党部网罗还乡团武装还乡，委员增至13人。1948年4月，日照全境解放，县党部人员又逃到青岛，后随国民党军队逃离大陆，境内国民党组织机构不复存在。

第二节　主要活动

1925年“五卅”惨案发生后，县中学生群情激愤，国民党日照县党部理事尹士健组织成立“沪案后援会”，发动学生罢课，组织师生下乡宣传，唤醒民众，提出“打倒军阀，取消不平等条约”等口号。同时，发动民众抵制日货，募集捐款寄往上海救济失业工人。同年夏，召开尹景伊烈士追悼会，在当时很有影响。1926年，党务活动分两部分：一是在县中学秘密发展党员，一是由王景贤在乡下发动农民，建立武装。1927年，党员尹树生回日照，受聘为县中学教员。他秘密召集会议，策划响应北伐军，并准备暴动。此时，张宗昌加紧迫害国民党员，对其四处悬赏通缉。王景贤逃往上海，王健一和王冠三也奔赴上海。他们在上海南市区会城东旅馆，召集王仲裕、王献唐、王建一、丁伯韬、尹鼎五和李云章开会。会议决定：王景贤、王冠三、郑景孺和丁史言随曹万顺十七军北伐回县，派尹鼎五经青岛回乡观察县内情况，至海州与王景贤会面；王景贤、王冠三负责农民活动，郑景孺、丁史言负责青年及军事活动。12月，郑景孺等借赣榆县党部作临时集中地点，筹备党务并调集县内青年去参加训练。1927年春，县党部以大刀会的名义在安东卫发起诛杀张宗昌第八军战事。3月，驻扎安东卫的直鲁第八军顾震部某营，勾结土匪，以收给养为名勒索钱财，绑架、严刑拷打老百姓。3月20日拂晓，王冠三率各村会员百余人，将顾部营房层层包围，随之发起猛烈攻击，激战两个多小时，毙敌40多人，俘虏100多人。安东卫一战取胜后，又直捣涛雒盐商巢穴。但因准备不周，进攻受挫，王冠三部损失五六十人。7月，北伐十七军进军日照，不久退驻海州。此时，张宗昌网罗来的白俄兵抵达日照。王建一率众堵截于六甲庄子东，肉搏数小时，杀死白俄兵3人，伤其10多人。

蒋介石叛变革命后，进行所谓“清党”运动，对共产党员和进步人士进行大肆屠杀，国民党日照县党部开始反共反人民。1932年秋，县党部支持对“日照暴动”进行血腥镇压。县党部成立“肃反委员会”，由委员尹鼎五、张纪莪和刘维恒等率领，分三股实行所谓“清乡”。他们包围村庄，按户登记点名。威逼四邻互相担保督促自首，发现可疑者立即逮捕扣押，同时悬赏捕捉参加暴动者。尹鼎五带领“剿共”大队长姚得升，在山字河一带“剿共”达半年之久，逮捕暴动农民60多人。县党部开办《新日照周报》，进行反共宣传。1933年秋，县党部为配合蒋介石的反共“围剿”致电南昌，祝贺“围剿”红军取得胜利，蒋介石办公室曾回电表示感谢。

抗日战争爆发后，国共第二次合作。县党部成立“动委会”，容纳共产党员参加，但不久即停止。1939年2月，国民党推行“防共、限共、溶共”的反共路线。国民党顽固派不断制造摩擦，挑起事端，制造多起破坏抗日、反共反人民事件，疯狂搜捕、杀害抗日人员。在经济上，则横征暴敛。1947年8月，流亡青岛的国民党县党部网罗还乡团武装占领石臼所，以大卜家庵子村为中心，组织自卫队，疯狂进行反革命报复，向人民进行反攻倒算，残杀共产党员和革命群众数以百计。1948年4月，国民党县党部随同国民党军队仓惶逃跑，结束了国民党反动派在日照的统治。

附：三民主义青年团日照分团部

1939年3月，三民主义青年团（三青团）日照分团部在十里堡西北门里成立，王彦驭任主任干事，陈增鸿和郑世良任干事。县府和“动委会”的青年大多加入这个组织。同时，在各区、乡会大力发展三青团组织。1941年冬，三青团团部驻高埰前，陈增鸿任主任干事。此时，各区已建立分区队，并多次发展三青团员。1942年秋，因国民党县党部垮台，县三青团组织随之解体。1947年夏，国民党县党部（在青岛）实行党团合并，分团部并入县党部。

第二章　中国民主同盟日照市委员会

第一节　组织沿革

市级组织

1990年10月，经民盟山东省委批准，民盟山东省日照直属小组成立，时有盟员2人，曹树农任组长，王岫云任副组长。1991年11月，民盟山东省日照支部成立，有盟员5人，选举曹树农任支部主任委员，王岫云任副主任委员。1997年4月，召开民盟日照市第一次盟员大会，有盟员44人，选举产生民盟日照市第一届委员会，主任委员孙吉芳，副主任委员梁云爱、王岫云。2001年1月，民盟市委届中调整，梁云爱当选为主任委员，王岫云、卢爱玲任副主任委员。2001年12月，召开民盟日照市第二次盟员大会，有盟员51人，选举产生民盟日照市第二届委员会，主任委员梁云爱，副主任委员卢爱玲。

基层组织

自1990年10月，民盟在日照建立组织后至1995年1月，民盟日照支部共下设7个小组。城区盟员按照工作区域分别划分为五个小组。1997年6月，民盟日照市委召开一届四次扩大会议，将原有的7个小组按地域划分为四个支部，分别选举产生支部委员会。2002年5月，经民盟日照市委二届五次全委会议研究决定，对原市区内的各支部盟员，按照工作性质进行重新调整，把原市区内的两个支部调整为三个支部，分别以教育、科技、医药文化卫生为界别，其他区县支部保持不变，各支部分别进行了换届选举。至2007年年底，东港区共有民盟盟员11人。

第二节　主要活动

思想建设

民盟日照市委及各支部每年举办各种形式的报告会、座谈会及新盟员培训班，通过学习，提高盟员接受中国共产党领导、贯彻党的基本路线的自觉性，深化对参政党地位、性质和历史使命的认识，坚定走建设有中国特色社会主义道路的决心和信心。

参政议政

日照民盟组织主要领导人多次参加中共日照市委、市人大、市政府、市政协组织召开的情况通报会、民主协商会、学习座谈会，就日照市有关重大事项的决定、经济体制改革等，提出许多有价值、有分量的建议和意见，得到市领导及有关部门重视。

培养输送人才

日照各级民盟组织注意发挥民盟盟员的智力优势，多层次、多方位开展为社会主义建设服务工作。日照民盟组织发挥在教育方面的优势，创造条件，积极开展社会办学，培养人才，促进地方经济发展。1992年10月至1994年7月，民盟日照支部联合天津理工大学举办工业外贸大专班，共培养学生60人。先后为中国妇女管理学院山东分院输送学员37人，为省人民武装学校输送学员126人。

第三章　中国民主促进会日照支部

第一节　组织沿革

1993年前，日照县(市)只有1名中国民主促进会会员，组织关系隶属于民进山东省委直属支部。1993—2001年11月，在东港区陆续发展会员6人，成立“中国民主促进会日照支部筹备小组”，组织关系隶属于民进山东省委直属支部。2000年1月5日，中国民主促进会日照支部成立，徐清任支部主委，张化强、孟庆星任委员。

2002年，共有会员11人。其中女会员2人，教育界8人，中高级职称占95%，本科以上学历占93%，有3名会员任市政协委员，其中1名任政协常委，1名被聘为市区特邀执法、执纪、纠风监督员，1名任东港区政协委员。2006年5月，民进日照市委员会成立，徐清任主委。至2007年底，东港区有中国民主促进会会员6人。

第二节　主要活动

民进日照支部成立以后，围绕中共日照市委、市政府的工作部署，在参政议政、民主监督等方面取得较大成果。有6件提案(其中党派提案2件)引起市委、市政府及有关部门的高度重视，产生了良好的社会效果。

在发展会员方面，严格把关，保证会员的质量，为发挥参政党作用提供人才保证。加强组织建设，制订多项会内制度。每年度支部组织3次以上全体会员会议，集中学习中共提出的政策方针及民进上级组织的有关文件。组织全体会员赴外地考察学习，开阔眼界，加强与外界的联系，提高参政议政的能力。

第四章　中国农工民主党日照市委员会

第一节　组织沿革

市级组织

1987年，农工民主党(简称农工党)山东省委在日照发展第一个农工党党员刘凤仙。1989年5月，中国农工民主党山东省委直属日照小组成立，到1989年年底，党员总数发展到27人。

1990年9月，中国农工民主党山东省委直属日照支部委员会成立，刘凤仙任支部主委，下设卫生、科技、教育、石臼、五莲等5个小组，全市党员发展到30人。

1994年，开始酝酿筹建农工党日照市委员会，农工党山东省委批准由刘凤仙任组长的5人筹备小组，着手农工党日照市委筹建工作。到1995年底，全市农工党员发展到45人，中高级知识分子占80%，下设5个党小组。在农工党山东省委和中共日照市委关心帮助下，农工党日照市第一次党员大会于1995年12月举行，出席大会的党员共45人，大会选举产生由5人组成的农工党日照市第一届委员会，在一届一次全委会上，刘凤仙当选为主任委员，王永先为副主任委员兼秘书长，胡宗江、张继华、孙元鹤任市委委员。2000年12月，增补林玉营为一届市委副主任委员，惠旻为市委委员。

基层组织

农工党日照市委下设市医院、科教、市中医院、东港医院、石臼、五莲6个直属支部。

1993年后，农工党在东港区共发展党员23人。2007年年底，东港区实有农工党党员11人。

第二节　主要活动

政治学习

农工党各级组织运用组织生活、学习、例会制度，通过学习班、研讨交流会等多种形式，及时对党员进行爱国主义、社会主义教育，进行农工党党史教育，进行时事及方针政策教育。强化党员的参政议政意识，提高党员政治素质。

参政议政

围绕党和政府中心工作，就群众关心的热点、难点问题，开展参政议政、民主监督工作。

市委会领导积极参加中共日照市委、市人大、市政府、市政协召开的座谈会、通报会和协商会，参与对历年市政府工作报告和全市各个五年计划制定和规划的修改，提出自己的建议和意见。

提交提案

1990—1995年年底，农工党组织和党员提交提案、意见、建议260余条，得到有关方面的肯定、重视和采纳。其中《发挥政协的参政职能，为经济建设服务》《党政干部必须清正廉洁》《坚决制止封建迷信活动》等提案，获市政协优秀提案奖；《漫谈政治及我国的基本政治制度》《民主监督浅见》等论文，被收录到市政协理论研讨会论文汇编。

组织义诊

市委会充分发挥农工党在医疗、科技等方面的优势，积极开展义诊和医疗咨询活动。至1992年年底，市委会先后组织10次大型义诊活动。先后到幼儿园、聋哑学校、敬老院、乡镇集市、偏远山区为群众义诊。东港区内的会员每年都通过医疗、科教下乡活动，开展为民服务。

爱心捐助

全市党员积极参加献爱心活动，共向灾区群众和希望工程捐款1.38万元，向贫困山区儿童捐献图书3000余册，价值4000余元，资助困难儿童1300元。东港区党员积极参加义务赈灾、“慈心一日捐”活动。

对外联谊

积极开展联谊活动，为对外开放服务。有海外关系的党员，利用书信、同学联谊会等形式，介绍家乡的巨大变化，动员海外亲友、同学回乡观光考察，并积极协助做好接待工作。

第五章　九三学社日照市委员会

第一节　组织沿革

经九三学社山东省委批准，1994年5月，成立九三学社山东省委直属日照小组，傅瑞荣为组长。

1995年9月4日，九三学社日照市支社委员会成立，选举傅瑞荣任主委，骆登坤任副主委。

2001年12月21日，九三学社日照市委员会成立。傅瑞荣任主委，董全宏任副主委，赵琦、路奎军、李宜周任委员。

2007年1月12日，九三学社日照市第二次社员大会召开(43名社员)，选举产生九三学社日照市第二届委员会。选举董全宏为主委，李宜周为副主委，赵琦为秘书长，潘兆随、李永友为委员。2007年年底，东港区共有九三学社社员1名。

第二节　主要活动

九三学社日照市支社委员会以民主、科学为宗旨，以科学技术、高等教育、医药卫生三大界别的社员为主体，社员全部具有大学及以上学历，高级职称占72%。

九三学社日照市委员会认真履行参政党职责，积极参与政治协商，发挥民主监督作用。

市委会领导多次参加中共日照市委、市政府、市政协举行的民主协商会、座谈会、情况通报会、谈心会等活动。参与《政府工作报告》等重要决策、重要文稿的意见征询。市委会领导在各次活动中就全市的政治、经济和社会发展中的问题坦陈己见，受到市委、市政府的重视，许多意见和建议被采纳。围绕党和政府的中心工作，积极建言献策。社员中先后有2人担任省政协委员，1人担任市政府副市长，2人担任市政协副主席，7人担任市政协常委，18人担任市政协委员，2人担任区政协副主席，2人担任区政协常委，3人担任区政协委员，1人担任区人大代表。

在日照市政协会议上有影响的提案有：在市政协六届二次会议上提出的《关于城区道路边采石大坑改建人工湖》提案，被市政府采纳并实施，建成银河公园、碧霞湖等多处水上公园。在市政协六届四次会议上提出的《加大争引力度，尽快在我市建成高校和科研院所云集的科技城》提案，受到市委、市政府的高度重视，被列为“一号提案”。在市政协八届二次会议上提出的《关于每年定期举办日照绿茶节的建议》，促成日照市首届绿茶节的举办。

第六章　中国国民党革命委员会日照支部

第一节　组织沿革

2005年9月23日，成立中国国民党革命委员会(简称民革)山东省委员会直属日照支部，支部成员3人，主委王坤英。民革日照支部成立时，共有党员7人，其中在东港区工作的党员5人。2007年12月，东港区共有民革党员6人。

第二节　主要活动

民革日照支部成立后，围绕发展经济、政治协商、民主监督和参政议政等各项工作，积极建言献策。至2007年，民革日照支部在各级政协会议上共提报提案27件(其中，东港区党员以个人名义提出提案8件，占总数的29.6%)，有9件被列为重点提案。

第三十编

群众团体

境内群众团体的建立始于20世纪初。清光绪三十三年(1907年),日照县农会成立。清宣统三年(1909年),日照商务会成立。这类群众团体的基本职能是执行当时政府的指令。同时,也调解一些本阶层的内部纠纷。

随着时代的发展,群众团体的性质和作用发生了深刻变化。1932年,在中共日照县委组织领导下,先后成立了共青团组织和工会组织(当时为"车伙子会""盐工会"等)。抗日战争爆发后,农民救国会、青年救国联合会、妇女救国联合会、儿童团等群众团体相继诞生,成为中国共产党地方组织的依靠力量和各阶层群众抗日救国的战斗队伍。这些群众团体为解放全中国出人、出力、参军、支前,做出了巨大牺牲和贡献。

新中国成立后,工会、共青团、妇联、工商联、科协、个体劳协、消协、文联、残联、侨联等群众团体在社会主义革命和建设中,特别是在改革开放的新时代,团结带领各阶层人民群众,为发展社会主义事业、维护本阶层群众权益、全面建设小康社会发挥着各自的职能作用。

第一章　职工团体

第一节　组织沿革

1932年,在中共日照中心县委领导下,组织建立"觅汉会""车伙子会""盐工会"等组织。

1939年6月,成立中国共产党日照县委员会职工部,李辑五任部长。

1940年3月,日照县职工代表大会在红泥崖(今五莲县境内)召开,成立"日照县职工抗日救国联合会",简称职工会,李辑五任会长。有码头、渔盐、小车、商业、木业等各业工会会员1236人,至1946年上半年,全县有工会会员9936人。

1947年年底,中共日照县委民运部设立。农村职工会并入农会,原职工会改称职工委员会,与青年、妇女等组织合署办公,朱振鲁任职工委员会书记。1948年,职工工作由民运部干事庄茂禄负责。

1949年10月,日照县职工委员会改为日照县工会工作委员会,王家柱任主任。县工会工作委员会陆续建立教育、邮电、码头和店员等基层行业工会,会员3000多人。

1953年下半年,日照县工会工作委员会改称日照县工会联合会,董玉凯任主任。1956年5月底,召开日照县工会联合会首届会员代表大会,选举产生日照县工会联合会第一届执行委员会,庄茂禄任主席。全县有60个基层工会委员会,512个工会小组,工会会员3269人。1958年6月,县工会联合会改称日照县工会,尚汝福任主席。1963年5月12日,改为日照县总工会,有91个基层委员会,会员4446人。

"文化大革命"开始后,工会工作停止。1973年5月底,日照县总工会第四次会员代表大会召开,选举尚汝福为工会主席,工会恢复工作。1978年5月,董玉凯任工会主席。县总工会对"文化大革命"前的工会会员重新登记并发展新会员1657人。1984年5月,周庆忠任县总工会主席。1985年5月,日照县总工会改为日照市总工会。1989年6月,有283个基层工会组织,会员3.37万人,王庆美任市工会主席。1993年4月,东港区总工会成立,郑世保、焦光顺、厉建平、杨淑兰(兼)、毛维岗(兼)、隋红臣(兼)先后任主席。2007年,东港区基层工会有10个镇、街道工会,52个区直党政机关事业单位工会,545个企事业工会,工会会员4.8万人。

第二节　历届工会代表大会

第一届工会代表大会

1956年5月30日召开。会议听取并讨论了中共日照县委关于形势与任务的报告,听取了工会筹委会的工作报告。选举产生第一届执行委员会和常务委员,选举庄茂禄为日照县工会联合会主席。

第二届工会代表大会

1957年5月29日—6月3日召开。会议听取并讨论了中共日照县委的政治报告,提出了加强思想教育、增产节约等要求。选举产生第二届执行委员会，尚汝福任主席。

第三届工会代表大会

1963年5月9日—12日召开。中共日照县委作了报告，要求工会组织要更好地服务党的中心工作，动员广大职工广泛开展“向雷锋同志学习”活动。选举产生第三届执行委员会，王明德任副主席(主持工作)。

第四届工会代表大会

1973年5月31日—6月4日召开。中共日照县委作了形势报告，总工会作了工作报告。选举产生第四届执行委员会和常委会，尚汝福任主席。

第五届工会代表大会

1979年12月4日—6日召开。总工会作了工作报告，动员各级工会把工作重点转移到社会主义现代化建设上来。选举产生第五届执行委员会和常委会，董玉凯任主席。

第六届工会代表大会

1984年12月7日—9日召开。会议听取并讨论通过《在改革中加强整顿和建设，努力开创工会工作新局面》的工作报告。选举产生第六届委员会，周庆忠任主席。

第七届工会代表大会

1988年2月28日—29日召开。会议听取并通过《以党的十三大精神为指针，努力实现工会组织的群众化民主化》的报告。选举产生第七届常委会，周庆忠任主席。

第八届工会代表大会

1991年10月17日—19日召开。大会审议并通过《团结全市职工，负起历史重任，为建设繁荣文明的现代化港口城市而奋斗》的工作报告，通过了向全市职工发出的《肩负起历史重任，为实现十年规划和“八五”计划宏伟目标建功立业》的倡议书。选举产生第八届常委会，王庆美任主席。

第九届工会代表大会

1994年12月21日—23日召开。大会审议通过《抓住机遇、开拓进取，团结带领全区职工在发展社会主义市场经济中做出新贡献》的工作报告和倡议书。选举产生东港区工会第九届委员会和经费审查委员会，郑世保任区总工会主席。

第十届工会代表大会

2006年6月9日—11日召开。大会审议并通过了《服务发展大局、全面履行职能，团结动员全区广大职工为实现我区“十一五”规划建功立业》的工作报告。选举产生东港区工会第十届委员会和经费审查委员会，焦光顺任主席。

第三节　主要活动

开展武装斗争

1932年成立的“觅汉会”“车伙子会”“盐工会”曾参加日照暴动。日照县职工会发动职工开展抗日武装斗争。1940年5月，第七区职工会动员12人参军，组成职工班，隶属四大队二中队建制，在老牛窝与顽固派十六团的战斗中，该班冲锋陷阵，俘敌14名，缴获步枪14支，大刀1把。1940年秋，日照县职工会在安岚、巨峰和碑廓，发动手工业工人和雇工群众100多人，组建职工大队二中队。多次组织群众破坏涛雒至碑廓的公路，中断敌人军需物资供应。1944年2月，职工会宣传、动员全县197人参加八路军主力部队。

参加减租减息

1942年，解放区开展减租减息(简称“双减”)、增加工资的斗争。日照县工会在碑廓区二朱曹村开展“双减”工作试点，把100多名雇工组织起来，同雇主签订减租合同，佃户选出代表同地主进行说理斗争，达成减租协议。1943年秋后，碑廓区集合500多名雇工召开大会，进行以“谁养活谁”为主题的教育，组织雇工上街游行，然后到几十户地主家中进行算账说理斗争，当面议定减租与增资数目。在“双减”斗争中，边沿区的山字河村有73名雇工增加了工资。1943年，根据地内普遍实行减租减息、增加工资的政策，雇工工资(折合高粱)由原来平均每人每年125千克增至342千克。

开展大生产运动

1943年，职工会在巨峰区大坡村组成运输队，进行食盐运销活动。由村公所统一解决小推车和本钱。大坡村试点成功后，推广发展到根据地各村庄。1944年1月，全县组建运盐队23个，共210人，运销食盐50吨，花生米10吨。

反奸诉苦、参加土改

1945年11月，中共日照县委组织工、农、青、妇等群众团体，在石臼、涛雒等地召开数千人参加的“公审诉苦大会”，斗争伪保长、伪镇长、伪商会长、伪码头工会长和汉奸。处决了罪大恶极的伪区长宋作舟和汉奸头子傅小秃。全县先后斗争汉奸特务385人、恶霸地主1140人。1946年，职工会配合“土地改革”“参军参战”“出夫支前”开展工作。

职工素质教育

1950—1953年，县工会组织围绕党在社会主义过渡时期的总路线及镇反、抗美援朝和“三反”“五反”、统购统销等运动为中心加强职工素质教育。1958年，以总路线、大跃进、人民公社“三面红旗”为中心开展社会主义教育活动。

1959—1962年，日照县工会贯彻中央提出的“调整、巩固、充实、提高”八字方针，配合党委、政府对企业进行整顿，全县有3000余名职工被精简下放。

1963—1964年，日照县总工会举办阶级教育展览，召开忆苦思甜教育大会，请老红军、老干部、老工人作忆苦思甜报告，提高广大职工的阶级觉悟。1965年，日照县总工会组织发动职工掀起“向雷锋同志学习”的活动热潮。1966年，“文化大革命”开始，工会组织停止活动。1973年恢复活动后，受政治运动影响，工会的基本职能得不到正常发挥。

1978—1979年，各级工会采取多种形式组织职工学习中共十一届三中全会文献。1985年，广泛开展“五讲、四美”教育，开展振兴中华读书演讲活动。组织读书小组1443个，成员12825人。1987年，县总工会在全县工矿企业和机关举办“王文英事迹巡回展览”，参观者达1.44万人。1989年6月，市总工会组织广大职工开展“坚持四项基本原则，反对资产阶级自由化”教育。1993年开始，区总工会组织广大职工学习全国总工会十二大精神，开展以“三爱六学四创”(爱国、爱厂、爱岗，学理论、学文化、学技术、学管理、学法律、学科学，创优、创新、创先、创效)为主要内容的爱国主义教育和职业道德、职业技能教育。2001年，围绕学习“三个代表”重要思想，开展“我为东港发展献一策”活动，49个单位的职工参与活动，提合理化建议150条。2005年，结合保持共产党员先进性教育，组织广大职工学习、实践科学发展观。2007年，组织开展社会主义荣辱观教育。

劳动竞赛与经济技术创新

1956年，日照县总工会组织职工开展社会主义劳动竞赛，次年评选出先进工作者284名。1960年，以技术革新为重点，评选出革新能手200余名，先进生产者3680名。1963年，朱春廷、庄纪修、陈淑贞、江寅高、牟彦斋和刘嘉喜光荣出席省群英会。在70年代开展的“工业学大庆”劳动竞赛中，日照县机械厂研制的水泵、碾米机不仅满足本地生产需要，还出口国外。1980年以后，开展技术比武、岗位练兵和技术表演等活动。1983年，日照县有45个单位被评为先进企业，208个车间班组被评为先进集体，3000人被评为先进生产(工作)者，4人被评为省级劳动模范，31人被评为省级先进生产者，17家企业被评为省级先进集体。1986年，开展以“双增双节”(增产节约、增收节支)为内容的劳动竞赛，干部职工提出合理化建议5786条，被采纳2920条，创造经济效益54万元。

1990年始，日照市总工会连续5年在全市职工中开展以“七赛七比创七杯”(一赛增产增收，比有效供给的增加和实现利税、创汇增长，创“丰收杯”；二赛节能降耗，比产品单耗和万元产值综合能耗降低，创“节俭杯”；三赛优质创新，比产品质量和新产品开发，创“优质创新杯”；四赛技术进步，比技术水平，创“技术进步杯”；五赛管理进步，比资金周转加快和费用降低，创“管理进步杯”；六赛优质服务，比销售额的增长、市场信誉和遵纪守法，创“优质服务杯”；七赛扭亏增盈，比扭亏额和扭亏率，创“奋发杯”)及“质量、品种、效益年”劳动竞赛活动，176个企业的近3万名职工参加竞赛，占职工总数的90%。

1995年，区总工会开展以“四创、四降”(创优、创新、创先、创最佳效益，降消耗、降成本、降积压、降亏损)为主要内容的社会主义劳动竞赛活动。全区职工共提合理化建议332条，技术革新50项，创造经济效益138万元。1997年，区总工会组织广大职工开展“二次创业竞赛”活动，开展技术练兵、技术比武、技术比赛42次，参赛者8000余人，职工提合理化建议172条，创造直接经济效益100余万元。1999年5月，区总工会联合区经贸委、区劳动局在全区开展“安康杯”安全生产竞赛活动。同时印发《关于深入实施群众性经济技术创新工程的意见》，建立优秀创新成果、技术能手、优秀合理化建议、优秀班组四大评选体系。2004年，联合区劳动和社会保障局开展“大学习、大培训、大练兵、大比武”活动。2005年4月，制定《关于继续深入实施经济技术创新工程的意见》，建立区、镇街道(区直部门)、企业三级评选表彰网络。2006—2007年，围绕“十一五”时期发展目标，在全区职工中开展“学振超精神，做金牌工人，当好主力军，建功‘十一五’”竞赛活动，组织各种岗位练兵、技术比武活动280余场次，参赛人数达3万人。

为职工送温暖活动

新中国成立初，贯彻“生产、生活、教育”三位一体的工会工作方针，各企业建立生活委员会，搞好生活服务。一些单位建立互助储金会，会员每月缴纳月工资的1%～2%作为储金，在本人发生临时生活困难时可借用储金。1964年，全县互助储金会发展到542个，会员5944人，资金达10.69万元，为1740名职工解决了临时困难。1959—1961年，三年困难时期，县工会坚持“一手抓生产、一手抓生活”的方针，组织开展访问职工家庭活动，了解职工在吃、穿、住、用、烧、病等方面的情况，对困难职工家庭进行救济。1983年，县工会开展“五小事业”(小食堂、小澡堂、小幼儿园、小卫生室、小招待室)建设竞赛活动。到1986年，建小食堂255个，小卫生室30个，小澡塘28个，小托儿所28所，小更衣室5个。1987年，全县建立“职工之家”139个，投资87万元建成工人文化宫。

90年代初，随着企业改革的深化，一部分职工下岗、失业，生活困难。区总工会自1993年始，在全区开展“进万家门，知万家情，解万家难，暖万家心”送温暖活动。当年筹集资金7万元，走访慰问困难职工183人次。1998年10月，区总工会联合区卫生局、区人民医院为150名困难职工实施优惠医疗。2002年8月，全区各级工会开展“办十件实事、当职工贴心人”活动。同年10月，为全区290户困难职工建立档案，筹集帮困资金10余万元，救助困难职工290名。2004年7月10日，成立困难职工帮扶中心，为困难职工提供再就业、法律援助、扶贫解困、政策咨询、爱心助学、信访接待和劳动关系协调等援助。2005年，为帮助特困职工子女顺利迈入大学校门，联合区慈善总会开展“探访寒门学子、奉献真挚爱心”朝阳助学活动，9名特困大学生受到救助。2006年元旦、春节期间，区总工会对10名生活困难的劳动模范进行了重点走访慰问，共发放慰问金4万元。2007年，争取中央财政帮扶专项资金10余万元，救助特困职工300余人。

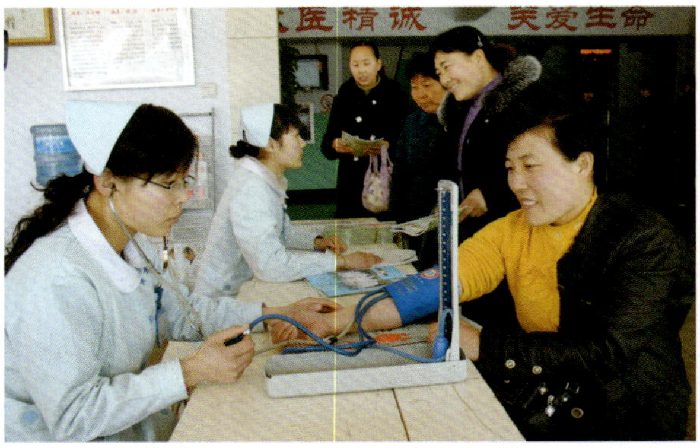

图30-1　区总工会开展为职工免费查体活动
(摄于2007年)

平等协商和民主管理

20世纪50年代，职工通过管理委员会参与企业管理，学习“鞍钢宪法”，推行“两参、一改、三结合”(干部、技术人员参加劳动；改革不合理的规章制度；干部、技术人员、工人相结合)的工作方法。1980年12月，日照县总工会先后制定和完善职代会工作条例和规章制度。建立职代会179个，有11个单位民主选举了厂长和经理。1988年8月，“企业法”施行后，职工代表大会制度得到进一步完善。1989年年底，全市有237个单位建立职代会，共有职工代表6360人。其中，220个单位建立三级民主管理制度，149个单位建立民主评议领导干部制度。

1995年7月，区纪委、区监察局、区总工会、区计委和区乡镇企业局五部门联合印发《关于充分发挥职工民主监督作用，促进企业廉洁经营的意见》，对企事业单位领导干部廉洁自律、遵纪守法、业务招待费使用、职工民主评议干部、企业内部分配、企业实行职工董事会和职工监事会制度、职工举报制度等进行规范。1998年，规定工会主席、副主席分别以职工代表身份进入董事会和监事会。随着企业改革的深化、产权和用工制度的变更，原有的管理、监督模式已不适应新的形势。1995年，区总工会会同劳动局，在蔡家滩林场、日照日兴塑料制品有限公司和日照市工具厂三家不同所有制形式的企业进行试点。10月，召开全区推行平等协商、签订集体合同工作现场会。1996年11月底，全区已签订集体合同单位达21家。其中，外商投资企业5家，国有、集体企业14家。1997年，区总工会对30家企业的集体合同执行情况进行检查，做到边查、边整、边改，使已签订的合同得到落实。2002年5月，区协调劳动关系三方会议制度建立，劳动保障行政部门代表政府，工会代表企业职工，经贸局代表企业行政组织。定期召开会议，研究集体合同履约工作中出现的问题。2003年10月，区总工会会同有关部门将职工的工作时间、劳动报酬、休息休假、安全生产、福利保险等事项进行完善和规范。同年，落实《日照市厂务公开民主管理责任追究暂行规定》，对厂务公开工作提出"内容真实全面，形式多样，公开及时，程序规范，监督有力，效果明显，职工满意"的基本要求，明确了企业党委、行政、纪检和工会各自的职责。至2004年，全区17家国有、集体及控股企业达到规范化要求的占95%，事业单位达到规范化要求的占98%。2005年，区总工会与经贸、劳动部门联合印发《东港区推行平等协商、签订集体合同工作意见》。2007年，全区新签、续签集体合同491家，覆盖职工3万人，签订率、履约率分别达到96%和90%。

女职委工作

1952年，日照县工会强调"加强妇女职工工作，关心女工特殊利益"。各基层工会组织开始注重女职工特殊利益，各条战线上的女职工在工作上生活上都得到保障。改革开放后，境内女工福利得到较快发展。1986年，全市有106个单位建立了女工组织，有妇女冲洗室19个，更衣室5个，孕妇休息室2个，托幼院所发展到31所，保教人员70人，受托儿童1411人。

1994年3月，全区各级女职工委员会组织开展"学先模事迹，树'四自'(自尊、自信、自立、自强)精神，全区85%以上的女职工参加活动，提出合理化建议145条，被采纳88条，创经济效益98万元。1998年1月，区总工会在182个符合条件的企事业单位建立女职工组织，50%的女职委主任按《女职工工作条例》要求落实了待遇。2000年3月，区总工会女职委被省总工会授予"女职工工作先进集体"荣誉称号。2007年，全区共有女职工组织518个，女职工2.09万人，其中工会女会员1.95万人，专职女职工干部30人，兼职女职工干部291人。

第二章　农民团体

第一节　农会

清光绪三十三年(1907年)，日照县农会成立。1912年改称为日照县农务分会。1916年改称为日照县农务会，会址玉皇庙，会长李溪宜，会员大多是全县有名士绅。农务会主要协助官府处理全县土地、房产、田赋及农事纠纷等事宜。同年在财神庙成立培养贫苦农民子弟的农务会半日小学。

1928年夏，县农务会改称为县农民协会，会长改称为干事长。1930年1月，县农民协会改称为县农民协会整理委员会，会址镇武庙，郑培竹任干事长。各区、乡成立农民协会，全县会员1500多名。其间，农民协会比较活跃，郑平等进步人士和知识分子也纷纷入会。他们开展砸庙宇、砸神龛等反迷信活动，进行抵制日货斗争，响亮地提出了"打倒土豪劣绅、贪官污吏"的口号。

第二节　农民救国会

1941年7月，日照县农民救国会(简称农救会)成立，郭铁耕任会长。农救会结合政治宣传，积极发动、组织贫苦农民参加抗日斗争。1943年，随着根据地不断扩大，各区、村普遍成立农救会，并大量发展会员。农救会发动贫苦农民同地主恶霸开展减租减息和增资斗争。

1945年年底，农救会改称为农会，各救会会长高秉田兼任农会会长，后由丁波担任。1946年，各级农会组织迅速发展壮大，贫苦农民掌握了村政权。在反奸诉苦中，全县参加斗争大会的共63.62万人次，发言诉苦的7.25万人次。在减租减息和土地改革运动中，召开斗争大会743次，向1824户地主进行过说理斗争，使1.04万户贫雇农通过“双减”得到利益。新开辟村庄403个，发展农会会员1.48万人，推动土改工作顺利进行。

1947年7月23日，在邵疃村召开全县农代大会，传达了华东局土改复查新指示，要求开展彻底复查斗争(也称“大复查”)。会后迅速召开区、乡农代大会，各村调整贫雇农小组，农会会员发展到6.79万人。“大复查”斗争中，部分地区出现乱打乱杀等违反土改政策的倾向，严重侵犯了中农利益。8月下旬，得到纠正。1947年年底，农会归中共日照县委民运部领导。1949年10月，农会改称为农委，刘光荫、薄自禄先后任主任。基层农会组织活动一直延续到1954年。

第三节　贫协　贫代会

1964年“四清”运动中，驻各区、社、队工作队(组)指导成立了基层贫下中农协会。同年12月，日照县第一届贫下中农代表大会召开，选举产生第一届贫下中农委员会，委员33名，牟步善兼任贫协主席。1965年2月，全县各区、大队普遍建立贫协组织。“文化大革命”中，各级贫协被贫下中农代表大会(简称贫代会)取代。其间，实行“贫下中农管理学校”。县以下中小学及部分供销社、公社医院等派驻了“贫管组”。

1972年，日照县贫协恢复并召开第二次代表大会，周家斗任主任。各公社、大队贫协组织也相继恢复。1982年，贫协组织撤销。

第三章　青少年团体

第一节　青年团体

机构沿革

1932年，中共日照中心县委建立共青团组织，由尹茂库负责。到10月份日照暴动时已建立25个团支部，发展团员300余名，遍布100多个村庄，暴动失败后解散。

1939年1月，中共日照县委建立青年部，范希彭、耿诚继先后任部长。1940年3月，撤销青年部，成立日照县青年救国联合会(青救会)，范建亭任会长。到1943年，根据地区、村大都建立青救会。1946年1月，县青救会改称民主青年联合会，时子斌任会长。

1946年11月5日，中共中央提议建立“民主青年团或新民主主义青年团”。根据上级“在各地选择基点试办，基点作出成绩即全面推广”的指示，日照县青年工作委员会于1947年4月派出工作组，以奎山区大岭南头村为基点，围绕土改、支前等中心任务开展建团工作。1948年5月，在大岭南头建立青年团支部，发展团员20名。同年9月，中国新民主主义青年团日照县委员会成立，席殿英任书记。1949年元旦，中共中央发出《关于建立中国新民主主义青年团的决议》后，境内青年团组织有较大发展。1950年7月，召开中国新民主主义青年团日照县第一次代表大会，选举产生中国新民主主义青年团日照县委，谢洪任书记。各区、镇建立团委，基层支部也相继建立。到1950年年底，全县共有基层团委18处、团支部612个、团员9803名。1953年8月—1966年8月，胡日旺、范宝域、陈雷先后任书记。

1957年7月，遵照共青团全国第三次代表大会《关于将中国新民主主义青年团改名为中国共产主义青年团的决议》，各级团组织相应改换名称。“文化大革命”初期，共青团组织停止活动。1971年5月，青年工作由日照县革命委员会群工组管理。同年8月，共青团日照县委恢复。王玉华、秦洪志、贺奎林、王爱东先后任书记。1985年3月，撤县建市，改称共青团日照市委，王爱东、解世增先后任书记。1986年，全市有基层团委42个、团支部1896个、团员5.08万人。1989年日照市升格为地级市，11月，朱巨龙任团市委书记。

1993年4月，共青团日照市东港区委员会成立，陈国祥、王一冰、焦安勇、申淑清、孙丽、郑丽丽、叶小星先后任书记。2007年，全区有10个镇、街道团委，教育、区直单位及非公有制经济实体团委(总支、支部)96个。

1950—2006年日照县(市)、东港区历届团代会一览表

表30-1

届　次	会议时间	代表人数	团员人数
一	1950年7月4日—6日	257	9803
二	1951年11月1日—3日	299（列席32）	11589
三	1955年8月20日—23日	310	20174
四	1956年8月28日—8月31日	412	26673
五	1957年5月	—	27200
六	1958年3月20日—25日	459（列席80）	23259
七	1959年9月19日—21日	418	23289
八	1963年3月20日—4月10日	62列席（54）	28395
九	1971年9月1日—7日	1231	37405
十	1979年4月29日—5月2日	1000	46954
十一	1983年1月26日—28日	350	43232
十二	1984年12月19日—21日	400	37560
十三	1987年12月27日—29日	480	49860
十四	1995年1月5日—7日	209	54632
十五	2006年5月29日—30日	168	41336

青年工作

反帝爱国救亡活动　1925年，东港籍同济大学学生尹景伊在上海“五卅”运动中被英巡捕枪杀，全县中学生和各界群众分别在县城和张家廒头召开追悼大会并成立“沪案后援会”。1928年，日军侵犯济南，日照县成立抗日外交后援会，各界青年和爱国学生纷纷走上街头抵制日货，打击走私奸商。日本侵略军占领日照后，日照县青救会发动全县青年开展救亡活动，村村成立青年抗日先锋队(青抗先)。青救会在中共日照县委领导下，开办青年知识分子训练班，培养抗日骨干，发动大批青年走向抗日前线。解放战争时期，广大青年响应“打倒蒋介石，解放全中国”的号召，积极参军，支援前线。1945—1946年，共有7329名青年参军。1947年，3.56万名青年民工投入支前。抗美援朝运动中，有2071名青年踊跃参军，奔赴前线。各行各业青年开展社会主义劳动竞赛和“捐献飞机大炮”活动，参加捐款的团员青年4.05万名，捐款19545万元(旧人民币)。另有3319名团员参加为军属助工、代耕活动。

学英模做时代先锋　新中国成立初期，组织青年开展学习刘胡兰、董存瑞、黄继光等英雄人物。同时，积极参加沂河和本地河道治理。20世纪50年代中期，学习徐建春、郝建秀，立足本职，为社会主义建设贡献力量。1956年，全县团员2.67万名，90%以上参加了农业社，许多青年担任社长、会计等，有6000名团员和青年被评为优秀社员。另外，还建立1530个青年突击队，队员3.84万名。60年代初期，全县开展“四好”团支部、“五好青年”竞赛活动，参加者7.6万人，50个团支部

和114名青年受到团县委表彰。1963年，开展“向雷锋学习”活动，涌现出为抢救落水儿童而牺牲的工读教师徐子芳等优秀青年。在工业学大庆、农业学大寨运动中，广大青年投身生产第一线，成为生产建设生力军和突击队。

1984年，开展“青年之家”升级赛活动，涌现出省级红旗青年之家2处，地级青年之家7处，地级先进团委2个。云南边防保卫战期间，开展同南疆战士“十看十比十学”竞赛活动。1985年，在市直企事业团组织中开展“争做文明青年，建设文明单位，创造文明生活”活动。1986年，在广大团员中开展“做合格共青团员”教育活动。1987年，企业团组织围绕争夺省“七五功勋杯”开展建功夺旗竞赛活动。农村团组织开展实用技术培训活动。1988年，深入开展“做文明青年，创文明岗位，建文明环境”活动。农村团组织开展“五队一校”和“青年之家兴旺杯”活动。1990年以后，为促进学雷锋活动经常化，在全市青少年中开展“青少年温暖工程”建设活动，以送温暖小组为基本组织形式，建立青少年送温暖小组1.5万个，落实服务对象1.2万户，经常参加送温暖活动的青少年近6万人。

图30-2　东港区青年志愿者街头服务　　(摄于2007年3月)

东港区建立之初，团区委大力开展“学两锋(雷锋、刘加峰)、学郑晓平”活动，全区有900余支青年帮工助耕队活跃在农村。区直成立青年志愿者服务队126支，青少年送温暖小组432个。1998年，在昭阳小区建立全市第一家青年志愿者服务站，之后逐步完善青年志愿者服务体系和服务规范，推行青年志愿者与服务对象签订“一助一”志愿服务协议书，使活动走向制度化、规范化，被团省委、省青年志愿者协会授予“山东省先进青年志愿者服务组织”称号。2006年4月3日，东港区青年志愿者协会正式成立。2007年，结合学雷锋活动日，组织开展“青年志愿者走进大集”、关爱敬老院老人、发动中小学生开展“捡拾白色垃圾”(塑料袋、塑料纸等)活动。

为适应改革开放和社会主义市场经济建设对人才的要求，引导广大中学生学习和掌握劳动技能，1994—2000年，团区委提出“勤于实践、掌握技能、迎接挑战”的口号，联合教育部门举行了4届中学生跨世纪实践技能大赛，开展计算机应用操作、英语、书法、绘画、校园歌曲等多项比赛活动。同时，坚持暑期开展大中专学生志愿者文化、科技、卫生“三下乡”和大中学生“顶岗、挂职”活动。每年暑期后对活动进行总结表彰，评选大中小学生社会实践“先进个人”和“优秀指导者”。2001—2007年，北京理工大学、山东大学、山东师范大学、山东工业大学、山东财政学院、山东轻工业学院等高校学生先后到东港参加社会实践活动。

植树造林　1956年，为实现7年内绿化全县的规划，团员青年沿公路植树45.1万棵。1958年3月，2.15万名团员、青年参加大沙洼及海滩造林活动，共营造沿海防护林415公顷，绿化河岸荒地224.67公顷，植树619.96万棵。1983年，响应团中央号召，支援甘肃改造自然面貌，共采集树种1.14万千克、草种8440.5千克，超额完成团地委分配的任务。2000年春，经区政府同意，将傅疃河两岸治理出来的近100公顷河床作为全区首个青少年绿化基地进行重点规划和建设，团区委每年都利用春季和夏天雨季，组织广大青年志愿者和中小学在此进行义务植树，2004年，该基地被评为全省首批青少年绿化基地。至2007年年底，分别开展河山荒山绿化、西湖水源地保护等义务植树造林活动。全区共建立“青年林”“红领巾苗圃”“志愿者绿化基地”30多个。

争当新长征突击手　1979年4月，全县开展“争当新长征突击手”活动。两个团支部被团省委授予“新长征突击队”，4名团员被授予“优秀团员”，5名青年被授予“新长征突击手”称号。有23个团支部和172名团员被评为日照县先进团支部和“新长征突击手”。

1982年以后，针对农村实行家庭联产承包责任制，开展“责任田里创高产，专业承包多贡献，科学实验当尖兵”活动。共成立技术专业学校392所、技术培训班405处、科技服务站85个、青年科研小组391个，涌现出青年专业队3825个、青年科技示范户8.33万个，355人被评为县级技术员。

1990—1994年，开展以“调整产业结构、推动科技进步、提高经济效益和求质量、上品种、增效益、兴港城”为内容的“双岗双提高”(青年全优岗、青年文明号岗创建水平提高)活动。开展以“小发明、小革新、小改造、小设计、小建议”科技攻关、技术比武、双增双节为主要内容的“立功竞赛”活动，涌现一大批青年岗位能手。1993年，开展“为东港腾飞青春立功”活动，创办东青事业发展公司、东港美食娱乐中心、东港家庭教育电脑服务中心。

1990—1994年，团市委、市科协、市农委、市科委联合开展“青年星火带头人”活动。共培训市、县、乡、村青年星火带头人和青年科技示范户2.5万人，培训农村青年14万人。1994年，开展乡镇企业青工大比武活动。1996年，团区委被团省委授予“全省实施农村青年致富工程先进单位”。建区后，石臼街道王丰兵，石臼街道中盛社区党委书记、居委主任张健，日照百盛集团董事长徐立峰分获全省第三届、第五届、第六届“十大杰出青年农民”称号。2007年，日照实验高中李晓倩同学被团中央授予“全国优秀团员”荣誉称号。

第二节　少年团体

儿童团

1942年，日照县在抗日根据地碑廓区建立儿童团。1943年，随着根据地的扩大，各区均建立了该组织。1946年，全县建立儿童团的学校416所，儿童团员8640名。1947年，儿童团员发展到7.76万名。新中国成立后，不再使用“儿童团”名称。

少年儿童队

1949年10月13日，团中央发布《关于建立中国少年儿童队的决议》，公布了《中国少年儿童队章》。次年春，各完全小学、中心小学普遍开展宣传“队章”活动，首批建立少年儿童队48个，入队学生3352人，占适龄生总数的36.4%。

少年先锋队

1953年6月，中国少年儿童队改名为中国少年先锋队(简称少先队)。全县共有队员1.35万名。1956年，全县538所小学建立少先队，少先队员2.45万名。1965年，建队学校934所，队员发展到6.67万名。“文化大革命”开始后，少先队一度被红小兵所替代，不能正常开展活动。80年代初，各项活动逐步恢复。1980年，有队员10.86万名，1983年，发展到11.39万名。1989年，全市适龄儿童全部入队。

80年代，境内少先队组织先后开展了“争戴小红花”、“人人争做小主人”、争创“金星大队”、“学雷锋、学赖宁”活动。推广虎山乡前水车沟小学“家乡环保日”活动经验，在全县小学生中开展“热爱家乡、保护环境”思想教育，受到卫生部、城乡建设环境保护部表彰。1994年，少先队组织开展“争戴少先队劳动奖章”活动。1997年，组织举行全区少先队“争章达标”活动，中国教育电视台进行了报道。

从2003年开始，在全区少年儿童中，广泛开展“民族精神代代传”系列教育活动、以“中国了不起，中国人了不起，做个了不起的中国人”为内容的“三个了不起”教育活动和争做“平安小使者”“诚信小市民”“环保小卫士”活动。

2004年，在全区学校中开展以“七心”(忠心献给祖国、责任心献给社会、关心献给他人、孝心献给父母、敬重心献给老师、诚心献给朋友、信心留给自己)为主要内容的系列教育活动，培养广大中小学生的“九自”(自爱、自信、自尊、自强、自立、自纳、自控、自理、自觉)意识，教育引导中小学生热爱祖国、关注社会、关爱他人、尊敬老师、孝敬父母、诚实待人、自信自立，不断提高自我素质，努力成长为有理想、有道德、有文化、有纪律，德、智、体、美全面发展的中国特色社会主义事业建设者和接班人。2007年，团区委、区少工委在建国及少先队建队58周年之际举办“烟草杯”东港区首届少先队风采展示大赛，以少先队鼓号表演为主，充分展示少先队组织风采和全区少先队员朝气蓬勃的精神风貌,推动少先队文化的建设与发展。

附:希望工程

1989年,共青团中央发起的旨在救助贫困地区失学儿童重返校园、促进贫困地区教育事业发展的希望工程全面启动。1990年,共青团日照市委组织建立了日照市青少年发展基金会,并于第二年对因家庭困难而失学的32名中小学生进行扶持。1999年10月25日,团区委争取德国巴登—巴登希望工程基金会资金2.37万元,资助34名贫困小学生。2006年,开展“希望工程圆梦大学行动”,为18名贫困学生捐款4.2万元,2007年,此项活动共募捐6.4万元,帮助28名贫困学子圆了大学梦。至2007年,东港区先后建成日照城建东方希望小学、日照港建希望小学、日照石化希望小学、代疃希望小学、东辰希望小学。兴业希望小学正在建设中。建成希望书库6处,平均每年救助学生200余人次,总计10余万元。

第四章　妇女团体

第一节　机构

1938年12月,日照县设立妇女部,刘琳任部长。次年5月,在七区成立第一个区妇女救国联合会(妇救会)。1940年3月,日照县妇救会成立,丁杰任妇救会长。随之,根据地各区、村妇救会组织陆续建立。1946年春,改称日照县民主妇女联合会,属各救会领导。孙涛、肖黎、郑旭、苏敏、安玉春先后任主任。1948年春,日照县妇联撤销,中共日照县委民运部有一名人员负责妇女工作。1949年10月,建立妇女委员会(妇委)。1950年春,日照县第一届妇女代表大会召开,选举产生第一届民主妇女委员会,各区、乡、村都建立基层妇女组织。其间,安玉春、丁庆文、王炎、郭盛娥先后任主任。1958年下半年改称为日照县妇女联合会,郭盛娥、刘廷玉先后任主任。“文化大革命”初,日照县妇联组织停止工作。1971年9月,日照县革命妇女委员会建立。1979年12月,恢复原称——日照县妇女联合会。1985年5月,改为日照市妇女联合会。1971年9月—1989年10月,刘汉花任主任。1989年11月,赵志荣任地级日照市妇联主任。1993年4月,东港区妇女联合会成立,刘兰香、杨淑兰、刘梅芬、葛军先后任区妇联主席。

第二节　妇女工作

争取自由解放　参加抗日活动

抗日战争初期,县妇女部秘密发动群众,参加抗日战争,鼓励妇女放足,反对买卖婚姻,动员妇女参加“识字班”、妇救会、姊妹团等群众团体。1939年2月,妇女部长刘琳到各区宣传抗日,秘密发展党员,一次动员8名男女青年参军抗日。同年10月,女干部王军在三庄一带秘密发展9名党员,其中有党的好女儿惠恒智烈士。1940年,妇女部到街头一带宣传抗日并成立村级妇女组织。1942年,抗日根据地进入最艰苦时期,各级妇救会响应民主政府号召,组织发动广大妇女纺线织布保障前线所需,短期内纺织合作社发展到128处,妇女纺织小组1350个,织布机1200张。1943年冬,8个区建立冬学和“识字班”342处。1944年,在碑廓创办了纺织指挥所,由县妇救会副会长负责并举办骨干培训班,各区、村选派女干部学习纺线、修车技术。

动员参军、拥军支前

解放战争时期,各级妇女组织紧密围绕党的中心工作,发动妇女积极动员青年参军,拥军支前,救护伤员。傅疃村妇救会长范大娘送两个儿子参军,双双牺牲后,又亲自送第三个儿子参军。滨海军区授予她“人民的母亲”称号,记特等功1次。南湖妇救会员、联防委员张珂动员父亲参军后,又动员结婚仅19天的丈夫和另外两名青年参军,立大功1次。1945年年底,妇救会共动员3609名青年参军,妇救会员扭着秧歌欢送披红戴花的新兵入伍。1946年4月23日,中共日照县委发布评功通报表彰英模,有26名妇救会长、“识字班”队长、妇救会员受到嘉奖。同年5月,榛子埠村妇女护理子弟兵伤员400人，时间长达40天。1946年12月，为支援鲁南战役，妇救会动员3500名青年参军。同时，发动全县妇女做军鞋33172双。1947年1月，奎山区妇救会发动妇女三天内为2000多名部队战士拆洗缝补棉衣、棉被。1948年11月24日，中共日照县委总结支前工作时指出，加工拥军支前公粮，妇女发挥了特别重大的作用，全县妇女承担了324万斤小米加工任务。芦山区惠家沈马庄妇救会长惠大嫂一夜碾米90斤，带动全村提前完成1万斤的碾米任务。城关民工站接到一夜接待外籍支前民工6738人的任务后，各村妇救会逐户动员"婆媳合床、妯娌同铺"，提前安排好住房，顺利完成任务并组织了慰问组、看护组。城关十一村妇女还主动到民工住处修补鞋袜衣服。

新中国成立后，境内各级妇女组织把拥军优属作为一项经常性工作。1985年，云南边防保卫战期间，妇女积极参加"祖国在我心中，战士在我心中"活动，全县妇女向云南边防保卫战参战指战员寄慰问信2.26万封，各种慰问品6万余件，鼓励前线将士英勇杀敌。全县成立妇女义务帮工队3600个，为军人家属办好事6000余件。1993年后，区妇联组织全区妇女开展"巧手缝制慰问品、我向军人献爱心"和"争当军人好母亲""争当好军嫂"活动。至2007年，全区评选表彰军人好母亲40名，好军嫂40名。西湖镇张古庄二村汪英荣获全省"十佳兵妈妈"称号。

反奸诉苦　投身革命斗争

1945年，全县有妇救会员1.9万人，"识字班"学员2.41万人。妇救会发动妇女参加反奸诉苦参政当家运动，参加斗争大会743次。夹仓妇救会长郑淑运发动妇女斗争地主，召开2000多人参加的斗争大会，受苦群众纷纷上台控诉。三庄"识字班"队长惠希平站岗时机智勇敢地抓获特务1名，缴获手枪1支，立大功1次。1947年1月17日深夜，4个武装特务冒充武工队员，潜入河山区高家沟村看山户高大嫂家中，高大嫂识破后，机智地派女儿回村报信，带来民兵将匪徒当场抓住，在县评功大会上荣立特等功。高兴区妇救会响亮地提出"男人前方把敌杀，妇女后方当好家"的口号。同年，全县70%～80%的青壮年随军支前，广大妇女承担起支前、生产两副重担。她们参政当家，领导群众投入反特、土改复查斗争，开展拥军优属、大生产运动。城关区有20名妇女担任村长，22名妇女担任村政委员，59名妇女担任闾长。河山、太平两区有55名妇女担任村长，23名妇女担任村公安员。高兴区潘家洼村，13名立大功的人中有9名是妇女。

生产建设　巾帼建功

新中国成立后，广大妇女积极参加生产劳动，发挥"半边天"作用。1953年，全县有变工组1956个，年内评出乡村妇女模范491名。1956年，约有10万名妇女参加生产劳动。1973年12月20日统计，全县妇女常年出勤的有16万人，季节性出勤的有22万人，1014名妇女参加了科学实验队、"三八"积肥队、女编织专业队、女打井专业队。有81名"海上铁姑娘"，108名女会计。1978年11月，日照县妇联召开1200名妇女参加的社会主义革命和建设积极分子表彰大会，16个先进典型介绍了经验，对786个先进单位、360名先进个人进行了表彰奖励。

中共十一届三中全会后，农村妇女在种植、养殖、加工、服务、商品经营等各行业大显身手，涌现出妇女致富专业户53100个。1980年，全县86881名妇女参加多种经营，占从业总人数的67%。1984年，日照县妇联召开全县勤劳致富经验交流会，总结推广一批勤劳致富的先进典型。1989年，在广大农村妇女中开展"双学双比"(学文化、学技术、比成绩、比贡献)竞赛活动。同年，女子爱国储蓄活动广泛开展，仅半年时间储蓄金额达761万元。同年7月，日照县妇联召开爱国储蓄表彰会，对41个先进集体和个人进行表彰。1991年7月，"巾帼建功"竞赛活动在全区展开，大坡乡后崖下村妇代会主任宋全珍被授予全国"三八"绿色工程奖章。1995年，区妇联与区农业局、人事局在全区农村开展"争当科技女状元、评选女农民技术员"活动，评出女农民技术员3841名，"绿色证书"获得者4012名，90%以上的村有了女农民技术员。1998年，东港区小莲村建起市级"三八"林果育苗基地，该项目被林业部批准并安排10万元投资计划。1999—2007年，实施"巾帼科技致富工程"，层层开展"10万农家女十项新技术"培训推广活动，10万余名农村妇女接受了农业新技术培训。成立妇女专业技术协会。开展创建“妇”字号科技示范基地、争当科技致富“女状元”、庭院开发、“妇女手拉手、同走致富路”等活动，引导妇女自觉参与农业产业结构调整。组织动员各行各业女职工参与创建“巾帼文明岗”、争当“岗位明星”“行业标兵”活动。至2007年，涌现出市级以上“巾帼文明岗”51个。其中，省级11个，国家级4个。

文明创建　自重自强

在建设社会主义精神文明活动中，妇女们积极参加争创“五好文明家庭”“美在家庭”“三八红旗手”“三八红旗集体”活动。1965年，全县有妇代会1082个，评出先进妇代会260个，优秀妇女干部3827人，“五好”女社员1.24万人。1977年，城关公社北小庄王万兰为抢救两名落水儿童献出宝贵生命，临沂地区妇联和日照县妇联联合开展了向“王万兰学习”活动。1978年3月，王万兰被山东省革命委员会、山东省军区授予“雷锋式女民兵”称号。1979年2月，贺兆瑞、傅承荣、韩纪兰、牟秀申被授予全国　“三八红旗手”。1982年12月，县妇联召开大会，表彰“三八红旗手”111名，“三八红旗集体”150个，“五好家庭”50户。1983年9月，傅承荣、岳玲、王振华、贺兆瑞、韩纪兰、田德云被授予全国“三八红旗手”，碑廓四村妇代会被授予全国“三八红旗集体”。1979—1989年，受全国表彰的“三八红旗手”10名，“三八红旗集体”2个；省级三八“红旗手”26名，“三八红旗集体”7个；地级“三八红旗手”20名，“三八红旗集体”12个；县市级“三八红旗手”274名，“三八红旗集体”247个。

1981年，日照县妇联联合六个部门在全县开展“五好家庭”评比活动，制定了“五好家庭”评比条件。1986年9月，临沂地委宣传部、地区妇联在日照召开全区“五好家庭”现场会。1981—1989年，全县共评出“五好家庭”7.01万户。其中，受全国妇联表彰的7户，受省妇联表彰的24户，受地区表彰的21户，受县市妇联表彰的129户。

1984年，在妇女中开展“四自”(自尊、自爱、自重、自强)教育。1987年，日照市妇联被临沂地委授予“双文明”单位。1988年12月，日照市妇联被山东省妇联授予“先进妇联组织”。1991年9月，安徽省发生特大洪水灾害，日照市妇联发动妇女向灾区捐赠衣物50余吨。建区后，区妇联积极组织广大妇女参与群众性精神文明创建活动，组建580支巾帼文明队，开展“尊老敬老好儿女”评选活动，表彰区级“尊老敬老好儿女”160名。“三八红旗集体”460个、“三八红旗手”650名，市级以上先进集体69个、先进个人89名。区国税局西湖分局被评为国家级“三八红旗集体”。区医院医生岳玲荣获省“齐鲁十杰”称号。

维护合法权益

1984年，中共日照县委成立由妇联等七部门参加的法律顾问处，乡镇成立法律咨询站，聘请5位法律顾问，定期接访。1985年，接待来信来访38件、47人次，结案率达98%。妇联积极参与打击拐卖妇女儿童犯罪活动的斗争，配合公安部门解救受害妇女儿童36名，打击人贩子24人。1986年，在三庄镇解救3名受害妇女并安全送回原籍。1991年，在全市普法表彰大会上，日照市妇联被评为“一五普法”先进单位。2003年，在全区实施“普法到家——求助到站——维权到位”的“三到”维权举措，进一步推行区、镇、村三级联动维权格局。2004年4月，广泛开展“平安家庭”创建和争创“优秀妇女维权岗”“零家庭暴力村庄(社区)”活动，妇女维权工作逐步走向社会化。

2007年，全区20%的家庭达到“平安家庭标兵户”标准，市级以上优秀妇女维权岗达到24个。接待妇女儿童来信来访426起，处结率98%，

图30-3　区妇联举办的“诚信大嫂”评比活动授牌仪式　(摄于2007年)

区妇女儿童维权中心发挥职能作用，提供法律援助38件，代理代书170件，妇联特邀陪审员参与陪审案件120多起，依法维护妇女儿童合法权益。

开展计划生育

1963年5月，日照县妇联在城关区进行试点，全县有10185对夫妇实行计划生育，1242人施行绝育手术。1973年6月，全县6.95万人实行节育，节育率占71.6%，8.47万名青年制定晚婚晚育计划。1979年9月，开始宣传提倡"一胎化"。农村大部分妇女干部兼任计划生育查访员或计生大队长、计生主任，积极组织发动育龄妇女实行计划生育。至2007年，2600名妇女干部兼计生人员，为全区计划生育工作作出了积极贡献。

开展少儿托幼工作

1954年6月，为解决妇女参加生产的困难，36个农业社组织起"看孩子组"，71名保育员看管149名儿童。1957年，办农忙托儿所171所，入托儿童929人；幼儿队72个，入队儿童3212人。1961年，全县办幼儿园1016所、托儿所564所、托儿组2124个，托管儿童4.45万人。

1979年，全县办幼儿园1005所，有保育人员2000余人，收托幼儿6.98万人，入托率达68%。1981年，日照县妇联召开托幼工作表彰大会，对47个先进集体、20名先进个人进行表彰。1985年3月15日，县儿童少年工作委员会成立。托幼办公室设在市妇联。1990年，根据省政府关于托幼工作移交教育系统管理的精神，市妇联召开全市托幼工作表彰暨移交会议，对122个先进集体和150名先进个人进行表彰，并圆满完成市、乡镇托幼移交工作。全市评选出先进幼儿园321所，涌现出一大批优秀保教工作者，3人受全国表彰，8人受省表彰，427人受地、市、县表彰的。1988年，日照市妇联成立家庭教育研究会，年内征集家教论文11篇，1篇获省一等奖。全市办家长学校514所，家教广播学校4所，听众达15万人次。1991年，田桂兰、王济华被评为省级"优秀家长"。1992年，孔令华一家参加省"三优"(优生、优育、优教)知识竞赛获二等奖。1994年，区妇联在全区开展规范化家长学校创建活动，制定了"规范化家长学校基本标准"，建立健全三级家教工作领导机构，各类家长学校达900所，家教覆盖面达70%以上。2005年，区妇联开展"争做合格家长，培养合格人才"活动，评选表彰"双合格家庭"50户。开展"东港新苗"评选表彰活动，2002年、2004年、2006年，共评选表彰300名"东港新苗"。1994年，各级妇女组织开始实施"春蕾计划"。1996年，捐助困难女童210人。1997年，救助女童150人。至2007年，全区共救助春蕾女童1280人，救助资金19.6万元。

开展女工工作　培养妇女干部

1978年建立日照县女工委员会。同年，刘汉花出席中国妇女第四次代表大会。1983年，贾萍出席中国妇女第五次代表大会。1986年，106个单位建立了女工组织，评出女先进工作者1171名，占先进总人数的24%。女工委员会38个，女工小组217个，专职干部35人。1988年，中共日照市委印发《关于进一步加强培养选拔女干部工作的意见》，重视女干部的选拔培养工作。1988年，农村妇代会主任进两委达78%，副科级以上女干部30人，女处级干部20名。全市建妇女之家648个，受省表彰的6个，省先进妇女组织9个，全国优秀妇女工作者1名，省优秀妇女工作者13名，地区优秀妇女工作者5名。

1990年8月，全国妇联、山东省妇联对全市从事妇女工作30年以上的33名妇女工作者颁发荣誉证书。2002年，区妇联在全区实行农村妇女干部考选和妇代会主任、计生主任、两委成员三职兼任，2750名妇女通过考选上岗。至2007年，全区共有女干部4375名。

第三节　历届妇女代表大会

第一届妇女代表大会

1950年春召开。会议号召全县妇女立即行动起来，搞好生产救灾，恢复和发展农业生产。选举产生第一届执行委员会，选举安玉春为日照县妇女联合会主任。其间，丁庆文、王炎先后继任妇女联合会主任。

第二届妇女代表大会

1952年3月6日召开。会议动员广大妇女贯彻"婚姻法"，力求自身彻底解放，并对妇女进行抗美援朝教育。选举产生了第二届执行委员会，选举丁庆文为日照县妇女联合会主任。其间，安玉春、郭盛娥先后继任妇女联合会主任。

第三届妇女代表大会

1957年10月3日—6日召开，211名代表参加会议。会议动员广大妇女全力投入社会主义建设。选举产生第三届执行委员会，选举郭盛娥为日照县妇女联合会主任。

第四届妇女代表大会

1959年11月14日—17日召开，530名代表参加会议。会议号召妇女积极参加社会主义改造和建设，努力战胜暂时困难。选举产生第四届执行委员会，选举郭盛娥为日照县妇女联合会主任。

第五届妇女代表大会

1963年3月12日—17日召开，550名代表参加会议。会议号召广大妇女勤俭建国，勤俭持家，增加收入，支援国家建设。选举产生第五届执行委员会，选举刘廷玉为日照县妇女联合会主任。

第六届妇女代表大会

1971年9月22日—25日召开，1188名代表参加会议。会议号召广大妇女，积极投入社会主义革命和社会主义建设，认真搞好计划生育。选举产生第六届革命妇女委员会，选举刘汉花为日照县革命妇女委员会主任。

第七届妇女代表大会

1979年12月8日—10日召开，794名代表参加会议。会议号召全县妇女，认真贯彻落实中共十一届三中全会精神，投入轰轰烈烈的经济建设中去，认真搞好计划生育。选举产生第七届执行委员会，选举刘汉花为日照县妇女联合会主任。

第八届妇女代表大会

1986年4月10日—12日召开，451名代表参加会议。会议号召广大妇女，积极参加商品经济改革大潮，搞好生产责任制。选举产生第八届执行委员会，选举刘汉花为日照县妇女联合会主任。

第九届妇女代表大会

1994年12月8日—10日召开，180名代表参加会议。会议号召广大妇女积极投身改革，努力参与发展，团结起来为全面振兴东港建功立业。选举产生第九届执行委员会，选举刘兰香为东港区妇女联合会主席。其间，杨淑兰继任东港区妇女联合会主席。

第十届妇女代表大会

2000年4月27日—28日召开，179名代表参加会议。会议号召全区妇女贯彻落实中国妇女“八大”会议精神，为全面振兴东港而努力奋斗。选举产生第十届执行委员会，选举刘梅芬为东港区妇女联合会主席。

第十一届妇女代表大会

2006年7月31日—8月1日召开，168名代表参加会议。会议号召全区妇女组织围绕大局，开拓创新，团结动员全区妇女为实现“十一五”规划建功立业。选举产生第十一届执行委员会，选举刘梅芬为东港区妇女联合会主席。

第五章　工商团体

第一节　工商业联合会

新中国成立前的商务会、商会

清宣统元年(1909年)日照始设商务会，实行会董制，会董由各大商号派人担任，商务会由境内各大商号派员选举产生会长。每届任期两年，可连选连任。同时，在涛雒、石臼所和日照城等商业繁盛之地，单独或联合设立分会，由县署专呈省署核准备案。

1915年，商务会改称为商会。商会执行政府指令，对商业流通进行监督指导，协助政府征收课税，对商号登记注册、颁发营业执照，解决商贾间纠纷等。1927年，日照县商会会址设在县城天齐庙，牟印堂、丁继光先后任会长。

1929年，国民政府颁布《工商同业公会法》，加大对私营工商业的控制和盘剥力度。该法第一条规定“凡在同一区域内经营各种正当之工业或商业者均得依本法设立同业公会”。日照县设立粮行业、饭(庄)店业、茶馆业、酒楼业、杂货业、土产业、百货业、水果业、船运业、金融业、典当业等30多个同业公会，同业公会根据经营内容成立若干个同业小组。国民政府为通过同业公会达到控制私营工商业的目的，赋予同业公会较大职权。

1931年，日照县商会改组后，丁钧石、丁仞秋继任会长，除各区成立商会外，还成立杂货公会、客栈公会、搬运公会和轮船公会等同业公会。

抗日战争时期，日本加紧对华经济侵略，在涛雒、日照和石臼所等地设立伪商会组织。1939年日军占领石臼所后，控制所有商业及同业组织，直接操纵成立"新民会"。

新中国成立后的工商业联合会

1952年7月，日照县工商业联合会(工商联)筹建，1953年8月正式成立。1967年1月，日照县工商联停止工作。1988年6月，工商联恢复工作。1989年，尹建民任地级日照市工商联主任委员。

1997年3月，东港区工商业联合会成立，相统生、相同耀、焦见秋、张树珍、丁杰先后任会长。

东港区工商联基层组织建设

1998年4月，全区所有乡镇(街道)先后设立商会或分会。同年6月，全区共有14个乡镇商会、4个街道分会和1个市场分会。2004年区划调整后，全区共有7个镇商会、3个街道分会和1个市场分会。2007年5月，成立日照市第一家村级商会——许家楼商会。

1998年11月，筹建东港区电子电光源同业商会，为东港区第一个同业组织。2007年，境内有东港区电子电光源同业商会、日照花卉苗木同业商会、日照抽纱商会、日照家具协会、日照同发观海苑建材市场商会、日照东港韩资企业商会等6个同业商会。

历届工商联合会代表大会

1953年8月，工商联召开第一届会员代表大会，代表312名，选举出执行委员29名，傅德三任主任委员。设16个区分会，会员3708名。

1963年6月，召开第二届会员代表大会，代表180名，选出执行委员21名，会员1251名。

1988年6月，召开第三届会员代表大会，代表97名，选出执行委员11名。

1997年4月，东港区工商联第五届会员代表大会(届次沿袭日照市工商联代表大会)召开，选举产生区工商联第五届执委会。

2002年8月，召开东港区工商联第六届会员代表大会，选举产生区工商联第六届执委会。工商联会员从155名发展到1195名。其中，企业会员395名。

2007年6月13日，东港区工商联第七次会员代表大会召开，代表140人，选举产生第七届执委会，委员40人。全区工商联会员发展到1250名。

第二节 个体劳动者、消费者协会

个体劳动者协会

1983年11月13日，日照市个体劳动者协会成立，办公室设在工商局。各乡镇办事处也相继成立分会，按经营行业划分为258个小组，全市有会员6699名。1993年，东港区个体劳动者协会成立。至2007年，个体劳动者协会按照"三自"(自我教育、自我管理、自我服务)职责，帮助个体会员解决经营中的实际困难，对会员进行"文明经商、守法经营、优质服务"教育，涌现出大批先进个体劳动者，促进了个体经济的稳定发展。

消费者协会

1989年，经日照市编委批准，成立日照市消费者协会。1997年11月12日，东港区消费者协会成立。主要职能是开展商品和服务质量的社会监督，保护消费者合法权益，指导消费者科学合理消费，披露侵害消费者行为，受理消费者投诉等工作。

第六章 科技文化团体

第一节 科学技术协会

机构沿革

1958年3月，日照县科学技术普及协会(科协)成立，郭常芳任主任。1959年3月，日照县科学技术委员会成立，与科协合并，1962年撤销。1963年6月，恢复日照县科协。1964年10月，日照县科协合并于日照县科委，"文化大革命"时期撤销。1979年9月，恢复日照县科协，刘维海、贺奎林先后任主任。1986 年 4 月 2 日—3 日，日照市科协第一次代表大会召开，出席代表 295 名。选举科协委员 27 名、常委 11 名，通过《日照市科学技术协会章程》。1989 年 11 月，日照市科委成立，日照市(县级)科协并于日照市科委。

1999 年 9 月，东港区科学技术协会成立，宋光聚、刘安一、朱庆会先后任主席。

基层组织

1979 年 9 月，县科协恢复后，22 处公社相继建立科协并召开代表会议，选出领导班子。1985 年，各乡镇、街道均配备科协专职干部 1 名，科协会员共 2500 名。

区科协成立后，逐步建立健全乡镇(街道)、村(居)两级科协组织，配齐配强乡镇(街道)科协主任，各村(居)、社区科协主任多数由村居委成员兼任。2007 年，全区有镇、街道科协 10 个，村级科协 450 个，镇、村两级科普员 607 名，初级以上职称科技人员 9534 名。

专业学会、协会

1989 年，日照市经政府管理机构登记的自然与社会科学类学会、协会共有 17 个。1993 年后，东港区成立专业学会、协会、研究会，并积极发展企业协会。2005 年，区青少年科技辅导员协会成立。2006 年，各镇、街道先后成立青少年科技辅导员协会，会员 200 人。同年，组建东港区青少年科普志愿者服务团。2007 年，区级专业学会、协会、研究会 18 个，农村专业协会 36 个，企业科协 15 家。

科普工作

区科协成立后，确定区高科技农业示范园、林业高科技示范园和高新技术产业园区为区级科普示范基地，结合农时季节，组织面向农民的“送科技下乡”活动。

2005 年，东港区开始创建省级“科普示范区”，全区所有村居设立“科普村村通”宣传栏，成为农村大众科普宣传平台。2006 年，区科协建成“东港科普网”网站。2006 年 11 月 2 日，东港区被正式命名为省级“科普示范区”。2007 年，东港区被命名为“全省科普惠农示范区”。

2007 年，全区各镇(街道)、社区共有科普宣传橱窗 150 余个，社区科普画廊 100 余米，图书室 11 个，藏书 6 万册。街道科普活动室 3 个，社区活动室 14 个，总面积 200 平方米。至 2007 年，全区开展优秀科技论文评选活动 5 届，区直各学会(协会)举办各类专业技术交流会、报告会 126 次。

图 30-4　东港区科协到农村进行科普宣传　(摄于 2007 年)

图 30-5　东港区科普下乡活动现场　(摄于 2006 年)

1992 年日照市科协学会、协会基本情况表

表 30-2

学会、协会名称	成立时间	会员人数
日照市农学会	1980 年 11 月	150
日照市科普美术协会	1980 年 11 月	20
日照市林学会	1982 年 8 月	54
日照市蚕业学会	1982 年 9 月	58
日照市建筑工程学会	1982 年 9 月	27
中华医学会日照分会	1982 年 9 月	162

续表 30-2

学会、协会名称	成立时间	会员人数
日照市畜牧兽医学会	1983 年 3 月	90
日照市野生动物保护协会	1984 年 9 月	26
日照市世界语学会	1985 年 6 月	77
日照市水产学会	1986 年 1 月	39
日照市水利学会	1986 年 1 月	62
日照市科教电影电视协会	1986 年 1 月	550
日照市青少年科技辅导员协会	1986 年 3 月	60
日照市珠算协会	1986 年 3 月	22
日照市工业工程学会	1986 年 4 月	125
日照市农村卫生工作者协会	1986 年 4 月	22
日照市计划生育学会	1987 年 7 月	22

2007 年东港区科协学会、协会基本情况表

表 30-3

学会、协会名称	成立时间	会员人数
东港区畜牧医学会	1995 年 1 月	62
东港区农村金融学会	1997 年 6 月	41
东港区农学会	1998 年 12 月	65
东港区果树技术学会	1998 年 12 月	110
东港区茶叶技术学会	1998 年 12 月	122
东港区林业学会	1998 年 12 月	57
东港区野生动物保护学会	1998 年 12 月	68
东港区建筑工程学会	1999 年 4 月	64
东港区混凝土学会	1999 年 4 月	54
东港区建筑装饰学会	1999 年 4 月	65

续表 30-3

学会、协会名称	成立时间	会员人数
东港区医学会	1999 年 4 月	62
东港区护理学会	1999 年 4 月	54
东港区预防医学会	1999 年 4 月	68
东港区中医学会	1999 年 4 月	46
东港区农村卫生工作协会	1999 年 4 月	60
东港区药学会	1999 年 4 月	48
东港区科教电影协会	1999 年 5 月	52
青少年科技辅导员协会	2005 年 12 月	37

第二节　文学艺术界联合会

东港区文学艺术界联合会(简称东港区文联),成立于 1996 年 8 月。范奉东、王瑞德、赵东波、李西胜先后任文联主席。

2007 年,东港区文联有 5 个团体会员:东港区作家协会、东港区美术家协会、东港区书法家协会、东港区摄影家协会、东港区民间文艺家协会。

东港区文联对各团体会员开展联络、协调、服务工作。在文艺创作、理论研究、学术交流、人才培训、书刊出版、文艺评奖和权益保护等方面,对团体会员进行业务指导。加强同全国文学艺术界的联络,加强同海外侨胞中的文学艺术团体和文艺界人士的交往。依法维护团体会员和文学艺术家的合法权益,倾听他们的意见和建议,遇有困难或问题,及时请有关部门协助解决。广泛开展对外文学艺术的交流,组织和推动各个团体会员开展文化艺术交流活动,推动全区文学艺术事业的发展。在节庆日和重大纪念日组织开展文艺宣传活动。利用文艺下乡和春节等时机,组织书画作者为群众义务写春联。2007 年,为群众写春联 1200 余幅。全区文学、音乐、舞蹈、美术、书法、摄影创作风格、思路和表现形式都有突破,一批文艺作品在区内外发表并获奖。区作家协会组织“水上运动之都文学畅想”等采风活动4次，并编辑出版《海曲—水上运动之都特刊》。40多名会员在区级以上刊物发表作品。。

2007年东港区文联各专业协会基本情况表

表30-4

协会名称	成立时间	会员人数
区作家协会	2003年11月	360
区摄影家协会	2005年12月	152
区民间艺术家协会	2005年12月	83
区美术家协会	2006年11月	58
区书法家协会	2007年6月	139

第七章　残疾人联合会

新中国成立前，境内无残疾人组织。新中国成立后至20世纪80年代末，由民政部门组织残疾人员参加劳动，帮助残疾人走上自食其力的道路。90年代初，开始设立残疾人联合会，为残疾人提供康复、教育、就业、文化、体育等多方面的服务。

第一节　机构沿革

1990年5月，日照市残疾人联合会成立，与市民政局合署办公，陈刚任理事长。

1993年11月，设立东港区残疾人联合会(区残联)，与东港区民政局合署办公，韩敬亮、王建美先后任理事长。2001年10月18日，区残联从民政局分出，独立办公，夏兆明、汉玉梅、宋百忠先后任理事长。各镇、街道也先后成立相应机构，2007年，全区10个镇、街道全部设立残联组织。至2007年，全区分别成立盲人协会、聋人协会、肢残人协会、智力残疾人协会、精神残疾人协会。

第二节　主要工作

残疾人康复

1993年以来，区残联组织开展白内障复明、儿麻矫治、聋儿语训等康复工作。至2007年，全区已有2503名白内障患者通过手术复明；185例儿麻患者通过矫治功能得到恢复；79名聋儿参加了语训，有近一半的聋儿进入普通小学就读。

1999—2000年，全国开展精神病防治康复试点工作，东港区被选为样本区。经入户调查，全区共查出精神残疾病人4656人，占总人口的6.09‰。为进行智力残疾儿童的康复，区政府依托社会力量，于2004年建成日照市超越培智学校，2007年年底有在校生21人。

残疾人劳动就业

区残联落实优惠政策，采取扶持保护措施，实行集中就业与分散就业相结合的办法，安置残疾人就业。

2003年，区政府印发文件，规定各用人单位必须按1.5%的比例安排残疾人就业，达不到规定比例的单位则缴纳残疾人就业保障金，全额财政拨款单位由区财政局统一代扣，企业单位由区地税局代收。区残联鼓励和支持残疾人自谋职业，并给予优惠政策，残疾人个体从业人数大幅度增加，主要从事电器维修、用品用具维修、服装缝制、小商业、按摩医疗、工艺品制作、饮食服务以及出售书报等工作。2007年，全区有福利企业12家，安置残疾人145人；盲人按摩所17处，安排残疾人36人。全区有劳动能力的残疾人就业率达90%以上。

残疾人教育培训

1993年以来，区残联分类对残疾人进行集中培训，重点培训实用职业技能，先后建起新朋家电培训、昭阳服装培训两处残疾人职业技能培训基地。各镇、街道也建起种植、养殖、加工等各业培训基地。

2007年，全区有两所特教学校：一所是集盲、聋学生教育于一体的东港区聋哑学校；另一所是日照市超越培智学校(民办)，主要从事弱智儿童康复教育。同年，全区残疾适龄儿童在义务教育阶段入学率达 92%。

残疾人救助

主要包括白内障复明手术优惠治疗、儿麻手术优惠矫治、残疾人用品用具免费供应、贫困残疾人危房改造等项目。2003 年以来，区残联积极争取上级资金 480 余万元，配套资金 150 余万元，组织开展“五助惠残”(助居、助行、助听、助明、助医)工程。对上争引、配套资金 125 万元，为 137 户农村特困残疾人实施危房改造。筹集资金 35.4 万元，为 59 例缺肢患者免费安装假肢。投入资金 242 万元，为 1210 名农村特困白内障患者实施免费复明手术。实施免费儿麻矫治手术 68 例。免费供应残疾人用品用具 230 余件。向 176 名听力残疾人赠送助听器。向 146 名肢体残疾人赠送轮椅。为 60 名脑瘫、智残儿童提供医疗救助，接受市中

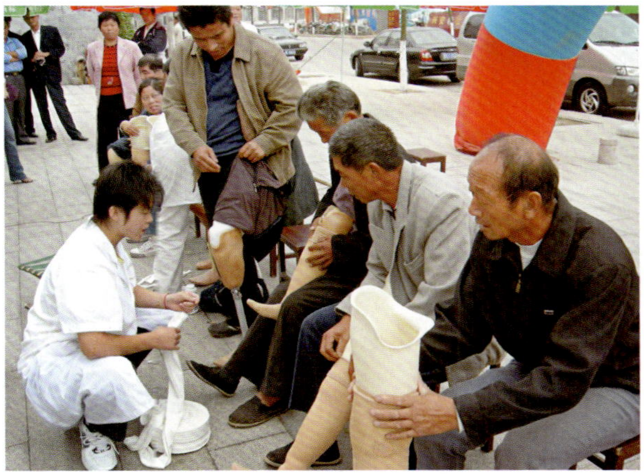

图 30-6　东港区为残疾人免费安装假肢　(摄于 2007 年)

医院和超越培智学校的康复训练。2004 年 5 月，在东辰广场举行“情系我的兄弟姐妹—帮扶贫困残疾人”捐助仪式，东辰集团等 30 多个单位捐款 10 万余元，为 25 名贫困肢体残疾人免费安装普及型假肢。2007 年 9 月，利华房产等企业捐款 7 万元，为 15 名贫困肢体残疾人免费安装假肢。

残疾人文体活动

区残联多次组织全区残疾文艺人才排练节目，参加国家、省、市的比赛，获国家一等奖 1 次、省一等奖 4 次、省二等奖 10 次。其中，盲童王宾的器乐表演曾获全国一等奖，王宾被纳入国家队，经常出国参加演出。

全区选拔的残疾运动员先后多次参加国家、省、市残疾人体育比赛。至 2007 年，累计获国家残运会银牌 1 枚、铜牌 1 枚，省残运会金牌 8 枚、银牌 15 枚、铜牌 7 枚。残疾人运动员高长龙获全

图 30-7　东港区残疾人乒乓球比赛　(摄于 2007 年)

国残运会银牌 1 枚、铜牌 1 枚，在山东省残运会上，铁饼、标枪、铅球三项成绩均打破省记录。

残疾人法律援助

1998 年，区残联与区司法局联合在海曲律师事务所设立法律援助联络站，常年为贫困残疾人提供法律援助。至 2007 年，全区已为贫困残疾人提供法律援助 24 起，挽回经济损失 50 余万元。

第八章　归国华侨联合会

第一节　组织机构

1957 年 11 月 21 日，日照县归国华侨联合会筹备委员会成立。1961 年 9 月，日照县归侨代表大会选举产生第一届归国华侨联合会委员会，袁肇扬任主席。1979 年 4 月，日照县归侨代表大会选举产生第二届归国华侨联合会委员会，张洪儒任主席。1985 年 7 月 24 日，归侨代表大会选举产生日照市(县级)第三届归国华侨联合会委员会，臧家亮任主席。1989 年地级日照市成立，侨联与外事办公室、侨务办公室合署办公。1990 年，单设日照市归国华侨联合会。1996 年 11 月 15 日，东港区归国华侨联合会成立，与区侨办合署办公。

第二节　主要工作

20世纪50年代，因朝鲜战争回国的大批华侨缺地少房，生活困难。对此，侨联动员归侨积极参加农业合作社，发展生产，困难侨民很快恢复了正常生活。中共十一届三中全会后，重点落实了各项侨务政策，加强和扩大与归侨、侨眷和侨胞的联系，使华侨和归侨积极为家乡的建设贡献力量。海外华侨、华人同日照的联系越来越密切，回乡探亲、旅游和进行经济、技术、文化、教育合作与交流日益频繁。1979—1989年，到日照的华侨、华人4350人次。1997年，启动全区农村归侨侨眷奔小康工程，绝大多数归侨、侨眷摆脱贫困。2003年，争取"日照侨务扶贫救助基金"，对东港区240余户贫困归侨、侨眷进行救助。同时，每年还开展侨务扶贫和送温暖活动，走访慰问归侨、侨眷贫困户，为归侨、侨眷排忧解难。1978—2007年，全区共走访贫困归侨、侨眷1580户次，累计发放侨务救助金42万元。接收华侨捐助公益事业资金和物资折款总额达505万元。

第九章　其他群众团体

第一节　抗敌协会

1939年7月，部分进步的国民党员和高、中级知识分子自动组织起国民抗敌协会。1940年夏，按中共山东分局提出的"要组织、要群众、要武装"的口号，要求各地大力发展抗协组织，尽量吸收国民党进步分子，大力发展自卫军武装力量。其组织名称由国民抗敌协会改为国民党抗敌同志协会，作为中国共产党领导下的国共合作的组织形式。

1940年秋，中国国民党抗敌同志协会第五分会日照县会成立，高夔宸任主任。主要是开展统一战线工作，建立抗敌自卫军(鲁光任大队长)。1942年7月13日，根据抗协山东省会部指示，各级会部改变抗协的半政党性质为广泛性的统一战线组织。抗协成员分别分配到抗日民主政府机关、文教、财经等部门工作。1942年年底，抗协成员和自卫军完成改编，抗协成员绝大多数加入共产党。至此，抗协、自卫军的工作结束。

第二节　日照县抗美援朝分会

1950年6月25日，朝鲜战争爆发，10月26日，中国人民抗美援朝总会成立。1951年3月，日照县抗美援朝分会成立，苏学文任会长，常务委员11名。主要活动：开展抗美援朝宣传，募捐支援抗美援朝战争，开展和平签名运动。县抗美援朝委员会落实抗美援朝总会《关于慰劳中国人民志愿军朝鲜人民军并救济朝鲜难民的通知》和《人民日报》社论精神，号召全县人民踊跃参加爱国募捐运动，发动群众捐献资金购买飞机、大炮，支援志愿军。全县共捐款19.98亿元(旧人民币)。其中，工人捐款911.5万元，农民捐款10.11亿元，妇女捐款183.6万元，学生捐款154.6万元，工商界捐款18万元，机关团体捐款7394.7万元，其他捐款近9亿元。朝鲜战争结束后，日照县抗美援朝分会停止工作。

第三节　红十字会

1987年1月，成立日照市红十字会，有理事会成员44名，臧全禄任会长。1990年5月，地级日照市红十字会成立，丁原胜、熊可山先后兼任会长。1994年1月，东港区红十字会成立，有理事15人，在区卫生局设红十字会办公室，厉凤莲、王延伦先后兼任会长。主要活动：开展救死扶伤、扶危济困、敬老助残、卫生救护、社区服务、推动无偿献血等。1997—2002年，先后向灾区和病患者捐献棉衣、被近1000件，面粉8吨，药品价值2.5万元，人民币3.4万元。2005年，区红十字会在全区集中开展支援特困农民参加新型农村合作医疗募捐活动，至2006年，共募集捐款4.24万元，其中，卫生系统职工捐款1.53万元。

2007年8月，美国"晨光行动"医疗队在临沂开展贫困唇腭裂患儿免费手术活动，区红十字会组织病源初筛上报，陈疃镇一唇裂患儿被确定为救助对象，得到免费手术。

第三十一编

公安　司法

第一章　公安

第一节　机构沿革

旧警察机构

明、清时期，境内司法事务由知县主管。县官升堂问案，典吏专司狱事，负责缉拿、囚禁、刑监等司法事务。光绪三十三年(1907 年)日照县衙始设巡警局。中华民国建立后，1913 年成立警察事务所。1914 年 8 月，改称警察所。1927 年 4 月，南京国民政府废除警察组织，于 1928 年成立民国日照县公安局，内设 2 个科室、3 个分局。1939 年夏，日本侵略军占领日照后，在伪县公署组建伪警察所。1947 年 11 月，还乡团成立日照警察局。1948 年 4 月，日照解放，还乡团警察局随之解体。

日照县(市)公安局

1939 年 7 月，中共日照县委成立社会部，设组织、社会两科和武装队。1940 年 11 月，社会部撤销，建立公安局，丁勋南任局长，各区设公安特派员。1942 年 5 月，县局设宣教、侦察、审讯三个股和政治保安队。1945 年 12 月，政治保卫队改为公安队，增设石臼、涛雒、安东卫、王家滩分局(所)。1947 年 7 月，各分局(所)划归海上公安局。秋，国民党军队占据日照城和石臼所，海上公安局、分局(所)相继撤销。县公安局一部分随中共日照县委机关转移，一部分组成武工队转战敌后。

1948 年 4 月，县公安局移驻日照县城。10 月，石臼、涛雒、安东卫、王家滩 4 个分局(所)恢复。1951 年 7 月，县公安局在城关后楼村北建立劳改队(砖瓦厂)。1952 年 4 月，县局设政治协理室，劳改队归属地区公安处，各村成立治保委员会。石臼边防分局撤销，石臼、涛雒、安东卫、王家滩分局(所)归县公安局。10 月，设城关派出所。1956 年 8 月，县局增设户籍股，公安队改称武装民警队。1957 年 6 月，设刑警股。1965 年，武装民警队改称中国人民解放军日照县武装中队。1966 年 7 月，武装中队归县人武部领导。1968 年 3 月，公、检、法实行军管，成立公安机关军事管制小组。同年 6 月，各边防所撤销。1969 年 6 月，除城关派出所外，各区派出所撤销。1971 年 4 月，岚山、虎山、涛雒、奎山、石臼、丝山、两城等 7 处边防所恢复。1973 年 6 月，军管组撤销，成立日照县公安局。1976 年 1 月，武装中队由县人武部交公安局领导。1979 年 12 月，日照消防中队成立。1986 年 5 月，成立日照市(县级)公安局，市局设政策法律研究室。1987 年 3 月，设立石臼消防中队。6 月，日照交通监理站交公安局管辖，改称日照市公安交通警察队。1988 年，设望海路、昭阳路和石臼所西 3 个派出所。1941 — 1966 年 6 月，王元昌、胡虹江、张济民、李西夫、邱大江、王兴伦、李仲恩、杜友传、王绍敏、周家斗、刘广启先后任局长。1946 年 7 月至 1966 年 6 月，牟善堂、崔维彬、相克昌、王汉敬、申仕宏先后任指导员(教导员)。1973 年 6 月至 1989 年 10 月，刘广启、刘再兴、焦安善(主持工作)、刘银贤先后任局长。1989 年 11 月，市公安局升格为正处级，朱士杰任局长。下设 43 个科、所、队、处、室。同年夏，市局组建巡警大队。1990 年 1 月，日照市公安局城郊分局成立，李雅庭任局长。

日照市公安局东港分局

1993 年 4 月，日照市公安局组建东港分局，李雅庭、陈永山、成荣恩、熊桂登、曾宪威、高波先后任局长。2007 年，分局设办公室等 12 个科、室及日照路等 25 处公安派出所。同年 8 月，组建东港巡逻警察大队。

1997 年 5 月，分局进行机构改革，内设指挥

图 31-1　日照市东港公安分局综合警务大厅

(摄于 2007 年)

中心等12个科、室和21个派出所。

2002年后，设职能机构34个，其中，16个机关综合科室，18个派出所。2004年5月，治安拘留所划归市公安局。2004年11月和2007年7月，分别成立大学科技园、万平口风景区派出所。

1940—2007年日照县(市)、东港区公安(分)局局长任职情况表

表31-1

机构名称	姓名	任职时间	备注
日照县公安局	丁勋南	1940年11月—1941年1月	代理
	王元昌	1942年1月—1943年1月	—
	胡虹江	1943年5月—1945年9月	—
	张济民	1945年10月—1948年9月	—
	李西夫	1948年9月—1948年12月	—
	邱大江	1948年12月—1950年10月	—
	王兴伦	1950年10月—1952年9月	—
	李仲恩	1952年9月—1953年5月	—
	杜友传	1953年5月—1953年12月	—
	王绍敏	1954年7月—1956年7月	—
	周家斗	1956年7月—1960年4月	—
		1962年6月—1966年6月	—
	刘广启	1960年5月—1962年5月	—
		1973年6月—1976年4月	—
	刘再兴	1976年5月—1978年2月	—
	焦安善	1978年3月—1984年4月	—
	刘银贤	1984年5月—1985年5月	—

续表31-1

机构名称	姓　名	任职时间	备注
日照市公安局	刘银贤	1985年5月—1990年3月	县级
	朱士杰	1990年4月—1995年6月	地级
城郊公安分局	李雅庭	1990年1月—1993年3月	—
东港区公安局	李雅庭	1993年4月—1994年8月	—
	陈永山	1994年8月—1995年10月	—
	成荣恩	1997年2月—2000年8月	曾任政委
	熊桂登	2000年8月—2005年4月	—
	曾宪威	2005年4月—	—

第二节　惩治反革命

锄奸反特

1939年7月，中共日照县委成立社会部，负责锄奸保卫工作。各基层党组织也建立锄奸机构，与县委社会部配合，形成锄奸网络。1940年，县公安局建立后，各区设公安特派员，部分村设公安员，组织和领导锄奸工作。至1944年年底，共设村公安员185人，负责指导民兵、儿童团、识字班等工作。同时，设置岗哨、路卡，实行“路条制”，盘查行人。1943年春，县公安局选派24名侦察员，深夜袭击栈子伪乡公所，活捉伪副乡长周仙洲，布告其十大罪状并将其正法。1946年6月26日，丝山区贾庄村联防队队长张传汉，在去各村下通知途中被害，侦察人员在群众的协助下，逮捕了杀人凶手国民党特务王玉英、韩友廷，摧毁被敌人控制的村政权。1946年春至1947年夏，县公安局先后在丝山、奎山、碑廓等地，破获一批特务制造的暗杀、夺权案件，镇压了费华亭、于培菊等特务分子。其间，公安局还组织千余名民兵，

多次对潜伏在丝山、河山的武装匪特进行清剿。1947 年年初，县公安局在汾岚区召开 4000 余人的反蒋特大会。会上，国民党特务王凤久坦白自己的罪行并检举国民党特务分子徐元三。根据党的宽严政策，大会当众释放王凤久。特务分子陈家聚在大会上狡猾抵赖，激起公愤，受到严惩。1948 年 3 月至 1949 年 10 月，共收押处理匪特 46 人，顺利完成锄奸反特工作。

对反动党、团、特清查登记

1948 年 4 月日照解放后，原外逃的日伪军、政、警、宪、特人员以及国民党党、团骨干分子陆续返回家乡，流散于城乡各地。1949 年春，根据鲁中南区党委指示，对返乡的旧军、政、警、宪、特人员进行登记。

1953 年 6 月，公安机关对蒋军、政、警、宪分子和国民党党、团、特成员进行逐村逐人清查、登记造册。到 1959 年 3 月，清查、登记工作基本结束。

取缔反动会道门

1939 — 1940 年，日照县境内会道门名目众多，活动频繁。主要有“万仙会”“九宫道”“一贯道”“圣贤道”“后天道”“铁板会”“同善社”“九宫老母道”“甘珠尔瓦呼图克图”等 10 多种，分布在全县 590 多个村庄。据统计，有道首 333 人，办道人员 359 人，道众 2 万余人。

反动会道门“铁板会”道首陈善恩，1942 年充当土匪进行绑票活动。1947 年，国民党军占据石臼所时，陈善恩仿照特务刘世芹手章印制特务证件，进行特务活动。1950 年 9 月 9 日，密召五莲、藏马(今胶南)、日照三县的道首，成立 12 人的承办委员会，声称要“坐皇帝”，动员会众准备在美蒋“反攻大陆”时举行暴动。

1946 年，以迟兆红、陈爱民为首的“万仙会”，在县城北组织 100 余人阴谋暴动。

1951 年春，公安机关对反动道首进行登记。5 月 10 日，逮捕道首 67 名。在城关、安岚、涛雒、石臼、河山、沈疃 6 个区、镇设立登记具结点，对办道人员和道众进行登记、具结。对罪恶较轻的不够捕办的道首、盘主实行管制。对一般受骗道众，只要声明退道，保证不再重新活动，一律从宽处理。至 1953 年，共处理道首 179 人。其中，镇压 7 人，判刑 80 人，管制 92 人，公开活动的会道门组织基本被摧垮。1959 年，“九宫老母道”头子郭建旌先后在日照、五莲两县的 6 个区 27 个村发展道众 157 人，继续进行反革命活动。1962 年，大道首宋书勋、翟瑞平在巨峰、大坡发展道徒 99 人，公开集合 5 次。案发后，公安局及时予以取缔。经过多次取缔打击，境内反动会道门基本绝迹。

镇压反革命

1950 年 4 月 20 日，中共日照县委、县政府，在城北区沙沟村召开群众大会，公审并处决 1947 年杀害县委宣传部部长尹仲岩的刽子手刘嘉山、苏照乾等人。4 月 28 日，在涛雒召开公审大会，判处伪“和平军”少将司令陈成功等反革命分子死刑。按照 1950 年 10 月中共中央发出的《大张旗鼓地镇压反革命》的指示和 1951 年 2 月 21 日公布的《中华人民共和国惩治反革命条例》，在全县开展镇压反革命运动。1951 年 5 月，镇反运动达到高潮。5 月 1 日，全县举行镇反大游行，并在城关、安岚、沈疃、两城、巨峰五区、镇召开 6 万余人参加的群众大会。会后，处决杀人犯阮永安、潘子林、葛世合等 20 余名罪犯。

第三节　治安行政管理

新中国成立初期，公安机关依照人民政府政策法令，重点打击流氓、盗匪，取缔烟馆、赌场、妓院。1953 年后，主要加强治安基础业务建设和组织建设，完善各项管理制度。1957 年 10 月，《中华人民共和国治安管理处罚条例》发布后，公安机关依法实施社会治安管理。1960 年，公安机关遵照日照县委、县政府关于生产救灾紧急指示精神，一手抓安置教育，一手抓安置管理。严格区分和正确处理敌我矛盾与人民内部矛盾，稳定暂时困难时期的社会治安。“文化大革命”期间，治安管理受到冲击。1978 年 8 月，恢复建立治安管理机构，完善治安管理技术装备，治安工作进入规范管理阶段。

户政管理

常住人口管理　1945 年 12 月，石臼、涛雒公安分局在沿海首次进行户口登记。1946 年，县公安局对外逃还乡人员进行登记，为镇压反革命提供线索。

1949 年春，日照县公安局正式实施户口管理。1950年2月，县公安局推行户口登记制度，对城镇常住人口的出生、死亡、迁出、迁入进行登记。1956年8月，加强农村户口管理，建立户口年报制度。1958年，按《中华人民共和国户口登记条例》要求，县公安局对全县户口进行全面登记、核对，建立户口登记簿。1960年3月，全县核对常住人口70万人。

1981—1982年，常住户口由卡片管理改为簿册管理，由公社管理改为派出所管理。1982年7月至1984年年底，石臼、城关、岚山的25个村4.46万人先后由农业户口转为非农业户口。

1987年8月，按照《中华居民身份证条例》，对16周岁以上公民颁发居民身份证。1991年，居民身份证实行微机管理。1992年，在部分基层公安派出所推行人口信息计算机系统管理。1996年，对出生人口统一使用“出生医学证明”。东港公安分局及派出所全部实现人口统计微机化管理。

图31-2　东港公安分局民警上门发放户口薄　（摄于2004年）

1997年，实行公民身份号码制度。1999年，居民身份证编号全部由15位升为18位。12月，完成“百城联网”，实现全国几百个城市人口信息资源共享。2002年，石臼、山海天等10个边防派出所正式管理辖区内常住人口、暂住人口和重点人口。

图31-3　东港公安分局户籍民警上门照相，办理二代身份证　（摄于2007年）

2003年2月，全面开展人口基本信息项目纠错工作，共纠正错项1.5万人次。

2005年6月，进行换发第二代居民身份证工作。2006—2007年，共换发第二代居民身份证35.29万张，办理户口手续14.2万余份。2007年7月，全区户政系统开始推行网上办公。8月，在秦楼街道泰安路社区、日照街道芙蓉社区、石臼街道阳光社区，开展居民户口属地化管理试点工作。

暂住人口管理　1958年，日照县公安机关对来本县暂住3日以上的人员办理暂住登记。“文化大革命”期间，暂住人口登记管理混乱。1985年，公安机关开始建立城镇暂住人口管理制度。1987年，全市暂住人口管理工作全面开展。

1991年4月，开始对城区暂住人口、房屋租赁户进行整顿清理。1995年，建立分局、派出所、用人单位三级管理机制，层层签订《暂住人口治安管理责任书》。1996年，在望海路派出所进行试点，对暂住人口实行常住化管理。

1997—2007年，区公安机关对年满16周岁、暂住30日以上的人员进行发函调查、清理整顿。1999年，实行分类管理。2004年，登记暂住人口1.92万人。在暂住人口中，破获刑事案件271起、治安案件938起、抓获逃犯35人。

2007年，区内暂住人口5万余人，租房2万余间。

公共秩序管理

公共场所管理　新中国成立初期，公安机关集中缉捕盗匪。运用查禁、取缔、收容等手段，加强公共场所治安管理。1954年后，在公共场所建立群众性治安保卫组织。“文化大革命”期间，公共秩序较乱。

1980年7月，县公安局抽调31名民警分两个小组，到社会治安问题较多的场所进行专项整顿。1989年，市公安局出动警力800余人次，整治公共场所1100余处(次)，抓获违法犯罪嫌疑人283人，治安拘留67人，治安处罚153人。1990年，市公安局开展扫除“六害”(卖淫嫖娼、制作贩卖传播淫秽物品、拐卖妇女儿童、私种吸食贩运毒品、聚众赌博和利用封建迷信骗财害人)活动，对公共场所治安进行专项整治，抓获违法犯罪嫌疑人176人，治安拘留92人。1992年，市公安机关对酗酒闹事、流氓滋扰等进行整治，摧毁流氓犯罪团伙3个，拘留14人。

1993—1996年，东港分局清查出租房屋3678间，整改舞厅、发廊、洗浴、餐饮等1200余家(次)，查封违法放像点17处，收缴非法书刊1200册。1999—2004年，开展治理整顿公共秩序活动，拆除包厢1300余间，整顿歌舞娱乐场所49家，取缔9家游戏厅，查处赌博案件17起，违法经营场所137家。对辖区内各类公共娱乐场所、文化市场进行拉网式清查，审核发证128家，检查500余家(次)，刑拘12人，取保候审7人。开展网吧专项整治，推行上网实名制和"一卡通"，取缔非法经营场所26家。2006年，打造电子监控城，年底建区域监控室35个，安装监控探头2800余个、红外线报警器1200余只。市、区300余家党政机关、企事业单位、村居及20余个重点路口、治安卡点安装技防监控设施。在大学科技园、黄海路、大沙洼林场派出所建成监控中心，通过动态监控系统抓获犯罪嫌疑人32名，破获各类案件65起，预防、制止案件143起。对公共娱乐场所和特种行业开展清查整治，取缔非法经营场所38家。2006年，建立城区治安巡防队巡线、派出所110机动队巡块、机关民警夜间巡逻队巡面，实行街面网格化布警，市区街面违法犯罪同比下降15.2%。同年，圆满完成国际470级帆船世界锦标赛、联合国新丝路明珠城市申报大型公益路演等120余次大型活动安保工作。2007年，组织动员全警参与街面治安巡逻，实行"网格化"布警，最大限度地把警力摆在街面上，让群众时刻感到"警察就在我身边"。

图31-4　泰安路派出所监控中心　　(摄于2006年)

图31-5　东港公安分局进行夜间巡查　　(摄于2005年)

查禁烟毒　鸦片战争以后，历代政府屡颁禁令，不许贩卖和吸食鸦片，但没有禁绝。

1940年，抗日民主政府在根据地内，大力宣传吸食鸦片的危害，明令禁止种植罂粟、吸食鸦片，对吸毒成瘾者进行登记教育，对违法种植、泡制、贩卖毒品者依法查处。

1943—1950年，公安机关依据《山东省禁烟治罪暂行条例》《山东省禁毒治罪暂行条例》，对制造鸦片和栽种罂粟，运输、贩卖鸦片，设立场所、提供鸦片及烟具，吸食鸦片，对制造和运输吗啡、高根、海洛因及其化合物或配制而成各色毒丸，意图营利为他人施打吗啡或设所供人吸食毒品，施打吗啡或吸食毒品者，都进行治罪、处罚。

新中国成立后，公安机关对贩运、制造、吸食毒品以及经营烟馆、种植罂粟者，采取坚决查禁措施。1949—1952年，日照县共抓获贩卖烟毒者6人，均予以严厉惩处。

20世纪80年代，种毒、贩毒、吸毒活动又重新抬头。公安与司法、民政、卫生、教育、宣传部门联合，从打击贩毒、清除种植、杜绝生产等方面进行综合治理。

禁止赌博　新中国成立前，有些旅店、烟馆、贸易商行与军警官吏勾结开设赌场。部分反动官吏嗜赌成癖，攫取暴利，坑害人民。1943年4月，按照山东省战时工作推行委员会发布的关于惩治赌博罪的训令，县公安机关多次打击聚赌分子。1948年3月至1949年10月，日照县抓获处理赌头、赌棍59人。

新中国成立后，人民政府明令取缔赌场，禁止套圈、设彩等变相赌博活动。公安机关打击一批赌头、赌棍和惯赌分子，赌博风基本刹住。1957

年，日照县南湖区部分村庄赌博成风，县公安局于8月中旬，将58名赌博分子集中起来进行教育，打击少数屡教不改者。1962年，公安机关集中力量进行打击，抓获、严惩35人，赌博歪风被禁止。

80年代，县公安机关贯彻公安部《关于禁止赌博活动的通知》，在农闲季节开展禁赌宣传。对偶尔参加赌博或变相赌博的群众，进行批评教育，对结帮聚赌、恶习较深的送劳动教养或给予治安处罚，对赌头、赌棍和惯赌分子依法从严打击。1987年7月13日，市公安局在虎山乡驻地召开群众大会，公开处理赌博分子195名。

1993—1994年，抓获赌博人员57名。1997年，开展打击"黄、赌、毒"专项斗争，成立专案组，查处该类案件109起，抓获各类违法分子287名。1998年，组织人员开展拉网式清查，收缴带有赌博性质的电子游戏机87台。1999年，取缔电子游戏厅48家，没收赌博性质电路板673块，破获赌博案件13起。2001—2007年，查处赌博案件62起，处理涉赌人员54人。

取缔娼妓与扫黄打非 新中国成立前，日照县城、涛雒、石臼所等地都有明娼或暗妓。新中国成立后，公安机关采取"有计划地限制和逐步取缔"的办法，通过严格管理和限制，暗娼、嫖客在境内绝迹。

从1981年开始，市公安局每年都组织人力查禁淫秽物品和个体营业性录像放映点。1987年7月，在全市范围内开展扫除卖淫、传播淫秽录像物品专项行动。1989年8月，对经常发生酗酒闹事、流氓滋扰问题的饭店、舞厅进行整顿。同年，查处复制、贩卖、传播淫秽物品案件40起，查处违法人

图31-6 东港公安分局集中销毁淫秽音像物品 (摄于2003年)

员121人，收缴淫秽书刊、扑克、录像带等200余份。

1991—1992年，市公安机关组织开展大规模"扫黄"、除"六害"专项行动。两年内查获卖淫嫖娼案件204起，治安拘留27人，取缔卖淫窝点16处。1992年，查获卖淫团伙2个，查处违法人员183人，取缔卖淫窝点3个，查处介绍、容留卖淫嫖娼案件15起，违法人员16人。查获传播淫秽物品团伙2个，查处违法人员13人，收缴淫秽录像带180盘，淫秽扑克99副。

1993—1996年，东港区公安分局收缴淫秽光盘300余盘，抓获嫖娼人员154名。1998年4月到2001年，查处卖淫嫖娼案件167起。2003年，查处卖淫嫖娼案件45起，处理128人，捣毁卖淫窝点13处。

2005—2006年，开展打击"黄、赌、毒"专项斗争，查处黄、赌、毒案件199起，处理558人。2007年，查处"黄、赌、毒"案件41起，刑事处理36人，行政处理205人。

特种行业管理

新中国成立前，公安机关对旅店业、刻字业、修理业、旧货摊、车行等特种行业的管理处于失控状态。

1950年，境内有旅店和饭店51处，刻字社1处。1951年8月，根据公安部颁布的《城市旅栈业暂行管理办法》《印铸刻字业管理暂行规则》《无线电器材管理暂行办法》和《公共娱乐场所管理暂行规则》，公安机关加强对特种行业管理。1954年10月，公安局对印铸刻字业进行全面检查登记。规定凡刻制机关、团体、首长、学校公章，要有机关证明函件，否则一律不刻。1964年11月，对4种行业进行整顿，重新换发营业证。1982年，公安局会同工商局，全面整顿特种行业，依法取缔16处非法营业点。1989年年底，全市特种行业233处。其中旅店175处，旧货业35处，刻字业23处。1990—1991年，公安机关多次专项治理废旧收购业，取缔违法违规收购点30处。1995年8月21日，按市公安局要求，东港公安分局对旧货业和刻字业进行集中整顿。1996—1997年，对区域内的饭店、旅馆、舞厅发廊、卡拉OK厅、车站及流动人口聚集区，多次进行拉网式清查。先后清查重点部位、重点区域、重点场所2万余处

(次)。2000 — 2002 年，在全区旅馆业分三批推行住宿登记计算机联网管理，先后有 72 家旅馆安装该系统。2003 年，在 183 家旅馆安装“微机”或“旅安通”信息系统。2004 — 2006 年，开展网吧专项整治，推行上网实名制和“一卡通”。2006 年，全区有特种行业 582 处，其中，旅馆业 563 处，刻字业 16 处，典当业 3 处。2007 年，办理特种行业许可证 38 家，全区特种行业增至 620 处。安装旅馆业联网登记系统 110 家，规范民俗旅游户 320 家，整顿开锁业户 13 家，清理整顿刻字业户 21 家，规范旧货业户 38 家，印刷业户 239 家。办理公共场所安全审查合格证 32 家，检查规范公共场所 1032 家。对全区的 1420 家旅馆、公共场所进行安全常识和法制教育培训。

枪支弹药和危险物品管理

枪支管理　新中国成立前，民间枪支无人专管。新中国成立后，根据公安部《枪支管理暂行办法》，公安机关对配置枪支弹药的单位和个人进行不定期检查。对枪支配置、管理、使用等都作出规定。

1965 年，公安机关对所有枪支弹药进行收缴。1969 年，对散存在社会上的枪支弹药予以收缴，后按规定配发。

1981 年 4 月 25 日，根据公安部颁布实施的《中华人民共和国枪支管理办法》和省政府清理枪支的通告，公安机关对枪支配发范围进行严格界定。1983 — 1986 年，对配备枪支弹药的单位和个人，实行登记、检查，收缴散存在社会上的枪支弹药。1987 年，市公安局收回不应配置的、应予以报废、淘汰的枪支并逐一登记建卡。

图 31-7　东港公安分局公安人员清点收缴的非法枪支（摄于 2006 年）

自 1990 年，市公安机关逐步建立健全枪弹管理档案，制定下发《日照市公安局枪支管理规定》，对枪支的保管、使用、检查等各个环节都做出明确规定。1993 — 1999 年，共收缴各式非法枪支 785 支，子弹 5000 余发。

2001 年，东港公安分局在全区开展治爆缉枪专项行动。制定下发《枪支弹药、爆炸物品、烟花爆竹专项整治工作方案》。2003 年 5 月，完成武器库(室)报警监控系统标准化建设。2005 — 2007 年，收缴非法枪支 143 支，炮弹 2 枚，手榴弹 5 枚，仿真枪支 3 支，子弹 200 余发。2007 年 8 月 6 日，东港公安分局在海曲东路一大院内，捣毁一制造、储存枪支窝点，当场抓获孟某等犯罪嫌疑人 3 名，查获用于加工枪支的机床 7 台、各类枪支散件 1200 余件。

易燃易爆物品管理　新中国成立初，公安机关组织收缴、销毁了大批战争年代遗留在社会上的炮弹、地雷、手榴弹等军用爆炸物品。1957 年 12 月 9 日，根据公安部公布的《爆炸物品管理规则》，对炸药的生产、购买、销售、储存、运输等作具体规定。生产炸药要有许可证，购买要办购买证。“文化大革命”期间，爆炸物品管理工作受到冲击。

1982 年，日照县对爆炸物品进行全面检查，共收缴炸药 1.13 万千克，雷管 4210 枚，导火索 3.2 千米，灰药芯子 1.75 万根。1984 年，将爆炸物品生产、储存、销售、运输、使用等环节，纳入治安部门管理。1985 年 6 月，市公安局重新制定《爆炸物品管理暂行规定》，确定爆炸物品专门供应点。1985 年年底，全市使用爆炸物品的单位 770 个，其中常年使用的有 169 个。

从 1990 年始，市公安局重点加强对使用爆炸物品人员进行安全和技术培训，对烟花爆竹销售网点进行清理整顿。1993 — 1999 年，共收缴雷管 1 万余枚，导火索 2 千千米，剧毒放射性物品 308 千克，黑火药 1000 千克，取缔非法经营摊点 67 处，关闭不达标烟花爆竹摊点 22 家。

2001 年，推行爆炸物品管理“一条龙”服务，实行日领日清制度，根除乱买乱卖和私存现象。2002 年，对全区 188 家业户的作业人员进行培训，重新对 520 个爆破证进行审核、换证。2003 年，制定《民用爆破器材、烟花爆竹专项整治实施方案》，对爆破公司、烟花爆竹生产经营业户进行日常管理。对位于闸市的大昌集团仓库进行选址搬迁。2004 年，对烟花爆竹的制造、运输、销售等实行定点、定位。2005 — 2006 年，对经营爆炸、剧毒等危险物品行业进行严格管理。依法取缔非法经营业户 26 处，收缴炸药 200 余千克、烟花爆竹 60 余万头。2007 年，开展打击涉爆涉枪违法犯罪活动。共处理各类涉爆案件 9 起，行政处罚 12 人，刑事拘留 6 人，收缴炸药 52 千克，雷管 78 枚，导爆索 0.26 千米，土质鞭炮、烟花弹等 128 万头。先后开展 12 次安全隐患大检查，排除安全隐患 80 余处，提出整改意见 50 余条。

自行车管理

1975 年始，公安局协助工商部门对自行车实行管理。对新车发牌照、发行车执照并打钢印。1982 年，县公安局成立自行车管理所。

至 1989 年年底，全市共登记自行车 27.22 万辆。1992 年，开始对自行车进行登记、换牌和年审。1998 年，全区登记自行车 18.59 万辆，共审验 8.49 万辆。

至 2001 年，全区共登记自行车 31.56 万辆。2002 年后，公安机关不再管理自行车辆。

基层治保

治安联防组织　1943 — 1945 年，日照县在各村设立村公安员，以反奸细斗争为中心工作。1946 年，各村以农救会为主，民兵队、妇救会、妇女识字班、儿童团等各种组织联合，组成治安保卫组织。

新中国成立后，群众自发组织，成立多个治安联防队，维护社会治安。1951 年 9 月，取消村公安员，在大部分乡建立治安保卫委员会，部分村建立村治安小组。1973 年，日照县各行政村、县直单位大部分恢复建立治安保卫组织。

80 年代，城区、乡镇农村建立各种形式的治安联防队，协助公安机关巡逻执勤，防范、打击现行违法犯罪活动，调解治安纠纷。

1993 年，在全区农村推行社会治安综合治理“细胞工程”建设，各村划分治保小组，小组包户，层层签定治安承包责任书。1995 年，村村成立以民兵为主的治安巡逻队，进行站岗巡逻。在市、区直属单位内部建立保卫大队和经济民警队，实行街道联防、商业联防、厂企居(街、村)联防。在铁路沿线，建立路、村联防，保证铁路畅通安全。2003 年，新建保卫组织 40 余个。2004 — 2006 年，公开招聘保安员，组建村级治安巡逻队，推行“十户联组”，建立农村治安预警机制。2007 年，在城区组建社区巡逻队、治安联防队和护村队 1100 个，专兼职保安人员 5000 余人。

110 报警服务　东港分局于 1996 年年底，开通 110 报警服务台，接受责任区报警服务。2001 年 4 月，在全市率先推行 110 警务运作机制，将 110 处警机动大队的 3 个中队分别下沉到东港城区 3 个派出所。同年，东港 110 民警共查处案件 703 起，查获各类违法犯罪分子 1035 人，调解各类纠纷 387 起，便民服务 964 次。2001 — 2007 年，110 接警 35.06 万起，通过报警查案 1.48 万起，破案 7980 起，调解纠纷 2.46 万起，帮助群众排忧解难 3.57 万多起。

社区警务　2001 年，分局在太阳城市场、芙蓉小区分别建立社区警务室。各配备民警 1 名，联防队员 6 名，组织治安巡逻，带领市场业主及小区居民开展群防群治工作。2002 年，按照市公

图 31-8　社区治安联防队员巡逻　（摄于 2004 年 3 月）

图 31-9　日照街道昭阳社区警务室　（摄于 2005 年）

安局、民政局《关于加强社区警务建设的意见》，东港分局率先在城区各派出所调整民警责任区和警力配置，建成社区警务室13个，配备社区民警23人，治安联防队员50人。2003年，各乡镇派出所实行民警驻村制，开始建立农村警务室。在城区，建立全封闭小区82个，18处村居安装监控和设立警区，安全小区覆盖面为81.2%。2007年年底，全区有农村和社区警务室107个，治安查报站5处。全区有100余个机关、事业单位、240余个社区村居、130余家企业安装电视监控系统，摄像监控探头3260余个。分局和市区派出所全部建成监控中心，并实现系统联网。全区利用技防监控系统抓获违法犯罪嫌疑人59名，侦破各类案件60余起。

第四节　打击刑事犯罪

抗日战争、解放战争时期，公安机关的主要任务是打击抢劫、杀人、盗窃、贩毒等刑事犯罪。新中国成立初，公安机关先后设置专门机构，配备专业侦查力量，打击刑事犯罪。60年代，国民经济遇到严重困难，公安机关依法从严惩办一批进行抢劫、杀人、投毒和盗窃的严重刑事犯罪分子。“文化大革命”期间，过分强调依靠群众“专政”，公安机关的刑侦专业技术手段被取消。1978年后，公安机关全面恢复刑侦技术和其他专业手段，对办案人员进行刑事侦查和破案技术培训，充实壮大刑事侦查队伍。1983年8月至1986年12月，开展严厉打击刑事犯罪活动(简称“严打”)，依法从重从快惩处一批严重刑事犯罪分子。此后开展“打击流窜犯”“追捕逃犯”“三打一禁”(打击团伙犯罪嫌疑人、打击“车匪路霸”、打击拐卖妇女儿童，查禁卖淫嫖娼)等专项斗争，破获一批重大刑事案件。东港分局成立后，全区公安机关适时组织专项斗争和破案会战，维护社会治安稳定。

侦查破案

新中国成立前，日照县公安局侦查工作的重点是反奸反特，打击汉奸特务与地方汉奸爪牙。1946—1947年，县公安局先后破获丝山、河山、奎山、碑廓等地多起特务暗杀、潜伏、夺权等案件。

新中国成立后，公安机关的主要精力用于清查、搜捕、镇压历史反革命分子，打击会道门，侦破敌特组织。1954年以后，公安机关把保卫社会主义集体经济和侦破凶杀、抢劫、盗窃、强奸等各种刑事案件作为重点。到1958年，刑事发案率一直比较低，城乡社会秩序良好。1958年6月，县公安局利用典型案例，深入全县17个集市和121个不同场所，开展法制宣传。1960年前，境内一直保持低发案率，高破案率。

1970年，全县开展打击历史反革命、现行反革命运动，破获反革命集团、反革命组织案件20起，计233人。清查出长短枪10支、子弹5556发。挖出贪污盗窃分子1478人。收缴贪污盗窃金额74.21万元，粮票6.09万千克，布票7.10万尺，煤票56.19万千克。1977年1月25日开始，日照县公安局集中力量清查打击流窜犯罪活动，抓获流窜犯5人，审查重大流窜嫌疑犯9人。4月20日，全县进行治安大清查，共逮捕犯罪嫌疑人10名。

图31-10　东港公安分局巡警大队抓获犯罪嫌疑人（摄于2005年）

从1983年8月10日到1987年1月31日，共进行3次“严打”，抓获各类违法犯罪分子762名，摧毁犯罪团伙39个，破获各类案件3097起，缴获枪支匕首等凶器61件，子弹、手榴弹、雷管4746枚，炸药3584千克。1989年，全市共发生刑事案件262起，其中杀人、抢劫、强奸、伤害等暴力性案件86起，盗窃与诈骗钱财案173起，破案率93.5%。

1991—1992年，日照市破获重大刑事案件158起。

1993—1995年，东港分局破获重特大刑事案件258起，摧毁各类犯罪团伙54个，抓获团伙成员272人，缴获赃款赃物折款539.74万余元。

1996 年，开展“学济南交警、树公安新风”活动，立案 276 起，破获各类刑事案件 223 起，摧毁犯罪团伙 18 个，缴获赃款赃物折款 500 余万元。相继破获“5·26”爆炸杀人案及“8·12”“9·21”“10·13”“11·13”杀人案等一批大案、要案。

1997 年，破获各类刑事案件 171 起，摧毁犯罪团伙 15 个，缴获赃款赃物折款 225 万元。同年 7 月，成功侦破正阳路居民出租车司机陈亮被杀案以及日照公路局职工韩立奎被抢劫杀害案等大要案。

1998 年，开展“公安队伍素质建设年”活动，破获重特大刑事案件 153 起，摧毁犯罪团伙 30 个，缴获赃款赃物折款 105.69 万元。

1999 年，做好建国五十周年大庆和澳门回归安全保卫工作。破获各类刑事案件 517 起，摧毁犯罪团伙 36 个，缴获赃款赃物折款 138.04 万元。破获市棉麻公司临时工李建军“5·1”被杀案等命案 10 起。

2000 年，破获刑事案件 872 起，摧毁犯罪团伙 43 个，缴获赃款赃物总价值 235.19 万元。是年，开展“打拐”专项斗争，解救被拐卖妇女 268 名，遣返 12 名，就地安置 256 名。抓获人贩子 15 名，买主 132 名。2001 年，相继开展春季“打黑除恶”、夏季打击盗抢、秋冬季网上追逃等专项行动。全年共立案 2056 起，破获各类刑事案件 1351 起，摧毁犯罪团伙 47 个，收缴各类赃款赃物总价值 206.07 万元。

31-11　东港公安分局组织集中认领被盗手机等物品

（摄于 2003 年）

2002 年，先后开展 4 次集中统一行动。共立案 2803 起，破获各类刑事案件 1366 起，摧毁犯罪团伙 21 个，缴获各类赃款赃物总价值 364.43 万元。

2003 年，立案 3201 起，破获各类刑事案件 1603 起，摧毁犯罪团伙 107 个，缴获各类赃款赃物总价值 380.21 万元。先后抓获各类逃犯 126 名。其中，网络追捕逃犯 41 名。一批积案、大要案相继告破。

2004 年，在创建“平安东港”活动中，开展专题性、季节性、区域性严打整治，共破获刑事案件 1709 起，打掉犯罪团伙 117 个、霸痞团伙 12 个。

31-12　东港公安分局组织集中认领被盗摩托车等物品

（摄于 2003 年）

2005 — 2006 年，开展治安专项行动，立案 5369 起，破获刑事案件 4380 起，打掉犯罪团伙 177 个、霸痞团伙 25 个。破获“两抢两盗”案件 3026 起，端掉传销窝点 96 处。2007 年，东港公安分局破获刑事案件 2671 起，抓获刑事犯罪嫌疑人 835 人，打掉犯罪团伙 60 个，缴获赃款及赃物折款 125.8 万元。

刑侦工作管理

1996 年，东港公安分局建立刑侦破案奖惩办法和刑侦干警享受特殊岗位补贴制度。1997 年，制定出台《刑侦岗位目标责任考核办法》《侦破刑事案件奖惩办法》《刑侦干警竞争上岗实施办法》等规章制度，落实破案责任制。2003 年，实现刑侦工作科学化管理。以侦破现行案件数、逮捕疑犯数、追逃数等基本指标，对刑警大(中)队、刑侦民警进行业务考核。2004 年，加强刑侦信息网络建设、情报资料建设、技术装备与基础业务建设。建立主办侦查员制、搭档制等管理制度。2005 年，建成以分局为中心、连接各派出所、机关各科室的分局公安网站和综合信息查询平台。2006—2007年，分局制定《东港公安分局刑警大队等级化管理考评细则》《东港公安分局刑警大队绩效考核、队伍管理考核标准》，每月考核结果，定期网上通报。

第五节　打击经济犯罪

1999年，东港公安分局经济文化保卫科开始受理经济犯罪案件。2002年，经济文化保卫科改名为东港分局经济犯罪侦查大队，负责经济犯罪案件的侦查工作。2007年，东港分局经济侦查大队共受理刑事案件32起，立案31起，破案31起。其中，非法经营案件18起，合同诈骗案6起，职务侵占案1起，一般诈骗案2起，虚开增值税专用发票案、出售非法制造发票案、购买假币案、妨害公务案各1起。抓获犯罪嫌疑人65名(其中抓获上网逃犯13人)，提请逮捕25人，取保候审24人，劳动教养2人，移送起诉45人，涉案金额6000余万元。

1999—2007年东港公安分局受理经济案件统计表

表31-2

年份	立案情况（起）	破案情况（起）	抓获犯罪嫌疑人（名）	挽回经济损失（万元）
1999	20	17	30	230
2000	28	27	32	292
2001	17	15	20	265
2002	18	18	29	216
2003	26	26	43	570
2004	24	26（积案2起）	55	400
2005	38	38	75	390
2006	33	36(破坏生产经营案3起)	95	1650
2007	31	31	65	2700

第六节　交通管理

交通管理机构

中华民国时期，境内交通管理由县建设科负责。新中国成立后，交通管理先后由公路站、交通局负责。1979年，成立交通监理站，隶属交通部门。1987年6月，日照市交通监理站整建制划归公安局。同时，成立日照市公安交通警察大队。1990年6月，市公安交通警察大队更名为日照市公安交通警察支队，下设两城、日照、汾水三个检查站。1991年6月，设立日照市机动车驾驶员培训队，开展汽车驾驶员培训工作。1993年9月，交警东港大队组建，由市公安局交警支队实行人、财、物直管。1997年，成立东港公路巡逻民警大队、中队，组建交警大队“122”报警服务台。2007年，东港交警大队设10个科、室、所、队，在编民警47人。

交通管理设施

1989年以前，日照市在海曲路日照百货大楼路口、人民商场路口、海曲公园路口和黄海一路与海滨二路路口、海滨三路路口设置5处红绿灯，在3处路口设置岗亭。

1990—1999年，在日照市区重要路口安装10处红绿灯，在东关路与兴海路路口、海曲路日凯酒店路段分别安装闭路电视监控系统和超速监测仪。日照城区交通标线，总长56千米，交通标志68面。2000—2004年，在交通路口安装LED光源长臂式信号灯、横道灯、倒计时器等电子监控系统。在有关十字路口安装21处红绿灯，5处灯控设施、3块交通电子诱导屏。设置1台集违章抓拍、牌照识别对比、超速抓拍为一体的移

图 31-13　交通监控中心　　　　　　(摄于 2004 年)

动式电子警察装置，在市区主要路段巡查监控。至 2007 年，在 113 处路口安装红绿灯，在 45 处路口安装电视监控及电子警察。设置交通标志牌 1100 面，交通安全护拦 1.2 千米，施划交通标线 2690 千米。在广场、大型单位门前及道路两侧施划临时停车位 3200 余个，市区 4 处路段施划摩托车专用车道。

道路交通秩序管理

1951 年，沂水专署莒县公路管理段在涛雒建立公路管理站。1954 年，日照县人民政府设立交通科，在石臼、岚山设立交通管理站。1974 年，日照县交通局设立车辆监理站。1979 年，改称县交通监理站。1983 年，成立日照县城区交通管理队。1982 — 1989 年，开展禁止公路打场晒粮、公路疏通清障、查违章、查隐患、查事故苗头活动。1988 — 1989 年，清除违章摆摊设点 566 处，拆除违章建筑 110 起。1990 年，交警按照“高峰站点、低峰巡线”的方式上路执勤。

图 31-14　东港公安分局集中整治占道经营
(摄于 2003 年 5 月)

1991 — 1995 年，对无牌无证机动车、违章占道摊点、客运车辆、酒后驾驶进行重点治理。实行早、晚交通高峰期上岗执勤制度。共查处交通违章 17.66 万余起。1996 — 1999 年，实行“点巡结合”和路段承包责任制，学习济南交警，规范路面执勤。2000 — 2005 年，开展创建“平安大道”和

图 31-15　东港交警大队交警指挥交通　(摄于 2006 年 8 月)

“畅通县区”活动，在两城、陈疃建立警务工作站，在涛雒镇驻地建立涛雒中队。增加酒精检测仪 16 台，车载测速仪 4 台。2006 — 2007 年，开展预防特大道路交通事故“百日竞赛”等 25 次交通秩序专项整治活动。巡逻里程 65 万千米，查处各类交通违法行为 14 余万起，查获盗抢汽车 4 台。

车辆和驾驶员管理

新中国成立初，境内对机动车未实行统一管理。1950 年 9 月始，换发各类机动车牌照和行车执照。1975 年以前，县内各种机动车辆牌证核发均由临沂地区行署交通监理所承办，机动车驾驶员考核和执照核发等业务，由临沂地区行署交通监理部门办理。1975 年始，日照县交通监理站对小拖拉机进行登记、年检。小型拖拉机驾驶员由县农机部门培训，县交通监理站考核发证。1977 年，大型拖拉机登记、年检由县交通监理站会同有关部门办理，汽车及其他车辆入户、年检，均由县交通监理站配合地区行署交通监理所办理。大型拖拉机驾驶员的考核发证由县交通管理站负责。1977 年，除汽车和农用四轮运输车外，其他车辆均由县交通监理站办理。汽车、摩托车驾驶员在县监理站的指导下，由本单位培训，临沂地区行署交通监理部门考核发证。1987 年，日照市公安局设立车辆管理所，负责机动车牌证核发。

1989 年，拖拉机由农机部门管理。汽车驾驶员由交警机动车驾驶员培训学校负责培训，拖拉机驾驶员由农业机械化学校负责培训。2004 年，机动车驾驶员培训由社会力量所办机动车驾驶员培训学校负责。

从 1989 年开始，车辆号牌由铁质普通牌改为铝质反光牌。1990 年 2 月，日照市车辆号牌开始由“山东 90 — XXXXX ”更换成“山东 11 — XXXXX ”。1994 年 7 月 1 日，又更换为“鲁 LXXXXX ”。2001 年，交警大队对车辆号牌实行微机化管理。2002 年，实行首问负责制，限时、延时、登记服务制度，制作办理业务“明白纸”和初学驾驶人周六考试等便民措施。2005 年，增设触摸式查询台，实行微机选号。春运期间，与辖区客运驾驶人签订《道路交通安全责任书》。深入客运企业对客运车辆进行检验，加强源头管控。2007 年，推行“九二”式小型汽车号牌自主选号。2006 — 2007 年，开展报废车辆集中销毁启动仪式，公开销毁报废车 12 辆。对校车和危险化学品运输车辆实行户籍化管理。

交通事故处理

新中国成立初，县内交通事故处理由公路站负责。1976 年，日照县交通局设立交通安全办公室，负责县内交通事故处理工作。1986 年，交通监理从交通局划归公安局。1990 年 6 月，日照市公安局交警支队设立肇事处理科。1993 年，交警东港大队设立肇事处理科。1996 年，开通“122 ”报警服务电话。

1991 年以前，依据《机动车肇事处理规范》处理交通事故。1992 年 1 月 1 日起，执行国务院颁布的《道路交通事故处理办法》。1992 年 8 月 10 日，执行公安部第 10 号令颁布的《道路交通事故处理程序规定》。自 2004 年 5 月起，依照《交通事故处理程序规定》处理交通事故。

至 2007 年，东港交警大队实行警务公开，推行“阳光作业”，先后实行明白纸制度、节假日延时服务制度、民警联系制度、执法质量考评制度，建立健全信访投诉管理办法，不断加强事故处理正规化、规范化管理，连续 9 年杜绝民警违法违纪案件和群众上访投诉案件。

1992—2007 年东港区道路交通事故情况统计表

表 31-3

年份	重大以上事故（起）	一般事故（起）	死亡人数	受伤人数	经济损失（万元）
1992	28	63	30	70	13.65
1993	27	76	30	96	13.95
1994	36	102	39	115	24.12
1995	48	90	52	102	53.70
1996	52	97	61	115	81.10
1997	53	125	60	130	106.22
1998	129	1235	136	1030	268.05
1999	103	1390	113	1570	486.78
2000	133	871	146	763	150.73
2001	157	1182	156	1197	287.77
2002	96	806	92	887	248.25
2003	97	809	110	652	275.47
2004	106	655	119	584	304.29
2005	67	622	76	421	391.01
2006	81	581	89	321	156.85
2007	73	576	81	443	237.68

第七节　消防

消防组织

新中国成立前，境内无消防组织，遇火灾，组织群众自救。新中国成立后，消防列为安全“四防”首位，由公安部门统一管理。凡是物资集中、火灾危险性大的场所，除书写醒目的消防标语和规定外，并备有防火水箱、水桶、防火沙、铁锨等。1956年，日照县厂矿企业等单位建立义务消防队85个，499处高级农业社和752处初级社均建立季节性防火小组。

1978年，公安机关开始健全消防机构。1979年，日照县公安局组建消防股。各公社、区成立防火安全委员会。同年12月，建立日照县公安消防中队，编制25人。1982年，日照县正式成立县第一届防火安全委员会。1983年，县公安局消防股转为武警现役序列。1987年，武警石臼消防中队建立，对外称日照市公安消防分局。1990年2月，组建武警日照市消防大队。1993年，东港公安分局设立消防科。1996年6月，消防科改称东港公安消防大队。

消防设备

1979年，日照县公安局消防股装备吉普车、三轮车各1辆。同年12月，日照县公安消防中队配备消防指挥车、解放牌水罐车和泡沫车各1辆。1987年，石臼消防中队配有消防车2辆。1989年，日照市共有消防车5辆，其中灭火车4辆，指挥车1辆。市区安装消防栓4处。1990年，投资近200万元在岚山建成消防站，购置3辆消防车。1991年，日照市公安消防支队装备东风牌水罐消防车、东风牌泡沫消防车、黄河牌水罐车各1辆。新购7.35千瓦消防泵3台，打消防水井2眼。购置小型灭火器具208件，维修灭火器231个，增设公用消火栓18个。1992年，日照市公安消防支队在一中队建设训练塔，购置解放牌水罐消防车、东风牌水罐消防车、干粉消防车各1辆。1993年，投资300万元，新增东风牌140水罐车、解放牌水罐车、行政用车各1辆。1996年，增配中低压泵水罐消防车1辆，市政消火栓40个。1997年，投资500余万元，购进英国产可升高41米登高消防车1辆，购置部分消防装备。筹资80万元，在市区增加市政消火栓263个，市政消火栓总数为340个。1998年，新增东风水罐消防车3辆，消火栓50个。1999年，投资90万元，新购中低压泵水罐消防车3辆，配备空气呼吸器20套、备用钢瓶40具。新上350兆无线通讯器材和电话会议系统。2000年，投资700万元，建设完成消防特勤站，购买抢险救援、高喷、中低压泵消防车4辆。建成119计算机接处警中心。2001年，成立特勤中队。投资70万元，购置大型泡沫水罐消防车1辆，新增市政消火栓23个。2003年，投入200多万元，完善350M无线通信系统。至2004年，消防大队共配有水罐、泡沫、干粉、曲臂高喷、救援等消防车辆6辆和行政执法车辆3辆。2007年，消防大队共有官兵41人，消防车辆6辆，行政执法车辆4辆。

消防工作

1979年，贯彻“预防为主，防消结合”的方针，对重点单位、重点行业，加强防火检查和监督。1986年，开展城镇液化石油气安全大检查活动，检查单位59个，整改隐患83处。1988—1989年，公安消防部门先后开展建设工地和装修工程防止火灾事故发生专项治理，共检查单位70个，整改火灾隐患122处。1992年，开展“安保杯”冬季防火安全活动，共检查单位236个，下发《火险

图31-16　东港消防大队的消防人员奋战在灭火现场　（摄于2003年）

隐患整改通知书》21份，消除火灾隐患79处。1994年，组织开展5次大型季节性防火和消防安全专项治理。

1996年，先后开展邮电系统消防安全检查、麦收防火检查、建筑消防设施专项治理、防雷检测管理、重大火险隐患排查和行政执法年活动，举办消防电影宣传周活动。2001年，开展公共场所消防安全专项治理，制定下发《公共场所消防管理标准》和《公共场所消防安全设施配备标准》。

2005年，整改火灾隐患1780余处，全区火灾起数同比下降41.6%。2006年，进行30余次安全防范大检查，发现安全隐患270余处，提出整改意见410余条。全区火灾起数同比下降5%，减少经济损失22万余元。2007年，开展消防安全"平安创建"活动，督促整改火灾隐患3300处，全区火灾发生率同比下降30.17%。

1979—2007年日照县（市）东港区火灾事故情况统计表

表31-4

年份	火灾起数	火灾损失（万元）	死亡（人）	伤残（人）	年份	火灾起数	火灾损失（万元）	死亡（人）	伤残（人）
1979	32	0.77	0	1	1994	84	31.05	0	2
1980	35	0.94	1	0	1995	92	34.76	1	0
1981	33	0.86	0	0	1996	103	40.32	0	1
1982	38	1.27	0	0	1997	98	39.76	1	2
1983	30	0.98	0	2	1998	108	41.72	0	0
1984	37	1.65	0	1	1999	124	46.13	0	1
1985	44	13.43	0	3	2000	154	47.17	1	0
1986	39	12.56	1	0	2001	187	41.13	0	0
1987	47	16.42	0	3	2002	259	67.72	1	0
1988	53	19.76	0	2	2003	194	92.26	2	1
1989	57	22.01	1	0	2004	125	45.68	0	0
1990	65	22.09	0	1	2005	150	68.79	0	3
1991	73	28.96	1	0	2006	179	44.64	1	0
1992	77	30.07	0	3	2007	125	129.99	0	0
1993	87	32.75	1	2					

附：抢险救灾实录

一、1991年盛夏，日照街道小莲村一儿童不慎掉入大口井内。消防一中队接到报警后，立即派人前往救助。战士衣新平跳入6米多深的井中，由于水深、面积小，救涝工作非常困难，衣新平先后3次潜入水底，终将落水儿童救出。

二、1995年11月21日22时许，016省道南湖至陈疃段1辆客货两用车与1辆拖拉机撞翻在公路中间，两名男子躺在路上昏迷不醒，生命垂危，2名女青年被挤在驾驶室内。消防一中队副中队长王作富带领几名战士用火钳、撬杠把客货车门砸开撬下，救出2名女青年，并将全部伤者送往医院。

三、1998年12月27日16时许，日照市大昌集团冷藏厂发生氨气泄漏事故，氨气泄漏面积达0.8公顷，周围数十人不同程度中毒，附近居民区居民有中毒危险。消防支队接警后及时进行处置，成功关闭了泄漏阀门，疏散群众，救出14人，无一人伤亡。

四、2001年4月，在日竹高速公路两车追尾相撞。后车驾驶室严重变形，前排右座乘员胸部以下被变形的驾驶室卡住，头部鲜血直流，已经昏迷。接到报警后，消防特勤官兵迅速组织救援。将液压顶杆横放在驾驶室右侧车窗框处，将变形的窗框撑开20多厘米，使其上身受压解除。用无齿锯将驾驶室挡风玻璃两侧竖杆锯断，用液压开门器将压住陈腿部的暖风系统顶开。仅用5分钟时间，将其救出。

五、2001年7月10日晚，一辆油罐车因交通事故翻入路边的水沟内，油罐受撞击变形，石脑油从顶盖和换气阀两处向外泄漏。消防支队指挥中心立即调集3部消防车辆以及12名官兵赶赴事故现场。实行交通管制，设立警戒线，及时调动市石油集团的两辆油罐车进行倒罐，将事故车内石脑油安全转移。经过11个小时的紧张处置，成功排除险情。

六、2003年2月16日10时许，日照街道兴安街居民丁某被压在冷库氨气管道底下，急需救援。市消防支队一中队、二中队、特勤中队的两台抢险救援车、5台水罐消防车和30余名官兵前往实施救援。铺设水带至氨气泄漏现场，降低氨气浓度，防止中毒。采用液压顶杆等特勤器材，将倒塌的氨气管道一端顶起，利用铁杠将另一端顶起。经过20多分钟的救援，终于将被困丁某救出并及时送往医院救治。

七、2003年7月25日晚，日照突降特大暴雨，因排水不畅，日照市鼎新玻璃厂(海曲东路29号)30户职工住房大面积进水，被困家中。接警后，消防官兵，涉水深入各住户，仔细寻找被困群众。紧急疏通排水设施，利用大功率消防车不间断抽水，降低水位。经过2个多小时的努力，70多名群众全部安全撤离，险情排除。

八、2003年4月4日下午15时左右，日照市东港区河山风景区发生山林火灾。山林大火借着6～8级的大风，肆意蔓延，对河山风景区的1600公顷山林以及紧靠风景区南侧的后时家官庄村民的生命财产安全构成严重威胁。市、区消防队60余名官兵连同市公安局机关、东港分局、驻日照某海防部队官兵，以及市、区、镇、村各级干部与群众，经过9个多小时的艰苦奋战，成功扑灭山林大火。

九、2006年7月12日6时许，同三高速公路305公里处一满载27吨液化气的槽车发生交通事故。现场有4辆车连环相撞，液化气槽车侧翻至路西侧，罐体底部一个阀门被撞开，液化气大量泄露。事故地点正处在一座桥上，东侧不到1千米有居民住房。液化气泄露扩散并发生爆燃，将附近0.3公顷范围内的树木、草皮烧焦。爆燃回火引燃液化气罐体泄露处，向东喷射，形成近10米长的红白色火焰，直接威胁着液化气罐、桥梁，其余事故车辆也全部起火，情况极其危急。市、区公安消防部门的主要领导迅速赶往现场，指挥救灾。120余名公安、消防官兵经过8个小时的艰苦奋战，成功将大火扑灭。

十、2007年12月14日13时51分，222省道西湖镇北段一货车发生自燃。火灾发生后，东港消防大队14名官兵，2辆消防车迅速赶到现场进行灭火。在当地党委、政府和派出所的配合下，历经2个多小时终将大火扑灭。

第八节　海防边防

机构沿革

1947年1月，根据中共华东局的指示，设立日照海上公安局。同年秋，石臼、涛雒、安东卫和王家滩公安分局(所)划归海上公安局领导。1948—1954年，沿海各公安分局(所)曾多次撤销与恢复，几度变更隶属关系，但海防任务一直未变。1957年，边防工作交地方公安机关管理，设立石臼、岚山、王家滩和涛雒4处边防派出所。

1962年6月，成立中国人民公安部队日照边防大队，辖10个边防哨所，隶属临沂地区公安支队建制。1968年6月，日照边防大队撤销，边防业务由日照县公安局接管。1974年12月，县公安局设立边防股和10处边防派出所。1983年1月，成立临沂武装警察部队日照县大队，同时设立边防保卫分局。同年10月，边防部门从武警部队分出，成为公安系统的1个职能部门。1990年3月，临沂地区公安处边防保卫分局撤销，恢复建立中国人民武装警察部队日照市公安边防支队。1998年2月，经省公安厅批准，设立中国人民武装警察部队日照市东港区边防大队。下辖王家滩等7个边防派出所。1999年10月，正式组建边防大队，在东港公安分局办公。2002年1月，边防大队称日照市东港区公安边防大队，保留中国人民武装警察部队日照市东港区边防大队名称。张家台边防派出所改称为山海天边防派出所。2003年8月，臧家荒、夹仓边防派出所划归市公安局日照经济开发区分局。

边防网络

从1958年起，边防辖区各村居、镇、街道普遍建立治保会组织。2003年年底，共建立治保会294个，治安巡逻队456个，治保人员达到2358人。形成人防为主，物防、技防相结合的边防安全防范网络。2007年，全区共有边防派出所5处。

边境治安

新中国成立前，敌特海匪经常对沿海进行骚扰破坏。1947—1951年，石臼边防保卫分局，划定沿海3～5千米的乡、村和领海线以内海域、岛屿为边防辖区。1960年，边防部门在渔民中开展保卫边防宣传教育，进行军警民联防演习。全年查获可疑人员210名，抓获流窜犯18名，破获流窜案件20起，调处边界纠纷130起。1964年，在渔民中进行对敌斗争教育，受教育群众6.51万人次。清理渔民中各种不纯分子106人，建立各类人员档案3610余份。成立治保会150个，治安小组809个。有治安联防队员2961名，培养特情耳目137名。"文化大革命"期间，边防工作实行军管。

1979年6月，对全县治保主任进行集中教育训练。1981年，边防辖区破获刑事案件17起，收缴"心战"物品55件，反动传单1400多张，报告敌情和可疑情况23起。1983年边防辖区共发生刑事案件54起，侦破41起，处理各种刑事犯罪分子76名，收缴反动"心战"物品44件，反动传单361张。1989年，边防辖区共发刑事案件9起，查破8起，发生治安案件63起，查处63起。

90年代，边防大队先后组织严打、海上治安治理、旅游景区综合整治、打击流窜犯罪、打击渔霸等多个专项行动，维护辖区治安秩序。

2000—2003年，共破获刑事案件352起，刑拘121人。查处治安案件160起，收缴各类枪支26支、雷管622枚、导火索0.30千米。

至2007年，破获刑事案件280起，抓获各类违法犯罪嫌疑人478名。

打击走私、偷渡

1991年，日照边防部队在石臼、岚山两港建立2处观通站，加强沿海一线及船只活动情况监控。

1993年，日照边防部队共查获走私汽车107台，摩托车11台，香烟1300余箱，涉案价值2000余万元。1995年11月10日，日照市边防支队破获以朴某某为首的7人偷渡集团。1996年11月10日，石臼边防派出所破获1起利用外轮走私文物案，抓获走私分子2名，缴获价值9万余元的商代铜鼎。2000年5—11月，共检查船舶2000余艘(次)，查处违规船舶90余艘，抓获海上盗窃分子8人。2001年4月16日，石臼边防派出所抓获批捕在逃"蛇头"陈某某。5至6月份，边防大队在青岛机场边防检查站配合下，连续破获3起偷渡案件，抓获"蛇头"4人，偷渡者8名。10月14日，协助江苏省连云港公安边防支队将一名潜逃"蛇头"成功抓获。2004年4月1日至6月30日，开展为期3个月的反偷渡专项行动。对非法入境、非法居留、非法就业人员进行彻底清查。2006年，破获非法入境案1起，抓获非法入境人员2名。2007年，无偷渡案件发生。

船舶、渔(船)民管理

1951年，边防辖区初步建立船舶户口登记管理制度，在各码头、停泊点设立船舶管理站。1957年，边防部门对各类船舶进行重新登记，发放《船舶户口簿》和出海"船民证"。1964年、1974年、1994年、2001年先后四次进行换发，分别更换为《出海船舶户口簿》和"出海船民证"。

1985年，边防部门起草《网具管理办法》，加强船用网具管理。1986年，贯彻实施《关于沿海船舶、港口治安管理的暂行规定》《关于沿海船舶、港口治安管理处罚办法(试行)》两个地方性法规。全年共组织查船128次，检查各类船舶2.02万船(次)，处罚违规船舶766只。1987年，开展船舶清查工作，共检查船舶1.3万余船(次)，处罚违规

图 31-17　区政府举办渔民安全生产培训　　(摄于 2000 年)

船舶482只。

1991年，针对日照市边防辖区船舶作业和停泊规律，结合潮汐情况，制定实施《船只报结关暂行规定》。

1995年，组织开展创“五星级文明船”“细胞工程”建设。2000年，学习宣传贯彻公安部《沿海船舶边防治安管理规定》及有关执法办案程序规定，对有走私偷渡、海上违法犯罪嫌疑的船只进行重点管理控制。

2005—2007年，举办渔(船)民教育120余场次，检查各类船舶3600余艘次。开展送法服务到码头37次，受教育渔民1980余人次。

建立海上110

1997年9月，边防支队设立海上110指挥中心，负责全市海上治安报警、出警、处警的组织指挥。各边防派出所设立海上110值班室。石臼边防派出所组建海上110快速反应机动中队。沿海各船管站、养殖单位、停泊点和大马力作业船均设立报警服务点。1998年，先后配备350兆对讲机40余部，建立起无线通讯网。2001年，实施海上救助和抢险服务。全年共接、处警377起，调解群众纠纷123起，救助遇险渔船31艘，救助群众76人。

图 31-18　日照边防支队海上110救助遇险渔民

(摄于 2001 年)

2003年，接、处警455起，调解群众纠纷176起，救助遇险船舶37艘，救助群众89人。2006年，共接、处警2032起，调解群众纠纷229起，救助遇险船舶48艘，救助群众123人。2007年，公安边防派出所共接、处警4500余次。

第九节　出入境管理

新中国成立前，在抗日根据地、解放区，公安机关对外国人居留比较集中的教堂、医院和慈善机构进行安全管理，保护外侨和临时来本地访问的外国友好人士、新闻记者的安全。新中国成立后，根据山东省人民政府公安厅《外国侨民居留登记办法》，对外国侨民普遍登记，并发放“侨民居留证”。1956年11月，根据国务院通知，公安机关开始对中国公民因私事出入境进行管理。1959年5月，公安机关从外事部门接管办理临时入境的外国人出入境审批、签证工作。“文化大革命”中，公民出境、出国管理坚持从严审批。1978年6月起，按照外交部、公安部、国务院侨办《关于放宽和改进归侨、侨眷出境审批意见》要求，逐步放宽出国审批政策。1978年，日照县公安局受理公民因私出国9人次。

1984年以前，对来日照县的外国人管理、公民出境证件受理由公安局政保股设专人负责。1993年，东港公安分局设立外事科。1995年，并入日照市公安局外事科。1997年，东港分局设立出入境管理科。

外籍人员入境管理

新中国成立后，对入境外国人管理工作，主要是进行外国侨民登记，摸清外国侨民底数。依法惩处潜入外国侨民中的间谍、特务和其他犯罪分子。

1981 年，日照县公安局在县政府招待所设立外国人户口兼职管理员，负责对外国人临时住宿登记申报。1983 年，县公安局在接待外国人的石臼专家招待所设立兼职户口管理员，要求外国人到达后 24 小时内必须向公安机关申报户口。1984 年，日照县公安局制定《外国工程技术人员在港服务期间应注意的问题》和《中国公民同外国人接触中应注意的问题》2 个文件，对来石臼港的外国人依法实行管理。1985 年 1 月，日照县公安局在县招待所和石臼港外国专家招待所成立外国人户口管理小组，在接待境外人员旅馆、饭店设立兼职外国人户口管理员，负责境外人员户口申报。1991 年 4 月，对全市公安派出所、边防派出所内勤人员分两期进行外管业务培训。

2006 年，统一制定宾馆涉外接待、管理、登记制度，建立健全留宿境外人员档案。9 月，会同有关部门对国际 470 级帆船锦标赛指定的 4 家接待宾馆进行全面涉外安全检查，对宾馆接待人员进行外管业务培训，为赛事创造良好比赛和生活环境。

2007 年，登记上报境外人员临时住宿登记 8562 人，审核上报境外人员签证变更 281 人，批准境外人员购买房屋 18 处。查处违反外管法案件 22 起，处罚 27 人，查获并遣送非法入境朝鲜人 1 名。

公民出境管理

新中国成立前，日照县公民出境人数较少。1980 年，中国公民因私申请出国(境)旅游、探亲、访友、自费留学等开始增加。1984 年，各级公安机关简化因私出境审批手续，同时规定办理时限。

自 1993 年 7 月 1 日起，公民赴台、因私出国审批权由省公安厅下放至地市公安局。1996 年，将出入境证件的申请条件、手续、审批结果、收费项目和标准等全部进行公开。1999 年，实现与省公安厅出入境管理信息系统联网。5 月，推出《出入境管理工作服务经济建设十条措施》，简化申请手续，取消经济担保，受理审批由原 20 个工作日缩短为 15 个工作日。

2000 年 10 月，出入境管理综合信息系统全部开通，实现出入境业务的受理、审核、审批、制证在网上运行。2002 — 2007 年，简化内地居民赴港澳地区申请手续，并由日照市公安局统一管理，东港公安分局不受理公民出境手续。

第十节　监所管理

看守所管理

日照县公安局看守工作，从设立社会部时开始，直到公安局初建，都由武装队负责。根据犯人多少，随时增减看守人数。每到一处，找一个民户，把犯人关起来，解除犯人的腰带，戴上黑帽子，防止串供。主要戒具是绳子、手铐两种。1943 年，日照县公安局公安队改称政卫队，并确定一个班负责看守工作。

1946 年年初，日照县公安局设置看守班。同年，公安局迁至大岭南头并设监狱。1967 年，建立第一处看守所，关押量为 50 人。1980 年，对看守所进行重建，关押量为 80 人。1993 年，看守所归市公安局管理。

拘留所管理

1982 年，县公安局建立治安拘留所。1989 年，划归市公安局。1993 年，划归东港分局。有拘舍 8 间。2004 年 5 月，拘留所划归市局统一管理。

监所内教育改造

1951 年，根据山东省公安厅提出“对犯人管押应采取管制与教育相结合”的指示，公安机关在监所内，针对人犯的思想，采取上大课和个别谈话等形式，开展形势、政策、前途教育。

中共十一届三中全会后，看守所进行监管整顿，开展社会帮教工作。采取由犯人、犯人家属、犯人所在单位领导“三见面”教育方式，促使犯人改邪归正。

1989 年后，看守所与预审部门紧密配合，对在押人员进行政策法律教育，敦促其坦白、检举。1993 年后，对在押人员的教育改造工作由市公安局职能部门负责。

第二章 检察

第一节 机构沿革

1950年8月，日照县人民检察署成立，王兴伦任检察长。1953—1955年，胡日节、王世林先后主持工作。1955年2月，改称日照县人民检察院。1955年6月，王延朋任检察长。1957年，县检察院设侦查、侦查监督、审判监督、一般监督、监所改造监督和秘书6个组。

1959年4月，成立日照县人民检察院检察委员会，申永藩任检察委员会主任。1962年，刘广启任检察长。1967年7月，检察院的工作职能归公安机关军事管制小组。1973年9月，军事管制小组撤销，检察机关的职能由公安机关行使。

1978年5月，县人民检察院重新组建，崔成久、赵文新先后任检察长。

1989年11月，省人大批准组建地级日照市人民检察院，董书堂任检察长。

1990年3月，市人民检察院改称日照市城郊人民检察院。1993年5月，改称日照市东港区人民检察院，赵焕玺任检察长。经济检察科改称反贪污贿赂局。1997年后，厉保新、钟树芳、陈为永先后任检察长。

1950—2007年日照县(市)、东港区历任人民检察院院长更迭表

表31-5

机构名称	姓名	任职时间	备注
日照县人民检察院	王兴伦	1950年8月—1955年1月	—
	王延朋	1955年2月—1959年3月	—
	申永藩	1959年4月—1961年12月	—
	刘广启	1962年1月—1966年6月	—
	崔成久	1978年5月—1984年4月	—

续表31-5

机构名称	姓名	任职时间	备注
日照县人民检察院	赵文新	1984年5月—1985年5月	—
日照市人民检察院	赵文新	1985年5月—1989年10月	县级
	董书堂	1990年1月—1992年3月	地级
城郊人民检察院	赵焕玺	1990年2月—1993年2月	—
东港区人民检察院	赵焕玺	1993年1月—1997年12月	—
	厉保新	1997年12月—2002年12月	—
	钟树芳	2003年1月—2007年11月	—
	陈为永	2007年11月—	—

第二节 刑事检察

审查批捕

1955年5月始，检察院受理公安机关批捕的案件后首先登记编号，交专人审查，再集体研究，制作《审查批捕案件意见书》，由检察长作出批准或不批准逮捕及补充侦查的决定。县检察院办理法律手续后，送公安局执行。

1957年后，实行党内审批制度，捕人决定权由中共临沂地委掌握。县以上人大代表、统战对象、县级以上党员干部、少数民族分子、宗教人士和侨眷侨属，由地委审查。其他一般刑事案件授权分院审查批捕。

1961 年下半年，检察工作得以恢复。1968 年 3 月，案犯的批捕决定权由“日照县公安机关军事管制小组”行使。1955 — 1967 年，共受理案件 1874 起，批捕 843 起。

1978 年 5 月，县人民检察院重建。10 月设立批捕股。1980 年 9 月，检察院全面担负起批捕任务。全年共受理案件 41 起，复查 40 起，受理拘留转逮捕人犯 42 名。

1992 年，检察院对重大、特大刑事犯罪案件提前介入侦查和预审活动 130 件(次)。1978 — 1992 年，共受理案件 1742 人，批捕 1655 人。1993 年，区人民检察院共受理提请批捕案件 126 起、173 人，经审查批准逮捕 116 起、148 人，不批准逮捕 3 起、11 人，退查 8 人。

1999 年，共受理案件 331 件、496 人，经审查，批准逮捕 260 件、361 人。

2001 年，严打各类刑事犯罪活动做到快捕快诉。“10·28”枪案发生后，派员提前介入侦查，受理该案第三天即批捕一批带有黑社会性质的团伙罪犯。2004 年，共受理公安机关移送审查批捕案件 422 件、703 人。做出批捕决定 371 起、607 人，决定不批捕 77 人，侦查机关撤回 19 人，追捕、追诉 18 人，改变定性 15 件。2005 年，共受理审查逮捕各类刑事案件 434 件、722 人，批准逮捕 354 件、555 人，不批准逮捕 75 件、162 人，侦查机关撤回 5 件、5 人。追捕漏犯 3 人，改变公安机关定性 23 件。

2006 — 2007 年，共受理提请逮捕 922 件、1503 人，经审查批准逮捕 753 件、1164 人，共追捕漏犯 7 人，不批准逮捕 330 人，办理刑事立案监督 29 件。

1993 — 2007 年东港区审查批捕情况表

表 31-6

年　份	受理案件		审查批捕		不批捕	
	件	人	件	人	件	人
1993	126	173	116	148	3	11
1994	184	255	173	242	3	10
1995	197	296	186	270	7	20
1996	263	424	238	365	20	56
1997	215	323	183	253	14	51
1998	255	349	217	271	26	72
1999	331	496	260	361	58	101
2000	288	404	214	284	66	110
2001	308	444	289	410	18	33
2002	202	270	179	239	21	55
2003	316	462	302	409	5	17
2004	422	703	371	607	30	77
2005	434	722	354	555	75	162
2006	456	753	359	576	88	161
2007	466	750	394	588	75	169

审查起诉

1955 年 6 月，开始进行审查起诉工作。公、检、法意见不一致的案件报政法办公室或党委决定，然后执行。

1955 年 9 月至 1966 年年底，共受理案件 1219 起，审查决定起诉 1093 起，占受理总数的 89.6%。

1980 年，执行“以事实为依据，以法律为准绳”的办案原则，凡法院开庭审理的公诉案件，全部出庭支持公诉。

1978 — 1992 年，共受理各类刑事案件 1328 起、1963 人，审查起诉 1042 起、1463 人，免于起诉 76 起、128 人，不起诉 4 起、4 人。

1993 年，受理审查起诉案件 85 起、99 人，免予起诉 23 起、26 人，上报市院重特大案件 8 起、12 人。1997 年，贯彻修改后的“刑法”“刑事诉讼法”，受理移送审查起诉案件 210 件、297 人，经审查提起公诉 185 件、256 人，法院予以有罪判决。

2001 年，审查起诉工作依法从重、从快，办理审查起诉案件平均审结期限 12 天，比法定期限提前 18 天。2003 年，办理审查起诉案件的平均期限为 7 天。

2006 年，受理移送起诉案件 652 件、1104 人，审结 529 件、867 人，追诉 11 人，改变侦查机关定性 33 件，建议侦查机关撤回 31 人，抗诉 1 件、1 人。2007 年，起诉 560 件、926 人，不起诉 6

人，追诉8人，改变侦查机关定性11件，建议侦查机关撤回135人。

1993—2007年东港区审查起诉情况表

表31-7

年份	受理案件		审查起诉		免予起诉	
	件	人	件	人	件	人
1993	85	99	50	53	23	26
1994	161	274	133	211	6	11
1995	198	330	150	222	15	24
1996	294	435	220	309	11	21
1997	210	297	185	256	3	5
1998	232	355	221	320	—	—
1999	319	475	288	439	—	—
2000	318	487	299	398	—	—
2001	481	777	421	667	—	—
2002	313	489	278	403	—	—
2003	477	781	471	763	—	—
2004	595	1022	514	787	—	—
2005	585	977	511	829	—	—
2006	652	1104	529	867	—	—
2007	694	1220	560	926	—	6

诉讼监督

检察机关通过处理人民来信和复查案件，开展侦查监督和审判监督工作。1953年，在反革命案件和刑事案件中发现错案7起，都及时进行了平反改判。

1954年，在检查错案工作中，经过案件排查，对7件错捕、错判案件予以平反。在评审中，取消不应管制而管制者43人，纠正应管制而未管制者11人。1956年，纠正公安机关在侦查中乱捕乱押和法院在审判工作中出现的轻罪重判、重罪轻判、应判不判等错误。1957年，在侦查监督和审判监督中，提前介入公安机关侦查预审活动，共审理公安机关提请逮捕的案件234件。其中，不批准逮捕案件75起、79人。发现重罪轻判和应该交付审判而未判的各1件，按程序分别提出抗诉和建议。

1978年5月，日照县检察机关重建后，侦查监督和审判监督逐步得到恢复和健全。

1980年后，县人民检察院进行法庭审判活动监督。1984年3月，受理秦某某强奸妇女案，进行2次抗诉，3次起诉，惩办了罪犯，维护了法律尊严。

1991—1992年，对不构成犯罪和虽构成犯罪，但依法不需要逮捕的11人做出不逮捕的决定。对2人做出不起诉决定，追捕1人，追诉1人。1993年，在侦查监督和审判监督中，共挖出漏犯6人，改变案件定性6起，改变适用法律条款9件，补查材料86份，防止错捕11人，纠正错误判决1起。1997年，在执法监督中提出纠正意见20余次。开展立案监督、逮捕执行情况监督以及对假释、监外执行罪犯监督工作提出纠正意见10余次。

1998—1999年，严把实施关、定性关、证据关，逐一防错防漏。追捕追诉6人，不批捕173人，不起诉9人。如秦洪永涉嫌故意伤害一案，经审查认为秦的行为属正当防卫，不负刑事责任，遂依法对其不起诉。

坚持对重特大案件提前介入，从快批捕起诉。2000年，共批捕重特大犯罪嫌疑人126人，起诉198人。不批准逮捕110人，不起诉21人。要求公安机关说明不立案理由37件、37人，公安机关直接立案1件、1人。通知公安机关立案36件、36人。

2004年，依法监督公安机关立案23件。加强侦查监督，追捕、追诉漏犯14人。加强民事行政审判监督，受理当事人申诉40件，立案审查26件，提请和建议提请抗诉14件，提出检察建议启动再审2件，为当事人避免经济损失近50万余元。2005年，共办理立案监督案件20件，对重特大刑事案件提前介入侦查和参与尸体检验114件次，引导侦查取证的案件260余件。发出书面纠正违法通知书7份。追诉漏犯12人，追加漏罪6条，改变侦查机关定性5件、14人。

2006年，追捕漏犯3人，追诉11人，改变侦查机关定性33件，不批准逮捕88件、161人，建议侦查机关撤回31人，抗诉1件、1人。办理刑事立案监督19件，发出纠正违法意见书后，侦查机关均已撤案。

2007年，共办理立案监督案件10件，对重特大刑事案件提前介入侦查和参与尸体检验123件（次），引导侦查取证案件260件。发出书面纠正违法通知书4份。追诉漏犯8人，追加漏罪16条，改变侦查机关定性11件。

1993—2007年东港区诉讼监督情况表

表31-8

年　份	不批捕	不起诉	追捕（诉）漏犯	追加漏罪	改变适用法律	改变定性	立案监督	提起抗诉
	人	人	人	条	件	件	人	件
1993	11	—	6	—	9	6	—	1
1994	10	1	16	9	10	24	12	—
1995	20	3	15	12	15	11	—	—
1996	55	1	—	—	—	—	—	—
1997	51	6	4	8	15	16	—	1
1998	72	7	2	—	17	19	3	—
1999	101	2	4	—	—	—	27	1
2000	110	21	—	—	—	—	37	—
2001	33	1	—	10	—	27	—	—
2002	55	1	—	6	—	26	32	—
2003	17	6	14	—	—	27	—	—
2004	77	—	14	—	—	—	23	—
2005	162	—	12	6	—	5	20	—
2006	161	—	14	—	—	33	16	1
2007	169	6	8	16	—	11	10	—

第三节　经济检察

1950年8月，日照县人民检察署成立后，参加"三反""五反"运动，1953年，惩治不法奸商和粮商粮贩等24名。

1954年，在全县机关中开展"反贪污、反浪费、反官僚主义"运动，相继查处县邮电局邮递员潘某某勾结私商私刻手章到邮局冒领款160余万元(旧币)和县保险公司陈某某贪污140多万元(旧币)两起贪污案件。1955—1958年，侦查农业合作化管理人员中贪污、盗窃集体财产犯罪案件及破坏粮食统购统销案件。查处贪污案件15起，破坏粮食统购统销案件7起。1959—1963年，查处贪污案件18起，投机倒把案件13起。1964—1966年，"四清运动"和"文化大革命"初期，查处贪污案件3起。

检察机关重建后，设置专门经济检察机构。1978—1981年期间，对林业、供销、厂矿企业等重点单位进行调查摸底，查处经济案件18起，其中，追究刑事责任4起、4人，为国家挽回经济损失2万余元。

1985年，对贪污、贿赂犯罪行为进行检察。共受理经济案件18起、29人，其中立案侦查6起、11人，追究刑事责任3起、5人，免予起诉3起、4人，挽回经济损失4万余元。1986年，共立查贪污等犯罪案件13起。

1987年，检察院配合税务部门，共立查经济犯罪案件23起、25人。其中重大案件10起，偷、抗税案件8起，挽回经济损失138.49万元。1988年，检察院配合工商部门，打击制售假种子、假农药、假烟、假酒等犯罪活动。全年共查处经济犯罪案件13起、14人，其中投机倒把案4起，诈骗案4起，挽回经济损失30余万元。1989年，把反贪污、贿赂斗争列为打击经济犯罪的重点。全年共立查经济犯罪案件30起、38人，其中贪污案17起、22人，贿赂案7起、8人，为国家挽回经济损失176万元。1990年，市、城郊两级检察院抽调42名干警查处经济犯罪案件，挖出市外贸、建委、农行、港务局等单位4个窝案，犯罪分子19名。全市共立查经济犯罪案件33起、36人，其中大要案10起，贪污、贿赂案件27起、29人。1990—1992年，共受理贪污、贿赂案92起，挪用公款案5起，偷税案2起，起诉78人，挽回经济损失377万元。

1993年，共受理各类经济犯罪案件线索49件，立案查办15件、16人。在立查的案件中，贪污案13件，其中万元以上大案4件。向法院提起公诉的8件、8人，免于起诉的3件、3人，为国家和集体挽回经济损失123万元。1994年，立查万元以上大案14件，贪污贿赂犯罪案件19件。查办法人经济犯罪和窝案串案13件，向法院提起公诉17件并作有罪判决。

1995年，受理各类经济犯罪大要案26件(10万元以上的特大案件2件，处级干部犯罪案件2件)。在立查案件中，侦查终结29件，移送审查起诉25件，移送免诉4件。

1996—2005年，检察院共受理各类经济犯罪举报案件566件，立案侦查356件、404人。其中，大要案174起，贪污案、贿赂案296人，挪用公款案92人，起诉351人，挽回经济损失2470万元。2006年，开展查办商业贿赂犯罪专项行动，立案查处贪污贿赂犯罪嫌疑人22人，其中处级干部3人，科级干部5人，为国家和集体挽回直接经济损失360余万元。

2007年，共立案查处贪污贿赂犯罪嫌疑人20人，其中受贿14人，挪用公款4人，贪污、行贿各1人。提起公诉18人，起诉大案8人，有罪判决23人，为国家和集体挽回经济损失250余万元。

第四节　渎职侵权检察

1954年8月，县检察署设专职法纪检察干部，担负法纪、经济检察。同年12月，法纪检察逐步建立立案、侦查取证、侦查终结报告、提起刑事诉讼、出庭支持公诉和法庭辩论等项办案制度。1956年，成立监督组。1957年，监督组改称侦查组，担负法纪、经济检察和信访工作。1956—1957年，共立案侦查各类案件40起。1961—1963年，共办理违法乱纪案件67起。1964—1967年，共查处农村干部打击报复案件3起，逼死人命案件1起。“文化大革命”期间，法纪检察停止办案。

1978年5月，县检察院重建，设法纪检察股，开展法纪检察业务。1978—1992年，共受理法纪案件151起，立案侦查27起。其中非法侵入他人住宅案件9起，重大责任事故案件2起。

东港区成立后，法纪检察查处“人质型”非法拘禁、“停尸型”非法侵宅等案件47件，立案查处10件。

1997年，法纪检察把查办人质型非法搜查和渎职犯罪作为工作重点，成功解救人质11名。

2004年，共立查犯有“侵权”、渎职犯罪案4人。2005年，对各类渎职、“侵权”案件线索进行排查，立案查处3件、3人，侦查终结1件、1人，起诉法院1件、1人，为国家挽回损失50余万元。2006年，开展查办破坏社会主义市场经济秩序渎职犯罪专项行动，立查渎职侵权案2件、6人，其中玩忽职守案1件、1人，非法搜查案1件、5人，起诉3人，作有罪判决3人。

2007年，开展集中查办破坏环境资源犯罪工作。受理职务犯罪案件线索15件，立查渎职案3件5人，挽回直接经济损失60余万元。

1993 — 2007 年东港区渎职侵权案件情况表

表 31-9

年份	受理案件		立案查处		挽回经济损失
	件	人	件	人	万元
1993	39	41	5	5	—
1994	47	47	10	10	—
1995	40	46	11	12	—
1996	27	28	14	20	—
1997	24	35	10	20	—
1998	6	6	—	—	—
1999	18	20	1	2	—
2000	9	9	3	3	200
2001	7	11	4	4	
2002	12	13	5	5	220
2003	6	6	3	3	100
2004	15	16	4	4	—
2005	9	9	3	3	—
2006	7	11	2	6	110
2007	15	16	3	5	60

第五节　监所检察

1953 年，县检察院同公安、司法部门对看守所、劳改队进行检查时发现，看守所拘押的 98 名人犯中，关押二年以上未处理者 15 名，一年以上未处理者 58 名，半年以上未处理者 10 名，半年以下 15 名。县劳改队自入冬后，克扣犯人生活节余 1 千万元(旧币)。年内发生犯人逃跑 4 人次。对此，检查组分别向县劳改队和看守所提出建议，帮助落实管理措施，对久押未决的人犯督促公安、法院尽快予以处理。

1954 — 1966 年，进行监所检察 63 次，纠正违法现象 35 次，受理申诉案 17 件。“文化大革命”期间，监所检查被迫停止。

1978 — 1981 年，县检察院配合公安、法院对看守所检查 11 次，纠正违法现象 3 次，查处犯人申诉 2 件。1983 年，为预防在押犯重新犯罪和搞好监所安全管理，检察长 4 次给在押人犯上法制教育课。

1983 年，共检查监所 333 次，纠正违法现象 14 起。如：1983 年 4 月 11 日至 29 日，公安机关将 21 名已决犯以刑期短和患病为由释放，回原籍监外执行或保外就医。经调查，这 21 名罪犯病情并不严重，不影响投入劳改。对此，检察委员会立即向县政法委汇报，县政法委研究决定，将 21 名罪犯全部收监到劳改队。

1985 — 1992 年，共监察监所 145 次，其中，与公安、法院联合检查 11 次，给人犯上教育课 22 次，个别提审教育 70 次，全面考察外执罪犯 9 次，签订帮教协议书 309 份，建立帮教组织 212 个。

1995 年，进行安全防范检察 393 次，消除隐患 6 人次，提出安全建议 25 项。开展在押人犯羁押期限检察，防止超期羁押现象发生。配合监管改造机关加强在押人犯的教育转化工作。全年共帮教人犯 424 次，法制教育人犯 1700 多人次。

1996 年，对全区 14 名保外就医罪犯进行专项检察，发现存在问题 3 项，提出建议 3 项。配合公安、法院对全区 343 名外执罪犯进行考察，发现问题 4 项，提出整改措施 3 条。检察院对外执罪犯自行考察 16 次，建立联系点 31 个，排忧解难 5 人次，建立帮教组织 259 个。1997 — 1998 年，对全区监外执行罪犯联合考察 2 次，自行检察 18 次，专项检察保外就医罪犯 2 次。

2000 年，看守所划归市公安局管理，由市检察院派驻监督。

1993 — 1999 年东港区监所检察情况表

表 31-10

年　份	检查次数（次）	上教育课（次）	考察外执犯罪（名）	签订帮教协议（份）	制定帮教措施（条）	建立联系点（个）	建立帮教组织（个）
1993	—	—	264	—	—	—	—
1994	394	9	378	—	—	—	—

续表 31-10

年份	检查次数（次）	上教育课（次）	考察外执犯罪（名）	签订帮教协议（份）	制定帮教措施（条）	建立联系点（个）	建立帮教组织（个）
1995	393	—	424	478	648	—	324
1996	—	—	343	—	—	31	259
1998	—	—	—	—	900	15	234
1999	—	—	282	—	—	—	—

第六节　控告申诉检察

1950年8月，日照县检察署成立后，即开始接待人民来访，处理人民来信，受理控告申诉案件。

1953年，受理人民来信来访及检举控诉案21件。其中检举反革命案3件，违法乱纪案9件，反映公安、法院错捕错判案7件，民事纠纷案1件，揭发官僚主义案1件。1954年，受理人民来信32件。其中地主复辟和反革命杀人案7件，违法乱纪、奸污妇女、逼死人命案8件，贪污案2件，官僚主义、强迫命令案6件，批评政府处理问题不当及要求解决问题9件。1955—1957年，对人民来信来访建立登记、收、发、催办制度，随时答复来信及举报人。3年共受理人民来信1136件。其中破坏农业合作化的25件，干部违法乱纪333件，贪污4件，反革命11件，其他刑事案件32件，不服法院判决8件，事故4件，询问建议15件，民事纠纷3件，其他17件。1957年，自行调查处理人民来信来访41件。

1958—1966年，对548件人民来信来访，进行疏理。其中干部违法乱纪64件，检举贪污、盗窃、投机倒把、虐待等犯罪292件，询问批评建议74件，劳改犯申诉22件。自行处理296件，转有关部门处理214件，追究刑事责任39人。

1978年5月，检察机关恢复信访接待工作。至1979年年底，共受理人民来信130件，接待来访56人次。自行调查处理7件，合办已结2件，转有关部门处理177件。1982年，设立控告申诉科，配备4名干部专抓控告申诉工作。全年共受理人民来信109件，接待来访68人次，其中自行查办18件。

1988年7月28日，日照市人民检察院设立经济犯罪举报中心。同年，受理贪污案17起、17人，行贿、受贿案11起、11人，其他案件98起、98人。从举报线索中，立案侦查5起、5人。

1978—1992年，共收接人民来信来访2685件，自行查办427起，转其他部门处理1012件。

1993年，全年共受理各类来信来访159件次。1994年，设立举报奖励基金，受理群众举报191件次，复查申诉案件2件，依法纠正2件，处理告急信访和集体上访4件次。1995—1997年，受理群众来信来访684件，立案侦查经济案件97件、107人，法纪案35件、52人。

1998年，实行检察长接访日制度。妥善处理告急访3件，集体访8件，开展举报初查10件。至2002年，共受理人民群众来信来访1075件次。对各类来信来访、举报、控告，均做到及时汇总、分流。

2003年，推行“首办责任制”和“来访人选择接访人”办法，实行节假日接访和法律服务、告诉求助制度。受理群众来信来访107件次，处置集体访、告急访10件，办理刑事申诉案件9件。2004年，建立处置突发性事件应急预案及行动小分队，受理群众来信来访102件次，保持无涉法上访。

2005年，妥善处理涉法上访工作。对各类来信64件，均在期限内及时审查结案或分流处理。共接待辖区外群众来访74件85人，电话受理举报线索5件，均及时审查处理并答复来访人和举报人。2006年，受理各类来信来访105件，其中来信62件，来访39件，网上举报3件，电话告诉1件。

2007年，共受理各类来信来访104件，其中，通过网络反映问题5件，所有案件都在期限内及时进行审查结案或分流处理。。

第七节　民事行政检察

1991年9月，市检察院开始民事行政检察工作。1992年，受理案件8件，初查4件，向法院提出检察建议 3 件，法院采纳后分别对案件作出纠正处理。

2003 年，立案审查 24 件，提请和建议提请抗诉 14 件，提出检察建议启动再审 3 件，为当事人避免经济损失 58 万余元。如：市水产供销综合开发公司原法定代表人与他人恶意串通，通过诉讼方式攫取公司 11 万元。经审查，建议法院及时启动再审程序，依法挽回国有资产损失。2004 年，民事行政审判监督共受理当事人申诉 40 件，立案审查 26 件，提请和建议提请抗诉 14 件，提出检察建议启动再审 2 件，为当事人避免经济损失近 50 万元。

2005 年，受理民事、行政申诉案件 48 件，立案审查 16 件，息诉 34 件，建议提请抗诉(含检察建议) 12 件，再审改判 6 件，为当事人避免经济损失 70 万余元。如：提请抗诉的青岛市化学石油供销总公司诉山东东岳公司、鲁齐石油化工运销有限公司仓储保管合同纠纷案，经再审改判，为当事人避免经济损失 36 万余元。2006 年，共受理民事申诉案件 47 件，立案审查 18 件，息诉 29 件，提抗 10 件，检察建议再审 4 件，改判 4 件，为当事人挽回经济损失 24 万余元。

2007 年，共受理民事、行政申诉案件线索 49 件。立案审查 14 件，息诉 31 件，提请抗诉 13 件，市院采纳 9 件，提出再审检察建议 1 件，总涉案标的额 50 万余元。年底再审 5 件，改判 4 件，为当事人挽回直接经济损失 2 万余元。推行风险提示制度，帮助当事人选择最佳申诉途径 20 余次。

1993 — 2007 年东港区民事行政检察情况表

表 31-11

年　份	受理案件（件）	立案审查（件）	提请抗诉、检察建议（件）	法院改判（件）	为当事人挽回损失（万元）
1993	8	3	2	1	0.45
1994	17	2	2	2	1.12
1995	13	5	5	5	2.3
1996	13	5	5	3	1.9
1997	16	3	3	3	1.06
1998	12	2	2	2	0.74
1999	77	34	16	12	6.3
2000	61	24	25	16	10.7
2001	42	42	41	39	21
2002	43	31	31	19	36
2003	39	24	17	9	58
2004	40	26	16	7	48.7
2005	48	16	12	6	70
2006	47	18	14	4	24
2007	49	14	14	4	2

第八节　检察技术

1984 年 3 月，县人民检察院设立检察技术科。至 1991 年，共现场勘察 67 次，刑事照相 55 次。1992 年，把科学技术引入办案实践。全年办理文检 7 件，痕检 2 件，司法会计检验 2 件，现场勘验 42 件，物证照片 79 次，拍摄照片 3000 余幅。

建区后，检察院进一步充实技术人员，加强专业培训，拓宽服务领域。1993 年，办理现场勘察 19 次，刑事物证照相 23 次，拍摄照片 160 幅。1994 年，区检察院在保险公司设立“赔案鉴定中心”。现场勘查 26 次，物证照相 28 次，尸体检验鉴定 6 件。1999 年，与太平洋保险公司签订疑难案件委托鉴定协议，出具法医临床检验鉴定书 21 份，文证审查意见书 76 份，文检鉴定书 12 份。

1993 — 2003 年，检察技术设备不断更新，至 2003 年，拥有各种检验设备价值 120 余万元。

2004 — 2005 年，计受理各类技术检验鉴定 287 件。其中法医学检验鉴定案件 35 件，法医文证审查案件 178 件，法医技术协助 11 件，文件检验

11件，现场勘察7件，视听技术17件。办理保险理赔595件。在保险理赔案件中，查出各类骗赔案57件，为国家避免经济损失30余万元。

2006—2007年，制定《检查技术服务社会的意见》，实行法律服务跟踪回访制，为13位弱势群体对象提供伤残鉴定24件。受理各类技术检验鉴定案件363件。受理保险理赔案件322件，查出各类骗赔案件79起，为国家避免经济损失57余万元。

第三章 审判

第一节 机构沿革

民国初年，司法审判事务由县知事兼理。1924年，县设承审处，由承审员具体受理司法案件，并定期送县署核鉴。1928年，南京国民政府行政与司法分开，日照县成立初级法院。1933年，县初级法院撤销，改设地方法庭。

1943年，日照县抗日民主政府设立司法科，具体负责审判工作，王元昌任科长。1945年，司法科与民政科合并为“县府第一科”，下设民政股和司法股。同年11月，司法股改为司法科，邱大江任科长。1948年，司法科撤销。1949年4月，日照县人民政府恢复司法科。1950年4月，司法科撤销，成立日照县人民法院，胡润志任院长。法院下设秘书室、刑事审判室和民事审判室。1956年成立法律顾问处，1959撤销。1968年3月，公、检、法实行军管，成立公安机关军事管制小组。内设审判组，负责案件审判。1973年6月，撤销军管组，恢复日照县人民法院。1953—1985年，尹树彬、杜家良、赵明毅、孙升先后任院长。

1985年3月，日照县人民法院改为日照市人民法院，李建友任院长。1989年，日照市人民法院更名为城郊人民法院，范建俊任院长。

1993年3月，日照市城郊人民法院更名为日照市东港区人民法院，辖日照市直机关、东港区和日照岚山两个开发区、山海天旅游度假区，总人口100余万。1995年3月，成立立案处，实行告申、立案统管。1997年，成立审判监督庭，原告诉申诉庭更名为立案庭。同年，设立监察室。1999年成立法警大队。2000年，成立执行局，下设3个执行庭。2003年，经济庭更名为民事二庭。2005年，东港区法院辖区为日照市直机关、东港区、日照开发区和山海天旅游度假区，总人口68万余。

2005—2007年，东港区人民法院共设13个机关庭、室、科、队和5处人民法庭，法院在职干警117人。至2007年，王冉、王万军、张则俊、王道新、李志毅先后任院长。

1950—2007年日照县(市)、东港区历任人民法院院长更迭表

表31-12

机构名称	姓　名	任职时间	备注
日照县人民法院	胡润志	1950年4月—1953年1月	—
	尹树彬	1953年2月—1956年4月	—
	杜家良	1956年5月—1959年4月	—
	赵明毅	1959年5月—1960年2月	女
	孙　升	1960年11月—1985年6月	—
	李建友	1984年6月—1985年5月	—
日照市人民法院	李建友	1985年6月—1989年12月	县级
	于焕伦	1990年1月—1995年1月	地级
城郊人民法院	范建俊	1990年1月—1993年2月	—
东港区人民法院	王　冉	1993年2月—1997年12月	—
	王万军	1997年12月—2000年5月	—
	张则俊	2000年5月—2003年1月	—
	王道新	2003年1月—2007年11月	—
	李志毅	2007年11月	—

第二节 刑事审判

新中国成立前，解放区的刑事审判工作由民主政府司法科负责。根据山东省滨海行政公署的训令和山东省政府发布的《惩治战犯及汉奸暂行条例》，围绕反奸、肃特和土改运动，对罪大恶极的反革命分子、国民党特务、土匪、反动地主等实行专政。1945 年 11 月，在涛雒召开"公审控诉大会"，依法审判处决伪区长宋作舟和汉奸付小秃。没收丁介夫、杨玉峰、郭合华、牟全福、别风云 5 个汉奸头子的财产，当场分给贫雇农。

新中国成立初，县人民法院围绕镇压反革命、贯彻实施《中华人民共和国婚姻法》、组织抗美援朝运动，开展刑事审判工作。1950 年 5 月 1 日，在城关、沈疃、碑廓等地，召开公判大会，宣判 138 人，关押 29 人，管制 26 人，呈批 13 人。1952 年，根据华东军政委员会"关于彻底改造和整顿人民法院"的指示，全院进行整顿。清除有历史问题的旧法院人员和贪赃枉法人员，对审判中出现的错捕、错判、错押案件进行复核和甄别。1950 年，《中华人民共和国婚姻法》实施后，法院在宣传贯彻新婚姻法的同时，对干涉妇女婚姻自主的犯罪分子进行严厉打击。1954 年，处理破坏婚姻及拐骗买卖妇女案件 30 起。

1954 年，县人民法院处理 6 名破坏农业合作化运动的犯罪分子。同年 7 月 9 日，在城关大集召开处理反革命粮商粮贩宣判大会，处理奸商 8 人，粮贩 25 人，一般套购与违法饮食业户 196 人，没收、罚款、罚粮 147 人(内管制 17 人)，没收粮食 4106.5 千克，罚款 7782 万元(旧币)。法院派出审判小组，参加"三反""五反"运动，共挖出大、小不法分子 549 人，对 7 名重大犯罪分子依法进行惩处。1955 年，遵照中央"有反必肃，有错必纠"的指示，法院对错捕、错判、错杀和镇反时期的案件进行复查，纠正了一批冤假错案。

1958 年，受"左"的思想影响，法院独立审判制度一度被取消，审判制度和审判程序被打乱，被告的辩护权被剥夺。1959 年，法院组织案件复查，对 1958 年所办案件中 41 件冤假错案，分别作出改判，并进行妥善处理。

1961 年，在城关、涛雒、安东卫、三庄等集市召开 7 次大型宣判会，宣判地富分子现行破坏案件 3 件、偷盗案件 3 件、破坏市场管理投机倒把案件 27 件。1965 年，审理刑事案件 156 起，处理 151 件。1967 年下半年，实行军事管制，公、检、法合署办公，审判业务由"军管会"审判组负责，一些群众被错误地定为"反革命"。

1976 年，司法审判程序逐步正规。1977 年，召开万人以上公判大会 5 次，受教育群众达 89 万人次。1979 年，法院组建复查班子，对 1976—1978 年判处的各类刑事案件和"文化大革命"前的 453 起案件进行复查，改判 194 起(其中无罪 96 起，改判减刑、免刑 98 起)。1979 年，对按"公安六条"标准处理的 82 件案件进行复核，全部改判。其中改判无罪的 72 件，减刑或免予刑事处分的 10 件。

1981 年 9 月 18 日，在县人民广场召开 1.2 万人参加的宣判大会，依法对 8 名罪犯进行公开宣判。1982 年，法院开展严厉打击经济领域的犯罪活动。1983 年，县委成立打击刑事犯罪联合指挥部，公、检、法联合办公，严惩"七类犯罪分子"，开展大规模"严打"活动。法院抽调 85% 的人员参加办案，召开两次声势浩大的宣判大会，宣判案件 103 起、154 人。在 1983 年 8 月至 1987 年 1 月的严打中，抓获违法犯罪分子 762 人，摧毁犯罪团伙 39 个，破获案件 3097 起，社会治安状况明显好转。1991 年，法院审结重大经济犯罪案件 26

图 31-19 区法院启动预防青少年犯罪、法律进社区仪式 (摄于 1982 年)

件，为国家挽回经济损失55.86万元。1992年8月，在 “打拐”“打流”和“反盗窃”专项斗争，突击审结19件拐卖妇女和盗窃犯罪案件，严惩345名犯罪分子。同年，法院参与社会治安综合治理工作，深入发案地进行公开审理，召开宣判大会16场，旁听群众达11万人。全年共受理刑事一审案件163件、245人，审结147件、217人。1997年，实施修改后的“刑事诉讼法”，法院贯彻“治乱用重典”的方针，打击杀人、抢劫、爆炸、强奸、重大盗窃等严重侵犯公民人身、财产安全的犯罪行为。召开宣判大会6次，判处5年以上有期徒刑77人。同年，打击贪污贿赂和破坏经济秩序的犯罪活动，其中万元以上大案9起，为国家挽回损失81.5万元。2002—2003年，先后对聚众扰乱社会秩序、冲击国家机关的4案、25人犯进行公开宣判。2004年，大胆试行缓刑听证、“判前评断”审判方法，提高审判过程透明度。

1991年，法院成立少年刑事合议庭。从工会、青年、妇女、教育等部门聘请6名特邀陪审员，把感化、挽救、帮教贯穿于审判全过程。2003年，对89名未成年罪犯依法从轻判处，逐一落实帮教措施，后无一人重新犯罪。2004年，对未成年人犯罪实行圆桌审判，扩大非监禁刑使用。在全市率先开展社区矫正、签发“监管令”“法官寄语”等新的审判和矫正措施。2007年10月，未成年人案件审判庭成立，对东港、岚山、开发区的未成年人犯罪案件集中管辖。当年审结案件88件。

2007年，参与“平安东港”创建工作。全年受理刑事案件585件(含旧存)，审结578件。判处犯罪分子989人，386人被判处有期徒刑(实刑)。

1945—2007年日照县(市)、东港区刑事审判收结案情况统计表

表31-13

年份	收案数（含旧存）	审结数（件）	未结数（件）	年份	收案数（含旧存）	审结数（件）	未结数（件）
1945	412	402	10	1980	38	36	2
1946	20	20	0	1981	49	47	2
1947—1948	699	580	119	1982	80	76	4
1949	134	118	16	1983	238	234	4
1950	480	466	14	1984	222	220	2
1951	259	242	17	1985	100	96	4
1952	487	364	123	1986	85	84	1
1953	834	834	0	1987	41	41	0
1954	262	239	23	1988	112	108	4
1955	448	437	11	1989	99	92	7
1956	109	105	4	1990	75	75	0
1957	227	203	24	1991	95	93	2
1958	679	679	0	1992	163	147	16
1959	217	217	0	1993	159	145	14
1960	67	67	0	1994	214	202	12
1961	167	161	6	1995	259	253	6
1962	105	105	0	1996	368	353	15
1963	143	140	3	1997	323	295	28
1964	126	120	6	1998	368	306	62
1965	156	151	5	1999	487	385	102
1966	99	95	4	2000	566	432	134
1967—1973	248	248	0	2001	675	509	166
1974	18	14	4	2002	690	556	134
1975	55	53	2	2003	626	480	146
1976	65	63	2	2004	637	483	154
1977	74	67	7	2005	685	517	168
1978	74	68	6	2006	591	582	9
1979	22	22	0	2007	585	578	7

第三节　民事审判

1943年，日照县抗日民主政府成立司法科，负责民事审判和民事调解工作。抗日战争胜利后，民事案件多为婚姻、土地、债务、租佃纠纷，案件由区长处理。1945年，受理民事案72件，其中婚姻33件、土地12件、山场2件、宅基3件、继承4件、租佃6件、债务12件。1948年，县司法科撤销，群众纠纷由县政府解决。1949年4月，司法科恢复，上半年受理民事案80件，处理61件。

新中国成立初期，法院有两人分管民事案件。民事案件主要有债务、土地、边界、伙巷、水道、婚姻等纠纷。法官采取“坐堂问案”的办法，把双方当事人传讯到庭，当庭进行调解或判决处理。1952年春，婚姻案件大量上升。办案人员采取“到站收案”与“巡回就审”相结合方法，携卷下乡办案。据统计，此时自主婚姻形式已占30%，受封建婚姻制度束缚的寡妇有30%改嫁，自杀或被杀事件逐年减少。抗美援朝运动开始后，对涉及革命军人婚姻案件慎重处理，以保护革命军人的合法权益。

1955—1956年，全县农业合作化运动走向高潮，民事纠纷案件的特点有很大变化。1958—1960年，经济、财产纠纷减少，民事案件大幅度下降。1961年，经济、财产纠纷开始增多。法院发挥调解人员的作用，把大量民事案件解决在基层。1962年，法院受理违犯婚姻法案件87起。1963年，对无理纠缠确应判决的58起民事案件，进行判决处理。

1967—1973年，法院共处理民事案件821起，其间，案件处理的质量较差。1973年法院恢复，半年时间受理民事案件116起，其中婚姻案件101起。1975年，为扭转民事案件长期积压状况，恢复3处人民法庭。

1978—1981年，民事案件大量上升，疑难案件增多，民事审判人员由8人增至28人。法院采取“以老带新、新老结合”和庭审观摩方法，提高审判人员办案能力。1979年，民庭和3个法庭组成4个实习组下到基层，指导司法助理员和大队调解组织实地解决民事纠纷。1981年，共受理损害赔偿案件136起。

1983年，婚姻纠纷案件居高不下，法院派出工作组到西湖、陈疃两处公社进行社会调查，摸索在新形势下民事案件的发案规律。1984年，全年受理各类民事案件763起，审结710起，其中调解处理648起，占结案数91.3%。

1985—1986年，房屋宅基类民事案件增多。法院组织有关人员深入村、镇调研宣传。配合党、政部门刹住抢占宅基地的歪风。派出10次巡回法庭，帮助基层法庭审理旧存积案。

1988—1992年，农村债务、债权等财产权益关系纠纷增多。法院先后派出巡回法庭241个，调解理顺债权、债务纠纷2425件，收回欠款2355.15万元。

1993—1997年，房地产开发纠纷、美元买卖、侵犯名誉权等新型案件开始出现。产品质量纠纷、劳动纠纷、交通事故、婚姻纠纷等案件不断增多。民庭采取“指导办”“民庭和法庭联合办”“民庭调上来办”的方法，化解积案和疑难案件。1995年，法院受理石臼街道居民周某等拖欠农民工工资一案。经过17天审理就做出判决，维护了农民工的合法权益。1997年，审理轻骑集团职工王连全海上救人罹难一案。法院经多方查证，认定救助事实成立，判决被救助人补偿王连全父母1.2万元。

图31-20　东港区法院民事审判庭审现场　　(摄于2007年6月)

1998—2001年，因企业破产、出售、撤销、合

图 31-21 东港区法院开展便民服务活动　　（摄于 2007 年）

并、联合而引起的劳动报酬、劳动争议案件和涉及下岗职工权益案件增多。仅 2001 年收案 3690、结案 3022 起。

2003 年，民庭在审理迟某等 7 人诉日照市某建材有限公司一案中，发现 7 名原告劳动关系起止时间差别很大。案件涉及养老保险、社会保险等法律、法规及地方政策规定，处理难度很大。负责审理的法官虚心向劳动部门和省院专家请教，查阅大量专业书籍、资料，依法做出判决，双方服判息诉。

2004 — 2007 年，法院推出“阳光审判、金色天平”品牌，成立案件研讨、庭审评议、案件质量评议小组，提高审案质量，缩短办案期限。

1949 — 2007 年日照县(市)、东港区民事审判收结案统计表

表 31-14　　单位：件

年份	收案（含旧存）	结案	未结	备注
1949	80	61	19	—
1950	434	434	0	—
1951	128	128	0	—
1952	571	561	10	—
1953	540	530	10	—
1954	687	687	0	包括两个巡回法庭
1955	431	431	0	
1956	395	375	20	婚姻纠纷 255 件，房屋、抚养、债务等纠纷 140 件
1957	312	312	0	婚姻案件 213 件，其他债务、房屋等案件 99 件
1958	204	195	9	—
1959	151	151	0	—
1960	146	137	9	—
1961	236	212	24	—
1962	275	249	26	—
1963	389	366	23	—
1964	380	343	37	—
1965	391	377	14	—
1966	181	164	17	—
1973	116	116	0	—
1974	82	58	24	—
1975	224	201	23	—
1976	213	198	15	—
1977	153	136	17	—
1978	184	170	14	—
1979	205	185	20	—
1980	377	344	33	—
1981	492	467	25	—
1982	564	537	27	—

续表 31-14　　单位：件

年　份	收案（含旧存）	结案	未结	备注	年　份	收案（含旧存）	结案	未结	备注
1983	380	338	42	—	1996	3390	3267	123	—
1984	763	710	53	—	1997	3219	2978	241	—
1985	685	622	63	—	1998	4282	3792	490	—
1986	885	857	28	—	1999	5141	4629	512	—
1987	1008	978	30	—	2000	3894	3462	432	—
1988	3847	3813	34	—	2001	3690	3022	668	—
1989	4681	4601	80	—	2002	3210	2847	363	—
1990	3044	2935	109	—	2003	2610	2287	323	—
1991	1709	1612	97	—	2004	2955	2540	415	—
1992	1413	1322	91	—	2005	2310	2125	185	—
1993	1565	1502	63	—	2006	3305	2998	307	—
1994	1857	1776	81	—	2007	3016	2779	237	—
1995	2102	1993	109	—					

第四节　商事审判

工商业经济案件审理

1988—1990年，境内横向经济联系不断扩大，经济合同纠纷增多，经济审判工作开始以城镇工矿企业和商业方面的纠纷案件为主，农村经济纠纷为辅。1988年，法院协助农行收回逾期贷款1327万元，占逾期贷款总数的31%。帮助市酒厂、水产研究所、海水育苗场、燃料公司、农牧局等5个单位理顺合同、追缴欠款。法院开展外地办案活动。3年间，先后7次派出87个巡回法庭赴外地审理诉讼经济纠纷案件。共审结案件773件，收回欠款484.6万元。1991年，法院开展"双百工程"(即每个法庭办理经济纠纷案件过百件，标的额过百万)，审结经济纠纷案件1288件，审结标的额756.28万元，为企业收回欠款1800余万元。1992年，打破经济、民事案件界限，把调解权、收案权、办案权、执行权全部下放，法庭可以办理经济纠纷案件，又可办理民事债务案件。20处法庭审结经济纠纷案件430件，标的额603.95万元。1993年，准许各法庭在东港区和市直企业范围内办理经济案件。全年审结经济类案件928件，结案标的7858.04万元。1994年，开展"百日双清"清理企业逾期贷款和欠款活动，审结经济纠纷类案件2630件，收回企业欠款和银行逾期贷款总额4819.42万元。

1996—2001年，法院组织百名审判法官下基层，对百个企业进行调研(简称"双百活动")，提供法律咨询。2001年，经济庭在审理日照市石臼网具厂破产案中，认真审核企业资产，回收债权，严把资产清理关、评估关、变现关。在不到一百天的时间里将该案圆满审结。6年间，共收经济案件1.11万起，审结1.01万起，涉案标的额7.04亿元。2002年，区法院重点审结建设工程、房地产开发经营、金融纠纷、商品生产和流通领域的案件。在审理山东日照中谷粮油有限公司诉广东南海大沥金威马食品厂买卖花生米纠纷案中，审判人员往返两地，仅用4天时间，促使双方当事人达成合解协议，被告将货款及利息33.5万元一次性给付原告。

2003 — 2007 年，经济庭更名为民二庭。实行立案、审理、执行一条龙服务。

1982 — 2007 年日照县(市)、东港区商事审判收结案统计表

表 31-15　　单位：件

年份	收案	结案	未结	年份	收案	结案	未结
1982	2	2	0	1995	2148	2099	49
1983	11	11	0	1996	2817	2786	31
1984	56	45	11	1997	1967	1893	74
1985	222	201	21	1998	1921	1757	164
1986	876	844	32	1999	1455	1287	168
1987	353	345	8	2000	1709	1369	340
1988	72	55	17	2001	1193	1030	163
1989	413	386	27	2002	1024	796	228
1990	344	332	12	2003	1865	1520	345
1991	1332	1288	44	2004	2526	2096	430
1992	470	430	40	2005	3628	3320	308
1993	963	928	35	2006	2749	2617	132
1994	2668	2630	38	2007	3140	2997	143

第五节　行政审判

1989 年，接收行政案件 3 起。1991 年，法院贯彻《中华人民共和国行政诉讼法》，全年审结行政案件 13 件，标的额 24.93 万元。1992 年，法院在公路局、土管局、建委等行政机关设立巡回法庭，提供法律服务。

1993 — 1995 年，区法院共受理行政案件 154 件，审结 132 件，受理、执结行政执行案件 373 件。案件种类从 2 种增至 13 种。至 1995 年，区法院行政案件结案数、案件质量连续 5 年保持无发回、无全部改判水平。

1996 年，位于道路两侧的日照街道东将帅村 11 户村民非法占用集体土地修建房屋，拒不执行日照街道办事处《关于限期拆除违章建筑的行政处罚决定》。在说服教育无效的情况下，法院依法采取强制措施，将违章建筑全部拆除，保证村镇规划和道路拓宽工程顺利进行。

1999 — 2005 年，受理范围涉及房屋拆迁行政裁决、交通事故行政确认、行政强制执行、城市规划、治安行政处罚、劳动教养、房屋产权行政登记等各个方面。2005 年，行政审判工作运用“诉前协调法”，协调“官民”矛盾，妥善处理群体性行政案件及其他行政纠纷。

2006 — 2007 年，行政审判引入“联动式”司法方法，对群体性行政争议案件，实行协调解决和庭外和解。

1989—2007年日照市、东港区行政审判收结案统计表

表 31-16　　单位：件

年份	收案（含旧存）	结案	未结
1989	3	3	0
1990	4	4	0
1991	14	13	1
1992	19	16	3
1993	23	18	5
1994	57	45	12
1995	74	69	5
1996	111	110	1
1997	95	83	12
1998	104	82	22
1999	97	80	17
2000	170	170	0
2001	135	112	23
2002	96	64	32
2003	408	392	16
2004	488	468	20
2005	562	539	23
2006	490	476	14
2007	513	500	13

第六节　审判执行

1983年，县法院设立执行庭。1986年，共受理执行案件84件，执行完毕71件，结案率为84.5%。1987年，组织巡回法庭，突击执行案件。全年受理执行案件264件，执行完毕203件。

1988年，严厉打击拒不执行或以暴力阻碍执行的行为。共执行各类民事、经济案件209件，依法拘留18人，转为逮捕追究刑事责任的2人。1989年，对三庄镇三村和日照街道沙墩村2起宅地纠纷进行强制执行。

1992年，开展执行工作大会战。调动百余名干警，组成5个大组，15个巡回执行法庭，集中执行。1月内执行各类案件550件，标的额280万元。先后深入到4省12个县市，为全市有关企业追回现金39.4万元。对拒不履行义务的47名当事人实行拘留等强制措施。

1993年，东港区法院执行工作坚持“审执并重”的经验在全省法院推广。1994年，法院把执行工作列入岗位目标考核内容。把执行工作重点放在外地，当年收回外地欠款600万余元。

1995年，印发《关于强制执行措施的适用》《适用中止执行或终结执行的条件和做法》《执行工作中应注意的若干问题》《浅谈执行工作的几个关系》等业务指导专辑，通过广播、电视、报纸等传播媒体广造舆论，取得社会各界支持，共执结案件1307件，标的额1437.33万元。其中执行现金651.67万元，财物折款484.02万元。

1997—1998年，对暂时确无执行能力的个人和需要重点帮扶的特困企业，从有利于生产经营和照顾当事人生活的原则出发，促使双方达成分期、分批履行和解协议，对申请执行人是特困企业和特困户的案件，则优先执行。

1999年，区人民法院统一行动，形成 “大执行格局”。全年共执结各类案件4757件，标的额7422.1万元，首次出现结大于收的局面。

2001年，开展委托执行工作，共办理外地法院委托执行案件13件。2003年9—10月份，进行2次大规模强制执行行动，执结案件52起，执行款项226万元。2004年，集中力量执行难案，为当事人挽回经济损失1.6亿元，为商业银行等金融机构和20余家企业追回欠款1.2亿元。成功化解丁某等70余人与市某研究所财产损害赔偿案，共执结“老案”“难案”69件。2006—2007年，开展“规范执行行为、促进执行公正”专项整改活动。推行“三查”(即事先监督的先予审查，事中监督的异议审查和事后监督的卷宗质量评查)、“四分离”(执行实施与裁决权分离，执行款物保管、鉴定与评估、拍变卖、结算分离)制度，杜绝执行权利的滥用，提高涉案财产处理透明度。

1983—2007年日照县（市）、东港区执行案件收结案统计表

表 31-17　　　　单位：件

年份	收案	结案	未结	年份	收案	结案	未结
1983	10	6	4	1996	1855	1769	86
1984	37	32	5	1997	1985	1649	336
1985	43	26	17	1998	4071	2751	1320
1986	84	71	13	1999	6069	4757	1312
1987	264	203	61	2000	4469	4027	442
1988	225	209	16	2001	2579	2397	182
1989	313	306	7	2002	2107	1886	221
1990	355	278	77	2003	2087	1971	116
1991	479	404	75	2004	2526	2192	334
1992	413	354	59	2005	3022	2779	243
1993	707	638	69	2006	2638	2170	468
1994	968	912	56	2007	2141	1734	407
1995	1720	1307	413				

第七节　信访受理

1951年，信访接待工作由负责民事审判人员兼任，后多由秘书兼管。1953年，法院内部设1名问事员，具体负责人民来信、来访的登记、处理。后又抽调2名干部成立人民接待室，建立起接待、登记、研究、转办、检查、催办、存档等各项规章制度。1957年，受当时工作指导方针的影响，法院信访接待工作一度停止。“文化大革命”期间，信访工作无法进行。

1983年，成立信访接待室，固定专人负责。制定下发《信访工作暂行办法》，对来信、来访实行统一接待、归口办理。1986年，全院处理人民来信323件，其中刑事申诉66件，民事申诉83件，其他165件。接待来访群众798人次，处理简易纠纷31件。

1987年，信访接待室改为信访科。处理信访申诉和落实政策工作，共处理人民来信428件，接待来访群众1209人次，受理各类申诉案件41件、41人，全部审结。

1988—1991年，信访申诉注重“一次信访成功率”，做好初信初访工作，尽量减少“回头案”。至1991年，连续8年未出现当事人进京上访。

1992—1993年，对告审和信访工作实行立案统管。告申庭对8起历史形成的确有错误的案件进行依法改判。1994年，收到来信121件，来访738人次，其中与案件有关的来信31件、来访29人次。1995年，成立立案处，实行告申、立案统一管理，解决群众告状难的问题。

图 31-22　东港区法院信访科接待群众来访

（摄于2003年）

1996—1999年，推行信访工作岗位目标责任制。加强对各庭室考核，从源头抓初信初访，做好停访息诉和矛盾化解工作。共接待来访1940

人，处理人民来信 843 件，受理再审案件 106 件，16 名上访老户停访息诉。

2000 年，立案、信访工作由立案庭负责，再审工作由审判监督庭负责，细化分工，明确责任。实行院长接访和省市区三级法院会审信访案件制度，为群众排忧解难。全年立案 8650 件，受理再审案 44 件，审结 48 件，其中改判 12 件。

2001 — 2006 年，在立案大厅实行“一条龙”流水作业柜台式立案。设立“诉讼向导”服务台，实行诉讼、执行风险告知制度和举证指导制度。探索远程立案、巡回立案、预约立案等立案方式，为当事人行使诉讼权利提供便利，降低诉讼成本。建立覆盖审判全过程的案件质量、效率评查监督机制。每月通报案件质量、效率的评查监督结果，实行动态考核。2005 年，再审调解结案率为 71%。

图 31-23　东港区法院法官到田间开展法制宣传（摄于 2000 年）

2007 年，区法院重新修订《信访工作考核办法》，对初信初访实行属地管理、分级负责。开展，“零上访”单位争创活动，化解上级交办的上访案件 4 起。

1974 — 2007 年日照县(市)、东港区法院系统人民来信、来访统计表

表 31-18

年份	来访人数	来信件数
1974	56	48
1975	65	70
1976	173	46
1977	183	27

续表 31-18

年份	来访人数	来信件数
1978	258	66
1979	311	71
1980	464	202
1981	450	110
1982	300	500
1983	564	638
1984	678	416
1985	734	328
1986	798	323
1987	1209	428
1988	531	108
1989	73	131
1990	105	48
1991	107	57
1992	141	80
1993	944	175
1994	738	121
1995	236	115
1996	296	110
1997	640	99
1998	862	634
1999	142	638
2000	452	141
2001	410	111
2002	262	153
2003	16	24
2004	812	25
2005	37	46
2006	14	23
2007	49	36

第八节　人民法庭

1954 年，日照县人民法院成立第一人民巡回法庭和第三人民巡回法庭。1955 年 4 月，第一人民巡回法庭和第三人民巡回法庭分别改为安东卫人民法庭和沈疃人民法庭。1957 年，全县设立 14 处法庭，隶属日照县人民法院领导，后撤销。1958 年，沈疃人民法庭迁往三庄驻地，更名为“三庄人民法庭”。1964 年，三庄人民法庭迁往西湖驻地，更名为“西湖人民法庭”。1975 年，恢复三庄人民法庭，同时，增设巨峰、虎山 2 处人民法庭。1979 年，虎山人民法庭撤销，同时，增设涛雒、马庄、河山 3 处人民法庭，并恢复安东卫人民法庭。1981 年，增设南湖人民法庭。1982 年，增设石臼人民法庭。1984 年，增设城区人民法庭。下半年南湖人民法庭撤销。至 1987 年 8 月，日照人民法院有涛雒、河山、三庄、石臼、日照等 8 处人民法庭。1988 — 1989 年，增设奎山、两城、西湖、尹家河等 8 处乡镇法庭。

1990 年，日照市人民法院更名为日照市城郊人民法院。1991 年，日照市城郊人民法院设石臼等 18 处法庭。1992 年，全市 22 个乡镇、街道全部设立人民法庭。

1993 年 3 月，日照市城郊人民法院更名为日照市东港区人民法院，设石臼、日照、三庄、涛雒、岚山 5 处中心法庭，辖 22 处法庭。

1998 年 3 月，将原 22 处基层法庭合并为 8 处。即：石臼、日照、奎山、河山、后村、岚山、三庄、巨峰法庭。

2003 年，撤销巨峰、奎山法庭。同时，改日照法庭为城郊法庭，增设涛雒法庭。2005 — 2007 年，区法院下设石臼、城郊、涛雒、河山、三庄 5 处人民法庭。

附：法庭选介

石臼人民法庭 始建于 1982 年，原名日照县石臼人民法庭。2004 年，辖日照市区、山海天旅游度假区和石臼、秦楼 2 处街道，辖区人口 20 万。法庭工作人员 13 名，先后被授予全省“五化法庭”审判规范化、管理制度化、设置标准化、建设规模化、装备现代化“全省优秀法庭”“全省模范法庭”“全国青年文明号”等 20 余项荣誉称号。

城郊人民法庭 建于 1984 年 8 月，原名日照人民法庭。2003 年，改称城郊人民法庭。2004 年，辖日照街道、南湖镇两个乡镇，辖区有 174 个自然行政村，25 万人口，有工作人员 12 人。2005 年 6 月，审判大楼建成，设立远程网上立案、电子显示屏、电子查询、无纸化办公等自动化办公系统。先后被授予 “省级青年文明号”“优秀妇女维权岗”“优秀法庭”等荣誉称号，并多次荣立集体三等功，软硬件建设迈入全省法庭先进行列。

三庄人民法庭 法庭辖三庄、陈疃和西湖 3 个镇，140 个村，15 万人口。1998 年以来，共审结各类案件 1800 余件。上诉案件中无一改判或发回重审。连续 5 年在驻地行评中保持第一，群众满意率 100%。法庭连续 3 年荣记集体三等功。先后被市中院、区委、区政府授予“优秀法庭”“政法系统先进单位”“文明执法单位”等荣誉称号。

涛雒人民法庭 建于 1979 年。辖涛雒镇 75 个行政村，6.83 万人口。法庭有工作人员 5 名。2001-2004 年，年平均收结案 500 余件。法庭先后荣获省高院授予“五化法庭”等荣誉称号，两名干警荣记三等功，1 人被中院授予“办案能手”荣誉称号。

河山人民法庭 建于 1979 年。辖河山、两城两个乡镇，117 个行政村，7.1 万人口。法庭虚心接受人民监督，始终把案件质量作为审判工作的生命线。对案件进行“每周一调度、限期结案、缩短审判周期”的做法，收到良好的法律效果和社会效益。被团省委授予“青年文明号”称号。

第九节 人民陪审员制度

新中国成立后，法院开始建立人民陪审员制度。1951 年，选择一些案件进行公开审理，请人民代表参加陪审。1954 年，按照《中华人民共和国宪法》和《中华人民共和国法院组织法》，县法院在全县 173 个乡及 2 个镇，选举产生 380 名陪审员，参与案件审理。1958 年后，受“左”的思想影响，人民陪审制度被取消。1980 年，人民陪审制度恢复。1983 年，在全县开展“严打”斗争中，全部案件都坚持有审判员和人民陪审员组成合议庭进行审理。

2005 年 4 月 20 日，区法院正式任命 25 名人民陪审员，建立人民陪审员工作业绩档案。同年，人民陪审员参与审理案件 452 起。2006 年，区法院制定《东港区人民法院陪审员管理工作实施细则(试行)》，详细规定人民陪审员的权利、义务，充分发挥人民陪审员的“审判员、监督员、宣传员、联络员”作用。同年，区法院人民陪审员陪审案件 469 起。其中刑事案件 420 起，民事案件 49 起。2007 年陪审案件 380 件。

第四章　司法行政

图 31-24　市、区“法制宣传日”普法下乡活动现场　　　　(摄于 2004 年)

第一节　机构沿革

1943 年，日照县抗日民主政府设置司法科，负责司法行政工作。新中国成立后，人民法院代行司法行政管理职能。1980 年 10 月，县司法局成立，韩修信、纪德尚先后任局长。1989 年 12 月，司法局升格为处级单位，纪德尚任副局长。1992 年 10 月，吴建秀任局长。

1993 年 6 月，东港区司法局成立，丁兆仁、吕宗习、王其高、王安国先后任局长。为设办公室、基层科、宣传科。1997 年机构改革，区司法局设办公室等 7 个科室。2002 年 9 月，司法局编制 22 人，设办公室等 5 个科室。2007 年,全区 10 个镇(街道)全部设有司法所。

第二节　法制宣传教育

普法宣传教育

1980 年，日照县司法局成立后，在全县开展法制宣传和法律人才培训工作。1982 年，分期分批地举办干部轮训班，学习《中华人民共和国宪法》，培训宣讲员。1983 年，开展法制“宣传月”“宣传周”“宣传日”等活动。1984 年，成立县普法办公室。根据国家普法规划，1986 — 2007 年，全市(区)共开展周期为 5 年的 5 轮集中普及法律常识宣传教育活动。

“一五”普法(1986 — 1990 年)　普法对象主要是工人、农(渔)民、知识分子、干部、学生、军人，以及城镇居民中有接受教育能力的公民。学习的基本内容是“宪法”“刑法”“刑事诉讼法”“民事诉讼法”(试行)“婚姻法”“继承法”“经济合同法”“兵役法”“民法通则”“治安管理处罚条例”，称为“九法一条例”。1990 年，学习“集会游行示威法”和“行政诉讼法”。全市 96% 的普法对象参加了学习。

“二五”普法(1991 — 1995 年)　普法对象是县处级以上领导干部、司法人员和行政执法人员、青少年，特别是大、中学校在校学生。教育内容以“宪法”为核心，以“行政诉讼法”“义务教育法”“集会游行示威法”“国旗法”“婚姻法”等专业法律为重点。推广“依法建制、以制治村、民主管理”和社会治安综合治理“细胞工程”等经验。全区村居、企业、学校依法治理面分别达到 97%、90%、96%。

“三五”普法(1996 — 2000 年)　普法对象是县处级以上领导干部、司法人员、行政执法人员、企业经营管理人员和青少年。主要教育内容是学习宣传“宪法”“国家赔偿法”“行政处罚法”“行政诉讼法”“公务员条例”“公司法”“劳动法”等法律法规。85% 以上的乡镇、村、企业普遍开展依法治理工作。

“四五”普法(2001 — 2005 年)　普法对象是各级领导干部、公务员、司法和行政执法人员、青少年学生和企业生产经营管理人员。教育内容是国家基本法律，与社会主义市场经济和公民工作、生产、生活密切相关的法律法规。全区组织各种法律知识竞赛 35 次，深入农村、学校巡回放映法制电视录相 810 余场(次)，开展送法下乡 350 余次，举办大型法制宣传活动 60 余次。镇(街道)、

图 31-26　东港区科级干部普法考试　　(摄于 2006 年 12 月)

村(居)、企业和学校，分别建设“普法一条路”“普法一条街”“普法一面墙”。司法局组建法制宣讲团，集中宣讲 50 余次。举办干部法制讲座 5 次，培训班 7 期，培训干部 8000 人次。全区中小学普遍开设法律常识课，创建“法制校园”。90% 以上的行政执法部门建立普法执法责任制。举办脱产轮训、岗位培训班 18 期，讲座 30 余次，培训人员 2800 余人次。

“五五”普法(2006 年— 2010 年)

普法教育对象是全区一切有接受教育能力的公民。重点是各级领导干部、公务员、青少年、企业经营管理人员和进城务工人员、农民，特别是农村“两委”干部和农村党员。学习内容是社会主义法治理念、国家基本法律法规。2006 年 12 月 11 日，召开全区普法、依法治理工作会议，表彰 30 个普法、依法治理先进单位和 51 名先进个人。开展“12·4”法制宣传日、平安东港建设法制宣传月、平安建设暨法律援助宣传月等活动。举办送法下乡进社区法律义务服务活动 64 场次，开展法制集中宣讲活动 110 余场次，受教育近 10 万人次。实施农民工“双证”(遵纪守法合格证、依法维权受援证)管理办法。组织农民工学法考证、指导农民工遵证守法、指导农民工依法用法。

图 31-25　东港区法院普法宣传到渔船　　(摄于 2007 年)

普法考核

1998 年 3 月，先后组织 36 名处级以上领导干部和 857 名科级干部进行普法考试。2003 年 4 月，区委组织部、宣传部、区司法局制定《关于加强领导干部学法用法工作的实施意见》，对领导干部学法用法的目标、内容、形式、考核，以规范性文件作出规定。区人大常委会提请任命的干部要进行任前考试。1998 — 2007 年，副科级以上领导干部 7204 人参加了普法考试。

法学学历教育

1983 年 8 月，山东政法管理干部学院法律自修大学日照管理分站成立，在政府系统招生 297 名。1988 年 8 月，为解决司法行政干警年龄偏大、学历偏低问题，在司法系统举办大专和中专层次的法律专业证书教育。1991 年，举办成人学历教育，法律大专班招生 140 人。1998 年，东港区先后与山东政法管理干部学院、山东大学等院校进行联合办学。2007 年，全区 93 名参加学习的学员，10 人取得法律专科学历，83 人取得法律本科学历。全区司法队伍文化程度，大专以上占 90%，科级干部本科学历占 90% 以上。

第三节　基层司法建设

司法所

1990 年 8 月，境内开始在乡镇(街道)建立司法所。司法所受乡镇(街道)党委、政府领导，业务受区司法局指导管理，所长由司法助理员担任。

2007年年底，全区10个镇（街道）司法所共有司法人员31名。办公用房面积、车辆及办公设施配备等全部达到省级规范化建设标准。

基层调解组织

1945年，境内各抗日民主政府十分重视人民调解工作。1950年，各区的调解助理员多由公安、民政助理或文书担任。1951年，全县各乡建立人民调解委员会。“文化大革命”前期，调解组织停止工作，1973年恢复。1978年，各公社设专职司法助理员。全县建立人民调解委员会1108个，调解人员5535人。1980年，司法局设基层人民调解管理科，实行“分片包干”“党员包户”“联户调解”“合同管理”等多种形式责任制。1983年，推广大坡公社“定人员、定任务、定制度、定报酬”的“四定”奖惩责任制。1988年，全市1095个农村设调委会，共有调解人员3917人，有875个村配备妇女调解干部。处理各类纠纷苗头3681起，避免矛盾激化281起，防止123起凶杀、37起纵火、80起大型械斗案件发生，使110人放弃自杀念头。1993年以后，建立区、乡镇（街道）、管理区（片）、村、组五级调解网络，信息员2700余人。2002年，加强基层调委会规范化建设，建立调解例会、请示汇报、纠纷排查、登记、回访、移交、档案管理、业务培训、岗位责任等制度。各级调解组织把各种制度制作版面上墙，接受群众监督。全区一、二类调委会分别达到90%和10%。

2003—2007年，调处各类矛盾纠纷1.08万起，调处成功率96%，疏导避免群体性上访53件，制止群体性械斗38件，防止民转刑案件79件。

基层法律服务

1985年，全市成立乡镇（街道）法律服务站22家，工作人员71名。1991年，乡镇（街道）法律服务站更名乡镇（街道）法律服务所。1999年，东港区进行基层法律服务改革，法律服务所和司法所分离，实行全员聘用合同制和岗位目标责任制、效益浮动工资制。2003年，基层法律服务机构推行法律服务“五公开”（执业人员情况、收费标准、执业纪律、执业范围、管理制度），接受社会监督。2007年，全区基层法律服务工作者83人，为460家企事业、村居担任法律顾问。办理诉讼代理事务1053件，代理非诉讼事务842件，调解纠纷512件，代写法律文书2170份，解答法律咨询3552人次，避免和挽回经济损失1338万元。

帮教安置

1992年，司法行政机关和劳动部门将刑满释放、解除劳教人员，安排在共同开办的经济实体，予以就业前的过渡性安置，并积极帮助就业。1997年下半年，成立司法、公安、劳动、民政、工商、工会、共青团、妇联等部门负责同志参加的安置帮教工作协调小组。建立完善刑释解教与安置帮教的衔接、安置等工作制度。2002年6月至9月，对1998年1月1日后回归社会的刑释解教人员进行集中排查，摸清底数，落实对重点对象的管控。全区刑释解教人员的重新违法犯罪率历年皆在3%以下。2007年3月，对2004年以来刑满释放解除劳教的367名帮教对象进行全面摸底，建立信息库。落实帮教措施，预防重新违法犯罪。

12348法律咨询

“12348”取自谐音“要司法”，其服务宗旨是：“把法律交给群众，送法律走进万家。”1998年，区司法局建立“12348”协调指挥中心，负责“12348”热线电话的运作和组织领导、受案分流、内部联动协调指挥等。至2007年，共接受咨询电话1.04万个，接待来访8万人次，当场解答法律咨询7800余件，移交有关部门处理980件，提供法律援助45件。

第四节　公证

1982年，日照县公证处成立。1993年9月23日，成立日照市第二公证处，受东港区司法局领导和管理。2007年6月22日，日照市第二公证处更名为山东省日照市德信公证处。2007年，有工作人员5人。其中三级公证员2人，四级公证员1人，开展公证业务30项。

1982年后，公证处业务涉及分家析产、确立产权、亲属关系、房屋买卖、指纹签字印鉴、协议公证、保全证据、宅基地使用、赠与、遗嘱、收养子女、发表声明、各类经济承包合同等。1985年，全市聘请公证联络员22人，联络公证事项1500件，并同乡镇法律服务站开展协办公证业务。从1987年起，开展农村宅基地使用公证业务，用合同形式明确不动产的相邻关系。到1988年，共协办各类公证事项2500件。日照对外开放后，公证业务涉及国内民事公证、国内经济公证、涉外和涉港澳台民事公证。出具涉外、涉港澳台经济公证等40余项，涉外公证涉及到15个国家和地区。

1993—2007年，公证处累计办理各类公证2.79万件。其中，经济公证1.12万件，民事公证8301件，涉外公证7726件，涉港、澳、台公证638件，拒绝公证62件。

1993—2007年东港区公证业务开展情况表

表31-19

年份	民事（件）	经济（件）	涉外（件）	涉港澳台（件）	小计（件）	涉及金额（万元）	审查、修订合同（份）	接待来访（人次）
1993	382	138	—	—	520	150	95	120
1994	1127	238	—	—	1365	180	156	120
1995	273	173	—	—	446	170	110	115
1996	210	78	—	—	288	90	55	80
1997	650	223	177	66	1116	190	85	118
1998	531	124	192	87	934	150	75	95
1999	659	653	289	94	1695	210	96	122
2000	515	116	447	44	1122	174	65	76
2001	1025	963	514	100	2602	240	86	212
2002	505	1098	741	52	2396	320	160	230
2003	514	1804	622	68	3008	650	140	286
2004	460	1567	679	41	2747	780	748	337
2005	356	1595	1138	41	3130	9600	620	480
2006	370	1667	1637	22	3696	16500	718	820
2007	724	773	1290	23	2810	19800	1020	650
总计	8301	11210	7726	638	27875	49204	4229	3861

第五节　律师

律师机构

1956年10月，县法律顾问处成立，1959年撤销，1980年重建。1989年，日照市设立对外律师事务所。1990年10月，日照市法律顾问处更名为日照市第一律师事务所。1993年9月23日，日照市成立经济律师事务所。1994年3月10日，市司法局批复建立海洋律师事务所。1994年3月28日，成立东港律师事务所。1995年6月13日，日照市海洋律师事务所更名为日照海洋律师事务所，日照市经济律师事务所更名为日照现代律师事务所。1995年2月25日，建立两城律师事务所，后更名为日照曙光律师事务所。

2000年12月30日，根据区编委东编发〔2000〕16号《关于日照现代律师事务所等单位脱钩改制的批复》，批准日照现代律师事务所、日照海洋律师事务所、日照东港律师事务所、日照曙光律师事务所不再属东港区司法局管理，转为社会中介机构，11 名在编人员退出编制，不具有行政级别。同年，上述四个律师所分别更名为山东海曲律师事务所(2004 年更名为山东兆利律师事务所)、山东海洋律师事务所、山东世纪星律师事务所、山东宝元律师事务所。其中，山东兆利律师事务所为合作制律师事务所，山东海洋律师事务所、山东世纪星律师事务所、山东宝元律师事务所为合伙制律师事务所。

律师队伍

1990 年，全市两个律师事务所共有律师 11 人，其中取得律师资格 10 人。2007 年年底，东港区有专职律师 32 人。为规范律师执业行为，区司法局针对律师工作实际，开展教育整顿，加强律师执业监督。举办职业道德和执业纪律培训班，进行诚信、职业道德和法纪教育。对违法违规行为，给予行业处分和行政处罚。

律师事务

法律顾问　1985 年，日照市法律顾问处开展常年法律顾问工作。1988 年，法律顾问处为 29 个政府机关、厂矿企业单位担任常年法律顾问。1988 年以后，法律顾问处参与涉外经济项目的可行性论证、谈判，帮助审查和修改涉外经济合同。1999 年，面向市民推出家庭律师卡制度，为 189 户市民担任法律顾问。帮助个体工商户、承包经营者提供法律咨询、代办工商、税务登记。2003 年，山东兆利律师事务所为日照首届房地产博览会担任法律顾问。2004 年，为首届中韩(日照)贸易博览会担任法律顾问。2005 年，山东海洋律师事务所为中国(日照)第三届茶博会担任法律顾问。至 2007 年，东港区律师事务所共为 180 余家企事业单位担任法律顾问。

刑事诉讼辩护及代理　1993 — 2007 年，全区律师办理刑事诉讼辩护代理案件 830 件，代理数量呈逐年递增趋势。

民事、经济、行政案件代理　1993 — 2007 年，代理民事、经济、行政诉讼 4630 件，代理业务量逐年增加。

非诉讼法律事务　此项业务涉及面广，占律师业务量的比重较大。1993 — 2007 年，全区律师共办理非诉讼法律事务 1.54 万件。

代书、法律咨询　1993 — 2007 年，全区律师共解答法律咨询 2.05 万余人次，代书 8300 件次。介入信访接待工作，积极息诉息争。如：山东兆利律师事务所引导农民依法维权，及时化解三庄镇齐家沟村 392 户集体上访事件。

第六节　法律援助

2000 年 6 月，东港区法律援助中心成立，是东港区司法局内设机构。区司法局在全区所有镇(街道)依托司法所设立法律援助联络站，每个村(居)设立 1 名法律援助联络员，与团区委、工会、老龄委、妇联、残联、人武部等部门协作，成立青少年、困难职工、老年人、妇女儿童、残疾人、军人法律援助联络站，为弱势群体寻求法律援助提供方便。

区法律援助中心重视援助案件的监督、管理和指导。先后制订完善《接访立案制度》《援助业务指导职责》《档案管理制度》《财务管理制度》等内部管理制度。规范援助案件的承办程序和各工作环节的具体标准。区法律援助中心建立方便弱势群体寻求法律援助的绿色通道。2004 — 2007 年，开展“民工讨薪特别行动”，开通援助热线电话，入村进行咨询服务。帮助困难群众签订援助协议，开展非诉讼调解。为农民工承办讨薪援助 52 起，共承办法律援助案件 523 件，接受咨询 6800 余人次，为受援人避免和挽回经济损失 1200 余万元。

第三十二编

军　事

东港区地处鲁东南沿海要冲，历代兵事纷繁。早在西汉末年，吕母即率众举行农民起义。唐太宗东征时，曾驻兵丝山北麓驻跸岭。宋代名将李宝泊舟石臼，巧攻陈家岛，火烧金兵战船数百艘，金兵大败而逃。明代，倭寇侵扰不断。为此，境内建卫设所，屡次击退倭寇侵扰。清朝末年，厉应九率农民起义军，捉教士、烧教堂并一举占据驼儿山，震惊朝野。辛亥革命时期，国民党元老丁惟汾指挥山东护国军总司令薄子明，在日照一带筹集经费，招募兵马，与地方军阀武装作战。20年代至抗日战争时期，巨匪刘桂堂3次窜犯日照。土匪史义成、徐小乾在莒日边境烧杀抢掠，无恶不作。朱信斋为首的土匪武装盘据黄墩为非作歹，广大民众处在兵荒马乱之中。

1932年10月，中共日照中心县委领导著名的"日照暴动"，播下革命火种。抗日战争爆发后，各抗日救国团体纷纷成立。1939年夏，县委开始建立人民抗日武装，配合八路军主力部队同日本侵略军进行艰苦卓绝的斗争，境内发生著名战役及战斗20多次。解放战争时期，娘送儿、妻送郎、兄弟争相参军，支前热情高涨。全县先后出动10万多民工，支援鲁南、孟良崮、济南、淮海、渡江等重大战役，为解放全中国做出巨大贡献。

新中国成立后，驻军官兵及广大民兵在巩固海防和经济、社会事业建设中不断做出新的贡献。

第一章 驻军

第一节 明、清军

安东卫

明洪武17年(1384年)，为防倭寇入侵，设安东卫。辖左、中、右、前、后5个千户所。前所、左所驻安东卫城，右所驻涛雒镇，后所驻石臼寨(今石臼所)，天顺中期，调中所于天津卫、调右所于徐州卫，域内只有三所，每所设正、副千总和百总等职。境内设立若干墩台，遇有倭寇、土匪袭击，军民合力进行围剿。

安东卫营

清顺治十六年(1659年)，设安东卫营，隶属青州营。清康熙元年(1662年)属沂州营。康熙二十二年(1683年)属登州镇。设步兵1000名，都司、守备各1名，千总2名，分防岚山头、张洛、涛雒、夹仓、日照、琅琊台、莒州等口岸和城池。

沂防营

清光绪二十六年(1900年)，沂州府设沂防营。1903年，沂防营改为巡防营，下辖3个连，400余人，装备步马枪。营部驻日照城，其余分驻王家滩、石臼所、夹仓、涛雒、安东卫、岚山头等沿海村镇。1911年夏，巡防营复改沂防营。

第二节 北洋军阀政府军

山东陆军五师二十团三营

1915年春，山东陆军第五师二十团三营驻防境内，辖4个连659人，配备步枪、机枪。部队分驻日照城、石臼所、涛雒等地。1918年9月，该部撤离。

直鲁联军

1927年春，第八师教导团团长顾震率部进驻境内。当年12月，该部在徐州与国民革命军作战，兵败退至临沂、莒县，后移驻境内。1928年春撤离。

奉军第四师混成旅

1927年2月，奉军第四师接替临沂防务，其混成旅旅长王恩毓率部进驻涛雒。同年4月，师长方永昌以放纵大刀会为由，将王恩毓杀害，其部队就地遣散。

第三节 国民政府军

第十七军

1927年6月，国民革命军北伐第一路军十七军由赣榆进驻境内。孙传芳的五省联军于7月22日攻占日照县城。23日始，两军在傅疃一带激战数日后第十七军撤离。

第十军党怀英团

1928年11月，国民革命军第十军(不久改编为第二集团军第二十一师)驻防临沂。所属党怀英团驻日照城、安东卫等地,团部驻县城北关。1929年撤离。

八十一师康占魁团

1931年9月,匪首刘桂堂率部袭扰境内。山东省政府主席韩复榘,派八十一师运其昌旅、康占魁团来境内剿匪。康部分驻日照城、石臼所、涛雒、两城等重要村镇。1932年10月,康部参与镇压日照暴动。为防止共产党在看山户和庙宇隐蔽活动,合村并庄,强制推行保甲制度、纵火烧毁庙宇等。

税警二团

1932年,南京国民政府组建财政部税警总团,其第二分团于1936年秋进驻境内。该团下辖4个营,每营辖3个步兵连,1个机枪连,2700余人。团部驻安东卫,各营分驻岚山头、虎山堡、高旺庄、涛雒等沿海村镇。该团驻境内期间,曾修筑过环海公路及沿海防御工事。1937年,上海"八一三"事变后,该团南下参加"淞沪抗战"。

五十七军一一二师

1938年4月,五十七军一一二师由师长霍守义率领,进驻苏北。其所属六六七团、六六八团及野炮队3000余人,分驻碑廓、费家湖、于家官庄等地。该部曾数次在境内对张宗元、刘桂堂等汉奸、土匪武装进行围剿。同年10月,该部南下参加武汉会战。

五十七军一一一师

1940年9月,五十七军一一一师由师长常恩多率部进驻境内甲子山地区。部队曾驻刘家东山、黄墩、巨峰等地。该师下辖2个旅、4个团、直属工兵营、山炮营、特务连、骑兵连、高射炮兵连、卫生队等,共5000人。

1942年8月3日,师长常恩多病危中在苏鲁战区总部政务处处长郭维城协助下,率该师2700余人起义,奔赴八路军抗日根据地。"八三"义举发生后,原一一一师旅长孙焕彩等顽固派重组一一一师,盘踞甲子山地区。同年8—12月,山东军区先后发动3次甲子山战役,迫使孙焕彩率残部退至五莲山区,后撤退至安徽阜阳。

苏鲁战区抗日游击一纵队一支队

1940年10月,国民党苏鲁战区抗日游击第一纵队一支队进驻境内。该支队下辖3个大队,支队部队驻两城镇。该部坚持抗日,曾在王家滩开辟盐场,进行生产自救,1943年秋撤离境内。

八十三师十九旅

1947年8月29日,国民党八十三师十九旅五十六团占领日照城、石臼所。10月30日,旅长杨荫率旅部及一八八团,绕道连云港,从海上进驻石臼所。其间,该部伙同还乡团烧、杀、掠、抢,疯狂进行反革命报复。在驻日照人民解放军、县地方武装和广大民兵合力打击下,该部于1948年4月4日从海上溃逃。

第四节　八路军

山东纵队二旅六团

1941年年初,山东纵队二旅六团团长马跃伦、政委王建青率部进驻境内。主要担负保卫滨海地委机关和日照抗日根据地任务。该团辖3个营和直属特务连,先后参加过3次甲子山战役。1943年3月,部队精简整编,改编为莒中独立营和莒南独立营。

山东纵队二旅五团

1941年5月,山东纵队二旅五团团长刘勇、政委刘仲华率部进驻境内。该团辖3个营,团部驻碑廓镇。部队分散活动在岚山、日照、莒南交界地带。担负着保卫抗日根据地任务,不久撤离境内。

山东纵队二旅特务营

1940年7月,山东纵队二旅特务营营长王云舞、教导员谷风鸣率部接替该旅五团防务进驻碑廓,跟随县政府在境内活动。该营辖3个连。10月,移驻莒南相邸一带。

滨海军区六团

1942年1月,八路军一一五师教导二旅六团由赣榆县移驻境内,该团辖3个营。当年8—11月,先后参加第一、第三次甲子山战役。1943年4月,六团与抗敌自卫军一团、教导五旅十三团1个连以及临(沂)赣(榆)东(海)游击大队合编为滨海军区六团,曾国华任团长,刘西元任政委,贺东生任参谋长。同年4月,贺东生任团长,吴岱任政委。1944年1月,参加石沟崖战斗。抗战胜利后,开赴东北。

滨海军区十三团

1942年10月,八路军一一五师教导五旅旅长梁兴初、政委罗华生率部转战于滨海地区。参加第三次甲子山战役后，驻巨峰一带休整。1943年3月，教导五旅番号取消，所辖十三团、十四团及旅直一部编为滨海军区十三团。梁兴初任团长，谭士冕任政委。6月，十三团进驻莒日公路以北地区，参加讨李(永平)战役。

滨海军区二十三团

1943年1月，新四军三师八旅二十三团奉命进驻境内，改编为滨海军区二十三团，辖3个营。团长胡继成、政委王德贵。1945年5月，该团在滨海警备团及民兵配合下，发起安东卫战斗。该团一营二连战功卓著，被滨海军区授予“安东卫连”荣誉称号。

滨海军分区独立团

1940年11月，国民党赣榆县保安一团团长朱其藩率部起义，改编为八路军山东纵队二旅独立团。朱其藩任团长，陶君彦、赵昭先后任政委。1942年8月，改编为滨海军分区独立团，团部驻赣榆。部队在日照、赣榆、莒南三县交界处开展边沿斗争，保卫抗日根据地及岚山头、柘汪海口。1943年4月，独立团与日照县大队合编为滨海军区警备团。

滨海军区警备团

滨海军区警备团，辖7个连，700余人。1944年12月，辖3个营。朱其藩、王明礼先后任团长，李均、牟景途先后任政委。在境内担负沿海及边区对敌斗争，多次粉碎日伪“蚕食”“扫荡”，巩固和扩大了抗日根据地。1945年10月，该团改编为山东警备十旅十九团，团长王明礼，政委蒋学道。该团先后参加过收复日照城、石臼所、沈疃、两城、泊里战斗。12月，返回日照。1946年5月，改编为滨北军分区独立团，并撤离日照。

滨海军区第四武工队

1943年7月，滨海军区从部队和地方抽调20余名干部，组成滨海军区第四武工队，队长于镜清、指导员刘希涛。主要活动在日照、石臼、奎山、涛雒等日伪军占领区。开展敌后斗争，宣传党的政策，建立和恢复党组织，发动群众，打击敌人。1945年1月，受山东军区政治部通令嘉奖。

滨海军区第二十四武工队

1944年2月，滨海军区第二十四武工队在境内建立，共30余人。王允祥任队长，郭万亭任指导员。主要在日照城以南、涛雒以北等敌占区活动。1945年9月，被编入日照海防大队。

滨海支队

1942年8月3日，国民党百十一师起义后，进入滨海抗日根据地，整编新百十一师，万毅任师长，郭维成任副师长，辖2个旅，2700余人。是年12月，参加第三次甲子山战役。翌年6月，开赴滨北地区并参加讨李(永平)战役。1944年1月，参加石沟崖战斗。10月20日，改编为八路军滨海支队，辖3个团，万毅兼任司令员，王振乾任政委。抗日战争胜利后，开赴东北。

第五节　人民解放军

滨海军分区二团

1946年10月，滨海军分区二团成立。该团以日照县独立营和各区中队以及东海县大队骨干数百人组成，下辖3个营，1500余人。牟景途任政委，肖德任副团长，团部驻日照城。1947年3月，该团移防赣榆、东海县一带。同年8月，返回境内。翌年4月，编入华东野战军离开日照。

滨海军分区海防一团

1949年2月，日照独立营、日照海防大队与莒南独立营合编为鲁中南军区第六军分区海防一团，辖3个营，1000余人。何文良任团长、陈桂森任政委。5月，改编为滨海军分区海防一团。1950年调离日照。

9612部队

1954年10月，一〇〇师某团在境内驻防。团部驻日照县城。1956年12月，该团并入刚组建的守备某旅。1961年6月，守备某旅扩编为守备某师，代号6152部队。1970年，进行改编代号为9612部队。何玉祥、郭敬寰、赵寅虎先后任师长，王持久、宋志远、李皋鸣先后任政委。1976年10月28日，该部撤销。

中国人民解放军第一三六医院

原称中国人民解放军第二十五野战医院。1979年6月，该院由掖县调驻日照县。1981年，改称中国人民解放军第一三六医院。冯立彦、梁连海、常英涛先后任院长，潘超、刘继海先后任政委。1986年11月，该院撤销。

54892部队

1989年9月，54892部队移防境内。1992

年，该部被总参谋部表彰为“军人体育锻炼标准达标先进单位”。

武警日照市支队

1990年9月26日，武警日照市支队成立。下辖直属中队、日照市中队、莒县中队、五莲县中队。2005年6月，增编武警日照市支队教导队和武警日照支队警通勤务汽车中队。支队先后被武警总部、省总队和地方党委政府表彰为：三无(无事故、无案件、无军警民纠纷)先进单位、拥政爱民模范单位、严打整治斗争先进单位、社会治安综合治理先进单位、学雷锋先进集体和抗洪抢险先进集体。

武警日照市边防支队

1948年，成立日照公安边防局。1950年，改建为公安边防分局。1954年，基层单位设公安派出所。1958年12月，改称武装边防派出所。1961年春，边防派出所改建为边防哨所。1968年，划归地方，成为公安边防派出所。1971年，建立边防派出所。1987年，建立边防工作站。2001年起，称边防派出所。

9615部队

1966年6月移防境内。

山东陆军预备役高射炮兵某团

1998年10月23日，根据济南军区命令，中国人民解放军山东陆军预备役高射炮兵某团在境内成立。该团受预备役高射炮兵师和地方党委、政府双重领导。

92664部队某分队某站

1999年以前，为海军雷达一团五站。1999年合并为海军92664部队某分队某站，驻防沿海执勤。

71977部队

1999年6月，移防到境内。

新中国成立后，人民解放军先后到日照境内驻防和执行国防施工任务。驻防部队主要有，某师某部、山东军区警备某部、济南军区警备某部等。1982年，铁道兵某部到境内修筑兖石铁路。

附1：外国侵略军及伪军

德国海军

光绪二十三年(1897年)11月14日，德国军舰侵入胶州湾，一部强占石臼所等地。次年10月，德国军舰又侵犯石臼所，震慑清廷地方官，镇压反洋教群众。1899年2月中旬，德国军舰3艘，载兵360余人，在岚山头登陆，除留120余人守船外，余者分两路：一路直奔沂水县；一路于19日，攻打日照县城。他们破城门入县衙，占据日照城。3月，德军40余人，从安东卫登陆，3人去沂州府，途经王家疃，被百名乡民围住，德兵开枪打伤乡民多人，后由地方官府护送返舰。3月29日，德胶澳总督派上尉冯·法尔肯海因，率海军陆战队120人，到达石臼所，当日攻进日照县城。5月25日，德军掠石臼所士绅5人为人质，退回青岛。

日军海军陆战队

1939年6月15日，日本海军陆战队百余人分乘3艘军舰，在石臼所登陆，侵占日照沿海一带。

日军井上炮兵大队

1939年6月24日，日军井上炮兵大队300余人，由莒县沿莒日公路两侧向东“扫荡”，占领日照城。向傅疃、沈疃、石臼所、两城等地派出分遣队，安设据点。该大队辖4个中队，在境内扶植伪政权，拼凑伪警备队，疯狂屠杀抗日军民，1940年12月撤离。

日军宪兵分遣队

1939年12月，日军宪兵分遣队侵占日照城。队长会田，副队长俊成，成员15人，内有汉奸8人，隶属日军青岛宪兵队。其任务是：控制日伪在境内特务组织，实行残无人道法西斯统治，1942年冬撤离。

日军桐一六〇九部队第四中队

1941年1月，日军桐一六〇九部队第四中队侵占日照城。该部160余人，中队长久保，1942年12月撤离。

桐四二七六部队龟头中队

1942年12月，桐四二七六部队龟头中队侵占日照城，1945年3月，调往青岛崂山。

甲第一四八一部队二中队一小队

1945年2月1日，日军甲第一四八一部队二中队小关队长带所属一小队(小队长竹中义雄)41人，侵占日照城，5月上旬撤往青岛。

广莱大队、矢部大队

1945年5月初，广莱大队和矢部大队各千余人侵占日照城。分驻日照城、涛雒、石臼所、沈疃等地。妄图控制海岸及交通要道，对抗日根据地实行残酷“扫荡”。日本宣布无条件投降后，该两部拒降，受到八路军和地方武装沉重打击。9月8日，残部离开日照向北逃窜。

伪华北自治联军张宗元部

1938年2月，伪华北自治联军张宗元部3000余人进入境内。分驻海青公路沿线，杀人放火，无恶不作。农历二月初二，将簸箕掌村(今东风村)抢烧一光。4月，该部侵犯赣榆县柘汪一带，被国民党百十二师六六七团迎头痛击，后溃退至石臼所，同年5月撤离。

伪和平建国军

1941年6月7日，汉奸陈成功由日军提供枪支弹药，网罗兵痞、流氓18人，在石臼所成立“中国和平建国军”。移驻夹仓后，成立司令部，陈自任司令。陈成功采取欺骗、收买和抓捕等手段，扩充势力。1943年，达500余人，1945年上半年，增至800余人。先后占据北至夹仓、南至潘家村沿海地区，大肆“扫荡”“蚕食”抗日根据地，烧杀抢掠，抓丁拉夫，勒索民财，无恶不作。1945年9月，在八路军及地方武装打击下，陈成功只身逃亡青岛，残部逃到泊里投靠伪滨海警备军。

伪日照县警备大队

1939年12月，由伪县长耿凤五网罗地痞、流氓100余人拼凑而成，编成2个中队。耿凤五兼任大队长，单云三任副大队长。分驻日照城、石臼所、沈疃。1940年9月，李振德继任伪县长兼警备大队长，任石麟任副大队长。翌年4月，李光家任伪县长兼警备大队长，增编第三、四两个中队。1942年9月，国民党百十一师2个连、李衍修十六团3个连投降该部。1943年8月，伪警备大队增至1500余人，辖12个中队，1个直属特务队，1个直属小队。占据北起两城、南到涛雒、西至沈疃、东到石臼所广大地区。1945年8月，其大部被抗日武装歼灭。残部逃亡泊里，编为伪滨海警备军第九团。

伪日照县特务队

成立于1944年春，编为3个小队，120余人。丁介甫任队长，孙际臣任副队长，分驻日照城和涛雒。该特务队专为日军刺探情报，抓捕、屠杀共产党员和抗日军民，1945年9月逃亡泊里。

附2：日本侵略军暴行录

日本侵略军侵占日照县期间，烧、杀、掠、抢，无恶不作。先后屠杀干部群众1369人，打伤致残390人，奸污妇女数以千计，抓劳工到日本和东北出苦力及在本地做劳工的共7250人，修筑据点96个，毁坏土地33.56公顷，烧毁房屋4858间，抢劫粮食60余万千克，砍伐树木120万棵，抢走牛、驴、猪、羊等禽畜2万余头(只)，抢走服饰、生产工具及生活用品1.2万多件套，造成社会财产损失达1.9亿元，居民财产损失0.8亿元，给日照人民造成深重灾难。其主要罪行有：

1938年2月5号，日本侵略军从青岛出动飞机两架、军舰3艘对石臼所、日照城居民区进行轰炸。仅石臼所一地，就投掷炸弹48枚，军舰发射炮弹136枚，炸死村民19人，炸毁民房525间，财产损失不计其数。

1938年5月12日(古历四月十三日)，正逢南湖大集。上午10时许，5架日军飞机从东北方向飞来，在集市上空向密集人群进行狂轰滥炸。数十枚炸弹在集市中心爆炸，顿时火光冲天，血肉横飞。整个大集象炸了锅，幸存的人们四处逃命，人畜相互碰撞拥挤践踏，哭喊、惨叫之声连成一片。飞机轰炸后，四周村庄的人纷纷赶到集市寻找亲人。12时许，日军飞机又进行第二轮轰炸，人们仓惶向南湖村里奔逃。日军飞机又向奔逃的群众扔下数十枚炸弹。刹时，几百户人家的南湖村变成一片火海。

这次轰炸共炸死百姓637人，炸伤273人，炸毁房屋1292间、家具4900件、粮食7330万千克，炸死牲畜79头，财产损失不计其数。

随后，两架日军飞机又轰炸三庄、王家寨等村镇。大王家寨19名村民被炸死，邱前村5人被炸伤，财产损失惨重。

1939年6月15日，驻青岛日本侵略军海军陆战队百余人侵占石臼所，24日，日军井上炮兵大队300余人，由莒县西部东侵日照城。7月中旬，日军侵占石沟崖、三庄、沈疃、两城、涛雒等集镇要道，途经陈疃堰东岭村时，抢杀禽畜400余只，砸坏家具、门板大宗，抢走粮食等农产品7500多千克，破坏生产及生活用品230余件，全村财物被洗劫一空。日军还到小莲村抢粮1万余千克、树木1000余棵、禽畜3000余只(头)。在三庄讲合沟村交战中,打死村民10人。

1940年1月,日本侵略军先后侵入东陈疃、北鲍疃村等村,毁坏民宅48间,抢杀树木5360余棵,抢走家禽1000余只、大牲畜81头、衣物100余件、粮食2.75万千克,毁坏其他民用物品100多件。9月,先后侵入滕家庄子等村,毁坏民宅50余间,抢夺家禽200余只,抢走大牲畜10头、粮食1000余千克,东石墩村4名妇女被强奸、1名妇女被杀害。日本侵略军进攻西湖小岭村,把正在修造岗楼的村民击毙,抢掠毛驴13头、衣服130件、粮食6.9万千克、大洋8.6万元。日本侵略军向西湖久固庄"扫荡",枪杀一名申姓村民。日本侵略军修建南湖炮台,从小长汪崖等村伐树1300余棵,运石头500余车,抢走粮食5000余千克、衣服10余件。日本侵略军由江苏败回,从小岭村抢走粮食1.8万千克。

1941年6月,前大洼村秦洪珍等37人被日本侵略军招去东北做劳工,因病饿而死15人。同年秋,日本侵略军在两城六村果园内将7名武工队员用刺刀刺杀、活埋。日照二村王延喜等8人被抓到吉林黑河做劳工,七人遭残害,1人受伤返回不久后死亡。

1942年2月,日本侵略军先后侵入堰村等地,毁坏房屋60余间,抢伐树木1000余棵,抢走家禽400余只、粮食2万余千克、衣物100余件,残杀村民4人,打伤致残村民8人。2月,日伪军抓走尹家河村劳工19人、秦楼10人、石臼所173人(其中林家滩120人全部惨遭杀害)、戴家村44人(其中4人惨遭杀害,其余40人受伤致残)。

1943年1月,日本侵略军到西部陈疃一带扫荡,抢走粮食4万余千克、衣物160余件,损坏生产生活用品210余件。秋,在任家台河口处,截劫商人任积久货船1艘,船货价值3万余元。日本侵略军在任家台骗招劳工44人,其中死在外地22人。大卜庵村滕姓二兄弟被招劳工,从青岛去大连途中沉入大海死亡。日本侵略军在石臼八村炸毁渔船1艘、烧毁粮食5000千克、抢夺鱼货2000余千克、毁坏石场15处,在小滩村抢夺粮食1000余千克、禽畜4只(头)、盐100担,累计经济损失数万元。

1944年3月,小卞庄村3名村民被日本侵略军杀害。同年秋,日本侵略军到安家村、青岗村等地扫荡,烧毁房屋6间,砍伐树木61棵,抢走驴1头、猪5头、鸡55只、粮食2190千克。10月25日,日伪军一千余人袭击桥南头村,烧房322间,抢牛52头、猪130头、粮食10余万千克,打死民兵8人、伤15人,强奸妇女多人。12月,日本侵略军侵入西陈疃村,抢走粮食7000千克,毁坏生产生活用具510余件。日本侵略军修山洞,强征李家沟村劳工1.62万人次。在大炮楼、铨元西山修碉堡期间,从上栗山村抢树、拆屋,抓走劳工30名。从下栗山村抢树、拆屋,抓劳工40人。日伪军还在萝花二村修筑炮台,占地1.3公顷,砍伐树木5000多棵,拆门板50余付。

1945年2月,日本侵略军从青岛、日照、石臼所等地纠集1000余人,沿海青公路两侧向南"扫荡",杀害军民37人,抢走粮食1万余千克、花生油2500千克,强迫劳工3900多工日修碉堡、修路等。

第二章 地方武装

第一节 团练

太平天国革命运动失败后,保留下来部分骨干在江淮一带重组为捻军。满清政府为镇压捻军,镇压农民起义,维持其封建统治,自咸丰三年(1853年),三令五申督饬在职官员筑圩、办团练(招募青壮年组团练兵习武)。曾任湖北运粮道兼布政使的士绅丁守存与日照知县及其他士绅结合在一起,带头捐资支持办团练。在较大村、镇筑圩墙、设炮楼,若干小村联合建山寨。圩子和山寨都设团练长,购置土炮、大刀、长矛,招募青壮年为团勇，守卫圩墙、山寨。经过若干年经营，至同治六年(1867年)，境内先后有夹仓、涛雒、傅疃、两城、石臼所、沈疃等处办起团练。并建起磴山、奎山、河山、丝山、文山、成山、白云山、十泉山、高子山等十几处山寨。境内各团练依靠这些圩子和山寨对抗、打击捻军。

第二节　其他地方武装

大刀会

1921年，大刀会由费县传入并迅速发展。初以大古家沟(今属五莲县)、匡家沈马庄为中心，后蔓延全境。响水河、大石头、战家村、高家沟等地属活动的重要地区。境内有会众2万余人，编为450个团。会员自备大刀、长矛，多次举义旗，剿土匪，抗官军，惩盐巡及恶霸地主。1940年，随着万仙会猖獗，境内大刀会组织逐渐匿迹。

万仙会

起源于莒县的捷冈、汀沟、于里沟等地。总会长是莒县汀沟汉奸于经武。1940年春，被日伪所利用，迅速发展到石场、洪凝、街头、桑园等地。同年夏，扩散到三庄、沈疃、邱后、崖下、李家大村等地。于经武靠宣扬"万道皈依""念咒吃符，刀枪不入"等迷信思想欺骗群众入会。万仙会在日伪军支持操纵下，疯狂"蚕食"抗日根据地，破坏中共党的地下组织，向八路军主力部队进攻，占领莒日公路以北的抗日根据地。1943年8月瓦解。

史义成匪部

1930年7月，土匪头子史义成率匪数百人自莒县窜入境内，占据巨峰幽尔崮。以此为中心，与地痞郑全钦勾结，在四乡"压捐条"，四处绑架勒索。先后在山口、小湖、山西头等村，烧、杀、"绑票"。9月，史义成率部血洗前崖下村，后又连续在响水河村、大小炮楼和安子沟进行烧、杀、抢、掠。韩复榘曾严令八十一师围剿史部，史匪闻风而逃。

1931年8月，史匪又率部随巨匪刘桂堂窜回境内，继续为非作歹。9月，莒日两县武装围剿史匪于大坡，击毙匪首史义成，余匪溃散。

朱信斋匪部

朱信斋，自1918年当土匪，敲诈勒索，无恶不作，地方政府久剿不灭。1933年后，以黄墩为中心的48个村，成为其势力范围。1938年，朱匪伙同贺仁庵在丝山拉起"第五战区第二纵队第十九总队"，朱任副总队长兼第一大队长。不久，因受国民党县政府排挤而垮台。1938年秋，朱信斋投机革命，主动靠拢八路军，被中共鲁东南特委收编为八路军山东抗日游击二支队四大队，朱任大队长。后改编为"独立营"，朱任营长。1941年3月，朱公开叛变，被国民党编为"苏鲁战区直属独立第一大队"。1943年，朱信斋又投靠日本侵略军，充当汉奸，任伪日照县警备大队副大队长，其1000余人被编为8个中队，分别盘踞在石沟崖、沈疃等地。1944年1月24日，朱信斋在石沟崖被八路军活捉(后被公审枪决)，其匪部大部被歼。

第三节　国民党地方武装

民团

1915年，改组建立县警备队。1928年，县警备队改组民众自卫团(简称民团)，县长兼任团长。各乡富豪巨绅、大小地主纷纷购枪，雇人办民团。商业较发达村镇的商人也集资联办武装，称为商团。1932年年初，王家滩商团30余人，涛雒商团60余人，夹仓商团30余人。地主、商人雇佣旧军官或由自己充任首领。抗日战争爆发后，民团、商团自行解散。

联庄会

20年代末，国民党政府在日照城乡组织联庄会。1931年，根据国民党山东省政府发布联庄会暂行章程，全县各村庄普遍建立联庄会。1935年春，县联庄总会成立，县长兼总会长。每区为一分会，每处乡镇编为一甲，甲分3牌，牌分3组，组分3伍，每伍会员15名。凡20～45岁男子，均充当会员。"七七"事变后，联庄会解散。

第三专员公署保安第八旅十五团

1938年春，魏春如(大湖村人)在碑廓拉起300余人队伍，号称"军事委员会别动总队第十游击纵队"。不久，被国民党山东省政府改编为第三专署保安第八旅十五团，辖3个营，魏春如任团长，主要活动在碑廓、巨峰、沈疃一带。1939年年底，该团撤销，其人员分别编入张步云、李衍修部及四区队。

第三专员公署保安第八旅十六团

1938年春，牟希禹在井沟成立"军事委员会别动总队二十八支队第九纵队”，牟任司令，崔丰司任副司令，辖3个大队。1939年冬，被国民党山东省政府改编为第三专署保安第八旅十六团，李衍修任团长，辖3个营，600余人。1940年冬，该团被编入日照县保安团。1941年初，李衍修率部脱离保安团独立行动，仍称十六团，并增编特务营，兵力增至900余人。十六团与国民党五十七军顽固派孙焕彩互相勾结，专与共产党领导抗日武装搞摩擦，疯狂反共反人民，杀害抗日志士。1942年，该部逃至泰石路北万家坪一带。在人民抗日武装打击下，其残部于1943年7月解散。

四区队

1939年12月成立，100余人，活动在碑廓、巨峰、沈疃一带，张家斗任队长，薛善堂任副队长。专门从事破坏抗日活动。1942年被八路军歼灭。

七区队

1939年秋成立，杨百福任队长，于松南任副队长，由初期10余人，增至100余人。1942年11月13日，在陈疃上蔡庄被八路军歼灭。

县保安大队(还乡团)

1947年8月，国民党军队占领石臼所，逃亡青岛原国民党县党部、县政府、县保安大队、各区队人员及土豪劣绅组成绥靖保安大队(“还乡团”)。9月初，王殿瑄、王安开带领300余人，由青岛至石臼所，配合十九旅疯狂屠杀中共党员、干部及翻身群众。1948年4月，随十九旅逃窜。

第四节　人民地方武装

中国工农红军鲁南游击纵队

1932年8月，在中共日照中心县委领导下，以党团员为骨干，组建中国工农红军鲁南游击纵队，安哲任总指挥。10月13日—25日举行武装暴动(史称“日照暴动”)。暴动队伍分南北两路。北路队伍编为2个大队，6个中队和奋勇队、交通队、辎重队、看护队等280余人。南路队伍计300余人。暴动失败后，队伍疏散，转入地下斗争。

日照县(市)人民武装部

1939年5月，县委设立军事部。1940年11月，县抗日民主政府增设武装科。1941年11月，军事部因负责人被俘自行撤销。1943年8月，县抗日民主政府成立人民武装抗日自卫委员会(简称武委会)。1945年8月，改为人民武装部。1951年，县人民武装部编入解放军序列，负责民兵和兵役工作。1955年1月，设立县兵役局与县人武部合署办公。1961年11月，撤销兵役局，保留武装部。1986年6月，人民武装部归地方建制，其性质任务不变。1989年11月，市人民武装部代行军分区职能。1990年1月1日，山东省人民政府〔1989〕鲁政函62号文件批复，日照市人民武装部军事工作，从1月1日起，由省军区直接领导。1990年2月14日，市人民武装部升格为正处级单位，负责境内武装工作。1993年1月，成立东港区人民武装部。1995年12月，组建军分区，撤销市人民武装部。1996年3月20日，东港区人民武装部归军队建制，4月1日，正式挂牌办公。

县大队、独立营领导人任职情况表

表32-1

名称	姓名	职务	任职年月
县大队	郑子久	大队长兼政委	1939年11月—1940年10月
	亓善本	大队长	1940年11月—1942年1月
	王爱忠	代理大队长	1942年2月—1942年3月
	李子厚	副大队长	1943年3月—1943年10月
	王云舞	副大队长	1943年3月—1943年10月
	郑　干	代理教导员	1941年10月—1942年4月
	林　岗	教导员	1942年4月—1942年11月
	马大卫	教导员	1942年11月—1943年10月
独立营	冯兆全	营长	1945年12月—1946年5月
	王友勋	营长	1946年5月—1946年10月
	戴高明	营长	1946年10月—1949年2月

续表 32-1

名称	姓名	职务	任职年月
独立营	牟景途	政委（兼）	1945 年 12 月—1947 年 11 月
	吴昌恒	政委	1947 年 11 月—1949 年 2 月

日照县(市)人民武装机构领导人任职情况表

表 32-2

机构	姓名	职务	任职年月
军事部	李润民	副部长	1939 年 5 月—1941 年 11 月
武装科	秦培三	科长	1940 年 11 月—1941 年 4 月
	寇文斋	科长	1941 年 8 月—1942 年 10 月
	林　岗	科长	1942 年 11 月—1943 年 7 月
武委会	林　岗	主任	1943 年 8 月—1943 年 9 月
	王亦民	主任	1943 年 9 月—1943 年 11 月
	林　岗	主任	1943 年 11 月—1945 年 8 月
	赵君明	副主任	1943 年 8 月—1945 年 8 月
武装部	林　岗	部长	1945 年 8 月—1945 年 10 月
	时立敬	部长	1945 年 10 月—1946 年 2 月
	叶金刚	部长	1946 年 3 月—1947 年 11 月
	曹方强	部长	1947 年 11 月—1948 年 1 月
	尹新坡	部长	1948 年 1 月—1949 年 11 月
	张中德	部长	1950 年 3 月—1954 年 11 月
	王兰合	副部长	1945 年 8 月—1948 年 10 月
	薄自禄	副部长	1949 年 11 月—1953 年 1 月

续表 32-2

机构	姓名	职务	任职年月
武装部	顾清忠	副部长	1952 年 10 月—1954 年 11 月
	张元祥	副部长	1953 年 1 月—1954 年 11 月
	李中恩	副部长	1953 年 2 月—1954 年 11 月
兵役局	李贵厚	局长	1955 年 1 月—1957 年 10 月
	李海峰	局长	1958 年 6 月—1960 年 11 月
	张洪烈	第二政委	1954 年 11 月—1961 年 5 月
	袁锡德	副局长	1955 年 1 月—1960 年 11 月
	刘乃仓	副局长	1956 年 1 月—1958 年 6 月
武装部	袁锡德	副部长	1960 年 11 月—1962 年 5 月
	袁锡德	部长	1962 年 5 月—1964 年 1 月
	杨欣荣	部长	1964 年 1 月—1966 年 12 月
	尹清生	部长	1966 年 12 月—1968 年 11 月
	李秀林	部长	1968 年 11 月—1970 年 8 月
	王培林	部长	1970 年 8 月—1980 年 11 月
	张　敏	部长	1980 年 12 月—1983 年 7 月
	吴茂传	部长	1983 年 8 月—1989 年 11 月
	庄守信	政委	1961 年 5 月—1961 年 9 月
	陈益三	政委	1961 年 9 月—1966 年 6 月
	肖永谦	政委	1966 年 6 月—1970 年 8 月
	李秀林	政委	1970 年 8 月—1978 年 10 月

续表 32-2

机　构	姓　名	职　务	任职年月
武装部	肖振生	政委	1978 年 10 月—1983 年 7 月
	谭安源	政委	1983 年 8 月—1985 年 2 月
	孔祥忠	政委	1985 年 2 月—1986 年 3 月
	张仕增	政委	1986 年 3 月—1989 年 11 月
	赵平安	副部长	1961 年 5 月—1963 年 4 月
	张希来	副部长	1962 年—1964 年 8 月
	王培林	副部长	1964 年 8 月—1970 年 8 月
	辛士城	副部长	1970 年 3 月—1978 年 12 月
	李义贵	副部长	1971 年 10 月—1978 年 10 月
	李宜奎	副部长	1973 年 8 月—1978 年 10
	李世修	副部长	1978 年 8 月—1981 年 10 月
	崔砚尊	副部长	1978 年 10 月—1982 年 2 月
	夏培申	副部长	1983 年 8 月—1986 年 6 月
	陈淑轩	副政委	1969 年 9 月—1970 年 3 月
	孙家明	副政委	1971 年 5 月—1978 年 1 月
	陈学举	副政委	1973 年 8 月—1980 年 1 月
	朱崇邦	副政委	1976 年 2 月—1978 年 10 月
	边九位	副政委	1978 年 10 月—1981 年 5 月
	张传永	副政委	1979 年 12 月—1980 年 12 月

续表 32-2

机　构	姓　名	职　务	任职年月
武装部	刘继然	副政委	1981 年 3 月—1983 年 11 月
	刘梅生	副政委	1982 年 3 月—1983 年 8 月
	张仕增	副政委	1983 年 8 月—1986 年 3 月
	韩帮林	副政委	1986 年 1 月—1986 年 6 月

地级日照市人民武装部领导人任职情况表

表 32-3

姓名	职务	任职年月
孙树安	部长	1989 年 11 月—1995 年 12 月
何克睦	政委	1989 年 11 月—1995 年 12 月
吴茂传	副部长	1989 年 11 月—1995 年 12 月
张　彦	副部长	1991 年 8 月—1994 年 6 月

东港区人民武装部(地方)领导人任职情况表

表 32-4

姓　名	职务	任职年月
刘贤密	部长	1993 年 1 月—1994 年 6 月
张　彦	部长	1994 年 6 月—1995 年 4 月
梁化勇	部长	1995 年 4 月—1996 年 3 月
焦安廷	政委	1993 年 1 月—1993 年 12 月
张　彦	政委	1993 年 12 月—1994 年 6 月
梁化勇	政委	1994 年 6 月—1995 年 4 月
张　彦	政委	1995 年 4 月—1996 年 2 月

东港区人民武装部(现役)领导人任职情况表

表 32-5

姓　名	职务	任职年月
靳滕生	部长	1996 年 3 月— 2000 年 3 月
王耀洲	部长	2000 年 3 月— 2004 年 2 月
高挺华	部长	2004 年 2 月— 2006 年 1 月
鹿清海	部长	2006 年 1 月—
梁化勇	政委	1996 年 3 月— 1999 年 1 月
姜　毅	政委	1999 年 1 月— 2004 年 2 月
王耀洲	政委	2004 年 2 月— 2006 年 1 月
高挺华	政委	2006 年 1 月— 2007 年 12 月
马吉平	副部长	1996 年 3 月— 2000 年 3 月
王耀洲	副部长	1999 年 1 月— 2000 年 1 月
秦玉健	副部长	2000 年 3 月— 2003 年 2 月
刘振海	副部长	2001 年 3 月— 2004 年 12 月
马　光	副部长	2003 年 1 月— 2007 年 2 月
丁　斐	副部长	2007 年 2 月—
于华东	副部长	2007 年 2 月—

日照县大队

日照县大队始建于 1939 年 7 月。初仅 30 余人，编为一个排。同年年底，发展到 300 余人，在后黄埠子村整编为 3 个中队，番号为“三大队”。县大队主要担负县委、县府机关警卫和打击伪顽反动势力，保卫、巩固抗日根据地任务。郑子久任大队长兼政委。1940 年秋，日照县三大队除留一个班外，其余人员全部升级到主力部队。县委重组日照县武装，后称四大队。郑子久、王爱忠、亓

图 32-1 1939 年成立的日照县大队

善本先后任大队长，郑干、林岗、马大卫等先后任教导员，王云舞、李子厚等先后任副大队长。1943 年 10 月，日照县四大队与滨海独立团合编为滨海军区警备团。

日照县独立营

1945 年 9 月，以第二十四武工队为基础，组建日照海防大队，共 60 余人，驻石臼所，刘延穆任队长，张彬任指导员，申求典任副队长。同年 12 月，日照海防大队与滨海军区海防大队合编为日照县独立营，辖 4 个连。1949 年 2 月，日照县独立营编入滨海军分区海防第一团。

区中队

在建立县大队的同时，各区相继建立区中队，区长兼任区中队长，区委书记兼任指导员。1943 年 12 月，全县共有 11 个区中队，391 人。1947 年 6 月，全县区中队共 370 人。当月，根据滨海军区司令部、政治部命令，撤销县中心区中队，保留沿海 4 个区中队，每个区中队编制 63 人。同年 8 月，国民党军队占领日照，各区区中队恢复，人数多者百余人，少者 50 余人。1948 年 4 月，区中队撤销。

区、乡(镇)人民武装部

1943 年 8 月，全县各区建立人民武装抗日自卫委员会(简称武委会)，设主任、副主任各 1 人。负责本区民兵组织发展和军政训练，开展对敌斗争。1945 年 8 月，武委会改称区人民武装部。1954 年，区、乡(镇)武装部撤销。1958 年 8 月，建立 25 处人民公社军事部。1960 年 1 月，公社军事部改称公社人民武装部。1963 年 1 月，公社改区，区辖公社，区、社两级均设武装部。1968 年 12 月，

公社武装部撤销。1971年春，区武装部改称公社武装部。1989年，全市有乡、镇、街道武装部22处，另有，市直企业武装部、水产局武装部等。1993年7月，岚山工委设立后，岚山、汾水、碑廓、虎山武装部划归岚山管理。2000年，奎山街道武装部划归开发区管理。2004年9月，黄墩、巨峰、高兴、后村4个武装部划归岚山区管理。

第三章　民兵

第一节　民兵组织

境内民兵组织前身是自卫团。新中国成立后，统称“民兵”。1939年，黄墩、范家楼、街头一带的人民群众为打鬼子、反汉奸、防土匪、保家乡，先后组织起“联防队”“基干队”“游击小组”等。

1940年，县委在60余个村庄宣传发动群众，成立游击小组，共约200余人。同年12月，根据山东省战时工作推行委员会制定的《人民抗日自卫团组织条例》规定，凡年龄在16岁以上45岁以下无残疾者，都要参加自卫团。

1942年，山东军区发布的《八一训令》和《人民武装抗日自卫团暂行组织条例》规定，凡年满18～50岁男子都要参加自卫团。自此，境内各村普遍组建自卫团、游击小组或基干班。当年，全县自卫团发展到1000多人，至1945年夏发展到1.28万人。村设团部500余个，基干班和游击小组579个，乡联防大队186个。

解放战争时期，县、区、乡、村不断加强对民兵组织的领导。同时，挑选民兵骨干组建成县民兵子弟兵团，县长兼任团长，县委书记兼任政委。各区也相应成立子弟兵团，连、营长分别由区主要负责人兼任。1948年年初，全县民兵发展到2.29万人。

按照1952年11月11日颁布实施的《中华人民共和国民兵组织暂行条例》规定，县、乡两级成立人民武装委员会。1953年，开始实行普遍民兵制。全县共建乡队部222个，民兵5.81万人。其中，基干民兵1.4万人，编为8个基干民兵团。同时，建立民兵组织整顿制度，主要内容是，动员教育、出入转队、改选干部、制定制度等，每年整顿一次。

1958年，毛泽东主席号召“大办民兵师，实行全民皆兵”，提出“召之即来、来之能战、战之能胜”要求。境内民兵组织迅速扩大，公社、工厂、企业、学校普遍建立民兵组织。以基干民兵为主体，设民兵大队、中队、小队。全县建立民兵师26个，民兵28.67万人，占总人口40.4%。民兵基干团改为预备役兵团，人民武装委员会改为民兵工作领导小组。

1961年，国务院颁布新的民兵工作条例。日照县根据条例，对民兵组织进行调整，按照“组织落实、政治落实、军事落实”要求，调整后有在编民兵20.92万人，占总人口29.8%。同时，将持枪民兵编为武装基干民兵，全县编成一个民兵师、一个武装基干民兵团。撤销预备役兵团和民兵工作领导小组，恢复县人民武装委员会。公社建民兵团和武装基干民兵连或营。

“文化大革命”初期，民兵组织受冲击，无法坚持正常工作。1967年2月，随着解放军实行“三支两军”(支左、支工、支农，军管、军训)，各级民兵组织负责人在军队支持下，参与或主持区、社、村、工厂、企业生产和其他工作。1971—1976年，组建公社民兵团、管区民兵营、村民兵连。其间，农田基本建设、围海造田、修建水库、治理傅疃河、沂沭河东调工程及修公路等都以民兵团、营、连编制投入施工建设。

1978年10月，按照中共中央重新颁布的《民兵工作条例》规定进行民兵组织整顿，同时恢复民兵师称谓。

中共十一届三中全会后，民兵工作经历四次调整改革。1981年，按中共中央颁发11号文件规定，民兵年龄调整为18～35岁，基干民兵为18～28岁。把原来普通民兵、基干民兵、武装基干民兵，改为普通民兵和基干民兵两类。由原来县编师、公社编团、管理区编营，改为县编团、公社编营，村仍称连。同时，开始实行民兵制度与预备

图 32-2　区人武部组织民兵应急分队演练　　　　　　　(摄于 2007 年 7 月)

役制度相结合、民兵工作和战时兵员动员准备工作相结合。调整以后，民兵总数占到总人口数10% 左右。1985 年，进行第二次调整改革，民兵预备役工作贯彻“减少数量、提高质量、抓好重点、打好基础”方针，规定基干民兵为一类预备役，普通民兵为二类预备役。1991 年，进行第三次调整改革，再次对民兵组训规模进行调整。全区 100% 基层武装部、80% 民兵连达到总部规定的基层建设标准。第四次调整改革，本着“有利于领导、有利于提高质量、有利于开展活动、有利于执行任务、有利于平衡负担”(简称“五个有利于”)方针，再次压缩基干民兵数量，扩大民兵应急分队和对口专业技术分队规模。在布局上，做到内陆向沿海、农村向城市扩展。重点放在沿海具有远海作业能力船只上，按照“单船编班，对船编排，船队编连或营”原则组建民兵组织，为战时快速动员奠定基础。

1999 年 8 月，根据职能任务需要，民兵编组又有进一步改进。重点变虚编为实编、编用分离为以用定编、编训脱节为以编施训，进一步优化民兵组织结构。东港区编组对口专业分队民兵中，大专以上学历占 27%，其中，通信支援分队全部为助工以上职称，船舶修理分队高级技工占 65%。

2005 年 8 月，适应信息化战争需要，民兵组织建设逐步由人力密集型向科技效能型转变，扩大对专业分队的比例，减少了步兵分队的数量。

2007 年始，逐步压缩基干民兵编组数量，组建部分军种兵种民兵分队。健全组织体制，落实编制人员，配齐配强干部，落实装备配备，按照“一专多能”的原则建设好民兵应急分队，在抗洪、抗风暴潮和扑救山火等急难险重任务中发挥了重要作用。

第二节　武器装备和管理

新中国成立前，民兵组织主要从民间收集大刀、长矛、土枪装备自己。随后，八路军和解放军将战斗中缴获的部分枪支弹药配发给民兵。1942 年，全县民兵共有钢枪 405 支、土枪 633 支。1945 年 9 月，民兵武器增加到 4058 件。其中，步枪 1735 支，土枪 2305 支，并有少量轻机枪。1949 年 10 月，全县民兵武器发展到 9332 件。其中，步枪 5428 支。武器由民兵个人保管，集体指挥使用。由于弹药缺乏，前期作战中，主要使用地雷和手榴弹。

新中国成立后，日照属配发民兵武器重点县，曾配发一批“三八”式、“七九”式步枪和部分轻机枪。抗美援朝战争结束后，又装备部分美式“○三”步枪和“马克沁”重机枪，淘汰部分旧武器。1964 年，又装备部分苏“五三”式步骑枪和“五一”“五四”式冲锋枪、“五三”轻机枪。

1970 年，逐步装备“五六”式半自动步枪、“六三”式自动步枪、“五六”式冲锋枪、“五六”式轻机枪、“八二”迫击炮、“六○”迫击炮、无后座力炮、重机枪、高射机枪、107 火箭炮等武器和电话、电台等通信器材。1982 年春，除按规定保留民兵连部分武器外，其余全部集中到公社武器库保管。1985 年，民兵武器全部集中到县民兵武器装备仓库封存保管。1991 年，县级民兵武器装备仓库划为军事禁区。1996 年 4 月，人武部收归军队建制，规定区民兵武器装备仓库有 1 名专职武装干部担任副主任，编配 6 名职工。民兵武器装备仓库还配备脉冲电网、闭路电视监控系统等先进设施，建立和完善了军警民联防制度。

2005 年 8 月，东港区民兵武器装备仓库整体搬迁至山海基地，建立健全各种规章制度，完善软硬件设施建设，民兵装备仓库建成为标准化、制度化的一流仓库。2007 年，注重抓安全管理工作，严格落实各项管控措施，创造了自 80 年代建库以来安全无事故的好成绩，多次受到济南军区、省军区表扬。

第三节　军政训练

军事训练

抗日战争时期，民兵及地方武装人员主要进行队列、投弹、射击、地雷爆破等训练，学习战地勤务、游击战术等知识。解放战争时期，除进行步兵知识训练外，还增加战场救护、防空、押解俘虏等内容，经常开展小型军事演习、阅兵等活动。从1947年春始，县武装部多次举办民兵教导队，集中民兵骨干开展爆破训练。

新中国成立后，实行普遍民兵制，民兵训练逐步走上正规化、制度化。1959年，除进行步兵射击、投弹、爆破、队列、战术等训练外，还增加工兵、卫生兵、通信兵、炮兵、高射机枪兵和侦察兵等各种专业技术兵训练。结合进行"三打三防"(打坦克、打飞机、打空降，防原子、防化学、防生物武器)训练。实行分工负责制，县集中训练民兵连长、基干民兵连排长；乡镇(公社)负责训练民兵班、排长和武装基干民兵；民兵连负责训练本连基干民兵和普通民兵。训练中，县、区(公社)经常开展比武活动。1964年，全县经过大比武，选出优秀民兵参加省比武大会。董家滩民兵连步兵班，获集体全能二等奖和表演二等奖，涂传欣、张传英分别获个人全能一、二等奖。1983年，临沂军分区组织"八二"和"六〇"迫击炮射击比赛，日照民兵代表队获集体优等奖。

1996年，根据民兵训练大纲和军分区指示，专武干部训练一般都在每年三四月份，每期训练时间按内容由军分区掌握。2000—2007年，组织专职武装干部参加军分区组织的集训，每次训练考核成绩均列全市前列。每两年将专武干部轮训一遍。内容除队列、射击等基础科目外，重点进行民兵工作业务知识、军事高科技知识、教学组训法等内容的学习，提高专武干部队伍军事业务素质和参与地方经济建设工作能力。

政治思想教育

战争年代，主要对民兵进行形势、纪律、政策和反对民族及阶级压迫教育。通过教育，提高民兵思想觉悟、纪律观念及政策水平，保证完成各项任务。1946年4月，全县记大功的民兵就有59名。

新中国成立后，主要进行提高警惕、保卫祖国、战备形势、爱国主义、革命英雄主义和革命传统教育，组织民兵学习毛泽东著作，学习党的路线、方针、政策，请"三老"(老党员、老干部、老贫农)讲传统，学习有关国防知识。60年代，开展比、学、赶、帮、超活动，开展阶级斗争、忆苦思甜、批判资产阶级思想、反对资本主义复辟等教育，练兵习武，随时准备参军参战，涌现不少好民兵。1960年3月，刘兆润、唐秀友、房守春、涂传欣、王汉沛、张传英、丁履金7名先进民兵参加全国民兵代表大会。中央军委赠给每人"五六"式半自动步枪1支，子弹100发。

"文化大革命"期间，进行"无产阶级专政条件下继续革命"教育，贯彻毛泽东主席"备战备荒为人民"和"要准备打仗"的指示，提倡广大民兵练就"干活如站岗、走路如巡逻"作风。在学雷锋、学英模人物活动中，涌现出不少先进集体和先进个人。

改革开放后，民兵坚持四项基本原则，学习邓小平理论，主要进行"五讲四美三热爱""反对资产阶级自由化、反对精神污染"等教育。

90年代，对民兵进行马克思列宁主义、毛泽东思想和邓小平理论及"三个代表"重要思想教育，党的路线方针政策和形势任务教育，社会主义精神文明教育，法制和纪律教育，国防观念教育，爱国主义和革命英雄主义教育，依法服兵役教育，民兵革命光荣传统教育。通过教育，广大民兵在思想道德水平、建设小康社会、创建卫生城和双拥模范城等工作中都发挥了重要作用。

2000—2007年，利用民兵整组、军事训练、兵役登记和征兵等时机，采取灵活多样的形式，组织民兵学习"国防法""兵役法""民兵工作条例"等有关内容，进行社会主义、爱国主义和革命英雄主义教育，提高民兵的思想觉悟，强化国防意识。

第四节　参战支前

参战

1939—1940年春，抗日自卫团配合主力部队，开展对敌伪游击作战。1940年9月，滨海军区八路军对敌发动总破袭，连克大店、碑廓、沈疃敌

图 32-3　民工支前担架队　　（市党史研究室提供）

伪据点。境内民兵全力以赴，将泰石公路日照至莒县段路面和 3 个据点设施全部破坏，把沿途电话线杆砍倒，保证了主力部队作战计划的实施。1942 年 8 月，甲子山战役中，境内民兵完成战斗警戒、看押俘虏、后勤供应等任务，保证了战役的胜利。1943 年后，日照抗日根据地以乡为单位建立联防大队，联防区内一村有敌情，民兵齐出动，迫使敌人不敢轻举妄动。

1944 年 6 月 9 日，涛雒伪军到官庄抢粮，涛雒、巨峰联防民兵迅速将伪军截住，激战 4 小时，毙、伤敌人 35 名。同年 8 月，配合部队反“扫荡”，民兵参战 110 余次，打死伪军 12 人，活捉 18 人，除奸 31 人，救出群众 30 余人。1945 年 1 月，日伪军对解放区进行大“扫荡”，全县民兵齐出动，积极配合部队反“扫荡”，迫使敌人狼狈撤回。同年 8 月，八路军向日照日伪发起总攻击，民兵跟随部队执行战斗勤务，保证部队各项供应，同时拆除了日伪据点所有设施。

1947 年 8 月，国民党八十三师十九旅进犯境内。民兵沿青峰峪到巨峰公路上埋设地雷，炸死敌人 24 名、军马两匹。同年 12 月，还乡团偷袭涛雒镇刘家湾村，联防民兵紧急出动，迫使敌人狼狈逃窜。同月，国民党八十三师一部突袭山西头村，企图抢掠华东局存放的部分军用物资。山西头联防民兵闻警后立即投入战斗，在交通要道埋设地雷，炸死、炸伤敌人 17 名，军用物资安全无恙。1948 年 3 月，民兵配合主力部队，对驻石臼所之敌发起进攻，连克高家村、营子、王家村等敌据点，迫敌于 4 月 4 日从海上逃窜。据不完全统计，抗日战争时期，民兵独立作战 96 次，打死、打伤敌人 105 名，俘敌 11 名，缴获各种武器 280 件，子弹 5000 余发。解放战争时期，民兵独立作战 87 次，打死打伤敌人 89 名，俘敌 18 名，缴获各类武器 89 件，子弹 1.76 万余发，截获粮食、物资大宗。

支前

解放战争时期，以民兵为骨干，组成担架团、运输队，分期分批随军转战南北。1947 年，4800 名民兵组成子弟兵团，开赴前线，支援莱芜等战役。2400 余人立大功，受到上级通令嘉奖。日照县子弟兵团获奖轻机枪 8 挺、冲锋枪 5 支、步枪 180 支，荣获“飞机”“火车头”等奖章。在孟良崮、南麻等战役中，日照担架团受到滨海支前司令部通令嘉奖。在淮海战役中，全县 2266 名民兵、9 万多民工奔赴前线，第 4 担架连在一次战斗中运送弹药 400 余箱，抢救伤员几百人，荣获“钢铁担架连”称号。淮海战役结束后，全县又组织 500 多名精干民兵随军渡江南下，先后参加淞、沪、杭、福州、厦门等战役，英勇战斗 10 个月，圆满完成各项支前任务。

第五节　保卫海防与维持社会治安

1945 年 12 月 25 日，县委发出保卫沿海指示，将渔民编为海上民兵，各船配发武器，实行武装护航生产。组织沿海各村民兵，实行昼夜站岗执勤，防止海匪偷袭。

新中国成立后，为防止外敌入侵，沿海民兵同部队、武警建立军、警、民联防。县、区两级军警民联防委员会负责统一领导指挥。将海岸划为 7 个联防区，实行分工防守。同时，内陆民兵与沿海民兵密切配合，组成 4 条防线：出海民兵严密监视海面，力争将敌消灭在登陆之前；港区民兵严格控制港口，检查过往船只及行人，防止敌人在港口登陆或偷袭港区；沿海村镇民兵常年站岗巡逻，防止敌人登陆或偷袭；在突出高地建立对海、对空瞭望哨，实行常年对海、空监视。境内共设常年瞭望哨、观察哨 18 处，临时瞭望哨、观察哨 400 多处。重要节日民兵站岗执勤，实行对海、空瞭望观察和对重要目标保卫。1959—1970年，台湾国民党当局先后6次派飞机和气球袭扰日照海空，被民兵及时发现，通报全县民兵和部队进入紧急战备，收集反动空飘物，防止敌人破坏。

东港区人武部成立后，健全战备工作运行机制，严格落实各项战备制度。战备物资储备做到“品种齐全，数量充足，质量完好，存放有序”。区人武部领导和机关干部严格坚持值班制度，在职在位，认真履行职责，确保及时准确地接收、处理各种情况。注重做好军警民联防工作，利用渔船和陆上民用高技术装备优势，把海上民兵与水产部门、边防工作站、乡镇(街道)武装部联系起来，形成海上情报信息报知网。

1995年，沿海民兵配合公安边防部门破获走私、偷渡案件11起，抓获偷渡分子58人。做好防空演练，根据需要组织民兵高射机枪分队、防化分队，协调预备役高炮四团进行防空袭实兵演练，为战时防卫作战、支前、动员、保障方法探索出一条新路子。认真开展国防工程护管工作，依据“军事设施保护法”，区建立军事设施保护委员会，各镇(街道)成立由政府、人武部、公安、矿业、林业等部门参加的军民共管领导小组，制定完善国防工程管护责任制度，采取定期不定期维护巡查、抽查和奖惩等措施，保证全区国防工程始终处于良好战备状态。

1999年5月开始，针对经济建设速度加快，部分采石场影响国防工程安全的实际情况，区军事设施保护委员会每年组织一次国防工程安全普查。2007年，在审批采石、采砂等手续时，规定必须由国土部门会同区人武部审批，确保军事设施及周边安全环境不受影响。

第四章　兵役

第一节　募兵抽丁

清朝末年，县衙根据山东臬司所需兵员分配数目，到各村镇招募士兵。凡土著良民，年龄十八九岁，身高4尺8寸以上，素无嗜好，不带暗疾，验收合格，即招为新兵。每年招募一次，有时根据战争情况临时招募。

军阀混战时期，各股军队为扩充兵员，直接到地方设招兵处，张贴“招兵告示”，招募新兵。除少数无业游民应招外，多数农家子弟都不愿当兵。各军阀不管人民死活，四处强行抓兵。许多青年为逃避“当兵”不得不背井离乡，有时甚至发生流血事件。1927年春，张宗昌第八军自青岛来日照招兵，在各大村镇设立招兵处，每处招兵数额一般为三四十人，安东卫招兵处招兵100余人。由于强抓硬拉，加之催逼给养过甚，引起公愤，安东卫百姓与大刀会联合起来攻打招兵处，招兵官兵被打得人仰马翻，招兵落空。

南京国民政府曾于1933年和1946年，先后公布过两部“兵役法”。但无法推行，实际上仍采用招募和抓丁办法补充兵员。30年代，全县实行抽丁制，按地亩或人头派丁。各村镇抽丁方法不同，有直接抽丁到户，按地亩多少轮流出丁的；有根据地亩多少凑钱买丁的；有根据每户青年多少出兵的。富有人家多是出钱买丁。故当兵者多是穷苦子弟、无业游民。也有少数兵痞以此为业，反复卖丁。

抗日战争爆发后，在实行抽丁制的同时，南京国民政府还利用地方豪绅、乡贤名流，打着抗日旗号，以亲朋关系、结拜兄弟等形式四处招兵。1937—1938年春，许多土顽、汉奸头目，打着抗日的旗号欺骗青年，扩充自己的队伍。1943—1945年，汉奸陈成功利用一些地痞流氓四处拉拢青年参加伪和平军，使之很快发展到800余人，称霸一方。

第二节　志愿兵役制

志愿兵役制始自抗日战争初期。1938年7月，八路军山东抗日游击第四支队六大队，到大店一带活动，吸收部分热血青年、知识分子入伍。1939年夏，中共日照县委正式建立抗日武装，自愿参加抗日的青年越来越多，开始一个排，秋季发展到两个中队，年底发展到400余人并建立县大队。各区委开始组建抗日武装，成立区中队，各区中队，由十几人发展到四五十人。1940年3月，仅栈子村一次即有50余人参加县大队。

从1940年开始，实行地方部队升级办法为主力部队输送兵员。8月，县大队130多人、枪首次升级编入八路军山东纵队九支队一团。1941年1月，县大队又有一个中队升级，编入八路军山东纵队二旅六团。至1943年，县大队多次升级，为八路军主力部队输送大批兵员。

抗日根据地内还直接动员青年民兵参军入伍。1943年冬，境内一次动员数百名青年参军。入伍战士披红戴花，骑马坐轿。县长刘鸿若亲自抬轿为新兵送行，极大地鼓舞了青年们参军热情。解放战争时期，境内青年在“保卫家乡、保卫胜利果实”口号鼓舞下，先后有上万人踊跃参军入伍。城关杨家洼村仅29户，就有10户军属，1947年又有6名青年报名参军。

新中国成立后，继续实行志愿兵役制。抗美援朝开始，全县广大青年自愿报名参军。1951年2月15日至3月6日，全县参军2071人。1952年年初，又有2094人参军。

第三节　义务兵役制

1954年，境内试征义务兵。1955年7月30日，《中华人民共和国兵役法》颁布后，正式征集义务兵。新兵征集，一般分兵役登记、报名应征、政审、体检等步骤。符合条件的由县征兵领导小组研究定兵，办理入伍手续，部队派员接到部队。

图32-4　东港区入伍新兵在集结专列上

（摄于2006年11月）

1960年开始，从高中应届毕业生中招收飞行学员，至1988年共招收飞行学员62名。

自1978年始，实行义务兵与志愿兵相结合的兵役制度。

1996年以来，区人武部与东港职教中心河山分校合办预备军人学校。从初中毕业生中招收学生，依托学校进行军事化管理与训练三年，达到中专文化程度，经体检、政审合格应征入伍。至1998年，先后有1500余名应届毕业生参军入伍。1999年，根据上级指示，预备役军人学校撤销。

第四节　预备役

根据兵役法规定，从1956年起，日照实行预备役制度。凡年满18～40岁男性公民和有医务、兽医及其他专业技术的女性公民，只要身体健康，政治清白，都要进行登记服预备役。服满现役复员、转业军官及符合条件的地方干部为预备役军官。服满现役复员、转业士兵和未服现役符合条件的青壮年为预备役士兵，士兵预备役条件成熟的也可升为预备役军官。

预备役分军官预备役和士兵预备役两种。士兵预备役又分一类预备役和二类预备役。1956年，全县进行第一次预备役登记，18～40岁男性公民和有专门技术的女性公民共计4.99万人，符合条件的有4.49万人。其中，1.45万人服一类预备役。以后每年进行一次登记核对。1960年，预备役登记停止。1980年，根据全国人民代表大会决定，预备役登记制度恢复。开始先登记服满现役退伍军人，18～35岁服满现役公民，退伍前由部队根据身体、政治等情况，确定服预备役并进行预备役教育，回乡后，由武装部进行登记。18～28岁服一类预备役，29～35岁服二类预备役。1981年，实行民兵与预备役相结合制度。凡符合民兵条件的，编入民兵组织服预备役，基干民兵为一类预备役，普通民兵为二类预备役。

第五章　人民防空

1990年4月，经省人民政府批准，日照市为省重点防空城市。2001年，经中央军委批准，日照市为国家级防空城市。东港区是市驻地区，防空工作隶属于市，有关建设市、区联动。

第一节　人防机构

1970年春，“日照县战备领导小组人民防空办公室”设立，直属日照县革命委员会核心小组。1971年10月，并入“日照县革命委员会战备办公室”。1975年11月，改为日照县人民防空领导小组办公室，武装部部长兼任办公室主任。1980年5月，防空办公室撤销，人防工作交武装部管理。1990年7月，日照市人民防空委员会设立办公室，由日照市城乡建设委员会管理，为副处级行政单位。1997年8月，日照市人民防空委员会办公室改为日照市人民防空办公室，升格为正处级行政单位。2000年6月，设立人防工程平战结合管理站，为正科级自收自支事业单位。2001年4月开始，明确人民防空办公室是国防动员委员会的常设办事机构，也是人民防空工作主管部门。

人民防空指挥机构是在上级人防部门和地方政府双重领导下开展工作，始终与人武系统密切结合，平时进行防空教育，战时按预案执行。主要有防空救护、义务消防、物资抢运、人口疏散、对空射击、保卫重点目标等。

第二节　人防工程

1969年下半年，境内人防工程建设开始。重点是县城及沿海村镇。人防工程以防空洞、人防坑道和地道工程为主，大型人防工程由专业施工队伍修建。如造船厂、印刷厂、水利局等40余个单位，都有永久性或半永久性人防工事。在人防工事建设中，充分注意到平战结合。西湖荻竹涧电灌站隧道工程及农田水利基本建设中覆盖自然沟等，都是利用水利建设工程稍加改造而成的人防工事。由于受当时工作指导思想影响，人防工程曾全民动员，构筑数以千计单人掩体，修建家庭地道、地洞等临时简易防空工事，造成一些浪费。

1992年起，日照市人防办编制的《日照市人防建设与城市建设相结合规划》和《日照市人民防空工程建设规划》，并通过专家评审。1995年开始，市人防办投资400万元资金建设“951”人防工程。2002年9月，开工建设国家级大型人员掩蔽工程，总投资2500多万元，2003年年底竣工。其间，市人防办多次组织对全市人防工作进行检查，对人防工程进行普查建档。

1998年，在市、区安装新式警报器。1999年，购置无线指挥通信传输设备，加入全省人防无线指挥通信网络。至2003年年底，已基本形成覆盖城市警报网络，配备了移动通信指挥车辆和移动无线传输设备。

2004年以来，人防工程建设速度明显加快，以年均近10万平方米的速度递增，达到国家要求的人均防护标准，满足了城市居民战时防护需要。

2007年，在行政服务中心设立人防窗口，将人防行政审批纳入政府并联审批程序，人防工程建设走在全省前列。

第三节　防空教育

1969年秋，在县城、涛雒、石臼所、两城等公社开展人民防空战备思想和防空常识宣传教育，组建防空队伍，制定临战疏散计划。认真贯彻毛泽东主席有关人民防空工作和全民办后勤指示，在原有基础上把人民防空工作和全民办后勤结合起来，加强对防空工作领导。为防止敌特空降、潜渡和反革命分子暴乱，对复杂重点地区专门作了研究布署，组建基干武装班。同时，建立对空瞭望哨11个，对海瞭望哨7个。建立民兵治安班19个，共计225人。

1994—1996年，《人民防空条例》和《中华人民共和国人民防空法》颁布实施。2000年,《工作与研究》《日照日报》刊登“人防知识”和“今日日照人民防空”100余期。电视台播放《铸就和平之盾》《海湾战争风云》等人防专题片。编印6000余份《人防工作情况》和2000本《人民防空法规汇编》,向全社会发放。1992年,逐步在市实验中学等9所驻城中学的初中二年级学生中开展人防知识教育,无偿赠送课本,累计有2.7万名学生学习和掌握了防护技能。至2007年,在全区21所初级中学普及开展人防知识教育,年受教育学生近3.9万人,开课率、受教育率均达100%,在全省率先实现市、县、乡(镇)三级初级中学防空防灾知识教育全覆盖。

第六章　重要战事

捻军进日照

清咸丰十年(1860年)11月,捻军一部,攻克赣榆县青口后北上。日照知县张书升、安东营千总郝元杰急带莒县、日照兵勇,在虎山铺、界牌岭布阵防堵。涛雒士绅丁守存组织团练民勇参战。5日后,捻军撤离。

1861年9月,捻军李成部由皖入鲁。6日,入日照境内。在沈疃镇周围与团练作战,互有伤亡,团练死8人。乡绅成善齐勒令各村“坚壁清野”,率村民齐集白云寺圩内,捻军屡攻不克,遂向北撤走。7日,兵临涛雒,因海潮涨满圩壕未能逾越。8日,攻打夹仓,遇镇内团练长尹兆禄率团勇顽强抵抗,打死捻军百余名,捻军败退。随后捻军复聚,诈称议和,以大队人马聚村北佯攻,吸其团勇注意力,而选其骁勇从东隅缺口突入圩内进行巷战,捻军杀死团练长尹兆禄以下321人。在夹仓镇外,打死团练10人。其后队在新庄(今南辛庄子)附近遭涛雒士绅丁守存、团练长丁鸿基所带团勇袭击,遂于9日分三路北去。一路由沈疃沿街头,洪凝抵高泽,北上诸城;二路由南湖经马喊空,赴松柏林;三路由县城以东经两城离境。同月,由滕化光(峄县人)率领捻军一部,由莒县经黄墩包围高子山圩寨。古历八月初九,捻军乘团练吃中午饭之机,冲上高子山,民勇乱作一团,团练长高香亭(高家沟人)率数十人冲入捻军阵中展开激战,双方各有伤亡,高香亭阵亡。民勇贺福来(贺家沟人)带领儿子持火枪冲入阵中,捻军毙其子,贺恼怒眼红疯狂射击,毙捻军数名,团练被打死8人。滕化光见此情景遂撤军东去。

1867年8月27日,赖文光、任化邦(任柱)统领捻军七八千人,由莒县进入日照,9天后南去。11月17日,直隶提督刘铭传,率马队千骑,追捻军至日照。19日,清军与捻军于赣榆城西交战,捻军首领任化邦阵亡。26日,捻军自赣榆经河山向北突围,布政使潘鼎新率部尾追不舍,29日,两军在两城对峙数日。12月10日,捻军绕丝山南麓沿海岸北去。27日,捻军主力兵败寿光,其余部突围后,自日照南去,路遭巨峰梁鸿声为首的团练袭击,死伤30余人,丢马十几匹。

农民反洋教运动

19世纪末,德国主教安治泰和传教士薛田资,来日照传教,先后在下元、土山、邵家府、街头等地设立教堂。薛田资等教士,测绘山川河流盗窃经济情报,发展地痞、流氓教徒,勾结官府横行乡里,欺压百姓,惹起民愤。光绪二十四年(1898年),坊子村(今五莲县)厉应九、巨峰丁鸿吉、莒县王庄(今莒南县)孙道龄等人组织数千民众,手持大刀、长矛和土枪,先后烧毁街头、沈疃、下元等地教堂,杀不法教徒。11月9日,街头村民将薛田资架至村外一所庙里评理,薛蛮横耍威,民众将其胡须揪损。驻青岛德军极为震惊,用军舰载兵到日照和临沂,威逼清廷镇压。沂州知府和日照知县到处缉拿厉应九未逞。10日,县令将薛接至县衙,20日送往青岛。山东巡抚命日照除修复教堂外,还赔银两万五千两。德国得寸进尺,又于1899年照会清廷,要求派兵帮助德军镇压反教义民。2月19日,安治泰指挥德军攻打日照城,盘住数日。另德军分两路进入日照境内,40人进入安东卫,120人进入石臼。德军在林家滩闯入民家图奸,枪杀村民于永福、打伤于文明等。十里铺、相家庄团练操演鸣鸟枪,德军疑挑衅。胁迫知县杨耀林到庄收缴枪支,将在职翰林蔡曾源和几位村民带至县衙押审。入侵德军撤离时，又将5名士绅带到青岛作人质，直至教案谈判结束，索银七万七千两，人质放回。

民众在反洋教斗争中，看到清政府媚外欺内，坚持反教必反清，仍在民间聚集力量，继续反洋教。光绪二十九年(1903年)，山东巡抚周馥令沂州知府和日照知县劝降厉应九，遭厉严辞拒绝。5月6日，沂州知府派兵20余人，将厉密捕。当押送厉的队伍行至街头大集时，义军和赶集群众将厉救出。厉率义军2000余人，上驼儿山安营扎寨，竖起“聚众团练，守望相助”义旗。周馥闻讯，急奏清廷并急令沂州知府胡建枢率兵3000人前往镇压。统领提督梅东益，急调清兵分东西两路前往驼儿山“汇剿”。义军凭借天险固守，用土枪、土炮、大刀、长矛、棍棒、巨石打击清兵。血战27天，因寡不敌众山寨失守，厉应九跳崖躲避他乡。

大刀会打涛雒

涛雒驻有盐巡、民团武装300余人。由于奸商操纵，盐民素受压迫，百姓积怨甚久。1927年4月2日(农历三月初一)，王景贤(巨峰镇相家楼人)等人发动境内大刀会、联庄会等数千人包围涛雒，首先占领南店、天后宫等处。境内各地大刀会员仍源源而来。大刀会员每逢念咒声震数里。镇内盐巡惊恐万分，在固守求援的同时，于4月4日下午假托议和，突然对包围涛雒的大刀会员开枪射击。由于未作好防范准备，会员被打死五六十人。王景贤遂下令撤退，涛雒未克。

刘桂堂匪部窜扰日照

1928年10月，匪首刘桂堂、师长夏兴德带千余匪兵首次窜扰日照。始占石臼所、涛雒，扰乱境内。1931年9月中旬，刘桂堂带匪徒七八百人，从莒县窜至沈疃。9月21日，围攻日照城，于深夜突入城内，肆意杀掠，洗劫一空，县长胡相蘅被掳。9月23日，韩复榘八十一师展书堂部运其昌旅，奉命到日照清剿刘匪。24日，匪兵窜至十字路。11月1日，返回日照，占据巨峰、碑廓等地。康占魁团尾追刘匪部之后，未接火。3日后，匪兵出境。1934年3月，刘匪骑兵数千，复窜山东。韩复榘第三路军出动5师人马与各地民团进行堵截。26日，匪兵窜入日(照)诸(城)边境。4月，韩军大破刘部，刘潜逃。百余残匪窜至罗家丰台(今五莲县)，被日照县政府招安，奉韩复榘令，全部予以处决。

大刀会攻打史义成部

1930年9月，土匪史义成部袭扰巨峰、大坡一带。10月31日，抢掠山西头村，杀害胡姓村民60余人。11月2日，杀害前崖下村民48人。3日，又窜至大石头村。大刀会组织1000余会众奋起抵御，打死匪兵40余，终因会员武器低劣而败。4日，史率匪向响水河大刀会驻地发起攻击，激战至下午，村陷。老弱妇孺惨遭蹂躏，房屋被烧700余间，大刀会员及青壮年突围幸免。晚上，匪兵又抢掠大炮楼村。7日，大刀会团长张传斌带三庄、沈疃、古家沟、陆家庄子、汀沟等地会员，围剿驻大炮楼村匪兵，张传斌阵亡，大刀会被迫撤出战斗。

日照暴动

1932年6月，根据临时中央在北方建立红军和苏维埃的指示，省委几次派巡视员到日照，指示日照中心县委要积极准备武装暴动，支援中央苏区。8月中旬，中共日照中心县委，在驻跸岭庙和曙光小学先后三次召开党代会，议定暴动有关事项：建立鲁南革命委员会，由安哲、牟春霆、郑天九等5人组成，安哲任总指挥。组建以党团员为骨干的“中国工农红军鲁南游击纵队”。建立以五莲山区为中心的红色革命根据地。决定暴动后办4件事：1. 收缴地主武器，扩大革命武装。2. 迫使地主交出文书地契并当众焚毁，宣布土地为农民所有。3. 开仓分粮，没收地主财物。4. 镇压反动地主劣绅，为民除害。会后，因南北两路均发生意外泄密事件，县委随即决定提前举行暴动。

北路，由县委书记安哲率领，先在安家村、西石嘴子收缴十几户地主枪支，焚烧地契、开仓放粮。集结100余人，40多支枪，然后与于家村及河山店暴动队伍会合。次日，攻取王家滩，收缴商团、民团、盐警等枪枝后，立即奔向两城，与安家岭等20多个村庄的暴动队伍会合，在天后宫进行整编，队伍编为2个大队、6个中队和奋勇队、交通队、辎重队、看护队等，计280余人。

南路，于13日晚，由郑天九、牟春霆(陈雷)、杨德玉率领分成东西两路，东路以牟家小庄为中心，平台、安家湖、廒头、河套等村同时行动，在各村收缴地主枪支后，集合于牟家小庄。西路以山字河为中心，大小曲河、井沟、马家店、丁家院、焦家集子等村同时行动，后集合于望海寺。两路合计300余人，100余条枪。计划14日晚，攻占涛雒。因走漏消息，共产党员6人被捕，计划未能实行。15日晨，攻占平家村，缴获步枪20余支。17日，进行丁家庄攻击战和沟洼反击战。18日，准备与北路会合。

农民暴动 使反动派惊恐万状。日照县长杨锦标吓得用土堵住城门，不敢出城，一天三次发电报，向山东省主席韩复榘告急。韩立即下令八十一师师长展书堂，以一旅之众火速前进。令日照、诸城、莒县等县长纠集地主武装，配合展部围剿暴动队伍。驻青岛海军也派出军舰停在石臼所、王家滩附近海面上，敌人以十几倍兵力向暴动队伍袭来。

安哲指挥北路暴动队伍，于16日晚从两城出发，经林泉、陈家沟、潮河、魏家等地，冲破敌人堵截，18日进驻五莲山、九仙山老君堂。21日，北路暴动队伍抢占五莲山，与敌对峙两日，23日下午，突围至九仙山。24日拂晓，进至三关口以南与敌交火，战至黄昏，突围至寨山休息。25日，安哲在寨山后洭召开干部大会，决定疏散队伍，转移干部。26日，转入隐蔽斗争。

南路暴动队伍17日早饭后，从邵疃出发，经明照、阚家城子等地，晚上到达河山。发现国民党谷良民师一个团和杨锦标地方武装正在尾追北路暴动队伍。为牵制敌人力量，减轻北路压力，郑天九、牟春霆率队回师南撤。21日晚，攻克宅科后，转移到独垛子一带，先后在白云寺、望海寺、朝阳观山区与敌周旋。25日下午，暴动队伍在灵山堡疏散，化整为零，转入地下斗争。

图32-5 日照县大队战斗场面 (摄于1942年)

这次暴动，从10月13日至25日，经过大小战斗30余次。失败后，国民党当局实行疯狂报复，境内157名优秀儿女被枪杀，幸存者有的在当地转入地下，有的转到外地坚持斗争。安哲后任中共奉天特委宣传部长，因叛徒告密，被日本宪兵逮捕，于1934年，病逝于沈阳狱中，时年28岁。郑天九先到上海，后到北平，从事党的地下活动，1933年7月，不幸被捕，于10月19日，在南京雨花台英勇就义，时年28岁。牟春霆先至上海，后到福建、北京、陕北等地继续从事革命工作。

李衍修部攻打簸箕掌

1938年农历正月，刘桂堂匪部20余人驻簸箕掌。李衍修部闻讯后，于二月初二拂晓将该部包围。天亮时，发起攻击，当场击毙15人，有4人逃出村外，被群众抓获。

消灭郑土虺“自卫队”

郑萼廷外号“土虺”。他组织“抗日自卫队”专门与八路军日照县大队作对，多次杀害抗日干部群众。为打击其反动气焰，县大队于1940年1月上旬，在白云寺将其队伍打散，其残部逃到战家村。县大队得到情报后，由副大队长丁履学率部，当夜赶赴战家村，将其3个儿子和3个随从抓获。

山字河战斗

1940年12月，保安十六团，抢占山字河、邵疃一带，蓄意破坏抗日。中共日照县委组织县大队、一区中队及独立营一个中队，共500余人，于1941年1月23日，直逼山字河，攻打保安十六团。县大队担任主攻，区中队和独立营负责警戒。战斗开始，县大队突入山字河村里，与顽军展开激战，顽军边打边撤，县大队追到村西。此时，驻丁家院国民党百十一师顽固派孙焕彩部出兵增援十六团，县大队受阻，因伤亡较大，遂撤出战斗。

朱信斋叛变

朱信斋为保存其土匪势力，于1938年投机抗日，接受改编为八路军二支队四大队(不久改为独立营)。暗地仍与国民党顽固派相互勾结，蓄谋叛变。经与国民党五十七军顽固派孙焕彩密谋策划，于1941年3月2日公开叛变。

3月2日傍晚，朱部在粮山口、黄墩、董旺庄、竖旗、三庄等处，采用突然袭击方式，抓捕八路军派往该部工作的中共党员干部和跟随其活动的七区、九区干部战士200余人，先后杀害100余人，使这一带有20多万人口的抗日根据地落于匪手。

沟洼事件

1941年4月下旬，中共日照县委、县政府机关及县大队第四中队，在沟洼村休整。国民党百十一师顽固派孙焕彩部纠集保安十六团等1000余人，于24日深夜，将沟洼村秘密包围。25日拂晓，趁县机关及四中队出操之机，突然发起进攻。县委领导随即组织突围，经过激战，机关人员大部突围，四中队战士和一些机关干部被俘，突围中牺牲6人。

"八三"起义

1940年9月，国民党五十七军百十一师驻军日照、莒县。在中共特别党员、师长常恩多和旅长万毅影响下，该师多数官兵倾向抗日，但也有少数军官坚持反动立场，蓄谋篡夺军权。1941年2月17日，顽固派逮捕了旅长万毅和一些中共派往该师工作的地下党员，制造了"二一七"事件。

1942年7月，师长常恩多与苏鲁战区总部政务处长、中共地下党员郭维城研究起义方案。8月1日，常恩多病危，郭维城借看望师长之机，再次研究起义步骤。郭回总部，到监狱把起义计划通知万毅。万毅当晚逃出监狱，赶往根据地。8月3日，于学忠(苏鲁战区司令)追问万逃跑之事，郭维城怕事情暴露，决定立即起义。由郭、刘指挥，首先以师长名义召集团以上军官开会，趁机关押反动军官陶景奎、刘宗颜等人。然后，召集4名团长到师长床前听师长关于起义打算，各团长当即响应，分头行动。总部特务营得到消息后，也加入起义行列，此为"八三"起义。

8月8日，部分顽固派官兵叛变，放出关押反动军官。情况紧急，部队立即向八路军根据地朱梅一带转移，途中常恩多病逝。8月9日，山东军区派万毅、王振乾和在该师工作过的中共党员帮助整顿部队。参加这次起义共16个连、2700余官兵，部队整顿后，称新百十一师。

栈子战斗

日伪军侵占栈子后，在村南部依托一座财主大炮楼，建立起防守据点。

1941年12月，驻栈子日伪军不断扫荡解放区，抓青壮年100余名，准备送到东北当劳工。根据上级命令，八路军山东纵队二旅独立团，决定攻打栈子日伪据点，解救被抓人员。在团政委赵昭率领下，参战部队黄昏前从莒南县团林镇李家桑园出发，于凌晨进入前沿阵地。经过激烈战斗，将100余名被抓人员全部救出。

该部一连，部署在村西北角、竹子河南岸大堤外，准备打击由涛雒出援的日伪军，在主攻部队打响后，由涛雒出援的日伪军约一个连兵力冲到河中心，遭到一连迎头痛击，日伪军后撤。一连也撤出阵地，沿老路返回。没想到日伪军转移到虎山镇郑家结庄南山沟南岸设伏，一连进入沟底后，日伪军便居高临下向一连射击。由于地势不利，一连多次突围均未成功，最后与敌人展开白刃战。参加此次战斗的八路军共89人，除43人冲出包围外，牺牲46人。

为缅怀46名无名烈士，2004年清明节前夕，东港区委、区政府在日照烈士陵园东南侧树起一座高164厘米，宽80厘米的"栈子战斗无名烈士纪念碑"。

甲子山战役

1942年8月2日，国民党五十七军一一一师师长、中共特别党员常恩多在病危之际，于8月3日率该师大部摆脱国民党统治，组建由共产党领导的新一一一师。盘踞在日莒公路以北原该师三三一旅旅长孙焕彩，搜罗残部2000余人，重组一一一师，连同土匪李衍修及国民党游击独立七支队朱信斋部，约4000人，于8月中旬，强占甲子山区。与日伪勾结，枪杀抗日干部，抓捕抗日家属，严重威胁滨海抗日根据地。山东分局和八路军山东军区，为收复该地，进行过3次战役。

第一次战役。1942年8月14日，八路军山东军区命令教导二旅六团、独立一团、山纵二旅五、六团及四团一部、滨海军分区独立团和抗大分校等部，以3天时间，扫清外围障碍。17日夜，教导二旅六团从正面攻占360、450、460高地，毙伤孙焕彩部300余人。独立一团从正北突破甲子山腰地段李家官庄及周围高地，歼灭日伪军一部。尔后，部队会合向东扩大战果，攻占甲子山主峰南垛和北垛。山纵二旅六团，于蒲汪截击逃跑日伪军一个营，歼其大部。19日，敌余部逃往莒日公路北，八路军胜利收复甲子山区。此役共毙、伤敌

图 32-6 “甲子山战役”指挥人员研究作战方案

500 余人，俘 550 余人，缴轻机枪 5 挺，平射炮 1 门及其他军用物资，八路军伤亡 400 余人。

第二次战役。1942 年 10 月，孙焕彩部乘日本侵略军集结兵力向抗日根据地“扫荡”之机，伙同朱信斋、李衍修部计 4000 余人，向甲子山区发动进攻。11 日，一路由北向南攻占黄墩、滩井、崔家沟一带，逼近甲子山阵地。一路占领薛庆、文疃、草岭，逼近浮棚山。12 日，西路日伪军以一个团兵力在炮火掩护下，向驻守黄墩浮棚山山纵二旅六团攻击，六团依托有利地势，居高临下厮杀一天，连续击退顽军三次猛攻，后因弹药不足，于当日夜撤出战斗，转至甲子山主峰固守。13 日晨，西、北两路顽军合击八路军蒲汪阵地，山纵二旅六团主力陷于夹击之中。该旅四、五团立即从三皇山、上涧向敌连续发起攻击，掩护六团撤出蒲汪阵地。六团于当夜撤到浮棚山，赶筑防御工事。教导二旅四团三营九连赶来增援，并于 14 日晚协同山纵二旅六团等部向甲子山西南侧草岭、薛庆发起攻击。当夜，接山东军区电令：“因日军‘扫荡’滨海，为避免两面作战，讨顽战役即日停止。”八路军于 10 月 18 日夜主动撤出阵地，转移到沭河东岸涝坡一带集结。二次甲子山反顽战役历经 8 天，与日伪军战斗 20 余次，共毙伤日伪军 300 余人，八路军伤亡 100 余人，山纵第二旅第四团副团长赖光东壮烈牺牲。

第三次战役。1942 年 11 月，日伪军孙焕彩部在甲子山区摧残抗日民主政权，捕杀地方工作人员，特别是对乡村干部及开明人士抓到后即杀害。他们伪装成八路军，大肆抢粮，打劫，成为滨海根据地心腹之患。在罗荣桓建议下，山东分局和山东军政委员会决定，发起第三次甲子山战役。战前，山东分局书记朱瑞主持召开高级军事干部会议。参战部队有新一一一师、一一五师教导二旅、教导五旅六团、特务团及山东军区第二旅五团和第六团、滨海军分区独立团、抗大一分校等单位。组成四个纵队，从甲子山西南两侧进入进攻位置。第一一五师政治委员罗荣桓和代师长陈光亲临前线指挥。

17 日 22 时，总攻开始。右纵队教导五旅十三团向石场发起攻击，由于敌人工事坚固，该部过早暴露意图，进展迟缓，只将朱芦援敌击溃并毙伤一部。中央纵队教导二旅六团以神勇动作，攻占旋子口。山纵二旅五团迅速攻占三皇山，切断叛军向西突围的道路。迂回纵队新一一一师，攻占甲子山主峰及赵家、刘家彩等顽军阵地。左纵队二旅六团控制浮棚山、云顶山、蒲汪等阵地，准备截击由北向南增援的敌人，击溃前来增援的汉奸朱信斋部。12 时许，教导五旅攻占石场顽军土碉堡，随后，击溃其多次反扑，毙伤日伪军 300 余人，八路军伤亡 100 余人。20 时，教导二旅六团攻击址坊数次未克。山纵二旅五团攻占朱芦河以西部分碉堡，歼顽军 200 余人。18 日黄昏，教导五旅重点进攻刘家东山，屡次爆破未成。第一一五师特务营及教导二旅五团一部，则攻占茅墩，歼敌一部。19 日，汉奸朱信斋残部由日莒公路以北南援，在浮棚山东被新一一一师一部击溃。是日黄昏，巨峰前后崖下、簸箕口、山北头等地日伪军向刘家东山、址坊溃退，被新一一一师主力及抗大一分校歼灭 200 余人。经三昼夜战斗，八路军已控制甲子山主要阵地。日伪军被迫向中心区退缩，集中固守要点，企图顽抗待援。20 日，八路军调整部署。22 日黄昏，各主攻部队向址坊、刘家东山、石场发起猛攻，连续突破两道鹿砦，摧毁两座碉堡。后冲杀数次，工兵屡次爆破，均遭敌人强烈火力杀伤，未能攻克主阵地。拂晓时，撤出战斗。23 日，八路军向址坊、刘家东山实施坑道作战。日伪军从 23 日至 25 日，先后以 100 至 300 人兵力反扑三次，妄图破坏八路军坑道作业，均被击溃，并俘 210 余人。26 日，日伪军张里元部 800 余人，由日莒公路以北南援，教导五旅主力迅速进占黄墩及其西南高地阻击。张里元闻讯当即缩回日莒公路北。29 日，孙焕彩以其三三三旅 1200 余兵力，由张家石汪向北突围，沿途遭八路军各部截击，除少数窜回公路以北外，大部被歼。30 日，孙焕彩率师直属部队及三三一旅，由址坊、石场、刘家东山向德靖山方向突围，当即遭八路军截击，并尾追至日莒公路附近，该部已溃不成军，三五成群窜入路北。

经过 14 天激烈战斗，八路军胜利收复甲子山地区。此役，八路军共击毙、击伤和俘虏旅参谋主任任家麟以下 2137 人，缴获步枪 485 支、短枪 18 支、轻重机枪 22 挺、迫击炮 3 门、战马 30 匹及大批军用物资。八路军牺牲连以下官兵 148 人，负伤 500 余人。甲子山战役的胜利，使日照、诸城、莒县、莒南连成一片，并与鲁中根据地相连，为滨海地区向敌人实行战略进攻奠定了基础。

三庄战斗

1943 年 7 月 18 日，新一一一师奉命挺进滨北地区，行至三庄以南与日伪军千余人遭遇，新一一一师六六二团和六六六团各一部在夜幕掩护下，向敌展开进攻。激战数小时，新一一一师于 19 日晨，撤至三庄以西设伏阻击。经激战，敌人于下午 2 时逃往莒县。此役毙、伤敌 200 余人。

陈疃战斗

1943 年 8 月 12 日，新一一一师六六六团一营于陈疃设伏，六六二团将日伪军堰东岭据点包围，于夜晚发起攻击。当增援沈疃日伪军进入伏击圈时，一营向敌发起攻击，拂晓前敌溃退。此次战斗，毙、伤敌 100 余名。

石沟崖战役

朱信斋投敌后，在石沟崖安设据点，为非作歹，杀害抗日干部群众。1943 年底，日军在兵力不足情况下，将莒日公路作为重点守备交通干线，石沟崖村为重要据点。由伪日照县保安大队朱信斋部 500 余人驻守，南北两围寨高筑围墙、深挖外壕、广设暗堡，四角建起炮楼。村东、村西另设两个大炮楼，易守难攻。1944 年 1 月，为惩治叛逆，打通泰石公路南北解放区联系，滨海军区决定拔除据点，歼灭朱匪。令第六团主攻，莒中独立营在纪家店子以西监视并阻击由莒县出动之援军。教导团一部在三庄以东监视沈疃据点之伪军。第十三团一个连，在石沟崖以北担任增援和防伪军突围。进攻部队从莒南县北部出发，经一夜急行军，于 22 日拂晓到达预定位置。第六团发起攻击，首先攻克村西、村东炮楼。然后，占领前石沟崖村，割断日伪军南北两围寨联系。16 时许，向朱信斋指挥部发起攻击，未奏效。23 日上午，莒县日伪军 400 余人增援，莒中独立营迎头痛击，乘胜攻克纪家店子据点。16 时许，第六团再次向北围寨发起攻击，歼灭顽抗之伪军，攻入寨内，逐一夺取东南、西南和东北角炮楼。24 日凌晨，朱及随从被擒。南围寨之伪军见待援无望，乘黑夜突围，被全歼。此役，八路军共击毙日军 2 人、伪军 123 人，俘 409 人，缴获长、短枪 161 支，轻机枪 2 挺，其他物资一宗。八路军伤 298 人，牺牲 57 人。

讨李战役

1944 年，伪滨海警备军司令李永平率部盘据日(照)、诸(城)、胶(县)边区作恶。7 月 23 日，八路军滨海军区发起讨伐李永平战役。八路军滨海部队在两城至王台(现属胶南县)百余里战线上，分五路同时向敌进攻。28 日，先后攻克大小据点 18 处，打退日照、诸城等增援之敌，战役取得决定性胜利。29 日，敌继续增援，企图与八路军决战。新一一一师，首先击退日照增援之敌，继之又打退诸城 500 余增援之敌，歼灭泊里增援之敌一部。8 月 5 日，各路增援之敌均被打退，战役结束。为策应讨李战役，滨海警备团在日照南部攻击敌人，7 月 24 日—26 日，连克东湖、韩家营子、潘家村等敌伪据点，击退涛雒增援之敌，毙伤日伪军 80 余人。此役，历经大小战斗 37 次，攻克敌据点 40 余处，毙日伪军 380 余名。其中，日军 130 名，俘日伪军 300 余名，缴获大批武器弹药。

八路军收复日照

1945 年 8 月 15 日，日本宣布无条件投降，八路军滨海地区主力部队乘胜进军日照。8 月 21 日，八路军山东军区第二师五团(原二十三团)、警备十旅十九团(原警备团)一部进入日照南部，十九团另一部、第三军分区特务营进至日照以西地区。21 日，两线在地方武装和民兵配合下，同时向敌展开攻击。24 日，南线攻克夹仓、栈子、涛雒等据点，西线先后攻克沈疃、堰东岭等据点。至此，日照城以西、以南地区全部收复。9 月 6 日，五团将石臼所之敌围困，激战一夜，歼敌一部，敌余部逃往县城。8 日 5 时，县城之敌多次突围均被打退，毙伤敌伪 30 余人，俘 120 余人。下午 5 时，敌人弃城北逃，十九团、五团各一部追至王家滩，歼敌百余人。余部逃出县境，八路军收复日照全境。

季家村突围战

1947 年 10 月 11 日，滨海二团一营驻防大岭南头村一带，二连换防进驻季家村，被特务告密。12 日，国民党八十三师十九旅于凌晨将季家村包围。二连战士英勇还击，奋力突围，伤亡 70 余人。

傅疃河阻击战

1947 年 11 月，日照独立团和五莲县大队在傅疃河西一线防守。30 日，国民党十九旅以两营兵力，分两路骚扰解放区。一路约 200 人，经刘家寨渡傅疃河到岭二头，被独立团侦察连击退。另一路约一营兵力进犯平台，企图窜犯大曲河，独立团奋起还击，打退敌三次冲锋，毙敌 50 多名敌人，余敌溃窜。再一路经县城至将帅沟，遭五莲县大队迎头痛击，敌溃退。

萝花前战斗

1947 年 12 月 11 日，滨北军分区组织独立团、五莲县大队等，在萝花前以南地域张网待敌。然后，派五莲县大队等到秦家楼一带引诱敌人。8 日，敌一八八团及十九旅一个营，分别从日照城、石臼所进入伏击圈，独立团将敌分割包围，用迫击炮向敌猛轰。激战两小时，歼敌 1 个加强营，余部窜回。此役共歼敌 500 余人，缴获大宗各类武器弹药。

第三十三编

社会主义精神文明建设

境内人民自古注重礼仪、崇尚文明，忠、孝、仁、义成为民风主流。新中国成立后，各级党、政组织在不同的历史时期始终把握正确导向，不断加强社会主义精神文明建设(以下简称精神文明建设)。

新中国成立初期进行的爱国主义、英模精神、科学知识及社会美德教育，使广大群众确立了社会主义新思想、新观念。20 世纪 60 年代开展的学习雷锋、学习焦裕禄活动，使爱憎分明、团结互助、扶危济困、关心群众成为新的道德风尚。改革开放后，“爱国守法、明礼诚信、团结友善、勤俭自强、敬业奉献”教育与实践活动在城乡深入开展，争做文明市民成为新的精神追求。进入 21 世纪，深入开展社会主义荣辱观教育与文明村镇、社区、单位创建活动。至 2007 年，全区有省、市级文明镇 7 个，省、市级文明单位 52 个，区级文明单位 178 个，省、市级文明村 23 个，区级文明村 149 个，省、市级文明社区 10 个，省、市级文明机关 14 个，区级文明机关 24 个。同时，涌现出一大批精神文明先进个人。社会风气和人民的精神面貌发生深刻变化。

第一章　思想道德教育

第一节　爱国主义教育

1950 年，根据中国人民政治协商会议制定的共同纲领，广泛开展“爱祖国、爱人民、爱科学、爱劳动、爱社会主义”教育。制定《爱国公约》，反对美帝国主义侵略朝鲜和轰炸中国东北边境。大力宣传、学习“抗美援朝”战争中志愿军将士同仇敌忾、英勇奋战、保家卫国的英雄事迹。在社会主义改造和建设时期，开展老复员军人、老干部、老模范讲当地革命战争史、村史、个人成长史活动，进行新、旧社会对比，树立“只有社会主义才能救中国”的理念。

1962 年中印边界自卫反击战与 1969 年珍宝岛自卫反击战后，在干部、群众和中、小学生中深入开展“祖国领土神圣不可侵犯”和“人不犯我、我不犯人，人若犯我、我必犯人”的思想教育，“提高警惕，保卫祖国”理念深入人心。1984 年，重点学习、宣传云南边防保卫战中牺牲的城关街道上李家庄子村一等功臣李宜纯烈士事迹。1994 年，按照《中共中央爱国主义教育实施纲要》的要求，在全区干部、群众和青少年中进行中国近代史和基本国情教育，开展“富而思源、富而思进”大讨论。利用日照烈士陵园、安哲烈士事迹陈列馆等进行革命传统教育。同时，在重大节日开展升国旗、唱国歌及观看爱国教育题材的电影、电视活动。

第二节　英模精神教育

新中国成立后，境内各级党委、政府及群团组织，始终把“学习英模榜样、发扬英模精神”当作加强政治思想建设、培养崇高理想信念、树立良好社会风气的重要内容，不断开展教育实践活动。英模的光辉事迹和高尚精神，教育影响了一代又一代人。

20 世纪 50 年代初，学习董存瑞“舍身炸碉堡”、黄继光“挺胸堵枪眼”等战斗英雄的大无畏牺牲精神。50 年代末，学习向秀丽“奋不顾身，抢救国家财产”舍身为公的英雄事迹。60 年代，学习雷锋“爱憎分明的阶级立场，言行一致的革命精神，公而忘私的共产主义风格，奋不顾身的无产阶级斗志”。学习焦裕禄“心里装着干部群众，唯独没有自己”的无私奉献精神。70 年代，学习大庆王进喜靠“两论”起家，讲“三老、四严”，“宁可少活二十年，拼命也要拿下大油田”的“铁人精神”。80 年代，学习张海迪身残志坚，“做有理想、有道德、有文化、守纪律的共产主义新人”。90 年代，学习孔繁森扎根西藏，做“时代先锋、领导干部的楷模”的奉献精神。进入 21 世纪，学习王乐义、许振超、郭明义、袁隆平等立足平凡岗位，不断创新进取，全身心投入有中国特色社会主义经济建设的时代精神。同时，境内也先后树立起一批先进模范人物。如：20 世纪 50 年代，舍身救险光荣牺牲的县委生产部干事徐明敏；60 年代、70年代、80年代、90年代为抢救落水学生(儿童)而光荣牺牲的小学教师徐子芳、基干民兵王万兰、解放军战士于月杰、青年农民刘加锋;改革开放时期,带领群众致富的模范党支部书记刘现华。2003年8月,区委号召全区党员、干部学习实验高中校长王玉华同志先进事迹,发扬干事创业的时代精神,为实现东港的跨越式发展做出新贡献。

图33-1 东港区举办道德文化节晚会 (摄于2007年)

第三节 科学知识与家庭美德教育

新中国成立后,针对旧社会遗留下来的封建迷信习俗根深蒂固的实际,广泛、持续地进行扫除文盲、破除迷信和科普教育。取缔反动会道门和巫婆神汉,反对求神拜佛,引导群众科学认识旱、涝、雹、蝗、地震、日月蚀、生老病死等自然现象。改革开放后,各级政府、科技部门积极开展科学实验、技术普及等活动。引导广大群众树立起相信科学、消除愚昧、远离"邪教"的新观念、新风尚。

1951年12月,中央人民政府颁布实施《中华人民共和国婚姻法》后,境内大力提倡自由恋爱、反对包办婚姻、娶童养媳和近亲结婚。提倡男女平等、反对男尊女卑。提倡尊敬公婆,反对虐待儿媳。20世纪70年代后期,开展评选好小姑、好媳妇、好婆婆、好妯娌活动。改革开放后,组织开展勤劳致富能手、科技带头人、干部"贤内助"评选活动。科学知识与家庭美德逐步深入人心。

第四节 文明言行教育

新中国成立后,提倡人人平等、相互尊重,反对张口骂人、抬手打人。学校不准体罚学生,经营者不准坑蒙拐骗,戒除吸食"大烟"、赌博恶习。对尊者、长者不再下跪磕头。对店主不称老板或老板娘,改称经理。对店员不称跑堂的或店小二,改称售货员或服务员。账房先生改称会计,教书先生改称老师,治病先生改称医生。机关、单位一律称同志。

实行改革开放后,以"爱国守法、明礼诚信、团结友善、勤俭自强、敬业奉献"二十字公民道德规范为主要教育内容,开展"不随地吐痰,不乱扔垃圾,不乱贴乱画,不乱停乱放,不乱摆摊点,不准闯红灯,不破坏绿化,不损坏公共设施,不说脏话粗话,不在禁烟场所吸烟及带头讲文明用语和普通话"的"十不一带头"文明市民教育、实践活动。

第五节 职业道德教育

20世纪50年代,结合"反对行贿、反对偷税漏税、反对盗窃国家财产、反对偷工减料、反对盗窃国家经济情报"的"五反"运动,引导工商业者确立"城乡互助、巩固工农联盟"和"货真价实、买卖公平"的职业道德。改革开放后,在工人队伍中进行"热爱劳动、严守纪律、钻研技术、质量第一、文明生产、勤俭节约、尊师爱徒、团结互助"教育。在农民中进行"'愚公移山、改造中国',遵纪守法、热爱集体,尊重科学、移风易俗"教育。在商业服务人员中进行"忠于职守、执行政策、货真价实、便民利民、优质服务"教育。在个体工商户中进行"勤劳致富、守法经营、诚信无欺、礼貌待人、依法纳税"教育。在商贸服务行业开展"百城万店无假货"活动。在进行职业道德教育的同时,先后树立良种繁殖场场长李为书、东港医院理疗科盲人按摩师岳玲等坚守职业道德的先进典型。2007年,为传承美德,弘扬新风,区举办道德文化节,区直机关40多个单位和50多家企业参加。部分优秀节目,区委宣传部组织到农村和社区演出,收到良好效果。

第二章　文明创建活动

1981年3月，境内各级机关、群众团体和各行各业响应全国总工会、共青团中央、全国妇联等团体的倡议，开展“五讲(讲文明、讲礼貌、讲卫生、讲秩序、讲道德)”“四美(心灵美、语言美、行为美、环境美)”活动。

图33-2　日照四中的学生开展学雷锋活动

(摄于2004年)

1982年起，确定每年3月为文明礼貌活动月。其间，集中治理脏、乱、差，整顿社会秩序，提高服务质量。各级团组织开展“岗位学雷锋”活动，组织上百支便民服务队走上街头、集镇，提供多种便民服务。1986年9月，贯彻落实《中共中央关于社会主义精神文明建设指导方针的决议》，积极探索精神文明和物质文明有机结合、协调发展的新路子。2005年，区“文明委”编印《东港文明手册》，介绍基本区情、市民道德规范、礼仪常识及相关法律法规知识。2006年，宣传贯彻胡锦涛总书记提出的社会主义荣辱观。2007年8月，《东港文明手册》更名为《文明东港知识手册》，进一步充实完善有关内容，印制五万余册，向全区发放。

第一节　创建文明城市

文明城市创建始于1984年。随着日照港和兖石铁路建成启用，城市经济、社会发展步入快车道，文明城市建设随之广泛深入地开展起来。1985年提出文明城市总体规划并得到逐步完善。主要内容为：城市布局合理，建设配套，道路畅通，环境优美。开展思想道德教育、诚信日照建设、文明习惯养成、系列文明创建、繁荣文化、塑造品牌、科学普及、容貌整治、环境保护、奉献爱心等十项活动。其中，城市容貌整治为文明创建活动的重点。北从丝山、河山，南到傅疃河，东从海岸线，西到烟墩岭，总面积为12756.76公顷。城区道路整治重点为：纵横干线、支线、铁路、高速公路、国道、市内公交道两边绿化、美化。行政机关、居民、水厂、电厂、供热、污水处理、垃圾处理、工业、商贸、金融、科教、广播、电视、通讯、医院、疗养、体育设施和公园绿地景点统一规划，统筹安排。1985年起，各乡镇本着“有利生产、方便居民、改善环境、发展公共事业”的方针，陆续编制文明建设规划。1988年，推广涛雒、两城等镇驻地路、水、电等设施由各企事业单位统一整治经验，加快各乡镇、村居整治步伐。2003年，对原有文明建设规划进行充实、完善，广泛开展创建国家卫生城市、创建国家环保模范城市的“双创”活动。城区108个村进行环境整治，对乱搭乱建、乱堆乱放、乱贴乱画、乱倒乱扔、乱摆乱停等“十乱”现象进行集中清理。做到定单位、定人员、定任务、定进度、定责任，确

图33-3　区直机关人员参与环境卫生综合整治　(摄于2004年)

保整治活动“横向到边、纵向到底、不留空白”。

至2007年，市区先后被国家评为中国优秀旅游城市、国家园林城市、国家卫生城市、国家环保模范城市、国家生态示范区、国家投资环境百佳城市、国家双拥模范城市、中国魅力城市。

第二节　创建文明单位

文明乡镇(街道)创建

按照“党政领导坚强有力，思想道德风尚良好，社会服务优质规范，科教文卫稳步发展，社会治安秩序安定，环境面貌整洁优美，基层居民制度健全，村镇经济发展壮大”等八条标准，1998年始，开展文明乡镇(街道)创建活动。涛雒镇在积极开展城镇建设的同时，探索推进农村民主政治建设，被评为全国文明镇。两城、河山、西湖、陈疃、南湖、三庄等5个镇先后被评为市级文明镇；涛雒、两城、陈疃被评为省级文明镇。

文明村居(社区)创建

1999年，按照“领导班子健全有力，基础设施配套有序，社会秩序和谐安定，科教文卫协调发展，村级经济健康发展，村民素质全面提高”等六条标准，全区总结推广秦楼街道高家村“路面硬化、环境美化、垃圾集中收集处理，建有灯光球场、文化大院、宣传栏、阅报栏，制定《村民公约》《卫生公约》《文明户奖励办法》”的创建经验。

2004年，在全区农村启动“文明一条街”创建活动。至2006年，共有450个村建起文明一条街。2007年，推广河山镇申家坡村建设街心公园的做法，引导有条件的村，在文明一条街上建设街心公园，并力求达到“一亩地、一套凳、一组灯、一个宣传栏、一套健身器材”的标准。年末，全区建成村(居)街心公园50个。

文明单位创建

1993年建区后，按照“组织领导坚强有力，创建活动扎实有效；思想教育深入，道德风尚良好；工作领先，效益显著；文体先进，风气良好；民主管理，遵纪守法；整治到位，环境优美”等八条标准开展文明单位、文明机关创建活动。2007年，全区9个单位被评为省级文明单位，3个单位被评为省级文明机关，43个单位被评为市级文明单位，11个单位被评为市级文明机关。

2002—2007年东港区精神文明创建情况统计表

表33-1　　单位：个

	文明镇			文明单位			文明村			文明社区			文明机关		
	省级	市级	区级	省级	市级	区级	省级	市级	区级	省级	市级	区级	省级	市级	区级
2002	—	—	—	—	—	392	—	—	—	—	—	—	—	—	—
2003	—	—	—	6	35	389	1	5	—	—	—	—	—	—	—
2004	1	1	—	7	38	167	1	6	109	—	—	—	1	4	10
2005	1	3	—	8	41	170	3	10	124	—	—	—	2	8	20
2006	1	4	—	8	43	172	5	14	143	—	—	—	3	11	24
2007	2	5	—	9	43	178	6	17	149	5	5	—	3	11	24

第三节 评选文明家庭、市民

以家庭为主体，在村(居)民中开展评优树先活动始于 1964 年。为配合社会主义教育和农业学大寨运动，以“政治思想好、集体劳动好、遵守法令好、团结互助好、勤俭持家好”为条件，评选五好社员(或五好家庭)；以“阶级立场好、领导生产好、执行政策好、民主作风好、参加劳动好”为条件，评选农村五好干部。以“政治思想好、学习好、执行三大纪律八项注意好、完成工作任务好、团结互助好”为条件评选各行各业优秀干部。1965 年，农村评出五好社员 12437 人。其中，多数还被评为“五好家庭”。

1987 年，境内评出“五好家庭”70134 户。受全国妇联表彰 7 户，受省妇联表彰 14 户，受市(县级)妇联表彰 83 户。1997 年，在南湖镇开展精神文明建设“细胞工程”试点。全区推行“遵纪守法星、计划生育星、敬老星、科教星、文娱星、卫生星、团结星、移风易俗星、义务星、致富星”等十星级文明户创建活动。当年评出农村星级文明户 14.8 万户。

图 33-4 陈疃镇“十佳好婆婆、好媳妇”评选活动光荣榜(摄于 2004 年)

2004 年，在文明家庭、文明市民评选中，评出村级五好文明家庭 19.9 万户，区级 640 户；尊老敬老好儿女 160 名，军人好母亲 40 名，好军嫂 40 名，廉洁贤内助 10 名。2 个家庭被市授予“文明家庭”，10 个家庭被区授予“十佳文明家庭”，2 人被授予市级“十佳文明市民”。2007 年，评出“诚实守信模范”省级 1 名，市级 3 名；“市级助人为乐模范”2 名，市级“敬业奉献模范”2 名，市级“敬老爱幼模范”4 名。

第三章 树立文明新风

新中国成立后，提倡和发扬中华民族优秀文化传统，社会主义新风尚遍及城乡。中共十一届三中全会后，在“五讲、四美、三热爱”和做“四有”新人活动中，移风易俗、尊老爱幼、见义勇为、救灾济困、拾金不昧蔚然成风。

第一节 移风易俗

20 世纪 50 年代初期，主要提倡婚姻自主、妇女解放、禁止卖淫嫖娼等。六七十年代，提倡计划生育、反对性别歧视，提倡“火化”、反对“土葬”等。1987 年 12 月，城乡广泛开展以婚丧旧俗为主要内容的移风易俗教育活动。1990 年 12 月，再次开展全社会“破旧俗树新风”活动，提倡婚事新办，丧事简办。

1996 年 7 月，东港区“文明委”印发两城镇西屯村的“破除婚丧陋俗，树立文明新风”经验材料，进一步推动农村移风易俗工作。西屯村自 1989 年起，把“搞好婚丧改革、破除陈腐旧俗”作为精神文明建设的一项重要内容，大讲丧事简办、喜事新办的好处。先后成立以老年人为主的丧事简办服务队和以团支部、妇委会为主的喜事新办服务队。村民委员会规定每年“五一”“元旦”为集体结婚日。婚事办得欢乐文明、省心省力。提倡丧事简办，不披麻戴孝、不扎纸人纸马、不行祭送汤、不大吃大喝、不请吹鼓手。实行文明丧礼，开追悼会、戴黑纱白花、鞠躬默哀。

第二节 尊老爱幼

农业合作化时期始，境内各村(居)对鳏、寡、孤、独老人实行“五保”。20 世纪 80 年代初，县(市)委成立老龄委、老干局，普遍开展养老敬老教育并作出有关规定。1989 年，石臼街道办事处集资 120 万元建起福利院，供养“五保”老人 70 余名。院内暖气、澡塘、游艺室、电视机、洗衣机、电风扇等设备齐全并配备1名医生、9名服务员。各乡镇推行这一做法,先后办起敬老院。2006年始,对新中国成立前入党的老党员进行定期生活补助,较富裕的村(居)对60岁以上老人发放养老金。机关、厂矿多数办起老干部活动室、门球场。区成立老年大学。70岁以上老人乘公交汽车免票。各级团组织成立以老年人为服务对象的送温暖小组1.5万个,服务对象1.2万户。

全社会重视对儿童的爱护和培养。各级团组织设少工部,学校配备少先队辅导员。各级妇联设妇女儿童维权中心,参加有关案件审理,及时提供法律援助。1990年,团市委建立青少年发展基金会,对因贫、病不能上学的儿童进行救助。此后,每年救济贫困学生200余名左右,资金5万元至10万元。区妇联自1994年实施"春蕾计划",至2007年,救助女童1280名,资金19.6万元。每年"六一"儿童节,许多部门和个人捐款、捐物赠与儿童。卫生和妇幼保健部门定期为儿童查体、打预防针、送防疫药。

第三节 见义勇为

新中国成立后,境内不断涌现出见义勇为、舍己救人的先进人物及感人事迹。1995年2月,东港区成立"见义勇为基金会"。1998年,区公安分局李伟、刘为平、高松亭3名干警在"10·26"案件中勇斗歹徒,受到区委、区政府和市委、市政府表彰。市委、市政府作出《关于开展向李伟等同志学习活动的决定》。1999年3月,李伟被公安部授予"全国优秀警察"称号。

2005年12月2日晚,涛雒镇栈子一村渔船船长高兴成率船返航途中,发现一渔船发生火灾,正在沉没。他果断指挥将船上5名船员救上自己的渔船后,又跳入冰冷的海水中救起另5名落水船员。他的事迹被新闻媒体报道后,受到广泛赞扬。

2006年4月2日,《东港区见义勇为人员奖励和保障实施细则》制订,对见义勇为者的奖励、保障、宣传、受理、确认、表彰等作出具体规定。2006年11月13日,东港区社会治安综合治理委员会决定,授予勇擒盗车歹徒的莒县城阳镇19岁青年陆佰星"东港区见义勇为先进个人"荣誉称号,并给予5000元现金奖励。2007年3月15日,授予追捕肇事逃逸车辆及犯罪嫌疑人的日照港(集团)员工田阳、邢新锋为"东港区见义勇为先进个人"称号,并分别给予2000元现金奖励。给予协助追逃的出租车驾驶员张守斌1000元现金奖励。

第四节 捐资助学

20世纪80年代始,捐资助学渐成风尚。区内企业家、企业单位多人、多次捐资办学、助学。

2001年,山东利华房地产开发公司董事长顾世山,捐款300万元,为西湖一中新建办公楼、实验楼各1座(建筑面积近5000平方米)。2007年,又捐资25余万元帮助兴建三庄镇范家楼小学。

2004年,日照五征集团董事长姜卫东,捐资30万元,为南湖镇下坳村建成小学1所。同年,日照东辰集团公司捐资30万元,建起陈疃东辰小学。

2005年,日照港务局建筑公司捐资130余万元,为三庄上卜落崮小学新建1600平方米的教学楼1座。日照城建集团与中央电视台《东方时空》栏目组共同捐资20万元,建起陈疃城建东方希望小学。

2006年,中国石油公司日照分公司捐资40万元为三庄大沈马小学新建1200平方米的教学楼1座。港商范祉安捐资30万元,为三庄范家楼小学新建1300平方米的教学楼1座。日照兴业集团董事长丁杰捐资40万元,为南湖空冲水小学、新星小学、战家村小学合并新建教学楼1座。

2007年,日照港建集团公司捐资300万元,建起三庄"港建希望小学"。

第五节 扶贫济困

新中国成立后,群众遇有天灾人祸,政府救济、邻里互助渐成风气。2004年12月,东港区成立慈善总会,并设立慈善超市和救助站。募捐善款坚持集中募捐和日常募捐相结合。其中,50%的善款用于自主开展救助项目,50%用于上下联动配套。集中募捐款项主要来源于每年5月开展的"慈心一日捐"、冬季开展的"送温暖、献爱心"等活动。善款主要用于"情暖万家""朝阳助学"

"夕阳扶老""爱心助残""康复助医"等五大救助工程与救助项目。2006年,全区救助病灾户410户、39万元;救助贫困教师64人、2.3万元。

2004年7月,区总工会成立困难职工救助中心。主要职责是:为生活困难的职工实施救助,为合法权益受到侵害的职工提供政策咨询法律援助,为下岗职工提供技术培训和职业介绍服务。"救助中心"成立时,筹措救助资金5万元。其中,市总工会拨款2万元 社会捐助3万元。之后,每年筹集10万余元,用于特困职工的生活、医疗救助。

2007年,全区开展区直部门帮扶困难户活动,75个部门帮扶268个困难户,共捐帮扶款50余万元。

第六节　拾金不昧

新中国成立后,境内拾金不昧的好人好事不断涌现。

1988年1月30日,丝山乡干部刘宁花拾到现金支票、存款折1.3万元,及时交还失主。1989年1月13日,涛雒镇侯家村侯世佩在村西拾到现金3.1万元,如数交还辽宁省盖县来日照购船失主。同年6月30日,市烟草公司王维勋、石为华、鲁守民3人在莒县捡到汇款支票6.6万元、现金100元及物品一宗,经多方查询,交还青岛市黄岛区农业生产资料公司。同年8月16日,丝山乡西碌碡沟村8岁男孩高强,拾到汇票2万元、现金173元,在公安部门协助下,与其母一起将票、款交还四川省万县电力公司失主。据公交、公安、教育等部门统计,2000—2007年,仅百元以上拾金不昧的好人好事就有60多人次。

第四章　精神文明建设管理

第一节　组织机构

改革开放前,精神文明建设由宣传部和文化局分管。

1982年,中共日照县委"建设社会主义精神文明领导小组"成立。1987年5月,原"日照市五讲四美三热爱活动委员会"改为"日照市精神文明建设协调委员会"。1990年2月,成立地级日照市精神文明建设委员会。1992年,成立日照市创建文明城市领导小组。1993年4月,成立东港区精神文明建设委员会,下设办公室,陶瑞安、张守兵先后任办公室主任。乡镇(街道)成立精神文明建设领导小组,区直各部门、单位均有专人分管精神文明建设工作。

第二节　规划实施

1981年3月,中共日照县委下发《关于进一步开展学雷锋树新风,建设社会主义精神文明的决定》,在全县开展规模宏大的学雷锋树新风活动和以"五讲四美"为主要内容的"文明礼貌月"活动。1982年2月,下发《关于深入开展五讲四美,搞好全民文明礼貌月的通知》,确定每年3月为文明礼貌月。1983年3月,组织开展评选"文明单位"和"文明村"活动。

1987年1月,中共日照市委制定《七五期间社会主义精神文明建设规划》;1990年5月,市委、市政府批转《日照市文明单位管理规定》;1991年6月,制定《日照市精神文明建设"八五"

图33-5　实验小学少先队员举行学雷锋签名活动
(摄于2004年)

规划》。

东港区建立后，先后制定并实施《文明单位建设条例》《东港区文明单位管理办法》《精神文明建设九五规划、十五规划》和《公民道德建设实施纲要》。2003年，区文明委制定印发《关于对文明单位实施量化考核、动态管理的意见》。2004年，印发《关于开展农村文明一条街建设活动的意见》和《关于2004年度城乡文明共建的通知》。2006年3月，印发《2006年全区精神文明建设工作要点》；5月，印发《关于在全区开展创建文明社区工作的实施意见(试行)》。

2007年3月，中共东港区委印发《关于建设农村街头(街心)公园的方案》；同月，区文明委制定印发《关于在全区开展"和谐创建大评比"活动的方案》；同年7月，印发《东港区创省级文明区工作实施方案》。

第三节　考核验收

1990年，中共日照市委、市政府对文明单位的建设标准、评选、命名、管理、奖惩办法等做出明确规定。2003年，区文明委根据文明单位创建、管理中出现的新变化、新特点，对文明单位管理办法进行修订。实施"分级管理、优升劣汰"，建立健全"目标管理制""跟踪督导制"和"创建档案制"等管理机制。全区文明单位考核管理工作更趋科学化、制度化、规范化。按照省文明委要求，将文明机关、文明村镇、文明社区的评选从文明单位评选中分离出来，制定百分考评管理办法。每年通过复查与考评对失去示范作用的文明单位、村，按年度最低10%的淘汰率实行淘汰。

1999—2007年东港区精神文明建设工作考核情况统计表

表33-2　　单位：个

年份＼变化＼称号	文明单位			文明村			文明机关		
	新增	复查合格	撤销注销	新增	复查合格	撤销注销	新增	复查合格	撤销注销
1999	84	340	42	—	—	—	—	—	—
2000	35	353	69	—	—	—	—	—	—
2001	36	345	35	—	—	—	—	—	—
2002	30	362	19	—	—	—	—	—	—
2003	56	333	28	—	—	—	—	—	—
2004	15	152	11	15	94	10	10	—	—
2005	15	155	5	24	100	8	10	10	—
2006	13	159	8	30	113	7	8	16	2
2007	13	165	5	28	121	17	5	19	—

附：2003年东港区文明单位百分制考评主要标准

一、班子素质好(10分)。领导班子高度重视精神文明建设工作，认真贯彻“两手抓、两手都要硬”的方针，做到三个文明(物质文明、精神文明、政治文明)一起部署、一起检查、一起考核、一起奖惩。有创建活动领导机构，并有明确的责任科室和人员。组织健全，班子团结，事业心强，群众威信高。

二、创建活动好(10分)。层层开展文明科室(班组)、文明职工、文明家庭及青年文明号、巾帼文明示范岗等群众性精神文明创建活动。有方案、有措施、有总结表彰，群众反映良好。

三、思想教育好(10分)。认真贯彻《公民道德建设实施纲要》，公民道德教育和实践活动扎实有效。层层落实思想政治工作责任制，群团组织健全，积极开展适合单位特点的文体活动，每年不少于4次。

四、廉政建设好(10分)。建立健全廉政建设的各项制度、规定，落实各项责任制，并认真组织实施。党员干部自觉遵守中央和省、市、区委关于廉政建设的有关规定，无违法违纪现象，在社会上具有良好形象。推行政务公开，并认真解决群众反映的热点难点问题，有措施，有记录。村风好、行风正。

五、公共秩序好(10分)。认真落实社会治安综合治理责任制，人防、物防、技防措施落实。社会治安秩序良好，群众普遍有安全感。无治安、刑事案件和责任事故发生，无黄、赌、毒等社会丑恶现象发生。

六、阵地建设好(10分)。有文体娱乐活动场所，并经常组织开展丰富多彩的活动。

七、绿化美化好(10分)。自觉做到“门前”三包“(包卫生、包绿化、包秩序)，门内达标”，认真搞好绿化、美化、亮化工作，做到“三季有花、四季常青”，基本达到“花园式”单位标准。

八、环境卫生好(10分)。严格执行卫生管理制度，划分卫生责任区，卫生防疫工作达标。住宅楼、区环境优美，管理规范有序，积极创建绿色社区、文明社区。农村村容村貌整洁美观，主要街道两旁无“三大堆”(粪堆、草堆、土石堆)现象。

九、移风易俗好(10分)。倡导文明、健康、科学的生活方式。坚持婚事新办、丧事简办，无大操大办、铺张浪费和封建迷信活动。模范执行计划生育国策，晚婚率、晚育率和计划生育率达标。

十、工作绩效好(10分)。除政策因素外无亏损，经济增长幅度或业务工作达到同级或同行业先进水平。诚实守信，依法经营，杜绝制售假冒伪劣产品行为。依法行政，服务优质、规范，工作效率高，服务意识强，群众评价高，在行评中位居上游。

有下列情况之一的，撤销文明单位荣誉称号：

一、领导班子不团结或成员中有违法违纪行为，受到党纪、政纪、法纪处理的；

二、因经营原因造成效益下滑幅度较大或亏损的；

三、制售假冒伪劣产品的；

四、发生重大安全责任事故，造成经济损失和人员伤亡的；

五、黄、赌、毒及封建迷信、婚丧事大操大办得不到有效制止的；

六、发生刑事案件或治安状况混乱的，信访责任制落实不好，年内发生群众集访、越级上访案件的；

七、单位领导不重视，邪教处置工作出现问题或年内没有完成教育转化责任目标的；

八、出现计划外生育，计划生育年度考核不达标的；

九、环境污染治理不达标，农村主要街道两旁有“三大堆”现象的；

十、文明创建活动领导不重视、不参与、工作无起色，社会各界意见较大，在行风评议中较差、倒数后三名的。

第三十四编

民　政

民政为历代重要政务，官府都专设掌管民政事务的官员和机构。明清时期，日照县衙设户房，掌管土地、户籍、文武税、赈济事宜。民国时期，县政府设民政科，主管民政事务。

1940—1956年的县人民政府设民政科。1965年起，设立民政局。抗日战争和解放战争时期，人民政府的民政工作主要是团结动员群众参军参战、支援前线和拥军优属等。新中国建立后，民政部门在优抚安置、救灾救济、社会福利、基层政权建设、婚姻登记管理、殡葬改革等诸多方面，为社会稳定、发展和精神文明、物质文明建设发挥着重要作用。

第一章　民政管理机构

清代县衙设户房。1933年初，民国县政府设一科，1935年，一科改名为民政科。

1940年3月，县抗日民主政府设民政科。

1949年10月至1962年，县人民政府设第二科为民政科。1962—1965年，县人民政府下设第三科为民政科。1965—1968年3月，县人民委员会设民政局。1968年，县革委会生产指挥部内务组取代民政局，1971年，恢复民政局。1982年1月，县人民政府设民政局。1940年3月—1958年5月，牟友民、阎香符、古敬安、赵凯、张静寰、郭益三、唐学斗先后任科长。1958年6月—1984年5月，唐学斗、孔兆滨、相振铭、杨润聪先后任民政局局长。相振铭、赵子悦先后任县级、地级市民政局局长。

1993年4月，东港区民政局组建。韩玉臣、韩敬亮、丁立华、侯元青、崔久军先后任局长。

2007年，区民政局内设办公室、优抚科等10个科室，另设老龄委办公室、婚姻登记处等5个事业单位。

第二章　村居社区管理

第一节　村民委员会选举

新中国建立后，村设村长和村会计。

人民公社建立后，农村一般按自然村设生产大队和生产队。生产大队设大队长、会计、保管，生产队设生产队长、会计、保管。1968年春，改生产大队为革命委员会，由主任、副主任和委员组成。

1982年春，生产大队革命委员会改称管理委员会。1984年，恢复村建制，设村民委员会(简称村委会)，设主任、副主任、委员等。

根据《中华人民共和国宪法》规定，村民委员会是“群众性的自治组织”。其成员由村民选举产生。任期为三年，届时要进行换届。至2007年，共进行九届村委会换届选举。

村委会换届选举

1984年秋，县政府在涛雒一村进行试点，按行政村设立村委会。后在全县823个村(不含原临沂行署石臼港办事处所辖的8乡1镇)建立第一届村民委员会。1987年上半年，完成第二届村委会换届选举，时称村委会改选。选举结果当场公布、生效，并报乡镇政府备案。第三届村委会换届选举于1990年3月初开始，5月上旬结束。1095个村(居)委会，有1071个完成换届选举。

第四届村委会换届选举于1993年5月3日开始，5月21日基本结束。全区1096个村居有1057个顺利换届，成功率达96.4%。新当选村委会成员4397人，兼职1296人，35岁以下的1714人，占39%。为建区后第一届村委会换届选举。

1996年，全区921个村居有905个进行第五届换届选举，共选出新一届村(居)委员会876个，换届率达98.3%，一次性换届成功率96.8%，村民参选率达95%以上，新当选村居委员会成员3697名。

村委会直选

前五届村委会选举中，候选人一般由村党支部酝酿提名，经乡镇党委审批后，再进行投票选举。自第六届村委会选举始采取直选。

1999年，依照村委会换届选举工作实施方案的规定，村委会换届选举，先民主推举村民换届选举委员会，由选举委员会主持换届选举。选举过程要做到选民登记、推荐候选人、选举办法、选举结果“四公开”。经选民海选出的候选人，要发表演说。选民投票实行差额选举。“投票选举时，可以在村民委员会候选人中一次投票选举出村民委员会主任、副主任和委员，也可以先选举出村民委员会成员，再由选民从其中选举主任、副主任。”投票结束后，开箱验票、清点选票，报告投票结果。核对无误后，公开进行唱票、计票。选举结束后，当选主任要发表任职演说。会后，将选举结果报上级机关备案。

1999年，全区921个村居有911个依法完成换届选举，占村居总数的98.9%，共选出第六届村居委员会841个，一次性换届成功率为92.3%，村民参选率达95%以上。新当选村居委员会成员2965名，其中党员2532名，占总数的85%，高中以上文化程度的1249名，占总数的42%，大专以上的105名，占4%。

2001年，全区进行第七届村委会换届选举工作。第七届村委会成员兼职率较高，在当选的2448名村委会成员中，党支部书记兼任村委会主任的493名，占63%；党支部成员兼任村委成员的1707名，占70%。已换届村委会有妇女干部的257个，党员村委会成员2102人，占86%，村委会职数减少，平均每村3职。

2004年，第八届村委会换届选举，全区按期换届率达99%，选民参选率达90%，共选举产生村委成员1539人，与党支部交叉任职的1306人，兼职率达80.6%；514个村实现了村党支部书记、村主任一人兼，占完成党支部换届村比率90%。村“两委”干部比换届前平均每村减少1.2职，压缩“两委”干部320名。

2007年，第九届村委会换届选举，全区共有584个村居，按期完成村两委换届的574个，占总村数的98.3%，“两委”成员交叉兼职的1259人，兼职率达83.7%。

第二节　民主政治建设

民主管理

1984年，村委会建立后，各村开始逐步制定《村规民约》。到1990年3月，第三届村委会换届选举之后，各村普遍制定、完善《村民自治章程》或《村规民约》。

1998年1月，全区919个村(居)分别制定《农村集体资产管理制度》《农村承包合同管理制度》《农民负担管理制度》《农村土地管理制度》《农村财务管理制度》等村务管理制度。1999年后，区民政局根据国家有关法规，认真调查《村民自治章程》和《村规民约》的落实情况，对不合法不规范的内容及时进行修订。

图34-1　河山镇村民委员会换届投票选举现场　　(摄于2007年)

民主决策

1997年，涛雒镇党委针对村务大事既要村民当家作主，又难以及时召开村民会议的现状，以向村民发“征求意见卡”的形式，探索制定出村务大事实行村民公决制度并在全镇试行。1999年5月，区委、区政府发文，在全区推广“村务大事公决制度”。

2006年2月28日，东港区作为全省的唯一代表，在全国村务公开民主管理工作暨全国村务公开民主管理工作示范单位命名表彰会议上，以《实行村民公决，实现还权于民》为题作典型经验交流。同年，东港区实行村务大事村民公决制度的做法，被写进中国——欧盟村务管理项目教材《村级决策规程》《山东省村民会议议事规则》《山东省村务公开条例》。

2007年6月，东港区村务公决制度获首届全国村务公开民主管理制度创新奖，成为山东省唯一获此殊荣的奖项。

民主监督

20世纪90年代前，主要通过黑板报、公开栏、监督箱等形式对村干部进行群众民主监督。1998年秋，涛雒镇探索实行“村民质询会议制度”。村民质询会议制度是通过召开由村干部和村民代表或有关村民参加的会议，由村民提问题，村干部现场解答。村民质询会议上，干部、村民都要坚持实事求是、有利于团结、符合党的政策和客观公正的原则。1999年，在全区、全市推广涛雒镇实行村民质询会议制度的经验。

2004年12月，两城镇将村务公开监督小组、民主理财小组、村民代表议事会等组织职能进行整合，设立村务参议监督委员会。全面履行会议、监督、理财、协调等四项职责。

2005年8月10日，两城镇在全省村务公开民主管理工作现场交流会上做经验介绍。8月30日，全国村务公开民主管理工作协调小组办公室专门印发了东港区这一经验，向全国推广。《人民日报》、中央电视台《半月谈》等报刊分别做了报道。

第三节　社区管理

社区建设

2004年，东港区成立社区建设办公室，为副科级事业单位，编制4人，办公地点设在区民政局。就社区规模、名称、服务项目、人员配备等社区工作，在石臼街道林海社区、日照街道昭阳社区、秦楼街道阳光社区进行试点。同年12月，3个社区挂牌对外办公。

2005年10月14日，召开社区建设动员大会。同年12月有3个街道32个村更名为社区。2006年，在3个街道新成立城市社区22个。同年，日照街道和石臼街道林海社区分别被评为全省社区建设示范街道、示范社区。

2007年4月，区委、区政府选聘40余名社区工作人员。

社区命名

2007年，市区共建成社区54个。其中，村居改建社区32个，纯城市社区22个。

图34-2　万平社区一角　　(摄于2007年10月)

2006年东港区新建社区情况表

表34-1

街　道	名　称	社　区　位　置
日照街道	昭阳社区	西至昭阳路、东至萃阳路、南至兴海路、北至云海路
	凌云社区	西至香店河、东至昭阳路、南至兴海路、北至海曲路
	芙蓉社区	东至香店河、西至荟阳路、南至济南路、北至望海路
	金阳社区	西至丹阳路、东至日照路、南至海曲路、北至海安路
	天德社区	西至丹阳路、东至日照路、南至山东路、北至营子河
	凯莱社区	西至昭阳路、东至滕家村西路、南至海曲路、北至山东路
	荣华社区	西至高速路引线、东至兴合路、南至兴海路、北至海曲路
	萃园社区	西至香店河、东至兖州路、南至铁路、北至兴海路
	兴阳社区	西至正阳路、东至崮子河路、南至铁路、北至福海路

续表 34-1

街道	名称	社区位置
石臼街道	林海社区	西至北京路、东至海滨五路、南至黄海一路、北至黄海二路
	阳光社区	西至北京路、东至海滨五路文登路、南至黄海二路、北至黄海三路
	望海社区	西至文登路、东至青岛路、南至海曲东路、北至泰安路
	祥博社区	西至北京路、东至海滨五路、南至连云港路、北至天津路
	荣安社区	西至海滨五路、东至海滨三路、南至黄海一路、北至黄海二路
	华林社区	西至北京路、东至海滨五路、南至天津路、北至黄海一路
	港欣社区	西至海滨三路、东至海滨二路、南至黄海一路、北至黄海二路
	港盛社区	西至北京路、东至港二区东墙、南至连云港路、北至天津路
	港荣社区	西至威海路、东至文登路、南至海曲东路、北至港务局三区北墙
秦楼街道	泰安路社区	西至北京路、东至烟台路、南至海曲路、北至淄博路
	祥园社区	西至威海路、东至文登路、南至港务局三区北墙、北至泰安路
	城建花园社区	西至威海路、东至文登路、南至泰安路、北至淄博路
	银河社区	西至菏泽路、东至枣庄路、南至淄博路、北至济南路

2005年东港区更名社区情况表

表 34-2

街道	原名称	更名	街道	原名称	更名
日照街道	海安路居	海安社区	石臼街道	振兴路居委	振兴社区
	东关北路居	东关北社区		新港路居委	隆华社区
	文化村	文化社区		海滨四路居委	鑫鑫社区
	日照南路居	日升社区		海滨三路居委	宏达社区
	长青街居	丹阳社区		黄海一路居委	东方社区
	文华街居	文芸社区		海滨一路居委	明阳社区
	利民街居	利民社区		海港路居委	顺达社区
	兴安街居	兴安社区		观海路居委	观海社区
	东关南路居	东关南社区		海滨二路居委	中盛社区
	兴海路居	兴海社区		文化路居委	华丰社区
	正阳路居	正阳社区		石臼路居委	石臼路社区
	营子街居	营子社区		黄海二路居委	万平社区
	日照北路居	北关社区		黄海三路居委	怡海社区
	迟家村	佳恒社区			
秦楼街道	北京路营子居	北京路营子社区			
	沟南村	文登路社区			
	东明望村	东明望社区			
	西明望村	西明望社区			
	高家村	海曲东路社区			

第三章 优抚

第一节 拥军优属

拥军

抗日战争时期，境内一些较大的村庄和集镇组织宣传队或剧团，到人民军队慰问演出。1946年春，中共日照县委发动拥军高潮，各村成立拥军委员会，订立拥军条约，优待军属和荣誉军人。解放战争时期，日照县人民为部队碾米、磨面、送慰问品、做拥军鞋、给烈属军属代耕，涌现出很多拥军优属模范。

新中国成立后，每逢八一建军节、国庆节、春节，县主要领导人带队慰问日照驻军官兵。1951年春，为支援抗美援朝运动，全县为志愿军捐款19.98万元，送慰问袋3000余个，寄慰问信1万余封。1986年春节期间，群众写慰问信1万余封，绘画买画5千余张，捐花生米1.6吨、虾米83千克，做鞋垫3600双，买毛巾1千条，捐款6000元，其他物品折款2.5万元，寄往云南前线，慰问指战员。

图34-3 建军节驻军营区收到慰问食品 （摄于2006年7月）

建区后，每逢八一建军节等重大节日，区委、区政府都组织开展拥军优属活动。1999年始，每年6月份南京军区、济南军区某部奉命到东港区进行海上训练，当地群众主动让出海边“黄金段”沙滩2万平方米，供部队训练使用。每年腾出房屋8000余间，楼房3万多平方米，供海训部队宿营。区领导带领部分区直部门负责人携带慰问品进行走访，每年资金支出约40万元。每个区级领导都确定一个驻军单位作为自己的联系点，定期到部队过“军事日”。区制定双拥文件20多份，军地领导一起参加双拥活动100多次，解决双拥工作重点、难点问题200多个，为驻军部队送科技书约1万余册、电脑30多台。

优属

每逢春节，政府向全县优抚对象发慰问信、年画，组织部分部门负责人带上慰问品走访慰问重点优抚对象。各乡镇组织干部带着慰问品和现金，对孤老优抚对象和军属逐户走访慰问。利用各种形式召开座谈会，安排孤老优抚对象到敬老院安度晚年。各村组织人员带着慰问品，慰问优抚对象，为他们挂光荣灯、光荣匾和光荣牌。1965年春节，三庄、石臼等10个区为优抚对象送小麦10.59吨，猪肉4.5吨，鲜鱼1.63吨，粉条1.86吨，蔬菜0.95吨，柴草51.62吨，现金5480元，资助1789户优抚对象过好春节。

1983年冬，县政府召开全县拥军优属先进集体和先进个人表彰大会。1995年起，区双拥办公室建立活动月制度。区委、区政府确立每年1月份为“拥军优属活动月”，3月份为“军民共学雷锋月”，6月份为“助民劳动活动月”，8月份为“双拥活动月”。东港区在1995年、1999年、2003年连续3次被省委、省政府、省军区命名为“全省双拥模范区”。

第二节 优待

1940年3月，县抗日民主政府对革命烈士家属、革命军人家属、革命残废军人和复员军人的生活实行优待照顾。组织群众帮助耕种土地和收割庄稼，组织青年、民兵和妇女为孤老烈属、单身残废军人和复员军人料理家务。对困难严重者，政府给予粮草钱款补助。1941年，优待抗日军属636户，粮食18.97吨，款439.4元(北海币)，草782.5吨。

1956年前，优待形式分为定工代耕和固定代耕两种。对缺乏劳力的实行定工代耕，对完全丧失劳动能力的实行固定代耕。1950年，全县对烈、军、工属全部实行代耕。享受代耕家庭共1.34万户、6.54万人，代耕地248.4公顷。

1957年，由代耕改为优待劳动工日参加集体分配。1964年，全县统一实行“定工劳动，定工补助”为内容的优待办法。当年，全县共优待烈士家属、士兵家属、军官家属、残废军人、退伍老红军、复员军人、退伍义务兵3100户，1.95万人，优待劳动工日67.85万个。

农村实行家庭联产承包责任制后，多数村采取粮款定额优待办法。1982年起，对烈属和义务兵家属普遍实行优待。1986年始，实行群众优待由村统筹支付改为乡镇统筹办法。1991年起，对城镇户口义务兵家属实行从在职干部职工中统筹支付。每个统筹点依据各自辖区内国家机关、企事业单位中干部、职工人数，按每人上年度工资总额的2%从个人工资中扣除。

2001年每个农村义务兵家属优待金为1917元，2004年为2500元。农村优抚对象年度优待金平均800元。2003年，对在部队服役期间获得大军区以上单位授予的荣誉称号者，增发优待金40%；荣立一等功的增发优待金30%；二等功的增发优待金20%；三等功的增发优待金10%；优秀士兵增发优待金5%。2007年，全区共有优抚对象3159人，其中烈属户274人，伤残军人910人，复员军人1810人，带病回乡退伍军人165人，共支付优待金220万元。

第三节　抚恤补助

抚恤

一次性抚恤　革命战争年代，对牺牲、病故革命军人和革命工作人员实行一次性抚恤。1949年8月，县人民政府遵照山东省人民政府对革命烈士抚恤标准，对革命军人发放牺牲抚恤粮：班长、战士级小米600斤，排、连、营级小米800斤，团级小米1000斤。1950年12月，对革命军人、革命工作人员牺牲、病故的，参战民兵民工牺牲的，发给一次抚恤金(粮)。抚恤分牺牲、病故两类，按生前职级各分为5个等级。之后，抚恤标准多次调整、提高。

1980年，日照县政府按民政部、财政部规定，将一次性抚恤、病故抚恤金，由牺牲、病故两类改为革命烈士抚恤、因公牺牲抚恤、病故抚恤三大类，于1984、1985、2003、2004、2005、2006年6次提高革命烈士的抚恤标准。

1980年9月3日起，对1950年12月11日内务部公布《革命军人牺牲、病故褒扬暂行条例》以前牺牲、病故的，一律不再补发一次性抚恤金。1989年，取消病故一次性抚恤金最高金额不得超过3000元的限制。

2004年10月1日，对被批准为革命烈士并获得荣誉称号的，其遗属在享受一次性抚恤金基础上，按荣誉等级增发一次性抚恤金。获得中央军委授予荣誉称号的增发35%，获得军队军区级单位荣誉称号的增发30%，荣立一等功的增发25%，二等功的增发15%，三等功的增发5%，对多次荣获称号的按最高等级增发。

定期抚恤　对革命烈士、因公牺牲、病故军人家属，从1985年1月1日起，实行定期抚恤。1989年3月，对定期抚恤标准进行调整。2003、2004、2006年，根据民政部、财政部规定，东港区政府多次调整优抚对象抚恤补助金。

残疾抚恤　战争年代和社会主义建设时期，因战、因公负伤致残的革命军人、民兵、民工和国家工作人员，经个人申请、医疗鉴定、军队或民政部门审查并评定残疾等级后，可终身享受国家抚恤。

1943年，残废分4个等级：一等300元(北海币，下同)，二等200元，三等100元，四等50元。1946年，取消第四等级，一等120斤猪肉，二等75斤，三等35斤，按当地猪肉价格折成现金发放。1950年，统一残疾军人的评残条件、等级、证件和抚恤优待标准。残疾等级分为四等六级。根据残废人员有无固定收入情况，分成在职与在乡两大类。1952年1月第一次评残，为全县1015名残废军人进行检评，有102人被评掉残废等级，912人换发新证。1962年第二次评残，为1073名残废人员调整等级并换发新证。其中，15人上调，17人下调。1963年进行第三次换证调残。1981年，有1372名残废人员换发新证。

长期抚恤　1965年，在乡三等残废人员残疾补助费发放，由一次性抚恤改为长期抚恤。革命伤残人员除能享受永久性抚恤外，还能享受其他方面照顾，凭残疾证乘座车、船、浏览公园等按半价购票。1952年起，对在乡二等乙级(六级)以上残疾人员医疗费，国家实行公费医疗实报实销。1979年，对在乡残废人员发给副食品补贴。1980年，对在乡特等和一等残废人员，按党政干部标准供应粮油。9月开始，对生活不能自理的，每人每月发给护理费35元。1984年，特等、一等残废人员家属全部由农业户口转为非农业户口。1985年，残废人员生活补贴得到提高。1989年，全市残疾人员共有1153名。

2001年，特等、一等护理费标准为：因战、因公特等革命伤残人员为上年度当地社会平均工资的50%；因战、因公一等革命伤残人员为上年度当地社会平均工资的40%；因病伤残人员为上年度当地社会平均工资的30%。2003年，东港区因战、因公特等革命伤残人员护理费每人每年为5000元；因战、因公的一等革命伤残人员每人每年4000元；因病一等革命伤残人员每人每年3000元。

2004年，取消"在职"和"在乡"伤残抚恤，全部统一标准发放。分因战、因公、因病三种性质，将原《条例》四等六级整改为十级，取消原四等六级。2004年后，残疾军人按照属地原则参加城镇职工基本医疗保险并参照国家公务员医疗补助办法享受医疗补助。就业残疾军人基本医疗保险费由用人单位和残疾军人共同缴纳。革命残疾军人因伤残需要配备三轮车、安装假肢、护理腰带、鞋等辅助器械的可申请备案，由民政部门批准解决。

国家补助

国家给优抚对象的补助包括定量补助和临时补助两种形式。

定期定量补助　1950年，县人民政府对生活极端困难的烈军属按月发放实物。1953年，确定补助对象主要是孤老烈属(包括病故、失踪军人家属)、烈士遗孤。1户1人的每月补助2～3元，2人的补助3～5元，对每户3～4人的烈属和年老病弱复员军人，只做个别照顾。1956年，全县优抚对象补助款为11.95万元。1960年，扩大定补范围，提高补助标准：在农村的烈属每人每月补助3～4元，3人以上的户，最高不超过8元，在城镇的每人每月10～15元。三等残废军人、年老病弱复员军人，在农村的每人每月不超过5元，在城镇的每人每月7～10元。当年发放补助款10.89万元。1979年，对全县定补对象进行全面复查，对标准低的作了调整。对老烈属和抗日战争时期入伍老复员军人全部予以定补，对孤老烈属、烈士遗孤和抗日战争时期入伍军龄在5年以上的排职干部的老复员军人，在云南边防保卫战中牺牲的烈士家属，享受最高补助标准，每人每月10元。当年发放补助款51.6万元。1986年，对定补标准进行调整，在农村的每人每月补助20元，非农业人员补助25元。抗日战争时期入伍，军龄满6年不满10年的在乡复员军人月补17元，非农业人员22元。抗日战争时期入伍不满6年的、解放战争时期入伍军龄不满10年的、新中国成立后入伍军龄满2年的在乡复员军人，每人每月补助15元，非农业人员20元。新中国成立后入伍，军龄不满2年的在乡复员军人，每人每月补助15元，非农业人员17元。定补面扩大为：凡1954年10月31日前入伍的复员军人，全部享受定期定量补助。提高定补标准从1986年7月1日施行，扩大定补面从1987年1月1日起施行。1989年，全市优拥对象补助款为232.1万元。

2003年1月，区复员军人、烈属定期定量补助提高到每人每月115～125元。享受定期补助复员军人1810人，烈属213人。

2005年10月起，重点优抚对象抚恤定补款大幅度提高。抗日时期老复员军人每人每年增发1000元，解放时期复员军人每人每年增发500元，烈属城镇户口的每人每年增发1140元，农村户口的每人每年增发300元。2006年，优抚对象的抚恤金定补款再次上调，在乡复员军人每年每人再增发240元。其中抗日战争时期入伍的在乡老复员军人生活补助标准每人每年不低于2560元，其他时期入伍的在乡老复员军人生活补助标准每人每年不低于2060元，带病回乡的退伍军人每人每年生活补助标准不低于840元。城镇户口烈属每人每年增发780元，农村户口烈属增发480元，六级伤残军人因战的抚恤金每年5820元，因公5460元。

临时补助　对有困难的优抚对象，每年都给

予不定量临时补助。1951年，全县发放临时补助粮食29.32万千克、棉衣350套。生活补助金6.9万元，耕牛709头、猪13400头、羊506只，胶轮车263辆、喷雾器150架、双铧犁180部、7寸步犁131部、锨500张、镢500张、豆饼2.45万千克、果树苗3万棵、渔网大纲72条。每年对抚恤对象发放大批救济款，解决治病、修房和生产生活方面的困难。1950—1954年，发放优抚救济款22.96万元。其中，房屋修缮10.5万元，治病5万元。

中共十一届三中全会后，优抚对象衣食问题基本解决。临时补助重点用于解决他们无房、严重缺房和治病方面的困难。1978—1989年，全市发放临时补助款129.8万元。

2003年，对重点优抚对象医疗实行每年定额补助。七级伤残军人年补80元，烈属年补150元，抗日复员军人年补100元，解放时期老复员军人年补80元，抗美援朝时期老复员军人年补60元。对大病住院实行500元以内自理，500～3000元政府报销20%，3000～5000元报25%，5000元以上报30%，对个别生活特困难的政府再给予帮助照顾。

2007年8月起，优抚对象享受医疗保障待遇，按照属地原则参加相应的城镇职工基本医疗保险、城镇居民基本医疗保险和新型农村合作医疗。

第四节　烈士褒扬

革命战争年代至1989年，境内有2530名优秀儿女为革命事业而牺牲。其中，第一次国内革命战争时期2人，第二次国内革命战争时期139人(外籍2人)，抗日战争时期744人，解放战争时期1303人，抗美援朝时期208人，社会主义建设时期134人。至2007年，东港区有革命烈士1292人。党和政府为褒扬革命烈士，教育人民，修建烈士陵园和革命烈士纪念馆，编写《革命烈士英名录》和《日照英烈》。

陵园建设

日照烈士陵园坐落于海曲西路南侧，始建于1945年冬。占地2.87公顷，1982年和1997年进行两次扩建。陵园大门为仿古四柱三楼牌式建筑，园内建有抗日烈士纪念塔、革命烈士纪念馆、日照暴动纪念馆等。

1945年冬，全县各界捐款70余万元，在烈士陵园内修建日照县抗日烈士纪念塔，次年6月落成。塔高11.17米，在顶端石制地球模型上挺立一尊1.86米高的八路军战士戎装石雕像。

图34-4　日照烈士陵园北大门　　(摄于2005年)

塔顶四面石匾上刻有陈毅等领导人题词，陈毅的题词是："民主已经实现，鲜血不曾白流"。黎玉的题词是："要同山东人民在一起，为完成战友们遗志而奋斗到底"。塔正面镌刻着"日照县抗日烈士纪念塔"10个大字。背面镌刻日照县县长辛明、县委书记牟景途撰写的碑文《悼日照抗日烈士》。东西两侧刻着1932年日照暴动和抗日战争中牺牲的840位革命烈士英名。1947年，国民党军队进犯日照城，烈士塔遭劫，致使塔体和石雕像满布弹痕。为恢复其原貌，县人民政府于1954年重修，弥补残缺，添筑水溜、花墙、石柱和栏杆。刻文纪念："流血换得今日，一切为了人民。"

革命烈士纪念堂位于烈士塔北侧，1980年10月建成。一楼存有大量历史资料、图表、照片及许多珍贵的革命文物，再现共产党领导日照人民进行革命斗争历史。二楼为烈士事迹陈列室。正厅两侧屏风上铭记着烈士的英名。馆内陈列着尹景伊、郑培明、安哲、郑天九、李平章、郑培埴、卢迪、范景蘧、贾正远、邱正良、钟家全、董振彩、王新民、郑世东、罗仲选、郑勇、惠恒智、徐坦、尹仲岩、苗仲云、张茂贵、牟敦康、徐明敦、徐子芳、于月杰等25位烈士事迹简介。

日照暴动纪念馆与革命烈士纪念馆相连，馆内以翔实的史料再现1932年秋中共日照中心县委发动和领导震惊全国的武装暴动的壮烈场景。

1990年，日照革命烈士陵园被山东省人民政府确定为省级重点烈士纪念建筑物保护单位。先后被省委宣传部命名为爱国主义教育基地，被省国防教育委员会授予“国防教育基地先进单位”称号。建区后，民政部门对革命烈士人数进行统计、登记造册。经调查统计，全区有烈士1113人（未含日照经济开发区），其中葬在市烈士陵园的有65人，散葬的有1048人。全区每逢重大节日，清明节，区双拥领导小组都下发通知，组织人民群众、机关干部、学校师生等祭扫烈士陵墓，瞻仰烈士碑、塔、馆等，教育后人，激发爱国主义热情，让烈士英名永载史册，永昭天下。

编制《日照县革命烈士英名录》和《日照英烈》

1979年，县民政局组织人员，编辑《日照县革命烈士英名录》。载入英名录的烈士共2525名。其中，著名烈士205名，荣获模范称号1人，战斗英雄2人，立大功3人，立一等功13人，立二等功21人，团级以上干部16人。1987年，编写《日照英烈》系列丛书第一辑。记载壮烈牺牲的尹景伊烈士、中共日照县委第一任书记安哲以及革命先驱郑天九等英雄事迹。

第四章　支前

第一节　支前参战

1940年9月，为配合八路军对日军发起的“百团大战”，山东纵队所属鲁东南部队于9月5日开始，攻克大店、碑廓、沈疃等日伪据点。日照民兵配合作战，将泰石公路日照至莒县段路面和3个日伪据点设施破坏殆尽，砍倒沿途所有电线杆。1942年的三次甲子山战役和1944年初石沟崖战斗中，出动大批民兵、民工支前参战，运输弹药粮草，抢救伤员，押送俘虏，监视封锁敌人。

1949年2月，全县抽掉500名精干民工，编为华东子弟兵团十六团二营，组织150名民工，232名船员，带帆船56艘，随三野部队渡江作战，先后参加松、沪、杭、福州、厦门等战役，历时10个月。选派84名干部随军南下开辟江南新解放区。

第二节　重大战役支前

解放战争时期，中共日照县委成立支前指挥部，并由主要负责人带队全力支援前线。支前民工实行常备民工制。凡20～45岁男子均为常备民工，18～19岁和46～50岁男子均为短期民工。各村除留1～2名主要干部主持工作外，大部分干部和青壮年都被列入支前民工名单。

1946年12月7日，由县长刘鸿若和邱大江带领首批民工7400余人组成民工大队和担架团，随鲁中八师、华野六纵，转战郯城、枣庄、苍山等地。1947年1月，为支援鲁南战役，全县捐款1205元(北海币)，粮食210万斤，铜铁折价400万元(北海币)，做军鞋3.32万双。同年4月23日，县评功委员会授予傅疃村模范抗属范大娘“人民的母亲”光荣称号。

1947年，为粉碎国民党军队对山东解放区重点进攻，全县出动民工8.56万人(次)，其中子弟兵团4480人(次)，动用小车1.35万辆、担架6252副、毛驴2000头，支援莱芜和孟良崮等战役。在莱芜战役中，沈疃区二中队指导员潘维岭和通讯员张国福在吐丝口以南前山阳村活捉国民党溃军200多名。潘维岭被评为特等功臣，荣获滨海军区银质奖章，张国福荣立一等功。同年6月27日，支援孟良崮战役的日照担架总队受到滨海支前司令部通令嘉奖，南湖大队被授予“模范担架大队”光荣称号，河山、太平、三庄等7个大队均记大功1次。1947年7月，参加鲁中大会战的日照县小车运输支队受到滨海支前司令部通令嘉奖，被授予“模范运输队”光荣称号。

1948年11月，为支援淮海战役，日照派出子弟兵团2266人(次)，长期民工53124人(次)，短期民工38600人(次)，担架2182副，小车9192辆，圆满完成任务。11月17日，鲁中南支前指挥部要日照加工小米300万斤，限18天送到前线。全县男女老少日夜加工，随后出动小车4892辆，按时送到前线。当月,支援淮海战役首批民工在总团长王智民、政委胡润五带领下,组织担架1200副、小车3000辆、挑担1000副,日夜兼程,奔赴前线。第四担架连表现十分顽强,仅一次战斗中就运送弹药4000箱,抢救伤员几百人,荣获“钢铁担架连”称号。

为保证过往民工食宿,在县内交通要道设立14个民工接待站。1948年11月底,城关民工站一夜接待民工6738人。

1949年上半年,为支援解放军渡江作战,组织精干民工直接参战,组织大批民工和船只,支援前线。10月至次年春,派出民工400余人,动用40余艘船组成海上运输队,支援解放舟山群岛。其中一只船被敌机炸沉,民工大队长庄仲宣与民工匡玉谭牺牲。

整个解放战争期间,占百分之七八十的日照青壮年常年支前在外,妇女、儿童、老人在后方坚持生产,磨面、碾米、做军鞋供应前线。妇女们接过村里管理工作,喊出“男人支前,妇女当家”的口号。据城关区26个村统计,妇女中有20人任村长,22人为村政委员,59人任闾长。河山、太平两区,55个村由妇女任村长,33个村由妇女任公安员。

第五章　安置

第一节　复退军人安置

复员军人安置

新中国成立前到1961年,全县共接收志愿兵复员军人6365人。其中,有850人被安排在国家机关、企事业单位工作,有5515人回乡参加农业生产。新中国成立初、土改前回农村的复员军人分得土地和房屋。土改后回乡的,则组织他们参加互助组、农业生产合作社劳动,扶持他们发展副业生产,增加家庭收入。对住房有困难的,国家扶持一部分资金,村里帮工帮料解决。这一时期的复员军人大部分是在抗日战争、解放战争中入伍的,年龄普遍偏大、未婚,人民政府帮助他们牵线搭桥成家立业。生产生活中有困难的,由政府尽力帮助解决。对带病回乡的,享受群众优待和定期定量补助,在生产上给以支持帮扶。复员军人生活困难、疾病治疗所需费用,从社会救济金中给予补助。

1983—1989年,共接收志愿兵复员军人764人,全部妥善安排到国家机关和企事业单位。1995—2007年,共接收安置到机关事业单位的复员志愿兵184人。

退伍军人安置

1955年,实行义务兵役制。1958年,开始接受安置退伍义务兵。1958—1989年,共接收2.17万人。其中,从机关、企事业单位入伍的和原系非农业户口而无固定职业的1160人,均安排工作。境内90%以上退伍军人来自农村,安置工作重点也在农村。在义务兵退伍之前,安置部门每年都要对服役期满义务兵住房、婚姻、家庭经济收入等情况进行调查摸底。

农村人民公社体制时期,安置原则主要是保证他们吃、住和就业。从其退伍后第二个月起,口粮从所在生产大队储备粮中分给。无粮村则由国家粮食部门供应,直到夏粮分配为止。对严重缺房或无房的,采取个人、集体、国家三方共同出资的办法解决。对带病回乡的,生产队照顾他们参加力所能及劳动。每次国家招收工人,县里都留出专项指标,予以优先照顾。

实行承包责任制后,安置工作重点转向扶持他们发展生产、勤劳致富,在化肥、良种供应和贷款方面优先照顾。注重开发利用军地两用人才,根据他们特长,安排合适工作。每年军地两用人才开发利用率均在85%以上。据1989年统计,有3200名退伍军人已成为农村专业户,有1021人被选为村委会主任或村党支部书记。

2001年,对于符合安置工作条件的退役士兵,转业士官满10年的发给3万元、退伍义务兵满2年的发给1.5万元经济补助金,在此基础上,每超一年增加1000元。2004年5月,对退役士兵安置工作采取考试与考核相结合方式,实行公开安置。建区后至2007年,全区共接收退役士兵4300人,符合安置条件的1320人。区内安置

1177 人，其中行政事业单位 169 人，企业单位 1008 人。同时，接收农村籍退役士兵 2980 人，开发军地两用人才 763 人。

第二节　军队离退休干部安置

1954 年，开始接收抗日战争时期入伍的排职以上供养干部，帮助他们解决住房、家属就业和子女入学等问题。1958 — 1989 年，共接收安置部队离退休干部 89 名，其中，集中安置 69 人，回原籍居住的 20 人。

1984 年，日照县在老城区营子河北建成军队离退休干部休养所，总建筑面积 2756 平方米，为双层式楼房，共 41 套。团职干部住 70 平方米，营职以下 52 平方米。军休所设有阅览室、游艺室、门球场以及其他文体活动器材。东港区的部队离退休干部全部由市民政局负责安置到干休所。

第六章　救灾　救济

第一节　灾难救助

减赋救灾

自古以来，官府承担减赋救灾的主要责任。晚清时期，救灾的主要办法：一是减、缓、免田赋。受灾农户应纳田赋额"作为十分，按灾情蠲"，受灾十分的免田赋十分之七，九分的免十分之六，八分的免十分之四，七分的免十分之二，六分、五分的免十分之一，未免部分缓征。受灾十分、九分、八分的，分作三年征收。受灾七分、六分、五分的，分作两年征收。受灾五分以下不成灾的，缓至第二年麦熟后征收。清咸丰元年(1851 年)九月四日，清廷豁免日照县道光二十九年(1850 年)民欠银米。清同治六年(1867 年)，清廷缓征涛雒盐场被潮额赋。二是仓储粮廪，荒年赈济。采取谷赈、工赈、煮赈、士商捐赈等 4 种赈济办法。三是停免商贩向灾区贩粮的厘税。同治六年(1867 年)和光绪二年(1876 年)境内两次大饥荒，谷价暴涨，由海上运粮船概不加税，运者日多，谷价得到平抑。四是遣送、安置外流灾民。

民国时期，遇有大灾荒，国民政府赈灾机关酌情调拨粮款，进行急赈。1928 年，济南赈务公会主任周仁寿汇银 4000 元，赈济瓦屋被劫村庄，续发红粮 500 袋，又代请直鲁赈灾会发银 1.74 万元。7 月 25 日发大水，世界红十字会济南分会发赈灾粮 1000 袋，赈票 80 册，赈银 2000 元，施放全县灾区。1929 年，周仁寿施放面粉 4000 袋。1947 年 9 月，中国农民银行贷给山东 1 亿元(法币)，分配给日照，用于灾民购买种子、肥料、农具、粮食和房屋修缮。

抗日战争时期和解放战争时期，遇有灾荒，民主政府拨粮拨款，组织群众开展生产自救。1945 年 5 月，抗日民主政府拨粮 4.25 万斤、衣服 300 余件及大宗北海币救济遭日伪军烧杀抢掠的困难民众。1947 年夏秋，日照全县连遭水灾，国民党军队占据石臼所，四处掠夺，次年春荒加剧，70% 的户青黄不接，沿海有 2 万余户、9 万余人断炊。滨海行署派出工作组，带大批物资到日照县帮助生产救灾。县政府为 409 个村、1.09 万户发放农业贷款，为 38 个村、1852 户发放盐业贷款，各项贷款总额 2.6 万余元(北海币)。贷出粮食 135.161 吨，各种农具 4313 件，发放菜种 1.0125 吨、玉米种 17.6 吨、黄豆种 56 吨，帮助渔民修船 547 只，补网 4548 条。

新中国成立后，党和政府在救灾工作中，变单纯补救为积极引导，组织灾民发展生产，治穷致富，稳度灾荒。1950 年，以"生产自救、节约渡荒、群众互助、以工代赈，并辅之以必要的救济"为救灾工作方针。1950 年春荒，县政府发放救济粮 11 万斤。同年 4 月，境内遭受暴风雨袭击，政府发放救济粮 27.1 万斤，优抚救济粮 37.9 万斤，贷出粮食 20 万斤及大批渔业贷款。1953 年始，县政府先后成立生产救灾委员会、生产救灾指挥部、生产救灾办公室等机构，确定由民政部门负责掌握灾情，发放救灾款。同年，春旱秋涝，境内有 14897 户断粮，2553 户、9137 人外出逃荒。县政府组织灾民搞运输、打草鞋、编蒲包、做豆腐，生产自救收入近 20 万元(旧人民币)。国家发放救济款 33 万元(旧人民币)。

1957 年，春荒严重。县供销社购进芦苇 30 吨、毛竹 3000 余根，扶持灾民搞副业加工，为灾民推销蒲包 3.6 万个、苇席 1 万余张、蓑衣 1.5 万件、蒲扇 3000 余把、草鞋 6000 余双及其他手工艺产品，共收入 100 万元。1958 年，县商业和供销部门将 100 万元的产品定金和加工费，预先付给灾民，扶持他们生产自救。

1960 — 1962 年困难时期，农民人均口粮 139 千克。因饥饿患水肿病的达 1.3 万余人。县区组织工作组深入到社队发动生产自救。发动 808 个尚有余粮的生产大队向灾区平价卖救灾粮 1510 吨，群众捐粮 116.5 吨、干菜 75 吨，支援灾民。1962 年，以沿海地区为重点，发动群众增种蔬菜 333.33 公顷，实行“低标准、瓜菜代”。在政府和集体帮助下，度过灾荒。

1975 年 8 月中旬，境内遭受新中国成立以来最大的一次洪涝灾害，全县有 28 个大队、3700 户、1.88 万人被洪水包围。境内军民积极投入抗洪救灾斗争。驻军出动大批汽车、橡皮船和快艇，全力抢救人民生命财产。石臼公社组织 21 只海带船，1 艘机帆船，溯河而上到奎山公社抢救被洪水围困群众。涛雒公社右所大队书记带领百人抢险队，将被洪水包围的东川子大队受灾群众接到本村。南湖公社代疃大队村内水深 1 米多，邻村官家岭、三合疃、共和疃干部群众连续奋战 15 个小时，抢出麦种 5000 多千克，使受灾群众全部脱险。8 月 14 日凌晨 3 时，西湖公社农技站技术员滕春彩、公社干事秦嗣芳、经费会计孙家坡奉命冒雨去大石头管区组织救灾工作，不幸被洪水冲走，献出宝贵生命。灾后，县委组织县直机关干部百余人，各公社抽调 800 余人组成工作组，深入灾区领导抗灾，中共临沂地委派出救灾工作组和医疗队，解放军 9612 部队、146 医院及县医疗卫生部门，组成医疗队巡回为灾民治病。

1983 年后，救灾主要方式是抢救安置、以工代赈、生产自救、互助互济、国家救济等。

1993 年 11 月 5 日— 12 日，东港区遭受大雨袭击，省政府下拨救灾款 20 万元，化肥 300 吨、柴油 300 吨救助灾民。

1997 年，全区发放救济款 163 万元，救济粮 225 吨、柴油 200 吨、化肥 200 吨，救济 10300 户、3.50 万人次。1998 — 2007 年，全区共发放救济款 1225.1 万元。

图 34-5　东港区公安干警转移被洪水围困群众　(摄于 1999 年)

社会捐赠

1985 年 8 月中旬，沿海 7 个乡镇因大雨和 9 号台风袭击，造成 574.25 万元的直接经济损失。8 月 24 日— 31 日，市直 82 个单位捐款 4.20 万元，粮票 1152 千克，被套 100 床，鞋 100 双，煤炭 50 吨，化肥 30 吨，苗木 10 万株，树种 500 千克，支援受灾群众恢复生产、重建家园。

1991 年 2 月 28 日至 3 月底，市乡两级 489 个单位的干部职工捐款 15.32 万元，粮票 3.48 万千克，衣服 551 件支援受灾群众。

1997 年 8 月 19 日，东港区遭受特大风暴潮袭击，全区受灾人口 32 余万人，成灾人口 20 多万人，造成直接经济损失 3.6 亿元以上。区委、区政府在全区范围内开展为“8·19”灾区群众捐助活动。全区共接收捐款 20 余万元。

1998 年 7 月 24 日，境内 6 个乡镇突遭暴风雨袭击，受灾人口 5.8 万人，总计经济损失 8000 万元以上。9 月上旬，全区开展募集衣被支援灾区捐赠活动，有 15074 人参加捐赠活动，共捐赠物件近 3 万件。

2005 年 5 月，全区有 71 个单位、1 万余名干部职工参加“慈心一日捐”活动，共计捐款 81 余万元。2005 — 2006 年度，发放社会救助款 10.07 万元，贫困助学款 6.35 万元。

2006 年 5 月，全区党政机关、企事业、人民团体及驻东港部门，集中开展“慈心一日捐”活动，有110个部门单位，2700余人捐款人民币276961元。12月，开展“送温暖、献爱心”社会捐助活动，全区有75个单位，1万余名干部职工参加捐助活动，共计捐款47.6万元，捐助棉衣被2345件。此款物主要用于开展“情暖万家”“朝阳助学”“夕阳扶老”“爱心助残”“康复助医”“滴水工程”等救助项目。

1993—2007年，支援国家救济境外灾民现金108.32万元，衣物2.61万件。

第二节　困难救济

1944—1946年，日照县民主政府对先后返乡的数万名逃荒要饭的灾民进行安置，给他们分配土地，安排住房，解决口粮。1946年5月，全县分到联合国救济总署支援的救灾面粉1400袋、衣服140包，鞋子10包，均及时救济灾民。新中国建立后，每逢荒年政府都向灾民发放救济粮款。1950—1961年，共发放救灾粮1230吨、供应统销、供销粮170吨，发放救济款294.65万元。

1950—1961年政府发放社会救济粮款情况表

表34-3

年份	放款(万元)	放粮(吨)	其他救济(吨)
1950	—	325	包括189.5吨优抚粮
1953	33	—	—
1954	26.8	—	—
1956	13.79	—	—
1957	38	—	—
1958	34	—	供应统销粮100吨
1959	4.36	—	—
1960	110、药费1.5	康复饼干5吨	修建房屋12488间、煤6吨
1961	33.2	900	供应供销粮70吨

从20世纪60年代中期开始，全县春夏荒基本消除，国家救济转向对重大自然灾害的救济扶持。1974年8月中旬，大雨成灾。政府发放救济款64万元，优抚救济款16万元。1975年8月中旬，发生百年罕见水灾。政府发放救济款64万元。1985年8月中旬，大雨成灾。政府拨救济款25万元。

1993—2007年东港区发放社会救灾救济情况表

表34-4　　单位：万元

年份	1993	1994	1995	1996	1997	1998	1999	2000
款额	48.2	41	60	86.7	164	141	117.1	104
年份	2001	2002	2003	2004	2005	2006	2007	—
款额	192	190	155	80	76	92	324	—

1958年冬，对麻疯患者实施救济。县民政局拨出救济款2.7万元，分别在沈疃区大山沟和虎山下寺建立麻疯村。县卫生局抽调8名医务人员，实行民办公助。1958—1980年，先后入村患者500多人次，民政部门专为麻疯村发放社会救济款达17.62万元，棉布2000余公尺，棉花165

千克，棉鞋60双。1980年后大部分都治愈出院回村参加农业生产，两个麻疯村取消。

1997年，东港区开始建立并实施城市和农村最低生活保障制度。1998年年初，有城镇低保对象253户、590人。2004年有832户、2025人，2007年，城镇低保对象人数为2064人，涉及848户，发放城镇低保款近235万元。

1998—2007年东港区发放城镇居民最低生活保障金情况表

表34-5

年份	户数	人数	年发放金额（万元）	年份	户数	人数	年发放金额（万元）
1998	253	590	28.32	2003	828	2099	118
1999	800	1762	84.62	2004	832	2025	150
2000	905	1993	97.14	2005	811	1978	187
2001	216	489	29	2006	836	2039	144
2002	1050	2760	126	2007	848	2064	235

1998年，东港区建立农村特困救助制度。1998—2003年，全区实行农村低保制度，标准是年人均收入低于600元的农村贫困居民。全区每年保障对象近5000人，年发放低保资金近100万元。自2003年第四季度开始，实施农村常年特困救助制度。特困救助款由市、区、镇(街道)三级负担，负担比例为1∶3∶6。全区每年有近1000人常年享受农村特困群众救助，年发放农村特困救助款18万元，救助面粉120吨。救助对象凭救助证到镇(街道)民政办公室领取救助面粉。救助款实行社会化发放，救助对象凭银行存折到银行领取救助款。

2006年开始，农村特困救助改为农村低保。

图34-6 工作人员给低保户发放低保障金银行存折 (摄于2007年)

区政府制定《关于建立农村居民最低生活保障制度的意见》，各镇(街道)于当年四五月份组织力量入村到户，对农村特困群众进行普查，全区符合农村低保条件的共842户，1076人。根据收入情况，拟定享受农村低保标准，标准是年人均收入低于700元的补差部分，全区人均月补差35元，资金来源按市、区、镇(街道)1∶6∶3比例负担。从当年7月1日起正式开始实施农村低保制度。2007年，全区农村低保人数达9729人。

1999—2007年东港区发放农村居民最低生活保障金情况表

表34-6

年份	户数	人数	年发放金额(万元)
1999	1712	4526	96.25
2000	1812	4517	97.85
2001	1723	4440	108.2
2002	1761	4440	125
2003	—	1000	18，救济面粉120吨
2004	—	1618	29.124
			救济面粉1194.16吨
2005	—	1670	30.06
			救济面粉203.1吨
2006	842	1076	44
2007	5990	9729	350

1997—2007年，实行社会互助和临时救济。累计有近2万人参与社会互助工作，帮扶困难户1万余户，累计救济临时困难户近1万户，发放临时救济金100余万元。

2006年春，开始施行城乡大病医疗救助制度，解决低保对象治病难问题。按照东政发

〔2006〕68号文件，凡符合条件的都给予大病救助。2007年，对30余户低保对象实行大病救助，发放救助款10余万元。

第七章　社会福利

第一节　福利企业

新中国成立初期，民政部门把社会上"四残"(盲人、聋哑人、肢体残缺和智力残缺)人员组织起来参加生活自救。1958年始，由生产自救小组发展为社会福利生产单位，帮助残疾人走上自食其力的道路。

1984年，日照县开始兴办社会福利企业。1988年，结合贯彻省民政局长会议提出的"三个一"(每个乡镇有一处福利工厂、一处敬老院、一个救灾扶贫储金会)精神和会议要求，开始兴办福利企业。至1989年，有福利企业26家，职工469人，其中，残疾人员207人，占生产人员总数的45.5%。

1990—2001年，提取社会福利企业免税部分20%管理费，用于福利企业技术改造，扩大再生产。

1994年10月22日，东港区成立民政福利生产办公室，管理和发展福利企业。1995年，有造纸、水泥、纸箱、塑料制品、包装等福利企业49家，安置残疾职工692人，职工总人数达到1380人。2000年，撤销不合格和因企业改制、变更、破产等原因不能正常生产的福利企业28家，合格企业只剩21家。完成销售收入6.3亿元，实现利税420万元，安置残疾职工381人，职工总人数达到842人。2005年，对企业进行年检换证工作，撤销部分不合格的福利企业。合格福利企业有7家，完成销售收入4200万元，实现利税280万元，安置残疾职工394人，职工总人数1012人。

第二节　农村"五保"供养

供养政策

1956年1月《全国农业发展纲要》规定：劳动者在年老生病或丧失劳动能力时，"在生活上给以适当照顾，做到保吃、保穿、保烧、保教、保葬，使他们生养死葬都有指靠"。人们将吃、穿、烧、教、葬五项保证简称"五保"。

1956年，凡符合"五保"条件的病老残人，由所在生产队供给，以分散自炊为主，其生活供给不低于一般农民生活水平。

1983年，境内898个生产大队有"五保"任务，共有五保户2623户、3091人。五保户供养形式有五种：一是村办敬老院，集中供养。二是集中居住，分散生活。三是分散供养，专人包户。四是委托农户代耕土地。五是由村里提供生活用品，让亲戚供养。供养标准没有统一规定。多数村五保户老人口粮每年在250～300千克之间，细粮为主，粗粮为辅，每月零花钱5～8元，疾病治疗费由集体承担。1994年，将"五保"定为：保吃、保穿、保住、保医、保葬。

经费保障

东港区对"五保"对象供养经费筹集采取乡(镇、街道)统筹和村提留方式。为保证"五保"供养经费来源，1996年，区政府规定，乡(镇、街道)敬老院集中供养经费由乡镇财政统筹解决，村办敬老院和分散供养费用由村集体供给。供养标准，达到当地村民一般生活水平。2001年，全区"五保"老人1923户、2116人，集中供养770户、848人，人均2265元。农村税费改革以后，乡(镇、街道)统筹和村提留被取消，"五保"供养经费由村集体解决。

2006年3月，境内农村"五保"供养包括供给粮油、副食品、燃料；供给服装、被褥等生活用品和零用钱；提供符合基本居住条件的住房；提供疾病治疗，对生活不能自理的给予照料；提供办理丧葬事宜服务。供养标准不低于当地村民平均生活水平，并根据当地平均生活水平的提高适时调整。对未满16周岁或者已满16周岁仍在接受义务教育的供养对象，保障他们依法接受义务教育所需费用。同时规定，农村"五保"供养资金，在地方人民政府财政预算中安排。农村“五保”供养对象可以在当地农村“五保”供养服务机构集中供养，也可以在家分散供养。供养对象可以自行选择供养形式。2007年，全区“五保”供养的人员2460人。

第三节　敬老院

敬老院建设

1958年，境内办敬老院488所，共进住5180人。因条件不成熟，加之经济困难，不久逐渐停办。

1978年秋，黄墩公社台子地村为解决五保老人生活困难，办起集体居住的敬老院，入院五保老人12户、18人，成为20世纪70年代全县第一个村办敬老院。到1989年，共有乡镇办敬老院16所，村办敬老院57所。

1994年起，东港区每年新建、扩建3～4所乡镇敬老院，先后对南湖、尹家河、涛雒、河山、日照等乡(镇、街道)敬老院进行投资改造。至1997年“九九”重阳节，实现了“一乡(镇、街道)一院”的目标。达到乡、村两级敬老院共70所，供养五保老人803人。

2001—2004年，全区有镇(街道)敬老院10所。2007年，全区镇(街道)有敬老院14所。

敬老院管理

进入21世纪后，区投入近千万元资金对10所敬老院进行不同程度改扩建。改造后的敬老院，设有办公室、卫生室、娱乐室、浴室、餐厅和宿舍等设施设备，环境整洁美观。卫生室定期为院民查体，并建立健康档案。基本做到大病及时就医，小病不出门。

1995—2007年，石臼、南湖、西湖、陈疃、秦楼5所敬老院被省民政厅验收为“省一级敬老院”，另有5所敬老院分别被评为省二级、三级敬老院，其中，石臼街道敬老院于1995年被民政部评为“全国模范敬老院”。

图34-7　石臼街道敬老院　　(摄于2006年10月)

第四节　有奖募捐

1994年，东港区成立有奖募捐办公室，编制3人。主要开展福利彩票发行工作。2002年，全区设立电脑福利彩票机21台，当年销售电脑福利彩票820万元。2003年，电脑福利彩票销售1050万元。1995—2004年，全区共发行即开型彩票1074万元，筹集福利基金192万元，发行电脑票1870万元，筹集福利基金233万元。至2004年，全区共投放使用福利金402万元。其中，赈灾46万元，救济贫困户6万元，助学10万元，社区建设160万元，资助敬老院180万元。2004年1月，电脑福利彩票全部交市民政部门管理。

1995—2004年东港区福利彩票发行情况表

表34-7

时间	发行地点	彩票类型	面值(元)	发行额(万元)	备注
1995年12月	太阳城市场	即开型	2	136	—
1996年11月	太阳城市场	即开型	2	140	—
1997年2月	东关南路	即开型	2	100	—

续表 34-7

时间	发行地点	彩票类型	面值（元）	发行额（万元）	备注
1998 年 2 月	太阳城市场	即开型	2	110	—
1998 年 11 月	舒斯贝尔街	即开型	2	200	赈灾彩票
1999 年 1 月	太阳城市场	即开型	2	44	赈灾彩票
1999 年 11 月	太阳城市场	即开型	2	130	—
2000 年 10 月	太阳城市场	即开型	2	14	—
2001 年 12 月	信合广场	即开型	2	57	—
2001 年 12 月	黄墩镇	即开型	2	30	—
2003 年 1 月	信合广场	即开型	2	13	—
2004 年 1 月	东辰广场	即开型	2	100	—

第五节　慈善事业

随着经常性社会捐助制度的建立，2001 年始，全区范围内先后设立 10 处社会捐助接收站、点，建立市区捐助物资仓库，初步形成覆盖全区经常性社会捐助服务网络。自 2003 年起，区每年都在党政、企事业单位组织两次以上社会捐助活动，每年募集捐助款 40 余万元、捐助衣被等物资折款 10 余万元，全部用于救助灾民及生活困难群众。同时，向江西、湖北、新疆等地调拨救灾衣被 10 万余件。2004 年，东港区慈善总会成立。区慈善总会每年在全区组织一次“慈心一日捐”活动。2005—2007 年，区慈善总会募集慈善基金分别是：88.75 万元、35.67 万元、56.39 万元。2004—2006 年，市慈善总会共拨付给东港区慈善救助款 26 万元，全部用于助学、济困救难。2007 年，发放救助金 13 万元。

第八章　婚丧管理

第一节　婚姻管理

封建社会，日照民间盛行封建包办婚姻，有媒证，行婚礼，即可成为夫妻。男方认为女的不守“妇道”可写休书（女方无此权利），断绝夫妻关系，不必向政府登记。富者可以一夫多妻，贫者有的因承受不了高额聘金、聘礼，无法成婚。

民国初期，受新思想影响，一些青年学生反对父母包办婚姻，主张婚姻自由，举行“文明结婚”。

新中国成立后，依法保护婚姻自由。

婚姻登记管理

包括结婚、离婚、复婚登记管理。1950 年 5 月 1 日，《中华人民共和国婚姻法》颁布实施，开始实行婚姻登记制度。婚姻登记管理由县民政科主管，各区公所承办。

1953 年，全县共受理结婚申请 2351 对，准予登记 1926 对。1954 年，全县办理结婚登记 2078 对。在郊区农村，受早婚习俗影响，不到法定婚龄结婚，以及不登记结婚的现象仍然存在。1963 年，通过开展计划生育，晚婚宣传教育，青年中晚婚比例开始上升，全县结婚登记为 3007 对。1981 年 1 月 1 日起，开始实施修改后婚姻法。

1986 年 1 月，县民政局在乡镇设婚姻登记科。婚姻当事人直接到户口所在民政办公室办理婚姻登记手续。婚姻登记由各乡镇、街道民政干部负责办理。

1997 年，由乡镇登记改为县级以上民政部门集中巡回登记。5 月 1 日，成立东港区婚姻管理处，负责婚姻管理、婚姻法律宣传教育、婚姻执法检查及违法婚姻查处工作。全区共设三庄镇、巨峰镇两个巡回登记点。同年 8 月，巡回登记点撤销，婚姻登记全部到区民政局婚姻登记处办理，启用民政部统一式样设计印制的结婚证和离婚证。

离婚、复婚登记程序与结婚登记大致相同。对复婚者,在发给他们结婚证同时收回离婚证,由婚姻登记机关注销其离婚证。

1994—2007年,全区共受理结婚登记99311对,办理离婚登记1645对,其中复婚登记16对,补领结婚证689对。

1994—2007年东港区婚姻登记情况一览表

表34-8　　单位:对

年份	结婚登记	查体	离婚登记	备注	年份	结婚登记	查体	离婚登记	备注
1994	6560	933	—	—	2001	6302	—	47	其中复婚7对
1995	9407	233	—	—	2002	7178	—	79	—
1996	7949	3028	—	—	2003	7900	—	131	补领结婚证195对
1997	7461	2084	64	—	2004	7597	—	310	补领结婚证102对
1998	7048	3648	41	—	2005	5244	—	323	—
1999	7559	4329	45	—	2006	5955	—	391	—
2000	8534	—	31	其中复婚9对	2007	4617	—	183	补领结婚证392对

婚前健康检查

1993年,东港区制定实施《东港区婚前健康检查管理办法》。5月,对市直、区直机关和日照街道、石臼街道申请结婚登记的公民,由市妇幼保健站、区医院进行婚前健康检查。东港区范围内非农业户口结婚普遍实行婚前健康检查。1997年开始,区范围内非农业户口结婚必须实行婚前健康检查。2003年后,婚前健康检查实行自愿的原则,不再作硬性规定。

第二节　殡葬管理

木棺土葬是境内传统殡葬习俗。新中国成立后,对重葬厚殓殡葬习俗进行改革。20世纪50年代,主要倡导文明俭朴、节约办丧事,反对封建迷信和铺张浪费。60年代,改革出殡哭灵为开追悼会,推行以生产大队为单位设公墓。70年代起,推行火葬,实行丧葬改革。

1975年7月,县委、县革委下发推行火葬,实行丧葬改革的通知。次年,县革委又做出推行火化,实行丧葬改革的决定,为殡葬管理工作提出政策依据。1976年2月5日,日照火化场启用。

1994年,东港区人民政府出台改革婚丧陋习的规定,倡导厚养薄葬,制止土葬,火化率达98%以上。2000年5月,出台殡葬管理办法。2007年,火化率为96%。

第九章　区划地名

第一节　地名管理

1994年,东港区成立地名委员会,在民政局设办公室。当年,对新市区主干道路、老城区部分街巷、石臼街道部分自然地理实体进行调查、命名和更名。同时对部分乡改镇(或街道)更名工作进行论证。共设路街巷牌165个、门楼牌7300余个,设立村名标志碑977座。

农村地名城市化管理

1995年4月,东港区"序号加方位"命名法、编号一体化,即"边编号、边标图、边对照、边填表"做法在全市"农村地名城市化管理"现场会上得到认可和推广。同年,为撤乡设镇的小后村乡、东陈疃乡、南湖乡、高兴乡，为撤乡建街道办事处的奎山乡、丝山乡分别更名。命名住宅小区5个，设路、街、巷379条、地名标志牌415个、门楼牌2.83万个。

1996年，对日照、石臼、奎山3个街道进行地名普查登记、标志设置，率先实施农村地名城市化管理。对6条路、70条街道、32条巷子进行命名和更名。1997年起，开始对乡镇驻地村进行路、街、巷命名以及农户门牌号编号挂牌。至1998年12月，全区乡镇驻地村共命名路78条、街道166条、巷634条，安装路牌114个、街道牌262个、巷牌886个，安装大小门牌1.84万个，对老城区安装各类地名标志牌4902个。1999年，全区18个乡(镇、街道)实现全部命名。13个乡镇进行了编号和安牌，共安装路街巷牌422个，各类门牌1.18万个。

2000年，安装路牌32套、街道牌108个、巷牌8998个。2001年，安装路牌37套、街道牌108个。

地名信息服务

2003年起，重新对全区的地名数据进行调查、核实、统计并进行电脑数据输入。经过两年工作，完成全区地名数据化管理，并开通一部地名信息服务电话，开设一个地名网站，分别在区政府大厅和行政审批大厅设立两台地名信息服务触摸屏，为社会提供地名信息化服务。2005年，将全区地名数据输入山东省地名数据库。以后，随着地名的变更，及时更新相关信息。

1993—2001年东港区乡镇街道、村居更名情况表

表34-9

时间	原名	更名	备注
1993年11月	河山乡新丰村	河山镇东山村	经区政府批准
1993年11月	石臼街道蕉柯庄村	石臼街道蕉柯村	经区政府批准
1994年4月	巨峰镇石门村	巨峰镇韩家沟村	经区政府批准
1995年3月8日	奎山乡	奎山街道	经省政府批准
1995年3月8日	小后村乡	后村镇	经省政府批准
1995年3月8日	陈疃乡	陈疃镇	经省政府批准
1995年3月8日	南湖乡	南湖镇	经省政府批准
1995年3月8日	高兴乡	高兴镇	经省政府批准
1995年4月	巨峰镇长青岭村	巨峰镇大洼村	经区政府批准
1995年6月	河山乡牟家林村	河山乡向阳村	经区政府批准
1995年11月	丝山乡	秦楼街道	经省政府批准
1996年6月7日	河山乡	河山镇	经省政府批准
1996年6月7日	西湖乡	西湖镇	经省政府批准
1997年8月	后村镇辛兴村	后村镇新兴村	经区政府批准
1998年9月	石臼街道大孙家村	北京路百发居委会	经区政府批准
1998年9月	秦楼街道营子村	北京路营子居委会	经区政府批准
2001年5月	秦楼街道东小庄村	秦楼街道桃花岛村	经区政府批准
2001年5月	秦楼街道大石壁山	秦楼街道太公山	经区政府批准

第二节　勘界

1993年3月，东港区成立勘界工作领导小组，并抽调专人成立勘界办公室。办公室设在民政局，具体负责勘界方面的日常工作。

陆地勘界

1997年3月，东港区开展设区后县级边界第一次勘界工作。东港区共有边界线4条，全长173千米，涉及到10个乡镇，89个村。4条边界线中，由东港区牵头勘界的有3条，其中，山东省规定东港区市外线牵头两条：东港—胶南线13千米；东港—莒南线68千米。日照市规定东港区市内区县边界线牵头1条：东港—莒县线29千米。配合边界勘定线1条：五莲—东港线63千米。这次勘界历时半年，共埋设界桩21棵，确定区市县交汇点3个，调绘边界带状地形图220平方千米，解决争议点4处，长37千米，形成1∶10000边界地形图300余幅，整理技术资料85份，各类勘界成果资料320份，其他文字资料5万余字。

1999年，区堪界办配合苏鲁豫边界(赣榆岚山段)定界作协调工作。

2004年10月，东港区与岚山区边界线开展勘定工作。由岚山区牵头，东港区配合，两区边界线长120千米，涉及东港区6个镇、街道，70个自然村。2005年1月，完成东港区与岚山区边界线勘定工作。2007年，完成东港—莒县、东港—胶南线联检工作。

海域勘界

日照(东港)—青岛(胶南)海域勘界工作于2004年6月启动。区政府于7月份召开海域勘界专题会议进行部署，将收集资料任务进行分解，并落实人员。2005年12月8日，东港区海洋与渔业局制定东港区和胶南市海域勘界采用纬度线法和习惯生产线法方案。自2006年6月至2007年1月，市、区两级海洋与渔业部门先后三次向省勘界办提出划界方案，根据省海域勘界办反馈意见，先后七次向省海洋与渔业厅汇报有关资料。

2007年6月14日，山东省政府裁定东港—胶南海域界线的划界最终方案，为以陆域向海最后界桩(119°38′15.161″E、35°35′37.743″N)为海域界线起点，沿甜水河主流线经吉利白马河与甜水河交叉点(119°39′35.463″E、35°35′08.741″N)和大、小孤礁中间点(119°41′51.888″E、35°34′07.118″N)，然后采用侧界推导法，拟合出一条止于领海基线的直线。将该海域界线从零米线向海至12海里处为海域界线终点(119°50′37.640″E、35°27′11.532″N)。

第十章　民间组织管理

第一节　社团组织

民政部门登记管理的民间组织包括社会团体和民办非企业单位，主要分布在教育、科研、文化、卫生、体育、法律服务、社会福利事业、以及经济监督事业领域。1994—2007年，全区共登记主要社团组织54个。

1994—2007年东港区主要社团一览表

表34-10

名　　称	主管单位	注册时间
日照市东港区农业银行工会职工技术协会	区农业银行	1994年4月13日
日照市东港区骨伤科外固定学会	区卫生局	1994年6月17日
日照市东港区农村信用社金融学会	区农信社	1995年7月21日
日照市东港区农村信用社捐资助学协会	区农信社	1995年9月12日
日照市东港区工商银行金融学会	区工商行	1996年8月14日
日照市东港区武术协会	区文体局	1997年4月30日
日照市东港区计划生育协会	区计生局	1997年6月26日
日照市东港区消费者协会	区工商局	1997年12月12日
日照市东港区书法美术家协会	区委宣传部	1999年1月11日

续表 34-10

名　　称	主管单位	注册时间
日照市东港区梨树技术协会	南湖镇政府	1999 年 4 月 23 日
日照市东港区红十字会	区卫生局	1999 年 4 月 26 日
日照市东港区中医学会	区卫生局	1999 年 4 月 26 日
日照市东港区农村卫生协会	区卫生局	1999 年 4 月 26 日
日照市东港区个体私营企业协会	区工商局	2000 年 6 月 30 日
日照市东港区抗灾救灾协会	区民政局	2000 年 9 月 30 日
日照市东港区道路运输协会	区交通局	2000 年 11 月 6 日
日照市东港区农民书画院	区政协	2001 年 4 月 20 日
日照市东港区科教电影协会	区文体局	2001 年 5 月 11 日
日照市东港区花卉苗木同业商会	区工商联	2001 年 5 月 19 日
日照市东港区茶叶技术协会	区茶业局	2001 年 5 月 23 日
日照市东港区三庄果品流通协会	三庄镇政府	2001 年 6 月 7 日
日照市东港区手工艺品协会	区经贸局	2002 年 1 月 13 日
日照市东港区抽纱商会	区商会	2002 年 6 月 5 日
日照市东港区养殖业技术协会	区畜牧局	2002 年 9 月 17 日
日照市东港区南湖镇相家官庄西红柿协会	南湖镇政府	2003 年 1 月 11 日
日照市东港区鲜花切花技术推广服务协会	高科技农业园	2003 年 4 月 5 日
日照市东港区对外友好协会	区侨办	2003 年 8 月 12 日
日照市东港区茶叶文化协会	区茶业局	2003 年 10 月 18 日
日照市东港区家俱协会	区工商联	2003 年 11 月 12 日
日照市东港区麻鸡养殖技术协会	区畜牧局	2003 年 11 月 13 日
日照市东港区供水协会	区水利局	2004 年 3 月 12 日
日照市东港区果茶技术产业联合会	区科技局	2004 年 3 月 16 日
日照市东港区农资流通协会	区供销社	2004 年 9 月 28 日
日照市东港区慈善总会	区民政局	2004 年 12 月 18 日
日照市东港区旅游协会	区旅游局	2005 年
日照市东港区绿茶协会	区茶业局	2005 年
日照市东港区象棋协会	区文体局	2005 年
日照市东港区有机食品协会	区农业局	2005 年
日照市东港区茶农协会	区农业局	2005 年
日照市东港区民间艺术家协会	区委宣传部	2006 年
日照市东港区老年志愿者协会	区老干局	2006 年
日照市东港区养羊协会	区畜牧局	2006 年
日照市东港区茄子协会	两城镇政府	2006 年
日照市东港区茶叶协会	区农业局	2006 年
日照市东港区特色林果新品种技术推广服务协会	区林业局	2006 年
日照市东港区农村经济组织联合会	区供销社	2006 年
日照市东港区林木良种推广技术服务协会	区林科园	2007 年
日照市东港区建筑装饰协会	区建设局	2007 年
日照市东港区建筑工程协会	区建设局	2007 年
日照市东港区皇家书画院	区文体局	2007 年
日照市东港区美术家协会	区文体局	2007 年
日照市东港区肉牛推广技术协会	区畜牧局	2007 年
日照市东港区蚕业技术协会	区农业局	2007 年
日照市东港区三庄镇茶叶协会	三庄镇政府	2007 年

第二节 社团登记管理

1993年4月，东港区民政局设社会团体登记管理科。1997年，东港区民政局规范社团工作。11月，区民政局对全区社会团体实行统一编码登记。

2000年6月，区民间组织管理工作领导小组成立。2001年9月，区民政局成立东港区民间组织管理信息化建设工作领导小组，对区内民间组织实施信息化管理。1997年、2001年、2002年，对全区社团进行清理整顿，对民办非企业单位进行年检。2003年4月2日，区民政局健全区、镇、村三级民间组织执法监督网络。至2007年，全区登记在册各类社会团体72个，民办非企业单位509个。

第十一章 老龄工作

新中国成立前，孤寡老人衣、食、住、行等无法保障。新中国成立后，政府对丧失劳动能力和体弱多病孤寡老人发放救济粮款。1954年后，由集体对孤寡老人实行“五保”。实行家庭联产承包责任制后，对五保老人采取敬老院集中供养和村集体分散供养办法。

第一节 老龄工作管理

管理机构

1994年11月，区成立老龄工作委员会，下设办公室，为副科级事业单位，与民政局合署办公。18个乡镇(街道)建立老龄委，95%以上村建立老年协会。1995年5月，区老龄委升格为正科级单位。张传根、夏兆明、李家代、王维利先后任主任。

老年优待政策

1995年，城区对60岁以上老年人乘车、就医、公园门票等方面进行优待。60周岁以上老年人乘坐公交车半价，70岁以上老年人乘坐公交车免费。60周岁以上老年人持老年证景点免费游览。在农村60周岁以上老年人不承担各种社会集资，对70岁以上老年人减免农业税收，免交乡村公益事业金，不承担村级兴办集体公益事业出资义务。1998年1月始，区老龄委为百岁老人每人每月发给不低于100元长寿补贴金。

老年救助

2006年，全区共有800名老年人享受低保待遇，1500多名困难老人得到临时救助，5万多名老年人普遍享受农村新型合作医疗。有180多个村(居)出台优待老年人规定，年补助金标准600元以上村(居)有98个，1000元以上村(居)有15个。

第二节 敬老养老

每年中秋节、重阳节、春节，东港区各级党政组织走访敬老院，开展慰问活动。1999年，为1250名80岁以上老人优惠、为16位百岁老人免费安装家庭电话。2000年5月，为提高城、乡老年人生活质量，组织成立区老年体协、老年志愿者协会、老年干部大学等。

2004年，全区累计投入资金540多万元，对10所敬老院进行全面改造。2006年，又筹措资金120万元，扩建敬老院4所，新增房屋200余间，床位400张。另有19个社区，69个行政村和6家企业建立敬老院、托老所，供(托)养老人1000余名。

2005年4月，为解决赡养负担问题，在南湖镇开展农村赡养协议试点工作，有8800多名农村老人与子女签订赡养协议书，占老年人总数98%。2006年，南湖的做法在全区推广，至2007年年底，共签定农村家庭赡养协议书6.5万份。

第三十五编

人事　劳动

封建社会，机构编制由官府管理。明清时期，县内一般人事任免事宜先后由知县、知事掌管。民国时期，县府科长由县长呈请省民政厅委任。科员由县长委任，报省民政厅备案。

1940年3月，日照县抗日民主政府成立后，由民政科管理人事。新中国成立后，县(市、区)政府人事科、人事局等专门机构先后管理人事工作，执行并落实不同历史阶段的选拔录用干部、接收安置大中专毕业生及军队转业干部、办理工人转干及"以工代干"转干等人事政策。东港区成立至2007年上半年，共任免科级、副科级干部883名。区直部门240个中层(含乡镇站、所)领导职位实行竞争上岗，初步形成优胜劣汰、能上能下用人机制。

旧中国，劳动者与雇主之间的劳动关系一直为"自由"雇佣关系，无管理机构。新中国成立后，劳动就业工作先后由县(市、区)政府工商科、劳动科、劳动局等专门机构管理。主要负责执行、落实不同历史阶段的劳动力管理政策。2002年起，国家提出劳动者自主择业、市场调节就业和政府促进就业方针，境内劳动就业走向社会主义市场化轨道。

第一章　人事机构编制管理

新中国成立后，人事机构编制管理逐步纳入正轨。1951年9月，日照县人民政府成立人事科。1952年8月，人事科归并到民政科，10月重设人事科。1955年12月，县人民委员会设立人事科。1968年3月，成立县革命委员会，人事工作由政治部负责。1975年11月，县革命委员会成立人事局，刘维海任局长。1982年1月，县革命委员会改称县人民政府，县人民政府设人事局，周备清任局长。1985年4月，县级日照市政府设人事局，丁履墨任局长。1989年11月，邓洪爱任地级日照市人事局局长。

1993年4月，设立东港区人事劳动局，王茂平任局长。同年8月，设立东港区人事局，李章培任局长。1998—2007年，陈淑顺、王廷俭、阎华章先后任区人事局局长。

第一节　县(市)机构编制　设置

日照县机构设置与人员编制

抗日战争胜利后，县抗日民主政府更名为县政府。至1948年11月，县政府机构实有55人。下属10个区公所，实有59人。1949年10月，县政府机构实有172人。下属12个区公所，实有86人。1952年4月整编后，县委设10个部门，县政府设17个部门。1953年整编后，县政府机构实有407人，下属20个区公所实有141人。1954年，县政府设手工业管理科、渔业技术指导站等单位。1957年11月，县委编制102人，实有118人。县人委编制400人，实有373人。人民团体编制32人，实有29人。另有预备编制14人，总计编制548人，实有530人。1958年整编中，县直机构减少15%，县直行政编制减少70人。1959年12月，县委编制103人，实有88人。县人委编制552人，实有490人。人民团体编制21人，实有21人。总计编制676人，实有599人。

1962年精兵简政中，县级行政部门由36个精简到26个。行政干部由1378人，缩减至993人。同年，县委编制93人，其中行政编制78人，事企业编制15人。县人委编制3545人，其中行政编制361人、事企编制3184人。派出机构行政编制123人。各公社编制628人。

1965年12月，县委编制68人，实有78人。县人委编制276人，实有459人。人民团体编制13人，实有19人。人民银行日照支行编制182人，实有173人。

1977年，县委实有68人，县革委实有916人，人民团体实有20人，派出机构实有379人，22个公社实有1004人。

1982年1月3日，撤销县革命委员会，恢复县人民政府。年底，县委实有96人，县人大实有9人，县政府实有1190人，政协日照县委实有5人，人民团体实有27人，法院实有67人，检察院实有54人。

1984年1月21日，县委、县政府部、委、办、局作增减调整。年末，县委编制 143 人，实有 130 人。县纪委编制 21 人，实有 18 人。县人大编制 23 人，实有 21 人。县政府编制 467 人，实有 602 人。政协日照县委编制 13 人，实有 11 人。人民团体编制 39 人，实有 37 人。

县级日照市主要机构与人员编制

1985 年 3 月 22 日，县级日照市建立。是年 5 月，市委编制 172 人，市纪委编制 23 人，市人大编制 26 人，市政府编制 711 人，市政协编制 15 人，人民团体编制 45 人，政法系统编制 454 人。

地级日照市主要机构与人员编制

1989 年 6 月，地级市成立，以县级日照市的行政区域为地级市的行政区域。同时，执行地、县两级职能，11 月 5 日正式对外办公。升格后，省下达给日照市国家机关编制总额为 2971 人。其中，市级党政群机关编制 1090 人，公检法司编制 589 人，武装部编制 31 人，乡镇编制 1261 人。

1949 年 6 月日照县国家机关编制情况一览表

表 35-1　　单位：人

内容 / 类别	机构名称	实有人数	内容 / 类别	机构名称	实有人数
政府各部门	县长	1	各区公所	城北	8
	秘书科	8		城关	7
	民政科	10		碑廓	8
	财政科	16		芦山	8
	实业科	12		望海	9
	司法科	5		沈疃	6
	文教科	7		城东	8
	卫生科	2		安岚	7
	粮食局	16		石臼	5
	公安局	40		奎山	6
	邮电局	15		涛雒	6
	银行	26		巨峰	8
	合作推进社	14		合计	86
	合计	172	总计		258

1965 年 12 月日照县各区、公社编制综合统计表

表 35-2　　单位：人

机构名称	编制数	实有人数	机构名称	编制数	实有人数
区机关	135	140	公社机关	291	209
区委	90	129	公社党委	103	101
人民团体	30	42	小计	394	310
小计	255	311	总计	649	621

1965 年 12 月日照县党政机关、人民团体编制统计表

表 35-3　　单位：人

机构名称	行政编制	实有人数	机构名称	行政编制	实有人数
日照县委			法院	15	16
正副书记	4	4	检察院	12	11
办公室	25	21	手工业局	—	8
组织部	10	10	交通局	5	5
宣传部	11	10	盐务局	—	53
农工部	—	7	财政局	14	15
财贸部	—	5	税务局	12	10
监委会	8	7	基层税务所	—	69
机关党委	2	1	国家机关（附属）编外		
组织员	5	4	商业局	18	16
待分配	—	9	粮食局	28	37
小计	65	78	供销社	—	37
人民团体			财办	—	5
工会	—	6	农业局	19	8
共青团	8	5	林业局	6	10
妇联	5	4	水利局	5	10
工商联	—	2	水产局	9	13
贫协	—	2	文教局	9	13
小计	13	19	卫生局	6	8
国家机关			科委	—	3
正副县长	4	4	计生办	—	2
办公室	21	21	招待所	15	9
人事科	7	5	托儿所	11	9
计委	9	7	小计	276	459
统计局	7	7	总计	354	556
民政局	8	10	人民银行	182	173
公安局	36	38			

1988 年日照市乡镇、街道编制统计表

表 35-4　　单位：人

项目	总计		党委		人民政府		人民团体	
	编制	在职	编制	在职	编制	在职	编制	在职
合计	1261	957	391	363	557	519	108	75
街道	196	165	60	59	96	91	15	15
镇	409	301	130	120	179	156	35	25
乡	656	491	201	184	282	272	58	35

1988年日照市事业单位和经济机构编制统计表

表 35-5　　单位：人

机构名称	编制	在职	机构名称	编制	在职
党史委	8	7	经济技术协作办	9	8
史志办公室	8	8	市联社	61	76
人才交流中心	6	3	外贸公司	—	63

1988年日照市附属机构实有人数统计表

表 35-6　　单位：人

项目、机构名称	实有人数	项目、机构名称	实有人数
党校	35	带资学习	250
招待所	132	税务所	208
幼儿园	27	市场管理所	195
干休所	10	物价管理所	7

1988年日照市司法部门编制统计表

表 35-7　　单位：人

项目	编制人数	实有人数	项目	编制人数	实有人数
检察院	90	83	其中：分局	15	19
法院	126	106	派出所	120	120
司法局	72	74	治安民警	15	14
其中：公证处	9	9	刑警	35	32
法律顾问处	9	9	交通民警	—	18
安全局	26	26	拘留所	5	5
公安局	275	299	看守所	10	10

第二节　东港区机构编制　设置

区直机关机构设置

1993年4月，东港区区级机构编制650名，在职498名(含按划管原则从市直抽调人员160名)、空编152名。1993年，区级机构设立运转后，区公安分局、区工商局先后上划市管理。税务局分设为国家税务局和地方税务局并先后上划垂直管理。

根据省编委和市编委文件要求，区直机构相继进行调整，区文化体育委员会分设为区体育运动委员会和区文化局。区农业局、林业局由行政性事业单位调整为区政府组成部门。

2002年，根据省、市机构改革要求，东港区区级党政机构分步实施精简调整。区级党政机构由33个精简到27个。部门管理机构由9个精简到2个。区级党政机关人员编制总额由269名精简为250名。

1993 年东港区党政机构设置表

表 35-8

系统	机构名称
东港区委	区纪律检查委员会、区委办公室、组织部、宣传部、统战部、政法委
东港区政府	办公室、经贸委（与乡镇企业局合署）、农委、计委、外经贸委、建委、教委、科委、体委、计生委、司法局、民政局、劳动人事局（与编办合署）、财政局、统计局、交通局、水利局、卫生局、审计局、土地管理分局、海洋与水产局、文化局、农业局、林业局。 15 个正科级直属行政性事业单位：农机局、畜牧局、地矿局、旅游局、广播电视局（由宣传部管理）、侨办（与侨联合署）、供销联社、商业行业办、物资行业办、行管局、茶业管理局、档案馆（馆、局合一，由区委办管理）、粮食局、国有资产管理局与预算外资金管理局（由财政局管理） 部门管理的正科级行政机构：信访局、保密办（区政府保密局）、体改委、物价局；副科级行政机构：法制局
按宪法和有关规定设置	区人大、区政协、区法院、区检察院和团区委、区妇联、区总工会

2007 年东港区党政机构设置情况表

表 35-9

系统	机构设置	编制总额
东港区委	区纪律检查委员会（监察局与其合署）、区委办公室、组织部、宣传部、统一战线工作部、政法委员会（社会治安综合治理办公室与其合署）、区直机关工作委员会	119 人，另有工勤编制 26 人
东港区政府	区政府办公室、发展计划局、经济贸易局、教育局、科技局、监察局（与区纪委合署）、民政局、司法局、财政局、人事局（编办与其合署）、劳动和社会保障局、城乡建设局、交通局、水利局、农业局、文化体育局、卫生局、计划生育局、审计局、统计局、安全生产监督局	313 人，另有工勤编制 42 人
按宪法和有关规定设置	区人大、区政协、区法院、区检察院、区工商联、区妇联、团区委、区科协、区总工会	234 人，另有工勤编制 35 人

镇(街道)机构设置

2001 年 1 月，东港区撤销大坡乡、竖旗乡、尹家河乡，分别并入巨峰镇、三庄镇、南湖镇。全区辖 15 个镇(街道)：日照街道、石臼街道、秦楼街道、奎山街道、河山镇、南湖镇、西湖镇、陈疃镇、三庄镇、黄墩镇、巨峰镇、高兴镇、后村镇、涛雒镇、两城镇。

全区镇(街道)党委、政府(办事处)机构统一设置为 3 个，即党政办公室、经济发展办公室和社会事务办公室(挂计划生育办公室、社会治安综合治理办公室牌子)。镇(街道)行政编制 540 名，实际核定编制 507 名。

2004 年 10 月，因区域调整，东港区镇(街道)实有编制 300 名。另外，每个镇(街道)核定负责离退休干部工作的人员编制 2 名，工勤人员编制 3 名。

2007 年，东港区镇(街道)共有 10 个，分别是日照街道、石臼街道、秦楼街道、河山镇、两城镇、涛雒镇、西湖镇、南湖镇、陈疃镇、三庄镇。镇、街道实有编制 300 名。每镇(街道)核定工勤编制 3 名。

第二章　人事

第一节　干部录用管理

行政任免

清代，知县由朝廷直接任免。1928年，山东各县直属省政府，各县县长由省政府直接任免。县府所属各科科长由县长呈省民政厅委任，县府科员由县长委任并报省民政厅备案。1929年6月，县长由省政府委员会任免。县府各局(科)长由县长从考试合格人员中挑选，呈省政府核定委任。1932年，县府科长、秘书、警佐、督学、技士，由行政督察专员公署转呈省政府核准委任。县府科员、办事员、雇员，由县长委任，并报行政督察专员公署转报省政府备案。

新民主主义革命时期，干部任免无固定立法程序。1939—1942年，民主政府县长、区长、村长多经选举产生，其他人员由上级组织配备。1944年，行署负责任免行署机关、各专署和县的领导干部。1945年，行署将干部划分为行署级、专署级、县级、区级进行管理。1946年，行署的科(局)长、县长由省政府任免，县政府的科长、区长由行署任免。任免具体事宜由各级民政部门办理。

新中国成立后，县人事科按照管理权限办理科、局、院、所、股长级干部和公社、区、工厂、银行、中学的正副职及小学正职的任免手续。

1951—1952年，配合“三反”“五反”运动，考察提拔任免领导干部84人、一般干部167人。1953—1956年，提拔617名干部充实到各条战线。

1958年，提拔任免各级领导干部239人。至1959年年底，县科、局长一般配备为两职，公社正副社长配备为5职。1960—1961年，任免干部380名。其中，1961年提拔局长5人、公社社长2人、科员10人。1965年，提拔青年优秀干部47人。

1966年“文化大革命”开始后，干部任免工作中断。1976—1981年，提拔任免各级干部524人。1984年，对干部采取分级管理、层层负责的办法，适当下放干部管理权限。1982—1984年，任免干部795人。其中，具有大中专文化程度的242人。

1985年县改市后，按法律程序，先后办理228名局级干部的任免手续，公布批复136名股级干部，对148名乡镇(街道)干部进行调整、任免。1986年，任免股级干部47人。

1987—1989年，共任免291名副科级以上干部。1991—1993年，共任免39名市政府组成人员、262名处级干部。

1993年、1995年、1997年东港区分别任免副科级干部52名、280名、127名。1999—2007年上半年，任免883名副科级、科级干部。区直部门中层领导职位全部实行竞争上岗，至2007年8月，全区共有380人参与竞争204个行政中层职位或事业单位及乡镇站所负责人岗位。

选拔录用干部

清朝，文职官员主要产生于科举考试。另用特简(皇帝直接任命官员)、会推(大臣互相推举官员)、荫袭(功臣子弟承袭官员)、推荐(廷臣举贤荐能)、捐纳(纳银买官)等方式录用官员。清朝实行官幕制，官吏上自督抚、下至州县，皆可自聘幕僚。民国时期，国民党各级政府文职官员的任用，按国民政府颁布的“任用法”和“考试法”规定办理，需经过考试、铨叙、试署和实授等程序。

抗日战争时期，大批农民、青年学生、知识分子投奔共产党参加抗战，组成抗战干部队伍。解放战争时期，为开辟新解放区，从根据地选拔大批农村基层党支部骨干充实干部队伍。新中国成立后，吸收录用干部的指标由省和地区人事部门下达，县人事局(科)根据指标负责吸收录用干部工作，并报上一级人事部门审批。

1949—1952年，日照县选拔一批农村基层干部充实党政机关，选拔一批知识分子担任会计和从事小学教育工作。1952—1953年，从农村选拔126名干部和20名有文化、思想进步的女青年干部支援沂源、蒙阴等老区。1954—1956年，为银行、商业系统选拔录用干部100人。60年代中期，选拔干部50人。70年代初期，选拔录用干部90人。1978年征干37名。1980年，通过文化考试和技术考核，录用社会科技人员80名。为人民银行日照支行、建设银行日照支行招收干部各12名。1981年，从农村录用青年经营管理干部16名。1982年，12名从事户籍、刑事、治安的民警改为干警。录用45名青年为财税干部。1983年，通过文化考试、政审、体检，录用干部33人。5名公安民警转为干警，5名工商工人录用为干部。1984年，录用干部19人，分配到商检处、银行、税务局。1985年，为文化站录用干部12名，为公、检、法、工商银行等单位录用干部80名。1986年，录用民办教师117人。1988年，为乡、镇财政所录用干部5人，为外经委等单位聘用合同制干部24人，为财贸、政法系统录用干部76人。为在乡镇企业中做出特殊贡献的2名厂长办理了干部手续。1988年，为政法、财政系统录用干部69人。其中，单位内部招收干部24人、社会招收干部45人。1989年，通过考试、考核为部分乡镇(街道)财政所录用农税干部5人。1990年，通过考试，录取市直机关工作人员24人。为工商银行招收干部6名。1991年，从市直机关优秀工人中通过考试、考核，录取市直机关干部12名。1992年，135名民办教师转为公办教师，7名省级先进企业负责人和优秀农民企业家录用为干部。

20世纪60年代初，企业因干部不足选调部分工人到干部岗位上工作，但未办转干手续，时称“以工代干”。后来，党政机关、群众团体和事业单位缺乏干部，也采取“以工代干”的办法调用。至1983年，全县“以工代干”人员近2000人。1984年9月，全县1246名“以工代干”人员中有1154名按规定批准转为国家正式干部。

东港区设立后，按照国家干部录用政策，1994年全区吸收录用民办教师150人为国家干部。为法院、检察院、地税局考录工作人员18人。1996年，全区398名民办教师转为公办教师。1997年11月，首次组织国家公务员考录工作，为区直9个部门招考公务员12名。同时，全区符合条件的713名民办教师转为公办教师。1998年11月，为8个区直事业单位和10个乡镇(街道)事业单位公开考录应届大中专毕业生18名。2000年3月，配合区委组织部，考录24名优秀毕业生充实农村基层班子。2001年，为区招商办公室考录工作人员4名。2002年，按照国家规定，全区最后一批960名民办教师转为公办教师。2003年，借鉴国家公务员“凡进必考”的做法，改革创新选人用人机制，对事业单位新进人员一律面向社会公开招考，择优录用。对事业单位新录用人员实行聘用制，签订劳动合同，办理人事代理。2004年，为区直事业单位招考编制内工作人员30人。2005年，为区直部门、镇(街道)考录公务员32人。2007年，为区直部门考录公务员12人。通过实行干部招聘、选聘和聘用制等形式，促进干部特别是技术干部的合理流动。

干部调配

抗日战争胜利后至新中国建立前夕，干部调配按照后方支援前方、老区支援新区的原则，由县委统一选拔派往前线和新区。1945年冬，随军派往东北一批，1948年随军派往河南一批，1949年1月，由79名干部和7名工勤人员组成一个班子，到浙江接管一个县级政权。1952年，抽调48名干部支援新开辟的解放区。1953—1956年，重点调配区乡基层领导和财政、文教、卫生系统干部。1957年，对县人民委员会所属干部进行调配、调训。对县委管理职务以内的科员、股长、科局长等干部办理调配、调训手续。1957—1959年，按照管理权限，调配干部530名。1957年，为克服官僚主义和主观主义，巩固合作化，会同有关部门从县委、区委和有关企事业单位抽调99名干部，从县人委抽调250多名干部到基层帮助工作。1960年，调配395名干部充实新建单位。1961—1963年，调配干部295人。其中，下放到区乡基层51人(科局级干部8人)，充实到农业和财贸系统62人，与县外商调干部74人(调入35人)。1964—1965年，根据企事业单位干部余缺情况和照顾干部夫妻分居，调配干部532人。其中，充实到区乡基层薄弱单位领导班子102人，照顾夫妻分居与县外商调干部106人(调入干部73人)。“文化大革命”期间，干部调配工作由县革委政治部组织组负责。

1984年11月10日，贯彻落实省委组织部、省人事局制定《关于改革干部调配制度若干问题的规定》，调配工作纳入正规。1975—1989年地级市建立以前，日照市(县)内调配干部2188人，市(县)外调入干部1096人，调出市(县)外干部628人。

1990—1993年，市内调配干部906人、市外调入干部 512 人，调出市外干部 57 人。

1993 年年末，分两批接收市直部门下派干部 177 人。经推荐、考察，从乡镇(街道)选调干部 104 人。根据《市与东港区、岚山办事处企事业单位划管方案》，接收人员 7828 人。至 2007 年，共调配干部 650 人次，先后将 190 名用非所学(长)的科技人员调整到专业对口岗位。

干部选聘

1984 — 1989 年，按照省有关文件规定，日照市(县)选聘乡镇政府机关干部 11 人，选聘农村经管站干部 21 人。为 2 名在乡镇企业中做出特殊贡献的厂长经理办理聘用制干部手续。

1990 年，在企事业单位内部经考试考核选拔 30 名聘用制干部。1992 年，改革干部任命制为聘用制，500 余名优秀工人聘任到干部岗位。1994 — 2003 年，为全区企事业单位 8 名管理人员和专业技术人员办理聘用制干部手续。2003 年后，不再为企事业单位办理聘用制干部手续。

1975 — 1989 年日照县(市)干部调配情况统计表

表 35-10　　单位：人

年份	市内调配	调入				调出			
		合计	跨省	跨地	跨县	合计	跨省	跨地	跨县
1975 — 1976	124	2	—	—	2	—	—	—	—
1977	45	1	—	—	1	—	—	—	—
1978	229	56	4	3	49	100	14	43	43
1979	177	65	5	17	43	81	10	21	50
1980	76	40	11	8	21	70	8	41	21
1981	159	79	15	—	64	80	13	—	67
1982	248	68	11	—	57	38	8	—	30
1983	204	61	8	—	53	14	2	—	12
1984	272	65	12	—	53	42	20	—	22
1985	194	222	26	14	182	53	22	7	24
1986	139	123	30	16	77	31	11	9	11
1987	77	78	28	11	39	37	4	11	22
1988	152	149	54	25	70	45	2	18	25
1989	92	87	24	63	—	37	12	25	—
总计	2188	1096	228	157	711	628	126	175	327

人事档案管理

新中国成立初期，干部档案由县政府分管文书的人员掌管，干部档案材料比较简单，仅有一张或几张任命书或登记表。1963 年，对全县无人事档案的干部进行建档管理。1965 年，建立"干部统计卡片"，填写《干部履历表》。1982 年，组织专门人员对"文化大革命"中造成缺册少页的干部档案进行查找补充，对干部身份不清的人员与有关部门办理交接。收回档案材料 410 份，交出干部身份不清人员的档案 56 卷，对所存 1050 卷干部档案进行整理，填写干部卡片。1985 年，对 2939 卷在职干部档案进行彻底整理。对 4859 卷工勤、退休、退职、监察、病故档案进行整理，清理无头档案 79 卷。对 282 名干部档案中涉及"整风反右""反右倾""文化大革命"运动的材料，一并进行彻底清理。下放归卫生局、教育局、供销社联社部门管理干部的干部档案1439卷。1991年，根据中组部《干部档案工作条例》，整理在职干部档案3513卷、工勤档案143卷、退职档案1431卷、退休档案1838卷、监察档案583卷。

东港区人事局组建后，设立干部档案室，配备专职档案管理员。至2007年，共有人事档案4086卷。其中，在职干部1122卷，离退休干部1363卷，聘用制干部及机关事业单位工人档案1215卷，退职人员档案247卷，死亡档案139卷。收集档案材料3万余份，接待查档人员2万余人次。为平反冤假错案、落实政策、提拔干部、调整工资、退职退休等提供档案服务2万多卷次。

干部考核管理

1987年7月25日，全市党政机关、事业单位全面推行以目标管理为主要内容的岗位责任制，建立以定岗、定员为主要形式的4级目标体系，按百分制对工作人员的德、能、勤、绩进行考核，分优、良、中、差进行奖惩。1990年7月，市委、市政府制定《日照市机关岗位责任制试行办法》，要求签订目标责任书，将考核结果同评选先进和干部提拔使用结合起来。1993年机构改革后，全区岗位责任制以制定职位说明书的形式进行考核管理。

1996年6月，组织全区38个区直部门和18处乡镇(街道)的608人，参加现有机关工作人员向国家公务员和机关工作者过渡考试。至2004年，全区45岁以下国家公务员中，已有315人参加各种形式的计算机培训，有197人获得初级证书。

行政奖励表彰

新中国成立前后，对干部奖励多通过开庆功会、表彰大会、通报表扬等形式，给以精神鼓励。1952年起，对干部奖励分为表扬或奖品、记功或二等奖金、记大功或一等奖金、记特功或特等奖金、授予荣誉称号或荣誉奖金5种。1957年，按照国务院《关于国家行政机关工作人员奖惩暂行规定》，奖励分为记功、记大功、授予奖品或奖金、升级、升职、通令嘉奖6种。1982年，奖励分为奖品或奖金、记功、记大功、授予先进工作者、授予模范、升级、升职7种。1985年，执行省政府颁发的《山东省国家行政机关工作人员奖惩试行办法》，集体奖励分为授予先进集体称号和通令嘉奖两种，个人奖励分为授予先进工作者、记功、记大功、升级、通令嘉奖、劳动模范称号6种。同时，颁发荣誉证书和奖金。1992年，根据上级文件要求，市政府下发《关于加强国家行政机关奖励表彰管理工作的通知》，对奖励表彰工作实行规范化、制度化管理。1994年，对全区两个文明建设先进集体和先进个人进行表彰。2000年，区人事局、区经贸委等7个部门联合下发《关于表彰1999年度先进集体、先进个人的决定》，石臼街道裴家村等128个先进集体和32名先进个人受到表彰。2001—2007年，表彰194个先进集体、136名先进个人。先后同有关区直部门一起表彰先进集体98个、先进个人132名。

监察与惩戒

1952年3月，日照县人民政府监察委员会成立，负责县人民政府的行政监察工作，1955年9月撤销。1958年4月成立监察室，1959年6月撤销，政府行政监察工作由人事科承办。1988年2月12日市监察局成立。1989年5月30日，增设国家行政机关工作人员举报中心。同年11月，监察局升格为处级单位。同年，根据国家规定，人事部门负责管理行政机关、事业单位和企业中由国家行政机关任命的工作人员的日常行政惩戒工作。监察机关负责立案调查违纪案件并有一定的处分权。

1952年，对干部处分分为警告、记过(在执行中含记大过)、降级、降职、撤职、开除6种。1952—1953年，“三反”(反贪污、反浪费、反官僚主义)运动中，受理案件805起，涉及县级干部1人、区级干部17人、一般干部121人，给予行政处分139人。新“三反”(反对官僚主义、反对命令主义、反对违法乱纪)运动中，受理案件167件，涉及县级干部3人、区级干部4人、乡级干部48人、一般干部49人，给予行政处分104人。1954年，受理案件66起，给予行政处分48人。1955年，受理案件40起、人民来信来访55人次。1960—1965年受理案件325起，受处分的143人，受理人民来信来访1306件(次)。行政处分主要分警告、记过、记大过、降级、降职、撤职、开除留用察看、开除8种。

1962年，境内15个区102个公社共有监察干部633人。1089个大队建立监察委员会的964个，建立监察小组的125个。1964年，对全县全民所有制和集体所有制企事业单位用工情况进行检查，查处43个单位1961年以来私自录用干部63人，其中39人被下放、22人办理合同手续、2人转回集体单位。“文化大革命”开始后，监察工作中断。1975年，成立县人事局，监察工作随之恢复。

1976—1984年，受理来信来访2947人次，查办案件65起。其中，查办计划外生育和建私房案件38起。对42起历史案件进行审理，对9起冤假错案会同落实政策办公室进行审理，受错误处理的干部得到妥善安置。

1985年，按省政府有关奖惩办法规定，行政处分分为警告、记过、记大过、降级、降职、撤职、开除留用察看、开除8种。当年查办计划外生育等案件7起，受行政处分的有7人，受理来信来访73人次。1986年，对违反计划生育政策的3名工作人员给予开除留用察看1年处分，为受开除留用察看的4人恢复公职。1987年，为受开除留用察看的3人恢复公职。接待来信来访300余人次。

1988—1989年，共立查违纪案件35起。给予开除公职处分的5人，撤职处分的1人，记过处分的4人，警告处分的1人，移送司法机关处理的1人，建议开除留察一年处分的1人，撤职降级处分的1人，记大过处分的6人，查清违纪事实作批评教育处理的4人，通报批评了4个单位。通过查办案件，共挽回经济损失15.5万余元。

1993年，东港区监察局设立。东港区人事局与区监察局认真执行有关规定，至2007年，全区共有7人被开除公职、1人被辞退、9人被给予行政处分。

第二节　转业军官安置

接收分配

新中国成立后至1960年，共接收转业军官310人，主要安置在粮食、银行部门。1963年，分两批接收分配转业军官68人，安置分配到县级财贸行政管理部门20人、基层和生产单位48人。1964年，接收转业军官24人，全部安排到财贸系统。1966—1974年“文化大革命”期间，军官转业安置工作中断，1975年恢复。

1976年，接收转业军官52人，主要安置分配在公社和财贸、工交、文教、卫生等基层单位。1978年，接收转业军官150人，主要安置在县、公社党政机关、企事业单位。其中，任领导职务的75人。1979年接收转业军官173人，1980—1984年接收614人，大部分被充实到政法、工商、税务、物价、银行等系统。1985年，接收转业军官157人，主要充实加强政法、金融、第三产业及其他行业的基层组织。1986年，接收转业军官162人，安置到国家、省、市属单位。1987年，接收转业军官122人，主要安置到国家、省属单位和市属党政、事业单位及企业。1988年，接收转业军官59人，主要充实到有增干任务的政法、工商、税务、银行、保险、审计等系统以及新建单位。1989—1992年，共接收转业军官150人，分别安置到国家省属单位、市属党政、事业、企业。

1993—2001年，东港区共接收转业军官68名。分配去向主要是政法、事业部门。2002年，接收转业军官4人。其中，计划分配团级2人、营级1人、连排级1人。2003年，接收转业军官4人。其中，自主择业2人，计划分配团级2人。2004年，接收转业军官31人。其中，自主择业4人，计划分配团级4人、营级7人、连排级12人、技术干部4人。安排到行政单位15人、事业单位9人、企业3人。2005年，接收转业军官20人。其中，自主择业6人，计划分配营级7人、连排级12人、技术干部4人，安排到行政单位12人、事业单位2人。2006年，接收转业军官23人。其中，自主择业4人，计划分配团级1人、营级7人、连排级10人、技术干部1人，基本安置到镇(街道)事业单位。2007年，接收转业军官16人，基本安置在区直机关事业单位。

上岗培训

转业军官在走上新工作岗位之前，都要经过上岗培训。东港区转业军官随市军转培训中心统一组织。培训的内容、办法、时间，根据每年转业军官的情况不同而有所改变。除学习、了解当地政治、经济和社会发展状况等基本情况外，还选择学习上级统一编制的转业军官培训教材。1997—2007年，主要学习《国家公务员概论》《社会主义市场经济概论》《行政管理学》《应用文写作》《计算机应用教程》等转业军官培训教材。

第三节　大中专毕业生就业安置

分配派遣

1952—1982年，贯彻"学用一致"原则，分配派遣大中专毕业生3023人。其中，1952—1965年，分配派遣1104人。1968—1975年，由县革命委员会政治部分配派遣438人。1976—1982年，分配派遣1481人。1976—1979年，分配派遣人员多系工农兵学员。1978—1979年，分配派遣人员中部分为"社来社去"学员。1993—1996年，分配派遣大中专毕业生2168人。

双向选择

1997年，国家对毕业生就业分配制度实行改革，不再实行指令性分配办法。毕业生通过双向选择，与用人单位签订协议就业，大中专毕业生安置走向市场化。就业指导坚持"统筹安排、合理使用、加强重点、兼顾一般"和"面向基层、充实一线"的方针，坚持"学以致用、人尽其才"的原则。是年，全区接收大中专毕业生580人，落实就业单位556人，就业率为96%。

1998年，全区接收大中专毕业生621人，落实就业单位502人，就业率为81%。

1999年，实行学校推荐自主择业政策。毕业生的派遣期改为两年(自毕业之日起算)，全区接收大中专毕业生975人，落实就业单位750人，就业率为77%。

2000年，区人事局与区教育、公安、粮食部门联合制定《关于待就业毕业生档案及户粮关系管理问题的意见》，规定未落实工作单位的毕业生，自离校之日起3个月内凭就业报到证或就业推荐书、户口及粮食关系迁移证明、迁入地毕业生就业主管部门出具的落户证明，到家庭所在地办理落户手续，城镇户口性质不变。落实接收单位后，可把户粮关系迁移到接收单位。是年，全区接收大中专毕业生1180人，落实就业单位589人，就业率为50%。

2001年，事业单位接收毕业生按照"公开、平等、竞争"的原则，通过考试考核择优录用。全区接收大中专毕业生1210人，落实就业单位690人，就业率为57%。

2002年，电大、高职毕业生统一使用全国普通高等学校毕业生就业报到证，就业后在身份、待遇等方面与普通专科毕业生一样对待，不再办理录用干部手续。规定对经双向选择落实就业单位的毕业生，公安部门凭就业报到证或就业通知书、毕业证书、就业协议书办理落户手续。同年，全区考选30名优秀毕业生到贫困村"两委"(村党支部、村民委员会)任职。全区接收大中专毕业生1460人，占生源数的90%。落实就业单位890人，就业率为61%。

2003年，降低毕业生准入门槛，允许毕业生跨区域就业和多形式就业。全区共接待报到大中专毕业生1560人，其中本科生230人、专科生760人、中专生570人。落实就业单位1089人，就业率为70%。其中，本科生227人，就业率为98%；专科生696人，就业率为90%。

2004—2006年，全区共接待报到大中专毕业生1540人，落实就业单位1230人，就业率为79%。

2007年，全区共接待报到大中专毕业生1420人，至年底已落实就业单位的有667人，就业率为47%。

第四节　专业技术人员管理

科技人员管理

新中国成立后至1952年，科技人员主要由机关干部中的知识分子和经过短期培训的干部构成。1953年，开始补充中专毕业生。1957年，开始补充大专毕业生。至1964年，全县有大中专学历的人员848人。1978年，科技人员管理工作归科委。1979年，人事局会同科委及有关部门对科技人员进行全面普查，14名用非所学的大中专毕业生，按照所学专业调整归队。1982年，对69名在"文化大革命"期间受错误处理的科技人员撤销处分。1986年，全市科技人员数量6542名。按专业分类：教育3410名、工程504名、农业473名、卫生825名、经济295名、会计445名、统计129名、文化艺术39名、图书文博31名、工艺美术11名、体育8名、新闻翻译播音6名、其他366名。按行业分类：国家机关1120名、国有事业4550名、国有企业393名、集体企事业479名。1990年，科技人员管理工作划归人事局。

2005 年，全区有 1 名科技人员被评为山东省有突出贡献的中青年专家。至 2006 年，全区有 2 名科技人员被评为日照市有突出贡献的中青年专家。

职称评聘

1954 年，日照县始行职称评定。1966 年，为卫生系统 28 名全民事业的医务人员晋升职称。1978 年 9 月，为农业系统 3 人晋升中级职称。1980 年 3 月，县科学技术干部技术职称评定委员会成立，办公室设在科委。至 1983 年 9 月，评定晋升科技人员职称 1222 人。其中，中级 114 人、助级 389 人、员级 719 人。同时，1100 名农民取得农民技术员职称。1987 年 6 月，在全民所有制事业单位实行职称改革，参加评审专业技术职务任职资格 5219 人，其中评审中级 1239 人、初级 3880 人，推荐评审副高级 100 人。全市农民技术员达到 1252 人。其中，农业 409 人、畜牧 215 人、果树 383 人、茶叶 49 人、桑蚕 180 人、林业 16 人。至 1989 年，全市农民技术员职称 4439 名。1989 年，全市组织 17 个系列 15631 名专业技术职务任职资格评审。其中，评审中级 1953 人、初级 13550 人，推荐评审高级 128 人。1990 年 3 月，科技干部管理工作由科委移交人事局管理。1991 年 6 月，开始对全市企事业单位专业技术人员进行考核。

1993 年，东港区大部分企业和自收自支、企业化管理的事业单位实行专业技术职务评聘分开。同年，对经济、统计、会计、审计、计算机等专业进行以考代评，全区评审工程、教育、卫生等 27 个系列专业技术职务任职资格 1756 人。1994 年，对晋升和续聘专业技术职务的人员，要求出具人事部门颁发的继续教育证书。组织 710 人参加初级专业技术职务评审，分别推荐 520 人和 215 人参加中级和高级专业技术职务评审。1995 — 1997 年，组织 22 个系列 4190 人参加专业技术职务任职资格评审。1997 年，对专业技术职务试行异议期制度，异议期为 15 天。1998 年，推荐评审中级专业技术职务任职资格 1436 人，推荐评审高级专业技术职务任职资格 260 人。1999 年，推荐评审中级专业技术职务任职资格 1236 人，推荐评审高级专业技术职务任职资格 196 人。2000 年，参加评聘专业技术职务的人员必须取得全省或全国计算机等级考试合格证书。对申报中、初级专业技术职务的人员，进行以素质测评为主要内容的综合考试。对工程技术职务和中专、中小学教师职务中级任职资格开展社会化评审。2001 年，对专业技术职务实行差额评审制度，规定评审通过率不超过参评人数的 85%。年底，全区事业单位专业技术职务全部实行竞争聘任。2002 年，评审个体私营经济工程中级职务任职资格 179 人、工程初级职务任职资格 461 人，工艺美术中级职务任职资格 82 人，工艺美术初级职务任职资格 123 人。2000 — 2004 年，推荐评审中级专业技术职务任职资格 3091 人，推荐评审高级专业技术职务任职资格 568 人。2007 年，组织评审中级专业技术职务任职资格 1724 人，推荐评审高级专业技术职务任职资格 845 人。

专业技术岗位设置

1986 年，在职称改革开始阶段，专业技术职务的岗位设置采用评聘限额管理的办法进行控制。初级专业技术职务限额由各主管部门向市职改领导小组申请审批。中、高级专业技术职务限额由市职改领导小组审核报省职改领导小组审批。各部门、单位依照批复的限额进行聘任或任命专业技术职务。1991 年 10 月，将专业技术职务限额管理转换为岗位设置。1992 年，对专业技术岗位采取分类管理办法设置。企业单位专业技术岗位和事业单位初级岗位由单位自行设置，全民事业单位中、高级岗位采取数额控制的办法设置，由全市统一管理，重点放在教育、卫生、农业、工程系列。

1995 年，东港区人事局印发《关于进一步做好专业技术岗位设置调整核定工作的意见》，建立定期核岗制度。1998 年，对全区 32 个全额、差额事业单位的专业技术岗位进行审核，核减高级岗位 256 个、中级岗位 1432 个。1999 年，改革专业技术岗位审批办法：全额、差额预算管理事业单位需增设岗位，报同级政府人事部门审批。自收自支和企业化管理事业单位，报其主管部门审批。企业参照省规定的设岗意见和结构比例要求，实行自主设岗，到主管部门备案。按职位分类设置专业技术岗位，逐步将高、中级岗位分解设置到专业系列或科室，并参照行政机关制定职位说明书的做法，根据每个岗位的工作职责、任务、任职条件等，制定详细明确的岗位说明书。专业技术岗位在同一单位各个科室结构比例不强求统一，分解设置要有利于单位发展，注重人才结构布局，合理配置人才资源。在批准实行评聘分开的单位，获得评审专业技术职务任职资格的人数原则上按超出同级设岗数量的10%至15%的比例掌握。2003年，根据山东省专业技术岗位管理办法规定，为用人单位建立“专业技术人员岗位管理册”，对专业技术岗位和聘任工作实行台账式动态管理，为全区25个单位调整专业技术岗位。2004年，对全区1361个专业技术岗位进行统一核定。2007年，对区直17个部门、单位所属272个事业单位的岗位设置进行了核定和调整。

人事考试

人事考试工作始于1993年。按其内容和性质分为5类：专业技术资格考试，主要有经济、会计、统计、审计、计算机软件等。执业资格考试，主要有价格鉴证师、监理工程师、注册税务师、企业法律顾问、一(二)级注册结构工程师、一(二)级注册建筑师、注册资产评估师、注册城市规划师、执业药师、造价工程师、房地产估价师、岩土工程师等。职业资格考试，主要有质量工程师、出版专业、国际商务师、外销员等各类考试。其他职称类考试，主要有职称外语等级考试、计算机应用能力考试、技术工人等级岗位考核、职称评审综合考试等。社会化考试，主要包括公务员录用考试、军转干部安置考试、事业单位或其他单位录用人员考试、上级主管部门交办的其他考试和社会委托的考试。

1993年，组织全区3500多名专业技术人员参加全省统一组织的外语水平考试和全国统一组织的初、中级会计和经济专业技术资格考试。1994年，组织全区2000多人参加外语水平和工商行政管理等专业技术资格考试。1995年，组织全区1500人参加外语水平和专业技术资格考试，新开考执业药师等4个行业执业资格。1996年，组织全区1700余人参加外语水平和10个专业的专业技术资格等考试。1997年，组织全区2500人参加外语水平、专业技术资格、执业资格和职业资格等考试，首次组织录用公务员考试。1998年，组织全区1900人参加外语水平、16个专业的专业技术资格、执业资格和职业资格等考试。1999—2007年，共组织全区24619人参加外语水平、专业技术资格、执业资格和职业资格等考试。

图35-1　区人才交流中心举办人才供需见面会　（摄于2007年3月）

技术工人管理

1995年5月开始，对机关事业单位工人技术等级岗位进行考核。主要考核思想政治表现、生产工作成绩和技术业务水平三项内容。全部合格的，取得技术等级岗位证书，按取得的技术等级兑现相应的工资待遇。1995年，520名工人技术考核合格。1996年，组织对区直机关事业单位电工、中式烹调师等工种技术工人进行培训考核，考核合格491人。其中，高级工65人，中级工257人，初级工169人。复核合格人员23人。1997年，组织区直机关事业单位278名技术工人进行培训考核，合格人员257人。1998—1999年，组织区直机关事业单位191名技术工人进行培训考核。2000年，组织区直机关事业单位133名技术工人进行培训考核。2001—2002年，组织对区直机关事业单位210名技术工人培训考核。至2007年，共组织2100名技术工人进行培训考核。其中，为714名高级工、639名中级工、464名初级工办理等级考核手续。

第五节　人才交流

国内人才引进

1984年11月，县人才交流开发服务中心成立。至1989年，接待来访3870人次，为要求到日照工作的1785名科技人员办理登记手续。从外地引进各类专业技术人才214人，并对全市1.75万名科技干部逐一进行登记造册、建档立卡。

1989年地级市建立后，制定以大规模引进人才为主的人才聚集战略。1990年9月，市委、市政府召开全市人才工作经验交流会，全年接洽各类人才1313人，办理人才求职登记151人，引进人才39人。1991年，登记要求调入日照市工作的大专以上学历、中级以上职称的专业技术人才2500余人。为日照出口加工区、木浆厂、岚山液体化工码头等新建重点工程项目引进人才200余人。1992年4月，市委、市政府印发《日照市引进人才优惠政策规定》和《日照市鼓励贡献突出的科技人员暂行办法》。全年收到全国30个省、市、自治区各类人才咨询电报、电话、信函1.4万余人次，登记要求调入的8500余人，提出带项目和资金技术调入的379人。同年，实际引进人才565人。

1993年8月，东港区人才交流中心成立。同年，收接到来自陕西、新疆、内蒙古等地来信来访790人次，引进人才29人。1994年，接待来访610人次，引进具有大专以上学历和中级以上职称人才29名。1995年，引进各级各类人才64名。1996年，组团参加全省人才交流大会，接待洽谈1100人次，引进急需人才22人。1997年，组织11个用人单位参加日照市首届大中专毕业生供需见面会，接待洽谈1000人次，办理登记手续400人次，为65人办理就业手续。1997年，建立东港区人才市场。1998—1999年，引进各类人才108人。2000年2—3月，组织卫生局、华泰食品公司等6家单位参加全省大中专毕业生供需见面会，引进人才50人。2001年，为区医院、大岭正骨医院引进中、高级职称人才20人、大中专毕业生6人。2002年2月，组织用人单位到西安、北京、济南等地参加人才交流大会，引进各类人才88人。2003年，组织参加济南、武汉人才交流活动，引进各类人才28人。2004年4月，区人才交流中心设办公区、档案室，并开设“人才超市”和“职位超市”。同年，组织编写《东港区十一五人才规划纲要》。2005—2007年，为区医院、高新区管委等单位引进各类专业人才295人。至2007年，为50多家用人单位的1599人办理代理业务。

国外智力引进

建区后，结合区情，以农业、牧业、水产养殖业、工业加工业等支柱产业为重点，积极开展引进国外智力工作。1997年10月，邀请荷兰农业专家彼得·费力特先后到河山镇、三庄镇等9个乡镇进行技术指导，对全区1000多名技术人员进行培训。当年，引进荷兰苹果新品种4个，草莓新品种1个，落户河山镇。同年，全区提报引智项目5个，执行2个。1998年4月，组织奎山街道、南湖镇及所属4个村的农业技术人员到辽宁省辽阳、东港市学习大棚种植技术，引进草莓、茄子及荷兰蔬菜等新品种。1998年9月，应日照华泰食品公司要求，聘请日本专家高山觉进行技术指导。1999年5月，组织部分单位赴河南参加全国农业引智成果推广洽谈会，引进美国大豆、日本甜柿等新品种。9月，应区人民医院要求，聘请荷兰医学专家史迪克到该医院进行为期一周的技术指导。2001年，全区提报引智项目12项，执行4项。先后聘请日本梨树专家、农学博士、蔬菜专家、荷兰花卉专家、海洋生物专家到东港进行技术指导。

2002年，提报引智项目8个，执行4个。2004年5月，茶业局邀请日本农学博士、茶叶专家清水康夫前来指导茶业生产。全年提报引智项目10项，执行2项。组织参加在南京召开的全国国际人才交流大会，会上洽谈引智项目4个。2005年

图35-2　荷兰农业专家在东港指导花卉生产　　(摄于2005年)

9 月，荷兰农业专家威开斯博士先后到区农科园、区林科园、南湖镇西沈马庄村，对蔬菜、花卉等生产技术进行指导。全年提报引智项目 11 项，执行 3 项。2006 年 3 月，组织参加桂林“全国第十四届引进专家暨贸易研讨会”，洽谈项目 2 个。9 月参加沈阳“全国国际人才交流大会”，洽谈引智项目 3 个。

2007 年 4 月，日本农学专家荒木齐先生应邀前来就板栗生产进行讲学和技术指导。10 月，组织参加晋冀苏鲁豫皖六省引进国外智力精品展示及人才交流会。全年提报项目 10 个，执行 2 个。

图 35-3　日本专家应邀到东港指导果业生产　　(摄于 2001 年)

第三章　工资与福利

第一节　机关、事业单位工资

工资制沿革

清朝官吏的正俸　据 1885 年《日照县志》记载，清朝官吏实行年薪制，薪俸为银两。日照知县年薪俸 29.26 两银，教谕、训导、涛雒盐场大使各 40 两，安东卫巡检、典使各 31.52 两，马快 15.91 两，民壮 8 两，禁卒 11.1 两，轿伞扇夫、皂隶各 5.55 两，库子、斗级、知县门子、典使门子、仵作、马夫各 5.56 两，儒学斋夫 12.4 两，膳夫 6.86 两，门斗 7.44 两，大使皂隶、巡检皂隶各 6.2 两，马兵 3.1 两，递铺司兵 4.89 两。据《舆地悬境》记载：日照知县年养廉银 1400 两。据《山东盐法志》记载，涛雒盐场大使年养廉银 300 两。

民国时期官吏待遇　民国时期，开始实行月薪制。国民党政府制定《文官俸给暂行条例》。日照为三等县，县长月薪 200 元、科长 80 元、科员 30 至 40 元、录事 15 元、夫役 6 元、警目 8 元、警察 7 元。

新中国成立前的供给制　新中国成立前，参加革命工作的干部、职工实行低标准供给制。教师初为薪金制，1945 年改行供给制。供给标准：每人每日原粮 1.25 千克，蔬菜 0.5 千克，油、盐各 3.1 钱，每月肉 0.5 ～ 1 千克。每年发单衣 2 套，两年发棉衣 1 套，3 年发棉被、棉袍各 1 件。津贴费每人每月 3 元(北海币)。县以上干部、中学教员，年龄在 50 岁以上及参加工作 5 年以上的，享受保健待遇。1948 年 4 月，干部职工改为按级别分大灶、中灶、小灶等级供给。区级以下干部为大灶待遇，供给标准：粮草每人每日麦粮为 1 千克或秋粮 0.9 千克、草 1.5 千克或柴 1.25 千克。大灶每人每日粗菜 0.5 千克、油 3 钱、盐 5 钱、肉 2 钱。地方县以上、部队营以上干部享受小灶待遇，5 年发 1 顶蚊帐。1948 年 10 月，学校教职工实行粮薪制。初小教员每人每月秋粮 80 千克、麦粮 10 千克。初小校长和高小教员每人每月秋粮 90 千克、麦粮 10 千克。高小校长及中学教员每人每月秋粮 100 千克、麦粮 10 千克。

新中国成立初期的工资制　新中国成立初，全国各地工资分供给制、薪金制、供给制与薪金制混合实行等多种形式，没有统一的工资制度。1950 年 2 月，各级人民政府供给制人员伙食待遇标准，根据工作人员的职务及工作经历，分别享受大、中、小灶待遇。除服装、技术津贴、保健费、老年优待金、住房等仍实行实物供给外，将个人伙食费折发代金发给本人包干使用，即“小包干”，每人每月13.48万元(旧人民币，下同)、18.07万元、22.65万元不等。1952年3月，开始对供给制人员实行供给加津贴的试行办法。津贴分10等24级，从1等1级360万元至10等24级4.1万元不等。1953年，对供给制人员扩大包干范围，除子女保育费外一律实行“大包干”。确定以“供给分”作为全国统一的工资计算单位，一个“供给分”可以折合成粮食0.4千克、白布0.2市尺、食油0.025千克、食盐0.01千克、煤炭1千克的总值，每月按《大众日报》公布的上述物品折款发给本人包干使用。其间，学校教职工由粮薪制改为“工资分”制。1954年6月，将供给制人员的津贴标准修订为包干标准。7月对实行供给制和实行工资制的人员按1至29级评定级别。较高的一级2200个“工资分”，最低的一级85个“工资分”。1955年6月，根据国务院发布《国家机关工作人员实行工资制和改行货币工资制的命令》，将机关实行包干制的人员一律改为货币工资制。

工资改革

1956年工资制度改革 1956年6月，根据国务院《关于工资改革的决定》，开始实行用货币规定工资标准制度，即职务等级工资制。机关工作人员的工资由高到低分为30个等级、330个工资标准。每一职分为数级，级间上下交叉。1级为560元、30级为20元。工程技术人员的工资分为18个等级、198个工资标准，并根据产业不同划分为5类。其他人员如民警工资分为13个等级、143个工资标准。翻译人员工资分为15个等级、165个工资标准。机关事业单位工人工资分为10个等级、110个工资标准。教育、科研、文化、卫生等国家事业单位按职务或职称确定工资标准。全国划分为11类工资区，同一等级的工资标准，11类工资区比1类工资区高出30%。日照县工资标准定为3类工资区，机关事业单位干部实行职务等级工资制，机关事业单位工人实行10级工资制。中、小学教员分别实行14级、12级工资制。国营企业单位实行8级工资制。各行业之间同等职务的人员，其工资额基本相等。全县有3526名职工执行新工资标准，人均月增资6.95元，工资水平增长14.8%。新工资标准从1956年4月1日起执行。

1985年机关事业单位工资制度改革 1985年1月，废除原来大一统的等级工资制，将企业单位工资与机关事业单位工资分离。企业单位实行工资与经济效益挂钩，内部自主分配的效益工资制。机关事业单位建立以职务工资为主的结构工资制。即由基础工资、职务工资、工龄津贴和奖励工资组成。基础工资6类区为40元，5类区为39元，是国家对工作人员最低生活保障部分；职务工资按工作人员的职务高低、责任大小和业务技术水平高低确定，最高477元、最低11.5元。工龄津贴按年度计算，每工作一年每月0.5元，最高限额20元；奖励工资按每人每月15元发给。工资改革后人均月增资20.12元，人均月工资达到80.78元。

1993年机关事业单位工资制度改革 1993年10月，对机关事业单位的工资制度进行重大改革，机关、事业单位分别建立起符合自身特点的工资制度：机关工作人员(除工勤人员外)实行职级工资制度，按照工资的不同职能，将工资分为职务工资、级别工资、基础工资和工龄工资4个主要部分。事业单位实行不同类型的工资制度。教育、科研、卫生等实行专业技术职务等级工资制。地质、测绘、交通、海洋、水产等实行专业技术岗位工资制。文化、艺术、表演团体实行艺术结构工资制。体育运动员实行体育津贴奖金制。金融单位实行等级工资制。事业单位管理人员实行职员职务等级工资制。机关事业单位工人实行不同种类的工资制度。机关技术工人实行岗位技术等级(职务)工资制，基本工资由岗位工资、技术等级(职务)工资、奖金3部分组成。机关普通工人实行岗位工资制，基本工资由岗位工资和奖金两部分组成。事业单位技术工人实行技术等级(职务)工资制，基本工资由技术等级(职务)工资和岗位津贴两部分组成。事业单位普通工人实行等级工资制，基本工资由等级工资和作业津贴两部分组成。实行地区津贴制度，并对特殊岗位工作的机关事业单位工作人员，实行岗位津贴制度。建立正常的增资机制，机关事业单位工作人员通过3种正常渠道增加工资。机关工作人员考核，称职以上的每两年可在本职务工资标准内晋升一级职务工资；事业单位工作人员，考核合格以上的每两年可在本职务工资标准内晋升或越级晋升职务工资；机关事业单位工作人员，连续5年考核称职或连续3年考核优秀的，在本职务对应的级别范围内晋升一级级别工资。工作人员晋升职务时，按晋升的职务相应增加工资。技术工人技术等级(职务)晋升后，按晋升的技术等级(职务)相应增加工资。工作人员晋升级别后，可相应增加级别工资。根据经济发展情况、企业相当人员工资水平状况和物价指数变动情况，定期调整机关事业单位工作人员的工资标准。此次工资改革从1993年10月份开始，至1994年10月份结束。新的工资制度从1993年10月1日起执行。

2006年机关事业单位工资制度改革　根据省政府办公厅、市政府办公室有关文件要求，东港区政府办公室于2007年4月11日，印发《东港区公务员工资制度改革实施意见》《东港区事业单位工作人员收入与分配制度改革实施意见》和《东港区机关事业单位离退休人员计发离退休费等问题的实施意见》，对机关事业单位在职工作人员的工资制度进行重大改革。公务员实行职级工资制，基本工资由职务工资和级别工资构成。

2006年7月1日起，公务员年度考核累计两年称职及以上的，从次年1月1日起在所任级别对应工资标准内晋升一个工资档次。下一次按年度考核结果晋升级别工资档次的考核年限，从工资档次晋升的当年起重新计算。机关工人年度考核累计两年为合格及以上的，从次年1月1日起晋升一个岗位工资档次。下一次按年度考核结果晋升岗位工资档次的考核年限，从工资档次晋升的当年起重新计算。2007年1月1日起，凡年度考核称职及以上并达到级别套改规定年限的，可从达到规定年限当年的1月1日起，晋升一个级别。事业单位岗位分为专业技术岗位、管理岗位和工勤技能岗位。专业技术人员按本人现聘用的专业技术岗位执行相应的岗位工资标准。管理人员按本人现聘用的管理岗位(任命的职务)执行相应的岗位工资标准。工人按本人聘用的工勤技能岗位(技术等级或职务)执行相应的岗位工资标准。

工资调整

1956—1984年工资调整　1956年，适当降低领导干部工资。1957年1月，降低10级以上干部的工资。1959年6月，贯彻国务院"一般不动、个别调整、按劳取酬"的原则，解决个别职级不相称和个别不平衡的现象(重点解决悬殊较大的不合理现象)。全县67人增资。其中，县委部(科)级干部2人，一般干部12人；县人委局(科)级干部8人，一般干部24人。公社副书记5人，正副主任6人，一般干部10人。省分配增资指标总额402元，实用398.5元。升级工资从当年10月1日起执行。1960年，将行政17级以上(含档案工资额)党员干部的工资按不同比例予以降低。1963年8月，调整部分职工的工资，升级面为1958年8月底日照县实有职工人数的40%。为商业、工业、建筑、交通等企业简化统一工资标准。升级工资从当年8月1日起执行。1971年，对3级以下职工进行工资调整，亦称"低工资调整"。境内共有职工13311人，在升级范围的4184人中，升级的4113人，升级工资从当年7月1日起执行。

1977年，为工作多年工资偏低的职工调资。按参加工作年限在调级范围的2463人，实际调级2213人。按工作年限和工资额在增资范围的2494人，实际增资2472人。大中专毕业生转正定级的101名，人均月增资2.99元，升级工资从当年10月1日起执行。1978年，为全民所有制单位中工作成绩特别优异，提职后工作表现好，而工资偏低的人员进行考核升级，升级人数控制在固定职工总数的2%以内，全县282名职工升级，升级工资从当年12月1日起执行。1979年9月，对1978年年底以前参加工作的职工调整工资，调整面为当年10月全县职工人数的40%，有6265人升级，升级面为43.2%，人均月增资2.59元。为34个集体所有制企业的1377名固定职工统一工资标准，人均增资5.17元。同年11月，全县工资区类由3类调为4类，升级工资从当年11月1日起执行。1981年，调整教育、卫生、体育3个行业1978年年底以前参加工作的教职工和取得技术职称的卫生技术人员的工资，全县有4570人升级，升级工资从当年10月1日起执行。1982年，为国家机关、文教和卫生行业1978年年底前参加工作，当年9月底在职的工作人员调整工资，全县有2927人升级，升级工资从当年10月1日起执行。1984年，为319名在农林第一线工作的科技人员增加岗位津贴。

1985—1992年工资调整　1986年，为国家机关、事业单位2908名工作人员调整工资，为610名工作人员套改工资，为222工作人员推算知青下乡工龄，为1274名离退休干部提高工资区差。1987年，对1966年年底以前参加工作的2959人调整工资。其中，国家机关805人，全民事业单位2103人，集体事业单位51人。为1240人晋升职务工资。为事业单位专业技术职务聘任后2328人增加工资，为36名农林第一线工作的科技人员增加岗位津贴，为544名教师增加教龄补贴，为63名护士增加护龄补贴。同年10月为中小学和幼儿园的教师提高工资标准10%，为1987年10月以后离退休的中小学和幼儿园的教师提高10%，新增部分可作为计发离退休费基数。1988年，为1954名专业技术人员增加工资。同年5月市工资区类由5类调为6类。1989年，按有关文件规定，审批进档工资166人，审批升级工资4849人，提高护士工资标准416人。为54名教师和护士增加教护龄补贴，审批退休人员补贴1275人，增发退职干部生活补贴73人。1990年，为党政机关事业单位1.31万人普调一级工资，8014人在普调的基础上再升一级工资，为2713名离退休干部增加离退休费。1991年，为579人增加工资，为322名临时工转招人员确定工资待遇。同时，对“文化大革命”中延期分配的大中专毕业生更改工龄。1992年1月起，将国家机关事业单位工作人员的工龄津贴标准由每工作一年0.5元提高到1元，并按本人实际工龄计发。

1993—2007年工资调整　1993年，根据国发〔1993〕79号文件，为全区机关事业单位402名职务变动人员调整工资，为103名离退休人员增加离退休费。1995年，为机关事业单位711名离退休人员增加离退休费，为208名退职人员增发生活补助费，12月起对连续从事教育工作满30年，并由省教委颁发30年教龄《教育荣誉证书》的退休中小学教师，按100%发给其退休金。1995年10月，为全区机关事业单位连续两年考核称职(合格)以上等次的8102名工作人员晋升职务工资，为8706名工作人员增加职务补贴和生活补贴，为806名离退休人员提高离退休费标准。

1997年，根据鲁人薪〔1996〕13号文件，对全区机关事业单位连续3年考核优秀的221人晋升工资级别，对连续两年考核称职(合格)以上的812人晋升职务工资。根据鲁人薪〔1997〕14号文件，将机关行政人员基础工资标准由原每人每月90元提高到每人每月110元。1月起根据事业单位各类人员和机关工人工资制度的特点及其工资构成比例相应调整工资标准，在原职务(岗位)工资标准的基础上各档增加14元，津贴、奖金(活工资部分)按其在工资构成中的原有比例相应提高。

1999年，根据国办发〔1999〕78号文件，7月起将机关行政人员的基础工资标准由每人每月110元提高到每人每月180元，级别工资标准由15级至1级每人每月55～470元提高到每人每月85～720元。在调整机关行政人员工资标准的同时，适当调整事业单位工作人员工资构成中的固定部分和机关工人的岗位工资和技术等级工资标准，固定部分调整后活的部分按国家和省规定的工资构成比例相应提高。2000年，根据鲁人薪〔1996〕13号文件，为全区机关事业单位1.46万人晋升工资档次，为218人晋升工资级别，为1803名职务、职称变动人员晋升工资，为1219名离退休人员增加离退休费。

2001年，根据国办发〔2001〕14号文件，1月将机关行政人员的基础工资由每人每月180元提高到每人每月230元，级别工资由15级至1级每人每月85～720元提高到每人每月115～1166元，同时将机关工人的岗位工资标准和技术等级工资标准作适当调整，奖金部分按其在工资构成中的比例相应提高。事业单位工作人员的工资调整，大体参考机关同类人员的增资水平，相应调整其固定部分标准和活的部分水平。其中，固定部分按增资额的70%增加，活的部分按国家规定的工资构成比例相应提高。

2002年，按照鲁人薪〔1996〕13号文件，为机关事业单位2000年和2001年连续两年考核称职(合格)以上的人员晋升工资档次，为符合晋级条件的231人晋升工资级别，为1921名离退休人员增加离退休费。

2003年，根据国办发〔2003〕93号文，为区直机关事业单位15423名工作人员和2109名离退休人员调整工资和增加离退休费，人均月增资50元，从当年7月1日起执行。按鲁人薪〔1996〕13号文件，为机关事业单位2001年和2002年连续两年考核称职(合格)以上的1107名工作人员晋升工资档次，为符合晋升级别条件的 217 名工作人员晋升级别工资，为 1922 名职务变动、晋升工人技术等级或聘任专业技术职务的人员晋升工资。

2004 年，按照鲁人薪〔1996〕13 号文件，对机关事业单位 2002 年和 2003 年连续两年考核称职(合格)以上的 1.13 万名工作人员，从 2003 年 10 月起，晋升一个工资档次。是年，完成全区机关事业单位连续两年考核称职(合格)以上工作人员正常晋升一档职务工资的审核审批工作，共审核审批 1.3 万余人，为 340 名乡镇教师和农林水一线科技人员办理工资浮动转固定手续。

2005 年，为符合晋升级别条件的 238 名工作人员晋升级别工资，为 1715 名职务变动、晋升工人技术等级或聘任专业技术职务的人员晋升工资。

2006 — 2007 年，1.36 万人次的机关事业单位人员经考核称职(合格)人员正常晋升一档职务工资，为 2150 余人理顺或调整工资，为 124 人晋升级别工资。

工资确定

招收、录用人员的工资确定　1950 年 9 月，按政务院规定，对高校毕业生尽可能实行供给制或低薪制，见习期定为半年到一年。1953 年 3 月，改按学历和修业年限确定定级工资标准。1957 年 1 月，见习期由半年延长至一年，同时降低各类学校毕业生的临时工资和定级工资标准。1977 年 8 月，规定“文化大革命”期间入学的各类学校毕业生不再实行见习期。毕业分配后直接确定定级工资。1980 年 1 月，恢复毕业生按学历确定工资标准的制度。1985 年，大中专毕业生参加工作实行一年见习期。见习期间不执行结构工资制，期满后按确定的职务领取相应的职务工资；新招收的工人仍实行学徒期、熟练期制度，学徒期、熟练期间执行临时工资，期满后执行转正定级工资。

1993 年，机关招收各类学校毕业生由原来的见习期改为试用期，试用期为一年，试用期满后按所任职务确定职务工资档次和级别工资，工龄工资和基础工资与其他人员一样，事业单位招收各类学校毕业生除博士、硕士毕业生外，仍实行一年的见习期，并发给见习期工资(包括津贴)。博士、硕士毕业生在尚未聘任专业技术职务之前，发给相应的初期工资，机关和事业单位招收的工人，分别实行学徒期和熟练期制度，期满后执行转正定级工资，党政机关从企事业单位在职职工和机关工勤人员中录用国家公务员和机关工作者，仍实行一年的试用期，试用期的待遇参考录用前本人的学历、工作经历确定；试用期满后的工资待遇，按本单位正式任职定级的同等条件人员的工资水平确定。从社会上有工作经历的非公职人员中录用国家公务员，可酌情考虑其学历和工作经历，确定其试用期和定级工资待遇。试用期人员除执行国家、省统一的试用期工资标准外，各种津贴、补贴与其他在职人员基本相同。

调动、换岗人员的工资确定　1957 年，根据国务院《关于国家机关工作人员调动中各项待遇问题的规定》，工作人员调动工作以后工资应按新工作机关现行工资标准执行。1959 年，按规定由企事业单位调至国家机关工作的行政干部，以其担任职务和德才情况比照所在机关同职工作人员的工资水平重新评定工资等级。由企事业单位和外省市调至国家机关工作的各类技术干部，则根据他们的原工资评定等级。“文化大革命”期间及以后的一段时间，对调动工作后改变工资制度的职工不再评定等级，在地区之间、矿山井上井下之间、航运船岸之间调动工作的职工其工资待遇可按原规定执行，调动工作的职工其工资一律暂不变动。1985 年，职工调动工作后的工资待遇，按调入地区和单位的现行工资制度和工资标准执行。工资制度和工资标准相同，职务和工种不变的其职务(岗位)工资不变。合同制工人调动工作后，从事原工种考核合格的，按原工资等级支付。调动后需要重新确定工资的，调动前的工资高于新定工资的，高出部分不予保留。但鉴于机关事业单位执行单一的结构工资制，在机关事业单位之间调动，工资基本上不变。

1994 年始，按省人事厅鲁人薪〔1994〕13 号文件规定，调动、换岗人员工资待遇按调入地区、调入单位、所从事岗位的同类人员工资水平重新确定。公务员在机关之间变换工作单位后，职务没有变动的，职务工资、级别工资不变。变换工作单位后职务变动的，按照公务员职务变动后的工资确定办法，按现任职务确定职务工资和级别工资。

转业、复退人员的工资确定　1952 年 3 月始，转业军官的工资以不降低军队原待遇为原则，军队级别套地方同等级别后高出部分予以保留。1958年11月，改按军龄长短分别按军队原薪的百分比发给。1962年11月后，按地方同级干部的工资标准发给。1975年8月规定，1953年12月以前入伍的按军队级别工资发给。1985年7月，改按军队职务和级别，与地方相对应同职级干部套改工资。1988年10月，取消行政级别。1989年以后，转业军官按本人原职务工资加军衔工资之和的80%减15元，就近套入地方相对应职务的工资等级。1993年10月起，安置到机关的转业军官其职务工资按照本人原军队职务(技术等级)工资的80%数额就近套入机关对应职务工资档次。分配到事业单位的转业军官其工资的固定部分按照分配到机关同等条件转业军官基本工资(职务工资、级别工资、基础工资、工龄工资4项之和)70%的数额，就近就高套入所对应的职员职务工资档次。对其中具有专业技术职务的人员也可以就近就高套入所对应的专业技术职务工资档次，其津贴部分按照所在单位的津贴分配办法执行。

1969年3月起，大批军官按复员处理，属工人的军龄不满8年的定2级工、8至15年的定3级工、15至20年的定4级工、20年以上的定5级工，属干部的按军龄长短分别定行政25、24、23、22级。志愿兵初期工资定2级工，义务兵定1级工。1983年，志愿兵享受复员干部待遇。1986年，退役的义务兵和志愿兵分配到国家机关、事业单位工作后不实行学徒期和熟练期，从报到的当月按其服役时间长短及工种确定相应的工资。1993年，工资改革后，对部队志愿兵、义务兵退伍到地方工作按地方同岗位同条件人员的工资水平确定。在机关事业单位普工岗位工作，按本单位或本系统同工龄大多数普工的工资水平确定。在机关事业单位技工岗位上工作的，对具有所任工种中、高级技术等级证书的，可按现岗位同工种、同技术等级和同工龄大多数工人的工资水平确定。对未具有所任工种技术等级证书或具有初级工证书的，按现岗位同工种、同工龄初级工的工资水平确定。在事业单位专业技术岗位和管理岗位上工作的，办理聘用制干部手续后按同类人员确定其专业技术职务工资或职员职务等级工资。

2006年7月1日后安置到机关工作的退役义务兵、士官，比照事业单位工人变换到机关工作的工资确定办法，确定其技术等级工资和岗位工资。其中，安置在技术工岗位的，模拟套改时按本人2006年6月30日符合机关工人技术等级岗位考核报考年限条件对应等级的下一等级套改，任职年限按4年以下计算。安置到事业单位工作的退役义务兵、士官，岗位工资按所聘岗位确定。薪级工资比照企业工人变换到事业单位工作后聘用在工人岗位的工资确定办法，确定其薪级工资。

第二节　企业职工工资

民国初期，境内无产业工人，一些商店、作坊的雇用人员，待遇极低。民国初期多为年薪，后改为月薪、日薪，少数商店、作坊实行年终分红。

新中国成立初期，企业工人的劳动报酬形式多样，分供给制、薪金制、供给制与薪金制混合实行等多种形式，没有统一的工资制度。1956年，境内在对党政机关、企事业单位普遍进行工资改革的同时，在工人中实行八级工资制。有3526名职工执行新工资标准，按3类工资区标准执行。1963年8月，根据劳动部规定，再次调整职工工资，升级面为1958年8月末实有职工人数的40%，全县职工人均增资3.1元。1971年，根据国务院有关规定，只对3级以下职工进行工资调整，人均月增资1.74元。

1979年11月，由3类工资区调为4类。1983年，根据国务院规定，对企业进行工资调整，在调资范围内的有7730人，升级的7233人。1984年，对75家企业、4976名工人简化归并工资标准，按新拟工人工资标准执行。同时，按文件规定，为41家企业中的(商业、粮食、供销业务人员)3031人的工资靠到行政工资标准。1985年，按国务院规定，对工资制度进行改革。对企业的工资改革实行工资总额与经济效益挂钩，与国家机关、事业单位工资脱钩。这次工资改革分两步进行，第一步，为178家企业1.09万人套改工资。第二步，为8952名企业职工升级。从7月1日起，全市改按5类地区工资标准执行。1991年，按有关文件规定，为579人增加工资，为322名临时工转招人员确定工资待遇。当年起，每年根据企业经济效益给职工增加档案工资，一般为一级，少数为半级。1994 年起，一般为二级，少数为一级。大部分企业不执行档案工资。2001 年后，企业不再进行档案工资调整。

工资形式

主要有计时工资、计件工资、奖励工资和各种津贴等辅助工资形式。

计时工资　民国时期，一般计日标准在 12 小时以上。新中国成立后至 1956 年前，一般为 10 小时。1956 年 7 月，国家规定 8 小时为一工作日。自 1955 年实行货币工资制以来，至今仍在广泛实行的最基本的工资形式为小时工资、日工资和月工资三种。

1999 年 9 月，全体公民的节日假期由原来的 7 天改为 10 天。据此，职工全年月平均工作天数和工作时间分别调整为 20.92 天和 167.4 小时，职工的日工资和小时工资按此进行折算。

计件工资　计件工资于 1960 年在日照机械厂、日照造船厂和日照第二机械厂等企业的少数从事手工操作的工人中试行。1966 年“文化大革命”开始后停止。1978 年后在企业中恢复实行。2005 年，全区凡能实行计件工资的厂、车间、工序岗位，全部实行计件工资，采用的形式有直接计件、超额计件、包干计件等。

奖励工资　新中国成立初期，境内采用年底双薪制度，1953 年取消。1954 年，企业实行单项奖，包括超产奖、节约奖、安全奖等。1959 年，对企事业中生产、工作表现好的职工颁发一次性“跃进奖”。1965 年，对奖励制度进行清理整顿，在多数企业中推行“发明奖”“技术革新奖”“节约奖”等。1966 年“文化大革命”开始后，取消各种奖金制度，将该项奖励基金按月平均发给企业职工，称为“附加工资”或“活工资”。1978 年后，试行一次性年终奖。1984 年后，打破奖金发放中的平均主义，逐步取消奖金封顶做法，实行奖金发放同经济效益挂钩。

工资水平

新中国成立后，职工的工资水平不断提高。1957 年，年人均工资 505 元，1985 年为 1006 元，1989 年为 1736.6 元，1993 年为 2838 元，1998 年为 6013 元，2005 — 2007 年为 1.54 万元。

最低工资保障

1994 年 11 月，根据国家和省的部署，东港区实施企业最低工资制度，执行 170 元/月的标准。2004 年 3 月，根据劳动和社会保障部颁布的新“最低工资规定”，对机关、事业单位、社会团体和与之建立劳动合同关系的劳动者，依照该规定执行新的标准，并最少两年调整一次。

1995 — 2006 年东港区最低月工资标准表

表 35-11

工资标准	170 元	200 元	260 元	380 元	420 元	480 元
执行时间	1995 年 1 月	1997 年 1 月	1999 年 7 月	2002 年 10 月	2005 年 1 月	2006 年 10 月

第三节　职工福利

福利费

1952 年，福利费按职工工资总额一定比例提取，主要用于解决职工生活和家庭困难。1957 年，福利费除用于解决工作人员的家庭生活困难、患病医疗费、死亡埋葬费及其他困难外，还用于补助集体福利事业。

1953 — 1959 年，日照县福利费收入 13.19 万元，开支 12.04 万元，结余 1.16 万元。1960 年，为帮助干部勤俭理财，解决干部的临时性困难，在县人委机关发动成立“储金会”。1964 年，有 28 个单位成立“互助储金会”。全年福利费收入 2.10 万元，补助 787 人。1965 年，“互助储金会”129 个，福利费收入 15826 元，补助 486 人。“文化大革命”期间，福利费停止使用。1976 年以后，福利费按各机关事业单位工作人员名额分配，由单位自行掌管，年底一次性评发。1980 年 12 月，福利费提取标准改按基本工资的 2.5%，由财政随工资发给各单位掌管使用。1994年12月，国家机关工作人员(含离退休人员)福利费按每人每月8元提取，年终一次性发放，管理使用仍按原规定执行，事业单位参照执行。

工作时间

新中国成立后，境内机关、学校、企事业单位统一实行每周六天工作制，每日工作8小时。1995年，国家机关事业单位统一实行5天工作制，每日工作8小时，每周工作40小时，星期六、星期日为周休息日。

假期待遇

节假　1999年9月始，国务院《全国年节及纪念日放假办法》规定，全体公民的节日假期由原来的7天改为10天：春节3天，元旦1天，“五一”3天，国庆节3天。从2007年12月起，国家法定节假日总天数由原来的10天增加到11天，取消“五一”黄金周，增加部分传统节日休假日。新年，放假1天(1月1日)。春节，放假3天(农历除夕、正月初一、初二)。清明节，放假1天(农历清明当日)。劳动节，放假1天(5月1日)。端午节，放假1天(农历端午当日)。中秋节，放假1天(农历中秋节当日)。国庆节，放假3天(10月1日、2日、3日)。

部分公民放假的节日及纪念日。妇女节(3月8日)，妇女放假半天。青年节(5月4日)，14周岁以上的青年放假半天。儿童节(6月1日)，不满14周岁的少年儿童放假1天。中国人民解放军建军纪念日(8月1日)，现役军人放假半天。

年休假　1952年，按国家年休假制度规定，境内工作人员，每年休假10天。平日工作繁重、体质差的干部，假期适当增加。1987年1月，执行《山东省党政群机关工作人员实行年休假制度的暂行规定》。1989年7月，根据上级通知停止执行。1991年1月起，在党政群机关恢复实行年休假制度。

疾病待遇

1963年，规定抗日战争前参加工作因病长期休养者，工资照发。抗日战争期间参加工作的，发85%～95%的工资。全国劳动模范、先进工作者、副教授以上民主人士等因病长期休养，视情况确定其生活待遇标准。1974年1月，对第二次国内革命战争时期及以前参加工作的干部，病假期间工资照发。工作人员因公负伤后，可享受病假待遇。工作人员因公致残，根据本人残废程度和工作年限，分别享受病假、退职、退休待遇。

抚恤待遇

丧葬费　1950年，国家工作人员牺牲或病故后，丧葬费(以粮计算)控制在300～400千克粮食内实报实销。1952年1月，调为500～750千克粮食，同年又改为420～640个工资分。1953年，改发现金100～400元。1954年为200元。1955年为240元。1963年，局(科)级以上干部控制在1000元内开支，局(科)级以下干部控制在300元内开支。1977年，恢复1955年的标准一律240元。自1989年起执行省财政厅《关于修订行政事业单位职工丧葬费开支规定的通知》，国家机关、党派团体、事业单位工作人员(包括离退休人员)丧葬补助费，不分职务级别，一律500元，包干使用。

一次性抚恤金　1950年，因公牺牲(定为烈士称号)的国家工作人员，对其家属发放一次性抚恤金(以粮计算)600～300千克粮食，病故(包括意外死亡)的450～225千克粮食。1952年5月，改为牺牲的2400～600千克粮食，病故的1800～450千克粮食。1953年，改发现金，牺牲的550～140元，病故的410～110元。1979年1月，牺牲的650～180元，病故的520～150元。1979年2月，牺牲的650～500元，病故的550～400元。1980年6月，牺牲的1000～800元，病故的700～400元。1994年，批准为革命烈士的为本人生前40个月的工资，因公死亡的为20个月的工资，病故的为10个月的工资。国家机关、人民团体的工作人员牺牲、病故后，一次性抚恤金由家属所在地县(市)民政部门发给。事业单位的工作人员牺牲、病故后，一次性抚恤金由原单位按规定标准发给。

遗属生活困难补助　1957年，国家工作人员牺牲或病故后，其遗属家属生活上有困难的进行生活困难补助，由原工作机关从机关福利费中酌情给予临时或者定期补助。1964年，工作人员牺牲、病故后遗属的补助费，分别在行政费、事业费开支内解决，每人每月4～8元。“文化大革命”期间，遗属生活困难补助停止办理。1976年后，政府的抚恤政策得到全面落实。日照县1976—1979年，为50名病故工作人员的遗属123人办理遗属生活困难补助。

1979年11月5日，将遗属生活困难补助金调整为农业户口每人每月12元，非农业户口每人每月18元。自1980年至1998年，共为1099名病故人员的遗属2328人办理遗属生活困难补助。1999年，非农业户口的按户籍所在地政府公布的城镇居民最低生活保障线标准执行。农业户口的按户籍所在地政府公布的农村村民最低生活保障线标准的150%执行。1999—2004年为238名机关事业单位病故干部、工人直系亲属审批遗属生活困难补助。2005年，对遗属补助标准不再区分户口性质，统一按城镇居民最低生活保障标准调整。审核全区机关事业单位工作人员的遗属400多人，对符合条件者调整补助标准。2005—2007年，为机关事业单位工作人员442名病故干部、工人的直系亲属审批遗属生活困难补助。

企业职工福利

新中国成立后，企业职工享受劳保医疗。凡实行劳保的企业，职工患病治疗所用的诊疗费、手术费、医药费，全部由企业负担。患病6个月以内的，根据工龄长短，分别发给本人工资的60%～100%；超过6个月，发给本人工资的40%～60%。临时工、季节工、合同工患病或负伤治疗，在3个月以内的其医疗待遇与正式职工相同，并发50%工资；超过3个月的，由企业在劳动保险金中一次付给本人3个月的工资，作为疾病、负伤救济费。对因公负伤住院治疗的职工，其医疗待遇除与正式职工相同外，企业行政还负担住院伙食费和就医路费。1966年4月1日起，其伙食费改为本人负担1/3，企业行政负担2/3，治疗期间工资全发。

工人、职员因公死亡或因公致残而退休退职后死亡，由企业行政或资方发给3个月的本企业职工的平均工资，作为丧葬费，并在劳动保险金中每月付给遗属抚恤费；临时工、季节工、合同工因公死亡，其遗属的补助与救济与非因公死亡正式职工的遗属相同。

工人、职员非因公死亡或退休退职后死亡，由企业行政一次付给2个月的本企业职工的平均工资，作为丧葬补助费，并在劳动保险金中一次付给遗属救济费。临时工、季节工和合同工非因公死亡，由企业行政一次性发给死者本人3个月的平均工资，作为遗属救济费。1988年10月，对因病或非因工死亡的职工的供养直系亲属一次性救济费改为定期生活补助，从职工去世的下月起按月发放。1995年7月起，将全区的企业离退休(职)的遗属生活困难补助费、恤忧救济费，丧葬费纳入社会统筹，并3次提高其待遇标准。至2007年年底，全区共有280人享受企业离退休(职)人员遗属生活困难补助费。补助标准为：离休人员遗属补助标准为每人每月264元，退休人员的遗属补助标准为每人每月220元。离退休(职)人员死亡后的丧葬补助费为1000元。

第四节 退休 离休 退职

退休

1955年12月，对国家机关及所属事业费开支单位的工作人员开始办理退休。男年满60岁、女年满55岁，连续工龄满5年、一般工龄满20年的干部和男年满60岁、女年满50岁，连续工龄满10年、一般工龄满15年的工人，可办理退休。1958年2月起，把企业单位实行养老待遇的规定与国家机关、事业单位实行的退休办法相统一，该规定普遍适用于国有、公私合营的企事业单位和国家机关、人民团体的工作人员。

1978年6月2日起，退休条件主要依据干部职工的年龄、工龄而定，还考虑到身体条件和劳动条件等因素。1993年，公务员男年满60周岁、女年满55周岁或丧失工作能力的办理退休；男年满55周岁、女年满50周岁、且工作年限满20年或工作年限满30年的，本人要求，任免机关批准，可以提前退休。10月1日以后退休的人员，执行国办发〔1993〕85号文件。1993年以后，根据在职人员的工资水平，国家和省多次给退休人员增加退休费。2006年7月1日后执行鲁政办〔2006〕108号文件，退休人员满35年以上按90%发给，满30年不满35年按85%发给，满20年不满30年按80%发给，满10年不满20年的按70%发给。

离休

1958年6月4日，按照中共中央《关于安排一部分老干部担任各种荣誉职务的通知》，对第二次国内革命战争期间及以前参加革命工作的县委部长以下职务的老同志，因年老体衰担负实际工作确有困难的，调离现任工作，工资照发，长期供养。1965 年 8 月，对 1942 年年底前参加工作的县委书记、县长以上干部，1937 年 6 月底前参加工作的其他干部，丧失工作能力者，实行长期供养或离职休养。1978 年 6 月，按照国务院《关于处理老弱病残干部的暂行办法》，对丧失工作能力、1942 年年底以前参加革命工作的县委正副书记、正副县长及相当职务的干部、1937 年 7 月 7 日以前参加革命工作的干部，实行离职休养。1980 年 10 月，按照国务院《关于老干部离职休养的暂行规定》，对第一、二次国内革命战争时期参加工作的干部，抗日战争时期参加革命工作的副县长及相当职务或行政 18 级的干部，解放战争时期参加革命工作的副专员及相当职务或行政 14 级以上的干部，实行离休待遇。1982 年 4 月，执行国务院《关于老干部离职休养制度的几项决定》，对 1949 年 9 月 30 日前参加共产党所领导的革命军队在解放区参加革命工作并脱产享受供给制待遇，在敌占区从事地下革命工作，在东北和个别老解放区 1948 年底以前享受当地人民政府制定的薪金制待遇的老干部，享受离休待遇。已经办理退休的干部符合本规定，实行离休。离休后基本生活待遇不变，生活待遇略为从优。同时，对不同时期参加工作的离休工资作了具体规定。1988 年 7 月，执行劳动人事部《贯彻国务院关于老干部离职休养规定中具体问题的处理意见》，对凡是建国前参加工作的干部和教师，都享受离休待遇。1989 年，对国家机关、事业单位的离休人员的离休工资普遍进行了调整。1993 年，离休人员原则上按同职务在职人员的平均增资额增加离休费。1993 年以后，根据在职人员的工资水平，国家和省多次给离休干部增加离休费和生活补助。根据东政办发〔2007〕17 号文件规定，机关事业单位工作人员离休后的离休费，按本人离休前职务工资与级别工资之和或岗位工资与薪级工资之和全额计发。

新中国成立后至 1986 年，境内有 1245 名干部办理离休(包括退休改为离休)。其中，红军时期入伍的 1 人，1937 年 7 月 6 日至 1942 年 12 月 31 日入伍的 9 人、1943 年 1 月 1 日至 1945 年 9 月 2 日入伍的 256 人，1945 年 9 月 3 日至 1949 年 9 月 30 日入伍的 979 人。1987 — 1991 年，为 152 名干部办理离休。至 2007 年 12 月，全区有离休人员 231 名。

退职

退职政策　1952 年，国家机关工作人员工龄满 3 年，年龄满 55 岁，或长期有病体弱，可以退职。退职后发给生产补助金(以粮计算)，干部 250 千克、勤杂人员 150 千克。以此为基数，再按工作年限增发部分补助金。退职人员家属除发给路费外，每人补助粮食 50 千克。1955 年，机关工作人员退职，工作 1 ～ 5 年，除发给个半月工资外，每多 1 年加发 1 个月工资；6 ～ 10 年，除发给 1 个月工资外，每多 1 年加发 1 个半月工资；10 年以上，除执行上述标准外，每多 1 年加发 2 个半月工资。1958 年 3 月，对机关事业单位职工的退职办法和待遇进行统一规定，连续工龄不满 1 年，发给 1 个月工资；连续工龄 1 年以上，每满 1 年加发个半月工资，但退职费总额不得超过本人 30 个月工资。1962 年 6 月，被精减退职人员家庭生活无依靠者，不发给退职补助费，由当地民政部门按月发给本人原工资的 30% 救济费。1963 年 6 月改为 40%。对 1958 年参加工作精减退职回乡的长期工和学徒工，工作不满 1 年，发 1 个月工资，满 1 年发 1 个半月工资，满 2 年发 2 个月工资，满 3 年发 2 个半月工资，4 年以上发 3 个月工资。

1978 年 6 月，按照《国务院关于安置老弱病残干部的暂行办法》和《国务院关于工人退休、退职的暂行办法》，机关事业单位职工退职，由原单位按本人月工资的 40% 发给生活费(低于 20 元的按 20 元发给)。1985 年 5 月，按照《山东省劳动局关于解决精减退职老职工生活困难补助费问题的通知》要求，对 1957 年年底前参加工作、1961 年 1 月 1 日至 1965 年 6 月 9 日被精减退职、现无固定收入的，由原单位按月发给生活困难补助费。新中国成立前参加工作的 20 元，新中国成立后参加工作的 15 元。

1997 年 7 月 1 日，对退职人员每人每月增加 35 元退职生活费。2000 年，对 1993 年工资改革后退职的事业单位工作人员和机关工人的工作年限不满 10 年的按原工资(含活的部分，下同)的 50% 计发，工作年限满 10 年不满 20 年的按原工资的 65% 计发，工作年限满 20 年以上的按原工资的 70% 计发。退职干部易地安家的，可以发给本人两个月的标准工资，作为安家补助费。事业单位工作人员和机关工人退职后的退职生活费，按本人退职前基本工资的一定比例计发。其中，工作年限满 20 年的，按 70% 计发；工作年限满 10 年不满 20 年的，按 60% 计发；工作年限不满 10 年的，按 50% 计发。

退职情况　1950 — 1956 年，境内退职 62 人。1957 — 1960 年，采取本人自愿与组织批准相结合的方法，对 461 名富余人员及年老体弱失去工作能力的干部，进行退职安置。1962 年，对 189 名编余人员作退职安置。1963 年，对 107 名工作人员作退职安置。1964 年退职 22 人，1965 年退职 45 人，1966 年退职 30 人，1966 年以后退职 100 人。1979 年 3 月，对 1966 年退职的 30 人作复职安置 8 人，改办退休 20 人，改发生活补助费 2 人。

1985 年 11 月，对 1957 年年底以前参加工作、1961 年 1 月 1 日至 1965 年 6 月 9 日期间退职的 740 人进行审理。其中，对 399 名无固定收入或按有关文件规定享受救济费、但补助金额低于最低生活标准的人员给予生活补助。1986 年 5 月，对 1957 — 1960 年期间退职的 384 名人员进行审理，其中对 96 名退职人员分别情况给予生活补助费和医疗费。同年 8 月，对 1966 年以后退职的 100 名人员进行审理，对其中 89 名退职人员在 1966 — 1979 年退职期间的时间作工龄计算，分别情况予以提高退休费比数和改办退休。

第四章　劳动

新中国成立前，境内劳动关系为雇佣关系，没有统一的劳动管理机构，更无社会劳动保障可言。

境内劳动保障管理始于 1950 年 5 月。县政府工商科设专职人员办理劳动业务。1956 年 10 月成立劳动科，分管劳动保障管理工作。1958 年 4 月，劳动科合并于计划统计局。后几经分合，于 1977 年 8 月设立日照县劳动局，具体负责劳动力管理、工资福利、技术培训、劳动保护等工作。1985 年 3 月，县劳动局改为市劳动局。1989 年地级市建立后，市劳动局升格为处级单位，张汉三任局长。

1993 年 8 月，成立东港区劳动局，王茂平任局长。1999 年 6 月，东港区劳动局改为东港区劳动和社会保障局。2001 年后，王廷俭、赵龙宝、马宗光、史玉峰先后任局长。

第一节　劳动就业

劳动就业

新中国成立前，工人就业由资本家或业主招募。各商号、作坊招收徒工需有“中人”作保，订立契约，学徒期间不发工资，只供伙食。中途不得退约，否则向雇主赔偿“经济损失”。对聘用的职员，实行月薪制，待遇由雇主确定，可随意解聘。招雇童工，只管饭，无其他待遇。

新中国成立初期，县人民政府按照国家关于保护劳动力为经济建设服务的方针，对社会闲散、困难劳动力采取有效安置措施，发放贷款，帮助困难群众添置生产工具，自行就业。安排有手工艺专长的人参加手工业社或合作社。1950 年，成立码头搬运工会、盐业工会及海员工会，从业人员不断增加。1952 年年底，全县有 2057 名手工业者成为社员，吸收到企业就业，扩大工人队伍。随着国民经济不断发展，每年都安排部分闲散劳动力就业。

1958 年始，为济南、青岛、淄博、临沂及福建、黑龙江等地招工 2935 人。后又为胜利油田、省内军工厂、上海、天津、大连等地招工。1958 — 1993 年共招工 3.99 万人。其中，待业青年 1.36 万人，知识青年 2743 人，退伍军人 1148 人，合同制工人 1.34 万人。补充自然减员 4855 人。

1972 年起，招工只限于招收城市知识青年和非农业户口的待业青年，严格控制农村劳动力进城。

1981 年前，应招人员需要由社、队推荐，劳动部门政审、体检，合格后由劳动部门统一录用、分配。1981 年起，实行德、智、体全面考核，择优录用办法。1984年，改革用工制度，企业单位招工，除特殊工种或需要外，均实行劳动合同制。按照政策规定从1975—1985年，对家居农村的退休退职后本人迁回农村或死亡的职工，照顾一名够招工条件的子女顶替当工人。1986年起，“子女顶替”制度废止。1987年，全市举办劳务市场，实行“面向社会、公开招收、全面考核、择优录用”的招工制度，为企业和职工提供了双向选择的条件。

1993年8月30日，东港区成立劳动就业办公室，负责劳动就业、再就业、职业介绍、失业人员管理服务工作。至2007年，东港区新增就业再就业5.25万人，城镇登记失业人员2912人，城镇登记失业率为3.2%，就业形势保持稳定。1993年6月21日，始用城镇待业人员求职证和招聘职工登记表。1994年5月5日，东港区政府印发《东港区职业介绍暂行办法》，规定职业介绍按照“国家宏观调控、城乡自主用人、个人

图35-4　区劳动和社会保障局举办劳动预备制人员培训（摄于2004年5月）

自主择业、市场调节供求、社会提供服务”的劳动就业方针执行。2003年6月，对新成长的城镇劳动力实行劳动预备制度、职业资格证书制度和就业准入制度。至2007年年底，全区共有2700人参加劳动预备制培训。

2007年3月，建立人力资源市场，将合法的社会中介机构纳入，为求职者进行择业指导，签订劳动合同，办理养老、失业保险等业务；受用人单位和劳动者委托，管理职工档案，为办理劳动保障相关业务提供服务。至2007年，共为416家企业招聘职工4805人次，办理劳动保障代理1.60万人次。受理、办理各项申请2687人次。

随着市场经济体制的发展完善，企业转换经营机制，调整产业结构，出现富余人员和下岗职工。再就业服务机构对失业职工、破产企业职工、企业富余职工积极开展就业指导、转业转岗训练等就业服务，鼓励企业创造新的就业岗位，鼓励上述人员自主组织起来就业和自谋职业，为其再就业创造条件。1996年10月，全区困难企业开始报经当地劳动、企业主管部门、基本存款账户开户银行批准开立工资预留户。账户实行专项管理，只用于保证职工最低工资和基本生活费的发放，不办理对外结算。至1998年此业务结束时，为5家困难企业开设了预留户。1997—2007年，全区共有破产、改制企业13家，企业富余人员2000人。其中，1500名富余人员分流到其他企业。对没有工作单位、无经济收入的，由劳动就业办公室代为管理，劳动保障部门发放困难补助金。至2007年，共发放补助金173万元。1996年8月，东港区开始对城镇各类失业人员登记发放失业证。至2007年年底，全区累计发放失业证2141册。

1998年9月，东港区下岗职工基本生活保障和再就业工作领导小组成立，办公室设在区劳动保障局。负责审批签订下岗职工托管协议、开展再就业培训及管理、发放基本生活费、下岗证等工作。2003年1月，始为区属以上企业的下岗职工及破产企业职工发放再就业优惠证。

2005年11月，就业、再就业工作的重点是因体制转轨而下岗失业人员和关闭破产企业职工。同时，继续做好高校毕业生、进城务工农村劳动

图35-5　区劳动就业办公室举办企业招聘用工见面会（摄于2007年4月）

者和被征地农民等的就业、再就业工作。至2007年底，全区共签订下岗职工托管协议4690份。有2612名下岗职工实现再就业，437名下岗职工实现自谋职业，再就业率达到65%以上。为1429名人员发放了再就业优惠证，785人享受再就业优惠政策，发放社会保险补贴26.4万元。

劳务输出

随着农村改革与经济不断发展，农村剩余劳动力逐渐增加。为解决农村剩余劳动力问题，1986年成立"劳务输出办公室"，全面负责劳务输出管理工作。当年向中建八局、济南、青岛、胶东等地输出劳务工500人。1992年6月，在各乡镇建立劳动服务站。1993年东港区就业办公室负责劳务输出管理。1993—2000年，全区向海外输出劳务人员820人次，主要派往日本、韩国、新加坡等国家，从事水产加工、食品加工、服装加工等低层次的劳动密集型行业。2004年10月，成立"东港区农村劳动力转移办公室"，加强劳务输出管理。至2007年年底，共输出劳动力36.5万人次。

图35-6　东港区赴日研修生　　(摄于2000年)

第二节　劳动安全

新中国成立初期，根据劳动保险条例，各厂矿企业自行制定安全生产操作规程，建立各项规章制度，并定期进行安全检查，及时消除事故隐患。1976年年底，县安全生产委员会成立，1984年归属劳动局，改名安全办公室，负责安全生产的综合管理工作。各厂矿企业，设立相应的安全生产管理机构，车间、班组设安全员，建立群众性安全网。每年元旦、春节、五一节、国庆节前都进行安全生产大检查。1993年5月，东港区成立安全生产委员会，办公室设在东港区劳动局。1999年，东港区设立安全生产监督管理局。

1978年始，配备专职管理人员，负责对锅炉、压力容器进行安全监察。加强对全区压力容器的管理，建立岗位责任制、维修监察、定期检查等制度。至2007年，全区有锅炉335台，压力容器1288个。先后培训司炉工565人，水处理工238人，压力容器操作工735人。

女工保护

新中国成立后，按照国家法规，境内工业企业实行男女同工同酬。对哺乳(未满4个月)或怀孕两个月的，工厂不安排其在夜间工作。不分配女工担任繁重的或有害女性生理机能的工作。做好妇女五期(经期、孕期、产期、哺乳期、更年期)的保护。产假按国家规定执行。需要给婴儿哺乳的，每个班安排1～2次哺乳时间，每次30分钟。定期

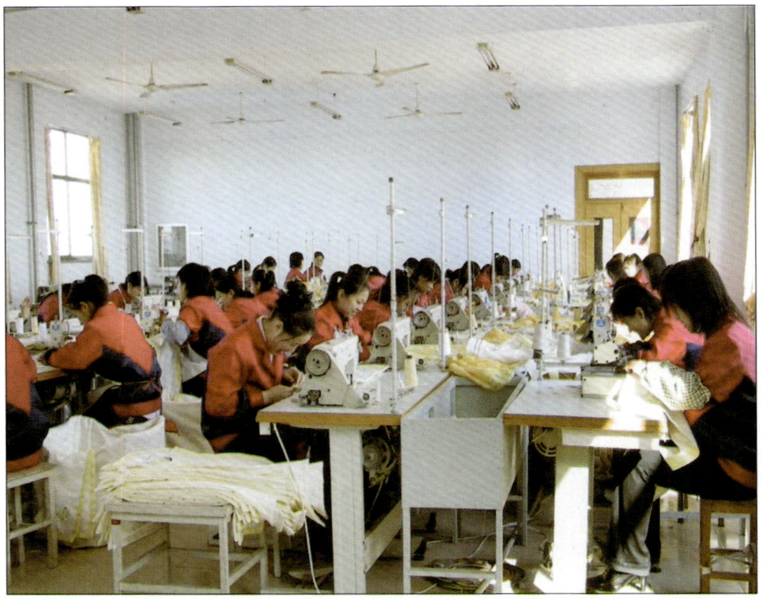

图35-7　南湖镇绣品加工厂女工在生产外贸绣品　　(摄于2006年)

对女工进行身体健康检查。

1996年4月，东港区人民政府印发《东港区企业职工生育保险试行办法》，规定女职工生育保险费用实行社会统筹，产假期间的生育津贴，女职工生育的检查费、接生费、手术费、住院费和药费由生育保险基金支付。

劳动保护设施与用品

设施　新中国成立后，境内劳动保护工作开始建立。1978年后，境内各生产单位除对产品原料安全负责外，更注重对工人安全负责。各工业企业普遍使用各种通风、防尘、防毒设施和净化、安全装置。化肥、化工、酒厂等企业均建有职工浴池。粮食、棉花、造纸等行业遍置消防安全器具。各单位均安置自来水、压水井或茶炉。冬季配取暖设施，夏季则有防暑措施。对易燃、易爆或有毒物品，实行专库存放。各大建筑物均安置避雷针和有关防护设施。施工单位逐渐配齐牢固的脚手架、防护网等安全用具。

用品　1956年，执行国务院颁发的有关工厂安全卫生规定，境内国有企业和县以上集体企业为职工发放劳动保护用品。实行改革开放以来，随着市场经济的发展，企业性质多样化，保护用品不能按规定发放的情况在很多企业存在。1993—2007年，区政府与有关部门加大监督监察力度，问题逐步得到解决。按工种、季节和有关规定，及时发放工作服、帽(盔)、鞋(靴)、口罩、手套、防护镜、肥皂、毛巾等劳保物品。同时，及时发放降温、保暖费。

第三节　劳动合同与监察、仲裁

合同管理

境内自1984年试行劳动合同制，1987年劳动合同管理工作逐步规范。1993年12月，在全区企业推行全员劳动合同制，并开展劳动合同鉴证工作。1997年10月，已实行劳动合同制度的企业，除破产企业和长期停产企业外，全部建立起劳动合同管理台账，配备专、兼职劳动合同专管员。自1995年开始，全区推行集体合同制度，劳动局设立“集体合同审查办公室”，职能并入劳动争议仲裁办公室。至2007年，共审查企业报送集体合同9户，鉴证各类劳动合同10万余人次。

监察、仲裁

1995年1月，东港区劳动局始设劳动监察科。1998年5月，在全区有关企业主管部门和各企业中聘请劳动监察协理员30名，逐步形成覆盖全区的劳动监察网络。劳动监察的方式主要有巡视监察、举报专查、专项或全面检查、劳动用工年检、用人单位劳动规章制度备案审查等。1995年，区劳动局设立违法案件举报信箱、举报电话。1996年始，每年对全区每个企业的各项劳动管理台账、报表等有关资料进行审查。至2007年年底，接待举报867起，受理864起。监察用人单位4200户次。其中，劳动用工年检2100户次，查处违反劳动法行为650起。责令补发克扣、拖欠工资1010万元，补签、续签劳动合同1.57万人次，清理欠缴社会保险费2412万元。

1993年10月，东港区成立由劳动、工会、经委三方代表组成的劳动争议仲裁委员会，区劳动局设立专门办公室，担负劳动合同管理职能，也是劳动争议仲裁委员会处理劳动争议的具体办事机构。1994年设立仲裁庭，实行仲裁员、仲裁庭制度。至2007年，累计受理劳动争议案件413起，按期结案率达100%。

第四节　劳动力管理

用工制度

新中国成立后，实行以固定工为主力，临时工、合同工等为补充的用工制度。按照上级规定，对常年性、季节性生产岗位需要招收临时工的，需经劳动部门批准。

20世纪60年代，招收临时工必须提报招收计划，待遇按国家劳动保险条例执行。1971年，对在常年性生产、工作岗位上工作，属1970年9月以前招用的临时工，经企事业单位同意，改为固定工。同年，境内1534名临时工转为固定工。1975年起，试行“亦工亦农”、轮换工制度。1984年，国家改革劳动用工制度，企业招工除大、中专毕业生、志愿兵转业和一些上级特许者外，一律实行劳动合同制，面向社会公开招收，不再统包统配。合同制工人的调出必须先与用人单位解除合同。1989年10月，对1978年12月31日以前的亦工亦农等人员，40周岁以下的转为“农民合同制工人”。

职工调动

20 世纪 60 年代初，县内职工的调动多是根据工作需要，实行余缺调剂。在外地工作的本籍职工和在本地工作的外籍职工，根据实际情况进行适当对换、调配。1981 年后，调配原则为：做好单位间职工的余缺调剂，严格控制增人计划。对急需用人的新建扩建单位，从关停企业和生产任务不足的单位调剂解决，压缩非生产人员，保证第一线用人。夫妻两地分居确有实际困难者、独生子女或父母年老多病身边无子女照顾的，专业不对口、用非所学的以及其他特殊情况的都可给予适当照顾。1984 年，下放工人调动权限，跨县调动由县劳动局审批。县内各部门之间调动，由各部门协商办理。合同制工人在合同期内一般不得转移工作单位。1982 — 1992 年，共调入 2418 人，调出 1065 人。从 1993 年起至 2007 年，按照日照市关于企业职工流动的有关规定，共调入职工 1795 人，调出职工 1916 人。其中省外调入 226 人，市外调入 265 人。

1993 — 2007 年东港区职工调动情况表

表 35-12　　　　单位：人

年份	调入	调出	年份	调入	调出
1993	172	63	2001	34	83
1994	455	309	2002	40	71
1995	251	210	2003	22	52
1996	233	256	2004	37	70
1997	232	258	2005	40	63
1998	60	140	2006	35	50
1999	65	130	2007	38	51
2000	81	110	合计	1795	1916

政策性安置

按照有关政策，1975 — 2007 年，共安置部队干部家属 327 人。1993 — 2007 年，共照顾招收老工人子女 30 人就业。1996 — 2007 年，共为 206 名农民合同制技术管理骨干办理转招手续，为 3090 名农转非的农民合同制工人办理转制手续。

职业培训

20 世纪 50 年代以后，采取“以师带徒”“岗位练兵”“技术比武”等形式，对职工进行业务、技术培训。“文化大革命”中，职工培训时断时续。1980 年后，职工培训工作得到加强，制定思想政治、文化科学知识和业务技术教育、培训标准和计划。各企业主管部门根据工艺流程、操作技术要求，对职工分期分批进行轮训。1983 — 1985 年，境内先后成立职工学校 24 所，设 121 个教学班，培训青壮年职工 4900 人。各企业主管部门还建立工人技术、政治、文化学习成绩档案，以此作为晋级长薪的重要依据。

1993 年 8 月，区劳动局成立培训科，负责制定全区企业职工培训计划，落实国家、省、市各项培训政策，监督、指导企业职工培训工作。1993 — 2007 年，共组织各种培训班 58 个，培训职工 7147 人次。审批办理职业培训学校 6 处，年培训规模为 1200 人次。

2007 年 7 月，为提升劳动者技能素质，东港区劳动和社会保障局、财政局印发《东港区提升劳动者技能素质培训工程实施方案》，对培训对象、内容及保障措施等作了明确规定，全年对 1760 名农村劳动力进行职业技能培训。

图 35-8　区职业培训学校举办劳动就业技能培训
（摄于 2007 年 6 月）

图 35-9　区农业局举行农村劳动力技能扶贫考试　　(摄于 2007 年 7 月)

职业技能鉴定

1994 年 10 月，成立东港区职业技能鉴定所，对社会个体人员及区属职业培训学校学员进行培训技能鉴定。2005 年 11 月，成立“日照市东港区职业技能鉴定中心”。至 2007 年，共鉴定 2200 人次。

农村劳动力管理

新中国成立初期，绝大多数个体农户、各业工匠和个体作坊工人参加农业合作社，劳动力由合作社统一管理调配。

在“大炼钢铁”“大办水利”“农业学大寨”等运动中，人民公社对农村劳动力实行“一平二调”，高度集中使用。中共十一届三中全会后，集体、民营企业迅速发展，农民除务农外，还务工、经商，劳力投向日趋活跃。各级政府逐步加强农村劳动力培训、管理，并组织农业技术竞赛，考试活动。2007 年，全区农村有农业、畜牧、果树、茶叶、桑蚕、林业等各类农民技术员 5710 人。

1949 — 2007 年日照县(市)、东港区农村劳动力统计表

表 35-13　　　　单位：万人

年　份	劳动力总数	年　份	劳动力总数	年　份	劳动力总数	年　份	劳动力总数	年　份	劳动力总数
1949	22.4	1961	27.9	1973	38.1	1985	38.6	1997	40.8
1950	22.6	1962	29.8	1974	38.7	1986	39.8	1998	41.6
1951	25.1	1963	32.3	1975	38.6	1987	41.2	1999	42.4
1952	24.0	1964	29.0	1976	37.4	1988	42.2	2000	43.2
1953	23.6	1965	30.9	1977	36.4	1989	36.2	2001	44.1
1954	24.0	1966	30.1	1978	35.5	1990	36.6	2002	46.9
1955	24.2	1967	28.4	1979	35.7	1991	37.2	2003	42.7
1956	25.6	1968	29.2	1980	35.6	1992	37.8	2004	43.5
1957	25.3	1969	30.7	1981	35.7	1993	38.4	2005	37.8
1958	26.8	1970	32.4	1982	35.5	1994	39	2006	38.4
1959	27.6	1971	35.6	1983	36.0	1995	39.6	2007	38.9
1960	27.9	1972	34.7	1984	37.4	1996	40.3		

劳动就业服务

1981年5月成立日照县劳动服务公司，对城镇待业青年就业进行组织、管理。1982年起，先后办起缝纫厂、供销经理部、建筑公司、劳动服务公司青年商店等企业。对待业青年安置，公司采取“归口安置、自愿结合、自筹资金、自寻场地”的办法进行。至1993年，共安置待业青年2.09万人。其中，介绍就业1.51万人，发展集体网点174个，安置3854人；发展自谋职业网点690个，安置2017人。1993—2007年，累计发展劳动服务企业25家，安置城镇失业、下岗职工及企业富余人员1230名。2007年年底，全区共有劳动服务企业12家，安置失业下岗职工879名。

图35-10　区劳动服务公司举行劳动就业供需见面会　(摄于2007年4月)

第五章　社会保障

第一节　企业职工养老保障

新中国成立后，工人实行退休制度。企业按月缴纳相当于企业职工工资总额3%的保险费。其中，30%上缴全国总工会，作为劳动保险总基金，70%存入各企业工会。规定养老金为职工本人工资的50%～70%，退休费用由各基层工会负责，实行全国统筹。“文化大革命”时期，改为退休费用由企业负担，营业外列支。

自1978年始，对符合退休、退职条件的职工审批退休、退职。法定退休年龄为男60周岁，女50周岁，特殊工种岗位的退休年龄可以提前5年。对因病完全丧失劳动能力的由医院证明，并经劳动局确认，男50周岁、女45周岁可审批退休。对不具备退休条件、由医院证明并经劳动局确认完全丧失劳动能力的，可办理退职。退休待遇为：工龄年满10年不满15年的发给本人标准工资的60%，满15年不满20年的发给工人标准工资的70%，满20年以上的发给本人标准工资的75%。退职人员的待遇是：每月按相当于本人标准工资的40%发给退职费(低于20元的按20元发)。1983年，对1948年底以前享受薪金待遇，现仍在机关、事业、企业单位的老工人，办理离休，待遇为照发原标准工资。对1945年9月2日前参加革命工作的，增发一部分生活费。1986年，建立日照市社会劳动保险事业处。对全民所有制和县以上集体所有制企业招收的合同制工人收缴“合同制工人养老金”。用人单位按合同制工人工资总额的18%缴纳，工人本人按月标准工资的3%缴纳。至1993年6月底，境内共有800个单位2万人参保。其中，全民所有制职工1.6万人、县以上集体单位4000人，共收缴合同制工人养老金3422万元。

1993年8月，东港区社会劳动保险事业处建立，负责域内企业的社会劳动保险工作。企业按职工工资总额的19%、个人按本人工资总额的2%缴纳职工养老保险基金。养老保险费用由国家、企业、个人三方共同负担。1996年10月1日，全区各企业开始实行“社会统筹与个人账户相结合，权利与义务相对应；公平与效率相结合，保障水平与生产力水平相适应”的基本养老保险办法。企业职工基本养老保险费用，按“以支定收、略有结余、留有部分积累”的原则筹集。职工个人以上年度月工资收入的3%缴纳养老保险费。职工月平均工资低于全市上年度月平均工资60%

的，按60%计算缴费工资基数，超过全市上年度职工月平均工资300%以上部分不计入缴费工资。企业按全部职工缴费工资之和的19%缴纳基本养老保险费。

1999年1月1日，东港区企业职工个人按其本人上年度月平均工资收入的5%缴纳基本养老保险费，以后每两年提高一个百分点，最终达到8%。企业以全部职工缴费工资之和的19%缴纳基本养老保险费。2006年1月1日起，基本养老保险个人账户规模由11%调整为8%，全部由个人缴费形成，单位缴费不再划入个人账户，并参加全省范围内进行的做实个人账户试点工作。将城镇个体工商户和灵活就业人员参加基本养老保险的缴费基数确定为全省上年度在岗职工平均工资的20%，其中8%记入个人账户。当年有6179名城镇个体工商户和灵活就业人员参加基本养老保险，企业参保人员达到17286人，共收缴基本养老保险金8499万元。至2007年年底，全区参保企业1036家，参保人员2.02万人，累计收缴基本养老保险费27979万元。

1993年起，企业离退休职工的养老金支付，由区劳保处直接拨付到企业，由企业发到职工本人。1996年起，乡镇企业、食品总公司等30余家单位的650名离退休人员的养老金改为发放银行存单。1998年后，养老保险金全部由银行代发。2007年，全区企业离休人员65人，退休人员2109人，退职人员15人，累计发放基本养老金16170万元。同时，为企业离退休(职)人员建立正常的基本养老金调整机制。每年根据全省上一年度职工平均工资增长率和城镇居民消费价格总指导数，为企业离退休(职)人员定期调整基本养老金。退休人员从2003年的人均每月346元，调整提高到1098元。离休人员由人均每月493元调整提高到2504元。

1987—2007年日照市、东港区企业职工养老保险金收支情况表

表35-14

年份	参保单位(户)	参保职工(人)	离退休职工(人)	养老保险金(万元)		年份	参保单位(户)	参保职工(人)	离退休职工(人)	养老保险金(万元)	
				收	支					收	支
1987	400	9000	—	83	—	1998	157	10360	1518	604	845
1988	440	13000	1900	395	180	1999	174	10400	1624	604	1089
1989	490	18000	2300	495	345	2000	188	10440	1674	606	1006
1990	580	20000	3186	1375	478	2001	192	10490	1793	644	1217
1991	700	22500	3900	1535	585	2002	198	10510	2034	725	1595
1992	760	24000	4312	1589	872	2003	210	10510	2287	1201	1503
1993	800	26000	4312	1375	651	2004	218	10510	1520	1295	1527
1994	143	9896	1242	523	628	2005	253	10907	1776	1362	1598
1995	148	9987	1267	677	626	2006	657	17286	1925	8499	1898
1996	148	10210	1336	697	731	2007	1036	20217	2174	10828	2450
1997	153	10280	1449	864	911						

第二节　机关事业单位养老保障

1993年，东港区开始对机关事业单位的合同制工人，乡镇聘用制干部收缴养老保险金，个人部分按照月工资总额的2%缴纳，单位部分按照月工资总额的19%缴纳，1996年1月起，全区机关事业单位干部和固定工人开始纳入保险统筹范围，标准为月工资总额的2%，单位部分不列入统筹，差额、自收自支单位干部和固定工人单位按21%收缴。2005年1月，统一行政、全额、差额、自收自支事业单位缴费比例，即单位部分为在职职工工资总额与离退休费之和的24%，个人部分为本人工资的2%。2007年年底，全区195个机关事业单位的12717名干部职工全部参保，2700名离退休、退职人员领取了退休费用，单位和个人投保率、保险金收缴率及养老金支付率均达100%。

机关事业单位养老保险有专门管理机构。1994年，东港区成立机关事业养老保险管理处，由人事局管理。1999年，划归区劳动和社会保障局管理。

2000—2007年东港区机关事业单位养老保险金收支情况表

表35-15

年份	养老保险金（万元）		参保人数	离退休人数	年份	养老保险金（万元）		参保人数	离退休人数
	收	支				收	支		
2000	3163	1074	12600	—	2004	2863	3020	11260	2199
2001	1626	2298	12628	2700	2005	4664	4487	12725	2284
2002	1860	2882	12653	2530	2006	4913	5358	12749	2589
2003	2705	3190	12000	2550	2007	5130	5702	12717	2700

第三节　农村养老保障

1993年8月，东港区农村社会养老保险事业管理处成立，隶属区民政局，全面负责全区的社会养老保障工作。1999年7月划归劳动和社会保障局管理。

1994年，区政府制定《东港区农村养老保险暂行办法》，当年即开始在农村收缴社会保险金。参保对象是非城镇户口、不由国家供应商品粮的农村人口。年龄为20～60周岁，采取“储蓄积累式”的办法，由个人分月交纳，集体适当补助。投保人可根据自身经济状况，自愿选择2～20元的不同投保档次，保险金可一次性交纳(趸交)。至1997年，全区共进行6轮投保，有30万适龄群众参保，投保率80%以上，收取保险金4300万元，积累金额5400万元。至2007年底，全区共有16万人参保，基金累计3764万元。领保人数1.51万人，累计领取养老保险金921.2万元。

1993—2007年东港区农村养老保险费收支情况表

表35-16

年份	参保人数(万人)	保险费(万元)	
		收	支
1993	21.1	723.21	—
1994	22.3	—	—
1995	24.8	1593.04	5.29
1996	26.8	1122.21	16.12
1997	30.2	920.92	28.63
1998	30.2	32.6	40.96
1999	30.2	9.15	9.53

续表 35-16

年份	参保人数(万人)	保险费(万元)	
		收	支
2000	30.2	2.25	89.77
2001	30.2	—	210.16
2002	30.2	—	7.16
2003	30.2	—	29.52
2004	28.2	-322.04	122.33
2005	15.2	0	54.38
2006	16.02	0	75.5
2007	16	123.4	150

新型农村社会养老保障

2006年5月，东港区在涛雒镇大草坡村开展新型农村养老保险试点工作。确定参保人员范围是35岁至59岁的农村各类从业人员、未参加城镇职工养老保险的乡镇企业职工和进城务工农民(不包括被征地农民)。养老金由个人缴费、集体补助、政府补贴3部分组成。参保人按照退休时月领取60元、80元、100元3个档次自愿选择，年满60岁后按月领取养老金。至2007年年底，已经完成7个村的新型农保试点工作，有742人参保，共收取保费124.4万元。

被征地农民基本养老保障

2007年5月始，在秦楼街道王家皂村进行试点。参保对象是在城市规划区范围内，经依法批准，由国土资源行政主管部门实施统一征地，且被征地后人均农业用地不足0.02公顷的农民。养老金的缴纳由个人缴费、集体补助、财政补贴3部分组成。农村社会养老保险经办机构为参保者设立个人账户和基金统筹账户。个人缴纳的保险费、村集体补助及利息记入个人账户。财政补贴资金进入统筹账户。财政补贴标准按缴费总额的30%确定。参保人员年满60周岁按规定缴足养老保险费的，可按月领取基本养老金，终生享受养老保险待遇。被征地农民的养老金包括个人账户养老金(从个人账户中支付)和补充养老金(从统筹账户中支付)两部分。参保人在领取养老金后死亡的，其法定继承人或指定受益人可一次性领取未领完个人账户养老金部分。从2007年起，东港区建立被征地农民社会保障储备金制度。通过多种渠道筹集资金，建立被征地农民社会保障储备金，专项用于调整被征地农民基本养老保障待遇和防范未来支付风险。至2007年年底，全区有100人参保，共收取保费146万元，当年有35人享受领取养老金待遇。

第四节　医疗保障

公费医疗

1952年9月，境内成立公费医疗实施管理委员会，负责公费医疗的管理工作。1957年9月，公费医疗实行县、区两级管理。县掌管40%，区掌管60%。1957年始，公费医疗费超支数额逐年增多，仅1983年即超支27万元。1971—1983年，累计超支71.8万元。1988年后，实行医疗经费包干，采取“确定基数、节约有奖”的办法，使超支现象有所控制。

1993年10月，东港区公费医疗管理委员会成立，下设公费医疗办公室，属卫生局管理。医疗费由财政、定点医院和个人3方负担，其中定点医院承担5%，个人根据工龄承担相应比例。1999年12月，东港区公费医疗划归东港区劳动和社会保障局。城镇职工基本医疗制度于2002年1月1日正式启动，大额医疗救助制度同步实施。将原来的公费医疗办公室改为东港区社会医疗保险事业处。根据文件规定，基本医疗基金的筹集以本单位在职职工上年度工资总额为缴费基数，单位按7%的比例缴纳，个人按2%的比例缴纳，分别计入个人账户和统筹基金，统筹基金的最高支付限额为2.5万元；大额医疗救助金的筹集标准为每人每月5元，大额医疗救助金的最高支付限额为2.5万元，从2004年1月1日起，调整为12.5万元(2003年10月1日起，将离休及建国前老工人纳入医疗保险特保范围)。至2007年年底，东港区参保人数为2.02万人，参保单位269个，特保人员283人，共收缴医疗保险金8870万元，支出5184万元。

2002—2007年东港区医疗保险情况表

表 35-17

年份	参保人数(万人)	保险费(万元)	
		收	支
2002	15568	893	97
2003	16813	1180	338
2004	14921	1472	416
2005	15897	1663	709
2006	18555	1991	1869
2007	20155	8870	5184

合作医疗

境内合作医疗制度始建于1968年。到1978年，全县1073个大队实行合作医疗制度，建立合作医疗室(站)。有15处公社实行社队两级管理。乡村医生由村推荐，县、社医疗部门负责培训。医疗室资金，由个人、生产队及生产大队三方筹集。社员看病所用医药费，实行全部或部分报销，不足部分由各医疗站自行补偿。1979年后，这种医疗制度逐渐解体。1986年始，村合作医疗室(站)大都由乡村医生承包，成为村卫生室。1995年，东港区在陈疃镇进行"镇办镇管"农村合作医疗试点。参合农民每人每年交纳3～8元，医疗费用按一定比例报销。到1996年年底，全区18个乡镇(街道)中有16个实行"镇办镇管"合作医疗，参合农民65.1万人，占总人口的86.7%。

2004年，东港区被确定为全省第二批新型农村合作医疗试点区。参与农民每人交纳10元，省市区财政扶持10元，计每人年20元。在定点医疗机构就医、住院的医疗费用按比例报销。2004—2007年，连续进行了三个周期的合作医疗试点。第三个周期全区有40491人参加，参合率87.5%。三个周期门诊报销1154403人次，住院报销24010人次，分娩报销2327人次，报销总额3629.18万元。

第五节　失业、工伤、生育保障

失业保险

1986年7月，正式实施失业保险。至1992年，国有职工待业保险参保人员1.83万人，待业保险基金累计结余70.6万元。

1993年6月，《日照市职工待业保险暂行办法》实施，待业保险征缴对象是：全民企业、县以上集体企业和实行企业化管理的事业单位职工，国家机关、社会团体和事业单位的劳动合同制职工，外商投资企业中非农业户口的中方职工，其他企业经劳动部门办理招用手续的职工。缴纳标准按全部职工工资总额的1%缴纳。1993年8月30日，东港区劳动服务公司设失业保险科，管理东港区区属企业失业保险工作。1998年7月1日，根据《东港区劳动局关于扩大失业保险范围缴纳标准的通知》要求，提高失业保险金缴纳标准。各企业按全部职工工资总额的2%缴纳，职工按照本人工资总额的1%缴纳。根据国务院颁布的失业保险条例，2004年3月开始建立失业保险个人缴费记录。至2007年，全区共有10476人参保，收缴失业保险费441万元，支出失业保险金118万元。

工伤保险

1996年4月5日，东港区人民政府印发《东港区企业职工工伤保险试行办法》，对全区企业职工基本养老保险社会统筹的企业及其职工征收工伤保险金。

企业职工工伤保险实行工伤保险基金制度，工伤保险费用实行社会统筹。工伤保险基金按"以支定收、留有应急储备"原则由企业缴纳，职工个人不缴费。建筑、交通、运输、矿山、石材、水泥、电力行业为1%，机械、化工、轻工、纺织、商办工业、盐业行业为0.7%，商贸流通、文化行业为0.4%。2004年4月1日开始，执行国务院制定的《工伤保险条例》。至2007年，东港区共有640家企业8726名职工参加工伤保险，累计受理工伤案件610起，认定工伤案件343起，收缴工伤保险费301万元，为125名工伤职工支付工伤费用141万元。

生育保险

1953年，国家对女工人、女职员规定产假56天，产假期间，工资照发；怀孕不满7个月小产的，给予30天以内的产假，其间工资照发。1955年，对难产或生双胞胎的女工作人员增加产假14天，其间工资照发。

1980年，根据省、市规定，对女性25周岁以上按计划生育者增加产假4周，工资照发。

1988年，女职工产假为90天，难产的增加15天，多胞胎生育的，每多一个婴儿，增加产假15天。2002年，规定男女双方晚育者(男25周岁，女23周岁)增加产假60天。

1996年4月，东港区人民政府印发《东港区企业职工生育保险试行办法》。从当年4月1日起，对全区企业生育保险费用实行社会统筹。职工生育保险基金按“以支定收、收支基本平衡”的原则筹集。企业按在职职工工资总额的1%向社会劳动保险事业处缴纳生育保险基金。女职工凡履行法定结婚手续，并经计划生育部门批准生育，按规定享受生育产假期间的生育津贴。女职工生育的检查费、接生费、手术费、住院费和药费由生育保险基金支付，实行定额包干。顺产生育(包括流产)350元，难产生育(剖腹产)750元。超出规定的医疗费用，由单位或职工个人负担。至2007年年底，累计收缴生育保险基金477万元，拨付生育保险基金277万元。

第三十六编

科学技术

新中国成立前，境内科技事业无专门管理机构。民间技艺多应用于陶器、木杆秤制作、渔船修造和铁木业作坊等传统手工业。

新中国成立后，人民政府重视科技事业，科技机构逐步建立健全，科技队伍逐步发展壮大，科技培训、科研成果推广取得较大成就。农业和海洋水产育苗、养殖方面的研发成果尤为突出。至1989年底，获国家、省部级与地市级奖励的科研成果分别有172项和30项。

设立东港区后，全区实施“科教兴区”战略，在高新技术产业、农业、工业、社会事业等领域大力推进科学技术进步。1996年4月，区委、区政府召开全区科技大会，作出《关于加速科技进步的决定》。1998年6月，东港区被国家科技部评定、表彰为全国科技工作先进区。2003年、2005年、2007年先后顺利通过两年一度的全国科技进步考核。到2007年，依托企业建成省级工程技术研究中心4处，建设省级农业科技示范园1处(茶叶)7项成果获省科技进步奖。2007年，全区实现高新技术产值36.06亿元，占规模以上工业总产值的24.34%，申请专利320项，授权专利78项。

第一章　科研机构

第一节　水产研究所

1959年秋，国家水产部黄海水产研究所(驻青岛)在石臼所建立海水养殖试验场，职工240多名，其中科技人员40多名。1972年4月，黄海水产研究所将家住日照的5名职工及试验场房屋、池塘等设施移交给日照县，改称日照县海水养殖试验场，共有职工11名。1976年夏，县海水养殖场并入县海水养殖试验场，干部职工60名。1979年1月，县海水养殖试验场与县渔技站合并，成立水产研究所，隶属水产局。水产研究所有固定资产1000余万元，科研仪器7台(组)，占地13.87公顷。其中，池塘面积5.33公顷，生产、科研实验室面积8000余平方米，建筑面积8400平方米。主要承担海水鱼虾、贝藻类和海珍品的人工育苗、养殖等科研和生产任务，负责海水养殖单位的技术指导和新技术推广等工作。1979年，该所对虾育苗技术和育苗量均居国内领先地位。1989年，共有职工58名，其中科技人员21名(高级职称3名、中级4名、初级14名)。1992年，划归市属。1996年升格为副处级事业单位。

1990—2007年，共完成科研成果58项，取得优秀科研成果30项。其中“中国对虾亲虾养成期病毒病防治技术”和“青蟹北移全人工养殖技术”均获市科技进步一等奖，“大竹蛏人工繁殖技术的研究”获省科技进步三等奖、市科技进步一等奖，“利用塑料大棚延长对虾交尾期技术”获市科技进步三等奖。“中国对虾原种场”经农业部批准在该所立项建设。“青蟹越冬保种基地”“华贵栉孔扇贝工厂化种苗繁育基地”分别被省海洋与渔业厅、省科委、省计委、省财政厅立项启动。农业部重点攻关项目“大竹蛏全人工养殖技术研究”经专家鉴定，达到国际先进水平。

第二节　农业机械科学研究所

1982年8月建立，隶属农业机械局。其任务是进行农业、渔业机械的研究、推广、试验和示范。1988年，改称农业机械技术推广站，1992年，划归市属。

第三节　农业科学研究所

1961年，在城北后楼村，成立农业科学研究所，占地4公顷，隶属县农业局。主要从事农业科学种田研究，作物优良品种繁育和农业技术推广。1962年撤销。1976年，恢复农业科学研究所，1992年，划归市属。

1997年，省科委在市农科所成立“山东省茶叶生产加工技术推广中心”，重点推广茶叶生产新技术、新成果、新品种，研究、总结“无公害茶叶生产”的技术理论。2002 年，市农科所被确定为财政部“无公害茶叶科技示范基地”和农业部“日照茶叶科技示范场”。

第二章 科技队伍

第一节 专业队伍

新中国成立初期，科技队伍主要由知识分子和经过短期培训的干部构成。1952 年后，开始补充大中专毕业生。1986 年，全市科技人员有 6542 名。其中：教育 3410 名，工程 504 名，农业 473 名，卫生 825 名，经济 295 名，会计 445 名，统计 129 名，文化艺术 39 名，图书文博 31 名，工艺美术 11 名，体育 8 名，新闻、翻译、播音共 6 名，其他 366 名。分布在国家机关 1120 名，国营事业 4550 名，国营企业 393 名，集体企事业 479 名。1989 年，全市 15631 名科技人员参加职称改革。

2007 年，全区各类专业技术人员 18744 名。其中，高级职称 1462 名，中级职称 8405 名，初级职称 7364 名，其他 1513 名。全区被省授予有突出贡献的中青年专家 1 名，市、区级专业技术拔尖人才 24 名。

1998 — 2001 年东港区科技拔尖人才表

表 36-1

姓名	工作单位	名称	授奖机关	授予时间
黄昌文	东港区职教中心	市级专业技术拔尖人才	市委、市政府	2000 年 8 月
范丰学	东港区林业局	市级专业技术拔尖人才	市委、市政府	2000 年 8 月
厉建华	石臼街道教委	区级专业技术拔尖人才	区委、区政府	1998 年 6 月
成伟东	黄墩医院	区级专业技术拔尖人才	区委、区政府	1998 年 6 月
刘伍一	秦楼街道教委	区级专业技术拔尖人才	区委、区政府	1998 年 6 月
牟善坤	东港区科委	区级专业技术拔尖人才	区委、区政府	1998 年 6 月
陈维成	市工具厂	区级专业技术拔尖人才	区委、区政府	1998 年 6 月
董彦才	东港区科委	区级专业技术拔尖人才	区委、区政府	1998 年 6 月
李其梅	日照街道农技站	区级专业技术拔尖人才	区委、区政府	2001 年 11 月
安宝一	日照市生物研究所	区级专业技术拔尖人才	区委、区政府	2001 年 11 月
武绍芳	东港区体校	区级专业技术拔尖人才	区委、区政府	2001 年 11 月
孙　杰	东港区体校	区级专业技术拔尖人才	区委、区政府	2001 年 11 月
郑世朝	东港区教育局	区级专业技术拔尖人才	区委、区政府	2001 年 11 月
申作春	东港区教育局	区级专业技术拔尖人才	区委、区政府	2001 年 11 月
李　芝	日照市实验二小	区级专业技术拔尖人才	区委、区政府	2001 年 11 月
李茂坤	日照市实验高中	区级专业技术拔尖人才	区委、区政府	2001 年 11 月

续表 36-1

姓名	工作单位	名称	授奖机关	授予时间
刘松珍	日照市实验二中	区级专业技术拔尖人才	区委、区政府	2001 年 11 月
樊秀京	东港区林业局经济林站	区级专业技术拔尖人才	区委、区政府	2001 年 11 月
荣生道	东港区林业局林业站	区级专业技术拔尖人才	区委、区政府	2001 年 11 月
孔祥青	东港区水产局渔技站	区级专业技术拔尖人才	区委、区政府	2001 年 11 月
任宗伟	东港区水产局渔技站	区级专业技术拔尖人才	区委、区政府	2001 年 11 月
李　强	东港医院	区级专业技术拔尖人才	区委、区政府	2001 年 11 月
丁兆平	东港区计划生育服务中心	区级专业技术拔尖人才	区委、区政府	2001 年 11 月
牟庆军	日照大岭正骨医院	区级专业技术拔尖人才	区委、区政府	2001 年 11 月

第二节　农村科技队伍

农科队

新中国成立后，农业科学技术受到重视并得到推广，逐步形成一支群众性的农村科技队伍。1964 年，各公社、大队陆续成立技术队，进行科学种田试验、示范。1965 年，有技术队 53 个，队员 629 名；生产队科学种田实验小组 1035 个，成员 3234 名。1966 年，有技术队 228 个，队员 3045 名；生产队技术组 1784 个，成员 7862 名；开办农民夜校 68 处，受培训者 4116 名。1970 年，大队技术队改称实验队，全县共有 250 个，队员 3340 名。1973 年，发展到 632 个，队员 6082 名。1978 年，学习推广外地经验，建立了县农科所、公社农科站、大队农科队和生产队农科组四级农科网。其中，农科所 1 个，农科站 12 个，农科队 808 个，农科组 1810 个，农科人员总计 6980 名。

科技示范户

1981 年，农业生产实行承包责任制，各农科队、农科组相继解散，部分农科人员成为农村科技带头户和科技示范户。1983 年，科技带头户和科技示范户共 16429 户，农业科技推广员 3063 名。20 世纪 80 年代后，国家安置大中专毕业生充实乡镇农业技术推广机构，对农业生产技术进行指导和服务，举办技术培训班、发放技术资料等形式培植科技示范户、示范点，促进和带动农业生产发展。

第三章　科普活动

第一节　科普宣传

1959 — 1982 年，科委订购各类科技书刊、资料下发至各农科组织。1984 年 8 月，科委设立科技情报室，并建立图书室，当年收藏书刊 1800 余套。1986 年增至 2800 余套。到 1989 年，藏书达 3000 余种。这些书刊主要供各专业科技人员借阅。1959 — 1966 年，发放油印科技资料 586 种，计 14 万余份。铅印科普小册子 10 余种，13000 余册。1966 — 1976 年，印发资料 30 余种，3 万余册。1976 — 1979 年，发放科技书刊 40 余种，8000 余册。1972 年，科委、科协联合创办不定期刊物《日照科普》，1986 年，更名为《日照科技》。到 1989 年，共刊出 36 期，印数总计 8.3 万份。

建区后，科技局、科协组织技术人员多次进行送科技下乡活动，接受农民技术咨询，现场解决技术疑难问题，年发放技术资料 2 万余份。1995 — 1998 年，区海洋与渔业局每月编印《水产信息》3 期，发送到各渔村和有关单位，指导渔业

图 36-1 东港区科技局送科技下乡 (摄于 2007 年 5 月)

生产。其他农口单位也以不同形式发放技术资料，指导基层农业生产。2003 年，面对突如其来的非典疫情，区科协组织开展以防治非典为中心的科教进社区活动，共向社区发放科普资料 2 万份、科普挂图 400 余张，组织科普画板巡展 10 场，提高社区居民的防范意识和预防能力。2005 — 2007 年，全区实施“科普村村通”工程，建立村级科普工作室(科普夜校)和“科普村村通”宣传栏，全区各镇、街道、村居共安装科普宣传栏 600 个。

第二节　科技培训

1958 — 1960 年，兴办农业“红专大学”，设农业系和土壤化学系，先后培训农业科技人员 120 余名。1961 — 1965 年，科技培训工作主要采取“以会代训”的形式，共培训技术人员 736 名。1972 — 1979 年，先后多次举办“优选法”和“统筹法”学习班，学员达 1365 名。

1979 — 1986 年，举办短训班 14 期，对水产养殖方面的对虾亲虾越冬、对虾育苗和对虾人工养殖技术，林果方面的葡萄和果树栽培技术，农业方面的塑料大棚种植蔬菜技术，长毛兔饲养和桑蚕养殖技术，乡镇企业管理理论和会计业务，以及建筑工程、机械工程等技术进行培训，共培训学员 9320 名。

1985 年 4 月，成立农村实用技术培训领导小组，采取多层次、多渠道、长短结合的培训措施，实行市办、乡镇办、村办、个体办的培训办法。有 847 个村办起农民技术学校。到 1989 年，共举办种植、养殖、加工等各类实用技术培训班 18256 期，近 20 万人学会 1 ～ 2 门实用技术。1986 年 2 月，承担国家水产总局举办的全国“亲虾越冬”培训班，来自北方沿海各省市的 46 名学员参加培训。

1986 年 6 月，聘请中国科学院光学电子研究所尚惠春等 10 余名高级工程师，举办新技术讲习班，讲授国外高新技术发展动态和中国科技发展战略，软科学在经济发展中的作用，以及科技法律法规和乡镇企业发展的出路等内容，培训学员 50 名。举办短期培训班 18 期，培训学员 1000 余名。1987 年 4 — 6 月，科委和丝绸公司联合举办桑蚕养殖培训班，历时 60 天，培训学员 40 名，达到一级农民技术员水平。1987 — 1989 年，开展“星火”技术培训工作，办培训班 20 期，培训乡镇企业技术员 1500 余名。1989 年 8 月，科委和电视台联合举办以专业技术人员再教育，进行知识更新为主要目的的“专业技术经济分析”电视讲座，培训初级科技人员 1200 余名。

1993 — 1997 年，养殖对虾暴发流行性疾病

图 36-2 东港区新型农民科技培训班 (摄于 2007 年)

图 36-3　区食用菌示范园标准化生产培训　(摄于 2007 年)

后，渔业部门举办对虾养殖技术培训班 10 期，培训 1500 多人次，指导养殖人员掌握疾病防治和多品种综合养殖技术；举办乌鳢、罗氏沼虾、河蟹等淡水养殖培训班 8 期，培训 500 多人次。

2000 年，举办大菱鲆等海水养殖和渔业质量安全知识培训 15 期，培训 2000 人次。2004—2007 年，实施山东省渔业科技入户工程，共举办各类培训班 35 期，培训转产专业渔民 3000 余人次。2004 年以来，区农业局实施"阳光工程"，培训农村劳动力 1.8 万人，实现转移就业 17100 人。1993—2007 年，区农机化学校累计培训农机管理人员、农机驾驶员、农机专业技术人员等 23580 人次。1999 年 4 月 23 日—27 日，聘请中国茶叶研究所副所长陈叙达、省农业厅高级农艺师段家祥等一行 6 人，到东港区指导茶叶生产的同时，对全区 3000 余名乡镇分管领导、技术人员和部分茶农进行茶树栽培、炒茶技术培训。同年 8 月 28 日—30 日，聘请中国茶叶研究所研究员虞富莲、助理研究员傅尚文到东港区传授茶树栽培管理技术，对全区 11 处重点乡、镇、街道的茶叶办公室主任和重点村支部书记进行培训。1993—2007 年，区劳动局共组织各种培训班 58 期，培训企业职工 7147 人次。1995—2007 年，卫生系统开展乡村医生正规化培训 5459 人次，培训卫生院业务骨干 28 人次。

第三节　技术推广与应用

新中国成立后，科技推广的重点主要是农村能源利用和农作物栽培，家禽、家畜、水生物养殖及树、茶、竹、果等稀有品种的引进与推广，取得良好效果。

农村能源利用

沼气　1958 年，县武装部、工业局负责开展农村沼气建设试验。1975 年，由县科委、燃料公司组成试点小组，在城关许家楼、丝山滕家村试点，取得一定成效。1978 年，在高兴公社申家庄大队、巨峰公社水洪沟大队、狮子河大队推广试点建池 200 余个，在高兴公社化龙村大队建设 100 立方米沼气发电站，发电量 7.5 千瓦/小时。1979 年，高兴公社 51 个大队支部书记带头，共建沼气池 2689 个。全省沼气建设现场会在日照县召开，确立为全省沼气建设试点县。同年，全县有 90 个大队建池 24100 个，建沼气电站 6 处。1981 年，日照县代表在全国沼气建设工作会议上发言，省农业电影社以"大办沼气好处多"为题摄制宣传影片。1982 年，日照县获临沂地区沼气建设先进县称号。

1990 年后，沼气发酵工艺与沼池建设技术日

图 36-4　东港区举办阳光工程沼气工培训班　(摄于 2007 年)

趋成熟，沼气建设进入新的发展时期。1999 年，区农业局、科技局承担省农业“四位一体”(将沼气池、猪禽舍、厕所、日光温室连接在一起，综合利用)蔬菜大棚示范项目，省财政扶持资金 3 万元，在南湖镇西沈马庄村建设“四位一体”示范户 50 户。2001 年，省财政扶持资金 5 万元，在南湖镇西沈马庄建设“四位一体”蔬菜大棚 50 户，在巨峰镇建设“四位一体”生态茶叶大棚的示范户 1 户。2002 年，国家财政扶持资金 64 万元，在黄墩镇建设 800 个户用沼气池，同时配套改灶、改厕、改圈，实现户均年增收 1500 元以上；建设生态家园 40 户，每户年实现纯收入 2 万元～ 3 万元。2007 年，省财政扶持资金 90 万元，市财政补助 11.25 万元，区财政配套 11.25 万元，在西湖镇建设户用沼气池 800 个，同时配套“三改”(改灶、改厕、改圈)，可实现户均年增收 1500 元以上。

省柴节煤灶　1970 年，开始推广荣成节柴灶。1983 年，在高兴公社冯家庄、安家湖、后唐家河大队示范推广。1985 年，改造 640 户。

1987 年，在南湖西沈马进行改灶示范，改造 50 户。至 1992 年，全市改造 23.82 万户，占总农户的 91.5%。1993 — 2007 年，累计改造省柴节煤灶 5 万余户。

太阳能利用　20 世纪 80 年代初，引进闷晒式、平板式太阳能热水器，到 90 年代初共推广安装使用约 10 万平方米。90 年代后，开始引进全玻璃真空太阳能热水器生产安装使用技术。2004 年，全区有 20 家太阳能热水器厂，年生产能力达 10 万台。1993 — 2007 年，全区累计安装太阳能热水器约 10 万台，吸热面积达 20 万平方米，年平均节能 10 万吨标煤。

推广种植、养殖技术

1980 年，进行农业种植、优良家禽畜种的推广。1985 年，进行水产养殖育苗推广，建育苗场 3 处，进行育苗服务，创产值 480 多万元，带动沿海育苗、养殖业的发展。1987 年后，除推广对虾育苗、对虾养殖等技术外，开始推广扇贝类育苗养殖技术。

建区后，大力推广农作物优质高效配套栽培(种植)、设施农业栽培、节水灌溉、高效营林、海珍品育苗和设施化养殖、虾池综合养殖、海产品精深加工、农产品加工储藏与保鲜、畜牧兽医配套等先进技术。1995 — 1998 年，全区发展深海抗风浪大网箱 70 只、工厂化养鱼面积 43.04 公顷。

1998 — 2002 年，东港区进行 30 余项农业科技成果推广，取得显著成效。2003 年，河山镇从中国农科院果科所、山东省果树研究所等科研单位聘请 5 名著名专家担任果树技术顾问，与中国农科院果树研究所联合建立果树栽培试验基地。该基地被省农业厅确定为山东省优质果品生产基地。2007 年，河山镇加强茶叶生产良种、良法的引进推广与开发创新。夏季覆盖遮阳网、冬季覆盖塑料薄膜的双季设施栽培技术和微喷灌技术，提高夏茶质量，实现双季增产增收。

第四章　科技管理

第一节　管理机构

1958 年 9 月，日照县科学技术委员会成立，1962 年撤销，1963 年 5 月恢复，王家柱、傅承玺先后兼任主任。1971 年改称科研组，刘维海任组长。1975 年改称科技办公室，范东晨任主任。1978 年恢复县科委，1985 年改称市科委，刘仕祥、韩公三先后任主任。1989 年 11 月，日照市升格为地级市，日照市科学技术委员会成为正处级行政单位，与市科协合署办公，杨崇淦、王庆美先后任主任。1993 年 4 月，组建东港区科学技术委员会，为正科级行政单位。刘宝贞、李建忠、郑培轩、秦嗣平先后任主任。2002 年 7 月，区科委与教委合并成立东港区科技教育局，刘加宝任局长。2003 年 7 月，区科技教育局撤销，设区科技局，丁立宁、齐延龙先后任局长。

第二节　科技队伍管理

职称评聘

1954 年，开始进行职称评定，但涉及单位、人员极少。1966 年，卫生系统 28 名全民事业医务人员晋升职称。1978 年 9 月，农业系统 3 人晋升中级职称。1980 年 3 月，县技术职称评定委员会成立，办公室设在科委。至 1983 年 9 月，1222 名科技人员评定晋升职称。其中，中级 114 人、助级 389 人、员级 719 人。1100 名农民取得农民技术员职称。1987 年 6 月，在全民所有制事业单位实行职称改革，5219 人参加专业技术职务任职资格评审。其中，中级 1239 人、初级 3880 人，推荐评审副高级 100 人。全市农民技术员达到 1242 名。其中农业 409 名、畜牧 215 名、果树 383 名、茶叶 49 名、桑蚕 180 名、林业 16 名。至 1989 年，全市获农民技术员职称的 4439 名。1989 年，全市组织 17 个系列 15631 名专业技术人员参加职务任职资格评审。其中，中级 1953 人、初级 13550 人，推荐评审高级 128 人。1990 年 3 月 3 日，科技干部管理工作由科委移交人事局管理。1991 年 6 月，对全市企事业单位专业技术人员进行考核。

1993 年，在全区大部分企业和企业化管理的事业单位实行专业技术职务评聘分开。同年，全区评审工程、教育、卫生等 27 个系列专业技术职务任职资格 1756 人。其中，中级 541 人、初级 981 人，推荐评审高级 234 人。

1994 年，对晋升和续聘专业技术职务的人员要出具人事部门颁发的继续教育证书。组织 710 人参加初级专业技术职务评审，分别推荐 520 人和 215 人参加中级和高级专业技术职务评审。

1995 — 1997 年，组织 22 个系列 4190 人参加专业技术职务任职资格评审。其中，推荐评审中级 2407 人、高级 489 人。1997 年，对专业技术职务试行异议期制度，异议期为 15 天。1998 — 1999 年，推荐评审中级专业技术职务任职资格 2672 人，高级专业技术职务任职资格 356 人。

2000 年，参加评聘专业技术职务的人员必须取得全省或全国计算机等级考试合格证书。对申报中、初级专业技术职务的人员进行以素质测评为主要内容的综合考试，对工程技术职务和中专、中、小学教师职务中级任职资格开展社会化评审，对卫生技术职务任职资格评审引入“人机对话”。2001 年，对专业技术职务实行差额评审制度，规定评审通过率不超过参评人数的 85%。同年，全区事业单位专业技术职务全部实行竞争聘任。2002 年，制定《东港区民营经济组织专业技术职称评审工作的实施意见》，评审个体私营经济工程中级职务任职资格 179 人、初级职务任职资格 461 人，工艺美术中级职务任职资格 82 人、初级职务任职资格 123 人。

2000 — 2007 年，推荐评审中级专业技术职务任职资格 4223 人、高级专业技术职务任职资格 949 人。

专业技术岗位设置

1986 年，专业技术职务的岗位设置采用评聘限额管理的办法进行控制。初级专业技术职务限额由各主管部门向市职改领导小组申请审批，中、高级专业技术职务限额由市职改领导小组审核报省职改领导小组审批。各部门、单位依照批复限额进行聘任或任命专业技术职务。

1991 年 10 月，将专业技术职务限额管理转换为岗位设置。1992 年，对专业技术岗位设置采取分类管理：企业单位专业技术岗位和事业单位初级岗位由单位自行设置，全民事业单位中、高级岗位设置采取数额控制的办法，由市统一管理，重点放在教育、卫生、农业、工程系列。

1995 年，制定《关于进一步做好专业技术岗位设置调整核定工作的意见》，建立定期核岗制度。1998 年，对全区 32 个全额、差额事业单位的专业技术岗位进行审核，共核减高级岗位 256 个、中级岗位 1432 个。

2003 年，根据《山东省专业技术岗位管理办法规定》，按照“以事定岗、因事设职”的原则，为用人单位建立“专业技术人员岗位管理册”，对专业技术岗位和聘任工作实行台账式动态管理，为全区 25 个单位调整专业技术岗位。2007 年，对全区 1644 个专业技术岗位进行统一核定。

工人技术等级岗位考核

1995 年 5 月，对机关事业单位工人技术等级进行岗位考核。主要考核思想政治表现、生产工作成绩和技术业务水平三项内容。全部合格的颁发技术等级岗位证书，按取得的技术等级兑现相应的工资待遇。1995 年，520 名工人技术考核合格。1996 年，组织对区直机关事业单位电工、中式烹调师等工种技术工人进行培训考核，考核合格 491 人。其中高级工 65 人，中级工 257 人，初级工 169 人。复核合格人员 23 人。1997 年，组织区直机关事业单位278名技术工人进行培训考核，合格人员257人。至2007年，共组织2100名技术工人进行培训考核，有1817人获得技术等级岗位证书。其中，高级工714名，中级工639名，初级工464名。

农民技术员的职称评定

1983年7月，县科委组建农民技术员评定委员会，分6个专业(农业、畜牧、果树、茶叶、桑蚕、林业)3个级别(一级、二级、三级)，对农村技术人员进行职称评定，1100名取得农民技术员职称。1987年增至1242名。其中，农业409名，畜牧215名，果树383名，茶叶49名，桑蚕180名，林业16名。1989年，取得职称的农民技术员达到4439名。1995年，由区农业局、人事局、妇联联合开展农民技术员评定工作，952人取得农民技术员职称。其中，农民高级技师2人，农民技师6人，农民助理技师19人，农民技术人员925人。1997年，评定农民技术员497人，其中农民助理技师264人，农民技术员233人。2004—2007年，渔业部门培训专业渔民，评定渔民技术员1191人。

图36-5　农民技术员指导蔬菜生产　　(摄于2007年)

第五章　科技成果与专利

第一节　科技获奖成果

1978—1992年，日照县(市)共有73项科研成果获奖。在获奖成果中，国家级奖励1项，部省级奖励21项，地、县级奖励51项。申请专利12项。其中发明专利7项，实用新型专利5项。1993—2007年，全区有117项成果获市以上科技进步奖。其中，省科技进步一等奖1项，二等奖4项，三等奖6项。金禾生化集团有限公司寇光智获日照市首届科学技术最高奖。

图36-6　智控高速地毯织机通过省级科技成果评审　(摄于2007年)

1994—2007年东港区承担国家、省级科技计划项目情况表

表36-2

年份	计划类别	项目名称	起止时间	承担单位	主要协作单位	补助经费(万元)
1994	省攻关	良种肉兔生产综合技术开发	1994—1997	东港区竖旗山乡人民政府	—	4
1995	省攻关	茶树良种短穗扦插技术研究	1995—1998	日照市果茶站东港区果茶站	—	4

续表 36-2

年份	计划类别	项目名称	起止时间	承担单位	主要协作单位	补助经费(万元)
1995	省攻关	山东南部沿海鲍鱼养殖试验	1995 — 1996	日照市西江育苗场	—	3.5
1996	省火炬计划	金属岩棉复合板	1996 — 1997	日照东港经济开发建设集团总公司	—	—
1996	—	氧化锆电子陶瓷承烧板	1996 — 1997	日照市环之特种陶瓷有限公司	—	—
1996	省攻关	池塘海水综合养殖高产高效技术试验	1996 — 1997	日照市东港区水产局	—	12
1996	—	鲍鱼珍珠培育生产技术研究	1996 — 1998	西江育苗厂	—	20
1996	—	梨枣早期丰产技术研究	1996 — 1999	日照市日照街道农技站	日照市林业局	3
1996	—	高档优质绿茶综合栽培技术研究	1996 — 1998	东港区农业局、东港区科委	山东农业大学	3
1996	—	日照麻鸡良种选育及新品种研究	1996 — 1998	东港区畜种改良站	—	4
1996	—	紫菜叶状体细胞工厂化育苗技术研究	1996 — 1998	日照市海水育苗厂	青岛海洋大学	4
1997	省攻关	HXGN □-102F 箱型固定式金属封闭开关设备	1997 — 1998	日照市变压器厂	—	16
1997	—	氧化锆陶瓷匣体的试制	1997 — 1998	日照市环之特种陶瓷有限公司	清华大学	13
1997	—	免清洗助焊剂试制	1997 — 1998	日照市楠荣化工有限责任公司	东港区科技开发中心	4
1997	—	鲁南沿海缢蛏精养高产试验	1997 — 1998	东港区渔技站	日照市水产研究所	4
1998	省高新技术发展基金	化学交联聚乙烯管材	1998 — 1999	日照市华阳交联塑管有限公司	北京化工大学	50
1998	省攻关	茶树良种产业化综合技术开发	1998 — 2000	日照市科技开发中心、东港区农业局	—	5
1998	—	刚松沿海基干林带营造技术研究	1998 — 2002	日照市岚山林业局、东港区林业局	日照市大沙洼林场	4
1998	—	鲁南沿海大黄鱼引进养殖技术试验	1998 — 1999	东港区海洋与水产局	—	5
1998	—	化学交联聚乙烯管材试制	1998 — 1999	日照市华阳交联塑管有限公司	北京化工大学	7
1998	—	PBM 自动供水监控系统	1998 — 1999	日照市变压器厂	—	10
1999	省高新技术发展资金	TZP 高性能陶瓷磨介的技术开发	1999	日照市环之特种陶瓷有限公司	—	30
1999	省攻关	新型生物菌肥和秸杆有机无机复混肥技术研究与开发	1999 — 2001	日照市农村经济联合总社、日照市爱田农业开发有限公司	—	8
1999	—	千亩生态茶园建设与栽培管理技术研究	1999 — 2001	东港区人民政府	—	4
1999	—	大黄鱼冰下越冬与刀额新对虾淡化养殖技术试验	1999 — 2001	日照水产研究所、东港区涛雒镇水产工作站	—	8

续表 36-2

年份	计划类别	项目名称	起止时间	承担单位	主要协作单位	补助经费(万元)
1999	—	汽车离合器用金属陶瓷磨擦片及从动盘研制	1999 — 2000	日照市环之特种陶瓷有限公司	—	5
	—	电子试制动装置	1999 — 2000	日照市华阳交联塑管有限公司	北京化工大学	5
	良种产业化	抗寒常绿花卉引进繁育及栽培技术研究	1999	东港区秦楼街道办事处	—	10
	省科技兴海	桃花岛生态养殖技术开发	1999	东港区东小庄水产有限公司	—	10
	—	万亩浅海贝藻间养综合开发	1999	石臼街道水产工作站	—	8
2000	省火炬	秸杆堆肥菌剂	2000 — 2001	日照爱田农业开发有限责任公司	—	18
	省农业良种产业化	优质肉鸡良种培育及产业化	—	日照市东港区畜牧局	—	10
	—	火炬松抗寒优良树种的的选育	—	日照市东港区林业局	—	10
	—	优质高抗茶树国家级优良品种的选育	—	日照市农科所、东港区科委、东港区茶业局、山东浮来青茶厂	—	30
	—	球根花卉新品种的选育	—	东港区山东路苗圃	—	10
	—	日本虾夷盘鲍杂交鲍苗种繁育及产业化	—	东港区海珍品研究所	—	10
	省攻关	新型微生物高效复合肥的研制与开发	2000 — 2002	日照爱田农业开发有限责任公司	—	6
	—	微晶氧化锆耐磨陶瓷材料及机动密封用氧化锆陶瓷密封件的研制	2000 — 2002	日照市环之特种陶瓷有限公司	—	6
2001	省园区建设	省级茶叶科技园区建设	—	东港区人民政府	—	200
	良种产业化	杨树等用材林新品种选育与产业化开发	—	东港区林业局	—	10
	—	高效立体海水养殖技术开发	—	日照市福源水产研究所	—	10
2002	省攻关	心肌病基因诊断芯片研制及发病机理研究	2002 — 2004	日照史诺生物工程有限公司	—	40
	—	低噪声圆锯片基体研制	2002 — 2003	日照海恩锯业有限公司	—	10
	科技兴海	深水网箱养殖技术开发、示范	2002 — 2004	日照市海兴渔业有限公司	—	8
	—	大棚高密度养殖对虾技术试验	2002 — 2003	山东东港生产力促进中心	—	5
	良种产业化	日照麻鸡资源保护及产业化开发	—	东港区畜牧局	—	20
	—	名优板栗新品种示范	—	东港区农业高科园	—	10
	省创新基金	低噪声圆锯片基体	—	日照海恩锯业有限公司	—	30
	国家创新基金及新产品	低噪声圆锯片产品开发	—	日照海恩锯业有限公司	—	100

续表 36-2

年份	计划类别	项目名称	起止时间	承担单位	主要协作单位	补助经费(万元)
2003	国家科技兴贸	低噪声圆锯片基体	2003	日照海恩锯业有限公司	—	20
	省创新基金	等离子喷涂氧化锆电子陶瓷承烧板	2003	日照市照丰先进材料厂	—	20
	省科技兴海	日照海区人工鱼礁生态增养殖及游钓渔业开发	2003 — 2005	日照万宝水产集团公司、日照市岚山兴海养殖技术开发有限公司	—	14
	省攻关	规模化深海网箱养殖适宜鱼种选择暨养殖技术研究	2003 — 2004	日照市海兴渔业有限公司	日照市水产研究所	6
	良种产业化	日照绿茶良种选育与产业化开发	—	东港区茶业管理局	—	10
	省可持续发展示范项目	沿海防护林体系建设与更新生改造技术研究与示范	—	大沙洼林场、林业高科园	—	10
2004	农业良种产业化	红花七叶树品种引进选育及产业化开发	2004 — 2006	日照卉达园景科技发展有限公司	—	20
	—	日本北海道黄杨良种引进及产业化开发	2004 — 2006	东港区林业高科园	—	10
	省攻关	牙鲆、大菱鲆等无公害经济鱼类标准化生产技术开发	2004 — 2006	日照市万宝水产集团公司	—	20
2005	省攻关	负压铝合金陶瓷复合风筒研制与开发	2005 — 2006	日照哈顿特种焊材有限公司	—	8
	—	超薄圆锯片基体和超薄圆锯片复合运用的开发	2005 — 2006	日照市天力锯片厂	—	20
	良种工程	韩国海松引种与繁育技术研究	2005 — 2007	东港区林业高科园	—	20
	专利技术实施试点项目	锯片专利系列产品产业化开发项目	2005 — 2006	日照海恩锯业有限公司	—	10
	农业科技成果转化	文心兰切花工厂无土栽培技术示范应用	2005 — 2006	日照卉达园景科技发展有限公司	—	15
2006	农业良种工程	美国大红叶李子引种及繁育技术研究	2006 — 2008	东港区国有东港苗圃	—	15
	农业科技成果转化	临海观光茶园种植模式与原态茶加工技术示范	2006 — 2007	日照市卧龙山茶叶科学研究所	—	20
	—	深海网箱适宜鱼种选择及养殖技术研究试验	2006 — 2007	日照海兴渔业有限公司	—	20
2007	省攻关	超低 VOC 环境友好型羧基丁苯胶乳	—	日照金马化工有限公司	—	15
	—	水产标准化养殖技术研究与示范	—	东港区涛雒镇水产工作站	—	15
	中小企业创新基金	大面积飞机蒙皮连续无印痕微弧氧化涂层制备工艺及设备研究开发	—	日照哈顿特种焊材有限公司	—	35

1978—1992日照县、市科技成果获奖情况表

表36-3

年份	成果名称	完成单位	获奖种类及等次
1978	粪便垃圾无害化处理及卫生学评价	日照县卫生防疫站	全国科学大会奖
	三斑海马北移人工育苗和养殖技术	日照县海水养殖试验场	省科学大会科技成果奖
	对虾人工育苗和养殖技术	日照县海水养殖试验场	省科学大会科技成果奖
	小麦高产栽培	涛雒公社高旺庄农科队	地区科学大会奖
	地瓜高产栽培	南湖公社空冲水农科队	地区科学大会奖
	刺槐良种选育(嫁接)	大沙洼林场	地区科学大会奖
	南竹北移栽培措施	巨峰公社巨峰二村	地区科学大会奖
	利用灰喜鹊防治松毛虫	县林业局涛雒公社华山大队	地区科学大会奖
	海马北移养殖	县海水养殖试验场	地区科学大会奖
	人工繁殖毛蟹育苗	县海水养殖试验场	地区科学大会奖
	对虾人工养殖	县海水养殖试验场	地区科学大会奖
	西施舌人工育苗	县海水养殖试验场	地区科学大会奖
	黄连北移成功	县药材公司河山公社东黄家庄大队	地区科学大会奖
	人粪处理方法—颗粒肥的无害化效果研究	县卫生防疫站	地区科学大会奖
	石棉水泥管柔性接头	县水利局	地区科学大会奖
	沼气节料建池	县沼气办公室巨峰公社狮子河大队	地区科学大会奖
1981	林木虫害普查	县林业局林保站	省林业厅三等奖
	对除草醚杀灭效果的观察	县卫生防疫站	省卫生厅科研成果三等奖
1982	对虾人工育苗和养殖技术的推广	水产研究所	国家农委、国家科委奖
	对虾工厂化育苗技术	水产研究所	省优秀科技成果一等奖
	日照沿海地区地方甲状腺肿病因探讨	卫生防疫站	省优秀科技成果二等奖
	花生高产攻关	县农业局	地区科技工作会议奖
1983	地瓜亩产连续三年超万斤	石臼良种场农技站	地区科技成果三等奖
1985	山东淡竹林丰产栽培技术	县林业局	省科技进步三等奖
	日照县农机区划	县农机局农机科研所	省农业区划委员会成果二等奖
	日照市种植业区划报告	市农业局种植业区划组	省农业区划委员会成果三等奖
1986	JG-I冷胶水材料	日照市新型建筑材料厂	国家建材工业局科研成果奖
	花生中产变高产技术	市科委、后村乡农技站	地区科技成果三等奖
	葡萄倒悬催根试验	市林业局园艺场	地区科技成果三等奖
	山楂早期丰产栽培	市果品公司、南湖乡安家代疃	地区科技成果三等奖

续表 36-3

年份	成　果　名　称	完成单位	获奖种类及等次
1987	驯养灰喜鹊防治松毛虫	县林业局	省科学大会科技成果奖
	中华绒螯蟹海水工厂化苗育技术	水产研究所	省科技进步二等奖
	甲醛、碱预处理海带低温、低碱消化提取褐藻酸钠工艺	县化工厂	省科技进步三等奖
	流行性出血热出血机制	市人民医院	省科技进步三等奖
	茶树速成高产“区田”栽培	农业局果茶站	省科技进步三等奖
	人工越冬亲虾育苗	日照市海水育苗场	省科技进步三等奖
	岚芹选种及高产优质栽培	市农业科学研究所	地区科技成果三等奖
	葡萄早期丰产栽培	市农牧局果茶站	地区科技成果一等奖
	人工越冬亲虾育苗	市海水育苗场、涛雒对虾育苗场	地区科技成果一等奖
	瘦肉型猪杂交组合育肥	市食品公司、市兽医站	地区科技成果三等奖
	对虾配合饵料试验	市科委、市盐业公司	地区科技成果三等奖
	滋补保健酒的研制	市酒厂	地区科技成果一等奖
1988	毛蟹人工繁殖技术	日照市水产研究所	省科学大会科技成果奖
	日照沿海冬季海水池塘主要生态因子的初步测定	日照市水产研究所	地区科技成果三等奖
	海湾扇贝同对虾混养试验	日照市水产研究所	地区科技成果三等奖
1989	对虾室外越冬技术	日照市水产研究所	省优秀发明选拔赛二等奖
1990	侧入式两指快速分离法腹膜外剖宫产术	市人民医院	省科技进步三等奖
1991	尧王城系列白酒计算机勾兑调味系统	日照市酒厂	省科技进步三等奖
	幼龄桑园高产栽培技术研究	日照市丝绸公司	市科技进步一等奖
	真鲷全人工工厂化育苗技术	日照市水产研究所	市科技进步一等奖
	BX1－250－2 高效节能交流弧焊机	日照市变压器厂	市科技进步二等奖
	YJ2－142 型细纱摇架	山东裕华机器厂	市科技进步二等奖
	杜沂（F1）商品瘦肉猪适宜营养水平研究	日照市仪器公司良种繁殖场	市科技进步二等奖
	火炬松壮苗丰产技术的研究	日照市虎山乡林业站	市科技进步二等奖
	牟氏角刺藻工厂化培养在对虾培苗生产上的应用	日照市水产研究所	市科技进步二等奖
	CLX100－80－230 二相流纸浆泵	日照市水泵厂	市科技进步三等奖
	瓜干原料无蒸煮酒精发酵中试研究	日照市酒厂	市科技进步二等奖
	自动报警防盗门	日照市木器厂	市科技进步二等奖
	高效防水剂	日照市水泥厂	市科技进步二等奖
	SLDB－A 电机断相保护器	日照市第二电器厂	市科技进步二等奖
	LFX－Ⅱ型电负荷限量器	山东电子研究所日照电子厂	市科技进步二等奖
	利用 7.5KW 双通道黑白电视发射机改成 10KW 单通道彩色电视发射机	日照电视台	市科技进步二等奖
	5TJ－70F 型稻麦脱粒机	日照市第二机械厂	市科技进步二等奖

续表 36-3

年份	成果名称	完成单位	获奖种类及等次
1991	JZB－A 多功能用电保安器	日照市第二电器厂	市科技进步二等奖
	日照市土蝗种群颁布及防治研究	日照市农办植保站	市科技进步二等奖
	黑赤腰透翅蛾的生物学及其防治研究	日照市林业办公室	市科技进步二等奖
	水稻省水高产栽培技术研究	日照市农委	市科技进步二等奖
	毛黄鳃金龟之天敌－普通臀沟土蜂的研究	日照市农办植保站	市科技进步二等奖
	新红星苹果幼树优质丰产栽培研究	日照市农办果茶站	市科技进步二等奖
	大白菜高产稳产综合技术开发研究	日照市农广校	市科技进步二等奖
1992	千亩桑园亩产茧 120 公斤丰产配套技术研究	东港区丝绸公司	市科技进步一等奖
	JJ1 自耦减压起动控制柜	日照市变压器厂	市科技进步三等奖
	LHL－2000 懒汉式高效节能多用茶炉	日照市内燃机配件厂	市科技进步三等奖

1993—2007 年东港区科技成果获奖情况表

表 36-4

年份	成果名称	完成单位	获奖种类及等次
1993	JJWB1 系列自耦减压起动控制柜	日照市电器开关厂	市科技进步一等奖
	GGD 交流低压配电柜	日照市变压器厂	市科技进步三等奖
	光控、声控延时节能系列电子开关	东港区山河福利工业公司	市科技进步三等奖
1995	JJWB1 系列自耦减压起动控制柜	日照市电器开关厂	省科技进步三等奖
	氧化锆电子陶瓷承烧板开发研究	日照市环之特种陶瓷有限公司	市科技进步一等奖
	皱纹盘鲍工厂化育苗试验	石臼中盛实业公司西江育苗场	市科技进步二等奖
	塑料大棚蚕菜双用技术开发	东港区丝绸公司	市科技进步三等奖
	脱毒马铃薯速繁与推广	东港区石臼农技站	市科技进步三等奖
	太平洋牡蛎单体苗种培育试验	石臼中盛实业公司西江育苗场	市科技进步三等奖
	带旋髂深血管蒂髂骨移植加压钉内固定治疗青壮年股股颈骨折	东港区人民医院	市科技进步三等奖
	纳络酮在急性中毒抢救中的应用研究	东港区人民医院	市科技进步三等奖
	外用“接骨衬垫”的研制与应用	东港区人民医院	市科技进步三等奖
	肝胆管盆式胆肠 ROUX－Y 吻合术治疗肝内胆管结石的临床研究	东港区人民医院	市科技进步三等奖
	GK1 型工业锅炉用电控装置研制	日照市变压器厂	市科技进步三等奖
1996	GK11 型工业锅炉用电控装置	日照市变压器厂	省科技进步三等奖
	FBT－Q （稀土）复合墙体保温材料	日照市启明节能保温材料厂	市科技进步三等奖
1997	山东南部皱纹盘鲍工厂化养殖试验	东港区海珍品研究所	市科技进步一等奖
	育肥猪笼养技术研究	日照市食品总公司	市科技进步一等奖
	泥蚶人工育苗试验	东港区海珍品研究所	市科技进步二等奖
1998	化学交联聚乙烯管材	日照市华阳交联塑管有限公司	市科技进步一等奖
	果茶优良品种引种繁育、早期丰产与加工技术研究	东港区日照街道办事处农技站	市科技进步一等奖
	鲁南沿海缢蛏精养高产养殖技术开发	东港区渔业技术推广站	市科技进步二等奖
	鸟类资源调查及合理利用研究	东港区林业局	市科技进步二等奖
	池塘海水养殖高产高效技术试验	东港区海洋与水产局	市科技进步三等奖

续表 36-4

年　份	成果名称	完成单位	获奖种类及等次
1998	正常颞骨茎突的 CT 测量与茎突综合症 CT 诊断的临床研究与应用	东港区人民医院	市科技进步三等奖
1999	山西梨枣引种及早期丰产栽培研究	东港区日照街道办事处农技站	省科技进步二等奖
	低噪声圆锯片基体	东港区友民制锯厂	市科技进步一等奖
	日本栗壮苗培育技术研究	东港区林业技术推广中心	市科技进步二等奖
	银杏叶苗两用园速生丰产栽培技术研究	东港区林业局经济林站	市科技进步二等奖
	鲁南海滨国家森林公园可持续发展对策研究	东港区林业技术推广中心	市科技进步二等奖
	高效有机生物复合肥应用试验与示范	东港区石臼办事处农技站	市科技进步三等奖
	鲁南沿海大黄鱼引进技术	东港区水产局	市科技进步三等奖
	术中胆管造影及预设空肠通道肝胆管成形治疗肝内胆管结石并狭窄的临床应用	东港区人民医院	市科技进步三等奖
	闭合撬拔自体牵引复位术治疗跟骨骨折的临床研究	东港区人民医院	市科技进步三等奖
	联圈式无害化卫生厕所研究与推广	东港区卫生防疫站	市科技进步三等奖
2000	低噪声圆锯片基体	东港区友民制锯厂	省科技进步三等奖
	生态茶园建设及管理技术开发	东港区农业局、东港区茶业局	市科技进步一等奖
	木本植物资源调查与开发利用研究	东港区林业局	市科技进步二等奖
	凯特杏幼树早期丰产栽培研究	东港区经济林站	市科技进步二等奖
	改良 Parks 手术治疗中下段直肠癌临床研究	东港区人民医院	市科技进步三等奖
	经皮经肝胆囊穿刺置管引流在急性梗阻性化脓性胆管炎中的应用	东港区人民医院	市科技进步三等奖
2001	银杏良种优质丰产栽培技术研究	东港区林业技术推广站	市科技进步二等奖
	三阶段预应力砼供水管道检修技术研究	日照市兴水建筑安装工程处	市科技进步二等奖
	波尔山羊与当地山羊杂交改良的试验研究	东港区兽医站	市科技进步二等奖
	红美丽李引种及早期丰产栽培研究	东港区林业技术推广站	市科技进步二等奖
	半封闭式猪舍养殖技术研究	东港区兽医站	市科技进步三等奖
	优质肉猪生产配套技术研究	东港区兽医站	市科技进步三等奖
	茶树高密度播种短期速效栽培技术研究	东港区林木种苗站	市科技进步三等奖
	东港区 5 万亩小麦节本增效综合机械化技术推广	东港区农机局	市科技进步三等奖
	日照市东港区土地利用总体规划研究	日照市土地管理局东港分局	市科技进步三等奖
	无规共聚聚丙烯（PP－R）管材、管件	日照博大管业有限公司	市科技进步三等奖
2002	鲁南沿海鸟类资源调查及合理利用研究	东港区林业技术推广站	省科技进步三等奖
	盐酸格拉司琼氯化钠注射液	山东长富洁晶药业股份有限公司	市科技进步一等奖
	日光温室早红株油桃早期丰产栽培技术	东港区林业局	市科技进步二等奖
	日照沿海地区中药资源调查研究	东港区卫生学校	市科技进步二等奖
	鲁东南沿海地区陆生野生动物资源调查研究	东港区林业局	市科技进步二等奖
	氯胺酮复合氨氟醚猪腹腔镜胆囊切除术 CO_2 气腹对呼吸、循环及血糖影响实验研究	东港区人民医院	市科技进步二等奖
	东莨菪碱及藻酸双脂钠联合应用佐治新生儿肺炎	东港区人民医院	市科技进步三等奖
	微血管减压加蛛网膜剥离治疗顽固性原发性三叉神经痛	东港区人民医院	市科技进步三等奖

续表 36-4

年　份	成果名称	完成单位	获奖种类及等次
2002	吻合一侧指动脉对侧应用小切口加拔甲治疗末节指断指再植	东港区人民医院	市科技进步三等奖
	纤维胆道镜在肝内胆管结石手术中的应用研究	东港区人民医院	市科技进步三等奖
	经尿道联合交替应用电气化与电切术治疗前列腺增生症的临床研究	东港区人民医院	市科技进步三等奖
	丝裂霉素 C 、卡介苗序联灌注防治膀胱癌术后复发的临床研究	东港区人民医院	市科技进步三等奖
	日照市 0－7 岁儿童脑病瘫痪流行病学调查及干预措施临床研究	东港区人民医院	市科技进步三等奖
	胆总管切开、 T 管引流术后胆汁回输的临床研究	东港区人民医院	市科技进步三等奖
2003	盐酸格拉司琼氯化钠注射液的研制	山东长富洁晶药业股份有限公司	省科技进步三等奖
	成龄梨树高接换种及早期丰产技术研究	东港区林业技术推广站	市科技进步二等奖
	磨牙控根装置的研制及临床应用研究	东港区人民医院	市科技进步二等奖
	伲福达联合依苏对原发性高血压患者左心室肥厚的影响研究	东港区人民医院	市科技进步二等奖
	肠系膜上动、静脉血栓形成的早期诊断研究	东港区人民医院	市科技进步三等奖
	持续控制性低血压治疗老年人顽固性鼻出血的临床应用	东港区人民医院	市科技进步三等奖
	儿童过敏性紫癜肾损害早期诊断实验研究与预后评估	东港区人民医院	市科技进步三等奖
	关节镜对膝关节髌间痛的诊治	东港区人民医院	市科技进步三等奖
	加味升白散对化疗病人白细胞减少的预防及治疗	东港区人民医院	市科技进步三等奖
	冷冻切片术中多指标联合检测的临床意义	东港区人民医院	市科技进步三等奖
	森林资源调查及其动态研究	东港区林业局	市科技进步三等奖
	生脉注射液联合 706 代血浆治疗慢性萎缩性胃炎 30 例临床研究	东港区人民医院	市科技进步三等奖
	舒脑宁煎剂联合穴位仿生物电刺激治疗偏头痛临床研究	东港区人民医院	市科技进步三等奖
	外置牵引线腹腔镜胆总管切开取石的临床研究	东港区人民医院	市科技进步三等奖
	香菇林下栽培技术推广应用	东港区林木种苗站	市科技进步三等奖
	杨树良种 I－107 引种及壮苗培育技术	东港区林业局	市科技进步三等奖
2004	水分散体系衣康酸共聚物稳定剂及耐盐雾苯丙乳液研究	日照金马化工有限公司	省科技进步二等奖
	高强韧特种机械刀片	日照市巨林机械刀片有限公司	市科技进步二等奖
	克林霉素磷酸酯葡萄糖与盐酸川芎嗪氯化钠注射液	山东长富洁晶药业股份有限公司	市科技进步二等奖
	穹隆海马伞切断与去势大鼠脑内 BDNF 表达及雌激素干预作用的研究	东港区人民医院	市科技进步二等奖
	东港区龙门崮市级森林公园可行性研究	东港区林业技术推广站	市科技进步三等奖

续表 36-4

年　份	成果名称	完成单位	获奖种类及等次
2004	日本松干蚧生活历的测定及防治技术研究	东港区植物检疫站	市科技进步三等奖
	毛竹引种及栽培技术研究	东港区林业技术推广站	市科技进步三等奖
	自制密封套管预防腹腔镜 trocar 漏气的应用研究	东港区人民医院	市科技进步三等奖
2005	均匀种子嵌段共聚型羧基丁苯胶乳	日照市金马化工有限公司	市科技进步一等奖
	北方茶园高效灌溉节水自动化技术研究与示范	东港区水利局	市科技进步二等奖
	文心兰、安祖花切花工厂化无土栽培技术研究	日照市农业高科园	市科技进步二等奖
	小麦病虫害生物控制技术研究	东港区农技推广中心	市科技进步三等奖
	美国红栌组织培养育苗和快速繁殖技术研究	日照市农业高科园	市科技进步三等奖
	美国乔松容器育苗及快速繁殖技术与日本北海道黄杨扦插育苗及快速繁育技术研究	东港区林业高科园	市科技进步三等奖
	土耳其杨树良种 T－66 引种及壮苗培育技术研究	东港区林业局	市科技进步三等奖
	规模化深海网箱适宜鱼种选择及养殖技术研究	日照市海兴渔业有限公司	市科技进步三等奖
	前列腺素 E1 、黄芪和川芎联合治疗急性肾小管坏死性肾衰竭的临床研究	东港区中医院	市科技进步三等奖
2006	均匀种子嵌段共聚型羧基丁苯胶乳	金马化工	省科技进步二等奖
	复合型负离子健康地毯的研制与开发	东昇地毯	省科技进步二等奖
	锦绣黄桃引种及早期丰产栽培研究与开发	东港区林业技术推广站	市科技进步一等奖
	纳米果蔬保鲜液膜及其保鲜网套袋	日照市保鲜技术研究所	市科技进步二等奖
	注吸分离式小切口非超声乳化白内障摘除术的临床研究	东港区人民医院	市科技进步二等奖
	甲磺酸帕珠沙星氯化钠注射液的研制	山东长富洁晶药业股份有限公司	市科技进步三等奖
	东港区公益林生物防火工程技术研究与规划建设	东港区林业局	市科技进步三等奖
	美国大叶李、华山松引种及嫁接繁育技术研究	东港区林业高科园	市科技进步三等奖
	日照地区 0－6 岁儿童智力低下危险因素探讨	东港区人民医院	市科技进步三等奖
2007	环境友好型聚合物水处理剂的研制	青岛科技大学、金马化工有限公司	省科技进步一等奖
	美国乔松容器育苗及快速繁育技术研究	东港区林业高科园	省科技进步三等奖
	寇光智	日照金禾生化集团有限公司	市科学技术最高奖
	特种不锈钢焊条	日照哈顿特种焊材有限公司	市科技进步二等奖
	日本栗筑波丰产栽培及采后处理开发研究	东港区林业局	市科技进步二等奖
	银离子抗菌系列产品开发	日照福银纺织有限公司	市科技进步三等奖
	日照市东港区矿区植被保护与生态恢复模式研究	东港区植物检疫站	市科技进步三等奖
	依托咪酯联合曲马多用于胃肠镜插管对血流动力学呼吸的影响	东港区人民医院	市科技进步三等奖
	4 点式外剥内扎术在环状混合痔中的临床应用	东港区人民医院	市科技进步三等奖
	鲁南沿海刺参工厂化育苗与保苗技术研究所	东港区福源水产养殖研究所	市科技进步三等奖

第二节　专利

1985年4月1日，实施《中华人民共和国专利法》。1986年，日照县开始有专利申请。进入90年代，专利申请逐年增多。建区后，区政府高度重视专利申报工作，制定专利申请奖励规定和加强专利工作的意见，引导企业运用专利战略，开拓、占领市场，参与市场竞争，不断加大专利宣传力度，组织专人参加省、市举办的《中华人民共和国专利法》知识学习班。1995年，为纪念"专利法"实施10周年，区电视台举办专题节目，宣传专利知识。2003年，利用"4·26"世界知识产权日和科技活动周，进一步宣传专利知识，共发放宣传材料2万多份，接受咨询300多人次。2005年8月，海恩锯业有限公司研发的"具有排屑孔阵的圆锯片基体"获德国专利，是日照市首件向国外申请并获授权的专利。至2007年，全区累计申请专利1406项，授权专利780项。其中，2007年申请专利320项，授权专利78项。

第六章　地震、气象测报

第一节　地震测报

机构

地震测报工作始于1970年。县革委生产指挥部科研组添置1台专用记录仪，进行地震监测。1978年11月，组建县地震办公室，"以预防为主，专群结合、土洋结合"，广泛宣传地震科普知识，开展群测群防工作。1984年5月，地震办公室并入县科委。东港区成立后，于1997年4月成立地震局，归口区科委。2001年9月，归口区政府直接管理。

地震监测

1978年，地震办公室按照境内地貌类型设立微观点4个、宏观点3个，由此形成地震观测网络。1979年6月，组织各观测点测报人员进行技术培训。监测时每日2次记录观测数据，当日晚将数据报地震办公室。地震办公室昼夜值班，一旦发现异常，立即上报。

1987年年初，根据全国群测群防会议精神，重点搞地下水监测网的建设。地震办公室对县畜禽改良站设立的172米深水井观测点进行检修加固。该井配有SW40-1型日记式水位计1套，它能灵敏地记录出地下172米深度范围的水位和水温及其变化情况，对固体潮有良好的反应，能提供地震前兆信息。同时，在黄墩中学又增建一口100米深的二级观测井，在巨峰中学和涛雒鱼种场各设浅水观测井1口。

1978—1987年，历时9年的观测，先后取得重要观测数据5840个，上报地区地震办公室综合数据2920个。为预测预报地震提供重要依据。

2006年，区地震局启用原畜禽改良站内深水观测井，专门用于地震及水文观测，由于位置好(靠近胶南—日照断裂带)，其观测资料显示出较好的映震效果。本次启用安装国内最先进的数据监测设备，采用数字化无线传输，可为震情分析提供翔实、稳定、可靠的水位和水温数据。2007年，按照地震群测群防观测网点建设要求，在南湖、陈疃、三庄、河山、两城等镇驻地中学建立5处地震观测井，设立专门办公场所，配备宣传版面和观测仪器，设立专兼职观测员。

第二节　气象测报

机构

1955年1月，成立山东省石臼所气象站，后改为日照气象站。1960年1月，更名为日照县中心海洋水文气象站。1982年1月，改为县气象局。1985年10月，改称市气象局。1992年升格为处级单位。

气象预报

1958年下半年，开始短期气象预报业务。预报的方法是在收听气象台天气形势和天气预报的基础上，考虑日照地理条件对天气变化的影响，运用群众看天经验，根据本站气压、温度、湿度、风等气象要素变化规律和前期气象要素与后

图 36-7　市气象局气象自动测试站　(摄于 2007 年 2 月)

图 36-8　市气象局气象分析现场　(摄于 2006 年 8 月)

期天气的相关性，对气象台的天气预报作出补充订正，还用收音机抄收山东省或邻省气象台播发的地面、高空指标天气实况，绘制简单的天气图。1962 年以后，建立中期和长期预报业务，气象站分析单站气象要素、历史演变规律，制作月、季降水量和平均气温预报。

20 世纪 70 年代，应用数理统计预报方法。1980 年年初，配备气象传真机，能够获得更多的图表和情报资料，提高气象站天气预报能力。

1996 年，日照市气象局建成 9210 工程接收站，常规地面和高空资料、卫星云图、中国、欧洲、日本的数值预报产品广泛应用于预报业务。预报准确率及对突发性、灾害性天气预报能力有很大提高。

2002 — 2007 年，相继开展森林火险等级预报，空气质量预报、人体舒适度预报、着装指数预报、海洋天气预报等业务。

第三十七编

教　育

境内学校教育历史悠久，早在金承安年间(1196—1200年)，金代状元张行简即创建魁文书院。元至正十一年(1351年)，县尹仇敬创建县学，为官方办学的开始。明嘉靖年间，官办奎山书院落成，境内封建教育步入鼎盛时期。据清光绪十一年(1885年)《日照县志》记载，明代269年中，全县在科举考试中考取文、武举人的49人，考取进士9人。清代中举者179人，中进士者41人。

明清，境内办学形式主要是私塾和县学。清道光二十年(1840年)以后，传统的封建教育逐渐向新式教育转化。光绪二十九年(1903年)，日照奎峰书院改为县立高等小学堂。清光绪三十一年(1905年)，日照县废除一年一度的“童生试”，到宣统三年(1911年)，全县办起初、高等小学堂7处，在校生260多人。大部地区的办学形式仍以私塾为主。

民国初期，中、小学教育较前有所发展。1914年，建成县立职业学校。1924年，建成县立初级中学。边远山区还保存一些私塾。据1931年统计，学龄儿童入学率为7.5%。到1937年，全县共有中学1所，完全小学17所，初级小学238处，短期小学63所。

1939—1945年秋，境内同时存在着中国共产党领导下的抗日根据地人民教育，国民党统治区的半封建半殖民地教育及日伪占领区的奴化教育。1940年3月，县抗日民主政府成立，大力开展战时文化教育，兴办抗日小学，动员知识分子参加教育工作。1944年，在占全县总面积三分之一的根据地内，有学校201所，在校学生7625人；常年民校160所，学员3804人；妇女识字班183所，学员5423人。1945年秋，抗战胜利后，县民主政府着力培训新的教师队伍，迅速组织恢复和发展教育事业。1946年，全县有小学416所，在校学生15800多人。1947年下半年，国民党军队进犯日照，域内各类学校相继停课。1948年11月，教育事业逐步恢复。到新中国成立前夕，全县已恢复小学132所，在校学生6069人。

新中国成立初期，在恢复提高小学教育的同时，有计划地发展中等教育和工农业余教育。1957年，全县有小学567所，中学3所，工农业余学校637所，学龄儿童入学率为53.7%。1958年，学校大办工厂、农场，师生参加大炼钢铁，出现荒废学业的倾向。全县在扫盲大跃进的同时，还建立各类业余小学和红专学校1030所，半工半读的红专大学25所。这一时期教育事业的发展超出国民经济的负担能力。之后，全国贯彻“调整、巩固、充实、提高”的八字方针，缩小教育事业规模。全县小学下放15周岁以上超龄生5670名。“文化大革命”期间，进行“教改”，缩短学制，造成教育质量下降。

1978年，教育战线拨乱反正，重视知识、尊重人才的政策得到落实。1984年，境内有小学816所，在校生116943人，学龄儿童入学率为98.8%。普通中学发展到118所(其中高中6所)，在校生48137人。

1993年，东港区成立，区政府把教育事业列为科教兴区战略的重要内容。1995年11月，东港区在全市首批通过省政府的“两基”(基本普及九年义务教育，基本扫除青壮年文盲)验收。1999年，全区有68所学校达到省市级规范化学校标准。2000年，35所学校达到省市级电化教育示范校标准。2000年12月，以全省第二名的成绩通过“中小学实验教学普及区”的验收。

1998年，以区第二职业中专为主体，整合原有4所职业学校和1所成人中专，“五校合一”，组建东港职业教育中心。2000年9月，建成日照实验高级中学。2004年，整合初中3所、小学13所，新建小学3所。同时，对全区108处不合格幼儿园和50多所民办学校(培训机构)进行清理整顿和重新评估，有效的维护了办学秩序。

2007年底，全区有小学111所，初中21所，普通高中5所，在校学生10.3万人。

第一章 旧式教育

第一节 私塾

明清时期境内私塾渐多，其设馆有3种类型："门馆"，一般为老学究自设，接收近村学童，按年龄大小，程度高低，家境贫富等情况，确定全年学费；"团馆"，本村或邻村经济状况一般的学童家庭，联合聘请先生，先生的报酬及生活费用由各家庭分担，豪门富户单独聘请名师教授子弟，称为"东馆"。

塾馆的学童多少不一。多者几十名，少者四五名。年龄小者四五岁，大者十多岁。程度也参差不齐。有已读完《五经》《四书》的，也有初学儿童，基本上是同窗共读，分别教授。所用教材分两类：一类为识字课本，有《三字经》《百家姓》《千字文》等；一类为儒家经典著作，有《大学》《中庸》《论语》《孟子》《诗经》等。有的还选读一些其它书籍，如《幼学琼林》《千家诗》《古文观止》等。授课方法大致是先生授完新课，学生自己读背，背熟后接着教读，另加书法练习。

民国初期，倡办学校，限制私塾发展。不久，袁世凯复辟帝制，恢复"尊孔""读经"，私塾活跃。1917年，全县有私塾185所，其他学校96所。

1920年，国民党县政府严令取缔私塾。或是将塾师赶走，派教员到校执教，学生改读国民课本；或是将私塾学生分送小学就读。塾师年龄在40岁以下者，参加教员训练班，取得任教资格，可充任国民学校教员。此法虽施行多年，但全县私塾仍为数不少。

抗日战争时期，根据地的小学教育发展很快，私塾彻底取缔。日伪和国民党占领区，私塾仍占优势。日伪县教育科1944年统计，日照城、石臼所、夹仓、涛雒等地，仍有私塾33所，学生275人。抗日战争胜利后，普遍兴办学校，私塾才最后终止。

第二节 义学

义学也称义塾，是一种由国家或私人办的免费书塾，办学经费主要来源于学田地租收入。境内义学首创于清顺治十三年(1656年)，地址在城隍庙后(今望海路北，正阳路东)。有讲书堂5间。道光十九年(1839年)，国子监生刘璐出资，在北关吕公祠后(今城关十村)新建义学房舍11间，合置学田230亩。乡下建成义学3所，称为"乡学"。

第三节 书院

境内最早的书院是魁文书院，建于金承安年间(1196—1200年)，址在刘家寨南、傅疃河桥北，由金代状元张行简创建，俗称张状元书院。建成后，请四方学者在此著书讲学，备考科举。明嘉靖年间，知县冯舜田建成奎山书院。清康熙五十一年(1712年)知县成永健建六一书院。清道光十八年(1838年)，知县周瑞图倡导县绅出资，建奎峰书院(址在今区政府招待所东)，后经三次扩建，共有房屋38间。书院经费主要来源于学田收入。书院有学田156亩，以每年学田地租收入和历年捐款6000余贯的利息，维持日常开支。书院设山长1人，主持讲学。首士1人，负责经办生员生活事务。学长1人(从生员中选拔)，负责协理有关学习事宜。教授系延聘县内学行素著之举人或进士充任。著名朴学家许瀚曾主讲于该书院。

书院的学生有已入学的秀才，为应考乡试，每月定期听讲，编入"文生月课"；经童试合格或以相当程度入院专攻经、诗，以备考秀才的童生，编入"童生常课"，常年在书院攻读。教学内容以《四书》《五经》为主。清光绪二十九年(1903年)，改建为日照县立高等小学堂。

第四节 县学

县学又称儒学或学宫，为圣庙、学校合一的机构，是招纳生员读经修道的场所。日照县学始建于元至正十一年(1351年)，由县尹仇敬创建，址在县署西南方。明嘉靖三十六年(1557年)，知县张执中迁县学于东门外(址在今城关一小)，历经9

次修建，才初具规模。清康熙七年(1668 年)遭大地震，县学建筑大部坍塌，其后经多次修缮重建，于清乾隆二十四年(1759 年)竣工。县学新建、重修、维修和复修，先后达 24 次。修建用款除少数系富绅捐纳外，大量资金从县民中筹集。

县学共有学田 130 亩，以学田岁租作常年经费。按规定，县学之生员(即学生)例有定额。日照县学为廪生 20 名，增生 20 名，缺额依次递补，但实际入学者常不足其数。县学平日无生员学习，仅有月课季考，由教谕主持，训导辅佐。月课是月集学生在明伦堂诵《训飭士子文》及卧碑诸条。季考内容除《四书》《五经》外，兼有论策。

第二章　学前教育

第一节　学前教育发展

1948 年，县民主妇女联合会号召建立农忙托儿组织和幼儿队。1953 年，县妇联在县府院内一间平房开办县机关托儿所。1956 年，该所收幼儿 30 名。1957 年春，在县城(今市中医院西南角)设立机关幼儿园两个班，入托寄宿制小班 1 个，幼儿 18 名，中班 1 个，幼儿 17 名，幼教人员 8 名。5 月，招收三个班，幼儿 50 名。同年，全县办农忙托儿所 171 所，入托幼儿 929 名，幼儿队 72 个，入队儿童 3212 名。1958 年，幼儿教育也大跃进，各村纷纷建立幼儿组织。10 月底，全县有幼儿园 859 所，入园儿童 41747 人。社队办的多为季节性，常年幼儿园仅 40 所。1961 年，全县办幼儿园 1016 所，托儿所 564 所，托儿组 2124 个，共保育孩子 44544 名。进入 20 世纪 60 年代，因生活困难，农村幼儿园逐渐减少。1962 年，全县仅存县直机关、部队、工厂幼儿园 3 所 7 个班，儿童 216 人，幼教人员 43 人。

1979 年，恢复农村幼儿园(或幼儿班)，有 181 所，230 个班，在园幼儿 6862 人，幼教人员 353 人。机关、企业幼儿园各 1 所，6 个班，幼儿 224 名，专职幼教人员 15 人。1984 年，幼儿园发展到 440 所，入托儿童 25975 人，入托率达 46%。至 1989 年，全市有幼儿园 665 所。其中农村 623 所，市直 42 所，幼儿教师 937 人。自 20 世纪 80 年代，各完全小学大都开办学前班，入班少儿年龄在 6 周岁左右，学习一年后，直接入小学一年级学习。

1998 — 2001 年，改建、新建东港区直属实验幼儿园 3 处。至 2002 年，全区 18 个乡、镇(街道)中心幼儿园新建、改建工作基本完成并通过市级验收，评为市级一类及以上幼儿园。同年，对全区村办园布局进行调整，撤并 78 所村办园。1999 年，东港区被评为“山东省学前教育先进区”。

2004 年，区政府召开非法园清理整顿会议，开展整治活动，先后累计关闭非法园 100 余所。

2007 年，区内共有幼儿园 218 所，在园幼儿 17836 人，教职工 1243 人。

第二节　幼儿园管理

管理体制

1948 年，县民主妇女联合会设妇婴部，专管学前儿童的教育工作。新中国成立后，县妇联设儿童福利部，专司儿童管理和教育。1957 — 1966 年，各类幼儿园(所)实行统一领导、分工管理。1979 年 10 月，成立由县长负责，妇联、教育、卫生、财政等部门负责人组成的托幼工作领导小组，下设办公室(在妇联)，负责日常工作。幼儿教育的行政性事务，由妇联负责管理协调。业务工作由教育部门负责。1985 年 3 月，县儿童少年工作委员会成立。1991 年，托幼工作由妇联移交到教育部门主管，市教育委员会设托幼办公室，具体负责管理托幼工作。1993 年 12 月，区教委设托幼办公室。乡镇中心幼儿园纳入乡镇教委领导下的“四中心”。中心幼儿园园长由区教委统一考察、任命。区直幼儿园由区教委直接领导，园长由区教委和区委组织部统一考察、任命。建立幼儿园审批和年检制度。2004 — 2007 年，贯彻《山东省学前教育机构审批注册管理办法(试行)》，托幼办公室对辖区内 199 所幼儿园的办园资格进行审核，颁发《日照市幼儿园办园许可证》。

经费管理

幼儿教育经费主要有四个来源:地方财政拨付活动经费,由妇联管理使用;地、县行政部门拨付一定数额教育事业费,用于幼儿教师培训和教育行政部门举办的幼儿园补助;办园单位拨款或社会集资;向入园幼儿家长所在单位收取管理费,并收取由家长负担的幼儿保育费。1993 年后,除继续争取教育行政部门、地方财政、办园单位补助和社会集资外,还规范入园幼儿家长承担的保育费、管理费、杂费标准。税费改革后,除公办教师工资由财政负担外,公办幼儿园和集体性质幼儿园基本靠收费维持日常开支。

第三节　教育教养活动

1952 年 3 月,教育部颁发《幼儿暂行规程》,提出对幼儿进行全面发展的教养任务。规定教养活动项目为体育、语言、认识环境、图画、手工、音乐、计算、体育等 8 个方面。整日制幼儿园在园时间 8 ~ 12 小时。1956 — 1957 年,县机关托儿所教材由幼教人员自选。课程有讲故事、识字、唱歌、计算。1958 — 1965 年,农村幼儿园多以"看孩子"为主,教学不规范。"文化大革命"期间,幼儿园改称"育红班"。入学幼儿唱语录歌,学习毛主席语录。

1979 年,教育部制定下发《城市幼儿园工作条例》,规定幼儿园的工作任务是对幼儿进行初步全面发展的教育。课程设置有语言、算术、常识、音乐、美术、体育。教育方法寓教于趣。1982 年,使用全国统编《幼儿园教材》,每周课业因年龄而异。小班(3 ~ 4 岁)6 ~ 8 节,中班(4 ~ 5 岁)12 ~ 14 节,大班(5 ~ 6 岁)14 ~ 16 节。一般为每课时 15 ~ 30 分钟。1984 年,按省教研室颁发的《幼儿园教育内容安排意见》进行教学。注重生活习惯、学习兴趣、智力发展的养成和培养。

1999 年,各镇、街道中心园和区直幼儿园开展"挖掘民间游戏素材,推进幼儿素质教育"的实验研究,整理出近百种民间游戏作为幼儿活动的重要内容。

2001 年,《幼儿教育指导纲要(试行)》颁布。区举办《纲要》培训班和现场会,开展区域活动专题研讨、教材通研、送教下乡、公开教学等活动,落实

图 37-1　幼儿园国旗教育　　　(摄于 2006 年 9 月)

《纲要》理念,规范幼儿园教育教学行为。

2003 年,承担教育部"十五"规划课题"幼儿园学具教学法实验"研究,全区有 15 个单位参入课题研究。2006 年,该课题顺利通过总课题组的验收。

第四节　幼儿园师资

师资管理

20 世纪 50 年代,幼儿教育师资缺乏,且水平低。1959 年,全县 1773 名幼教人员中,初小以下学历 900 余人,约占 50%。1979 — 1982 年,举办培训班 7 期,受训 440 人。1982 — 1985 年,举办幼儿骨干教师、辅导员培训班 5 期,受训 374 人。乡镇办幼儿教师培训班 58 期,培训 1800 人次。1993 年,民师考师范增添幼师名额,共有 22 名村幼师考入日照师范,毕业后按照公办教师的身份统一分配为幼儿教师。

1994 年 10 月起,区教委为 916 名幼儿教师建立档案,并进行五项技能和教学常规培训。区托幼办组织集中培训 38 期,22960 人次。

通过考试考核,分别于 1996 年 10 月和 1997 年 12 月,对全区幼儿教师进行资格认定,为 576 名符合任职条件的幼儿教师颁发继续任教证书。

1996 — 1998 年,举办电大幼师中师班,195 名学员毕业。

1998 年 8 月,开展幼儿教师教育法规、声乐、舞蹈、普通话、简笔画、键盘、三笔字、玩教具制作和教育技能九项通用基本功达标活动。至 2002 年,共有 4390 人(项)通过市教育局复核验收。2003 — 2007 年,坚持教研和培训相结合,着力加

强理论培训和教育实践能力提升。

师资待遇

新中国成立初，幼师工资从单位赞助、财政拨款补助及收费中支付。厂办园幼师工资由工厂支付，村办园幼师工资由办园村支付。1970—1986年，农村幼师和农村中小学民办教师一样，除由办园村给予待遇外，教育行政部门发给每人每月2～5元的补助费。1987年后，幼儿园中的公办教师工资和中、小学教师一样，由财政拨付。农村幼师工资按当地农民上年人均分配的1.5倍由办园单位从公益金中列支。到1996年，幼师待遇进一步提高，大部分乡镇非公办幼儿教师的工资实行统一考核、优教优酬、统筹发放。其经费主要用村公益金和幼儿家长缴费列支。实行税费改革后，非公办幼师工资从幼儿收费中列支。

附：东港区实验幼儿园

前身为县直机关托儿所，始建于1953年，园址设在县政府院内一间平房。1957年1月，在县医院以西(今市中医医院西)新址建平房30间。5月，招收3个班50名幼儿。1971年8月，迁址原县委党校前(今金阳路东)，有平房20间。1979年8月，由县政府审批征地0.61公顷，先后建平房三排50间。1985年，更名市直机关幼儿园。1992年9月，移交市教育委员会。1993年5月，移交区教育委员会。10月，更名为东港区实验幼儿园。同年，被评为省级实验幼儿园。1999年，在原址新建教学楼。2007年，东港区实验幼儿园辖东港区实验幼儿一园、第二分园、江豪分园、高新区分园四个园区，共30个班，在园幼儿1000余人，教职工120人。

第三章　中小学教育

第一节　发展状况

小学教育

光绪二十九年(1903年)，清廷颁发《奏定学堂章程》，知县沈介福即改奎峰书院为县立高等小学堂，兼任堂长，招收1个班并在北关玉皇阁建“蒙养小学堂”。清宣统元年(1909年)，共有高等小学生35人，初等小学生269人。到清宣统二年，境内有高、初等小学堂7所。

民国时期，学堂改称普通全日制学校。1919年，有高等小学校1所，两等(初、高)小学校6所，初等小学校87所，女子国民小学校3所，学生共3323人。1932年，有完全小学17所，学生626人。初级小学196所，学生6289人。全县划分为36个学区，一般每学区设中心国民学校1所，校长1人，辖本学区各校。

1937年，县内有完全小学17所，初级小学238所。为实施当时教育法律规定的小学四年义务教育，1936—1937年，相继开办义务小学(短期小学)63处，入学人数4000余人。因受经费及师资来源等诸因素的影响，发展极不平衡，设学村镇仅220个，占总数的20.3%。

1940年，县抗日民主政府成立后，大力推动战时文化教育发展。1941年春，全县办起抗日小学106所，学生2968人。不久，日照大部地区被日、伪、顽占领，抗日小学相继停办。尽管处境艰难，县委、县府仍在碑廓、二朱曹、安东卫成立中心小学，较大的村庄开办抗日小学。同时，在王家庄创办抗日烈士子弟小学。1942年，根据地内共有高小2所，中小6所，初小55所，学生共2259人。

1943年初，小学发展到141所，有183名教师，学生4620名。1944年7月，学校发展到201所，共有教师282人，学生7625人，并在部分村成立民办小学。同时，为适应根据地扩大和教育发展，开始实行学区制，分别建立20个学区。1945年9月，抗日战争胜利后，县文教科发动群众自聘教师办学，要求各区先行试点。10月，太平区东山字河办起第一所民办小学。随后，碑廓、汾岚、大坡、巨峰等老区也办起一批小学。1946年上半年，新发展民办小学115所，聘请民师136人。

年底，又新发展民办小学 176 所，聘请民师 157 人，并将 109 所公办小学转为民办，公办教师 144 人转为民办。是年，境内共有完小 8 所、公、民办初小 408 所。

1947 年至 1948 年 10 月，因全力支前，多数学校停办。仅剩薄家口、赵家、王家村 3 所小学上课。1948 年，县文教科制定恢复整顿教育计划，恢复小学 72 所，112 个班。1949 年，全县共有小学 132 所，186 个班，6069 名学生，全县适龄儿童入学率为 8.14%。

新中国成立后，1950 年，在部分经济基础较好的村庄新设公办小学 28 所，民办小学 44 所。其中，完全小学增加到 7 所，在校高级生 497 人，初级生 8744 人。1952 年，全县有小学 496 所，在校学生 32192 人，入学率 25.4%。经过整顿巩固，1956 年，有小学 541 所，在校生 45787 人。1957 年，适龄儿童入学率 53.7%。

1958 年教育在“大跃进”中，增加民办小学 874 所，公办小学 58 所。全县共有公办小学 593 所，民办小学 912 所，在校学生 67295 人。1961 年，压缩招生指标，下放超龄生，在校生降为 65817 人。1962 年春，县文教局在马庄公社试点，创办半日制和早、午、晚学习制简易小学班 28 个，收生 555 人并在全县推广。下半年，贯彻中央巩固、调整和提高的指示与烟台会议精神，调整设学布局，合班并校，撤销民办小学 639 所。普通全日制小学降为 810 所(公办 226 所，民办 584 所)，学生降为 53046 人。

1964 年，简易小学改称工读小学。1965 年，全县有工读小学 1084 所，2341 个教学班，学生 52920 人。1966 年年初，全县共有全日制小学 922 所，2028 个班，77130 名学生。“文化大革命”中，小学一度停课闹革命，小学教育处于无政府状态。1977 年后，全县小学教育稳步发展，调整、合并部分小学，减少复读班，加强定点小学建设。进入 20 世纪 80 年代，普通全日制小学成为唯一的小学办学形式。1984 年，有小学 816 所，3486 个班，在校学生 116943 人。适龄儿童入学率为 98.7%，在校学生巩固率 99.8%，毕业班学生毕业率 99.9%，12 ～ 15 周岁儿童初等教育普及率为 96.93%。

随着城市规模扩大和人口增长，为解决市区小学校数量少、班额大的问题，1992 年，建成市区日照第二实验小学。1994 年，全区小学实现五年初等义务教育。1995 年 11 月，东港区“两基”工作各项指标达到省定标准，提前 1 年完成“普九”任务。1998 年，强化学校建设，在城区新建日照第三实验小学。同时，在乡镇整合新建小学 16 所。2007 年，全区小学 111 所，在校学生 4.17 万人。全区小学适龄儿童入学率 100%，巩固率 99.9%，毕业率 99.5%。

中学教育

1924 年春，县立初级中学正式成立。当年招生 1 个班，学生 40 人。校址在原奎峰书院(今正阳路东海曲路南)。1926 年，新建二层教学楼 1 座(因红瓦盖顶，俗称红楼)。学校占地 0.24 公顷，校舍较齐备。1937 年“七七”事变后，县初级中学于年底停办。1939 年春，该校由县立初级中学改为省立初级中学，迁至山字河复课。夏，日本侵略军大举进犯，师生大部离散，后学校又在挑沟(现属五莲县)复学，1940 年 8 月停办。该校共招生 13 届，15 个班(包括两个师范班)，600 余人，正式毕业学生 400 余人。1941 年 5 月，山东省立第六联合中学由胶东迁入，先后在沂水、莒县、日照、五莲一带辗转办学。计初中、高中、简师共 7 个班，学生约 300 人。1943 年，终因战事频繁立足不稳，南迁苏皖。

抗日战争胜利后，滨中专署在日照设立滨中中学，校址在原县初级中学旧址。1945 年 10 月开学，开设干部培训班和普通中学班。1946 年初，在校学员 1200 余人(多为干训学员)。6 月，学校进行调整，以开办中学、师范教育为主，新招收 6 个班。其中，中学班 1 个，师范班 2 个，卫生专业班 2 个，青年、妇女、儿童干部班 1 个。1947 年 1 月，校址迁至丁家楼村。师生实行半工半读，以减轻政府负担，支援解放战争。同年夏，滨南中学、滨海公学先后迁往日照并入该校。在校学员 400 余人。8 月底，国民党军队占据日照，学校转移到莒南县，于 1948 年 2 月停办。该校共培养训练学员 2000 多人，大批学生直接从学校走向社会，投入解放全中国的战斗行列。

新中国成立后，日照中学教育有较大发展。1951 年，山东省日照中学成立，校址在涛雒镇，首届招收初中两个班，100 人。1954 年 5 月，迁至县城北郊。1956 年，改名为山东省日照第一中学，有初中 20 个班，1031 名学生。同年，在三庄成立日照第二中学，招收新生 4 个班，216 人。1957 年，在巨峰成立日照第三中学，招收新生两个班，104 人。至此，全县共有 3 所中学，28 个班，1385 名学生。

1958 年，先后建立起日照四中(安东卫)、五中(涛雒)、六中(两城)、七中(碑廓)、八中(范家村)、九中(南湖)。同年，日照一中始招高中两个班，学生 96 名。全县普通中学发展到 9 所，52 个班，学生 2694 名。1959 年 2 月，建立第十中学(石臼)，8 月并入日照一中。

为让小学毕业生都能升入初中，开始在农村兴办半农半读民办中学。1958 年夏，兴办一批“农业红专学校”。9 月，部分“红专学校”转为农业中学。到年底，先后建立 17 所农业中学，招收 24 个班，学生 916 人。1959 年，农业中学增到 22 所，53 个班，学生 2027 人。同年，确定三庄农中、下元农中、马庄农中为县办重点农业中学。1961 年 5 月，所有农中全部停办。

1960 年，又新建日照十中(秦家楼)、十一中(石臼)、十二中(刘家寨)、十三中(虎山)、十四中(后村)、十五中(新村)、十六中(黄墩)。全县普通中学共计 16 所，实现区区有中学。在校学生 5807 人，高小毕业生升学率达 43.9%。

1961 年，调整中学招生计划，压缩初中部 18 个班，精简学生 1200 余人。1962 年，对普通中学进行调整，保留 12 所，确定一中、二中、三中为县重点中学。到 1966 年，县内有高中 1 所，初中 12 所，共 96 个班，4800 名学生。其中高中 13 个班，学生 600 名。

1964 年，大力推行两种教育制度，恢复和兴办农业中学。9 月，在马庄、三庄、两城、高兴、奎山、涛雒、城关等区成立农中 12 所，招收 12 个班，学生 578 人。至年底，分 3 批办起农中 50 所。其中，公社办 43 所，大队联办 7 所，共 53 个班，学生 2275 人。达到区区有农中，马庄、奎山两区社社有农中。1965 年，农中发展到 59 所。其中，区、社办 54 所，大队联办 5 所，在校生 3712 人，教师 169 人。1966 年上半年，有农中 66 所，97 个班，学生 4043 人。1968 年，大部分农中转为联办普通中学。

1966 年夏，“文化大革命”开始后，学校“停课闹革命”，停止招生。1968 年，66 届、67 届、68 届三届学生同时毕业离校，又恢复招生。日照一中招收 3 个高中班，6 个初中班；回收 5 个初中班。二中、三中、四中、五中、七中、八中、九中等校开始招收高中班，成为高级中学。同年秋，联办初中和小学戴帽初中班大量发展。年底，全县共有民办初中 196 所，207 个班，学生 7038 人。

1971 年撤区建社，在新划出的河山、虎山、大坡、下湖、陈疃、竖旗 6 个公社新建中学。全县 21 所公办中学，以所在公社命名。其中，日照一中改称为“日照县城关中学”。这些学校只招收高中生，形成“社社办高中，学区(或大队)办初中”的局面。1972 年，有中学 314 所，715 个班，学生 28700 人。其中，高中生 5400 人。

1976 年，各公社又相继建立民办高中 71 所，使高中部在校生猛增到 11700 人。1977 年，日照一中恢复“日照第一中学”名称，重新确认为省重点中学。1978 年，恢复三庄中学、巨峰中学为县重点中学。1979 年在城关镇建成城关中学，并招收高中班。1982 年，更名为“城关一中”。

1979 年，对普通中学进行调整，当年缩减民办高中 40 余所。1980 年，对全县初、高中进一步调整，全部撤销民办高中，每学区保留一所初中。两年内先后将大坡、下湖、碑廓、虎山、奎山、丝山、竖旗、陈疃、西湖、高兴 10 所公办高中改为初级中学。1984 年，保留日照一中、三庄、巨峰、城关 4 所完中，安岚、涛雒、石臼、两城、南湖 5 所高中。在校生 4653 人。全县共有初中 109 所，在校生 43484 人。

1982 年，将原城关联中改为公办中学，定名为城关二中。1983 年，建立城关三中。1985 年建立城关四中(今实验中学)。到 1989 年，全县有初中 123 所，在校生 55179 人。

1986 年，规范高中学校的名称。将三庄中学、巨峰中学、涛雒中学校名恢复为日照第二中学、日照第三中学、日照第五中学。将城关一中更名为日照第四中学，石臼中学改为日照第六中学，南湖中学改为日照第七中学。1989 年，全市普通高中 9 所，在校学生 7050 人。

1993 年，东港区辖区内有普通高中 7 所。1996 年，建成日照第二实验中学。2000 年，日照实验高中建成招生。2006 年，日照城关三中和城关二中优化整合，建成日照实验三中。

2007年，全区共有高中5所，初中21所。其中4所被评为省级规范化学校。

第二节 学制与课程

学制

小学 清光绪二十九年(1903年)，清廷颁布"癸卯学制"。规定7岁入初等小学堂，修业5年，高等小学堂修业4年，初等教育共计9年。1912年，民国教育部公布"壬子学制"。规定小学为7年，前4年为初等小学，后3年为高等小学。1922年，根据《新学制系统改革令》，改"壬子学制"为"壬戌学制"，确定小学学制为6年，前4年为初级小学，后2年为高级小学，入学年龄为7周岁。1940年以后，抗日民主政府办的小学，执行山东省《战时国民教育实施方案》。规定小学修业年限为6年，实行"四二"分段。"惟为适应战争环境，得暂定为二二二制，即分初、中、高三级，各级修业均为二年"，实行春季始业。1946年，又恢复实行"四二"学制。

新中国成立后，县内小学继续实行6年制，初级、高级"四二"分段。1950年10月，政务院颁行《关于改革学制的决定》，规定小学修业年限为5年，实行一贯制，入学年龄为7周岁，因条件限制，办学仍沿用"四·二"制。1952年秋，全县小学逐步改春季始业为秋季始业。1968年春，小学实行五年一贯制，同时改秋季始业为春季始业。1974年，又恢复秋季始业。1986年，实施9年制(小学5年、初中4年)义务教育。小学入学年龄从1987年秋季招生开始，逐步由7周岁向6周岁过渡。2003年，小学一至三年级由"五四"学制改为"六三"学制，2006年，小学由五个年级过渡为六个年级。

中学 1925—1966年，域内实施1922年民国教育部颁发的"壬戌学制"，中学六年，实行高中、初中"三三"分段制，秋季始业。1960年，日照一中曾进行中学"三二"分段和"五年一贯制"试点，1963年停止。1969年，全县中学均改为"二二"制(即初、高中各修业二年)，改秋季始业为春季始业。1973年，初、高中各年级顺延半年毕业或升级。从1974年，重新改为秋季始业。1978年，中学学制开始有计划地恢复"三三"制，到1983年，各中学全部恢复。1991年始，根据国家教委指示，初中进行三年改四年的学制实验，到1994年完成。2003年，市教育局下发《关于全市义务教育学段统一实行"六三"学制的通知》。义务教育学段统一实行"五四"学制向"六三"学制过渡。同年，小学1—3年级实行"六三"学制，其他年级和初中阶段依旧实行"五四"学制。2006年，完成"六三"学制改革。

课程

小学课程 清末私塾学生学习科目，按顺序大致为《三字经》《百家姓》《千字文》《论语》《大学》《中庸》《孟子》《诗经》《易经》《礼记》《左传》等。

废科举兴学堂后，初等小学设修身、读经讲经、中国文字、算术、历史、地理、格致、体操，共8门，每周30课时，图画和手工为随意课目。高等小学改中国文字为中国文学，把图画列为正式课，增农业和商业为随意科，其他与初等小学相同。

民国初期，课程设置变动频繁。1912年，境内小学执行《教育部颁定小学校课程表》。初等小学设修身、国文、算术、手工、国画、唱歌，女生加缝纫科。高等小学增设历史、地理、理科，随意科为农业、商业，男生专修英语。1920年，改国文为国语，教材开始使用白话文。1923年，废修身科，初级小学增加社会科(包括公民、卫生、历史、地理)。高级小学增加公民、卫生两科，将体操、理科改为体育和自然。1936年，执行《修正小学规程》。设公民训练、国语、算术、常识、社会、自然、美术、体育、音乐、劳作等10门课。

抗日战争和解放战争时期，解放区的初级小学设国语、算术、常识、唱游(包括音乐、体育)等。高级小学设国语、算术(包括珠算)、政治、自然、历史、地理、体育、音乐、美术。

新中国成立后，初级小学开设国语、算术、音乐、体育、美术。高级小学增加政治、历史、地理和自然。1952年，国语改为语文，美术改为国画。1955年，高小取消政治课，改手工课为手工劳动课。1963年，初小增设周会，高小增设政治和农业常识课。1965年，初级小学取消周会，高级小学将历史、地理、自然合并为常识。

"文化大革命"初期，语文课以学习毛主席语录为主。1972 年，小学重设政治课并开科目为语文、数学、常识、体育、音乐、美术、劳动等 8 门。

1978 年，小学改用全国统编教材，低年级开设语文、数学、体育、音乐、美术，高年级增设政治、自然常识。1981 年，重开历史、地理课，政治课改为思想品德课，常识课改为自然课，增设课外活动。

1992 年，执行国家教委《九年义务教育全日制小学、初级中学课程方案(试行)》。课程包括学科、活动两部分。学科课程开设思想品德、语文、数学、社会、自然、体育、音乐、美术、劳动等 9 科，学科课时每周最多 28 节。活动设晨会(夕会)、班团队活动、体育锻炼、科技文体活动、社会实践活动、校传统活动，周活动总课时数最多 34 节。1995 年实施新课时制度，小学每周活动总量为 30 节，学科课时最多每周 26 节。

1997 年，实验小学及市规范化以上小学在三年级开设英语课和信息技术。2003 年秋季始，小学一至三年级进行学制改革和课程改革，整体改为“六三”学制。二、三年级使用“六三”学制义务教育教材，一年级使用新课标实验教材。开设课目，各年级均开设语文、数学、体育、艺术、地方课程和学校课程。小学一、二年级开设品德与生活，三至六年级开设品德与社会、科学、英语、综合实践活动。

中学课程　1924 年始，县立初级中学开设公民、国语、算学、历史、地理、外语、动物、植物、图画、音乐、体育、生理卫生等课。1928 年，停开公民课，新增党义、童子军二科。

新中国成立后，全日制普通中学开设语文、数学(包括算术、代数、几何)、物理、化学、生物(包括植物、动物、生理卫生)、地理、历史、中国革命常识、时事政治、外语、体育、音乐、美术等科。

1956 年，语文分为汉语和文学两科。1958 年，始招高中班。高中课程设政治、语文、数学、外语、物理、化学、历史、动物学、生理卫生、植物学、体育、美术、音乐、农业知识、劳动。

1968 — 1973 年，各中学大部分只设政治、语文、数学、工业基础知识、农业基础知识等科。

1978 年，各中学执行教育部颁发的教学计划。初中开设政治、语文、数学、外语、物理、化学、地理、历史、生物、生理卫生、体育、音乐、美术、劳动课。高中课程减少生理卫生、音乐、美术三科。

1981 年，使用全国统编教材。1993 年，初一新生施行国家教委课程方案。课程包括学科与活动两部分。其中，学科设思想政治、语文、数学、外语、历史、地理、物理、化学、生物、体育、音乐、美术、劳动技术等 13 科。活动设晨会(夕会)、班团队活动、体育活动、科技文体活动、社会实践活动和校级活动等。四年制初中一至四年级周课时总量分别为 35、35、36、36 课时。其中学科课时最高为 30 节。1995 年，实行五天工作制后，周课时调整为 33 课时。其中，学科课时最高为 29 节。2003 年，思想政治改为思想品德，劳动技术改为综合实践活动。

1990 年，国家教委调整普通高中教学计划。课程结构由学科课程和活动课程两部分组成。学科课程分必修课和选修课两种形式。活动课程包括课外活动、社会实践活动。必修课设政治、语文、数学、外语、物理、化学、生物、历史、地理、体育和劳动技术共 11 科。选修课分两类，一类是单科性选修课，在高一年级每周 3 课时，高二年级每周 4 课时。另一类是分科性选修，分文科、理科、外语、艺术、体育、职业技术 6 类课程，在高三年级开设。1995 年，实行每周 40 小时工作制。每周学科教学时数由 32 课时以下调整为 30 课时以下，每周活动总量由 38 课时以下调整为 34 课时以下。

2000 年，国家教委对高中课程计划再次调整，周活动总量为 35 课时。课程设思想政治、语文、数学、外语、物理、化学、生物、地理、历史、信息技术、体育和保健、艺术、综合实践活动、地方和学校选修课。2004 年，高中一年级使用新课程标准实验教材。课程开设分八个领域，语言与文学(语文、外语)、数学、人文与社会(思想政治、历史、地理)、科学(物理、化学、生物、地理)、技术(信息技术、通用技术)、艺术(音乐、美术)、体育与健康、综合实践活动(研究性学习、社区服务、社会实践)。实行学分制，必修学分 116 分，总分达到 144 分，学生即可毕业。

第三节 教学教研

教学方法

私塾的教学方法主要是注入式(填鸭式),塾师教条讲授,学生死记硬背。清末学堂实行班级教学制。初步采用按节次课堂教学并尝试运用演讲与问答相结合的方式。辛亥革命后,县劝学所曾举办小学教员讲习会,提倡试用德国赫尔巴特的五段教学法(预备、提示、比较、总括、应用)、美国杜威的"实验学校"教学法、孟禄的设计教学法等,旨在推广启发式。

抗日战争时期,根据地的学校重视教学内容和教育方法改革。课堂教学主要贯彻启发式原则(即兴趣原则)、自动原则和手脑并用原则,注重教学的思想性和实用性。

新中国成立后,对教学方法进行长期研讨和改革试验。1952年,学习苏联教学经验,开始推广凯洛夫教育理论和教学方法。在课堂教学上,效法"组织教学、检查复习、讲授新课、复习巩固、布置作业"五大环节,注意体现系统性、连续性、量力性、直观性和巩固性的教学原则。逐步形成了讲读法、谈话法、问答法、演示、实验法综合运用的启发式教学程序。在改进课堂教学、提高教学质量方面,收到一定效果。

1958年"教育革命"中,各中小学纷纷组织师生走出课堂,下队进厂,边劳动边学习。在增加劳动实践的同时,出现忽视基础知识和课堂教学的倾向。

1960年,开始纠正削弱课堂教学的倾向,从教材、教法、教具三方面进行改革。在教学方法上,普遍进行三项改革试验:重点课跟上自习课,知识分类教学,单元讲授法。同时,推广外地教学经验,在语文教学中实行"以字带词、以词带句、以句作文"和"课堂精讲,多写多练"的方法;在数学教学中,实行"知识归类,猛攻关键,集中学、集中练,边学边练,学练用分步走"的方法。

1964年,中、小学加强基础学科的教学,突出解决教材中的重点、难点和关键。在课堂教学中,提倡少而精,启发式。各中学还学习实践了上海育才中学"紧扣教材、边讲边练、新旧联系、因材施教"的教学经验。

"文化大革命"期间,全面否定新中国成立后17年的教育路线和教学方法。把许多经过实践检验行之有效的教学方法当作资产阶级的东西加以批判,废弃正在实施的教学改革试验。各校大搞"开门办学",与农村、工厂挂钩,建立学工、学农基地。由于违背教育规律,导致教学质量严重下降。

1978年后,重新确定以教学为主的原则。对学生加强基础知识教学和基本技能训练,在教师中开展学习教育理论、研究教材教法的活动。学习推广"突出重点、攻破难点、精讲多练、讲练结合"等一系列教学经验,注重启发学生思维,开发学生智力,培养学生分析问题、解决问题的能力。1982年后,驻城中、小学在教学改革中开辟第二课堂,组织语文、数学、天文地理、手工制作、书法等多种兴趣小组并定期进行比赛。

2003—2007年,全区中、小学实行课程改革,实行国家、地方、学校三级课程管理体系。在课堂教学改革方面,以学生发展为本的理念作指导,推广"合作—探究"课堂教学模式。加强对学生自主学习能力培养和学习方法、学习习惯养成教育。随着教学条件改善,计算机网络的普及,逐步构建网络课堂,借助计算机网络语言改革课堂教学方式和学生习方式。

在2004年全省"泰山杯"中小学电脑制作活动中,东港区有13件作品报省考评,2件获一等奖、3件获二等奖、8件获三等奖。实验二中、实验三小获山东省"泰山杯"中小学电脑制作活动最佳组织奖。2005年在"山东教育社杯"中小学电脑制作评比活动中,全区有16件作品获奖。其中,一等奖2件、二等奖8件、三等奖6件。2006年,全区有9节电教课、8件课件和7篇电教论文在市教育局组织的评选中获奖。

教研活动

1956年,建立健全各级教研组织和教研制度。县设立教研室,学区或学校成立教研组。到1965年,全县有小学语文,算术、体育、常识等科教研组584个,成员2268人。初中各科教研组48个,成员326人。1979年,教研室吸收部分教学经验丰富的教师组成中、小学各科中心教研组。形成县、社(乡、镇)、学区、学校四级教研网络。

1993年,区教委组建教研室。1995年1月,

图 37-2 教师开展教学竞赛活动 (摄于 2007 年 4 月)

各镇、街道相继组建教研室，形成区、乡(镇)、学校三级教研网络。各级教研活动主要包括教材通研、集体备课、听课评课、课堂教学大比武、教学基本功比赛等。

20 世纪 90 年代，初中阶段主要借鉴美国布卢姆"掌握学习"理论、布鲁纳"结构主义"理论和原苏联教育家巴班斯基的"教学过程最优化"理论进行"目标教学"研究，"以训练为主的中学语文教学模式"探索。

1999 年，开展素质教育，进行课堂教学改革。改革的主要目标是：转变教学观念、转变教师教学行为和学生的学习行为，实现基本知识与技能、过程与方法、情感态度、价值观三维教学目标的有机统一。在教学关系上凸显学生主体地位，教学内容上体现生活化，教学方法上注重启发引导，以学定教，倡导学生主动参与。教学结构上实行多维互动、合作学习。

各学校开展"课堂教学开放月"活动。邀请学生家长及社会各界人士到学校听课，扩大学校教学工作与社会的交流，听取社会各界人士对教学工作的意见。开展送教下乡活动，每年选派市区骨干教师到农村学校送课，帮助农村教师改革课堂教学，提高教学水平。建立城市支援农村教育制度，每年选派部分市区骨干教师到农村学校支教。2003 — 2007 年，实施新课程改革，区教育局印发《关于加强校本教研工作的指导意见》，各学校立足教学实际，开展校本教研，解决教学中的实际问题。

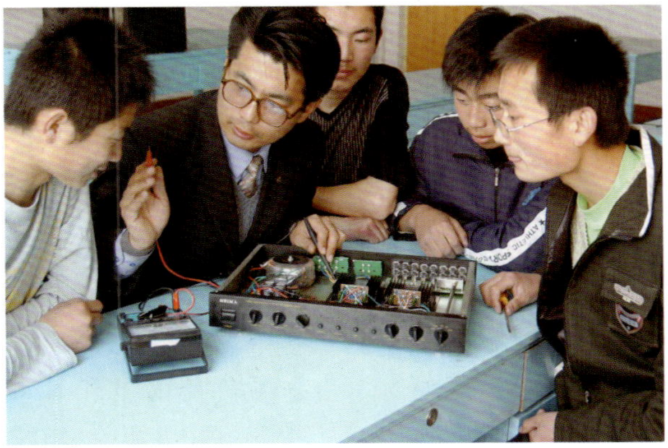

图 37-3 教师指导学生开展实践活动 (摄于 2006 年 4 月)

教育科研

区教研室成立后，大力开展教育科研活动。"九五"期间，区教委先后被确定为"全国现代活动数学实验研究实验区""山东省心理教育实验区""山东省信息技术教育实验区"。承担 34 项省级以上重点课题和 17 项市级重点课题。区内自主立项研究的课题达 164 项。"十五"期间，区教研室承担的《教学媒体综合运用与小学生素质教育的实验研究》被列为全国教育科学"十五"规划部级课题的子课题。

2001 年 5 月 14 日— 16 日，第五届全国语文"四结合"教改实验研究经验交流会在东港召开。区内有 6 所学校成为教育部基础教育司首批立项的学科"四结合"实验学校。

2002 年 4 月 20 日，区教委承办了现代活动数学实验区"九五"结题暨"十五"开题工作会议。承担的"九五"课题"构建活动—探究教学模式的实验与研究"顺利通过国家级验收，被评为优秀科研成果，区教委被评为全国教育科研先进单位。

2003 年秋，各中、小学针对新课改课程设置要求，进行"校本课程开发应用与学生素质培养"课题研究。

2004 年 11 月，召开"综合实践活动研究"开题会，中央教科所、省教科所专家到会作报告。2006 年 7 月，"综合实践研究"和"校本课程开发运用与学生素质培养"两项课题顺利通过省级鉴定。2007 年 3 月，东港区被中央教科所授予全国教育科学"十一五"规划教育部重点课题"教育实验与课堂变革研究”实验区，承担该课题子课题“转变学生学习方式教学设计研究”。研究成果《引导—探究教学模式和实施策略》，于2007年，被评为山东省优秀科研成果二等奖。2007年，实验高中开始实施“全员育人导师制”育人模式研究，被省委宣传部表彰为“全省思想政治工作创新成果(集体)奖”，并获2007年度全国中小学思想道德建设活动优秀成果一等奖。

第四节 艺体及健康教育

艺术

新中国成立后，学校重视艺术教育，除组织上好音美课外，还经常组织文艺演出活动。1993年，区教委成立后，十分重视艺术教育工作，开足开全艺术教育课程。学校每年举办“艺术节”“歌咏比赛”“书画展”等丰富多彩的艺术活动。2002年9月，落实教育部《学校艺术教育工作规程》，全区中、小学艺术教育活动日趋规范。中、小学升学考试，艺术教育列入考核科目。

图37-4 小学生练习作画 (摄于2007年4月)

体育

清末，启蒙学堂中设体操课，主要内容是教学普通体操、有益运动和兵式体操。

民国初期，体操课教学内容以普通体操、兵式体操及游戏为主。1922年，各学校改体操课为体育课。教学内容以田径、球类、队列训练为主，辅以各类游戏。1931年，又增加武术和军事训练。

抗日战争和解放战争时期，民主政府领导下的学校开展体育课和体育活动，但缺乏专职教师和器材。

新中国成立后，学校把增强学生体质，提高学生健康水平作为一项重要任务。开设体育课，推行广播体操，坚持早操和课外活动。

1959—1961年，群众生活暂时困难，学校体育活动受到影响。1963年，学校体育课和体育活动逐渐恢复。“文化大革命”期间，学校体育课、早操、课外活动失常。

1979年，国家颁发《中、小学体育工作暂行规

图37-5 学生参加春季田径运动会 (摄于2005年)

定》，确保上好两操一课(课间操、眼保健操、体育课)。1985年始，各中、小学校每年举办春秋两次田径运动会。

1990年，教育部、国家体委、卫生部联合向中、小学推广适合青少年特点的广播体操和系列儿童韵律操。从1992年春开始，学生从初级中学升高级中学要进行体育考试，考试分数折算后按满分30分计入总分。考试内容有跑、跳、投掷三大项目，另外还可以进行其他项目的选测。

2005年8月，落实教育部《关于落实保证中小学生每天体育活动时间的意见》的有关要求，小学1～2年级体育课改为每周4节，小学其余年级、初中改为每周3节，高中为每周2节。学校实行“体育大课间”，课间操时间20分钟改为30

分钟，保证学生每天有 1 小时体育活动时间。

2006 — 2007 年，区初、高中代表队参加市中学生运动会，连续二年蝉联“双第一”。

图 37-6 丰富多彩的课余活动 （摄于 2007 年 5 月）

2007 年 5 月，贯彻中共中央《关于加强青少年体育增强青少年体质的意见》，将课后组织学生 1 小时体育锻炼的规定，列入学校教学计划。

卫生与健康

清末，小学堂课程无卫生课。民国初期，卫生知识通过各相关学科进行渗透教学。1922 年，按“新学制课程标准纲要”，在小学高年级单设卫生课，低年级卫生常识包括在社会科内。1929 年，卫生常识又改在公民训练、常识、自然课内传授。

新中国成立后，人民政府十分重视学校卫生工作。1954 年，各中学大都设立卫生室，配备专职医务人员，各区中心校设“保健药箱”，配兼职保健员。1960 — 1963 年，三年经济困难时期，学校卫生工作受到影响，学生体质下降。“文化大革命”期间，学校卫生制度被破坏。

1979 年，贯彻教育部、卫生部《学校卫生工作暂行条例》并制定相应的卫生制度。1991 年起，卫生部门每年对全市中、小学生进行一次身体健康状况检查，建立健康档案。1996 年，在中、小学开设健康教育课，中心小学以上学校保证每周一课时的授课时间，做到有教师、有教材、有备课，学生有课本，期末有测验。1998 年，在中、小学校开展预防艾滋病教育。2002 年 7 月，落实教育部《学生体质健康标准(试行)实施办法》，把体质健康标准作为学生毕业的基本条件。结合学生年龄特点，进行心理健康教育，开展心理健康咨询活动。2005 — 2007 年，加强校园内外的卫生管理，建立学校突发公共卫生事件应急预案，加强常见疾病的防治，学生健康水平不断提高。

附：部分小学、中学简介

浸信会小学 民国初期，瑞典耶稣教浸信会在日照设传教点。1929 年，该教为扩大影响，在县城东关设日照县浸信会小学，招收一、二年级生徒 30 余人，合为一个班。课程设置与民国小学基本相同，唯增背诵圣经文句、祈祷、礼拜等课目。1931 年，在下元耶稣教堂成立小学一所，收一、二年级生徒 30 多人，组成一个班。至 1939 年，日照县“瑞华浸信会”，先后在县城、下元、汉皋陆开办小学 3 所，生徒计 100 余人。抗日战争胜利后，浸信会小学解散。

女子小学 辛亥革命后，女子教育渐被重视，1912 年，在县城东关财神庙设女子民国初等小学一所。1915 年报表统计，全县单设女子民国初等小学 3 处，这类学校历时较短，后逐渐实行男女同校。1929 年，尹树生任日照县立初级小学校长时，于县立高级小学内单设女子部，当年招生 40 余人，与男生同校不同班，并从外地聘请 3 名女子师范毕业生来校任教。尹离任后，高小女子部学生锐减，1930 年并入男生部。

鼎立小学 创建于 1934 年，是国民党元老丁惟汾(字鼎丞)在其家乡涛雒丁家官庄投资兴办的学校，故名鼎立小学。丁惟汾出资购地 6.67 公顷作为校产，以地租收入为办学经费。学校有瓦房 14 间，统一供给教师伙食。该校 1935 年春开学，有学生 100 余人，分三个班级，男女兼收，免交学费。1937 年春，丁惟汾拟增资扩建，因日军入侵，社会动乱而搁置。同年 12 月，学校被迫停课。1938 年夏，学校恢复。次年因日本侵略军侵占涛雒而停办。

抗日模范小学 1941 年在碑廓王家庄创建。初为抗日烈士子弟小学，当年收生 20 余人。1942 年秋，烈士子弟小学与碑廓小学合并，改名“日照县抗日模范小学”，学生 200 余人，教师 11 名，牟伯扬任校长。

1943 年秋，原属烈士子弟小学的学生和部分教师随县府迁往大坡区，以土山东庄的天主教堂和村里一座庙堂作校舍，学校名称仍为“抗日模范小学”，李献周任校长，有学生110人。年底，发展到7个班，13名教职工，230名学生。1945年秋，学校迁往栈子。同年冬移至县城，改名“日照县城关小学”(址在今城关一小)。

日照街道第一小学(城关一小)其前身是1838

图37-7 抗日模范小学学生在唱歌 (摄于1942年)

年建立的奎峰书院，1903年，更名为日照县立小学堂。1952年有24个教学班，学生1200人左右。现学校占地3.25公顷，建筑面积7700平方米。拥有30个教学班并附设幼儿园1所。

日照市实验小学 座落于日照市金阳路中段，创建于1983年，市直属小学。占地1.93公顷，建筑面积1.6万平方米，现有42个教学班，附设幼儿园1所。

日照市第二实验小学 始建于1992年，址在昭阳路东、兴海路北，区直属学校。前身为张郭小学。1992年，与裕华机械厂子弟学校合并，更名为日照第二实验小学。该校占地1.07公顷，现有38个教学班，附设幼儿园一所。

日照市第三实验小学 始建于1998年8月，

图37-8 日照第三实验小学 (摄于2007年)

址在向阳路61号，区直属小学。学校占地2.53公顷，建筑面积1.3万平方米。有36个教学班，附设幼儿园1所、兴海分园1所。

日照市第四实验小学 位于兴海路中段，建于1931年，原名“县立第二小学”，因日本侵略军入侵而停办。1954年城关完小在城南阁子设立分校名为“城关二小”。1958年学校撤销。1964年，县教育局重建城关二小，址在福海路中段。2006年8月，日照街道实施“五校联动”工程，将城关五小(原小岭小学)合并到二小，将日照街道二小迁至城关二中旧址，更名为“日照第四实验小学”。

日照实验高级中学 始建于1999年11月，位于临沂路东、济南路南，新市区中心。占地23.07公顷，建筑面积15.4万平方米，现有教学班108

图37-9 日照实验高级中学 (摄于2006年)

个，在校生6500余人。学校按国家级示范性普通高中的标准进行规划和建设，先后荣获“中央教科所实验学校”“山东省规范化学校”“山东省高中教学示范校”“山东省文明单位”等30多项省级以上荣誉称号。

山东省日照第一中学 原名山东省日照中

图37-10 日照第一中学东校区 (摄于2007年)

学。1951年夏创建于涛雒镇。1954年迁往城北现址。1956年，改称日照第一中学。1958年，日照一中增设高中部，成为完全中学。次年，学校被省确认为省属重点中学。

山东省日照第二中学 创建于1956年，址在东港区三庄镇，占地2公顷。1962年4月，确定为日照县属重点中学。1968年，始招高中班，成为完全中学。1971年，改名为日照县三庄公社中学。1978年，改名为日照县三庄中学，同时恢复确定为县属重点中学。1986年，恢复校名日照第二中学。

山东省日照第四中学 原名城关中学，于1979年8月建成教学楼，1座，占地3.59公顷，同年，招收二年制高中班8个，学生394名。1982年，招收三年制高中班，校名改为城关一中。1986年，更名为山东省日照第四中学。

图37-11 日照第四中学 (摄于2006年)

山东省日照第五中学 始建于1958年，址在原日照中学(位于涛雒镇里东北部)。1962年起，由涛雒镇里分期迁入现址。每年招收两个初中班，三年制。1968年招收首届高中班，104人，学制两年。1971年更名为日照县涛雒公社中学。1978年更名为日照县涛雒中学。1982年增设两个初中班。1986年，恢复校名山东省日照第五中学。

山东省日照第六中学 位于日照新市区南端，石臼街道办事处驻地。始建于1960年，原名日照第十一中学。同年8月招收初中2个班，学生108人。1971年，改名为石臼公社中学，招收初中3个班，高中1个班。1977年，改名为日照县石臼中学。1986年，更名为山东省日照第六中学。

山东省日照市实验中学 市属初级中学，位于老市区东关北路，建于1985年，原名城关四中，1986年划归市直属学校，更名为日照市实验中学。

日照第二实验中学 位于山东中路456号，占地4.75公顷，总建筑面积13864平方米。1996

图37-12 日照第二实验中学 (摄于2007年)

年建成，当年招收4个班，学生345人。现有教学班30个。2004年9月，引进香港田家炳基金250万元，建成面积5000平方米的懿德馆。学校又名田家炳实验中学。

日照第三实验中学 位于兴海路97号(原城关三中所在地)。2005年，日照街道实施"五校联动"工程，优化组合原城关二中和城关三中的教

图37-13 日照第三实验中学 (摄于2004年)

育资源，组建新校，定名为日照第三实验中学。

城关二中 原名城关联中，始建于1964年7月，时称城关农中。1965年8月，迁往城南千佛阁旧址。1982年，改为公办中学，定名城关二中。2006年4月，撤并到第三实验中学。

城关三中　1983年2月始建，址在现实验三中。占地3.4公顷，同年8月份建成启用。1992年，裕华机械厂子弟学校初中部和日照街道石场中学并入。2003年8月，在城关三中校址建设日照第三实验中学。

第四章　高等教育

第一节　普通高等教育

境内高等教育经历了从无到有、由少到多、由小到大的发展过程。到1993年，境内有曲阜师范大学在日照设立的分部和日照广播电视大学2所专科学校，在校学生1000多人。

曲阜师范大学日照分部创建于1985年，校址在北京路中段西侧，与电大相邻，是曲阜师范大学在日照设立的办学点，开设中文、英语、数学等专业，学制两年。2001年，曲阜师范大学在日照大学科技园建立日照校区后，该校随之迁入大学科技园。

图37-15　日照广播电视大学　(摄于2007年)

1993年，日照广播电视大学建立，是日照首所高等专科学校。至2007年，学校有全日制普通专科班、成人业余本、专科班。设置专业十余个，在校学生2000余人。

1995年，东港区与曲阜师范大学联合办学，招收4个大专班，计200余人。初在日照第一职业高中学习，1996年迁入城区第二职业中专，开设中文、数学两个专业，1997年停办。

1998年，经教育部批准，日照经济学校升格为日照职业技术学院。

2001年11月，日照大学科技园成立，规划面积2502.50公顷。自此，域内高等教育迅速发展。至2007年有曲阜师范大学、山东体育学院、济宁医学院、日照职业技术学院、山东水利职业学院、山东外国语职业学院6所高校在园内落户，在校生5.5万人。

图37-14　济宁医学院(日照校区)　(摄于2007年)

第二节　自学高等教育考试

1984年，全国开始实行高等教育自学考试制度，县教育局成立高等教育自学考试办公室，负责办理高等教育自学考试的相关事宜。

1993年，区教委设立自学考试办公室，各镇、街道设立自学考试工作站，自学考试工作向农村延伸。东港区自学考试报考率、参考率、及格率、毕业人数均居全省前列。1993—2007年，累计报考111407人次，专科以上毕业生5101人。区自学考试办公室被评为全省自学考试工作先进单位，后村自学考试工作站被命名为省示范工作站，两城、涛雒自学考试工作站被命名为省优秀工作站。

第三节　电大教育

电大专业

电视中专教育　1993年9月，区电大首次招生186人。1994年9月，招生276人。教学点设在城关三小和石臼五小(现为开发区实验小学)。1995年，增设日照市第一职业中专学校教学点，扩招脱产班124人，分设建筑装潢、法学、服装设计三个专业(1997年停招脱产班)。1996年，开设电视中专幼师专业，招收学员195名。东港电视中专被省电视大学授予招生先进单位。1999年，电视中专停招。

电大专科教育　1996年，区电大开设首届成人高考专科班。设财会、中文、行政管理、法律四个专业，共招收59人。2004年3月，招收开放教育专科生56人。2005年9月和2006年5月，先后通过省教育厅和中央电大对东港电大评估验收。2006年10月，区电大被省电大评为全省开放教育办学先进单位。2007年开放教育专科，开设9个专业招收95名学生。

电大本科教育　2004年春，招收首届本科生5个专业12人。2004年秋，招收汉语言等8个专业共33人。2005年春季，招收4个专业35人，2005年秋季，招收27人，以后逐年递增。2006年，本科开设7个专业招收63名学生，2007年开设8个专业招收52名学生。

课程设置

按国家统一规定，各学科均采用全国通编教材，统一教学大纲，统一教学计划，统一考试标准，实行统一考试，统一阅卷。

教学方法

分为三个阶段。第一阶段，以收听中央电大的广播为主，辅之以收看电视、自学和课外辅导。第二阶段，以收看电视为主，辅之计算机技术。第三阶段，以电视机、计算机、网络技术为主，辅之以平日作业。

电大学籍

由国家、省、市、区主管部门共同管理，学生成绩考核由省电大主持，学员修业期满，各科成绩及格方能毕业。至2007年10月，共有电大中专2294人毕业，电视大学专科972人毕业，本科150人毕业，在校注册学员345人。

第五章　专业教育

第一节　职业技术教育

乙种职业教育

1914年，县立乙种农林学校成立。招收12周岁以上初小毕业生30余名，规定修业3年，以植桑养蚕为主要专业。第一届学生毕业后，经山东省政府批准，将校名改为县立乙种蚕业学校，校长费墨林。1917年秋，招收第二届学生1个班。1920年，增招商科专业班。1921年5月，校名改为县立乙种职业学校，主要专业是商、蚕两科。随着经费增加和教学人员的充实，商、蚕两科隔年交替招生，每年招生一个班。1928年，全校3个教学班，学生104人。1930年，在校生有商科四年级14人，二年级34人，蚕科二年级46人，共94人。1931年，在校生有商科1个班，蚕科两个班，共111人。下半年该校撤销。

农林技术教育

1964年7月，第一农业职业中学(由日照十二中改办)成立，址在刘家寨。当年8月，招收农村高小毕业生56人，开设基础课和农业知识专业课。学校有2.4公顷生产实验园地，每周开课5天，劳动1天。1966年7月，迁至马庄区驻地小后村。1968年夏，学生毕业离校，学校从此停招职业班。

县农业技术学校、林业技术学校于1965年8

月同时创建。农业技术学校址在后楼农场，由农业局主管，从农村初中毕业生中招收47人，学习专业为作物栽培。林业技术学校址在日照水库，由水利局主管，招生36人，学习林果专业。两校学生修业年限均为1年。首届学生结业后，正值"文化大革命"开始，遂停止招生。

1981年，为改变中等教育结构单一状况，对全县中等教育结构有计划地进行了调整。经上级批准，河山中学改为县农业技术中学。1984年秋，改名为县第一农业技术中学。经省教育厅批准为省属重点农业技术中学。

职业中等专业教育

1986年，第一农业技术中学更名为市职业中等专业学校。1996年更名为区第一职业中专。在全市范围内招生，学制3年。先后开设农学、果林、牧医专业，共28个班，招收学生1301人，并举办幼师、拖拉机驾驶员、黄烟、食用菌栽培、家禽孵化饲养等训练班6期。1994年，在区人武部的协助下，开办国防专业。至2007年，共为部队输送新兵1700多人。1999年，区职教中心组建后，更名为区职业教育中心河山分校。1999年被评为省级重点职业学校。并荣获省级文明单位、山东省科普示范学校、山东省优秀团校等称号。

1983年，后村中学改为县林业技术中学。1987年，改为市第一职业高级中学。主要开设果林专业、服装专业。到1989年，共招收13个班，597名学生。1996年，改为区第一职业高级中学。2002年8月，该校合并到职教中心。

1982年，黄墩中学在招收普通高中班的基础上试办农业中学，招收农业高中班。1985年，经省教育厅批准，正式改为多种经营技术中学。到1987年，共招生492人，开设农学、果林、家电、建筑、服装等10个班。同年，更名为市第二职业高级中学。1988年，招生112名，1989年，招生112名。1996年，改为区第二职业高级中学。2002年8月，该校合并到职教中心。

1987年，在新市区建起市第三职业高中，次年招收水产养殖、轮机、建筑、文秘4个专业班，学生224名。1989年，再招收学生224名。1993年6月，经山东省人民政府批准，在市第三职业高中的基础上设立市经济学校(一校两牌)。到1998年，学校占地14公顷，校舍面积3.3万平方米，教职工180人，教学班33个，在校生1600多名。开设计算机应用、工业与民用建筑、财务会计、装潢设计等10多个专业。

1995年，在城区大香店西新建区第二职业中专，1999年，将原有的五所职业学校(一职专、二职专、一职中、二职中、成人中专)以第二职业中专为主体，五校合一，组建区职业教育培训中心。

职业学校开设普通文化课和专业课，使用全国统编教材。教学中理论与实践相结合，教学、科研、生产相结合，承担省、地(市)部分科研项目。东港区成立后，与劳动部门一起对职业学校毕业生进行职业技术等级考核，学生持毕业证书、职业技术等级证书毕业离校。学生考核合格率99%，优秀率55%以上。

图37-16　东港职教中心开设汽修专业教学(摄于2005年)

到2007年，东港区职业学校已为各行各业输送优秀毕业生共1.5万余名，其中对口升入高等院校的1050名。

卫生中等专业教育

日照卫生学校始建于1958年11月。首届招收学生150名，修业两年，1960年底毕业。第二届学生1961年2月入校，1963年2月毕业。以后，学校曾一度停止招生。1966年1月，恢复招生。招收两个社来社去二年制医士班，学生90人。毕业后学校停办。

1978年，重建日照卫校(在日照城北郊)，培训在职医务人员。1979—1984年，共举办护士、药剂、护理、中医、中药、检验、卫生统计等专业学习班9期，培训327人次。学习时间短者3个月，长者一年半。1985—1988年，培养短训班学生165人。1987年以后，招收职业中专班，有统计、会计、乡村医生、检验等。1993年，定名为日照卫生学校，隶属日照市卫生局。2000年9月，整体迁至新市区山东路689号。

东港区成立后，于昭阳路北段，五莲路南建立区卫生学校。学校占地1.2公顷。教学设施齐全。2003年，学校挂靠临沂卫校，更名为临沂卫生学校日照分校。设社区医学、护理、助产、药剂等专业。学制分全日制普通中专三年，高中中专两年，高中后对口升学，三二连读五年制大专班等。

至2007年，先后有1500余名全日制学生毕业，1200余名中专函授学员毕业，大专函授班结业150人。举办专业技术人员计算机培训班32期，800余人次。举办乡村医生输液知识培训班2期，共1300余人。中医药知识培训班900余人。

技工专业教育

1985年7月，日照市技工学校成立(校址在城西)。同年，从全市非农业人口初中毕业生中择优招收钳工专业班41人，电工专业班43人。此后，招收人数逐年增加。1989年扩大为7个专业，招生325名。该校由市劳动局直接管理，学制3年，以培养德、智、体全面发展的中级技术工人为目标。开设课程有文化课、专业课及生产实习课。所用教材，系机械部和劳动人事部编印。2005年4月，与日照市职工中等专业学校合并组建为日照市高级技工学校，址在大学城，隶属市劳动和社会保障局。

1991年，日照市技工学校水产分校开始筹建，占地1.53公顷，址在石臼东南，靠近日照港。1993年5月，独立为日照市水产技工学校。1994年，划归日照市水产局，实行经费包干。1996年，划归为市水产集团总公司管理。水产食品加工、机电一体化专业为省重点专业。

第二节　师范教育

速成师范教育

境内师范教育可上溯到清朝末年。为推行新学，培训师资，于清光绪三十一年(1905年)在原奎峰书院成立县师范传习所，几年后即停办。

1912年，成立县单级教员养成所，址在高等小学校内。招生对象为高等小学毕业生，修业1年。除学习文化课外，还选学“教育学”“教育管理学”等专业课程。1912年毕业16人，次年毕业44人。1914年，该校改称县小学教师讲习所，学制改为2年制。1915年12月，讲习所第一届37人毕业，后停办。

1943年春，日伪在原县初级中学旧址设师范讲习所。11月，改为县立简易师范学校，有初级师范1个班，学生39人。1945年夏，因日本侵略军占用校舍，学校停办。

1952年3月，日照中学附设速成师范班4个，招生200人，原定修业一年，后因急需教师，9月中旬，从中挑选150人提前结业，参加教育工作。1952年10月，沂水专署第六速成师范成立，校址在城关完小内。日照中学转来速师班1个，学生41人，为第一级。新招两个班，100人，为第二级。一级学生1953年初毕业，主要分配做教学工作。二级于同年暑假毕业，多数分配到邮电、银行工作。两届学生毕业后，该校停办。

短期师范培训

1944年2月，县抗日民主政府在大坡区大岭村创办短期师范，招收有一定文化程度的社会青年和在职教师。第一期学员52人，第二期学员50人。学习期3个月，结业后分配到各抗日小学担任教员。1947年7月，在巨峰区贾家桃园村成立日照师范，主要招收贫雇农出身的青年，接受师范教育。学员由各村贫雇农小组保送，免试入学。收生一个班，50人。 同年9月，学校迁至梭罗树村，年底停办。

工读师范教育

1958年，创办工读幼儿师范，招收两个班，学生104人。招生对象为农村幼儿教师和社会青年，学习半年，结业回队担任幼儿教师。同年秋，该校改为教师短训班，培训对象为民办小学教师。

1959年冬，成立工读师范学校，校址在后楼农场，招收两个班，学生100人，学制一年。任务是培养民办小学教师、幼儿教师和厂矿职工教师。1960年冬，学生毕业后停止招生。1961年8月，该校撤销。1966年3月，经临沂行署文教局批准，重建工读师范学校。第一届招生100人，1968年2月入校，12月毕业。第二届招生100人，1968年9月入校，1969年1月结业，学校随之停办。

中等师范教育

1930年秋，鉴于小学师资过于缺乏，县立初级中学招收师范班1个，48人。1932年秋，招收1个班，50人。学制3年。学生毕业后，县教育局承认他们为合格小学教员，并向各类学校推荐任教。

1956年夏，创建日照师范学校，校址在涛雒镇(原日照中学旧址)。当年招收三年制初级师范4个班，学生208人。此届学生原定学制3年，因受“大跃进”影响，提前一年毕业。1958年，学校迁至日照城西岭。招收第一届中师4个班，学生168人，学制3年。同时招收一年制初师速成班4个，学生204人。1959年秋，招收第二届中师4个班，学生176人。同时招收一年制初速师2个班，学生104人。一年制中速师2个班，学生89人。全校12个教学班，学生537人。到1961年，因国民经济遇到暂时困难，仅招收教师培训班两个。翌年，第二届学生毕业分配，第三届学生与两个教师培训班的教师一同下放回队，学校停办。

1970年，该校初步恢复，举办教师短训班。1973年开始招生，每年2个班，学制2年。到1976年，共招生400余人。1977年，学校恢复招生考试制度。至1980年，已招收二年制中师14个班，569人。当年，招生范围扩大到莒县、莒南等县，由临沂行署教育局管理。1981年，该校恢复招收初中毕业生，学制3年。到1989年，共收生40个班、1768人。1989年，有14个教学班，在校生621人，教职工97名。2007年，有在校生407人，由市教育局管理。

图37-17　日照师范　(摄于2007年)

1984年10月，成立教师进修学校，址在原县教育局后院。学制2年，开设中等师范学校全部课程。学生修业期满，成绩合格者发给中师毕业证书，回原单位任教。1985年6月，首次从公办小学教师中择优录取学生110人。10月，迁至相家庄营房。1986年招收54人，1988年招收100人。1989年春迁往新校(望海路19号)，占地2.67公顷，建有教学楼、办公楼和教工宿舍楼等设施，改名为市教师进修学校。同年，招收132人。1990年后，学校主要进行小学教师学历达标扫尾工作及小学校长岗位培训，初中、高中教师三沟通，音像本科培训辅导工作的组织，各高校函授生管理及公务员、事业单位工作人员计算机培训工作。1993年，划归东港区管理。1994年9月，依托该校成立区成人中专。1999年9月，随全区第一次整合教育资源，部分教师及学生归并到职教中心。2003年10月，随全区再次整合教育资源，该校全部归并到职教中心(一校两牌)。

第六章　成人教育

第一节　农民业余教育

平民教育

境内最早的农民业余学校是通俗讲演所承办的平民学校。有半日校、夜校等。1915年，共举办平民学校7处，多数附设在全日制学校，由校内教员兼教，一般在冬闲时开课讲授。

1928年春，中共日照县委建立。县委负责人郑天九在山字河三官庙办起平民夜校，向贫苦农民讲授革命道理，传授文化知识，到1932年，日照暴动前夕，该校已培养百余名革命积极分子。

1929年，境内有平民学校15所。1930年，平民学校由民众教育馆主持，馆内设民众半日校1所，两个教学班，学生113人。教师利用下午和晚间轮流上课。1931年秋，因土匪刘黑七(刘桂堂)率部骚扰，乡村平民夜校仅存5所，入学者232人。

1932年，民众教育馆在肖家楼(今后楼)、七里河子、西安吉庄、迟家村一带开辟民众教育实验区，各村普遍成立民众半日校。

平民学校的课程，主要有《民众识字课本》《三民主义三字经》《民众识字千字文》，还有珠算和简单的算术知识，以及伦理道德常识等。

乡农教育

20世纪30年代，梁漱溟倡导“乡村建设运动”，大力兴办乡农学校。境内于1935年冬设训练处，筹办乡农学校。次年4月，先后在县内各区开办乡农学校。校长、训育主任、军事教练由省任命，学员多从富家子弟中抽调。旨在培养“新的政治习惯”，建设“新的社会结构”。乡农学校的学生，入学要自带枪支弹药，并交生活费9元、服装费3元。各校每期收生3个班，每班20人左右，每期训练3个月。办学经费由地丁附捐中开支。训练内容，分军事、文化两类。教材主要是《乡农学校学员手册》。军事课占70%，进行操练和武器使用训练；文化课占30%，其中包括国民党的宗法、政治教育。“七七”事变后，学校自行解散。

冬学与识字班

1940年春，县抗日民主政府成立后，开办一批抗日夜校。入冬，办起冬学300多所，入学者9856人。冬学坚持抓好两项教育任务，识字和宣讲抗战道理。1941年8月，中共日照县委号召“要普遍建立冬学”。当年，在根据地办起冬学31所，入学者837人。1943年，根据地不断扩大，冬学也随之扩充为267个班，有学员4385名。在整个抗日战争和解放战争时期，全县的冬学成为教育干部群众的一种好形式。

1940年，在冬学结束进入春耕大忙季节，文教科仍抓群众学习活动，在变工组、纺线组等建立各种分散学习形式的识字班。1944年7月统计，在农忙季节坚持办学的民校有160所，学员3804人；妇女识字班183个，学员5423人。抗日战争胜利后，夜校、午校、妇女识字班又有较大发展。1946年，仅巨峰、高兴、涛雒3个区，就有夜校、午校611个班，学员8552人；妇女识字班546个班，学员7725人。在各种学习组织中，以青年与儿童的学习最为正常。1947年1月统计，全县青年、儿童经过一年的业余学习，能够阅读《滨海农村报》的达260多人，有的还学会记账，写简单应用文。

农民扫盲

新中国成立后，政府重视农民业余教育。1949年冬，全县恢复和发展冬学649所，入学者24800余人。次年，冬学转为常年民校的402所，学员16542人。

1950年9月，贯彻全国工农教育会议确定的“开展识字运动，逐步减少文盲”的方针，组织3万余人参加扫盲学习。1952年，推广祁建华速成识字教学法，有4000多人扫除文盲。1953—1954年，举办速成识字巩固班162个，学员4675人。

1956年，有青壮年文盲41100人参加常年学习。至1957年，共有34907人扫除文盲。

1958年，搞扫盲工作大跃进，要求一年内扫除文盲165052人，青壮年脱盲率要达到90.6%。出现了浮夸、虚假现象。1961年，全县有713个村恢复了各种学习班组，入学人数达29305人。到1963年，农民业余教育开始稳步发展，县文教局确定马庄区邢家沟和巨峰区车沟两所民校为县属重点民校。各区建立区属重点民校91处，799个班，学员7656人。1965年，全县有常年民校993所，各种学习班组5597个，学员13081人。

“文化大革命”初期，业余教育停止。1970年，县教育组在南湖区万家坪大队试点，该大队发动群众学政治、学文化，大办业校的经验在全县推广。1972年，政治、文化业校一律改为“五七红校”。当年办起红校1073所，参加学习的有209325人。1977年3月，经地区验收，青少年文盲、半文盲脱盲率达98%。为此，地区批准日照县为扫除青少年文盲县。之后，业余教育工作贯彻“一堵(堵新文盲产生渠道)、二扫(扫除青壮年文盲)、三提高(提高文化水平)”的方针，把工作重点放在巩固扫盲成果，组织学员继续升级学习上。1978年，逐步在农民中推行农业技术教育，至1980年，共有农技班235个，5307人；业中班40个，1304人；业小班351个，10436人；扫盲班119个，1914人。

1982年第三次人口普查统计，12～40周岁人口中又出现文盲、半文盲108976人，占这个年龄段总人数24%。为改变这种状况，1983年，再次开展较大规模的扫盲工作。春季，首先在黄墩公社抓点，完成2000多人的扫盲任务。5月，地区在此召开扫盲现场会。年底，经地、县分期分批验收，共扫除文盲59722人，使少、青、壮年的非盲率分别提高到98%、95%和79%，混合非盲率上升到89%，达到国务院规定的脱盲标准。

到全国第四次人口普查为止，全市尚有15～45周岁青壮年423438人，文盲半文盲15925人，经市级验收已扫除12323人，剩余3602人，非盲率达99.1%。1995年10月，东港区实现了“两基”，高标准完成扫除青壮年文盲任务。

图 37-18　涛雒镇举办劳动就业技能培训　(摄于2007年)

专业技术教育

民国时期，境内曾成立乙种蚕业学校，以植桑养蚕为主要专业。1920年，该校增招商科专业班。新中国成立后，政府重视农民专业技术教育。

1992年4月，各乡镇成立成人教育中心学校，村村有农民文化技术学校，村级办学面达100%。农村成人教育初步形成以区成人中专为龙头，镇成人教育中心学校为骨干，村农民文化技术学校为基础的区、乡、村三级成人教育网络。1994年3月，经市人民政府批准，区成人中专成立，与市教师进修学校一校两牌。开设幼师、商贸、财会、微机、机电等专业。每年招生4个班。学生毕业后发成人中专毕业证书。

“两基”实现后，区农村成人教育把工作中心转移到面向农村、农业、农民的实用技术培训上。通过举办培训班、印发明白纸、放科技录像等形式，对农民进行农村实用技术培训，广泛开展送科技下乡、赶科技大集、实验示范等为农服务活动。农村实用技术年培训规模达10万人次。

2000年后，开展农村劳动力转移培训。举办培训班50多期，参训学员5000余人。到2007年，全区有35所村办农民文化技术学校达到市级示范学校标准，10所成人教育中心学校被评为省农村成人教育“省级规范化学校”。河山镇、陈疃镇、南湖镇的成教中心被评为全市为农服务工作先进单位。

农业广播学校教育

1981年10月，中央农业广播学校日照分校成立。从农村高中毕业生中招收农学专业学生530人。1984年10月，招收农学专业学生625人，招生对象改为农村初中毕业生。1985年9月，招生380人，其中畜牧专业110人，农业经济管理专业270人。1987年，开设农学、果树、蔬菜、林学4个专业，招生269人。1988年，开设乡镇企业管理和畜牧兽医专业，招生460人。1989年招生35人，在校生764人。

学生的学籍，由省、地、市共同管理，以本市管理为主。学业成绩考核由地区主持。1985年12月，第一届学生毕业140人，承认中专学历，但国家不包分配。1987年，第二届学生毕业143人。

图 37-19　东港区职教中心开展农村劳动力转移培训　(摄于2006年)

1993年，区农业广播学校成立，1994年招生，开设专业有农学、会计统计、企业管理等中专专业，与省委党校联办经济管理类本、专科专业。1994年，在校生达160多人。1994—1997年，每年招生都在100人以上。1998年，招生开始下滑，每年招生不足百人，2002年，各专业停止招生。

第二节　教干培训

教育干部培训自1989年始。根据国家、省有关规定，校长培训实行“分级培训，分级管理”，省负责高中校长培训，市地负责初中校长培训，区县负责小学校长培训。

1991年10月，市首轮小学校长岗位培训开始，共三期。第一、二期由市教委组织。第三期由区教委负责，采取“分散办班”“送教上门”“面授辅导”与“业余自学”相结合的形式进行。有学员155人，分三个班(一班设在教师进修学校，77人。二班设在三庄镇教委，29人。三班设在巨峰镇教委，49人)，理论学习44天，考察学习10天，于10月结束。对培训合格的人员颁发合格证书，实行持证上岗。

1996年5月，对全区各级学校中层以上干部在教师进修学校进行一次集中培训，培训时间4天。1998年，区教委制定《关于中小学校长培训工作的实施方案》。举办小学校长岗位培训班一期，培训小学校长52名。1999—2007年，区教委共举办小学校长培训班3期，提高培训班2期，参训校长260余人，小学校长任职资格合格率达100%。

初中校长的岗位培训在临沂教育学院和烟台师专进行。至2007年，共选派11批、53名初中校长进行任职资格培训。高中、职业学校校长的岗位培训在省教育学院或曲师大进行。至2007年，共选派7批、14名高中及职业学校校长分别到省教育学院和曲师大参加岗位培训。

第三节　职工教育

1950年6月，政务院《关于职工业余教育的指示》颁布后，县直企事业单位部分职工开始参加机关学校学习。石臼、涛雒、岚山等地职工参加当地机关职工业余学校学习。此外，在石臼码头工会和大轮丝织厂等单位成立海员夜校、工人夜校5所，8个班，共276人参加学习。这些夜校，以识字为重点，结合进行时事政策、生产、卫生等方面教育。1955年，各厂矿企事业职工参加扫盲学习的337人，参加初中学习班的26人。至1957年，职工中有770人扫除文盲。

1958年，开展扫除文盲运动，全县文盲、半文盲职工全部投入学习，有989人脱盲。至此，原有职工脱盲率达92.9%。同年，职工数量剧增，至1959年，企业单位的业余小学、中学大量涌现，参加学习者达3200人。

1960年，整顿和调整职工业余教育，主要以巩固扫盲成果，提高职工文化层次，加强技术教育为主。适当发展业小、业中，有条件的还举办初级技术教育。1965年，参加学习的职工有665人。其中扫盲班85人，业小班90人，业初中班210人，业高中班104人，初级技术班176人。

“文化大革命”期间，部分厂矿企业相继办起“七二一”工人大学。1976年，全县有此类大学13所，学员248人。

1982年，成立职工教育办公室，对“文化大革命”期间的初、高中毕业青年职工，进行文化补习。1983—1985年，参加初中文化补习的有8069人次。参加高中文化补习的195人。

1986—1992年，连续进行高中、初中文化补习，以初中为主。其间，市政府成立职工教育管理委员会，市职教办为常设办公机构。1993年9月，日照市职工中等专业学校建成。东港区成立后，在区经贸委设立职工教育办公室，负责全区职工教育的协调、监督、检查、管理等职责。各企业采用“走出去，请进来”的方式对职工进行“新理念、新知识、新技术、新工艺、新方法”专项培训。区内职业学校积极配合，对职工进行岗前、岗中、岗后培训。进入21世纪，职工教育由职工所在单位负责。

第七章　特殊教育

日照市聋哑学校始建于1989年，1991年10月，开始在莒县、五莲、市直、东港区、岚山区、日照经济开发区、山海天等地招收聋哑学生。1993年，划归东港区管理，更名为东港区聋哑学校。1999年，日照市盲童学校依托东港区聋哑学校成立。学校现占地1.67公顷，建有教学办公楼及学生餐厅公寓综合楼各1座及其他附属设施。学校从建校之初的3个班50名学生，到2007年，已有聋部6个教学班，盲部5个教学班，在校生总数100余名。

第一节　特教学制与课程

学制

学校实行九年一贯制，小学6年，初中3年。入学年龄一般与当地普通小学相同，特殊情况下可适当放宽。

课程

注重培养残疾学生积极主动的学习态度，使残疾学生在学习过程中，既获得基础知识和基本技能，同时又学会学习、学会生活、学会合作、学会生存，形成正确的人生观、价值观。课程由国家课程和地方学校课程两部分，以国家课程为主，地方、学校课程为辅。

盲校开设思想品德、语文、数学、外语、体育与健康、定向行走训练、音乐、美工、生物、物理、化学、历史、地理、康复、信息技术应用、综合实践活动等课程。

聋校开设思想品德、语文、数学、语言训练、体育与健康、沟通与交往、律动、美工、生活指导、劳动技术、职业技术、康复、信息技术应用、综合实践活动等课程。

第二节　特教教师与教学

教师

特殊教育学校教师除必须具备国家规定的教师资格、普通话等级证等基本条件外，还必须熟练掌握手语、盲文等基本技能。2007年，有教职工45人。其中专任教师25人，专任教师中第一学历为特师毕业的20人，占专任教师的80%。教师中本科学历32人，专科学历9人，高中及以下学历4人。有中学高级教师6人，小学高级教师21人，小学一级教师13人，工勤人员5人。

学生住校期间的衣食、起居、生活、学习都需要教师管理。教师既负有教师职责，又担当“父母”角色，把学生冷暖时刻挂在心上。还要关注学生心理健康，培养学生乐观向上的阳光心态。对不同个体制定个别教育计划，既要因材施教，又要注重面向全体。要求特教教师要有爱心、耐心、细心、恒心。

1989年，国家决定给予从事特教工作人员享受相当本人基础工资加职务工资或岗位工资之和15%的特教津贴。1994年由省教委、省民政厅、省财政厅、省人事厅、省残联联合下发鲁教基字〔1994〕17号文件，将特教补贴发放比例由15%提高到20%。

学校设教务处、政教处负责教育教学管理。下设聋部语文教研组、聋部数学教研组、盲部教研组、艺体教研组。按照教学计划开全课程，开足课时，建立备、教、批、辅、考等教学管理制度，实行分类教学，注重学生的康复训练和补偿矫正，重视聋哑学生的语言训练和盲生的定向行走训练。学校注重发掘每位残疾学生的爱好。在盲生

图37-20　盲童学校学生孔铭在中央电视台《同一片蓝天》节目中演奏京胡　（摄于2006年）

中重点培养器乐方面的特长，在聋哑学生中着重培养绘画、手工制作、体育等方面的特长。2002年，学生王宾(盲童)因京胡演奏突出，被中国残疾人艺术团吸收为演员。同时被北京戏曲专科学校录取为唯一一名在校的视障学生。2005年，学生孔铭(盲童)在全国残疾人器乐大赛中获京胡演奏一等奖，并定期参加全国的调演。他的京胡演奏被日照水运会组委会确定参加闭幕式演出。学生表演的文艺节目10余次在省及全国残疾人艺术汇演中获奖。30余名聋生在全国美术书法比赛中获奖。至2007年，该校学生在山东省残疾人运动会上共获得1枚金牌、3枚银牌、3枚铜牌。

学校针对部分学生年龄偏大的实际，在高年级开设了缝纫、花艺、美术、刻瓷、音乐、串珠、按摩等特色职业教育课，形成了教学—康复—职劳“三位一体”的特色教育，使残疾学生走出校门能自食其力，更能残而有为。至2007年，先后有20余名盲聋生考入青岛盲校、聋校及特教中等专业学校，近200人与工厂签约，走上了工作岗位。

第三节　特教经费

学校经费主要来源于财政拨款，按生均1100元/年拨付，2007年，增加为生均3000元/年。小部分来源于福利捐助和社会爱心捐赠。2003年之前，学校按照九年义务教育学段收费标准，收取学生的杂费、住宿费、课本费、生活费等费用。从2004年开始，实行“三免一补”政策。免除了学生的杂费、住宿费、书本费，实行生活补助。学校还利用社会各界所捐助的资金，定期为学生制作校服，购买团体人身意外伤害保险、校园平安保险，统一发放生活日用品。

第八章　教育改革

1978年以来，境内在教育管理体制、教干教师队伍及教育教学等方面进行了一系列改革。各级各类学校教育资源配置不断优化，内部管理渐趋合理，教师在教育教学中的主导地位和学生的主体地位更加突出。

第一节　管理体制改革

学校管理体制

新中国成立后，境内教育在管理体制上实行由县级统一领导政府办学。1978年后，逐步实行由双重领导、分级管理向“以县为主”的管理体制过渡。

双重管理体制　1978年，实行教育体制改革，县教育行政部门管理普通高中与职业教育，乡镇高中由县教育行政部门与乡镇双重管理，以教育行政部门为主。义务教育学校与成人教育由县、乡(镇)两级政府管理，以乡(镇)为主。乡镇设中心校，统一管理全乡镇的教育工作，中心校长由县教育行政部门任命。1984年，进行机构改革，公办中学由教育行政部门管理，乡镇中小学在县教育行政部门指导下由中心校进行全面管理。

分级办学管理体制　1986年，《中华人民共和国义务教育法》颁布后，建立了以县、乡为主分级办学、分级管理的义务教育管理体制。1987年中小学分家，各乡(镇)成立两个中心校(中心小学、中心初中)。到1989年，市级教育行政部门只管理高级中学和市实验小学、市实验中学，其余公办中小学校全部下放到乡(镇)、村办学。初级中学由管理区负责联办，小学由村办或村联办。1991年，托幼工作由妇联移交教育主管部门。1992年，各乡(镇)设立教育委员会，乡(镇)政府负责建设“四中心”(中心小学、中心初中、成教中心和幼教中心)。形成了乡(镇)政府主办，教委领导下的“四中心”管理格局。1993年，区教育委员会成立，仍实行分级办学分级管理的模式。乡(镇)教委和“四中心”主要负责人的任免管理由区、乡两级管理。

2001年，区教育局加强对全区中小学干部教师的配备管理，教育经费全区统筹统管。2002年以后，“以区为主”的办学、管理体制不断完善。

教育干部选聘负责制

1993年，东港区开始进行校长选聘负责制改革。1996年8月，区教委采取公开答辩竞争的方式选聘日照实验二中校长。1998年9月，公开答辩竞争日照第三实验小学校长。2000年8月，公开答辩竞争日照实验高级中学校长、副校长。2001年6月，实施“名教师、名校长”工程，将校长岗位目标责任制的考核和民主评议结合起来。9月，区委制定出台《关于改革教育系统干部管理制度的意见》（东委〔2001〕26号），在全面考核的基础上，对镇街道教委、四中心、平行初中、区直学校校长、副校长实行聘任。2004年，落实区教育局制定出台的《关于全区学校中层干部竞争上岗、全员聘任的实施意见》（东教发〔2004〕11号），学校中层干部全部出岗。校长聘任和中层干部竞争上岗工作在各级各类学校中全面实施。

教师全员聘任制

1993年，全区开始进行“校长选聘负责制、教职工定编聘任制、岗位目标责任制、考核奖惩制”为主要内容的学校内部管理体制改革。1998年，区教育局制定出台《关于深化学校内部管理体制改革的意见》（东教发〔1998〕40号），将岗位目标责任制和考核奖惩制在全区推开。暑假期间，组织5个乡镇22所学校进行“四制”改革试点。寒假期间，将岗位目标责任制和考核奖惩制(绩效工资制)，在全区18所镇街道学校和部分区直学校实施。2001年，推行教师授课全天候开放制度、非教学人员岗位考核末位曝光制度。2004年9月，建立城镇教师农村任教服务期制度，服务期限为一年。2006年，制定《东港区中小学教职工管理暂行规定》（东教发〔2006〕5号），全面规范教师队伍管理。

职称评聘与考核制

1986年，开始在教师中实行专业技术职务职称评定。1991年始，职称评定每年举行一次，形成制度化。同年，实行教师专业技术职务学年度考核。1994年，开始进行机关事业单位工作人员年度考核。2001年6月，在教师岗位竞争聘任的基础上，区教委制定出台了《关于专业技术职务竞争聘任工作实施方案(试行)》（东教发〔2001〕19号），实行教师职务评聘分开，竞争上岗。2003年开始，对全区教师职业道德进行考核。2005年开始，教师专业技术职务考核与机关事业单位工作人员年度考核合并进行。2006年，按照《东港区中小学教职工管理暂行规定》（东教发〔2006〕5号），把教师的工作实绩与工资待遇挂钩，体现多劳多得、优教优酬的原则。

教育目标管理

1995年，全区中、小学全面落实《东港区教育目标管理方案》，开展争创规范化学校活动。1996年，区教委制定“分类定级创规范”活动实施方案和评估标准，加强对实施过程管理和年终综合考核管理。2001年，开展教育工作目标管理，建立以制度约束、行为养成和目标调控为特色的管理模式。2006年起，推进决策目标、执行责任和考核奖惩“三位一体”的管理模式。按照《山东省普通中小学管理基本规范(试行)》（鲁教基字〔2007〕20号）和山东省中小学素质教育工作会议精神，狠抓办学行为规范，推动素质教育实施。2007年，全区拥有省级规范化学校4所，市级规范化学校40所。

第二节　教育教学改革

学制改革

1978年，小学仍实行五年一贯制，中学学制开始有计划地恢复“三三”制，到1983年，各中学全部实行“三三”(初中3年、高中3年)学制。1986年，日照市义务教育阶段实施“五四”(小学5年、初中4年)学制。2003年，市教育局下发《关于全市义务教育学段统一实行“六三”学制的通知》，全区义务教育学校实行“五四”学制向“六三”学制过渡。同年，小学1—3年级实行“六三”学制，其他年级和初中阶段依旧实行“五四”学制。到2006年，全区义务教育学校全部完成“六三”学制改革。

课程改革

1978年，小学改用全国统编教材，低年级开设语文、数学、体育、音乐、美术，高年级增设政治、自然常识。1981年，高年级增开历史、地理课，政治课改为思想品德课，自然常识课改为自然课。1992年，施行国家教委《九年义务教育全日制小学、初级中学课程方案(试行)》，课程包括学科、活动两部分。学科课程开设思想品德、语文、数学、社会、自然、体育、音乐、美术、劳动等9科。活动设晨会(夕会)、班团队活动、体育锻炼、科技文体活动、社会实践活动、校传统活动。1997 年,实验小学及市规范化以上小学在三年级开设英语课和信息技术。2003 年秋季始,小学一至三年级进行学制改革和课程改革,二、三年级使用“六三”学制义务教育教材。一年级使用新课标实验教材,开设的课目:各年级均开设语文、数学、体育、艺术、地方学校课程;小学一、二年级开设品德与生活,三至六年级开设品德与社会、科学、英语、综合实践活动。

1978 年,中学按照教育部颁发的教学计划,初中开设政治、语文、数学、外语、物理、化学、地理、历史、生物、生理卫生、体育、音乐、美术、劳动课,高中课程减少生理卫生、音乐、美术三科。1981 年,使用全国统编教材。1993 年,初一新生施行国家教委《课程方案》。课程包括学科与活动两部分。其中,学科设思想政治、语文、数学、外语、历史、地理、物理、化学、生物、体育、音乐、美术、劳动技术等 13 科。活动设晨会(夕会)、班团队活动、体育活动、科技文体活动、社会实践活动和校级活动等。

1990 年,国家教委调整普通高中教学计划。课程结构由学科课程和活动课程两部分组成。学科课程分必修课和选修课两种形式。活动课程包括课外活动、社会实践活动。必修课设政治、语文、数学、外语、物理、化学、生物、历史、地理、体育和劳动技术共 11 科。选修课分两类,一类是单科性选修课,在高一年级每周 3 课时,高二年级每周 4 课时。另一类是分科性选修,分文科、理科、外语、艺术、体育、职业技术 6 类课程,在高三年级开设。

2000 年,国家教委对高中课程计划再次调整,课程设思想政治、语文、数学、外语、物理、化学、生物、地理、历史、信息技术、体育和保健、艺术、综合实践活动、地方和学校选修课。2004 年,高中一年级使用新课程标准实验教材,课程开设分八个领域,语言与文学(语文、外语)、数学、人文与社会(思想政治、历史、地理)、科学(物理、化学、生物、地理)、技术(信息技术、通用技术)、艺术(音乐、美术)、体育与健康、综合实践活动(研究性学习、社区服务、社会实践)。实行学分制,必修学分 116 分,总分达到 144 分学生即可毕业。

课堂教学改革

1978 年,重新确定以教学为主的原则。对学生加强基础知识的教学和基本技能的训练,在教师中开展学习教育理论、研究教材教法的活动,学习推广“突出重点、攻破难点、精讲多练、讲练结合”等一系列教学经验,注重启发学生思维,开发学生智力,培养学生分析问题、解决问题的能力。1982 年以后,驻城中、小学在教学改革中开辟第二课堂,丰富学生的校园生活,培养合格加特长的人材。

进入 21 世纪,全区中、小学实行课程改革,建立新的教材体系,实行国家、地方、学校三级课程管理体系。在课堂教学改革方面,以学生发展为本的理念作指导,推广“合作--探究”课堂教学模式,加强对学生自主学习能力的培养和学习方法、学习习惯的养成教育。随着教学条件的改善,计算机网络的普及,逐步构建网络课堂,借助计算机网络语言改革课堂教学方式和学生学习方式。

第九章 教师

第一节 教师队伍

塾师、学堂教员

封建时代,在县学、书院讲学者,多系科第出身的进士或举人。城乡私塾的执教者多由秀才或“老生童”(读书多年未考中秀才者)担任。

清光绪二十九年(1903 年),清廷颁发《鉴定任用教员章程》规定:高等小学堂教员,须初级师范毕业考试列中等以上,游学外洋取得寻常师范毕业文凭者充选。初等小学堂教员,须有初等师范毕业、修业文凭者充选。由于毕业生甚少,初、高等小学堂教员,多数仍由原私塾先生充任。

为适应新学之需,清光绪三十年(1904 年),境内创办县师范传习所。自清光绪三十一年(1905年),师范传习所每年毕业学生一班,三年共有毕业生58人，大部被聘任为学堂教员或塾师。

公办教师

民国初期，师范学校毕业生渐多，师资得以不断补充。1922年，据山东各县师资调查统计，日照籍学生历年于省、府、县立师范学校毕业的共410人。其中在本县任教的315人，但因地位待遇低下和习惯势力影响，教师队伍极不稳定。1930年，县教育局备案教师233人。其中师范毕业者仅50人，其他学校毕业者137人，非学校毕业者46人。其间，实行教员聘任制，每年对教员进行考核鉴定。1931年，报名受试者175人，合格者由省教育厅颁发任教许可证。

1940年，县抗日民主政府招用教师200余人，充实教师队伍。1944年，解放区有教师282人。抗日战争胜利后，全县教育事业有较大发展。到1947年上半年，有公、民办教师559人。

随着教育事业不断发展，师资缺口增大。1949年秋，从青岛市招聘百余名有文化的青年到境内任教。

1952—1953年，又先后从社会知识青年和民办教师中招考录用517人，短期培训后，分配到小学任教。1993年，全区共有教育教学人员7904人。其中，公办教职工4859人。1993—1999年，教师队伍共接受大中专毕业生3158名。

2000年开始，毕业生不再实行统一分配，实行公开选聘。2001年，招聘76名师范类毕业生。2004年，招聘20名本科毕业生。

2007年，为解决教师队伍老化问题，经区政府批准，决定建立中小学教师补充机制。同年，面向区内大中专毕业生，公开招考90名教师，全部充实到小学任教。

到2007年，全区共有教职工5575人。其中职业学校247人，高中学校955人，初中学校1728人，小学2420人，幼儿园84人，特教学校47人，成教44人。

民办教师

民办教师是中小学教师队伍的重要组成部分。新中国成立后，民办教师经考试合格可转为公办教师。根据教学工作需要不断从社会上招用民办教师和代课教师。民办教师的增加曾出现过两个高峰期。第一次是1958—1960年上半年，纯增民办教师1390人，比1957年增长16.6倍。第二次是1969—1972年，民办教师增至3740人，比1965年增长2.6倍。1961—1962年，为减轻国家负担，支援农业生产，共精简公民办教师1200人。1978—1981年，对民办教师队伍进行整顿，先后辞退民办教师1567人。

1985年，对民办教师实行登记在编制度，自此不再增加新的民办教师。1987年12月，对1985年登记在编的民办教师进行建档，发放民办教师任教证书。1992年6月，日照市从优秀民办教师中选招135名公办教师。1993年，辞退所有代课教师571人，临时工111人。1994年，经考核、考试、体检，又有150名民办教师师转招为公办教师。1994年12月，区政府印发《关于民办教师退休的暂行规定》，达到退休年龄的教师，作出相应的退休规定。1997年，全区转招713名民办教师为公办教师。2002年8月，东港区制定《关于解决民办教师问题的意见》，将全区1002名民办教师，转招公办960人，办理退休20人，辞退22人。

第二节　教师培训

短训

清末废科举后，日照县即开始训练教员，改进教法。民国时期，不断利用假期在县城举办教员讲习会、训练班、教学研究会等，以提高教师的业务能力。

自1940年起，抗日根据地教员的政治、文化、业务学习逐渐形成制度。主要训练形式是假期集训、平时短训和轮训。学习内容有时事、政治、文化知识和教学方法。据不完全统计，1940—1947年，共举办教师训练班18期，参加学习者1300多人次。

1950年，县文教科制定并印发教师学习计划，规定教师每月自学36小时，每周集体学习6小时。其中，政治学习时间30%，文化业务学习时间70%。1951年，各区相继建立星期学校，组织教师利用星期天学习文化与业务。1952年始，有计划地抽调文化、业务水平较低的教师和有培养前途的青年教师，赴胶州专区教师轮训班、诸城师范等校继续学习深造，先后受训者200余人。同时，县文教科还不定期举办短期训练班和假期文化补习班。仅1955年秋假，参加文化补习班学习的就有420人。

教育局不断输送中小学教师离职到高等师范院校和中等师范学校进修学习，举办小学教师短期培训班。1977—1983年，共轮训教师12期，945人。1985年，有110名小学教师离职到市教师进修学校学习。

1999—2001年，每年举办一期短缺学科教师培训班(为期半年)。共培训音乐教师33人，体育教师36人，美术教师24人，英语教师43人。

随着计算机应用技术的使用与推广，从1999年4月起，对男50岁以下、女45岁以下的教师分期分批进行计算机应用知识培训。至2007年，先后有6376名教师取得计算机应用能力初级证书，占应培训人数的95%以上。

学历培训

函授　1956年5月，县函授师范学校成立。当年招收初师函授生320人，自愿旁听生295人，计615人。分为13个教学班，在城关、山子河、安东卫、三庄、两城、黄墩、涛雒、碑廓、巨峰等地设面授点，间三周集中面授一次(3小时)，规定学员每周自学9小时。年底，授完文化课，经考试合格结业的428人(包括旁听生)，占总人数的87.3%。此后，逐年招生。1959年，添招中师班。有初师学员1536人，中师学员810人，计2346人。配专职教职员6人，兼职教师45人。1961年10月统计，初、中师在校生共2108人(其中公办教师1530人，民办教师578人)。举行单科结业考试四次，有500多名学员在语文、数学方面达到初师毕业水平。到1965年，在校初师学员586人，中师学员747人，参加高师函授的中学教师42人。"文化大革命"期间函授中断。1985年，教育局按省厅规定，先后为59人补发函授初师毕业证，为527人补发函授中师毕业证。

1977年，恢复函授教育，从全县中小学公民办教师中招收中师函授学员2150人，招收专科函授生216人。1979年，招中师函授生2060人，招专科函授生194人，首次招收本科函授学员48人。1981—1982年，对中师函授进行两次整顿，保留学籍的1431人，其中有84人考试合格毕业。1985年，再次对中师函授进行整顿，通过考试，保留学籍的205人，合格毕业的60人。同年6月，经过文化考试，择优录取中师函授生489人，在校学员694人。

根据教育部规定，高中教师应具有师范院校本科学历，初中教师应具有师范专科学历，小学教师应具有中师学历。1965年，全县符合上述要求的高中教师占83.3%，初中教师占71.4%，小学教师占16.7%。"文化大革命"时期，师资学历层次下降。1978年，全县高中、初中、小学教师学历达标率分别为8.1%、0.16%和39%。20世纪80年代，教师队伍素质有所提高。到1988年，高中、初中、小学教师学历达标率分别提高到27%、18%和60%。

自学　1993年，全区教师学历达标率分别为小学57.24%，初中41.07%，高中39.23%。自此，在中小学教师中广泛开展了学历层次的提高培训工作。有30多人考取高校在职研究生，343名中学教师完成"三沟通"培训学习，1260名中小学教师参加中小学教师本、专科自学助考学习，200人参加教师进修学校与省教育学院联办的教育管理本科段学习，773名教师参加曲阜师范大学函授本科学习，430名小学教师参加小学教育专科学习，先后取得相应学段的毕业证书。有100人参加教师进修学校与曲师大联办的中文、教育管理专业"研究生课程进修班"并结业。至2007年，全区教师学历达标率分别为小学99.29%，初中94.95%，高中90.63 %。

基本功培训

1982—1987年，有2900名教师获得教材教法合格证书。1996年7月起，开展小学教师基本功训练活动。活动分三个阶段。1996—1997年，进行五项通用基本功(教师口语、三笔字、简笔画、教具的使用和制作、小学教育活动)培训。1997—1999年，进行学科基本功(学科教学常规、掌握运用教学大纲、研究教材教法)培训。1998年5月7日，东港区通过省教委小学教师学科基本功验收。1999—2000年，进行综合能力训练。各阶段训练结束后，进行考试考核验收，全区小学教师基本功训练合格率达96%以上。

素质培训

2003年8月，举办基础教育课程改革实验教师区级培训班，培训乡镇级辅导教师130人。对全区530名基础教育新课程改革实验教师进行岗前培训，培训合格率达100%。2003年，对新课改教师进行通识和学科培训，并参加全省统考，做到持证上岗。

2004—2007年，开展以新理念、新课程、新技术和教师职业道德为主要内容的中、小学教师全员培训，5000多名教师参加培训和考试。开展以新教材为主要内容的中、小学文化课教师学科培训。有2447名小学教师，1554名初中教师，660名高中教师参加相应学科考试。启动班主任培训计划和教师教育技术能力建设计划，有1522名班主任，3645名教师参加培训。选派219名班主任参加市级培训，选派3名班主任参加省级培训，选派46名骨干教师参加教师教育技术能力市级培训。

利用暑假举办新教师培训班。1999—2007年，集中培训新任教师1658人，利用每年的寒暑假对教师进行政治、业务集中培训。

第三节　教师待遇

政治地位

晚清时期，私塾先生多系科举落第或仕途角逐失败者，政治地位低下。民国时期，教员谋职困难，政治上受压迫，其劳动并未引起政府的重视。

县抗日民主政府成立后，非常重视教师在革命斗争中的作用。政府选聘的教师属于政府工作人员，既负责学校教育教学，又参与区、村行政工作。1942年6月，县小学教员救国联合会成立，除教书外，还直接参加武装斗争。成为各级政府开展农村工作的得力助手。1947年6月6日，全县教师530人参加评功大会，立大功者18人，立小功者189人。

图37-21　区教育局组织教师新课程全员培训　　(摄于2005年)

新中国成立后，认真贯彻党的知识分子政策，教师社会政治地位不断提高。1950年夏至1955年秋，日照县先后召开三次教师代表大会，选出模范教师143人，111人被评为地区优秀教师。

1957年11月，在整风反右运动中，200余名教师受到批判，79名教师被错定为“右派分子”。1958年夏，进行整风补课，又将28名教师打成“右派分子”。自1959年对错定的所谓“右派分子”进行甄别，至1978年全部摘帽落实了政策。

1959年，重视教师思想和组织建设，年内发展党员52人，各公社评出优秀教师304人。到1960年，全县中、小学教职工中有党员338人，团员1401人。同年3月，有100余名模范教职工出席县文教卫生群英大会。6月1日，江寅高、刘嘉喜、袁培香、杨奎远等出席全国文教战线群英会。1963年，教育系统江寅高、刘嘉喜参加省先进单位和先进工作者代表会议。

“文化大革命”初期，许多教师被批斗或下放劳动。1970年春，集合全县中、小学教师在县城开展“一打三反”运动，历时100天，号称“百日学习班”，错误批判和处理了274名教师。

1976年10月，教育系统开始拨乱反正。次年11月，全县评出18个先进单位、35名先进教师代表，出席临沂地区教育战线先进单位和先进工作者代表大会。

1983年2月，又有137名优秀教师出席临沂地区代表会议。3月，10人被省授予全省优秀教师称号，5人被评为省儿童少年先进工作者，3人评为省模范班主任，2人评为省优秀体育教师。1984年春节，县委召开慰问教师有线广播大会。5月，有3人出席全省园丁奖授奖大会，由省府授予奖章、奖金。

1985年9月10日，市委、市政府隆重召开庆祝第一个教师节大会，对全市教师给予高度评价和赞扬。1989年，14人被评为全国优秀教师、优秀教育工作者，13人被评为全省优秀教师、优秀教育工作者。有36名教师被选为市人大代表。其中，3人被选为常务委员。有34名教师被选为市政协委员。其中，3人被选为常务委员。

1991年以后，评优树先活动纳入

正常轨道。1991 — 2007 年,全区有 9 人被评为全国优秀教师或模范教师,有 55 人被评为山东省先进教育工作者或优秀教师。

工资待遇

晚清时期,私塾先生报酬微薄。在村塾任教者,主要靠公山、学田或学童家凑集钱粮解决;在家塾任教者,由聘任者供给;自开门馆者,由前来求学的学童缴纳学费。塾师聘金,有的年底一次付给,有的分夏、冬两次付给。一年所得,一般为五六百斤毛粮或相当的货币。因而,当时的教书先生被称为"穷秀才"。

民国时期,教员待遇来源除政府拨款外,还要靠学田收入、基金生息和税收附加解决。各类学校的教师薪俸多少不一,悬殊较大。1931 年日照教育年报载:"教师待遇,苦乐不均。有年俸多到 350 元者,有少到 50 元者,通常在 130 元上下。教师之待遇,以学识而异,而学校地域亦分优劣。县、区立小学教员待遇则较丰,乡僻小学教员待遇则微薄,因学校经费之情形为转移也"。

1924 年,县立初级中学成立后,聘请学历较高者任教,教职员月薪也较高。1929 年中学支出经费统计,本年度职员月薪(大洋)为:校长 50 元,教务、训育主任 35 元,教师 38 元者 3 名,36 元者 1 名,28 元者 1 名,26 元者 1 名,25 元者 1 名,15 元者 1 名,10 元者 1 名,6 元者 4 名。

抗日战争时期,根据地教师待遇同党政机关工作人员一样,实行供给制。供给物品有给养、烧柴、衣服、鞋袜等(以粮代金)。另发数量较少的日用津贴。1945 年开始,改变对教师的供给办法。到 1946 年 12 月,全县由民主政府负责供给的 90 人,以变工方法由群众解决的 348 人。1947 年,小学教师待遇由供给制改为薪粮制。月薪粮最低者 60 千克,最高者 100 千克。

新中国成立初期,教师待遇仍实行薪粮制,每年标准不一。1950 年,公办小学教师月平均发粮 57.5 千克,最高者 90 千克,最低者 40 千克。1952 年,月平均发粮 42.5 千克,最高者 70 千克,最低者 30 千克。民办教师补助粮最高者 20 千克,最低者 10 千克。1953 年,实行工资分制(按粮、布、油、盐、煤 5 种实物价格综合折算货币工资额的一种单位),教师最高者每月 120 分(折货币工资 28.33 万元旧人民币),最低者每月 65 分(折货币工资 15.37 万元),平均月工资 22.81 万元。1954 年,对工作中成绩突出,职薪不称,原工资级别较低的教职工,按总人数 15% 的比例提升了工资级别,最低工资标准上升到 80 分。1955 年,工资改为货币工资制,并有 10% 的教职工提升了工资级别。本年月工资总额比 1953 年增长 8%。

1956 年,进行工资改革,根据按劳取酬原则评比定级。共评出小学行政 3 级(月工资 72 元)4 人,4 级(64.50 元)10 人,5 级 38 人,6 级 51 人,7 级 39 人;小学教师 4 级(64.50 元)2 人,5 级 20 人,6 级 95 人,7 级 324 人,8 级 486 人,9 级 116 人,10 级 9 人。工资改革后,全县教职工月平均工资 37.58 元,比 1955 年增长 52%。1960 年个别调整 18%。1963 年,全县教职工有 1651 人升级,占 50%,月平均工资上升为 39.02 元。

1977 — 1979 年,先后以 20%、2%、40% 的升级面为教师提资。1981 年,教职工普提工资,有 3067 人套级、升级,每月人均增资 7.88 元。自 1985 年 1 月 1 日起,中小学教职工工资标准按照理顺后的新标准执行。平均每人每月增长 17.28 元,扣除物价上涨因素,公办教职工经济收入仍有较大幅度提高。1988 年 1 月,中、小学教师进行职称评定。评出中学高级教师 64 名,1 级教师 520 名,2 级教师 1153 名,3 级教师 432 名;小学高级教师 514 名,1 级教师 871 名,2 级教师 182 名。提高工资多者达 55 元。1988 — 1989 年,4 次部分提级,共 3314 人次。

从 1980 年 11 月起,公办教职工除享受副食、粮价、洗理三项补贴和年终一次奖外,实行班主任津贴制。中学班主任每月 5 ~ 7 元,小学班主任每月 4 ~ 6 元。1984 年 10 月,全体教职工每人月增发书报费 4 ~ 5 元。1985 年 1 月始,中、小学公办教师不仅享受工龄津贴,而且享受教龄津贴。其中,教龄 5 ~ 9 年者,每月 3 元;10 ~ 14 年者,每月 5 元;15 ~ 19 年者,每月 7 元;20 年以上者每月 10 元。从 1987 年 10 月起,有 5027 人普增 10% 的工资。

在公办教职工提高工资的同时,逐步提高民办教师补助费。从 1973 年起,初中教师每人每月 16 元,小学教师每人每月 13 元(其中 8 元交大队,教师本人分别享受 8 元和 5 元)。1980 年,民办教师补助费全部发给本人。1981年,中、小学民办教师补助费每人每月增加5元。1979年,每人每月享受副食品补差2.5元。另外,再由大队给予同等劳力经济收入的补贴。

《中华人民共和国教师法》实施后,区政府建立和完善教师工资按月发放保障机制,把教师工资列入区财政预算,专款专用。中、小学教师职务等级工资在国家规定的专业技术等级工资标准的基础上提高10%。并规定在乡镇任教的教师上浮一档工资,满八年予以固定,再上浮一档工资。中、小学教师连续从事教育工作满30年的,其退休金按原工资的100%发给。教师的平均工资水平应当不低于或者高于国家公务员平均工资水平并逐步提高,建立正常的晋级增薪制度。1993年起,实施职务工资制,以后每两年晋升一个职务工资档次。1995年起,按国家规定实行误餐补贴,每人每月60元,与其他补贴合并为地方福利补贴125元。1997年7月、1999年7月、2001年1月、2001年10月、2003年7月分别调整职务工资标准。2004年1月,住房补贴随工资按月发放。1993年,人均年工资3321元。到2005年,人均年工资17880元。2007年,人均年工资为27189元。

2006年,执行取暖补贴。按照职称,高级1500元,中级1300元,助级及以下1100元。2006年,进行工资改革。从2006年7月1日起,年度考核合格及以上等次的工作人员,每年增加一级薪级工资。2007年,执行公务员津贴补贴,人均年增1.94万元。取消职务补贴、地方福利补贴、浮动工资、目标管理考核奖。2007年10月,全区统一工资发放标准。

教师住房

20世纪80年代,教师住房均为平房,人均面积不足7平方米。建区后,各级各类学校采取集体建房、集资建房等多种措施改善教职工住房条件。2007年,城镇驻地学校共有教职工住户1526户,人均居住面积12.8平方米,已搬进楼房的1016户,楼房率68%。农村中、小学教师公寓楼10座,在城区新建教师公寓楼28座。此后随着住房制度的改革,教师住房全部纳入市场化,教师按照自己的实际情况自行购买。

第十章　学生

第一节　学生构成

性别构成

明清时代境内能读书的只有极少数家境富有子弟,一般贫民百姓上不起私塾,能进义学的也寥寥无几。女性社会地位低下,几乎无人上学读书。民国时期,开始提倡女子入学,但为数甚少。1930年统计,全县初级小学在校女生174人,占初小学生总数的4.8%;高级小学在校女生26人,占高小学生总数的5.4%。

新中国成立后,政府重视女童入学,女生在各类学校中的比例逐步上升。1966年,全县共有全日制小学在校生77130人。其中,女生占30.4%;初中4800人,女生占23.7%;高中600人,女生占18.4%。1989年,在校生小学为93280人,初中55179人,高中7050人。其中,女生分别占46.7%、45.2%和38.7%。20世纪90年代以来,小学、初中、高中在校女生接近半数。

1993—2007年普通中小学在校生性别构成情况统计表

表37-1

年份	小学	女生（%）	初中	女生（%）	高中	女生（%）
1993	71616	47.1	38892	45.5	5885	39.6
1994	72253	47.3	39867	45.7	6345	42.2

续表 37-1

年份	小学	女生（%）	初中	女生（%）	高中	女生（%）
1995	73865	47.4	44466	45.8	6559	43.1
1996	72545	47.7	47793	46.2	6537	43.5
1997	72305	47.9	50425	46.4	6378	43.7
1998	69533	48.1	50914	46.7	7114	43.9
1999	63260	48.3	49589	46.9	8308	44.3
2000	58693	48.2	52599	47.2	9872	44.4
2001	54610	48.1	52711	47.4	11166	44.3
2002	55222	48.4	51122	47.3	12636	44.5
2003	47796	48.6	45338	47.7	13979	44.9
2004	34758	48.8	29251	47.5	13877	44.7
2005	34722	48.7	26668	47.8	14086	45.2
2006	41916	48.8	19014	48.1	13509	45.6
2007	43363	49.2	17980	48.3	13165	45.8

年龄构成

旧时学童入学不受年龄限制。新中国成立初，小学入学年龄小的七八岁，大的十五六岁。1961年，国民经济困难，压缩招生指标，对小学学生年龄提出严格上限。凡年龄15周岁以上在校小学生一律出校。从1987年秋季开始，小学入学年龄逐步由7周岁向6周岁过渡。对初中和高中学生的入学年龄未作严格规定。

户口构成

20世纪五六十年代，农村中、小学中非农业户口学生占学生总数的3%，驻城中、小学中非农业户口学生占总数的19.8%。七八十年代，农村中、小学中非农业户口学生约占5%，驻城中、小学中非农业户口学生约占35%。90年代以后，农村中、小学中非农业户口占9%，驻城中、小学中非农业户口学生约占41.5%。

第二节 学生组织

少先队

1949年10月，团中央决定建立“中国少年儿童队”。1950年春，全县首批建立少年儿童队48个，入队学生3352人，占学生总数的36.4%。1953年6月，中国少年儿童队改称中国少年先锋队。学生年满7周岁入队。是年，共有少先队员13490人。到1956年，全县538处小学全部建立少先队组织，队员24487人，占在校小学生总数的53.5%。同时，建立辅导员队伍，共有大队、中队辅导员736人。1965年，建队学校达934所，队员发展到66700余人。1983年，有队员113915名。2005年，少先队入队年龄提前到6周岁。2007年，全区共有少先队组织113个，少先队员4.02万人。

共青团

1950年，中国新民主主义青年团日照县委员

图 37-22 校园共青团红歌唱响活动 （摄于2006年）

会在城关、石臼小学等单位组织建立团支部。在学生中发展团员634人，占学生总数的5.6%。1952年，日照中学团总支建立，辖6个团支部(初中2个班，速师4个班，每班设一个团支部)。到1953年，全县16个区，在规模较大的完全小学开展建团工作，安东卫、岚山头、涛雒、夹仓、沈疃、三庄、两城等完全小学先后建立学生团支部。1956年，中国新民主主义青年团改称为中国共产主义青年团。共青团日照一中委员会成立。到1958年，全县教育系统已建立团支部38个，中、小学学生团员发展到1575人。

图37-23 中学生"迎国庆、唱红歌"歌咏比赛 (摄于2005年)

20世纪80年代，各乡镇和高中学校建立团委。初中学校建立团总支，班级建立团支部。团员数量逐年增加，到1993年，全区教育系统共有团委49个(乡镇、高中学校、职业学校团委等)，团支部1120个，团员17830人。到2007年，区教育系统共有团委26个，团支部530个，团员16900人。

学生会

抗日战争期间，在几处较大规模的学校开始创建学生会。新中国成立后，县内各中等学校和较大的完全小学以校为单位设立学生会。学生会吸收在校全体学生为成员。学生会设学习、宣传、劳动、生活、文体各部。委员会设主席、副主席各1人，委员多人，各部设部长1人。学生会在学校党组织和行政组织的领导下，配合教育教学工作开展活动。1955年，有会员4.50万人。其中，中学生会员748人。1989年有学生会132个，会员有6.22万人。1993年有学生会55个，会员4.5万人。1999年有学生会51个，会员5.79万人。到2007年，区内中学共有学生会26个，会员4.14万人。

班委会

班委会成员由学生民主推荐产生，设班长、副班长、学习委员、卫生委员、体育委员、文娱委员、劳动委员、生活委员、纪律委员等。进入21世纪，班委会由民主选举发展到竞选，成为学生施展个人才华的舞台。各学科增设课代表，每班成立若干学习小组和卫生值日小组，设组长、副组长。班委会成员、团支部成员协助班主任管理班级日常工作。

第三节　学生在校活动

课堂学习

课堂上，学生通过听(讲)、说(提出问题，回答问题)、读(朗读、默读)、写(写字、记录、练习、做作业)、思考等活动获得知识、增长才智。

旧时私塾学童一般是听先生授完新课，自己读、背，直至背熟，而后作"八股"文章。清末学堂沿用"注入式"教学法，死记硬背是学生学习的主要形式。民国时期，提倡启发式教学法，但成效甚微。

新中国成立后，对教学方法进行了长期研讨并尝试多种改革。1952年，开始学习、移植苏联教学经验。课堂上，学生在"组织教学、检查复习、讲授新课、复习巩固、布置作业"五大环节指导下进行学习。但在教学过程中，出现一些不从实际出发、生搬硬套、片面追求形式主义的偏向。学生重机械记忆和背诵，教师重知识灌输，学生处于被动学习地位。

1958年，各中小学纷纷组织师生走出课堂，下队进厂，边劳动边学习。在增加劳动实践的同时，学生中出现忽视基础知识和课堂教学的倾向。1960年，纠正和克服生产劳动过多，削弱课堂学习的偏向。学生在语文学习中实行"以字带词、以词带句、以句作文、多写多练"的方法；在数学学习中，实行"知识归类，猛攻关键，集中学、集中练，边学边练，学练用分步走"的学图习方法。1964年，中、小学注重中国传统教学法，学生加强

图 37-24　教师在课堂上作实验指导　　(摄于 2007 年)

基础学科的学习。各中学学习上海育才中学“紧扣教材、边讲边练、新旧联系、因材施教”的经验，学习文化课的积极性空前高涨。“文化大革命”期间，全面否定新中国成立后 17 年的教育路线和教学方法，各校大搞“开门办学”，文化知识学习被放到从属地位。

1978 年后，国家重新确定学校以教学为主的原则。学生课堂学习的任务是加强基础知识的理解和基本技能的训练。为配合课堂学习，还开展语文、数学、天文地理、手工制作、书法等“第二课堂”学习活动。1999 年，开始实施素质教育，课堂上学生主体地位凸显，学生主动参与、多维互动、合作学习。2003 — 2007 年，学校实行国家、地方、学校三级课程体系，学生在课堂上实行“合作—探究”学习模式，自主学习能力、学习方法、学习习惯逐步养成。

图 37-25　学生在课堂上接受心理教师辅导
(摄于 2007 年)

作业

学生作业主要有课堂作业、课外作业和假期作业等。课堂作业为学生需要当堂完成的作业；假期作业主要是寒假作业和暑假作业；课外作业也叫家庭作业，是学生在课外或在家中完成的作业。一般分为三类：阅读作业，包括预习和复习，课外阅读的教科书；口头和书面作业，包括熟读、背诵、复述、书面回答问题、演算习题、作文以及其他创造性作业等；实际活动作业，包括课外实践、自习实验、观察测量和制作标本模型等。

1999 年新课改以后，学校大力实施素质教育，学生的学习方法发生较大的转变，作业量明显减轻。按照《山东省普通中小学管理基本规范》规定，小学一、二年级学生没有书面家庭作业，其他年级除语文数学外也没有书面家庭作业。小学语文、数学家庭作业量每天不超过 1 小时；初中作业总量不超过 1.5 小时；高中作业总量不超过 2 小时。

考试

新中国成立初期，学生考试形式单一，考试次数少。20 世纪 60 年代初期，学生课业负担加重，考试频繁。1964 年，减轻中小学生课业负担，考试次数明显减少。恢复高考后，学生考试名目繁多，包括课堂测试、单元考、阶段考、期中考、期末考、抽考、统考、升级考、毕业考、升学考等。公布学生成绩和排名，并通知家长。考试分数成为评价学生和考评教师的唯一标准。

20 世纪 80 年代后，小学升初中要参加由县教育部门统一组织的考试，成绩优秀者升入重点初中或重点班，其他学生升入普通初中或普通班。初中升学经预选，成绩优秀的学生方可参加重点高中和小中专的升学考试。然后参加由省命题、县市组织的统一升学考试(中考)。最后由县市

图 37-26　高中毕业生参加高考　　(摄于 2006 年)

图 37-28　日照实验高中学生运动会　　　　(摄于 2007 年)

招办组织阅卷，统一划定分数线进行录取。高中升学考试必须参加预选，预选合格者方可参加高考。教育行政部门以学生中考和高考成绩给学校排名次和评价任课教师。

1999 年，学校开始实施素质教育，各中、小学全面推行日常考试无分数评价制度。义务教育阶段学校则实行学生学业成绩与成长记录相结合的综合评价方式。其中，初中生实行以学业考试和基础性发展目标为主要内容的综合素质评价制度。学校为每个学生建立综合、动态的成长档案，全面反映学生成长历程。

小学学生学业成绩评价实行日常评价与期末考试评价相结合的评价办法，成绩评定实行等级制(一般为 A、B、C、D 四个等级)。实行学业考试制度和基础性发展目标评价制度。

1991 年，开始进行高中会考。1999 年，改为学业水平测试。初、高中学生学业水平考试，成绩不合格者不予毕业。

1985 年以后，高考总体趋势向减少考试科目方向发展。先是将理科 7 门、文科 6 门各减为 3+2，共 5 门。1990 年，高考第一次全面推行标准化考试，用科学的方法将考试误差进行最大限度控制，使考试结果更加客观、公正。1994 年，高等教育试行“并轨”招生，消除国家计划招生和调节招生的录取分数差距。1999 年，开始推行“3+X”科目考试方案，“3”为语文、数学、外语，“X”为文科综合、理科综合。2005 年，全省高考实行自主命题。2007 年，全省高考实行“3+X+1”方案，“1”为基本能力测试。

课外活动

新中国成立后，学校重视体育课，组织学生参加眼保健操、早操、课间操等体育活动。20 世纪五六十年代，课外活动形式多样，有跳绳、跳高、跳远、赛跑、拔河、踢毽子等。还做体育游戏，如打拐、打稳溜、摸粘鱼、贴膏药、藏猫猫、拾宝骨、丢手绢、鹞鹰抓小鸡等。20 世纪 80 年代后，在应试教育的影响下，学生课外活动大都安排自习课或教师进行辅导，挤掉学生的课外体育活动时间。

2005 年 8 月，教育部规定，学生课间操活动由原先的 20 分钟改为 30 分钟，体育活动时间每天达到 1 小时。2006 — 2007 年，学生利用课间和课外活动积极参加以“达标争先，强健体魄”为目标的阳光体育活动。

图 37-27　学生课间体育活动　　　　(摄于 2007 年)

住校

20 世纪 50 年代初，绝大多数学校没有住宿条件。只有日照一中，因学生来自全县各乡镇而住校。男生以班为单位，住在同一宿舍，睡上下通铺。女生较少，几个班合住一处宿舍。20 世纪 50 年代末，各乡镇均建有 1 所初中，驻地外农村学生也大都住校。

20 世纪 70 年代，全县有 21 处公办中学，只招收高中生，学生大都住

图 37-29　日照实验高中学生宿舍　　　(摄于 2007 年)

校,附近周边学生可以走读。80 年代末,各乡镇初中开始合班并校,每乡镇保留含中心初中在内的 1 ～ 3 所初中,高中生和初中生大都住校,学生在宿舍内吃住。

学生宿舍设舍长和值日组长,轮流值日,打水扫地,开门上锁。学校设流动红旗,定期检查,评比文明宿舍。学生住校期间过集体生活,并参加集体活动。90 年代后,各高中随着办学条件的改善,学生开始住进学生公寓,一般 8 ～ 12 人一室。学生公寓设专职管理人员,24 小时值班,各楼寓设室长轮流值日,打扫卫生等。各中心初中学生也改睡高低床,室内环境统一布置,卫生统一要求,住宿环境得到很大改善。

2006 — 2007 年,教育局在全区推广日照实验高中国家教育部课题"寄宿制全员育人导师制"模式。即在保持现行班级管理模式的前提下,以宿舍为基本单位,每个宿舍的学生都有 1 名任课教师担任导师,全面负责该宿舍学生的学习、生活、心理和品德等方面的指导。随时为学生提供全方位、个性化的学习、生活服务。宿舍内每一个层面的学生都能受到来自导师的亲情关怀和来自同伴的友情帮助。

第四节　社会实践活动

抗日战争时期,根据地的学生参加学校驻地村剧团,到边沿区进行抗日宣传,有的学生主动要求参军参战。1941 — 1945 年,抗日根据地各学校相继成立以学生为主、吸收校外儿童参加的儿童团组织。他们不仅配合民兵站岗放哨查路条,还积极开展拥军优属活动和大生产运动。新中国成立后,学生社会实践活动大多与生产劳动相结合。学农、学工或到工厂、农村企事业单位进行参观学习,开展学习英模、解放军,拥军优属、采访革命前辈、寻找烈士足迹等实践活动。1978 年以前,学生第二课堂大多是开展勤工俭学活动。如田园种植、复收、拔草、拾粪、采药、小饲养等。1978 年以后,学生多参加兴趣小组。如书法、绘画、音乐、舞蹈、器乐、体育、文学社等。

20 世纪 90 年代,实践活动形式多样,内容广泛。如开展走访本土名人,采访企业成功人士、劳动模范、乐于助人的先进人物等。开展自然环境考察、争做"环保小卫士""走向大自然的怀抱"、采集植物标本等活动。2004 年,实行综合实践活动(研究性学习、社区服务、社会实践)学分制,计入学生总学分。

2007 年,区职教中心河山分校建成日照市青少年综合实践活动基地,在市、区统一组织下,部分学生可定期到基地活动,时间为一周,吃、住、学全在基地。

第五节　学生德育

思想品德

新中国成立后,中、小学生普遍接受"爱祖国、爱人民、爱劳动、爱科学、爱护公共财物"的五爱教育。在学生中大张旗鼓地宣传、学习董存瑞、

图 37-30　中小学生参加区组织的祭扫烈士墓活动
(摄于 2005 年)

黄继光、邱少云等革命烈士的英雄事迹,开展"学习刘文学,做毛主席的好孩子"活动。1958 年始,学生主要接受共产主义思想品德教育,培养共产主义道德品质和革命意志。走"又红又专"的道路,同时进行社会主义总路线、大跃进、人民公社三面红旗的教育。

20世纪70年代，中、小学生主要接受以文明礼貌为主要内容的礼仪教育。开展爱护公共财物、遵守公共秩序，尊敬教师和长辈，互助友爱、助人为乐、有礼貌等方面的活动。开展学习毛主席著作、做新时代的好学生活动。"文化大革命"期间，学生的思想品德教育以"斗私批修""阶级斗争"为主，一度走了弯路。

中共十一届三中全会后，学生思想教育内容包括坚持四项基本原则、坚持改革开放、加强社会主义精神文明建设、反对和抵制资产阶级精神污染和资产阶级自由化等。1990年10月，根据《中华人民共和国国旗法》规定，学校每周一举行升旗仪式，培养师生的爱国情怀。开展"学雷锋，树新风""五讲四美三热爱"(五讲：讲文明、讲道德、讲礼貌、讲卫生、讲秩序；四美：心灵美、语言美、行为美、环境美；三热爱：热爱祖国、热爱社会主义、热爱中国共产党)和争创"文明班级""文明学校"等活动。

图37-31 学生家长会 (摄于2005年)

1993年，向学生进行"遵守社会公德，文明行为习惯，自己管理自己，帮助别人，为集体服务"教育。

图37-32 实验高中新生军训 (摄于2006年)

2001年，开展树立正确的世界观、人生观、价值观，追求健康文明生活方式教育活动。

2007年10月15日，中、小学生全员接受"感恩教育"，围绕感恩父母、感恩老师、感恩同学、感恩社会、感恩党和人民、感恩大自然六个主题开展活动。

行为规范

新中国成立后，国家颁布的《中小学生守则》是中、小学生道德行为准则。"文化大革命"期间，提倡学生"造反"，培养"反潮流"精神。改革开放后，各级教育部门和学校加强学生行为规范的教育。1994年，《中小学生日常行为规范》颁布实施。中、小学生以《中小学生守则》《中小学生日常行为规范》为依据，规范自己的到校、上课、课间、离校等日常行为。20世纪90年代起，中学新生开学时要进行军训。通过为期一至两周的军事化生活，增强学生的纪律观念、吃苦精神和国防意识。小学生侧重接受民主与法制启蒙教育和安全自护教育。初中生主要树立自觉遵守纪律、遵守社会公共道德和公共秩序的意识，接受民主与法制观念以及维护自身合法权益，禁烟拒毒教育。除必要的课堂学习外，还开展探访少年犯管教所、帮教违纪学生、参加法制教育基地、举办模拟法庭等活动，加强自教自律。

图37-33 法制教育进校园 (摄于2007年)

第六节 毕业升学

新中国成立后，小学毕业生升学率逐年提高。1953年升学率达18.4%，1957年升学率达20.3%，1960年升学率达43.9%，1965年，升学率达到 85.6%。

“文化大革命”初期，初中、高中学校全部停止招生，大量小学毕业生和初中毕业生失去继续学习机会。“老三届”高中毕业生也失去了升大学机会。1968 年，逐步开始恢复高中、初中招生，但招生办法由原来的文化考试、择优录取改为“贫下中农推荐和文化考试相结合的办法录取学生”。1971 年，开始推荐工农兵大学生。

1977 年，恢复高考。至 1988 年，全县高中毕业生考入大专院校 1916 人，考入中等专业学校 2049 人，初中毕业考入中等专业学校 1310 人。

1986 年，义务教育法颁布实施以后，小学实行划片招生，初中逐步实行小学“直升式”招生。1996 年开始，全区小学、初中全部实行划片招生、就近免试入学。高中招生一直采用考试选拔的方式进行。从 2007 年起，市政府对中考招生办法进行改革，将日照一中、日照实验高中招生计划的 50% 分配到区域内各初中学校。

自 1981 年起，初中毕业生除升高中、小中专外，部分学生升入职业学校。区教育局成立以后，区职业教育培训中心每年与劳动部门一起对职业学校毕业生进行职业技术等级考核，与用工单位联合实行订单式培养。学生毕业后，持毕业证书、职业技术等级证书上岗，学生考核合格率达 99%、优秀率达 55%、就业率达 90% 以上。到 2007 年，共有 1.5 万余名学生毕业，其中对口升入高等院校 1050 名。

1993 — 2007 年，全区共考入专科院校 25646 人，本科院校 18914 人。

1998 年以前的大中专毕业生由国家统一分配，1998 年以后，大中专毕业生国家不再统一分配工作，个人自主择业。

第七节　学生诉求

学生的诉求受家庭条件、社会环境、教育方式的影响和制约，并随外部条件的变化而改变，学生在理想抱负、生活、心理、学习求知、兴趣爱好等方面的诉求，鲜明的反映着时代特征。

理想诉求

封建社会中，儒学教育思想长期主导教学，科举制度成为选用人才的主要形式，“十年寒窗苦读，唯求金榜题名”，入仕做官、治国平天下是学生主要的理想诉求。

近代，新学兴起，莘莘学子学习西方先进思想和科学技术，将救国救民、反帝反封建、追求民族独立、建立民主、平等的社会，作为自己的理想诉求。境内尹景伊、郑培明、安哲等是当时进步学生的代表人物。

抗日战争时期，国难当头、民族危亡，大批青年学生投笔从戎，抗日救国。青年学生牟宜之写下了“神州那许陆沉了，投笔从戎事国殇”的豪壮诗句，表达出当时青年学生的理想诉求。

新中国成立后，学习文化科学知识，成为社会主义的建设者，是广大学生的理想抱负。20 世纪 60 年代，坚持走“又红又专”道路，到最艰苦的地方去，做“有社会主义觉悟、有文化的劳动者”和雷锋式的好青年，是广大青年学生的理想诉求。

改革开放后，社会环境发生了变化，学生思想活跃，注重自我价值和个性发展，在学业、情感、就业、人际关系、社会舆论等方面，经受着新的选择和考验，学生的理想抱负表现出多元化。考高分、入名校、谋取理想职业、尽快投入四个现代化建设，成为青年学生理想诉求的主流。

心理诉求

封建社会的教育把学生培养成“死读书”的“书呆子”，心理诉求被压抑、消磨和扭曲。

社会主义新时代，物质条件越来越好，学生的心理诉求也日益丰富。小学生最渴望“自由”、玩耍，对老师的爱心和责任心等素质的诉求多于专业品质。刚进入青春期的中学生，自我独立意识增强，开始以全新的目光看待周围的一切事物。对美好明天的憧憬、期待真正长大的日子、为自己的成长进步而自豪等，是积极向上的心理诉求。但在强调个性化、自我化的同时，成长的烦恼、压抑、困惑、孤独等，极易产生消极心境。随着身体发育，成人意识越发明显，希望得到别人的尊重、关心和理解，有自己支配的时间和空间。愿与关系密切的同学倾吐自己的心声，一起分享快乐与烦恼。希望老师能无歧视、无偏见、不刻薄，能倾听学生意见，不在课堂上反复批评学生的缺点。要按时上下课、不拖堂、课业负担轻一些，能与学生一起进行课外活动，保护学生的隐私等等。总之，期望实现双向有效沟通，以开放、平等、尊重、负责平和的心态建立和谐的人际关系，是新时期中学生的心理诉求。

学习求知诉求

封建社会，受“万般皆下品，唯有读书高”的思想影响，学生死读书、读死书。“头悬梁、锥刺股”“两耳不闻窗外事，一心只读圣贤书”是读书人学习诉求的真实写照。

新中国成立初期，学生为建设新国家实现革命理想而学习，热情高涨，求知欲强烈。“文化大革命”期间，受“读书无用论”和“知识越多越反动”口号的影响，学生走出课堂，“学工、学农、学军”，上山下乡，学习求知诉求受到限制。

恢复高考制度后，尊重知识渐成氛围，文化课成为学生的主要课程，学生学习积极性空前高涨，分数逐渐成为考核学习成绩的首要标准，中小学生的学习负担日渐加重，各类考试成为学生的最大压力。除课堂学习外，请家庭教师、参加各种校外补习班、家长陪读等现象，加重了学生的心理负担，繁重的作业和补习，影响了学生的休息，初、高中学生普遍睡眠不足，身心健康受到影响。减少作业、减轻书包、轻松愉快地学习，是这时期小学、初中学生的学习诉求。教育资源的分配不均，学校追求升学率，大办重点班、复读班，在自主择业政策指导下，高中学生把考取名牌大学、热门专业和取得更高学历，甚至出国深造作为学习求知的最高诉求。

兴趣爱好诉求

封建社会，学生要面对固定单一的教育教学内容、进行死板教条的学习，很难产生直接学习兴趣。琴棋书画，则是那个时代学生们兴趣爱好的最大诉求。

20世纪五六十年代，学生把学习的社会意义与自己的前途、理想、信念结合起来，产生积极向上的情感体验，增强了学习的兴趣和爱好。90年代，境内实施素质教育。根据个人兴趣爱好，参加学校成立的器乐、声乐、美术、书法、舞蹈、体育、棋类、电脑等兴趣小组，参加学校组织的训练活动和赛事，以展示自己的特长和风采，体味成功的感觉和兴趣爱好带来的快乐，成为中小学生的普遍诉求。

进入21世纪，境内中小学生兴趣爱好更加广泛。他们喜欢接受新生事物，寻求精神刺激，以流行、时髦为追求。小学生大都把跳舞唱歌、琴棋书画、玩轮滑、崇拜明星、听流行音乐等作为自己的兴趣爱好。中学生还把青春类、言情类、侦探武侠类、科幻类小说，街舞、旅游、体育运动，尤其把文化娱乐作为自己课余兴趣爱好的诉求。几乎所有的中学生都爱玩手机、电脑游戏、上网聊天、听音乐。

素质教育实施了多年，但教育依然没有摆脱应试教育的桎梏，学生要承受来自社会、家庭、学校等方面的多重压力。从小学到高中，好多学生在课余时间和双休日，不停地奔波于各类辅导班之间。而参加这些辅导班大都是家长为其安排好的，限制了学生本身的兴趣爱好，部分学生滋长了厌学情绪。

第十一章　教育管理

第一节　管理机构

行政机构

晚清时期，日照县教育行政机构称“儒学署”，设在城东门外文庙西侧(今城关一小西部)，占地0.77公顷，房屋5间。儒学署设教谕(官为七品至九品)、训导各1人。执掌教化，掌管文庙祭祀，训导所属生员，对县学生员的品行、学业等负有监督管理责任。科举制度废除后，儒学署被取消，清光绪三十二年(1906年)成立劝学所。所址在书院南，初置县视学兼劝学总董1人，由牟家夔(牟家小庄人)担任，后逐步配备劝学员多人。

民国初期，县教育行政机构仍沿袭清末的“劝学所”制，所址在书院后考棚，所长1人，劝学员2人。1916年，劝学员增至4人。

1923年3月，根据民国政府教育部规定，日照县将劝学所改为教育局。所长改称局长，劝学员改称科员。1928年，民国县政府成立，国民党县党部委员丁史言出任教育局长，局内分设文书、事务、指导三股，何元信(师古)任督学，郑培稺(景孺)任党务指导员。不久，教育部颁布教育局分课制度，督学兼第一课长，局长兼第二课长，其他职员分任两课课员。1929 年，教育局除设局长、督学各 1 人外，还设教育委员 3 人，将全县划分为三大学区，教育委员各负责一个学区。1931 年，县内先后成立“义务教育委员会”“教育行政委员会”和“教育经费委员会”。1933 年 1 月，县教育局改为县政府第五科，1935 年改为第四科。1941 年，将第四科改为教育科。其后，县政府失掉民心，教育科也自行停止工作。

1939 — 1945 年，日伪县公署成立，下设教育科，陈毓良(大城子人)任科长。

1940 年春，县抗日民主政府文教科成立，由李旦复任科长。办公地点不固定，经常随民主政府或部队转移。随着抗日根据地的扩大和教育事业不断发展，组织机构也逐步发展和健全。到 1943 年底，科内分设文书、视导、小学教育、社会教育四股，配备科员 4 人，分别负责一个股的工作。1945 年秋，抗战胜利，文教科迁至县城。1947 — 1948 年，文教科人员除少数参加上级举办的教育研究会外，其余全部改做其他工作。1948 年 10 月，恢复县文教科行政机构。

新中国成立初期，县教育行政机构仍沿用原称“日照县文教科”，统辖全县的文化、教育、体育等方面的工作。项友、冯星垣、杨国恩、高滋藩先后任科长。

1956 年 7 月，县文教科改为县教育局。1960 年，卢玉志任局长。1962 年秋，为精减机构，教育、文化、体育再次合并，原机构同时撤销，改称文教局，卢玉志任局长。1967 — 1969 年(“文化大革命”初期)，县文教局群众掌权。1970 年，县革委政治部设教育组。郭常芳任教育组组长。1976 年 10 月，县革委政治部教育组改为县革委教育局，祝庆业、甄宪章先后任局长。1982 年 1 月，县革委教育局改称为县教育局，马芹远任局长。1984 年 5 月，机构改革后，组成教育局新的领导班子，高志洲任局长。1986 年，日照县教育局改称日照市(县级)教育局，高志洲任局长。1989 年 12 月，改称市教育委员会(处级)，赵奉迪、林春明先后任主任。

1993 年 5 月，东港区教育委员会成立，徐家云、刘加臣、刘加宝先后任主任。2002 年 6 月，设立区科技教育局(以下简称区科教局)，刘加宝任局长。2003 年 7 月，区科教局撤销，成立东港区教育局，赵春峰、王文军先后任局长 。到 2007 年 12 月，局机关下设办公室、政工科、计财科、教育会计集中核算中心、基教科(德育科)、职成教科、区政府教育督导室(考核办)、危改办等。

新中国成立后，县教育行政机构办公地点一直在县人民政府院内。1980 年 12 月，迁至城西北角(日照师范东侧)新址。1983 年建成办公楼一座，占地 1.47 公顷，建筑面积 3311 平方米。2003 年，迁至望海路 19 号(原教师进修学校)。

业务机构

教学研究室 1956 年 3 月，县教育科始设教学研究室，配备研究员 3 人。1961 年，分别设立中、小学教研室和工农教育教研室。1962 年，教研室迁至日照师范内办公。“文化大革命”期间，教育研究机构解体。1977 年夏，恢复教研室，设立学科中心教研组，其成员有乡镇骨干教师组成。1979 年，机构基本健全，有主任、副主任及教研员 12 人，设中学教育、小学教育、业余教育三个组。1983 年，分设高中组、初中组、小学组、外语组，配备主任 1 人，副主任 2 人，教研员 13 人。1989 年，各乡镇中心初中和中心小学分别成立乡镇教研室。

1993 年 5 月，区教育委员会设立教学研究室。只设小学组、高中组。1997 年 8 月，成立初中组。乡镇教委也设立乡镇教学研究室，配备专兼职教研人员 3 ~ 5 人。2007 年，区教育局“教学研究室”和学校“教学研究室”仍负责教学研究工作。

函授站 原为县初级师范函授学校。创建于 1956 年 5 月，校址在城关十村李家祠堂。1959 年初，迁至日照师范内，专职教职员增至 6 人，兼职教师 45 人，秋季添招中师班，名称改为日照县函授师范学校。1961 年，附设高师函授站。1963 年，函校职工达 13 人(其中专职教师 8 人)。“文化大革命”期间，函授工作停止。

1977 年，函授教育恢复，县教育局组建函授站，地点在日照师范。开展中师函授，组织高师函授，不定期举办初中、小学教师短训班。1984 年，改称县教师进修学校函授站。20 世纪 90 年代末，函授业务逐渐由成人职教科接管。至 2007 年，只开展成教业务，不再进行函授。

电教站 原名电教队，成立于 1977 年。分仪器组、电教组。1984年,机构改革后,改称电教站。1993年,区教育委员会新组建区电教站,负责全区教学仪器和电教设备配备与管理,2003年,负责中小学微机室改造,2007年有4名工作人员负责指导中小学现代远程教育。

电大站 1983年,县教育局成立电大站,配备专职工作人员。1993年,区电大站成立,负责全区远程教育。至1999年,有中专毕业生2294人。2003年,举办专、本科开放式教育。2006年成为省级办学先进单位。2007年参加开放式教育的学生不断增长。

招生办公室 1977年,恢复高考制度后,县政府成立招生委员会。下设办公室(设在教育局),与自学考试办公室合署办公。至2007年,负责全区大、中专招生和成人自学考试工作。

勤工俭学办公室 1983年,县教育局成立勤工俭学办公室。负责组织、指导中小学勤工俭学工作。1994年,区勤工俭学办公室成立。1999年,勤工俭学办公室成立"日照市欣荣实业公司",设立校服生产厂和学生作业本印刷厂。2003年,"日照市欣荣实业公司"更名为"东港区育人教育装备中心"。2007年停止运营。勤工俭学办公室职能转为负责学校后勤保障与服务工作。

托幼办公室 1993年12月,托幼事业由区妇联转交教育主管部门负责。区教委成立托幼办公室,负责制定全区学前教育事业发展规划、各类幼儿园的注册管理、教学指导等。至2003年,优化组合村办幼儿园78所。2007年,继续审核区内幼儿园办院资质和幼儿教师资格。

危房改造办公室 2005年,区教委设立危房改造办公室,负责全区学校危房检查、申报及改造工作。至2007年,共清除D级危房1.6万平方米。

图书代办站 2005年,区教委设立图书代办站,负责学校图书配备、管理、使用工作。至2007年,指导学校图书室规范化建设和新增图书数量。

第二节 中小学管理体制

小学

新中国成立初到1957年,小学由县、区两级管理。县人民政府设文教科,负责小学的建立、变更、停办,统一领导公、民办小学有关的工作。1959年后,公办全日制小学由公社直接领导管理。民办小学则由生产队负责,仅在业务上接受公社指导。"文化大革命"开始后,小学一律下放到大队办,农村小学由贫下中农管理,城镇小学则由街道组织工人和贫下中农联合管理。1975年,县恢复教育局,各公社设中心校长、业务校长、扫盲校长各1人,统一管理全公社教育工作。1984年,由乡镇中心校一名副校长兼中心小学校长,分工管理中心小学和全乡镇各小学教育工作。1987年,中、小学分家,取消中心校,改由中心小学校长管理中心小学和全镇小学工作,1992年4月,组建乡镇教育委员会,直接领导中心小学和各联办、村办小学。1993年,区教育委员会成立。2001年,理顺农村义务教育管理体制,落实分级管理以区为主的农村义务教育管理体制。区政府对全区义务教育负主要责任,负责抓好中小学规划、布局调整、建设和管理,负责中小学校长、教师的管理。各校实行"校长负责制"。

中学

新中国成立后,中学由省教育厅统一领导,分级管理。校长由省人民政府任命,教员由国家统一分配。1958年,中学归各县管理。除各县一中校长由地区专署任命外,其他中学校长均由县任命。1963年,再次实行统一领导,分级管理的体制。日照一中(省重点中学)由省、临沂行署负责管理,校长由省任命。其他完全中学、高级中学由临沂行署管理,校长由行署任命。初级中学由县管理,校长由县任命。"文化大革命"期间,普通中学大部由县、公社管理,联中则由公社和生产大队管理。1968—1977年,各普通中学由贫下中农代表配合学校领导一起管理学校。1978年,各乡、镇高中由县和公社双重管理。

1984年,公办中学由县教育行政部门管理,乡镇教育工作由中心校管理。1986年,《中华人民共和国义务教育法》颁布,逐步建立义务教育以县、乡为主的管理体制。

1987年,实行中小学分家,各乡镇成立两个中心校(中心小学和中心初中)。为体现政府对教育事业的重视,提高学校级别,将公办中学和中心初级中学定为副科级单位,高级中学定为正科级单位。到1989年,县级教育行政部门只管理高级中学和实验小学、实验中学,其余公办初中全部下放到乡镇管理。1992年4月,各乡镇设立教育委员会，成立“四中心”(中心中学、中心小学、成教中心和幼教中心)。自此，乡镇教育形成了教委领导下的“四中心”管理格局。

1993 年，区教委成立后，仍实行分级办学分级管理的管理模式。对乡镇教委、“四中心”主要负责人任用管理采取县乡两级共同管理的方式，其余教育干部选拔、任免一律由乡镇负责。2001 年，区教委加强中小学干部、教师的配备管理。教育经费全区统筹统管。2002 年后，“以区为主”管理体制不断完善，乡镇(街道)教委对学校的管理功能有所减弱。

第三节　学校内部管理

校长任命制

新中国成立后，学校内部设校长、副校长、主任等组成学校领导班子，管理学校。1957 年前，学校内部管理实行校长负责制。1959 年后，实行中共学校支委领导下的校长分工负责制。教育干部的任用主要实行任命制，教师实行分配制。一般完全小学设校长、教导主任各 1 人。较大的中、小学设校长 1 人，副校长 2 ～ 3 人，中层干部若干人。学校成立校长室、教导处、总务处、团队办公室等。20 世纪 90 年代以后，学校增设政教处、电教处、年级组等。教学上按学科成立教研组，在教导处领导下开展教研活动。每个教学班配备一名教师担任班主任工作，中学配备副班主任。班主任对该班学生的教育、学习负主要责任。

校长聘任管理

1992 年 8 月，市教委在日照第二实验小学采取公开竞争、答辩的方式竞聘校长。1993 年后，实行“校长选聘负责制、岗位目标责任制”为主要内容的学校内部管理体制改革。

1996 年 8 月，采取公开竞争答辩的方式选聘日照实验二中校长。此后，实验三小、实验高中均实行校长公开选聘制。2001 年 6 月，实施“名校长”工程，将校长岗位目标责任制考核和社会民主评议结合起来。9 月，东港区委制定出台《关于改革教育系统干部管理制度的意见》，在全面考核的基础上，对镇、街道教委、“四中心”、平行初中、区直学校校长、副校长进行调整，实行聘任。2004 年，区教育局制定出台《关于全区学校中层干部竞争上岗、全员聘任的实施意见》，学校中层干部全员出岗、竞争上岗和校长聘任工作在各级各类学校中全面实施。

教育目标管理

1995 年，实现“两基”后，全区教育及时调整工作重心，全面实施素质教育。中、小学全面落实《东港区教育目标管理方案》，开展争创规范化学校活动。1996 年，区教委制定“分类定级创规范”活动实施方案和评估标准，并加强对实施过程管理和年终综合考核管理。

2001 年，开展教育工作目标管理，建立以制度约束、行为养成和目标调控为特色的管理模式。2006 年起，推进决策目标、执行责任和考核奖惩“三位一体”的管理模式。2007 年，全区有省级规范化学校 4 所，市级规范化学校 40 所。

第四节　教师队伍管理

新中国成立后，教师被列为国家干部，一律由政府选用委派。公办教师大多为各类师范学校毕业的学生，也从社会上招收一些文化人才补充教师队伍。大跃进和“文化大革命”期间，教师队伍管理出现混乱现象，特别是民办教师的任用无一定标准，由社队自行选用，造成教师队伍素质低下。县政府先后于 1978 年、1981 年和 1985 年三次较大规模整顿民办教师队伍。通过考核、鉴定、精简，进行登记确认在编。

职称评定

1988 年，开始在教师中实行专业技术职务职称评定。1991 年，实行教师专业技术职务考核制度。教师专业技术职务职称分为小学教师、中学教师、职业学校教师三个大系列。每个系列分初级职务、中级职务和高级职务三个级别。职称评审每年举行一次。至 2007 年，全区专业教师中，具有高级职称的 932 人，中级职称的 3018 人，初级职称的 1415 人。

资格认定

1996 年 10 月，《教师资格制度》开始实施，区教委为 7650 名教师认定教师资格。2002 年 5 月，为 3860 名教师认定教师资格。2003 年 9 月始，教师资格认定工作开始面向社会。根据教师资格制度规定，高中教师应具备本科学历，初中教师应具备专科学历，小学教师应具备中专学历。2003年6月统计，全区高中教师912人，大学本科及以上学历679人，占67.87%。初中教师3531人，专科及以上学历3102人，占87.85%。小学教师3250人，中专及以上学历3209人，占98.74%。

考核

从20世纪90年代初开始，对教职工进行工作实绩考核。教师考核内容：1991年始进行教师专业技术职务学年度考核，1994年始进行机关事业单位工作人员年度考核，2003年始进行全区教师职业道德考核。2005年始，教师专业技术职务考核与机关事业单位工作人员年度考核合并进行。

岗位竞争聘任

1993年后，东港区实施"教职工定编聘任制、考核奖惩制"改革。把教师工作实绩与工资待遇挂钩，体现多劳多得，优教优酬原则。1998年，区教育局制定出台《关于深化学校内部管理体制改革的意见》，在全区18个镇、街道学校和部分区直学校实施岗位目标责任制和考核奖惩制(绩效工资制)。

2001年6月，在教师岗位竞争聘任的基础上，区教委制定出台《关于专业技术职称竞争聘任工作实施方案(试行)》，实行教师职务评聘分开，竞争上岗，全区有262人高职低聘。同年，实施"名教师"工程，推行教师授课全天候开放制度、非教学人员岗位考核末位曝光制度。2006年，制定《东港区中小学教职工管理暂行规定》，全面规范教师队伍管理。

第五节　学生管理

学籍

新中国成立后，学校学籍管理不严格，只要双方学校同意，持转学证明，即可转入转出。"文化大革命"时期，中小学学籍管理混乱，入学进校、退学出校无籍可查。20世纪80年代以后，实行学籍卡制度，学生转学须经县教育局批准，双方学校同意，方可办理学籍转移手续。义务教育阶段学生，取消留级制度，因病、伤等原因休学的学生须经县教育局批准方可到低年级复学。

20世纪90年代后，学生学籍实行分级管理。高中阶段学籍由市教育局管理，义务教育阶段学生学籍由区县教育局管理。2007年，《山东省普通中小学学籍管理规定》颁布，学籍管理实行由省教育厅宏观管理下的分级负责制。全省统一使用《山东省学生信息管理系统》进行学籍管理，使用电子档案，实现学籍管理信息化、科学化。学校按照主管教育部门的要求，采集学生学籍信息。凡完成规定年限义务教育的学生，由学校校长签名，乡镇政府盖章，发给义务教育毕业证书。高中学生修业期满，获得毕业要求学分，学业水平考试合格，基础素养评价合格，健康教育成绩合格者，发给高中毕业证书。由学校发放毕业证书逐渐过渡到由市教育局管理，最后由省统一签发。

健康

新中国成立后，政府十分重视学校卫生工作，以保障学生健康。1954年，各中学设立卫生室，配备专职医务人员。自1979年始，学校每年对学生进行一次健康查体。

20世纪80年代后，受应试教育影响，课业负担过重，学生体质受到影响，近视率逐年增加，并逐渐向低年级学生发展。

从1986年起，中小学普遍开设健康教育课，学习卫生知识，开展青春期教育和预防艾滋病教育，注重学生心理健康教育，设心理咨询室，配备心理健康指导教师，对学生进行心理健康疏导，及时纠正学生成长中的偏差。1999年，实施素质教育后，学生课业负担有所减轻，学生健康水平不断提高，学生平均身高明显上升。2000年，建立学校突发公共卫生事件应急预案。

2007年，落实《国家学生体质健康标准》，重视培养学生的耐力素质和吃苦耐劳精神。

安全

1996年，国家确定每年3月最后一周的星期一为"全国中小学生安全教育日"。各校在学生中广泛开展安全教育活动，成立安全领导小组，建立健全安全规章制度，落实区教育局"三个一"工程(安全压倒一切，一把手负总责，安全事故一票否决)及"日照市学校安全工作千分制评估标准"，层层签订安全责任状，把学生安全放在重中之重的位置。2007年，尹家河中学的"七时段安全管理"(上学、放学、课堂、课间、饭空、午休、晚睡)模式被区教育局在全区推广。学校安全管理从学生自身安全、交通安全、饮食卫生安全、传染病防治、防火、防雷电、防溺水、防中毒等方面抓起，建立健全学校和当地公安机关、家长、社区的学生

图 37-34　学生做现场灭火演练　　　　(摄于 2006 年)

安全联防制度，安排学生参加防火、防地震等紧急逃生演练，提高学生防范意识。驻城中、小学警校联合，在学生中积极培育“小交警”，提高学生的交通安全意识。到 2007 年，全区共创建省、市级交通安全学校 28 所。

奖惩

学生在校期间，德智体美劳等方面成绩优秀的，学校将对其进行表彰奖励。学校每学期评选“三好学生”“优秀学生干部”“优秀团员”“优秀团干部”“优秀少先队员”“学习标兵”“文明中学生”等。“优秀少先队员”和“三好学生”一般占班级总人数的 15%，“优秀团员”占班级团员总数的 10%。奖励方式包括：口头表扬、通报表扬、颁发奖状、奖品、奖金等。东港区受到省以上表彰的学生有：全国好儿童“自护”奖张萍萍(1998 年)，齐鲁小名士王路遥(2001 年)，宋金洲(2005 年)，于小航(2008 年)，省十佳少先队员王晓飞(2007 年)等。

对表现差的学生学校分别给予通报批评、警告、严重警告、记过、记大过、留校查看等处分。对高中生还包括开除学籍，通知学生父母或监护人，并报上级教育行政部门备案。对受处分的学生确已改正错误者，可以撤销处分。

第六节　教育督导

督导机构

教育督导始自周代天子视学。随着社会经济和文化的不断发展，教育管理不断加强，视学(督学)内容不断变化和完善。

清光绪二十六年(1900 年)，清政府学部成立。清光绪二十七年(1901 年)，学部设视学官，专门负责巡视京外学务。清光绪三十年(1904 年)，学部制定《视学官章程》。该章程包括视学区域、视学资格、视学职任、视学权限、视学日期、视学经费、视学考成等内容，共分 7 章 33 条。当时，县劝学所以地方专官为监督，另设专职总董 1 人，管理本州县教育事宜，劝学所总董多为县视学兼任。

1918 年 4 月，民国政府教育部《县视学规程》规定，各县设县视学 1 至 3 人，秉承县知事，视察全县教育事宜。县视学由县知事呈请省教育行政长官委任，报教育部备案，一般不得兼任他职。《县视学规程》的颁布，使县视学有了统一的章法和实施的保证，各县视学始趋统一。

新中国成立后，在教育部设督导司，各大区、省、市、县教育行政部门设督学室或视导科。1958 年，教育督导机构被撤销，教育督导中断。1988 年 9 月，国家教委、人事部联合下发《关于建立教育督导机构问题的通知》。要求“各县以上人民政府应在其教育行政部门内建立教育督导机构或配备专职教育督导人员”。1990 年，设立日照市教育督导室，为副处级行政单位，编制 2 人。

东港区于 1993 年设立区教育督导室，为正科级行政单位，编制 2 人。1996 年，进行机构改革，将督导室改为东港区人民政府教育督导室，为正科级行政单位，编制 3 人。

督导评估

区督导室成立后，依据《国家教育督导暂行规定》，开展督政督学。

1993 年，根据《中华人民共和国义务教育法》要求，开展对乡镇实施义务教育情况督导评估。1993 — 1995 年，督导室下设“两基”工作指导小组，面向乡、镇(街道)人民政府，推进“两基”实施进程。1995 年 10 月，东港区在日照市率先实现“两基”。

1995 年后，完善督政制度，每年组织人员开展对镇人民政府、街道办事处的教育督导评估。

“两基”实现后，督导室制定实施《东港区普通中小学分类定级创规范活动评估标准》，评估标准内容包括：办学方向、办学条件、学校管理、教育质量等，总分值为 1000 分。

1996 年，制定《东港区中小学目标管理督导评估方案》,对学校实行目标管理量化督导评估。

1998年,开展创建"日照市教育工作示范乡镇"活动,对镇(街道)人民政府教育工作实施水平按示范、优秀、良好、合格、不合格五个等级进行评估。至2005年,已有6个镇、街道达到示范标准。

1999年,区教育督导室制定实施《教育督导评估工作制度》《"两基"监测工作制度》《东港区中小学、幼儿园办学(园)自评工作制度》。对全区实现"两基"目标后的发展情况进行监测统计,为全区制定九年义务教育政策提供依据。

2003年,教育督导室制定实施《镇、街道政府教育工作发展性督导评估方案》,把镇、街道党政领导抓教育工作的情况纳入政绩考核,作为干部使用提拔的重要依据。

2006年,制定镇、街道教委、高中、初中、小学、职业学校、成人教育学校、特殊教育学校、幼儿园8套评估方案。对各级各类学校实施目标管理绩效考核。在中、小学开展创建"日照市办学水平优秀等级学校"活动。至2007年底,全区已有37处中小学、幼儿园被市教育局评为"日照市办学水平优秀学校(园)"。

第十二章　教育经费

第一节　经费来源

收费

清末,私塾的经费基本由求学者自行负担。东馆的一切费用,均由本家承担。同族办学,其经费多数来自本族公产(如公田、公山收入)。一村或数村联办的村塾,经费由学童家庭分别承担。塾师自开门馆,学童缴费入学。

废科举、兴学堂,县、乡立学堂由官府拨给一定数量的官田为学田。除地租收入外,还以存款生息、学费、派捐等作为办学经费。修建校舍、增置设备等大项开支,再从县民中筹集。

民国初期,新办公立学校,提倡由当地寺庙、祠会捐拨财产,以充经费。如夹仓小学、涛雒小学、石臼小学,经费来源于商行捐、商渔船捐;范家村小学,以高兴庙、白云寺的庙产租金为办学经费,村立小学经费,一般从村有公产或族有公产中出备。

1924年,为筹建县立初级中学,在征税中又增加中学附捐。计有地丁附捐(每两银附收洋5分)、税契附捐(每契纸附收京钱千文)、商渔船捐(按水警捐数附收3成)、牛驴过境捐、招商承办捐等。

1931年,全县教育经费岁入17966元。其中,地丁附捐10845元,田产岁租1437元,基金利息1872元,杂捐、学费3812元。1932年,岁入19387元。本年教育经费占全县行政费的30.4%。其间,教育经费主要用于县教育行政、县立学校及社会教育事业,乡村公私立小学经费主要靠当地自筹。

学杂费是学校经费的补充。1953年,全县小学共收学杂费57433.7万元(旧人民币),占教育经费总数的13.5%。该经费80%交县统一管理使用,20%由学校自留,用于学生喝水及卫生保健等。

1961年,县文教局制定《日照县中小学经费收支标准》。对中、小学学杂费收费标准、时间、减免比数和管理使用等具体办法作了规定。其标准为:每人每学期,公办小学初级1元,高级1.5元。民办小学初级0.8元,高级1元。公办普通高中3元,初中2元。公办中、小学收取的学杂费由县文教局统一管理,根据具体情况有计划地拨给学校使用。

"文化大革命"期间,全县小学和多数中学不收学杂费。日常办公费用,小学由勤工俭学收入或大队公益金解决,中学从国拨经费和勤工俭学收入中开支。1977年后,全县中学和部分小学恢复收取学杂费。标准为小学每人每学期1.5元,中学每人每学期2.5元。所收现金全部由学校支配,用于补助办公费、水电费等。20世纪八九十年代,收取杂费标准几次提高。从2004年秋季新学年起,中、小学试行"一费制"收费办法。每生每学年:城市小学1～2年级200元,3～6年级260元,初中370元。农村小学1～2年级160元,3～6年级210元,初中300元。高中学杂费每生每学期农村学校300元,城市学校500元,省级规范化学校800元。高中择校生学杂费每生每学年农村学校1600元,城市学校2600元,省级规范化学校3000元,可一次性收取或按学年收取。

2007年，不再收取义务教育阶段学生杂费和农村义务教育阶段学生教科书费。

政府拨款

抗日战争期间，解放区的教育经费以人民政府拨发为主，余为学田收入、地方提留、生产自给等，由县财粮科统筹统支。

新中国成立后，通过各种渠道解决教育经费。以国家拨款为主，余为地方自筹，收学杂费等。

国拨经费包括教育行政费、公办中小学经费和民办学校补助、公民办教师工资、福利费、退离休人员工资及补助、公务业务费、设备购置费、基建、修缮等项目。从2007年春季开学起，对义务教育阶段学校，按省定生均公用经费标准，农村初中每生每年不低于340元(含公用经费40元)，城市初中每生每年370元(含公用经费70元)。农村小学每生每年不低于240元(含公用经费30元)，城市小学1至2年级每生每年200元，3至6年级每生每年260元(含公用经费40元)。特殊教育学校按每生不低于1100元拨付。

教育费附加

从1986年开始征收农村教育事业费附加，按人均收入的1.2%计征。1986年，计划征收608.5万元，实际征收500万元。1987年，计划征收609万元，实际征收539万元。1997年、1998年，按1.67%计征。当时由于全区农村教育费附加没有实行乡征县管的办法，乡镇财政所只将农村教育费附加金额15%部分上缴区财政，全区共计征收9584.7万元，上缴区财政1437.7万元。从1994年开始征收城乡教育费附加，按三税的3%计税。每年由税务部门负责征收后，缴区财政局教育经费账户，共计征收406万元。从在职干部职工中征收城镇义务教育费附加，按年工资总额的2%计征，全区共征收2759万元。2002年，税费改革后停止征收。

多渠道筹措教育经费

1994年起，多方开拓筹措教育经费渠道。凡城镇全民、集体企业每年按职工工资总额的5‰，于每年的12月底前由单位上缴区财政；对宾馆、旅社、招待所、饭店按房费标准加收5%的教育费，由税务部门代收；每年从社会集团购买专控商品附加费中提取50%，从城市增容配套费中提取20%，从土地转让费和城市综合开发费中分别提取10%，用于城镇学校的改建、扩建及正常的校舍维护；对水产品按农业特产税计征办法加收1%的教育费，由财政部门代收；适当提高学杂费收缴标准；新建、改扩建、危房改造及其他校舍设施建设资金，由当地政府负责筹措。从2007年始，教育经费全部由区财政负担，不再从社会筹措。

捐资助学

日照历来就有民间捐资办教育的传统。金大定十九年(1179年)日照镇张行简中状元后，在刘家寨南创建 “魁文书院”。

清道光十九年(1893年)，国子监生刘璐出资，在北关吕公祠后建义学，房舍11间，合置学田230亩。清光绪十二年(1886年)春，知县陈懋倡绅商捐款，修建书院。清末进士丁麟年，为奎峰书院捐款3000贯，以此款生息，做教师酬金及学校费用。

1935年，国民党元老丁惟汾在家乡丁家官庄捐建完全小学一处，名为鼎立小学。有砖瓦正房10间，腰房3间，伙房1间，学田百余亩(老亩)。教员薪金、办公费用皆靠学田收入。

1980年，美籍华人许传修(原籍日照镇店子村)，捐资1.2万元，在本村新建小学1处，建高标准教室6间，180平方米。1990年，捐资4万美元，在日照一中设立“玉德奖学金”。1992年，捐给店子村幼儿园面包车一辆，同年，捐款3000元为城关三小添置教学设备。

1983年，祖籍夹仓的旅美华侨尹作玉，捐资1万元，为东长河小学改造校舍，并赠学校电视机1台。

1984年，台胞李春普(下湖乡人)回乡探亲，捐资为下湖小学4个班级配上木制课桌凳，为下湖中学买电视机1台，赠现金500元，共折合现金3000余元。

1989年，美籍华人李荣新与丈夫尹书田、长子尹衍梁，先后两次向日照一中捐款230万元，为学校建教学楼(名“书田楼”)1幢，体育馆1座。

1992年，台胞高继兴捐款19万元，为南湖镇迁建樊家岭小学。

东港区成立后，尊重知识、重视教育蔚然成风，社会各阶层纷纷捐资助学，为区内教育事业发展发挥重要作用。

1993—2007 年东港区内接受捐资助学情况表

表 37-2

年份	姓名	捐资人身份	捐资人原籍	捐资金额	捐资使用学校	使用项目
1993	裴竹章	美籍华人	石臼裴家村	1.5 万元	思母小学	做校服
1998	丁履昕	台商	涛雒镇苗家村	3 万美元	新建润田小学	奖学金
1999	丁履昕	台商	涛雒镇苗家村	3 万美元	苗家村小学	维修学校
2000	丁永祥	台商	涛雒镇二村	54.7 万元	涛雒一中	建实验楼 1 座
2000	丁履延	美籍华人	涛雒镇苗家村	3 万美元	实验高中	新建图书楼
2001	顾世山	利华房地产开发公司董事长	西湖镇	300 万元	西湖一中	建办公楼、实验楼各 1 座
2001	玛尔曼	德国驻北京记者	德国	5000 元	日照街道山前小学	新建水塔 1 座
2002	尹衍增兄弟五人	台商	涛雒镇尹家贩头	两次捐款 104 万元	涛雒二中	新建 1 座五层 3500 平方米教学楼 1 处
2003	玛尔曼	德国驻北京记者	德国	15 万元	资助学生	帮 212 名贫困学生完成学业
2003	王星伍	台商	石臼街道孙家村	10 万元	孙家村小学	新建图书楼 1 座
2004	姜卫东	山东五征集团董事长	南湖镇下坳村	两次捐资 45 万元	卫东小学	新建小学 1 所
2004	田家炳	香港著名实业家、慈善家	广东省大埔县银滩村	250 万元	日照第二实验中学	建设 5000 平方米懿德馆
2004	东辰集团	企业法人	—	30 万元	陈疃镇东辰小学	新建学校 1 所
2005	范祉安	香港景范基金会董事长	三庄范家楼村	30 万元	范家楼小学	建 1400 平方米教学楼 1 座
2005	日照城建集团	东方时空明星足球队	—	20 万元	陈疃镇城建希望小学	建校舍 56 间
2005	张家镔	台胞	涛雒镇	1.54 万美元	涛雒润田小学	建 500 平方米礼堂 1 座
2006	日照港建安公司	企业法人	—	300 万元	希望小学	三庄镇上卜落崮村建 1500 平方米教学楼
2006	顾世山	日照利华房地产开发公司董事长	西湖镇	40 万元	三庄镇范家楼小学	建 1200 平方米教学楼 1 座
2006	冯志苟	退休教师	三庄镇战家沟	6 万元	三庄战家沟小学	新建校舍 6 间
2006	丁永祥	台商	涛雒镇二村	两次捐款 75 万元	涛雒镇中心小学	永苓图书馆（1300 平方米），水冲式厕所
2006	徐立峰	日照百兴集团董事长	—	20 万元	南湖尹家河中学	设立奖学金
2007	周云帆	空中网集团公司董事长	—	20 万元	西湖范家庄小学	新建学校 1 所
2007	方鑫集团	企业法人	—	20 万元	南湖镇代疃小学	扩建校舍

集资办学

清道光十八年(1892 年),知县周瑞图倡县绅出资,新建奎峰书院。建房屋 20 间,添置部分生活设施。

清光绪二十五年(1899 年),全县 4 乡 81 社共捐京钱 20905 串,在原奎峰书院盖房数十间,另购地数亩,扩建县立高等小学堂。20 世纪 30 年代初,涛雒镇商会筹款 3000 多元,在东门外为涛雒小学建 2 层教学楼一座。

抗日战争期间,民主政府兴办民办小学。校舍、设备、教师待遇和办学经费由群众自己解决。1946 年,全县 416 所学校中,有 408 所学校主要靠群众自筹经费办学。

新中国成立后,全县干部、群众响应党的号召,保持集资办学的优良传统。1983 年,县直机关、厂矿企业集资 60 万元,在城区新建日照镇三中和实验小学。1984 — 1986 年,全县农村投资 1800 多万元,用于校舍建设,购置设备等。

1987 — 1988 年,进行乡镇中心初中建设,巨峰、高兴、奎山、黄墩、三庄、陈疃、小后村、两城、河山、丝山、虎山、碑廓 12 个乡镇,共集资 450 万元,建成合格配套的乡镇中心初级中学。

1989 — 1992 年,根据日照市政府《关于多渠道筹措资金改善公办学校办学条件的决定》,累计筹集校改资金 1590 万元,完成建筑面积 41440 平方米。

建区后,加快普及九年义务教育,三年筹资 9800 万元,新建、扩建校舍 20.7 万平方米。新建楼房 21 座,平房 1520 间,院墙 12350 米,大门 169 个,厕所 195 座。

2001 年,费税改革后,取消集资办学,学校危房改造和建设以“一事一议”和社会捐资助学的办法完成。2007 年后,学校建设与改造所需资金,由上级财政拨款和乡镇财政解决。

第二节　勤工俭学

抗日战争时期,根据地各校师生坚持在艰苦环境中开展勤工俭学活动,进行生产自救,支援抗战。新中国成立后,勤工俭学活动从未间断。主要项目有田园种植、复收、拔草、拾粪、采药、小饲养等。

校办工厂、农场

1971 年,全县中、小学校开办小工厂 206 个,30 多个生产项目。开办小农场 741 个,有土地 159.7 公顷,总收入 20.32 万元。有 323 所小学解决了办公费,有 178 所小学解决了教师办公费和学生书籍、学习用品费。1975 年,保留校办工厂 44 个,全年总产值 8.64 万元,纯收入 2.40 万元。农场 159.4 公顷,林场 19.8 公顷,果园 4.6 公顷,纯收入 36.22 万元。1978 年,由日照县石臼教育组开发的直径 45 厘米立体(地形)地球仪定型,并先后办起两个地球仪厂批量生产,产品一直热销。

1982 年,对校办工厂、农场进行整顿。全县共有校办工厂 26 处,年产值 15.81 万元,纯收入 7.18 万元。校办农场 61.93 公顷,林场 9.27 公顷,纯收入 9.59 万元。其他收入 57.05 万元。收入用于扩大再生产的支出为 9.61 万元,用于改善办学条件的支出为 30.77 万元,用于师生福利的支出为 13.19 万元,其他支出 20.25 万元。

1989 年,校办工厂纯收入 23.61 万元,校办商店纯收入 21.01 万元,校办农场、林场纯收入 7.89 万元,其他收入 61.11 万元。收入用于扩大再生产 13.83 万元,改善办学条件 36.80 万元,师生福利 30.10 万元,其他 42.89 万元。

校园经济开发

随着教育改革的深入发展,勤工俭学向对学生进行劳动观念、劳动技术技能的培养和开发方向转变。

1996 年,中、小学勤工俭学主要进行种植、养殖、校园绿化等方面开发,种植面积 56.93 公顷,纯收入 11.91 万元,养猪养兔纯收入 1.71 万元,栽培花草、苗木绿化校园环境,节约资金支出 17.39 万元。校办工厂 34 个,主要经营印刷、石粉、防盗门窗、异型钢管、体育器械、学生服装、木器等,纯收入 56.29 万元。有服务网点 189 个,主要是学校商店、饭店、修理、澡堂、理发、手工业等项目,重点是服务学校、服务师生,服务教学。其收益主要用于改善办学条件和补助教育经费不足。

1997 年,开展创建“花园式绿色学校”活动,绿化美化校园环境。校园周边植成材树 14953 棵,校园主干道两侧和景点植风景树 16247 棵,花草苗木 872100 株,建经济园、林 3.9 公顷,建立苗圃31个,绿化面积达到26.71公顷。通过校办企业改制和撤并,10个印刷厂、一个服装厂定为教育用品生产定点厂。

2000—2006年,勤工俭学主要转向实行中、小学校教育用品公开招标、集中采购,推进学校后勤服务社会化。勤工俭学办公室设立"日照市东港区欣荣实业公司"(后更名为日照市育人教育装备中心),具体负责全区教育用品集中采购配备工作。勤工俭学纯收益年创利税60多万元,用于补充教育经费不足和改善办学条件。

2007年以后,教育用品集中采购纳入政府采购,勤工俭学工作职能转向学校后勤管理和服务。

第三节　经费管理

收费管理

根据物价部门核定标准,义务教育学校收取杂费、住宿费,代收课本本子费等,所收费用主要用于改善学校办学条件和补充公用经费不足。1993年,实行财政体制改革后,镇、街道财政比较困难,生均公用经费不能落实,个别镇、街道对学校收取的杂费实行统筹,统筹比例在10%～30%之间,造成学校经费严重不足。1993年,东港区制定《关于增加教育投入,加强教育经费管理的意见》,教育经费实行预算单列,每年由教育行政部门提出年度预算计划,报同级财政部门,列入预算。安排一定的专项教育补助费用于义务教育、职业教育、特殊教育及幼儿教育。非义务教育学校从1995年实行缴费上学。

治理乱收费

2003年,全区建立治理教育乱收费联席会议制度,定期召开联席会议,及时进行情况交流和信息反馈,研究治理工作中的重要问题。协调制定相关政策规定,每年对各镇、街道、区直学校进行两次指导检查。

局管校用

2007年3月28日,东港区教育会计集中核算中心成立,实行"校财局管校用"。制定收费报告制度、申请审批制度,加强收费票据的统一管理。

第十三章　基础设施建设

第一节　校舍

旧校舍

新中国成立前,学校数量少,校舍简陋,多使用庙宇、祠堂、私房等为教室。新中国成立初期,多数校舍为土改时没收地主的房子改建而成或临时借用民房作教室。1953年统计,全县小学共有房屋3732间。其中,原校舍1420间,土改时归公的地主房屋、家祠1017间,庙宇200间,借用民房516间,上级拨款新建38间,国家补助和群众自动助工献料新建131间。共有课桌凳7719套,可容纳学生总数的38%,其余多数以木板或学生自带方机当课桌。有办公桌394张,占教师数的37%。缺少部分靠向群众借用。

新建、扩建改造校舍

1954年,胶州专署拨款,将日照中学从涛雒迁至日照城。首期工程共建教室54间,学生宿舍36间,教职工宿舍27间,伙房9间。两年后,第二、三期工程完成,一处新型普通中学初具规模。1956年,新建日照二中。首期工程完成教室18间,师生宿舍27间,伙房9间,传达室2间,共计56间。1957年,日照三中建成,当年建校舍36间。其间,还逐年新建、扩建一批完小和中小。

1958—1960年,临沂专署先后拨给基建费50多万元,新建初中13所,共盖房屋469间。至1961年,全县中小学有固定校舍3581间,借用民房1354间,共计4935间。其中急需修理的危房916间,占18.6%;需一般维修的2585间,占52.4%。自当年起,对这部分校舍有计划地进行维修,1963年修复1906间,占应修缮房屋的54.4%。修缮资金由国家拨发、地方自筹、学杂费、勤工俭学以及师生、群众助工献料等几个方面解决。

从20世纪70年代开始,采取"国家补助一点,群众支持一点,勤工俭学解决一点"的"三股劲拧成一股绳"的办法修建校舍。到 1975 年，全县中、小学有房屋 17397 间，面积 30.12 万平方米。尽管在数量上有较大幅度的增长，但由于事业不断发展，校舍仍然不足。一些质量差、标准低的校舍得不到妥善修理和及时更换，农村小学长期改变不了"黑屋子、土台子、泥凳子"的状况。1978 年统计，全县校舍总数为 18997 间。其中坚固适用的(包括半瓦房)9118 间，占 48%。不适宜做教室的危破房及黑屋子 8538 间，占 45%。借用民房 1341 间，占 7%。联中和小学学生使用课桌凳的仅占 34%。自 1979 年，开展以"三改造"(改造黑屋子、土台子、泥凳子)为主，以"六配套"(房屋、课桌凳、院墙、大门、厕所、操场配套)为目标的建校工作。到 1984 年，全县新建校舍 5770 间，改建 920 间，修理 4885 间，校舍坚固率上升为 95%。制作木质课桌凳 4.26 万套，水泥木面桌 8638 张，使用课桌凳的学生占 87% 以上。套院墙 26.27 万平方米，安大门 654 合，建厕所 992 座，达"六配套"的学校 565 所。同年，经地区验收，小学、联中达到"六配套"标准的有竖旗、三庄、南湖、西湖、黄墩、后村、两城七个乡镇。

1985 年，陈疃、大坡、高兴、河山、涛雒、奎山、城关、石臼、丝山、下湖等乡镇，校舍改造达到"六配套"标准。1990 — 1993 年，市政府累计筹集资金 1590 万元，完成建筑面积 4.14 万平方米。改变了公办学校校舍紧缺、破烂的状况。

1993 年，筹资 9800 万元，新建或改扩建校舍 20.7 万平方米。投资 6200 万元改善学校内部设施。新购课桌凳 2.1 万余套。全区小学、初中、高中生均校舍面积分别达 4.0 平方米、5.0 平方米、8.0 平方米。小学、初中、高中教学设备达标率均为 95% 以上。

1995 年，投资 900 万元，新建东港区职业教育中心和日照第二实验中学。1998 年，投资 400 万元新建日照第三实验小学。1999 年，筹资 6000 万元建成日照实验高级中学。

2001 年 5 月，东港区实施中、小学危房改造工程。到 2007 年，全区共完成投资 8520 万元(其中政府投入 1500 万元，其余为多方筹资)，新建校舍 11.5 万平方米，改扩建校舍 8.5 万平方米，维修校舍 5.7 万平方米，累计 25.7 万平方米。全区学校占地面积 269.56 公顷，校舍总面积 57.88 万平方米，生均 7.38 平方米。其中，教学楼、学生公寓楼 121 幢，占校舍总面积的 56.72%。

第二节　教学仪器

计划配备

1950 — 1961 年，山东省政府从每年的教育经费中列出仪器配备专用经费，约占教育总经费的 5 ‰ ~ 10 ‰，由省教学仪器管理站负责为全省各县区配备教学仪器设备。县教育局按教学仪器配备目录，为各乡镇学校无偿配置各类教学设备。1962 年起，此项经费由各地区教育局统一管理，由地区教育局分发各县，配备重点是国办中学。1991 年起，市财政每年拨仪器专用款 8 万元，由市教育局电教站统一采购，分发给中学和乡镇学校。1993 年后，仪器经费全靠自筹。

教具制作

新中国成立初期，学校教学设施极其简陋，老师带领学生采集制作一些简单的动、植物标本，制作一些简单的教具。1976 年以后，师生动手自制教具逐渐形成热潮。公社选拔、县里展览、评奖，地区、省层层搞教具展评。到 1985 年，各县在省、地统一部署下，搞过五六次大规模的教具展评活动。1978 年，石臼教育组开发的直径 45 厘米立体(地形)地球仪定型，工艺精细，国内首创。1990 年统计，全市共自制教具 1173 件，获省一等奖 3 件，二等奖

图 37-35　日照市第三实验小学　(摄于 2007 年)

5 件，三等奖 15 件。

实验室与仪器配套

实验室建设和仪器配套是学校基础建设的组成部分。1986 年 2 月，省教育厅提出全省实验室建设规划。中、小学教学仪器按一二三类标准配备。1990 年，市政府印发《日照市中小学校舍改造和实验室建设实施意见》。全市 5000 名干部捐款 17 万元，68 个单位筹集资金 550 万元。其中 211.5 万元用于市实验小学、聋哑学校、职业三中、日照四中、教师进修学校 5 所学校的实验楼建设。同年，市政府拨款 16.6 万元，对 15 个获市实验室建设先进乡镇进行奖励，用于购买教学仪器。

区教委成立后，对各学校教学仪器进行摸底，在学校之间调剂教学仪器。1993 年 12 月，各中、小学校建立教学仪器明细账。当年新购教学仪器 26.7 万余件。

1994 — 1995 年，集中力量进行义务教育学校实验室建设和教学仪器配备。初中学校和完全小学，全部建成标准较高的实验室，并按照国家教委颁布的标准配备教学仪器和器材。用于教学仪器配备的资金达 700 多万元。

在实验室建设的同时，注重仪器管理员、实验教师的管理培训工作。1996 年，东港区在全市率先实现了中小学实验室、实验室设施、教学仪器配备达省级二类标准，演示实验、分组实验开出率达 90% 以上。

1997 年 10 月，全区普通高中教学设施配备达到省定 I 类标准。

1998 年，全区筹资 420 万元，进行初中理科仪器的升类配备。同年，“山东省中小学实验教学普及县(区)”工程启动。1999 年，全区投入资金 975 万元，新建实验室 350 间，实验楼 7 幢，改建实验室 210 间。各学校实验室均按要求安装通风、排毒等设施，配备足够的仪器橱、实验桌。全区初、高中都配备符合标准的理科实验室。其中达到 I 类标准的实验室占总数的 92%。

2000 年，完全小学都建起自然实验室、劳技教室、科技活动室、卫生室。全区用于仪器、器材配备的资金达 1260 万元。初中、普通高中、区直小学和镇中心小学的理科教学仪器及音乐、美术器材，均达到国颁 I 类配备标准，其它学校达到 II 类配备标准。2000 年 12 月 20 日，顺利通过“山东省实验教学普及区”的验收。2007 年下半年，农村中小学教学仪器更新工程启动，至 2007 年 12 月，共投资 91 万元，完成初中教学仪器更新任务。

第三节　教育现代化

图书室配套建设

1991 年，国家教委颁布《中小学图书馆(室)规程》后，全市新增图书 30 万册。1995 年，按“两基”验收标准，各学校或自筹资金购置图书资料，或发动社会各界、学生家庭捐书，使学校图书册数基本达标。

2003 年，区制定“中小学图书馆(室)管理办法”。围绕素质教育和基础教育新课程改革这个中心，狠抓图书数量、藏书质量和图书的管理使用工作。各学校每年都按藏书标准新增藏书，全区中小学图书室藏书总量已达 95 万册。实验高中、日照四中、日照五中、涛雒中心小学等为全区一流的图书馆(室)。

2005 年，区教育局设立图书代办站，专门负责学校图书配备、管理、使用工作。2006 — 2007 年，全区新增图书 10 万册，新建较高标准图书阅览室 6 处。

电化教学配套建设

电化教学是 20 世纪 70 年代初提出的。教学手段是自制幻灯机(片)，用“土电影”上课。1977 年，建立电教站。1978 年，县教育局电教队成立。队员带上电影放映机、幻灯机，配合教学，轮流到每个公社放科教片、幻灯片、故事片。1984 年，电教队改名为电化教学管理站，负责电影、幻灯、电视录像等电化教学的管理。

1994 年 3 月，区教委召开全区学校电化教育工作会议，对学校电化教育工作进行全面部署。到 1994 年底，全区学校共配备投影器 200 台，银幕 200 幅，手动幻灯机 50 台，收录机 100 台，电视机 30 台，录像机 30 台，购置义务教育投影教材 65 套，价值共 30 多万元。乡镇中心小学和区直小学的电教器材达到省定一类配备标准。

1996 年，有 8 所学校跻身首批“日照市电化教育示范学校”行列。区第一职业中专、石臼街道五小、秦楼街道二中先后被评为省级电化教育示范学校。2001 年，全市电教示范学校创建工作会议在东港区召开。日照实验高中、日照第二中学、日照市第二实验中学、日照市第二实验小学、秦楼街道第一初级中学、秦楼街道第二初级中学、日照市泰安路小学、黄墩镇中心小学、后村镇第一初级中学、两城镇中心小学等 10 所学校通过省验收，成为省级电化教育示范学校。

信息化教学配套建设

1993 年 3 月，日照教育电视台建成试播，并取得无线电视台执照和频率执照，功率 1000 瓦，占用米波一频道。

1995 年，积极争创省教育电视收转网达标区，抓好卫星地面接收站的建设。各乡、镇先后建成卫星地面接收站，各接收站设立专门的录制室，专人管理使用。有 22 所学校购置数字卫星地面接收设施，连通了中国教育宽带网。

2002 年，普通高中完成网络教室的建设，初中学校进行微机室的扩建和语音室建设，全区初中、区直小学和中心小学全部建有语音室，开设听力课，完成“两机一幕”进教室，19 所学校达到“四机一幕”进教室。5 所学校建成教学区域网，70 所学校上报省教育厅参与“校校通”一期工程。

2003 年，继续加大微机室建设的力度，新配微机 372 台。有 30 所学校建成多媒体教室，有 5 所学校建成校园网，有 2 所学校达到微机进教室。2004 年 3 月 19 日，区政府召开全区教育信息化工作会议，启动“教育信息化建设工程”。首先对初中学校进行微机室建设改造，满足开设信息技术课的需要。2004 年，新配学生用机 1498 台，建校园网 25 个，多功能电教室 16 个，多媒体进教室增加了 150 个。

2005 年，新配学生用机 643 台，教师用机 442 台，建校园网 12 个，多功能电教室 18 个，多媒体进教室增加了 69 个。

2006 年，培植了实验三小、实验三中、城北中学、秦楼一中、西湖一中、南湖二中等教育信息化典型学校。

图 37-36 学校进行多媒体教学 (摄于 2003 年)

2007 年，组织实施农村中小学现代远程教育工程。成立了农村中小学现代远程教育工程指导小组和设备质量验收工作小组。通过统一招标，完成了镇、街道信息中心和学校校园网络建设任务，全面实现“校校通”。添置卫星接收系统 10 套，新建多媒体教室 54 个，校园网 69 个，配备微机 289 台。新建镇、街道信息中心 5 个，完善信息中心 5 个。在资源建设方面，镇、街道信息中心全部配备专职管理人员，充分利用卫星接收系统，进行远程教育资源的接收、整理、上传等日常管理、维护工作。

第三十八编

文化艺术

东港区文化艺术底蕴深厚，渊源流长。著称于世的两城镇遗址是中国龙山文化发源地之一。梁代文学理论批评家刘勰、明代学者焦竑、清代画家肖九成、当代中科院院士叶连俊和诺贝尔物理学奖获得者丁肇中都是境内著名文化骄子。

民国期间，境内建有民教馆、图书馆。新中国成立后，境内加强文化基础设施建设，创建文化团体，发展民间文化艺术，文化事业迅速发展。中共十一届三中全会后，文化艺术事业进一步繁荣。日照街道、秦楼街道、涛雒镇、两城镇被日照市委、市政府命名为日照市社会文化先进乡镇。各镇、街道设文化站，驻地建有 1 ～ 2 处集文化娱乐、艺术培训、科技教育、健身休闲等于一体的综合文化活动场所。全区 604 个行政村，建有 553 个文化大院和 300 处图书馆，常年进行业余群众文体活动的团队有 200 多个。

第一章　文学艺术

境内历代文人、学者著作甚丰。梁代刘勰的《文心雕龙》、金代张行简的《敬甫文集》、明代焦竑的《澹园集》、清代丁允元的《滋德堂集》、丁耑的《半奎楼集》、丁士一的《春余集》、卜宁一的《寻乐斋诗文集》、卜祚光的《尔雅书屋遗稿》、丁续曾的《寄畅斋诗文集》、丁恺曾的《望奎楼诗文集》、秦露的《东庐遗集》、李在郛的《伴海堂诗集》、丁守存的《旷世山房文集》和丁惟汾的《毛诗解诂》《方言音释》等影响深远。新中国成立后，戏剧、音乐、曲艺、舞蹈、美术、书法、摄影及民间文艺等活动普遍开展，文化事业欣欣向荣。

第一节　文学作品

现代小说

瞿旋 1978 年发表短篇小说《拉窄》，1984 年在《柳泉》发表中篇小说《脚下有路》。至 2007 年，他先后创作长篇小说《惊天动地》《大改制》《侦察连》等。其中，长篇报告文学《苦门里走出的博士兄弟》获齐鲁文学奖，长篇小说《侦察连》获山东省“五个一”精品工程奖。

刘敦波 1981 年发表小说《在第九病室里》。至 2007 年，先后发表《雨丝儿轻轻飘》《天边有片瑰丽的云》《爸爸与冰雕》《说与大海听》《红蜘蛛》《小河水悠悠》等。刘乃玉著有中篇小说《轮空》《家丑》《纸牌坊》及小说集《七十二家房客》。编辑出版《日照青年作家方阵》《日照青年文学生态》。焦安南与李建义著有《姜太公传》《姜太公新考》等。周绪白自 80 年代始，在《山东文学》《时代文学》《小说家》《芒种》《青岛文学》等刊物发表各类作品，出版长篇小说《悠悠岁月》《河豚》等。

诗歌　散文

尹世霖 1957 年发表儿童朗诵诗《夜空飞游记》，后创作诗集《红旗一角的故事》《少年朗诵诗》《校园朗诵诗集》《我们的祖国》《小朋友朗诵诗》《夏令营朗诵诗集》《节日集会朗诵诗选》《让诗长上翅膀》《童话朗诵诗》《尹世霖儿童文学朗诵诗选》等 10 余部，历史故事《五千年演义——三国兴亡》《岳云小将真传》等 4 部。李树桥创作了诗歌《老队长》《望娘台》《新生事物赞》等。农民作家李业成，1983 年发表诗作《秋暮》《溪》《思念》《养鱼人》等。刘鹏创作的长篇《青藏诗章》在文学界有一定反响。

戏剧剧本

李应该 1983 年创作小戏剧《罚站记》，后连续写出歌剧《浦湾潮汐》、现代戏《蟹子湾》、大型现代吕剧《石龙湾》等。

尹德惠 1983 年发表新编历史剧《道同》，次年创作小戏《赶集路上》。

第二节　戏剧

京剧

境内俗称“大戏”。清朝末年，每逢庙会、重大传统节日时，多请外地戏班演出。当地京剧爱好者也时常搭班演出。20 年代前后，演出活动影响较大的村镇有城关、石臼、涛雒、南鲍疃、安家村等。他们发挥各自的特长，由京剧票友联络撮合，利用业余时间切磋技艺，排练剧目。石臼同乐会因其基础好、技艺高，影响较大。该会成立前，当地就有一些京剧爱好者聚集清唱，自娱自乐，时而也对外演出。较知名的有如贺洪三与姜心轩(旦)、朱连生(老生)、万明甫(丑)等人。石臼三村李姓大户酷爱京剧，主动变卖家私，购置行头，领箱组班，成立民间业余京剧组织同乐会，参加者 20 余人。名气较大的演员，有旦角刘效农，老生贺子云、刘朋山，丑角刘士年，琴师王仲方、贺淑广，鼓板刘景州。所演剧目基本上是传统剧目。

1953 年，临沂赵德平自筹资金创办日照县第一个京剧团。1954 年，由诸城聘来旦角车玉华、琴师王心贤、鼓板刘维玉，成立 40 余人的日照前进京剧团，团长为李纯俭。主要演员有王艳芳(旦)、筱俊童(老生)、李少楼(武生)。常演的剧目有《玉堂春》《红娘》《武家坡》等。1959 年，剧团改名为日照县京剧团。60 年代初，省戏校下放，又有朋菊庵(老生)、赵淑天(老生)来团主演。此时京剧团已有 50 余人，阵容整齐，行当俱全，能演出《甘露寺》《白蛇传》《红楼二尤》等 140 多个剧目，先后赴潍坊、青岛、连云港等地演出。

1963 年秋，县文工团撤销，部分骨干调入京剧团。1964 年，开始戏剧改革，上演以现代题材为主的剧目。如《社长的女儿》《丰收之后》《铜墙铁壁》等，后因京剧、吕剧兼演，专业京剧团已不复存在。“文化大革命”期间，京剧样板戏成了主要演出剧目。以“毛泽东思想宣传队”名义相继排演《沙家浜》《红灯记》《平原作战》《龙江颂》《红云岗》《盘石湾》等革命样板戏，到农村、部队巡回演出。同时，全县村村有宣传队，人人学唱样板戏选段。1978 年，宣传队又改名为京剧团，适逢传统戏开放，排练演出《十五贯》《逼上梁山》《秦香莲》和吕剧《李二嫂改嫁》《逼婚记》等。

1997 年 6 月，日照市京剧票友联谊会成立，分别在海曲公园京剧之家、市土地管理局活动点、东港区广场、城关六村、市直二区、东港区老干部活动中心等设立京剧学练、演唱点，与日照百货大楼、海纳商场、凌云大厦等单位共同举办消夏晚会和庆典活动，积极开展送文化下乡活动，到乡镇、街道、农村、厂矿演出。2004 年，京剧票友张敏参加中央电视台举办的“梨园擂台赛”节目，获得第三名。2006 年，李英、陈长风在日照市举办的全省戏剧大赛中获得一等奖。

图 38-1　京剧票友在公园演唱　(摄于 2007 年)

茂腔

也叫“冒腔”，境内群众称为周姑戏。该剧种起源于明末清初，境内得以发展、提高并广为传播，应归功于原境内还俗尼姑丁氏一家。丁氏外号“老满洲”，她的三个女儿都是演唱周姑戏的好手。光绪二十一年(1895 年)前后，丁氏三姊妹以演唱为生，她们吸收拉魂腔乐句尾部翻高的特点，并在调式、板式上有突破性的发展，一度轰动日照周围五六个县。周姑戏传统的演出形式较为随便，三两个演员，头用手巾一包，脸用粉墨一抹，怀抱柳叶琴，手敲竹简板，便在简易舞台或集市上演唱起来。群众称这种演出形式为“盘凳子”。演出的节目多是接近生活而又通俗易懂的剧目，如《三劝》(小姑贤)、《张郎休妻》《越墙》等。新中国成立后，既演传统戏，也演现代戏，深受老年观众特别是中、老年女性所喜爱。演出场地由简易场所变成设备齐全的大舞台，并形成自己的传统剧目，后来也演出由大乐队伴奏的现代戏。1960 年后，境内茂腔缺乏传人，很少有人传唱。

吕剧

又名“化装扬琴”“琴戏”。新中国成立后从外地传入境内，因内容通俗、曲调动听，城乡各地专业和业余剧团纷纷排演。60 年代初，吕剧《李二嫂改嫁》《小姑贤》《王汉喜借年》等家喻户晓。特别是《李二嫂改嫁》搬上银幕后，排演吕剧一时形成热潮。1963 年，排演吕剧《夺印》《杨立贝》等剧目。1965 年，京剧团改为吕剧团，排练《双玉蝉》《罗衫记》《王定保借当》等剧目，除在本县演出外，还到临沂罗庄、付庄等煤矿演出，受到矿工欢迎。1973 — 1978 年，日照吕剧团先后排演《红梅迎春》《海岛女民兵》《龙山战歌》等。1991 年，日

图 38-2　日照市艺术团编排的现代吕剧《石龙湾》剧照
（摄于 2000 年）

照市曙光歌舞团演出现代吕剧《石龙湾》，参加山东省“庆祝建党 70 周年”艺术节活动。1992 年，山东省吕剧院复排该剧，并应文化部邀请两次晋京演出，受到党和国家领导人及戏剧专家的褒奖。同年参加京、津、沪、苏、鲁优秀剧目巡回展演，受到好评。1993 年，获得“文华奖新剧目奖”“文华奖编剧奖”、全国“五个一工程奖”。2007 年，吕剧爱好者自发成立阳光吕剧团，先后编排《墙头记》《借婆婆》等传统剧目，除在市区演出外，还开展送戏下乡活动。

话剧

1928 年，济南“五三惨案”后，日照县中学师生配合形势演出活报剧，号召人民团结奋起，打倒帝国主义。“九一八”事变后，为反对日本侵略，抵制日货，县中学再次排演话剧。1938 年，日照县抗日民众自治联合会组建境内最早的抗日文艺团体“血花剧团”。该剧团有 30 余人，剧团的旗标为三角形白底红字，饰以几朵血花为图案，象征用生命和鲜血夺取抗日战争伟大胜利的坚强决心。主要演员有郑怡、秦寄萍、郑欣、秦亢青等，排演过《放下你的鞭子》《民族英雄》《沦亡以后》等十几个活

图 38-3　阳光吕剧团演出吕剧《墙头记》剧照
（摄于 2007 年）

报剧和小型话剧。1947 年，望海区委宣传委员郑培英与驻地中心学区校长尹世清、蔡建华成立由牟敦坤、徐超然等 20 余名教师组成的“望海区战时宣传队”，县文教科庄兰田到队指导并以身示范。宣传队坚持“遇敌则战，敌退则演”的原则，赶排《谁养活谁》《翻身案》等反映土改、支援前线的话剧节目，开展敌后宣传活动。1957 年，配合社会主义过渡时期的总路线宣传，县文化馆组织、指导排演话剧《刘介梅》。1959 年，为配合工业技术革命，文工团排演八场话剧《敢想敢做的人》。1963 年，日照一中师生排演话剧《青年一代》《雷锋》。1977 年，排演话剧《于无声处》。此后，很少有话剧演出。

歌舞剧

1938 年，血花剧团在境内演出过小型歌舞剧。1947 年，滨海宣传队在丁家楼演出大型歌舞剧《白毛女》。新中国成立后，学校师生及业余剧团配合中国共产党的中心工作，自编自演大量歌颂党的领导和社会主义建设事业的剧目。1958 年，县文工团成立，次年成功上演歌剧《李双双》。“大跃进”期间，文工团排演大型舞蹈《人民公社锁蛟龙》及表演唱《新人新事出在新国家》等。用日照民歌《满江红》曲调演唱的《夸食堂》被评为优秀剧目，并选拔到省城会演。1960 年，该团改名高旺铁矿文工团，排演大型歌剧《洪湖赤卫队》。60 年代，每逢春节不少村庄都编排歌舞剧。进入 80 年代，现代流行歌舞风靡一时。1998 年，原曙光歌舞团和市文工团合并为日照市艺术团，以演出歌舞剧为主，成为境内唯一的专业艺术表演团体。

笛梆

唱腔似山东梆子，主要乐器有笛子、板胡、梆子、打击乐等，演出大多是传统剧目。曾流行于三庄一带，现无人传承。

第三节　民间文艺

东港民歌、曲艺、杂耍等民间文艺，题材广泛，内容丰富，既是境内文化底蕴的重要表现形式，又是文化延续和传承的重要载体。

民歌

号子是境内一种民歌形式。民间流传的号子

大致可分为劳动号子和渔民号子两大类。劳动号子主要有“一人领喊众人合”的打夯歌，同时，还有农民在打场或耕作时呼喊歌唱的吆牛山歌。渔民号子在涛雒、石臼镇等沿海渔村普遍流行，其曲目丰富，表现力强。

日照民歌“满江红”曲调优美细腻，古雅抒情，素有“细曲”“雅歌”之称。传唱过程中，曲调、风格及演唱形式都不断发展。主曲有六个部分和一个尾声。其中，第一、二、六部分为单乐段，第三、四、五部分为复乐段，主曲后面有一个七小节半的过门贯串全曲。夹曲在情绪上、速度上都与主曲形成鲜明的对比，但仍以主曲为主导。主曲多为高调式，而夹曲有宫、徵调式。夹曲多是当地流传的小调。如《叠断桥》《述口号》《小郎调》等。

“满江红”在境内沿海一带广泛流行。历经风险的渔民在出海捕捞安全归来时，亲朋好友相聚一处，设宴庆贺，至酒酣心畅，便手舞足蹈，忘情即兴欢歌。宴席上的碗、碟、酒盅、筷子等均成为敲击节拍助兴的乐器，配上洞箫、二胡、三弦、钱琴(一种用铜钱串起舞之叮呤作响的乐器)等乐器伴奏，幽雅、明快、跌宕起伏。

“满江红”填词随意，演唱随便。境内耍旱船时，也多唱此曲，故“满江红”也有旱船调之称。

“满江红”深受音乐界的青睐，许多专家为此来境内采风。1956 年，山东省艺术馆魏占河等与县文化馆有关人员一起对“满江红”进行挖掘、收集、整理。以石臼民歌手刘克山等演出的《四盼》为基础，整理加工“满江红”代表曲目。1957 年，刘克山、徐子茂等人晋京参加全国民间音乐会演，演唱的《四盼》轰动首都各界，并受到国务院总理周恩来、人大常委会委员长朱德等中央领导的接见。

图 38-4　日照民歌“满江红”演出剧照　(摄于 2004 年)

“满江红”《四盼》被《山东民间歌曲选》收录，现已列入山东省第一批非物质文化遗产名录和国家级第二批非物质文化遗产保护名录。

水族舞

水族舞在境内石臼、涛雒等沿海一带鱼村盛行。水族造型多采用竹篾、白绸布或棉纸，扎制好外型后用彩笔勾画，形象逼真、惟妙惟肖。其表演形式大致分两种：一是集体即兴表演，众多男女根据自己的喜好，选择一种水族造型套在自己的身上，随音乐模仿水族的各种姿态，手舞足蹈。由于水族造型奇特、色彩鲜艳、千姿百态，加之表演者众多，气氛欢快而热烈，深受人们喜爱。二是带有剧情的表演。通过人与水族的特有联系和特定环境，描述爱情、伦理、寓言故事。

境内常见的剧情水族舞有《鹬蚌相争》《渔翁与蚌精》《哪吒闹海》《水漫金山》等。剧情常运用拟人手法，情节曲折生动，贴近生活。2006 年，水族舞被列入区、市级首批非物质文化遗产保护名录。

跋跌

境内民间“跋跌”和“张老背张婆”，是民国初

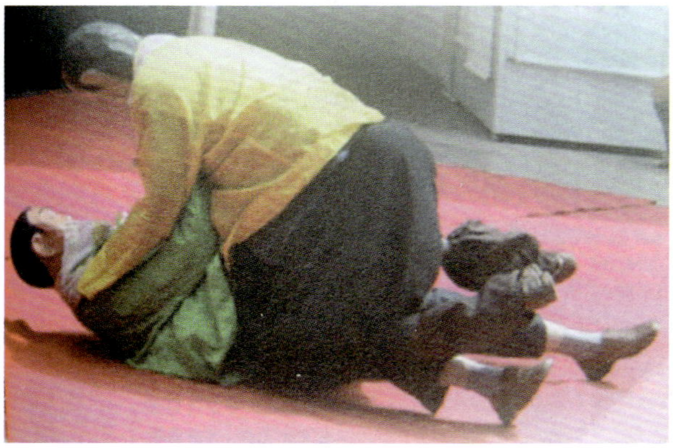

图 38-5　东港区民间表演艺术“跋跌”　(摄于 2002 年)

期形成的独特的表演形式。50 年代初，吴茂奎、吴家春父子对其进行挖掘、整理和创新，使之更富于表演性和艺术性，深受群众喜爱。

“跋跌”和“张老背张婆”均为 1 人操控道具表演，用锣鼓、梆子、二胡伴奏并伴说唱，表演滑稽、语言诙谐，形象逼真。

大鼓

大鼓有的以唱为主，有的只唱不说，演唱曲目大多为历史题材。演唱者一手打扁鼓或渔鼓，一手敲钢板，有时也增加三弦、柳琴等伴奏。

龙灯

龙灯在境内各地流行。用竹子、木条、布扎制。分龙头、龙身、龙尾三部分，一般分 9 ～ 12 节，长约 20 米。演出时，在龙的眼睛及全身装上各种颜色的干电池灯泡，飞光流彩，形象逼真。头前一人持“引珠”，引“巨龙”作穿云破浪之状，做“龙抬头”“龙攀高”等舞蹈动作。80 年代，河山镇表演踩高跷舞龙灯，别具一格。

高跷

高跷是境内常见的民间娱乐形式。演出内容多取材于《唐僧取经》《白蛇传》等戏剧题材。技艺高超者表演“扑蝴蝶”，演员扑滚在地立卧自如。常演剧目则是一些富有民间生活情趣的小故事，男女间插科打诨，互相逗笑，活泼有趣。

图 38-6　战争年代民间高跷队慰问人民军队　(市党史研究室提供)

玩狮包

玩狮包一般由两人表演，表演者身披狮衣，分别充当狮头、狮身。前有英俊男子手持绣球，以“飞脚”“单蛮子”等舞蹈动作引领“狮子”活动。表演时用京剧锣鼓曲谱“急急风”“马腿”伴奏，引逗狮子作出各种姿态。

图 38-7　东港区民间表演玩狮包　(摄于 2004 年)

旱船

旱船为竹子制作的船型道具，周围饰以各色彩绸。多由一俊俏小伙扮作美女，“坐”在船楼内，充当船娘子。船艄公手持桨板，伴随鼓点，作出“拔锚”“收缆”“行船”等动作。船后配一男性扮演的“傻婆”，说笑逗闹，群众称之为“耍旱船”。演出时，通常有四五个青年女子跟在其后伴唱《满江红》等名曲。每到春节，乡间耍旱船屡见不鲜。

第四节　音乐　舞蹈

境内人民群众历来爱好音乐舞蹈。清代境内乐器有“金钟、玉磬、鼓、柷、敔、琴、瑟、篪、排箫、箫、埙、笙、笛”等。民国时期，民间流行的乐器增加了胡琴、琵琶、月琴、唢呐等。此后，风琴、小提琴等西洋乐器传入。乡村遇喜庆事，所演奏的多为民间小调，如《斗鹌鹑》《大登殿》《大锔缸》《小放牛》《鹿鹤同春》等。元宵节上演“龙凤船”，以《满江红》曲谱伴奏。传统的舞蹈有高跷舞、花棍舞、龙灯舞、狮包舞、秧歌等。

新中国成立后，文化主管部门加强对群众音乐舞蹈活动的指导、推广工作。1962 年，省文化工作队来日照作巡回辅导，传授音乐、舞蹈等知识。1973 年 7 月，在河山中学举办为期十天的音乐舞蹈培训班。河山公社农村文艺活动骨干 130 人参加。1974 年 6 — 8 月，在刘家村营房为 30 名部队基层文艺骨干辅导器乐演奏知识。1974 年 12 月 12 日— 27 日，在县城举办音乐、舞蹈训练班，学员来自农村、厂矿、机关、学校共 160 人。舞蹈训练班由省艺术馆张兴芬等 4 人主教，文化馆人员辅助训练。音乐班由文化馆负责辅导。1976 年 9 月 25 日— 28 日，在奎山举办农村文艺骨干戏剧排演知识训练班。1984 年，文化馆在县城举办交谊舞培训班，培训学员 50 人。新中国成立以来，文化馆先后举办 10 多期音乐舞蹈训练班，培训骨干 1250 人次。区文化馆组建于 1993 年 7 月，首先在东港区第一家“艺术幼儿园”内设舞蹈班。至 2007 年，先后开展企事业单位文艺辅导、聋哑学校特殊群体辅导和老干部舞蹈培训。区老年大学参与培训上千人次，参加大型文艺表演 1500 多场次。

图 38-8　东港区举办的少儿才艺展演　(摄于 2003 年 3 月)

第五节　美术　书法　摄影

境内有 5000 多年的美术发展史。在两城遗址、海曲汉墓挖掘出土的陶器、漆器和铜器等许多文物中,都有鸟类、龙、虎、朱雀等图像。器物上的纹饰有监纹、凸弦纹、凹弦纹、附加堆纹、压纹、兽面图案等。

新中国成立后,美术事业得到普及发展,机关、厂矿、农村街头健康向上的宣传画、漫画、插图等绘画随处可见。社会上流行的抹画、宣传画、工笔、小写意、年画、木刻、剪纸、蜡染、泥塑、石雕、木刻刺绣、割花鞋垫、绣花鞋等美术饰品比比皆是。

70 年代,是业余美术队伍大发展时期,美术专业人员指导业余美术爱好者在县城、人民公社驻地和乡村街道醒目位置绘制大型宣传画。1974 年,日照县委宣传部与文化局先后举办 40 余期农民画学习班,日照县文化馆派员辅导,培养出一批农民画人才。

进入 21 世纪,境内美术事业蓬勃发展,创作、展览、收藏及交流活动日趋活跃。

绘画

东港汉代便有绘画。古墓葬中曾出土"汉画像石"。清代画坛名家肖九成,乾隆年间中进士,入词坛,"工画山水,守娄东法,为山左第一"(《中国名人大辞典》)。画作独具风格,极见工力,名入《画锦录》。其长子肖池、次子肖淦(南桥),师承其父,善画山水,兼攻书法。南桥画竹,当属上乘。兄弟作品风格清新,多为名家收藏。

民国年间,宋铁梅能书善画,名重乡里。他喜画工笔花鸟,尤长于画鹰。画作常题"英雄独立",借示志趣。以擅长画鱼而久负盛名的戴渔村,名云峰,号老布衣。他能诗善画。其作品完全自出机杼,章法、用墨、笔趣颇有近代写意大师之风。李伯彭专攻工笔花卉与篆刻,在省城曾为宋哲元、何思源治印,也颇有名气。

新中国成立后,当代著名国画家王板哉师从齐白石。擅长花鸟、草虫、鱼、藤类写意,作品被国家收藏或被选送到国外展出。国画家鲁光,擅花鸟,尤喜画菊,所作笔墨苍润,色调秀雅,意趣隽永。作品多次入选全国、全军展出。农民出身国画家周家泉,60 年代初师从国画大师傅抱石,擅长中国水墨山水画,喜用大笔施墨,其作品被许多国家和地区收藏。邢少兰先学花鸟,后攻山水,勤学苦练,成为娄东画派后起之秀。浙江美术学院教授安百里,初学版画,后改学国画,其作品多次在日本、西欧展出。丁立镇,现为四川美术学院副教授、国画系副主任。其作品敢于突破成规,奇趣横生。他思路宽广,手法新颖,有独到之处,引起画界的关注和赞誉。朱纪统自学成才,专攻"水印木刻",作品受"北大荒"版画派影响,参加国家级与出国展览并多次获奖。中国美协会员刘光芬的国画,以其独特的风格,受到诸多名家赞扬。1987 年,日照市书法美术家协会成立,并举办作品展览。丁鸿雁、秦福甡、安茂让、李绪国、王秉钊、董家祥、肖雨亭、马德波、孙成刚等人也时有画作面世。进入 21 世纪,东港绘画培训、创作更加繁荣。

附:日照农民画

日照农民画始自 50 年代,为配合党的中心工作制作宣传画,同时对业余美术爱好者进行辅导。涌现出叶连品、丁原平等一批较为出色的绘画人才,创作出一批表现农村民俗风情、渔家生活,形成构图饱满、色彩艳丽、质朴率真特点的优秀农民画作品。70 年代以后,文化馆美术组每年

图 38-9　东港农民画《山村》　　（摄于 2003 年 12 月）

不定期地举办美术创作训练班，中共十一届三中全会后，日照农民画步入新的发展时期。

1980 年，《农村大众》发表日照农民画专版。此后，《美术》杂志、《大众日报》《农民日报》相继撰文并配发农民画予以高度评价。1983 年，推选出 22 件农民画作品参加山东省农民画展。其中有 3 件作品入选晋京参加全国农民画展。傅承玉创作的《丰收场上》和庄殿龙创作的《建设中的石白港》荣获二等奖。1985 年 3 月，日照县农民画协会成立，发展会员 41 名。次年，应山东工艺美术学会、山东工艺美术学院的邀请，65 幅农民画在济南展出。中国美协副主席华君武挥毫题书"沂蒙山花"，人民画报社社长邢雁题为"绘美人间"，原中央工艺美院副院长、著名画家阿老称赞日照农民画是"百花园里的一朵奇葩"，原山东省委书记苏毅然题词："一手拿锄头，一手拿画笔，为两个文明建设耕耘"。

图 38-10　市、区领导调研农民画创作　（摄于 2005 年）

1987 年 5 月，日照农民画在中国美术馆展出，获得党和国家领导人及美术界知名人士的高度评价。其中 13 件作品送中国民间美术博物馆收藏，另有 95 幅作品被中华人民共和国文化部精选赴新西兰、奥地利等巡回展出。1987 年 9 月，首届中国艺术节期间举行的中国现代民间绘画展览上，11 件日照农民画作品入选，数量在全国画乡中名列前茅。有 50 件作品入选参加由香港三联书店和山东省美术馆在香港举办的山东民间美术展览。1986 — 1987 年，国内报刊发表日照农民画作品 60 件，刊出介绍文章 20 篇。1988 年 2 月 9 日，中华人民共和国文化部正式命名日照市为"中国现代民间绘画画乡"。1988 年 9 月，在中国首次农民书画大赛中，日照农民画作者黄奎军的《斗鸡》获二等奖，傅承峰的《大蓬歌》获三等奖，丁新华的《日照石白港》、傅承玉的《养鸽》、马玉琴的《窑货摊》、宋全国的《闹春牛》获预选奖。至 1989 年，境内农民画业余作者达 500 余人，作品总量达 5000 余件，先后在《人民日报》《人民画报》《美术》等 20 多种报刊、杂志发表作品 150 多件。同年，新华社记者文赤桦撰写了题为《日照农民爱画画》的文章，配发 4 幅民间绘画作品和英文图解。

1999 年，在上海金山举办的"中国农民画展览"中，组委会专设"山东·日照农民画"展厅，展出 35 件作品。2000 年，日照市举办"新世纪、新风采—全国农民画展精品""全国农民画理论研讨会"。2004 年 4 月，中法文化年期间，日照农民画作为唯一代表中国现代民间绘画艺术的作品赴法国参加画展。7 月，赴马来西亚举办"中国·日照农民画展"。至 2007 年，农民画队伍不断壮大，全区农民画绘画队伍 2000 多人。画作水平越来越高，多次参加省内外画展，参展作品 500 多件。同时，走上产业化发展的道路。仅 2005 — 2007 年，区农民画作品就售出 1.1 万多件，总额 160 万元。

书法

明代著名学者、状元焦竑，是杰出的书法家。所书之字，丰肥端庄，遒劲雄健。清末丁良善，博采众长，正书势巧形密，行书遒媚劲健。清末丁麟

图 38-11　区书协下乡送春联　　　　(摄于 2006 年)

年善书钟鼎文，更长于汉隶，书法艺术造诣颇深。丁守存以草书见长，也为世人称道。书法家丁惟鲁驰名青岛学界，专攻颜体，尤擅小楷。此外，尹琳基、卜祚光等，皆工于书法，驰誉一方。民国时期，擅长于书法的有李枚生、申葆田、丁德臣、惠际唐、惠际虞等，迄今墨迹尚存。

新中国成立后，吕明文、宋再起的书法为人称道。苏师余书法也名重乡里，他尤擅魏碑，曾为烈士塔正面题写大字。书法家惠玉昆，幼乘家教，初学颜柳，后习汉魏碑版。楷书入古出新，自成一体，行书古朴秀雅。书作参加国内外多种展览与交流活动，并为国家领导人及外国友人作书。青年书法家刘一闻喜习书法、金石，造诣深厚。

1987 年，日照市书法美术协会和青年书法美

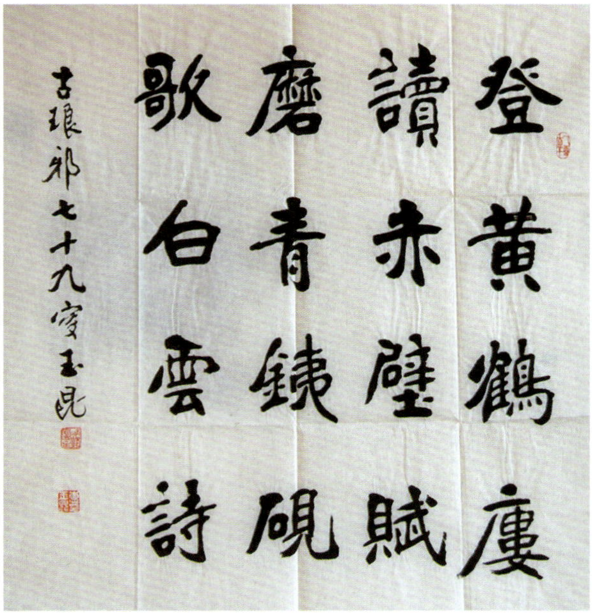

图 38-12　惠玉昆书法作品　　　　(摄于 2007 年)

术协会成立。1999 — 2004 年，区美术家协会、书法家协会相继成立并多次举办书画展览和联谊交流活动。自 2006 年始，区书协每年春节前组织书画爱好者为群众义务写春联献爱心。

摄影

图 38-13　百年婚纱摄影影楼　　　　(摄于 2007 年 3 月)

1911 年，张萼三购买照相机一架，境内始有照相业务。新中国成立后，城关三村的杨树新在城里创办照相馆。"社会主义改造"时期，县里成立公私合营的"国营照相馆"(现丽阳大厦东门北侧)，杨家照相馆被并入其中。70 年代中期，国营照相馆迁至今海曲中路市药材公司对面。

改革开放后，城区出现多家个体照相馆，较早的有东关照相馆、向荣照相馆等。90 年代后，时兴照婚纱照，百花婚纱摄影、百年婚纱摄影、港城婚纱摄影、大世界摄影公司等众多的影楼、婚纱摄影店陆续开办。进入 21 世纪，数码相机普及，摄影爱好者数量增多，摄影事业日趋繁荣。

2005 年 12 月，东港区摄影家协会成立，定期组织摄影采风活动，用镜头记录下东港区在经济、政治、文化等方面的发展变化，记录着东港人民前进的足迹。

卢立亮的作品《古船》、林相森的《黄河九曲

图 38-14　卢立亮的摄影作品《古船》　(摄于 2005 年)

十八弯》、安丰滨的《护堤》等作品先后在国家省市大展中获奖。至2007年,会员在市以上媒体发表摄影作品200余幅,获市以上奖励30余项。

第二章　群众文化

第一节　文化设施

文化馆

1951年夏,受县政府委托,王润阶、秦洪照、郑世林3人负责筹建文化馆,历时两月后中断。1952年4月,陈友泰等人再度筹建,同年秋正式成立,设文艺、宣传、图书3个股。馆址在原城关四村和五村的两处民房中。1959年春,迁至原车马店(区政府大院东北)。文化馆建成后,业务范围逐渐扩大,主要开展图书借阅、组织业余文艺会演、辅导群众文化艺术活动、举办各种展览等。1967年起,文化馆工作由县革命委员会宣传组分管。1974年,图书馆分出后,文化馆重点组织农民画创作与农村戏剧活动。1976年5月,县文化局成立,文化馆隶属文化局领导。

1985年,日照市文化馆成立。1988年,文化馆设文艺、美术、创作、辅导4个组。1990年,文化馆更名为日照市群众艺术馆。

1993年,东港区文化馆设立。开展音乐、舞蹈、美术(含书法、摄影)、戏剧、曲艺、文学创作、少儿辅导培训、文化遗产整理等各项业务工作。同时,对全区基层单位进行不定期业务辅导,为基层文化单位培训人员170多人次。1996年,被省委宣传部授予文化下乡活动先进集体称号。

展览馆

1958年秋,组织筹建日照县展览馆,1959年9月,落成启用。位于县城中心(今日照百货大楼东北角),展室700平方米,分正厅和东、西两个展室。1962年,展览馆并入文化馆。先后举办过《婚姻法》(1953年)、建国十周年(1959年)、反特(1962年)、计划生育(1966年)、防空(1973年夏)、阶级教育(1974年)、沼气(1979年夏)、日照农民画(1987年)等展览。90年代初展览馆拆除。

图书馆(室)

日照通俗图书馆建立于1919年。1928年,遭匪徒刘桂堂(刘黑七)劫掠,图书仪器损毁殆尽。1929年,县教育局长丁史言创建县图书馆,购置图书8000余册。1930年,民众教育馆成立,图书馆并入,辟为图书阅览部。

1952年秋,县文化馆内设图书股,分图书、阅览两室。1974年5月,日照县图书馆成立。1978年,迁至现址(海曲西路144号),内设采编、辅导、文物、借书、阅览、资料三组三室。1985年,增设儿童阅览室。1989年,更名为日照市图书馆。馆内藏书10万余册,有国家级、省市级报刊300余种。古籍图书171种1381册,善本图书9种31册。清代学者丁恺曾的《望奎楼遗稿》、丁守存的《旷视山房文集》是最具地方特色的古籍图书。清代朴学家许瀚的《攀古小庐收藏镜铭》,已成为海内外仅存的孤本。

1993年,设立东港区图书馆。租用城关一村民宅作为办公场所,设借书室、阅览室,阅览座席30个。1996年5月,图书馆搬至日照剧院。2000年12月,搬至区政府院内,对外借阅停止。馆内藏书7258册,其中地方文献入藏249种483册。

网吧

2000年,网吧在境内出现,年内发展到10余家,每家约有10余台机器。2003年,全区有网吧182家,从业人员1000余人。其中,百乐网吧拥有机器50台,是当时市区最大的网吧。2005年,推行互联网上网服务,营业场所加入连锁网络,发展连锁网吧50余家。2007年4月,东港区网吧协会成立。

书店

民国初年,曹瑞亭在县城东关开设"日光书社",经营各种书刊和文具用品,一年后停办。1926年,城关马汉五在日照城东门外开办"文英堂",经营商务印书馆出版的各种书籍。1928年,夹仓何师古在县城开设"教育书社",主要经营教科书，几年后停业。

1943年，中共地方组织派牟平在巨峰区合庄创办书店。1945年，书店移至莒南县王家村。同年8月，在县城建立“日照新光书店”，牟平任经理。1946年2月，改名为“新华书店日照分店”。工作人员挑书下乡，服务到门。为扩大销售，销售员王岱峰，边卖书边说唱《日出天晴》等快板书，还采用鸡蛋换书的办法，方便群众购书。为此，《大众日报》于1947年1月作了专题报道。新中国成立后，书店扩大，经营额逐年上升。1952年，售书额19万元。1965年2月，书店在涛雒设立门市部。随后，三庄门市部也开始营业。1966年，售书量高达206.8万册，总额25.1万元。1972年，书店在县中心正阳路与望海路交叉处建二层楼1座，占地面积2000平方米。1980年后，在汾水、巨峰、石臼等地设立门市部，并在碑廓、虎山、大坡、高兴、黄墩、后村、西湖、河山、丝山、两城等10处供销社设立图书销售门市部，30多处个体图书经销点。1986年，销售总额203.34万元，全市人均购书量提高为2.1元。1989年，发行图书391.38万册，销售总额408.5万元。1993年，新华书店划归市管，东港区一直未设新华书店，各镇、街道门市店为市新华书店直管。20世纪末，镇、街道新华书店门市店基本倒闭。

影剧院

东关剧院　1958年3月筹建，位于区政府大院东、原护城河西，占地660平方米，条凳32排，容纳观众1300人，是年7月启用。1975年，将观众席条凳更换为木排椅，计1200座。添置放映等新设备，成为当时初具规模的文化娱乐场所。2003年改作他用。

日照影院　1976年12月动工，1978年建成。位于日照路与海曲路交汇处西南侧，总建筑面积为4428平方米，座位1530个。内设东风牌FG-35-1型座机两台，放映光源为氙灯立式(后改为卧式)。1993年划归市管。

石臼影剧院　1985年建成并投入使用，总建筑面积7000平方米，座位1111个。2004年2月8日，石臼影剧院拆迁改造为利群商场。

日照剧院　1989年建成投入使用，位于海曲中路北，东与信合广场比邻，建筑面积2584平方米，座位1188个。1993年，划归东港区管理。主要承接大中型会议、戏剧演出、电影放映。2004年拆除重建，至2007年夏，主体工程落成。

其他影剧院　1978后，乡镇影剧院兴建迅速，至1989年，座位在千人以上的乡镇影剧院有东陈疃、黄墩、丝山、两城、河山、涛雒、后村、高兴、巨峰、南湖、下湖等11处。至2007年前，陆续拆除。

博物馆　日照市博物馆建成于1986年。1997年9月，迁于烟台路西、泰安路北。新馆占地1.47公顷，建筑面积9260平方米，广场1.19万平方米。外观呈等腰三角形，东西两个大门，主体四层，局部五层，高28.8米，分为多功能厅、机动展厅、文物陈列厅、会议室，其造型新颖，别具一格。是日照市革命历史教育、爱国主义教育和科学文化知识宣传教育的重要场馆。先后举办过《日照今古展》《龙山文化日照黑陶展》《革命历史

图38-15　农家书屋　　(摄于2006年)

文物展》《庆香港、澳门回归展》《崇尚科学、反对邪教》《古代刑具展》《世界珍稀蝴蝶展》《环保专题邮票展》等一系列展览。至2007年，接待国内外游客近20万人次。

文化大院　70年代后期，县宣传、文化主管部门对文化大院建设标准作出规定，要求村居室内文化活动场所面积100平方米以上，具备文艺活动室、农家书屋、文化信息资源共享服务室、游艺室及室外活动场地、宣传栏、黑板报等配套设施，挂“村文化大院”“文化信息资源共享工程基层服务点”“农家书屋”牌子和各活动室门牌。至2007年，全区村居、社区翻新改造，建起新的文化大院342个，村心公园50个。

第二节　文化活动

农村文化活动

明清时期，境内农村文化活动受封建思想束缚与经济条件制约，处于匮乏状态。大集镇时有艺人说评书、唱小戏、玩杂耍等民间文艺活动。春节期间有跑旱船、踩高跷、耍龙灯、舞狮子等群众表演。逢社火、庙会时，偶有搭台唱大戏的。

图 38-16　　80 年代乡村文艺演出

新中国成立后，文化活动日趋丰富多彩。50 年代，大村庄自行组织“农民剧团”排演传统剧目。60 年代初，配合社会主义教育运动，一些村庄排演“三世仇”等忆苦思甜剧目。70 年代，全县人人唱、村村演“革命样板戏”。80 年代中、后期，农村“文化大院”吸引文体爱好者欢聚一起，自娱自乐。进入 21 世纪，随着社会主义新农村建设的步伐不断加快，农村文化活动更加活跃。全区广泛开展文化科技卫生“三下乡”活动，村文化生活得到改善。同时，组织起 200 余支文艺宣传队，利用农闲、节日和集市，进行文艺演出。2007 年，涌现出后楼村、小莲村、大花崖、丁家营子等多个“农村文化活动先进村”。

社区文化活动

90 年代，境内社区文化活动渐多。随着城市化进程的不断加快，以社区居民为主体，以丰富、活跃群众文化、精神需求为目的，各种群众性的文娱、体育、教育、科普以及精神文明建设等群众性社区文化活动广泛开展起来。至 2007 年，全区有 54 个社区建立文化活动站(室)。林海社区、昭阳社区、东关南社区、中盛社区、万平社区等排练

图 38-17　社区运动会　　　　　　(摄于 2007 年)

的文艺节目多次参加市重大活动。石臼林海社区、中盛社区被评为“省级社会文化先进社区”。

图 38-18　社区文娱活动　　　　　(摄于 2004 年 9 月)

校园文化活动

境内自创办学校后，就有学校文化活动。金代张行简创办奎文书院，在院门和影壁上书写名联警句，“陶治学子情操，激发学习兴趣”。日照县学是圣庙、学校合一机构，每逢重要节日，师生参加祭孔仪式，是封建教育学校的文化活动形式。

1928 年，日本侵略军在济南制造“五三惨案”，枪杀中国同胞，日照县中学师生排演活报剧，揭露并抗议日本侵略军暴行。抗日战争爆发后，县中学师生再次排演话剧，鼓动人民群众反抗日本侵略军侵略。1947 年，望海区中心学区成立战时宣传队，以文艺演出形式支持土改，号召支前。

新中国成立后，校园文化活动日趋活跃。50 年代末、60 年代初，很多学校组织师生排演“学英雄模范、做时代先锋”“忆苦思甜、热爱社会主义”等文艺节目。60 年代末、70 年代初，城乡中小学

“普及革命样板戏”，师生学唱京剧选段成为时尚。

进入21世纪，境内各大、中、小学普遍建有广播室、图书室、阅览室、电化教学室、宣传栏、阅报栏等文化阵地。适时举办各类文艺汇演、比赛或文化艺术节。

附：日照市艺术学校

市艺术学校坐落于山东路中段(396号)，1993年6月正式设立，属差额拨款事业单位，隶属于日照市文化局。

图38-19 日照市艺术学校 (摄于2007年)

1993年艺校招收第一届学生共97人，设立声乐、器乐、舞蹈3个专业。1996年1月，市艺校与临沂艺校、日照市计委签订40名委培生(中专学历)教学协议。招生扩大到相邻的临沂市。学生毕业后全部分配工作。同时，先后设立山东工艺美术学院、省青年干部管理学院、省教育学院日照教学(函授)点。

2002年，成立日照市艺术中学，年底与日照市华英实验学校开展联合办学。2004年起，同日照实验高级中学联合办学。

第三章 民间工艺

第一节 制陶

境内发现多处重要的龙山文化遗址，其出土的黑陶是龙山文化最著名、最典型的陶器，被史学家称之为“原始文化中的瑰宝”。

陶器多以表面透黑的砂质陶和乌黑光亮的细泥质陶为主。有部分磨光黑陶，器表以素面为主，有的饰弦纹、划纹和镂孔。两城镇遗址、尧王城遗址、东海峪遗址所出土的各类黑陶制品均制作精细、美观，特别是东海峪遗址出土的蛋壳黑陶高柄镂孔杯，无釉而乌黑发亮，胎薄而质地坚硬，其壁最厚不过1毫米，最薄处仅0.2毫米，重仅22克。制作工艺精湛，系珍贵文物，现保存在国家博物馆。近代，境内民窑烧制的缸、盆、罐、壶、花盆等日用陶器，造型更加精致。20世纪70年代始，文化、文物部门，着手系统地发掘、研究和开发利用龙山文化黑陶技艺，使龙山文化黑陶艺术瑰宝重现异彩。形成仿制、复制、创新3大系列，6个类别，300多个品种。相继发展起日照黑陶工艺研究所实验厂、日照开发区黑陶厂、龙山艺术院黑陶厂、黑陶邢厂、两城黑陶厂等黑陶规模产业。至2007年，日照黑陶制品已销往10多个国家和地区。

图38-20 蛋壳黑陶高柄镂孔杯

第二节 雕塑

石雕

东港石雕外型粗犷、朴实华美。各种石刻工艺品令人喜爱，宝塔、罗汉、仙子，动物、笔筒、烟灰缸等惟妙惟肖。石雕产品畅销日本、韩国、美

图 38-21　石臼立交桥旁石雕“开拓者”　(摄于 2004 年)

国、印尼、泰国等 10 多个国家。

木雕

境内木雕艺术历史悠久。屋宇、厅堂的雕梁、木质器具上镂刻雕琢的各种图案、文字活灵活现，绚丽多彩。

90 年代出现根雕工艺。东港根雕艺术以树根(包括树身、树瘤、竹根等)的自生形态及畸变形态为艺术创作对象，通过构思立意、艺术加工及工艺处理，创作出各种人物、动物、器物等艺术形象。2000 年，又有发展创新，涌现出郑培奎等根雕艺术新秀。

沙雕

图 38-22　海滩文化艺术节上沙雕作品　(摄于 2006 年)

东港沙雕融雕塑、绘画、建筑于一体，通过对海沙的堆、挖、雕、掏等手段塑成各种造型供人观赏。东港地处沿海，拥有近 100 千米的海岸线，60 多平方千米天然沙滩，是沙雕艺术发展的理想场所。自 2003 年起，国家森林公园每年都举办海滩文化节和夏日滨海风情文化节，开展沙雕、沙画活动。

第三节　刺绣

东港区民间刺绣工艺历史久远。千百年来，妇女手工刺绣加工的鞋(垫)、儿童虎头帽(鞋)及衣、裤、裙、枕、轿衣、桌布等各类绣品选料考究、绣工精细，图案花纹布局合理，色彩丰富，层次清晰。龙凤呈祥、鸳鸯戏水、喜鹊登枝、福禄寿禧等绣品尤为人喜爱。随着绣品出口需求日益增大，机绣、电脑刺绣应运而生。

至 2007 年，境内有工艺刺绣企业 10 余家，个体(联合体)加工户 1 万余户。产品除满足内需外，还销往日、美、德、英等国家。

第四节　编织

竹编

东港竹编制品以提篮、食盒、筐箩、筛子、竹筐等为主，另有椅子、桌子、果盘、笊篱、鸟笼等 60 余个品种。竹编以优质毛竹、淡竹、水竹等为原料，经过编织、烘烤、定型、上色等多道工序制成，造形别致，光洁轻便，透气性好，远销东南亚及港台地区。日照街道的小莲村和涛雒镇李家潭崖村是从事竹编制品的专业村。

草编

东港民间草苇编手工艺者就地取材，利用秆、秸、草编制各种生活用品。有些还染上彩色图案，经济实用，美观大方。如：苇席、苇笠、蓑衣、草鞋、草垫、网兜、麦秸或稻草帘子、蒲包、蒲团、扇子、菜篮、果盒、杯套、盆垫、草帽、枕、席、高粱莛子盖顶等，品种多，销路好。

图 38-23　东港区条编产品——笼子　(摄于 2000 年)

条编

境内条编的主要材料为本地产柳条、荆条和腊条。成品为篮子、簸箕、笼子、筐子等日常生活用品及㞐斗各种囤子、篓子、苫子等生产用具，既经济又实用，有些还可成为工艺品被摆设或收藏。

第四章 文物

第一节 古遗址

两城镇遗址

两城镇遗址位于两城镇政府西北部，为新石器时代周、汉文化遗存。东西长900米，南北宽1000米，面积约100公顷。遗址发现于1934年，是国内发现较早的典型龙山文化类型之一。1936

图 38-24 两城镇遗址标志碑 (摄于2001年)

年，由原中央研究院历史语言研究所尹达(刘耀)主持，梁思永、王献唐和祁延霈等参加，对该遗址进行发掘。1958年，山东省文化局趁全省文物干部训练班田野实习的机会，对该遗址进行了勘探

图 38-25 两城镇遗址发掘现场 (摄于1980年)

和试掘。1977年12月，被山东省革命委员会公布为第一批省级重点文物保护单位。1995年后，中美联合考古队对该遗址进行调查、勘探、发掘，取得重要成果。2005年，国家发改委、国家文物局将两城镇遗址列入“十一五”期间100处国家重点大遗址保护项目。2006年5月，被国务院公布为第六批全国重点文物保护单位。

两城镇遗址发掘发现，遗址内有三周壕沟，为当时的主要水利设施，也具有防御功能。同时，发现了城墙和上百平方米一间的房址，还有祭祀点火痕迹和祭祀用陶器。出土有兽面纹玉锛、绿松石头饰、蛋壳陶杯、陶鼎、陶鬶、陶鬲、陶罐、陶盆、陶盘、陶豆、陶碗、陶杯等，其造型之精美在同期文化遗址中罕见。对确立山东龙山文化的概貌和龙山文化在中国古代文明中的地位提供了重要资料。

苏家村遗址

苏家村遗址位于东港区秦楼街道苏家村村东，为新石器时代文化遗存。东西长320米，南北宽300米，面积约15公顷。遗址发现于1973年，以大汶口、龙山文化为主，1992年，被公布为省级文物保护单位。该遗址文化堆积厚约2米，采集遗物有大汶口文化的夹砂红陶鼎足、龙山文化的陶片，以夹砂黑陶为主，个别红陶、黄褐陶，纹饰见有弦纹、附加堆纹、乳钉纹，可辨器形有鼎、鬶、碗、豆、匜、器盖。石器有斧、刀、凿等。

图 38-26 两城遗址出土的新石器时代罐形鼎

海曲故城遗址

海曲故城遗址位于日照街道烟墩岭村南360米处岭地上。平面近方形，

东西长约320米，南北宽约350米，面积11.21公顷，东、西两边残存极少的夯土城墙，高近1米。城内文化堆积距地表深约0.5米，为西汉文化遗存。出土有石磨、砖、瓦、铜印，地表散布有冶炼铁渣。1979年，被公布为第一批县级文物保护单位。

吕母崮遗址

吕母崮位于奎山街道徐家村西，崮河岸边。是吕母起义的遗址。上顶是直径70米、高5米的圆形土台，是吕母起义时的点将台。吕母崮遗址遗留的汉代文物，对研究历史具有重要价值。

东海峪遗址

位于北京路街道东海峪村西北，为大汶口文化和龙山文化遗址。总面积8公顷，其东北部高出周围地平面2.2米，当地称为"鏊子顶"，1960年被发现。1973年后曾进行过三次考古发掘，1977年被列为省级重点文物保护单位。遗址文化堆积1.5～2米，分上、中、下3层。遗址先后出土具有龙山文化特征的陶鬶、蛋壳黑陶镂孔高柄杯、陶豆、陶杯等。全国仅有的两件完整的蛋壳黑陶镂孔高柄杯均出土于东海峪遗址，为1992年中国文物精华展200件文物珍品之一，代表了龙山文化制陶艺术的最高水平。此外，遗址还出土磨制石器等文物。

图38-27　东海峪遗址出土的新石器时代罐形鼎

旧石器时代文物及遗存地点

1983年4月，在秦楼街道竹溪村、双庙村发现旧石器文化遗存。出土大量石、骨、蚌、陶器等珍贵文物，其中的蛋壳陶被世界考古专家誉为"四千年前地球文明最精致之制作"，认定其形成为北京猿人时代。

第二节　古建筑　古墓葬

城池

始建于金代，元代重修，明代四次重修，清代七次重修。1937年，为防止日本侵略军占领后修筑坚固工事拆除城墙，1945年9月日照解放后，城墙全部拆除。

文庙

也称孔庙，原址在今城关一小。始建于明嘉靖三十六年(1557年)，初建明伦堂和斋房，第二年建成大成殿。从初建到最后完工历时202年，新建、维修和复修先后达24次之多。文庙共占地4.66公顷，以大成殿为中心形成了庞大的儒学建筑群。

大成殿为五间宫殿式建筑，长25米、宽18米、高15米。墙台基外砌高1米，全部由花岗岩石条铺成。殿顶为单复式歇山转角。飞檐斗拱。殿后为明伦堂，即学宫。再后是尊经阁，阁东是崇圣祠。大成殿前有东西两庑，两庑前为两祠，东为名宦祠，西为乡贤祠。两祠中间为二进戟门。门前泮桥，下有偃月池，俗称月牙池。桥前石坊为棂星门，门东侧是文昌阁，阁南是奎星阁。清末捻军、义和团、大刀会都曾在庙内安营，1940年后又被日本侵略军盘踞。解放后，殿庑改为教室。70年代大成殿被拆除。

河山观海亭

建于明代万历初期，位于老母庙前的天然巨石上。习惯上称为"河山石亭"。该亭造型奇特，尖顶凸盖翘角，四根八棱石柱上有四块挑角的飞檐石板盖，上面是四块三角形石板合成为亭顶，亭尖为一莲花形盖石，飞檐下有四页石板围檐，亭底有四块石栏嵌入亭柱。亭四面飞檐外侧各有题刻，东为"望海"，西为"瞻岱"，南为"观风"、北为"仰宸"。亭内南面围檐石壁上刻有明代知州申其

图38-28　河山观海亭　　(摄于2007年4月)

学的题诗，北侧镌刻着万历知县李文星游历河山时的题诗《登河山》。亭上原悬山钟一只，重约千斤，撞之方圆几十里都可听到其圆浑宏亮的声音，故此亭又有“钟楼”之称。古钟于1958年大炼钢铁时被砸碎炼铁。1989年3月，被日照市政府公布为第二批文物保护单位。

石臼龙神庙

图 38-29　石臼龙神庙　(摄于1964年)

坐落在石臼嘴西边石盘上(今属日照港)。始建于宋代以前，据考宋高宗绍兴三十一年(1161年)、元延祐五年(1318年)、清光绪年间几度重修。1938年春，被日本侵略军炸毁，1942年3月重建。1966年7月，“破四旧”中神像被砸。1985年，石臼建设千吨级码头时，庙殿被拆除。

回龙观遗址

位于东港区西湖镇爱国村西南山(当地俗称“九顶山”)上，地势由西北向东南倾斜。遗址南北长120米，东西宽100米，面积约12.01公顷。据光绪十一年版《日照县志》记载，回龙观始建于明代，后经历代道士重修扩建。现残存房屋12座，有7座保存较好。东部有泉井1口、石碾1台、拱形石门1座和石碑1块。

两城天后宫

位于东港区两城镇中心幼儿园院内。为明代中期木结构建筑，前出廊，廊东侧有清光绪十七年(1891年)重修天后宫碑。天后宫为单檐硬山灰瓦建筑，面阔三间12.34米，进深9.6米，前廊1.8米。内外分别有红漆合围圆柱22根，内檐挂落雕刻精

图 38-30　两城天后宫　(摄于2006年)

美，筒板瓦屋面，占地面积约0.02公顷。1979年，被公布为第一批县级文物保护单位。

回龙庵

据考建于明代以前，位于河山东坡，暖帐村西北，有石碑1块，大字篆书“回龙庵”。寺院占地约0.27公顷，断墙残壁、碎石瓦砾尚存。

海曲墓群

位于东港区日照街道十里铺南岭地上，南北长950米，东西宽320米，面积约30公顷，为汉代墓葬。1968年，在北墓南端，被破坏的一座小型土坑竖穴木椁墓里，曾出土釉陶罐、漆碗等。2002年，因修建同三高速公路，山东省文物考古研究所对海曲墓群进行了抢救性发掘，获当年“全国十大考古新发现”。抢救性发掘墓葬90余座，出土陶器、铜器、玉器、漆器、木器、铁器、角器、丝织品、竹简、木牍等1200余件。

图 38-31　海曲墓群挖掘现场　(摄于2002年)

第三节 馆藏文物

市博物馆主要藏品有龙山文化的陶器、商周和战国时期的青铜器、汉代漆器、古钱币等。有一级文物7件，二级文物32件，三级文物311件。以龙山文化为代表的陶器有罐形鼎、鸟喙足状盆形鼎、蛋壳陶高柄杯、长流高喙带索状或普通式样把手的鬶、三杯足盆、双耳杯、甗和罐等。尤以磨光黑陶见长，最能代表其制陶工艺水平的，是细泥薄胎光亮的蛋壳黑陶。出土的一件蛋壳黑陶镂空高柄杯，质地细腻，薄如蛋壳，漆黑发亮，造型优美，壁厚仅0.3～0.5厘米，系国家级文物珍品。

青铜器以礼器、兵器、日用铜器为主。主要有方鼎、壶、鳌、鬲、戈、戟、剑、镞、铜镜、铜印、矛等。其中1套4件铜鬲，形制大小相同，灰陶器盖，束颈，折沿，孤裆，有圆捉手，高19.5厘米，腹深9厘米，口径16厘米，各重1.5千克，均于口沿铸铭文一周："鳌伯媵女子作宝鬲，子子孙孙永宝用"十分珍贵。

境内出土的文物，还有大量竹简、木牍、漆器、汉尺等。漆器有耳环、瓢、龙头勺、奁、碗等。其中，4件1套的漆碗和5件4套的漆奁盒最为精致，堪称珍品。

馆内收藏有历代钱币。其中，古钱币数量较大，以齐、先秦和新莽钱为精品。有齐法化、齐之法化、齐建邦法化、安阳之法化、节墨法化、节墨之法化等刀币。有賹六化、賹四化、賹化、半两、大泉五十、五铢等。还有海上贸易交往用的日本银圆币宽永通宝、一钱、五钱和朝鲜的常平通宝等。

图38-32 馆藏文物选辑(上左：旧石器时代的石器。上中：两城遗址出土的新石器时代的红陶鬶。上右：两城遗址出土的新石器时代的玉铲。下左：东海峪遗址出土的西周鳌伯青铜鬲。下中：春秋时期的重环纹青铜匜。下右：汉代的着漆双层五子奁。)

崮河崖出土的西周晚期葬墓中鳌(莱)白(伯)鬲，据考证，为莱国之器。是研究东夷文化的重要实物资料。

第四节 纪念地

日照烈士陵园

位于海曲西路南，面积1.52公顷，始建于1945年冬，1946年落成。陵园北大门为仿古四柱三楼牌式建筑。陵园中央为石质烈士纪念塔，高14.5米。塔身背面刻有陈毅、黎玉、刘民生等领导人的题词，两侧铭刻着840位烈士的英名。塔顶是一尊威武雄壮的抗日勇士雕像。陵园西南角，安葬着53名烈士忠骨，坟前均立石碑。1980年，在陵园北端建成二层楼烈士纪念堂，面积720平方米，西北侧建有骨灰堂，面积108平方米。革命烈士纪念馆位于纪念塔北侧，馆内展出日照市著名烈士的光辉事迹。日照暴动纪念馆与革命烈士纪念馆相连，均为宫殿式建筑，朱柱碧瓦，飞檐斗拱。

1979年，公布为县级文物保护单位。1990年，日照烈士陵园被山东省人民政府确定为省级重点烈士纪念建筑物保护单位。

八路军驻日照办事处旧址

位于三庄镇范家楼村小学内。1939年2月，日照县委机关移驻该村，并以"八路军驻日照办事处"的名义正式对外办公。范家楼村成为全县革命活动的中心。1943年夏，八路军滨海军区六团指挥部三次进驻范家楼。

安哲纪念馆

位于两城镇安家村安哲小学校内。1928年安哲为便于工作，在本村任小学教员。馆内陈列安哲烈士生前从事革命活动的历史图(照)片百余幅，是东港区革命传统教育基地。

两城"天后宫"

是日照中心县委的活动中心之一。自1929年至1932年10月秋，"天后宫"是日照中心县委秘密联络点。宫内的三个道士都是隐蔽的中国共产党党员。1932年10月14日晚，日照以北各路暴动队伍会师于天后宫，进行队伍整编。是"日照暴动"早期革命活动的纪念地和革命文物保护地，也是进行爱国主义教育的活动阵地。

第五节　碑刻

牌坊

历代秩官名宦为留名传世，于县城街道构筑牌坊。有金代的“进士坊”“状元坊”，明代的“绣衣坊”(为监察御史立)、“柱史坊”(为进士立)、“海岱文英坊”“贞同天地坊”“万古流芳坊”，清代的“四世一品坊”“信义全贞坊”等。新中国成立后，除“贞同天地坊”“四世一品坊”外，其他牌坊都不复存在。“文化大革命”期间，“贞同天地坊”“四世一品坊”也被拆除。

古碑

城东北40里驻跸岭有石碑一尊，相传唐太宗东征驻兵于此，由褚遂良书，曾残存于碑数十字，已失踪。石臼岛海上碑二尊，一为“天风海涛”，一为“万觝朝宗”，申安书，已无存。境内尚存的碑石有：

图 38-33　刘勰故里碑

刘勰故里碑　位于三庄镇文化中心大院内，清乾隆二十三年(1758年)，张莪等人立。1989年，公布为县级文物保护单位。

图 38-34　日照水库纪念碑
(摄于2006年)

牟朝宜墓道碑　乾隆二十九年(1764年)十二月立，现存于小莲村文化大院内。

重修河山老母庙碑　道光十九年(1839年)三月立，孙茂桐书丹，于文春刻石，现存于河山老母阁遗址。

日照水库纪念碑　位于日照水库大坝内侧，1959年落成，碑上镌刻着时任山东省委书记舒同题写的“日照水库”四个大字。

抗日烈士纪念塔　位于烈士陵园中央，塔顶为5米2高的八路军战士雕像，总高13米，塔正面镌刻着苏师余题写的“抗日烈士纪念塔”七个苍劲有力的鲜红大字，塔的东西两面刻有自1932年日照暴动到抗日战争结束牺牲的840名烈士英名，背面刻着牟景途、辛明撰写的日照抗日烈士纪念塔碑文《悼日照抗日烈士》。

日照巨书　1991年，孙鑫题写“日照”二字刻于河山岩壁之上，“日”字高20米、宽17.5米，“照”字高25米、宽25.5米，入“上海吉尼斯世界记录”。

图 38-35　河山岩壁上的“日照”巨书　(摄于2006年5月)

第六节　文物普查与保护

1952年，日照文化馆内设兼职人员，管理和收集文物。1974年，文物工作移交图书馆。1985年8月，日照市博物馆成立，下设保管部、考古部、资料室等。1993年8月，东港区文物管理所设立，1994年4月正式接管辖区内的文物保护管理工作。接管后，区政府召开文化、公安、工商、文物等部门专题会议，成立了区、镇、村三级文物保护网络组织。宣传文物保护法，每年开展“5·18国际博物馆日”“文化遗产日”及各种法律、法规宣传日活动。多次与市博物馆联合举办书画、陶器、古代家具等展览。

文物普查

1956年，省文物普查队对日照文物进行第一次普查，将一些遗址插标保护。1977年12月，省政府公布两城镇遗址为省级重点文物保护单位。1979年，县革委会公布第一批县级文物保护单位9个。1987年10月，省文物普查队对日照文物进行第二次普查，历时43天，查出各类重要文化遗址106处。其中，旧石器时代遗址7处，新石器时代大汶口文化遗址5处，龙山文化遗址37处，商周文化遗址9处，汉代遗址19处。1989年，市政府公布第二批市级重点文物保护单位，共79处，东港区有32处。其中，革命纪念地1处，名胜古迹14处，古遗址15处，古墓葬2处。1992年6月，省政府公布苏家村遗址为省级重点文物保护单位。2006年5月，国务院公布两城镇遗址为全国重点文物保护单位，是东港区首个国家级文物重点保护单位。

2007年，按照国家、省、市统一部署，东港区组织开展全国第三次文物普查。自2007年4月开始，计划用4年时间，以调查、登记新发现的不可移动文物为重点，同时对已登记的文物保护单位进行复查。

文物保护

境内文物保护工作常抓不懈，每年对全区文物保护单位进行全面检查，文化站每半年汇报一次辖区内的文物保护情况。2002年，对丁肇中祖居进行修复，总投资326万元，恢复古房63间。占地面积0.43公顷，建筑面积1345平方米。

非物质文化遗产普查

2006年以来，为加强非物质文化遗产的保护和利用，弘扬地方特色，全区开展非物质文化遗产普查工作，建立非物质文化遗产名录，共计21项。其中，民乐《满江红》被列入省级第一批、国家第二批非物质文化遗产保护名录。

东港区第一批非物质文化遗产保护名录

表38-1

项目类别	项目名称	申报单位
民间杂技	《跋跌》	日照街道
民间音乐	《满江红》	石臼街道
民间文学	《“坏才”刘克学的故事》	区文化馆
民间手工技艺	《蛋壳陶制作技艺》	两城镇
民间手工技艺	《京冬菜传统制作技艺》	区文化馆
民间手工技艺	《制盐传统技艺》	涛雒镇
民间手工技艺	《竹编手工技艺》	日照街道
民间手工技艺	《扎彩传统技艺》	两城镇
民间传说	《桃花岛传说》	秦楼街道
民间传说	《太公岛传说》	秦楼街道
民间传说	《钱眼的故事》	河山镇
民间传说	《马陵水库石老人传说》	南湖镇
民间传说	《会稽山传说》	南湖镇
民间传说	《尖座山传说》	陈疃镇
民间传说	《花岩寺的传说》	西湖镇
民间传说	《回龙观的传说》	西湖镇
民间信仰	《祭太阳》	两城镇
民间杂技	《南湖武术》	南湖镇
民间杂技	《西湖舞龙灯》	西湖镇
苑林文化	《焦竑状元影缘冢》	西湖镇
民间舞蹈	《水族舞》	涛雒镇

第五章 档案 史志

第一节 档案工作

新中国成立初期,档案工作由县委、县政府分管文书工作的人员掌管。1959年2月,县委、县政府两家档案及工作人员合并,组建档案馆。1963年2月,成立档案局和档案馆两个机构一套班子合署办公。1972年11月,改名为档案组。1980年7月,恢复档案局。次年4月,恢复档案馆。1993年4月,在区委办公室内设立档案科。1996年7月,成立东港区档案局(馆),庞维斌任局长兼档案馆馆长。档案局(馆)有人员9名。档案库房面积114平方米。2004年,馆内安装75平方米手动密集档案柜,配置电脑、自动温湿度测量仪、灭菌消毒、加湿除湿等仪器。同年晋升为省二级档案馆。2007年,晋升为省一级档案馆。区直机关及各镇、街道有档案室736个,专(兼)职档案员1472名。

档案管理

2002年3月,开始启动现行文件收集。2006年,在互联网上建立"东港区档案网站",119个基层档案室实现信息化管理。到2007年,馆存档案达9个全宗,文书档案2631卷2633件,公证档案1162卷,基建档案287卷45件,会计档案571卷,照片档案141张,录音磁带20盘,电子档案29张,图书资料34册。

行政指导

1993—2002年,开展档案工作规范化目标管理认定工作,2003年,开展年度档案管理考核工作,全面提高档案工作的规范化、标准化水平。每年6月,档案局业务指导人员分工包组,采取集中时间、集中材料、统一指导的方法,逐个部门、单位进行业务指导,确保归档文件的质量和进度。到2007年,全区有87个档案室达到省级先进标准,其中省特级4个,省一级53个,省二级30个。

档案服务

档案馆开展信函、电话、网上查档等多种服务。到2007年,共接待社会各界档案利用者2481人次,提供档案资料1万卷(册)次。

第二节 史志 年鉴

史志

东港区自汉置县,建制屡变,沿革数千年。县志编修自明代始,清代续修,民国增修未成,1958年纂修因"大跃进"等诸因素而停止,1994年出版《日照市志》。

明万历十八年创修《日照县志》 明万历十八年(1590年),由日照知县杜一岸主持,教谕王塾总纂,开域内修志之先河,首志成书。钟羽正、焦竑、杜一岸分别作序。据其县志序载,计2册8卷,内容分设:地理、建置、食货、风俗、秩官、人物、征兆、艺文等八个门类。因年代久远,该书已佚。

清康熙十一年续修《日照县志》 清康熙十一年(1672年),知县杨士雄主持,进士丁呰等编纂续修《日照县志》,翌年成书,共四册11卷,目录如下:

卷之第一:图考、沿革、分野、祥异、疆域、形胜、山川。

卷之第二:风俗、时序、城池、墩台、武备。

卷之第三:乡里、户口、地亩、钱粮、监法、土产。

卷之第四:职官、公署。

卷之第五:仓廒、坊表、街厢、市集、镇店、铺舍、桥梁、古迹、邑景、丘墓。

卷之第六:学校、典礼、徵辟、进士、举人。

卷之第七:岁贡、恩选、恩例、太学生、武举、武弁、吏掾。

卷之第八:坛祠、寺观、名宦、宦迹、敕封、乡贤。

卷之第九:人物、儒林、忠义、孝子。

卷之第十:列女、隐逸、弥年、侨寓、仙释、外涉、兵火。

卷之十一:政事、文苑。

此书为木刻版，藏于北京、大连等图书馆，县史志办公室于1984年底从北京图书馆影印。

清康熙五十四年增修《日照县志》　康熙五十四年(1715年)，知县成永建在清康熙十一年版《日照县志》基础上，增入疏奏、碑记、杂文、诗赋，分类成卷，载入康熙十一年版县志卷12“文苑”篇。

清光绪十一年续修《日照县志》　光绪十一年(1885年)，由知县陈懋主持，训导李堉总纂，全书共十二卷。依次为：

疆域志：沿革、县境、乡社、山水、海口、古迹(附古墓)、古碑、时序、风俗

营建志：城池、公廨、学校、坛祠(附寺观)、坊表、桥梁、墩铺。

食货志：赋役、监法、物产(附市集)、海运

礼乐志、秩官志、选举志、考监志、人物志、列女志、艺文志(文)、艺文志(诗)、掇余志。

原志书木刻版本由蔡恬一收藏，1958年捐献给县政府，现藏于县图书馆。1958年曾横排刻油印。80年代末，县图书馆对清光绪十一年版《日照县志》进行少量翻印。2007年，东港区地方志编纂委员会再次翻印。

《日照市志》　1983年始编，1994年出版，丁履清、邓撰相担任主编。上限为1840年，个别内容上溯，下限至1989年。除序、概述、大事记、附录、编后记、人物外，设专志32编。依次为：行政区域、地理环境、人口、综合经济、城乡建设、工业、盐业、交通运输、港口、邮电、农业、林业、渔业、水利、商业、粮油、财税、金融、经济管理、政党群团、政权、政协、政法、民政、劳动、人事、外事、侨务、军事、教育、文化、卫生、体育、科技、民俗、宗教、方言，共120余万字。

《东港区志》　为建区后的首部通志，上不设限，下限为2007年。前后设序、概述、大事记、附录、人物、专记，中设专志43编。由郑加贵、赵刚主持，韩纪亮为主编。2003年启动，2007年5月编修工作全面展开，2013年结稿。历经省、方志社四次审、评，被批准为山东省重点志书。评为全省优秀志书。

图38-36　区政府召开《东港区志》编纂工作调研会议　(摄于2007年)

“镇(街道)、村(居)志”　东港域内镇(街道)村志编修工作始于2006年7月，此前无文字记载。2007年7月，随着《东港区志》编修工作的开展，镇(街道)、村(居)志编修工作也随之开展，形成区、镇(街道)、村三级修志格局。

部门专业志　2007年1月出版的《东港区财政税务志》为东港区第一部部门专业志。该志断限为1845—2005年。全书672千字，系统完整地记述了东港区的财税发展史。

《东港区志》编修过程中，部分区直部门在为区志供稿的同时，开始编修部门专业志。至2007年，东港区《军事志》《粮食志》《供销志》《卫生志》《医院志》等相继结稿。

年鉴

东港统计年鉴　《东港统计年鉴》于1993年创刊，原名《日照市东港区统计年鉴》，1998年更为现名。是由东港区政府主办，东港区统计局负责编辑出版的用数字反映东港区国民经济和社会发展的综合资料性工具书。2004年始，由原32开本改为16开本。至2007年共出版15卷。内容包括当年《统计公报》和综合、农业、工业、建筑业、固定资产投资、农村住户调查、财政金融、城市居民生活水平、批发零售贸易、餐饮业、人口与计划生育、劳动工资、市场物价、教育卫生、对外经济、环境保护、气象、人口等部类，下设具体分部类、指标等。

第六章　广播　电视　报纸　电影

第一节　广播

日照广播电视的建设与发展，经历收音站、有线广播和无线广播三个阶段。

收音站

1950 年 10 月，在县委大院内建立日照县收音站，配备专职收音员 1 名。主要任务：一是记录、抄收中央人民广播电台和山东人民广播电台的新闻、政令、法令、天气预报等，呈报县委；二是组织干部群众收听，扩大宣传；三是将收听的主要内容印成小报，分发到各个单位或收音点。每天收音两小时，特殊情况适当延长。

有线广播

有线广播站建于 1956 年，原址在海曲中路以南今邮政局院内。1957 年 1 月 1 日开播，直属县委宣传部，同时县收音站撤销。"文化大革命"期间，建立日照县革委广播站。1970 年 5 月，建立日照县人民广播站。1975 — 1976 年，日照县广播事业管理局成立，隶属县革委，实行站局合署办公。1980 年 1 月，改为日照县广播事业局。1985 年县级日照市成立，更名为日照市广播电视局。

县广播站初建时，线路多采用广播、电话两用线，或利用电话线倒换板闸的办法通播。1970 年，县站将通往各广播放大站的单线改为双线。1971 年，全县广播线路全部实现专线化。其中县城至公社驻地 145.3 杆千米，公社驻地至大队 2045 杆千米，大队通播率为 98%。

1959 年，全县有喇叭 5236 只，入户率仅为 2.9%。1978 年有喇叭 20.04 万只，其中有少量舌簧喇叭，入户率为 99%。1968 年开始使用有压电喇叭，1985 年以后逐步向动圈喇叭发展。

1958 年，县广播站在涛雒建起第一个广播放大站。1966 年，15 个区都建起放大站。1982 年，全县共建成放大站 22 处。1984 年，各放大站同时改为广播站。

1989 年，市广播站有广播机 1 千瓦，50 瓦载波发送机 1 架，8.82 千瓦柴油机和 7 千瓦发电机各 1 台，B01 录音机 3 台，602 录音机 2 台，430 收讯机和春雷收音机各 1 台。22 个乡镇广播站，共有广播机 33 架，总功率为 17.35 千瓦，各乡镇广播站均有自备发电设备。

县广播站初建时期，无专职编辑，仅有 1 名播音员。1958 年，配备专职编辑 1 人。1985 年以后，市广播站编辑部连续 4 年被评为全省集体记者一等奖。1987 年制作的消息《虎山乡开展家乡环境日活动》和 1988 年制作的录音通讯《巧训天兵除害虫》两件作品，在全省广播节目评比中获二等奖。

建站初期，每晚播音 1 次两小时，集日有时白天也开机广播。1965 年改为每天早、午、晚 3 次广播，每日播出时间 6 小时 50 分钟。其中有自办文艺节目 2 次，每次 30 分钟。广播站自办节目，来稿数量日益增多。80 年代，年来稿 4000 余件，用稿 1400 余件。广播内容主要为县市内新闻及科技知识，生活服务等。

随着广播事业的发展，通讯队伍不断壮大。1957 年，全县有业余通讯员 65 人，1964 年发展到 84 人，1971 年发展到 140 人。1989 年增至 200 人，市直各部门有业余通讯员 50 人，通讯组 6 个。每乡镇设专职通讯员 1 人。

图 38-37　日照广电大厦　　(摄于 2005 年)

无线广播

1930 年，国民党日照县党部曾用收音机收听南京台新闻广播。1950 年，中共日照县委建立收音站，省委宣传部配发一台 5042 式电子管直流收音机。1951 年，将缴获的一台日本手摇电机改装为 25 瓦扩音机。1952 年，从省台买回 25 瓦高音喇叭两只，与扩音机配套使用。1954 年，购进一台 1 千瓦交流发电机和一部 50 瓦交流扩音机，用于集市宣传和会议服务。至 1955 年，全县收音站点已发展到 136 个，大都集中在沿海一带。

1974 年，日照中波转播台开始筹建，1979 年 9 月正式转播。

中波转播台的主要任务担负着转播中央人民广播电台第一套节目，发射功率 10 千瓦，使用频率 1035 千赫。二是转播山东人民广播电台、日照人民广播电台综合频道、交通生活频道全部节目和安全干扰。发射功率 10 千瓦，使用频率 918 千赫。台内主要设备有 76 米拉线铁塔 3 座，430 收讯机 3 部，中波广播发射机 15 台，总发射功率 42 千瓦，其中 10 千瓦发射机 3 部，发射台有效覆盖半径 50 千米，覆盖人口 150 万人。

每天分早、午、晚 3 次转播。

1989 年 1 月— 1990 年 6 月，南湖乡、日照街道 10 瓦调频广播电台相继建成开播，发射功率为 50 瓦。

1991 年 12 月 25 日，日照人民广播电台建成开播。2002 年 9 月，日照广播电视局、日照人民广播电台并入日照电视台，称日照广播电视台。

建台初期，全台分节目制作中心和发射台两处。发射功率 1 千瓦，广播覆盖半径 120 千米，人口覆盖率达 70%。用调频发射传输节目信号，调频频率为 92.2 兆赫，中波频率为 1449 千赫。配有国产先进设备和部分国外先进设备，中控室设有自控播出装置。主要栏目有：《日照新闻》《海曲歌声》《太阳城风采》《农村天地》《科技服务》《青少年园地》《空中影剧院》《听品大世界》《文苑星光》《共度好时光》《广告文艺》等。

第二节　电视

1982 年 5 月，日照县政府成立电视转播台筹建领导小组。1983 年，县政府与石臼港建设工程指挥部合资，在城西黄山建电视转播台，占地 0.27 公顷，开始用 1 千瓦彩色发射机 3 频道转播山东电视台节目。转播台隶属日照县广播电视局。1985 年 7 月，国务院赠送卫星电视地面接收点设备 1 套，同年 9 月 7 日正式开通，用 50 瓦彩色发射机转播中央电视台第一套节目。

图 38-38　1985 年建成的日照黄山地面卫星接收站

1987 年 9 月 3 日，日照电视台正式建立，呼号“日照电视台”。同时开始插播自办节目。1991 年，日照电视台投资 90 万元，建立电视自办频道，同年 12 月自办频道正式开播。1992 年 12 月，用 6 频道 1 千瓦发射机、13 频道 3 千瓦发射机、10 频道 1 千瓦发射机分别转播中央台一、二套和山东电视台节目，混合覆盖率为 91.6%。

1993 年 6 月，成立区广播电视局，为行政事业单位。陈平任局长。2002 年 6 月，宋洪茂任局长。内设新闻部、专题部、录制部、总编室、音像管理站、有线电视管理办等业务科室。

1994 年，区广播电视局筹资 70 多万元，从美国进口多路微波电视发射设备一套，安装电视信号发射塔一座，发射高度 120 米。同时，架设广播电视专用光缆 110 千米。1995 年，东港区多路微波广播电视台建成并开机试播。可同时发射 8 套至 12 套电视节目信号，覆盖半径 40 千米。

1999 年 11 月至 2000 年，分别在西湖爱国村西山、巨峰镇新华村北山和秦楼街道桥北山、巨峰镇、黄墩镇建成微波中继站，为 25 个村安装了微波接收系统，23 个村安装了卫星地面接收前端。基本实现了省、市关于“村村通”电视

图 38-39　接收模拟信号的黑白电视机

图 38-40 接收数字信号的液晶电视机

的要求。除转播传输市以上电视台节目外，还自办了东港电视台节目，播出东港新闻。到2003年，全区电视网络资产达3140万元，固定资产417万元，有线电视用户发展到4万户。

2003年8月，东港区广电系统上划日照市广播电视局垂直管理，在东港区设立广播电视分局后改称(东港区广播电视站)，负责东港区电视新闻宣传工作。2007年，东港广电分局制作播出《东港新闻》150余期，新闻千余条。

第三节　报纸

《新日照报》

系国民党日照县党部机关报，1928年创办，社址在日照城后槽汪。报纸为油印四开周报，内容多摘录省级以上大报新闻，无地方特色。始名为《日照党声》，后改为《新日照报》，社长刘维恒。改名后每期增加一幅漫画。周报分发下属机关、团体，不对外订阅。国民党军围剿红军时，《新日照报》曾致电祝贺。为镇压日照农民暴动，周报曾造过反动舆论。该报1935年停刊。

《斗争》

中共日照县委创办。1932年创刊，为32开油印刊物，党内流传，不定期出版，同年停刊。

《总动员报》

1938年2月，由国民党日照县"抗战总动员委员会"创办。由国民党山东省主席沈鸿烈题写报头，曹韶鸣主编。报纸为四开四版周报，内容主要靠收录国民党中央广播电台的记录新闻。副刊设专栏，初名《战地新闻》，后改为《战鼓》。主要刊登宣传鼓动抗战的短文。笔名"黑旋风"的陈厚庵，常以杂文抨击时政，文笔犀利，影响较大。该报仅发行1年多，后停刊。

《日照红旗》

1958年7月1日创办，为中共日照县委机关报。八开二版，铅印。始为周二刊，后改为周三刊，刊头字系时任山东省委第一书记舒同所题，总编

日照红旗
RI ZHAO HONG QI
中共日照县委
关于创办《日照红旗》报的决定

图 38-41 1958年创刊的《日照红旗》

由县委第一书记李鲁生兼任，编辑人员8名，每期印刷发行量5000份。该报共出版100期，于1959年9月停刊。

《日照县报》

中共日照县委机关报。1980年7月8日创

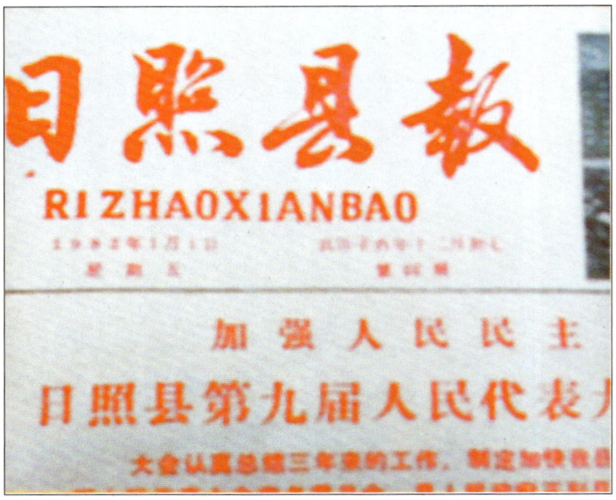
日照县報
RIZHAOXIANBAO
加强人民民主
日照县第九届人民代表大

图 38-42 1980年创刊的《日照县报》

刊。刊头字由时任县委书记的高昌礼题写。编辑、记者14人。报纸为对开四版周报，每星期五出版。内容以消息、通讯报道为主，也刊登文艺作品。每期征订量为5000余份。共出83期，于1982年4月30日停刊。

《日照日报》

1988年元月1日创刊，初创时名为《日照报》，中共日照市委主办。报头辑于元朝书法家赵孟頫字帖，4开4版，为周刊，周五出版，1989年改为周二刊，周三、六出版，1992年改为周三刊，周二、四、六出版。

《东港通讯》

中共日照市东港区委机关报(内部刊物)。

日照日报
RIZHAO RIBAO
2001年12月
5
西湖镇
联系
全市学党

图 38-43　　1988 年创刊的《日照日报》

1998 年 8 月创刊。报纸为四开四版周报。内容以消息、通讯报道为主，主要刊登区委、区政府中心工作及镇街道和部门的工作动态。报纸免费赠送，每期印刷 3000 份。共出 260 期，于 2003 年 11 月停刊。

《新东港》

中共日照市东港区委主办。2007 年 5 月 18 日创刊，报纸为小版周报，周四出版。内容以消息、通讯报道为主，主要刊登区委、区政府中心工作及镇街道和部门的工作动态。报纸免费赠送，每期印刷 1.5 万份。

第四节　电影

电影机构与电影队伍

1956 年，境内成立电影放映队，当年发展到 3 个分队。次年，成立电影中队。1965 年又增添两个分队。1975 年 10 月，改电影中队为电影管理站，辖 9 个放映分队，职工 38 人。1980 年，全县公社电影放映队 20 个，工矿、村及个体电影放映队 153 个，连同日照、石臼影院，共有电影放映队 175 个，职工 400 余人。其中技师 8 人，一等放映员 26 人，二等放映员 50 人。1983 年，电影管理站改为电影发行放映公司，所属放映单位 175 个。1987 年 8 月，公司获全国农村“农林科教电影汇映月”先进单位称号。1993 年，电影公司上划市管理。

电影放映

1928 年秋，夏陆沟村马祝明首次在本村放映无声电影《哪吒闹海》，用蓄电瓶供电。1931 年，城关吴竹逸、吴春廷、吴家红在县城初次放映电影。吴家叔侄利用手摇发电机发电，在安家大院(今五交化大楼)放映无声电影，影片有《哪吒闹海》《白云塔》《火烧红莲寺》等，人称“吴家电影”。据传，当时县长张子华观后十分高兴，曾带眷属到吴竹逸家祝贺并赏大洋 40 块。后因刘黑七骚扰日照，被迫停放。1939 年，日本侵略军侵入日照后，偶而在东关露天场地放映过电影。

50 年代初，境内电影由山东电影队放映。1955 年 7 月，在日照剧院(今东关影剧院)首映彩色戏剧片《梁山伯与祝英台》。1956 年成立日照电影队，用 16 毫米声画同步电影机，放映《白毛女》《赵一曼》《夏伯阳》等影片。1973 年 7 月，开始放映宽银幕故事片《卖花姑娘》。此后，公社电影队开始配备长江 F — 16 毫米放映机。1978 年，各公社建立起 16 毫米电影放映队。同年 7 月 1 日，日照电影院启用。1985 年 10 月 1 日，首次放映立体电影《枪手哈特》。1988 年，日照、石臼两处影院使用东风 35 毫米座机。随着电视的普及，电影放映逐渐弱化。

东港区电影发行放映公司

1994 年从日照市电影公司分离而来，为自收自支事业单位。1998 年 5 月，更名为东港区电影发行放映中心。

2007 年，开展农村公益电影放映活动，建立农村电影放映网络，成立 10 支农村电影放映队和 30 余支小分队，农村群众每月可观看一场免费电影。

第七章　文化管理

第一节　管理机构

明清时期境内文化事业由儒学署管理。

1930 年，成立民众教育馆，叶光庭、丁履钊、曹希唐、厉绍曾先后任馆长。

民众教育馆内设教学、讲演、阅览、事务 4 个部。教学部负责全县城乡业余文化教育；讲演部负责宣传自然科学常识;阅览部内设图书阅览和报刊阅览,藏书 8000 册,并陈列金石、动植物标本等。后增设健康部并设国术馆,1935 年,请拳师张传甲教授武术。同时,在后楼创办农业实验场地,推广优良品种,进行农业科学研究。1938 年 2 月,日本侵略军占领日照后,民众教育馆解散。

1945 年抗日战争胜利后,日照县政府新设民众教育馆,秦世军任馆长,设艺术、宣传、总务三个股。1947 年秋,国民党军队占领日照、石臼,民众教育馆停办。

1949 年 10 月至 1956 年 7 月,县政府设文教科,项友、冯星垣、杨国恩、高滋藩先后任科长。文教科内设文化科。1962 年 10 月,文化科并入文教局,卢玉志任局长。1976 年 10 月,设立文化局,张青山、庄聿祥、刘联合先后任局长。1989 年 11 月,文化局改为文化办公室,隶属文体委,韩治秋任主任。1991 年 12 月,重新设立日照市文化局。

1993 年 5 月,东港区文化体育运动委员会成立。辖文化馆、图书馆、文物管理所、电影放映公司 4 个文化事业单位。

1994 年 4 月,东港区文化体育运动委员会撤销,设立东港区文化局,编制 6 人,牟敦康、山常焕先后任局长。2002 年 6 月,区文化局和区体委合并,成立东港区文化体育局,编制 9 人。至 2007 年,辛崇发、王伟举先后任局长。

1953 年秋,涛雒区创建文化站。1954 年春,三庄区文化站成立。1975 年后,各公社先后建立民办公助文化站 22 处。1985 年,文化站隶属文化局直接管理。至 2007 年,全区共有镇(街道)文化站 10 个。

第二节　文化市场管理

建区后,区文化主管部门设置专职人员从事文化市场管理。2004 年配备执法专用车,设立网络监管平台,并利用宣传车、发放宣传材料、现场解答咨询等多种形式广泛宣传文化市场管理的政策法规。组织开展音像市场管理宣传周、《互联网上网服务营业场所管理条例》宣传等活动。同时,结合实际修订完善文化市场管理、审批、稽查等工作制度。按照“审批与稽查分开”的原则,将文化市场管理的所有审批事项纳入政府审批中

图 38-44　区文化体育局执法人员检查音像市场

(摄于 2007 年)

心办理。对经营业户分类进行培训,教育业户严格自律,并签定守法经营责任书。同时,加强市场监管,开展“扫黄打非”行动,先后对音像市场、互联网经营场所、印刷企业、出版物市场进行专项治理。2005 年,先后取缔黑音像店 3 个、流动摊点 4 个,收缴各类盗版影碟 9000 余盘,移交公安机关经营色情淫秽音像制品案件两起。通过组织夜查、联合执法、平台监控等方式,严厉查处网吧超时营业及接纳未成年人行为。2007 年,组织稽查 178 次、受理举报 16 起,处罚违规经营网吧 50 家。以查处非法出版物和盗版教辅、盗版软件为重点,加大对出版物市场整治力度。对大型文艺演出活动进行审核把关,规范演出行为。至 2007 年,全区文化产业经营业户发展到 600 余家,印刷企业 92 家,打字、复印企业 120 家,出版物经营企业 86 家,音像制品经营单位 97 家,网吧经营单位 185 家,歌舞娱乐场所 85 家,美术品经营单位 50 家,体育用品经营单位 50 家,从业人员 4500 余人。

图 38-45　违法电子游戏机销毁现场　　(摄于 2007 年)

第三十九编

体　育

境内历史上民间体育项目有踢毽子、跳绳、荡秋千、武术、举重、摔跤、游泳、棋类等。抗日战争与解放战争时期，革命根据地以民兵为主体，有组织地开展跑步、追踪、攀杠、爬山、掷手榴弹、打靶等多种军事体育活动。

新中国成立后，体育活动项目逐步增多，主要有田径、篮球、乒乓球、拔河及正规化民兵体能集训等。至1991年，境内60%的乡镇新建了篮球场、田径场、乒乓球室及射击靶场等体育场所。同时，县(市)各类体育设施也都建立、健全起来，多次举办全县(市)体育比赛活动，组队参加全国、省地运动会。

东港区建立后，城乡各种球类、海滩摔跤、沙地赛车等体育活动丰富多彩。至2007年，全区建成运动场100多个、篮球场300多个、排球场100多个、门球场40多个、现代海水浴场5个。区体育健儿参加全国、省级运动会，共获得团体和个人金牌67枚、银牌25枚。进入21世纪，发挥海滨优势，建成了总面积920万平方米的“日照奥林匹克水上公园”，为国际国内帆船、帆板、皮划艇、摩托艇、蹼泳、龙舟等水上赛事提供了具有世界水准的运动基地，成为名副其实的“水上运动之都”。2007年八九月间，中国水上运动会在此举行。运动会设水上运动8大项、111个小项，全国共有24个代表团、3000多名运动员、教练员、裁判员参加。是全国继全运会、城运会、大运会之后举办的第四项国家级综合性体育赛事。

第一章　体育设施

第一节　运动场地建设

体育场

20世纪30年代，县城的“后槽汪”西(今工人文化宫)曾为运动场地，内设篮球场和田径运动场地。新中国成立初期，县委、县政府机关、县供销社、农业银行等单位，建立日照县首批篮球场。1954年，日照一中开辟300米椭圆式沙土跑道田径场。1964年，在人民广场建起灯光篮球场，1966年，改为水泥地面场地。

1980年以后，体育设施在机关、厂矿企业、各中小学、乡镇开始普及。1980—1986年，在海曲公园西侧建立体育场，占地面积8.8公顷。第一期征用土地4.28公顷，建成400米跑道田径场和2500个座位的灯光篮球场。1991年，第二期征地4.28公顷，建成排球场、网球场、体育中学训练基地。至1987年，城区建成运动场43个、篮球场220个、足球场1个、排球场48个、门球场5个、羽毛球场2个、健身房1个、棋牌室1个、乒乓球室208个。

1993年，区公路局、财政局、公安局、人武部、

图39-1　山东体育学院日照校区足球场　(摄于2006年)

法院、国税局及金融系统等单位建有职工体育活动场所。

社区、乡镇及企事业单位的健身场地不断增加，学校体育场的建设标准和要求进一步提高和完善。至 2007 年，全区在中小学和其他公用场所建立大小运动场 105 个、体育场 4 个、篮球场 321 个、网球场 10 个、排球场 101 个、足球场 4 个、保龄球房 5 个、门球场 48 个。400 米、300 米标准塑胶跑道 3 条。全区体育场地总面积达 168 公顷。

海水浴场

1985 年，市政府在石臼建成第一海水浴场，位于上海路东段北侧。因港口扩建于 2004 年被填平。1992 年，在石臼建立第二海水浴场—万平口海水浴场。

图 39-2　王家皂第三海水浴场一角　　(摄于 2007 年 8 月)

1994 年，在秦楼街道王家皂建成第三海水浴场。同年，在大沙洼林场建成国家海滨森林公园海水浴场。2003 — 2007 年，两城镇王家滩万宝海水浴场、董家滩金沙滩海水浴场、北苗家村太公岛海水浴场先后建成使用。全区共建成海水浴场 6 个，面积 139 万平方米。

山东省竞技体育学校日照自行车赛场

2003 年，由山东省计委立项，2004 年开工建设，年底竣工交付使用，是山东省第一个自行车赛场。场地总体呈椭圆形，赛场占地约 4.47 公顷，设 250 米标准赛道和小轮自行车训练场。内设东西看台，可容纳 1600 名观众。赛场已成功承办 2005 年全国残疾人自行车锦标赛和 2006 年全国场地自行车冠军赛的第一、二站比赛。

第二节　体育馆

日照一中体育馆

1992 年由台胞尹书田先生捐资 130 万元与一中合资建成。内设篮球场、排球场和体操训练房，建筑面积 2400 平方米，是市内最早的体育综合训练房。

东港职教中心武术馆

建成于 1998 年，位于山东路中段、大香店村西。砖混结构，三层，面积近 900 平方米。分为散打馆、跆拳道馆、套路馆。

姜太公武校武术馆

位于日照市体育学校院内，于 2001 年建成，投资 2000 余万元，建筑面积 3200 平方米。开设武术、散打、摔跤、套路、跆拳道、柔道等项目。

日照实验高中综合训练馆

建成于 2003 年 7 月，位于实验高中学生餐厅 3 楼，钢架结构，地面塑胶，面积为 2600 平方米，内设 2 个篮球场，同时可作排球和网球场地。

第三节　游泳馆

2006 — 2007 年，城区共建成三座室内游泳馆，分别是：天成大酒店四楼室内游泳馆，面积 80 平方米，国际大厦四楼英派斯健身俱乐部室内游泳馆，面积 100 平方米，金海花园大酒店室内游泳馆，面积 80 平方米。日照游泳馆建设已进入施工阶段，是按照世界锦标比赛标准建设的甲级体育设施。占地 10 万平方米，主体建筑面积 3.1 万平方米，投资 3 亿元，包括游泳馆、跳水馆、训练馆、戏水馆四个部分和室外游泳池、跳水池、广场等，设有 3500 个坐席。

第二章　学校体育

第一节　体育教学与体育比赛

清光绪二十九年(1903年),县立小学堂成立,始设体育课。1924年,县立中学成立,开设体育课。课程主要为田径、单双杠、球类活动。1930年5月,在日照城"后槽汪"西(今工人文化宫)举行全县小学生运动会。1932年,县府在县党部门前广场举行全县学生运动会。

抗日战争和解放战争时期,解放区学校开设体育课和体育活动。1946年春,滨海、滨南、滨北3所中学,在日照城联合举行中学生田径运动会。

新中国成立初期,小学各年级设体育课,每周两节,一般活动有跳高、跳远、跳绳、长短跑等。各区完全小学每年举行学生运动会。1953年,日照县举行第一届体育运动大会,参赛中小学师生83人。同年11月,县中小学代表13人参加胶州专署第三届体育运动大会。

1955年,中小学普遍推广少年儿童广播体操。1956年,全县开始试行《中小学体育教学大纲(草案)》,并下发《关于改进中小学体育工作和试行中小学体育大纲的意见》。1958年,贯彻国家"劳卫制"(劳动卫国体育制度)锻炼标准。至1959年上半年,学校参加"劳卫制"锻炼的人数达到2万人。

1959年下半年至1961年,三年经济困难时期,体育竞赛减少。1962年上半年,学校体育逐步恢复正常。1963年,日照一中参加地区体育运动会,获男子篮球冠军,田径男、女两个少年组总分第一。1965年6月7日—12日,日照一中代表队参加地区中学生篮球赛,获济宁赛区第一名。"文化大革命"期间,学校体育活动受到影响。

中共十一届三中全会后,学校体育工作得到较快发展。1980年春,中小学贯彻教育部、国家体委联合颁发的《中小学体育工作暂行规定》。重新实施《国家体育锻炼标准》。学校开展"三操"(早操、课间操、眼保健操)、"两课"(每周两节体育课)、"两活动"(每周两节课外体育活动)。1981年,县举行中学生秋季田径运动会。

1982年,县教育局和体委确定11所高中、35所初中、22所小学和日照师范为重点施行《国家体育锻炼标准》学校。次年春,对上述学校进行体育达标验收,达标人数6913人,占应测人数的34%。

1986年4月,日照市组队参加临沂地区举行的中学、师范田径运动会,迟庆斌铅球成绩(13.18米)破地区少年记录。

90年代,体育活动课在各级学校得到普及和加强,幼儿园开展体操、游戏和球类等适合幼儿心理和生理特点的活动。中小学校在上好体育课的同时,成立体育训练队,进行专业训练。在校学生平均每天有1小时体育活动时间,全市适龄学生的体育达标率在95%以上。学校每年至少举行一次田径运动会及广播体操比赛。市教委每年举办春季中学生田径运动会和驻城中小学生秋季运动会。1992年,组队参加全省中学生运动会。

东港区成立后,制定《东港区学校体育工作评价标准》及《东港区体育传统项目学校验收及评估办法》,调动学校开展体育活动的积极性。不断改善更新体育设施,学校体育训练得到加强,学生身体素质得到提高。全区共有篮球、田径、武术、排球、乒乓球等体育传统项目学校28所。其中,省级传统项目学校11所,市级传统项目学校16所,区级传统项目学校1所。

2006—2007年,东港区初、高中代表队参加全市中学生运动会,连续两年蝉联团体与个人"双第一"。在2007年全省中学生田径运动会上,实验高中学生潘超获标枪项目冠军。

东港区小学生田径最高纪录(至2007年)

表 39-1

项目	男		女	
	成绩	创造者	成绩	创造者
60米	8″29	马兵	9″24	刘洁
100米	13″5	王小宁	14″86	隋玉玉
400米	1′0″1	孙伟	1′11″7	孙超
800米	2′34″31	徐军鹏	2′51″1	孙青
跳高	1.37米	姜峰	1.19	赵琳
跳远	4.53米	林令军	3.80m	牟洁
铅球	10.21米	申茂福	7.80	徐云虹
垒球	55.5米	解元阳	37.5m	朱雯

东港区中学生初中组田径最高纪录(至2007年)

表 39-2

项目	男		女	
	成绩	创造者	成绩	创造者
100米	11″1	马建	12″5	王鑫
200米	22″8	荣坤帅	26″6	秦永梅
400米	52″5	黄晓东	59″8	庄霞
800米	2′0″3	金振毅	2′18″7	刘芳
1500米	4′14″5	金振毅	4′51″4	秦娜
3000米	—	—	10′22″3	阚永英
5000米	15′51″7	胡宗鹏	—	—
100米栏	—	—	17″2	葛丽霞
110米栏	15″2	张鹏	—	—
五项全能	2466	孙大伟	1888	王丽娜
4×100米接力	44″3	区代表队	51″8	区代表队
4×400米接力	3′35″5	区代表队	4′14″2	区代表队
跳高	1.81米	孙大伟	1.53米	王霞
跳远	6.51米	陈磊	5.51米	滕晓倩
三级跳远	14.44米	陈磊	11.84米	滕晓倩
铅球	15.7米	李西叶	12.11米	丁少蕾
铁饼	41.51米	王凯	39.44米	丁少蕾
标枪	55.24米	陈相春	34.22米	汪艳霞

东港区中学生高中组田径最高纪录(至 2007 年)

表 39-3

项目	男		女	
	成绩	创造者	成绩	创造者
100 米	10″5	安 杰	12″4	王思茹
200 米	22″4	张曰波	25″3	王思茹
400 米	50″1	解泗帅	1′00″7	李 青
800 米	1′57″9	黄宝泉	2′24″08	韩姗姗
1500 米	4′2″8	黄宝泉	4′44″8	张玉莲
3000 米	—	—	10′41″6	张玉莲
5000 米	15′11″8	黄宝泉	—	—
100 米栏	—	—	18″21	汪 艳
110 米栏	15″32	张 鹏	—	—
五项全能	3332	陈 浩	2883	刘 星
4×100 米接力	42″5	区代表队	49″4	区代表队
4×400 米接力	3′24″4	区代表队	4′12″6	区代表队
跳高	1.86 米	张永建	1.63 米	赵亚楠
跳远	7.22 米	袁旭东	5.47 米	丁 菲
三级跳远	15 米	袁旭东	12.07 米	丁 菲
铅球	13.43 米	刘志远	13.65 米	刘 萍
铁饼	49.30 米	闫 鹏	38.80 米	徐亚楠
标枪	72.48 米	潘 超	35.4 米	马东玉

第二节 体育教师

新中国成立初期，各中小学体育教师多为兼职。1959 年，全县有专职体育教师 17 名。

1976 年，教育局和体委举办体育教师培训班，受训教师 130 人。1985 年，全市有中小学专职体育教师 94 名。1995 年，小学体育教师学历达到中专以上的占 91%，专业体育教师占 75%。至 2007 年，全区中小学专职体育教师人数 440 人。其中，专业体育院校毕业教师 178 人，其他体育教师通过培训、进修、函授等多种渠道达到专职教师任职资格。

第三节 场地与器材

新中国成立后，各中小学自制跳高架、手榴弹等简易器材。60 年代，购置体操棒、接力棒、实心球、乒乓球等器材。增添举重、射击等体育设施。

20 世纪七八十年代，各中学和部分小学设有 200 米以上的田径场和篮球场。

1995 年，“普九”验收以后，90% 以上的小学有比较规范的操场。2003 年，日照实验高中建成高标准塑胶田径场 2 个，日照五中建成塑胶田径场 1 个。2007 年，全区有 27 所学校的体育场地设施达到省、市传统项目学校要求。

第三章　群众体育

境内古代就有踢毽子、跳绳、荡秋千、武术等群众性体育活动。

抗日战争和解放战争时期。根据地民兵开展多种军事体育活动。新中国成立后，随着人民生活水平的逐渐提高，各类群众体育活动逐步活跃。

1976年后，体育活动由城镇普及到乡村，活动人群扩展到职工、社区居民、老年人、农民、幼儿、残疾人等不同群体。随着体育健身设施、体育场地在农村、城镇社区的建设与完善，开展秧歌、健身操、太极拳、羽毛球等具有广场特色的健身活动日渐增多。同时，还经常举办各类体育运动会。

2006年，东港区争取山东省体育彩票中心资金，在秦楼、石臼、涛雒等8个乡镇、街道实施农民体育工程建设，建成公共体育场所16处，2007年建成35处。

图39-3　秦楼街道居民在公共健身场所活动（摄于2003年）

第一节　农民体育

抗日战争时期。境内根据地农村以民兵为主体，组织开展跑步、武装泅渡、攀爬、掷手榴弹、打靶等军事体育活动。

20世纪50年代，民间传统体育和现代体育在农村广泛开展。1952年和1959年，两次举行县群众运动会，有田径、球类、拔河、武术等多种比赛项目。县农民篮球队两次获临沂地区第一名，并代表临沂地区参加省农民篮球赛。1960年9月，县篮球队参加地区在莒县举行的篮球赛获得亚军。1975年6月，南湖二村被评为全省农村体育工作先进单位。

中共十一届三中全会以后，农民体育得到普及与提高。至1989年，634个村建起文化大院。

1984—1989年，5个乡镇成立业余篮球队。1984年，日照县组队参加临沂地区农民篮球运动会，获男子组第二名。1985年4月，参加临沂地区农民运动会，获得女子团体第一名，男子团体总分第四名。至1991年，全市60%的乡镇建有体育活动场地。1992年，市体委举行各类农民体育比赛9次。

建区后，体育设施逐年增加，农村体育活动日趋活跃。在农闲及元旦、春节等重大节日，广泛开展旱船、舞狮等地方性体育活动。沿海地区，农历六月十三日渔民节，渔民开展沙滩摔跤、沙地自行车等比赛。涛雒镇由个人投资建成镇文化体育中心，秦楼街道在全区第一个举办综合性农民运动会。

1993年，东港区丝山乡高家村被评为“十年振兴山东体育”工作先进单位。1997年12月，涛雒镇、秦楼街道被省体委评为山东省第四批“体育先进乡镇”。1999年12月，秦楼街道被农业部、国家体育总局命名为“全国亿万农民健身先进单位”。

图39-4　东港区第二届农民运动会放牛棋比赛（摄于2007年）

图 39-5　东港区第二届农民运动会比赛场景
（摄于 2007 年）

2001 年，日照街道、秦楼街道、涛雒镇组队参加市体育先进乡镇运动会。2004 年，东港区承办市第二届体育先进乡镇运动会。2006 年、2007 年，举办区第一届、第二届农民运动会。开展跳绳接力、负重跑、篮球、拔河等项目的比赛，每个镇、街道都踊跃参加。

第二节　职工体育

新中国成立后，职工体育活动日渐活跃。在机关、厂矿、银行、邮电局、县联社等单位，开展跑步、体操、篮球、排球、乒乓球、羽毛球等体育活动。1957 年 10 月，举行中国钟声体协日照县理事会首届田径运动会。

1980 年后，体育设施不断完善，活动项目不断增加。各类职工体育竞赛活动常年不断。在城区举行的职工体育比赛有田径运动会、篮球赛、乒乓球赛、越野赛、拔河比赛、妇女环城赛、干部火炬接力赛等。1989 年，从全省各地引进部分优秀乒乓球运动员，通过他们的“传、帮、带”，乒乓球运动水平得到提高。

1990 年，门球、台球、乒乓球、太极拳、导引养生功、象棋、钓鱼等活动普遍开展。9 月，举办“亚运圣火照亮港城”火炬接力活动。10 月，举办国庆职工篮球比赛、庆祝地级日照市成立一周年乒乓球比赛。

1991 年 7 月，日照市承办山东省基层职工乒乓球比赛。市职工代表队获女子团体、女子双打第一名，男子团体、男子双打第三名，男、女单打第三名，混双第五名。日照市参加全国马拉松暨泰山杯马拉松赛，获全国第六名、省第四名的优异成绩。同年，成立单项协会 6 个。1992 年，组织“亚运之光”火炬接力赛，为北京申奥举行万人签名及越野长跑比赛。举办擒拿散打、气功、韵律操、太极拳、剑、武术、幼儿乒乓球等各种培训班，为各类群众体育活动培养骨干队伍。

图 39-6　东港区职工运动会开幕式　（摄于 2006 年）

建区后，职工体育活动广泛开展。区国税、农行系统建起文体活动室，区法院、公路局、建行、财政局、建委、公安分局、武装部、区政府办公室等单位建成健身体育设施。1993 年后，每年都举办全区职工乒乓球比赛和庆“三八”跳绳、秧歌、健身操、健身球等比赛。2005 — 2007 年，东港区在全市职工运动会上，夺得 35 个单项第一名。

1993 — 2007 年东港区主要职工体育活动一览表

表 39-4

时　间	活动名称	主办单位（承办单位）
1994 年 6 月	承办日照市首届武术比赛	市体委、（东港区体委）
1994 年 9 月	东港区首届职工篮球赛	区体委、区总工会
1995 年 5 月	“国税杯”乒乓球赛	区体委、团区委、区国税局

续表 39-4

时 间	活动名称	主办单位(承办单位)
1995 年 10 月	东港区第二届职工篮球赛	区体委、区总工会
1996 年 5 月	承办日照市台球比赛	市体委、(东港区体委)
1996 年 10 月	东港区第三届职工篮球赛	区体委、区总工会
1997 年 1 月	迎香港回归北京-日照-香港象征性长跑	区体委
1997 年 6 月	“东港农行杯”巾帼迎回归乒乓球赛	区妇联、区体委、区农行
1997 年 11 月	第四届职工篮球赛	区体委、区总工会
1998 年 5 月	首届“天平杯”乒乓球联谊赛	区法院、区体委
1998 年 6 月	承办日照市武术比赛	市体委、(东港区体委)
1998 年 10 月	东港区第五届职工篮球赛	区体委、总工会、区直机关党委
1999 年 3 月	日照市“安居杯”社区大众体育运动会	市体委、区体委、海纳集团
1999 年 4 月	“国税杯”公仆乒乓球比赛	区体委、区国税局
1999 年 5 月	第二届“天平杯”乒乓球比赛	区体委、法院
2000 年 3 月	庆“三八”妇女拔河比赛	区妇联、区体委、区农村信用社
2000 年 5 月	第三届“天平杯”乒乓球邀请赛	区法院、区体委
2001 年 2 月	庆“三八”信合杯妇女健身操比赛	区妇联、区体委
2001 年 4 月	税法宣传健身舞蹈、武术专场表演	区体委、区国税局
2001 年 6 月	庆“六一”家庭趣味运动会	区计生委、区妇联、区体委
2002 年 3 月	庆“三八”“信合杯”中华健身大秧歌比赛	区妇联、区体委、区农村信用社
2002 年 4 月	税收宣传月自行车队环市宣传活动	区国税局、区体委
2002 年 4 月	山东省“腕力王”挑战赛(日照赛区)	区体委
2002 年	庆“十六大”系列文体表演活动	区体委
2003 年 3 月	庆“三八”“信合杯”木兰扇健身舞比赛	区妇联、区文体局、区农村信用社
2003 年 4 月	“天平杯”“公路杯”乒乓球、象棋比赛	区法院、区工会、区文体局
2003 年 4 月	庆“五四”登白云山活动	团区委、区文体局、区农村信用社
2003 年 9 月	庆国庆“云波纯净水”杯大众健美操比赛	区文体局
2004 年 4 月	东港区全民健身启动仪式	区文体局、区农村信用社
2005 年 3 月	东港区庆“三八”跳绳比赛	区文体局、区妇联、区农村信用社
2005 年 5 月	“商行杯”日照市全民健身月活动启动仪式	市体育局、区政府、区文化体育局、商业银行
2006 年 5 月	东港区“神州行杯”首届区直机关乒乓球比赛	区直机关工委、区文体局
2006 年 5 月	“ 海纳杯”象征性长跑比赛	区文体局、海纳集团
2007 年 4 月	东港区水运会火炬传递启动仪式	区政府、区文体局

第三节　老年人体育

新中国成立初至70年代，只有少数老年人参加体育锻炼，项目以气功、象棋为主。

1980年以后，离、退休人员不断增多，老年体育列入议事日程。1986年1月，日照市成立老年人协会。设门球、象棋、钓鱼等单项协会和活动室，建5个门球场，开展象棋、麻将、门球等活动。1986年，日照市老年代表队参加临沂地区门球赛，获第三名。1986年、1987年，老年体协连续两年被地区评为老年人体育协会先进集体。1987年，市老年人体育协会会员达到2500人。

1990年后，老年体协坚持开展体育活动，项目有门球、台球、太极拳、太极剑、太极扇、大秧歌、旱船、健身操、钓鱼、象棋、激灵圈、自行车慢走等，还经常组织各类文体表演。1991年，市体委与老年体协承办山东省"青松杯"老年门球比赛。1993年，老年体协组织7项老年人体育比赛。市代表队在山东省老年人导引养生功、太极拳比赛中获最佳奖。

1994年12月，东港区老年体协成立。举办太极拳、太极剑、柔力球等培训班多期。每年农历九月九日重阳节期间，组织老年人运动会和表演活动。到2007年，发展基层老年组织120个，开展各类健身活动20余项。参加省、市组织的老年人体育健身比赛活动50余次，8次取得前3名的优异成绩。

第四节　残疾人体育

1984年5月，日照县残疾人联合会组队参加临沂地区第一届伤残人运动会。参赛队员16人，分别参加聋哑、肢残、盲人组别的比赛。

1990年起，先后组织全市残疾人运动会3届，并组团参加山东省第三、四、五、六届残疾人运动会。2003年4月18日—22日，在山东省第六届残疾人运动会上，日照市13名运动员参加田径、自行车、乒乓球三个项目的比赛，共获得6枚金牌、1枚银牌、9枚铜牌和团体体育道德风尚奖。其中，区残联派出的运动员高长龙夺得标枪、铁饼、铅球三个项目第一名，标枪、铁饼项目打破世界纪录。9月，参加全国残运会夺得标枪、铁饼两个项目金牌。

第五节　社区体育

1995年，东港区落实《全民健身计划纲要》精神，将体育场地设施建设纳入城乡建设规划。1997—2007年，结合旧城改造，在城区建设健身广场和健身工程168处，健身苑2处。

社区体育活动丰富多彩，晨、晚锻炼人群不断增加，许多居民区由分散活动发展到有组织地开展活动，部分社区体育爱好者自发购买健身器材和服装，全区经常参加体育锻炼的人数已超过20万人。日照街道被命名为"山东省城市体育先进社区"及"全国城市体育先进社区"。

2006年，在日照市第一届社区运动会上，东港区取得团体总分第二名。2007年，在日照市第二届社区运动会上，东港区代表队夺得七个单项第一和团体总分第一名。

2007年固定健身活动点一览表

表39-5

地　点	活动人数	主要活动方式
百货大楼活动站	100	腰鼓、秧歌
凌云活动站	100	大秧歌
人民商场	80	秧歌、扇子舞
海由公园	50	元极舞
林滩小区	80	太极拳、剑

续表 39-5

地　点	活动人数	主要活动方式
昭阳小区	80	健身球
新市区	100	太极拳、剑
东港老干活动中心	100	门球
万平口活动站	80	太极拳剑
天津路活动站	50	秧歌、太极拳、剑
化肥厂活动站	50	健身操、秧歌
东方艺术活动中心	80	太极拳、剑、木兰扇
烈士陵园活动站	60	太极拳、剑
盛华活动站	60	健身歌舞
丰园小区活动站	80	秧歌
芙蓉小区活动站	80	秧歌、太极拳、剑
植物园活动站	50	太极拳、剑
三联活动站	60	秧歌、健身操
石臼中盛活动站	50	健身舞蹈
港务局一区	80	太极拳、剑
港务局二区	50	健身操
港务局三区	50	太极拳、剑
清华德赛公寓	100	太极拳、剑
海曲东路社区活动站	50	健身舞

第四章　竞技体育

20世纪80年代，县内相继开展篮球、田径、排球、无线电测向、帆板、体操、轮滑、自行车等竞技体育项目。建区后，在保持原有竞技项目的基础上，武术、摩托艇、乒乓球等项目得到发展。无线电测向、帆板等项目，在省、全国大赛中取得优异成绩。

第一节　竞技训练

20世纪60年代初，日照航海学校成立，开设摩托艇、舢板、游泳等竞技项目。70年代，增设射击、无线电报务和无线电工程等项目。80年代，境内组织训练竞技体育队伍，开展竞技体育活动。县体委、县教育局等单位每年举办体育运动会，并选派运动员参加上级举办的各类体育比赛活动。

1993年6月，航校划归东港区管理。1998年，学校设训练科，增设帆板和无线电测向两个训练项目。学校与有关高校联合办学，先后向省体校、省体工队、上海体院、北京体院输送多名运动员，所输送运动员多次在国际国内比赛中获得金牌。帆板队员陈建营1998年获亚洲帆板巡回赛第一名，无线电测向队员辛敏在国内外重大比赛中取得18枚金牌。

1994年1月，东港区业余体校成立，学校和各中小学建立合作关系，采取分散和集中相结合的方式，对运动员进行培养训练，有武术、乒乓球、篮球、田径等20多支长年训练队。在日照实验小学、实验二小、实验二中、城关三中、城北中学、秦楼二中等学校，布设训练网点，利用早晨和下午课外活动时间及周六、周日组织队员在各学校训练。到2007年，累计培训队员3000余人。有重大比赛时，组织优秀队员集中培训，组队参加上级举行的竞技比赛。

第二节　竞技成绩

1977—1992年，县(市)体育健儿参加省和全国运动会。共获得个人和团体金牌65枚。参加地区田径运动会，获第一名123人次，获第二名98人次。建区后，连续三次组队参加山东省百县田径运动会，分别取得十三、十七和十六名。1996年，马涛参加山东省帆板锦标赛，获得金牌。2003年，王宁、朱华丽参加山东省帆板锦标赛，分别获障碍滑和奥林匹克航线赛第一名。2003年，东港区组队参加全国青少年无线电测向锦标赛，获得初中组团体第一名。1995—2007年，参加全国与省级运动会共获得团体和个人金牌67枚，银牌25枚。

1977—1992年日照县(市)参加省、全国体育比赛获得金牌一览表

表39-6

姓　名	组　别	项　目	获奖年份	地点
王海平	女儿组（省）	自由体操	1977	济南
厉建宏	男乙组（省）	自由体操	1980	济南
戴世竹	男儿组（省）	线路通报	1980	日照
李基业	男儿组（省）	线路通报	1980	日照
团　体	（省）	板上通报	1980	日照
周家宗	男成年（省）	80M波段	1981	莱西
朱　华	男少年（省）	80M波段	1981	莱西
赵　芳	女成年（省）	80M波段	1981	莱西
团　体	（省）	80M波段	1981	莱西
杨　义	男儿组（省）	跳马	1981	莱西
贺兆雨	男成年（省）	80M波段	1982	淄博
朱　华	男少年（省）	80M波段	1982	淄博
潘为峰	男少年（省）	80M波段	1983	威海
李洪军	双人（省）	80M波段	1983	威海
潘为峰	双人（省）	80M波段	1983	威海
杜琳琳	女儿组（省）	平衡木	1983	济南
周彦君	女少组（省）	高低杠	1984	济南
韩玉利	男甲组（省）	800M	1984	青岛
潘为峰	男成年（省）	2M波段	1984	泰安
潘为峰	男成年（省）	个人全能	1984	泰安
汪照峰	男成年（省）	80M波段	1985	青岛
贺兆金	男成年（省）	2M波段	1986	威海

续表 39-6

姓　名	组　别	项目	获奖年份	地点
团　体	（省）	2M 波段	1986	威海
马祖强	男成年（省）	2M 波段	1987	日照
苗树平	女成年（省）	2M 波段	1987	日照
苗树平	女成年（省）	80M 波段	1987	日照
苗树平	女成年（省）	个人全能	1987	日照
秦绪亮	男少组（省）	2M 波段	1987	日照
秦绪亮	男少组（省）	个人全能	1987	日照
贺兆全	男少组（省）	80M 波段	1987	日照
秦　静	女少组（省）	80M 波段	1987	日照
赵　梅	女少组（省）	2M 波段	1987	日照
秦　静	女少组（省）	个人全能	1987	日照
团　体	（省）	—	1987	日照
夏文军	男轻组（省）	三角绕标	1987	日照
夏文军	男少组（省）	长距离	1987	日照
秦绪亮	男少组（国）	2M 波段	1987	北京
贺兆金	男少组（国）	2M 波段	1987	北京
尹玉伟	男儿组（国）	2M 波段	1988	即墨
马祖强	男儿组（国）	定向越野	1988	即墨
王学会	男少组（省）	2M 波段	1989	济南
韩立明	男少组（省）	80M 波段	1989	济南
韩立明	男少组（省）	2M 波段	1989	济南
赵　梅	女少组（省）	2M 波段	1989	济南
李宗凤	女少组（省）	80M 波段	1989	济南
赵　梅	女少组（省）	个人全能	1989	济南
男子团体	（省）	—	1989	济南
女子团体	（省）	—	1989	济南
尹玉伟、马祖强	男成年（国）	80M 波段	1990	日照
尹玉伟、马祖强	男成年（国）	2M 波段	1990	日照
周贤桂、王学会	男少年（国）	80M 波段	1990	日照
周贤桂、王学会	男少年（国）	2M 波段	1990	日照
周贤桂	男少年（国）	80M 波段	1990	日照
周贤桂	男少年（国）	2M 波段	1990	日照
周贤桂	男少年（国）	个人全能	1990	日照
尹玉伟	男成年（国）	80M 波段	1990	日照
马祖强	男成年（国）	2M 波段	1990	日照
赵　梅	女成年（国）	80M 波段	1990	日照
赵　梅	女成年（国）	2M 波段	1990	日照
赵　梅	女成年（国）	个人全能	1990	日照
赵梅、秦桂美	女成年（国）	80M 波段	1990	日照
团　体	（国）	—	1990	日照
周贤桂	男成年（省）	2M 波段	1992	泰安

续表 39-6

姓 名	组 别	项 目	获奖年份	地点
王学会	男成年（省）	80M 波段	1992	泰安
团体	（省）	—	1992	泰安

1995—2007 年东港区参加省、全国体育比赛获得金牌一览表

表 39-7

姓 名	组 别	项目	获奖年份	地点
韩琳琳	女子儿童组（省）	剑术	1995	潍坊
韩琳琳	女子儿童组（省）	棍术	1995	潍坊
时培花	女成组(省)	3000 米竞走	1995	潍坊
马 涛	男成组(省)	帆板	1996	日照
成文泽	男子组(省)	武术	1997	淄博
张萍萍	女少组(省)	枪术	1999	淄博
万美娜	女乙组(省)	规定拳	2000	聊城
吕海波	男小学组(省)	80M 波段	2000	济南
史建荣	女小学组(省)	80M 波段	2000	济南
尹 峰	男初中组(省)	80M 波段	2000	济南
梁云艳	女初中组(省)	80M 波段	2000	济南
日照六中	高中男子组(省)	2M 波段	2001	日照
石臼一中	初中男子组(省)	2M 波段	2001	日照
石臼一中	初中女子组(省)	2M 波段	2001	日照
史建荣	女子小学组(省)	2M 波段	2001	日照
沈 洁	女子小学组(省)	80M 波段	2001	日照
蔡春冉	男子小学组(省)	80M 波段	2001	日照
马 蕾	女子初中组(省)	2M 波段	2001	日照
李 辉	男子初中组(省)	2M 波段	2001	日照
马 蕾	女子初中组(省)	80M 波段	2001	日照
尹 峰	男子初中组(省)	80M 波段	2001	日照
明长城	男子高中组(省)	80M 波段	2001	日照
安郁菲	女子高中组(省)	80M 波段	2001	日照
明长城	男子高中组(省)	2M 波段	2001	日照
安郁菲	女子高中组(省)	2M 波段	2001	日照
石臼中心小学	男子小学组(省)	80M 波段	2002	济南
石臼中心小学	男子小学组(省)	2M 波段	2002	济南
实验高中	男子高中组(省)	2M 波段	2002	济南
实验高中	男子高中组(省)	80M 波段	2002	济南
石臼一中	男子初中组(省)	80M 波段	2002	济南
石臼一中	女子初中组(省)	2M 波段	2002	济南
郭聪慧	男子高中组(省)	2M 波段	2002	济南
王永程	男子小学组(省)	80M 波段	2002	济南
蔡春冉	男子小学组(省)	2M 波段	2002	济南
刘书伟	男子高中组(省)	80M 波段	2002	济南

续表 39-7

姓　名	组　别	项　目	获奖年份	地点
张萍萍	女子组（省）	枪术	2002	潍坊
张萍萍	女子组（省）	规定拳	2002	潍坊
万美娜	女子组（国）	剑术	2002	潍坊
石臼一中	初中组(省)	80M 波段	2003	日照
石臼一中	初中组（国）	2M 波段	2003	青岛
石臼一中	初中组(省)	2M 波段	2003	日照
日照六中	高中组(省)	2M 波段	2003	日照
日照六中	高中组(省)	80M 波段	2003	日照
吕海波	男子初中组(省)	2M 波段	2003	日照
王　宁	女子组(省)	障碍滑	2003	日照
朱华丽	女子组(省)	奥林匹克航线赛	2003	日照
徐祥祥	男子组(省)	90KG 级	2003	五莲
蔡春冉	男子小学组(省)	2M 波段	2003	日照
马　蕾	女子初中组(省)	80M 波段	2003	日照
马　蕾	女子初中组(省)	2 波段	2003	日照
王永程	男子初中组(省)	80M 波段	2003	日照
闫晓玖	男子高中组(省)	2M 波段	2003	日照
闫晓玖	男子高中组(省)	80M 波段	2003	日照
安郁非	女子高中组(省)	2M 波段	2003	日照
石臼一中	初中组(省)	2M 波段	2004	日照
石臼一中	初中组(省)	80M 波段	2004	日照
石臼中心小学	小学组(省)	2M 波段	2004	日照
石臼中心小学	小学组(省)	80M 波段	2004	日照
日照六中	男子高中组(省)	2M 波段	2005	日照
秦楼三中	男子初中组(省)	2M 波段	2005	日照
石臼四小	男子小学组(省)	2M 波段	2005	日照
王　宁	女子组（省）	障碍赛	2003	烟台
朱华丽	女子组（省）	场地赛	2004	蓬莱
朱华丽	女子组（省）	场地赛	2006	蓬莱
王　宁	女子组（省）	障碍赛	2006	蓬莱
朱华丽	女子组（国	场地赛	2007	日照
朱华丽	女子组（省）	长距离	2007	日照

第五章　管理机构与体育队伍

第一节　管理机构

1930 年，日照设民众教育馆，是境内第一个体育管理机构。

新中国成立后，体育隶属县政府文教科分管。1956 年，成立日照县体育运动委员会，副县长丁履廉兼任体委主任。1966 年 8 月，县体委由人民武装部接管。1971 年，撤销军管，建立体育组，丁履廉兼任组长。1973 年，恢复体委，傅承玺、王培林、陆俊忠、范伟文先后任主任。

1989 年 10 月，设日照市体育办公室，范伟文任主任。1991 年 12 月，设日照市体育运动委员会，范伟文任主任。

1993 年 5 月，东港区设立文化体育委员会，孙彦修任主任。内设办公室、文化科、体育科、文化市场管理办公室、文物市场管理办公室，下设日照航海运动学校、日照剧院。

1994 年 4 月，撤销文体委，设区体委，孙彦修任体委主任。内设办公室、业务科，下设日照航海运动学校、区业余体校、区老年人体育协会办公室、区体育开发总公司。

2002 年 6 月，区体委与区文化局合并，成立区文化体育局，辛崇法任局长。

第二节　体育队伍

专职体育人员

1954 年，日照中学配备 1 名专职体育教师。1959 年，全县专职体育教师 17 人。1985 年，专职体育教师 94 人，专职教练员 8 人。达到等级裁判员 11 人，其中 4 人为一级裁判员。

2007 年，专职中小学体育教师、教练员 440 人。国家级裁判员 1 人，一级裁判员 20 人，二级裁判员 102 人。

1993 — 2007 年东港区专职体育人员获荣誉情况表

表 39-8

姓　名	级别	荣誉名称	姓　名	级别	荣誉名称
陆俊忠	国家级	中国体育开拓者	辛　敏	省级	山东体育战线表彰奖
李维公	国家级	中国体育开拓者	王胜朋	省级	山东体育战线表彰奖
刘祖圣	国家级	中国体育开拓者	辛崇发	国家级	全国青少年体育工作先进个人
朱　琳	国家级	全国体育先进工作者	唐公文	国家级	全国青少年体育工作先进个人
林宝荣	国家级	全国体育业余工作者	秦泗胜	国家级	全国青少年体育工作先进个人
徐世炳	国家级	优秀教练员	刘祥收	国家级	全国青少年体育工作先进个人
夏仿先	省级	优秀体育教师	秦　勇	国家级	全国青少年体育工作先进个人
崔永丰	省级	优秀体育教师	王万金	国家级	全国青少年体育工作先进个人
崔为美	省级	优秀体育教师	丁兆明	国家级	全国优秀裁判员
张培广	省级	山东体育纪念章	王修堂	国家级	全国无线电测向比赛优秀教练员
刘庆忍	省级	山东体育纪念章			

业余体育队伍

新中国成立后，机关、学校、工厂、农村等业余体育队伍不断壮大。1989 年 4 月，举行全市春季运动会，46 个业余运动队参加，运动员共 400 余人。1994 年，东港区业余体校成立，先后在秦楼街道、日照街道等各学校开展布点训练。

到 2007 年，共培养业余体育队员 3000 余人，其中 2 人达到国家级健将水平，161 人达到二级运动员标准，5 人达到一级运动员标准。

人才培养与输送

至 1989 年，全市输送省级以上等级运动员 27 人。其中，1978 年向省输送无线电测向队员辛敏(国际级运动健将)、王胜朋(国家级运动健将)，1984 年向省输送无线电测向队员朱华(国际级运

图 39-7　社会体育骨干培训班　　　　(摄于 2007 年)

动健将)，1987 年向省输送帆板队侯伟(国家一级运动员)，1988 年向省输送帆板队员陈占营(国际级运动健将)、夏为军(国家级运动健将)、陈娜(国家一级运动员)，1989 年向省输送无线电测向队员周贤桂(国家一级运动员)。汪照峰、潘为峰、贺兆雨、周家宗、赵芳为国家一级运动员。薛胜利曾任国家青年排球队队长。

建区后至 2007 年，向市体校输送后备人才 500 余人，向上海体院竞技体校、山东省体校、山东省体工队、北京体院竞技体校等体育院校输送韩琳琳、张萍萍等优秀运动员 6 名。

第六章　水上运动

自 20 世纪 60 年代初，日照航海学校即开展水上运动项目训练。80 年代初，又引进帆板等项目。2006 年，建成日照奥林匹克水上公园，并打造出一支在国际国内比赛中取得优异成绩的水上运动队伍。

第一节　水上运动设施

世帆赛基地

总面积 120 万平方米。港池面积 40 万平方米，分为浅水区、深水区、特深水区。主要设施有：浮动码头 6 条，停船泊位 320 个，帆船竞赛上下坡水道 150 米，出海口 100 米，挡沙堤 450 米，防浪堤 450 米。陆域面积 80 万平方米，主要设施有：帆船俱乐部 7340 平方米，水上控制中心 6500 平方米，艇库丈量室 2600 平方米，停船广场 2.5 万平方米，集装箱停放区 1.5 万平方米，室外运动场两处，帆船景观雕塑 3 处，休闲栈道 3000 平方米，生态园林 35 万平方米。配备组委会办公场所、新闻发布中心等辅助设施。

图 39-8　日照世帆赛基地　　　　(摄于 2007 年)

水上运动基地

占地532万平方米，共包括比赛水域、水上设施和陆地竞赛设施。主要工程项目有泻湖(比赛水道、训练水道)、码头、环路、船库、综合楼、激流回旋、游泳馆、群众性水上运动广场等。

第二节　赛事活动

2003年，山东省青少年帆船锦标赛、山东省皮滑赛艇锦标赛、全国青少年帆船锦标赛、全国青少年帆板锦标赛相继在日照举行。

2004年，举办山东省沙滩排球锦标赛、山东省帆船锦标赛、全国沙滩排球巡回赛、全国皮划赛艇锦标赛、山东省体育大会健美操比赛、全国帆船锦标赛暨青少年帆船锦标赛、全国赛艇夏季冠军赛。

2005年，举办沙滩排球锦标赛、全国青少年帆船锦标赛、世界帆板精英赛、全国翻波板锦标赛、国际欧洲级帆船世界锦标赛。

2006年，举办全国帆板锦标赛总决赛、国际470级帆船锦标赛总决赛。

2007年8月28日至9月8日，中国水上运动会在日照奥林匹克水上公园举行，这是国家继全运会、城运会、大运会之后设立的第四项国家级综合性体育赛事。由国家体育总局、山东省人民政府，国家体育总局水上运动管理中心、山东省体育局、日照市人民政府共同承办。运动会设帆船(帆板)、赛艇、皮滑艇(静水、激流)、摩托艇、滑水、蹼泳、龙舟、极限运动8大项、111个小项，全国共由24个代表团的3000多名运动员、教练员、裁判员参加。

图39-9　海上帆船比赛　(摄于2004年9月)

第四十编

医药　卫生

东港区境内中医历史源远流长，私人开业，医药合一，诊断疾病靠望、闻、问、切，治疗疾病靠针灸、推拿、拔罐和中草药。清光绪三十四年(1908 年)，西医西药随天主教传入，但平民百姓缺医少药、有病求神拜佛和巫医作祟状况一直持续到全国解放前。1949 年，境内始设公立医院为群众治病。

新中国成立后，人民政府贯彻“面向工农兵”“预防为主”“中西医结合”“卫生工作与群众运动相结合”等卫生工作方针，加强各级医疗机构建设，广泛开展爱国卫生运动，积极做好各种传染病防治，并实施新法接生。70 年代始，县乡两级加快卫生院建设和医疗器械配备，基层医疗条件得到改善。农村举办合作医疗，村村建立起卫生室，并培养出一大批“赤脚医生”，基本做到群众小伤小病不出村。

中共十一届三中全会后，境内卫生事业在医疗卫生改革中探索前进。建区后，实行镇、村卫生一体化管理，开展社区卫生服务，实行新型农村合作医疗制度，农村群众“因病致贫、因病返贫”的问题开始得到缓解，城乡医疗水平进一步提高。到 2007 年，区内拥有市属医疗机构 9 处，120 急救指挥中心 1 处，血站 1 处，区属医疗卫生机构 5 处，镇、街道卫生院 10 处，社区卫生服务站 13 处，企事业单位属医疗机构 51 处，村卫生室 316 处，民营、个体医疗机构 92 处。共有床位 3200 张。卫生系统在职技术人员 956 人，其中高级 68 人，中级 317 人。拥有大批现代化医疗设备，能够诊治许多疑难疾病、施行高难度手术。

第一章　组织机构

第一节　行政机构

1946 年 4 月，县民主政府始建卫生科，叶连祜任科长。次年春卫生科撤销，组成支前指挥部卫生组，董俊卿任组长。1948 年 3 月恢复卫生科，赵子强、卢新民、丁善堂先后任科长。1968 年 3 月，卫生科改称县革命委员会卫生组。1971 年 1 月，成立县革委卫生局，刘泽培、罗松林、王书申、王胡平、相统峰先后任局长。1985 年，改称日照市卫生局，祁永存任局长。1989 年 11 月，卫生局升为处级单位，张永奇任局长。

1993 年 6 月，区卫生局成立，内设办公室、医政医药科、政工科、财务科等科室。2002 年 8 月，药品监督职能划归市药品监督局管理。庞维斌、厉凤莲、王延伦、侯元青、丁明真、申永帆先后任局长。

第二节　行政组织

爱国卫生运动委员会

1952 年初，日照县卫生防疫委员会成立。同年秋，改称日照县爱国卫生运动委员会(简称爱卫会)。1993 年，东港区爱卫会成立，主任由区长或副区长兼任。爱卫会在区卫生局设办公室，负责爱卫会的日常工作。

红十字会

新中国成立后至 1987 年前，日照县(市)未成立红十字会组织。有关职能由民政、卫生等部门负责。1987 年 1 月，日照市(县级)红十字会成立，理事会成员 44 人，臧全禄任会长。1990 年 5 月，地级日照市红十字会成立，丁原胜、熊可山先后兼任会长。

1994 年 1 月，区红十字会成立，有理事 15 人，在区卫生局设红十字会办公室，负责红十字会的日常工作。2002 年 7 月，区红十字会经区民政局社会团体登记，取得《社会团体法人登记证书》。

东港区新型农村合作医疗管理办公室

2004 年，区机构编制委员会批准设立东港区新型农村合作医疗管理办公室，为区卫生局所属财政拨款事业单位，股级，编制 4 人，负责全区新型农村合作医疗日常管理和有关业务经办工作。2007 年，人员编制 4 人。

第二章　行政管理

第一节　医政管理

医疗机构管理

1949年1月，日照县立医院成立。1950年县医疗机构受地方政府和专区中心医院双重领导。1953年，县内开始组织成立联合诊所。1957年2月，省人民委员会发出《关于加强联合诊所及农业社保健站的领导，积极进行整顿巩固工作》的指示，整顿联合诊所。1958年，联合诊所变为乡保健站或农业社联合保健站。人民公社化后，由卫生所、联合诊所、保健站、药部组建成公社卫生院。

1978年，根据卫生部《全国农村人民公社卫生院暂行条例(草案)》，对公社卫生院的领导体制、组织机构、规章制度、经费管理、工资福利和政治工作作了规定，日照县对医疗工作秩序进行整顿。1993年，在全区开展医院分级管理工作。1995年，南湖、两城、石臼、巨峰、涛雒等5处卫生院被省市评审为一级甲等医院，区人民医院被省评审为二级乙等医院。同年，根据国务院《医疗机构管理条例》，对原已批准开业的医疗机构进行审核。对审核合格的换发"医疗机构执业许可证"，对私自行医的，依照规定予以查处。

2001年4月，根据《日照市东港区医疗机构分类管理实施意见》，对有管辖权的医疗机构进行分类核定。新设立的医疗机构在办理登记注册时一并核定。2007年，区管医疗机构共582处。其中，非营利性医疗机构431个(政府办非营利医疗机构12个，其他非营利性医疗机构419个)。

卫生技术人员执业管理

新中国成立初期，境内卫生技术人员缺乏，政府通过招收社会行医人员，充实到医疗单位工作。县立医院成立时，从社会招收卫生勤杂人员8人，从事住院病人的基础护理与消毒工作。

1959年，省卫生厅下发《关于对卫生技术人员晋升晋级的通知》。1960年，县卫生科组织医疗人员进行职称评定晋升，共晋升职称16人。其中，医生6人、护士6人、药士3人、助产士1人。1961—1962年，晋升11人。其中，内科医师4人、外科医师2人、针灸医师1人、护士3人、药士1人。

1979年，根据国家卫生部的有关规定，县内医疗机构修订建立了卫生技术人员管理制度和岗位职责。

1993年，根据卫生部《中华人民共和国护士管理办法》，对护士实行考试、注册、执业管理制度。凡申请护士执业者必须取得《中华人民共和国护士执业证书》。1994年，东港区组织具备条件的进行申请，有179人办理了首次护士注册。

1999年，根据《中华人民共和国执业医师法》，东港区组织具有医学专业技术职务任职资格的人员申请执业医师资格认定。全区有566人取得由省卫生厅颁发的"医师资格证书"。2002年，按照卫生部《医师执业注册暂行办法》，对在医疗预防保健机构中从事医疗、预防、保健业务人员办理医师注册，核发"医师执业证书"。2005年，成立行政审批服务中心，卫生审批事项在该中心设立窗口，医师、护士注册改由该窗口受理。

2007年6月，根据省卫生厅《山东省〈医师定期考核管理办法〉实施细则》，对医师进行定期考核，考核每两年为一个周期。考核内容包括业务水平测评、工作成绩和职业道德评定。考核结果分合格、不合格。2007年共考核739人，全部为合格。

医疗质量管理

1949年，县立医院建立工作制度，使用处方签，按月作疾病治疗的统计。1950年，实行门诊挂号，病情报告。1954年，增加查房、会诊等制度。1958年，各医疗机构建立医疗、护理、抢救等规章制度，保障医疗质量。1964年，县医院制定会议、学习、医疗等规章制度共9种367条。

70年代，县医院实行科主任、主治医师、住院医师三级负责制。建立重大手术前讨论审批制度和危重病人抢救制度。80年代，医疗机构制定常规抢救、出诊制度，成立医疗质量考评小组，完善血库管理等制度。90 年代，医院实行岗位责任制，制定医疗质量考核标准，将门诊、病房、医疗质量检查标准量化为 128 项，促进制度的落实和医护质量的提高。

图 40-1　区卫生系统护理技术操作比赛　（摄于 1996 年）

1994 年，开展医院分级管理，各医院完善管理制度，开展医护人员“三基三严(基本理论、基本知识、基本技能、严格要求、严谨态度、严肃纪律)”训练，使之熟练掌握基本功。1997 年，执行省卫生厅《诊疗护理常规与操作规程》，卫生局举办医疗护理文书展评活动。评审结果予以通报。

1999 年，开展医疗质量管理效益年活动，对医院的床位使用率、周转率、治愈率、平均病床工作日等业务指标作出规定。

2001 年，区医院开始实施单病种质量控制制度，全区对阑尾炎、疝气、白内障、平产、剖宫产等实行单病种控制，限价收费。

2002 年，贯彻卫生部《关于修订下发住院病案首页的通知》精神，各医疗单位实施新的病案首页，并加强规范化管理。

2003 年，根据卫生部《处方管理办法》，规范了处方和医师处方权。同年，根据《省卫生厅关于开展医疗机构在职工作人员医院感染知识全员培训的通知》要求，对医疗机构工作人员进行全员培训。

2004 年，执行《山东省医疗文书书写规范》，各医疗单位医疗文书质量明显提高。

2007 年，按照省卫生厅要求，对医院相关科室管理和护理质量控制评价标准进行规范。

医疗纠纷处理

从 20 世纪 90 年代开始，境内医患纠纷开始增多。医患双方对医疗事故或事件的确认和处理时常发生争议。

1995 年，东港区成立医疗事故技术鉴定委员会。1996 — 2002 年，共受理医患纠纷事件 36 起。鉴定为医疗事故的 13 起。其中，一级责任事故 2 起，一级技术事故 4 起，二级技术事故 2 起，三级技术事故 5 起。区级鉴定后有 8 起向市申请鉴定，2 起又申请省级鉴定。省、市鉴定结论与区级鉴定基本一致。其余 23 起不属于医疗事故。1997 年，区内一患儿因臀部肌肉注射损伤坐骨神经出现肌肉萎缩，经区医疗事故技术委员会鉴定为三级乙等医疗事故。经区卫生局调解达成协议，医方一次性补偿患者医药费、交通费、误工补贴共 4600 元。2002 年 9 月，医疗事故技术鉴定由省、市医学会负责。2003 年，区内发生一起妇科医患争议，经市医学会鉴定为三级丁等医疗事故。区卫生局应双方申请进行补偿调解，双方达成协议，医方赔偿患者医疗费、交通费、误工费、陪护费、残疾生活补助费、精神损害抚慰金等共计 13.9 万元。2007 年，区内委托市医学学会对 4 起医疗纠纷进行鉴定，属医疗事故的 2 起，不属医疗事故的 2 起。

第二节　药政管理

药品市场管理

新中国成立前，医药自行定价，甚至漫天要价，药品市场混乱。新中国成立后，政府统一药品价格，加强药品管理。1950 年 8 月，县人民政府下发《关于回收全部麻醉药品和严禁任何集体、个人种植罂粟的通知》。1963 年 3 月，县财政局、公安局、卫生科下发《关于加强麻醉药品管理、严禁流通的联合通知》，规定：区卫生院、所和保健站，一律停止使用麻醉药品。符合使用条件的医疗单位购麻醉药品，须持《麻醉药品购货卡》到指定的药材部门购货，并实行“专人保管、专柜加锁、专用账簿、专册登记、专用处方”的管理制度。1979 年，县卫生局设药政股，履行对药品的监督管理职能。1979 — 1984 年上半年，查禁伪劣药品 187 批，处理非法游医药贩 296 起，没收假证件 27 份，没收销毁和退掉伪劣西药品 1145 瓶，假人参、天麻、川贝、冬虫草、黄竹、虎骨等 1060 余千克。1984 — 1992 年，对药品经营企业、医疗单位

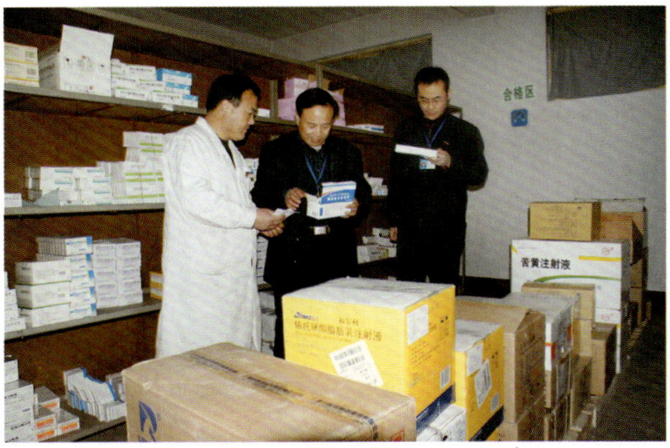
图 40-2 区卫生局组织药品经营管理检查 （摄于 2005 年）

制剂室依法检查验收，合格者发给“药品经营企业许可证”，不合格者责令停产停业。

1993 年 6 月，区卫生局设医政药政科，负责全区的药品监督管理。1994 年 10 月，区卫生局印发《关于对药品从业人员进行健康查体的通知》，对合格者发给“药品从业人员健康证”。1996 年 7—9 月，区卫生局会同公安、工商等部门，开展医药市场清理整顿活动，共取缔无证行医、游医药贩 82 起，查处违法制售假药、劣药品案件 8 起。

图 40-3 全区食品、药品安全工作会议 （摄于 2007 年）

2001 年 2 月，《中华人民共和国药品管理法》颁布，执法主体由各级卫生行政部门转为各级药品监督管理部门。2002 年 8 月，区卫生局药品监督职能划归市药监局。

食品药品安全监督

2005 年 6 月，区政府成立食品药品安全协调委员会，分管副区长任主任，区卫生局长和市食品药品监督管理局食品科长分别任副主任，协调全区药品监督管理工作。

图 40-4 区药监部门开展食品药品安全管理法规宣传 （摄于 2007 年）

2007 年 4 月 5 日，市食品药品监督管理局东港区分局成立(属省以下垂直管理部门)，牟宗强、王春玲先后任局长。同年 5 月，开展《中华人民共和国药品管理法》等法律法规宣传活动，发放宣传材料，接受群众咨询。公布药品监督举报和咨询电话。编发《东港食品药品安全信息》40 期。

2007 年 6 月，区政府充实调整食品药品安全协调委员会。全区 10 个镇街道全部成立相应组织，明确食品药品安全分管负责人，并选聘食品药品安全助理员 10 名、协管员 39 名、信息员 262 名，“三级”联动食品药品监管网络框架初步形成。

同年 7 月，区政府办公室印发《关于印发〈东港区食品药品安全事故事件应急预案〉的通知》，对药品安全突发事件的信息收集、报告、应急指挥响应、现场救援处置、事件评估报告等作出详

图 40-5 东港区举办食品药品安全助理员培训 （摄于 2007 年）

细规定。保证事故一旦发生,能够迅速组织力量,开展处置工作。8 月,开展药品质量专项整治。区食品药品监管分局与 800 余家药品、医疗器械经营使用单位签订药品安全责任书和公开承诺书。共查处违法案件 43 起,整顿规范药品零售企业 156 家。

2007 年,共检查涉药单位 90 余家,查处药品违法案件 25 起。

第三节　无偿献血管理

1992 年 12 月 15 日,市政府发布《日照市公民义务献血与医疗用血管理暂行办法》,规定本市行政辖区内,凡健康、适龄的公民(男 20 至 50 周岁,女 20 至 45 周岁),均有献血义务;公民每 5 年献血 1 次,每次献血 200 毫升,最多不超过 400 毫升,献血间隔时间不少于 6 个月。公民无偿献血后,颁发"公民无偿献血证"。对完成献血年度计划的单位,发给"完成献血计划证"。1993 年 10 月,区政府成立公民义务献血委员会,委员会办公室设在区卫生局。同年,按照市献血委员会分配的献血计划,首先在区内享受公费医疗人员及企业、商业正式职工中开展无偿献血,当年参加献血的有 54 人。1994 年,参加献血共 131 人次。此后,献血活动扩大到乡镇(街道)、党政机关、企事业单位的适龄人员。

图 40-6　区流动采血车　　　　(摄于 2005 年)

无偿献血一般每年组织一次。1996 年,全区实献 786 人次,共献血 15.72 万毫升,完成计划的 42.3%。1998 年 10 月,为贯彻落实《中华人民共和国献血法》,区卫生系统响应全国卫生系统开展"百万适龄白衣战士志愿无偿献血签名活动"的号召,在区直医疗卫生单位、各中心卫生院中开展无偿献血签名活动,医务人员全部参加。1999 年,贯彻落实《中华人民共和国献血法》,推行公民无偿献血。将全年 92.4 万毫升的献血指标,按国家工作人员、区属各企事业单位在册人数 5%、农村按总人口 0.5% 的比例,逐级落实献血计划。无偿献血工作延伸到乡村,依法实现全民献血和无偿献血。2002 年,全区 4041 人次无偿献血 80.82 万毫升,基本完成年度计划。2004 年,3110 人次无偿献血 62.2 万毫升。2007 年 7 月 12 日,区政府召开无偿献血工作会议,将献血人数落实到各镇(街道)、部门和单位。至 9 月 7 日,2100 人无偿献血 42 万余毫升。全年无偿献血者 10100 人,其中社会自愿无偿献血者 8000 人。

第四节　初级卫生保健规划

1990 年 6 月,省政府印发《山东省农村实现 2000 年人人享有卫生规划目标》,日照市列入全省 35 个试点县市之一,要求于 1995 年完成"人人享有卫生保健"的 12 项指标。

1994 年,区政府成立初级卫生保健工作领导小组,与各乡镇(街道)签定《东港区实现初级卫生保健规划目标责任书》。各乡镇(街道)按照责任书和规划目标的要求,开展以改水、改厕、健康教育、村卫生室建设和卫生院"改貌"为重点的农村初级卫生保健工作。到 1994 年,自来水受益人口 24.45 万人,占总人口的 31.07%;改厕 19.99 万户,其中,建无害化厕所 40960 个,改厕率为 89.9%,甲级卫生室覆盖率为 80%。1995 年 3 月,顺利通过省级评审验收。

1997 年,开展创建初级卫生保健合格乡镇活动。到 2000 年,经市验收,全区有 12 个乡镇(街道)合格。2004 年起,开展新型农村合作医疗省级试点,当年参合人口 22.17 万人,占农村总人口的 48.81%。2006 年,区卫生局等七部门联合下发《日照市东港区农村初级卫生保健发展规划(2006—2010 年)》,提出初级卫生保健发展总体目标、任务、政策和措施。2006—2007 年,实施"360 工程""1127 工程",对乡镇卫生院进行房屋整修,添置设备,培训卫生技术人员,提高卫生服务能力。

第三章　公共卫生

第一节　食品卫生

1952年3月，县成立卫生防疫组，开始管理食品卫生。1955年6月27日，《日照县饮食摊贩卫生管理暂行办法》规定，“一切食品从业人员，应遵守卫生部门的规定，接受卫生部门的培训及体格检查、防疫注射与卫生监督”。1956年10月，县防疫站成立。1959年，对全县1027名饮食从业人员进行健康查体。同时，对全县30家饭店、20家食品加工厂、125家机关食堂的炊事人员进行卫生知识培训。

食品卫生许可

1960年3月，在全县饮食行业制定“食品加工、销售、饮食业卫生”制度，不准收售腐烂变质食品，要求食品存放、炊事用具生熟分开，食具严格清洗消毒。

1978年8月，按照《中华人民共和国食品卫生管理暂行条例》要求，县政府组织卫生、商业、供销、粮食、工商等部门联合整顿食品卫生秩序，对检查合格的食品生产经营单位颁发“食品卫生许可证”；对检查不合格者，分别给予限期改进、停业整顿的处理。自此，每年组织一次食品从业人员健康查体和卫生许可证审核、换发。1982年，设立7名食品卫生监督员，在县内进行食品卫生监督。1983年，成立食品卫生监督检验所，对1720名饮食从业人员进行健康查体，颁发“健康证”。1985年，贯彻《山东省食品卫生监督行政处罚实施办法(试行)》，共检查监督837个单位，对108个单位给予行政处罚，处罚金额3230.15元。检验各类食品201份，合格率为72.14%，销毁各种变质食品1999千克。1986年，检查验收新建、改建食品卫生企业437家，签发各类食品卫生许可证2224个。1988年，在日照、石臼等饭店、招待所配备餐具热力消毒器，推广餐具热力消毒。

食品卫生监督

1993年，区防疫站成立食品卫生监督检验所，全区设公共监督员20名。1994年，每个乡镇配备两名食品卫生监督员，并制定《东港区食品卫生监督员管理办法》，举办食品卫生监督员培训班。首次开展食用油类生产、经营行业的监督检测工作。

1995年，抽调全区30名监督员组成执法监督队，全年检测样品1900批次。1998年，查出过期变质食品5000余千克，不合格酒类1万余瓶。2003年，加强对食品生产经营单位卫生整治。发现食用植物油、乳品及其制品、冷饮、肉类及其制品、糕点、调味品等食品卫生存在质量安全问题。特别是农产品中农药残留严重超标，肉类及其制品中含有“瘦肉精”、食物添加剂等现象非常突出。为确保群众吃上“放心肉”“放心菜”“放心食品”，消除生产、养殖、加工、流通、消费等环节中可能出现的质量安全隐患，从2006年始，开展“卫生监督执法行动”，重点检查食品生产经营单位、餐饮单位、学校食堂、工地食堂卫生，对46个违法经营单位立案查处，对22个单位下达卫生行政处罚决定书。开展关注百姓饮食安全、整顿小型餐饮单位为重点的“卫生监督执法行动”，监督检查637个单位，责令限期整改126家，依法

图40-7　东港区重大食品安全事故应急指挥部联席会议　(摄于2007年)

取缔14家。2007年，成立重大食品安全事故应急指挥部，应对突发事件。实行规范管理，培训单位负责人2000余人次，查体23765人，监督检查5100余家，行政处罚87家，申请法院强制执行1家。

第二节　放射卫生

1985年，县卫生防疫站设专人负责放射卫生工作，开始建立X光机和工作人员个人剂量档案。1992年始，按规定每两年进行一次放射工作人员防护知识、法律法规培训和健康查体，每年组织一次放射卫生监督监测。1998—2004年，共举办培训班6期，为20名放射人员进行健康查体。2003年，区防疫站有兼职人员负责放射卫生工作，配有x、y巡测仪。2004—2007年，全区15台X光机均符合国家相关规定，20名放射工作人员均建立职业健康监护档案和放射人员剂量档案，无职业性放射病发生。

第三节　劳动卫生

劳动环境监测

县防疫站自1972年始，开展职业病防治工作。同年，对15个厂矿企业职工进行病情调查。对粉尘产生较重的水泥厂、石棉矿、机械厂、造船厂进行监测。对石棉矿接触粉尘的工人进行拍片查体，发现I期石棉肺7人，0～I期15人。1976—1978年，对厂矿企业的劳动卫生作全面调查，查出产生粉尘单位37个，扬尘点146个，接尘工人1153人，产毒场所99处，接毒工人633人。对112个扬尘点的粉尘浓度和分散度进行测定，仅有粮食加工厂面粉车间达到国家标准。测定热幅射18个单位22个点，最高为6.0卡，最低为0.8卡。检验矽尘、二氧化硅含量28份。组织水泥厂65名接尘工人拍片查体，未发现病人。对县印刷厂17名工人进行尿铅检验，有4人超过尿铅正常值。1979年，对22家厂矿企业、14所医院的292人进行查体，查出慢性铅中毒1人，铅吸收1人，慢性锰中毒1人。1982年，对23家厂矿、63个粉尘点进行监测，达到国家标准的26个点，合格率为41%。1985年后，对33家厂矿企业和104个扬尘点进行监测，合格率为73%。同年，有30家厂矿企业建立劳动卫生与职业病防治档案，组织4305人接尘、接毒工人查体，查出I期尘肺3人，及时给予治疗与工种调整。同时，对丝绸厂、被服厂、鞋厂等372名女工进行常见病和妇科病的调查。

职工健康查体

2003年，对116家企业4027名职工进行健康查体，查出各种可疑职业病患者9人，观察对象19人，各种职业禁忌症24人。2004年，全区产生粉尘的单位有21个，粉尘车间达到国家标准的有6个，无尘肺病人发生。印刷等产铅单位3个，接铅人员40人，无铅中毒病人。建立职工健康监护档案2500人，建档率62%。2007年，开展中小企业职业卫生专项整治，对30家中小企业负责人进行职业卫生专题培训并开展监督检查。对3家企业进行职业危害因素申报登记，职业健康查体149人。

第四节　公共场所卫生

公共场所卫生监督检查

1982年，对县城内两处影剧院空气卫生状况进行调查检测。1985年4月，县卫生局、商业局等5个单位联合对全县服务行业基本情况进行摸底调查，为64个旅社、招待所，90个理发店，3处浴池，2处影剧院建立卫生档案127份。对770名从业人员进行健康查体，查出乙肝携带者14人，痢疾带菌者2人。从1985—1987年，举办服务行业单位负责人、消毒员、卫生检查员卫生知识培训班5期，计250余人次。

1987年4月1日，开展《公共场所卫生管理条例》宣传周活动，印发各种宣传资料6500份，编印《公共场所从业人员卫生知识培训教材》4000本，统一印制5类公共场所卫生宣传标牌4100张，同时建立健全各类公共场所卫生工作制度。同年，举办各类卫生知识培训班6期，培训2800余人次。举办公共场所消毒员培训班3期，培训180人次。1989年，市卫生局下发《关于加强公共场所消毒管理的通知》，推广使用次氯酸钠消毒器92台。1992年7月，组织对全市公共场所进行全面监督检查，共检查1113家，行政处罚2家。8月，卫生局、工商局联合下发《关于加强旅店业、理发业卫生设施及用品用具消毒管理的通知》，对城区123家理发店进行监督检查，处罚6家，罚款360元，有28个单位购置紫外线消毒箱或消毒车。

"五小"单位整治

东港区成立后，对城区"五小"单位(小理发店、小旅社、洗头房、洗脚房、练歌房)进行清理整治。2000年，监督检查462家，处罚64家，下达整改意见书7户次。

2001年，对全区268个中小旅店、饭店、浴池、理发、美容店等公共场所进行监督检测，监测公共场所空气卫生质量、微小气候、照度、噪音等4168项次，合格3936项次，合格率为94.43%，顾客用品用具大肠菌合格率为95.8%。对存在问题的104家下达卫生监督意见书，并责令限期整改。2004年，制定《东港区"五小"单位卫生与专项整治活动实施方案》，对综合整治单位实行挂牌管理，不达标的悬挂"警示牌"限期整改。共监督检测公共场所786家，有716家持有卫生许可证。从业人员健康证、培训合格证持有率达到95%。2005年，对西海路、福海路和云海路的25家"五小"单位开展卫生达标建设，均达到合格标准。2006年9月，对山孚大酒店、百货大楼等8个单位有关部位的积尘量、细菌总数进行检测，检测结果均未超标。

2007年，全区检查公共场所1235家，从业人员6501人。其中，住宿场所498家，沐浴场所86家，美容美发场所604家，其他47家。同年，共监督监测中小旅店、浴池、美容店、理发店等公共场所957家，有925家持有卫生许可证，持证率达96.6%。

第四章　疾病预防与控制

第一节　三级预防网建设

卫生防疫站

1952年3月，县卫生科成立由4人组成的卫生防疫组，为反细菌战提供技术指导，组织开展预防注射工作。1956年10月10日，成立日照县卫生防疫站，开展疾病防控工作。1979年，山东省卫生主管部门为防疫站配置大中型器械69件。1985年，利用世界银行贷款配备总价值7万美元的器械12件。1986年，配有气相色谱仪、光密度计、黄光光度计、倒置显微镜各1件。检验科能进行流行性出血热免疫黄光抗体检查、乙型肝炎五个酶标法、水硒、发硒检验等项目。1989年，县防疫站升为副处级单位。

1993年8月，设立区卫生防疫站。1997年，防疫站检验科通过省技术监督局质量认证。1999年，实现区、镇计划免疫微机联网。至2003年，检验科配备室内外两用粉尘检测仪、风速仪及照度计等国际先进的卫生检测仪器40余台(件)。可进行细菌病毒、粮食、食用油脂、果蔬类、茶叶、糕点、糖果类、调味品类、生活饮用水等80项检测，还可进行原子吸收检测汞、砷、气相色谱、有机氯农药残留、食品中防腐剂、黄曲霉素B1、面粉中增白剂等。2003年，建成疾病预防控制中心检验检测楼。2007年，争取省专项扶持资金，配备离子色谱仪、原子荧光光谱仪等设备23台套。

卫生院防保科

乡镇(街道)卫生院防保科，是县、乡、村三级预防网的枢纽。1950年，县卫生科在各区组织社会医生成立防治组，开展黑热病防治及预防接种工作。继之，各区成立卫生所或联合诊所，承担防疫工作。1958年，各人民公社卫生院相继成立，每个卫生院确定1名医生任防疫医生，具体负责本公社的防疫工作。

20世纪七八十年代，每个管理区配备1名医生实行包片，称包片防疫医生。

1993年，区卫生局成立，进一步加强乡镇卫生院防保科建设与管理。

1995年，区卫生局把建设计划免疫接种门诊列为工作重点，要求卫生院接种门诊做到房屋、人员、设备三配套。到1997年，全区所属18处乡镇卫生院全部建成接种门诊。

1998年，开展预防接种示范门诊和规范门诊建设。到2002年，有7处卫生院接种门诊通过省级示范门诊验收。2006年，有4处规范门诊通过省、市验收。2007年，全区接种门诊实行免疫规划工作信息管理。

防疫医生(乡医)

1956年，村设保健员，协助基层医疗单位完成防疫接种，在卫生院防疫医生的指导下，开展防病治病工作。1968年，生产大队保健员改称为“赤脚医生”。村村办起卫生室，按500口人配备1名赤脚医生，负责本村防疫工作。到1978年，全县1092个大队，有赤脚医生2913人。到1981年，经全省统一考试，有1272人领取“乡村医生证书”。80年代后，各乡、镇根据各村的实际情况确定1名技术好、责任心强的乡医担任村的兼职防疫医生。

1997年后，农村卫生室进行重新布局，邻近村卫生室进行整合，组成一体化管理卫生所。各乡镇卫生院在每个卫生所中选配1名乡医担任兼职防疫医生，健全三级预防网的网底，确保农村基层卫生防疫工作顺利实施。2007年，全区共有村级兼职防疫医生391人。

第二节　免疫

预防接种

1949年。县卫生科组织各区医药合作社(药社、药股)的医生到农村为群众种牛痘，并开始接种伤寒、霍乱二联菌苗，当年种牛痘9951人，接种伤寒霍乱二联菌苗49230人。以后每年都进行接种，接种的范围和人数逐年增多。1952年，为群众种痘39.6万人，接种伤寒、霍乱菌苗24.54万人，接种精白类疫苗2154人。1957—1980年，先后接种百白二联疫苗、乙脑疫苗、卡介苗、精破类疫苗、脊髓灰质类疫苗、麻疹疫苗、流行性脑脊髓膜炎菌苗、狂犬疫苗、钩端螺旋体菌苗等，控制了相关传染病的发病和流行。

计划免疫

1980年始，根据卫生部《预防接种工作实施办法》，按照儿童基础免疫程序，有计划地对儿童实施预防接种。1983年，利用世界银行贷款，防疫站配备疫苗冷藏运输车、冷藏库，基层卫生院配备电冰箱，村接种组配备冷藏包。预防用生物制品从运输储存到村级接种实行冷链运转，保证生物制品的免疫效果。1984年，卡介苗接种由县结核病防治所移交县防疫站管理。1985年，根据《关于试行预防接种证制度的通知》规定，儿童预防接种，实行填写“预防接种证”制度。1987年，开始接种乙肝疫苗。1988年，通过省对日照市计划免疫“第一个85%”达标验收(即以省为单位儿童卡介苗、百白破三联、脊灰疫苗、麻疹疫苗，四疫苗接种率达到85%以上)。1989年，通过以区县为单位的“第二个85%”达标验收。1992年，开始将新生儿列为乙肝疫苗接种重点对象，实行出生、1个月、6个月三针接种法。

1993年10月，开始计划免疫第一次冷链运转，全区共设893个接种点，实行分散接种，推广“一人一针一管”制度。当年儿童计划免疫“四苗”接种率达到96.3%。同年12月，开展消灭脊髓灰质炎强化免疫活动，总服苗率达到98%以上。1994年，将乙肝疫苗纳入计划免疫程序与冷链同步运转，当年接种率达到87.3%。1996年1月，通过国家实现计划免疫“第三个85%”目标验收。1997年，全区18处乡镇(街道)卫生院全部实行计划免疫门诊集中接种。1998年，累计接种24.9万人次。同年，停止7岁、12岁儿童卡介苗复种。2000年，全区通过无脊髓灰质炎状态国家级验收。

2002年起，开展麻腮风疫苗、水痘疫苗和流感疫苗的接种。

免疫规划

2005年5月，根据国务院《疫苗流通和预防接种管理条例》，计划免疫改称免疫规划。免疫规划对疫苗实行分类管理，一类疫苗有卡介苗、脊灰疫苗、全细胞百白破三联疫苗、麻疹疫苗、白破

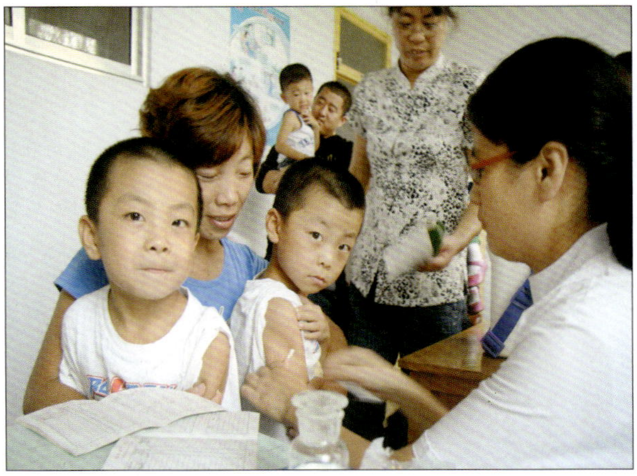

图40-8　城区儿童接受疫苗接种　　(摄于2007年)

二联、乙脑减毒活疫苗、A群流脑疫苗、新生儿乙肝疫苗共8种，由政府承担费用，对群众免费接种。同年，对8月龄至15周岁儿童进行麻疹疫苗的查漏补种，消灭免疫空白。全区查漏补种麻疹疫苗39860人，补种率达到98%。6月，在全区对1至15周岁儿童进行甲肝疫苗查漏补种，共补种37600人，接种率达99%。全年全区常规冷链运转累计接种39336人次，接种率为99%。同时开展脊灰、乙脑、麻疹、百白破三联等疫苗的加强接种，累计接种38125人次。

2006年，对8月龄至15周岁儿童再次进行

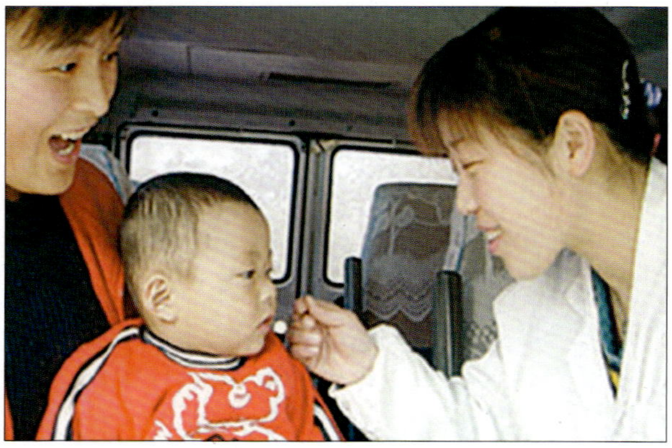

图40-9　区防疫站医生给儿童喂服防疫药物　（摄于2007年）

麻疹疫苗、流行性腮腺炎和乙肝疫苗查漏补种。2007年，对外来流动人员子女进行麻疹疫苗查漏补种1125人，接种率达到95.58%。同年，免疫规划累计接种(包括加强和补种)卡介苗6795人，接种率99.99%；百白破三联32910人，接种率为99.68%；脊灰疫苗31551人，接种率为98.92%；麻疹疫苗33262人，接种率99.35%；乙肝疫苗21278人，接种率99.97%；风疹疫苗22195人，接种率97.67%；流脑疫苗40191人，接种率99.18%；乙脑疫苗27562人，接种率96.74%；甲肝疫苗6634人，接种率98.41%；白破二联6031人，接种率98.87%。其中8种一类疫苗免费接种13.59万人次。

第三节　常见传染病、地方病防治

常见传染病防治

天花　新中国成立前，境内常有流行。1936年，三庄车疃村患病134人，死亡10人，病愈者有46人留有严重的“麻面”。1949年，全县患病205例。1950年患病1148例。

1944年，县医药卫生联合会开始在碑廓等地为群众接种牛痘疫苗。1946年后，全县连续几年组织全民接种，至1951年基本控制流行。到1953年，天花病在全县绝迹。1964、1972、1977年先后在全县进行全民接种牛痘疫苗，其余年份实行重点人群接种，至1981年，县内牛痘疫苗接种停止。

霍乱与副霍乱　新中国成立前，县内该病流行严重。1920—1935年，石臼、丝山、涛雒、两城等地几度流行，死亡1000余人。从1949年开始，日照县就开始对重点人群实行伤寒、霍乱二联疫苗接种。1952年，接种24.5444人，该病得到有效控制。1963—1964年，分别在石臼、岚山头和涛雒建立渔港检疫站，在汾水、涛雒、县城、两城等车站及石臼客运港设立交通检疫站。从1949—1977年，县内无疫情发生。1978年，涛雒公社小海村和曹家村发生该病疫情，发病66例，死亡1例。1979年县内发生2例，1981年发生2例，1982年发生1例。1983年后，无该病疫情发生。

麻疹　麻疹俗称“生瘀子”。新中国成立前，境内几乎每年都有发生或流行，该病是造成小儿夭亡的主要传染病之一。

新中国成立后，该病在县内流行仍然非常严重，自20世纪50—70年代初，该病发病率一直占各种传染病首位。1955年，县内麻疹发生大流行，共发病15744例，患病率为2340/10万，死亡139例，病死率0.88%。1957、1959、1962、1964、1965年，每年发病都在万例以上。1965年发病最多，高达26235例，患病率为3484.53/10万，死亡105例，病死率0.4%。最后一次发病高峰是1971年，患病18845例，患病率2200.75/10万，死亡53例，病死率为0.28%。

70年代以前，该病无特效防治方法。1968年，县内首次接种麻疹疫苗，接种63176人。从1973年开始，在全县适龄儿童中进行大规模预防接种，但因漏种现象普遍存在及疫苗未经低温处理，影响到接种效果，全县仍有麻疹发病。

从1980年开始，实施计划免疫，麻疹发病得到有效控制。1983年全县发病16例，1993年发生6例，1997—1998年，连续两年无病例发生。1998—2000年，落实《山东省麻疹监测方案》，将

麻疹疫情纳入脊灰疫情专报系统，开展两次麻疹疫苗强化免疫活动。对 8 个月龄至 7 周岁儿童，全部接种一针麻疹疫苗。2005 年，东港区报告麻疹 21 例。2007 年，发生 10 例麻疹病例。

流行性出血热　是以老鼠为传播媒介的自然疫源性疾病。

1973 年，首例流行性出血热患者在县人民医院确诊，当年发病 13 例，死亡 3 例。以后每年均有发病，1981 年患病 744 人，发病率达 80.67/10 万，死亡 35 人。1979 年起，县医院和城关卫生院使用免疫抑制剂和抗凝剂及中西医结合治疗，疗效明显。1986 年报告发病 937 例，发病率为 94.6/10 万，死亡 13 例。1989 年，全市报告发病 63 例。1992 年发病 283 例，西部山区发病率明显上升。1999 年，对重点人群接种出血热疫苗，发病率逐年下降。2005 年全区发病 49 例，患病率为 5.58/10 万。2007 年，发病 46 例，死亡 1 例，患病率为 5.11/10 万。

狂犬病　狂犬病狗或带病毒的狗、猫是主要传染源。死亡率 100%。

新中国成立前，境内发病情况无文献考证。自 1951 年，该病在县内呈间断、散在性发病。1951 年发病 10 例，1952 年发病 3 例，1980 年发病 3 例。1979 年，县成立狂犬病防治领导小组，发布《关于扑灭狂犬病病犬和捕杀家犬的通告》，半个月捕杀家犬 90% 以上。凡被狗咬伤者，开始注射狂犬疫苗。1980 年，对剩余家犬逐个登记检疫，注射兽用狂犬疫苗，当年注射 3900 份。1981 年，加强注射 3000 余份。1986 — 1991 年，发生 4 例。1995 年，使用浓缩狂犬疫苗。2001 年 10 月 1 日起，使用人用狂犬病纯化死疫苗。

2005 年，在西湖、陈疃两镇各发生 1 例狂犬病。全区落实以动物和暴露人群免疫为主的综合预防措施，2006 — 2007 年无狂犬病例发生。

病毒性肝炎　境内病毒性肝炎主要有甲型肝炎和乙型肝炎两种。

新中国成立前，境内就有该病发生。自 1959 年开始，卫生局对病毒性肝炎实行疫情报告制度，当年报告发病 97 例，患病率为 13.8/10 万。以后每年都有散在发病，从 1974 年开始，发病呈上升趋势，1977 — 1978 年，连续两年暴发流行，分别发病 3643 例和 2684 例，患病率为 400.54/10 万和 296.44/10 万。其中，1977 年，南湖公社樊家岭大队甲型肝炎发病 132 人。以后发病有所下降，患病率多在 30/10 万～ 60/10 万左右。1983 年，达到 102/10 万。其中，涛雒公社李家营子大队发病 66 人。

20 世纪六七十年代，注重对甲型肝炎的预防。主要是对病人要早发现、早隔离、早治疗。从 1984 年开始，医院和卫生室对用过的医疗器械实行过氧乙酸二次消毒。1987 年，开始推行使用一次性注射器和输液器。

1987 年，开始对新生儿实行乙肝疫苗接种，1997 年，开始试种甲肝疫苗。1998 年开始，区妇幼保健站对检出孕妇乙肝表面抗原阳性者实行母婴乙肝免疫球蛋白阻断治疗。至 2007 年，治疗检出表面乙肝抗原阳性孕妇 138 例，取得很好的阻断效果。2007 年，全区甲型肝炎报告发病率为 0.89/10 万，乙肝报告发病率为 13.89/10 万。

2004 — 2007 年东港区肝炎疫情报告统计表(含开发区)

表 40-1

病名＼年份		2004		2005		2006		2007	
		发病人数	发病率（1/10 万）	发病人数	发病率（1/10 万）	发病人数	发病率（1/10 万）	发病人数	发病率（1/10 万）
肝炎		462	46.63	228	25.62	348	38.88	254	28.23
其中	甲型	17	1.76	13	1.46	8	0.89	8	0.89
	乙型	276	27.86	108	12.14	194	21.68	125	13.89
	丙型	8	0.81	3	0.34	19	2.12	18	2.00
	戊型	32	3.23	14	1.57	34	3.80	38	4.23
	未分型	129	12.97	90	10.11	93	10.39	65	7.22

伤寒与副伤寒　该病是由伤寒杆菌所致的一种肠道传染病。

新中国成立前，伤寒病在境内长期流行。发病人数无法考证。

1949年，全县首次大规模地注射伤寒、霍乱“二联”菌苗49230人。以后连续20年对重点人群进行“二联”或“三联”菌苗注射，伤寒和其他肠道传染病发病率大幅度下降。1950年，发生164例，死亡9例。1951年，发生53例，死亡2例。1953年，发生2例。1962年和1963年，各发生伤寒病人3例。1982年，发生12例。1982—1986年，市内发病9例。1993年后，每年都有散在发病。2004年后，无病例发生。

流行性脑脊髓膜炎　简称流脑，是由脑膜炎双球菌引起的一种急性呼吸道传染病。

1945年，境内发生过该病流行。从1951—1961年，每年发病100例左右，死亡率较高，1951年，死亡率高达35.28%。1962年，流脑第一次大流行，全县报告发病1795例，发病率为286.28/10万，死亡153人，死亡率8.5%，岚山、涛雒为重发病区。1965—1968年，连续4年大流行，每年发病率都在200/10万以上。1967年，共发病4354例，患病率为558.21/10万，死亡249人，死亡率为5.72%。这次流行波及全县。1977年，全县再次发生大流行，共发病1402人，发病率154.15/10万，死亡45人，死亡率3.12%。

20世纪60年代以前，主要用中药熬汤预防。1972年，开始使用流脑菌苗预防接种。从1983年开始，每年对适龄儿童全部接种流脑疫苗，流脑发病率逐年下降。1983年，全县发病138人，患病率为14.8/10万，死亡1人。1986年，发病5例，患病率为1.97/10万。1993、1994、1996年，各发病1例。2006年6月起，对儿童免费接种流脑疫苗。1997—2007年，无病例发生。

流行性乙型脑炎　简称“大脑炎”，是由乙脑病毒经蚊虫传播的急性传染病。

1950年，县内报告发病29例，死亡11例，以后每年都有散在发病。1956—1971年，县内发生四次较大流行。分别是：1956年447例、1966年515例、1967年328例、1971年401例。1957年，开始试用乙脑疫苗，当年接种1400人份。1978年开始，对适龄儿童全部接种乙脑疫苗，当年接种19.94万人。1980年后，乙脑疫苗列为儿童计划免疫制剂，1岁基础免疫，2岁、6岁、10岁各加强一次。1980年以后，该病发病呈持续下降趋势。1986年全市发病5例，均治愈。1993—1995年，分别发病3例、9例和4例，1997年发生3例，2003年发病1例。2004年后，无报告病例。

脊髓灰质炎　该病俗称“婴儿瘫”，是由脊髓灰质炎病毒引起的一种消化道传染病。

新中国成立前，境内该病时有发病。1951年，报告发病69例，死亡9例。1952年和1966年，是发病高峰年，分别发病106例和105例。1965年发病40例，1970年发病50例，其余年份均有散在发病，多在10例左右。

1961年开始，试服脊灰疫苗(俗称“婴儿瘫糖丸”)。1968年起，对出生2个月至7周岁儿童，普服疫苗。当年服苗23.95万人份，发病逐年下降。自1980年，脊灰疫苗纳入计划免疫。1993年和1994年，全区对0～4周岁龄的儿童2次强化服苗。至2007年，全区连续25年未发现脊髓灰质炎病例。

钩端螺旋体病　简称钩体病，带菌的散养猪、狗是该病的主要传染源。

1964年，该病在竖旗公社发病。1970年7月，县内雨水型钩体病暴发流行，全年发病12232例，死亡10例，波及10个公社252个生产大队。疫情发生后，县防疫站、县医院成立钩体病防治小组，组织流行病学调查。针对发病原因，将散养猪改为圈养的办法，控制和消灭传染源。到1981年，全县共发病17624例。1982年后再无发病。

1970—1981年日照县钩体病发病情况统计表

表40-2

年份	发病人数	死亡人数	年份	发病人数	死亡人数
1970	12232	10	1973	137	0
1971	308	0	1974	2046	0
1972	626	0	1975	1500	0

续表 40-2

年　份	发病人数	死亡人数	年　份	发病人数	死亡人数
1976	398	0	1979	77	0
1977	250	0	1980	16	0
1978	21	0	1981	13	0

黑热病　俗称“大肚子病”。该病在境内蔓延流行历史较长，疫区分散。1932 年，丝山后大洼村患病 57 人，死亡 55 人。1948 年，对 8 个区 454 个自然村 28464 人进行普查，患病 3610 人。自 1940 年开始，滨海专署卫生科组织地方医生用“吐酒石”治疗黑热病，但因战乱，加之医疗条件差，不能得以推广，该病流行一直未得到控制。1949 年，全县患病率为 500/10 万，是全省的高发县之一。

1950 年，县卫生科在县卫生院成立黑热病防治站，在基层成立 22 个防治组，对黑热病开展普查普治。1950 — 1954 年，共免费用“斯锑黑克”治疗 4554 人，同时用“六六六”等药物喷洒消灭传播媒介白蛉子，黑热病发病率逐年下降。1951 年全县患病 2097 人，1956 年患病 276 人，死亡 1 人。1964 年，发病 1 例并治愈。1965 — 2007 年，再无病例发生。

手足口病　2005 年，日照街道报告发病 1 例。2006 年全区报告发病 18 例。疫情发生后，东港区制定《东港区手足口病监测方案(试行)》和《东港区手足口病应急预案》，成立手足口病等肠道病流行病学调查组和消杀组，并建立 24 小时值班制度和预检分诊及疫情网络直报制度。2007 年，手足口病共报告发病 659 例，发病率为 73.24/10 万，无死亡病例发生。

传染性非典型性肺炎　简称“非典”，是由 SARS 冠状病毒引起的一种特殊肺炎。一般抗菌药物治疗无效，死亡率极高。至 2003 年 4 月底，国内有 22 个省市、自治区蔓延，国务院及省、市政府相继下发紧急通知和应急救治预案，要求各级把防治“非典”工作作为一件大事抓紧抓好。

2003 年 4 月 24 日，区政府召开防治“非典”动员会议，成立以区长为组长，有关区级领导为副组长，区直部门主要负责人和各镇镇长、办事处主任为成员的防治工作领导小组。全区 14 处镇(街道)也都相继成立领导组织，并建立起区级领导包镇(街道)，镇(街道)领导包村居、单位，村居、单位领导包户、楼寓的四级联包责任制。领导小组下设疫情处置及医疗救护组、封锁警戒组、宣传组、后勤保障组和一个前线指挥部及办公室。

宣传部门利用广播、电视、报纸、传单等形式，广泛宣传党和国家对防治“非典”的指示，印制《传染性非典型肺炎及防治知识》《消毒隔离指南》《传染性非典型肺炎宣传提纲》等 5 万余份，印发《区委、区政府致全区人民的一封公开信》，印制《山东省人民政府关于防治传染性非典型肺炎的通告》等，发放和张贴到全区镇、村、单位、学校及公共场所。同时，开展“非典”防治知识进万家等教育活动。

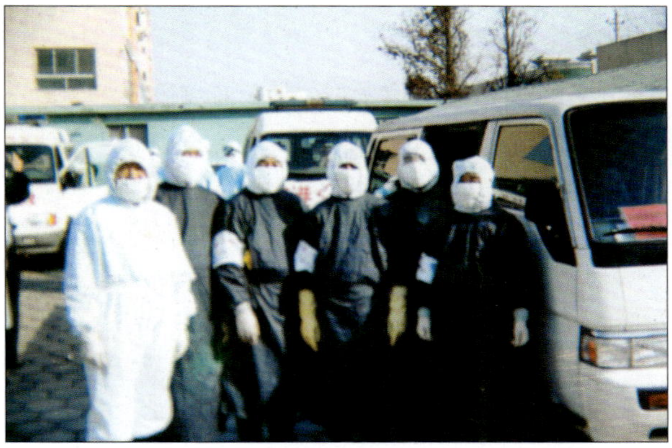

图 40-10　东港区医务人员进行防“非典”应急演练（摄于 2003 年）

区卫生系统按照“反应灵敏、报告及时、处理得当”要求，确定区人民医院为“非典”收治医院，并成立由有关科室业务骨干组成的“非典”医疗救护队，从隔离病区建设到技术队伍、医疗设备及药品均做好充分准备。同时，对全区各镇(街道)卫生院院长及医疗、护理、防疫科室负责人进行培训，指导各镇(街道)卫生院对乡村医生也进行严格培训。所属医疗单位于每天下午五点半向上一级防疫站报告疫情，固定电话保持 24 小时畅通。

自 4 月 28 日起，在两城、陈疃、三庄(竖旗)、黄墩、巨峰等地的国道、省道、县道交通入口处设

图 40-11　公共场所集中消毒　　　　（摄于 2003 年）

置 5 处检查站，配备卫生人员 32 人、公安人员 16 人、交通管理人员 16 人，实行 24 小时值班。对全区 530 辆客运车辆、68 辆货运出租车和 138 辆乡镇出租车进行消毒并纳入规范管理。全区 841 村居设立监测检查点 1815 个，并在村口街道设路障，对外来 4.8 万台车辆进行严格检查消毒，劝回 137 辆，健康检查 29.7 万人次。外来人员实行监控管理，15 天内不准出门，随身衣物等物品彻底消毒，每天测试体温 2 次，如有发热，立刻送定点医院。机关、学校、企业等人员集中的场所和家庭成员一旦发现有发热病人，立即隔离观察。4 月 27 日，所有夜总会、歌舞厅、游戏厅、网吧暂停营业。秦楼、石臼和日照街道针对宾馆、饭店、网吧多的情况，实行 24 小时监控。5 月 16 日至 6 月 24 日，公安、交通等部门组织对 204 国道实行 24 小时巡查。经过 3 个月的严防死守，全区无"非典"病例和疑似病例发生。

地方病防治

丝虫病　丝虫病是以蚊子为传播媒介的一种寄生虫病。

新中国成立前，该病在境内的患病情况无资料记载。1956 年 9 月，调查资料显示，人感染率为 23.1%，蚊子的感染率为 18.3%。1957 年，省丝防大队对虎山公社泥田沟大队进行丝虫病流行病学调查，受检 1169 人，微丝蚴阳性 162 人，阳性率为 13.9%，日照县被定为中度流行病地区。1958 年始，县卫生部门对丝虫病进行有计划的全面防治，至 1982 年，全县共组织 12 次全民性丝虫病普查，受检 482.8 万余人次，查出丝虫感染阳性者 15.38 万余人，及时给予免费治疗。1981 年 12 月至 1982 年 5 月，对 49 个丝虫病高发村庄的 5.8 万余人，进行全民性服药防治。1980 — 1982 年，先后 4 次普查，微丝蚴感染率为 0.14%。1983 年，经上级检查验收，已达到省规定基本消灭丝虫病的标准。2003 年 12 月，经省确认，已达到消灭丝虫病的标准。

疟疾　疟疾俗称"发疲寒""打摆子"，是以蚊子为媒介传播疟原虫所致的一种血液寄生病。

新中国成立前，为境内主要地方病之一。1951 — 1986 年，累计发病 52 万余人次。1961 年 9 月，全县疟疾大流行，发病 108977 人，发病率高达 15500/10 万。60 年代初，县防疫站加强灭蚊防病的宣传教育，对现症病人实行送药免费治疗，对疫区群众进行全民性预防服药。70 年代，发病率逐年降低。1983 年，全县发病 230 例，发病率为 25/10 万，疟疾基本得以控制。1986 — 1988 年，对疟史病人用乙胺嘧啶和伯氨喹啉进行休止期根治。各级医院设发热门诊，对发热病人进行采血镜检，对来自高疟区人员进行预防服药，到 1988 年，疟疾基本消灭。1993 — 2007 年，全区共发现疟疾病人 3 例，均为外出打工者。

地方性甲状腺肿　简称"地甲病"，俗称"瘿脖子"，是由缺碘或高碘引起的甲状腺肿。新中国成立前，境内就有"大瘿脖子"病人，但无资料记载。1978 年，经普查，全区有 9 处公社为"地甲病"病区。其中，西部 7 处(竖旗、三庄、西湖、陈疃、黄墩、南湖、下湖)是缺碘病区，东部石臼和丝山是高碘病区。对高碘病区指导群众禁食海带盐和海带盐腌制的食品，控制发病。对缺碘病区推广全民食用碘盐，居民缺碘状况得到改善，甲状腺肿大率呈下降趋势。1995 年 12 月，省卫生厅对东港区消除碘缺乏病工作进行考核，达到消除碘缺乏病标准。2001 — 2007 年，全区继续按照《消除碘缺乏病危害目标规划》要求，加强碘盐批发、销售、食用各环节的监督检查力度，确保食用碘盐质量。

克山病　是一种原因不明的地方性心肌病。1974 — 1982 年，全县有登记发病 54 例。发病者多为 2 ～ 14 岁儿童，黄墩、竖旗、三庄、陈疃、南湖、下湖 6 处公社为病区。对确诊的病例，由本公社卫生院登记造册，设立家庭病床，由防疫医生按月免费送药(亚硒酸钠片)治疗，对重病者收入县医院治疗。1984 年 5 月，对存活病人进行复查，复查 10 例，临床治愈 2 例，显著好转 1 例，好转 7 例。1983 年后，无新病例发生。

地方性氟中毒　是居民长期饮用含氟量超标水而引起的氟中毒损害。

1981 年，县卫生防疫站对有黄斑牙的涛雒公社竹子河涯大队井水采样检验，含氟量为 2.0 毫克/升。10 月，防疫站对竹子河涯邻近的侯家村大队进行氟中毒普查，共查 1015 人，普查率为 96.5% 查出氟斑牙患者 638 例，患病率为 62.9%。据此，将两大队确定为氟中毒中等病区。

1982 — 1983 年，对全区 22 处公社采水样检验，未发现氟超标水样。与竹子河涯相邻的小朝阳、大刘庄、小刘庄等大队患氟斑牙率为 30%，其他未发现新病区。

1982 年，涛雒公社竹子河涯等周围 7 个村，由国家拨款、村集体及村民集资，在大刘庄打井建自来水，经反复进行水质检验，含氟量为 0.8 毫克/升，水质符合饮用水标准。之后，市、区防疫站每年在丰水期和枯水期进行两次水质监测，氟含量一直≤ 1.0 毫克/升。2007 年，该病区饮用水改由镇自来水厂供水。全区再未发现新病区。

第四节　专科病防治

结核病

俗称“痨病”，是由结核杆菌所致的呼吸道传染病，以肺结核病为多。

新中国成立前，患者几乎村村都有，且无特效药物治疗，病死率较高。20 世纪 50 年代，开始用异烟肼、链霉素治疗。从 1958 年开始接种卡介苗预防结核病，对 6 个月以内的新生儿初种，7 周岁和 11 周岁的儿童进行加强免疫接种。1979 年，成立结核病防治所，开展结核病普查。至 1982 年，共查出肺结核 5000 余例，对普查出的肺结核病人，采取“四个一点”(国家照顾一点，乡镇支持一点，村队帮助一点，病人负担一点)办法，落实治疗经费。1981 年 12 月，结核病防治所开展门诊治疗。至 1984 年，门诊共诊治病人 809 例，治愈率为 26.08%，好转率为 70.85%。1992 年，实施世界银行贷款中国结核病控制项目，对涂阳病人实行免费治疗。1994 年，全区各医疗单位发现结核病人一律归口转诊到市结防所诊治。2004 — 2007 年，共登记涂阳病人 918 人，均实行免费治疗。

2004 — 2007 年东港区结核病登记报告疫情统计表(含开发区)

表 40-3

年份 / 病名		2004		2005		2006		2007	
		登记病人数	登记发病率（1/10 万）	登记病人数	登记发病率（1/10 万）	登记病人数	登记发病率（1/10 万）	登记病人数	登记发病率（1/10 万）
肺结核		388	39.16	344	38.66	317	35.43	325	36.12
其中	涂阳病人(+)	267	26.95	280	31.46	194	21.68	177	19.67
	涂阳病人(-)	87	8.78	52	5.84	112	12.56	147	16.34
	未痰检	34	3.43	12	1.34	11	1.19	1	0.11

麻风病

俗称“大麻风”。该病在境内发病约有数百年历史。

新中国成立后，政府对该病的防治十分重视。1953 年，县卫生科首次组织在夹仓区进行麻风病普查试点。1956 年，在县防疫站成立 4 人麻风病防治组。同年，全县普查出现症病人 708 人。1957 年，成立麻风病防治站。1958 年，县委、县政府在虎山乡下寺和陈疃乡的罗汉寺建立两处麻风村，隔离免费收治病人，并划拨就近土地 33.1 公顷，山场 46.7 公顷，供病者耕种。当年收住 100 人。1959 年，累计登记病人 909 人，住村隔离治疗

488人。患者陆续治愈，住村病人数逐年减少。1975年、1982年，进行两次全县普查，查出病人33例。从1955—1984年，全县累计登记病人1493名，累计治愈1138名，治愈率为79.14%，在治病人22人。1992年，通过省考核验收，达到基本消灭麻风病的标准。至2007年12月，区内尚有治愈存活病人235例，由市皮防站医生和镇(街道)卫生院兼职医生定期到家随访。尚有现症病人3例。其中，2例住村治疗，1例在家服药治疗。

艾滋病

2000年9月，市血站在区内献血者中查出一名艾滋病抗体阳性者并经省实验室确认，由区防疫站进行流行病学调查和上报。随后，按照艾滋病管理原则，固定专人管理，每季度随访一次，至2007年，未出现发病症状。

从2003年起，东港区承担国家预防艾滋病干预项目——宣传干预。2004年，区政府成立防治艾滋病工作委员会，组建艾滋病高危人群干预工作队，开展面对面宣传教育、疫情筛查、安全套推广、美沙酮替代、针具交换、性病防治等具体干预工作。2005年，对在公共场所从业的101名高危人群进行艾滋病抗体检测，均为阴性。2006年，对外来妇女进行艾滋病病毒感染状况专项调查，采血检测510人，结果均为阴性。至2007年，区疾控中心管理艾滋病抗体阳性者1人。

性病

旧社会俗称"花柳病"。包括梅毒(俗称"大疮")、淋病、非淋菌性尿道炎、软下疳、性病淋巴肉芽肿、尖锐湿疣和生殖器疱疹。

新中国成立前，性病在境内就有流行，但具体情况无资料考证。新中国成立后，政府采取一系列防治措施，至20世纪60年代初，性病在县内绝迹。

1989年9—11月，对所属国营、集体、个体饭店、旅馆和部分个体工商户等311个单位的1391人进行性病监测，发现性病4例。1990年10月，市公安、工商、卫生等部门联合下发《关于在全市进行性病监测检查的通知》，并联合组织对较大宾馆、舞厅、车队、饭店等单位流动人员进行性病监测检查，共查265个单位，1246人，查出淋病患者5例。

1997—1999年，区妇幼保健站开展婚前健康查体，三年间共检出性病17例。其中，1999年检出梅毒4例。2001年，婚检检出性病23例，梅毒19例，尖锐湿疣4例，均转市性病防治中心治疗。2004—2007年，疫情实行属地管理，并实行网络直报。

2004—2007年东港区性病疫情统计表(含开发区)

表40-4

病种 \ 年份		2004年		2005年		2006年		2007年	
		报告发病数	报告发病率(1/10万)	报告发病数	报告发病率(1/10万)	报告发病数	报告发病率(1/10万)	报告发病数	报告发病率(1/10万)
梅毒		15	1.51	26	2.92	22	2.46	26	2.88
其中	Ⅰ期梅毒	10	1.01	11	1.24	9	1.01	11	1.22
	Ⅱ期梅毒	4	0.40	13	1.46	9	1.01	12	1.33
	Ⅲ期梅毒	0	0	—	—	—	—	1	0.11
	胎传梅毒	0	0	1	0.11	1	0.08	—	—
	隐性梅毒	1	0.10	1	0.11	3	0.36	2	0.22
淋病		92	9.29	85	9.55	62	6.93	87	9.67
非淋菌性尿道炎		355	35.83	116	13.06	133	14.86	100	11.11
尖锐湿疣		139	14.03	122	13.71	100	11.18	66	7.33
生殖器疱疹		9	0.91	9	1.01	9	1.01	3	0.33

精神病

1989年5月，奎山卫生院设立精神科，在省精神卫生中心的业务指导下开展精神病治疗。1990年，常年在临沂精神病院住院的13名退伍军人患者被接回，住奎山卫生院精神科治疗。1994年，全省开展第二次精神疾病流行病学调查，境内完成日照街道和秦楼街道共500户精神病流行病学调查任务。

1997年，制定《日照市东港区精神病防治康复工作实施方案》。1998年4月，在全区展开精神病普查。共查出精神病人4656人，占总人口的6.09‰。对查出的精神病人建档立卡，实施“社会化、开放式、综合性”康复治疗。同时建立报告制度，对新发现的病人及时上报。

2000年，陈疃镇在市精神卫生中心的指导下，以村卫生室为依托，成立农疗指导站，负责精神病防治康复指导。同年8月15日，全市精防康复工作现场会议在陈疃镇召开。

2002年4月17日，亚太地区精神病防治康复会议在香港召开，主题是“精神康复和回归社会”。市精神卫生中心牟宗平应大会邀请，就东港区开展精神病康复农疗、工疗指导站管理模式作大会发言。

到2007年，全区基本建立起精神病防治康复网络，为精神病患者的治疗与康复提供条件。

第五章　爱国卫生运动

新中国成立初期，兴起以“除四害”为重点的爱国卫生运动。在农业合作化时期，全县从生产出发，从积肥入手，开展爱国卫生运动。1959年，被全国爱卫会授予“卫生先进县”称号。80年代，将环境卫生建设纳入社会文明建设的范畴。1990年后，开展以创建卫生城市为重点的系列创建活动，对城乡环境卫生实行标准化建设，全面提升城乡环境卫生整体水平。2006年，日照市被全国爱卫会授予“国家卫生城市”称号。

第一节　除“四害”

20世纪50年代，主要以捕打、挖蛆蛹等措施消灭蚊蝇。抗美援朝战争期间，开展反对美帝“细菌战”活动。1952年3月21日，一架标有“SUS”的飞机飞经境内沿海上空，地面发现大量带菌的苍蝇、蚊子、花盖虫等昆虫，渐及全境。县委、县政府及人武部抽调45名干部、28名医务人员，深入到各区检查，掌握疫情，发动群众开展除害灭病突击周活动。先后举办58期防疫训练班，受训人数达21.8万人。在全县启动打扫卫生、消灭毒虫的反细菌战人民战争。1956年，全县掀起以除“四害”(麻雀、老鼠、蚊子、苍蝇，后改为老鼠、蚊子、苍蝇、蟑螂)为重点的爱国卫生运动。层层动员，人人参战，各地成立捕鼠队，用捕鼠夹、捕鼠笼及挖、堵鼠洞等方法灭鼠，全县共捕鼠50多万只。

60年代，开展积肥卫生活动，推行粪便无害化处理，控制蝇蚊蛆滋生。70年代，省防疫站在境内进行土法灭蚊试点，每年冬季用“六六六”烟熏，在房屋、地窖、山洞等场所熏杀越冬蚊。

1973年，县内发生流行性出血热病，死亡率较高。县、公社、大队都成立灭鼠领导组织，指导用磷化锌或毒鼠磷拌毒饵，于每年春冬组织两次大规模的野外及室内灭鼠。1976年，推行敌鼠钠盐毒饵灭鼠。1986年，市委办公室转发《关于在全市开展灭鼠“一役达标”活动的方案》。1988年，开展“无鼠害”达标创建活动。1989年，经省“无鼠害”技术指导组考核，达到基本无鼠害市标准。1990年，被省爱卫会授予“省级灭鼠先进城市”称号。

图40-12　灭鼠毒饵岛　（摄于2003年）

1993年，防疫站成立蚊蝇消杀专业队，每年从4月中旬开始到10月中旬结束，在市区和乡镇驻地的机关、企事业单位，用凯素灵、嗅腥菊脂和奋斗呐等药物进行滞留喷洒。

1993年12月9日，区爱卫会办公室组织对乡镇医院防疫医生进行灭鼠技术培训，各乡镇集体拌毒饵，于11日在全区野外、村内统一投药灭鼠。之后，每年组织冬春两次全区性灭鼠活动。1994年，喷洒单位7500个，计15万平方米。家庭主要使用对人体危害小的菊酯类杀虫剂灭蚊。1997年，全区共用溴敌隆药液235千克，投放麦饵23500千克。

2001年，区爱卫会制定《日照市东港区(2001—2005)除四害工作规划》，全区除“四害”工作建立起长效管理机制。

2003年，区卫生局成立除“四害”领导小组，对所辖区域分成7个大片，抽调21名卫生监督员实行分片包干，进行两次集中消杀活动。共清除蚊蝇滋生地2000余处，喷洒消杀药品1000千克，有效控制蚊蝇密度。同年9月9日—11日，省爱卫会派专家组对灭蝇、灭蟑工作进行考核。现场检查小卖部及超市、宾馆、医院等38个单位1320间房屋，有蝇房间率0.16%，防蝇设施合格率99.19%，单位办公室、会议室、居民户及公共场所25个单位890间房，阳性率为1.15%，苍蝇滋生地226个，阳性率为0.44%，未查到蟑螂成虫、若虫或卵荚。同年12月7日，区“双创”(创国家卫生城市和国家环保模范城市)指挥部在市区村居机关企事业单位开展灭鼠突击周活动，市区内共按放毒饵岛12500个，投放毒饵1250千克。12月14日—16日，省创建灭鼠先进城市考核鉴定组对市区进行灭鼠考核，日照市达到创建灭鼠先进城市标准。同年，被命名为全国灭蝇灭蟑先进城市。

第二节　农村卫生设施改造

“四改造、五建设、六统一”

1957年，县委号召从生产出发，从积肥入手，狠抓以“四改造”(改造厕所、猪牛圈、鸡窝、泼水汪)、“五建设”(建猪、牛、羊圈和厕所、肥池)、“六统一”(人粪尿、猪羊牛驴粪、鸡粪、炕土、泼水汪、干灰统一管理)为重点的积肥卫生基本建设。1958年，日照县被推荐出席全国爱国卫生大会。1959年10月12日，县委、县人委向全省发出开展爱国卫生运动倡仪书。同年，荣获国务院授予周恩来总理亲笔署名的“爱国卫生先进县”奖状。

到1964年，全县新建、改建新式厕所23万多个，新建改建猪圈、牛栏13万多个，新建肥库1700多间。做到人有厕所，猪牛有圈，鸡鸭有窝，粪肥入库，粪便日产日清，泥封发酵，农村卫生状况明显改观。

“两管、五改”

1965年3月，全省积肥卫生现场经验交流会在日照县召开，会议总结日照县及全省各地积肥卫生经验，概括为“两管、五改”(管水、管粪，改造厕所、畜圈、鸡窝、水井和环境)。5月11日，国家爱卫会办公室以《从生产出发，从积肥入手，因地制宜，管好粪肥，促进农业生产，保障人民健康》为题，印发日照县八年来坚持开展积肥卫生运动的经验。6月20日，山东省人大二届十八次会议决定在全省推广日照县经验。“文化大革命”初期，“两管五改”卫生基本建设遭到一定破坏。1971年，县委作出《关于恢复发展、提高五改造、六统一积肥卫生基本建设的决定》，全县90%的生产队恢复积肥卫生专业队。1975年，县委调整充实爱卫会办事机构，发动群众开展以除害灭病为中心、以“两管五改”大办沼气为重点的爱国卫生运动。到1979年，全县改良水井3439眼，建手压插管井39731眼，自来水塔88座，改造厕所14893个，建三连通沼气池32400个，有105个大队基本实现沼气化，整修街道2392条，疏通沟渠1714条，农村卫生设施得到改善。

改水

20世纪70年代前，县内农村饮用水源主要是井水、河水(渗水)、泉水。1952年，反细菌战时，农村就已着手改良水井，全县加高井台221眼，井口加盖629眼，水井消毒184眼，防止水源污染。1963年，地、县卫生防疫站对石臼、涛雒、城关67个自然村，200眼水井进行水质检验，为改水提供科学依据。70年代后期，在农村兴起建手压插管井，个别富裕的生产大队建起自来水。至80年代，手压插管井在农村普及。80年代后期，农村压水井因深度不够及受地表水下渗污染，水质下降，兴建自来水成为农村改水的重点。1995年，自来水受益率达到36.8%。1997年，区政府把农村兴建自来水列为小康村镇建设的重要内容和扶贫工程项目，该年度52个村用上自来水，3.08万人受益。2007年，全区农村全部饮用上安全卫生水，其中，自来水受益率达82.21%。

改厕

实行农业合作化前，农村厕所普遍以深坑式为主。至20世纪90年代，农户厕所普遍改成前盆后缸式厕所，粪尿单集，不渗不漏，日产日清，杜绝蝇蛆滋生。

1990年，市政府提出1995年前基本达到初级卫生保健规划目标，把农村改建卫生厕所列为初保工作的重要项目，卫生厕所的标准是有墙有棚，不渗不漏。全区推广双池漏斗式无害化厕所，至1995年，卫生厕所普及率达到95.3%，新改建无害化厕所2103个。2001年，东港区被全国爱卫会评为"全国卫生厕所普及先进区"。

2005年起，分别在秦楼街道董家滩村、两城镇泉子沟村、河山镇申家坡三个村，搞"水冲三格化粪池式"无害化厕所建设试点，地面、墙壁铺贴瓷砖，蹲坑安放座便器，有的与太阳能洗澡间相结合，为新农村户厕配套建设做出示范。2007年，全区卫生厕所普及率达到95.98%，其中无害化厕所达到38.63%。

第三节　环境卫生整治

搞好环境卫生，是开展爱国卫生运动的重要内容。20世纪80年代始，列入精神文明建设内容。90年代，以"创建卫生城市、卫生城镇、卫生村居"为目标，连续开展各种突击周、突击月活动。1993年，城区村居制定卫生公约，建立保洁制度，成立保洁队，设专职保洁员190人。环境卫生工作逐步建立起制度化、常态化机制。

1998年，区爱卫会和区建委联合下发《关于在全区村居开展文明卫生环境建设活动的实施意见》，召开"美在家庭"暨农村文明卫生环境建设现场会，涌现出一批环境卫生先进典型。

1999年8月，区政府制定《城市环境综合整治活动方案》，于8月13日召开动员大会。8月20日下午，区直机关党委组织发动机关干部职工1000余人上阵，对山东路营子河至实验二中1.6千米路两侧的环境进行突击整治，清除杂草，疏通沟渠。该次整治活动历时2个月。各乡镇环境综合整治突击周活动也迅速展开。

2000—2007年，每年都发动组织两次全区性的夏秋季爱国卫生突击活动。至2007年，全区共建成区级卫生先进单位111个、市级50个、省级12个。

第四节　卫生城市创建

1990年，市政府下发《关于开展创建卫生城市活动决定》。1993年，区政府成立创建卫生城市指挥部，年内组织3次全区创建工作大检查。

1995年，区政府印发《关于开展创建卫生城镇活动的决定》，于6月30日召开创建国家卫生城市动员大会。

1998年后，全区按照国家卫生城市标准，不断推进创建进程，在旧城改造、绿化美化、门前三包、门内达标、行业卫生管理、厕所改造、畜禽禁养、除害防病和居民卫生、健康教育等方面，都取得新的进展。

2003年，区委、区政府根据市委、市政府关于开展"双创"(创国家卫生城市和国家环保模范城市)的总体部署，调整充实"双创"指挥部成员，成立"双创"办公室，下设督导、宣传材料和综合协调3个组。

2005年3月，区"双创"指挥部印发《东港区2005年"双创"实施意见》，12月13日，全区召开创建国家卫生城市迎查工作动员大会。继续落实"党政一把手负总责、属地管理属地负责、谁主管谁负责、一岗双责、职能部门分工负责"的五项责任制。形成全党动员、全民参与、齐抓共管"创卫"格局。

在开展创建卫生城市活动中，全区先后共投资8000多万元，出动机械4万多台次，为成功创建国家卫生城市奠定了基础。

2006年5月14日—17日，顺利通过全国爱卫会创建国家卫生城市考核鉴定组的考核鉴定。2006年7月13日，日照市被国家爱卫会正式命名为国家卫生城市。

第五节　健康教育

新中国成立初期，健康教育的重点是宣传防病、治病和推广新法接生等卫生知识。1952 年 3 月，为粉碎美国的细菌战，动员群众参加扑灭各种病媒昆虫活动，控制传染病发生。1956 年以后，开展以普查普治黑热病、麻风病、钩虫病、丝虫病和妇女病防治等工作为重点的防病治病知识宣传教育活动。

1990 年始，在城区开展创建卫生城市活动，在农村开展实施初级卫生保健工作，均将健康教育列为重要内容之一。

1994 年，落实市爱卫会等四委局《关于开展“全市农民健康教育行动”的通知》精神，结合实施初级卫生保健工作，在全区开展群众性的健康教育活动。全区农村普遍成立健康教育学校，宣传初保内容和卫生知识。西部 7 个缺碘乡镇，开展预防碘缺病知识的宣传教育活动。

1995 年，根据全国爱卫办《关于实施农村健康教育行动方案》和“居民、中小学生健康知识、健康行为考核范围”，开展“世界卫生日”“世界控烟日”“健康教育宣传周”、《中华人民共和国母婴保健法》等宣传活动。组装宣传车到各镇(街道)巡回宣传。

1996 年 6 月份，在开展“创建爱婴区”活动中，全区各医院进行爱婴医院的标准和母乳喂养科学知识培训，各创建单位都办起“孕妇学校”。区妇幼保健站举办新婚夫妇学校，向育龄妇女宣传母婴保健科学知识。

1998 年，制定《东港区迎接全国城市卫生检查健康教育工作实施方案》，将健康教育列为公民素质教育的重要内容。

2001 年，制定《东港区健康教育规划(2001-2005)》，对城乡居民进行常见病多发病防治、妇女儿童保健、主要传染病地方病防治、饮用水及环境卫生等基本知识的宣传和控烟教育。2002 年，在“世界无烟日”活动期间，组织开展控烟宣传，两所中学开展以“清洁空气，拒吸二手烟”为主题的终生不吸烟签名活动，3000 多名中小学生参加。

2003 年，国内发生“传染性非典型性肺炎”疫情，全区紧急动员层层举办防“非典”知识培训班，对广大医务人员进行全员培训。选派医务人员深入基层对群众进行广泛宣传。防疫站派员到车站、公共场所、企事业单位举办讲座。发放防治“非典”知识宣传单、宣传画。村村刊登黑板报，街道社区设宣传栏。电视台、广播电台对“非典”防治知识进行反复播放宣传，使人们掌握防非典的知识，消除恐惧心理。

2005 — 2006 年，开展防治“禽流感”“艾滋病”和职业病等有关知识的宣传教育和创建无烟单位、无烟家庭、“相约健康社区行”活动。制定居委、社区、学校、车站、码头、影剧院、歌舞厅、医院、机关、企事业单位的健康教育标准。2007 年，区爱卫会办公室制定《东港区实施〈全国亿万农民健康促进规划〉》和《东港区健康面对面——乡村行活动实施方案》，分别印发至各单位。全区健康教育稳步推进。

第六章　医　疗

第一节　医疗机构

药铺、药股、区卫生所、联合诊所

新中国成立前，境内无官方设置的医疗机构。民间有先生“坐堂”的药铺为主要医疗诊所。汉家皋陆的“全生堂”，清道光十年(1830 年)立号开业，前后五代经营，历经 118 年。涛雒的“济生堂”，建于清道光十九年(1839 年)，后联合“三怀堂”等 5 家入股，规模较大。1944 年，牟印方联合 7 名医药人员，以田家寨的“金生堂”、辛兴的“利济堂”为基础，成立碑廓区卫生合作社。1949 年，全县中西药铺 160 余家，医药人员 261 人。至 1950 年，全县先后建立 12 处区药社，属集体性质，后发展为供销合作社药股。至 1958 年，全县有药股 16 处，开展药品批发、零售和一般疾病的治疗。1952 年，县内始建沈疃等 9 处卫生所，后又建涛雒、南湖等 5 处卫生所。1953 年，成立集体所有、政府扶持、群众联办、自负盈亏的联合诊所。最早成立的有砦家店和城关2处。1956年，全县发展到29处。1958年，联合诊所转为乡保健站或农业社联合保健站。年底，组成人民公社卫生院。

区属医院

东港区人民医院　其前身是城关镇城南联合诊所。1955年成立。1959年1月，改称城关卫生院。1985年1月，改建为日照县中医医院。1993年，更名为东港区人民医院。1998年，搬迁至望海路东首，占地1.67公顷，建5346平方米门诊楼。1999年，扩征土地1.87公顷，先后建6层和13层病房楼各一座，面积2.52万平方米。2000年，同北京阜外心血管医院建立协作关系，开展射频消融，二尖瓣球囊扩张等介入检查及治疗。2001—2003年，先后添置全身螺旋CT、医用高压氧舱等先进大型设备90余台(件)。2005年，心内科被确定为市级重点专科。设立乳腺病治疗中心。2007年，有床位428张，职工546人，建筑面积3.93万平方米，设行政职能科室19个，临床医技科室31个，职工346人，其中中级以上职称医务人员172人。是区内的医疗、急救、教学、科研中心。

图40-13　东港区人民医院　　(摄于2007年5月)

东港区中医院(石臼街道卫生院)　1955年，石臼码头工会和石臼车工会联合建立"工人医疗所"。1956年10月，改建为石臼"联合诊所"。1958年8月，改称灯塔(石臼)人民公社卫生院。1959年2月，灯塔人民公社中心保健站并入，改称石臼人民公社卫生院。1982年1月，改称石臼镇卫生院。1984年6月，石臼港办事处(县级)建立，改称石臼港办事处卫生院。1985年3月，改称石臼办事处卫生院。1988年4月，改称石臼街道卫生院。1993年，改称东港区石臼街道卫生院。1997年创建为国家级爱婴医院。2004年8月，经省中医药管理局批准，改建为东港区中医医院。2007年，有职工105人，设临床科室14个，医技科室7个，有彩超、多普勒、生化分析仪等设备，开放床位40张。

乡镇卫生院

由区卫生所、供销合作社药股、联合诊所合并发展而成，多建于1958年前后，时称人民公社卫生院，共21所。1972年，三庄、南湖、小后村、巨峰、黄墩、两城、碑廓、安岚8所公社卫生院升为县人民医院分院，性质由集体转为全民，其余13所仍为集体，并改称为卫生院。1990年起，南湖、三庄、两城医院先后被省卫生厅确定为中心卫生院。

1993年，全区有乡镇、街道卫生院18所。1995年，两城、南湖、三庄、石臼、巨峰、涛雒卫生院通过省市医院评审被确定为一级甲等医院。2004年9月，黄墩、巨峰、后村、高兴4所卫生院随乡镇划归岚山区。2005年3月，尹家河、竖旗卫生院分别并入南湖、三庄中心卫生院。到2007年，全区有镇卫生院7所、街道卫生院3所。

日照街道卫生院　1978年，城关卫生院在沙墩村北设一门诊部。1987年，挂牌成立日照镇卫生院。1999年，搬迁至海安路69号，占地面积

图40-14　日照街道卫生院

1.6 公顷，建筑面积 3913 平方米。2002 年 9 月创建省级预防接种示范门诊。

2007 年 11 月，成立日照街道社区服务中心。有职工 58 人，开放床位 20 张。设临床、医技、防疫等 16 个科室，有 200 毫安 X 光机、洗片机、血尿分析仪等大中型医疗设备近 30 台(件)。能开展甲状腺、乳腺、直肠、阑尾、骨折内固定等手术。

秦楼街道卫生院 院址在秦家楼村驻地，其前身是城东区卫生所。1956 年，更名为丝山区卫生所。1963 年，改建为丝山区卫生院。1971 年，改称丝山人民公社卫生院。1974 年 10 月，卫生院整

图 40-15 秦楼街道卫生院

体迁至秦家楼村东(今院址)，占地 0.67 公顷，建筑面积 1549 平方米。1993 年，建 1500 平方米门诊楼 1 座，更名为丝山卫生院。1996 年，更名为秦楼街道卫生院。2005 年 9 月，整体划归东港区人民医院管理。2007 年，医院床位 20 张，工作人员 30 人，设临床、医技、防疫等科室，有 200 毫安 X 光机、B 型超声诊断仪等设备，能处理常见病、多发病，对急症病人能进行抢救处理。

三庄中心卫生院 位于三庄镇政府驻地，建于 1958 年秋，由卫生所和原合作社药股合并成立三庄人民公社卫生院。1959 年，由三庄三村迁至三庄二村东北角。1972 年，改称日照县人民医院三庄分院。1985 年，改称三庄医院。1992 年，建成 1400 平方米的三层门诊楼。1997 年，被省卫生厅重新确定为中心卫生院。2005 年 3 月，竖旗卫生院撤销并入该院。

2007 年，医院占地 1.7 公顷，建筑面积 6000 平方米，其中业务用房 3740 平方米，床位 61 张。设临床、医技、防疫等 24 个科室。能开展阑尾炎、疝修补、四肢骨折内固定、胃大部切除、子宫肌瘤

图 40-16 三庄中心卫生院

摘除、剖宫产等手术。

南湖中心卫生院 位于镇政府驻地南，樊家岭村西侧，占地面积 1.18 公顷，建筑面积 4200

图 40-17 南湖中心卫生院

平方米。始建于 1957 年，由南湖供销合作社药部与南湖区卫生所合并而成，院址在南湖一村，时称南湖人民公社卫生院。1972 年，改称日照县人民医院南湖分院。1985 年，改称为南湖医院。1995 年，被评审为一级甲等医院。1997 年，被省卫生厅重新确认为中心卫生院。同年创建为国家级爱婴医院。2005 年 3 月，尹家河卫生院撤销并入该院。

2007 年，有职工 62 人，拥有日本产 F — 820 血球分析仪、尿液分析仪等多台诊疗设备。能开展子宫肌瘤切除、乳腺癌治疗、甲状腺腺瘤切除等手术。

两城中心卫生院 1958 年，在两城卫生所基础上建成两城人民公社卫生院。1972 年，更名为日照县人民医院两城分院。1995 年，改为两城中心卫生院，同年被评为一级甲等医院，1997 年，创建为国家级爱婴医院。同年，被省卫生厅确认为

中心卫生院。

2004 年，有床位 45 张，拥有日本产 F — 820 血球分析仪、尿液分析仪、意大利产 Scout 半自动生化分析仪等多台诊疗设备。2007 年，医院整体搬迁至 204 国道南两石公路东侧，占地 2.33 公顷，新建 3810 平方米综合门诊楼 1 座。年底有职工 51 人。设临床、医技、防疫等 20 多个科室。能处

图 40-18　两城中心卫生院

理常见病、多发病，对危重病人进行抢救处理。能开展阑尾炎、疝修补、骨折内固定、旁胱输尿管切开取石、白内障、青光眼、鼻泪管再造等手术。

涛雒镇卫生院　始建于 1958 年，由涛雒供销社药部、下元卫生所、结庄卫生所、林子头卫生所、廒头卫生所、栈子卫生所、盐工卫生所、药材批发部合并而成。时称涛雒人民公社卫生院。到 1983 年，该院占地 0.41 公顷，有房屋 60 间。1992 年，医院搬迁至涛雒镇涛坪西路北侧，占地 1 公顷。1995 年，被评审为一级甲等卫生院。

1997 年，创建为国家级爱婴医院。2007 年，正式在编职工 51 人，床位 25 张。设临床、医技、防疫等 12 个科室。有 200 毫安 X 光机、尿十项分析仪、胎儿监护仪等多台先进仪器设备。

图 40-19　涛雒镇卫生院

西湖镇卫生院　位于西湖镇驻地西南角，222 省道以东，占地面积 0.82 公顷，建筑面积 2100 平方米。该院 1958 年成立，院址在沈疃。1961 年，迁至新村后街。1963 年春，迁至新村东南角公路以东。1994 年，迁至今址。1997 年，创建为国家级爱婴医院。

2007 年，有职工 40 人，设临床、医技、防疫等

图 40-20　西湖镇卫生院

科室，开放床位 25 张，有 UF — 3500 福田 B 超和 500 毫安 X 光机等医疗设备。能开展常见病、多发病诊治及危重病人的抢救处理及胆囊摘除、阑尾切除、膀胱取石等手术。

陈疃镇卫生院　位于陈疃镇政府驻地，占地面积 0.58 公顷，建筑面积 1080 平方米。前身是

图 40-21　陈疃镇卫生院

西湖卫生院设在陈疃的门诊部。

1971 年 3 月，门诊部改建为陈疃人民公社卫生院。1993 年，建成 1080 平方米的门诊楼 1 座。1997 年，创建为国家级爱婴医院。2007 年，有床位 25 张，设临床、医技、防疫等 24 个业务和职能科室。拥有日本产 F — 820 血小板计数仪、北京产 200 毫安双管双床 X 光机等多台医疗设备。能

诊治内、外、妇、儿、中医科常见病、多发病，并能做阑尾炎切除、疝囊修补、骨折内固定等手术。

河山镇卫生院　位于河山镇驻地，占地面积0.84公顷，建筑面积3937平方米。其前身为两城区河山门诊部。1971年，建立河山人民公社卫生院。1972年，在河山店村东南征地约0.4公顷筹建卫生院，1973年迁入。1975—1978年，进行扩建。1984年，改称河山区卫生院。1986年，称河山乡卫生院。1997年，称河山镇卫生院。

图40-22　河山镇卫生院

2007年，在职职工35人，设临床、医技、防疫等职能科室。拥有F30—Ⅱ型200毫安X光机，无锡祥声600—B型超声机等多台医疗设备。能开展阑尾切除、腹股沟斜疝修补、胃大部切除、白内障、青光眼等手术。

村卫生室

1958年实行人民公社化后，各区卫生所、联合诊所合并成立人民公社卫生院，农村医疗网点减少。为解决农村缺医少药的困难，有些边远山区的大队先后成立集体性质的保健室或卫生室。自1968年起，合作医疗开始建立并迅速发展，到1978年，全县1092个大队有1073个建起合作医疗室，"赤脚医生"发展到2913人。80年代初，合作医疗逐渐解体，村集体卫生室资金和药品归集体所有，交付村医经营，或将药品器械作价给"赤脚医生"，自负盈亏。有的大村一村设多个卫生室。

1986年，全市有农村卫生室1532个，其中，集体办卫生室156个，合作医疗室12个，保本吃利加补助卫生室1354个。1990—1996年，几次推行卫生室"村办乡管"，实行"集体举办、一村一室"，但未能正常运营。1997年，对村卫生室推行以"三制"(聘任制、工资制、养老保险制)、"五统一"(行政、业务、人员、财务、药品)为主要内容的镇村卫生组织一体化管理。区政府制定下发《东港区乡村卫生一体化管理办法》，对村卫生室的设置、组织领导、卫生室的管理、奖惩等做了规定。乡镇(街道)成立一体化管理委员会，推行一体化管理工作。到1998年，有9处乡镇对村卫生室实行一体化管理。2003年，在西湖镇召开一体化管理工作流动现场会，继续推行镇村卫生组织一体化管理。2007年，全区有村卫生室316个。其中，镇村一体化管理卫生室268个，共有乡村医生1034人。

市属医疗卫生机构

市人民医院　其前身是日照县大众诊疗所，1949年1月1日，改建为日照县立医院，有工作人员38名、床位50张。1957年7月1日，改称日照县人民医院。1963年，被山东省卫生厅确定为重点建设医院。1985年改称日照市人民医院。同年，通过世界银行贷款，配置500毫安遥控X光机、B型超声显像仪等医疗设备28台(件)。2002年5月，整体搬迁至日照市泰安路126号。

2007年，在职人员904人，其中高级职称176人，中级职称384人，博士、硕士86人。设临床、医技科室52个，其中，小儿外科为省级特色专科。医院占地19公顷，其中，医疗区占地12.67公顷，业务用房5万余平方米，开放床位926张。拥有西门子16层螺旋数字胃肠机等先进医疗设

图40-23　日照市人民医院　（摄于2007年）

备500余台(套)，能开展冠状动脉搭桥、肝移植、肾移植等手术。

市中医医院　位于望海路中段，医院医疗区占地4公顷，建筑面积1.35万平方米。该院建于1994年，院址在泰安路126号，1999年开诊。2002年5月，与市人民医院调整搬迁至今址。

2007年，医院设有临床、医技、行政科室56个；有23个病区，床位700张；在职职工480人，专业技术人员430人，其中高级职称91人，中级职称123人。拥有磁共振、螺旋CT、彩超等万元以上医疗设备260余台(件)，总值近1亿元。中风科、骨伤科、肝胆外科、妇产科、五官科、针灸理疗科、消化内科、心内科等是医院的重点专科。外科能开展包括肝、肾移植在内的各种高难度手术，内科能开展心血管造影、支架安置术及各项介入治疗。

图40-24　日照市中医医院　(摄于2004年)

高旺医院　前身是高旺钢铁厂工地卫生所，院址在涛雒镇高旺庄村。1960年，与三庄迁来的县医院结核肝炎科合并，组成日照县第二人民医院。1963年，改称高旺医院，是日照南部的医疗中心。1986年，有职工78人，房屋212间，占地面积9.9公顷。设5个临床科室，6个医疗科室。病床70张。救护车1辆，有B超、300毫安X光机、心电图机等医疗器械。1993年迁至汾水，更名为日照市第二人民医院。

日照市中心血站　其前身是日照市红十字会中心血站，成立于1990年8月，隶属市红十字会。1991—1993年，利用社会捐款85万元，省市拨款30万元，征地0.63公顷，建2700平方米业务楼1座。先后配备离心机、酶标仪、洗板机、钾钠分析仪、全自动酶免分析系统、三洋MBR—506D血库(+4℃)、血细胞全自动分离机、流动采血车、送血车等采供血仪器设备，开展无偿献血。1999年11月，建稀有血型流动血库。2004年，更名为日照市中心血站，隶属市卫生局。

2007年，中心血站总建筑面积5757平方米，设血源管理科、体检采血科、成分制备科、检验科、质量控制科等9个科室。成为集采血、供血、血源管理与输血科研于一体的采供血专业机构。

市精神卫生中心(市第三人民医院)　其前身是奎山卫生院。1994年，经市政府批准设立日照市精神卫生中心。同年，自该院分出，迁至黄海二路。1995年迁入日照市昭阳路北路337号，占地4.67公顷，业务用房600平方米。1998年，改称日照市第三人民医院。2007年，床位150张，设5个病区，在职职工130人，其中，正高2人、副高6人、中级32人。

市结核病防治所　始建于1979年9月，1981年12月开设门诊。1983年10月迁至海安路。2006年，建成3500平方米的门诊办公楼1座。2007年，所内有300毫安X光机、B超、血球分析仪、全自动生化分析仪、尿液分析仪、双目显微镜等医疗器械。设医技科室6个，床位60张。主要开展结核病的防治检查与治疗。

市皮肤病防治所　1957年成立麻风病防治站，与县防疫站合署办公。1958年，县麻风病防治站迁往南湖公社大山沟。1971年，麻风病防治站更名日照县皮肤病防治站。1979年，开设皮肤科门诊。1983年，门诊部移至昭阳路19号。1985年改称日照市皮肤病防治站。1986年，建474平方米门诊楼1座。1990年9月，更名为日照市皮肤病防治所。1997年，设立性病专科门诊。2007年，门诊办公楼占地0.49公顷。主要从事皮肤病、性病、麻风病等疾病的监测防治与咨询。设有皮肤科、性病科、银屑病专科等13个临床业务科室。并设社防科，负责皮肤病、性病的社会防治工作。

图 40-25 日照市皮肤病防治所 （摄于 2007 年）

日照市"120"紧急救援指挥中心　成立于2006年9月15日，同年12月29日正式开通运营，设有办公室、指挥调度科、督查科三个科室，负责调度、组织全市应急突发公共卫生事件和急症患者的紧急救护。至2007年6月，全市入网急救站8家、卫生监督机构1家。急救站入网救护车35辆，卫生监督所入网食品卫生监督车1辆，全部安装卫星定位系统，救护车全部装备心肺复苏仪等急救设备和药品，达到高级生命支持标准，并配备执业医师和注册护士。中心调度室与各急救站之间实行专线传输，受理呼救后，救护车白天3分钟、夜间5分钟内出车。2007年，共出车44933次，接救39621人。

图 40-26 日照市"120"紧急救援指挥中心开通启动仪式 （摄于 2006 年）

其他医疗机构

日照港口医院　1985年4月建成，址在黄海一路，总建筑面积5546.5平方米。时称交通部石臼港务局职工医院，1986年11月改称石臼港口医院。2007年，医院占地2.74公顷，建筑面积1.05万平方米，床位200张，急诊观察床位20张。设13个临床科室，9个医技科室，8个职能科室，另设社区医疗门诊。有美国产16排螺旋等多台先进仪器设备。

中铁二十三局职工医院　其前身是铁道兵第四师第十六团卫生队。1982年6月由太原市迁入日照。1984年1月，改称铁道部第十四工程局第一工程处职工医院。1986年，从相家庄迁至日照南路55号。设临床、医技等十多个科室。2007年，改称为中铁二十三局集团第一工程有限公司职工医院。

一三六医院　1979年6月，中国人民解放军陆军第二十五野战医院由掖县移驻日照相家庄营房。设门诊部、内科、外科等，有床位300张，除担负日照周围驻军的医疗保健任务外，兼为当地群众治病。1984年1月，改称一三六医院，隶属济南军区后勤部。1989年，开放床位100张。1998年7月撤销。

其他医院、疗养院　2007年，区内有国家、省、市属企事业单位举办的医院、疗养院4所，单位医务室、卫生室33个。

2007年东港区国家、省、市属企事业医疗单位基本情况一览表

表 40-5

名　称	地　址	设立时间	床位(张)
兖州矿业集团有限责任公司疗养院	秦楼街道王家皂村	1999年6月	100
济南铁路分局日照疗养院	海滨四路29号	1996年7月	150
山东医学高等专科学校附属医院日照分院	海滨五路1号	2006年1月	20
日照汽车运输总公司医院	黄海二路11号	1996年12月	30

私立及民营医院

20世纪90年代后，一些个体民营医疗机构陆续建立。至2007年，区内共有个体诊所85家，民营医院9家。

日照卫生检疫医院　建立于1995年10月，址在日照市黄海二路79号，占地2120平米，建筑1600平米。主要业务是为出入境人员进行健康检查、传染病监测，兼为周围居民提供医疗服务。隶属于日照卫生检疫局。1999年，日照卫生检疫局合并于日照出入境检验检疫局。2004年，该院改制为民营医疗机构。2007年，有病床25张，职工68人。

日照关爱医院　2002年，由日照经济开发区批准成立，位于黄海一路以南北京路以东。2003年，因区划调整划归东港区。2006年，迁至黄海二路6号，租7层楼1座开展业务。是一所以治疗生殖疾病为主的医院。

北京路同和骨科医院　成立于2002年，占地面积660余平方米，建筑面积1500余平方米，床位25张。2003年，区划调整划归东港区管理。2004年4月，更名为日照市北京路同和骨科医院。

山海天同济风湿病医院　位于日照市青岛路中段卧龙村北，2002年12月建立，设床位20张。

日照友谊医院　2005年10月，由日照市卫生局批准成立，址在日照市海曲东路10号，租四层楼一座，建筑面积3000平方米。以治疗妇科疾病为主，床位20张。

日照华方中专科医院　2006年1月，日照华方中医专科医院经市卫生局批准设立，址在山东路529号。2007年，开设床位120张。有医护人员100余人，其中，中高级职称人员20余人。

日照亚太骨科医院　建立于2006年4月，址在日照市日照北路14号，设床位76张。

日照淑萍骨科医院　2006年6月，是由侯淑萍个人投资，经市卫生局批准建立，是一所骨病专科医院。医院位于北园六路与昭阳北路交汇处，占地1.33公顷，建筑面积6000平方米。2007年，有床位50张。员工17人。

日照现代男科医院　建立于2007年8月，址日照市海滨五路69号，设床位20张。

2007年东港区私立及民营医院情况表

表40-6

机构名称	所处地址	建立时间	床位(张)
日照卫生检疫医院	黄海二路79号	1998年1月	20
山海天同济风湿病医院	青岛路中段，卧龙村北	2002年12月1日	20
日照关爱医院	黄海二路6号	2002年	25
北京路同和骨科医院	北京路中段东侧	2002年12月	18
日照华方中医专科医院	山东路529号	2005年8月10日	50
日照友谊医院	海曲路10号	2005年10月1日	20
日照亚太骨科医院	日照北路14号	2006年4月16日	76
日照淑萍骨科医院	东港区高科园园中北路	2006年6月	50
日照现代男科医院	海滨5路69号	2007年8月	20

第二节　医疗队伍

中医

明末清初，县内中医少数应聘在中药店坐堂应诊，多数自开药铺行医。新中国成立前，全县有中医药人员261人。新中国成立初，部分中医改学西医，中医药队伍相对减少。1952年，政府将个体中医药人员组织起来，成立联合诊所。1955年，县卫生科对中医药人员采取鼓励政策，对医术较高的老中医颁发中医师证书。同年，县医院设中医科，并在调资时对确有造诣的老中医普调两级工资，中医队伍逐步扩大。1956年，实行中医带徒制度后，境内有10名老中医带徒弟13人。到

1965 年，全县共有中医学徒 64 人。1971 年，各公社卫生院相继成立中医科，一般有中医 2 ～ 3 人。1979 年 11 月，经省统一考试，日照县从社会中医药人员中招收中医士 4 人、中药士 1 人，到卫生院工作。1981 年，县卫校设中医班、中药班各 1 个，培养初级中医药人员 89 人。到 1989 年底，全市中医药人员发展到 178 人。

1994 年，区内卫生系统有中医药技术人员 88 人。1999 年，医师（士）均按照执业医师法的规定，经认定取得执业(助理)医师资格。此后，每年都有具备条件的人员参加国家医师资格考试，取得医师资格。

2007 年，全区共有中医执业医师 57 人，中医执业助理医师 29 人，中药人员 26 人。

西医

民国初年，西医传入境内。1916 年，烟台人吕廷芳携西药从青岛到岚山开设药房，为患者打针服药，疗效显著。1924 年，寿光人王立阶从烟台玉皇顶教会医院学医后，在涛雒开设诊所。1926 年，涛雒孙家营子孙玉岩在营口教堂学成后，回乡行医，在碑廓、安东卫、涛雒一带设诊所，带徒弟，主治黑热病。20 世纪 30 年代，在黄墩、西湖等地，陆续有西医开设诊所。1939 年后，石臼及县城设“济祐药房”，用西药治病。

新中国成立后，西医队伍逐年扩大。1949 年 1 月，县立医院成立，有西医 14 人、护士 21 人。1960 — 1965 年，先后有大批大、中专毕业生和城市下放医生到日照工作。1966 年，县内有西医 239 人，护士 98 人。20 世纪 70 年代，部队转业医务人员安置、充实到西医队伍。到 1989 年，全市西医中有副主任医师 15 人，医师和主治医师 396 人，护师和主管护师 114 人，检验师 20 人，西药师 32 人，其他技师 19 人，初级卫生人员 320 人。

1994 年，全区有西医卫生技术人员 907 人，其中，高级 6 人，中级 129 人，初级 625 人，未聘任职称的 147 人。2007 年，全区共有西医执业医师 765 人，护师(士)255 人。

乡村医生

1956 年，农业合作社选派政治可靠、有一定文化程度的社员到区卫生所或联合诊所，进行短期业务培训，回本社担任保健员，协助基层医疗单位完成防疫接种，进行卫生宣传，在上级卫生所医生的指导下开展防病治病工作。他们多为半农半医或全农兼医，实行误工记工。1968 年，保健员被称为“赤脚医生”。随着农村合作医疗的开展，“赤脚医生”队伍迅速扩大。1978 年，全县有“赤脚医生”2913 人。1981 年，经临沂地区统一考试，有 1272 人领取“乡村医生证书”。1985 年，“赤脚医生”改称乡村医生。1989 年，全市有乡村医生 1724 人。1995 年，有 1488 人经考核合格取得“山东省村级卫生技术人员执业证书”。1998 年，全市乡村医生职称评定，全区有 1149 人获得技术职称，其中高级医师 119 人、乡村医师 782 人、乡村医士 232 人、乡村卫生员 16 人。

2004 年，落实国务院《乡村医生从业管理条例》和省卫生厅《山东省乡村医生执业注册管理办法(试行)》，组织乡村医生参加省、市统一考试。全区有 1192 人考试考核合格，经执业注册，取得“乡村医生执业证书”。2007 年，共有乡村医生 1034 人，其中助理医师 11 人。

第三节　医疗设备

新中国成立后，医疗设备主要是血压计、体温表、听诊器、注射器。1953 年，县医院有显微镜。1959 年县医院有 30 毫安 X 光机。1964 年，县医院配有心电图、200 毫安 X 光机。1973 年，县医院有超声波诊断仪。

1979 年，日照县被列入省卫生三分之一重点建设县，省卫生厅先后两次投资 110.31 万元，以 50.31 万元购置医疗器械，60 万元投资基建。

1980 年，用世界银行组织提供的 50 万美元贷款，购进国内外各种医疗器械 28 件(套)。到 1988 年，市医院配备人工肾、纤维胃镜、心向量机、脑电图机等大型器械和精密仪器 100 余台(件)。1985 年，市中医院配有 300 毫安 X 光机、牙科综合治疗机。1989 年，全市共有床位 1191 张。

1996 年，区医院购 CT 机 1 台。区妇幼保健站有便携式 B 超、心电图机及 30 毫安 X 光机。1998 年，区妇幼保健站有半自动生化仪、尿液分析仪及乳腺透照仪。

1999 年后，区医院先后添置 500 毫安 X 光机、生化仪、彩超、胃镜、美国产 GE 监护仪等设备 30 余台(套)。

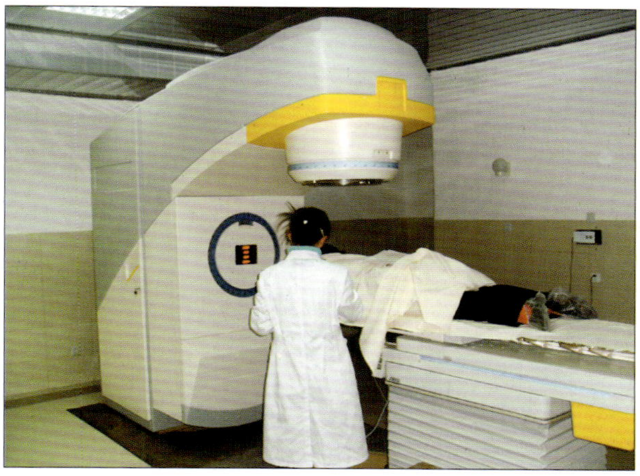

图 40-27　医用直线加速器　　　　　　　　　　(摄于 2006 年)

2001 — 2003 年，区医院先后添置全身螺旋CT、医用高压氧舱、纤维胆道镜、超声乳化仪、彩色多普勒和医用直线加速器等大型设备 90 余台件。2005 年，区妇保站拥有彩超。2007 年，区医院拥有核磁共振，区中医院有彩色心脏工作站设备。

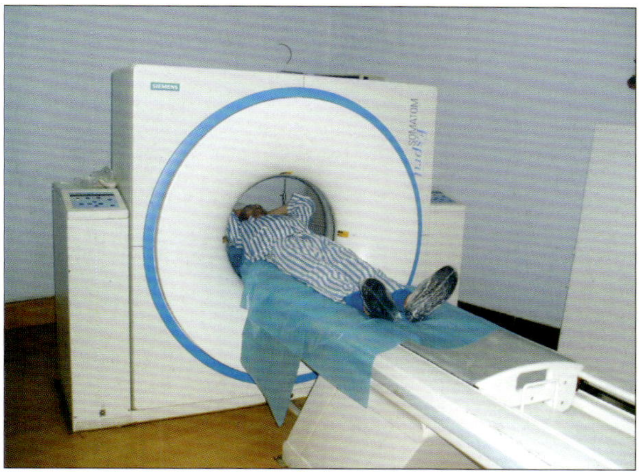

图 40-28　德国产西门子螺旋 CT　　　　　　　　(摄于 2004 年)

第四节　医疗技术

中医技术

新中国成立前，诊治疾病以中医为主，一医多科，大体分内、外、妇、儿、痘疹、整骨等科。民间名中医中，有诊治内科、妇科和瘟病著称的东辛兴李润民、尧王城徐衍本及夹仓的王芳圃，有擅长外科的奎山朱春源，有擅长治疗腰扭伤的郑家结庄秦恩浦，有写出医学专著的苗王庄卢季诺。

1955 年，县卫生院中医科成立，用中医中药治疗急慢性阑尾炎、粘连性肠梗阻、肝胃痛、肝肿大、胸腔积液、急性腹痛、肺痈、乳腺炎等疾病，疗效显著。用穿山甲治小儿肝肿大、中医接骨效果明显。1961 年，县医院设针灸科，始用针灸疗法治病。1977 年后，针灸、推拿、按摩疗法在县内各公社卫生院和分院得以大力推行。1983 年，城关镇卫生院理疗室女盲医岳玲，应用推拿治疗小儿腹泻，治愈率达 90% 以上。1985 年，市中医院开始用中医药并配合针灸治疗骨折、痔瘘、泌尿系统结石、乙肝、风湿病等，积累了一些临床经验。1988 年，市医院配制的烫伤膏，临床应用效果良好。通过临床实践，不少中医有著述。中医卢季诺，撰写验方 10 余个，被收编于《山东省验方汇编》。

1997 年，区医院运用中药透析疗法治疗腰椎病、风湿病、关节炎。2007 年，用中医中药药浴疗法治疗银屑病，取得良好效果。

西医技术

清末民初，西医传入境内。仅能治疗黑热病，处理一些外伤及脓胞切开引流。新中国成立后，西医队伍逐年扩大，医疗技术逐年提高。新中国成立初期，县卫生院对一些常见病、多发病能进行一般性的处理。

1956 年，县医院开展肠梗阻、疝修补、阑尾切除、鞘膜积液等手术。1961 — 1965 年，县医院能开展心电图检查，血、尿、便常规检验，肝、脾、骨髓等穿刺技术，做脾、胃、胆囊切除、白内障、青光眼、扁桃体和气管切开、乳突根治、输卵管结扎、人工流产引产、子宫全切、尿瘘修补、宫颈癌根治、子宫下段剖腹产等手术。高旺医院能做肠套叠、剖腹产和卵巢肿瘤、子宫切除、胃大部切除等手术。公社卫生院都能接生。1967 年，县医院开始应用硬膜外麻醉、超声波技术，能做肾切除与输尿管切开取石手术。1977 — 1978 年，县医院能对大咯血、呼吸衰竭、心力衰竭、休克、严重心律失常、心肌梗塞等病进行抢救，能对上消化道出血、肝昏迷、脑血管意外、各种脑炎、脑膜炎、甲亢危象、糖尿病酮症酸中毒等进行救治，并积累一些成功的经验。能做腹膜外剖宫产术。

1979 — 1983 年，县医院做绒癌根治、盆腔淋巴结清扫和用羊膜盖法阴道成形术等手术，能开展乳腺癌、结肠癌根治、门脉高压血管断流术，开颅减压、硬膜外血肿清除、肾切开取石术，膀胱、前列腺切除、椎管探查、视网膜剥离、眶部肿瘤、鼓室成形等手术。1981—1984年，县医院用免疫抑制剂配合抗凝剂治疗流行性出血热，三分之二的病人发热时间缩短，二分之一的病人可逾越病期，大多数病人可避免DIC。城关镇卫生院能做子宫全切、卵巢摘除和剖腹产手术。1985—1986年，市医院开展电除颤和药物除颤，做输卵管吻合、人工股骨头置换、血管移植吻合、贲门癌、食道癌、肺癌、断指再植等手术。高旺医院能开展脾切除、胆囊取石、乳癌根治等手术。1987—1988年，市医院开展遥控X光检查、乙肝五项指标的检验，胰和十二指肠切除、肝内胆管吻合、心脏动脉导管未闭、脑肿瘤和不规则转移肝癌的肝叶切除、腹膜代阴道、显微摘除白内障等手术。市中医院吴乃亮成功开展市内首例"半髋置换术"；该院与省中医学院附属医院协作开展股骨头置换、腹直肌代股四头肌桡骨环状韧带再造、股骨延长手

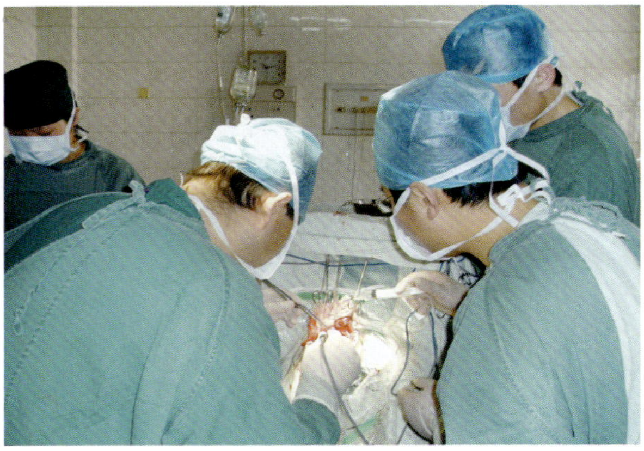

图40-29　巨大脑膜瘤切除手术　　（摄于2006年2月）

术。1989年，市医院开展过敏源试验，诊断过敏性疾病；开展心房调博、终止阵发性室上性心动过速，在省专家指导下开展二尖瓣扩张术；做肝内胆管"y"型吻合、膀胱再造、脑室分流、腹膜透析、喉癌根治等手术。妇产科施行的侧入式两指快速分离法腹膜外剖宫产术达到国内先进水平。市中医院能做腮腺混合瘤切除、白内障摘除手术。1989—1992年，市医院开展动态心电图、门脉声学造影、上颌窦体层拍片及膝关节造影、C反应蛋白、流行性出血热抗体测定等检查。1992年市医院开展CT诊断。市中医院做肾摘除、尿道成形、股骨头成形血管植入治疗股骨头环死、人工髋关节植换手术。

1994—1999年，区医院开展溶栓治疗急性心肌梗塞、脊膜鞘瘤切除、脑出血、胃底癌全切、甲状腺癌根治、肝内大血管瘤切除、食管癌根治、全肺切除、腹膜外剖宫产等手术。1996年，区医院应用CT诊断疾病，提高诊断水平。1999年，区医院做首例断指再植手术获得成功。

2001—2003年，区医院成立中国医学科学院阜外心血管病医院日照协作中心，开展冠状动脉造影及支架置入，心脏起搏器植入，房间隔、室间隔缺损、动脉导管未闭封堵，射频消融，二尖瓣球囊扩张等介入检查治疗手术。能开展血液、腹膜透析等。2004年，区医院开展主动脉夹层动脉瘤支架介入、腹腔镜胆总管切开取石T管引流、高压氧治疗技术。2007年，区医院开展立体定位适型放疗。

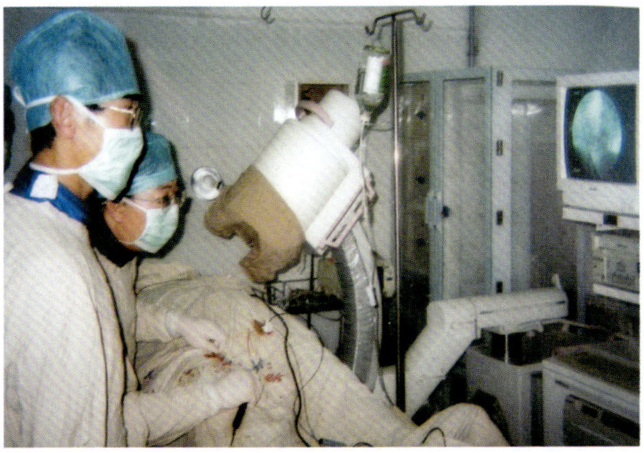

图40-30　心脏介入手术　　（摄于2002年1月）

中西医结合

1971年，县卫生局安排12名大中专毕业生到省中医院、沂水医专、临沂地区中医院进修中医。经过学习，他们能运用中西医两法防病治病。同年，县医院将针刺麻醉，首先在甲状腺、阑尾切除、疝修补、胃大部切除等手术中应用，并把针刺麻醉作为甲状腺手术的首选麻醉方法。高旺医院麻醉医士范开田，参加地区针刺麻醉交流会介绍经验。1980年始，城关镇卫生院运用中西医结合疗法，治疗流行出血热74例，病人死亡率降为3%。1986年，市人民医院五官科用中西医两法治疗眼外伤，减少眼球摘除率。其后，市医院中医科、中医院运用中西医结合治疗紫癜性肾炎、蛋白尿、上消化道出血、无名热、肾炎、传染性肝炎、胆囊炎、胆石症、泌尿系统结石、血尿、出血热等疾病，均取得较好效果。1989年，市中医院外科采

用中西医结合的方法，用“丹黄膏穴位敷贴预防肠粘连”，“红30合剂治疗早期骨髓炎”“复元活血汤加减治疗骨折”，对促进疾病的向愈转归，发挥较好的作用。1991年，市中医院骨科采用手法复位配合“三藤消肿汤”治疗四肢骨折，消肿期比单纯用西药治疗提前3～5天。

1996年，区医院内科采用中西医结合抢救亚硝酸盐中毒。1999年，区医院用“升血汤”中西医结合治疗化疗中白细胞和血小板减少。

2002年，区医院耳鼻喉科用大蒜皮贴片法修补外伤性鼓膜穿孔疗效，愈合时间缩短，治愈率提高。2005年，区医院内科采用中西医结合的方法，治疗糖尿病慢性并发症，收到较为理想的效果。2006年，区医院以针灸八髎穴为主治疗剖宫产后尿潴留，取得满意效果。2004—2007年，区医院以冠心宁注射液和莪术油为主治疗病毒性心肌炎，取得满意疗效。

第七章　妇幼保健

新中国成立后，境内妇幼保健机构建立，依法开展各项妇幼保健工作，保障广大妇女儿童的身体健康。

第一节　三级妇幼保健网建设

三级妇幼保健网由县(区)妇幼保健站、乡(镇)卫生院妇产科及村接生员或妇幼保健员组成。

县(区)妇幼保健站

县妇幼保健站始建于1953年，主要任务是改造旧产婆，培训接生员，推广新法接生。1986年，开设妇幼保健门诊。1993年，整建制升格为市妇幼保健站。1994年4月，区妇幼保健站成立，开展一般诊疗业务，指导乡镇医院妇产科开展妇幼保健工作。1997年1月开展婚检业务。

1998年6月，迁至东关北路66号(原东港医院旧址)。1999年，通过一级甲等妇幼保健站验收。2001年开展妇科、产科及男科不孕不育等手术，开设床位8张。

2004年1月，迁至兴海路47号，设床位20张。设置婚姻保健科、产科、妇科、儿保科、内科、外科、手术室、产房及辅助检查等16个科室。开展婚前医学检查、婚育卫生咨询与指导，孕期保健、不孕不育诊治、妇科常见病诊治、儿童保健、儿童常见病诊治、新生儿疾病筛查、听力筛查和平产、难产、剖宫产及妇科、男科不孕不育手术等业务。

2007年，妇保站有职工54人。投资30余万元购置产房母婴监护仪、手术室心电监护仪、麻醉机，配置呼叫系统等设施，建立婴儿游泳中心。同年，接诊病人1.1万人次，住院1290人次，其中住院分娩1027人，住院手术629人(含剖宫产)。

图40-31　东港区妇幼保健站　　（摄于2003年1月）

乡镇卫生院妇产科

乡镇卫生院建立后，即配有妇幼保健人员，主要任务是在上级业务部门的指导下，推广新法接生。20世纪70年代，各卫生院的妇幼保健人员，多是护士、医士经过进修带训，从事妇幼保健工作。此后，妇幼保健(助产专业)毕业生逐渐增多。同时，各卫生院选拔女乡村医生，经过本院带训，从事放环等计划生育工作。至1983年，乡镇卫生院妇产科有助产士45人，成为乡镇级妇幼保健工作的技术骨干。

东港区成立后，各乡镇卫生院妇产科设有诊断室和产房，配有检查床、简易产床、接生包、流产包、脚踏吸引器、血压计、听诊器、听筒等设施。

1996年2月，区卫生局制定《东港区乡镇医院妇产科基本标准》，对卫生院妇产科技术力量的配备、基本设施、器械设备、急救药品、宣传版面、工作制度等作出明确规定。妇产科人员按辖区人口万分之一的比例配备，所配人员具备中专及以上学历或妇幼医士及以上职称。1997年，根据《母婴保健专项技术服务许可及人员资格管理办法》，分两批对全区母婴保健工作的妇幼人员进行母婴保健专项技术培训、考试，85人取得"资格证书"。同时，对验收合格的18处乡镇卫生院颁发"母婴保健技术服务执业许可证"。

1997年，开展创建爱婴医院活动。各医院妇产科做到诊断室、检查室、分娩室分开，增设宣教室、待产室和产科病房，全区开展接生工作的17所乡镇医院全部建成爱婴医院。

1998年，对母婴保健从业人员进行业务技术培训，并对全区117名从业人员分两批进行全员闭卷考试。

图40-32 东港区妇幼保健站培训基层妇幼保健员 （摄于2007年7月）

2001年，区卫生局颁发《东港区镇、街道卫生院妇产科抢救药械配备标准》，确保乡镇医院妇产科急诊抢救的需要。至2007年，离城区较近的5所镇、街道卫生院不再进行接生，主要开展妇幼保健业务。

村级接生员

1949年，县卫生院举办首期"新法接生培训班"，招收来自农村选送的妇女干部共50名，培训时间3个月，结束后回本村担任接生员。1950年，对原有的137名旧产婆和113名新接生员进行新法接生知识培训。至1982年，全县有接生员1097人，达到每个大队1名。为加强对农村接生员的组织领导，各公社每个管理区选出1名接生员网长，并建立例会制度，通过例会交流接生经验。

80年代后期，提倡住院分娩，随着住院分娩率的逐年提高，农村接生员的作用逐渐淡化。90年代初，住院分娩率达80%以上，农村接生员任务主要是宣传孕期保健知识，发现早孕建卡，陪同孕妇到院进行孕期检查。

图40-33 1997年，省评估团到东港评审创建爱婴医院。

1996年，区卫生局、公安分局转发卫生部、公安部《关于统一规范〈出生医学证明〉的通知》，要求家庭接生员接生，须经区卫生局统一培训、考核，对接生场所验收合格，并取得《家庭接生员技术合格证书》后方可进行家庭接生。但全区无接生员申请家庭接生。至此农村接生员终止接生。

1999年，全区推广竖旗山乡由村妇女主任担任妇幼保健员，搞好妇幼保健工作的经验。

2000年8—9月，区妇联、卫生局联合对村妇女主任举办以妇幼保健知识为主要内容的4期培训班，培训480人。2000年后，全区全部落实由村妇女主任担任村级妇幼保健员的工作。区、镇、村三级妇幼保健网的基层网得到加强。

第二节　婚前保健

1994 年以前，区内没有系统开展婚前保健业务。1994 年 5 月，区卫生局、区民政局制定《东港区婚前健康检查管理办法》，对日照、石臼街道辖区内申请结婚登记的公民，进行婚前健康检查。其他乡镇公民，提倡自愿参加婚前健康检查。至 1996 年，共婚检 10766 人，检出疾病 755 人，其中传染病（主要指性病、麻风病、病毒性肝炎、肺结核等）318 人、严重遗传病 3 人、精神病 3 人、生殖系统疾病 111 人、内科疾病 65 人、影响婚育者 11 人。对影响婚育者，分别提出暂缓结婚或不宜生育的医学意见。

1996 年，对《东港区婚前健康检查管理办法》进行修订，将婚检的范围扩大到秦楼、奎山两个街道；婚检定点单位由原来的区人民医院改为区妇幼保健站。1997 — 1999 年，共婚检 21668 人，检出各种疾病患者 1772 人，疾病检出率为 8.18%。

2000 年 9 月，区内全面推行婚前医学检查。2001 年，全区结婚登记 6315 对，实行婚检 6075 对，婚检率达到 95.91%。检出各种疾病 1456 人。2002 年婚检率为 64.45%。

2003 年 10 月 1 日，婚检实行自愿，婚检率骤降。2004 年，全区婚检率降为 0.78%，2005 — 2007 年降为 0.57%。

第三节　孕产期保健

新中国成立前，妇女生孩子一般要找产婆接生，因无医疗器械，又无严格消毒措施和接生技术，滞产、难产、产后大出血、产褥感染、新生儿破伤风等多有发生。新中国成立后，改造旧产婆、推广新法接生成为当时妇幼保健工作的重点。至 1958 年，各公社相继成立卫生院，并逐步配备在职妇幼医生，设立妇产科。县、乡、村的妇幼保健网络逐步建立，妇女孕产保健有很大改善。1978 年，全县基本普及新法接生，新法接生率达 94.8%。

1983 年，全县建村妇产室 224 处，入室分娩达到 80% 以上。1986 年，对孕产妇实行“四簿、四卡”（婴儿出生、新生儿死亡、孕产妇、孕产妇死亡登记簿、卡）管理，用卡上报，管理记录上簿，实行系统化管理，并推行住院分娩（即科学接生）。1986 年，全市（县级）出生婴儿 22036 人，住院分娩率达到 56.1%，新法接生率为 99.78%，杜绝了产褥热和新生儿破伤风。

1995 年，区政府制定《东港区妇幼保健保偿管理暂行办法》，符合入保条件的妇女和儿童，可自愿向居住地的妇幼保健机构缴纳一定数额的保偿金，妇幼保健机构为其提供相应保健服务，保健保偿收费标准为每个入保孕妇 100 元。同年，全区有陈疃、后村、大坡、两城、南湖、黄墩、丝山等 7 个乡镇开展妇幼保健保偿管理工作。孕产妇系统管理率达到 92%，住院分娩率达到 82.7%，高危妊娠专案管理率达到 100%，新法接生率达到 100%，孕产妇和婴幼儿死亡率分别降至 28.1/10 万和 14.97 ‰。

1999 年，18 个乡镇（街道）全部开展妇幼保健保偿工作，孕妇死亡率降至 11.93/10 万，婴儿死亡率为 11.81 ‰。

2000 年，举办孕妇学校 48 场次，培训孕妇 3360 人次。筛查高危妊娠 1402 人，查出死胎、畸形 60 人。2001 年，宣传母婴保健知识，做好乡镇一胎孕妇入保工作，落实保健保偿措施。同年，全区孕妇入保 7229 人，入保率达 89.19%。

2003 年，孕妇入保率达到 85.29%，早孕建卡率达 80.98%，系统管理率为 94.27%，筛查高危妊娠 1081 人，筛查率为 18.19%，均实行专案管理。孕产妇死亡率 30.06/10 万，出生缺陷率降至 3.15 ‰，婴儿死亡率降至为 6.75 ‰。

2006 年，对妇产科人员进行关于产科急诊急救知识培训。同年，孕产妇保健系统管理率 96.42%，住院分娩率 100%，孕产妇死亡率首次为零，婴儿死亡率降至为 6.58 ‰，出生缺陷率为 9.38 ‰。12 月，根据《山东省助产技术管理办法》的规定，对辖区内 16 处申请开展助产业务的医疗机构进行考核验收，其中涛雒、河山、陈疃、西湖等 4 所卫生院达到一级助产标准；港口医院、区妇保院、区中医院、三庄中心卫生院达到二级助产标准；市人民医院、市中医医院、市妇保院、区人民医院达到三级助产标准。同年，城关、秦楼、两城、南湖 4 处卫生院终止接生业务。

2007 年，区卫生局下发《关于严格执行〈山东省助产技术管理办法〉的通知》，全区孕产妇保健系统管理率为86%，住院分娩率为99.97%，孕产妇死亡率为26.11/10万，婴儿死亡率为7.41‰。

第四节　儿童保健

自1949年开始，境内先后对儿童实行牛痘疫苗、脊灰疫苗、精白类、流脑菌苗、卡介苗、百白二联、精破类、乙脑疫苗、麻疹疫苗等预防接种，控制或消灭严重危害儿童健康的天花、麻疹、百日咳、流脑、乙脑、脊髓灰质炎等传染病的发生和流行。

从1951年起，依托农忙托儿所开展儿童保健工作。至1958年，全县村村举办农忙托儿所(幼儿园)，入所儿童达到80%。

自1978年开始，县妇幼保健站每年对学龄前儿童进行健康查体，注重小儿贫血和佝偻病的查治。1979年，全县首次组织对学龄前儿童大规模的健康普查，查体12.5万人，查出各种患病儿童2.7万人。1983年进行第二次普查，以独生子女为重点，17处乡镇7岁以下儿童共查6.7万人，查出各种小儿疾病20余种5350人。

1986年4月，市妇幼保健站设立儿童保健室，开展儿童保健咨询、指导，督促托儿所、幼儿园落实卫生部《托儿所、幼儿园卫生保健制度》。20世纪90年代始，推行儿童“四、二、一”查体(一岁内每季度查体一次，2～3岁每年查体二次，4～7岁每年查体一次)制度，实行儿童保健系统管理。1994年，全区儿童实行保健系统管理的28365人，管理率为42.59%。对区直和日照街道16处幼儿园1077名儿童进行健康查体，建立健康档案。同年4月，为3～14岁儿童补服碘油丸，服用率为97.7%。

1995年6月20日，区政府印发《东港区妇幼保健保偿管理暂行办法》。对参加保健保偿儿童，自出生至7周岁进行11次健康查体，对查出的高危儿童实行专案管理，并给予保健指导。同年，有陈疃、后村、大坡、两城、南湖、黄墩、丝山等7个乡镇实行妇幼保健保偿管理。从1996年4月1日起，在区内出生的婴儿，统一使用“出生医学证明”，由各级妇幼保健院或乡卫生院出具，并作为申报户口的依据，凭“出生医学证明”享受儿童系列保健服务。乡镇卫生院在签发儿童“出生医学证明”的同时，办理儿童保健保偿管理手续，提高儿童入保率。

1997年，根据有关规定，妇保站对区直75名托幼教师进行健康查体，健康者发放健康证，持证上岗。同时对区直和日照街道托幼园(所)儿童进行年度查体，共查体2766人，查体率为92%。

1999年3月，区妇幼保健站对区直和18处乡镇托儿所(园)工作人员进行全员查体，共查441人，对合格的427人颁发“健康证”。

2005年4月，区卫生局、区教育局对全区36处托幼机构，进行保健室及保健人员配备、卫生保健、健康查体等内容的检查。2006年，区医院、区妇幼保健站分别成立婴儿洗澡中心，开展新生儿洗澡、游泳和抚触活动，促进婴儿身体和智力健康发育。

2007年，全区落实儿童查体制度，实行儿童保健系统管理。1999—2007年，新生儿两病筛查，共查出甲状腺功能低下36人，苯丙酮尿症(PKU)4人，均落实免费治疗。2004—2007年，新生儿听力筛查，共查出可疑听力障碍70人。同年，婴儿死亡率为7.41‰，出生缺陷率为9.99‰。

第五节　妇女保健

新中国成立后，县妇幼保健机构认真落实上级有关文件精神，配合劳动、妇女、工会等部门，指导机关、厂矿、企事业单位，搞好妇女“五期”(月经期、孕期、产期、哺乳期、更年期)劳动保护，落实各项保健措施。

1960年，县妇幼保健站首次对全县妇女子宫脱垂发病情况进行调查，查出子宫脱垂病人2836

图40-34　东港妇幼保健站医务人员为农村妇女免费查体(摄于2003年)

名，采用土单验方治疗，妇保站坚持每年对其中20%～30%患者进行随访，以指导治疗。此后，结合计划生育工作，坚持每年有计划地开展查治妇女病工作。1972年，根据省、地“普查普治妇女病”的部署，组织全县妇幼保健人员开展妇女病普查，共查11523人，查出各种妇女病20余种，计3681人，治疗1979人，治愈1064人。1974—1975年，进行连续两年普查并结合阴道细胞学检查，查出可疑宫颈癌8人。

1976—1980年，全县对普查出的2300余名子宫脱垂患者和40余名尿瘘患者进行药物或手术治疗，治愈和好转率95以上。1985—1986年，对11.58万名妇女进行健康查体，各种妇女病的总发病率为31.84%。

1994年，区妇幼保健站对机关、企事业单位妇女进行“五期”保健知识培训。1995年，在全区开展妇女健康查体，共检查妇女22875人，患各种疾病的6918人，患病率为30.24%。1996—1997年，随着《中华人民共和国母婴保健法》的颁布实施，举办各种类型的培训班，加大妇女保健知识的宣传力度。1997年，组织全区妇女健康查体，共检查97669人，患病率为22.78%。2003年3月，区人民医院成立“日照市乳腺病诊疗中心”和“日照市乳腺病技术推广中心”。对乳腺病建立起手术、化疗、放疗、内分泌治疗的综合治疗体系。2007年3月，为全区城镇女职工进行健康查体。

第八章　医药品经营

第一节　经营体制

清代，境内私人开设的中药店(药铺)178家。清道光十年(1830年)，贺修举在汉皋陆创办“全生堂”药铺。到1938年，有资金一千块银元，经营中药500余种。道光十四年(1834年)，江西药商姚某在县城东门外开设“广仁堂”，是县内零售兼批发的大药铺。涛雒镇的“济生堂”，以零售为主兼营批发，同时收购当地药材。

1923年，青岛大药房股东尹莘农，委派王立阶与莒县刘仲玉父子及岚山头张竹泉在涛雒开办“惠民大药房”。1928年，汉皋陆的汉荣清在家乡开办“清华大药房”，为日照第一家西药批发部。另外，还有城里的“中和大药房”，夹仓的“森源药房”。两城、大古城、安东卫、碑廓、巨峰、三庄、岚山头、黄墩等村镇也先后开办药房。1949年，有西药房53家。

1950年1月，县医药联合社成立，设中西药两个批发部，兼零售，负责全县基层供销社和县卫生院的药品供应。1953年，医药联合社并入县供销社，更名日照县供销合作社药材经理部，设中西药两个批发部，下设区镇医药部，开展药品零售业务。1956年，药品经营从供销社中析出，成立中国药材公司山东省日照县公司，设中西药两个批发部、一个零售部和15个医药部，各区镇设医药经营网点。1989年，山东省药材公司日照市公司成立，内设业务股、生产股、储运股等5个行政业务部门及中西药两个批发部、两个零售部和5个经营组。1990年，全省药品市场放开。1993年3月，区医药公司成立，设7个药品零售网点，药品营销方式主要是坐门等客。1994年出现个体药店，国营药店独家经营的模式被打破。1995年，药材经营部门采取联单送货方式，主动到医疗单位推销。2002年，区医药公司所属的22家药店统一划归日照真诚大药房有限公司。至2007年，区医药公司成为以批发销售医药品为主要经营模式的企业公司。

第二节　药材生产

中药材生产

据清光绪十一年(1885年)《日照县志》载：境内海产中药材有海马、海龙、鱼膘、海螵蛸、蛤壳等；地产中药材有黄芩、沙参、香附、柴胡、车前、益母、杏仁等，共120余种。1966年和1985年，药材公司组织专业人员对药材资源进行普查统计，有中药材351种。当地名特产中药中，首推奎山生长的黄芩，药用历史400余年，其主要成分黄酮高出外地黄芩20%。人工栽培玄参也有近百年历史，主要产地在夹仓等地。1979年，种植30多公顷，年产干货60多吨。1967年，在黄墩、南湖等地建立银花栽培指导站，开展人工栽培。1986年，种植面积1266.7公顷，年产干花80多吨，列全省第四位。海螵蛸俗名乌子盖，药源丰富，年收购量30余吨。

图40-35 长富洁晶集团制药车间一角 （摄于2006年）

1970年，开展“南药北移，北药南植”的试种工作，先后引进川芎、白术、党参、云木香等18个品种，均获成功。经大力推广，1977年，种植面积扩大到66.7公顷，品种扩到40多个。

2002年后，工业制药品用量增加，中药材种植面积减少，野生中药材的收购品种和数量下降，中药材的销售量下降。区内中药材处于零星种植状态。

西药生产

县医院初建时，只能配制少量普通制剂。1970年8月，无菌制剂室建成投产，生产5%葡萄糖注射液、5%葡萄糖氯化钠注射液。1974年，全县各医疗单位生产大液体、小针剂、片剂等。生产普通的5%、10%葡萄糖注射液，另有柴胡、大青叶、板兰根、苦参注射液等。1984年，实行“制剂许可证”制度，只有县医院、中医院及石臼卫生院制剂室取得灭菌、普通制剂许可证。西湖、黄墩、碑廓、高旺4处医院取得普通制剂许可证，生产5%葡萄糖、甘露醇、碳酸氢钠等大液体和配制50多种普通制剂。进于21世纪，医院停止制剂生产。

2007年，境内只有一家制药厂——山东长富洁晶药业有限公司，是山东省输液行业首家GMP认证企业，具有年产1亿余瓶大输液的生产能力。可生产抗菌消炎类、心脑血管类、抗病毒类、营养类等40余个品种60余个规格的大输液。市场销售网络遍布全国30余个省市、自治区。

第三节　药品采购

新中国成立前，境内中药主要由药店从当地收购，共百余种，药铺可坐庄收购并加工出售，也可从外地购进。药铺按季节派专人到上海、青岛等药庄购药，或去东北购买木通、黄柏、细辛、五味子等关外药材，间或到产地购进或以货换货。如到济宁采购银花、蟾酥、全蝎，到西南采购云贵川药材，到河北安国采购甘草、当归等。此外，大药铺自制部分中成药，如“济生堂”制造的“夺命丹”“梅花点舌丹”等中成药，效果良好。

西药主要从青岛、上海等地药房购进。当时，涛雒的“惠民大药房”、汉皋陆的“清华大药房”，均与外埠药房有老主顾关系，享受优惠待遇。新中国成立初期，货源紧缺，医药部门派人前往上海、郑州、青岛等地采购西药。

新中国成立后，国家对医药商品实行分级管理。药品的调入主要靠计划分配和计划调入，其次是追补计划或跨区进货、电函邮购。1956—1969年，全国药材实行统一管理体制，调入商品额上升，临时采购量只占少数。1988年，商品购进总值1077万元，为1976年的3.22倍。1993年，区医药公司药品购进额1118万元。2000年4月起，全区实行药品卫生器材集中招标采购制度。2007年，药品购进额1100万元。

第四节　药品销售

新中国成立前，县内药铺均由私人经营，规模较大的有汉皋陆的“清华大药房”、日照城里的“中和大药房”等七八家药铺。涛雒的“济生堂”资金多，品种全，是批发兼零售的大药铺，经营600多个品种。新中国成立后，随着医疗卫生事业的发展，经营品种和销量不断增加。西药由县药材公司统一经营，后增设陈疃、涛雒、两城、汾水、马庄5个药材经营组。1953年，全县医药单位经营中药材635种(含中成药)，西药85种。1957年，药材公司销售中成药3.2万元，1978年为48.7万元。1984年经营中西药2047种。1988年经营品种增加到2081种，销售额329.1万元。西药销售额由1957年的16.9万元，增加到1985年的419.7万元。1989年增加到801.1万元。90年代，买方市场逐步形成，健康大药房、真诚大药房、润生堂大药房、大勇大药房、老百姓大药房等相继开业，一些大药房在全区各镇(街道)、城区还设有分店。药材公司采取召开医疗单位供货会等方式，实行按销售额提取奖惩的办法扩大药品销售。1993年，全区药品纯销售额768万元。2002年，药店由市主管部门统一管理，区药材公司主要业务为批发和销售药品。2007年，东港区境内共有大小药房247家，医药公司销售额1730万元。

第四十一编

民俗　宗教

一方水土养一方人，一地居民有一地习俗。不同的地理、生活环境和文化传承，孕育出不同的风俗。东港依山傍海、风景宜人、土沃物丰的自然优势和大汶口、龙山文化的熏陶、积淀，形成了境内特有的豪放、豁达、诚信的民风、民俗。

近现代东港人衣、食、住、行的习俗，既有千百年的传统遗存，也有社会变革的时代烙印。随着社会的发展进步，一些旧的习俗或淡化、或被新俗替代，婚嫁习俗变化较为明显：男女订婚从媒妁之言、父母包办变成自由恋爱、婚姻自主。择偶标准及对嫁妆、新房的要求，随着经济、社会的发展而不断变化。丧葬习俗经历了土葬到火化的改革，进入 21 世纪，城乡又新建起多处有偿使用的公用墓地。一些传统节日融进了现代文明的元素，一台"央视春晚"已成为家家户户的"年夜大餐"。"五一""十一"则是购物与旅游的"黄金周"。风俗、习惯在不断摒弃愚昧、崇尚文明中与时俱进。

境内宗教活动作为一种历史文化现象，经历着传入与兴盛、淡出又恢复交替变化的进程。新中国成立初，境内佛教、道教、伊斯兰教等停止聚会。改革开放后，各种宗教活动逐步恢复。

第一章　民俗

第一节　节日习俗

传统节日

春节　也称过年。进入腊月，年味渐浓。腊月十六后，择日扫屋，将室内洗刷一新。扫屋后"光墙"，取白塘土，加温水搅成稀糊状，用笤帚刷于四壁，以掩盖一年来的烟薰火燎之色。20 世纪 80 年代后，室内多由石灰泥墙，或上涂料，且居室与厨房分开，"光墙"一俗逐渐消失。

腊月二十三日(或二十四日)为祀灶日(或叫"辞灶")，民间俗称为"过小年"。有"官辞三，民辞四"一说。境内多在腊月二十三辞灶。

祭灶时，在靠近灶门口的墙上挂灶王爷画，摆上糖果等供品，祈求他"上天言好事"。烧香烧纸，向灶王叩头。"辞灶"后开始忙年：购置鞭炮、香、纸、年画、对联；理发、洗澡，添置新衣，蒸饽饽、发糰。添新碗筷，寓意增添人口；羹肴必备鸡、鱼，意求"年年大吉""连年有余"；必蒸年糕，做豆腐，以借"年高""都福"谐音，祈求"年年高"，全家幸福。出外人员都要回家过年。

腊月最后一天是除夕。清晨，烧纸放鞭炮，打扫庭院，将碎草等垃圾烧掉，俗称"熰狼烟"。午饭后(有的早饭后)，家家贴对联(服孝期内第一年不贴对联、第二年贴蓝对联)。西部村庄贴五颜六色门笺。影壁倒贴"福"字，意谓福到家门。门外贴"出门见喜""欢度新春"，炕头贴"身体健康"。在堂屋悬挂家堂轴子或"财神爷"，设香案摆供品。畜栏贴"六畜兴旺"。沿海一带，院内置青竹一杆，上系红布、制钱(圆形方孔的铜钱)，称"摇钱树"，意在新的一年发财。对联贴到船的桅杆上，分别贴"大将军八面威风""二将军日行千里""三将军随后听令""四将军一路太平""五将军马到成功"等联。舵上则贴"满载而归"。

晚饭后，家家张彩灯、点红烛、包水饺，试穿新衣，有的年轻人彻夜不眠，俗称"守岁"。20 世纪 80 年代，除夕夜收看中央电视台的春节联欢晚会，成为人们守岁时的主要活动。

除夕夜有请家堂的习俗，也称迎家堂、迎家仙。将祠堂(或堂屋)清扫干净、摆放供品。全族(家)男子到村头或街口焚纸烧香，朝祖茔方向磕头，叩请已故先人回祠(家)中过年。然后按辈分大小依次祭拜。年初五晚饭后再到叩请处送家堂。

饺子要包成元宝形的，寓意招财进宝，包糖水饺，吃到者兆示生活甜甜蜜蜜。包钱(或硬币)饺，吃到者，兆示新的一年里有钱花。水饺包毕到院中燃放炮仗，说"包起了"等吉利话，忌说"包完了"。长辈给小孩发"压岁钱"。

农历正月初一子时，家家明灯高照，男家长在财神爷像前烧纸磕头，敬拜天地三界诸神，俗称"发纸"，又称"发纸马"。女家长开始煮饺子，儿孙在院子里放烟花爆竹。

煮饺子烧芝麻秸或豆秸，民间有"烧豆秸出秀才，烧芝麻秸出大官"的说法。水饺煮好后，要先“上供”，敬天地、灶君、财神。

发纸马有越早越吉利之说。“发得早，过得好”，有的不到半夜就发纸马，叫“抢年过”。吃过饺子，男女老幼都换上新衣拜年。先拜本家长辈，后拜邻里。

初二，为访亲日。一般先岳父母、外祖父母，后姑、姨等至亲好友。

初三，民间文艺队开始活动，俗称“耍故事”。有高跷、旱船、龙灯、狮包、小戏等，走街串巷，娱及远村近邻。也有的进城到机关单位、商家门口或公共场所演出。

初五，是财神爷生日。境内农家和沿海渔民早晨有烧纸、上香、上供迎财神和炒黄豆、瓜子、花生等，俗称“炒五(乌)蚂蚁”的习俗。

初六(或初七日)接灶王，晚上，放爆竹、烧纸，点上一柱香，供上水饺，接灶王爷“下界保平安”。

正月初八为火神日，家家都到火神庙或路旁烧纸、香，祈祷家中不失火。新中国成立后，此习俗逐渐消失。

元宵节　农历正月十五为元宵节或叫灯节。要食用糯米面或粘高粱面制作的元宵。

正月十四至十六夜间，家家上灯，城里有灯会，有的单位放烟火。儿童燃放“滴滴金”“垛垛花”、炮仗，提着各式灯笼，哼着歌谣，“照毛虫、照毛虫，照得毛虫害腚痛；锥子扎，麻线缝，看你还敢哪里行”。“照旮旯、照旮旯，长虫(即蛇)蝎子都憋煞”。

自1985年始，城里恢复元宵灯会，市、区政府广场、各公园、机关门口两侧挂满各式彩灯，花样繁多。也有制灯谜、猜灯谜活动，观者如潮。

二月二　农历二月初二，俗称“龙抬头”，又叫“土地爷生日”。农家炒花生、豆子等，寓意炒死五谷害虫，预兆有个好收成。清晨，用簸箕盛草木灰沿屋外撒一圈，在院内撒大大小小囤状的圈，圈外撒上“梯子形”，圈内放粮食，称“打囤”。意祈五谷丰登。到土地庙祭奠，为土地爷过生日，祈求保佑风调雨顺。早饭时，分一块过年的饽饽、发糰，小孩必吃。据说，吃后能避免碰到狼。

清明节　清明节前上坟添土并换新坟头顶，扫墓祭祖。清明当天家家吃夹糕、豆芽菜，有不动烟火的习俗。门插柳条、松柏枝，青少年踏青、荡秋千、放风筝。男女老少结伴郊外出游，称“踏青”“拉青”。

新中国成立后，每年都组织干部群众在清明节祭扫烈士墓。2007年，“清明节”被定为国家法定节假日，放假1天。

神仙日　农历四月初八是佛祖诞辰日，境内农民称“四月八过神仙”，渔民称“四月八过老爷”，也叫过大鱼。其间，近海鲸鱼成群追逐戏水，蔚为壮观，渔民烧纸上香祈求别撞翻船只。

端午节　农历五月初五为端午节，也叫端阳节。初四下午，家家包粽子。用菠萝叶包裹糯米、黍米、粘高粱米等或加大枣、豌豆等，呈枕头状，一包为一盖，两盖为一捆。少数用苇叶或竹叶包成三角状。端午早晨家家吃粽子和鸡蛋。

早上，外出采集香艾、菖蒲插在门窗上，意在祛病免灾。民间还盛行采集其他药材，叫采“百部”。日出前，儿童手腕、脚腕上系五色花线捻成的绳，俗称“配五索”，等节后头场雨时剪下，放在河水或阳沟内冲走，意为化龙而去。2007年，“端午节”被定为国家法定节假日，放假1天。

祈雨节　农历五月十三日为祈雨节，中午农家多吃水饺。饭前，在院内摆桌子，用水饺祭奠。农业合作化后，生产队杀猪分肉给社员包水饺，叫“合雨”。农谚“大旱三年，忘不了五月十三”。传说此日是关公磨刀用水日。

晒龙衣　农历六月初六日，俗称晒龙衣日。此日晴天，晾箱，晒衣被，晒书。民间有这天晒的东西不霉变、不招虫蚀的说法。

太阳生日　六月十九日是太阳生日。境内中部居民中午烙个圆饼，中间插双筷子和其他供品一起放到院中桌上，烧纸磕头向太阳致祭。

七夕节　传说农历七月初七日晚，为牛郎织女相会之夜。少女对月穿针，以穿入者为巧，谓向织女乞巧。

传说当日看不到喜鹊，是上天为牛郎、织女相会搭鹊桥去了。此日若下雨，是牛郎织女相会激动流下的眼泪。进入21世纪，“七夕”被称为中国“情人节”。

中元节　农历七月十五，又称鬼节。民间有吃水饺并上坟祭祖的习俗。

中秋节　农历八月十五，为年内第二大传统节日，被人们叫做“团圆节”。晚上，院中对月设供品，有瓜果、月饼等。阖家团圆，饮酒赏月，俗称“圆月儿”。2007年，“中秋节”被定为国家法定节假日，放假1天。

重阳节　旧时，农历九月初九，有雅兴者结伴携酒，登高揽胜或赏菊的习俗。80年代，国家把农历九月初九日定为“老人节”，成为全社会尊老、敬老和老年人自娱自乐的节日。

辞工日　农历十月初一，是旧时代顾主辞退佣工日。晚上请吃荞麦面水饺，俗称“乔麦滚”。至今，此日民间仍有包水饺吃的习俗，借以改善生活，庆祝一年的好收成。

山集　每年农历二月、十月赶两次山集(各地随当地大集日，如日照街道城关山集为二月二十日和十月二十日)。山集上，人山人海，外来客商、人流、货物特别多。有当地文艺活动，也有外来耍杂耍的。

冬至　二十四节气之一，境内人称过“冬闲”或“冬享(上)”。也是“鬼节”，民间多包水饺上坟祭祖。

腊八节　农历十二月初八，俗称“腊八日”。早晨，用小米、玉米、豆类等八种杂粮做粥，称“腊八粥”。据说，此粥可以避瘟祛邪。此日还有给女儿打耳眼，戴坠子之俗。

公历节日

新中国成立后又增添一些节日，这些节日皆以公历为准。

阳历年　公历1月1日，民间称作“阳历年”。机关、学校、团体放假1天。其间，机关、团体和企事业单位均贴“庆祝元旦”“欢度新年”之类的门联。

三八妇女节　公历3月8日，为“国际劳动妇女节”。1949年12月，中央人民政府政务院规定3月8日为妇女节，妇女放假半天。

植树节　1929年，国民政府将孙中山的逝世日—3月12日定为植树节。1979年2月，全国人大五届六次会议通过仍以该日为植树节。

五一劳动节　公历5月1日，为“国际劳动节”。中央人民政府政务院于1949年12月规定该日为劳动节，公休1天。1999年改为3天，2007年由3天调整为1天。

五四青年节　公历5月4日，为中国青年节，青年放假半天。

护士节　公历5月12日，为国际护士节。届时各级各类医院、护士学校等都开会纪念，并为新护士举行授帽仪式。

六一儿童节　公历6月1日，为国际儿童节，届时学校、幼儿园举行联欢会，公园、商店也多为儿童提供优惠服务。

中国共产党成立纪念日　公历7月1日，为中国共产党成立纪念日。此日，各级党组织举行纪念活动。

八一建军节　公历8月1日，为中国人民解放军建军纪念日。

教师节　国民政府曾先后将每年6月6日、8月27日(孔子生日)定为教师节。新中国成立后，曾恢复6月6日为教师节。1951年，教育部和全国教育工会发表书面谈话，宣布“五一国际劳动节同时为教师节”。1985年1月，第六届全国人民代表大会上，决定公历9月10日为教师节。

国庆节　公历10月1日，为中华人民共和国法定国庆日。全国人民放假3天举行各种庆祝活动。并通过调整前后周末休息时间，形成7天的长假。

第二节　礼仪习俗

婚嫁习俗

旧社会男女婚嫁习俗的主要内容为：

说媒　男女到婚配年龄，其父母便央人说媒，俗称“说媳子”或“找婆家”。待双方家长认可后，则互换“庚贴”(上写其儿女的生辰)。

投契　双方家长同意后，即约定吉日进行投契，称“定亲”，又称“传契”。男方备衣料、首饰等聘礼及写有“敬求金诺”的媒契，装入“拜盒”，送到女方。女方收礼，回契，契上写“仰答玉音”几字。至此，婚姻关系确立。新中国成立后，废媒契，男女双方领取结婚证后，其婚姻关系即受法律保护，但程序仍存。

问口　又称“送日子”“下礼”。男方将查定的婚期告知女方。若女方同意，再确定下礼日期。下礼，即男方向女方送聘礼。富者礼物丰厚，并将礼品列清单。女方回礼简单，但给男方的鞋和帽必不可少。大龄男女，从定亲到结婚时间较短，多将投契、下礼一次办妥，叫做“一盒子磕”。下礼后，女方着手准备嫁妆、衣物。请夫妻、儿女双全的“全命人”缝制被褥，并在被子四角装上栗子(意取其谐音“立子”)及硬币。50年代，聘礼很少。60年代，讲究几身衣服。70 年代，讲究“三转一扭”(自行车、缝纫机、挂钟、收音机)。彩礼钱有 99 元、190 元、290 元……不论多少，必带 9 字，意寓“九九长远”。90 年代，讲究电冰箱、洗衣机、电视、煤气灶等。进入 21 世纪，讲究空调、彩电、轿车、住房，礼金有 11000 元(万里挑一)、17000 千元(万里挑妻)等等。

送催妆　婚期临近，女方亲友、邻居多馈赠衣料、化妆品、糕点等礼品，称“送催妆”。进入 21 世纪，多以现金代替礼品。

送嫁妆　新中国成立前，嫁妆由女方陪送，故有“兴家男，败家女”之说。50 年代后，嫁妆多由男方置办，送到女方，结婚时抬回。家具一般为“四小件”，即一张抽屉桌，一对木箱，一对捧盒，一对方杌。个别户有大衣橱。到 80 年代，家具一般齐全，另有手表、自行车、VCD、缝纫机等，电视机、收录机、沙发也渐普遍。在城镇，嫁妆有彩色电视机、电冰箱、洗衣机、收录机、高档沙发、大小组合橱及其他家具。90 年代后，双方共同置办，档次越来越高。

开脸　在出嫁前一天，由村里会薅汗毛的妇女给嫁女开脸，先将脸上敷粉，用线交叉绞去脸上汗毛，剪齐刘海、脑后挽髻。60 年代后，此俗逐渐消失。80 年代后，结婚到影楼化妆。

吃喜饭　婚前，男方“搬亲”，请姑、姨、外祖母等亲戚来“吃喜饭”，来人多是女眷、孩子，女眷同时帮助操持婚事。

迎亲　婚礼多在下午举行。西部山区及三庄一带，有中午成婚，晚上闹洞房的习俗。村中若有数人同日成婚，新娘子要抢先过门。俗语道：“来得早，过得好。”

图 41-1　碧霞湖边的迎亲活动　(摄于 2006 年)

新中国成立前，富有之家，新郎亲自去迎接新娘子，新郎披红戴花，坐蓝呢小轿，领彩绣大花轿(去时有人坐花轿，称“压轿”)、鼓乐队与抬“上头礼”的相随，称“大娶”。多数人家，新郎不亲自接新娘子，仅派花轿前往。新娘头顶“罩头红”，穿红色小袄，上披云肩，下穿裙子。天热不能穿袄时，须在腰间束一缕棉絮，示儿女厚实。由伴娘搀扶，踏红毡或花席入轿(雨天，由其兄或弟背上轿)。

花轿抵村，鼓乐齐鸣(若请有两棚鼓乐队，他们必竞相献技)。花轿则徐徐移动，谓之“踏街”。街邻争看热闹。喜家在大门楼顶放置两块用红纸包裹的土墼，前头写“囍”字，俗称“喜砖”。花轿停于大门外，新娘跨马鞍，踏毡或席入院。拜天地，入洞房。新娘踏糕上床端坐喜床上，称“坐床”。新郎、新娘吃儿女双全的邻居送的上床饺子，俗称“小饭”。余者放在床底，任闹房的人抢去给小孩吃。据说小孩吃了好养。

挂门帘　新娘入洞房前，先挂门帘。大娶时由管家挂，一般由轿夫挂。废轿后，由“头面人物”挂，边挂边唱：“上八仙，下八仙，请下八仙挂门帘。上挂门帘生贵子，下挂门帘生状元。两手一齐挂，一个状元、一个探花。”

闹洞房　新娘入洞房后，便可闹洞房。以青年和孩子最活跃。此间不计辈份，外姓叔伯份的亦可混入其中，所谓“三日无大小”。闹房的散去，新郎给新娘揭罩头红。新人喝“合卺酒”。待夜深就寝后，婆婆在洞房窗外扔一木墩，叨念几句：“今年扔墩子，来年抱孙子”。通常会有好逗趣的顽皮者在洞房窗外听悄悄话，要喜糖、喜果、喜干粮等，谓之“听门子”。80 年代后，此习俗消失。

看喜　民国时期，看喜以钱物为主，富人还送“福禄鸳鸯”“天作之合”等喜幛。喜主择日设席宴请前来看喜者。进入 20 世纪 90 年代，结婚的男女双方发请柬，邀请亲朋好友参加结婚庆典，并设宴款待。赴宴者要送上红包以示祝贺。也称“喝喜酒”。结婚当天，男方朋友、邻居馈赠礼品或钱币，称“看喜”。

分盘子　新婚二日开始，男方分发新媳妇带来的“糕点”，称“分盘子”。一般 4 盘，放于一层捧盒内：花子、糖果、面点、栗子、花生等各放一些。由新郎的姐妹送到本族或邻居家中。收到“糕点”

者，要付盘子钱，将钱压在盘子下，多少随意。

喝喜酒　男方亲友在婚后二日或三日备礼前来贺喜、赴宴，称喝喜酒或叫“送大饭”。

看亲　结婚六日，新媳妇娘家父亲、叔父(可带小孩)或兄、弟或送来梳妆品，称“送篦子”，也叫看亲。

回九　结婚九日，新娘偕新郎回娘家看望爹娘，称“回九”。当日归。

新中国成立后，结婚旧俗大都破除。新娘多由两姑娘伴送，步行或坐篷车到婆家。80年代，多乘拖拉机、汽车。至90年代多乘轿车，穿着红色、或白色婚纱，婚车数量不等。少数举行旅行结婚或参加集体婚礼。请客多在饭店宾馆。所耗宴席费，少则几千，多则逾万。

寡妇再嫁　旧时，寡妇再嫁称“二道门”，又称“半户头”，常为社会所鄙视。早晨过门，坐车，不坐花轿。若坐轿，也只能是蓝布轿，不能掩轿门，以区别于黄花闺女。到男方门前，接过他人递给的一幢卷着的帘子，入厨房擀面，就算完婚。新中国成立后，寡妇再嫁受法律保护，不受鄙视。

招女婿　有女无儿者，招婿做子，俗称“倒插门”。新中国成立前，招女婿被人瞧不起。新中国成立后，男女平等，政府提倡男到女家落户。

生育习俗

20世纪60年代以前，农村产妇多由接生婆接生，产后喝“定心汤”(用糁子米熬制)。70年代后，产妇多到医院分娩。

报喜　婴儿出世，其父携鸡蛋、饽饽到岳父家报喜。生男孩，鸡蛋染深红，饽饽上的红点正顶；生女孩，蛋染浅红，饽饽上的点偏顶。

送粥米　孩子出生后一个月内，亲戚朋友邻居“送粥米”。礼品一般为鸡蛋、红糖、大米、首饰及一块花布(男孩2尺，女孩3尺)。凡“送粥米”者，喜主均以6～19个熟红鸡蛋、挂面等回赠相谢。

吃三日面　孩子出生三日中午设家宴庆贺，吃面条，给街坊近邻送一碗面条，称“分喜面”，邻居回赠几个鸡蛋，谓之“不空碗”。

百岁　孩子满100天，姥姥、姑、姨赠送糕点、衣服、长命锁祝贺，称“过百岁”。

过生日　青少年过生日吃面条，老年人过生日吃长寿面或水饺。90年代始，又时兴吃生日蛋糕。老人的66岁生日尤为隆重，已嫁女儿必送猪肉祝寿，有“六十六，吃闺女送的肉”一说。

丧葬习俗

死者在临终时，由亲人给穿上寿衣(来不及的，亦有死后穿的)。人死后，净面、理发、梳头。移入堂屋明间小床上(称灵床)，或在地上。死于外地，其尸不能进屋，有“冷尸不进热宅”的禁忌。富者以丝绸覆盖全身，叫做盖“衾被子”。穷人用黄裱纸遮面。无论穷富均在死者口中放一金属制品，谓之“噙口”，并在胸口压一重物(富人用铜镜、银元，穷人用铲头或犁镜)。灵床前置一矮桌，放死者的牌位，点长明灯、置香炉、五谷囤及供品。桌前放一泥盆，可在盆内烧纸，称“牢盆”。昼夜守灵，香不断，灯长明。

停灵后，要派人到亲戚家报丧，告知何日出殡。报丧人持一柳木棍或竹杆，到达后将棍倚于该户的大门外。

死者去世当天，丧主及近房晚辈，以白布制孝服，顶裹头布，裱鞋。儿女们披麻戴孝赤足到土地庙举行送汤、指路仪式。在出殡的头天晚上到土地庙举行“送盘缠”仪式，焚烧纸马、纸轿、纸锞、纸钱。与此同时，女眷在大门外边烧纸、边哭泣、边祈祷。送盘缠后，将尸体移入棺内，称“入殓”。入殓前，在棺底铺七枚铜钱，呈北斗星状，孝子以酒擦洗死者面部，称“净面”。棺材盖不能盖严，留待亲人出殡前看最后一眼。

死者去世第三天出殡的居多，称“随三日”。富有人家则请算命先生选择“发丧日”，搭祭棚，扎“晃大人”，谓之“方象殡”，俗称“大人殡”。出殡日，亲朋吊唁，称“送殡”。吊唁者，付与丧主一些钱或烧纸，称“付奠仪”，或叫“奉人情”。出殡时，抬棺者用钉将棺材盖封死，称“煞钉”，此时孝子大哭，棺材移入罩内。入罩前，有人扶死者长子用一把新苕帚将棺盖上的尘埃扫进“牢盆”中。将棺材移出院门，称“拉棺”。要端进一筛子热豆腐，俗称“拉棺豆腐”。后由长子把“牢盆”摔在地上，谓之“摔牢盆”。若一次摔不碎，不能再摔，要用哀杖砸碎。起棺后，孝子随棺哭行，女眷留在家中。灵柩出村，选一宽阔地举行路祭，吊唁亲朋上前叩头祭奠。祭罢，孝子停止哭泣，领棺抵坟地安葬。晚间，宴待亲朋及帮助料理丧事的邻居。

殡后,上“三日坟”“五七坟”“百日坟”“忌日坟”等。

20 世纪 60 年代后,送汤等迷信仪式均废,为死者开罢追悼会即埋入公墓。1976 年推行火化,骨灰盒或埋坟地或放入骨灰堂。报丧一俗仍存。出殡,亲朋毕至,佩带白花、黑纱或黑色臂章,举行吊唁、告别仪式。80 年代后,民间丧葬旧习俗基本恢复。

交际

旧社会熟人、亲朋相见或告别,拱手为礼。新中国成立后,公职人员兴握手,互称“你好”。熟人、乡亲遇面互问“吃饭了”“做什么”等,彼此显得礼貌热情。

客人来,主人出迎,若带礼品,需先接礼品。进屋后,礼让客人坐上首,自己于下首作陪,沏茶、递烟、交谈。若以宴待客,主人先举筷让菜,斟酒时,受斟者右手侧立半遮酒杯,以表敬谢。客人告辞,主人送行,临别,嘱其再来。

出门在外,向陌生人问事,神态谦恭。若骑车坐车,须下车相询。见长者,男称大爷,女称大妈、大娘。同龄人,女称大姐,已婚妇女,称大嫂;男称大哥或师傅,比自己年轻些的称小兄弟。六七十年代,一般称“同志”,至今仍沿用。无论问谁,先说“借问”“请问”等文明用语,得到答复后,道声“谢谢”“麻烦了”。

第三节　生活习俗

服饰

清末民初,居民衣服肥大,色调为男黑、女蓝。老年妇女多深蓝,少妇、姑娘为浅蓝。冬季,富家男子多穿长袍、大褂,有的外套马褂;穷人穿右大襟短袄。因一般无内衣,故又称“筒子袄”。腰间束带。棉裤一般为大腰、大裆、肥腿。穿单裤过冬的亦不在少数,因风吹裤胀,形若灯笼,故称“灯笼裤”。男女均扎裤脚带,女人扎得略宽,闺女出阁时扎大红裤脚带。穷人穿袄到春末,故有“吃了端午粽,才把棉袄扔(脱掉)”的说法。夏季,男人多光膀子,有的披蓑衣或披布。女人穿短大襟褂,长裤,一年四季扎裤脚带。富者男着细布或丝绸褂裤,女穿麻布衣衫。

新中国成立初期,布料色调以灰、蓝为主。公职人员和学生着中山装、列宁服。农村,除中老年妇女上衣为右上襟外,其余多为对襟。“文化大革命”期间,青年男女喜着绿军装。80 年代后,女性服装红、黄、绿、紫异彩纷呈,款式也新颖多变。男性外装多穿黑、蓝、灰色中山服、西服。夏季,年轻女性穿裙子、喇叭裤、七分裤、九分裤、短裤等。男人穿衬衣、背心、汗衫、T 恤衫。秋冬季,青年男女多有毛衣裤、线衣裤、保暖内衣、面包服、羽绒服御寒。穿皮茄克、皮衣者随处可见。

首饰

新中国成立前,女性佩戴钗、簪、耳坠、手镯、戒指等首饰。姑娘、少妇戴耳坠,老妇多戴耳环。新中国成立后,很少有人戴首饰。80 年代始,年轻女性喜戴耳坠、戒指和项链,以金银质地居多。

发型

清末,男替蓄长辫。姑娘脑后扎独辫,婚后盘发髻于脑后,状若半球,外用发网罩住。老年妇女多将头发叠扎起,俗称“髽(zhuà)鬏(jiu)”。辛亥革命后,男子多剪辫剃光头,少数人留半截长发披于脑后,戏称“羊尾巴”。抗日战争胜利后,有少数姑娘剪掉长辫,不扎,俗称“哈撒毛”;男职员、学生开始留平头、分头。新中国成立后,青壮年男子留分头、平头;姑娘留短发或扎两个小辫。80 年代始,青壮年男性发型多变,女性喜烫发、染发,由城镇推及乡村。

帽子

新中国成立前,男人多戴黑崇呢瓜皮帽,或咖啡色毡帽,或土耳其绒线卷沿帽,冷时可放下护耳。农民戴布料瓜皮帽。女人顶方巾,俗称“搭包头”。夏季,富人戴草帽,穷人戴苇笠。新中国成立后,男人戴八角帽、解放帽。冬春秋,女顶包头。80 年代后,女性兴针织毛线帽、长围巾;男子敞头或戴鸭舌帽。老年戴长盖绒帽或礼帽。

鞋袜

旧时,富人冬季穿高帮布棉鞋,穷人穿单鞋或草制的“毛窝子”“蒲鞋”等。夏季,穷人多赤脚,女穿绣花、割花尖头鞋。抗日战争前期,公职人员、学生有穿万里鞋的。新中国成立后,机制胶鞋、布鞋渐多。60 年代,夏季曾大兴“日照凉鞋”。此鞋用废胶轮胎做成,耐穿易修,便于劳作。70 年代后,女性穿高跟鞋,男性穿皮鞋的渐多。夏天,普遍穿塑料、皮革及人造革凉鞋。

清末民初，富人多穿衲底白布袜。二三十年代，富人穿机制粗线袜。新中国成立后，男女穿各种颜色的机制短袜。70年代后，化纤袜、纯棉袜渐多，夏季多穿簿化纤袜。当代年轻女性多着盖过膝的长筒袜、裤袜等。

饮食

一般为一日三餐。旧时为节省口粮，部分人家冬闲时两餐。

新中国成立前，富人以细粮为主，穷人以高粱、地瓜、穇子等粗粮为主，甚至以糠菜充饥。干粮以煎饼为主，辅以饼子。汤食名为糊糊、粘粥(即用米熬制的稀饭)、咸饭(用面粉、菜末、盐做成的稀饭)、疙瘩汤、面页汤等。多数人家自腌咸菜或辣椒下饭。居民多喜食“小豆腐”(俗称“豆沫子”“渣腐”“青浆”)。春季，以鲜活海产品为美食。逢节日或款待亲朋，才吃面食或大米干饭，菜肴力求丰盛。

80年代后，居民以细粮为主，西部细粮过半，主食以白面、大米居多。进入21世纪，城镇居民喜吃杂粮。

饮酒

旧时，饮散白烧酒居多。20世纪60年代，以瓶装酒为上品。80年代后，瓶酒档次不断提高，啤酒、甜酒也进入普通家庭。招待亲朋饮酒，成为惯例，有“无酒不成席”之说。

庆丰收

收获季节，吃新粮庆贺丰收。夏收后，蒸新麦面饽饽，上坟祭祖俗称“上新麦子坟”。秋收后用高粱、玉米和黄豆面鏊饼子，此饼叫“多打”，意谓秋粮“多打”。

饮茶

旧时，城镇及沿海一带少数富裕人家喝南方茶，有茉莉花茶、茶砖等。农民常在热天采摘鲜茶树叶煮水或炒大麦粒、高粱米熬汤解渴。70年代后，民众始饮日照绿茶，尔后，日照绿茶成为居民家庭待客、消暑、解渴的主要饮品。

盖房、住房

旧时盖房先请风水先生看宅地，定大门位置。然后择吉日燃放鞭炮，破土动工。农民盖房，邻里帮工。80年代始，盖房户备好料，由建筑队包建。新房上梁时燃放鞭炮，并在梁上贴“上梁大吉”、脊檩上贴“吉星高照”，再用红线绑上一把新筷，用红线、红布串坠铜制钱。门框贴“昨日太公由此过，说是今日好安门”。新房落成，设宴款待工匠、街邻。

旧时，民宅以草屋为主，房屋多为三间，一明两暗，不留后窗。石基、土打墙(山区多为乱石墙)、草顶、板门、木棂窗。院墙多为乱石垒成，或土打墙，或柴草篱笆墙，高不过人头。沿海民宅，多在山墙上开一窗户。富有人家多为四合院，房屋石基、砖墙、筒瓦或板瓦盖顶。60年代，民房用砖垛子，屋顶上半部苫山草或麦秸，靠屋檐的部分挂瓦，山墙做潲，称“四不露毛”。80年代，民房实行统一规划，档次越来越高。房屋多为石基、红砖墙(山区多乱石墙)、瓦顶、落地门、连门窗、大遮阳、水泥地面，门窗镶玻璃。2000年后，农村始建2～6层的楼房。

出行

新中国成立前，人们外出多步行。新媳妇走娘家或搬亲，用毛驴或独轮车。60年代，农村始有自行车。80年代，赶集或下田多用自行车。出远门多乘公共汽车，中青年骑摩托车的渐多。90年代后，市内出行多乘公交车或出租车。进入21世纪后，轿车、电动助力车等开始进入部分家庭。

亲属称谓

曾祖父，称老爷爷；曾祖母，称老奶奶、老嬷嬷。祖父，称爷爷；祖母，称奶奶、嬷嬷。90年代后称祖母为嬷嬷的渐少。

父亲，称大大，境内西北部少数村庄称爷。70年代后，称爸爸的渐多；母亲称娘，也称妈。伯父，称大爷，若伯父有数人，以其兄弟排行为序，称大爷、二大爷……伯母，称大妈或娘娘。叔父，称叔，若叔父有数人，以其兄弟排行为序，称大叔、二叔……叔母，称娘娘、婶子。对父亲的同胞兄弟，也有称二大大、三大大……的。姑母，称姑。

兄，称哥哥或哥，嫂，称嫂嫂。弟，称弟弟或兄弟，弟媳，称兄弟媳妇、弟妹，或“老二家”“老三家”……。姐，称姐姐，姐夫，称哥哥或姐夫。妹，称妹妹，妹夫，称妹夫或兄弟。

外祖父，称姥爷。外祖母，称姥娘、姥姥。舅父，称舅。舅母，称妗子。姨母，称姨，姨夫，也有称叔、大爷的。

夫妻相互称谓，多在“他爹”“他娘”之前冠以孩子的乳名，或以“他”“她”指代，或背称“做饭的”“屋里的”“俺家里”“俺老婆”“俺外头”“俺男人”。70年代后期，年轻夫妇称对方姓名的于姓前冠以“小”字，中年以后则冠以“老”字。进入21世纪，年轻夫妇多以“老公”“老婆”互称。

妻子称呼丈夫的亲属，面呼随丈夫称。背称公爹为公公。称婆母为婆婆。夫之姐，称大姑姐、大姑子。夫之妹，称小姑子。夫之兄，称大伯、大伯头子。夫之弟，称小叔子。丈夫面称岳父为大爷、叔或爸，背称丈人、岳父；面称岳母为大妈、婶子或妈，背称丈母娘、岳母。对妻子的兄弟姊妹，面随妻称；背称妻之兄、弟为舅子；妻之兄弟媳妇，称舅媳妇。妻之姐妹，称姨子；妻之姐妹的丈夫，面称兄弟，背称连襟、连桥。

第四节　生产习俗

农业

境内农民一年四季春耕、夏管、秋收、冬藏，辛勤劳作，不误农时。自古有“庄稼地里不打粮，万般生意死了行”“要龙要虎，不如要土”的俗语。

农民习惯日出而作，日落而息。下地劳作称作“上坡”，回家称收工。

试犁　一般在农历二月二日牵牛拉犁到春地，烧纸，放鞭炮，然后耕个圆圈。在圈内象征性地直耕几犁。此俗叫试犁。

积肥　有“种地不施粪，等于瞎胡混”“养猪图攒肥，挣钱是妄言”的俗说。靠养猪、养牛沤制圈肥和土杂肥来积肥。人民公社时期，生产队饲养院建有月牙形的巴牛濠，巴牛(水牛)时，牛从一端进入，从另一端走出，以踹粪造肥。农家院中建有一汪水汪，生活垃圾及废水随时倒入其中，沤制肥料。拾粪是传统的积肥方式，有“积肥趁早起，读书夜眠迟”的古训。放牛人或驭牛人通常带着小泥罐接牛尿，带上粪筐拾牛粪。五六十年代，曾用青草沤制“绿肥”。

春耕　春种　开冻后抢墒耕地。境内谚语曰“九九八十一，犁牛都下地，家里送饭坡里吃”。有“清明前后，种瓜点豆”的俗语。

植树　境内有春分前后植树的习俗。且有坟地栽植松柏，房前屋后植果树或竹子，院内栽杏树、枣树、槐树，不栽桑树、梨树、桃树的习俗。

割麦　80年代以前，山岭薄地收割小麦多用手拔，用铡刀铡掉麦根，用作燃料。平原地用镰刀割麦，割倒扎成捆。其时，田间到处是早出晚归，抢收小麦的人群。俗语“五黄六月坐一坐，拾掇完了挨顿饿”。80年代后，大块的麦田多用收割机收割。

摔麦子　小麦运到场上晒干后，要及时脱粒。其时在场间先备好凳子，上面放上石板或石条，人双手握住麦把，用力将麦穗往石板上摔打，将麦粒脱掉，叫“摔麦子”。再将经梳理的麦秸打成捆、垛成垛，用做苫屋、编制草苫子等用。

70年代初开始使用脱粒机。80年代后，“摔麦子”已完全被机械代替。

抢种　麦田倒茬后，要及时抢种。俗语“地瓜黄豆不让晌”，“春争日、夏争时，地瓜黄豆不让犁”。

打场　农谚“忙不忙，先打场”。将晒干的麦子等庄稼铺在场上，用牛拉着碌碡滚打。打场时，使牛人一手牵缰，一手执鞭，放开大嗓，拖起高腔，发出“……啦啦……唻唻……”的号子声。牛随号子声的急缓而奔跑或缓行。也有不喊号的，称“打哑巴场”。

渔业

造船　为渔家盛举，仪式隆重。造船期间，船主数次设宴犒赏工匠。新船造成，择吉日举行“开光”仪式。亲朋送红旗祝贺，旗幅6尺，取六六大顺之意。80年代初期，贺旗骤增，少则数十面，多者逾百。船主在天亮前到船上焚纸、放鞭、上香，将红绿布条悬挂船头。将备好的两只公鸡，一只在船头外开刀，让鸡血顺船帮流过船的眼睛，俗称“开光”，又称挂红，表示该船已睁开眼。把另一只放掉，谓之“放生”。开光后，即可试航，俗称“下河”。下河时，烧香、焚纸、大放鞭炮，插上亲朋送的旗及摇钱树，在众人欢送下下水。然后，该船就可出海捕捞。

上杠　也称敬龙王。正月初五举行，是每年渔业生产的开工典礼。船头上摆供品，用整猪(或用猪头和猪尾充作全猪)。猪脸要用刀划一个“十”字，并抹进豆瓣酱，放上两颗大葱。此外，还有糕点、馒头、水果等。上香烧纸后，船员在船主的带领下面向大海磕头，祈求龙王保佑，此后，船主设宴款待船员。

出海　春捕开始，船插红旗在鞭炮声中启航。在水中转一圈又回到原处，借海浪之势朝岸"点头"两次，然后调向而去。此俗至今仍存。

祈海　驾船在海中捕捞，若遇大风，即放桅抛锚，船老大敬海神娘娘。大风船(即帆船)的后仓中供海神娘娘，其座前常年供三个酒杯、一个香炉。祭时，船老大站在船面上，口含清水朝东南嗽一次，再入后仓为海神娘娘上香、敬酒，祈求风平浪静。出海归来，在龙王庙唱大戏，酬谢海神的保佑。新中国成立后，此俗渐废。80年代后，祈海习俗逐渐恢复。

插重旗　捕捞满仓的渔船，在大桅杆上升起一面红旗，将喜讯及早报给岸上的接海人，俗称"插重旗"。

接海　出海捕捞的船靠岸后，人们接船卸货，用竹篓、竹筐抬鱼，称"接海"。

90年代后，鱼贩、加工厂家往往直接到船上接货，直接过秤卖出。

拿行　渔民在每年农历六月十三日，以抓阄的方式来确定各自的近海渔场。称"抓行""拿行"，又叫"抛神符"。

据传，清道光年间，石臼戴家村人首倡"拿行"之举，后由石臼所一带推及沿海各渔村。拿行仪式由公推的艄公主持，凡在近海张大网(又称坛子网)的船主，都要参加。届时请道士诵经，众人焚香、烧纸、放鞭、供三牲(生猪头一个、鱼一条、鸡一只)。祭毕，晃签决定抓阄次序。各船主把抓到的"行地"登记到账簿上，此账称"行账"，以备查询。

手工业

境内艺人都尊崇本行业祖师的传统习俗，各有供奉的祖师，缝纫师傅供奉轩辕黄帝，金属工匠供奉太上老君，木、砌、石等工匠供奉鲁班，陶器供奉范蠡等。

各行各业多以师傅带徒弟的方式培养继承人。学艺者，或由师傅看中选定，或托邻里亲朋介绍，师傅同意后成为学徒。学徒从师需择吉日行拜师礼，由学徒家备酒席，请中人(介绍人)和亲友、族长等人陪同，举行叩拜礼。一般3年出师，3年内由师傅传授技能，管吃、管住，或随意给点零花钱，不给工钱。有的学满出师时由师傅送给一套工具，自立门户做手艺。有的出师时设宴款待师傅，馈赠礼品，感谢师傅传艺。

商业

无论大铺小店都要择良辰吉日，张灯结彩，贴对联，鸣放鞭炮，挂匾受礼，宴请宾客，举行开业仪式，以示红红火火，财源茂盛。店内张贴"公平交易、童叟无欺""货真价实"等条幅。多数商号雇有店员(营业员)，其规矩与手工业者收徒大体相同，初期不给工钱，只管吃、穿、住，终日在店内劳动。三年期满如留用，通过面议(多通过中人)支付工钱。具有才华的雇员，店主又信任其品行的，往往被委以重任，派往分店管事或当店主的总管。

有的店主还要按店员的职务、能力、贡献大小送"红包"(奖金)。遇到年节，允许店员回家团聚，预约春节后开张时到岗。50年代中期，店铺多为公有，实行有计划招工。80年代开始，百货、生产资料等商业店铺多以夫妻承包形式经营。农村也多以家庭办"小卖部"形式从事商业经营活动。城市大型商场则招聘大中专或高、初中毕业生，经过培训充当店员。

第五节　游艺习俗

人们在平凡的生活、劳动中寻找乐趣，就地取材，因陋就简，形成许多民间游戏习俗，并流传至今。

20世纪80年代前，打瓦、打蹦、打拐、撞钟、打稳溜、拾宝骨、跳方、翻棉单、打秋千及跳绳等较盛行。前五项多为男孩所好，后五项女孩喜爱。常以"剪子、包袱、锤"裁决游戏之先后，有的是由各方商定。

另外还有许多棋类、体育等方面的游艺。

五福

又称"大五""五周"，是一种简单棋艺。棋子布在纵横交叉点上，二人各执异色棋子，每人一次下一子，交替进行，直至占满为止。双方各以己子组成棋。小方格的4个子成"小方"；斜看3子成一线为"三斜"；4子一线称"四周"或"四斜"；5子一线为五福，也称"大棍"；棋盘对角线5子一线称"通天"。上棋以后，可吃对方一子。下至满盘，拣去吃子，谁晚下子谁先走棋。若双方均无吃子，各拔一子再走棋。走棋时，仍以己子成棋来吃对方的棋子为目的，直至对方认输为止。此游艺路边、地头、墙角、树下即可展示，斗智斗勇颇为有趣，深受工农群众的喜爱，老百姓称其为“庄户棋”“放牛棋”。

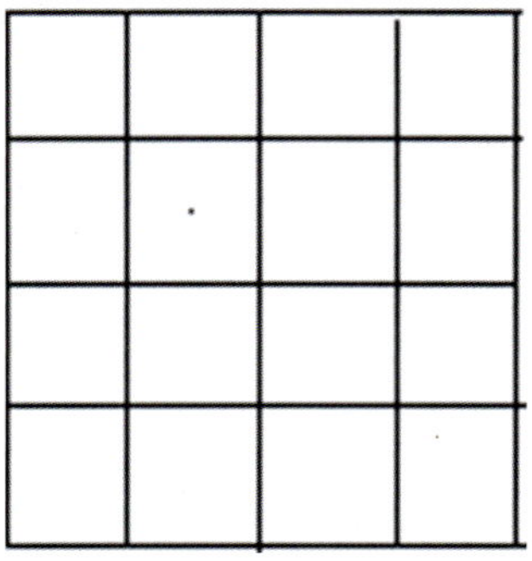

图 41-2 五福棋盘

大挑大撅

双方各以 5 子在棋盘上走动，只能直行，既可走一步，也可走数步。凡逢“挑”或“撅”时，将所挑撅对方的子易为己子。当对方两子成一线，且中间交叉点空白时，己子攻占该空白处，形成“小挑”，若每侧“两子”，称“大挑”。3 子成一线且靠在一起，各自位于一侧，称“小撅”，若对方 2 子，己 3 子，为“大撅”。通过挑撅后，有时形成连锁挑撅而吃掉对方大批棋子。最后将对方仅剩的 1 子赶入窝(小三角形)内，以把此子挤在小三角形中心的“十字架”上为赢。

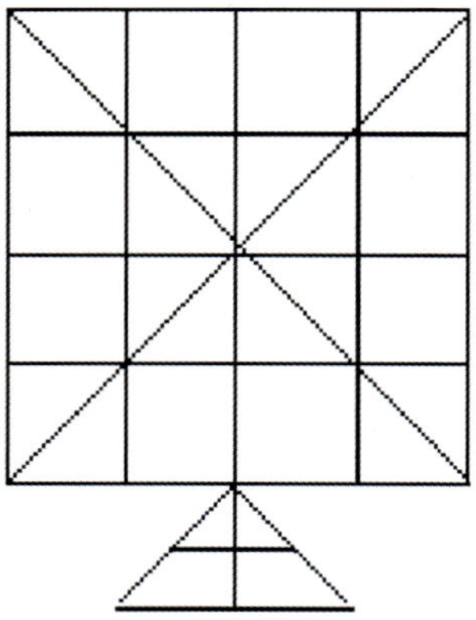

图 41-3 大挑大撅棋盘

此外，还有搁三、大六、马虎吃小孩、憋死牛等棋。

拾宝骨

又称“拾子”。备 5 个圆滑石子，两人或多人参与。玩时，单手握 5 子，先向空中抛一子，迅将其余 4 子撒于地面，并接住抛子。然后再抛手中一个子，抓地上子，接抛子。每次抛子多少，抓哪几个，按事先约定或对方临时指定进行。如抓子、接子、抛子有一环节失误，即无权继续进行，应让对方操作。如此反复进行，完成套数多者为赢。在动手的同时，嘴里还伴唱着相应的歌谣。

翻棉单

即翻绳。将一根约一米长的细绳两端接起来，靠两手的十指作支架撑起一个几何图形。另一人再翻出其它图形。循环往复可使图形不断翻新，这些图形被称为“面条”“大碗”等。

跳方

在地面上按一定规则划出连在一起的若干方格，将沙布袋(或瓦片)投入格内，2 人或多人参与。跳时，以单腿跳动为主，必须踏格内空白处，到沙袋处，用脚踢袋至规定处，最后用双脚将沙袋夹住抛起，以手接住或抛出方格外。玩时，若沙袋压着线或脚踏线及违犯其它规定，则让给他人跳。以不犯规而连续跳的套数多者为赢。

打陀螺

稳溜，学名陀螺，为上圆下锥的木质玩具。玩时，用布条或绳头做成鞭子缠住稳溜，放于平滑地面或冰上，用力抽鞭使之旋转起来，再用鞭抽打，稳溜便旋转不止。

另外，还有捉迷藏、踢毽子、鹞鹰抓小鸡、跳皮筋等民间游艺活动。

第六节　流弊陋习

迷信

新中国成立前，境内有占卦、查日子、求神、请仙客、相面、算命、看风水等迷信活动。新中国成立后一度绝迹。80 年代后，有回潮蔓延之势。

赌博

以掷骰子、押宝、推牌九、打麻将、纸牌等形式，抵押钱物赌输赢。人沉湎其中，不愿再去劳动。此风新中国成立后一度绝迹，80 年代后，赌博陋习又开始抬头。

吸鸦片

清朝末年至民国初年，少数人吸鸦片成瘾，人称之为“大烟鬼”。1941 年后，政府严厉禁止。1947 年后根绝。

缠足

封建社会女孩从四五岁开始裹脚，人们以足小而尖为美，谓之“三寸金莲”，以大脚为丑。1913 年，国民政府严令放足，1943 年后，缠足之风根绝。

纳妾

1940 年前，境内富人有纳妾(俗称娶小老婆、姨太太)的习俗。新中国成立后，被禁止。

换亲、转亲

家境贫寒或其它原因不能娶妻的，两家男子互相以对方姐(妹)为媳妇者，称作换亲。转亲是三家以上男子的姐(妹)连环式到另一家为媳妇。三家的称“三转悠”。20 世纪 80 年代后，此俗逐渐消失。

早婚

为早生儿孙，在孩子十四五岁时就结婚。1950年，颁布婚姻法后被禁绝。

表亲

姑或姨家表兄(妹)或表姐(弟)联姻。旧时，以亲上加亲为美事。20世纪70年代后已基本绝迹。

娃娃亲

孩子未出生就指腹为婚，或在幼儿时即订下了亲事。此俗20世纪50年代前较盛行，新婚姻法颁布后，被禁止。

童养媳

旧时贫苦人家养不起幼女，经人介绍订下娃娃亲，并将女儿养在男家，待女的长大成人后成婚，俗称"童养媳"或"团圆媳妇"。结婚叫圆房，大都在婆家的邻居家中稍事妆扮，便领回拜天地，成夫妻。新中国成立后，收养童养媳的陋习被政府禁止。

男尊女卑

认为男子能传宗接代，继承家业，无儿者为"绝户"。妇女无继承权，只能做男子的附属品。男子丧偶可再娶，女子若丧夫改嫁，将受到歧视非议。以贞节烈女终身守贞为荣，立贞节碑坊，以示褒扬。新中国成立后，提倡男女政治地位平等，婚育观有很大改变。不但男娶女，也可以女娶男，生男生女一个样的思想已被人民群众所接受，丧偶妇女再婚受到法律保护。

暗娼

自清末民初军阀混战至日本侵略军占领时，曾有暗娼活动，新中国成立后绝迹。改革开放后，城区外来人员增多，暗娼又出现。

禁忌

新年初一要起早五更，禁高声说话，忌往院里泼水，忌打骂训斥孩子或吵架，忌打碎生活用具，忌作针线活、蒸馒头、做豆腐等。忌说"完了""没了""破了""断了""死了"等不吉利话。年初五忌推磨、抃碓、挑水、拾拿柴草等。杨公忌日和初一、十五月忌日，一般不走亲，尤忌带小孩走亲。凡打墙盖屋，必择黄道吉日，忌火日。嫁娶婚事忌请孕妇、寡妇及穿孝者迎送新人。老人正值73岁、84岁、100岁时忌说自己的实际年龄。

搬运庄稼时忌将扁担、钩担、杠子横放谷场，必须竖起来，尤禁女性跨过。忌用笤帚扫当门。忌经期、产期妇女走进瓜地菜园。育龄妇女忌在葡萄架下坐、卧、睡，忌从放镰刀、斧子或菜刀的地方跨过。

从事远洋捕捞的渔民，在船上忌光身睡觉和随处大小便，以免亵渎海神娘娘。吃饭时，忌把筷子横放盘、碗上。

第二章　宗教

第一节　佛教

沿革

佛教于隋唐前即传入境内。宋元时期境内佛寺逐渐增多。明代佛教在境内有更大的发展，不仅佛寺多，和尚、尼姑多，官府还在普照寺增设专管佛教事务的机构——僧会司。清代，只对佛寺做过修葺，很少新建，和尚、尼姑人数逐渐减少。

民国时期，寺庵多半失修、僧尼很少，据1920年调查统计，当时境内尚存佛寺28处，尼庵3处。

佛寺里多供如来(释迦摩尼)，寺内住和尚；尼庵里多供菩萨(观世音菩萨)，庵内住尼姑。和尚、尼姑都是出家修行的善男信女，他(她)们必须严守"三皈"、五戒，在寺庵里吃斋、念佛、诵经，早晚按时到殿堂里给佛、菩萨上香、顶礼、唱赞、说偈等，有时应邀到外边做佛事，给人家念经祈福或超度。

民国初至抗日战争爆发，境内寺失修、僧减少。在家学佛的中国佛教会会员(居士)有4人。他们都先后到青岛湛山寺拜住持和尚为师，在家设有佛堂，供奉佛像，吃斋念佛，有时也向别人宣讲佛理，劝人学佛。其间，境内曾出现过"普济佛教会"等秘密组织，假借佛教会的名义骗人害人的道会门，新中国成立后被取缔。

据1941年统计，境内有僧、尼199名。

新中国成立后，民间佛事活动停止。1985年后，一些中老年人，请回菩萨像，烧香念佛。也有些人去佛寺进香跪拜，求佛保佑。商场内设有佛教用品专柜，书店内佛经类图书报刊亦陈列在案。2004年，境内有佛教信徒55人。他们平日念诵“阿弥陀佛”，朔、望日就集体去“念佛堂”集会念佛。至2007年，信仰佛教者有202人。

寺院

据清光绪版《日照县志》记载，境内有佛教寺院15处。南湖大山沟灵樵寺规模较大。

灵樵寺　位于灵樵山(即今大山)北面。建寺年代无考。据传，建寺时，一樵夫指引大风飘去的梁柱落地为寺址。寺建成后故以灵樵为名。明弘治三年(1490年)铸成13尊铁罗汉。该寺有5.33公顷薄田为庙产。清道光年间，县令彭翊将庙产一分为二，半作乡学学田，半归寺院。1958年，被麻疯院占用，铁罗汉炼了钢铁。麻疯病院撤销后，寺院被完全拆除。

日照念佛堂　2004年3月，经市民族宗教局批准在北园三路设立日照临时念佛堂。

第二节　道教

沿革

道教于汉代传入境内，盛于唐、宋、元、明、清。

明朝，县内庙宇众多，县署在城隍庙专设道会司，管理道教事务。清代，新建庙宇甚少，但道士仍多，尤以出家道士居众，属“全真派”。道士终身不娶，以念经、炼丹、行医、修身养性为主。

民国年间，道观多失修。1920年尚存98处。此时期的道士多属“正一派”(俗家道士，有妻子儿女)，他们既住道观，也住家。俗家道士一般都有师父，能诵念道教经典，熟悉斋、醮、祭、祷等仪式。少数道士会武功。

除庙产和接受善男信女的香火钱外，道士还给富户念经、做“道场”或“顺星”驱邪得些收入。

1932年，两城天后宫的道士厉会东、厉会来兄弟俩参加日照暴动，作战勇敢。1941年，境内共有道士112名。

抗日战争结束后，道教活动基本停止。至2007年底，境内有信仰道教者3人。

宫观

境内道教宫观甚多。据记载，清光绪年间主要宫观有20处。回龙观(庵)、朝元观、龙神庙、驻跸岭庙、涛雒天后宫、两城天后宫较著名。

回龙观　清代曾称回龙庵，在西湖乡爱国村。建年无考，多次重修。该观面积近2000平方米，为日照宫观之最。观内建有三官殿、观音堂、镇武殿各一处及两处灵官殿，供尧、舜、禹、观音菩萨、镇武大帝、牛王爷、吕洞宾与灵官泥塑像。院植2棵银杏树，1958年伐去其一，今尚存一棵。三门两侧为钟鼓楼。观中耕地与山林共33.33公顷。20世纪20年代末，住道士30余名，属“全真派”。1958年“大跃进”期间，回龙观大部被拆除。“文化大革命”中，又进一步遭破坏，现只存遗址及少数碑碣。

驻跸岭庙　唐贞观十九年(645年)，唐太宗东征高丽、百济，驻兵于今秦楼街道驻龙山(驻跸岭)，后唐代功臣尉迟恭监修驻跸岭庙。今已荡然无存。

涛雒天后宫　位于涛雒镇北，乾隆二十一年(1756年)建。其建筑别具风格，在一条中轴线上依次排列着过街照壁、山门(上筑戏楼)、大殿、后殿。大殿有天后圣母、罗宣火神、比干财神、红脸千里眼桃妖、黑脸顺风耳柳怪泥塑像。大殿内有许瀚题“天后行宫”四字。清光绪年间增建后殿，塑关公、周仓、关平等泥像。主殿1958年拆除，砖运到高旺庄建炼铁炉。剩余部分在“文化大革命”后逐渐拆除。

第三节　伊斯兰教

建区前，伊斯兰教在境内未形成教派。随着城市发展和外来工作者增多，其中不乏伊斯兰教信奉者。自2001年2月，东港区有穆斯林30余人进行宗教活动。2004年3月，经市民族宗教局登记批准，在石臼街道黄海二路成立日照市伊斯兰教协会和清真寺筹建处。2007年，有信仰伊斯兰教群众147人，设置伊斯兰教活动场所——临时清真寺1处(位于海滨一路)，并配备教职人员(阿訇)2人。

第四节　天主教

沿革

清末，境内属于天主教德国“圣言会”传教区。光绪五年(1879 年)，天主教德国主教安治泰、传教士薛田资，到丁吕土山(今属岚山区)、后街头(今属五莲县)建立传教区。他们以传教为名，对境内的山川、地质、口岸、矿产、土特产等，进行周密地调查，将资料上报德教会，并网罗不良分子入教，不法教徒仗势欺人，民教纠纷不断发生。

1898 年，后街头天主教徒向村民许言踵勒索财物未遂，便向神父诬告村民“聚众灭教”，进行报复。神父薛田资蛮横无理，威逼后街头村民将许言踵交出问罪，否则，“必派洋兵围剿”。被激怒的村民拖住薛田资评理，砸毁教堂，并打死两名流氓教徒，“日照教案”发生。此后，教会强迫日照赔银 2.5 万两，并由后街头村民出资修复教堂，请神父在此传教，另在日照城内建教堂。

1921 年，青岛传教区派德籍神父吕修礼到境内主持教务。该神父善于笼络教外民众。1931 年，县城被土匪刘黑七攻陷，吕神父在教堂内保护部分教徒与民众，借此，新发展教徒 200 余人。1939 年，黄福禄神父到境内任职，该神父歧视中国籍传教士，蛮横对待教徒，入教人数极少。

1941 年，有教徒男 117 名，女 81 名。1945 年，境内天主教徒相继脱离教籍，活动停止。至 2007 年，有信仰天主教者 1 人。

教堂

天主教在境内各地建立教堂作为传教点，又称“分堂”。1921 年，城内教堂在今海曲路北，正阳路西区人民武装部驻地建成。1925 年，建费家河教堂。境内的天主教堂，以城内教堂规模最大，共有瓦房 40 余间，其中包括一幢二层教堂楼。教堂分正、跨两院，神父及随其“下会”(到各分堂传教)的中国籍传教士住正院；修女住跨院。住该教堂的修女先后有“薄大姑娘”(薄怀生)等 9 人。修女协助神父传教，广收教友，扩大教会影响。教堂在楼底层设祭殿(“弥撒”堂)，内供圣像，可在这里做“弥撒”仪式。新中国成立初，教堂改作他用，后逐渐拆除。

第五节　基督教

基督教又称耶稣教。1920 年，基督教牧师约翰老令(瑞典人)从诸城到境内，在县城内购置一幢民宅，设立“日照耶稣教福音堂”，开始传教。

境内的基督教隶属诸城“瑞华基督教浸信会”。该教的传教方式，主要靠牧师接近民众来扩大影响。当时，境内人们对外来宗教存有戒心，多数人不敢与其接触。1925 年，仅在县城及附近发展 5 名教徒和几个未受洗礼的慕教者。此后，教会数次组织“大蓬布道团”，在城内及乡村进行传教活动，仅在南乡、西乡有少数人入教。1926 年，教会还在城内创办“日照县浸信会小学”(在市联社大院以西)。由于经费得不到瑞典教会的支持，未及两年即停办。1929 年，教会还在汉家皋陆设立福音堂，一年后停办。1931 年，下元村教徒秦强农在本村出资建立福音堂，并创办小学，因入教者太少，未足两年便停止活动。因教徒很少，牧师未在境内定居。先后来传教的瑞典牧师有约翰老令、狄奎德、杨道荣及万理德。1938 年，美籍瑞典牧师令阜顺(约翰老令之子)，用教会的拨款在城内盖瓦房 10 间，定居传教。1941 年，境内仅有男教徒 10 人，女教徒 6 人。1944 年，令阜顺在青岛被日军拘捕，外籍牧师在境内的传教活动结束。

图 41-4　海曲西路的基督教堂

1945年，中国籍传教人员庄文奎、张淑玉夫妇从莒县至境内主持教务，将“耶稣教福音堂”改名为“中华基督教会”。汉家皋陆和下元村仍设支堂，有教徒百余人。1947年秋，教会停止活动。

中共十一届三中全会以后，贯彻宗教信仰自由的政策，基督教在境内恢复并发展，信教者自设聚会点，定期做“礼拜”。2007年，基督教家庭聚会点34处，有信教者1184人，经市民族宗教局批准设立海曲西路、海滨二路、黄海一路三处基督教活动场所。海曲西路基督教活动场所配备教职人员3人(长老1人，执事2人)，海滨二路、黄海一路基督教活动场所配备教职人员1名。

第四十二编

方　言

东港区位于山东省日照市的东部，其方言属于冀鲁官话、山东方言东区的东潍片，在地域上恰处于山东东、西两区方言的过渡区域和冀鲁官话与胶辽官话的交界地带。因此，东港方言具有方言交界地带的过渡性特点。

东港方言属于山东东区东潍片方言的特点有：语音方面，普通话读 tʂ tʂʰ ʂ（zh ch sh）声母的字，东港全境都读为两套，如知≠支、超≠抄、声≠生；普通话读 ʐ（r）声母的字东港读零声母，如人＝银、如＝鱼、软＝远；普通话尖团音不分，东港方言区分尖团音，如精≠经、清≠轻、星≠兴；普通话读 ts tsʰ s（z c s）声母的字，除西北部东陈疃一个点外，东港大部分地区都读为齿间音 tθ tθʰ θ；等等。词汇、语法方面，如祖母称“嬷嬷”、父亲称“大大”，男子成亲称“将媳子（媳妇）”；反复问句多用如“学不学习”“开不开会”的形式，比较句多用如“他学的好起你”“这里干净起那里”的形式等等。

东港方言属于山东西区方言的特点有：语音方面，普通话开口呼零声母字如“爱、袄、藕、安、恩”等，东港大部分地区都读为 ŋ 声母，与西齐片相同。古清声母入声字在东港方言中大多数读为阴平，如：北＝碑、博＝波。

东港方言中还存在一些普通话没有但在山东方言中很普遍的特点。比如复韵母的单元音化，普通话的复韵母 ai uai ɑu iɑu（ɑi uɑi ɑo iɑo），东港方言读为 ɛ uɛ ɔ iɔ；没有鼻音韵尾 -n，普通话的 an iɛn uan yan（ɑn iɑn uɑn üɑn）和 ən in uən yn（en in uen ün）韵母，东港方言都读成鼻化韵母 ã iã uã yã 和 ẽ iẽ uẽ yẽ；“解鞋姐邪”等字的韵母普通话都读为 iɛ(ie)，东港方言分读为 iɛ iə 两个韵母，即“解鞋”(iɛ)≠“姐邪”(iə)。此外，还有一些古语词的保留，如“箸笼子”(筷子筒)、“家鹁子”(麻雀)、“妗子”(舅母)等；有丰富多样的动词后缀，如“捏巴”“转悠”“弄送”“刮查”“掖索”等；指示代词“这、乜、那”三词并用等等。

第一章　语音

第一节　东港方言的主要内部差异

东港方言内部在语音上存在明显的地域差异，其中以东西差异为主，也有少数南北的差异。概括起来主要有以下几种情况。

“支愁生”和“知筹声”的声母读音不同

普通话读 tʂ tʂʰ ʂ 声母的字，在东港各地方言中读音分为两类：一是读为 tʂ tʂʰ ʂ 声母，如“支愁生”等字，全区一致；一是读为 tʃ tʃʰ ʃ 或 ts tsʰ s 声母，如“知筹声”等字，全区内部读音有分歧，其中读 tʃ tʃʰ ʃ 声母的主要分布于中北部地区，大致包括西湖、陈疃$_{\text{沈疃一村}}$、陈疃$_{\text{东陈疃}}$、南湖$_{\text{二村}}$、城关$_{\text{相家庄}}$、城关$_{\text{前崮子}}$、河山等地，而读 ts tsʰ s 声母的分布区域较散，但以分布在东部沿海地区为主，大致包括三庄、陈疃$_{\text{东石墩}}$、南湖$_{\text{尹家河}}$、两城、秦楼、城关$_{\text{二村}}$、奎山、涛雒等地。中部沿海地区的石臼，则两种读法都存在。例如：

	支	愁	生	知	筹	声
城关$_{\text{相家庄}}$	꜀tʂʅ	꜁tʂʰou	꜀ʂəŋ	꜀tʃʅ	꜁tʃʰou	꜀ʃəŋ
石臼$_{1}$	꜀tʂʅ	꜁tʂʰou	꜀ʂuəŋ	꜀tʃʅ	꜁tʃʰou	꜀ʃuəŋ
石臼$_{2}$	꜀tʂʅ	꜁tʂʰou	꜀ʂuəŋ	꜀tsʅ	꜁tsʰou	꜀suŋ
城关$_{\text{二村}}$	꜀tʂʅ	꜁tʂʰou	꜀ʂəŋ	꜀tsʅ	꜁tsʰou	꜀suŋ
奎山	꜀tʂʅ	꜁tʂʰou	꜀ʂəŋ	꜀tsʅ	꜁tsʰou	꜀suŋ

“交权虚”和“招船书”的声母读音及咬舌音现象

“交权虚”和“招船书”两类字声母的读音及其关系，东港全境情况较为复杂，其中最为典型的特点是有无咬舌音现象。

(1)无咬舌音现象　是指“交权虚”等字读为 tɕ tɕʰ ɕ 声母，即与普通话声母读音相同的现象。主要分布在东港区的东北部和中东部，具体包括：南湖、河山、两城、秦楼、城关、石臼、奎山等乡镇，在这些方言中，“招船书”等字的声母读为 tʃ tʃʰ ʃ 或 ts tsʰ s。例如：

	交	招	权	船	虚	书
城关相家庄	꜀tɕiɔ	꜀tʃɔ	꜁tɕʰyã	꜁tʃʰuã	꜀ɕy	꜀ʃɥ
城关前崮子	꜀tɕiɔ	꜀tʃɔ	꜁tɕʰyã	꜁tʃʰuã	꜀ɕy	꜀ʃu
奎山	꜀tɕiɔ	꜀tsɔ	꜁tɕʰyã	꜁tsʰuã	꜀ɕy	꜀sɥ
秦楼	꜀tɕiɔ	꜀tsɔ	꜁tɕʰyã	꜁tsʰuã	꜀ɕy	꜀sɥ

(2)有咬舌音现象　是指“交权虚”等字声母与普通话声母读音不相同，即不读 tɕ tɕʰ ɕ 声母，而读 tʃ tʃʰ ʃ 声母的现象。主要分布在东港区的南部、西部、西北部地区。在这些方言中，“交权虚”和“招船书”两类字的声母读音又表现为两种情况。

①“交≠招”、“权≠船”、“虚≠书”，具体说，“交权虚”类字的声母读为 tʃ tʃʰ ʃ，“招船书”类字的声母读为 ts tsʰ s。例如陈疃镇东石墩村的说法：

	交 ≠ 招		权 ≠ 船		虚 ≠ 书	
陈疃东石墩	꜀tʃɔ	꜀tsɔ	꜁tʃʰuã	꜁tsʰuã	꜀ʃɥ	꜀sɥ

②“交＝招”、“权＝船”、“虚＝书”。全区内部读音有不同，其中，西湖、陈疃沈疃一村、陈疃东陈疃、南湖二村等都读 tʃ tʃʰ ʃ 声母，三庄、涛雒、城关二村等都读 ts tsʰ s 声母。例如：

	交 ＝ 招	权 ＝ 船	虚 ＝ 书
陈疃沈疃一村	꜀tʃɔ	꜁tʃʰuã	꜀ʃɥ
西湖	꜀tʃɔ	꜁tʃʰuã	꜀ʃɥ
涛雒	꜀tsɔ	꜁tsʰuã	꜀sɥ
城关二村	꜀tsɔ	꜁tsʰuã	꜀sɥ

“井千早葱”和“顶天岛通”的声母读音及其分合

“井千早葱”和“顶天岛通”两组字的声母在东港方言中的读音较为复杂，概括起来主要有两种情况。

(1)不同音　“井千早葱”读 tθ tθʰ 声母，“顶天岛通”读 t tʰ 声母。这种情况占主流，集中分布在东港区的中东部和东北部地区。例如：

	井 ≠ 顶		千 ≠ 天		早 ≠ 岛		葱 ≠ 通	
涛雒	꜂tθiŋ	꜂tiŋ	꜀tθʰiã	꜀tʰiã	꜂tθɔ	꜂tɔ	꜀tθʰuŋ	꜀tʰuŋ
城关相家庄	꜂tθiŋ	꜂tiŋ	꜀tθʰiã	꜀tʰiã	꜂tθɔ	꜂tɔ	꜀tθʰuŋ	꜀tʰuŋ

(2)有不同程度的合并　不同的方言点两类字声母的合并情况不完全一样，有的方言只有其中部分字的声母合并，有的方言两类字的声母完全合并。其分合条件及读音如下：

<table>
<tr><th>分合条件</th><th>例字</th><th>部分合并</th><th>完全合并</th></tr>
<tr><td rowspan="2">洪音</td><td>早 葱</td><td>tθ tθʰ</td><td rowspan="2">t tʰ</td></tr>
<tr><td>岛 通</td><td>t tʰ</td></tr>
<tr><td rowspan="2">细音</td><td>井 千</td><td rowspan="2">ȶ ȶʰ</td><td rowspan="2">ȶ ȶʰ</td></tr>
<tr><td>顶 天</td></tr>
</table>

这两类字声母发生合并的方言主要集中在西部和北部与莒南、五莲相邻的一些地区。就合并的字数来说，基本是由南向北，同音的字数逐渐增多。例如：

<table>
<tr><th></th><th>井 ： 顶</th><th colspan="3">千 ： 天</th><th colspan="3">早 ： 岛</th><th colspan="3">葱 ： 通</th></tr>
<tr><td>西湖</td><td>꜂ȶiŋ</td><td>꜀tθʰiã</td><td>≠</td><td>꜀ȶʰiã</td><td>꜂tθɔ</td><td>≠</td><td>꜂tɔ</td><td>꜀tθʰuŋ</td><td>≠</td><td>꜀tʰuŋ</td></tr>
<tr><td>城关二村</td><td>꜂ȶiŋ</td><td colspan="3">꜀ȶʰiã</td><td>꜂tθɔ</td><td>≠</td><td>꜂tɔ</td><td>꜀tθʰuŋ</td><td>≠</td><td>꜀tʰuŋ</td></tr>
<tr><td>南湖二村</td><td>꜂ȶiŋ</td><td colspan="3">꜀ȶʰiã</td><td>꜂tθɔ</td><td>≠</td><td>꜂tɔ</td><td>꜀tθʰəŋ</td><td>≠</td><td>꜀tʰəŋ</td></tr>
<tr><td>三庄</td><td>꜂ȶiŋ</td><td colspan="3">꜀ȶʰiã</td><td>꜂tθɔ</td><td>≠</td><td>꜂tɔ</td><td>꜀tθʰuŋ</td><td>≠</td><td>꜀tʰuŋ</td></tr>
<tr><td>陈疃沈疃一村</td><td>꜂ȶiŋ</td><td colspan="3">꜀ȶʰiã</td><td>꜂tθɔ</td><td>≠</td><td>꜂tɔ</td><td>꜀tθʰuŋ</td><td>≠</td><td>꜀tʰuŋ</td></tr>
<tr><td>陈疃东陈疃1</td><td>꜂ȶiŋ</td><td colspan="3">꜀ȶʰiã</td><td colspan="3">꜂tɔ</td><td colspan="3">꜀tʰəŋ</td></tr>
</table>

“宾民亲心邻林”等字的韵母

“宾民亲心邻林”等字在普通话中都读为齐齿呼(in)韵母，东港西部的三庄、陈疃东石墩、陈疃东陈疃、陈疃沈疃一村、西湖、南湖尹家河等地方言，这些字的韵母仍为齐齿呼的韵母(iẽ)，但在东部的秦楼、城关二村、城关相家庄、城关前菌子、石臼、奎山、涛雒等地和东北部的河山、两城等地，这些字的韵母都普遍失掉 i 介音而变成开口呼韵母 ẽ。南湖二村方言较为特殊，这些字的韵母读音分为两个：“宾民亲心”等字韵母读为齐齿呼的 iẽ，“邻林”等字韵母读为开口呼的 ẽ。举例如下：

	宾	贫	民	进	亲	心	邻	林
三庄	꜀piẽ	꜁pʰiẽ	꜁miẽ	tθiẽ꜄	꜀tθʰiẽ	꜀θiẽ	꜁liẽ	꜁liẽ
西湖	꜀piẽ	꜁pʰiẽ	꜁miẽ	tθiẽ꜄	꜀tθʰiẽ	꜀θiẽ	꜁liẽ	꜁liẽ
南湖二村	꜀piẽ	꜁pʰiẽ	꜁miẽ	tθiẽ꜄	꜀tθʰiẽ	꜀θiẽ	꜁lẽ	꜁lẽ
河山	꜀pẽ	꜁pʰẽ	꜁mẽ	tθẽ꜄	꜀tθʰiẽ	꜀θẽ	꜁lẽ	꜁lẽ
奎山	꜀pẽ	꜁pʰẽ	꜁mẽ	tθẽ꜄	꜀tθʰiẽ	꜀θẽ	꜁lẽ	꜁lẽ

“灯庚形影”和“东公雄永”等字的韵母

在普通话中“灯庚形影”和“东公雄永”两类字的韵母不同，前者为 əŋ iŋ 韵母，后者为 uŋ yŋ 韵母。在东港方言中它们的读音形式及相互关系较为复杂，主要有两种情况：

(1)“灯庚≠东公”，“形影≠雄永”，与普通话读音相同，即 əŋ ≠ uŋ，iŋ ≠ yŋ。三庄、西湖、城关相家庄、奎山、涛雒等地方言都是这种情况。

(2)“灯庚 = 东公”，“形影 = 雄永”。这种情况主要分布在中东部沿海地带和北部与胶南、五莲相邻的地区，覆盖区域不大，但内部分歧较为复杂，尤其是“灯庚”和“东公”两组字的韵母读音。其中，南湖尹家河、两城、秦楼、城关二村、城关前菌子等地多是“灯庚”混同为“东公”都读为 uŋ 韵母；陈疃东石墩、南湖二村、河山等地多是“东公”混同为“灯庚”都读为 əŋ 韵母。除此，在同一方言点中读 əŋ 或读 uŋ 还经常会因发音人不同、字不同，出现不同的混同方式，混同程度有时也会不同。相对于“灯庚”“东公”等字读音混同的情况，“形影”和“雄永”的混读情况要单纯一些，除南湖尹家河有“影”混同为“永”读为 yŋ 韵母的情况外，其余各点多是“雄永”混同为“形影”读为 iŋ 韵母(声母为 tʃ $tʃ^h$ ʃ 或 ts ts^h s 的地区，这些字的韵母随变为开口呼的韵母 əŋ，如陈疃东石墩等地)。例如：

<table>
<tr><th></th><th>灯</th><th>东</th><th>争</th><th>忠</th><th>庚</th><th>公</th><th>形</th><th>雄</th><th>影</th><th>永</th></tr>
<tr><td>三庄</td><td>꜀təŋ</td><td>꜀tuŋ</td><td>꜀tʂəŋ</td><td>꜀tʂuŋ</td><td>꜀kəŋ</td><td>꜀kuŋ</td><td>꜁siŋ</td><td>꜁syŋ</td><td>꜂iŋ</td><td>꜂yŋ</td></tr>
<tr><td>城关相家庄</td><td>꜀təŋ</td><td>꜀tuŋ</td><td>꜀tʂəŋ</td><td>꜀tʂuŋ</td><td>꜀kəŋ</td><td>꜀kuŋ</td><td>꜁ɕiŋ</td><td>꜁ɕyŋ</td><td>꜂iŋ</td><td>꜂yŋ</td></tr>
<tr><td>两城</td><td colspan="2">꜀tuŋ</td><td colspan="2">꜀tʂuŋ</td><td colspan="2">꜀kuŋ</td><td colspan="2">꜁ɕiŋ</td><td colspan="2">꜂iŋ</td></tr>
<tr><td>南湖尹家河</td><td colspan="2">꜀tuŋ</td><td colspan="2">꜀tʂuŋ</td><td colspan="2">꜀kuŋ</td><td colspan="2">꜁ɕiŋ</td><td colspan="2">꜂yŋ</td></tr>
<tr><td>河山</td><td colspan="2">꜀təŋ</td><td colspan="2">꜀tʂəŋ</td><td colspan="2">꜀kəŋ</td><td colspan="2">꜁ɕiŋ</td><td colspan="2">꜂iŋ</td></tr>
<tr><td>陈疃东石墩</td><td colspan="2">꜀təŋ</td><td colspan="2">꜀tʂəŋ</td><td colspan="2">꜀kəŋ</td><td colspan="2">꜁ʃəŋ</td><td colspan="2">꜂iŋ</td></tr>
<tr><td>石臼</td><td colspan="2">꜀təŋ</td><td colspan="2">꜀tʂuŋ</td><td colspan="2">꜀kuŋ</td><td colspan="2">꜁ɕiŋ</td><td colspan="2">꜂iŋ</td></tr>
</table>

第二节 音标符号

本方言志主要采用国际音标标音。

辅音表

<table>
<tr><th colspan="3"></th><th>双唇</th><th>唇齿</th><th>齿间</th><th>舌尖前</th><th>舌尖中</th><th>舌尖后</th><th>舌叶</th><th>舌面前</th><th>舌面后</th></tr>
<tr><td rowspan="2">塞音</td><td>不送气</td><td rowspan="4">清音</td><td>p</td><td></td><td></td><td></td><td>t</td><td></td><td></td><td>ȶ</td><td>k</td></tr>
<tr><td>送气</td><td>p^h</td><td></td><td></td><td></td><td>t^h</td><td></td><td></td><td>$ȶ^h$</td><td>k^h</td></tr>
<tr><td rowspan="2">塞擦音</td><td>不送气</td><td></td><td></td><td>tθ</td><td>ts</td><td></td><td>tʂ</td><td>tʃ</td><td>tɕ</td><td></td></tr>
<tr><td>送气</td><td></td><td></td><td>$tθ^h$</td><td>ts^h</td><td></td><td>$tʂ^h$</td><td>$tʃ^h$</td><td>$tɕ^h$</td><td></td></tr>
<tr><td colspan="2">鼻音</td><td rowspan="3">浊音</td><td>m</td><td></td><td></td><td></td><td>n</td><td></td><td></td><td></td><td>ŋ</td></tr>
<tr><td colspan="2">边音</td><td></td><td></td><td></td><td></td><td>l</td><td>ɭ</td><td></td><td></td><td></td></tr>
<tr><td colspan="2">闪音</td><td></td><td></td><td></td><td></td><td>ɾ</td><td></td><td></td><td></td><td></td></tr>
<tr><td colspan="2">边擦音</td><td rowspan="2">清音</td><td></td><td></td><td></td><td></td><td></td><td></td><td></td><td></td><td></td></tr>
<tr><td colspan="2" rowspan="2">擦音</td><td></td><td>f</td><td>θ</td><td>s</td><td></td><td>ʂ</td><td>ʃ</td><td>ɕ</td><td>x</td></tr>
<tr><td>浊音</td><td></td><td></td><td></td><td></td><td></td><td>ʐ</td><td></td><td></td><td>ɣ</td></tr>
</table>

说明：标在右上角的上标 h，为送气符号

元音表

	舌面					舌尖		
	前		央	后		前		后
	不圆	圆	不圆	不圆	圆	不圆	圆	不圆
高	i	y			u	ɿ	ʮ	ʅ
半高	e			ɤ	o			
中			ə					
半低	ɛ				ɔ			
低	a		ᴀ	ɑ				

声调符号

调类用传统的四角标圈法，例如：妈 ꜀mɑ（阴平）、麻 ꜁mɑ（阳平）、马 ꜂mɑ（上声）、骂 mɑ꜄（去声）；调值用五度标记法，数字“5、4、3、2、1”分别表示字调的“高、半高、中、半低、低”五度相对音高值。本调标在音标的右上角，变调标在右上角本调后，本、变调之间用“-”隔开。例如：洗澡 θi$^{55-42}$tθɔ^{55}，即表示“洗”的本调是 55，变调是 42；轻声音节不标本调，调值记作“0”，也标在音标右上角，例如：夜来 iə$^{21-42}$ɛ^{0}。

其它符号

Ø　　零声母符号。

r　　在音节末尾表示儿化，如：花儿 xuɑr^{213}。

=　　表示同音。

≠　　表示不同音。

～　　标在元音上方表示该元音鼻化，如：ã，表示元音 a 鼻化。

﹏　　在音标下表示此读音特殊。

第三节 单字音系

东港方言的声韵调系统是根据城关镇相家庄方言调查材料整理而成。城关镇方言内部声母读音存在较大分歧，比如，相家庄和前崮子读 tʃ tʃʰ ʃ 声母的字，在二村都读为 ts tsʰ s 声母；相家庄读合口呼零声母的字，除读 u 韵母的字外，前崮子和二村实际都读成 v 声母。

声母 26 个（包括零声母）

p	布步	pʰ	怕爬	m	门	f	飞		
t	到道	tʰ	太抬	n	南年			l	兰莲
tθ	遭焦造	tθʰ	仓枪墙			θ	三仙		
tʃ	知治蒸	tʃʰ	抽绸穿船			ʃ	书声		
tʂ	追坠争骤支	tʂʰ	宠茶疮床吹垂			ʂ	时生瑞	ɭ	儿耳
tɕ	交轿	tɕʰ	劝权			ɕ	虚霞		
k	贵跪	kʰ	亏葵	ŋ	袄安	x	海害		
Ø	衣五月日王入软								

说明：

(1)在细音前，舌尖中塞音声母 t tʰ 的读音接近舌面前塞音 ȶ ȶʰ。

(2) n 声母在细音前为 ȵ 声母。

(3) tθ tθʰ 声母，在撮口呼韵母前舌位稍后；在齐齿呼韵母前带塞音色彩。

(4) tʂ tʂʰ ʂ 声母舌位稍前，卷舌程度轻。

(5) tɕ tɕʰ ɕ 声母有时略有舌叶色彩，尤其在撮口呼韵母前更为明显。

韵母 37 个

ɿ	资知						
ʅ	支						
ʮ	书除	i	地日	u	故锄	y	雨入
ɑ	爬	iɑ	架	uɑ	花		
ɛ	盖	iɛ	介矮	uɛ	怪		
ə	波车儿	iə	姐热也	uə	锅饿	yə	靴若
ɔ	保袄	iɔ	条绕				
ei	妹色			uei	桂		
ou	收	iou	流肉				
ã	三	iã	肩染	uã	官	yã	权软
ẽ	宾真	iẽ	斤人	uẽ	魂	yẽ	云闰
ɑŋ	党	iɑŋ	良壤	uɑŋ	床王		
əŋ	庚脓灯	iŋ	英	uŋ	东	yŋ	雄用容

说明：

(1) ɿ 韵母，在 tθ tθʰ θ 后实际为齿间元音，在 ʧ ʧʰ ʃ 后实际为舌叶元音。

(2)ʮ 韵母只出现在 ʧ ʧʰ ʃ(城关二村读 ts tsʰ s)声母后面。在 ʧ ʧʰ ʃ 声母后实际读为圆唇舌叶元音。城关相家庄读 ʮ 韵母的部分字，在城关前崮子和二村会读为 u 韵母，如：出 ꜀ʧʰu前崮子 / ꜀tsʰu二村。

(3)有 u 介音的韵母，出现在零声母音节中时，开头略带唇齿摩擦。

声调 4 个

阴平	˨˩˧213	高猪开婚 竹一曲七黑割铁说
阳平	˦˨42	穷平寒徐 鹅麻文人 局食合舌
上声	˥55	古走口手 五老暖有
去声	˨˩21	近是厚父 对怕汉放 共病害岸 月六麦药

说明：

阳平调调尾的调值和去声调调头的调值，实际读音都略高于 2。

音节结构

根据已调查的材料统计，东港方言共有单字音节 1171 个(包括轻声音节)。其中开口呼 503 个，齐齿呼 294 个，合口呼 298 个，撮口呼 76 个。如果不计声调，则单字音节为 433 个，其中开口呼 194 个，齐齿呼 101 个，合口呼 107 个，撮口呼 31 个。

东港方言的 26 个声母并不是都能与 37 个韵母相拼组成有意义的音节的，其声母和韵母的拼合情况详见下表。

东港方言声韵配合表

表 42-1

	开口呼													齐齿呼						
	ɿ	ʅ	ʮ	ɑ	ɛ	ə	ɔ	ei	ou	ã	ẽ	ɑŋ	əŋ	i	iɑ	iɛ	iə	iɔ	iou	iã
p				八	摆	波	包	杯		班	宾	帮	崩	笔			鳖	标		边
pʰ				怕	牌	坡	跑	拍	剖	盘	盆	旁	朋	批			撇	飘		偏
m				妈	买	摸	毛	梅		满	民	忙	孟	米			灭	苗		棉
f				法		缚	否	飞		反	分	方	风							
t				打	呆		刀	得	斗	丹	扽	党	灯	低			爹	钓	丢	点
tʰ				他	抬	特	涛		头	贪		汤	疼	梯			铁	挑		天
n				拿	奶		脑	内		南	恁	囊	能	你			捏	鸟	牛	年
l				拉	来		老	雷	楼	兰	林	狼	冷	李			烈	辽	刘	帘
tθ	资			杂	灾		早	贼	走	赞	进	脏	增	积			节	焦	酒	尖
tθʰ	词			擦	才		草		凑	蚕	亲	仓	层	七			切	瞧	秋	千
θ	私			洒	腮		扫	塞	搜	三	心	桑	僧	西			些	小	修	先
tʃ	知		猪			浙	赵		周	展	真	张	正							
tʃʰ	吃		出			车	超		抽	缠	陈	昌	称							
ʃ	湿		书	蛇		舌	烧		手	闪	深	商	声							
tʂ		支		渣	债		找	窄	邹	站	榛		争							
tʂʰ		齿		茶	柴		抄	拆	愁	馋	衬		撑							
ʂ		师		杀	晒		稍	色	瘦	山	森		生							
ɭ						儿														
tɕ														鸡	家	街	结	交	九	肩
tɕʰ														期	掐		茄	巧	求	铅
ɕ														希	虾	鞋	血	晓	休	咸
k				割	该	哥	高	格	沟	干	根	缸	更							
kʰ				磕	开	可	考	客	口	看	肯	康	坑							
ŋ				腌	爱	恶	熬		欧	安	恩	肮								
x				喝	孩	何	好	黑	后	寒	很	杭	衡							
ø				阿										衣	鸭	挨	爷	腰	油	烟

东港方言声韵配合表（续）

	齐齿呼			合口呼									撮口呼				
	iẽ	iaŋ	iŋ	u	ua	uɛ	uə	uei	uã	uẽ	uaŋ	uŋ	y	yə	yã	yẽ	yŋ
p			兵	不													
pʰ	聘		平	扑													
m			明	母													
f				福													
t			丁	独			多	对	端	顿		东					
tʰ			听	秃			脱	推	团	吞		同					
n		娘	宁	努			糯		暖				女				
l		粮	灵	鲁			罗	锐	卵	论		龙	驴	略			
tθ		浆	精	组			昨	嘴	钻	俊		宗	足	绝			
tθʰ		枪	清	粗			搓	崔	窜	村		葱	取	雀	泉		
θ		箱	星	苏			索	虽	酸	孙		松	需	薛	宣		
tʃ							拙		专	准							
tʃʰ									穿	春							
ʃ							说			顺							
tʂ				竹	抓	拽	桌	追	赚		庄	中					
tʂʰ				初		揣	戳	吹			床	冲					
ʂ				数	刷	摔	所	水	拴		霜						
ɭ																	
tɕ	斤	姜	京										局	脚	绢	军	窘
tɕʰ	芹	腔	轻										区	缺	权	群	穷
ɕ	欣	香	形										许	靴	玄	熏	兄
k				姑	瓜	怪	锅	归	关	滚	光	公					
kʰ				哭	夸	快	颗	亏	宽	昆	筐	孔					
ŋ																	
x				胡	花	坏	火	灰	欢	婚	荒	红					
ø	音	羊	英	屋	挖	歪	窝	围	弯	温	王	翁	鱼	约	元	云	用

第四节　语流音变

两字组连调类型

东港方言有 4 个单字调，两字组连调共有 16 种组合方式，其中发生变调的有四组，变调后有三组发生合并，合并后东港方言两字组连读调共有 13 种类型。具体情况及举例如下。

东港方言两字组连调类型表

表 42-2

后字＼前字	阴平 213	阳平 42	上声 55	去声 21
阴平 213	① 213+213 → 24+213 天空 冰糕 飞机	② 42+213 →不变 毛巾 牙膏 洋鸡	② 55+213 → 42+213 火车 北关 养鸡	③ 21+213 →不变 教师 电灯 汽车
阳平 42	④ 213+42 →不变 分红 标明 车皮	⑤ 42+42 →不变 毛驴 白糖 咸鱼	④ 55+42 → 213+42 粉红 表明 扯皮	⑥ 21+42 →不变 教员 社员 电台
上声 55	⑦ 213+55 →不变 天井 生产 烧火	⑧ 42+55 →不变 调解 涂改 骑马	⑧ 55+55 → 42+55 海岛 土改 起码儿	⑨ 21+55 →不变 政府 户口 大米
去声 21	⑩ 213+21 →不变 天气 花布 消费	⑪ 42+21 →不变 毛裤 迟到 学校	⑫ 55+21 →不变 主要 土地 讲话	⑬ 21+21 →不变 政策 受气 犯病

轻声连调类型

东港方言后字为轻声的两字组连调共有四种组合方式，其中每一种组合都有发生变调和不发生变调两种情况。变调的情况较为复杂，阴平、阳平、上声、去声四个声调在轻声前都会发生变调。其变调后的调值恰与四个本调调值相合，形成一种循环式变调形式。合并变调后的相同者，共有 213+4、42+1、55+3、21+2 四种轻声连调类型。具体情况及举例如下。

东港方言后字轻声的两字组连调方式及变调

表 42-3

后字＼前字	阴平 213	阳平 42	上声 55	去声 21
轻 声	① 213+ 轻声→ 213+4 张家　偏偏 ④ 213+ 轻声→ 21+2 锅屋　今日	② 42+ 轻声→ 42+1 刘家　明日 ③ 42+ 轻声→ 55+3 明白　胡同	③ 55+ 轻声→ 55+3 理整　苇笠 ① 55+ 轻声→ 213+4 马家　火屋	④ 21+ 轻声→ 21+2 日头　雾露 ② 21+ 轻声→ 42+1 过道　月亮

儿化

1. 儿化音变的特点

东港方言的儿化音变，总体上与普通话一样，是元音卷舌型，不过元音的卷舌程度较普通话要轻微一些。除此，由于受卷舌音的影响，东港方言的儿化还有普通话所没有的几类音变特点。归纳起来，主要有以下几类。

①有时带轻微的闪音 ɾ。出现条件有两种。

第一，在声母 t t^{h} n　tθ　tθ^{h} θ　ts 后出现，其中 t t^{h} 后这个闪音最为明显。例如：

钉儿 t^{ɾ}ə̃r^{213}　豆儿 t^{ɾ}our^{21}　牛犊儿 t^{ɾ}ur^{42}　摊儿 t^{hɾ}ɛr^{213}　疃儿 t^{hɾ}uɛr^{55}　埝儿$_{地方}$ n^{ɾ}ər^{55}

打杂儿 tθ^{ɾ}ɑr^{42}　字儿 tθ^{ɾ}er^{21}　枣儿 tθ^{ɾ}ɔr^{55} 错儿 tθ^{hɾ}uər　刺儿 tθ^{hɾ}er^{21}　心儿 θ^{ɾ}er^{213}

打折儿 ts^{ɾ}ər^{213}　小周儿 ts^{ɾ}our^{213}

第二，在 i 介音后出现。例如：

皮儿 pʰiˤer^{42}　苗儿 miˤɔr^{42}　袖儿 θiˤour^{21}

②声母 l 读为 ɭ，常出现在合口呼、开口呼或齐齿呼变为开口呼的韵母前。在开口呼前个别 l 还会读为 ʅ。例如：

小楼儿 ɭour^{42}　轮儿 ɭuer^{42}　粒儿 ɭer^{21}　旮旯儿 kɑ^{213}ʅɑr^{42}　嘎拉$_{\text{圈儿}}$ kɑ$^{213-21}$ʅɑr^{2}

③介音 i 读为 ʅ，常出现在齐齿呼零声母音节中。例如：

晒阳儿阳儿 ʅãr$^{42-213}$ʅãr^{0}　上坳儿$_{\text{地名}}$ ʅɔr^{213}

怎么 / 那么样儿 ʅãr^{21}　　这 / 那样儿 tʃə^{21}/nɑ^{21}ʅãr^{2}

④有时韵母会由齐齿呼变为开口呼，这种情况多发生在 t n ɭ 等声母的后面。例如：

一点儿 i^{213}tˤɛr^{55}　地儿 tˤer^{21}　埝儿$_{\text{地方}}$ nˤər^{55}　粒儿 ɭer^{21}

2. 儿化韵

东港方言的 37 个韵母都可以儿化，其中 ɛ iɛ uɛ 与 ã iã uã、ʅ ʅ i ei uei 与 ẽ iẽ uẽ 儿化后分别合并为三个儿化韵，u 与 ʮ 的儿化韵合并为一，共有 28 个儿化韵母。具体见下表。

东港方言儿化韵表

表 42-4

儿化韵	原韵母	例　词
ɑr	ɑ	刀把儿 号码儿 法儿 打杂儿
iɑr	iɑ	俩儿 豆芽儿 架儿 小虾儿
uɑr	uɑ	牙刷儿 画儿 鸡爪儿 花儿
ər	ə	山坡儿 老婆儿 泡沫儿 打折儿 小车儿 歌儿 盒儿
	iã	埝儿地方
iər	iə	蝶儿 节儿 叶儿
uər	uə	错儿 干活儿 窝儿
yər	yə	鹊儿 缺儿 角儿 药儿
ɔr	ɔ	卯儿 刀儿 枣儿 棉袄儿
iɔr	iɔ	苗儿 调儿 料儿 腰儿
our	ou	豆儿 小楼儿 小周儿 扣儿
iour	iou	妞儿 袖儿 加油儿
ɛr	ɛ	牌儿 带儿 盖儿 孩儿
	ã	盘儿 摊儿 篮儿 扇儿
	iã	一点儿
iɛr	iɛ	小鞋儿 小街儿
	iã	边儿 面儿 天儿 眼儿 丁点儿 这个埝儿
uɛr	uɛ	筷儿 拐儿
	uã	团儿 官儿 罐儿 弯儿
yɛr	yã	卷儿 院儿 圈儿

续表 42-4

儿化韵	原韵母	例 词
er	ɿ	字儿 刺儿 丝儿 侄儿 小吃儿
	ʅ	事儿
	i	地儿 粒儿
	ei	宝贝儿 辈儿 格儿 葱白儿
	ẽ	本儿 门儿 针儿 根儿 心儿
ier	i	鸡儿 皮儿
	iẽ	今儿 印儿
uer	uei	墨水儿 小鬼儿 位儿 一会儿
	uẽ	屯儿 轮儿 村儿 文儿 纹儿
yer	yẽ	裙儿 云儿
ur	ʮ	主儿 树儿
	u	牛犊儿
yur	y	小雨儿
ɑ̃r	ɑŋ	鞋帮儿 帮忙儿 小章儿 缸儿
	iɑŋ	这样儿 那样儿
iɑ̃r	iɑŋ	亮儿 秧儿
uɑ̃r	uɑŋ	窗儿 筐儿 网儿
ə̃r	əŋ	棚儿 凳儿 坑儿
	iŋ	钉儿
iə̃r	iŋ	零儿 镜儿 影儿 钉儿又
uə̃r	uŋ	小翁儿姓 小瓮儿 洞儿 葱儿
yə̃r	yŋ	蚕蛹儿

第五节　东港方言与普通话语音的比较

声母的比较

东港方言声母与普通话声母比较表

表 42-5

东港方言声母	普通话声母		例字
国际音标	国际音标	汉语拼音	
p	p	b	八百包杯笔
p^h	p^h	p	怕坡跑盘批
m	m	m	妈买毛民米
f	f	f	法飞反方风
t	t	d	打刀灯低多
t^h	t^h	t	他抬头梯脱
n	n	n	拿南年暖女
l	l	l	拉来李罗驴
tθ	ts	z	资早走嘴钻
	tɕ	j	节酒尖绝俊
tθ^h	ts^h	c	擦草蚕崔村
	tɕ^h	q	亲七秋取雀
θ	s	s	私扫三苏酸
	ɕ	x	写小先薛宣
tʃ	tʂ	zh	知猪赵专准
tʃ^h	tʂ^h	ch	吃出车穿春
ʃ	ʂ	sh	湿书手说顺
tʂ	tʂ	zh	支找争竹桌
	ts	z	邹责
tʂ^h	tʂ^h	ch	齿茶愁初吹
	ts^h	c	册测
ʂ	ʂ	sh	师杀生刷水
	s	s	所色森
ɭ	ø		二耳儿
tɕ	tɕ	j	鸡家九局脚
tɕ^h	tɕ^h	q	茄巧芹缺穷
ɕ	ɕ	x	鞋休香靴兄
k	k	g	该高根姑锅
k^h	k^h	k	开考肯哭亏
ŋ	ø		爱熬安恩肮
x	x	h	喝好黑虎欢
ø	ʐ	r	人日弱闰软
	ø		衣爷屋王鱼

韵母的比较

东港方言韵母与普通话韵母比较表

表 42-6

东港方言韵母	普通话声母		例字
国际音标	国际音标	汉语拼音	
ɿ	ɿ	-i（前）	资词私
	ʅ	-i（后）	知吃湿
ʅ	ʅ	-i（后）	支齿师
ʮ	u	u	猪出书
i	i	i	笔低李七鸡衣
u	u	u	不福秃鲁组竹姑屋
y	y	ü	女驴取局鱼
ɑ	ᴀ	ɑ	八法打拉杂茶
	ɤ	e	割磕喝
iɑ	iᴀ	iɑ	家掐虾鸭
uɑ	uᴀ	uɑ	抓刷瓜夸花挖
ɛ	ai	ɑi	买抬奶灾债该爱
iɛ	iɛ	ie	街解鞋蟹
uɛ	uai	uɑi	揣怪快坏歪
ə	o	o	波坡
	ɤ	e	浙车哥可
	ər	er	儿耳二
iə	iɛ	ie	憋灭爹捏节结切些爷
uə	uo	uo	多罗昨说桌锅窝
yə	yɛ	üe	绝雀脚缺靴约
ɔ	ɑu	ɑo	包刀老早赵找高
iɔ	iɑu	iɑo	标钓鸟辽焦交腰
ei	ei	ei	杯飞内贼黑
	o	o	伯迫墨
	ɤ	e	责色格客
	ai	ɑi	百拍麦窄拆塞
uei	uei	ui	对嘴追水归围
ou	ou	ou	斗楼走周愁沟
iou	iou	iu	丢牛刘酒求油
ã	an	ɑn	班饭丹南蚕展山干
iã	iɛn	iɑn	边点年千肩烟
uã	uan	uɑn	端卵钻专赚关弯
yã	yan	üɑn	泉宣权玄元
ẽ	ən	en	盆分扽真衬根
	iən	in	宾民林亲心

续表 42-6

东港方言韵母	普通话声母		例字
国际音标	国际音标	汉语拼音	
iẽ	in	in	斤芹欣音
uẽ	uən	un	顿论村准滚温
yẽ	yn	ün	军群熏云
ɑŋ	ɑŋ	ang	帮方党狼脏张缸
iɑŋ	iɑŋ	iang	娘粮枪姜羊
uɑŋ	uɑŋ	uang	庄床霜光筐荒王
əŋ	əŋ	eng	朋风灯冷增正生更
iŋ	iŋ	ing	兵丁宁精京英
uŋ	uŋ	ong	东龙宗中公
	uəŋ	eng	翁瓮
yŋ	yŋ	iong	窘穷兄用

声调的比较

东港方言声调与普通话声调比较表

表 42-7

东港方言	普通话	例字
阴平 213　曲折调 ˨˩˧	阴平 55　高平调 ˥	班边端亲昆冲
阳平 42　高降调 ˦˨	阳平 35　中升调 ˧˥	蛮帘民盘存虫
上声 55　高平调 ˥	上声 214　曲折调 ˨˩˦	满软脸板浅孔
去声 21　低降调 ˨˩	去声 51　全降调 ˥˩	淡旱肾信壮亮忘邓郑

从上表可以看出，东港方言与普通话的声调都是 4 个，但调值各不相同。其中，东港的阴平、阳平、上声调值分别与普通话的上声、去声、阴平相近。虽然都是四个声调，但东港的四个声调所辖的字与普通话不尽一致。主要的区别是：

东港的阴平字，普通话除多数也读阴平外，还有一小部分读为了阳平、上声、去声。这部分字主要来源于古清声母入声字，常用字列举如下。

普通话读阳平：执职识 脊媳级 福幅蝠竹烛足 答 裌 博驳伯得德责阁格隔折哲 节结 拙酌 厥决诀觉

普通话读上声：尺 笔匹乙 嘱 法塔獭撒 钵渴褶葛 索撇铁血雪脚角饺北百窄

普通话读去声：质室式饰适释 僻剔迹泣 不腹复覆束猝速筑触酷促肃宿 恤 榻 恰 各恶 屑握作括 雀鹊确却迫魄侧测策册涩瑟色啬客刻 沃

第二章 词汇

本章拟定凡例如下：

1. 本词汇收入东港方言常用词语 690 余条，大体按意义分为 14 类，每类词汇仅为举例。

2. 各词条的内容依次为词目、注音、释义和例句。如：停顾着 tʰiŋ$^{42-55}$ku^{0}tʂʅ^{0} 不停地(干什么)：这孩子～哭。

3. 意义相同的词排在一起，第一条顶格排，其余的缩一格排在后面。同义词可互相说明的，不另加释义。

4. 两个同义词语如果有部分语素相同，为节省空间常合在一起，不相同的部分加圆括号“()”表示，如“雪(片子) θyə^{55}(pʰiã$^{21-42}$tθə^{0})”，表示既可以说“雪 θyə^{55}”，也可以说“雪片子 θyə^{55}pʰiã$^{21-42}$tθə^{0}”。

5. 多义词用①②③……表示不同义项的顺序。如：营生 iŋ^{42}ʂəŋ^{0} ①活儿②东西③买卖。

6. 相连的两个或两个以上的例句，中间用“|”号隔开。例句中的“～”代表本词目。如：打 tɑ^{55} 从：～那年他就来了。|～小就混账！|～哪儿来？

7. 本调及变调调值标注在音标右上角，轻声音节的调值一律记作“0”。

8. 方言词尽量用音义相符的汉字表示；难以做到完全相符的，选取同音字代替，并在同音字的右上角加“=”注明，如“嘘⁼嘴 ɕy^{213}tθʅ^{55}”；无适当同音字的用“□”代替，如“□ tɛ^{213}（“都挨”的合音）”；词中读音较特殊的字，在字下加横线“____”标示，如“白日 pei^{42}iẽ^{0}”。

第一节 天文

日头 i$^{21-42}$tʰou^{0} 太阳

月亮 yə$^{21-42}$liɑŋ^{0}

　月嬷儿嬷儿 yə^{21}mɑr^{213}mɑr^{0}

日旮拉 i$^{21-42}$kɑ^{0}lɑ^{0} 日晕

月旮拉 yə$^{21-42}$kɑ^{0}lɑ^{0} 月晕

日拉 i^{21}lə^{0} 半日晕

月拉 yə^{21}lə^{0} 半月晕

日耳 i^{21}ɭə^{0} 日半晕

月耳 yə^{21}ɭə^{0} 月半晕

天河 tʰiã^{213}xuə^{42} 银河

琉琉 liou^{42}liou^{0} 地上结的厚冰

贼星 tθei$^{42-55}$θiŋ^{0} 流星

　老鼠星 lɔ$^{55-213}$ʃʮ^{0}θiŋ^{213}

扫帚星 θɔ^{55}tʃʮ^{0}θiŋ^{213} 彗星

勺星 ʃuə$^{42-55}$θiŋ^{0} 北斗星

沉雷 tʃʰẽ^{42}lei^{42} 打霹雷

甘露细 kã^{213}lu^{21}θi^{21} 毛毛雨

雪爽子 θyə$^{55-213}$ʂuɑŋ$^{55-213}$tθə^{0} 雪珠

　雪(片子) θyə^{55}(pʰiã$^{21-42}$tθə^{0})

冻冻 tuŋ^{21}tuŋ^{0} 冰

地钉 ti^{21}tiŋ^{213} 头朝上的冰锥儿

冰凌 piŋ^{213}liŋ^{42} 头朝下冰锥儿

雹子 pɑ^{42}tθə^{0} 冰雹

雾糊 u^{21}xu^{0} 雾

雾露 u$^{21-42}$lu^{0} 带水的雾

刹儿了风了 ʂɑr$^{213-21}$lə^{0}fəŋ$^{213-21}$lə^{0} 风停了

雨住了 y^{55}tʃʮ$^{21-42}$lə^{0} 雨停了

第二节 地理 方位

湖地 xu^{42}ti^{21} 平地

岭 liŋ^{55} 土丘

河崖 xuə^{42}iɛ^{42} 河岸

泉子 tθʰyã^{42}tθʅ^{0} 泉

汪 uɑŋ^{213} 水坑，水塘

坷垃 kʰɑ$^{213-21}$lɑ^{0} 土块

垺土 pu42tʰu^{0} 灰尘

沙窝头 ʂɑ$^{213-24}$uə^{213}tʰou^{42} 沙地

山根河馈 ʂã$^{213-24}$kẽ^{213}xuə^{42}kʰuei^{21} 肥沃的地

薄地 pə^{42}ti^{21} 贫瘠地

岭地 liŋ^{55}ti^{21} 不好的地
薄岭盖子 pə^{42}liŋ^{42}kɛ$^{21-42}$tθʅ^{0} 不好的岭地
柔沙地 iou^{42}ʃɑ^{0}ti^{21} 河岸有细沙的地
夜潮地 iə$^{21-42}$tʃʰɔ^{0}ti^{21} 夜晚返潮的地
坡里 pʰə^{55}lə^{0} 野外
巷子 ɕiɑŋ$^{21-42}$tθʅ^{0}
　胡同 xu$^{42-55}$tʰuŋ^{0} 小巷子
死胡同 θʅ$^{55-213}$xu$^{42-55}$tʰuŋ^{0}
旮旯儿 kɑ^{213}ʅɑr^{42} 角落
　旮旮旯儿 kɑ$^{213-21}$kɑ^{0}ʅɑr^{42}
上头 ʃɑŋ$^{21-42}$tʰou^{0} 上边
下头 ɕiɑ$^{21-42}$tʰou^{0} 下边
左劈子 tθuə^{21}pʰi^{213}tθʅ^{0} 左边
右劈子 iou^{21}pʰi^{213}tθʅ^{0} 右边
当央儿 tɑŋ$^{213-21}$ʅɑ̃r^{42} 中间
埝儿 niɛr^{55} 地方
　乜个埝儿 niə^{21}kə^{0}niɛr^{55}
背阴邦儿 pei^{21}iẽ^{213}pɑ̃r^{213} 背阳光的地方
日头地儿 i$^{21-42}$tʰou^{0}tiər^{21} 阳光照射之处

第三节 时令

下年 ɕiɑ^{21}niã^{42} 明年
上年 ʃɑŋ$^{21-42}$niã^{0} 去年
头年 tʰou^{42}niã^{42} 腊八以后至除夕前;年前
年上了 niã^{42}ʃɑŋ$^{21-42}$lə^{0} 年前
年上 niã^{42}ʃɑŋ^{0} 过年期间
今日 tɕiẽ$^{213-21}$i^{0}
明日 miŋ^{42}i^{0}
后日 xou$^{21-42}$i^{0}
夜来 iə$^{21-42}$lɛ^{0} 昨天
早勤 tθɔ$^{55-213}$tɕʰiẽ^{0} 早晨
晌日价 ʃɑŋ$^{55-213}$iẽ^{0}tɕiɑ^{0} 上午
下晚 ɕiɑ^{21}uɑr^{55} 下午(午后到傍晚之前)
　后晌 xou^{21}ʃɑŋ^{0}
晌午 ʃɑŋ$^{55-213}$u^{0} 中午
　晌午头儿 ʃɑŋ$^{55-213}$u^{0}tʰour^{42}
白日价 pei^{42}iẽ^{0}tɕiɑ^{0} 白天
　白日 pei^{42}iẽ^{0}
黑日价 xẽ^{213}iẽ^{0}tɕiɑ^{0} 黑夜
　黑日 xẽ^{213}iẽ^{0} 夜里
过年 kuə^{21}niã^{42} 正月初一
过十五 kuə^{21}ʃʅ$^{42-55}$u^{0} 过元宵节
过五月端午 kuə^{21}u$^{55-213}$yə^{0}tuã^{213}u^{0}
过八月十五 kuə^{21}pɑ$^{213-21}$yə^{0}ʃʅ$^{42-55}$u^{0} 过中秋节
过九月九 kuə^{21}tɕiou$^{55-213}$yə^{0}tɕiou^{55} 过重阳节
年除日 niã^{42}tʃʰʮ^{42}iẽ^{0} 除夕
这刹儿 tʃə^{21}ʂɑr^{213} 这时候
　这遭儿 tʃə^{21}tθɔr^{213}
那刹儿 nɑ^{21}ʂɑr^{213} 那时候
　那遭儿 nɑ^{21}tθɔr^{213}
麦口儿 mei^{21}kʰour^{55} 即将割麦子的时节
秋头子 tθʰiou^{213}tʰiou$^{42-55}$tθʅ^{0} 早秋
觅汉滚 mi$^{21-42}$xã^{0}kuẽ^{55} 打长工的人下工回家的日子,农历十月初一
安天价 ŋã^{213}tʰiã$^{213-21}$tɕiɑ^{0} 整天
天胧明儿 tʰiã^{213}ləŋ^{0}miər^{42} 天放亮
东南晌儿 tuŋ^{213}nã^{42}ʃɑ̃r^{55} 上午九点左右
拐磨时 kuɛ$^{55-213}$mə^{0}ʂʅ^{42} 日落之前,下午四五点左右
蚂蚱眼子 mɑ$^{21-42}$tʂɑ^{0}iã$^{55-213}$tθʅ^{0} 黄昏,下午5-7点钟
一盼子 i^{213}pʰã$^{21-42}$tθʅ^{0} 两个小时左右
　一盼儿 i^{213}pʰɑr^{21}
一套子 i^{213}tʰɔ$^{21-42}$tθʅ^{0} 四个小时左右
其年将近 tɕʰi^{42}niã^{42}tθiɑŋ^{213}tɕiẽ^{21} 临近过年
日头阳儿阳儿 i$^{21-42}$tʰou^{0}ʅɑ̃r$^{42-213}$ʅɑ̃r^{0} 冬天比较温暖的阳光
一霎儿霎儿 i$^{213-21}$ʂɑr^{21} ʂɑr^{0} 时间很短

第四节 称谓 人品

嬷嬷 mɑ^{213}mɑ^{0} 祖母
姥爷 lɔ$^{55-213}$i^{0} 外祖父
姥娘 lɔ$^{55-213}$niɑŋ^{0} 外祖母
爹 tiə^{213} 父亲
　大大 tɑ^{21}tɑ^{0}
娘 niɑŋ^{42} 母亲
　娘娘 niɑŋ$^{42-21}$niɑŋ^{0}
大爷 tɑ$^{21-42}$i^{0} 伯父
大妈 tɑ$^{21-42}$mɑ^{0} 伯母
他大大 tʰɑ^{55}tɑ^{21}tɑ^{0} 丈夫,可面称
　当家的 tɑŋ$^{213-24}$tɕiɑ^{213}ti^{0}
男人 nã$^{42-55}$iẽ^{0} 丈夫,背称

他娘 t^{h}ɑ^{55}niɑŋ^{0} 妻子，可面称
　老婆 lɔ$^{55-213}$p^{h}ə^{0} 背称妻子
媳子 θi^{213}tθʅ^{0} 公婆背称媳妇
闺女 kuei$^{213-21}$ny^{0} ①女儿②统称时指未出嫁的女子
　丫头 iɑ^{21}t^{h}ou^{0}
连襟 liã$^{42-55}$tɕiẽ^{0}
　连乔儿 liã^{42}tɕ^{h}iɔr
大伯 tɑ$^{21-42}$pei^{0} 丈夫之兄，背称
小叔子 θiɔ$^{55-213}$ʃɥ^{0}tθʅ^{0} 丈夫之弟，背称
大舅子 tɕiou$^{21-42}$tθʅ^{0} 妻子之兄，背称
小舅子 θiɔ^{55}tɕiou$^{21-42}$tθʅ^{0} 妻子之弟，背称
婆婆 p^{h}ə^{42}p^{h}ə^{0} 媳妇背称婆婆
　娘 niɑŋ^{42} 媳妇面称婆婆
公公 kuŋ$^{213-21}$kuŋ^{0} 媳妇背称公公
　爹 tiə^{213} 媳妇面称公公
丈人 tʃɑŋ$^{21-42}$iẽ^{0} 女婿背称岳父
　大大 tɑ^{21}tɑ^{0} 女婿面称岳父
丈母娘 tʃɑŋ$^{21-42}$mu^{0}niɑŋ^{42} 女婿背称岳母
　娘 niɑŋ^{42} 女婿面称岳母
老汉儿 lɔ$^{55-42}$xɛr^{21} 老头儿
老嬷儿嬷儿 lɔ^{55}mɑr$^{213-21}$mɑr^{0} 老太太
小厮 θiɔ$^{55-213}$tθʅ^{0} 男孩
小闺女 θiɔ^{55}kuei$^{213-21}$ny^{0} 小女孩
　小丫头 θiɔ^{55}iɑ$^{213-21}$t^{h}ou^{0}
识字班 ʂʅ^{42}tθʅ^{21}pã^{213} 姑娘（十七、八岁以上的女孩子）
大闺女 tɑ^{21}kuei$^{213-21}$ny^{0} ①排行老大的女儿②成年女孩
老闺女 lɔ^{55}kuei$^{213-21}$ny^{0} 老姑娘（已过婚嫁年龄仍未出嫁的女性）
爷们儿 iə^{42}mer^{0} 狭义指男性；广义指以男性为首的另一拨人
　恁爷们儿 nẽ^{55}iə^{42}mer^{0}
娘们儿 niɑŋ^{42}mer^{0} 狭义指女性；广义指以女性为首的另一拨人
　恁娘们儿 nẽ^{55}niɑŋ^{42}mer^{0}
跟脚子 kẽ$^{213-21}$tɕyə^{0}tθʅ^{0} 妇女改嫁所带前夫的孩子
　带犊子 tɛ$^{21-42}$tu^{0}tθʅ^{0}
腹里无爷 fu$^{213-21}$lə^{0}u^{42}iə^{42} 遗腹子
半户头 pã$^{21-42}$xu^{0}t^{h}ou^{42} 再嫁的妇女
光棍子 kuɑŋ^{213}kuẽ^{21}tθʅ^{0} 单身汉
邻舍家 lẽ^{42}ʃʅ^{55}tɕiɑ^{0} 邻居
　邻居家 lẽ^{42}tɕy^{0}tɕiɑ^{0}
香头 ɕiɑŋ^{213}t^{h}ou^{42} 巫婆
短路的 tuã^{55}lu^{21}ti^{0} 拦路抢劫的
砸杠子的 tθɑ$^{42-24}$kɑŋ^{21}tθʅ^{0}ti^{0} 敲竹杠的
掀手 ɕiã$^{213-21}$ʃou^{0} 小偷
二异子 ɭə^{21}i^{21}tθʅ^{0} 两性人
跑脚子 p^{h}ɔ$^{55-213}$tɕyə^{0}tθʅ^{0} 女的私奔
养汉老婆 iɑŋ^{55}xã^{21}lɔ$^{55-213}$p^{h}ə^{0} 不正经的女人
狗撩子 kou$^{55-213}$liɔ$^{42-55}$tθʅ^{0} 指好挑逗人的人
下三滥 ɕiɑ^{21}θã^{213}lã^{21} 行为品行不好的人，事业无成的人
睁眼瞎 tʃəŋ$^{213-21}$iã^{0}ɕiɑ^{213} 文盲
愚学包子 y^{213}ɕyə^{42}pɔ^{0}tθʅ^{0} 书呆子
大老闷儿 tɑ^{21}lɔ^{55}mer^{213} ①不善言谈的人：你看那个～②大个头的人、动物或大体积的物体
懒黄子 lã^{55}xuɑŋ$^{42-55}$tθʅ^{0} 懒汉
下扬货 ɕiɑ$^{21-42}$iɑŋ^{0}xuə^{21} 扬下来的秕子，比喻无能之人
溜沟子 liou^{213}kou$^{213-21}$tθʅ^{0} 善于溜须拍马的人
衙婆 iɑ^{42}p^{h}ə^{42} 旧指女狱警，现指不讲理的女人
土蛋马六神 t^{h}u^{55}tã^{21}mɑ^{55}liou^{21}ʃẽ^{42} 痞子、无赖、不讲理的人
烧包 ʃɔ^{213}pɔ^{213} 指应当满足而不满足现状的人
街滑子 tɕiɛ^{213}xuɑ$^{42-55}$tθʅ^{0} 乡下人称城里要滑头的人
二鬼子 ɭə$^{21-42}$kuei^{0}tθʅ^{0} 日伪军、汉奸
　茬鬼子 tʃ^{h}ɑ$^{42-55}$kuei^{0}tθʅ^{0}

第五节 身体 疾病 医疗

脖拉梗 pə$^{42-55}$lɑ^{0}kəŋ^{55} 颈骨
眉护子 mei$^{42-55}$xu^{0}tθʅ^{0} 近眉毛以上部分
额勒盖子 iə^{42}lə^{0}kɛ$^{21-42}$tθʅ^{0} 额头
眼蛋子 iã^{55}tã$^{21-42}$tθʅ^{0} 眼球儿
　眼珠子 iã^{55}tʃɥ$^{213-21}$tθʅ^{0}
眼支毛 iã$^{55-213}$tʂʅ^{0}mɔ^{42} 睫毛

鼻子 pi^{42}tθɿ^{0} ①鼻子②鼻涕
通鼻子 tʰuŋ^{213}pi$^{42-55}$tθɿ^{0} 常流鼻涕的人
鼻孔眼子 pi^{42}kʰuŋ^{0}iã$^{55-213}$tθɿ^{0} 鼻孔
吞骨眼子 tʰuẽ^{42}ku^{0}iã$^{55-213}$tθɿ^{0} 嗓子
　吞子 tʰuẽ^{42}tθɿ^{0}
斜斜 θiə^{42}θiə^{0} 口水
胳拉肢 ka$^{213-21}$la^{0}tʂɿ^{42} 夹肢窝
锤 tʂʰuei^{42} 拳头
手巴掌 ʃou^{55}pa$^{213-21}$tʃaŋ^{0} 手掌
手面子 ʃou^{55}miã$^{21-42}$tθɿ^{0} 手背
脊梁 tθi^{213}liaŋ^{0} 脊背
肋巴条子 lei^{21}pa^{0}tʰiɔ^{42}tθɿ^{0} 筋骨
奶子 nɛ$^{55-213}$tθɿ^{0} 乳房
布脐眼子 pu^{42}tɕʰi^{0}iã$^{55-213}$tθɿ^{0} 肚脐眼
腚 tiŋ^{21} 屁股
胳拉拜儿 ka^{213}la^{0}pɛr^{21} 膝盖
不舒坦 pu^{42}ʃɥ$^{213-21}$tʰã^{0} 不舒服
冻着了 tuŋ^{21}tʂɿ^{0}lə^{0} 感冒
犯了乏 fã^{21}lə^{0}fa^{42} 疲劳
拉肚子 la^{213}tu^{21}tθɿ^{0} 腹泻
　跑肚子 pʰɔ^{55}tu^{21}tθɿ^{0}
雀鼓眼 tθʰyə^{21}ku^{0}iã^{55} 夜盲眼
拉斜斜 la$^{213-21}$la^{0}ɕiə^{55}ɕiə^{0} 流口水
心疼 θẽ$^{213-21}$tʰəŋ^{0} 胃、心疼
痨病 lɔ^{42}piŋ^{0} 肺、心病统称
发脾寒 fa^{213}pʰi^{42}xã^{0} 发疟疾
　发疟子 fa^{213}yə^{21}tθɿ^{0}
扎固病 tʂa^{213}ku^{0}piŋ^{21} 治病
评脉 pʰiŋ^{42}mei^{21} 中医摸脉搏诊病
磕拉疤儿 kʰə$^{213-21}$lə^{0}par^{213} 疮疤
长痂渣儿 tʃaŋ^{55}kə^{213}tʂer^{0} 结痂
疤拉 pa$^{213-21}$la^{0} 疤
大疮 ta^{21}tʂʰuaŋ^{213} 梅毒
手够 ʃou^{55}kou^{21} 背上生的毒疮
大肚子病 ta$^{21-42}$tu^{0}tθɿ^{0}piŋ^{21} 黑热病
脾子 pʰi^{42}tθɿ^{0} 小儿积食
生痧子 ʂəŋ^{213}ʃa$^{213-21}$tθɿ^{0} 生麻疹
憋肚 piə^{213}tu^{0} 便秘
掉叠肚 tiɔ^{21}tiə^{42}tu^{0} 脱肛
割拉 ka^{213}ɿar^{0} ①尿、汗等留下的一圈儿圈儿的印迹：床上一片尿～②圈儿：跑了一～③女儿额头上的留海儿

招了摁猴子 tʂɔ$^{213-21}$lə^{0}ŋẽ$^{21-42}$xou^{0}tθɿ^{0} 梦魇
发劳乏 fa^{213}lɔ^{42}fa^{0} 伤风
羊羔子疯 iaŋ^{42}kə^{0}tθɿ^{0}fəŋ^{213} 羊角疯
战战 tʃã$^{21-42}$tʃã^{0} 颤抖
醋心 tθʰu$^{21-42}$θẽ^{0} 因肚中无面食饿得吐酸水
滓辣 tθɿ^{213}la^{0} 因吃多了吐酸
刻开 kʰə^{213}kʰɛ^{0} 切开、剖开：～瓜
刻肚子 kʰə^{213}tu^{21}tθɿ^{0} 腹部开刀、剖腹
下针 ɕia^{21}tʃẽ^{213} 针灸
趴鼻子 pʰa$^{213-21}$pi^{0}tθɿ^{0} 塌鼻子的人
瘸巴 tɕʰyə^{42}pa^{0} 瘸子
嘲巴 tʃʰɔ^{42}pa^{0} 傻子，疯子
野巴 iə^{55}pa^{0} 重度精神病人
瞎汉 ɕia^{213}xã^{0} 瞎子
聋汉 luŋ^{42}xã^{0} 聋子
疯汉 fəŋ$^{213-21}$xã^{0} 疯子
秃厮 tʰu^{213}θɿ^{0} 秃子
锅腰子 kuə$^{213-21}$iɔ^{0}tθɿ^{0} 驼背的人
龟儿 kuer^{213}
豁嘴子 xuə^{213}tθuei^{0}tθɿ^{0} 豁唇的人
左把悠子 tθuə^{21}pa^{0}iou$^{213-21}$tθɿ^{0} 左撇子
半哑子 pa$^{21-42}$ia^{0}tθɿ^{0} 说话不清楚的人
憋肚子 piə^{213}tu^{0}tθɿ^{0} 说话不利索的人
跷脚 tθʰiɔ$^{213-21}$tɕyə^{0} 走路脚颠的人
圈腮胡子 tɕʰyã$^{213-24}$θɛ^{213}xu^{42}tθɿ^{0} 络腮胡子

第六节　动作　起居　交往

嘘⁼嘴 ɕy^{213}tθɿ^{55} 噘嘴
拍光 pʰei^{213}kuaŋ^{213} 拍手
擸 lɛ^{55} 一撕两半
　裂 liə^{55}
安 ŋã$^{213-21}$ 放：把桌子～下，吃饭了。
拽 tʂuɛ^{213} ①扔②搁
　撇 pʰiə^{213} 远扔
　撩 liɔ^{213} 近扔
捭 tʂuɛ^{21} 拉
下下腰儿 ɕia^{21}ɕia^{21}ɿɔr^{213} 弯腰
跍蹲 ku$^{213-21}$tuŋ^{0} 蹲
掇 tuə^{213} 打耳光
搰 xu^{213} 打，搧
抠 kʰou^{213} 挖

掴 kuɛ^{213} 动:别～他。

排 pʰɛ^{55} 踩:别～了花儿。

蹴 tθʰy^{213} 往前踢:～你一脚。

哄 xuŋ^{55} 骗

吵 tʂʰɔ^{55} 责备

嘘呼 ɕy^{213}xu^{0} 咋呼

喊 ɕiã^{55} 哭喊

哭 kʰu^{213} 光流泪不出声

掇弄 tuə^{213}ləŋ^{0} 折腾

捦 xã^{55} 拿，持

捦着 xã$^{55-213}$tʂʅ^{0} 拿着,带着,装着

答理 tɑ$^{42-55}$li^{0} 理睬

　理耳儿 li^{55}ɭər^{55}

瞰么 θɑ^{42}mə^{0} 四处观察、看看

拔跌儿 pɑ^{42}tiər^{213} 摔跤

寻寻 θẽ^{42}θẽ^{0} 寻思

谋量着 mu$^{42-55}$liɑŋ^{55}tʂə^{0} 估计、推测、分析

疑忌 i^{42}tɕi^{0} 怀疑

呲歪 tθʰʅ^{213}uɛ^{0} 挺,突出来

巴着 pɑ$^{213-21}$tʂʅ^{0} 盼望

祸害 xuə$^{21-42}$xɛ^{0} ①糟蹋②灾星

烦气 fã$^{42-55}$tɕʰi^{0} 讨厌

护犊子 xu^{21}tu^{42}tθʅ^{0} 袒护孩子

鼓用 ku^{55}yŋ^{21} 挣扎乱动

攀三比四 pʰã^{213}θã^{213}pi^{55}θʅ^{21} 攀比

割爱 kɑ^{213}iɛ^{0} 小儿打架

瞎了 ɕiɑ^{213}lə^{0} 丢了,遗失

踢蹬 tʰi^{213}təŋ^{0} 糟蹋

耍 ʂuɑ^{55} 玩儿

溜达 liou$^{213-21}$tɑ^{0} 散步

扎固 tʂɑ^{213}ku^{0} ①打扮②治疗,修理

理整 li^{55}tʂəŋ^{0} 打扮

剃头 tʰi^{21}tʰou^{42} 理发

剔剔 tʰi^{213}tʰi^{0} 选择

饥困 tɕi^{21}kʰuẽ^{0} 饥饿

　饿了 uə^{21}lə^{0}

吃烟 tʃʰʅ^{213}iã^{213} 抽烟

　吃袋烟 tʃʰʅ^{213}tɛ^{21}iã^{213}

　吃袋烟吧 tʃʰʅ^{213}tɛ^{21}iã^{213}pɑ^{0}

尿尿 θuei$^{213-21}$niɔ^{21}

打盹儿 tɑ^{55}tuer^{55}

困觉 kʰuẽ^{21}tɕiɔ^{21}

趄下 tɕʰiə^{21}ɕiɑ^{0} 躺下

吹灯 tʂʰuei^{213}təŋ^{213} 熄灯

打呼噜 tɑ^{55}xu$^{213-21}$lu^{0} 打鼾

晒阳儿阳儿 ʂɛ^{21}ɭãr$^{42-213}$ɭãr^{0} 晒太阳

拉呱儿 lɑ^{42}kuɑr^{55} 闲聊

　闲拉 ɕiã^{42}lɑ^{42}

碰着 pʰəŋ^{21}tʂʅ^{0} 遇见

闯门子 tʂʰuɑŋ^{21}mẽ$^{42-55}$tθʅ^{0} 串门

　溜门子 liou^{21}mẽ$^{42-55}$tθʅ^{0}

闯外 tʂʰuɑŋ^{21}uɛ^{21} 出远门打工

出门儿 tʃʰʮ^{213}mer^{42} 离家

噘 tɕyə^{42} 骂

笑乎 ɕiɔ$^{21-42}$xu^{0} 讥笑

撒村 θɑ$^{55-42}$tθʰuẽ^{213} 村姑不害羞,撒泼说脏话

　撒野 θɑ$^{55-42}$iə^{55}

妖说妖道 iɔ^{213}ʃuə^{213}iɔ^{213}tɔ^{21} 胡说八道

告饶儿 kɔ^{21}ɭɔr^{42} 寻求宽恕

舔腚眼门子 tʰiã^{55}tiŋ^{21}iã^{55}mẽ^{42}tθʅ^{0} 拍马屁

不能格 pu$^{21-42}$ləŋ$^{42-55}$kə^{0} 没时间

抬杠 tʰɛ^{42}kɑŋ^{21} 现指无原则争辩

争竞 tʂuŋ^{213}tɕyŋ^{0} 讨价还价,争辩,争理

喜 ɕi^{55} 喜欢

眼红 iã^{55}xuŋ^{42} 馋红了眼,贬义

眼馋 iã^{55}tʂʰã^{42} 羡慕

在 tθɛ^{21} ～家里。

　待 tɛ^{21}（tɛ^{55}）

上 ʃɑŋ^{21} ～哪里去?

待 tɛ^{21} 允许:不～那样的。

知不道 tʃʅ$^{213-21}$pu^{0}tɔ^{21} 不知道

掉向 tiɔ^{21}ɕiɑŋ^{21} 迷失方向

　糊涂 xu^{42}tu^{0}

　迷糊 mi^{42}xu^{0}

第七节　红白大事

红事儿 xuŋ^{42}ʃer^{0} 婚事

　喜事儿 ɕi^{55}ʃer^{0}

赴席 fu^{21}θi^{42} 参加宴会,坐席

媒婆子 mei$^{42-55}$pʰə^{0}tθʅ^{0}

媒契 mei^{42}tɕʰi^{55} 结婚证,用红纸写的婚约

认亲 iẽ^{21}tθʰẽ^{213} 相亲

投契 tʰou^{42}tɕʰi^{55} 订婚,交换婚约

新郎 θẽ^{213}laŋ^{42}
新媳子 θẽ$^{213-21}$θi^{213}tθɿ^{0} 新娘
将媳子 tθiaŋ^{213}θi^{213}tθɿ^{0} 男子成亲、娶媳妇
出门子 tʃʰɥ^{213}mẽ^{55}tθɿ^{0} 出嫁
闹喜房 nɔ^{21}ɕi^{55}faŋ^{42} 闹房
大客 ta^{21}kʰei^{213} 送嫁的男客
嫁客 tɕia$^{21-42}$kʰei^{0} 结婚时男方的伴娘
坐床 tθuə^{21}tʂʰuaŋ^{42} 入洞房后，新媳妇按方向坐在床上
坐福 tθuə^{21}fu^{213} 新郎坐在杌子上，与新娘相对
吃小饭 tʃʰɿ^{213}θiɔ^{55}fɛr^{0} 新媳妇过门后吃外姓人家送的水饺
听门子 tʰiŋ^{213}mẽ^{42}tθɿ^{0} 偷听新婚夫妇说话
双身人 ʂuaŋ^{213}ʃã^{213}iẽ^{42} 孕妇
带着孩子 tɛ^{21}tʂə^{0}xɛ$^{42-55}$tθɿ^{0} 怀孕
有喜 iou^{55}ɕi^{55}
拾孩子 tʃɿ^{42}xɛ$^{42-55}$tθɿ^{0} 接生
老娘婆 lɔ^{55}niaŋ^{42}pʰə^{42} 旧时接生婆的俗称
嫌饭 ɕiã^{42}fã^{21} 妊娠反应
报喜 pɔ^{21}ɕi^{55} 向岳父家报告生了小孩
送粥米 θuŋ^{21}tʂu^{213}mi^{0} 亲朋向生了孩子的家庭送来米、面、鸡蛋等礼物
团圆媳子 tʰuã^{42}yuã^{0}θi^{213}tθɿ^{0} 童养媳
续弦 ʃɥ^{21}ɕiã^{42} 鳏夫再娶妻
将二房 tθiaŋ^{213}ɭə^{21}faŋ^{42}
出水 tʃʰɥ^{213}ʂuei^{55} 寡妇改嫁
填房 tʰiã^{42}faŋ^{0} ①女人嫁给再婚的男子②男人再婚所娶的媳妇
老了 lɔ^{213}lə^{0} 死
牢盆 lɔ^{42}pʰe^{42} 死者灵前烧纸的盆子
林 lẽ^{42} 坟地
起林 tɕʰi^{42}le^{42} 迁坟
舍林 ʃə$^{55-213}$lẽ^{42} 乱葬岗

第八节 房屋 器具

屋 u^{213}
过道 kə$^{21-42}$taŋ^{0} 与房子连接的、有顶的大门过道
房屋子 faŋ$^{42-55}$u^{0}tθɿ^{0} 内室，闺房，年轻媳妇住的房屋
门闩子 mẽ^{42}ʃuã$^{213-21}$tθɿ^{0} 门闩
门关子 mẽ^{42}kuã$^{213-21}$tθɿ^{0}
当门 taŋ^{213}mẽ^{42} 门内地面
阳沟 iaŋ^{42}kou^{0} 庭院出水沟
火屋 xuə$^{55-213}$u^{0} 厨房
锅屋 kuə$^{213-21}$u^{0}
锅台 kuə$^{213-21}$tʰɛ^{42} 炉灶台子
饭帚 fã^{21}tʃɥ^{0} 炊帚
盖顶 kɛ^{21}tiŋ^{0} 用杆制成的锅、缸盖子
通棍 tʰuŋ^{213}kuẽ^{0} 火柱
火箸 xuə$^{55-213}$tʃɥ^{0} 火筷子
箸笼子 tʃɥ^{21}luŋ^{0}tθɿ^{0} 筷子筒
箸子 tʃɥ^{21}tθɿ^{0} 筷子(旧说)
端把子壶 tuã^{213}pa^{0}tθɿ^{0}xu^{42} 带把儿的烧水泥壶
泥壶吊子 mi^{42}xu^{42}tiɔ^{21}tθɿ^{0} 带提把儿的烧水泥壶
灶突 tɔ$^{21-42}$tu^{0} 烟筒
风掀 fəŋ$^{213-21}$ɕiã^{0} 风箱
屎拉茅子 ʂɿ$^{55-21}$la^{0}mɔ$^{42-55}$tθɿ^{0} 厕所
天井 tʰiã$^{213-21}$tθiŋ^{0} 院子
影壁墙 iŋ$^{55-213}$pei^{0}tθʰiaŋ^{42} 影壁
至石 tʂɿ$^{21-42}$ʃɿ^{0} 界石
障子 tʃaŋ^{21}tθɿ^{0} 篱笆
箔障子 pə^{42}tʃaŋ^{0}tθɿ^{0} 由秫秸编成的箔子，用来盛地瓜干或玉米棒等
覆棚 fu$^{42-55}$pʰəŋ^{0} 顶棚
抽头 tʃʰou$^{213-21}$thou^{0} 抽屉
筲 ʂɔ^{213} 木制水桶
提篮子(一个把儿) tʰi$^{42-55}$lã^{0}tθɿ^{0}
洗脸盆子 θi$^{55-42}$liã^{55}pʰẽ^{42}tθɿ^{0} 脸盆
擦脸布子 tθʰa^{213}liã^{55}pu$^{21-42}$tθɿ^{0} 毛巾
胰子 i$^{42-55}$tθɿ^{0} 肥皂
戳子 tʂʰuə^{213}tθɿ^{0} 小的印章
图书 tʰu^{42}ʃɥ^{213} 大的印章
擦腚纸 tθʰa^{213}tiŋ^{21}tʂɿ^{55} 手纸
脚踏车 tɕyə$^{213-24}$tʂa^{213}tʃʰə^{213} 自行车
电棍儿 tiã^{21}kuer^{21} 手电
拄棒 tʃɥ$^{55-213}$paŋ^{0} 手杖
墼 tθi^{213} 土坯
洋灰 iaŋ^{42}xuei^{213} 水泥
吸铁石 ɕi^{213}tʰiə^{213}ʃɿ^{42} 磁石

臭蛋 tʃʰou^{21}tã^{21} 樟脑丸

站把子 tʂã^{21}pɑ^{0}tθɿ^{0} 扫地笤帚

钩担 kou$^{213-21}$tã^{0} 带铁钩的短扁担

开棍 kʰɛ^{213}kuẽ^{21} 拄车棍

糨子 tɕiɑŋ^{21}tθɿ^{0} 糨糊

逗条 tou^{21}tʰiɔ^{42} 晒物铁丝

顶针子 tiŋ$^{55-213}$tʃẽ^{0}tθɿ^{0} 顶针

铺衬 pʰu$^{213-21}$tʂʰẽ^{0} 碎旧布块

灯草席子 təŋ$^{213-21}$tθʰɔ^{55}θi$^{42-55}$tθɿ^{0} 凉席

坷垃 kʰɑ^{213}lɑ^{0} 土块

瓦碴儿 uɑ$^{55-213}$tʂʰɑr^{0} 碎瓦、碎缸片

炮仗 pʰɔ^{21}tʂɑŋ^{0} 爆竹

黄香 xuɑŋ^{42}ɕiɑŋ^{213} 松香

描纸子 miɔ^{42}tʂɿ^{0}tθɿ^{0} 毛笔

第九节 服饰 饮食

大氅 tɑ^{21}tʃʰɑŋ^{55} 大衣

围脖 uei^{42}pə^{0} 围巾

背褡儿 pei^{21}tɑr^{0} 无袖衬衣

死疙瘩 θɿ^{55}kɑ^{0}tɑ^{0} 死扣儿，死结

裤腰带子 kʰu^{21}iɔ^{213}tɛ^{21}tθɿ^{0} 腰带

扎腰 tʂɑ^{213}iɔ^{0} 扎腰的布

披布 pʰi$^{213-21}$pu^{0} 推小车用的护肩布

扎头布子 tʂɑ^{213}tʰou^{42}pu^{21}tθɿ^{0} 送葬人头上戴的白布

褯子 tθiə^{21}tθɿ^{0} 尿布

豆枕 tou^{21}tʃẽ^{0} 枕头

坠子 tʂuei^{21}tθɿ^{0} 耳环

镯子 tʂuə^{42}tθɿ^{0}

早勤饭 tθɔ$^{55-213}$tɕʰiẽ^{0}fã^{21} 早饭

晌日饭 ʃɑŋ$^{55-213}$iẽ^{0}fã^{21} 午饭

糊嘎馇 xu^{42}kɑ^{0}tʂɑ^{0} 锅巴

炕饼 kʰɑŋ^{21}piŋ^{55} 锅饼

发团 fɑ^{213}tʰuã^{0} 发糕

炒 tʂʰɔ^{55} 炒面

餶飳子 ku$^{213-21}$tʂɑ^{0}tθɿ^{0} 水饺

饺子 tɕyə^{213}tθɿ^{0}

包子 pɔ^{213}tθɿ^{0} ①水饺②包子

多达 tuə^{21}tɑ^{0} 面与菜和在一起烙成饼子

香油果子 ɕiɑŋ^{213}iou^{42}kuə^{213}tθɿ^{0} 油条

面条子 miã^{21}tʰiɔ^{42}tθɿ^{0}

细饭 tθi^{21}fã^{21} 乳汁

咸饭 ɕiã^{42}fã^{0} 菜、花生米、面、地瓜或瓜干、盐做成的稀饭

凝豆沫子 niŋ^{42}tou^{0}mə^{21}tθɿ^{0} 由豆面加菜制成的咸饭

鸡子儿 tɕi^{213}tθrər^{0} 鸡蛋

大油 tɑ^{21}iou^{42} 猪油

花油 xuɑ^{213}iou^{42} 猪肠油

方油 fɑŋ^{213}iou^{42} 脂肪油

忌讳 tɕi$^{21-42}$xuei^{0} 醋

麻古酱 mɑ^{42}ku^{0}tθiɑŋ^{21} 麻酱

麻古盐 mɑ^{42}ku^{0}iã^{42} 芝麻盐

第十节 农工学商等

笼嘴 luŋ^{42}tθuei^{0} 用草绳或竹片编成的笼网套在牛嘴上防牛吃庄稼

牛横杆 iou^{42}xuẽ^{42}kã^{0} 犁前牛后拴绠绳的横木

牛鞅绳 iou^{42}iɑŋ$^{213-42}$ʃəŋ^{0} 横过牛脖底固定索头的绳子

牛撇绳 iou^{42}pʰiə^{213}ʃəŋ^{0} 驾牛绳

嚼子 tθyə$^{42-55}$tθɿ^{0} 套牲口用具

捂眼子 u^{55}iã^{0}tθɿ^{0} 捂眼罩

使牛 ʂɿ^{55}niou^{42} 套牛干活

穿茬子 tʃʰuã^{213}tʂʰɑ^{42}tθɿ^{0} 不耕地直接开沟下种

晒了茬子 ʂɛ^{21}lə^{0}tʂʰɑ^{42}tθɿ^{0} 麦后长期无雨，种不上庄稼了

火水 xuə$^{55-213}$ʂuei^{0} 墒情好

场 tʃʰɑŋ^{42} 打晒粮食的地方

使粪 ʂɿ^{55}fẽ^{21} 施肥

上坡 ʃɑŋ^{21}pʰə^{213} 下地

抓地 tʂuɑ^{213}ti^{21} 刨地

觅汉 mi$^{21-42}$xã^{0} 打长工的人

杀树 ʂɑ^{213}ʃɥ^{21} 砍伐树木

营生 iŋ^{42}ʂəŋ^{0} ①活儿②东西③买卖

做营生 tθu^{21}iŋ^{42}ʂəŋ^{0} 干活

大包圆儿 tɑ^{21}pɔ^{213}yɛr^{42} 全部

小包圆儿 θiɔ^{55}pɔ^{213}yɛr^{42} 一部分

收市 ʃou^{213}ʂɿ^{21} 下市

走运 tθou^{55}yẽ^{21} 运气好

挣钱 tʂəŋ^{21}tθʰiã^{42} 赚钱
折本儿 ʃə^{42}per^{55} 赔本
拉饥荒 la^{213}tɕi$^{213-21}$xuaŋ^{0} 借债
打饥荒 ta$^{55-213}$tɕi$^{213-21}$xuaŋ^{0} 还债
学屋 ɕyə^{42}u^{0} 小的学校
叔伯二大爷字儿 ʂu^{213}pei^{0}ḷə^{21}ta$^{21-42}$i^{0}tθer^{21} 别字，或写得不正规的字
抛谜儿 pʰɔ^{213}mer^{21} 猜谜语
唱大戏 tʃʰaŋ$^{21-42}$ta^{21}ɕi^{21} 唱京剧
肘股子戏 tʃou$^{55-213}$ku^{0}tθʅ^{0}ɕi^{21} 茂腔戏
衣裳铺子 i$^{213-21}$ʃaŋ^{0}pʰu^{21}tθʅ^{0} 裁缝铺
待诏 tɛ$^{21-42}$tʃou^{0} 理发师
大师傅 ta^{42}ʂʅ$^{213-21}$fu^{0} 厨师
锢碌子 ku$^{21-213}$lu^{21}tθʅ^{0} 以锔锅为业者
耍把式的 ʂua^{55}pa$^{55-213}$ʃʅ^{0}ti^{0} 变戏法儿的
耍搪掖的 ʂua^{55}tʰaŋ^{42}iə^{213}ti^{0}
跑马拉械的 pʰɔ^{55}ma^{55}la^{213}ɕiɛ^{21}ti^{0} 演杂技的
耍故事 ʂua^{55}ku^{21}ʂʅ^{0} 演杂技
姑姑子 ku$^{213-21}$ku^{0}tθʅ^{0} 尼姑
嘛喇鱼子 ma$^{55-213}$la^{0}y^{42}tθʅ^{0} 木鱼

第十一节 动物 植物

沙牛 ʂa$^{213-21}$niou^{0} 母牛
趴牯 pʰa^{213}ku^{0} 公牛
犍子 tɕiã^{21}tθʅ^{0} 阉割过的公牛
牯子 ku^{213}tθʅ^{0} 未阉割的公水牛
蹬牛 təŋ^{21}ʂiou^{0} 阉割后的公水牛
吻子儿 uẽ^{55}tθer^{0} 才生的小水牛
起娠 tɕʰi^{55}tʃʰẽ^{42} 母牛发情
叫驴 tɕiɔ$^{21-42}$ly^{0} 公驴
草驴 tθʰɔ^{55}ly^{0} 母驴
趴猪 pʰa^{213}tʃʮ^{0} 种猪
猔猪 tθuŋ^{21}tʃʮ^{0} 阉割后的公猪
老母猪 lɔ$^{55-213}$mu^{0}tʃʮ^{0} 繁育后代的母猪
存猪 tθʰuẽ^{42}tʃʮ^{0} 绝育的母猪
起圈 tɕʰi^{55}tɕyã^{21} 母猪发情
壳郎猪 kʰə^{213}laŋ^{0}tʃʮ^{213} 半大猪
牙狗子 ia^{42}kou^{0}tθʅ^{0} 公狗
母狗子 mu$^{55-213}$kou^{0}tθʅ^{0} 母狗
牙猫 ia^{42}mɔ^{0} 公猫
女猫 ny^{55}mɔ^{0} 母猫
叫猫子 tɕiɔ^{21}mɔ$^{42-55}$tθʅ^{0} 母猫发情
马虎 ma^{55}xu^{0} 狼
貔狐 pʰi^{42}xu^{0} 狐狸的一种
黄老鼠 xuaŋ$^{42-55}$lɔ^{0}ʃʮ^{0} 黄鼠狼
土拉耗子 tʰu^{55}la^{21}xɔ$^{21-42}$tθʅ^{0} 老鼠
扁嘴 piã$^{55-213}$tθuei^{0} 鸭子
菢窝 pɔ^{21}uə^{213} 孵小鸡
鹁鸽 pu^{213}ka^{0} 鸽子
老鸹 lɔ$^{55-213}$ua^{0} 乌鸦
家鹐子 tɕia^{213}tʂʰẽ^{0}tθʅ^{0} 麻雀
家鹐儿 tɕia^{213}tʂʰer^{0}
鹐子 tʂʰẽ^{0}tθʅ^{0} 鸟类
光棍儿鸟 kuaŋ^{213}kuer^{21}niɔ^{55} 布谷鸟
夜猫子 iə^{21}mɔ^{0}tθʅ^{0} 猫头鹰
白渣 pei^{42}tʂa^{0} 苍蝇卵
虼子 kə^{213}tθʅ^{0} 跳蚤
草鞋底 tθʰɔ$^{55-213}$ɕiɛ^{42}ti^{55} 百足虫
蛐蟮 tɕʰy^{213}ʃã^{21} 蚯蚓
吹吹浆儿浆儿 tʂʰuei$^{213-24}$tʂʰuei^{0}tθiãr$^{213-21}$tθiãr^{0} 蟋蟀
蛙子 uɛ^{42}tθʅ^{0} 青蛙
嘎嘎蚪子 ka^{213}ka^{0}tou^{55}tθʅ^{0} 蝌蚪
蠘蛉 tθiə^{213}liŋ^{0} 大的蝉
蜻蜻儿 tɕiŋ$^{55-213}$tɕiə̃r^{0} 身上有花纹的小蝉
羊屎蛋子 iaŋ^{42}ʂʅ^{0}tã^{21}tθʅ^{0} 青色小蝉
蠘蛉龟儿 tθiə^{213}liŋ^{0}kuer^{213} 蝉幼虫
蝈子 kuɛ$^{213-21}$tθʅ^{0} 蝈蝈
货螂 xə^{21}laŋ^{0} 蟑螂
瞎撞子 ɕia^{213}tʂuaŋ^{21}tθʅ^{0} 金龟子
蠙螬 tθʰʅ^{42}tθʰɔ^{0} 金龟子幼虫
长虫 tʃʰaŋ$^{42-55}$tʂʰuŋ^{0} 蛇
蚂蝇 ma$^{55-213}$iŋ^{0} 蚂蚁
蛤螺出角 kə^{21}luə^{0}tʃʰʮ^{213}tɕyə^{213} 蜗牛
蜜虫子 mi^{21}tʂʰuŋ^{0}tθʅ^{0} 蚜虫
蝎虎子 ɕiə$^{213-42}$xu^{55}tθʅ^{0} 壁虎
孑叮 tɕiə^{42}tiŋ^{0} 蚂蝗
大将军 ta^{21}tθiaŋ$^{213-21}$tɕyẽ^{0} 屎壳螂
玉豆 y$^{21-42}$tou^{0} 玉米
串了花 tʃʰuã^{21}lə^{0}xua^{213} 物种自然杂交后产出的新物种（杂种）
花菁葖儿 xua^{213}ku^{213}tour^{0}
白果 pei^{42}kuə^{55} 银杏

果子 kuə$^{55-213}$tθɿ^{0} 花生
果子仁儿 kuə$^{55-213}$tθɿ^{0}ʅer^{42} 花生米
米子 mi$^{55-213}$tθɿ^{0} 花生
地豆子 ti^{21}tou^{21}tθɿ^{0} 马铃薯
枸奶子 kou^{55}nε$^{55-213}$tθɿ^{0} 枸杞
甜麻棵 tʰiã^{42}ma^{42}kʰə^{213} 益母草
车车菜 tʃʰə^{213}tʃʰə^{0}tθʰε^{21} 车前子
车辙子菜 tʃʰə^{213}tʃə^{42}tθɿ^{0}tθʰε^{21}
蜜罐头 mi^{21}kuã^{21}tʰou^{42} 丹参
莠子 iou$^{55-213}$tθɿ^{0} 莠草
葛蒌盘 kə$^{213-21}$lou^{0}pʰã^{42} 覆盆子
酸石榴儿 θuã^{213}ʃɿ^{42}liour^{42} 山楂
蚂蚱菜 ma^{21}tʂa^{0}tθʰε^{21} 马齿苋
卜卜丁 pu^{55}pu^{0}tiŋ^{213} 蒲公英

第十二节 性质 状态

利整 li^{21}tʂəŋ^{0} 整齐，干净
窝囊 uə$^{213-21}$naŋ^{0} 脏，不争气
癞 lε^{21} 不干净，肮脏
生古 ka^{213}ku^{0} 吝啬
听说 tʰiŋ^{213}ʃuə^{213} 听话
皮 pʰi^{42} 顽皮
舒坦 ʃɥ$^{213-21}$tʰã^{0} 舒服
囊烀 naŋ$^{55-213}$xu^{0} 暖和
挤 tɕi^{55} 拥挤
枵 ɕiɔ^{213} 织物不密、不结实
沉 tʃʰẽ^{42} 重
不糙 pu^{42}tθʰɔ^{213} 不坏，好
糙 tθʰɔ^{213} ①坏②不好
宽快 kʰuã$^{213-21}$kʰuε^{0} 住的地方宽敞
净办 tθiŋ$^{21-42}$pã^{0} 清净
硭 maŋ^{42} 咸
囊食包 naŋ^{213}ʃɿ^{0}pɔ^{213} 无用之人，饭桶
破麻烂茼 pʰə^{21}ma^{42}lã^{21}tɕʰiŋ^{55} 无用之物
五马六混 u$^{213-24}$ma^{55}liou^{21}xuẽ^{21} 不正经
死款儿 θɿ^{55}kʰuεr^{55} 难看的样子
无拉嘎 u^{42}la^{0}ka^{42} ①无意思②无出息
猫盖屎儿 mɔ$^{42-21}$kε^{0}ʂer^{55} ①做事不认真②埋的浅，常用来形容想掩盖而没能掩盖住的事情：他净干些～的事儿。
拖肩磨儿滑儿 tʰuə$^{213-24}$tɕiã^{213}mər^{42}xuar^{42} 偷懒，怠工
麻利 ma^{42}li^{0} 快
已当 i$^{55-213}$taŋ^{0} 合适
瞎巴 ɕia^{213}pa^{0} 孬，次，不好
过低 kuə^{21}ti^{213} 倒霉
执掌 tʃɿ^{213}tʃaŋ^{0} ①显摆②故意打扮
离把 li^{21}pa^{0} ①外行②差劲
疵毛 tθʰɿ^{213}mɔ^{42} 低劣，差劲
眼不遇的 iã$^{55-213}$pu^{0}y$^{21-42}$ti^{0} 不常见的
搭腰 ta$^{213-55}$iɔ^{213} 有势力，管用
挺脱 tʰiŋ$^{55-213}$tʰuə^{0} 强壮
腌杂 ŋa^{213}tθa^{0} ①讨厌②肮脏，窝囊
凹鼓 ua^{213}ku^{0} ①脸色愁苦，委屈②物体表面不平③心里不平、憋屈
瓢偏 pʰiɔ$^{42-55}$pʰiã^{0} 物体变型
走翘 tθou$^{55-213}$tɕʰiɔ^{0} 木器变型
稀松 ɕi$^{213-24}$θuŋ^{213} ①差劲②不要紧
神张 ʃẽ^{42}tʂaŋ^{0} 吹牛
虚弦弄套 ɕy^{213}ɕiã^{42}luŋ^{21}tʰɔ^{21} 虚套，不实在
小小作作 θiɔ$^{55-213}$θiɔ^{0}tθuə$^{21-42}$tθuə^{0} 小气
婴婴尪尪 iŋ$^{213-21}$iŋ^{0}uaŋ^{21}uaŋ^{0} 萎靡不振
扯扯拉拉 tʃʰə$^{55-213}$tʃʰə^{0}la$^{213-21}$la^{0} 絮谈不休
噘嘴胖腮 tɕyə^{213}tθuei^{55}pʰaŋ^{42}θε^{213} 生气不说话
甜嘴蜜拉舌儿 tʰiã^{42}tθuei^{55}mi^{21}la^{0}ʃər^{42} 甜言蜜语
拙嘴笨腮 tʃuə^{213}tθuei^{55}pẽ^{21}θε^{213} 指不会说话
胡诌马狗儿的 xu^{42}tʂou^{213}ma^{55}kour$^{55-213}$ti^{0} 胡说八道
瘸拉捣碓 tɕʰyə^{42}la^{0}tɔ^{55}tuei^{21} 一瘸一拐
二二思思 ɭə$^{21-42}$ɭə^{0}θɿ$^{213-21}$θɿ^{0} 犹豫不决
一抹抿子 i^{213}mu^{55}mẽ$^{55-213}$tθɿ^{0} 一塌糊涂，分不开垅

第十三节 指代

俺 ŋã^{55} 我 uə^{55}
你 ni^{55}
恁 nẽ^{55} 表尊敬
咱(们) tθã$^{42-55}$(mẽ^{0})或：tθẽ$^{42-55}$(mẽ^{0})（包括听话方）
俺们 ŋã$^{55-213}$mẽ^{0}（不包括听话方）

你们 ni$^{55-213}$mẽ^{0}

恁 nẽ^{55} ～这一群人

乜里 niə$^{21-42}$lə^{0} 或:niə$^{21-42}$li^{0} (少用,比那里所指距离近)

咋 tθa^{42} 怎么:你～还不去。

多会儿 tuə^{213}xuer^{42} 来了～啦?

多等 tuə$^{42-55}$təŋ^{0} 什么时候:你～去?

多怎 tuə^{42}tθəŋ^{0}

这个 tʃə^{21}kə^{0} 近指某物(见物)

那个 na^{21}kə^{0} 远指某物(不见物)

乜个 niə^{21}kə^{0} (或:niə$^{21-42}$kə^{0}) 远指某物(见物);强调说 niə$^{21-35}$kə^{0}

这样 tʃə^{21}iaŋ^{0}

这样儿 tʃə^{21}ʅãr^{0}

那样 na^{21}iaŋ^{0}

那样儿 na^{21}ʅãr^{0}

乜样 niə^{21}iaŋ^{0}

这户 tʃə^{21}xu^{0} 这种

那户 na^{21}xu^{0} 那种

乜户 niə^{21}xu^{0}

第十四节 其他

才刚 tθʰɛ^{42}tɕiaŋ^{213} 刚才

刚忙忙地 tɕiaŋ^{213}maŋ$^{42-55}$maŋ^{0} ti^{0}

綦 tɕʰi^{42} 很,十分

刚的 kaŋ^{55}ti^{0} 表示程度最深:～好|～大

得为 tei$^{42-55}$uei^{0} 故意

贼为地 tθei$^{42-55}$uei^{0}ti^{0} 故意地

正 tʃəŋ^{21} 频 pʰẽ^{42} 正在

盛 ʃəŋ^{21} 正:～吃饭。

盛说着 ʃəŋ^{21}ʃuə^{213}tʂə^{0} ～他来了。

挨 iɛ^{213} 全,都:这些人～来了|合屋的人～那个样|今天晌午～吃干饭。

口 tɛ^{213} ("都挨"的合音)都,全部,统统:～来|～去|～来了

拢总 luŋ$^{55-42}$tθuŋ^{55} 一共

很好儿 xã$^{55-42}$xɔr^{55} 正好

很好 xẽ$^{55-213}$xɔ^{55} ("很"特殊变调)你穿衣服不长不短,不肥不瘦, ～。

敢自 kã$^{55-213}$tθʅ^{0} 莫非

接着 tθiə^{213}tʂə^{0} 马上

赶子 kã$^{55-213}$tθʅ^{0}

赶么 kã$^{55-213}$mə^{0} ～就来了,你等等。

迭不的 tiə^{213}pu^{0}ti^{0} 来不及

障⁼没声的 tʃaŋ$^{21-42}$mə^{0}ʃəŋ$^{213-21}$ti^{0} 悄悄地

盛好地 ʃəŋ^{21}xɔ^{55}ti^{0} 忽然,突然

起先 tɕʰi^{55}θiã^{213} 一开始

一底根儿 i^{213}ti^{21}ker^{213} ①一开始就:～我就告诉你了②自始至终:他～就在日照上学。

甭用 pẽ^{42}iŋ^{0} 不用

休 xou^{213} 不要

休矣⁼ xou$^{213-21}$i^{0}

说不定 ʃuə^{213}pu^{0}tiŋ^{0}

当不住 taŋ$^{21-42}$mu^{0}tʃu^{0}

停顾着 tʰiŋ$^{42-55}$ku^{0}tʂʅ^{0} 不停地(干什么):这孩子～哭。

亏了 kʰuei$^{213-21}$lə^{0} 幸亏

亏着 kʰuei$^{213-21}$tʂə^{0}

打 ta^{55} 从:～那年他就来了|～小就混账|～哪儿来?

捋着 ly$^{55-213}$tʂə^{0}

顺着 ʂuẽ$^{21-42}$tʂə^{0}

挨着 iɛ$^{213-21}$tʂə^{0} 秦家楼赶集, ～来!

趟 tʰaŋ^{21} 行、排(量词):一～树|一～座位

拃 tʂa^{213} 大拇指端至中指端(或小指端)的距离:一～长

掐 tɕʰia^{213} 把 一～菜

嘟噜 tu$^{213-21}$lu^{0} 一～葡萄

提留 ti$^{213-21}$liou^{0} 一～苹果

领 liŋ^{55} 一～席子

挂 kua^{21} 一～鞭

第三章　语　法

第一节　前缀　后缀

东港方言有比较丰富的词缀。许多单音节词，尤其是单音节动词、形容词都可带上词缀构成双音节词。其中构成名词、动词的主要是后缀，构成形容词的多为前缀。

前缀

多构成形容词。例如：

精　~瘦 ~矮 ~窄 ~淡 ~短儿 ~近儿 ~细儿 ~浅儿 ~薄儿 ~枵儿

溜　~光儿 ~滑儿 ~圆儿

死　~慢 ~辣 ~沉 ~坏 ~犟 ~拗

干　~甜 ~黄

齁　~咸 ~辣

冒儿　~白

老（大）~高 ~早 ~远 ~长 ~宽 ~笨 ~厚

锃　~亮 ~明

臻　~蓝 ~绿 ~亮

焦　~黄 ~干 ~粘

黢　~黑 ~紫

稀　~甜

后缀

1. 名词的后缀　　例如：

子　院~ 胖~ 推~ 条~

巴　哑~ 嘲~ 结~ 瘸~

头　想~ 苗~ 来~ 甜~

2. 动词的后缀

这类双音节动词所表示的动作大都带有随便、轻微的意味。例如：

巴　洗~ 搓~ 铰~ 割~ 剁~ 撕~

楞　拨~ 侧~ 斜~ 支~ 摆~

哒　抽~ 踢~ 摔~

拉　扑~ 扒~

查　扒~ 抠~ 刮~ 爬~ 划~

么　寻~ 捞~ 沾~

悠　转~ 晃~

送　弄~ 哄~

3. 形容词的后缀　　例如：

巴　皱~ 紧~ 窄~ 干~

乎　悬~ 热~ 忙~ 近~

的慌　闷~ 急~ 晒~ 闲~ 饿~ 憋鼓~

4. 副词的后缀　　例如：

价　成天~ 成年~ 按天~ 按年~

第二节　程度表示法

东港方言单音节形容词可以通过前加“老”“精”以及重叠等形式表示程度的逐步加深，其中“厚、高、宽、粗、深”等词前加“老”，“薄、矮、近、短”等词语前加“精”，这两类词语往往是在意义上形成正反对立的形容词。具体列举如下：

老 A	精 A
厚 老厚 大老厚 大老厚厚的 老厚老厚的	薄 精薄 精薄儿薄儿的 精薄儿精薄儿的
高 老高 大老高 大老高高的 老高老高的	矮 精矮 精矮儿矮儿的 精矮儿精矮儿的

宽 老宽 大老宽 大老宽宽的 老宽老宽的　窄 精窄 精窄儿窄儿的 精窄儿精窄儿的
粗 老粗 大老粗 大老粗粗的 老粗老粗的　细 精细 精细儿细儿的 精细儿精细儿的
深 老深 大老深 大老深深的 老深老深的　浅 精浅 精浅儿浅儿的 精浅儿精浅儿的

有些单音节形容词还可前加副词构成比较级,比较级再重叠加"的"构成最高级。如:

硬 崩硬 崩崩硬 崩硬崩硬的　酸 焦酸 焦酸焦酸的
紫 黢紫 黢紫黢紫的　辣 齁辣 齁辣齁辣的
紫 臻紫 臻紫臻紫的　香 喷香 喷香喷香的
黑 黢黑 黢黑黢黑的　苦 瓜苦 瓜苦瓜苦的

此外,也可以加"刚的"、"方滚热"或重叠表示程度的加深,例如:

好 刚的好 好儿好儿好儿好儿的　热 方滚热 方滚热方滚热的
香 刚的香 喷喷香　干净 刚的干净 干干净净

第三节　补语

可能补语

东港方言的可能补语,一般是在动词前加"能"来表示,肯定式为"能 V、VP 了",否定式为"不能 V、V 不 P",疑问式为"能不能 V、能 V 不能 V"或"VPV 不 P"。如:

肯定	否定	疑问
能吃	不能吃	能不能吃 / 能吃不能吃
吃上了	吃不上	吃上吃不上
吃了了	吃不了	吃了吃不了
看清楚了	看不清楚	看清楚看不清楚

补语"开"

东港方言中动宾词组常可加一补语"开",表示动作的开始,例如("—"表示不能说):

V 开 O 了	VO 开了	OV 开了
吃开饭了	吃饭开了	—
演开电影了	演电影开了	电影演开了
下开雪了	下雪开了	雪下开了
打开球了	打球开了	—
收开庄稼了	—	—
刨开地瓜了	刨地瓜开了	—

第四节　比较句

东港的比较句有两种类型。一种与普通话相同,在两个被比较的事物之间用"比、不比"等表示两者不同。

肯定:甲 + 比 + 乙 +A　如:他比你高。

否定:甲 + 不 + 比 + 乙 +A　如:他不比你高。

疑问:甲 + 比 + 乙 +A+ 吗(maŋ^0)　如:他比你高吗?

另外一种与普通话不同。

肯定:甲 +A+ 起 + 乙　例如:

他高起你。　这里干净起那里。

他学的好起你。 他家姊妹一个俊起一个。

他走的快起你。 火车跑得快起汽车。

否定:甲 + 不 +A+ 起 + 乙 例如:

他不高起你。 这里不干净起那里。

他学的不好起你。 他家姊妹一个不俊起一个。

他走的不快起你。 火车跑得不快起汽车。

疑问:(1)甲 +A+ 不 +A+ 起 + 乙 例如:他高不高起你?

(2)甲 +A+ 起 + 乙 + 不 +A+ 起 + 乙 例如:他高起你不高起你?

以上为差异比较,若等同式近似比较,东港方言则用下面的句式。

肯定:他晃(xuaŋ^{21})你一样高。

否定:他不赶你高。 他不如你高。 他没你那么高。

疑问:他有你那么高吗?

第五节 反复问句

东港方言的反复问句,主要有两种形式:一是“VP 不 / 没 VP”,二是“V 不 / 没 VP”。

VP 不 / 没 VP	**V 不 / 没 V P**
学习不学习	学不学习
凉快不凉快	凉不凉快
开会不开会	开不开会
写完写不完	
能来不能来	能不能来
愿意去不愿意去	愿意不愿意去 / 愿不愿意去
到过没到过北京	到没到过北京

第六节 语气词

“唻” [lɛ^{213}]

“唻”用于句末,主要有三种用途。

一是表示招呼:妈唻! / 小王唻!

二表示一种事实,多用于否定式:我还没有吃唻!

三用于疑问句:你叫什么唻? / 这个字怎么念唻? / 你干什么去唻?

“开” [k^{h}ɛ^{0}]

“开”主要用于表示反驳、否定对方的句子的末尾,常含有厌烦的语气。例如:

问话方:你没有吃吧? 答话方:我吃了开!

问话方:咱们去看这个电影吧? 答话方:俺看了开!

说话方:他家有个大彩电。 对话方:没有开!

说话方:王老师去过北京。 对话方:他没去开!

有时还带有撒娇、耍赖的口气。例如:

说话方:小张就喜欢吃䬣饹子。 小张:俺不喜欢开!

第四章 语料记音

第一节 歌谣

1. i^{21}pẽ^{55}kuer^{55}，xɑ^{213}liɑŋ^{42}ʂuer^{55}，iɛ^{42}pʰɔ^{21}tar^{21}，tʃʰʅ$^{213-24}$tɕʰiɑŋ^{213}tθər^{55}，
日本 鬼儿， 喝 凉 水儿， 挨 炮弹儿， 吃 枪 子儿，
tθuə^{21}fei$^{213-24}$tɕi^{213}，tuã^{21}lə^{0}tʂʰər^{55}，tθuə^{21}lẽ^{42}tʃʰuã^{42}，tʃʰẽ^{42}lə^{0}tiər^{55}，
坐 飞 机， 断 了翅儿， 坐 轮 船， 沉 了底儿，
tθuə^{21}tɕʰi^{21}tʃʰə^{213}，fã^{213}lə^{0}kuer^{55}，pu^{21}ɕiŋ^{42}tθou^{55}，tuã^{21}lə^{0}tʰer^{55}，
坐 汽 车， 翻 了滚儿， 步 行 走， 断 了腿儿，
fɑŋ^{21}tɑ^{21}pʰɔ^{21}，ku^{55}lə^{0}tiər^{55}，u^{55}kʰã^{21}ni^{55}xã^{42}kuer^{55}pu^{0}kuer^{55}。
放 大 炮， 鼓 了底儿，我看 你 还 鬼儿 不鬼儿。

2. mɑ$^{21-42}$tʂɑ^{0}iã^{55}，pu$^{213-21}$tʃɑŋ^{55}təŋ^{213}，ŋã^{55}xuɑŋ^{21}kou$^{55-213}$tθʅ^{0}tθʰɑŋ$^{42-21}$lɔ^{55}mə̃r^{213}，
蚂 蚱眼， 不 掌 灯， 俺 和 狗 子 藏 老 蒙儿，
tθʰɑŋ^{42}lɔ^{55}məŋ^{213}，mu^{42}niɛr$^{55-42}$tuə^{55}，i^{213}pʰɔ$^{55-21}$pʰɔ$^{55-24}$tɔ^{21}ʃʅ^{42}tɕiou^{21}ʂuə^{55}，
藏 老 蒙， 没 埝儿 躲， 一 跑 跑 到石 臼 所，
ʃʅ$^{42-55}$tɕiou^{0}ʂuə^{55}li^{0}fɑŋ^{21}tɑ$^{21-24}$pʰɔ^{21}，i$^{213-24}$fɑŋ^{21}fɑŋ^{21}tɔ^{21}kɔ$^{213-21}$ɕy^{0}miɔ^{21}，
石 臼 所 里 放 大 炮， 一 放 放 到高 兴 庙，
kɔ$^{213-21}$ɕy^{0}miɔ$^{21-42}$ʃɑŋ^{0}tʂʰuei^{213}lɑ$^{213-21}$pɑ^{0}，i$^{213-24}$tʂʰuei^{213}tʂʰuei$^{213-21}$tɔ^{21}lɔ$^{55-42}$mɑ$^{55-213}$tɕiɑ^{0}，
高 兴 庙 上 吹 喇 叭，一 吹 吹 到老 马 家，
lɔ$^{55-42}$mɑ$^{55-213}$tɕiɑ^{0}，luə$^{213-24}$tθiã^{213}piŋ^{55}，tʰi$^{213-21}$li^{0}tʰuə$^{213-21}$luə^{0}i$^{213-24}$tʰiã$^{213-21}$tθiŋ^{0}。
老 马 家， 烙 煎 饼， 踢 里 拖 落 一 天 井。

3. xuɑ^{213} ɕi$^{55-213}$ tθʰyə^{0}，i$^{55-213}$ pɑ^{0} tʃʰɑŋ^{42}，tθʰy$^{55-213}$ lə^{0} θi^{213}tθʅ^{0} uɑŋ$^{21-42}$lə^{0} niɑŋ^{42}。
花 喜 鹊， 尾 巴 长， 娶 了 媳 子 忘 了 娘。
θi^{213}tθʅ^{0} pei$^{21-42}$tɔ^{0} kʰɑŋ^{21}tʰou^{42} ʃɑŋ^{0}，lɔ^{213}niɑŋ^{42} kã$^{213-21}$tɔ^{0} pei$^{55-213}$ʂã$^{213-21}$ ʃɑŋ^{0}。
媳 子 背 到 炕 头 上， 老 娘 赶 到 北 山 上。
θi^{213}tθʅ^{0} θi^{213}tθʅ^{0}tʃʰʅ^{213}ʃəŋ^{42}mə^{0}？ ŋã^{55}tʃʰʅ^{213}pə$^{55-213}$pə^{0}tʂã^{21}ʂɑ^{213}tʰɑŋ^{42}。
媳 子 媳 子 吃 什 么？ 俺 吃 饽 饽 蘸 砂 糖 。
niɑŋ^{42}ŋɑ^{0}niɑŋ^{42}ŋɑ^{0}ni^{55}tʃɥ^{21}nɑ$^{55-213}$lə^{0} ？ ŋã^{55}tʃɥ^{21}ʂã$^{213-21}$ʃɑŋ^{0}θyə^{213}kʰə^{213}lɑŋ^{42}。
娘 啊 娘 啊 你 住 哪 里？ 俺 住 山 上 雪 窠 廊 。

4. yə^{21}mar^{213}mar^{0}，pẽ^{55}θiŋ^{21}tʃɑŋ^{213}。tθʰi^{42}tʂʅ^{0}mɑ^{55}，kʰɑŋ^{42}tʂʅ^{0}tθʰiɑŋ^{213}。
月 嬷儿 嬷儿，本 姓 张 。 骑 着 马， 扛 着 枪。
i$^{213-24}$tθʰiɑŋ^{213}tɑ$^{55-213}$lə^{0}kə^{0}xei^{213}lɔ$^{55-213}$u^{0}，ni$^{55-42}$tʃʰʅ^{213}iou$^{21-42}$lɛ^{0}uə$^{55-42}$xɑ^{213}tʰɑŋ^{213}，
一 枪 打 了个 黑 老 乌，你 吃 肉 来我 喝 汤，
ʃəŋ$^{21-42}$ɕiɑ^{0}ku$^{55-213}$tʰou^{0}tɕi^{42}lɔ$^{213-24}$tʃɑŋ^{213}。
剩 下 骨 头 给 老 张。

第二节 谚语、俗语

1. lɔ^{213}tθɿ^{0}kaŋ^{213}tɕʰiaŋ^{42}ɭə^{42}pu^{213}yə^{21}。
老子刚强儿不弱。

2. pu$^{213-24}$tʰiŋ^{213}lɔ$^{213-55}$iẽ^{21}iã^{21}，tʃʰɿ^{213}kʰuei^{213}tθɛ^{21}iã$^{42-55}$tθʰiã^{42}。
不听老人言，吃亏在眼前。

3. xɛ^{21}pu^{42}ɕiã^{42}niaŋ^{42}tʃʰou^{55}，kou^{55}pu^{42}ɕiã^{42}tɕia^{213}pʰẽ^{42}。
孩不嫌娘丑，狗不嫌家贫。

4. θiẽ^{21}li^{0}mu^{42}iou^{55}pʰur^{55}，ta^{213}pu^{0}ti^{0}luə^{42}kur^{55}。
心里没有谱儿，打不得锣鼓儿。

5. iẽ^{42}pu^{213}kuẽ^{42}tʃaŋ^{21}，tʃaŋ^{21} pu^{213}kuẽ^{42}iẽ^{42}。
人不混账，账不混人。

6. tʂuaŋ^{21}tɕia^{0}ti^{21}lə^{0}pu^{213}ta^{55}liaŋ^{42}，uã^{21}pã^{213}ʂəŋ^{21}i^{0}θɿ^{55}lə^{0}xaŋ^{42}。
庄稼地里不打粮，万般生意死了行。

7. i^{213}tɕiou^{55}ɭə^{21}tɕiou^{55}ʃuẽ^{213}pu^{0}tʃʰʮ^{213}ʃou^{55}，θiã^{213}tɕiou^{55}θɿ^{21}tɕiou^{55}tuŋ^{21}tuŋ^{0}ʃaŋ^{21}tθiou^{55}，
一九二九伸不出手，三九四九冻冻上走，
u^{55}tɕiou^{55}liou^{21}tɕiou^{55}iã^{42}xuə^{42}kʰã^{21}liou^{55}，tθʰi^{213}tɕiou^{55}pa^{213}tɕiou^{55}tuŋ^{21}ʂɿ^{0}pʰa^{213}niou^{55}，
五九六九沿河看柳，七九八九冻死趴牛，
tɕiou^{55}tɕiou^{55}pa^{213}ʃɿ^{21}i^{213}，tɕia^{213}lə^{0}tθuŋ^{21}fã^{21}uɛ^{21}tʰou^{0}tʃʰɿ^{213}。
九九八十一，家里做饭外头吃。

8. iou^{55}tθʰiã^{42}nã^{42}mɛ^{55}θɿ^{21}yə^{0}lə^{0}xã^{21}，liou^{21}yə^{0}lə^{0}liã$^{42-55}$iẽ^{3}tʃʰɿ^{213}xɔ^{55}fã^{21}。
有钱难买四月里旱，六月里连阴吃好饭。

9. pu^{213}pʰa^{21}liã$^{42-55}$iẽ^{0}，tθiou^{21}pʰa^{21}nã^{55}iẽ^{0}。
不怕连阴，就怕南阴。

10. tʂuaŋ^{21}xu^{0}iẽ^{42}tɕia^{0}θã^{213}tɕiã^{21}pɔ^{55}，tʃʰou^{55}tθʰi^{213}、pə^{42}ti^{21}、pʰə^{21}miã^{42}ŋɔ^{55}。
庄户人家三件宝，丑妻、薄地、破棉袄。

11. tɕia$^{213-21}$lə^{0}pu$^{21-42}$ta^{55}iẽ^{42}，uɛ$^{21-42}$tʰou^{0}u^{42}iẽ^{42}ta^{55}。
家里不打人，外头无人打。

12. tʃʰaŋ^{42}tʃʰɿ^{213}ti$^{21-42}$kua^{0}，iã^{55}ʂɿ^{21}tʃʰəŋ^{21}。
常吃地瓜，眼是称。

13. tɕia$^{213-21}$lə^{0}iou$^{55-213}$xuaŋ^{42}tɕiẽ^{213}，lẽ ^{42}tɕy^{213}iou^{55}təŋ$^{55-213}$pʰã^{42}。
家里有黄金，邻居有戥盘。

14. tʃʰɿ^{213}fã^{21}tʃʰuã^{213}i^{213}liaŋ^{21}tɕia^{213}taŋ^{21}。
吃饭穿衣量家当。

15. ʂua$^{55-213}$luŋ^{42}ʂua$^{55-42}$xu^{55}，pu$^{21-42}$y^{42}ʂua$^{55-42}$tʰu^{55}。
耍龙耍虎，不如耍土。

16. xɔ$^{55-213}$ɭə^{42}xɔ^{55}θuẽ$^{213-21}$tθɿ^{0}，pu$^{21-42}$y^{42}iou^{55}kə^{0}xɔ^{55}ʃẽ$^{213-21}$tθɿ^{0}。
好儿好孙子，不如有个好身子。

17. xə^{42}ʂã^{0}tɛ^{21}mɔ^{21}，mi$^{21-42}$xã^{0}kʰuẽ^{21}tɕiɔ^{21}。
河山戴帽，觅汉睏觉。

18. mei^{21}p^{h}ɑ^{21}t^{h}ɛ$^{213-21}$lə^{0}xã^{21}，iẽ^{42}p^{h}ɑ^{21}lɔ$^{55-213}$lə^{0}p^{h}ẽ^{42}。
麦 怕 胎 里旱，人 怕 老 来贫。

19. k^{h}uɑ^{213}tʂ^{h}u^{42}mə^{42}liã^{42}，pu$^{21-42}$u^{21}kuŋ^{213}。
刮 锄 磨 镰，不 误 工。

20. i^{213}θuei^{21}pu$^{21-42}$tʃ^{h}əŋ^{42}ly^{42}，tɔ^{21}lɔ^{55}ʂʅ^{21}kə^{0}ly$^{42-55}$tu^{0}tθʅ^{0}。
一 岁 不 成 驴，到老 是 个驴 犊子。

第三节 歇后语

1. tɕyə$^{213-21}$tθuei^{0}luə^{42}tθʅ^{0}pu$^{21-42}$tʃʅ^{42}t^{h}ou^{0}ly^{42}tθ^{h}iã^{0}——tθiã^{21}tθɛ^{21}tθuei$^{55-213}$ʃɑŋ^{0}。
撅 嘴 骡 子 不 值 头 驴 钱——贱 在 嘴 上。

2. pɑ$^{213-21}$lə^{0}iã^{55}tʂɔ^{21}tɕiŋ^{21}tθʅ^{0}——tθʅ^{42}tʂɔ^{55}nã^{42}k^{h}ã^{21}。
疤 瘌眼 照 镜 子——自 找 难 看。

3. kou$^{55-42}$iɔ^{55}mɑ^{55}xu^{0} —— liɑŋ$^{55-42}$ɕiɑ$^{21-42}$lɑ^{0}p^{h}ɑ^{21}。
狗 咬 马虎狼 —— 两 下 里怕。

4. lɔ$^{55-213}$ʃɥ^{0}lɑ^{213}mu^{21}ɕiã^{0}——tɑ^{21}t^{h}ou^{42}tθɛ^{21}xou^{42}t^{h}ou^{0}。
老 鼠 拉 木 锨——大 头 在 后 头。

5. lɔ$^{55-213}$ʃɥ^{0}tθuã^{213}tɔ^{0}fəŋ$^{213-21}$ɕiã^{0}lə^{0}——liɑŋ^{55}t^{h}ou^{0}ʃou^{21}tɕ^{h}i^{21}。
老 鼠 钻 到风 箱 里——两 头 受 气。

6. tou^{21}fu^{0}tiɔ^{21}tɔ^{0}xuei^{213}lə^{0}——tɑ$^{55-213}$pu^{0}ti^{0},tʂ^{h}uei^{213}pu^{0}ti^{0}。
豆 腐 掉 到 灰 里——打 不的，吹 不的。

7. mɑ$^{42-55}$θiã^{0}ʂuã^{213}tou^{21}fu^{0}——t^{h}i^{42}pu^{0}tɕ^{h}i^{55}。
麻 线 拴 豆 腐—— 提 不 起。

8. tʃ^{h}ɑŋ^{42}tʂ^{h}uŋ^{0}tɛ^{21}li^{55}mɔ^{21}——tɕiɑ$^{55-42}$tʂ^{h}uŋ^{213}θi^{21}kɔ^{213}t^{h}iɔ^{55}。
长 虫 戴礼 帽 —— 假 充 细 高 挑。

9. lẽ^{42}tɔ^{0}y^{42}p^{h}i^{213}θuə$^{213-21}$i^{0}——tθuei$^{55-42}$tθiã^{213}mɔ^{42}tʃ^{h}ɑŋ^{42}。
鳞刀鱼 披 蓑 衣—— 嘴 尖 毛 长。

10. tɕ^{h}i^{42}tʂʅ^{0}ly^{42}iɔ^{21}fã^{21}——tɕiɔ^{21}iou^{55}pi^{42}ti^{0}。
骑 着 驴要 饭—— 叫 有 逼 的。

11. mɛ^{21}iɔ^{42}xuə^{0}ti^{0}mu$^{21-42}$nuŋ^{0}pi^{42}tθʅ^{0}——xuer^{213}ʃɑŋ$^{21-42}$lə^{0}liã$^{55-213}$lə^{0}。
卖 窑 货 的摸 弄 鼻 子—— 灰儿 上 了 脸 了。

12. mɛ$^{213-21}$lə^{0}kə^{0}xou^{42}tθʅ^{0}tθ^{h}ʅ^{213}pə^{42}ʂʅ^{0}——ʂuɑ$^{55-213;0}$i$^{}$tʃ^{h}ɑŋ^{55}，tʃ^{h}ou$^{21-42;0}$i$^{}$tʃ^{h}ɑŋ^{55}。
买 了个 猴 子 泚 薄 屎——要 一场，臭 一场。

13. iɔ^{21}fã$^{21-42}$ti^{0}pɔ$^{21-42}$tʂʅ^{0}t^{h}iɔ^{0}t^{h}u$^{21-42}$tθʅ^{0}——iẽ^{42}tɕ^{h}yŋ^{42}tθuei^{55}θuei^{21}。
要 饭 的抱 着条 兔 子——人 穷 嘴 碎。

14. tθ^{h}ɑŋ$^{213-21}$iɑŋ^{0}xuə$^{213-21}$lə^{0}pi^{42}tθʅ^{0}——pu$^{21-42}$iɔ^{21}liã$^{55-213}$lə^{0}。
苍 蝇 豁 了鼻 子—— 不 要 脸 了。

15. tuã^{55}lu^{21}tʂuɑŋ$^{21-42}$tʂʅ^{0}tθɑ^{42}kɑŋ^{42}tθʅ^{0}ti^{0}——tʂɔ^{55}tuei^{21}tʂ^{h}ɑr^{42}lə^{0}。
短 路 撞 着砸 杠 子的—— 找 对 茬儿 了。

16. i$^{213-21}$kə^{0}xuɑŋ^{42}tou^{0}ʂəŋ^{213}liɑ^{213}ɿɑr^{42}—— nuŋ^{42}tou^{21}。
一 个 黄 豆 生 俩 芽儿—— 能 豆。

17. tɕʰyə^{42}pa^{0}ta$^{55-42}$kuɛ^{55}——kə^{213}θi^{42}i^{213}mer^{42}。
瘸巴打拐——各习一门儿。

18. ʂɔ$^{213-21}$kua^{0}ta^{55}ly^{42}——tɕʰy$^{21-42}$lə^{0}i^{213}par^{21}。
稍瓜打驴——去了一半儿。

19. kuo$^{213-21}$tɕyə^{0}tʰou^{42}tθɿ^{0}faŋ^{21}fəŋ$^{213-21}$tʂəŋ^{0}——tʃʰou^{21}mã^{55}tʰiã^{213}ɕia^{21}。
裹脚头子放风筝——臭满天下。

20. ʃɿ^{42}niã^{21}iaŋ$^{55-213}$lə^{0}pa$^{213-21}$θuei^{0}——yə^{21}iaŋ^{55}yə^{21}tɔ$^{21-42}$tʂʰu^{0}。
十年养了八岁——越养越倒缩。

21. ta$^{21-42}$niã^{0}u$^{55-213}$tθiŋ^{0}tʃʰɿ^{213}tɕiɔ$^{55-213}$tθɿ^{0}——mu^{42}uɛ^{21}iẽ^{42}。
大年五更吃饺子——没外人。

22. mɔ^{42}kʰəŋ$^{213-21}$li^{0}ti^{0}ʃɿ^{42}tʰou^{0}——iou^{21}tʃʰou^{21}iou^{21}iŋ^{21}。
茅坑里的石头——又臭又硬。

23. tθʰɛ^{42}fəŋ^{0}tiɔ$^{21-42}$lə^{0}tθiã$^{55-213}$tθɿ^{0}——kuaŋ^{213}ʃəŋ$^{21-42}$lə^{0} tʃʰɿ^{213} la^{0}。
裁缝掉了剪子——光剩了尺(吃)了。

24. tʂʰuaŋ$^{213-21}$xu^{0}liŋ^{42}lə^{0}tʂʰuei^{213}la$^{55-213}$pa^{0}——miŋ^{42} ʃəŋ^{213}tθɛ^{21}uɛ^{21}。
窗户棂里吹喇叭——鸣(名)声在外。

25. uɛ$^{213-21}$tθuei^{0}tʂʰuei^{213}xuə^{55}——i^{213}liou^{21} θiə^{42} fəŋ^{213}。
歪嘴吹火——一溜斜(邪)风。

26. xu^{213}la^{0}iɛ^{42}tθʰɿ^{213}tɕiə^{213}tθɿ——tʂʰuŋ^{213}nəŋ^{42}。
哗啦崖泚疖子——冲脓(能)。

27. naŋ^{42}ʂã^{213}tiŋ^{55}ʃaŋ^{0}faŋ^{21}ly^{55}tʃɥ^{0}——ʃɿ^{42} ta^{55} ʃɿ^{42}。
南山顶上放碌碡——石(实)打石(实)。

第四节 故事

tʂaŋ^{21}iẽ^{0} kuə^{21}ʂəŋ^{213}i^{0}
丈人过生日

tʂaŋ^{21}iẽ^{0}kuə^{21}ʂəŋ^{213}i^{0}，tɕiɔ^{21}θã^{213}kə^{0}kuei$^{213-21}$ʂy^{0}、kuei$^{213-21}$ʂy^{0}ʂy^{213}θy^{0}tou^{21}tɕʰy^{21}tɕi^{42}tʂaŋ^{21}iẽ^{0}kuə^{21}ʂəŋ^{213}i^{0}。
丈人过生日，叫三个闺女、闺女女婿都去给丈人过生日。
ta^{21}kuei$^{213-21}$ʂy^{0}ʂy^{213}θy^{0}ʂɿ^{21}tɕy^{213}iẽ^{0}，ɭə^{21}kuei$^{213-21}$ʂy^{0}ʂy^{213}θy^{0}ʂɿ^{21}θiou^{21}tθʰɛ^{0}，i^{21}tθɿ^{0}tou^{21}kuə^{21}ti^{0}xẽ^{42}xɔ^{55}。θã^{213}
大闺女女婿是举人，二闺女女婿是秀才，日子都过得很好。三
kuei$^{213-21}$ʂy^{0}ʂy^{213}θy^{0}ʂɿ^{21}kə^{21}tʃʰɔ^{42}pa^{0}，pu$^{21-42}$xuei^{21}ʃuə^{213}xua^{21}。tʰa$^{55-42}$θi^{213}tθɿ^{0}lẽ^{42}tθou^{55}tɕi^{21}tʰa^{0}i^{213}tiɔ^{21}tθʰiã^{42}，
闺女女婿是个嘲巴，不会说话。他媳子临走给他一吊钱，
tɕiɔ^{21}tʰa^{0}tʃʰɥ^{213}tɕʰy^{0}ɕyə^{42}tɕi^{55}tɕy^{21}xua^{21}。tʰa^{55}tθiou^{21}tθou^{213}la^{0}，tθɛ^{21}lu^{21}ʃaŋ^{0}pʰəŋ^{21}ʃaŋ^{0}i^{213}kə^{0}tɔ^{21}ʂɿ^{0}kuə^{21}θiɔ^{55}
叫他出去学几句话。他就走了，在路上碰上一个道士过小
tɕʰiɔ^{42}。tɔ^{21}ʂɿ^{0}ʂuə^{213}："ʂuaŋ^{213}tɕʰiɔ^{42}xɔ^{55}tθou^{55}，tu^{42}mu^{21}nã^{42}ɕiŋ^{42}。"tʰa$^{55-213}$tɕi^{42} tɔ^{21}ʂɿ^{0}u^{213}pei^{0}tθʰiã^{42}ɕyə^{42}xuei^{21}
桥。道士说："双桥好走，独木难行。"他给道士五百钱学会
lə^{0}tʃə^{21}tɕy^{21}xua^{21}。iou^{21}tθou^{213}tɔ^{0}i^{213}kə^{0}θiɔ^{55}xuər$^{42-55}$kou^{0}，xuər$^{42-55}$kou^{0}iou$^{55-42}$ʂuei^{55}mu^{42}y^{42}。tɔ^{21}ʂɿ^{0}ʃuẽ^{21}kʰou^{55}
了这句话。又走到一个小河儿沟，河儿沟有水没鱼。道士顺口
ʃuə^{213}："i$^{213-24}$uã^{213}xɔ$^{55-42}$ʂuer^{55}，kʰə^{213}θi^{55}mu^{42}iou^{0}y^{42}。"tʰa^{55}iou^{21}tɕi^{42} lə^{0}tɔ^{21}ʂɿ^{0}u^{213}pei^{0}tθʰiã^{42}ɕyə^{42}xuei^{21}lə^{0}tʃə^{21}
说："一湾好水，可惜没有鱼。"他又给了道士五百钱学会了这

tɕy21xuɑ21。tʰɑ55iou21tθou55tɔ0ʃɥ21lẽ42kẽr213，θiɔ55tʂʰer42tθɛ21lẽ42lə0tʂʅ213tʂʅ213lã21tɕiɔ21，ʂəŋ21xɔ213ti0lɛ42lə0i213kə0
句 话。 他 又 走 到树 林 根儿，小 鹁儿 在 林里吱 吱 乱 叫， 盛 好 的来了一 个
θiɔ213iŋ213，ɕiɑ21ti0θiɔ55tʂʰer42pu213kã55tʂər42tʂər0lə0。tɔ21ʂʅ0iou21ʃuə213：“i213niɔ55tθẽ21lẽ42，pei213niɔ55iɑ55iẽ213。”
小 鹰， 吓 的小 鹁儿 不 敢 吱儿吱儿了。 道 士又 说 ：“ 一 鸟 进 林， 百 鸟 哑 音。”
tʰɑ55iou21tɕi42 lə0tɔ21ʂʅ0u213pei0tθʰiã42ɕyə42xuei21lə0tʃə21tɕy21 xuɑ21。xuei42tɕiɑ213i213xou21，ʃuo213tɕi21tʰɑ0θi213tθʅ0
他 又 给 了道 士五 百 钱 学 会 了 这 句 话。 回 家 以 后， 说 给 他 媳 子
tʰiŋ213，tʰɑ55-42θi213tθʅ0θʅ21ti0liɔ213pu0ti0。kã213tθʅ0xuə21lə0i213kʰuɛ21miã21，ly55pɑ0tʃʰɑŋ213lə0，tɕʰyẽ55tθɛ0tʰɑ55-42
听， 他 媳 子恣 的了 不的。 敢 自 和 了一 块 面， 缕 巴 长 了， 捆 在 他
iɔ213li0，xuɑŋ21tʰɑ0ʃuə213：“ni55xɔ42ʃɑŋ0θiɑŋ213tʂə0，ŋã55tiə213i213tiŋ21θiã213uẽ21tɔ21，ʂei42kʰɛ213tʰiã213pʰi55ti21，ni55
腰 里，晃 他 说 ：“ 你 好 上 想 着， 俺 爹 一 定 先 问 道， 谁 开 天 辟 地， 你
mə21mə0tʃə21kʰuɛ21miã21tθiou21tʃʅ213-21tɔ0ʂʅ21pʰã42ku55lə0。tɔ21lə0tθiou213θi42ʃɑŋ0，tʂɑŋ21iẽ0xuɑŋ21liã213tɕiẽ0tʰou42
摸 摸 这 块 面 就 知 道是 盘 古了。 到了 酒 席 上， 丈 人 晃 连 襟 头
tθʰiɔ213pu0tɕʰi0tʰɑ55，piə42iẽ21θyã213tʂʰɑ42ʂuei55，tɕi42tʰɑ0θyã213pei42ʂuei55。tʰɑ55θiɑŋ55-213tɕʰi0lə0tɔ21ʂʅ0i213tɕy21
瞧 不 起 他， 别 人 宣 茶 水， 给 他 宣 白 水。 他 想 起 了道 士一 句
xuɑ21：“i213uã55xɔ42ʂuei55，kʰə213θi55mu42iou0y42。”tʂɑŋ21iẽ0xuɑŋ21liã213tɕiẽ0tʰou21tʃʅ42lə0iã55，kʰuɛ21tɕi42tʰɑ0θyã213
话 ：“ 一碗 好 水， 可 惜 没 有 鱼。” 丈 人 晃 连 襟 头 直了 眼， 快 给 他 宣
ʃɑŋ0tʂʰɑ42。tʃʰʅ213tθʰɛ21ʂʅ42，tʂɑŋ21iẽ0xuɑŋ21liã213tɕiẽ0tʰou21ʂʅ21i213-24ʂuɑŋ213kʰuɛ21tθʅ0，tʂʅ21tɕi213tʰɑ0i213-24kẽ213
上 茶。 吃 菜 时， 丈 人 晃 连 襟 头 是一 双 筷 子， 只 给 他一 根
kʰuɛ21tθʅ0，tʰɑ55iou21ʃuə213tʃʰɥ213：“ʂuɑŋ213tɕʰiɔ42xɔ42tθou55，tu42mu21nã42ɕiŋ42。”tʂɑŋ21iẽ0xuɑŋ21liã213tɕiẽ0tʰou21
筷 子， 他 又 说 出 ：“ 双 桥 好 走， 独 木 难 行。” 丈 人 晃 连 襟 头
tɕyə213tʂə0liã213ʂɑŋ0nã42kʰã21。tʰɑ55;42tθʅ0mẽ0tθɛ21tʰiã213tθiŋ0li0iə213tʂɑ21tʂɑ0xu21xu0，iə213tʃʰɥ0tɑŋ21mu0niɑŋ42lɛ0mɑ55
觉 着 脸 上 难 看。 他姨 子 们 在 天 井 里也 喳 喳 呼 呼，惹 出 丈 母 娘 来骂
tʰɑ55mẽ0，tʂʰɔ213ti0pu213kã55tθu42ʃəŋ0。tʰɑ55tθɛ21u213lə0ʃuə213tʃʰɥ0lə0：“i213niɔ55tθẽ21lẽ42，pei213-24niɔ55iɑ55iẽ213。”
她 们， 吵 的不 敢 做 声。 他 在 屋 里 说 出 了：“ 一 鸟 进 林， 百 鸟 哑 音。”
liɑŋ213kə0liã42tɕiẽ0ɕiɑ21ti0tʃʰəŋ213lə0kʰuɛ21mu21tʰou0 ʂɑ213lə0iã55。
两 个 连 襟 吓 的 成 了 块 木 头 傻 了眼。

mu55tɑ0ʂɑr55ʂɑr0，tʂɑŋ21iẽ0θiŋ213lə0kuə0lɛ0，uẽ21tɔ0：“ʂei42kʰɛ213tʰiã213pʰi21ti21iɑ0？”tʰɑ55kʰuɛ21mə21tɕʰyẽ213
没 大霎儿霎儿，丈 人 醒 了 过来， 问道：“ 谁 开 天 辟 地 呀？” 他 快 摸 捆
tθɛ0iɔ55li0ti0miã21，miã21i55-213tʃʰəŋ42piã213ti0lə0，tθiou21ʃuẽ21tθuei55ʃuə213tʃʰɥ0：“piã55ku55kʰɛ213-24tiã213pʰi213ti21。”
在 腰里的 面， 面 已 成 扁 的了， 就 顺 嘴 说 出 ：“ 扁 古 开 天 辟 地。”
tʂɑŋ21iẽ0liã42tɕiẽ0tʰou21ɕiɔ21xu0tʰɑ0ʃuə213：“nɑ21ʂʅ21pʰã42ku55，pu213ʂʅ21piã55ku55。”tʰɑ55-42kã55-213tθʅ0tθʰiɑŋ55lə0xuɑ21
丈 人连 襟 头 笑 唬 他 说 ：“ 那 是 盘 古， 不 是 扁 古。” 他 敢 自 抢 了 话
tʂʰɑ42：“piã55ku55ʂʅ21pʰã42ku55ti0iə42-21iə0。”lɔ55tʂɑŋ21iẽ0tʰiŋ213xou21ʃuə213：“xã42ʂʅ21ŋã55θã213kuei213-21ʂy0ʂy55θy0
茬 ：“ 扁 古 是 盘 古 的 爷 爷。” 老 丈 人 听 后 说 ：“ 还 是 俺 三 闺 女 女 婿
nəŋ42。”
能。”

附录一：发音合作人基本情况表

姓　名	性别	出生年份	民族	文化程度	代表点
厉富龄	男	1931	汉	高中	日照街道相家庄
孙方仙	男	1941	汉	大学	奎山街道牟家小庄
孙增盛	男	1946	汉	中专	日照街道后楼
安丰彩	男	1942	汉	大学	两城镇安家村
韩玉存	男	1938	汉	小学	河山镇望台山
丁履盛	男	1938	汉	初中	南湖镇尹家河
张传学	男	1937	汉	小学	南湖镇南湖二村
焦安美	男	1947	汉	初中	西湖镇花园村
陈高思	男	1934	汉	中专	陈疃镇沈疃一村
许传职	男	1939	汉	小学	陈疃镇东陈疃
许家旬	男	1944	汉	小学	陈疃镇东陈疃
徐茂金	男	1940	汉	中专	陈疃镇东石墩
夏昭胜	男	1943	汉	初中	三庄镇大夏家岭
苏　芳	女	1972	汉	小学	秦楼街道苏家村
许衍科	男	1941	汉	小学	日照街道前崮子村
徐茂娟	女	1960	汉	初中	日照街道城关二村
费立康	男	1939	汉	初中	石臼街道石臼九村
朱志英	女	1956	汉	小学	石臼街道
宋瑞祥	男	1934	汉	中专	涛雒镇涛雒二村

附录二：日照市东港区所查方言点地理位置示意图

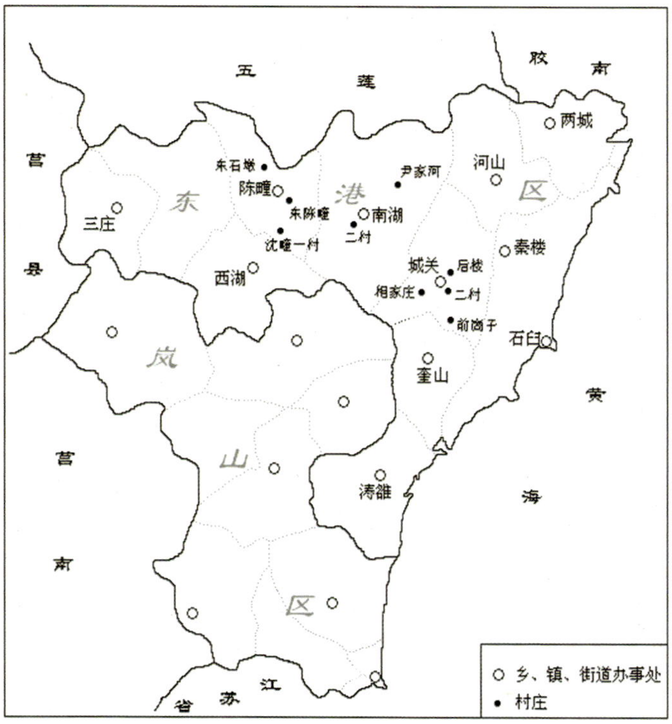

注：《方言》编作者，岳立静，女，山东大学文学与新闻传播学院教授，博士，全国汉语方言学会理事。主要研究方向为方言学、语法学。

附：流行新词语

白色污染　暴发户　拆迁　超生　超市　炒鱿鱼　炒作　充值卡　重组　传销　村村通　打白条　打包　打的　打非　打工　打拐　打黑　打假　打卡　打拼　大包干　大哥大　大客　大排档　大腕　盗版　的哥　低保　电话卡　电脑　电子眼　顶风上　独生子女　短信　对手戏　二手房　反季节　返贫　方便面　防伪　放心肉　粉丝　风景线　扶贫　福利房　复读　改制　搞笑　个体户　跟风　工薪族　工作餐　攻关　共赢　购物券　股民　光盘　黑包工　黑车　黄金周　灰色收入　活雷锋　婚纱照　机顶盒　积分卡　驾照　假冒伪劣　交强险　街舞　解困　警花　经济适用房　酒驾　旧城改造　军嫂　开发区　砍价　考研　啃老族　空巢家庭　零距离　跨区作业　快递　扩招　老保　连锁店　联产承包　联网　亮点　亮红灯　留守儿童　绿色食品　乱收费　乱作为　民俗游　民营经济　名牌　内退　内需　农家乐　农民工　排行榜　盘活　跑项目　陪读　抢生　俏销　拳头产品　人气　入网　入围　软环境　软着陆　弱势群体　三农　三下乡　商品房　上台阶　上网　社区　生态游　时间差　实名制　视点　手机　刷卡　双规　双轨制　双休日　数码技术　私家车　缩水　特困　特区　提速　停薪留职　透明度　脱困　万元户　网吧　网购　网民　网友　违规　维权　卫星电视　无公害　物流　物业　希望工程　下岗　下海　下载　小长假　小康　新农合　信用卡　形象工程　休渔　严打　研发　一国两制　医保　有机食品　渔家乐　远程教育　月嫂　再就业　在读　在岗　在线　招聘　正版　直销　直选　钟点工　重头戏　主打　专卖店　转型　追星族　走低　走高　走穴　醉驾　作秀

第四十三编

街道　镇

东港区境内县以下行政组织的历史，可上溯到秦汉时代。汉袭秦制，海曲县以下置乡官。乡设乡佐、三老、啬夫、游徼各一人，分别管理赋税、教化、争讼和奸非。明代县以下实行乡、隅、里、甲制，分别设乡约、隅头、里正、甲首等。明万历十八年(1590年)《日照县志》记载，全县分4乡8隅92里。清朝初年县以下实行乡、社制。清宣统元年(1909年)，清政府颁布《城镇乡地方自治章程》，规定关厢(城关)以外的市镇、村庄、屯集人口满5万者设为镇，不满5万者设为乡。日照县除关厢外，辖东、南、西、北4乡，81个社，838个村。

1928年，中华民国颁布《县组织法》，规定县以下为区、村(里)、闾、邻4级。1931年，全县辖7个区，162乡、19个镇、1083个村。

1940年3月，日照县抗日民主政府成立后，对原7个区进行调整。1944年，全县共有12个区。

新中国成立后，县以下实行区、乡、村制。1958年，开始实行人民公社制，将29个乡镇改为25个人民公社，下设生产大队，实行"政社合一"制度。1984年，社改区，区下设乡，日照县共设19区，59个乡，5个镇。1985年，开始进行乡镇撤并工作，街道、镇、乡为县以下行政机构。

1992年12月，东港区建立，辖3个街道、7个镇和12个乡，1095个村居，107.23万口人。

由于区划调整，到2007年，东港区辖3个街道和7个镇。陆域面积1015平方千米，耕地面积为3.16万公顷。包括550个村居和50个社区。共2.2万户，总人口69.2万。

第一章　街道

第一节　日照街道

图 43-1

日照街道地处日照市老城区，街道办事处驻地位于山东路与金阳路交汇处。东与石臼街道、秦楼街道为邻，南与日照经济开发区接壤，西以付疃河为界，西北接南湖镇，北面是河山镇。域内交通便捷，南北走向的公路有同三高速、204国道，东西向道路有兖石铁路、日东高速、335省道，是市内迎宾路、海曲路、山东路、山海路等主要东西干道的西起点。域内多为海拔50米以下的平原，西北部为低矮丘陵。河山是境内最高山峰，海拔628.8米。河山支脉成山(海拔232.7米)、黄山(海拔243米)是日照街道与南湖镇的界山。境域面积95.7平方千米，耕地面积1800公顷，林地面积1400公顷，森林覆盖率30.1%。

2007年，全街道辖10个工作片，78个行政村，23个社区。总人口16.18万人。其中，城市人口7.27万人，农村人口8.91万人。少数民族13个，294人。属地管理人口18万人。

沿革

夏商时期，日照街道属东夷之地，西汉属海曲县，隋唐属莒县。北宋元祐二年(1087年)置日照镇，属莒县。金大定二十四年(1184年)日照县设立后，日照镇先后为日照县衙、县政府驻地。

民国初期，日照街道先后称城区、第一区、日照区。抗日战争时期，先后称一区、太平区、城关分区等。

新中国成立后，先后更名为一区、城关镇、城关人民公社。1958 年 1 月,日照镇更名为城关镇,莲村、将帅小乡升格为大乡。1958 年 9 月,城关镇改名为红星人民公社,莲村乡改名为爱国人民公社,将帅乡改名为将帅人民公社。1959 年 2 月,红星、爱国、将帅合并为城关人民公社。1963 年以后,先后由社改区、区改社、社改镇、镇改区。1985 年 3 月,更名为日照市日照镇,1988 年 4 月,撤镇设日照街道。建区后,隶属东港区。

1939 — 2007 年中共日照街道委员会历届主要负责人任职情况表

表 43-1

姓　名	性别	职　务	任职时间	备　注
许家德	男	一区区委书记	1939 年 1 月— 1939 年 3 月	又名许克
许家棣	男	一区区委书记	1939 年 3 月— 1940 年春	又名许英
于立早	男	一区区委书记	1940 年春— 1940 年 7 月	
许溪南	男	一区区委书记	1940 年 7 月— 1942 年秋	又名肖建华
冒自强	男	城关分区区委书记	1945 年 8 月— 1945 年 11 月	
郭万亭	男	城关分区区委书记	1945 年 11 月— 1946 年 3 月	
邹乃清	男	城关分区区委书记	1946 年 3 月— 1948 年 1 月	
薄自禄	男	城奎分区区委书记	1947 年 7 月— 1948 年 1 月	
吴　夔	男	太平区委书记	1942 年秋— 1943 年 10 月	又名辛崇夔、吴克力
张学义	男	太平区委书记	1944 年 5 月— 1945 年 7 月	
孙志瑗	男	太平区委书记	1945 年 11 月— 1947 年 7 月	
邹乃清	男	城关分区区委书记	1948 年 1 月— 1948 年 3 月	
薄廷林	男	城关分区区委书记	1948 年 3 月— 1949 年 2 月	
牟步善	男	城关分区区委书记	1949 年 2 月— 1949 年 10 月	
徐学志	男	城关镇特支书记	1949 年 10 月— 1950 年 11 月	
刘克珍	男	城关镇特支书记	1950 年 11 月— 1952 年 7 月	
徐宣广	男	城关镇特支、城关镇委书记	1955 年 6 月— 1956 年 2 月	
尚汝福	男	城关镇委书记	1956 年 2 月— 1956 年 6 月	
杨克好	男	城关镇委书记	1956 年 6 月— 1958 年 1 月	1958 年 1 月,日照镇更名为城关镇,莲村、将帅由小乡升格为大乡。
王守帮	男	城关镇委书记	1958 年 1 月— 1958 年 9 月	
付承玺	男	莲村乡党委书记	1958 年 1 月— 1958 年 9 月	
申仕宏	男	将帅乡党委书记	1958 年 1 月— 1958 年 9 月	
王守帮	男	红星公社党委书记	1958 年 9 月— 1959 年 2 月	
付承玺	男	爱国公社党委书记	1958 年 9 月— 1959 年 2 月	
匡玉考	男	将帅公社党委书记	1958 年 9 月— 1959 年 2 月	
王守帮	男	城关公社党委、城关区委书记	1959 年 2 月— 1965 年 7 月	
范宝域	男	城关区区委书记、公社革委核心组组长	1965 年 8 月— 1971 年 3 月	
胡全禄	男	城关公社、镇党委书记	1971 年 3 月— 1983 年 1 月	
王军平	男	城关镇委书记	1983 年 1 月— 1984 年 5 月	
杨科田	男	日照城区党委书记	1984 年 5 月— 1985 年 5 月	
杨科田	男	日照镇委书记	1985 年 5 月— 1987 年 11 月	

续表 43-1

姓 名	性别	职 务	任职时间	备 注
赵自悦	男	日照镇委书记	1987 年 11 月— 1988 年 8 月	
赵自悦	男	日照街道党委书记	1988 年 8 月— 1990 年 1 月	
丁立瑞	男	日照街道党委书记	1990 年 1 月— 1993 年 2 月	
赵龙来	男	日照街道党委书记	1993 年 2 月— 1996 年 2 月	
郑培轩	男	日照街道党委书记	1996 年 3 月— 1998 年 9 月	
窦更勤	男	日照街道党委书记	1998 年 9 月— 2003 年 3 月	
沈文武	男	日照街道党委书记	2003 年 3 月— 2006 年 12 月	
白建民	男	日照街道党委书记	2006 年 12 月— 2007 年 11 月	
李建富	男	日照街道党委书记	2007 年 11 月	

1942 — 2007 年日照街道办事处历届主要负责人任职情况表

表 43-2

姓 名	性别	职 务	任职时间	备 注
许济民	男	太平区区长	1942 年 8 月— 1945 年 7 月	
王智民	男	太平区区长	1945 年 7 月— 1947 年 7 月	
郑仲衡	男	城关区区长	1945 年 8 月— 1945 年 10 月	
薄怀玉	男	城关区区长	1945 年 10 月— 1946 年 8 月	
陈惠民	男	城关区区长	1946 年 8 月— 1947 年 7 月	1947 年 7 月，城关、奎山合并
郑季容	男	城奎区区长	1947 年 7 月— 1948 年春	
李史新	男	城关区区长	1948 年 4 月— 1948 年 8 月	
邹乃福	男	城关区区长	1948 年 9 月— 1949 年 2 月	
杨克好	男	城关区区长	1949 年 3 月— 1950 年 4 月	
李仲义	男	城关镇长	1950 年 5 月— 1951 年 5 月	
刘景泗	男	城关镇长	1952 年 10 月— 1957 年秋	
安茂学	男	城关镇长	1956 年 3 月— 1958 年 1 月	兼
吴本初	男	城关镇长	1958 年 1 月— 1958 年 9 月	
韩敬山	男	莲村乡乡长	1958 年 1 月— 1958 年 9 月	
郑全连	男	将帅乡乡长	1958 年 1 月— 1958 年 9 月	
刘道贤	男	红星（城关）公社主任	1958 年 9 月— 1959 年 2 月	兼
吴本初	男	红星（城关）公社主任	1959 年 3 月— 1959 年 6 月	
韩敬山	男	爱国（莲村）公社主任	1958 年 1 月— 1958 年 12 月	
郑全连	男	将帅（将帅沟）公社主任	1958 年 9 月— 1959 年 2 月	
刘道贤	男	城关公社主任	1959 年 2 月— 1960 年春	兼
吴本初	男	城关公社主任	1960 年春— 1962 年 12 月	
焦永俭	男	城关区区长	1962 年 12 月— 1968 年 3 月	
范宝域	男	城关区革委主任	1968 年 3 月— 1975 年 3 月	
胡全禄	男	城关公社革委主任	1975 年 3 月— 1979 年 5 月	
杨润聪	男	城关公社主任	1979 年 5 月— 1982 年 1 月	

续表 43-2

姓　名	性别	职　务	任职时间	备　注
杨润聪	男	城关镇镇长	1982 年 1 月— 1982 年 2 月	
王成华	男	城关镇镇长	1982 年 2 月— 1984 年 6 月	
侯文肇	男	日照城区区长	1984 年 6 月— 1985 年 3 月	
侯文肇	男	日照镇镇长	1985 年 3 月— 1988 年 8 月	
侯文肇	男	日照街道办事处主任	1988 年 8 月— 1990 年 2 月	
赵龙来	男	日照街道办事处主任	1990 年 2 月— 1993 年 2 月	
郑培轩	男	日照街道办事处主任	1993 年 2 月— 1996 年 3 月	
王延伦	男	日照街道办事处主任	1996 年 3 月— 1998 年 9 月	
赵龙宝	男	日照街道办事处主任	1998 年 12 月— 2002 年 3 月	
沈文武	男	日照街道办事处主任	2002 年 3 月— 2003 年 3 月	
迟玉国	男	日照街道办事处主任	2003 年 3 月— 2006 年 12 月	
李建富	男	日照街道办事处主任	2006 年 12 月— 2007 年 11 月	
刘祥彬	男	日照街道办事处主任	2007 年 11 月—	

日照街道工作片及社区村居划分表

表 43-3

片区名称	社区、村居数	社区村居名称
城南	8	日升社区（城关一村）、丹阳社区（城关二村）、兴安社区（城关五村）、东关南社区（城关六村）、兴海社区（城关七村）、正阳社区（城关八村）、小岭南头村、姜家村
城东	6	张郭村、沙墩村、申家村、大香店村、小香店村、许家楼村
城北	10	文荟社区（城关三村）、利民社区（城关四村）、北关社区（城关十村）、海安社区（城关十一村）、东关北社区（城关十二村）、营子社区（城关九村）、文化社区（庙后）、店子、石桥村、向阳河村
城西	9	接官亭村、前十里铺村、东十里铺村、西十里铺村、相家庄、郑家顶子村、合村、屯沟村、尧沟村
将帅	9	烟墩岭村、大古城村、小古城村、前将帅沟村、东将帅沟村、后将帅沟村、万家岭村、前鹅庄村、后鹅庄村
山庄	10	山庄村、上李家庄子村、下李家庄子村、田家窑村、楸齐园村、罗家城子村、厉家顶子村、解家岭村、前九条沟村、后九条沟村
大村	8	大村、费家河村、范家河村、贾庄村、小湖村、杨行村、杨家洼村、陡岭子村
山前	10	前山前村、后山前村、前时家官庄、后时家官庄、花家院村、大桃园、小桃园、郭家村、辛庄子村、林家村
莲村	11	大莲村、小莲村、北小庄、三柱山村、高家岭村、杜家村、时家村、黄家河村、西安吉庄子村、佳恒社区（迟家村）、后楼村
七里	11	七里河子一村、七里河子二村、七里河子三村、前五里河子村、东五里河子村、西五里河子村、杨家庄子、东安吉庄子、相家湖村、张家楼、新村
城市社区	9	昭阳社区、金阳社区、天德社区、兴阳社区、荣华社区、芙蓉社区、萃园社区、凌云社区、凯莱社区

经济概况

建区后，日照街道在做好服务市区重点工程、项目建设的同时，依城兴街，围绕构建老城区商贸核心地位，不断发展传统服务业，培育现代物流、汽车贸易等产业。不断完善太阳城市场、正阳市场、东关路市场、沙墩市场等老市场基础设施。引导村(社区)主动实施旧村改造，加快城中村、城郊村、纯农业村"三环经济"发展步伐。

日照街道重视农业资源的开发利用，先后投资1500万元，对莲村湖、大村湖、将帅湖进行治理，开发面积2666.67公顷，列入国家农业综合开发项目。主要农作物是小麦、玉米、花生、地瓜。2007年，粮食总产1.28万吨，农林牧业实现总产值1.34亿元。全年造林113公顷。蔬菜、茶叶、花卉种植和奶牛养殖构成日照街道四大特色农业产业。2007年，全街道蔬菜种植面积400公顷，花卉栽培面积300公顷，茶叶种植面积366.67公顷。奶牛存栏1000多头。已发展日康乳品、方鑫食品等龙头企业38家，带动基地1866.67公顷，农户1.2万户。规模茶场16家，茶叶品牌7个。

日照街道的主要企业是以纺织抽纱、机械制造为主的第二产业和以市场商贸、现代物流、汽车贸易为主的第三产业。在204国道以西、城下(日照城至下湖公路)线以东创建农贸城，内有化工、抽纱、金属材料、木材、装饰工程、经贸、印刷、机动车销售等20家企业。在山海路北、204国道以东建成金通车辆制造工业园，内有日照市东港金慧车辆制造有限公司、日照市通达汽车制造底盘有限公司、日照市港源商品混凝土有限公司、日照市中顺钢管制造有限公司、日照市驰阳汽车制造有限公司、上海杜卡汽车制造有限公司和汽油三轮车公司等7家企业。

2007年，太阳城市场、江豪建材城、金阳农贸中心等各类大型商贸市场已发展到25处。带动发展个体工商户1.3万多户，从业人员4万余人，实现年交易额50亿元以上。资产500万元以上的工业企业22家，实现增加值5.8亿万元，产品销售收入15亿万元，利税5800万元。

日照街道开发建设城南汽贸、城西物流、城北农业、将帅生态观光、大村建材、烟墩岭工业、三柱山金通车辆制造七大产业聚集区，累计落户项目42个，投资额9.8亿元。

2007年，全街道实现地区生产总值21亿元，地方财政收入4561万元，完成规模以上固定资产投资28亿元，农(居)民人均纯收入6451元。

名胜旅游

境内主要古迹有：海曲故城遗址及海曲汉墓群、黄山玉皇庙遗址，小莲村清乾隆进士碑，河山石亭、老母阁(洞)及重修老母阁碑等。主要旅游景点：将帅竹洞天风景区，拥有66公顷毛竹园。2004年建成烟墩岭文山茶文化旅游景区，可观赏炒茶工艺、品茶。2007年，接待国内外游客28万人次，实现旅游收入72万元。

社会事业

日照街道城乡公路共计9.9千米，村村通公路53条，通车里程105.38千米。自2000年开始，先后有20余个村居进行沿街沿路开发和安置楼建设。至2007年，累计完成城中村拆迁20余万平方米，建设面积70万平方米。打通硬化街道198条，5.50千米；安装路灯1664盏，监控探头1100余个。实施"村村通"水泥路工程，总里程达165千米。固定电话用户2.17万户，开通移动电话5.10万部，电话普及率33部/百人，互联网用户3.41万户。

图43-2　日照街道东关村小区　(摄于2007年)

2007年，日照街道有小学14所，149个教学班，在校学生9559人，在职教职工434人。初中3

所，63 个教学班，在校学生 3076 人，教职工 319 人。学前一年幼儿入园率 100%。全街道有农家书屋 16 家，书屋面积达 606 平方米，图书 5700 余册。建成 17 处村居“全民健身工程”及街头街心公园。坐落在境内的市、区属学校有：日照师范学校、日照市艺术学校、山东日照第一中学、日照市实验中学、日照市实验小学、日照第四中学、东港区第二职业中等专业学校、东港区第二实验中学、日照市聋哑学校、东港区第二实验小学、东港区第三实验小学等。

2007 年，有街道卫生院 1 处，村(社区)卫生室 72 个，分室 74 个，乡村执业医生 231 人，100% 的村(居)民参加新型农村合作医疗。2007 年，投资 300 余万元对敬老院进行整体改建，新建老年公寓楼 1800 余平方米，赡养孤寡老人 57 人。

第二节　石臼街道

石臼街道地处新市区南端，街道办事处驻地位于天津路与海滨二路交汇处，距区政府驻地 10 千米。东、南两面濒海与日照港相依，北连秦楼街道，西接北京路街道。石臼历史上是自然口岸、海防军事要冲，而今是新亚欧大陆桥东方桥头堡前沿，兖石铁路起点。境域面积 13.6 平方千米，耕地 13 公顷，有 6 千米海岸线。

2007 年，全街道辖 22 个社区，其中，3 个工作片辖 16 个村居社区，6 个单列城市社区。全街道总人口 5.50 万人，少数民族 4 个，29 人。16 个社区总人口 1.86 万人，男女性别比为 100∶108，人口出生率 0.98 ‰，死亡率 0.58 ‰。

沿革

石臼建村，始于北宋之前。因村后石场遍布“碓臼”状石穴而得名。北宋元祐二年(1087 年)，隶

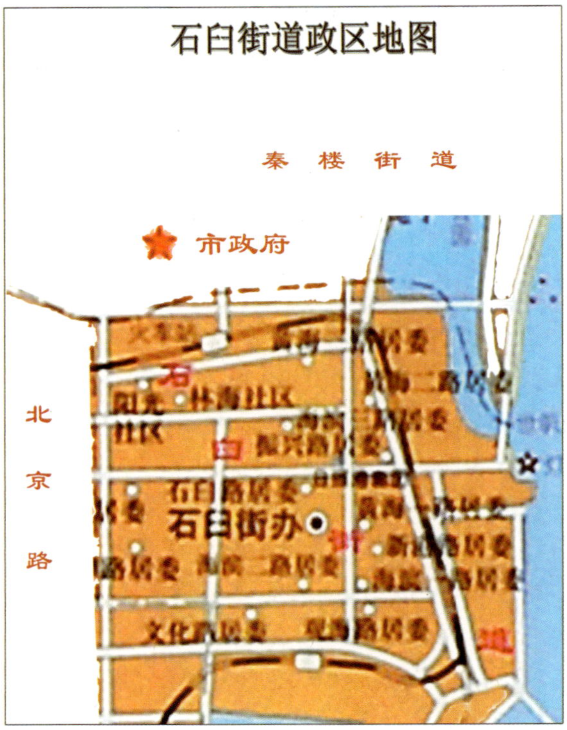

图 43-3

属日照镇。金大定二十四年(1184 年)，置石臼镇，属日照县。明洪武十七年(1384 年)，始称石臼所。清初沿明制。民国期间仍属日照县。新中国成立后，改称石臼镇。1958 年，石臼镇称灯塔人民公社。1959 年，称石臼人民公社。1982 年 1 月，称石臼镇。1984 年 4 月，划归临沂行署石臼港办事处，仍称石臼镇。1988 年 4 月，改称石臼街道。建区后，隶属东港区。1993 年，辖 13 个村居，25 个行政村。

1939—2007 年中共石臼街道委员会历届主要负责人任职情况表

表 43-4

姓　名	性别	职　务	任职时间	备　注
申求典	男	五区区委书记	1939 年 5 月—1939 年 7 月	
王元森	男	五区区委书记	1940 年 7 月—1945 年 8 月	
刘希涛	男	石臼分区委书记	1945 年 8 月—1947 年 7 月	
王元森	男	石臼分区委书记	1947 年 7 月—1948 年 11 月	
谢　洪	男	石臼分区委书记	1948 年 12 月—1949 年 5 月	
许家骝	男	五区区委书记	1949 年 10 月—1950 年 1 月	代理书记
苏学文	男	五区区委书记	1950 年 1 月—1951 年 6 月	

续表 43-4

姓　名	性别	职　务	任职时间	备　注
孙可祥	男	五区区委书记	1951 年 6 月— 1952 年 10 月	1952 年 11 月— 1958 年 1 月无正职
刘维海	男	石臼镇党委书记	1958 年 1 月— 1958 年 9 月	
刘维海	男	灯塔（石臼）公社书记	1958 年 9 月— 1959 年 2 月	
尹建勋	男	石臼公社党委书记	1959 年 2 月— 1962 年 6 月	
董玉凯	男	石臼区委书记	1962 年 6 月— 1965 年 10 月	
胡日常	男	石臼区委书记	1965 年 10 月— 1970 年 1 月	
尚炳恩	男	石臼区革委党的核心领导小组组长	1970 年 1 月— 1971 年 3 月	军代表
黄永柱	男	石臼公社党委书记	1971 年 3 月— 1977 年 12 月	
刘维德	男	石臼公社党委书记	1977 年 12 月— 1980 年 5 月	
牟善玉	男	石臼镇党委书记	1980 年 5 月— 1984 年 6 月	
许家恕	男	石臼镇党委副书记	1984 年 6 月— 1985 年 5 月	主持工作
牟善玉	男	石臼街道党委书记	1985 年 5 月— 1990 年 2 月	
王起达	男	石臼街道党委书记	1990 年 2 月— 1993 年 4 月	
滕怀学	男	石臼街道党委书记	1993 年 4 月— 1993 年 10 月	
杨安奎	男	石臼街道党委书记	1993 年 10 月— 1996 年 3 月	
李增森	男	石臼街道党委书记	1996 年 3 月— 1998 年 9 月	
王廷亮	男	石臼街道党委书记	1998 年 9 月— 2001 年 5 月	
刘　冰	男	石臼街道党委书记	2001 年 5 月— 2006 年 12 月	
焦安勇	男	石臼街道党委书记	2006 年 12 月—	

1945 — 2007 年石臼街道办事处历届主要负责人任职情况表

表 43-5

姓　名	性别	职　务	任职时间	备　注
刘希涛	男	石臼区区长	1945 年 8 月— 1946 年 7 月	书记兼
郑世昌	男	石臼区区长	1947 年 2 月— 1947 年 7 月	
任发泉	男	石臼区区长	1947 年 7 月— 1949 年 10 月	
李延新	男	石臼镇镇长	1949 年 1 月— 1949 年 12 月	
任发泉	男	五区区长	1949 年 12 月— 1950 年 2 月	
许家骝	男	五区区长	1950 年 2 月— 1950 年 6 月	
李　光	男	五区区长	1950 年 6 月— 1951 年 5 月	
梁立逊	男	五区区长	1951 年 6 月— 1952 年 7 月	
安茂学	男	五区区长	1952 年 7 月— 1952 年 11 月	
李茂贡	男	石臼镇镇长	1952 年 11 月— 1956 年 2 月	
刘同令	男	石臼镇镇长	1956 年 2 月— 1959 年 2 月	
张金泉	男	石臼公社主任	1959 年 2 月— 1962 年 6 月	
裴振界	男	石臼公社主任	1962 年 6 月— 1962 年 12 月	

续表 43-5

姓　名	性别	职　务	任职时间	备　注
王凡平	男	石臼区区长	1962 年 12 月— 1968 年 3 月	
王启佩	男	石臼区革委主任	1968 年 3 月— 1975 年 3 月	
黄永柱	男	石臼公社革委主任	1975 年 3 月— 1977 年 12 月	
刘维德	男	石臼公社管委主任	1977 年 12 月— 1980 年 5 月	1980 年 5 月— 1982 年 3 月无正职
范建文	男	石臼镇镇长	1982 年 3 月— 1985 年 5 月	
代召云	男	石臼街道办事处主任	1985 年 5 月— 1990 年 11 月	
许家恕	男	石臼街道办事处主任	1990 年 11 月— 1993 年 3 月	
滕怀学	男	石臼街道办事处主任	1993 年 3 月— 1995 年 7 月	
李增森	男	石臼街道办事处主任	1993 年 7 月— 1996 年 3 月	
王廷亮	男	石臼街道办事处主任	1996 年 3 月— 1998 年 12 月	
刘　冰	男	石臼街道办事处主任	1998 年 12 月— 2002 年 3 月	
樊金亮	男	石臼街道办事处主任	2002 年 3 月— 2003 年 4 月	
刘　冰	男	石臼街道办事处主任	2003 年 4 月— 2006 年 3 月	
丁明真	女	石臼街道办事处主任	2006 年 3 月— 2006 年 12 月	
安　刚	男	石臼街道办事处主任	2006 年 1 月—	

石臼街道工作片及社区划分表

表 43-6

片区名称	社区数	社　区　名　称
海滨路片区	6	振兴社区、隆华社区、东方社区、明阳社区、万平社区、怡海社区
黄海路片区	5	鑫鑫社区、宏达社区、华林社区、祥博社区、阳光社区
上海路片区	5	顺达社区、观海社区、中盛社区、文化路社区、石臼路社区
城市社区	6	林海社区、望海社区、荣安社区、港欣社区、港盛社区、港荣社区

经济概况

石臼水产资源丰富，主产鱼类有鲅鱼、鲈鱼、黄花鱼、刀鱼等 80 余种。海珍品有海参、对虾、鲍鱼、西施舌等。盛产海带、石花菜等藻类珍品。依靠港口优势，捕捞、养殖，鲜、活、冻、干等鱼货加工，齐头并进。乌鱼蛋、海蜇皮在 1984 年全国水产品展销会上均被评为名优产品。

图 43-4　石臼街道办事处　　(摄于 2007 年)

90 年代后期，组建五金工业、盛华水产、中盛实业、祥飞工业等集团企业。到 2001 年，全街道有村办企业 58 家。临港产业有：临港物流服务园区、舒斯贝尔新天地、辉煌国际海港城。先后引进新加坡凯德置业、中港印能源集团等4家外资企业。不同类型二、三产业工商业户1910家，从业人员3448人，注册资金2254万元。2005年，全街道工业产值13.9亿元。其中，中盛、顺达等7家规模以上企业，实现销售收入5.06亿元，利税4391.3万元。

随着城市发展和石臼居民“农转非”，农业生产已不存在，石臼街道成为日照市第一个纯城市性质的街道。在新形势下，石臼街道以“招商引资、民营经济、旧城改造”为重点，着力发展现代服务业、临港工业和临港物流业。2007年，全街道实现地区生产总值64.18亿元，地方财政收入9096万元，人均纯收入8620元。

图43-5　石臼街道城建新貌　　(摄于2007年)

旅游服务

旅游服务业是石臼街道新兴产业。2007年，域内宾馆酒店113家。其中，四星级1家，三星级10家，二星级3家。旅游接待推荐单位20余家，旅行社24家，年内接待游客360万人次，实现旅游服务业总收入2.9亿元。

社会事业

实施旧城改造，加快城市化发展。到2007年，先后搬迁居民6325户，拆除旧房4804户、2.45万间，建成6层居住楼277栋，独院二层楼276套。打通街道16条，30.13千米，硬化路面122.8万平方米，安装路灯1197盏。16个社区均通有线电视和自来水。开通固定电话、移动电话1.40万部，互联网用户1.12万家。

2007年，全街道有幼儿园14所，幼儿入园率100%。小学2所，51个班，学生2562人。初中1所，12个班，学生436人。中小学有在职教职工251人。社区文化大院16处，健身场所13处。境内市、区属学校有：日照广播电视大学、日照第六中学、日照港务局小学等。

2007年，有街道医院1处，社区诊所24处。全街道96%以上居民参加医疗保险。投资600多万元，对石臼敬老院进行整体搬迁改造，赡养50多位孤寡老人。企业养老保险参保人数2156人，居民养老保险参保5329人。

1993—2007年，石臼街道连年被评为“全国计划生育先进单位”“全国城市体育先进社区”。

第三节　秦楼街道

秦楼街道位于日照市新市区，是日照市市级机关所在地。街道办事处驻地在秦家楼村，距市政府4千米。域内有大学科技园、山海天旅游度假区和高科技工业园三个园区。

秦楼街道东濒黄海，东北接鲁南海滨国家森

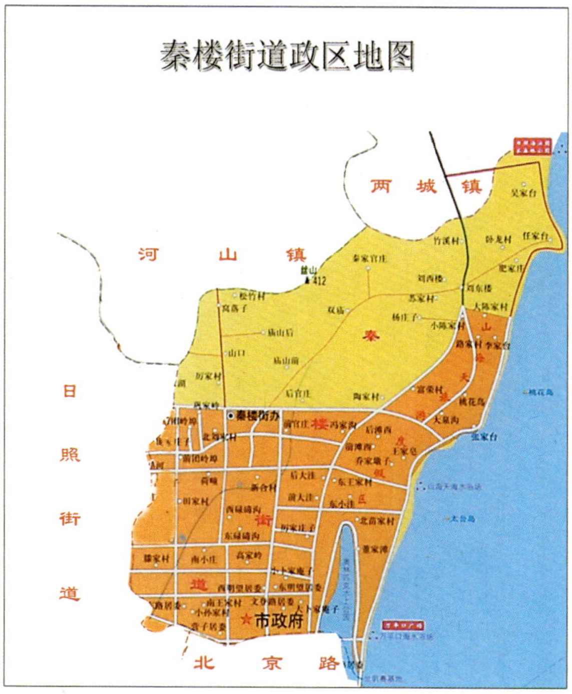

图43-6

林公园，与两城镇相邻，北依丝山，西北与河山镇相连，西与日照街道接壤，东南靠日照港，与石臼街道相接。境域面积 92.7 平方千米，耕地面积 1128.4 公顷。有 17.5 千米海岸线，海滩面积 315.2 公顷。林地面积 2257.8 公顷，森林覆盖率为 25.5%。2007 年，辖 8 个工作片区，59 个村居和 5 个社区。总人口 6.65 万人。其中，城市住户 2235 户，6867 人，属地管理人口 5.95 万人。

沿革

1931 年，属日照县城东第五区。1945-1962 年，先后称丝山区、城东区、丝山人民公社。其间，1958 年 8 月至 1959 年 2 月设海滨、明星人民公社。1963 年后，先后称丝山区、丝山人民公社等。1985 年 3 月，为日照市丝山乡，1995 年 11 月，改称东港区秦楼街道办事处。

1939—2007 年中共秦楼街道委员会历届主要负责人任职情况表

表 43-7

姓　名	性别	职　务	任职时间	备　注
申求典	男	五区区委书记	1939 年 5 月— 1939 年 7 月	
尹新坡	男	丝山区书记	1945 年 10 月— 1947 年 7 月	
王家柱	男	城东分区书记	1947 年 7 月— 1948 年 10 月	
牟墩杰	男	城东区书记	1951 年 9 月— 1955 年 8 月	
傅承玺	男	丝山区书记	1956 年 6 月— 1958 年 1 月	
马守堂	男	刘家楼乡书记	1958 年 1 月— 1958 年 9 月	
马守堂	男	海滨（刘家楼）公社书记	1958 年 9 月— 1959 年 2 月	
王世林	男	明星（秦家楼）公社书记	1958 年 9 月— 1959 年 2 月	
王延朋	男	丝山公社书记	1959 年 2 月— 1962 年 12 月	
王延朋	男	丝山区书记	1962 年 12 月— 1966 年 5 月	
王延朋	男	丝山党委书记	1966 年 5 月— 1968 年 3 月	
王延朋	男	丝山公社革委核心领导小组组长	1968 年 3 月— 1971 年 3 月	
焦安善	男	丝山公社书记	1971 年 3 月— 1978 年 3 月	
陈　雷	男	丝山公社书记	1978 年 5 月— 1980 年 4 月	
相振铭	男	丝山公社书记	1982 年 2 月— 1983 年 4 月	
刘仁贤	男	丝山公社书记	1983 年 4 月— 1984 年 6 月	
安茂占	男	明望乡书记	1984 年 6 月— 1985 年 5 月	
孙树仕	男	刘楼乡书记	1984 年 6 月— 1985 年 5 月	
靳　利	男	秦楼乡书记	1984 年 6 月— 1985 年 5 月	
张继乐	男	丝山乡党委书记	1985 年 6 月— 1987 年 3 月	
胡义仁	男	丝山乡党委书记	1987 年 3 月— 1989 年 5 月	
杨润田	男	丝山乡党委书记	1989 年 5 月— 1990 年 11 月	
臧旺玉	男	丝山乡党委书记	1990 年 11 月— 1993 年 4 月	
安郁经	男	丝山乡党委书记	1993 年 4 月— 1994 年 3 月	
吕宗席	男	丝山乡党委书记	1994 年 4 月— 1998 年 12 月	
王汉日	男	秦楼街道党委书记	1998 年 12 月— 2002 年 4 月	
王纪栋	男	秦楼街道党委书记	2002 年 4 月— 2004 年 11 月	
安佰森	男	秦楼街道党委书记	2004 年 11 月— 2006 年 12 月	
迟玉国	男	秦楼街道党委书记	2006 年 12 月—	

1945—2007年秦楼街道办事处历届主要负责人任职情况表

表43-8

姓　名	性别	职　务	任职时间	备　注
寇冬德	男	城东区区长	1945年10月—1946年10月	
郑世昌	男	丝山区区长	1946年4月—1947年2月	
郑世昌	男	城北区区长	1947年7月—1947年秋牺牲	
郑仲衡	男	城北区区长	1947年秋—1948年3月	
王宜荣	男	城东区区长	1949年2月—1949年9月	
王宜荣	男	四区（城东）区区长	1949年10月—1950年2月	
马守堂	男	四区（城东）区区长	1950年6月—1951年9月	
王守森	男	四区（城东）区区长	1951年9月—1956年2月	
韩敬山	男	丝山区区长	1956年2月—1956年6月	
王守森	男	刘家楼乡乡长	1956年2月—1958年1月	
范伟连	男	秦家楼乡乡长	1956年2月—1958年1月	
王守森	男	海滨（刘家楼）公社主任	1958年9月—1959年2月	
赵明稳	男	丝山公社主任	1959年2月—1960年3月	
李锡宝	男	丝山公社主任	1960年3月—1962年12月	
尹恒璞	男	丝山区区长	1962年12月—1965年9月	兼
司圣基	男	丝山区区长	1965年9月—1968年3月	
王延朋	男	丝山区、社革委主任	1968年3月—1969年1月	
焦安善	男	丝山公社革委主任	1975年3月—1978年3月	
陈　雷	男	丝山公社革委主任	1978年5月—1980年4月	
万金玉	男	丝山公社管委主任	1981年12月—1984年6月	
厉建忠	男	明望乡乡长	1984年6月—1985年6月	
时振起	男	刘楼乡乡长	1984年6月—1985年6月	
安茂占	男	丝山乡乡长	1985年6月—1986年12月	
李建忠	男	丝山乡乡长	1986年12月—1989年5月	
臧旺玉	男	丝山乡乡长	1989年5月—1990年11月	
安郁经	男	丝山乡乡长	1990年11月—1993年4月	
吕宗席	男	丝山乡乡长	1993年4月—1994年4月	
叶连祜	男	丝山乡乡长	1994年5月—1995年12月	
叶连祜	男	秦楼街道办事处主任	1995年12月—1997年2月	
林祥鹤	男	秦楼街道办事处主任	1997年2月—1998年12月	
高月光	男	秦楼街道办事处主任	1998年12月—2002年4月	
丁明真	女	秦楼街道办事处主任	2002年4月—2006年3月	
辛本胜	男	秦楼街道办事处主任	2006年3月—2007年10月	
陈为冰	男	秦楼街道办事处主任	2007年10月—	

秦楼街道工作片及社区村居划分表

表 43-9

片区名称	社区、村居数	社区、村居名称
秦　楼	7	秦家楼、北刘家村、荷疃、东碌碡沟、西碌碡沟、新合村、庙山前
湖　西	8	滕家村、湖西头、田家村、海曲东路社区（原高家村）、北京路营子社区（营子）、小孙家村、南王家村、南小庄
明　望	6	大卜家庵子、小卜家庵子、文登路社区（沟南）、东明望社区（东明望台）、西明望社区（西明望台）、高家岭
大　洼	7	厉家庄子、前大洼、后大洼、冯家沟、前官庄、后官庄、双庙
山海天	8	董家滩、北苗家村、东小洼、东王家村、乔家墩子、王家皂、前滩西、后滩西
张　台	9	张家台、大泉沟、富荣村、陶家村、桃花岛、李家台、路家村、大陈家村、小陈家村
刘　楼	10	刘东楼、刘西楼、苏家村、卧龙村、肥家庄、任家台、秦家官庄、杨庄子、竹溪村、吴家台
山　口	9	山口、厉家村、庙山后、松竹村、窝落子、前团岭埠、后团岭埠、巩家岭、庞家庄子

经济概况

建区后，秦楼街道在做好市区重点工程、项目建设服务的同时，以增加居民经济收入为目标，努力做好旅游服务业、养殖业、运输业。2007 年，全街道实现地区生产总值 9.9 亿元。完成规模以上固定资产投资总额 7.9 亿元，实现地方财政收入 3250 万元，居民人均收入 6146 元。

2007 年，境内主要种植作物有小麦、玉米、花生、黄豆、地瓜，粮食总产 5526 吨，农林牧业实现总产值 4949 万元。

图 43-7　秦楼街道办事处　（摄于 2007 年）

秦楼街道地处沿海，海岸线长，发展水产业具有得天独厚的优势。2007 年，全街道有 24 个村从事捕捞业渔民 3772 人，渔船 805 艘，2.35 万千瓦，年捕海产品 8.47 万吨。

2007 年，全街道民营企业 96 家，总产值 1.9 亿元。规模以上工业企业 11 家，实现工业总产值 3.37 亿元，利税 1198 万元。

旅游业

秦楼街道旅游资源丰富，日照海滨国家森林公园、姜尚出生地、太公岛、太公垂钓处、滑王台遗址、清凉寺、凤凰城等“海、山、林、园”自然景观和人文景观兼备。以王家皂、桃花岛、任家台、乔家墩子村为代表的民俗旅游村发展到 15 个，床位 8 万余张。2007 年，民俗旅游从业人员 1 万人，接待游客 800 余万人次，旅游综合收入 10 亿元。日照海滨渔家乐民俗旅游成为省内外知名旅游品牌。

社会事业

2001 — 2007 年，先后投资 350 万元，对任家台、肥家庄一带建成 20 年一遇防潮堤 940 米。确保区域内村庄、道路、土地、码头等重要设施安全。全街道有三级以上建筑企业 14 家，完成建筑业总产值 27.98 亿元，房地产开发投资 7.9 亿元。从 2000 年开始，先后有 12 个“城中村”(居)进行沿街、沿路开发和安置楼建设。2007 年，全街道已完成拆迁面积 12.66 万平方米，开工建设 87 平方千米。“村村通”工程全部竣工，硬化道路总里程 258 千米，村中安装路灯 2017 盏。有 57 个村居用上自来水，受益人口占 95%。全街道有固定电话用户 1.27 万家、开通移动电话 2.65 万

图 43-8　秦楼街道城建新貌　　(摄于 2007 年)

村居建起高标准的“全民健身工程”活动中心。境内市、区属中小学校有：日照第一中学东校区、日照实验高级中学，日照金海岸小学、日照实验学校、日照新营中学、日照铁路中学、日照新营小学等。大学科技园中有 6 所高等学校。

2007 年，秦楼街道有卫生院 1 处，设开放床位 40 张。村(居)卫生室 63 处，乡村职业医生 182 人，参加新型农村合作医疗人数占村(居)民人数的 98%，年防疫 3 万余人。投资 200 多万元，对秦楼街道敬老院进行整体改建，赡养孤寡老人 45 人。

部、互联网用户 8010 家。村村通有线电视网络。

2007 年，全街道有小学 13 所，初中 2 所，幼儿园 28 所，学前一年级幼儿入学率 100%。有农家书屋 11 家，市级示范点 3 家，图书 2 万余册。有 15 个

2000 年，秦楼街道是省农业厅命名的“小康乡镇”，2001 年被中宣部、国家计生委评为“全国婚育新风进万家活动”先进单位。

第二章　镇

第一节　两城镇

两城镇位于东港区东北部，镇政府驻地两城，距日照 19.5 千米，距新市区 20 千米。东濒黄海，北邻胶南市、五莲县。同三高速公路、204 国道、两石路纵穿境内。地势西高东低，海滨平原约占 60% 以上。西部有白石山，东南部驻龙山，海拔 264 米。有 12 千米海岸线。两城河是域内最大河流。2007 年，全镇总面积 92 平方千米，辖两城、安家村、王家滩、尹家庙、青岗、安家洼 6 个工作片区，58 个自然村，56 个村居。全镇人口 4.2 万人，其中，非农业人口 1800 人，少数民族 5 个、8 人。

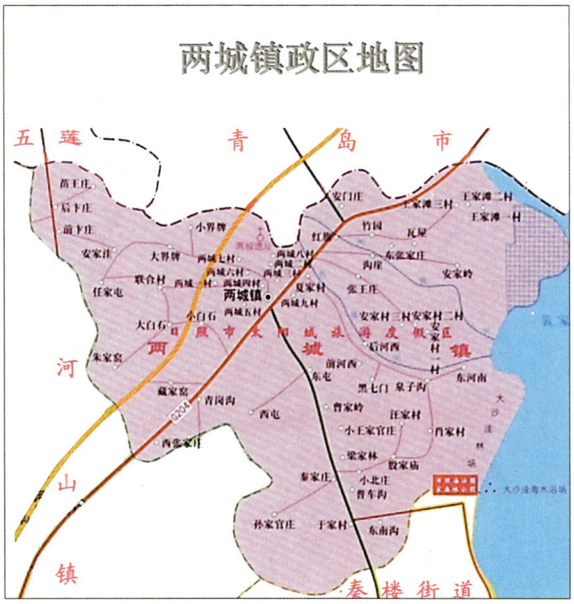

图 43-9

沿革

两城镇是沿海历史名镇，有龙山文化时期古国都城遗址。公元前 3500 年至前 2000 年，建有“中国最早的城市”。据史料记载，两城在西汉为梁乡侯国，南北朝时北魏置梁乡县，金朝设两乡镇，一镇分隶两县，南属日照县，北属诸城县。明清时属安仁乡、东乡。1912 年，称两城区。1950 年，称第三区。1956 年，为河山区下辖乡。1958 年 1 月，称两城乡，8 月改称东风人民公社。1963 年，称两城区，1971 年 3 月，称两城人民公社。1985 年 3 月，称两城镇。2001 年 5 月，经省政府批准，两城镇为“中心镇”。

1932—2007年中共两城镇委员会历届主要负责人任职情况表

表43-10

姓　名	性别	职　务	任职时间	备　注
安子章	男	两城区委书记	1932年春—1932年10月	
郭常芳	男	三区(两城)书记	1950年4月—1951年11月	1951年11月—1954年4月无正职
马守堂	男	三区(两城)书记	1954年4月—1956年2月	
马守堂	男	吴台区委书记	1956年2月—1958年1月	
蔺世魁	男	两城乡委书记	1958年1月—1958年9月	
蔺世魁	男	东风(两城)公社书记	1958年9月—1960年8月	
宋瑞乾	男	两城公社党委书记	1960年2月—1960年10月	
牟墩杰	男	两城公社党委书记	1960年10月—1960年12月	兼
马守堂	男	两城公社党委书记	1962年7月—1963年1月	
安丰岩	男	两城区委书记	1963年1月—1968年3月	
周备清	男	两城区革委党的核心领导小组组长	1970年1月—1971年3月	
周备清	男	两城公社党委书记	1971年3月—1975年6月	
蔺世魁	男	两城公社党委书记	1975年6月—1978年6月	
吕守梓	男	两城公社书记	1978年8月—1980年5月	
周绪贵	男	两城公社书记	1981年9月—1983年1月	
贺照录	男	两城区委书记	1984年6月—1985年6月	
贺照录	男	两城镇党委书记	1985年6月—1988年1月	
毛继春	男	两城镇党委书记	1988年4月—1990年2月	
盛呈新	男	两城镇党委书记	1990年2月—1992年7月	
甄庆江	男	两城镇党委书记	1992年7月—1993年12月	
陈淑顺	男	两城镇党委书记	1994年3月—1998年5月	
陈文祥	男	两城镇党委书记	1998年5月—2003年3月	
季作会	男	两城镇党委书记	2003年3月—2006年12月	
刘森林	男	两城镇党委书记	2006年12月—	

1949—2007年两城镇政府历届主要负责人任职情况表

表43-11

姓　名	性别	职　务	任职时间	备　注
袁肇仲	男	三区(两城)区区长	1949年10月—1950年1月	
王宜荣	男	三区(两城)区区长	1950年2月—1950年7月	
薛彦芹	男	三区(两城)区区长	1950年7月—1954年春	
安茂学	男	三区(两城)区区长	1954年春—1954年秋	兼
王守森	男	吴台区区长	1956年2月—1958年1月	
乔瑞珠	男	两城乡乡长	1958年1月—1958年9月	
乔瑞珠	男	东风(两城)公社主任	1958年9月—1959年2月	

续表 43-11

姓　名	性别	职　务	任职时间	备　注
乔瑞珠	男	两城公社主任	1959 年 2 月— 1960 年秋	
郑淑君	男	两城公社主任	1960 年秋— 1962 年 12 月	
郑淑君	男	两城区区长	1962 年 12 月— 1968 年 3 月	
孙继信	男	两城区革委主任	1968 年 3 月— 1977 年 12 月	
吕守梓	男	两城公社革委主任	1978 年 8 月— 1980 年 5 月	
任广东	男	两城公社管委主任	1982 年 3 月— 1983 年 5 月	
刘洪法	男	两城区区长	1984 年 6 月— 1985 年 5 月	
刘洪法	男	两城镇镇长	1985 年 5 月— 1987 年 2 月	
毛继春	男	两城镇镇长	1987 年 2 月— 1988 年 4 月	
盛呈新	男	两城镇镇长	1988 年 4 月— 1990 年 2 月	
刘加臣	男	两城镇镇长	1990 年 2 月— 1993 年 4 月	
陈淑顺	男	两城镇镇长	1993 年 4 月— 1994 年 3 月	
高悦军	男	两城镇镇长	1994 年 3 月— 1997 年 2 月	
厉宝安	男	两城镇镇长	1997 年 2 月— 1998 年 12 月	
季作会	男	两城镇镇长	1998 年 12 月— 2003 年 3 月	
刘森林	男	两城镇镇长	2003 年 3 月— 2006 年 12 月	
孙　丽	女	两城镇镇长	2003 年 3 月— 2007 年 11 月	
张玉京	男	两城镇镇长	2007 年 11 月—	

两城镇工作片及村居划分表

表 43-12

片区名称	村数	村　居　名　称
两城	10	两城一村、两城二村、两城三村、两城四村、两城五村、两城六村、两城七村、两城八村、两城九村(夏家村)、东屯
王家滩	10	王家滩一村、王家滩二村、王家滩三村、安家岭、沟崖、竹园、东张庄、瓦屋、红旗、安门庄
安家村	9	安家村一村、安家村二村、安家村三村、张王庄、黑七门、前河西、后河西、东河南、泉子沟
尹家庙	12	肖家村、汪家村、尹家庙、小北庄、于家村、梁家林、小王家官庄、曹家岭、秦家庄、普车沟、东南沟、孙家官庄
青岗	9	青岗、西屯、大白石、小白石、朱家尧、秦家村、王家尧、臧家尧、西张家庄
安家洼	8	安家洼、联合、大界牌、小界牌、前卞庄、后卞庄、苗旺庄、任家屯

经济概况

2007 年，全镇有耕地 3524 公顷、山场 200 公顷。种植业主要品种：小麦、玉米、花生、地瓜。林果业主要品种是苹果、板栗、大枣、桑茧等。粮食总产 1.62 万吨，油料总产 5877 吨，水果总产 7000 吨，蔬菜总产 3016 吨。肉类总产 3254 吨，蛋类总产 554 吨，水产品总产量 1.4 万吨。造林面积 162 公顷，林木覆盖率达到 23.1%。全镇农机总动力 5.5 万千瓦。农林牧渔业实现总产值 5.24 亿元，农业增加值 1.5 亿元。全年实现地区生产总值 4.98 亿元。农民人均收入 6298 元。

2004 年，建成两城工业园。华泰食品有限公

图 43-10　两城镇工业园区　　(摄于 2006 年)

司、泰达家纺有限公司、志成家纺有限公司、双圣农副产品有限公司、山东宜生生物科技有限公司、兰天云纺织有限公司落户园区。2007 年，实现产品销售收入 9.28 亿元，利税 1.2 亿元。解决就业 2.12 万人。

海水育苗、养殖是两城镇特色产业之一。全镇虾池养殖面积 466.67 公顷，浅海养殖海虹面积 1000 公顷。全镇共有工厂化养殖厂 12 家，养殖面积 3.5 万平方米，主要品种为海参和大菱鲆、牙鲆与珍珠鰈。滩涂养殖面积 133.56 公顷，养殖品种以缢蛏为主。全镇有海水育苗场 87 家，育苗品种主要以日本对虾和梭子蟹为主，少量的扇贝和南美白对虾。

全镇共有海洋捕捞渔船 16 艘，其中，大马力渔船 10 艘，养殖渔船 42 艘，总功率为 4000 千瓦。2007 年，全镇实现水产业总收入 2.6 亿元，水产品总产量 1.4 万吨。

旅游业

两城是历史文化名镇，文化旅游、风光旅游资源丰富。镇西北是全国著名的龙山文化“两城类型”遗址，面积约 100 公顷。2006 年，被公布为国家级重点文物保护区。镇东南有国家级海滨森林公园。镇东北王家滩，明末清初为日照四大通商口岸之一。

主要旅游景点有龙山文化遗址、明清碑林、驻龙山风景区、落鹤山风景区。2007 年，接待国内外游客 10 万人次，实现旅游收入 200 万元。

社会事业

2007 年，全镇完成建筑业总产值 8200 万元。投资 500 万元完成环境污染治理项目 7 个。县乡公路及村村通水泥路总里程为 89 千米。驻地打通街道 7 条，硬化 6.9 千米，安装路灯 840 盏。50 个村通有线电视。56 个村通自来水。建有通信基站 8 个，完成电信业务总量 310 万元，邮政业务总量 50 万元。固定电话用户 8200 家，开通移动电话 1.25 万部，电话普及率 19 部/百人，互联网用户 310 户。

2007 年，全镇有初中 2 所，24 个班。小学 6 所，70 个班。幼儿园 16 所。文化大院 52 个。有镇医院 1 处，村卫生室 24 个，医护人员 116 名，其中，乡村医生 66 人。有敬老院 1 处，赡养孤寡老人 126 人。全镇企业养老保险参保 610 人。农村最低生活保障救助 426 人。

图 43-11　两城镇驻地一角　　(摄于 2006 年)

第二节　河山镇

河山镇位于市区北部，东与秦楼街道接壤，北与五莲县潮河乡及东港区两城镇交界，西靠南湖镇尹家河，南与日照街道相接。镇政府驻地河山店，与新市区、老城区分别相距 10 千米。204 国道、同三高速公路、石潮公路纵贯全境。

河山镇全境处于河山山脉、丝山山脉之间。地势由东西两侧向中部缓倾。最高山峰河山，海拔628.7米。境内以山岭为主，森林覆盖面积为3153.5公顷。全镇总面积83.1平方千米，耕地2800公顷。共有59个行政村、66个自然村，人口3.2万人。

沿革

民国时期河山镇属两城区。1945年9月，设立河山区。1958年8月，河山属东风人民公社。1963年1月，河山属两城区。1971年3月，为河山人民公社。1985年4月，改成河山乡。1996年3月，撤乡建立河山镇。

1932—2007年中共河山镇委员会历届主要负责人任职情况表

表43-13

姓　名	性别	职　务	任职时间	备　注
杨德玉	男	河山区委书记	1932春—1932年10月	
孙　玉	男	河山分区委书记	1946年春—1947年7月	1947年7月河山、丝山合并为城北区
尹新坡	男	城北分区委书记	1947年7月—1948年10月	
丁履扬	男	二区(河山)区委书记	1949年10月—1951年夏	
蔺世魁	男	二区(河山)区委书记	1955年5月—1958年1月	
徐宣广	男	河山乡党委书记	1958年1月—1958年7月	1958年9月—1971年3月未设建置
魏延琛	男	河山公社党委书记	1971年3月—1977年11月	
赵从鹤	男	河山公社党委书记	1977年12月—1982年3月	
任广东	男	河山公社党委书记	1982年6月—1984年5月	
李兆乐	男	河山区党委书记	1984年6月—1985年5月	
李兆乐	男	河山乡党委书记	1985年5月—1990年2月	
李金三	男	河山乡党委书记	1990年2月—1993年4月	
杨安奎	男	河山乡党委书记	1993年4月—1993年10月	
葛庆民	男	河山乡(镇)党委书记	1993年10月—1997年2月	1996年改为镇
田国营	男	河山镇党委书记	1997年2月—2000年7月	
徐世平	男	河山镇党委书记	2000年7月—2002年1月	
费立志	男	河山镇党委书记	2002年1月—2003年3月	
丁立华	男	河山镇党委书记	2003年3月—2004年12月	
申淑清	女	河山镇党委书记	2004年12月—2007年11月	
张守忠	男	河山镇党委书记	2007年11月—	

1945—2007年河山镇政府历届主要负责人任职情况表

表43-14

姓　名	性别	职　务	任职时间	备　注
郑仲衡	男	河山区区长	1945年10月—1947年7月	
郑世昌	男	城北区区长	1947年7月—1947年秋牺牲	
郑仲衡	男	城北区区长	1947年秋—1948年12月	
李茂村	男	二区(河山)区长	1949年10月—1951年5月	
安郁巽	男	二区(河山)区长	1952年12月—1953年2月	

续表 43-14

姓　名	性别	职　务	任职时间	备　注
路仕珍	男	二区(河山)区长	1953 年 3 月— 1953 年 8 月	
乔瑞珠	男	河山区区长	1955 年 5 月— 1958 年 1 月	
王守森	男	河山乡乡长	1958 年 1 月— 1958 年 9 月	
魏延琛	男	河山公社革委主任	1971 年 5 月— 1977 年 11 月	
赵从鹤	男	河山公社革(管)委主任	1977 年 12 月— 1982 年 3 月	
肖义祥	男	河山公社管委主任	1982 年 3 月— 1984 年 6 月	
刘兆金	男	河山区区长	1984 年 6 月— 1985 年 5 月	
刘兆金	男	河山乡乡长	1985 年 5 月— 1990 年 2 月	
杨安奎	男	河山乡乡长	1990 年 3 月— 1993 年 4 月	
白建民	男	河山乡乡长	1993 年 4 月— 1993 年 8 月	
葛庆民	男	河山乡乡长	1993 年 8 月— 1993 年 10 月	
秦嗣德	男	河山乡(镇)长	1993 年 10 月— 1997 年 2 月	
胡廷林	男	河山镇镇长	1997 年 2 月— 1998 年 12 月	
徐世平	男	河山镇镇长	1998 年 12 月— 2000 年 7 月	
费立志	男	河山镇镇长	2000 年 7 月— 2002 年 1 月	
丁立华	男	河山镇镇长	2002 年 1 月— 2003 年 3 月	
李建富	男	河山镇镇长	2003 年 3 月— 2006 年 12 月	
张守忠	男	河山镇镇长	2006 年 12 月— 2007 年 11 月	
赵文志	男	河山镇镇长	2007 年 11 月—	

河山镇工作片及村居划分表

表 43-15

片区名称	村数	村　居　名　称
河　山	9	河山店、岔路口、韩家庄、林前、小洼、草坡、甄家庄、邱家官庄、柳行
屯　岭	12	茶庵、汪家官庄、许家官庄、范家官庄、费家官庄、梁家官庄、望台山、屯岭、松元、黄家屯、九山子、申家坡
沙　沟	10	大沙沟、前沙沟、西黄家庄、东黄家庄、若家村、竹园、窝洛子、城壕、东山、卸甲庄
侯　官	8	侯家官庄、刘家官庄、隋家官庄、荆家林、大二岭、漩沟子、窦家官庄、盘石
程子沟	10	程子沟、向阳、马家庄、大暖帐、小暖帐、撒牛沟、郭家庄、刘家庄、小卞庄、环岭前
萝　花	10	木沟兰、高家沟、杨家埠、龙泉沟、龙泉庄、萝花一村、萝花二村、萝花三村、相家岭、刘家顺

经济概况

2007 年，全镇地区生产总值 4.2 亿元，地方财政收入 484 万元，农民人均纯收入 5968 元。农作物以小麦、玉米、地瓜、花生为主。

设镇后，按国家重点镇建设要求，高标准规划工业园区。日建集团、聚丰食品、吉祥门业、金玻工贸、腾飞包装等企业已落户园内。三奇医卫、丰源家纺、华欣喷胶棉、海都柜业、旭光果蔬等企业进行增资扩建。2007 年，规模以上企业实现产值 5276 万元，实现增加值 890 万元。河山镇是苹果之乡、“全国优质苹果生产基地”。依托中科院果树研究所设立的乡镇科技示范基地，推广 10 多项果品生产新技术、新工艺，建立 6 处苹果生产科技示范园区，先后引进脱毒新品种苗木 33

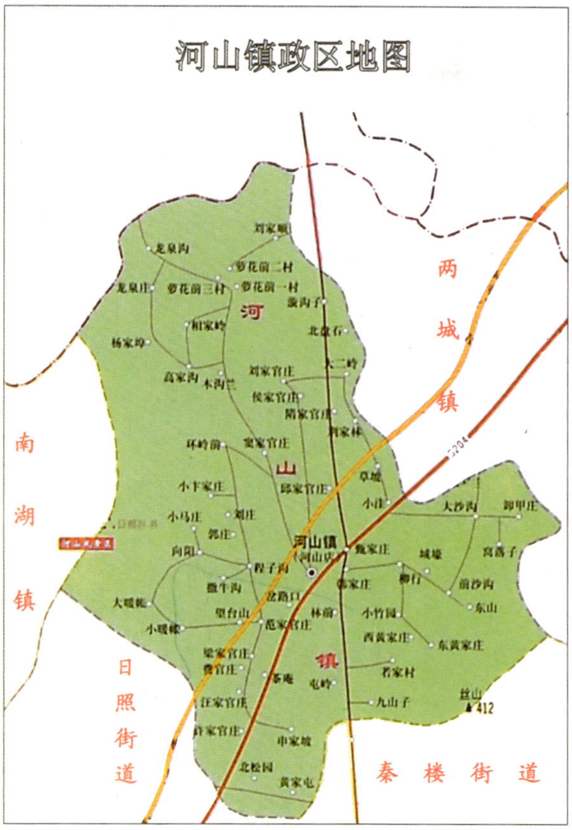

图 43-12

万株。全镇共有优质苹果园 623.07 公顷。品种以红富士和梅切嘎啦、艾达红、乔尼卡为主。2006 年，套袋水果面积 392.47 公顷，总产 1.28 万吨，年总收入为 2201 万元。建有四座大型恒温库，一年四季都可为市场提供新鲜苹果。1999 年，“旭光”牌苹果通过省绿色食品发展中心检测验收，先后获“绿色食品”“山东省优质果品”“99 年度中国

图 43-14　河山风景区　　(摄于 2007 年)

国际农业博览会名牌产品”等称号。

1999 年，河山举办全省绿色食品产业化产销洽谈会，成立旭光果品流通协会，带动斯达果蔬、新亚粮油、金宇果蔬等多家企业，初步形成农业产业化生产经营格局。

境内旅游景点有河山汉字巨书“日照”摩崖石刻。2007 年，香港富茂集团投资 3000 万元，对河山风景区进一步开发。

社会事业

1998 — 2007 年，河山镇共投资 4 千万元，对河山河、柳行河 9 座小型水库、70 座塘坝重新治理。兴截潜流 40 余道，蓄水 10 万余立方米，河流湖泊总容量约 410 万立方米。镇驻地建供水站 1 处，满足驻地内各机关、学校企事业单位及韩家庄、河山店村供水需求。2007 年，全镇实现村村通自来水。在主要居民区、商业区设置多功能垃圾箱，生活垃圾收集实现容器化、密闭化。

河山镇有变电站 1 处，装机容量 4000 千伏安。通讯事业发展迅速，移动电话百人拥有量为 32 部。有线电视覆盖率超过 60%，辐射区域 20.75 平方千米，包括 47 个村，4900 多户。

镇驻地有东港区职业中专学校 1 处。2007 年，全镇义务教育学校 11 所，其中初中 1 所，小学 10 所(完全小学 6 所，教学点 4 所)，幼儿教育中心园 1 所，全镇有教职工 279 人。医院 1 处、村卫生室 59 个。有敬老院 1 处，集中供养五保老人 25 人。

2004 年，河山镇被民政部等“六部委”命名为“全国重点镇”。

图 43-13　河山镇驻地一角

第三节　涛雒镇

涛雒镇位于东港区南部，距市区18千米。镇政府驻涛雒五村。东临黄海，有16.5千米海岸线。南、西与岚山区接壤，北与日照开发区为邻。204国道、同三高速公路、沿海路纵贯南北，341省道横穿东西。域内多为海拔30米以下的滨海平地、平原及低矮丘岭。西南部地势最高，有磴山(主峰海拔358米)、凤凰山、天台山等。川子河、竹子河、南店河、栈子河为境内主要河流。全镇面积112平方千米，耕地面积3600公顷，林地面积4193.33公顷，森林覆盖率为25%。

沿革

涛雒建村于汉代，古名北店，曾名涛洛，自汉朝就生产食盐，历代设盐场大使。

1912年，称涛雒区，改设盐场知事。1931年，称第二区。1949年，改称第七区。1952年，设涛雒直辖镇，与七区并存。1958年，分别成立海生、磴山人民公社。1963年，合并为涛雒区。1971年后，区改社、社改区。1985年6月，撤区建镇，称涛雒镇。

2007年，全镇辖9个工作片区，共75个行政村。总人口6.75万人。其中，城镇人口2700人，属地管理人口7.15万人。

1932—2007年中共涛雒镇委员会历届主要负责人任职情况表

表43-16

姓　名	性别	职　务	任职时间	备　注
丁原瀓	男	涛雒区委书记	1932年春—1932年10月	
丁君谦	男	二区书记	1939年春—1940年冬	
孙树礼	男	二区书记	1941年1月—1942年秋	
孙树礼	男	涛雒区委书记	1942年秋—1945年8月	
孙树礼	男	涛雒分区委书记	1945年8月—1946年4月	
秦聿会	男	涛雒分区委书记	1946年4月—1948年1月	
徐光布	男	涛雒分区委书记	1948年1月—1949年10月	
刘现文	男	七区(涛雒)书记	1949年10月—1951年6月	1952年11月由该区划出涛雒镇，书记无正职。1955年12月撤。其间，磴山为七区。
郭常芳	男	七区(涛雒)书记	1951年11月—1952年6月	
陈同义	男	七区(涛雒)书记	1952年7月—1952年11月	
陈同义	男	七区(磴山)书记	1952年11月—1954年4月	
武纪三	男	七区(磴山)书记	1955年1月—1956年2月	
宋瑞乾	男	涛雒区委书记	1956年2月—1957年1月	
王智民	男	涛雒区委书记	1957年1月—1958年1月	
武纪三	男	磴山区委书记	1956年2月—1958年1月	
郑成信	男	涛雒乡第一书记	1958年1月—1958年9月	
武纪三	男	下元乡书记	1958年1月—1958年9月	
费守忠	男	海生(涛雒)公社书记	1958年9月—1959年2月	
武纪三	男	磴山(下元)公社书记	1958年9月—1959年2月	
费守忠	男	涛雒公社党委书记	1959年2月—1960年5月	
陈同义	男	涛雒公社党委书记	1960年6月—1962年12月	
武纪三	男	下元公社党委书记	1959年2月—1961年6月	
安丰岩	男	下元公社党委书记	1961年6月—1962年12月	
陈同义	男	涛雒区委书记	1962年12月—1976年10月	

续表 43-16

姓　名	性别	职　务	任职时间	备　注
王忠诚	男	涛雒公社、区革委党的核心领导小组组长	1970 年 1 月—1971 年 3 月	军代表
刘希曾	男	涛雒公社书记	1971 年 3 月—1977 年 11 月	
杨作田	男	涛雒公社书记	1977 年 11 月—1980 年 5 月	
单联云	男	涛雒公社书记	1980 年 5 月—1983 年 2 月	
杨科田	男	涛雒公社书记	1983 年 2 月—1984 年 6 月	
王厚勤	男	涛雒区委书记	1984 年 6 月—1985 年 5 月	
王厚勤	男	涛雒镇党委书记	1985 年 6 月—1990 年 1 月	
丁兆华	男	涛雒镇党委书记	1990 年 2 月—1993 年 3 月	
孙开河	男	涛雒镇党委书记	1993 年 4 月—1997 年 1 月	
韩纪亮	男	涛雒镇党委书记	1997 年 2 月—2001 年 2 月	
张桂伟	男	涛雒镇党委书记	2001 年 2 月—2003 年 3 月	
王一冰	女	涛雒镇党委书记	2003 年 3 月—2006 年 3 月	
张玉栋	男	涛雒镇党委书记	2006 年 3 月—2007 年 11 月	
宋　波	男	涛雒镇党委书记	2007 年 11 月—	

1940—2007 年涛雒镇政府历届主要负责人任职情况表

表 43-17

姓　名	性别	职　务	任职时间	备　注
丁学征	男	二区区长	1940 年 3 月—1940 年 12 月	
尹新坡	男	二区区长	1941 年 2 月—1941 年 5 月	
迟照荣	男	二区区长	1941 年 6 月—1942 年 9 月	
尹新坡	男	涛雒区区长	1942 年 9 月—1945 年 2 月	
王治东	男	涛雒区区长	1944 年 2 月—1945 年 8 月	
孙晓竹	男	涛雒分区区长	1945 年 8 月—1946 年 5 月	
王治东	男	涛雒分区区长	1946 年 5 月—1947 年 7 月	
牟敦荣	男	涛雒区分区长	1947 年 7 月—1948 年 3 月	
郑淑道	男	涛雒区分区长	1948 年 3 月—1949 年 1 月	
王康木	男	涛雒区分区长	1949 年 2 月—1949 年 9 月	
王康木	男	七区（涛雒）区长	1949 年 10 月—1949 年 11 月	
李其存	男	七区（涛雒）区长	1949 年 11 月—1951 年 5 月	
李汉宗	男	七区（涛雒）区长	1951 年 5 月—1952 年 12 月	
郑全禄	男	涛雒镇镇长	1952 年 12 月—1953 年 11 月	
王成宝	男	涛雒镇镇长	1953 年 12 月—1955 年 10 月	
李汉宗	男	七区（磴山）区长	1952 年 12 月—1955 年 4 月	
金守臣	男	七区（磴山）区长	1955 年 4 月—1956 年 2 月	
金守臣	男	涛雒区区长	1956 年 2 月—1958 年 1 月	

续表 43-17

姓　名	性别	职　务	任职时间	备　注
张纪顺	男	磴山区区长	1956 年 2 月— 1958 年 1 月	
傅田余	男	涛雒乡乡长	1958 年 1 月— 1958 年 9 月	
傅培礼	男	下元乡乡长	1958 年 1 月— 1958 年 9 月	
傅田余	男	海生（涛雒）公社主任	1958 年 9 月— 1959 年 2 月	
傅培礼	男	蹬山（下元）公社主任	1958 年 9 月— 1959 年 2 月	
傅田余	男	涛雒公社管委主任	1959 年 2 月— 1960 年 7 月	
邵安思	男	涛雒公社管委主任	1960 年 8 月— 1962 年 12 月	
邵安思	男	涛雒区区长	1962 年 12 月— 1963 年 2 月	
傅培礼	男	下元公社主任	1952 年 2 月— 1961 年 7 月	
罗映林	男	下元公社主任	1961 年 7 月— 1962 年 12 月	兼
罗映林	男	涛雒区区长	1963 年 2 月— 1968 年 3 月	
岳焕贵	男	涛雒区、社革委主任	1968 年 3 月— 1971 年 3 月	1971 年 3 月— 1975 年 3 月无正职
刘希曾	男	涛雒公社革委主任	1975 年 3 月— 1977 年 11 月	
杨作田	男	涛雒公社革委主任	1977 年 11 月— 1980 年 5 月	
徐茂远	男	涛雒公社革委主任	1981 年 11 月— 1984 年 6 月	
于刚业	男	涛雒区区长	1984 年 6 月— 1985 年 5 月	
王仕芝	男	涛雒镇镇长	1985 年 5 月— 1987 年 2 月	
丁兆华	男	涛雒镇镇长	1987 年 2 月— 1990 年 2 月	
张孝柏	男	涛雒镇镇长	1990 年 2 月— 1993 年 4 月	
李增森	男	涛雒镇镇长	1993 年 4 月— 1993 年 7 月	1996 年 7 月— 1994 年 4 月无正职，韩纪亮主持工作
韩纪亮	男	涛雒镇镇长	1994 年 4 月— 1997 年 2 月	
李同春	男	涛雒镇镇长	1997 年 3 月— 1998 年 12 月	
范文青	男	涛雒镇镇长	1998 年 12 月— 2003 年 3 月	
阎华章	男	涛雒镇镇长	2003 年 3 月— 2006 年 3 月	
李海峰	男	涛雒镇镇长	2006 年 3 月— 2007 年 11 月	
胡明乐	男	涛雒镇镇长	2007 年 11 月—	

涛雒镇工作片及村居划分表

表 43-18

片区名称	村数	村　居　名　称
涛雒	9	涛雒一村、涛雒二村、涛雒三村、涛雒四村、涛雒五村、涛雒六村、涛雒七村、涛雒八村、右所
小海	9	小海、王家村、沙岭子、刘家湾、桥东头、桥西头、李家村、马家村、宋家坨
刘庄	8	南店、小刘庄、大刘庄、侯家村、竹子河崖、大朝阳、小朝阳、庄家坨
下元	6	下元一村、下元二村、下元三村、上元、崔家庄子、高旺庄
郭庄	6	郭家庄子、东林头、西林头、大草坡、小草坡、丁家营子
栈子	10	栈子一村、栈子二村、栈子三村、海员、孙家村、庄家村、曹家村、东南营、孙家营子、李家营子
李潭	9	苗家村、竹家园、李潭崖、杨家洼、丁家官庄、松林、蒿岭、亚月、大洼
东风	7	东风、华山、簸箕笃子、大羊圈、赵家庄子、西石良、东石良
廒头	11	尹一村、尹二村、尹三村、张家廒头、成家廒头、西灶子村、东灶子村、宅科、田家园、北王家村、川子村

经济概况

建区后，涛雒镇以临港工业、旅游、海洋深加工和商贸为主要产业，是生态型鲁南重镇。农作物主要有小麦、玉米、花生、水稻。盛产优质珍珠米。

在204国道西，341省道北侧建设涛雒加工制造基地。入驻规模以上企业有：山东信伟粮油实业公司、日照汇丰电子有限公司、日照中盛工业园、青岛举鑫帮橱(日照)有限公司、锦湖金马化工集团等。2007年，全镇民营企业发展到462家，从业人员1.16万人。全镇实现地区生产总值15.13亿元。农民人均收入6478元。

图 43-16 涛雒镇工业园区 (摄于2007年)

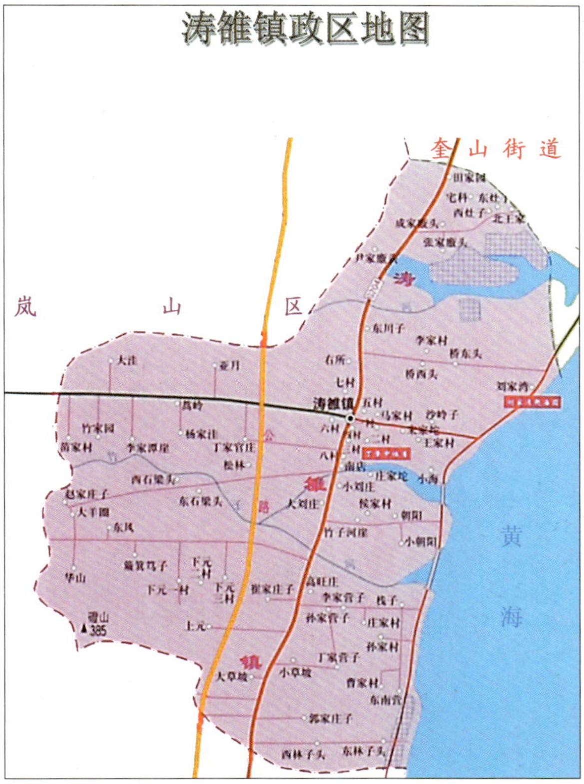

图 43-15

涛雒是渔业重镇，拥有各类机动渔船460艘，渔机总功率4.5万千瓦，主要捕捞海产品有带鱼、鲅鱼、鲳鱼、章鱼、对虾、梭子蟹等。年捕捞产量6万吨以上。水产育苗和海、淡水养殖是涛雒镇特色产业。2007年，海、淡水养殖面积发展到1850公顷，养殖对虾、梭子蟹、大竹蛏、海参、蚊蛤、紫菜、扇贝、大鲅鲆等。

2007年，各类市场16处，从业人员1902人，年市场交易额4.3亿元。

旅游景点

境内主要古迹有天后宫、鱼骨庙、山房、五宅、下元特支遗址。主要旅游景点有刘家湾赶海园、丁肇中祖居、磴山旅游风景区、天台山东夷文化风景区等。

社会事业

从1993年开始，在镇驻地建设商业街、仿古街，对文泰路、观海路和镇驻地204国道路段等5条主干道进行综合改造建设。沿街全部建造商居两用楼房。全镇新建街头公园6处。完成“村村通”硬化道路131.29千米，75个自然村全部通客车。固定电话用户1.38万家，开通移动电话2.35万部，互联网用户560家。

2007年，镇驻地有区属学校日照第五中学。镇属义务教育学校有初中3所，在校学生2907人。小学11所，在校学生4638人。中小学在职教师464人。幼儿园36所，学前幼儿入园率100%。

图 43-17 涛雒镇驻地仿古街 (摄于2007年)

全镇有体育文化中心2处、文明一条街100多条、日照农民画院1处，95%的村建有综合文化大院。

全镇有卫生院1处，村卫生室39处，乡村执业医生118人，98%的村民参加新型农村合作医疗。2007年，对镇敬老院进行整体改造，赡养孤寡老人45人。镇企业养老保险参保人数2670人，农村养老保险参保人数2.07万人。农村最低保障救助877户、1240人。城镇最低生活保障救助4户、9人。

涛雒镇是“全国文明村镇”“全国计划生育先进单位”“中国特色文化乡镇”“省级文明村镇”“省级环境优美镇”“山东省农村小康乡镇”“全省社区侨务工作先进单位”“全省亿万农民健身活动先进乡镇”“山东省村民委员会建设先进乡镇”。

第四节　西湖镇

西湖镇位于东港区西部，日照水库上游水源地保护区。东与南湖镇隔水相望，西接三庄镇，南与岚山区后村镇相接，北与陈疃镇毗邻。镇政府驻小乐台南新村，距城区约25千米。日东高速公路在镇区内设有出入口。222省道南北贯穿与335省道在镇北交汇。镇域地势山峦起伏，形成低山岭坡、水平梯田、近山阶地、山前倾斜平地、河流冲击平地五种类型。有雨源性小河流4条，常年有水，均汇入日照水库。全镇林木以杨树、松树为主，森林覆盖率在40%以上。

2007年，全镇总面积81.8平方千米，耕地面积3850公顷。辖范家、大花崖、响水、大石4个工作片区，40个行政村、62个自然村。全镇总人口3.53万人，其中，非农业人口793人。少数民族38个，38人。

沿革

新中国成立前后，西湖属沈疃区。1958年，属和平(沈疃)人民公社。1959年，设西湖人民公社。1963年，先后改为西湖区、西湖人民公社。1985年，改称西湖乡。1996年5月，撤乡设西湖镇。

1959—2007年中共西湖镇委员会历届主要负责人任职情况表

表43-19

姓　名	性别	职　务	任职时间	备　注
邢立庚	男	西湖公社书记	1959年2月—1962年6月	
尚汝福	男	西湖公社书记	1962年6月—1965年8月	
王书申	男	西湖区委书记、革委核心组组长	1965年8月—1971年3月	
王胡平	男	西湖公社书记	1971年3月—1980年5月	
秦玉奎	男	西湖公社书记	1980年5月—1983年1月	
贺照录	男	西湖公社书记	1983年1月—1984年6月	
梅志强	男	西湖区（乡）党委书记	1984年6月—1986年7月	
郑全进	男	西湖乡党委书记	1986年7月—1990年2月	
安佰文	男	西湖乡党委书记	1990年2月—1993年4月	
赵廷万	男	西湖乡党委书记	1993年4月—1994年3月	
杨善祯	男	西湖乡（镇）党委书记	1994年3月—1997年2月	1996年8月撤乡设镇
夏良起	男	西湖镇党委书记	1997年2月—1999年9月	
梁作伦	男	西湖镇党委书记	1999年9月—2003年3月	
白宗春	男	西湖镇党委书记	2003年3月—2006年12月	
王海滨	男	西湖镇党委书记	2006年12月—	

1959—2007 年西湖镇政府历届主要负责人任职情况表

表 43-20

姓名	性别	职　务	任职时间	备　注
刘恕远	男	西湖公社主任	1959 年 2 月—1962 年 12 月	兼
陈常培	男	西湖区区长	1963 年 1 月—1965 年 6 月	
王明德	男	西湖区长	1965 年 8 月—1968 年 3 月	
战金万	男	西湖区主任	1968 年 3 月—1969 年 11 月	群众
王胡平	男	西湖公社革委主任	1969 年 11 月—1980 年 5 月	
秦玉奎	男	西湖公社革（管）委主任	1980 年 7 月—1982 年 3 月	
贺照录	男	西湖公社管委主任	1982 年 3 月—1984 年 6 月	
薄怀根	男	西湖区长	1984 年 6 月—1985 年 5 月	
薄怀根	男	西湖乡乡长	1985 年 5 月—1987 年 3 月	
安伯文	男	西湖乡乡长	1987 年 3 月—1990 年 2 月	
赵廷万	男	西湖乡乡长	1990 年 2 月—1993 年 4 月	
杨善祯	男	西湖乡乡长	1993 年 4 月—1994 年 5 月	
夏良起	男	西湖乡（镇）长	1994 年 5 月—1997 年 2 月	1996 年 8 月撤乡设镇
张玉栋	男	西湖乡长	1997 年 2 月—1998 年 9 月	
梁作伦	男	西湖镇镇长	1998 年 9 月—1999 年 9 月	
沈文武	男	西湖镇镇长	1999 年 9 月—2003 年 1 月	
宋昱桦	女	西湖镇镇长	2003 年 1 月—2006 年 3 月	
白宗春	男	西湖镇镇长	2006 年 3 月—2006 年 12 月	书记兼
田洪浩	男	西湖镇镇长	2006 年 12 月—	

西湖镇工作片及村居划分表

表 43-21

片区名称	村数	村　居　名　称
范　家	11	范家庄、袁家庄、河沟、荻竹涧一村、荻竹涧二村、张古庄一村、张古庄二村、张古庄三村、瞻埠潭、陈家庄、徐家庄
大花崖	10	大花崖、马安、南乐台、南娄、小乐一、小花崖、花园、小岭、竖旗岭、韩家沟
响　水	10	响水河、顾家沟、安子沟、大炮楼、小炮楼、秋实园、上栗山、下栗山、申庄子、爱国
大　石	9	大石、久固庄、柴家沟、铨元、董家岭、北乐台、北娄、小乐二、圈村

经济概况

2007 年，全镇实现地区生产总值 12 亿元。三产比例为 38∶40∶22。全镇完成规模以上固定投资总额 1.05 亿元。实现地方财政收入 513 万元，农民人均收入 4909 元。

图 43-18　西湖镇驻地一角　(摄于 2006 年)

西湖镇是传统农业镇、桑蚕镇。主要粮食作物以小麦、玉米、花生、地瓜为主。2007 年，全镇粮食总产量 1.93 万吨。主要经济作物有桑、茶、干鲜杂果等。畜牧业以养猪、养鸡为主。2007 年，养猪大户 656 户，猪存栏量 3 万头。养鸡大户 266 户，鸡存栏量 34 万只。西湖镇是全省率先实现种桑养蚕、缫丝农工一体化的乡镇，蚕茧产量常年约占全区总产量的三分之一。2007 年，全镇桑园面积 278.67 公顷，蚕农 1800 户，蚕茧年产量 420 吨，实现产值 900 万元。

西湖镇工业企业有西湖建筑公司、海通丝业、盛发水泥、福田毛绒、汇丰铸造、钦元食品、裕兴食品、天诚农贸等。2007 年，全镇实现工业增加值 9538 万元。规模以上工业企业 8 家，实现增加值 4000 万元。产品销售收入 1140 万元，利税 144 万元。从业人员 508 人。

2007 年，全镇有三级以上资质建筑企业 1 家，完成建筑业总产值 1.2 亿元。投资 426 万元，完成环境污染治理项目 2 个。

旅游资源

西湖是明万历年间状元焦竑的祖籍地。大花崖村焦氏墓地，建有状元坊、焦竑墓(影像塚)、焦竑塑像、墓碑等。大花崖村有树龄 800 年的银杏，相传为唐朝所植。回龙观为明朝所建，有“奇树、清泉、悬桥、翠竹”四景。现有山门、仙人桥、仙人洞、杵臼、碑林、仙人洞石壁题诗等遗迹。有梭椤树、笤帚芽、倒吊香等多种稀有树木。

社会事业

2007 年，全镇农机总动力 4.05 万千瓦。建成小二型水库 7 座，塘坝 110 座，总兴利库容 290 立方米，常年有效库容 70%。完成小流域治理工程 2 处，有 30% 的耕地得到治理。1976 年，建成驻地集中供水中心，36 个村通自来水。1971 年开始用电，1982 年普及用电，2000 年完成电网改造。

图 43-20

2007 年，驻地打通、硬化街道 6 条，总长 2800 米，安装路灯 60 盏。域内高速公路 2.1 千米，省级以上公路通车里程 13.6 千米，县乡道及村村通通车里程 68.78 千米。全镇建有通信基站 4 个，6 个村通有线电视。完成电信业务总量 150 万元，邮政业务总量 62 万元。固定电话用户 5212 家，开通移动电话 3650 部，电话普及率 25 部/百人，互联网用户 114 家。

2007 年，有初中 1 所，学生 1325 人。小学 8 所，学生 1574 人。幼儿园 13 所，入园幼儿 673 人。中小学教职工 269 人。现有镇医院 1 处，村卫生室 19 处。共有医护人员 104 名，其中，乡村医生 62 人。各类卫生机构拥有床位 110 张。有敬老院 1 处，社会赡养孤寡老人 68 人。

2007 年，全镇企业养老保险参保人数 1710 人，农村养老保险参保人数 6071 人。农村最低生活保障救助为 876 人。

图 43-19　西湖镇农村居房　(摄于 2007 年)

第五节　南湖镇

南湖镇位于市区西部，东靠日照街道、河山镇，西与陈疃镇相接，北与五莲县街头镇为邻，南与岚山区后村镇接壤。镇政府驻地南湖四村，距市区12千米。2007年，全镇总面积172.2平方千米，耕地面积4859公顷，山场3200公顷。辖南湖、北湖、上湖、下湖、马陵、代疃、明照7个工作片区，93个自然村，82个行政村。全镇总人口7.2万人，其中，非农业人口2470人。少数民族12个、76人。

沿革

1945年9月首设南湖区。1958年1月撤区，建南湖、下湖两个乡。同年8月，成立先锋(南湖)、高锋(下湖)两个人民公社。1963年，恢复南湖区。1971年3月。分为南湖和下湖两个人民公社。1984年6月，改公社为乡。1987年5月，下湖乡驻地由下湖二村迁至尹家河村，改称尹家河乡。1995年5月，南湖乡撤乡建镇。2000年12月，尹家河乡并入南湖镇。

1945—2007年中共南湖镇委员会历届主要负责人任职情况表

表43-22

姓　名	性别	职　务	任职时间
厉席卿	男	南湖分区书记	1945年9月—1946年3月
郭万亭	男	南湖分区书记	1946年3月—1947年7月
马承岱	男	十三区（南湖）书记	1950年5月—1951年5月
丁立廉	男	十三区（南湖）书记	1951年6月—1952年4月
时仕双	男	十三区（南湖）书记	1953年8月—1954年7月
秦振玉	男	十三区（南湖）书记	1954年7月—1955年8月
王元勤	男	十三区（南湖）书记	1955年8月—1956年2月
王元勤	男	南湖区委书记	1956年2月—1958年1月
王元勤	男	南湖乡党委书记	1958年1月—1958年9月
王元勤	男	先锋（南湖）公社书记	1958年9月—1959年2月
孙　升	男	南湖公社党委书记	1959年2月—1960年10月
宋瑞乾	男	南湖公社党委书记	1960年10月—1962年12月
郑培诚	男	南湖公社党委书记	1962年12月—1965年10月
安茂学	男	南湖公社党委书记	1965年10月—1970年4月
吕守尚	男	南湖公社党委书记	1970年4月—1978年11月
安茂贵	男	南湖公社党委书记	1982年1月—1984年6月
秦洪申	男	南湖乡党委书记	1984年6月—1990年11月
李章培	男	南湖乡党委书记	1990年11月—1993年8月
宋　泰	男	南湖镇（乡）党委书记	1993年10月—1997年2月
秦嗣平	男	南湖镇党委书记	1997年2月—1999年9月
朱传勉	男	南湖镇党委书记	1999年9月—2006年12月
宋昱桦	女	南湖镇党委书记	2006年12月—

1945—2007年南湖镇政府历届主要负责人任职情况表

表 43-23

姓　名	性别	职　务	任职时间	备　注
郑世轩	男	南湖区区长	1945年9月—1946年12月	
刘成栋	男	十三区（南湖）区长	1946年10月—1953年8月	
陈常培	男	十三区（南湖）区长	1954年5月—1955年2月	
郑淑兰	男	十三区（南湖）区长	1955年2月—1958年1月	
刘潮海	男	南湖乡乡长	1958年1月—1958年9月	
牛本安	男	先锋（南湖）公社主任	1958年9月—1959年2月	
牛本安	男	南湖公社主任	1959年2月—1960年9月	
李宗彩	男	南湖公社主任	1960年9月—1962年6月	
郑世胜	男	南湖公社主任	1962年6月—1962年12月	
郑世胜	男	南湖区区长	1962年12月—1968年3月	
李东九	男	南湖区、社革委主任	1968年3月—1969年10月	群众
吕守尚	男	南湖公社革委主任	1969年10月—1981年11月	
黄振聚	男	南湖公社革（管）委主任	1981年11月—1983年5月	
安志贤	男	南湖区区长	1983年5月—1989年5月	
许崇堂	男	南湖乡乡长	1989年5月—1990年11月	
甄庆江	男	南湖乡乡长	1990年11月—1992年7月	
宋　泰	男	南湖乡乡长	1992年7月—1994年4月	
秦嗣平	男	南湖乡（镇）乡（镇）长	1994年4月—1997年2月	1995年5月撤乡设镇
王纪栋	男	南湖镇镇长	1997年2月—1998年12月	
朱传勉	男	南湖镇镇长	1998年12月—1999年9月	
杨田奎	男	南湖镇镇长	1999年9月—2000年12月	
焦见秋	男	南湖镇镇长	2000年12月—2003年8月	
王　磊	男	南湖镇镇长	2003年8月—2006年12月	
李　斌	男	南湖镇镇长	2006年12月—	

附1：1958—2000年中共尹家河乡委员会历届主要负责人任职情况表

表 43-24

姓　名	性别	职　务	任职时间
安茂学	男	下湖乡党委书记	1958年1月—1958年9月
安茂学	男	高峰（下湖）公社书记	1958年9月—1959年2月
安茂学	男	下湖公社党委书记	1959年2月—1962年12月
安茂学	男	下湖公社党委书记	1971年3月—1977年11月
程明新	男	下湖公社党委书记	1977年12月—1981年10月
赵从耀	男	下湖公社党委书记	1981年11月—1982年10月
孟庆全	男	下湖公社党委书记	1982年10月—1984年6月
杨润田	男	下湖区委书记	1984年6月—1987年5月
杨润田	男	尹家河乡党委书记	1987年5月—1989年5月
吴开修	男	尹家河乡党委书记	1989年5月—1990年11月

续表 43-24

姓　名	性别	职　务	任职时间
滕怀学	男	尹家河乡党委书记	1990 年 11 月— 1993 年 3 月
时德江	男	尹家河乡党委书记	1993 年 3 月— 1994 年 4 月
隋日若	男	尹家河乡党委书记	1994 年 4 月— 1996 年 9 月
陈文祥	男	尹家河乡党委书记	1996 年 3 月— 1998 年 5 月
杨春忠	男	尹家河乡党委书记	1996 年 6 月— 1999 年 9 月
杨淑兰	女	尹家河乡党委书记	1999 年 9 月— 2000 年 12 月

附 2： 1958 — 2000 年尹家河乡政府历届主要负责人任职情况表

表 43-25

姓　名	性别	职　务	任职时间	备　注
郑淑兰	男	下湖乡乡长	1958 年 1 月— 1958 年 9 月	
郑淑兰	男	高峰（下湖）公社管委主任	1958 年 9 月— 1958 年 12 月	
袁培均	男	下湖公社管委主任	1960 年 1 月— 1962 年 12 月	
安茂学	男	下湖公社革委主任	1975 年 3 月— 1977 年 11 月	
程明新	男	下湖公社革委主任	1977 年 1 月— 1981 年 10 月	
李温业	男	下湖公社革（管）委主任	1981 年 11 月— 1984 年 6 月	
许崇堂	男	下湖区区长	1984 年 6 月— 1985 年 5 月	
许崇堂	男	下湖乡乡长	1985 年 5 月— 1987 年 5 月	1987 年 5 月 改为尹家河乡
许崇堂	男	尹家河乡乡长	1987 年 5 月— 1989 年 5 月	
杨培广	男	尹家河乡乡长	1989 年 5 月— 1990 年 2 月	
时德江	男	尹家河乡乡长	1990 年 2 月— 1992 年 4 月	
隋日若	男	尹家河乡乡长	1992 年 4 月— 1993 年 4 月	
陈文祥	男	尹家河乡乡长	1993 年 4 月— 1996 年 9 月	
丁肇波	男	尹家河乡乡长	1996 年 9 月— 1998 年 9 月	
杨淑兰	女	尹家河乡乡长	1998 年 9 月— 1999 年 9 月	
焦见秋	男	尹家河乡乡长	1999 年 9 月— 2000 年 12 月	

南湖镇工作片及村居划分表

表 43-26

片区名称	村数	村　居　名　称
南湖	14	南湖一村、南湖二村、南湖三村、南湖四村、王家官庄、卜落子、大山沟、樊家岭、报子沟、安家庄子、张庄子、东沈马庄、大城子、阚家城子
北湖	10	大北湖、小北湖、陈家村、战家村、大王家庄子、殷家坪、空冲水、邵家沟、娄家沟、新风
上湖	12	上湖、上坳、下坳、牟家官庄、尹家河、石河口、马岭安、安子坪、隋家庄、罗圈崖、龙王沟、樵业子
下湖	11	下湖一村、下湖二村、下湖三村、于家北沟、苇沟、徐家坪、大宅科、小宅科、上小城子、下小城子、万家坪
马陵	13	弓山、彭家河、东马陵前、西马陵前、相家官庄、石龙口、凤凰庄、石老山、杜家坪、坳塘石子、长林河、黄泥崖、狮子岭
代疃	12	东黄山前、中黄山前、西黄山前、大长汪崖、小长汪崖、官家岭、泉子头、三合疃、共合疃、安家代疃、盛家代疃、新合疃
明照	10	西沈马庄、庄头、东明照现、西明照现、袁家庄、丁家沟、花峡峪、王家大岭、许家庵、大山前

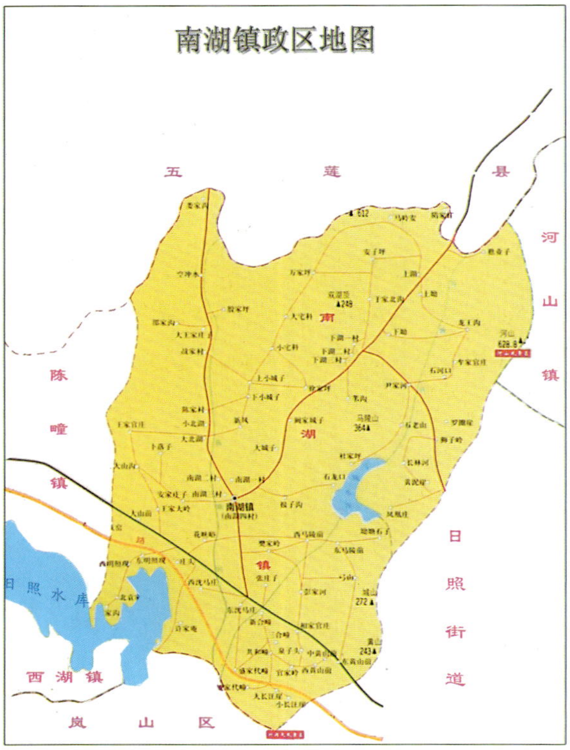

图 43-21

经济概况

2007 年，全镇实现地区生产总值 9.1 亿元。其中，第一、二、三产业实现增加值分别为 1.87 亿元、2.37 亿元、2.15 亿元，三产比例为 29∶37∶34。全镇完成规模以上固定资产投资总额 5.4 亿元，实现地方财政收入 568 万元，农民人均纯收入 5859 元。

农作物种植主要品种有小麦、玉米、花生、地瓜。林果业主要品种是苹果、梨、板栗、桑茶等。粮食总产 3.99 万吨，油料总产 6413 吨，水果总产 3120 吨，蔬菜总产 5 万吨。肉类总产 2456 吨，蛋类总产 1805 吨。全年造林 113.33 公顷，林木覆盖率 31%。全镇农机总动力 12.7 万千瓦。

南湖镇重视市区工业接续基地建设，在镇驻地以南，南王公路与 335 省道交界处建设镇工业基地，基地面积 74.67 公顷。累计投入 1200 万元，完善基地内道路、排水、绿化、供电、通讯等配套设施，形成“四纵四横”工业基地框架。

2007 年，有东昇地毯、申达粮油、立希林金属制造、上海精丝、青岛双星、明阳包装、迎春网袋、日东纺织等 68 家企业进入基地，总投资 3.8 亿元，实现工业增加值 2.81 亿元。规模以上工业企业 21 家，实现增加值 1.26 亿元。实现产品销售收入 4.78 亿元，利税 3663 万元，从业人员 4000 余人。

图 43-22　南湖镇驻地一角　　(摄于 2007 年)

南湖镇精心建设“放心菜”“放心果”“放心肉、蛋、奶”“放心茶”基地。蔬菜专业村 25 个，冬暖式蔬菜大棚 66.67 公顷，露天蔬菜 354.4 公顷。西沈马庄村被确定为日照市无公害蔬菜生产基地、山东省科普示范基地。发展王家官庄、花峡峪村等桑果专业村 20 个。花峡峪、彭家河村红富士苹果，远销全国各地。发展东黄山村等养殖专业村 20 个。上坳村申泰奶牛专业合作社日照第一牧场，存栏奶牛 600 头，日产鲜奶 2 吨。位于相家官庄村的鲁蒙尔肉牛合作社养殖肉牛 200 多头。南湖镇成立日照市蛋鸡行业协会，拥有会员 650 人，养殖蛋鸡 800 余万只，年产值 12 亿元。环日照水库发展绿茶 200 公顷，拥有北叶青和太极

图 43-23　南湖镇工业园区　　(摄于 2007 年)

两个茶厂。北叶青茶、太极绿茶分别被农业部和山东省农业厅确定为无公害有机绿茶，均获得山东省十大优质绿茶品牌。

旅游资源有马陵水库风景区，会稽山越王洗心池、观佛台，镇西北的空冲水龙潭，大宅科梨花园等。

社会事业

日东高速公路通过域内9千米，省级公路通车里程15千米，村村通通车120千米。“村村通”硬化水泥路总里程110千米。2007年，完成电信业务总量366万元，邮政业务总量160万元。全镇建有通信基站14个。固定电话用户1.53万家，开通移动电话3.6万部，电话普及率68部/百人。82个村通有线电视，79个村通自来水，镇驻地建有集中供水中心。

2007年，境内有初中3所，62个班。小学22所，132个班。幼儿园26所。农村文化大院82个。有镇卫生院1处，村卫生室77处，医护人员242名，其中乡村医生170人。有敬老院1处，赡养孤寡老人32人。全镇企业养老保险参保人数2560人，农村养老保险参保人数3400人。

第六节　陈疃镇

陈疃镇位于日照市区西北部，东与南湖镇相连，西与西湖镇、三庄镇为邻，北接五莲县街头镇，南临日照水库。镇政府驻地东陈疃村，距市区20千米。335省道、222省道在镇驻地中心交汇，日东高速公路在镇内设一出入口，与同三高速公路相距15千米。2007年，全镇总面积78平方千米，耕地面积2359公顷。设陈南、陈北、姜疃、鲍疃、七里、石墩6个工作片区，辖38个行政村，52个自然村，其中，库区村14个，总人口3.2万人。

沿革

陈疃镇在民国初年属邵疃区。抗日战争时期属第七区、沈疃区。新中国成立后属沈疃区。1958年，撤区建乡，为沈疃乡。同年8月，撤乡建立和平公社。1959年2月，和平公社并入西湖人民公社。1962年6月，由西湖公社划出陈疃公社。同年12月，属西湖区。1971年3月，恢复陈疃人民公社。1984年6月，称为东陈疃区。1985年5月，改区为乡。1995年3月，改东陈疃乡为陈疃镇。

1943—2007年中共陈疃镇委员会历届主要负责人任职情况表

表43-27

姓　名	性别	职　务	任职时间
厉席卿	男	沈疃区委书记	1943年3月—1943年7月
叶金刚	男	沈疃分区委书记	1945年1月—1946年7月
张传迎	男	沈疃分区委书记	1946年7月—1947年7月
郭万亭	男	沈疃分区书记	1947年7月—1948年10月
马承岱	男	沈疃区委书记	1948年12月—1950年5月
田智义	男	十四区委书记	1952年10月—1953年10月
邢立庚	男	十四区书记	1954年4月—1957年4月
袁肇仲	男	沈疃区委书记	1957年4月—1958年1月
袁肇仲	男	沈疃乡党委书记	1958年1月—1958年9月
袁肇仲	男	和平（沈疃）公社书记	1958年9月—1959年2月
邢立庚	男	陈疃公社书记	1962年6月—1962年12月
王书申	男	陈疃公社书记	1971年3月—1977年11月
潘惟华	男	陈疃公社书记	1977年11月—1981年9月
杜永坤	男	陈疃公社书记	1981年9月—1984年6月
赵自悦	男	东陈疃区书记	1984年6月—1985年5月
赵自悦	男	东陈疃乡书记	1985年5月—1987年11月

表 43-27

姓　名	性别	职　务	任职时间
郑立兰	女	东陈疃乡书记	1987 年 11 月— 1990 年 2 月
孙承金	男	东陈疃乡书记	1990 年 2 月— 1993 年 4 月
贾世禄	男	东陈疃乡书记	1993 年 4 月— 1994 年 4 月
郑培田	男	陈疃镇党委书记	1994 年 4 月— 1998 年 9 月
白建民	男	陈疃镇党委书记	1998 年 9 月— 1998 年 12 月
王均波	男	陈疃镇党委书记	1998 年 12 月— 2003 年 3 月
王伟福	男	陈疃镇党委书记	2003 年 3 月— 2006 年 3 月
宋　波	男	陈疃镇党委书记	2006 年 3 月— 2007 年 11 月
孙　丽	女	陈疃镇党委书记	2007 年 11 月—

说明：1959 年 2 月— 1962 年 6 月属西湖公社，1962 年 6 月由西湖公社划出陈疃公社，1962 年 12 月— 1971 年 3 月属西湖区

1943 — 2007 年陈疃镇政府历届主要负责人任职情况表

表 43-28

姓　名	性别	职　务	任职时间	备　注
寇文斋	男	沈疃区区长	1943 年 7 月— 1945 年 1 月	
邹乃福	男	沈疃区区长	1945 年 1 月— 1948 年 9 月	
袁肇扬	男	沈疃区区长	1948 年 10 月— 1948 年 12 月	
田智义	男	沈疃区区长	1949 年 1 月— 1949 年 5 月	
金丰昌	男	沈疃区区长	1949 年 5 月— 1951 年 9 月	
田智义	男	沈疃区区长	1951 年 9 月— 1952 年 10 月	
路仕珍	男	沈疃区区长	1953 年 8 月— 1954 年 12 月	
金丰昌	男	沈疃区区长	1954 年 12 月— 1957 年 1 月	
惠汝佩	男	沈疃区区长	1957 年 1 月— 1958 年 1 月	
丁履芹	男	沈疃乡乡长	1958 年 1 月— 1958 年 9 月	
张金泉	男	和平（沈疃）公社主任	1958 年 9 月— 1959 年 2 月	
牟保善	男	陈疃公社主任	1962 年 6 月— 1962 年 12 月	兼
王书申	男	陈疃公社革委主任	1971 年 3 月— 1977 年 11 月	
潘惟华	男	陈疃公社革委主任	1977 年 11 月— 1981 年 9 月	
许家培	男	陈疃公社革（管）委主任	1981 年 9 月— 1984 年 6 月	
安伯文	男	东陈疃区区长	1984 年 6 月— 1985 年 5 月	
安伯文	男	东陈疃乡乡长	1985 年 5 月— 1987 年 2 月	
郑立兰	女	东陈疃乡乡长	1987 年 2 月— 1987 年 11 月	
孙成金	男	东陈疃乡乡长	1987 年 11 月— 1990 年 2 月	
贾世禄	男	东陈疃乡乡长	1990 年 2 月— 1993 年 4 月	
张传根	男	陈疃镇（东陈疃乡）镇（乡）长	1993 年 4 月— 1995 年 5 月	1995 年 3 月撤乡设镇
安玉学	男	陈疃镇镇长	1995 年 5 月— 1997 年 2 月	
张建军	男	陈疃镇镇长	1997 年 2 月— 1998 年 9 月	
王均波	男	陈疃镇镇长	1998 年 9 月— 1998 年 12 月	
王伟福	男	陈疃镇镇长	1998 年 12 月— 2003 年 3 月	
宋　波	男	陈疃镇镇长	2003 年 3 月— 2006 年 12 月	
张　玮	男	陈疃镇镇长	2006 年 12 月—	

陈疃镇工作片及村居划分表

表 43-29

片区名称	村数	村　居　名　称
陈南	8	惠家庄、沈疃一村、沈疃二村、沈疃三村、西陈疃一村、西陈疃二村、西陈疃三村、西陈疃四村
陈北	6	东陈疃、北鲍疃、滕家庄子、堰、堰东岭、水陈坡
石墩	5	东石墩、中石墩、西石墩、上蔡庄、下蔡庄
姜疃	8	姜疃、北疃、杨家山子、石灰窑、李家大沟、高家官庄、城顶前、毛家庄
鲍疃	6	南鲍疃、东尚沟、西尚沟、卞家庄、南山、河东
七里	5	七里沟子、许家洼、曹家官庄、惠家官庄、石旺沟

经济概况

2007 年，全镇实现地区生产总值 5.5 亿元。其中，第一、二、三产业实现增加值分别为 1.27 亿元、2.48 亿元、1.75 亿元，三产比例为 23∶45∶32。全镇完成规模以上固定资产投资总额 2.61 亿元。实现地方财政收入 353.5 万元，农民人均收入 5660 元。

图 43-24　陈疃镇村民收获蓝莓　　　　(摄于 2007 年)

农作物主要品种有小麦、玉米、花生、地瓜。林果业主要品种是苹果、板栗、大枣、桑茧、柞茧等。2007 年，全镇建有万亩板栗园、彩色植物园、蓝莓生产基地等绿色生态项目。2007 年，粮食总产 1.63 万吨，油料总产 3549 吨，水果总产 1310 吨，蔬菜总产 4913 吨。肉类总产 4877 吨，蛋类总产 2950 吨。水产品总产量 123 吨。农林牧渔业实现总产值 1.23 亿元。

乡镇企业已形成建筑建材、机械制造、抽纱刺绣等行业。拥有日照第三水泥厂、通用机械厂、凯利绣品有限公司、博源织造有限公司、长晖石材有限公司、源丰粮油有限公司等 6 家限额企业。2007 年，实现产值 5.01 亿元，利税 5130 万元。陈疃绣品已有 20 余年的历史，产品畅销美国、日本、欧洲和中国香港等 20 多个国家和地区。陈疃石材工艺加工园区是一个集石材加工、矿山开采、工程设计、安装施工、异型石材加工、售后服务于一体的综合性园区，石材产品远销美国和欧洲。

全镇有 16 个村从事狐、貉等特种养殖。北疃村、姜疃村有 90% 以上的农户从事特种养殖，年养殖狐、貉等珍稀皮毛动物 20 万只。

社会事业

2007 年 6 月，完成蔡石小流域综合治理工程。完成经济园林、水保林、疏林补密、封山育林等项目。投工 5.2 万个，动用土石方 16.1 万立方

图 43-25　陈疃镇驻地一角　　　　(摄于 2007 年)

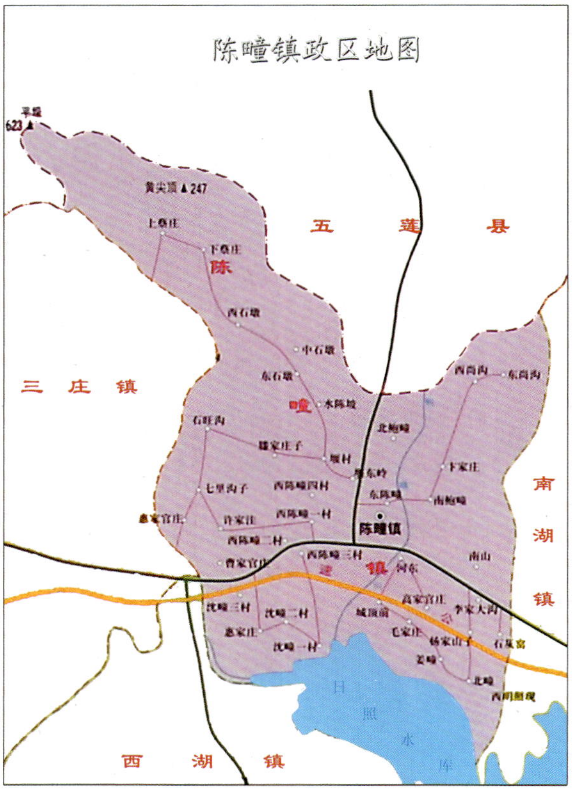

图 43-26

图 43-27

米，投资 100.8 万元，完成 1 座塘坝、7 座蓄水谷坊等工程建设。对商业街、石材小区、工艺石材加工园进行基础设施配套建设，开发建设商居两用楼，建设计生办公大楼、陈疃初中教学楼。陈疃公路站、交警中队办公大楼、陈疃农村信用社大楼相继建成使用。建立陈疃供水中心。"村村通"完成硬化道路 44.5 千米，21 个村实现村村通客车，26 个村实现村村通自来水，38 个村开通有线电视网络。

2007 年，全镇有初级中学 1 所，13 个班。小学 6 所，37 个班。在校中小学生共 2346 人，教职工 217 人。幼儿园 15 所，学前儿童入园率 100%。农村文化大院 13 个。镇卫生院 1 处，卫生所 15 处。医务人员 102 人，其中乡村医生 66 人。1995 年，在日照市率先开展镇办合作医疗保险，参保人数 2.58 万人，参保率 90.4%。敬老院 1 处，供养五保老人 22 人。

第七节　三庄镇

三庄镇位于市区西北部，东与陈疃镇、西湖镇相连，西与莒县龙山镇交界，北与五莲县杜家沟乡接壤，南与岚山区黄墩镇为邻。日东高速公路、335 省道横向过境。域内多丘陵，林木覆盖率达到 35%。桥子山为最高山峰，海拔 656.9 米。三庄河是日照水库主要水源地之一。镇政府驻地三庄二村，距市区 28 千米。2007 年，镇域面积 193.8 平方千米，耕地面积 7619.8 公顷，山场 6666.67 公顷。辖高庄、台庄、惠泉、竖旗、崖上 5 个工作片区，62 个行政村，88 个自然村。2007 年，全镇总人口 7.1 万人，其中，非农业人口 4000 人。少数民族 7 个，120 人。

沿革

三庄，原名刘三公庄，是南北朝时期文学理论批评家刘勰故里。民国元年设立三庄区。新中国成立后，仍沿用区名。1958 年 1 月，撤区建乡，同年 8 月，成立幸福人民公社。1963 年，恢复三庄区。1971 年 3 月，分为三庄、竖旗山两个人民公社。1983 年，三庄人民公社改为三庄镇，竖旗山人民公社改为竖旗山乡。2000 年 12 月，竖旗山乡合并到三庄镇。

1939—2007年中共三庄镇委员会历届主要负责人任职情况表

表43-30

姓　名	性别	职　务	任职时间	备注
牟志真	男	七区区委书记	1939年3月—1939年7月	
范伟晋	男	七区区委书记	1939年8月—1940年7月	
申求典	男	七区区委书记	1940年8月—1941年春	
马吉德	男	三庄分区区委书记	1945年8月—1947年7月	1947年7月三庄、黄墩合并为芦山分区
马吉德	男	芦山分区委书记	1947年7月—1948年秋	
任增恩	男	芦山分区委书记(代理)	1948年秋—1950年12月	
安丰岩	男	十五区(三庄)区委书记	1950年12月—1951年春	
郑培诚	男	十五区(三庄)区委书记	1951年9月—1952年11月	
马承范	男	三庄区区委书记	1956年1月—1957年秋	
牟敦杰	男	三庄区区委书记	1957年4月—1958年春	兼
孔宪锡	男	三庄乡党委书记	1958年春—1962年12月	
傅承玺	男	三庄公社党委书记	1962年6月—1964年4月	
马守堂	男	三庄公社党委书记	1964年4月—1965年8月	
杨奎音	男	三庄公社革委核心领导小组组长	1969年10月—1971年3月	
蔺世魁	男	三庄公社党委书记	1971年3月—1975年6月	
周备清	男	三庄公社党委书记	1975年6月—1977年11月	
谢更学	男	三庄公社党委书记	1978年8月—1984年6月	
任培信	男	三庄区委书记	1984年6月—1987年3月	
王启达	男	三庄镇党委书记	1987年3月—1990年2月	
焦安润	男	三庄镇党委书记	1990年2月—1993年4月	
张成平	男	三庄镇党委书记	1993年4月—1994年12月	
刘海一	男	三庄镇党委书记	1995年3月—1998年9月	
丁肇波	男	三庄镇党委书记	1998年9月—2002年1月	
张玉栋	男	三庄镇党委书记	2002年1月—2006年3月	
焦安勇	男	三庄镇党委书记	2006年3月—2006年11月	
崔久军	男	三庄镇党委书记	2006年11月—	

1940—2007年三庄镇政府历届主要负责人任职情况表

表43-31

姓　名	性别	职　务	任职时间	备　注
范干民	男	七区区长	1940年3月—1941年3月	
胡润志	男	三庄区区长	1945年8月—1947年7月	
胡润志	男	芦山分区区长	1947年7月—1948年春	
胡润志	男	芦山区区长	1948年春—1949年9月	
杨奎音	男	十五区(三庄)区长	1950年5月—1951年9月	
李茂村	男	十五区(三庄)区长	1955年5月—1958年1月	
惠汝佩	男	三庄乡乡长	1958年1月—1958年7月	
李茂村	男	三庄公社主任	1959年2月—1962年12月	

续表 43-31

姓　名	性别	职　务	任职时间	备　注
惠汝佩	男	三庄乡乡长	1958 年 1 月— 1958 年 7 月	
李茂村	男	三庄公社主任	1959 年 2 月— 1962 年 12 月	
韩敬山	男	三庄区区长	1962 年 12 月— 1967 年 2 月	
范伟连	男	三庄区革委主任	1967 年 2 月— 1967 年 4 月	群众
张学吉	男	三庄区革委主任	1967 年 4 月— 1968 年 3 月	
张学义	男	三庄区、社革委主任	1968 年 3 月— 1969 年 11 月	群众
张学吉	男	三庄社、区、社革委主任	1969 年 11 月— 1976 年 10 月	
张学吉	男	三庄公社管委主任	1976 年 10 月— 1979 年 5 月	
徐恒斌	男	三庄公社管委主任	1982 年 3 月— 1983 年 7 月	
陈常栋	男	三庄区区长	1984 年 6 月— 1985 年 5 月	
梁作春	男	三庄镇镇长	1985 年 5 月— 1987 年 2 月	
李玉堂	男	三庄镇镇长	1987 年 2 月— 1987 年 7 月	
辛崇利	男	三庄镇镇长	1987 年 7 月— 1990 年 2 月	
张成平	男	三庄镇镇长	1990 年 2 月— 1993 年 4 月	
刘海一	男	三庄镇镇长	1993 年 5 月— 1995 年 3 月	
张建军	男	三庄镇镇长	1995 年 5 月— 1997 年 2 月	
付元田	男	三庄镇镇长	1997 年 2 月— 1999 年 9 月	
王伟举	男	三庄镇镇长	1999 年 9 月— 2001 年 1 月	
庄光芹	男	三庄镇镇长	2001 年 1 月— 2001 年 6 月	
张玉栋	男	三庄镇镇长	2001 年 6 月— 2002 年 1 月	
焦安勇	男	三庄镇镇长	2002 年 1 月— 2006 年 3 月	
李　勇	男	三庄镇镇长	2006 年 3 月—	

附 1： 1958 — 2000 年中共竖旗乡委员会历届主要负责人任职情况表

表 43-32

姓　名	性别	职　务	任职时间	备注
尹建勋	男	竖旗乡党委书记	1958 年 1 月— 1958 年 9 月	
尹建勋	男	宝山（竖旗）公社书记	1958 年 9 月— 1959 年 2 月	1959 年 2 月后竖旗合三庄
王延朋	男	竖旗公社党委书记	1971 年 3 月— 1975 年 6 月	
王军平	男	竖旗公社党委书记	1975 年 6 月— 1978 年 3 月	
周祥忠	男	竖旗公社党委书记	1978 年 5 月— 1980 年 5 月	
相玉卿	男	竖旗公社党委书记	1982 年 1 月— 1982 年 6 月	
王录平	男	竖旗区委书记	1984 年 6 月— 1985 年 5 月	
吴开修	男	竖旗山乡党委书记	1985 年 6 月— 1989 年 7 月	
周家富	男	竖旗山乡党委书记	1989 年 7 月— 1993 年 4 月	
焦安美	男	竖旗山乡党委书记	1993 年 3 月— 1993 年 8 月	
白建民	男	竖旗山乡党委书记	1993 年 8 月— 1998 年 9 月	
王　雷	男	竖旗山乡党委书记	1996 年 6 月— 1999 年 9 月	
庄光芹	男	竖旗山乡党委书记	1998 年 9 月— 2000 年 12 月	

附 2：1958—2000 年竖旗乡政府历届主要负责人任职情况表

表 43-33

姓　名	性别	职　务	任职时间	备　注
李茂村	男	竖旗乡乡长	1958 年 1 月—1958 年 9 月	
李茂村	男	宝山（竖旗）公社主任	1958 年 9 月—1959 年 2 月	
王延朋	男	竖旗公社革委主任	1971 年 3 月—1975 年 6 月	
王军平	男	竖旗公社革委主任	1975 年 6 月—1978 年 3 月	
周祥忠	男	竖旗公社革委主任	1978 年 5 月—1980 年 5 月	
范崇泉	男	竖旗公社革委主任	1982 年 6 月—1984 年 6 月	
山常祥	男	竖旗区区长	1984 年 6 月—1985 年 5 月	
焦安润	男	竖旗山乡乡长	1985 年 5 月—1990 年 2 月	
焦安美	男	竖旗山乡乡长	1990 年 3 月—1993 年 3 月	
郑培田	男	竖旗山乡乡长	1993 年 3 月—1994 年 4 月	
徐德友	男	竖旗山乡乡长	1994 年 5 月—1997 年 2 月	
庄光芹	男	竖旗山乡乡长	1997 年 2 月—1998 年 9 月	
张玉栋	男	竖旗山乡乡长	1998 年 9 月—2000 年 12 月	2000 年 12 月合并到三庄镇

三庄镇工作片及村居划分表

表 43-34

片区名称	村数	村　居　名　称
崖上	11	王家村、后石沟崖、高家庄子、刘家庄子、板石、庞家店、贺庄、前石沟崖、车疃、庙沟、陈家店
竖旗	13	张家庄子、邱家庄、大刘家沟、塔山、三合岭、大夏家岭、吉洼、孟家沟、竖旗山、杨家官庄、官庄、上夏家岭、山东头
高庄	13	三庄一村、三庄二村、邱前、陈家沟、、后高庄、齐家沟、高家沟、三庄三村、小庄、李家沟、前高庄、泉子岭、讲合沟
台楼	12	上卜落崮、窝疃、上崮后、陈山前、小卜落崮、徐沈马庄、下卜落崮、下崮后、范家楼、台庄、惠沈马庄、建国
惠泉	13	大王家寨、孙家庄子、惠家下河、双河、龙泉、茂山、四亩地、西王家寨、贾家沟、向阳、三山前、战家沟、大沈马庄

图 43-28　三庄镇驻地一角　　（摄于 2007 年）

经济概况

2007 年，全镇实现地区生产总值 6.42 亿元。

三产比例 42.9∶23.8∶33.3。实现地方财政收入 555 万元，农民人均收入 5517 元。

全镇农业种植以小麦、玉米、花生、地瓜为主。2007 年，粮食总产 3 万吨。林果主要品种是苹果、板栗、大枣、桑茧、柞茧等。苹果、板栗、黄烟种植是三庄镇特色农业。2007 年，优质果园发展到 1333.33 公顷，苹果总产 30 万吨。“三庄”牌红富士苹果在

2001年北京中国国际农业博览会上被评为名牌产品。全镇果品流通联合体发展到300多个，参与流通人员6000余人。果品收购延伸到省内各个苹果产区，销售区域遍及苏、浙、皖、沪、闽、粤等60多个大小城市。常年在外销售人员300余人，年流通量12万吨。

在镇东开发建设"日照市郊区工业园三庄项目区"。2007年，园内有更好食品有限公司、益民家纺、华通五金、斯诺尔混凝土等企业10余家。其中，规模以上工业企业3家。

旅游景点

三庄镇旅游景点有龙门崮和桥子山、太阳山三大风景区。"红色旅游"景点有范家楼八路军日照办事处纪念馆、"石沟崖战役"发生地，古迹有刘勰故里碑。

社会事业

全镇水利设施不断完善，共建成小(一)、小(二)型水库14座。其他水利设施385处，风力水配套工程3处。

2007年，全镇村村通硬化路102.4千米，46个村实现"村村通"水泥路。固定电话用户1.10万家，开通移动电话2.5万部，互联网用户130家。2001年，建成驻地集中供水中心，13个村通自来水。42个村通有线电视。镇内有变电站、供电站各1处。镇驻地及工业基地安装路灯80盏。

镇驻地有区属高中1所，18个教学班。2007年，镇属初中3所，36个班，小学16所，110个班。在校中小学生5285人，教职工468人。幼儿园36所，文化大院62个。医院2处，村卫生室47处，医护人员60名，其中乡村医生123人。有敬老院1处，社会赡养孤寡老人35人。

图43-29　三庄镇太阳山生态旅游区　(摄于2007年)

人物

东港区历史悠久、文化底蕴深厚，孕育了西周时期伟大的军事家、政治家姜尚，南北朝时期杰出的文学评论家刘勰，当代著名物理学家、诺贝尔奖获得者丁肇中等大批杰出人物。本编共辑录了境内自商代至2007年本籍和部分外籍人物5653人。

人物传略

人物传略共辑录东港区境内自约公元前1135年至2007年年底在政治、经济、军事、科技、文艺等领域有重大影响的人物131人。其中，古代32人、著名烈士14人、党政干部60人、科技艺术7人、社会知名人士15人、反面人物3人。

一

姜　尚(约公元前1135年—公元前1026年)，字子牙，号飞熊。炎帝之后，因其祖先助禹治水有功，封为“吕”地，又称吕氏。系商末东吕乡东吕里(今秦楼街道冯家沟)人。姜尚年轻时家境寒微，胸怀大志，一心向学，早年仕殷屡屡遭谗，后游说诸侯，终无所获。迫于生计，尝屠牛于朝歌，卖酒于孟津。暮年，垂钓于陕西渭水之阳，与到此出猎的周西伯侯姬昌(即后来的周文王)不期而遇。两人畅谈天下大势，十分投机，结为知己。此后，姜太公被拜为周侯国太师，尊为太公望。辅佐周文王，修德振武，以求兴周，终使天下三分其二归周。后武王姬发即位，姜尚嫁女邑姜为妃，武王因尊尚为“师尚父”。武王伐纣，太公为军师，左杖黄钺，右把白旄，演绎出历史上著名的“孟津之誓”“牧野之战”。周胜商灭，姜尚立首功，被封于营丘(今淄博市临淄北)建立齐国。太公治国有方，创建了泱泱齐国。其军事谋略和治国思想对后世影响很大，被誉为“兵家鼻祖”“中华武祖”“中华第一智囊”，其美名和事迹世代流传，并为后人所推崇称颂。唐代尊为“武成王”“武圣”，与“文宣王”“文圣”孔子并肩媲美。宋朝尊为“昭烈武成王”，因儒、道、法、兵、纵横诸家皆追为本家人物，亦有百家宗师的美誉。

吕　母(?—公元18年)，西汉琅邪郡海曲县(今日照街道)人。中国农民起义史上第一个女领袖。

吕母有子名育，任县游徼，不愿巧取豪夺被县宰杀害。吕母满怀怨恨，暗中联络勇士，决心为子报仇。她开酒店，青年买酒，分文不收。常送衣物，救济穷人。受惠者聚议偿还时，吕母哭诉：多次济助众人，非求利发财，只为县宰枉杀其子，想报仇雪恨，求诸位壮士助一臂之力。众人慨然允诺。天凤四年(公元17年)，吕母在奎山西麓筑起点将台，登台祭天，自封“将军”。亲率勇士数千，攻破海曲县城，活捉县宰，当众问斩。为此，吕母声名大振。当时，王莽“托古改制”失败，正穷兵黩武，贫苦农民不堪其苦，纷纷前来投奔吕母。一年之内，起义军发展到上万人。吕母起义，点燃了反抗王莽的烈火。天凤五年，吕母病故。其部卒分别加入赤眉、青犊和铜马起义军行列。

刘　勰(约465—521)，字彦和，南朝齐东莞郡莒县刘三公庄(今三庄镇三庄村)人。

刘勰先祖于晋亡后南迁，世居京口(今镇江)。刘勰伯祖刘秀之为宋司空，父刘尚曾任越骑校尉。刘勰少年丧父，笃志好学。家贫无依，不能婚娶。齐武帝永明年间

(483 — 493 年),皈依沙门,居定林寺,协助僧祐整理佛经。

他博通经纶,区别藏经部类,抄录之后写序说明。同时,刻苦自学,博览儒家经典和历代文学作品,对文学理论有深入的研究。30 岁后,动笔撰写《文心雕龙》,费时十载,终成巨著。全书用骈文来表达致密繁富的论点,宛转自如,意无不达。因刘勰地位低微,书成后不被世人承认。后得当时文坛巨首沈约赞赏,得以流传。

梁天监三年(504 年),刘勰还俗进入仕途,先后任中军将军萧宏记室、车骑仓曹参军,还当过一任太末(今浙江龙游)县令。梁天监十年(511 年),擢升昭明太子萧统东宫通事舍人,执掌奏章,深受昭明太子敬重。梁天监十七年(518 年),曾上表朝廷,使二郊农社停祭牺牲,改用蔬果。后迁步兵校尉,兼东宫通事舍人。梁普通元年(520 年),刘勰启奏出家为僧,取名慧地。次年去世,终年 56 岁。

刘勰是精通儒学和佛学的杰出学者,也是骈文圣手。一生著述甚丰,传世作品有《文心雕龙》《新论》《灭惑论》等。

张莘卿(1111 — 1179),字商老,今日照街道人。幼时家贫请不起师傅,不分严寒酷暑,坚持自学。当时战争频仍,盗贼蜂起,民不聊生。莘卿挟书到田间研读,从不间断,于金天德三年(1151 年)考得甲科第二。中进士后,初任河州(今甘肃临夏北)防御判官。中因父病逝离职,服丧期满,先后任河南防御判官、单州鲁台令、莱州胶水令、国史馆编修官,入选翰林。后经考试合格,升任镇西军节度副使,兼兰州管内观察副使。他生活俭朴,为官只带幼子随侍,别无仆人。"出无舆马之饰,居无器玩之好"。莘卿对枉法者敢于秉公处理。初在河州任上时,驻军守将"强悍任气""黩货无所惮",在任用"酋长"时,被行贿者得之,而应任之人反被诬拘禁。张莘卿不畏强权,予以立案查处,使冤案得以平反。

张莘卿文笔超凡,其文章"温润峻洁,似其为人"。其书法绘画遒丽多姿,时称其"得东坡先生遗法"。参与修《金太祖实录》,并有文集 10 卷。金大定十九年(1179 年)病逝。

张行简(?— 1215),字敬甫,张莘卿之长孙。聪明好学,博通经史。金大定十九年(1179 年)考中状元。初授应奉翰林。明昌元年(1190 年)出任太常博士,后任礼部郎中等职。

泰和五年(1205 年),改任顺天军节度使。他约束公吏,抑制豪强,狱讼之事能根据事实判决,受到章宗赞赏。次年被召为礼部尚书,兼侍讲、同修国史,使新历法得以颁布实行。后任太子太保、翰林学士、尚书等职。著有《敬甫文集》《礼例纂》等。

张行信(1163 — 1231),字信甫,张行简之弟。金大定二十八年(1188 年)中进士,任铜山县令。明昌元年(1190 年),任监察御史。泰和三年(1203 年),任山东西路转运使、河东路按察司。崇庆二年(1212 年),任左谏议大夫。他为人刚直不阿,高琪任宰相专权用事,张行信力抵其非。三年后,改任武安军节度使,兼冀州管内观察使。贞祐三年(1215 年)八月,召回朝中任吏部尚书,继任户部尚书、礼部尚书,兼同修国史。正大元年(1224 年),为尚书左丞,不久即辞官家居。正大八年(1231 年)2 月病故,享年 68 岁。

相　林(生卒失考),今岚山区巨峰镇相家楼村人。

相林"资质厚重,躯干雄伟,有谋略,善骑射"。金章宗泰和年间(1201 — 1208 年),征为卫尉军,授武德将军,宣翼千夫长,未赴任。

金朝遭蒙古军攻击,相林遂回乡里保卫宗族,乡民喜其至,扶老携幼前来归奔。被吏民推举主莒州事。相林整纲纪,防卫有方,使莒州成为百姓的偏安之地。金天兴二年(1233 年),元军灭金。为避免百姓遭受兵燹荼毒,相林带领全州降元,被封为军都镇指挥。面对元军大小头目动辄杀人的野蛮行经,相林规劝有加,使全州大批百姓免受其害。相林人在莒州,心系家乡。他向元行省大都督府进言:日照南邻宋、东靠海,盗贼出没,扰乱百姓,可否让林前去安顿,以使东南无忧。元行省大都督府授相林宣武将军、日照县尹兼总领之职,又分给千余人军队。相林回日照剿灭盗寇,招纳流民,安心农桑,与乡民相处若家人,遂使日照由乱转安,百里称治。

相林年迈,由其子相仁代其职。谢任后,回乡仍与百姓亲密无间,后无疾而终,传享年 99 岁。

焦　庸(生卒失考)，原名朔，今西湖镇大花崖村人。

元朝末年，焦朔参加朱元璋的北伐军队。他作战英勇，追随大将军徐达与元军作战立下战功，编入朱元璋的亲军，屯守京畿，被授予世袭旗手卫副千户。从此，落户南京。焦朔勤奋向学，钻研兵书，被到军队巡视的朱元璋发现。朱元璋询问了焦朔的姓名、祖籍、家庭及战功等情况，随为其改名为焦庸。明代著作家周晖在《续金陵琐事》记载，“太祖为亲近大臣改名，固为异典。御奉天门，召旗手卫焦朔，赐名为庸，此更是异典之异也。今旗手卫皇册首载此事。焦庸即状元焦竑之先祖”。

王　琎(生卒失考)，字器之，今涛雒镇沙岭村人。

王琎自幼聪明好学，成年后博通经史，擅长《春秋》之学。洪武中期，以明经秀才选为教授(府的学官)。洪武二十六年(1393 年)，授宁波府知府。上任后严管胥吏，禁止军人欺压黎民百姓，决心革除陋风弊俗，下令拆毁境内不合乎规矩的庙宇。他注重培养人才，倡导府、州、县生员认真读书。所辖五县民风大变。

他生活俭朴。妻子给他做鱼羹汤，他拒吃，并告诫妻子不可忘自幼家境贫寒，曾经有过吃草根、树皮的生活经历，让妻子将鱼羹端到外面埋掉，以示警戒。消息传出后，宁波百姓肃然起敬，给他冠以“埋羹太守”绰号。

明建文帝三年(1401 年)，王琎反对朱棣靖难之变，训练军队赶造战船，准备参加南京保卫战。朱棣即位后，王琎被捕，押送到南京。朱棣亲自审问，王琎直言不讳造船之事。朱棣将其罢官归乡。宁波百姓将其奉祀于名宦祠，日照祀乡贤祠。

陈　达(生卒失考)，字兼善，今奎山街道郭家湖子人，明天顺八年(1464 年)科进士，授户部主事，迁怀庆府知府。

陈达任知府前，有伙巨盗在怀庆府内为非作歹，官府无法治，军队剿不尽。他上任后，单骑找到匪首，申明大义，晓以利害，说服匪首，解散匪众，使当地人民免受其害。当时治内发生大饥荒，他教百姓用大豆做粥汤喝，救活百姓甚多。又有沁济河洪水暴涨，冲毁古阳三处大堤，他组织指挥群众抢险，仅用一个月时间，将大堤修复如初。

居家，有人将一大笔金子托其保管，不久委托人暴病而亡，陈如数将金还其子。平日，他乐善好施，救助孤寒，帮助他人从不图报。

他施政泽被乡里，深受当地百姓爱戴，为其刻石立碑，诵其功德。

焦竑(1540—1620)，字弱侯，号漪园，又号澹园，祖籍今西湖镇大花崖村。

明嘉靖十九年(1540 年)，焦竑生于江宁(今南京)。自幼聪颖好学。明嘉靖四十三年(1564 年)乡试中举，曾到崇正书院潜心学习，后与李贽结为知己。万历十七年(1589 年)会试北京，得中状元，授翰林院修撰。不久，认宗于日照，出资买下祭田。田租除供应岁祀之外，还周济贫穷同族。万历二十年，任会试同考官。万历二十二年，皇长子出阁问政，焦竑为其讲学。他性格直率，政见不同便上书谏争，不容于时。万历二十五年(1597 年)，出任顺天乡试副主考，因录取举人曹蕃等又受诬陷，贬官福宁州同知。两年后，辞官回江宁，不再出仕，为李贽作《藏书序》。万历二十九年作《嘉善寺苍云崖记》，署名“琅邪焦竑”。

焦竑博览群书，精于文、史、哲学，治学严谨，不入俗流，常有独到之处。著作颇丰，有《澹园集》《澹园续集》《焦氏类林》《老子翼》《庄子翼》《养正图解》《玉堂丛话》等。方志著述有《国史经藉志》《熙朝名臣实录》《国朝献征录》《中原文献》《逊国忠臣录》《焦氏笔乘》等。

丁允元(1602—1671)，字长仁，号右海，今涛雒人。明崇祯四年(1631 年)考中进士，留京任户科给事中。他不满污吏肆虐乡里，上书朝廷，主张改进“一条鞭法”，减轻民众负担。他为官清廉，任姑苏太守时，百姓称颂为“赔钱太守”。明亡后，其在清朝任职。他要求所属官吏熟习典章，遵纪守法，爱护百姓。任庐州道时，奉旨丈量土地，同僚多虚报地亩，他查清数目，据实呈报，不以增加土地而邀功请赏。当时冤狱迭起，株连甚多，他大胆纠查冤案，曾为两千余人保全性命，但却受到抚军的诬陷，被就地免职。不久，真相大白，朝廷补他为榆林道台。这时，他已对官场厌倦，便以母亲年迈为由，回归故里。

丁　泰(1628—1680)，字来公，号洛湄，今涛雒人。清顺治十五年(1658年)中进士，授为河南省陈留知县。其间，河水暴涨，大水浸至城边。他发动民众筑堤，使县城永免水患。在京任六科给事中期间，他针对时弊，上奏朝廷，提出改革运输漕粮、减免地方拖欠、严惩贪官污吏等建议。另外，他在治理黄河、赈济灾民等方面，都有建树。时因郑成功据台抗清，朝廷严令海禁，沿海渔民不能下海捕鱼，生活困难。他上疏陈说弊端，使山东、江苏海运开禁，沿海百姓生活得以保障。有《疏稿》镌刻于世。

安大观(1603—1689)，字宾王，今两城镇人。身材魁伟，精于搏击。明朝崇祯十五年(1642年)日照境域社会动乱。安大观让几千名老幼躲在桃花澜，日夜派人防守、保护。之后，舍家业，练乡团。他治军严明，对贪财、欺压百姓者，从不姑息。他投奔胶州柯将军幕府，带兵夜袭莒邑，平定动乱。不久，胶州告急，安大观又率兵急驰二百余里，解胶州之围。

清朝建立后，以试判得授拔贡身份，后又擢为鸿胪寺右丞加二级，直至奉直大夫。

丁　时(1634—1698)，字及庵，另字忆慈，号钝斋，今涛雒人。清康熙六年(1667年)进士，授内阁中书。康熙十一年返里居家，与知县杨士雄主修《日照县志》。丁时关心民间疾苦，乐善好施，凡亲朋困难以及田赋、丁役不能完纳者，都尽力资助。晚年修筑“万松别墅”，常与二三知己相约吟诗唱词，互相酬和。著有《半奎楼集》。

李应鹰(1638—1704)，字谏臣，号愚庵，又号柱三，今日照街道人。内阁学士兼礼部侍郎，敕封光禄大夫、四世一品。

李应鹰诗、文、书皆造诣颇深。康熙十五年(1676年)科进士，授翰林院编修，晋日讲起居注，司经局洗马兼修撰，会试同考官，官修明史会典。康熙二十五年(1686年)，奉命提督顺天府学政，贪官污吏有干涉学政者，他不避权贵，照律严办。二任期间，对广宣镇大学尤为关心。看到此校师生苦寒，就为其置义田数十顷，作学校经费。通州学棚倒塌，他捐资重修。看到本府各州、县每年接待费用数千金，皆由百姓负担，就下令全部免去，因而八府百姓刻石立碑颂其功德。

期满，归邸赋闲。闻康熙帝御驾北征，不远千里将自己所捐军需送往前线。他受命提督修理永定河及南河，时常与河工一起，抬土运柴，与河工共甘苦，朝廷所拨经费，全部用到治河上，并赔上不少奉禄。卒后，康熙帝深为悼念，御制祭文，奉送祭品，派登州府知府到灵堂致祭。

有《四书文稿》《宁拙堂诗文稿》著作行世。

丁士一(1665—1732)，字鹗荐，号河峰，今涛雒镇苗家村人。康熙四十一年　(1702年)考中头名举人，授山西高平县训导。康熙四十五年(1706年)中进士，授四川什邡知县。

丁士一办事精明，奋力兴学，常集士子讲论文章。经他栽培，有杨元敬等10余人乡试中举，誉满四川。后任户部主事，监督宝泉局。在升任江西道监察御史期间，奉命赴台巡视，他约法四章，安抚百姓，严禁官兵骚扰民众。公事之余，考察当地风俗，绘图24幅，流传后世。在台期间，倡导用砖代替竹子，用瓦代替茅草，城镇、营房面貌大有改观。不久，改任福建按察使，后提拔为江西布政使。著有《此游日记》《春余集》《三山诗草》《支邛集》《双砚斋文稿》等。

成永健　号毅庵，江苏盐城人，清康熙三十三年(1694年)进士。出仕后先任河北赞皇县知县，转任福建南安县知县。清康熙五十一年(1712年)起补日照县知县，清雍正四年(1726年)离任，任宁海州知州。

成永健是日照县入清后第12任知县，到任后，竭力“造福一方”，重教兴学，重修“学宫”，并亲作《重修学宫记》自省。

清光绪版《日照县志》载：知县成永健清康熙五十二年，于县治东北新置“六一书院”。成永健“严惩游惰，兴起学校，亲课甲乙。文风丕变，科目日增”。每逢阴历的一、六日亲自上课。甲辰科乡试时丁士群、牟朝型、丁法曾、牟蕴秀、李在峦、丁士可、卜宁一、丁步曾等8人中举，副榜1人，号称“八个半举人”。日照封建教育达到极盛时期。

清康熙五十四年(1715年)成永健增修《日照

县志·艺文志》。在旧志文苑的基础上,增入疏奏、碑记、杂文、诗赋等,分类集成,独立成卷。

成永健怜贫惜才,曾对秦露、卜宁一大力资助。秦露被著名文人赵执信誉为“海曲三君子”之一。卜宁一与其子卜祚光先后“进士及第”,并都曾出任过潼南兵备道,政绩显著。

康熙五十八年(1719年),成永健以日照县令兼理胶州。时胶水泛滥,王台一带大灾,继以荒歉,民不聊生。成永健赋《王台行》以状其况:“王台村边妇夜哭,夫死路隅女已鬻。女闻走哭枕父尸,哀鹄啼猿听不得。行人凄恻各泪垂,霾雾冷风暗山谷。……吁嗟豪华厌粱肉,管弦夜饮犹不足。”之后,成永健亲赴省城为民请命,得帑金二千两,按照户头人数分发支给。又劝说富室,出粟煮粥,接济饥民,数千人赖以存活。离任时,胶州、王台一带百姓倾城相送。

成永健善诗文,著有《毅斋诗稿》8卷、《偶存诗集》11卷、《采石谒太白祠像》(二首)。他喜欢与地方上的文人诗酒往来,著名的扬州八怪之一、胶州人高凤翰就是他在日照知县署理胶州时结交的好友。

秦国龙(1667—1738),字卧子,号冰谷,今秦楼街道冯家沟人。康熙三十九年(1700年)进士,先后任湖广郧西知县、户部陕西司主事、监督禄米仓钦差、云南道御史、巡视东城。历掌陕西、山西、山东、浙江政事,改授福建按察使,升福建布政使。

秦国龙任职所到之处,注重以身施教,严管官吏。任陕西司主事时,他建章立制,及时督察,使吏员不敢再懈怠,奸滑胥吏无空可钻。任福建布政使之际,正值台湾朱一贵反清义军被初平,人心浮动,秦国龙尽心安抚,使社会秩序很快稳定。发现郧西县西部居民为争用水好械斗,就根据灌溉面积,将水分为三漕,排定用水次序,派员监督,民不再争。当地历来执行以丁口纳粮,官吏从中暗加,民不聊生。他经请上司允许,改为以地亩纳粮。任御史后,先后巡视有关省,认为郧西县、浙江省以地亩数代替丁口纳粮符合康熙朝规定,就上书朝廷,建议全国施行,被朝廷采纳,百姓负担大减。

秦国龙为官清正,恪尽职守,深得康熙、雍正两朝皇帝喜爱,多次召见。康熙五十二年(1713年),逢康熙六十大寿,其父母、妻子俱被赠封。雍正元年,朝廷考察各科道官员政绩,秦居第一。59岁退休,71岁病逝。

李在峦(1690—1759),字登石,号公岳,今日照街道李家山前人。清雍正二年(1724年)中举,历任陕西白河县、广东开建县知县,敕封文林郎。他临民清正俭约,时邑大旱,饥荒,随开仓储先济饥民,后详情上报,并劝借邑之有粟者,活民甚众。有争柴者,以贿求公,严拒之,批其卷尾云:“一片青山一片金,百年人有万年心,鸿沟未必常为界,倏忽浮云变古今。”讼随息,邑人深感之。

李在郛(1695—1765),子经五,今日照街道李家山前人,清雍正十年(1732年)举人,出任日照县教谕。治学深邃,笃于友谊,为文磊落奇特。著有《景苏堂文集》《伴海棠诗集》《诗义集解》。与丁恺曾、秦露二人既为亲戚,有属同好,皆好学笃行,常以著述相砥砺。故当时知县成永健敬而奇之,赠诗称颂。后被著名文人赵执信誉为“海曲三君子”之一。

卜宁一(生卒年不详),字中三,生于日照县城。乾隆四年(1739年)中进士,授礼部主事,不久升为御史。后出任四川盐道。他改革盐法,实行坍井免征、新井加税,受到朝廷褒奖。升任四川按察使时,集资建贡院和栈阁,并筑成绵川等城。后奉调回京,任教于金台书院,培养出大批知名学生。他为官清廉,年及七十,告老还乡,除衣服被褥外,只有几箱图书。著有《寻乐斋诗文集》。

萧九成(1740—1793),字韶亭,号碧畦,今日照街道后楼人。乾隆三十七年(1772年)中进士,授翰林院检讨。曾主持广西、贵州两省的科举考试。后督导云南学政,为官清廉,谨慎从政,不徇私情。

他精于绘画,为清代著名画家。《中国名人大辞典》载,“他工画山水,守娄东法,其画极见工力,独具风格”。他善作写意画,长于浓墨、泼墨、淡墨,纵横淋漓,潇洒多姿,达丹青之妙境,其名入《画锦录》。

夏三贤(生卒失考),三庄镇夏家岭人。少年出家修道,道号通亨,又称夏羽人。初期,隐住三庄镇龙门崮晨鸡寺。先后开挖修理了“老母洞”“罗汉洞”“大洞”“仙人洞”及泉、臼、渠、池等设施。通亨属崂山道士分支,于康熙年间西去,云游华山拜师修道数年。归来后,住今西湖镇爱国村回龙观,是日照一带的道首。其深感山外有山,天外有天，道业高深莫测，在回龙观东河西岸横石罅内下边的石板上题诗曰："千岩万壑极跻攀，将谓深山尽此间，行到深山更深处，深山深处更深山。"有道友来访不遇，又题："明月清风调，高山流水音。子期今不遇，谁知伯牙心"。

通亨道士在回龙观任道长多年，相传活到124岁羽化，葬在回龙观西畔。

卜祚光(1731—1804)，字凝子，一字贫各，卜宁一之子。乾隆二十六年(1761年)进士，授翰林院庶吉士，升编修。后出京任延安守备。任榆林兵备道时，发现边民与蒙族纠纷很多，便亲自调查处理，稳定边疆。任潼商兵备道时，整治兵备，整顿税收，促进商品流通，受到商人敬重。奉调回京后，任按察使。因不愿与权贵同流合污，以奉养双亲为由辞官归里。

卜祚光工书法，融欧、颜于一体，作品至今尚有收藏。著有《尔雅书屋遗稿》。

丁守存(1812—1883)，字心斋，号竹溪、次海，晚号石涛钓叟，今涛雒人。清道光十五年(1835年)科进士，授户部主事，不久调任军机处章京。

丁守存求学期间，熟读八股文，并钻研天文、地理、测量、数学等书籍。鸦片战争爆发后。他对蒸汽机、火炮、地雷的制造原理进行潜心研究。不久，大学士卓秉恬推荐他赴天津制炮船。炮船虽未成，却造出了自动启爆的地雷和火炮。

咸丰元年(1851年)金田村起义，他随钦差大臣赛尚阿进入广西，充当幕僚，为镇压太平天国出谋划策。他设计出一种"手捧雷"，想谋害太平天国首领，但未得逞。清道光二十年(1853年)，他随兵部尚书孙瑞珍到山东办理团防。为对付太平军，他设计出石雷、石炮，杀伤力很大。

清咸丰十年(1860年)，丁守存返回故里，为镇压太平军，与地方官绅大造石雷石炮，修筑堡垒。他自行设计堡垒构造与联防布局，对后来的捻军赖文光部造成很大威胁。他在日照办团练、建山寨，开创堡垒战术，受到清廷重视，又被调往直隶，在广平县筑堡200余所，配置大量石雷、石炮，阻挡太平军北上。因镇压太平天国有功，被授为湖北督粮道、按察使加布政使衔。丁守存还创造了用竹筒引水灌田的方法，将江水引注围堤之内，减轻劳动强度，沿长江诸省皆效仿利用。

丁守存年迈还乡。著作有《造化究原》《火法本论》《丙丁秘龠进程》《筹河议》《旷视山房文集》等。

丁艮善(1829—1893)，原名扬善，字少山，今涛雒镇苗家村人。监生，翰林院待诏。清末著名小学家、金石学家、校雠学家和书法家，世称"山左宿学"。自幼聪颖好学，早年师从著名学者许瀚，对金石、训诂及诗文声律都有精到的研究。他擅长书法，工于隶、篆、楷书，字体雍容大方。在河南许昌和济南千佛山，至今留有他的墨迹。丁艮善著作宏富，有《阮氏钟鼎款识校录》《说文部首句读》《弟子职校录》《吕氏春秋校录》《日省斋文集》《篆字论语》等10余种。

尹琳基(1838—1899)，字琅若，又字竹轩，奎山街道夹仓人。同治二年(1862年)考中进士，任翰林院庶吉士、编修，继任国史馆纂修、功臣馆总纂、文渊阁校理等职。同治年间，朝廷议论修复圆明园，他上疏劝谏，痛陈此乃劳民伤财之举。将军陈国瑞冤死，他数次上书，为陈伸冤乞恩。因与权贵不合，被某御史诬参而罢官。归里后，盖屋数间，藏书万卷，作画度日。他在为政期间，勤于著述，著有《焚余笔记》《楚南乘轺笔记》《秦轺日记》《日下见闻录》等。

蔡曾源(1854—1918)，原名蓬海，字仙峰，又字撰辰。今日照街道十里铺人。

蔡曾源幼时在伯父的私塾馆里读书，12岁时因家贫辍学。后得邻居李伯忠和族人的资助，才在塾馆卒业，16岁县试第一。20岁考取廪生，28岁考取举人，36岁考取二甲进士，定为翰林院庶吉士，授职编修。历任国史馆协修、纂修，会典馆纂修兼详校官等。补浙江道监察御史，掌福建道、转云南道，京察一等。53岁任福建建宁知府，诰授中议大夫。

蔡曾源步入仕途后，痛恨清王朝腐败无能，常与同乡、参加"公车上书"的进士丁惟鲁倾谈亡国之忧和强国之策。他以身任御史之便，将朝廷动向暗中告诉戊戌变法者，支持康有为的"救国图存、保国保种"的变法运动。

蔡曾源出身寒门，深知民间疾苦。在任福建建宁知府时，亲自领导并指令所属知县倡导治山治土，兴修水利，发展农、林业生产，改善当地老百姓的生活。他为官多年,洁身自好。致仕回家时,家中财产未增,只是多了书籍数箱。

丁麟年(1870—1930),又名芾序,字绂臣(亦绂宸),号幼石,又名荖林。今涛雒人。出身于进士世家,幼受严格庭训,聪颖过人。清光绪十四年(1888年)中举,光绪十八年科进士,授户部郎中。后任陕西省兴安府知府。1912年春弃官归里。1920年出任山东省图书馆馆长。

在图书馆任职期间,他搜集铜器、陶器、汉画、石刻等文物,分类鉴定与考证,时人皆谓"考古家公可当之"。他还收集到珍贵图书286种,6875册,其中明刻精本较多。他一生著述颇丰,主要有《荖林馆吉金图录》《荖林馆丛书》《三代名器文字拓片集录》《荖林馆钟鼎款识浅释》《日照丁氏藏器目》《殷周名器考证》《出土文物分类集录》《山左乡贤书画甄录》等。1930年病逝于青岛。

高祝三(1865—1947),字毓华,号豫山,今秦楼街道高家村人。清光绪庚子举人,曾任广东省监厂大使。辛亥革命风暴波及到广东,许多官员乘机攫取钱款,据为己有,高祝三虽为金库司钥,却分文不取。民国时期,他大力倡导新式教育,亲自任教10年,历任临沂五中、日照县中国文教员。日本侵略军侵华时期,他过春节从不贴对联,以示国难之痛。他学识渊博,尤以《易经》注释见长,有《易翼释疑》石印本传世。

丁惟鲁(1871—1954),字揆野,晚号素画,今涛雒人。清光绪十七年(1891年)考中举人,光绪二十四年考中进士,授翰林院庶吉士。后任济南府知府、山东东临道尹、北洋大学监督等职。参与光绪二十一年的"公车上书",主张维新变法,改革帝制。1913年,因视察教育到日本,任留日学生副总监。1915年,因反对帝制被选为国民代表。1916年冬,日本在山东设立民政署,引起民愤,他和王讷赴京交涉。

他一生博览群书,学识渊博。著有《日本学制纂要》《新式万国地理》《医学窥录》《揆野诗集》等。晚年弃官归里,闭门读书,偶有达官贵人来访,拒之于门外。1954年病逝于青岛,终年83岁。

二

尹景伊(1905—1925),字希农,涛雒镇张家廒头村人。

尹景伊出生于上海,3岁丧母,7岁回乡读书,12岁入涛雒小学,后随兄嫂在上海就读。1922年考入上海同济医工专门学校(同济大学前身)机师科中等技术部。在校期间,他经常阅读进步书刊,接触中共早期领导人邓中夏、恽代英等。1924年加入社会主义青年团。

为抗议帝国主义分子枪杀中国工人、共产党员顾正红的暴行,1925年5月30日,由工人、学生联合组成反帝游行示威队伍,向上海租界进发。学生会负责人、游行大队副队长尹景伊率领同济大学的游行队伍,在租界向群众发表演说,散发传单,张贴标语、漫画,揭露帝国主义侵华罪行。英国租界巡捕房派出大批巡捕逮捕了尹景伊等学生、工人200余人,关押在老闸捕房内。经斗争获释后,他立即带领成千上万名群众聚集在老闸捕房前,继续营救被捕的其他难友。他和同学陈宝聪等站在最前面,高呼:"释放被捕的中国人!""打倒帝国主义!"英国几十名巡捕,面对示威群众架起机枪,并突然向手无寸铁的群众开枪,有几个学生中弹倒下。尹景伊看见一个巡捕又持枪瞄准陈宝聪,便扑上去将陈推开,子弹从陈的头部擦过,血流如注,尹景伊急忙给他包扎伤口。这时,敌人又向尹景伊连开两枪,子弹从背部射入,他倒在血泊之中,壮烈牺牲,年仅20岁。

烈士为国捐躯的消息传到家乡,日照县各界群众义愤填膺。在县城和他的家乡分别举行追悼大会。同时,成立"沪案后援会",声援上海人民的反帝斗争。

郑天九(1905—1933),原名郑鸿锡,字天九,今岚山区后村镇山字河人。1921年入县立高等小学读书。1924年考入济南正谊中学。

郑天九在济南求学期间,积极阅读新文化书刊,接受新思想。1925年夏,通过同乡牟春霆(陈

雷)认识了在齐鲁大学读书的日照籍共产党员丁君羊，经丁介绍结识了中共山东地方执委会书记邓恩铭。在邓恩铭、丁君羊的倡导下，成立了“少年日照学会”，郑天九、安哲、牟春霆等都是主要成员。学会每周聚会一次，学习马列主义和进步书刊，并参加党组织的一些秘密活动。次年春，郑天九由丁君羊介绍加入中国共产党。

1926年10月，北伐军攻克武昌。郑天九被分配在国民革命军第四军宣传队。蒋介石、汪精卫叛变革命后，根据山东省委指示，郑天九与牟春霆回乡搞农民运动。1928年春，日照县委组建，郑天九负责宣传工作。为便于隐蔽，他以国货公司推销员的身份走街串巷，宣传革命，并在山字河三官庙办起“平民夜校”，利用夜校培养积极分子，先后发展党员50多名。1928年9月，在山字河村率先建立起日照县第一个农村党支部。

1932年春，日照县委改为中心县委，郑天九任宣传部部长。10月13日—26日，中心县委组织发动日照暴动。郑天九与牟春霆任南路指挥。暴动失败后，敌人重金悬赏捉拿郑天九等人。他化装经青岛去上海，后又去北平寻找中共党组织。

郑天九到北平后，与北平市委接上关系，化名丁九，开展地下工作。1933年7月，不幸落入敌手并作为要犯押往南京。面对敌人的残酷刑罚，他大义凛然，视死如归。同年10月19日，在南京雨花台英勇就义，时年28岁。

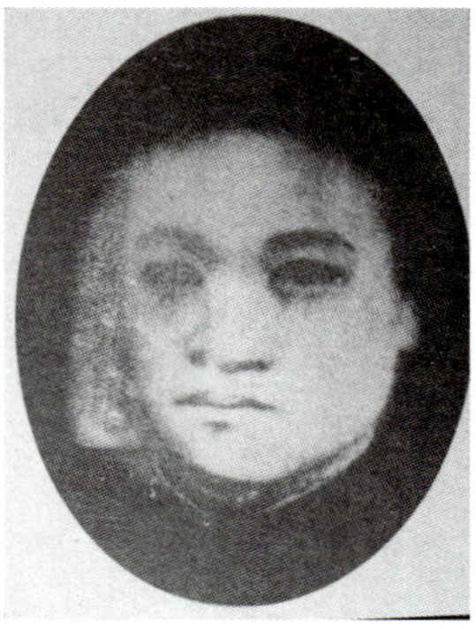

安　哲(1906—1934)，原名安丰铎，字建亭，两城镇安家村人。幼时随父读书，1921年考入济南省立第一中学。

安哲在济南求学期间，积极阅读新文化书刊，接受新思想。1925年夏，通过同乡牟春霆(陈雷)认识了在齐鲁大学读书的日照籍共产党员丁君羊，经丁介绍结识了中共山东地方执委会书记邓恩铭。在邓恩铭、丁君羊的倡导下，成立了“少年日照学会”，安哲、郑天九、牟春霆等都是主要成员。学会每周聚会一次，学习马列主义和进步书刊，并参加党组织的一些秘密活动。次年春，安哲由丁君羊介绍，加入中国共产党。

1926年10月，北伐军攻克武昌。安哲考入武汉中央军事政治学校。蒋介石、汪精卫叛变革命后，根据山东省委指示，安哲回济南任省委巡视员。1928年春，安哲被派回日照组建县委，任县委书记。他与分工宣传工作的郑天九、分管组织工作的牟春霆密切配合，秘密开展党的工作。为便于隐蔽，他在本村任小学教员，白天教学，夜晚秘密发动群众，发展党员。1929年2月，建立起安家村党支部，后在两城、青岗等十几个村庄建立了党支部。

1932年春，日照县委改为中心县委，安哲任书记。10月13日—26日，中心县委组织发动日照暴动。他任中国工农红军鲁南游击纵队总指挥并负责北路行动。暴动失败后，敌人重金悬赏捉拿安哲等人。安哲扮成吊孝人躲过敌人搜捕，辗转到大连。

安哲与大连市委书记张洛书(岚山区圣岚社区人)接上关系后，被安排到旅顺龙王堂民众学堂任教。1933年4月，任中共奉天特委宣传部长，化名王德海。同年6月23日，因叛徒出卖被捕入狱。在狱中，他坚贞不屈，带领难友开展绝食斗争。1933年冬，参加日照暴动的于共方在大连被捕叛变，供出了安哲。安哲再次被敌人提审并判刑6年。残酷的刑讯折磨，使他肉体受到很大摧残，并染上肺病。1934年冬，牺牲于奉天监狱，时年28岁。

王新民(1902—1940)，日照街道大韩家村人。父王烈武是大革命时期农民协会的积极分子，王新民自幼深受影响。中学未毕业，因家庭破产辍学任小学教师。其间，常以历史上的民族英雄故事激励学生奋发进取。旧政府以其思想“不轨”将其解职。后因生活所迫，远去关东，到延吉任教，“九一八”事变后返

回家乡。抗日战争爆发后，他投笔从戎，于1938年加入中国共产党。1939年冬，任县大队供给部主任。在极端艰苦的环境中，他带队去涛雒征收盐税，解决军需物资匮乏困难。

1940年4月23日，保安团李延修部将部队驻地包围。县大队突围时，王新民尽力组织人员转移物资。途中毛驴受枪炮惊吓，物资翻滚在地，王新民因奋力抢救延误撤退时机，不幸落入敌手。敌人对他进行了两次刑讯皆无所获，便灭绝人性地钉其手足，砍其躯体。王新民至死不屈，英勇就义。

安子章（1902—1940），又名安春生，两城镇秦家庄人。

安子章自3岁被叔父（五莲山光明寺住持僧绪让）收养，寄托在五莲县潮河镇。8岁入潮河小学读书，后考入诸城中学。1930年，经安哲介绍加入中国共产党。入党后，在潮河和五莲山光明寺一带发展党员四十多名。1931年，在潮河村成立诸城特支，并任特支书记。为筹集活动经费和武器，根据中共日照中心县委指示，未经绪让同意，卖掉光明寺13.33公顷土地和300多棵杨树，筹集大洋1500块，购置12支短枪和部分弹药，并控制了光明寺中的4支短枪和7支长枪，为日照暴动作准备。

1932年10月13日晚，安子章按预定计划，在秦家庄带领起义队伍，首先击毙恶霸地主安维林（又名安老七），夺取部分枪支。随后，与其他起义队伍汇合，被任命为北路起义支队第二大队大队长。17日晚，北路起义队伍占领潮河镇。安子章将绪让存在这里的粮食和维县奸商的洋酒、洋布、洋钱全部分给贫苦群众。

日照暴动中，安子章带领战士在五莲山光明寺、天竺峰打退敌人多次进攻。翌日，敌人在火炮、机枪的掩护下冲上山顶，许多起义战士壮烈牺牲。安子章带领20余名战士，声东击西，吸引敌人，让总指挥安哲带领骨干迅速向西转移，突出险境。安子章因左臂受伤，隐藏在草丛中。天黑后，在群众掩护下化装潜出五莲山，辗转到大连，与党组织接上关系。

1933年冬，因叛徒出卖，安子章在大连被捕，党组织通过关系，动员绪让出300块大洋将其赎出。安子章出狱又回到五莲山区，决计与敌人斗争到底。他潜入驻胶南的国民党海军陆战队并很快当上副营长，准备适当时机策反这支武装。1940年秋，国民党特务安治邦和汉奸张步云串通海军陆战队逮捕了安子章，以“共党分子”的罪名将其活埋于胶南胜水，时年38岁。

惠恒智（1920—1941），女，三庄镇惠家沈马庄人。

1939年，县委妇女干部王军到村里开展抗日宣传工作，惠恒智将她接到家中，并一起走门串户，发动群众，宣传抗日，建立中国共产党的基层组织。

1940年春，惠恒智加入中国共产党。次年春，被组织派到沈疃、三庄开展工作。1941年11月14日，她和地下党员胡照松到竖旗岭村活动，被敌人包围。当她们跑至邢家沟北岭时，被坏人告密而遭逮捕。敌人对其严刑拷打，并以杀头、活埋相威胁。惠恒智神色镇定，昂首挺胸、步履从容地走向刑场，与胡照松先后跳入敌人挖的坑内，相互拥扶着壮烈牺牲，年仅21岁。

董振彩（1913—1941），昌邑县人。1936年入党，在本县以当小学教师为掩护，从事地下工作。1937年10月，任县委组织部部长，后调八路军九支队工作。1940年冬，被派到日照黄墩，在收编的朱信斋独立营任政委。为改造这支队伍，他经常深入连队，宣传党的抗日主张和统一战线政策，培养抗日积极分子，秘密发展党员，壮大党的力量。1941年3月2日，朱信斋叛变投敌，抓捕并关押了八路军派到独立营的所有干部战士。朱信斋对董振彩软硬兼施，逼他投降，均遭严词拒绝。朱匪对他严刑拷打，并命令匪徒用刺刀穿透其锁骨，用铁丝吊在

梁上毒打。董振彩虽遍体鳞伤，仍毫不屈服，怒斥顽匪。3月16日，他在黄墩巴山壮烈牺牲。

卢迪(?—1943)，四川人，中共党员，老红军，教导五旅十三团团长。

1942年12月初，在罗荣桓政委的直接指挥下，卢迪率部投入甲子山讨顽战役，并担负主攻盘踞石场的敌师部附近各大碉堡的任务。他率部发起五次冲锋，毙、伤顽敌三百余人，终于攻破敌碉堡群，配合主力部队赢得甲子山战役胜利。战后部队整编，芦迪任一营营长。1943年夏，他带一个连驻高兴区北台子村。一天凌晨，被日、伪军偷袭。在指挥突围的战斗中，头负重伤，被送往后村区挪庄西山医疗所，经抢救无效，光荣牺牲。

贾正远(1915—1944)，原名贾庆琳，陕西省吴堡县人。出身贫寒，1933年参加革命工作，1939年参加八路军，曾任延安后方医院政治指导员，并入延安抗大学习。1940年随部队东进山东，转战鲁西、鲁南，曾参加第二次讨伐石友三战役，屡立战功。1941年，获"模范共产党员"称号。1942年，调滨海独立团任副团长，次年任滨海警备团副团长。他英勇善战，足智多谋，指战员称他是"小诸葛"。部队驻日照期间，他常派小部队配合武工队出奇不意地打击敌伪据点。1944年夏天，贾正远率领部队，开展反"蚕食"斗争。敌人白天修筑的碉堡，他晚上即组织群众拆掉。他指挥进行大小战斗56次，摧毁碉堡39座，毙、伤、俘敌200余人，击毙日军指挥官赤松，取得了反"蚕食"斗争的胜利。

1944年12月23日拂晓前，日照城和涛雒的敌伪军600多人，突然袭击警备团部驻地后黄埠子村。指战员与敌人展开激战，贾正远和部分战友突出重围后，见很多干部战士仍处于敌军包围之中，又毅然返回村里指挥突围。激战中壮烈牺牲，年仅29岁。

邱正良(?—1945)江西人，中共党员，老红军，历任连指导员、组织干事、六八六团(老六团)一营教导员、滨海军区日照警备团副政委、滨海军区独立四团副政委、警备第十旅十九团副政委等职。

1945年8月15日，日本侵略军宣布无条件投降。9月5日，十九团奉命以武力解决日照城内拒不缴械的日伪军。6日，正在准备攻城之际，日伪军从北门窜出，向十九团短距离迂回袭击。邱正良在日照城北店子村指挥战斗中牺牲。

尹仲岩(1920—1947)，原名尹盛嶟，奎山街道夹仓二村人。他先天性右上肢残疾，体质孱弱，但其秉赋超常，意志坚强。1929年入夹仓小学就读，受到王新民老师进步思想的影响。1935年秋，考入县立中学后，又在高燮宸等引导下，阅读进步书刊，宣传抗日救国道理。

1939年，尹仲岩加入中国共产党，并任涛雒区青救会会长、区委宣传委员等职。1942年，调任莒南县板泉区委书记。不久，调滨海地委宣传部。1945年5月，任日照县委宣传部部长。1947年8月，国民党军队十九旅占据石臼所一带，还乡团乘机进行反革命报复。他不畏艰险，带领干部、民兵坚持斗争，反敌特、反倒算。9月5日上午，到河山大沙沟一带侦察敌情时，与还乡团刘嘉山一伙遭遇，战斗中，尹仲岩被敌人抓捕。穷凶极恶的还乡团拳打脚踢对其拷问，他毫不屈服。敌人无计可施，便用绳子绑着他的腿和胸部，用扁担抬着向丝山顶走去，走几步就将他猛摔在地，等抬到山顶时，他已昏迷。敌人用凉水将他喷醒，尹仲岩仍是宁死不屈。恼羞成怒的匪徒便残酷地用棍子打、枪口拧、石头砸。尹仲岩活活惨死在敌人的乱石、枪棒中。牺牲时年仅27岁。

张茂桂(1923—1948)，陈疃镇上蔡庄人。

1946年，任民兵中队长，1947年2月，加入中国共产党。解放战争中，他带领民兵多次支前，为部队看管俘虏、转送武器弹药。因功绩突出，上级奖给他一支步枪。1948年9月，他带头参加担架队支援济南战役和淮海战役。淮海战役中，他在专区担架二团一连任班长。因缺少伤员护理器具，他用自己饮水的茶缸给伤员接大小便，并用自己的钱给伤员购买食品。他荣获一等功、二等功各1次。在一次战役中，他已经几昼夜没休息，但一听前线急需大量弹药，当即带队把300多箱弹药连夜运到前沿阵地。归途中遭敌机轰炸牺牲，年仅25岁。

庄仲宣(1899—1950)，涛雒镇庄家村人。年轻时捕鱼为业。1940年，参加革命并加入中国共产党，先后担任乡长、区长等职。1949年冬，在司法科任副科长期间，上级指示组建南下船队，支援部队解放东南沿海岛屿，他主动请求南下参战。领导批准他的请求，任命他为南下船运大队长。他率船队日夜兼程奔赴前线。时值严冬，天上敌机扫射，水上汽艇堵截，他沉着指挥与敌周旋。1950年3月5日，到达浙江镇海。正当船队靠岸时，敌机赶来袭击，子弹击中他的头部，血流如注，昏倒在船上。通讯员为他包扎，他从昏迷中醒来，仍吃力地指挥战友隐蔽。敌机再度俯冲扫射，庄仲宣光荣牺牲。

牟敦康(1928—1951)，奎山街道牟家小庄人。1944年，进抗大一分校学习。抗战胜利后，被选送到航空学校深造。1950年6月，以优异成绩毕业，被分配到空军第4旅。历任飞行教员、中队长、一〇三一部队七团三大队长等职。

1951年秋，牟敦康奉命赴朝参战。10月4日，率中队以4架飞机迎战20余架美机，击落了F—86美机4架。其中，牟敦康击落3架。他的战斗机多处负伤，依靠滑翔返回机场。10月23日，在援救兄弟部队的战斗中，他再次击落敌机2架。

美军占据大和岛后，经常轰炸朝鲜后方的铁路、桥梁、公路和各项军事设施。对志愿军补给线造成巨大威胁。为拔除这颗钉子，夺回大和岛，11月11日，志愿军派9架杜—2轰炸机先行轰炸。牟敦康奉命率领三大队，与兄弟部队协同掩护轰炸机群，遭遇100多架美机阻拦，战斗异常激烈。牟敦康在击落1架敌机后，发现兄弟部队的一架飞机正被敌机团团围住，便冲上去以猛烈炮火攻击敌机。空战中，自己的飞机严重负伤，发动机毁坏，通讯设备失灵。为保全飞机，他仍艰难地驾机下降。不幸又遭敌机炮击，壮烈牺牲，年仅23岁。为表彰他的英雄战绩，空军部队党委为他追记一等功。著名作家魏巍和白艾将此次战役和牟敦康的英雄事迹写成报告文学《长空怒风》。

王万兰(1953—1977)，女，南湖镇樵业子村人。读小学时受雷锋精神影响，逐渐养成热爱集体、助人为乐的好品德。学校有一残疾同学行走不便，她经常背其过河。集体的羊丢了，她和别人一起跑十几里路把羊找回来。她刚满16岁，就当上基干民兵。训练时，不怕酷暑严寒，处处跑在前面。生产队改土造田，她主动参加突击队，被誉为“铁姑娘”。1976年，嫁到城关北小庄。1977年6月16日午饭后，她去村南大口井洗衣服，发现本村儿童小文、小青掉进井水中，正在拼命挣扎，立即不顾一切地跑过去，抓住小青的手往上拉，由于用力过猛，脚下泥滑，她也跌入井中。大口井水深数米，她抓住小青，用力推上井沿。这时，先落水的小文正慢慢下沉，情况十分危险。此时的王万兰也精疲力竭。但她还是奋力向小文游去，用尽最后的力气把小文推向井边，自己却滑入深水之中。两个孩子得救了，王万兰却因溺水停止呼吸。

王万兰牺牲后，中共日照县委根据她生前申请，追认她为中共正式党员。1978年3月，省革委、省军区授予她“雷锋式的好民兵”光荣称号。

于月杰(1958—1984)，日照街道大莲村人。

1979年参军入伍到莱阳某部，1983年加入中国共产党。服役期间，先后8次调动工作，每次都圆满完成任务。为了部队建设，3次推迟婚期。入伍6年，3次受部队嘉奖。多次被评为优秀团干部、好党员、好班长，两次荣获“神枪手”和“精神文明建设先进个人”称号。

1984年7月30日下午，于月杰去营房菜园劳动，经过一座水库时，发现一儿童在水中挣扎，立即跳入水中，将儿童推到浅水处。儿童得救了，于月杰却因不识水性，体力不支，滑入深水中，溺水牺牲。为表彰其舍身救人的英雄事迹，部队为他追记一等功。

李宜纯(1964—1986)，日照街道上李家庄子人。云南边防保卫战一等功臣。

李宜纯1982年应征入伍。1985年4月，在老山前线加入中国共产党。1986年1月28日，收复167高地战斗打响，他带第一爆破组冲在前面。在离主峰十几米处，遭到暗藏在4号洞内敌人的突然袭击，两位战友牺牲，他的腹部也受重伤流血不止。他拖着爆破筒向4号洞爬去，在接近洞口时，被敌人手雷炸伤胸部。这时，他忍受着痛苦不顾一切地扑上去，拉燃爆破筒，塞进洞口。随着一声巨响，他昏了过去。醒来后，他强忍剧痛坐起来让两位战友快去搜查洞内，自己则艰难地爬向主峰。主峰夺回后，他慢慢地合上了眼睛。牺牲时年仅22岁。

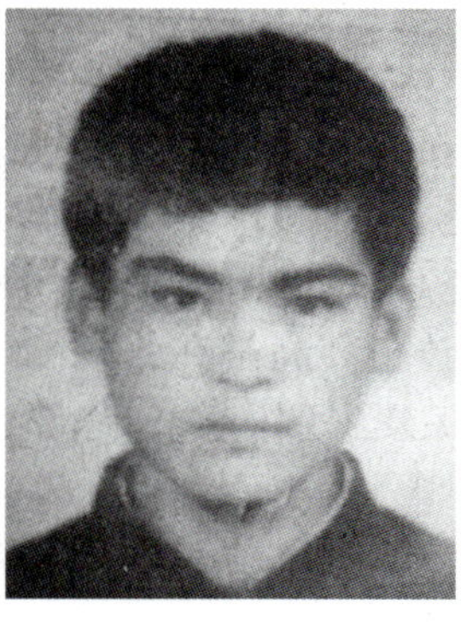

刘加锋(1972—1992)，后村镇马家店村人。

1992年12月25日10时，刘加锋听到小孩落水的急促呼救声，立即赶到离家约200米的村西水库边。看到三名儿童在离岸约20～30米的冰缝中抓着冰块哭叫。他纵身跳入冰水中，一边用胳膊砸冰，一边吃力地往前游去。他托起一个落水儿童返身回游时，第二个儿童向前一扑，也紧紧搂住刘加锋的脖子。他将孩子高高举过头顶，艰难地往岸边回游。这时，闻声赶到水库的人们迎头接过刘加锋救出的两个孩子。此时，他已身疲力竭，咬紧牙关朝第三个孩子游去。在抓住第三名孩子时，他奋力一举，将孩子的双腿叉到自己的脖子上，又艰难地往回游，当他用最后一点力气，把孩子递给游过来的村民后，自己却沉到了冰冷混浊的水库底。刘加锋为救三名儿童，献出了自己年轻的生命。

1993年，中共日照市委、市人武部党委、东港区委先后发出向刘加锋学习的通知。共青团山东省委追认刘加锋为“模范共青团员”。省政府批准他为革命烈士。省政府、省军区授予他“雷锋式好民兵”的光荣称号。

刘进前(1964—1993)，枣庄市山亭区薄板村人。于1982年入伍，1986年入党，某部排长，少尉军衔。解放军陆军通讯学院毕业。服役期间曾被某部党委授予“社会主义精神文明先进个人”称号。1990年转业到东港区粮食局，先后任后村、尹家河粮所统计员。1993年10月12日凌晨2时许，在所内值班巡逻时，与正在撬门行窃的盗窃分子英勇博斗，不幸被盗窃分子用匕首刺断颈动脉。刘进前身负重伤，血流如注，生命垂危之际，仍追击盗窃分子40余米，倒地后还向前爬行20余米。终因流血过多，壮烈牺牲，年仅29岁。

日照市社会治安综合治理委员会、日照市社会治安见义勇为奖励基金追授刘进前“社会治安见义勇为模范”称号。1998年1月5日，山东省人民政府批准他为革命烈士。

魏玉平(1964—2000)，秦楼街道西碌碡沟人。大专学历，中校军衔。1983年6月入伍，1987年3月入党，一级飞行员、四种气象飞行员、教员和四机长机、中队长、空战射击主任，1997年2月任飞行大队大队长。

魏玉平生前多次执行重大飞行任务，均取得

优异成绩。1992年，在入闽轮训中被评为“三过硬”飞行员。1993年被评为军区空军优秀飞行员。1999年，在起落竞赛中获空军第八军个人第一名、被评为十佳飞行员，先后二次荣立三等功。2000年3月28日，在执行飞行任务中不幸牺牲，被追认为革命烈士，并追记二等功一次。

三

范景蘧（1892—1944），一名宝经，号庆典，奎山街道傅疃村人。幼读村塾，20岁去北京中学读书，毕业后回乡任石臼所小学教员。后在资本家刘润东商号里当店员和会计。大革命时期，参加日照县“抗日外交后援会”，与高夑宸、郑平等发动各界人士和爱国学生开展抵制日货斗争，没收夹仓反动商人尹华西8车火柴、2车布匹等一批日货。

1928年春，日照县委建立。范景蘧积极参加农民运动，并经常与县委负责人牟春霆(陈雷)秘密接触，自觉接受党的教育。1931年春，加入中国共产党，在本村和安东卫一带秘密发展党员，开展革命活动。次年，在安东卫小学与王润阶等人建立党小组。1933年2月，范景蘧因涉嫌日照暴动被反动当局逮捕。先后关押在济南和青州监狱，长达5年之久。在狱中地下党的领导下，他参加绝食斗争，表现顽强。

抗战爆发后，范景蘧被党组织营救出狱，立即回乡开展抗日活动。1938年1月24日，带领十几名青年，从碑廓王家庄出发，经新安镇搭火车西去延安，因无组织介绍信，未成。返乡后，他串联日照暴动时隐蔽下的老党员，恢复傅(疃)平(台)支部。不久，与刚刚建立的鲁东南特委接上关系。1938年12月，中共日照县委在小曲河建立，范景蘧任书记。1939年春，调往莒北县。次年夏调地委工作。1941年，回日照开展抗日武装斗争，先后在磴山、安东卫一带，利用上层关系拉起四五十人的农民中队，任中队长。

1941年冬，他被错误地以托派嫌疑关押审查，受到撤职与开除党籍处分。半年后，终因查无实据而释放，恢复党籍，安排工作。

1944年6月病逝，卒年52岁。

辛明（1914—1952），曾用名辛廷楷、辛范卿，莒县城关人。1932年加入中国共产党。1933年党组织遭破坏，他与党组织失去联系仍坚持地下工作。抗日战争时期，历任赣榆县常备队团政治部主任、五区区长、县武委会主任等职。1945年4月，出任日照县县长，带领全县干部群众与日伪进行斗争。

1946年8月，辛明调离日照，先后出任渤海行署粮食局长、中央粮食局办公室主任等职。1952年5月，在川东行署病逝。

邱星斋(1880—1954)，原名邱仲魁，奎山街道河套村人。自幼勤奋好学，受辛亥革命影响，剃除发辫，参加县第一期教员讲习所，结业后任教师。自20年代即率先改变只教五经、不教时文及只读不讲的教学方法，革除体罚学生的陋规，并在学校招收女生，男女生统一编班，开一代新风。

他秉性耿直，主持正义。1933年春，范景蘧被反动当局逮捕后，邱星斋不畏艰险，串连附近村民奔赴县城，出具保状，并吁请社会贤达多方营救。1943年夏，其子邱大江领导的地下党组织遭敌破坏，家产被劫掠一空。他毅然投奔根据地，在抗日小学执教。1945年9月，日照县城光复，他被选为县参议员，并参与筹建革命烈士纪念塔。为收集、整理、编纂烈士资料，常自备干粮，走村串户，细访详查。历时两载，终于完成使命。1954年病逝。

王献唐（1896—1960），初名家驹，号风笙，北京路街道大韩家村人。

幼承家训，酷爱读书，11岁入青岛礼贤书院读完文科，插德文班，直至毕业。1917年，应《正义报》之约，赴天津为其翻译德文小说。1918 年，任济南《商务日报》和《山东日报》主编。1925 年赴北京，与丁惟汾等学者共同研究音韵、古文字。1927 年，任国民党中央党部秘书。不久，因政见不合发誓从此不问政事，潜心研究学问。

1929 年 8 月 2 日，出任山东省图书馆馆长，努力搜集文物典籍，扩充馆藏。1930 年，与考古学家吴金鼎一同勘查城子崖龙山文化遗址。之后，与傅斯年、李济、董作宾等人共同成立山东古迹研究会，领导发掘古文化遗址工作，对山东古文化遗址进行普查和小型发掘，为山东考古工作奠定了基础。七七事变前后，兼任齐鲁大学教授，主讲文字学和版本目录学。他创办《山东省立图书馆季刊》，整理出版了许多历史文献，抢救了海源阁的藏书，搜集青铜、古陶、玺印、封泥、货币、汉画、石刻等大量的出土文物。日本侵略军逼近济南时，为保护珍贵文物、图书典籍，他求亲告友，甚至变卖自己的收藏拼凑运费，将馆藏文物图书运往四川。路上，遭遇敌机轰炸时，冒死保护图书。1940 年，他受聘任国史馆总干事兼任山东大学及武汉大学教授，撰写出许多考古著述。抗战胜利后，他亲自将原山东图书馆所有图书文物完整无损地运回济南。

新中国成立后，曾任山东省文物管理委员会副主任、故宫博物院铜器研究员等职。著作有《山左先哲遗书》《炎黄氏族文化考》《中国古代货币通考》《古文字中所见之火烛》《山东古国考》等 51 部，字逾千万。1960 年病逝。

范大娘(1895 — 1961)，女，奎山街道牟家小庄人。范大娘姓李，出身贫农，19 岁嫁到傅疃村范家。范家一贫如洗，她和丈夫靠给地主打短工维持生计。

抗日战争开始，范大娘的长子范崇仕瞒着母亲参加了革命。范大娘想念出走的儿子，边讨饭边打听儿子下落。后来，在一个远房亲戚的帮助下找到儿子。得知他已参加中共领导的秘密斗争时，才放下心来。1939 年，范大娘又把二儿子范崇相送到八路军。

从 1940 年 3 月起，范大娘利用讨饭机会，来往于敌占区和游击区，给八路军传送情报。1941 年，二儿子范崇相在小羊圈战斗中壮烈牺牲。范大娘强忍悲痛，继续积极地参加抗日斗争。1943 年 7 月，范崇仕担任滨海区渔盐工会会长，领导广大渔盐民工开展增资减租和反霸斗争。1946 年 7 月，范崇仕在王家滩一带发动群众开展反奸诉苦和“双减”斗争。在去山字河开会途中，被特务暗杀。已是中共党员的范大娘不但没有退缩，反而斗志愈坚。在大儿子范崇仕的追悼大会上，又把三儿子范崇仁送到部队，并嘱咐他为两个哥哥报仇，不打垮反动派不要回家。范大娘的英雄行为，在部队和群众中产生了强烈反响。1947 年，滨海支前司令部、政治部、日照县评功委员会，授予范大娘“人民母亲”光荣称号。

新中国成立后，范大娘担任了村、区的妇女干部，各项工作走在前面，多次被评为劳动模范。1961 年 9 月病逝。

宋纪方(1911 — 1961)，涛雒镇宋家坨人，世代以租佃盐滩晒盐为业。1946 年加入中国共产党，并任村党支部书记。1952 年，带头组织 11 户盐民成立起盐农互助组。1953 年秋，盐、农两业全面丰收，产盐 4526 担。同年，互助组发展到 22 户。1954 年，互助组发展成为全县盐区第一个生产合作社——曙光盐农业生产合作社，他任社长兼党支部书记。从 1956 年起，连续 4 年被省政府授予劳动模范称号。1958 年，被选为县委候补委员、省党代会代表。1959 年，出席轻工业部群英会。

1961 年 2 月因病去世。

刘鸿若(1910 — 1963)，日照街道十二村人。青少年时期就聪颖好学，富有爱国热情。1928 年，在县中读书时，积极参加查抄、抵制“日货”等爱国活动。1933 年夏，从北平师范毕业回家乡从事教育工作。“七七”事变后，他与郑子久等一批爱国青年四处奔走，寻找抗日组织，寻找中国共产党。1938 年秋，在黄墩参加八路军，当年 10 月加入中国共产党。不久，到山东抗日军政干校学习。

1938 年 12 月，中共日照县委重建，对外称八路军二支队驻日照办事处。刘鸿若担任统战部长兼办事处主任。1940 年 3 月 16 日，县抗日民主政府成立，刘鸿若被选为县长。1946 年 8 月— 1948

年10月，他数次带领民工支援前线，出色完成任务并被记功。战争年代，他三次出任日照县县长，还担任过滨海专署民政科长、滨海行署第三专署副专员、连云港市市长等职。

1949年春，随军渡江南下，任浙江省台州专署专员。新中国成立后，他历任中共浙江省委秘书处和行政处处长、卫生厅副厅长、华东军政委员会卫生部保健医院院长、上海市常熟区和长宁区副区长、区长等职。

20世纪60年代初，由于"左"的错误影响，刘鸿若受到不公正处理。1963年6月，在上海辞世，终年53岁。1980年平反昭雪，恢复名誉。

李存(1917—1966)，女，又名孙华，日照街道海安社区人。1939年加入中国共产党。1941年，跟随部队进入抗日根据地，开展对敌斗争。先后在日照县委敌工部、临藤军分区工作。曾任济南军区工程兵政治部主任、青岛军队疗养院机关政治部主任，正师级，1966年病逝。

胡润洲(1919—1967)，三庄镇吉洼村人。1939年加入中国共产党。1940年，五莲山区党组织遭到严重破坏。他受命赴街头、洪凝一带，以卖油为掩护，联系党员，开展地下工作。1942年秋，他带领十几名党员打入伪军张步云部"新兵连"。在收复三关口战斗中，该连与八路军里应外合，一举歼灭伪军"铁五旅"。

新中国成立后，他曾任胶州地委组织部部长、省水利厅副厅长等职。1967年，"文化大革命"中受迫害致死。1978年平反昭雪。

赵自武(1924—1968)，字仲文，曾用名丁武，南湖镇南湖一村人。

1941年春，参加山东滨海专署在莒南开办的"办理城镇(乡村)合作社指导员"培训班。回乡后，积极宣传、动员村民参股办起各类合作社。1945年，任山东滨海行署南湖纺织合作社主任(经理)。1948年9月，赵自武被调入山东滨海区支援前线司令部任秘书。1949年4月，支前司令部跟随第三野战军渡江南下。1949年12月27日，赵自武被派到四川省人民检察院工作，先后任科长、政策研究室主任、副检察长等职。"文化大革命"期间被打成"走资派"。1968年，被迫害致死。1979年，四川省委为其平反昭雪。

李云鹤(1893—1969)，又名李梅村，安徽省霍邱县人。1925年春，在北京由赵世炎介绍加入中国共产党，曾任中共湖北省委特派员、河南省委巡视员、豫东特委书记、红二十七军司令员，绥远省委书记等职。1932年春，任开封市委书记期间，被张国焘诬为"改组派"。同年8月，在济南通过关系到国民党日照县政府任秘书。9月，任日照县立中学地理教员。

日照暴动失败后，他与中共山东省委派到日照的省委军委负责人祝刚，秘密组成日照县临时特别支部。12月，日照县工作整理委员会成立，任宣传委员，不久改组为县委，任组织委员。当年年底，日照县委改为中心县委，他出任书记。1933年2月，正准备发动二次暴动，被敌人逮捕押至济南。

1937年获释后，先后在淄博、清河、潍北、新海连、皖北等地任职。新中国成立后，历任安徽省委统战部长、省政协副主席等职。"文化大革命"中被迫害致死。1979年为其平反昭雪。

牟宜之(1909—1975)，奎山街道牟家小庄人。曾用名牟乃是，字去非。1925年，在济南正谊中学读书时，积极参加学生爱国运动，进行反帝反封建的秘密宣传活动。

抗日战争爆发后，赴八路军驻西安、武汉办事处。利用其与国民党元老丁惟汾的关系，组织上派他到沦陷区进行抗日斗争。1938年，担任乐陵县县长。到任后，他抓获一些公开贩卖毒品的日本商人。审理后，当即命人推出大堂斩首示众。乐陵一地主，横行乡里，因私贩毒品罪被判死刑。行刑前，其家人送上数万银元，以求赎罪，他断然拒绝。罪犯处决后，将“赎罪款”交给八路军一一五师。同年春，八路军一一五师肖华部进驻乐陵，开辟抗日根据地。他倾其县府财粮积蓄予以支援，并将县武装改编为八路军泰山支队。同年，牟宜之被吸收为中共特别党员。1939 年 10 月，牟宜之到晋鲁边区任鲁北行政委员会主任。1941 年春，任沂蒙区行政专员。次年 8 月，调任八路军一一五师参议室主任，参与策动伪军王道、莫正民、张希贤部 6000 余人的反正工作。解放战争时期，曾任东北野战军辽东军区司令部秘书长、政治部联络部长、鞍钢动力部长。北平和平解放后任北平市人民政府建设局副局长。

新中国成立后，他先后任济南市建设局局长、林业部经营司司长。在林业部期间，他上书中央揭露出混入林业部并担任领导职务的李万铭。1955 年，调任城市建设部公用局局长。1957 年被错划成“右派分子”，1974 年甄别。1975 年 4 月 29 日，在济南病逝。

许济民(1919 — 1976)，原名许家骥，北京路街道前崮子村人。1939 年，参加八路军，任武工队队长。1942 年，任日照县太平区区长。解放战争期间编入三野，随军南下，在空军任职。1951 年，调任大连周水子机场，参加抗美援朝战争。1964 年，转业到大连市任人事局局长、大连起重机器厂党委书记。1976 年 9 月病逝于大连。

高夔宸(1905 — 1977)，名佩礼，秦楼街道高家村人。

1921 年，入省立第一师范学校。1926 年，考进北京大学物理系，因家贫，只得勤工俭学，后因劳累过度，患肺病休学。1927 年夏，北伐军到达日照，高夔宸抱病参加街头演说，被选为民众动员委员会商人部长。翌年秋，他和范景蘧等人在县城领导群众抵制日货，打击洋买办。1930 年，被聘为县中教务主任。上任后，一改当时陈腐的制度，亲自任课，用进步思想教育青年。他的所为惹怒了顽固势力，因受排挤、打击，不得已辞职回北大复学。后考入北大研究生进修班。1935 年毕业后，相继在栖霞、日照、莒县等中学任教。

“七七”事变后，高夔宸回乡参加五十七军抗日宣传队。1938 年加入中国共产党，并以社会名流身份，当选国民党日照县第五区区长。他利用自己的社会地位和影响同国民党顽固派进行斗争。1940 年 3 月，任县抗日民主政府秘书。11 月，日照参议会成立。受党的委派，他出任副参议长，后任参议长。抗战胜利后，调至滨海区任救济委员会主任。他凭一口流利的英语和社交经验，挫败国民党反动派想独占救济物资的阴谋，为解放区争得联合国救济总署调运的大量物资。1945 年 9 月，他随军转入东北。1948 年，任辽东赛马矿务局秘书主任，带领技术人员研制成功“电炮采煤法”，为恢复生产，支援解放战争做出贡献。

新中国成立后，曾任辽宁省委机关干部学校校长、辽宁大学图书馆馆长等职。“文化大革命”期间受到严重迫害。1977 年 12 月，因病去世。

杨建龙(1923 — 1978)，南湖镇西沈马庄人。1945 年参加民兵，1946 年，担任民兵队长，并加入中国共产党。1948 年，主动报名当长备民工，被分配到弹运四连三班任班长。淮海战役中，跟随华野二纵六师十八团，挑着弹药，抬着攻城云梯，一夜行军 60 千米，紧跟部队攻打新海连守敌。在围攻徐州的最后阶段，杨建龙带领三班民工冒着枪林弹雨，多次穿越炮火封锁地带，将子弹送到阵地。淮海战役结束，华东支前司令部授予杨建龙特等功臣荣誉称号，三班每人记大功一次。

1951 年，杨建龙到北京参加国庆观礼，受到毛泽东接见。回乡后，他带头组织互助合作社，并担任区委监察委员。1956 年，政府号召向东北移民。他带头响应号召，带 12 户农民到黑龙江嫩江地区落户，并担任临时村党支部书记、高级社副社长。

1978 年，因车祸不幸去世。

李辑五(1911 — 1982)，西湖镇大石头村人。1938 年 10 月加入中国共产党，同年参加革命，任县委职工部长。次年春，他带县委工作团到黄墩一带发动群众，开展抗日宣传工作，并建立抗日民众团体。1940 年 3 月，县职工抗日救国联合会成立，任会长，发动、组建职工抗日武装，多次深入敌后，破坏涛雒至碑廓公路。1941 年调离日照，先后任莒中、莒南、赣榆等县职工会会长、各救会会长。1948 年 2 月南下，任桐柏三地委组织科长、新野县委书记、广东省地质局党委书记兼局长等职。1982 年 7 月 30 日病逝。

王智民(1913 — 1982),原名王兆晋,涛雒镇栈子人。

1931 年,考入县初级中学附设师范班,与郑子久、杨心培相交甚厚,深受进步思想影响。抗日战争时期,他积极投身革命。1940 年 9 月,加入中国共产党。1943 年 4 月,参加抗日民主政府工作,先后任太平区财粮助理和副区长。解放战争时期,带领民工支前。莱芜战役中,带领民兵火线抢救伤员,受到部队首长表彰,并奖给日照县民兵大枪 80 支、机枪 4 挺、子弹 2 万发。孟良崮战役中,他带领民工出色完成支前任务,荣记大功 1 次。1947 年 7 月,任望海区区长,并被评为模范区长。次年,调任县财政科副科长。1948 年冬,他再次带领民工支前,参加淮海战役。

新中国成立后,他积极投身建设事业。1950 年 7 月,任县合作总社副主任。1957 年 1 月,任副县长。1962 年秋,改任县供销合作社主任。

1982 年 4 月病逝。

刘维理(1923 — 1983),南湖镇东马陵前村人。1939 年加入中国共产党。先后在日照、莒县等地工作。他任旺疃区委书记时,将 8 个村的根据地扩大为 21 个。在敌占区建立起 41 个党支部,发展党员 280 人,并组织起 30 多人的武工队、35 人的区中队和 10 个联防大队。1948 年郯城解放前后,他先后任县委宣传部长、县委副书记、书记。其间,他全力发动群众支前。淮海战役中,全县出动 6 万民工随军转战。新中国成立后,他在临沂、枣庄等地区担任组织部长、副书记、书记、革委会主任等职。

1975 年,任青岛市委副书记兼市纪委书记、市政协主席等职。1983 年 9 月病逝。

丁波(1920 — 1984),原名丁肇才,字鲁涛,涛雒镇亚月村人。1933 年 11 月加入中国共产党,同时参加革命。担任区武委会主任、区委书记等职。1946 年后,他历任县各救会副会长兼农会主席、副县长,积极发动贫雇农开展“双减”斗争和土改支前工作。

新中国成立后,担任省农业厅农场管理局副局长,金乡县委书记、副书记,济宁地区水利建设指挥部副指挥等职。1984 年 1 月,在济宁病逝。

许衍梁(1911 — 1986),北京路街道前崮子人。1930 年,在济南中学读书时,发动和组织进步文学团体“文学研究会”。1931 年,到北平辅仁大学读书。“九一八”事变后,投身于抗日救亡运动,参加北平学生正阳门卧轨和南京大请愿。1935 年回济南高级中学任教。“一二·九”学生运动中,积极参加并支持救国会、学联等组织的革命斗争。

“七七”事变后,他随学校流亡,先后在湖北、四川、云南等大中学校任教。1941 年 5 月,他因拥护共产党团结抗战的方针,揭露国民党的反动面目,被国民党反动派逮捕入狱。狱中,他拒绝国民党特务的利诱和胁迫,参加了党领导的狱中斗争。抗日战争胜利后,许衍梁回到济南,参加创建山东省立师范学院,任教务长,兼任齐鲁大学教授。他多次发表演讲,发起山东大专院校反内战、反迫害、反饥饿运动。

新中国成立后,他先后任华东大学教授、齐鲁大学教授、教务长、代校长。20 世纪 50 年代初,调济南市工作,先后任副市长、政协副主席等职。1961 年加入中国共产党。1977 年,担任山东省科学技术协会副主席、山东省政协常委等职。

1986 年 1 月 6 日,在北京病逝。

李玉奎(1926 — 1986),日照街道杨家洼村人。1938 年参加革命,同年入党。新中国成立后,任浙江省军区后勤部副部长、部长。1986 年病逝。

刘健(1916 — 1987),原名刘维璇,南湖镇东马陵前村人,刘维理胞兄。1939 年 3 月加入中国共产党。抗日战争时期,曾任八路军二支队宣传队队长、政治指导员、滨北地委组织干事、日北县委组织部部长等职。1941 年青口阻击战中,获“冲锋陷阵的勇士和优秀指挥员”称号。

1947 年,国民党重点进攻山东,他在藏马县任县委副书记兼组织部部长。在非常恶劣的环境下组织起两支万人以上的支前队伍。其中，“民兵支前队”跟随中国人民解放军第三野战军南征北战，被誉为“陈毅子弟兵团”。

新中国成立后，他先后担任胶州、烟台地委副书记和行署专员。他廉洁清政，在患严重胃病期间，每月都把国家照顾的3斤猪肉分给身边的同志改善生活。被烟台市委誉为“优秀的共产党员，模范的领导干部，忠诚的人民公仆”。1987年10月病逝。

李鲁生(1918—1987)，曾用名李日升，平邑县地方镇人。抗日战争初期参与组织抗日剧团，投身于抗日救亡运动。1938年6月加入中国共产党。曾任沂水依汶区区委书记、费北县委组织部部长、宣传部部长、代理县委书记，莒沂县委副书记。

新中国成立后，先后担任昌乐县委书记、省农业厅副处长等职。1957年4月，调任日照县委书记。1958年11月，他与县委一班人领导修建日照水库。1963年11月，李鲁生调任菏泽专署副专员。1987年2月病逝。

李绪桂(1926—1987)，日照街道杨家洼村人。1943年，由其姑父刘鸿若(时任日照县抗日民主政府县长)介绍参加革命工作，1944年加入中国共产党。1946年，担任藏马县高密区区长，后随解放军南下。新中国成立后，任安徽省六安专区财政局局长。1956年，参加中央党校学习。1957年以后，先后调任黑龙江省120厂(中国哈尔滨飞机制造厂)党组成员、技术处处长、黑龙江轻化工研究所党委书记兼所长、黑龙江轻工设计院党委书记兼院长、黑龙江省轻工业厅厅长。1987年在哈尔滨病逝。

丁基实(1903—1988)，原名丁履俱，参加革命后改名丁君羊、丁群，涛雒镇丁家官庄人。

少年时代，随叔父丁惟汾就读于青岛、天津等地。1921年，考入上海同济医工专门学校。1924年，经恽代英、邓中夏介绍，加入社会主义青年团。年底，受党组织派遣，由上海到山东，任国民党济南市党部秘书。1925年春加入共产党。8月，中共山东省委改组后，他分工统战和共青团、学生工作。

1925年8月，他与邓恩铭倡导成立“少年日照学会”，组织日照在济南的学生安哲、郑天九、牟春霆、李平章等10余名会员，研讨时事政治，接受马列主义思想，参加党的革命活动。1926年春，介绍安哲、郑天九加入共产党。北伐军攻克武昌后，他支持日照籍青年南下参加北伐。1927年秋，任中共山东省委组织部部长。次年6月，率山东代表团赴莫斯科，出席中共六大。返回时，正值山东省委遭敌破坏，无法工作。根据党中央指示，离济赴沪。1929年春，调满州省委任组织部长。1930年4月，被捕入狱。“九一八”事变后，经营救获释。在难以找到党组织的情况下，改名丁基实，赴德国留学，从此脱党。1938年回国后，曾任国民参政员、国民党山东省建设厅厅长等职。“文化大革命”期间被逮捕。1980年平反，享受高级知识分子待遇。1988年在上海病逝。

杨心培(1915—1989)，日照街道十村人。1929年，在县立中学读书期间，积极参加“反日会”活动。1932年后，入北平山东中学和北京大学读书。1935年“一二·九”学生运动中，面对军警的大刀、水龙，毫不畏惧，参加了“郭清被害事件”的抬棺游行。1936年，“中华民族解放先锋队”成立，为首批队员。“七七事变”后，奔赴延安，在抗大接受党的教育。1938年6月加入中国共产党。同年冬，党派他回山东工作。12月，任中共日照县委宣传部部长。1940年后，历任莒南县委书记、县长和滨海地委宣传部部长等职。

1949年2月，杨心培奉命南下。担任浙江省台州地委书记，浙江省委委员、省委组织部副部长、温州地委书记等职。1957年，浙江省仙居县发生群众闹事事件，杨心培代表省委妥善处置。事后，他主持写作的调查报告被中央转发全国。

1960 年，调任山东聊城地委书记。后任山东德州地委书记。1962 年，任华东局组织部副部长。

1977 年始，任上海市革委农业办公室党委书记、主任，市革委副主任，中共上海市委常委、市委组织部部长兼纪律检查委员会筹备组组长等职。1978 — 1982 年，任中共中央纪律检查委员会委员，并被选为第五届全国人大代表。

1989 年 6 月 30 日，在上海病逝。

申　平（1919 — 1991），西湖镇响水河村人。1938 年 9 月参加革命工作，同年 10 月加入中国共产党。历任山东省日照县、莒南县委秘书，山东省滨海专署粮食局副局长，山东省粮食局秘书、主任、副局长，福建省财政厅副厅长、厅长、财委会副主任，华东财委副秘书长，财政部税务总局副局长、预算司司长、副部长、部党组成员，河北省石家庄市革委会副主任等职。1982 年年底离职休养。1991 年 7 月在北京病逝。

陈　雷（1907 — 1991），原名牟敦雷，又名牟春霆，奎山街道牟家小庄人。

1924 年春，牟春霆高小毕业后，去济南一税务局工作。1925 年 8 月，同安哲、郑天九等在济南的日照籍学生一起成立党的外围组织“少年日照学会”。1926 年 10 月，赴武汉参加北伐，任国民革命军第十一军政治部干事。1927 年年初，入中央农民运动讲习所学习，3 月经邓恩铭介绍加入中国共产党。“马日事变”后，参加独立师保卫武昌。

大革命失败后，遵照山东省执委指示，于 1927 年 9 月回家乡开展农民运动。1928 年春，中共日照县委成立，担任组织部长。此后，他以本村教员身份为掩护，秘密从事党的组织活动，在牟家小庄建立党支部。1932 年春，中共日照县委改为中心县委，他任组织部部长。10 月 13 日— 26 日，参入发动日照暴动，任中国工农红军鲁南游击纵队政治部主任。暴动失败后遭通缉，11 月到上海。1933 年，由中共中央派往福建第十九路军工作。不久，回上海在中央特科工作。1935 年去天津，任天津、北京、华东五省联络局负责人。1938 年到延安学习，后任延安中社部工读学校校长、陕北边区保安处驻绥米情报站站长、陕甘宁边区交际处副处长。1946 年，任北平军调处执行部中共方面行政处副处长，山东救济分会秘书长。1948 年，任中共中央山东分局副秘书长，青岛市军管会委员兼秘书长等职。新中国成立后，历任山东省人民检察院检察长，省人大常委会党组成员兼秘书长，政协山东省第四届委员会副主席，中共山东省纪律检查委员会书记。是第一、二、三届全国人大代表，第六届全国政协委员。曾任山东省人民政府副省长，山东省第五届、六届人大常委会副主任、党组副书记等。1991 年在济南病逝。

肖德晋（1929 — 1992），涛雒镇东风村人。

抗日战争时期，参加涛雒区联防队。1947 年加入中国共产党，任村民兵连长。1947 年 2 月，带领民兵出色地完成莱芜战役支前任务。1948 年参军，1950 年转业回乡，任涛雒区民兵中队长。1958 — 1960 年，任涛雒区大羊圈乡乡长。1960 年 2 月，回村任党支部书记。率先在本村实行稻改，成为临沂地区第一个粮食亩产过千斤的村。1977 年 9 月，被任命为涛雒公社党委常委、副书记（“三不脱离”不脱离农村、不脱离农业劳动、不脱离农业户口）。1978 年 1 月，被选为第五届全国人民代表大会代表。1982 年底退休。1992 年 11 月病逝。

牟友民（1910 — 1994），奎山街道大岭南头村人。青年时代曾东渡日本留学。1938 年 6 月参加革命，1939 年 3 月加入中国共产党。

1938 年 6 月，参加国民党五十七军六六七团万毅在日照组织的“日照县区联会”，组织群众开展抗日斗争。年底合并于国民党政府“日照县抗敌协会”，任后勤部部长。1939年春，国民党政府选举区长，牟友民受党组织派遣参加竞选活动，被选为一区区长。1940年3月，任日照县抗日民主政府民政科科长。1941年5月，代理日照县县长。1942年下半年任秘书。1943年4月调离日照，先后任滨北专署民政科科长、诸城县县长、山东省政府交通局铁路委员会秘书、兖州铁路办事处处长、济南铁路管理局秘书处长等职。

新中国成立后，先后任济南铁路分局局长，济南铁路管理局副局长，铁道部第二设计院代理院长、院长、革委会主任，党委副书记、书记兼政治委员等职。在成昆铁路建设中，带领干部职工和工程技术人员提前完成勘测设计任务。他先后当选中共四川省第三次代表大会代表、四川省第六届人民代表大会代表。1981年6月，任铁道部第二设计院顾问。1994年在成都病逝。

潘志勇(1925—1994)，日照街道前将帅沟村人。1940年，参加区武工队，1942年，在莒南党校学习，1944年，跟随一一五师政治部主任肖华当报务员。后随部队南下。1952年，任青岛沙岭庄军官学校副校长。“文化大革命”期间调到辽宁锦州，后调到温州，任水警区司令员(正师级)。1994年病逝于杭州。

刘现华(1954—1995)，石臼街道黄海一路居委人。1987年，任本居党支部书记。他带领“两委”成员抢抓港、路、城建设机遇，先后建起东方宾馆、金东水产品有限公司和东方水产品有限公司、东方汽车改装修配公司、东方建筑工程公司，进而组建起东方实业总公司。把一个落后村居，发展成为市级经济强村及市级文明单位。刘现华连续八年被评为市级优秀共产党员。

1995年1月25日，刘现华在主持召开两委会议研究扩大生产规模时，突发脑溢血，经抢救无效病逝。

1995年3月18日，中共东港区委授予刘现华“模范党支部书记”荣誉称号，并作出《关于在全区党员干部中开展向模范党支部书记刘现华学习的决定》。

孙志瑗(1924—1997)，日照街道大古城村人。1940年3月参加革命，并加入中国共产党。1941年1月，任本村地下党中心支部书记、武装组组长。1941年6月，任太平区委委员。1944年10月，任太平区委组织委员、书记兼区中队指导员。1947年7月，任望海区委书记、武工队指导员。1948年10月，任日照县委组织部副部长、部长。1948年11月，任淮海战役支前一支队政委、日照县委组织部部长、县委委员。

1950年10月，任日照县委副书记。1951年8月，任蒙山县委书记兼武装部政委。1952年6月，任沂水县委书记兼武装部政委。1952年9月，任日照县委书记兼武装部政委。1954年11月，任胶州地委合作部副部长兼沿海工委书记、地委委员。1956年2月，任昌潍地委农工部部长、地委委员、常委。1957年夏，到青岛向毛泽东汇报工作，受到毛泽东表扬。1960年1月，任昌潍地委书记处书记。1960年9月，任昌潍地委农工部部长、地委常委。1962年10月，任昌潍地委常委、胶县县委书记。1964年5月，任昌潍地委副书记。1978年2月，任昌潍地委书记兼军分区第一政委。1982年6月，任中共淄博市委书记、省委委员。1985年6月至1990年12月任省人大常委会委员。1990年12月离职休养。1998年8月在淄博病逝。

叶连祜(1923—1998)，涛雒镇栈子村人。1940年5月入伍，1941年8月入党。历任看护员，药品调剂员、司药、医生、卫生队队长、卫生股股长，南京军区炮九师后勤处卫生科主任，炮九师后勤部副部长兼卫生科科长、政委，炮九师副政委，南京军区炮兵政治部副主任、主任等职。1988年10月，被授予独立功勋荣誉章。1984年2月离休，1998年2月在南京病逝。

刘　涣(1914—1998),日照街道楸齐园村人。1940年2月参加八路军,在老六团特务营当战士。同年6月入党,任侦察排长和连指导员。1949年4月,渡江战役时任六团特务营教导员。上海解放后,任上海港务局军管会首席军代表。1951年,任上海港务局局长,1955年,调任局监委书记。1968年,任张家港港务局党委书记,1998年12月病逝。

王世林(1924—1999),石臼街道林家滩人。

1946年2月加入中国共产党,同年10月参加工作。分别在石臼镇和城北区武工队任城工干事、保卫干事。1948年4月至1950年3月,先后任城北区、两城区、河山区乡总支书记、区委宣传委员、区委副书记。1955年4月,任日照县检察院副检察长。1958年2月至1960年1月,先后任黄墩区、丝山公社党委书记。1960年2月至1963年1月,任日照县委党校书记、安岚公社副主任、党委书记。1963年2月至1976年1月,任日照县监委、巨峰公社党委书记。1976年2月,任日照县农办副主任。1978年1月,任县委组织部副部长,纪律检查委员会副书记。1982年2月,任日照县人大常委会副主任,县纪律检查委员会副书记、县委组织部副部长。同年3月离休,享受正县级待遇。1999年病逝。

尹伯兮(1911—2000),奎山街道夹仓人。1938年6月参加革命工作,1939年2月加入中国共产党。历任八路军二支队四大队组织干事,八路军山纵、一纵供给部会计、会计科长,八路军一一五师后勤部财政科科长,鲁中行署财政科科长、财政处副处长,华北财经办研究员,中央财经部研究员,中财委财贸处副处长,国家计委计划局处长,国务院四办副组长,国家经委财金局副局长。1958年9月起,历任青海省计委副主任,青海省经委副主任,青海省革委会工交政治部、工交办公室副主任,省经委顾问。1981年11月后,历任青海省人民政府顾问、中共青海省顾问委员会常委。1985年4月离职休养。2000年7月在南京病逝。

张　明(1912—2000),原名丁永刚,奎山街道丁家楼村人。1937年参加中国工农红军,1938年加入中国共产党。土地革命战争时期,任红三十一军政治部文化教员。抗日战争时期,任八路军一二九师三八六旅七七二团政治处文化教员、教育干事、教育股股长、旅政治部科长、团政治处主任、太岳军区武委会第一分会副主任。解放战争时期,任晋冀鲁豫军区第四纵队十三旅副政治委员、十二旅副政治委员兼鄂陕军分区副政治委员、中原军区第十九军五十五师政治委员。

新中国成立后,先后担任陕南军区政治部主任、陕西军区政治部副主任。1952年,在南京军事政治系学习。1954年,任第二高级步兵学校政治部主任,中国人民解放军通信兵政治部副主任。1955年授予大校军衔,1961年晋升为少将军衔。曾获二级独立自由勋章、一级解放勋章、一级红星功勋荣誉章。2000年在北京病逝。

丁　丹(1914—2000),女,涛雒镇人。1936年参加革命,同年加入中国共产党。1939年,任抗大三分校秘书,后入延安马列主义学院学习。1941年,任陕西省长子县宣传科科长,1944年,参加延安整风学习。1945年,调延安专署任科员。1946年,调东北吉江军区任会计科副科长。1948年,任淞江省委组织部副科长,1949年,任沈阳市沈河区区委书记,1952年,任沈阳市纪委秘书长。1955年,任北京211厂党委副书记兼纪委书记,1965年,任航天部一院政治部副主任。1982年离职休养。

2000年病逝。

郭常芳(1925—2000),奎山街道小古镇人。

1946年9月加入共产党,1947年9月参加工作,1946年12月至1947年9月,任支前大队长,支援枣庄战役、孟良崮战役。1947年9月,任奎山区奎东乡乡长,石臼镇镇长。1948年7月,任城东区金沟乡书记,城东区武装部部长。1949年2月,任滨海子弟兵团二营营长。1950年2月至1952年6月先后任两城、涛雒镇委书记。1952年6月,任中共日照县委宣传部副部长、部长。1955年8月,任河泽地区改造落后工作队支部书记。1956年4月,任中共日照县委委员、宣传部部长。1970年6月,任日照县革委教育组组长。1975年10月,任日照县文办主任。1982年6月至1989年10月,任日照市(县级市)人大常委会副主任。1990年11月离休,享受副地级待遇。2000年1月病逝。

时德万(1921—2001),日照街道东关南社区人。1940年参加革命,1943年加入中国共产党。抗日战争时期,历任山东滨北军分区武装科干事,日北县洪凝区武委会主任。解放战争时期,历任青岛市工委组织股股长、胶南县灵山卫区区长、胶南县民政科科长、五莲县民政科科长、五莲县公安局局长。1949年,随解放大军南下,任排长。

新中国成立后,先后担任江苏省松江专区公安局治安科科长、广东省澳东行署公安局治安科科长、公安局长兼武装科科长、广东省公安厅三处处长兼治安主任、江西省工业生产委员会一处处长、江西拖拉机制造厂党委书记、江东机床厂革委会主任、重庆机床厂党委书记兼主任、江西省南昌市中级人民法院党组书记、院长,政协南昌市七届委员会副主席。1985年12月离休,2001年2月病逝。

李克锐(1921—2001),日照街道海安社区人。1937年参加革命工作。1939年加入中国共产党,任日照县一区分区委宣传委员、特支青年委员兼支部书记。1940年,任日照县九区区委书记。1942年,任滨海区党委组织部干事、干部科副科长。1951年,调任青岛市纺织局党委组织部副部长、市委工业部纺织科科长。1955年,任国棉六厂党委书记。1960年4月,任青岛市城建局副局长。1963年,任青岛市委组织部副部长。1978年,任市委统战部副部长。1983年离休,2001年8月病逝。

高　原(1926—2002),涛雒镇人。1941年11月参加革命,1945年6月加入中国共产党。抗日战争时期,历任八路军山东教导五旅十三团特务连战士,日照县人民政府警卫员、通讯员、文书、秘书、征收队长。解放战争时期,历任中国人民解放军滨海军区政治部中原支队分队长,军区滨海印刷厂股长,军区中原印刷厂党支部副书记。

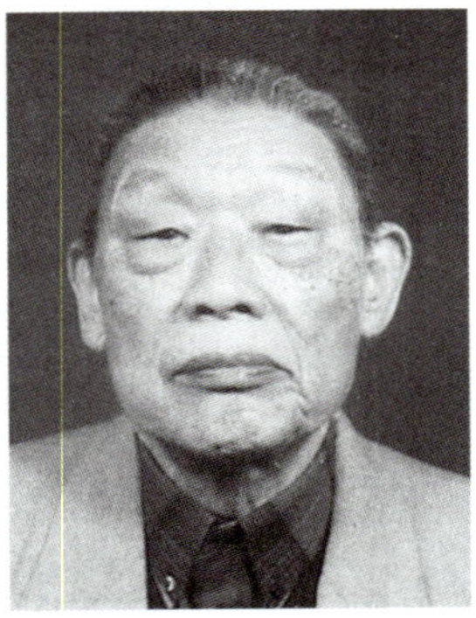

新中国成立后,历任广西日报社编委委员、人事科长,广西钦州地区行署党组成员、办公室第一副主任,广西糖厂筹备处办公室主任,贵县糖厂党委委员、副厂长、厂长。平南糖厂筹备处主任、党委书记。广西自治区建委、经委物资组组长。广西柳州钢铁厂党委委员、宣传部副部长、团委书记。广西冶金建设公司党委书记,河池地区经委副主任,广西玻璃钢厂党委书记、厂长,广西建材工业局督导员。2002年6月病逝。

解信秋(1920—2003),涛雒镇西林子头村人。1939年4月加入中国共产党,1940年11月参加工作。1940年11月—1949年2月,历任日照第四区委宣传委员。日照县委宣传部宣传干事,大坡区委副书记,高兴区委书记。莒县崮山区委书记、垛庄区委书记。莒县人民政府党组委员、实业科科长。1949年2月奉命南下。

1949年2月—1967年2月,历任南下干部纵队三大队一中队副队长。浙江省义乌县委民运

部长，金华地委组织部组织科长。建德县委副书记兼县长、书记兼县长。金华地委干校校长、书记。金华地委宣传部副部长兼干校校长、书记。中央第三党校学员、支部书记，巨州钢铁厂党委书记。半山钢铁厂党委副书记，漓渚铁矿党委书记，浙江省工业干校书记、副校长。1971 年 2 月— 1983 年 4 月，历任绍兴钢铁厂副主任、书记。绍兴地委宣传部副部长，浙江省卫生局党组成员、副局长。浙江省中医学院党委委员、副院长。1983 年 4 月离休。2003 年 10 月病逝。

王金堂(1934 — 2003)，河山镇人。1952 年 4 月参加革命工作，1954 年 4 月加入中国共产党。1952 年 4 月，在辽宁省大连石油七厂技校学习。1956 年 5 月，在苏联莫斯科炼油厂实习。1957 年 8 月，任辽宁省大连石油七厂生产组长。1958 年 8 月，任兰州炼油厂苯烃化车间工段长、党支部书记、热裂化车间主任。1966 年 5 月，任兰州炼油厂调度室主任。1970 年 7 月，任兰州炼油厂生产指挥部副主任、机关党总支书记。1973 年 1 月，任石油部湖北荆门炼油厂开工组组长。1975 年 6 月，任中共兰州炼油厂委员会委员、常委，厂革委会委员、常委、副主任。1976 年 3 月，任中共兰州炼油厂委员会副书记。1976 年 10 月，任援助柬埔寨炼油厂专家组组长。1977 年 11 月至 1978 年 3 月，先后任兰州炼油厂党委副书记、革委会主任、党委书记。1983 年 4 月，任中共甘肃省委常委、兰州市委书记。1989 年 9 月，任中共甘肃省委常委、省公安厅厅长、党组书记、兰州市委书记。1990 年 3 月，任中共甘肃省委常委、省政府副省长、党组成员兼省公安厅厅长、党组书记。1992 年 3 月，兼任省公安厅党委书记。1992 年 12 月，被授予公安副总警监警衔。1993 年 1 月，当选甘肃省第八届人民代表大会常务委员会副主任、党组成员。是中国共产党第十三次代表大会代表、第九届全国人民代表大会代表。2003 年 7 月病逝。

傅承玺(1923 — 2003)，日照街道五村人。1947 年 3 月加入中国共产党，同年 7 月参加工作。先后任城奎区、城关镇文书、组织干事、联合文书。1948 年 8 月，任城关镇组织委员、副指导员，县结束土改巡视组成员。1951 年 1 月，任日照县委政研组副组长，生产基地组长。自 1951 年 8 月起，先后任日照县第十区、第一区、丝山区、莲村乡党委书记。1958 年 3 月，任日照县机械厂党委书记、县工业部部长。1960 年 4 月，任三庄区委书记。1964 年 6 月，任日照县副县长。1965 年 10 月，任日照县委常委、县长。1970 年 10 月，任日照县革委会生产指挥部负责人、副主任。1973 年 11 月，任日照县委常委、县革委副主任。1980 年 10 月，任日照县革委副主任。1981 年 12 月至 1984 年 8 月，任日照县人大常委会主任。1987 年 1 月离休，享受副地级待遇。2000 年 7 月病逝。

王玉华(1959 — 2003)，涛雒镇人。1983 年毕业于曲阜师范大学，先后担任教师、教导主任、副校长、校长等职。曾连续四年被评为“市级优秀高三班主任”，荣获“市十佳青年教师”称号。2000 年 8 月，任日照实验高中校长后，该校先后获得“省级规范化学校”“省重点中学”等荣誉。2001 年，王玉华身患绝症，在有限的时间里为学校发展尽心竭力。2003 年 5 月病逝。

东港区委、区政府于 2003 年 8 月，分别追授其“优秀共产党员”和“劳动模范”称号，并追记三等功。

朱春儒(1938 — 2003)，南湖镇人。

1959 年 7 月考入日照师范，1962 — 1969 年，先后任下湖中心小学教师，南湖小学教师兼团支部书记，教育组组长、党支部书记。1971 — 1975 年，任南湖公社党委宣传委员、副书记。1980 — 1994 年，任石臼港建设指挥部政治处宣传工作负责人，港务管理局党委办公室副主任、主任，党委委员、组织部长，日照港务局党委委员、工会主席，1999年7月退休。2003年10月病逝。

傅共安(1913—2004)，涛雒镇人。1940年初参加革命，同年加入中国共产党。历任解放区税卡卡长、税务所所长、滨海地区工商局主任，兴华公司副经理。1946年2月，受滨海军区派遣，以大商人和船东的身份率20余条帆船载花生油、花生米到上海出售。采购汽油、医药、电话线、纸张、棉花等军用物资。在吴淞口被上海国民党军警扣押，并抓去7名骨干严刑拷打。傅除做船员思想工作和交涉外，并找到著名律师沙千里通过报纸发表声明，所装物资皆系民用，当局抓人扣船非法，最终打赢了官司。迫使上海军警放人放船，使1亿法币(相当100吨花生油价值)的货物和船、人安全回到石臼。傅被山东工商局表彰为“特等功臣”。

新中国成立后，历任胶州进出口总公司主任、青岛土产进出口公司经理、山东省烟麻公司经理、省水产厅处长、济南肉类联合加工厂厂长、省燃料总公司副经理、党委委员。1981年离休，2004年病逝。

王均生(1958—2004)，西湖镇人。1976年12月，就业于临沂地区水利指挥部办公室任文书。1978年3月到部队服役。1981年1月起，先后任日照市自来水公司文书、副经理、经理。1982年6月加入中国共产党。后任日照市建委市政公用科科长兼市自来水公司经理，日照市建委副主任兼市自来水公司党委书记。1992年6月，任岚山开发区筹委会主任兼市建委副主任。1992年12月，任日照市建委主任、党组书记。1997年12月，任中共日照市委常委、东港区委书记。2001年2月，任济宁市政府副市长兼曲阜新区筹建委员会主任。2003年，兼任济宁市曲阜新区党工委书记、管委会主任。2004年7月病逝。

胡维桢(1920—2005)，涛雒镇上元村人。抗日战争中当民兵，担任过村团长。1945年8月，先后任联防队长、涛雒区副书记、农救会会长、各救会会长等职。1946年8月加入中国共产党。1947年率担架团支前，任教导员，支援陇海会战、鲁南、孟良崮等重大战役。1948年7月，调日照县委工作团，任三庄区委委员、县委基点乡党委书记。1949年2月，到中央华东局党校学习，编入华东南下干部纵队六大队四中队，4月随军渡江，到达浙江省温岭县泽国区，任区委书记兼区长。

1951年9月，在浙江省委党校学习后，参加“三反”“五反”运动。1952年6月，调省委整党建党工作团任队长、文成县委组织部部长。1954—1975年，先后任洞头县委、玉环县委副书记，温州市委委员、农村工作部部长，洞头县委书记、人武部第一政委等职。1975年始，历任温州地区知青办主任，中共温州地委组织部副部长、地委常委、纪委书记兼地区机关党委书记。1982年，当选为温州市第六届人大常委会副主任、党组成员。1984年9月离休。2005年8月在温州病逝。

李其东(1924—2005)，日照街道日升社区人。1940年参军入伍，参加过解放济南战役。新中国成立后，曾任南京警备区司令员(副军级)。2005年7月病逝。

范　朴(1927—2005)，奎山街道傅疃村人。

1938年10月参加革命，1946年1月加入中国共产党。抗日战争时期，任八路军一一五师教导二旅六八六团特务连战士、文书、文化教员。解放战争时期，历任东北民主联军一师一团二营书记、三十八军一一二师三三四团二营五连指导员、一一二师政治部干事。参加过保卫四平战斗、辽沈战役、平津战役和解放广西战役，所率连队生俘国民党天津警备司令陈长捷。抗美援朝战争时期，任志愿军三十八军一一二师三三六团宣传股股长、志愿军政治部宣传部干事、秘书、助理员等职，参加过第一、二、三、四次战役，荣获朝鲜三级国旗勋章。

1957年，从广州军区政治部转业，历任广东师范学院历史系、中文系党总支书记，中共广州市委宣传部处级干事，暨南大学中文系党总支书记，华南师范学院政工组组长、组织部部长，广州师范学院副院长。1983年，受命筹建广州大学，任广州大学党委书记、副校长，主持工作。1989年12月离休。2005年8月病逝。

郭建培(1918—2006)，涛雒镇栈子二村人。1940年6月入党，先后任村支书记、乡党委书记、区委组织委员。1945年，任日照县委秘书。1948年，任圣岚区委书记。1949年春渡江南下，任浙江省温岭县委宣传部部长。1954年，任浙江省委农工部干部处处长。1971年，任杭州钢铁厂党委常委、副厂长，后任浙江省水利厅副厅长。1978年，任浙江省直机关工委副书记兼纪委书记。2006年病逝。

许振(1923—2006)原名许衍校，奎山街道许家园人，1939年参加革命，抗战和解放战争期间，先后任地下交通员和班、排、连、营、团长。新中国成立后，任福建龙岩军分区后勤部长。1985年，以副师级干部离休。1988年，获中央军委颁发的独立自由勋章和解放勋章。2006年病逝。

秦玉祥(1928—2006)，日照街道向阳河村人。新中国成立前参加工作，后调任青岛盐务局任党委书记，副地级干部。2006年8月病逝。

叶连俊(1913—2007)涛雒镇栈子人。中共党员，中科院院士。

1937年北京大学地质系毕业，获理科学士学位。随即考入国民政府中央地质研究所，从事区域地质和矿床地质调查研究。1945年，赴美国联邦地质调查所进修水文地质学，并参加了在美国垦务局进行的长江水坝设计有关地质研究工作。1947学成回国，在国民政府中央研究院地质所、中国科学院地质研究所从事地质研究工作。历任研究员、所科学指导委员会名誉主任等职。

新中国成立后，曾任中国地质所学术委员会主任及沉积学研究室主任，中科院地学部常务副主任，中国地质学会常务理事，中国矿物岩石地球化学学会副理事长，中国海洋学会理事，中国石油学会理事，“中国沉积学会”理事长，中国海洋湖沼学会理事，北京市科协会员，国际沉积协会理事，地科联沉积委员会委员，国际地质对比计划委员会中国委员会副主席，世界石油大会中国国家委员会委员，中国科学院地质与地球物理研究所科学指导委员会名誉主任，第三届全国人大代表。担任《中国科学》《科学通报》《地质学报》《地质论评》副主编，《地质科学》主编。1980年，当选为中科院院士。1984年，主持建立国内第一个工程地质研究室。主要论著有：《中国锰矿床的沉积特点》《陆源汲取成矿论》《沉积建造》《沉积矿床成矿时代的地史意义》《中国磷地岩》《沉积矿床物理富集成矿说》《沉积矿床多因素多阶段成矿说》《生物——有机质成矿说》等。

叶连俊是博士生导师，并任中国科技大学、南京大学及中国地质大学(北京)兼职教授，共计培养硕士生20人，博士生23人，博士后6人。50年来，获得国家级及院部级自然科学奖和科技进步奖、全国科学大会奖及中国地质学会赵亚曾奖等十余项。20世纪末期，合作完成的《中国重要金矿的成矿模式找矿方向及找矿选矿新技术新方法研究》获中科院科技进步奖特等奖。《生物有机质成矿作用和成矿背景》获国家自然科学三等奖。并获1998年何梁何利科学技术奖。被誉为“地质学大师，沉积学泰斗”。2007年12月病逝于北京。

秦　盾(1924—2007)，涛雒镇下元二村人。

1939年4月，在国民党五十七军六六七团第三期新兵队(系中共地下党领导)接受新兵训练，任宣传队员。1940年8月，在中共山东分局保卫部集训队学习。1940年12月，分配到中共山东省战地工作委员会青年联合会任青年干事。1942年9月，任新百十一师六六六团二连指导员。1944年10月，新百十一师改为山东滨海支队，任该支队侦察通信连指导员。1945年11月，任东北挺进纵队一支队新兵团副教导员。1946年10月，任十九旅七团三营教导员。1947年10月，任第四野战军特纵炮兵第九团二营教导员。1949年4月，任炮二师摩托科科长。1950年10月，先后任中国人民志愿军炮兵第二师后勤部副部长、部长。1954年3月，任炮二师副师长兼后勤部部长。1960年5月，任中国人民解放军炮兵技术部技术保障处处长。1979年4月，先后任中国人民解放军第二炮兵五十二基地司令部参谋长、副司令员。1984年7月离职休养。2007年1月病逝于北京。

吕众义(1927—2006)，日照街道兴安街居(原城关五村)人。

1945年秋参加革命，在县各救会、县委宣传部从事发动群众工作，参加莱芜、孟良崮等战役支前工作，并立功。1949年春，随军南下浙江，先后在台州、温州地区机关宣传、文教部门和椒江、黄岩、临海等县市党委从事领导工作。1977年，调浙江省二轻局任副局长。1978年秋，任浙江省乡镇企业局局长。1982年，任浙江省农业厅厅长。1993年离休。2006年在浙江病逝。

刘振本(1927—2007)，两城镇两城七村人。

1944年6月参加革命工作，1945年加入中国共产党。先后任村儿童团团长、武工队员、征粮队员、海青区青救会会长等。1947年，带领子弟兵团支前，任担架营营长，支援莱芜、孟良崮等战役，后任“七纵”辎重连连长。1948年春，随军南下河南省巩县、成皋县，参加土改、剿匪反霸等工作，后调密县任四区区委书记、农会主席。1950年，调广东省中山县，历任四区区委第一书记，县委组织部副部长、部长，县委常委，县委副书记、书记处书记。1961年3月，任珠海县委第一书记、万山要塞党委委员。1966年，任佛山地委农村部副部长。1969年，任南海县委第一书记。1975年3月，调广东省供销社任党组副书记、书记、主任、省委候补委员。1982年，任广东省商业厅党组书记、厅长。1983年，当选为中共广东省第六届委员会委员。1988年，任广东省人大常委会常委。1993年离休，2007年病逝。

四

丁恺曾(1698—1762)，字萼亭，又字鹤亭，拔贡生，奎山街道郭家湖子人。

少负异才，博览群书，为文豪放。被召入都时，名动公卿。中年绝意仕进，闭户著书。作品有《说书偶笔》《园盖管窥》《治河要语》《西海征》《海曲一隅史》《读书在目》《烟波钓叟歌直解》《望奎楼诗文集》等。其著作内容丰富，博洽多彩，天文、地理、政治、经济均有论述。1935年，由裔孙丁惟熙竭力搜集，编为《望奎楼遗稿》，重印行世。

宋铁梅(1855—1940)，号恩甫，今涛雒镇竹子河崖人。清末秀才，字画堪称艺术珍品。尤长于画鹰，也画鹤、竹及牡丹，名重乡里。画鹰时常题“鹰雄独立”四字，足见其志趣不凡。其家开药铺，他兼涉中医，祛疾去病，亦为行家，时人尊称“五先生”。

丁汝绶(1893—1962)，字紫生，号石荪，涛雒人。他自幼居京。中学毕业后，拜著名京剧演员谭鑫培为师，操琴、习唱，造诣渐深。曾为京剧大师梅兰芳操琴伴奏。辛亥革命后，回到日照，见家乡演出的京剧谱调土俗，与正宗京剧差距很大，便亲自校正改进。为此，经常为剧团登台演奏，调谐谱调，被京剧爱好者称为“操琴名师”。著有《操琴要诀》。

安维璞(1879—1963)，字荆山，两城镇安家岭人，清末秀才。年轻时见乡间伤寒病流行，贫苦百姓缺医少药，便在教书之际，研读中医书籍。他家贫无力购书，则借阅抄录。后到山东省实业厅任职，也常去图书馆借阅中医书籍。他为人诊病，不分亲疏远近、地位高低，一视同仁。凡有所求，必悉心医治，不计报酬。“七七事变”后，他返回故里，开中药铺，为民治病，不辞劳苦。

新中国成立后，先后在青岛、即墨等地工作。1958年后，调至日照卫生学校任教。他坚持积累临床资料，善于总结医疗经验。他使用验方治疗疑难病症有独到之处。1963年病逝。

朱筱泉(1897—1986)，原名朱春源，奎山街道朱家村人。年轻时以祖父为师，白天随祖父应诊听讲，夜间攻读医书，十数载后，始独立行医。他深通医理，尤擅外科，疗治疔疮、疡、肿、毒颇为精专。

新中国成立后，从医于奎山诊所和医院。他待人忠厚，有求必应，遇贫困者常免费医治。他把祖传秘方、临床绝技毫无保留地传授给同行。当选为多届县人大代表，曾任县政协第一届副主席。1986年4月病逝。

卜裕民(1913—1991)，东港区日照街道十村人。

卜裕民幼时读过几年私塾，后因贫困去青岛做苦工谋生。他自学刻字，并于1931年回乡创立了日照城第一个刻字店，时年18岁。从此，他以刻字维持生活。闲暇时就钻研桃核雕刻和刻印木版年画、扎灯彩、做风筝、制焰火等民间工艺。

1947年，国民党军队攻占日照城，拆毁了他家房屋，全家无处容身，只好到青岛设摊街头，刻字谋生。1955年，卜裕民加入青岛市北刻字社，他的核雕艺术受到政府的重视和关怀。1958年，被调入青岛市工艺美术研究所，开始艺术创作。其间，他被选调进京，参与"十大建筑"之一农业馆的装饰工作。1959年，他创造发明了树皮堆画新工艺，并从事贝雕、羽毛画等研究工作。1972年，他又以桃核、枣核、象牙、贝壳、鱼骨、牛角、树皮、蘑菇、葵心瓤、麦杆、高粱杆、羽毛等为原料，以剪刀、小锯、刻刀、铁夹、大头针等为工具，用各种造型技法，进行艺术创作。先后有《儿童乐园》《西厢记》《八仙过海》《二龙戏珠》《成昆铁路》《梅园长青图》《锦绣山河》《松鹤图》《百花齐放》《岛上风味》《热烈欢呼我国第一颗氢弹爆炸成功》等一大批作品问世。

卜裕民多次荣获省、市、行业"先进工作者""先进生产者"称号，先后当选为青岛市政协委员、山东省政协委员及青岛市区人大代表等，是中国工艺美术协会会员、中国美术家协会山东分会会员。

王板哉(1906—1994)，涛雒镇北王家村人，原名王兆均，号半呆、语讷。齐白石为其制印改为半憨，根据半呆取名板哉。

王板哉自六岁跟外公郑松岩学画。二十五岁考入山东省第二师范(曲阜)。1934年毕业后考入北平国立艺专，师从齐白石、黄宾虹诸先生，专攻写意花鸟，兼习山水。1937年毕业于北平艺专，曾在北平中山公园展出习作80余幅。全国第一次美展时，他作的松鹤图入选。

青年时代，受革命思想影响，参加过山东和北平的"一二·九"学生运动，长期为地下党组织做工作。抗战期间，他展转湖北、河南等地，积极参加抗日救亡宣传活动。解放战争胜利后，在南京军管会文艺处工作，后入华东革命大学学习。新中国成立后，分别在江苏省干部文化学校和扬州中学任教，后调扬州国画院搞美术创作兼职教授。其间多次回到家乡日照，进行学术交流。

王板哉为国家一级画师，中国美术家协会及书法家协会会员，北京齐白石艺术开发中心副主席及函授学院名誉教授。江苏省花鸟画家研究会顾问，扬州市清代杨州画派研究会顾问，扬州市业余画院艺术顾问，日照市书画院名誉院长等。

1989年离休，1994年7月病逝。

五

许德一(1878—1933)，字名世，北京路街道前崮子人。清末贡生。废科举后，考入官费的山东师范讲习团，为该校首批学生。毕业后留校任附属小学主事。曾出任成武县长。他长期担任山东教育会会长，在省内教育界颇具影响。五四运动中，支持学生爱国行动。他组织山东学生联合会，并亲率济南大中学校的师生代表赴京请愿。在学运高潮时，安福系的喉舌《昌言报》发表谬论，诋毁学运，激起众怒。学生公推许德一为主席，为申张正义，他率师生数百人砸了《昌言报》馆。为此，他受到亲日军阀的通缉和追捕。他化装出逃，取道天津东渡日本避难。他长于诗文，有诗集两卷。1933年病逝于济南。

牟永锡(1907—1939)，原名牟乃祚，奎山街道大岭南头人。1920年随家到济南。1925年考入清华大学，毕业留任助教。1932年11月，由清华大学推荐、山东省教育厅投资，赴德国波恩大学攻读动物学和生物学。1937年11月，他以优异成绩获得生物博士学位。他到英法考察时，英法等国科研机构欲以高薪留聘，他一一谢绝。1938年冬，养病住院时写成《我所见》一书，把对资本主义社会的深刻观察和对中华文化的深切了解相结合，具有独到的政治见解。该书于1941年在重庆出版。

1939年5月，牟永锡回国后仅十天病故，年仅32岁。

许衍灼(1879—1944)，北京路街道前崮子村人，字铁岩，号笑云居士。民国初山东师范学堂肄业，考入日本宏文学院高等工业专业学校就读。在日本留学期间，加入同盟会，为中国同盟会早期会员。回国后先后任山东工业专校校长、山东工业试验所所长、省教育厅和实业厅谘议、省办公署军法官、莱阳县县长、陵阳县长等职。在任期间，不满国民政府腐败和消极抗日，弃官办企业。有《中国工艺沿革史略》《菊说》等著作问世。1944年在青岛病逝。

安鹏东(1879—1948)，字举贤，号烈五，城关一村人。早年留学日本，毕业于明治大学。归国后，任教于山东省商业专门学校。不久从政，为山东共和党党魁。1911年始，先后被选为山东临时省议会议员和第一、二、三届省议会议员，是省议会的实际掌权者。1912年，当选为北京国会参议院议员。

以安鹏东为首的共和党，由旧官僚为核心组成，民初成为山东实际的执政党。在政府中，他掌握民政、财政大权，可委任县知事和税务局长。还创办党报《大东日报》，专事攻击政见不同者。为获取国民党情报并得到其支持，他将堂弟安善圃安插于国民党内，并荐举其两次出任山东省政府财政厅厅长。在经济上，他借口财政支绌，将官办电话局划归商办，改名电话公司。又在博山修筑轻便铁路，为矿区运煤。还在济南设立工商银行，以支持这两个企业，并委任马官和为两个企业的总经理。数年之内，安鹏东便成为大资本家。

1923年，曹琨演出贿选总统的丑剧，以5000银元一票之巨额代价收买国会议员。安鹏东投了一票，故为世人所唾骂。1925年后，他退出政界，寓居青岛。1948年病故。

尹升日(1893—1952)，字子初，奎山街道夹仓人。幼年时其父殒于甲午海战。14岁在青岛谋生时，偶然帮助了一个德国军官，德人爱其机敏，携往德国。到德国后，他先入炮校，后被选送空校。第一次世界大战期间，他驾机在东线作战，飞机受伤，跳伞后被俄军所俘。十月革命后参加苏俄红军，进莫斯科空校深造。在保卫苏维埃战斗中勇敢顽强，升任远东航空侦察大队副大队长。

1921年，尹升日回到中国东北。由于长期不在国内，外语纯熟但汉语讲得不好，被怀疑为间谍，经审查被军阀张作霖留用，在其空军中担任中校、上校队长。1925年，到山东任军阀张宗昌的山东航空处处长。后任空军前敌副司令等职。少将军衔。1928年，奉军败北，尹升日被南京政府审查留用。1930年，前后派他赴德、意等国考察。回国后，被张学良要回东北军。"九一八"事变，东北军放弃东北，尹升日等8名军官随马占山抵抗日军一年余。1933年，退入苏联境内，后几经辗转返回国内。1935年，尹升日被蒋介石委任空校教官，上校军衔。此间，他写了《空中战斗学》等军事著作。"七七事变"后，被委任为空军机务总监，配合苏联志愿大队保卫武汉。

1940年，尹升日投靠汪精卫，先后担任空军少将、高级教官及山东吴化文等三方面军高参等职。1945年抗战胜利后，尹升日找到马占山，担任国民党辽宁省政府参议。1946年秋，脱离政界，潜往旅大开办麻袋制造工厂。不久，被人民政府侦察逮捕，后保外就医。1952年病故于青岛。

尹作干(1905—1954)，字子固，奎山街道夹仓一村人。早年毕业于县立中学，1924年入南昌陆军士官教导团学习。1925年4月，学习结业后，在江西陆军第一师当差遣员。1927年7月，任孙传芳部第四师十三团特务连排长，后为该团旗官。1928—1931年，任第三军团第九师上尉作战参谋、四十七师一旅上尉作战参谋、一四〇团少校团副、四十三师一旅三团一营少校营长。1932年，经十八军副军长刘绍先介绍加入国民党，同年任党部执行委员兼十八军军事教导大队第六队队长。后于1933年和1934年的两个夏天，参加庐山训练班和陆军大学十三期学习，补黄埔六期学籍。1937—1938年，任十八军情报科科长、六十八团少校团长、二十一旅副旅长、三十一旅上校旅长兼徽州戒严司令。1941—1947年，任第九师参谋长、六十五师副师长兼十五军干训班教育长等职，曾去印度蓝姆伽美国陆军战术学校受训。1947年，任第九师师长，后兼南阳夏令营军事训导官。1948年9月2日，任第二军少将副军长，同时兼任宜昌地区警备司令。

抗日战争时期，为维护民族利益，他勇敢抗日。1937年，起与共产党人胡兰畦等人及一些进步民主人士多有联系。解放战争期间，准备起义未成。1949年，宜昌解放后，他去了香港，后于11月份返回长沙，投奔已经起义并成解放军高级指挥员的陈明仁，被任命为兵团师级高参，后又到中南军政大学学习。1954年，尹作干被南阳地区处决。1987年，河南省和南阳地区为其恢复了投诚人员名誉。

丁惟汾（1874—1954），字鼎丞、鼎臣，涛雒镇丁家官庄人。他自幼随父读“五经四书”，参加沂州府试，中廪生。光绪二十九年(1903年)入保定师范。毕业后考取留日官费生，入明治大学法学系。

1905年10月21日加入同盟会。次年，成为山东分会主盟人，并与蒋衍升创办《晨钟》周刊，揭露清廷腐败，宣传革命思想。1907年春回国，先后任山东政法专门学校教师、校长。他秘密发展同盟会员，建立基层组织。1911年，武昌起义爆发，他与革命党人积极响应，组织山东各界联合会，迫使山东巡抚孙宝琦宣布独立。独立被迫取消后，赴上海与黄兴晤商，后与胡瑛回烟台发动起义，声援武昌。1912年8月，同盟会改组为中华革命党，丁惟汾受命负责山东省党务。当年，民国国会成立，他以省议员身份赴京，当选为众议院议员。在国会中，与宋教仁等坚决抵制袁世凯用重金贿赂操纵选举，以压倒多数获胜。1914年，丁惟汾避居原籍。其间，他支持外甥薄子明护国倒袁，发动山东各地同时起义。1916年3月，他到上海，联络17省国会议员通电讨袁，同时公告各国公使，决心诛除叛逆。6月，袁世凯病死，国会重开，他赴京议政。1917年，北京政权落入段祺瑞之手，又解散国会。孙中山在广州召集“非常国会”，成立军政府，他南下襄助，参与选举孙中山为大元帅，展开护法之役。1918年，赴上海组织建设社，发行《建设杂志》，并创办《北方周刊》，宣传思想革新。其时黎元洪为笼络议员，曾为其颁发二等嘉禾章。他严辞拒绝，在给黎的信中写道：“鄙人清白自矢，守身如玉，勿以亢规之尘，来污我之心也。”

1919年10月，孙中山将中华革命党改组为中国国民党，他积极支持，后受命为山东支部长。1921年2月，非常国会在广州开会，他赴会共同选举孙中山为非常大总统。翌年9月，孙中山在上海召集改组国民党会议，他为改组方案起草委员9人之一，参加了《中国国民党党纲》和《中国国民党总章》的草拟工作。1924年1月，在中国国民党“一大”会议上当选为第一届中央执行委员。会后，奉命设北方执行部于北京，出任工人部长和秘书处常委。1925年11月，国民党右派在北京西山碧云寺召开非法中央全会，进行一系列反革命活动。他极力反对，与其他中委联名斥责“西山会议”派。

1927年4月12日，蒋介石在上海发动反革命政变，屠杀共产党人，形成国共分裂。当年秋，蒋汪合流，他出任以蒋介石为校长的国民党中央党务学校训导长。后该校改为国民党中央政治学校，他出任教育长。1928年，当选为国民党中央执行委员会常务委员，国民党中央政治会议委员以及南京国民政府委员，并任国民党中央训练部部长。1931年6月，被选为中央党部秘书长。12月，兼任监察院副院长。1935年后，历任五届、六届国民党中央常委。“七七事变”后，任国防最高会议委员。1949年去台湾，任监察院委员和评选委员会委员，1954年病故。

从政之外，丁惟汾注重研究古韵学。与章太炎等往复商讨，析合古韵部类，辨正音准，多有收获。著述有《毛诗解诂》《毛诗韵聿》《尔雅释名》《尔雅古音表》《方言音释》《俚语证古》等。

牟希禹(1904—1957)，涛雒镇大羊圈人。1925年毕业于坊子铁路警察所，在高密车站任护路警察，其间加入国民党。

1926年秋，参加邓恩铭等人在高密车站以“工人俱乐部”名义组织的各种活动，与共产党人庄龙甲、刘俊才等合作共事。1928年，济南“五三惨案”发生，他以工人代表身份率“五三惨案”代表团到各地报告日寇在华野蛮屠杀的罪行。秋，任“反日会”干事，指导所长。曾到蒙阴、临沂、日照等地组织“反日会”。翌年，改任国民党山东省党部干事、总干事和候补委员。此时他奉行反共政策。1931年，他指使国民党日照县党部逮捕了从苏联归来的共产党员李平章，并押往济南杀害。1934年，调任贵州省国民党党部委员、秘书、监察委员。“七七事变”后返回日照，组织国民革命军别动总队第二十八支队第九梯队，自任司令。1938年秋，兼任日照县县长，极力限制共产党的活动。1939年1月，调任省党部委员，兼鲁南办事处主任。3月，赴重庆国民党干部训练团接受训练。1940年春，返鲁南山区(临朐县)，任省党部书记长兼省干部学校党务班主任。1943年8月，任农林部考核委员、视察专员。抗日战争胜利后去青岛。1947年被选为国大代表，1949年3月去贵州，新中国成立前夕去台湾。1957年在台北病故。

叶连伟(1904—1962)，字光庭，涛雒镇栈子村人。自小在家乡念私塾、高小。中学毕业后考入北京华北文法学院教育系。1930年，任日照县民众教育馆馆长。

抗日战争爆发，叶光庭投笔从戎，走上了抗日救国的道路。先是加入江西庐山军官训练团，完训后，追随国民党第二军军长李延年从事抗战。1937年8月，任国民党第二军军长李延年的秘书，随军参加了上海“八一三”抗战。1938年，随李部参加台儿庄会战，叶光庭所在的第二军作战勇敢，全歼日本侵略军两个王牌师团，立功受奖。1944年，任印缅抗日远征军团指挥官，远征印度、缅甸等地，为阻断日本侵略军陆上交通作出一定贡献。抗日战争胜利后，任南京汤山陆军炮兵学校教官。1947年，任青岛鲁东师管区司令部新闻处处长，少将军衔。

1948年去台湾，任台湾东部军区政治部主任。后任台北陆兵学校教官。1962年病逝。

尹莘农(1894—1973)，名志伊，涛雒镇张家廒头人。1924年，毕业于上海同济医工专门学校，在宝隆医院当医生。1925年，其弟尹景伊在五卅惨案中殉难，他在哀痛之余写下了《亡弟景伊殉国病史》一文，愤怒控诉反动派的罪行。

他医术高超。20世纪20年代，日照黑热病流行，染病儿童死亡率很高。他大胆引进“锑制剂”治疗，遏制此病蔓延。1931年，出任山东省立医学专科学校校长，兼附属医院院长17年之久。他治校有方，教学质量在国内为一流水平。他虽公务繁忙，仍执鞭任教，深得学生的敬重，被聘为部级教授。

1937年，日本侵略军逼近济南，尹莘农带领医专和附属医院人员，连同设备器材撤出济南，辗转迁至四川云阳、万县。为适应战事需要，附属医院改名为第十重伤医院。八年抗战中，医专除在迁移中停课外，一直坚持正常教学，为抗日前线输送了大批医务人员。

1973年病故于台北。

贺仁庵(1887—1976)，石臼所人。20世纪20年代，石臼人费聿堂、王子良租日本船“长春”号在青岛创办“长记轮船代理行”，众股东推举贺仁庵任经理。经营初期，正逢抵制日货运动。贺仁庵从大连购进白糖等日本杂货商品，连获暴利，便购置“得春”号轮船。30年代初，他在华北各口岸设代理行或代办人，在石臼建立大型货栈，在青岛馆陶路设“长记分行”，业务重心渐向青岛转移。拥有“长春”“得春”“迎春”“承春”“江春”号5条商船，总载重1500余吨，为华北私人船运业第一家，将日本航船挤出华北航务市场。

“七七事变”后，日本侵略军进攻青岛，贺用商船运送国民政府军政人员撤退。后所有船只被日军征用，其经营活动停止。抗战胜利后，剩存的轮船又被国民政府征用，因向华北、东北运送国民党军政人员及物资以进攻解放区有功，1948年，受国民政府交通部表彰，并成为国民党省政府参议。

1949年，国民党军政人员撤退大陆时，仍征用贺的船只。1949年5月，贺携"长春""得春""迎春""承春""元春""享春""利春"7艘货轮，总载重6000余吨，去台湾经营。因陷入劳资纠纷，被诬陷通共。台湾当局将其逮捕入狱，后查无实据，无罪释放，但14万美元流动资金被勒索一空。出狱后，因资金拮据公司破产。1976年在台湾新竹县病故。

叶玉阶(1887—1978)，名春墀，涛雒镇栈子人。清末留学日本，毕业于长崎高等商业学校，获博士学位。1912年，任山东省甲种商业专门学校校长，执教十余年，育才甚众。当时日照社会名人郑东府、叶光庭及国民党将领李延年均出其门下。民国年间，济南、青岛工商界、金融界的骨干，多系他的学生。他还以自由职业者身份，常年开设会计师事务所。济南、青岛等地的"谦祥益""瑞蚨祥""玉春"等商号和"明华""大陆"等银行，都聘任他为常年法律顾问和会计顾问。

1923年，他与傅疃人佘清圃在青岛创办裕东轮船公司，有"裕盛""泰升""庆兴"等轮船，航行于日照各口岸及石岛、海州等地。1930年，与秦春浦、秦善斋、马云卿等开办裕泰轮船行，有中、小轮船10余只，他任总经理，还兼任青岛航业公会的常务理事、小港轮船联合办事处主任。

叶玉阶与马寅初先生友情甚笃，两人于30年代初曾在青岛大礼堂联合进行学术讲演。他作发展山东工业的学术报告，马讲经济学。他在银行、商业方面的著述很多，还译有外文著作。

新中国成立后，他为第一届青岛市政协委员。以后继续当选，直到1978年病故。

尹书田(1918—1991)，字相润，奎山街道人。青岛商业专科学校毕业。1941年，在上海创设歌珊棉织厂。1946年，在青岛创设润鲁号棉织厂，任总经理。1949年去台湾。1953年，创设润华染织厂，生产格子布等布料，享有格子布大王之誉。1968年3月，与友人投资设立华信纺织厂。1973年，投资成立润泰纺织染整公司，以生产牛仔布为主，并赢得牛仔布大王称号。1974年起，先后合并了国华印染、华信纺织等企业，将公司更名为润泰工业股份有限公司，完成原料进口到印染一贯作业体系。1979年起，公司业务扩展至建筑、租赁、广告和营建等行业，进行多元化经营，但仍以纺织业为主。

20世纪80年代后，尹书田多次从台湾返回家乡，捐资修建了日照一中教学楼、图书馆和体育馆。1991年1月病故于台湾。

尹作翰(1893—1996)，又名剑秋，曾用名剑寒，奎山街道夹仓一村人。1922年，考入保定陆军军官学校。1924年，从保定军校毕业后，分配到山东第四旅军士学校任教官。此后，先后任第七师中校参谋兼营长、第二十六团团长、第十三旅旅长。后提升为孙传芳"五省联军"宪兵少将司令。1930年，被韩复榘委任为鲁南民团指挥。1933年，先后任江西省保安处中校参谋、保安处第一科上校科长。1936年，被北平市市长秦德纯委任为体委科长。"卢沟桥事变"后，在鲁南战区于学忠部任战区军官训练团教育处高级教官班本部主任。1945年，先后任中央军官训练团第二十总队第四大队少将大队长、第一战区司令中将参议。1947年，调任为国民政府农林部部长。1948年春去台湾。1996年病故。

王仲懿(1909—2005)，原名王延德，石臼街道大孙家村人。幼年入私塾，后进小学堂。小学毕业后考入山东省第五中学(临沂)。中学毕业投考北京军校。历任排长、特务营连长、少校队长。参加芦沟桥战役，任副团长、团长。1945年8月，日军投降后进鲁，任接收大员。1946年，任山东保安司令部少将参议，兼十三区保安副司令，代理威海市市长、青岛市警察局督察长等职。后任澎湖防卫部参议、政治部监察科科长。1956年到台湾，任新竹感化院秘书，台湾省政府法规会研究员、专员等职。中将军衔。1977年退休。晚年曾回乡探亲，捐资5万美元，建星五(其父名星五)图书楼1座，受到当地干群及学校师生的好评。2005年病故。

六

朱信斋(1901—1944)，岚山区黄墩镇粮山口人。他自幼孤僻顽劣。稍长，混迹"赌场"，与地痞无赖朋比为伍。以传赌收集党羽，以"番子"名义收徒扩充实力。组织武装队伍，在黄墩一带频繁进行绑票勒索、杀人放火，百姓深受其害。

1929年，国民党当局将其收编为黄墩自卫队，被任命为大队长。他勾结官府、驻军、匪枭，霸占黄墩周围48个村，搜刮百姓，随心所欲。

1938年春，他与贺仁庵等人打起“国民政府第五战区第二游击队第十九总队”的旗号，有队伍300余人。因相互抢占地盘，在甲子山遭土匪刘桂堂的伏击，损失很大。夏，八路军山东人民抗日游击第二支队进驻鲁东南后，他主动要求与八路军合作。八路军将其队伍改编为二支队四大队，后称独立营，派进一批干部对其部队进行教育改造。“皖南事变”发生后，朱信斋遂于1941年3月2日投靠国民党反动派，抓捕共产党员、抗日干部、爱国人士和自卫队员200多人，将八路军派进来的独立营政委董振彩等几十名干部、战士残酷杀害。并将日照、莒中、莒南三县九区的抗日民主政权破坏殆尽。朱信斋被任命为国民党鲁苏战区直属独立第一大队上校大队长。

1943年8月，朱信斋又投日伪当汉奸，任伪保安大队副大队长。盘踞在石沟崖，强迫百姓动用数十万工日建成一个围寨式永久型据点。他据此疯狂地进攻抗日根据地。其间，在黄墩一次就抓捕14个庄的村干部、民兵等52人，并索款40余万元，先后杀害数十人。

1944年1月21日，八路军老六团在兄弟部队配合下，发动“石沟崖战役”，活捉朱信斋。1月29日，朱信斋在莒南文疃公审后被依法处决。

陈成功(1905—1950)，又名宪发、希伟。祖籍莒县(今五莲县)青山顶人。生于吉林省。

幼年在朝鲜接受日本教育，通晓日语。山东沦陷后，投靠日军。先后在青岛、日照给日本侵略者当翻译。1940年，在日照建立特务组织“商农问事处”，专事搜集情报。次年乌合18人、18条枪，拼凑起“中国和平军”，自任少将司令。极力网罗汉奸、特务、土匪、地痞、流氓，队伍最多时达800余人。先后盘踞在夹仓、涛雒、栈子等沿海地带，充当日本侵略者的帮凶。对抗日根据地疯狂扫荡。据不完全统计，1941—1945年，残杀抗日军民800余人，烧毁民房2300多间，掠夺群众财产不计其数。在夹仓、栈子、涛雒以开设物产公司和交易所为名，强迫百姓入股，掠夺各类物资，运往青岛和日本，牟取暴利。他充当日本侵略者的鹰犬，大肆抓捕贫困百姓卖给日本做劳工。1942年，仅韩家营子村就被抓走165人。群众无不恨得咬牙切齿，咒道：“逮着陈成功，剥皮熬油掌天灯。”1945年夏，他任日照伪县长。日本投降后，又任国民党三十六师莒日留守处少将指挥。

1949年8月，陈成功被济南市公安局逮捕。1950年5月，在涛雒被人民政府处决。

李衍修(1895—1983)，字任亭，岚山区巨峰镇李家大村人，开过杂货铺，闯过关东，进东北讲武堂学军，毕业后由士兵升任连长。回乡后，靠投机、赌博，大发其财，并以此为资本经营戏班，逐渐成为一方富豪。

1937年10月，他投靠到国民党官僚牟希禹门下，当上“国民革命军别动总队第二十八支队九纵队”第一大队大队长。其“大队”仅有十余人。1938年春，土匪刘桂堂部窜入日照，烧杀抢掠，民愤极大。驻日照的国民政府军组织力量准备围剿，李趁机加入捞好处。连续在簸箕掌、杨家庄子等村袭击刘桂堂匪部，缴获一批枪支弹药，其队伍也迅速增至600人(为领兵饷计，曾谎报为800人)。1939年，李衍修当上第三专署保安第八旅第十六团团长。1940年，该团与县保安队合编为日照县保安团，以养兵抗日为借口发行“日照流通券”，大量聚敛钱财，并与国民党五十七军顽固派孙焕彩勾结，屡次侵犯八路军抗日根据地。

1941年4月25日，与五十七军顽固派一起，纠集1000余人偷袭中共日照县委驻地巨峰沟洼村，造成县委机关干部、战士6人当场牺牲，并抓走50余名干部、战士。将县人武科科长秦培三抓去，带回其驻地杀害。1942年，经“八三事变”和甲子山一战，国民党顽固派在日照境内遭到沉重打击，李衍修率部窜回泰石公路北，继续作恶。1943年10月19日，新一一一师奔袭了驻万家坪的李之残部，给予沉重打击。李感到末日来临，率残部窜至泊儿，投伪“滨海警备军”。以两千元为价将其残余士兵卖给汉奸头子李永平，自己只身逃到青岛投靠日本人。日本投降后，又到“国民党保密局青岛站日照组”当密探，并积极募款参与还乡团反攻倒算。1949年春，李衍修从上海逃到台湾，后至美国，1983年死在美国。

人物简介

人物简介共辑录东港区境内近代以来，在政治、经济、军事、科技、文化等方面有重要影响的人物190人。其中，党政副厅级以上干部89人、军队副师级以上干部60人、科技文化企业界29人、在台人物15人。

一

秦寄萍 1914年生，涛雒镇上元村人。省立第一师范毕业后到曲阜省立二师附小、济南市立小学任教员。1936年初到日本，1937年下半年回国。1938年春，参加东北军五十七军六六七团万毅部队，后回日照参加抗日宣传等革命工作，在日照县参议会任驻会委员，进行抗日民主宣传工作。解放战争时期，一直在山东解放区进行革命工作，后调到山东交通总局铁路委员会工作。1948年，在山东战邮报任总编。新中国成立前夕，随部队参加解放大上海及接管上海市的任务，在上海军管会工作。新中国成立后，调到北京，参加组建邮电部工作，任邮电部翻译室主任。1953年，参与组建人民邮电出版社，任社长。1984年离休。

秦亢青 原名秦鸿沂，1916年生，涛雒镇上元村人。1939年4月加入中国共产党。抗日战争爆发后，先后在国民党五十七军当过二等兵，在文庙小学任过教员，历任抗敌自卫军政治部干事、日照县政府经建科科长、滨北路东专署科长、青岛工委干事等职。新中国成立后，历任山东省工业厅秘书和科长、山东省自然科学研究所副所长和山东省博物馆馆长等职。

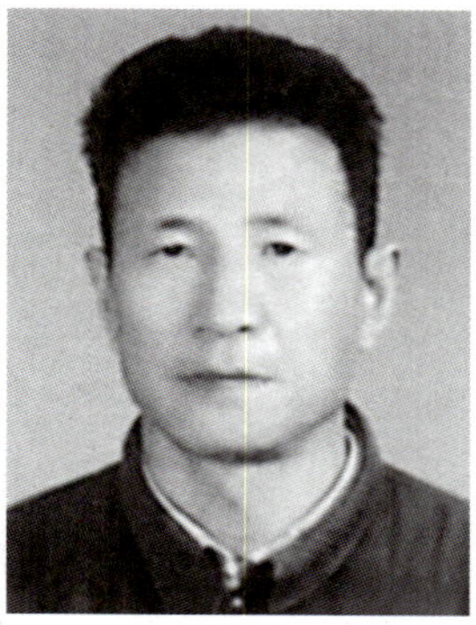

邱大江 1919年生，奎山街道河套村人。1939年加入中国共产党。1943年，任沦陷区地下党支部书记、区委书记等职。1943年始，历任日照县司法科科长、公安局局长、临沂公安处科长、山东省公安厅政治部主任。1964年后，历任山东省公安厅副厅长、省高级人民法院副院长、省政法干部学校副校长(正厅)等职。1983年离休。

迟 鹏 1920年出生，日照街道兴海社区人。1936年参加革命，1985年离休，曾任上海警备区副政委，离休前任上海市委党校副校长。

范希彭 1921年4月生，三庄镇范家楼村人。1938年9月参加革命工作，先后任日照县委青年部部长、莒南县委青委书记、滨海青联宣传部部长、日照青联主任。1943年9月，任日北县委宣传部部长、藏马县委民运部部长。1949年7月后，历任徐州市团委副书记、团中央青工部副部长。1956年，任建材部玻璃局局长。1982年离休。

丁奎生 1922年10月生，涛雒镇西林子头村人。少时当学徒工(做鞋)。1940年12月参加革命。1954年在上海3516厂集体转业，历任工人、一般干部、中层干部、副厂长。1965—1982年，先后任大型企业3514厂厂长兼党委副书记、书记(正厅级)。

丁德民 1923年10月生，涛雒镇西林子头村人。1945年3月加入中国共产党。1945年10月参加工作，任涛雒区委干事。1949年4月，任山东郯城县独立营三连副指导员、第二野战军三兵团交通警备团二营六连副指导员。1949年12月始，历任川东军区酉阳军分区一团二营六连副指导员、一团团部指导员、川东军区基干十三团政治处直工股副股长、中国人民解放军建筑四师十一团政治处组织股副股长。1953年3月，任西南建筑工程管理局人事处副科长、建工部西南工程管理局人事科科长。1958年6月，任四川省建设厅干部处副处长、四川省第一

建筑公司党委书记。1962年10月，任建筑工程部西南工程管理局干部处副处长。1966年5月，任四川省第六建筑公司党委书记、四川省建筑设计院党委书记(正厅级)。1987年离休。

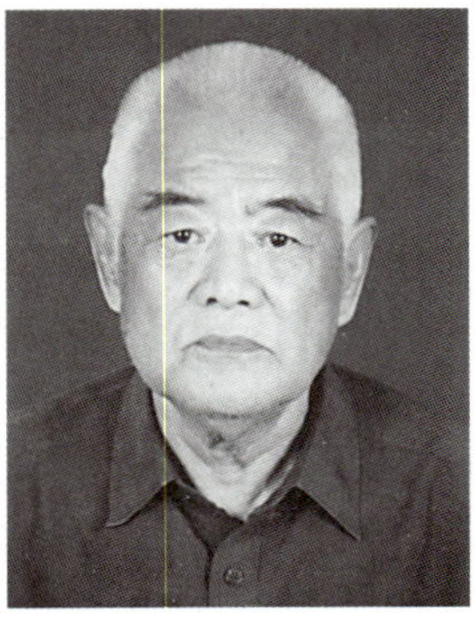

郭万亭 1923年11月生，涛雒镇栈子村人。1940年6月加入中国共产党并参加工作。1940年10月，在莒北办事处、莒中县委组织部任干事。1941年8月在日照县委组织部任干事。1942年8月，任高兴区代书记，同年到太平区敌占区做党的工作。1944年，调任滨海军区武工24队指导员。1945年10月，任城关区委书记。1946年8月，任南湖区委书记。1947年，任沈疃区委书记。1948年，任县委宣传部部长。1949年，调鲁中南区党委党校学习，并留校工作。1950年，调山东省凫山县任县委副书记、书记。1953年，调滕县地委任宣传部部长。1953年8月，任上海天原化工厂党委书记。1956年，任上海冶炼厂党委书记。1960年，任上海九〇一厂党委书记。1971年，任上海市冶金局党组副书记。1977年，任上海航空工业办公室副书记、副主任。1983年离休。

许　青 女，1923年生，北京路街道前崮子村人。1940年7月加入共产党，历任前崮子村党支书、日照县太平区妇联负责人、临沂县委组织部干事、华东局土改工作团团员、上海市委党校支部书记、市妇联干部组织科副科长、北京全国妇联干部学校支部书记、辽宁省鞍山市中级法院审判员、商业厅党委秘书、省百货公司干部科科长、沈阳市幼儿师范学校支部书记、四川省宜宾地委交通部干部科科长、成都市二轻局干部科科长、成都市办公厅信访处处长等职，1981年离休，享受正厅级待遇。

郭见治 1924年生，南湖镇殷家坪村人。1944年9月参加八路军。1947年，在第三野战军十七军医院当医生，参加过淮海战役、孟良崮战役、济南战役、渡江战役等。1947年11月，任医务队队长，1950年，任医务大队长。1950年参加抗美援朝战争，1951年，任十七军医院院长。1958年，转业到吉林省长春市南关区任副区长，1971年，任长春市卫生局局长。1974年4月，任吉林省医学高等专科学校校长。1984年离休。

李大年 1924年生，南湖镇东黄山前人。1941年，任本村小学教员，1945年，参军在报社工作。抗美援朝战争时，任空军前线记者组组长。写有《鲁南横刀斩骄虏》《斧开汴京战黄淮》(刊<陈粟大军征战记>)、《唐老大》《我国航空工业光辉开端》《一对中朝友谊双机》《空中激战》《横扫金门上空》(新华社发)、《激流归帆》《董老教我下襄南》等通讯报告、特写，著有长篇纪实文学《武汉敌后风云——刀丛剑下》等作品，系湖北省作家协会会员。

王承放 1924年3月生，奎山街道夹仓人。抗战时期，流亡陕川。1946年返回青岛，在日照中学教书半年后，即赴北平，经党的地下组织介绍，到解放区，被分派到华北联合大学政治学院学习。1947年，奉调到西柏坡中央组织部训练班学习，其间，加入青年团。1948年3月，在华东野战军随军学校，编入新闻大队，到豫西根据地宝丰学习新闻业务。1948年郑州解放，调《郑州新闻》社任记者，不久又调至《中原日报》做编辑工作。1949年5月武汉解放，在汉口办《长江日报》。1952年加入中国共产党。1953年，调中南局宣传部任干事，1954年，调中央宣传部报纸处、新闻出版处任干事。1973年，调国家体委《体育报》任副社长兼副总编辑。1982年1月，调《红旗杂志》社，任总编室主任(正厅级)。1986年被评为正高级职称编审。1987年离休。

丁履廉 1924年10月生，岚山区巨峰镇大土山村人。1942年12月参加工作，同年加入中国共产党。1942年，任本村村长、党支部书记。1944年3月，任巨峰区中队长。1944年12月，任日照警备团二连副连长。1945年6月，任滨海军区教导团学员支部委员、区队长。1945年9月，任日照县武装部作训参谋。1946年7月，任华东野战军第十三医院政治处干事、指导员。1948年10月，任日照县医院指导员。

1950年3月，任日照县奎山区区长、副书记。1951年7月，任南湖区区委书记。1952年4月，任山东省日照盐管处处长。1953年3月，任日照县政府副县长、县委委员、常委。1958年9月至1961年5月，在山东省干部文化干校学习。1961年6月任日照县县长、县委副书记。1964年4月，任日照县县委副书记。1968年5月，任日照县革委副主任。1973年3月，任日照县委常委、生产指挥部副主任。1975年5月，任日照县委副书记。1978年2月，任沂南县委副书记、县长。1984年8月，在石臼港工委工作。1985年7月离休，地厅级待遇。

王世亭 1925年生，石臼街道林家滩村人。1945年在山东高密参军，1946年入党。后随军转战，先后参加过解放潍坊、济南、开封和渡江战役，解放厦门战役(负伤)。济南战役时任机枪排长，渡江战役时任华野十三纵队独立营教导员，1954年转业到安徽省公安厅。后调合肥市外贸局任党委书记。1984年离休。

牟步善 1925年生，岚山区碑廓镇碑廓三村人。1942年参加青年抗日先锋队，1944年加入中国共产党。1945年，任中共碑廓镇委书记，此后任中共碑廓区委组织委员、中共日照县委土改工作团团长。1949年3月，任中共日照县城关区委书记。1950年12月，任中共日照县委组织部副部长。1951年6月，任中共日照县委组织部长、纪委书记，其间参加中共山东分局党校学习。1953年，任中共日照县委副书记。1963年，任中共日照县委书记。1977年，任中共沂水县委书记。1981年，任中共临沂县委书记、人大常委会主任。1987年离职休养，享受地厅级待遇。离休后，被聘为中共日照市委农业顾问组组长、纪检监察员。2005年，中共中央、国务院、中央军委授予"抗日战争胜利60周年纪念章"1枚。

许家现 1926年生，北京路街道前崮子村人。20世纪40年代，在青岛市上学期间秘密加入共产党，从事反抗日本帝国主义和国民党反动统治的活动。1949年南京解放后，先后任南京市委青年书记、参与筹建第一汽车制造厂，后调文化部和外交部工作。曾任中国驻意大利大使馆和驻美国大使馆文化参赞等。离休后，被聘为日照市政府顾问。

费剑秋 女，1926年生，石臼街道中盛社区人。大学肄业，1945年8月参加革命，1947年3月加入中国共产党。曾任山东军区军工部文书、山东工商分局会计、省实业厅会计、中原大学会计、中南财政学院会审股长、中南财政学院会审副科长、裕华纱厂前纺车间支部书记、武汉第二医学院人保科副科长、武汉市中医医院党总支书记、武汉市中医医院党总支书记兼院长等职。享受副地级待遇。1983年离休。

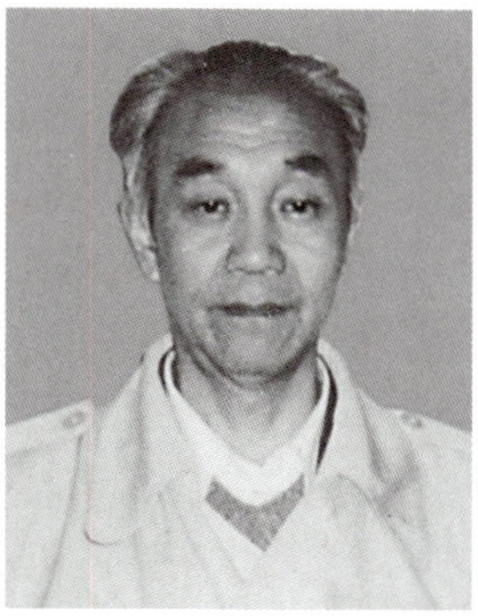

丁乐原 1926年4月生，涛雒镇人。幼年随父母居于济南市。抗日战争爆发后，举家逃难至四川万县，就读于金陵大学附属中学。1944年，入成都金陵大学电机系学习。1949年4月，进綦口汽车配件厂，先后任技术员、科长、生产长、副厂长等职。1952年加入中国共产党。1959年，调重庆市委工交部，后任市经委办公室副主任。1964年，调重庆市标准件总厂任厂长。1971年，调重庆五一机床厂。1975年，调四川维尼轮厂任商检办公室副主任、设备处处长。1980年，调重庆市科学技术协会任专级副主席(厅局级)。1980年退休，被聘为市发明协会名誉会长。1980年当选四川省第五届政协委员。

庄茂禄 1926年12月生，涛雒镇涛雒三村人。1947年3月参加工作，同年加入中国共产党。1940—1947年，任本村青救会指导员、支部书记。1948年8月，在涛雒区委工作。1949年，任中共日照县委民运部干事。1950年，任日照县工委委员。1953年，任日照县工委副书记、书记。1956年，任中共日照县委工交部部长。1957年1月，兼任中共奎山区委第一书记。1960年3月，任中共日照县委副书记。

1962年11月，任日照县副县长。1964年，任日照县县长、中共日照县委副书记。1969年，任中共日照县核心组成员。1973—1975年，历任沂沭河东调工程指挥部党委书记、政委，中共日照县委副书记。1975年11月起，先后任临沂行署财办党组副书记、副主任，经委副主任兼一轻局局长，经委副主任。1984年2月，任日照市(县级)人大常委会主任。1990年2月，省委组织部公布庄茂禄为厅局级干部。1990年11月离休。

陈常修 1927年6月15日生，南湖镇陈家村人。1945年2月入伍，1945年3月入党。1945—1949年2月，先后任南湖区委组织干事、宣传委员，日照县委党校组织干事。1949年2月，随军南下任干部纵队分队长。1949—1955年5月，任浙江省台州直属海门区区委组织委员，副书记、书记。1955—1985年6月，历任温州专属水产局局长，平阳县委、乐清县委副书记，苍南县委副书记、县人大常委会主任等职。1985年6月离休，地厅级待遇。

丁原仕 1928年生，日照街道罗家城子村人。1947年4月参军，1948年2月入党。1950—1955年10月，在四十七军历任汽车大队副政治指导员，指导员，四十七军后勤部政治处宣传干事、组织干事。1955年12月，任四十七军一四一师后勤部战勤科、军需科副科长、科长。1969年5月，任广州军区生产建设兵团七师财务科长。1974年11月，任广西南宁军分区大新县、马山县人民武装部副部长、部长、党委书记。(解放战争中参加了辽沈战役、平津战役和解放团子山、法库、宜昌、重庆及湖南湘西剿匪战斗)。新中国成立后参加过抗美援朝和云南边防保卫战。先后获得解放全东北纪念章、解放全华北纪念章、解放中南纪念章、解放西南纪念章、湘西剿匪纪念章、抗美援朝纪念章和全中国解放奖章、朝鲜军功章、云南边防保卫战军功章、中华人民共和国司法部二级金星荣誉奖章等。1982年2月，转业任广西南宁地区行署司法处处长，1985年6月离休，副厅级待遇。

安增彬 1928年4月生，两城镇人。1944年5月参加革命工作，1947年1月加入中国共产党。抗日战争时期，历任藏马县青海区武工队员、山东战邮总局干事等职。解放战争时期，参加过潍坊、南京、上海等战役，曾担任过潍坊军管会军代表、

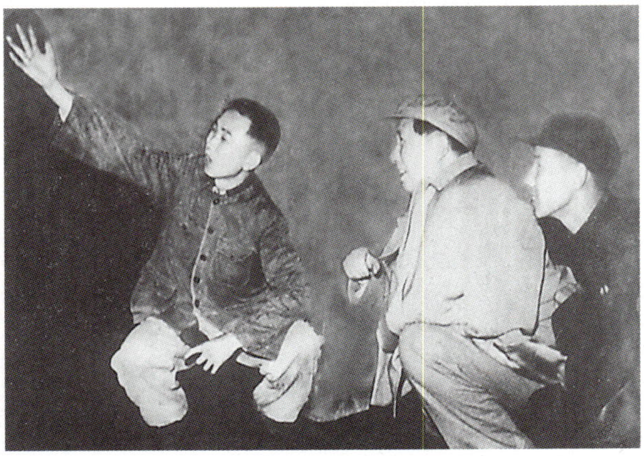

南京新华日报社科长、上海军管会军代表等职。在革命战争时期立二等功一次、三等功二次，被评为劳动模范一次。1949年8月，参加西南服务团，随同第二野战军，历任川南日报社科长、泸州市(地级市)团委书记、中共泸州地委青委副书记等职。1952年5月，任四川隆昌县县长。1954年，任隆昌气矿党委书记。1958年，任川南石油矿务局党委第一副书记。1979年，任云南石油勘探指挥部(正厅级)党委书记，同时主持石油工业部滇黔桂石油勘探指挥部的常务工作。1984年1月，任滇黔桂石油勘探局党委书记。离休后担任中国石油摄影协会副主席，滇黔桂文联名誉主席等职。

赵景炎 1928年7月出生，南湖镇南湖一村人。1945年9月从南湖小学参加革命，先后在滨海区支援前线司令部粮食工作队、日照县政府公路科工作。1948年1月，随华东野战军南下。1952年，任陕西省商业厅业务科、物价科组长、副科长。1953年11月，任陕西省商业厅办公室副主任。1962年1月，任陕西省供销合作社办公室副主任。1979年6月，任陕西省物价局党组成员、副局长。1983年4月，任陕西省物价局党组书记、局长。1985年5月，创建陕西省价格学会，任首届、二届学会会

长。1985 年 12 月，当选为中国价格学会理事，1991 年增补为常务理事。1985 年始，兼任《陕西省志·物价志》编纂委员会主任和主编。1990 年 9 月至 1992 年 7 月，任国务院物价委员会、国家物价局驻陕西物价特派视察员。1990 年 9 月，被中共陕西省委任命为陕西省老龄问题委员会专职副主任。2000 年 9 月，任陕西省老龄工作委员会顾问。1992 年 5 月至 2003 年，任陕西省决策咨询委员会委员。

秦嗣照 1928 年 11 月生，秦楼街道前团岭村人。1945 年 12 月参加革命。先后任战士、通信员、班长、排长、连长、营长、副团长等职，两次被评为战斗模范，荣立二等功一次，荣获华东野战军人民英雄奖章、国家三级解放勋章。在济南战役中，带领全连勇士，飞速架梯登城，与敌人展开肉搏战，打败敌人多次反击，所在连队被评为一等功臣连。1962 年转业后，历任福建省海运公司副书记、省渔业基地书记、省集美水产学校校长、书记等职。

郑全松 1928 年 12 月 27 日生，日照街道烟墩岭村人。1945 年 9 月入滨中师范学习，后调入滨海三专署文工队。1946 年 4 月转滨海行政公署文工团，9 月集体参加滨海警备旅(后为华野三纵九师)政治部宣传队。1947 年 2 月，调该师二十七团政治处文印组。1948 年济南战役后，调华野司令部情报处(渡江战役后在南京改称华东军区二局)，其间，曾在华东军政大学机要大队学习政治理论近一年。1952 年 12 月，调济南军区司令部驻青岛铁路军事代表办事处，先后在莱阳、张店、徐州、青岛港航等办事处任助理军事代表、主任等职。1979 年 12 月转业，任青岛铁路分局战备办公室、武装部主任、部长等职。1988 年 12 月离休。

丁子纲 1929 年 2 月生，涛雒镇西林子头村人。1945 年 5 月参加工作，1949 年 4 月加入中国共产党。在本地从事地方武工队及宣传教育等方面的工作；济南解放后，在市军事管制委员会三区委任文书；徐州解放后，在市军事管制委员会北站办事处工作。1949 年，调徐州市公安局，先后任兵工派出所所长、市公安局政治处干事、市公安局办公室秘书、户政科长；贾汪矿务局保卫处长，局党委委员。1956 年后，先后任夏桥煤矿、大黄山煤矿、庞庄煤矿党委书记。1975 年 5 月，任徐州矿务局党委副书记、书记。1979 年 1 月后，历任中共徐州市委副书记、常务副市长、徐州矿务局党委第一书记、中共江苏省委委员。1983 年 1 月，任江苏省煤炭总公司总经理、党委书记、省委委员。1984 年 10 月，任江苏省交通厅厅长、党组书记、省委委员。

刘小萍 1930 年 1 月生，石臼街道人。1947 年 2 月参加革命，曾在石臼所、涛雒海事会、安东卫、连云港海关工作。1949 年 2 月随军南下，任干部大队队员。上海解放后，任军管会贸易处驻厂员、上海市贸易总公司组长、华东军政委员会贸易部人事处科员。1950 年，入中国人民大学专修科学习，毕业后任华东行政委员会贸易部储运处秘书、上海市商业局副科长、华东局统战部工商处干事。1954 年，调中共中央统战部工作，历任中共中央统战部干部处、机关党委办公室秘书、机关团委书记、干部处副组长。1976 年后，任中央统战部干部局副处长、副局长、局长、统战部秘书长、特邀顾问。政协第八届全国委员会委员、中国国际友谊促进会副理事长、中华爱国工程联合委员会副会长、北京市航空联谊会顾问、长城学会理事。

丁原章 1930 年 2 月生于北京，涛雒镇人。1952 年毕业于清华大学地质系，1956 年于北京地质学院取得研究生学历。1956 年，任长春地质学院讲师及区域地质教

研室副主任。974年，任广东省地震科学研究所副所长；1983年，任广东省地震局局长兼局党组书记；1996年退休。2006年，为广东省地震局研究员、广东省政府核电建设专家组成员、香港天文台科学顾问、香港土木工程署科学顾问。

主要专著有：《水库诱发地震》《广东和香港地震风险概论》。

安峰石 1930年10月生，两城镇安家村人。1945年3月参加革命。1946年3月在山东《大众日报》社发行部工作。1947年在滨北从事敌后宣传工作。1949年5月参加上海战役，并参与接管《申报》《新闻报》、上海通讯社。1949年7月，由三野转二野，参加西南服务团，进军大西南。1949年12月起，在重庆《新华日报》社任组织干事、财务科长(其间，曾去四川合江县参加剿匪、反霸、土改)。1954—1958年，在北京外交学院学习。1958年9月，调外交部，先后任财务科副科长、驻阿联酋大使馆二秘、西亚北非司处长。1971年2月—1984年12月，历任驻叙利亚大使馆、驻扎伊尔大使馆、驻摩洛哥大使馆政务参赞及西亚北非司副司长。1984年12月—1989年9月，任中国驻卢旺达共和国大使。1989年12月—1992年12月，调任驻加蓬共和国大使，兼驻圣多美—普林西比大使。1992年奉调回国。

丁原洪 1931年11月生，涛雒镇人。1949年，考入燕京大学西方语言文学系，1952年，调外交部工作。20世纪50年代，先在罗马尼亚工作，后在外交部苏联东欧司主管罗马尼亚事务。60年代，作为中国政府代表团顾问、团员，参加中苏边界谈判。70年代，作为外交部美国处处长，参与中美两国正式建交谈判的全过程。80年代，先后任外交部政策研究室副主任、主任。1987年始，先后任驻联合国、瑞士、比利时大使，兼任驻欧盟代表团团长。1997年7月奉调回国，在外交部负责亚欧会议事务。

田　戈 1932年11月生，秦楼街道田家村人。1948年参加革命，曾在部队和华东军政委员会工作；1953—1962年，先后就读于哈尔滨工业大学动力经济专业，中国人民大学共运史专业；1962年研究生毕业，长期从事政治理论教学和思想政治工作。先后任哈工大教师、712厂党委宣传部副部长、850厂政治处主任、山西省科委人事处长、山西财税专科学校党委书记、山西财经学院党委书记。1994年，荣获全国高等学校思想政治教育研究"卓识奖"。主要著作有《唯物辩证与社会主义市场经济》《政治经济学》《财经职业道德》等，发表《论市场经济与道德建设》《马列主义理论教学》《大学生心理与思想政治工作》等论文30余篇。

刘光栋 1933年1月生。石臼街道人。中共党员。1957年毕业于天津大学土木系，长期从事土木建筑和桥梁工程的教学、科研工作。1981—1983年，在加拿大多伦多大学作访问学者，归国后先后任湖南大学结构工程研究所副所长、土木工程系副主任、教务处长、副校长、校党委书记、教授、博士生导师，并兼任中国力学学会结构工程委员会委员，《工程力学》副主编、教育部本科教学工作水平评估专家委员会委员、教育部特邀联络员等职。曾任湖南省科协副主席、湖南省力学学会理事长、中国力学学会理事等职。享受国家特殊津贴。

叶景茂 1933年1月生，涛雒镇栈子三村人。1948年9月参加革命。1950年5月调新浦油脂分公司石臼支公司任会计、会计股股长。1953年4月，先后任临沂油脂分公司会计、财会科科长。1954年9月加入中国共产党。1957年，粮食、油脂机构合并，仍任粮食财会科科长。1958年5月，选调省粮食厅财会处工作。1959年下半年回临沂，任粮食财会科科长。1975年9月，任临沂地区粮食局副局长。1977年9月，任临沂地区财税局副局长,1979年9月，主持财税局工作。1990年，任临沂地区人大工作委员会副主任。1993年离休。

马承悌 1934年2月生，秦楼街道东明望台村人。1945年3月参加工作，至1948年，先后在鲁中行署原利源工厂、滨海专署滨海烟厂、青州烟厂当工人。1948年8月，调华东财办工商部任

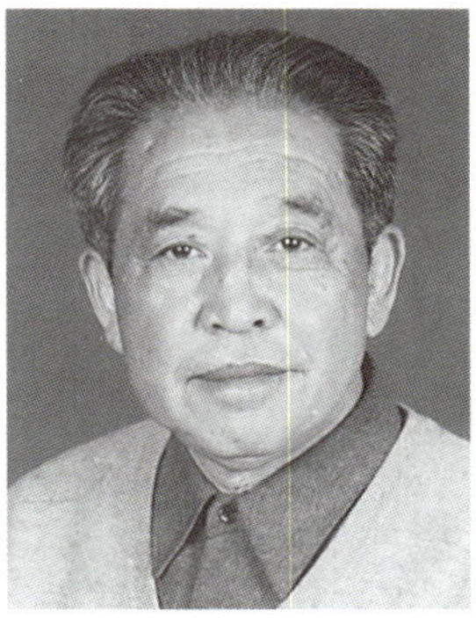

收发员。1950年6月，调入德州专署，先后在工商科、财委、计委任办事员、科员。1956年7月，调山东省计委劳动工资、干部培养计划处、农业处工作，任科长。1963年3月，调山东省劳动厅，先后任科长、副处长、处长、副厅长。1995年离休。

叶连愍　1936年2月生，涛雒镇栈子村人。1951年7月参加工作，1954年加入中国共产党，1964年7月毕业于上海财经学院贸易经济系。历任山东省财委、华东各省财委驻沪联合办事处收发、出纳，上海市人民政府商业局机要文书，中国人民解放军0932部队独立一分队教员、文书、副排长，上海市第一商业局人事处科员，上海纺织品采购供应站人事科科员、团总支书记、党委委员、革委会常委。组织科科长，政治处副主任，副经理兼中专职校校长。上海财贸党委委员兼组织处处长。上海市第二商业局、第一商业局党委委员、纪律检查委员书记兼监察室主任。上海财贸系统纪委委员，上海一百集团有限公司党委副书记兼纪律检查委员会书记、监察室主任。上海财贸系统纪律检查委员会委员。1996年退休。

刘鹏贤　1936年8月生，涛雒镇小海村人。1956年参加工作，任青岛市劳动局办事员。1960年加入中国共产党。1965年11月，任中共青岛市委工交政治部、市生产指挥部劳二组干事。1970年8月，在青岛平度“五七”干校劳动(事务长)。1971年6月，任青岛市劳动局干事。1977年2月，任青岛市劳动局科长、党组成员。1979年9月，任青岛市劳动局副局长、党组副书记。1983年8月，任青岛市劳动局局长、党组书记。1990年11月，任青岛市人民政府秘书长、市政府党组成员、办公厅党组书记。1993年3月，任青岛市人大常委会副主任兼秘书长。1998年4月，任青岛市人大党组成员。

赵全忠　1936年9月生，涛雒镇李潭堐村人。1958年6月毕业于诸诚师范学校，到莒南县干部文化补习学校任教。1960年6月加入中国共产党。1963—1965年，先后在莒南、临沂搞“社教”。1964—1966年，先后任莒南县总工会、中共莒南县委监委秘书。1970—1980年，先后在莒南县整党建党办公室、组织部、纪律检查委员会工作。1981年1月—1983年12月，任莒南县团林公社党委书记。1984年1月，任莒南县委副书记、县长。1985年5月，任日照市(县级)政协主席、党组书记。1989年，任地级日照市政协副主席、党组副书记。1998年7月退休。

郭建奎　1936年10月生，奎山街道后两河村人。1960年8月，在沂源县机械厂工作，任技术员、副厂长、革委会副主任。1970年9月，任临沂地区机械工业局科长。1981年9月，任临沂地区进出口委员会副科长。1984年8月，任临沂地区外贸局局长。1994年3月，任临沂地区人大工委副主任，党组成员。1995年5月，任临沂市人大常委会副主任、党组成员。

尹永祥　1937年生，日照街道陡岭子村人。1958年参加工作，担任吉林省抚松县国营参场会计。1959年6月入党，1960年，调抚松县农业局工作。1965年，任抚松县北岗镇党委书记，1977年，任抚松县粮食局局长，1976年，任抚松县副县长，1978年，担任吉林省抚松县县委书记兼县长。1986年，任珲江市副市长，1987年，任市长。1996

年，调任吉林省经协办主任。2005年退休。

董书堂 字正斋，1937年11月生，西湖镇荻竹涧村人。毕业于中国人民解放军工程兵技术学校。历任广州军区保卫部侦察处处长，广西钦州军分区副政治委员，山东省日照市人民检察院党组书记、检察长，中共日照市委常委、市纪委书记，中共山东省第六届纪律检查委员会委员，日照市政协党组副书记，常务副主席。1998年12月退休。

刘克康 1938年10月生，石臼街道九村人。1959年9月，入山东大学历史系学习，1964年8月毕业。10月底参加社会主义教育运动，在齐河县刘桥公社西吴庄工作组任队员。1965年7月，在青岛橡胶九厂(双星集团前身)“四清”工作队任队员。1965年11月，加入中国共产党。1965年12月，任中共青岛市委办公室秘书。1981年2月，任青岛市人民政府办公室调查研究科副科长、科长。1986年8月，任青岛市公用事业总公司党委副书记、书记。1995年9月，任青岛市公用事业管理局党委书记(副厅级)，同年4月，任该局巡视员。青岛市第八届、第九届政协委员。1998年11月退休。

高继森 1940年12月生，秦楼街道前大洼村人。1961年9月考入东北大学，1970年，分配到中国第十七冶金建设公司机电公司电气班组劳动，先后任机电公司电气队技术员、工长。1978年2月，被派往坦桑尼亚(专家组)任电气工程师；1980年11月，先后任电气队支部副书记，机电公司党委副书记、机电公司经理等职。1994年4月，任中国第十七冶金建设公司总经理兼党委书记，1997年6月，任冶金部马鞍矿山研究院院长、党委书记。现已离休，享受国务院特殊津贴。

惠熙荃 女，1941年2月生，三庄镇三庄三村人。1965年毕业于华东纺织学院，被选拔到上海市委组织部工作。1967年10月，任上海麻纺厂办公室秘书。1976年7月，任上海纺织科学研究院党支部副书记、科长。1983年10月，任上海纺织局职工医院党总支书记。1984年6月，任上海纺织工业局直属处副处长、党委副书记。1984年11月，任国棉十七厂党委书记。1988年2月，任上海市高级人民法院副院长兼上海市妇女联合会副主席。2001年，任上海市人大常委会委员，上海市人大内务司法委员会副主任委员。在工作岗位上多次被评为先进工作者、优秀共产党员、上海市公安战线先进工作者、上海市三八红旗手。

王延早 1941年6月生，日照街道文荟社区人。1962年入伍，1964年加入中国共产党。1966年7月，任中国人民解放军某部排长。1967年7月—1969年10月，任副指导员、指导员。1969年10月，任某部政治部干部科干事。1973年10月，任某团参谋长。1977年8月—1979年9月，在国防大学基本系学习。1979年9月，任某团团长。1983年5月，任某师师长。1991年10月转业，任山东省经贸委招标中心副主任。1993年6月，任中国拍卖行业协会副会长，山东省拍卖行业协会会长。

林保义 1941年7月生，日照街道后将帅沟村人。1965年8月，山东师范学院中国语言文学系毕业。历任中共济宁地委组织部工作人员，济宁县喻屯四清工作队员，日照县安东卫中学教师，日照县革委政治部秘书，中共日照县委办公室副主任，中共蒙阴县委副书记兼县纪委书记，中共临沂地委副秘书长、地委办公室主任，中共山东省委办公厅正处级秘书、副厅级秘书、办公厅副主任，省委副秘书长，省委党史研究室主任等职。现任山东省人民代表大会常务委员会委员、法制委员会副主任委员。山东省

第九届、十届人大代表。

杨作田 1941年9月生，奎山街道宋家窑村人。1958年7月，在日照县商业局工作。历任日照县高旺钢铁厂工锻长、车间主任、团委书记，日照县交通局党总支委员、团总支书记。1964年1月，任皋陆公社党委委员、文书，“四清”工作组副组长、组长。1969年3月，历任黄墩区区委副书记、革委会副主任，马庄公社党委书记、管委会主任，涛雒公社党委书记、管委会主任。1980年1月，任日照县委办公室副主任兼档案局局长，县委组织部副部长、企业工作部部长。1985年5月后，历任日照市(县级)市委常委、企业工作部部长、市政府副市长、日照出口加工区管委副主任。1989年11月，任地级日照市税务局党组书记、局长，日照市国家税务局党组书记、局长，市政协第五届常委。1998—2002年2月，任日照市人大常委员会副主任。

陶玉友 1942年生，秦楼街道陶家村人。1965年，考入云南省政法干部学院。1973年，调云南省监狱管理局政治部工作。1977年，任政治部组织科负责人。1981年，任云南省监狱管理局团工委书记。1984年，被云南省司法厅党委任命为云南省监狱管理局办公室副主任，并被选为云南省监狱管理局机关党委委员，兼任云南省监狱管理局办公室党支部书记。1994年，任云南省监狱管理局办公室主任。1995年，被司法部授予三级警监警衔。

尹世同 1942年7月生，奎山街道夹仓二村人。中共党员。1962年9月—1967年7月，在山东工学院第一机械系学习。1968年8月，分配到平邑县农机厂工作。1971年10月，调临沂地区工业局任办事员、技术员。1977年1月，任临沂地区机械工业局供销科副科长。1981年10月，任临沂地区机械工业局生产科科长。1984年4月，任临沂地区经济委员会副主任、党组成员。1989年10月，任临沂地区经济委员会主任、党组书记。1995年7月，任临沂市人大常委会副主任、党组成员。中共山东省六次党代会代表。

宋洪林 1942年8月生，日照街道姜家村人。1962年7月入伍。1963年7月入党。在6139部队历任副班长、班长、排长、司令部作训参谋、连长、司令部作训股股长、司令部参谋长。1980年8月，入中国人民解放军军事学院高级系完成班学习，大专学历。1982年8月军事学院毕业，调6137部队任团长。1983年5月，调济南军区守备某师任师长。1985年12月，调荷泽军分区任副司令员。1990年，调威海军分区任副司令员。1992年10月，转业到威海市人民检察院任检察长。2002年9月退休。

宋开智 1942年10月生，涛雒镇蒿岭村人。1962年8月参加工作。1964年加入中国共产党。1962年7月毕业于江苏省海州师范学校，先后在连去港市猴嘴小学、解放路小学任教。1965年8月始，先后任连云港市委宣传部干事、连云港市委秘书长。1987年2月—1998年1月，先后任中共连云港市委常委、秘书长、中共连云港市委副书记。1998年起，任连云港市人大常委会主任、党组书记。

陈占福 1943年1月生，石臼街道十一村人。1964—1970年，在山东大学外文系学习。1970—1971年，在唐山部队农场工作。1971—1986年，任外交部信使处副处长。1986—1990年，任驻新西兰使馆二秘。1990—1993年，任外交部干部司一秘副处

长。1993—1995年，任外交部信使队副队长。1995—1999年，任驻赞比亚使馆参赞。1999—2003年，任驻厄立特里亚大使。2003年退休。

庄廷敦 1943年9月生，涛雒镇庄家村人。1961年考入沂水师范。1964年7月，任沂水师范附小教师。1965年10月—1968年1月，在山东教育干校政治理论班学习，之后在沂水县官庄中学任政治教师。1971年11月，调沂水县委组织部工作，先后任统计员、干事。1980年4月，任临沂地委组织部干事。1984年2月，任临沂市委常委、组织部长。1987年2月，任临沂市委副书记。1990年4月，当选县级临沂市政协主席。1993年3月，任县级临沂市委副书记、市长。1995年3月，任临沂市兰山区委书记。1997年12月，任临沂市委常委、市政法委书记。山东省第八届人大代表，中共山东省第八次党代会代表。

魏本健 1943年11月生，秦楼街道山口村人。山东农业大学1962级农学专业学员。1968年4月，赴新疆生产建设兵团农四师六十六团工作，先后任基层连队的技术员、连长等职。1976年5月，调临沭县工作，先后任临沭县良种繁育场技术员、场长，大兴镇党委副书记、书记，临沭县县委副书记、县长、县委书记等职。1992—2003年，调山东省农业科学院，任副院长、院长。

郑全宝 1944年1月生，涛雒镇西灶子村人。1963—1968年，就读北京工业学院工程光学专业，毕业后在航天部第一研究院任技术员、工程师。1988年，被评为高级工程师。1993年，被评为研究员。1984—1990年，任中国运载火箭技术研究院第十五研究所副所长，所长兼总经济师。1991年起，任中国运载火箭技术研究院副院长、副书记、研究员。

曾任第三届中国宇航协会理事兼发射工程专业技术委员会主任委员，中国航天科研管理协会副理事长、中国运载火箭技术研究院单位任评审委员会副主任、北京理工大学兼职教授。在“长征二号”飞船飞行试验工作中获突出贡献奖和“全国离休干部先进个人”称号。享受国务院特殊津贴。

许乐仁 1944年5月出生，北京路街道大韩家村人。1965年8月，毕业于贵州农学院兽医专业，之后在贵阳耕读师范专科学校任教。1970年8月，任贵州农学院助教、讲师。1987年8月，任贵州农学院教授，历任教务处副处长、副院长。1997年8月起，历任贵州大学副校长，贵州省政协副主席兼教育委员会主任，中国畜牧兽医学会高级会员、常务理事，中国畜牧兽医学会兽医病理学分会理事长、中国畜牧兽医学会动物毒物学分会副理事长，国际蕨类组织(IBG)成员等学术职务。享受国务院特殊津贴。

牟大勇 原名牟敦荣，1944年11月11日生，祖籍陈疃镇北疃村。1963年7月考入中国海洋大学。1968—1970年，在济南军区空军农场锻炼，后分配至山东省水文总站系统从事技术工作。1982年调回日照，先后任涛雒公社党委秘书，县审计局副局长，纪委副书记，地级日照市纪委常委、副书记，市人大常委会副主任。曾获县级“优秀知识分子”、地级“优秀纪检干部”、十佳“优秀党务工作者”“全省纪检监察系统新闻宣传工作先进个人”等称号。

姚长志 1945年2月生，南湖镇战家村人。1962年7月毕业于日照师范。1964年，任临沂县和日照县社会主义教育工作队队员。1966年4月加入中国共产党。1966年6月，任大众日报社记者。1971年5月—1987年11月，历任山东省委办公厅信访处干事，副科级、正科级、副处级秘书。1988年8月—2001年3月，先后任省委省政府信访局调研处副处长、处长、副巡视员。2005年8月退休。

叶庆华　1945年6月生，涛雒镇栈子二村人。1962年7月毕业于日照一中，同年8月考入山东农业大学土壤农化系。1966年7月毕业后到垦利县工作，先后任县农业局技术员、县化肥厂技术员。1976年7月，调惠民地区。1983年5月加入中国共产党。先后任地区化工局技术员、工程师，化学工业公司经理，化工局局长、党委副书记。1990年8月始，历任滨州地区化工局局长、党委书记，经贸委主任、党委副书记，中共滨州地委秘书长、滨州地区人大工委副主任。2001年1月—2006年2月，任滨州市人大常委会副主任、党组副书记。

牟善永　1946年1月生，日照街道北大村人。1965年考入上海理工大学，本科学历。1983年起，历任青岛汽车制配厂副厂长、厂长，中国重汽集团董事会董事、重汽集团专用汽车公司经理、中国重汽集团副董事长。高级工程师，国家机械部专家。系青岛市一至十二届人大代表，正厅级。

王　应　1946年7月生，东港区人。1970年7月参加工作，1986年5月加入中国共产党，上海同济大学城建专业毕业。1970年7月，任水电部四平线路器材厂技术员。1979年4月，任辽宁省四平市房地产管理局科长。1986年12月，任四平市城市规划管理处处长兼四平市规划设计院院长。1991年11月起，历任日照市建委副主任兼规划局局长，日照市人民政府副秘书长，日照市土地管理局局长、党组书记，日照市建设委员会主任、党委书记。2003年2月，任日照市人大常委会副主任。

滕怀恩　1946年12月生，涛雒镇刘家湾村人。1964年入伍，在青岛李村海校无线电系学习。1966年7月毕业，分配到海军情报部情报二所任测向员。1971年4月，转业到中央广播事业局彩色电视会战中心任技术员。1976年5月，在广播电影电视部科技司卫星办公室工作。1985年6月，任总工程师秘书(副处)。1990年5月，任广播电影电视部纪委办公室主任。1998年7月，任国家广电总局纪委副书记。

李业山　1948年8月生，南湖镇万家坪村人。1965年12月参加工作。1968年6月毕业于胜利油田工读学校，1972年12月加入中国共产党。1965年12月至1973年，在胜利油田胜采指挥部102站采油6队当工人。1973—1974年，在胜利采油2队任政治指导员。1975—1977年，在胜利采油4队任政治指导员。1977—1984年，任胜利油田组织部调配组长。1984—1987年，任胜利油田指挥部办公室副主任。1987—2000年，任胜利石油管理局办公室主任。1995—1997年，在中央党校山东党校经济管理专业学习，大学本科学历。2000—2004年，任胜利石油管理局副总经济师兼管理局办公室主任。2004年，任胜利石油管理局副总工程师兼办公室主任。2006年，被选为东营市政协副主席。

惠萩林　1948年9月生，三庄镇三庄三村人。1968年3月参军，在济南军区守备某团一营三连任战士、班长。后来在守备某团政治处、守备某师政治部任营部书记、新闻报道员、组织干事。1974年，调济南军区政治部，先后在秘书处、组织部、办公室等部门工作，历任干事、副处长、正团职军区党委秘书等职。1988年恢复军衔制时，被授予上校军衔。1990年8月，转业到中共山东省纪委工作，先后任正处级纪律检查员、研究室副主任、主任(副厅级)。1998年11月，在省第七次党代会上被选为省纪委常委。2002年6月，在省第八次党代会上被选为省纪委副书记。

陈淑阶 1949年4月生，南湖镇陈家村人。1968年9月参加工作，在本村任教。1977年4月加入中国共产党。1974年7月，毕业于中国海洋大学物理系光学专业，分配到山东电影机械厂做产品设计和技术管理工作，曾任助理工程师、工程师、宣传干事。1987年12月，调山东电影制片厂任工程师。1989年10月，调山东电影电视剧制作中心任办公室秘书、副主任科员。1991年4月，调山东省广播电视厅工作，先后任主任科员、副处长。2000年11月，调山东人民广播电台任党委专职副书记兼纪委书记、工会主席。2003年12月至今，任山东省慈善总会常务理事。

丁元森 1949年4月生，秦楼街道山口村人。日照一中毕业，1967年，到黑龙江省二九〇农场工作，历任农场排长、连长。1981年，脱产到黑龙江省农垦管理学院学习，毕业后任黑龙江省二九〇农场二分场厂长。1990年，任黑龙江省普阳农场厂长。2001年后，任黑龙江农垦总局、牡丹江农垦局局长、党委书记。

丁原臣 1949年9月生，日照街道后崮子村人。1969年加入中国人民解放军铁道兵部队。1970年3月入党。1979年毕业于长沙铁道兵学院。1990年毕业于中央党校经济管理专业。历任铁道兵某师班长、排长、作训参谋、连长、营长、团参谋长、副团长、团长。1984年铁道兵改工后，历任铁道部十七局三处处长、局副总经济师、副局长、局长兼党委书记，中国铁道建筑总公司副总经理、党委常委，中国土木工程集团公司总经理、党委书记，中国铁道建筑总公司副董事长。山西省人民政府授予“山西省特级劳模”、国务院授予“全国劳动模范”、中国建筑业协会授予“全国优秀建筑企业家”和“鲁班传人”称号。

安郁进 1951年8月13日生，秦楼街道北苗家村人。1968年在北苗家村小学任教。1971年12月，调入齐鲁石化总公司工作，先后任公司秘书、办公室主任，政工支部副书记。1981年7月—1983年7月，到山东省委学校干部专修科学习。1983年9月，调山东省党史资料征集研究委员会工作。1984年9月，任山东省省委党史办公室副主任，主持办公室工作。1985年10月，任省委办公厅秘书。1988年，任山东省办公厅正处级秘书。1989年，任省委办公厅信息处副处长(正处级)。1990年12月，任省委办公厅文书处处长。1992年，任山东大厦筹建处主任。1993年9月，任省委办公厅副厅级秘书。同年10月，任省委接待办公室主任。1994年4月，挂职滨州行署副专员。2001年11月，调山东省省级机关事务管理局任副局长，党组成员。

贺照清 1951年11月生，涛雒镇尹家廒头村人。1969年2月入伍，先后在铁道兵某师任战士、排长、连长、营长、团参谋长、战勤科副科长。1971年3月加入中国共产党。1983年1月，在临沂国棉厂任科长。1984年9月，在日照港建设指挥部任干事。1986年9月，任日照港公安局副政委。1988年6月至2003年5月，历任日照港务局宣传部副部长、宣传处副处长、党办主任、二公司经理、副局长。2003年5月

至2009年2月，历任日照港(集团)有限公司党委委员、董事、副总经理。现任日青集装箱码头有限公司董事长。

任明英　女，1951年12月生，南湖镇大沈马庄人。1971年5月入党，历任沂源县妇联副主席，临沂地区妇联副主席，临沂交通委副主任，山东省交通厅监察室主任，山东省高速集团副书记、书记。2006年，任山东省交通厅副厅长。

李庆年　1952年2月生，南湖镇东黄山前村人。1972年12月应征入伍，1975年加入中国共产党。后参加中国人民解放军西安政治学院学习，大学本科学历。历任战士、助理员、干事、教导员、党委秘书、科长、团政治委员(团党委书记)，上校军衔。1997年，转业到青岛市民政局工作，任办公室副主任。1998年12月，任社会事务处和区划地名处处长。2001年9月，任政工处处长，2003年8月，任青岛市慈善总会专职常务副秘书长。

张传林　1952年5月生，三庄镇人。1971年11月加入中国共产党，12月参加工作。1971年12月，任日照县河山公社青年干事、党委文书。1975年10月，任日照县城关公社党委副书记。1976年3月，任临沂地委副秘书长、办公室党的核心小组成员。1978年11月，任临沂地委副秘书长兼临沂县义堂公社党委书记。1980年9月，任临沂地委副秘书长兼临沂县委副书记。1981年3月，任临沂县委副书记。1984年2月，任临沂市委(县级)副书记、郯城县委书记。1990年12月，任临沂地区行署副专员。1992年6月，任省计生委副主任、党组副书记。1995年3月，任省计生委主任、党组书记。1997年12月，历任枣庄市委书记、市人大常委会主任、市委党校校长、军分区党委第一书记。2002年12月，任潍坊市委书记，市人大常委会主任、市委党校校长、军分区党委第一书记。2006年，任山东省政府省长助理。现任山东省政协副主席，兼任省委统战部部长。

惠汝太　1952年7月生，三庄镇惠家沈马庄人。1979—1982年，获中国协和医科大学阜外医院心内科高血压专业硕士。1982—1986年，任中国协和医科大学阜外医院心内科主治医师。1987—1992年，获加拿大蒙特利尔大学医学院医学系临床科学博士。1993—1997年，获美国国立卫生研究院环境与健康研究所，分子肿瘤学研究室博士后。1996—1997年，任中国协和医科大学阜外心血管病医院分子生物学中心副主任心内科副主任。1997年起，历任中国医学科学院心血管病研究所阜外心血管病医院副院所长，高血压诊治中心主任、内科系统管理委员会副主任、中—德分子医学研究室主任、分子医学中心主任。现任国际心血管科学院成员(2002年7月始)FICAS，中国医学科学院、中国协和医科大学学术委员会委员、学位委员会委员，中国医学科学院心血管病研究所学术委员会副主任委员。

王伟富　1953年7月生，涛雒镇沙岭村人。1972年11月入伍，在北京卫戍区警卫三师师部防化连任战士、汽车驾驶员。1977年8月，任卫戍区司令部汽车大队总调度。1979年9月转业到国务院建筑材料工业部工作。1993年6月，任国家建筑材料工业局中北玻璃工业公司办公室副主任、主任。1995年8月，调任国家建材局中国无机材料科技实业集团公司总务部主任(正处级)。2001年3月，任国家建材局北京华顺建材发展公司副总经理(正处级)。2006年9月，任中国建筑材料工业协会北京华顺建材发展研究中心主任(副司级)。

夏国洪　1953年9月生，日照街道人。1970年10月参加工作。1976年毕业于武汉水运工程学院，历任青岛北海船厂工段长、车间主任、厂团委书记。1985年，任青岛市团委副书记、书记。1990年10月，任沧口区区长。1994年8月，任四方区委书记。1998年1月，任青岛市园林环卫管理局党委书记。2004年7月，任青岛市委副秘书长、市委政法委副书记、市信访局局长。

毛继春　1953年10月生，南湖镇新合疃村人。1975年5月参加工作，历任南湖公社团委副书记、县直机关团委书记、两城镇党委副书记、镇

长、书记。1990年2月起,历任日照市计委副主任、日照出口加工区副主任、副书记。1994年5月,任日照市计委副主任,统计局局长。1997年2月后,历任日照市政府副秘书长,计委副主任、主任、党组书记,森博浆纸有限公司总经理。2001年1月起,任日照市政府副市长、党组成员(2001年1月—2005年9月兼任森博浆纸有限公司董事长)。

张守文 1953年11月生,南湖镇空冲水村人。1972年11月入伍,1975年3月加入中国共产党。在部队历任北京卫戍区某团政治处放映组长、书记、干部股干事,北京卫戍区政治部干部部正连、副营、正营职干事,干部处副处长,北京卫戍区教导大队政委、党委书记等职,上校军衔。1998年7月转业到最高人民检察院,任机关事务管理局正处级干部,机关服务局办公室主任、副局长。2001年被授予中央国家机关"模范军队转业干部"荣誉称号。

孙承金 1955年2月生,日照街道七里河子一村人。1974—1977年,在本村务农,任村团支部副书记、城关人民公社团委委员。1977—1980年,在山东水利机电学校学习。1980年6月,在县、市水利局工作,任水利机电股股长,日照水库管理所所长。1987年,任东港区陈疃乡乡长、乡党委书记。1993年,任日照市纪委党风廉政室主任、纪委常委、市监察局副局长。1998—2006年,历任岚山办事处主任,政协岚山工委主任、岚山工委书记、岚山区委书记、区人大常委会主任。2006年12月,任市人大常委会副主任。

高青 1955年6月生,石臼街道人。1977年考入山东化工学院(现青岛科技大学)仪表及自动化专业。1982年1月毕业留校任教。1986年,调校党委办公室,任党委办公室副主任。后历任校党委组织部部长、党委副书记兼副校长。2001年7月,中央党校在职研究生班毕业。2002年7月起,任青岛科技大学党委书记。是第十届山东省人大代表、青岛市第九次党代会代表、山东省高等教育管理科学研究会理事。

曹培玺 1955年8月生,日照街道人。1972年12月参加工作,1983年12月加入中国共产党。曾任山东青岛发电厂工人、专职工程师、厂办副主任、设计室主任、副总工程师、副厂长。1984年12月,任山东青岛发电厂厂长、厂长兼党委书记。1995年12月,任山东电力局局长助理。1996年5月,任山东电力局副局长、山东电力集团公司副总经理、党委委员。2001年1月起,历任山东电力集团公司董事长兼党委书记、总经理。2002年12月,任中国华电集团公司党组成员、副总经理。是中共十六大代表。2004年,担任中国电机工程学会副理事长。2006年10月,任中国华电集团公司党组书记、总经理。

刘贤利 1956年6月生,秦楼街道刘东楼村人。1971年入丝山中学(高中部)学习。恢复高考后,考入武汉大学。2007年任国家发展与改革委员会工业司副司长。

卜宪祥 1957年7月生,日照街道北关社区人。1978年3月—1982年1月,在山东大学数学系学习。1982年2月，任职于地矿部经济研究中心。1987年9月，到哈尔滨工业大学管理学院学习。1990年3月—2006年10月，任国土资源部经济研究室主任、副院长、院长、党委书记。2006年10月，任中纪委驻国土资源部纪检组副组长，监察部驻国土资源部监察局局长。

解世增 1958年5月生，涛雒镇西林子头村人。1977年3月参加工作，任日照县涛雒公社西林子头村教师。1978年5月，任县第二工业局生产员、会计。1981年7月，任高兴公社团委干事。1983年1月后，历任共青团日照县委宣传部副部长、部长、副书记。1985年9月，临沂师专干部专修科学员、班党支部书记。1986年10月，任日照市(县级)团市委书记。1989年11月，任共青团日照市委副书记。1994年6月后，历任东港区副区长，区委常委、常务副区长，区委副书记兼山海天旅游度假区工委委员、管委副主任。1997年12月后，历任莒县县委副书记、副县长、代县长、县长、县委书记。2003年1月，任日照市政府副市长、市政府党组成员。政协日照市第四届委员会委员，市十三、十四届人大代表，市第九次党代会代表，省九届人大代表，省第八次党代会代表。

许传东 1959年8月生，东港区陈疃镇人。1976年12月参加工作，在日照县发电厂任电气运行值班员。1978年2月在山东省水利机电学校学习。1980年7月至1983年10月，任日照县自来水公司技术员。1983年10月至1999年8月，历任日照市自来水公司副经理、经理(党委副书记、党委书记)。1999年8月至2001年4月，任市城乡规划建设委员会副主任、党委委员，兼自来水公司经理、党委书记。2001年4月至2003年8月，任市城乡规划建设委员会副主任、党委委员。2003年8月后，任市城市管理行政执法局局长、党组书记。1994年获“日照市十大青年企业家”称号。1999年获“省建设系统先进企业主要负责人”称号。2003年被省人事厅、省建设厅、省监察厅授予“整顿和规范建筑市场秩序工作先进个人”。日照市第八、九届政协委员。

闫存章 1959年10月生，秦楼街道庞家庄子村人。1975年毕业于丝山中学。后考取中国石油大学获博士学位。现任中国石油天然气股份有限公司对外合作经理部总经理。

刘加顺 1960年3月生，涛雒镇华山村人。1977年8月—1980年7月在涛雒公社东风联中任民办教师。1984年7月山东大学历史系毕业，同年加入中国共产党。历任日照县(市)石臼街道办事处刘家寨乡党委秘书、日照市奎山乡团委书记、共青团日照市委副书记、共青团日照市委组宣部部长。1993年7月，任共青团日照市委副书记(挂职日照市岚山党工委委员，岚山办事处副主任)。1996年2月，任岚山工委副书记。1997年2月援疆，任莎车县委副书记。2000年3月任日照市中级人民法院党组副书记，副院长。2000年6月，任聊城市委常委、组织部部长。2007年1月，任中共聊城市委常委，常务副市长。中共山东省第八次党代会代表。

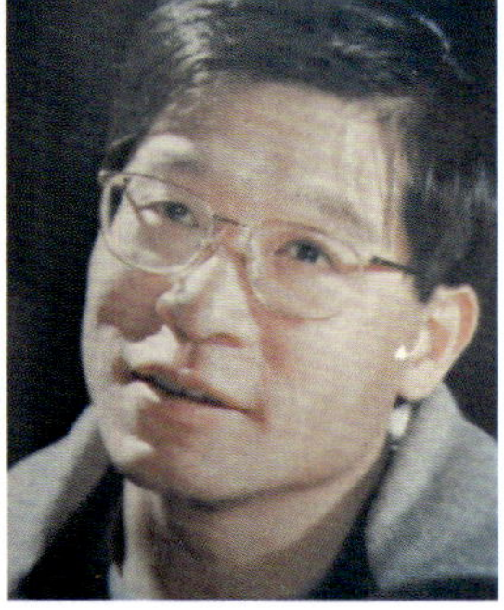

孙玉胜 1960年6月生，日照街道七里河子一村人。1984年毕业于吉林大学经济系，1984年7月，毕业分配到中央电视台，曾任新闻采访部副主任、主任、新闻中心副主任、新闻评论部主任。1998

年2月，任新闻节目中心主任。2000年，任中央电视台副总编。2005年5月，任中央电视台副台长。

王坤英　女，1963年4月生，南湖镇三合疃人。1982年7月，毕业于山东省盐业学校。同年参加工作，先后任日照市盐业机械厂技术员、车间主任。1988年1月，任涛雒镇人大办公室秘书。1990年3月，任涛雒镇政府副镇长。1994年4月，任东港区区长助理。1996年12月，任东港区副区长。2005年8月，兼任民革日照支部主委。2007年3月，任日照市政协副主席。

许传玺　1968年11月生，陈疃镇人。1983年，考入北京大学。1990年，北京大学国际政治与国际组织专业硕士毕业。1991年，进入美国耶鲁大学主攻社会文化人类学，1993年获硕士学位，1996年获博士学位。1996年，进入美国哈佛大学法学院，1999年，获法学博士(J.D.)学位。2000—2001年，担任美国纽约大学法学院亚洲法律研究中心客座研究员。2001—2002年，担任美国耶鲁大学法学院中国法中心专职研究员。曾任《美国比较法学刊》编委，美国比较法学会理事，美国纽约市律师协会外国及比较法委员会委员，全美律师协会会员。2004年，当选美国法律研究院院士。2005年，入选中央组织部专家信息库和教育部“新世纪优秀人才”。2007年7月，被中央宣传部确定为“时代先锋”与“新时期爱国主义典范”。任中国政法大学中美法学院院长、教授、博士生导师。

王少峰　1970年11月生，日照街道大韩家村人。中共党员。毕业于北京大学，研究生学历，法学硕士，高级政工师职称。历任北京大学团委副书记，北京市朝阳团区委副书记、书记，朝阳区朝外街道办事处主任，中共朝阳区委办公室主任等职务。后任中共北京市朝阳区委常委、宣传部部长，兼任朝阳区对外文化交流协会会长、北京大学公共政策研究所研究员。

二

王延洲　1920年生，石臼街道大孙家村人。1936年春入国民党第29军军事训练团当学兵，于南苑受训。1937年随军训团参加对日作战。1938年考入西安黄埔军校16期，1940年毕业被授予准尉军衔。1940年考入笕桥空军军官学校第14期，学习飞行理论，初级班毕业即到美国深造。1943年春结业回国，被分配到中美空军混合团第三大队四中队任飞行员。1943年6月2日，他驾P—40N战斗机第一次执行任务，仅用18发子弹即击毁“九九”式大型日机1架。8月参加出击湖北一艘日本油船的战斗，他击毁油船转弯时，又击落冲来的日机。11月在湖北掩护美国战机投弹时，击毁身后冲来的日本“零”式飞机。1944年5月，在湖北洪湖上空与8架“零”式日机遭遇，将其1架击落。9月，随机群在岳阳洞庭湖上空巡逻时，他击毁日本最新产品“东条”战斗机1架。在抗日战争中，他先后击毁日机5架。

1946年4月20日，驾机于河北邯郸投奔解放军。1948年春被调到东北老航校任飞行教员。1949年秋，被调到北京任新组建的飞行中队任飞行教员。10月1日，他驾机参加开国大典空中受阅梯队，飞越天安门广场接受党和国家领导人检阅。1951年10月1日，他再次驾机通过天安门，接受党和国家领导人检阅。1951年11月，他参加抗美援朝战争，先后击毁击伤美国F—86飞机各1架。后转业到地方某滑翔学校任教练时遭诬陷蒙冤。1980年被平反昭雪，恢复名誉。1983年

12 月，经中国人民解放军空军审定，他是中国空军中既击落日本飞机又击落美国飞机的两人之一，被誉为“空中斗士”。2005 年 6 月加入中国共产党。2005 年 8 月，出版 30 万字自传《一位空战老兵的非凡人生》，2005 年 9 月 3 日，在纪念中国人民抗日战争胜利暨反法西斯战争胜利 60 周年座谈会上，王延洲受到中共中央总书记、国家主席胡锦涛等党和国家领导人的接见。

孙正华 1922 年 8 月生，涛雒镇孙家村人。1940 年 5 月在日照县府青年干部培训班学习。1940 年 7 月，任日照抗敌自卫军游击中队指导员。1940 年 10 月，任日照县委工作团副组长。1940 年 12 月，任日照县圣岚区区委宣传干事。1941 年 4 月在鲁中区委党校学习。1941 年 8 月，任日照县一区区委副书记。1942 年 5 月，任沭水县兴云区区委书记兼区中队指导员。1945 年 11 月，任日照县黄墩区区委书记兼区中队指导员。1946 年 6 月，任滨海建国学院指导员兼政治教员。1946 年 12 月，任滨海区党委社会部调研组长兼武工队长及临北指挥部副政委。1948 年 8 月，任滨海地委沿海工委社会部长兼公安局副局长。1948 年 11 月，任山东新海连特区社会部调研组长。1950 年 7 月，任新海连市公安局三分局局长。1952 年 9 月，任山东边防局青岛边防站副站长。1958 年，任合肥市人武部副部长、部长(正师级)。1984 年离休。

胡维月 1922 年 8 月生，涛雒镇上元村人。1940 年 6 月参加八路军。1941 年 1 月加入中国共产党。参军后，在滨海军分区警备团，历任战士、班长、排长、区中队长、剿匪队长等职务。1945 年 8 月调入东北第四野战军三纵队任警卫连长，后调到四纵队一二三师任侦察股长。1949 年调一五四师任侦察科长。1952 年调第四野战军四十九军任侦察科副科长。四十九军组建成空军第三军，继续任侦察科副科长。1953 年冬，入中国人民解放军后勤学院学习。1956 年毕业后，调任空军航空兵柳河场站站长。1958 年调空军航空兵于洪场站任站长。1963 年任沈阳空军于洪基地副主任。1966 年调空军第二军后勤部任副部长。1981 年冬，正师职离休。

先后参加过百团大战、四平保卫战、保卫临江战役、辽沈战役、平津战役。1951 — 1952 年，在广西参加了十万大山、瑶山剿匪。在历次战斗中，多次立功受奖。

叶金刚 1923 年 10 月生，涛雒镇栈子村人。1940 年 4 月秘密加入中国共产党，6 月任县抗日武装五中队一排排长。地委青训班结业后，到山纵二旅政治部工作。1943 年，任巨峰区区委书记兼区中队指导员。1945 年 1 月，任沈疃区委书记兼武工队指导员。1946 年，任县武装部部长。1947 年，任县总团副团长，其间曾率县子弟兵团参加莱芜、孟良崮战役，记大功 1 次，并被授予银质飞机奖章 1 枚。1948 年调滨海三团三营任教导员，年底调军分区训练团任政治处副主任，参加淮海战役。1949 年 3 月调第九兵团直属政治部任科长，参加渡江和上海战役，后调兵团司令部任政工科长。1950 年赴朝作战。1953 年 10 月，任二十七军八十一师二四一团副政委兼政治处主任，1954 年 7 月，任团政委。1960 年入解放军政治学院学习，1961 年，任某师政治部主任，1962 年，调任某师政治部主任，赴浙江备战。1964 年先后任师副政委、政委。1968 年，任江苏省镇江地区兼镇江市革委会主任，1970 年 5 月，任二十七军政治部主任，6 月任军副政委，1972 年，任军政委。1981 年入解放军政治学院学习。1983 年，任北京军区纪委委员、副书记、书记，军区党委常委、军委纪委委员。1990 年离休。是第四、第五届全国人大代表，中共十二大代表。

孙工先 1925 年 2 月生，涛雒镇孙家村人。1943 年任涛雒区工作员。1944 年任诸城县大山区武委会主任。1946 年任胶南县丰台区人武部长。1947年任滨北军分区胶南独立团二营副教导员。1948年任莒北县警卫队协理员。1949年任华东后备某师二营副教导员，同年调任三野特纵政治部协理员。1953年任炮兵某师一营教导员。1956年任炮兵某师团政治处主任。1960年任炮兵某团副政委。1963年在解放军政治学院学习。1964年任高炮某团政委。1969年任炮兵某师政治部副主任。1978年任炮兵某师副政委。

许家禄 1926年生，北京路街道前崮子村人。1939年2月参加八路军，历任排长、连长、营长、团长。率部参加淮海战役、渡江战役，解放上海、浙江、福建等战役战斗。新中国成立后，曾任福建连城县武装部部长、日照县武装部部长。享受师级待遇。

杨善同 1926年2月生，三庄镇台庄人。1940年2月22日参加八路军，11月调到日照县宣传队工作。1941年1月加入中国共产党，11月调滨海专署宣传队工作；1942年“8·13”甲子山战役后，任百十一师(后改称新百十一师)宣传队队员。1942年11月任代理指导员。在鲁中沂水县悬崮顶战斗中腿部负伤，仍坚持战斗，多次击退日军进攻，连队受师通令嘉奖。新百十一师番号改为滨海支队后任连副指导员。1944年7月，调滨海军区教导营学习，结业后留校在教导团工作。日本投降后，任滨海军区炮兵营政治指导员，参加了泊里战役、济南战役。1949年10月，任华东军政大学二纵一大队、四大队副教导员。后在华东第三高级步校、总高级步校从事教育工作。1959年秋调南昌步兵学校任政治大队政治委员。1962年后调福州军区闽北指挥部政治部、九十二师、三十一军后勤部等单位做政治工作，多次立功、受奖。1981年离职休养。1955年被授予共和国三级独立自由勋章、三级解放勋章。1988年被中央军委授予功勋独立自由勋章。

王培晋 1927年4月生，三庄镇前高庄人。1945年5月参加东海战时委员会，任通讯员。同年10月任胶东大众报社印刷厂拣字工人、组长。

1946年2月加入中国共产党。6月任滨北印刷厂支部书记兼股长。1947年7月调胶东军区前指政治部任常驻三十七师记者。1948年2月调十三纵队三十九师一一七团任团报编辑干事。1948年10月调三十五军一〇四师政治部任秘书。1950年10月调一〇四师三一二团任保卫股长。1952年调二十二军六十六师任保卫科副科长。1953年5月调九兵团保卫部任团职内勤助理员。1955年5月调防空军保卫部任助理员。1957年7月调空军检察院任审捕组组长。1964年5月调空军保卫部任空勤保卫处长。1971年7月，任空军保卫部副部长。1980年12月，调空军漳指政治部任副主任。1983年离休。

王志辉 1929年5月生，北京路街道裴家村人。1944年1月参加八路军，1945年8月加入中国共产党。入伍后，到北海独立团三营八连当战士、通信员、警卫员，随部队转战胶东地区，抗日战争胜利后调往东北。1947年到牡丹江炮校学习。1948年冬毕业到东北民主联军独立第五师任战炮排长，后任营指挥排长、参谋。1948年平津战役后，调师司令部任炮兵作战参谋。1952年任师炮兵主任。1953年调华南军区司令部工作。先后任广州军区炮兵司令部军训科参谋、副科长。1957年调炮兵学院基本系学习。1960年毕业后调炮兵某师某团任参谋长、副团长、团长。1969年，任炮某师副参谋长、参谋长、副师长、师长。1979年调广州军区炮兵司令部任副参谋长。1980年在军事学院学习一年，后任炮兵司令部参谋长。1983年任广州军区司令部调研员。1986年离休。

徐宣明 1929年7月生，南湖镇盛家代疃村人。1945年秋参加革命。1946年9月入伍。1947年1月加入中国共产党。历任滨海行政区第三专

员公署文工队员，新四军兼山东军区滨海警备旅政治部宣传员，华东野战军第三纵队第九师政治部缮写员，华东野战军司令部技侦情报处机要员，华东军区暨第三野战军司令部二局组织干事，华东军区司令部通讯枢纽部政治助理员，南京军区直属政治部宣传干事，南京军区司令部警卫营政治委员，南京军区司令部直属政治部组织处长，南京军区坦克乘员训练团政治委员，中国人民解放军坦克第十师政治部主任，坦克第十师巡视员等职。参加过鲁南、莱芜、泰安、孟良崮、洛阳、开封、睢杞、济南、淮海、渡江、上海等战役。在职期间，曾荣立二等功两次、三等功四次，并多次被评为先进工作者和五好军官。荣获共和国解放奖章和中央军委授予的解放功勋荣誉章。曾就读华东军政大学，毕业于中国人民解放军第三政治干部学校。1982年12月离职休养。

王宗勋　1929年11月出生，秦楼街道新合村人。1947年2月入伍，参加过济南战役。1948年11月，调济南市公安局工作。1950年，调入公安部队。1955年，到长春军事师范学院合成系学习。1957年，调华东军区干校，在上海、南京两地任教。1959年，任上海警备区某师参谋。1966年，先后任内蒙古军区某师作训参谋、参谋长。1977年，任石家庄陆军学院参谋教研室主任。

侯平　1930年生，石臼街道文化路居委人，1946年参加革命，1948年加入中国共产党。1946年2月，入山东滨海警备旅，鲁南战役立三等功。1947年3月，转入华东野战军三纵九师，先后参加绥起战役、洛阳战役，分别立三等功、二等功。1948年3月，调华东野战军三纵九师一九七团任干事，参加济南战役、淮海战役，立三等功。1949年，参加渡江战役，立三等功，此后还参加过解放华中南战争。1950年，参加抗美援朝战争。1952年，调空军第十航空学校任保卫干事，6月任青年科科长。1958年，调空军雷达兵部，3月调空军科研部任协理员。1969—1971年，在空军贵阳干校。1972年，任空军司令部管理局政治处主任。1979年，任空军司令部管理局副政治委员兼政治处主任。1983年，任空军第八研究所政治委员(正师)。1987年4月离休。

彭子明　1930年生，日照街道烟墩岭村人。1945年8月参加滨海三军分区宣传队。1946年调山东野战第八师任文工队员、文化教员、保卫干事，参加了泗水、鲁南、莱芜、泰安、孟良崮、开封、洛阳、济南、淮海、渡江等战役。1949年5月20日，宁波解放后，从陆军调往空军第一飞行学校，学习飞行驾驶技术。1951年毕业后分配到空军第八师历任飞行员、中队长、副大队长、大队长、副团长、团长、副师长、师长。参加过抗美援朝战争、东南沿海备战。曾四次参加天安门国庆阅兵。

王康升　1930年2月生，三庄镇西王家寨人。1945年7月入伍，1946年7月加入中国共产党。先后任滨海军区独立二团通信员、排长、指导员，东海舰队工程部机关协理员、教导员，海军工兵四团团政治处主任、副政委、政委等职。1983年10月离休。

李希伯　1931年1月生，奎山街道刘家寨村人。1946年参军，在滨海军区测绘队学习三个月后，任军区司令部侦察科测绘员。1949年初，任南下干部大队司令部测绘员。1950年，在一〇五师兼台州军分区司令部作战科参谋。后调上海华东防空司令部，曾去北京学习，后相继任新改装部队连长、营参谋长和团

副参谋长。1958年参加炮击金门战斗。后入中国人民解放军高级防空学校,学习三年返回部队任团参谋长。1960年,由北京调往西北某原子工业基地,担负对空防御任务,任团长。1971年调兰州空军司令部工作。1976年任高炮师副师长、师长。1983年调兰州空军任副参谋长。1988年被授少将军衔。1991年离休。

牟敦玮 1931年9月生,奎山街道晓岭村人。1947年10月由滨海中学参加中国人民解放军。1950年11月入党。先后在陆军华东军区、山东军区、军政干校、空军航空学校、航空兵部队、中央军委空军司令部工作。历任学员、测绘员、主任、中队长、参谋、副处长、处长(副师级)等职务。参加过济南战役、长岛战斗和云南边防保卫战。两次立功,荣获全国人民代表团慰问章、解放奖章和胜利功勋荣誉章。1983年5月离休。

相守荣 1933年1月生,奎山街道夹仓一村人。1946年考入山东省立滨海中学读书。1947年4月17日参加解放军。中共党员。解放战争时期,在华东军区司令部通讯局,历任学员、班长、排长、(无线电)机务员等职。参加了淮海战役、渡江战役、上海战役的通信保障工作和上海的接管工作。新中国成立后,在华东军区第三野战军司令部通信系统工作,先后任材料会计、助理员、参谋、副科长等职。50年代,利用业余时间,在军队读函授大学,在地方读夜大学,学习成绩优良。1957年全军军事院校统考,被西安军事电信工程学院录取(后因工作需要未去)。业余学习俄文,历时五年,翻译了20余万字的有关通信技术资料。1971年调南京军区通信训练大队任大队长。1976年调南京军区司令部通信部任通讯科科长。1980年先后任南京军区司令部作战部副部长、南京军区司令部通信部部长。1985年后,调上海警备区先后任参谋长、副司令员。1987年国防大学毕业。1988年9月被授予少将军衔。1993年离休。

孙树沛 1933年11月生,涛雒镇孙家村人。1951年2月入伍,历任班长、文书、统计员、管理员。1959—1970年,历任空军二航校政治部干事、后勤部军需科政治指导员、党支部书记、场站副政治委员、政治委员。1970年任空军总医院副院长、党委书记。

赵自华 1934年9月生,南湖镇南湖一村人。1947年4月参军,参加过淮海战役、渡江战役。1951年调入东北军区第七医院,1955年,调入中国人民武装警察部队吉林总队政治部。1965年,调中国人民解放军第二炮兵政治部工作。曾历任战士、文化教员、政治助理员、中国人民解放军第二炮兵宣传处处长等职。1967年受到毛泽东主席的亲切接见,并合影留念。

王君仕 1936年9月生,日照街道前鹩庄村人。1955年3月参加中国人民解放军,1956年9月加入中国共产党。1963年任排长,1976年,任海军航空工程学院财务处副处长,1981年12月任处长,1983年6月,任海军航空工程学院院务部副部长(副师级)。1991年10月退休。

秦守信 1937年12月生,日照街道向阳河村人。1955年入伍,短训后分配到中国人民解放军海军第四军事学校(现为海军第四潜水艇学院)任职(大校)。2005年退休。

成仲勤 1939年12月生,日照街道屯沟村人。1961年保送到武汉炮兵工程学院。1962年考入解放军南京外国语学院英语系学习。1965年12月加入中国共产党。1966年毕业分配到解放军海军司令部外训大队任教官(正营级)。1981年,任海军司令部教导大队教官。1983年升任副团级。1986年,调任

海军通讯应用研究室工作。1988 年为正团级。1996 年为副师级，技术六级。1997 年退休。

时维学 1942 年生，日照街道前时家官庄人。1958 年参军，1963 年任排长，1965 年任连指导员，1967 年任营副教导员，1971 年任团政委，1975 年任副师长，后任师副政委。2005 年退休。

徐茂材 1942 年 3 月生，日照街道后九条沟村人。1961 年入伍，在海军工程学院服役。1963 年在上海第二军医大学学习。1966 年加入中国共产党。1968 年毕业后，任职于旅顺某部队医院。现为海军技术大校、主任医师、教授，正师级，享受副军级待遇。是海军高级职称评委、历届海军师级医院监察组组长。

郑全刚 1942 年 7 月生，涛雒镇西灶子村人。1963 年 9 月考入东北师范大学政治教育系。1968 年 12 月在解放军驻长春某部队锻炼。1970 年 4 月到长春电影制片厂工作。先后任政治教员、编导、副导演。1981 年 6 月加入中国共产党。1984 年 10 月，任长春电影制片厂人事处处长。1989 年 1 月任长春电影制片厂副厂长。1993 年 6 月，任中国电影合作制片公司经理。1995 年 10 月，兼任北京电影学院董事会副董事长。中国电影集团公司组建后，任集团董事、中国电影合作制片公司经理。2003 年 1 月退休。

王兆琪 1942 年 11 月 17 日生，日照街道相家庄村人。1961 年 9 月，考入天津大学无线电电子学系无线电技术专业。1965 年 9 月至 1966 年 2 月，在河北省安次县(今廊坊市)码头镇参加农村“四清”工作。1966 年 3 月至 7 月，在北京邮电科学研究院进行毕业实习(设计)。1967 年 10 月离校，分配到中国科学院生物物理所。1968 年 9 月，到某师下放锻炼。1970 年 2 月进五〇七研究所从事技术研究工作。1977 年 7 月加入中国共产党。1984 年 3 月调入国防科工委机关工作，历任秘书、副局长、局长和办公厅副主任。1995 年 6 月被授予少将军衔。1998 年 5 月，任总装备部司令部副参谋长。2002 年 5 月后，任总装备部某专项资金工作组负责人。2006 年 6 月退休。

张传洋 1943 年 2 月生，南湖镇南湖四村人。1959 年 12 月至 1961 年 8 月，在临沂运输公司工作。1961 年 8 月入伍，在空军雷达某团任战士。1965 年 9 月至 1972 年 10 月，在空军雷达某团任汽车排排长。1972 年 10 月至 1975 年，在济南军区空军后勤部汽车连任副连长、连长。1975 年 11 月，在济南军区后勤部汽车营任营长。1983 年 12 月后，在济南军区后勤部汽车修理厂任副厂长、厂长(正团级)。1992 年 5 月至 1998 年，在济南军区后勤部企业管理局任局长(副师级)。1998 年退休。

马承义 1944 年 4 月生，秦楼街道东明望台村人。1960 年由日照一中保送至海军高级专科学校导弹自控专业学习。1965 年毕业后分配到大连一海校，历任教员、秘书、基地舰队办公室主任、青岛小井区快艇一支队政治部主任。1986 年进国防大学学习。毕业后，历任驱逐舰一支队、海军广州舰艇学院、潜艇学院政治部主任，海军基地政治部副主任。参加南沙巡逻和大型海上战役演习。

王世志 1946 年 3 月生，涛雒镇小海村人。1964 年考入北京航空学院。1969 年 3 月大学毕业，分配到空军服役，在空军航空兵某师任机械师、副政治指导员，师政治部干事、副科长、科长。

1983年3月，调空军政治部干部部，历任干事、副处长、处长、副部长、部长。1998年10月，任北京军区空军政治部副主任。2001年8月，任某军政治部主任。2001年7月被授于少将军衔。

田玉秀 女，1946年7月生，日照街道西安吉庄子村人。1961年8月参加中国人民解放军。1961年8月至1964年8月在济南军区军医学校上学。1964年8月至1967年12月在济南军区曲阜一四二医院任护士。1967年12月至1975年8月在济南军区后勤部十一分部政治科任干事。1975年8月至1978年8月在上海第二军医大学上学。1978年8月至1985年4月任济南军区后勤十一分部军医。1985年5月至1997年6月任济南军区后勤部卫生所所长。1997年7月至1998年8月晋级为正师级，大校军衔。1998年8月在济南军区干休所退休。

秦洪昌 1947年2月生，涛雒镇下元一村人。1965年12月参军，历任海军北海舰队防救船大队战士、班长、分队长、后勤处助理员、后勤处副处长、后勤处处长、北海舰队司令部航保处科长、海军青岛基地航保处副处长、海军青岛基地航保处处长、海军北海舰队司令部管理处处长。曾担任海军青岛基地防救船大队后勤处党总支书记、海军北海舰队司令部管理处党委书记、海军北海舰队司令部直属党委常委等党内职务。1988年被授予海军上校军衔，1992年被授予海军大校军衔。2002年退休。

秦玉德 1947年8月生，日照街道向阳河村人。1964年入伍，现在济南空军部队任职，专业技术五级，大校军衔。曾就读于空军第十三航空学校、空军第一航空学院、空军工程学院。入伍后一直从事空军航空技术装备的维修、教学和科研。历任分队长、教员、主任教员、教研室主任、训练处高级讲师。先后荣立三等功两次，十三项科研成果获军队科技进步三等奖，并多次被评为济南军区空军优秀机务工作者、济南军区空军先进科技工作者、济南军区空军优秀科技干部。

安风景 1948年9月生，陈疃镇堰村人。1968年3月应征入伍，12月加入共青团。1969年8月加入中国共产党。自1970年4月，先后任营部书记、团机关保密员。1971年3月调北京军事科学院政治部任保密档案助理员。1978年调外国军事研究部工作。1984年调军事学术杂志社任编辑、记者。1993年为师级干部。2003年12月退休。

陈宝祥 1948年9月生，西湖镇马鞍村人。1968年3月入伍，1968年9月加入中国共产党。先后任战士、文书、卫生员、军区后勤部野战医院卫生员。1971年入济南军区后勤部军医培训队学习。1976年6月毕业分配到第十一野战医院二所任助理医生。1973年9月入山东医学院医疗系学习。1976年12月毕业回第十一野战医院任军医。1979年11月调济南军区司令部门诊部保健科，担负首长保健工作。1985年9月入广州第一军医大学中医系学习。1987年7月毕业回济南军区司令部门诊部继续从事保健工作。1989年12月，任主治医师。2000年12月，任副主任医师。2003年8月，担负

军区首长保健工作至今，技术五级，军衔三级(大校)。

金培昌 1949年2月生，北京路街道大石场村人。1968年2月应征入伍，在某要塞区，历任战士、班长、指挥排长、副连长、作训参谋、连长、副参谋长、参谋长、团长、副师长、司令员。1988年授予上校军衔。1991年授予大校军衔。2003年授予少将军衔。参加过"和平使命2005"中俄首次联合演习。现任山东省军区参谋长。

丁春元 1949年生，涛雒镇蒿岭村人。1965年8月就业于山东临沂化肥厂。1968年3月参军入伍，历任战士、班长、排长、连队副政治指导员、团政治处干事。先后参加了酒泉卫星发射中心、鄂西大三线国防工程建设，因工作突出，多次立功受奖。1977年，调基本建设工程兵第五机械工业部办公室任政工干事。1979年调基建工程兵黄金指挥部工作，历任干部处干事、副处长、处长、副师级纪委专职委员兼任干部处处长、生产经营管理部部长、政治部副主任、主任。后任武警部队交通指挥部副政治委员，少将警衔。

郭亮章 1950年4月生，奎山街道小古镇村人。1970年12月入伍，在济南军区某部队特务连历任战士、副班长、班长、司务长。1978年7月至1985年10月，在青岛警备区后勤部营房处任助理员。1985年10月至1994年2月，在青岛警备区后勤部营房科任副营职、正营职助理员(专业技术九级、工程师)、营房科科长等职务。1994年3月任青岛警备区第一干休所所长。

滕兆利 1950年9月生，涛雒镇刘家湾人。1968年3月入伍，1969年9月加入中国共产党。1968年3月至1975年3月，在济南军区原守备二十八团守备三连，历任战士、通信员、文书、班长、排长。1975年7至10月，任代理连长，其间一直驻防灵山岛，执行施工和训练任务，连续三年被评为五好战士、二次受嘉奖、一次荣立三等功。1975年3月至981年8月，先后任守备某团司令部作训参谋、青岛警备区司令部作训处副营参谋、守备某团副参谋长。1981年9月至1983年7月，在南京高级陆军学校学习。1983年7月至1991年11月，在青岛警备区教导大队任训练处长、副大队长。1985年，任守备某团团长。1991年11月，任泰安军分区参谋长。1993年9月，调威海军分区，历任参谋长、副司令员、司令员。

李希斌 1951年出生，石臼街道华林社区居(原石臼林家滩村)人。1970年入伍，历任副连长、连长、营长、团长、副师长。

张纪乐 1951年生，日照街道大香店村人。1968年入伍。1979—1982年，在解放军南京外国语学院学习，毕业后先后任职于解放军总参谋部外事局、中国驻越南大使馆、中国驻南斯拉夫大使馆、中国驻巴基斯坦大使馆、中国驻科威特大使馆、中国驻尼泊尔大使馆。

傅成建 1951年2月生，涛雒镇下元三村人。1969年11月入伍，1970年10月加入中国共产党。历任海军某基地保密员、东海舰队干事、训练团副股长、股长、训练基地大队政治处副主任、主任、政治委员、党委书记、政治部主任、党委书记、海军上海水电路干休所副所长、所长、干休所政治委员、党委书记。

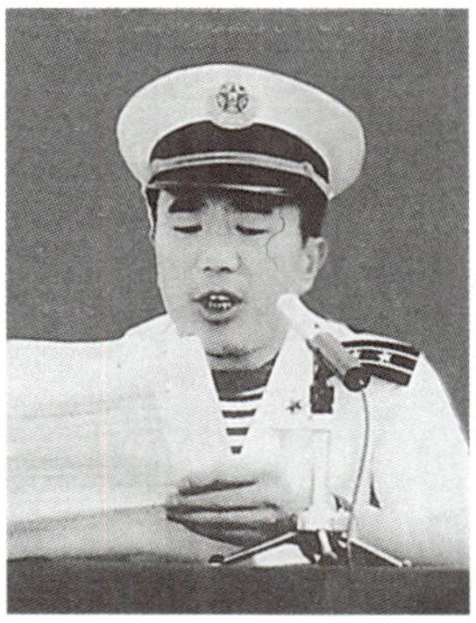

牟善萍 (金培昌之妻)，女，1951年6月生，

奎山街道大岭一村人。某要塞区医院副院长、副主任医师、大校军衔。1968年2月，在日照一中应征入伍，历任济南军区第四〇五医院卫生员、护士、内科医生、主治医师。长期从事医疗卫生工作，经常深入小岛、船艇、训练场巡诊医疗，深受官兵爱戴。

金培昌、牟善萍夫妻双双守岛、爱岛、建岛，被誉为“从戎结缘情注海防，‘一对大校’守岛奉献”。1998年《解放军报》《解放军画报》对此作了专题报道。

张传明 1951年10月生，北京路街道王母宫村人。1968年7月日照师范学校毕业。1969年7月在小学教书。1970年12月入伍，在青岛警备区守备某团特务连历任战士、报务员、副班长、班长、电台主任。1975年5月，任青岛市市北区人民武装部干事。1977年6月，任青岛警备区民兵工作处参谋。1979年5月，任青岛市人民武装部动员科参谋。1983年1月至1986年1月，先后任青岛警备区军务动员科参谋、副科长、科长。1987—1993年，任青岛警备区副参谋长。

安柏年 1951年10月生，两城镇安家二村人。1969年11月入伍。历任东海舰队司令部汽车队战士，重庆总后工程学院学员，部队技术员，东海舰队后勤部油料处助理员，舰队中心油料化验室主任工程师，部队油料技术监督室主任工程师、高级工程师。现任海军技术大校，高级工程师，技术五级。

许京海 1952年6月生，日照街道店子村人。1972年11月入伍。1975年10月加入中国共产党。1977—1980年，在重庆后勤工程学院学习。1980年任助理员，1983年为正连级，1990年为正营级，1992年为副团级，1996年为正团级，2001年为副师级。现任徐州驻军某部后勤部长，大校军衔。

秦勇 1952年7月生，秦楼街道秦家楼村人。1970年12月入伍，在济南军区守备某团任战士。1972年8月加入中国共产党。1974年10月任司令部管理排长。1979年6月任团后勤处助理员。1981年6月任团财务股副股长。1982年8月任股长。1984年5月调青岛警备区后勤部财务处担任审计员。1987年被山东省军区任命为青岛警备区审计师。1989年1月任财务科长。1993年7月任青岛警备区后勤部副部长。1994年9月代理警备区装备技术部部长。1995年6月任部长、警备区党委常委，后改任装备部部长、部党委书记、警备区党委常委。

刘贤友 1952年8月生，河山镇东山村人。1969年12月参军，1969年12月至1974年8月在中国人民解放军东海舰队服役。1974年9月至1976年8月就读于北京第二外语学院，1976年9月至1978年12月在解放军总参谋部工作。1979年1月后，先后任中国驻外大使馆(也门、伊拉克、苏丹、埃及、利比亚、以色列)武官处秘书、副武官、武官。

许江杨 1953年7月生，北京路街道前崮子村人。1972年11月参军，石家庄步兵学院毕业。历任排、连、营、团职干部，现任南京军区某仓库主任兼党委书记、某分部副部长、上海航务局军事代表办事处副主任，大校军衔。

相振华 1954年8月生，涛雒镇郭家庄子村人。1972年11月入伍，历任北京军区政治部组织部干事、副处长，政治部办公室秘书处正团级秘

书、处长，宣传部教育处处长等职；后任解放军总装备部政治部宣传部副部长。1996年，调到被誉为“万岁军”的“飞虎师”任政治部主任，大校军衔。

陈祥会　1954年12月生，西湖镇马鞍村人。1973年12月入伍。1974年3月入海军航空兵某师教导队学习航空机械专业理论，后任机械员。1979年5月后，历任机械师、分队长、副中队长、中队长、股长。1990年2月调某部后勤部航材处先后任助理员、副处长、处长。1999年3月，任某部装备部副部长。

于海　1955年3月生，两城镇两城二村人。中央音乐学院指挥系毕业，北京大学艺术系研究生。1970年1月入伍，为解放军军乐团学员队学员。1972年11月为解放军军乐团二队演奏员。1981年12月加入中国共产党，任解放军军乐团二队指挥。1988年9月，任解放军军乐团二队二级指挥。1990年12月，任解放军军乐团二队队长。1992年12月，任解放军军乐团二队队长兼一级指挥。1993年8月，任解放军军乐团二队一级指挥。1999年5月，任解放军军乐团副团长兼一级指挥。2003年3月，任解放军军乐团团长兼一级指挥，享受国务院特殊津贴。

闫宁章　1955年3月生，秦楼街道吴家台村人。1976年2月入伍。1979年3月军队财务训练班毕业后提升为干部，先后任团级舰艇大队财务股会计、助理员、股长、会计师，少校军衔。1990年起，任海军北海舰队司令部管理处供给科科长、战勤计划处副处长、北海舰队审计办公室主任，高级审计师。

丁原亮　1955年10月生，涛雒镇竹园村人。1974年12月入伍。1975年3月在北海舰队后勤部教导队一中队三班任副班长。新兵训练结束后，被挑选到北海舰队后勤部门诊部任卫生员。1977年8月考入南京海军军医学校军医班，1983年1月毕业，回北海舰队后勤部门诊部任军医。1986年9月至1987年8月在青岛医学院附属医院口腔科进修，1990年12月晋升为主治医师。1997年3月，任37003部队门诊部副主任，1997年8月，任37003部队门诊部主任。1997年9月至2000年6月，参加解放军后勤指挥学院卫生勤务专业学习。2004年3月，任92323部队医院院长。副主任医师、专业技术5级，大校军衔。北海舰队卫生专业高职评委，海军门诊管理委员会委员。

刘加坤　1956年8月生，日照街道小香店村人。1976年2月入伍，1977年5月入党。历任海军快艇一支队战士、班长、技术员、助理员、助工、工程师、科长，海军沙子口舰艇岸勤部部长，海军青岛基地后勤部基建营房处处长、解放军四〇一医院工程部主任(副师级)。先后荣立二等功一次、三等功四次，获全军绿化造林先进个人等荣誉称号。

林玉涛　1956年7月生，日照街道前十里铺村人。日照一中毕业。1974年12月入伍，1977年8月入地空导弹学院学习。参加过云南边防保卫战。1979年5月，历任地空八十九营技师、副连长、连指导员、连长。1984年8月，入地空导弹学院指挥系学习。1986

年8月，历任九旅训练科参谋、副营长、营长、旅副参谋长、装备部部长、副旅长、旅长。2006年5月，任空军武汉指挥所副参谋长。

牟善堂 1958年12月生，日照街道北大村人。自1966年9月起在本村小学、大村联中、日照县第一中学读书。1977年7月，任大队副业会计。1978年3月入伍，在海军上海基地后勤部新兵连服役，数十次受到上级的嘉奖，先后四次荣立三等功。1983年1月，任基地后勤部司训连排长。1984年1月，任连副指导员。1985年12月，任连长。1987年7月，任汽车营副营长。1992年2月，任营长。1994年12月，任基地司令部管理处副处长。1988年12月，任处长。2001年3月，任海军东海舰队司令部管理处处长。2003年10月，任海军东海舰队司令部直属工作处处长。2006年8月，任海军东海舰队航空兵副参谋长(正师级)。

叶向东 1960年出生于青岛，涛雒镇栈子村人。1978年，叶向东入北京电视设备厂。先后任青年班班长、车间调度、车间副主任，并加入中国共产党，后经组织保送进电大学习。1988年，辞去公职，办起北京第一家条形码技术开发公司。1995年，在得知北京至日照的列车即将开通，迅速组织论证，成立“日照京成旅游咨询公司”。将一批批全国知名人士介绍到日照参观旅游，并把日照的许多企业、项目推荐给北京的有关单位。还热心出资编辑出版了《北京日照老乡通讯录》。

郭建华 1960年8月14日生，涛雒镇上元村人。1979年12月入伍。1982年10月加入中国共产党。2004年7月毕业于中国人民解放军西安政治学院军事法学专业，研究生学历。入伍后，历任武警辽宁总队三支队排长，中队副指导员、指导员、总队组织干事、纪检干事。1996年8月至2005年11月，任武警沈阳军事法院副院长。2005年12月，任武警沈阳指挥学院法律咨询室主任(副师级、大校警衔)。

马安德 1961年3月22日生，秦楼街道东明望台村人。1982年6月毕业于山东大学化学系，获理工学士学位。1982年8月，先后任中国人民解放军第一军医大学助教、讲师、副教授、中心实验室主任。2004年8月，任南方医科大学分析测试中心主任，卫生检测中心主任、教授。2005年9月，任南方医科大学司法鉴定中心副主任、法医毒物、微量物证鉴定执业人、专家。技术6级，文职3级(师级)。现任广东省医疗器械评审专家，广州市司法局司法鉴定专家组专家。

姜忠山 1963年3月生，日照街道店子村人。1979年考入西安海军航空工程学院。1983年，大学毕业后分配到长春空军部队飞行团。1986年，部队调烟台任文科教官至今。现任烟台海军航空工程学院教官、院党委委员、大校军衔。

王建 1963年4月生，石臼街道顺达社区人。1979年参加工作，1979年8月参军，入解放军外语学院学习，1983—1987年，在昆明军区司令部工作，任排、连级参谋。参加老山、者阴山边境云南边防保卫战，荣立二等功1次，三等功3次。1987年，任成都军区第二技术侦察局营级参谋。1991年，任成都军区第二技术侦察局营级参谋、团级科长、高级副译审。1998—2005年，任成都军区第二技术侦察局情报处副处长、总工程师，大校军衔。

陈军生 1963年11月生，三庄镇陈家沟人。1980年8月至1985年7月，在装甲兵工程学院学习。1985年8月至1988年5月，任某坦克师修理营排长、助理工程师、副连长。1988年6月至1991年3月，任陆军某集团军技术部助理员。1991年4月至1995年7月，任陆军某集团军修理营副营长、营长兼工程师。1995年8月始，任国防大学副团级、正团级、副师级教员、教研室副主任。后任国防大学军事后勤与装备教研部军训教研室副主任(正师级),大校军衔。

秦洪善 1964年6月生,秦楼街道前大洼人。1979年11月入伍,历任部队场站连长、参谋、股长、参谋长、站长、军机关处长、基地副司令员等职,大校军衔。长期从事部队后勤保障和政治工作,先后荣立三等功四次。

刘加军 1966年8月生,秦楼街道秦家官庄村人。1984年10月入伍。1993年9月被选派海军政治学院深造。2000年1月,中共中央党校函授学院毕业。2002年3月到海军指挥学院、部队政工班培训。入伍后先后任海军驱逐舰第一支队通讯站政治指导员,海军银川舰枪炮部门副政治教导员,海军开封舰雷达声纳电子战部门政治教导员,党委委员、支部书记。2004年2月,任海军大连舰政治委员、纪委书记。

三

杨万田 1926年生。日照街道文华街居委人,高级经济师。1951年,支边到新疆,任霍尔果斯海关、乌鲁木齐海关副关长。1958年,调新疆自治区对外贸易局,任办公室主任、副局长。1984年,调新疆自治区人民政府经济技术协作办公室任第一副主任。1987年,新疆自治区政府报经国务院有关部门批准,成立了新疆经济合作公司、新疆国际信托投资公司,任第一副总经理,主管对苏联及中亚各国的进出口贸易、国际经济技术合作。在新疆工作40多年,除接待来自全国各省、市代表团,洽谈签订经济技术合作项目,还先后27次率团和随团出国访问、洽谈贸易、签订项目、举办展览。6次赴莫斯科谈判开通口岸、贷款修建北疆铁路,从而贯通了日照港到阿拉山口的第二座欧亚大陆桥。

惠玉昆 1927年生,日照城东关人。新中国成立前在青岛求学,1950年投身于沂蒙革命老区文化建设。先后在临沂文艺工作队、苍山县、郯城县文化馆工作。1954年调入临沂地区广播服务部。“文化大革命”中遭受政治迫害。平反昭雪后,在临沂地区广播电视局工作。1984年,参与临沂地区书法家协会筹备工作,并先后担任临沂地区书协秘书长、副主席、顾问。系山东省书法家协会会员。多次参与“中国书圣艺术节”书画展览的组织筹备工作。

他幼承庭训,七岁从祖父惠际虞(晚清岁贡生、著名书法家)读私塾,受其影响,从小酷爱书法。初学颜、柳诸法帖,青年时代攻习汉魏碑版,旁及苏轼,以何绍基书体为主攻方向。20世纪五六十年代,以何绍基行楷书体为临沂党政机关、企事业单位题写门牌、匾额、锦旗等。进入80年代,他的书法多取法《张猛龙》《张黑女》《石门铭》和《嵩高灵庙碑》。将魏碑、隶书与颜体相融合,形成气势雄阔、仪态雍容、静穆飘逸的书风。

1985年夏,在日照举办“回乡书法作品展”,以后多次回日照进行书艺交流。自2000年以来,每年从自己的薪酬中拿出一万元献给“希望工程圆梦行动”,并踊跃为各类赈灾行动捐款献书。进入90年代后,虽年事已高,仍临池不辍。在潜研书艺之余,培养了大批有实力的青年书法家。

他的书法作品,入编《老山魂全国书画作品展选集》《山东书法百家》等近百部书画集,并被国内外广泛收藏。书写了《王羲之故里碑廊前言》《皇姑桥小区建区记》《临沂汉简记事碑》《五贤祠乾隆御碑重刻记》,临沂一中、九中、第一实验小学校庆纪念碑,薛亭同志墓碑、墓志铭,日照《武祖殿碑记》,并为临沂普照寺、朗公寺、宝泉寺书写匾额和楹联。2003年为琅琊碑(集柳碑)、临沂五贤祠内古楹联残缺字作了补书。

张传玺 1927年2月生,涛雒镇涛雒四村人。1951—1957年,任青岛八中教员、教导主任。1957—1961年,在北京大学历史系读副博士研究生,从师翦伯赞,研究秦汉史。毕业后历任北大历史系教员、讲师、副教授、教授,是中国著名历史学家,兼任中央广

播电视大学主讲教师,中国秦汉史研究会副会长、顾问,中国北京史研究会顾问,国家教委(教育部)中学历史教材审查委员会委员,全国普通高校招生统一考试学科命题委员会委员,全国各类成人高等学校统一招生考试大纲审定委员会副主任兼历史学科组组长。主要著作有《秦汉问题研究》《中国古代史纲》《简明中国古代史》《中国历代契约会编考释》《翦伯赞传》等。1986 年和 1999 年获全国广播电视大学优秀主讲教师奖。享受国务院政府特殊津贴。

赵鸿恩 1932 年生,涛雒人,曾任安徽宣城地区文联副主席,书画院副院长。擅长中国画、版画、漫画、连环画等,并擅长“双管齐书”“双管齐画”。系中国美术家协会会员、中国版画家协会会员、安徽美术家协会理事、安徽书法家协会会员、安徽根艺协会常务理事、安徽漫画协会理事,宣城地区美术家协会、书法家协会、根艺协会副会长。

丁肇中 1936 年 1 月生于美国,涛雒镇涛雒二村人。出生 3 个月后随父母回中国。1949 年入台湾建国中学读书。1956 年入美国密歇根大学物理系和数学系学习,1960 年获硕士学位,1962 年获物理学博士学位。1963 年,获得福特基金会的奖学金,到瑞士日内瓦欧洲核子研究中心(CERN)工作。1964 年起,在美国哥伦比亚大学工作。1965 年成为大学讲师。1967 年起,任麻省理工学院物理学系教授。研究方向是高能实验粒子物理学,包括量子电动力学、电弱统一理论、量子色动力学的研究。为美国科学院院士,世界著名高能物理学家,1976 年被授予诺贝尔物理奖,并被美国政府授予洛仑兹奖。1988 年被意大利政府授予特卡斯佩里科学奖。

丁肇中多次回国进行学术交流和回故里探亲,受到党和国家领导人的接见。是中国科学技术大学等校的名誉教授,中国科学院高能物理研究所学术委员会委员,热心培养中国高能物理学人才,经常选拔中国青年科学工作者去他所领导的小组工作。

周家泉 1937 年 1 月生,西湖镇南乐台村人。20 世纪 50 年代迁居南京。擅长中国水墨山水画,主要代表作品有《夏岫清流》《一望大江开》《松风图》等,出版有《周家泉水墨画专集》等画集。

周家泉现为中国国画家协会理事、江苏省美术家协会会员、山东日照艺术研究院名誉院长。同时还是国家“慈善总会”慈善画家。作品被国家外事办、国家行政学院等多家机构作为迎宾画和出访礼品,并被中国香港、新加坡、美国等许多国家和地区珍藏。

许家佐 1937 年生,陈疃镇西陈疃人。1950 年山东大学物理系毕业。长期从事核能研究,是参与秦山核电站设计的专家之一。受到全国总工会的表彰,被国家核工业部记一等功。曾援建巴基斯坦核电站。现任秦山核电站技术发展公司经理。

丁立镇 1938 年生,涛雒镇高旺庄人。现为四川美术学院国画系教授,中国美协会员。以人物画最为杰出,兼画山水、花鸟、走兽。传统功力深厚,又能突破成法,把红黄蓝三色强烈对比和民间美术装饰美融入写意画中,形成了被专家称为“丁氏三原色”,亦称“丁氏五方正色”的独特艺术风格。作品多次参加国内外展览、出版、发表和被收藏,并被作为国礼赠给美国国会等。20 世纪 80 年代出版白描专集《广元石刻艺术画册》,该书参加法兰克福等三个国际书展,并被评为四川省十年优秀图书。

尹世霖 1938 年生,奎山街道夹仓人。1961 年毕业于北京师范大学历史系,回母校——北京二中任教。50 年代中期开始文学创作,以儿童朗诵诗和历史文学为长。已出版《尹世霖儿童朗诵诗选》《童话朗诵诗》等诗集 10 余种,《三国兴亡》《岳云小将真传》等历史文学、史学作品 200 万字,以及《金翅膀——尹世霖儿歌童诗专辑》音带、《唱给大海的歌》童诗电视艺术片等。

现为中国作家协会会员,北京作协儿童文学创作委员会副主任。

邢少兰 字林亭，斋名古松堂，1938年生，西湖镇大花崖村人。自幼生活在江南古城太仓。50年代即从师著名画家朱屺瞻学花卉，后又受业于著名画家宋文治门下，钻研山水画。

现为太仓市政协副主席，宋文治艺术馆馆长，苏州美协理事，国家二级美术师。作品曾屡次入选全国大展，并被毛主席纪念馆和众多纪念馆、美术馆收藏。出版《邢少兰画集》《松石千秋网卷》《邢少兰山水画》《兰花小辑》等专著。

许家松 女，1938年7月生，北京路街道前崮子村人。1962年毕业于山东曲阜师范大学中文系。1967年改文从医，在山东中医药大学附院任中医师。1978年，考取中国中医研究院，获医学硕士学位。1980年至今在中国中医研究院研究生部从事教学、科研及内科临床等工作。主讲《温病条辨研究》《内经研究》《中医基础理论》等。与著名中医学家方药中教授完成《黄帝内经素问运气七篇研究》《慢性肾功能衰竭的诊治研究》获国家中医药科技进步奖。长于对肾病、肝病、发热、甲亢等多种内科疾病的诊治。现任中国中医研究院研究员、博士生导师，从1999年起享受国务院政府特殊津贴。

马成训 1938年8月生，石臼街道怡海社区(原马家庄村)人。1958年12月参加工作，高级国际商务师。1959年9月加入中国共产党。1958年12月至1992年12月，任日照市五金机械厂副厂长、厂长、党委书记。1992年12月至1994年12月，任日照市五金工业集团董事长、总经理、党委书记。1994年12月至1996年12月，任日照市五金工业集团股份有限公司董事长、总经理。1996年10月至2004年2月，任山东金马工业集团股份有限公司董事长、总经理。2004年3月，任山东金马工业集团股份有限公司董事长。1992年被评为山东省劳动模范。1995年被评为全国劳动模范。1996年被评为山东省十大杰出企业家和日照市明星企业家。1997年被评为山东机械专业技术拔尖人才。1998年被英国剑桥大学评定为“在五金工具领域有公认的突出贡献，授予20世纪成就奖证书”。是山东省九、十、十一届人大代表，日照市企业家协会会长。

丁宁原 1939年生，奎山街道丁家楼人。1957年9月考入山东师范学院艺术系。1958年10月，转山东艺术专科学校美术系国画专业学习。1962年7月，分配到诸城市文化馆工作。

现任中国美术家协会会员，山东美术家协会副主席，山东教育学会美术教学研究专业委员会主任委员，国家教委艺术教育课程方案课题组成员，山东画院高级画师，山东师范大学美术系主任。教授、硕士生导师。

贾惟义 1939年10月生，涛雒镇涛雒四村人。博士学位。1963年考入中科院物理所研究生。1979年赴美国威斯康星大学物理系作访问学者。1988年赴美国乔洛亚大学物理系任访问科学家。1990年在美国波多黎各大学物理系任教，现为终身教授。是美国物理学会、光学学会、晶体生长学会会员。出版著作、翻译5部，论文130多篇，有两项美国专利。

1976年发表了铁磁共振公式的二级表达式，对磁学中广泛应用的铁磁共振公式做了重要修正，解决了长期存在的理论和实验的矛盾。其间发明了掺铟的铋钙钒铁石榴石单晶磁性材料，1979年获国家科技发明奖三等奖。1979—1981年，在美国威斯康星大学，首次观察到——维磁系统磁振子激子及电声子耦合的同位素效应。1991年后，对新型激光离子——四价络离子的激光光谱进行了系统研究。

近期对新型发光材料进行了研究，并改进和发明了绿色、兰绿色长余辉高效夜光材料，余辉长达18小时，可用于各类夜视器件。1993—

1998 年，分别四次获得美国州政府颁发的科技进步奖。1999 年，出任第 12 届国际激发态动力学会议副主席，学术程序委员会主席，会议文集主编。2001 年，第 13 届国际激发态动力学会议邀其为国际科学顾问委员会委员。

高月泽　1944 年 4 月生。涛雒镇涛雒三村人。国家开发投资公司项目经理，高级工程师。

1968 年，毕业于东北大学。先任抚顺铝厂技术员，1973 年起在北京有色金属研究总院从事科学研究工作，历任工程师、高级工程师、研究室副主任。1988 年，任国家原材料投资公司处长。1993 年，赴加拿大蒙特利尔市麦吉尔大学进修。1994 年，任国家开发投资公司高级工程师、业务经理。他是在中国科学研究事业中做出突出贡献的专家，是“白银炼铜法”的主要发明人。1981 年，在世界上他首次创造性地发明了新的炼铜工艺“白银炼铜法”，获国家发明二等奖，1989 年，研究成功的“白银熔池富氧炼铜法”，达到世界先进水平，获国家科技进步一等奖。1993 年，他作为国家公派的高级访问学者赴加拿大进修和开展国际合作。1994 年，享受国务院政府特殊津贴。

陈为信　1947 年生，两城镇安家岭村人。1965 — 1969 年在部队服役，1968 年 5 月加入中国共产党。1969 — 1975 年，任两城镇安家岭村团支部书记、王家滩管区团总支书记。1975 — 1977 年，任两城公社水利营营长。1977 — 1993 年，历任日照市第一海水养殖场场长、党总支书记、党委书记，带领 530 余名民工建起海水养殖场(万宝集团前身)。先后被授予山东省劳动模范、山东省优秀企业家称号。1990 年被农业部、人事部授予全国农业劳动模范。系山东省第七届、第八届人大代表。1993 年 4 月被录用为国家公务员。先后任日照市人大常委会副秘书长、东港区委副书记、东港区政协主席、东港区人大常委会主任。2006 年 2 月离岗。

李为书　1948 年生，岚山区碑廓镇人，大专文化，高级兽医师，共产党员。1966 年参加工作，曾任日照市食品公司良种繁殖场场长、党支部书记、日照市食品公司畜禽发展办公室主任等职。

1985 年被授予“全国商业劳动模范”、当选为中共日照市委委员。1986 年被授予“山东省劳动模范”和“山东省商业单位先进工作者”。1987 年被中华全国总工会授予“全国优秀工作者”和“五一”劳动奖章。1987 年、1988 年先后被选为市政协委员、省人大代表。1989 年获商业部“科学技术进步三等奖”。1990 年获“省级科技进步一等奖”。1991 年 3 月获省商业厅“科学技术进步三等奖”。1993 年 7 月被市委、市政府评为“日照市科教兴市先进工作者”。

刘一闻　字，别署，别部斋、得涧生。1949 年生于上海，祖籍日照东港。

历任全国第五届书法篆刻展，第二届中国书坛新人作品展，全国第六届中青年书法篆刻展，首届国际篆刻艺术交流展，全国第三、四届篆刻艺术展评审委员。

出版著作有《刘一闻印稿》《别部斋朱迹》《中国印章鉴赏》《历代中国书法精选——楷书》《恽寿平画集》《印章》《刘一闻作品》《刘一闻楹联书法》《中国篆刻》《一闻艺话》等 10 部。现为中国书法家协会篆刻艺术委员会委员、西泠印社社员、上海博物馆副研究员。

郭桢　女，1954 年 2 月 6 日生，奎山街道小古镇人。1973 年入山东省艺术学院学习。1976 年毕业，到临沂地区艺术展馆工作。1978 年 9 月考入浙江美术学院国画系学习，专攻人物及花鸟、书法等。毕业后留校任教，并兼福建省海外大学美术系教授。1988 年定居于纽约。

金志国　1956 年出生。祖籍北京路街道金家沟，大专学历。1975 年进入青岛啤酒厂做洗瓶工。1996 年被任命为青啤西安公司总经理，率领“汉

斯"啤酒一举扭亏为盈。2000年8月，金志国受命组建(青啤)北方事业部，2001年4月出任北方事业部总经理，同年8月，被任命为青岛啤酒集团总经理、总裁。

2001年8月，金志国提出一系列经营、管理、营销及企业发展新理念，实现由"做大做强"向"做强做大"、由"外延式增长"向"内涵式增长"的转变，确立了将青岛啤酒发展成为国际化大公司的战略目标。

2002年，金志国主导青岛啤酒与世界最大的啤酒生产企业——美国AB公司结成联盟。同年，他将青岛啤酒成功打入台湾市场，加快了青岛啤酒向海外扩张的步伐。青岛啤酒畅销全球50多个国家和地区，在欧洲、北美和东南亚构成了青啤在海外销售的强有力三角架。

在金志国领导下，青岛啤酒的品牌价值(224.73亿元人民币)、市场占有率(13.0%)、销售收入、出口销量、创汇额等指标均居行业之首。2003年，青岛啤酒成功进入世界啤酒前十强，2006年，晋升为前八强。2007年，青岛啤酒产、销量进入世界啤酒行业前十名。

马志先 1956年9月生，涛雒镇人。中共党员，大学学历，高级经济师。现任山东同泰集团股份有限公司董事长、总经理。

1972年12月在国营五八二三厂参加工作，历任检验员、厂团委常委、团总支书记。1980年12月调入日照水泵厂，历任主管会计、财务科长。1987年任副厂长，1990年任厂长。1993年3月至1998年任日照机械(集团)股份有限公司董事长、总经理。1998年后任现职，兼任日照市企业家协会副会长、东港区工商联副主席、东港区机械制造业商会会长等职。

他领导的山东同泰集团股份有限公司系在山东省工商局登记注册的股份制企业，1998年即位列省内机械行业利税50强。近几年多次获得"全区十佳工业企业""全区十强工业企业""日照市十佳诚信纳税人"等荣誉。主要产品有：日机牌碾米机等粮食加工机械、日机牌工业泵、华泠牌压力容器以及锅炉、自动变频消防设备、低压电器等。其中，碾米机产品为"中国机械工业名牌"和"山东名牌"，工业泵系"山东名牌"，压力容器产品为"山东省标志产品"。

1991年，公司获"山东省质量管理奖"，是日照市最早获得通过ISO 9001质量体系认证的企业，2006年，通过了"3C"认证。近年来连年被省质量技术监督局授予"山东省质量管理奖""山东省执行'三包'规定示范单位"，连续20多年被省工商局授予"守合同重信用"企业称号。

马志先先后获"日照市优秀企业管理人才""日照市首届十大青年企业家""日照市劳动模范""日照市明星企业家""山东省机械工业优秀企业家""山东省劳动模范"等荣誉，是第十六届、第十七届日照市人大常委会委员。

姜卫东 1958年10月出生，南湖镇人。中共党员，高级工程师。1975年3月，参加工作，1984年11月加入中国中产党。1979年2月至至1982年3月在山东广播电视大学学习。1982年3月至1984年10月，在五莲县电修厂任技术员、技术科长。1984年10月至1986年6月，任五莲县无线电厂副厂长。1986年6月至1992年12月，任五莲县通用机械厂技术副厂长、生产副厂长。1992年12月至2000年2月，任五莲县通用机械厂党委书记、厂长。2000年2月至2005年8月，任山东五征农用车有限公司党委书记、董事长、总经理。2005年8月至2006年4月，任山东五征集团有限公司党委书记、董事长、总经理。2006年4月，任山东五征集团有限公司党委书记、董事长。

姜卫东热心公益事业，积极参加扶危济困、捐资助学活动，2006年后，公司累计向社会捐款(物)3000余万元。

姜卫东先后荣获山东省机械工业优秀企业

家、山东省第四届十大优秀青年企业家、山东省企业管理创新优秀人才、最受职工拥戴的山东企业领袖、山东省劳动模范、山东省优秀共产党员、全国机械工业优秀企业家、全国农机行业十大新闻人物、全国劳动模范、全国农机流通体系建设十大功勋人物等称号。是第十一届全国人大代表、中共山东省第八届党代表、山东省第十届人大代表、中共日照市委第十一届候补委员。

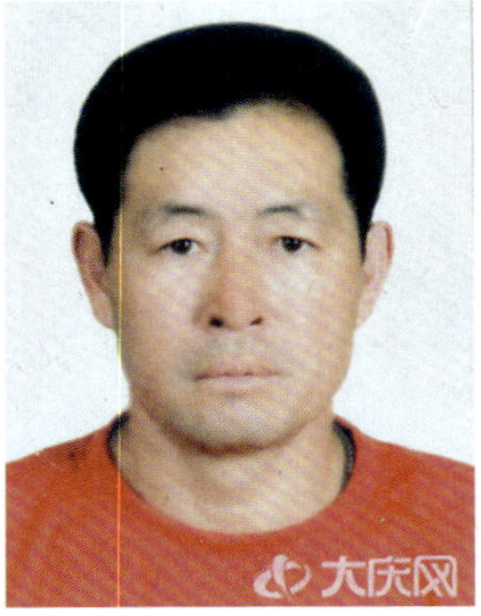

周家代 1959年生，日照市东港区西湖镇人。18岁时孤身一人“闯关东”，1994年去黑龙江大庆市经商，开办了一个小粮油店，后发展成为一家较大的粮油公司。任大庆市家代粮油有限公司总经理，大庆市远征汽车配件公司总经理，大庆市山东商会会长。

岳玲 女，1961年生，临沂市沂南县人。幼时因病双目失明。先后入青岛盲童学校学习8年，入河南省盲人按摩专科学校学习3年，掌握了系统的医学理论和按摩针灸医疗技术。先后在日照县城关医院、东港区人民医院从事按摩理疗工作，热情为病人服务，接待国内外患者达5万余人次，其中义务治疗6000多次。用盲文翻译了5万字的医用书籍。

1983年9月，被授予全国“三八红旗手”。1984年5月，被授予“全国新长征突击手”。1986年4月，被授予“山东省劳动模范”。1991年5月，被授予“全国自强模范”荣誉称号。是山东省残疾人联合会第一至第三届主席团副主席、盲人协会主席，第一、第二届中国残联委员。1998年10月赴京参加中国残联第三次全国代表大会，当选为中国残联第三届主席团委员。她作为全国十位优秀残疾人代表，同中共中央总书记江泽民和国务院总理朱镕基合影留念。2006年9月任日照市残联副理事长。

崔乐玖 1965年9月生，岚山区虎山镇人。1985参加工作，先后任虎山镇、大坡乡林业站站长、东港区苗圃主任，林业高科技示范园管委主任，兼区林业局副局长、局长、山东省林木种苗协会副会长。

先后获“全国劳动模范”“享受国务院特殊津贴专家”“2008年北京奥运火炬手”“山东省2005年度有突出贡献的中青年专家”“山东省优秀共产党员”“山东省劳动模范”“山东省第四、五、六批优秀基层林业技术人员”“山东省职工自学成才者”“山东省十佳苗圃主任”“日照市劳动模范”“日照市道德模范”“日照市有突出贡献的中青年专家”“农村党员干部现代远程教育辅导专家”“日照市优秀共产党员”等荣誉称号。并先后当选为中共山东省第九次党代会代表、中共日照市第十、十一次党代会代表、东港区第八届政协常委。

于 涛 1976年生东港区河山镇人。中欧商学院EMBA，青岛中能集团副总裁、青岛中能足球俱乐部总经理、中能文化传媒公司副董事长，中超联赛有限责任公司董事、中国足球超级联赛委员会常委等。

1998年7月，青岛建筑工程学院计算机工程系工业电气自动化专业毕业，进入青岛中能电线电缆制造有限公司，历经生产实习，新项目扩建等。1999年调入公司综合管理部任主任，负责办公室、人力资源、质量体系认证等工作。2000年兼任中能集团团委书记。2001年，任中能集团总裁助理。2003年至2006年12月，中能集团总裁助理兼青岛新业房地产开发有限公司常务副总经理。2007年1月，任青岛中能足球俱乐部总经理。

高长龙 1982年4月生，日照街道西安吉庄村人，2006年毕业于天津体育学院运动专业系。幼时的一次医疗事故致使他的左腿萎缩残疾。在学校读书时酷爱体育运动。2002年被日照市残联选为残疾人后备运动

员。2002年2月入选山东省残疾人田径队，2004年入选残疾人国家青年队，2007年入选国家残疾人田径队。

2002年全国残疾人运动会暨远南运动会获铅球青年组金牌。第六届山东省残疾人运动会获铅球、铁饼、标枪3枚金牌。第六届全国残疾人运动会获标枪铁饼金牌、铅球铜牌。2004年全国残疾人田径锦标赛获标枪银牌、铅球铜牌、铁饼第五名。2005年全国残疾人锦标赛获标枪银牌、铁饼第6名、铅球铜牌。2006年山东省第七届残疾人运动会获标枪铅球金牌、铁饼银牌。2007年第七届全国残疾人运动会获五项全能金牌、标枪铅球银牌。2003年，高长龙被日照市人民政府荣记二等功。2003年、2007年，两次次被山东省人民政府荣记一等功。

四

周举章　1911年生，奎山街道刘家寨村人。国民党"中央陆军军官学校"第九期工兵科学员。毕业后，一直在国民党军第五军任职。1943年，调任杜聿明部第四十八师中校附员、工兵营中校营长。抗日战争胜利后，被任命为东北保安司令部沈阳前进指挥所上校参谋处长。1947年，任东北行辕第一督训处副参谋长，后入国民党中央训练团监察人员训练班受训。去台湾后，于1963年升任第三军副军长。1968年调任第八军副军长，并晋级为少将军衔。

尹世锐　1914年生，奎山街道夹仓四村人。早年毕业于国民党空军军官学校第九期，后被选送到美国接受飞行作战训练。回国后，先后任飞行员、分队长、大队参谋、副中队长之职。去台湾后，历任国民党空军中队长、大队长、第三联队参谋长。1961年，改任国民党空军第六联军参谋长，晋级为上校。1963年，调任陆军特种作战司令部副参谋长，后升任空军总司令部办公室主任。1970年，任台湾空军总司令部少将副参谋长。

孙执中　1928年11月生，日照城东关人。少时曾在日照简易师范就读，后毕业于台北大学法商学院。自幼热爱京剧艺术，曾向著名票房琴师孙子璋、高殿九学习胡琴。经刻苦自学，对梅派京剧艺术有深入的研究和较高造诣。1948年，自青岛随流亡学校去台，在国民党三十二军、装甲兵等京剧团、中国国剧团担任琴师，先后担任立法院国民大会票房、国立艺专、台北大学、台北师大、台湾中兴大学京剧艺术系教授。

王文座　1929年3月生，秦楼街道东王家村人。1948年考入山东省立师范。1949年1月学校南迁，辗转至澎湖，编入国民党部队。1953年陆军军官学校毕业后，先后进科学军官班(陆军大学)、陆军参谋大学、三军大学战争学院受训。结业后，历任国民党军排、连、营长、警备总队长，地区警备指挥官，海军陆战队师、队司令，军师管区警备干训班、警备总部幕僚主管，少将军衔。1985年11月退役，转任台湾民间电机企业安管主任。

李仕伸　1929年10月生，南湖镇战家村人，1949年5月随鲁东联合第五中学，从江西转广州去台湾。先后毕业于台湾省警察学校警员班、中央警官学校正科22期、陆军预备军官训练班、安全干部研究班。曾任台湾当局警员、临编巡官、排长、所长、股长、主任、队长、分局长、督察长、副局长、副总队长、院辖市分局长、督察长、副局长等职。

王恕民　字殿忠，1929年12月生，两城镇王家滩村人。青少年时期，先后入县立初级中学、青岛市市立高级中学读书。抗日战争时期，在迁江西贵溪的国立济南第五联中学习。1949年夏季，国民党海军在广州招募，应征入伍后随招兵处去台湾，入海军澎湖陆战队。1951年7月，考入国民党军政治作战学校政治系第一期，后入淡江大学英语系学习，先后入国民党军官语文学校留美班进修、美军特种学校心战班、民事班及政校研究班、国民党战争学院"正71年班"学习。曾任国民党军陆军驻南越军援团团员，国民党军师主任、处长，连江县长等职。后历任马祖防卫司令部政战处主任，国民党军政学校教育长、副校长，军友社总干事等职。1986年6月，以陆军少将军衔转任"福建省"政府委员兼秘书长。

王文燮　1932年生，两城镇两城四村人。先

后毕业于国民党陆军军官学校第二十五期、陆军指挥参谋学院、三军大学战争学院1982年班；曾赴德意志联邦共和国军事院校学习。

1971年2月，任台湾国民党陆军第三十三师第九十九旅旅长，后升任该师指挥官、副师长。1976年6月，升任第八十七师师长。1978年9月，任第六军团参谋长，后晋升为陆军少将。1980年1月，任作战参谋次长室助理长。

1984年10月晋升为陆军中将。1985年9月，任第十军团副司令。1986年，任第六十九军军长。1987年6月，任第八军团司令。1989年8月，任联勤总司令部副总司令。1992年10月，任国民党督察部主任，并晋升为陆军二级上将。1993年7月5日，始任联合勤务总司令。

崔维琨 1932年8月生，石臼街道管家村人。先后就读于青岛市尚德小学、崇德中学。1949年6月自青岛随国民党军去台湾。1950年考入海军士校。1954年考入高雄市国民党海军军官学校大学部航轮科。1958年入国民党军海军舰艇部队，不久升任海军舰艇轮机官。先后任海军部队补给官、处长、主任、补给长、副署长、参谋长等职。1990年9月，以海军少将军衔退役。

阎志龙 字道一，1934年6月生，南湖镇小长汪崖村人。先后入县内黄山中心小学、县立初级中学学习。后去青岛，入鲁东联立中学二分校(即日照中学)就读。1949年6月，随校途经广州去澎湖，7月参加国民党军队，入陆军第三十九师。

阎志龙在国民党军历任排、连、营、旅、师、军长、军团副司令之职。其间，曾调任军事院校高级教官、金门士官学校教育长、副校长。1989年8月，以陆军中将军阶转任"退辅会冈山荣家"主任，继任欣云天然气公司总经理。

裴杏章 1935年11月生，石臼街道裴家村人。幼时入县内初级小学学习，后随全家去青岛。1949年在青岛参加国民党陆军第三十二军教育团，随军开往海南岛。1950年，到达台湾，考入国民党军联勤财务学校专6期，继之在国防管理学院研究班16期深造。

裴杏章在国民党军先后任财务单位参谋、国防部主计局副处长、处长、陆军总司令部主计署副署长、国防部主计局副局长、警备总司令部主计处长。1992年，以少将军衔退出现役，任退辅会会计长。1996年，转任荣侨投资公司总经理。

王文煜 1943年10月生，两城镇王家滩人。1947年，随家人辗转至江西省瑞金再转到福建厦门。1949年6月1日到台湾省基隆市，后来全家旅居台北市。幼时曾就读台北市大同国立小学，毕业于省立中坜商校高中部，后考入国民党军政治作战学校正12期政治系。后相继完成政校研究班43期、革命实践研究所12期学业。他进入军旅后，进国民党军战争学院"正83年班"学习，毕业后留校。

王文煜在国民党军队中历任连长、连、营辅导长、旅、处长，先后调任陆军步兵一五一师、一五八师政战部主任、陆军步兵学校步训部主任、战争学院政战部主任、宪兵司令部及三军大学政战部主任等职，授陆军中将衔。

费鸿波 1944年8月12日生，奎山街道大古镇人。1949年随父母到台湾，定居于台北信义区的眷村。国民党海军军官学校毕业。历任国民党军海军各级舰艇舰长。后在海军指参学院、三军大学战争学院、兵研所深造。先后历任海军指参学院院长、舰队司令、海军副总司令、副参谋总长执行官、国防大学校长等职。后任台"总统府"战略顾问，上将军衔。

尹衍梁 汉族，1950年出生于台北，祖籍涛雒镇尹家廒头村。台湾中国文化学院历史系、美国国际棉业学校毕业，台湾大学商学研究所硕士。曾任润泰集团董事长，于1993年辞职。后任润泰集团总裁，并任润泰工业公司常务董事兼总经理、润泰租赁公司董事长兼总经理，润泰建设公司董事长，润泰染织厂公司、润泰广告公司、润泰营造公司常务监事。是台湾知名的青年企业家、润泰工业企业集团核心人物。在台湾100家大富豪排名榜上名列第20位。

费鸿钧 1954年出生。奎山街道大古镇人。毕业于台北大学EMBA、淡江大学英文系，从事航空工业三十多年。2003年出任澳门航空总经理，凭借他在中国“两岸三地”民航界的人脉关系，为客户提供最好的两岸直航包机服务，一年内使澳航转亏为盈。后出任华航香港分公司总经理、台湾华捷商务航空公司董事长、总经理。

费鸿泰 1954年7月生于台湾，奎山街道大古镇人。台湾中兴大学毕业，后到美国深造。先后取得北伊利诺大学统计学硕士、肯塔基大学统计学博士。回台后，在台北市议会选举中，获新党提名，当选第七、八、九届议员，第八届当选为副议长。

名　录

革命烈士英名录

表中资料依据日照县人民政府1981年编印的《山东省日照县革命烈士英名录》和《东港区革命烈士登记表》，记载东港区籍在日照暴动、抗日战争、解放战争、抗美援朝战争、云南边防保卫战和新中国成立后因公牺牲(至2007年)的革命烈士共1292人。

日照街道(162人)

姓　名	出生年份	籍　贯	参加革命年份	牺牲时所在单位	牺牲时职务	牺牲年份与地点	安葬地点	备　注
张祥庭	1908	城关一村	1943	江苏柘汪分局	管理员	1945 柘汪	本村	
何金方	1927		1946	7纵19师56团1营	通信员	1947 临朐战斗	临朐	1953 批烈
杨其文	1924		1946	三十九军二十五师	排长	1952 朝鲜江原道战斗	江原道	
徐德山	1912	城关二村	1947	志愿军二十六军	战士	1951 朝鲜	朝鲜	
刘淑增	1931	城关三村	1947	滨海军区后勤部卫校	护士	1947 海洲战斗	本村	
高维滕	1930		1946	滨海二团	战士	1947 江苏省竹庭县战斗	本村	
李希平	1931		1946	滨海二团	战士	1947 莒南	莒南	
时光友	1919		1946	华野三纵二团	战士	1948 新沂县碾庄战斗	碾庄	
吴家庆	1924	城关四村	1945	老六团	战士	1946 江苏沙河失踪	—	1958 批烈
赵运喜	1925		1945	胶州十九团	战士	1946 胶州战斗	胶州	
盛文若	1928		1946	志愿军26军77师	班长	1951 朝鲜	朝鲜	
张继增	1926		1950	志愿军三四二团	战士	1951 朝鲜	朝鲜	
申西亮	1928		1950	二十六军九站运输四团	战士	1953 朝鲜	朝鲜	
费守存	1924	城关五村	1939	地下工作者	—	1941 五莲县石场	—	被敌杀害
曾际墩	1923		1943	教导五旅	战士	1944 日照县山字河	山字河	
费守贞	1929		—	支前担架队	民工	1947 平邑	平邑	
刘惟阶	1925		1946	7纵	战士	1947 诸城	诸城	
王玉增	1928		1947	华东野战军七纵	战士	1948 淮海战役失踪	—	1951 批烈
杨晋培	1921	城关六村	1939	日照县政府宣传队	队员	1941 日照县沟洼	安东卫	女
时佰台	1920		1938	山纵二旅四团三营	副连长	1941 沂蒙山区战斗	莒县	
时维春	1921		1938	高密县城关区公所	区长	1945 高密	日照	
时维珍	1926	城关七村	1945	三纵九师二十七团一营	战士	1947 济宁战役失踪	—	1958 批烈
张纪考	1928		1947	滨海二团三营	战士	1948 江苏竹庭县	本村	
席家元	1928		1947	滨海二团二营	战士	1948 江苏竹庭县	本村	
王少义	1921		1947	华东野战军	战士	1949 南下失踪	—	1953 批烈
冷西泽	1923		1949	志愿军二十六军	排长	1951 朝鲜	朝鲜	
王正德	1928		1947	志愿军26军78师	班长	1951 朝鲜法雪里战斗	朝鲜	

续表

李德仁	1928	城关八村	1947	海防警备团	战士	1947 日照县两城	两城	
吕祖颜	1928		1946	二十四军七十一师	宣传员	1948 淮海战役	—	
李世昌	1926		1947	滨海二团	战士	1948 苍山战斗	苍山	
卜广君	1929	城关十村	1946	海防警备团	战士	1947 日照县奎山战斗	刘家村	
孙德田	1918		1947	志愿军	班长	1951 朝鲜	朝鲜	
厉复林	1925		1945	志愿军二十七师	排长	1951 朝鲜上甘岭战役	朝鲜	
王恩亮	1929		1945	志愿军 27 军	班长	1951 朝鲜上甘岭战役	朝鲜	
时维春	1950		1969	五八三五部队	战士	1971 四川省大竹县	大竹县	
姜来君	1951	城关十一村	1969	青岛 6130 部队	战士	1974 青岛市	日照	
厉志培	1915	大香店	1938	四支队宣传部	干部	1939 临沂县病故	临沂县	
张纪征	1926		1947	华野十八团担运兵	排长	1947 临朐	临朐	
张纪海	1917		1946	滨海二团三营	班长	1947 临沂县玉皇庙	临沂县	
许崇芬	1928	店子	1950	临沂军分区	参谋	1960 临沂	—	
郭文贞	1920	文化村	1946	海防警备团	司务长	1947 日照县两城	两城	曾用名郭益轩
王世法	1932		1947	志愿军 26 军 78 师	通信员	1951 二三七高地战斗	朝鲜	
郭文玉	1922	大石桥	1947	滨海二团一营	战士	1947 日照县奎山战斗	本村	
陈述海	1912		1947	滨海二团一营	战士	1947 日照县奎山战斗	本村	
李宗训	1927		1947	滨海二团一营	战士	1947 日照县奎山战斗	本村	
李溪秀	1930		1946	六十六师一九八团	排长	1950 浙江省宁波医院病故	宁波	部队批烈
陈淑秋	1935		1956	0221 部队教导营	战士	1957 日照县石桥	本村	部队批烈
曹修方	1912	小岭南头	1939	山纵二旅特务营	文书	1940 江苏省沙河战斗	沙河	
刘志全	1925		1946	滨海二团三营	副班长	1947 石臼所	本村	
占茂彬	1926		1947	26 军 78 师 232 团	战士	1951 朝鲜失踪	—	1958 批烈
律金义	1925	后崮子	1947	26 军 78 师 232 团	副排长	1952 朝鲜	朝鲜	
孙西德	1932	前十里铺	1947	海防警备团	战士	1947 关东埠战斗	姜家村	原证孙西法
孙星五	1925		1946	滨海二团三营	战士	1947 江苏省沙河战斗	姜家村	曾用名孙奎吉
林永遵	1914		1947	日照太平区河东乡公所	乡长	1947 日照县前十里铺	本村	被还乡团杀害
林永宜	1925		1947	日照太平区河东乡公所	联防队长	1947 日照县石臼所	本村	
林相安	1922		—	日照县前十里铺	公安员	1947 日照县石臼所被还乡团杀害	本村	
孙西京	1926		1946	华野七纵	战士	1947 兖州失踪	—	1958 批烈
贺照进	1925		1946	华野二团三营	副班长	1947 沂源县南麻战斗	南麻	
林维仁	1929		1947	26 军 226 团 1 营	副班长	1951 朝鲜永阳里	朝鲜	
林兰清	1921		1948	志愿军	战士	1952 朝鲜	朝鲜	
裴明洲	1908		1947	志愿军	战士	1952 朝鲜	朝鲜	曾用名裴清章
费双一	1925	东十里铺	1945	滨海二团	战士	1947 奎山战斗负伤	本村	回家养病去世
厉复祥	1926		1947	第三野战军	战士	1949 上海吴松口失踪	—	1958 批烈

续表

姓 名	出生年份	籍 贯	参加革命年份	牺牲时所在单位	牺牲时职务	牺牲年份与地点	安葬地点	备 注
李仕盛	1926	西十里铺	1946	胶东五旅六团	护士	1947 江苏省海州战斗	海州	
李克修	1924		1947	滨海二团	战士	1947 日照奎山战斗失踪	—	1958 批烈
高平升	1921		1947	日照太平区河东乡	通信员	1947 日照县前十里铺	本村	
杨德田	1925		1947	志愿军 26 军 226 团	班长	1951 朝鲜永阳里	—	
厉敬兴	1925	相家庄	1947	滨海二团	通信员	1947 日照奎山失踪	—	1954 批烈
厉守章	1906		—	日照县相家庄村农救会	组长	1947 日照县石臼所被还乡团杀害	石臼所	1964 批烈
董 锡	1915	烟墩岭	—	支前担架队	民工	1947 枣庄战斗	本村	
孙志肪	1915	大古城	1939	日照县太平区	指导员	1941 日照城，被敌杀害	本村	1959 批烈
孙彦桩	1917		1938	鲁中四团三营	排长	1942 甲子山战斗	莒南	
孙志龙	1923		1941	日照县沈疃区中队	排长	1943 日照县涛雒战斗	日照县	
张 玉	1918		1943	地下工作者	—	1945 五莲石场被杀害	本村	女，曾用名孙方俭
孙苍田	1915		1944	滨海二团	排长	1947 江苏省盐城战斗	本村	
李茂奎	1929	小古城	1946	日照县太平区区中队	通信员	1947 奎山战斗失踪	—	1958 批烈
费钢林	1923		1947	华野	战士	1948 济南战役失踪	—	1958 批烈
李仲富	1920		1943	滨海三团	司务长	1949 日照县小古城	本村	竹庭战斗负伤，回家养伤牺牲
潘庆远	1915	前将帅沟	1939	日照县太平区区中队	队长	1942 日照县邵疃	日照	
潘兆共	1920		1940	日照县太平区区中队	战士	1942 日照县邵疃	日照	
潘为琪	1922		1940	华野九纵	侦察参谋	1948 淮海战役	日照	
阎焕章	1927		1946	志愿军二十六军	排长	1950 朝鲜	—	
成志玲	1920	后将帅沟	1938	九支队	战士	1939 莒县葛沟	葛沟	
刘为栋	1924		1941	日照县太平区区中队	战士	1941 日照县沟洼战斗	日照	
成志香	1921		1938	税警站	站长	1944 日照县花崖	日照	被敌杀害
林保全	1928		1947	滨海二团侦察连	班长	1947 日照县焦柯庄	日照	
丁立庆	1922		1946	特纵炮师 13 团 1 营	战士	1948 开封战役	开封	
韩玉端	1918		1947	志愿军 26 军 226 团	班长	1950 朝鲜上甘岭战斗	朝鲜	
潘维径	1920	东将帅沟	1937	日照县大队	战士	1947 莒县大店	本村	
王永理	1900	前鹅庄	1939	日照县嶝山乡	乡长	1941 日照县沟洼战斗	本村	
许世友	1908		1947	志愿军 26 军 78 师	战士	1951 朝鲜	朝鲜	
李同节	1920	后鹅庄	1939	日照县办事处保卫科	战士	1940 日照县大洼战斗	日照	
李茂宣	1918		1940	滨海二团	排长	失踪	—	1955 批烈
李瑞同	1915		1938	日照县三大队	班长	1941 日照县邵疃	日照	
万克增	1918	万家岭	1942	日照县太平区中队	战士	1944 日照城战斗	日照城	
张立洞	1918	山庄	1937	滨海独立大队	战士	1939 莒县工夫山战斗	工夫山	
李新乐	1927		1946	志愿军 2722 部队	战士	1951 朝鲜	朝鲜	

续表

姓　名	出生年份	籍　贯	参加革命年份	牺牲时所在单位	牺牲时职务	牺牲年份与地点	安葬地点	备　注
李宜纯	1964	上李家庄子	1982	解放军某部	战士	1986 云南边境保卫战	日照	
刘世茂	1930	后九条沟	1948	东北野战军	战士	1948 辽沈战役	—	
田树生	1936	田家窑	1958	空军 39659 部队	副大队长	1973 西北边境军训	日照	
夏德光	1924	北大村	1948	志愿军	战士	1953 朝鲜	朝鲜	
于月杰	1958	大莲村	1979	解放军某部	班长	1984 抢救儿童牺牲	日照	
刘为臣	1920	杨行	1947	滨海二团一营	战士	1947 日照县奎山战斗	本村	
尹德坤	1934	陡岭子	1955	〇二二〇部队三支队	副排长	1957 青岛市李村	—	部队批烈
李有和	1927	贾庄	1945	滨海二团一营	班长	1947 江苏省清庄湖战斗	本村	
时振西	1928	后时家官庄	1947	滨海一团三营	通信员	1947 江苏省竹庭战斗	本村	
时振喜	1926		1947	滨海一团三营	战士	1947 临沂失踪	—	1958 批烈
马世奎	1921	后山前	1937	八路军	战士	失踪	—	1958 批烈
张传汉	1920		1946	日照县第六联防队	队长	1946 日照县茶庵战斗	本村	
许鲁华	1912	大桃园	1949	河南新乡军分区政治处	教务主任	1950 新乡病故	新乡	部队批烈
王平积	1924	小桃园	—	支前大队	民工	1947 昌乐被敌杀害	本村	
于培干	1914		1947	滨海二团	战士	1948 日照县北小庄	—	1958 批烈
于西金	1926		1946	志愿军	战士	1951 朝鲜失踪	—	女，1958 批烈
王安学	1919		1948	三野	战士	1952 福建厦门失踪	—	1958 批烈
张纪富	1918		1945	一师二团	副连长	1947 开封战役	开封	
张传贞	1922	郭家村	1948	志愿军炮兵团	炊事员	1952 朝鲜	朝鲜	
李其彦	1927	前山前	—	民兵联防队	民兵	1947 日照县费家河	日照	1957 批烈
刘世平	1929	前时家官庄	1947	滨海二团二营	战士	1947 日照县夏家村	本村	
丁元增	1928	后楼	1946	九纵 80 师 76 团 2 营	战士	1948 济南战役	济南	
陈述远	1916	迟家村	—	游击纵队（日照暴动）	—	1932 日照县于家村	—	
时子彬	1903	时家村	—	游击纵队（日照暴动）	—	1932 日照县	本村	
孙敬海	1924		1947	志愿军 39 军 115 师 344 团	班长	1951 朝鲜	朝鲜	
时振清	1924		1950	志愿军	战士	1951 朝鲜	朝鲜	
牟敦清	1906	小莲村	1947	日照县武工队	战士	1947 日照县石臼所	石臼所	1953 批烈
牟敦祥	1926		1947	志愿军	战士	1950 朝鲜	朝鲜	
许民世	1905	北小庄子	—	支前担架队	民工	1947 新饶县	新饶	
曹进孝	1903	七里河二村	—	支前担架队	民工	1947 临朐战斗	本村	
朱世锋	1925		1947	志愿军	班长	1950 朝鲜仁川战役	仁川	
张纪祥	1918		1948	旅顺公安局	战士	1951 旅顺	旅顺	
曹际墩	1915	前五里河子	1943	日照县三大队	战士	1944 日照县石沟崖	石沟崖	
陈　科	1915		1944	115 师	战士	1946 沈阳战斗	沈阳	
刘汉一	1920	西五里河子	1948	志愿军 38 军	战士	1950 朝鲜失踪	—	1953 批烈
刘云一	1922		1948	志愿军 26 军 78 师	战士	1950 朝鲜咸兴战斗	咸兴	
刘明一	1923	东五里河子	1946	志愿军	战士	1950 朝鲜	朝鲜	

续表

姓　名	出生年份	籍　贯	参加革命年份	牺牲时所在单位	牺牲时职务	牺牲年份与地点	安葬地点	备　注
安为满	1920	东安家庄子	1947	海防警备团 1 营	战士	1947 临沂庄家店战斗	临沂	
阚兴木	1928	张家楼	1947	滨海二团	战士	1947 日照县奎山失踪	—	1958 批烈
王照忠	1890		1939	日照县七区	联络员	1940 日照县下蔡庄	下蔡庄	
王安福	1921	新村	1939	日照县七区区中队	副队长	1944 日照县黄墩战斗	沈疃	
王安芹	1919		1948	华野九纵	战士	1948 淮海战役	—	
万文斋	1918	小香店	1947	十八团担运兵	中队长	1947 临朐战斗	临朐	
崔永善	1921	许家楼	1938	日照县县大队	排长	1944 日照六甲庄子战斗	本村	
汪新堂	1934		1955	1195 部队探照灯营	战士	1956 青岛	青岛	
申善培	1917	张郭村	1941	日照县独立团	排长	1944 日照县六甲庄子战斗	本村	
朱春庭	1913	大李家村	1947	华东野战军	战士	1948 淮海战役	—	
张传深	1928		1947	志愿军	副班长	1951 朝鲜	朝鲜	
别庆一	1921	别家村	—	支前担架队	民工	1946 费县东四埝战斗	费县	
许延球	1906		1939	日照县办事处	交通员	1942 日照县碑廓	本村	
许　良	1921		1939	日照县办事处	科长	1943 日照县陈家沟战斗	本村	
潘照友	1918	前崮子	1940	日照县一区区中队	班长	1943 日照县沙墩战斗	沙墩	曾用名潘照进
许家云	1916		1940	日照县办事处	干部	1945 年黄墩战斗	本村	
许家纯	1923		1939	22 师 64 团 2 营	连长	1948 淮海战役	—	
王志义	1929		1946	滨海二团	排长	1948 江苏沙河战斗	本村	
金光地	1923		1942	东北骑兵部队	战士	1944 东北失踪	—	1958 批烈
金志岗	1918	大石场	1942	—	工作员	1946 诸城县巴山	诸城	
王西荣	1927		1946	三野	战士	1949 上海战役	上海	
王新民	1903		1936	日照县供给处	主任	1940 五莲县迟家庄	日照	被捕就义
刘贤时	1922		1941	日照县供给处	宣传员	1943 日照县病故	本村	1945 批烈
赵庆根	1928		1946	滨海二团	战士	1947 江苏省新浦战斗	本村	
安玉思	1921	大韩家村	1946	滨海二团	战士	1947 江苏竹庭县战斗	赣榆	
戴红清	1919		1946	滨海二团	战士	1947 莒南县龙头战斗	莒南	
解仲贵	1928		1946	一纵卫生队	看护员	1947 沂水艾庄	艾庄	
赵庆顺	1928		1946	滨海二团	战士	1948 淮海战役	碾庄	

石臼街道(60 人)

姓　名	出生年份	籍　贯	参加革命年份	牺牲时所在单位	牺牲时职务	牺牲年份与地点	安葬地点	备　注
朱志逑	1928	石臼一村	1946	日照县海防队	战士	1948 临沂南庄家店子	庄家店	
朱志贵	1920		1949	第三野战军	战士	1949 南京西大顶山	大顶山	
车绪文	1919	石臼二村	1940	日照县石臼工人商店	工作员	1945 诸城胶县交界战斗	—	
贺玉林	1918		1937	北海银行	工作员	1945 莒南县址坊战斗	—	

续表

姓　名	出生年份	籍　贯	参加革命年份	牺牲时所在单位	牺牲时职务	牺牲年份与地点	安葬地点	备　注
贺福林	1924	石臼三村	1948	三野十兵团二十八军	战士	1948 淮海战役	—	
戴家瑞	1926		1949	二十五军五十八师	战士	1951 朝鲜	朝鲜	
王洪仓	1927		1949	31 军 92 师 267 团 3 营	战士	1952 厦门市	厦门	
刘怀东	1921	石臼四村	1938	日照县三大队	分队长	1940 日照县刘家村	日照	
刘来臣	1925		1945	三纵九师二十七团	副连长	1948 淮海战役	河南	
房守安	1926		1946	六纵十七师五十团	班长	1948 兖州战斗	兖州	
刘士存	1913		1942	中南军区后勤部	科员	1952 中南军区病故	湖南	1953 军区批烈
张佃福	1924	石臼五村	1946	滨海二团一营	战士	1947 江苏省竹庭战斗	赣榆	
郑明宽	1925		1945	滨海二团一营	副排长	1948 临沭县大龙庙战斗	日照	
高庆节	1929		1947	26 军 78 师 232 团	战士	1951 朝鲜西峰山战斗	朝鲜	
江喜燕	1927	石臼七村	1948	志愿军 26 军 59 师 176 团	战士	1950 朝鲜新兴里战斗	朝鲜	
王洪福	1926		1948	志愿军 20 军 59 师	战士	1951 朝鲜	朝鲜	
刘士泽	1919	石臼九村	—	支前大队	民伕	1948 淮海战役	—	
贺贤林	1932		1949	志愿军 27 军 79 师 235 团	通信员	1950 朝鲜咸境战斗	朝鲜	
范启根	1933		1949	志愿军 31 师 92 团 1 营	班长	1952 朝鲜 2337 高地	朝鲜	
刘光兴	1925	石臼十村	1945	沈北独立团	战士	1946 东北沙口战斗	—	
刘士刚	1923		1944	滨海一团三营	排长	1948 胶县战斗失踪	—	1962 批烈
刘克田	1927	石臼十一村	1947	志愿军	战士	1952 朝鲜	朝鲜	
秦福升	1927		1951	志愿军后勤站	战士	1953 朝鲜上甘岭	朝鲜	
戴方录	1927	戴家村	1947	124 师 371 团 1 营	战士	1948 四平	四平	
李茂斗	1926	北李家村	1947	日照县海防团	战士	1948 郯城战斗	本村	
金月鹤	1923	林家滩	1945	老六团	战士	1945 胶南县泊里战斗	泊里	
王世竹	1929		1946	滨海二团	班长	1947 江苏省竹庭县战斗	赣榆	
李其一	1925	宋家湖	1946	滨海二团	战士	1947 江苏竹庭县战斗	沙河	
张传甲	1926	东南李村	1946	6 纵 17 师 50 团	副班长	1948 郯城战斗	郯城	
戴登纪	1920	大董家村	1946	日照县海防队	战士	1947 日照县奎山战斗	奎山	
滕恩志	1925	东韩家村	1946	6 纵 17 师 50 团	战士	1948 淮海战役	江苏	
路士节	1925	季家村	1946	7 纵 19 师 56 团	战士	1947 莱芜战斗	莱芜	
崔发荣	1923		1946	日照县奎山中队	班长	1947 日照县奎山战斗	临沂	
刘纯一	1926		1946	日照县大队	连长	1948 日照西韩家村战斗	本村	
孙方吉	1922	车家村	1946	滨海二团一营	班长	1947 江苏赣榆县战斗	日照	
张传学	1926	成家村	1948	59 师 177 团	战士	1951 朝鲜	朝鲜	
金安亮	1915	八里庄	1946	东北野战军	战士	1948 辽宁省四平战役	—	
牟佑扶	1883	东海峪	1941	大众日报社分销处	会计	1943 日照县东海峪病故	本村	
吴茂周	1925		1945	滨海二团	班长	1947 江苏竹庭县沙河战斗	本村	
牟春胜	1943		1964	海军 521 部队	战士	1965 青岛	青岛	

续表

姓名	出生年份	籍贯	参加革命年份	牺牲时所在单位	牺牲时职务	牺牲年份与地点	安葬地点	备注
张杜礼	1916	山后一村	1946	7纵19师56团	战士	1947 莒南十字路战斗	十字路	
张传忠	1918	山后一村	1947	日照县奎山区武工队	队员	1947 日照县大古镇战斗	石臼所	
张维奎	1926	山后一村	1946	6纵17师50团	战士	1948 淮海战役		
张纪祥	1927	山后二村	1946	滨海二团二营	战士	1947 江苏东海县战斗	东海	
周子福	1920	山后二村	1946	东北民主联军	战士	1947 辽宁省锦州	锦州	
汪振顺	1903	汪家台	1945	滨海二团	战士	1947 临沂战斗	临沂	
汪宣堂	1921	汪家台	1946	华东野战军	战士	1948 潍县战斗	潍县	
金芸昌	1908	金家沟	—	游击纵队（日照暴动）	副大队长	1932 日照县城	本村	日照暴动被杀害
金永新	1924	金家沟	1947	日照县奎山武工队	队员	1947 日照县石臼所	石臼所	
金胜昌	1924	金家沟	1947	日照县奎山武工队	队员	1947 日照县石臼所	石臼所	
金光恒	1928	金家沟	1945	日照县海防团	战士	1947 日照县山字河	本村	
韩道生	1908	南张家村	1947	日照县奎山武工队	队员	1947 日照县石臼所	石臼所	
张纪林	1923	南张家村	1946	东北民主联军	战士	1947 大连	大连	
裴守康	1924	裴家村	1945	日照县奎山武工队	干事	1948 日照县夹仓战斗	本村	
裴振萱	1923	裴家村	1946	6纵17师50团	排长	1948 淮海战役	新沂	
张兴龙	1920	东山前	1949	第二野战军	班长	1950 云南省顺守县剿匪	云南	
汪义香	1920	东山前	1945	江西省铅山大队	副连长	1951 铅山	上饶	江西省政府批烈
臧军望	1921	臧家荒	1946	华野六纵	班长	1948 淮海战役	徐州	
路运田	1903	李家庄子	—	支前大队	民伕	1947 江苏省新沂县失踪		1962 批烈
刘立村	1930	刘家台	1947	华野六纵	战士	1949 河南永城县战斗	永城	

秦楼街道(83人)

姓名	出生年份	籍贯	参加革命年份	牺牲时所在单位	牺牲时职务	牺牲年份与地点	安葬地点	备注
秦绪伍	1924	窝落子	1948	志愿军27师351团	战士	1951 朝鲜	—	
王丙从	1923	山口	1947	滨海二团一营	战士	1948 淮海战役	—	
王培臣	1926	山口	1947	志愿军26军78师	战士	1951 朝鲜	朝鲜	
丁立成	1927	山口	1947	志愿军42军125师373团	战士	1951 朝鲜失踪	—	1952 批烈
丁立年	1924	山口	1945	志愿军40军125师373团	排长	1951 朝鲜失踪	—	1952 批烈
时义春	1915	后团岭埠	1945	老六团	战士	1945 泊里战斗	本村	
时先春	1929	后团岭埠	1945	城东区武工队	连长	1947 日照县后团岭被杀害	本村	1952 批烈
时丰春	1926	后团岭埠	1945	滨海二团	战士	1948 临沂青庄湖战斗	青庄湖	
时柏春	1928	后团岭埠	1945	东北野战军	战士	1948 四平战役	四平	
时传春	1924	后团岭埠	1945	滨海二团	班长	1949 淮海战役	—	
苗玉江	1923	后团岭埠	1945	志愿军	战士	1950 朝鲜失踪	—	1958 批烈
杨录殿	1922	前团岭埠	—	3纵76师后勤担架队	战士	1947 太行山战斗	太行山	

续表

姓　名	出生年份	籍　贯	参加革命年份	牺牲时所在单位	牺牲时职务	牺牲年份与地点	安葬地点	备　注
刘立荣	1926	庞家庄子	1947	志愿军 26 军 78 师	战士	1951 朝鲜	朝鲜	
赵为礼	1925		1947	志愿军 26 军 78 师	战士	1951 朝鲜	朝鲜	
秦洪足	1929	荷疃	1945	滨海二团一营	战士	1947 临沂战斗	临沂	
张传明	1923		1945	滨海二团一营	战士	1947 徐州	本村	
张守文	1925		1946	滨海二团一营	战士	1949 蚌埠战斗	—	
张传节	1924		1947	滨海二团一营	战士	1949 蚌埠战斗	—	
李茂友	1926	西碌碡沟	1947	丝山区武工队	战士	1947 小洼村	日照	
魏玉平	1964		1983	空航 14 师 42 团	大队长	2000 江西樟树飞行训练	本村	
王恩山	1921	新合村	1947	3 野 3 纵 9 师 25 团	战士	1948 江苏省宿县	—	
曹　甦	1920	秦家楼	1937	山纵三旅特务营	文书	1945 江苏海州战斗	海州	
秦玉录	1933		1950	志愿军 26 军 76 师	战士	1951 朝鲜	朝鲜	
秦洪根	1920	北刘家村	1946	3 纵 9 师 27 团	战士	1946 苍山战斗	—	
杨来法	1922	大卜家庵	1946	日照县丝山区明望乡	中队长	1947 日照王家皂战斗	本村	
卜照成	1907		1947	3 纵 5 师 27 团	战士	1947 日照县旋沟失踪	—	1950 批烈
卜广秀	1925		1947	华野 3 纵 9 师 77 团三营	战士	1948 济宁战斗	济宁	
李步洛	1909	小卜家庵	—	游击纵队（日照暴动）	秘书	1932 日照县城	日照	
卜广廉	1907		—	游击纵队（日照暴动）	战士	1932 日照县迟家村	迟家村	
卜悦忠	1898		—	游击纵队（日照暴动）	战士	1932 丝山	丝山	
卜广礼	1929		—	—	民工	1948 济宁战斗失踪	—	1961 批烈
马承佩	1927	东明望台	1946	边防商业社	战士	1946 五莲县	五莲	
马祖农	1927		1945	3 纵 9 师 27 团	战士	1947 济宁战斗	济宁	
马承江	1926		1947	华野炮兵营	战士	1948 日照县东明望台病故	本村	1950 批烈
张纪明	1927	沟南	1947	滨海一团	战士	1948 济宁战斗	—	
滕以足	1919		1945	华野 3 纵 9 师 27 团三营	战士	1948 济宁战斗	济宁	
滕兆起	1922		1947	志愿军 42 军 33 团	班长	1952 朝鲜	朝鲜	
田光济	1915	田家村	—	—	民工	1947 过黄河失踪	—	1950 批烈
王子和	1925	湖西头	1945	滨海一团	班长	1946 江苏省竹庭县战斗	本村	
赵同新	1925		1945	滨海一团独立营	战士	1946 江苏省竹庭县战斗	本村	
滕培常	1915	南小庄	1945	滨海二团	参谋	1949 黄河北	—	
时春平	1949	滕家村	1964	海空 37793 部队	飞行员	1978 宁波军训	—	
高振珠	1931	高家村	1948	志愿军	战士	1951 朝鲜	朝鲜	
安玉良	1953	小孙家村	1973	555 部队	战士	1976 滕县	日照	因公
李世平	1925	营子	1946	滨海二团三营	战士	1947 莒南十字路战斗	—	

续表

姓　名	出生年份	籍　贯	参加革命年份	牺牲时所在单位	牺牲时职务	牺牲年份与地点	安葬地点	备　注
李树梅	1923	董家滩村	—	—	民工	1947 潍县失踪	—	1950 批烈
刘云雨	1924		1945	九纵	连长	1948 开封战斗	开封	
刘云河	1922		1947	九纵	战士	1948 黄海西关城	—	
白高绪	1922		1947	滨海二团	战士	1948 淮海战役	—	
李福运	1928		1947	志愿军 26 军 223 团	战士	1951 朝鲜西方山战斗	朝鲜	
秦似玉	1924		1947	志愿军 26 军 1 营	战士	1951 朝鲜	朝鲜	
李其山	1921	前大洼	1947	华野三纵九师二十七团	战士	1948 济宁战斗	济宁	
王金海	1922		1947	华野三纵	战士	1948 洛阳战斗	洛阳	
刘加贵	1918		1950	志愿军	战士	1950 朝鲜	朝鲜	
刘现玉	1927	后大洼	1947	九纵	战士	1948 淮海战役	—	
李树明	1928		1945	28 军 236 团	副排长	朝鲜武甲山战斗	朝鲜	
秦洪贞	1929	冯家沟	1947	原新四军十三分院	战士	1947 莒县申刘官庄	本村	
秦洪杰	1927		1947	丝山区武工队	战士	1947 丝山大洼	本村	
秦洪佐	1929		1947	滨海二团	战士	1947 莒县战斗	本村	
刘兴一	1927	前滩西	1947	三纵九师二十五团一营	文书	失踪	—	1953 批烈
路仕仁	1931	路家村	1950	志愿军	战士	1951 朝鲜	朝鲜	曾用名于希和
刘现许	1921	陶家村	1947	260 团 3 营	战士	1949 上海战役	—	
苏贻超	1921	苏家村	1947	三纵九师	战士	1947 安微	安微	
苏善玉	1908		—	日照县苏家村民兵队	民兵	1947 日照县石臼所	石臼所	1960 批烈
苏贻升	1927		1945	三纵九师二十五团	战士	1948 开封战役	开封	
苏贻坛	1928		1947	三纵九师二十五团	战士	1948 开封战役失踪	—	1955 批烈
苏昭海	1938		1955	〇二二一部队	战士	1956 胶南琢岛军训	本村	
刘为仕	1921	刘东楼	1946	海防团	班长	1947 日照县傅疃河战役	石臼所	
刘世棉	1928		1946	三纵九师二十五团	战士	1947 淄博战斗	淄博	
李增年	1928		1947	三纵二十七师	战士	1948 济宁战斗	济宁	
刘为满	1923		1947	三纵九师二十五团	战士	1948 开封战役	开封	
刘为宗	1927		1947	3 纵 9 师 25 团	战士	1948 开封战役	曲海	
刘允尧	1902		—	—	民工	1948 日照县两城战斗	本村	
刘世臣	1917		1947	三纵九师	战士	1950 万山群岛战役	万山	原证刘义三
韩云喜	1921	秦家官庄	1947	三野 16 军 77 师	战士	1949 上海战役	上海	
王立江	1923		1947	志愿军 26 军 76 师	战士	1950 朝鲜	朝鲜	
潘兆森	1908	肥家庄	—	游击纵队（日照暴动）	—	1932 日照县	—	
李曰统	1904	吴家台	—	游击纵队（日照暴动）	战士	1932 日照城	日照	
阎龙古	1908		—	游击纵队（日照暴动）	战士	1932 日照县城	—	
阎合章	1911		—	游击纵队（日照暴动）	战士	1932 日照县城	—	
李会文	1908		—	游击纵队（日照暴动）	战士	1932 日照县城	日照	
相　兴	1900		—	游击纵队（日照暴动）	—	1932 日照县城	日照	
张明甫	1909		1945	东北野战军	营长	1948 辽沈战役	辽宁	

奎山街道(124 人)

姓　名	出生年份	籍　贯	参加革命年份	牺牲时所在单位	牺牲时职务	牺牲年份与地点	安葬地点	备　注
丁东元	1905	夹仓一村	—	游击纵队（日照暴动）	班长	1932 日照县丝山战斗	—	
鞠德金	1926		—	日照县夹仓民兵队	民兵	1947 夹仓河西遇敌偷袭	本村	1957 批烈
毕乃录	1927		1946	滨海二团三营	战士	1947 江苏竹庭县墩上战斗	小古镇	
丁立迎	1926		—	支前担架队	民工	1947 临沂县唐家河病故	本村	1958 批烈
孙元俊	1928	夹仓二村	1946	滨海二团三营	战士	1947 临沂县玉皇庙战斗	本村	
尹仲岩	1910		—	日照县县委宣传部	部长	1947 日照县丝山战斗	日照	
孙元珍	1926		1945	一纵一团一营	文书	1948 四平战役	四平	
尹德厚	1918	夹仓三村	1940	六六七团	战士	1941 鲁南滕县战斗	—	
尹绪世	1926		1946	滨海二团一营	副排长	1947 江苏竹庭县战斗	—	
尹世爱	1914		1946	志愿军	司务长	1950 沈阳医院	沈阳	朝鲜战争负伤
尹可根	1929		1946	志愿军	战士	朝鲜失踪	—	1958 批烈
尹兴德	1929	夹仓四村	1946	滨海二团三营	战士	1948 河北失踪	—	1958 批烈
张守信	1925	东长河	1946	滨海二团三营	战士	1947 江苏竹庭县沙河战斗	本村	
刘丕发	1925		1946	滨海二团三营	战士	1947 江苏竹庭县沙河战斗	—	
李希怀	1913		—	支前担架队	民工	1947 失踪	—	1958 批烈
李东仁	1928		1946	七纵队	战士	1950 浙江省	—	
田兆芳	1932		1948	志愿军 26 军 78 师 232 团	战士	1951 朝鲜	朝鲜	
费树康	1923	西长河	1939	滨海十九团	战士	1942 日照县甲子山战斗	本村	
张守祥	1925		1947	滨海二团三营	战士	1947 江苏竹庭县沙河战斗	本村	原证张守详
尹相果	1920		1947	滨海二团三营	战士	1947 江苏竹庭县沙河战斗	本村	
田全文	1924		—	日照西长河	民兵	1947 日照县大曲河	本村	批烈
郭孟章	1924	小古镇	1941	警备团	警卫员	1943 日照县大石头战斗	本村	
贺淑茂	1924		1946	6 纵 17 师 50 团 3 营	班长	1948 兖州华东二院	—	1957 批烈
郭常福	1947		1968	5381 部队汽车连	战士	1971 四川省达县因公	达县	
阎洪轩	1908	河套	—	游击纵队（日照暴动）	—	1933 大连	乔庄	
阎龙保	1928.		1946	滨海二团	战士	1947 江苏省竹庭县沙河战斗	本村	
阎英章	1926		1946	志愿军 223 团	班长	1952 朝鲜	安阳	
范崇相	1922	傅疃	1938	日照县三大队	战士	1940 小旺战斗	本村	
丁立奎	1923		1938	日照县三大队	班长	1940 小羊圈战斗	本村	曾用名丁立山
范崇仕	1918		1938	滨海区工会	主席	1942 日照县两城战斗	本村	
丁维志	1899		1940	日照县三大队	战士	1942 日照县塔山战斗	本村	
范泾渠	1891		1932	滨海地委农民协会	会长	1944 病故	—	1946 批烈
范庆慎	1913		1947	日照县第六区公所	指导员	1947 傅疃病故	本村	1957 批烈
范崇勋	1933		1947	滨海二团	战士	1947 山东省临朐	本村	
王平堂	1913		1938	295 团电话局	战士	1950 济南病故	济南	1957 批烈

续表

姓名	出生年份	籍贯	参加革命年份	牺牲时所在单位	牺牲时职务	牺牲年份与地点	安葬地点	备注
秦洪运	1924	青墩	—	日照县青墩	指导员	1948 日照青墩民兵队部	本村	
聂洪美	1927		1947	日照县青墩村民兵连	村长	1948 日照青墩民兵队部	本村	批烈
牟敦仓	1927		1942	华野	指导员	1948 淮海战役	—	
申永书	1923	申家楼	1942	十九团一营	班长	1945 日照县碑廓医院	本村	1957 批烈
秦玉池	1930	盘石庄	1947	警备团	战士	1947 日照县炕头战斗	本村	
秦百需	1910		—	—	民工	1947 费县战斗	本村	
李希槐	1905		—	—	民工	1947 滕县战斗	本村	
秦洪来	1910		1946	滨海运输队	船员	1947 日照县裴家村	本村	1957 批烈
崔永江	1920		—	—	民工	1947 费县	本村	
许华成	1926	许家园	1943	警备团	战士	1944 日照县廒头战斗	本村	
许延杰	1921		1947	滨海二团二营	战士	1948 山东省莒南县战斗	本村	
司胜成	1911	牟家小庄	—	游击纵队（日照暴动）	中队长	1932 日照县丁家院	本村	
尹茂照	1911		1931	游击纵队（日照暴动）	战士	1932 日照县丁家院	—	
司胜德	1913		1938	日照县三大队	战士	1939 日照县丁家院头	本村	
王先元	1911		1940	日照县三大队	战士	1941 日照县小庄病故	本村	政府批烈
殷善海	1925		1940	老六团	战士	1943 莒南县址坊战斗	—	
路奎茂	1921		1942	十九团	班长	1944 日照六甲庄子战斗	本村	
司胜海	1924		1945	十九团	战士	1945 泊里战斗	本村	
井茂贵	1917		—	支前担架队	民工	1947 成武县甲楼村病故	本村	1957 批烈
尹世同	1924		1945	十九团	班长	1947 胶县洞门后战斗	本村	
尹世迎	1926		1946	滨海二团	战士	1947 奎山战斗	本村	
牟敦启	1913		1945	华东野战军后勤部	战士	1949 济南病故	济南	1951 批烈
牟敦康	1928		1944	志愿军空军 103 部队	大队长	1951 朝鲜	朝鲜	
刘世林	1911	东石嘴子	—	游击纵队（日照暴动）	战士	1932 日照县城	本村	
彭作松	1916		—	担架队	民工	1947 黄河崖	—	
侯均玉	1927		1946	日照县爆破队	战士	1947 奎山战斗	本村	
丁元玉	1929	岭二头	1946	滨海二团二营	通信员	1947 奎山战斗	本村	
韩玉法	1915		1942	十九团	连长	1947 莱阳战斗	莱阳	
杨百万	1919	刘家寨	1942	日照县武工队	副队长	1944 日照县城	本村	
王志庆	1929		1945	滨海二团一营	战士	1947 江苏青庄湖战斗	—	
杨百俄	1926		1946	滨海二团二营	战士	1947 江苏竹庭县战斗	—	
牟乃明	1926		1946	滨海二团三营	战士	1947 日照县营子战斗	本村	
杨升田	1923		—	支前担架队	民工	1947 沂源县土门战斗	土门	
王欣庆	1929		1947	志愿军 26 军 78 师	战士	1951 朝鲜三八五高地	朝鲜	
宋文吉	1924		1946	九纵二十七师	战士	失踪	—	1957 批烈

续表

姓　名	出生年份	籍　贯	参加革命年份	牺牲时所在单位	牺牲时职务	牺牲年份与地点	安葬地点	备　注
刘太山	1924	东高家村	1946	滨海二团三营	战士	1947 江苏赣榆五常山战斗	本村	
安百泽	1921		1947	日照县奎山武工队	战士	1947 日照县石臼所	—	
安百相	1926		1947	海防警备团	通信员	1947 三界首战斗	—	
汪辰堂	1924		1946	71 师 212 团 3 营	副排长	1948 淮海战役	本村	
汪立东	1920		1946	71 师 212 团 3 营	班长	1948 碾庄战斗	碾庄	
安百合	1927		1945	起义战士	指导员	1948 宁波战斗	厦门	牺牲单位不详
安玉文	1929		1946	七纵队	号长	1949 新浦战斗	本村	
张开云	1918	丁家楼	1942	滨海十九团	副排长	1948 胶县战斗	—	
郑全海	1922		1946	坦克一师炮营	战士	1951 朝鲜黄海道战斗	黄海道	
丁大成	1918		1948	志愿军	文书	1951 朝鲜	朝鲜	
丁维阳	1923	崮河崖	1946	日照两河乡武工队	副队长	1948 日照县石臼所	本村	批烈
费云居	1900	大古镇	1939	莒县胶山铁工厂	工人	1944 莒南胶山铁工厂	本村	1945 批烈
费立本	1919		1948	县巨峰区	战士	1949 渡江战役	—	
徐京俊	1906	前两河	1946	华野	战士	1947 滨海二所病故	本村	
成仲令	1908		1946	滨海二团	战士	1947 日照县李家村战斗	本村	
成之文	1927		1946	滨海二团	排长	1949 淮海战役	—	
成立山	1928		1946	滨海二团	班长	1949 淮海战役	本村	
张守善	1916	东两河	1945	滨海十九团	副排长	1948 济南战役	济南	
郭公海	1927	后两河	1945	日照县奎山区中队	文书	1947 日照县石臼所	本村	
郭堂远	1924		1946	滨海二团	排长	1948 淮海战役	—	
郭建堂	1925		1946	滨海二团	排长	江苏沙河战斗	本村	
牟乃光	1919	平台	1936	地下工作者		1942 日照县夹仓	本村	
马承义	1928		1946	滨海二团	战士	1947 江苏省小周庄战斗	—	
马先共	1928		1946	滨海二团	战士	1948 淮海战役	—	
牟敦启	1928		1946	滨海二团	战士	1948 淮海战役	本村	
牟敦义	1921		1948	渤海纵队	战士	1948 淮海战役	—	
牟敦杨	1927		1947	志愿军	战士	1951 朝鲜	—	
牟家芳	1904		1932	游击纵队（日照暴动）	战士	日照县荻水口	平台	
魏茂香	1929	魏家庄	1947	滨海二团	战士	1947 日照县辛兴战斗	本村	
魏绪界	1917		1947	志愿军 26 军 78 师 232 团	战士	1951 朝鲜	朝鲜	
郑际吉	1918	李村	1938	山东二旅四团三营	班长	1942 莒南涯上战斗	—	
王德升	1924		1947	日照望海区武工队	战士	1947 日照县平台战斗	大岭	
马成增	1925		1948	—	战士	—	—	1961 批烈
牟乃隋	1914	石河崖	1947	滨海二团	战士	1948 石臼所战斗	—	
刘为道	1921	琅墩坡	1945	十九团	战士	1948 四平战役	四平	
徐茂建	1926		1947	74 师 221 团 3 营	战士	1949 渡江战役	—	
黄云普	1905	西夏家村	—	支前担架队	民工	1947 失踪	—	1958 批烈
黄云照	1901		—	支前担架队	民工	1947 失踪	—	1958 批烈

续表

姓　名	出生年份	籍　贯	参加革命年份	牺牲时所在单位	牺牲时职务	牺牲年份与地点	安葬地点	备　注
崔兆义	1917	孔家湖子	1937	山纵二旅	班长	1941 沂蒙山战斗	—	
迟明江	1929	郭家湖子	1946	滨海二团三营	战士	1947 江苏竹庭战斗	下河关	
刘全贤	1930		1946	志愿军 228 团 3 营	排长	1950 朝鲜	朝鲜	
丁立学	1928		1947	志愿军 26 军 227 团 2 营	副班长	1951 朝鲜莲川战斗	莲川	
刘瑞芬	1936		1956	839 部队	指导员	1970 青海省 221 厂	—	
牟敦吉	1921	大岭一村	1940	日照县政府	科员	1942 日照县岚山头	本村	
牟乃明	1919		1940	日照县政府	通信员	1942 日照县桥南头	本村	
牟敦珉	1925		1940	滨海银行印刷厂	工人	1946 沂水病故	本村	1946 批烈
牟仲照	1910		1941	滨北专署招待所	招待员	1947 胶南县燕窝村战斗	本村	
牟祥斋	1900		1939	日照县丝山区公所	财粮助理	1947 日照县大岭一村	本村	
肖照清	1926		1942	新四军	排长	失踪	—	1961 批烈
徐明墩	1929	大岭二村	1949	县农业生产合作部	干事	1954 崮河防汛抢险	本村	批烈
牟耀南	1926	大岭三村	1948	志愿军	记者	1951 朝鲜	朝鲜	
徐明武	1921		1945	志愿军	战士	1951 朝鲜	朝鲜	
牟乃波	1918		1949	志愿军	战士	1951 朝鲜	朝鲜	
杨雨田	1923	宋家窑	1943	山字河游击小组	战士	1944 日照城西岭	本村	

涛雒镇(202 人)

姓　名	出生年份	籍　贯	参加革命年份	牺牲时所在单位	牺牲时职务	牺牲年份与地点	安葬地点	备　注
宋家方	1920	涛雒一村	1942	日照县三大队	战士	1943 日照城战斗	右所	
祝金茂	1922		1943	滨海军区后勤部	指导员	1946 山东省胶县战斗	胶县	曾用名祝金众
宋光瑞	1925		1946	滨海三团二营	通讯员	1948 莒南县清水战斗	本村	
祝金全	1918		1943	东北野战军	战士	1948 四平街	四平	
宋家兴	1921		1943	一支队二营	连长	1949 湖南石下江战斗	石下江	
庄茂森	1904	涛雒二村	—	游击纵队（日照暴动）	—	1932 日照县城	右所	
庄茂良	1904		—	游击纵队（日照暴动）	—	1932 日照县城	右所	
李臻鹤	1899		—	游击纵队（日照暴动）	—	1932 日照县城	本村	
庄建福	1923		1939	日照县公安便衣队	战士	1941 日照县付疃河战斗	右所	曾用名庄建业
张纪元	1924		1946	334 团三营	副班长	1946 洛阳肥牛屯战斗	肥牛屯	
万忠义	1923		1946	7 纵 19 师 57 团 1 营	班长	1947 莱阳西关战斗	莱阳	
王仕美	1920		1944	17 团二营	战士	1948 苍山兰陵战斗	兰陵	
孙保福	1925		1946	滨海二团	战士	1948 江苏竹庭县沙河战斗	沙河	
刘立科	1912	涛雒三村	—	游击纵队（日照暴动）	—	1932 日照县城	刘家园	

续表

姓　名	出生年份	籍　贯	参加革命年份	牺牲时所在单位	牺牲时职务	牺牲年份与地点	安葬地点	备　注
黄庆全	1911	涛雒三村	1944	地下工作者	—	1944 日照县城	日照县	
王安斗	1895		1940	地下工作者	—	1944 日照县城	日照县	
丁履合	1918		1939	地下工作者	—	1944 日照县城	三里坟	曾用名丁立法
宋家珊	1925		1939	老六团骑兵连	排长	1945 日照县大朱曹战斗	涛雒	
孙纪苗	1902		1938	警备团	班长	1946 日照县小湖战斗	小湖	
王振路	1902		1946	—	战士	1947 失踪	—	1956 批烈
刘贤禄	1922		1946	—	战士	1948 洛阳战斗	洛阳	
丁元金	1920		1945	3 纵 7 师 19 团 2 营	战士	1948 东北新民县战斗	新民县	
李荣绪	1926		1946	江苏竹庭县独立团三营	班长	1948 江苏省沙河战斗	本村	
万志祥	1922		1947	志愿军	战士	1950 朝鲜	朝鲜	
宋连贵	1931		1947	上海市警卫团	班长	1950 上海	上海	
崔为功	1920	涛雒四村	1942	胶南县税警队	分站长	1948 胶南县灵山岛战斗	灵山岛	
于子合	1924	涛雒五村	1945	滨海独立团	战士	1945 胶南县泊里战斗	泊里	
黄恒仁	1926		1946	滨海二团二营	战士	1947 江苏省竹庭县战斗	赣榆	
滕西江	1922	涛雒六村	1946	7 纵 19 师 57 团	战士	1947 莱阳西关战斗	莱阳	
丁为勤	1922		1946	7 纵 19 师 57 团	战士	1947 莱阳西关战斗	莱阳	
宋光兴	1927		1946	竹庭县独立团	战士	1948 江苏省竹庭县战斗	青口	
朱德升	1922		1946	竹庭县独立团	战士	1948 江苏省竹庭县战斗	青口	
张传永	1928	涛雒七村	1946	江苏竹庭县独立团	排长	1946 江苏省清庄湖战斗	清庄湖	
王照积	1924		1946	江苏竹庭县独立团	战士	1946 江苏省清庄湖战斗	清庄湖	
葛为海	1926		1946	滨海二团	战士	1947 日照县奎山战斗	奎山	
张传鹤	1923		1945	0132 部队 1 支队	战士	1948 四平战役	四平	
侯元提	1916		1948	二师四团三营	战士	1948 四平战役	四平	
尹世玉	1926		1944	志愿军 26 军 78 师	战士	1951 朝鲜仙岩里战斗	仙岩里	
陈为德	1923	右所	1942	四团	班长	1943 日照县义和岭战斗	本村	
丁来明	1922		1938	滨海一团	司号员	1944 莒南县刘家东山战斗	本村	
丁立峙	1920		1943	警备团	战士	1944 日照县小湖战斗	本村	曾用名丁立珊
丁立合	1929		1946	滨海二团一营	战士	1947 江苏竹庭县任家庄战斗	本村	
丁立淑	1929		1949	滨海二团一营	战士	1947 日照县奎山战斗	本村	
黄松昌	1924		1946	华东野战军	战士	1948 江苏新沂县碾庄战斗	碾庄	
丁元仓	1929		1944	志愿军 27 军	战士	1950 朝鲜	朝鲜	
宋庆山	1925		1946	志愿军	警卫员	1950 朝鲜战斗	朝鲜	
徐加桂	1929		1946	志愿军	战士	1951 朝鲜	朝鲜	
金德友	1922		1946	35187 部队	副连长	1951 江苏省新浦	新浦	
宋瑞农	1923		1941	铁二旅	副连长	失踪	—	批烈
马迎昌	1923	大刘庄	1946	滨海二团一营	战士	1947 孟良崮战役	孟良崮	
沈奎志	1928		1948	22 军 64 师 190 团	战士	1949 浙江省定海县战斗	定海	
葛永礼	1930		1951	98 师政治部	通讯员	1952 滕县花园因公	—	

续表

姓　名	出生年份	籍　贯	参加革命年份	牺牲时所在单位	牺牲时职务	牺牲年份与地点	安葬地点	备　注
金月昌	1910	南店	—	游击纵队(日照暴动)	—	1932 日照县城	涛雒	
庄聿臣	1921		1941	警备团	战士	1945 日照县义和岭战斗	义和岭	
庄建轩	1920		1946	滨海一团	战士	1947 江苏省竹庭县战斗	本村	
李其山	1929		1946	24 军 70 师 210 团 1 营	交通员	1948 江苏省蚌埠战斗	蚌埠	
庄聿顺	1932		1949	志愿军	战士	1951 朝鲜	朝鲜	
郑　成	1929	庄家坨	1949	济南工商管理局	通讯员	1949 济南病故	济南	
宋家运	1926	朝阳	1946	滨海二团	战士	1947 莱芜战役	莱芜	
杨德运	1924		1945	涛雒区区公所	秘书	1947 日照县小屯	本村	
宋开智	1923	竹子河崖	1941	日照县二区区中队	战士	1943 日照县凤凰山战斗	本村	
宋光芹	1899		1943	日照县二区区中队	战士	1944 日照县华山战斗	本村	
阚永路	1925	高旺庄	1945	十九团	战士	1945 胶南泊里战斗	泊里	
厉明生	1918		1943	十九团	班长	1945 胶南县泊里战斗	本村	
刘贤俊	1923		1944	警备团	班长	1945 日照县六甲庄子战斗	本村	
李迎春	1915		1943	警备团	班长	1945 山东沂水战斗	沂水	
丁立先	1925		1945	十九团一营	战士	1946 胶县芝兰庄战斗	芝兰庄	
丁立怀	1915		—	—	民工	1947 江苏竹庭县竹元战斗	本村	
王安荣	1927		1946	18 师 54 团 1 营	战士	1948 淮海战役	—	
郭公进	1913	上元	1940	十九团	排长	1945 胶南泊里战斗	本村	
秦玉芳	1907	下元一村	1940	县三大队便衣队	战士	1948 日照县簸箕掌战斗	本村	
秦聿令	1928		1944	志愿军	侦察参谋	1950 朝鲜	丹东	
秦珍南	1902	下元二村	1938	江苏青口抗日学校	大队长	1939 江苏省青口抗日山	抗日山	
訾文德	1913		1939	老四团	班长	1941 莒南县许口战斗	许口	
王佃芝	1888		1940	日照县三大队	战士	1942 日照县崔景阳战斗	崔景阳	
秦玉明	1922		1942	日照县涛雒区中队	战士	1943 日照县华山战斗	本村	
郑淑林	1907		1938	警备团	战士	1944 日照县六甲庄子	本村	
孙纪木	1927		1947	滨海二团	副班长	1948 江苏省东海县	本村	
朱仕芳	1915	下元三村	1940	警备团	战士	1944 日照后黄埠战斗	本村	
曹德连	1918		1945	19 团 1 营	战士	1945 胶南泊里战斗	泊里	
宋光合	1920		1940	日照县三大队	班长	1946 高密县范戈庄战斗	涛雒	
赵洪福	1925		1940	滨海二团 1 营	战士	1947 江苏省清庄湖战斗	清庄湖	
孙树元	1927		1946	—	战士	1947 莱阳	莱阳	曾用名孙树合
董茂胜	1925		1944	—	战士	1948 四平战役	四平	
丁兆申	1905	崔家庄	1937	日照县三大队	司务长	1943 日照城战斗	日照	
刘世海	1925		1945	19 团 3 营	战士	1945 胶南泊里战斗	本村	
陈为路	1924		1942	25 团	战士	1945 胶南县青山顶战斗	青山顶	
王振珊	1928	小海	1946	志愿军 232 团	战士	1951 朝鲜扬州郡战斗	扬州	

续表

姓　名	出生年份	籍　贯	参加革命年份	牺牲时所在单位	牺牲时职务	牺牲年份与地点	安葬地点	备　注
马恒元	1921	马家村	1940	滨海支队	班长	1944 日照县空冲水战斗	本村	
马恒双	1921		1946	滨海二团	战士	1948 淮海战役失踪	—	1981.11 批烈
马承敦	1938		1958	4015 部队 361 船	副政委	1968 青岛	青岛	因公
马世来	1922		1943	1 师 2 团 3 营	战士	失踪	—	1958 批烈
刘为深	1926	桥东头	1946	第七兵团	排长	—	—	
刘为恩	1929	刘家湾	1946	7 纵 19 师 57 团 1 营	战士	—	—	
滕以迪	1927		1946	三团五连	战士	—	—	
葛云正	1926	王家村	1946	滨海二团三营	战士	1947 山东临沭县青云战斗	本村	
尹世原	1927		1946	江苏东海县大队	战士	1948 江苏东海县敦村战斗	敦村	
葛国仕	1923		1947	26 军 78 师 232 团	班长	1951 朝鲜失踪	—	1981 批烈
相振延	1932	尹家廒头三村	1947	费县兵役局	秘书	1957 临沂因公	本村	
成立平	1928	成家廒头	1946	志愿军	班长	1952 朝鲜	朝鲜	
成立沛	1922		1945	志愿军	连长	1952 朝鲜	朝鲜	
郑培仓	1926	东灶子	1946	滨海二团	战士	1947 临沭青云战斗	青云	
郑作臣	1903	西灶子	—	游击纵队(日照暴动)	连长	1932 大坡南北山	南北山	
郑淑德	1905		—	游击纵队(日照暴动)	—	1932 日照城	本村	
郑培习	1928		1945	滨海二团	战士	1947 江苏竹庭县沙河战斗	本村	
郑全友	1929		1946	滨海二团	战士	1948 淮海战役	—	
郑淑瑶	1919		1946	滨海二团	战士	1948 淮海战役	本村	
郑培信	1926		1948	志愿军 26 军 26 团	班长	1950 朝鲜	朝鲜	
马承泰	1906	东川子	—	游击纵队(日照暴动)	—	1932 日照县涛雒	本村	
牟乃俭	1900	李家潭崖	1941	日照县碑廓区中队	文书	1942 日照县小湖战斗	本村	
陈为成	1920		1944	滨海二团	战士	1947 失踪	—	1981 批烈
牟敦平	1920		1946	—	—	1947 失踪	—	1981 批烈
牟乃提	1928		1946	海防团	班长	1948 山东省临沂战斗	本村	
丁元京	1920	大洼	1941	滨海十三团	战士	1944 胶南泊里战斗	—	1981 批烈
丁元友	1917		1946	滨海二团	战士	1948 奎山失踪	—	1981 批烈
丁立春	1915	苗家村	1943	日照县巨峰区公所	财粮助理	1944 日照县大岭战斗	本村	
马承忠	1926		1942	警备团	战士	1944 日照县黄埠子战斗	本村	
丁立明	1915		—	支前大队	民工	1946 沂水河失踪	—	1958 批烈
胡乃乐	1926		1946	滨海二团	副班长	1947 江苏竹庭县战斗	本村	
王文俊	1924	松林	1940	一师三旅	连长	1948 淮海战役失踪	—	1958 批烈
叶连玉	1922		1942	老六团四连	—	失踪	—	1958 批烈
张德生	1900	丁家官庄	1939	地下工作者	联络员	1940 日照城	本村	
丁元先	1922		1942	日照县税征队	收税员	1943 日照城	日照	
傅成礼	1928		1942	济南军区后勤部	职员	1945 济南	本村	
宋佃彦	1923	蒿岭	1943	涛雒区中队	战士	1944 日照县大羊圈战斗	本村	

续表

姓　名	出生年份	籍　贯	参加革命年份	牺牲时所在单位	牺牲时职务	牺牲年份与地点	安葬地点	备　注
杨乐田	1923	杨家洼	1946	滨海二团	排长	1948 淮海战役	—	
李世山	1923	亚月	1946	7 纵 19 师 57 团	副班长	1948 莱阳战斗	莱阳	
肖德才	1925	东风	1944	老六团	连长	失踪	—	1958 批烈
周绪美	1924	东风	1943	华野 272 团	副班长	1949 厦门	厦门	
陈德英	1924	东风	1946	华野九纵	排长	1949 南下失踪	—	1953 批烈
丁维合	1920	东石梁头	1942	警备团	战士	1944 日照县车沟村战斗	本村	
丁元喜	1923	东石梁头	1945	滨北一团	战士	1946 高密战斗	高密	
高为同	1925	东石梁头	—	支前民工队	民工	1947 莱芜战役	—	1958 批烈
丁立昌	1922	东石梁头	1942	滨海二团	战士	1947 日照县奎山战斗	本村	
王安于	1917	西石梁头	1941	37 师 110 团	副指导员	1947 山东省莱阳战斗	莱阳	
秦洪芳	1925	华山	1942	日照县第七区中队	战士	1944 日照县华山战斗	本村	
丁元连	1927	华山	1944	沂水县鸡山兵工厂	战士	1946 鸡山兵工厂战斗	本村	
刘轻贤	1925	华山	1942	老六团	战士	1947 胶东失踪	—	1953 批烈
刘为坛	1926	华山	1941	日照县三大队	副排长	1947 兖州战斗	兖州	曾用名刘均平
牟慎古	1925	华山	1941	三野	战士	1949 宁波战斗	宁波	曾用名牟乃方
叶祥云	1915	栈子二村	1938	日照县县大队	税务局长	1940 日照县安东卫战斗	安东卫	
郭志一	1915	栈子二村	1937	日照县教育科	科长	1945 日照县栈子病故	栈子	1945 批烈
孙传友	1923	栈子二村	1947	七纵	战士	1947 高密战斗	高密	
叶速提	1929	栈子二村	1945	66 师 198 团	卫生员	1949 浙江省定海战斗	定海	
郭建常	1922	栈子三村	1938	老四团	战士	1942 日照华山战斗	华山	
郭见柏	1922	海员村	1940	滨海二团	战士	1943 日照县陈疃战斗	陈疃	
叶秀芍	1910	海员村	1939	涛雒区公所	干事	1944 日照县华山战斗	栈子	
傅仲华	1920	海员村	1937	青岛办事处	主任	1946 胶南薛家岛战斗	栈子	
郑淑永	1925	海员村	1945	37 师 110 团	副班长	1947 山东胶南泊里战斗	泊里	
周绪杰	1926	海员村	1946	七纵	班长	1948 淮海战役	—	
相守秋	1926	海员村	1946	七纵	战士	1948 淮海战役	—	
傅承林	1922	海员村	1938	青岛海员工会	教导员	1950 青岛病故	栈子	1951 批烈
侯元忠	1918	曹家村	1939	日照县三大队	班长	1940 日照县马家湖战斗	马家湖	
周绪林	1930	曹家村	1944	十九团	班长	1947 掖县战斗	掖县	
孙纪青	1915	曹家村	1940	十九团	连长	1948 济南战役	济南	
孙树时	1920	曹家村	1945	十九团	连长	1949 厦门小山战斗	—	
唐明杨	1929	曹家村	1947	志愿军	班长	1950 朝鲜	朝鲜	
解仁提	1951	曹家村	1971	6105 部队	战士	1973 长岛县	长岛	因公
孙树杨	1927	东南营	1943	老六团	班长	1944 日照石沟崖战斗	本村	
宋光发	1921	东南营	1944	老六团	战士	1944 日照县石沟崖战斗	石沟崖	
孙正先	1923	东南营	1942	滨海 23 团	战士	1945 山东莒南战斗	莒南	
尹祥国	1914	东南营	1946	海防警备团	战士	1947 江苏竹庭县战斗	日照	
孙合德	1922	东南营	1941	十九团	排长	1948 江苏马场战斗	本村	
陈家现	1924	东南营	1940	三野	战士	失踪	—	1959 批烈

续表

姓 名	出生年份	籍 贯	参加革命年份	牺牲时所在单位	牺牲时职务	牺牲年份与地点	安葬地点	备 注
孙仁先	1915	孙家村	1940	日照县三大队	战士	1941 日照县邵疃战斗	本村	
孙树炳	1922		1940	日照县安岚区中队	干部	1941 日照县下寺战斗	本村	
孙纪虎	1917		1940	日照县政府	炊事员	1941 辛留战斗	本村	
许 三	1910		1940	日照县三大队	战士	1943 日照县栈子战斗	栈子	
孙耀先	1920		1942	滨海二团	班长	1945 日照县大刘家庄战斗	本村	
孙树鹤	1922		1943	山东军区	战士	1945 日照县灌南县战斗	灌南	
孙延南	1920		1945	三纵队	战士	1946 山东莱阳战斗	莱阳	
孙树礼	1920		1938	日照县第二区	指导员	1949 江苏海州医院	本村	
孙桂兰	1932		1946	第十七野战医院	护理员	1951 吉林舒兰县病故	本村	女，1953 批烈
庄文卓	1913	庄家村	1943	—	战士	1945 胶南泊里战斗	泊里	
庄聿田	1920		1946	七纵五十七团	班长	1947 兖州战役	兖州	
庄庆坛	1902		1932	日照县人委	科长	1949 浙江省舟山	本村	
孙树俭	1921	孙家营子	1938	抗敌自卫军	战士	1941 日照县东南洼战斗	本村	
孙聪耀	1912		1939	抗敌自卫军	司务长	1942 日照城战斗	日照	
孙树绪	1913		1939	抗敌自卫军	战士	1943 日照城战斗	日照	
刘松贤	1920	李家营子	1942	警备团	班长	1947 胶河战斗	胶河	
韩建阳	1918	东林子头	1942	教导五旅	班长	山东莒县九岭战斗	本村	
崔永贵	1919		1938	第二军分区	—	1946 四平战役失踪	—	1958 批烈
丁淑平	1903	西林子头	1938	地下工作者	—	1938 日照县小沙沟	本村	被捕就义
周子仁	1890		1939	日照县三大队	炊事员	1941 日照县沟洼战斗	沟洼	
解仁荷	1920		1940	日照县安岚区公所	干事	1941 日照县夏家村	黄泥沟	
丁原同	1920		1939	日照县三大队	班长	1947 胶县芝兰战斗	芝兰	
董明英	1925		1947	涛雒区妇联	干事	1947 日照县王家村	本村	女
丁为传	1921		1946	日照县涛雒区公所	教导员	1947 山东省昌乐县战斗	昌乐	
刘为有	1916	大草坡	—	日照县三大队	战士	1940 马灵寺战斗	马灵寺	
孙传三	1923		1941	日照县公安局	战士	1942 日照县邵家府	本村	
韩治京	1927		1947	滨海二团	通讯员	1947 江苏蚌埠战斗	蚌埠	
滕培森	1926		1947	警备团	战士	1947 临沂县李庄战斗	临沂	
孙志窑	1911		1943	日照县三大队	连长	1947 日照县李家村战斗	本村	
刘为富	1928		1946	滨海二团	排长	1947 山东莒南坡木战斗	莒南	
孙志林	1926		1948	滨海二团	付排长	1950 浙江省定海战斗	定海	
王茂记	1920	小草坡	1940	警备团	班长	1944 日照县碑廓战斗	本村	
高为海	1921	丁家营子	1940	日照县三大队	战士	1942 日照县大岭村战斗	本村	
张传升	1920		1940	老四团	战士	1943 九仙山战斗	九仙山	
郭建法	1928	郭家庄子	1947	海滨二团	战士	1947 江苏竹庭县战斗	赣榆	
郭公福	1924		1947	滨海武工队	战士	1947 江苏东海县战斗	本村	
尹景伊	1906	张家廒头	—	—	学生	1925 上海南京路	上海	
朱建松	1926	赵家庄	1944	6 师 17 团 2 营	班长	1946 高密县战斗	高密	

两城镇(147 人)

姓　名	出生年份	籍　贯	参加革命年份	牺牲时所在单位	牺牲时职务	牺牲年份与地点	安葬地点	备　注
周延宗	1912	两城一村	—	游击纵队(日照暴动)	战士	1932 日照县城	日照	被敌杀害
安茂聚	1930	两城二村	1947	海防团一营	战士	1947 日照县山字河战斗	本村	
厉民山	1913	两城三村	—	游击纵队(日照暴动)	战士	1932 日照县城	日照	
厉建明	1904		—	游击纵队(日照暴动)	战士	1932 五莲山战斗	五莲山	
厉夫振	1912		—	游击纵队(日照暴动)	战士	1932 五莲县杨家沟战斗	杨家沟	
厉本章	1902		—	游击纵队(日照暴动)	战士	1934 日照县	—	被敌杀害
厉彦斋	1924		1947	海防团	战士	1947 日照县丝山战斗	丝山	
尚振年	1913		1949	25 军 19 师 1 营	炊事员	1949 江西上尧县战斗	上尧	
李廷绿	1922	两城四村	1947	志愿军	战士	1952 朝鲜	朝鲜	
李子洪	1904	两城六村	—	游击纵队(日照暴动)	战士	1932 藏马县战斗	本村	
周延庆	1908		—	游击纵队(日照暴动)	宣传委员	1932 日照县城	—	被敌杀害
王德森	1926		—	—	民工	1947 泗水失踪	—	1963 批烈
赵怀善	1924		1945	东北 30 团 3 营	班长	1947 雉关山	雉关山	
张守松	1927	两城七村	1947	26 军 78 师 23 团	副排长	1952 朝鲜	朝鲜	
张任学	1927	两城八村	1947	海防团	战士	1948 临沂战斗	本村	
夏日修	1917	两城九村	—	本村民兵队	民兵	1944 日照城	日照	1958 批烈
夏孟臣	1917		—	本村民兵队	队长	1944 日照县青岗沟	本村	1958 批烈
王世普	1917		—	本村民兵队	副中队长	1944 日照县城	日照	1958 批烈
安为城	1906	东屯	—	游击纵队(日照暴动)	战士	1932 五莲山战斗	五莲山	曾用名 丁锡海
安茂法	1908		—	游击纵队(日照暴动)	战士	1932 五莲山战斗	五莲山	
于锡录	1914		—	游击纵队(日照暴动)	战士	1932 五莲山战斗	五莲山	
尚　困	1914		—	游击纵队(日照暴动)	战士	1932 五莲山战斗	五莲山	
王培春	1927	王家滩二村	1947	251 团 1 营	战士	1947 金唐岛战斗	战斗	
王重培	1925		1945	志愿军	战士	1950 丹东	丹东	
王佃五	1924		1947	炮兵 1 师运输队	连长	1951 朝鲜	朝鲜	
王炳照	1922	王家滩三村	1945	三纵九师 27 团一营	班长	1947 济宁战斗	济宁	曾用名 王佃均
王衍运	1921		1947	25 团 1 营	战士	1948 失踪	—	1953 批烈
陈德宝	1925		1945	29 师 356 团 2 营	排长	1950 朝鲜	朝鲜	
潘兆来	1924	安家岭	1946	7 纵 21 团 11 营	战士	1947 桓台县红石山战斗	红石山	
陈长胜	1927		1947	3 纵 9 师 27 团 2 营	战士	1947 济宁战斗	—	
安茂撰	1932		1947	三纵 9 师 29 团 1 营	通信员	1948 洛阳战斗	洛阳	
安玉胜	1926		1946	海防大队 3 营	通讯员	1948 日照县西十里铺	本村	
赵兴叶	1897	东张家庄	—	游击纵队(日照暴动)	小队长	1932 五莲县陈家沟战斗	陈家沟	
王衍录	1928	竹园	1951	水利工程二师	通信员	1952 河南省确山县因公	乔庄	
张春林	1910	红旗	1947	11 纵 31 旅 51 团	战士	1948 失踪	—	1963 批烈
王小秋	1902	安家一村	—	游击纵队(日照暴动)	战士	1932 诸城	诸城	
卢悦盛	1902		—	游击纵队(日照暴动)	战士	1932 大连	—	
赵保森	1909		—	游击纵队(日照暴动)	战士	1932 日照城	日照	曾用名 赵　党
张来地	1912		—	游击纵队(日照暴动)	战士	1932 诸城	诸城	曾用名 张来德
安茂高	1904		—	游击纵队(日照暴动)	大队长	九仙山	九仙山	

续表

姓 名	出生年份	籍 贯	参加革命年份	牺牲时所在单位	牺牲时职务	牺牲年份与地点	安葬地点	备 注
王延顺	1907	安家二村	—	游击纵队(日照暴动)	—	1932 九仙山	—	
安玉仁	1907		—	游击纵队(日照暴动)	战士	1932 日照城	日照	曾用名安玉童
朱六十	1910		—	游击纵队(日照暴动)	战士	1932 日照城	日照	
安茂同	1904		—	游击纵队(日照暴动)	战士	1932 日照城	—	
安 哲	1905		1929	奉天宣传部	部长	1935 沈阳	沈阳	
安玉忙	1928		1946	1 纵 1 团 1 营	战士	1947 莱阳	莱阳	
安丰壮	1917		1947	6 纵 1 营	文书	1948 开封战役	开封	曾用名安丰平
安发元	1932		1947	3 纵 9 师 27 团	卫生员	1948 开封战役	开封	
安丰连	1926		1944	3 纵 9 师 25 团 1 营	班长	1948 开封战役	开封	
孙号满	1900	安家三村	—	游击纵队(日照暴动)	战士	1932 日照县城	日照	
王来子	1912		—	游击纵队(日照暴动)	—	1932 日照县城被敌杀害	—	
安定海	1913		—	游击纵队(日照暴动)	—	1932 诸城被敌杀害	—	
任守廷	1927		1947	3 纵 9 师 27 团 2 营	战士	1948 济南战役	济南	
侯克志	1928		1947	3 纵 9 师	战士	1948 济南战役	济南	
孙敬冲	1929	张王庄	1946	海防大队	排长	1948 淮海战役	徐州	
刘东申	1927		1947	海防大队	战士	1948 淮海战役失踪	—	1956 批烈
安茂槐	1914	前河西	—	游击纵队(日照暴动)	战士	1932 诸城	诸城	
安为和	1906		—	游击纵队(日照暴动)	战士	1932 日照县城	日照	
安茂秋	1912	后河西	—	游击纵队(日照暴动)	战士	1932 日照县城	日照	
贾成来	1880	殷家庙	—	游击纵队(日照暴动)	—	1932 九仙山战斗	九仙山	
相同丙	1870		—	游击纵队(日照暴动)	—	1932 日照县尹家庙	本村	
杨守廷	1900		1944	地下工作者	—	1945 日照县王家滩	本村	
贾玉春	1925		1947	三纵九师二十七团一营	—	1948 济宁战斗	济宁	
苏照七	1920		1947	三纵九师二十七团一营	战士	1948 济宁战斗	济宁	
王汉相	1917		1947	十纵	战士	1948 济宁战斗	济宁	
宁洪关	1925		1944	东北野战军	—	1948 四平战役	—	
汪振玉	1908	于家村	—	游击纵队(日照暴动)	战士	1932 九仙山战斗	九仙山	曾用名汪振如
刘伯龙	1901		—	游击纵队(日照暴动)	战士	1932 九仙山战斗	九仙山	
刘太玉	1913		—	游击纵队(日照暴动)	战士	1932 九仙山战斗	九仙山	
赵洪奎	1884		—	游击纵队(日照暴动)	战士	1932 九仙山战斗	九仙山	
卜善聚	1894		—	游击纵队(日照暴动)	—	1932 九仙山战斗	九仙山	
于培隋	1899		—	游击纵队(日照暴动)	—	1932 九仙山战斗	九仙山	
张纪恩	1886		—	游击纵队(日照暴动)	副队长	1932 九仙山战斗	九仙山	
卜善为	1908		—	游击纵队(日照暴动)	战士	1932 九仙山战斗	—	
安纪恩	1910		—	游击纵队(日照暴动)	战士	1932 九仙山战斗	—	
安纪和	1912		—	游击纵队(日照暴动)	战士	1932 九仙山战斗	—	
于培杰	1887		—	游击纵队(日照暴动)	战士	1932 两城战斗	—	
于锡珍	1895		—	游击纵队(日照暴动)	—	1932 日照城	日照	
张纪惠	1896		—	游击纵队(日照暴动)	战士	1932 日照城	日照	
安茂春	1892		—	游击纵队(日照暴动)	战士	1932 日照县	—	
刘散一	1903		—	游击纵队(日照暴动)	—	1932 日照县城	日照	
刘世三	1903		—	游击纵队(日照暴动)	—	1932 日照县城	日照	
于培多	1917		—	游击纵队(日照暴动)	—	1932 日照县城	日照	

续表

姓　名	出生年份	籍　贯	参加革命年份	牺牲时所在单位	牺牲时职务	牺牲年份与地点	安葬地点	备　注
于培香	1898	于家村	—	游击纵队（日照暴动）	—	1932 日照县城	日照	
赵永贵	1916		—	游击纵队（日照暴动）	战士	1932 日照县城	日照	
于锡明	1889		—	游击纵队（日照暴动）	战士	1932 日照县城	日照	
于锡收	1895		—	游击纵队（日照暴动）	战士	1932 日照县城	日照	
王小志	1892		—	游击纵队（日照暴动）	战士	1932 日照县城	日照	
潘纪升	1871		—	游击纵队（日照暴动）	战士	1932 日照县城	日照	
于锡伍	1896		—	游击纵队（日照暴动）	战士	1932 日照县城	日照	
卜善法	1896		—	游击纵队（日照暴动）	战士	1932 日照县城	日照	
周文九	1893		—	游击纵队（日照暴动）	—	1932 日照县大沙沟	大沙沟	
于培金	1893		—	游击纵队（日照暴动）	战士	1932 日照县芦家村	芦家村	
刘世福	1891		—	游击纵队（日照暴动）	战士	1932 日照县于家村	本村	
杨培荣	1892		—	游击纵队（日照暴动）	战士	1932 日照县于家村	本村	
于锡山	1895		—	游击纵队（日照暴动）	—	1932 日照县于家村	本村	
于培恕	1902		—	游击纵队（日照暴动）	—	1932 日照县于家村	本村	
张　喜	1904		—	游击纵队（日照暴动）	战士	1932 五莲松柏林	柏林	
于培阴	1887		—	游击纵队（日照暴动）	战士	1932 诸城	诸城	
潘纪洪	1879		—	游击纵队（日照暴动）	战士	1932 诸城	诸城	
于培阶	1920		—	老六团	战士	1945 汪山战斗	本村	
迟学得	1910		—	村农救会	会长	1947 日照县石臼所	—	1958 批烈
贺云强	1918		—	村民兵连	民兵	1947 日照县石臼所	—	1958 批烈
于锡章	1930		—	本村儿童团	团长	1947 石臼所被敌杀害	—	1958 批烈
于锡付	1929		1946	—	战士	1947 泰安战斗	泰安	曾用名于西高
刘纪来	1931		1946	独立六团	战士	1951 朝鲜双球洞	朝鲜	
孙茂良	1902	孙家官庄	—	游击纵队（日照暴动）	战士	1932 日照县城	日照	
王东浸	1912		—	游击纵队（日照暴动）	战士	1932 日照县城	日照	
安茂提	1912	秦家庄	—	游击纵队（日照暴动）	战士	1932 日照县大沙沟	本村	
朱六安	1912		—	游击纵队（日照暴动）	战士	1932 日照县大沙沟	本村	
安茂昌	1904		—	游击纵队（日照暴动）	战士	1933 大连	大连	
李京九	1925		1947	山东野战军九师	战士	1948 济宁战斗	济宁	
李绪文	1925		1947	山东野战军九师	战士	1948 济宁战斗	济宁	
潘兆云	1880	普车沟	—	游击纵队（日照暴动）	—	1932 日照县城	日照	
安茂连	1895		—	游击纵队（日照暴动）	—	1932 诸城	诸城	
于培连	1900		—	游击纵队（日照暴动）	—	1932 诸城	诸城	曾用名于希和
潘为双	1898		—	游击纵队（日照暴动）	—	1932 日照县城	日照	曾用名潘双字
潘照齐	1914		—	游击纵队（日照暴动）	—	1932 诸城李家坪	李家坪	曾用名潘为善
潘照秋	1911		—	游击纵队（日照暴动）	—	1932 日照县城	日照	曾用名潘兆斋

续表

姓　名	出生年份	籍　贯	参加革命年份	牺牲时所在单位	牺牲时职务	牺牲年份与地点	安葬地点	备　注
刘小坠	1912	曹家岭	—	游击纵队(日照暴动)	战士	1932 日照县城	日照	
王兆武	1904	青岗沟	—	游击纵队(日照暴动)	—	1932 五莲山战斗	五莲山	
刘为福	1910		—	游击纵队(日照暴动)	—	1932 九仙山战斗	九仙山	
于希贵	1914	西屯	—	游击纵队(日照暴动)	—	1932 五莲山战斗	五莲山	
潘　纯	1902		—	游击纵队(日照暴动)	—	1932 九仙山战斗	九仙山	
张志汉	1925	大白石	1947	滨海部队	战士	1947 江苏竹庭县战斗	—	
安玉文	1927		1947	滨海部队	战士	1948 茅河战斗	茅河	
庄见礼	1919	朱家窑	—	—	民工	1947 失踪	—	1953 批烈
崔维昆	1923	西张家庄	1946	滨海部队	通讯员	1947 泰安战斗	泰安	
彭子荣	1921	前卜庄	1943	日照县两城区区中队	战士	1945 日照县万家坪战斗	—	曾用名刘子荣
厉建法	1921		1947	七纵五团	战士	1947 南麻战斗	—	1958 批烈
秦玉臣	1928		1946	七纵五团	战士	1947 南麻战斗失踪	—	1958 批烈
厉复兄	1916		1947	滨海二团炮兵	战士	1948 淮海战役	本村	
张洪启	1926		1947	滨海二团	战士	1948 郯城县马头镇	本村	
王宗全	1923	安家洼	1947	滨海二团一营	战士	1947 莒南坡木战斗	莒南	
安茂停	1921		1947	滨海二团一营	战士	1947 江苏东海县倾庄湖	本村	
徐明治	1925		1947	滨海二团一营	战士	1947 江苏东海县倾庄湖	东海	
潘照臣	1895	联合村	—	游击纵队(日照暴动)	战士	1932 日照县城	日照	
潘照福	1911		—	游击纵队(日照暴动)	战士	1932 日照县城	日照	
潘照青	1902		—	游击纵队(日照暴动)	战士	1932 日照县城	日照	
潘照福	1925		1946	海防大队	战士	1948 淮海战役	本村	
张名道	1929		1948	海防大队二团	战士	1948 日照县傅疃战斗	本村	
张守德	1922		1947	海防大队一团	战士	1948 日照县傅疃战斗	本村	
安茂桂	1918		1947	海防大队	战士	1948 新沂徐堂车站	徐堂	
刘子东	1921		1948	九团四营	战士	1951 郯城县马头镇	马头镇	
徐明江	1920	大界牌	1947	滨海二团一营	战士	1947 江苏省东海县倾庄湖	本村	
孙敬元	1919		1947	滨海二团一营	战士	1949 淮海战役失踪	—	1955 批烈
孙纪福	1928	小界牌	1947	滨海二团一营	战士	1948 淮海战役	徐州	

河山镇(56)

姓　名	出生年份	籍　贯	参加革命年份	牺牲时所在单位	牺牲时职务	牺牲年份与地点	安葬地点	备　注
孙大生	1912	河山店	—	游击纵队(日照暴动)	—	1932 日照县城	日照城	
时西密	1912		—	游击纵队(日照暴动)	—	1932 日照县城	日照城	
安茂伍	1924		1947	滨海一团三营	通讯员	1947 江苏抗日山战斗	本村	
牛绿秸	1921		1946	7 纵 23 师 218 团	—	1947 莱阳战斗	莱阳	
孙克申	1919		1947	滨海一团二营	班长	1948 临沂程子河战斗	本村	
金柱远	1927	柳行	1947	3 纵 9 师 25 团	战士	1948 开封战役	—	

续表

姓　名	出生年份	籍　贯	参加革命年份	牺牲时所在单位	牺牲时职务	牺牲年份与地点	安葬地点	备　注
周　俭	1898	甄家庄	—	游击纵队（日照暴动）	—	1933 在大连被害	—	
崔为金	1943		1966	6072 部队	排长	1970 连云港	本村	
张纪栋	1907	邱家官庄	1932	胶东九连	战士	富山县宫家岛	—	
孙西林	1927	草坡	1946	志愿军 73 师 219 团	班长	1953 朝鲜	朝鲜	
潘兆起	1910	卸甲庄	—	游击纵队（日照暴动）	—	1932 日照县城被敌杀害	日照城	
王宗占	1914	大沙沟	1947	3 纵 9 师 25 团	战士	1947 沂蒙山战斗	—	
李茂玉	1917		1947	3 纵 9 师 27 团	战士	1948 济南战役	—	
李培友	1928		1947	3 纵 9 师 27 团	战士	1948 济南战役	—	
李大祥	1905	城壕	—	游击纵队（日照暴动）	—	1932 日照县城被敌杀害	日照城	
李仕云	1927		1947	3 纵 9 师 27 团	班长	1948 开封战役	—	
刘贤密	1927		1947	3 纵 9 师 25 团	班长	1948 开封战役	—	
刘为书	1926	前沙沟	1950	志愿军	战士	1951 朝鲜上甘岭	—	
安可侦	1928	东黄家庄	1947	3 纵 9 师 27 团	战士	1948 开封战役失踪	—	1958 批烈
张纪富	1923	若家村	1947	华东野战军 9 纵	战士	1947 孟良固战役	—	
秦玉胜	1923	屯岭	1943	日照县两城区公所	工作员	1947 日照县两城病故	本村	批烈
秦玉恕	1923		1949	志愿军 20 军 58 师	副班长	1953 朝鲜	—	
李志诺	1915	申家坡	—	—	民工	1947 孟良崮战役	本村	
王凤金	1918		1948	华东军区 274 团	战士	1949 厦门战斗	—	
杨六贵	1924	黄家屯	1945	滨海二团	班长	1947 江苏东海倾庄湖	—	
宋大记	1926		1947	滨海二团	战士	1947 江苏省竹庭县	—	
杨西岭	1926	茶庵	1945	华东军区 22 军	班长	1948 淮海战役	—	
王福祥	1910	费家官庄	—	—	民工	1947 孟良固战役	本村	
马先周	1926	程子沟	—	—	担架兵	1948 淮海战役失踪	—	1960 批烈
秦玉仁	1927	大暖帐	1947	3 纵 9 师 25 团	战士	1948 开封战役	开封	
邓成喜	1930		1947	日照县县大队	战士	1948 日照县牟家小庄	本村	
刘玉义	1921	小马庄	1947	132 师三连	班长	1948 锦州	锦州	
贺金相	1917	郭庄	—	—	民工	1947 蒙阴	—	
安玉标	1921	环岭前	1947	滨海一团三营	战士	1947 江苏竹庭关和村战斗	本村	
安茂存	1926	窦家官庄	1947	滨海一团	战士	1948 江苏竹庭县战斗	本村	
安茂祥	1912	刘家官庄	—	游击纵队（日照暴动）	战士	1932 日照县城	日照城	
安茂斋	1918		1941	老六团	战士	1946 五莲县大岭	本村	
窦福运	1929		1946	志愿军 26 军 76 师	战士	1951 朝鲜咸境南道战役	朝鲜	
安玉山	1923		1948	志愿军 24 军 70 师	战士	1952 朝鲜	朝鲜	
王俊银	1922	漩沟子	—	支前大队	担架兵	1948 诸城战斗	诸城	
安玉华	1904	刘家顺	1947	滨海二团后勤	战士	1947 日照县张家浦汪	张浦汪	
安玉坤	1923		1947	三野（原滨海二团）	战士	1949 上海吴淞口	—	
李宗海	1920		1944	24 军 50 团	连长	1951 朝鲜	朝鲜	

续表

姓　名	出生年份	籍　贯	参加革命年份	牺牲时所在单位	牺牲时职务	牺牲年份与地点	安葬地点	备　注
朱发山	1912	萝花前二村	—	游击纵队(日照暴动)	战士	1932 日照县城	日照城	
相常福	1927		1947	滨海二团机炮连	战士	1947 江苏竹庭县三里墩	本村	
辛学伍	1923		1946	十九师 57 团 2 营	战士	1947 莱芜战斗	—	曾用名辛崇宣
彭为善	1926		1946	十九师 56 团 2 营	战士	1947 孟良崮战役	本村	曾用名彭为喜
王为贞	1906	龙泉沟	—	—	民工	1946 江苏省沙河县病故	—	追烈
刘为兰	1926	龙泉庄	1947	滨海二团三营	战士	1948 临沂玉皇庙战斗	本村	
葛振廷	1923		1947	6 纵 17 师 50 团 3 营	副连长	1948 淮海战役	—	
张春法	1919		1947	6 纵 17 师 50 团 2 营	连长	1951 朝鲜	本村	
杨从淑	1919	高家沟	1947	滨海二团二营	卫生员	1947 江苏竹庭县	本村	曾用名杨丛瑞
杨丛礼	1920		1947	滨海二团二营	战士	1948 临沂战斗	本村	
杨怀泽	1916		—	—	民工	1949 江苏东海县病故	本村	1950 批烈
杨绿山	1923	木沟兰	1947	滨海二团二营	排长	1948 淮海战役	柳窑	
刘为春	1920	东山	1946	东北野战军 7 纵	战士	1948 辽沈战役	—	

南湖镇(182 人)

姓　名	出生年份	籍　贯	参加革命年份	牺牲时所在单位	牺牲时职务	牺牲年份与地点	安葬地点	备　注
郭见忠	1925	南湖一村	1944	滨海十四团	战士	1945 山东省诸城战斗	本村	
胡唤忠	1927		1945	滨海二团一营	战士	1946 胶州战斗	本村	
郭公顺	1927		1947	滨海一团一营	战士	1947 日照小曲河战斗	本村	
张继义	1925	南湖二村	1947	七纵	战士	1948 淮海战役	—	
高为庆	1924	南湖三村	1945	滨海二团	战士	1947 江苏沙河战斗	本村	
杨培科	1913		1947	日照县南湖镇委	指导员	1947 南湖镇	本村	
张守瑞	1921		1947	三纵九师	战士	1947 山东省济宁战斗	济宁	
王明义	1923		1946	七纵	排长	1948 淮海战役	—	
许延亮	1927		1947	三野	警卫员	1951 贵州战斗	贵州	
赵从福	1929	南湖四村	1946	滨海二团	战士	1947 山东孟良崮战斗	—	
张纪坡	1927		1945	日照县大山乡	指导员	1947 日照县石场	本村	
张纪胜	1929		1946	志愿军	战士	1950 朝鲜	朝鲜	
王加柳	1917	王家官	1943	四野	排长	1946 棉花街	棉花街	
王宜秀	1919		1947	一师	战士	1947 燕子河战斗	燕子河	
秦百旺	1927	卜落子	—	—	民工	1948 山东济宁金山战斗	金山	
丁元庭	1927		1946	206 部队通讯连	战士	1952 天津市杨村因公	杨村	
白永城	1928	大山沟	1947	38 军	通讯员	1951 朝鲜	朝鲜	
郭文移	1925	樊家岭	1945	华野九纵	班长	1947 山东省掖县战斗	掖县	
陈淑元	1918		1946	滨海二团	战士	1947 郯龙汪战斗	—	

续表

姓名	出生年份	籍贯	参加革命年份	牺牲时所在单位	牺牲时职务	牺牲年份与地点	安葬地点	备注
杨占文	1911	花峡峪	1944	日照县南湖区中队	班长	1944 日照县罗花前战斗	王家岭	
赵子主	1924	西沈马庄	1946	滨海二团二营	战士	1946 江苏东海县小东关	日照	
赵子环	1912		1946	滨海二团二营	战士	1946 江苏东海小东关	本村	
赵子兰	1920		—	日照县西沈马庄	公安员	1947 日照县石臼所	本村	
杨占华	1927		1946	6 纵 70 师 50 团 3 营	战士	1948 渡口战斗	渡口	
陈长秀	1926		1945	115 师 686 团	战士	1948 淮海战役	—	
杨培雨	1923		1947	志愿军	战士	1950 朝鲜	朝鲜	
吕永森	1928	许家庵	1945	89 团	炊事员	1945 胶南泊里战斗	本村	
陈善伯	1921	李家官庄	1946	217 团侦察	班长	1951 朝鲜	—	
陈长爱	1902	北袁家庄	1947	华野二纵六师坦克营	炊事员	1948 安徽灵壁县病故	灵壁	1948 批烈
徐茂起	1927		1947	志愿军 232 团	战士	1951 朝鲜	朝鲜	
陈为名	1956		1976	56018 部队	班长	1979 中越边境自卫还击战	广西	
高玉兴	1926	大山前	1947	3 纵 9 师 25 团	战士	1948 攻克洛阳	洛阳	
高官兴	1922		1947	3 纵 9 师 25 团	战士	1948 开封战役	开封	
赵德元	1928	西马陵前	1947	—	战士	1948 徐州龙凤县战斗	龙凤县	
赵自贤	1926		1948	50 军 150 师	连长	1952 朝鲜	朝鲜	
时为江	1918		1946	三纵	战士	1957 胶南王戈庄战斗	本村	
陈学江	1911	陈家村	—	日照县陈家村	民兵	1944 日照陈家村战斗	本村	1958 批烈
陈长生	1927		1946	五师十四团	战士	1946 高密战斗	本村	
陈希介	1913		1947	三纵九师二十五团	炊事员	1947 山东省滕县战斗	滕县	
陈淑全	1917		—	民工队三中队二	班长	1947 山东省滕县战斗	滕县	
葛振芳	1916		1947	五纵担架队三中队	担架兵	1947 滕县战斗	滕县	
陈淑敏	1919		1947	日照大队南湖分队	担架兵	1948 莱芜战役	本村	
王凡进	1921	小北湖	1943	滨海独立团一营	班长	1947 山东省诸城战斗	本村	
王凡雪	1922		1946	滨海一团一营	战士	1947 日照县曲河战斗	本村	
郭公乐	1920	娄家沟	1946	滨海一团	战士	1948 淮海战役	徐州	
王宗富	1918	大北湖	1940	六团二营	指导员	1940 日照县牟家小庄战斗	牟家小庄	
王凡林	1911		1937	日照县三大队便衣队	班长	1941 日照县大洼战斗	大洼	
王生义	1917		1941	日照县公安局警卫队	班长	1943 五莲街头青山顶战斗	本村	曾用名王明堂
王宗先	1931		—	日照县大北湖民兵队	民兵	1944 日照大北湖战斗	本村	
王凡云	1921		1940	警备团	战士	1944 日照县磴山战斗	—	
王凡玉	1926		1941	滨海特务连	班长	1945 胶济线战斗	—	
迟兆录	1921		1944	六团一营	指导员	1947 山东莱阳战斗	莱阳	
安为旨	1926		1946	滨海二团	战士	1947 山东省郯城战斗	郯城	
王明共	1927		1946	3 纵 9 师 27 团 2 营	战士	1948 开封战役	开封	

续表

姓　名	出生年份	籍　贯	参加革命年份	牺牲时所在单位	牺牲时职务	牺牲年份与地点	安葬地点	备　注
王仁忠	1924	大王家庄	1942	南湖区中队	战士	1944 殷家坪战斗	—	
王立玉	1919		1942	南湖区中队	战士	1945 日照万家坪战斗	本村	
王元田	1930		1948	志愿军	战士	1950 朝鲜	朝鲜	
王乐师	1923		1942	志愿军	班长	1950 朝鲜失踪	—	1958 批烈
王立民	1930		1947	志愿军	战士	1950 朝鲜失踪	—	1958 批烈
郭公桃	1927	殷家坪	1945	滨海支队	战士	1945 四平战斗	四平	
高志兴	1929		1947	3 纵 9 师 27 团 1 营	战士	1947 济宁战斗	济宁	
郭文雀	1928		1946	滨海二团二营	战士	1947 江苏竹庭县战斗	竹庭县	
郭公江	1927		1947	2536 部队	通讯员	1955 河北省涿县因公	本村	1955 批烈
郭公旺	1916		1946	长春市劳改队	连长	1957 长春市病故	长春	1957 批烈
陈善伯	1921	新风	1946	217 团侦察	班长	1951 朝鲜	—	
周延俄	1920	空冲水	1943	老六团一营	炊事员	1945 四平战斗	四平	
郭公作	1922		1943	九师	战士	1947 四平战斗	四平	
周瑞绪	1924		1943	滨海支队	战士	1947 四平战斗	四平	
郭建芳	1927		1946	七纵二十师	战士	1948 淮海战役	—	
迟兆任	1925		1947	25 军 73 师 219 团	战士	1948 淮海战役	—	
王凡许	1920	战家村	—	日照战家村民兵队	民兵	1944 日照战家村战斗	本村	1950 批烈
张传菊	1923		1943	25 团	班长	1945 重罗山战斗	本村	
王宗桂	1920		1945	滨海支队	班长	1946 失踪	—	1958 批烈
王凡吉	1924	彭家河	1947	3 纵 9 师 27 团 2 营	战士	1947 济宁战斗	济宁	
费立等	1918		1946	日照县大队	班长	1947 日照城战斗	本村	
李希茂	1919		1945	日照县马陵乡	指导员	1947 日照彭家河战斗	本村	
李桂业	1929		1947	3 纵 9 师 27 团 2 营	战士	1947 铁山战斗	铁山	
费聿修	1925		1947	3 纵 9 师 25 团 3 营	战士	1948 开封战斗	本村	
郭公合	1925	东沈马庄	—	—		1947 石臼所被捕杀害	本村	
李仲一	1921	新合疃	1946	滨海二团	连长	1948 淮海战役	—	
李溪洛	1921		1946	三野	战士	1948 淮海战役失踪	—	1958 批烈
李溪坦	1925		1947	华东野战军	战士	失踪	—	1958 批烈
裴文三	1915	石龙口	1948	志愿军	战士	1950 朝鲜	朝鲜	
刘为吉	1920	东马陵前	1945	老六团	战士	1945 山东胶南泊里	泊里	
刘为福	1923		1946	六纵	排长	1948 蚌埠战斗	本村	
战庆福	1912		1947	志愿军	战士	1951 朝鲜	朝鲜	
高　坤	1919	安家代疃	1940	江苏赣榆巫山区区中队	指导员	1943 江苏赣榆车家村	本村	曾用名高为瑞
盛子林	1924	盛家代疃	1945	滨海 2 团二营	连长	1946 山东省高密战斗	高密	
李茂桂	1924		1943	—	战士	1947 孟良崮战役	—	1958 批烈
王宗兴	1921		1943	—	战士	1947 孟良崮战役	—	
徐宣忠	1923		1943	山东省诸城县仁立区	区长	1949 南下失踪	—	1958 批烈

续表

姓　名	出生年份	籍　贯	参加革命年份	牺牲时所在单位	牺牲时职务	牺牲年份与地点	安葬地点	备　注
申　英	1916	东黄山前	—	日照县政府政治处	职员	1940 街头青山顶战斗	本村	曾用名申作梅
李忠年	1928		1946	第 3 野战军	炮长	1949 解放上海	上海	
吕永臣	1925	大长汪崖	1949	26 军 64 师 90 团	战士	1949 大树岛战斗	浙江省	
刘为明	1919		1947	43 军 127 师 381 团	战士	1950 海南岛战斗	海南岛	
滕恩普	1916	官家岭	1940	日照县区中队	战士	1941 日照小邵疃战斗	本村	
李　国	1920	中黄山前	1941	三军分区司令部电话局	战士	1944 莒南县址坊战斗	本村	
牟敦全	1921	共和疃	1947	26 军 78 师	战士	1951 朝鲜仙岩里战斗	朝鲜	
李爱年	1910	西黄山前	1938	老六团	战士	1945 胶南泊里战斗	泊里	曾用名李彦年
李为乡	1920		1946	志愿军	排长	1951 朝鲜	朝鲜	
殷元福	1927	下小城子	1947	滨海一团	战士	1947 日照县丝山战斗	本村	
杨培仁	1915		1946	滨海三团	炊事员	1947 在复员途中失踪	—	1981 批烈
殷元籽	1926		1946	24 军 71 师 50 团 2 营	班长	1948 淮海战役	本村	
陈述爱	1916	上小城子	1943	联防队民兵大队	大队长	1944 被敌杀害	本村	批烈
陈希调	1928		1947	三纵九师	战士	1947 济宁战斗	—	1958 批烈
高为志	1926		1945	海滨支队	战士	1947 四平战斗失踪	—	1981 批烈
杨见斗	1910		1944	滨海支队	—	1947 四平战斗失踪	—	1981 批烈
牟乃丑	1918	小宅科	1944	滨海支队	战士	1945 日照鄄家庄子战斗	本村	
卢平臣	1930		1947	华东快速纵队	卫生员	1947 曹州曹家土庄战斗	曹家土庄	
卢正申	1896		—	民工队	医生	1947 沂河失踪	—	1958 批烈
卢堂德	1922		1947	32 军 95 师 65 团	班长	1949 即墨马山战斗	马山	
王佔堂	1919	大宅科	1941	日照县南湖区武工队	战士	1945 日万家坪战斗	本村	
季为卓	1927		1947	3 纵 9 师 25 团 3 营	战士	1947 济宁战斗	济宁	
王安伯	1925		—	民工队	民工	1947 滕县失踪	—	1958 批烈
王克堂	1929		—	民工队	民工	1947 滕县失踪	—	1958 批烈
王济杰	1902		—	民工队	战士	1947 诸城十里铺失踪	—	1958 批烈
凌旺凤	1928		1947	日照南湖区武工队	战士	1948 日照县长林河	本村	
张夫仁	1922	万家坪	1941	胶东五旅三营	战士	1942 平度失踪	—	1958 批烈
万振白	1924		1946	滨海二团	战士	1946 茅河战斗	茅河	
李宗仁	1920		1946	滨海二团	战士	1947 江苏竹庭伊家港战斗	日照	
高为西	1924		1948	志愿军	战士	1951 朝鲜	朝鲜	
朱迪管	1919	大城子	1942	滨海 25 团	战士	1943 大北兴庄仗义山	本村	
高为岱	1919		1942	滨海支队	战士	1945 吉林桦甸县失踪	—	1958 批烈
陈希友	1899		1941	滨海支队	炊事员	1945 五莲街头区病故	本村	批烈
朱靖庄	1917		1945	滨海二团	战士	1946 失踪	—	1981 批烈
陈述钦	1913		1939	日照县北疃区	区长	1947 北疃区病故	本村	曾用名陈献亭
王书招	1919		1947	3 纵 9 师 6 团 3 营	战士	1947 济宁战斗失踪	—	1958 批烈
王宜亭	1927		1947	3 纵 9 师 6 团 3 营	战士	1947 济宁战斗失踪	—	1954 批烈
金聚明	1909		—	民工队	民工	1947 莒县招贤战斗	招贤	
陈长江	1924		1946	19 师 58 团 1 营	副班长	1948 淮海战役	常山县	
陈述宗	1928		1947	3 纵 9 师 6 团	战士	1948 开封战役失踪	—	1958 批烈

续表

姓　名	出生年份	籍　贯	参加革命年份	牺牲时所在单位	牺牲时职务	牺牲年份与地点	安葬地点	备　注
阚光凤	1919	阚家城子	1945	—	战士	1947 四平刘家湾战斗	四平	
阚光座	1929		1945	志愿军	战士	1952 朝鲜 438 高地战斗	朝鲜	
徐德连	1925	徐家坪	1947	3 纵 9 师 27 团 3 营	战士	1948 淮海战役	刘楼	
张善叶	1925	下湖二村	1947	三纵	战士	1948 失踪	—	1958 批烈
张实吉	1920		1945	—	—	辽宁参军后失踪	—	1981 批烈
张善平	1926		1947	三纵九师二十七团	战士	1948 淮海战役失踪	—	1981 批烈
高为全	1925	下湖三村	1945	5 师 14 团 2 营	战士	1946 高密县九材岭战斗	高密	
尹茂梅	1926	下湖一村	1945	日照县南湖区武工队	战士	1945 日照陈疃战斗	本村	
李克宗	1925		1947	滨海武工队	战士	1947 日照县长林河	本村	
李世栋	1926		1947	3 纵 9 师 27 团 2 营	战士	1947 柳树营战斗失踪	—	1958 批烈
尹茂绪	1920		1945	三野	战士	失踪	—	1958 批烈
许延志	1913	上湖	1947	3 纵 9 师 27 团	战士	1947 济宁战斗失踪	—	
王西友	1915		1947	3 纵 9 师 27 团	战士	1947 济宁战斗失踪	—	1981 批烈
胡兆仁	1925		1947	3 纵 9 师 27 团 3 营	炊事员	1947 山东省泰安战斗	泰安	
张传宝	1921		1947	3 纵 9 师 25 团	战士	1947 泰安王福山战斗	—	1958 批烈
王西俊	1926		1947	3 纵 9 师 27 团	战士	1947 泰安王福山战斗失踪	王福山	1981 批烈
张继合	1921		1947	3 纵 9 师 27 团	战士	1948 开封战役	开封	
徐茂堂	1925		1947	3 纵 9 师 27 团 3 营	战士	1948 香城战斗	香城	
王元卓	1922		1946	志愿军	战士	1951 朝鲜	朝鲜	
高元兴	1916	樵叶子	1945	日照县南湖区联防队	副队长	1947 日照县长林河	本村	被敌杀害
张纪伦	1919		—	七纵担架队	民工	1948 淮海战役	—	1958 批烈
安路贤	1913	上坳	1938	华东军区三团三营	班长	1945 失踪	—	1958 批烈
朱为启	1927		1943	南湖区联防队	队员	1947 在石臼被还乡团杀害	本村	被还乡团杀害
安可硼	1925		1947	日照县南湖区联防队	中队长	1947 长林河	本村	
朱为所	1925		1947	三纵	班长	1947 济宁战斗	济宁	
朱春珍	1927		1947	3 纵 9 师 27 团	战士	1947 济宁战斗	济宁	
安德贤	1925		1947	三纵	战士	1947 济宁战斗	济宁	
朱喜江	1920		1947	三纵	战士	1947 失踪	—	1981 批烈
陈延彩	1903		1946	石山乡乡农会	主任	1948 上坳被捕杀害	本村	1965 批烈
朱迪平	1921		1947	三纵九师十五大队	班长	失踪	—	1958 批烈
朱为仲	1925		1947	三纵九师	战士	失踪	—	1958 批烈
朱为官	1924		1947	三纵九师	战士	失踪	—	1958 批烈
朱志培	1926	龙王沟	1947	三纵九师二十七团	战士	1947 济宁战斗失踪	—	1958 批烈
丁立荣	1926	牟家官庄	1947	9 纵 67 师 11 团 1 营	战士	1947 山东诸城战斗	诸城	
牟乃红	1921		—	担架队	民工	1947 滕县失踪	—	1958 批烈
丁立福	1928		1948	志愿军	副班长	1951 朝鲜二足山战斗	朝鲜	
丁元存	1927	下坳	1946	7 纵 9 师 27 团	战士	1947 孟良崮战役失踪	—	1958 批烈
王为密	1927		1947	3 纵 9 师	战士	1947 济宁战斗失踪	—	1981 批烈

续表

姓名	出生年份	籍贯	参加革命年份	牺牲时所在单位	牺牲时职务	牺牲年份与地点	安葬地点	备注
陈常公	1930	石河口	1947	三纵	战士	1947 济宁战斗失踪	—	1981 批烈
陈常胜	1920	尹家河	1948	志愿军 40 军 118 师	炊事员	1951 朝鲜全华战斗	全华	
张怀光	1931		1948	志愿军 20 军 59 师	战士	1951 朝鲜松洞里战斗	朝鲜	
卜兆宗	1921		1948	120 师	班长	1953 朝鲜	朝鲜	
郭文理	1925	石老山	—	民工队	民工	1947 枣庄战斗失踪	—	1958 批烈
梁新培	1924	凤凰庄	1945	—	战士	1946 沈抚边界战斗	四平	在东北参军
梁同培	1922		1945	滨海二团	班长	1947 山东滕县战斗	滕县	
高红兴	1928		1947	三纵九师	战士	1948 开封战役	开封	
丁立叶	1921	黄泥崖	1946	17 师 50 团 1 营	副排长	1948 淮海战役	安徽	
刘为明	1940		1960	27 军 80 师 238 团	通讯员	1962 浙江省平阳县因公	砚山	
丁为竹	1911	长林河	1945	本村	村指导员	1947 长林河	本村	被还乡团杀害
丁为举	1918		1947	3 纵 9 师 27 团	战士	1947 泰安三十里铺战斗	泰安	
牟敦光	1918	狮子岭	1947	3 纵 9 师 25 团	战士	1948 开封战役失踪	—	1958 批烈

陈疃镇(44 人)

1304

姓名	出生年份	籍贯	参加革命年份	牺牲时所在单位	牺牲时职务	牺牲年份与地点	安葬地点	备注
张继遂	1922	惠家庄	1938	地下工作者	—	1944 日照县惠家庄	本村	曾用名张洪
王兆忠	1897	沈疃	1938	日照县大队	战士	1941 山东五莲战斗	五莲	
王安福	1920		—	日照县黄墩区中队	副队长	1943 日照县黄墩战斗	本村	
迟明芬	1925		1946	滨海二团	班长	1949 安徽省蚌埠战斗	蚌埠	
许延池	1916	西陈疃一村	1939	二旅四团	战士	1940 沂蒙山战斗	沂蒙山	
许延义	1925	西陈疃三村	1945	新四军	战士	失踪，1958 批烈	—	曾用名许延甲
许传伦	1946		1969	5328 部队	战士	1970 陕西渭南县	日照	因公
张传义	1923	东陈疃	1946	3 纵 9 师 25 团	排长	1947 山东省济宁战斗	济宁	
孙方全	1921		1946	3 纵 9 师 25 团	副连长	1949 金堂岛战斗	金堂岛	
许家符	1925		1949	志愿军 9 兵团	战士	1950 朝鲜	朝鲜	
迟令顺	1926	北鲍疃	1947	志愿军 77 团	通讯员	1951 朝鲜	朝鲜	
丁兆常	1925	堰东岭	1946	19 师 57 团一营三连	战士	1947 莱阳战斗	莱阳	
安茂庄	1925	堰村	1946	11 纵队	排长	1948 安徽省蚌埠战斗	蚌埠	
潘生远	1913	滕家庄子	1940	九支队	战士	1941 山东沂水战斗	日照	
潘臻远	1914		1942	38 军 112 师 337 团 2 营	班长	1946 四平战斗	四平	
郭文清	1901	东尚沟	—	—	民工	1947 牟平县失踪（批烈）	—	曾用名郭文亭
潘兆登	1915	卞家庄	1941	日照县三大队	战士	1941 日照县梭罗树战斗	本村	曾用名潘兆光
徐茂友	1926		1946	志愿军	副班长	1951 朝鲜	朝鲜	

续表

姓 名	出生年份	籍 贯	参加革命年份	牺牲时所在单位	牺牲时职务	牺牲年份与地点	安葬地点	备 注
潘德远	1923	南鲍疃	—	南鲍疃村	治安员	1947 南鲍疃村被捕就义	本村	批烈
潘为农	1915		—	南鲍疃村农救会	会长	1947 南鲍疃村被捕就义	石臼所	批烈
潘为芳	1924		1946	滨海二团	战士	1947 江苏沙河战斗	本村	
潘兆杵	1898		—	—	民工	1947 过黄河失踪	—	1958 批烈
潘为君	1927		1947	华东野战军	连长	1948 淮海战役	—	
金其昌	1924	城顶前	1946	6 纵 71 师 213 团	战士	1948 淮海战役	—	
孙可莱	1928	毛家庄	1946	6 纵 71 师 212 团 2 营	班长	1948 江苏沙河战斗	本村	
李宜平	1949		1969	5835 部队	战士	1969 四川	四川	1970 批烈
贺其林	1922	石灰窑	1947	志愿军	战士	1952 朝鲜	朝鲜	
常可香	1917	上蔡庄	1938	九支队	秘书	1940 日照县板石	本村	1959 批烈
潘兆友	1920		1946	—	战士	1947 莱阳战役	莱阳	
张茂增	1917		—	—	民工	1947 温城失踪	—	1958 批烈
张世玉	1919		1937	—	战士	1947 烟台石桥子战斗	石桥子	
张茂贵	1922		—	担架队	担架兵	1948 淮海战役	沭阳	
张茂逛	1924		1946	滨海二团	战士	1949 渡江战役	—	1958 批烈
张成郭	1927		1948	27 军 79 师 235 团 1 营	班长	1952 朝鲜	朝鲜	
李福周	1921	下蔡庄	1940	老六团	排长	1947 四平市岔河战斗	岔河	
李曰修	1925		1946	7 纵 19 师 57 团 1 营	战士	1947 莱芜战斗	莱芜	
许延春	1922	西石墩	1946	7 纵 71 师 57 团	战士	1947 昌邑红石山战斗	红石山	
辛崇勉	1923		1946	7 纵 19 师 57 团 1 营	班长	1947 莒县苏村战斗	本村	
丁立学	1930		1947	志愿军九兵团	战士	1951 朝鲜	朝鲜	女
李登九	1920		1948	志愿军 59 师 77 团	战士	1951 朝鲜第五次战役	朝鲜	
徐宣良	1915	东石墩	1943	滨海军分区	排长	1945 五莲营山战斗	本村	
房保松	1906	石旺沟	1946	—	战士	1947 柿树园战斗	本村	
许世讲	1907	许家洼	1937	—	战士	1938 莒南址坊战斗	—	
许家亭	1927		1946	日照县许家洼	一等伤残	1963 日照县许家洼	本村	病故，批烈

三庄镇(166 人)

姓 名	出生年份	籍 贯	参加革命年份	牺牲时所在单位	牺牲时职务	牺牲年份与地点	安葬地点	备 注
马世荣	1908	三庄一村	1940	山纵 2 旅 4 团 3 营	班长	1940 沂水县葛沟战斗	沂水县	
张纪友	1928		1946	7 纵队	战士	1947 南麻战斗失踪	—	1952 批烈
王亮平	1927	三庄二村	—	—	民工	1947 沂水	沂水	1981 批烈
卞光春	1925		1946	—	—	1947 南麻战斗失踪	—	1981 批烈
许延臣	1917	大王家寨	1944	十三团	班长	1945 胶南泊里战斗	泊里	
申文业	1928		1946	华野三纵九师	战士	1948 滕县过铁路失踪	—	1958 批烈
张传平	1913		1945	七纵三连	战士	1949 浙江省舟山战斗失踪	—	1958 批烈
邵淑祥	1928		1949	志愿军 26 军 59 师 35 团	战士	1950 朝鲜	朝鲜	
王京森	1915		1948	南京医院	战士	1950 南京市太平路	本村	1950 批烈
王军杰	1925		1948	志愿军医院	副排长	1951 朝鲜	朝鲜	

续表

姓　名	出生年份	籍　贯	参加革命年份	牺牲时所在单位	牺牲时职务	牺牲年份与地点	安葬地点	备　注
徐德林	1901	战家沟	1944	日北县区中队	战士	1944 日照县烟墩岭	本村	
李经业	1919		1943	二十六团	班长	1945 塔山战斗	本村	
许传法	1922	双河村	1940	老四团一连	班长	1948 江苏省抗日山失踪	—	1958 批烈
惠汝东	1920	惠家下河	1945	滨北独立一团	排长	1947 胶东丰楼村	本村	
董元章	1919	孙家庄子	1939	山纵二旅四团	战士	1940 江苏省赣榆县	赣榆县	
姚廷秀	1920		1938	山纵二旅便衣队	副队长	1941 日照县沈疃	本村	
董华蕊	1914		—	七纵民兵队	民工	1947 沂水县失踪	—	1958 批烈
董聚章	1927		1946	空军 32 师飞行大队	副营长	1960 北京	—	
王照玉	1922	龙泉官庄	1942	滨海支队三营	班长	1945 高密战斗	—	
赵自芹	1916		1947	7 纵 73 师 55 团	战士	1947 莱阳战斗失踪	—	1958 批烈
王兆花	1923		—	七纵民工队	民工	1947 枣庄战斗失踪	—	1958 批烈
王培廷	1931		1948	志愿军 26 军 59 师	战士	1951 朝鲜	朝鲜	
张传杰	1906	三山前	1940	日照县南湖区中队	司务长	1944 烟墩岭	—	
张龙安	1915	向阳沟	1939	九支队	战士	1940 五莲县大注	—	
匡玉萌	1910	大沈马庄	1938	十三团	排长	1942 藏马县旺山战斗	旺山	
匡爵善	1929		1946	71 师 213 团	通讯员	1948 淮海战役	—	
匡玉义	1923		1943	浙江临海县粮食局	主任	1950 浙江临海被敌杀害	临海	浙江省批烈
匡玉谭	1926		1944	三野	通讯员	1950 浙江省舟山战斗	本村	
匡逊善	1916		1947	志愿军 26 军 77 师	战士	1951 朝鲜	朝鲜	
王茂平	1927		1944	志愿军 26 军	战士	1951 朝鲜	朝鲜	
张传信	1910	建国村	1939	4 团 3 营	战士	1939 沂水葛沟战斗	葛沟	
刘汉州	1921		1940	2 旅 4 团 3 营	战士	1941 山东省莒县南	莒县	
王汉吉	1915		1939	8 支队 2 旅	战士	1941 沂水战斗	沂水	
王雨林	1908		1943	日照县七区区中队	战士	1943 日照县沈疃	沈疃	
范伟玉	1921		1944	十三团三营	班长	1946 辽宁秀水河子战斗	秀水河	
李洪为	1924	李家沟	1942	胶东五旅十三团	班长	1945 胶南泊里战斗	本村	
李佃吾	1924		1943	胶东五旅十九团	排长	1947 高密战斗	本村	
李佃明	1921		1945	志愿军公安五团二营	军械员	1953 朝鲜	朝鲜	
陈为现	1918	北陈家沟	1940	老四团	战士	1945 莒南柳沟战斗	柳沟	
陈为秀	1926		1944	23 军 2 营	排长	1948 青岛水清沟战斗	—	
陈常涧	1926		1946	志愿军 84 部队 3 大队	保管员	1953 朝平壤三十大站	30 大站	
张传信	1918	小庄	1939	老六团	班长	莒南县文疃战斗	文疃	
张传实	1924		1946	滨海二团	战士	1948 莒南县五路山	本村	
张传茂	1927		1946	十三团	副团长	1973 沈阳市病故	沈阳	
吴京杉	1926	后高庄	1944	31 军 112 师 2 团 3 营	战士	1946 辽宁省秀水河子	秀水河	
范崇伍	1925		1944	十三团	战士	参军后失踪	—	1958 批烈
吴方稿	1917		1946	三庄区区公所	干部	1947 山东省临清	—	1956 批烈
陈为高	1926		—	—	民工	1948 淮海战役失踪	—	1956 批烈
高振三	1919	泉子岭	1946	6 纵 552 团	战士	1948 淮海战役	—	
高桂兴	1926		1946	志愿军空联汽车团	副排长	1951 朝鲜	朝鲜	

续表

姓　名	出生年份	籍　贯	参加革命年份	牺牲时所在单位	牺牲时职务	牺牲年份与地点	安葬地点	备　注
孔宪英	1917	齐家沟	1938	九支队	战士	1940 五莲王家沟	汤家沟	
孙宪记	1915		1944	十三团	战士	1946 四平失踪	—	1952 批烈
王奉斗	1929		1946	滨海二所	护士	1947 日照县下元病故	柿树园	
孔庆苗	1931		1946	日照县海防大队	班长	1947 柿树园病故	本村	
王奉元	1918		1946	24 军 71 师 212 团 1 营	班长	1948 淮海战役	新沂	
高维迎	1922	前高庄	1940	九支队	卫生员	1941 山东莒南十字路	本村	
张守山	1917		1944	滨海一团一营	连长	1947 胶东丰楼村	胶东	
李希海	1908	下卜落崮	1939	日照县县大队	排长	1940 日照县山字河战斗	山字河	
李希柱	1922		1939	日照县三庄区中队	战士	1940 五莲县石场	石场	
胡照富	1912		—	—	民工	1947 徐州战斗	徐州	
张玉春	1910		—	—	民工	1947 莱芜战役失踪	—	1958 批烈
李宗东	1929		1951	98 师 293 团 3 营	战士	1951 江苏省赣榆县	本村	因公
张德方	1901	上卜落崮	1939	九支队	谍报员	1940 莒县苑庄	本村	
刘成汉	1920		1938	莒南板泉区	区委书记	1941 板泉区燕子崖战斗	板泉区	
张德乐	1913		1940	山纵二旅四团	战士	1941 江苏赣榆县	赣榆	
张立典	1919		1940	九支队	战士	1941 九山战斗	九山	
张德艾	1916		1944	志愿军	连长	1953 朝鲜	朝鲜	
范伟晋	1919	范家楼	1939	地下工作者	—	五莲县青山顶	本村	
范崇学	1903		1938	日照县七区武装工作团	团长	1941 五莲县阎马庄	范家楼	
范崇财	1913		1938	日照县第七区区公所	区长	1941 五莲县阎马庄	本村	曾用名范干民
范伟波	1908		1939	日照县第七区中队	战士	1943 日照县沈疃	沈疃	
范照迎	1922		1939	胶州狼牙区区公所	文书	1946 胶州长狼牙区	本村	日照县政府批烈
房守松	1922		1944	38 军 112 师	战士	1947 吉林四平街	四平	
范伟芳	1922		1942	滨海一团一营	排长	1947 青岛沙子口	沙子口	
范丰法	1923		1940	老六团	排长	1947 四平街	四平	
范奉德	1929		1944	24 军 71 师 212 团	通讯员	1948 淮海战役	徐州	
杨百东	1921	台庄	1939	日照大石头乡公所	乡长	1940 黄墩	本村	
杨善利	1919		1939	日照县七区区中队	中队长	1940 五莲县上沟	迟家村	
杨正周	1920		1940	3 旅 3 团 2 营	战士	1940 沂水葛沟战斗	葛沟	
杨维瑞	1913		1939	3 旅 5 团	战士	1942 日照县甲子山	本村	
杨善法	1920		1940	九支队	班长	1942 沂水县岱崮山	岱崮山	
范奉月	1923		1939	山东省军区便衣队	队长	1944 莒县城战斗	莒县城	
杨代奎	1925		1939	日照县七区区中队	战士	1944 日照县后黄埠子战斗	本村	
杨善来	1923		1945	滨海十三团	战士	1945 胶南泊里战斗	泊里	
杨正友	1924		1944	胶东独立二团	战士	1947 高密战斗	本村	
杨正开	1924		1944	独立师一团二营	战士	1947 胶南吴家楼战斗	本村	
杨善坤	1920		1947	29 师 79 团	战士	1948 潍县战斗	潍县	
杨善金	1926		1947	—	战士	—	—	
杨善聚	1925		1945	贵州毕朗县武装部	部长	1957 贵州省毕朗县	毕朗	

续表

姓　名	出生年份	籍　贯	参加革命年份	牺牲时所在单位	牺牲时职务	牺牲年份与地点	安葬地点	备　注
惠恒桂	1911	惠家沈马庄	1938	日照县三庄乡公所	指导员	1940 日照县山旺村	本村	
惠恒智	1920		1939	妇女工作队	团员	1941 日照县南陈家沟	本村	女
惠在升	1910		1945	独立二团	排长	1948 淮海战役失踪	—	1958 批烈
王宜升	1920	陈家山前	1941	滨海一团	指导员	1947 胶河战斗	苗家村	
范伟光	1925		—	—	民工	1947 临沂	临沂	
徐宣石	1923	徐家沈马庄	1945	东野 1 纵 3 师 7 团	排长	1946 四平街	四平街	
马少迎	1920	竖旗山	1940	日照县大队三中队	战士	1940 莒县龙山战斗	本村	
宋世京	1897		1940	日照县七区公所	司务长	1941 莒县阎目县战斗	本村	
刘用汉	1915		1940	日照县大队三中队	战士	1941 一亩石战斗	一亩石	
王玉松	1922		1944	滨北二团	排长	1946 诸城白迟河战斗	白迟河	
王安权	1927	西王家村	1944	老四团	警卫员	1946 四平街战斗	四平	
王安生	1915		—	—	民伕	1948 淮海战役	—	
王安定	1903		1946	日照县李家台乡	乡长	1949 日照县李家台	本村	
邱方胜	1921	邱家庄	—	九支队	战士	1944 沂水县战斗	沂水	
邱方臣	1915		—	支前大队	队长	1948 山东省汶城战斗	汶城	
曹世钦	1916	孟家沟	1939	日照县七区区中队	战士	1940 莒县阎目庄战斗	阎目庄	
孟凡昌	1915		1939	日照县第七区区中队	战士	1940 日照县山字河战斗	山字河	
曹树文	1932		1947	四纵队	战士	1948 浙江省战斗	浙江	
孟宪生	1908	贺庄	1938	九支队	通讯员	1941 沂水县钢井战斗	本村	
孟照柱	1920		1947	七纵十九师	战士	1947 山东诸城战斗	诸城	
孟凡章	1929		1948	志愿军 79 团	战士	1951 朝鲜	朝鲜	
杨代京	1924	后石沟崖	1945	滨海二团机枪连	排长	1946 四平街战斗	四平	
惠福林	1920		—	日照县民伕大队	民伕	1947 郓城失踪	—	批烈
邱方贞	1926		—	日照县民伕大队	民伕	1947 郓城战斗	郓城	
刘福春	1920	张庄	1940	二旅	战士	1941 沂水葛沟战斗	葛沟	
孟宪村	1926	庞家店子	1947	35 军 104 师 314 团	战士	1947 山东曲阜战斗	曲阜	
刘相文	1920	大刘家沟	1938	芦山区区中队	班长	1940 五莲大洼战斗	本村	
刘明成	1918		1939	九支队	炊事员	1941 日照县碑廓战斗	本村	
刘玉遂	1921		1944	十三团	队长	1945 高密双羊店战斗	高密	
刘汉雪	1928		1945	十三团便衣队	通讯员	1945 新线铁路桥战斗	—	
刘相永	1927		1944	山东一师二团三营	通讯员	1945 秀水河子战斗	—	
刘明锡	1923		1944	1 纵 1 师 2 团 2 营	排长	1947 四平街战斗	四平	
孟庆文	1901	山东头	1938	山东二旅	排长	1940 安徽曹家岭战斗	曹家岭	
孟庆奎	1924		1945	滨北独立团 5 营	战士	1946 诸城县陈宝山战斗	本村	
孟凡会	1924		1946	6 纵 17 师 22 团 2 营	副班长	1949 大别山战斗	安徽省	

续表

姓　名	出生年份	籍　贯	参加革命年份	牺牲时所在单位	牺牲时职务	牺牲年份与地点	安葬地点	备　注
胡润早	1904		1939	日照县第七区区中队	战士	1940 日照县蔡庄战斗	本村	
胡润廷	1906		1939	日照县第七区区中队	副队长	1940 五莲街头阎目庄	本村	
迟令业	1919		1938	费县	地下工作者	1944 山东省费县	—	
迟令书	1928	吉洼	1946	滨海三团二营	战士	1947 江苏省草坡战斗	本村	
迟令奎	1920		1945	93 师 28 团 2 营	连长	1948 济南战役	英雄山	
李宗深	1914		1939	北海舰队	团政委	1965 北京病故	八宝山	
胡润生	1925		1940	福州军区	团政委	1975 北京病故	八宝山	
崔为怀	1923	小夏家岭	1939	山东二旅四团	副班长	1941 莒南战斗	范家岭	
周家密	1918		1941	日照县民伕大队	中队长	1948 淮海战役	—	
夏良平	1918	大夏家岭	1939	山东二旅四团	连长	1943 江苏赣榆县战斗	本村	
孟宪认	1915	前石沟崖	1944	滨海部队	指导员	1947 海阳县战斗	海阳	
刘明德	1923		—	本村民兵连	战士	1944 日照县石沟崖	本村	
刘世荣	1924	高家庄子	1945	滨海 19 团 1 营	班长	1945 胶南泊里战斗	泊里	
刘世兴	1920		1941	八路军十三团	队长	1946 四平街战斗	四平	
荣学峰	1925		1946	滨海二团三营	战士	1947 临沂玉皇庙战斗	本村	
荣学存	1919	车疃	1946	滨海二团三营	战士	1947 临沂玉皇庙战斗	本村	
荣学振	1915		1937	八路军九支队	战士	1940 日照县车疃	本村	
宋开科	1906	塔山	1947	八纵队	战士	1948 沂河东岸战斗	本村	
宋代言	1927		1945	十三团	排长	1948 淮海战役失踪	—	1981 批烈
范崇栈	1921	官庄	1943	四团	排长	1944 莒南鸡山战斗	—	
范伟亮	1922		1943	八路军老六团	战士	1945 江苏赣榆县战斗	—	
范伟刚	1924		1946	滨海二团	班长	1947 日照县奎山战斗	本村	
范崇庆	1924		1945	胶东独立团	通讯员	1947 山东省诸城战斗	本村	
范崇彩	1928		1947	华野二旅	副班长	1948 淮海战役	本村	
范崇福	1913		1946	日照县民工团	中队长	1948 徐州战斗	—	
张龙先	1900		1939	日照县县大队	战士	1940 日照县山子河	—	万仙会杀害
张宪瑞	1917		1939	老四团二营	排长	1944 薛兴战斗	薛兴	
张宪名	1910		—	日照县民伕大队	民伕	1947 莱芜战役	莱芜	
张宪春	1931	三合岭	1946	滨海二团一营	战士	1947 临沭玉皇庙战斗	本村	
张星吉	1915		—	日照县民伕大队	民伕	1947 泰安战斗	泰安	
申作金	1931		1951	志愿军新兵连	战士	1951 江苏青口	本村	因公
刘培吉	1926	板石村	1945	滨北独立团三营	班长	1946 高密查子屯	本村	
刘玉来	1916		1938	山纵二旅司令部	战士	1939 莒县工夫山战斗	葛庄	
刘玉海	1913		1938	山纵二旅司令部	战士	1939 莒县桑园战斗	本村	
刘明志	1893		—	山纵二旅侦察连	侦察员	1942 日照县三庄战斗	本村	
刘培勋	1921	刘家庄子	1946	滨海二团二营	教导员	1949 合肥战斗	本村	
刘相生	1916		1938	八路军办事处	战士	莒县工夫山战斗失踪	—	1981 批烈
刘相言	1920		1942	烟台侦察连	指导员	失踪	—	1958 批烈
高振学	1925	西高家沟	1946	志愿军	战士	1951 朝鲜	朝鲜	
刘明烈	1910	庙沟	1944	滨海十三团	战士	1945 胶南龙王宫战斗	本村	
高杰兴	1926	讲合沟	1946	滨海大队	战士	1947 奎山战斗失踪	—	1958 批烈
孙宪永	1927		1948	志愿军 27 军 58 师	战士	1951 朝鲜五次战役	朝鲜	曾用名孔宪厚

西湖镇(66人)

姓　名	出生年份	籍　贯	参加革命年份	牺牲时所在单位	牺牲时职务	牺牲年份与地点	安葬地点	备　注
范伟仕	1906	范家庄	1940	山纵二旅四团	战士	1944 莒南柳沟战斗	本村	曾用名范伟泗
董合堂	1923	河沟	1941	六团三营	战士	1942 五莲洪凝子战斗	—	曾用名董河潭
董家堂	1926		1946	华野6纵71师212团	副排长	1948 蚌埠战斗	—	
董志连	1912	荻竹涧一村	1944	日照县沈疃区公所	战士	1944 日照县战家村	—	
董孟章	1926		1940	十三团	通讯员	1945 五莲洪凝子战斗	小后村	
尹启云	1912	张古庄二村	1943	警备团三连	战士	1944 日照六甲庄子战斗	本村	
董家墨	1926		1946	步兵212团1营	副班长	1948 淮海战役	新沂	
董书师	1915	张古庄三村	1942	十九团	战士	1945 胶南泊里战斗	—	
焦见经	1922	大花崖	1938	日照县七区二中队	战士	1940 日照县大邵疃战役	本村	
陈以正	1910		1940	十九团一连	排长	1944 日照县六甲庄子战斗	本村	
焦永祥	1927		1946	6纵17师50团2营	副班长	1947 安徽蚌埠战斗	—	曾用名焦永先
焦广成	1930		1946	沈疃区武工队	战士	1947 日照城战斗	—	
焦永法	1912		1943	滨海支队	战士	1947 四平战役	—	
焦安传	1910		—	—	民工	1948 莱芜县病故	—	
费锡环	1902	南乐台	1937	八路军二支队司令部	战士	1939 莒县功夫山	—	
周子提	1915		1938	日照县七区中队	战士	1945 胶南泊里战斗	本村	
胡兆福	1924	南娄	1946	滨海二团二营	班长	1947 江苏竹庭三里墩战斗	本村	
李金叶	1921	徐家庄子	1940	老六团	司号员	1943 陈疃堰东岭战斗失踪	—	1981 批烈
徐茂文	1921		1946	滨海二团二营	副班长	1952 东北顺川战斗	—	
焦安友	1925	花园	1946	滨海二团二营	战士	1947 失踪	—	1958 批烈
焦自尧	1919		1947	志愿军9兵团26军	战士	1951 朝鲜法西里战斗	法西里	
辛本提	1925	小花崖	1946	华野一纵通讯班	战士	1947 日照王家楼子战斗	—	
焦见农	1931		1946	3野24军71师212团	司号员	1948 淮海战役	—	
焦永美	1916		1944	志愿军38军338团	班长	1950 朝鲜	朝鲜	
焦永堂	1930		1948	志愿军	战士	1951 鸭绿江	—	
董家本	1927	竖旗岭	—	本村民兵队	民兵	1944 日照竖旗岭战斗	本村	曾用名董小本
董志连	1920		—	本村民兵队	民兵	1944 日照县竖旗岭牺牲	本村	
焦见成	1923		1945	滨海独立团一营	战士	1945 高密县胶河战斗	—	
徐春田	1928		1946	滨海二团二营	通讯员	1947 江苏竹庭下河套战斗	本村	
焦永岭	1923		1943	滨海二团	班长	1947 江苏竹庭县倾庄湖	本村	
焦见求	1924		1943	滨海二团二营	班长	1947 日照县奎山战斗	本村	
焦见蕊	1927		1943	沈疃区公所	—	1948 淮海战役失踪	—	1981 批烈

续表

姓　名	出生年份	籍　贯	参加革命年份	牺牲时所在单位	牺牲时职务	牺牲年份与地点	安葬地点	备　注
刘敬贤	1925	韩家沟	1945	滨海二团三营	战士	1946 胶济河战斗	—	
刘为续	1910		1946	滨海二团二营	战士	1947 莒南县竹墩战斗	本村	
肖增石	1925		1948	3 野 7 兵团 22 军 64 师	战士	1949 浙江镇海东吴村战斗	—	
张成聚	1926	小岭	1944	114 师	班长	1947 四平战役失踪	—	1981 批烈
张春芸	1921	大石头	1946	老六团	战士	1946 五莲县东潮河战斗	—	
李宗照	1927		1946	滨海二团一营	战士	1947 莒县中楼战斗	—	
李照华	1927		1947	三野二七二团	指导员	1948 淮海战役	双潭集	
席思兰	1919	久固庄	1939	九支队	战士	1940 日照城	本村	
席思福	1921		1945	志愿军 27 军炮兵师	战士	1951 朝鲜江云道战役	—	
杨永茂	1912	圈村	1946	华野 19 师 56 团三营	战士	1947 失踪	—	1958 批烈
杨考华	1928		1946	华野 6 纵 67 师 50 团	副班长	1948 江苏新沂县碾庄	碾庄	
宋家声	1912		—	日照县川村	指导员	1948 日照县石臼所	—	还乡团杀害
李曰福	1887	铃元	1936	日照县沈疃区中队	副队长	1940 日照县蔡庄	—	
李丙昭	1925		1946	滨海二团二营	战士	1947 江苏竹庭前岗村战斗	本村	
丁原菊	1919		1946	滨海二团二营	战士	1947 江苏竹庭三岭墩战斗	本村	
李德全	1922		1943	老六团	战士	1947 失踪	—	1981 批烈
丁元文	1923		1942	滨北独立团	排长	1947 四平战役失踪	—	1981 批烈
梅芝羲	1928		1946	三野二十军	战士	1949 上海战役	上海	
丁兆忠	1956		1976	37519 部队后勤部	战士	1979 江苏连云港	日照	部队批烈
安郁提	1921	北乐台	1950	志愿军	战士	1952 朝鲜失踪	—	1981 批烈
申作彩	1919	响水河	1940	日照县三大队	战士	1943 日照县大岭村	本村	
焦见胜	1930		1946	步兵 212 团	战士	1948 淮海战役	刘窑后	
李佃子	1926	顾家沟	1944	十九团	战士	1945 山东胶南泊里	本村	
顾金允	1926		1943	华野	战士	1948 淮海战役	—	
顾成周	1930		1948	3 野 26 军 78 师 27 团	战士	1950 朝鲜	—	
顾金间	1920	安子沟	1938	胶东二旅四团一营	战士	1942 老牛塘战斗	老牛塘	
顾金台	1912		1943	十九团特务营	战士	1945 日照县小湖村	本村	
顾成交	1919		1943	滨海二团	班长	1949 渡江时失踪	—	1981 批烈
顾成农	1920		1944	步兵 212 团一营	班长	1949 江苏新沂县碾庄	碾庄	
顾成兴	1920		1943	日照县沈疃区中队	战士	日照县沈疃病故	本村	
高瑞升	1925	大炮楼	1942	日照县大队	班长	1944 草坡战斗	本村	
宋家同	1919	上栗山	1943	老六团	战士	1944 失踪	—	1958 批烈
宋家旺	1929		1946	滨海特务营	战士	1947 莒南相邸	本村	
赵子保	1929	秋实园	1946	滨海二团二营	通讯员	1949 山东昌乐县	—	

东港籍古代职官表

(146 人)

姓　名	任职朝代	籍　贯	科　第	职　务
姜　尚	周朝	秦楼	饱学之士	军师、齐候
刘　勰	南北·梁	三庄	—	东宫通事舍人
张莘卿	金·天德	日照街道	进士	节度军副使
张　暐	金·正隆	日照街道	进士	武安军节度使
张行简	金·大正	日照街道	状元	礼部尚书
张行信	金·大正	日照街道	进士	礼部尚书
王　琎	明·洪武	涛雒	秀才	宁波知府
郑　聚	明·洪武	—	异材	佥都御史
申孝先	明·洪武	—	异材	陕西道御史
王　真	明·洪武	—	贡生	襄垣知县
董　庸	明·洪武	—	贡生	连江知县
滕　肃	明·洪武	—	贡生	巡阳知县
徐　敬	明·洪武	—	贡生	沂州同知
韩　勖	明·洪武	—	贡生	洛州同知
尹　浩	明·洪武	—	武弁	留守卫副千户
董　成	明·洪武	—	武弁	留守卫副千户
平思恭	明·洪武	—	武弁	福守卫副千户
离思源	明·洪武	—	武弁	茶陵卫千户
尹　文	明·洪武	—	武弁	密云后卫千户
李　铺	明·洪武	—	武弁	魔杨卫副千户
焦　庸	明·洪武	西湖	武弁	旗手卫副千户
齐　可	明·洪武	—	武弁	广宁卫指挥使
费　举	明·洪武	日照街道	举人	学政
刘　顺	明·永乐	—	举人	鸿胪寺卿
郭　忠	明·永乐	—	举人	按察司经历
陈　敬	明·永乐	—	举人	知县
胡　彬	明·永乐	—	举人	州判官
林　森	明·永乐	—	举人	佥都御史
庄　基	明·永乐	—	茂材	刑部主事
孔　章	明·宣德	—	贡生	余杭县丞
郑仕嘉	明·正统	—	贡生	庆都县丞
杨王献	明·正统	—	贡生	魏县县丞
费　明	明·正统	涛雒	举人	布政司经历
费　恕	明	日照街道	举人	诰封明远将军
陈　达	明·天顺	奎山	进士	怀庆府知府
李　隽	明·天顺	—	贡生	兵马司指挥
赵　贡	明·天顺	—	贡生	安化县丞

续表

姓　名	任职朝代	籍　贯	科　第	职　务
刘　钟	明·天顺	—	贡生	仪真县丞
陈　纪	明·天顺	—	贡生	靖海卫判官
刘师儒	明·天顺	—	贡监	潞城县丞
齐　问	明·天顺	—	贡监	鸿德府同知
陈鸣喈	明·天顺	—	贡监	广德府同知
李　森	明·天顺	—	贡监	河间府通判
厉必録	明·天顺	—	贡监	考定县丞
王　臣	明·宏治	—	贡生	元诚县丞
许景阳	明·宏治	—	贡生	辰州通判
平天祥	明·正德	—	贡生	浦县知县
齐宗道	明·嘉靖	—	举人	四川道御史
马进图	明·嘉靖	涛雒	举人	沂州知府
张云祥	明·嘉靖	—	贡生	嘉云县丞
许　缙	明·嘉靖	—	贡生	卫范府通判
徐宗尧	明·嘉靖	—	贡生	沂州府学正
尚　质	明·嘉靖	—	贡生	嘉兴县丞
张崇德	明·嘉靖	—	贡生	知县
杨　宾	明·嘉靖	—	贡生	衡水知县
张受道	明·嘉靖	—	贡生	鸡县知县
李永熙	明·嘉靖	—	贡生	兵马司指挥
申　安	明·隆庆	城关	举人	真定府同知
刘邦儒	明·隆庆	—	贡生	元城县丞
申其学	明·隆庆	—	贡生	泽州知州
焦　竑	明·万历	祖籍东港	状元	翰林修撰
安　重	明·万历	两城	进士	大明府知府
厉汝行	明·万历	—	贡生	保定府通判
郭之杰	明·万历	—	贡生	获嘉知县
司邦教	明·万历	—	贡生	江都县丞
郭维垣	明·万历	—	贡生	汤阳县丞
张源清	明·万历	—	贡生	东平州学正
宋三才	明·万历	—	贡生	平江县知县
厉汝经	明·万历	—	贡生	宣平知县
郑　显	明	—	史椽	崇德县丞
孙　政	明	—	史椽	阳县丞
李　叶	明·万历	—	武弁	镇殿将军
厉　宁	明·崇祯	—	举人	副总兵

续表

姓　名	任职朝代	籍　贯	科　第	职　务
郑毅剑	明·崇祯	—	贡生	云梦县知县
丁允元	明·崇祯	涛雒	进士	苏州知府
安　焕	清·顺治	两城	举人	胡东兵备道
秦　玑	清·顺治	秦楼	举人	选知县未任
葛　芃	清·顺治	—	举人	略阳知县
李　篚	清·顺治	日照街道	举人	浮梁知县
安承啟	清·顺治	—	贡生	松江府通判
万　选	清·顺治	—	贡生	崇仁知县
厉　瞻	清·顺治	—	贡生	献县县丞
牟思戢	清·顺治	—	贡监	内阁中书
张　璜	清·顺治	—	贡监	考城知县
安定求	清·顺治	—	贡监	光禄寺署正
安大观	清·顺治	两城	贡监	鸿胪寺右丞
张　琦	清·顺治	—	贡监	枸县知县
蔡　垌	清·顺治	日照街道	贡监	进坚县丞
牟云烒	清·顺治	—	贡监	宁夏府水利通判
丁　泰	清·康熙	涛雒	进士	陈留知县
李应廌	清·康熙	城关	进士	礼部侍郎
丁士一	清·康熙	涛雒	进士	什邡知县
丁　时	清·康熙	涛雒	进士	内阁中书
丁续曾	清·康熙	涛雒	进士	归安知县
丁勺曾	清·康熙	涛雒	进士	广德知州
丁　昱	清·康熙	涛雒	举人	睢宁知县
安火广	清·康熙	—	举人	三永知县
郑西龙	清·康熙	—	举人	德州学正
秦　栩	清·康熙	秦楼	举人	乐亭知县
郑会述	清·康熙	—	举人	济源知县未任
安可曾	清·雍正	两城	进士	平定州知州
秦国龙	清·雍正	秦楼	进士	福建布政使
李在峦	清·雍正	—	举人	广东开建知县
辛有光	清·乾隆	—	进士	镇定知府
秦　纯	清·乾隆	秦楼	进士	岳阳知县
卜宁一	清·乾隆	日照街道村	进士	四川按察使
牟朝宜	清·乾隆	日照街道	进士	砀山知县
秦汝谐	清·乾隆	秦楼	进士	竹溪茂名知县
卜祚光	清·乾隆	日照街道	进士	延安按察使
萧九成	清·乾隆	日照街道	进士	云南学政

续表

姓　名	任职朝代	籍　贯	科　第	职　务
牟鸿骞	清·乾隆	石臼	进士	城固知县
蔡振中	清·乾隆	日照街道	进士	祁阳知县
朱纶基	清·乾隆	—	举人	温县知县
安　本	清·乾隆	—	举人	韶州通判
丁梦阳	清·乾隆	涛雒	举人	济宁州学正
于潜修	清·乾隆	—	举人	灵山知县
萧　池	清·乾隆	—	举人	郁州知州
解士龙	清·乾隆	—	贡生	深圳州判
丁汝苣	清·乾隆	—	贡生	定陶判官
马　良	清·乾隆	—	贡监	泰州判官
丁颖璞	清·道光	涛雒	进士	思安知县
丁守伟	清·道光	—	举人	知县
费　璩	清	日照街道	—	候补内阁中书
费容书	清·道光	秦楼街道	武举	武略骑尉
丁守存	清·咸丰	涛雒	进士	军机处章京
牟衍騋	清·咸丰	陈疃	进士	寿阳知县
李伯忠	清·咸丰	—	进士	铅山知县
安　镔	清·咸丰	两城	进士	工部屯田司主事
丁海珊	清·咸丰	奎山	进士	乐昌知县
丁予勤	清·咸丰	—	举人	永清知县
丁麟年	清·光绪	涛雒	进士	兴安府知府
尹琳基	清·光绪	奎山	进士	翰林编修
丁惟鲁	清·光绪	涛雒	进士	济南府知府
丁凤年	清·光绪	涛雒	进士	原武知县
蔡曾源	清·光绪	日照街道	进士	建宁府知府
王振南	清	—	贡监	刑部主簿
丁艮善	清·光绪	涛雒	贡监	翰林院待诏
丁健五	清	—	贡监	刑部河南司主事
高祝三	清·光绪	秦楼	举人	广东监厂大使
张贯儒	清	—	吏椽	松江府知事
王　庆	清	—	吏椽	华州州判
丁光曾	清	—	武弁	兖州镇侯补守备
丁万清	清	—	武弁	参将
刘高升	清	—	武弁	侯补都司
陈得胜	清	—	武弁	舰军营副将
丁作梅	清	—	武弁	青州左部千总

在外副处级以上干部表

(共 878 人)

日照街道(173 人)

姓　名	性别	出生年月	籍　贯	工作单位	职务、级别
迟明亮	男	1929	兴海社区	市工业局	副局长
陈常森	男	1957	正阳社区	市卫检局	副局长
李仲彦	男	1957	正阳社区	市民政局	副调研员
许家春	男	1941	丹阳社区	市残联	理事长
安茂学	男	1922	东关南社区	市民政局	副局长
王　滨	男	1929	兴安社区	厦门市建委	主任
冷西运	男	1931	兴安社区	市人大办公室	副主任
孙开顺	男	1942	兴安社区	市人大	正处
王仲辉	男	1943	兴安社区	新疆建设兵团	副处
费立志	男	1968	兴安社区	岚山区政法委	书记
李茂山	男	1940	沙墩村	潍北监狱	监狱长
隋国良	男	1962	沙墩村	日照日报社	副社长
费卫东	男	1962	沙墩村	市纪委	常委
隋林若	男	1957	张郭村	市委台办	副主任
时培伟	男	1964	小香店村	省委组织部	处长
张守平	男	1951	大香店村	市电业局	纪检书记
费聿新	男	1961	大香店村	青岛市委办公厅	正处
杨淑升	男	1943	东关北社区	蒙阴县委	副书记
卜照云	男	1932	北关社区	湖北荆门市政协	正处
孙志荣	男	1943	北关社区	市人大办公室	副主任
王绪升	男	1945	北关社区	市电业局	副局长
卜宪祥	男	1957	北关社区	国土资源部监察局	局长
卜文利	男	1957	北关社区	市体育局	副局长
姚　雷	男	1971	北关社区	国家商检局办公室	主任
杨淑信	男	1945	文荟社区	省政协办公室	主任
刘加志	男	1958	文荟社区	市人力资源和社会保障局	副局长
杨淑平	男	1960	文荟社区	青岛李沧区人大	主任
赵润来	男	1936	利民社区	滨州市史志办	主任
郑培军	男	1956	利民社区	青岛崂山区人大	副处
焦政安	男	1927	营子社区	宁夏自治区供销社	副秘书长
焦连安	男	1948	营子社区	济南质检局	局长
张相军	男	1959	营子社区	上海浦东商检局	副局长
吕文喜	男	1943	店子村	市教育局纪委	书记
秦玉祥	男	1928	向阳河	青岛盐务局	厅级
秦玉泰	男	1945	向阳河	北京市公安局	厅级

续表

姓　名	性别	出生年月	籍　贯	工作单位	职务、级别
张志任	男	1945	尧沟	临沂市罗庄区人大	副主任
司西连	男	1947	尧沟	市检察院	副检察长
郭军生	男	1948	尧沟	潍坊市潍城区	区长
成仲林	男	1949	尧沟	青岛市公安局六处	处长
万克安	男	1955	西十里	市委党校	副校长
厉建法	男	1955	西十里	徐州市体委	主任
高月波	男	1961	西十里	市经信局	主任
蔡明华	男	1947	东十里	市检察院	副处
蔡均恕	男	1948	东十里	临沂市纪检委	副书记
庄光润	男	1949	接官亭	市发改委	副主任
厉宝足	男	1958	相家庄	市农业局	副局长
林相清	男	1929	前十里	广东湛江市林业局	局长
林维铎	男	1943	前十里	临沂市纪检委	副处
林玉祥	男	1964	前十里	湖南常德交警支队	副处
林彦芹	女	1970	前十里	市中级人民法院	副院长
费竹林	男	1926	小古城	临沂市建委	正处
丁庆文	女	1927	小古城	淄博市卫生局	正处
万先超	男	1926	烟墩岭	市工商局	副局长
郑全德	男	1929	烟墩岭	市电业局	局长
郑培军	男	1951	烟墩岭	市行政管理局	副局长
郑　萱	女	1975	烟墩岭	外交部专管司	一秘
潘曰利	男	1963	东将帅	浙江省纪委	检察员
尹世清	男	1927	前将帅	市政府农委	书记
王起达	男	1940	前将帅	市海洋与水产局	副局长
潘曰凯	男	1948	前将帅	市老龄委	主任
王起忠	男	1951	前将帅	市交通局	副局长
王起安	男	1956	前将帅	市经委	副主任
尹小鹏	男	1959	前将帅	市政府应急办	主任
林保义	男	1937	后将帅	省人大	正厅
万　波	男	1962	万家岭	省公安厅办公室	主任
万　政	男	1963	万家岭	临沂市交通局	副局长
李瑞皋	男	1928	后鹅庄	济南市化工局	主任
李同昌	男	1930	后鹅庄	山东机械化学院	院长
李茂春	男	1956	后鹅庄	青岛市民政局	副局长
李同春	男	1957	后鹅庄	日照市山海天管委	副主任
孙志锡	男	1920	大古城	临沂市公安局	局长
孙秧田	男	1925	大古城	济南市文化局	局长

续表

姓　名	性别	出生年月	籍　贯	工作单位	职务、级别
孙志璟	男	1927	大古城	山东对外贸易局	正处
王乃友	男	1928	大古城	济南市邮电局	局长
孙彦铭	女	1928	大古城	沈阳市公安局	局长
孙彦经	男	1928	大古城	昆明市邮电局	局长
孙志俊	女	1932	大古城	西北铁路局	正处
孙志瑗	男	1935	大古城	淄博市委	书记
张永仕	男	1947	大古城	市海事局	副处
孙彦修	男	1950	大古城	市体育局	副局长
孙建华	男	1952	大古城	大连市经委	主任
张永富	男	1952	大古城	中央电视台外事处	处长
孙维国	男	1953	大古城	新疆乌苏市	市长
孙可玉	女	1956	大古城	市检察院	副处
刘　欣	女	1960	大古城	济南市档案局	副局长
孙彦建	男	1963	大古城	市安全局办公室	主任
金立柱	男	1963	大古城	市公路局	局长
孙　杰	女	1970	大古城	胶州市商业局	副处
刘世敬	男	1923	上李家庄子	市防疫站	站长
陈希佳	男	1930	上李家庄子	连云港海事局	局长
刘义贤	男	1936	上李家庄子	市直机关党委	副书记
陈淑青	男	1950	上李家庄子	市政府行管局	局长
丁原仕	男	1928	罗家城子	南宁市司法局	局长
孙敬相	男	1925	山庄村	广西经贸厅	副厅长
安丰杰	男	1951	山庄村	吉林省国土资源厅	厅长
孙成武	男	1964	山庄村	青岛市委	处长
尹永祥	男	1936	陡岭子	吉林省经贸委	正厅
刘　锐	女	1919	楸齐园	泰安地委	常委
徐茂松	男	1912	后九条沟	大连市物资局	局长
徐从琪	男	1945	后九条沟	大连市西港区委	书记
安维新	男	1927	北大村	市地税局	副局长
牟世永	男	1946	北大村	特种汽车制造厂	正厅
费洪欣	男	1924	费家河	浙江嘉兴市公安局	处级
迟明丛	男	1963	范家河	临沂林业局	局长
刘利民	男	1916	北小湖	安徽安庆地区	专员
刘为盈	男	1927	北小湖	新疆建设兵团	处级
梁聚培	男	1928	北小湖	新疆乌苏市公安局	处级
刘玉贤	男	1938	北小湖	青岛海关	副关长
王均明	男	1953	北小湖	市人力资源和社会保障局	副局长

续表

姓　名	性别	出生年月	籍　贯	工作单位	职务、级别
许家军	男	1968	北小庄	市行政审批中心	纪检组长
李绪桂	男	1927	杨家洼	黑龙江省计划厅	厅长
李　屏	男	1927	杨家洼	安徽舒成县委	书记
李其玺	男	1930.1	杨家洼	福建龙岩市医院	院长、县常委
李其本	男	1931.3	杨家洼	吉林敦化县委	县委常委
时明绪	男	1931	杨家洼	市公路局	副处
申永时	男	1923	杨家洼	安徽蚌埠市邮局	局长
张传林	男	1962	郭家村	省第一监狱	监狱长
邓洪友	男	1967	郭家村	市大学城管委会	副主任
李业宾	男	1956	前山前	青岛市公安局	副处
李绪怀	男	1934	花家院	哈尔滨市城建局	局长
安丰义	男	1957	林家村	青岛市人民法院	副院长
刘　兵	男	1959	林家村	市劳动局	局长
郭章进	男	1950	大桃园	临沂市公安局	纪委书记
许家孝	男	1956	大桃园	市公安局刑侦支队	支队长
许传海	男	1962	大桃园	济南职业技术学院	院长
许　东	男	1964	大桃园	市人社局	副调研员
秦洪晋	男	1930	后楼	武汉市委综治办	局长
肖渡民	男	1948	后楼	无锡市重安区人大	主任
阚永明	男	1950	后楼	安徽工业大学	处长
曹加礼	男	1953	后楼	市综治办	副主任
孔凡华	男	1959	后楼	市地震局	局长
惠新安	男	1963	后楼	青岛市委组织部	副部长
肖敬民	男	1963	后楼	日照市教育局	副处级督学
毕乃盟	男	1955	黄家河	市轻纺局	正处
毕坤传	男	1974	黄家河	市纪委	主任
孙成博	男	1964	时家村	市委组织部	副部长
迟玉收	男	1962	迟家村	国家教育部	正处
田善增	男	1949	西安吉庄子	营口市计量局	局长
孙　杰	男	1935	七里一	济南铁路局	副局长
杨善增	男	1941	七里一	市国税局	副局长
孙新海	男	1953	七里一	泰安环保局	局长
刘　岩	男	1955	七里一	临沂经贸委	主任
孙承金	男	1955	七里一	市人大	副主任
刘兆润	男	1938	七里三	市委党校	副校长
刘兆兴	男	1945	七里三	市国土局	副局长
刘联合	男	1938	前五里	市文化局	局长

续表

姓　名	性别	出生年月	籍　贯	工作单位	职务、级别
吴巩义	男	1960	前五里	宁波市委组织部	处长
张守德	男	1966	前五里	国务院办公厅	秘书
刘立宏	男	1968	西五里	市环保局	副局长
刘贤高	男	1951	杨家庄子	市委保密局	局长
王杰祥	男	1955	杨家庄子	市药检局	副局长
郭建波	男	1962	七里新村	市纪委	副处级检查员
刘惟轩	男	1942	东安吉庄子	浙江温岭县	县长
张曰连	男	1943	东安吉庄子	浙江黄岩县	县长
刘贤军	男	1954	东安吉庄子	市纪委	处级
安玉平	男	1957	东安吉庄子	广东东莞旅游局	局长
许家榴	男	1913	前崮子	淄博轻工业局	局长
许济民	男	1918	前崮子	大连市民政局	局长
许　青	女	1923	前崮子	成都市信访处	处长
许家现	男	1926	前崮子	驻美使馆	文化参赞
许家禄	男	1926	前崮子	福建连城县人武部	部长
许家筠	男	1930	前崮子	北京市委	正处
许家群	女	1949	前崮子	山东省电子工业局	正处
许家吉	男	1950	前崮子	市食品药品监督局	纪检组长
许先军	男	1957	前崮子	市职业学院	副院长
许家源	男	1958	前崮子	市职工高级学校	副校长
许崇方	男	1960	前崮子	青岛监狱	正处
许传港	男	1965	前崮子	山东省建材局党委	副书记
许付朝	男	1969	前崮子	中国计算机世界报社	正处
许　峰	男	1974	前崮子	青岛经济开发区规划处	处长
许乐坤	男	1926	大韩家村	中国化工进出口总公司	厅级
许鸿文	男	1927	大韩家村	市财政局	副处
许乐生	男	1951	大韩家村	市台湾事务办公室	主任

石臼街道(44 人)

姓　名	性别	出生年月	籍　贯	工作单位	职务、级别
朱禄政	男	1929	振兴社区	南京粮食局	副局长
刘现富	男	1930	振兴社区	上海市委党校	处级
朱纪友	男	1968	振兴社区	市法制办	处级
车绪杰	男	1927	隆华社区	省商业厅	处长
贺召升	男	1933	隆华社区	山东纺织大学	处长
刘加光	男	1950	隆华社区	临沂市环保局	局长
孙元东	男	1962	隆华社区	青岛市计委	副处长
陈占泽	男	1953	鑫鑫社区	宁波市防空办公室	主任

续表

姓　名	性别	出生年月	籍　贯	工作单位	职务、级别
李铁业	男	1957	东方社区	市统计局	纪检书记
刘来臣	男	1940	宏达社区	省科委海洋处	党委书记
高　青	男	1955	宏达社区	青岛科技大学	书记
胡守卓	男	1949	明阳社区	青岛公安局	副局长
朱世国	男	1962	明阳社区	市档案局	副局长
刘嘉群	男	1936	顺达社区	市商业局	副局长
王加亮	男	1946	顺达社区	青岛中天宾馆	书记
程海世	男	1967	顺达社区	市政协	副主席
李　勃	男	1927	观海社区	浙江三民县委	书记
费剑秋	男	1926	中盛社区	武汉中医院	院长
刘克康	男	1938	中盛社区	青岛公益事业局	书记
刘希涛	男	1922	文化路社区	黄海研究所	书记
刘小平	男	1936	文化路社区	中央统战部	秘书长
贺奎林	男	1946	文化路社区	市科委	副主任
金立泉	男	1962	文化路社区	市文联	副主席
李宗西	男	1922	石白路社区	上海市委	副局长
刘召松	男	1931	石白路社区	蒲东开发区	副总指挥
陈占福	男	1943	石白路社区	外交部	大使
高庆安	男	1944	石白路社区	大连市广场公安局	局长
张永建	男	1954	石白路社区	日照师范	副校长
秦洪卫	男	1932	万平社区	济南铁路局	副局长
王丰雨	男	1935	万平社区	青岛李沧区法院	副处级
王建山	男	1942	万平社区	日照报社	社长
王丰乐	男	1969	万平社区	青岛监狱	副厅级
许仲山	男	1939	怡海社区	市海洋水产局	纪检书记
戴召来	男	1948	怡海社区	沈阳公安局	处长
马成海	男	1957	怡海社区	青岛海洋大学	处长
许家奎	男	1957	石白街道	市安监局	局长
王世亭	男	1924	华林社区	合肥市委	书记
申永柏	男	1931	华林社区	潍坊坊子区委	书记
刘照礼	男	1939	华林社区	济宁医学院	书记
李希海	男	1943	华林社区	市气象局	副局长
刘　伟	男	1970	华林社区	市教育局	副局长
王福强	男	1973	华林社区	北京工业信息部	副处长
牟敦恕	男	1928	祥博社区	兰州铁路学院	主任
杨守坤	男	1929	祥博社区	江苏盐业局	副处长

秦楼街道(138 人)

姓　名	性别	出生年月	籍　贯	工作单位	职务、级别
魏本建	男	1943	山口村	省农业科学院	院长
王培云	男	1947	山口村	市商业局	副局长
丁元森	男	1949	山口村	窑山市农业局	局长
巩义青	男	1927	巩家岭	合肥民政局	主任
巩义慧	男	1928	巩家岭	徐州火柴厂党委	书记
陈加廷	男	1958	巩家岭	市电信局	副局长
杨洪福	男	1967	巩家岭	日照国际海洋城管委	常务副主任
厉彦法	男	1933	厉家庄子	淮北市党校	校长
厉建策	男	1938	厉家庄子	鸡西市矿务局	局长
厉彦忠	男	1958	厉家庄子	西安交通大学	副院长
厉向岭	男	1961	厉家庄子	沂源县人民医院	院长
于茂军	男	1963	双庙村	国家地质八队	书记
李树勋	男	1941	后大洼	虎井电厂党委	书记
李树农	男	1947	后大洼	市公安局	副政委
王书秀	女	1948	后大洼	省妇联组织部	部长
李宗春	男	1964	后大洼	市港航局	副处
王少华	男	1966	西碌碡沟	石油公司华东设计院	处级
魏玉剑	男	1967	西碌碡沟	上海市节能监察中心	处级
赵世峰	男	1971	西碌碡沟	中国电信总局	处级
秦秀芸	女	1965	北刘家村	市政府外事办	主任
秦国福	男	1929	荷疃村	青岛市四方区	副区长
张永民	男	1966	荷疃村	临沂市财政局	副局长
邓成生	男	1947	文登路居	日港港务局	副处级
邓立志	男	1962	文登路居	公路交警大队办公室	处级
张传洪	男	1966	文登路居	省粮食局	正处
郭建军	男	1948	滕家村	临沂市建委	副处
时德云	男	1952	滕家村	济宁发电厂党委	书记
林　华	男	1958	滕家村	市经贸委	副主任
滕以钊	男	1961	滕家村	市行政执法局	副局长
林　芳	女	1967	滕家村	市法院执行庭	处级
滕以江	男	1968	滕家村	市法院执行庭	处级
田广周	男	1955	田家村	枣庄市干休所	处级
李业荣	男	1963	田家村	临沂市委组织部	副部长
张传生	男	1962	南王家村	河南省新乡监狱	监狱长
刘贤席	男	1956	刘西楼	青岛海关缉私局	局长
秦绪乐	男	1952	北京路营子居	市人大	处级
王庆平	男	1958	王家皂村	临沂温泉疗养院	院长

续表

姓　名	性别	出生年月	籍　贯	工作单位	职务、级别
卜庆江	男	1955	小卜家庵	市职工学校	副校长
李鹏锡	男	1955	小卜家庵	日照港务局	处级
卜现波	男	1959	小卜家庵	五莲县法院	院长
卜照钦	男	1961	小卜家庵	市人事局	副处
卜现宁	男	1966	小卜家庵	市大项目办、铁路办	副主任
高维普	男	1923	海曲东路社区	国家民政部	处级
高丰书	女	1930	海曲东路社区	甘肃天水市	处级
高　骥	男	1932	海曲东路社区	南京歌舞团	团长
高敦荣	男	1938	海曲东路社区	民主建国会济南市委	处长
高敦堂	男	1942	海曲东路社区	南京大学信息物理系	主任
高敦红	男	1944	海曲东路社区	青岛市物资局党委	书记
高振举	男	1948	海曲东路社区	铁道部十七局	处级
高维志	男	1959	海曲东路社区	青岛大学后勤处	处长
高　鹏	男	1981	海曲东路社区	上海海关	处级
卜现作	男	1921	大卜家庵	浙江省五环县县委	书记
王海宽	男	1925	大卜家庵	浙江三门县委组织部	部长
卜广玉	男	1934	大卜家庵	省水利学院	书记
卜光富	男	1949	大卜家庵	市政法委	副书记
卜志强	男	1963	大卜家庵	市纪委办	主任
卜现亭	男	1964	大卜家庵	南京市环保研究院	院长
卜庆锋	男	1967	大卜家庵	市纪委监察局	副局长
杨兰宽	男	1953	大卜家庵	广州白云宾馆	副师
秦洪珍	男	1953	东王家村	岚山工委人大	副主任
秦泗彦	男	1957	东王家村	市国土资源局	副局长
秦玉浩	男	1967	东王家村	赤峰市松山区政府	副区长
路　舟	男	1974	路家村	新闻出版总署	副司长
刘元友	男	1923	陶家村	吉林省林业局	局长
陶玉友	男	1939	陶家村	云南省监狱管理局	主任
丁为荣	男	1949	陶家村	市建委监工处	副处长
刘祥荣	男	1949	陶家村	延吉市政府办公室	主任
陶玉金	男	1951	陶家村	市船检站	主任
王万春	男	1967	新合村	青岛市口腔医院	院长
秦玉文	男	1937	秦家楼	非金属矿业公司党委	书记
厉建学	男	1950	秦家楼	市开发区管委总工会	主席
秦泗美	女	1956	秦家楼	青年干部管理学院	主任
乔瑞元	男	1958	秦家楼	安徽省省长办公厅	处长
路义忠	男	1964	秦家楼	省物价局	副处长

续表

姓　名	性别	出生年月	籍　贯	工作单位	职务、级别
苏勋德	男	1943	苏家村	市计生委	处级
王见果	男	1945	苏家村	莱芜钢厂后勤处	处长
苏勋高	男	1963	苏家村	济南钢铁厂	处长
苏勋团	男	1968	苏家村	省委秘书处	处长
刘伦一	男	1946	大泉沟村	日照港务局组织部	部长
陶玉春	男	1959	大泉沟村	中国石油深圳办事处	主任
马成福	男	—	东明望	济南市人事局	处级
刘维佰	男	1918	东明望	浙江金华水利局	局长
安郁林	男	1927	东明望	浙江省民政厅	厅级
马　虹	男	1930	东明望	省电影制片厂	处级
马　英	女	1931	东明望	青岛市房管局	处级
马组华	女	1933	东明望	新疆生产建设兵团	处级
马承悌	男	1934	东明望	省劳动厅	副厅长
马　玲	女	1944	东明望	新疆生产建设兵团	处级
马成明	男	1949	东明望	临沂市环保局	书记
马　军	男	1954	东明望	市人民政府办公室	副处
马德芹	男	1969	东明望	临沂市农村信用社	主任
马志红	女	1970	东明望	省财政厅	处级
刘太庚	男	1929	乔家墩子	山东水资源局	处长
乔正安	男	1944	乔家墩子	省外贸公司	经理
乔正锋	男	1948	乔家墩子	市中医院	副书记
刘兰香	女	1951	乔家墩子	市计生委	副主任
乔正高	男	1963	乔家墩子	曲师大	副校长
刘照全	男	1943	前滩西	市技术监督局	处级
刘加彬	男	1940	后滩西	市人民医院	副院长
刘立全	男	1944	后滩西	枣庄市政协	主席
秦洪志	男	1946	冯家沟	市政协科教文卫体委员会	主任
秦四忠	男	1956	东小洼	青岛市建设局	副主任
秦玉书	男	1958	冯家沟	市行管局服务中心	副主任
秦玉乐	男	1960	冯家沟	大庆市国土资源局	局长
辛春田	男	1963	冯家沟	市打私办公室	主任
辛春西	男	1967	冯家沟	市交通局	主任
秦玉伟	男	1970	冯家沟	日照港纪委	主任
秦玉普	男	1963	前官庄	省第二监狱	一级警督
高继森	男	1940	前大洼	中国冶金部研究院党委	书记
田秀增	女	1942	前大洼	湖南省益阳市常委	副市长
蔺洪兴	男	1956	富荣村	青岛北海船舶重工部	部长

续表

姓　名	性别	出生年月	籍　贯	工作单位	职务、级别
蔺洪平	男	1957	富荣村	市农机局	副局长
蔺洪波	男	1959	富荣村	省国际海运党委	书记
蔺洪若	女	1961	富荣村	日照港生产保障部	处级
安玉青	男	1955	李家台	市劳保事业处	副处长
王建成	男	1943	任家台	辽宁抚顺市环保局	局长
任守顺	男	1960	任家台	市人大工委	主任
王　彬	男	1969	任家台	北京航天中心	参谋长
赵吉华	男	1953	吴家台	市民政局安置办	主任
李中泉	男	1960	吴家台	市外经贸委	副主任
闫秀杰	男	1978	吴家台	市计划委员会办公室	主任
马先源	男	1958	后团岭	市经济学院工会	副主席
王照香	男	1932	卧龙村	合肥市人民医院	院长
刘为萱	男	1935	卧龙村	市民政局	副局长
时衍禄	男	1951	厉家村	铁道部十七局	副处长
刘贤利	男	1956	刘东楼	国家发改委工业司	副司长
马承乐	男	1925	西明望	青岛燃料公司	书记
毕乃学	男	1927	西明望	海关总署	副厅
毕乃席	男	1937	西明望	市轻工局	局长
毕乃轩	男	1941	西明望	省教育厅计财处	处长
安玉进	男	1951	北苗家村	省行管局	副局长
费立纯	男	1953	北苗家村	市畜牧局	副局长
费立法	男	1960	北苗家村	吉林省延吉市建委	局长
费立升	男	1963	北苗家村	市人民医院	副院长
申茂池	男	1940	湖西头	临沂矿务局党委	书记
秦泗照	男	1928	前团岭	福建水产厅	厅长
秦　斌	男	1962	前团岭	市中医院	副院长
闫存章	男	1959	庞家庄子	中国石油天然气公司	总经理

两城镇(29人)

姓　名	性别	出生年月	籍　贯	工作单位	职务、级别
刘传标	男	1966	—	厦门市行管局	局长
安佰平	男	1950	安家村二村	市政府调研室	主任
安丰林	男	1958	安家村二村	市党史研究室	副处
安茂瓒	男	1951	安家村三村	日照报社	副总编
安郁理	男	1964	安家村三村	省国资委	处级
王纪民	男	1943	安家村一村	济南运输公司党委	书记
安玉综	男	1932	安家岭村	中国国际贸促会	副会长

续表

姓　名	性别	出生年月	籍　贯	工作单位	职务、级别
安振东	男	1958	安家岭村	电子部青岛疗养院业务	主任
张晓青	女	1970	安家岭村	省计生委员会	副主任
王玉华	女	1947	安门庄	临沂市计生协会	主任
王玉祥	男	1956	安门庄	市土地局	纪检组长
张茂彦	男	1963	东河南	市委组织部	副部长
王海峰	男	1971	东屯	齐齐哈尔市建设规划局	副局长
侯斌贵	男	1953	后河西	上海洪口区招商局	局长
王瑞聪	男	1960	两城九村	青岛市干休所	所长
王　勇	男	1970	两城四村	省劳动厅国商旅游	总经理
于茂青	男	1958	两城五村	全国人大培训中心	副处级
李纪运	男	—	前卞庄	省计生委员会	副主任
庄建悦	男	1950	秦家村	临沂兰山区政协	主席
秦玉良	男	1952	秦家村	广州市国家海洋质检局	主任
刘贤顺	男	1947	泉子沟	山东大学后勤处	处长
孙树柱	男	1947	泉子沟	青岛生建医院	院长
安郁群	男	1952	泉子沟	南水北调办公室	处级
王炳交	男	1958	王家滩三村	青岛市海监局航标处	主任
刘　伟	男	1972	西屯	市委政策研究室	副调研员
孟兆金	男	1936	肖家村	物资部设备成套局	局长
石振彩	男	—	于家村	济宁监狱	狱长
安佰利	男	1953	臧家尧	市信访局	局长
李志强	男	1951	孙家官庄	市公路局	处级

河山镇(19人)

姓　名	性别	出生年月	籍　贯	工作单位	职务、级别
张传忠	男	1971	茶庵村	日照团市委	书记
刘太双	男	1956	城壕村	日照港公安局	副局长
马明海	男	1963	程子沟村	乌鲁木齐交警大队	队长
刘兆林	男	1959	窦家官庄	日照一中纪委	书记
崔荣平	男	1960	韩家庄	临沂市公安局	纪委书记
安茂亭	男	1962	侯家官庄	上海市虹口区纪委	主任
秦泗瑜	男	1965	黄家屯	市科技局	副局长
秦　杰	男	1979	黄家屯	财政部	处级
杨润田	男	1944	木沟栏村	市地税局	局长
杨春忠	男	1963	木沟兰村	市直机关党委	副书记
郑　强	男	1965	林前村	市教育局	督导室主任

续表

姓　名	性别	出生年月	籍　贯	工作单位	职务、级别
崔　峰	男	1971	刘家顺	省安全厅	副处
刘义贤	男	1955	前沙沟	临沂市卫生局	副局长
李志华	男	1956	申家坡	市开发区管委	副书记
许传玺	男	1969	申家坡	日照海洋站	处级
秦绪春	男	1964	屯岭村	市公安局经侦队	队长
韩玉振	男	1956	望台山村	市畜牧局	副局长
秦泗勇	男	1955	西黄家庄	市建委	副处
尚　明	男	1968	甄家庄	山东轻工业学院	处长

涛雒镇(297 人)

姓　名	性别	出生年月	籍　贯	工作单位	职务、级别
宋瑞高	男	1954	涛雒一村	临沂市新闻出版局	副局长
万志军	男	1962	涛雒一村	新疆办事处	副处
丁斌元	男	1943	涛雒二村	国家工商总局	处长
黄中昌	男	1955	涛雒二村	市政协	副调研员
丁召森	男	1958	涛雒二村	水电部四局	正处
高　原	男	1926	涛雒三村	柳州市钢铁厂党委	书记
庄沪民	男	1957	涛雒三村	上海经贸公司	总经理
康义君	男	1960	涛雒三村	市政府	副秘书长
陈令春	男	1970	涛雒三村	市中级法院刑事庭	处级
高兴来	男	1928	涛雒四村	青岛市中区粮食局	副处
高兴泽	男	1928	涛雒四村	大连金海	正处
万志军	男	1939	涛雒四村	临沂农业局	正处
贾淼源	男	1954	涛雒四村	市安监局	副局长
宋瑞华	男	1956	涛雒四村	黑龙江国安厅	正处
贾磊源	男	1957	涛雒四村	市农机局	局长
庄建贵	男	1945	涛雒五村	市药检局党委	书记
聂奎亮	男	1958	涛雒五村	临沂地税局	副局长
张　云	女	1963	涛雒五村	临沂财政局	副局长
庄　伟	男	1925	涛雒五村	上海市财政局	处级
张永合	男	1957	涛雒五村	岚山区人大常委会	副主任
陈学任	男	1950	涛雒六村	中原油田	正处
丁立元	男	1942	涛雒七村	连云港元新海电厂纪检	书记
陈　耕	男	1967	涛雒七村	市盐务局	局长
张　兵	男	1969	涛雒七村	市招商局	局长
丁乐原	男	1926	涛雒	重庆市科协	副主席
丁原章	男	1930	涛雒	广东省地震局	局长

续表

姓　名	性别	出生年月	籍　贯	工作单位	职务、级别
丁原洪	男	1931	涛雒	中国外交部	大使
丁　警	男	1939	涛雒	南京邮电学院	正处
孙树仁	男	1960	涛雒	淄博市委	副秘书长
张兵	男	1969	涛雒	市招商局	局长
黄　彪	男	1925	右所	上海市人民医院	院长
丁琳原	男	1925	右所	日照港务局	处级
丁运祥	男	1927	右所	山东省体委	处级
丁立青	女	1930	右所	曲阜县委	副处
丁景原	男	1932	右所	江苏南京	正处
宋庆生	男	1940	右所	北京首钢大学	处长
刘全贤	男	1940	右所	临沂市财政局	局长
丁洛原	男	1942	右所	泰安二轻局	副处
张传玉	男	1942	右所	辽河油田	副局长
丁军海	男	1946	右所	市港务局	副处
丁旭原	男	1947	右所	市土地局	纪检组长
陈德鹏	男	1956	右所	市物资局	副局长
丁海涛	男	1958	右所	青岛李沧区委	正处
刘为礼	男	1960	右所	市邮政局	局长
庄举华	男	1963	右所	市交通局	副调研员
丁海滨	男	1965	右所	烟台牟平区委	正处
傅成宪	男	1925	栈子一村	省司法厅	厅长
傅成全	男	1926	栈子一村	青岛市工业党委	书记
傅成福	男	1932	栈子一村	临沂地区司法处	主任
傅　仲	男	1934	栈子一村	临沂市教育局	主任
杨保相	男	1934	栈子一村	临沂市教育局	主任
傅新余	男	1935	栈子一村	临沂地区肿瘤医院	院长
傅成忠	男	1940	栈子一村	日照师范	校长
乔贞华	男	1952	栈子一村	日照一中	校长
傅成伦	男	1952	栈子一村	市外贸局	副处
郭同华	男	1953	栈子一村	市公安局	副局长
王平和	男	1954	栈子一村	北京崇文区人事局	正处
乔贞昌	男	1955	栈子一村	青岛市政府电话办公室	主任
傅　刚	男	1955	栈子一村	市保密局	局长
郭建培	男	1925	栈子二村	浙江省省直机关工委纪委	书记
郭建增	男	1927	栈子二村	山东省供销社	主任
郭长勇	男	1945	栈子二村	青岛海关	副关长
叶庆华	男	1947	栈子二村	滨州市人大	副主任

续表

姓　名	性别	出生年月	籍　贯	工作单位	职务、级别
郭长贞	男	1947	栈子二村	连云港共青团委	书记
叶景茂	男	1933	栈子三村	临沂财政局	局长
郑培源	男	1936	栈子三村	市教育局工会	主席
郭万亭	男	1923	栈子村	上海航空工业办公室	副主任
叶连慇	男	1936	栈子村	上海市商业局纪检	书记
郭江平	男	1958	栈子村	市粮食局纪委	书记
郭江华	男	—	栈子村	青岛司法局宣教处	处长
许子荣	男	1926	海员	无锡市商业局	局长
叶秀祥	男	1930	海员	公安部三局	副处
叶春胜	男	1932	海员	上海市晋陀区公安局	副局长
傅仲平	男	1933	海员	临沂市外经委	主任
傅连先	男	1945	海员	中原石油医院	院长
乔贞刚	男	1953	海员	市交警支队	政委
郭洪林	男	1957	海员	岚山区人大常委会	副主任
李茂云	女	1921	曹家村	省水产厅	副厅长
乔祥祜	男	1937	曹家村	甘肃省防汛指挥部	主任
罗纪升	男	1939	曹家村	市人事局	副局长
唐纪成	男	1955	曹家村	吉林图门江市工商局	局长
朱全英	女	1929	庄家村	市委信访局	副处
庄谦峰	男	1930	庄家村	江苏省东海县政府	县长
庄廷墩	男	1943	庄家村	临沂市政法委	书记
庄举美	女	1957	庄家村	青岛市环保局	副局长
庄　健	男	1963	庄家村	上海海关	副关长
孙树典	男	1920	孙家村	徐州检察院	院长
孙善堂	男	1924	孙家村	省财政厅	副厅级
孙树沛	男	1933	孙家村	空军总医院	院长
梁元培	男	1933	孙家村	青岛科委	副处
孙峨先	男	1933	孙家村	山东外贸	正处
孙树臻	男	1943	孙家村	临沂市工会	主席
孙维利	男	1946	孙家村	胜利油田	副处
庄景山	男	1948	孙家村	黄河钻井农副业公司党委	书记
庄京山	男	1948	孙家村	胜利油田	正处
孙志刚	男	1948	孙家村	安徽合肥市委	副书记
孙诺光	男	1950	孙家村	市轻纺局	书记
孙志刚	男	1965	孙家村	市公安局出入境管理支队	支队长
孙树刑	男	1923	孙家营子	上海橡胶厂党委	书记
孙树凯	男	1923	孙家营子	宁波市物资局	局长

续表

姓　名	性别	出生年月	籍　贯	工作单位	职务、级别
孙树坤	男	1932	孙家营子	新海连市卫生局	局长
孙合先	男	1940	孙家营子	济宁劳改队	政委
孙常先	男	1951	孙家营子	市矿产局	处级
孙　毅	男	1952	孙家营子	合肥建行	处级
孙树年	男	1953	孙家营子	烟台海监局	局长
李建利	男	1930	李家营子	石咀山市公安局	局长
李建桂	男	1946	李家营子	潍坊干休所	所长
李永明	男	1947	高旺庄	市劳保处	主任
徐家云	男	1949	高旺庄	市职业技术学院	副处
宋开明	男	1951	高旺庄	日照港务局	副处
庄吉金	男	1954	高旺庄	临沂市第三人民医院	副院长
李永清	男	1962	高旺庄	铁道部十七局青岛工程处	处级
刘加平	男	1962	高旺庄	临沂市林业局	副局长
胡维桢	男	1920	上元村	温州市人大常委会	副主任
秦　涛	男	1926	上元村	杭州结核防治院党委	书记
秦　森	女	1926	上元村	福建省电力局	处长
刘贤亮	男	1926	上元村	上海金华造漆厂党委	书记
秦洪良	男	1932	上元村	临沂农学院党委	书记
秦玉修	男	1938	上元村	省计量科学研究院	处级
秦裕鹏	男	1939	上元村	江苏省连云港供电局	局长
秦玉宝	男	1958	上元村	市外经贸局	副局长
秦玉贺	男	1964	上元村	莒县县委宣传部	部长
秦林玉	男	1965	上元村	莒县检察院	检察长
贾玉昌	男	1920	崔家庄子	济南铁路局	局长
秦玉江	男	1946	下元三村	省国家安全厅	正处
秦四成	男	1950	下元三村	徐州铁路局工会	主席
傅成建	男	1951	下元三村	海军上海干休所	所长
秦四鹏	男	1957	下元三村	省监狱管理局	处长
侯元运	男	1924	侯家村	连云港市水产局	副局长
侯元来	男	1927	侯家村	临沂市水产局	副局长
庄聿祥	男	1930	侯家村	市文教局	副局长
侯世诺	男	1948	侯家村	市政协	副处
侯　波	男	1962	侯家村	德州市国税局	局长
侯学新	男	1970	侯家村	省检察院反贪局办公室	主任
庄曰文	男	1937	大朝阳	交通部一航二公司船机处	处长
庄建胜	男	1951	大朝阳	市盐务局	局长
刘胜良	男	1957	大朝阳	临沂市罗庄区检察院	检察长

续表

姓　名	性别	出生年月	籍　贯	工作单位	职务、级别
周加友	男	1966	大朝阳	临沂市化工局	副处
冯启禄	男	1949	小刘庄	农业银行日照分行	副行长
庄茂生	男	1928	南店	垦利县经贸局	局长
范成章	男	1942	南店	市教育局	副处
庄光霆	男	1950	南店	市交通局	纪检书记
庄建亮	男	1955	南店	市农机局	副局长
郭和友	男	1958	南店	北京市劳动局老干部处	处长
宋廉臣	男	1932	蒿岭	连云港市国家安全局	局长
宋开智	男	1942	蒿岭	连云港市人大常委会	主任
范见俊	男	1951	蒿岭	市法院	副院长
赵久成	男	1965	蒿岭	市城管执法局	局长
宋庆善	男	1923	大洼村	北京水利局	正处
丁兆男	男	1921	丁家官庄	沈阳市农村工作部	部长
丁　孑	男	1934	丁家官庄	水利部质监总站	秘书长
孙　凯	男	1953	苗家村	市盐务局工会	主席
丁海旺	男	1955	苗家村	临沂市司法局	调研员
丁惟生	男	1956	苗家村	日照职业技术学院	副院长
丁海成	男	1959	苗家村	岚山公安局	政委
梁启学	男	1960	苗家村	青岛市公安局	处级
张永日	男	1960	苗家村	青岛热电厂党委	书记
丁　芳	女	1974	苗家村	省妇联	副处
赵全忠	男	1931	李潭崖	市政协	副主席
丁兆玉	男	1955	李潭崖	市国税局	副局长
丁兆石	男	1957	李潭崖	省粮食厅	副厅长
刘加富	男	1960	李潭崖	市外经贸局纪检	书记
刘加余	男	1962	李潭崖	市工商局	副局长
牟敦进	男	1962	李潭崖	山东石油设计院	处长
马成连	男	1964	李潭崖	苍山县公安局	局长
牟敦波	男	1966	李潭崖	市文广新局	调研员
刘银贤	男	1945	李潭崖	市公安局	政委
姜华先	男	1943	华山村	省林业厅	处级
姜洪先	男	1944	华山村	连云港市委	处级
刘加顺	男	1960	华山村	聊城市政府	副市长
孙笙先	男	1930	东南营	临沂市计委	主任
孙树吉	男	—	东南营	合肥市商业局	局长
孙鲁民	男	—	东南营	安丘市政府	市长
孙传尚	男	1967	东南营	省外事办	主任

续表

姓　名	性别	出生年月	籍　贯	工作单位	职务、级别
解仁同	男	1920	西林子头	浙江卫生厅	厅长
丁世普	男	1922	西林子头	滨海县委	书记
丁德民	男	1924	西林子头	四川建筑厅	厅长
丁元贺	男	1924	西林子头	临沂市供销社	主任
丁子刚	男	1931	西林子头	江苏交通厅	厅长
丁元瑞	男	1932	西林子头	内蒙古额尔古纳左旗	书记
丁兆县	女	1934	西林子头	内蒙古额尔古纳左旗	处级
丁银昌	男	1935	西林子头	市人大农工委	主任
丁钢昌	男	1940	西林子头	市检察院	正处
解世东	男	1955	西林子头	青岛电视台	台长
丁明江	男	1958	西林子头	市建委	副主任
解世增	男	1958	西林子头	市委宣传部	部长
王伟杰	男	1956	桥西头	省水产厅	处长
王纪祥	男	1965	桥西头	省纪委	处级
李秀年	男	1941	桥东头	菏泽地区审计局	局长
滕怀学	男	1951	桥东头	市供销合作社	主任
王　建	男	1969	桥东头	吉林省政府办公厅	处级
王伟富	男	1958	沙岭子	国家建材局总务部	主任
王世奎	男	1962	沙岭子	青岛市北区文化局	副处
王纪军	男	1962	沙岭子	岚山区政府	副区长
王纪国	男	1964	沙岭子	市农业局	副调研员
丁元震	男	1926	赵家庄子	博山市工会	正处
丁惟仕	男	1932	赵家庄子	河南黄河医院	院长
丁履清	男	1938	赵家庄子	市史志办	主任
王德福	男	1942	赵家庄子	安徽民航局	副局长
丁立瑜	男	1947	赵家庄子	黑龙江司法局	正处
丁新民	男	1952	赵家庄子	乌鲁木齐建委	正处
丁籍德	男	1953	赵家庄子	青岛市水利局	副地
丁华武	男	1965	赵家庄子	南京江宁区法院	副处级
丁兆凯	男	1965	赵家庄子	济南市市直机关	副处
韩见恩	男	1949	东林头	日照水利局	副局长
庄祥吉	男	1949	丁家营子	黑河市国税局	局长
庄　谦	男	1964	丁家营子	黑河市国税局	副局长
庄　严	男	1971	丁家营子	黑龙江中级法院	副院长
韩治山	男	1938	大草坡	郯城县人大常委会	主任
李世成	男	1960	大草坡	市电视台	副总编
秦玉荣	男	1938	大羊圈	江苏东海县委	副书记

续表

姓 名	性别	出生年月	籍 贯	工作单位	职务、级别
秦雪蔚	男	1956	大羊圈	连云港市司法局	副局长
丁 丽	女	1959	大羊圈	广州市妇联	处级
秦 霞	女	1960	大羊圈	新疆石油管理局	处长
秦凤鸣	男	1962	大羊圈	新疆石油管理局	处长
秦莉明	男	1965	大羊圈	新疆石油管理局	处长
丁 胜	男	1966	大羊圈	天津市财政局	副处
董 强	男	1969	大羊圈	市地税局	稽查局局长
秦 峰	男	1970	大羊圈	连云港市公安局	副局长
牟军善	男	1970	大羊圈	五莲县政府	副县长
鞠建邦	男	1937	北王家村	烟台市冶金公司党委	书记
王秋平	男	1930	簸箕笃	黑河市政法委	书记
成元顺	男	1953	成家廒头	市水产局	处级
成纪元	男	1958	成家廒头	市物资局	局长
王茂柱	男	1950	东川子	日照港务局	正处
肖培纪	男	1926	东风	临沂市委党校	正处
肖增行	男	1927	东风	市盐务局	副处
相玉平	男	1941	东风	市盐务局	副处
周绪贵	男	1943	东风	市水利局	局长
肖培悦	男	1944	东风	省供销社	正处
肖培体	男	1948	东风	山东第一监狱	副处
周家秋	男	1949	东风	山东经济贸易学院	正处
周加富	男	1954	东风	国土部驻南京督察局	副地
丁建元	男	1954	东石良头	明天出版社	总编
庄光海	男	1962	东石良头	莒南县	县长
郑世荣	男	1937	东灶子	枣庄科委	主席
郑培代	男	1950	东灶子	日照港务局	副处
郑培亮	男	1950	东灶子	市土地局	正处
郑培乐	男	1950	东灶子	市中小企业园管委	主任
秦玉琪	男	1935	郭家庄子	新疆石油管理局	副部长
郭长鸣	男	1954	郭家庄子	青岛市工商联	处级
陈德仓	男	1960	李家村	临沂市外经贸局	纪检书记
王世来	男	1964	李家村	中国人民银行	副行长
滕怀俊	男	1929	刘家湾	滕县人民政府	县长
刘义贤	男	1938	刘家湾	淄博市农工部	部长
滕照甲	男	1940	刘家湾	大连财贸部	部长
滕怀运	男	1941	刘家湾	日照一中	副校长
滕怀恩	男	1946	刘家湾	广播电视总局纪委	副书记

续表

姓　名	性别	出生年月	籍　贯	工作单位	职务、级别
滕照堂	男	1950	刘家湾	上海闵行公安局	局长
滕照增	男	1952	刘家湾	天津市运输工程学院	正处
滕照勉	男	1955	刘家湾	中原油田公安局	副局长
刘加池	男	1957	刘家湾	临沂市第二人民医院	副院长
滕　玫	女	1957	刘家湾	上海虹口区民政局	副局长
滕怀奎	男	1960	刘家湾	市计生委	副主任
滕世坤	男	1960	刘家湾	济南市建委	正处
滕世翠	女	1962	刘家湾	市审计局	副局长
刘加峰	男	1964	刘家湾	伊利自治区政协	处长
刘仲春	男	1964	刘家湾	市建委	副主任
马承京	男	1932	马家村	市计划委员会	副处
马世俊	男	1945	马家村	青岛市安全局	局长
马世绪	男	1948	马家村	辽宁新宾县政法委	书记
马先东	男	1966	马家村	青岛市工商局	局长
宋年荣	女	1970	宋家坨	市妇联	副调研员
尹新坡	男	1916	王家村	省海洋渔业厅	厅长
葛允宏	男	1937	王家村	市农业局	副局长
尹德春	男	1937	王家村	包头机械工业学院	副院长
葛云秋	男	1950	王家村	胜利油田钻井党委	书记
尹衍华	男	1952	王家村	市老干局	调研员
尹凤英	女	1955	王家村	市轻纺办	副调研员
张守山	男	1924	西石良头	齐齐哈尔粮食局	局长
丁文祥	男	1925	西石良头	中国人民银行甘肃分行	副厅级
李只鹤	男	1926	西石良头	青海省供销社	副处级
周绪文	男	1934	西石良头	华北油田	处级
丁元本	男	1948	西石良头	内蒙古银河林业局	工会主席
王均志	男	1966	西石良头	市粮食局	副局长
郑全宝	男	1944	西灶子	运载火箭技术研究院	副院长
郑　干	男	1920	西灶子	省总工会	主席
郑淑清	男	1925	西灶子	交通部某处	处长
王振强	男	1925	小海	金华市物资局	正处
刘鹏贤	男	1936	小海	青岛市人大	副主任
周绪亭	男	1948	小海	市医院纪检组	组长
王世群	男	1952	小海	市政协文史委	主任
尹德维	男	1937	尹家廒头	北京市社科院基建办	主任
王皋堂	男	—	尹家廒头	海南省海口海关	关长
尹衍忠	男	1965	尹家廒头二村	济南市经委办公室	主任

续表

姓　名	性别	出生年月	籍　贯	工作单位	职务、级别
尹永念	男	1922	尹家廒头三村	海关总署	副署长
尹德声	男	1952	尹家廒头三村	临江市林业局	副局长
尹茂库	男	1908	尹家廒头一村	中国外贸部	副部长
尹茂任	男	1940	尹家廒头一村	临沂市统战部	副部长
贺照清	男	1951	尹家廒头一村	日照港务局	副局长
周志运	男	1944	宅科	国家气象局	处级
郑世亮	男	1956	宅科	济南铁路局工会	主席
田文明	男	1959	宅科	市国家安全局	副局长
周京军	男	1959	宅科	青岛市北区委	书记
尹德松	男	1945	张家廒头	临沂监狱	监狱长
尹茂全	男	1954	张家廒头	市机械化工局	副局长
尹永向	男	1957	张家廒头	市畜牧局	局长

西湖镇(31 人)

姓　名	性别	出生年月	籍　贯	工作单位	职务、级别
顾世栋	男	1968	安子沟	市公安局监管支队	支队长
顾世北	男	—	安子沟	北京财政学院办公室	主任
崔久成	男	1962	北娄	莒县县委	副书记
陈祥金	男	1962	陈家庄	市交通局	副局长
邢茂环	男	1957	大花崖	市残联纪委	书记
李　华	男	1964	大石	省委办公厅	处长
董书堂	男	1936	荻一	市政协	副主席
董　飞	男	1977	董家岭	省科技大学办公室	主任
范伟芬	男	1940	范家庄	市监察局	局长
顾发斗	男	1954	顾家沟	日照港务局工会	处级
顾法高	男	1966	顾家沟	市合作招商局	副局长
刘家宗	男	1956	韩家沟	市电视大学	副校长
席　伟	男	1958	久固庄	安全部	处级
李光业	男	1950	南乐台	市政协	秘书长
李志明	男	1958	瞻埠潭	市老干局	局长
王均明	男	1959	瞻埠潭	人社局	副局长
宋瑞起	男	1956	上栗山	市工商局	副局长
宋兴东	男	1964	上栗山	国务院办公厅	处级
宋兴任	男	1966	下栗山	铁路学院	副校长
申元杰	男	1945	响水河	化工部	处级
董书超	男	1961	响水河	化工部	处级
焦见亭	男	1965	响水河	省水利厅工程处	副处长

续表

姓　名	性别	出生年月	籍　贯	工作单位	职务、级别
李宜夏	男	—	响水河	省水利厅工程处	副处长
王均生	男	1958	小花崖	济宁市政府	副市长
焦安松	男	1966	小花崖	日照市山海天管委会	副主任
王　芳	女	1977	小花崖	市公安局	副政委
焦国华	男	1980	小花崖	全国人大常委会	处级
焦见阳	男	—	小岭	济南铁道职业学院	副校长
冷秉智	男	1954	袁家庄	市盐务局党委	书记
古立旗	男	1965	小乐一	青岛市政府	处级
尹茂典	男	1940	张古庄	市委组织部	副部长

南湖镇(79 人)

姓　名	性别	出生年月	籍　贯	工作单位	职务、级别
安丰钧	男	1920	安家代疃	北京航大附中	校长
陈新平	男	1921	安家代疃	费县县政府	副县长
安郁兰	女	1922	安家代疃	临沂市水利局	副局长
安丰钦	男	1932	安家代疃	潍坊市委	正处
安丰瑞	男	1944	安家代疃	青岛市北区城建局	党委书记
丁元祥	男	1961	安家代疃	济南铁路局纪委	书记
李业文	男	1972	卜落子	省委总工会	副处
葛恭已	男	1920	陈家村	上海轻工局	副厅
陈常修	男	1926	陈家村	温州苍南县人大	主任
赵从鹤	男	1932	陈家村	市政协	常委
高兴泉	男	1955	陈家村	市供销社	副主任
赵　莉	女	1959	陈家村	市信访局	副调研员
赵　华	男	1960	陈家村	市公路局	副局长
赵　勇	男	1967	陈家村	市广播电视局	副局长
陈淑阶	男	1968	陈家村	省人民广播电台	副书记
王范宸	男	1933	大北湖	济南市医药管理局	处级
安郁渠	男	1944	大北湖	日照海关	副关长
安茂伟	男	1964	大北湖	市计生委	副主任
刘贤钦	男	1966	大山前	省农业厅	副处
王高堂	男	1927	大宅科	广州海关	副处
王苗堂	男	1928	大宅科	杭州市	正处
朱春甫	男	1930	大宅科	临沂地区煤炭工业局	副局长
李　澄	女	1923	东黄山前	上海市妇联	正处
李大年	男	1924	东黄山前	湖北省志编委会	主任
李　勇	女	1928	东黄山前	济南市纪委办公室	副主任

续表

姓　名	性别	出生年月	籍　贯	工作单位	职务、级别
李荫年	男	1928	东黄山前	云南省第一监狱	副处
李　文	女	1930	东黄山前	河北省委纪委	副处
刘韶明	男	1938	东马陵前	山东科学技术出版社	正处
赵龙来	男	1949	东马陵前	市物资局	局长
葛庆海	男	1952	东明照现	胜利油田	处长
樊世店	男	1942	樊家岭	乌鲁木齐铁路局	正处
樊世楼	男	1943	樊家岭	临沂市审计局	局长
陈为鲁	男	1944	樊家岭	沂水县政协	副主席
李修业	男	1942	弓山村	石家庄铁路公安处	副处
丁元东	男	1961	共合疃	青岛开发区	处级
杨百元	男	1931	官家岭村	日照港务局	副处
张守仁	男	19542	花峡峪	胜利油田管理局	副主任
张守文	男	1953	空冲水	最高人民检察院	副处
牟海增	男	1959	牟家官庄	本溪市委宣传部	部长
高林兴	男	1959	南湖三村	东营市外贸局	副处
郭长军	男	1961	南湖三村	市统战部	副部长
赵子悦	男	1942	南湖四村	市民政局	局长
赵祉闳	男	1969	南湖四村	市行管局	副局长
赵自伍	男	1924	南湖一村	四川省监察院	院长
赵景炎	男	1928	南湖一村	陕西省物价局	局长
费洪喜	男	1941	彭家河	曲师大经济学院	院长
隋美勋	男	1947	樵业子村	临沂劳改队	副处
吴志刚	男	1968	樵业子村	省工会报社	副处
王坤英	女	1963	三合疃	市政协	副主席
徐宣钢	男	1944	盛家代疃	青岛远洋运输公司	巡视员
盛呈东	男	1954	盛家代疃	胜利油田	正处
厉福楼	男	1954	盛家代疃	烟台国安局	副处
朱优刚	男	1968	盛家代疃	省政府办公厅秘书处	正处
李业泽	男	1945	万家坪	省滨海公安局	调研员
李业山	男	1948	万家坪	东营市政协	副主席
万克玉	男	1951	万家坪	东营公安分局	副局长
王立巨	男	1952	王家庄子	日照广播电视台	副台长
韩见淑	男	1939	西明照现	市公路局	局长
韩文彬	男	1963	西明照现	市卫生局	副局长
杨见祝	男	1928	西沈马庄	南京航标局	正处
杨培广	男	1950	西沈马庄	日照海关	调研员
杨培然	男	1958	西沈马庄	莒县人民法院	院长

续表

姓　名	性别	出生年月	籍　贯	工作单位	职务、级别
杨玉田	男	1963	西沈马庄	市房管局	局长
安静山	男		西沈马庄	寿光县	县长
姜从顺	男	1931	下坳	卫生部生物研究所	正处
李克胜	男	1946	下湖一村	济宁市政协	正处
张善德	男	1949	下湖一村	陕西省委党校	正处
闫陶章	男	1956	小长汪崖	临沂矿务局	副处
闫　静	男	1958	小长汪崖	市政协人口资源环境委	主任
毛继进	男	1947	许家庵	市委办公室	调研员
毛继春	男	1953	许家庵	市委宣传部	部长
李宗国	男	1958	许家庵	市经贸委	副处
郭见治	男	1924	殷家坪	吉林省医学专科学校	校长
杨学信	男	1928	战家村	大连海关	关长
姚长志	男	1945	战家村	省信访局	副厅
司朝松	男	1946	战家村	青岛市南公安分局	副局长
战庆廷	男	1946	战家村	青岛监狱	调研员
李克志	男	1962	中黄山前	市质量技术监督局	副局长
牟善奎	男	1947	庄头	济宁市盐务局	局长

陈疃镇(36 人)

姓　名	性别	出生年月	籍　贯	工作单位	职务、级别
牟大勇	男	1944	北疃村	市人大常委会	副主任
徐宣进	男	1960	北疃村	中煤日照公司	副书记
于长果	男	1960	北疃村	上海公安局	副局长
彭为鹤	男	1961	卞家庄	市广电局	副局长
陈长军	男	1963	卞家庄	交通部水利研究所	处级
李克亮	男	1954	城顶前村	济南火车站	站长
孙开宏	男	1956	东陈疃	市旅游局	副局长
许崇苗	男	1969	东陈疃	北京人保法规处	副处
许崇海	男	1971	东陈疃	山东轻工业大学	处长
许家任	男	1940	陈疃镇	市财政局	副处
许传远	男	1950	陈疃镇尚沟	日照师范党委	书记
许崇堂	男	1950	陈疃	市公路局纪委	书记
许崇龙	男	1967	尚沟	市检验检疫岚山办事处	副处
张　东	男	1977	东石墩	市委办公室	副主任
惠希宴	男	1958	惠家庄	市药监局	局长
王立莹	女	1959	惠家庄	岚山区纪委	书记
惠希胜	男	1968	惠家庄	市招商局纪检组	组长

续表

姓　名	性别	出生年月	籍　贯	工作单位	职务、级别
王宗玉	男	1961	李家大沟	黄岛政法委	副书记
许崇杰	男	1959	七里沟子	辽宁锦西公安局	政委
焦自伟	男	1975	七里沟子	国务院办公厅	处级
张守元	男	1964	沈疃二村	市规划局	局长
许家烈	男	1960	水陈坡	市盐务局	副局长
徐　伟	男	1978	水陈坡	济南铁路局	副局长
郑树坤	男	1974	滕家庄子	连云港矿山设计院	处级
许家信	男	1952	西陈疃二村	临沂水利局	副局长
刘泽喜	男	1957	西陈疃二村	市民营发展局	局长
许中文	男	1958	西陈疃二村	市交警支队	副队长
许传东	男	1958	西陈疃二村	市建委	主任
许传玺	男	1968	西陈疃二村	中美法学院	院长
许　福	男	1974	西陈疃二村	泰安市公路局	处长
许崇喜	男	1975	西陈疃二村	日东高速公路管理处	处长
许崇文	男	1957	西陈疃四村	日照一中	校长
孟庆日	男	1938	西尚沟	辽宁省高级人民法院	副院长
李宗有	男	1938	西石墩	诸城市政协	主席
安佰文	男	1948	堰村	市公路局	副处
卢中绪	男	1965	堰村	国家统计局日照调查队	队长

三庄镇(32 人)

姓　名	性别	出生年月	籍　贯	工作单位	职务、级别
王关平	男	1949	大沈马庄	中铁十七局党委	副书记
任明英	女	1951	大沈马庄	省交通厅	副厅长
匡　毅	男	—	大沈马庄	台州地区检察院	检察长
张传林	男	1952	大沈马庄	省政协	副主席
匡中远	男	1961	大沈马庄	连云港市政府	秘书长
马德亮	男	1965	大王家寨	省交通厅	处长
陈祥金	男	1964	三庄二村	市交通局	副局长
齐玉峰	男	1974	三庄二村	上海市城市规划局	副处
范丰琴	女	1964	范家楼	市人大教工委	主任
吴开修	男	1951	后高庄	市人防办	副主任
惠汝太	男	1952	惠沈马庄	北京阜外医院	副院长
范崇现	男	1943	建国村	日照航海管理局	局长
王廷袖	男	1947	龙泉官庄	北京市法院	监狱长
王廷亮	男	1959	龙泉官庄	市纪委	书记
孟　青	男	1970	孟家沟	岚山区委	副书记

续表

姓　名	性别	出生年月	籍　贯	工作单位	职务、级别
孟庆松	男	—	庞家店子	天津市教育厅	副厅长
陈常富	男	1934	前高庄	临沂市物价局	副局长
惠菽林	男	1948	三村	省纪委	副书记
范丰一	男	1967	三村	枣庄市检察院	正处
张茂国	男	1963	上卜落崮村	省水利厅科技处	处长
杨善恒	男	1929	台庄村	日照港务局办公室	主任
杨家竹	男	1935	台庄村	市房改办	正处
杨荣善	男	1940	台庄村	临沂地震台	台长
杨釆本	男	1955	台庄村	青岛理工大学	院长
杨　猛	男	1958	台庄村	市编办	副主任
杨　平	女	1961	台庄村	省驻北京办事处	副主任
王爱平	男	1960	西王家村	日照港务局	正处
许传尊	男	1964	西王家寨	临沂罗庄中行	副行长
许京平	男	1966	大王家寨	日照市委党校教研室	主任
许传贵	男	1944	三庄	临沂河东区政协	主席
许崇安	男	1961	三庄	市法院审委会	专职委员
庞建军	男	1972	板石村	市消防队	副团

军队副团级以上人员表

(共 229 人)

日照街道(71 人)

姓　名	性别	出生日期	籍　贯	工作单位	职务、级别
时培华	男	1930	东关南社区	济南军区司令部	团长
顾成章	男	1930	姜家村	日照军干所	副团
宋洪林	男	1942	姜家村	威海军分区	司令员
李　东	男	1924	日升社区	南京警备区	副军级
费守信	男	1926	兴安社区	广州军区	正团
王　磊	男	1929	兴安社区	工程兵技术学院	院长
傅承深	男	1930	兴安社区	北京军区	正团
崔永光	男	1932	沙墩村	伊犁野战医院	正团
刘加坤	男	1955	小香店村	青岛海军基地	正团
申永安	男	1927	申家村	北京军区	团级
张纪乐	男	1951	大香店村	解放军总参	师级
张守祝	男	1951	许家楼村	解放军某部	团长
姜仲龙	男	1973	许家楼村	秦皇岛某部队	团长
白宗平	男	1953	东关北社区	日照边防检查站	站长（正团）
周　波	男	—	东关北社区	北海舰队司令部	正团

续表

姓　名	性别	出生日期	籍　贯	工作单位	职务、级别
王延早	男	1941	文荟社区	济南军区某师	师长
赵致志	男	1926	利民社区	旅顺海军基地	正师
万志友	男	1949	利民社区	上海军干所	副所长
许京海	男	1952	店子村	南京军区徐州后勤部	部长
姜忠山	男	1963	店子村	海军航空工程学院	正师
姜忠河	男	1972	店子村	济南军区	团长
李宜奎	男	1921	大石桥	总后勤部工兵部	团级
李　存	女	1917	海安社区	济南军区工程兵政治部	主任
于衍芹	女	1974	海安社区	解放军某部	副团长
秦守信	男	1937	向阳河	海军第四潜艇学院	师级
秦玉德	男	1946	向阳河	济南空军地勤	师级
秦玉帅	男	1964	向阳河	南京军区空军	团级
成仲勤	男	1939	尧沟	海军后勤部	副师
万先富	男	1936	西十里	海军航空兵	团长
王兆琪	男	1942	相家庄	解放军总装备部	副参谋长
王兆福	男	1965	相家庄	武警总队服务处	主任
林相勋	男	1943	前十里	北海舰队	正团
张纪文	男	1947	前十里	沈阳部队空一军	副团
林玉涛	男	1955	前十里	二炮武汉驻军	旅长
费立湘	男	1923	小古城	兰州 404 厂	副师
彭子明	男	1927	烟墩岭	济南军区空军	副军长
潘志勇	男	1925	前将帅	温州水警区	司令员
李同伦	男	1927	后鹅庄	兰州军区某师	处长
王君仕	男	1936	前鹅庄	海军学院院务部	副部长
刘跃进	男	1958	大古城	济南军区	副师
张永顺	男	1967	厉家顶子	北京军区	正团
郑世明	男	1964	山庄村	驻福州部队	团长
徐从荣	男	—	后九条沟	海军某部	副团长
徐茂材	男	1942	后九条沟	海军北海舰队	大校
牟世堂	男	1958	北大村	东海舰队司令部	正师
李　军	男	1967	北大村	牡丹江武警	正团
费立海	男	1927	费家河	临沭县人武部	部长
费丰翠	男	1958	费家河	驻浙江宁波某部	副师长
刘为昌	男	1926	北小湖	南京军区工兵司令部	团级
刘春贤	男	1926	北小湖	装甲兵某部	团级
许崇勤	男	1962	北小湖	空军某部	团级
惠吉春	男	1964	北小湖	北海舰队	团级

续表

姓　名	性别	出生日期	籍　贯	工作单位	职务、级别
李玉奎	男	1923	杨家洼	浙江军区后勤部	团级
赵文亮	男	1931	花家院	河北邢台军分区	团长
时维学	男	1942	前时家官庄	杭州警备区	政委
许传相	男	1941	大桃园	沈阳炮兵学院	副师级
孙开太	男	1927	后楼	江苏省军区医院	团级
徐宣军	男	1969	北小庄	济南军区	副团
徐宣红	男	1971	北小庄	南京军区	副团
迟庆良	男	1962	迟家村	青岛海军医院	团级
田玉秀	女	1945	西安吉庄子	济南军区后勤部	大校
陈淑胜	男	—	西安吉庄子	北海舰队舰长	团级
郑全友	男	1951	七里一	东海舰队	团级
郑全国	男	1957	七里一	北海舰队青岛基地	团级
孙祖胜	男	1963	七里一	济南空军司令部	团级
孙　明	男	1925	七里一	解放军报社办公室	主任
张传泰	男	1958	前五里	济南军区后勤部	处长
许　振	男	1923	前崮子	龙岩军分区	副师级
许江杨	男	1953	前崮子	上海航务局军代表办事处	副主任
刘河一	男	1947	西五里	北京军区	正团
许鸿信	男	1928	大韩家村	河北保定武装部	政委

石臼街道(13人)

姓　名	性别	出生日期	籍　贯	工作单位	职务、级别
王永华	男	1956	振兴社区	北海舰队后勤部	处长
贺久林	男	1937	隆华社区	解放军某部	团长
刘赞臣	男	1933	宏达社区	北海舰队疗养院	院长
周绪盛	男	1927	顺达社区	北京军区	正团
王　建	男	1963	顺达社区	解放军某部	处长
孟庆琏	男	1938	观海社区	武汉军官学校	正团
候　平	男	1930	文化路社区	空军总司令部	处长
卜光木	男	1927	万平社区	空军飞行大队	大队长
马成友	男	1943	怡海社区	北海舰队	艇长
王建业	男	1928	华林社区	南京军区装备处	处长
李希斌	男	1951	华林社区	南海舰队	副师长
申作宏	男	1962	华林社区	大连北海舰队	参谋长
李希斌	男	1951	华林社区	南海舰队	副师长

秦楼街道(23 人)

姓　名	性别	出生日期	籍　贯	工作单位	职务、级别
张传华	男	1968	山口村	诸城空军基地	团长
李兆荣	男	1966	北京路营子居	威海 404 医院	团级
秦绪荣	男	1967	北京路营子居	北海舰队	舰长
王宗勋	男	1930	新合村	石家庄市陆军学院	副师
秦　勇	男	1952	秦家楼	青岛警备区	副师长
安玉刚	男	1969	小陈家村	解放军某部	副团长
马承义	男	1942	东明望	北海舰队政治部	正师
马安德	男	1961	东明望	解放军第一军医大学	大校
马　强	男	1965	东明望	南京军区后勤部	处长
秦玉勋	男	1971	冯家沟	航空兵某师	主任
季维胜	男	1935	前大洼	北航某部	副团长
秦洪善	男	1961	前大洼	解放军某部	副司令员
蔺洪昌	男	1954	富荣村	市边防支队	支队长
任祥年	男	1932	任家台	青岛潜艇学院	副师长
王　彬	男	1969	任家台	北京航天中心	参谋长
任祥年	男	1932	任家台	青岛潜艇学院	副师长
张文学	男	1950	吴家台	烟台市部队医院	院长
闫宁章	男	1955	吴家台	北海舰队财务处	副师
刘加军	男	1966	秦家官庄	北海舰队某支队	政委
司朝义	男	1944	西明望	北海舰队	大校
高维城	男	1938	海曲东路社区	军工贸易局	处级
秦玉峰	男	1965	东王家村	济南军区后勤部	副处长
陶玉建	男	1968	陶家村	烟台警备区干休所	所长

两城镇(7 人)

姓　名	性别	出生日期	籍　贯	工作单位	职务、级别
安可利	男	1945	安家村	海军第三招待所	所长
叶华中	男	1969	后河西	上海海军装备部业务处	处长
于　海	男	1955	二村	解放军军乐团	团长
孙纪文	男	1936	泉子沟	武警学院进修系	主任
王佃本	男	1954	王家滩二村	某部军医	团级
王培军	男	1965	王家滩三村	济南军区某部	团级
张玉库	男	1962	红旗村	北京总后勤部司令部	团级

河山镇(4 人)

姓　名	性别	出生日期	籍　贯	工作单位	职务、级别
刘贤友	男	1953	东山村	外交部驻以色列大使馆	武官
于庆利	男	1957	萝花二村	北海舰队	师政委
李业夏	男	1968	汪家官庄	郑州防空兵指挥学院	副团长
杨　军	男	1970	甄家庄	济南机场边防检查站	站长

涛雒镇(80 人)

姓　名	性别	出生日期	籍　贯	工作单位	职务、级别
孙树增	男	1949	涛雒一村	青岛警备区某团	副团长
丁元慈	男	1925	涛雒二村	沈阳军区某师	师长
丁智元	男	1926	涛雒二村	国防科工委某师	副师长
丁元任	男	1935	涛雒二村	海军司令部某师	副师长
陈为增	男	1945	涛雒三村	锦州市古塔区	武装部长
丁立法	男	1970	涛雒六村	济南市历下区武装部	副部长
张守业	男	1931	涛雒	高炮某师	团长
黄盛春	男	1962	右所	解放军某部	副师
丁始峰	男	1972	右所	解放军某部	副团
丁　健	男	1970	右所	二炮总部	正团
叶金刚	男	1924	栈子二村	北京军区纪委	书记
郭　建	男	1927	栈子二村	福建军区油料供给处	正团
叶连祜	男	1924	栈子村	南京军区炮兵政治部	副团
傅承洪	男	1935	海员	北海舰队后勤部	副政委
徐衍全	男	1936	海员	北海舰队后勤部	副团级
周绪明	男	1909	曹家村	上海警备区	政委
解仁京	男	1930	曹家村	山东军区某部	政委
孙正华	男	1922	孙家村	安徽军区某师	师长
孙工先	男	1925	孙家村	炮兵某师	副政委
孙辑然	男	1905	孙家营子	武汉军区军事法院	院长
孙树培	男	1923	孙家营子	南京步兵学院党委	书记
孙树尧	男	1930	孙家营子	济南军医干休所	师级
孙昱然	男	1903	孙家营子	济南军区医院	院长
孙方先	男	1952	孙家营子	解放军理工大学	副校长
庄光亮	男	1957	高旺庄	济南军区装备部	主任
胡维月	男	1922	上元村	空军第二军后勤部	师级
秦玉新	男	1957	上元村	沂南县武装部	副部长
郭建华	男	1960	上元村	武警沈阳指挥学院	副师
刘玉成	男	1972	上元村	北京军区独立飞行师	大队长
秦洪昌	男	1947	下元一村	北海舰队司令部	副师

续表

姓　名	性别	出生日期	籍　贯	工作单位	职务、级别
冯治宝	男	1930	下元二村	装甲兵第二干休所	副师
秦克力	女	1951	下元二村	第二炮兵	正团
秦福昌	男	1956	下元二村	驻辽宁省某部	正团
庄茂军	男	1969	侯家村	济南军区某团	团长
宋国年	男	1953	竹子河崖	北京卫戍区某团	团长
宋胜昌	男	1968	竹子河崖	解放军某部	团长
丁兆畲	男	—	丁家官庄	解放军某部	团政委
王运行	男	1961	小草坡	第二炮兵士官学校	副师
庄日进	男	1934	李潭崖	济南军区某部	团长
刘加文	男	1966	李潭崖	济南军区某部	团长
姜秀符	男	1927	华山村	石家庄军队干休所	团级
肖培胜	男	—	华山村	解放军某部	团长
孙喜先	男	1946	东南营	临沂市人武部	政委
孙良先	男	—	东南营	北京警备区	副师
孙纪亮	男	—	东南营	盐城军分区	司令员
滕照清	男	1943	刘家湾	连云港墟沟区人武部	部长
滕　昭	男	1970	刘家湾	青岛警备区	副团
丁明刚	男	1968	西林子头	市武装部作战处	处长
丁明波	男	1970	西林子头	市边防支队	副处
田玉华	男	1927	桥东头	陕西省军区	团级
王廷志	男	1946	沙岭子	北海舰队	团长
王伟国	男	1958	沙岭子	山东武警总队	副师级
丁玉珠	女	1956	赵家庄子	北海舰队	副师
丁兆峰	男	1972	大草坡	解放军某部	副团长
丁立龙	男	1928	大羊圈	24 军某师后勤部	主任
丁根原	男	1962	大羊圈	空军第三飞行学院	少将
宋光启	男	—	大羊圈	吉林省军区	参谋长
王运明	男	1966	东川子	北海舰队潜艇支队	处长
相振华	男	1952	郭家庄子	解放军总装备部	副部长
滕照利	男	1949	刘家湾	威海军分区	司令员
刘祥震	男	1955	刘家湾	市刑警支队	政委
滕建泽	男	1965	刘家湾	青岛潜艇支队	政委
马承敦	男	1941	马家村	北海舰队某艇	艇长
马承宝	男	1957	马家村	北京武警总队	所长
丁为友	男	1972	苗家村	驻沈阳某部	正团
宋玉堰	男	1938	宋家坨	潜艇基地	大队长
尹作林	男	1926	王家村	吉林省军区	正师
尹德茂	男	1938	王家村	胶州空军基地	大队长
葛云达	男	1939	王家村	武汉军工厂	副师
葛长东	男	1963	王家村	南京军区装甲某师	副参谋长
尹相峰	男	1967	王家村	北海舰队办公室	主任
尹德华	男	1963	王家村	石臼边检支队	政委

续表

姓　名	性别	出生日期	籍　贯	工作单位	职务、级别
王世志	男	1946	小海	北空政治部主任	少将
王永成	男	1968	小海	北京空军某部	正团
尹相洛	男	1938	尹家廒头二村	解放军某部	副师长
田　伟	男	—	宅科	莱西市武装部	部长
郑培林	男	1953	宅科	兰州军区某部	正团
尹茂尊	男	1936	张家廒头	海军兵器研究所	副师
尹相荣	男	1949	张家廒头	某空军后勤部	正团
尹永旺	男	1966	张家廒头	驻长春空军某部地勤	副主任

西湖镇(3 人)

姓　名	性别	出生日期	籍　贯	工作单位	职务、级别
古玉林	男	—	南乐台	南京炮兵师	副师长
陈宝祥	男	1948	马鞍村	济南军区司令部	主任医师
陈祥会	男	1954	马鞍村	某部装备部	部长

南湖镇(11 人)

姓　名	性别	出生日期	籍　贯	工作单位	职务、级别
王锦凯	男	1956	陈家村	广州军区某部	大队长
陈常积	男	1947	陈家村	烟台 107 医院	正团
李家琛	男	1965	弓山村	莒县武装部	政委
申作臻	男	1925	东黄山前	西安空军器械装备厂	副团
丁元合	男	1960	共合疃	海军某部	副团
张传洋	男	1943	南湖四村	济南军区某部后勤部	部长
赵自华	男	1934	南湖一村	北京军区二炮	副师长
王万军	男	1957	樵业子村	青岛海军某团	政委
徐宣明	男	1929	盛家代疃	南京军区某部	师级
姜来全	男	1947	下坳	北海舰队	副师
闫胜章	男	—	小长汪崖	北京警备区	副处

陈疃镇(4 人)

姓　名	性别	出生日期	籍　贯	工作单位	职务、级别
王运河	男	—	陈疃镇	北海舰队	团级
王秋平	男	1967	南鲍疃	青岛空军疗养院	团长
许传波	男	1965	水陈坡	海军某部	团长
许传升	男	1969	许家洼村	市消防大队	副处长

三庄镇(13 人)

姓　名	性别	出生日期	籍　贯	工作单位	职务、级别
陈军生	男	1963	北陈家沟	国防大学后勤装备部	正师
崔久文	男	1971	三庄二村	广东军区某部	副团
胡建华	男	1961	吉洼	南京军区机要处	处长
刘国贤	男	1972	邱前村	西安解放军政治学院	副团
张良村	男	1965	三合岭	解放军文艺出版社	少将
刘相海	男	1970	上卜落崮村	济南军区给养处	副团
杨善同	男	1922	台庄村	厦门市老干所	师政委
杨　波	男	1974	台庄村	炮兵指挥学院	副团
王康升	男	1929	西王家寨	解放军某部	师级
周加刚	男	1969	三庄一村	北海潜艇二支队	副团长
徐茂俊	男	1964	战家沟	北海舰队航保厂	正团
杨学礼	男	1966	战家沟	青岛市辛家庄干休所	副团
宋彦明	男	1958	塔山村	空军第四飞行学院后勤部	正团

2007 年东港区副高职称以上人员名录

(共 1991 人)

(一)

(455 人)

日照街道(161 人)

安丰来　安丰胜　蔡明宏　曹仲群　曹培树　陈常贵　陈常云(女)　陈常胜　陈常友
陈淑敬　陈淑逸　陈为华　成永明　迟玉建　邓立波　丁　伟　丁海龙　丁原庭
丁原相　丁兆俊　丁兆友　董加兰(女)　费　波　费　伟　费一元　费英华(女)　费聿皆
费聿民　高维义　葛昌明　葛立华　葛立英(女)　郭公聚　韩丙利　胡善达　姜厚琰
焦建法　阚兴娟(女)　阚兴礼　孔凡斌　孔凡林　李长安　李朋业　李瑞菊(女)　李全业
李慎田　李仕平　李同合　李兴业　李秀娟(女)　李彦玲(女)　李业奎　李宜港　李宜锦
李宜密　李宜喜　李宜照　李永生　李仲春　李宗廖　李宗全　李宗柱　林　强
林相平　林玉红　林玉平(女)　林玉文(女)　刘　伟　刘　众　刘翠珍(女)　刘加兰(女)　刘加玉
刘佳爱(女)　刘立德　刘伦一　刘淑贤(女)　刘为元　刘惟素　刘维涛　刘贤海　刘祥来
刘祥明　刘祥贤　刘兆润　吕文明　吕贤芳(女)　吕相琨　马德斌　牟敦辉　牟敦联
牟宏梅　牟世彩　牟世岗　牟世职　牟宗娟(女)　潘曰亮　潘兆柏　裴军龄　齐　萌
钱　林(女)　秦玉庆　秦玉席　申作春　申作明　申作青　申作伟　石德亮　时　峰
时　刚　时　军　时　强　时　伟　时衍庆　司淑玉　司西勤　宋彦亮　孙常爵
孙承苍　孙承甫　孙承玉　孙天胜　孙西琦　孙训莲(女)　孙志坚　孙祖德　田树东
田松玲　田凤玲(女)　田宪增　田亚仙(女)　田银增　田玉峰　田智全　万　雷　万修德
王家安　王绪影　王宜峰　王宜海　王云淑　王云尊　夏国亮　相夫荣　徐茂锦
许崇金　许传朝　许家松(女)　许京森　尹　花(女)　尹立军　张　华　张　莉(女)　张传聚
张传生　张守伟　张永春　张永富　赵长亮　赵尔福　郑全珍(女)　郑培堂

石臼街道(28人)

白永亮　陈　刚　陈同柱　戴家福　费永军　贺　林　贺　勤(女)　厉建刚　厉建强
刘光芬(女)　刘光美(女)　刘克福　刘克泉　刘立京　刘乃春　刘培臣　刘祥娥(女)　刘士祥
刘祥峰　刘一闻　牟善章　秦洪普　时维乾　王　伟　王西忠　王修斌　张纪亮
朱世忠

秦楼街道(20人)

高　强　高维曦　高先先　韩公乐　李延堂　林维秀(女)　蔺洪生　刘连一　刘为清
马黎明　明常荣　乔正路　秦培森　秦淑贞(女)　秦绪堂　秦续江　秦玉瑞　王贯中
王茂春(女)　张守满

两城镇(12人)

安　莉(女)　安柏年　安可大　安玉宽　卜召林　胡启东　贾　峰　刘贤利　宁堂原
王海宁　闫江修　张永东

河山镇(5人)

安丰东　李树山　李秀花(女)　刘跃奎　许崇庆

涛雒镇(156人)

陈德明　陈令峰　陈元平　丁　新　丁炳原　丁昌业　丁航海　丁立平(女)　丁立合
丁立真　丁立镇　丁履伸　丁宁原　丁始璋(女)　丁以苏　丁元美(女)　丁原基(女)　丁原部
丁原骧　丁原亮　丁远明　丁兆辉　丁肇琨　丁肇卫　丁肇中　丁智原　丁子牛
高　飞　高兴开　高兴隆　葛国法　侯立军　贾为义　李　玲(女)　李秀年(女)　李绪国
李叶臣　李兆峰　刘　芸(女)　刘克军　刘为国　刘为洛　罗盛玉　马承君　马先宝
马先宾　马先东　聂奎金　秦　武　秦葆珊　秦洪享　秦鸿祥　秦葵嗣　秦泗昌
秦嗣仲　秦嗣众　秦玉词　秦玉瑚　沈金芳(女)　司乔生　宋琛年　宋佃相　宋佃勇
宋光乐　宋光友　宋军昌　宋开东　宋开忠　宋全芬(女)　宋瑞民　宋友年　孙　纪
孙传义　孙传友　孙培先　孙先金　孙先普　孙先庆　滕爱玲　滕怀池　滕培犀
滕以礼　田玉钊　王伯平　王纪春　王纪登　王纪福　王纪汉　王纪军　王纪礼
王纪三　王纪田　王军佩　王均兰(女)　王世界　王廷高　王廷功　王廷周　王云建
王运钢　肖玉华　徐延章　姚　斌　叶　芳(女)　叶庆镛　尹　凤　尹　莉　尹德芳
尹德聚　尹德爽　尹可钦　尹世安　尹维世(女)　尹相淳　尹相利　尹相利　尹相山
尹相善　尹秀兰　尹延山　尹衍枕(女)　尹永坤　尹永培　尹永清　尹永洗　尹永学
尹左芬(女)　曾光顺　张　涛(女)　张传明　张传培　张传玺　张守英　赵常运　赵光聚
郑斌全　郑金成　郑培友　庄光青　庄见伦　庄建红　庄建来　庄建明　庄建钦
庄举胜　庄茂福　庄茂华　庄茂聚　庄茂松　庄茂友　庄青峰　庄青松　庄清华
庄仕磊　庄维宽　庄聿胜

西湖镇(6人)

陈为义　范伟安　费洪山　韩正峰　焦　燕(女)　邢　峰

南湖镇(41人)

安保团　安茂竹　陈常暖　陈常召　陈为词　陈为坤　高兴全　郭长同　郭公布
李　金　李　梅(女)　李湘君(女)　李业宁　李兆华　李宗英(女)　刘加聚　刘为果　刘为祥
刘玉祥　刘兆荣　潘曰民　申源峰　申作富　沈东珍(女)　司朝满　王桂荣(女)　王绍平
王书申　王万旗　王万喜　王宜见　王宜荣　殷　芬(女)　殷玉峰　殷玉喜　张　峰
张传福　张念武　赵　萍(女)　周东升　周家文

陈疃镇(10 人)

安丰景　迟兆富　李　翠(女)　潘广武　潘维夫　王　乐(女)　相振俊　许崇良　许家万
于长青

三庄镇(16 人)

陈　默(女)　陈为开　范丰连(女)　胡宗来　匡立平　刘昌名　王　凌(女)　夏　继　夏德任
许崇敬　许崇庆　许家佐　许京平　杨采川　张良军　张良民

(二)

(1536 人)

政法系统(48 人)

安丰勇　陈为永　丁元省　范洪军　费立茂　高兴滨　顾成富　韩邦进　汉广军
焦安柳　焦自忠　李建玉　李志毅　刘劲松　刘克君　刘士杰　路为永　马成柏
马成山　牟利华　秦　江　任再友　山长稳　申家江　申作功　宋仪奎　苏桂莲
孙传和　孙树利　孙树玉　田乃文　王代坤　王均洪　王均悉　王书国　王永清
王元宗　魏绪壮　吴学臣　徐兆和　许崇华　杨丽华(女)　袁洪军　张　杰　赵守勤
郑成法　郑建梅(女)　郑培成

教育系统(1306 人)

安百宏　安百喜　安佰莲(女)　安佰民　安佰玉　安宝利　安宝林　安丰国　安丰玉
安丰理　安丰玉(女)　安丰华　安丰忠　安　江　安可清　安可忠　安　然(女)　安茂鹏
安玉清　安玉全　安玉森　安玉山　安玉申　安郁孝　安仲贤　白永海　鲍凤英(女)
毕乃福　毕乃娜(女)　毕维海　毕宣九　卞文世　别东田　别怀存　别秀荣(女)　卜宪和
卜宪凌　卜照锋　卜照森　蔡成峰　蔡均发　蔡星光　曹德胜　曹德堂　曹际远
曹加森　曹为庚　常德义　陈宝莉(女)　陈常琛　陈常峰　陈常进　陈常年　陈常兴
陈常业　陈常玉　陈常忠　陈德全　陈凤祥　陈　刚　陈令强　陈令祥　陈禄军
陈少锋　陈同花(女)　陈为兵　陈为峰　陈为福　陈为连　陈玉祥　陈为暖　陈为欣
陈祥收　陈祥善　陈祥收　陈祥乐　陈玉祥　程炳红(女)　陈占可　程济仁　迟莲萍(女)
迟令波　迟令儒　迟名臣　迟玉兰(女)　迟玉山　迟玉松　迟兆近　迟兆宣　仇智平(女)
崔宝刚　崔方信　崔久科　崔久山　崔连龙　崔良恩　崔为国　崔为凯　崔为秋
崔维珉　崔艳娟(女)　崔永惠(女)　代丽萍(女)　代　勇　代云溪　戴方庆　戴方柱　单天河
邓　山　丁东海　丁方明　丁锋昌　丁福州　丁立荣(女)　丁　国　丁海东　丁海芳(女)
丁海平　丁海忠　丁加勇　丁建美(女)　丁乐昌　丁立珍(女)　丁立法　丁立团　丁立中
丁　萌　丁　文　丁希元　丁　霞(女)　丁新刚　丁玉娑(女)　丁新海　丁兴海　丁元仓
丁元苍　丁元龙　丁元卫　丁原宏　丁原君　丁原鹏　丁元强　丁兆成　丁兆岭
丁兆仕　丁兆英(女)　丁兆云(女)　丁肇铭　丁志明　董桂华(女)　董　来　董书坤　董书太
董书悦　董　炜　董新华(女)　董元进　杜树娥(女)　窦梅芬(女)　董书健　范常玉　范崇坊
范丰光　范丰满　范丰芹　范丰胜　范丰余　范丰运　范丰旗　范红英(女)　范奉友
范开林　范利英(女)　范伟冰　范伟思　范伟遂　范伟祥　范耀辉　方艾秀(女)　房本京
房建英(女)　费洪健　费洪胜　费洪志　费立贵　费立珍(女)　费立政　费守兰(女)　费伦一
冯其礼　冯尚全　傅维铸　傅先华　高鹤芝(女)　高明花(女)　高科学　高清华(女)　高钱兴
高仕如　高为鼎　高文祥　高为峰　高维鼎　高维亮　高文祥　高兴满　高银兴
高曰才　高月桂　高月娟(女)　葛立兰(女)　葛平凡　葛维英(女)　高月辉　耿秀英(女)　葛彦桂(女)

公方传	古彩林	古立军	顾法玉	顾伟成	顾祥臣	管恩祥	郭常路	郭常若
郭常泗	郭常雨	郭公楼	郭建福	郭建相	郭建连	郭建章	郭秀彦(女)	郭西君
郭正法	韩帮芬(女)	韩帮诗	韩　彬	韩　霞(女)	韩庆桂(女)	韩建波	韩　英(女)	韩敬华
韩正红	韩治服	韩治湘	韩照同	汉春晓	何淑爱(女)	汉志德	何　昕(女)	贺林清
贺培华	贺照斌	贺作栋	洪永茂	胡明娥(女)	胡　梅(女)	侯照振	何玉波(女)	胡接章
胡善宝	胡善福	胡善学	胡善珍	黄昌文	黄金山	黄庆金	黄庆满	黄顺昌
黄松华	惠基善	惠基武	惠汝柏	惠汝贵	惠瑞林	惠西培	惠希亮	惠希满
惠西佐	惠祥斌	惠祥林	惠友江	惠友勇	惠智华	纪开国	纪开华	纪开森
季尚照	贾乐昌(女)	贾世刚	贾世礼	姜　琦	焦爱华(女)	姜忠臣	焦爱丽(女)	焦安超
焦安石	焦安新	焦安云(女)	焦安召	焦安竹	焦凤美(女)	焦见宝	焦见和	焦见挺
焦见义	焦见影	焦见余	焦建全	焦蔚青	焦玉梅(女)	焦自果	焦自军	焦自信
焦自学	金立柱	荆彦民	阚石岭	阚兴明	阚兴湘	孔庆陛	孔祥发	孔令军(女)
匡才远	亢永红(女)	匡冲远	匡姣远	匡精远	匡兰香(女)	匡立柏	匡淑丽(女)	匡习远
康学芹(女)	匡新远	蓝朋青	冷子胜	李斌宜	李　冰(女)	李成群	李成义	李翠英(女)
李纯明	李岱宜	李德瑞	李佃伟	李佃志	李凤仙(女)	李东夏	李凤悦	李洪宜
李鸿群	李华凤(女)	李吉业	李继安	李家足	李甲明	李见村	李建花(女)	李建英(女)
李建云	李金业(女)	李　娟(女)	李军业	李克福	李克云	李克臻	李茂洪	李　梅(女)
李茂坤	李明吉	李乃伟	李培义	李朋宜	李　箐(女)	李善志	李慎良	李慎玉
李士坤	李世芳(女)	李世元(女)	李世贞	李仕鸿	李淑兰(女)	李仕年	李树富	李树俊
李树良	李树桥	李树森	李树友	李同民	李同山	李　伟	李旺亮	李为民(女)
李为亮	李为仁	李　伟	李文业	李溪梅(女)	李秀娟(女)	李修林	李秀业	李绪峰
李绪晟	李绪书	李绪昱	李学芬(女)	李学业	李　艳(女)	李业浩	李业玲(女)	李宜军
李宜海	李宜军	李业玲	李宜平	李宜起	李永山	李友烈	李曰部	李兆云(女)
李兆宝	李　芝(女)	李志娥(女)	李志梅(女)	李　智	李宗斌	李宗海	李宗军	李宗连
李宗良	李总孟	李宗苗	李宗明	李宗绍	李宗仕	李宗顺	李宗晓	李宗绪
李宗志	厉宝席	厉保国	厉保和	厉成强	厉夫作	厉福德	厉桂荣(女)	厉建华(女)
厉建刚	厉建亮	厉建龙	厉建友	厉晓燕(女)	厉　新	厉宣森	厉宣欣	厉彦柳(女)
厉彦德	厉彦明	厉彦文	厉永佑	梁贵银(女)	梁培海	梁启永	梁义文	梁云荣(女)
梁作华	梁作堂	林东辉	林凡泉	林　峰	林　华(女)	林光理	林　利	林为田
林象沛	林玉萍(女)	凌宗省	刘丛梅(女)	刘丰仁	刘奉贤	刘福贤	刘光芝(女)	刘　海
刘海平	刘汉军	刘汉生	刘洪营	刘　虹(女)	刘吉贤	刘加彬	刘加福	刘加花(女)
刘加干	刘加金	刘加均	刘加昆	刘加来	刘加礼	刘加良	刘加强	刘加龙
刘加伦	刘加明	刘加良	刘加仁	刘加申	刘加同	刘加斋	刘加宗	刘建国
刘进启	刘进一	刘　军(女)	刘礼贤	刘　明	刘明开	刘明青	刘明祥	刘乃孝
刘润汉	刘淑雪(女)	刘松亮	刘太斌	刘为江	刘维义	刘维臻	刘伟华(女)	刘　玮
刘伍一	刘贤华	刘贤亮	刘贤平	刘贤爽	刘贤同	刘贤义	刘贤毅	刘贤忠
刘相华	刘相兰(女)	刘祥娟(女)	刘祥玲(女)	刘相收	刘相祝	刘祥春	刘　晓(女)	刘艳霞(女)
刘祥尊	刘永祥	刘　耘	刘泽乐	刘兆明	刘兆竹	刘照锋	刘照仁	刘志文(女)
刘仲贤	卢方萍(女)	卢均省	卢正法	陆　斌	路奎仕	路宜林	吕　炳	律永乐
马成鹤	马承琨	马承友	马先花(女)	马先巧(女)	马世伟	马先秀(女)	马云华(女)	马宗习
马祖鹤	马祖同	毛怀周	孟凡成	孟凡运	孟庆俊	孟庆珂	孟庆民	孟庆秀(女)
孟庆祝	孟宪余	苗维亭	明常德	牟翠美(女)	牟春胜	牟敦光	牟敦任	牟敦祥

牟晋云(女)	牟凌钢(女)	牟奎元	牟乃珍(女)	牟 芹(女)	牟善祯	牟善峰	牟善亮	牟善智
牟善青	牟善庭	牟善友	牟善峰	牟树善	牟文波	牟文善	牟英善(女)	牟宗英(女)
穆 冰(女)	牟宗世	牟宗贤	南洪泽	聂纪荣	潘宝连	潘广升	潘华海	潘为昌
潘为开	潘为亮	潘为增	潘维君	潘维涛	潘曰华	潘曰欣	潘政诺	庞立花(女)
庞尊明	裴淑相(女)	庞尊强	裴振芝	彭陆贤	彭贤路	彭颖秀(女)	平英俊	齐延龙
齐玉玲(女)	乔瑞玲	乔万松	秦洪芬(女)	秦 波	秦洪来	秦洪森	秦华伟	秦 庆
秦泗国	秦泗景	秦泗开	秦泗礼	秦泗民	秦泗升	秦泗胜	秦泗学	秦泗彦
秦泗尊	秦嗣胜	秦 伟	秦绪波	秦绪开	秦绪来	秦 勇	秦玉海	秦玉建
秦玉杰	秦玉秘	秦玉田	秦玉信	秦玉铱	秦玉文	秦玉英(女)	秦玉照	任爱年
任百元	任柏松	任永东	荣玉锐	尚洪忠	尚庆雨	尚 文(女)	尚修华	邵桂珍
邵泽秀(女)	申加玲(女)	申加庆	申淑琴(女)	申家富	申文刚	申延田	申延祝	申永汉
申永亮(女)	申玉玲(女)	申作春	申作久	申作明	申作谦	申作荣	申作祥	沈坤基
盛呈松	盛祥友	石宝忠	石文凤(女)	时德怀	时德佳	时德喜	时德永	时培艾
时培宽	史兰美(女)	时培乐	舒秀荣(女)	司平占	司洪吉(女)	司西华	宋百海	宋百合
宋佰合	宋春雨	宋德杭	宋光提	宋加德	宋加利	宋明旺	宋庆国	宋如山
宋卫东	苏 玮(女)	宋兴富	苏勋计	苏勋旭	苏贻庄	隋丹江	隋树超	孙成喜
孙承彦	孙传友	孙从启	孙桂美(女)	孙慧琴(女)	孙方仙	孙静波(女)	孙开明(女)	孙 丽(女)
孙吉轩	孙纪玉	孙 静	孙 玲(女)	孙树华	孙树金	孙树全	孙 伟	孙文举(女)
孙秀华(女)	孙秀娟(女)	孙忆祖	孙元鹤	孙运堂	孙志石	孙祖民	谭吉英(女)	唐纪芳(女)
唐正义	滕 波	滕光伟	滕怀红(女)	滕怀森	滕怀祥	滕怀玉(女)	滕建明	滕培平
滕培枝	滕淑华(女)	滕依山	滕以高	滕以钦	滕聿勋	滕召锋	滕兆尚	滕照宝
滕照宁	滕照西	滕照泽	田爱莲(女)	田 锋	田洪利	田洪印	田洪永	田淑兰(女)
田树金	田文玲(女)	田延增	田玉刚	田元增	万克福	万若兵	万修任	万秀高
万宗荣(女)	汪全堂	汪学堂	汪云霞(女)	汪照华(女)	汪照亮	汪照顺	汪照学	王爱玲(女)
王安翠(女)	王安祥	王彬祥	王炳革	王炳会	王炳勇	王 冲	王大聪	王代军
王恩平	王凡秋	王丰顺	王凤军(女)	王凤堂	王夫亮	王富平	王 刚	王光华
王贵兵	王桂德	王桂勤	王桂维(女)	王桂新	王海云(女)	王海波	王 虹(女)	王会民
王纪进	王继红(女)	王济东	王加刚	王加增	王家提	王 进	王京礼	王 军(女)
王均成	王均红(女)	王均队	王均会	王兰芝(女)	王 坤	王立金	王立文	王立新
王丽萍(女)	王 琳	王茂福	王梅平	王乃桂(女)	王培复	王培华	王 平	王收平
王平升	王庆华(女)	王清海	王 荣(女)	王荣格(女)	王清亮	王少宏	王瑞欣(女)	王少华
王绍森	王世敬	王世普	王世荣	王世若	王世山	王世勇	王书梅(女)	王书英(女)
王 姝(女)	王仕仁	王 平	王 体	王廷悦	王万芳(女)	王万春	王万亭	王万伟
王万星	王为萍(女)	王万早	王伟海	王文波	王文义	王先明	王兴仲	王修波
王修凤(女)	王修堂	王秀奎	王秀平	王秀英(女)	王延花(女)	王绪强	王延珍(女)	王宜华(女)
王宜琴(女)	王宜水	王怡志	王义平	王永金	王玉玲(女)	王玉昌	王玉龙	王元庆
王元生	王运刚	王运照	王兆峨	王兆全	王兆银	王哲刚	王振东	王志斌
王治方	王致录	王宗亮	王宗全	王宗修	王宗玉	魏绪宏	魏绪美(女)	魏绪卓
温德峰	吴公科	吴京恩	吴京菊(女)	吴茂英(女)	吴乃忠	席加运	夏德明	夏良金
夏培祥	夏 雯(女)	夏培新	夏永花(女)	相洪军	相玉玲(女)	相守清	相振晨	相振玲(女)
相振虚	肖冬香(女)	相振玉	肖光新	肖瑞菊(女)	肖宏坡	辛本卫	辛本忠	辛崇树
辛德惠(女)	辛崇修	辛得志	辛富周	辛公菊(女)	辛公乐	辛 恺	辛全喜	辛 扬

邢茂黎 熊兆堂 徐凤军 徐海滨 徐海刚 徐恒美(女) 徐河玉 徐继亮(女) 徐建松
徐金凤(女) 徐茂桂(女) 徐茂臣 徐茂建 徐茂信 徐淑凤(女) 徐茂增 徐水琴(女) 徐晓云(女)
徐宣本 徐宣升 徐宣源 徐延禄 徐义德 徐玉忠 徐云祥 徐子花(女) 许超敏(女)
许崇富 许崇亮 许崇思 许崇珍 许传安 许传慈 许传德 许传芳(女) 许传福
许传光 许传好 许传焕 许传来 许传荣(女) 许传楼 许传树 许传欣 许传信
许传旬 许传谊 许传忠 许春华(女) 许加忠 许家米 许家荣 许家义 许庆丽(女)
许秀菊(女) 许家在 许家臻 许延河 许延森 许衍慈 许衍平 闫龙兴 闫永菊(女)
阎 明 杨百利 杨百申 杨春福 杨洪相 杨怀新 杨见礼 杨禄善 杨茂海
杨茂森 杨培存 杨培京 杨培章 杨培忠 杨培竹 杨平善 杨庆明 杨善桂(女)
杨善聚 杨善军 杨淑安 杨淑芬(女) 杨淑家 杨淑平 杨淑青 杨淑善 杨树兰(女)
杨田伦 杨为胜 杨为玉 杨维华 杨伟善 杨秀梅(女) 杨秀芩 杨艳美(女) 杨以凤(女)
杨玉俊(女) 杨玉亮 姚久德 姚其余 姚庆霞(女) 姚卿钵 叶海林 叶金华 叶连坤
叶秀裕 殷曰格 尹德宝 尹德凤(女) 尹德君 尹德禄 尹德禧 尹全世 尹世合
尹世青(女) 尹世清 尹世生 尹世顺 尹相锋 尹衍菊(女) 尹相峰 尹相凯 尹相青
尹相锋 尹衍菊(女) 尹衍乐 尹衍利 尹永太 于爱玲(女) 于德勤 于桂英(女) 于国亮
于国钦 于国桢 于西海 于兆鹤(女) 袁安平 袁安新 袁从珍 袁学连 臧家宝
臧平旺 臧秀芹(女) 臧竹旺 曾善军 战仁梅(女) 张爱芳 张传波 张传聪 张传峰
张传广 张传军 张传来 张传兰(女) 张传乐 张传令 张传密 张传勤 张传升
张传祥 张传新 张传运 张传周 张春龙 张春叶 张春雨 张春增 张佃武
张佃英(女) 张佃泽 张佃正 张国良 张洪明 张 华 张纪胜 张纪盈 张继忠
张继宗 张加科 张加强 张 杰(女) 张克海 张立苗(女) 张丽芳(女) 张立民 张茂川
张茂花(女) 张茂仁 张茂扬 张茂远 张梅瑛(女) 张 敏(女) 张 楠 张 宁 张清德
张 庆 张日开 张善革 张 生 张守宝 张守德 张守芳(女) 张守峰 张守浩
张守华 张守利 张守林 张守满 张守苗(女) 张守平 张守芹 张守胜 张守学
张守友 张守泽 张守正 张淑花(女) 张术安 张 啸 张秀玲(女) 张新声 张秀敏(女)
张雪梅(女) 张永峰 张永福 张艳霞(女) 张永芬(女) 张永刚 张永兰(女) 张永军 张永利
张永木 张永卫 张永义 张瑜川(女) 张玉莲(女) 张玉顺 张志省 张宗启 赵厚霞(女)
赵纪花(女) 赵久芬(女) 赵 锋 赵久玲(女) 赵令彩(女) 赵龙峨 赵龙敏(女) 赵龙军 赵龙肖
赵龙臻 赵庆旺 赵瑞亭 赵世清 赵廷健 赵为香 赵维英(女) 赵希方 赵新宁
赵秀玉(女) 赵彦明 赵自金 赵自全 赵自亭 郑成进 郑成满 郑成全 郑成余
郑吉俊 郑 诺 郑培艾 郑培成 郑培江 郑培涓 郑培雪(女) 郑培忠 郑 强
郑世安 郑全京 郑全来 郑全卿 郑 强 郑世昌 郑世华(女) 郑世朝 郑世辉
郑世军 郑世荣(女) 郑世来 郑世勋 郑世义 郑守全 郑 文(女) 郑祥安 郑志强
周备法 周和远 周加田 周家来 周家友 周绪光 周 泱(女) 周绪正 周扬平
朱纪光 朱兰春 庄岱吉 庄佃良 庄佃普 庄殿平 庄光全 庄光仁 庄光云(女)
庄见礼 庄见若 庄见森 庄建芳(女) 庄建军 庄建宽 庄建兰(女) 庄建玉 庄举松
庄聚田 庄乾珍(女) 庄茂波 庄新文 庄绪玲(女) 庄 英(女) 邹光平 邹顺传 邹 英(女)
左成欣

卫生系统(108人)

安丰奎 陈 超 成永海 代素芳(女) 丁元芳 丁志勇 段祥升 范崇香(女) 范月波
房守亮 冯志福 高慈兴 高纪英(女) 顾法义 顾海波 汉敬德 胡云清(女) 胡学勤
黄英昌(女) 季向英(女) 贾世浩 姜世同 焦安怀 金翠兰(女) 孔庆迎 孔祥海 李 强

李　友	李会芹(女)	李西俊(女)	李益荣	李忠堂	厉复宸	刘昌英(女)	刘莲英(女)	刘　杰
刘为英(女)	刘西林	刘希德	刘相星	吕　坚	吕慧验(女)	孟　伟(女)	孟凡信	马成开
马先春	牟会善	牟晋英(女)	彭贤利	齐延昌	乔正煜	邱元正	邵玉春(女)	申茂湘
申永帆	时桂莲(女)	时培鹤	时振升	宋全生	隋宏勋	孙　霞(女)	孙立香(女)	孙继光
孙显华(女)	滕聿联	王凡香	王公道	王建芬(女)	王健全	王京平	王勤平	王少阳
王文秀(女)	王言飞	王跃明	王照堂	魏有农	吴乃亮	武广平	相玉军	邢良红
修殿芳(女)	徐　琦(女)	徐伦民	徐茂秀(女)	许崇良	闫振东	叶红辉(女)	杨传海	杨平玲
尹志刚	于　健	于安红	袁存立	岳　玲(女)	张传德	张德进	张永秋(女)	张英才
赵　敏	赵秀敏(女)	郑培淑(女)	郑世香(女)	郑希圣	朱祥兰(女)	朱继军	朱于启	祝明池

农业系统(53人)

常学霞(女)	陈德玲(女)	陈为芝(女)	成永良	丁立年	樊世亭	樊秀京(女)	范丰尊	郭建和
郭卫章	胡　娜(女)	惠生华	李家正	李金叶	李其梅(女)	李雪峰(女)	李有树	刘全贤
刘仕秀(女)	刘贤恕	娄　峰	路仕峰	吕贤合	马成明	马宗宝	孟凡顺	牟善宗
潘春霞(女)	秦曰君(女)	荣生道	申　蒙(女)	宋翔晴(女)	孙建国	王　佳	王恩华	王贵君
相恒星	徐延友	许崇林	杨玲春(女)	杨晓东	尹相彩	张　琦(女)	张传玲(女)	张传国
张传香(女)	张佃文	张全臣	张玉玲(女)	郑培宏	朱正乐	庄少林	庄新文	

区直有关局(21人)

安中锋	陈令波	丁兆平(女)	董彦才	韩秀娟(女)	侯永玲(女)	焦安林	李淑娟(女)	李　波
路　华(女)	莫正华(女)	潘光霞(女)	彭淑英(女)	邱祖兰(女)	宋全峰	王公秀(女)	徐艳梅(女)	辛本茹(女)
袁玉波	张厚亭	周兴华						

硕士以上学位人员名录

(共796人)

博士学位(198人)

日照街道(63人)

安佰义	卜登科	卜宪祥	曹立群	陈常胜	陈小红	丁　辉	丁　伟	丁　勇
丁秀云(女)	丁元涛	董淑芸	费　伟	费霞丽(女)	付慎明	姜厚理	李继业	李宜喜
李有林	厉凤香(女)	厉夫兵	厉华明	梁启振	林　春	林　红(女)	林惠娟(女)	林太平
林象平	刘冰一	刘加锋	牟敦国	牟玉梅(女)	秦绪隆	时　刚	时延伟(女)	时　强
时衍聪	宋　巍	孙　波	孙　健	孙　琪	孙成华	孙卫东	孙振峰	滕凌(女)
田文举(女)	田雪霞(女)	万修全	王　峰	王　琰(女)	王瑞玲(女)	吴翠娥(女)	谢　岚(女)	徐西域
袁德虎	詹　毅(女)	詹云刚	张发浩	张守安	张守红	郑培杰	郑世忠	郑新港

石臼街道(12人)

陈　勇	戴方涛	封　宾	李　坤(女)	李　毅	刘　强	刘晓强	刘召强	马　慧(女)
王胜东	王永安	张　勇						

秦楼街道(36人)

代世峰	高　健(女)	巩　华	李　丽(女)	李树勇	林　海	刘　建	刘　民	刘　涛
刘春山	刘立峰	刘立强	刘小红(女)	刘照伟	马安德	秦　磊	秦培云(女)	秦洪武
秦泗钊	秦续磊	秦玉军	邱丰河	山　波	山世英(女)	申　丽(女)	时维英(女)	田　野
王　灿	王　刚	王西照	王玉轩	闫丰文	张　翠(女)	张志峰	赵秀红(女)	赵吉平

两城镇(7人)

安　杰	牟玲玲(女)	宁志斌	曲元刚	王陪经	王培京	张　珂(女)		

河山镇(2人)

王培友	张　峰							

涛雒镇(22人)

陈令坤	丁　臻	丁昌业	丁海珠(女)	傅　磊	傅　淼	傅　焱(女)	傅文先	韩　巍
侯立军	黄　慧(女)	姜　涛	姜建国	秦国栋	秦四甜	宋瑞波	王立强	许文(女)
郑　鲁	郑全战	庄举娟(女)	庄青峰					

西湖镇(1人)

陈　宁								

南湖镇(26人)

安丰稳	陈　雷	陈德智	陈为亮	樊　春	樊唯镏	李　剑	李雪梅(女)	李宜宾
刘加军	吕军宏	牟宗翠(女)	司刚全	司西强	隋玉钦	王圆圆	王远敏	辛公明
徐建峰	许传田	叶庆华(女)	张宝峰	张传仓	张守华	张西奎	赵　鹏	

陈疃镇(12人)

蔡明清	曹宗献	李　然	李为臻	李曰强	刘　勇	牟宗春	潘少鹏	许爱华
许崇海	许崇苗	许福全						

三庄镇(13人)

董立军	胡　萌	惠希东	李洪生	王　雷	王代华	王汉川	王秀兰(女)	徐茂锦
许崇斌	杨和东	张　霞(女)	周文远					

区直机关(4人)

葛长江	李　明	吕　琳(女)	张　艳(女)					

硕士学位(598人)

日照街道(211人)

安　礼	安　伟	安茂强	安耀峰	毕海善	毕慧云(女)	毕纪军	毕乃民	卜　坤
卜囡囡(女)	卜喜逢(女)	陈彩霞(女)	陈常云(女)	程维湘(女)	蔡名铎	蔡明宏	蔡青春(女)	曹维朋
迟玉强	戴昉纳(女)	丁　斌	丁　敏(女)	丁　宁	丁　晓(女)	丁　旭	丁　振	丁明宇
丁鹏飞	丁秀丽(女)	丁兆友	董彩凤(女)	董加明	段东海	费　雪(女)	费洪亮	费立蜀
费立伟	费艳芹(女)	费聿环(女)	费聿辉	费聿荣(女)	费云秋	付志斌	高　磊(女)	郭公杰
高华娟(女)	韩　磊	胡　雪(女)	胡大明	胡宗恩	惠　健	季　敏(女)	姜厚强	姜忠山
焦李超(女)	阚长青	孔　军	孔　荣	孔　燕(女)	冷秉坤	李　泓(女)	李　顺(女)	李　辉
李　伟(女)	李　文	李　岩	李　羿	李　柱	李建峰	李建华	李业亮	李宜轩
李志军	李宗海	李宗伟	厉　丽(女)	厉保军	厉海妮(女)	厉建峰	厉彦东	厉彦路
林　强	林　晓(女)	林华伟	林润华	林顺华	林一英(女)	刘　兵	刘　芳(女)	刘　健
刘　健(女)	刘　丽(女)	刘　铭	刘　朋	刘　山	刘　伟	刘　鑫	刘翠丽(女)	刘　洋
刘桂玲(女)	刘国栋	刘加利	刘加霞(女)	刘加钊	刘佳爱(女)	刘家进	刘贤秀(女)	刘贤红
刘祥港	刘祥英	刘亚妹	刘娅军(女)	刘彦明	刘增贤	卢　峰	吕贤芳(女)	牟　磊
牟承培	牟敦波	牟建斌	牟晋京	牟晋军	牟晋森	牟善礼	牟申周	牟文强
牟燕燕(女)	潘　玲	潘广兵	潘华林	彭蓉蓉(女)	钱　林(女)	秦　超	秦绪强	时　峰
申　娜(女)	时　刚	时　军(女)	时　婷(女)	时　伟	时　瑶(女)	时　玉	时贵章	时延聪
宋大伟	宋洪金	孙　玲(女)	孙　鹏	孙　妍(女)	孙　正	孙德坚	孙淑红(女)	孙晓鹏

孙兴平(女)	孙兴起	田玉双	万　磊	万　琳(女)	万海燕(女)	万克红	王　祥	王兆祥
王　娜(女)	王　文(女)	王桂秀(女)	王丽媛(女)	王琳琳(女)	王茂庆	王祥凤(女)	王雨东	肖光磊
徐　倩(女)	徐茂波	许　珊(女)	许萍萍(女)	杨　静(女)	杨　涛	姚　君(女)	姚丽丽(女)	殷月伟
尹　花(女)	尹德献	于山山	于衍华(女)	张　东	张　海	张　磊	张　磊	张　琳
张　敏(女)	张　涛	张传运	张海燕(女)	张军刚	张丽丽(女)	张玲玲(女)	张念武	张世娟
张舒平	张永富	张永俊(女)	赵庆波	赵庆伟	郑　伟(女)	郑培明	周　颜(女)	周家伦
周淑玲(女)	朱传红(女)	庄建民	邹菲菲(女)					

石臼街道(42人)

陈　驰	陈　静(女)	陈丽丽(女)	陈丕玉	程麒文	戴莎莎(女)	丁海亭	冯　华	高　洁
高　磊	贺　杰(女)	贺照强	焦　伟	阚宝魁	冷　波	冷林蔚(女)	李云(女)	李业川
刘　兵	刘　涵(女)	刘　鹏	刘　伟(女)	刘　晓	刘祥霞(女)	刘祥臻	刘园园(女)	刘玉龙
刘召红(女)	牟善章	王　静(女)	王　倩(女)	王　涛	王慧聪(女)	王丽伟(女)	王永超	王永光
叶　翔	张　丽(女)	张　强	张守刚	郑世强	朱华文(女)			

秦楼街道(89人)

安佰江	安国强	安兰香(女)	安茂岭	安苏华	毕晓英(女)	卜立强	卜美华(女)	卜现聪
卜晓翠(女)	卜志强	陈小艺(女)	丁　伟	丁峰峰(女)	丁立鹏	费　飞	侯素玲(女)	季尚娟(女)
李　峰	李　磊	李　丽(女)	李　玲(女)	李文文(女)	李文正	李玉见	厉　群(女)	刘　春
刘　伟	刘　霞(女)	刘　艳(女)	刘加波	刘加波(女)	刘加法	刘贤亮	刘照娟(女)	刘贤树
刘照伟	马振堂	潘华伟(女)	乔　畅(女)	乔　超(女)	乔　梓	秦　洁(女)	秦　娟(女)	秦　峰
秦　燕(女)	秦方明	秦立伟	秦丽丽(女)	秦丽妹(女)	秦培颜(女)	秦续霞(女)	秦亚男(女)	秦续钊
秦燕燕(女)	秦永春	秦永丽(女)	秦玉利	秦玉霞(女)	秦照荣(女)	山　鹏	申　杰	时　磊
时德顺	时振堂	苏　纪	苏文明	苏晓梅(女)	苏勋民	苏勋庄	苏循团	孙志明
孙　燕(女)	陶瑞然	田文华	王　玲(女)	王　敏(女)	王茂龙	许加开	闫　超	闫存章
闫秀杰	闫早发	闫早学	于　涛	张　晖	张　艳(女)	张彩霞(女)	赵晓红(女)	

两城镇(1人)

潘　玲(女)

河山镇(3人)

葛　华	尚延波(女)	郑培芳(女)

涛雒镇(101人)

曹同峰	陈　波	陈　江	陈　涛	陈德胜	陈令春	陈令娟(女)	陈亚楠(女)	陈令昆
迟玉华(女)	丁　剑	丁　强	丁　珊(女)	丁　伟	丁　岩	丁昌明	丁海龙	丁海玉
丁立伟	丁明磊	丁明涛	丁瑞芳(女)	丁文波	丁兆军	丁兆龙	丁肇权	付　强
高　飞(女)	郭超江	韩儒博	侯永伟	黄盛男	姜　南	姜恩华	姜玉刚	李　文
李　凌(女)	李　丽(女)	李　云(女)	李爱英(女)	李业超(女)	李拯宇	刘　霞(女)	刘　燕(女)	刘昌忠
刘加峰	刘加海	刘志勇	马玉涛(女)	牟宏善	牟宗春	聂　超	聂阚阳(女)	聂　洋
聂文超	庞云红(女)	秦　超	秦　杰	秦　裕	秦建文	秦四霞(女)	秦文斌	秦绪峰
秦玉宝	秦玉文	秦裕伟	秦裕真	宋　超(女)	宋　会(女)	宋海峰	宋开亮	苏　涛
孙　波	孙国文	孙海莲(女)	孙树国	王均华	许　华(女)	阎　岩(女)	杨径伟	姚起宏
尹凤祥	曾兆武	赵　静(女)	赵　娜(女)	赵光聚	祝丽丽(女)	庄　峰(女)	郑　越	朱　伟
庄　娜(女)	庄　涛	庄　霞(女)	庄冬伟	庄光超	庄士超	庄仕文	庄素祯(女)	庄文华
庄向仕	庄燕美(女)							

西湖镇(23 人)

陈立娟(女) 丁　敏(女) 董　军 费　宁 焦安军 焦国正 焦自军 孔令琼(女) 李　伟
李萍萍(女) 李慎波 李守波 李宜昭 申永洁 申作春 宋百学 宋兴运 苏同合
王均玉 邢　伟 杨小慧(女) 尹德芹 周　鹏

南湖镇(86 人)

安　峰 安　勇 安红臣 安耀祖 陈　栋 陈　珍 陈为远 陈为志 陈晓龙
丁　宁(女) 丁明杰 丁明星 丁元东 樊　薇(女) 樊敦秋 樊正玲(女) 费聿峰 高华峰
高　洁(女) 高华玲(女) 高新华(女) 高秀梅(女) 葛宗梅(女) 郭　强 郭长玉 郭玲玲(女) 郭见勇
韩　平(女) 胡　勇 胡玉洁(女) 阚兴权 李　明 李　琼(女) 李纪刚 李可亮 李鹏飞
李宜宏 梁田忠 刘飞翔 刘晓东 刘兆荣 娄善智 吕　超 马成俊 马成政
牟宗娥(女) 庞　军 邵翠玲(女) 沈雷东 盛呈雨 时　波 时延林 时延森 滕怀龙
滕兆健 万秀金 王　敏 王　勇 王贵升 王黎明 王茂峰 王茂森 王暖春
王绍习 王万青 王文春 王宗平(女) 徐衍强 许京娜(女) 许丽娟(女) 许丽丽(女) 许传亮
杨　琳 杨　宁 杨茂峰 杨茂娟(女) 杨茂霞(女) 杨玉永 殷玉翠(女) 殷玉龙 于祥坤
张倩倩(女) 张善法 赵　梅(女) 周显平 朱友刚

陈疃镇(28 人)

董　超 冯其昌 惠希宗 李宜周 李曰兵 潘　凤(女) 潘月娟(女) 宋佰峰 王训波
王文霞(女) 相　凤(女) 相湛昌 辛　雨 辛全仓 徐　伟 徐贵芝(女) 徐锡铭 徐衍生
许崇顺 许传京 许美玲(女) 许艳婷(女) 于　萍(女) 张　丽(女) 张　生 张传新 张守刚
张守慧(女)

三庄镇(1 人)

宋　玲(女)

区直机关(13 人)

安　珉 陈　峰 成慧中(女) 丁　超 聂　瑶(女) 庞小薇(女 秦　浩 申家鹏 辛阿阿
许凤华(女) 张　龙 张　玮(女) 张逸溦(女)

专　记

一、抗美援朝运动

进行抗美援朝爱国主义教育

1951年初，中共日照县委根据上级指示，成立由县委宣传部和青年工作委员会人员组成的“日照县保卫世界和平反对美帝侵略委员会”，负责全县抗美援朝运动的宣传、教育、发动工作。3月，县委召开第三次党的代表大会，作出把抗美援朝、结束土改、镇压反革命三大运动推向高潮的决议。各级组织、各团体都制定出普及和深入抗美援朝运动和爱国主义教育的具体计划并组织实施。全县干部群众从思想上认识到美帝国主义发动的是非正义侵略战争，抗美援朝就是为了保家卫国。全县掀起送子送夫报名参军热潮，4000余人报名，2017人入伍。

举行示威大游行及签名活动

1951年4月15日，县委发出《“五一”举行大规模的游行示威活动，进一步普及深入抗美援朝爱国主义运动》指示。全县各级党团组织、各部门、各行业都制定出“五一”示威游行计划。每名脱产干部负责宣传300名以上群众，每名团员负责宣传10名以上青年。在充分准备的基础上，1951年5月1日，日照城、石臼所、涛雒、安东卫、岚山头、王家滩等重要集镇，同时举行声势浩大的抗美援朝保家卫国示威大游行。游行队伍高举红旗，挥动彩旗，高喊口号，高唱革命歌曲，沿主要街道行进。党政军民26万余人参加活动。

根据中国人民抗美援朝总工会《关于举行拥护缔结和平条约签名及举行关于日本问题投票的通知》，1951年4月20日，全县抗美援朝委员会发出通知，号召一切爱好和平的人民支持这个公约。1951年4月20日至5月下旬，全县普遍举行各种形式的和平签名活动，表明抗美援朝、反对武装日本的坚强决心。全县有33.7万人签名。

订立爱国公约

1951年6月，中国人民抗美援朝总工会向全国发出“推行爱国公约、捐献飞机大炮、优待烈属军属”三大号召。根据各级党委部署要求，全县党员、干部、群众把“反帝爱国”热情落实到加强国防、镇压反革命、结束土改、掀起生产高潮实际工作中。爱国公约订立范围覆盖全县各行各业、各个系统和大部分家庭。公约内容主要有，政治任务(爱国增产、捐献飞机大炮、拥军拥属)，生产任务(增产节约、劳动竞赛、抗旱防汛)，学习任务(干部、青年、学生、妇女劳力学习文化，学习时事，提高政治觉悟)。农村各互助组、机关各个部门、学校班级、工厂车间及生产小组、各个家庭都按照爱国公约要求，量化确定任务目标，分别订立公约，进行公布、张贴。同时，定期检查、评奖。

开展捐献活动

1951年1月始，县委发动全县人民踊跃捐款捐物，支援抗美援朝。广大农民积极捐献家庭积蓄、粮食和副业收入，机关干部、学校教师踊跃捐献菜金、工资。仅6个月的时间，全县共捐款旧币199777万元。其中工人捐款911.5万元，农民捐款101128.6万元，妇女捐款183.6万元，学生捐款154.6万元，工商界捐款18万元，机关团体捐款7394.7万元，其他捐款89986万元。

抗美援朝运动历时三年，县委带领全县党、团员和广大干部、群众，坚决贯彻“支援前线、保家卫国、发展经济、巩固国防”的方针，从精神、人力和物质上有力地支援前线。人民群众在运动中普遍受到爱国主义和国际主义教育，思想政治觉悟普遍提高，爱国热情和生产积极性空前高涨。成为恢复和发展国民经济，推动各项社会事业进步，巩固新中国人民政权的强大动力。

二、镇压反革命运动

1950年11月始，日照县委、县政府按照中央及省委、地委关于坚决严厉镇压反革命的部署，组织公安、法院等专门力量，广泛发动群众，在全县全面开展镇压反革命运动(以下简称镇反)。这次镇反的对象是：解放前为匪，解放后继续为匪的惯匪、匪首及坐地分赃的窝匪；勾结匪徒分子，依靠或形成一股反动势力称霸一方，用暴力或权势欺压群众，霸占、强奸妇女，杀害群众，造成人民生命与财产损失，查有证据的恶霸；凡经过正式手续参加军统的一切成员和中统通讯员以上的特务及参加日伪军组织的骨干分子；国民党区分部委员以上、三青团分队长以上的反动党团骨干；利用道会门勾结国内外敌人，阴谋组织叛乱，有严重敲诈、骗取道徒会众财物和奸污妇女、借治病害死人命者，以及新中国成立后继续进行反革命活动的道首。

日照县镇压反革命运动分三个阶段：

一、对反动党、团、特进行清查登记。解放后，原外逃的日伪军、政、警、宪、特人员，国民党、团骨干分子陆续返回家乡，流散于城乡各地。1949年春，根据鲁中南区党委指示，在全县以区为单位，对浮在面上的国民党员、三青团员、特务及其他军政人员，初步进行悔过自新登记。除群众痛恨、查有实据、必须严惩不贷者外，对一般胁从者只要悔过自新，不再进行反革命活动，都给予宽大处理，允许其上学、就业，给予公民权。到1951年春，据不完全清查登记，境内共有反动党、团骨干分子122名，特、伪分子14名，恶霸148名，反动道会门成员6名，反革命杀人犯、土匪海匪等144名。

二、镇压反革命。1951年1月，日照县委、县政府组织法院、公安局等制定"镇反"工作措施：集中力量加强侦破工作，清理积案，对有罪恶，从城市遣返的地主、恶霸、反动党团骨干的散兵游勇等，进行管制登记；对反动道会门开展调侦处理，开展反谣言斗争。2月21日，中央人民政府公布的《中华人民共和国惩治反革命条例》成为镇压反革命斗争的法律武器和量刑标准。经过宣传和发动群众，4月18日，首先取缔"万仙会""佛教会""一贯道"等反动会道门，共逮捕反动道首67名。继而在城关、安岚、涛雒、石臼、河山、沈疃6个区设立登记具结点，对办道人员进行具结。罪恶较轻的小道首和道众，只要具结退道，保证不再重新参加活动，一律从宽处理。5月1日，全县举行镇反大游行，县公安局和县法院分别在城关、安岚、沈疃、两城、巨峰5个区镇召开6万余人参加的群众大会，集中公审1947年残杀干部群众200余名的国民党特务阮永安、反动恶霸地主潘子林、刘振魁、葛世合、海匪王建安等罪犯，会后将20名反革命分子枪决。至1951年10月底，全县共逮捕各类反革命分子384名(包括从外地城市转来的71名)。其中，处以死刑124名(包括5月1日处决的20名)，缓杀6名，判刑134名，管制31名，缓管5名，释放41名，转本省外县17名。

三、第二次镇压反革命。经过大规模镇压反革命运动，新生政权得到巩固，社会秩序明显好转。但三四年之后，一些漏网和新生的反革命分子又进行新的破坏活动：有的杀人放火，有的暗杀农业社耕牛、驴骡，有的散布谣言、进行破坏捣乱，有的结伙打劫等。1955年，根据中共中央关于"有计划、有分析、实事求是地再给反革命残余势力几个打击"的指示，日照县委分别召开全县政法干部和区乡干部会议，部署镇反工作任务，组织开展敌情摸底，查对材料。自1955年至1956年，共逮捕反革命案犯及其他刑事犯罪分子555名(包括外地转来34名)，召开宣判大会14次，参加群众15000余人。

在两次"镇反"中，也发生了一些较为严重的错误。根据中央"有反必肃、有错必纠"的指示，经过案件复查，发现错判案件143起、涉案144人，冤案3起(3人)。另发现在侦察、批捕、审判过程中错捕80人。对以上错误，县委、县政府及各有关部门及时进行了纠正。

三、"三反"与"五反"运动

"三反"运动

1952年1月始，日照县委根据党中央和山东分局、沂水地委的指示，在县直机关和各财经企业单位组织开展反对贪污、反对浪费、反对官僚主义的"三反"运动。

动员部署 首先，召开县委、县府直属各科、局长以及各企业单位负责人扩大会议，传达中央及山东分局与沂水地委有关文件和指示。然后，又召开县委直属机关和各企业部门全体干部大会。县委要求"三反"中对任何人、任何干部都有检举之责。整个运动以党组织为核心，实行领导负责制，以身作则，发扬民主，走群众路线。在认真学习的基础上，由上而下反复动员，逐步克服少数人"不管钱物无啥可整""与己无关"等错误思想。具体方法是：领导带头，开展批评与自我批评；发动群众揭发检举；实行教育与惩办相结合，坦白和检举相结合。同时，反复讲明政策：凡贪污自动坦白的，罪重者减罪，罪轻者免罪；贪污分子不坦白的，一经查出，按情节给以警告、调职、撤职、开除党籍、判徒刑，直至枪毙；对浪费巨大的典型人物，除批评教育外，给以惩处；对所属单位内发生严重贪污浪费现象，事前不过问，事后不处理的严重官僚主义分子，以失职论处；对过去

已经坦白处理的，一般不再追究；对廉洁奉公、艰苦朴素、埋头苦干人员进行表扬奖励。

坦白检举　2月8日，召开全县坦白检举大会，县直机关各单位全部参加。同时，吸收先期开展“三反”运动的石臼所、涛雒等地代表参加，共650人到会。大会指明贪污分子的出路在于坦白，要求机关干部消除顾虑，大胆检举。会上有141件检举信和228件坦白书送上主席台，有6名贪污分子在会上作检讨。同时，对拒不坦白的2名贪污分子进行检举控诉。会上，对坦白较好的人员，除追回贪污款外，均免于处分。对拒不坦白的贪污分子实行停职反省。

“打老虎”　“三反”运动的重点是打击贪污犯，也称“打老虎”。当时，中央规定贪污1亿元(旧币，下同)以上的为“大老虎”，1000万元至1亿元的为“小老虎”。2月1日，县委训练“打老虎”队员，为捉拿“大老虎”作准备。2月2日，选派一批骨干赴巨峰、三庄、青岛，进一步调查核实情况。2月3日、4日，分别召开机关主要干部和全体机关工作人员大会，进一步讲明捉拿“大老虎”的意义、政策和决心。同时，领导靠前督战，积极发挥党、团员骨干作用，“内外夹击、四面围剿”。到25日，县直机关和涛雒、石臼所共有67人被打为“老虎”，其中1人被打为“大老虎”。

追赃定案　3月6日到10日，县直属机关、石臼所、涛雒由“打虎”转入追赃定案。5月5日，对被打为“老虎”的104人追回赃款5亿元(旧版人民币)。6月3日，对“老虎”作了复核，大部分定案。运动中曾出现逼供等违反政策现象。7月25日，遵照中央人民政府政务院《关于胜利结束“三反”运动中几个问题》的指示，县委决定在定案工作中执行“实事求是、认真负责、坚持到底、不枉不纵”的方针，处分及量刑遵守“过去从宽，今后从严；斗争从严，处理从宽；应当严者严之，应当宽者宽之”的原则，对案件进行了全面核实。

6月16日定案结束，查处脱产干部中有贪污行为者544人。受到行政处分者：记过30人，警告10人，降职1人，撤职8人，开除1人。受党纪处分者：劝告5人，警告24人，撤职2人，留党察看9人，开除党籍16人。受刑事处分者：机关管制6人，劳动改造1人，有期徒刑2人。

“五反”运动

1952年2月，遵照党中央《关于在城市中限期展开大规模的坚决彻底的“五反”斗争》和山东分局《关于在工商界中开展“五反”运动》的指示，全县在私营工商业者中开展了“反对行贿、反对偷税漏税、反对盗骗国家财产、反对偷工减料和反对盗窃经济情报”的“五反”运动。县委召开动员大会，大张旗鼓地开展宣传活动，揭露不法商人的“五毒”行为。同时进行调查情况、搜集材料，对私营工商业户分类排队，确定了运动重点。“五反”运动与“三反”运动紧密结合，抽调部分干部、工人积极分子组成“三反”“五反”工作队，进驻私营厂店。在城关镇和涛雒镇驻地重点开展反行贿、反欺诈、反暴力、反偷税运动。经过宣传教育，大多数不法分子坦白交代了自己的“五毒”行为，对非法贿赂干部的4名商人实施逮捕。

在“五反”运动中，不少商人怕“五反”反到自己头上，不敢赶集营业，有的关门停业。县委根据毛泽东主席提出的“过去从宽，今后从严；多数从宽，少数从严；坦白从宽，抗拒从严；工业从宽，商业从严；普通商业从宽，投机商业从严”的基本原则，把私营工商户分别划分为守法户、基本守法户、半守法半违法户、严重违法户和完全违法户五种类型。工商管理部门加强市场管理，稳定物价，引导私营工商业者守法经营，做到公私兼顾，劳资两利。1952年3月以后，“五反”运动转入定案阶段。到10月底，“五反”运动结束。

“三反”与“五反”运动是党在执政条件下的一次反腐败斗争。虽然在运动中有扩大化倾向，但在最后甄别定案时得到核实纠正，给予妥善处理。大多数干部受到深刻教育并挽救了一批同志，清除了党和国家干部队伍中腐化分子，纯洁了组织，打击了贪污、浪费和官僚主义作风，民主风气得到发扬，树立了艰苦朴素、廉洁奉公、勤俭节约的作风。在工商业者中普遍进行了守法经营教育。同时，通过阐明“三反”“五反”政策，解除了大多数守法经营工商业者顾虑。1952年，工农业总产值比1949年增长23.1%，从根本上改变了由于战争和自然灾害带来的生产萧条、经济混乱、人民生活困难的局面，为开展大规模经济建设和私营工商业的社会主义改造创造了条件。

四、“大跃进”运动

1958年5月，中共八届二中全会通过了关于“鼓足干劲，力争上游，多快好省地建设社会主义”总路线的决议，决定在全国发动“大跃进”运动。日照县委贯彻中央决议，发出在各条战线“大跃进”号召，要求用三到四年时间，“跑步进入共产主义”。

实行人民公社化。在农村，撤销29个乡、镇建制，建成25个“政社合一”的人民公社。办起大队(村)公共食堂2200多个，托儿所1288个，幼儿园949个，休养院481个，妇产院595个，幸福园436个。1958年10月13日，《日照红旗》头版载：“走丰衣足食大道，登共产主义天梯——幸福人民公社实现供给制加工资制”，同时发表“东风人民公社安家村耕作区建立一所(托儿所)、四院(幼儿院、幸福园、妇产院、疗养院)”“五星人民公社丁家楼生产大队共200余户、999口人，成立5个集体食堂，所有社员同吃一锅饭，同喝一锅汤”等典型报道。各大队(村)农业生产资料由公社统一调配使用。劳动力实行“大兵团”作战，按团、营、连、排编制，实行军事化管理。

农业生产大搞“大地园田化”，平原地块一般划为200米长、50米宽、1公顷一方。其间，筑路修渠。有些村还铺设木制轨道，用敞口木箱作车箱，以手推为动力，运土送肥，实现“农业机械化”。与此同时，大办水利。《日照红旗》1958年10月10日载：“容量2亿立方的张古潭大水库工程本月8日施工，4600余人的水利大军已先后到达工地。从张古潭到小代疃7华里的傅疃河两岸，布满了工棚，遍地红旗招展，洋溢着战斗气氛，战士们正以‘举臂移山’的劲头，冒着寒风向土石方进军”。10月中旬，大型水库日照水库(张古潭水库)、中型水库马陵水库先后上马，仅日照水库每天就有2.5万余名民工吃住在工地。

全县叫响“人有多大胆，地有多大产”的口号。农业科技试验田实行深翻密植，小麦每亩播种近百斤。外地亩产万斤粮的消息见报后，全县“高产卫星”不断升天。《日照红旗》连续报道：“水稻卫星越放越大，前进社一亩水稻近万斤”“有跃进的思想，就有跃进的成果，幸福人民公社齐家沟生产队创亩产花生7187斤的新纪录”“突破保守大胆干，巨型卫星放上天，黄泥沟生产队亩产地瓜15万斤……”。

全县响应“全民大炼钢铁、十年内超过英国、十五年内赶上美国”的号召，要求达到“一天等于20年”的发展速度。调集大量劳力在高旺庄矿区建起炼钢厂。9月，“十万大军”土法上马，进行钢铁大会战。“豁上流血拼命干，国庆誓夺钢铁元帅县”。各公社、机关、学校共建造土炉210多座，出现全民炼钢高潮。《日照红旗》1958年10月23日《号外》载：“海生公社卫星一号土炉放日产1.7194吨钢的卫星”。社与社、炉与炉展开打擂台、挑战赛，谁先出铁谁就是“擂主”。哪个单位落后，干部就要受批判、“拔白旗”(撤职)。全县2516辆小推车、5000余人组成矿石、焦炭、木材运输队。至年底，全县共炼木炭9500吨，出生铁4336

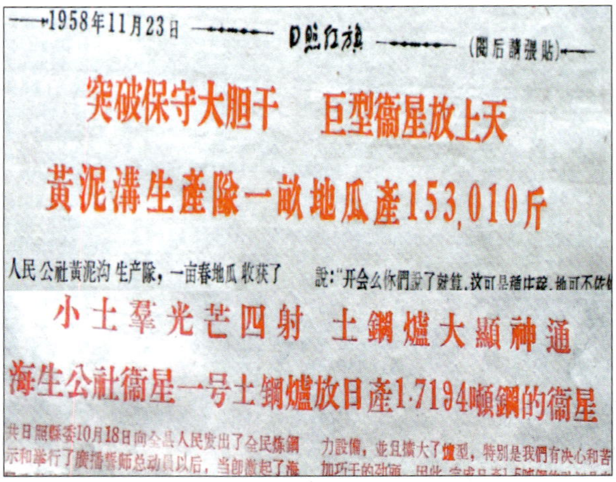
1958年11月23日 日照红旗 (阅后请张贴)

突破保守大胆干　巨型衞星放上天

黃泥溝生產隊一畝地瓜產153,010斤

人民公社黃泥沟生产隊，一亩春地瓜收获了

小土羣光芒四射　土鋼爐大顯神通

海生公社衞星一号土鋼爐放日產1.7194噸鋼的衞星

图专记-1 1958年《日照红旗》报道的地瓜高产消息
(摄于2006年)

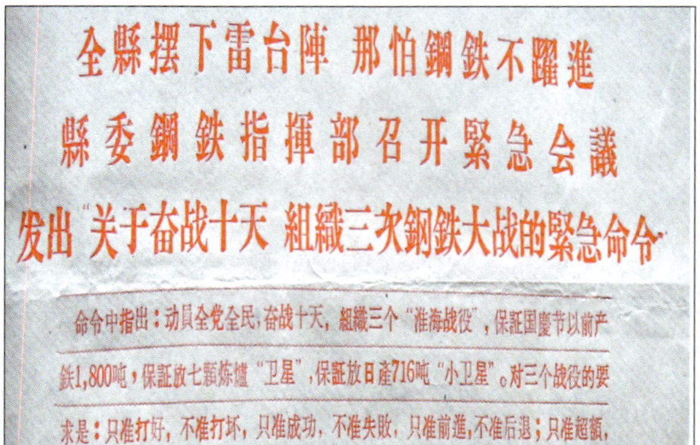
全縣摆下雷台陣　那怕鋼鉄不躍進

縣委鋼鉄指揮部召开緊急会議

发出“关于奋战十天 組織三次鋼鉄大战的緊急命令”

命令中指出：动員全党全民，奋战十天，組織三个“淮海战役”，保証国慶节以前产鉄1,800吨，保証放七顆炼爐“卫星”，保証放日產716吨“小卫星”。对三个战役的要求是：只准打好，不准打坏，只准成功，不准失敗，只准前進，不准后退；只准超額，不准減少。

图专记-2 1958年《日照红旗》刊登关于进行钢铁大会战的命令
(摄于2006年)

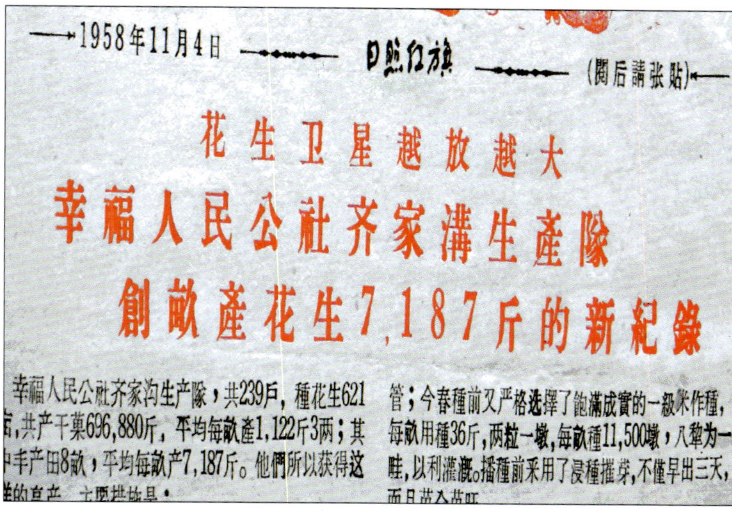
—1958年11月4日 日照红旗 （阅后请张贴）—

花生卫星越放越大

幸福人民公社齐家溝生產隊

創畝產花生7,187斤的新紀錄

幸福人民公社齐家沟生产隊，共239戶，種花生621亩，共产干菓696,880斤，平均每畝產1,122斤3两；其中手产田8畝，平均每畝产7,187斤。他們所以获得这样的高产，主要措施是：

管；今春種前又严格选择了飽滿成實的一級米作種，每畝用種36斤，两粒一墩，每畝種11,500墩，八犁为一畦，以利灌溉。播種前采用了浸種摧芽，不僅早出三天，而且苗全苗旺

图专记-3 1958 年《日照红旗》报道的花生高产“卫星”

(摄于 2006 年)

吨，产回炉铁 192 吨。

在大炼钢铁运动中，掀起了大办工业的热潮。全县先后建立日照制革厂、日照酒厂、五一石棉厂、向阳河砖瓦场、日照电厂、日照水泵厂、水泥厂等一批工厂。各公社相继建起拖拉机修配厂、铁木业社和翻砂厂等小工厂、小作坊。

大办文教卫生事业，新建中学 11 处。日照初级师范由涛雒搬迁进城，始招中师班，一中始招高中班。每个公社都办起“红专中学”。卫生战线大搞爱国卫生运动，以“除四害”(老鼠、苍蝇、蚊子、跳蚤)为主，兼顾消灭流脑和麻疹。县里建起两座麻疯院(下寺、大山沟)，各公社设立卫生院，各村成立卫生所。县委创刊《日照红旗》报，新建“日照展览馆”“日照文化馆”“日照文工团”。

境内“大跃进”运动中，以“五风”(共产风、浮夸风、强迫命令风、瞎指挥风、干部特殊化风)为主要表现的“左倾”错误严重泛滥。

全县实现“公社化”后，即开始“向共产主义迈进”。全部实行公有化，原农业合作社和农户的土地、生产生活资料和人力资源归公社公有，农民都是公社社员。公社有权平、调、支配辖区内所有资源，人、财、物力都服从“大跃进”需要。“大跃进”中，为实现高速发展，出现脱离实际的瞎指挥，各级都制定出高指标，在实际落实中又层层加码，竞相超越。强调“敢想、敢说、敢干”，“只有想不到，没有做不到”。用强迫命令方式要求下级完成各项跃进任务。虚报浮夸之风盛极一时，不按要求虚报的，则进行“反右倾”“拔白旗”斗争。在全国各地“卫星”齐放的形势下，境内“卫星”满天飞。基层的虚报风为上级的高指标、瞎指挥推波助澜，破坏了生产秩序，违背了经济发展规律，对经济、社会发展造成了严重损害。

五、大炼钢铁运动

1958 年下半年，中共中央通过《全党全民为生产 1070 万吨钢而奋斗》的决议后，中共日照县委根据省、地委指示，迅速作出为钢铁“让路”的一系列决定，全县轰轰烈烈的大炼钢铁运动开展起来。

8 月下旬，县委成立“钢铁生产指挥部”，由第一书记挂帅。各公社和县直有关部门也建立相应领导机构，由党委“一把手”挂帅上阵。

县钢铁生产指挥部建立后，全县上下进行全面发动。先后在高旺、后山前、河山、黄墩、响水、沈疃、下湖、竖旗等地选建了几十处矿区，18 个公社 12000 余人分别组成开采铁矿石突击队。

9 月初，成立高旺矿区钢铁生产基地。县委抽调 400 余名机关干部开赴高旺基地，加强大炼钢铁的组织和领导。各公社和有关县直单位在基地相继建立自己的炼铁炉(主要为 1.5 立方米地上小高炉、1 立方米猪嘴式炉和 0.3 立方米地下小高炉)及生活设施。土法炼铁所需建材、原材料及工具等各项物资由各公社和单位自己解决。钢铁指挥部负责统一调度各公社及有关单位开矿、建炉工作情况，对采矿、建炉和出铁的日产、旬产、月产量等进行督促检查。各公社、单位及内部开展“插红旗”“拔白旗”比赛活动。为加快建炼铁炉进度，新砖不足就拆掉古建筑，取旧砖建炉。为早出铁、多出铁，很多高炉利用废铁回炉，民间废铁和社员生活用铁制品包括饭锅、鏊子等都砸碎化铁。为解决运输滞后问题，境内公路普遍加宽，汽车加挂 2 ～ 3 个拖斗，以提高运输效率。9 月 9 日，县钢铁办公室印发《关于调配交通运输工具的几项规定》，强调于 9 月 13 日前，从各公社抽调 2516 辆胶轮小车和 5000 余劳力，实行军事化编制，组成运输兵团，团下设营、连、排、班。运输兵团所有人力、交通运输工具由指挥部统一管理

调度。各公社运输炼铁所需矿石、煤、焦炭、耐火器材等一律自行解决。县直单位所需炼铁物资量大、路程远的,由指挥部调车运输。

9月下旬,一些小矿、小厂停采、停炼。全县主要保留高旺、傅田庄、下湖乡、粮山乡4个采矿点和城关、高旺两大炼铁厂。被淘汰的矿点、炼点人员及炼铁炉等设备全部集中到高旺庄矿区。高旺钢铁基地集中了全县23个公社、3个县直单位2万余人,加上运输及来往人员,最多达10万余人。通往高旺钢铁基地主干道上的人流、物流昼夜不息,车辆排队几千米远。由于生产"大跃进",一度出现燃料、水源、粮食等物资供应紧张状况,指挥部派出7000余人赴临沂等地采购煤炭,并到社员家中收集木材、房料和木制家具作炼铁燃料。矿区设立食堂200多处,工棚3500间,中心商店1处,各乡自带随营商店15处。各条主要运输路线中每10千米设饭店3至4处,每2.5千米设茶水站1处。

从8月下旬至9月底,经过近两个月努力,完成第一阶段钢铁生产任务,共开采铁矿石33000余吨,建成各种型号炼铁炉812座,生产出灰口铁、白口铁、马蹄铁、海绵铁等2663吨,于29日放出日产铁1278吨的"大卫星"。国庆节夺得钢铁元帅县,地委对此进行了表彰。

为迅速提高炼铁、采矿技术,10月1日,在高旺钢铁基地办起红专大学。分设开采、冶炼、建炉、动力4个系,开设红专中学班14个、高小班81个、初级班295个,1300多人参加培训学习。各团、营、连都配备政治、文化干事、文化教员、技术教师,在炼铁队伍中开展政治、技术、文化学习活动。

10月份,钢铁生产进入"渡江战役"阶段。原计划产铁6000吨,实际生产铁29吨、钢503吨。

11月初,钢铁生产进入"大决战"阶段。县委又在将帅公社烟墩岭(今日照街道)成立日照县卫星第二钢铁厂。11月第一个周,全县组织钢铁生产"卫星周"活动,计划产铁655吨。由于生产规模不断扩大,煤焦等燃料不能满足需要,钢铁产量受到严重影响。为此,指挥部先后组织3万多人进行伐树烧炭,大搞木炭生产。当月全县共生产木炭3000余吨、产铁975吨。

12月5日,钢铁指挥部下发《关于大搞木炭坚决突破燃料关的决定》,暂停耗炭多、产量低的地下炉、猪嘴炉,集中木炭,保证高炉生产。同时,在劳力方面作了调整,从地下高炉、猪嘴炉工地抽出12800人,加上公社原有的27750人,共4万余人,组成伐树烧炭、运输大军。由各公社党委副书记带队,要求用10天时间完成万吨木炭生产任务。采伐及闷木炭的地点分布在各公社,所产木炭分别运往卫星钢铁一厂和卫星钢铁二厂。在伐树过程中一度出现乱采乱伐现象,一些古树、名木遭到破坏,大量植被林、经济林和"四旁"树木被砍伐。先后在民间搜集砍伐树木285.5万千克,收集铁锅、鏊子等铁器19.17万千克,募捐11593万元,耗费了大量的人力物力。

12月19日,中共中央宣布全国提前12天完成钢产量翻番任务。县委也根据上级指示,及时调整钢铁生产计划、整顿炼铁企业。12月中下旬对第二钢铁厂进行整顿,工人由几万人减到588人,后改称县第二水泥厂。高旺钢铁生产基地也于1959年初下马。

大炼钢铁运动历时四个多月,全县共建各种炼铁炉4610座,出生铁4336吨,粗钢产品大多是废品。

图专记-4 1958年,高旺钢铁基地小高炉炉群　　(摄于1958年)

六、人民公社化运动

日照县人民公社化运动，是在 1958 年“大跃进”高潮中开始的。

1953 年起，全县开展农业合作化运动，从互助组过渡到初级农业合作社。1956 年，建立高级农业合作社，一般中等村一村一社，大村 2 ~ 3 社。至 1957 年年底，全县共建立初级农业合作社 123 个，高级农业合作社 920 个。

公社化过程　1958 年 3 月，根据上级指示精神，境内开始试办大型联社。1958 年夏，全县掀起“大跃进”热潮，各行各业、各项工作都以跃进姿态“跑步”进行。8 月，巨峰、高兴、碑廓 3 个乡，以乡为单位先后办起人民公社，人民公社化运动随之展开。9 月 3 日县委召开各乡党委第一书记、合作委员、辅导会计等参加的会议，重点研究在全县办人民公社问题。9 月 4 日制定《中共日照县委关于办人民公社意见》(下称《意见》)。按照“意见”要求，各乡于 9 月 5 日召开乡党委会议，传达县委工作意见，讨论研究公社管委会人选，分配代表名额。9 月 6 日，召开全县万人大会，布署办社。在全县开展“为什么要办人民公社、人民公社有哪些好处”的群众性大讨论。对人民公社“优越性”做了极为夸张的宣传，把大办人民公社作为政治战线、思想战线和社会主义建设全面“大跃进”的成果，发动群众申请入社。9 月 7 日，各村召开群众代表大会，选举人民公社管委会。9 月 8 日，全县撤销 29 个乡镇建制，将原来一二百户的农业合作社合并成四五千户、多至一二万户的人民公社(一般是一乡一社)。全县原有的 920 个高级农业合作社和 123 个初级农业合作社合并建成 25 个人民公社。至此，仅用 6 天时间，全县就实现了人民公社化。

组织形式　人民公社设公社党委会和管理委员会，成为政社合一的领导机构。公社以下，根据地域、土地、物产设耕作区(后称管理区)，管理区以下撤销村建制，建立生产大队。大队以下建立生产队和专业化(林业、水利、养猪积肥、工业、蔬菜等)生产队。

根据县委办社“意见”，各乡党委改称“中国共产党日照县××人民公社委员会”。党委会成员除原有乡党委委员外，适当吸收社干部参加。选举公社管理委员会，设委员 19 ~ 27 人，设立常委 5 ~ 13 人，管委会正、副主任 5 ~ 11 人。公社管委会下设 13 个部，即工业交通部、农业部、水利电力部、林业部、畜牧养猪积肥部、计划统调部、财政管理部、民政法律部、军事部、畜业部、文教卫生部、福利部、信贷部。有渔、盐生产的人民公社，增设水产部、盐业生产部。公社设立监察委员会，委员 7 ~ 13 人，设正、副主任各 1 人。管理区设党总支，大队设党支部，生产队设立党小组。大队、生产队分别设队委会，设正、副队长各 1 人。农民改称为公社社员。公社设立共青团、妇联、民兵组织，生产大队建立相应基层组织。

人民公社建立初期，落实“大办民兵”要求，实行军事化管理，做到“劳武结合”。从公社至生产大队，按军事建制建立民兵团、营、连组织。

基本特点　人民公社建立后，集政权与经济管理于一体，既是基层政权组织，又是集体经济组织，是生产大队及生产队的上级机关。其特点为“政社合一”“一大二公”。“政社合一”即：把基层政权机构和集体经济组织合为一体，统一管理全社各种事务。公社管理委员会在行政上相当于乡人民委员会，管委会主任相当于乡长。在管理生产建设、财政、粮食、贸易、民政、文教卫生、治

图专记-5 1958 年人民公社办的集体食堂　　（摄于 1958 年）

安、民兵和调解民事纠纷等项方面，行使乡人民政府行政职权，称“工、农、兵、学、商五位一体”。人民公社建立前，乡政权与合作社是相互独立的，乡政府是行政领导机构，农业合作社是集体经济(指高级社)组织，土地等生产资料归合作社所有，行使经营管理、组织生产和收益分配等职能。人民公社化以后，原合作社的土地、生产资料等全部资源统归人民公社集体所有。以建制村为单位建立生产大队后，原农业合作社管理、经营职能基本收归人民公社行使，生产大队和生产队只负责生产劳动的组织管理。人民公社成为政权机构与经济组织合成体。“大”，即：规模大。全县29个乡镇、1043个农业合作社合并成25个人民公社，每个人民公社平均并入40余个合作社，多的达上百个。平均人口2.8万余人，大的公社达6万～7万人。形成人多、地多、生产资料多、产业大的庞大规模。“公”，即：公社范围内所有资源都属公社一级所有。人民公社成立时，将几十个、上百个经济条件、贫富水平不同的合作社进行合并，“凡生产资料、公共积累、股份基金、基本建设全部打价折款移交公社”。在各种“大办”中，公社经常随意调用生产队土地、物资和劳动力。大炼钢铁时，社员的树木、门板、衣箱、铁锅、鏊子等生活用品，甚至房屋、家具，都归集体调用。对农产品实行统购，农民口粮、牲畜饲料和种子都统购入库。在分配上，全社范围内统一核算，统一分配。大办公共食堂，实行“供给制”“吃饭不要钱”。如：幸福人民公社实行供给制加工资制，社员在食堂共同消费，确定每人每年口粮为550斤，把粮、油等伙食用品分发给食堂。社员到食堂吃饭不用花钱，不用交粮票。五星人民公社丁家楼生产队共200余户，999口人，在5个食堂吃饭。大队征用社员36间房子做饭厅，各户自己带桌凳和吃饭用具，固定使用。东风人民公社安家村管理区建立一所(托儿所)、四院(幼儿院，幸福院，妇产院，疗养院)。有的公社把“衣、食、住、行、生、老、病、死、婚嫁”全包下来。到1958年10月，全县农村共办公共食堂2299处，托儿所1288个，幼儿园949个，休养院481个，妇产院595个，幸福院436个。

调整与撤销 1959年2月，全县将25个人民公社划为19个(1961年调为35个，1980年调整为22个)。4月，贯彻执行中共八届七中全会精神，开始纠正人民公社化运动中“高指标”“共产风”“一平二调三收款”的错误。60年代初进行整风整社，多次对人民公社所有制进行调整。

图专记-7 大搞水利建设 (摄于1960年)

图专记-6 1958年马鞍大队集体食堂 (摄于1958年)

1961年，县委贯彻中央提出的对国民经济实行“调整、巩固、充实、提高”八字方针和《农村人民公社工作条例(草案)》(即“六十条”)，继续纠正“一平二调”错误。决定全县停办农村公共食堂，对平调的土地、物资，进行算账、退赔。实行以“队为基础”的三级所有制体制。人民公社保留一部分集体财产，包括大型林场、渔场、农机站、修配厂、水利工程、电站、运输队等。生产大队一级所有财产归大队集体所有，包括土地、山林、水利设施、农业机械和有关物资、现金。生产队一级是独立核算、自负盈亏经营单位，有经营自主权，生产队土地、耕畜、农具、劳力自行调配使用。在完成国家征购任务后，有权出售多余的农副产品。这样，生产大队、生产队各有自主权，“队为基础”得到加强，克服了生产队之间平均主义问题。同时恢复自留地、自留菜园和农民家庭副业。人民公社“三级所有，队为基础”的体制作为农村的基层经济体制延续下来，为恢复和发展农业生产发挥了重要作用。但是，这种调整没有根本改变“政社合一”和“一大二公”体制。因此，调整后的人民公社，仍然集行政和经济权力于一身，干预集体经济组织的各项经济活动，削弱了生产队自主权。人民公社的体制弊端在“文化大革命”中更加突出，严重伤害了农民生产积极性。

图专记-8 水利建设工地 (摄于 1960 年)

1984 年 6 月，按中共中央指示，撤销人民公社体制，恢复乡(镇)、村建制。

七、“四清”运动

1963 年 3 月，中央决定在全国农村开展以“清理账目、清理仓库、清理财务、清理工分”(简称“四清”)为主要内容的社会主义教育运动(简称“社教”运动)。

为加强对“四清”运动的领导，日照县委成立“四清”运动领导小组，由县委书记李鲁生任组长。

1963 年 8 月，为探索“社教”经验，县委组织 62 人的社教工作队在奎山区进行试点。工作队进驻奎山区后，首先召开区、社干部会议，继而召开区、社、大队、生产队四级干部大会(吸收贫、下中农积极分子参加)，集中训练骨干。然后，工作组到村，与贫下中农同吃、同住、同劳动(简称“三同”)，全面展开社会主义教育运动。12 月底试点工作结束。整个“社教”过程大体分为五个阶段：一是进行阶级路线和阶级斗争教育，揭开阶级斗争盖子；二是开展“四清”运动，干部进行“洗手洗澡”和退赔整改；三是放手发动群众，对四类分子进行评审或说理斗争；四是开展社会主义和资本主义“两条道路”斗争，进行社会主义、集体主义、爱国主义和国际主义“四个主义”教育，掀起春季生产高潮；五是整顿党员队伍，培养新生力量，加强对落后党支部教育改造工作，建立健全基层党组织。

为配合阶级斗争教育，试点过程中，还组织开展了形式多样宣传教育活动。宣传队演出《夺印》《三世仇》等阶级斗争戏剧节目，展出阶级斗争及蒋介石为“反攻”大陆活动的漫画和实物，组织群众到典型单位参观学习，请老干部、老贫农讲革命斗争史、村史、家史等。

1963 年 12 月 24 日—1964 年 1 月 10 日，县委召开全县四级干部会议，广泛宣传和深入贯彻“双十条”，全面部署开展面上的社会主义教育运动。

1964 年 1 月 14 日，县、区、社三级干部 850 人组成社教工作队，分赴 15 个区、687 个大队指导面上社教工作。参照试点单位的做法，召开社员大会，学习中央“社教”文件。村主要干部讲学习收获和村史，带头忆旧社会的苦，思新社会的

图专记-9 “四清”工作人员同贫下中农“同吃同住同劳动”

甜。教育干部群众更加仇恨旧社会、旧制度，更加热爱新社会、新制度。干部带领贫下中农走共同富裕的社会主义道路，不能由懒变馋、由馋变占、由占变贪，变成新的剥削者及新的革命对象。教育贫下中农不能自私自利，不能走回头路，受二茬罪。在忆苦思甜基础上，按照“说服教育、洗手洗澡、轻装上阵、团结对敌”方针，组织“四清”班子查账对账。领导带头，先面对面检查，再背对背提意见。然后，由社员代表给干部“送礼”(批评帮助)。通过“洗手洗澡”，一些干部主动交待“四不清”问题，并进行退赔整改。全县大队和生产队干部28130人中查出18249人经济上有问题，共多吃多占、挥霍浪费粮食167885千克，贪污现金304278元，盗窃挪用实物折款167490元，多占工日118543个。

图专记-10 “社教”运动中“忆苦思甜”活动 (摄于1964年)

1964年7月8日，省、地两级社教办到日照县检查督促“社教”运动。县委介绍了全县面上运动情况和石臼、丝山等几个沿海区开展社教的经验做法，得到肯定。

1965年1月，中共中央下发《农村社会主义教育运动中目前提出的一些问题》(即“二十三条)。对于基层干部打击面过宽的“左”倾错误作了纠正。如对态度好有悔改表现的“四不清”干部的退赔，根据情况进行减、缓、免。把“四清”内容改为“清政治、清经济、清组织、清思想”。运动涉及的范围更加广泛，运动重点由单纯经济“四清”转向政治领域。

1月11日，县委召开为期两天的脱产干部会议，检查和总结前两年面上“四清”运动的经验教训，研究部署下步社、村开展“四清”运动做法和应掌握的问题。提出面上“四清”运动要以阶级斗争为纲，进一步搞好清工、清账、清库、清财，对干部、社员的劳动工分及物质分配进行全面清理。对已查出的“四不清”干部，抓好教育并及时退赔。当年退现金134505元，退粮食48548.5千克，消减工日79995个。

10月8日，县委再次部署冬春“四清”运动。要求运动实行“两依靠”“三结合”，(依靠群众大多数，依靠干部大多数，实行群众、干部、工作队三结合)。在去年农村面上“四清”和机关“四清”的基础上，再进行一次深入的“四清”运动。要求掌握6条标准：要看贫下中农是否真正发动起来了；干部中的“四不清”问题是否解决了；干部是否参加了劳动；一个好的领导核心是否建立起来了；发现有破坏活动的地、富、反、坏分子，是将矛盾上缴，还是发动群众监督，就地改造；看是增产，还是减产。

10日，省“四清”工作团进驻日照，采取“一对一”的方式进行点上社会主义教育运动(简称点上“四清”)。4984名工作队员于16日前陆续入驻580个大队。

1966年7月13日，县委在马庄区山字河公社西小曲河大队召开区委书记会议，传达贯彻省委、省人委《关于高举毛泽东思想伟大红旗，开展农业增产运动，争取全年丰收的指示》。这次会议要求开展“四清”运动的580个大队，应开展“文化大革命”，促进农业增产运动。未开展“四清”运动的大队，以“文化大革命”的精神，狠抓阶级斗争和两条道路斗争。7月14日，省“四清”工作团撤离。日照县“四清”运动结束。

经过3年多的“四清”运动，干部多吃多占、强迫命令等作风问题得到一定纠正，集体经济管理问题得到初步解决。但由于指导思想上“以阶级斗争为纲”，混淆了两类不同性质的矛盾，扩大了打击面，致使不少干部群众受到错误处理。全县农村2.8万多名干部中清出有问题的1.8万多名，占64.58%，受处理的1873名。843人被完全错误处理，61人被部分错误处理。1978年，根据中央、省、地委指示，县委为他们撤销或改变了原处分。

八、学习毛主席著作运动

1959年，全县开展群众学哲学运动，学习的主要内容是毛泽东《关于正确处理人民内部矛盾的问题》和《红旗》杂志的有关文章、哲学知识等。县委首先举办学哲学训练班，培训出一批教员，对各单位学哲学小组进行授课辅导，让广大干部群众树立辩证唯物主义观念，掌握事物发展的客观规律，树立共产主义思想，充分发挥改造世界观的能动作用。

1960年3月，县委根据省委扩大会议部署，决定在全县范围内掀起新一轮学习毛主席著作热潮。主要学习毛泽东主席《改造我们的学习》《矛盾论》《实践论》《关于正确处理人民内部矛盾的问题》《工作方法六十条》等著作。县委决定发出后，广大干部群众争相购买毛主席著作及有关报刊2万余本(份)，写出大小字报、挑战书、决心书、心得体会和理论文章14.5万余篇。参加这次学习的广大干部普及面达90%以上。

1960年9月，《毛泽东选集》第四卷出版发行，全县掀起学习毛主席著作新高潮。机关、厂矿、农村纷纷举行报告会、座谈会、写学习心得，举办展览，推动学习毛主席著作群众运动深入发展。

1964年2月，县委作出关于政治思想工作指示，确定1964年为“大比大学之年”。“大比”，就是比毛泽东思想伟大红旗谁举得更高；“大学”就是全党全民大学毛泽东思想，大学人民解放军和大庆油田的政治思想工作经验，大学各地的先进思想、先进经验，克服固步自封、骄傲自满的情绪，促进党员干部群众思想革命化。县委决定，“下最大决心”动员组织全党全民开展大学毛泽东思想运动，用毛泽东思想武装头脑。

4月15日，县委印发《关于进一步组织党员干部和群众学习毛主席著作的意见》，要求全体党员都要大张旗鼓地、反复深入地宣传学习毛泽东著作，以毛泽东思想武装头脑；所有干部的理论学习都要以毛泽东著

图专记-11　学习毛主席著作讲用会　(摄于1965年)

作为主要内容；学习毛泽东著作要反复阅读、独立思考，要理论联系实际、学用结合；切实加强对学习的领导，制定学习计划，有部署有检查，不断巩固学习成果，掀起学习毛主席著作热潮。

1965年5月，再版《毛主席语录》在全国发行。各行各业向新华书店进行团体定购，群众排队购买。干部、知识分子、青年学生和农村群众骨干基本达到人手一册，有的还用于奖励、馈赠。一时间，在工厂，“车间就是课堂，宿舍变成书房”；在农村，社员利用休息时间学，晚上集中学，开会前集体朗读毛主席语录。大会发言时，人人都会引用毛主席的语录。

同年10月，县委要求县以上领导干部要学习《中国革命战争的战略问题》《论持久战》。为方便农村学习毛主席著作，全县组织了若干个毛泽东思想宣传队，开展送“红宝书”下乡活动。夫妻

图专记-12　日照县城举行庆祝毛主席发表最新指示大游行　(摄于1967年)

同学，父子同学，三代人同学，“一帮一、一对红”典型大量涌现。

1966年“文化大革命”中，全县大力倡导学习毛泽东著作要“带着问题学，活学活用，学用结合，急用先学，立竿见影”，“在‘用’字上狠下功夫”。“读毛主席的书，听毛主席的话，照毛主席的指示办事，做毛主席的好战士”成了流行语。各级分期分批举办学习毛泽东著作辅导员训练班。全县开展“破四旧、立四新”运动。县城里的“三皇庙”“四世一品”牌坊，境内的土地庙、灶君庙等各类神庙和所有神像被拆除干净。春节的对联以毛主席诗词、语录为内容。8月，临沂地委财贸政治部在日照县展览馆举办李素文学习毛主席著作经验图片展，县委组织财贸职工、党政群、工交、文教卫生、农村干部进行参观。同年10月，县委发出《关于把学习毛泽东著作群众运动推向新阶段的通知》。全县重点学习《为人民服务》《愚山移公》《纪念白求恩》(“老三篇”)。11月，县委批转县委工作组关于两城四大队开展学习毛泽东著作情况的报告。(该大队党支部组织除幼童外的全体社员参加学习活动)。县委要求各级党组织学习其经验，通过大总结、大检查、大评比，大促进，把学习毛泽东著作活动更深入广泛地开展起来。当月，新华书店出售毛泽东著作27.4万余册，毛泽东画像11.2万余幅。农村生产大队建起社会主义文化室，全县配备学习毛泽东著作辅导员1.8万人，参加学习的群众达41万余人，涌现出1.2万余名学“毛著”积极分子。区、社级召开经验交流会501次。形成人人学“毛著”、人人背毛主席语录、大唱毛主席语录歌的“崭新局面”。广大群众破私立公，争做好事。仅涛雒区南店大队就涌现出“雷锋式青年”18名，“老愚公”8名，“人老心红老大娘”5名。12月，县委召开有线广播大会，要求学毛泽东著作运动向广度、深度发展，开展“亮、斗、改”(亮错误思想，经过斗争促转化，在实践中改正错误)活动。

图专记-14　日照县召开学“毛著”积极分子代表大会　(摄于1970年)

图专记-13　毛泽东思想宣传队在工地演出　(摄于1966年)

“文化大革命”中，毛泽东主席不断发出最新指示。“最新指示”一发表，全县传达不过夜，干部群众敲锣打鼓，上街游行，进行学习宣传。

1970年8月，日照县首届学习毛泽东思想积极分子代表大会召开，与会代表1400余人。会上听取6066部队和9612部队的英雄事迹和曲阜县夏家村、莒南县厉家寨学习毛泽东著作经验及事迹介绍。

11月，县革委核心领导小组印发《关于认真学习毛泽东哲学著作的决定》，号召全县人民认真学习毛泽东的《实践论》《矛盾论》等5篇哲学著作，强调反复学习和运用。

1971年6月20日，县革委政治部印发《关于县、社各级干部认真读书、学习马列主义、毛泽东思想的意见》，要求下半年县直机关干部要进一步学习毛泽东五篇哲学著作及有关马列著作，公社干部重点学习《矛盾论》《实践论》和《人的正确思想是从哪里来的》，要求学习毛泽东著作要与“批修整风”、开展基本路线教育结合起来。当时参加学习班和政治夜校学习的达25万人。11月，县委召开(扩大)会议，会议确定冬春工作指导思想为：以批修整风为纲、以思想和政治路线教育为主要内容，进一步掀起学习马列主义、毛泽东思想群众运动新高潮，促进斗、批、改和“工业学大庆”“农业学大寨”运动深入发展，为夺取革命和生产的更大胜利而奋斗。

图专记-16 渔民船上学“毛著” (摄于1967年)

1972年2月，县委在部署全县开展“批林整风”运动时，要求各级党组织在大批判中，要认真落实毛主席“要搞马列主义、不要搞修正主义。要团结、不要分裂。要光明正大、不要搞阴谋诡计”的指示，学习1971年8月毛泽东南巡讲话，学习毛主席“关于党的十次路线斗争”的有关论述。

1975年5月18日，县委召开全县干部大会，传达毛泽东主席关于无产阶级专政下继续革命的理论、要安定团结、把国民经济搞上去的重要指示。9月15日—10日，全县学习无产阶级专政理论经验交流会召开，1500余人参加。会后，广大群众大唱革命样板戏，大讲革命故事，大搞赛诗活动。学理论、抓路线，促进工农业生产和各项工作大干快上。

1977年3月，《毛泽东选集》第五卷出版发行，县委发出《关于认真学习〈毛泽东选集〉第五卷的通知》，要求各级党组织抓紧抓好学习活动，运用各种宣传形式和工具，大力宣传《毛泽东选集》第五卷的中心思想、基本内容和伟大意义，报道学习中的好典型好经验。

实行改革开放后，大规模、运动式、群众性的学习毛泽东著作活动结束。

九、“文化大革命”运动

“文化大革命”的开始

1966年5月16日，“文化大革命”纲领性文件《中国共产党中央委员会通知》(简称“五一六通知”)发表后，境内部分学校、机关、企事业单位陆续出现批判“修正主义教育路线”“向反社会主义路线开火”的大字报，有些单位开始揭发批判“反革命修正主义分子”。为稳定局势，加强领导，日照县委于6月20日成立“文革办公室”，向日照一中等县直文教、卫生部门派出工作组或联络员指导运动。全县中学教师和部分应届高、初中毕业生联系实际批“三家村”“四家店”，并成立“红卫兵”组织。7月，城乡掀起大破“四旧”和“横扫一切牛鬼蛇神”高潮。8月9日，《人民日报》发表《中国共产党中央委员会关于无产阶级文化大革命的决定》(即十六条)。当日上午工作组

图专记-15 干部群众连夜收听毛主席最新指示 (摄于1966年)

撤离。下午，县委组织庆祝游行。随后，组织学习、宣传活动。8月28日，县委印发省委《关于认真学习8月23日人民日报社论"工农兵要支持革命学生"的通知》。随之，日照县1000多名红卫兵在北京参加毛泽东"第八次接见全国红卫兵代表"活动。之后，全县各级各类学校教师、学生纷纷建立名称繁多的"红卫兵"组织，并且开始分赴各地"大串连"。12月，全县机关、厂矿、企事业单位及农村生产大队普遍组织起各种名称的红卫兵造反派组织。大批判、大串连迅速在全县蔓延开来，斗争矛头指向各级领导干部，开始批斗"走资本主义道路的当权派""反革命修正主义分子"，各级领导机关受到冲击。

夺权及革命委员会建立

1967年1月，在上海"一月风暴"夺权影响下，县内群众组织宣布夺取县委、县人委等党、政、财、文一切权力。之后，全县群众组织逐步分成两派。由此引发的派性争斗遍及全县。9月4日，群众组织召开"反逆流"大会，一些干部被打成"走资派"，批斗之风遍及全县。

1968年3月11日，经临沂地区革命委员会批准，由群众代表、驻军代表和干部代表"三结合"的日照县革命委员会成立，设14名常委和23名委员。同时在县人民广场举行万人庆祝大会。县革委发表《告全县人民书》，宣布日照县党、政、财、文大权全部归县革委。县革委下设办公室、政治部和生产指挥部。

1969年9月1日，中共日照县革委核心领导小组成立。此后，县直单位和15处人民公社革委会也相继成立党的核心领导小组，开始恢复党的组织生活。

9月16日—21日，县革委召开常委会议决定"补台"。会议认为"反复旧"破坏"大联合"和"三结合"，犯了方向性错误，应根据"五二五批示"和"十条"精神(中共中央关于解决山东问题的文件)，以"反复旧"以前的革委会为基础进行"补台"。根据"两派掌权、先补后调，一次补完"的原则，把不同观点群众代表和优秀工农代表、先进模范人物、学习毛主席著作积极分子充实进革委会。11月7日，县革委"补台"庆祝大会在县人民广场召开，共有11人增补为县革委委员。

1971年3月7日—14日，中共日照县委第四次代表大会召开，大会选出县委委员35名，常委9名，全县21处人民公社也相继建立党委。同年9月，共青团日照县第九次代表大会、日照县第二次贫下中农代表大会、日照县第六次革命妇女代表大会相继召开。全县党组织和群团组织开始恢复工作。

各项运动及重要事件

破"四旧"，横扫"牛鬼蛇神"运动 1966年7月，全县掀起大破"四旧"(旧思想，旧文化、旧风俗、旧习惯)和横扫"牛鬼蛇神"运动。许多干部群众被抄家，大量的书籍、文物被诬为"封、资、修"作品被焚烧、毁坏，庙宇、碑牌多被摧毁。学校的一些领导干部和教师被批斗。境内一些行政村(生产大队)、店铺名称，因有"四旧"色彩而改为革命性、时代性名称。

"大批判"运动 "大批判"是"文化大革命"的主要运动形式之一，各项活动和工作都要首先进行"大批判"。1966年6月，全县"大批判"运动

图专记-17 社员看大字报专栏 (摄于1969年)

开始，根据《五一六》通知精神，对"资产阶级反动路线"和"资产阶级司令部"进行大批判。从学校、机关、企事业单位到农村，纷纷举办大字报专栏，召开群众性"大批判"会议。随着运动发展，批判内容开始联系本地、本单位实际，矛头直指各级各单位"走资本主义道路的当权派"和"资产阶级反动路线"，"大鸣、大放、大辩论、大字报"("四大")成为大批判主要形式。受批判者被迫"低头认罪"，被"别烧鸡"、吊砖头、挂牌子，受到任意辱骂并戴大纸帽游街示众，遭受身心折磨。1969年11月，县革委发出《把革命大批判推向新高潮的意

图专记-18 1966 年涛雒公社召开的批判大会

见》，成立大批判办公室，要求“人人动手，口诛笔伐”，全县“大批判”形成高潮。多种名目的批判内容和各种形式的批判会议随处可见。“文化大革命”期间，“大批判”这种会议形式始终存在，直至“文化大革命”结束。

“斗、批、改”运动　1966 年党中央发布的《十六条》中明确提出“斗、批、改”是“文化大革命”的主要任务。日照县的“斗、批、改”运动主要任务是“大批判”、清理阶级队伍、建立革命委员会、整党

图专记-19　田间地头批判会　(摄于 1968 年)

建党、教育革命、卫生革命等。1966 年 8 月，县委印发通知，要求“进行一斗二批三改”。1967 年 7 月，全县“抓革命、促生产”誓师大会上，提出“结合本单位实际，进行‘斗、批、改’”。1968 年 11 月县革委发出“斗、批、改意见”，提出“奋战 90 天，打好‘斗、批、改’攻坚战”，整个战役分三段进行，第一阶段清理阶级队伍，第二阶段整党建党，第三阶段检查落实。

“斗、批、改”是“文化大革命”中多项运动的简称，贯穿于“文化大革命”全过程。

“三支两军”　遵照毛泽东主席“人民解放军应该支援左派广大群众”的指示，日照县驻军奉命于 1967 年 2 月组成“毛泽东思想宣传队”，进驻县、区各机关、学校、厂矿、农村，执行“三支”(支左、支工、支农)“两军”(军管、军训)任务，对公、检、法机关实行军管，对学生进行军训。1973 年 9 月，“三支两军”部队全部撤回。驻军干部不再担任县委书记和县革委主任职务。

反逆流运动　1967 年 3 月，随全国形势，开展反对“二月逆流”运动，斗争矛头指向各级领导干部。一些干部和群众被打成“二月逆流坏头头”，连续召开大会，批斗县委领导人。揪斗干部之风遍及全县。

反复旧运动　1968 年 12 月 7 日，县革委常委召开会议，部署“反复旧”运动。会议认为“社会上右的反动势力的主要表现是为‘二月逆流’翻案和复旧”，“要把矛头指向一小撮阶级敌人”。21 日— 30 日，县委召开全县活学活用毛泽东思想先进集体、积极分子代表大会，继续推动“反复旧”运动，一批干部、群众遭受迫害。

1969 年 5 月，中共中央下达解决山东问题的文件，要求纠正“反复旧”错误。此后，因遭受迫害而辗转外地和被下放回家的干部职工聚集县城，要求县革委纠正错误。9 月 4 日，县革委作出关于纠正 1968 年 12 月在奎山、碑廓、西湖、三庄、丝山、安岚等公社进行“反复旧”的错误，为遭受迫害者平反，恢复其政治名誉和职务。1970 年 2 月 26 日，县革委党的核心领导小组下发纠正“反复旧”错误的“意见”，“凡‘反复旧’踢垮、改组了的革委会一律恢复，‘反复旧’中上台人员一律下去，遭受打击迫害的干部、群众予以平反，恢复职务，恢复名誉”。

清理阶级队伍和“一打三反”运动　1968 年 4 月，县革委开始“清理阶级队伍”，错整了一大批干部、群众。

1970 年 1 月 13 日，县革委核心领导小组发

出“关于清队工作的意见”。2月20日成立“一打(打击反革命破坏活动)两反(反对贪污盗窃、投机倒把,反对铺张浪费)”领导小组和办公室(7月改为“一打三反”办公室),与“清队”办公室合署办公,“清队”与“一打两反”结合进行。各单位各部门设专案组。中小学、党政机关、卫生系统干部群众先后分4批办学习班。2月28日—6月10日,全县中小学教师、县直教育部门、军宣队、贫下中农代表和各公社革委会人员共2432人集合于日照一中和师范,举办教育系统学习班(后称“百日学习班”)。

7月24日—12月19日,全县党政干部在师范举办三期学习班,县直各系统共举办20余期学习班,3000多人参加。

全县“清队”和“一打三反”运动中立案处理对象4761人。其中,定为敌我矛盾的257人。造成大量冤、假、错案。“文化大革命”结束后,错案全部得到纠正。

教师、干部“下放”农村 1968年12月,县革委决定将公办小学“下放”到大队办,中学下放到公社办,回农村的教师停发工资和口粮供应,参加大队记工分配。全县有1350名公办教师下放回原籍,占90%左右。“下放”造成全县各学校管理混乱,挫伤了教师积极性。同月,县革委提出“大破大立”“大批大改”,首创省内下放干部回原籍劳动先例,实行“男的下放,女的跟着”政策,将“观点不同”的大批干部下放回乡,占全县干部70%左右。有的还被戴上“叛徒”“特务”“走资派”“坏头头”的帽子,押送原籍监督劳动。后来,抽调部分干部去临沂煤矿“下放”劳动。伤害了大批干部职工。

清查“五一六”分子 1971年5月22日,县委举办清查“五一六”分子学习班。根据中央和省的要求,成立专案小组和办公室,在党政机关、企事业单位中,通过大揭发、大检举、大批判、大检查等方式开展清查“五一六”分子运动。运动历时一年,出现乱揪、乱抓现象,全县101名人员被审查。1973年9月,县委宣布对所有被审人员解除审查,恢复名誉。

批林批孔运动 1971年10月,县委传达关于林彪叛党叛国事件的中共中央文件。1972年8月,县委部署批林整风运动,清查林彪反革命集团罪行,县委常委进行开门整风。1973年,全县开展揭批林彪反革命集团罪行运动。1974年2月8日,县委召开全县党员、团员、工人、农村生产队长以上人员“揭批”斗争动员大会,20余万人参加会议。之后,各公社都召开千人以上大会。全县培训5563名宣讲员和2600名大批判骨干,向群众宣讲《林彪与孔孟之道(材料之一)》中的内容。2月12日,县委又召开25万人参加的批林批孔大会。全县批林批孔掀起高潮,全县局势混乱,派性斗争激化。

教育革命 从1966年10月开始,全县高、初中全部停课闹革命,应届高、初中毕业生滞留学校近两年。1967年春,中小学“复课闹革命”,“复课”内容以学习毛主席著作、语录为主。1967年冬,按照毛主席“学制要缩短,教育要革命”的指示,中小学学制由“六、三、三”制(小学六年、初中三年、高中三年),改为“五、二、二”制(小学五年、初中二年、高中二年)。学校由原来的秋季始业改为春季始业。1968年11月,教师下放回原籍。“工宣队”进驻日照一中,其他中学进驻“贫管组”,小学由大队“贫管会”管理。1970年6月,学习荣成县经验,全县各中学掀起大办工厂、农场热潮。1971年春,采用推荐与选拔相结合的办法,全县选送50余名工农兵大学生进大专院校学习。1972年春,县委批准任命教育干部,教育教学秩序逐步恢复。1973年春,县委转发通知,学校恢复秋季始业。1973年8月至1974年,受否定文化课教学的影响,全县刚恢复的教学秩序被打乱。大部分中学停止外语课,中小学又开始“批林批孔”、批“师道尊严”,宣扬“头上长角,身上长刺”。有的学校停课搞批判,学校再度混乱。“工宣队”“贫管组”再次进驻学校,直至1977年12月撤出。

“文化大革命”中的教育革命对全县教育教学造成很大破坏。一批教育工作者受到迫害,学校教学设备受到严重损害。

卫生革命 按照毛泽东主席关于“把医疗卫生工作的重点放到农村去”的指示,1968年开始,日照县在农村建立合作医疗制度和“赤脚医生”队伍。首先在三庄区前石沟崖大队进行合作医疗试点,后逐步推开。到1978年,全县1037个大队实行合作医疗制度,建立合作医疗站。有15处公社实行社、队两级管理,并将原定的“保健员”改称为“赤脚医生”。赤脚医生由村推荐，由公社卫生部门负责培训，由大队或生产队记工分。医疗资金由个人、生产大队和医疗站三方面分摊筹集。1979年后，这种医疗制度逐步解体。1985年，执行卫生部决定，不再使用“赤脚医生”名称。

县委“平山头”，灭派性，稳定局势　“文化大革命”开始后，县委被造反派夺权，县委领导人被批斗。1971年3月，中共日照县第四次代表大会召开，建立新县委，境内形势有所稳定，但派性斗争仍未停止。拉队伍，立“山头”，严重地破坏生产、工作秩序和社会稳定。

1973年5月，县委常委召开扩大会议，批林整风。会议提出，对重拉队伍、另立山头继续进行资产阶级派性活动的要批评教育，严肃处理。同年秋，县委印发《关于当前工作中注意掌握的几个问题》的指示意见，要求各公社党委排除干扰，加快落实政策。要教育干部群众自觉接受党的一元化领导，不要自成体系，另搞一套，重拉队伍，另立山头，不要搞对立；不要插手外地外单位的问题；不要离开工作岗位停工、停产、停课；不要调农民进城，不准以任何借口挑动群众斗群众。对抢占县招待所和第一旅社的两派群众组织，县委做了艰苦细致的工作。10月7日、10月15日，占据两楼人员分别撤下，回到各自单位。

1974年2月，“批林批孔”运动开始，县内派性斗争又趋激化，两派群众各立山头，武斗事件不断发生。4月30日，县委召开广播大会，重申不准拉队伍，成立战斗组织；不准挑动农民进城，制造分裂，挑动武斗，非法抓人；要回到本单位抓革命、促生产。5月12日、8月2日、10月25日、10月29日，县委四次发出通知、意见，要求离开工作、生产岗位搞派性活动的人返回本单位，抓革命、促生产，稳定局势，大干快上，做好各项工作。

1975年3月29日，县委召开“彻底批判和限制、消灭资产阶级派性大会”。4月14日，县委发出通知，要求“消灭资产阶级派性，增强无产阶级党性”。从1975年春开始，县委召开一系列会议，在全县进行集中整顿，对“限期消灭派性，促进安定团结，生产大干快上”提出强力措施。具体要求是：对不上班、不劳动、搞串联、闹派性的人要停发工资。要“刮一场红色台风，彻底消灭派性”，坚决不改的要严肃处理，情节严重的要依法惩处。要求各单位建立规章制度，严格管理。部署从思想上、理论上开展对资产阶级派性的批判，要批深批透，从思想上消除派性。经过县委一系列艰苦工作，持续近十年的派性活动终于平息，全县工作、生产秩序恢复正常，政治、社会形势逐步稳定。

揭批“四人帮”，清查帮派体系　1976年10月，粉碎江青反革命集团后，全县举行隆重的庆祝大会和游行。下旬，县委部署开展揭批“四人帮”（王洪文、张春桥、江青、姚文元）第一个战役，开始清查与“四人帮”篡党夺权阴谋活动有牵连的人和事。1977年5月，县委召开会议，要求进一步掀起揭批“四人帮”高潮，同时，与打击现行反革命破坏活动、批判资本主义倾向结合起来。6月，县委决定对“四人帮”的帮派体系进行大检举，大揭发，大批判，大清查。1977年11月4日，县委召开揭批“四人帮”第三战役誓师大会。其间，县委向6个公社和6个企事业单位派出工作组，协助抓好学习、批判、清查。至1978年3月，面上清查基本结束。

“文化大革命”运动结束

1976年10月6日，党中央粉碎江青反革命集团，结束长达10年之久的“文化大革命”。10月23日，县委召开30万人参加的有线广播大会，揭批江青反革命集团罪行，庆祝粉碎“四人帮”伟大胜利。1978年12月，全县认真学习贯彻中共十一届三中全会精神，开始把工作重点转移到社会主义现代化建设上来。至此，日照县“文化大革命”运动结束。

十、农村土地变革与经营

抗日战争时期的“双减”与生产

抗日战争时期，中共日照县委按照中共中央《关于抗日根据地土地改革政策的决定》，把第二次国内革命战争时期没收地主的土地分配给农民的政策，改变为“减租减息”政策。减租（依照抗战前租额减低25%）、减息（以一分半为计息标准），统称“二五减租、分半减息”或“双减”。

日照的“减租减息”运动是从1940年开始的。由于当时对敌斗争十分艰苦，群众存有“怕”字，“双减”未开展起来。1943年夏，日照“双减”增资运动全面展开。12月，中心县委召开各区群众

图专记-20　土地工作队学习文件　　(摄于 1946 年)

干部会议，对夏季“双减”工作情况进行分析，部署“查减”工作，主要检查减租减息运动进行的是否彻底。随后，从每中心区调村干部 20 人，每边沿区抽调村干部 10 人，举办“查减”工作训练班，采取半日学习、半日工作方法，实习“查减”，促进“查减”。

“双减”运动中，广大农民积极响应毛泽东主席“组织起来，发展生产”的号召，组织劳武结合形式的变工互助组(队)，一面开展对敌斗争，一面坚持搞好生产。在自觉参加和等价交换原则下，以搭牲组、互助组的形式把农民组织起来，实行换工互助。换工是农民间相互调剂劳动力的方法，有人工换人工、工资换人工、人工换畜工等。至 1945 年，滨海区共组织变工组 14771 个、组员 162421 人，占全区农村人口总数的 46%。

解放战争初期的土地政策

抗日战争胜利后，日照县在各解放区继续实行减租减息政策，对汉奸则进行反奸清算斗争。从 1945 年 10 月，日照县各级党组织在新解放区领导开展反奸诉苦和清算斗争。这次斗争以没收汉奸、日伪土地、财产为重点。县委首先在涛雒搞试点，组织包括 5 个区、100 多个村、6000 多佃农参加的联合斗争大会。至 1946 年 6 月 16 日，全县共召开 743 次斗争大会，参加斗争大会的有 63.6 万多人次，发言诉苦的有 7.25 万多人次，向 1824 户地主进行说理算帐。共斗争出土地 25980 亩，另有粮食、钱款、布匹等。老解放区则以彻底“查减”和整理村政、开展生产运动为重点。在反奸诉苦的同时，全县“双减”运动也广泛地开展起来。双减的标准仍按战前“二五减租，分半减息”执行。有 10389 户贫雇农得到“双减”利益。

土地改革与“复查”

1946 年，遵照中共中央 5 月 4 日发出的《关于清算减租及土地问题的指示》(即“五四指示”)和 9 月 1 日中共华东局《关于彻底实现土地改革的指示》(即“九一指示”)精神，中共日照县委将抗日战争以来“减租减息”政策，改变为实现“耕者有其田”政策。土地改革经历土改、土改复查和结束土改三个阶段。

土改　日照县在开展土改运动时，首先传达上级指示，进行思想发动和工作部署。总的口号是实现“耕者有其田”“人人有地种”。采取抓好基点村，带动外围村的方法，对中小地主进行仲裁献田方式，对罪大恶极的大地主实行清算说理斗争，没收其土地财产，分配给无地或缺地的贫雇农。这次运动到 1946 年底结束，全县将地主的 7.6 万余亩土地及 3 万多间房屋分配给贫雇农，有 35% 的贫雇农分到了斗争果实。

土改复查　1947 年春，根据土改运动中存在的斗争不彻底问题，日照县各级党组织按上级的指示，开展土改复查运动。

土地复查从 1947 年 2 月开始，大体分两个阶段。第一阶段(2 — 6 月)，根据华东局《关于目前贯彻土地改革土地复查并突击春耕生产的指示》，对 1946 年土改运动进行总结，部署土改复查工作。由于当时提出从“反特入手”进行土改复查的方针，形成普遍的反特运动，土地复查出现“左”的倾向。在复查第二阶段(7 — 12 月)中，华东局于 7 月 7 日发出《关于山东土改复查新指示》(“七七指示”)。对土改政策重新作出规定，“在土改中一切清算、调查、分配、复查、调整或重分，均需先经贫农小组讨论，再经农会讨论通过即可实行，不需再经任何机关批准”。滨海地委于 6 月 26 日—7 月 16 日召开莒南、日照、莒县三县县委书记会议，提出“在土改复查中，只要斗争目标不错，只要走群众路线，全面放手，不必再多方限制和束缚”。在这一思想指导下，7 月 23 日，中共日照县委在邵疃召开全县农代大会，贯彻华东局“七七指示”，进一步部署土改复查工作。会后，出现乱打、乱杀，“扫地出门”以及侵犯中农和工商业者利益等现象。土改复查中“左”的倾向，引起华东局、滨海地委重视，指出必须立即进行纠正。8 月 21 日，中共日照县委在芦山区崖后村召开扩大会议，研究纠正土改复查中“左”的错误。滨海地委于10月22日和26日向各县发出指示，指出“今后必须停止从反特入手复查的方针，切实纠正逼供讯”。此后，日照县土改复查中“左”的倾向得到纠正。

1947年10月10日，中国共产党公布《中国土地法大纲》后，土改政策逐步完善，日照的土改运动得以健康发展。

结束土改　根据上级指示，日照县从1950年冬开始结束土改工作。首先成立结束土改工作委员会，制定《日照县结束土改计划(草案)》，决定先进行试点后，全面实施。从1950年11月开始，经历发动群众、划分阶级、没收和分配地主土地财产、复查总结和动员生产等步骤，到1951年基本结束。老区经过土地改革，在“保持原状，端正政策，加强团结”的原则下，对个别问题调整解决。结束土改后，全县雇、贫农307571人，人均土地0.137公顷；中农307723人，人均土地0.151公顷；小土地出租者78人，人均土地0.151公顷；手工业者及从事其他行业者368人，人均土地0.054公顷；富农人均土地0.119公顷；地主人均土地0.08公顷。全县48.6万无地或少地的雇农、贫农和其他从业者获得生产资料。境内土地改革运动历时5年，至此全部结束。全县共分配土地134034.5公顷，政府共颁发土地证260494份，确定地权，使农民的土地合法化。

变工互助与农业合作化

互助组　解放战争时期，为更好地发展生产，中共日照县委指导农民组织变工互助组，保证支前、生产两不误。境内互助组，大致有三种形式：一是季节性、临时性的搭牛具组，农忙时组织起来，农闲时解散；二是常年固定的互助组，这类互助组一般实行劳力、牛具等价交换原则，没有公共财产；三是比较高级的常年定型互助组，按自愿结合，等价交换原则，畜力、农具交换使用，有一部分公共财产，劳力分工比较合理。1946年高兴区有8个村组织互助组207个，汾岚区有28个村组织互助组84个。1947年5月高兴区潘家洼村组织12个大互助组、24个小互助组，把烈军属、支前家属分别安排到组，帮助他们搞好生产。1948年奎山区8个乡共组织75个变工组，93个互助组。1949年全县有季节性互助组5937个，19692户参加。

随着土改工作的结束，互助合作组织也有新的发展，1951年全县有常年互助组2736个，季节性互助组8772个。1952年，互助组在劳力、农具、畜力方面实行互助，在农活安排上，按分工合理记账，按季节清工结算，经济效益上互相找补。

初级社　1952年，互助组不断得到巩固和提高。中共日照县委在两城六村、大坡乡小坡村、碑廓区西辛兴、杨家庄子分别试办建华社、先进社、前进社、胜利社四个初级农业合作社，共有59户农民参加，社员295人，耕地35.9公顷。1953年11月，政府决定再发展45处初级社。1954年，全县初级社发展到88处，入社1635户，人口7708人，耕地达1120公顷。1955年全县掀起办社高潮，初级社发展到1256处，入社27298户，人口132724人，耕地达19200公顷。

初级社里，社员的土地作股入社，实行统一经营，计划生产；耕地与大型农具等生产资料归社统一使用，社员参加集体组织的生产劳动，提高劳动效率；收入除扣留当年生产费用，交纳一定税金和提取部分公积金、公益金外，余下部分按劳分配，并按提供的土地和其他生产资料的多少进行分配。起初是按土、劳五五比例分配，1954年多数社按四六比例分配，1955年多按三七比例分配，农具折旧年底找补。农民入社自愿、退社自由。初级社实行社员民主管理，最高管理机关是社员大会。

高级社　1955—1956年，在对个体农业进行社会主义改造过程中，中共中央相继发布《关于农业合作化问题的决议》和《农业生产合作示范章程》，全县在初级社基础上，开始建立高级农业合作社。高级社是社会主义性质的劳动组织，土地全部入社，归集体所有，取消报酬；牲畜、大型农具等生产资料折价入社，由农业社实行统一管理，统一种植，统一经营，统一核算，劳动力统一调配，按劳计酬。到1956年3月，全县已建立起高级农业合作社52个，初级社有708个。截至1957年5月，全县合作社由1956年的1234个合并为1043个，入社农户占总农户的92.4%。其中高级社920个，参加高级社的户占87.7%，耕地面积达72026.7公顷。基本上是一村一社，小村由几个村联合为一社。

高级社除搞好农业生产外，剩余劳动力开展工副业生产，农业生产达到当时条件下的较高水平。高级农业合作社自建立后，国家将土地使用权无偿、无限制地提供给土地使用者，城镇国有土地实行单一行政划拨，土地使用权不能在土地使用者之间流转。

人民公社

1958 年 8 月，日照县委根据中共中央《关于在农村建立人民公社问题的决议》要求，建立政社合一的人民公社，取消乡（镇）、村建制。在 6 天时间里，全县共建立起 25 个人民公社，实现人民公社化(1959 年 2 月，又合并为 19 个)。人民公社的最大特点是“一大二公”，实行“政社合一”“农林牧副渔统一经营”，土地所有权和使用权归人民公社所有。一切生产资料和劳力由公社统一管理，公社统一调配和使用，打乱农业合作社的土地权属，在各村之间无偿划拨、分配土地，公社办的工、农、副项目和社会事业所占用的土地全部实行无偿平调。

1962 年，县委贯彻执行《农村人民公社工作条例(修正草案)》，停办公共食堂，对平调的土地、财物进行退赔。实行“人民公社、生产大队、生产队三级所有，队为基础”的体制，明确生产大队、生产队各自经营权。生产大队对生产队实行包工、包产、包成本和超产奖励制度。生产队划分若干小组，分别进行各项农事活动，并层层建立生产责任制。实行任务到队、管理到组、措施到田、责任到人，调动农民群众劳动积极性，农业生产得到恢复和发展。

1966 — 1976 年，“文化大革命”期间，在经营管理中强调“以阶级斗争为纲”，出现增产不增收，分配不兑现，高积累低分配，高产穷队现象，挫伤了农民生产积极性。

集体土地使用制度改革

推行家庭联产承包责任制　1978 年，中共十一届三中全会后，逐步推行土地家庭联产承包责任制。通过承包的形式把集体的土地交给农户使用，农户对土地只有经营权，没有所有权。1979 年春，境内开始进行试点。1981 年，县委赴聊城地区考察学习。1982 年年底，决定在全县推行联产承包责任制，逐步实行三包一奖惩、联产到劳、包产到户。生产队按人口、劳力等因素将土地分配到户，农户与生产队签订承包合同，明确土地使用性质、范围和期限，上缴国家一定数额的粮、油，缴纳集体收取的提留款，承担社会统筹等费用。其余收入归农户所有，自负盈亏，也称“大包干”。土地承包期一般在 15 年。1983 年 1 月，全县有 6245 个生产队实行“大包干”。到 1984 年，境内所有生产队全部实行以“大包干”为主的家庭联产承包责任制。农民有了独立自主的土地经营权，生产积极性调动起来，粮油产量大幅度提高。1982 年，粮食亩产 1015 斤，历史上第一次亩产过千斤，比 1978 年增长 85%；总产 8.1 亿斤，比 1978 年增长 55.3%；人均分配 253.8 元，比 1978 年的 57.44 元增长 3.4 倍；农业总产值 3.29 亿元，比 1978 年的 1.57 亿元增长 1 倍多。

1984 年，本着“大稳定、小调整”和“从简、从速”的原则，在农村中普遍把土地承包期延长到 15 年。延包时，将土地分等级作价，进行合理补偿。在稳定和完善土地承包的同时，又把家庭联产承包责任制进一步推广到林、牧、副、渔各个领域。对原来集体的林、牧、渔等多种经营项目和工副业项目采取承包的办法，由集体与承包户签订合同，合同期一般为 3 ～ 5 年不等。承包户除按合同上交集体一定的承包费和社会负担费用外，收入归己，自负盈亏。实行承包后，由于管理精细，措施得当，收入显著增加。如果园承包后，一般增加 2 ～ 3 倍，多者近 10 倍，因此出了不少“万元户”。

随着工商业的发展，一部分农户从事商业经营或开办工副业，但又不放弃土地经营，造成部分土地经营粗放，甚至出现荒芜。针对这种情况，政府对土地承包形式进行部分调整和改进。1989 年，全市尝试“两田制”，以村或生产队为单位，把全部耕地分为“口粮田”和“责任田”。口粮田按人均分配，不承担定购任务和所有社会负担。责任田按劳承包，承担全部税赋和农产品定购等社会任务。实行“两田制”后，人口变动采用“动账不动地”办法解决。“两田制”的实行，进一步完善土地经营机制，为土地转让、集中、发展规模经营、提高利用率创造条件。

土地二轮延包与实行“均田地”　1999 年 2 月至 2000 年 6 月底，全区农村土地实行二轮延包，803 个村均完成土地延包任务，占全区总村数的 95%。延包土地 41246.7 公顷，占全区耕地的 95%。共签订 30 年不变承包合同 20.41 万份，发放土地经营权证书 19.4 万本，一证一书到户率均达到 95% 以上。

2004 年，针对二轮土地延包不完善和不彻底情况，国家在农村开展“两田制”清理整顿，变“两田制”为“均田制”，按农村人口数量平均分配土地资源。全区有清理整顿任务的村 584 个，涉及耕地面积 4660 公顷，有 359 个村完成整顿工作，清理整顿面积 3840 公顷，占有任务村数的 94.9%。

2007 年以贯彻落实《中华人民共和国农村土地承包法》和省“实施办法”为重点，区政府制定《关于全区农村土地突出问题专项治理工作的实施意见》，进一步明确专项治理工作的主要内容及工作重点。认真做好延长土地承包期 30 年后续完善工作，解决历史遗留问题。做到承包地块、承包面积、承包合同、经营权证、基本农田“五到户”，执行承包期内“增人不增地、减人不减地”政策。严格界定发包土地范围，对适宜家庭承包经营的各类土地，按照均田制原则平均发包到户。机动地不超过 5%，不足 5% 的不再增加。未留机动地的不再留机动地。严格“四荒”地界限，禁止将适宜家庭承包的土地以“四荒”地形式进行发包，维护农民土地承包权益。

推行土地流转　《中华人民共和国农村土地承包法》为农民土地承包经营权流转，提供政策和法律依据。2005 年 3 月，国家颁布的《农村土地承包经营流转管理办法》为土地流转管理工作提供了具体指导方法。土地流转形式主要有出租(承包方将土地经营权租赁给他人从事经营)、转包(承包人将土地经营权出让给受让方，受让方享有转包合同规定的权利和义务)，转让(承包方将未到期的土地使用权一次性转让给集体或受让方，原土地承包人因转让而终止与发包方签订的承包合同)，互换(为方便耕种和管理，承包方之间进行土地互换使用，实现土地连片经营)，入股(承包方将土地经营权作价入股，实行股份经营)，租赁(承包方将土地经营权租给受租方使用，并按期向受租方收取一定租金)等形式。土地流转工作逐步得到规范和完善。至 2007 年，东港区农村土地流转面积达到 773 公顷，占全区总耕地面积的 2.88%。

十一、减轻农民负担

农民负担成因

20 世纪 50 年代末，实行人民公社体制，上缴集体与国家的各种税费未从农民身上直接提取，农民负担处于隐性状态。中共十一届三中全会后，农村实行家庭承包为主的责任制，农民由单纯的集体经济组织内的生产者，变为相对独立的农业生产经营者。在“交够国家的、留足集体的、剩下都是自己的”新的分配制度影响下，无论是交给国家的税收，还是留给集体的村提留、乡统筹，都不再由集体统一支付，而由农民个人上缴，农民经济负担由此凸显出来。

1983 — 1985 年的“社改乡”改革，撤销人民公社和生产队体制，设置乡镇政府和村民委员会。在本级税收不能保证全部财政开支，而上级财政又没有补足缺口的情况下，国家、省、地、县相继出台向农户直接收取“三提、五统”政策(“三提”：农户上缴给村一级管理组织的公积金、公益金和集体管理费；“五统”：农户上缴给乡镇一级政府的教育费附加、计划生育费、民兵训练费、乡村道路建设费和优抚费。与此同时，许多农村经济、社会、生活等基础设施建设及管理费用也相继落到农民身上。如：电力改造建设、农村中小学改造达标、水利工程修建、农田灌溉供水费、家禽检疫防疫费、土地及宅基地管理费、林木采伐费、修桥补路、牌照费、公共卫生清理费等等。这些收费，因地而异，每户农民的负担每年百十元到几百元不等。另外，农民还要承担工农业产品“剪刀差”、国家粮油收购与市场买卖的价格差及子女学费多、疾病医疗贵等隐形经济负担。加之少数农村干部工作方法简单粗暴，个别村甚至出现“以物抵钱”的强制现象，造成干部群众矛盾激化甚至公开对峙。信访案件急剧上升，恶性案件时有发生。农民负担问题一度成为影响农村经济发展和社会稳定的突出问题，引起上层领导和全社会高度关注。

减轻农民负担的主要措施

为减轻农民日益沉重的经济负担，国家先后下发《国务院关于制止向农民乱摊派、乱收费的通知》《国务院关于切实减轻农民负担的紧急通知》(1990 年)、《农民承担费用和劳务管理条例》(1991 年)、《关于减轻农民负担的紧急通知》(1992 年)、《关于涉及农民负担项目审核处理意见的通知》(1993 年)、《关于实行分税制财政管理体制的决定》(1993 年),但都未能根本解决问题。1996 年底,国务院出台《关于切实减轻农民负担的决定》,农民负担的增长势头得到有效遏制。1998 年,中共中央办公厅、国务院办公厅下发《关于切实做好当前减轻农民负担工作的通知》,提出严格控制提留统筹的具体指标,要求 1998 年农民承担的提留统筹费的绝对额,不仅严格控制在上年农民人均纯收入 5% 以内,而且不得超出 1997 年的预算额。1999 年,国务院办公厅转发农业部等部门《关于做好当前减轻农民负担工作意见》的通知,要求严格执行农业税收政策,严格控制提留统筹提取数额。禁止一切乱收费、乱集资、乱罚款和各种摊派,禁止一切要农民出钱、出物、出工的达标升级活动。2000 年、2001 年,中央、省、市相继印发进一步做好减轻农民负担工作的通知,清查区、乡镇涉及农民负担的文件项目,全面落实减负措施,加强农民负担规范化管理,严禁面向农村的各种摊派,进一步规范"两工"(劳动积累工、义务工)的使用和农村公益事业建设。

2002 年 4 月,东港区委、区政府按照上级统一部署,组织实施农村税费改革。基本原则是:确保农民负担明显减轻,确保乡村基层组织正常运转,确保农村义务教育经费正常需要,实现农村经济和社会各项事业的可持续发展。农村税费改革的主要内容是"三取消、两调整、一改革",即取消乡统筹、农村教育集资等专门面向农民征收的行政事业性收费和政府性基金、集资项目;取消屠宰税,逐步取消统一规定的劳动积累工和义务工;调整农业税政策,调整农业特产税政策;改革村提留征收使用办法。实行农村税费改革后,农业税按照落实的土地面积和国家规定的计税价格及税率征收。农业特产税则按照农业特产品的实际收入和规定的税费计算征收。原由农民按人均上缴的村提留,改按新的农业税附加和农业特产税附加的形式收取,农业税附加比例为正税的 40%,农业特产税附加为正税的 10% ~ 20%。改革后,村内兴办集体生产公益事业所需资金和劳务,不再向农民固定收取。实行"一事一议"的办法解决,由村民会议或村民代表会议讨论决定,乡镇人民政府批准,并报区农民负担监督管理部门备案。管理使用情况,实行村务公开、村民监督和上级审计。一年内每个村民所负担的"一事一议"资金最高不超过 15 元。农村"两工"2005 年前逐年递减,三年内取消。具体是:2002 年劳均"两工"应控制在 15 个以内;2003 年控制在 12 个以内,2004 年控制在 10 个以内,2005 年全部取消。"两工"取消后,发展集体生产公益事业等所必需的用工,采取"一事一议"和"一事一批"的办法解决,一年内劳均用工最多不超过 10 个。2002 年 4 月,区里抽调骨干力量,在石臼、陈疃、巨峰(现划归岚山区)三个镇(街道)进行试点,其余镇(街道)压茬进行。5 月中旬,区农村税费改革领导小组派出两个考察小组,分别到莱州市、肥城市和江苏省的灌南县考察学习公益事业金收取和农税征管经验。之后,税费改革全面铺开。整个工作共分 4 个阶段进行,即:动员部署和业务培训阶段,核实土地面积阶段,计税发卡阶段,检查验收和总结阶段。在进行农村税费改革的同时,积极稳妥地进行各项配套改革(调整乡镇行政区划,调整优化教育布局、精减教师队伍,调整区、乡镇财政体制,压缩村干部职数,区、乡镇机构改革),有效地减轻农民负担。2006 年 1 月,按照国家规定,境内全面取消一切农业税费。

落实支农惠民政策

2004 — 2007 年,全区全面落实国家各项支农惠民政策。实行小麦种植"直补"、农机用油"直补"、机电产品下乡补贴等。对粮油实行保护价敞开收购。九年义务教育、农村合作医疗等新政策惠及到农村千家万户,农民负担问题得到根本解决。

十二、涛雒镇创新实施的三项民主制度

1997 年始,东港区涛雒镇党委结合农村实际,探索实施村务大事公决制度、村民质询会议制度、村党支部两票选举制度,推动农村基层民主政治建设深入发展,促进农村基层社会稳定和经济发展。

村务大事公决制度

改革开放的深入发展,使农村经济成份多元化,农民群众生产经营活动丰富多样,外出打工

经商农民越来越多，普遍存在“村民会议难召集”“民主决策难落实”问题。

1997 年 7 月，涛雒镇上元村计划整改输电线路，村民人均负担 70 元钱，须提交村民会议决定，但村里大多数人在外务工经商，召集会议困难，而改电又迫在眉睫。镇党委与村党支部反复研究，认为向群众集资，事关农民负担和社会稳定，老办法难实施，就创新民主决策形式，决定向每户发一张“征求意见书”，说明改电的原因、造价及村民负担资金，并设计“同意”“不同意”“建议”三个栏目，征求每户村民意见。“征求意见书”收回后，全村 248 户，只有 6 户不同意。经过与 6 户当面沟通，全部资金很快筹齐，改电工程顺利完成。

涛雒镇总结、完善上元村“改电”做法，制定出

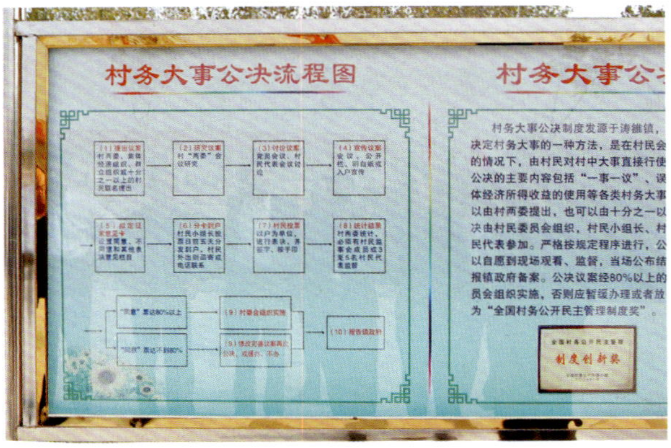

图专记-21　涛雒镇孙家村村务大事公决公开栏　（摄于 2006 年）

一项民主决策制度，称为“村务大事村民公决”，在全镇推行。

村务大事公决制度，主要有四个方面的内容：1. 公决方式。由村党支部、村民委员会（以下简称村“两委”）提出公决议案，以“征求意见卡”的形式，每户发一张，以户为单位，通过填票的方式，决定村务大事，获得 80% 以上的户同意票后为通过。2. 公决范围。主要包括 12 项：(1)由村民出资出力事项。(2)误工补贴人数及标准。(3)集体收益分配使用。(4)公益事业建设及经费筹集。(5)集体经济项目立项及承包方案。(6)土地经营承包方案。(7)宅基地使用方案。(8)计划生育落实方案。(9)集体事业发展规划年度计划。(10)评议监督村委会工作。(11)撤销或改变村委会不适当的决定。(12)其他需要村民投票作出公决事项。3. 公决程序。主要包括 8 个步骤：(1)根据工作需要和群众反映，提出村务公决议案。(2)村两委会议研究公决议案。(3)党员会议、村民代表会议讨论议案。(4)利用村务公开栏、广播、村干部入户等形式，把要公决的议案向村民宣传。(5)制定征求意见卡，由村民小组长提前 5 天，分卡到户。(6)村民填写意见。(7)统计公布公决结果。(8)公决的结果由村委会组织实施。4. 公决的规则：需要公决的村务大事必须符合党的政策、国家法律、法规要求，必须征求全体村民意见。实施过程中，必须由 3 ～ 5 名村民代表监督。公决资料汇总归档，公决结果向镇政府报告、备案、永久保存。必须依法召开村民会议的，不能以公决代替，如村民委员会选举等。

村务大事村民公决制度的实施，创新民主决策的形式，对于完善村民自治、密切干群关系、改进领导方法、维护农村稳定具有积极意义。

村党支部选举“两票制”

“两票制”选举村党支部成员始于涛雒镇东灶子村。1996 年春，东灶子村党支部和村委会班子瘫痪，村内事物无人管理。镇党委反复考察，确定 3 名班子人选，准备履行党内选举程序。但村内部分群众表示反对，理由是“党支部成员是全体村民的干部，在推荐人选上，不能只由党员说了算，普通群众也应有参与权”。镇党委顺应民意，一户发一张推荐票，说明入选条件和要求，让

图专记-22　全国人大常委会副委员长曹志（前右一）在涛雒镇大草坡村视察　（摄于 2001 年）

全体村民推荐候选人。推荐结果出乎意料，3 名入选的人与镇党委考察意向完全一致。结果一样，效果却大不相同，新班子上任后，一呼百应，村里的面貌焕然一新。镇党委及时总结完善这一做法，制定实施“党支部选举两票制”制度，规定党支部在党员选举前，必须先由村民推荐，推荐票不过半数的不列入候选人。

涛雒镇“两票制”选举制度，施行于村党支部换届和届中调整。主要做法分为四步：1．搞好民主评议。对在职村干部综合考评，不称职的干部不列为候选人。2．实行民主推荐。在做好宣传引导的基础上，每户发一张推荐票，写明选人条件、推荐职数，以无记名方法填票，按应选人数的两倍推荐。3．综合考察。对确定的考察人选，进行党内、党外全面考察，“好中选优”，确定候选人提交镇党委会讨论决定。4．召开全村党员大会，按照“党章”规定程序，进行投票选举。涛雒镇用“两票制”选举党支部成员，把党内民主扩大到村民，给群众一个“党内选人的参与权”，选出的干部具有更好的群众基础。

村民质询会议制度

农村实行大事公决后，日常的村务工作仍然缺乏透明度，村干部内部操作现象普遍存在。群众对干部的公正性产生怀疑，进而造成隔阂和怨恨，干群矛盾时有发生。涛雒镇党委经过调查研究发现，干群之间缺乏面对面的沟通和交流。为此，镇党委决定建立一个干群直面对话的平台——村民质询会议。

村民质询会议始于涛雒镇南店村，针对该村群众对计划生育待遇、承包合同的履行等工作有意见的现状，镇党委于 1998 年秋，在南店村召开第一次质询会议，村里管事、办事的人员全部参加，接受询问。会上 40 多名村民提出 30 多个问题和建议，村干部一一作出说明和解释，会议气氛由紧张、对立转为轻松、和谐。质询结果说明，并非干部不公不廉，而是群众不明“内情”。镇党委在此基础上，制定村民质询会议制度，在全镇推广。

图专记-23　涛雒镇下元三村召开村民主质询会议（摄于 2006 年）

制度规定，每月村务公开栏登榜之后十日内，召开质询会议，村民自愿参加，干部全部到会，党委派员旁听。村干部首先汇报一月来的村务工作情况，村民可提出询问、质疑，干部要作出解释、回答，并欢迎村民提出建议。对工作中的失误要作出改正承诺，并由党委监督落实。制度还对质询内容、原则及保障会议健康有序等方面作出规定。

村民质询会议制度的施行，建立起干部群众对话平台，给群众发言权，将村务办理置于阳光之下，促进干部的“公正、公开”，消除群众疑惑、误解。也发挥化解各类矛盾、改善干群关系、建设和谐社会的积极作用。

涛雒镇实行三项民主制度，建立村民自治的

请干部答疑　让百姓发言

在山东省东南沿海的日照市，有一个涛雒镇，这里历史文化底蕴……

老化，急需更换变压器，整改线路，因集体经济薄弱，所需资金大……

图专记-24　民政部 1998 年刊发的有关文章

新机制，践行了“以民为本”、尊重和依靠群众、“群众当家做主人”的宗旨观念。“两票制”给群众选人用人权，大事公决给群众决策权，质询会议给群众参政议政的话语权和监督权。三项制度有机结合，推动了村级民主政治健康有序发展。

区委、区政府对涛雒镇创新实施的三项制度进行调研、总结，于 1999 年 5 月作出《关于在

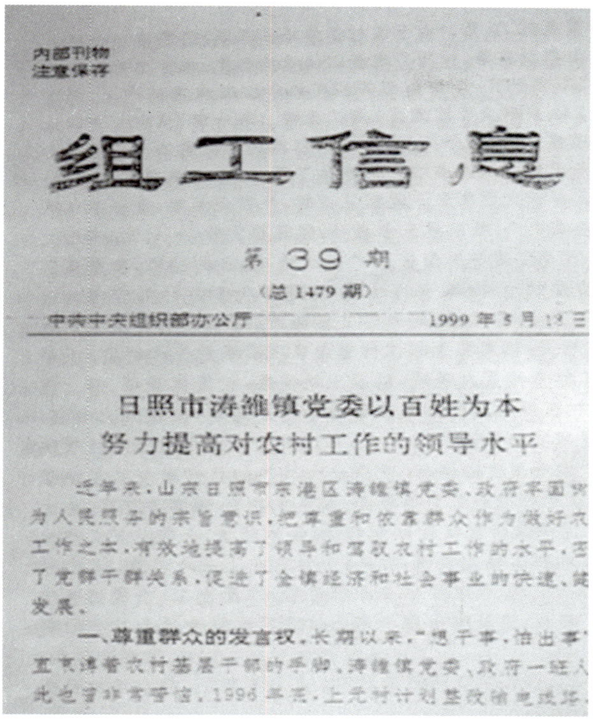
内部刊物
注意保存

组工信息

第 39 期
(总 1479 期)

中共中央组织部办公厅　　1999 年 5 月 13 日

日照市涛雒镇党委以百姓为本
努力提高对农村工作的领导水平

近年来，山东日照市东港区涛雒镇党委、政府牢固树
为人民服务的宗旨意识，把尊重和依靠群众作为做好农
工作之本，有效地提高了领导和驾驭农村工作的水平，密
了党群干群关系，促进了全镇经济和社会事业的快速、健
发展。

一、尊重群众的发言权。长期以来，"想干事，怕出事"

图专记-25　涛雒镇的经验在中组部《组工信息》刊发

全区农村推行村务大事公决制度和村民质询会议制度的决定》，日照市把这一做法作为村务公开、民主管理创新形式在全市推广。时任山东省委书记的吴官正作"总结经验、扩大试点"的批示。人民日报、中央电视台等新闻媒体对此进行多次报道，全国人大常委会、中央农村工作领导小组、中央政策研究室、中央组织部、国家民政部、中央督查室、中财办、山东省委、省政府分别多次进行调研和暗访，给予高度评价，并编写进《全国村务管理培训教材》《山东省村务民主管理工作规范》《山东省村民会议议事规则》等重要文献。中央组织部刊发专期《组工信息》。2003年，东港区被评为全国村民自治模范区，2006年2月，东港区在全国村务公开民主管理会议上作经验介绍。2007年6月，东港区村务大事公决制度获全国村务公开、民主管理制度创新奖，是山东省唯一获此奖项的单位。1998年以来，全国各地到东港区考察民主管理的团队达80余个，在全国产生积极影响。

十三、创建国家卫生城市

1990年，全市开展创建卫生城市活动。1993年，成立创建指挥部。1995年，召开创建动员大会。1996—2002年，按照国家卫生城市标准不断加大创建力度，推进创建进程。

2003年4月，中共日照市委、市政府作出创建国家卫生城市、国家环保模范城市(简称"双创")的决定，东港区担负起重要创建任务。

全面发动　落实责任

2003年5月16日上午，全市城市环境综合整治突击月活动动员会议召开。下午，东港区召开区级领导联席会议，研究开展突击月活动的具体措施。5月17日，全区召开城市环境综合整治突击月活动动员大会，对抓"双创"、防"非典"、城市环境综合整治"突击月"活动进行动员和部署。成立临时"双创"指挥部，组建临时"双创"指挥部办公室，下发《关于认真落实市政府创建国家卫生城市的决定的通知》《关于认真落实市政府创建国家环境保护模范城市的决定的通知》和《深入开展城市环境综合整治活动实施方案》，把城区划分为七大片、三条线，在市级领导包片、市直部门单位包村(居)的基础上，实行区五大班子领导包片、包线负责制。全区29名区级领导和84个区直部门、单位全面落实"带单位包村"责任制，掀起以创卫宣传、健康教育、环境卫生综合整治、道路硬化、城市绿化、市场治理、"五小"(小饭店、小美容美发店、小澡堂、小旅社、小商店)行业整顿、除"四害"、传染病防治为主要内容的"抓双创、防非典"的创卫高潮。

8月中旬，东港区成立由区长任总指挥，区人大、区政府、区政协分管领导任副总指挥，各街道及区直有关部门主要负责人为成员的"创建国家卫生城市暨创建国家环保模范城市"指挥部，并从卫生、城建、工商、教育、文化等部门和日照、石臼、秦楼三个街道抽调专业人员组成区"双创"指挥部办公室，设立督导组、宣传材料组、综合协调组，配备专用车辆，开通监督举报电话，负责全区"双创"工作的领导、督查和调度工作。

突击集中整治

按照指挥部统一部署，2003年8月28日—30日，在城区开展抓"双创"除"四害(蚊、蝇、鼠、蟑螂)"集中突击活动。将城区重新划分为六大片、四条线，实行区级领导、区直部门、单位包村责任制。对宾馆、饭店、农贸市场、建筑工地、食品加工场所、公共厕所、养殖场、绿地、排污管道、垃圾存放点等重点部位的蚊蝇滋生地进行药物消杀。为提高疾病的防控能力,区财政投资224万元,建设2613平方米的检验检测大楼。在原有的基础上,投资100余万元配备国内外先进检测仪器40余台件。全区共清理死角600余个,面积5万多平方米,喷洒消杀药品1000千克,安放毒饵岛1.25万余个,投放灭鼠毒饵2000余千克,消杀面达到100%,阻断相关虫媒传染病传播途径。9月11日,省爱卫会派专家组进行现场检查,检查小卖部、超市、宾馆、医院等单位38个,房间1320个,有蝇房间率0.16%,防蝇设备合格率为99.19%;办公室、村居及公共场所25个单位,共890个房间,阳性率为1.15%;苍蝇滋生地226个,阳性率为0.44%,均未检查到蟑螂成虫、若虫或卵荚。顺利通过省爱卫会考核组组织的"灭蝇、灭蟑国家标准"评审。

图专记-26　东港区集中整治垃圾死角

10月份,区"双创"办对城区主要干道、城中村需要治理的污水沟和89个城中村(居)住户、村办企业、养殖户的卫生状况进行详细调查摸底,全面掌握工作情况。

11月19日,全区召开抓"双创"集中灭鼠活动动员大会,安排部署迎接"全国灭鼠先进城市"考核验收工作,对各单位专职灭鼠人员进行培训。11月下旬开始,区双创指挥部在全区先后组织进行集中投药灭鼠行动和"双创灭鼠突击周"活动。至12月中旬,城区鼠密度监测由2003年3月份的6.67%降至1.22%,低于全国爱卫会规定的标准。12月16日,通过专家组组织的"全国灭鼠先进城市"各项指标考核。

2004年2月13日,区政府召开全区"双创"再动员大会,按"严格标准、分类指导、重点突破、全面推进"的原则,以"五小行业"卫生规范管理、集贸市场专项整治、城区养殖户清理整顿、城市基础设施建设、健康与环保教育、环境保护等城市环境综合整治为重点,健全完善城市环境卫生和除四害长效机制。

5月22日下午,省爱卫会暗访组对老城区30余条道路和部分市场、村居、单位、"五小行业"进行暗访调研,并针对调研中发现的问题提出意见建议。27日下午,区双创指挥部召开专题会议,全面落实省暗访组的反馈意见。会后,以区卫生防疫站为主,对"五小行业"进行排查摸底,对不合卫生标准要求的逐一进行限期整改,对老大难单位则令其停业整顿。6月20日,"城中村"环境综合整治现场会议在日照街道大香店村召开。会后,市、区包村部门单位到所包村居进行帮扶,帮助进行"两清一刷"(两清:全面清除房顶乱堆乱放和墙壁上乱贴乱画现象,清理小街背巷的"三大堆"脏乱差现象。一刷:粉刷沿主次干道的旧房外墙)工作。7月中旬,所有城中村居共粉刷墙壁46万余平方米。至8月5日,市、区包村部门单位帮扶村居资金累计235.74万元。

8月18日—20日,市区顺利通过创建国家卫生城市省级考核验收。10月20日,省爱卫会专家组到日照进行暗访并顺利通过。29日—30日,接受全国爱卫会"创卫"暗访调研组调研,由于城市环境卫生基础配套设施尚未完善,某些方面还达不到国家卫生城市标准要求,暗访调研组肯定前期"创卫"工作,并提出意见、建议,调研未通过。

常规管理

2005年3月12日,区"双创"指挥部印发《东港区2005年"双创"实施意见》,以"爱国卫生活动月"为载体,向广大居民进行常见疾病预防、控制及防治艾滋病知识教育,开展农村改厕和创建无烟单位、无烟家庭、"相约健康社区行"等活动。2005年上半年,日照、石臼、秦楼街道抓住市区旧城改造的有利时机,采取先安置后拆迁、先局部后整体的措施开展“城中村”改造。这些改造后的村居配套设施完善，完全符合《国家卫生城标准》要求和环保城标准要求。12 月 13 日，全区召开创建国家卫生城市迎查工作动员大会。会后，继续落实“党政一把手负总责、属地管理属地负责、谁主管谁负责、一岗双责、职能部门分工负责”的五项责任制和区级领导包片包线、单位部门包村(居)责任制。指挥部细化任务，层层签订责任状，责任落实到单位和个人，制定重点路段责任人包保网络图，形成全党动员、全民参与、齐抓共管“创卫”工作格局。

12 月 27 日—28 日，国家卫生城市技术考核组对日照街道、文华社区、小孙家村、石臼街道、日照四中、实验三小等单位、村居(社区)的“创卫”工作进行全面验收。

综合整治　创卫迎查

2006 年年初，区双创办根据全国爱卫会技术考核组对日照市创卫工作检查指导反馈的问题，深入单位、村居进行摸底排查，查找问题源头，责成责任单位限期整改。3 月 29 日，全市“创卫”迎查工作动员会议结束后，区政府随即在会议现场召开落实会议，研究具体措施全面落实最后一轮“创卫”迎查工作。4 月份，按照国家卫生城市标准要求，“双创”指挥部对城区环境进行综合整治，对“五小行业”、农贸市场进行专项治理，着重加强健康教育、传染病防治工作督导检查；加强对城区养殖业治理，严防高致病性禽流感发生。至 5 月，全区所有城中村(居)都建立起卫生长效保洁机制，中小学健康教育开课率达 100%，居民健康知识知晓率为 91.4%，80% 以上的部门、企事业单位建立无烟办公室(会议室)，“五小”单位持证率达 90%，食品经营单位卫生许可证有效率为 100%。

经过艰苦努力，东港区“创卫”工作取得可喜成效。3 年间，全区共上阵劳力 20 多万人次，出动机械 4 万多台次，清理垃圾死角 9000 多个，清运垃圾 10 万多吨，设置垃圾箱(桶)2000 多个，粉刷墙壁 60 多万平方米，硬化土街土巷 15 万多平方米，清除房顶乱堆乱放、三大堆及乱贴乱画 10 万余处，清除杂草 2.5 万多平方米，整治污水沟 30 多万米，新建或改建水冲式公厕 3000 多处，旱厕改造率达 85% 以上，完成绿化面积 25.26 万平方米，硬化面积 26.87 万平方米，共清理探头市场 300 多个、规范店外经营 1000 余户，拆除乱搭乱建房屋 1200 余间，大部分单位、城中村建立起卫生长效保洁机制，垃圾处理实现日产日清，清运率达 100%。

5 月 15 日—16 日，全国爱卫会考核组对市、区创建国家卫生城市工作进行最终考核鉴定。考核组抽查东港区日照街道、石臼街道、文华社区、小孙家村、北张家村等单位、村居，认为全部达到国家卫生城市标准要求。经过 30 天全国公示期后，7 月 13 日，全国爱卫会正式命名日照市为“国家卫生城市”。作为市驻地的东港区为全市“创卫”工作付出辛勤汗水，做出积极贡献，得到市委、市政府高度称赞。7 月 29 日，东港区委、区政府被日照市委、市政府授予“创建国家卫生城市工作先进集体”称号。

十四、人工驯养灰喜鹊

驯养利用灰喜鹊防治松毛虫是境内生物防治林木虫害的一项探索性成果。

选定课题

松毛虫每年发生一代，其 2 ～ 3 龄幼虫在松树皮下或石块底部越冬，开春后吃食松树针叶。严重发生时会造成连片松树枯死，被称为“不冒烟的火灾”。1977 年，境内共有林地面积 3.73 万公顷，其中松林近 2 万公顷。历年松毛虫为害面积 1.5 万公顷，是赤松毛虫危害最为严重的地区之一。70 年代以前，防治松毛虫主要靠人工捉拿和药物喷杀两种方法。前者效率低，后者成本高，易伤害鸟类、污染环境、破坏生态。于是，林业科技人员开始探索生物防治新办法。

灰喜鹊常在山麓、树边、公园的疏林内筑巢生息，有群栖群活特性，喜食松毛虫、棉铃虫、金针虫等农林害虫，易驯养，是境内的主要益鸟，也是驯养试验的最佳选取对象。

进行研究

1977 年春，由县林业局工程师张天印主持研究，姜令先、宋全夫、陈相军、张守林等一起，在涛雒公社华山大队南山林区和虎山公社梭椤树大队西山林区设置试验点。利用五年时间，先后进行灰喜鹊的人工笼内饲养驯化和野外放养驯化两项试验，1982 年，逐步在县内推广应用。1984

年10月，通过省林业厅的技术鉴定。1987年，荣获省科学技术大会科技成果奖。

驯养中，他们首先对灰喜鹊生态特性进行研究。隐蔽在草丛树下用望远镜细致观察。观察发现，灰喜鹊平时成群结队在林间穿行，晚间则喜群宿于较密的树林中。繁殖季节一般在巢区周围几华里内活动觅食，其他季节活动半径一般在15～25千米，且早出晚归。该鸟为一年性成熟鸟类，雏鸟长成后，第二年开始繁殖，5月上旬营巢。每年育雏一窝，每窝平均产卵6枚，孵化期15～16天，孵化率为83.3%，成活率为90%以上，雏鸟发育18～20天离巢出飞。该鸟每天啄食15次左右，每次进食松毛虫3～5条。发育50天的雏鸟每天总食量为60克左右，1只成鸟1年约吃1.5万条松毛虫等害虫，1只鸟可以保护约700平方米松林。

图专记-27　人工驯养灰喜鹊　　（摄于1982年）

在细致观察灰喜鹊生活习性的同时，技术人员开始在笼中进行人工饲养和繁殖试验。他们最初捕获8只发育15天左右的灰喜鹊，将幼鸟先放在小型竹笼内饲养，到会飞时放入大笼内。将金龟子、松毛虫、蚂蚱等昆虫去头去足，或切成小块，用摄子夹着喂食。开始每天每鸟喂16～18次，每次给食量3～4克，人工帮助饮水2～4次。发育30天后，每天喂14～16次。发育60天左右时，雏鸟即能自由择食，每天喂10～12次即可，并给雏鸟洗澡，注意卫生，提高成活率。发育80天左右时，由人领鸟到林中吃虫。冬季昆虫缺少时，主要以喂花生饼、次苹果、萝卜菜等为主，以松毛虫、避债蛾、蛴螬等幼虫为补充。进行人工驯化时，饲鸟员与雏鸟亲密接触，朝夕相处在一起，并固定一套衣服，便于雏鸟辨认。喂食时以哨音为令，有时将食料向空中抛去，或将捉来的昆虫放于松枝上引诱前来啄食，以锻炼其学会捕获各种昆虫能力。驯鸟时，驯鸟员手拿红白旗，以哨音为令，引其飞来飞去。他们克服天气炎热寒冷，一年四季，反复训练，乐此不疲，终于驯化成第一批人工驯养的灰喜鹊群落。

图专记-28　人工驯养灰喜鹊按哨音转场　　（摄于1982年）

为便于驯化利用，他们在人工饲养经验的基础上，开始进行灰喜鹊笼内繁殖试验。起初，由于缺乏经验，驯养的鸟只能在笼内营巢产卵而孵不出小鸟，产卵量也极少。他们认真分析情况、查找原因，原来主要是食料单一，缺少钙质，营养不足。再是产卵育雏期间没有将“光棍子”及时隔离出去，干扰甚至损毁育雏的鸟及卵。于是在产卵育雏前，便给配偶成对的亲鸟增加营养，做到食料多样化。除喂各种昆虫、稀释的花生饼和苹果外，适当增加一些肉类(兔、猪及羊羔肉)及乌贼鱼盖粉、生石灰等。并根据月份时令的不同，适当添加维生素、钙糖片等。有时将稀释的花生饼拌上生鸡蛋，以增加营养和钙质，促进蛋壳的形成，提高产卵量和孵化率。同时在笼内僻静处设置筐篮，以备育雏鸟在里面营巢。笼内放些烂棉花、毛发、草根、树枝等，为其筑巢创造便利条件。将配偶成对的鸟和未配偶的鸟加以区别，及早把不育雏的鸟(光棍子)隔离到另外笼内。营巢期适当放鸟，增加活动量，让其在野外啄食些昆虫补充营养。

由于采取以上得力措施，笼养灰喜鹊一般一窝可产卵5～6枚，并能顺利孵化出雏鸟。他们还经常打开笼门，让亲鸟到野外捕虫哺雏，提高雏鸟的成活率。他们先后在笼中成功孵育出灰喜鹊1600余只，为沂源、蒙阴、莱芜等省内30多个单位及江西、安徽、四川、云南、浙江、北京、吉林等18个省市提供800多只经过驯化的灰喜鹊，对山东省乃至全国的鸟类保护利用工作起到积极地推动作用。

推广利用

1982年开始，该项成果逐步在全县推广利用，先后在虫害林区设置城关前鹁庄、山庄、西湖爱国村、丝山冯家沟和大沙洼林场等5个驯鸟点，建立10个鸟类保护区，使全县灰喜鹊的巢区由40多个增加到140多个，种群数量达到3万多只。以鸟为主的生物防治面积由1978年的0.1万公顷，逐步扩大到0.33万公顷。林木虫害面积由过去的1.5万公顷减少到0.66万公顷，减少人工和药物使用量，实现林木虫害防治从以人防、药防为主向以生防为主，人防药防为辅的转变。1989年3月21日，日照市第十届人大常委会作出灰喜鹊为日照市鸟的决定。

灰喜鹊人工饲养驯化和笼内繁殖的成功，为生物防治林木虫害探索出一条崭新的路子，为爱鸟护鸟提供了一条宝贵的经验，谱写了一曲人与鸟类和谐相处的优美赞歌。这一成果，1978年以来曾分别发表于《中国林业科学》《林业科学通讯》《动物学杂志》《林业病虫通讯》等全国性学术刊物上。《中国林业》《人民日报》《人民画报》《中国青年报》《光明日报》《工人日报》《北京晚报》《中国建设》杂志英文版等二十多家省以上报刊杂志转载。美国、瑞典、日本等学术团体先后前来考察，中央新闻电影制片厂、北京、上海科教电影制片厂相继拍成新闻和科教片《巧调天兵》《灰喜鹊》《森林和我们》在全国放映。中国科学院动物研究所和中国林业科学院教授专家认为"该项科研在生产利用和学术上具有国际先进水平，是生物防治森林害虫的创举，是一项重大科研成果和发明"。

十五、日照经济开发区

日照经济开发区前身是日照市出口加工区。1992年4月，市委将日照出口加工区更名为日照开发区。2002年2月，省政府将日照开发区更名为日照经济开发区。2003年4月，日照经济开发区拓展范围，界定为：北京路以西、兖石铁路线以南，包括整个奎山街道，石臼街道的25个行政村，日照街道的8个行政村以及原开发区的8个村居。全区总面积115.6平方千米，辖2个街道86个村居，总人口约11.8万。是中欧环境管理合作计划在中国重点援助的四个环保试验区之一，山东省第一家通过ISO14001国际环境管理体系标准认证的省级开发区，也是全国第十三个综合性生态工业园区，连续三年被省政府表彰为全省先进开发区。2007年，被省政府列为五家"全省科学发展示范园区"之一。

开发区东临日照港，西接同三、日东高速公路，地理位置优越，区位优势明显。2007年底，区内已建成2×35万千瓦发电厂、22万伏变电站、10万吨水厂、日处理能力15万吨污水处理厂以及日产3300吨工业蒸汽热电厂等大型配套设施。累计完成投资30多亿元，建设23条道路，绿化面积160万平方米，道路通车总里程达到255千米。区内已经形成"五纵六横一环"主干道路框架，沿路实现水、电、通讯、供热、供气一次性配套。

图专记-29　日照经济开发区一角　(摄于2004年)

2003—2007年，先后引进各类项目200多个，总投资近300亿元。投资5000万元以上的项目49个，过亿元的21个。2007年1—9月份，新批外资项目12个，增资项目4个，完成实际外商直接投资5718万美元，同比增长256%。威亚发动机已投产，华能日照电厂二期、中储粮、中纺粮建设进展顺利，木浆二期近期开工。投资1.6亿元的新华瑞食品、投资7000万元的德升水泥等项目已建成投产。在开发区投资的国家和地区22个。有日本丸红、旭硝子、美国邦基、德国蒂森克鲁勃、比利时伊索、韩国现代等6家世界500强企业落户开发区。

开发区确立"产业链招商，集群化发展"的产业发展战略，成为市新兴优势产业聚集区，培育华能日照电厂、山东亚太森博浆纸、凌云海制糖、新良油脂、大海油脂等5个年销售收入超过10亿元骨干企业，构筑起以能源、浆纸、粮油加工、纺织服装、机械加工制造、电子及装配、木材加工制造等几大优势产业为主的临港大工业群体。2007年，按照"大项目带动、配套企业跟进、产业集群发展"思路，启动高新技术、现代物流等产业园区建设。到10月已完成优势特色产业发展规划和产业园区建设规划，制定产业结构、布局、引进、培育等政策。新成立物流产业园、化工产业园，充实韩国工业园、高新技术产业园、纺织服装产业园、食品产业园、汽车商贸城等园区的管理服务机构，配齐配强服务人员，为加快产业园区建设奠定坚实基础。

至2007年10月，累计引进各类项目665个，实际利用外资13亿美元，累计投入开发建设资金216亿元，完成项目开发面积23平方千米。

日照经济开发区已初步形成现代工业区、高科技园研发区、行政办公区、商贸居住区等功能板块，构筑起现代化经济新区的主体框架，正向国家级经济开发区迈进。

十六、山海天旅游度假区

山海天旅游度假区原为日照开发区山海天旅游区。1995年9月，经山东省政府批设山海天(省级)旅游度假区。1996年7月正式对外办公。同年8月，度假区被省科委批设为省级高新星火技术产业密集区，9月被市政府批设为海外联谊发展试验区。

度假区位于苏家村东岭，面积15平方千米，有典型的龙山文化和大汶口文化的苏家村遗址。在丝山东北部秦家官庄、竹溪村、苏家村、凤凰城均有旧石器、新石器文物出土，是古文化遗址。区内秦楼街道冯家沟是武圣姜尚故里。

度假区东起黄海岸边，西到卧龙山下，南起北苗家村，北至小陈家村附近。规划面积10平方千米。规划范围内有15个行政村，总控制面积74平方千米。整个区域依山傍海，气候温和，四季分明，雨热同季，冬无严寒，夏无酷暑。拥有全国质量一流的海水、沙滩，空气清新、风光旖旎。区域内海岸线17.5千米，呈带状分布，属比较平整的基岩沙砾海岸。沙质细软无泥，潮平浪缓，基岩岸凸，妙趣横生；岸边松林，相映生辉，具有良好的海滨浴场开发价值。更有桃花岛、太公岛镶嵌在近海域内，宛如万顷碧毯上两颗明珠。桃花岛有一甜水泉，号称神泉。太公岛西缓东陡，相传姜太公在此垂钓和习武，故曰"太公岛"。

山域景观主要分布在卧龙山、太公山等七座山峰形成六条山谷。山上百余块大小石壁，千姿百态。太公山周围，植被葱郁。十大片树林常年绿荫，五座水库星罗棋布。有处于大石壁、乔北山的四大透山石洞，位于石壁山南峡和北谷的两个神泉。山域各处分布着奇石陡壁，形成奇观。如"黄海一柱""神蛙""母子恐龙""顶牛石""鳄鱼观天"等，巧夺天工，惟妙惟肖。

山海天交通方便，南北方向东有碧海路，中有山海天路，西有青岛路，宽百米，属宽带花园式道路。东西方向分列三条太公岛路，形成三纵三横主干道网络，皆与市区主干道连接。路边随处可见三角绿地、滨海花园，芳草如茵，绿树成行。在道路尽端或交叉路口，共设置六处公共广场和

图专记-30　山海天旅游度假区管委　(摄于2004年)

停车场。区内设置区级金融商贸中心和南北两片区级公共服务中心。不仅满足常住居民的生活需要，也能为大量游客和休、疗、养人员提供各种生活需求。

度假区是融行政管理、旅游娱乐、度假疗养、商业服务、文化教育及高新技术开发为一体的综合性开发区域，具有得天独厚的自然、人文资源，重点开发以健康旅游、民俗旅游、科普旅游、专家学者度假旅游为主导特色旅游项目，带动和推进第三产业发展。区内有旅行社、疗养院，有豪华大酒店和王家皂等民俗旅游度假村。区域经济已初具规模，以兖矿疗养院、山海天大酒店、光明大酒店、王家皂民俗旅游村等项目为主，构成旅游经济园区；以北京大学产学研居(日照)基地、农业部水产增值基地、日照一中东校区等项目构成文教园区；以教授花园、伴海山庄、金海岸花园、清华园、太公岛花园、月海花园等项目为主，构成度假休闲园区。2002年成功策划海洋生物馆、太公岛海滨游乐园、五星级酒店三个重点项目，投资过亿元。2004年7月，日照海洋大世界建成运营。

图专记-31　山海天旅游度假区一角　(摄于1970年)

度假区吸引北京大学、清华大学、山东大学、曲阜师范大学等国内著名高校在区内兴建产学研居基地和开发高新技术项目。到2003年，北京大学产学研居基地前两期工程竣工，建别墅72座，高档公寓楼9栋，入住教授专家学者140余户。第三期工程于2003年开工建设，占地39.5公顷，预计总投资9.6亿元。国家863计划北京大学微处理器研发中心日照基地，北京大学蛋白工程国家重点实验室日照培训基地，在区内挂牌落户。度假区承接由北京大学召集的中国高校后勤工作研究会理事会等十多个全国性会议。北京大学经济管理、教育管理两个硕士研究生课程班先后在日照开班授课。入住专家教授帮助招商引资，先后推荐特种建材、生物制药等多个项目，提供14个高新技术项目与日照市合作。

十七、大学科技园

2001年11月，市委市政府在东港区秦楼街道设立日照大学科技园，规划控制面积25平方千米。以建设“大学科技园、文化旅游园、生态观光园”为目标，以发展高等教育、开展科技研发为主要功能，建成区域性人才培养基地、科技研发基地、科技成果转化基地。到2007年，进园高校已初具规模。山东体育学院日照校区、曲阜师范大学日照校区、济宁医学院日照校区、山东水利职业学院、山东外国语职业学院和日照职业技术学院6所高校建成开学，在校大学生5.5万人。日照高级技工学校新校区一期工程于2007年4月份开工建设，日照海事专修学院已批准进园。清大华创科技孵化中心一期工程

图专记-32　日照大学科技园　(摄于2007年)

已建成，二期工程科技研发大厦建设进展顺利，中央教科所研发基地项目已经奠基。大学科技园累计完成投资30亿元，竣工建筑面积190万平方米。

科技园"招校引智"，创造"高校办教学，社会办后勤"的校市合作办学模式。管理过程中坚持"政府主导、园区主办、规范管理、市场运作、服务学校、共同发展"原则，推动产学研联合，重点培植钢铁、汽车、医药、电子信息、海洋化工和海滨旅游、现代物流等产业新专业，建立现代汽车学院等30多个人才培养基地、研发中心。建成图书馆、体育场、音乐厅等10多处大型文化体育设施。

院校简介

曲阜师范大学日照校区　曲阜师范大学是一所省属重点大学。著名物理学家、诺贝尔奖获得者丁肇中担任名誉校长。日照新校区占地66.7公顷，建筑面积20万平方米。设计在校生规模2万人。2001年开工建设，2002年建成开学。

图专记-33　曲阜师范大学日照校区　(摄于2005年)

2007年，日照校区有教职工663人，专任教师471人，其中教授40人，副教授74人。研究生以上学历252人。现设有政治与社会发展、法学、计算机科学、信息技术与传播、印刷、文学、运筹与管理、数学科学、电气信息与自动化、翻译、政治与公共关系、国际文化交流、新闻学、美术和乔羽音乐学院、东方语言文化、体育教研18个院系，35个专业，有1个博士点，29个硕士点。有在校生11335人。学校在中国古代文学、应用数学、孔子儒学、基础数学、激光偏光技术、运筹学、自动化、物理化学等学科领域达到较高水平。

山东体育学院日照校区　山东体育学院是山东省唯一一所普通高等体育院校，为全省体育教育、运动训练和体育科研中心。日照校区设计在校生规模1万人。2001年开工建设，2002年建成开学。2007年有在校生6300人，有教职工338人，教师281人，其中教授32人，副教授58人，研究生以上学历126人。现设有体育、运动、基础理论、民族传统体育、体育社会科学5个系和政治理论课、成人教育、研究生3个部，开设体育教育、运动训练、民族传统体育、社会体育、运动人体科学、体育公共事业管理、体育舞蹈、体育英语、特殊教育、计算机科学与技术、教育技术学、应用心理学、体育经济13个本科专业、4个硕士研究生专业，联合培养水上运动装备，体育教育训练学2个博士研究生专业。学院于2006年在国际比赛中共获2枚金牌，2枚银牌；在亚洲锦标赛中获得9枚金牌；在2006年多哈亚运会上获9枚金牌、6枚银牌、5枚铜牌。

济宁医学院日照校区　济宁医学院是山东省省属综合性高等医学院校。日照校区设计在校生1.5万人。2003年开工建设，2004年5月建成开学，2007年在校生6630人。占地95.1公顷，校舍建筑面积为17万多平方米。

图专记-34　济宁医学院日照校区　(摄于2006年)

2007年，日照校区有教师724人，其中教授、副教授257人。以本科教育为主，建有研究生教育、专科教育、现代远程教育和留学生教育。设有药学、信息、管理、精神医学和基础部5个部系，15个专业。下设65个教研室，10个研究所和18个研究室。学院在心脏疾病诊疗、行为医学、肿瘤分子病理与免疫病理、振动病、流行性出血热等方面的研究，已达到国际或国内先进水平。

图专记-35 山东外国语职业学院 (摄于2007年)

根据“十一五”规划，济宁医学院将建成一所以医药、生命科学和生物技术为主，文理兼融多学科协调发展的综合性教学型大学。

山东水利职业学院 山东水利职业学院是隶属山东省水利厅、山东省教育厅的全日制普通高校。2003年4月开工建设，2004年8月建成。日照校区设计在校生1.5万人，2007年在校生11500人，有教职工998人，教师712人，其中教授35人，副教授285人，研究生以上学历344人。设有水利工程系、建筑工程系、机电工程系、信息工程系、经济管理系、基础科学部和高教中心6个部系(中心)，开设42个专业。

学院与莫斯科国立环境工程大学、伊万诺夫国立化工技术大学、俄罗斯太平洋国立大学合作办学，联合培养土木工程(水利方向)、机电工程、金融学、自动化与控制等专业学生。英国爱德思国家职业学历与学术考试机构在该院设立酒店管理专BTEC海外中心。

山东外国语职业学院 山东外国语职业学院是一所经山东省人民政府批准成立、国家教育部备案的全日制民办高等职业学校。2005年设立。学院设计在校生1万人，2007年在校生2700人，有教职工182人，教师99人，其中教授1人，副教授2人，研究生以上学历26人。

学院设外语、经管、计算机、人文艺术4个系，现开设应用英语、国际经济与贸易、工商企业管理、市场营销、计算机信息管理、应用韩语、应用日语、会计电算化、计算机网络技术、动漫设计与制作、艺术设计、音乐表演、文秘、应用俄语、应用德语、报关与国际货运、金融保险、酒店管理、涉外旅游等19个专业。目前学院已与中国海洋大学建立合作关系，设立在职硕士学位研究生培养基地。

日照职业技术学院 日照职业技术学院是由日照市人民政府主办、山东省教育厅主管的全日制公办普通高等院校，山东省第一所职业技术学院。世界物理学家丁肇中担任名誉院长。学院设计在校生1.5万人。2004年2月，入园建设新校区，2007年在校生13479人，教工职914人，教师410人，其中教授、副教授170人，研究生以上学历200人。设有机电工程、工商管理、财政、建筑工程、艺术、水产、食品工程、旅游、外语、信息科学、汽车工程、中德、现代汽车13个二级学院、53个专业。建设132个长期校外实习实训基地，

图专记-36 日照职业技术学院

与136家企业进行校企合作与订单式培养，形成完善的职业能力训练体系，被省教育厅确定为“骨干示范性职业技术学院”。

学院与德国特威特劳夫学院联合创办日照中德学院，与韩国现代集团与学院合作建立现代汽车学院。

十八、丁肇中四次回故乡纪实

树高千尺不忘根，游子倍感故乡亲。美籍华人、实验物理学家、诺贝尔物理奖获得者丁肇中，自1985年6月—2012年7月间，四次回到祖籍故里——东港区涛雒镇涛雒二村寻根探访，留下了他依恋故土、怀念家乡的绵绵情怀。

1985年6月28日下午1时，丁肇中偕夫人苏珊第一次回到了阔别47年的故乡。乡亲们闻讯奔出家院，夹道欢迎这位给家乡带来自豪和荣耀的世界著名科学家。面对热烈的场面，丁肇中倍受感动，他将上半身探出车窗外，不住地向乡亲们招手致意。丁肇中回到家乡的活动日程，首先是探访祖宅故居。站在几栋祖宅老房面前，他满怀深情地追寻着父亲屡屡说起的当年老家的旧物实景，并不停地拍照留影。下午4时，他与亲属族人一道在祖父墓前献花、凭吊。5时，他与夫人来到国家重点工程日照港，认真听取有关专家对“日照港十大优势”及发展前景的介绍，兴致勃勃地参观了港口施工工地，对港口建设寄予很高期望。6时，丁肇中夫妇在日照宾馆与陪同他的地方领导进行了亲切交谈。丁肇中说：“搞什么事业都需要人才，这几年我每次回国，都是经过教育部、科学院，在全国重点大学里挑选最好的学生，学物理的，到我那里攻读，拿博士学位。”他还遗憾地说：“到现在为止，还没有山东的！希望以后有山东的。”6月29日上午7时，丁肇中与故乡依依惜别。

2002年6月13日—15日，怀着深深的眷恋与牵挂，丁肇中又回到了他热爱的故乡。13日，在市、区领导陪同下，他进工厂、看港口、去学校、回故里，不停地用相机记录下家乡的发展变化。他不断激动地用“完全就是两个城市了”来赞叹故乡的巨变。丁肇中先后参观了北大教授花园、日照港、日照发电厂、森博浆纸有限责任公司、新市区人民广场。14日一早，又应邀来到日照职业技术学院，愉快地接受了学院名誉院长聘书。同日上午，再一次回到魂牵梦绕的故里时，欢迎他的街坊邻居已挤满街头。镇政府领导详细解说了准备修复的丁家祖居示意图，他连声说：“跟我父亲描绘的一样，连大门、二门上的对联都是原来的样子。”随后，他又去祖父坟地祭扫，看着修整完好的祖坟，他感到心安和欣慰。他深情地说：下次一定带儿子回来，让他知道自己的根在这儿。离开前，乡亲们拉着他的手合影留念，嘱咐他常回家看看。丁肇中点着头连声说：“好，好，一定。”

丁肇中第三次踏上故乡的土地，是2005年6月17日下午6时。还是那和蔼的面庞，还是那深邃的目光，手里还是提着那部相机，甚至还是穿着他喜欢的湖蓝色衬衫。但此次回乡，丁肇中已不是只身一人，他不仅带着自己的夫人苏珊，而且还带来了正在美国密西根大学读书的19岁的儿子克里斯托费·丁。他要实现三年来一直放在心底的夙愿。

晚上，市、区领导在丁肇中下榻的贵宾楼为他一家举行了乡情浓郁的文艺晚会。乡情乡音，感动着丁肇中沉静的心。他时而端起相机拍摄演出画面，时而侧身向夫人耳语讲解演出内容，神情怡然，笑容可掬。演出结束后，丁肇中走上台来，和演员们一一握手致谢。

6月18日上午，他回到故里涛雒镇，为“丁肇中科技展馆”揭牌。展馆里摆着他托交家乡的多年来获得的证书、聘书和各种重要资料。在揭牌仪式上，他谆谆告诫家乡的学子们“发现自己的至爱，不要完全为考试念书”。丁肇中在族人的陪同下参观了修复的故居。当日，还携妻、儿祭扫祖坟，一次次深深鞠躬，寄托着对家乡故人的深深怀念。

在日照大学城，丁肇中访问了曲阜师范大学并回到自己担任名誉院长的日照职业技术学院，与师生们见面交谈。他为家乡建起了这么多的大学而高兴，他叮嘱学子们“做什么事情都要专心，要做自己感兴趣的事情”。

相隔7年，2012年7月16日，年已76岁的丁肇中飞渡重洋，第四次踏上故土。这次，他的身边带来一群人：夫人苏珊·丁博士，女儿珍妮·丁·乔宁及女婿、外孙女、外孙，三代人共同访问故居。“要让孩子知道自己的来源！”丁肇中把家人

图专记-37 2005年6月丁肇中(左三)带夫人苏珊、儿子克里斯托费·丁(左二)第三次回到故乡——东港区涛雒镇

招呼到身边，共同题词：“小石也堪抵巨浪，我们非常高兴又回到家乡”。在日照国际海洋城管委，丁肇中收到了一份特殊的礼物：大陆版和台湾版的《日照丁氏家乘》，实现了他的父亲丁观海关于寻找家谱的嘱托。丁肇中非常高兴地说：“非常感谢，让我家人知道来源是什么地方。”随后，他带领家人参观日照城市规划展览馆、港口展览馆，看企业，游海滨，去学校，观演出，让家人尽可能多地了解日照。

临别前，丁肇中夫妇留下了与女儿全家签名的题词：“今天我们非常荣幸地了解了丁氏家族的优良传统和日照市振奋人心的美好蓝图。回到自己的祖籍地我们特别激动，日照对我们有特殊的意义”。

附　录

一、日照县(市)志序言选

域内在历史上，共纂修过五部县(市)志。首志成书于明万历十八年(1590年)，由钟羽正、焦竑、杜一岸作序。续志成书于清康熙十一年(1672年)，由杨士雄、丁泰、李璇、丁皆(时)作序。增修志成书于清康熙五十四年(1715年)，成永健作序。续修《日照县志》，成书于光绪十一年(1885年)，由丁守存、赵国华、陈懋、郑作相作序。新中国成立后，《日照市志》成书于1991年，王家政作序。现选出杜一岸、杨士雄、陈懋和王家政四篇序文，摘录如下。

日照县志序

明万历十八年(1590年)

结绳不可正也，而书契。书契，志之始也。自有志，是非判乎当时，淑慝昭之万世。辨隆替，正劝惩，君子小人可幸目前而不能逃身后者，皆是物也。故夫三代不废典训，麟圣有经，列国有史，即汉、唐、宋之衰世，纲鉴陈列已大备矣！洪维皇运方隆，自建启邦士之余，首崇此典，总之一统，概天下之义。若省、若郡、若邑，亦俾各述一方，以备考订。诚谓：夫是书也，判是非，昭淑慝，辨隆替，正劝惩，惧君子小人之心于无穷也。有邑则有志，无志不可为邑。譬则饥食渴饮，夏葛冬裘；夜行者以烛，昼行者以目，皆不可时而缺也。仆自己丑冬任邑至此，首阅诸籍，独此缺焉。慨然曰：邑脱不志，何以信今？何以传后？则无怪乎邑之敝也！则当事者可知矣。嗟嗟！

未几，督学公李檄修屡下，盖千载再睹之遇矣。夫日照之为邦，久往无论。兴朝亦数百年矣！是书缺而不举，诚为废典。越明年，搜罗散帙，博访故实于乡大夫家，仅得手录数条。遂会邑博士王君曰塾，同吴君曰可学，率生员张珏、张凤翼、孙化、郭之俊、刘可学等十餘辈，聚于别室，斟酌群采，订以郡志。削其不经，录其可备。起于某卷，终于某卷，共若干篇。人物、风俗、土地、山川、淑慝、劝惩，案往警来，展卷在目。是非久而不判者，度其备于斯。数百年未举之书，仅仅成帙。岂曰不刊之典，或亦少有补于治道也耶？后有作者，更色之、详之，裨为信书。若典经可矣！

文林郎知县　杜一岸

日照县续志序

清康熙十一年(1672年)

夫志者，采自太史，掌自职方。所以计冲要，议防御，缴钱谷，别贞慝，实与国史相表里。故肖何入关首取图籍，紫阳莅政先修志乘，诚煌煌巨典也。我朝定鼎以来，首防海氛，凡沿海郡县，悉属要地。照邑蕞尔孤城，梯山控海。东邻渤海，南接淮赣，西北环山阻陵。倘变起岛鲸，则风樯迅速；或啸聚萑苻，则草木皆兵。是不仅为青郡要地，且为东省藩篱，抑不仅为东省藩篱，而实为畿辅屏翰云。兼之地皆斥卤，民多流离，用供朝夕者，咸籍萁、稗，木、棉则每向他郡取给。所恃者区区鱼盐之利，而十年海禁森严，小民不敢问津。所以千门悬磬，徒歌仳离之章；一吏催呼，每怀靡盐之句。冲要若彼，情形如此。官斯土者能不惴惴然若履春冰乎！

我皇上龙飞之三载，余奉命来知县事。甫入境，见郊原芜芜，邨舍萧条之状，殊增扼腕。询邑志，佥曰："兵燹时湮没，无存矣。"嗟乎！文献无征，何以为邑乎？及受事，则积牍如山，征檄如雨，据案综理，直若三家村学究。用威不可，用惠不可，真令人涕笑两难。嗟嗟！照民犹病人也，照吏犹医人也。医人治有余之病易，治不足之病难。盖有余之病，不过驱狼毒之剂以行攻伐，苟致瞑眩，鲜不有瘳。若夫尫羸委顿、奄奄气息之人，既不敢投乌、附诸猛药以速其萎，而饵之以参、术、杞、苓寻常草木，又如水石相遭，杳无起色。此扁鹊、仓公之所望而惊，裹足而莫敢措其手者也，况世俗之医乎？照人之病至于如此，余愧无回生神技。计惟有时其饮食，调其凉燠，节其嗜欲之事，谨其喜怒哀乐之情，从容剂量，委曲护持，使其积疴渐渐去，元气渐渐复。庶其跻于仁寿之域而无难乎？以此鞅掌簿书间，四阅春秋。迄戊申岁，幸积逋稍清，兼并稍厘，方谓照人小瘳，或可以谋典籍事乎？讵知地轴不宁，天灾洊至。城郭庐舍，一望平原；黍稷菽麦，半随波浪。黔黎号泣于公址，弱娄颠连于中露。即使监门绘图，亦难罄其形状者。余方按部而慰，发廪以给，宁我妇子之不暇，何遑问及铅椠也。

今秋荷圣天子声灵，兆亿有庆。问田，则蝗不为灾，盈宁可望；问舍，则于茅索綯，百堵将兴。缘疮痍初起，不无逋负。虽坐此薄罚，余亦欣然也。值修志之檄下，适如鄙怀。因谋之，给谏来公丁先生，遂出其家藏旧令杜君一岸原志二册，多方购求，又获刘君潮录草一册，相公启运录草三册。更采之《禹贡》《水经》《山海经》、通志、郡志诸书。青箱发秘、兰膏继晷，凡两匝月告成，余因脱五斗而授之梓。其间为冲要者几何所？为防御者几何术？钱谷之盈缩几何数？户口之调残几何家？按籍堪稽，披图如见。以之登金匮石渠中，不可代宣室一顾问耶？至于分野、灾祥，可测天文之已验；疆域、山川，可知地利之盈虚。宦迹，则往哲宜师；科甲，则誉髦共勉；节孝，则圭璋不混于燕石；隐遗，则巢许不妨于圣世。而且文苑、词林，追先秦而驾盛唐，不焕然黼黻，太平一盛举哉？是役也，纂修而论定之者：乡缙及庵丁公，含和李君；校辑者，庠彦许子、厉子、郭子辈与力良多。余则从诸君子后，于国计民生参一得之愚耳。

今役竣矣！上之当事，献之天子。谨望阙拜手，扬言曰：此日之冲疲斥卤者，照邑情形也；此日之纂修讨论者，照邑绅衿也；此日之拮据捋荼，因民逋而议罚不迁者，照邑知县也，我皇上留心吏治，子惠元元，倘恻然于边冲疲邑，尤加轸恤，则山岳效灵，海不扬波，久安长治之策实基诸此，又何要害之足计云。闻之今以修古，后以修今，是在将来之守兹土者留心民社，踵事增华，使简编所载，皆蕃庶之象，而无调瘵之形焉。则此志也，虽千古可也。

康熙十一年，岁次壬子冬月，邑令孝乌杨士雄，叙于县署之冰蘖堂。

续修日照县志序

清光绪十一年(1885 年)

日照志，创造于明万历间杜君一岸。国朝康熙初，杨君士雄重监修。皆官督其事，而采择于邑之绅耆。考杨志所笔削，未尝没杜志之旧，其稿纂于邑人丁君时之手，质直核实，有谨严规戒之意。厥后，成君永健莅照，取旧志，增文艺，又入己作，尽删前序，竟似己书。而其序谓邑乘失实，由于有司蹈常守陋，传闻附会，甚且瞻徇私情；又以其事属之、地之，有名鲜实。阳直阴曲之人，操其是非而听其出入，实切中近世修志之弊。

今去成君百又七十年。光绪癸未春，余来斯邑，邑绅观察丁公守存请重辑。是余责也，何让焉？虽然，判是非以昭淑慝，辨隆替而寓劝惩，有关于人心风化者非浅。余不敏，思成君之言，不敢蹈彼以获戾。及集故家耆士，求如曩者丁君之人而属之。得牟君廷辅，丁君昉、郑君作相暨卜景淇、李黼宸、许竹林等十余前辈，广为搜辑。及其汇也，复与广文张君庭诗、李君堉严以核其实。总以校其成，阅二年而书就，凡十二卷。其大者，存前志之旧。而时会之变迁，人事之后出，推研考证，厘而系之。体别旧志，而详略具举。诸君慎重，以期有成。若懋者，心成君之言，以继杨君之事，兢兢于是非出入之地，尽吾责而已。其犹有未尽，则后之贤者当有补焉。光绪十一年秋七月，同知衔知日照县事清苑陈懋撰。

日照市(县)志序

(1991 年)　王家政

历经八个寒暑，筚路蓝缕、辛勤耕耘，《日照市志》终于问世了。这是值得全市人民庆贺的大喜事。

编史修志是中华民族的优良传统，从古至今，历代不衰。日照自明万历十八年(1590 年)始，先后有四部县志和《安东卫志》问世。这些志书虽然有它的局限性，但仍不失为研究中国历史，特别是研究日照历史和文化的一份宝贵遗产。

编纂社会主义新方志是两个文明建设的重要组成部分，是社会主义文化建设的系统工程，是承上启下、继往开来、服务当代、惠及后人的千秋大业。新编《日照市志》是建国以来我市第一部社会主义新方志。它以翔实可靠的资料，全面详尽地介绍了日照的历史和现状。它的问世，将对推动日照的改革开放，教育人们认识日照、热爱日照、建设日照，发挥重要作用。

日照是一个古老而又年轻的城市。建国后，特别是中共十一届三中全会以来，发生了翻天覆地的变化——由一个普通农业县一跃成为新兴的海滨城市。省委、省政府为日照确定了“加强港口管理，搞好对外开放，开发建设鲁南，振兴山东”的建市方针。这任务光荣而又艰巨。我们坚信，有着光荣传统的日照人民，在中国共产党的正确领导下，过去能够英勇无畏地推倒三座大山，创建幸福的家园，今天，也一定能够在改革开放的大潮中大显身手，让日照这颗黄海明珠，放射出更加耀眼的光彩。

古人云：“治天下者以史为鉴，治郡国者以志为鉴。”现在《日照市志》出版问世了，我们要充分运用志书提供的大量信息资料，在振兴日照的伟业中更好地发挥其作用。

编修社会主义新方志是一项巨大而浩繁的文化工程。新编《日照市志》，在各单位通力协作、密切配合下终于编纂完成。在其付梓之际，谨向曾在日照战斗过、工作过的老同志表示亲切的慰问，向在编纂《日照市志》过程中给予帮助的领导、专家与各界人士，以及为市志付出巨大心血的全体编志人员表示诚挚的谢意。

二、文献辑存

日照县抗日民主政府布告

（第一号）

我县各区代表，齐集长兰商议；
罢免扰民县长，实现抗日民主；
共议抗日大计，民选县府成立。
八项重大政策，布告老少咸知：
第一抗战建国，大家团结一致，
不分党派贫富，都为抗战出力。
第二救国公粮，负担公平合理。
有粮应该出粮，有力应该出力。
第三苛捐杂税，从今依法废除。
照章缴纳税收，统一财政收支，
没收汉奸财产，充作抗日经费。
第四努力生产，设法增产节约，
救济受难同胞，贡献抗日救国。
第五抗日团体，务必踊跃参加，
大家团结起来，抗战热情奋发。
第六人权财权，一律保障安全。
严查汉奸敌特，潜入内地捣乱。
第七文化教育，发展抗日小学，
举办成人夜校，活跃文娱生活，
凡属知识分子，责任不容推托，
应该挺身而出，投入知识救国。
第八抗日军队，需要发展壮大，
凡我血性男儿，参军才能保家，
优待抗日军属，群众监督检查。
政府成立伊始，百般等待办理，
特先宣布八项，愿我同胞知悉！
大家帮助实现，随时反映问题。

县长　刘鸿若

中华民国二十九年三月十八日

日照县抗日烈士纪念塔碑文

悼日照抗日烈士

我们永远不会忘记：在抗战胜利和平实现的斗争过程中，日照人民付出了巨大的代价！烈士英雄们为了人民牺牲流血的悲壮事迹是可歌可泣的。

九一八事变，日寇强占我东北四省，国民党反动派坚持攘外必先安内的误国政策，实行不抵抗主义。中华民族优秀的儿女们怎能坐视祖国的危亡？乃于民国二十一年爆发了河山、太平、涛雒等区千余人的抗日起义，不幸遭到反动派的残酷镇压；抗日志士百二十余人惨被屠杀。可是，他们的血没有白流，他们唤醒了我们抗日的意志，鼓舞了我们的斗争信心，也使我们认识了反动派的罪恶。

七七事变后不久，日照沦陷。国军闻风而逃或一触即溃。镇压抗日的军阀官僚们，也都携带巨款远走高飞，抛下老百姓遭受敌伪蹂躏。不愿做亡国奴的人们，追随共产党的领导，高举抗日的旗帜，在艰苦的斗争中，在群众抚育下，逐渐生长成为一支坚强的抗日力量。

民国三十年春，在全国反共高潮下，反动派勾结朱逆信斋叛乱，抢占我甲子山地区。我政治委员董振彩同志临难不屈，慷慨就义，抗日战士三百人先后惨遭朱逆屠杀。相继又有沟洼事变，李逆衍修包围捕杀我日照民主县政府干部数十人。抗日部队被迫至日赣边境，坚持碑廓、汾岚狭小地区。但终于依靠群众，坚持斗争，收复甲子山区，改善抗日阵地。石沟崖战役，老六团活捉汉奸朱信斋，歼灭朱逆全部，人心大快！

日照县是敌人重点主义下的一个特别重点，敌人以日照、沈疃、涛雒为基点，向我积极进行扫荡、蚕食与伪化活动。但我主力、地方武装、武工队和民兵密切结合，予以粉粹的打击。如我警备团配合区中队民兵，坚持边沿，努力奋斗，坚持虎山区，一月连战三十余次；胡家林反蚕食斗争，连续血战十八昼夜，歼灭了敌人，粉碎了陈逆成功打通海青公路的阴谋；六甲庄子反击战，击毙敌指挥官赤松。我主力在巨峰、碑廓、安东卫等地的保卫战，都给敌人以巨大的杀伤，先后攻克敌人号称铜墙铁壁的坚固据点义和岭、灵山埠、凤凰山、潘家村等数十座，并将守敌歼灭。武工队夜入日照城东北炮楼，缴获敌机枪、小炮等全部武器；在日涛公路设伏，击毙伪区长丁竹如；镇压特务，他们在敌人心脏坚持斗争是非常艰苦的。如武工四队，全部二十余人，先后都曾光荣负伤，其中四人英勇牺牲，但他们一直坚持到抗战胜利，没有一个人动摇。此外，全县民兵自卫武装的普遍发动，游击战、地雷战的广泛开展，配合主力、地方武装有力地打击了敌人、特务的伪化活动，保卫了春耕夏收。如虎山区桥南头和太平区小曲河，成为当时对敌斗争的堡垒。敌人虽曾几次操用三光政策来威吓摧残，但群众并没有被吓倒，对敌仇恨更增加了，斗争意志更坚定了。

总之，八年来我们坚持日照的战绩是伟大的。反攻前毙伤敌伪就有五千以上，大进军后又一举攻克栈子，解放涛雒；强攻收复石臼所，日城敌伪闻风北窜，我军一直尾追泊儿镇，拔除滨海区最后一个敌伪据点。这些胜利，我们日照人民应当引以为荣。但在争取胜利的斗争中，我久经锻炼的老干部团长卢迪、副团长贾正远、副政委邱正良及以下官兵、地方工作人员、民兵队员等千余人的牺牲，又是我们极可痛惜的。

烈士们的鲜血换来了抗战胜利与和平的实现，烈士们的英名实千古不朽。

安息吧！烈士们，为人民事业流尽最后一滴血，我们要踏着你们的血迹前进！为了保卫胜利果实，为了完成你们的遗志，我们要成为全国和平建设的模范，并应将拥军优抗工作做好。为了纪念烈士们的丰功伟绩，日照人民特建立抗日纪念塔，永远照亮我们的奋斗方向。

牟景途　辛明　撰

关于日照区划的批复

国务院关于山东省撤销日照县建立日照市的批复

山东省人民政府：

你省一九八五年一月十九日《关于撤销日照县建立日照市的请示》收悉。同意撤销日照县和石臼港办事处，建立日照市(县级)，以原日照县和石臼港办事处的行政区域为日照市的行政区域，日照市驻石臼所。

中华人民共和国国务院

一九八五年三月二十二日

国务院关于山东省日照市升为地级市的批复

山东省人民政府：

你省一九八八年六月二十四日《关于将日照市升为地级市的请示》及九月八日《关于日照市升为地级市机构设置和人员编制意见的报告》收悉。同意日照市升为地级市，其行政区域不变，不增加人员编制。

中华人民共和国国务院

一九八九年六月十二日

民政部关于山东省日照市设区带县的批复

山东省人民政府：

你省一九九二年五月《关于日照市设区带县的请示》和一九九二年十一月十三日的补充请示收悉。经国务院批准，同意你省：

一、设立日照市东港区，以日照市的行政区域为东港区的行政区域，区人民政府驻海曲中路。

二、将潍坊市的五莲县、临沂地区的莒县划归日照市管辖。

中华人民共和国民政部
一九九二年十二月七日

山东人民政府关于日照市
设区带县的通知

日照市、潍坊市人民政府、临沂地区行署，五莲县、莒县人民政府：

经国务院批准，民政部于一九九二年十二月七日以民行批(1992)158号文批复我省，同意日照市设东港区，以原日照市的行政区域为东港区的行政区域，区人民政府驻海曲中路；将潍坊市的五莲县、临沂地区的莒县划归日照市管辖。日照市东港区与五莲县、莒县之间的行政区域界线以日政发(1992)62号文上报的地图为准。

望你们会同省政府有关部门按民政部批复精神和有关规定，抓紧做好日照市东港区的组建和莒县、五莲县的交接工作。

山东省人民政府
一九九二年十二月二十九日

三、诗文选

古诗选录

日照道中

党怀英(金)

路转清溪树蔚然，解鞍坐歇午阴圆。
避入鸥鸟惊飞尽，时有游鱼弄柳绵。

注：党怀英(1133—1211)，字世杰，奉符(今泰安)人。金大定十年(1170年)中进士，后官至翰林学士。曾刊修《辽史》，出使南宋。此诗为在莒州任军事通判时所写。

花岩寺

焦竑(明)

一上花岩寺，回瞻紫气遥。
幽深临绝壑，突兀碍层霄。
槎小星堪摘，窗虚月代邀。
无人参妙义，幡影对风飘。

注：花岩寺，为唐代所建，旧址在今东港区西湖镇大花崖村东南，现仅存一棵唐代所植的古银杏树。这首诗是作者考中状元后回乡省亲游花岩寺所写。作者另有传。

登河山

李文星(明)

一上高峰破大荒，岚光秋色并苍苍。
壁悬仿佛开屏嶂，地广依稀见海洋。
泉泻山腰凝石乳，天横洞口漏斜阳。
漫将斗酒豁吟思，云外飞鸿任渺茫。

注：李文星，直隶威县人。明朝万历年间(1573—1619年)曾任日照知县。此诗为登临河山时所写，并镌刻在河山望海亭。

咏海

张成教(明)

天风倏欻海云起，海底苍龙怒欲死；
吹云直向九霄还，仍抱珊瑚宿海底。
我欲骑龙海上飞，沃焦沙暖碧桃肥；
安生手指扶桑叶，问我蓬莱归不归。
蓬莱之巅高万丈，琼宇瑶池俱在上；
石痕犹带始皇鞭，枣花空为齐侯放；
蜃气秋生白玉楼，骊珠夜冷黄金帐。
我醉即当泛月槎，归来海上问桑麻；
但见桑麻青如莽，不见神仙更来往。

注：张成教，邯郸举人，明嘉靖四十一年至四十四年(1522-1565年)任日照知县。于明万历年间主持编纂《邯郸县志》。

感颂张公奎文书院

冯金(明)

气钟海岳产英贤,精舍藏修学行全。
经世文章夸独步,传家忠孝许谁肩。
窗含草色鹃啼切,门掩松阴鹤梦便。
吟对春风成咏叹,伊吾声断夕阳边。

注:冯金,江都人,曾任日照县教谕。著名诗词家,有《珂雪诗》《珂雪词》,皆编入国史。原诗题下有小序:公讳行简,字敬甫,谥文正。登大定十九年状元。为一时文献,建书院延四方文士著书其中。在城南十五里,今圮。年代虽遥,名迹有考。过其地者,犹想见当年文学之盛。因赋七律一首,以志景仰。邑教谕江都后学冯金敬题。

登奎山

杨久锡(清)

何处寻幽驻客轺,奎峰孤峙势嶕峣。
遥瞻蓬岛三山出,俯挹瀛洲万派潮。
洞钻白云生紫榻,寺翻青咒彻丹霄。
振衣已觉尘埃远,疑有仙风羽扇招。

注:杨久锡,稠州(今义乌)人。

日照道中望海

曹贞吉(清)

晓后空濛宿雾遮,迟回渐觉海生霞。
一天霁色迎朝日,十里潮声卷落沙。
宝气疑从鲛室尽,飓风欲动蜃楼斜。
三山飘渺知何处,空想安期枣似瓜。

注:曹贞吉(1634—1698),字升六,号实庵,安丘人。清康熙三年(1664年)进士。任礼部郎中,湖广学政等职。诗词集皆编入国史。此诗为旅居日照时所作。

过驻兵岭

卜焕(清)

峻岭传来旧驻兵,唐碑斑驳短墙横。
风吹古垒荒烟静,潮卷新沙断岸平。
野寺钟沉千佛偈,瘠田犁拥一僧耕。
徘徊曲径斜阳下,树里楼台夹水明。

注:卜焕,字彤文,日照人,诸生。以其孙卜宁一官赠通议大夫。慕陶靖节之为人,著有《菊隐庵诗集》。

海曲

成永健(清)

我家沧海隅,作吏复海曲。
南北多异轨,溟波亦殊俗。
年华去鼎鼎,塵坱事鹿鹿。
抚镜颜已凋,束带营斗粟。
战栗本生平,悽恻念茆屋。
举世艰所投,矢怀在无欲。
秋风树稍吹,倒樽醉醽醁。

六一书院即事

成永健(清)

北城城下曲池阴,结得茅庐惬素心。
世事阅来滋味少,文章老去性情深。
寺前野鸟随幽磬,树外寒蛩送暮砧。
每与诸生论艺后,登临犹自弄丝音。

注:书院地邻普照寺,每月一、六日成永健亲自授课,故名六一书院。作者另有传。

留赠秦露四首之四

成永健(清)

学山莫厌成功小,学海难知海水深。
万劫不灭会不得,千秋事业十年心。

六一书院初试

卜梦人(清)

古寺荒凉书院开,选儒先试考工材。
山城凫舄随云起,海曲文星拨雾来。
笼为参芝深蓄积,门迎桃李重栽培。
从中未免青袍笑,赋不长杨也自栽。

注:卜梦人,字奎阳,东港区人。

丁适园招饮万松别墅

李应鹰(清)

茅屋疏篱意洒然,开轩隐几见林泉。
无边桃李成蹊在,丘壑深情三十年。

注:李应鹰,日照街道人。清康熙十五年(1676年)进士。官至内阁学士兼礼部侍郎。此诗共三首选其之二。

石臼所观海

方正玭(清)

江淮红粟达神京，转运都由石臼行。
鲛室冰绡留楚客，鲤堂银甲拔蛮筝。
悬灯洋货舟中市，插汉虹梁郭外城。
坐拥貔貅当地险，备倭分设水师营。

注：方正玭，安徽桐城（今桐城县）人。

六一书院肄业

卜宁一(清)

欣逢贤宰重明经，六一斋成课不停。
四壁图书沾化雨，满城冠带映文星。
诗歌李杜存风雅，理本程朱导性灵。
最喜吾庐才咫尺，洗心常对水心亭。

注：卜宁一，字中三，东港区人。清乾隆四年进士，授礼部主事，曾任四川盐道、按察使等职，著有《寻乐斋诗文集》。

海曲古城

卜祚光(清)

黄尘风起岭云波，西汉荒城此日过。
何处重寻新第宅，于今还列旧山河。
名园景失征人泪，古碣敲残牧竖歌。
怅望前村吕母崮，空余蔓草夕阳多。

注：卜祚光，字凝子，一字贸自，东港区人。乾隆二十六年(1761 年)进士，授翰林院庶吉士，曾任延安守备，后回京升按察使。著有《尔雅书屋诗稿》。

丝河烟雨

李麟圃(清)

一望苍茫见远山，丝河相对俨重关。
烟笼螺髻添新沐，雨点蛾眉失旧湾。
海气东连青罨画，奎峰南接碧孱颜。
舆图千载夸名胜，应有灵仙在此间。

注：李麟圃，字又昭，日照人。工于诗，著有《芳村诗草》。

游丝山

丁恺曾(清)

盘道梯云上，峦光入座暝。
平沙一线白，双屐万山青。
羽士能留客，山魈亦乞灵。
日斜犹纵目，独倚最高峰。

注：丁恺曾，字萼亭，又名鹤亭，日照开发区人，少负异才，中年绝意仕进，著有《望奎楼诗文集》。

棘津

丁恺曾(清)

我闻乡先生，没于社中祭。
岂有古大圣，秋风扫败蒂。
莒东一百六十里，东吕乡中棘津是。
齐乘博物无异同，征之班马符节以。
即今钓鱼犹有台，衰草寒烟落日紫。
海波安澜不敢扬，雄风直欲慑苍兕。
可怜邱阜无剩瓦，春秋社谷无问者。
风雨但闻叱咤声，入神夜半走宝马。
从来名贤荣乡土，邻邑争祠辨州府。
奈何列史明明书，甘逊浮图饰庙宇。
曾读邑乘见遗诗，鹰扬有像双白眉。
此祠尚留神宗位，何年瓦窜垣墉圮。
泰伯五员留明祀，梁公亦崇先贤祠。
谁将典礼一朝复，英灵定为百世福。

石臼所观海

丁士一(清)

古驿连东海，城荒沙路明。
舟移云影动，寺锁夜涛平。
碣断苔封满，潮回石坐横。
渔人多乐事，补网佐春耕。

石臼所故城

宋佩玉(清)

树堡临瀛浒，当年扞巨鲸。
诸生能敌忾，百户善论兵。
石址依然固，狼烟久不生。
渔屯浑扑地，歌唱喜时清。

注：宋佩玉，字鸣之，号茹园，东港区人，廪生。博览群书，训诲后进，工书翰。编集《海曲诗抄》，手抄十三经、两汉书，精诚至老不倦。著有《茹园诗集》。

同登奎山望海

李建中(清)

雅有凌云意，登临喜见招。
沧溟浮碧落，孤岫出重霄。
岚气沾衣薄，潮声撼浦遥。
夕阳风物好，几处见渔樵。

注：李建中，字绍唐，东港区人，清岁贡生。工书翰，精绘事，闲吟咏。晚年精医术，著有《初学指南医法心参》《丛桂山房诗文集》。

咏奎山

高祝三(清)

瞻彼西旗空自飘，从来东鼓有谁敲？
南鞍缺少随心马，北架恐无如意豪。

注：高祝三(1865-1947)，字毓华，号豫山。日照城东高家村人。清代光绪二十六年(1900年)科举人。

现代诗选

安哲诗二首

(一)

别友人[①]

踏上长途，而今分散，肠空断！
道路茫茫何时转，只有遥相盼。
但是，我们是弱者的先锋，
一条火线。
聚也罢，离也罢，
意志精神总长贯。何憾！
朋友，我去了，
预期着在奋斗中重见。

(二)[②]

我们的心的火焰在熊熊烧，
我们的急流的血在激动的跳，
起来，工作，工作！
灰暗的雾正弥漫在云霄。
用赤裸的手与足，
把塞途的荆棘踏折了，
用鲜红的沸热的血，
造成一座虹的桥。
天国不在幻想者甘美的梦境里，
天国是靠人间的前驱者的工作与勇骁。

注：①1926年10月，安哲被中共山东省委派到武汉，考入黄埔军校武汉分校学习。1927年8月，被派回济南任中共山东省委执委巡视员。临行时作诗一首赠战友，抒发了自己的豪情。②1929年，日照党组织不断发展壮大，农民运动蓬勃开展，安哲踌躇满志，写下这首充满激情的光辉诗篇。

崔介[①]诗二首

(一)

关系亲密忆当年，难分群众与县官。
人民政府何处是，常在村头土炕边。

(二)

琅琊建党庆发祥，开创伟业赖诸王[②]。
日照苍山相继起，当年老兵[③]今康强。

注：①崔介(1910—1997)，曾用名崔禾皿，河南濮县(今范县)人。抗日战争时期，曾先后任中共鲁东南特委统战部长，中共山东一区党委第五地委民运工作部部长，政府工作部部长，滨海专员公署副专员兼日照县县长等职。在纪念日照县抗日民主政府建立50周年座谈会上题诗十首，此选其二首。②指王尽美、王翔千等。③参与领导日照暴动的陈雷(牟春霆)出席了座谈会。

欲凭赤手正乾坤

牟宜之

鏖战终天日黄昏，宿营收队入荒村。
几家房屋罹兵燹，到处墙垣留弹痕。
誓拼顽躯歼敌寇，欲凭赤手正乾坤。
今番又是何人死？愧我归来且暂存。
弹雨纷飞喊杀声，惊心一片乱离情。
昼夜羽檄惊风鹤，夜启阳符傍雪萤。
野域荒郊闻鬼哭，阳关大道少人行。
何年涤荡平胡虏？载戢干戈不用兵。

注：牟宜之(1909—1975)，曾用名牟乃是，字去非。奎山街道牟家小庄人。1925年在济南正谊中学读书时，结识王尽美和安哲等人。此诗写于1943年。

千秋光照后来人

徐庆如

依稀往昔披战襟，桑梓峥嵘五十春。
“三三”政体炎黄聚，“二五”减息全面兴。
良人从戎去千里，土地还家胜万金。
修书莫忘翻身史，千秋光照后来人。

注：徐庆如，生于1926年11月，岚山区碑廓镇袁家庄人。新中国成立后历任重庆市委书记，四川省进出口商品检验局局长、党组书记，四川省政协常委等职。这首诗是徐庆如为日照县抗日民主政府建立50周年所写。题目是编者加的。

劝郎参军歌

一更里黑了天，我劝丈夫把军参，
参军上前线，你去参军为的是抗战。
家中的事情不用你挂牵，
大家帮助咱。

注：这是抗日战争时期流传于日照县的歌谣。由王作颖、牟善光搜集。

悼庄仲宣[①]烈士

高星　曹方强[②]

仲宣同志，秉性忠诚。
革命十载，矢勤矢勇。
工作积极，一心为公。
援召战役，领导民工。
突遭不幸，为国牺牲。
对党尽责，于民有功。
我党之光，人民之荣。
特立碑铭，以资纪念。

注：①庄仲宣(1899—1950)，东港区涛雒镇庄家村人。1940年参加中国共产党，1950年任海上支前大队长，在解放舟山群岛战役中，壮烈牺牲。②高星，江苏涟水人。建国后曾任中共日照县委书记。曹方强，沂南人。1948年11月至1950年7月任日照县县长。

邱大江诗三首

长兰村

救亡大会此村开，民选县长举贤才。
燎原星火五十载，长兰亦是“小徂崃”。

甲子山战役

甲子山战役开新面，滨海、鲁中连成片。
从此形势大扭转，东南解放半边天。

支援前线

解放战争三年间，出动民工二十万。
担架小车建奇功，帆船参战下舟山。

注：邱大江，1945年3月任日照县司法科科长，解放战争时期曾任日照县公安局长等职。

游丝山

邱星斋

风和日丽去游丝，回望奎峰笔一枝。
两点状元呈秀气，天文地理写高低。

注：邱星斋(1880—1954)，原名仲奎，奎山街道河套人。自幼性情高洁，喜爱天文地理研究，任教50余年。

棘津情

黄献法

棘津自古享盛名，濒临海天有钓翁。
翁祠烟火久已殁，六韬智高后世宗。
伟业千载留波影，潮汐万态伴月明。
明月悠悠感岁序，波影涌涌意难平。
盛世人在沧桑道，港城巍巍傍台生。
姜公岛并太公路，平添慰公一段情。

注：黄献法，1928年生，寿光市人。山东大学中文系毕业，1952年到日照县工作，先后在一中、八中、师范任教，高级讲师。曾任日照县政协副主席、日照市人大副主任。

回日照有感

吴克力

三十年前一旧城，而今万象更新生。
楼如崇岭参天立，车似游龙满地行。
日照岚山两港路，破浪乘风万里程。
改革之春人发奋，开创海曲致富泉。
绿竹青松茶满园，岂能让人不留恋。
期盼赢得金牌誉，他日腾飞到五洲。

注：吴克力，原名吴燮、辛崇燮，1922年生于日照。抗日战争期间曾任中共日照县太平区、汾岚区委书记。离休前曾任中央对外联络部礼宾局局长。回日照时，为家乡的变化所感动，作诗抒怀。

文选

海市记

丁士一(清)

苏文忠守登州，到官五日而得见海市。余不知当年登州海市何状。考公诗，时在仲冬。乃海上人云，海市在春夏间。余生海曲，历四十余春秋矣，竟未得一见为恨。癸巳长至省先茔，回时日未晡，忽见奎山一带气色淡荡，非雾非云，余心异之。驻马陟冈，纵观海上，延袤数十里，苍岭绿畴，间以林麓、墟落、桥梁、屋宇，历历可数。又有城郭宫阙人物参差，忽隐忽现。转瞬间，石浪层层，化作海涛矣。余不知当年登州海市亦如是否?乃文忠公祷而得之，余适然而见之，且其时亦在仲冬。恨不能纪一诗，殊愧文忠因约，略记其所见。质之海上人，俾知文忠公诗之信而有征也。

重修河山老母庙碑记

河山者，照邑巨镇也。丝峰在左，黄山居右，奎峰面南。叠嶂层峦，屹然而特立。前面高平处有洞，洞中有老母神像。洞之外建庭一所，名老母庙者，已旧。其建于何时，创自何人，亦未及深考。而历年既久，不无倾颓，将保以託神灵而肃观瞻，兹因募化四方鸠工重修。乙巳年起，己酉年止。落成后为记其颠末云，复歌曰：山以河名兮性得其清，洞口不迷兮幽深而明，鸠工再造兮庙貌永成，神明是依兮一堂一楹，朝朝烟雨兮慈云纵横。

道光二十九年三月穀旦。孙茂桐书丹，于文春刻石。

忆日照暴动前后

陈雷

一九三二年秋，在中共山东省委领导下，日照县爆发了一次规模较大的农民暴动。这次暴动是自日照建党以来，经过了四年多艰苦细致的工作之后发起的。

一九二八年二月，安哲同志从济南回到了日照。当时省委正式决定在日照县建设立党的组织，并指定安哲同志为县委书记，我和郑天九分别负责组织、宣传工作。县委建立后的主要任务是开展农民运动，为党在北方创建游击根据地打下基础。

那时我和郑天九主要活动在城南奎山牟家小庄、夹仓、涛雒和城西山字河、邵疃等地；安哲则在城北两城、安家村、于家村、王家滩一带开展党的工作，发动农民运动。

经过几年的艰苦工作，到暴动前夕，全县已发展了五百多名党、团员，建立了四十五个党支部。省委根据日照党组织的发展情况，决定将县委改成中心县委(包括莒县、沂水、诸城)，加强了县委领导。那时，我曾代表中心县委到莒县、沂水的苏村等地，考察了那里党的发展情况，并传达了省委的指示。安哲同志也在诸城南部发展了一批党员，成立了诸城特别支部。

在党组织的领导下，日照农民运动象燎原的烈火，很快在全县燃烧起来。各种类型的农民组织佃户会、觅汉会、车伙子会、放牛会、匠人会等，如雨后春笋纷纷建立起来。党组织通过这些农民团体，向地主劣绅展开了斗争。

正当全县农民运动蓬勃发展，我党力量迅速壮大之际，一九三二年，蒋介石纠集几十万大军向中央苏区进行围剿。六月初，县委接到省委指示：迅速组织武装力量，开展革命游击战争，以革命行动保卫中央苏区，配合中央红军粉碎国民党反动派的进攻。接到指示后，县委连续召开了几次会议，对发动全县人民举行武装起义作了具体部署。

六月中旬的一天夜晚，日照中心县委在驻跸岭召开了全县第一次党代会，研究组织暴动问题。

会议由安哲主持。他代表县委传达了省委关于在日照迅速举行武装起义的指示。指示中说：根据党中央提出的“反对北方落后论，创造北方苏维埃”的号召(后来才懂得当时提这种口号是错误的)，在北方地区举行暴动，创造红色根据地，是配合和有力支持中央红军粉碎国民党围剿的一个重要措施。大家听到这个指示后，心情无比激动，纷纷表示：坚决拥护省委决定，为创造红色根据地、支援中央红军而英勇斗争。会上，我和郑天九同志分别对这次暴动的组织措施及宣传要点又作了具体布置。随后大家又开展了热烈的讨论。会议一致决定，在秋收后举行暴动，目前的主要任务是进一步做好暴动的组织和发动工作。

暴动前，党的最后一次会议于九月中旬召开。会上通过了关于建立鲁南革命委员会的决议，委员会由五人组成，安哲同志为总指挥，并决定建立一支由党、团员为骨干的红军游击纵队，在日照、诸城、莒县三县边沿山区开展革命游击战争，创造一块红色根据地。暴动分南北两路同时发起，南路以牟家小庄、山字河、邵疃为中心，组成两个大队，辖六个中队，由我和郑天九指挥。北路以安家村、于家村为中心，也辖两个大队六个中队，由安哲统一指挥。南北两路各分别确定了涛雒、王家滩为进攻目标。当时的行动纲领是办四件大事：一、收缴地主武装，建立革命武装；二、迫使地主交出文书地契并当众焚毁，宣布土地为农民所有；三、开仓分粮，没收地主财物；四、镇压反动地主劣绅，为民除害。

会上，听取了各地暴动准备情况之后，我代表县委向同志们交代了收缴各村地主枪支弹药及分发粮食的具体要求，并对主要村镇如涛雒、夹仓、王家滩等地的地形作了详尽说明，确定了掌握围子门及解决恶霸地主和反动军警事项，要求动作迅速，分工协作，达到各负其责，以便行动时里应外合。为了便于领导，还在全县建立了通讯联络网，宣布了纪律，规定如有泄露机密、玩忽职守、临阵逃脱者，要受军纪、党纪的严厉处分。任命了各队队长，要求各级负责同志会后将暴动决定，迅速传达到各级党、团组织。

时间一天天过去，暴动的准备工作紧张地进行着，大家怀着激动的心情等待着暴动的命令。不知什么原因，省委派来指挥暴动的同志已超过了预定时间还未到达。这时，我还得知一个星期前，曾派一同志前往涛雒区委传送一个登记表，据涛雒区委说，他们一直没有收到(后来知道送错了人，情况并未暴露)。对此事，我十分警觉，正想与郑天九商议对策。一天夜晚，忽然接到通知，叫我马上去山字河开县委会。会上大家汇报了各路暴动的准备情况，我便把送登记表之事作了汇报。安哲同志也汇报了北路近些日子发生的一件事情。原来安家村、于家村一带的雇工、佃户天天开会，并有些觅汉近来不断到安哲家去，引起了于家村恶霸地主于淑卿(国民党员)的怀疑。这家伙好象从近日的农民活动中听到了什么东西，于九月二十五日鬼鬼祟祟到安哲家中探听虚实，企图从安哲口中捞点油水。可是他的阴谋早已被安哲看穿，什么油水也没捞到，于是便凶相毕露地扬言，要把农民活动情况向县里报告，并要求县政府查究。他早已写好了呈文要安哲在上面签字，安哲看了呈文，气愤地对他说："依我看，这是小题大做！"并以警告的口吻讲："到时候，恐怕你请下神来没法安排！"狡猾的于淑卿只好败兴地溜走了。

县委根据发生的这两件事，作了各方面的分析和研究，一致认为暴动的事，有可能暴露，于是马上召开了中心县委会，为争取主动，决定暴动时间提前。

一九三二年十月十三日晚七点钟左右，日照大地燃起了漫天的烽火，南北两路农民暴动同时爆发了。

这天傍晚，牟家小庄大街小巷挤满了人，参加暴动的农民，都按约定的时间在村西的大场上集合。大家手执长矛、木棍、大刀，以焦急的心情等待着战斗命令。当我宣布暴动开始时，全场沸腾，欢声雷动，几千年被压得喘不过气来的穷苦农民，今天个个扬眉吐气，精神振奋。暴动农民潮水般地涌到地主宅院，收缴了地主枪支，翻出了地契，打开了仓房，吓得地主老财大气也不敢喘。多年沉睡的地主小庄园，一夜之间变了样，真是天翻地覆的变化。

同一时间，周围的平台、安家湖、廒头、河套等大小村庄，也都收缴了地主的武装并拉起了队伍。各路暴动队伍齐向牟家小庄集中。当夜，经过整编，队伍直奔海口渔镇一夹仓。

半夜时分，郑天九所率三百多名暴动队员，已全部解决了山字河、大小曲河、马家店、焦家集子等处的地主民团，然后队伍集结于望海寺稍加休息，遂南下与我部在涛雒镇围外会合。

涛雒是日照南部重镇，地处沿海，又是交通要道。镇内店铺林立，商业十分发达，素有日照"小青岛"之称。这里驻有县公安局、盐巡、商团、民团等反动武装，敌人备有二百多支钢枪、两门迫击炮。如果拿下涛雒，我暴动队的武器弹药和款项将不成问题。为保证攻取的胜利，我们事先已与涛雒区委详细进行了研究并作了周密布置，约定由镇内党团员为内应，看到攻城信号，就打开围门，收缴豪绅富商的枪支，迎接暴动队入城。

将近天亮的时候，我们的队伍已逼近涛雒围外，正要发出攻城信号之际，涛雒区委书记丁原城缒城而出，报告说，敌人已发觉我攻占涛雒的计划，于头天晚上就加强了防守力量。这突如其来的变化，迫使我们不得不改变原来计划，遂率领队伍转向西南进发。当天下午，我们即打下了平家村、苗家村，收缴了地主武装，扩大了队伍。随后又连克数十村庄，所到之处，发动农民向土豪劣绅展开斗争，焚烧了地主的地契文书，分发了粮食、浮财。

十月十六日，我们挥戈北上，连续打下数十村庄，暴动队势如破竹，遂即按预定计划以期与北路会合。

连日来，日照南北战火纷飞，暴动队伍四处出动袭击敌人，反动地主豪坤惶惶不可终日，国民党反动当局惊惶失措。十月十八日伪《大公报》刊我方的消息称："日照共党于十三日分头在该县北乡安家村、于家村和西乡山字河、邵疃、牟家小庄及南乡平家村、苗家村等处，同时暴动。一日之间，收缴数十村庄自卫枪支，聚集暴徒已达数千人……。鲁陆海军已同时出动往剿。"可见这次暴动声势之大，影响之深。日照反动县长杨锦彪，连日来惊慌万状，吓得将城门紧闭，调动全部武装日夜在城墙上站岗，并连连向省城发电告急。

一日深夜，我部北进河山一带，忽然发现通往两城的公路上灯光闪闪，马达轰鸣。经侦察得知，敌八十师运其昌旅纠集诸城、莒县、日照三县的反动武装，将北路我军团团包围在两城镇内，情况十分危急。我当即与郑天九计议召开了全体干部会议，决定立即停止北上，复回西南山区，积极开展游击战争以吸引敌人，减轻北路暴动队伍的压力。

在日照西南部，我暴动队伍先后袭击了沈疃乡伪乡公所和丁家院的地主民团，继又击溃了宅科乡的地方武装，迫使反动乡长袁金三只身逃窜。在农民武装震慑下，各地反动民团和区、乡长纷纷逃匿，地主豪绅个个收拾细软四下逃命，惊恐万状的土、劣苦苦向反动县长告急。

由于我们四下主动出击，加之我们采用了声东击西的战术，搞得敌人昏头转向，如惊弓之鸟。一时，我南路武装声威大振。我部遂又抽调部分兵力佯装向县城进发，并扬言三日之内攻下县城，这样一来，敌人不得不拿出相当兵力应付我部，并派重兵撤回县城固守。

十月十九日，反动头目谷良民带一个团的兵力向我部扑来。我暴动队迅速向西转移至独垛子一带与敌周旋，尔后又转移到白云寺、望海寺、朝阳观等山区活动。

由于敌人对我南路的尾追堵截，我部始终未能与北路会合。事后我们才得知北路暴动的情形。

在南路暴动的同一天晚上，北路也开始了行动。暴动队伍手执长矛、棍棒等，在安哲的指挥下包围了安家大地主安莹堂的宅院，这时安哲率领的队员攀墙进入了院内，当场收缴了地主的武器。与此同时，其他小分队分别到"旗杆底""东公记""西公记""福禄堂"等地主家中收缴了枪支，并勒令地主交出地契文书和仓库的钥匙，然后焚烧了文书地契，把粮食、财物分给了穷苦农民。于家村地下党支部当晚带领暴动队，迅速收缴了地主民团枪支，并逮捕了反动地主于淑卿。按事先部署，各暴动队纷纷到安家村集结。

为顺利攻下王家滩，安哲先派了四名队员在群众掩护下潜入镇内，然后采取了里应外合的战术攻占了王家滩。队伍在此收缴了大宗枪支弹药，并筹集了部分款项，穷苦农民分得了大批粮食及财物。

攻克王家滩后，随又攻下了两城镇。暴动队在两城进行了广泛革命宣传，大街小巷贴满了"打倒帝国主义""打倒军阀""打倒土豪劣绅""建立苏维埃政权"等标语。安哲同志在两城大庙里召开了全体暴动队员大会，布置了战斗任务。庙内的旗杆上升起了一面"中国工农红军鲁南游击纵队"的队旗，队伍在此进行了整编，安哲任总指挥，于共方为副指挥。纵队建立了政治部、军需处，还设有奋勇队、交通队、看护队(监看各村送来的反动地主)等组织。部队纪律严明，很受当地农民群众欢迎。

正当北路准备向南挺进与南路会合之际，敌人重兵从四面八方向两城压来，暴动队困在两城一时难以行动。十月十七日，敌人发现南路暴动队向县城移动，只好抽调兵力转回县城，安哲同志趁敌人撤兵之机，率队突出重围，一路上冲破了层层封锁，摆脱了数股尾追之敌，于十月十九日开进了五莲山和九仙山之间的老君堂。这里山岭起伏，丛林茂密，便于隐蔽和周旋。暴动队伍在此休整并大力宣传，山区穷苦百姓见队伍纪律严明，秋毫无犯，都纷纷杀猪宰羊(因当地土豪已逃走，猪羊归农民所有)，慰劳同志们。

十月二十日，各路敌人又联合起来对北路暴动队形成包围之势，并且步步为营，向山里压缩。同志们在安哲指挥下，迅速抢占了五莲山庙，并控制了制高点与敌军对峙。激战两天，于十月二十一日下午突围，西进沂蒙山区。队伍行至大王口又与国民党运其昌部遭遇，经过一天的激战，打退了敌人数次冲锋，暴动队伍登上了五莲山主峰。十月二十三日拂晓，暴动队伍正沿着九仙北麓西进，到达三关口清子山一带，又与古家沟、膏峰、枳沟等处的反动地主武装接火，战斗打得十分激烈。这时运其昌部从西面赶来，诸城反动武装也从东北方向对暴动队进行“围剿”，安哲率领的暴动队伍已处于四面包围之中。但是，全体同志不畏艰险，顽强战斗，连续多次击退了敌人的进攻，最后因敌众我寡，于当晚转移到寨山隐蔽休息。

十二月二十五日在寨山后涧，安哲召开了全体干部会议，分析了敌我形势，认为继续坚持武装斗争于我不利，决定化整为零，全体同志疏散，转入隐蔽斗争。

此时，我南路辗转苦斗数日，已暴露于平原丘陵地带，无法隐蔽，也只好疏散转移，以图再举。

这次武装起义从十月十三日至二十五日，共坚持了十三天，经历大小战斗三十多次。最激烈的有王家滩攻击战，沟洼反击战，潮河迂回袭击战，魏家北山遭遇战，宅科攻击战，大王口突围战等。

这次暴动虽然失败了，但它撒下了革命的火种，在全国产生了一定的影响。暴动不久，中共河北省委立即发表声明：“拥护山东日照的新苏区与红军”，并号召全省穷苦大众和日照人民“团结在一条战线上来纪念十月革命，扩大民族革命战争，反对日本帝国主义进攻华北，推翻帝国主义国民党的整个统治！”

“野火烧不尽，春风吹又生。”暴动失败不久，日照党组织由省委派人帮助进行了整顿。此后，日照党的地下活动又在全县蓬勃开展起来。

《日照市革命传统教育丛书》序

谷牧

日照是革命老区，是山东建立中共地方组织较早的地区之一，是我们鲁东南特委(后称滨海区党委)活动过的地方。这里的人民群众勤劳、勇敢、朴实，有着光荣的革命斗争传统。早在20世纪初，这里就爆发过反帝、反封建的日照教案。驼儿山一带数千名农民在厉用九的率领下，“逐洋人”“焚教堂”“杀洋奴”，震惊了清廷。在孙中山领导的反帝反封建的民主主义革命中，丁惟汾、庄陔兰、王乐平、薄子明等人，早期就加入同盟会，积极投入辛亥革命和反袁护国斗争。五四运动后，特别是中国共产党诞生以来，马克思主义逐步传播到这一地区。中国共产党创始人之一、中共山东党组织的创建人王尽美的革命活动在这一带产生了一定影响。一批日照籍在外地求学的青年学生，受五四运动影响，接受了马克思主义，在早期共产党人的培养、启迪下，逐渐走上了革命道路，以饱满的革命激情，积极投身于大革命的行列。土地革命战争时期，日照在外地的共产党人纷纷返乡，把革命火种向广大农村播撒，开始从事党组织的创建活动，建立了中共日照县委和莒县、五莲山等特支。1932年中共日照中心县委建立后，在黄海之滨举行声势浩大震惊全国的农民武装暴动，给反动统治以沉重打击。抗日战争前期，中共鲁东南特支(后改为五地委)及其领导的八路军山东人民抗日游击队第二支队等奉命开辟了这一地区。1943年夏，八路军滨海主力部队十三团、六团，新一一一师等北上，先后开辟了日北、莒北、藏马等地区，使滨海区抗日根据地逐步连成一片，成为连接胶东抗日根据地的重要纽带。全国解放战争时期，这一地区成为华东地区巩固的后方基地，中共华东中央局领导机关、党校、大众日报社曾移驻此地。日照人民在各级党组织的领导下，在“一切为了前线，一切为了战争胜利”的口号鼓舞下，积极开展反奸诉苦、土改、支前、生产救灾、参军参战，为支援全国解放战争，做出了巨大的牺牲和奉献。在长期的革命斗争中，日照人民在中国共产党的英明领导下，为了人民的解放事业前赴后继、奋斗不息，创造了可歌可泣的英雄业绩，谱写了光辉灿烂的革命史篇。《日照市革命传统教育丛书》就是日照波澜壮阔斗争场景的再现。

我作为在抗日战争和解放战争期间，曾在这一地区战斗、工作过的老同志，对日照这块热土，有着浓厚的感情，因而对这套史稿，读来十分亲切。这是一套内容丰富，史料翔实，有一定可读性的丛书。它忠实地较全面地记述了日照地区从五四运动到中华人民共和国建立各个历史时期的革命斗争历史，讴歌了中国共产党的英明领导，讴歌了人民群众的丰功伟绩。它以一个地区的史实充分证明，没有中国共产党的人民革命，就没有新中国；只有共产党，才能救中国。它按照各个时期的史实，用不同形体分编成6册。在每册中，既注意时间顺序，又照顾到史实的完整。对每个事实既注意分而述之，又注意突出重点，把关键事实写得较细，看后有一种多而不乱、引人入胜的感觉。为了便于总结历史经验教训，作者们力求直笔，对敌人的活动和我们工作中的一些失误，也作了一些适当的记载和评述，达到“述往事，思来者”的目的。

总之，这是一套编写得比较成功的丛书，是在一个地区进行革命传统教育、爱国主义教育的好教材。值得广大共产党员、干部、群众一读，特别是值得广大青少年一读。大家可以从中受到革命前辈革命斗争事迹的感染，从而振奋革命精神，鼓舞革命斗志。它可以帮助我们了解、认识今天的幸福来之不易，更加热爱党，热爱祖国，热爱社会主义，汲取历史的经验教训，指导我们沿着具有中国特色的社会主义道路不断前进。同时，这套丛书也值得从事地方史工作的同志一读，从中受到启示，研究如何运用地方党史、革命史，更好地为现实服务。

本丛书是中共日照市委领导下，市委组织部、党史研究室等有关单位互相配合，承担编写任务的同志经过广泛地征集资料，反复地研究编写，并经过许多老同志审阅、补充修改而成。它是广大老同志和征编工作者辛勤耕耘的结晶，也是各级党组织和各有关部门大力关怀、支持的结果。编写地方党史、革命史，运用地方党史、革命史进行革命传统教育，是一项长期而艰苦的任务，需要大家继续努力，把这项工作做得更好，为人民提供更多的宝贵的精神食粮。

2002年4月16日于北京

姜太公故里考

李建义

姜太公(约公元前1135—前1026年)姓姜，名尚，字子牙。史书上也称其为吕尚、吕望、太公望、师尚父。周文王时，他官封国师，是中国历史上的第一个军师。后辅佐周武王灭商，封为齐太公，成为周代齐国的始祖，后人称为姜太公。

姜尚的出生地究竟在哪里？历来众说纷纭。战国时代的孟轲在《孟子·离娄》中写道：“太公辟(避)纣，居东海之滨。”

秦相吕不韦主编的《吕氏春秋·首时》中写道：“太公望，东夷之士也。”西汉司马迁在《史记·齐太公世家》中写道：“太公望吕尚者，东海上人。”可见姜尚是古代的山东人，家住海边。著名学者王献唐先生在《山东古国考》中说的非常肯定：“太公的原籍为山东”，“太公是山东的土著姜姓，是无可疑的。”但是，他是山东的哪个县、市呢？西晋张华在《博物志》中记载：“海曲城东有东吕乡东吕里，太公望所出也。”乡之名大盛于周，也可能是沿袭夏商之制。班固在《汉书·食货志》中说：“五家为邻，五邻为里，四里为族，五族为党，五党为州，五州为乡。乡万二千五百户也。”

日照古称东吕乡，到汉代为海曲县。东吕乡东吕里为姜尚出生地，在海曲城东，这很清楚地说明了姜太公是古代的日照人！对东吕乡，今人郑东府、蔡瀛海二位先生作了考证，得出的结论是：东吕乡在东海之滨，夏纣为吕国，为四岳封邑，太公望所出。对张华的“东吕乡”之说，是一个很好的补充。

梁代刘昭在给《汉书·郡国志》写的注中，也论及到姜太公的出生地。他在“西海”条下写道：“太公吕望所出，今有东吕乡。又钓于棘津，其津今存。”东汉时，日照地属西海县。太公望所出在西海，即在今日照。棘津在哪里呢？光绪版《日照县志·古迹》记云：“棘津，城东二十里，去海里许。”由此可见，东吕乡在日照，棘津在日照，日照即姜太公的故里。

关于姜太公的出生地，方志中也多有提及。唐代李吉甫撰写的《元和郡县志》，为现存最早的较完整的地方总志。书中谈及姜尚故里时说：“海曲故城有东吕乡，太公望所出。”唐以后，《太平寰字记》《齐乘》《大清一统志》《续山东考古录》《山东通志》《沂州府志》《日照县志》等，在“东吕乡”条下，都有“太公望所出”的记载。

元代于钦编撰的《齐乘》一书中所记姜尚出生地最具体。他说：“莒州东百六十里有东吕乡，棘津，在琅琊海曲，太公望所出。东吕乡，析其地为日照县。”这是在历史上第一次直接点明了姜太公是古代的日照人。郡县制始于秦汉时代。日照地，秦代属琅琊郡，西汉置海曲县。宋哲宗元祐二年（1087年），置日照镇，属莒县。日照之名，即始于此。金世宗大定二十四年（1184年），升日照镇为县，属山东东路莒州。自此，历经元、明、清三代，日照县再没变动。1989年日照升格为地级市，设区带县，原日照县改称东港区。于钦所说的莒州东百六十里，即今东港区秦楼街道一带。可见，姜太公故里在今日照市东港区秦楼街道。

姜尚的先祖伯夷，曾做四岳之官，舜、禹时被封在吕地。因为以其封地之名为姓，所以其远祖后裔的姜尚也叫吕尚。那么，这个吕国在什么地方呢？即现在日照市的莒县。《路史·国名记》说：“太公乃出东吕。吕，莒也。”原来，“吕”之得名，始于西周时代的兹舆期，他被成王封为莒子，由计（今胶州计斤）迁于莒地而得名。此前，莒地实为姜姓地。莒、吕一字也，吕先而莒后。但是，徐广注《史记·齐太公世家》，却说：“莒在南阳宛县西”。将地点搬到了河南省，这是个知识性错误，对后人产生了不良影响。事实是：姜太公先祖封于莒，这个“莒”并不在今河南南阳宛县。吕国在南阳，是后来南迁之吕，为周穆王姬满所封。穆王是周朝的第五代周君，当时姜尚早已过世多年了。《尚书·吕刑》是记周穆王之事的。所以，南阳之“吕”，绝不是姜太公先祖之“吕”；其先祖伯夷是舜、禹时所封，早于夏、商两个朝代，早于穆王封吕一千余年！可见，姜尚先祖之吕为东吕，即莒国，在今山东省日照市。

自汉代开始，却产生了姜太公故里在河南之说。具体地点是汲县，即今卫辉县。西汉刘向在《列仙传》中说：“吕尚，冀州人。”河南汲县当时属于冀州。到汉末涿郡人高诱注《吕氏春秋》，又说：“太公望，河内人也。”当时汲县属于河内郡。晋太康十年（289年），汲县令卢无忌立碑铭录：“齐太公吕望者，此县人也。”到北魏郦道元写的《水经注》，便正式写出“太公望河内汲人”的句子。此说与《吕氏春秋》“东夷之士”、《史记》“东海上人”的记载不符。因此，元代王恽在《秋涧先生全集》中即指出：“不免流于附会而已。”可见，冀州说和河内汲县说都是不可信的。今人杨伯峻先生考证说：“余谓海曲故城，《通典》称其莒县东，则当时太公避纣居东海之滨即是其家。汉崔瑗、晋卢无忌立《齐太公碑》以为汲人者，误。”所论至确。试问：东夷之士的姜尚，怎么会在死后把家从东海之滨的吕国搬到河南省去呢？

还是让我们抄录一段王献唐先生的话，来说明这个问题吧。他在《山东古国考》中说：“《史记·齐太公世家》，说太公是‘东海上人’，《吕氏春秋》也说是‘东夷之士’，可见太公的原籍为山东。《路史·国名记》因说‘而太公乃出山东吕。吕，莒也’。不管以后日照、莒县和河南汲县的人们，根据这些材料及《博物志》《水经注》《寰宇志》诸书，纷纷来拉太公做同乡，而太公是山东土著的姜姓，是无可疑的。”

太公是山东土著的姜姓，家住东吕乡东吕里，这就是结论。

选自《姜太公》（2007年国际文化出版公司出版）

四、传说、遗闻轶事

传说

涛雒鱼骨庙的传说

从前，涛雒有座鱼骨庙，其址在今涛雒镇东约两公里处的沙岭子村前。东濒大海，西临泥岗，背依大岭，怀抱海江。

传说早年间，海里潮汛经常失序，不时有惊涛骇浪、狂风暴雨，桅折舱漏、船覆人亡之事时有发生。这一年，海难接二连三地发生，渔民一出海，全家人的心就悬到嗓子眼儿了。他们只好在海岸上烧纸焚香，祈求神灵保佑。

忽然，有一天大汛潮时，在涛雒海口外漂上来一条大鲨鱼，双眼已没，象是被两条小鱼押送上来的。那两条小鱼把大鲨鱼送到岸边，就掉头回到大海，把大鲨鱼孤零零地扔在海滩上。奇怪的是从此潮水涨不到那里，太阳也像火一样的毒，连渴带晒，大鲨鱼最后挺死在海滩上。

就在这天夜里，周围几个村的人都做了个一模一样的梦，梦里龙王爷告诉大家：那条大鲨鱼经常兴风作浪、吞食渔民，触犯天条，依律摘除双眼、赐死海边，百姓可以揭它的鳞、吃它的肉、用它的骨，以昭天德、以安民心。

第二天一大早，人们半信半疑地奔走相告。一传十、十传百，终于大起胆来，持刀背筐，涌上海滩，揭鳞割肉。为报答龙王的厚恩大德，示龙威、警百鱼，当地渔民有钱出钱、有力出力，在大鲨鱼落浅的海边西岭坡上用鱼骨为檩，鱼鳞为瓦，盖起一座小庙。庙中供奉龙王画像，取名“鱼骨庙”，实为龙王庙。

谁知“鱼骨庙”盖起来不久，就被大汛潮冲垮了。于是人们出钱出力，添置了些木料砖瓦，把庙迁到岭北头高崖上，里面除供奉龙王爷外，又塑了另外一些海神的像。该地因此得名“龙王崖”。

从此，当地渔民虔诚地逢三、六、九到龙王崖“上庙”，即在农历每月的初三、十三、二十三和初六、十六、二十六、初九、十九、二十九共九天到庙里给龙王进香设祭。年复一年，日复一日，如此一来，百姓破费太大。龙王不忍心，便再次托梦：吾享人间香火，次数太多，劳民伤财，既违上天好生之德，也失吾庇佑一方的本意。每年六月十三日是吾生辰，众生只在此日进香即可。从此，人们便遵龙王的嘱咐，只在每年的这一天到“鱼骨庙”敬龙王。龙王为民除了鱼害，海上安全了，渔民们感到每年敬一次龙王，敬意不尽。于是又在春汛开始之前的正月十六日加敬一次，因此沿海各村便有了每年两次敬龙王的习俗。

且说日月如梭，一晃许多年过去了。这一年，当地突然出现瘟疫，一旦被传染，百药无效。就在人心惶惶、纷纷外出逃避时，龙王托梦：立庙之骨可焙来做药，染病者服之必愈，未染者服之可预防。出于对龙王爷的感恩和敬畏，人们不敢拆庙取骨。于是龙王只好在梦里直言相告：这是先天定数，千万别再迟疑，普救众生要紧。且现庙址潮湿、多蛇，不便众生来往。庙毁后，可南迁。见龙王如此之说，人们才到庙里拆骨焙药，服之果然灵验。当瘟疫全部驱除时，“鱼骨庙”里除几块断骨外，只剩一根完整的鱼骨脊檩了。

几天后的一个深夜，人们梦见一位鹤发童颜的老仙：“自今之后，此地概无瘟疫。为救他方生灵，现将做脊檩的鱼骨取走，仍留鱼骨一块以为念物。”言罢，飘然而去。

第二天天还没亮，人们就纷纷赶到鱼骨庙。果然，庙顶已开，鱼骨脊檩已无，而龙王端坐于露天庙框之中。

于是就有了“鱼骨庙”的第三次迁移，“鱼骨庙”最终定址在岭南端。

这次建庙没用鱼骨，庙的规模大了许多，整个庙宇属二进堂，分前殿、后殿和西前殿，殿房各三间，并另有厢房。除供奉龙王像外，还增添雷公、闪母、风神、雨神等八位神塑，仍称为“鱼骨庙”。

人们把老仙留下的那块鱼骨供奉在庙里，为镇庙之物。

岁月沧桑，昔日龙王庙已荡然无存，鱼骨庙也只留下一段美丽的传说。

如今，涛雒镇政府收藏着一段1.5米长、100多千克重的鱼骨。据说这是昔日“鱼鳞做瓦、鱼骨做梁”的“鱼骨庙”残存鱼骨梁的一部分。这块鱼骨质地坚硬，如同化石一般。据有关专家介绍，像这么大的鱼骨在全国也属罕见。

据原先庙中的石碑记载，“鱼骨庙”在隋朝就已存在，如此算来，至少有1400多年。

丝山银子河山钱

传说有一年，河山四周遭百年不遇的大旱，庄稼颗粒不收，但官府的皇粮却照收不减。若不如数缴粮，就得用银两抵代。否则，以抗旨治罪。

穷苦百姓束手无策，只能坐以待毙。一天夜里，住在河山脚下一位看山的老人，忽然做了个梦。梦见河山山神领他走进半山腰一处险要的山洞。告诉他说：“洞底有钱，可以救大伙。”老人一看，惊呆了。洞底有数不清的钱币。高兴地大声喊：“有钱了，大伙有救了！”醒后，老人把梦中之事告诉了乡亲。大家一听山洞里有钱，能抵皇粮，一传十、十传百。不久，官差又来催粮要钱。没粮也没钱的乡亲们都聚集在老人家里。官差逼着大家交粮、交钱，不交就抓人。老人不慌不忙地对官差说：“钱有，就在河山山洞里。是山神赏的，但要心诚才能拿得到。请大伙，也请官差们跟我一起去取吧。”随后，在老人带领下，大家来到一个悬崖峭壁前。老人指着半山腰一个洞口说：“就在那里。”官差抬头望了望，只见山势陡峭，无路可走，只能攀爬，一个个吓得目瞪口呆。但转念一想，不上吧，既拿不到钱，又在众人面前丢脸。于是，就壮了壮胆，跟老人一起往上爬。因为过于心虚、胆颤，官差们个个心慌气短，两腿发软，没爬到洞口，就被摔进万丈深渊，粉身碎骨了。老人和众乡亲却安然无恙。

这次乡亲们虽没找到钱，但从此官府再也没来逼粮、逼钱。也许是连他们也认为，征粮的事做绝了，要受到神灵报应。以后，与河山遥遥相对的丝山，也发生了类似的事。“丝山银子河山钱”的故事从此流传开来。

龙潭汪的传说

很久以前，后楼村西有一个大水潭叫龙潭汪，方圆有十多亩。四周树木葱茏，潭水碧绿，深不可测。每到春夏，潭面上空经常云雾缭绕。传说有人在雨雾天曾看见潭上空有黑云盘旋，须臾有大鱼入潭，身长丈余，疑为神龙鱼。于是一传十，十传百，大家都知道潭中有神龙鱼出没。众人时时拜祭，以求神龙鱼庇护。

这一年大旱，众人到潭边叩头烧香，祈求神龙鱼降雨。果然，不到半个时辰，乌云满天，雷声大作，下起大雨。大家欢天喜地，杀猪宰羊，设坛庆祝，感谢神龙鱼降雨。从此，村里的人有了困难就来潭边相求。有求医问药的，有借盘借碗的，据说只要心诚，都很灵验。后来有一个叫牛娃的孩子，经常到水潭附近放牛。他听说龙潭汪的故事后，感到很是新奇，很想去探个究竟。一天，他把牛放在河边上，独自躲在一棵大柳树后边，悄悄朝水潭望去。见碧绿的水潭平静如镜，水深莫测，四周寂静无人，不禁毛骨悚然。他马上退了回来。心想，那些传说是不是骗人的？不然怎么会什么也没看见呢？

时间一天一天过去，牛娃也不知自己去潭边看过多少次。潭边的一草一木他再熟悉不过了。终于有一天，天闷热得让人发困，牛娃坐在大柳树下，正打着盹呢。忽然觉得身上凉飕飕的，他睁眼一看，只见潭面上一阵雨雾缓缓升起，接着冒出一根粗大的水柱，随着水柱的下落，分明看见一个人首鱼身的黑人站在水面上。这人两眼炯炯发亮，朝四周环视了一下，即刻缩进水里去了。牛娃摒住呼吸，一动也不敢动，心里正在诧异，看见刚才那黑人头顶一张圆桌冒出了水面，轻轻地把桌子放在水面上，然后又入到水里。眨眼间，桌边放了两把椅子，桌上摆满了瓜果菜肴，一对衣着华丽的青年男女坐在桌旁对饮。这是真的还是幻觉？牛娃睁大了双眼，看了又看。这果然是真的！他似乎听见那两人还在说着什么，但怎么也听不清楚。牛娃有些生气，不知怎的，他把手里握着的割草镰刀，顺手朝潭中扔了过去。说时迟那时快，一阵水花过去，潭面又恢复了平静。牛娃心里有些怅然。

这时四周静得可怕，他正想离开这里。忽然听到有哗哗啦啦的水声传来，他朝潭中望去，只见水面波浪翻滚，不一会儿功夫，当水面再次恢复平静时，水底泛出了深红色的血污，一条大鱼被裁成两半，首尾分离飘出了水面……

人们知道了这件事，意识到牛娃闯祸了，大家纷纷来到潭边，烧香祭拜，磕头祷告，祈求神龙鱼原谅。

田家村有一位姓余的渔翁，经常到龙潭汪钓鱼。有一年春天，他在汪边钓鱼时，遇见一位长者，似曾相识，却又记不起来在哪里见过。寒暄之后，长者喟然道：“别钓了，要搬到张古潭去了。不过以后还要回来的！”话音刚落，人已不见踪影。渔翁将所见所闻告诉了大家。人们从那位长者的话语中似乎听出了什么，害怕再也得不到神龙鱼的庇护，反而遭到报复。所以每到阴雨天，人们都提心吊胆。牛娃经历了那场惊心动魄的一幕后，也心怀愧疚。

这年夏天，牛娃只身来到潭边。只见水潭周围的树少了，草打蔫了，潭水浅了。忽然天上乌云密布，狂风大作，紧接着闪电雷鸣，大雨倾盆。雨越下越大，道路冲了，高粱也淹了，树也倒了，龙潭汪也不见了，周围成了一片汪洋。牛娃死死地抱住那棵大柳树，好歹保住了性命。风停了，雨住了，大水从西面直下东南，形成了今天的后楼河。

遗闻轶事

知县脱靴别县民

缪润绂（1851—1939），字东霖，满族（汉军正白旗人）。光绪十八年(1892年)进士，授中宪大夫，翰林院庶吉士。曾任户部主事，山东临清直隶州知州，光绪二十五年至光绪二十八年降任日照县知县。

缪润绂自幼聪颖过人，天性仁厚。年轻时在盛京（沈阳）组织“荟兰诗社”，是世称“辽沈三君子”之一。自入翰林院，即深居简出，甚少交友。眼见朝廷腐败，于是申奏降级，愿作七品知县。光绪二十五年(1899年)，授日照县正堂时，日照迭遭天灾人祸，洋教肆虐又日甚一日，黎民生计甚艰。

据邑人相传，缪知县到任后，尽力劝课农桑，维护民生，居官清廉，声望卓著。虽在任不满三年，深受民众爱戴。一次，巡抚大人到日照巡视，缪润绂脚著破靴，出城迎接。返回大堂，双方坐定，巡抚大人因缪润绂脚着破靴，乃心存不敬。于是，有意找茬：“你堂堂知县，为何脚穿如此破靴？”缪润绂右手指着破靴，意味深长地说：“这靴子仅是帮破了，但底子是厚实的！”言外之意是说：我虽系七品芝麻官，但出身翰林院，底子厚。只此一句，巡抚便无言答对。

一日，百姓得知缪知县要离任北归，万众云集县城，敬送”万民伞“和”万民衣“，以表心意。临行前缪知县一再道别，百姓再三挽留，人群中多有垂泪啜泣者。双方相持难让，缪知县无奈，只得将脚穿的双靴脱下，留在城门之内，以示止步。分手之时，缪知县语重心长地告诉送行的人们：“对待父母，要像对待自己的孩子一样！”以此作别。

缪润绂走后，所留之靴被县民用木盒盛装，置于县城东门之上，以作纪念。此靴直至抗日战争爆发前还保留在东门城楼上，后因城塌拆除而失落。

卖饼郎脱口和诗句

乾隆四年(1739年)二甲进士卜宁一(日照县城北门里人)，幼时家贫，无力读书，以沿街卖烧饼为生。一日，正遇县官问官司，便避在大堂外看热闹。县官退堂时猛一抬头，见奎山“一峰独立，拔地而起，势如笔架”，不禁诗兴大发：“奎山如笔架”，但苦思却无下句。这时卜宁一脱口和出：“东海似砚池”。

县官大惊，如此佳对出于一个卖烧饼的穷孩子之口，真乃“孺子可教”。这知县不是别人，正是“严惩游惰，兴起学校，亲课甲乙”[①]、在日照当了十四年知县的成永健。成知县怜其家贫，延为义学。甲辰年开科乡试，卜宁一高中举人。卜家由寒门一跃而入望族，从此与众不同。卜宁一与其子卜祚光分别为乾隆朝四年、二十六年进士。父子先后皆出任过潼南兵备道，且皆为官清白，官绩显著。

注：①清光绪版《日照县志·秩官志》

父亲嘱子照方取药
孝子减量令父身亡

光绪末年，日照城西有一林姓药房，坐堂医生林老先生，为祖传第四代中医。是年，他年近七十。一日暴病，胸膈满闷如窒，喘息不止，咳痰清稀，面青肢冷，危在旦夕。急令人唤其子。林先生断续嘱子照方取药，为其煎服。其子年近四旬，对父亲孝敬非常。观方中有砒霜三钱(约合1.8克)，觉得量大，恐危及父亲性命，煎药时将其取出多半。谁知老先生服药片刻，病情危笃。即问其子，子如实告之，林先生大骇。叹曰：“砒霜虽有毒，但现正值盛夏，以鲜小蓟根捣汁即服，继用明矾水、大黄末冲服，便得吐利，毒解病除。今量不足，病不能除，毒再无法以解。日后要苦学深钻……。”教诲数言，乃离人世。其子悔恨莫及，乃辞别乡亲，去上海拜师深造。学医五载，重返故里，医术精湛，遂名扬四海。

针到病除　起死回生

清朝末年，七里河子有一位孙先生，精通医术，积累不少民间验方，疑难病症手到病除。一日行医路过一村庄，正遇一户人家拉棺出殡。他见一小儿穿服重孝，其他孝子也大都年轻，便推知死者并非年长老者。于是上前询问。得知死者果然为一少妇，因小产流血过多，昨日亡故。孙医生告诉丧主家说："此人未必已死，能否开棺，让我医治。如果医好了，便救治一条人命，若医不好再盖棺埋葬不迟。"丧主家听先生一说，喜出望外，当即开棺。见死者面色微红。孙医生从囊中取出一根银针，照死者人中猛刺。只见死者身体抽动了一下，随之长吁一口气，竟然活了过来。大家惊问其故，孙医生说："我见棺材底部有血水流出，且颜色微红，又问清了死因，断知此人尚未死定，所以才下决心医治。"丧主家感激不尽，皆称孙先生真神医也。

移山倒海 妙手回春

20 世纪 40 年代初，著名外科医生安韻南，以"移山倒海，妙手回春"之称誉满全县。他生在日照城南高家村一世医之家，自幼受家庭熏陶，勤奋攻读医籍。稍长即习医于祖长之下，至三十岁便独司药房，就诊者甚众。他善治疮痈肿毒，医症时，遵古训，善变通。其处方与他人相比，药量仅几分之差，种类存一二之别，然付诸临床，屡见奇效。

民国二十四年，国民党展书堂部有一康团长，其妻会阴处生一疮痈，延医半年，仍肿痛难忍。安医生应诊于门下，见其发病于阴，在衣着不便之处，于是决定采取"引阴出阳"之术。他慎用破血活血类药物，力倡行气益气之品。虽治疮痈，而不用虫蠊毒品，乃取荆芥、防风、牛子、皂刺、薄荷、蝉蜕之类。先制药膏二十余帖，移痈治点于小腿之上。随后更方续进三十剂，使其肿消症除。康团长大喜，差乐队三十余人，抬一巨匾赠之。上书"移山倒海、妙手回春"。

知县造字起村名

涛雒镇栈子村，濒临黄海，原址是个沙洲。四面环水，沙碛遍地，荒无人烟。清朝初年，一些没有住所的渔民，在这沙洲上搭起茅屋居住下来。时间久了，便形成了一个小村落。为便于泊舟，人们在住所附近用竹、木架起栈桥。所以远近都称这里为"栈子"。

乾隆二十一年(1756 年)夏天，一场大水将"栈子"这个小村落的茅舍洗劫一空。因灾情严重，惊动了官府。知县孙世璋，知日照县事刚刚一年，为体察民情，亲自到"栈子"考察灾情。他详细查看了该村的地形后，令大家移居到原址西面的沙岭上，并为各家划定居所界限，还在村中间划出一块空地，作为公用场所。孙知县根据村东北有墩台、墩台东张洛口分出二水环抱此村入海的地势，便以"二水之口"或"口分二水"之意，造出个象形字"氻"，其音同"栈"，并命名其村为"氻子村"。

从此，该村以"氻子"为名，一直沿用到 20 世纪 80 年代。因汉字中无"氻"字，自孙知县命名后，汉字中就多了这个"氻"字，一直使用了 200 余年，并收录到有关字典上。

五、2007 年驻区机构名录

2007 年境内中国人民解放军驻在机构名录

表附录-1

单 位	驻 址	单 位	驻 址
中国人民解放军山东省日照军分区	—	中国人民武装警察部队日照市边防支队	—
中国人民解放军山东陆军预备役某师某团	—	中国人民武装警察部队日照市支队	—
中国人民武装警察部队日照市消防支队	—		

2007年境内国家、省驻在机构名录

表附录-2

单　位	驻　址	单　位	驻　址
中华人民共和国日照海事局	北京路	中华人民共和国日照海关	泰安路
中华人民共和国日照渔港监督处	海滨一路	中华人民共和国日照出入境检验检疫局	连云港路
中华人民共和国日照边防检查站	黄海一路	国家海洋局日照海洋环境监测站	天阁路
中国人民银行日照市中心支行	泰安路	中国人民财产保险公司日照分公司	济南东路
中国银行业监督管理委员会日照监管分局	黄海一路	中国人寿保险股份有限公司日照分公司	济南路
中国农业银行日照分行	北京路	中国太平洋财产保险股份有限公司日照中心分公司	兴海路
中国工商银行日照分行	黄海一路	中国太平洋人寿保险股份有限公司日照中心分公司	海曲中路
中国银行股份有限公司日照分行	黄海一路	中国平安财产保险公司日照中心分公司	黄海一路
中国建设银行日照分行	黄海一路	中国平安人寿保险公司日照中心分公司	海滨二路
中国农业发展银行日照市分行	黄海二路	中国大地保险股份有限公司	海滨五路
中国铁通日照分公司	北京路	中华联合财产保险公司日照中心分公司	王府大街
中国电信日照分公司	济南路	中国联通有限公司日照分公司	北京路
中国移动通信集团日照分公司	烟台路		

2007年境内市直机关、单位驻在机构名录

表附录-3

单　位	驻　址	单　位	驻　址
中共日照市委员会	北京路	日照市疾病防控中心	北京路
中共日照市委宣传部	北京路	日照市人口和计划生育委员会	山东路
中共日照市委组织部	北京路	日照市工商局	北京路
中共日照市委统战部	北京路	日照市广播电视局（台）	烟台路
中共日照市委政法委	北京路	日照市公安局	烟台路
中共日照市委市政府信访局	北京路	日照市公路局	泰安路
中共日照市委大学科技园工委	海滨四路	日照市气象局	威海路
中共日照市纪律检查委员会	北京路	日照市文化局	北京路
日照市人民代表大会常务委员会	北京路	日照市水利局	山东路
日照市人民政府	北京路	日照市司法局	北京路
中国人民政治协商会议日照市委员会	北京路	日照市对外经贸局	北京路
日照市中级人民法院	泰安路	日照市民政局	北京路
日照市人民检察院	威海路	日照市民营经济发展局	北京路
日照市城管行政执法局	烟台路	日照市交通局	山东路
日照市人事局	北京路	日照市体育局	世帆赛基地
日照市卫生局	北京路	日照市农机局	北京路
日照市地税局	北京路	日照市农业局	北京路
日照市地震局	北京路	日照市科技局	北京路
日照市行管局	北京路	日照市海洋与渔业局	北京路
日照市安监局	北京路	日照市旅游局	北京路

续表附录-3

单　位	驻　址	单　位	驻　址
日照市财政局	黄海二路	日照市烟草专卖局	海滨五路
日照市劳动和社会保障局	北京路	日照市盐务局	北京路
日照市质监局	天津路	日照市监察局	北京路
日照市招商局	北京路	日照市畜牧局	北京路
日照市国土资源局	泰安路	日照市教育局	北京路
日照市国家安全局	昭阳路	日照市港航局	黄海二路
日照市国税局	烟台路	日照市粮食局	海滨四路
日照市审计局	北京路	日照市发改委	北京路
日照市环保局	北京路	日照市规划建设委	济南路
日照市林业局	北京路	日照市房地产管理局	烟台路
日照市物价局	威海路	日照市仲裁委	北京路
日照市食品药监局	北京路	日照市经贸委	北京路
日照市统计局	北京路	日照市人防办	海曲东路
日照市总工会	北京路	日照市口岸办	黄海一路
日照市团市委	北京路	日照市科协	北京路
日照市妇联	北京路	日照市工商联	北京路
日照市邮政局	海滨二路		

六、荣誉

先进单位

国家、部委级先进单位表

表附录-4

单　位	荣誉名称	授奖机关	时　间
日照县	爱国卫生先进县	国务院	1959 年
区政府	双拥工作先进区	民政部	1993 年 8 月
区政府	全国科技工作先进区	科技部	1998 年 6 月
区政府	全国村民自治模范区	民政部	2003 年
区政府	全国水产品标准化生产综合奖示范区	农业部	2004 年
区政府	2001 — 2004 年度全国群众性体育先进单位	国家体育总局	2005 年 10 月
区政府	全国计划生育优质服务先进区	国家人口与计划生育委员会	2006 年
区政府	2001 — 2005 全国法制宣传教育先进区	中宣部、司法部	2006 年 5 月
区政府	全国法制宣传教育先进区	中宣部、司法部	2006 年 5 月
区政府	全国村务公开民主管理制度创新奖	全国村务公开民主管理协调领导小组	2007 年 6 月

续表附录-4

单　　位	荣誉名称	授奖机关	时间
区计生委	计划生育协会先进集体	中国计划生育协会	1995 年
区林业局	全国沿海防护林体系建设先进单位	林业部	1996 年
石臼街道	全国模范敬老院	民政部	1995 年 10 月
石臼中心小学	全国雏鹰少先大队	全国少工委	1996 年
区统计局	全国第一次基本单位普查工作先进集体	国家统计局	1997 年
区农村信用社	全国全民健身先进单位	国家体委	1998 年
望海路派出所	全国创建“人民满意派出所”先进单位	公安部	1998 年
区工商局	全国粮食市场管理工作先进单位	国家工商总局	1999 年
区公安分局	全国优秀公安局	公安部	1999 年
秦楼街道新合村	全国计划生育协会先进单位	中国计划生育协会	2000 年
秦楼街道	全国婚育新风进万家活动先进街道	中宣部、国家计生委	2001 年
秦楼街道高家村	全国群众办体育先进单位	国家体委	1994 年
秦楼街道高家村	全国模范村委会	民政部	1995 年
秦楼街道任家台	全国先进人民调解委员会	司法部	1999 年
日照街道	全国城市体育先进社区	国家体育总局	2000 年
日照街道	全国群众体育先进单位	国家体育总局	2001 年
南湖镇	人民调解期刊　征订发行先进单位	司法部	1993 年 4 月
区环保局	全国秸杆禁烧和综合利用先进集体	国家环保总局等六部委	2001 年
区卫生局	全国农村卫生厕所普及工作先进区	国家爱卫会	2002 年
区国土分局	全国采矿许可证换发工作先进单位	国土资源部	2002 年
涛雒镇	全国创建文明村镇工作先进单位	建设部	2005 年
森林公园	全国林业系统先进集体	人事部、国家林业局	2007 年
森林公园派出所	全国优秀公安基层单位	公安部	2007 年

省级先进单位表

表附录-5

单　位	荣誉名称	授奖机关	时间
日照县	农业学大寨先进县	省委、省革委	1976 年
区政府	全省信访工作先进单位	省委、省政府	1995 年
区政府	全省水产工作先进县（区）	省政府	1995 年 9 月
区政府	全省双拥模范区	省委、省政府	1995 年 11 月
区政府	1994 — 1995 年度“村镇建设先进区”	省委、省政府	1995 年 11 月
区政府	全省计划生育三为主先进区	省委、省政府	1996 年
区政府	农业开发先进单位	省政府	1996 年 12 月
区政府	农村卫生工作先进单位	省政府	1996 年 12 月
区政府	社会治安综合治理模范区	省委、省政府	1998 年 01 月
区政府	计划生育工作先进集体	省委、省政府	1998 年 04 月
区政府	全省学前教育先进区	省委、省政府	2000 年 01 月

续表附录-5

单　位	荣誉名称	授奖机关	时间
区委、区政府	全省防治“非典”先进集体	省委、省政府	2003 年
区政府	计划生育优质服务先进区	省委、省政府	2003 年
区政府	全省农村卫生工作先进区	省政府	2003 年
区政府	防非典工作先进集体	省委、省政府	2003 年 7 月
区政府	2006 年全省服务业先进区	省政府	2007 年 11 月
区政府	全省海洋经济先进县（市、区）	省政府	2007 年 5 月
区政协	全省文史工作先进集体	省政协	2002 年
区政协	全省提案工作先进集体	省政协	2002 年
区人武部	国防教育先进单位	省委、省政府、省军区	1992 年
区人武部	拥军优属先进单位	省委、省政府、省军区	1992 年
区人武部	军事设施保护先进单位	济南军区、省军区	1993 年
区人武部	通讯报道先进单位	济南军区、省军区	1993 年
区人武部	先进团级党委	省军区	1996 年
区人武部	创建富民工程先进单位	省政府、省军区	1996 年
区人武部	先进团级党委	省军区	1997 年
区人武部	通讯报道先进单位	省军区	1997 年
区人武部	刊授教育先进单位	省军区	1998 年
区人武部	扶贫攻坚先进单位	省委	1998 年
区人武部	刊授教育先进单位	省军区	1999 年
区人武部	民兵、预备役部队调整改革先进单位	省军区	1999 年
区人武部	双拥模范区	省军区	2002 年
区人武部	先进团级党委	省军区	2002 年
区检察院	全省严打整治斗争先进集体	省委、省政府	2003 年
县直机关幼儿园	省少儿工作先进集体	省政府	1983 年
石臼一村幼儿园	省托幼工作先进集体	省政府	1987 年
石臼街道	省少儿工作先进集体	省政府	1990 年
区计生委	计划生育“三为主”先进区	省委、省政府	1993 年
区计生委	计划生育工作先进集体	省委、省政府	1998 年
秦楼街道王家皂	省级先进基层党组织	省委	2000 年
秦楼街道高家村	省级村镇建设明星村	省政府	1995 年
石臼街道	拥军优属模范单位	省委、省政府、省军区	1995 年 10 月
石臼街道	省级先进基层党组织	省委	1997 年 6 月
区普法办	“二五”普法先进集体	省委、省人大、省政府	1996 年 5 月
区水利局	全省抗洪先进集体	省委、省政府	1996 年
南湖镇政府	山东省二五普法先进单位	省政府	1996 年
区农业局	全省农业综合开发先进单位	省政府	2000 年
河山镇政府	第五次全国人口普查先进集体	省政府	2000 年
区土管分局	全省矿业秩序治理工作先进单位	省政府	2001 年
区土管分局	地矿局行政工作先进单位	省政府	2001 年
陈疃镇　西石墩村	学习实践“三个代表”先进单位	省委	2002 年
区征兵办	新闻报道先进单位	省军区	2001 年
区征兵办	民兵带建先进单位	省政府、省军区	2001 年
东港公安分局	全省严打整治先进集体	省委、省政府	2003 年
涛雒镇	全省思想政治工作先进单位	省委、省政府	2005 年
区水利局	全省防汛抗旱先进集体	省防汛抗旱指挥部	2000 年
区法院	集体一等功	省高级人民法院	2007 年

先模人物

国家、部委劳动模范表

表附录-6

姓　名	性别	荣誉称号	授奖机关	授予时间	工作单位
刘运贤	男	华东劳动模范	国务院	1957 年	涛雒镇
马成训	男	全国劳动模范	国务院	2000 年	金马集团
崔乐玖	男	全国劳动模范	国务院	2003 年	区林业局
李为书	男	全国商业劳动模范	商业部	1985 年	区劳动局
傅承荣	男	全国教育系统劳动模范	国家教委、中国教育工会	1986 年	涛雒教委
陈德学	男	全国总工会劳模	全国总工会	1989 年	涛雒信用社
陈为信	男	全国农业劳模	农业部、人事部	1990 年	区人大
庄茂林	男	全国环卫劳动模范	人事部、建设部	1990 年	区建委环卫处
岳　玲	女	全国自强模范	人事部、中残联、民政部	1991 年	区卫生院
辛崇玉	男	全国供销系统劳动模范	人事部、全国供销合作总社	2007 年	区供销合作总社

山东省劳动模范表

表附录-7

姓　名	性别	荣誉称号	授奖机关	授予时间	工作单位
宋光提	男	省劳动模范	省政府	1952 年	涛雒镇
王儒平	男	省劳动模范	省政府	1955 年	涛雒镇
宋开铭	男	省级优抚模范	省政府	1956 年	涛雒镇
陈为信	男	省劳动模范	省政府	1986 年	区人大
李为书	男	省劳动模范	省政府	1986 年	区劳动局
岳　玲	女	省劳动模范	省政府	1986 年	区卫生院
张继轩	男	省劳动模范	省政府	1986 年	秦楼街道双庙村
马先文	男	省劳动模范	省政府	1990 年	奎山街道平台村
孙方令	男	省农业劳动模范	省政府	1990 年	陈疃东石墩村
朱继平	男	省农业劳动模范	省政府	1990 年	两城农机站
崔乐玖	男	省劳动模范	省政府	2003 年	区林业高科技园
安贤彩	女	省劳动模范	省政府	1992 年	两城信用社
裴振洲	男	省劳动模范	省政府	1995 年	石臼街道裴家村
朱志祥	男	省劳动模范	省政府	1997 年	石臼街道明阳社区
费守祥	男	省劳动模范	省政府	1997 年	日照翔飞集团
马德勤	男	省劳动模范	省政府	1998 年	农村信用社
厉建华	女	省劳动模范	省政府	2003 年	区教育局
彭善功	男	省劳动模范	省政府	2003 年	南湖镇西沈马庄
秦　华	男	省劳动模范	省政府	2003 年	区交通局

日照市劳动模范表

表附录-8

姓 名	性别	荣誉称号	授奖机关	授予时间	工作单位
安贤彩	女	劳动模范	市政府	1990 年	西城信用社
战庆平	男	劳动模范	市政府	1990 年	西湖供销社
冷为安	男	劳动模范	市政府	1993 年	日照市拖配厂
安丰来	男	劳动模范	市政府	1996 年	秦楼供销冷藏厂
陈常升	男	农业劳动模范	市政府	1996 年	日照（陈疃）通用机械公司
丁元林	男	农业劳动模范	市政府	1996 年	涛雒顺风船业公司
董元芹	女	劳动模范	市政府	1996 年	石臼街道中盛社区
郭苏泉	男	劳动模范	市政府	1996 年	日照海纳公司
贺召国	男	劳动模范	市政府	1996 年	东港德利金银首饰公司
侯元清	男	劳动模范	市政府	1996 年	区计生局
黄松华	男	劳动模范	市政府	1996 年	日照街道三中
焦永顺	男	农业劳动模范	市政府	1996 年	西湖建筑公司
李西志	男	劳动模范	市政府	1996 年	日照市食品公司
牟善鹤	男	农业劳动模范	市政府	1996 年	日照街道小莲村
任守瓒	男	农业劳动模范	市政府	1996 年	秦楼街道任家台
许中军	男	劳动模范	市政府	1996 年	东港建行
朱志祥	男	农业劳动模范	市政府	1996 年	石臼街道明阳社区
费守祥	男	劳动模范	市政府	1996 年	日照翔飞集团
安仲奎	男	农业劳动模范	市政府	1999 年	两城镇安家村二村
曹汉光	男	农业劳动模范	市政府	1999 年	日照市龙泰水产公司
房文经	男	农业劳动模范	市政府	1999 年	石臼黄海一路居委
姜来春	男	农业劳动模范	市政府	1999 年	日照街道水泥制品厂
刘加云	女	农业劳动模范	市政府	1999 年	陈疃镇南鲍疃村
刘立湘	男	农业劳动模范	市政府	1999 年	日照市华纬纺织公司
刘苏贤	男	劳动模范	市政府	1999 年	日照六中
马德全	男	劳动模范	市政府	1999 年	东港德利金银首饰公司
彭善功	男	农业劳动模范	市政府	1999 年	南湖镇西沈马庄村
隋日诺	男	劳动模范	市政府	1999 年	区水利局
王宜美	女	劳动模范	市政府	1999 年	中国银行东港支行
辛本玲	女	劳动模范	市政府	1999 年	区妇幼保健站
许传光	男	农业劳动模范	市政府	1999 年	日照市第三水泥厂（陈疃）
许传熙	男	劳动模范	市政府	1999 年	区纪委
崔乐玖	男	劳动模范	市政府	2002 年	区林科园
郭建梅	女	劳动模范	市政府	2002 年	区粮食收储中心
纪淑奎	男	劳动模范	市政府	2002 年	区国税局
张树珍	女	劳动模范	市政府	2002 年	日照市华泰食品公司
周国升	男	农业劳动模范	市政府	2002 年	秦楼街道桃花村
张传玉	男	农业劳动模范	市政府	2002 年	石臼街道中险社区
费洪全	男	劳动模范	市政府	2007 年	日照海通两城丝业公司
黄庆林	男	农业劳动模范	市政府	2007 年	涛雒镇下元一村
金立胜	男	劳动模范	市政府	2007 年	区工商局
李 伟	男	劳动模范	市政府	2007 年	区国土局
舒 文	男	劳动模范	市政府	2007 年	山东长富洁晶药业公司
徐茂英	女	农业劳动模范	市政府	2007 年	三庄镇讲合沟村
张 键	男	农业劳动模范	市政府	2007 年	石臼街道中盛社区
张军华	男	劳动模范	市政府	2007 年	日照万宝集团
费立强	男	劳动模范	市政府	2007 年	日照鲁艺建筑集团

国家、部委先进人物表

表附录-9

姓　名	性别	荣誉名称	授奖机关	授予时间	工作单位
孙开莲	女	全国“五四”青年奖章	团中央	1959 年	东关南社区
孙开莲	女	全国“三八”红旗手	全国妇联	1960 年	东关南社区
刘加喜	男	全国先进工作者	国务院	1960 年	日照四中
江寅高	男	全国先进工作者	国务院	1960 年	日照一中
袁培香	女	全国先进工作者	国务院	1960 年	城关二小
仇智平	女	全国青年红旗手	团中央	1959 年	区职教中心
李永亭	男	全国青年红旗手	团中央	1959 年	日照二中
贺兆瑞	女	全国“三八红旗手”	全国妇联	1979 年 2 月	西湖公社马安大队
韩纪兰	女	全国“三八红旗手”	全国妇联	1979 年 2 月	日照县服装厂
韩纪兰	女	全国“三八红旗手”	全国妇联	1983 年 9 月	日照县服装厂
傅承荣	女	全国“三八红旗手”	全国妇联	1979 年 2 月	涛雒公社南店大队
傅承荣	女	全国少年儿童先进工作者	全国妇联	1984 年	涛雒公社南店大队
牟秀申	女	全国“三八红旗手”	全国妇联	1979 年 2 月	城关公社小莲村
王振华	女	全国“三八红旗手”	全国妇联	1983 年 9 月	日照县检察院
贺兆瑞	女	全国“三八红旗手”	全国妇联	1983 年 9 月	西湖公社马安大队
范崇贞	女	全国五好家庭	全国妇联	1983 年	竖旗公社刘家沟村
司秀英	女	全国五好家庭	全国妇联	1983 年	涛雒公社右所村
崔维芹	女	全国五好家庭	全国妇联	1983 年	河山公社甄家村
时常春	女	全国五好家庭	全国妇联	1983 年	县药材公司
孙胜堂	男	农业技术推广先进	农牧渔业部	1983 年	秦楼街道明望台村
田德云	女	全国“三八”红旗手	全国妇联	1983 年	三庄幼教中心
田德云	女	全国优秀教师	国家教委、人事部	1989 年	三庄幼教中心
岳　玲	女	三八红旗手	中华妇女联合会	1983 年	区卫生院
隋天德	男	全国模范班主任	教育部、人事部	1984 年	日照一中
李为书	男	全国五一劳动奖章获得者	全国总工会	1987 年	区劳动局
尹相利	男	全国工商先进工作者	国家工商总局	1987 年	市工商局
丁维芬	女	全国优秀妇女干部	全国妇联	1989 年	涛雒公社妇联
肖惠民	女	全国优秀教师	教育部、人事部	1989 年	日照街道一小
曹为庚	男	全国优秀教师	国家教委、人事部	1989 年	区职教中心
李其民	男	农业技术推广先进	农业部	1989 年	石臼街道办事处
杨善聚	男	全国优秀教师	国家教委、人事部	1989 年	秦楼街道教委
于守平	男	全国优秀教师	国家教委、人事部	1989 年	日照四中
庄茂波	男	全国优秀教师	人事部、国家教委	1989 年	日照实验二小
王玉玲	女	全国卫生计财先进个人	卫生部、人事部	1990 年	区卫生院
吴乃亮	男	全国卫生系统模范个人	卫生部、人事部	1991 年	区卫生院
高培贤	男	全国优秀教师	国家教委、人事部	1993 年	秦楼中心初中
宋春雨	男	全国优秀教师	国家教委、人事部	1993 年	市聋哑学校
孙永先	男	全国优秀教师	国家教委、人事部	1993 年	日照四中
温德峰	男	全国优秀教师	国家教委、人事部	1993 年	日照实验高中
赵龙臻	男	全国优秀教师	国家教委、人事部	1993 年	三庄镇教委
迟令福	男	计生万例手术无事故先进个人	国家计生委、卫生部	1994 年	区医院

续表附录-9

姓　名	性别	荣誉名称	授奖机关	授予时间	工作单位
丁　伟	男	全国“五一”劳动奖章	全国总工会	1995 年	市医院
董元芹	女	亲虾越冬先进工作者	农业部	1995 年	石臼街道中盛社区
焦安云	女	全国优秀教师	国家教委、人事部	1995 年	西湖镇教委
刘贤爽	男	全国优秀少先队辅导员	团中央、国家教委	1995 年	河山镇幼教中心
吕京兰	女	全国乡镇优秀计生工作者	国家计生委	1995 年	秦楼街道计生委
秦　勇	男	全国体育工作先进个人	国家体委	1996 年	区教育局
范玉斌	男	工业普查先进个人	国家工业普查协调小组	1996 年	区计生局
韩纪亮	男	全国乡镇建设优秀乡镇长	建设部	1996 年	涛雒镇
李秀云	女	全国优秀音乐教师	国家教委	1997 年	日照街道一小
秦玉桂	男	全国农村改水先进工作者	国家爱卫会、卫生部	1997 年	区爱卫会办公室
田连增	男	全国优秀人民警察	公安部	1997 年	东港公安分局
张德聚	男	全国妇幼卫生先进个人	卫生部	1997 年	区卫生局
丁元波	男	生殖健康优秀调查员	国家计生委	1998 年	区计生局
郭连章	男	全国师范、进修　学校优秀教师	教育部、曾宪梓教育基金会	1998 年	区职教中心
李茂坤	男	全国优秀教师	教育部	1998 年	日照实验高中
刘加宝	男	双基教育先进工作者	教育部、国家计委、财政部	1998 年	区政府
邱祖兰	女	生殖健康优秀调查员	国家计生委	1998 年	区计生局
唐公文	男	全国体育先进个人	国家体委	1998 年	区文体局
李　伟	男	全国优秀人民警察	公安部	1999 年	东港公安分局
牟善宗	男	全国农经系统先进工作者	农业部	1999 年	涛雒经管站
辛本玲	女	全国卫生系统先进工作者	人事部、卫生部	1999 年	区妇幼保健站
袁安秋	男	计划生育工作先进个人	国家计生委	1999 年	区计生局
刘汉生	男	中华扫盲奖	教育部	2000 年	区教委
秦泗胜	男	全国体育先进工作者	教育部、国家体育总局	2000 年	日照实验高中
丁兆军	男	婚育新风进万家活动先进个人	中宣部、国家计生委	2001 年	日照街道计生委
解学文	男	优秀党务工作者	中组部	2001 年	区人大
刘安一	男	普查工作先进个人	全国普查办公室	2001 年	区科协
刘安一	男	全国计生“新时期最可爱的人”	国家计生委	2005 年	区计生局
马绪文	男	纪检工作先进个人	中纪委、监察部	2001 年	区政协
辛本卫	男	全国模范教师	人事部、教育部	2001 年	日照实验高中
赵洪利	男	模范人民调解员	司法部	2002 年	区司法局
李维俊	男	全国五次人口普查先进个人	国务院领导小组	2002 年	日照办事处
王洪仁	男	全国优秀乡村医生	卫生部	2003 年	石臼街道顺达社区
张维存	男	全国优秀乡村医生	卫生部	2003 年	石臼街道阳光社区
刘加云	女	全国妇女“双学双比”能手	全国妇联	2004 年	陈疃镇南鲍疃村
姚久德	男	全国优秀教师	人事部、教育部	2004 年	日照实验高中
刘振山	男	2005 年度“全国优秀乡村医生”	卫生部	2005 年	日照东关南社区
庄光全	男	全国计划生育协会先进工作者	中国计生协	2005 年	区计生局
丁明刚	男	全国优秀民兵教练员	总参谋部	2007 年	区人武部
李　芝	女	全国优秀教师	教育部	2007 年	日照实验二小
杨学义	男	全国防治结核病先进个人	卫生部	2007 年	南湖镇卫生院
郑培宏	男	全国优秀人民警察	公安部	2007 年	森林公园

省级先进人物表

表附录-10

姓　名	性别	荣誉名称	授奖机关	授予时间	工作单位
谭宗渠	男	省先进工作者（群英会）	省委、省人委	1960 年	涛雒中心小学
王公秀	女	省计划生育工作先进个人	省委、省政府	1979 年	区卫生院
王公秀	女	省计划生育工作先进个人	省委、省政府	1981 年	区卫生院
胡兰秀	女	省先进少年工作者	省委、省政府	1983 年	区直实验幼儿园
王翠平	女	省级优秀教师	省政府	1983 年	三庄镇教委
庄秀萍	女	省先进儿童少年工作者	省政府	1983 年	石臼街道教委
李宗照	男	省先进儿童少年工作者	省政府	1983 年	日照街道一小
丁静原	女	省先进儿童少年工作者	省政府	1983 年	日照街道四小
费洪熙	男	省园丁奖	省政府	1984 年	日照街道一小
赵存兴	男	省保密工作先进个人	省委、省政府	1990 年	区政协
李为书	男	科学技术进步一等奖	省政府	1990 年	区劳动局
张纪运	男	信访先进个人	省委、省政府	1990 年	石臼街道
田洪印	男	省优秀少先队辅导员	省政府	1990 年	日照街道一小
岳　玲	女	齐鲁巾帼十杰青年	省委、省政府	1991 年	区卫生院
孙方令	男	社会治安综合治理先进个人	省委、省政府	1992 年	陈疃镇东石墩
王　鹏	男	全省全省社会治安综合治理先进个人	省委、省政府	1992 年	区政法委
焦建全	男	省归国华侨先进个人	省政府	1992 年	石臼街道教委
凌吉福	男	计生系统先进个人	省委、省政府	1993 年	河山镇计生委
吕京兰	女	山东省计划生育先进工作者	省委、省政府	1993 年	秦楼街道计生委
邱祖兰	女	计生系统先进个人	省委、省政府	1993 年	区计生局
张继业	男	山东省计划生育先进工作者	省委、省政府	1993 年	秦楼街道计生委
江　萍	女	民族团结先进个人	省政府	1994 年	区统战部
厉建华	女	省特级教师	省政府	1994 年	区教育局
董元芹	女	科技兴鲁先进工作者	省政府	1995 年	石臼街道中盛社区
董书亮	男	省民兵基层建设先进个人	省委、省政府	1996 年	日照街道小岭南头
陈为刚	男	省级优秀党员	省委	1997 年	区人大
秦玉健	男	国防工程管理先进个人	济南军区	1996 年	区人武部
丁原春	男	优秀文史工作者	省政协	1997 年	区政协
韩敬亮	男	拥军爱民先进个人	省委、省政府	1997 年	区民政局
厉建国	男	优秀文史工作者	省政协	1997 年	区政协
任守瓒	男	省级优秀党员	省委	1997 年	秦楼街道任家台
滕兆池	男	模范退伍军人	省委、省政府	1997 年	秦楼街道滕家村
杨善祯	男	优秀文史工作者	省政协	1997 年	区政协
孙丽霞	女	省特级教师	省政府	1998 年	日照实验二小
高宗兴	男	先进个人	省军区	1999 年	区人武部
彭善功	男	“学科学、用科学”标兵	省政府	2000 年	南湖镇西沈马庄村
董庆华	男	省级支农先进个人	省政府	2000 年	农村信用社
刘英贤	男	青年卫士	省委、省政府	2000 年	区政法委
苗在亮	男	富民兴鲁劳动奖章	省政府	2000 年	农村信用社
解学文	男	山东省优秀党务工作者	省委	2001 年	区委组织部

续表附录-10

姓 名	性别	荣誉名称	授奖机关	授予时间	工作单位
隋日若	男	人民满意的公务员	省政府	2002 年	区水利局
王 伟	男	省级民政先进个人	省政府	2002 年	南湖镇
刘松珍	女	省特级教师	省政府	2002 年	日照实验二中
王耀洲 姜 毅	男 男	“一对好主官”	省军区	2003 年	区人武部
阚守太	男	民兵预备役部队装备工作先进个人	省军区	2003 年	区人武部
王玉华	男	人民教师	省政府	2004 年	日照实验高中
尹德亮	男	综合治理先进个人	省委、省政府	2003 年	区政法委
张传国	男	帮扶工作先进个人	省委、省军区	2004 年	陈疃镇武装部
李芝	女	省特级教师	省政府	2006 年	日照实验二小
丁明刚	男	信息化练兵先进个人	省政府、省军区	2007 年	区人武部
高挺华	男	全省征兵工作先进个人	省政府、省军区	2007 年	区人武部
彭善功	男	省优秀人大代表	省人大常委会	2007 年	南湖镇西沈马庄村
李茂林	男	省优秀文史工作者	省政协	2007 年	区政协
赵世强	男	省民兵预备役部队基层建设标兵	省军区	2007 年	区直机关工委
丁立宁	男	省绿化奖章	省绿化委	2001 年	区林业局
郑培宏	男	省绿化奖章	省绿化委	2006 年	森林公园
郑培宏	男	全省森林防火工作先进个人	省森林防火指挥部	2006 年	森林公园

立功人员表

表附录-11

姓 名	性别	荣誉名称及记功等次	授予机关	授予时间	工作单位
刘贤洪	男	一等功	最高人民检察院	1997 年	区检察院
刘贤洪	男	二等功	市检察院	1993 年 12 月	区检察院
刘贤洪	男	二等功	市检察院	1994 年	区检察院
戴肇同	男	计划生育一等功	省委、省政府	1998 年	石臼街道
李志毅	男	一等功	最高院	2001 年 2 月	区法院
李志毅	男	二等功	省高院	2001 年	区法院
隋日诺	男	人民满意的公务员，一等功	省政府	2002 年 1 月	区水利局
王 伟	男	二等功	市检察院	1990 年 12 月	区检察院
张继业	男	1991 年度工作记大功	市委办、市政府办	1992 年 2 月	秦楼街道计生委
苏桂莲	女	二等功	市检察院	1993 年 12 月	区检察院
马成柏	男	二等功	市检察院	1994 年	区检察院
张守军	男	二等功	市检察院	1995 年	区检察院
李 勇	男	立功活动二等功	省财政厅、人事厅	1995 年	三庄镇政府
丁兆利	男	二等功	省人事厅、司法厅	1996 年	区司法局
崔 华	女	二等功	市检察院	1996 年	区检察院
范奉东	男	二等功	市委、市政府	1996 年	区委党校
朱传伟	男	省“青春立功”二等功	团市委	1996 年 2	区委办公室
刘锋慧	男	二等功	市委、市政府	1996 年 3	区人大
辛全友	男	二等功	省高院	1996 年 3	区法院
张永泰	男	二等功	市委、市政府	1996 年 3	区计生局

续表附录-11

姓　名	性别	荣誉名称及记功等次	授予机关	授予时间	工作单位
顾成富	男	二等功	市检察院	1998 年	区检察院
魏绪壮	男	二等功	省高院	1998 年 3 月	区法院
韩纪亮	男	二等功	市委、市政府	1998 年 5 月	涛雒镇
王延伦	男	1997 年度工作二等功	市委、市政府	1998 年 5 月	区卫生局
马绪文	男	二等功	省纪委，省监察、人事厅	1999 年	区纪委
许崇林	男	二等功	省农业厅、人事厅	1999 年	区农业局
范洪军	男	二等功	省高院	1999 年	区法院
牟利华	男	人民满意政法干警，二等功	市委、市政府	1999 年 12 月	区法院
张　杰	男	二等功	省检察院	1999 年	区检察院
张　杰	男	人民满意政法干警，二等功	市委、市政府	1999 年	区检察院
张　杰	男	二等功	省检察院	2001 年	区检察院
王向东	男	二等功	省高院	2000 年	区法院
陈占联	男	招商引资工作先进个人，二等功	区委、区政府	2000 年 12 月	区粮食局
焦卫国	男	二等功	市检察院	2000 年	区检察院
焦卫国	男	二等功	市检察院	2001 年	区检察院
丁肇美	女	全市信访工作二等功	市委、市政府	2001 年	区法院
李宗刚	男	二等功	省高院	2001 年	区法院
张玉良	男	全市信访工作二等功	市委、市政府	2001 年 2 月	区委办公室
秦　江	男	二等功	省高院	2002 年	区法院
赵光军	男	文明税务工作者，二等功	省国税局、人事厅	2002 年	区国税局
杨洪启	男	海洋与渔业系统先进个人，二等功	省渔业厅、人事厅	2002 年	区海洋与渔业局
郑培成	男	二等功	省检察院	2002 年	区检察院
刘安一	男	全市计划生育先进工作者，二等功	市政府	2003 年 1 月	区科协
安丰华	女	全市防治“非典”二等功	市委、市政府	2003 年	日照街道
潘翠苹	女	全市防治“非典”二等功	市委、市政府	2003 年	石臼街道
安佰森	男	全市防治“非典”二等功	市委、市政府	2003 年	秦楼街道
安玉辉	女	全市防治“非典”二等功	市委、市政府	2003 年	西湖镇
焦安勇	男	全市防治“非典”二等功	市委、市政府	2003 年	三庄镇
杜美珠	女	全市防治“非典”二等功	市委、市政府	2003 年	涛雒镇
丁淑滨	男	全市防治“非典”二等功	市委、市政府	2003 年	区交警大队
李忠堂	男	全市防治“非典”二等功	市委、市政府	2003 年 11 月	东港区医院
邢良红	男	全市防治“非典”二等功	市委、市政府	2003 年 11 月	区卫生防疫站
张德聚	男	全市防治“非典”二等功	市委、市政府	2003 年 11 月	区卫生局
张晓红	女	二等功	省高院	2003 年	区法院
潘为明	男	二等功	国家林业局森林公安局	2003 年 12 月	国家森林公园
高月清	男	二等功	省检察院	2004 年	区检察院
张德聚	男	全省红十字会工作二等功	人事厅、省红十字会	2004 年 3 月	区卫生局
王伟举	男	二等功	市政府	2004 年 9 月	区文体局
辛崇发	男	体育工作二等功	省人事厅、省体育局	2004 年 9 月	区文体局
牟宗强	男	日照市平安建设先进个人，二等功	市委、市政府	2005 年 3 月	区政法委
刘锋慧	男	二等功	省委、省政府	2006 年	区人大
相昊昌	男	“平安东港”二等功	区委、区政府	2006 年	秦楼街道
张永峰	男	平安日照建设二等功	市委、市政府	2006 年 3 月	区农机局
陈　平	男	全国生态示范区环境保护工作二等功	省人事厅、市委、市政府	2006 年 7 月	区纪委、监察局
侯元青	男	创建国家卫生城市先进个人，二等功	市委、市政府	2006 年 7 月	区计生局
刘加宝	男	创建国家卫生城市先进个人，二等功	市委、市政府	2006 年 7 月	区政府
迟玉国	男	创建国家卫生城市先进个人，二等功	市委、市政府	2006 年 7 月	日照街道
高月清	男	公正执法标兵，二等功	省政法委、人事厅	2007 年	区检察院
王其高	男	二等功	省司法厅	2007 年 1 月	区司法局
赵龙德	男	二等功	市委、市政府	2007 年 2 月	区计生局
辛崇玉	男	全省供销系统先进个人，二等功	省人事厅、省供销联社	2007 年 9 月	区供销社

七、限外辑要

（一）、2008—2012年大事记

2008年

3月10日　全市2008年度“百座水库除险加固工程”启动仪式在东港区南湖镇举行。

5月15日　全国供销合作总社党组书记李玉成到东港区调研供销工作。

6月26日　中国侨联副主席林淑娘一行到东港区涛雒镇参观丁肇中祖居。

8月28日　中国新农村建设发展中心主任张宝亮一行到东港区考察。

11月19日　全国供销合作总社理事会副主任李春生一行，到东港区考察供销社农村新型服务体系建设情况。

12月20日　东港区被国家旅游局授予“国际旅游名县(区)”称号。

同年　先后取消农村、城镇义务教育阶段学生杂费和书费，所需费用由政府财政负担。

2009年

1月4日—7日　区政协八届二次会议在市会展中心召开。

1月5日—8日　东港区十六届人大二次会议在市会展中心召开。

2月21日　东港德兴小额贷款有限公司举行开业庆典。

4月15日　山东鲁南监狱迁建(日照)路桥建筑在南湖镇东黄山前举行开工典礼。

4月27日　由公安部、中宣部、国家发改委、工业和信息化部、农业部组成的检查组，到东港区检查验收2008年度部级“平安畅通县区”创建工作。

5月10日　省委副书记、省长姜大明到亚太森博浆纸有限公司、威亚汽车发动机有限公司、青啤日照有限公司、东港区涛雒镇下元一村进行调研。

5月26日　国家耕地保护检查组一行14人到东港区检查耕地保护工作。

7月　省食品药品安全委员会授予东港区“山东省食品安全示范区”称号。

11月20日　省委常委、常务副省长王仁元率省直有关部门负责人一行，到东港区就青日连铁路部分选点工作进行调研。

11月28日　东港区在京同乡联谊会在北京成立并举行首届大会，选举丁春元为会长、王为富为秘书长。

同年　全区投入建设资金5006.2万元，行政村道路全部实现硬化，硬化路总里程1014.11千米。

2010年

1月19日—21日　区政协八届三次会议召开。

1月20日—22日　区十六届人大三次会议召开。

4月20日　东港梦幻海滩公园建成启用。

4月28日　省委副书记、省长姜大明到东港区视察南湖镇西沈马庄村新型农房建设。

5月22日　中央文明办调研组组长杨新贵一行3人，到东港区调研精神文明创建工作。

8月20日　东港区公开招考小学、幼儿园教师112名。

8月28日　2010年中国水上运动会在日照水运基地开幕。

9月26日　东港区召开防控美国白蛾紧急会议。

2011年

1月17日　区政协八届四次会议召开。

1月18日　区十六届人大四次会议召开。

3月10日　东港区举办2011年景区联合推介会，市、区110多家旅行社参加。

4月 区政府印发《东港区新型农村合作医疗管理办法》。

4月20日 东关北路区域改造举行拆迁仪式。

6月8日 租用农用运5和农用直升机各1架，对3.47万公顷疫区进行喷药防治美国白蛾。

8月13日 刘家湾赶海园被评为国家4A级旅游风景区。

11月 郑加贵任中共日照市东港区委书记。

同月 日照国际海洋城成立(驻地涛雒镇)，涛雒镇整建制划归日照国际海洋城。

12月2日 东港区第十六届人大常委会第二十七次会议决定：赵刚代理东港区政府区长职务。

同月 日照市高新技术科技工业园区升格为正处级单位。

2012年

1月9日—12日 中共日照市东港区第十三次代表大会召开，郑加贵当选为区委书记。

1月31日—2月4日 政协东港区九届一次会议召开，选举马绪文为区政协主席。

2月1日—5日 东港区十七届人大一次会议召开，选举解学文为区人大常委会主任、赵刚为区长。

2月11日 全区“突破三庄、带动西部”发展战略动员大会在市会展中心举行。

2月 对种粮农民直补和农资综合直补的标准合计提高至每亩100元。截至月底，全区共核定小麦种植面积11513.33公顷，累计发放补贴资金1726.57万元。

3月6日 全国工商联副秘书长王忠明一行到东港区对小微型企业保生存促发展情况进行调研。

3月29日 2012年度大项目集中开工仪式在日照高新区北区日照富凯木业项目现场举行。

3月30日 “全国综合减灾示范社区”授牌仪式在秦楼街道城市花园社区举行。

4月13日 东港区召开“文化建设年”活动动员会议，主题是“打造文化名区、建设幸福东港”。

同日 省人大常委会副主任于建成带领省人大民族工作调研组到东港区调研。

4月20日 从区直机关选派30名“第一书记”到村任职。

4月24日 计划总投资11.2亿元的植物素生物科技项目签约仪式举行。

4月26日 东港区召开庆祝“五一”国际劳动节大会，表彰10个“五一劳动奖状”集体和48名“五一劳动奖章”获得者。

5月10日 人力资源和社会保障部副部长何宪到东港区调研人力资源社会保障基层平台建设情况。

6月15日 水利部副部长矫勇带领中央第三检查组，到东港区对全市贯彻执行中央关于加快转变经济发展方式决策部署情况进行检查。

6月28日 省委常委、副省长、省委政法委书记才利民，到东港区考察调研政法综治工作。

7月 两城镇整建制、河山镇11个村、秦楼街道33个村和大沙洼森林公园划归日照市山海天旅游度假区，后村镇从岚山区划归东港区。

8月2日夜 台风“达维”过境，三庄镇、南湖镇和蔡家滩林场受灾。

8月15日 省委常委、宣传部部长孙守刚带领全省宣传文化系统读书会的与会人员，到梦幻海滩考察。

8月27日 省委副书记王军民一行，到秦楼街道派出所调研。

10月1日 区农业检测中心综合办公楼建成启用。

10月9日 中央稳定工作督导组一行在财政部副部长王保安带领下，到东港区进行督导检查。

10月30日 副省长孙绍聘一行到东港区调研新型城镇化工作。

11月1日 省委常委、青岛市委书记李群带领青岛市党政考察团，到东港区阳光海岸梦幻海滩考察。

11月2日 中共中央对外联络部副部长李进军一行，到东港区阳光海岸梦幻海滩考察。

（二）、2008—2012年东港区委、区政府工作要略

区委重要决策

2008年，全区开展以"学先进、找差距、争率先、创优质"为内容的解放思想大讨论活动。区委把"聚力跨越、率先发展"作为全区工作的主题和基调，在好的基础上求快，在快的过程中求好，着力推进思想上、理念上、发展上的三大跨越，努力实现在深化改革扩大开放、膨胀总量与提升质量上等"七个率先"，争做全市发展的"领头雁、排头兵、先行者"。在领导骨干、机关干部和基层群众三个层面，进行率先发展与创新工作、遵守纪律与履行责任、文明礼仪与道德新风"三项教育"，营造率先发展的浓厚氛围，增强各级在解放思想中真抓实干、破解难题、加快发展的本领。为着力创新推进落实机制，实行区级领导分线作战，对软环境建设、经济建设和城中村改造等重点工作实行纵向到底、责任统一。强化目标绩效考核，将10个镇(街道)划分为三个考核方阵，把部门、单位划分为三个类别，进行严格考核，兑现奖惩。

制定《加快工业经济发展的意见》，实施"三个十"工程，重点培育10户骨干企业、10户成长型工业企业和10户质量效益型企业，鼓励引导企业加大技改投入，联强做大，提升产业层次和竞争力，全力锻造强势群体。

制定《关于进一步加快现代农业发展的实施意见》，积极推进"一镇一业""一村一品"工作，全年新发展高效经济作物1600公顷，新增无害化农产品生产基地3处，新建龙头企业15家，新发展浅海生态养殖1667公顷。

开展重点信访案件"百日攻坚"活动，深化平安创建，落实奥运安保等各项维稳措施，实行区级领导包案和责任追究制，做到一案一组、一案一策，办结47项重点信访案件；开展区、镇(街道)和区直部门领导班子成员"大接访"活动，安排25名区级领导干部每日轮流公开接访；开展区直机关干部"下访"活动，抽调30名干部，组成10个"下访"督导检查组，全年群众来访同比下降21.9%。"领导干部大接访"的经验，被中央维护稳定联席办公会以简报的形式予以刊发。

制定《关于推动文化大发展大繁荣的意见》，加快推进公共文化服务体系建设。突出抓好海曲文化大厦、镇级文化中心、农村街心(街头)公园为载体的文化设施建设，积极培育"海曲之旅""林海风情"等文化活动品牌和农民画、黑陶等文化产业。东港民歌《满江红》被列入国家第二批、山东省第一批非物质文化遗产名录。

制定《软环境建设工作考核办法》，建立投诉查处与明查暗访制度，初步建立起软环境建设长效机制。

2009年，区委深化"科学发展观"的学习与实践，在全区各级党、政组织机构中深入开展"执行力建设年"活动。增强党员、干部忠于职守、干事创业的主动性和自觉性。探索实行党员与组织、党员与群众沟通互动的"双直通车"机制试点工作。"党群双直通车"工作经验做法被中央学习实践活动办公室刊发，中央电视台、《人民日报》等多家主流媒体予以报道，得到中央组织部领导的批示，涛雒镇下元一村党支部被中央表彰为全国先进基层党组织。

着力强化队伍建设，开展"加强党性修养、弘扬优良作风"主题教育活动，推动干部在一线工作，问题在一线解决、成效在一线体现。同时，实施"书记抓、抓书记"党建工作机制，抓好《农村基层组织建设工作规范》和《农村基层党风廉政建设工作规范》的落实，对全区549名农村党支部书记进行集中培训，基层党组织的凝聚力和战斗力得到提高。

提出"提升老街区、建设新街区、创建名街区"思路，加强商贸设施建设。积极打造特色商业街。逐步建成兴业王府、利华商品、电子文化、万平海鲜、青年创业等特色街区。建国君豪、君临天下、德泰、雅禾酒店、戴斯酒店、海帆商务中心、新玛特、大润发、红星美凯龙等一批新型高档餐饮企业和商业设施陆续投入运营，城市商业服务水平和对外接待能力得到提升。

2010年，区委紧紧抓住山东实施半岛蓝色经济区战略、日照建设海洋特色新兴城市的重大机遇，围绕"建设蓝色经济强区"的目标任务，以"转方式、调结构、保发展、惠民生"为主线，以实施

“双提双增”、打造“一区四园”(日照高新区、汽车、光电、生物医药科技、物流加工产业园)为重点，以开展“岗位·作为”大讨论和创先争优活动为动力，解放思想、积极作为、狠抓落实，经济社会始终保持又好又快发展态势。全年实现地区生产总值329.58亿元、地方财政收入18.28亿元，分别增长14.4%、30.47%。

突出“创先争优”，加强党的思想作风建设、夯实经济发展支撑，以“岗位·作为”大讨论为契机，在全区开展“创先争优”活动。全力抓好干部选拔任用工作，全市干部选拔任用全程记实经验交流会在东港区召开。完善党群“双直通车”机制，持续开展“双带双联”活动，39个经济落后村党组织得到整顿。开发建设“东港干部学习网”，深入开展农村(社区)党组织书记素质提升工程，不断提高各级干部领导和科学发展的水平。认真落实完善组织部长约谈和干部定期述职述廉、重大事项报告、干部监督联席会议等机制，加大对经常性经济责任审计力度，强化对领导干部“工作圈”“生活圈”和“社交圈”的管理监督。同时，制定《关于严格实行工作日午间禁酒的规定》，公款吃喝现象得到有效遏制，树立了领导干部新形象。

2011年，区委按照市委、市政府“东港要按照县域经济和城区经济双重标准率先发展、优质发展，东港要代表日照”的要求，编制全区“十二五”规划和蓝色经济发展规划，确立加快建设“幸福东港”奋斗目标，提出“发展跨越，在综合经济实力上争率先”，出台推动工业新型化、农业品牌化、服务高端化、环境生态化、城市一体化、社会和谐化的政策措施，着力打造发展蓝色经济的先行区、鲁南临港产业的核心区、开发海洋资源的示范区、集聚高端产业的特色区。对照全省“30强”、全国百强县提升标杆，本着“着重民意、激发活力、科学务实”原则，建立“幸福东港”“幸福镇村”阶段性评价体系，将幸福指数分解为4项客观指标、11项主观指标。同时，按照“工作项目化、项目节点化、节点责任化”要求，深化方阵考核、季度调度、一线办公等制度，健全包保领导、责任单位、联络员、政法部门、金融机构“五位一体”帮办机制，重点工作突破带动全局工作开展。

制定《加强和创新社会管理的意见》，对服务群众等6大体系、36项工作实行“项目化”推进，在基层村居、重点项目建设工地派驻政法干警建立“一线工作室”做法，在全市推广，全区社会持续和谐稳定。

以党的执政能力和先进性建设为主线，扎实开展“三力”(执行力、公信力、创新力)建设年活动。按照“组织强功能、党员提素质、干部增动力”要求，在继续抓好“党群直通车”“双带双联”、后进村转化等工作的基础上，重点选优配强村“两委”班子，特别是选准用好村党支部书记，引导各类经济能人、优秀妇女、优秀返乡回村大学生参选，圆满完成村“两委”的换届选举工作，在省庆祝建党90周年大会上，我区被省委表彰为全省基层党建工作先进区。

不断完善“政府围绕企业转、机关围绕基层转、干部围绕项目转”机制，全面实施党员公开承诺亮诺践诺制度，出台干部全员化、全程化考核评价办法，切实解决部分干部、个别环节存在的“庸、诿、浮、梗”等问题，提高了各级干部服务发展、服务群众的自觉性和坚定性。

2012年，区委围绕区第十三次党代会确定的“率先建成全面小康社会、力争跨入全国先进行列”核心任务，集中召开全区经济工作暨2011年度总结表彰会、“突破三庄、带动西部”发展战略动员会、“工业强区”战略动员会、“文化建设年”动员会等系列会议，进一步明确“打造文化名区、建设幸福东港”的主线，提出全年经济社会发展的总量、速度、进位“三大指标”，引导各级着眼于稳、立足于进、致力于抢、突出于快、体现于好，全面聚焦和做好区域带动、经济转型、城乡统筹、民生改善、文化建设“五篇文章”，让广大人民群众生活的更加幸福、更有尊严。

继续开展创先争优和“文化建设年”活动，重点加强干部队伍、基层组织和反腐倡廉建设，全面提升干部素质、党员先进性和群众文明水平。选派30名“第一书记”驻村任职、千名新党员结对联带，实施“先富党员带富工程”，开展帮扶增收。完善领导干部重大事项报告、公务活动网上公告、工作日午间禁酒等集体廉政谈话活动制度，树立为民、务实、清廉形象。

制定《关于加快全区工业跨越发展，推动中部迅速崛起的意见》，成立中部四镇工业发展工作指挥部，出台11项政策，筛选出30家骨干企业实行“一企一策”，抢抓市里“聚力突破高新区”和日照机场建设、殡仪馆西迁、山海路西延等工程的推进和建设机遇，确定建成区、西区、北区、海曲新城、文化创意、空港“六大”开发重点。重点推进海恩锯业、东升地毯等33个投资过千万元的技改项目，做好品牌创新、商标创立、上市融资等工作。华业玻璃、龙泰汽车、荣昊改装车、普立尔新材料等在建、在谈项目进度加快。年内共提报到位资金项目422个、到位资金50亿元，实际到账外资8243万美元。全区共申请专利、授权专利分别达到798件、601件，在全省排名分别居第31位、28位。

实施“突破三庄、带动西部”战略。要求全区每个区直部门、单位都要帮扶一个村、支持一个项目，以促进三庄镇的突破发展，从而带动全区西部发展。当年，西部三镇开工各类项目230个，完成投资3亿元。全区开工水利工程376处。

确定东、中、西“三大板块”开发建设布局，聘请北大纵横、上海同济等机构进一步修订完善发展规划，在东部板块打造现代城市经济“增长极”，在中部板块打造新型工业经济“隆起带”，在西部板块打造现代农业农村“示范区”，以重点区域突破带动面上工作推进，全区保持经济增长、结构优化、质量提升、民生改善的良好态势。

区政府施政辑要

2008年，创新实施“村企合作”城中村改造模式，启动14个片区、51个城中村(居)的拆迁改造，至2012年年底，共拆迁203.5万平方米，开工建设安置楼290.2万平方米。

稳妥开展农村集体资产清查，加强农村财务审计。完成580个村(居)36亿元集体资产清查工作，清理“账外账”资金350万元，理顺各类合同7.5万余份，村级集体及村民的合法权益得到保护。

全面清理行政事业性收费罚款项目，精减涉企收费49项，制定违法首错不罚款制度，进一步提高审批文本和服务质量。

以“招大引强、项目推进”为重点，深入开展招商引资“百日攻坚”活动，有苏米特光电产业园、清大华创科技孵化园、金禾生化等23个过亿元项目顺利开工建设。新引进招商银行日照支行等投资过亿服务项目17个。高科技工业园区功能进一步完善，“国际服务外包示范基地”“光电子产业园”“小企业创业辅导基地”被认定为省部级专业园区。

按照“城市建设园区化、园区建设城市化”的思路，加快推进中盛临港物流园区、高新区物流园区、涛雒国际物流园区规划建设。至年底，全区累计发展物流企业300余家，从业人员3万余人。

2009年，全面推行集体林权制度改革，对9个镇(街道)、324个行政村、9.46万户的13873.3公顷林地勘界确权。

编制完成蓝色经济区发展规划，村庄布点规划和6个区域性规划。对7个建制镇总体规划和450个村庄规划进行调整。全区中心镇和重点镇驻地控制性详细规划覆盖率80%。2011年，进行新一轮规划编修。

落实支持工业发展十项措施，大力实施“三个十”工程(即培育“十家骨干型企业、十家成长型企业、十家质量效益型企业”)，全方位帮助企业度难关、拓市场、上台阶。从该年起连续三年开展“大项目建设年”活动，共推进重点项目178个，完成投资285.7亿元。全区规模以上工业增加值78亿元，主营业务收入利税228亿元，利润同比分别增长30.2%、30.6%和35.7%。

把发展镇域经济作为新农村建设的龙头，大力实施农业“335工程”，即建成茶园“3个万亩片”、申泰奶牛牧场等“3个养殖中心”、无公害蔬菜“5个千亩示范园”。全区年内新发展高效经济作物1千公顷，新发展农民专业合作社35家、农业龙头企业10家，分别达到93家和115家。

启动农村社区建设，先后推进下元一村、讲合沟、卞家庄等整村搬迁改造，小花崖、申家坡等7个社区被确定为全市农村社区管理和服务创新试验点。到2012年年底，全区共建农村社区57个(城市社区70个)。

加强食品药品安全监督，积极推进农业产业化、标准化，开展“安全生产责任落实年”活动，在交通、消防、生产等领域排查整治隐患，创建为省级食品安全示范园。2010年，新增无公害产品认证16个，优质食品认证2个，涛雒“珍珠米”、三庄“日花一号”花生、西湖“十八垛”黑木耳、日照街道蔬菜通过品牌认证。2012年，农产品质量检测中心启用。

2010年，东港区积极推进产业结构调整战略，做大做强名优特经济林产业，并把蓝莓作为一项重要经济林产业予以发展。先后出台每亩补贴300元连补三年等相应的配套奖励政策，深化实施企业化、产业化、工业化、标准化等“四化”生产模式，使蓝莓生产基地由最初的几百亩迅速发展为万亩经济林。抓住当前每亩蓝莓的收益在20万到30万元之间，畅销日本、韩国、欧美等市场的有利时机，为农民增收趟出一条新的发展路子。翌年1月6日，东港区被山东省林业厅授予“蓝莓之乡”，成为全省首个也是唯一一个获此殊荣的区县。

加强民生工程建设，把改善民生作为加快发展的重要内容和根本目的，积极推进12件为民办实事项目，继续加大对城乡社区建设、“新农保”、教师补充以及校舍、敬老院、卫生室改造等方面的投入，各级财政完成民生投入5.96亿元，同比增长37.4%。扎实做好新型农村社会养老保险试点工作，在全省率先实现了管理信息系统四级联网，为7.38万名60周岁以上老人发放养老金4937.76万元，“新农保”适龄参保率达到93.97%，在全省19个试点区县中位居前列。按照提升形象、带动产业、改善民生的要求，探索实施了整村迁建、合村并点等“六种改造模式”，开工建设、改造农房11761户，工作进度在全市保持领先。结合开展第三轮“双带双联”，积极构建城市社区建设服务体系，并对涛雒镇丁家官庄等40个农村社区实行重点推进，新农村文明社区创建经验得到省委主要领导和中央文明办的充分肯定。

2011年，区政府以“农业标准化生产建设年”为抓手，出台推动日照绿茶、有机蓝莓、设施蔬菜等优势产业发展的扶持政策，对日照碧海康乐有机富硒茶等27处农业标准化示范基地建设实行一名区级领导、一个责任单位、一名技术人员包保推进，进一步促进农业增效、农民增收。年内全区新发展茶业1367公顷、蓝莓487公顷，分别达到4733公顷、620公顷，浅海生态养殖面积突破12667公顷，农业龙头企业和各类农民专业合作组织分别发展到140家、304家，已创建为全国重点产茶区，“日照绿茶”被认定为中国驰名商标，“日照蓝莓”“涛雒大米”等特色产品申请国家地理标志保护产品、国家地理标志证明商标。

重视改善民生，加快城乡统筹，年内安排财政预算3.97亿元，认真实施12项为民办实事项目、74项惠民政策，扎实推进新型文明社区、城乡居民养老保险等工作，在全市率先实现城乡居民养老保险全覆盖，农村新型文明社区建设工作被《焦点访谈》专题报道，在6月份全国农村精神文明建设工作经验交流会上作了典型发言，群众幸福感和满意度不断提升。

2012年，区政府按照“大高新区”的理念和“扩大外延、丰富内涵、提升品质”的要求，实施高新区新一轮发展战略规划等“五大规划”论证修编，确定建成区、西区、北区、海曲新城、文化创意、空港“六大产业片区”开发重点。按照体现地域、历史、生态、风情等特色的要求，注重融入文化元素，积极探索就地“城镇化”的途径和措施，启动三庄、南湖、河山、后村等西部6个镇新一轮小城镇规划修编，实施土地整理、河道治理、农村公路、饮水安全、小微水源等72项重要项目建设，推进“山、水、林、田、路、村、游”综合开发。扎实推进河山镇驻地等7个万人集中居住区、秦楼驻地等15个片区的拆迁改造，城乡群众生活条件进一步改善。年内拆除房屋5398户、70万平方米，开工建设安置楼146万平方米。

抓住中国蓝色经济引智试验区建立机遇，依托高新区科技孵化创业中心等30余个技术研发平台，鼓励企业深入推进产学研联合，大项目创税增效能力得到明显提高。不断完善政府与企业对话沟通机制，在浙大举办“企业家能力素质提升专题研修班”，组建企业家协会、中小企业服务中心等平台，及时解决项目建设、企业经营中的问题。

制定《关于进一步做好农村土地流转的意见》。对土地流转程序的规范、土地流转信息库的建立和土地流转登记备案制度的制定作出明确要求。至年底，全区土地流转面积达到2088公顷，占总耕地面积的9.76%。其中，租赁流转1259.9公顷、转包327.9公顷、转让28.6公顷、互换454.6公顷。

挖掘历史资源，实施商标战略，上年申报的“日照蓝莓”“日照黑木耳”“日照西施舌”“日照黑陶”“日照虾皮”5个地理标志证明商标注册，连同此前已认定的"日照绿茶"地理标志证明商标，列入国家工商总局公布的《中国已注册和初步审定地理标志商标名录》。全区地理标志证明商标累计达到6个，数量居全国各区县第二位。

积极配合协调市级以上大项目推进工作。山海路西延二、三期工程进展顺利，日照机场清障理赔工作扎实进行，"海曲人家"等特色商业街建成并开始招商。

根据近年来城市化进程发展迅速、城市绿化水平不断提高、对龙柏的需求增大的趋势，总结自上世纪九十年代起就开始发展培育龙柏苗木的经验，不断培育龙柏育苗发展基地，经过多年努力，龙柏苗木已成为全区特色林业产业结构调整、促进农民增收的主要产业。至2011年年底，全区龙柏育苗超过7000户，育苗面积达1667公顷，育苗大棚2万余个，年出圃苗木6亿多株，年产值12亿元以上。该产业已成为东港区农民收入新的经济增长点，使东港区成为江北地区最大的龙柏育苗生产基地，被山东省林业厅授予"山东省龙柏苗木之乡"称号。

成功入围小型农田水利重点县——高效节水试点县。工程分三年度实施(2012—2014年)，分布在三庄、陈疃、西湖、南湖等西部镇。三年总投资11152.5万元，将发展高效节水灌溉面积5080公顷。

(三)、2008—2012年东港区副处级以上领导任职表

2008—2012年东港区区委书记、副书记、常委任职表

表附录-12

届次	职务	姓　名	籍　贯	任职年月	备注
中共日照市东港区第十二届委员会	书记	张永霞（女）	岚山区	2008年1月—2011年11月	
		郑加贵	五莲县	2011年11月—2012年1月	
	副书记	郑加贵	五莲县	2008年1月—2011年11月	
		牟善海	岚山区	2008年1月—2010年11月	
		魏　磊	莒南县	2009年3月—2009年8月	挂职
		王均波	岚山区	2011年7月—2011年11月	
		赵刚	岚山区	2011年11月—2012年1月	
		王汉日	岚山区	2011年11月—2012年1月	
	常委	张永霞（女）	岚山区	2008年1月—2011年11月	
		郑加贵	五莲县	2008年1月—2012年1月	
		牟善海	岚山区	2008年1月—2010年11月	
		王均波	岚山区	2008年1月—2011年11月	
		赵　刚	岚山区	2011年11月—2012年1月	
		窦更勤	岚山区	2008年1月—2011年11月	
		张　涛	邹平县	2008年1月—2010年	
		王汉日	岚山区	2008年1月—2012年1月	
		毛维岗	莒县	2008年1月—2012年1月	
		高挺华	沂水县	2008年1月—2008年3月	
		朱传勉	岚山区	2008年1月—2011年11月	
		申淑清（女）	开发区	2008年1月—2011年11月	
		史文辉	昌邑县	2008年3月—2012年1月	
		成　磊	开发区	2010年7月—2011年11月	
		郭晓民	菏泽市	2011年11月—2012年1月	
		徐立宝	莒县	2011年11月—2012年1月	
		马妮（女）	岚山区	2011年11月—2012年1月	

续表附录-12

届次	职务	姓　名	籍　贯	任职年月	备注
中共日照市东港区第十三届委员会	书记	郑加贵	五莲县	2012 年 1 月—	
	副书记	赵　刚	岚山区	2012 年 1 月—	
		王汉日	岚山区	2012 年 1 月—	
	常委	郑加贵	五莲县	2012 年 1 月—	
		赵　刚	岚山区	2012 年 1 月—	
		王汉日	岚山区	2012 年 1 月—	
		毛维岗	莒县	2012 年 1 月—	
		郭晓民	菏泽市	2012 年 1 月—	
		焦安勇	岚山区	2012 年 1 月—	
		徐立宝	莒县	2012 年 1 月—	
		史文辉	昌邑县	2012 年 1 月—	
		马妮（女）	岚山区	2012 年 1 月—	
		宋　波	岚山区	2012 年 2 月—	
		刘森林	岚山区	2012 年 1 月—	
		辛本胜	岚山区	2012 年 1 月—	

2008—2012 年东港区人大常委会(第十六届～十七届)领导人任职表

表附录-13

届次	职务	姓　名	籍　贯	任职年月
第十六届	主任	解学文	莒县	2008 年 1 月—2012 年 2 月
	副主任	刘锋慧	五莲县	2008 年 1 月—2012 年 2 月
		石勤玲(女，不驻会)	烟台市海阳县	2008 年 1 月—2011 年 12 月
		陈为刚	东港区	2008 年 1 月—2012 年 2 月
		陈淑顺	岚山区	2008 年 1 月—2012 年 2 月
		陈国祥	东港区	2008 年 1 月—2012 年 2 月
第十七届	主任	解学文	莒县	2012 年 2 月—
	副主任	陈文祥	岚山区	2012 年 2 月—
		郭慧敏(女)	辽宁省沈阳市	2012 年 2 月—
		隋红臣	诸城市	2012 年 2 月—
		白建民	岚山区	2012 年 2 月—
		丁肇博	岚山区	2012 年 2 月—
	顾问	陈淑顺	岚山区	2012 年 2 月—

2008—2012 年东港区人民政府(第十六～十七届)区长、副区长任职表

表附录-14

届次	职务	姓　名	籍　贯	任职年月
第十六届	区长	郑加贵	五莲县	2008 年 1 月— 2011 年 12 月
	代区长	赵　刚	岚山区	2011 年 12 月— 2012 年 2 月
	副区长	王均波	岚山区	2010 年 7 月— 2011 年 12 月
		张　涛	邹平县	2008 年 1 月— 2010 年 10 月
		王汉日	岚山区	2008 年 1 月— 2011 年 12 月
		徐立宝	莒县	2011 年 12 月— 2012 年 2 月
		陈文祥	岚山区	2008 年 1 月— 2012 年 2 月
		刘加宝	东港区	2008 年 1 月— 2011 年 12 月
		隋红臣	诸城市	2008 年 1 月— 2012 年 2 月
		安丰华（女）	东港区	2008 年 1 月— 2012 年 2 月
		宋　波	东港区	2010 年 7 月— 2012 年 2 月
		崔龙男	吉林省	2010 年 5 月— 2011 年 2 月（挂职）
		成　磊	开发区	2008 年 9 月— 2010 年 7 月（挂职）
	顾问	姜　毅	文登市	2008 年 1 月— 2012 年 2 月
第十七届	区长	赵　刚	岚山区	2012 年 2 月—
	副区长	焦安勇	岚山区	2012 年 2 月—
		徐立宝	莒县	2012 年 2 月—
		王海滨	五莲县	2012 年 2 月—
		李建富	岚山区	2012 年 2 月—
		辛崇良	岚山区	2012 年 2 月—
		申蒙(女)	开发区	2012 年 2 月—
	顾问	陈国祥	东港区	2012 年 2 月—

2008—2012 年东港区政协(第八届～九届)领导人任职表

表附录-15

届次	职务	姓　名	籍　贯	任职年月
第八届	主席	马绪文	莒县	2008 年 1 月— 2012 年 2 月
	副主席	赵存兴	莒县	2008 年 1 月— 2012 年 2 月
		郭慧敏(女，不驻会)	辽宁沈阳	2008 年 1 月— 2012 年 2 月
		张玉忠(不驻会)	郓城县	2008 年 1 月— 2012 年 2 月
		王纪栋(不驻会)	东港区	2008 年 1 月— 2012 年 2 月
		沈文武	莒南县	2008 年 1 月— 2012 年 2 月
		王诺(女，不驻会)	东港区	2008 年 1 月— 2012 年 2 月
第九届	主席	马绪文	莒县	2012 年 2 月—
	副主席	沈文武	莒南县	2012 年 2 月—
		安丰华(女)	东港区	2012 年 2 月—
		王诺(女，不驻会)	东港区	2012 年 2 月—
		王文军	东港区	2012 年 2 月—
		安伯森	东港区	2012 年 2 月—
		杨静静(女，不驻会)	东港区	2012 年 2 月—
	顾问	王纪栋	东港区	2012 年 2 月—

2008—2012年东港区纪委、组织部、宣传部、统战部、政法委、党校、区委办、高新区、实验高中、武装部领导任职表

表附录-16

单位	职务	姓名	任职年月	备注
区纪委	书记	朱传勉	2008年1月—2011年11月	
		马妮(女)	2012年1月—	
区委组织部	部长	毛维岗	2008年1月—	
区委宣传部	部长	窦更勤	2008年1月—2011年11月	
		郭晓民	2011年11月—	
区委统战部	部长	赵存兴	2008年1月—2008年3月	
		王纪栋	2008年3月—2012年2月	
		沈文武	2012年2月—	
区委政法委	书记	申淑清(女)	2008年1月—2011年11月	
		刘森林	2011年11月—	
区委党校	校长	张永霞	2008年1月—2011年11月	兼任
		郑加贵	2011年11月—	兼任
	党委书记	范奉东	2008年1月—	
	常务副校长	白建民	2009年12月—2011年11月	
		崔社勇	2011年11月—	
区委办公室	主任	王均波	2008年1月—2010年7月	
		成　磊	2010年7月—2011年11月	
		辛本胜	2011年11月—	
高新区	党工委书记	高月光	2008年1月—2012年10月	
	党工委调研员	高月光	2012年10月—	
	党工委副书记 管委会主任	白建民	2008年1月—2009年12月	
		焦安勇	2009年12月—2011年12月	
	党工委副书记 管委会常务副主任	孙丽(女)	2012年3月—	
实验高中	校长	赵春峰	2009年1月—2010年12月	
		郑　强	2010年12月—	
区武装部	部长	鹿清海	2008年1月—2010年4月	
		邱四瑞	2010年4月—	
	政委	史文辉	2008年2月—	

2008—2012年东港区检察院、法院、公安分局领导任职更迭表

表附录-17

单位	职务	姓名	任职年月	备注
区检察院	院长	陈为永	2008年1月—	
区法院	院长	李志毅	2008年1月—2012年2月	
		王义宽	2012年2月—	
东港公安分局	局长	曾宪威	2008年1月—2010年7月	
		高　波	2010年7月—	

（四）、2008—2012年东港区各镇、街道主要负责人任职情况表

2008-2012年日照街道党委、办事处主要负责人任职情况表

表附录-18

姓 名	性别	籍 贯	职 务	任职年月	备注
李建富	男	岚山区后村镇	日照街道党委书记	2008年1月—2011年12月	
马宗光	男	临沂市郯城县	日照街道党委书记	2011年12月—	
刘祥彬	男	岚山区巨峰镇	日照街道办事处主任	2008年1月—2011年12月	
申 洁	男	日照开发区北京路街道	日照街道办事处主任	2011年12月—	

2008-2012年石臼街道党委、办事处主要负责人任职情况表

表附录-19

姓 名	性别	籍 贯	职 务	任职年月	备注
焦安勇	男	岚山区后村镇	石臼街道党委书记	2008年1月—2009年12月	
鲁守春	男	日照开发区奎山街道	石臼街道党委书记	2009年12月—	
安 刚	男	东港区南湖镇	石臼街道办事处主任	2008年1月—2008年10月	
鲁守春	男	日照开发区奎山街道	石臼街道办事处主任	2008年10月—2009年12月	
申 洁	男	日照开发区北京路街道	石臼街道办事处主任	2009年12月—2011年12月	
王海波	男	东港区南湖镇	石臼街道办事处主任	2011年12月—	

2008-2012年秦楼街道党委、办事处主要负责人任职情况表

表附录-20

姓 名	性别	籍 贯	职 务	任职年月	备注
迟玉国	男	东港区日照街道	秦楼街道党委书记	2008年1月—2011年12月	
张守忠	男	东港区日照街道	秦楼街道党委书记	2011月12月—	
陈为冰	男	东港区南湖镇	秦楼街道办事处主任	2008年1月—2011年3月	
范玉棠	男	东港区三庄镇	秦楼街道办事处主任	2011年3月—	

2008-2012年两城镇党委、政府主要负责人任职情况表

表附录-21

姓 名	性别	籍 贯	职 务	任职年月	备注
刘森林	男	岚山区巨峰镇	两城镇党委书记	2008年1月—2010年7月	
孙 丽	女	岚山区巨峰镇	两城镇党委书记	2010年7月—2010年12月	
陈为冰	男	东港区南湖镇	两城镇党委书记	2011年3月—	
张玉京	男	东港区三庄镇	两城镇镇长	2008年1月—2011年6月	
厉华珍	女	东港区秦楼街道	两城镇镇长	2011年6月—	

2008—2012年河山镇党委、政府主要负责人任职情况表

表附录-22

姓　名	性别	籍　贯	职　务	任职年月	备注
张守忠	男	东港区日照街道	河山镇党委书记	2008年1月—2011年12月	
刘祥彬	男	岚山区巨峰镇	河山镇党委书记	2011年12月—	
赵文志	男	岚山区后村镇	河山镇镇长	2008年1月—2011年12月	
安宝升	男	东港区南湖镇	河山镇镇长	2011年12月—	

2008—2012年涛雒镇党委、政府主要负责人任职情况表

表附录-23

姓　名	性别	籍　贯	职　务	任职年月	备注
宋　波	男	岚山区巨峰镇	涛雒镇党委书记	2008年1月—2010年7月	
刘森林	男	岚山区巨峰镇	涛雒镇党委书记	2010年7月—2011年12月	
胡明乐	男	日照开发区奎山街道	涛雒镇党委书记	2011年12月—	
胡明乐	男	日照开发区奎山街道	涛雒镇镇长	2008年1月—2010年7月	
刘　峰	男	东港区三庄镇	涛雒镇镇长	2010年7月—2011年11月	
孙　强	男	东港区两城镇	涛雒镇镇长	2011年11月—	

2008—2012年西湖镇党委、政府主要负责人任职情况表

表附录-24

姓名	性别	籍　贯	职　务	任职年月	备注
王海滨	男	潍坊诸城市	西湖镇党委书记	2008年1月—2011年12月	
田洪浩	男	东港区秦楼街道	西湖镇党委书记	2011年12月—	
田洪浩	男	东港区秦楼街道	西湖镇镇长	2008年1月—2011年12月	
于西庆	男	东港区两城镇	西湖镇镇长	2011年12年—	

2008—2012年南湖镇党委、政府主要负责人任职情况表

表附录-25

姓　名	性别	籍　贯	职　务	任职年月	备注
宋昱桦	女	岚山区高兴镇	南湖镇党委书记	2008年1月—2011年12月	
李　斌	男	岚山区巨峰镇	南湖镇党委书记	2011年12月—	
李　斌	男	岚山区巨峰镇	南湖镇镇长	2008年1月—2011年12月	
赵家峰	男	岚山区虎山镇	南湖镇镇长	2011年12月—	

2008—2012 年陈疃镇党委、政府主要负责人任职情况表

表附录-26

姓　名	性别	籍　贯	职　务	任职年月	备注
孙　丽	女	岚山区巨峰镇	陈疃镇党委书记	2008 年 1 月— 2010 年 7 月	
胡明乐	男	开发区奎山街道	陈疃镇党委书记	2010 年 7 月— 2011 年 12 月	
赵文志	男	岚山区后村镇	陈疃镇党委书记	2011 年 12 月—	
张　玮	男	岚山区黄墩镇	陈疃镇镇长	2008 年 1 月— 2011 年 12 月	
厉宗华	男	东港区秦楼街道	陈疃镇镇长	2011 年 12 月—	

2008—2012 年三庄镇党委、政府主要负责人任职情况表

表附录-27

姓　名	性别	籍　贯	职　务	任职年月	备注
崔久军	男	开发区奎山街道	三庄镇党委书记	2008 年 1 月— 2008 年 10 月	
安　刚	男	东港区南湖镇	三庄镇党委书记	2008 年 10 月— 2011 年 12 月	
陈洪聪	男	岚山区虎山镇	三庄镇党委书记	2011 年 12 月—	
李　勇	男	江苏省东海县	三庄镇镇长	2008 年 1 月— 2008 年 10 月	
陈洪聪	男	岚山区虎山镇	三庄镇镇长	2008 年 10 月— 2011 年 12 月	
郑丽丽	女	岚山区后村镇	三庄镇镇长	2011 年 12 月—	

索　引

1、本索引共设要目索引、人物索引和表格索引三个部分。
2、要目索引、人物索引按标引词第一字的汉语拼音字母顺序排序。
3、表格索引按表格在志文中出现的先后顺序排序。
4、标引词后的阿拉伯数字表示内容所在页码。

一、要目索引

A

B

C

D

E

F

G

H

J

K

L

P

Q

R

S

T

W

X

Y

Z

二、人物索引

H

J

L

M

P

Q

R

S

T

W

X

三、表格索引

后 记

六度寒暑，八易其稿，《东港区志》终于付梓。

2003 年 10 月，东港区成立了区志编纂委员会，开始启动志书编纂工作。由于种种原因，2004 年至 2006 年 6 月工作中止。2006 年 7 月再次启动编修工作，但仍未打开工作局面。区委、区政府认真分析原因，采取新的措施，调整加强编纂队伍，于 2007 年 5 月聘请原区政协副主席韩纪亮任编纂委员会常务副主任，主持编修工作，在领导力量上进一步加强，并在人力、财力上给予充分保障，编纂工作第三次启动。

新的编修队伍组建后，对志书编修工作进行了调整。确定《东港区志》按通志格式定位，将上限 1840 年改为“上不设限”，下限由 2004 年下延至 2007 年。2007 年 12 月，完成初稿。2008 年春，编纂人员对初稿进行会审评议，分析各单位、各行业的历史和现状，确定了新的调整方案。一是突出地方特色、彰显时代特点，重新设置编、章、节、目。二是解决嫁接《日照市志》的问题，重新征集资料长编，解决“无米下锅”的困难。三是再次组织培训学习，解决供稿人员“不会写”和办公室编纂人员“不会编”的问题。四是面上再发动，解决“一纳入、五到位”的问题。2008 年 5 月，召开了全区地方志工作会议，对前期工作进行了阶段性总结表彰，对新的调整方案进行了部署，修志工作打开了新的局面。2010 年底完成第二稿，向各供稿单位、区级领导反馈。2011 年 6 月，完成征求意见稿，向区级领导、各单位、社会各界、部分市级领导发放 180 册，广泛征求意见。2012 年 8 月完成评审稿，送省、市史志办、区级领导和周边区县评议。是年 11 月 30 日，省史志办召开《东港区志》评审会议，省、市、区领导、专家和部分区县参加评审会议。会后对评审会提出的 226 条意见进行修改完善。2013 年 4 月，省史志办发文，批准《东港区志》为山东省重点志书。是年 6 月，完成《东港区志》专家评审稿。8 月 14 日，省专家评审会在东港区召开。会议要求《东港区志》要按照“精品志书”的标准，进一步雕琢加工。10 月，完成专家评审后的修改稿，聘请四位专家协助精编。11 月 10 日，完成精编修改稿，送北京方志出版社审核。12 月 5 日方志社完成了初审、复审、终审后，提出了修改意见。12 月底，完成了修改意见，进行排版校对和印刷出版工作。

东港区委、区政府高度重视《东港区志》编修工作，除人力、财力的充分保障外，区领导多次到编纂办公室指导调度工作，保证了工作的顺利开展。编纂办公室人员不负重托，自我加压，始终坚守着“不为名利为成果”的信念，树立“工作创一流、编志出精品”的目标，工作中始终坚持

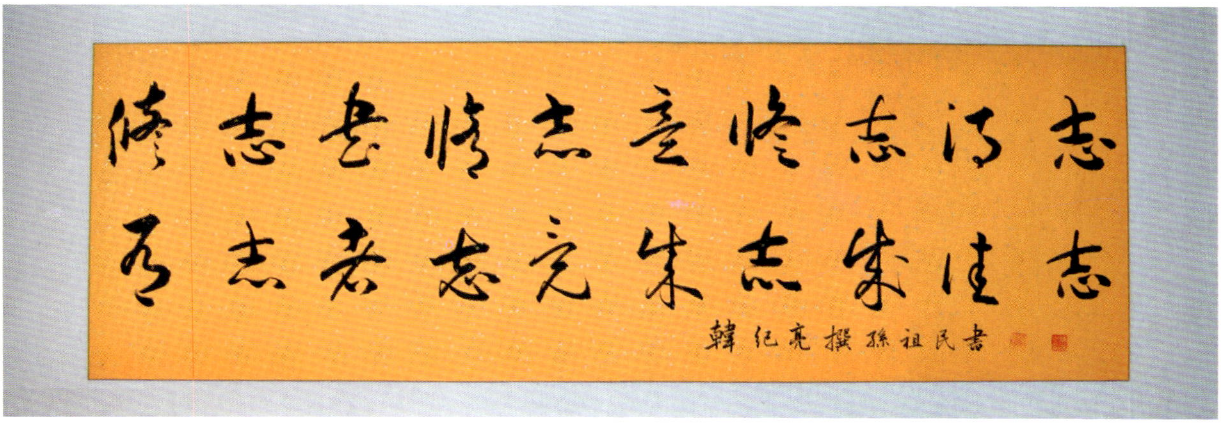

编纂人员励志联

“又好又快”的要求，盯住一个“好”字，在体例规范、内容创新、资料详实、特色突出、图文并茂、文词精准上下功夫。抓紧一个“快”字，打紧计划和日程，早出书、快出书，多项工作压茬进行。加班加点，牺牲节假日、星期天已为常事。编纂人员撰写的励志联句“修志书修志意修志得志，有志者志竟成志成佳志”就是思想和工作的真实写照。

《东港区志》的编纂工作，得到了省、市、区各级领导的亲切关怀，得到了社会各界的大力支持与帮助。省、市史志办刘秋增、钟华、刘爱军、翟世林、李刚、李天程、罗毅、魏振华、李世恩、赵建华、丁海燕等领导始终高度关注《东港区志》的编修工作，倾力支持、精心指导。省专家咨询组的朱佩峰、王笃银、段祥泰、郭能勇、吕福堂等专家对志稿的修改倾注了心血。国家、省、市属驻东港各单位、社会各界为我们提供了编修资料，东港区各部门、单位、镇街道撰稿人员作出了辛勤努力，保证了《东港区志》编纂工作的顺利进行。在此，谨向所有支持、关心《东港区志》编纂工作的单位和个人表示衷心感谢。

《东港区志》的编修是一项庞大的系统工程，涉及千行百业，所记内容时间跨度大，资料搜集困难，尽管我们殚精竭虑、躬职苦勤，但因编修人员全无编修志书和专职史志的经验，加之水平有限，疏漏和差错等在所难免，敬请读者批评指正。

编者

2013年12月

《东港区志》编纂办公室人员合影

《东港区志》专家评审合影（2013 年 8 月 14 日）

中华人民共和国地方志丛书

日照市

东港区志

（上卷）

日照市东港区地方史志编纂委员会 编

方志出版社

图书在版编目（CIP）数据

日照市东港区志 / 日照市东港区地方史志编纂委员会编．— 北京：方志出版社，2013.12

ISBN 978-7-5144-1141-6

Ⅰ．①日… Ⅱ．①日… Ⅲ．①区（城市）—地方志—日照市 Ⅳ．① K295.23

中国版本图书馆 CIP 数据核字（2013）第 311007 号

日照市东港区志

编　　者：日照市东港区地方史志编纂委员会
责任编辑：王笃银
出 版 者：方志出版社
（北京市东城区夕照寺 14 号院富瑞苑公寓 6 层）
邮　　编　100061
网　　址　http://www.fzph.org
发　　行：方志出版社发行中心
（010） 67110500
经　　销：各地新华书店
法律顾问：北京高文律师事务所
印　　刷：日照日报印务中心
开　　本：889×1194　　1/16
印　　张：99.25
字　　数：2954 千字
版　　次：2013 年 12 月第 1 版　　2013 年 12 月第 1 次印刷
印　　数：0001~5000 册

ISBN 978-7-5144-1141-6/K·928　　定价：1680.00 元（上下卷）

《日照市东港区志》编纂委员会

准备时期

2003 年 10 月 16 日

名誉主任：刘西良

主　　任：毛晖明

副 主 任：陶佃友　赵明甫　薛慧敏　孙开河　韩纪亮　张厚峰　王廷亮　田洪浩　夏　勇

委　　员：(略)

2006 年 8 月 8 日调整

名誉主任：张永霞

主　　任：郑加贵

第一副主任：刘加宝

副 主 任：王纪栋　厉宝安　王伟福　陈为平　董德玉

委　　员：(略)

编修时期

2007 年 5 月 11 日调整

名誉主任：张永霞

主　　任：郑加贵

第一副主任：王军卫

常务副主任：韩纪亮

编委会其他组成人员由相关部门、单位和镇（街道）负责人担任。

2008 年 1 月 17 日调整

名誉主任：张永霞

主　　任：郑加贵

第一副主任：安丰华

常务副主任：韩纪亮

编委会其他组成人员由相关部门、单位和镇（街道）负责人担任。

2012 年 7 月 8 日调整

名誉主任：郑加贵

主　　任：赵　刚

第一副主任：王海滨

常务副主任：韩纪亮

编委会其他组成人员由相关部门、单位和镇（街道）负责人担任。

2013 年 6 月 5 日调整

名誉主任：郑加贵

主　　任：赵　刚

分管副主任：毛维岗

第一副主任：李建富

常务副主任：韩纪亮

编委会其他组成人员由相关部门、单位和镇（街道）负责人担任。

《日照市东港区志》编审人员

顾　　问　刘爱军　钟　华　刘秋增　翟世林

主　　审　张永霞　李　刚　郑加贵　赵　刚

副 主 审　李天程

编　　审　朱佩峰　王笃银　段祥泰　郭能勇　吕福堂　罗　毅　魏振华

主　　编　韩纪亮

副 主 编　陈　平　王均善　孙祖民

编　　辑　秦泗平　许传诚　贺楼培　葛允沛　林凡泉　孙增盛　郭长泗

编　　务　徐婷婷　孙　绮　高新兴　申　磊　储成泷

参与前期工作的人员

夏　勇　孔祥青　许文杰　陈常国　焦自淑　周东建　贺　茜

《日照市东港区志》供稿人员名单

（按姓氏笔画为序）

丁肇斌　卜照森　万克武　卞守青　王　琦　王为营　王光芹　王均开　王绍强　王洪彦　王爱华　王高锋　卢立民　厉彦宁　史　超　田乐湘　申延祝　刘　旭　刘　丽　刘　晖　刘从生　刘洪涛　孙　新　孙伟奇　安坤宁　庄少林　朱先同　江玉龙　汤伟卫　牟宗刚　许加恕　吴忠勇　宋　艳　张　峰　张传相　张传德　张佃凯　张青祥　李　波　李宗资　李茂林　李家亮　杨　林　杨　达　杨为波　杨志彬　辛全国　迟玉东　陈为玉　陈为龙　陈淑庆　陈淑星　单宝慧　孟庆召　姚常德　胡　强　胡金富　费伦一　赵　千　赵　静　赵子超　赵从海　赵世强　赵东波　赵爱娟　夏昭东　徐　蕾　徐宝宁　秦玉桂　秦瑞敏　郭建福　高　琦　尉笑天　曹　蒙　曹树爱　曹跃文　梁　政　盛中华　傅　山　惠友忠　焦安林　董伟伟　路红军　阚君杰　阚堂凤　滕凤华

序

欣逢盛世，百业繁荣，《东港区志》应运而生。这是东港区历史典籍的重要文献，更是建设文化强区的重大成果，可喜可贺。

东港区历史悠久，文化底蕴淳厚。天蓝海碧，气候温和，物华天宝，人杰地灵。原始社会就有人类在此繁衍生息。境内有大汶口文化和龙山文化遗址，公元前3500年前，两城镇曾建有“中国最早的城市”。一代代先民用勤劳和智慧创造了辉煌历史和灿烂文明，孕育出中国武圣姜尚、中国历史上第一个农民起义女领袖吕母、第一部文学评论专著《文心雕龙》作者刘勰、金代状元张行简、明代状元焦竑等无数彪炳史册的风流人物；在抵御外来侵略，反抗封建压迫的斗争中，涌现出尹景伊、安哲等革命先驱；在抗日战争和解放战争中，数万名热血青年参军报国，用鲜血和生命谱写出可歌可泣的壮丽史篇；当代，以诺贝尔物理奖获得者丁肇中、中科院院士叶连俊为代表的大批著名科学家、专家、学者遍及海内外。在中国共产党领导下，具有光荣传统的东港人民艰苦创业，开拓进取，谱写了光辉灿烂的历史篇章。

新中国成立以来，政治、经济体制几经变革，生产力不断发展，社会事业日新月异。境内亿吨大港商通四海，复线铁路横贯中亚，高速公路纵横交错，科技教育、文化体育、医疗卫生、商业贸易迅猛发展。随着地级日照市的建立，东港行政区划数次调整，区位优势更加突出：依市傍港，山海兼得，海陆交通便捷，人流物流强劲，服务设施日臻完善，城市化水平不断提高。全区人民同心同德，与时俱进，为创建物质文明、政治文明、精神文明的新东港做出了积极贡献。喜看今日东港，农村经济稳步发展，工业经济快速增长，海洋经济、旅游经济、园区经济、大学经济、楼宇经济、总部经济等新兴经济发展迅速，人民生活水平明显改善。以东港区为主城区的日照市相继创建并获得国家环保模范城市、国家卫生城市、中国优秀旅游城市、国家园林城市、全国绿化模范城市、中国人居环境奖等荣誉，一个美丽的现代化海滨城市令世人瞩目称羡。

“志以载道，鉴古知今”。《东港区志》以科学发展理念、开拓创新精神和严谨完备的体例，纵贯古今，横陈百科，全面地记录东港的过去和现状。重点突出新中国成立后、特别是中共十一届三中全会以来，东港区改革开放的轨迹和发展风貌，可谓“揽万里于方寸，罗百世于一册”。此志集资料性、知识性于一体，是资政、育人的优秀教材。对当代及后人认识东港、热爱东港、建设东港将发挥重要的作用。

《东港区志》几经寒暑，数易其稿。在编纂过程中，各级史志部门精心指导，国家、省、市驻东港区单位大力支持，全区各级各部门共同努力，编纂人员艰苦辛劳，《东港区志》终于成书。在此谨向所有参与、关心、支持《东港区志》编辑出版工作的单位和同志表示衷心的感谢！

中共日照市东港区委书记

日照市东港区政府区长

凡　例

一、本志以中国特色社会主义理论体系为指导，坚持辨证唯物主义和历史唯物主义立场、观点和方法，实事求是，全面记述境内自然、社会的历史与现状，突出时代特点和地方特色，力求做到思想性、科学性与资料性的统一。

二、本志上溯事物发端，下限一般至2007年。个别事项为求始末完整适当下延。

三、本志采用述、记、志、传、图、表、录等体裁，以志为主，插入图、照、表，个别事件设附记。志末设人物、专记、附录、索引和后记。各专志设编，编下设章、节、目，以事分类，横排竖写，力求横不缺要项，纵不断主线。

四、全志计量单位和标点符号用法执行国家颁布的最新标准用法。为便于表述，个别地方沿用习惯用法。采用历史资料的仍保持原计量单位。

五、全志用现代语体文记述，文字使用现行的规范简化字。缺字或难以辨认的字以"□"表示。概述、专记及编、章述采用叙议结合；大事记用编年体，适当运用记事本末体。文风力求严谨、朴实、简洁、流畅。

六、本志纪年：中华民国建立前采用历史纪年，括注公元纪年；中华民国建立后，采用公元纪年。

七、人物志以本籍人物为主，兼记客籍人物。对有影响的过世人物设传略。在世人物设简介。入志范围为：厅、师级以上干部，著名科学家、艺术家，国家级劳动模范，建国前参加工作、曾任县委、县政府主要领导且时间较长的。立传人物按卒年先后排序，简介人物按生年先后排序。革命烈士设英名表，以村（居）为单位，按牺牲时间先后排序。副处级（团）以上干部列表，副高级以上职称人员、硕士以上学位人员列名录。

八、历代政权、官职均用当时名称。党政机关、团体、企事业、会议等称谓使用全称或规范简称。历史地名沿用原名，括注现名。

九、本志资料来源一般不注出处。援引原文，页末作注。"（）"表示行文间的注释，脚注依次用①②③…表示。

十、文中统计数字以统计部门公布的资料为主，兼用各相关部门提供的数据。建区前的统计数字，包括原日照县全境；建区后至2004年涉及岚山区的有关数字加注。

- 亿吨综合大港
- 联合国人居奖
- 中国人居环境奖
- 国家卫生城市
- 中国优秀旅游城市
- 国家环境保护模范城
- 中国水上运动之都
- 中国北方绿茶基地
- 中国黑陶之都
- 国家园林城市
- 中国魅力城市
- 中国现代民间绘画画乡
- 中国十佳绿色城市
- 全国双拥模范城
- 全国绿化模范城市

2008 年 6 月 30 日，中共山东省委书记姜异康（前右二）到东港区涛雒镇调研新农村建设情况

2007 年 9 月 15 日，中共山东省委副书记、代省长姜大明（左三）到东港区视察幼儿园

2011 年 12 月 13 日，中共日照市委书记、市人大常务会主任杨军（中）到东港区调研

2011 年 5 月 18 日，中共日照市委副书记、代市长李同道（右三）到高新区调研

2012年9月5日，中共日照市东港区委书记郑加贵（中）带队考察学习

2012年2月9日，中共日照市东港区委副书记、区长赵刚（右三）到日照街道调研

市政府广场

区政府广场

世帆赛基地

灯塔风景区

广电大厦

城区一角

建国君豪大酒店

君临天下大酒店

银河公园

海曲公园

城区一角

碧霞湖公园

清风湖公园

日照市植物园

太阳广场

市政府广场夜景

太阳广场夜景

“梦幻海滩”夜景

万平口风景区夜景

火车站

汽车总站

高速公路

铁路运输

日照港石油码头

矿石码头

渔业码头

煤炭码头

日照港码头扩建

集装箱装卸作业

集装箱码头

煤炭装卸作业

博物馆

游泳馆

水上运动中心

会展中心

日照市城市规划展览馆

自行车赛场馆

华能日照电厂

威亚汽车发动机生产线

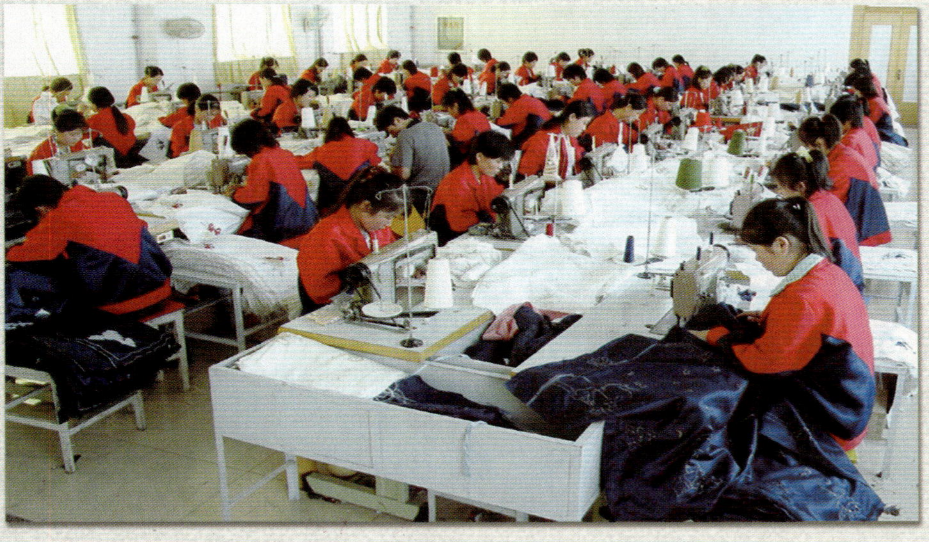

绣品加工车间

临港工业

国际服务外包
春态医疗器械

高新技术开发区

五征车辆制造厂线路车间

日照市尧王酒业集团新厂

同泰集团米机生产车间

华伟纺织车间

优质花生种植基地

无公害稻田害虫诱捕

风力提水灌溉设施

万亩小麦高产试验田

优质果品示范园

奶牛工厂化养殖

大沙洼林场水杉林

日照银行

中国建设银行东港支行

中国银行日照市分行

中国工商银行石臼支行

东港区农村信用社

中国农业银行东港区支行

百货大楼

银座商厦

利群集团日照购物广场

友谊商店

海纳商城

海曲人家

江豪建材市场

日照市人民医院

东港区人民医院

日照市中医医院

曲阜师范大学日照校区

山东体育学院

日照大学科技园

日照职业技术学院

济宁医学院（日照校区）

日照实验高中

日照第一中学东校区

日照师范学校

日照第四中学

刘家湾赶海园

“日照”巨书

太阳山生态旅游度假区

龙门崮风景区

竹洞天风景区

万平口海滨风景区

激流回旋比赛

龙舟比赛

奥林匹克水上运动公园

帆板比赛

划水比赛

日照海滨国家森林公园海水浴场

芙蓉社区文化活动

获中宣部“五个一工程奖”的话剧《石龙湾》剧照

1997 年 7 月，东港区参加日照市举办的迎香港回归庆“ 七一 ”万人歌咏大会

“ 庆七一 迎水运 唱响日照 ”合唱晚会

茶文化博览会韩国代表团演出

全民健身活动在万平口隆重启动

环城自行车比赛

社区运动会开幕式

群众集体体育活动

农民画·黑陶艺术

▲山村（丁万里、吕相林）

▲福到（丁淑华）

▲
中国黑陶大师寇维军先生（左一）与市黑陶艺术家交流技艺

1997年7月庆香港回归，日照黑陶作品《盛世龙瓶》在北京中国科技馆、北京艺术馆展出▶

对外书画交流

孙元富书法作品

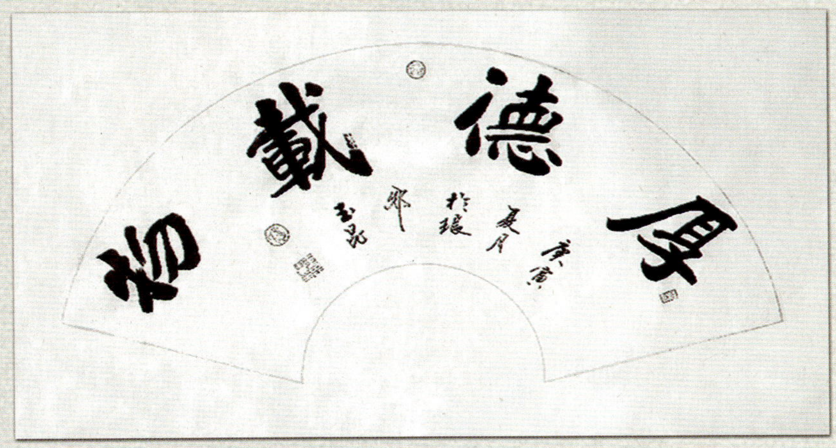

惠玉坤书法作品

书画艺术

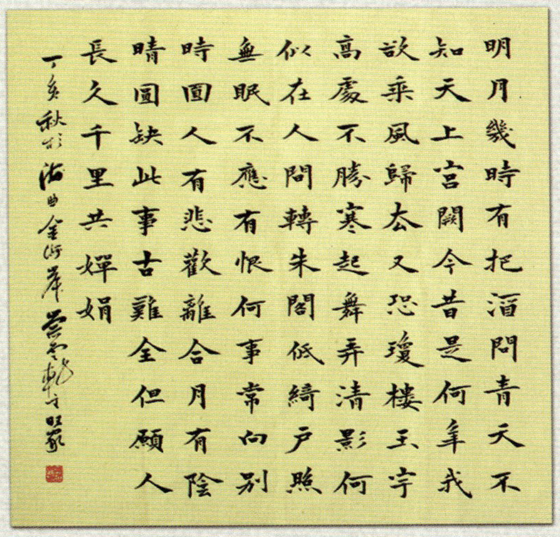

藏旺家书法作品

秦福甡国画作品

秦绪堂国画作品

2005年6月29日，第三届中国（日照）国际茶博览会开幕

万亩优质茶园

目　录

上　卷

第四编　城乡建设

第五编　环境保护

第六编　交　通

第七编　港　口

第八编　邮政　通信

第九编　体制改革

第十编　经济综述

第十一编　招商引资

第十二编　工　业

第十三编 农 业

第十四编 林 业

第十五编 茶 业

第十六编　水　利

第十七编　渔　业

第十八编　盐　业

第十九编 商 业

第二十编 粮 油

第二十一编　旅　游

第二十二编　财政　税务

第二十三编　金　融

第二十四编　经济管理

下　卷

第二十五编　中国共产党日照市东港区地方组织

第二十六编　地方权力机关

第二十七编　地方行政机关

第二十八编　政协地方组织

第二十九编　中国国民党　民主党派地方组织

第三十编　群众团体

第三十一编　公安　司法

第三十二编　军　事

第三十三编　社会主义精神文明建设

第三十四编　民　政

第三十五编　人事　劳动

第三十六编　科学技术

第三十七编　教　育

第三十八编　文化艺术

第三十九编　体　育

第四十编　医药　卫生

第四十一编　民俗　宗教

第四十二编　方　言

第四十三编　街道　镇

人　物

专　记

附　录

索　引

Contents

Volume Ⅰ

Part 4 Urban and rural construction

Part 5 Environment Protection

Part 6 Transportation

Part 7 Sea Port

Part 8 Postal service and communications

Part 9 Structural Reform

Part 10 Economic Review

Part 11 Investment promotion

Part 12 Industry

Part 13 Agriculture

Part 14 Forestry

Part 15 Tea Industry

Part 16 Water Conservancy

Part 17 Fishery

Part 18 Salt Industry

Part 19 Commerce

Part 20 Grain and Oil

Part 21 Tourism

Part 22 Finances and taxes

Part 23 Finance

Part 24 Economic Management

Volume Ⅱ

Part 25 Chinese Communist Party Rizhao city Donggang district localorganisation

Part 26 Local authorities

Part 27 Local administrative authorities

Part 28 Local organizations CPPCC

Part 29 Nationalist Party of China Democratic party Local organizations

Part 30 Mass organization

Part 31 Public security, Judiciary

Part 32 Military

Part 33 Construction of Socialist Spiritual Civilization

Part 34 Civil Administration

Part 35 Personnel and Labor

Part 36 Science and Technology

Part 37 Education

Part 38 Culture and Art

Part 39 Sports

Part 40 Medicine and Health

Part 41 Folklore and Religion

Part 42 Dialect

Part 43 Subdistricts and Towns

Characters

Biography

Appendix

Index

概　述

日照市东港区，因港连五洲而显要，因路通八方而发达，因碧海万顷而优越，因金沙百里而靓丽，因市区一体而繁荣，因温润四季而宜居……

当机遇、优势和睿智融洽地汇集到现代东港这方水土之上，就产生出无限生机和神奇活力。

翻开东港史册，既有昨日的厚重积淀，也有今天异彩纷呈的恢弘业绩，更有伴随着祖国伟大复兴而绘就的壮丽蓝图。

一

碧海金岸，气候温润，特色天成；濒海重地，港路发达，资源丰饶；大好河山，扬长出新，再披锦绣。

东港区位于山东省东南部，为日照市党政机关的驻地区。东濒黄海，西邻莒县，南接岚山，北靠五莲、青岛。

全境地理大势西高东低，西、中、东分别为低山丘陵、河畔平原和湿地滩涂。西、北部层峦逶迤，植被葱郁，林茂果丰。中、东部傅疃河、两城河、川子河等河流穿行东去，大小水库如镜如玉。平畴沃野，渠溪纵横，盛产小麦、玉米、花生、水稻和名优果蔬。东部海岸蜿蜒曲折，滩平浪缓，是鲁东南虾蟹、海参、鲍鱼、西施舌等海珍品的重要生产基地。

东港区属暖温带湿润季风气侯。年均气温 13.2℃，日照 2428.1 小时，降水量 878.5 毫米。以泰沂、鲁中山脉作屏障，冬无严寒，夏无酷暑，为“南茶北引”“南竹北移”的成功提供了适宜环境。

东港区自古代即为渔、盐生产与海防、交通重地。先辈们依海兴业，捕鱼晒盐惠享大海之利。西汉时，即设盐官，监管盐场生产、贸易。清康熙年间，已形成石臼、涛雒、栈子、龙王口等多个自然口岸。清代诗人方正玭诗赞当时石臼码头情景：“江淮红粟达神京，转运都由石臼行”，“悬灯洋货舟中市，插汉虹梁郭外城”。民国初年，仅此一地即有五桅风船 50 余条、三桅风船 200 余条，北通青岛、南达上海，各种商号 70 余家、铺店百余户。星转斗移，今非昔比。20 世纪末，在古老的石臼码头旧址上建起的现代化日照港，已有煤炭、矿石、集装箱、原油、散粮、木片、木浆等生产性泊位 36 个，成为年吞吐量超亿吨的全国十大综合港和世界最大能源输出港之一，可与全球 100 多个国际港口通航，并开通韩国、日本等国家及中国香港、台湾等地区定期客轮或集装箱直航航线。兖石复线铁路快速列车自石臼始发，可直达济南、郑州、西安、哈尔滨、上海、北京等地。这条向西穿过京沪、京广线与陇海、兰新线相汇的运输大动脉经新疆阿拉山口出境，可通达荷兰鹿特丹和比利时安特卫普等欧洲口岸。以城区为中心 100 千米半径内，有临沂、连云港、青岛等三处机场。其中，与青岛流亭国际机场建立并开通虚拟空港。日(照)兰(州)、沈(阳)海(口)两条高速公路纵横全境。国道、省道、城乡道及“村村通”高标准硬化路四通八达，形成海、陆便捷交通网络。

东港之山足以吊古，水足以抒情，景更引人入胜。进入 21 世纪，全区统筹规划，融资举力，打造出一批各具特色的旅游胜地。河山、龙门崮、驻龙山风景区险峰、怪石、旧祠、古树汇成自然与人文相映成辉的道道美景。大沙洼国家森林公园、万平口海滨广场、刘家湾赶海园、竹洞天风景区集“蓝天、碧海、金沙滩，绿林、翠竹、游乐园”为一体，誉称“东方夏威夷”。昔日海滩泻湖之地已建起高标准竞赛场馆与世帆赛基地，成为享誉全国的“水上运动之都”。

进入 21 世纪，东港区抓住机遇，主动接轨青岛融入半岛蓝色经济区，加大城市道路、设施、绿化、美化、亮化工程投入，一个现代化、开放型、花园式的滨海新区日新月异地呈现在世人面前。以东港区为主城区的日照市先后荣获中国优秀旅游城市、国家环保模范城市、国家卫生城市、国家园林城市、中国投资环境百佳城市、全国绿化模范城市称号和中国人居环境奖、联合国世界人居奖。

二

古称海曲，又谓西海、梁乡，后置日照。几经沿革，辖属多变，其要未减。东港之名依港而得、应时而生。

东港境域夏商时属东夷，也称人方。西周至战国前期属莒国。鲁哀公二十二年(公元前473年)至秦始皇统一中国，先后归越，属楚。公元前221年，秦实行郡县制，隶属莒县。

时至西汉，东港故地首置海曲县。县衙建在今日照街道大古城村东南隅。天凤四年(公元17年)，县衙被农民起义军所毁，此后“海曲”之名废弃。东汉建武年间(公元37年)至魏晋南北朝，先建西海县，后置梁乡县，先后分属城阳郡、东武郡、南青州义塘郡等。

北宋元祐二年(1087年)后的近一百年间，东港故地经历了两次具有划时代意义的建制沿革。先是设置“日照镇”，旧志载设此镇“以日出先照故名”。再是金大定二十四年(1184年)，设置日照县，这为此方热土的社会发展奠定下千秋宏基。此后八百年，虽县名、县址历代沿之，但其辖属却变化频仍。元代为中书省益都路所辖，明归山东布政司青州府莒州，清初续沿明制。1913年，属胶东道。1925年，属琅邪道。1928年，直属于山东省政府。1936年2月至1948年4月，隶属山东省第三行政督察专员公署。

1940年至新中国成立前，辖属沿革及域内政权发生过交叉，经历了一段特殊的历史时期。1940年3月，中国共产党领导下的日照县抗日民主政府成立。1941年1月，隶属莒、日、临、赣四县联合办事处。1941年8月，日照隶属滨海专区。1944年6月改属滨海区滨中行政区。1948年8月，又隶属鲁中南第六专区。1949年7月改称滨海专区。

新中国建立后，1950年5月，日照县划归沂水专区。1953年8月，又划归胶州专区。1956年5月，改属临沂专区。

“黄海滩头千年睡，日照东岸巨港出”。20世纪70年代末，为适应现代化经济建设需要，国家决定在海阔水深、不冻不淤、陆域平坦、腹地广袤的石臼所建设深水泊位大港，并将其列入“六五”计划重点工程。1986年，作为国家一类开放口岸的日照港顺利建成，与其配套的兖石铁路也正式开通运营。随之而来，城市建设提速，经济规模膨胀。1985年3月，日照县与临沂行署石臼港办事处合并成立县级日照市，1989年6月，升格为地级市。1992年12月，地级日照市设区带县，以原县级日照市行政区域设立东港区。区名择取时任国务院总理李鹏视察时的题词。几经区划调整，东港区现辖7个镇、3个街道，550个行政村、50个社区，人口69.15万。

三

文明久远，积淀厚重；民风淳朴，豁达诚信；贤能济济，人才辈出；一方水土孕育一方英杰。

东港区古代文明可溯及5000年以前。那时先民们即在这里生息、劳作并创造着自己的文化。1983年，考古工作者在丝山东麓秦家官庄、双庙等处发现属于旧石器时代中期的文化遗存，认定其形成时间与北京猿人同代。境内还有两城、东海峪等地10余处新石器时代属大汶口文化和龙山文化的重要遗址。出土的大量石、骨、蚌、陶器等珍贵文物，充分显示出祖先的聪明智慧。其中的蛋壳陶被世界考古专家誉为“四千年前地球文明最精致之制作”。几千年来，黑陶艺术不断融入时代特色，成为祖国民间艺术奇葩。东港农民画则以色彩斑斓、质朴纯真、写实传神的独到艺术风格享誉中外，与上海金山、陕西户县并称中国三大农民画乡。

东港区地灵人杰，英才济济，历代多有名宦、贤达。这里是周朝军事家姜尚(姜太公)出生地。这位中华武祖深谙兵法韬略，统兵灭掉殷纣王，辅佐武王建立周朝，被后人尊为“武圣”。 西汉天凤四年(公元17年)，农民起义女领袖吕母，于奎山西麓兴兵点将，冲进海曲县城，捉杀县宰。随后聚集上万人马，矛头直指王莽反动统治，成为东港史上一代女杰。东港区是南朝梁代著名文学评论家刘勰的故乡。《文心雕龙》以其体大思精、致密繁富、“宛转自如、意无不达”被国内外学者誉为“龙学”。金、元、明、清，东港故地士绅辈出。金代张莘卿、张行简、张行信，或名宦忠臣或文学昭著，特别是状元张行简，通经史、精历算，建书院，著典籍，名留青史。明代焦竑，万历十七年会试北京，得中状元，授翰林院修撰，精于文、史、哲，留有专著数十卷。清代，先后有数百位才子考中举人、进士。民国时期，国民党元老丁惟汾，曾是中国同盟会早期会员，他先后担任国民党“一大”“二大”中央执委和“三大”“五大”“六大”中央常委。

时至近代，东港区许多忧国忧民、追求真理、向往科学与民主的仁人志士用自己的生命和鲜血书写了可歌可泣的不朽篇章。“五卅惨案”中著名烈士尹景伊“宁为国家而死，不为惜身而生”，这位年仅20岁的学生领袖在掩护同胞时壮烈牺牲在上海老闸英国巡捕房前。革命先驱安哲、郑天九，早年参加中国共产党的秘密活动，1928年，被中共山东省委派回日照组建县委。1932年，组织发动日照暴动，之后都为革命献出宝贵而年轻的生命。1939—1944年，三庄镇范家楼村曾是中共日照县委、八路军办事处和滨海地区主力部队老六团指挥部驻地，被誉为“日照小延安”。抗日战争中，东港境内有744名优秀儿女为国捐躯。解放战争中，先后有11000多名子弟参军参战，1303名英雄儿女献身疆场。为民族解放和新中国诞生，东港人民一呼百应，踊跃支前。仅淮海战役即出动民工9万多人次，小车9000多辆次，担架2000多副，加工运送军粮400多万千克。1949年2月，选送精干民兵500人，随中国人民解放军第三野战军南下。同时，组织水手472名，自带帆船80只，参加渡江战役，并随军南下解放南京、上海、杭州、福州、厦门，为新中国成立做出巨大贡献。

社会主义建设与改革开放时期，工、农、兵、学、商等各行各业，先后涌现出于月杰、李宜纯、刘加锋等上千位英模人物和获得省、部级以上荣誉称号及立功受奖的先进个人，构成一个奋斗不息、无私奉献的英雄群体。建设多先锋，科技出精英。至2007年，东港籍在册区内外高级专业技术职称获得者有2000多人；硕士、博士学位获得者800多人。当代沉积地质矿床专家、中科院院士叶连俊与物理学家、诺贝尔奖获得者丁肇中更是站在世界科技大厦的高端，成为东港的骄傲。

四

梳理历史褶皱，汲取经验教训——同是这方故土，同样为人所用，旧社会时局动荡，经济落后，百姓艰难维生；新时代社会稳定，改革开放，科学发展，民众幸福宽裕。

海洋经济，源远流长。蓝色文明，由来已久。英国牛津大学出版的《世界史便览》记载，距今5500年前，境内的两城镇即为中国最早的城市。

但是，东港故地历史发展中历经挫折和磨难。清康熙十一年《日照县志》序云：“地皆斥卤，民多流离，用供朝夕者咸藉荑、稗、木、棉则每向他郡取给。”乾隆、道光、咸丰年间，境内饥荒不断，甚至出现“人相食”惨状。封建统治者的奢靡与昏庸、社会制度的束缚与压迫，致黎民百姓于苦难之中。清末，德、日等外国侵略者与国内反动势力不断践踏这片土地，外患、内忧致使战火连绵，人民饱受其苦。本来就极为低下的社会生产力愈加落后。从鸦片战争至新中国成立的一个多世纪里，境内经济一直处于凋敝状态。

新中国成立后，社会制度发生翻天覆地的变革，人民终于可以不受剥削、安居乐业、自食其力、奔向宽裕了。新生的人民政权集中力量维护社会安定，恢复发展生产，平抑稳定物价，改善人民生活。通过互助合作化运动和对私营工商业、手工业的社会主义改造，社会资源实现“集体化”“集约化”。组织开展抗美援朝、镇压反革命、“三反”“五反”等运动，境内社会秩序日趋稳定，自1953年执行第一个五年计划。国民经济快速发展，人民生活得到较大改善。1957年，工农业总产值比1949年增长43.6%；粮食总产量比1949年增长93%。同时建起小学567所，中学3所，工农业余学校637所，县乡人民医院22所。在1958年的“大跃进”运动中，基层不同程度地出现“浮夸风”“共产风”。其后遭遇三年自然灾害，农业生产跌入低谷，对全县政治、经济和社会造成严重危害，致使国民经济比例严重失衡，城乡群众生活严重困难。1961年起，按照中共中央对国民经济进行“调整、巩固、充实、提高”的方针，重点加强农业基础建设，经济逐渐恢复。城乡文化、教育、体育等基础建设得到优化，县、公社、大队医疗防保机构初步建立。1966年5月，“文化大革命”运动爆发，各级领导机关一度遭到冲击。工业企业大部分停产，农业受到较大影响，城乡建设进展缓慢，文化事业萧条。

中共十一届三中全会以来，以经济建设为中心，农村推行以家庭联产承包责任制和统分结合的双层经营体制，农民生产积极性极大提高，农村经济得以快速发展。农村改革的成功，推动了城市经济体制改革。围绕增强企业活力、提高经济效益这个中心环节，由点到面，体制改革从工业系统扩大到商业、建筑、交通等各个行业。人们的思想和社会生产力空前解放，国民经济与各项事业全面发展。1989年，社会总产值比1978年增长2.67倍，年平均增长12.4%。教育、卫生事业发展迅速。基本达到村村有小学，同时，建起初中123所，普通高中9所。农村卫生室达到1500多个，市及乡镇医院设备质量、医疗水平大幅提高。

建区后，中共东港区委、区政府带领全区人民和衷共济、艰苦创业，充分发挥区位优势，坚定不移地向“工业化、城镇化、市场化、国际化”的现代城市中心区迈进，在政治、经济、文化、社会各个领域创造出前所未有的业绩。2007年，全区实现生产总值193.33亿元，地方财政收入9.31亿元，分别比1993年增长13.16倍和32.16倍。一、二、三产业比由设区初的59.8∶26.7∶13.6调整为9.1∶40.9∶50，为全区经济又好又快发展奠定下坚实基础。

深化农村经济体制改革，建设社会主义新农村。市场农业、特色农业、富民农业迈出新步伐。产业结构由过去的“以粮为纲”向农、林、牧、副、渔全面发展，再向“公司加客户”“公司加农户”模式转变。在稳定提高粮、油生产的基础上，大力兴办茶叶、果品、桑蚕、烟草、蔬菜、生猪、奶牛、禽蛋规模化生产、加工、流通基地。

“靠海养海”、耕海牧渔，做活“海上东港”建设文章。先后建成中小型渔业码头24座，海水养殖苗种基地建设规模进入全国四强。全区海上捕捞、养殖、贮藏、加工、育苗及后勤保障配套成龙，渔业经济综合考核位居全省十强区县之列。

在“工业强区”指导思想引领下，全区招商引资力度逐年加大。以高科技工业园为载体，以五个镇级工业聚集区为补充，至2007年年末，全区工业企业已达6515家。其中，规模以上企业164家。全区以纺织抽纱、机械加工制造、食品、建材、木制品、医药化工为骨干的六大产业正发挥着主导、支撑和扩张效应。

服务于现代化海滨城市建设的第三产业快速起步，实现跨越发展。围绕临港区、新市区、老城区中部及西部的四大核心商业圈，交通运输、邮电通讯、饮食、仓储、金融、保险、房地产、咨询服务、社会福利等各行各业如雨后春笋般发展起来。

教育、科技、卫生、文化、体育、旅游等全方位的现代文明体系逐步形成。1993年，全区各级筹措资金9800万元，用于学校改、扩建和提高教育设备现代化水平。1995年，东港区在全市首批通过省政府“基本普及九年义务教育，基本扫除青壮年文盲”(两基)达标验收。各类卫生机构、“120”急救网络覆盖城乡村居。2004年，启动新型农村合作医疗“参合”工作，至2007年，全区有40万农民参加，“参合”率为87.5%，报销总额2733万元。同时，职工基本养老保险制度也惠及各个职工家庭。广播、电视人口覆盖率98.8%。书法、绘画、摄影、广场舞蹈、全民健身等群众性文体活动丰富多彩。旅游业作为东港区支柱产业之一，发挥沿海资源优势，景区、景点迅速增加，服务质量不断提高，已成为国内外游客喜爱的旅游目的地。2006—2007年度，全省县域经济社会发展综合考核中，东港区列省内122个县市(区)第35位。一个经济发展、社会进步、文明富裕的新东港正在崛起。

五

日照东港，乾坤朗朗；海可出银，地能生金；关键在解放思想，科学谋划；历史机遇千载难逢，加快发展运作有方。

鉴古知今，继往开来。综观东港区发展历程，既得先辈们履难克艰、前赴后继、开拓创业之利，又乘改革开放、科学发展、一心一意进行社会主义现代化建设之势。

然而，在取得巨大进步与成就的同时，也难以避免地存在、发生一些矛盾和问题。尤其是在体制机制变革、演化过程中出现的利益碰撞更为突出。社会、经济管理部门之间责、权、利不相统一的问题仍然影响、制约着区域经济和社会的协调发展；东港区由农业大县改市而来，提高城市意识、增强居民素质课题重大；由于建区时间短，第二、第三产业基础差，起步晚，离现代化城市经济差距尚远；如何做好城市中心区“依市兴区”“依港兴业”这篇文章还大有可为；解决借势不力、路子不宽、关系不顺的问题仍要下一番气力；如何更加坚定地朝着富强、民主、文明的现代化建设总目标，迎难而上，再创佳绩，任重道远。

发展东港，建设强区，关键在于改革、创新。面对新的历史机遇期，坚定不移地以经济建设为中心，坚持文化引领、海陆联动、全域发展、城乡一体基本原则，加快“转方式、调结构”与“技术创新、产业升级”步伐，深化完善“工业强区、商贸富区、旅游兴区、农业稳区”四项重点战略，着力打造“亿吨综合大港、阳光度假海岸、生态宜居家园、文化名人故里、水上运动之都、大学科技园区、临港产业基地、北方绿茶之乡”等特色名片，全面促进经济健康发展和社会长治久安，是加快实现富民强区新跨越的根本之策。

展望未来，前程辉煌。传承先辈留下的优秀文化和物质财富，借鉴国内外一切优秀文明成果，打造文化名区、建设幸福东港，机不可失，恰逢其时。

明天的东港区，定是齐鲁大地上一颗璀璨夺目的明珠。

东港区经济社会发展情况示意图

国内生产总值

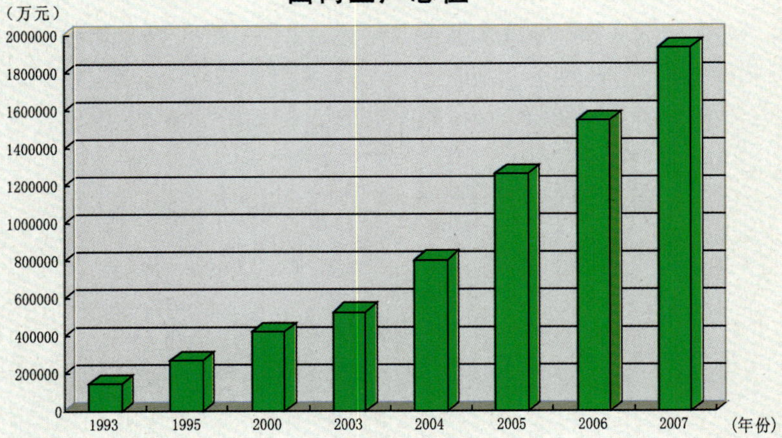

财政收支情况

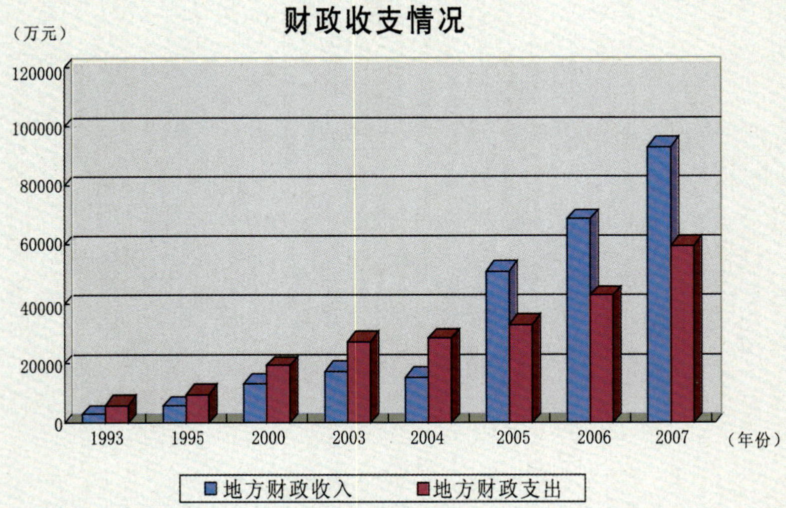

第一、二、三产业比例变化情况

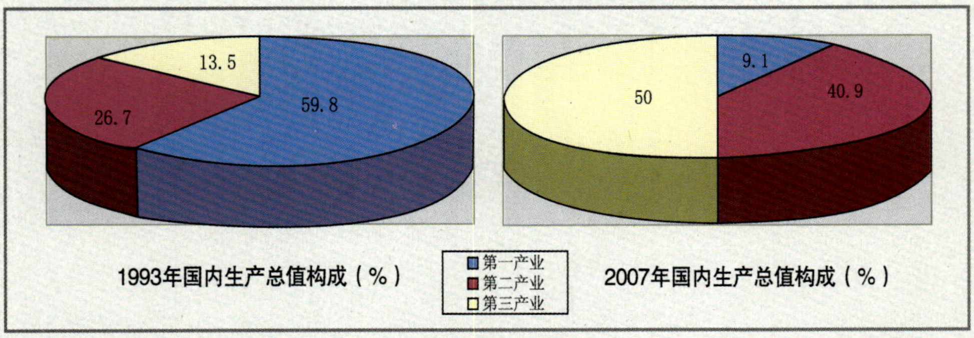

城乡居民人均居住面积

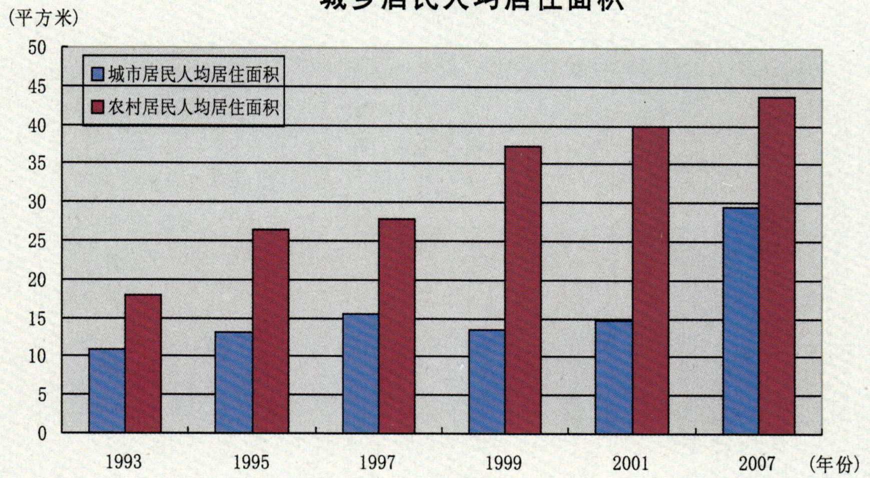

农民人均纯收入

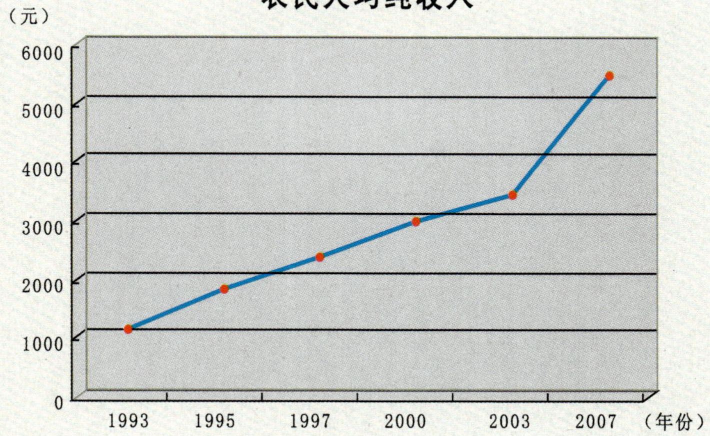

在岗职工人均工资

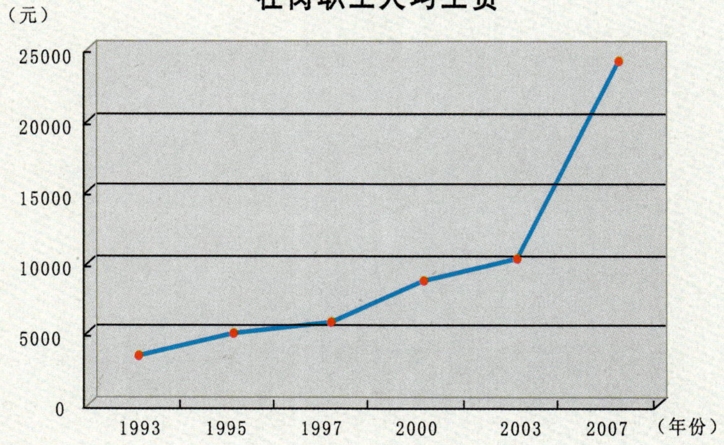

大事记

大事记(一)

(公元前 4300 年—公元 1911 年)

氏族公社

前 4300 —前 3500 年

农业、畜牧业已形成，开始种植稻谷。手工业以打制石器为主。氏族部落以太阳为图腾。

前 3500 —前 2000 年

石器、骨器打磨精致。使用轮制技术制作的蛋壳陶乌黑光亮、胎薄质坚。

开始用稻米、蜂蜜和野葡萄等酿酒。房屋排列规律，建筑形式多样，地基处使用奠基石。墓葬以长方形土坑或竖坑木椁、石椁墓为主。

今两城镇建有“中国最早的城市”，是龙山文化时期古国都城。

商　朝

武乙十二年(前 1135 年)

八月三日　姜尚诞生于东吕乡东吕里(今秦楼街道冯家沟)。

帝纣十二年(前 1064 年)

周文王聘姜尚为军师，尊为“太公望”。

周　朝

武王元年(前 1046 年)

姜尚被封齐侯，都营丘，是为齐太公。

西　汉

前 206 —公元 8 年

置海曲县，属徐州刺史部琅邪郡。

天凤四年(17 年)

吕母率众起义，破县城，杀县宰。后，海曲县置废。

东　汉

建武十三年(37 年)

置西海县，治所在今五莲县昆山西七里，属琅邪国十三县之一。

三国　魏

废西海县，全境属青州城阳郡莒县。

南　梁

天监元年(502 年)

刘勰著《文心雕龙》问世。

北　魏

永安二年(529 年)

置梁乡县，治所在今两城镇，属胶州东武郡。

北　齐

天保七年(556 年)

废梁乡县，并入莒县，属南青州义塘郡。

唐　朝

贞元元年(785 年)

夏　蝗虫群飞蔽日，10 日不息。其所至之处，庄稼草木无存。

北　宋

至道二年(996 年)

涛雒设置盐场。

元祐二年(1087 年)

置日照镇，因“日出初光先照”而得名。

南　宋

建炎三年(1129 年)

大饥荒，人相食。

金　朝

大定元年(1161 年)

南宋浙西路马步军副总管李宝泊舟石臼岛，大破金兵于陈家岛。

大定十九年(1179 年)

张行简考中状元。

大定二十四年(1184 年)

置日照县，属莒州。在县治修筑土城垣、官廨。

承安五年(1200 年)

张行简在刘家寨前、傅疃河北建成魁文书院。

元　朝

至正十一年(1351 年)

县学建立，址在县署西南方。明嘉靖三十六年(1557 年)迁于东门外，孔庙、学校合一。明嘉靖三十七年建成孔庙大成殿。

明　朝

洪武十七年(1384 年)

信国公汤和奉命置安东卫。下设左、右、中、前、后五所，后所名石臼所。

景泰四年(1453 年)

十二月　大雪，海冻。

正德六年(1511 年)

四月　河北霸县刘六、刘七、戚晏明等率农民起义军，攻破日照城，杀典史余清等。八月，刘六再攻日照城，日照守城指挥石盘逃跑，知县李茂被俘，后获释。

嘉靖十八年(1539 年)

八月　大风雨，海水溢岸五里。

嘉靖二十二年(1543 年)

四月　地震，有声如雷。

嘉靖三十四年(1555 年)

倭寇 60 余人乘船登夹仓口持刀抢劫。安东卫官兵与县民共击之，倭寇南逃，在赣榆海头镇被歼。

万历十七年(1589 年)

焦竑考中状元。

知县杜一岸奏请朝廷，获准清丁减徭赋。百姓负担稍减。

万历十八年(1590 年)

杜一岸主修《日照县志》成书。

万历二十年(1592 年)

正月初一　中午,万鹤南来,旋绕县城,遮天蔽日,至晚北去。

万历二十一年(1593 年)

为抗击倭寇,知县杜一岸奏请获准筑砌县城东部城墙,设炮台四座,增建瓮城。

万历四十三年(1615 年)

大旱、蝗灾,赤地千里,人相食。

崇祯五年(1632 年)

八月五日　海盗刘新宇至安家口,劫信阳盐场。

崇祯十三年(1640 年)

遇蝗,大旱灾,人相食。

崇祯十七年(1644 年)

王良翰奉闯王李自成令,任日照知县。到任后被地方官吏杀害。原知县孟佳士复出理事。

清　朝

顺治七年(1650 年)

一月　榆园人杜冲率农民起义军千骑围攻县城未克,后攻破安东卫城。九月,又攻入涛雒镇。

康熙二年(1663 年)

清廷实行海禁,沿海乡民不得海运、捕鱼。

康熙三年(1664 年)

冰雹,大者尺余。庄稼被砸入泥中,野鸟等被击死无数。

康熙七年(1668 年)

六月十七日　大地震。声如雷、山崩地裂,涌水喷沙。县治及安东卫城垣、官廨倾塌,民房震毁,死伤多人。

康熙十二年(1673 年)

知县杨士雄、进士丁时、贡生李璇等重修《日照县志》成书,共十二卷。

康熙二十二年(1683 年)

海禁大开。日照海运遂畅,商贾渐集。

康熙五十一年(1712 年)

知县成永健于县治东北置"六一书院",并亲自授课。甲辰科乡试,8 人中举,副榜 1 人,号称"八个半举人"。

康熙五十四年(1715 年)

成永健增修《日照县志·艺文志》

乾隆七年(1742 年)

安东卫并入日照县,置安东卫巡检司。

乾隆九年(1744 年)

大海潮,海水溢至县城东郊外。

乾隆二十年(1755 年)

丁宜曾编著的《农圃便览》刊印行世。

乾隆五十一年(1786 年)

春　大饥荒,人相食。夏,瘟疫流行。

道光十二年(1832 年)

裁信阳盐场，并入涛雒盐场。设盐场大使署于涛雒镇。

道光十四年(1834 年)

山西人张之梓在涛雒开设“德源”当铺，有房屋 39 间。

道光十八年(1838 年)

知县周瑞图倡县绅出资创建奎峰书院。

咸丰元年(1851 年)

清廷豁免日照县在道光二十九年(1849 年)前民欠银米。

咸丰七年(1857 年)

大饥荒，人相食。

咸丰十年(1860 年)

为防捻军，知县张书升、县绅丁守存奉命办团练，并先后建起涛雒等五六十处圩墙山寨。

咸丰十一年(1861 年)

九月 捻军李成部、滕化光部，先后进入日照县内，与团练进行交战。

十二月八日 石臼所、夹仓、涛雒口分设关卡，归东海关(治所在烟台)管辖。

同治六年(1867 年)

十二月二十九日 提督刘铭传部马队千骑、布政使潘鼎新部与捻军在梁乡城南及丝山、河山等地激战月余。捻军受损颇重，遂离去。

光绪元年(1875 年)

七月 大风雨，平地水深数尺，农作物大减产。冬，牛疫甚重。

光绪二年(1876 年)

大饥荒，谷价暴涨。青墩村民许士泰等人被日本黑田青隆招募至北海道垦殖农业。

光绪五年(1879 年)

天主教德国主教安治泰、神父薛田资到日照设立教堂传教。并首次带来石炭酸、来苏水、黄碘等西药。

光绪十一年(1885 年)

知县陈懋主持续修《日照县志》成书。

光绪二十一年(1895 年)

三月十日 日本军舰两艘侵入日照海域。

四月 涛雒举人丁惟鲁在京参加康有为组织的“公车上书”。

光绪二十四年(1898 年)

十月 德国军舰侵占石臼所，威胁地方官员，弹压反洋教群众。十一月九日“日照教案”发生。

光绪二十七年(1901 年)

七月十日 三庄滚石崖庙会期间，厉应九率反教乡民千余人，手持大刀长矛，向前来压会的官兵示威。

同年 日照大清邮政局成立。

光绪三十一年(1905 年)

八月 在日本留学的丁惟汾、许衍灼等人先后加入同盟会。

同月 日照县师范传习所建立。

秋 日照高等小学堂开学。

光绪三十三年(1907 年)

日照始设巡警分局,知县兼管巡警局事务。

小古城人费墨林创建日照农业初等学堂,设蚕丝专业。

日照始设电报局,有电报机一架。

宣统二年(1910 年)

栈子人叶友彭和夏陆沟马官和,合伙开设织布厂,生产柳条布和白布。

宣统三年(1911 年)

除夕夜 电闪雷鸣,全县普降暴雨,平地水深尺余。

同年 三庄一带百姓在开明绅士带领下,利用庙堂、庙产创办滚石崖小学堂。

同年 张蓴三在日照开办照相业。

大事记(二)

(1912 — 1949 年)

中华民国

1912 年

3 月 丁惟汾、安鹏东被选为省议员,参加北京国会。

日照县"教育会""农会"成立。县知事公署机构更新,分科办公。县武营裁废,安东卫营撤销。全县实行新区划,分 15 个区。每区设议事会。

1913 年

日照县公署在城隍庙创办"贫民工厂",职工 30 名。

同年 蝗灾,农作物大幅减产。

同年 日照县属胶东道。

1914 年

10 月 20 日晨 日本海军"千日"驱逐舰以追赶德军为名,侵犯石臼所。

日照乙种农林学校成立,设蚕、商二科。

黑热病在全县流行。

1915 年

6 月 特大干旱。涛雒一带近半年无雨。

1916 年

5 月 19 日 革命党人丁天鹤率革命军 500 余人到日照,经与县绅交涉,宣布日照独立。

1918 年

两名日本人携带地图、测量仪到日照秘密收集地质、地形情报。

1919 年

受"五四运动"影响,县教育界成立救亡团。

组织抗日示威游行，收缴、查封、焚毁日货。

7月 大雨。县城洪水泛滥，营子河决口漫溢，民舍倒塌无数。

1921年

7—8月 大海潮。

同年 德国天主教父霍德禄在县城建二层教堂楼10间。

同年 石臼所商会会长李育宸创办“启明电灯有限公司”，安装柴油机发电。

1922年

2月 日照至淮阴有线电报线路架通，全长268千米。

7月 古家沟古兰芬创大刀会保家防匪，周围各村仿效，迅速扩展到全县。

1923年

春 经丁惟汾、王乐平、于恩波介绍，在青岛求学的王冠三、王景贤等人加入中国国民党。

5月 栈子村资本家叶春墀在青岛开办“裕泰”轮船行，开通青岛—石臼—连云港航线。

1924年

8月 日照县初级中学成立。招收一个班，学生40名。

1925年

春 由丁惟汾和王仲裕介绍，日照人尹克瑶、贺元、黄勉斋、郑培南、王纶甫和王仁甫等人，先后入广州黄埔军校学习。

丁君羊由尹宽、王翔千介绍在济南加入中国共产党。

6月 县中师生与各界人士数千人，在县城与张家廒头举行吊唁大会，悼念在“五卅”惨案中牺牲的尹景伊烈士，并成立“沪案”后援会。

8月 安哲、郑天九、牟春霆、李平章等10余名日照籍青少年在济南成立“少年日照学会”。

10月 日照县改属琅邪道。

同年 国民党日照县党部成立。尹士健任常务委员，后郑景孺接任。

1926年

春 安哲、郑天九由丁君羊介绍在济南加入中国共产党。

10月 安哲、郑天九、李平章、牟春霆等人受党组织派遣，赴武汉参加北伐。

秋 县中建成二层教学楼一幢，俗称“红楼”。

1927年

3月 牟春霆在武汉由邓恩铭介绍加入中国共产党。

4月4日 大刀会6000余人攻打涛雒，打击盐巡和奸商，未克。

4月28日 全县各界群众召开追悼大会，悼念在北京与共产党人李大钊等一起被军阀张作霖绞杀的郑培明烈士。

1928年

除夕夜 狂风夹雷暴雨，时间达3个小时。雨后出现磷火，旷野一片莹光。

春 中共日照县委建立，安哲任书记。

5月 中共日照县委发动县立中学爱国师生组建宣传队，查抄、抵制日货。

6月 丁君羊赴莫斯科，参加中国共产党第六次全国代表大会。

同月 牟希禹以国民党省党部特派员身份，到日照成立“反日会”，发动抵制日货。

7月 卸任民国县长袁耀堂在任内大肆贪污，各界群众自发组织清算委员会，与其算账，并将其拘押，游街示众。

9月 郑天九在山字河村吸收农民加入中国共产党，并建立党支部。同时在三官庙办“平民夜校”。

10月 国民党日照县党部成立，由郑景儒、丁史言、王冠三、王景贤、牟伯毅组成。

同年 耶稣教会在县城开设“中和大药房”，批发西药。

同年 马祝明等人首次在县城放映无声电影《哪吒闹海》等。

同年 撤琅邪道，日照县直属山东省政府。

1929 年

贺仁庵购置“长春”号轮船投入运营。

冬 县政府成立合作指导所。

1930 年

1 月 农民协会整理委员会在东关镇武庙成立，郑培竹任会长。

同年 民众教育馆建立，叶光庭任馆长。

1931 年

9 月 22 日 惯匪刘桂堂攻陷日照县城，恣行杀掠，县长胡相蘅被掳。

同月 全县 15 个区合并为 7 个区，辖 162 个乡，19 个镇。

1932 年

2 月 中共日照县委改为中心县委。辖日照、诸城、莒县、沂水 4 县党组织。

8—10 月 中共日照中心县委先后 3 次召开党代会，决定秋后举行暴动。

10 月 13 日 日照暴动分南北两路发起，由于国民党反动势力残酷镇压，暴动失败。安哲转移胶县，牟春霆、郑天九转移到青岛，后去上海。

12 月中旬 祝刚到日照恢复中共日照县委，并任书记。不久，县委改为中心县委，李云鹤任书记。

1933 年

4 月 涛雒盐场与淮北临兴盐场合并为涛雒盐场。

8 月 日照商团捐资兴建石臼灯塔落成。

1934 年

1 月 全县建生产、消费、贩卖、信用等 5 处合作社。

同年 著名学者王献唐发现两城古文化遗址。

1935 年

1 月 县联庄总会成立，各区、乡联庄会组织武装，设村团。

5 月 降冰雹，小似杏子，大如拳头，城关等地小麦全被砸烂。

7 月 日照国际火柴股份有限公司在县城成立，生产红头火柴。

1936 年

秋 考古学家梁思永、尹达等人对两城古文化遗址进行考古挖掘。

1937 年

10 月 牟希禹回县拉队伍，筹建抗日武装。国民党第四十军庞炳勋部经日照向南退却，分别将两城、傅疃河上两座木桥烧毁。

1938 年

1 月 30 日 县国民政府处决汉奸叶碧桐，“叶碧桐事件”发生。

3 月 3 日 日伪军张宗元部及刘桂堂部，制造血洗簸箕掌、申家庄等惨案。

5 月 12 日 日军飞机 5 架轮番轰炸南湖大集，制造了“南湖惨案”，死伤平民 910 人。

6 月 国民党五十七军一一二师中共地下工委派赵志刚、李欣、王国栋等到下元村一带开展工作，成立中共下元特别支部，组织抗日民众自卫联合会，武装 700 余人。秦亢青等 10 余位青年，成立“血花剧社”。

8 月中旬 中共鲁东南特委派牛瑞甫到黄

墩，对土匪朱心斋部进行收编。朱部被收编为八路军山东人民抗日游击队第二支队四大队，后改为独立营，朱任营长。

11月 在中共下元特支基础上，中共日照临时县委在涛雒官庄组建，赵志刚任书记。

12月中旬 中共日照县委在小曲河重建，范景蘧任书记。

1939年

1月 陈瑞任日照国民政府县长兼保安大队长。

2月 白炎波代理中共日照县委书记。

3月 八路军日照办事处正式对外办公。

5月 郑子久任中共日照县委书记。各区委相继建立，全县党员发展到500余人。

6月15日 日本海军陆战队侵占石臼所。24日，日军井上大队300余人侵占日照城。

7月 中共日照县委正式组建人民抗日武装——日照县大队，郑子久任大队长兼政委。

同月 日军分遣队分别占领两城、傅疃、沈疃等地，并拼凑日照县地方维持会。8月29日，该维持会改为伪日照县公署。耿凤伍任伪日照县长。

10月 张希周接任日照国民政府县长兼县府警卫连连长。

1940年

2月 人民武装县大队一中队奔袭战家村，活捉土匪郑萼廷等6人，将其正法。

3月8日 张希周率警卫连向人民抗日武装进攻，被八路军五地委特务营和县大队缴械，抓获。

3月16日 中共日照县委在长兰村召开各界人士代表大会，罢免张希周日照国民政府县长职务。成立日照县抗日民主政府，公选刘鸿若为县长。

4月22日 日照国民政府县长尹鼎武，率李延修部十六团袭击人民武装县大队，被县大队一中队击溃。29日，李衍修率残部突袭县大队驻地，县大队供给处主任王新民被俘，惨遭杀害。

6月下旬 日伪支持万仙会，包围闫马庄，杀害共产党员和革命群众30余人。

11月 日照县参议会成立，中共日照县委书记郑子久兼任参议长，高燮宸任副参议长。

12月31日 由于叛徒出卖，中共日照六区区委书记梁立骧、区长陈竹如被捕。

1941年

2月26日 日伪军数百人偷袭国民党苏鲁战区游击第一纵队一支队驻河山店一部。支队长何志斌率主力将敌反包围。激战数小时，毙日军少佐部队长其胜次等30余人。

3月2日 时任八路军独立营营长的朱信斋公开叛变。先后杀害独立营干部和爱国人士上百人。中共领导的两个区的区、乡政权和区中队遭到严重破坏。

同月 中共日照县委成立中共日北工作委员会，郑子九兼任书记，李玉山(李桂五)任副书记。

4月25日 国民党五十七军一一一师反共顽固分子孙焕彩，纠集李衍修、安济五等部共千余人，突袭中共日照县委驻地沟洼村。中共日照县委在突围中，干部战士50余名被俘，6人壮烈牺牲。

5月 范梅圃任中共日照县委书记，牟友民代理日照县抗日民主政府县长。

6月 李振德接任伪日照县长兼警备大队长。

6月7日 陈成功在日本海军司令部操纵下，网罗地痞流氓、汉奸，在石臼成立伪“中国和平建国军”，自任少将司令。

8月 日照农民抗日救国联合会成立，郭铁耕任会长。

12月 八路军海赣独立团一部攻打栈子日伪据点，救出百余名被抓老百姓，打退涛雒日伪军增援。该团一个连被日伪军包围于郑家结庄西南大山沟。激战中，46人壮烈牺牲。

1942年

1月 八路军一一五师六八六团进驻日照，活动于涛雒以南地区。

同月 李光家任伪日照县长兼日照警备大队长。

春 日照县第一个使用商标的“进步”烟厂，在巨峰区厉家庄建成投产。后迁至青墩、日照城等地,更名为“建华进步烟草有限公司”。

4月20日 隶属抗日民主政权的日照战时邮局成立。

5月中旬 中共日照县委部署减租减息工作,并在二朱曹村进行试点。

8月14日—19日 八路军滨海部队发起甲子山反顽战役。在罗荣桓指挥下,先后经过3次战役,共毙伤敌顽军2600余人。

8月3日 国民党五十七军一一一师师长常恩多在日照甲子山区率部起义,时称“八三义举”。第一一一师改称东北抗日挺进军,后称新第一一一师。1944年10月,改编为八路军山东军区滨海支队。

9月 中共日照县委改为中心县委,李仲林任书记,崔介任县长。

1943年

4月 日照县组建海防警备团,团长朱其蕃,副团长贾正远。

同月 李均任中共日照县中心县委书记兼警备团政委,刘鸿若任抗日民主政府县长。

春 日照县抗日民主政府在碑廓创办“日照县日丰合作社”。

8月 顽军李衍修保安16团投降日军,编入伪日照县警备大队李永平部。国民党日照保安大队副大队长丁介甫降日,任伪军特务大队长。

8月12日 新一一一师六六二团围攻烟墩岭伪军据点,六六六团在沈疃设伏,诱歼沈疃日伪军百余名。

同月 日照县各界抗日救国联合会成立。

1944年

1月21日—24日 八路军滨海军区六团发动石沟崖战役,生擒汉奸朱信斋以下408人,毙伤120余人(日军2人)。29日,汉奸朱信斋被处决。

2月 滨海军区司令员陈士榘、政委刘兴元率直属六团、警备队各一部,在荻水口荒滩开辟盐田百余亩。

3月 日照县召开人民武装代表大会。选举林岗为日照县人民武装抗日自卫委员会主任,赵启明为副主任。会后各区相继建立人民武装组织。

7月23日 县人民武装配合八路军滨海军区六团、十三团、警备团和新一一一师等,投入讨李(永平)战役。

8月 汉奸陈成功跟随日军在栈子安设据点。20日,日伪军2000余人对全县进行大“扫荡”。广大抗日军民开展反“扫荡”斗争。

9月 中共日照中心县委改为日照县委。牟景途任县委书记兼警备团政委。

同年 特大干旱,秋粮无收,民大饥,吃树叶、野菜度日。

1945年

7月18日 八路军滨海军区第三军分区在坊前召开群英大会,日照县牟敦荣、魏振东、孟凡珍、郑全成、徐河军等出席。

8月 日照县人民武装委员会改为人民武装部,林岗任武装部部长。

同月 日照县第一处渔业合作社在涛雒孙家村建立。

9月8日 日伪军弃城而逃。八路军山东警备五团、十九团乘胜追击,毙伤敌30余名,俘敌120余名。日照全县光复。县警备团副政委邱正良率部追击敌人,在店子附近受伤后牺牲。

10月 日照抗日烈士纪念塔开始筹建。翌年6月竣工。

11月 滨海军区发起泊里战役,一举歼灭拒不投降的日伪顽军。日照出动大批民兵配合作战。

12月 滨海中学在日照城县中旧址招生,吴一廛任校长。

1946年

1月27日 中共日照县委布置减租减息工作。

2月8日 联合国救济总署首批救济物资运抵石臼所。

2月16日—21日 全县1420名青年参加人民军队。

5月 自1945年10月开始的反奸诉苦运动基本结束。

6月8日 中共日照县委在涛雒召开6000余名佃农参加的减租减息联合斗争大会，严惩恶霸地主。决定实行二、五减租。

8月 刘鸿若任日照县民主政府县长。

9月 土地改革运动在全县展开。

10月 日照县人民武装独立营与东海县大队合编为滨海二团。肖德任副团长，牟景途任政委。

11月 全县1800余名青年光荣加入人民军队。

12月 刘鸿若、邱大江、张学义率领5000名民工支援鲁南战役，209人立功。

1947年

1月18日 全县抽调3000名民工，编为2个团，随解放军华野六纵参加莱芜战役。

2月5日 全县抽调民工2000人，小车1000辆，支援临沭前线，历时3个月。

3月 1600余名青年光荣加入人民军队。

4月9日—10日 国民党军队飞机3次轰炸日照城，炸毁房屋40余间，炸死、炸伤群众各1人。

5月初 全县组织支前民工团5000余人，组成担架队和运输队，在团长黄维振、政委郭建培带领下，参加孟良崮战役。

7月23日 中共日照县委布置土改复查工作。

7月 全县调整为8区1镇72乡。

8月28日 由于国民党军队的重点进攻，中共日照县委、县民主政府机关转移到五莲山区坚持斗争，安排一支精干武装，在莒日公路附近监视打击敌人，由高秉田组织城关、石臼所、十里铺一线群众转移到河山山后，由赵明德、尹仲岩、张济民各率一支武装分别在磴山、丝山等地坚持斗争。

8月29日 国民党军队八十三师占领石臼所、日照城、十里铺一线。国民政府县长王殿瑄、国民党县党部尹铭三等网罗还乡团武装从青岛还乡，占领石臼所。

9月2日 县独立团、县大队与县人民武装部合并成立日照县总团。在叶金刚、张济民带领下，进入丝山地区，坚持边沿斗争。

9月4日 滨海军分区政委谷牧率滨海二团等部队抵日照县，驻黄埠子一带。

9月5日 中共日照县委宣传部部长尹仲岩在丝山壮烈牺牲。

9月12日凌晨 滨海二团一营二连在季家村，遭国民党军队十九旅及国民政府县大队各一部突袭。

10月12日—13日 还乡团先后夜袭郭家湖子、十里铺，抓走干部群众32人，杀害乡、村民主政权干部6人。

11月 赵明德任中共日照县委书记。

12月11日晨 滨北军分区一团特务营、五莲县大队和日照地方人民武装联合在萝花前村一带，与国民党军队发生战斗。

1948年

1月 中共日照县委集中各区干部开展“三查三整”运动。

2月 日照部分干部由邱大江带领到中共滨海地委学习，分别派往大别山区工作。

4月4日 滨海二团及地方人民武装收复石臼所，敌人从海上仓皇溃逃。至此，日照县全境解放。

8月 在上年7月公开中共日照县党组织的基础上，中共各基层支部、党员全部公开。

9月13日 日照组织民工2600余人、小车1200辆，分5个大队支援济南战役。

10月 各区中队撤销，其干部和队员及新参军的830余人编入解放军华东野战军。

11月 曹方强任日照县民主政府县长。

同月 全县组织三批支前民工共1.68万人，小车8450辆，担架1010副，支援淮海战役。

1949年

1月 全县1137名青年参加解放军。

2月 抽调500余名精干民兵编为华东子弟兵团16团2营。组织154名民兵，232名水手，56只帆船，跟随解放军十兵团渡江参加淞沪杭等战役。

2月17日 抽调86名干部和工勤人员随解

放军南下，接管浙江省台州地区、温岭县及所属区政权。

3月6日 中共日照县委召开生产救灾会议。

4月 日照组织8000名民工参加导沭(河)工程。

5月 全县将田赋粮、公粮、柴代粮及乡村经费附加粮合并归一征收。

8月5日 县独立营改称县大队。

8月8日—12日 大雨连绵，全县607个村受灾。

9月 华东联运公司新民一号、二号客货轮船，开始往返于青岛—石臼所—连云港航线。

大事记(三)

(1949—2007年)

中华人民共和国

1949年

10月1日 驻日照城党、政、军、机关及各界群众举行大会，隆重庆祝中华人民共和国成立。

同月 日照县从青岛招聘百余名教师到日照任教。

11月24日—26日 日照县第一届各界人民代表会议召开。

12月22日 县人民政府在岚山举行数千人大会，欢送24只大帆船，240名水手出征支援解放定海。

1950年

1—2月初 全县销售人民胜利折实公债4万多份。

2月15日至3月6日 全县2071人参加解放军。

3月8日—13日 中共日照县第一次党员代表会议召开。

3月26日—28日 县第二届各界人民代表大会召开。

3月28日 县政府在涛雒召开公审大会，将汉奸陈成功依法处决。

同月 日照县人民法院建立。

5月 日照县划归沂水专区。

6月1日—16日 中共日照县第二次党员代表会议召开。

6月29日 高星任中共日照县委书记。

同月 县土改委员会成立。1951年12月，全县结束土改工作。

7月4日—6日 中国新民主主义青年团日照县第一次代表大会召开。

7月22日—25日 日照县第三届各界人民代表大会召开。

8月 日照县人民检察署建立，1954年9月改称日照县人民检察院。

10月 尹新坡任日照县县长。

12月15日—17日 日照县第四届各界人民代表会议召开。

1951年

1月26日 “福利轮”由青岛开往石臼，在胶南大珠山附近触礁，船员、乘客共有一百余人遇难。

同日 电信局与邮政局合并，成立日照县邮电局。

3月27日—31日 中共日照县第三次党员代表会议召开。

同月 亨利榨油厂开始用机械加工面粉。

同月 全县人民踊跃捐献，支援“抗美援朝”战争。

4月20日 全县各界举行“抗美援朝”大会，31万余人参加签名活动。

同月 对国民党党、政、军、团、特骨干人员进行登记。

5月1日 日照城、石臼所、涛雒、安东卫、岚山头、王家滩等重要集镇，举行声势浩大的“抗美援朝、保家卫国”示威大游行。

5月6日 在全县范围内开始贯彻《中华人民共和国婚姻法》。

同月 开展镇压反革命运动，取缔反动道会门。

夏 山东省日照中学在涛雒建立。1954年迁日照城北，后称山东省日照第一中学。

8月13日—15日 日照县第六届各界人民代表大会召开。

10月1日 淮海战役特等功臣、西沈马庄民工杨建龙，应中央人民政府邀请参加首都国庆观礼。

11月 张学伟任中共日照县委书记。

12月9日—12日 日照县第七届各界人民代表会议召开。

1952年

1月20日—29日 宋光提、田玉梅、李汉模、杨任田、郑世早等8名劳模出席山东省劳动模范代表会议。

同月 县委召开干部大会，动员开展“三反”“五反”运动(时称打老虎)。

同月 日照汽车站建成投入运营，开通石臼所至临沂、沂水两条客运线路。

2月26日 徐鸿翔任日照县县长。

3月21日 晨，美国飞机1架入侵日照沿海一带，撒下大量带菌的蚊、蝇。全县党政军民紧急行动，开展消灭“细菌战”行动，迅速将其捕灭。

6月1日—3日 日照县第八届各界人民代表会议召开。

7月30日至8月10日 县、区相继召开互助合作会议。

8月15日—17日 日照县第九届各界人民代表会议召开。

同月 县直机关开展整党。

10月24日—26日 日照县第十届各界人民代表会议召开。

同月 全县推行祁建华速成识字法，掀起扫盲、速成识字高潮。

11月23日 孙志瑗任中共日照县委书记。

12月31日至1953年1月4日 日照县第十一届各界人民代表会议召开。本次会议代行县人民代表大会职权。

同年 全县安置从朝鲜回归侨胞419户，1517人。

1953年

春 张家台渔民捕获一只重600千克大海龟。

5月4日 全县第一届体育运动会召开，297名运动员参赛。

7月1日 在全县进行全国第一次人口普查。

8月 中共日照县第四次党员代表会议召开。

同月 日照县划归胶州专区。

10月 对非农业人口口粮实行按月定量供应。

11月 全县实行粮食统购统销，取缔粮商粮贩。

同月 召开农村干部会议，决定在全县试办45处农业生产合作社。

1954年

2月8日 初级农业社代表会议召开。

3月18日 特大暴风来袭，全县9个区受灾。

4月 全县开展基层人民代表选举，有30.85万名选民参加投票。

5月15日—18日 中共日照县第五次党员代表会议召开。

7月5日—10日 日照县第一届人民代表大会第一次会议召开，选举王家柱为县长，人民代表大会制度建立。

9月 徐华任中共日照县委书记。

同月 棉花、棉布开始凭票供应。

11月 进行义务兵役制试点。至次年3月，全县试征义务兵 1400 名。

1955 年

1 月 12 日—18 日 中共日照县第六次党员代表会议召开。

3 月 在 168 个村中，动员 1132 户、4936 人去黑龙江省嫩江、讷河、依安、克山等县落户。

7 月 27 日 刘光荫任中共日照县委书记。

10 月 26 日 中共日照县委召开四级(县、区、乡、村)干部会议，部署加快农业合作化工作。

12 月 19 日 胡杰任日照县县长。

12 月 27 日—31 日 县人大一届三次会议决定改日照县人民政府为日照县人民委员会。

同月 实行义务兵役制，1532 名青年应征入伍。

1956 年

1 月中旬 对私营工商业、手工业进行社会主义改造，1957 年基本完成。

2 月 23 日 全县调整为 16 个区、镇，202 个乡。

3 月 15 日 魏绪权、万志祥等 14 人出席山东省社会主义农业建设积极分子大会。

同月 在全县机关、学校、企事业内部开展肃反运动。

5 月 14 日—20 日 中共日照县第一次代表大会召开，选举刘光荫为县委书记。

5 月 日照县划归临沂专区。

夏 日照师范在涛雒建立，于 1958 年迁至日照城西岭。

8 月 全县党政机关、企事业单位实行工资改革。

9 月 县委下达扩、升、并社工作意见，要求加入高级农业生产合作社的农户占总农户的 90% 左右。

1957 年

1 月上旬 全县乡镇选举人民代表工作全部完成，90% 的选民参加选举。

1 月 16 日—21 日 日照县第二届人民代表大会第一次会议召开，选举胡杰为县长。

同月 日照(有线)广播站建成播音。

3 月 日照民歌《满江红》参加全国民歌会演，演出人员受到周恩来、朱德等中央领导接见。

4 月 李鲁生任中共日照县委书记。

同月 县党政机关相继开展整风运动，12 月底整风运动转向“反右斗争”，将 133 人划为“右派”分子。

12 月 10 日—14 日 中共日照县委召开第三届农业建设积极分子表彰大会。

1958 年

1 月 1 日 日照县第二届人民代表大会第三次会议召开。

1 月 14 日—26 日 县委召开四级干部大会和县委一届三次会议。全县由 14 个区、2 个镇改为 26 个乡、3 个镇。

5 月 26 日—31 日 日照县第三届人民代表大会第一次会议召开，张金华当选为县长。

4 月 县委召开万人“跃进”誓师大会，全县掀起“大跃进”高潮。

6 月 先后建立日照电厂、酒厂、缫丝厂、机械厂等。

7 月 1 日 县报《日照红旗》创刊。

8 月下旬 县成立“钢铁指挥部”，在高旺庄土法炼钢，上阵劳力达 10 万人，造成劳民伤财。

9 月 8 日 全县实现人民公社化，将 29 个乡改为 25 处人民公社，取消乡镇建制。开始在农村大办公共食堂，到 1959 年 12 月，公共食堂逐步停办。

10 月 日照水库动工兴建，上阵劳力 2.5 万余人。

1959 年

1 月 县委抽调 111 名干部组成整社工作队，进行整社工作试点，2 月，展开整社工作，将 25 处人民公社合并为 19 处，下设管理区。

5 月 20 日 涛雒公社孙家村和沙岭村渔民捕获 1 条大鲨鲸，重 3 吨。

5月 中共山东省委书记舒同到日照视察工作，为日照水库落成题书“日照水库”。

9月 日照县农业展览馆落成，并举办建国十周年日照县成就展。

秋 水产部黄海研究所在石臼建立海水养殖试验场。

11月22日—12月1日 中共日照县委召开四级干部会议，部署在机关、企事业单位、中小学教师集中开展“反右倾运动”。

1960年

2月1日—6日 召开全县社会主义建设积极分子群英大会。

2月 江寅高、刘嘉喜、袁培香等3人出席在北京召开的全国文教群英会。

4月下旬 日照县委召开四级干部大会，讨论解决人民公社“一平二调”和干部作风问题。

7月20日—24日 中共日照县第二次代表大会召开。

6月25日—27日 连续降雨，伴有7～8级大风，19处公社393个大队受灾。

9月 大雨连绵，沿海平原滞涝成灾，社员有食草根树皮者。

10月 因生活困难，全县动员5670名14岁以上小学生回生产队劳动。

11月30日—12月15日 日照县第四届人民代表大会第一次会议召开，选举张金华为县长。

同年 全县处于新中国成立以来最困难时期，生产救灾成为头等大事。

同年 引进小麦、地瓜、水稻等优良品种。

1961年

春 全县发生水肿病、干瘦病1万余例，并有饿死者。

4月 县委在纠正“一平二调”的错误中，对“平调”、占用生产队和社员的生产资料及其他财物进行清算和退赔。

5月中旬 县委召开三级干部会议，贯彻《农村人民公社工作条例草案》(即六十条)。

6月 丁履廉任县长。

9月 疟疾大流行，全县发病13.17万例。

同年秋至1963年 全县精减职工3000余名，并缩减城镇居民。

同年 初夏旱，7—9月暴雨成灾。大饥荒，社员以秧蔓、糠皮、树叶充饥，出现饿死人现象。

同年 开始使用购物证，对火柴、肥皂、糖、猪肉、食油等生活物品和食品实行凭票供应。

1962年

1月11日至2月7日 中共日照县委书记李鲁生、副书记牟步善出席扩大的中央工作会议(即七千人大会)。

3月下旬 人民公社实行公社、生产大队、生产队三级所有，队为基础的体制。

7月13日夜至25日，8月7日至13日 多次降暴雨，全县受灾。

8月 中国人民解放军公安部队日照边防大队成立。

11月 安东卫、廒头、王家滩3处合作盐场和涛雒、董家滩盐务所成立，其它盐场下放给生产大队经营。

1963年

1月 日照水库水电站两台共640千瓦水轮发电机和一条12.5千米的12千伏输电线路建成投产。

同月 全县19处人民公社改为15个区、102处人民公社。

3月 县委组织开展“向雷锋同志学习”活动。

春 试行大面积种植水稻，改旱直播为育秧插播。

5月19日—27日 县第五届人民代表大会第一次会议召开，选举丁履廉为县长。

8月23日 社会主义教育运动(即四清运动)在奎山区开始试点，12月中旬结束。

11月16日—20日 中共日照县第三次代表大会召开。

11月16日至1964年1月10日 中共日照县委召开四级干部会议，贯彻中共中央关于社会主义教育工作中的“决定”和“规定”两个文件。

1964 年

1 月 14 日　县委抽调 850 人组成工作队，在 15 个区 687 个生产大队进行面上社会主义教育，3 月底结束。

3 月　县委推广葛疃经验，在全县掀起大规模治山治水高潮。

4 月　全县豁免 1961 年前农渔贷款 478 万元。

6 月　牟步善任中共日照县委书记，庄茂禄任县长。

7 月 1 日　进行全国第二次人口普查。

冬　全县普遍进行阶级教育展览，开展“忆苦思甜”活动。

1965 年

3 月 16 日　山东省在日照召开积肥卫生现场会议，推广日照经验。

3 月下旬　县委贯彻中央《农村社会主义教育运动中目前提出的一些问题》（简称“二十三条”）文件精神，继续开展社会主义教育运动。

10 月　山东省“四清”（清政治、清组织、清经济、清思想）工作团进驻日照，进行点上社会主义教育运动。

1966 年

1 月　因日照水库建设，有 768 家农户分别移居丝山、马庄、奎山、涛雒、城关等区。

2 月中旬　县委发出通知，要求掀起学习人民的好干部焦裕禄热潮。

3 月 5 日—6 日　出现特大冰凌，并伴有 7～8 级大风，全县刮断电线杆 650 多根，电线断 1800 处，电话通信中断，压折、折断树木不计其数。

3 月 25 日—30 日　日照县第六届人民代表大会第一次会议召开，选举傅承玺为县长。

春　县供销社从福建引进茶种分别在安东卫北山、丝山双庙大队试种成功，“南茶北引”开始。

6 月 2 日　开始施工建设石臼所码头，于 1967 年 7 月 1 日交付使用。

6 月 19 日　日照一中贴出大字报，提出批判“修正主义教育路线”口号。下旬，中共日照县委文革办公室成立，并向日照一中派出工作组。

6 月底　全县中学教师和部分应届高、初中毕业生参加大批判，随后，掀起大破“四旧”（旧思想、旧文化、旧习惯、旧风俗）和横扫“一切牛鬼蛇神”的高潮。

8 月 13 日　县直机关、厂矿、企事业单位及学校组织大游行，庆祝《中共中央关于无产阶级文化大革命的决定》（简称“十六条”）发表。此后，各学校成立“红卫兵”组织，并停课“闹革命”，社会动乱加剧。

9 月 10 日　中共日照县委追认为救落水学生而牺牲的徐子芳为中共正式党员，并于 13 日作出向徐子芳学习的决定。

11 月 26 日　日照红卫兵代表 1000 余名，在北京受到毛泽东主席接见。此后，全县教师、学生分赴各地进行“革命大串联”。

1967 年

1 月 16 日晚　日照县红卫兵总部在人民广场召开声讨“资产阶级反动路线”大会，有 3 人被踩踏致死。

1 月中旬　日照县“无产阶级大联合筹备委员会”成立。22 日，召开夺权大会，夺取县委、县政府领导权，各级党政机关陷入瘫痪。

2 月　日照县生产指挥部成立。

同月　中国人民解放军驻日照部队，奉命进驻有关单位，执行三支（支工、支农、支左）两军（军管、军训）任务。

9 月　日照县群众造反组织召开“反逆流”胜利大会，一些干部被打成“走资派”，受到冲击和迫害。

同年　全县发生地瓜黑斑病和小麦锈病。

1968 年

3 月 11 日　日照县革命委员会成立，肖永谦任主任。

同月　日照县知识青年上山下乡办公室成

立，接收济南、青岛等下乡知识青年。

5月 日照无线广播转播台建成并投入运行。

6月 个人崇拜、形式主义的“三忠于”活动开始，“早请示”“晚汇报”“饭前办三件事”“跳忠字舞”“唱忠字歌”风行全县。

秋 工人毛泽东思想宣传队(简称“工宣队”)进驻日照一中，其他中小学校交贫下中农管理。

9月 日照发电厂第一台汽轮发电机组运行。

10月 人工养殖对虾获得成功。

同月 县革委召开誓师大会，提出“奋战三个月，完成斗批改”口号。

11月 “反复旧”运动开始，“武斗”时有发生。

11月9日—11日 气温骤降，最低-4.4℃，大白菜、萝卜遭受严重冻害。

11月30日 县革委决定将公办小学全部下放到生产大队办，中学下放到区、公社管理。公办教师一律回原籍，改为民办待遇。

1969年

1月28日—29日 雨凇伴大风，通讯、广播、供电、交通中断，失踪、撞毁渔船172艘。

4月1日—24日 费立英(女)出席中国共产党第九次全国代表大会。

9月1日 中共日照县革命委员会核心领导小组成立，郭敬寰任组长。

12月 县革委召开大批判会议，肃清王效禹在日照县的“流毒”。

1970年

2月15日 全县开展“一打三反” (打击反革命破坏活动、反贪污、反投机倒把、反铺张浪费)运动，造成一批冤、假、错案。

3月2日至6月10日 全县中小学教师3000多人，集中举办“清理阶级队伍”和“一打三反”100天学习班，时称“百日学习班”。

7月26日 翟敏任中共日照县革委核心小组组长，李秀林任县革委主任。

同月 “钩端螺旋体”病在境内流行。

12月 第一条35千伏高压线路(电厂到高旺)架设成功。

1971年

3月7日—14日 中国共产党日照县第四次代表大会召开，选举翟敏为中共日照县委书记。

同月 全县调整15个区、102处人民公社的设置，划分为21处人民公社。

春 推荐选送第一批工农兵学员50余名，入高校学习。从农村、厂矿招用干部90余名，到各级党、政、群、团机关任职。

10月中旬 由党内到党外，逐级传达林彪叛国事件。

1972年

3月下旬 县革委组织2000余名民工，到临沭参加沂、沭河东调工程建设。

8月下旬 县委召开行政17级以上干部会议，布置开展批林整风运动，清查林彪反革命集团罪行。

9月17日 14时，10处公社109个大队遭受雹击，伤7人。

1973年

2月上旬 县委召开农业学大寨经验交流会，生产队长以上干部7000余人参加。

春 国务院副总理谷牧到日照视察工作。

6月25日 县公安机关军事管制小组撤销，公安局和人民法院恢复。

8月24日—28日 王玉华(女)出席中国共产党第十次全国代表大会。

9月27日 牟步善任中共日照县委书记、县革委会主任。

冬 开始对东海峪古文化遗址进行初步挖掘。

12月 从江西引进水杉苗7300株，香柏、花柏等苗木30余种。

1974 年

春 开展“批林批孔”运动，两派群众组织分别占领县招持所和第一旅社，武斗不断升级。

春 全县中小学批判“教育战线上的资产阶级回潮”，正常教学秩序受冲击。

8 月 11 日—13 日 全县连降暴雨 3 次，雨量达 452 毫米。

9 月 20 日 县内首批知识青年 179 人到农村插队落户。

同年 日照海水养殖试验场用土池育对虾苗成功。

1975 年

2 月 17 日—22 日 县委召开农业学大寨会议，表彰一批学大寨先进单位。

5 月 县委召开扩大会议，贯彻落实毛泽东主席“三项重要指示”，研究解决派性、促进安定团结、大干快上等问题。

8 月 14 日 普降暴雨 250 毫米，傅疃河暴发特大洪水，河堤决口 123 处。15 日 8 时又降 376 毫米，全县冲毁房屋 9278 间，死 21 人，伤 34 人。

同年 日照水产研究所引进三斑海马养殖成功。

1976 年

2 月 5 日 日照火化场启用，县内开始推行火葬。

3 月 全县开展“批邓反击右倾翻案风”运动。

4 月 16 日 开工治理傅疃河，清障筑堤，防洪能力达到 30 年一遇标准。

6 月 16 日夜至 21 日下午 普降大雨，全县 1 万公顷小麦大部发芽、霉烂。

9 月 9 日 下午 3 时，全县人民收听中共中央、国务院讣告：毛泽东主席在北京逝世。

9 月 18 日 县委在人民广场召开群众大会，沉痛悼念毛泽东主席逝世。各机关、公社、生产大队均设分会场，进行悼念。

10 月 23 日 县委召开 30 万群众参加的有线广播大会，拥护党中央一举粉碎王、张、江、姚反革命集团，十年“文化大革命”结束。

11 月 省委、省革委授予日照县“农业学大寨先进单位”称号。

1977 年

2 月 张洪荣任中共日照县委书记、县革委会主任。

2 月上旬 中共日照县委成立专门机构，开展揭发批判江青反革命集团工作，清查与江青反革命集团篡党夺权阴谋活动有牵连的人和事，并对各级领导班子进行整顿。

同月 傅疃河单线对开公路大桥建成通车。

12 月 高等学校和中等专业学校恢复招生考试制度，全县录取大中专学生 476 名。

同年 两城遗址、东海峪遗址被公布为“省级重点文物保护单位”。

1978 年

2 月 14 日—20 日 全县农业学大寨会议召开。

3 月 县卫生防疫站“粪便无害化处理及卫生学评价”科研成果，获全国科学大会奖。

3 月 28 日—30 日 日照县第八届人民代表大会第一次会议召开，选举张洪荣为县革委会主任。

5 月 日照县人民检察院恢复。

7 月 1 日 日照电影院竣工，交付使用。

同月 县委为错划的 133 名“右派分子”全部落实政策。

8 月 14 日 高昌礼任中共日照县委书记、县革委会主任。

同年 县自来水公司成立，开始向县直机关、部队、工厂、学校供水。

1979 年

1 月 7 日—8 日 中共日照县委召开四级干部大会，贯彻中共十一届三中全会精神。成立工作机构，开展给地主、富农分子“摘帽”及其子女改定成分工作。

8月11日 提倡一对夫妇只生一个孩子。

同年 全省沼气建设现场会在日照县召开。

同年 开始落实侨务和起义投诚人员政策。

同年 中共日照县委机关迁至望海路北、金阳路西新建的县委大院办公。

1980年

1月 县委、县革委召开四级干部会议，贯彻中共中央《关于进一步加强和完善农业生产责任制几个问题的通知》。

6月15日 石臼港建设指挥部成立。

7月26日 涛雒公社小海大队捕获1条重9吨多的雄性鲨鲸。

9月12日—15日 中国共产党日照县第五次代表大会召开，选举高昌礼为县委书记。

10月3日 《日照县报》创刊，每周五出版，一年后停刊。

1981年

2月20日 全县开展第二次土壤普查工作，历时一年半。

4月1日 国务院副总理万里视察石臼港建设。

4月26日 中共中央总书记胡耀邦视察石臼港建设。

11月7日 中共中央副主席华国锋视察石臼港。

12月 胡建隆任中共日照县委书记。

12月30日至次年1月4日 政协日照县第一届委员会第一次会议召开，会议宣告政协日照县委员会正式成立，选举张敬清为县政协主席。

12月31日至次年1月3日 日照县第九届人民代表大会第一次会议召开，选举傅承玺为县人大常委会主任。日照县革命委员会撤销，设日照县人民政府，选举史佩涓为县长。

同年 境内开始推行“家庭联产承包责任制”。

1982年

2月17日 石臼港煤炭码头主体工程开工。

2月 兖(州)石(臼)铁路日照段开工建设。

5月6日 国务委员兼国家经委主任张劲夫视察石臼港。

7月1日 进行第三次全国人口普查。

7月20日 中共中央书记处书记、国务委员谷牧视察石臼港。

12月27日 中国自行设计，具有国内外先进水平的大型沉箱(重3000吨)在石臼港建设工地顺利下水，安放成功。

1983年

1月 全县6245个生产队实行“大包干”。到1984年，境内所有生产队全部实行以“大包干”为主的家庭联产承包责任制。

同月 秦楼街道竹溪村、双庙村发现旧石器时代文化遗存。

5月 日照电视台建成开始转播。

同月 中共山东省委书记白如冰、省长苏毅然先后到日照县检查指导工作。

6月 日照百货大楼建成营业。

7月12日 国务委员陈慕华视察石臼港。

11月12日—14日 县委、县政府召开教育工作会议。同年，社队集资425万元，新建中小学校舍1496间，修理危房997间。

11月15日 国务院副总理姚依林到日照县视察工作。

1984年

3月24日 部分技术人员家属，石臼镇及城关镇一、二、八村，共3753户，1.99万人，由农业户口转为非农业户口。

3月 王军平代理县长。

同月 全县进行机构改革。

5月 撤销人民公社设置，全县调整为19个区、5个镇、59个乡。

同月 建立临沂行署石臼港办事处，辖秦楼、石臼等8乡1镇。

6月16日 日照220千伏变电站建成送电。

8月25日—30日 政协日照县第二届委员会第一次会议召开，选举刘京玉为县政协主席。

8月26日—29日 日照县第十届人民代表大会第一次会议召开，选举庄茂禄为县人大常委会主任，王军平为县长。

9月16日—18日 中国共产党日照县第六次代表大会召开，选举张洪举为县委书记。

10月26日—27日 中共中央总书记胡耀邦到日照县视察工作，接见了日照县五大班子负责人和临沂地区其他各县县委书记、老红军，并为荣誉军人魏振东题词："推翻三座大山是英雄，实现四化宏图是能手。"

同年冬 进行农村土地打价定级承包经营试点，1985年初全面推开。

1985年

3月22日 国务院批复撤销日照县，建立日照市。日照县与临沂行署石臼办事处合并，成立县级日照市，王家政任中共日照市委书记，房训佐任市长。

4月24日—25日 国务院副总理李鹏到日照市视察工作，并题写"黄海滩头千年睡，日照东岸巨港出"。

4月28日—29日 美籍华人高能物理学家丁肇中偕夫人回祖籍涛雒省亲。

同月 全市调整为12个乡、9个镇、1个街道办事处。

7月 接受国务院赠送的卫星电视地面接收站设备，在黄山建站开通运行。

8月19日—20日 受九号台风影响，狂风暴雨袭击沿海，雨量达245毫米。

10月 日照邮电大楼建成，开始营业。

11月9日 国务院副总理万里到日照市视察兖石铁路和石臼港。

12月1日—2日 国务院总理赵紫阳到日照市视察工作。

12月29日 全国政协副主席王光英到日照市视察工作。

1986年

1月18日 日照市千门自动电话割接运行，市内电话首次使用自动拨号。

4月20日 国务委员、国家计委主任宋平到日照市视察工作。

5月9日 石臼港通过验收，正式交付使用，从5月20日起对外国船舶开放。

5月19日 石臼海关启用。

6月19日 市人民武装部改为地方建制。

7月10日—11日 中国地方志指导小组成员、中国地方志协会副会长董一博，到日照检查指导地方志编修工作。

12月 日照市啤酒厂正式动工兴建。

1987年

4月8日—12日 政协日照市第三届委员会第一次会议召开，选举赵全忠为市政协主席。

4月9日—12日 日照市十一届人民代表大会第一次会议召开，选举史佩涓为市人大常委会主任、房训佐为市长。

5月8日 日照农民画在北京中国美术馆展出。

同月 市林业局张天印驯养灰喜鹊防治松毛虫的科研项目，获山东省科技大会科技成果奖。

8月20日 全市开始颁发中华人民共和国居民身份证。

8月28日—30日 中共日照市第七次代表大会召开，选举王家政为市委书记。

12月16日—18日 劳务市场首次在体育场开办。

同年 接待23个国家的客商、船员1284人次。

1988年

1月1日 《日照报》创刊。

1月29日 市委、市政府在青岛黄海饭店举行日照市新闻发布会，10个国家和地区的103名

市视察工作。

4月27日 日照市红十字会中心血站举行奠基仪式。

4月29日 “吉尼斯孔孟之乡、齐鲁儿女保护环境10万人签名绘画活动”首签式在日照市举行，1500余人在12米长的丝卷上签名绘画。

4月至7月上旬 全市发生60年来未遇的旱灾，总降水量116.1毫米，比常年减少186.4毫米，农田墒情仅占田间持水量28%～33%。

5月1日—4日 全国人大常委会副委员长费孝通到日照市视察。

5月6日 兖日水煤浆有限公司石臼中试厂举行竣工典礼。

5月10日 著名吕剧表演艺术家、省吕剧院院长郎咸芬率团到日照演出。

5月11日—19日 省纪委书记谭福德、省委政法委书记陈建国到日照市视察工作。

5月12日 计划投资4.3亿元的日照港二期工程开工建设。

5月15日 市委、市政府公布《日照市奖励贡献突出的科技人员暂行办法》和《日照市引进人才优惠政策规定》。

5月24日—26日 最高人民检察院检察长刘复之到日照市视察工作。

5月25日 日照市第一家三星级宾馆碧波大酒店正式营业。

5月28日 市电力公司与意大利IT国际金融贸易集团在日照市举行日照电厂合资经营签字仪式。

7月1日 市第二海水浴场投入使用。

7月1日—2日 副省长王裕晏到日照市视察工作。

7月5日 016省道日照西段(陈疃至莒县交界处)超二级沥青公路竣工通车。

7月9日—10日 省军区副司令员郑广臣到日照市检查民兵教练员集训工作。

7月28日 中共中央总书记、国家主席、中央军委主席江泽民到日照市视察。

8月6日 日照市与黑龙江省黑河地区结为友好市地。

8月12日 山东裕华机器厂768户共4000余名员工，由沂源县迁至日照。

8月25日—29日 全国摩托艇锦标赛在日照水库举行。

8月31日 日照市遭受第16号风暴潮袭击，全市平均降雨量123.6毫米，农业、渔业受灾严重，直接经济损失8252.6万元。

9月1日 《日照市乡镇企业股份合作制试行办法》颁布实施。

9月13日 日照市与山西省侯马市结为友好城市。

同月 日照市体育代表团参加山东省第十六届运动会，获得“2金3银5铜”。

市水产企业集团加工出口的“金扇牌”冻虾仁、乌鱼蛋等6种水产品，在中国农业博览会上获得1金1银3铜和1个优良奖。

10月12日—18日 王树文参加中国共产党第十四次全国代表大会。

11月3日—4日 副省长张瑞凤到日照市考察行政区划工作。

11月30日 204国道、048省道拓宽改建工程竣工。

同月 林业部批准日照市大沙洼林场为“鲁南海滨森林公园”。

12月4日 日照发电厂被国家计委列入“八五”计划。

12月7日 民政部批准日照市设区带县，以原县级日照市的行政区域设立日照市东港区。

同日 市有线广播电视台建成开播。《太阳城周报》创刊。

1993年

1月19日 徐善来任中共东港区委书记。

2月27日—28日 东港区第十三届人民代表大会第一次会议召开，选举杨崇淦为区人大常委会主任，张玉佩为区长。

3月10日 区委、区政府发出“向雷锋式好青年刘加峰同志学习”的号召。

5月29日 市委、市政府决定将东港区的岚山头街道、汾水镇、碑廓镇、虎山乡、前三岛乡划归岚山办事处。

同日 原日照市中医院划归东港区，更名为东港区人民医院。

7月26日 东港区第十三届人大常委会第四次会议召开，选举徐善来为代区长。

8月20日 东港区石臼街道林家滩等11个村划归日照开发区。

10月1日 按照国务院通知精神，东港区机关事业单位的工资制度进行重大改革。

10月28日 区级领导联席会讨论决定兴建“太阳城市场”。

11月28日 东港区与陕西省铜川市宜君县缔结为友好区县。

12月1日 沿海公路(石臼—岚山)东港段开工建设。

12月22日 区政府迁海曲中路19号办公。

12月30日 日照港煤炭码头输送带摩擦起火，整个栈桥输送带全部烧毁。

1994年

3月19日—22日 东港区第十三届人大二次会议在日照剧院召开，选举孙海亭为区长。

4月5日—6日 黄淮海平原农业综合开发第二期(1991—1993年)项目完成并通过省级验收。

7月7日 中央社会治安综合治理办公室常务副主任徐伟华，省委政法委副书记、省综治办主任高新亭，到东港区检查指导社会治安综合治理工作。

9月17日 204国道(东港区段)拓宽硬化工程竣工通车。

9月30日 全长5.4千米的西环路竣工通车。

1995年

3月18日 区委作出《关于在全区党员干部中开展向模范党支部书记刘现华学习的决定》。

3月10日—12日 东港区第十三届人民代表大会第三次会议召开。

4月1日 小后村乡、东陈疃乡、高兴乡、南湖乡等撤乡设镇。奎山乡撤乡设奎山街道(鲁政函民字〔1995〕13号)。

4月1日 东港区开始实施每周5天工作制。

4月15日 全区实施“划分税种，核实收支，缺口分担，增支自负，自求平衡，一定三年”的区乡“分灶吃饭”财政体制。

4月26日 区十三届人大常委会第十七次会议召开，会议作出罢免王树文日照市十三届人大代表的决议。

8月17日 048省道、沿海公路硬化工程竣工通车。

9月5日—8日 东港区田径代表队参加山东百县田径运动会，获得竞走1金1铜2枚奖牌。

同月 山东省人民政府批准山海天为旅游度假区。

10月1日 太阳城市场举行一期工程落成试营业典礼。

10月27日—31日 省政府“两基”验收团到东港区评估验收，确认东港区已基本普及九年义务教育，基本扫除青壮年文盲。

11月4日—6日 中国共产党日照市东港区第九次代表大会召开，徐善来当选为区委书记。

12月2日 青(墩)—赵(家)公路、城(关)—下(湖)公路、三(庄)—黄(墩)公路改造硬化工程竣工，举行开通剪彩仪式。

12月15日 经山东省人民政府同意，撤销丝山乡，设立秦楼街道。

1996年

1月5日 经省委批准，同意设立中国人民政治协商会议日照市东港区委员会，顺延日照市政协届次。

2月9日 张玉佩任中共东港区委书记。

3月6日—9日 政协东港区五届四次会议召开，选举陈为信为政协主席。

3月8日 经省政府同意，撤销河山乡、西湖乡，设立河山镇、西湖镇。

3月8日—10日 东港区第十三届人民代表大会第四次会议在日照剧院举行。

3月20日 区人武部收归军队建制交接大会召开，区长孙海亭与日照军分区司令员庄恩普进行交接签字。

6月27日 13时50分，石臼、涛雒2个街道的16个村遭龙卷风和暴风雨袭击，倒塌房屋467间，伤95人。

7月 建设第一供热站，本年度市区开始实行集中供暖。

10月6日 山东省委政法委书记张惠来到东港区检查社会治安综合治理工作。

10月17日 中华全国供销合作总社监事会主任贺光辉视察东港区河山供销社。

11月17日 省军区司令员张齐红到东港区视察征兵工作。

1997年

3月4日—7日 区政协五届五次会议召开。6日—8日，区十三届人大五次会议召开。

4月3日 中华慈善总会会长崔乃夫一行到石臼街道敬老院视察慰问。

4月7日 第三期黄淮海平原农业综合开发项目通过省级验收。

4月30日—5月1日 省委书记吴官正到东港区奎山街道、石臼街道检查工作。

5月1日 全区实行婚姻登记新办法，改乡镇登记为全区集中登记。

5月19日 省委政法委常务副书记、省公安厅厅长、省综治办主任高新亭，到东港区检查指导政法公安工作。

6月12日 国务院、省政府蚕茧收购检查组到东港区西湖、两城等镇检查蚕茧收购情况。

同月 全区遭受60年来同期罕见的旱灾，12.2万人及牲畜饮水困难。

7月27日 党、政、军同庆建军70周年，并在市体育场举行“领导军事日”和检阅东港区民兵活动。

8月19日—20日 遭强风暴潮和暴风雨袭击，平均降雨194.3毫米，最大值达361.7毫米。

同月 省政协主席陆懋曾、省政府救灾工作组先后到东港区视察抗灾工作。

9月25日 省人大常委会主任赵志浩到东港区石臼、奎山等地视察经济工作。

11月 “河山青”牌绿茶，被评为第三届中国农业博览会名牌产品。

12月17日 王均生任区委书记。

12月25日 东港区十三届人大常委会举行第34次会议，任命王泽晓为副区长、代理区长。

1998年

1月5日 同盗窃分子作斗争而牺牲的尹家河乡粮管所统计员刘进前，被省政府追认为“革命烈士”。

1月12日—16日 政协东港区六届一次会议召开，选举张彦为区政协主席

1月14日—18日 东港区第十四届人民代表大会第一次会议在日照剧院召开，陈为信当选为区人大常委会主任，王泽晓当选为区长。

2月6日 区政府下发《关于进一步鼓励扶持个体私营经济发展的实施意见》(试行)。

3月5日 区政府下发《关于加快旧城改造的决定》。

3月12日—13日 中共日照市东港区第十次代表大会召开，王均生当选为区委书记。

3月16日 区十四届人大常委会第二次会议，通过区长王泽晓提请任命的28名区政府组成人员。

4月16日 农业部授予河山镇“优质苹果生产基地”称号。

4月20日 东港区人民医院新门诊楼落成启用。

4月24日 3时—8时，三庄、竖旗等7个乡镇遭大风袭击。

5月25日 东港区1997年度黄淮海平原农业综合开发项目，通过省政府检查验收。

5月30日 日照(东港)——北京特快列车由隔日单开变为每日对开。

6月9日 省军区政委何法祥到东港区检查武装部党建工作。

6月29日 科技部授予东港区“全国科技工作先进区”称号。

7月24日 竖旗山乡等8个乡镇遭受特大暴风雨袭击，平均降雨量260毫米，受灾人口5.8万人，死亡3人，直接经济损失8000万元。

9月10日 省委政法委书记、省公安厅厅长

高新亭到东港区法院及日照街道、石臼街道、涛雒镇检查指导政法工作。

10月13日 全区农村政务财务公开、民主管理工作现场会在涛雒镇召开。

10月26日 日竹高速公路日照段开工典礼在南湖镇庄头村举行。

11月19日 太阳城市场二期工程竣工交付使用。

11月28日 青赵线、日东线、樵沈线三条县乡公路改造工程竣工通车。

12月1日 省委副书记吴爱英到东港区检查指导精神文明建设和社会治安综合治理工作。

12月12日—15日 中国农科院茶叶研究所所长王远造到东港区指导茶叶生产。

12月26日 东港公安分局李伟、刘为平、高松亭在"10·26"案件中临危不惧、勇斗歹徒，市委、市政府于12月作出《关于开展向李伟等学习活动的决定》。1999年3月，李伟被公安部授予"全国优秀警察"称号。

1999年

3月2日 东港区开始实施领导干部离任审计制度。

3月22日—24日 区政协六届二次会议召开。

3月23日—25日 区十四届人大二次会议召开。

4月6日 中共东港区委党校成立。

4月8日 省纪委书记赵春兰到东港区检查指导党风廉政建设工作。

4月18日 全市农村基层民主制度配套建设现场会在东港区涛雒镇召开。

5月4日 区委、区政府下发《关于粮食流通体制改革的意见》《关于深化供销合作社改革和化解社员股金风险的意见》。

5月10日 区委、区政府下发《关于在全区农村推行村务大事村民公决制度和村民质询会议制度的决定》。

6月13日 全区清理整顿农村合作基金会工作会议召开。

7月24日 省人大常委会主任赵志浩到东港区视察茶叶生产工作。

9月3日 省委副书记吴爱英到东港区实地察看涛雒万亩水田开发、后村万亩茶园开发现场。

9月10日—11日 最高人民法院副院长刘加琛到东港区视察法院工作。

9月13日 石(臼)潮(河)路东港区段硬化竣工通车。

12月9日—10日 全国政协副主席胡启立到东港区视察。

12月26日 东港区委、区政府在北京举办同乡联谊恳谈会。

2000年

1月8日 中国农科院副院长张奉伦到东港区农业高科技示范园视察。

3月4日—6日 区政协六届三次会议召开。

3月5日—7日 区十四届人大三次会议召开。

3月17日 国家、省、市林业专家到鲁南海滨国家森林公园考察，论证沿海防护林改造实施方案。

4月 东港区高新技术科技工业园成立。

6月25日 全区推广涛雒镇民主建设"三项制度"暨高兴镇"农村会计考聘制"工作经验现场会议在涛雒镇召开。

7月14日 省长李春亭到东港区视察。

7月22日 东港区高考本科进线943人。

7月27日 省委副书记陈建国到东港区调研。

8月2日 东港区与浙江金华县缔结为友好区县。

8月7日—8日 省政协副主席崔惟林、省司法厅副厅长李秋宏率省检查组到东港区考核验收"三五"普法工作。

9月8日 日照实验高级中学举行落成典礼。

9月13日 区委、区政府组织召开全区清理整顿农村合作基金会工作会议。

同日 王均生兼任东港区委党校校长。

同月 省纪委书记赵春兰到东港区视察。

11月9日 日竹高速公路竣工通车。

11月18日 全国人大代表、省纪委原书记谭福德带领驻省直全国人大代表一行13人,到东港区视察特色农业开发情况。

11月25日 省委副书记吴爱英到东港区检查指导工作。

12月27日 根据省政府批复,东港区竖旗山乡、尹家河乡、大坡乡建制撤销,分别并入三庄镇、南湖镇和巨峰镇。

2001年

1月1日 区政府综合办公大楼交付使用。

1月15日 省、市对东港区委、区政府主要负责人进行调整:任命孙雨任中共日照市东港区委书记,刘西良为东港区人民政府区长人选。

2月4日 区十四届人大常委会第24次会议决定:刘西良代理东港区区长职务。

3月5日—7日 政协东港区六届四次会议召开。

3月6日—8日 东港区人大第十四届四次会议召开,选举刘西良为东港区区长。

3月31日 国家农村工作领导小组、中央政策研究室、中组部、民政部联合调查组到东港区调研村务大事村民公决制度。

3月至6月下旬 全区遭受自1952年有气象记载以来最严重的旱灾。

5月11日 省委副书记陈建国到东港区调研基层党的建设、"三个代表"重要思想学习、农业农村工作。

6月11日 北京阜外心血管病医院日照病房在东港区医院开诊。

6月13日 全国人大常委会副委员长曹志一行,到东港区检查《中华人民共和国村民委员会组织法》贯彻落实情况,调研村务大事村民公决制度实施情况。

6月17日 中央政法委副秘书长、综治办主任陈冀平和省委政法委书记高新亭,到东港区视察"法制校园"创建工作。

6月19日 全国政协副主席张思卿、省政协副主席时立军到东港区视察。

6月20日 省长李春亭到东港区视察沿海旅游业发展情况。

6月23日 省军区政委赵承凤到东港区视察。

7月4日 市领导夏耕等到东港区实地察看傅疃河、日照水库防汛工作。

7月13日 省政协副主席时立军、汪峡、潘广田、周鸿兴、朱铭率省政协理论中心组学习班学员到东港区参观考察。

7月14日 全国政协副主席钱伟长到东港区鲁南海滨国家森林公园、华泰食品有限公司考察。

7月16日 鲁南海滨国家森林公园被省旅游局评为国家AA级旅游区(点)。

8月4日 省委副书记王修智到东港区鲁南海滨国家森林公园、秦楼街道、黄墩镇进行调研。

8月17日 中央政治局委员、省委书记吴官正视察涛雒镇万亩淡水养殖开发基地、秦楼街道王家皂村和鲁南海滨国家森林公园,并召开部分镇街道党委书记、村党支部书记座谈会。

9月6日 改造后的335省道全线开通。

同月 银河公园建成。

同月 天然气管网一期工程开工。

10月1日 山东路东段(昭阳路—青岛路段)竣工通车。

11月4日 山东大学校长展涛一行3人,到两城遗址视察考古发掘工作。此次发掘是经国务院、国家文物局特别许可,由山东大学和美国耶鲁大学联合组成考古队,自1998年12月开始进行的。发掘面积1500余平方米,出土文物3000余件。

2002年

2月5日 省委副书记姜大明带领省委组织部、省纪委、省民政厅等部门负责人到陈疃镇陈疃三村许传修、许传彬两个特困户家中慰问。

2月19日 新市区营子居委拆迁工作启动。

3月1日—3日 区政协六届五次会议召开。

3月2日—4日 区人大十四届五次会议召开。

4月3日 石臼街道黄海二路居委引进的养殖项目——深海抗风浪养鱼网箱在万平口下海放养。

4月9日 东港区对河沙采矿权进行拍卖。

4月12日 香港“田家炳基金会”捐赠250万元人民币，在日照实验二中建设“田家炳科技艺术馆”，同时在实验高中设立“田家炳中学优秀毕业生奖学金”。

同月 开始进行农村税费改革，取消“三提五统”。

5月21日 东港区申报注册的“日照绿茶”商标，经国家工商总局商标局批准公示。

6月13日 世界著名高能物理学家、诺贝尔奖获得者丁肇中第二次回祖籍考察。

6月15日 中纪委常委、秘书长吴定富和省委副书记、纪委书记赵春兰到东港区部分镇、街道视察。

同月 为配合同三高速公路建设，山东文物考古队对海曲汉墓群进行3个多月的考古发掘，共发掘墓葬90座，出土文物1200余件。

7月5日 区老干部活动中心及老干部大学挂牌成立。

7月14日 陕西省乾县与东港区举行缔结友好区县协议签字仪式。

7月23日 东港区高考本科进线1558人。

7月24日 省军区政委赵承凤到石臼街道新港路居委看望老军人白永富。

8月24日 人事部部长张学忠到东港区调研。

同月 全区民办教师除办理退休、辞退外，其余全部转招为公办教师。

9月7日 东港区33名处级领导干部参加全省统一组织的党纪政纪条规知识考试。

9月25日 曲阜师范大学、山东体育学院日照分院分别竣工，8000余名师生入住新校。

10月5日 全国乒乓球锦标赛在山东体育学院日照分院举行，来自全国500余名运动员参加比赛。

同月 日照海滨国家森林公园获“山东省十大新景点”称号。

同月 碧海路(现更名为迎宾路)竣工通车。

12月7日 全市首座位于涛雒镇栈子河段橡胶坝工程通过省级验收。

2003年

1月17日 东港公安分局在沂南县公安局的配合下，成功破获“1·15”特大绑架杀人案。

1月17日—20日 东港区政协七届一次会议召开，选举张彦为东港区政协主席。

1月18日—21日 东港区人大十五届一次会议召开，选举陈为信为区人大常委会主任，毛晖明为区长。

2月9日 庆祝建区十周年暨全区三级干部大会召开。

2月16日 省军区参谋长金培昌到东港区调研基层人民武装建设工作。

3月1日—3日 中共东港区第十一次代表大会召开，刘西良当选为东港区委书记。

4月4日 秦楼街道秦家官庄村村民上坟引起重大火灾，过火林地18公顷，经济损失达11万元。

同日 河山镇大暖帐一村民上坟烧纸引发山林火灾，烧毁松林47公顷，直接经济损失25万元。

4月18日 日照田家炳实验中学科技艺体馆奠基。

4月24日 全区抓“双创”、防“非典”环境卫生综合整治动员会议召开。

5月10日 奎山街道整建制和日照街道8个村、石臼街道14个村划归日照经济开发区。

5月13日 省委常委、省总工会主席阎启俊到东港区视察“非典”防治工作。

5月19日 西湖、三庄等6镇90余村遭受冰雹袭击。

5月20日 省军区政委赵承凤到东港区考核人武部工作。

8月3日 国务院联合督查组到东港区检查指导土地市场秩序工作。

9月2日—3日 全区连降大到暴雨，日照水库溢洪，傅疃河上游南岸及南湖镇王家官庄塘坝出现险情，区领导带领有关镇(街道)干部、民兵应急分队进行抢险。

10月26日 中共中央政治局原委员、中央军委原副主席、原国务委员兼国防部长迟浩田上将到东港区考察。

11月12日 济南军区政委刘冬冬到海滨国家森林公园考察。

12月26日 同三高速公路日照段历经两年修建，竣工通车。

同年 全区取消农业特产税。

2004年

1月上旬 东港区政府残工委会议通报：自2003年，东港区有265名白内障患者接受复明手术，9名患者优惠安装假肢，669名残疾人被安排到福利企业就业。

2月7日—9日 东港区政协第七届委员会第二次会议召开。

2月8日—10日 东港区人大第十五届第二次会议召开。

2月20日 市委书记李兆前到两城、陈疃等地调研基层组织建设和"平安东港"创建工作。

3月16日 陕西省永寿县政府考察团到东港区考察，双方缔结为友好县区。

4月 东港区高新技术科技工业园更名为日照市高新技术科技工业园，为副处级单位。

5月9日 东港区与青岛市市南区缔结为友好城市区，并举行驻青岛办事处揭牌仪式。

5月17日 区委、区政府召开会议，对 "两田制"改为"均田制"的清理工作做进一步部署。

6月7日 全国高考东港考区设5个考点281个考场，考场内首次安装监控系统，实现监考人员和"电子眼"同时监考。

6月23日 东港区畜牧局从澳大利亚引进26只纯种波尔山羊进行繁殖推广。

6月26日 中国(日照)茶博会在东辰广场隆重开幕。

6月28日 日照广播电视中心大楼落成交付使用。

6月30日 两城镇举行安哲学校启用暨安哲纪念馆揭牌仪式。

7月20日 东港区选拔30名青年干部起程赴韩国进行为期半年的韩语学习。

7月24日 东港区民兵在涛雒镇举行海上民兵输送作战部队登陆演习。

8月22日 东港区在海滨国家森林公园举行首届国际沙雕节新闻发布会。

同日 中央电视台新闻评论部副主任孙克文、主持人敬一丹、阿丘等到陈疃七里小学看望学校师生，并赠送学习用品。

8月24日 潮石公路硬化竣工通车。

9月25日 东港区的黄墩、后村、巨峰、高兴四镇划归岚山区。

10月10日 副省长陈延明带领参加全国高效渔业现场会的70余名与会人员到高科技工业园、水产品加工企业进行调研。

11月22日 东港区人大召开十五届十二次会议，决定终止原岚山办事处的97名东港区人大代表资格，同时进行人事任免事宜。

同年 东港区被确定为第二批全省新型农村合作医疗试点区，全区自6月开始实行新型农村合作医疗。

同年 境内全面执行"种植小麦直补"政策。

2005年

1月22日—25日 区政协七届三次会议召开。

1月23日—26日 区人大十五届三次会议召开。

1月31日 区委召开保持共产党员先进性教育活动动员大会。

3月1日 《日照日报(东港新闻)》创刊。

3月5日 日照市标志性旅游景点——灯塔广场景区建成，对游人开放。

3月11日 中共中央政治局原委员、全国人大常委会原副委员长田纪云，全国人大常委、农业和农村委员会副主任委员李春亭到日照海滨国家森林公园和东港区有关单位视察。

6月19日 世界著名高能物理学家、诺贝尔奖获得者丁肇中博士第三次回祖籍涛雒镇探亲考察。

7月21日 省政协副主席王修智率省政协读书会全体人员参观考察日照海滨国家森林公园。

7月31日 国家环保总局局长解振华、副省长赵克志一行到东港区日照海滨国家森林公园考察。

8月13日 全国村务公开协调小组成员、中纪委驻民政部纪检组长张印忠到东港区视察村务公开民主管理工作。

10月2日 国家环保总局副局长潘岳到东港区考察生态建设。

10月3日—5日 省长韩寓群到东港区考察民俗旅游。

10月8日 全国人大农业与农村委员会主任委员刘明祖一行到东港区高科技工业园视察。

10月18日 中共中央政治局常委、全国政协主席贾庆林，全国政协秘书长郑万通，中共中央台湾工作办公室主任陈云林等，考察东港区农业高科技示范园。

11月23日 全市防控高致病性禽流感工作调度会议在东港区召开。

12月5日 全区3个街道32个村居更名为社区。

12月20日 全省公安队伍正规化建设现场会在东港召开，与会人员先后参观涛雒派出所、分局综合警务大厅和黄海路、大学科技园派出所。

12月23日—24日 省委保持共产党员先进性教育活动巡查组到东港区检查督导。

2006年

1月1日 全区取消农业税费。

2月14日—16日 东港区政协七届四次会议在区政府小会堂召开，补选马绪文为区政协主席。

2月15日—17日 东港区十五届人大四次会议在日照电影院举行，选举梅志强为区人大常委会主任，郑加贵为区长。

3月 省政府批准日照市高新技术科技工业园区为省级开发区。

4月17日 中共中央政治局原委员、国务院原副总理、全国人大常委会原副委员长姜春云，省人大常委会副主任陈延明，到日照海滨国家森林公园视察。

5月17日下午 省委组织部和市委决定：市委常委张永霞任东港区区委书记、区委党校校长。

5月30日 北沿海公路扩建工程开工。10月1日建成通车。

6月22日 万宝集团在两城至秦楼一带海域放流牙鲆鱼苗10万余尾、中国对虾苗2500万余尾。

7月16日 公安机关召开大会，将近期在打击盗窃汽车专项行动中缴获的24辆汽车，返还失主。

8月3日 市、区环保部门会同公安、工商、电力等部门，依法对陈疃镇两家石材污染企业实施关停。

同月 由日照市纳米所研制的果蔬保鲜液膜及保鲜网套袋顺利通过省级专家验收，该项目填补了国内纳米技术在保鲜网套应用上的空白。

9月11日 国际470帆船联合会主席爱沙特、普瑞斯理到涛雒镇参观。

9月20日 省委副书记高新亭到东港区基层单位了解新农村建设情况。

9月22日 中国人民解放军总后勤部原政委周克玉上将到东港考察。

11月2日 农业部副部长牛盾到东港区视察农业龙头企业和农业标准化生产情况。

同日 省军区参谋长金培昌等到东港区视察征兵工作。

12月3日 全国供销总社党组副书记王君到东港调研“万村千乡”工程建设情况。

同年 “五彩”地瓜由三庄镇农业科技推广站站长、高级农艺师张佃文试种成功。

同年 全区土地流转面积777.3公顷，占耕地总面积的9.8%。

同年 两城遗址、东海峪遗址被公布为“全国重点文物保护单位”。

2007年

1月15日—17日 中共东港区第十二次代表大会在市会展中心召开，张永霞当选为区委书记。

3月5日—8日 东港区政协七届五次会议在东港区政府小会堂召开。

3月6日—9日 东港区人大十五届五次会议在市会展中心召开。

3月11日 省委书记李建国，省委常委、省委秘书长王敏到东港区调研。

4月7日 省军区政委张秉德到东港区人武部检查指导工作。

4月11日 全区机关、事业单位在职工作人员工资制度实行重大改革，并从1月开始发放“阳光工资”。

同月 “村务大事村民公决制度”接受全国村务公开制度化成果检查验收组验收。

6月 东港区村务公决制度获首届全国村务民主管理制度创新奖。

7月5日 中共东港区委召开十二届二次全委会。

9月15日 中华供销合作总社理事会常务副主任周声涛，代省长姜大明，副省长贾万志到东港区就完善农村社会服务进行调研。

9月19日—20日 东港区遭受强台风“韦帕”袭击，直接损失2510余万元。

10月27日 东港区举行学习中共十七大精神专题报告会。

12月7日—10日 东港区政协八届一次会议在区政府小会堂召开，选举马绪文为区政协主席。

12月8日—11日 东港区十六届人大一次会议在市会展中心召开，选举解学文为区人大常委会主任、郑加贵为区长。

同年 全区实现所有行政村通柏油路和水泥路的目标。

第一编

建置区划

第一章　建置

东港区地处山东东南沿海，是在原日照市(县级)的建制基础上设立的。西汉设置海曲县时，奠定境域基础。2000多年来，隶属多变，但境域较少变动。新中国成立后的40多年间，境域基本稳定。东港区设立10年后，8个乡镇(街道)划归岚山区，东港区境域逐渐缩小。

第一节　位置

东港区位于山东省东南部，日照市东部。东濒黄海；西连莒县，南与岚山区临界，北与五莲县及青岛胶南市接壤。地理坐标为北纬35°12′～35°36′，东经119°04′～119°39′，东西长51千米，南北宽42千米，海岸线57千米，陆域面积1030平方千米。

东港区政府驻地位于日照市海曲中路(原日照县治所)，地理坐标为北纬35°25′35″，东经119°27′13″。东至大海10千米，西至莒县城59千米，西北至省会济南259千米，西南至莒南县城63.5千米，至临沂市109千米，南至江苏省赣榆县城72.5千米，至连云港市94千米，北至五莲县城47.5千米，东北至胶南县城70千米、至青岛市区108千米。

第二节　建置　沿革

东港区由日照市(县级)更名设立。“日照”之名源于北宋元祐二年(公元1087年)。明朝嘉靖《青州府志》记云：“以濒海日出处故名”。清康熙十一年《日照县志》记载：日照以“日出先照，故名”。

夏商时期，日照属东夷，亦称人方。西周至战国前期属莒国。鲁哀公二十二年(公元前473年)，越王勾践灭吴，鲁哀公二十七年，徙都琅邪(今山东胶南市)，日照归越。楚简王元年(公元前431年)，楚北伐灭莒，以莒为邑，日照属楚，后属齐。

秦时，日照属莒。西汉时置海曲县(故址在今东港区大古城东南岭)，属徐州刺史部琅邪郡。王莽新朝天凤四年(公元17年)，吕母率起义军毁县衙、杀县宰，海曲县废。西汉元帝时改置昆山县(故址在今五莲县境内)。东汉建武十三年(37年)，废昆山县建西海县，属徐州刺史部琅邪国。三国时，魏废西海县并入莒县，属青州刺史部城阳郡。东晋时属东莞郡莒。

北魏孝庄帝永安二年(529年)，置梁乡县(故址在今东港区两城镇)，属胶州东武郡。北齐废梁乡县并入莒县，属南青州义塘郡，后改属东安郡。北周，复属义塘郡。

隋，属琅邪郡。唐及五代时，随莒县属河南道密州(高密郡)。北宋元祐二年(1087年)，置日照镇，仍属莒县。次年划归胶西县(今胶州市)，属京东东路密州。

金大定二十四年(1184年)，日照镇升为日照县，属山东东路密州所辖。元属中书省益都路，明属山东布政使司青州府莒州。洪武十七年(1384年)置安东卫，下设前、后、左、右、中五所，石臼所为“后所”。

清初沿明制。雍正八年(1730年)，莒州升为直隶州，辖日照县。雍正十二年日照属沂州府。乾隆七年(1742年)，安东卫并入日照县。

1913年，日照县隶属胶东道。1925年，日照县改属琅琊道。1928年，直属山东省政府。1936—1948年属国民政府山东省第三行政督察区。

抗日战争爆发后，1940年3月成立日照县抗日民主政府，初属中共鲁东南地委领导，1941年1月属莒日(照)临(沂)赣(榆)四县联合办事处(不久改称滨海各县行政联合办事处)领导。1941年8月属滨海专区。1943年8月析置日(照)北县，属滨海专区滨北行政区。1944年6月属滨海专区第三(滨中)行政区(亦称滨中行政区，1945年4月改称滨海行政区第三专区)。1945年9月撤销日北县，1个区并入诸城，4个区并入藏马县，其余划归日照县。1946年4月日照属滨海行政区第二(滨南)专区。1948年7月属鲁中南行政区第六专区(1949年7月改称鲁中南行政区滨海专区)。

中华人民共和国成立后,日照县于 1950 年划归沂水专区。1953 年 8 月,属胶州专区。1956 年 5 月,属临沂专区(1967 年改称临沂地区)。1985 年 3 月 22 日,经国务院批准撤销日照县设立日照市(县级),仍属临沂地区。

1989 年 6 月,日照市升为地级市。1992 年 12 月 7 日,以日照市所辖区域设立东港区。1993 年 1 月东港区正式对外办公。东港区为日照市政府驻地区。

第三节　境域

西汉置海曲县时,县境东濒海,西邻莒,南界赣榆,北至诸城县,西北界昆山。据清康熙《日照县志》载:金大定二十四年(1184 年),日照县境域东至石臼岛,西至莒州界九里坡,南至江苏赣榆界汾水岭,北至诸城县界梁乡,东南至岚山头,西南至莒州界坪上,西北至膏泽接诸城界,东北至王家滩接信阳场界。

明洪武年间(1368 — 1398 年),为防倭寇,于县南置安东卫。其境东至海,西至汾河(绣针河),北至梅园,南至荻水。其城池、民社、学校、钱粮与州县同。清乾隆七年(1742 年),安东卫建置撤销并入日照县,仍存卫籍。

1941 年春,县抗日民主政府控制的抗日根据地,自碑廓至安岚东西 15 余千米、南北 5 余千米。为开展抗日斗争,滨海专署将莒南县团林等几十个村组建团林区,划归日照县,1942 年 9 月划回。1942 年 5 月,将赣榆县的汾阳区(柘汪以北)划归日照县。1943 年春,汾阳区与安岚区合并为汾岚区归日照县所辖。1943 年 5 月,将莒南县的壮坊、薛庆两区划归日照县,1945 年 9 月划回。1943 年 8 月,建立日北县,辖区包括原属日照县的一、三、五、七区的大部村庄。1945 年 10 月,日北县撤销,建立藏马县,原属日照的一、五、七区所属村庄划回日照县。1947 年 5 月,建立五莲县,原属日照县的第三区(街头、洪凝等村庄)划归五莲县。

1945 年 1 月,建立莒山县,碑廓、汾岚等区划归莒山县。同年 10 月,莒山县撤销,碑廓、汾岚等区复归日照县。

1953 年 1 月,赣榆县划归江苏省。同年 10 月,将原汾岚区(八区)所辖的 14 个村庄,除汾水、小张家庄外,绣针河以南的 12 个村庄划归赣榆县。此后至 90 年代初,日照县境域无变化。

1992 年 12 月 7 日,地级日照市设区带县,将原县级日照市所辖区域设立东港区。区境东至黄海,西至黄墩镇大朱洲,接莒县界,南以绣针河与赣榆县为界,北至南湖镇会稽山,接五莲县界。2004 年 9 月,日照市设立岚山区,东港区所辖 8 个乡镇、街道划入岚山区。2004 年 10 月,东港区辖 3 个街道、7 个镇。区境东至黄海,西至三庄镇旗杆顶山,接莒县境;北至南湖镇会稽山,接五莲县境;东北至两城镇王家滩,接胶南市界;南至涛雒镇西林子头村、嶝山,接岚山区界。

第二章　行政区划

明代以前的行政区划典籍记载很少。明清以后记载比较详细。历史上行政区划的变更,与当时的政治经济发展密切相关。

第一节　乡、里(社)制区划

明代县以下的行政区划,实行乡、隅、里、甲制,乡设乡约,隅设隅头,里设里正(也称里长),甲设甲首。据明万历十八年(1590 年)《日照县志》记载,全县分 4 乡、8 隅、92 里。

清乾隆年间,改为乡、社制,据乾隆二十三年(1758 年)《青州府志》载,全县分 1 个镇、5 个店、4 个乡、84 个社。1 个镇是夹仓镇;5 个店是莲汪店、河山店、傅疃店、涛雒店、风火店;4 个乡是:城东安仁乡,辖 22 个社;城西观兰乡,辖 20 个社;城南进贤乡,辖 21 个社;城北洪宁乡,辖 21 个社。

清朝末年,实行乡、社、村制。据光绪十一年(1885 年)《日照县志》载,全县分关厢(城关)、东乡、南乡、西乡、北乡,共辖 81 个社、838 个村。分别是:

关厢(城关)辖太平社 7 个村。

清康熙十一年(1672年)《日照县志》记载的乡里划分情况表

表 1-1

乡名	隅 名	里 名	乡名	隅 名	里 名
安仁乡	笃孝一隅	太平里、龙汪里、湖水里、董家庄里、郑家庄里、沙沟里、石河里、青泥里、黄家庄里、城前里、思仁里、申家泊里(久废)	进贤乡	竭忠一隅	纪家庄里、涛雒里、高兴里、魏家庄里、水车沟里、赵家庄里、岚山后里、刘家寨里、潘家庄里、马家疃里、来宾里
	惇悌一隅	坊郭里、沈家庄里、黄山前里、团岭里、相家庄里、石臼里、山后里、石桥里、河山前里、萝花前里、勤义里		惇信一隅	巨峰里、司官庄里、辛兴里、柳家庄里、丘子峪里、袁家庄里、土山里、从善里、吕家疃里、丘后里、效忠里、辛留里、石梁里
观兰乡	崇礼一隅	北疃里、沈疃里、高家庄里、孙家庄里、黄墩里、蒲汪里、车疃里、刘三公里、花崖里、石沟崖里、王家寨里、曲河里(久废)	洪宁乡	清廉一隅	迟家庄里、北湖里、街头里、风台里、徐仙庄里、镇头里、吴家庄里、高鲁里、石墩里、水城泊里、鲍疃里
	尚义一隅	夹仓里、西河里、马家庄里、邵疃里、辛庄里、仲家庄里、尹家庄里、傅疃里、陡沟里、大化里、大顺里(久废)		贵耻一隅	东庄里、中疃里、傅家庄里、仲因里、秋岭里、水泉峪里、献丘里、丘村里、潘村里、郭村里、乐业里

东乡(旧名安仁乡),辖20个社、178个村:团岭社6个村,莲村社12个村,河山社7个村,勤义社17个村,城前社9个村,萝花前社11个村,梁乡社5个村,龙王社并入湖水社10个村,沙沟社4个村,黄家庄社5个村,石河社6个村,青泥社12个村,董家庄社9个村,郑家庄社14个村,东所社17个村,山后社8个村,两河社12个村,夹仓社8个村,思仁社6个村。

南乡(旧名进贤乡),辖24个社、283村:坊郭社10个村,刘家寨社17个村,仲家社7个村,尹家庄社15个村,涛雒社16个村,魏家庄社15个村,纪家庄社17个村,赵家庄社9个村,南山后社8个村,高兴社24个村,石梁社21个村,吕家疃社13个村,水车沟社8个村,潘庄社6个村,安东卫社13个村,碑廓社10个村,司官庄社9个村,袁家庄社8个村,和庄社7个村,柳家庄社7个村,土山社8个村,辛兴社16个村,巨峰社9个村,邱后社10个村。

西乡(旧名观兰乡),辖19个社、212个村:邵疃社15个村,马庄社7个村,乐义社9个村,花崖社13个村,辛庄社18个村,黄墩社4个村,蒲汪社18个村,石沟崖社17个村,高家庄社21个村,孙家庄社16个村,刘三公社4个村,王家寨社并入沈疃社8个村,北疃社22个村,皋陆社11个村,陈疃社5个村,鲍疃社5个村,代疃社11个村,相家庄社8个村。

北乡(旧名洪宁乡),辖17个社、158个村:沈马庄社13个村,北湖社8个村,徐仙庄社10个村,迟家庄社9个村,丰台子社8个村,镇头社8个村,石墩社8个村,街头社17个村,东庄社14个村,中疃社7个村,仲因社7个村,秋岭社7个村,水泉峪社6个村,郭村社9个村,傅间疃社6个村,邱村社11个村,咸邱社10个村。

为方便钱粮征收,乡下设牌,每乡分4牌,牌设牌头,每牌辖4至6个社不等,全县共分16个牌。

此后,4个乡所辖区域又有所变动。

第二节 区(镇)、乡村区划

1912年，县地方自治筹办处将全县划为15个区，分别是：城区、坊廓、街头、洪凝、夹仓、涛雒、安东卫、碑廓、石臼所、皋陆、两城、巨峰、沈疃、三庄、黄墩。每区设议事会。原有乡、社仍旧保存。

1931年，将15个区并为7个区，共辖162个乡、19个镇、1083个村。以城区为第一区，涛雒、夹仓为第二区，街头、洪凝为第三区(今属五莲县)，安东卫、碑廓为第四区，石臼所、两城为第五区，巨峰、黄墩为第六区，沈疃、三庄为第七区。

抗日战争初期，日照县国民政府仍沿用原7个区的建置，辖23个乡镇、1050个村。

1940年3月，中国共产党领导的日照县抗日民主政府成立，以原区划为基础，建立了7个区。同年，根据斗争形势的需要，在旧区划的基础上新划出第八区(碑廓)和第九区(黄墩)。1941年5月，将莒南县的团林区划归日照。1942年9月，中共日照中心县委建立，将原有区划适当缩小，并以地名称谓。先后新建立虎山、高兴、大坡等区，并将莒南县的薛庆、址坊两区划归日照。至1944年年初，全县共有碑廓、汾岚、虎山、涛雒、高兴、巨峰、大坡、太平、沈疃、薛庆、址坊、黄墩等12个区。

1945年9月，日本无条件投降，全县光复。在民主政府管理下，薛庆、址坊划回莒南，原属日照县的三庄、南湖、河山等地划回日照。全县共分16个区、1个镇，即日城、丝山、河山、奎山、涛雒、虎山、汾岚、碑廓、巨峰、大坡、高兴、太平、沈疃、南湖、三庄、黄墩及石臼镇。1946年又划为14个区、1个镇、1021村。

1947年6月，全县并为8个区、1个镇、72个乡，即城北、城奎、涛雒、圣岚、巨峰、望海、沈疃、芦山区和石臼镇。

1948年4月，全县共分12个区，即城关、城北、城东、石臼、奎山、涛雒、安岚、碑廓、巨峰、望海、沈疃、芦山区。

1956年日照县区、乡设置情况表

表1-2

区名	辖乡数(个)	乡名
河山区	15	河山、萝花、青岗、白石、东屯、朱岭、暖程、横岭、高家、隋坡、黄沙、两城、关帝、卞庄、沙沟
吴台区	6	吴台、王家滩、殷庙、海滨、墩子、淦沟
丝山区	17	山前、松园、贾庄、屯沟、七里、后楼、莲村、大村、山庄、荷疃、湖西、营子、屯岭、明望、大洼、丝山、庙山
奎山区	17	崮子、松园、两河、河套、沙墩、大岭、奎北、石场、奎东、十里、孔郭、平台、王楼、芳沟、所西(所西乡1956年属石臼镇，区划归奎山区)、张成、小庄
涛雒区	11	桥东、东湖、栈子、林东、刘庄、小海、涛雒、山后、李台、夹仓、金沟
磴山区	15	李潭、水木、石梁、赵羊、下元、高旺、大沟、磴山、泥田、朱家、虎山、水车、崔阳、罗黄、桥南
安岚区	8	大村、安东卫、潘海、砚台、童海、甜水、岚山、韩营
碑廓区	14	潘仁、山西、碑廓、甫田、辛兴、朱曹、石元、郇峰、丁王、大湖、田林、义合、四合、汾水
巨峰区	22	青墩、七合、小坡、马疃、巨峰、土山、辛庄、山口、花峪、王家、朱庄、赵刘、辛留、邱后、山旺、大坡、马庄、草坡、邢宅、崖头、秦庄、黄埠

续表 1-2

区名	辖乡数（个）	乡 名
望海区	18	牟村、尧王、高兴、大屯、小屯、向阳、炕头、官庄、皋陆、曲河、山河、邵疃、将帅、代疃、古城、马岭、后村、焦山
南湖区	15	沈马庄、战家、北湖、明照、上湖、上坳、下湖、宅科、空冲水、阚城、卜落、南湖、马陵、尹家河、彭家河
沈疃区	17	陈疃、沈疃、娄家、鲍疃、石墩、花崖、花园、大石头、圈惠、炮楼、响水、滕家、荻竹、张古庄、高陈、竖旗、北疃
三庄区	14	蔡庄、石贺、官岭、石旺、邱前、崮崖、刘家、官山、陈李、匡涧、吉洼、龙泉、三庄、台楼
黄墩区	13	田仁、浮棚、高疃、黄墩、辛庄、粮山、辛蒲、孔河、滩井、草涧、栗山、卢涧、陈坡

1950年5月，全县划为16个区、1个镇，共229个乡。分别是：城关、河山、两城、城东、石臼、奎山、涛雒、安岚、碑廓、巨峰、高兴、山河、南湖、沈疃、三庄、黄墩区及城关镇。不久，区按序数排列称谓，即第一区(城关)、第二区(河山)、第三区(两城)、第四区(城东)、第五区(石臼)、第六区(奎山)、第七区(涛雒)、第八区(安岚)、第九区(碑廓)、第十区(巨峰)、第十一区(高兴)、第十二区(山河)、第十三区(南湖)、第十四区(沈疃)、第十五区(三庄)、第十六区(黄墩)。

1952年12月，区划调整，全县共16个区4个镇。由第五区、七区、八区分别划出石臼、涛雒、岚山3镇，调整后全县共设222个乡。

1956年1月，调为14个区、2个镇、202个乡、1021个村。2个镇是日照镇、石臼镇。

1958年1月，撤区建乡，改为26个乡、3个镇(直接领导村)，分别是：莲村、河山、两城、刘家楼、秦家楼、奎山、夹仓、涛雒、下元、虎山、安东卫、朱曹、碑廓、巨峰、大坡、高兴、马庄、将帅沟、南湖、下湖、沈疃、响水河、三庄、竖旗、黄墩、粮山乡和城关、石臼、岚山3个镇。

附：伪日照县公署区划

日军侵占日照后，1939年9月，伪日照县公署成立，隶属于伪鲁东道公署，1940年6月后隶属于伪沂州道公署。伪日照县公署成立后，先后扶植、设立4个伪区公所，10个伪乡(镇)公所，并实行保甲制。至1941年，共控制4个区、11个乡、402个村，建立156个保、1429个甲。伪第一区，辖太平、南湖、皋陆3个伪乡公所；伪第二区辖涛雒、高兴、栈子3个伪乡公所；伪第五区辖石臼镇(后改为东吕和石臼两个乡)，两城、河山3个伪乡公所；伪第七区，辖沈疃、三庄两个伪乡公所。1945年春，日军侵占大坡区石嘴子后，建立大坡、马庄两个伪乡公所，抗战胜利后，全部倒台。

第三节 公社区划

1958年8月，将全县29个乡镇改划为25处人民公社，实行“政社合一”，名称是：红星(城关)、爱国(莲村)、东风(两城)、海滨(刘家楼)、明星(秦家楼)、灯塔(石臼)、五星(奎山)、金星(夹仓)、海生(涛雒)、磴山(下元)、庆丰(虎山)、海洋(安岚)、前进(朱曹)、英雄(碑廓)、卫星(巨峰)、跃进(马庄)、红旗(高兴)、将帅(将帅沟)、先锋(南湖)、高峰(下湖)、和平(沈疃)、日光(响水河)、幸福(三庄)、宝山(竖旗)、甲子山(黄墩)人民公社。

1959年2月，合并为19处人民公社，分别是：城关、两城、丝山、石臼、奎山、夹仓、涛雒、下元、虎山、安岚、碑廓、巨峰、高兴、马庄、南湖、下湖、西湖、三庄、黄墩人民公社。每个公社下设若干个管理区。1959年12月，撤销夹仓人民公社，建立金沟人民公社，1962年6月又并入石臼人民公社；同时从西湖人民公社划出部分生产大队设立陈疃人民公社。

1963年1月，经第四届县人民代表大会讨论通过，缩小公社规模，改19处人民公社为15个区，区以下建立102处人民公社(称小公社)。

1963 年日照县区、公社设置情况表

表 1-3

区　名	辖公社数	公社名称
两城区	7	两城、安家村、河山、萝花、沙沟、青岗、王家滩
丝山区	7	刘家楼、殷家庙、张家台、大洼、秦家楼、湖西、屯岭
城关区	7	城关、十里、山庄、七里、山前、莲村、将帅沟
石臼区	4	石臼、金沟、管家村、臧家荒
奎山区	6	夹仓、平台、松元、小庄、两河、石场
涛雒区	10	涛雒、东湖、廒头、小海、栈子、水木、下元、李潭、结庄、刘庄
安岚区	8	虎山、梭罗树、稍坡、桥南、汾水、安东卫、童家庄子、岚山
碑廓区	6	辛兴、碑廓、大湖、甫田、潘庄、朱曹
巨峰区	7	巨峰、青墩、大坡、土山、山旺、山口、卜落
马庄区	7	马庄、崖头、焦家集子、皋陆、山字河、邵疃、陈家沟
高兴区	4	尧王、向阳、范家村、大屯
西湖区	6	响水、花园、大石、范家庄、陈疃、马安
南湖区	9	战家、南湖、代疃、彭家河、明照、鲍疃、上湖、下湖、凤凰庄
三庄区	8	石沟崖、竖旗、官庄、匡涧、战家沟、石墩、三庄、高庄
黄墩区	6	粮山、黄墩、辛庄、葛疃、草涧、张家沟

1971 年 3 月，撤区改社，全县改建为 21 处人民公社：城关、河山、两城、丝山、石臼、奎山、涛雒、虎山、安岚、碑廓、巨峰、大坡、高兴、马庄、南湖、下湖、陈疃、西湖、三庄、竖旗、黄墩。原 102 处小公社改称管理区，直属人民公社领导。

1981 年春，将安岚公社划分为岚山头和汾水两处公社。1982 年 1 月，城关和石臼由公社改为镇。1984 年 4 月，将岚山头公社改为岚山头镇。

第四节　村居(社区)区划

1984 年 6 月，撤销人民公社，设立乡、镇。将日照县辖石臼镇和丝山、奎山两处公社以及城关、两城部分生产大队划分为 8 乡 1 镇，设立临沂行署石臼港办事处(县级)。将县辖其他社镇改称区，区下辖乡，共设 19 个区、59 个乡、5 个镇。

1985 年 3 月，撤县改市。全市划为 1 个办事处即石臼办事处；9 个镇：日照、两城、涛雒、汾水、岚山头、碑廓、巨峰、黄墩、三庄；12 个乡：竖旗山、东陈疃、南湖、下湖、河山、丝山、西湖、小后村、奎山、高兴、大坡、虎山。

1988 年 4 月，石臼办事处改为石臼街道；撤销日照镇，设立日照街道；撤销岚山头镇，设立岚山头街道。

1989 年 6 月，日照市由县级市升格为地级市。年底，地级日照市划为 3 个街道、7 个镇、12 个乡。

1992 年 12 月，东港区设立，以原日照市(县级)的行政区域作为东港区的行政区域。辖 3 个街道、7 个镇、13 个乡、1095 个村居。

日照街道

辖 12 个村居、88 个行政村、93 个自然村：

日照南路居民委员会(城关一村、自卫村)、长青街居民委员会(城关二村)、文华街居民委员会(城关三村)、利民街居民委员会(城关四村)、兴安街居民委员会(城关五村)、东关南路居民委员会(城关六村)、兴海路居民委员会(城关七村)、正阳路居民委员会(城关八村)、营子街居民委员会(城关九村、营子)、日照北路居民委员会(城关十村)、海安路居民委员会(城关十一村)、东关北路居民委员会(城关十二村)。后时家官庄(包括北山、西南岭)、花家院(包括大林)、大桃园、后山前(包括后山、中山、红留石)、前山前、前时家官庄、郭家村、小桃园、辛家庄(辛庄子)、三柱山、陡岭子、上李家庄子、下李家庄子、贾庄、北大村(大村)、费家河、范家河、杜家村、高岭(高坪岭)、林家村、小莲村、北小庄子、大莲村、张家楼、相家湖、后九条沟、前九条沟、厉家顶子、解家岭、罗家城子、山庄、北杨家洼(杨家洼)、北小湖(小湖)、杨行、黄家河、时家村、西安吉庄子、七里河子(包括3个行政村)、新村、东安家庄子、郑家顶子、田家窑、屯沟、楸齐园(棘子园)、向阳河、大石桥(石桥)、店子、迟家村、文化村(大庙后)、后楼(肖家楼)、前五里河、西五里河、东五里河、杨庄(杨家庄子)、后将帅沟、前将帅沟、东将帅沟、大古城、小古城、烟墩岭、东十里铺、西十里铺、前十里铺、相家庄、合村、尧沟、接官亭(红卫村)、大香店、小香店、许家楼、后鹅庄、前鹅庄、万家岭、姜家村、小岭南头、后崮子、前崮子、别家村、小李家村、申家村(申家窝落)、大李家村、张郭村(包括张家村、郭家村)、沙墩、小石场(崔家庄)、大石场、大韩家村(韩家村)。

石臼街道

辖15个居、34个行政村、35个自然村：

振兴路居民委员会(石臼一村)、新港路居民委员会(石臼二村)、海滨四路居民委员会(石臼三村)、海滨三路居民委员会(石臼四村)、黄海一路居民委员会(石臼五村)、海滨一路居民委员会(石臼六村)、海港路居民委员会(石臼七村)、观海路居民委员会(石臼八村)、海滨二路居民委员会(石臼九村)、文化路居民委员会(石臼十村)、石臼路居民委员会(石臼十一村)、黄海二路居民委员会(戴家村)、黄海三路居民委员会(马家庄)、海滨五路居民委员会(北张家村)、海滨六路居民委员会(北李家村)。大孙家村、林家滩、小滩、东韩家村(韩家村)、成家村、八里庄、小陈村(陈家村)、东海峪、山后一村(包括小山后)、山后二村、汪家台、宋家湖、小董家村、大董家村、东南李家村、季家村、刘家村、管家村、王母宫(东风)、车家村、西山前、东山前、相家台、金家沟、南张家村(张家村)、裴家村、路家沟、东李家庄子(李家庄子)、焦家庄子、刘家台、蕉柯庄、南岭、臧家荒、蔡家滩。

岚山头街道

辖4个居、13个行政村、18个自然村：

圣岚路居民委员会(岚山头一村)、海州路居民委员会(岚山头二村)、岚阳路居民委员会(岚山头三村)、环海路居民委员会(岚山头四村)。官草汪(观采汪)、杨家庄子、童家庄子(包括唐庄)、甜水河(包括赵家岭)、佛手湾(海防、佛手庵)、王家海屋、大阡里(包括苏家台子)、胡家林、戴家庄子、周家庄子、刘家海屋、秦官庄(秦家官庄)、王家庄子。

两城镇

辖58个行政村、48个自然村：

两城(分9个行政村,其中两城五村曾名潘家村、两城九村曾名夏家村,包括石门后)、苗王庄、后卞庄、前卞庄、安家洼(包括小苗家庄、斜屋)、大界牌、小界牌、红旗(关帝庙)、安门庄、竹园、东张家庄(张家庄)、瓦屋、王家滩(分3个行政村)、任家屯、联合村、大白石、小白石、张王庄(王家庄子、王家庄)、沟崖、安家岭、朱家窑、秦家村、王家窑、臧家窑、青岗沟、东屯、前河西、后河西、黑七门、安家村(分3个行政村)、泉子沟、东河南、西张家庄(张家庄)、西屯、曹家岭(曹家庄)、小王家官庄(王家官庄)、梁家林、小北庄、汪家村、殷家庙、肖家村、孙家官庄、秦家庄、普车沟、于家村、东南沟。

涛雒镇

辖75个行政村、63个自然村：

涛雒(分8个行政村)、田家园(挪庄)、宅科、北王家村(王家村)、东灶子、西灶子、尹家廒头(分3个行政村)、成家廒头、张家廒头、东川子(川子)、大洼(大洼村)、亚月(娅月村、包括高家岭)、右所、李家村(李家坨)、桥西头、桥东头、刘家湾、蒿岭(陈家蒿岭)、苗家村、竹家园(竹园)、李家潭崖、杨家洼(东沟)、丁家官庄(官庄)、松林(松林庄)、南店(东店)、马家村、宋家坨、沙岭子、王家村、小海、赵家庄子、大羊圈、东风(簸箕掌、吉掌村)、东石梁头(东石良)、西石梁头(西石良、王家庄)、庄家坨、小刘庄(刘家花园)、大刘庄(刘家楼)、侯家村、竹子河崖、朝阳(大黑七子)、小朝阳(小黑七子)、华山(小羊圈、包括兰家岭)、簸箕笃子、下元(分3个行政村,包括徐家档子)、上元(包括热窝)、崔家庄子、高旺庄、孙家营子、李家营子(葛家营子)、栈子分4个行政村,包括小栈子)、庄家村、大草坡、小草坡、郭家庄子、丁家营子、孙家村、曹家村(解家大村)、东南营(包括南沙岭)、西林子头、东林子头。

汾水镇

辖32个行政村、35个自然村:

汾水、安东卫(分东、南、西、北四个行政村)、前合庄、贾家湖、奎楼、陈家湖、辛庄子(包括邵家洼)、界牌岭、潘庄(分2个行政村)、仁家村、张马庄(张家庄子)、蒋家庄子(红星)、泉子庙(红卫,包括赵家园)、竹园村、苏家庄子、北门外(安东卫北山,包括祠堂、吕家沟)、车庄、李家庄子、荻水、南门外、石家庄子、卫东庄(东小庄、东门外)、卫东山(东山、东门外)、岚山孟(兰家瓮)、砚台西、后合庄(包括东山、小刘庄)、后合庄北山、义合村(聚合村)。

碑廓镇

辖64个行政村、67个自然村:

碑廓(分四个行政村)、南马家岭(马家岭)、南张家庄(张家庄)、大司官庄、小司官庄、田家寨(分两个行政村)、大朱曹(分两个行政村、包括十湾沟)、二朱曹、三朱曹、徐家林、郁家村、和平岭(朱曹岭)、岳家村、凤凰岭(凤凰庄)、张家岭、南杨家洼(杨家洼)、谢家荒、山西头(包括胡家沟、小挪庄)、林家庄、宋家岭(宋北山)、下湖村、西秋齐园、东秋齐园、林家坊子、向阳村(西北路、向阳)张家店子、辛庄子、曹家岭、曹家庄、北张家庄(张家庄,包括张北山)、南袁家庄(袁家庄,包括魏家庄)、石家庄、火石顶子、隋家岭、玉峰岭(郁峰岭)、西杨家庄子(杨家庄)、于家庄子(于家庄)、卫东(鸭子河)、东辛兴、西辛兴、大湖、马家湖、费家湖、小滕家庄、大滕家庄、宋家庄、甫田庄(包括吕家庄)、中杨家庄(杨家庄)、丁家庄(包括丁北山)、王家庄(包括口子里)、王家庄东山、西集后、东集后、小湖、小河口、大河口、后水沟、前水沟、傅家官庄。

三庄镇

辖36个行政村、58个自然村:

三庄(包括三庄南岭,分3个行政村)、上崮后(包括垛子崖)、下崮后(包括花朵子)、大沈马庄(包括拥子岸后坡、沙牛店沟、东沟、小松杆、棒锤石沟、桃园)、四亩地(包括大麦店)、龙泉官庄、窝疃(包括龙王上、郭家宅、撲牯地、教家沟)、上卜落崮(包括崮东头、大瓮)、下卜落崮(包括小刘家沟)、小卜落崮、建国(黑涧)、徐家沈马庄、三山前(筢子头)、双河村(顾家沟)、战家沟、陈家山前、台庄、惠家沈马庄、向阳沟(田家沟)、惠家下河、贾家沟、茂山、范家楼(包括桑园)、孙家庄子、后高庄、前高庄、西王家寨(小王家寨、许家岭,包括胡家疃)、邱前、大王家寨(包括南山)、齐家沟、泉子岭、小庄(包括柳行沟)、北陈家沟(陈家沟,包括石口后、东山)、李家沟(包括西沟)。

巨峰镇

辖57个行政村、64个自然村:

巨峰(分5个行政村)、后黄埠、西赵家庄(赵家庄子)、东赵家庄(赵家庄子)、前黄埠、东杨家庄(杨家庄,包括北山)、尚家庄、常家庄、李家庄(李家庄子)、郭家庄、秦家小庄(朝阳)、狮子河、刘家庄、厉家庄、西青墩(青墩)、蒋家庄、水洪沟、梁家桃园(梁桃园)、贾家桃园(贾桃园、小桃园)、官家湖、马疃、平家村、水木头、孟家官庄、柳古庄、相家楼、六甲庄、北卜落(河北)、小官庄、相家峪(相家楼南山)、肖家峪、罗川沟、郑家大沟、石门(韩家沟)、大官庄(包括小沟、东山、米白山)、邹北岭、邹家庄、新华(院村)、巨峰河西(庄家村)、长青岭(大洼,包括小王家庄)、后屯、前屯、大荒、莲花峪、石桥、大王家沟、纪家沟、小王家沟、刘家沟(包括郑家峪)、沟洼(包括平山子、南山)、山峪(山口,包括闻家顶子、大沟崖、马家山子、东南山)、西卜落、大卜落。

黄墩镇

辖54个行政村、75个自然村:

黄墩(分4个行政村,包括杨家沟、黄墩北山、黄墩四村南山)、上大峪(包括西河)、草涧(草涧子,包括西山)、谢家沟、下大峪、西石山、东石山(包括南后崖)、寺后、红卫村(斜屋)、孔家沟、孔家口子、孔家庄子、张家沟、侯家沟(包括北山)、南庄(包括西北沟)、任家董旺庄(任家董旺,包括尖子山前)、田家董旺庄(田家董旺,包括张家董旺庄)、高家、小邵家沟(邵家沟)、北塔岭、辛庄、小刘家沟(刘家沟)、大朱洲、小朱洲、粮山口(分3个行政村,粮山口、西山、车岭)、凌家滩井、赵家滩井、秦家滩井、南塔岭(包括蒋家山)、姚家沟、后崖、上河、姜家沟(粮山四村)、下双疃、上双疃、田家沟(包括扁墩、鹰山前)、崔家沟、后大坡(大坡)、台子地(包括大坡沟)、陈家官庄(包括唐子顶)、芦涧、葛疃(包括山家村)、辛蒲汪、单家沟(包括庙前沟)、南陈家沟(陈家沟,包括相家沟、陈家沟东山、柿树沟、西口子后、大洼)、孙蒲汪、张蒲汪(包括南山)、黑家沟、李家官庄(包括五家子沟)。

丝山乡

辖64个行政村、69个自然村:

秦家楼、吴家台、秦家官庄、竹溪村(包括山东头)、卧龙村(羊卷、羊圈)、肥家庄、任家台、窝落子、松竹村(雹泉庙)、庙山后、双庙(包括金家湖、西南台子)、杨庄子(杨家庄子)、苏家村(包括北山)、刘西楼、刘东楼、小陈家村、大陈家村、山口、厉家村、庙山前、后官庄(包括石厘)、陶家村、富荣村(小泾沟)、路家村、东小庄(小庄、乔家屯)、李家台、巩家岭、后团岭埠(后团林铺,包括时家林)、前团岭埠(前团林铺)、北刘家村(刘家村)、前官庄、冯家沟、前滩西、后滩西、乔家墩子、王家皂、大泉沟(大洼沟)、张家台、荷疃、田家村、西碌碡沟、东碌碡沟、新合村(小合疃)、后大洼(大洼)、前大洼(大洼)、厉家庄子、东王家村(王家村)、东小洼(小洼)、北苗家村(苗家村)、南小庄(小庄子)、高家岭、西明望台、东明望台、小卜家庵子、大卜家庵子、董家滩、高家村、小孙家村、南王家村(王家庄)、营子、沟南、庞家庄子、湖西头、滕家村。

东陈疃乡

辖38个行政村、51个自然村:

东陈疃、上蔡庄(包括上沟)、下蔡庄(包括石夫沟)、西石墩、东石墩、中石墩、石旺沟、滕家庄子、七里沟子、惠家官庄、许家洼、西陈疃(分四个行政村,四村包括孙墩子)、西尚沟(包括东山)、东尚沟(包括东北山、南山、迟家沟)、水陈坡、堰村(堰里)、北鲍疃、堰东岭、卞家庄(包括北岭)、南鲍疃、河东、南山、曹家官庄、沈疃一村(包括英子顶)、沈疃二村(马洪沟)、沈疃三村(包括凤凰台、王家寨南岭)、惠家庄(祝家庄)、城顶前、高家官庄、毛家庄、李家大沟、杨家山子、姜疃(包括北岭,曾用名蛤蟆汪)、石灰窑、北疃(包括南岭)。

南湖乡

辖51个行政村、60个自然村:

南湖(分4个行政村)、娄家沟、空冲水(包括西北山)、邵家沟、大王家庄子(王家庄子)、战家村(包括西山、花台子)、殷家坪、陈家村(包括朝阳贯)、小北湖(小河北,包括后大沟)、王家官庄、卜落子、大北湖(包括安子沟、西岭)、新风(李家官庄)、大山沟(白家沟)、大山前、王家大岭、安家庄子、报子沟、石龙口、西明照现(西明照县、西明照,包括马家岭)、东明照现(东明照县、东明照、朱家村)、庄头、花峡峪、樊家岭、西马陵前(包括东岭、风台子后)、东马陵前(包括下庄,秦家岭)、坳塘石子、北袁家庄(袁家庄)、丁家沟、许家庵、西沈马庄、东沈马庄、张庄子(张家庄子)、新合疃、彭家河(包括东山、西南岭)、弓山(包括北岭)、相家官庄、盛家代疃(盛代疃)、三合疃、共和疃(秦家洼)、官家岭、泉子头、西黄山前、中黄山前、东黄山前(包括山前、山后)、安家代疃(大代疃)、大长汪崖、小长汪崖(阎家湖)。

河山乡

辖59个行政村、66个自然村:

河山店、龙泉沟、刘家顺、萝花前(分3个行政村,包括萝花山)、龙泉庄(包括郭老沟)、杨家埠、相家岭、高家沟、木沟兰(梅桂兰)、环岭前、刘家官庄、小卞家庄、刘庄(刘家庄)、郭庄(郭家庄)、窦家官庄、牟家林(向阳)、大暖帐、小马庄(马家庄,包括刘家林)、撒牛沟、小暖帐(包括丁家庄)、程子沟(包括赶牛路)、岔路口、望台山、范家官庄、梁家官庄、费官庄(费家官庄)、茶庵、汪家官庄、漩沟子、北盘石(盘石庄)、大岭(大二岭)、侯家官庄、隋家官庄、荆家林、邱家官庄、草坡、小洼、大沙沟、卸甲庄、林前、甄家庄、韩家庄、柳行、城壕、前沙沟、窝落子、屯岭、小竹园、若家村(包括万家沟)、西黄家庄(黄家庄)、东黄家庄(黄家庄,包括党家)、新丰(黄山口、东山)、许家官庄、北松园(松园、沟洼)、申家坡、九山子、黄家屯。

西湖乡

辖40个行政村、64个自然村:

圈村(包括圈北、北花沟、西大沟)、北娄(北楼)、董家岭、大石头(包括西山、火石顶、大石头围子)、久固庄、北乐台、南乐台、小乐台一村、小乐台二村、南娄(南楼家)、柴家沟、铨元(包括石洋沟、惠地、西沟、梅家林)、大炮楼(大苞芦,包括西山)、大花崖(包括小窑、花沟、东沟)、马安、下栗山、小炮楼(包括西沟)、花园、小花崖(包括东山、西山)、小岭、上栗山、秋实园(楸齐园,包括椿树沟)、响水河(包括窑沟、北山)、顾家沟、竖旗岭(包括马金崖、东山)、韩家沟(包括东山)、申庄子、安子沟(安家沟)、爱国村(迴龙观,别名迴龙庵)、徐家庄子(徐家庄)、陈家庄、荻竹涧一村、荻竹涧二村、范家庄、河沟、袁家庄、张古庄一村、张古庄二村、张古庄三村、瞻埠潭(占卜潭)。

小后村乡

辖61个行政村、115个自然村:

小后村、小代疃(包括别家沟、小陈沟、河东崖)、贺家沟(包括西南沟)、东高家(高家沟,包括南山、芦家)、陈家沟、土谷涧、蔡家官庄、丁家皋陆(包括牛家庄、河南崖)、沙沟(包括西北山、西南沟、燕子沟)、马家店(麻荻店,包括西岭)、汉家皋陆(分3个行政村)、辛家皋陆(包括东南岭)、马家岭(包括马家庙)、东陈家沟、榛子埠、皂户沟(包括黄汪崖)、大后村(包括蟹子沟、放牛场、孙家沟、大沟)、荆家沟、西邵疃(大邵疃)、小邵疃、东邵疃(大邵疃,包括崔家)、李家洼、三合村、西山字河(包括南岭)、田家岭、中山字河、东山字河(包括北岭)、东小曲河(小曲河、东曲河)、曲河北岭、井沟、辛兴、大曲河、后马庄一村(包括草垛沟、东岭)、后马庄二村(包括南花沟)、焦家集(包括卫星营)、丁家院(包括土山子前)、寨山前(大山前、韩家寨山前,包括零落山西头)、石岭子、大竹园(竹园)、杏坊、曲河南岭、西小曲河(小曲河、西曲河)、石林子(石林村、石岭子)、前马庄一村(包括东山)、前马庄二村(包括青蛙沟、沙岭子、双山西头、狼窝沟)、北山西头(山西头,包括焦户山东沟、东岭、赶牛路)、丁家官庄(皮笊篱,包括郑家岭)、邢家沟(包括转山前、豪沟、北山、西北山、青棒沟、东北沟)、宅科二村、宅科三村(包括王仙涧、火石盖子)、石桥官庄(皮狐窝,包括爬垛前)、崔家峪(包括狼窝沟)、挪庄(包括西山)、崖头(包括小独垛子、老南场、大沟、北山、庙子岭)、团山子(包括马庄沟、高家)、独垛子(包括塘子沟)、西代家河(包括西北沟)、东代家河、西草坡(草坡)。

高兴乡

辖51个行政村、54个自然村:

北范家村、大屯(包括北山)、化龙村(蛇沟)、北家沟、后唐家河、白云村(许家大村、炕头)、汪家庄子、小屯(包括北山)、工农岭(阎家林)、合庄、大宋家庄、小宋家庄、丁家大村、河北崖、北台子、榛子崖、王家岭、棘子园、杨家山前(向阳北岭,包括大川)、前唐家河、卜家村、沈家村、南范家村、潘家洼、安家湖、厉家湖、东辛庄子、小芳沟、大芳沟、向阳、川子、冯家庄、高兴岭(赵家府、高兴庙、田家村)、西牟家村(小牟家村)、东牟家村(老牟家村)、南草坡(草坡)、张家小庄、夏陆沟、南湖西头(湖西头)、訾家店、秦家庄(秦家店)、杨家庄、毕家村、申家庄、怀古村、张家庄子、南辛庄子、刘家尧王城、大尧王城、安家尧王城、王家楼子。

竖旗山乡

辖26个行政村、30个自然村:

竖旗山、西王家村(王家村,包括罗户庙)、邱家庄、孟家沟(曹孟沟)、贺庄、后石沟崖、张庄(张家庄子)、庞家店子、大刘家沟(刘家沟)、山东头、吉洼(包括横山前)、上夏家岭、大夏家岭、前石沟崖、高家庄子、陈家店、车疃、塔山、杨家官庄(杨家七可)、官庄、三河岭、板石、刘家庄子(包括大梁沟)、西高家沟(高家沟)、庙沟(偏坡)、讲合沟(包括十亩地)。

尹家河乡

辖31个行政村、52个自然村:

尹家河(包括古石岭、莫家岭、尹家沟)、隋家庄(杨家庄子)、万家坪、上湖(包括东北山、西岭)、马岭安、安子坪(包括西安)、樵业子(包括山前)、大宅科、小宅科(包括牟家沟)、于家北沟、上坳(包括安家林、王家沟东岭)、龙王沟(岭弯子沟)、下坳、上小城子、下小城子、徐家坪、苇沟、下湖(分3个行政村,包括东北山、东南山、东岭)、牟家官庄、石河口、大城子(包括东岭高垛前、老林沟)、阚家城子(阚城子,包括东沟)、石老山、罗圈崖、狮子岭(包括郑家沟)、杜家坪(包括马腿)、长林河(张林河)、凤凰庄(包括石山南头、岭东坡、张家东沟)、黄泥崖。

奎山乡

辖45个行政村、46个自然村:

刘家寨、孔家湖子、史家岭、琅墩坡(琅东坡)、西夏家岭(夏家村)、石河崖、晓岭、李村、魏家庄、平台(平头)、郭家湖子、大岭南头(分3个行政村)、岭二头、西河(三河社)、松园、东高家村(高家村)、丁家楼(包括西林)、朱家村、宋家窑、东夏家村(夏家村)、东石嘴子(石嘴子)、牟家小庄(小庄子,包括北树)、崮河崖、徐家村、南屯岭(屯岭)、后两河、前两河、东两河(石山子)、许家园(仲家庄)、青墩、申家楼、盘石庄、傅疃、西长河、东长河、河套、小古镇、大古镇(包括叉河口)、夹仓(分4个行政村,包括南树、江南)、费家村。

大坡乡

辖34个行政村、42个自然村:

大坡(包括北岭)、邵家府、薄家口(包括口子沟)、后山旺(山旺)、后崖下(竹叶河,包括山里、西高墩)、前崖下(包括南岭)、李家大村(辛留北岭)、辛留、费家官庄、石嘴子(包括南岭)、赵家、刘家、后山北头、前山北头、前山旺(山旺,包括新村)、大岭、徐家庄、邱后、柿树园、西合庄(合庄)、吕家官庄(小官庄)、北河(土山北河)、丁吕土山(丁家土山、吕家土山)、土山东庄、车沟、小坡、辛庄(新庄)、丁家林(红卫村)、西土山(南小庄子)、大土山(李家土山,包括东南沟)、土山岭、土山河、张家沟、老龙窝(老牛窝)。

虎山乡

辖53个行政村、76个自然村:

虎山铺、四门口、秦家结庄、相家结庄、后姚沟、梭罗树(包括崔家庄子、黄家峪北沟、土珠子、申家林)、张家结庄(包括李家台子、长汪崖、上崖)、黄泥沟(包括安石沟、南大荒、小山前、虎山后)、郑家结庄(东南树)、泥田沟、陈家庄子(陈家庄)、黄家峪(土洼,包括郑家庄子、东北山、赵家庄子、韦家庄子、车子门口)、后水车沟、杨家村(杨家庄子)、桂山头(龟山头,包括团顶)、崔景阳(包括东台子、东南山)、小合坞、大合坞、东湖一村、东湖二村、东湖三村(小东湖、大沙岭)、西山(西山村,包括陈家顶子)、前水车沟、于家官庄、南孙家官庄(孙家官庄)、南夏家村(夏家村)、楼子底(红日、南楼子,包括大山前)、解放村、高家屯(高家村)、南李家村(李家村)、朱家官庄、申张村(申家、张家)、韩家营子、连家村、后稍坡、前稍坡、南马家村(马家村、窦家村)、龙王河、蔡家墩、董家湖、松树园、大尧沟、小尧沟、太平村(龟盖石,包括岭口)、桥南头、大庄子(苏家大庄子)、官山村(徐家村)、小村(包括上寺)、韩家村、大村(包括左家岭)、西潘家村、东潘家村、刘家小庄(刘小庄)。

前三岛乡

辖3个岛,4个行政村。

1993年5月,将原东港区辖岚山头街道、汾水镇、碑廓镇、虎山乡划出,设立岚山办事处,隶属于日照市。调整后,东港区辖2个街道,5个镇11个乡。

1995年3月8日,经山东省人民政府批准,奎山乡撤销,设立奎山街道;小后村乡、东陈疃乡、南湖乡、高兴乡撤销分别设立后村镇、陈疃镇、南湖镇、高兴镇。调整后,东港区辖日照、石臼、奎山3个街道,两城、涛雒、南湖、陈疃、高兴、后村、巨峰、三庄、黄墩9个镇,大坡、竖旗山、尹家河、西湖、丝山、河山6个乡。

1995年11月30日,丝山乡改为秦楼街道。1996年6月7日,根据山东省政府《关于同意日照市东港区河山乡、西湖乡撤乡设镇的批复》,将河山乡、西湖乡撤乡分别设立河山镇、西湖镇。东港区辖4个街道,11个镇3个乡。4个街道是:日照、石臼、奎山、秦楼。11个镇是:两城、涛雒、南湖、陈疃、三庄、西湖、高兴、巨峰、后村、黄墩、河山。3个乡是:大坡乡、尹家河乡、竖旗山乡。

2001年1月,进行乡镇规模调整,将大坡乡并入巨峰镇,尹家河乡并入南湖镇,竖旗山乡并入三庄镇,东港区辖4个街道,11个镇。

2003年,奎山街道整建制、石臼街道所辖的25个行政村、日照街道所辖的8个行政村划归日照经济技术开发区管理。

2004年9月9日,经国务院批准设立日照市岚山区。10月,将东港区所辖的高兴、后村、黄墩、巨峰等4个镇划归岚山区。

2007年底,东港区辖日照、石臼、秦楼3个街道,两城、涛雒、南湖、陈疃、三庄、西湖、河山7个镇。550个行政村,607个自然村,50个社区。村、居、社区名录详见镇(街道)编。

第二编

自然环境

东港区自然环境具有沿海与大陆多样性特点。境内海岸线长 57 千米，海域广阔，港湾岬角众多。区境陆域属鲁东丘陵区，地势为西高东低。有大小河流 180 余条，其中滨海水系入海河流 4 条。受海洋影响，全境属暖温带季风性大陆性气候。夏无酷暑，冬无严寒，年平均气温为 13.2℃。境内土壤为棕壤土类、潮土类、水稻土类、盐土类和风沙土类。作物植被面积为 27533 公顷。山岭适宜生长针叶乔木、阔叶落叶乔木，滩涂多生长灌草丛类与碱蓬丛类植被。20 世纪 60 年代后，域内十分重视并不断开展植树造林活动，用材林、经济林、沿海防护林数量增加、质量提高。至 2007 年，植被面积已近 6 万公顷，占全区总面积的 71.69% 以上。境内自然灾害主要为旱灾、水灾、海暴潮灾。新中国成立后，特别是中共十一届三中全会以来，境内海洋、河流、土地、矿山等自然资源得到科学、合理的开发利用，生态文明建设有序进行。

第一章　地　质

境内地质构造，属山东一级构造单元鲁东断块内部二级单元胶南隆起的一部分，位于沂沭断裂带东侧。出露地层有太古界、元古界、中生界、新生界。太古界胶东岩群的古老变质岩，披露面积 88588.5 公顷；日照城西岭、河山、会稽山一带，东部城东岭(昭阳路与海曲路交汇处昭阳路延伸段)、秦家楼、明望岭、石臼一带，大都为中生界青山组燕山晚期侵入岩，面积 37737.74 公顷；南部平原地区、诸河系阶地、滨海洼地为第四系全新统及零星更新统覆盖，面积为 65300 公顷。

第一节　地层

元古界

境内出露胶南群大山沟组地层，代表岩性为西部山区的片麻岩类。

根据岩性特征，大山沟组划分为上、下两段。

上段　主要出露于黄山、陈疃、三庄镇竖旗山以东。本段岩性以黑云母斜长变粒岩或黑云母二长片麻岩及浅粒岩夹斜长角闪岩为主，偶夹白云石英片岩或大理岩扁豆体。本段岩石经常受强烈的混合岩化，多混合为条痕状混合岩和细粒均质混合岩，部分混合为片麻状混合岩或细粒混合花岗岩，厚度大于 950 米。

下段　主要出露于陈疃东部、三庄镇局部。本段岩性复杂，上部为斜长角闪岩、角闪变粒岩与浅粒岩、黑云母变粒岩或黑云二长片麻岩夹层，有时夹大理岩；中部为黑云斜长变粒岩夹斜长角闪岩；下部为黑云斜长片麻岩夹斜长角闪岩。本段岩石普遍经受混合岩化，以中、下部为强烈，常混合为条痕状混合岩。部分混合为斑纹状混合岩，厚度约 943 米。

中生界

境内仅零星出露侏罗系地层和白垩系地层。

侏罗系莱阳组　境内出露极少，仅在三庄镇竖旗山贺庄西。为黄绿、灰绿及紫红色沙岩、页岩及砾岩，夹泥灰岩透镜体及炭质页岩，与元古界地层呈不整合或断层接触。

白垩系青山组　分布于三庄镇上崮后、下崮后，高家庄子、板石，涛雒镇东川子、涛雒西街，为一套火山岩系。主要有安山岩、玄武岩、粗面岩及火山碎屑岩等。厚度变化较大，与莱阳组呈不整合或假整合接触。

新生界

境内只发育第四系上更新统和全新统。

第四系上更新统　仅发育为坡积层。主要分布在刘家寨北岭、丝山北麓的秦家庄至普车沟一带。岩性以棕黄色黄土状沙质粘土、粘质沙土为主，夹少量碎石及砾石，间含铁锰结核，层理明显，厚度为 4 ～ 8 米不等。

第四系全新统　按其成因类型主要划分为冲积层、冲海积层和海积层以及湖积层。

冲积层主要分布于山间河谷及河流两岸区域，代表地层在傅疃河两岸和日照水库上游各河谷及两城河等流域。岩性以亚沙土、中粗沙夹砾石为主，沉积厚度 5 ～ 20 米。本地层为地下水主要贮存地层。

冲海积层主要分布两城镇王家滩至大沙洼

林场一带。本地层代表岩性以亚粘土粉细砂夹淤泥、泥沙互层为主，厚度 10 ～ 25 米。表现为盐碱涝洼地带。

海积层海拔 5 米左右的Ⅰ级海积阶地，表现为海积沙嘴、沙堤、沙滩及海湾泻湖堆积。主要岩性以中粗沙夹卵砾石为主，间有淤泥层及残贝壳碎片。石臼所一带夹有磁铁矿矿沙层，厚度为 5 ～ 10 米。本地层为沿海黄金海岸保护区。

第二节　构造

东港区基底构造以褶皱为主，断裂系统属扭性构造体系，为“多”字型构造形式。

褶皱

境内主要褶皱结构有丝山变质杂岩体褶皱。其形态多为复式背向斜。以等斜褶皱、倒转褶皱、紧密褶皱为特征。片理、片麻理与褶皱轴平行或基本平行，褶皱两翼地层往往缺乏对称性。背斜核部多系大山沟组地层或岩浆岩体组成，向斜轴部出露地层复杂，个别出露中生界地层。褶皱构造规模较大，是境内变质岩类地层的主要构造形式。

断裂

境内地质构造，主要受新华夏系第二隆起带的次级构造单元胶南隆起带的影响和制约，中生界岩浆岩的分布即受其影响。区域内的断裂，按其规模形态及力学性质，可分为早华夏系北北东—北东向压扭性断裂，与北北西向张扭性断裂。以陈疃—黄墩断裂、卜落崮—车疃断裂、三柱山—白云村断裂为主，控制了区域内岩浆岩活动形态。断裂分布较集中，产状变化较大，走向为 10°～ 58°，倾向为北西或北东，倾角为 60°～ 80°。主干断裂最长者达 20 千米，一般为 5 ～ 8 千米。常伴生次断裂，一般长 2 ～ 4 千米。

新构造不均衡的抬升及继承性活动，对区内海岸形态有着明显的控制作用。

第三节　岩浆岩

受胶南隆起岩浆活动的巨大影响，境内形成较大规模的侵入岩体。其岩体可划分为两大活动时期，即元古代桃科期和中生代燕山期。

元古代桃科期侵入岩

桃科期侵入岩在境内仅为零星出露，有酸性、基性、超基性岩类侵入。按其岩石受变质作用和混合岩化的影响程度，构造控制类型及其自身特征，划分为两个阶段，即月季山阶段和秦家庄阶段。

月季山阶段　侵入岩常呈群状分布，代表岩性以榴辉岩、超基性岩、角闪石岩和斜长角闪岩、混合花岗岩为特征。岩体规模较小，多侵入胶南群中下部地层中，常与片麻理、褶皱轴向一致，略具片麻状构造。

秦家庄阶段　侵入五莲群，被中生界莱阳组覆盖。有秦家楼交代式花岗岩、竖旗山的石英闪长岩、战家村的闪长岩为主要代表特征，规模较大，常与构造线成一夹角，略具片麻状构造。

中生代燕山期侵入岩

境内为燕山晚期的侵入岩，以岩体出露面积广、单个岩体规模大为特征。一般均呈巨大的岩基产出。据其活动系列及与构造运动的关系，又划分为艾山阶段侵入岩(中性—酸性系列)和崂山阶段侵入岩(多为酸性系列)。

艾山阶段　侵入活动自中性—中酸性次火山岩开始，到巨大的石英二长岩、花岗闪长岩岩基的形成达到鼎盛，而至中酸性系列岩脉形成逐渐结束。特点：①岩石均具似斑状结构或斑状结构；②岩石中暗色矿物的数量均以角闪石为主；③斜长石与钾长石近乎等量；④石英含量一般不超过 20%。岩体受褶皱和断裂双重控制。代表岩性：河山大规模的二长角闪花岗岩(或称白岗岩)，石臼、石场等大面积的花岗闪长岩和三庄西部的石英二长斑岩。总体呈北北东向伸展，单个岩体呈北西向延伸。

崂山阶段　以酸性、偏酸性的半碱性花岗岩、白岗岩、正长斑岩为主。岩石特点一般为等粒结构，暗色矿物少，且以黑云母为主，石英含量较多。岩体主要受断裂控制，以奎山的中粒白岗岩为代表。

第二章　地　貌

东港区地貌属鲁东丘陵区。整个地形西北部、西部较高，东部和南部较低。最高海拔656.9米，位于三庄镇桥子山；最低海拔1.3米，位于涛雒镇小朝阳村一带的滨海平地。全区地形高低相间，西部和西北部多为低山丘陵，间有少量沟、河谷平地；东部和南部多山前、岭间、沿河、滨海平地，间有剥蚀丘陵和岛状低山丘陵。

第一节　地貌类型

低山丘陵

海拔高度在100米以上，相对高度大于90米，具有明显的山顶(山峰或分水岭)、山坡和坡麓三部分组成的山丘地区。按坡度大小，分为三个地貌单元：山岭陡坡、山岭中坡、山岭缓坡。

山岭陡坡　坡度在15°以上为陡坡。其中，25°以上的为极陡坡。分布于丝山、河山、黄山、会稽山、马陵山、大山、大红垛、平垛、五姑洞、罗川崖、陈家山、垛子崖、桥子山、横山、旗杆顶、响场顶、竖旗山、七可山、尖子山、芦山、石山子、石碑垛、北垛、平山、凤凰山、奎山等地。主要植被为赤松幼林、疏林和草，覆盖率低。土壤系棕壤性土，耕地很少，土层浅薄，局部有零星裸岩，水土流失严重。

山岭中坡　坡度在8°～15°为中坡。分布在山岭陡坡的下部和部分丘岭的中上部，以棕壤性土为主，局部棕壤多已辟为梯田，农林兼用，水土流失比较严重。

山岭缓坡　坡度在1°～8°为缓坡。分布在低山丘岭的坡麓部分、山岭中坡下部的缓丘地带。土壤多属棕壤，局部有白浆化棕壤，是粮、油、果主要产地。

剥蚀丘陵

海拔高度10～70米，一般不超过100米，地面坡度为1°～3°，一般不超过5°的缓坡小岭。主要分布在两城、河山、丝山、石臼、日照、奎山、涛雒等镇街道的缓坡岭上。土壤由片麻岩、花岗岩风化而成，以白浆化棕壤为主，其次为棕壤性土。

岭下平地

此类地貌包括山前平地、岭间平地、沿河谷地坡度小于1°者。成土母质为洪积物和冲积物。按地形高低和受涝情况，分为岭下平地和岭下低平地两个地貌单元。

岭下平地主要分布在山前和岭间平地的中上部及沿河、河谷平地，地势倾斜缓平，排水条件好，一般不受涝灾危害。土壤由洪积、冲积而成，主要为潮棕壤、河潮土、水稻土，局部有白浆化棕壤，是境内粮食作物高产区。

岭下低平地分布于山前平地的肩缘与背河、岭间平地的低洼处，灌溉条件较好，排水条件较差，有季节性涝灾。土壤类型多属湿潮土、水稻土、河潮土，少部分为潮棕壤土，多是稻麦两熟区。

滨海平地

分布于东部沿海乡镇河流入海处的泥沙沉积物上，海拔高度在10米以下。按地理位置和海潮侵袭的影响程度，划分为滨海平地和滨海低平地两个地貌单元。

滨海平地分布于沿海低洼缓平地及河流入海口，海拔高度3米以上，成土母质为海相沉积物和河流沉积物。因地势低平，有季节性涝灾，不受海水侵袭危害。土壤为滨海潮土和水稻土，以粮食作物为主。

滨海低平地分布于平均海拔3米以下的海相沉积物上。地势低平易涝，有时还受海水侵袭，土壤属滨海潮土、滨海盐化潮土、水稻土、滨海潮盐土和滨海滩地盐土。是农渔兼用地，为鱼虾养殖区和产盐区。

还有滨海沙岗，分布于沿海乡镇，呈带状分布，是天然防潮大堤，可作林业用地。

此外，潮间带，可发展鱼虾、贝类等养殖生产。

第二节　山脉

境内山脉，属鲁东隆起山地丘陵带，海拔在

200 米以上。可划分为 7 条主要山脉。山体多由片麻岩和花岗岩组成。

桥子山—平垛

该山走向为北偏东 7°，沿东港与五莲交界处分布，代表山头有桥子山、平垛。

桥子山 位于区西北边境，系东港与五莲、莒县的分水岭。主峰海拔 656.9 米，为东港区最高峰，海拔 400 米以上的山头 18 个。主要山峰有老黑店(528 米)、垛子崖(616.2 米)、崮崖(447.8 米)、横山(367 米)、竖旗山(315 米)、旗杆顶(551.7 米)等。山体主要由花岗岩组成，竖旗山为片麻岩。

平垛山 位于三庄镇北与五莲县交界处，主峰平垛海拔 625.6 米，主峰以北的尖垛海拔 618 米，整个山脉东西绵亘 10 余千米。海拔 300 米以上的山头 11 个。主要由片麻岩组成。山势险峻，地形复杂，五姑洞山有“一脚路”“干瞪眼”等险地。东坡有齐宣王加筑的防楚长城。

会稽山

位于河山主峰西北，北与五莲县分水为界，走向为北偏东 10°。双峰隆起，山势陡峭，主峰海拔 611.9 米。海拔 200 米以上的山头近 20 个，主要有磨盘山(213 米)、双湖顶(248.3 米)、石山子(215.3 米)、马陵山(364.1 米)等。山体为花岗岩组成。会稽山西麓空冲水村北山岩缝中，有一悬流滚珠溅玉，从空降下，空冲水村即以此得名。此处曾立石碑一座，上书“日照八景之一”。

河山

走向为北偏东 25°，系老城区以北最高峰，因众河之源故名。主峰海拔 628.8 米，常有云雾缭绕，山脉东北西南走向，绵亘 20 余千米，向北延伸至两城河。主峰以北海拔 200 米以上山头 10 余个，主要有小河山(553 米)、相家岭西山(298.9 米)等；主峰以南海拔 200 米以上山头 20 余个，主要有崔家山(264.8 米)、城山(232.7 米)、黄山(243 米)；河山的东南分支有望台山、三柱山等。主峰有老母庙遗址、观海亭、“日照”巨书等景观，周围山势陡峭，岩石裸露，山顶较平，林木覆盖率在 85%以上。

丝山

走向为北偏东 25°，位于新市区北部，西与河山对峙；因“山崖悬流如丝”故名。主峰海拔 412 米。西侧有 250 米以上的山峰三座；东侧主要支峰为大石壁山(240 米)；向东北延伸的主要支峰为朱岭山(248 米)；南支主要山头为庙山(215 米)。整个山脉由混合岩构成。

奎山

位于日照市区南 7.5 千米略偏东处的黄海岸边，孤立突起，东西走向。原名聚奎山，亦称圭山，《齐乘》称“孤奎山”。从原日照县治所处南望，三峰如笔架，古时又称“文笔峰”，主峰(莲花峰)海拔 250 米。奎山有“三大庙”“十大景”“五怪石”等景观。山体为花岗岩。

图 2-1 奎山 (摄于 2007 年)

磴山

坐落在涛雒镇西南部，东西走向，海拔 358 米，东侧有凤凰山(古称烽火山)。磴山东北侧逶迤北去，有鸡鸣山、财山(天台山)。山体主要为片麻花岗岩。

其他诸山

大山(灵樵山) 位于日照水库北岸的 335 省道北侧。西侧有小妹垛山，向东北经大红垛与战家村西山相连。山体为片麻岩。

七可山 位于三庄镇西南部，呈西北东南走向，海拔 200 米以上山头 50 多个。主峰海拔 388.9 米，其次为尖子山。山体主要由片麻岩组成。

芦山 位于三庄镇西南部，南北走向，主峰海拔 329 米。海拔 200 米以上的山头 19 个。山体由片麻岩组成。

黄山 位于日照市区西 6 千米，南北走向，主峰海拔 243 米，面积 250.25 公顷。

第三节　河流

东港区地处鲁东南丘陵区，地势由西北向东南倾斜，西北多山，东南低洼多平原。河流发育受地形影响呈脉状分布。境内河流多属季节性河，降雨后，水位暴涨暴落。洪水爆发时夹带泥沙，河床多为沙质，冲淤较为明显。

按省水利厅分类，发源于三庄镇竖旗西部桥子山的板石河属沭河水系，其余为滨海水系。境内有大小河流180余条，流域面积大于1000公顷以上的有40余条，主要有4条滨海水系河流自西向东流入黄海，自北向南依次是两城河、傅疃河、川子河、竹子河。

图 2-2　傅疃河将帅沟段　（摄于 2007 年）

两城河

上游称潮白河。发源于五莲县户部镇，流经五莲、胶南、东港三县区，在两城镇安家村以东入海。干流全长47千米，境内干流长7千米，坡降1/1100，流域面积513平方千米。大于10平方千米的支流有13条。

傅疃河

发源于五莲县境内韩家窝洛子西北约2千米的大马鞍山东麓，流域面积1059平方千米，干流长61千米，上游流经日照水库。主要支流有三庄河、陈疃河、南湖河、马陵河、曲河、崮河。在开发区蔡家滩林场西南侧入黄海，平均坡降3.33/1000。

川子河

又名廒头河，源自岚山区巨峰镇牛头山，东南流至南辛庄子村南折向东流，至奎山街道夹仓村东南入黄海。干流长20千米，流域面积100平方千米，大于10平方千米的支流有4条。该河下游地势低洼，易产生内涝。

竹子河

发源于岚山区与莒南县交界的甲子山南坡。自涛雒镇苗家村南流入境内，称竹子河，至小海村东入黄海，长35千米。

2007年东港区境内河流主要指标普查情况表

表 2-1

序号	河流名称	管理单位	所属水系	径流区域	干流长度（千米）	流域面积（平方千米）	防洪标准	平均径流深（毫米）	河堤安全状况
1	大花崖河	西湖镇	滨海水系	西湖镇	6	10	20年一遇	252.9	良好
2	铨元河	西湖镇	滨海水系	西湖镇	8	30	20年一遇	252.9	良好
3	两城河	两城镇	滨海水系	两城镇	47	513	20年一遇	165.8	良好
4	金银河	两城镇	滨海水系	两城镇	14	87	5年一遇	252.9	差
5	卞庄河	两城镇	滨海水系	两城镇	15.5	12	5年一遇	252.9	差

续表 2-1

序号	河流名称	管理单位	所属水系	径流区域	干流长度（千米）	流域面积（平方千米）	防洪标准	平均径流深（毫米）	河堤安全状况
6	芦沟河	两城镇	滨海水系	两城镇	7.5	10.1	5 年一遇	252.9	差
7	秦楼河	秦楼街道	滨海水系	秦楼街道	8	15	5 年一遇	252.9	差
8	刘楼河	秦楼街道	滨海水系	秦楼街道	7.8	13	10 年一遇	165.8	差
9	路家村河	秦楼街道	滨海水系	秦楼街道	3.2	5.1	10 年一遇	252.9	差
10	山口河	秦楼街道	滨海水系	秦楼街道	5.3	7.7	10 年一遇	252.9	差
11	竹子河	涛雒镇	滨海水系	涛雒镇	35	210	10 年一遇	252.9	良好
12	栈子河	涛雒镇	滨海水系	涛雒镇	7.8	80	20 年一遇	252.9	良好
13	南店河	涛雒镇	滨海水系	涛雒镇	5.3	40	10 年一遇	252.9	一般
14	高旺河	涛雒镇	滨海水系	涛雒镇	3.6	18	10 年一遇	252.9	良好
15	川子河	涛雒镇	滨海水系	涛雒镇	20	100	20 年一遇	252.9	良好
16	廒头河	涛雒镇	滨海水系	涛雒镇	2	95	10 年一遇	252.9	良好
17	南湖河	南湖镇	滨海水系	南湖镇	27	120	5 年一遇	252.9	差
18	马陵河	南湖镇	滨海水系	南湖镇	21	63.75	5 年一遇	252.9	差
19	战家村河	南湖镇	滨海水系	南湖镇	41.1	14.8	5 年一遇	252.9	差
20	柳行河	河山镇	滨海水系	河山镇	6.5	78	10 年一遇	252.9	一般
21	河山河	河山镇	滨海水系	河山镇	4	21	10 年一遇	252.9	一般
22	箩花河	河山镇	滨海水系	河山镇	5	25	10 年一遇	252.9	一般
23	草坡河	河山镇	滨海水系	河山镇	3.5	18	10 年一遇	252.9	一般
24	三庄河	三庄镇	滨海水系	三庄镇	27	200	10 年一遇	252.9	一般
25	板石河	三庄镇	沭河水系	三庄镇	13.4	30.6	10 年一遇	262.8	一般
26	范家楼河	三庄镇	滨海水系	三庄镇	11	27.42	10 年一遇	252.9	一般
27	傅疃河	日照街道	滨海水系	日照街道	61	1059	10 年一遇	252.9	基本完好
28	崮河	日照街道	滨海水系	日照街道	26	164	10 年一遇	252.9	基本完好
29	香店河	日照街道	滨海水系	日照街道	9.4	10.7	10 年一遇	252.9	基本完好
30	营子河	日照街道	滨海水系	日照街道	8.8	13.5	10 年一遇	252.9	基本完好
31	后楼河	日照街道	滨海水系	日照街道	11	49.7	10 年一遇	252.9	基本完好
32	沙墩河	日照街道	滨海水系	日照街道	16.6	50.9	10 年一遇	252.9	基本完好
33	七里河	日照街道	滨海水系	日照街道	11	23.8	10 年一遇	252.9	基本完好
34	陈疃河	陈疃镇	滨海水系	陈疃镇	27.1	202.99	10 年一遇	252.9	一般
35	石寨河	陈疃镇	滨海水系	陈疃镇	12.8	42.8	10 年一遇	252.9	一般

第三章　海域

东港区地处沿海，海域广阔。受陆地地形地貌影响，近海内孤石、礁栏较多。海岸比较平直，在河流入海处，多形成沙砾质岸滩，丝山、奎山山咀等处海岸为基岩质海岸。在长达57千米的海岸线内，有多处海湾和岬角。这些海湾和岬角，避风浪小，自古多形成自然港口。石臼咀和奎山咀两个自然岬角所环抱的石臼湾北侧，海域开阔水深，质地为沙质，锚着力好。20世纪80年代，国家在此建设大型港口。

第一节　海岸

东港海岸，北起白马吉利河河口，南至涛雒镇东林头村与岚山区虎山镇东湖一村交界处，全长57千米，属于比较平直的基岩沙砾质海岸。岸线总方向受青岛海洋深断裂构造线控制，呈北东—西南走向。按海岸地貌特征，自北向南可划分为4个海岸类型。

海湾填充型河口三角洲平直海岸

自白马吉利河口起，南至任家台，主要是大山沟组地层和二长花岗岩区，形成该海岸特有的岸滩物质特征矿物区——绿帘石矿物区。由于河流大部分推移，泥沙淤积在心滩、边滩、汊道和河口湾中。如王家滩附近汊道，20年间淤厚2米。泥沙经河口入海，在潮流波浪作用下沿岸向南北运移。河口南岸已发育成小型连岸沙坝，并正在孕育着泻湖形态。河口区泻湖和小型海积冲积平原多已开垦成为盐田、虾池和耕地。本段海岸岸滩宽平，系较显著的淤进岸。王家滩以外的岸滩宽广，滩宽达2千米以上。

基岩岬角与海湾相间的凸突海岸

北起任家台，南至奎山以南的臧家荒附近。基岩山区临近本段海岸，涉海的山咀和山前剥蚀面成为岬角和水下礁滩。如任家台、龙山咀、石臼咀、奎山咀和李家长栏、桃花栏、长栏等。咀间海湾为一系列沙砾质弧形海滩。湾域较大的，如龙山咀—石臼咀，形成小型沙坝泻湖海岸；湾域较小的，如石臼咀、奎山咀，形成全剖面海滩或背迭式海滩。

海岸线以基岩夹角为支点呈一系列链锤波状曲线。海岸物质主要来源于基岩岬角海蚀产物和岩岸地区的冲沟。岬角岩滩和冲沟沟口均为砾石、碎石和粗沙，两侧渐细。岸滩物质特征矿物系屑石矿物区。

河口三角洲突滩海岸

北起臧家荒，南至涛雒镇沙岭子村附近，系傅疃河三角洲突滩。傅疃河流域大山沟组地层和花岗岩区，形成本段海岸所特有特征矿物区角闪石矿物区。

该三角洲突滩岸两侧在地貌发育上不对称。三角洲北瓣潮间滩面积约300.3公顷，南瓣达700.7公顷以上，并有五六道沙垄。三角洲北瓣海岸沙坝，以河口沙咀形态向西南方向延伸。据地貌观测，沙咀自由端近50年来向前延伸1千米，平均每年约20米。近4年来，新生的河口沙咀向海行进速度，每年平均10米左右。自沙咀自由端向东北2千米，沿岸海滩出现海沙堆积地貌，河口沙坝前坡出现滩阶。再向东北至蔡家滩，滩阶分为两支。至臧家荒以西，逐渐转为背迭式海滩，并出现海蚀地貌。基岩剥蚀面下有海蚀崖，崖前有广大岩滩。

图2-3　万平口海岸　　（摄于2006年8月）

三角洲南瓣岸滩，以近40年来新生的二道沙坝之间的距离推算，这里向海延伸的速度为每年平均10米左右。沿岸向西南，随着远离河口，沙坝和潮间沙垄间隔也逐渐收敛，海岸向海衍进速度逐缓，至沙岭子村附近，沙坝沙垄收拢而转为稳定海岸。如涛雒河口泻湖主汊道位于此，多年来汊道比较稳定。

沙坝(包括风成沙丘)——泻湖海岸

北起涛雒沙岭子村南到东林子头村与虎山东湖一村交界处，海岸近南北走向，呈平直延伸，为泻湖海岸，延至岚山区境内。竹子河三角洲地区，因涛雒湾域广阔，海洋横向作用强烈，没有形成河口突滩，只在河口南侧形成较宽大的离岸带状沙坝。岸滩物质仍属角闪石矿区，并富含磁铁矿。

第二节　岛礁

东港区沿海岛屿少而礁多。

岛

由北向南，有桃花岛、太公岛等。

桃花岛　当地俗称“逃活栏”。位于龙山咀东北0.8千米，距岸50米。东西最宽处500米，南北长700米，海拔4.6米。80%面积是岩石，顶部有一甜水小泉。岛东南方向约50米处，有“品”字形排列的三处暗礁：北称“石匣”，西为“坛汪栏”，东为“汪栏”。

太公岛　又称出风岛。位于石臼咀北6.5千米。岛长1千米，宽0.8千米，西端与沙岸相接。岛呈西缓东陡之势，海拔4.6米，整个岩礁连绵东下。

礁

命名礁共有19座。从白马吉利河与甜水河交汇的河口以南至石臼咀以北，有大孤石、二孤石、黄石栏、鹞鹰石、里栏、大鹁鸽栏、李家长栏、钓鱼台、炕石礁、坛石礁、胡家栏、长栏12个礁；从石臼咀至傅疃河口北，有大栏、将军石、大石栏、猪槽石、霸王鞭、里破栏和西栏7个礁石。

第三节　港湾与岬角

港湾与岬角主要有石臼咀、奎山咀、龙山咀、任家台咀。

日照港湾

地理座标东经119°25′，北纬35°33′。位于石臼咀至奎山咀两个自然岬角所环抱的耳形石臼湾北侧。海域开阔水深，常年不冻，无淤积之患。湾内有可供开发岸线7千米，水深-6～-8米，基岩埋深在-15～-20米。石臼咀外1千米处自然水深即在-10米以下，1.5千米处自然水深-18米以下。海质为沙质，锚着力好，距深水航道短，易于大吨位船舶进出。

奎山咀

位于石臼港南5.8千米，小山后东南。海蚀柱如林长列，岬角海岸岩石滩向东南海域突出，长1千米，宽800米，由奎山的东南山麓向海延伸而形成。

龙山咀

位于日照港北9千米。海蚀崖陡峭悬立，岬角海岸岩石滩向东南海域突出，长3千米，宽80米，海拔5米。形成自然港湾。

任家台咀

位于龙山咀北偏东5.5千米。岬角向东南海域突出。以尖端划分，北段为“南大流”，中段为“蘑菇石”，南段有一陡峭独立岩石，名“孤石”，四周多乱石。该港湾已建成可停泊100多只渔船的渔港。占用岸线230米，港池水深-2米以下，高潮水深-6米，港池面积700.70公顷。

第四节　入海口

主要入海口有新口、涛雒口、傅疃河口、西江口、万平口、安家河口、王家滩口。

新口

位于涛雒镇南5千米，南北最狭处30米。清朝乾隆年间此口位于栈子东北，称张洛口，因海岸线自然变化，河口淤塞。后在原址南部的东南营村东北方新建口岸，故名为新口。

涛雒口

位于新口北。口宽500米，长500米，质底黄细沙。此口过去能停泊小轮船，由于泥沙淤积，现在只能在小海村东停泊较小渔船。

傅疃河口

位于夹仓村东南。宽800米，入口处落潮时为一片沙滩，高潮时可进入一般小渔船。

西江口

位于石臼所西南隅，由数条小河汇集于此，形成漫滩。浅海沿海沙细腻，20世纪80年代末开

图 2-4　傅疃河入海口　(摄于 2007 年)

辟为日照市第一海水浴场，后废置。现已被日照港征用。

万平口

位于石臼所东北 2 千米处。由数条小河汇集形成梭形水面，是日照最大的自然泻湖区，南北长 3.5 千米，东西宽 0.5 千米。其上游为淤泥质冲洪地积层，下游为冲海积沙层。满潮时泻湖口水深-1 ～-2 米，水静如湖，退潮时南端泻湖口水流湍急。受海流影响，北端沙坝向外突积，南端岩石岸冲蚀裸露，湖口仅百米。泻湖自古就是各种船只避风的港湾，故称此入海口为万平口。新中国成立前，在万平口北部有盐场。20 世纪 50 年代建成人工拦海坝，利用坝内 66.6 公顷海滩进行鱼、虾养殖。2002 年 8 月后，自然泻湖区被全面改造，建成水上运动基地和奥林匹克水上公园。

安家河口

位于安家村东 1.5 千米处。河口宽 0.4 千米，纵深-1.5 千米，西窄东宽呈喇叭形。水深-3 米，底质黄沙。

王家滩口

位于王家滩东北 3.5 千米处，北岸是胶南县。河口宽 0.45 千米，水深-2 米，落潮时为一片沙滩。据清朝光绪十一年《日照县志》记载："县治东石臼岛口迤东北……四十余里，龙旺口泥渐淤，王家滩口相接，船多移泊……"，王家滩河口是当时境内重要的通商河口码头之一，直至 1958 年，因河口淤积被迫停止运营，逐渐废弃。

第五节　潮汐 海流 风浪

潮汐

东港区沿海属正规半日潮区。主受海州湾外南黄海半日无潮系统控制，半日潮波绕无潮点作逆时针方向旋转运动，沿岸波峰线由北向南传播，发生高潮时间北早南迟。平均涨潮历时 5 时 52 分，平均落潮历时 6 时 34 分。平均潮位为 2.61 米，最高潮位为 5.64 米(1997 年 8 月)，最低潮位为-0.59 米(1980 年 10 月)。平均潮差为 3.03 米，最大潮差 5.23 米。

图 2-5　水上运动基地东岸潮汐塔夜景　(摄于 2007 年 9 月)

海流

潮流性质：属正规半日潮流，一日中有两次涨潮、两次落潮，涨、落潮历时相近。潮流按逆时针方向旋转，主流轴(流速最大流)近似为北东一南西向。

流速分布变化：涨潮时主流为南西流，落潮时为北东流。涨潮流速大于落潮流速，最大时可相差 49 厘米/秒。最大涨、落潮流出现在日照港高潮位的前、后 2 ～ 3 小时。在石臼咀外从-5 ～-13 米等深线处，存在着一个急流带，最大流速超过 100 厘米/秒。

海流最大可能流速在石臼咀近海区，主要是风海流。咀端附近由地形引起的潮汐余流也极为明显，实测最大可达 27 厘米/秒。此海区余流存在两大回流：一是石臼湾内顺时针回流，即海水从石臼湾西南端奎山咀流进，沿着海湾从石臼咀流出。流速在石臼咀处最大，为 27 厘米/秒，而湾底流速偏小，一般在 8 厘米/秒。二是在石臼咀北面，按逆时针方向旋转，海水从北面万平口沿岸进，至石臼咀石栏处转向东流，最大流速在咀西北方，可达 23 厘米/秒。

风浪

境内海区累年风浪频率为 97%，年风浪频率最大变幅为 3%，各月风浪频率为 96% ～ 99%。累年平均涌浪频率为 63%，各月涌浪频率为 49% ～ 80%，以 7 月最大，12 月最小。四季中，夏季最大，冬季最小，春、秋季比较接近。

各向风浪频率：累年以北向和东北向风浪最多，频率为 9%；东南至南各向次之，频率为 7% ～ 8%；西北向最少，频率不足 0.5%。冬季风浪多为北向，3 — 8 月为南至东南各向，10 月份为北和东北向。累年平均波高为 0.6 米，一年中，波高夏季最大，平均为 0.7 米，冬春季最小，只有 0.5 米。各月最大波高以 7 — 9 月较大，都在 3 米以上，4 — 5 月及 12 月较小，只有 0.5 米。

第六节　海水表层温度、盐度

境内近海表层水温累年平均值为 14.3℃。一年中 8 月份水温最高，2 月份最低，平均年变幅为 24.0℃。3 — 8 月份为升温期，以 4 — 7 月份升温最快，平均速度为 4.8℃/月；9 — 12 月为降温期，以 10 — 12 月降温最快，平均速度为 5.9℃/月。极端最高水温为 31.8℃(1962 年 7 月)，极端最低水温为-1.6℃(1969 年 1 月和 1977 年 1 月)。

境内近海累年平均海水盐度为 30.36 ‰，历年变化范围为 28.49 ‰ ～ 31.16 ‰。一年中 2 — 6 月为高盐期，4 月份最高，为 30.63 ‰；8 — 10 月为低盐期，10 月份最低，为 29.29 ‰。历年极端最高盐度值为 31.89 ‰(1969 年和 1979 年)，历年极端最低值为 20.93 ‰(1963 年)。

日照海域潮汐时刻表

表 2-2

日期（农历）	涨潮时间	退潮时间	涨潮时间	退潮时间
初一、十六	0:48	7:00	13:12	19:24
初二、十七	1:36	7:48	14:00	20:12
初三、十八	2:24	8:36	14:48	21:00
初四、十九	3:12	9:24	15:36	21:48
初五、二十	4:00	10:12	16:24	22:36
初六、二十一	4:48	11:00	17:12	23:24
初七、二十二	5:36	11:48	18:00	0:12
初八、二十三	6:24	12:36	18:48	1:00
初九、二十四	7:12	13:24	19:36	1:48
初十、二十五	8:00	14:12	20:24	2:36
十一、二十六	8:48	15:00	21:12	3:24
十二、二十七	9:36	15:48	22:00	4:12
十三、二十八	10:24	16:36	22:48	5:00
十四、二十九	11:12	17:24	23:36	5:48
十五、三十	12:00	18:12	0:24	6:36

第四章　气候　物候

东港区地处中国大陆沿海中部，属暖温带湿润季风区大陆性气候，四季分明，雨热同季。受海洋的调节，与同纬度的内陆相比，夏无酷暑，冬无严寒。常年情况下，呈现"春旱、夏涝、晚秋旱、冬雪少"的气候特点。

东港区气候温和，年平均气温为13.2℃，年平均日照时数为2428.1小时，年平均降水量为878.5毫米，年平均气压为1013.0百帕，年平均地面温度为15.9℃，四季物候特点明显。

第一节　气候特征

东港区暖温带湿润季风区大陆性气候的特点决定境内四季分明，雨热同季。

春季(3—5月)，降水较冬季多，天气多变，南北风交替出现，但回暖升温较同纬度内陆地区迟缓，偶受南下冷空气影响，出现降温。有时产生雷雨、冰雹天气。该季风力大，蒸发强，常发生干旱。

夏季(6—8月)，天气炎热，温润多雨，时产生雷雨天气。此季是降水最多，温度最高的季节。

秋季(9—11月)，是由夏到冬季的过渡季节，气温逐降，降水逐减，多秋高气爽天气。

冬季(12—2月)，经常受冷空气影响，出现偏北大风伴有降温，偶产生雨雪天气。该季是全年最冷，降水量最少的季节。

第二节　气温

东港区域内年平均气温为13.2℃。极端最低气温在-14.5～-18.9℃(1958年1月16日)，极端最高温度38.3～43.0℃(1977年6月12日)。冬季平均气温为1.4℃；春季平均气温为11.9℃；夏季平均气温为24.1℃；秋季平均气温为15.8℃。

第三节　日照

年平均日照时数，东港区为2428.1小时。

冬季平均日照时数为535.3小时，平均日照百分率为58%；春季平均日照时数为678小时，平均日照百分率为56%；夏季平均日照时数为611.1小时，平均日照百分率为48%；秋季平均日照时数为613.7小时，平均日照百分率为60%。

月平均日照时数最多为5月，全区为241.2小时，日照百分率为55%。月平均日照时数最少月份为2月份，日照时数为171.5小时，日照百分率为55%。

月平均日照百分率最大月为10月份，日照百分率为61%。月平均日照百分率最小月份为7月份，日照百分率为44%。

第四节　降水

自有气象记录以来，境内年平均降水量为878.5毫米。地域分布特点：沿海多于内陆，南部多于北部，最大雨量中心在日照水库周围。降水量年份变化显著，时空分布不均。据1955—2007年气象资料，最多年为1220.9毫米(2003年)，最少年为466.7毫米(2002年)。冬春季节降雨常伴

图2-6　气象局在城郊实施人工降雨　(摄于2006年2月)

随雨凇出现，年平均雨凇日数为0.3天。1—3月为雨凇出现最多季节，持续最长时间为6天。

第五节　气压

自有气压记录以来，境内年平均气压为1013.0百帕。一年中，气压变化规律是上半年逐

月降低，下半年又逐渐升高，呈“U”型曲线变化。

第六节　地温

东港区域内年平均地面温度为15.9℃。1月平均地面温度为0.2℃，为全年月平均地面温度最低值。4月平均地面温度为16.1℃。7月平均地面温度为29.3℃。10月平均地面温度为18.2℃。月平均地面温度最高为8月份，其值为29.7℃。

第七节　物候

境内的气候制约着当地动植物的生长发育和活动规律，以及非生物变化现象的周期变化，出现相应物候。

主要农作物的物候期

表2-3　　1.小麦

播种～出苗	出苗～分蘖	分蘖～越冬	越冬～返青	返青～拔节	拔节～抽穗	抽穗～开花	开花～成熟	全生育期
10月1日—7日	10月8日—20日	10月21日—12月18日	12月9日—2月28日	3月1日—4月3日	4月4日—27日	4月28日—5月5日	5月6日—6月10日	10月1日—6月10日

2.玉米(套种)

播种～出苗	出苗～拔节	拔节～抽雄	抽雄～吐丝(开花)	开花～成熟	全生育期
6月1日—6日	6月7日—30日	7月1日—25日	7月26日—31日	8月1日—9月15日	6月1日—9月15日

3.水稻(麦茬)

移栽～返青	返青～分蘖	分蘖～拔节	拔节～抽穗	抽穗～灌浆	灌浆～成熟	全生育期
6月21日—30日	7月1日—10日	7月11日—31日	8月1日—31日	9月1日—10日	9月11日—30日	6月21日—9月30日

4.花生(春播)

播种～出苗	出苗～始花	始花～结荚	结荚～荚果膨大	全生育期
5月6日—15日	5月16日—6月10日	6月11日—8月10日	8月11日—9月20日	5月6日—9月20日

气候现象的物候期

表2-4

霜		雪		土壤表面	
初霜	终霜	初雪	终雪	开始冻结	春季解冻
11月5日	4月5日	12月6日	3月22日	12月15日	2月27日

几种木本植物的物候期

表 2-5

	芽开放期	展叶期		开花期			果实或种子成熟期	秋叶变化		落叶期	
		始	盛	始	盛	末		始	全	始	末
毛白杨	3月20日	4月17日	4月20日	3月27日	3月29日	4月5日	4月5日	9月24日	10月5日	10月8日	10月28日
旱柳	3月25日	4月1日	4月5日	4月10日	4月13日	4月18日	5月10日	10月5日	11月10日	10月9日	12月13日
桑树	4月5日	4月20日	4月24日	4月26日	4月29日	5月6日	5月16日	10月1日	10月26日	10月10日	11月30日
刺槐	4月15日	4月19日	4月24日	5月8日	5月11日	5月17日	8月10日	9月20日	10月24日	10月5日	11月25日
泡桐	4月30日	5月9日	5月13日	5月30日	6月3日	6月15日	9月20日	9月20日	10月17日	10月27日	11月16日

候鸟的物候期

表 2-6

动物名称	始见日期	绝见日期
燕子	4月上旬	10月中旬
布谷鸟	5月中旬	—
黄鹂	5月中旬	—
黑卷尾	5月中旬	—
大苇莺	5月上旬	—

附：物候谚语

1. 农业

“白露”早，“寒露”迟，“秋分”种麦正当时。

“寒露”无青豆，黄豆使镰钩。

“清明”前后，种瓜点豆。

大麦不过“芒种”，小麦不过“夏至”。

雁叫一声北风刮，明天快把地瓜割。

2. 林业

松类三季不可移，雨季栽植正当宜。

“九九”出头，栽杨植柳。

栽槐过早，成活寥寥。

3. 渔业

“惊蛰”下罟篓(罟篓网)。

“谷雨”前后出杂鱼。

“小满”三日出明鱼(白鳞鱼)。

初一、十五两头满，初八、廿三两头干。

十七潮，十八水，二十争命鬼(汛由大变小)。

“清明”末，“谷雨”多，6月长到一寸多(指对虾产卵回游)。

4. 非生物现象

大雪小雪年年有，不在“三九”在“四九”。

“清明”断雪，“谷雨”断霜。

热在“三伏”，冷在“三九”。

“清明”前后刮鬼风(风多)。

第五章　土壤与植被

境内土壤具有多样性特点，因而促成原始农业种植多样化。人们在种地改土的同时，也造成土地资源退化、土壤肥力下降、病害流行、生物多样性丧失等问题。境内已无原始植被，大多是人工植被。

第一节　土壤类型及分布

境内土壤按土壤发生学原则，采用四级分类，分为5个土类，10个亚类，13个土属，54个土种。

棕壤土类

发育于暖温带山丘地的地带性土壤，俗称“黄黏土”“黄泥头”。主要分布于低山丘陵、剥蚀丘陵和山前岭间的倾斜平地上。面积52580公顷，占总面积的58.06%。成土母质，主要是花岗岩和花岗片麻岩等酸性岩类风化的残积、坡积物、洪积物和部分冲积物。土壤剖面红棕色，发育一般完整，有明显的淋溶和淀积作用，PH值6.5左右。按其所处地貌、发育程度、剖面形态和水文条件，又分为4个亚类、5个土属、18个土种。

棕壤性土亚类　俗称“石碴土”“马饼沙”“岭沙土”等。面积16918公顷，占总面积的18.68%。其中可利用面积8390.87公顷，农田面积2465公顷。主要分布在低山丘陵的中上部和顶部、剥蚀丘陵的中上部。土层较浅，土壤质地粗糙，砾石多，剖面发育不明显，无粘化淀积层，养分贫乏，水源奇缺，水土流失严重，生产性能差。宜植树种草，农田适种地瓜、花生、谷子等抗旱耐瘠作物。

棕壤亚类　俗称“黄黏土”“黄泥头”“黄土”等。面积20873.07公顷，占总面积的23.05%，其中可利用面积19317.07公顷，农田面积13910.47公顷。主要分布在低山丘陵的中下部坡积、洪积物上。土层厚度60～100厘米，表土质地多为砾质沙壤到中壤，剖面发育完全，土体淋溶淀积作用强。心土层有明显黏化淀积层，土体有大量的铁子和铁锰胶膜，pH值5.5～6.5，质地较黏重，持水力强，肥力较棕壤性土亚类高。该亚类土壤多辟为梯田，仍有干旱之虞和水土流失之患。适宜种植粮、油、烟、林、果、茶、桑等。

白浆化棕壤亚类　俗称“白塘土”“炉碴土”等。面积为5002.67公顷，占总面积的5.52%，其中可利用面积4352.2公顷，农田面积1991.47公顷。主要分布在剥蚀丘陵和低山丘陵的缓坡地带。在耕层或犁底层下，存有粉沙含量高、铁锰贫乏的白色淋溶层。土壤结构不良，滞水包浆，易旱易涝，肥力偏低，是低产土壤。适宜种植地瓜、谷子、花生等。

潮棕壤亚类　俗称“老黄土”“黑黄土”“蒙金土”等。面积9785.73公顷，占总面积的10.81%，其中可利用面积9785.73公顷，农田面积4926.13公顷。主要分布在山前、岭间、沟谷等冲积扇的倾斜平地上。土层深厚，表土质地轻壤到中壤，肥力较高，水分条件好，地下水位3米左右，是一年二作制粮食高产区。

潮土类

属受潜水作用直接发育在河流沿岸或沿海海积物上的土壤。俗称“河淤土”“河沙土”“夜潮土”等。主要分布在河流两岸、近海平地、古河道和山丘区的沟谷平地，以及岭间、背河交接洼地。成土母质为河流冲积物、海(河)沉积物、海积物和湖积物。一般无黏化发育层次，沉积层理明显，少部有古老沼泽腐泥层，质地较黏，无石灰反应，水源丰富，灌排良好，种植作物产量比较稳定。按其成土母质、潜水埋深、矿化度、盐斑情况、土体构型特点，又分为3个亚类、4个土属、23个土种。此类土壤是小麦、玉米、水稻重要产区。

潮土亚类　俗称“河淤土”“两合土”等。面积11596.27公顷，占总面积的12.81%，其中可利用面积6838.67公顷，农田面积2749.33公顷。分为河潮土、滨海潮土2个土属。

河潮土面积8953.6公顷，其中可利用面积5813.33公顷，农田面积4350.67公顷。主要分布在河流两岸和古河道处。潜水埋深1.5～3米，水质好，矿化度小于0.5克/升，无盐化威胁，一般无明显发育层，pH值6.5～7.0。适宜发展粮、油、果、桑、葡萄、竹和速生丰产林。

滨海潮土面积2642公顷，其中可利用面积1025.33公顷，农田面积398.67公顷。主要分布在河流入海口和海拔10米以下的滨海平地上，由河海沉积物经脱盐化形成。潜水埋深1～2米，水源丰富，属淡水到弱矿化水范围，一般无盐渍化。适宜农田灌溉，适宜发展小麦、水稻、玉米、地瓜、花生和用材林、防护林。

盐化潮土类　面积1448.53公顷，占总面积的1.6%，其中可利用面积171.6公顷，农田面积136.13公顷。主要分布在海拔5米以下的滨海低平地的近海地带，由河(海)沉积物和海相沉积物经脱盐演变而来，土壤有轻、中度盐化，种植作物往往缺苗一至二成。

潮湿土亚类　俗称“黑湖土”。面积215.67公顷，占总面积的0.11%，其中可利用面积183.27公顷，农田面积118.8公顷。主要分布在山前、岭间的冲积、洪积平地及洼地上。潜水埋深1～2米，有季节性涝灾。土体深厚，质地黏重，耕作困难，易起坷拉或大块状结构，通透性差。适宜种小麦、水稻、大豆等。

水稻土类

由1958年后种植水稻新形成的非地带性土壤。可利用面积为2899.6公顷，农田面积1100公顷。主要分布在涛雒、南湖、日照街道等镇(街道)。由于种稻历史短，水稻土发育特征不太明显。加之水旱轮作，属地表型水稻土，只在种稻期间，土壤表层呈还原状态，下部土壤的特征与原来的母质土壤类似。仅分1个亚类、1个土属、5个土种。

盐土类

由海积母质发育而成的土壤。面积1940.07公顷，主要分布在沿海海拔3米以下的海滩地。农田无法利用，可辟为盐田和鱼虾池。仅分1个亚类、2个土属、7个土种。

风沙土类

经风力搬运作用形成的沙丘或由潮汐作用沉积的沙岗。可利用面积1172.33公顷，主要分布在傅疃河两岸及沿海高潮线以上，部分已植树。此土类暂不划分亚类、土属、土种。

土壤亚类养分含量情况表

表2-7

	有机质(%)	全氮(%)	碱解氮(PPM)	全磷(%)	速效磷(PPM)	速效钾(PPM)	碳氮比(C/N)	氮磷比(N/P)	供氮强度(%)	速效氮磷钾比(N:P:K)
棕壤性土	0.58	0.053	47	0.102	5.1	42	9.6	9.2	13.43	1:0.11:0.89
棕壤	0.60	0.039	52	0.097	5.7	45	8.9	9.1	13.33	1:0.11:0.87
潮棕壤	0.78	0.048	59	0.068	5.6	45	9.4	10.5	12.29	1:0.09:0.76
白浆化棕壤	0.67	0.042	52	0.061	4.9	42	9.3	10.6	12.38	1:0.09:0.81
潮土	0.76	0.049	61	0.078	7.2	42	9.0	8.5	12.45	1:0.12:0.68
湿潮土	1.22	0.077	67	0.053	4.2	42	9.2	16.0	8.70	1:0.06:0.63
盐化潮土	0.96	0.061	53	0.078	2.9	95	9.1	18.3	8.69	1:0.05:1.79
水稻土	0.98	0.059	69	0.070	7.3	50	9.6	9.5	11.69	1:0.11:0.73
盐土	0.77	0.050	63	0.069	9.1	74	8.9	6.9	12.60	1:0.14:0.17

第二节　植被

东港属暖温带落叶阔叶林区。原始植被已无，现系人工植被，极少自然植被。2007年，全区植被覆盖率71.69%，其中林木覆盖率33.1%。

自然植被

自然植被多分布在低山丘陵和崖边沟坡及河滩、海滩，总面积为12422公顷，覆盖率为12%。主要有以黄背草、野古草、百里香、狗尾草、马唐、荆芥、胡枝子、酸枣等构成的山丘稀树灌草丛类植被；以羊胡子草、茅草、节骨草、三棱草、蒲公英等构成的山丘农林隙地类温带杂草植被；还有以苇、荻为主的苇群丛，以水蓼、香附、藻类

图2-7　植被　(摄于2005年8月)

为主的水生杂草群丛和以柽柳、猪毛菜为主的碱蓬丛构成的温地植被。

人工植被

境内人工植被总面积为58163公顷，占全区总面积的59.69%。其中林木植被28864公顷，覆盖率为33.1%。主要分布在低山岭坡、近山地附和沟、河渠、道两旁及庭院四周。山丘地区多为针叶阔叶混交林，主要有赤松、黑松、侧柏、刺槐、麻栎等乔灌木，面积为12620公顷；平原、河谷、沿海多是人工栽培的用材林、经济林、防护林、农田林网和四旁植树，主要有杂交杨、刺槐、悬铃木和桃、李、杏、梨、枣、桑、板栗、葡萄、苹果等，面积为16244公顷；作物植被面积为27533公顷，占总面积的26.59%，复种指数167%，主要作物为小麦、水稻、玉米、大豆、黄烟、红薯和菜类、瓜类等。

第六章　自然资源

东港区境内的自然资源，主要是土地资源、矿产资源、水资源和生物资源等。境内多低山丘陵，土壤主要为棕壤土类和棕壤性土亚类，土质较为瘠薄。金属矿产资源有金、铁、钛、铜、铅、锌等矿藏，非金属花岗岩、钾长石、磷矿等岩矿较为丰富。年平均降水量878.5毫米，客水平均入境水量为1.68亿立方米/年，地下水可利用量为0.88亿立方米。生物资源丰富，陆生生物与水生生物种类繁多。

第一节　土地资源

1991年，根据国家统一制定的土地资源调查分类系统和土地资源利用情况，东港区土地资源共划分为7个一级类和39个二级类。一级类为耕地、园地、林地、居民点及工矿用地、交通用地、水域、未利用土地等。

1991年，东港区土地资源调查结果为：全区土地资源总面积163639.45公顷。其中，耕地73434.33公顷，占总土地面积的44.88%；园地14732.79公顷，占9.00%；林地26919.24公顷，占16.45%；居民点及工矿用地15876.03公顷，占9.7%；交通用地4238.03公顷，占2.59%；水域16190.3公顷，占9.89%；未利用土地12248.73公顷，占7.49%。另有沿海滩涂面积5058.5公顷。其中，软质滩涂4400公顷，占87%；硬质滩涂658.5公顷，占13%。

按2002年《全国土地分类(过渡期间适用)》标准，全区土地划分为3个一级类、10个二级类、52个三级类。3个一级类为：农用地、建设用地、未利用地。2002年，全区土地总面积为101902.73公顷。农用地包括耕地、园地、林地、牧草地等，有73949.22公顷。建设用地包括居民点及独立工矿用地、交通用地、水利设施用地等，有19242.72公顷。未利用地有8710.79公顷。2006年，全区土地总面积为101941.52公顷。其中，农用土地包括耕地、园地、林地、牧草地等73948.61公顷；建设用地包括居民点及独立工矿用地、交通用地、水利设施用地等19282.12公顷；未利用地3144.71公顷。

2006年东港区各镇街道土地分类面积情况表

表 2-8　　　　单位：公顷

乡镇	土地面积	农用地						建设用地				未利用地		
		小计	耕地	园地	林地	牧草地	其他农用地	小计	居民点及独立工矿用地	交通用地	水利设施用地	小计	未利用土地	其他土地
全区	101941.52	73948.61	40210.92	9419.03	12439.57	0.0	11879.09	19282.12	15555.2	1296.81	2430.11	8710.79	3144.71	5566.08
日照街道	9644.28	5548.92	3133.43	575.68	1065.15	0.0	774.66	3615.32	3396.06	186.61	32.65	480.04	289.36	190.68
石臼街道	1638.05	67.25	13.56	0.63	0.0	0.0	53.06	1542.11	1032.49	509.62	0.0	28.69	0.0	28.69
秦楼街道	9485.01	5019.08	2411.57	537.47	1477.47	0.0	592.57	3746.95	3703.87	34.91	8.17	718.98	165.76	553.22
河山镇	7974.48	6710.13	3334.69	1349.69	1188.89	0.0	836.86	814.53	730.97	58.49	25.07	449.82	374.65	75.17
两城镇	9144.21	6386.28	3812	851.82	793.87	0.0	928.59	1361.48	1273.45	46.39	41.64	1396.45	240.34	1156.11
涛雒镇	11389.28	6680.04	3877.51	570.88	1021.38	0.0	1210.27	1804.16	1633.23	130.62	40.31	2905.08	275.53	2629.55
西湖镇	8177.38	6608.99	3880.35	1016.13	488.41	0.0	1224.1	1425.41	703.06	42.8	679.55	142.98	70.99	71.99
陈疃镇	7916.84	5820.03	3146.12	1047.13	435.99	0.0	1190.79	1570.68	605.17	61.09	904.42	526.13	253.22	272.91
南湖镇	17359.69	14235.47	8429.98	932.89	2442.2	0.0	2430.4	2086.36	1317.34	103.94	665.08	1037.86	758.97	278.89
三庄镇	19212.28	16872.42	8171.71	2536.71	3526.21	0.0	2637.79	1315.1	1159.55	122.34	33.21	1024.76	715.89	308.87

第二节 矿产资源

金属矿产

境内发现的主要金属矿产有铁、铜、金、钛、钴及铅锌等。

铁矿 境内铁矿主要为接触交代型，多为多金属共生矿，矿体为似层状或透镜状。铁矿主要分布在日照街道后山前村，矿石矿物有磁铁矿、黄铁矿、黄铜矿；石臼金家沟村，呈带状沿海岸线分布，有石臼灯塔矿区、山后矿区、金家沟矿区3处矿化体。此外，涛雒镇高旺丁家营子金铁铜矿，是1处伴生铁矿床，主矿为黄金，伴生磁铁、黄铁矿和赤铁矿，勘探查明基础储量为214.75万吨。

钛矿 境内钛矿均为沉积变质而成，矿石矿物为金红石，有三庄镇官庄、石臼焦家庄子两处矿点。

铜矿 2007年，铜矿点有2处，均为热液交代充填成因，其中伴生矿1处。南湖镇樵叶子铜矿点，估算矿石资源量5.24万吨。涛雒高旺丁家营子金铁铜矿点，探明伴生铜品位含铜0.6%，基础储量铜7662吨。

铅、锌矿 2007年，境内有铅锌矿点1处，位于南湖镇樵叶子村南。矿体产于会稽山单元花岗岩体与莱阳群地层接触带，矿体呈脉状，长40米，宽18米，为铜、铅、锌多金属矿。测试分析，含锌2.12%，含铜0.22%，含铅0.49%。

金矿 境内金矿产地较多。2007年有金矿化点5处，小型矿床1处。其中，岩金矿化点4处，小型矿床1处，砂金矿化点1处。规模较大的是河山范家官庄金矿化点、河山镇下庄西金矿化点、涛雒高旺—丁家营子金铜铁矿。高旺—丁家营子矿区位于涛雒镇高旺庄一带，矿体呈透镜状、似层状、扁豆状成群分布于荆山群野头组大理岩与二长岩之接触带，矿床出露面积约3平方千米，共有5个矿体群、10个矿体。其中，丁家营子矿段最好，矿体长30～500米，平均厚3.19米，埋深25～260米。矿石矿物主要有：磁铁矿、黄铁矿、黄铜矿、赤铁矿、辉铜矿、自然金等。探明储量：金矿石1973吨，铁矿石214.75万吨，铜矿石8074.6吨。属于以金为主的金、铁、铜、钴多金属小型矿床。

钴矿 2007年，境内有钴矿点1处，位于南湖镇万家坪。矿体产于崂山超单元会稽山单元的构造破碎带内，矿体呈透镜体沿硅化带分布，长约15米，宽0.4～2米。矿石矿物主要有黄铁矿、赤铁矿、褐铁矿、镜铁矿和含钴黄铁矿，其成因为热液充填型。

非金属矿产

境内非金属矿产已有矿种(含亚种)13种，产地34处。

含钾岩石 境内含钾岩石主要系指钾长石，以伟晶岩型产出。现有矿产地6处，其中5处为小型矿床，1处为矿点。

陈疃镇西石墩钾长石矿，矿体产于钾长伟晶岩脉，由三条伟晶岩脉组成，其延伸方向为东北向30°，长约1千米。围岩为云山单元片麻状中细粒黑云二长花岗岩，为小型矿床。

三庄镇四亩地钾长石矿，由三条伟晶岩脉组成，其延伸方向为东北向30°，长约1千米。围岩为云山单元二长花岗岩，为小型矿床。

南湖镇长林河钾长石矿，伟晶岩脉走向为东北向，围岩为崂山超单元青台山单元中粗粒二长花岗岩，为小型矿床。

河山镇大沙沟村钾长石矿，矿体伟晶岩脉走向为东南向100°，脉体接触面产状为东北向10°～80°，矿体围岩为中细粒二长花岗岩，为小型矿床。

西湖镇平山钾长石矿，矿体伟晶岩由数条岩脉组成，单条脉宽10～20米，长500～1500米，矿体围岩为冠山花岗质岩体。矿石为伟晶结构、块状构造，钾长石含量达70%。

萤石 境内萤石矿产地只发现1处，位于三庄镇前石沟崖。矿体呈脉状产于近南北向的构造摩棱岩带中，矿体长550米，由三条平行的萤石脉组成，矿石为砾状、块状、皮壳状，矿石矿物为萤石、重晶石、方铅矿、孔雀石，脉石矿物为石英、燧石、蛋白石。经普查测得矿石资源量10.5万吨，为小型矿床。

磷矿 境内有磷矿产地1处，位于日照街道相家庄。矿体呈不规则状产于中元古代中细粒变辉长岩体中，岩体走向近东西向，长约480米，宽150～225米，具片理，磷矿化不均匀，局部富集，并有绢云母化、绿帘石化、绿泥石化。矿化体围岩为玉林店岩体中细粒含黑云二长花岗质片麻岩。

矿体有两个：I 号矿体长 170 米，宽 110 米；II 号矿体长 480 米，最宽处 35 米，沿倾向延伸 47.5 米。矿石矿物磷灰石含量 3% ～ 5%；五氧化二磷含量 2.45%，平均 1.75%。经普查测得资源量为 173.4 万吨。

蓝晶石矿　境内蓝晶石矿点 1 处，位于石臼街道焦家庄子村北。矿体为荆山群石榴蓝晶岩，地表露头长 300 米，宽 50 ～ 100 米。主要矿物含量：蓝晶石 5% ～ 28%，石榴石 10%，金红石 2%(达工业指标)。其主要化学成分二氧化硅为 36.64%，三氧化二铝为 61.85%，已达硅铝合金原料指标。

蛭石矿　2007 年，境内有蛭石矿点 1 处，位于西湖镇范家庄西南。矿石岩性为角闪辉石岩，角闪石大部分已蚀变为蛭石。矿体分布范围 0.03 平方千米，呈包体状、透镜状、条带状赋存于花岗岩体中。单个矿体一般长 10 米，宽 3 米。蛭石片径 2 ～ 5 毫米，含量 70% ～ 75%。

脉石英矿　境内脉石英矿产地 1 处，位于涛雒镇上元村，为小型矿。有 3 条石英脉，走向 285°，脉长 200 米，宽 2 ～ 3 米。脉体围岩为丝山单元角闪黑云二长花岗岩。

花岗石矿　境内花岗岩矿产资源丰富，分布区域广，品种优良，主要用于作饰面板材和建筑用。其岩类以二长花岗岩为主，也有角闪二长岩、闪长岩等多个品种。石臼岩矿岩性为斑状含黑云母二长花岗岩。

铸型用砂矿　境内该类资源主要分布于沿海地带，较大 1 处位于两城镇安家村沿海带。南北延长约 7 千米，平均宽度 12 米，厚度约 0.3 米。主要矿物成分为：石英 80% ～ 85%，长石 10% ～ 15%。海砂颗粒均匀，粒度细，其粒度小于 1 毫米者占总量的 95.5%。为小型矿床。

建筑用砂矿　境内河流发育，海滨广阔，拥有广阔的砂域，可供当地建筑业用。集中的砂矿产地有傅疃河上游砂矿点、陈疃镇河砂矿点、日照水库上游砂矿点等 6 处。

砖瓦黏土　传统的砖瓦用黏土均取自厚度大的第四系分布区。境内砖瓦黏土分布较为广泛，土质较好，厚度大，主要分布于秦楼街道苏家村、南湖镇安家村至下坳、奎山街道青墩至申家楼、涛雒镇下元村、两城镇普车沟、河山镇城壕，大多分布于河道两侧阶地、丘陵凹地、山前剥蚀平原、残丘丘坡地段，赋存层位多为山前组、临沂组和黑土湖组。

第三节　水资源

地表水

大气降水　历年平均降水量 878.5 毫米，降水年际变化大，年内降水量分布不均，夏季降水量一般占全年的 70%。降水产生的径流，平均每年为 3.4 亿立方米，丰水年达到 6.85 亿立方米，枯水年有 1.03 亿立方米。区域拦蓄能力 2.38 亿立方米，年平均拦蓄量 1.79 亿立方米，占径流量的 52.6%。

客水　主要客水来自傅疃河、潮白河、巨峰河、川子河上游的区外部分，河流入境总面积为 766.5 平方千米，多年平均入境水量为 1.68 亿立方米。

地下水

根据区域水文地质条件和含水特征，东港区地下水可划分以下三种类型：

松散岩类孔隙水　赋存于第四系松散沉积物中，特别是冲积、洪积砂砾石层中水量丰富。主要分布于傅疃河、两城河等河流中下游及其支流河谷一带，是东港区主要富水区。含水层厚 4 ～ 12 米不等，最深可达 15 米，水位埋深一般在 1 ～ 2.5 米之间，单井涌水量 100 立方米/时以上。另在较大的山前阶地平原、沟谷地段亦有少量分布，因残积、坡洪积出露位置高、厚度小，相对贫水。含水层厚度 2 ～ 8 米不等，单井涌水量一般在 40 ～ 100 立方米/时。含水层矿化度一般小于 0.5 克/升，仅东南部沿海地带由于冲洪积沙层嵌入海相沉积地层中，水的矿化度由 2 克/升增至 9 克/升。

碎屑岩类裂隙水　主要赋存于白垩系、侏罗系、震旦系的片麻岩、沙页岩层中。主要分布竖旗西部，富水性较差，单井涌水量在 50 立方米/时以下。

岩浆岩、变质岩、沉积岩类裂隙水　主要赋存于各类岩石的构造破碎带中，水量少，水位随地形和季节变化而不同。水质好，矿化度小于 0.5 克/升。

水质状况

市区地表水断面水质符合国家环境保护模范城市、国家卫生城市规定的要求。日照水库、马陵水库水质主要指标符合地表水Ⅲ类标准；傅疃河大古镇断面主要污染物水质达到国家Ⅴ类水质标准，断面水质符合功能区划要求；日照一中桥断面水质达到国家Ⅳ类水质标准；海曲桥、大岭桥、沙墩河迎宾路桥3个断面水质均达到国家Ⅴ类水质标准；碧霞湖、七彩湖、银河公园湖水质均达到国家Ⅳ类水质标准。

监测结果表明，地下水所有监测项目均符合GB/T14848—1993《地下水质量标准》三类标准。生活饮用水水质较好，满足相关标准要求。其中，pH值范围为7.44～7.57毫克/升，总硬度测值范围为145.3～146.1毫克/升，硫酸盐测值范围为81.2～81.37毫克/升，亚硝酸盐氮测值范围为0.026～0.03毫克/升，硝酸盐氮测值范围为0.82～3.39毫克/升，氯化物测值范围为18.96～22.83毫克/升，氟化物测值范围为0.19～0.21毫克/升，氨氮测值范围为0.16～0.2毫克/升。地表水各项指标均符合地表水Ⅲ类标准。

附：地表水Ⅲ类标准

pH值6～9，溶解氧≤5毫克/升，硫酸盐≤250毫克/升，氯化物≤250毫克/升，硝酸盐(以氮计)≤20毫克/升，亚硝酸盐(以氮计)≤0.15毫克/升，化学需氧量≤20毫克/升，氨氮≤1.0毫克/升，总磷≤0.2毫克/升，总氮≤1.0毫克/升，氟化物≤1.0毫克/升，硫化物≤0.2毫克/升。

第四节　生物资源

陆地生物

动物　境内主要野生动物有兽类、鸟类、爬行和两栖类、虫类等。兽类狼、狐数量甚少。常见的有黄鼠狼、刺猬、蝙蝠、猞猁、獾、野兔、田鼠、家鼠、貉、貂等。据1985年调查，鸟类有22目，44科，200余种。其中候鸟130余种，故日照有“候鸟旅站”之称。属国家一类保护鸟类的有白鹤、丹顶鹤。国家二类保护的鸟类有大天鹅、鸳鸯、灰鹤、苍鹰等20余种。属中日候鸟保护协定范围的鸟类有啄木鸟、灰喜鹊、喜鹊、大山雀、伯劳、柳莺、杜鹃、戴胜、斑鸠、猫头鹰、夜莺、黄鹂、苇莺、黑卷尾、灰掠鸟、三道眉、黄喉鸟、红胁、白头鹎等，多为农林益鸟。燕子、麻雀、布谷、乌鸦、鸽子、雁、鸬鹚、鹳、野鸭、画眉、虎皮鹦鹉、鹌鹑、鸥等也常见不鲜。爬行和两栖类有蜥蜴、蟾蜍、壁虎、石龙子、蛇、北滑蜥、蜗牛、乌龟、鳖、青蛙、蛭等。虫类有广腹螳螂、中华大螳螂、步行虫、七星瓢虫、隐纹瓢虫、中国虎甲、大草蛉、草青蛉、蚁蛉、小茧蜂、姬蜂、枯叶蛾茧峰、赤眼蜂、蚀虫、蟒象、蚜虫、蜻蜓、食蚜蝇、寄生蝇、金蛛、肖蛛、狼蛛、蝎、蜘蛛、蜈蚣、马陆、蟋蟀、蝼蛄、蚯蚓、蝉、蝴蝶、粘虫、螟蛾、金龟子、天牛、蜜蜂、马蜂、楼蜂、土蜂、蚊、螟蛉、苍蝇、虻、蜉蝣、蝗虫、蚂蚁、斑蝥、尺蠖、肌蛈、马蹦等。2007年，河山镇驻地、204国道两侧、日照街道发现美国白蛾。

植物　树木类有乔木灌木，境内有71科，168属、396种(亚种)。主要品种是黑松、赤松、柏树、刺槐、麻栎、杨、榆、柳、梧桐、楸、苦楝、臭椿、板栗、悬铃木、桃、李、梨、杏、枣、葡萄、苹果、小叶朴(黑弹)、厚壳、黄连木、银杏、黄荆、酸枣、柞岚、棉槐条子、蔷薇、棘子、冬青、茶、枸杞、栀子等。野生草类主要有：苍耳、菊花、蒲公英、大蓟、小蓟、漏卢、旱莲草、败酱草、茵陈、牛子、荔枝草、卷柏、仙鹤草、黄花蒿、白头翁、芍药、草乌头、丹参、黄芩、紫苏、薄荷、夏枯草、金钱草、地笋、马齿苋、鸡冠花、泽膝、土牛膝、薏苡、茅草、百合、益母草、地丁、马鞭草、菟丝子、曼陀罗、牵牛花、芥麻、菘蓝、麦蒿、柴胡、前胡、沙参、蛇床、防风、瓜蒌、土白母、苦丁香、泽蒜、半夏、桔梗、远志、太子参、元胡、车前草、硬蒺藜、地黄、玄参、黑芝麻、马兜铃、连翘、香附、茜草、紫参、白薇、徐长卿、大麻、透骨草、地肤、荠菜、看麦娘、辣蓼、黄背草、狗尾草、马唐草、结缕草、苔草、鬼针草等。竹类有淡竹、毛竹、紫竹、黄槽竹、黄杆京竹、金镶玉竹、刚竹、斑竹等。

水生生物

海水生物　近海常见鱼类隶属3纲40科，共86种。(1)皱唇鲨科：白斑星鲨(鲨鱼、白点鲨)、皱唇鲨。(2)团扇鳐科：中国团扇鳐(瓢鱼)。(3)鳐科：孔鳐(老板、劳子)，近似种类有斑鳐、黄鳐、喀氏鳐。(4)魟科：赤魟(黄鲼)。(5)鲱科：鳓鱼(白鳞鱼)、鲥鱼、青鳞鱼、斑鰶、远东拟沙丁鱼。(6)鳀科：鳀鱼、赤鼻棱鳀、黄鲫鱼、刀鲚、风鲚。(7)银鱼科：

大银鱼。(8)狗母鱼科:长蛇鲻(梭鱼)。(9)海鳗科:海鳗(狼鳝)。(10)康吉鳗科:星鳗。(11)鱵科:鱵鱼(针良鱼)。(12)海龙科:海龙、日本海马。(13)野科:油野。(14)鲻科:梭鱼、鲻鱼。(15)鲈科:鲈鱼(黑寨、花寨)。(16)天竹鲷科:天竹鲷、细条天竹鲷。(17)鳕科:多鲶鳕。(18)鲹科:沟鲹、兰园鲹。(19)石鲈科:斜带髭鲷、横带髭鲷。(20)石首鱼科:棘头梅童(大头宝)、小黄鱼(黄花鱼)、鮸鱼、白姑鱼、黄姑鱼、皮氏叫姑鱼。(21)鲷科:真鲷(红加吉)、黑鲷(黑加吉)。(22)羊鱼科:条尾鲱鲤。(23)锦鳚科:云鳚、锦鳚。(24)玉筋鱼科:玉筋鱼(面条鱼)。(25)鰤科:短鳍。(26)带鱼科:带鱼(刀鱼)。(27)鲭科:鲐鱼(鲐巴鱼)。(28)鲅科:兰点鲅(鲅鱼)。(29)鲳科:银鲳、燕尾鲳。(30)虾虎鱼科:矛尾刺虾虎鱼(光鱼)、钝尖尾虾虎。(31)鲉科:黑鲉(黑寨)、褐菖鲉(红寨)。(32)毒鲉科:单指虎鲉、日本鬼鲉。(33)鲂鳍科:短鳍红娘鱼(红头鱼)、绿鳍鱼、欧氏六线鱼、鲬鱼(百甲鱼)。(34)园鳍科:细纹狮子鱼(先生鱼、海鲶鱼)。(35)鲆科:牙鲆、桂皮斑鲆(花点鲆)。(36)鲽科:高眼鲽、虫鲽、星鲽、木叶鲽、黄盖鲽、油鲽、石鲽。(37)鳎科:条鳎、宽体舌鳎、半滑舌鳎、焦氏舌鳎、短吻舌鳎。(38)革鲀科:马面鲀(老鼠鱼、面包鱼)。(39)鲀科:铅点东方鲀(廷巴)、弓斑东方鲀、红鳍东方鲀、虫纹东方鲀、星点东方鲀。(40)鮟鱇鱼科:黄鮟鱇。此外,还有珍贵脊椎动物文昌鱼,棘皮动物海参、海胆等。

节肢动物甲壳类有:对虾、周氏新对虾、鹰爪糙对虾、中国毛虾、虾蛄、三瘤梭子蟹。潮间带有近方蟹、红线黎明蟹、马蹄蟹、豆孝蟹。

软体动物头足类有:乌贼科:金乌贼(墨鱼)、曼氏无针乌贼、耳乌贼。章鱼科:短蛸(八带蛸)、长蛸(风蛸)。腹足类有:扁玉螺、福氏玉螺、锈凹螺、疣荔枝螺、粒藻螺、单齿螺、强棘红螺、脉红螺、鲳螺、滨螺、短滨螺、古氏滩栖螺、杜氏笋螺、纵肋粗纹螺、红楼拟蟹守螺、甲螺、珠带拟蟹守螺、粒丽螺、中国笔螺、习见粗纹螺、泥螺、田螺、日本菊花螺、青螺、短蛸、长蛸、石磺、海牛。多板类有:朝鲜鳞带石鳖、网纹综毛石鳖、红条毛肤石鳖、史氏综毛石鳖。瓣鳃类有:文蛤、西施舌、大竹蛏、等边线蛤、凹线蛤蜊、中华青蛤、四角蛤蜊、汛潮楔形蛤、弯竹蛏、九洲斧蛤、渤海鸭咀蛤、彩缸明樱蛤、江户明樱蛤、伊豆布目蛤、紫彩血蛤、水彩短齿蛤、中国绿螂、薄荚蛏、焦河兰蛤、脆壳全海笥、中国蛤蜊、巽白樱蛤、黑偏顶蛤、紫贻贝、纹斑棱蛤、毛蚶、榛蚶、泥蚶、褐蚶、平行蚶、对称蚶、橄榄蚶、中国不等蛤、褶牡蛎、麦氏偏顶蛤、杂色蛤子。

藻类有绿藻门:硬毛藻、花刚毛藻、育枝浒苔、绿管浒苔、肠浒苔、礁膜、刺海松。褐藻门:海蒿子、鼠尾藻、海黍子、水云、褐蠕藻、萱藻、囊藻、网地藻、网异藻、黑顶藻、点叶藻。红藻门:石花菜、细毛石花菜、海萝、鹿角海藻、鸡毛藻、江蓠、扁江蓠、缢红蓠、叉枝藻属、叉枝藻、蜈蚣藻、三叉仙菜、细枝仙菜、小仙菜、亮管藻、多管藻、橡叶藻、绢丝藻、对丝藻、羽状凹顶藻、红舌藻属、松节藻、顶群藻、珊瑚藻、异管藻、节荚藻、绒线藻。

淡水生物　淡水鱼类有 17 科,58 种。主要有鲫鱼、南方马口鱼、赤眼鳟、鲤鱼、银鱼、餐条、油餐、团头鲂、三角鲂、红旗鲌、翘嘴红鲌、鳊鱼、麦穗鱼、稀有麦穗鱼、似鮈、棒花鱼、钝吻棒花鱼、园吻鲴、银鲴、细纹斜领鱼、彩石鲋、中华鳑鲏、泥鳅、刺鳅、鲶鱼、海鲶、梭鱼、鲻鱼、鲈鱼、虎鱼、弹涂鱼、园尾斗鱼、乌鳢、黄鳝、鳗鲡。另外,还有河蟹、毛蟹、草虾、蚌等。水生植物主要有:芜萍、浮萍、水烛、香附、苦草、菹草、芦苇、蒲、藕、菱、荸荠等。藻类有:槐叶藻、轮叶黑藻、金鱼藻等。

第七章　自然灾害

境内历史上是山东省自然灾害发生频繁的地区之一,一年内往往有几种自然灾害相继发生。主要有旱灾、水灾、风灾、蝗灾、雹灾、海潮灾及庄稼枯萎病、瘟疫、霜冻、重雾、雷电等,尤以旱灾、水灾、冰雹灾、风灾、海潮灾发生次数多,成灾损失重。新中国成立后,灾情预报及时准确,提前采取防范措施,使自然灾害造成的损失逐步减少。

第一节　水灾

水灾主要由暴雨(日降雨量≥ 50 毫米)和连

绵雨造成。据1950—2007年境内水灾统计，暴雨发生时间最早在5月16日—17日(1990年)，连续降雨30个小时，境内平均降雨量78.5毫米；最晚发生在9月9日(1999年)连续降雨13个小时，最大降雨量255.2毫米。最多年份出现9天(1964年)。暴雨天气多集中在7—8月，年平均初日为7月3日，终日为8月29日，年平均暴雨为3.1天。阴雨连绵天气是造成水涝灾害的重要原因，1990年6月和9月，都出现过连续阴雨天气，1963年7月阴雨连绵长达27天，造成农作物大面积绝产。

历史上境内严重水灾摘记如下：

清道光二十九年(1849年)7月，大水。

同治元年(1862年)6月，大水。

同治五年(1866年)，7月12日(农历六月初一日)夜，大暴雨，震雷甚厉，平地水涌丈余。

同治七年(1868年)，涝灾。

同治十一年(1872年)，8月2日(农历六月二十七日)夜，大风雨，禾偃木拔。

光绪元年(1875年)6月，大风雨，平地水深数尺。

光绪五年(1879年)6月，大雨，山洪暴发。

光绪七年(1881年)，9月9日(农历七月十六日)，大水漂没房舍，濒海居民多溺死者。

1911年除夕之夜，电闪雷鸣，普降暴雨，至翌日晨方止。平地水深盈尺。秋，连日大雨，河水涨溢。

1916年7月，大雨成灾。涛雒等沿海洼地一片汪洋，农作物大减产。

1919年7月，大雨。县城洪水泛滥，营子河决口漫溢，洪水进村，民舍倒塌无数。

1928年1月22日(农历除夕)，夜12时，狂风挟雷暴雨突降，时间达3个小时。

1940年7月1日—8日，境内连阴雨，豆类小苗被水浸糜烂，秋苗倒伏。民房浸塌数千间。

1946年7月底，大雨成灾，山地被冲坏，湖地积涝成灾，平原地多撂荒，南湖河堤被冲垮。

1947年夏，全县300个村遭水灾，淹没土地2594.07公顷。

1949年8月8日—12日，大雨连绵，平地积水盈尺，湖地一片汪洋，全县有607个村受灾，淹没农作物2133.33公顷，绝产地8524公顷，河堤决口262处，倒房3150间，减产粮食15563.7吨。

1950年4月14日—16日，大风雨，城关、城东、石臼等三区倒塌房屋1120间，死3人，伤3人，淹没麦田297.93公顷、春田233.27公顷。沿海毁坏大鱼网1200余条。其他地区洼地积水，农田被淹，夏粮减产，交通中断。

1953年7月3日—8日，阴雨连绵，山洪暴发。8日全县平均降雨117毫米，有63个乡、102个村受灾严重，倒房1345间，淹死11人，砸死4人，伤11人。桥东头、刘家湾、沙岭子、小海、王家村等村庄，伴大海潮，作物绝产。秋大旱，粮食减产4285吨。

1954年8月11日，普降大雨，雨量达158毫米，崮河河堤决口，淹没大片土地。

1955年7月1日晚，突降大雨，七、八、九等区在1小时内降雨216毫米。

1956年6月25日，全县普降暴雨，冲坏水库21座，万家坪水库漏水塌垮，河堤决口470处。淹没土地4996.47公顷，损坏、倒塌房屋7452间，损失渔船17只，冲走粮食22.79万吨，倒折树木4.1万余株，伤25人，亡5人。

1957年7月降雨502.6毫米，其中10日、12日和15日三次降雨共308.6毫米。152个村受灾，35个村进水，2667户倒塌房屋5576间，淹死、砸死、雷击死亡共25人，大小河堤决口996处，漫溢26处，冲毁水库塘坝63座，受灾面积5385.2公顷，其中绝产1957.4公顷。

1959年7月10日—18日，降雨338.9毫米，尤以10、12、15三日降雨最大，境内13处公社、62个管理区、1529个大队受灾，1873户倒房4318间，粮食浸水67.5吨，冲走16.5吨。河堤决口508处，冲毁水库塘坝38座，菜地193.27公顷，受灾土地5333.3公顷，死亡25人。

1960年6月25日—27日，连续4次降雨，计292.7毫米，19处公社393个大队受灾，其中163个大队重灾。受灾面积8206.67公顷，绝产1366.67公顷，倒房1445间。9月2日、25日、26日，3次降暴雨214.4毫米。沿海平原滞洪成涝，秋作物严重减产，社员以吃草根树皮度荒。

1961年7—9月，暴雨成灾，其中9月20日降雨138.1毫米。农作物减产，社员吃草根树皮，境内出现干瘦病人和水肿病人万余例。

1962年7月13日夜，2小时降雨104毫米。304个大队遭灾，受灾面积9866.67公顷。7月25日、8月7日、8月13日又连降暴雨60毫米以上，1099个村受灾，冲决小水库1座、塘坝226座，河堤决口1037处，农田受灾9866.67公顷，绝产826.67公顷，塌房2500间。

1963年7月，阴雨连绵长达27天，7次降雨471.1毫米，受灾面积9866.67公顷，成灾面积6713.33公顷，绝产895.73公顷。倒塌房屋2055间。

1964年春涝，出现“早春汛”。3—5月降雨277毫米，比常年同期多116%，造成地瓜育苗烂床。8月1日—15日，降雨281.7毫米，农田受灾6266.67公顷，89个村庄进水，倒塌房屋1417间，淹死、砸死14人。

1966年3月5日—9日，降冰凌雨，百年罕见。6日至8日，雨凇持续59小时48分钟，造成全县停电4天，6天电话不通，90%以上的电线杆被压断，树木压折无数。

1972年6月11日13时40分降雨，伴大风、冰雹，风雨持续近1小时，城关、河山、丝山、两城、南湖、下湖、奎山等7处公社受灾面积1.17万公顷，伤41人。

1973年7月8日，竖旗公社50分钟降暴雨142毫米，有21个大队受洪水袭击，17个大队的作物和林场损失严重。8月14日夜，降特大暴雨，平均降雨250毫米，日照水库380毫米。境内231个大队、15323户进水，塌房91183间，淹死21人，伤34人，淹地1.53万公顷，绝产7333.33公顷。

1974年8月11日—13日，降暴雨，雨量达452毫米。其中，13日20小时降雨227毫米，21处公社均受害，傅疃河沿岸的奎山、城关、后村、南湖等公社受灾尤重。因海水顶托，河道决口漫溢，28个大队遭洪水包围，168个大队洪水进村。奎山公社有18个大队上水，深达半米到1米以上，204国道傅疃河石桥南端被冲垮，交通中断。日照水库水位猛涨至43.83米，距坝顶仅1.37米，距黏土心墙仅17厘米，出现建库以来最大险情。境内塌房9240间，砸死7人、伤8人，冲走粮食850吨，过水粮食120吨，雨淋国库瓜干5000吨，农田成灾面积953.33公顷，绝产3786.67公顷。

1975年8月14日20时至15日4时，连续8小时降雨255毫米。日照水库24小时降雨376.9毫米。傅疃河特大洪水，崮河口以下洪峰流量达5000立方米/秒。其他中小河道普遍漫溢决口。255个大队进水，其中29个大队水深1～1.5米；塌房近万间，死21人，伤34人；冲淹粮食1850吨；受灾农田1.23万公顷，其中绝产6266.67公顷。

1976年6月17日—24日，降雨量28.9毫米，光照总时数仅0.7小时，全县1万公顷小麦着雨，霉烂生芽达50%，约1.5万吨，为全县历史罕见。6月29日—30日，大暴雨。平均降雨量157.7毫米，最大降雨量281毫米。沿海海潮袭击严重。6处公社受灾重，6个大队被洪水包围。受灾面积6600公顷，海潮浸地733.33公顷。小海、两城等地防潮坝被海潮摧毁。

1977年7月21日傍晚至22日晨，西部山区遭暴雨袭击，竖旗公社7小时降雨230毫米，河道决口，库塘垮坝，地堰被冲，果树被刮倒1.6万棵。

1978年8月11日20时，大雨滂沱，山洪暴发。城关、奎山公社4小时降雨259毫米，河山、两城、石臼、下湖等公社降雨150～190毫米。82个大队被洪水围困，倒塌房屋904间，雷电死1人；冲走粮食36.5吨，受灾面积6933.33公顷，绝产1066.67公顷。20日17时，三庄东部、陈疃西部66个大队遭暴风雨、冰雹袭击，1小时降雨60毫米，3533.33公顷农田受灾。

1980年6月16日，境内平均降雨121.1毫米，24666.67公顷小麦被淹，减产三成。7月25日—28日，涛雒、城关等公社降雨300余毫米，湖地积水3～5天方消。

1982年7月5日，境内普降暴雨，平均降雨118.2毫米，涛雒2小时降雨200毫米以上。有11条河堤决口57处，淹没土地2866.67公顷，冲毁虾池113.33公顷、鱼池300公顷，造成64个大队、1499户进水，毁坏房屋1300余间，伤40余人。

1984年7月25日—27日，连降大到暴雨，涛雒、城关降雨量300毫米以上，3866.67公顷农田积水3～5天，冲毁鱼池13.33公顷。

1985年8月20日—22日，沿海乡镇遭暴风雨袭击，雨量达245毫米，农作物受灾面积4.67万公顷，成灾面积4666.67公顷，粮食减产4800吨，

1986年6月12日下午，降暴雨，雨后4天阴雾，1.73万公顷未及收割的小麦大部倒伏，部分小麦发芽。7月27日，三庄、涛雒、陈疃3处乡镇遭受大雨袭击，淹没庄稼40公顷，冲毁粮田30.67公顷，泡碎砖瓦干坯10万块。

1990年5月16日—17日，连续降雨30个小时，平均降雨量78.5毫米，最大降雨量128毫米。7月份，又连降大到暴雨。农作物受灾面积3.39万公顷，成灾面积1.02万公顷；倒房700间，倒塌院墙5640米；冲走、霉烂粮食980吨；伤50人，亡10人。直接经济损失1.1亿元。

1993年11月5日—12日，部分乡镇连降大雨，平均降雨203.32毫米，最大降雨量286.3毫米，7个乡镇、100多个村受灾严重。259处水利工程受损，倒塌损坏民房3240余间，倒塌院墙4万余米，鱼池、盐池也不同程度受损。

1997年8月19日—20日，遭强风暴潮和暴风雨袭击，平均降雨194.3毫米，最大值达361.7毫米。全年5次灾害损失10亿元以上。

1998年7月24日8时始，部分乡镇遭特大暴风雨袭击，平均降雨230毫米，最大降雨量377毫米，造成山洪暴发，直接经济损失近1亿元。

1999年8月11日—14日，部分乡镇遭特大暴雨袭击，最大降雨量465.9毫米，致使洪水泛滥，2.2万人受灾，1.5万人成灾，农作物受灾面积1600公顷，成灾946公顷，绝产100公顷，倒塌房屋922间。交通、水利等设施也受到不同程度损坏。9月9日1时—13时，部分地区又遭暴风雨袭击，最大降雨量255.2毫米，农作物受灾面积2755公顷，成灾面积1333公顷，绝产面积86公顷，损坏房屋700间。成灾人口2.66万人。

2000年8月28日，遭暴风雨袭击，平均降雨136.7毫米，最大降雨量234毫米，并伴有7级以上大风，农作物受灾面积2.71万公顷，成灾666.67公顷；冲毁堤坝、防浪坝6500米，冲毁道路近10千米，损坏渔船20余条，直接经济损失近2000万元。

2003年7月25日，降大到暴雨，最大雨量105.5毫米，同时伴有8～10级大风，局部有龙卷风。陈疃、三庄等镇受灾严重。全区7.2万户、22万人受灾，直接经济损失2000余万元。

2007年8月10日、9月18日，两次强降雨。秦楼街道路家村小型水库、两城镇孙家村塘坝和涛雒镇华山塘坝先后出现滑坡险情。有1.12万户、1.27万间房屋进水，倒塌22间，3.98万人受灾，紧急转移6071人。蔬菜、黄烟、秋季作物成灾面积5326.67公顷，绝产200公顷。直接经济损失近5000万元。

第二节　旱灾

境内旱年出现机率为29.6%，典型大旱13年一遇，其中重旱9年一遇，旱年3～5年一遇。旱灾一年四季都有发生。春至初夏旱(3—5月)，2～3年一遇；夏旱(6—7月)，2～3年一遇；秋旱(9—11月)，3年一遇。1952—2007年，发生特大春旱12次，夏旱8次，秋冬旱7次。1997年夏，境内遭遇60年一遇大旱，造成1320眼大小水井、1102座水库塘坝干涸，411条河流(支河及潜流)断流。

历史上境内严重旱灾摘记如下：

清咸丰元年(1851年)春，大旱。

咸丰二年(1852年)春，大饥荒，饿死灾民甚多。

咸丰四年(1854年)，旱灾蝗灾并发。

咸丰六年(1856年)，秋季大旱，飞蝗蔽天。

咸丰七年(1857年)，大旱。

同治八年(1869年)，大旱。

光绪二年(1876年)，3—8月发生特大旱灾，亢旱日久，民大饥，外流逃荒者过半。

光绪十一年(1885年)夏，大旱。

光绪十三年(1887年)春，旱。小麦、大麦抽不出穗。

光绪二十五年(1899年)夏、秋大旱。灾情严重。

宣统元年(1909年)春，大旱。农作物基本绝产，百姓以树皮、草根果腹，饿殍遍野。

1915年6月，特大干旱。涛雒一带近半年无雨，庄稼枯萎，作物无法种植。

1917年春，大旱。自上年秋至是年4月，雨雪

未降。麦苗均枯萎，春田不能耕种。

1920年，大旱。饥荒严重。

1935年，特大干旱。4月初至8月15日无雨。

1941年，大旱。沈疃一带山区庄稼绝产，人畜饮水困难。

1943年春，大旱。夏粮绝产。

1944年，特大干旱。城关、两城等地5—9月无雨，秋稼无收，民大饥，吃树叶、野菜度日。

1952年春、夏、秋，特大干旱。玉米、地瓜、花生吊死，成灾1.07万公顷。

1953年秋，大旱。粮食减产4285吨。

1954年，夏旱。山区夏地瓜、夏大豆无法种植。

1957年，秋旱。9月1日—11月24日仅降雨10.1毫米，比常年同期少84%，花生、地瓜、玉米严重减产，受灾面积5.8万公顷。

1962年春，大旱。3—5月降雨29.2毫米，比常年同期减少77%，1.2万公顷农田受灾。

1963年，初夏大旱。6月份降雨16.2毫米，比常年同期少86%。

1969年10—12月，降雨量仅2.5毫米。

1977年春，特大干旱。自1976年10月至是年3月底，6个月总降雨量仅40毫米，比常年同期少73%，90%以上的农田受旱，成灾面积1.59万公顷，其中绝产1.19万公顷。220个大队人畜饮水困难。

1978年春，大旱。3—5月降雨量30.6毫米，比常年同期少76%。3月中旬至5月初降雨6.8毫米。河道断流，水库、塘坝基本干涸。6.67万公顷作物受旱，1.33万公顷小麦、2.07万公顷玉米枯萎。389个大队、23万人饮水困难。

1980年春，大旱。4—5月降雨仅19.2毫米，比常年同期少73%，严重影响春播和小麦生长。7—8月降雨230毫米，比常年同期少45%。

1981年春，大旱。部分地区小麦绝产，春苗翻种，人畜断水。

1982年春，特大旱。1—5月仅降雨72.4毫米。境内大小河道断流，99座小型水库和塘坝干涸；97眼机电井、32处扬水站水源枯竭，地下水位普降4～5米；454个大队、21.7万人饮水困难；7.07万公顷农田受灾，大部分小麦、部分玉米旱死。

1983年春旱。3—5月降雨54.5毫米，比常年同期少57%。9月13日至翌年3月26日，190余天仅降雨雪62.3毫米。4.2万公顷小麦严重干旱。山丘地含水量仅3.1%，平湖地为4.2%。

1989年，进入7月份，旱情严重，总降雨量44.6毫米，比常年同期少199.7毫米，境内有525座水库、塘坝干涸，河道断流，地下水位下降。2.23万公顷作物成灾，0.67万公顷果树果实未熟即凋落，120个村、15万人饮用水困难。

1992年，春、夏大旱。从1991年8月至同年7月中旬，11个月累计降雨228毫米，比常年同期少70%。322座水库、塘坝干涸；2条主要河流和13条小河全部干涸；220座机井、大口井干涸；256座扬水站有186座无水可抽，1300眼饮水井干涸483眼。410个村、35万人，4000多头牲畜饮水困难。

1997年6月，全区遭受60年来同期罕见的旱灾。690眼水井、630眼大口井、1102座水库塘坝干涸，67条河流、344道潜流断流。受灾作物面积4.8万公顷。12.2万人及牲畜饮水困难。

2001年3—6月，全区遭受1952年有气象记录以来最严重的旱灾。累计降水77.0毫米，比历史同期减少158.2毫米，下降67.3%。

2002年，春季干旱。受灾人口27.49万人，成灾14.8万人，饮水困难9.8万人；农作物受灾面积4.77万公顷，成灾5.69万公顷，绝收7601公顷。农业直接经济损失1755万元。

第三节　风灾

大风(瞬时速度≥17米/秒)包括龙卷风，境内一年四季均有可能发生。以春季最多，夏季次之。年均大风日数为20.3天，最多年出现在1966年，为39天。连续最长大风日为1966年3月4日—7日，最大风速极值(10分钟平均计算)为18米/秒，瞬时极大风速为29米/秒。春季大风有时受寒流影响，伴有雨凇出现。夏季大风受西南热风影响，伴随冰雹、雷暴雨，有时伴有龙卷风。秋季大风多发生在8—9月，有时受台风影响，暴风雨同时出现。

历史上境内风灾摘记如下：

清道光二十七年(1847年)6月23日夜，大风拔木。

咸丰六年(1856年)3月16日，大风。黄土迷空。

同治四年(1865年)7月15日，大风拔木。

光绪元年(1875年)7月，大风伤禾稼。

1940年，涛雒村4只船从石臼所起航，行至江苏射阳海面时，遇大风罹难。其中，有两只船翻沉。30多名船员在海上漂流3昼夜，后被一外轮救起，死亡1人。

1949年5月，大风灾。7月26日大风，禾稼根出，淹没农田48公顷，海浪砸碎渔船6只，丢失鱼网69条，淹死2人。

1954年3月18日晚，受寒流和暴风袭击，6个区、45个乡、6015户受灾，刮坏房屋1.22万间，塌房628间，砸伤6人。

1959年10月31日，大风。沿海5处公社损失网具2000余条，损毁渔船15只，渔民死亡4人。

1962年7月25日、8月7日、8月13日，大风。刮坏房屋8000余间。

1969年1月28日—29日，雨凇伴大风。压断电线、树枝，全县通信、广播、供电、交通均中断，失踪、撞毁渔船172艘。

1979年1月28日—29日，雨凇伴大风。电线杆被刮倒，通讯、供电、广播、交通均中断。

1982年7月5日，大风刮倒树木4.7万余棵，损失苹果650吨。涛雒公社右所村，树被暴风刮倒500余棵，一碗口粗的果树被暴风拔起摔出50米远。10月18日晚，丝山等6处公社53个大队遭风雹袭击，毁房965间，刮倒树木700余棵。

1983年4月26日7～17时大风。极大风速23.2米/秒。石臼公社被海浪冲击毁坏机帆船6艘、舢板4只，丢失坛子网50余条。

1985年8月20日—22日，受9号台风影响，沿海乡镇遭暴风雨袭击。刮倒、折断树木21.3万棵，毁坏苗木4公顷，损失水果3000吨；海面浪高5米，冲毁挡浪坝、渔码头护堤10处，长8807米；冲毁虾池21.53公顷、鱼池59.07公顷，损失对虾9.5吨、鱼7.5吨；淹没盐田633.33公顷，冲走、溶化食盐710吨；受损渔船96只，其中撞碎沉没20只，伤127人，亡5人。倒房55间，刮断电线杆184根，16个变电站供电设施受损。

1986年6月12日下午，降暴雨，伴7～9级大风。7月27日，三庄、涛雒、陈疃3个乡镇遭受龙卷风袭击。毁房331间，刮倒刮断成材树0.66万株，淹没庄稼40公顷，冲毁粮田30.67公顷，刮倒苹果树530棵，刮倒院墙1000余米，亡1人。8月10日2时、7时和19时半，陈疃、西湖2个乡镇受雷雨、暴风、冰雹袭击。20余村受灾，刮坏、塌顶、倒塌房屋780间，刮掉苹果70余吨，倒折成材树6750棵、幼树5000棵，农作物受灾面积1223.33公顷；2个村、1个工厂的高压电线杆被刮倒或折断。

1987年7月10日，河山、丝山、陈疃3个乡的16个村遭受暴风雨和冰雹袭击。9月3日，10个乡镇、799个村降大雨，伴大风。撞坏渔船21只，损坏房屋80间，刮倒树木1000棵，农作物受灾面积1580公顷。

1988年5月7日，石臼街道金家沟村3740号拖网船在101海区5小区突遭大风雨和巨浪袭击，船上7人全部遇难。7月21日，南湖、丝山、三庄、涛雒等6个乡镇的250个村、5.4万户、19万人受到暴雨和龙卷风袭击。彭家河村一棵生长68年的大树被连根拔起。粮食作物受灾面积1.07万公顷，成灾面积800公顷；倒塌房屋52间，损坏201间，倒塌院墙3200米。

1990年6月9日，南湖等12个乡镇遭受龙卷风袭击，最大风力11级以上，同时伴有雷雨和冰雹。

1992年8月31日夜，遭受16号热带风暴潮袭击，刮坏、倒塌房屋4500间、桥涵15座、码头2处；刮掉苹果6000吨，倒折树木25万余棵。1.07万公顷高杆作物被刮倒折断，3333.33公顷秋菜被刮烂。因灾死亡9人，伤30人。夏粮减产42700吨，秋粮减产5.21万吨，果品减产3万吨，直接经济损失3.1亿元。

1993年6月24日，陈疃、西湖、三庄等乡镇遭暴风雨和冰雹袭击，最大风力10级，30个自然村受灾，农作物受灾面积533.33公顷。

1994年4月28日，竖旗、三庄、陈疃、西湖等4个乡镇遭受暴风袭击。

1995年11月7日，沿海乡镇遭受强风暴袭击。损坏渔船84艘，砸碎3艘，死亡2人，16.67

公顷扇贝被风浪卷走，经济损失600余万元。

1996年6月27日13时50分，石臼、涛雒2街道16个村遭受龙卷风和暴风雨袭击，风力10级，阵风12级以上，持续10分钟，损坏房屋2700余间，倒塌房屋467间，砸伤群众95人，其中重伤8人，直接经济损失800余万元。

1997年8月3日，4个乡镇遭暴风雨袭击，直接经济损失1800万元。

1998年4月24日，三庄、竖旗等乡镇遭受大风袭击，3.4万户、11万人受灾，造成直接经济损失5150万元。6月3日17～21时，全区大部分地区遭受风雹袭击，直接经济损失1.4亿元。

2000年4月9日，遭受沙尘暴袭击，最大风力达10级。受灾人口5万人，成灾2万人，刮毁房屋3500余间，刮毁瓜果蔬菜大棚2.2万个、育苗小棚1万个，受灾农作物减产五成，直接经济损失3000万元。8月28日，沿海地区遭暴雨伴随7级以上大风袭击，受灾面积2713.33公顷，成灾666.67公顷，冲毁道路10千米，直接经济损失2000万元。

2003年7月25日，暴雨伴随8～10级大风，局部出现龙卷风。三庄、陈疃两镇受灾严重。

2005年8月8日，受9号台风影响，遭受暴风雨袭击，刮断树木600余棵，刮倒围墙110米，直接经济损失1124万元。

第四节　雹灾

境内年平均降雹日为0.3天，5月份为降雹次数最多的月份，6月、9月、10月也较为多见。降雹最长时间为30分钟，最大直径为100毫米。降雹多发生在麦收前后，最多年份在1968年5月下旬，连续4次降雹，每次持续7～11分钟。1956—2007年，境内共出现冰雹天气31天，10个镇、街道都不同程度遭受过冰雹袭击。三庄镇、陈疃镇、南湖镇、西湖镇、秦楼街道为冰雹多降地带。

历史上境内雹灾摘记如下：

清同治四年(1865年)2月8日(农历正月十三日)，降大雪，雷电交加，下冰雹，伤禽兽。

1921年5月，遭大雹灾，雹径8厘米，夏粮严重减产。

1935年5月，降冰雹，小似杏子，大如拳头，城关等地小麦全被砸烂。

1946年7月上旬，南湖、丝山等地遭雹灾，仅南湖受灾面积就有1666.67公顷，秋作物基本绝产。

1956年6月17日，13个乡降雹，1333.33公顷青苗受灾。

1959年10月2日，持续降雹6分钟，雹平均直径3厘米。

1961年10月2日，降雹。历时29分钟，平均直径5毫米，作物减产。

1962年6月6日，降雹，历时7分钟，最大的1.8公斤。小麦、豌豆受害。

1965年8月12日，降雹。历时24分钟。9月15日又降冰雹，直径4毫米，最大70毫米，持续4分钟。

1967年5月24日晚，狂风暴雨伴冰雹，雹大如鸭蛋，持续5分钟。南湖、两城、丝山等3个公社的16个大队受灾。574.87公顷麦田、266.67公顷春播作物及菜园、果园损失严重，砸坏、刮坏房屋无数。

1968年5月下旬，连续4次降冰雹，每次持续7～11分钟，雹径5～6毫米，最大25毫米。126个大队受灾，竖旗、官庄两个公社、5个大队灾情最重，冰雹盖地6厘米。

1972年9月17日14时，三庄、陈疃、西湖、南湖、下湖、城关、石臼、丝山等8个公社的109个大队遭雹击。冰雹平均直径50毫米，累计降雹27分钟，积雹厚度4～5厘米。三庄、陈疃、石臼公社，稻穗被砸落，地瓜秧被砸烂、玉米秸被砸断，伤7人。

1982年9月5日，涛雒公社18个大队降冰雹，重灾区降雹厚度5厘米。10月18日晚，丝山等6个公社的53个大队遭风雹袭击，地面雹厚2厘米～3厘米，毁房965间，刮倒树木700余棵。

1984年5月28日15～19时，境内10个公社降雹，雹径大的10厘米，个别地方厚度10厘米。农作物受灾面积7080公顷，小麦减产5成以上。

1986年9月2日，南湖、下湖两乡遭10级大风和冰雹袭击，冰雹最大直径3厘米，持续降雹5分钟，地面厚度4～5厘米，农作物受灾面积

246.67 公顷。

1987 年 7 月 10 日，河山、丝山、陈疃 3 个乡 16 个村遭受暴风雨和冰雹袭击，农作物被砸毁，有 1880 户、8084 人受灾。

1988 年 5 月 16 日，西湖、陈疃、三庄、尹家河、南湖等乡镇 536 个村遭暴风雨、冰雹袭击，持续 25 分钟，冰雹厚度 2～3 厘米，最大如鸡蛋。农作物受灾面积 2.5 万公顷，重灾 6326.67 公顷，果园受灾 980 公顷。

1993 年 6 月 24 日，陈疃、西湖、三庄等乡镇遭冰雹袭击，有 30 个村受灾，黄烟、玉米、地瓜等作物受灾面积 533.33 公顷。

1994 年 10 月 2 日—3 日，竖旗、河山两个乡镇遭风雹袭击。

1996 年 9 月 15 日，部分乡镇遭风雹袭击。冰雹最大直径 2 厘米，持续降雹 10 分钟，直接经济损失 180 万元。

1997 年 5 月 18 日，三庄、陈疃、秦楼 3 个乡镇街道的 44 个村遭冰雹袭击，冰雹最大直径 2.8 厘米，持续时间近 20 分钟；23 日，秦楼、石臼、日照 3 个街道遭受冰雹袭击。5 月 26 日，6 个乡镇、街道再次遭冰雹袭击，冰雹最大直径 5 厘米以上，直接经济损失 1980 万元。

2000 年 5 月 18 日，部分乡镇遭冰雹袭击。冰雹最大直径 3 厘米，伴有 8 级以上大风，农作物受灾面积 2033.33 公顷。河山镇 46 个村、9100 户、3 万人受灾较重。苹果受灾 0.1 万公顷，减产 5.3 万吨，经济损失 4000 余万元。

2001 年 8 月 23 日，遭风雹袭击。受灾人口 34 万人，成灾人口 10.5 万人，因灾伤 23 人，死 3 人；农作物受灾面积 5.97 万公顷，成灾 3.5 万公顷，绝收 3172 公顷，直接经济损失 1.94 亿元。

2003 年 5 月 19 日，三庄、西湖、陈疃等乡镇 90 余村遭冰雹袭击，同时伴有雷雨。0.25 万公顷果园受灾减产；两城镇蔬菜大棚受灾 30 个，直接经济损失 2000 余万元。6 月 13 日，三庄、西湖、陈疃、南湖、河山等镇遭冰雹袭击，降雹 15 分钟，最大直径约 1.5～2 厘米，厚度盖过地面，75 个村受灾，农作物受灾面积 4706.67 公顷，成灾面积 1433.33 公顷，受灾人口 5.5 万人，直接经济损失 2400 余万元。

2004 年 7 月 8 日，三庄镇遭受冰雹袭击，持续降雹约 30 分钟。农作物受灾面积 19.33 公顷，经济损失 300 余万元。

第五节　海暴潮

海暴潮多在 7～9 月发生。受暴风雨或台风影响，海上风大浪高，汛期海水顶托，海水漫流成灾。1981 年 9 月 1 日，海暴潮，最大浪高 8.5 米，为 40 年罕见。海暴潮来临时，海水冲破岸堤，冲毁虾池、鱼池及农田，撞毁渔船，冲毁房屋，危害极大。

历史上境内海暴潮摘记如下：

明嘉靖十八年(1539 年)8 月，大风暴。海水溢岸 2.5 千米，淹没庄稼。

清乾隆九年(1744 年)，大海潮，海水溢至县城东郊外。

1921 年 7—8 月，大海潮。涛雒沿海一带部分村庄进水；北起廒头，南至栈子农田被海水淹没，农作物基本绝产。

1940 年 7 月 14 日，大海潮。海水淹没土地 666.67 公顷。

1949 年 7 月 26 日，沿海 3 个区 31 个村受海潮袭击。淹没农田 48 公顷，冲盐田 59.6 公顷，化食盐 3.46 万千克；海浪砸碎渔船 6 艘，丢失鱼网 69 条，死亡 2 人。

1952 年，汛期海水顶托，洪水漫流成灾，1800 公顷农田受灾，减产一成半。

1976 年 6 月 29 日—30 日，海潮侵袭漫地 733.33 公顷，涛雒、两城等地防潮坝被冲毁。

1979 年 6 月 20 日，沿海出现 8～9 级大风暴雨，海潮使停泊在港湾的渔船、海带船断缆脱锚，损毁大小渔船 38 艘，撞坏 165 艘，打碎、冲走玻璃浮子 1 万多个。

1981 年 9 月 1 日晨 7 时，沿海 46 个大队遭大海潮袭击，海潮水位达 5.43 米，为 40 年来罕见。海浪高 4.8 米，最大浪高 8.5 米。石臼、涛雒、丝山、两城等公社被海水冲淹农田 486.67 公顷，冲毁虾池 226.67 公顷；撞碎、撞毁渔机船、木帆船 64 艘，丢失 1 艘；冲倒房屋 89 间；丝山张家台渔港挡浪坝被冲垮。

1982 年 9 月 1 日，境内 92 个村受海暴潮袭击，农田、林场、盐场、渔厂、渔网严重受损，冲毁房屋100余间，经济损失800多万元。

1985年8月19日，受9号台风影响，海面浪高4～5米，海水淹没农作物4.67万公顷，冲坏鱼虾池80.6公顷，撞碎渔船90多艘，5人遇难，127人受伤。

1989年9月16日—17日，受23号台风影响，部分沿海乡镇、街道遭大海潮袭击，致使部分虾池、盐池、渔船、渔网、秋作物、苗圃、树木受到损害。

1992年8月31日夜，16号热带风暴潮冲毁堤坝1.4万米、虾池345.13公顷、扇贝养殖场115公顷、海带养殖场133.3公顷、盐田150公顷，冲化原盐4000吨，损坏渔船722艘、网具6500件。

1994年，5个乡镇遭暴风雪和风暴潮袭击。损坏渔船100艘、渔港码头5座、沿海防护堤3220米、浅海养殖场113.3公顷。

1995年11月7日4～18时，沿海14个乡镇遭受强风暴袭击。损坏渔船84艘，砸碎3艘，死亡2人，有16.67公顷养殖扇贝被卷走。

第六节　病虫害

新中国成立前，境内蝗灾发生频繁，危害严重。蝗灾多在大旱年份的夏、秋两季发生。灾害发生时"飞蝗遮天蔽日，所经之处禾苗无剩"(清光绪版《日照县志》载)。20世纪50—70年代，境内沿海局部发生过蝗灾。1964年后，蝗虫逐年减少。其他病虫害随生态环境、耕作制度、作物品种及防治措施而发生变化，有的绝迹，有的新生。80年代后，境内林木主要病虫害有赤松毛虫、大袋蛾、红蜘蛛、蚜虫、食心虫，苹果腐烂病、白粉病、炭疽病等。农作物病虫害有麦牙虫、玉米螟、蛴螬、花生叶斑病等。2007年境内发现美国白蛾。

历史上境内病虫害摘记如下：

明嘉靖二十年(1541年)秋，飞蝗食禾几尽。

崇祯十三年(1640年)，旱蝗，大饥，人相食。

清乾隆五十年(1785年)，飞蝗遍野，食及木叶，岁大饥。

咸丰四年(1854年)，大旱，有蝗灾。

咸丰六年(1856年)，秋季大旱，飞蝗蔽天。

咸丰七年(1857年)，闰五月，飞蝗遍野，庄稼被吃尽，绿豆、芝麻幸存。

光绪四年(1878年)夏，蝗蝻为患。百姓尽力捕捉。知县章仪和亦于炎风烈日中循行阡陌，参与捕治。

1913年，蝗灾。农作物大幅减产。

1920年夏，三庄、沈疃一带发生蝗灾，蝗虫遮天蔽日，所经之处禾苗无剩。

1947年，315个村遭虫灾，受灾面积1201.33公顷。

1948年，受风雹，遭病虫害。境内荒地1.2万公顷，20余万人无粮，生活极度困难。

1956年，疸灾，沿海44个乡小麦减产。

1959年夏、秋两季，涛雒、金沟、石臼、两城等公社发生蝗灾，受灾面积2680公顷。

1960年，涛雒等地夏蝗灾，受灾面积2540公顷，秋蝗灾，受灾面积400公顷。

1961年，涛雒等部分地域夏蝗灾，受灾面积66.67公顷，秋蝗灾，受灾面积33.33公顷。

1962年，涛雒及以南地域夏蝗灾，受灾面积63.33公顷，秋蝗灾，受灾面积30公顷。

1979年4月，泰山5号、昌潍19号小麦发生菌核性根腐病，多系丰产田、平湖地、热潮地。一般病株达80%～90%，最严重的地块病株达100%。同时小麦蚜虫、黏虫也普遍发生，蚜虫危害面积2.33万公顷。

第七节　地震

境内不属地震频发地带。历史上关于地震的记载不多。除清康熙七年(1668年)发生大地震外，其余地震均在四级以下，有的震感不明显。1976年河北唐山特大地震发生后，在全国防震的形势下，境内机关、学校、厂矿、城乡居民都搭建防震棚，做防震床等。

历史上境内地震发生情况摘记如下：

明嘉靖二十二年(1543年)4月，地震。有声如雷，移时乃止。

清康熙七年(1668年)6月17日，大地震。声如雷，山崩地裂，涌水喷沙。县治城垣、官廨倾塌，到处民房震毁，压死压伤多人。

道光九年(1829年)11月，地震。

第三编

人　口

早在五千年前，东港区境域就有先民定居生活。境内人口情况自明天顺元年(1457 年)始有记载。清代只记人丁，民国年间有断续的人口资料。旧中国，由于自然灾害、瘟疫和兵燹连年不断，人口增长缓慢，有的时期出现负增长。

新中国成立后，境内人口快速增长。1956 年为 68.11 万人。同年，响应党中央、国务院推广节制生育的号召，开始倡导计划生育。20 世纪六七十年代，开始实行“晚、稀、少”生育政策。1982 年，计划生育定为基本国策并写入《中华人民共和国宪法》，境内人口实行依法管理。人口增长开始得到有效控制，人口寿命延长，文化程度提高，职业构成趋向多元化。2007 年，全区总人口为 69.15 万人。

第一章　人口规模

新中国成立前，境内人口增长缓慢。新中国成立后，人们生活水平和医疗条件有很大改善，人均期望寿命大幅度提高。20 世纪五六十年代开始，人口数量增长较快，到 70 年代中叶，出现人口增长高峰。国家实行计划生育政策后，境内人口逐步进入低增长时期。

第一节　人口数量

东港区人口资料在明代以前无确切记载。明天顺元年(1457 年)，境内有 9130 户，41085 人；嘉靖年间，有 10187 户，66056 人。明朝末年，由于战乱、灾荒，人口大减。据记载，明万历四十三年(1615 年)，仅剩约 7000 户，22000 人。

清朝，社会逐渐安定。“逮康乾之世，国富民殷，凡滋生人丁，永不加赋”(见清康熙十一年(1672 年)《日照县志》)。此时，人口增长较快。据清康熙十一年(1672 年)《日照县志》和《沂州府志》记载：明末日照县有 19835 丁，到清顺治四年(1647 年)还有 14823 丁。顺治十二年至十六年(1655 — 1659 年)，新增 554 丁。康熙元年(1662 年)新增 273 丁，核实逃亡人丁外只剩 7223 丁。康熙五年(1666 年)增 71 丁，康熙八年(1669 年)增 252 丁。至康熙五十一年(1712 年)，全县实有当差 8977 丁。自康熙五十二年至乾隆二十一年(1713 — 1756 年)，共增生 8256 丁。光绪十一年(1885 年)，共有 62728 丁。

1919 年，为 500205 人；1928 年，有 91646 户，512400 人；1933 年，有 95085 户，496828 人。抗日战争期间，人口增长缓慢。1947 年，有 580344 人。

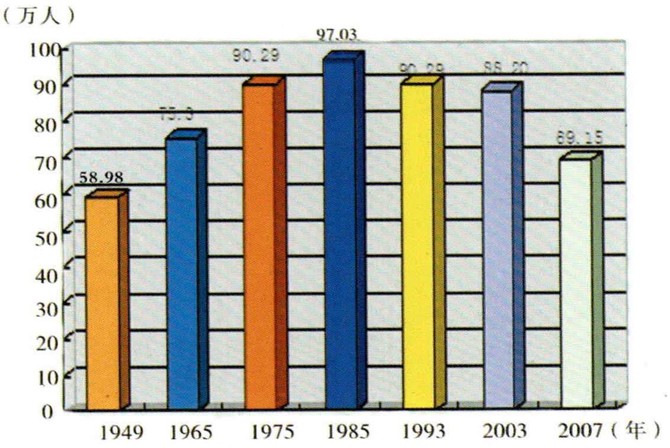

图 3-1 1949 — 2007 年东港区人口数量统计展示图

新中国成立后，人口增长较快。1975 年，境内人口 90.29 万人。1982 年后，人口发展呈有计划增长趋势。1989 年，全市总人口为 103.48 万人。1993 年，全区总人口为 90.29 万人，2003 年为 88.2 万人，2006 年为 68.66 万人，2007 年 69.15 万人。历年人口数字见下表：

1949 — 1992 年日照县(市)人口统计表

表 3-1　　　　单位：人

年份	总户数（户）	总人口			其中非农业人口
		合计	男	女	
1949	128450	589772	279640	310132	29491

续表 3-1

年份	总户数（户）	总人口			其中非农业人口
		合计	男	女	
1950	129973	594817	288404	306413	30109
1951	136872	626985	308483	318502	46130
1952	135069	640624	315322	325302	40004
1953	135273	637877	324917	312960	47821
1954	136958	655972	334469	321503	55241
1955	138357	671737	342531	329206	65890
1956	140514	681139	347397	333742	41973
1957	141198	690875	352057	338818	60107
1958	150449	709711	362177	347534	54711
1959	145843	698130	357379	340751	45270
1960	148169	702416	358229	344187	19129
1961	154239	713662	364388	349274	14413
1962	155931	736290	377495	358795	11758
1963	156301	750726	383459	367267	11918
1964	155929	751871	383935	367936	13560
1965	155511	752934	382870	370064	13741
1966	157202	768054	390993	377061	14010
1967	157700	780150	397100	383050	14130
1968	158750	791637	403777	387860	12754
1969	164078	815894	415639	400255	14670
1970	169333	842174	428155	414019	17754
1971	172308	856305	435254	421051	21780
1972	174860	865243	438608	426635	18598
1973	178467	876974	444506	432468	19061
1974	182645	887095	449202	437893	19579
1975	187081	902883	457535	445348	20966
1976	192710	908596	460261	448335	22065
1977	195415	909458	460144	449314	22403
1978	199529	905445	456976	448469	23925
1979	203576	908413	457750	450663	25714
1980	208039	912027	460291	451736	27006
1981	216352	922196	467092	455104	30890
1982	223492	930962	472319	458643	32977
1983	229322	944738	479861	464877	50599
1984	236907	958494	488054	470440	67328
1985	245999	970327	494798	475529	93273
1986	255518	987538	503720	483818	92942
1987	267394	1003839	511433	492406	97622
1988	281123	1019283	519966	499317	113475
1989	291720	1034768	528676	506092	108203
1990	290015	1027724	520978	506746	108876
1991	306642	1060796	540853	519943	116360
1992	310900	1072300	546900	525400	123500

1993 — 2007 年东港区人口统计表

表 3-2　　单位：人

年份	总户数（户）	总人口			其中非农业人口
		合计	男	女	
1993	264688	902864	460380	442484	101760
1994	272948	908791	463012	445779	150938
1995	284323	919298	467850	451448	158683
1996	291587	928494	471977	456517	173088
1997	297599	937572	475924	461648	184742
1998	305037	949578	481506	468072	196489
1999	299522	925238	469408	455830	193601
2000	303330	929073	471009	458064	199967
2001	306911	933046	472666	460380	204705
2002	310530	938818	475155	463663	212377
2003	295300	882000	446398	435602	226800
2004	230286	673605	341654	331951	287642
2005	232205	682653	346283	336370	367060
2006	230963	686555	348145	338410	378020
2007	221717	691514	350108	341406	380258

第二节　人口密度和分布

明朝初年，境内人口有增加，但密度仍然较低。明天顺元年(1457 年)，每平方千米仅 11.74 人。清代逐渐提高。1933 年，人口密度为每平方千米 141.92 人。

新中国成立后，人口增加较快，密度相应提高。1949 年每平方千米 318 人，1964 年增至 405 人，1982 年为 480 人，1990 年为 537 人，2000 年仍为 537 人。

各乡镇(街道)人口密度有较大差异。东部沿海地区及城镇密度较大，西部山区较小。1990 年，日照、石臼两个街道人口密度最大，每平方千米分别为 1114 人和 1037 人。原竖旗山乡、尹家河乡人口密度最小，每平方千米分别是 392 人和 321 人。据 2000 年人口普查显示，日照、石臼、秦楼 3 个街道人口密度最大，每平方千米分别为 1708 人、1257 人、846 人。尹家河乡、三庄镇人口密度最小，每平方千米分别是 254 人、207 人。

第二章　人口变动

境内历史上人口变动频繁，战乱、灾害致大量人口外流，自然增长率降低。社会安定时期，外地人口迁入，自然增长率提高。元末明初、明末清初和清末民初三个时期迁徙规模较大。明初大量人口从外地迁来，明末清初和清末民初出现过两次迁出高峰。新中国成立后无大规模迁入迁出。改革开放后，随着日照城市化水平的迅速提高，来境内经商打工、投资、创业者逐年增多。

第一节　自然变动

民国以前，出生率高，死亡率高，自然增长率低，人口增长缓慢。

新中国成立后，社会安定，生活水平提高，人口急剧增加。1949 — 1989 年，境内人口变动可分为四个阶段：1949 — 1958 年为高出生、低死亡、高增长阶段。10 年增加 119939 人，平均年增长 20.35 ‰。1958 — 1962 年为高出生、高死亡、低增长阶段。1961 年人口出生率为 24.86 ‰，死亡率为 18.22 ‰，自然增长率为 6.64 ‰。1963 — 1972 年为高出生、低死亡、高增长阶段。1963 年出生人口 31185 人，自然增长率 30.40 ‰。1973 — 1989 年为低出生、低死亡、低增长阶段。1982 年以后，出生率、自然增长率开始下降。1985 年，自然增长率 5.92 ‰。1993 年建区时自然增长率为 3.79 ‰，2007 年为 4.4 ‰。建区以来人口自然变动情况见下表：

1993 — 2007 年东港区人口自然变动情况表

表 3-3

年份	出生		死亡		自然增长	
	人数（人）	出生率（‰）	人数（人）	死亡率（‰）	人数（人）	自然增长率（‰）
1993	8525	9.46	5104	5.67	3421	3.79
1994	8275	9.62	5285	6.64	2990	2.98
1995	8632	10.49	5003	6.08	3629	4.41
1996	9587	11.66	5459	6.64	4128	5.02
1997	9712	11.85	5368	6.64	4344	5.21
1998	11156	12.22	5690	6.23	5466	5.99
1999	10495	11.36	5070	5.49	5425	5.87
2000	11618	12.43	5878	6.29	5740	6.14
2001	10890	11.59	5414	5.76	5476	5.83
2002	10348	10.94	5693	6.02	4655	4.92
2003	8395	9.61	5419	6.2	2976	3.41
2004	6823	11.62	3142	5.65	3681	5.97
2005	7404	10.48	2866	5.27	4538	5.21
2006	6741	9.04	2806	4.91	3935	4.13
2007	6605	9.63	3586	5.23	3019	4.4

第二节　机械变动

迁入

元末由于战乱，境内人口稀少。明初，大量人口迁入。从明洪武三年(1370 年)至永乐十五年(1417 年)的 47 年间，先后向境内移民 13 次。海曲丁氏，于明洪武二年(1369 年)从海州来落籍，定居城南刘家寨以东；秦氏从东海迁来，定居于团岭埠；牟氏由栖霞迁来，定居于城北莲村。夹仓、大古城的孙姓于明初由淮安府山阳县迁来。石臼所高、刘、贺等诸姓是明初汤和麾下的将领后裔。侯姓由山西省迁入。据不完全统计，明代迁入的居民有 300 余姓，境内不少村落就是这个时期形成的。据统计，原日照县 1288 个村有 661 个是这时建成的。仅日照、石臼、秦楼三个街道所属的 167 个自然村中，于明朝初年建村的就有 120 个。其次，不同时期，时有从外地来做官，或避灾，或经商迁入落户的。海曲孙氏于明末清初自诸城来城北时家村定居。肖姓于明末清初“业商居日照城北郭”(今后楼)。琅琊丁氏五十三支于清康熙三十二年(1694 年)自诸城徙居大长汪崖、后楼等地。清末至民国年间，迁入境内的人口较少。

新中国成立后，因干部职工调动、军人复退、婚姻关系，不断有人员迁入。1968 — 1978 年，有济南、青岛、大连等地知识青年 2822 人到日照落户。1980 — 1989 年，迁入 129611 人。1993 年后，随着经济快速发展，外来人口越来越多。在 20 世纪五六十年代，外流东三省的人员，纷纷携儿带女回乡，外籍大学毕业生留东港就业逐年增多。

至2006年,迁入144764人。2007年,由省内迁入10589人,省外迁入3009人。

迁出

明朝末年,因苛捐杂税负担加重及战乱和自然灾害影响,境内人口大量外逃。据康熙十一年(1672年)版《日照县志》记载,明末全县有19835丁,到康熙元年(1662年)就逃亡12612丁,占总数的73.9%。因饥荒频仍,兵匪为患,且地近沿海,交通方便,故自道光年间开放满洲准许汉人购买土地后,境内人口迁往东北的逐年增多。清末,有不少百姓迁往朝鲜、海参崴等地,以去朝鲜的人数为多。民国初年,大量人口不断地流入东北三省,俗称"闯关东"。还有不少贫苦百姓到青岛做苦力,到博山挖煤。1931年青岛报载,"日照难民逃青(岛),日逾千人,数十日不息"。青岛市的四川路、小港、邱县路、金乡路等处,日照人居住最为集中,靠拉黄包车、开茶炉、扛大包、拣破烂等维持生计。也有部分商人去青岛居住。还有许多青壮年农民被日本侵略者押往东北本溪、抚顺、辽源等煤矿当劳工。

1948—1949年,不少人随国民党政府南迁。这一时期,去台湾的有6350人。据1989年统计,迁往香港的2266人,旅居国外10770人。其中,旅居美国4889人,日本1191人,新加坡266人,加拿大534人,菲律宾108人,英国244人,泰国28人,马来西亚213人,印尼44人,巴西285人,德国43人,韩国1104人,朝鲜1701人,其他国家和地区120人。2007年,东港区在外华侨共14700人。

1955—1960年,国家曾分4批从境内向东北移民2776户、15902人,安置在黑龙江省嫩江、讷河、依安、克山等县。此外,还有一些农民自流东北,每年的数量都很大,以致东北三省各县都有日照籍居民,有一些屯子常以日照的村名命名。80年代后,外迁人口逐年减少。1993年,外迁人口14735人。2005年,外迁人口9772人。2007年,有8466人迁往省内市、县,1743人迁往省外。

第三节　流动人口

1987年,境内暂住人口管理工作全面开展。1996年,对暂住人口实行常住化管理。

2004年登记暂住人口19199人。2006年登记暂住人口24072人。其中东北三省流入4168人,河南省流入644人,湖南省流入332人,新疆自治区流入116人,安徽省流入326人,浙江省流入1121人。2007年暂住人口48286人。其中东北三省流入8675人,河南省流入1725人,湖南省流入1093人,新疆自治区流入363人,安徽省流入815人,浙江省流入1551人。

2006年境内流出暂住人口1579人,其中省内暂住1208人,省外暂住371人。2007年境内流出暂住人口1518人,其中省内暂住1172人,省外暂住346人。

第三章　人口构成

新中国成立后,历次人口普查资料表明,境内人口性别比都处在合理范围,老年人口性别比呈现出随年龄升高而男性比例下降的特点。人口的平均年龄逐年提高,寿命日趋延长。人口受教育的程度越来越高。人口的职业领域日益广泛,传统的农林牧渔业人口所占比重逐渐减小。境内民族数量也随着社会的开放、进步而愈益增多。

第一节　性别构成

据1919年统计,境内500205名居民中:男性249975人,女性250230人,男女性别比为99.9。1925年,男性282424人,女性229976人,性别比为123。1934年,男性271010人,女性225818人,性别比为120。

1990年第四次人口普查资料表明:境内男性520978人,占总人口的50.69%;女性为506746人,占总人口的49.31%,性别比为102.81。

2000年第五次人口普查资料表明:全区男性为471009人,占总人口的50.70%;女性为458064人,占总人口的49.30%,性别比为102.8。

日照县(市)不同年份性别比例表

表 3-4

年份	男（人）	女（人）	性别比
1949	279640	310132	90.17
1953	324917	312960	103.82
1964	383935	367936	104.35
1982	472319	458643	102.98
1984	488054	470440	103.74
1985	494798	475529	104.05
1989	528676	506092	104.46
1990	520978	506746	102.81

1993 — 2007 年东港区各年份性别比例表

表 3-5

年份	男（人）	女（人）	性别比
1993	460380	442484	104.04
1994	463012	445779	103.87
1995	467850	451448	103.63
1996	471977	456517	103.39
1997	475924	461648	103.10
1998	481506	468072	102.87
1999	469408	455830	102.98
2000	471009	458064	102.83
2001	472666	460380	102.67
2002	475155	463663	102.48
2003	446398	435602	102.48
2004	341654	331951	102.92
2005	346283	336370	102.95
2006	348145	338410	102.88
2007	350108	341406	102.55

第二节　年龄构成

受国家政策、生活条件以及社会保障等方面的影响，1964 — 2000 年境内人口年龄结构发生明显变化。

学龄前儿童减少。境内 0 ～ 6 岁儿童，1964 年有 153174 人，占人口的 20.5%；1982 年有 110154 人，占人口的 11.9%；1990 年有 291127 人，占人口的 28.32%；2000 年有 63786 人，占人口的 6.9%。1990 年比例最高。

学龄儿童比例下降。7 ～ 11 岁少年儿童 1964 年有 112411 人，占人口的 15.04%；1982 年有 110358 人，占人口的 12%；1990 年有 75448 人，占人口的 7.34%；2000 年有 59731 人，占人口的 6.5%。

15 ～ 24 岁青少年 1964 年有 119081 人，占人口的 15.94%；1982 年有 189672 人，占人口的 20.63%；1990 年有 205795 人，占人口的 20.03%；2000 年有 121791 人，占人口的 13.26%。

劳动年龄人口比例增高。境内劳动年龄人口(男 16 ～ 59 岁，女 16 ～ 54 岁)，1964 年有 348021 人，占人口的 46.28%；1982 年有 515946 人，占人口的 55.42%；1990 年有 657728 人，占人口的 64%；2000 年有 611450 人，占人口的 66.5%。

老年人口比例上升。65 岁以上的老人，1964 年占总人口的 3.7%，1982 年上升为 5.4%，1990 年为 3.8%，2000 年为 8.84%。

新中国成立前，境内人口平均期望寿命只有 35 岁。1982 年人口普查时，男性平均期望寿命增加到 71 岁，女性增加到 74 岁。由于人口平均寿命的延长和老年人口比例的上升，人口平均年龄也不断增加。1982 年，境内人口平均年龄为 27.37 岁，比 1964 年的 23.68 岁增加 3.69 岁。2000 年第五次人口普查资料显示，全区人口平均年龄提高，寿命延长。

社会总抚养系数下降。1964 年少年儿童人口占总人口的 35.32%，社会总抚养系数为 40.38%。1982 年，少年儿童人口占总人口的 23.9%，社会总抚养系数为 37%。1990 年，少年儿童人口占总人口的 31.16%，社会总抚养系数为 38%。2000 年，少年儿童人口占总人口的 19.3%，社会总抚养系数为 27.65%。

1964年日照县人口年龄构成统计表

表 3-6

年龄	人口数（人）			占人口总数百分比		
	合计	男	女	合计	男	女
0—4岁	111090	57007	54083	14.867	7.629	7.238
5—9岁	112050	57894	54156	14.996	7.748	7.248
10—14岁	103438	53479	49959	13.844	7.158	6.686
15—19岁	73165	37639	35526	9.793	5.038	4.755
20—24岁	45916	22887	23029	6.145	3.063	3.082
25—29岁	45987	24029	21958	6.155	3.216	2.939
30—34岁	50378	25742	24636	6.742	3.445	3.297
35—39岁	41357	21021	20336	5.535	2.813	2.722
40—44岁	36746	19157	17589	4.918	2.564	2.354
45—49岁	30923	16056	14867	4.139	2.149	1.9897
50—54岁	25252	12934	12318	3.38	1.731	1.649
55—59岁	23641	12030	11611	3.164	1.610	1.554
60—64岁	19465	9511	9954	2.605	1.273	1.332
65—69岁	12426	5801	6625	1.663	0.776	0.887
70—74岁	8486	3513	4973	1.136	0.470	0.666
75—79岁	4430	1654	2776	0.593	0.221	0.372
80—84岁	1689	529	1160	0.226	0.071	0.155
85—89岁	317	94	223	0.043	0.013	0.0298
90—94岁	53	12	41	0.007	0.002	0.005
95岁以上	4	1	3	0.0005	0.0001	0.0004

1982年日照县人口年龄构成统计表

表 3-7

年龄	人口数（人）			占人口总数百分比		
	合计	男	女	合计	男	女
0—4岁	73096	37983	35113	7.95	4.13	3.82
5—9岁	97791	50253	47538	10.64	5.47	5.17
10—14岁	120720	61705	59015	13.13	6.71	6.42
15—19岁	113859	57149	56710	12.38	6.21	6.17
20—24岁	75813	36784	39029	8.25	4.00	4.25
25—29岁	86157	42544	43613	9.37	4.63	4.74
30—34岁	70516	35237	35279	7.67	3.83	3.84
35—39岁	49579	26203	23376	5.39	2.85	2.54
40—44岁	38531	20693	17838	4.19	2.25	1.94
45—49岁	43022	22805	20217	4.68	2.48	2.20
50—54岁	41836	21460	20376	4.55	2.33	2.22

续表 3-7

年龄	人口数（人）			占人口总数百分比		
	合计	男	女	合计	男	女
55—59 岁	32164	16585	15579	3.50	1.80	1.70
60—64 岁	27444	14236	13208	2.98	1.55	1.43
65—69 岁	19010	9497	9513	2.07	1.03	1.04
70—74 岁	13431	6407	7024	1.46	0.70	0.76
75—79 岁	10113	4462	5651	1.10	0.49	0.61
80—84 岁	4447	1698	2749	0.48	0.18	0.30
85—89 岁	1552	555	997	0.23	0.06	0.17
90—94 岁	321	78	243	0.035	0.009	0.026
95 岁以上	27	5	22	0.0029	0.0005	0.0024

说明：此表以人口普查数据为依据，总人口 919402 人

1990 年日照市人口年龄构成统计表

表 3-8

年龄	人口数（人）			占人口总数百分比		
	合计	男	女	合计	男	女
0—4 岁	85203	44746	40457	8.29	4.35	3.94
5—9 岁	75726	39185	36541	7.37	3.81	3.56
10—14 岁	88608	45551	43057	8.62	4.43	4.19
15—19 岁	108609	54814	53795	10.56	5.33	5.23
20—24 岁	109714	53836	55878	10.68	5.24	5.44
25—29 岁	96081	47549	48532	9.35	4.63	4.72
30—34 岁	89858	44901	44957	8.74	4.37	4.37
35—39 岁	86922	43277	43645	8.46	4.21	4.25
40—44 岁	62064	32192	29872	6.04	3.13	2.91
45—49 岁	42694	22909	19785	4.16	2.23	1.93
50—54 岁	39650	21392	18258	3.86	2.08	1.78
55—59 岁	42390	22136	20254	4.12	2.15	1.97
60—64 岁	35200	17860	17340	3.43	1.74	1.69
65—69 岁	26005	13026	12979	2.53	1.27	1.26
70—74 岁	18544	9088	9456	1.80	0.88	0.92
75—79 岁	10642	4792	5850	1.04	0.47	0.57
80—84 岁	6536	2660	3876	0.64	0.26	0.38
85—89 岁	2759	917	1842	0.27	0.09	0.18
90—94 岁	442	129	313	0.0426	0.0126	0.03
95—99 岁	71	16	55	0.0116	0.0016	0.01
100 岁以上	6	2	4	0.0006	0.0002	0.0004

说明：此表以人口普查数据为依据，总人口 1027724 人

2000年东港区人口年龄构成统计表

表3-9

年龄	人口数(人)			占人口总数百分比		
	合计	男	女	合计	男	女
0—4岁	53573	27568	26005	5.83	3.00	2.83
5—9岁	50068	25854	24214	5.44	2.81	2.63
10—14岁	74229	38180	36049	8.07	4.15	3.92
15—19岁	62592	31690	30902	6.81	3.45	3.36
20—24岁	59199	28357	30842	6.45	3.09	3.36
25—29岁	87024	43602	43422	9.46	4.74	4.72
30—34岁	96972	47682	49290	10.55	5.19	5.36
35—39岁	83535	41148	42387	9.09	4.48	4.61
40—44岁	75473	37941	37532	8.21	4.13	4.08
45—49岁	73979	36723	37256	8.05	4.00	4.05
50—54岁	53612	27428	26184	5.83	2.98	2.85
55—59岁	35953	19064	16889	3.91	2.07	1.84
60—64岁	31564	16916	14648	3.43	1.84	1.59
65—69岁	30092	15372	14720	3.27	1.67	1.60
70—74岁	24204	11732	12472	2.64	1.28	1.36
75—79岁	14740	6885	7855	1.60	0.75	0.85
80—84岁	8168	3541	4627	0.89	0.39	0.50
85—89岁	3034	1159	1875	0.33	0.13	0.20
90—94岁	922	287	635	0.10	0.03	0.07
95—99岁	206	45	161	0.022	0.005	0.017
100岁以上	21	4	17	0.0022	0.0004	0.0018

说明：此表以人口普查数据为依据，总人口919160人

附:百岁老人调查

2007年,东港区健在百岁老人共有21名,占总人口的十万分之三。都能享受到家庭照料和社会关怀。

经调查分析,区内百岁老人具有以下特点:

全部生活在农村。21名百岁老人分布在20个村,所住村庄大多处于河流上游,住处大多环境清静,饮水清洁,空气清新。

女性多于男性。其中女性17名,占百岁老人的81%;男性4名,占百岁老人的19%。

身体素质好,直系亲属中多有长寿者。21名百岁老人中直系亲属有长寿者15人,占71.4%。小古城村李田氏其父母均长寿,享年均在80岁以上。

从事体力劳动。女性大多操持繁重的家务劳动。北苗家村费立太65岁以前尚从事海上捕捞。卞家庄潘兆石老人,青年时期开油坊,继而从事土布纺织,挑卖四方,百岁时仍自己走亲戚。

生活有规律。饮食有节制,不暴饮暴食,喜清淡,不挑食。

性情温和,心胸开阔,与邻为善,少有烦恼。大羊圈村王安玉老人80多岁时还为村妇接生,该村多数家庭三代由她助产。老人心地善良,性格平和,曾利用接生机会为八路军传送情报。

2007年东港区百岁老人调查情况表

表 3-10

姓名	性别	出生年月	籍贯	职业	生育子女	在世代数	饮食习惯	嗜好	居住环境	遗传因素
安平氏	女	1906年10月17日	日照街道山庄村	务农	4子	四世同堂	粗茶淡饭、不偏食	抽烟、喝茶、饮酒	依山傍水、饮井水	其弟长寿
李田氏	女	1907年2月9日	日照街道小古城村	务农	1子3女	四世同堂	粗茶淡饭	抽烟、爱吃糖	平原村、饮井水	其父母长寿
牟敦兰	女	1906年12月17日	日照街道西安吉庄	务农	2子1女	四世同堂	粗茶淡饭，吃零食	抽烟、喝茶、饮酒	平原村、饮井水	其弟长寿
王司氏	女	1896年10月10日	日照街道大古城村	务农	3子1女	五世同堂	粗茶淡饭、不偏食	无	平原村、饮井水	其兄长寿
李葛氏	女	1905年3月22日	日照街道北小庄村	务农	2子1女	四世同堂	粗茶淡饭、不偏食	喝茶	住岭前、饮井水	
李俊英	女	1907年1月16日	日照街道楸齐园村	务农	2子2女	四世同堂	饮食清淡	抽烟、喝茶、饮酒	依岭傍水、饮井水	其弟长寿
万厉氏	女	1906年10月28日	日照街道烟墩岭村	务农	2子3女	四世同堂	粗茶淡饭	无	住山前、饮井水	其兄长寿
李汪氏	女	1907年9月24日	日照街道后鹅庄	务农	6子2女	五世同堂	粗茶淡饭、不偏食	爱吃海货	住河边、饮河水	其母长寿
葛王氏	女	1906年10月24日	南湖镇东明照村	务农	5子	五世同堂	粗茶淡饭	无	住湖边、饮井水	其兄长寿
王厉氏	女	1904年5月17日	三庄镇龙泉官庄村	务农	3女	四世同堂	粗茶淡饭	抽烟、喝酒	住岭前、饮井水	
孟照义	男	1905年12月24日	三庄镇三庄二村	务农	1子2女	四世同堂	粗茶淡饭	无	依岭傍水、饮井水	
刘匡氏	女	1905年6月28日	三庄镇四亩地村	务农	2子1女	五世同堂	粗茶淡饭、不偏食	抽烟	住山前、饮井水	有长寿者
牟韩氏	女	1902年11月21日	河山镇小马庄村	务农	4子2女	四世同堂	不偏食，饭量较大	喝茶	靠山、饮山泉水	有长寿者
潘兆石	男	1907年3月19日	陈疃镇卞家庄村	务农	1子3女	五世同堂	粗茶淡饭、不偏食	无	住岭前、饮井水	其父长寿
徐宣秀	女	1907年2月18日	陈疃镇堰村	务农	2子1女	四世同堂	粗茶淡饭、不偏食	无	住岭西、饮井水	
王安玉	女	1907年4月18日	涛雒镇大羊圈村	务农	2子2女	五世同堂	粗茶淡饭、不偏食	喝茶	靠山而居、饮井水	
李成相	女	1907年3月18日	秦楼街道张家台村	务农	2子4女	四世同堂	粗茶淡饭	无	临海、饮井水	其母长寿
陶王氏	女	1906年4月22日	秦楼街道陶家村	务农	2子4女	五世同堂	粗茶淡饭	无	住山前、饮井水	有长寿者
费立太	男	1904年11月8日	秦楼街道北苗家村	渔民	6子	五世同堂	粗茶淡饭、不偏食	抽烟、喝茶、饮酒	临海、饮井水	有长寿者
李夫林	男	1907年7月11日	秦楼街道北苗家村	务农	2子3女	五世同堂	饮食清淡	喝茶	临海、饮井水	
相张氏	女	1903年11月24日	秦楼街道吴家台村	务农	1子2女	四世同堂	粗茶淡饭，饭前饮水	无	临海、饮井水	有长寿者

第三节　文化构成

新中国成立之初，境内读书识字的人极少。据1964年全国第二次人口普查统计，小学文化程度139082人，初中文化程度10259人，高中文化程度1990人，大学文化程度239人，分别占人口总数的18.61%、1.37%、0.27%和0.03%。各种文化程度的人口，占人口总数的20.28%。

1982年，第三次人口普查，小学文化程度301722人，比1964年增加162640人，增长1.7倍；每千人有小学文化程度的328.16人，比1964年增长0.76倍；有初中文化程度的137285人，比1964年增加127026人，增长12.38倍；每千人拥有初中文化程度的149.31人，比1964年增加135.58人，增长9.87倍；高中文化程度41581人，比1964年增加39591人，增长19.89倍；每千人拥有高中文化程度45.22人，比1964年增加42.56人，增长16倍；大学文化程度的759人，比1964年增加520人，增长2.18倍；每千人拥有大学文化程度0.82人，比1964年增加0.51人，增长1.7倍。

1990年，第四次人口普查，有各种文化程度的共736561人，分别占6岁及以上人口和总人口的79.31%和71.67%。8年间，各种文化程度人口共增加255214人，平均每年增长5.46%。其中具有大学(大本、大专)文化程度的增加4014人，具有高中(高中、中专)文化程度的增加24740人，具有初中文化程度的增加134123人，具有小学文化程度的增加92352人。除大学文化程度千人拥有率低于全省平均水平外，中学、小学文化程度千人拥有率均超过全省平均水平。大学和小学文化程度的人口比数低于全国平均水平，中学文化程度的人口比数略高于全国平均水平。12周岁及以上文盲、半文盲占总人口的比例比1982年减少16.24%。15周岁及以上文盲、半文盲172467人，占总人口的比例为16.78%，高于全国15.88%的平均水平，略低于全省16.87%的平均水平。

2000年，第五次人口普查，全区人口中，接受大专以上教育的28480人，占3.10%；接受高中(含中专)教育的103695人，占11.28%；接受初中教育的336676人，占36.63%；接受小学教育的280897人，占30.56%。与1990年第四次全国人口普查相比，每10万人中，具有大学文化程度的由504人上升为3098人；具有高中文化程度的由6777人上升为11281人；具有初中文化程度的由26831人上升为36628人；具有小学文化程度的由38863人下降为30559人。全区人口中，文盲人口为68220人，与1990年第四次全国人口普查相比，文盲率由20.92%下降为9.2%，下降11.72个百分点。

第四节　职业构成

历史上，境内居民以务农为主，仅有少数从事商贸、纺织和手工制造。沿海则以渔、农、盐业相兼。

清康熙十一年(1672年)，涛雒盐场有灶丁935人。清末，涛雒盐场有灶丁1250人。1915年，涛雒盐场有注册盐工1139人，至1925年，以晒盐为生者735户，1354人。

据《山东省户口统计表》载，1941年境内从业人员(含农村劳动力)共278082人，其中男性158067人，女性120015人。

1949年，境内从事手工业劳动的10164人。其中，纺织业4781人，木业842人，铁业398人，榨油业552人，做粉业330人，竹编业382人，印染业61人，砖瓦业307人，皮革业41人，编织业2160人，缝纫业6人，其他304人。

1982年，境内在业449422人，占总人口的48.27%。其中各类专业技术人员20622人，为在业人口的4.59%；国家机关、党群组织、企事业单位干部3215人，为在业人口的0.72%；办事员和有关人员1859人，为在业人口的0.41%；商业工作者6353人，为在业人口的1.41%；服务性工作人员4176人，为在业人口的0.93%；农、林、牧、渔业劳动者366671人，为在业人口的81.59%；工业、运输和有关人员46526人，为在业人口的10.35%。

根据1990年第四次全国人口普查资料分析，日照市在业人口634190人，占劳动年龄人口79%，占总人口数61.7%。其中农、林、牧、渔及水利业在业人口为531376人，比1982年增长41.48%，占在业人口的83.79%；工业在业人员

40928人，比1982年增长17.35%，为在业人口的6.45%；建筑业劳动者在业人口为6615人，比1982年增长7.23%，占在业人口的1.04%；交通运输、邮电通讯在业人员9484人，比1982年增长93.55%，占在业人口的1.5%；商业、公共饮食业、物资供销和仓库业在业人员9996人，比1982年增长98.32%，占在业人口的3.13%；房地产管理、公共事业、居民服务和咨询服务业在业人员3693人，比1982年增长230.91%，占在业人口的0.50%；卫生、体育和社会福利事业在业人员2664人比1982年下降21.12%，占在业人口的0.42%；教育、文化、艺术、广播电视事业在业人员为10025人，比1982年增长22%，占在业人口的1.71%；科学研究和综合技术服务事业在业人员172人，占在业人口的0.03%；金融、保险业在业人员1377人，比1982年增长122.82%，占在业人口的0.22%；党政机关和社会团体在业人员为7183人，占再业人口的1.13%，其他行业在业人员为8人。

根据2000年第五次全国人口普查资料分析：按行业分，全区在业人口566390人，占全区劳动年龄人口92.6%，占总人口61.6%。其中，农林牧副渔374543人，占全区在业人口的66.13%；采掘业6162人，占全区在业人口的1.09%；制造业69483人，占全区在业人口的12.27%；电燃气及水的生产和供应业3012人，占全区在业人口的0.53%；建筑业18881人，占全区在业人口的3.33%；交通运输、仓储及邮电通信业13491人，占全区在业人口的2.38%；批发和零售贸易、餐饮业28802人，占全区在业人口的5.09%；金融保险业5042人，占全区在业人口的0.89%；房地产业689人，占全区在业人口的0.12%；社会服务业10616人，占全区在业人口的1.87%；卫生、体育和社会福利7990人，占全区在业人口的1.41%；教育、文化艺术及广播电影电视业11929人，占全区在业人口的2.11%；科学研究和综合技术服务业652人，占全区在业人口的0.12%；国家机关、党政机关和社会团体11948人，占全区在业人口的2.11%；其他行业3150人，占全区在业人口的0.56%。

2007年境内乡村从业人员263835人。其中，林、牧、渔从业人员130128人；农业从业人员104020人；工业从业人员26224人；建筑业从业人员42332人；仓储及邮电业从业人员9167人；信息传输计算机服务业从业人员4270人；批发与零售业从业人员15150人；住宿和餐饮业从业人员9214人；其他行业从业人员27350人；外出合同工、临时工16328人。境内国有单位从业人员67304人，城镇集体单位从业人员为4254人，其他经济单位从业人员32560人。

第五节　民族构成

境内人口多为汉族。金元以后，随着朝廷官员升迁调动，增加了一部分蒙古族居民。清代又迁入一部分满族居民，但均未形成民族村和聚居点。新中国成立后，因干部调动和大、中专学生毕业分配等原因，有少数民族居民迁入。1953年境内有3个民族，除汉族外，苗族1人，壮族1人。1964年有6个民族，少数民族有蒙古族3人，回族9人，壮族1人，朝鲜族5人，满族2人。1982年第三次人口普查时仍有6个民族，除汉族外，回族21人，藏族6人，朝鲜族6人，满族5人，壮族1人，分布于城关、秦楼、涛雒等11个乡镇。

1990年人口普查时，全区共有25个民族，少数民族有：回族、满族、藏族、壮族、朝鲜族、蒙古族、彝族、哈尼族、锡伯族、苗族、白族、布依族、土家族、傣族、傈僳族、佤族、拉祜族、水族、达斡尔族、羌族、鄂温克族、侗族、瑶族、土族。少数民族人口共440人。其中，以满族最多，有133人。

2000年，人口普查时全区共有29个民族。其中，汉族917693人，占99.87%。少数民族主要有：满族327人、蒙古族252人、朝鲜族161人、傈僳族155人、回族121人、彝族105人、壮族78人、哈尼族55人、苗族45人、土家族26人、布依族24人、锡伯族17人、藏族14人、拉祜族10人。

第六节　姓氏构成

金元时期，境内主要有张、郑、王、梁、相、申、党、厉、焦等姓。据不完全统计，明洪武年间由东海县迁入的就有王、孙、秦、张、李、刘、安、吕、时、宋、田、乔、许、徐、吴、高、费、佘、卜、尚、周、姜、杨、林、方、阚、崔、姚、司、范、申、厉等32个姓。

新中国成立后，由于干部调动、大中专毕业生分配、特别是改革开放后人员流动方便，姓氏逐渐增多。

2007年，东港境内有300多个姓氏，如王、李、张、丁、孙、秦等姓，人口较多，遍布全区各镇、街道。据统计，日照街道有7.64万口人，姓氏就有113个；秦楼街道主要姓氏106个。日照街道、秦楼街道、南湖镇以姓氏命名的村庄分别有34、35和43个之多。一般说，这些姓氏迁来该村时间较早，或该村某姓人口较多。如：刘家楼、王家皂均以姓氏命名，刘姓、王姓分别占该村人口的95%以上。也有的村虽然以某姓命名，但由于建村早、人口变动大，村内某姓人口现已较少，甚至没有某姓人口居住，如：李家台没有李姓，苗家村没有苗姓，冯家沟没有冯姓等。

2007年东港区境内姓氏一览表

表3-11

A	安
B	卜、卞、丙、包、白、毕、別、邴、班、鲍、薄
C	车、成、池、岑、时、迟、陈、采、柴、崔、常、曹、储、程、褚、蔡
D	丁、刁、斗、邓、代、杜、狄、豆、段、党、董、窦、戴
F	丰、方、付、冯、芬、房、法、范、费、傅、樊
G	公、古、甘、关、巩、谷、国、苟、宫、贵、桂、耿、郭、顾、高、龚、葛、管
H	化、汉、华、红、何、侯、洪、胡、贺、郝、黄、惠、韩
J	井、介、吉、江、汲、纪、季、金、姜、荆、贾、接、嵇、戢、焦、蒋、简、靳、鞠
K	孔、匡、寇、康、阚
L	力、兰、卢、厉、龙、伦、刘、吕、冷、李、来、芦、陆、林、罗、娄、律、柳、凌、栾、梁、鹿、鲁、路、蔺
M	乜、门、马、毛、牟、米、闵、孟、明、苗、莫、梅、麻、缪、穆、糜
N	牛、宁、男、纽、南、倪、聂
P	平、皮、朴、庞、泮、逄、彭、裴、潘
Q	亓、仇、乔、曲、祁、齐、邱、秦、钱、戚、裘、瞿
R	任、荣
S	山、仕、史、司、生、申、石、孙、师、佘、劭、宋、沈、沙、苏、邵、单、尚、施、桑、商、宿、盛、隋、随
T	他、台、田、汤、佟、郜、唐、涂、陶、童、腾、谭、滕
W	万、卫、文、王、韦、伍、邬、吴、汪、武、闻、翁、尉、温、魏
X	习、刑、向、许、邢、形、杏、肖、辛、信、修、相、荀、夏、奚、席、徐、谢、销、解、熊、薛
Y	于、元、尤、尹、业、仪、叶、伊、衣、阳、严、余、杨、依、岳、苑、郁、俞、姚、晏、殷、袁、阎、颜
Z	中、左、仲、庄、朱、竹、佐、张、邹、卓、周、宗、郑、战、查、祝、赵、钟、诸、曾、甄、詹、翟、臧

说明：各姓氏按字母音序分类排列，类内按笔画多少排列

附：家谱选介

家谱是记载一个家族世系和重要人物事迹的历史图籍。它与方志、正史构成了中华民族历史大厦的三大支柱，是中国珍贵的文化遗产。商代已有一些简单世系表，是家谱的雏型。较为完备的谱牒形成于西周。研究利用家谱始于魏晋，兴于隋唐，完善于两宋。宋代欧阳修、苏洵创“五世一图”格式，编纂成书，从上层逐渐流行于民间。明清至民国有“盛世修志，丰年续谱”之说。谱中的主要内容有谱序、谱例、谱规、辈序、世系表

及祖茔图、祭田、人物传等。由于朝代更替、社会动荡等原因,家谱多被毁坏,劫余的深藏民间、秘不示人。1984年,国家档案局、教育部、文化部联合发文,将家谱列为中国宝贵文化遗产。藏谱逐渐面世。20世纪90年代,部分姓氏开始续修新谱。

现已收集到东港境内41部家谱。其中创修于明朝早期的1部,晚期的7部,其余多在清朝早中期,至民国中期多有续修,铅印或石印,装订精美。部分家谱有名人作序,不失为珍品。兹以姓氏音序为序简介。

日照安氏 明朝初年,由张氏携二子从东海来日照。其长子文诗徙莒县,张氏与次子(文礼)居龙汪里湖水村(今两城安家村)。经四世丁口渐繁,散居原日照县及周围各县。清顺治十四年(1657年),八世安大观主持,创立安氏族谱。至1930年,先后七修。

安氏在五修族谱时,自十六世起排定行辈廿字:“曰为茂郁丰 伯仲久长增 金祺华丽象 荣耀景加兴”。在其六修族谱时,另择十八字与“曰为”二字相接,仍组成廿字“曰为贤可宝 传述利以贞 慎修昭正式 衍泽庆有功”。七修族谱时,自十八世始,每世四字,将前所议定三十六字运用其中,以便命名者自择:“贤才培茂 郁乃可宏 丰宝熙良 传在百从 述作中继 肇利久清 建以常基 增尔元贞 效金慎言 修其箴铭 光华克昭 美丽正延 象举式全 延善敦荣 德泽普耀 景庆升平 有志加益 兴起功成”。

城关毕氏 毕氏原籍东海,明初徙居日照城关黄家河村。

明嘉靖三十二年(1553年),五世毕举创立族谱,尊毕荣为一世祖,至1962年先后十一次续修。

光绪七年(1881年)续修族谱时,自十六世排定辈序为:“恩九乃传 既善望多 兆凡锡隆 率甲朝曾。”

日照薄氏 北宋时从苏州府阊阖门外迁至莒州之东南泉子牌山底村(今莒南县厉家寨乡山底村)。始祖与王氏、季氏二人拜为兄弟,因王、季膝下无嗣,始祖将长子与王氏为子嗣后,将次子与季氏为子嗣后,只有三子继承薄氏宗祠。子孙繁衍四传分为四大支。长支居山底村、温家村、大山空、厉家寨、寨子河、蛟山村,部分迁江苏东海驼峰;二支居本村、温家村和大山空;三支居山底村、日照薄家口村、莒县薄家店、诸城、五莲、利津县、大坡村和竹园村;四支居泰安肥城县。

薄氏原族谱在咸丰十一年毁于战火匪患。光绪三十三年(1907年)重修,1938年续修,因日军侵华而中断,只统一了鲁南、苏北世系。1986年三次增续家谱,1993年四续。

1993年四续家谱时,行辈承前三十字,再续四十字,上下共七十世,排列为:“世修谱续永 宗枝秀玉清 胜连祥新曰 太乙隆希成(天九大廷成) 开佃自怀文(开景润振守) 福禄传春明(良维康健荣) 华昭繁治茂 万寿延昌平 州县晋苏鲁 鸿雁越金陵 莒海诸安武 恩泽圣贤亭 居齐根深远 光耀立山松”。

海曲陈氏 陈氏一世(失讳)于明洪武年间任南京豹韬卫指挥同知。二世陈武胜袭父职,率兵北征失期,遂留淄川。永乐皇帝按其功,诏发日照涛雒盐场入籍,后裔散居原日照县各乡镇及周围有关县、市。

清康熙三年(1664年),十二世陈名都创立族谱,尊南京豹韬卫指挥同知陈某为一世祖,至1933年先后四次续修。四修族谱时排定自十七世以下辈序为十六字:“永言孝思 为得令基 祖宗懿训 衍须传志”。

日照崔氏 明朝洪武初年由东海荡芦村迁日照县虎山梭罗树村。后裔散居境内各乡镇,亦有迁外县外省者。清乾隆四十年(1775年)崔仲常创立族谱,至1990年先后六次续修。清道光七年(1827年),十一世崔嗣洛在二修族谱时,自十三世排定“基肇荣维久 恩延世克昌 书传兴裕远 尊祖耀增光”二十字作为行辈用字。1990年,十六世崔连安等再续排“崇文家国盛 孝敬显宗堂 诗礼承绍绪 仁德恒祯祥 忠厚禧益寿 乾坤平安康”三十字供后世延用。

日照蔡氏 明朝末年从江南迁来日照,住后村山字河村。四世蔡永辅于清康熙年间迁日照十里铺。子孙后裔散居境内各村。

清咸丰元年(1851年)创立族谱,至1922年先后三次续修。在第三次续修族谱时,自十二世排定行辈为:“星均铭鸿相 熹培钊润荣”。

日照丁氏 丁氏原籍海州。明初,丁顺由海州徙日照,住今奎山街道丁家楼。至明后期,二世丁尧迁居涛雒。其后裔散居东港、岚山、五莲等县区及海内外。

清康熙十一年(1672年)创立族谱,尊丁良儒为一世祖,至1936年,先后七修。光绪二十六年(1900年)六修族谱时,从十三世始,排四字为一辈序,共排十六辈:“惟我家谱　履历备详　原籍海州　肇始武昌　明初来照　相宅河北　天启开科　崇祯任职　乡贤名宦　德言事功　显扬令绪　繁育兴隆　聿愿同心　孝敬和睦　世代绵长　丕承祖泽”。1999年始八修家乘,自二十九世续排十六辈至四十四世,每四字为一世用字:“炎帝太公　子孙旺盛　风云际会　八修家乘　慈幼爱老　忠厚存信　乐善好施　敦里友邻　治国安邦　社稷栋梁　格致探元　高能巨匠　人才辈出　青史流芳　创业垂统　千秋辉煌”。另,境内北部数个村庄有琅琊丁氏十三支从诸城迁来,亦称丁兴后裔,行辈用字与日照丁氏相同。

日照范氏　日照范氏先世居苏州,元末避兵迁东海,明初迁日照涛雒黑七村(今朝阳)入灶户籍。后裔先后迁原日照县傅疃、范家楼、范家庄、范家村等村庄。旧谱于明末遗失,清康熙四十七年(1708年),六世范镮创立族谱,至2007年先后七次续修。自十二世起排定辈序为“锡庆崇伟奉　开承世运隆　大宗全振建　兆裕福长鸿”二十字。

日照费氏　明洪武二年(1369年)从江苏东海迁日照,住辛留社(今巨峰费家官庄),又徙城关太平社桥东头(今日照街道五村)居。其后裔散居原日照县各乡镇一百多个村庄。

清康熙二十年(1681年)创立族谱,尊费乾为一世祖,至2007年先后七修。四修族谱时,从十一世排定为“復年曰书裕　一锡守立鸿”。清光绪三十年(1904年)五修族谱时再择五个字“聿兆纪光明”。

日照高氏　明初自东海迁来日照,居城东高家村。一至三世名讳失考,四世有伯忠、伯孝兄弟二人,自此人丁繁衍昌盛,先后迁居原日照县十几个村庄。

清光绪末年高阁臣创立谱稿,至1936年,高介臣、高景南、高阶平、高毓华等纂成日照高氏家乘》八卷。尊始迁祖为东海公。自十二世起统一行辈为“振维兴曰华　光衍家乃经　良笃益昌大　惇厚续崇丰”。

海曲贺氏　明朝洪武初年,湖南人贺儒随信国公汤和建军营设立安东卫。贺儒驻守后所(石臼),隶安东卫籍。其眷属在石臼一带住居,后裔繁衍散居日照县及周边县、市。清道光十二年(1833年),由贺瑍主持新立海曲贺氏支谱,先后六修。尊贺儒为始祖。分五大支,各支分续支谱重新尊认二世祖:长支为贺骏、二支为贺发、三支为贺尊、四支为贺认、五支为贺统。

清光绪元年(1875年)三修族谱时,自十三世始,排定行辈为:“照培锡泽相　勋增録鸿材”。

海曲韩氏　唐韩愈后裔,元朝从河南南阳迁东海,明初由一世祖(韩氏总谱第七十四世)韩光远携乾、坎、艮、震、巽、离、坤、兑八子从东海迁赣榆县南唐山口庄。后八子分居。乾迁巨峰大坡,坎迁邱后,艮迁后崖下,震迁卜洛,巽迁韩家村,离游江南,坤迁南山后大村,兑与父仍住赣榆南唐山庄,后移住头台子。

七世韩文炜于清康熙三十四年(1695年)创立族谱,至1935年先后七修。七修族谱时,排定自十世至二十世辈序为十字:“思鲁魁公玉　敬邦履修平”。

自二十一世至三十六世又排十六辈序,每辈序为四字:“相传东海　为我原籍　洪武年间　来居照邑　伯仲叔季　周士之媲　安居乐业　以承燕翼　爰还江南　乃第六支　待说叙及　全家誌禧　宗派联属　兴隆万世　长发其祥　永保祯吉”。

八修家乘,续世(辈)自三十七世至四十四世,凡八世排行字,每辈序为四字:“忠孝仁贤　祖恩铭继　辅国泽民　锦绘川岳　瑞启兆丰　和谐欢成　泰达族望　延绍昌盛”。

日照惠氏　明朝初年,有母携惠氏三子,从直隶真定府(今河北省)枣强县迁来山东东南部。分居后,长子住诸城学旧,次子住日照三庄,三子住安丘城西惠家庄,其母去世葬此。三庄惠氏人丁兴旺,又分居日照各地。十四世可敏迁居城里,清道光六年(1826年),十三世中和、十四世克敏创立家谱。从十七世排定辈序为“铭汝林熙基　钦淑荣照堂”。

2004年,由汝宪等主持六修族谱,排定自二十七世始行辈为:“银汉标烽坪　锦浩松耀墒　钰润根炬塬　钧鸿彬炜坊　鑫涛树杰坤　铭海柏焕场”。

海曲焦氏 宋末元初，有兄弟三人从江苏苏州苍门迁居海州。不久仲、季兄弟二人北上，一居日照(今东港)大花崖，一居诸城。大花崖焦氏人丁兴旺。

清同治十一年(1872年)建立族谱，至1960年先后七修。清光绪四年(1878年)续谱中排定自十八世始辈序为二十字："永建安自广　淑希继宗祥　传忠得庆兆　衍正宝维良"。

日照贾氏 明嘉靖初年，始祖贾钟麟从江苏东海迁徙日照九仙山南20里的望石疃(现五莲县王世疃)，繁衍至今已二十三世。

始祖传至四世，分为三大支。长支分布在日照城关、涛雒、安东卫、胶南县、诸城县等地。二支分布在五莲王世疃、潮河、黄县、临朐等地。三支分布在日照巨峰贾桃园、碑廓、奎山、莒县、莒南县、赣榆县等地。

贾氏老谱于清道光年间因战事而遗失。三支十四世贾墉于光绪十年(1884年)修成三支族谱。长支十四世贾风犀于光绪十六年(1890年)修成长支族谱。十三世贾文义于清宣统三年(1911年)修成二支族谱。1911年，贾家桃园十五世贾瑞鳌创修了贾氏第一部总谱，并与同族议定从十七世始，每世排一字，以四言四句班世："源昌世修　同宗继志　乐善可安　懋昭汝士"。1962—1993年，各支谱增添了部分支派并与总谱衔接。2006年后，各支派先后续修了7部支谱。第二部总谱续修完成，对三大支派一至十七世族人世系进行了系统整理和修正。

海曲匡氏 元末明初，二世匡亭从赣榆县崇义乡光庄镇(今海头)匡家口迁日照城前村(今五莲街头城仙村)居住。明崇祯十三年有人迁三庄镇大沈马庄，后人丁兴旺，支派繁衍，先后迁居日照各乡镇及周围县、市。

清道光十一年(1831年)，十六世匡应聘创立族谱，尊匡九公为一世祖，至1949年，先后四次续修。

自十八世排定行辈为："兆善裕远　立志守先　慎修为正　延绪永传　秉贞培后　继世怡然"廿四字。

日照刘氏 原籍江苏徐州府砀山县大刘庄，元末迁东海当路村。明洪武三年(1370年)，由刘思源之父(失考)带领五子迁黄墩喜鹊窝，天顺年间因家中失火，住宅西移改称草涧。兄弟五人就此分居，承源迁安丘，根源迁莒县，思源留居故里，其余散居周围有关村庄。

明万历四十八年(1620年)，五世刘子孝创立族谱，以思源为始祖。至2006年，先后四次纂修。在二修族谱时，自十四世排定辈序为二十字"铭汉相为在　钦源树烈基　镇清荣焕报　金法植勋墀"。

海曲刘氏 原籍江苏宿迁县，明朝初年由刘九原以卫指挥佥事职跟随汤和平倭寇，驻守安东卫，不久调往三河县。其四世刘敞以遵化卫世袭指挥职调任安东卫。其后裔始迁丝山东南杨家庄子一带居住。子孙散居日照各乡镇有关村庄。

刘氏老谱毁于兵燹，清朝咸丰元年(1851年)，刘果亭根据老二支记载，又创修刘氏家谱，尊刘氏八世为一世祖(长储祚，二存心，三光恭)。光绪九年(1883年)二修。1930—1933年，刘光济、刘光跃主持将其三大支合为一谱，定名为海曲刘氏家乘》，并请丁惟汾、牟仲宣、安鹏东、王献唐等知名人士写序。自十三世新排八字作行辈用字。长支："克敦庆谱　诒序馨铭"。二支："克曾书谱　昭穆统铭"。三支："克昌从谱　肇和宗铭"。

太平桥李氏 原籍为山西平阳府洪洞县。元朝有兄弟四人：士公、士禄、士祥、士禧。士禧迁居日照城西门外太平桥附近居住，称太平桥李。因七世李应鹰在清康熙年间为内阁大学士，故后人称太平桥李为"学士李"。

明万历二十五年(1597年)，七世李正春首创族谱，至1937年，先后七次续修。六修族谱时，排定自十三世辈序为四十字："为予衍其绪　宗业宜慎守　忠厚作贻谋　家运乃克久　植基资笃信　敦行尚朴诚　敬共存世泽　懿训载心铭"。

日照李氏 始祖兄弟三人(失讳)明初从河北枣强迁来日照县，住后村镇马庄西城子沟。二公夜救耕马被虎咬死，三公先后迁寿光、高密，大公留居马庄繁衍生息。

李氏约在明万历末年创立族谱，十六世李轼于光绪二十年(1894年)续修，此谱已大部分散失，只存少数断章残页。20世纪80年代，十九世李茂绅自台湾回乡联合本支，整理支谱。自十八世排定"仲茂建兆曾　树来延继宗　长成世文明　余惟焕志卿"二十字为行辈。

海曲冷氏 清康熙初年，冷发旺娶臧氏，生有四子。发旺早逝，由臧氏携四子从胶县黄埠岭迁来日照城，居东关(今五村)。后长支赴麻地涧(今马家店)，二支赴莒州浮来山西薄家店(今属沂南)，三支冷寓留居城里，侍奉母亲，四支赴小曲河。清咸丰元年(1851 年)，八世冷浚古创立族谱，尊发旺为一世祖，至 2005 年先后五修族谱。自十一世排定行辈为“振锡惟秉跻 鸿微怀肇元 丞吉祥存传 世兴茂衍年”。

十里铺林氏 明朝初年，殊、资、德兄弟三人为避战乱由江苏东海北上。殊居莒县渊子崖，德居今五莲县井家沟，资居日照街道十里铺，已传二十四世，后人分居日照县各乡镇几十个村庄。清咸丰三年(1853 年)，十五世林兹创立家谱。至 2003 年先后五次续修，尊林资为十里铺林氏一世祖。自十七世排行辈为“吉永葆象 维毓建昌”。

日照梁氏 南宋末年由苏州东门外杆石桥迁入，在今巨峰大土山西北城子庄居住。元末有兄弟三人(世次、名讳均失)，因战乱灾荒离散，一个逃往蓬莱，一个逃往临沂石拉渊。留居本地者，后奔殷家庄(巨峰)岳父刘公处居住。后裔先后散居日照县内上百个村庄。

清康熙五十四年(1715 年)，九世梁任重创族谱，尊梁黑丑为一世祖，至 1999 年先后六修。

自十七世至二十世排定辈序为“延清立培”。自二十一世至三十六世排定为“作训启田 允乃锡年 周家和熙 方庆同全 修念本公 乐溥其声 希崇履正 新翰恒增”。每两字作一辈序，各支任选用。

日照路氏 明朝洪武二年(1369 年)，路通由山西省洪洞县迁山东临淄，五世路逵又由临淄迁入日照，住奎山西。后裔既有从日照迁诸城者，又有从诸城迁回日照者。明万历十九年(1592 年)，路宇、路万镜始创族谱，至 2000 年先后十修。九续族谱时，自二十一世起，与诸城统一辈序为“致用来行广 和鸣裕顺长 延申昭引度 起赞立程庄”。

日照马氏 马氏原籍山西洪洞县，元朝至正年间，徙居海州东海县，明初由番(pó)氏携三子(有用、有册、有图)迁日照涛雒马家灶(现名马家村)。后裔散居日照、莒县、五莲若干村庄。

清雍正年间(1723—1735 年)，马龙骧创修族谱，至 1915 年，先后四次续修，成文四卷。自十七世排定辈序十六字：“世承先德 克家在敏 孝让相传 行成名重”。

日照牟氏 牟氏先世居栖霞县铁口村，明朝初年以军籍来日照，驻守中疃里(今秦楼)一带。其二世徙日照街道接官亭，再徙岭南头。三世牟伯通生二子，次牟锦移居辽阳，长牟铎世居日照县有关村庄。

清康熙三十七年(1698 年)，十世牟伟创立族谱。2007 年，进行第七次续修。光绪二十二年(1896 年)五修族谱时排定行辈，自十七世始：“家乃敦善 宗晋洪昌 肇贡林立 铭秉其方”。为避免人多名重，又增排十六个字与上十六字音近者相互参照择用，即：“嘉适惇阐 总进洪常 昭恭临履 悉禀畸芳”。

海曲秦氏 明朝初年由东海迁居日照秦楼街道团岭埠，后裔先后分居原日照县有关乡镇及周边县、市。清康熙五十五年(1716 年)由秦国金、秦国龙创立族谱，至光绪二十六年(1900 年)先后四修。

自十三世统一行辈用“德”字。自十四世始统一辈序为“百福鸿裕 嗣绪丕昌 其懋修为 以培本元”。2006 年，五修其谱时又接续十六辈：“敬慎纯洁 礼义相连 永怀先惠 书香庆延”。

海曲申氏 元末明初，由东海仁贤里迁赣榆县申家城子居住。宗善、宗良、宗信兄弟三人迁今虎山镇后水车沟。宗信再迁临朐县。宗善、宗良在后水车沟繁衍生息，后裔除散居日照县近百个村庄外，还有迁居外县、外省及国外者。

申氏老谱毁于明末兵燹，一、二支各自立谱，二支于清咸丰二年(1852 年)，由其十六世申春创立族谱，先后四修。在三修、四修其谱时，选定三十八字，从二十世起作为行辈用字：“延家法传曰 克葆基业在 善继光为 熙宪裕乃 昆惠光学思 兴民令正方 繁兆富贵振 润本承弘久”。

另附长支自十九世行辈用字：“永作家法传之可致广远 忠孝勤朴立 世育迪后昆 贤德仁和兴 业庆照衍繁 文科礼智润 本承弘佑基”。

日照孙氏 元末明初由彦明、彦奇、彦礼叔兄弟三人自江苏淮安府安阳县迁来日照夹仓。后彦奇迁莒县状元坊，后裔散居莒南铁牛庙等地。

彦明迁日照街道枣林(今大古城),彦礼留居夹仓,后裔分居孙家村等若干村庄。夹仓孙氏于康熙年间创立族谱。在1936年续修家谱时,与夹仓、莒南铁牛庙孙氏从十五世始统一辈序“公立可方开　元明同泰恒　长承先代德　有余乐家庭”。大古城孙氏自立族谱,从二十一世排辈序“志彦福兴　德树业宏　培才作家　育贤隆基　履道春熙　葆善庆钟　秉正应世　令名允钦”。

海曲孙氏　明朝崇祯年间,孙贞由诸城石门亭迁日照街道时家村居住,后裔繁衍,主要分居日照街道七里河子一村、河山镇盘石庄等数十村庄。清道光十二年(1832年),五世焕创立族谱,尊孙贞为一世祖。至1931年先后四次续修,自九世排定行辈为“敬承祖训　立本为先　以正自守　克保家传”。

海曲王氏　属“三槐堂”王氏。南宋淳祐四年(1244年),为避战乱,由师、谷、昭、庆、传、乐、仙嫡庶兄弟七人,从东海当路村乘船来日照。后,师、谷、昭、庆、传、乐移居外地。王仙(七房)留居涛雒,为海曲王氏一世祖。后裔散居原日照县周围十六个县区二百余个村庄。明朝永乐初年,六世建令、建时、琏、璲、琎、瑚叔弟六人将上五世名讳刻碑立于祖茔。明正统四年(1439年),八世应骏、应星、福磷、镐创立族谱。至1937年,先后八修。在第五次修谱时,自十七世排定行辈为:“连守兆安平　治中封和公”。在八修族谱时,将后五字去掉,另择八字,从二十世起,排定新辈序为“安平均贵培　从允盛朝隆”,在九修中又接续二十字:“正统淑新华　祥瑞耀全宗　子立修德仁　家昌怀伯仲”。

六甲王氏　明朝末年,王清源由山西平阳府大槐底迁山东潍县崇道乡刘阮社道清寨庄。四世王思本迁日照碑廓,其子体有、体宏迁巨峰大洼居住。至七世王锦早卒,其妻费氏在王锦卒后一百零二天生子名开先。费氏携子带幼弟王钖迁日照街道大韩家村居住。费氏抚养一子六孙成人,后繁衍生息,后裔散居境内若干村庄。以大韩家村、北大村和巨峰镇六甲庄子、柳古庄一带较多。

清嘉庆十七年(1812年)创修族谱,至1986年,先后三修。1935年二修族谱时,自十四世排定行辈八字:“凤裕文者　乃慎其昌”。1986年又增排十六字:“洪潍相照　建德呈祥　智均政业　志在中华”。

海曲许氏　原籍徽州歙县。明洪武二年(1369年),有兄弟三人先后迁日照、赣榆。长支(失讳)居陈疃尚沟村。二支(士能)居仲家村(今许家园)。三支(失讳)先居赣榆、后迁日照城关、虎山镇河坞、南湖等村居住。各支繁衍生息,散居日照市、诸城、胶南、莒南、费县、沂水等县近百个村庄。

许氏老二支由许鲁庵主持,于清康熙五十八年(1720年)创立族谱,尊许士能为一世祖。至1932年,先后六次续修。期间,老长支、老三支各立支谱。1936年,三大支合为一谱。

清咸丰三年(1853年),由许瑊自十七世始排“世衍家传　崇经象贤　保之克继　瑞祚长联”十六字作行辈,三大支共用。另有韩家村分支并行排“培钟鸿乐　敦睦一堂　声华鼎鼐　海岱书香”。后崮子分支亦并排“从山先(庚)春　皆生乃新　开元自(字)一　百年满(树)人(仁)”。

日照相氏　原籍为山西汾州安邑,宋朝由东海鸿鹤林村徙巨峰相家楼。后裔先后散居原日照县及周边县市。清顺治末年至康熙初年五世相启运创立族谱,至1985年,先后八修,尊相林为一世祖。自十四世始排行辈序为二十字:“统振昌恒福　懋荣秀恕彰　庆瑞传忠厚　立书景铭芳”。

日照夏氏　夏氏于明洪武十三年兄弟四人由东海水牛村迁来日照,一人居城南夏家村,有二人住地失讳,一人居三庄镇夏家岭,住夏家岭一支人丁兴旺,后裔分居日照周边十几个村庄及外县等。清嘉庆十八年(1813年),六世夏志清创立家谱,至2003年先后五次续修。自六世起,排定辈序“志远秉贞良　昭培德隆昌　建业思广大　成学可发扬　继传宗绪久　荣显泰维康”。

日照尹氏　尹氏先祖由甘肃天水迁东海新县尹家村。元末明初,有尹海、尹涵兄弟二人来日照居柏(北)疃。数世后,尹海的后裔迁夹仓。尹涵的后裔迁张阿(古)庄和尹家廒头,以种田或煮盐为生。后裔除散居日照各乡镇外,先后有迁安丘、诸城、莒县等地者。

明朝崇祯十三年(1640年),九世尹璨创立族谱,经清道光、同治、光绪至1933年,先后七次续修,成书四卷。因战乱和社会变革,多数谱牒丢失。二十一世尹书田出资于1982年秋将幸存谱牒翻印。2007年,筹备八次续修。

1916年,由十五世尹琳基,十六世尹钖琢等议定，自十九世始，排定辈序为："世德相衍　崇正秉公　常存和正　家乃昌隆"。

城关杨氏　城关杨氏，明朝初年由东海迁入，住城关山庄。清朝光绪十七年(1891年)，由杨登瀛创立族谱，至1997年先后三修。自二十世起统一排定辈序为："淑善维(美)恒记　法志义元培"。

海曲张氏　约北宋末至南宋初年二世张宗愈，从城阳(今莒县)迁日照城西门里太平桥住居，亦称太平桥张。明万历二十年(1592年)，十三世张受道创立族谱，至1922年，先后七修。在清道光十年(1830年)五修族谱时，自二十三世以下排定行辈八字"承继传守　永念先德"。另有"隆基善嘉　铭良有道"等八字与前八字通用。

1922年七修族谱时，自三十一世以下又增定三十二字："孝乃为本　敬以作则　中和在志　信义存思　汝名克立　善自德师　繁延家庆　百世宗之"。

日照郑氏　系东汉末年经学大师郑玄之后裔。唐朝后期从高密来涛雒盐场为官，其子孙在涛雒一带谋生。北宋徽宗年间聚居今东、西灶子村。元朝至元二年(1265年)，郑泉让其弟郑德留居灶子，自己迁居今后村镇山字河村。郑泉、郑德后裔先后散居日照县各乡、镇近百个村庄。

郑氏老谱毁于兵燹，仅存元朝至元十三年(1276年)谱碑。清光绪五年(1879年)郑廷芳主持，郑琦、郑襄运等创立日照郑氏家乘》，至今三次续修。

郑氏尊郑泉之后裔郑文忠、郑文孝(明弘治年人)兄、弟二人为一世祖，自十二世排定行辈二十字："作淑全培世　承家笃守仁　德昌方致庆　为善以常存"。

日照周氏　以军籍隶南京卫。元末年，兄弟九人趁兵荒相率而隐居东海十八村，遂迁往山东，止于日照四人，占籍于崖头庄、苍芦庄、山河庄。其余诸公流寓诸城、安丘等县。

宣统三年(1911年)由十三世孙周约创立族谱，上世失考，尊始祖居长失讳、二公讳严、三公讳举、四公失讳为一世祖。

1933年，由十六世孙周衍炳重修族谱，排定十六世至三十五世共二十世辈序为："子姓繁衍　统绪备详　家肇南京　声施远扬　丕显东武　人才济昌　海曲昭宣　崇基攸张　治遵祖训　功报伦常　奉先思诚　明德馨香　钦承骏烈　古谊胥匡　敦守善道　勉效贤良　慎哉我族　名著里乡　华胄兢爽　长发英光"。

三修族谱，总六卷。新排定三十六世至五十九世共二十四世辈序为："前程启新　聚劲联强　春怀江宁　茂林豪放　欣观现代　日正月望　祐培贵庭　威振四方　天泰宝凯　孝友仁让　品传仕树　国兴宗旺　奋起宏伟　俊杰毅刚　言之有信　礼可润芳　平安怡悦　金玉满堂　志坚石磐　博广顺康　谦和达业　智睿辅邦　敏慧勤聪　荣耀辉煌"。

迁诸城后裔之一支于明嘉靖年间来日照，尊周德忠为一世祖，五世祖周双泉于嘉靖四十五年(1566年)创立族谱，自十六世归于总谱。

日照赵氏　原籍安徽合肥县，一世(失讳)跟明太祖朱元璋征战有功，授密云卫左所。二世赵亨跟明成祖靖难有功，授玉林卫副千户。三世赵敬于明正统五年(1440年)调任安东卫，以战功陛授世袭指挥佥事。其眷属在龙王河建村居住。

清同治十二年(1873年)，十六世安邦主持创立赵氏族谱。1920年，十九世鸿标续修，并排定行辈用字。用"明"字为二十世，"惟"字为二十一世。自二十二世，又排二十字："家以经常济　光临炳福增　建中宗晋宪　锡瑞保书徵"。

第四章　人口控制

境内计划生育工作始于20世纪50年代。60年代日照县成立避孕领导小组。1971年，国家提出"晚、稀、少"的生育政策，在农村收到明显成效。1982年，计划生育被定为基本国策，并写入新宪法。1988年《山东省计划生育条例》颁布实施后，境内计划生育工作走上法制轨道，人口自然增长率下降，妇女综合生育率下降到更替水平以下，计划生育工作进入稳定低生育水平时期。建区后，计划生育工作坚持"抓紧"又"抓好"，人口过快增长得到控制，实现由高出生、低死亡、高增长到低出生、低死亡、低增长的转变。

第一节　机构

领导机构

1962 年，日照县成立避孕领导小组。1963 年，成立以副县长为主任的节制生育委员会。1964 年，县节制生育委员会改为县计划生育工作委员会。1970 年 9 月 1 日，日照县革命委员会计划生育领导小组成立。1984 年 6 月 18 日，更名为中共日照县委计划生育领导小组。1985 年 4 月，更名为中共日照市委计划生育领导小组。

1993 年 7 月，东港区计划生育领导小组成立。22 个乡镇均成立相应领导机构。

行政机构

1964 年 8 月，日照县设立计划生育办公室，与卫生科合署办公。1981 年 8 月 23 日，更名为日照县革命委员会计划生育局，范宝域任局长；1984 年 5 月 29 日，更名为县计划生育委员会，李广业任主任；1985 年，更名为日照市计划生育委员会，李广业任主任。1989 年 6 月后，为处级单位，牟善增任主任。

1993 年 5 月，东港区计划生育委员会成立，丁原玉、王延伦、刘安一先后任主任；2002 年 6 月，东港区计划生育委员会更名为东港区计划生育局，刘安一、侯元青、张永峰、王海洲先后任局长。2007 年，东港区计划生育局设办公室、计划统计科、法规宣传科、财务科 4 个科室，同时设计划生育服务站、计划生育协会办公室、流动人口计生办公室、城市计生办公室 4 个副科级事业单位，在编人员 85 名。

公社、镇、村计生工作机构

1963 年，全县 15 个区都成立计划生育领导小组，有 89 处公社、106 个生产大队建立相应组织。1976 年，建立公社计划生育办公室，配备专职干部，负责计划生育日常工作。1982 年，每个管理区配备一名计划生育网长。生产大队配备计划生育大队长，设立村级计划生育办公室，根据育龄妇女居住区域建立查访组，配备查访员。

1984 年，各村办起计划生育服务室，开展计划生育宣传教育、技术指导、避孕药具发放等工作。

2000 年，通过考聘的方式，设立村计生主任。人口多的村，设立 1 名以上计划生育访视员。在流动人口多的村(社区)设立 1 名流动人口专管员，专门负责对流动人口的管理与服务。违法生育多的村及计划生育薄弱村，由 1 名“两委”成员任村计生主任。2007 年，镇级以上专职计生工作人员有 283 人。全区有 587 个村(社区)，设立村级计生主任 587 名。

第二节　政策措施

政策法规

1963 年，日照县施行人工绝育手术一律免费。1964 年下半年，县政府规定机关、厂矿职工生育第四个孩子的费用一律自理，并要求绝育。1971 年按照国家规定：育龄妇女已生育一孩的要间隔四五年再生，两孩的一般不准再生，三孩的要进行绝育。1973 年按照国家规定，对已有两个孩子的一般不安排生育计划。1978 年提倡一对夫妇只生一个孩子，要求“晚婚、晚育、少生”，“坚决杜绝第三胎”。1979 年推行一对夫妇只生一个孩子。1981 年 5 月，县委、县革委规定：凡须生育二胎的，必须是第一个子女经县以上医院证明不能成长为正常劳动力，并经县计生办批准的；没有生育计划的妇女，要落实有效避孕措施。1982 年，执行国家规定：国家干部、职工和城镇居民，一对夫妇只生育一个孩子；农村普遍提倡一对夫妇只生育一个孩子；群众确有实际困难要求生育二胎的，经过审批可以有计划的安排，任何情况下都不能生育第三胎。同年 3 月，对生育两个孩子及以上，年龄在 40 岁以下，身体条件合适的进行结扎。开始实行对独生子女的优惠政策，由父母双方所在单位每月分别发放 5 元的独生子女父母奖励费，延续至今。1982 年 12 月 16 日起，开展病残儿鉴定工作。

1985 年 3 月 29 日—8 月 15 日，先后分四批在全市进行“间隔式”生育政策试点工作。1986 年 2 月 13 日，省委、省政府《关于农村独女户实行间隔地生育第二胎的决定》颁布。依据此决定凡农村独女户，母亲年满 30 周岁者，允许生育第二胎。

1994 年 7 月后，实施《日照市流动人口计划生育管理办法》，实行流动人口计划生育工作由其户口所在地和现居地人民政府共同负责，以现住地为主的管理体制。公安、工商、劳动和社会保障，城建、卫生等部门分别落实计划生育工作责任，围绕办证、租房、用工、保健等环节，做到流动人口计划生育无缝隙覆盖、无漏洞管理。

2001 年 9 月，区政府制定《关于对独生子女伤亡家庭实行养老救助的意见》。对实行计划生育以来，只有一个子女，自愿不再生育，并领取独生子女光荣证的父母，其独生子女死亡或伤残后，经有关部门鉴定丧失劳动能力，按规定享受养老救助金。救助标准夫妻双方每人每月 50 元，享受终生。

2003 年 10 月，区政府出台《关于加强城市人口与计划生育工作的意见》。进一步完善计划生育属地管理，落实计划生育责任制，做好各类园区及居民区的计划生育管理，完善居(村)委会和社区服务体系，加强对流动人口和特殊人群的管理服务，深化计划生育居(村)民自治。

2004 年 6 月，区政府印发《东港区社会抚养费征收管理办法》。对不符合《山东省计划生育条例》规定生育子女的公民，由区计划生育局以东港区人民政府上一年度统计公报公布的城镇居民年人均可支配收入，或者农村居民人均纯收入为基数，结合当事人的实际收入水平和有关法律法规规定，按照男女双方各自的子女数分别计征社会抚养费。

2007 年，东港区计划生育局申请区法院强制执行社会抚养费计征案件 199 起，执行到位款 130 余万元。

节制生育

节制生育工作分为 4 个阶段：

说服动员阶段(1963 — 1967)：对 4 个孩子以上的育龄妇女动员绝育，对 3 个孩子以下的要求“稀生”。1963 年 7 月 16 日，县委宣传部制定计划生育宣传提纲，举办各种计划生育讲座。培训接生员、保健员、妇女干部 3075 名。县、区医院成立计划生育技术指导门诊。男女结扎，概不收费。

提倡二胎，限制多胎阶段(1971 — 1973)：1971 年，根据国务院 51 号文件精神，要求有一个孩子的要间隔四、五年方可生育第二胎，两个孩子的一般不准再生，三个孩子以上的要做绝育手术。

图 3-2　村居婚育文化一条街　　　　(摄于 2005 年)

要求生育“晚、稀、少”阶段(1974 — 1978)：1974 年，提出“一对夫妇两个孩，两胎间隔四五年”。1975 年开始，对育龄妇女避孕节育情况半年或一年一普查。

提倡一对夫妇只生育一个孩子阶段：1979 年 6 月，县委号召“为革命只生一个孩子”。8 月 1 日，县委、县革委对首批报名终身只生育一个孩子的 90 对夫妇披红戴花，表扬奖励。到 8 月 29 日，有 2497 对夫妇报名只生一个孩子。至年底，全县共有 2 万多对育龄夫妇报名终身只生育一个孩子。石臼公社报名只生一个孩子的 1087 对，报名率达 95.2%。1980 年 4 月，县委、县革委正式规定：除特殊情况经批准外，每对夫妇只准生育一个孩子，任何情况不准生第三胎。1986 年开始，对农村独女户允许农民夫妇间隔 4 年以上，经批准再生一个孩子。

提倡晚婚晚育

1964 年，政府开始提倡晚婚(男 25 周岁以上，女 23 周岁以上)，同年，自觉晚婚者有 8000 余名。1971 年，全县男青年 42098 人，订晚婚计划者

图 3-3　晚婚晚育宣传下乡　　　　(摄于 2002 年 6 月)

24276人;女青年42568人,订晚婚计划者25246人。1988年,市政府规定:对女方超过23周岁、男方超过25周岁结婚的,可增加婚假两周,晚育的增加产假两个月。对不够晚婚年龄结婚的,要签订晚育合同并缴纳晚育押金,否则不予安排生育计划。2002年9月1日《中华人民共和国人口与计划生育法》规定,晚婚晚育可以获得延长婚假、生育假或者其他福利待遇。2007年,东港区女性初婚4024人,其中晚婚3140人,晚婚率达78.03%。

第三节 宣传教育

境内计划生育宣传教育工作始于1957年。首先在机关、厂矿、学校展开,并在农村进行试点。20世纪70年代初,积极宣传计划生育、晚婚晚育的方针政策,大力推广计划生育的典型经验和好人好事。80年代,宣传计划生育是一项基本国策,宣传中共中央关于计划生育《公开信》《山东省计划生育条例》;提倡一对夫妇只生育一个孩子,宣传节育、优生、优育等科普知识,推广荣成县计划生育"三为主"(宣传教育为主、避孕为主、经常工作为主)经验。90年代,宣传中共中央、国务院《关于加强人口与计划生育工作稳定低生育水平的决定》。1999年,在农村启动"宣传教育进村,婚育新风进家"的"双进"活动,在城市开展"建设社区新型生育文化,建设现代文明幸福家庭"的"双建"活动。

图3-4 计划生育宣传车队 (摄于2002年5月)

2002年9月1日《中华人民共和国人口与计划生育法》、9月28日《山东省人口与计划生育条例》相继颁布实施。宣传《中华人民共和国人口与计划生育法》等法律法规及避孕节育、优生优育、生殖保健等知识成为重点。宣传方式主要有幻灯、电影、文艺演唱、宣传画、宣传专栏、宣传车、入户发放宣传品、建立婚育文化一条街、广播、电视等。

第四节 技术服务

避孕节育

1957年春开始节制生育试点,以使用避孕套避孕为主。1963年上半年,首次成功地实施了一例男结扎、四例女结扎手术。1964年秋,山东省医疗队到日照传授"小切口卵圆钳提管法"输卵管结扎技术。之后,女扎逐步推广。同年冬,临沂专区人民医院外科医生庄子明到日照县传授"双钩提管法"输精管结扎技术"种子手术"。从此,男扎在全县由点到面推广。同期,在已婚育龄妇女中推广放置阴道隔膜、节育环和避孕膏,女扎手术做得很少。

20世纪70年代,开始推行服用避孕药,农村使用者较少。80年代,开始推广避孕药膜。做输卵(精)管结扎手术的也随着增多。1983年4月10日—5月12日,开展计划生育突击月活动。一个月结扎19973例,全年结扎29823例。其中,男扎3749例,女扎26074例。县直、各公社干部职工和家属结扎1452例。1985年4月,实行避孕药具计划供应、定量发放。市计生委设有避孕药具管理组,各乡(镇)也相应配备药具管理员。1990年后,开始实行皮下埋植、避孕针剂等避孕节育方式。

1995年,全区放节育环9334例,结扎2398例,皮下埋植92例。另外,宫内节育器、避孕药的新品种也不断增多,避孕安全性有所改善。2000年后积极推进避孕方法知情选择,东港区选择三个村作为试点,到2002年全面推开。随着避孕方法知情选择的实行,改变过去"一孩放

图 3-5　避孕节育生殖保健服务　　　　　(摄于 2007 年 4 月)

环，二孩结扎”的“一刀切”政策，结扎手术明显减少。2007 年，全区结扎 35 例，放环 7425 例，取环 4178 例。

优生优育

20 世纪 50 年代，日照县开始举办训练班，改造旧接生婆，培训新接生员，推广新法接生，减少了因接生导致婴儿破伤风而夭折的发生率。1982 年 10 月 18 日，成立病残儿诊断小组。2000 年 5 月，东港区被确定为提高婴儿出生质量综合技术研究开发与示范工程试点区。6 — 7 月，东港区计生委对 15 个乡镇 0 ～ 7 岁儿童免费进行先天性遗传性疾病筛查，摸清了影响全区出生人口素质的主要原因和出生缺陷发生的种类、顺序及分布。调查成果被评为日照市 2000 年度科技进步二等奖和山东省社会科学优秀成果三等奖。

至 2007 年，实施出生缺陷干预，全区病残儿再生育家庭建档率、监护率、常见遗传病家庭接受优生指导率均达 100%，不孕不育症指导治疗比例达 98%，出生缺陷率控制在 3 ‰以内。

生殖保健

1994 年，东港区计划生育服务中心围绕生育、节育、不育，积极开展生殖保健服务。开设女性门诊、男性门诊、外科门诊，开展妇科病诊治、接生、剖宫产、巨大卵巢肿瘤摘除、斜疝切除等业务。21 世纪初，全面开展生殖道感染普查防治，建立已婚育龄妇女生殖档案。对育龄妇女每年进行

图 3-7　东港区计划生育服务站　　　　　(摄于 2007 年 9 月)

两次免费健康查体和妇女病普查普治，对男、女生殖方面的疾病给予及时诊治。2007 年，全区共开展生殖健康查体 286998 人次，孕期保健查体 14187 人次，妇女病查治 13501 人次，诊治生殖道感染 7966 人次。在开展妇女病普查普治的同时，为育龄群众提供紧急避孕咨询、指导等保护性服务。

图 3-6　村人口学校优生优育教育活动　　　　　(摄于 2007 年 3 月)

第五节　计划生育管理

人口计划管理

1981 年把人口计划纳入国民经济和社会发展计划。人口计划根据国家生育政策编制，报同级计委下达，逐级层层落实到人。

人口计划编制　建区后，采取生

育概率法的编制方法,进行年度人口计划编制。具体分五步进行。

第一步,摸清5个底子:(1)当年已经出生和有"生育证"已孕,年内能够生育的人数;(2)有"生育证"但未孕的对象;(3)要求生育一孩的对象;(4)要求生育二孩的对象;(5)当年4月1日至下年度4月1日前准备结婚的对象。以此作为编制下年度人口计划的基础数据。

第二步,张榜公布申请生育者名单。每年5月中旬,生育者本人写出书面申请,由村民委员会核实,登记造册,张榜公布,接受群众监督。

第三步,呈批生育指标。每年5月下旬,乡镇对照所属各村的生育指标申请报告、花名册、户籍簿、身份证核对无误后,汇总填写呈批报告和花名册,一式三份于每年5月下旬上报区计生局。

第四步,编制下达人口计划。区计生局根据乡镇的生育指标呈批报告、花名册及市下达的人口生育计划,结合本区的人口预测和人口规划情况,编制出下年度人口生育计划草案,交乡镇讨论征求意见后,报区政府审定,下达到各乡镇执行。

第五步,落实生育指标。乡镇按照区政府下达的人口生育计划指标,依据申请生育者的底数,确定各村下年度计划出生人数,将批准的生育者名单下达到村。

年度人口计划落实 2001年,区制定《关于生育计划管理和审批一、二孩生育程序的几项具体规定》,将生育指标落实到人,主要分六步进行。

1.本人申请。依法结婚的夫妇,要求生育一孩或二孩的,递交书面申请。女方属农业户口的,向女方户口所在村递交;女方属合同制工人的,持夫妇双方的书面申请,到女方户口所在村、乡镇盖章后交给女方工作单位;女方属城镇户口的,夫妇双方将书面申请递交给女方所在工作单位。2.村民委员会安排并呈报。对一孩生育申请者,村民委员会优先安排生育计划。然后再按已婚育龄妇女年龄大小顺序安排,填写申请安排发证者花名册,呈报乡镇计生办。对二孩生育申请者,经严格审查后,在计划指标内予以安排,填写二孩生育审批表,呈报乡镇计生办。3.乡镇复核上报。乡镇计生办携带申请安排发证者花名册和二孩生育审批表,报区计生局审批,同时办理一孩生育证;二孩生育证,经严格审查复核后,于下个月领取。4.发放生育证。5.实行孕情跟踪和优生服务。6.出生统计。婴儿出生后,村计生服务人员及时掌握婴儿出生情况,半月内申报户口,及时搞好出生统计。

计划生育责任制与目标管理 20世纪60年代末和70年代,农村计划生育管理适应"三级所有,队为基础"和政社合一的管理体制。1987年以后,县、乡、村各级政府领导、村长层层签订人口目标责任书,层层强化指标管理,开展达标活动。同时,还将人口、计划生育工作作为衡量各级领导干部政绩和单位领导干部实绩的重要依据。地级日照市成立初,市、乡直接签订人口目标责任书。设区带县后,由市、区、乡、村四级签订,并"实行计划生育一票否决制"。对计划生育后进单位实行重点管理,严格落实奖惩政策。1991年6月,建立各级主要领导和分管领导离职审计、追踪奖惩制度,提拔、晋升干部,均考察其在职期间的计划生育工作成绩。1995年,对达不到人口与计划生育目标管理责任书规定要求的乡镇及其党政主要领导,取消其当年度综合性先进的评选资格。

1999年1月起,计划生育工作实行属地化管理。对区直部门(单位)的计划生育目标管理,由区委、区政府与其签订人口与计划生育目标管理责任书。辖区内国家机关、社会团体、企事业组织,以及常住人口、流动人口及特殊人口的计划生育全部纳入所在地乡镇、街道管理,实行所在地乡镇、街道法定代表人或负责人计划生育责任制。同时,各居(村)民委员会有责任做好辖区单位、居(村)民和流动人口的计划生育工作。

农村基层计划生育管理

20世纪70年代末,农村计划生育管理实行职能部门行政管理与群众组织自我管理相结合的方式,在乡村普遍建立计划生育服务站、室。80年代中期,根据节育对象实际,实行分类管理。计划生育协会利用会员活动小区、会员联系户,组织群众进行自我教育、自我管理、自我服务。各级还设立计划生育政务公开栏,建立举报制度,组织群众民主评议,进行民主管理。90年代,全面推行计划生育依法行政,大力推行计划生育村民自治,不断健全利益导向机制,让自觉实行计划生育的群众得到实惠。2000年,对村级计划生育专职人员实行“女性化、年轻化、知识化”公开考聘。

2000年3月，由村两委与村民签订计划生育协议书。至2002年，全区100%的村居实行村民自治，其中模范村占68.4%。

图3-8 为育龄妇女发放计生图书 (摄于2005年2月)

奖励扶助机制

1997年，实施“幸福工程”和“少生快富”工程，对计划生育家庭进行致富项目优先、政策优惠、科技扶持等帮扶。至2004年，受益群众累计达2100余户。

1999年后，对农村独生子女父母奖励费采取乡镇统筹，共统筹1560余万元，每年奖励独生子女户4.7万余户。农村税费改革后，此奖励费纳入镇级财政预算。2007年始，纳入东港区财政预算。对自愿放弃二胎生育指标的独生子女家庭，由所在单位给予不少于2000元的奖励。2001年，对自觉实行晚婚晚育的，由所在单位给予不少于500元的奖励；农村晚婚的按当地人均年纯收入的10%给予奖励，晚婚后又晚育的再奖励10%。同年1月，制定《东港区计划生育四术免费操作试行办法》，将计划生育基本服务项目经费列入财政预算并拨付到位，每年落实节育技术经费100余万元。对独生子女在疫苗接种、健康查体、入托、入学、就医及在宅基地划分、承包土地等方面给予优先优惠。

图3-9 发放计生奖励扶助金 (摄于2006年10月)

2003年，设立计划生育公益基金，救助计划生育特困家庭，东港区在省、市率先制定文件对独生子女伤亡的父母(终生)和父母双亡的独生子女(截至16周岁)每人每月发放100元救助金。至2007年，已发放计生特困家庭救助金31万元，对109人实施救助。2007年11月，按照《山东省计划生育家庭特别扶助制度试点方案》有关规定，对女方年满49周岁、独生子女死亡或独生子女三级以上残疾的父母给予计划生育特别扶助。

图3-10 东港区农村部分计划生育奖励扶助金首发仪式 (摄于2006年10月)

2005年，开展农村部分计划生育家庭奖励扶助制度试点工作。对本人及配偶均为农业户口或界定为农村居民户口，1973年以来没有违反计划生育政策法规，现有一个子女或两个女孩或子女死亡现无子女，年满60周岁的夫妇，由财政设立专项资金通过农村信用社以直通车的方式每人每月扶助30元，直至终生。当年，区财政拨款30万元，对829人实行奖励扶助。2006年，全面实施农村部分计划生育家庭奖励扶助制度。按照省、市统一要求将奖励扶助标准提高到每人每月50元。全区共有1062人受到奖励扶助，发放奖励扶助金63.72万元。2007年，全区共有1417人取得奖励扶助资格确认，发放奖励扶助金85万余元。

城市和流动人口计划生育管理

20世纪90年代，逐步完善由“政府牵头、部门配合、城乡联动、综合治理”的计划生育管理体制，加强城市下岗职工、无业人员、口袋户(未落户)、空挂户、非婚生育、流动人口等特殊人群的管理。1998年，成立城区流动人口管理办公室，由计生、公安、工商、劳动等部门联合办公，将流动人口等特殊人群纳入现居住地管理和服务。

建区后，探索“属地管理、单位负责、一街两制(社区统管、居委会协助)、居民自治、社区服务、综合治理”的城市和流动人口计生工作新机制。建立以现居住地管理为主和公安、工商、计划生育部门信息交流反馈、齐抓共管机制。同时，对流动人口实行与常住人口同宣传、同统计、同管理、同服务、同考核，使流入人口与当地居民一样享受计划生育优质服务。至2007年，“流动人口婚育证明”持证验证率、建档率、信息联系率均达到98%以上。

第五章　婚姻与家庭

新中国成立前，早婚、多子、家庭规模大，是婚姻家庭的主要特征。受男尊女卑观念的影响，在婚姻家庭中，男女权利不平等。新中国成立后，国家第一部婚姻法颁布，贯彻落实一夫一妻制，实行婚姻自主，男尊女卑观念有所改变。

20世纪80年代以后，境内婚姻家庭状况呈现出新的特点。主要表现为：⑴家庭户规模变小。小规模家庭(1～3人)数量稳中有升，4人以上的家庭数量呈减少趋势。⑵初婚年龄增高，结婚费用不断攀升。结婚费用的迅速增长成为令年轻人及其父母头痛的事情。⑶再婚人数增多。随着婚姻观念的不断转变，离婚、丧偶者的再婚行为日益为社会所理解。⑷离婚率持续升高。⑸婚姻家庭观念从传统向现代转变，从封闭向开放转变，从一元向多元转变。在择偶标准上，道德标准、经济标准与文化标准共存，经济标准的重要性已远远超过了文化标准。在家庭经济事务和家政决策上，夫妻趋向平等。另外，涉外婚姻出现，多为女性外嫁。未婚同居、未婚先孕，婚外恋、婚外同居、重婚纳妾、家庭暴力等，也呈上升趋势。婚外恋、网恋引发的各类家庭悲剧时有发生。

第一节　婚姻状况

新中国成立前，初婚年龄无限定，多数在18岁左右，有十三四岁的小夫少妻，也有年龄悬殊的少夫老妻或老夫少妻，还有童养媳、娃娃亲和指腹为婚的。同时，还有一夫多妻的现象。

1950年，国家第一部婚姻法颁布，贯彻落实一夫一妻制，实行婚姻自主，并规定初婚年龄为男20周岁，女18周岁。1980年修订后的《中华人民共和国婚姻法》颁布，初婚年龄为男22周岁，女20周岁。

20世纪90年代，政府提倡晚婚晚育，晚婚年龄为男25周岁，女23周岁。2007年，全区平均初婚年龄男24岁，女22岁。结婚登记4617对，离婚登记183对，补发结婚证392份。离婚率比2006年下降113%。

第二节　家庭结构

新中国成立前，境内普遍存在“多子多福”的观念，以“三世同堂”“四世同堂”为荣。家庭户人口多在5人以上，多者达十几人，家庭规模较大。

新中国成立后，家庭规模逐渐缩小。70年代后，随着计划生育工作的深入开展，一孩家庭增多。1982年第三次全国人口普查，境内223492户，平均每户4.16人。1990年第四次全国人口普查，境内290015户，1027724人，户均3.54人。2000年第五次全国人口普查，全区家庭户296762户，881711人，户均2.97人。其中一代户83805　户，占总户数的28.23%；两代户186768户，占总户数的62.9%；三代户25677户，占总户数的8.65%。2002年，全区共310530户，938818人，户均3.02人。2006年，全区共有230963户，686555人，户均2.97人。2007年，全区有221717户、691514人，户均3.11人。

第四编

城乡建设

图 4-1　新市区一角　(摄于 2002 年 9 月)

元代前后，境内村落随先民聚居自然形成，房屋为土墙草顶，低矮简陋。城镇建筑无序，街道狭窄。明朝初年，实行大规模移民政策，村落数量增加，城镇规模扩大。清代以后，富裕大户、商贩店铺及官府、庙宇等建筑使用块石砖瓦的渐多。受经济制约与战争创伤的影响，直到新中国成立时，城乡基本面貌一直处于破敝、落后状态。

20 世纪 50 年代中期，境内生产恢复、经济发展，城乡建设进入起步阶段。1958 年，城乡建设始有规划。地级日照市成立并设东港区后，城乡建设与时俱进、日新月异。1984 — 2004 年，先后进行四次城市建设总体规划，重点加强基础设施建设，不断加大道路、交通、供水供电、供暖供气、环保绿化等方面的资金投入，在逐步向建设新型港口城市目标迈进的同时，推动镇、村建设按规划、分步骤健康发展。

第一章　建设规划

境内城乡建设，1958 年始步入先规划后建设轨道。实行改革开放后，城乡建设的速度、力度同步提高。东港区设立以来，城乡建设规划更加科学、严格、完善。进入 21 世纪，确定的城镇体系规划目标为：构建经济发达、生态良好、城乡统筹、社会和谐、布局合理、等级规模有序的城镇体系。使东港区成为以生态郊区为基础，以若干城镇组团为中心的城市型社区，为逐步实现全域城镇化、都市化奠定坚实基础。

东港区区域发展总体战略规划是立足东港，面向山东半岛，抓住机遇，发挥优势，依托中心城市和港口，实施工业强区和旅游兴区，服务大日照，建设现代化生态型海滨新区。

东港区城镇体系空间战略规划是以高科园为龙头，规划开发建设“七镇五基地”。强化北翼：包括高科技园区、河山镇、两城镇、山海天旅游度假区、国家森林公园。壮大南翼：以涛雒镇为重点，连接岚山城区。扶持西翼：建设好陈疃、南湖、西湖、三庄等西部镇，大力发展旅游、生态农业。充实中心：把区驻地建成医疗、卫生、教育、体育、文化、行政、休闲、娱乐和经济服务中心。

第一节　城区规划

新中国成立初期，城区建设只是沿主街疏通道路、修破补损。1958 年春，县人委提出控制性的规划建设意见。主要任务是拓宽主要街道 4 条：海曲中路、正阳路北段、望海路东段、东关路中段，路面展宽 10 ～ 20 米。县城布局：城里为党政机关、工商企业区；城西为工业区；城北和西北岭为文化区；交通、邮电、商业、供销等公共事业和服务设施，设在县城主街两侧。

1959 年 6 月至 1960 年 7 月，山东省建筑工程勘察测量大队对日照城区及石臼周围 2600 公顷区域进行详细勘察，试图对县城进行全面规划，因三年自然灾害半途而废。1975 年 12 月，成立日照县基本建设局，对县城及石臼所的规划建设实施管理。

20 世纪 80 年代后，先后四次进行城市总体规划：

第一次城市总体规划

1983 年，国家重点工程石臼港和兖石铁路兴建。由山东省城市建设规划设计院负责编制石臼所、日照县城的总体规划。经县人大常委会审议通过后，同年6月上报临沂地区行署并转呈山东省人民政府审批。省政府于1984年12月28日以鲁政函(84)318号文件批复实施。

规划要点　城市性质布局合理、建设配套、道路畅通、环境优美并具有鲁南特点的工贸型港口城市。建设期限：1981—2000年。城市规模：人口20万，城市总用地2002公顷。

城市布局　为组团式。分日照、石臼(包括万平口)、奎山3片，以石臼片为中心。万平口以西，明望台周围为政治、文化、科研、体育、卫生、商业服务中心。石臼所为煤炭码头专业性港口和对外贸易加工区及生活服务基地。县城为轻工业基地。丝山片龙山嘴区为海产养殖、渔业港口及疗养基地。

第二次城市总体规划

1985年撤县建市后，为日照市深水码头发展建设、大型钢铁厂等重点建设项目进行选址并编制城市总体规划。由山东省城乡规划设计院会同日照市政局规划室共同修订。1986年，报临沂行署。临沂行署于1988年以72号、73号文件报省政府。省政府于1989年以鲁政函6号文件正式批复。

城市性质　为鲁南的经济中心、钢铁和外贸加工生产基地、国家重要的对外贸易口岸、以煤炭出口为主体的综合性港口城市。

城市人口及用地规模规划　2000年为20万～26万人口，用地4804.80公顷。2000年后，远景规模为60万～70万人口，用地9009.01公顷。

结构形态　采取城区与港区毗邻布置方式。城市主体沿海岸线东北西南发展，形成组团式、多中心的规划结构形态。市区规划4个组团，即日照镇，石臼所，奎山南，港湾以北、丝山以南。

总体设想　兖石铁路以南为港区后方重点生产区，主要安排钢铁厂和外商加工用地。铁路以北，主要布置城市生活居住地，并相应安排一般工业区。

第三次城市总体规划

东港区城区与日照市区实行一体规划，1994年8月，经省政府正式批复实施。

城市性质　为山东省对外开放重点城市之一，以港口、工业、贸易、旅游为主，建设现代化花园式海滨城市。

城市规模　2000年，控制人口规模25万～30万人，用地规模4804.80公顷；远期到2010年，控制人口规模50万～60万人，用地规模12712.71公顷；远景到2020年，控制人口规划80万～100万人，用地规模30000公顷。

规划布局　城市规划区范围：日照、石臼(含日照开发区行政区域范围)、秦楼三个街道办事处行政区域，奎山街道办事处傅疃河以北行政区域，曲河口水源地、涛雒与巨峰之间机场预留地，鲁南国家森林公园风景保护区。城市规划区面积29400公顷，城市水源地、重要林场等规划控制地4600公顷。将日照市区划为西区、北区、南区、刘家寨区和张家台区五部分。西区为地方工业、传统商业区。北区(城市中心区)为行政、金融、商业、贸易、科教区。南区为港区和重工业区。刘家寨区为工业仓库区。张家台区为旅游、疗养区。

用地安排　远期规划(至2010年)城市建设用地12249.24公顷。其中，工业用地2869.87公顷，公共设施用地752.75公顷，绿地2958.96公顷，仓储用地701.70公顷，对外交通用地1548.55公顷，道路用地1401.40公顷，市政设施用地214.21公顷。另外，在奎山南留1801.80公顷钢厂用地。

第四次城市总体规划

2004年9月，经国务院批准，日照市调整行政区划，新设置岚山区。城市规划区范围由东港区(包括山海天旅游度假区、日照经济技术开发区)、岚山区组成，总面积为191671.67公顷(不包括海域和海岛面积)。

规划期限　近期：2004—2010年。远期：2016—2020年。远景：2020—2050年。城市性质为临港工业和海滨旅游业为特色的港口城市，水上运动之都。规划2020年市区(包括东港和岚山两区)城市人口为115万人。规划城市建设用地12012.01公顷，人均城市建设用地104.4平方米。2050年城市人口180万人。

第二节　基础设施规划

城市对外交通规划

港口发展　日照港逐步发展成以煤炭、矿石

图 4-2　城区道路　　(摄于 2006 年 10 月)

中转和集装箱运输为主，拥有 80 个以上泊位，综合能力超过亿吨的大型综合性枢纽港。同时，充分利用日照港新欧亚大陆桥东方桥头堡的区位优势，制定发展大物流规划和实施方案。把日照港发展成为辐射日照至西安铁路沿线广大腹地、中国北方港口中规模较大的物流中心。

公路交通　(1)高速公路网。以同三高速、日东高速与新建设潍日高速、枣日高速构成。潍日高速公路起自东港区陈疃镇，途经五莲县到达潍坊。(2)过境公路。西移 204 国道，避免过境公路对市区交通干扰。西移改线的 204 国道与城市重要干道均为立交式(包括山海天路、山东路、迎宾路、海曲路等)。(3)沿海旅游公路。为接轨青岛，建设起于青岛路两城镇西南跨越白马河的沿海旅游公路，与青岛胶南段沿海公路衔接。(4)疏港公路。疏港北路：规划保留和加强现有上海路功能，作为日照港北部疏港路。规划上海路向西跨越新石铁路直接连接同三高速公路。疏港中路：新建奎山南部疏港公路。疏港南路：规划南沿海路作为港口南部疏港备用公路。新设同三高速公路出入口，连接上海路西延段和奎山南公路，满足西向公路疏港交通需求。

铁路交通　(1)日照西港区铁路工程。为配合西港区集装箱和散粮专用泊位建设，规划建设西港区进出港铁路。由日照电厂南部集装箱港口出线，经奎山南跨越傅疃河与新石铁路高兴站接轨。(2)日照港、岚山港铁路联系工程。规划从高兴站出线，建设日照、岚山两港联系铁路。(3)日照港疏港铁路改线。利用现有电厂铁路专用线或直接通过西港区铁路，完成日照港煤炭、矿石的全部铁路运输。

航空交通　规划保留涛雒镇西北部日照机场选址。

城市道路规划

市区主干路系统　规划城市主干道红线控制宽度一般为 40 ～ 60 米。主要包括如下道路：

南北向：文登路、烟台路、北京路、临沂路、日照路。

东西向：太公三路、太公二路、太公一路、山东路、黄海一路、秦皇岛路等。

市区次干路和支路　规划市区次干路红线控制宽度为 20 ～ 50 米。主要包括如下道路：

南北向：沿海路、沿海路南段、山海天路、威海路、海关路、枣庄路、菏泽路、兖州路、昭阳路、艳阳路、东关路、正阳路、荟阳路、金阳路、丹阳路、海滨一路、海滨二路、海滨三路、海滨四路、海滨五路、海滨六路。

东西向：郑州路、太原路、西安路、银川路、兰州路、东营路、西海路、望海路、济南路、泰安路、海曲路、迎宾路、福海路、兴海路、黄海三路、黄海二路、大连路、天津路、刘石路、新港路、文化路、连云港路等。

水源地、水厂规划

主要有傅疃河流域鹁庄、曲河口、丁家楼水源地，供水能力 7 万立方米/日；日照水库是市区供水主要水源地，供水能力 25 万立方米/日；马陵水库供城市用水 2 万立方米/日；两城河流域取径流和潜流水 2 万立方米/日。上述 4 处水源地，可为城市供水 39 万立方米/日，满足市区近期建设需要。2005 年到 2010 年，市区要从马陵水库调水 2 万立方米/日；实施“西水东调”工程，即将沭河莒县县城以上区间地表水通过拦蓄工程，与青峰岭水库、小仕阳水库、峤山水库 3 座大中型水库实施联合调度，向日照水库调水 20 万立方米/日，经日照水库调节后向市区供水。规划市区在山东路西端建设一座地表水净配水厂，规模为 25 万立方米/日，占地约7.5公顷。远期和远景市区生活用水和工业用水，可从沂河流域的跋山水库引水40万立方米/日至日照水库调蓄供水。沭河流域的陡山水库作为日照市城市用水的备用水源。

净水厂主要有日照一水厂、二水厂、石臼水厂。规划新建水厂3处：北区西侧1处，主要为北区服务；两城与秦楼1处，为旅游区及北区服务；奎山以北1处，并预留用地待远期扩建水厂使用。

排水及污水处理规划

市区建设两个大型污水处理厂，对市区排放污水进行处理。老城区规划采用合流制排水系统，新建区采用分流制排水系统，远期、远景一律采用分流制排水系统。污水处理采用二级生化处理，规划在刘家寨及石臼各设1个污水处理厂，处理后污水经傅疃河口入海；石臼污水处理厂处理后污水直接入海。

供电规划

配合华能日照发电厂扩建工程，在已有线路基础上规划再建设1路同塔双回220千伏输电线路，2路单回500千伏输电线路，沿原规划输电线路走廊向西架设至陈疃镇500千伏日照站。配合岚山电厂建设，架设双回500千伏输电线路至陈疃镇500千伏日照站。第三产业及生活负荷密度1万千瓦/平方千米至1.3万千瓦/平方千米，工业负荷密度4.5万千瓦/平方千米，综合负荷密度1.65万千瓦/平方千米。城市电网以220千伏为送电网，以110千伏为城市高压配电网，380/220伏为城市低压配电网。220千伏变电站为城市电源点。扩建日照市北220千伏变电站，新建两座220千伏变电站。根据负荷密度，市区内设110千伏变电站16座。

电信通信规划

电信网络　2007年，市区内有日照网通公司、日照电信分公司、日照铁通分公司3家电信公司。远期交换机设计容量10万～15万门，总容量115万门，设置交换局10个以内。规划长途电话网电路600～900路，采用数字微波，光缆传输。

移动通信网　2007年，市区有日照移动和日照联通两家公司。2020年规划移动用户92万户，交换装机容量115万门。

广播电视网络规划

规划2010年广播电视台网络覆盖80%人口，用户21万户。到2020年，网络覆盖93%人口，用户38万户。

燃气规划

规划2010年气化率70%，2020年100%。2010年居民、公建、工业用气比例为60∶25∶15；2020年居民、公建、工业用气比例为50∶30∶20。

供热规划

按照2020年市区规划用地布局，将规划建成区划分为3个供热分区，每个分区设1座热电厂。按各分区的实际热负荷，分期安装供热设备，用地按最终规模控制。

垃圾处理规划

远期市区规划垃圾量为1476吨/日，设置大、中型转运站10座，生活垃圾处理以卫生填埋为主，规划建设公厕425座。

第三节　镇驻地规划

镇驻地规划始于1958年。根据全国农业发展纲要要求，从驻地规划做起，整修乡道，拓宽街道，兴建中学、医院及乡镇企业。按照规划，各乡镇均拓宽必要街道并建起机械厂、医院及中、小学校。1985年建市后，各乡镇依照《日照市综合国土规划》，陆续编制乡镇建设规划。

1994年初，东港区编制《东港区城镇体系规划》。2003年，组织开展"村镇规划年"活动，新调整编制完成《建制镇总体规划暨驻地建设规划》和《村庄建设规划》。2006年，编制完成《东港区城镇体系规划》。

河山镇规划

为国家级重点镇，日照市北翼制造业基地，以发展无污染工业为主的生态型小城镇。

镇区规划人口2010年2万人，建设用地300.30公顷。2020年规划人口5万人，建设用地600.60公顷。规划确定河山镇未来城镇发展形态为"一心、一轴、两片、五带、五团"的组团式布局形态。"一心"指镇区中心，包括镇政府、商业中心、体育、文化活动等公共设施。"两片"指南部河山工业园和北部新镇区两片。"一轴"指以潮石公路为城镇发展轴。"五带"指沿河形成的5条生态景观绿带。"五团"指5个功能组团，包括3个居住组团和两个工业组团。

涛雒镇规划

以临港工业、旅游、海洋深加工和商贸为主的生态型鲁东南重镇。

规划2010年城镇建设用地370.37公顷,人口2.5万人。2020年805.81公顷,6万人。规划范围,东到沿海公路、西至204国道、北起双园路、南至山海路,总面积1058.06公顷。发展模式为水城相依,产居分明,轴向延伸,纵渐平联。规划布局为“一心、两轴、两片、三带”。“一心”指由行政中心、文化用地、体育用地、广场和商业用地构成镇区中心。“两轴”指沿204国道的南北发展轴和沿望海路的东西向发展轴。“两片”指生产、生活两大功能片。“三带”指三条绿化带。

两城镇规划

为日照市北部的历史文化名镇和以旅游商贸为主体的生态旅游型重镇。

规划布局为“一心、两片、一轴、四团”。“一心”指镇区中心,包括镇政府、商业中心,体育文化活动等公共设施。“两片”指南部工业园区和西部工业园区。“一轴”指以204国道为城镇发展主轴线。“四团”指4个功能组团,包括两个居住组团和两个工业组团。规划到2020年镇域总人口4.6万人,镇区总人口3.5万人。

西湖镇规划

以发展一类工业、旅游度假、高效生态农业为主的山水生态小城镇。

2010年镇区规划人口3.6万人,建设用地59.3公顷。2020年镇区规划人口3.75万人,建设用地81公顷。形成“一心、一轴、三带、四组团、两园”,山、河、水库融为一体的布局结构。“一心”指镇区中心,以行政办公、广场、公共绿地、商业金融文体科技等公共设施为主。“一轴”指西湖路为镇驻地南北发展轴。“三带”指沿西湖路和兴西路的两条绿化景观带,沿铨元河和日照水库形成的滨水绿化景观带。“四组团”指沿西湖路和兴西路的两条绿化景观带,将镇驻地分成西北、西南、东北、东南四个功能组团。“两园”指在镇驻地南、北分别设生态农业园、西湖工业园。

三庄镇规划

以发展一类工业、果品储运流通为主的生态城镇。

2010年镇区规划人口1.8万人,建设用地137.14公顷。2020年规划人口为2.6万人,建设用地318.32公顷。规划以山体水景为主体,将城镇融于水景和绿化之中,形成“一心、三带、四组团、三片区”的城镇布局结构。“一心”指镇区公共中心,以行政管理、广场、公共绿地、商业金融、文体科技等公共建筑为主。“三带”指贯穿镇区南北的两条绿化景观带和贯穿东西的一条绿化景观带。“四组团”指三个居住建筑组团和一个公共建筑组团。“三片区”指整合原有日照二中、三庄一中及三庄二中在镇区中部形成一个教育机构片区。在335省道北侧镇区的东北处形成一个仓储物流区。依托335省道,在三庄镇、西湖镇和陈疃镇的交界处形成一个郊区工业园区。

陈疃镇规划

以发展一类工业、生态农业为主的生态城镇。

近期2010年城镇人口为9500人,城镇建设用地128.13公顷。远期2020年为1.4万人,城镇建设用地179.18公顷。城镇结构:保护自然山体、丘陵,以山体水景为主体,突出建筑与山体轮廓,将城镇融于水景和绿化之中,形成“一心、两轴、四带、六组团、两园”,山、河、水库融为一体的布局结构。“一心”指镇区公共中心,以行政管理、广场、公共绿地、商业金融、文体科技等公共建筑为主。“两轴”指富疃路为南北发展轴、文化路为东西发展轴。“四带”指沿惠民路和兴堰一路的两条绿化景观带,沿陈疃河和鲍疃河形成的河流绿化景观带。“六组团”指沿两条景观带将镇区分成两个居住建筑组团、一个生产建筑组团、一个公园组团、一个教育组团和一个商业金融组团。“两园”指镇区北沿两条景观带形成的两个居住园区和镇东南部的生态农业园区。

南湖镇规划

以工业为主导,商贸、旅游有所发展的日照城区近郊镇。为工业主导型,日照市工业接续基地,东港区次中心,农副产品加工、风景和农业观光旅游为主的生态型城镇。

规划2010年镇区人口1.6万人,建设用地202.20公顷。2020年3.7万人,建设用地440.44公顷。形成“一心、一轴、两带、五线、四组团”,山、水、城融为一体的布局结构。“一心”指镇驻地中心，以行政管理、广场、公共绿地、商业金融、文体科技与公共设施为主。“一轴”指镇驻地南北发展轴。“两带”指沿南湖河和彭家河的绿化景观带。“五线”指二环路北段、兴南街、定南街、建南街、335省道北侧的绿化带。“四组团”指三个居住组团和一个工业仓储组团。

第四节　村庄规划

20世纪60年代中期开始推行新农村规划建设，后因“文化大革命”干扰，进展迟缓。1980年5月，县政府成立农村建房领导小组，设办公室(1984年改称城乡建设委员会村镇建设科)。各乡镇政府和村(居)相继成立乡村建设规划领导小组。1983年，对20个公社(镇)677个生产大队进行总体规划。1988年，境内1095个行政村中的1077个村完成新村规划，编制现状图、规划图和说明书。其中，有651个村按规划完成旧村改造，包括搬迁新建10个村。1995年，编制完成《东港区城镇体系规划》，完成村庄规划130个，村庄规划调整率75%。2003年，全区开展“村庄规划年”活动，年内完成村庄建设规划530个。2004年，成立东港区“小城镇规划建设管理办公室”，对全区小城镇建设进行业务指导、技术服务和上下协调。至2007年，全区小城镇总体规划暨镇政府驻地建设规划和村庄规划新一轮编制调整全部完成。

第二章　城区建设

明清时期，县城街道狭窄弯曲，错乱无序。据清康熙《日照县志》载，明代有街道12条，清代14条。1937年有主要街道26条。公共设施建设，仅限于修城池、庙宇、牌坊等。新中国成立后，人民政府多次拓宽城区街道，建设路桥。20世纪90年代后，政府加大市政建设投入，按规划实施城市道路建设与商贸、医院、学校、交通、通讯等公用事业建设同步进行。2007年，以建设“国际水准的滨海城市、富有特色的精品城市”为总体目标，建设25条总长75.3千米城市道路，构筑便捷畅通的城市交通网络。加快城市环境及道路绿化工程建设，新增城市绿化面积500万平方米。建设完成第一污水处理厂再生水利用工程及第二污水处理厂配套主干管网，污水集中处理率达到75%。加快城中村改造和城乡环境综合整治步伐，推动城乡协调发展。完成总投资31.003亿元。其中，市级城建资金支出4.265亿元、开发银行贷款7.032亿元、世行贷款2500万元、利用国债400万元、区级投资12.371亿元、社会投资7.045亿元，使基础设施生态环境城市功能更加完善。

第一节　市政建设

道路建设

1954—1979年，县城主要街道先后整修拓宽5次。从东门至西门里(今海曲中路)，1954年将路面拓宽为12米；1956年拓宽至18米；1958年拓宽至20米；1972年拓宽至30米并裁弯取直；1979年，从城西岭至东门外(今海曲中路)铺沥青路面1.5千米并铺设人行道。1989年后，城

图4-3　海曲东路　(摄于2005年9月)

区道路、桥涵、管道建设加快。2007年，城市道路主干道有22条。其中，东西主干道8条，总长255千米，硬化面积764万平方米。次干道45条，总长度89千米，硬化面积18万平方米。其中，东西向次干道20条、南北向次干道25条，有路桥15座、涵洞20个。

明、清、民国时期日照县城主要街道一览表

表4-1

朝代	街巷名	至2007年位置	走向
明朝	永安街	海曲中路（供销楼前段）	东西
	冯公祠巷	海曲中路（原广告美术公司前段）	东西
	康阜街	海曲中路（五金大楼前段）	东西
	宅东巷	已消失（区政府院东）	南北
	长庆街	正阳路北段	南北
	节义街	海曲中路（药材公司前段）	东西
	馆驿街	已消失（在区政府院东）	南北
	太平桥街	已消失（在武装部院内）	十字路口
	宅后巷	已消失（在区政府院后）	东西
清朝	县前街	海曲中路区政府门前段	东西
	十字街	正阳路与海曲中路交叉点	—
	南关街	正阳路居委古玩街以南	南北
	西关街	海曲中路药材公司前	东西
	北关街	正阳路北段	南北
	永安街	海曲中路（供销楼前段）	东西
	小关街	已消失（供销楼东）	南北
	冯公祠巷	海曲中路（原广告美术公司前段）	东西
中华民国	东门外街	即清代永安街	东西
	大同街	即清代小关街	南北
	北关街	正阳路北段	南北
	公安街	丽阳路	南北
	十字路	正阳路与海曲中路交叉点	—
	南关街	即清代南关街	南北
	西门外街	海曲中路药材公司前	东西
	东门里街	海曲中路供销楼前	东西
	西门里街	海曲中路武装部门前至商业银行门前	东西
	北门里街	望海路与西海路之间的正阳路段	南北

2007年日照城区主要路桥情况表

表4-2

名称	位置	长度（米）	宽度（米）	桥孔（个）	修建年份
海曲桥	海曲公园东侧海曲路	87.6	31	7	1987年10月加宽
张家河桥	兴海路（海曲公园南）	77.5	17	6	1989（1994年重建）

续表 4-2

名称	位置	长度（米）	宽度（米）	桥孔（个）	修建年份
安顺桥	山东路营子河上	51.22	20	5	1992（2007年加宽）
山东路1号桥	山东路香店河上	48.44	27	5	1993
山东路2号桥	山东路	60.24	27	4	1993
日照路桥	日照一中大门西侧	65.16	15	1	1975
荟阳桥	荟阳路南端	52	22	4	1994
张家河桥	迎宾路	144	24	9	1996
万平口桥	沿海路	40	24	1	2006年重建
沙墩河桥	济南路	16.2	24	1	2000
营子河桥	泰康路	39	9	2	2000
营子河桥	望海路	52	36.91	4	2003
营子河桥	日丹路	52	17.03	4	2003
北沿海路桥	陈家村	78	24	6	2000
北京路2号桥	北京路南段	24		3	2000

第二节　公共建筑

金代，日照县城即建有城池、县署、牌坊等。后因清康熙七年(1668年)地震和民国年间兵祸、匪患破坏，至1945年已所剩无几。

自1953年始，建设工商、文教、卫生等公共设施。主要有商业门市部、饭店、旅馆、澡塘、汽车站、医院、招待所、日照一中、大礼堂等，均为平房。1958年，在拓宽县城街道的同时，除建部分厂房外，还建起戏院(东关影院)、文化馆、展览馆、百货公司门市部等。60年代初，公共建设基本停止。“文化大革命”期间，建起县招待所一号楼、二号楼、五金公司营业楼、日照汽车站、水利局办公楼。

中共十一届三中全会后，公共建设步伐加快，并向高层楼房发展。所建楼房式样新颖，建筑质量明显提高。

城池

始建于金代，土城墙，设东、西二门，东门名“永安”，西门名“太平”。元代重修，周长1000米，城墙高6.6米。明代4次重修，扩展土城，设四门：东门名“永安”(未动)，西门名“振武”(向西扩建，原太平门缩进城内十字街)，新增南门名“朝阳”，北门名“拱极”。明万历年间，为防倭寇，将土城墙东半部改筑砖墙，设炮台4座。东门设瓮城重门。南、北两门外筑南、北两阁，势如重门外廊。城外挖护城壕。崇祯年间进行扩修加固，将城西半土墙砌成石墙，高8.6米、宽2.6米。城墙周长2000米，筑城楼4座、炮台8座、垛口1483个。清代曾7次重修，全部筑成石基砖墙，有炮台12座。日军侵占县城后，又建筑碉堡8座。1945年9月后，城墙、碉堡等渐被拆除。

县署

始建于金代，位于日照城东门里路北，经明代多次重修，形成规模可观的建筑群。路南建迎门照壁，路北为县署大门，坐落在五层台阶的石基上，门前筑“八”字形侧壁，一对青石狮分列两边。大门由四根木柱承架，重梁木檩，铺挂青瓦、重檐，檐下有雕刻着图案的木椽，显得庄重森严。大门里，筑门楼式砖石结构的“仪门”，经“箴石坊”至大堂。大堂是县署的主体建筑，面宽5间，进深4间，高约10米，为歇山重檐屋顶大跨度单层建筑。正面无墙，呈敞棚状。方石立柱、重梁、木笆作框架，由石基、砖墙、瓦顶筑成。屋脊两端装置“螭兽”，正中镶着“宝瓶”，檐下装饰赤红色雕云片的木椽。两山屋梢装置“螭兽”“狮子”等饰品。堂后设屏风门，直通二堂。再后为三堂，属内厅，厅后有花园，亦称“观花厅”，是大屋顶、出厦檐建筑，由明柱承重，设斗拱、木檐。花园西为知县宅。二堂左为东花厅，右为西花厅。大堂前两侧，筑有兵、刑、工、礼、户、吏六房共10间。大门内西侧设监狱，东隅建寅宾馆及申明、旌善二亭。东为常平仓，北为典史宅。抗日战争后，陆续拆除。

县学

又名儒学或学宫，为孔庙、学校合一机构。始建于元至正十一年(1351年)，址在县署西南隅。明代迁于东门外(今日照街道一小)。共有学田8.66公顷。清康熙七年(1668年)遭遇大地震，建筑大部坍塌。后虽经24次重建、修复，大部分建筑仍于民国时期毁坏，主殿于20世纪60年代初期拆除。

祠庙

旧县城有官修寺、庙、庵、祠计50余处。主要有左文庙(孔庙)、右武庙(关帝庙)以及三皇、城隍、镇武、财神、火神、千佛庙。祠有乡贤、名宦、节烈及冯公(即知县冯舜田)、吕公(即知县吕补衮)祠等。建筑雄伟壮观的首推孔庙，位于城东门外，为组群布局，分五进院。前有棂星门，门内分列东、西二石坊和东南隅的文昌阁，为一进；次为戟门，门内有偃月池(即泮池)及名宦、乡贤二祠，组成二进；再为大城门(左右设腋门)，门内设东、西两庑，正中大成殿，东北有启圣祠，为三进；殿后有明伦堂，为四进。堂后有尊经阁，为五进。清康熙七年(1668年)地震时，大部建筑震毁，后多次重修仍未复原。新中国成立后，大成殿、明伦堂、尊经阁尚存。县城其他规模较大可供观赏的寺庙建筑，有城西岭的关帝庙、城南的千佛阁、西门外的三皇庙等。20世纪50年代始渐次拆除。

牌坊

历代官宦，为留名传世，于县城街道路旁构筑牌坊。有金代的“进士坊”“状元坊”；明代的“绣衣坊”(为监察御史立)、“柱史坊”(为进士立)、“海岱文英坊”“贞同天地坊”“万古流芳坊”；清代的“四世一品坊”“信义全贞坊”等。“四世一品坊”位于现百货大楼西侧，新华书店和市中医院东侧，四座牌坊自南往北依次排开，蔚为壮观。新中国成立后，除“四世一品坊”外，均不存在。“文化大革命”期间，“四世一品坊”被推倒。

当铺

清光绪十五年(1889年)，由黄县客商在日照城(今海曲路北、正阳路西即原县招待所北院)，建造408间房屋开当铺。式样为上下两层，四梁八柱框架，青砖垒墙，青瓦盖顶。至20世纪70年代后拆除。

县中红楼

1926年，在奎峰书院旧址建楼1座，2层4间，青砖红瓦，木质地板。因在县城建筑中初次使用红瓦，群众称之为“红楼”。1984年建邮电大楼时拆除。

县大礼堂

坐落望海路南、正阳路东，现百货大楼广场。1956年春建，是新中国成立后全县第一座大跨度单层建筑，砖木结构，高10米，建筑面积1900平方米，座位1200个。20世纪80年代拆除。

日照戏院

后改名东关影院，位于县城东关大街、华阳路东，建于1958年7月。石木结构，大跨度单层建筑，设有舞台及847个座位，建筑面积1200平方米。20世纪90年代后停用。

汽车站

1976年建于日照南路西侧、长青街东，由大跨度单层建筑的候车室、票房、行李房及办公室等组成，建筑面积900平方米。1996年后多次改造、扩建。

日照电影院

1976年12月建于海曲西路南侧、日照路西侧。1978年7月交付使用。为“工”型钢混框架结构，多层次组合型。院门为二层楼房，观众厅为大跨度单层建筑，天棚采用新型船体式交错组成，既美观又防回音。地下设暗道通风，既调节厅内空气，又能减低回音。门前设影展玻璃画廊。总建筑面积4442平方米，观众厅设座位1596个。

县委办公楼

1978年建于金阳路西、望海路北交叉处。砖混结构，高3层，单面房间，水刷石墙面，混凝土地面。建筑面积1440平方米。20世纪90年代末拆除，改建为住宅小区。

区委、区政府办公楼

1985年建于海曲中路北、华阳路西(原县署旧址)。横排东、西两幢楼，中为庭院花坛，与大门相迎。楼高3层，每幢建筑面积为2400平方米。2000年，在原区委、区政府办公楼后，建设区政府综合办公大楼。当年3月奠基，12月交付使用。大楼主体7层，自室外地平以上总高25.65米，东

图 4-4　区政府办公大楼　　(摄于 2003 年 6 月)

西长 94.4 米，南北宽 18.4 ~ 15.8 米。总建筑面积 9630.5 平方米。

区直机关设施

1993 年建区时，区级机关和区直部门基础设施几近空白。区委、区政府统筹规划、重点投入，十几年时间里，机关、部门办公、居住等基础设施基本建起并不断完善。

2004 年东港区直机关基础设施建设情况统计表

表 4-3

单位	建筑名称	面积（平方米）	投资金额（万元）
区政府	档案楼	9630.5	1359.34
	附属设施	1160	170.53
	一生活区	27000	2295
	二生活区	48542	4368
	烟台路生活区	2996.54	290
	芙蓉生活区	7984	798
教育局	区直学校	217511	17709.3
	镇街道学校	280655	15137.1
	宿舍楼	3200	210
地税局	办公楼	2110	168.4
	宿舍楼	9554	818.3
国税局	办公楼	4800	494
	宿舍楼	7200	532
	三庄分局	569	43.96
劳动局	办公楼	3500	315
	宿舍楼	2175	145
公安局	办公楼	5000	560
	宿舍楼	15000	960
水产局	宿舍楼	1196	116
发展计划局	宿舍楼	2380	170
林业局	宿舍楼	2252	180
党校	综合楼	2398	208.5
丝绸公司	宿舍楼	3400	340
粮食局	办公楼	2500	180
畜牧局	宿舍楼	4370	405
国土资源局	办公楼	2300	230.5
	宿舍楼	4240	315.9

单位	建筑名称	面积（平方米）	投资金额（万元）
法院	办公楼	1820	182
	宿舍楼	10623	800
检察院	办公楼	4000	450
	宿舍楼	6235	501
水利局	办公楼	1500	93.4
	宿舍楼	3900	241
民政局	办公楼	1600	120
	宿舍楼	2900	260
公路局	办公楼	2230	340
交通局	办公楼	1500	122
	宿舍楼	2000	187
财政局	宿舍楼	6950	604
农机局	宿舍楼	1779	140
卫生局	门诊楼	5000	570
	区医院病房楼	7300	800
	扩建	12000	1500
	宿舍楼	6690	669
建设局	宿舍楼	6000	350
工商局	办公楼	1882	110
	宿舍楼	2490	190
计生委	办公楼	1450	177
	宿舍楼	2628	278
信用社	信合广场	31196	7000
	高兴信用社	1241	124
	河山信用社	1576	170

图 4-5　日照百货大楼　　　　(摄于 2007 年 10 月)

百货大楼

1983 年 5 月建于海曲中路北与正阳路交叉处，钢混框架结构，大跨度，高 4 层，建筑面积 2500 平方米。水刷石墙面，水磨石地面，阳面墙设商品展览玻璃橱窗。原址为日照百货大楼第二门市部。

日照商场

1986 年建成，位于东关北路。钢架跨度 12 米，玻璃钢瓦大棚，长 216 米，建筑面积 4300 平方米。

商业贸易中心楼

1986 年建于日照路西与海曲西路北。是由高 4 层的海曲百货商场楼、高 7 层的商贸宾馆、餐馆及理发店、浴池等组成的综合服务大楼。建筑总面积 4200 平方米。

人民商场楼

1986 年建于日照路东、海曲中路北。高 5 层，建筑面积 5310 平方米。构筑精致，风格新颖，与商贸中心楼分列大街东西，形成姊妹商场。2005 年重新装修改建。

中医院病房楼

原为市人民医院病房楼。1988 年建于望海路北、正阳路西，高 6 层，局部 7 层，建筑面积 8500 平方米。该楼集手术、治疗、办公于一体，为当时市内最大的病房楼。

太阳城市场

地处老城繁华商业区，位于正阳路东，西海路南，东关北路西，望海路北。1994 年 5 月动工，1995 年建成。占地 5.3 万平方米，设计总投资 1.12 亿元，总建筑面积 7.73 万平方米。为楼群框架结构，分内环、外环建筑，主体为 3 层，局部为 4 ～ 5 层。1 ～ 3 层用于经营，内设 1128 间店房，并设 10 个交易大厅，可容近 3000 个摊位。整个市场设四部客货两用电梯。南门外侧设 1 万平方米停车场。市场内部水电、暖、卫、消防设施配套，通讯、金融、饮食、起居、游乐等服务齐全，是一处集多功能于一体、规模较大、档次较高、批零兼营的综合性大市场。

区人民医院楼

1996 年 10 月，在营子河与望海路西北交界处开工建设。规划总占地面积 3.53 万平方米。1997 年，一期工程由区政府投资 5700 万元，建起 5000 平方米医院门诊楼，楼高 5 层；1999 年，投资 800 万元兴建 7300 平方米的病房楼，楼高 6 层；2003 年又投资 1500 万元扩建 13 层门诊楼，面积 2 万平方米。

区政府广场

为东港区中心广场。1996 年年初始建，11 月建成，规划占地面积近 1 万平方米。广场位于海曲中路南侧，北靠区委区政府办公楼。广场内建设有花架、观礼台、雕塑等设施。配以大面积草坪、花卉灌木，三季有花，四季长青，环境宜人，是群众开展文化、集会、娱乐活动的重要场所。

图 4-6　区政府广场一角　　　　(摄于 2004 年 9 月)

第三节　住房建设

新中国成立前，极少数财主富户拥有“四合院”，房屋用青砖、小瓦建成。多数民房为土石草房。新中国成立后，民房虽经多次改建，基本面貌仍然落后。20 世纪 80 年代始，逐渐改建为砖木结构瓦房。1985 年后，城区居民住宅向二层楼房发展，农村住宅多采用“遮阳厦”、玻璃门窗，质量有较大改善。进入 21 世纪，市区实施旧城改造，住房又向多层、高层现代楼宇发展。

图 4-8　城区商品房　（摄于 2007 年 8 月）

公有住房建设

1992 年年底统计，日照市(县级、地级)时期，85 个机关、企事业单位集体建设公房 8130 套、55.41 万平方米。

1993 年东港区建立时，全区区直机关、乡镇机关、企事业单位有 3927 套、19.17 万平方米公有住房。经过三年建设，全区公有住房增加到 9080 套、62 万平方米。1995 — 2000 年，对公有住房陆续进行了房改。

公房建设用地主要为国有划拨土地。机关、全额拨款事业单位的建设资金主要来源为财政拨款。企业、自收自支事业单位的建设资金主要依靠自筹。

商品楼建设

1985 — 1989 年，日照市建成兴海居民小区，为二层商品楼房。建区后，随着城市化进程加快和市民居住条件提高，城区商品房建设速度加快。先后建成林滩小区、芙蓉小区、昭阳小区、荣华小区、阳光花园、风景水岸、安泰水晶花园、城建花园、丽城花园、格林蓝天、利华小区等多处商品楼区。

进入 21 世纪，在城区商品楼房建设从多层向高层发展的同时，其价格也在由低向高不断攀升。

日照市城区商品楼房市场价格社会调查情况表

表 4-4　单位：元/平方米

年份	均价	年份	均价
1993	600	2003	2200
1997	800	2005	2500
2000	1200	2007	2800

图 4-7　教授花园　（摄于 2005 年 11 月）

经济适用住房建设

为解决城市中低收入家庭住房困难，日照市政府于 1996、1997、1998 和 2003 年先后制定、完善经济适用住房实施办法。2000 年 4 月，首期经济适用住房“荣华小区”建设工程开工。规划面积 22.6 万平方米，建设面积 21.48 万平方米，其中住宅面积 18.90 万平方米，解决城区 500 多户中低收入职工家庭住房困难。2003 年后，将每年计划建设经济适用住房用地出让的政府净收益金，专项用于经济适用住房市场化运作。实行“总量控制、严格审核、先购后补、阳光操作”。2003年，享受经济适用住房补贴的有565户，平均每户补贴52447元。2004年，经济适用房用户实行电脑选号，中号572户(其中13户被举报查实取消资格)，559户享受住房补贴。2005年，经济适用住房补贴户602户，平均每户补贴53918元。2006年，经济适用住房补贴户625户，补贴标准为每户54489元。2007年，经济适用住房补贴户666户，补贴标准为每户55941.40元。

图4-9　涛雒镇村民新住房　　(摄于2007年10月)

房地产开发

日照市城区的房地产开发起步于1993年。市政府将确立的房地产开发项目通过招标、拍卖或协议方式确定给房地产开发经营企业，由开发企业在依法取得使用权的国有土地上进行城市基础设施的房屋建设，并可转让房地产开发项目或者销售、出租商品房。最初进行房地产开发的企业有日照市城建开发公司、舒斯贝尔房产公司、海纳房产公司等。至2007年，全区共有房地产开发企业123家。其中，一级资质企业6家，二级资质企业40家，三级及以下资质企业77家。

2003—2007年东港区房地产开发竣工面积统计表

表4-5　　单位：元/平方米

年份	住房面积	公共建筑面积
2003	48212	2386
2004	204607	59895
2005	577813	93354
2006	664772	107320
2007	360842	40287
总计	1856246	303242

2003—2007年东港区房地产开发投资情况表

表4-6　　单位：万元

年份	投资金额
2003	15204
2004	19046
2005	211149
2006	243209
2007	257657
合计	746265

第四节　旧城改造

旧城改造

新中国成立前，日照县城房屋破烂，残垣断壁随处可见。新中国成立后的30年间，对主要街道整修拓宽，城区总体面貌有所改观。1993年建区后，按照“拆除一片旧房、建起一处商场、繁荣一条街道”的思路，以城区旧村(居)改造为重点，加快了旧城改造步伐。

1993年始，石臼街道率先实行村居自行改造。拆除房屋5.12万间，先后建成居民楼250多幢，总建筑面积110多万平方米。建成东方、明阳、宏达、文化、中盛、林海、阳光等20多处居民小区。1995年，拆除市内养殖场，建设机关生活区。1998年3月，东港区成立旧城改造指挥部。当年，共投资1.5亿元，完成旧房拆迁448户、2829间，面积6.45万平方米，绿化4万平方米，硬化道路7.9万平方米。同时，完成太阳城市场二期工程、万平口海滨旅游区一期工程、营子三角绿地等改造建设项目。1999年，又拆迁旧房3.43万平方米，完成改造面积17.38万平方米，建成商业服务设施18处。

2000年，旧城改造以海曲路南北两侧综合整治、老市委家属院(现区政府门前广场)拆建、日照茶叶批发市场建设、石臼马家庄和石臼路居委会(十一村)三大片拆迁为重点，全年完成投资1.6亿元，拆迁房屋8.1万平方米，开工建设商住设施22万平方米。建成区直第二生活区等一批亮点工程。同时，在日照路与海曲路交汇处规划建设华益广场。投资514万元，建成信合广场。

2001—2007年，旧城改造以河道治理为重点，投资5200万元，先后完成营子河、香店河改造、绿化工程。

城中村改造

1993年，东港区共有城中村121个。1998年，按照城市统一规划，启动城中村改造系统工程，改造措施不断增强，进度加快。首先，对秦楼街道营子村居进行重点改造。改造范围东起市直第一生活区，西至市劳动局住宅东生活路，南起海曲路，北至泰安路。至2007年，拆迁居民房屋4500余间，约8.1万平方米；企业8家，房屋269间；个体工商户57户，经营用房260间。至2003年1月，市区共完成房屋拆迁面积60万平方米，建筑面积126万平方米，完成绿化面积70.6万平方米，硬化面积40.1万平方米，总投资12.48亿元。2003—2006年，完成拆迁房屋24.64万平方米，开工建设75.6万平方米。先后建成许家楼安置小区、湖西头安置小区、东关南社区、海滨路社区等住宅小区。

图4-10　改造中的城中村，正在拆除的旧房　　(摄于2004年3月)

2007年，市区新一轮城中村改造工作启动，石臼街道万平社区、秦楼街道湖西头村、海滨二路社区等全面开工建设。

附：营子河治理

营子河是流经老城区的重要河流，也是市区主要泄洪、排污通道之一。2000年，为解决河道内污水横流，沿河路交通拥挤状况，东港区筹资对河道进行综合治理。整治总长为3250米。清理河道淤泥22万立方米，敷设污水管道3900米。同时，将排入营子河的污水收集引流至污水处理厂。先后建设拦河坝、橡皮坝14座，从罗家城子水库引水进河，形成清澈的水面景观。同时，改善交通状况，硬化河北侧道路，建设了望海路、日丹路两座跨河桥梁。铺设人行道7200平方米，安装路灯55组，建设滨河绿化带和街头绿地2万平方米。衬砌护坡5万平方米，铺设路沿石6500米，回填土方18万立方米，整修路面1.2万平方米，拆迁房屋154间。治理总投资1695万元。2001年4月竣工。

图4-11　治理后的营子河　　(摄于2007年5月)

第三章　公用事业

新中国成立前，境内公用设施极少。新中国成立后近40年间，在交通通讯、城市供电供水、环境绿化美化等基础设施建设方面，不断增加投入，取得长足进步，但整体水平不高。建立地级日照市并设立东港区后，城区公用事业基础建设快速发展。开通多条公交线路，完善城区环境卫生设施、供排水工程和供气供暖网络，使城市现代化水平和市民生活质量大幅度提高。

第一节　城区交通

民国年间，县城只有十几辆黄包车。新中国成立后，城区公交长期空白。1982年6月，县公共汽车公司成立，主要经营城市客运和小汽车出租。同年，开通石臼—日照—岚山客运线。

图4-12　20世纪80年代的日照县公交车

1985年后，将环行路线改为1路和2路两条公交行车路线。1989年，市公共汽车公司共有大客车12辆，出租小汽车2辆，全年运送旅客60万人次。另有个体户客车21辆，往返于石臼所、岚山头等地。至2007年，市区共有公交营运线路28条，公共汽车319台，均实行无人售票、电脑报站。全年行驶里程1900余万千米，客运量3550万人次。

线路与站点

1982年，开通石臼—日照—岚山公交线路，全长62千米。1987年，分为日照—石臼(1路线)和日照—岚山(2路线)。1989年下半年，日照至岚山线路停运。

1991年2月，开通日照—将帅沟线路，长9.5千米。1994年该线路停运。1997年3月开通2路公交线，全长10千米。同年6月开通日照汽车站—日照火车站—石臼办事处“凌云大厦”3路无人售票线，全长16千米，是市区第一条无人售票线路。8月开通市旧货市场—新市区—海景宾馆(第二海水浴场)6路无人售票线，全长28.5千米。1998年6月，开通石臼城区至新市区的5路公交线路，全长15千米。8月，开通日照电厂公交专线(8路线)，全长14千米。1999年，开通长途汽车站到第三海水浴场10路无人售票线，全长36千米。2000年4月，开通日照酒厂至新营小学9路无人售票线，全程27千米。2001年3月开通长途汽车站到美佳食品城的12路无人售票线，路线全长28千米。开通大孙家村至市车管所11路无人售票线，后该线路停运。2002年5月，开通长途汽车站至市直第二生活小区“阳光花园”7路无人售票线，全长23千米。同年8月开通由大学科技园生活区至火车站11路无人售票线，线路全长15千米。同时开通大学科技园生活区至万平口生态公园的13路无人售票线，全长9千米。2003年2月，开通长途汽车站至友谊商店14路无人售票线，全长14.5千米，同月，开通由将帅沟开往长途汽车站15路无人售票线，全长7.4千米。至2007年，共开通公交线路28条，线路全长774千米。

图4-13　新型公交车　　(摄于2007年11月)

场站建设

1983年，投资12万元，在市公共汽车公司驻地建成面积5090.4平方米的车辆保养场。1987年6月，投资4.4万元，在石臼火车站处建成面积3266平方米市公共汽车公司石臼停车场。

1990年，在海曲公园、长途汽车站、港务局等

图4-14　公交候车亭　　(摄于2004年2月)

处建设站棚12个。1995年，建成城西加油站停车场、新市区停车场。1997年，在高家村处，建成高家村加油站停车场。1998年，建成万平口停车场。

2002年，建成万平口首末站。济南路、泰安路建成港湾式停车岛66个。建设新式候车亭22个。2003—2007年，在海曲路建设新式内打光三面站牌70个。

第二节　城区环卫

新中国成立前，县城内无公用卫生设施，无固定厕所。集市和人多的地方，常在墙角用庄稼秸秆或其他植物秸秆围作公厕，卫生、文明状况极差。

新中国成立后，通过开展爱国卫生运动，扫除垃圾，清除蚊蝇孳生地，卫生条件逐渐好转。1978年，城关始建肥料场，由30余人负责城区厕所粪便清掏，另有6人清扫海曲中路西段和菜市场。1985年，城区建立公共厕所3座，由专人管理。1987年，又建公厕7座，其中水冲式1座。1989年，日照城关、石臼城区建立水冲式公共厕所11座，垃圾箱、卫生(果皮)箱147个。新建垃圾粪便处理场1处，日处理粪便30吨，城区内50%的垃圾粪便得到处理。2004年，市区改建、新建水冲式公厕100座。

1979年前，城区垃圾清运主要靠小推车、地排车。1979年，城关镇肥料场有地排车30辆，8.8千瓦拖拉机2台。1985年10月，环境卫生管理所成立，正式职工5人，临时工64人，负责城区六条主次干道清扫。1988年，有马路清扫机1台，机械车辆5台，人力保洁车4辆，人力清运粪便车30辆，对市区垃圾实行统管统运。1988年，保洁范围扩大：日照城关区域，北到一中，南到酒厂，西到化工厂，东到第一加油站；石臼区域，南、东到海边，西到建筑公司预制厂，北到火车站。1989年，配备清洁工137名，负责街道清扫和公共厕所清理，购置解放牌自卸垃圾车3台、洒水车1台、吸粪车1台、工具车1台、拖拉机2台。1990年，成立市环卫处，负责老城区和石臼保洁工作。

至2007年，市区有环卫基础设施(包括垃圾粪便无害化处理厂)1座，占地2万平方米，建有化粪池1座，粪便发酵池2座，日处理能力5吨，粪便无害化处理率100%；中型压缩式垃圾转运站1座，占地0.12公顷，采用环保型双压缩机组，将生活垃圾压缩后封闭运往垃圾处理厂，日压缩处理能力200吨；小型垃圾中转站27座，城区主次干道放置复合材料垃圾桶2530个，村居放置铁制垃圾方箱600个。

图4-15　生活垃圾集中处理　(摄于2003年6月)

第三节　城区供水、排水

城区供水

新中国成立前，县城用水全靠提取井水。明清时计有古井30余眼。水质可供人饮用的只有花园井(八村)、马蹄井、镇武庙井(三村)、准提庵井(十村)、小井(十二村)。

新中国成立后，县城机关、学校、工厂等单位大都自建普通井、大口井和机井。20世纪70年代，居民始用压水井。1977年10月，成立县供水站，在城后营子河下游建大口井做水源池，将水提汲到城西岭600立方米高位蓄水池为用户供水。1978年，县自来水公司成立，设供水站2处，建高位蓄水池，铺主管道1.5千米，利用营子河边大口井水源，向县直机关、部队、工厂、学校供水，供水能力为0.14万立方米/日，用水人口不足

图4-16　奎山水厂　(摄于2003年11月)

3000人。1979年，利用鹅庄大口井水源供水，增设鹅庄至县城输水管道(直径300～400毫米)，长6.5千米。至1986年，安装供水管道总长110.3千米，供水单位238个，供水村19个，供水普及率为73%。1987年，投资120余万元，兴建日照水厂、改造鹅庄至日照输水管道及市区配水管网。1999年，建成大沙洼水厂、奎山水厂。2003年建成河套供水站、刘家湾水厂。

至2007年，有供水厂站14处，拥有各种机泵50台，装机总容量5651千瓦，蓄水池8座，容量2.74万立方米，水井48眼(其中涌水井24眼，集水井6眼，河间井18眼)。日供水能力20万立方米，日平均实际供水量10.7万立方米，全年供水总量3904万立方米。供水管道总长258千米，用水人口23.6万人，市区供水普及率98.9%。

市区排水

新中国成立前无排水管理，污泥浊水任其漫流。

新中国成立后，通过修街、挖河，排水系统有所改善。20世纪80年代中期，大都改建为暗渠，雨污合流。至2000年，共建有雨污合流管道92.77千米。此后，市区道路新建排水管道多采用雨污分流的方式，道路建设中同步修设雨、污排水管道，每隔20～30米设一检查井。随着市区经济社会快速发展，排水设施也力求永久、方便和坚固。管道口径由300毫米发展到600～1200毫米，部分路段管径为1600毫米。

至2007年，市区共建成排水管道163.63千米，其中雨污分流41.49千米，雨水管道23.96千米，初步建立起比较完善的城市排水系统。

2004年东港区城市排水河道情况表

表4-7

河道名称	干流长度(千米)	流域面积(公顷)
傅疃河	61	106747.75
营子河	8.8	1354.35
后楼河	11	1072.07
沙墩河	16.6	5093.09
香店河	9.4	2380.38
崮　河	26	15983.98

第四节　城区照明

1923年，启明电灯有限公司在石臼所发电，为几家船行和较大商号照明供电。3年后，因经营亏损停业。此后至1949年新中国成立时，境内无电可用。

1958年，灯塔发电厂建成发电，供县直机关和部队营房照明。1968年电厂扩建，县城内街道照明曾利用高压线杆设马路弯灯11盏。1978年始，架设照明专用线杆。1986年3月，成立日照市路灯管理所，路灯数量、光型、灯型等有明显进步。地级日照市与东港区建立后，路灯建设发展迅速。光源由单一白炽灯增加为高压汞灯、高压钠灯和节能灯等多种。灯型由原来单调的琵琶式增加为玉兰式、圆球式、水汇式等数十种，城区安装路灯1.19万盏。路灯亮灯率和设备完好率分别为98%和95%以上。至2007年，市区泰安路、市人民广场、海曲东路、北京路等路灯建设实现一路一式，路灯灯型新颖别致。

图4-17　北京路夜景　(摄于2000年)

第五节　城区绿化与园林建设

城区绿化与管理

明、清及民国年间，县城居民惯在住宅周边植树，相沿成习。明代建有南花园(坊郭里举人申安营建，在南门外)、申家林(在西岭)，民国年间营建中山纪念林(在东门外)等。

新中国成立后，城区干部群众每年初春植树造林，绿化县城。1958年春始，机关、工厂、学校等单位分工分片，在县城主要街道栽植法桐、合欢、白杨、垂柳等树木。1985年后，按照城市绿化要求，对街道、巷道、庭院、宅旁、公路、铁路分工分类进行绿化。街道绿化由园林管理处负责，分别栽植行道树，建设草坪和街心花园等。巷道、庭院、宅旁绿化由各住户负责。公路、铁路两旁绿化，由公路、铁路管理部门负责。1986年6月，市园林管理处成立，主要承担城市绿化规划设计、建设、养护管理、公园景点开发建设经营及苗木生产、科研等工作。同时，担负城市绿化执法、绿化行业管理等职责。

图 4-18　市区公共绿化　(摄于2003年9月)

1989年，城区街道已绿化17条，全长41千米。植乔木4.6万株，灌木2.5万株。植物品种有垂柳、水杉、黑松、樱花、悬铃木、大叶女贞、百日红、白玉兰等10余种。全市建园林绿地318公顷，绿地覆盖率由1984年的19%增到27%，人均占有公共绿地由0.8平方米增加到3平方米。

建区后，按照生态建市要求，全区积极参与城市绿化。至2007年，城市建成区公共绿地总面积677.98公顷，人均公共绿地面积16.89平方米。利用全民义务植树和社会捐资建绿形式，重点对河山、丝山、奎山、沿海、沿河、铁路、公路等处进行环境绿化，初步形成点线面结合、乔灌花搭配的大绿化格局。

公园绿地、景观湖、广场建设

海曲公园　位于海曲中路南侧、公园路东侧，始建于1986年。总面积20公顷，内设儿童游乐、老年活动、水景、动物园等景区，是当时日照市唯

图 4-19　海曲公园一角　(摄于2007年8月)

一的集休闲、娱乐、动物观赏于一体的综合性公园。

银河公园　位于济南路南侧，烟台路西侧，2000年建设。总占地面积40公顷，其中陆地面积28公顷，水域面积12公顷。是市区面积最大、功能最全、景点最为集中的开放式公园。

图 4-20　银河公园　(摄于2006年10月)

植物园　位于青岛路东侧，海曲东路北侧，东与万平口海滨景区相连。总占地面积25公顷。

图 4-21　植物园一角　(摄于2006年5月)

是科普教育与游览功能兼备的开放式公园。1996年始建，至2007年，共栽植各类乔灌木40余万株，160余个品种。

万平口海滨生态公园 位于北沿海路东侧，海曲东路终点。始建于2002年，占地面积8.01公顷。公园建设突出生态、海洋主题。设计有生态广场和太阳广场，以绿化为主，采用自然化手法，形成整体生态背景，穿插功能性小建筑。

碧霞湖 位于北京路西侧，济南路南侧，总面积13.2公顷。1999年在废弃的采石场上建设而成。设有蘑菇亭、园亭、拱桥等设施，铺设草坪和模纹图案，绿化树种以雪松、黑松、楸树、石榴、桂花为主。

图4-22 碧霞湖 (摄于2006年10月)

七彩湖 位于海曲东路和北京路交叉处。始建于1999年，总面积7.5公顷，其中水域面积4.3公顷，利用废弃采石塘建设而成。绿地随地势起伏，景观自然、随意、明朗。

市人民广场 1996年建成，规划总面积50公顷。分南广场、中广场、北广场、扇形绿地四大格局。是休闲、集会、绿化、停车等功能兼备的市区最大的广场。

第六节 城区供气

液化气

1988年市煤气公司建立，有液化储罐6座，储气能力375立方米。至2004年，建设液化气管线70千米，液化气管道供气户5000余户。市区共有液化气经营企业12家，天然气经营企业1家，燃气行业从业人员500余人。城市用气人口27.41万人，年供气量1586万立方米。

天然气

2002年9月，天然气管网工程一期开工，建设投资8000万元，供气规模3万户，年供气量1000万立方米。到2007年，已完成投资1.85亿元，敷设天然气中压管线300多千米，发展天然气管道供气小区158个，开发天然气用户4.1万余户。

2007年日照市区燃气公司(站)经营规模状况表

表4-8

公司(站)名称	供气能力(吨)	年供量(吨)	公司(站)名称	供气能力(吨)	年供量(吨)
市煤气公司	6000	2500	公路局液化气站	2000	600
海港液化气公司	6000	3600	万杰液化气站	2000	300
开源液化气有限公司	3000	1000	昭阳液化气站	3000	800
丝山液化气站	1000	600	胜利油田石化产品销售中心	2500	1000
日东液化气站	1500	200	东海峪液化气站	1500	200
日照街道液化气站	1500	400	新奥燃气有限公司	8000	1500
西环路液化气站	3000	300			

说明：1吨燃气折合1379立方米

第七节 城区供暖

1991年前，日照市区无城市集中供热系统。冬季取暖，由各单位自烧锅炉解决。1996年9月，建设第一供热站。首供单位为市级综合办公大楼。2000年和2003年又建成第二、第三供热站，设14兆瓦的热水锅炉3台，20吨/小时和35吨/

小时蒸汽锅炉各1台，供热管网22千米，供热能力200万平方米，供热面积120万平方米。至2007年，市区有供热企业3家，从业人员742人，总供热面积440万平方米。

2007年日照市区供热企业情况表

表4-9

供热单位	供热锅炉（台）	供热能力（吨/小时）	供热面积（万平方米）	供热管网（千米）
日照市新市区供热中心	6	200	120	22
日照市东方热电有限公司	3	135	120	25
日照市阳光热电有限公司	3	100	200	10

第四章　镇村建设

新中国成立前，镇村建设基本处于无序状态。新中国成立后，镇村建设步伐逐步加快。乡镇驻地建有政府机关、企事业单位办公设施和学校、医院、邮电所、广播站等社会服务机构。20世纪70年代末，境内县乡公路全面开通，农村建房开始统一规划。居民建设住房的用地面积及房屋的宽窄、高矮、样式等，由村集体统一规定。80年代中期，乡镇建设按规划进行。建区后，小城镇建设速度加快，2007年开展“百镇千村”建设活动，镇容村貌大为改观。

第一节　镇驻地建设

新中国成立前，境内多数乡镇驻地房简屋陋，街巷窄小。石臼所、涛雒等乡镇驻地，因商业比较集中，商店门面多为砖墙瓦房。

新中国成立后，各乡镇驻地建起中学、卫生院、银行营业点、邮电所和一些工矿企业，面貌有了改变。20世纪70年代始，各乡镇驻地主要街道裁弯取直，拓宽整平。改革开放后，镇村经济繁荣。镇驻地建设按照统一规划，突出时代特色，呈现崭新局面。

1985年，开始编制乡镇建设规划，本着“有利生产、方便居民、改善环境、发展乡镇公共事业”的方针，乡镇驻地拓宽街路，兴建学校和医院。经过几年建设，各乡镇驻地基本上达到街道拓宽，建筑整齐，水电路畅通，初具新型集镇规模。

1994年年初，区政府印发《关于加快小城镇建设的意见》，编制《东港区城镇体系规划》。同时，对小城镇建设管理体制、投融资体制、用地管理制度进行改革，规范了小城镇建设行为。按照“紧凑、合理、适用、安全”和节约用地的原则，拆除主要街区道路两侧平房，改建为楼房。

1994年始，各镇驻地逐年提高公共设施建设水平。至2007年，全区镇驻地公共建筑总面积128.67万平方米，生产性建筑总面积141.92万平方米。自来水年供水总量291万立方米，用水人口8.04万人。驻地安装路灯2674盏。涛雒、两城等镇驻地率先建起街心公园，面积共14公顷。

图4-23　街心公园　（摄于2006年9月）

各镇绿化覆盖面积250公顷。镇驻地建有公共厕所166座，其中水冲式厕所18座。有环卫机械用车21辆，街区道路专职环卫人员85名。

2003年，全区突出整治小城镇“脏、乱、差”现象，镇容镇貌得到较大改善。2004年，督促任务单位与市区环卫部门签订“门外三包”(包卫生、包绿化、包秩序)卫生责任服务合同，有效治理镇驻地环境。2005年，全年组织大型综合整治活动8次。2006年，按市、区下达的环境综合整治要求，重点对204国道沿线村镇环境进行综合整治。

至2007年，全区新规划建设乡镇街心(街头)公园63个，绿化面积123公顷，人均公共绿地面积8.53平方米。镇驻地均实现“四通”(通道路、通自来水、通电话、通电)和“四化”(绿化、美化、净化、亮化)。

第二节　村庄建设

旧村改造

新中国成立后，农民居住条件逐步改善。1964年，以涛雒公社右所、平家村为试点村，推动全县乡村建设。1966年后，受“文化大革命”冲击，村庄改造基本停止。

中共十一届三中全会后，村庄建设加快发展。1979年，境内建房用地标准始行统一规划。1982年2月，县政府设立农房建设办公室。1984年改称县建委乡村建设科。各乡镇也相继成立建设管理机构。随后，确定城关镇烟墩岭村、丝山乡双庙、高家村及西湖乡马安村作为农房规划建设试点。1986年，全市24.55万农户中有19.8万户建起新房，占总农户的80.8%，建房110.475万间，建筑总面积1657.125万平方米，人均16.8平方米，比新中国成立前人均面积增长一倍多。651个村按照规划，完成旧村改造。其中，10个村迁址新建。

90年代后，日照城市经济迅速发展，东港区农村劳动力进城务工人员随之增多，西部山区乡村青壮年尤为活跃。他们早上进城务工，傍晚归家食宿。农忙时节，投身农田，抢种抢收。进入21世纪，一大批进城务工经商的农民在城里购房定居。因此，部分村庄破旧老房由老辈留守，不再翻盖更新。2005年后，部分镇在旧村改造中试行盖老年住房、“合村腾地”等办法，逐步解决“闲宅空院”问题。

图4-24　西湖镇农村新住房　(摄于2007年9月)

新农村建设

20世纪80年代末，农村始建楼房。1989年，境内各镇、村共建办公楼38座，建筑面积2.26万平方米。镇、村办企业生产楼13幢，建筑面积7883平方米。影剧院8座，建筑面积1.19万平方米。石臼、两城、河山、尹家河、日照等乡镇(街道)，有9个村建起办公楼，建筑面积5310平方米。境内有812户农民建起住宅楼，建筑面积8.32万平方米。此外，有1065个村通电，用电户达97%，有248个村安上路灯；有240个村兴办自来水，4.72万户用上自来水。

90年代初，村民拆草屋建瓦房的达70%以上。2000年后，部分村庄整砌沿街排水沟，安装路灯。街区道路两侧栽植芙蓉、法桐、女贞等苗木。对池塘进行改造，建设村庄公园、绿地，作为休闲场所。同时，出现二层别墅、三层小楼等新式住宅。东部沿海地区还翻建大批经济实用的旅游住房。涛雒镇刘家湾等村在“赶海园”建设中，拆迁旧村舍，村民全部搬进2～3层新楼房。

2007年，结合全省开展的“百镇千村”建设活动，采取“试点先行、典型引路、以点带面、逐步推进”的办法，确立3个镇和60余个不同类型的村庄作为省、市、区三级整治试点，实行政策、资金、技术扶持措施，加快村镇环境综合治理。其中，省级村庄整治试点村涛雒镇下元一村，实施村庄整体搬迁，建成149幢二层楼房和48处平房，腾空土地93.33公顷，成为全市村庄整治工作的典型。涛雒镇丁家营子村对村前废旧坑塘进行改造，将昔日卫生死角建成村民购物、休闲活动场所，成为新农村建设亮点。

至2007年，村庄建设累计投资6521.50万元。新修村镇道路111千米，有450多个村建起文明街，320多个村安装路灯3300余盏。全区农村人均居住面积35.95平方米。村庄公共建筑面积和生产性建筑面积分别为88.59万平方米和63.40万平方米。全区共有自来水受益村479个。全区先后有5个镇(街道)、36个村庄被省、市评为"村镇建设新型乡镇"和"村庄建设明星村"，东港区被表彰为全省城乡环境综合整治先进区。

2007年东港区社会主义新农村建设先期试点单位

表4-10

镇(街道)	村　庄
日照街道	后楼、小莲村、大香店、小古城
秦楼街道	乔家墩子、后滩西、前团岭
涛雒镇	丁家营子、下元一村、大草坡村、东南营、马家村、刘家湾、孙家村、涛雒五村
两城镇	王家滩(一村、二村)、小北庄、泉子沟、普车沟、安家村一村
河山镇	河山店、申家坡、林前、黄家屯
南湖镇	西沈马庄、南湖二村、万家坪、南湖一村、大长汪崖村
陈疃镇	东陈疃、西陈疃二村、西陈疃三村
西湖镇	大花崖、竖旗岭、南乐台、马安、小花崖、瞻埠潭、北娄、陈家庄
三庄镇	大王家寨村、三庄一村、范家楼村

第五章　城区建设管理

明清时代，县署设工房，管理建设事宜。较大的营建工程多由知县主管。民国初年，基本建设工程由县劝业所管理。1923年，劝业所改称实业局。1928年，始称建设局。1933年，基本建设属县政府第三科主管。

新中国成立后，建设事宜由县人民政府建设科管理。1955年2月，由县计划委员会分管。1975年12月，成立县革命委员会基本建设局，刘升杰任局长。1980年7月，称基本建设委员会，刘克银任主任。1984年5月，改称城乡建设委员会。1985年5月撤县建市时，仍称城乡建设委员会，李茂须任主任。1989年升格地级市后，续称城乡建设委员会，为正处级单位，咎龙亮、王均生先后任主任。

1993年6月，设东港区城乡建设环保委员会，为正科级单位，陈国祥任主任。同年11月，更名为东港区城乡建设委员会。内设办公室、政工科、计财科、工程管理科、规划科、建设科。2002年7月，改称东港区城乡建设局，高月光、辛本胜、崔社勇、李海峰先后任局长。下设办公室、规划建设科、工程管理科和城乡规划建筑设计院、房管处、质监站、市政处、测绘院、城建中队、房改办。1994年7月，东港区城乡建设勘察测绘院成立，隶属东港区城乡建设局。东港区城乡建设局自成立后，主要负责城区以外的规划、建设管理，区境内房地产的登记、测绘评估、房产产籍和商品房预销售，以及境内城市环境卫生管理等工作。

第一节　规划建设管理

境内城区建设实行统一规划管理，始于中共

十一届三中全会后。1981年，作出城市建设总体规划。分为近期五年至十年(1981—1990)，远期二十年(至2000年)。规划管理由城建部门负责；建房用地由政府审批，土地管理部门具体办理。1985年7月，《日照市城市规划建设管理规定(试行)》公布实施。

1993年6月，东港区城乡建设环保委员会成立规划建设科，负责城市建成区以外的规划、建设管理工作。1997年，成立东港区城乡监察中队，负责东港区规划区以外违法建筑物的监察监督。城区的规划建设由市建委规划局负责组织实施，并依法进行管理和监督检查。1999年8月，《日照市城市规划管理规定》公布实施，东港区参照执行。

2002年，日照市理顺规划区内的规划管理体制，实行城市规划建设管理"四统一"，即统一规划管理，统一核发证书，统一资料管理，统一规划执法监察。同时，成立由公务人员、有关专家和社会各界代表组成的城市规划委员会，实行公众参与、专家评审、政府决策三位一体的规划审批机制。

第二节　房地产管理

新中国成立前，对房地产的管理仅限于课税。20世纪50年代初始，房地产由民政、财政部门负责管理。1986年，市政府设立土地管理局和房地产管理所等房地产专管部门。1990年，市房地产管理所改为市房地产管理处。在日照城、石臼所分设房地产交易监理所。1992年2月，成立市城市房屋拆迁办公室。1993年，东港区房地产管理处成立，主要负责区境内房屋权属登记、房产测绘、房产产籍和商品房预销售管理等工作。

房产管理

新中国成立后至1993年7月前，机关、企事业单位基本实行集体建房，然后分给干部、职工居住的办法解决住房问题。同时，视情况收取部分房租或无偿使用。1993年，日照市人民政府印发《日照市提高公有住房租金暂行办法》，规定自当年7月1日起，公有住房每平方米标准租金为0.32元。同时规定1992年新建砖混结构的楼房与平房，每平方米建筑面积最低售价分别为120元和80元。当年全区实施提租的单位共183个，承租3927户，承租面积19.17万平方米。此后至1998年，又连续4次提高公有住房租金。

按照政策规定，至1993年年底对全区464套、3.48万平方米公有住房进行了房改、发证。1994年，日照市政府再次制定房改政策，规定1994年砖混结构的成套新建楼房住宅，售房标准价为每平方米建筑面积433元。全区对954套、7.6万平方米公有住房进行房改、发证。

1997年，按照日照市政府文件规定，新建住房的房改成本价为每平方米建筑面积660元。对全区3600套、28.8万平方米公有住房进行房改、发证。

1993—2003年东港区公有住房提租标准情况表

表4-11

文号	执行时间	租金标准
日政发〔1993〕79号	1993年7月1日至1994年6月31日	0.32元/平方米
日政发〔1994〕44号	1994年7月1日至1997年6月31日	0.90元/平方米
日政发〔1997〕153号	1997年7月1日至1998年9月31日	1.15元/平方米
日政发〔1998〕131号	1998年10月1日至1998年12月31日	1.60元/平方米
日房委发〔1998〕10号	1999年1月1日至2003年7月1日	2.00元/平方米

农村私有住房实行确权管理始于1994年。按照政策规定，村民办理私房确权发证，分别经所在村村民委员会、当地镇(街道)规划站同意，向东港区房地产管理处提出申请，经审查核准后，办理登记确权并发证。私房用地按政策规定和规划要求，经土地主管部门审批确定。1994年，全区对2.6万套私有住房进行确权。其后，分期分批进行审批确权、发证。至2007年，全区农村私房

确权、发证5.6万套。

房产评估管理

2003年，区房管处购置测距仪用于房产测绘，提高房产评估准确度。房产档案实现微机化管理。2004年，对所有档案整理、造册、入档，实现机档合一。至2007年，区房管处办理房产登记发证8.3万份；办理房屋交易1800宗，交易额60亿元；办理评估业务6600起，评估额50亿元；办理抵押业务1800宗，抵押额35亿元。

第三节　环境卫生管理

1985年10月，日照市环境卫生管理所成立。境内城市环境卫生管理工作自此开始。1990年，改为环境卫生管理处。

1993年东港区设立后，境内的城市环境卫生工作依照管理区域划分，分别由市环卫处、东港区、日照经济技术开发区、山海天旅游度假区负责。环卫队伍实行事企分开，按照企业化管理模式，实行市场化运作。进入21世纪，东港区不断增加投入，建立智能化环卫管理体系，使用GPS定位系统和重量传感进行作业动态监控。利用有线和无线视频进行车辆违规取证和污染处理应急指挥，实现了数据自动采集、动态实时监控、异动报警提醒，有效地提高了环卫科学管理水平。2007年始，理顺区、镇(街道)、村居三级卫生管理体系，建设8处区域生活垃圾压缩中转站，安装9套垃圾压缩设备，购置了转运车、吸污车等专用车辆。同时，为1581个村庄统一购置移动式垃圾运输箱，实行生活垃圾定点收集、集中清运、统一处理。

第六章　建筑业

第一节　建筑勘测

境内建筑勘察测绘工作始于新中国成立后，由水利工程部门负责。1976年，测绘工作改由建设局负责。1990年5月，市测绘管理处成立。1991年4月，更名为市勘查测绘管理处。1992年2月，设立市城乡建设勘查测绘院，丙级资质，同市勘查测绘管理处合署办公。

1994年7月，东港区城乡建设勘察测绘院成立，隶属区城乡建设委员会。2007年，区测绘院下设数字化制图室、综合技术开发室、资料室、测量队等专业部门。拥有先进的测绘设备和制图技术，主要从事控制测量、地形测量、水利工程测量、市政工程测量、建筑工程测量、线路管道测量、城镇规划定线与拨地测量、地籍测绘及房产测绘等。

第二节　建筑设计

20世纪80年代前，境内无专业建筑设计机构。小型、简单的建筑工程，多由施工单位自行设计后，与建设单位商定。重大工程，由建设单位请上级有关部门设计。1982年6月，县建筑设计室成立。1986年10月，市政管理局成立规划设计室，有设计人员12人。1989年，设计人员增加到20人，设计项目有水电建筑、水暖、电气、供排水、预算等。

1993年12月，东港区城乡规划建筑设计院成立，隶属东港区城乡建设委员会。是集规划、建筑、监理、咨询于一体的综合性乙级院。2004年，设计院有各类专业技术人员57人。其中，国家注册建筑师2名，国家一级注册结构师3名，国家二级注册建筑师2名，国家注册规划师2名，国家注册监理、造价师15名。拥有国内最先进的PPS规划软件，APM建筑软件，PKPM系列结构软件，GPS、EES配套设备软件和STS钢结构及效果图设计创作软件。2004年2月，设计院通过ISO9001—2000质量体系认证，成为全市率先通过国际质量认证的建筑设计院。先后对曲师大日照学院校园景观、丁肇中祖居、济宁医学院生活区、日照市工行东港支行综合楼、国家森林公园、开发区农村信用社、姜太公纪念馆、“齐鲁新农居”住宅建筑等项目进行规划设计。2002年，在全省村镇建筑设计方案大赛中获得两个三等奖，成为全市唯一获奖单位。至2007年，设计院先后获得建设部、省、市设计、科技竞赛大奖70项。

附：典型建筑介绍

日照灯塔　原名石臼灯塔，位于黄海一路东端，临海而立。是日照港的配套工程之一，主要为进出日照港的船舶引航。于1985年5月11日开工建设，同年9月3日竣工。灯塔建筑面积197.07平方米，高32米，直径2米。塔身为黑白横纹相间的钢筋混凝土结构。1992年，改名为日照灯塔。2005年3月，日照市政府对灯塔外观进行改造，由原来的黑白横纹相间改为通体白色。

图4-25　日照灯塔　(摄于2007年8月)

第三节　建筑施工

建筑企业

1956年，城关组织起第一个建筑合作社，入社工匠52名，属县手工业联社管理。1959年1月，成立县建筑公司(国营)，分3个施工队。1960年，县建筑合作社成立(县营集体)，分7个施工队，下管各公社建筑队。城关、石臼、涛雒、碑廓、巨峰、高兴、马庄、西湖、南湖、奎山等10个区相继组建建筑队。1974年，县建筑合作社改为县建筑工程公司。1975年，县基本建设局成立，统管建筑企业。1982年，城关、石臼、涛雒、碑廓、巨峰、马庄、高兴、奎山、西湖、南湖等公社建筑队先后发展为建筑公司。1984年，建筑业实行改革，进入新的发展阶段。1988年3月，市建筑工程公司调整下属机构，设土建第一、二、三、四工程处和安装工程处、装饰工程处、预制构件厂、木材加工厂和建筑材料测试中心。

1989年，为深化建筑业改革，加强建筑业管理，保证工程质量及维护企业合法权益和建筑市场秩序，依据国家、省的管理条例和办法，经省、市建委企业资质等级审查领导小组审核批准，日照市对建筑安装企业进行资质审查定级。撤销不符合条件的建筑企业24家。通过资质审查，定级企业94家。其中，三级企业10家，四级企业25家，五级企业59家(均为村办)。

东港区建筑、安装企业有二级以上企业3家，三级及三级以下企业118家。

2007年，东港区城乡建设局管理的施工企业有14家。分别是：日照市东港区西湖建筑有限公司、日照市利华建筑有限公司、日照市展业建筑工程有限公司、日照市赛福特建筑工程有限公司、日照市顺安建筑工程有限公司、日照市恒春建筑工程有限责任公司、日照市东港区涛雒振兴建筑工程公司、日照市丰泰建筑安装工程公司、日照市利发建筑工程公司、日照市华天建筑工程有限公司、日照市昌华建筑工程有限公司、日照市南湖建筑工程有限公司、日照市涛雒建筑工程公司、东港区涛雒聚鑫建筑公司。其中，二级企业3家、三级企业8家。

建筑队伍

境内新中国成立前无专业建筑队伍，从事建筑的人员都是民间工匠。新中国成立后，随着建筑业的兴起及建筑企业的组建，建筑队伍不断扩大。1959年，县建筑公司有施工人员100人。1960年为640人。10个公社建筑队有职工428人。1974年，21个公社建筑队共有人员1265人。到1989年，全市建筑职工3.25万人。

2007年，东港区拥有建筑职工2.3万人。其中，工程技术人员3293人，初、高中以上文化程度的占90%以上。按技术和工艺，分为瓦工、抹灰工、木工、钢筋、电焊、混凝土、油漆、安装、机械等十大工种类别。

建筑设备

20世纪60年代前，一直沿用落后的传统建筑工具。泥瓦匠仅有手锤、瓦刀、泥板、线板。木工则用锛、凿、斧、锯、刨等工具。1974年，县建筑公司始置井字架，后又增添卷扬机、沙浆机等小型机械。80年代，随着建筑业的发展，建筑企业机械设备迅速增加。骨干企业不仅配备大型施工机械，还增加后方服务机械设施。村办建筑企业机械装备也逐步完善。1989年，市建筑公司和日照、石臼3家三级企业的机械设备，净值达774.33万元。其中，市建筑工程公司主要施工设备有：井架式塔式起重机、混凝土搅拌机、沙浆搅拌机、麻刀搅拌机、钢筋弯曲机和切断机、钢筋调直机、万能试压机、打夯机、平面刨、带锯、电焊机、万向摇臂钻、牛头刨、水磨机等。1999年起，境内强制淘汰井架式塔式起重机，使用标准节塔式回转起重机、附着式塔式起重机和液压自升式塔式起重机。

施工技术

20世纪六七十年代前，建筑平房多采用以素土夯实或以天然岩石为地基。80年代起，采用泥沙浆或混合砂浆筑条形石基础，后采用毛石混凝土或钢筋混凝土杯型基础。90年代起，主要采用钢筋混凝土基础类型。2002年市区混凝土搅拌站建成投产，从上料、电子计量、搅拌、出料、运输全部实现机械化。

80年代起，楼房开始大量采用预制钢筋混凝土空心板和现浇钢筋混凝土楼板。80年代末到90年代初，开始使用钢网架结构。楼顶防水也从早期的青瓦面防水，到后来三油两毡(热作法)防水，再到SBS涂料防水。进入21世纪，楼面防水涂料直接用在找平层上(冷作法)防水。

施工管理

20世纪60年代，施工管理多采取施工单位与建设单位共同管理。70年代，多是建设单位筹料，施工单位包工承建。80年代，建筑业实行改革，由建委与建设单位投标、招标，对施工企业择优录用。在工程建设中，重点做好施工管理、安全生产和质量监督三项工作。建筑工程质量监督部门严把勘察设计关、施工单位企业执照关和建筑证关，凡不符合国家规定的均不得开工。施工过程中，随时检查地基基础和主体结构，发现问题及时处理。工程竣工，会同有关部门验收，经验收合格方能交付使用。

1993年东港区建委设工程管理科，推行建筑工程招投标制和严格的合同管理制。1998年，随着“建筑法”的颁布实施，实行施工许可证和废止开工报告制度。1999年，开始实行建设工程安全报监制度和工程建设监理制度，招投标工作全面铺开。2003年，实行建筑市场巡查制度，维护建筑市场正常秩序。同时，加强管理和技术人员培训，提高建筑企业职工队伍素质。2004—2007年，制定实施《东港区建筑市场管理暂行规定》《建筑企业不良行为记录与公示办法》等行业政策法规，东港区建筑管理逐步走向正常化、规范化、法制化管理轨道。

第五编

环境保护

20世纪70年代后期，境内工业与城市发展速度加快，烟尘、废渣、废水、废气、噪声等污染日趋严重。化肥、农药、地膜等化工产品残留污染，成为城乡环保新课题。1978年7月，日照县设立环境保护机构。1979年9月，开始实施《中华人民共和国环境保护法(试行)》，环境保护工作走上法制轨道。环境保护机构、环境污染治理和对新污染源监管逐步得到加强。

建区后，境内环保事业发展迅速。在发展经济和社会事业的同时，注重社会效益、经济效益和生态效益并重，坚持“以防为主，防治结合，标本兼治”原则，不断强化环境监督管理，老污染源得到治理，新污染源得到控制。实施可持续发展战略，全面启动生态区建设，发展循环经济，创建国家环保模范城市，促使环境保护与经济、社会协调发展。全区水环境质量得到较大改善，近海水质达到国家一类标准，地表水达到国家三类以上标准，城市饮用水合格率100%，工业废水处理率89.5%，饮用水源地水质合格率100%。城区大气总悬浮颗粒年平均值每立方米0.19毫克，二氧化硫年平均值每立方米0.01毫克，可吸入微粒总体优于国家二级标准，二氧化硫、氮氧化物均达到一级标准。城市生活垃圾处理率92%，工业固体废物综合处理率96%。环境噪声白天52.6分贝、夜间45.2分贝，交通干线噪声68分贝，分别低于55分贝、70分贝规定指标。

图5-1　生态湿地　(摄于2003年)

第一章　环境质量

第一节　大气污染

境内大气污染主要由工业废气和民用煤炭燃烧废气以及汽车尾气形成。建材工业、电力工业、化学工业的废气排放量较大。废气中的有害物质主要为二氧化硫、氮氧化物、烟尘。二氧化硫主要来自电厂、水泥厂、化肥厂、化工厂。氮氧化物主要来自电厂、化肥厂、化工厂、柠檬酸厂。烟尘主要来自水泥厂、电厂、石料场等。90年代以前，大气环境有轻微污染。进入21世纪，由于加强环境治理，空气环境质量一直控制在规定指标之内。

1987年日照市工业废气排放情况统计表

表5-1

废气排放企业	废气排放量(万标吨/年)	有害废气排放量(吨/年)				
		二氧化硫	氮氧化物	一氧化碳	硫化氢	烟尘
市肉联厂	368.76	10.5	4.09	21.57	—	8.82
市酒厂	3882.5	120	67.5	262	—	30
市水泥厂	934.67	1194.85	—	—	—	—
市石棉矿	—	11.23	3.19	0.48	—	7.00
市化工厂	3410	12.6	54.95	213	—	42.70

续表 5-1

废气排放企业	废气排放量(万标吨/年)	有害废气排放量(吨/年)				
		二氧化硫	氮氧化物	一氧化碳	硫化氢	烟尘
市化肥厂	7808	192	102	1222.12	21.26	25.06
市针织厂	1620.6	84.96	19.3	2.83	—	35.13
市丝绸厂	1191	18.72	22.34	3.35	—	14.2
市皮革厂	59.14	38.912	10.26	39.84	—	1.656
市发电厂	26112	843.34	331.94	84.03	—	354.40

2006 — 2007 年日照市区空气质量年均值统计表

表 5-2　　单位：毫克/立方米

检测项目	2006 年	2007 年
二氧化硫	0.02	0.02
二氧化氮	0.02	0.03
可吸入颗粒物	0.06	0.06

第二节　水污染

工业废水

水污染源主要是化学、食品、制革工业废水排放。其中，有害物质以悬浮物、化学耗氧量、挥发性酚占比例较大。悬浮物主要来自化工厂、酒厂。化学耗氧量物质主要来自化学、食品、制革工业。挥发性酚主要来自化肥厂。随着一些污染企业的破产、关停和对污染源的有效治理，至 2007 年，工业废水排放得到很好控制。

2006 — 2007 年日照市区
地表水环境功能区监测情况统计表

表 5-3

检测年份	2006 年	2007 年
断面个数	3	3
达标断面个数	3	3
达标率	100%	100%

医疗废水

污染源主要来自市区各级各类医院。市医院、市中医院、区医院年排废水量分别为 6 万吨、4.5 万吨、3 万吨。废水中含悬浮物、病原物体等有害物质，经各医院配套的污水处理设施处理后，进入市政管道，再经日照市第二污水处理厂处理，成为达标排放水。

城区生活废水

水中含有大量悬浮物、化学耗氧量等物质，通过市政污水管道，进入第二污水处理厂处理，达标排放。经过近几年治理，2007 年，市区地表水环境功能区达标率均为 100%。

第三节　地面污染

地面环境污染，主要是固体废弃物污染。据 2004 年统计，全区固体废弃物 220 余万吨。主要污染物是煤灰、炉渣。其中，煤渣大部分被利用，成为生产空心砖和铺路用材料。自 80 年代开始，塑料袋的广泛应用成为地面主要污染物之一。自 90 年代始，农村淀粉加工、石材加工等项目增多，成为新的地面污染源。2007 年，随着人们环保意识的加强和政府强制政策的实施，地面环境得到有效治理。

第四节　农业污染

80 年代后，化肥、农药、地膜对可耕地造成污染。境内平均每年化肥施用量为 2.14 万吨，施用强度为 20.2 千克/亩；农药在平原地区施用强度为 1.66 千克/亩。与省内沿海县(市)比较，化肥、农药施用量较高，污染较严重。化肥、农药对土质造成的污染，主要是无机氮、有机磷和有机氯(六六六、DDT)等。自 1983 年起，有机氯被禁止在农业中使用。推广使用地膜覆盖，在提高农作物产量的同时，因其难以清理干净、降解周期长而造成污染。随着人们环保意识的增强，注重施用农家肥等有机肥料，提倡生产绿色环保农业产品，至2007年，农业环境大有改善。

第五节　噪声污染

城区噪声污染主要来自车辆运行、建筑施工等噪声。这些噪声强度虽然不会致人或动物于死地，却能危害人的健康。2006—2007年检测结果表明，东港区区域噪声和交通噪声达标率均为100%。

2006—2007年日照市区区域噪声监测情况统计表

表5-4

检测年份	2006年	2007年
监测点位数(个)	230	230
平均值(分贝)	52.5	52.6
达标率	100%	100%

第六节　辐射污染

90年代，能源、信息产业发展迅速，电磁辐射成为一种重要的污染源。辐射污染有放射性辐射污染和电磁辐射污染。境内辐射污染主要是电磁辐射，电磁辐射包括信息传递中的电磁波发射，工业、科学、医疗应用和高压输变电中产生的辐射。

自1994年开始，东港区将辐射污染防治工作纳入所辖区域的环境保护规划，建立并落实辐射环境安全责任制，开展辐射防护知识宣传，严格控制污染扩散，保障环境安全。至2007年，未发生重大辐射污染状况。

第二章　环境监测

第一节　监测设备

1978年，日照县环保办公室和黄海监测站成立。1985年6月，市环保局设环境监测站，配有721—分光度计、25型—酸度计、大气采样器、光电天平、声级计等监测仪器，承担环境监测任务，掌握环境污染状况。

1993年东港区建立后，设立监测室。投资20.2万元，购置化学耗氧量快速监测仪、烟尘黑度仪、噪声统计分析仪等仪器和酸碱值试纸等。此后，监测设备逐年添置，监测水平不断提高。对化学耗氧量、酸碱值、烟尘黑度、噪声等项目进行监测，为加强环境监管、项目验收提供参考数据。

第二节　水环境监测

1978年始，境内每年5、8、10月，分别对地面水、地下水、工业污染源等实行监测。

地面水采样监测点

监测点分别设在日照水库、傅疃河桥下、崮河崖、小香店、大古镇等。经采样化验表明，主要污染物质是化学耗氧量、六价铬、挥发性酚、氟化物和砷化物。污染物质中，以化学耗氧量和六价铬的污染为重，总平均值分别超标10倍和3倍。崮河崖含化学耗氧量和六价铬高达96.47毫克/升。崮河过去水质良好，80年代后，因工业废水大量排入，水质逐年下降，水中各种污染物质含量明显增高，化学耗氧量超标16倍以上。

1990年前，境内无固定监测断面。1990年后，域内反映地表水环境质量的河流主要有傅疃河、山庄河、两城河，水库为日照水库。通过监测，每条河流在流经城区之前的断面所受污染较轻，流经城区后的断面所受污染较重。主要污染物有化学耗氧量、高锰酸盐指数、氨氮、挥发酚和石油类等，污染特征为有机污染。造成河流污染的主要因素：工业废水、生活污水、农业面源污染。城市地面水监测点为山庄河的日照一中桥、海曲桥和大岭桥三个断面。2007年，各项监测指标均未超出 GB 3838 — 2002《地表水环境质量标准》中的Ⅴ类标准，符合城市环境综合整治定量考核的要求。日照水库主要超标项目有总磷、总氮，水质较好。

2007 年东港区城市地表水检测结果汇总表

表 5-5

时间	点位	流量(立方米/秒)	水温(℃)	酸碱值(pH)	高锰酸钾(毫克/升)	氨氮(毫克/升)	溶解氧(毫克/升)
1 月 8 日	一中桥	0.5	3	7.45	2.4	0.05	8.12
	海曲桥	0.34	3	6.96	3.5	0.76	7.35
	大岭桥	0.33	3	6.87	4.7	0.57	7.11
3 月 6 日	一中桥	1.3	4	7.47	2.2	0.1	8.13
	海曲桥	1.1	4	6.93	3.2	0.78	7.01
	大岭桥	1.1	4	6.75	4.7	0.55	6.5
5 月 15 日	一中桥	0.23	16	7.56	2.6	0.08	8.51
	海曲桥	0.32	16	7.19	3.2	0.68	7.38
	大岭桥	0.33	16	7.1	4.4	0.44	6.53
7 月 2 日	一中桥	0.75	20	7.14	2.7	0.16	8.01
	海曲桥	0.72	20	6.98	3.2	0.85	6.31
	大岭桥	0.7	20.5	6.82	4.2	0.57	6.51
9 月 4 日	一中桥	0.63	26	7.48	2.4	0.13	7.8
	海曲桥	0.72	26	7.21	3.2	0.64	7.1
	大岭桥	0.84	26	7.13	4.1	0.47	6.9
11 月 8 日	一中桥	0.2	11	7.41	2.1	0.16	7.35
	海曲桥	0.25	11	7.21	3	0.65	7.42
	大岭桥	0.3	11	7.1	4	0.51	7.53

地下水采样监测点

设在鹁庄供水井、丁家楼供水井、日照街道八村马蹄井和十一村准提庵井，共 4 个点。化验表明，主要污染物质是化学耗氧量、挥发性酚、氰化物和砷化物。其中，以化学耗氧量污染较重。马蹄井化学耗氧量高达 9.10 毫克/升，准提庵井达 32.04 毫克/升，均超标。1994 年，日照市开展省控地下饮用水监测点位认证工作。东港区的丁家楼井、鹁庄井 2 个监测点位历年监测数据达标率均为 100%，水质优良。

近岸海域水环境监测

20 世纪 90 年代初，完成近岸海域环境监测优化布点。1998 年以前，近岸海域水质基本达到修改前的海水水质Ⅰ类和Ⅱ类标准。1999 年根据《山东省近岸海域环境监测点位布设原则》、省环保局《关于下达 1999 年山东省近岸海域水环境监测计划的通知》《日照市近岸海域环境功能区划研究报告》，确认境内 6 个环境质量例行监测点位。2002 年又增加近岸海域功能区监测点位 9 个，每年的 5、8、10 月份各监测一次。至 2007 年监测结果表明，市区近岸海域 6 个监测点位均符合 GB 3097 — 1997《海水水质标准》中的Ⅰ类标准，近岸海域功能区水质达标率为 100%，海水水质优良。

第三节　大气环境监测

1988 年始，境内开始进行大气环境监测。主要以大中型项目的环境影响评价为主。先后在日照城、石臼等区域内进行。监测项目为二氧化硫、氮氧化物、总悬浮微粒。至 2007 年，历年监测结果表明，全区空气质量优良。二氧化硫、二氧化

图 5-2　银河公园空气质量自动监测站　　(摄于 2006 年)

氮、氮氧化物监测值基本保持在国家一级标准内。总悬浮颗粒物、可吸入颗粒物监测值符合国家二级标准。空气质量日报优良率为 100%。市环保局专门在东港分局院内设置降水监测点，逢雨(雪)必测。监测项目为酸碱值、电导率、降水量。至 2007 年，历年监测结果表明，境内无酸雨现象。

第四节　噪声监测

境内 1989 年始进行噪声监测。在车流量超过 100 辆/小时的市区日照路、海曲路设置监测点。1992 — 1997 年只进行昼间监测。1998 年始，增加夜间监测。市区环境噪声平均等效声级值呈逐年下降趋势。1993 — 2007 年，监测结果均符合国家标准。

1993 — 2007 年东港区交通、区域环境噪声监测情况统计表

表 5-6

年　份	交通噪声(分贝)	区域环境噪声(分贝)	
		昼　间	夜　间
1993	68.4	55.9	—
1994	68.0	56.1	—
1995	68.4	55.5	—
1996	69.2	55.5	—
1997	69.6	54.8	—
1998	68.0	52.6	45.2
1999	68.7	54.0	45.3
2000	67.5	54.6	45.3
2001	67.7	53.9	44.6
2002	64.4	52.8	43.2
2003	64.0	51.4	43.0
2004	64.4	52.3	43.1
2005	64.6	52.4	43.2
2006	64.7	52.5	43.1
2007	64.8	52.6	43.3

第三章　环境治理

第一节　排污收费

1980 年始，境内按照“谁污染、谁交费，谁污染、谁治理”原则，对排污单位收费，并监督治理。

1993 年起，依据《中华人民共和国环境保护法(试行)》、1982 年国务院《征收排污费暂行办法》、省政府《山东省征收排污费实施办法》及 2003 年 1 月国务院《排污费征收使用管理条例》等法律法规，对排放污染物的责任者，征收一定数额的环境补偿费用。主要开征废水、烟尘、废渣、建筑施工噪声等项目排污费。1993年，由环境监理站征收。2003年1月，改为东港区环境监察大队征收。2003—2007年，征收排污费总额592.2万元，用于污染治理234.4万元。

1993—2007年东港区排污费收支情况表

表5-7

年份	征收单位（个）	征收总额（万元）	用于自身建设（万元）	用于污染治理（万元）	年份	征收单位（个）	征收总额（万元）	用于自身建设（万元）	用于污染治理（万元）
1993	40	3.32	0.80	1.33	2001	220	78.39	6.24	31.35
1994	45	5.45	3.18	2.18	2002	280	80.31	12.94	32.12
1995	45		0.45	2.18	2003	300	81.02	6.66	32.41
1996	80	7.15	0.51	2.86	2004	181	76.92	6.12	30.28
1997	85	12.33	0.04	4.93	2005	133	74.39	6.05	30.01
1998	90	17.61	0.2	7.04	2006	292	156.97	23.81	63.13
1999	110	33.18	111.6	13.27	2007	267	202.88	30.51	78.61
2000	201	62.73	41.15	25.09					

第二节　污染防治

1985年，全市有7家电镀厂，多数设备简陋，工艺落后，废水中排放的六价铬污染水源严重。市环保局对电镀厂、城关十一村、十村和城关机械厂、市电器厂、石臼一村分别采取关停、整顿等措施进行治理。对化肥厂、肉联厂、化工厂、市酒厂、市人民医院和石臼港务局医院等，控制和减少污染物排放量。同年，市水泥厂采用静电除尘法治理水泥粉尘，在车间安装4个静电除尘器，降低粉尘危害。市石棉矿在车间安装袋式除尘器2个，减少石棉粉尘的污染。皮革厂采用布袋除尘器，治理皮屑粉尘。对烟尘排放量大的单位，采用更新改造锅炉的办法，治理烟尘污染。市化工厂锅炉烟道改造后，安装水膜除尘装置1台，烟尘排放浓度明显降低。其他单位的锅炉，安装旋风除尘器，取得较好治理效果。

限期治理

从1993年起，全区环保工作重点是抓水污染防治、大气环境治理和噪声环境治理。区政府先后下发多个限期治理文件，确定限期治理对象，明确治理目标和期限。把完成“一控双达标”(控制污染物排放总量，空气环境，地面水环境质量达标)列入全区重要工作之一，每月召开一次限期治理进展情况调度、通报会。全区所有限期治理单位全部按时完成治理任务。

1996年，市政府对东港区后村肉联厂、高旺金矿、日照市第一海水养殖厂冷藏厂、涛雒供销社冷藏厂、日照市水利冷藏厂、日照惠盈水产有限公司、日照丰源水产有限公司7家企业下达限期治理任务。在限期内，7家企业均达到规定治理标准和要求。1999年，市政府对日照市第二水泥厂(位于西湖镇)、日照市第三水泥厂(位于陈疃镇)两家企业下达限期治理任务。两厂按期完成，实现达标排放。同年，日照市环保局下发《关于对怡然酒店等三十三家单位烟尘污染限期治理的通知》，东港区范围内涉及9家单位，均按规定完成治理任务。2000年，东港区政府下发《关于对日照市黄海砂轮厂等单位烟尘污染限期治理的通知》，限期治理炉窑11家，限期更换清洁能源锅炉12家，限期更换清洁能源茶水炉、食堂大灶单位20家，在集中供热范围内拆除单位自烧锅炉12家。2002年，市政府下发《关于对日照酒业有限公司等单位烟尘油烟污染限期治理的通知》，东港区范围内14个单位均按时完成治理任务。2003年，东港区政府下发《关于对日照西湖制丝有限责任公司等单位实施水污染限期治理的通知》，治理单位有：日照西湖制丝有限责任公司、日照日洁纸业有限公司、日照三华海产食品有限公司、日照方鑫食品有限公司、日照市东港区迎春肉联厂、陈疃、南湖等镇日照水库纳水地区所有石材加工厂。到2007年，责任单位全部按标准完成治理任务。

噪声环境治理

东港环保分局不定期加大噪声监测频次，对排放超标准噪声的工业企业及建筑施工工地责令采取隔音降噪、限定作业时间等措施，年噪声值均达到环境功能区划要求。

"一控双达标"

按照《国务院关于环境保护若干问题的决定》，到2000年，全国所有工业污染排放要达到国家或地方规定标准，环境空气、地面水环境质量，按功能区达到国家规定的有关标准，污染物排放总量控制在国家规定的排放总量指标内的要求。在日照市1993—1997年环境目标责任书中，区境内8家水污染企业被列为省控限期治理单位，分别被关停，其他5家水污染企业，完成治理任务并通过达标验收。1999—2000年，境内有11家单位的锅炉被列入市烟尘限期治理项目，其他14家被纳入市烟尘油烟污染限期治理的单位，2002年全部按标准完成治理任务。

第三节 环保设施建设

第一污水处理厂

图5-3 日照市第一污水处理厂 (摄于2003年)

2001年4月至2002年年底，市政府投资7600万元，在日照黄海工业园区(北京路369号)建设日照市东港区城市污水处理厂(日照第一污水处理厂)。采用水解好氧—改进SBR二级处理工艺，主要收集处理新市区、开发区、石臼老城区的工业废水和生活用水。同时，配套建设郭家湖子河、香店河、张家河、沙墩河、青岛路、北京路等6条生活污水主干管网和配套截留支管网，两座污水提升泵站。2003—2007年，污水处理量5万吨/日。

第二污水处理厂

位于崮河以东、上海路以南，占地5.13公顷。主要收集处理老城区工业废水和生活污水。2004年6月20日开工建设，工程总投资7700万元，设计规模为5万吨/日。配套污水收集主干网31千米。采用氧化沟二级处理工艺，出水执行二级排放标准。主要建设集水井、进水泵房、沉砂池、氧化沟、二沉池、配电室、机修车间及仓库、综合楼等。2005年10月(一期工程)建成并投入使用。2007年每日处理污水5万吨。

医疗废物处理中心

2002年，市政府投资610万元，在河山镇南部建成日照市医疗危险废物集中处理中心。市物价、卫生、环保等三部门联合核准实施《关于医疗废物处置费收费标准的通知》等相关收费办法，建立医疗危险废物集中处置制度和医疗废物转移联单制度。开展医疗危险废物集中整治活动，实施收集、运输、处置全过程管理。东港区人民医院、镇(街道)卫生院及城区民营医院等所有医疗卫生单位，都与处理中心签订委托处置医疗废物协议，由处理中心定点定时统一收集，实现日产日清。2003—2007年，日处理医疗垃圾50吨，辖区内医疗危险废物处理率为100%。

市区生活垃圾无害化处理场

2004年，市政府投资9800万元，在日照街道黄家河村西南建成市区生活垃圾无害化处理场。该场占地28公顷，设计使用年限22.5年，采用堆肥和卫生填埋等无害化处理方式。黄山垃圾填埋场，经过两年筹建，于2004年投入使用。该填埋场占地24.83公顷，设计日处理垃圾500吨，填埋总库容量586万立方米，填埋年限为18年。终场标高175米。建污水节能池6万立方米及125米标高处半永久截洪沟、库底盲沟及部分竖

图 5-4　城西黄山垃圾填埋场　　　　（摄于 2005 年）

向盲沟、截污沟、场外道路和 4 千米排水管线。新建市区垃圾中转站 18 个，更换新型垃圾收集箱 2000 多个，更新购置机械车辆 47 台，包括压缩式垃圾密封车 8 辆。逐步完善垃圾收集、中转、运输、处理各个环节，实现环境卫生的长效管理。2005 — 2007 年，日处理垃圾由 300 吨上升为 500 吨。城市生活垃圾处理率为 85.06%。

市区垃圾压缩转运站

位于新市区烟台路南端。2004 年 9 月 3 日建成并投入运行。占地 1200 平方米，投资 200 余万元。设计为双压缩机机组，采用国内最先进的垃圾清运方式。主要收集新市区、石臼老城区的生活垃圾。垃圾倒入压缩装置，经过自动喷淋清洗、除臭、压缩等一系列工艺处理后，由专用密封运输车运往城西黄山垃圾无害化处理场进行无害化处理。2005 — 2007 年，日压缩处理能力 200 吨。

图 5-5　市区垃圾压缩转运站　　　　（摄于 2006 年）

第四章　环境管理

第一节　管理机构

1978 年 7 月，日照县设立环境保护办公室和黄海监测站，罗松林任环保办主任。1985 年 6 月，建立日照市环保局，并设环境监测站。1985 年 5 月至 1992 年 12 月，秦俊月、毕乃玺、谭学生先后任局长。1993 年 6 月，成立东港区城乡建设环保委员会，陈国祥任主任。1993 年 8 月，设立东港区环保局。10 月，孙炳阳任副局长主持工作。1994 年 5 月至 2000 年 2 月，宋宝堂任局长。1996 年 7 月，区环保局改为日照市环保局派出机构，更名日照市环保局东港分局，实行垂直管理。2002 年 2 月，段献奎任局长。2003 年 9 月后，张传斋、厉彦金先后任局长。2007 年，区分局设办公室、东港区环境监察大队、开发监督科、陈疃环境监察大队 4 个科室，在编人员 16 人。

1995 年 8 月，经区政府批准，成立日照市东港区环境保护委员会。其职能是领导、组织和协调全区环境保护工作。1995 — 2007 年，历任区长先后兼任区环境保护委员会主任；常务副区长、分管副区长为副主任；区监察、人事、环保、发展计划、经贸、城建、安监、司法、教育、农业、交通、公安、工商、国土资源、畜牧、卫生、海洋和渔业、水利、林业、质检、广播电视等部门主要负责人为成员。

第二节　管理措施

环境保护目标责任制

1989 年始，全面推行市长、县(区)长环境保护目标责任制。建区后，东港区区长与日照市市长依次签订 1993 — 1997 年度、1998 — 2000 年度、2001 — 2002 年度、2003 — 2005 年度、2006 — 2010 年度区长环境保护责任书。区里将任务目标进一步分解细化，区长再与各镇(街道)及区直有关部门签订环境保护目标责任书。目标责任书的指标体系由环境质量、环境建设和环境管理指标组成。

环境质量指标　包括水、大气及噪声等 7 项环境指标和 6 项污染物总量控制指标。重点工作包括小流域污染综合治理、生活垃圾无害化处理、饮用水源地保护、生态示范区建设、源污染控制、环境保护执法规范建设等指标。

环境建设指标　包括环境保护投资指数、污染事故控制及违法行为查处，开展循环经济试点，建设生态工业园等。

环境管理指标　1993 年后，相关指标为：全区城市饮用水源水质达标率为 100%；城市地表水、近岸海域水质(化学耗氧量、总氮年均值)按环境功能区达标，傅疃河大古镇断面水质逐年改善；城市环境空气质量(可吸入颗粒物、二氧化硫、二氧化氮年均值)按环境功能区达标，城市环境噪声按环境功能区达标；主要污染物(化学耗氧量、氨氮、二氧化硫、烟尘、工业粉尘)等排放量都控制在总量控制指标之内。在历届市政府组织的环境保护目标责任制考核中，东港区均取得较好成绩。

城市环境综合定量考核制

国家自 1989 年开始，对环境保护重点城市进行环境质量、污染控制、环境建设、环境管理定量考核。环境质量考核指标为：市区大气可吸入颗粒物、二氧化硫浓度指标符合国家环境空气质量二级标准，二氧化氮浓度指标符合国家环境空气质量一级标准，城市地表水、集中式饮用水水源地、近岸海域海水水质达标率均为 100%。2005 — 2007 年考核结果为：市区环境空气优良率达 100%，列全省第一；城市饮用水源地水质达标率 100%；噪声达标覆盖率 70%。

建设项目环境管理

1994 年 3 月至 1996 年 7 月，区环保局对全区 1993 年以来 150 多个建设项目进行清理检查，按环保法规和有关产业政策分类进行处理。共补办环保手续 70 多个，责令整改 19 家，关闭 10 家小炼焦、小塑料等污染严重企业。通过全面清理检查，准确掌握全区污染源分布状况、污染种类、污染方式和污染程度等，并建立企业环保管理档案。此间，区政府发布《关于建设项目严格执行“三同时”环境管理暂行规定》《建设项目环境管理程序暂行办法》两个文件，明确规定：所有新建、改建、扩建项目必须严格执行“先评价、审批，再建设”和污染防治设施与建设项目主体工程“同时设计、同时施工、同时投产”。1996 年 7 月以后，实行“环保第一审批权”制度，对未经环保行政主管部门批准的建设项目，计划、经贸、建设、土地、工商管理等部门不予办理有关手续。2002 年年初，建设项目环境管理被列为第一行政审批窗口。2002 — 2007 年，全区大中型建设项目“环评率”始终保持 100%，“三同时”执行率达到 95% 以上。

第五章　环保宣传与法制教育

第一节　环保宣传

环保主题宣传

1996 年全区进行保护“我们的地球、居住地、家园”为主题的世界环境日宣传活动。1998 年进行以“为了地球上的生命——拯救我们的海洋”为主题的世界环境日宣传活动。2002 年世界环境日期间，区妇联、区教委、区环保分局在全区小学生中开展环保征文比赛活动，突出保护环境“从我做起，从小做起”，在全区少年儿童中掀起环保宣传教育活动高潮。2003 年世界环境日期间，区环保分局联合区科技教育局举办“水——二十亿人生命之所系”环保征文活动，共收到全区 9 个镇(街道)33 所中小学校选送的参赛作品 519 篇。2004 年第 31 个世界环境日期间，在区政府前广场设立宣传站，发放环保宣传材料、接待群众咨询。2005 年，在陈疃镇举行世界环境日宣传启动仪式。在陈疃、南湖等加工业集中区域开展石材加工污染整治宣传活动，通过悬挂过路横幅、张贴标语、发放宣传材料、组装流动宣传车等，进行环保宣传。

2006 年，区环保分局会同区委宣传部、区民政局、秦楼街道、城建公司等，在秦楼街道城建花

图 5-6　环保主题宣传　　　　（摄于 2006 年）

园社区开展“捐闲置物品，过绿色生活，建环境友好型社会”主题宣传活动。2007 年，港城环保世纪行采访团到东港进行了专题采访。

1974 — 2007 年世界环境日主题

表 5-8

年份	主　题
1974	只有一个地球
1975	人类居住
1976	水：生命的重要源泉
1977	关注臭氧层破坏、水土流失
1978	没有破坏的发展
1979	为了儿童和未来——没有破坏的发展
1980	新的十年，新的挑战——没有破坏的发展
1981	保护地下水和人类的食物链，防治有毒化学品污染
1982	斯德哥尔摩人类环境会议十周年——提高环境意识
1983	管理和处置有害废弃物，防治酸雨破坏和提高能源利用率
1984	沙漠化
1985	青年、人口、环境
1986	环境与和平
1987	环境与居住
1988	保护环境，持续发展，公众参与
1989	警惕全球变暖
1990	儿童与环境
1991	气候变化——需要全球合作
1992	只有一个地球——齐关心，共同分享
1993	贫穷与环境——摆脱恶性循环

续表 5-8

年份	主　题
1994	一个地球，一个家庭
1995	各国人民联合起来，创造更加美好的未来
1996	我们的地球、居住地、家园
1997	为了地球上的生命
1998	为了地球上的生命——拯救我们的海洋
1999	拯救地球就是拯救未来
2000	环境千年——行动起来吧！
2001	世间万物，生命之网
2002	让地球充满生机
2003	水——二十亿人生命之所系
2004	海洋存亡，匹夫有责
2005	营造绿色城市，呵护地球家园 中国主题：人人参与，创建绿色家园
2006	莫使旱地变荒漠 中国主题：生态安全与环境友好型社会
2007	冰川消融，后果堪忧 中国主题：污染减排与环境友好型社会

环保信息化

2003 年始，区环保分局建成东港环保网，开设政务公开、公示中心、环保新闻、工作动态、法规标准等栏目，通过网络积极宣传东港环保工作。2004 — 2007 年，逐步建立健全环境信息联络员制度、新闻信息稿件奖励制度、信息安全规定，启用电子政务信息系统，实现公文收发、内部信息发布的网上运行，利用东港环保网站推出网上建设项目审批、网上排污申报、网上环保投诉等办公系统，实现部分环保业务的网上办理。

第二节　环保教育

中小学环保教育

2001 年，根据市环保局、市教育局关于创建“绿色学校”文件精神，在全区中小学广泛开展环保教育和“绿色学校”创建工作。2002 年，区环保分局组织中小学校参加全国绿色学校环境教育教案和多媒体课件大赛活动，实验三小获得 1 个三等奖。山东电视台《今日报道》栏目对该校开展环境教育的情况进行专题报道。

2002 年底，区环保分局组织全区中小学校参加市环保局与市妇联联合开展的“小公民道德教育”活动，组织“我做环保小卫士”环保知识竞赛。2003 年 10 月，在日照海滨举行“2003 年黄海沿岸海边漂浮物调查活动”，活动的目的是通过对海边漂浮物的分类收集，掌握漂浮物等对海岸造成的污染状况，为制定海洋环境保护对策等提供资料。秦楼街道张家台小学入选承担调查任务。2004 — 2007 年，在全区中小学开展创建国家环保模范城市万人签字、争做“环保小卫士”、创建“绿色学校”等系列活动。

图 5-7　区实验三小创建“绿色学校”活动　(摄于 2004 年)

至 2007 年，全区有日照市第三实验小学、日照市实验高级中学、日照市第四中学、东港区秦楼街道张家台小学、西湖第一初级中学 5 所学校获省级“绿色学校”称号。有日照市第五中学、日照市第二实验小学、西湖中心小学、西湖镇第一初级中学、陈疃镇初级中学、秦楼街道中心小学、秦楼街道第一初级中学 7 所学校获市级“绿色学校”称号。

社区绿色环保教育

2002 年始，区环保分局、文明委联合组织开展绿色环保系列教育和“绿色社区”创建活动。至 2007 年，全区已创建石臼街道林海社区、秦楼街道城建花园社区 2 家省级“绿色社区”，泰安路社区、石臼街道明阳社区、宏达社区、万平社区、阳光社区，日照街道昭阳社区、东关南社区、东辰社区等 8 家社区创建为市级“绿色社区”。

第三节　环保法制建设

70 年代后期，环境保护开始引起社会重视。根据国家有关法律法规，1978 年 7 月，日照县设立环境保护机构。通过贯彻实施国家一系列环境保护法规、条例，环保工作走向法制化轨道。

1993 年东港区环保局成立后，先后制定“九五”“十五”“十一五”环保普法和依法行政五年计划（规划）。区环保分局先后制定《建设项目环境保护管理工作程序》《建设项目环境保护竣工验收工作程序》《污染物排放申报登记发放排污许可证工作程序》《征收排污费工作程序》《污染源限期治理工作程序》《环境信访工作程序》《环境纠纷处理工作程序》《污染防治设施闲置与拆除工作程序》《环境保护行政处罚工作程序》《行政复议工作程序》《行政应诉工作程序》《行政赔偿工作程序》等 12 项工作程序和《环境保护行政执法工作监督检查制度》《现场监督检查工作制度》等 8 项工作制度。区委、区政府先后下发《环境监理工作管理制度(暂行)》《东港区环境保护责任书考核奖惩办法》《东港区建设项目环境保护管理服务细则》《东港区人民政府关于进一步落实科学发展观加强环境保护的实施意见》《东港区人民政府关于清理取缔小淀粉加工项目的通告》等多份文件，营造和形成浓厚的法制氛围，促进了环保工作顺利开展。

2001 — 2002 年，开展严查环境违法行为专项行动。先后出动执法人员 600 多人次，查处各类环境违法案件 110 起，结案率达 100%。

2002 年始，区环保分局先后两次对行政审批事项进行压缩，保留“环境影响评价文件(审批)”“排污许可(审批)”“建设项目污染防治设施验收(审批)”“夜间连续施工作业证明(审批)”“环境污染防治设施、场所的关闭、闲置或拆除(核准)”5 项。

2003 年抗击“非典”期间，开展医疗垃圾、交通营运垃圾、畜禽养殖污染专项整治和重大节日环境违法综合整治专项执法活动。对区医院医疗废水、医疗废弃物的集中焚烧实行专人监管，严格监理记录。对水库上游的西湖镇和陈疃镇卫生院加大检查力度，要求对医疗废水、废物进行全面灭菌消毒，集中焚烧等无害化处理，确保饮用水质不受污染。

2004 — 2006 年，连续三年开展整治违法排污企业，保障群众健康环保专项行动。

2005年，区环保分局会同建设、经贸、监察、工商、司法、安监等部门，开展专项整治行动。共出动执法检查人员400人(次)，检查企业355家(次)，对其中有违法行为的47家企业进行立案查处，查封6家违法排污的粉条加工户，对群众反映强烈的水泥厂粉尘污染、泡塑材料厂噪声污染、海润食品厂水污染等进行立案查处。会同水利、监察、公路、工商、电力等部门，对拒不执行整改要求的14家石材加工业户，予以强制关停。2006年9月，对当年新开工的所有建设项目进行检查，审批52个，立案处罚30个。先后对33家石材加工业户实施强制性停产整顿，对109家非法淀粉加工业户实施关停。

2007年5月，开展“石材加工污染集中整治月”活动。对185家石材加工业户进行逐户检查，责令整治15户。对4千米道路两侧及河道的锯泥废渣进行清理。同年4月、8月，经区政府同意，联合区监察局对14家企业进行挂牌督办，督促完成污染治理任务。为维护环境安全，强化环保执法力度，区环保分局先后申请区法院强制执行案件46起，拘留4人。

第六章　环保规划与生态建设

第一节　环境保护规划

境内环境保护计划(规划)从第九个五年计划开始制定，至2007年，先后制定下达“九五”“十五”“十一五”3个环保规划(计划)。

“九五”环保计划

为贯彻《国务院关于环境保护若干问题的决定》。1996年，制定并实施《东港区“九五”期间主要污染物排放总量控制实施方案》，以水、大气污染防治为重点，同时抓好噪声、固废污染防治和生态保护。至2000年，工业污染源全部实现达标排放，主要污染物排放总量控制在市政府规定的指标之内，空气和地表水环境质量全部达到功能区划要求。取缔辖区内15个小(土)企业，完成了“一控双达标”任务。

“十五”环保计划

2002年11月20日，区政府印发《关于下达东港区“十五”期间主要污染物排放总量控制计划的通知》。“十五”期间，重点对二氧化硫、烟尘、工业粉尘、化学耗氧量4种主要污染物实行排放总量控制。化学耗氧量计划控制在2500吨，氨氮控制在200吨，二氧化硫控制在2000吨，烟尘控制在1000吨，工业粉尘控制在500吨。

到2005年，全区环境保护工作全面落实“十五”期间主要污染物总量控制计划，“十五”计划制定的各项工作指标任务圆满完成。

“十一五”环保规划

2006年，制定并实施“十一五”环保规划，总体目标为：(1)日照水库出口、马陵水库、两城河两城桥断面水质稳定达到《地表水环境质量标准》Ⅲ类标准。(2)到2010年，境内工业化学耗氧量排放量控制在714.61吨以内，工业二氧化硫排放量控制在1245吨以内。(3)到2010年，东港区工业用水重复利用率达到80%，城市生活污水集中处理率达到80%，再生水回用率达到30%。(4)工程目标参照《山东省环境保护“十一五”规划》和《日照市环境保护“十一五”规划》执行。

重点工作是：(1)加强建设项目环境管理。严格落实环境影响评价和“三同时”制度，禁止建设不符合国家产业政策的土(小)企业。(2)实施排污许可证制度。2007年，完成重点排污单位的排污许可证发放工作。(3)安装污染源在线监测设备。2006年年底，完成40%的重点排污单位在线监测设备安装，2007年和2008年各完成30%的重点排污单位在线监测设备安装。实行实时监控、动态管理。(4)按期完成工业治理项目任务。2007年年底前，完成《山东省环境保护“十一五”规划》和《日照市环境保护“十一五”规划》中工业治理项目的40%。(5)巩固工业污染源达标排放成果。对化工、印染、电力等重污染企业编制污染物减排、限排、禁排计划，依法实行强制清洁生产审核。按期淘汰不符合国家产业政策的工艺、设备与产品。(6)加大电厂脱硫力度。新建、扩建燃煤电厂项目，必须同步建设脱硫除尘设施。(7)巩固石材加工业污染治理成果。未经市环保部门审批不得新建、扩建石材加工设施；石材加工企业必须建设废水处理设施，实现废水零排放；要实行锯泥集中清运和综合利用，逐年提高综合利用率。

第二节　生态建设

环境优美镇村建设

建区后，生态建设与管理不断加强，农村集中式饮用水源地水质达到国家标准。2007 年年底前，完成所有规模化畜禽养殖场污染治理，污水稳定达标排放。初步扭转了农业面源污染加重的趋势，建成一批生态示范镇、村。

2000 年 8 月，竖旗万亩板栗园有机食品认证通过欧盟检验。2002 年度，全区确定河山镇、陈疃镇、黄墩镇、巨峰镇 4 个生态示范镇和辛庄、陈家沟、林前村、环岭山前等 14 个生态示范村。这些示范镇、村在科学使用化肥、农药，综合利用秸秆，发展使用清洁能源，生产有机食品方面进行了有益探索。

自 2003 年，环境优美乡镇创建被列为区政府生态保护重点工作，区政府与镇(街道)、镇(街道)与村层层签订 2003 — 2007 年度第一轮生态市建设目标责任书。先后有涛雒镇、河山镇、西湖镇等单位被批复为省级“环境优美乡镇”。

环保模范城市创建

2004 年，东港区作为日照市的中心区，全面响应、全力配合市委、市政府关于创建国家卫生城市和国家环境保护模范城市的决定。2005 年，创建工作取得成功，日照市获得“国家环保模范城市”称号。

循环经济建设

2005 年，日照市通过全国生态示范区建设试点市和全国生态环境监察试点市验收，被批准为创建国家循环经济示范市。东港区日照街道将帅湖有机蔬菜基地被列为日照市第一批循环经济试点建设单位。日照街道小古城村有 30 多家新建沼气池，日照华泰食品公司通过 ISO 14000 环境管理体系认证。至 2007 年，全区已有日照海通丝业西湖有限公司等 9 家单位通过 ISO 14000 体系认证。

图 5-8　日照市植物园一角　　(摄于 2005 年)

东港区“十一五”环保规划重点工程项目表

表 5-9

项目类别	项目名称	项目主要内容	投资额（万元）
循环经济示范工程	富民化工有限公司、华泰食品有限公司、日东纺织有限公司清洁生产审核	污染治理再提高、废物综合利用、开展清洁生产审计	3000
	日照恒新建材有限公司	废物再利用	1000
循环经济示范工程	日照街道将帅有机食品基地建设	农业废弃物综合利用、沼气生产、有机食品生产、加工	8000
	陈疃镇生态板栗园	有机食品生产、加工	500
流域综合治理工程	西湖镇花崖河水源地生态保护项目	花崖河道综合整治、生态恢复	3000
	南湖河、两城河、陈疃河综合整治项目	河道综合整治、生态恢复	8000
	石材污染综合整治	污水循环利用、锯泥定点处置、综合利用	2000
大气环境治理工程	市第三水泥厂、东港盛发水泥有限公司、荣安建材有限公司清洁生产审计	开展粉尘治理、安装在线监测仪、清洁生产审计	1000

续表 5-9

项目类别	项目名称	项目主要内容	投资额（万元）
污水和垃圾处理工程	高科园污水处理场	污水集中处理	5000
	国家森林公园中水回用处理工程	污水集中处理、循环利用	500
农民小康环保行动	涛雒镇社会主义新农村建设	集中供热、垃圾无害化处理、污水集中处理等基础设施建设	9000
	西湖镇、河山镇、两城镇环境优美乡镇建设	集中供热、垃圾无害化处理、污水集中处理等基础设施建设	6000
生态环境保护与整治工程	三庄龙门崮21平方千米生态功能保护区	兴修水利、农村结构调整、物种保护	20000
	太阳城主体公园建设	基础设施配套建设	10000
危险废物和医疗废物处置工程	医疗固体废弃物综合处置二期工程	扩大收集、转运、处置规模	1000
环境监管能力建设	环境监察、监测、科研、宣教能力建设	购置监测仪器、车辆设备、取证设备	600

附：创建国家环保模范城市

2002年9月12日，市政府召开日照市创建国家环保模范城市（以下简称创模）工作会议，“创模”工作正式启动。2003年4月15日，市政府组织召开“创建国家环保模范城市、创建国家卫生城市”（以下简称双创）动员大会，并与各区县和市直有关部门主要负责人签订“双创”目标责任书，将“双创”任务目标分解落实到各区县、市直各部门。东港区委、区政府对此高度重视，动员全区上下迅速行动，扎实争创，保证“创模”工作有效运转。

为加强组织领导，成立由区长任总指挥，区人大、区政府、区政协分管领导任副总指挥，各街道及有关部门主要负责人为成员的“创模”工作指挥部。从有关部门抽调人员，组建指挥部办公室，具体负责“创模”工作的组织、协调、检查、督导。区政府与84个责任单位签订“创模”目标责任书。在全区形成纵向到底、横向到边、上下动员、责任明确、措施有力的组织领导体系。充分利用报纸、广播电视、网络等多种形式，大张旗鼓地宣传“创模”的重要意义，使“创模”决策家喻户晓、深入人心，形成良好的争创氛围。在媒体开设专题和专栏，对城市环保工作的薄弱环节以及环境卫生死角及时曝光和连续跟踪报导。舆论监督推动了“创模”工作，全区上下迅速形成全民参与、齐抓共管，全力争创“国家环保模范城市”热潮。

为搞好城市环境综合整治，改善城市环境质量，市、区两级政府先后投资30多亿元，高标准规划建设万平口海滨生态公园、灯塔广场、水上运动中心等一批城市精品工程。充分体现人与自然和谐相处的生态理念，显现日照的独特魅力，成为日照城市建设的新亮点和生态市的重要标志。东港区配合市政府对市区30多条交通干道进行综合整治和拓宽改造，对51条道路人行道进行高标准改造铺装，对沿街建筑物实施“穿衣戴帽”和“拆墙透绿”工程。新增城市绿化面积400万平方米，市区绿化覆盖率达到42%，人均公共绿地16平方米，均高于全国、全省平均水平。“大绿量、花园式、开放型、现代化”海滨生态城市特色初步形

图5-9　治理后的香店河　（摄于2007年）

成。坚持将生态理念融入城市建设，先后对黄山、丝山、河山等城区周边环境进行整治，严格落实封山育林各项措施，东港区的山更绿、水更清、环境更优美。不断加大环境污染综合防治力度，将污染防治作为区长环境目标责任书的重要内容，按照《考核奖惩办法》严格考核，认真兑现奖惩。注重从源头上控制污染，严格执行“环保第一审批”和“一票否决”制度，对“高能耗、高物耗、高污染、低产出”项目一律拒批。坚持每年集中开展环境执法专项行动，对重点区域和重点企业，采取定期检查、不定期抽查、暗查等多种方式，加强监督管理。对不能稳定达标排放的污染源实施再提高和全面达标工程，对超标排污、治理无望的企业实行关、停、并、转。大力推广使用清洁能源，推行集中供热，开展机动车尾气污染专项治理活动，城市空气质量明显改善。

图 5-10　风力提水灌溉设施　　(摄于 2006 年)

在破解经济发展与环境保护的矛盾当中，全区从“小循环”“中循环”“大循环”三个层面，推进循环经济发展，探索经济与环境双赢的新路子，培育日照“创模”特色。抓“小循环”，建设生态型企业。对新上项目严格落实循环经济发展规范，对传统企业进行生态化改造，逐步将其纳入循环经济发展轨道。抓“中循环”，建设生态型工业园区。按照循环经济理念，加强对工业园区生态化改造，通过产业、企业间的协调合作，构筑产品和废物加工链，实现企业间资源的循环利用与园区内废物的零排放。抓“大循环”，构筑生态型社会。在全区广泛开展绿色社区、环境优美乡镇、生态示范乡镇村、绿色学校创建活动，推动循环经济的发展。

2002 年以来，市、区两级通过发展循环经济、建设生态城市，取得明显成绩。2004 年，日照市被确定为创建国家循环经济示范市。2005 年 9 月 2 日至 4 日，国家环保总局考核验收组对日照“创模”工作进行考核验收，同意日照市创建为国家环保模范城市。至此，全市的“创模”工作圆满结束。

第六编

交　通

境内明代以前就修驿道、设驿站。明初在驿道基础上，先后修建起通往胶县、诸城、莒县、临沂等多条公路。民国期间，开通海上客运专线。抗日战争期间，道路破坏严重。新中国成立后，开始修复旧公路，建设新公路，同时，发展海运事业。

实行改革开放后，交通建设进入快速发展时期。1982 年 3 月，兖石铁路开始建设，1986 年 10 月 1 日通车，境内始有铁路运输。1989 年，境内所有乡镇、街道全部通汽车。1999 年，全区公路通汽车里程增至 182.1 千米。2000 年 11 月，日东高速公路日照段建成通车。2003 年 7 月，开通日照至韩国平泽国际海运航线。同年 12 月，同三高速公路境内段建成通车。2003 年始，区政府组织实施"村村通"硬化路工程。至 2007 年，全区 10 个镇、街道共建设硬化村道 372 条，总计 749.61 千米。至此，所有行政村开通了柏油路或水泥路。

第一章 交通线路

第一节 公路

古道

明朝初年，沿海置 1 卫 4 所，后为 2 所，墩台 28 处。内陆设 18 个店，17 个铺。卫、所、墩台和店铺之间以大道相连，可通往州、府和京城。

明、清年间，以县城为中心通往各地的道路主要有两条(时称"官道")：一是北起诸城县界，南至赣榆县界，连通日照县城及南北各铺，为南北交通要道(现为 220 省道，又称平(度)日(照)线，南部入 204 国道)。二是东自石臼所，西至石沟崖入莒州，西北通省府济南，西南达临沂、兖州(现为 335 省道，又称石(臼)兖(州)线)。另有二条乡间大道，一条从碑廓经巨峰、沈疃至洪凝(现为 222 省道，又称央(子)赣(榆)线)，一条从涛雒海口至坪上(莒南县)(现为 341 省道，又称涛(雒)坪(上)线)。

国道

G204(烟上线)东港段　204 国道(烟台—上海)日照段全长 64.72 千米，途经境内两城、日照、涛雒等镇(街道)。原名胶新线(胶县—新浦)。

该路清末为境内南北交通大驿道。20 世纪 20 年代，为简易公路。30 年代初，日照城至安东卫段改名为日安路，后改名为环海公路。抗战爆发后，改名为海青(海州—青岛)公路。1955 年修复涛雒至汾水段，为沙石路面。1978 年，进行全线改造，加宽路基路面，截弯取直，增设桥涵。1979 年，铺设沥青路面。1992 — 1994 年，进行全线路面拓宽改造。1997 年，总投资 170 万元，完成日照南路段 2.1 千米路面改建，廒头、川子等 4 座窄桥加宽和 204 国道日照收费站处水泥混凝土路面硬化工程。2005 年，投资 3900 万元对该路两城至青岛界 6.6 千米进行沥青混凝土路面改建，同年 10 月竣工通车。为二级公路标准，设计时速 80 千米，路基宽 18 米，路面宽 15 米，路面为沥青混凝土结构。

图 6-1 204 国道　　(摄于 2007 年 8 月)

省道

S335(石兖线)东港段　335 省道(石臼—兖州)东港段，东起境内石臼所，经日照城、陈疃，西至三庄镇的石沟崖村入莒县境，全长 51.16 千米。

该线路抗日战争爆发前称莒日支线，抗战后改名泰石路，新中国成立后改称为石泗路。1987 年，定名石兖(石臼—兖州)路，列为省道 016 线。初为石子路面，宽 5 米。1951 — 1952 年，县政府组织民工全线修复。1959 年改线，由庄头村绕大山沟、鲍疃、陈疃至大王家寨接原路，改线里程 16 千米。1964 — 1966 年，莒县、日照两县同时施工，铺设碎石路面。1982 年，日照城至石臼所段拓宽为 20 米，铺筑沥青路面。1984 年，日照城至陈疃段加宽为15米。从东沈马庄至西陈疃段，改为经庄头西去与原路相接，缩短2.8千米。1987—1988年，日照城至烟墩岭段铺筑沥青路面。1989年，对烟墩岭至陈疃段路基桥涵进行加宽改造。1990年，对陈疃至竖旗段路基桥涵进行加宽改造。1991年，对烟墩岭至陈疃段进行沥青路面硬化。1992年，对陈疃至竖旗段进行沥青路面硬化。2001年，对烟墩岭至竖旗段再次进行路面改建，为二级公路标准，路基宽14米，路面宽12米，路面全部为沥青混凝土结构。

S222（央赣线）东港段　央赣线（央子—赣榆）东港段，原称圈汾线（圈村—汾水）。东港境内全长18.7千米。修于1958年，1972年全线通车。初为沙土路面，宽7米，沿路绿化。1987年，列为省道048。1994年，圈村至汾水段进行路基桥涵拓宽改造。1995年，进行沥青路面硬化工程，按二级公路标准设计，设计时速80千米。路基宽12米，路面宽10米，路面采用沥青混凝土结构。

S220（平日线）东港段　该线原名为日诸线（日照—诸城），1950年通车。东港境内全长20.8千米，路面采用沥青混凝土结构。其中，两城至富荣村段长10.6千米，按二级公路标准设计，路基宽17米，路面宽15米。诸城至两城段长0.7千米，按二级公路标准设计，路基宽15米，路面宽12米。日照市区青岛路段长9.5千米，按一级公路标准设计，路基宽26米，路面宽24米。2002年，对两城至石臼港段进行沥青路面改建工程，同年10月竣工通车。2006年，对两城至桥北山段进行沥青路面拓宽改造，同年10月竣工通车。

S341（涛坪线）东港段　原涛坪线（涛雒—坪上）。途经巨峰入莒南县，东港境内长9.6千米。1952年，全线修复。为沙土路面，路基最宽处8.8米，最窄处3.6米，一般6米。1978年，对至巨峰段取直拓宽。1979年，陆续完成桥涵配套工程，达到晴雨通车，全线为四级公路标准。1987年，列为省道083。2001年，列入省道341线。按二级公路标准改造，路基宽10.4米，路面宽9米，路面采用沥青混凝土结构。

图6-2　341省道　（摄于2006年2月）

县乡公路

新中国成立后，县乡公路建设贯彻“民工建勤”和“民办公助”的方针，发展较快。2007年，东港区共有县乡道13条，总长度136千米。

图6-3　县乡道路　（摄于2007年9月）

潮石线　起于五莲县潮河镇，途经东港区两城镇、河山镇、秦楼街道，止于山东路，境内长19千米。始建于1985年，由当地镇村组织村民进行修建，其后经过几次拓宽修整。其中，两城卞庄村至204国道段，全长8.4千米，于1999年完成水泥路面硬化。2004年全线沥青路面硬化，路基宽度为12米，路面宽度8米，中桥4座共153.5米，小桥4座共88.5米，涵洞15处，技术等级调整为二级。

图6-4　南沿海公路涛雒段　（摄于2007年）

南沿海线　始建于1993年12月，1995年建成通车。起于石臼，止于岚山。该路东港段长13.2千米，北起石臼，途经刘家湾赶海园，南至西林子头村。路基12米，路面宽10米。2006年10月，对该线进行改造，全线实施沥青路面硬化，路基拓宽为28.5米，路面宽24.5米，双向六车道。

北沿海线　起于秦楼街道王家皂村，止于鲁南国家森林公园，全长9.9千米。1999年动工修建，投资2000余万元，2000年竣工通车。全线均为沥青路面，路基宽13米，路面宽10米。

图6-5　北沿海公路改造工程开工仪式　　(摄于2006年)

迟下线　起于日照街道迟家村，止于南湖镇下湖二村，全长12.6千米。1984年11月，由城关区和下湖乡民工修建。1986年6月，全线通车。路基平均宽8米。2005年，实施路面硬化工程，技术等级为二级公路。

大沈线　起于南湖镇樵业子，止于南湖镇东沈马庄，全长15.6千米。1965年修建东沈马庄至南湖公路一段，1971年修建南湖至下湖一段，1998年实现路面硬化。1979年，修建下湖至大庄段，于1980年竣工通车，沙土路面。2005年，和五莲县接界段6千米水泥路面硬化，技术等级为四级公路，路基宽度为8米，路面宽度为5米。

冯迟线　起于秦楼街道冯家沟，途经秦楼街道，止于日照街道迟家村，全长9.3千米，1975—1976年修建，沙土路面，沿线绿化，路面宽11米，路基宽13米。2007年，成为城市支线。

后涛线　起于后村镇，止于涛雒镇，全长13.7千米，1978—1979年建成。2004年后，东港区范围内的1.1千米归东港区交通局管辖，其余路段归岚山区交通局管辖。

青赵线　起于奎山街道青墩村，止于巨峰镇赵家村，全长24.733千米，分三次修建。1996年全线硬化，沥青路面，路面平均宽8米，路基平均宽10米。2004年10月，东港区范围内的1.3千米归东港区交通局管辖，其余路段归岚山区交通局管辖。

日下线　起于日照城，途经后村镇、黄墩镇，止于下双疃、大株洲村，通往莒南十字路，全长41.8千米。1958年秋，在原有大车道的基础上修建而成。1963年修建烟墩岭至崖头一段，1964年竣工。1985—1986年秋进行改建。1993年对烟墩岭至崖头段进行硬化，路基11米，路面宽9米。1998年修建崖头至黄墩段，同年竣工通车。为二级公路，沥青路面，沿路绿化，路基平均宽10米，路面平均宽8米。2004年10月，东港区范围内的3.3千米归东港区交通局管辖，其余路段归岚山区交通局管辖。

石刘线　起于石臼街道，止于奎山街道刘家寨村，全长9.94千米，1984年10月始建。沥青路面，沿路绿化，路基12米，路面宽10米。

山南线　起于南湖镇娄家沟，止于南湖镇，全长11千米。1979年修建，1980年竣工通车。沙土路面，路基宽10米，路面宽8米。2000年4月，由南湖镇进行沙土路升级改造。2003年实施沥青硬化。

沈邵线　原为庄头村至日照水库路，为水库专用路，全长10.8千米。1960年修建，后升级为县道。沙土路面，路基平均宽6米，路面平均宽5米。2004年10月，东港区内的5.8千米归东港区交通局管辖，其余路段归岚山区交通局管辖。

汪黄线　起于五莲县汪湖镇，途经三庄镇小松杆、黄墩镇，止于黄墩镇孙家蒲旺村，全线长86.1千米。1954年起，曾多次修建，未通车。1983年，沿路镇政府组织民工修建，1984年竣工通车。1995年，三庄至黄墩路段路面硬化，沥青路面。

“村村通”硬化路工程

2003年6月6日，区政府制定《关于实施全区农村公路改造工程的意见》，成立东港区农村公路改造工程领导小组。

实施农村公路改造工程，国家、省、市、区分别给予补助，其中国债项目每千米补助10万元，省按每千米4万元补助，市按每千米2万元补助，区按每千米2万元补助。农村公路改造工程原则上以四级路为标准，其主要路按三级路标准改造，要求做好路基防护、路面排水设计，设置必要的交通安全标志。县道、乡道、村道分别按不低于6米、4.5米、3.5米的路面宽度进行沥青或水泥硬化路面。

图6-6 20世纪90年代的乡村公路

各镇、街道根据实际，筹集部分配套补助资金解决工程资金短缺问题。

至2007年，10个镇、街道新修和改造村道372条，总计749.61千米，路旁全部绿化。技术等级二级的村道21.3千米，为沥青路面。技术等级三级的村道14.7千米，为水泥路面。技术等级四级的村道534.7千米，为水泥路面。等级以外的尚有178.91千米为沙土路面。

十将路　起于日东高速北连接线，止于县道日下线。建于1980年，全长5.2千米，沙土路面，平均路基宽度7米，路面宽度5米。2004年，对该路4.2千米进行路面硬化改造，为四级水泥路面，路基宽6米，路面宽4米。

台下路　起于335省道三庄镇三村，止于上卜落崮村东，全长5.1千米。建于1982年，沙土路面。2004年进行路面硬化改造，为四级沥青路面，路基宽8米，路面宽6米。

三泉路　起于县道三黄线三庄镇三村，止于泉子岭村西，建于1976年，全长5千米，沙土路面。2004年进行路面硬化改造，为四级水泥路面，路基宽5.5米，路面宽3.5米。

徐万路　起于县道大沈线南湖镇徐家坪，止于南湖镇万家坪，全长5.1千米。新中国成立前后修建，沙土路面。2004年进行路面硬化改造，四级水泥路面，路基宽6米，路面宽4米。

陈蔡路　起于335省道陈疃镇驻地，止于上蔡庄村北，全长9.1千米。新中国成立前修建，沙土路面。1999年，由当地村镇自发组织对该路进行拓宽修整。2004年进行路面硬化改造，为四级水泥路面，路基宽7米，路面宽3.5米。

岭蔡路　起于县道石刘线大岭村，止于南沿海公路蔡家滩村，全长8千米。建于1988年，沙土路面。2003年进行路面硬化改造，技术等级为二级，沥青路面，路基宽16米，路面宽14米。

牟合路　起于204国道，止于奎山街道岭二头村，全长3千米。建于1980年，沙土路面。2004年进行路面硬化改造，为四级水泥路面，路基宽9米，路面宽7米。

西郭路　起于奎山街道西河村东，止于奎山街道郭家湖子村东，全长8.3千米。建于1976年，沙土路面。2004年进行路面硬化改造，为四级水泥路面，路基宽7米，路面宽5米。

河海路　起于204国道河套村，止于县道南沿海公路，全长6.9千米。建于1980年，沙土路面。2004年进行路面硬化改造，为四级水泥路面，路基宽7米，路面宽5米。

液化气站路　起于涛雒镇东川子村前204国道，止于县道南沿海公路，全长5.1千米。建于1979年，沙砂土路面。1998年，进行拓宽修整，路基宽为16米，路面宽度为12米。2004年进行路面硬化改造，为四级沥青路面，路基宽16米，路面宽14米。

川子路　起于涛雒镇东川子村北，止于204国道，全长4.2千米。建于1980年，沙土路面。1997年进行拓宽修整。路基宽7米，路面宽6米，四级砂石路面。

高栈路　起于涛雒镇高旺庄村前204国道，止于县道南沿海公路，全长3.3千米。建于1982年，沙土路面。1999年进行路面硬化改造，为四级沥青路面，路基宽8.5米，路面宽7米。

东风路 起于204国道，止于涛雒镇东风村村南站牌，全长4.7千米。建于1981年，沙土路面。2003年进行路面硬化改造，为四级沥青路面，路基宽7米，路面宽4.5米。

南店路 起于涛雒镇赵家庄子村，止于204国道，全长6.2千米。建于1981年，沙土路面。2005年和2006年，全线进行路面硬化改造，为四级水泥路面，路基宽7米，路面宽3.5米。

图6-7 涛雒镇“村村通”公路 (摄于2005年)

李潭崖路 起于341省道，止于乡道东风路，全长3.4千米。建于1981年，沙土路面。2005年和2006年，全线进行路面硬化改造，为四级水泥路面，路基宽7米，路面宽5米。

两下路 起于204国道，止于两城镇后下庄村北，全长8千米。建于1980年，沙土路面。1998年，对该路线的1.8千米沙土路面进行路面改造，四级沥青路面，路基宽10米，路面宽8米。2004年和2005年，对剩余的6.2千米进行路面硬化改造，为四级水泥路面，路基宽7米，路面宽3.5米。

窑城路 起于两城镇朱家窑村西，止于204国道，全长5.0千米。建于1990年，沙土路面。1996年，对1.3千米沙土路面进行改造，四级沥青路面，路基宽12米，路面宽8米。2005年对2.7千米的沙土路面进行路面硬化改造，为四级水泥路面，路基宽7米，路面宽3.5米。

青韩路 起于两城镇204国道青岗村，止于两城镇韩家村南，全长5.53千米，建于1982年，沙土路面。路基宽6米，路面宽4米。1999年进行路面拓宽整理，为四级沙土路面，路基宽9.5米，路面宽8米。

建材路 起于县道潮石路，止于河山镇东山村东，全长3.47千米。建于1980年，沙土路面，路基宽6米，路面宽4米。2005年进行路面硬化改造，为四级水泥路面，路基宽7米，路面宽5米。

大屯路 起于河山镇大沙沟村西，止于县道潮石路，全长4.9千米。建于1980年，四级沙土路面，路基宽5米，路面宽3米。2005年对2.7千米进行路面硬化改造，为四级水泥路面，路基宽6米，路面宽4米。

屯黄路 起于河山镇屯岭村西，止于河山镇黄家屯村西，全长3.8千米。建于1981年，沙土路面。1990年，进行路面拓宽整理，路基宽6米，路面宽5米。2003年对1千米的沙土路面进行路面硬化改造，为四级水泥路面，路基宽7米，路面宽5米。

秦吴路 起于秦楼街道山海路，止于秦楼街道吴家台村北，全长12.5千米。建于1981年，沙土路面。1990年进行路面拓宽整理，路基宽7米，路面宽5米。2003—2004年，对2.2千米的沙土路面进行路面硬化改造，为四级水泥路面，路基宽8米，路面宽6米。

庙东路 起于秦楼街道庙山前村东，止于秦楼街道新合村西，全长3.7千米。建于1976年，技术等级为四级，沙土路面，路基宽6米，路面宽4米。

万宝路 起于两城镇204国道，止于两城镇万宝集团，全长5.8千米。建于1989年，技术等级为四级，沙土路面，路基宽7米，路面宽6米。2003年对2.1千米的沙土路面进行硬化改造，为四级水泥路面。

竹安路 起于两城镇204国道，止于两城镇安家村村北，全长4.7千米。建于1999年，技术等级为四级，沙土路面，路基宽10米，路面宽8米。2005年进行硬化改造。

张西路 起于西湖镇张古庄三村村东，止于西湖镇驻地，全长7.4千米。建于1991年，沙土路面。2005年全线进行路面硬化改造，路基宽6

米，路面宽3.5米。

花栗路　起于西湖镇222省道，止于西湖镇下栗山村北，全长5.5千米。建于1999年，沙土路面。2003年全线进行路面硬化改造，为四级水泥路面，路基宽7米，路面宽4米。

上久路　起于西湖镇张古庄三村村东，止于西湖镇驻地，全长7.4千米。建于1999年，沙土路面。2004年全线进行路面硬化改造，为四级水泥路面，路基宽6米，路面宽3.5米。

安大路　起于西湖镇安子沟村北，止于西湖镇大炮楼村内，全长4.4千米。建于1999年，沙土路面。2003年全线进行路面硬化改造，为四级水泥路面，路基宽5.5米，路面宽3.5米。

范徐路　起于三庄镇335省道，止于三庄镇徐家沈马庄村西，全长3.7千米。建于1976年，沙土路面。2005年全线进行路面硬化改造，为四级水泥路面，路基宽7米，路面宽4米。

窝范路　起于三庄镇窝疃村南，止于三庄镇335省道，全长6.9千米。建于1980年，沙土路面。2005年全线进行路面硬化改造，为四级水泥路面，路基宽5.5米，路面宽3.5米。

向城路　起于日照街道向阳河村东，止于日照街道迟下线，全长5.9千米。建于1983年，沙土路面。1999年进行硬化改造，为三级沥青路面，路基宽8米，路面宽6米。

三大路　起于日照街道204国道，止于日照街道花家院村东，全长4.5千米。建于1982年，沙土路面。2003年硬化路面2.6千米。2005年，将剩余1.9千米硬化为四级水泥路面，路基宽8米，路面宽6米。

经济开发路　起于日照街道山庄村内，止于日照街道335省道，全长3.5千米。建于1980年，沙土路面。1999年，由各村进行路面拓宽整理，为四级沙土路面，路基宽7米，路面宽6米。2004年，对2.7千米进行硬化改造，为四级水泥路面，路基宽6米，路面宽5米。

金焦路　起于日照经济开发区北京路街道金家沟村北，止于奎山街道岭蔡路，全长4.9千米。建于1976年，沙土路面。2005年全线进行硬化改造，为四级沥青路面，路基宽27米，路面宽24.5米。

上尹路　起于南湖镇大沈线，止于南湖镇尹家河村内，全长4.0千米，建于1976年，沙土路面。2004年全线进行硬化改造，为四级水泥路面，路基宽7米，路面宽5米。

陈尚路　起于陈疃镇东陈疃村村东，止于陈疃镇西尚沟村，全长4.4千米。建于1976年，沙土路面。2004年全线进行硬化改造，为四级水泥路面，路基宽6.5米，路面宽3.5米。

南北路　起于陈疃镇335省道，止于陈疃镇李家大沟村村西，全长5.6千米。建于1982年，沙土路面。2004年全线进行硬化改造，为四级水泥路面，路基宽5.5米，路面宽3.5米。

姜河路　起于陈疃镇335省道，止于陈疃镇姜疃村北，全长3.8千米。建于1982年，沙土路面。2005年全线进行硬化改造，为四级水泥路面，路基宽5.5米，路面宽3.5米。

王战路　起于三庄镇335省道，止于三庄镇战家沟村南，全长3.8千米。建于1999年，四级沙土路面。2005年进行硬化改造，为四级水泥路面，路基宽7米，路面宽3.5米。

龙大路　起于三庄镇龙泉官庄南，止于三庄镇335省道，全长6千米。建于1980年，沙土路面。2005年全线进行硬化改造，为四级水泥路面，路基宽7米，路面宽4米。

张安路　起于两城镇204国道，止于两城镇安家村一村村东，全长4.4千米。建于1980年，沙土路面。2004年全线进行硬化改造，为四级水泥路面，路基宽6米，路面宽4米。

张大路　起于两城镇张王庄村西，止于两城镇大沙洼林场，全长7.1千米。建于1999年，沙土路面。2005年和2006年，全线进行硬化改造，为四级水泥路面，路基宽8米，路面宽6米。

河高路　起于河山镇河山店北，止于河山镇高家沟村西，全长5.6千米。建于1984年。2003—2004年，全线进行硬化改造，为四级水泥路面，路基宽6米，路面宽3.5米。

汪家官庄路　起于河山镇河山店北，止于河山镇高家沟村西，全长5.6千米。建于1981年，沙土路面。2003—2004年，全线进行硬化改造，为四级水泥路面，路基宽4.5米，路面宽3.5米。

迟大路　起于日照街道迟家村村北，止于日照街道北大村北，全长8.2千米。建于1981年，沙土路面。2003年和2006年，对7.6千米进行硬化改造，为四级水泥路面，路基宽8米，路面宽6米。

孔官路　起于三庄镇讲合沟村南，止于三庄镇335省道，全长6.5千米。建于2000年。2005年，对5.4千米进行硬化改造，为四级水泥路面，路基宽6米，路面宽4米。

高石路　起于三庄镇刘家庄子村村南，止于三庄镇335省道，全长5千米。建于1976年。2005年全线进行硬化改造，为四级水泥路面，路基宽5.5米，路面宽3.5米。

甄泉路　起于河山镇潮石路，止于两城镇大沙洼林场，全长9.8千米。建于1985年。2005年全线进行硬化改造，为二级沥青路面，路基宽16米，路面宽14米。

2003—2007年东港区建设农村公路(村村通工程)情况表

表6-1

所在镇、街道	2003年		2004年		2005年		2006年		2007年		合计	
	长度（千米）	数量（条）	长度（千米）	数量（条）	长度（千米）	数量（条）	长度（千米）	数量（条）	长度（千米）	数量（条）	长度（千米）	数量（条）
日照	4.4	1	32.2	12	55.5	32	5.88	2	7.4	6	105.38	53
秦楼	4.55	5	10.2	10	3.5	5	6.4	2	0	0	24.65	22
涛雒	6.9	2	23.2	12	76.5	28	19.69	12	13.6	14	139.89	68
南湖	13.3	3	12.4	6	56.7	27	3.13	3	16.4	14	101.93	53
两城	5.6	2	15.6	10	52.8	39	3.64	3	7.4	5	85.04	59
河山	5.9	3	17.8	10	53.5	26	1.67	1	3.6	3	82.47	43
三庄	12.7	3	10	3	61.8	26	4.07	2	3.9	2	92.47	36
陈疃	14.3	3	9.1	2	19.6	7	2.9	1	0.9	1	46.8	14
西湖	10.1	2	11.4	2	40.5	15	6.78	4	2.2	1	70.98	24
合计	77.75	24	141.9	67	420.4	205	54.16	30	55.4	46	749.61	372

第二节　高速公路

日东高速公路

日东高速公路(日照至菏泽市东明县)日照段，东起日照城西孔家湖子村北，西至三庄镇前石沟崖村，与204国道、222省道互通，与335省道和疏港路相连接。设计行车时速100千米，全封闭、全立交、双向四车道。路基宽26米。建有特大桥1座，大桥5座。设有日照、西湖两个收费站。境内全长39.38

图6-8　日东高速公路　(摄于2005年)

千米。工程自1998年10月开工建设,2000年11月建成通车,2000年12月8日开始收费营运。

同三高速公路

同三高速公路(黑龙江省同江至海南省三亚)途经东港境内的两城、河山、日照、涛雒等镇、街道。东港段全长47千米,采用双向四车道、全封闭、全立交、分向分道行驶、全部控制出入的高速公路标准。路基宽28米,设计时速120千米。另有两条连接线分别通往日照市区和港口。日照疏港路连接线起于日照港西港区,止于日照街道万家岭村东北日东高速公路连接线,全长13.15千米,采用双向四车道一级公路标准,路基宽25.5米,设计时速100千米。日照北连接线(山海路),全长8.2千米,双向8车道,路面宽度30.5米,起于山海天旅游度假区,止于日照街道大莲村西同三高速公路日照北收费站。

同三高速公路东港段工程自2001年11月22日开工建设,2003年12月26日建成通车。

第三节 铁路

兖石铁路

西起济宁市兖州,东至日照市石臼所。建于1982年3月,1986年10月1日通车。日照市境内段,西起大坡乡丁家林,东至日照港,全长41千米,由西向东设有日照、石臼所2个车站。2005年撤销日照站,石臼所站改称为日照火车站。

兖石铁路为一级铁路,建成时单线。限制坡度为4‰。牵引种类,近期为蒸气,远期为电气化。机车种类为前进型,牵引定数为3500吨。最大车速为120千米/小时,通过能力为26对/天,年运输能力为1167万吨。复线工程于1999年开工建设,2001年建成并投入运营。

日照电厂铁路专线

该线西起奎山街道郭家湖子村西,接兖石铁路,途经石场村、管家村至山后村日照电厂,全长13.8千米。1996年5月奠基,1999年8月竣工通车。

第四节 桥涵

桥梁

古桥　东港境内古桥原有16座:县城东关河上的化龙桥、永安桥,老城西门外的太平桥、石桥,相家庄西的套子桥,涛雒北门外的地雷桥、西面的南太平桥、东面的葛家桥、东北的王家桥,韩家营子村西南的南山后桥,夹仓西的张公桥,县城东南的石场桥,刘家寨南的寨前桥,右所北面的大桥、二桥、三桥。其中以太平桥历史最长,建于金代,由张莘卿主建。新中国成立后皆不复存。

国、省道公路桥　境内的公路桥,新中国成立前主要有6座:傅疃河桥、两城河桥、迟家村桥、营子河桥、高家村桥、小庄子桥,多为漫水路桥。以傅疃河桥建桥时间最早。新中国成立后,对112座公路桥梁进行修复,随后出现新型石拱混凝土、钢筋混凝土等各种结构的公路桥梁。至2007年,共新建公路桥梁168座,其中大桥21座,中桥41座,小桥106座。主要的桥梁有:傅疃河桥、沈疃大桥和海曲桥。

傅疃河桥位于204国道跨傅疃河处。傅疃河是境内最大河流。先世曾有好善者,冬天在此临时搭桥,便利交通。清咸丰五年(1855年),牟家小庄牟季襄倡议募捐修桥,发《募修傅疃河桥启》,带头集资,购置材料。深秋搭制木板桥,夏汛前拆除。为保证修桥用资,在大桥南北,各用捐款置田数十亩,以地租作为修桥费用。1936年,将季节性桥改为长年性木结构桥,两岸用麻袋装沙立台,中间架木板,可供汽车通行。1937年冬,国民党第四十军庞炳勋部撤退时,为阻止日军南侵而将此桥毁掉。1939年日伪侵占日照后,又在原桥处修石板漫水桥。此桥沿用到70年代。1977年新修建傅疃河桥,钢筋混凝土浇灌,长412.38米,宽7.60米,高6.16米。1992年国道拓宽改造时,将桥面加宽至15米。

沈疃大桥位于泰石线沈疃村东。1953年落成,钢筋混凝土结构。1958年修建日照水库时被拆除。

海曲桥位于335省道跨小庄子河处。1987年,紧挨河上旧桥建起新桥1座,两桥合而为一。桥宽31米,长87.6米。分人行道与车道。桥两边设有栏杆和12盏路灯。

2007年东港区国道干线桥梁情况表

表 6-2

路线名称	桥 名	桩 号	桥型结构	型号	面宽（米）	桥长（米）	桥跨组合	载重(吨)	修建年月
G204	红旗大桥	K327+734	空心板梁	大	24	158.7	12×13	汽20挂100	1994年4月
G204	两城大桥	K328+759	空心板梁	大	24	412.5	41×10	汽20挂100	1976年2月
G204	两城小桥	K330+002	实心板	小	24	23.31	2×6	汽20挂100	1976年6月
G204	两城中桥	K330+502	石拱桥	中	24	35	5×4	汽20挂100	1976年6月
G204	青岗沟桥	K332+392	石拱桥	中	15	37	4×6	汽20挂100	1970年3月
G204	青岗沟西桥	K334+057	片石混凝土拱	小	15	13	1×6	汽20挂100	1970年3月
G204	小洼桥	K335+058	片石混凝土拱	中	15	72.6	5×10	汽20挂100	1971年3月
G204	小洼小桥	K335+764	混凝土板拱	小	15	15.5	3×4	汽20挂100	1972年3月
G204	河山店桥	K337+855	石拱桥	中	15	55.3	5×8	汽20挂100	1976年3月
G204	河山小桥	K338+918	二铰板拱	小	27	14.8	3×4	汽20挂100	1975年3月
G204	岔路口桥	K339+056	石拱桥	小	26.4	17.7	2×4	汽20挂100	1974年10月
G204	许家官庄桥	K340+542	石拱桥	小	15	13	3×3	汽20挂100	1974年10月
G204	松元桥	K342+128	二铰板拱	小	15	11.9	1×5	汽20挂100	1975年7月
G204	时家村桥	K347+565	石拱桥	中	21.4	74.2	7×8	汽20挂100	1976年
G204	一中桥	K348+243	石拱桥	中	15	65.16	6×8	汽20挂100	1975年3月
G204	郭家湖桥	K353+251	空心板梁	中	24	97	7×13	汽20挂100	1966年4月
G204	傅疃桥	K357+658	空心板梁	大	15	412.38	41×10	汽20挂100	1977年6月
G204	傅疃南桥	K359+686	石拱桥	小	15	24.8	2×8	汽20挂100	1977年10月
G204	廒头桥	K363+873	石拱桥	中	15	32	2×6	汽20挂100	1976年5月
G204	廒头南桥	K364+278	片石混凝土拱	中	15	42.4	3×10	汽20挂100	1976年5月
G204	东川子桥	K364+902	片石混凝土拱	中	15	51.8	6×6	汽20挂100	1986年5月
G204	川子桥	K365+073	片石混凝土拱	中	15	53	4×10	汽20挂100	1993年6月
G204	川子南桥	K365+465	石拱桥	小	15	17.9	1×8	汽20挂100	1976年5月
G204	涛雒桥	K367+914	现浇实心板	小	15	24.2	6×2	汽20挂100	1973年2月
G204	南店桥	K369+191	石拱桥	大	12	119.9	9×10	汽20挂100	1986年5月
G204	竹子河桥	K370+897	石拱桥	大	15	111.4	11×8	汽20挂100	1976年4月
G204	高旺桥	K371+445	空心板梁	中	15	82.6	6×13	汽20挂100	1993年3月
G204	大草坡桥	K373+756	石拱桥	小	15	18.5	1×8	汽20挂100	1976年3月

东港区省道干线桥梁情况表

表 6-3

路线名称	桥　名	中心桩号	桥型结构	型号	面宽（米）	桥长（米）	桥跨组合	载重（吨）	修建年月
S220	两城桥	K157+884	石拱桥	小	24	23.6	3×4	汽 20 挂 100	1996 年 7 月
S220	金银河大桥	K158+416	空心板梁	大	24	119.7	11×10	汽 20 挂 100	1996 年 7 月
S220	秦家庄桥	K162+056	石拱桥	小	24	17.6	2×4	汽 20 挂 100	1976 年 6 月
S220	普车沟桥	K162+334	现浇实心板	小	24	11	2×5	汽 20 挂 100	1976 年 6 月
S220	普车沟南桥	K162+883	石拱桥	小	24	19.7	2×5	汽 20 挂 100	1976 年 6 月
S220	刘家楼桥	K166+490	石拱桥	中	24	78.1	6×10	汽 20 挂 100	1976 年 6 月
S220	封山岭桥	K169+543	石拱桥	小	24.2	19.5	1×10	汽 20 挂 100	1976 年 6 月
S220	陶家村桥	K170+629	石拱桥	小	24.2	28.2	2×6	汽 20 挂 100	1976 年 6 月
S220	陶家村南桥	K170+726	石拱桥	小	24.2	20.71	1×6	汽 20 挂 100	1976 年 6 月
S220	后滩西桥	K172+402	石拱桥	小	24	15.5	1×6	汽 20 挂 100	1976 年 6 月
S220	历家村桥	K175+695	石拱桥	小	24	24.8	2×6	汽 20 挂 100	1976 年 8 月
S220	卜家庵子桥	K177+161	石拱桥	小	24	19.5	2×6	汽 20 挂 100	1976 年 8 月
S222	陈疃大桥	K205+494	现浇实心板	大	18	184.6	14×13	汽 20 挂 100	1976 年 8 月
S222	曹家官庄桥	K208+956	空心板梁	小	18	28.9	1×16	汽 20 挂 100	1992 年 6 月
S222	圈村大桥	K210+260	空心板梁	大	10	303.4	23×13	汽 20 挂 100	1992 年 4 月
S222	西湖桥	K213+314	肋板拱	中	9.47	91.5	4×20	汽 20 挂 100	1974 年 3 月
S222	小岭桥	K217+451	简支块石	小	10	11.4	4×2	汽 20 挂 100	1992 年 7 月
S335	沙墩桥	K6+217	石拱桥	中	35	55.26	4×13	汽 20 挂 100	1966 年
S335	海曲桥	K8+409	双曲拱	中	31	87.6	8×10	汽 20 挂 100	1976 年
S335	东十里铺桥	K13+657	双曲拱	小	24	18.4	1×10	汽 20 挂 100	1966 年
S335	东黄山前桥	K16+650	石拱桥	小	18	28.4	1×10	汽 20 挂 100	1986 年 7 月
S335	彭家河桥	K20+122	肋板拱	大	18	103.9	4×20	汽 20 挂 100	1986 年 7 月
S335	西沈马庄桥	K21+625	石拱桥	小	18	24.6	1×10	汽 20 挂 100	1986 年 7 月
S335	沈马庄桥	K22+084	空心板梁	大	18	212.44	16×13	汽 20 挂 100	1986 年 7 月
S335	鲍疃南桥	K28+185	石拱桥	小	18	17.86	1×10	汽 20 挂 100	1986 年 7 月
S335	鲍疃桥	K29+560	空心板梁	大	18	301.4	23×13	汽 20 挂 100	1986 年
S335	大王家寨桥	K36+693	空心板梁	中	18	70.5	8×8	汽 20 挂 100	1986 年 7 月
S335	三庄桥	K39+968	板拱	小	18	10.5	1×8	汽 20 挂 100	1986 年 7 月
S335	范家楼桥	K41+734	片石混凝土拱	大	18	114.6	6×15	汽 20 挂 100	1986 年 7 月
S335	夏家岭桥	K43+229	片石混凝土拱	大	18	181.4	10×15	汽 20 挂 100	1986 年 7 月
S335	夏家岭小桥	K43+258	简支空心板	小	20	9	1×8	汽 20 挂 100	2009 年
S335	竖旗桥	K47+449	空心板梁	中	18	54.8	3×10	汽 20 挂 100	1986 年 7 月
S335	庞家店子桥	K48+403	片石混凝土拱	小	20	20.9	1×10	汽 20 挂 100	1986 年
S335	石沟崖桥	K51+479	空心板梁	中	18	49.2	2×16	汽 20 挂 100	2009 年
S341	涛雒桥	K0+597	现浇实心板	小	9	8.4	4×2	汽 20 挂 100	1978 年 3 月
S341	沙岭子桥	K1+418	现浇实心板	小	9	8.5	4×2	汽 20 挂 100	1978 年 3 月
S341	宋家坨桥	K2+907	现浇实心板	小	10	13	4×2	汽 20 挂 100	1978 年 3 月
S341	高岭桥	K4+381	石拱桥	小	9	13	1×8	汽 20 挂 100	1978 年 3 月
S341	涛雒跨线桥	K5+549	连续箱梁	大	11	111	4×25	汽 20 挂 100	2003 年 12 月
S341	李潭崖桥	K7+728	石拱桥	小	9	14.8	1×6	汽 20 挂 100	1978 年 3 月

铁路桥　境内共建铁路桥梁54座，其中500米以上的特大桥1座，即傅疃河铁路大桥，位于奎山街道平台村西傅疃河上，全长1123.94米，34孔。另有大桥2座：张家河桥(173.06米)、沙墩桥(125.79米)。

县乡道路桥　境内的县、乡、村及专用道路上现有特大、大、中、小桥梁327座，其中县道上大桥8座，中桥21座，小桥86座；乡道上大桥3座，中桥8座，小桥43座。著名的桥梁有：

将帅沟大桥。在县道日下线上，桥长292米，净宽8米，桥跨组合为15孔×10米，上部结构为实心板梁，1987年建成。2007年，改造修建成桥跨组合为15孔×20米大桥，桥长312米，净宽12米。

南沿海路大桥。1995年，南沿海公路建成通车，该线路有大桥4座：傅疃河大桥在夹仓口，桥长550米，净宽12米，桥跨组合为27孔×20米，上部结构为实心板梁。川子河大桥，桥长195米，净宽12米，桥跨组合为15孔×13米，上部结构为实心板梁。小海大桥，桥长117.1米，净宽12米，桥跨组合为8孔×13米，上部结构为空心板梁。栈子大桥，桥长202.1米，净宽12米，桥跨组合为14孔×10米，上部结构为实心板梁。2006年对南沿海路进行改造，部分路段改道，新建两座大桥：傅疃河大桥桥长768米，净宽24.5米，全宽28.5米，桥跨组合为38孔×20米，上部结构为空心板梁；小海大桥桥长506米，净宽24.5米，桥跨组合为25孔×20米，上部结构为空心板梁。

大岭大桥。在县道石刘线上，1983年建成通车。桥长132.6米，净宽12米，桥跨组合为12孔×10米，上部结构为实心板梁。

尹家河大桥。在县道迟下线上，1985年建成通车。桥长116米，净宽8米，桥跨组合为9孔×10米，石拱桥。

图6-9　南沿海路傅疃河大桥　(摄于2006年)

东石梁头大桥。在乡道南店路上，1999年建成通车。桥长106米，净宽8米，桥跨组合为16孔×6米，上部结构为实心板梁。

李潭崖桥。在乡道李潭崖路上，2004年建成通车。桥长100米，净宽7米，桥跨组合为12孔×8米，上部结构为实心板梁。

东陈疃大桥。在乡道陈尚路上，1987年建成通车。桥长122.7米，净宽6米，桥跨组合为8孔×13米，上部结构为实心板梁。

2003—2007年东港区农村公路桥梁改造工程情况表

表6-4

桥梁名称	所在路线名　称	桥梁编码	所在镇	跨越河沟、渠名称	桥梁情况					所在道路行政等级
					桥梁长度(米)	桥梁宽度(米)	结构类型	桥类	桥跨组合(孔数×跨径)	
台庄桥	三庄三村至上卜落崮村	S0437110201501	三庄镇	台庄河	83.0	8	空心板	中桥	10×8.3	县道
卞庄桥	后卞庄村至北刘家村	S0437110206301	河山镇	沟壑	44.0	19	矩形板	中桥	5×8.8	县道
韩家庄桥	后卞庄村至北刘家村	S0437110206302	河山镇	河山河	32.0	11.5	矩形板	中桥	5×6.4	县道

续表 6-4

桥梁名称	所在路线名称	桥梁编码	所在镇	跨越河沟、渠名称	桥梁情况					所在道路行政等级
					桥梁长度(米)	桥梁宽度(米)	结构类型	桥类	桥跨组合(孔数×跨径)	
林前桥	后卞庄村至北刘家村	S0437110206303	河山镇	林前河	42.5	19	矩形板	中桥	5×8.5	县道
窝落子桥	后卞庄村至北刘家村	S0437110206304	秦楼街道	沟壑	30.5	19	矩形板	中桥	5×6.1	县道
后楼河桥	利民街道居委至后楼村	S0437110200001	日照街道	后楼河	64.0	7	空心板	中桥	4×16	村道
后官庄桥	三柱山村至前山前	S0437110203601	日照街道	大村河	32.0	8.5	矩形板	中桥	4×8	村道
郭家村桥	黄家河至大村	S0337110200701	日照街道	大村河	32.0	9	矩形板	中桥	4×8	村道
山前中桥	黄家河至大村	S0337110200702	日照街道	大村河	32.0	8.7	矩形板	中桥	4×8	村道
山庄桥	山庄至屯沟	S0437110200002	日照街道	山庄河	32.0	9	矩形板	中桥	4×8	村道
秦家官庄桥	迟家村至吴家台	S0437110200004	秦楼街道	马家河	48.0	9	矩形板	中桥	6×8	县道
李潭崖桥	李潭崖至东风村	S0437110200005	涛雒镇	苗家村河	100	7	矩形板	中桥	12×8	村道
城顶前桥	335 省道至城顶前村	S0437110200006	陈疃镇	河东河	32.0	6	矩形板	中桥	4×8	村道
南湖四村桥	南湖三村至娄家沟	G0437110200201	南湖镇	战家河	52.9	8.5	石拱桥	中桥	3×16	县道
花峡峪桥	花峡峪至丁家沟	J0537110200001	南湖镇	南湖河	78	8.5	矩形板	中桥	6×13	乡道
向阳河桥	向阳河至陡岭子	J0537110200002	日照街道	山庄河	32	10	矩形板	中桥	4×8	乡道
大北湖桥	南湖三村至娄家沟	J0537110200003	南湖镇	战家河	91	8.5	空心板	中桥	7×13	县道
范家河桥	费家河至大莲村	J0537110200004	日照街道	范家河	46.4	7	石拱桥	中桥	4×10	村道
彭家河桥	小长旺崖至石龙口	S0537110203601	南湖镇	彭家河	32	7	矩形板	中桥	4×8	村道
金银河桥	潮石路至卸甲庄	S0537110208501	河山镇	金银河	52	12	空心板	中桥	4×13	乡道
孙家河桥	东南营至孙家村	S0537110211001	涛雒镇	孙家村河	60	12	空心板	中桥	3×20	县道
上李庄桥	向阳河至陡岭子	J0537110200005	日照街道	上李庄河	35	12	石拱桥	中桥	2×16	乡道
下坳桥	尹家河至上坳	S0337110208001	南湖镇	下坳河	39	6.5	矩形板	中桥	6×6.5	村道
铨园桥	久固庄至下栗山	S0437110203801	西湖镇	铨园河	32	7.5	矩形板	中桥	4×8	乡道
下卜落崮桥	335 省道至下卜落崮	S0537110202601	三庄镇	卜落崮河	48	7.5	矩形板	中桥	6×8	乡道

续表 6-4

桥梁名称	所在路线名称	桥梁编码	所在镇	跨越河沟、渠名称	桥梁情况					所在道路行政等级
					桥梁长度(米)	桥梁宽度(米)	结构类型	桥类	桥跨组合(孔数×跨径)	
官庄桥	官庄至讲合沟	S0537110213301	三庄镇	官庄河	48	7.5	矩形板	中桥	6×8	乡道
小庄桥	三黄路至小庄	S0537110214201	三庄镇	小庄河	48	7.5	矩形板	中桥	6×8	乡道
凤凰庄桥	凤凰庄至马陵水库	S0537110217001	南湖镇	马陵水库支流	65.8	10	拱桥	中桥	3×20	乡道
三庄大桥	三庄一村至邱前	J0537110200006	三庄镇	三庄河	156	11.5	板桥	大桥	12×13	县道
陈疃大桥	西陈疃二村至滕家庄子	S0537110204701	陈疃镇	滕家庄子河	91	7	板桥	中桥	7×13	乡道
小海大桥	东南营至小海村	S0537110211002	涛雒镇	小海河	506	24.5	板桥	大桥	25×20	县道
花峡峪西桥	花峡峪至丁家沟	S0637110200001	南湖镇	花峡峪河	48	7	矩形板	中桥	6×8	村道
南湖河中桥	335 省道至南湖三村	S0637110200002	南湖镇	南湖河	57.1	12	石拱	中桥	4×12.2	县道
徐家坪中桥	樵沈线至上小城子	S0637110200003	南湖镇	下湖河	32	7	矩形板	中桥	4×8	村道
战家村桥	南王线至战家村	S0637110200004	南湖镇	战家村河	58.3	7	石拱	中桥	5×10	村道
南湖二村中桥	南湖二村至南湖三村	S0437110207801	南湖镇	南湖河	32	7	矩形板	中桥	4×8	村道
迟家村桥	利民街居委至东关北路居委	S0537110212201	日照街道	后楼河	56	10	矩形板	中桥	7×8	乡道
竖旗桥	竖旗至塔山	S0537110213501	三庄镇	竖旗河	32	7	矩形板	中桥	4×8	村道
瞻埠潭桥	张古庄至瞻埠潭村	S0637110203001	西湖镇	水库河	48	7	矩形板	中桥	6×8	村道
三合岭桥	三合岭至高家沟	C200371102	三庄镇	高家沟河	32	7	矩形板	中桥	4×8	村道
高家沟桥	官庄至讲和沟	Y076371102	三庄镇	高家沟河	32	8	矩形板	中桥	4×8	乡道
惠家下河桥	贾家沟至惠家下河	C459371102	三庄镇	惠家下河河	32	7	矩形板	中桥	4×8	村道
林家村桥	前官庄至林家村	C454371102	日照街道	林家村河	32	7	矩形板	中桥	4×8	村道
田家窑桥	田家窑至山庄	C452371102	日照街道	山庄河	56	7	矩形板	中桥	7×8	村道
郭家庄桥	大草坡至东南营	X481371103	涛雒镇	郭家庄河	60	17	矩形板	中桥	6×10	村道
空冲水桥	南湖四村至娄家沟	Y012371102	南湖镇	空冲水河	32	8	矩形板	中桥	4×8	县道
西高家沟桥	官庄至讲和沟	X0763711012	三庄镇	高家沟河	32	8	矩形板	中桥	4×8	乡道
尹家河桥	迟下线	X015371102	南湖镇	尹家河河	116	8	空心板	中桥	9×10	县道

涵洞

据1987年统计,境内公路上跨径不足8米的过水涵洞682个。主要有黄家屯西、沙墩、烟墩岭等石板涵,大莲村、竹溪后等石拱涵,陈家沟、东沈马庄、小李村管涵等。

2007年年底,境内共有板涵、拱涵、箱涵、管涵等各类涵洞1685个,其中分布在县道上的221个,分布在乡道上的383个。

第二章 运 输

第一节 运输工具

1958年前,境内陆上运输工具以人、畜为主要动力。1958—1976年,开始改制、添置中小型机动运输车辆。境内几个主要专业运输单位各拥有一定数量的机动车(绝大部分是柴油机、汽油机为动力的载重1.5吨的三轮车和汽车),机动车总数31辆(不包括拖拉机)。1977年后,逐步实现运输公路化、汽车化。1986年,海上大宗货物由轮船转运,陆上大宗货物运输主要用火车。

人力运具

扁担　扁担为人们生活中常见、常用的简单运输工具。或挑或抬,主要用于距离近、重量轻的物品搬运。两端固定环链和铁钩,称钩担。

轿子　新中国成立前轿子为客运工具。官宦人家,自备乘轿。民间婚嫁迎娶事宜,有赁铺出租轿子承运。轿主要分"官轿""彩轿"(花轿)等,以"轿衣"体现差异。轿子一般以四人抬之,也有所谓"八抬大轿"。民国中期,境内有赁铺13家,轿子30乘。20世纪60年代后,轿子被其他交通工具代替。

黄包车　民国中后期从青岛流入境内,俗称"东洋叉子"。使用时为一车夫拉乘客迅跑。境内涛雒、石臼所等地共有黄包车8辆。至1940年,战事频起,黄包车在境内消失。

手推车　俗称拥车子,是一种靠人把持推进的搬运工具。20世纪50年代前,通体木制,称木轮车。50年代后,木轮由胶轮代替,是农民家庭必备的工具,主要用于运送粪土、庄稼。

地排车　20世纪50年代后期,开始发展使用,主要用于民间零散货物的短途运输。1984年,境内有地排车3523辆。至2007年少有使用。

畜力运具

骆驼　20世纪20年代前,境内有货运骆驼近60峰。主要有丁家楼"永隆"骆驼行,訾家店"和茂"骆驼行,大后村"宋家"骆驼行等。民国后期骆驼运输消失。

驴　驴是一种客货兼运的牲畜。20世纪30年代前,主要用于山区驮运和长途驴车拉运。1949年有6910头。

马车　1950年,境内先后出现运输马车,共有20辆。1959年10月,县马车队(地方国营)在马车社的基础上成立。有马车48辆,骡马110匹。其中,双轮车44辆,每车载重1.5吨。大四轮车2辆,每车载重2吨;小四轮车2辆,每车载重1.5吨。

机动运具

机动三轮车　1964年起,境内几个专业运输组织陆续添置、改制机动三轮车30多部。

拖拉机　1960年,县拖拉机站购置两台进口中型拖拉机。1984年,境内已有大、中、小型拖拉机5540台。

汽车　主要有客运、货运两种。1934年,境内石臼所即有"扶轮汽车公司"。

汽车客运最早始于扶轮汽车公司。该公司客车原为美制载重3吨"雪佛莱"牌货运汽车,以木架车棚搭于车厢之上改制而成。两年后,客运汽

图6-10　高级客车　(摄于2004年5月)

车停止运营。1951年，沂水专区运输公司客车始通达日照。客运工具主要以客车为主。1977年，临沂地区运输公司驻日照汽车十一队建立，有大客车50部(多为解放CA—10C牌客车)。1982年，日照县成立公共汽车公司，有大客车6部，出租小轿车1部。1984年，客运专业户共拥有客车4部。20世纪70年代末、80年代初，各部门、单位逐步购置自用的大、中、小型客车。1985年，全市有客车91部，各种吉普车、轿车、面包车等类型车84部。2007年，境内有客运公司6家，个体经营者1户，客运班车932辆，其中：日照市运输总公司484辆，日照市交通运输公司86辆，日照市第三运输公司66辆，现代公司167辆，安驰公司13辆，个体经营者3辆。省际旅游客车公司4家，旅游客车108辆。其中，运总公司46辆，交运公司33辆，三运公司21辆，现代公司8辆。

汽车货运也始于扶轮汽车公司。1934年，该公司5部货运汽车首次运营。1937年，因日军侵略而停业。新中国成立后，运输汽车有了较大发展。1984年，境内有货运汽车623辆。1989年，有货运汽车1526辆。2004年，有货运汽车、农用车1098辆，三轮车3600辆。2007年，区内运输企业发展到35家，汽车、农用车6228辆，三轮车54030辆。

第二节　客运

出租客运

新中国成立前，人们出行时，常租用轿子、马、驴或手推(拉)车代步。

1933年，涛雒人李合从青岛购来黄包车1辆，开始以涛雒为站点拉送客人，后发展至6辆。运行路线，南到柘汪，北至两城。石臼所有2辆黄包车运营。

1982年，日照县成立公共汽车公司，有出租小轿车1部。

1986年，有三轮摩托车、黑豹车从事车站接送客业务。同年，交通局成立出租车管理办公室。将859辆客运出租三轮车纳入规范化管理。

区内从2001年起，轿车出租车辆更新为普通型轿车(以夏利车为主)。

2003年10月，境内出租轿车开始统一为上蓝下黄的车体颜色，以突出“蓝天、碧海、金沙滩”的日照特色。

2005年后，日照市逐步淘汰面包、夏利等普通型出租轿车。更新后以桑塔纳、捷达、富康等中档车型为主，以红旗、奥迪、桑塔纳2000等高档车型为辅。

2007年，市区有客运出租公司13家，有出租车968辆。其中，运总出租公司119辆、交运出租公司46辆、祥云出租公司129辆、现代出租公司30辆、大众出租公司152辆、心力出租公司113辆、平安出租公司76辆、济泰出租公司85辆、明珠出租公司65辆、驰程出租公司60辆、陆桥出租公司47辆、华达出租公司26辆、华文出租公司20辆。另有客运出租三轮车850辆。

公路客运

1933年始，“华达”汽车行兼营客运。1934年，扶轮汽车公司有1辆客车，另把两辆货车改成客车。运营路线为石臼所—日照—莒县一线。后因经营亏损而取消客运。

1951年，日照始通国有客车。次年1月，沂水专区运输公司组建日照汽车站，开辟临沂—石臼所、沂水—石臼所两条客运线路。至1956年，增设胶新线上涛雒、汾水、岚山与泰石线上石臼、三庄5处三级客运汽车站。日照城通往高密、胶县、新浦的公路也逐渐通行客车。1972年，增发日照至青岛、徐州、潍坊等地的长途客运班车。1984年，城关六村、石臼六村个体专业户先后购买大

图6-11　日照汽车总站　　(摄于2004年)

客车3辆，从事客运业务。1988年后，小面包车逐渐增多，往返于石臼—岚山、石臼—日照及日照各乡镇之间从事客运。1988年，境内有私人大客车11辆，小面包车34辆。

1989年，日照站升格为一级汽车站，石臼站升格为二级汽车站，三级代办站的条件也得到改善。有营运客车59辆，2803个客座，日始发车90班次。个体车日发60班次，过路车日发60班次，年输送旅客220万人次。

2004年，日照客运站站场改造，建筑面积增加到2.1万平方米。日始发车1060班次，日接待旅客1.5万多人次，年输送旅客537.7万人次。客运班次已通达京、津、沪、苏、豫、冀、皖、陕、吉、黑、浙、闽、晋等三市十省六十多个地区。2007年，客运量4400万人次。

铁路客运

1986年10月1日，兖石铁路正式通车。日照、郑州向2152/2149次客运列车对开。1987年4月1日，增开日照、济南向N400/N399次、N398/397次直快列车一对。

1989年，发送旅客14万人。2005年，日照火车站西站撤销，保留石臼站，改称日照站，并对其改造。改造后的站房建筑面积6900平方米，站前广场总面积为2.6万平方米。改建工程于2006年5月竣工。增开日照、北京双向K52/K51次直快列车一对。2007年，日照站输送旅客80万人次。

海上客运

清朝末年，旅客乘渡系货船捎带，客流量很小。1923年5月，栈子资本家叶春墀在青岛开办"裕泰"轮船行，开通青岛—石臼—连云港航线，船运以货物为主，附带客运。

图 6-13　日照港国际候船厅　　(摄于2004年)

1949年9月，华东联运公司"新民"1号、2号轮船载运客货，航行于青岛—石臼—新浦航线。1950年4月，"福绥""海兴"两轮载运客货，定班航行于"青岛—石臼—连云港"航线。1959年10月，国产新型客货轮"鲁民1号""鲁民2号"航行于石臼至青岛。1965年6月，客货轮班次为单日来船，双日去船，航行石臼所至青岛，中途停靠灵山。1967年，石臼所建成新型客货码头、候客室等，轮船可直靠码头，结束长期靠驳运的局面。20世纪70年代一度停航。1995年3月，日照市航运管理局成立。2003年7月1日，国际客运站成立，日照港建成3000余平方米的国际候船厅，开通日照至韩国平泽客箱国际班轮航线。投入运营的船舶为"中韩桥"(原船名"旭日"号)，有540个客位，108个集装箱位。航线单程用时17个小时。最初每周2个航班，后加密为每周3个航班。2004年起，客源流向范围日渐扩大。

2005年12月22日，更换为"彩虹"号新船。该船客位735人，集装箱

图 6-12　日照火车站外景　　(摄于2006年)

位200个，汽车位90个，海上航行时间单向16个小时。

至2007年年底，日照至韩国航线共航行601个航次，累计运送旅客434758人次。

2003—2007年日照至韩国海上客运流量表

表6-5

年份	航次	人次
2003	59	19488
2004	144	71993
2005	100	66339
2006	150	137848
2007	148	139090
合计	601	434758

第三节　货运

公路货运

新中国成立前，货物运输业处于民间自发状态。运送货物多用牲口、木制独轮推车和少量双轮马车。货物多是自运自销。内陆地区将猪、花生等农副产品运至涛雒等沿海地区，运回海盐、渔业产品等。

随着沿海集镇的繁荣和海运业发展，民间运输形成行业。各行业都有把头负责联络，交涉运输事宜，分配所得报酬。20世纪20年代，涛雒、石臼等地大商号雇佣一帮“赶脚人”专为其服务，仅涛雒镇，木轮手推车多时可日达3000辆。民间运输行内设有大把头、二把头，负责管理事宜。主要是把本地鱼盐与海上运进的日用百货等运进内地，再从内地运回农副产品，装船外运。用骆驼、毛驴从事运输业的，称“牵骆驼”“赶老驴”。

抗日战争中期至解放战争期间，县民主政府将这些运输行组织起来，更名为“车工会”。主要承运滨海军区从口岸输入的军需物资和外销的农副产品及各商号的货物。

新中国成立初期，人、畜力仍是县内主要的货运力量。1954年始，县搬运公司在石臼、涛雒等处陆续设立搬运站，兼管民间运输。20世纪60年代初期，民间运输力量承担货物短途运输总量的75%。70年代始，人、畜力运输逐渐被现代化运输所代替。1976年年底，县运输公司建立汽车一、二、三队，临沂地区运输公司建立日照汽车十一队，到1984年，有专业货车队5个。日照市设区带县后，上述运输企业划归市管。

1993年11月，东港区运输公司成立(为个体运输企业)。2002年5月8日，更名为日照市东港区运输有限公司。

2006年6月起，日照翔宇物流园成立，涛雒临钢物流园、日照高新区物流园相继建成。2007年年末，运输物流信息配载企业已发展到82家，其中运输企业22家。已开通北京、广州、威海专线运输业务，并与新疆、上海、沈阳、大连、枣庄、济南、济宁各大物流公司建立了业务联系。各种营业性车辆已发展到6620辆，全年完成货运量410万吨，货运量每年以10%的速度增长。

海上货运

清末民初，海上运输船只达300余条。30年代，进出口货物主要集中在石臼、涛雒、王家滩3个海口。船只往来上海、宁波、温州、福州、天津、大连等地，有船行300多家。抗日战争和解放战争期间，海上运输中断。新中国成立初期有所恢复，后被陆上运输所代替。1985年后，境内海上运输量逐年增加，主要有煤炭、大宗货物运输。2007年，货物吞吐量已达1.3亿吨，集装箱16453标准箱，托运行李10多万件。货源种类由单一的农产品逐渐向工业产品多元化发展。新增水路运输服务企业29家，总数达183家。新增国内船舶管理企业2家，国际船舶管理企业7家。新增国际船舶代理企业55家，总量达99家。境内共有省际水运企业17家，船舶33艘、14.5万载重吨；筹建企业4家、船舶4艘、1.8万载重吨。

第四节　运输车辆维修

1965年10月，日照县运输公司派6人到青岛汽车保养厂学习车辆修理、保养技术。返回后，成为县内汽车维修业的骨干。1969年，已有专业汽车维修技术工人30名，拥有专门维修汽车车间，能对“跃进”“解放”两种型号国产汽车进行二级保养，后能进行三级保养。

1977年1月，县运输公司汽车大修厂成立，修理、保养车辆。1984年，承接各种国产汽车修理外，还能修理意大利FV、日本五十铃、罗马尼亚布切奇质型号汽车。

1977年，县工业局汽车修理厂建立。1979年，人员、设备并入县第二机械厂，成为日照县第二机械厂汽车修理车间。可承担国产汽车的大修任务。

1981—1984年，县内汽车数量剧增，城关、石臼先后建起4家农村队办汽车修理厂，一些专业运输车队建立了自己的汽车维修车间。

东港区设立之初，全区机动车维修业有一类企业1家，二类14家，三类78家。1999年，一类维修企业1家，二类18家，三类156家。2007年，一类1家，二类26家，三类256家，维修企业总数发展到283家。

第三章　交通管理

第一节　管理机构

交通机构

民国年间，交通管理由县建设科负责。1954年，县人民政府设交通科。1957年，交通科与公路管理站合署办公，次年合并，称交通局。1963年，交通局与公路站各成立机构，分署办公。1972年2月，交通局、邮电局合并，称交通邮政局，半年后恢复原建制。1974年，交通局设车辆监理站。1979年，车辆监理站改称日照县交通监理站，1987年划归公安局。1985年5月，日照县交通局改称日照市交通局。1989年11月，组建日照市交通委员会。1958—1989年，顾清忠、孔凡栋、马成超、范崇善、张守训先后任局长(主任)。1993年，组建东港区交通局，设5个科所。时德江、厉建平、王文军、安志强先后任区交通局局长。2002年8月，区交通局设办公室等6个科室、1个交通稽查大队和10处乡镇交通管理所。

公路机构

1951年春，沂水专区莒县公路管理段在日照县涛雒建立公路管理站，设站长、会计、管理员各一名。同年秋，公路管理站迁址于县城关西门里。1953年，随行政区域变更，隶属胶州公路管理段。1956年春，划归临沂专区公路管理段领导。

1957年10月，县公路站合并于日照县人民政府交通科。1958年年底，改称日照县交通局，设路政股负责公路管理业务。1963年1月，公路站重新挂牌，仍属临沂专区公路管理段，主管境内国家干线公路建设、管理业务。1984年，公路站设站长1人，副站长2人，设道班房15处。

1994年1月17日，东港区公路管理局成立。韩建淑、金立柱、时延森、赵华、袁玉波先后任局长。1994年7月，下设19个公路站。

1994年12月12日，碑廓、泉子庙、虎山、杨家庄子4个分站划归岚山工委公路站管辖。1995年6月21日，撤销204线的两城、许家官庄、奎山、田家园、大草坡、东岭6个公路站。改设城南、城北两个公路站，将西湖、后村公路站并入陈疃公路站。1995年8月17日，撤黄山前交通量观测点，设陈疃交通量观测点。

2003年3月，区公路局迁至昭阳路69号办公。

2004年12月5日，东港区公路局巨峰公路站整建制移交岚山区公路局管理，省道222线共19.6千米和省道341线共13.77千米移交岚山局管理。

2006年11月30日，东港区公路局增设安全科。2007年年底，区公路管理局下设11个机关科室和城南、城北、陈疃3个公路站。

第二节　公路养护

养护机构

境内国道、省道的养护属区公路局管理。公路局以下设公路站，站下设道班房。道班房养路工人配合沿途各村民工建勤人员组成养路队。1992年，境内国道、省道6条，养护里程209.72千米。设置公路分站15处，专业养路工人70人，建勤养路工人237人。至2007年，区公路局从事公路养护的职工有 25 人，干线公路按 1 人/2 千米的比例聘用群众养路员，从事路面保洁、整修、绿化修剪等养护工作。

图 6-14　乡村路维护　　　　　　(摄于 2006 年)

县乡公路养护由区交通局管理，设公路股负责所辖路段的正常养护。20 世纪 80 年代，沿途村庄平均每千米配备 1 名固定养路员，实行分段包干。时有县乡公路 13 条，养护里程 240.7 千米。有交通管理站(所)13 处，专职管理员 13 人，其他为兼职。民工建勤固定养路员 227 人。

图 6-15　公路养护　　　　　　(摄于 2007 年)

乡镇、村道及专用公路按“公路法”规定由当地村镇政府负责管养。

养护办法

路线改造、路面拓宽、公路构造物维修改建等工程，由公路局或交通局会同当地乡镇政府组成临时领导班子，组织建勤民工兴办。公路局或交通局派员负责技术指导、物资调拨事宜。

养护机械

新中国成立初期至 20 世纪 60 年代，公路养护主要靠人工操作。1971 年，添置 58 — 1 型三轮车和压路机各 1 台。随着公路事业的发展，管理部门不断添置机械化养路工具，如拖拉机、大型皮耙拖等，由专业工人与养路工配合使用。1987 年，有汽车 9 辆，压路机 6 台，拖拉机 7 台，摩托车 3 辆，搅拌机 4 台，起重机 2 台，装载机 1 台。1988 — 2007 年，原有的养护机械逐渐报废。2007 年，有汽车 5 辆，压路机 2 台，搅拌机 1 台，切割机 2 台，扫路车 1 台，洒水车 1 台。

第三节　运输管理

联合运输管理

新中国成立初期，境内各级政府的物资主要靠政府组织村民自带运输工具进行运输。商业物资部门对需要调运的货物，通过招揽运力进行运输。20 世纪 60 年代中期，县搬运公司承担大部分中、短途运输任务。1967 年，由港口、车站、物资、银行等部门组建县运输委员会，下设联合运输办公室，实行“三统”(统一货源、统一调度、统一运价)管理，开展公路对铁路、海运业的联合运输业务。

1979 年，对流通领域的运输货物，一律纳入“三统”管理。

1982 年，实行体制改革，撤销联合运输办公室，组建运输管理所，隶属县交通局。对营运车辆一律办理营运手续并签发行车路单，对无营运手续者实行教育、罚款和注销营运执照等管理措施。

运输车队管理

东港区成立前，境内有大型专业车队 5 家。其中县运输公司所属 4 家，为集体企业；临沂地区运输公司所属 1 家，为全民企业。东港区成立后，区运输管理所建立一站式“交通服务厅”，所有应办手续可一次办清，并开通电子政务，一些交通行政审批业务可通过网上办理。

机动车管理

机动车挂牌　1975 年之前，各种机动车辆申领号牌均由临沂地区交通局交通监理所承办。1975 — 1977 年，小型拖拉机牌照由日照县交通局交通监理站办理。1977 年之后，临沂地区交通局交通监理所只负责汽车和农用四轮运输车的落户和号牌核发，其余机动车辆落户和号牌核发权均下放到县交通局交通监理站。1987 年，市交通局交通监理站整建制划归市公安局，设立市公安局车辆管理所，负责辖区内的机动车落户和牌照核发。1989年7月，公安部门委托农机部门负责拖拉机落户和号牌申领。2004年5月1日，《中华人民共和国道路交通安全法》实施后，拖拉机落户和牌照核发工作由东港区农业机械安全监理站负责。

机动车转籍、过户　日照管辖区内的机动车转往管辖区外的，机动车所有人填写《机动车转移登记申请表》，提供法定证明、凭证并到公安车管部门交验机动车，车管部门收回号牌和行驶证，核发临时行驶车号牌，到机动车转入车辆新管辖区申请转入。从日照管辖区外转入的机动车，需填写《机动车注册登记转入申请表》，提交机动车所有人身份证明、机动车登记证书、车辆管理部门查验并收存机动车档案，确认机动车，核发号牌、行驶证和检验合格标志。管辖区内的机动车车主变更称为过户，提供符合规定的手续后，车管部门只在机动车档案内办理车主变更手续，重新核发机动车行驶证。

机动车年度检验　所有申领号牌的机动车每年度检验一次(俗称年审)。主要检查机动车的车容、车貌、总成、组合件、制动、灯光等。对年度检验合格的机动车，在行驶证上签盖年审章。1987年前，由交通局交通监理站会同农机部门进行年度检验。后由公安部门机动车辆管理所负责检验。1989年之后，公安部门委托农机部门负责拖拉机的年度检验。2004年5月1日后，拖拉机的年度检验划归东港区农业机械安全监理站负责。

机动车报废　境内的机动车和拖拉机报废分别由市公安局交警支队、东港公安分局交警大队和区农业机械局农业机械安全监理站负责实施。对达到报废标准的机动车和拖拉机，公安和农机部门通知车主按规定办理有关手续后，将报废车辆送到指定回收部门销毁。公安车管和农机监理部门签发报废证明。

机动车驾驶员管理

驾驶员的培训、办证　1975年前，境内培训的驾驶员很少。境内机动车驾驶员多为部队转业，他们持部队取得的驾驶证需换取地方驾驶证。地方厂矿、机关等需要驾驶员，需到临沂地区交通局交通监理所培训考取。1975年后，小型拖拉机驾驶证的核发权下放到县交通局交通监理站，拖拉机驾驶人员在县农业机械化学校培训毕业，经县交通局交通监理站进行验收考试，合格者核发《中华人民共和国机动车驾驶证》，方取得合法驾驶资格。1977年后，大型拖拉机、摩托车驾驶证由县交通监理站会同县农业机械化学校培训，临沂地区交通监理所负责考核并核发《中华人民共和国机动车驾驶证》。1981年后，大、中、小型拖拉机、摩托车等车辆驾驶员驾驶证的核发权，均下放到市交通监理站。拖拉机驾驶员的培训仍由县农业机械化学校负责。1989年后，机动车驾驶员的培训和驾驶证核发由市公安局车辆管理所负责，摩托车等机动车驾驶员培训、驾驶证核发由东港公安分局车辆管理所负责。拖拉机驾驶员驾驶证核发由公安部门委托区农业机械安全监理站负责。2004年5月1日后，拖拉机驾驶员驾驶证的核发由区农业机械安全监理站负责。

机动车驾驶员年度审验　境内机动车驾驶员年度审验和机动车年度检验同步进行，统称机动车及驾驶员年审。1986年前，境内机动车驾驶员年度审验由临沂地区交通监理所负责，拖拉机等车辆驾驶员的年度审验由县交通监理站负责。1987年后，各种机动车驾驶员的年度审验，都由市公安局车辆管理所负责。1989年后，拖拉机驾驶员的年度审验由市公安局委托市农业机械安全监理站负责；1993年后，由区农业机械安全监理站负责。1993年，摩托车等车辆驾驶员年度审验由东港公安分局车辆管理所负责。1996年后，机动车一般驾驶员的年度审验改为每两年一审，只对大型客货车和营运性小型汽车的驾驶员以及60周岁以上的驾驶员进行年度审验。

交通事故处理　1971年前，境内交通事故由日照县公路站负责。后由县交通监理站负责。1987年后，由市公安交警大队事故科负责处理。1993年后，由区公安交警大队和市公安局直属交警大队事故科负责调解处理。

第四节　规费管理

养路费

1980年1月1日开始征收养路费。1994年6月，汽车养路费由每月每吨160元调整到190

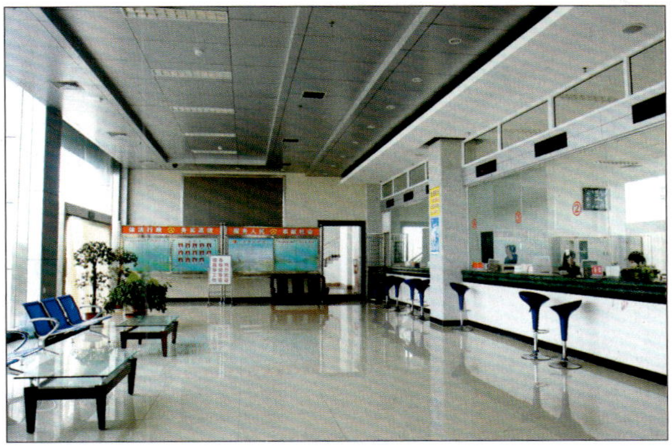

图 6-16 东港区养路费征收大厅 （摄于 2007 年 9 月）

元。正三轮摩托车(含简易三轮机动车)每月每车征收 54 元，侧三轮摩托车每月每车征收 12 元，二轮摩托车每月每车征收 10 元。2003 年 7 月，从事农田作业的拖拉机(不包括农用运输车)，收费标准按省计委、财政厅、交通厅规定执行。

货运附加费

1996 年始，境内征收货运附加费。2002 年，将“公路客运站队建设基金”和“货运建设基金”分别更名为“公路客运附加费”和“公路货运附加费”。

管理费

1996 年始，境内征收公路运输管理费。2004 年 1 月 1 日起，对农民使用的三轮汽车免征公路运输管理费。2005 年 1 月 1 日起，对三轮汽车免收客货运附加费。

路港费

1996 年 9 月 1 日，开始征收路港建设费。

1994—2007 年东港区交通规费征收项目、标准、依据情况表

表 6-6

项目	二轮摩托车	正三轮	拖拉机	农用车	依据
养路费	10 元/月/车	54 元/月/车	45 元/月/车	190 元/月/车	山东省交通厅、财政厅、物价局〔1994〕105、104 号，山东省交通厅财政厅物价局，鲁交计字（85）22 号
管理费	—	—	—	8.5 元/月/吨	山东省交通厅财政厅鲁交计字〔1995〕159 号；山东省计委、经委交通厅财政厅物价局鲁交计字〔1989〕112 号；山东省人民政府鲁政发〔1996〕71 号
货运附加费	—	24 元/月/吨	24 元/月/吨	45 元/月/吨	
路港费	5 元/月/吨	10 元/月/吨	30 元/月/吨	30 元/月/吨	

第七编

港　口

境内自有渔船捕捞始，即在入海河口和深水岸凸处泊船，形成自然港口。明代境内海上贸易活动渐兴，自然港口有所发展。新中国成立后，渔业港口有较大发展。1957 年，山东省交通厅海运局投资建设岚山港。1982 年，开工建设石臼港(日照港)，1986 年建成并投入使用。2003 年，日照港与岚山港合并，组成日照港(集团)有限公司。2005 年，日照港跻身全国十大港口之列。2006 年，日照港货物吞吐量实现 1.1 亿吨。2007 年，完成货物吞吐量 1.3 亿吨。

第一章　自然港口　渔港

第一节　自然港口

新口

即栈子口，古称张洛口(在今涛雒镇栈子村东)。后因泥沙淤积，改口于东南营村东北处，称新口。清道光十年(1830 年)，栈子村郑氏养大风帆船 5 条，从事海上运输，村人仿效。民国初期，海运风帆船已达 70 余条。栈子村的“瑞春”(叶友彭开设)和傅家的“小马”在日照较有名气。

1937 年 8 月，栈子村 20 余条大风帆船到上海卸货后，停泊在吴淞口。国民党驻军为阻挡日军军舰进入长江口而将所有船只沉入海底。新口海运遭到破坏。

涛雒口

即小海口，位于涛雒镇小海村东，距镇驻地 3.1 千米。明清时期海运兴起。清光绪三十二年(1906 年)，青岛小港进出口帆船唯涛雒口最多。20 世纪 30 年代为鼎盛期，有大风帆船 70 余条。大风帆船“金万康”可载万余饼。该口商船南航江、浙、闽、台，北抵天津、安东，年吞吐量 1 万吨以上。1940 年 2 月，日本侵略军占领后，海运随之败落。

新中国成立后，为恢复涛雒口的海运，1952 年 7 月，在涛雒小海村设立民船管理站，由石臼航运站管理。同年，海员工会自力更生修造 1 座长 50 米、宽 20 米的小码头，泊 20 ～ 30 吨帆船 4 条。有 20 条帆船(总吨位 488.61 吨)往来于青岛、上海间。运往青岛生米、生油、黄烟 3500 吨，运往上海披猪 5000 头。后因装卸条件差，转为渔业口岸。

夹仓口

位于夹仓村以东。古称“西南口”。明朝设巡检司于此。清康熙三十二年(1693 年)，夹仓口立碑“买卖交易不纳税”，海运发展较快。咸丰十一年(1861 年)，有大风帆船 27 条。同年 9 月，幅军首领滕化光(又名滕四)率 4000 余众攻克夹仓，风帆船尽被焚烧，海运衰败。20 世纪 30 年代，夹仓口海运有所恢复，大风帆船又发展到 40 余条。后由于历年泥沙淤积，港口已不复存在。

石臼所口

位于日照县城东 12 千米处。元代从浏家港海运漕粮，经石臼转运至直沽(今为天津市内狮子林桥西端旧三汊口一带)。清末，石臼航业已初具规模，有专业性运输帆船 50 多条，年吞吐量 3 万吨左右。20 世纪 20 年代，随着青岛—石臼—海州航线开通，石臼航业进一步发展。如“德生堂”“裕泰”“长记”等商号先后办起轮船代理行。经过十多年发展，石臼所口有五桅大风帆船 50 多条，三桅风帆船 20 多条，并有小轮船定航石臼至青岛，石臼海运日见兴盛。1939 年，日军侵占石臼所，海运遭到破坏。抗日战争胜利后，海运迅速恢复，1946 — 1947 年春，联合国的数万吨救济物资分别由“万咸”“万宏”

图 7-1　自然港口　(摄于 1990 年)

"庆龄"等轮船运抵石臼所，在此卸货疏散。

新中国成立后，随着石臼所港建设，石臼所口日趋繁荣。

王家滩口

位于日照海岸线最北端。明末，商船多集泊于宋家口，后因泥沙淤塞，清雍正年间，南迁安家口。清政府曾在安家口设"千总""把总"管理口岸贸易，改称龙王口。后因淤塞，改口王家滩。清光绪年间，王家滩口"裕兴"商行有3条风帆船从事海上运输。随后黄县、诸城、潍县等商人慕名而来从事海运。其时有大风帆船10余条，年进出口货物四五千吨。1918年，各大商号集资兴建小土码头，海运发展较快。1939年，日军封锁石臼海口，小轮船常泊于王家滩口装卸货物。后遭日军3次轰炸，王家滩口有10余条船被烧毁，致使海运萧条。

新中国成立后，王家滩口逐渐废弃。

图 7-2　渔船泊于阜鑫渔港　　(摄于 2006 年 7 月)

第二节　渔港

新中国成立前，境内无人工建设的渔港。沿海有3个较大天然口埠，即涛雒、石臼所、王家滩(在两城镇)口岸。1958年始，陆续在沿海修建小型渔码头。2005年，东港境内渔港有17座。因日照港向西扩建，先后有石臼、石臼振兴路、盛华、观海路、中盛、海滨四路、文化路、海滨二路居委等10座渔港被征用。2007年有7座渔港。

石臼渔港

位于石臼海通街南端。1976年立项建设，投资42万元，1979年建成。引堤长220米、宽13米，码头长370米、宽30米，高潮水位7米。港口设44.1～147千瓦泊位23个，港池停泊能力200艘，年吞吐货物量10万吨以上。水电油冰配套，是避风条件较好的国营渔港。2002年5月24日，石臼渔港扩建工程动工，扩建码头长80米，宽30米，高潮水深9米，增加停靠渔轮泊位5个，各项设施配套齐全，成为境内条件最好、能靠泊较大型渔轮的中心渔业港口。2005年拆迁后，新港址选在臧家荒村南。

阜鑫渔港

位于涛雒镇栈子村东。1998年，民营融资建港。一期投资200万元，占地约40公顷(包括渔船修造厂)。水电油冰配套，避风条件较好。但进出港受潮汐条件限制。2006年六七月份，投资1000万元，实施汛期挡浪坝加固工程建设。

小海渔港

位于小海村东南，隶属涛雒镇小海村。码头长180米、宽9米，高潮水深4米，29.4～110千瓦渔船泊位8个，停泊能力50艘，投资34万元，1993年竣工。

任家台渔港

位于任家台村南，隶属秦楼街道任家台村。1972年始建小型渔码头，1990年扩建，后逐年延伸。1994年冬，在小渔港东侧扩建码头1处，1995年竣工。长280米，宽15米，高潮水位6米，29.4～110千瓦渔船泊位12个，停泊能力100余艘。

桃花岛渔港

位于桃花岛村东，隶属秦楼街道桃花岛村。1996年动工建设，1997年竣工，总投资68万元。码头总长780米，宽9米，高潮水深平均4.6米。能同时停泊15千瓦渔船120艘，30～45千瓦渔船50艘。码头前端设桃花岛风情园游艇泊位4个。

张家台渔港

位于张家台村前，隶属秦楼街道。60年代，张家台小渔港码头开始筹建。1985年竣工，码头长

120 米、宽 9 米。1993 年进行扩建，1994 年竣工。码头长 300 米，宽 4 米，高潮水深 7 米，29.4 ～ 110 千瓦渔船泊位 15 个，停泊能力 230 艘。

大泉沟渔港

位于大泉沟村南，隶属秦楼街道大泉沟村。1992 年动工建设，投资 15 万元，1993 年竣工。码头长 200 米，宽 5 米，高潮水深 4 米，110 千瓦渔船泊位 7 个，停泊能力 40 艘。

石臼振兴路渔港

隶属石臼街道振兴路居委(原石臼一村)。建设投资 20 万元，1990 年竣工。引堤长 140 米，码头长 160 米、宽 20 米，高潮水位 5 米，110 千瓦渔船泊位 6 个，停泊能力 30 艘。

盛华渔港

位于原市第一海水浴场东侧，隶属石臼街道盛华集团(原石臼六村)。建设投资 18 万元，1995 年竣工。码头长 260 米、宽 26 米，高潮水深 4.5 米，29.4 千瓦～ 147 千瓦渔船泊位 8 个，停泊能力 50 艘。

观海路渔港

位于观海路居委南，隶属石臼街道观海路居委(原石臼八村)。建设投资 16 万元，1995 年竣工。码头长 260 米，宽 20 米，高潮水深 5 米，58.8 ～ 147 千瓦渔船泊位 16 个，停泊能力 60 艘。

海滨二路居委第一渔港

位于海滨二路南端，隶属石臼街道海滨二路居委(原石臼九村)。建设投资 56 万元，1998 年竣工。码头长 190 米、宽 20 米，高潮水深 5 米，147 千瓦渔船泊位 6 个，停泊能力 30 艘。

海滨二路居委第二渔港

位于市水产技校南端。建设投资 62 万元，1990 年竣工。码头长 155 米、宽 12 米，高潮水深 5 米，147 千瓦渔船泊位 5 个，停泊能力 20 艘。

海滨二路居委第三渔港

位于该居委第二渔港西侧。建设投资 60 万元，1990 年竣工。码头长 180 米，宽 20 米，高潮水深 5 米，147 千瓦渔船泊位 10 个，停泊能力 50 艘。

海滨四路渔港

隶属石臼街道海滨四路居委(原石臼三村)。1992 年始建，投资 70 余万元。码头长 200 米，宽 40 米，停泊能力 14 艘。

中盛渔港

位于海滨二路南端，隶属石臼街道中盛冷藏厂。1995 年竣工。码头岸壁长 350 米、宽 20 米，高潮水深 6 米，110 千瓦渔船泊位 12 个，停泊能力 80 艘。

文化路渔港

位于中盛渔港东侧，隶属石臼街道文化路居委(原石臼十村)。建设投资 58 万元，1990 年竣工。码头长 200 米、宽 15 米，高潮水深 5 米，147 千瓦渔船泊位 8 个，停泊能力 50 艘。

万宝渔港

位于两城镇，隶属山东万宝集团有限公司。1992 年建设，投资 1942 万元。码头长 1255 米，宽 30 米，泊位 20 个，停泊能力 110 艘。

第二章 日照港

1978 年 3 月，山东省革命委员会拨款 80 万元，组织山东海洋学院、海军、地质部门等 14 个单位 600 余人，对日照县海岸线的水文、地质、潮汐、海流、水域、陆域等进行了 4 个月的全面勘测。对资料进行全面整理和筛选，以此编报港口设计任务书。1979 年 4 月，国家计委、建委、科学院、交通部，组织全国海洋、海港专家 80 多人，对港址进行比较论证，认定石臼所海岸是难得的良好港址，适宜建造 10 ～ 20 万吨级以上的深水码头。

1979 年 10 月，国家确定建设石臼煤炭专用码头。1980 年 3 月，确定石臼港为“六五”计划期间国家重点建设工程。历经 4 年建设，石臼港于 1986 年投产运营。1992 年，石臼港更名为日照港。2003 年，日照港与岚山港合并重组为日照港(集团)有限公司，公司辖石臼港区和岚山港区。到 2007 年，日照港拥有石臼、岚山两大港区，36 个生产泊位，年核定通过能力 11313 万吨，港口总资产 218 亿元。拥有 24 个控股公司，7 个分公司和 5 个直属单位。日照港已与世界 100 多个国家和地区通航，成为国际海路运输的重要枢纽。

第一节　港口建设

日照港建设

一期工程　煤码头工程。该工程是“六五”期间国家重点建设项目之一。总投资7.0619亿元人民币，其中人民币40640万元，其余为日元贷款。主要装卸设备、港作车船和主要施工装备从日本引进。煤码头主体工程包括10万吨级泊位两个，煤堆场及从翻车机到装船机的煤炭自动装卸线两条，配有供电、通讯、铁路、污水处理、给排水、供热、雷达导航、港池、航道及导标等设施。

1982年2月，主体工程动工。码头采用钢筋混凝土沉箱墩台式结构。管理上推行承包责任制、投资包干制，技术上采用座底浮坞出运沉箱下水新工艺。1985年工程建成，同年12月，通过部级验收。1986年5月，通过国家级验收，工程质量总评优良。

图7-3　日照港煤炭码头　(摄于2003年)

万吨级杂货码头工程。该工程是利用第一期煤码头工程节余款建设的1万吨级码头，可进行杂货装卸。

木材码头工程。该工程于1987年7月动工，1990年9月，通过验收并交付使用。工程包括1.5万吨和2.5万吨级两个泊位，是国家“七五”期间建成的深水泊位，是山东省重点建设项目，设计年通过能力90万吨。

二期工程　为国家“八五”期间重点交通建设工程。总投资4.3亿元(包括日元贷款)。建有5个深水泊位，其中4个为通用杂货泊位，1个为通用杂货兼集装箱泊位。年设计吞吐能力200万吨。工程于1995年9月竣工，1996年正式投入运营。

在二期工程建设期间，对原石臼港口中小泊位进行改造。由日照港自筹资金4700万元兴建。1993年3月1日正式开工，1995年底建成投产。建有5000吨级和3000吨级泊位各1个，1000吨级泊位3个，500吨级泊位2个，年吞吐能力90万吨。

三期工程　矿石码头工程。新建20万吨级和30万吨级大型专用矿石泊位各1个，码头岸线长度772米。分两个阶段实施：

第一阶段：将两个大型泊位码头水工结构一次建成，形成772米深水岸线，开通20万吨级航道，码头年通过能力为1600万吨。设置铁路装车线2条，工程总投资15.5亿元。2003年9月开工建设。2004年5月16日，20万吨级泊位简易投产。2005年9月底，阶段工程全部完工，10月重载试运行。

第二阶段：再配置桥式抓斗卸船机3台，码头年通过能力3500万吨。建设北区矿石堆场，设置铁路装车线2条。加深拓宽20万吨级航道，达到30万吨级通航能力。工程总投资约17亿元。2007年建成投产。

集装箱码头工程　位于日照港石臼港西区散粮码头南侧，是集装箱专用装卸泊位，包括5万吨级泊位1个，3万吨级泊位2个。前沿水深设计为-16.0米和-17.0米，可以满足10万吨级和12.5万吨级集装箱运输船舶同时靠泊需要。码头结构形式为重力式沉箱结构。工程概算总投资10.75亿元。2003年5月开工建设，2004年8月底1号泊位简易投产，2005年8月底整体工程竣工。2007年4月，工程通过验收。

散粮码头工程　位于木片码头南侧。码头平面布置形式为突堤式。建设7万吨级散粮泊位和4万吨级木片泊位各1个。码头结构采用重力式沉箱结构。工程概算总投资3.6亿元。设计年通过能力500万吨。2003年6月开工建设，2005年6月底竣工。

其他码头　燃料油及工作船码头，原是第一期煤码头工程施工准备中建设的大型临时项目，用于施工期间施工船舶停靠、避风和上料。投产后作为工作船码头和5000吨级燃料油泊位。该工程1982年开工，1983年建成投入使用，总投资2279.7万元，5000吨级泊位，年吞吐能力10万吨。

北区1—7号泊位改造工程。系对原石臼所港务办事处码头进行改造。该工程共建设7个泊位，总通过能力为90万吨。1993年3月1日正式开工。1994年2月2日，4个1000吨级以下泊位交付使用，并简易投产。整体工程于1994年年底竣工。为适应港口经济发展需要，“十五”末，重新调整港口总体布局规划，东西区实现连通，并在北区建设二期矿石堆场。将东港1号泊位和东港2号泊位的交点与中港6号泊位南端连通，建设1个5000吨级散杂货泊位。其后方建设约8万平方米的散杂货堆场。原北区1—7号泊位改造工程的1—4号泊位和5—6号泊位废除，仅保留7号泊位(5000吨级)；东港1号泊位同时废除。

图7-4 日照港货轮装卸 (摄于2006年)

木片码头工程。位于西区，是为日照木浆厂建设的专用配套码头。建设规模为4万吨级泊位1座，年接卸木片74万吨。工程总投资18559.80万元。1998年3月开始施工准备，2000年1月正式开工建设，2002年7月竣工，2002年10月22日通过交通部组织的验收。2004年，日照港又在西区建设4万吨级码头1座，与散粮码头共用一座突堤，设计年吞吐量250万吨。2005年6月底竣工。同年11月，木片码头、散粮码头通过初步验收，12月通过竣工验收。

北区油码头工程。为专业化成品油接卸泊位。工程概算总投资5988万元，建设2万吨级(兼顾3000吨级)成品油泊位1个，设计年吞吐能力近期为90万吨，远期为200万吨。2000年10月开工建设，2002年3月建设完成，2003年11月投入试生产。2004年6月正式通过交通部组织的竣工验收。

岚山港建设

主体工程位于岚山区岚山头街道东部，距石臼港38千米，原为日照境内自然岸口。1957年，由省交通厅海运局投资建成斜坡重力码头1座，可供小驳船停靠作业。1959年，将半斜坡式码头改建成直立式岸壁码头，长38.1米，宽25.5米，引堤长40米，可停靠120吨左右的轮船作业。港内有库房，储存能力达3000吨，货物堆放能力为1.5万吨。1977年，省投资4776万元建中型港口，由青岛海洋学院和青岛海洋研究所设计，泊位为500、1000、5000吨各1个，2万吨级深水泊位1个，年吞吐能力为200万吨。1983年年底竣工。2003年，岚山港与日照港联合组成日照港集团有限公司。至2005年年底，共建成各类码头12个。

配套工程(岚坪铁路) 1986年10月，工程开工建设。1990年4月竣工，全长33.82千米。

液体石油化工码头工程 1995年，开始建设液体化工专用码头。2003年10月，对其进行扩建。包括两个5000吨级泊位(其中一个兼顾10000吨级)及相应配套设施，分两期进行。一期工程建设5000吨级(兼顾10000吨级)泊位1个及相应的配套设施，设计年通过能力50万吨；二期工程建设5000吨级泊位和防波堤100米。一期工程概算投资8167.23万元(竣工决算5930.57万元)，后方40公顷罐区回填土地建设储罐60万立方米。2004年9月20日竣工验收，2004年10月18日通过市港航局初步验收，进入试投产时期。2005年4月，顺利通过项目竣工验收。

日照港码头泊位基本情况表

表 7-1

泊位名称	结构型式	主要用途	投产年份	前沿水深(米)		泊位长度(米)	泊位个数	设计靠泊能力(吨级)	泊位年通过能力(万吨)	
				设计	实际				设计能力	核定能力
生产性泊位合计						10535	36		9312	11313
一、石臼港区										
1. 东区	(东港区)									
煤 1 号泊位	重力式码头	煤炭泊位	1986	18.0	17.0	452	1	100000	1400	1400
煤 2 号泊位	重力式码头	煤炭泊位	1986	18.0	17.0	452	1	100000	1400	1400
东 1 号泊位	重力式码头	通用散货泊位	2007	8.0	8.0	239	1	5000	105	105
东 2 号泊位	重力式码头	通用散货泊位	1986	8.5	8.5	239	1	10000	20	66
东 3 号泊位	重力式码头	散装水泥	1990	9.5	9.5	180	1	15000	200	200
东 4 号泊位	重力式码头	散装水泥	1990	10.5	10.5	214	1	25000	247	250
东 5 号泊位	重力式码头	煤炭泊位	1995	13.6	13.6	275	1	50000	900	900
东 6 号泊位	重力式码头	煤炭泊位	1995	13.6	13.6	225	1	20000	800	800
东 7 号泊位	重力式码头	煤炭泊位	1995	11.0	11.0	31	1	15000	37	200
东 8 号泊位	重力式码头	通用散货泊位	1995	11.0	11.0	171	1	10000	50	95
东 9 号泊位	重力式码头	通用散货泊位	1995	11.0	13.7	190	1	50000	60	100
东 10 号泊位	重力式码头	金属矿石泊位	2005	20.5	20.5	381	1	200000	700	1400
东 11 号泊位	重力式码头	金属矿石泊位	2005	24.5	24.5	391	1	300000	900	1800
2. 北区	(中港区)									
北 1 号泊位	重力式码头	通用散货泊位	1994	7.0	7.0	152	1	5000	18	18
北 2 号泊位	重力式码头	成品油泊位	2003	10.5	10.5	257	1	20000	90	90
北 3 号泊位	重力式码头	成品油泊位	2004	6.3	6.3	130	1	3000	20	20
3. 西区										
西 1 号泊位	重力式码头	客货泊位	2007	8.0	8.0	156	1	20000	40	40
西 2 号泊位	重力式码头	通用散货泊位	2003	10.2	10.2	180	1	15000	60	60

续表 7-1

泊位名称	结构型式	主要用途	投产年份	前沿水深(米)		泊位长度(米)	泊位个数	设计靠泊能力(吨级)	泊位年通过能力(万吨)	
				设计	实际				设计能力	核定能力
西3号泊位	重力式码头	通用散货泊位	2002	11.6	11.6	261	1	40000	74	74
西4号泊位	重力式码头	通用散货泊位	2005	11.6	11.6	399	1	40000	250	250
西5号泊位	重力式码头	散装粮食泊位	2005	15.0	15.0	350	1	50000	520	520
西6号泊位	重力式码头	集装箱泊位	2006	16.0	16.0	284	1	30000	117	117
西7号泊位	重力式码头	集装箱泊位	2006	16.0	16.0	245	1	30000	108	108
西8号泊位	重力式码头	集装箱泊位	2006	17.0	17.0	315	1	50000	375	375
西9号泊位	重力式码头	通用散货泊位	2007	16.0	16.0	260	1	70000	100	100
西10号泊位	重力式码头	通用散货泊位	2007	16.0	16.0	260	1	50000	75	75
西11号泊位	重力式码头	通用散货泊位	2007	16.6	16.6	240	1	50000	75	75
二、岚山港区										
岚山港区3号泊位	重力式码头	通用散货泊位	1981	7.5	7.5	180	1	5000	30	35
岚山港区4号泊位	重力式码头	通用件杂货泊位	1983	10.2	10.2	219	1	20000	45	65
岚山港区5号泊位	重力式码头	通用散货泊位	1994	7.5	7.5	130	1	5000	26	35
岚山港区6号泊位	重力式码头	通用散货泊位	1996	8.5	8.5	180	1	10000	30	65
岚山港区8号泊位	重力式码头	液体化工泊位	2000	13.0	13.0	285	1	50000	200	200
岚山港区9号泊位	重力式码头	通用散货泊位	2003	14.0	14.0	240	1	50000	45	80
岚山港区10号泊位	重力式码头	通用散货泊位	2005	13.6	13.6	300	1	50000	75	75
岚山港区11号泊位	重力式码头	通用散货泊位	2005	13.6	13.6	302	1	50000	70	70
岚山港区12号泊位	重力式码头	液体化工泊位	2004	9.0	9.0	170	1	10000	50	50
非生产性泊位合计	—	—	—	—	—	800	—	—	—	—
工作船泊位	重力式工型块	工作船靠泊位	2005	-5.0	-5.0	400	—	—	—	—
施工船泊位	重力式工型块	施工船靠泊	2005	-5.0	-5.0	400	—	—	—	—

第二节　港口设施

航行标志

石臼港区：主要有出入港航道标志灯浮标、煤码头航道灯浮、杂货码头主航道灯浮、木片码头航道灯浮。岚山港区：主要有主航道灯浮标、化工码头扩建工程航道灯浮标、化工码头灯桩。

港区铁路

石臼港区设有编组场、卸车场、调车场和峰尾区、卸前区、卸后区、编发区、杂货区、调车场6个作业区。铁路运营里程突破130千米。配备有内燃机车10台。岚山港区铁路线总长5.56千米。

库场

石臼港区主要库场有煤堆场、铁矿石堆场、集装箱堆场、木材堆场、焦炭堆场、件杂货堆场、专用库房。岚山港区主要库场有散杂货堆场、码头区堆场、集装箱堆场仓库。

装卸机械

至2005年12月，石臼港区投入主要装卸机械711台。其中，起重机械97台，散货输送机械23台，装卸搬运机械396台，专用机械45台。岚山港区拥有主要生产设备227台(套)。

船舶

拥有各类船舶14艘。

航道

石臼港区航道总长8.1千米，岚山港区主航道长5.7千米。

锚地

石臼港区锚地长度各为7.4千米(4海里)，面积5488万平方米。又等分为1—4号锚地。其中，离港最近的1号锚地为检疫锚地，3号锚地为油轮专用锚地。

岚山港区1号锚地为边长4.6千米的正方形，面积21平方千米，距离港口8千米；2号锚地为边长5.6千米的正方形，面积31平方千米，距离港口21千米。

供电、供水(不含岚山港务公司)

供电　石臼港区拥有110千伏变电站2座，变电所49座，装机容量为10.3万千伏安。工程自1983年1月开工，1983年12月底竣工送电，1984年6月一次启动成功。

1983—1993年，建110千伏变电站1座，装机容量为4万千伏安。6千伏变电所19座，装机容量为14805千伏安。1993—2003年，为东港二期工程、西港码头、煤炭堆场改扩建工程等分别配套建设6千伏变电站20座，10千伏变电站12座，形成东、西两大港区供电网络。

2004年4月，东区建成投运110千伏变电站1座，1台主变压器容量为31500千伏安。12月，西港2号变电所建成投运，1台干式变压器容量为2000千伏安。2005年4月，西港3号变电所建成投运，2台干式变压器，每台容量2500千伏安。

供水　港口供水水源2个：一个在日照傅疃河下游，通过河下集水暗渠至北岸集水井，经泵房输水干管至石臼水厂，日供水能力2万立方米。另一个是日照水库，经奎山10万立方米水厂净化处理后供给。水厂一期工程于1999年完工，日供水能力5万立方米。二期工程日供水能力10万立方米。

木材码头供水站建成于1988年，有10台水泵及相应生产控制设备，2000立方蓄水池3座。该供水站主要承担东区码头堆场、辅建区煤码头船舶上水、港区前沿及北区生产、生活及消防用水。

油码头生产、消防用水，由新建专用消防泵房供给。

西区生产、生活及消防供水，由奎山10万立方米水厂市政供水管道供给。

通信

1985年6月，日照港安装开通用户交换机。8月，安装开通甚高频通信系统。1986年，开通使用微波通信系统。1998年，接入因特网。2001年，开通碧波虚拟网。2005年，进行甚高频通信系统更新改造，系统使用信道由单基站5个增至双基站7个。同年4月，调度视频会议系统正式启用。7月，安装开通具有终期容量10万线以上数字程控交换机。至2007年，港口拥有2万门程控电话有线通信网，万户容量移动专网，覆盖港区生活区港口信息网。实施并运行东区码头、散粮码头、集装箱码头、矿石码头、岚山港、5个生活区安防监控系统。

第三章 港口经营

第一节 货运

20世纪20年代，境内有帆船300多条。石臼所口的“大盈利”号帆船，载重量达250吨。

30年代，进出口货物主要集中在石臼、涛雒、王家滩3个海口。来往船只南达上海、宁波、温州、福州，北达大连、天津、安东等地。最多时有船行300多家，年海运量达15万吨。

1939—1945年，日军侵占日照沿海各口岸，对占领地实行残酷的经济掠夺，将大批物资运往外地。货运贸易受到冲击。

抗日战争胜利后，滨海工商二分局、县民主政府、省军区后勤部联合投资，帮助各商号抢修船舶，发展海运。1947年，涛雒小海口在国民党军队进攻日照的情况下，仍出口生油8500担，猪7400头。

新中国成立后，除石臼所港口外，其他港口逐渐转为渔业口岸。石臼港口经过逐步修建、扩建，货物吞吐量逐年扩大。1953年货物吞吐量为4.1万吨，1986年达到262.8万吨。同年5月，国务院批准石臼港为“一类口岸”。1987年10月，石臼港口已能载重11万吨煤炭船舶。至1989年，已有科威特、巴西、秘鲁、苏联、泰国、菲律宾、希腊、智利、牙买加、英国、缅甸、日本、加拿大等20多个国家和地区货船在石臼港靠泊。集装箱运输，1994年开辟日照至香港航线。1996年开通日照至日本横滨、名古屋、大阪、东京航线，每周三班，共完成1780标箱。2005年，日照港货物吞吐量为8420.8万吨。2006年，货物吞吐量1.1亿吨，2007年，货物吞吐量1.3亿吨。

至2007年，日照港已经成为全国矿石运输系统第一层次港口，全国煤炭运输南部大通道出海口岸，全国最大散装水泥中转基地，全国最大粮食进口口岸，长江以北最大木材接卸集散地和规模最大的液体化工材料集散地，集装箱内贸基本港和外贸支线港。

2006年10月，日照港股票成功上市。2007年11月，日照港股份有限公司成功发行分离交易债，成为中国资本市场同时拥有正股、债券和权证的六家公司之一。日照港已经成为现代化、综合性主枢纽港，成为鲁南经济带、国家中西部地区主要出海口，被称为新亚欧大陆桥东方桥头堡。

图7-5 日照港集装箱码头 (摄于2005年)

1986—2007年日照港货物流量情况表

表7-2 单位：万吨

年份	吞吐量	年份	吞吐量	年份	吞吐量
1986	262.8	1994	1428.5	2002	3136.1
1987	424.5	1995	1452.2	2003	4506.5
1988	739.6	1996	1575.4	2004	5107.9
1989	840.5	1997	1560.2	2005	8420.8
1990	925	1998	1723.9	2006	11007
1991	1079.6	1999	2003.3	2007	13063
1992	1202	2000	2673.8		
1993	1316.7	2001	2933.35		

第二节 客运

1918年，日本轮船“海州丸”首辟青岛—石臼所—海州航线后，成为青岛—石臼所专用班船。20世纪30年代，日照裕泰轮船行、长记轮船行、公祥轮船行，先后派轮船定班、定航期载运客货。此时旅客运输只有石臼口岸，又恰逢连年灾荒及土匪骚扰，外出逃荒者甚多，客流量很大。

新中国成立初，有轮船航行于青岛—石臼所—连云港线，载运客货。

1959—1967年，开通石臼所—青岛客货航班。

1967年12月，石臼所新型客货码头建成，旅客年出港人数增至1.5万人。1984年，旅客出入港人数下降至0.5万人。由青岛至石臼所五等舱票价为3.90元。由于陆路交通便利，旅客乘船人数日渐减少，造成客运严重亏损。1985年3月，客运班轮取消。

2003年4月，日照港国际客运候船厅工程开工建设，6月底竣工，7月举行“中国日照—韩国平泽”客箱班轮首航式。国际客运站占地2.03公顷，配有建筑面积3019平方米的候船厅。候船厅采用主体钢结构，内设先进的售票管理信息系统和检验、检疫、海关、边防等旅检设施及完善的服务设施。

日照与韩国平泽距离为372海里，水上航行时间17小时。客箱班轮每周三班，每班可提供108个箱位和540个旅客客位，年旅客通过能力15万人次。2003—2007年，共运送旅客43.48万人次。

图7-6 日照港国际候船厅 (摄于2003年)

第三节 装卸

20世纪20—30年代，随着海上运输及商业贸易发展，专业装卸搬运工随之产生。小船行搬运，多为临时雇工；大船行各自设有装卸、搬运组织，分“码头帮”“驳船帮”“车伙子帮”等。

日本侵略军占领期间，装卸、搬运由日本人控制的十大商行经营。

1945年9月，民主政府发动群众推翻封建“把头”，建立码头工会，船舶装卸由码头工会负责。1951—1952年，石臼所码头工会有工人300名，雇用驳船11只(每只能驳50余包)。在200名搬运工人配合下，用160辆独轮小推车、4辆地排车装卸货物，一个潮水能装卸400～500吨。1954年11月，县搬运公司成立，码头工会隶属搬运公司。装卸工人实行大集体分红制。

1956年，石臼港装卸工人相继被接收为国家正式职工。1959年，石臼所港有装卸用地排车25辆，载重7.5吨；驳船8只，载重90吨。

1960年，为降低劳动强度，提高装卸效率，港口码头由搬运队、转运站、矿产部门等9人组成“协作联合办公室”，提出装卸协作“四统一”措施，即统一思想、统一安排劳动力和工具、统一领导、统一货源。1968年，装卸机械共50余台，基本实现机械化和半机械化作业。

1986—2007年，石臼港区与岚山港区进出口货物主要分为大宗散货、杂货(件杂货、干散货)、液体货物和集装箱。大宗散货装卸主要以煤炭、黄沙为主。杂货装卸中件杂货主要包括瓜干、水泥、大蒜、白糖等，干散货主要包括小麦、玉米、花生、化肥等。液体货物装卸主要有成品油、液体化工危险品、石油、水煤浆等。随着港口吞吐量高速增长，日照港生产效率屡创新高。2003年10月25日，以9486吨/小时装船效率创造中国沿海港口煤炭装船效率最高纪录。2005年4月18日，以671吨/小时木片卸船效率创造中国沿海港口木片卸船效率最高纪录。2006年10月24日,以7359吨/小时创造矿石单船卸船效率世界纪录。2007年6月30日,以8016吨/小时矿石卸船效率,刷新矿石卸船效率世界纪录。

第四章 港口管理

第一节 管理机构

港口机构

日照港务局 1979年6月,日照县成立选港筹备领导小组。县委副书记凌旺勤任组长,负责选港勘察协调、服务工作。同年,山东省委派省建委交通处副处长刘丙寅分管此工作并担任筹备组组长。1979年11月,筹备组撤销,由山东省临沂地区组建山东省石臼港口工程筹建处。1980年6月,交通部批准由山东省临沂地区组建石臼港建设指挥部。由刘济舟任指挥,李福崇任政委,刘丙寅、毛立清、王清堂、凌旺勤任副指挥。同年11月,交通部任命夏全忠为石臼港建设指挥部副指挥。主要机构设置有:办公室、工程计划处、物资处、规划设计处、劳资处、政工处、财务处。主要任务是征地、搬迁、工程建设的管理、协调等工作。

图7-7 日照港务局办公大楼 (摄于2006年)

1981年4月,中共山东省委把石臼港建设指挥部定为局级(地市级)单位。1981年11月,中共石臼港建设指挥部党委成立。

1983年2月,石臼港务管理局筹备处成立,负责生产筹备、人员调配和技术力量培训等工作。1984年12月,交通部批复成立石臼港务管理局,为副地厅级单位。1985年2月,交通部任命日照港务局第一届领导班子,夏全忠任代理局长,马东生任党委书记。1987年10月,领导班子调整,刘丙寅任局长,车金河任党委书记。

1988年1月,"交通部石臼港务管理局"改为"石臼港务局"。同时撤销"石臼港建设指挥部",成立"石臼建港指挥部",负责建港事宜,隶属石臼港务局领导。

1990年6月,石臼港务局由大型二类企业升为大型一类企业,为正厅级单位。1992年5月1日,"石臼港务局"更名为"日照港务局"。

1993年9月,日照港务局领导班子调整,车金河任局长,房训佐任党委书记。

2003年1月,日照港务局领导班子调整,郑玉平任局长,杜传志任党委书记。

日照港(集团)有限公司 2003年5月,日照港区和岚山港区企业部分合并重组,正式挂牌成立日照港(集团)有限公司。郑玉平任董事长、总经理,杜传志任党委书记。2006年4月,杜传志任董事长,蔡中堂任集团总经理。6月,日照港(集团)有限公司调整精简事业性单位,对所属单位资产及业务进行重组、整合,集团中层及以下管理人员全部实行竞聘上岗。

口岸机构

日照市人民政府口岸管理委员会 前身为市口岸办公室,成立于1985年5月10日。1992年8月,改为日照市人民政府口岸管理委员会,升格为正处级。秘书科改称办公室,口岸管理科改称涉外管理科，撤销仓储科，成立日照市仓储管理站(事业单位)，其他科室人员不变。1993年9月16日，熏蒸管理科升格为正科级，增加编制3人。1994年1月17日，增设政工科。2007年，市口岸委共有7个科室30人。

国家交通部日照海上安全监督局　1985年，港务监督业务由石臼港务局代管。1988年1月1日，石臼港务监督业务从石臼港务局析出，成立交通部石臼海上安全监督局。1992年6月1日，更名为中华人民共和国交通部日照海上安全监督局，是对海上辖区和港口水域内交通安全及防止船舶污染海域实行统一监督管理的主管机关，为交通部直属处级行政单位。下设机构有局办公室(审计科)、通航监督科、船员证件管理科、计划财务科、组织宣传科、人事教育科、监督科、前沿监督站、中港监督站、航标站等。

日照海关　清光绪二十四年(1898年)，清政府在青岛设立“胶澳海关”，在石臼所、涛雒等海口设分关，隶属山东海关监督公署。1946年2月，解放区的山东省工商管理总局第二分局日照支局设立石臼、涛雒、王家滩3个海口事务所，即海关机构。1985年12月22日，正式成立石臼海关。1986年5月19日，举行开关仪式。1992年，更名为中华人民共和国日照海关，为处级单位。

日照边防检查站　1985年2月26日正式建站，名为中华人民共和国石臼边防检查站。1992年5月，更名为中华人民共和国日照边防检查站。

日照卫生检疫局　1985年12月组建，时称中华人民共和国石臼卫生检疫站。1989年7月，改称中华人民共和国石臼卫生检疫所，为副处级单位。1992年5月，更名为中华人民共和国日照卫生检疫局。设办公室、财务处、检疫处、卫生处、体检处、检验处等6个处室和1个同境口岸卫生服务中心。1995年11月，设立日照卫检医院。

日照动植物检疫局　1985年5月15日，中华人民共和国青岛动植物检疫所石臼分所正式挂牌办公。1988年6月，更名为中华人民共和国石臼动植物检疫所。1992年4月26日，更名为中华人民共和国日照动植物检疫局，为正处级单位。

日照进出口商品检验局　1982年年初，青岛商检局设立青岛进出口商品检验局石臼商检筹备处。1984年，石臼商检筹备处更名为石臼商检处。1985年，更名为石臼商检局。设办公室、人事科、综合业务科、第一检验科、第二检验科、第三检验科(化验科)。1992年，更名为中华人民共和国日照进出口商品检验局。

第二节　管理体制

港口管理体制

1988年前，石臼港为交通部直属港口。1988年1月，石臼港作为交通部第五批进行管理体制改革的港口，实行山东省和交通部双重领导的管理体制。山东省政府把石臼港作为计划单列企业。在人事管理方面除局级领导由省委管理以外，处级及以下干部由石臼港务局直接任免。1992年，石臼港务局改称日照港务局。

日照(石臼)港务局领导体制，1986—1988年8月，实行党委领导下局长负责制。1988年8月起，实行局长负责制。2003年5月，日照港和岚山港联合改制，实施政企分开，建立以资本为联结纽带的母子公司管理体制。日照港集团公司设有董事会、总经理等。集团公司董事会、总经理、党委等领导班子成员由中共日照市委管理。集团公司为国有独资公司，是日照市直属企业。日照市人民政府作为国有资产所有者，履行出资人职责，享有所有者权益。集团公司按照市政府授权经营和管理国有资产，承担国有资产保值增值责任，自主经营，自负盈亏。

口岸综合管理

口岸管理主要职能是“监督、检查、协调、仲裁”进出口有关事宜，保证国家各项法律法规贯彻执行。1995年，对进出日照港的国际航行船舶不再实行各检查机关联合登轮查验的办法，改由船方或其代理部门到各查验机关办理相关手续。

海上安全监督　1985年，开展海上交通事故调查处理、防抗热带气旋工作，组织指挥海难救助工作，1986年开始船舶安全检查工作，对进口港口危险货物进行管理。开展国际航行船舶进出口岸管理。1988年，建立健全船舶登记、船员证件管理、船舶签证管理、现场监督管理、海上辖区交通安全管理、航标管理工作制度。

海关监督　1986年海关成立后，对日照港口岸进出境进行监督管理。执行国家海关总署和青岛海关的有关法律、法规，依法监管进出境运输工具、货物和行李物品。贯彻实施进出口关税条例、税则，做好税收征管工作。开展调查工作，依法打击走私违法活动。编制海关统计，开展统计分析和咨询服务。组织、实施对进出境货物和物品稽查工作。

边防检查 1985年，日照边防检查站建立以来，负责对进出日照港口岸人员及其护照、进出境证件、行李物品、出入境交通运输工具和载运物资实施边防检查监护。其目的是通过边防检查，保卫国家安全，维护国家主权和方便往来。通过具体检查、监护、调查研究和监护管理措施的落实，发现、控制、查缉内潜外逃分子，发现和打击伪造证件、冒名顶替、偷混登外轮不法分子，维护口岸正常出入境秩序。

卫生检疫 1985年以来，由日照石臼卫生检疫局(站、所)负责对日照港口岸出入境船舶、人员、集装箱、货物以及可能传播传染病的行李、邮包等物品进行卫生检疫、监测、卫生处理业务，承担进口食品卫生监督检验和口岸地区卫生监督管理工作。

动植物检疫 1985年5月，日照动植物检疫局成立。按照“把关、服务、促进”的方针，对进出日照口岸动植物及动植物产品依法实施检疫。通过检疫有效防止动物传染病、寄生虫病和植物危险性病虫、杂草以及其他有害生物传入、传出国境，保护农、林、牧、渔业生产和人体健康。

商品检验 中华人民共和国日照进出口商品检验局自1985年成立以来，依法对日照港口岸重要进出口商品和检验项目实施强制性法定检验；对法定检验商品和法定检验范围以外进出口商品实施监督管理；凭对外贸易关系人申请办理各项进出口商品鉴定业务。

船舶联检 1985年，山东省政府在岚山港设立港航监督和船舶检验岚山联检所。日照港的港监业务起初由日照港务局代管。1988年，港务监督从日照港务局划出，成立“交通部石臼海上安全监督局”，对外称“中华人民共和国石臼港务监督”。船舶联合检查工作由港务监督直接掌握，并派员参加联检。1992年后，日照港参加联检单位有：中华人民共和国日照港务监督局、日照边防检查站、日照海关、日照卫生检疫所等5个单位。中国外轮代理公司日照分公司也派员参加。联检工作由港务监督局派人出任联检组组长，负责组织外轮联检工作具体实施。

日照港参加联检单位各司其职：卫生检疫所负责询问船员健康及船舶卫生情况，查验有关检疫证件；海关负责对船舶、货物、船员和旅客行李、物品实施检查和对有关报表审核；边防检查站负责对船舶及船员、旅客护照证件、行李物品等实施边防检查。港务监督除组织联检单位进行检查外，同时负责对船舶有关文书进行检查，并了解船舶安全航行等事项。

对外国籍船舶联检工作，除海关关长或边防检查站站长批准的重点船外，联检时不集合船员，而由船方统一交验证件和清单，对船员、旅客房间及货舱、机舱也不再进行检查。

对中国籍国际航行船舶，不实施联合检查，但进口船舶卫生检疫仍在检疫锚地进行。

对航行于中国港口间的外国籍船舶，原则上不进行联合检查。船舶进港后，联检单位酌情集中或分别办理必要的手续。

动植物检疫、商品检验等部门，都属检查单位，但不参加联检。对进口船舶，视业务需要，可与联检单位一起登船，待联检结束后，再办理部门检查业务。各联检单位办完全部手续后，由港务监督向船长宣布联检工作结束。

第八编

邮政　通信

境内邮政始于明朝初期的驿站、海防墩等邮驿通讯。清光绪二十七年(1901 年),日照县邮政局创立。20 世纪 30 年代初,县城设长途电话事务所。40 年代初,日照战时邮局开办信函、印刷品、包裹寄递等业务。

新中国成立后,邮政通信事业得到快速发展。80 年代,建成邮政运输与计算机综合网络,国内、国际邮政与长途电话实现互联互通。90 年代后,以光纤数字传输方式进入国内外程控交换网。进入 21 世纪,与通信及信息业务相关的互联网接入、系统集成、技术开发及信息咨询等邮政通信现代服务领域得到不断拓展。

第一章 邮 政

第一节 邮政机构

明朝初期,境内始设邮驿通讯机构。内陆设总铺和驿站(墩铺),沿海设海防墩,作为军事通讯设施。

清光绪二十七年(1901 年),创办大清日照县邮局,开始办理信函、明信片、印刷品等寄递业和军政、商业电报业务。民国初年,设立日照中华邮局,邮政电报业务有所扩大。20 世纪 30 年代初,长途电话事务所成立,电话可通至济南。

抗日战争期间,日本侵略军占领日照,邮政业务遭到严重破坏。1942 年 4 月 22 日,日照战时邮局在碑廓丁家庄成立,负责抗日根据地军民的通讯联络。1945 年 9 月 8 日,日照光复,民主政府领导下的战时邮政局接管原中华邮局,对下属支局、所进行整顿。后因国民党军队的进攻,战时邮政局几经搬迁。1948 年,全境解放后又迁回日照城,并改称日照县邮政局。

1951 年 4 月,县邮政局与县电信局合并,成立日照县邮电局。1958 年,被定为六等局。1969 年 12 月,县邮政局和县电信局分设。1973 年 8 月,邮政电信合并,恢复为日照县邮电局,辖 21 处支局。1983 年 9 月,设石臼所邮电局,隶属临沂地区邮电局。日照县邮电局下属的奎山、石臼所、丝山支局划归石臼所邮电局管理。

1985 年 6 月,日照县邮电局、石臼所邮电局合并为日照市邮电局。1989 年 11 月,市邮电局升格为地级市邮电局,所辖邮政通信区域不变。1998 年 10 月 8 日,邮政电信分营,成立日照市邮政局。2001 年,有 3 处支局。2003 年在日照钢厂增设 1 处支局。2007 年,东港境内共有 20 处支局,有农村投递线路 32 条,市区投递线路 61 条。

第二节 邮政业务

函件

境内函件邮递有计费记载始自清光绪二十七年(1901 年)。1942 年 2 月,县战时邮局主要办理党政机关、部队及与其家属来往的信函,免费寄递“优抗”函件。3 月,试办挂号函件业务。1946 年 9 月起,免费寄递对象只限于部队,对荣誉军人、军人家属及党政机关干部给予半价寄递优待,其他组织和个人均照常收费。1948 年 10 月,开办保价信函业务,保价限额为 1 万元(北海币)。1949 年 1 月后,相继开办代收货款、代贴广告、代售印花等业务。

1950 年 9 月 1 日起,使用全国统一邮票,各地区制作的邮票停止使用。1955 年 8 月 1 日,开办国内保价印刷品业务,重量以 5 千克为限。1960 年 10 月 10 日,开办特种挂号信函业务。1969 年 4 月,取消义务兵平信免费寄递规定。1979 年 5 月,开办寄往台湾的平信业务。1984 年 10 月 1 日,恢复对义务兵免费寄递平信规定。1986 年 7 月 1 日,调整印刷品准寄范围。1987 年,开办邮政快件业务。1989 年 1 月起,对盲人平常邮件实行免费寄递。1991 年 2 月,开办特快函件业务和商业信函业务。同年 12 月,开办由邮政总局首次发行的贺年(有奖)明信片业务。1994 年 4 月 1 日,执行标准信封。1995 年,将保价印刷品最高保价额由 1 万元提高到 5 万元。2000 年,完成各类函件 802.56 万件;2006 年,完成各类函件 929.6 万件;2007 年,完成各类函件 1061 万件。

函件资费 清代,大清邮政邮件计量按斤、

两、钱、分(折合英磅)计算,邮资按银元、角、分计收。信函每件重0.25英两,收银元2分。明信片每张收银元1分。挂号费每件收银元5分。民国初期,中华邮政国内信函每重20克,收邮资3分。抗日战争时期,日照战时邮局成立后,公事信件每重不超20克,收费0.02元;私人信函收费0.05元。1944年,各类邮件分为本区、邻区和远区三类,信函分普通、公文两种,分别按不同的计费标准收取资费。1946年1月,山东解放区实行新的邮政资费标准。同年7月,免费收寄军事邮件。1947年8月,对报纸、书籍等大宗印刷品实行邮资总付办法。

新中国成立后,国内平信每重20克收费800元(旧人民币值,折合新币0.08元)。1957年9月1日,规定现役士兵可以免费交寄20克的平常信件。1962年9月1日,人民武警部队现役警士享受免费军邮。1966年9月1日,免费挂号邮寄毛泽东著作。同年10月,对各地院校红卫兵组织串联时邮寄有关"文化大革命"的信函和印刷品,信函按国内邮资减半收费,印刷品和大字报不分本埠和国内互寄,一律按每100克收费1分。此规定于1967年12月1日取消。1969年5月,恢复计费收寄毛泽东著作。1985年11月15日,收寄发往中国南极长城站信函,每件重20克以下邮资3元,每续重20克或其零数加收2元,挂号费0.5元。1986年1月起,实行特殊的资费政策,每重20克收费0.3元。1987年,开办在日照城区范围内的邮政快件业务,100克以下,每重20克收费0.5元。同年10月,寄往台湾的函件按港澳地区资费收取。1990年,寄往港、澳、台地区函件资费调整为每20克0.4元,国际函件资费调整为每20克1.5元。同年7月,调整国内信函邮资,本埠由每20克0.04元调整为0.10元,外埠由0.08元调整为0.20元。1992年7月,国内函件航空资费由每10克0.05元调整为0.1元,邮政快件资费100克以内,由每20克0.5元调整为1元。国内特快专递邮件资费,起重200克以内由9元调整为12元,续重每200克由2元调整为3元。1996年12月1日,国内平信由每20克本埠0.1元、外埠0.2元,调整为不分本外埠一律0.5元,挂号费由每件0.3元调整为1元。寄往香港、澳门的函件执行国内函件资费标准,每重20克收费0.08元。2006年11月15日起,国家上调信函、明信片业务资费。信函资费首重100克以内,每重20克本埠由0.6元调整为0.8元,外埠由0.8元调整为1.2元。100克以上的续重资费维持每重100克本埠1.2元、外埠2.0元不变。明信片资费由每件0.6元调整为0.8元。

包件

清光绪三十二年(1906年),大清日照县邮局开办包裹业务。轮船、火车通达局收寄包裹,每件限重22磅,长、宽、高各不得逾2尺;非轮船、火车通达局收寄包裹,限重不超过6磅,长、宽、高各不得逾1尺。1934年,包裹业务分为普通包裹、保价包裹、快递小包和大宗包裹四类。普通包裹主要邮寄衣服、行李及一般物品。保价包裹主要邮寄贵重物品,如金银首饰物品、贵重药材等。快递小包寄递轻便、小件物品。大宗包裹指成批的商品包裹,此种包裹只限于寄递同一交货地点和统一收件人。在业务处理上实行"多包一单""重量加总"。1948年,日照战时邮局进驻日照城,包裹收寄范围由山东解放区扩大到全国。邮局在办理包裹业务上与其他交通运输部门(铁路、公路、水运、航运)有区别,收寄的包裹限制重量在0.1～15千克范围内。1967年起,实行"国内邮资已付"戳记,营业窗口收寄包裹不再粘贴邮票。1988年12月起,对邮寄录像带一律凭县、市以上广播电视部门的证明交寄,并将证明在包裹收据存根上留存。1990年7月31日起,取消"快递小包",对民包、商包凡价值在300元(含300元)以上,一律按"保价邮件"收寄。1995年,保价包裹最高限额由1万元调整为5万元,最低保价限额由300元提高到1000元。2000年完成各类包裹12.38万件。2007年完成各类包裹7.6万件。

包裹资费　清代,包裹邮资每重1磅(折375克),收银元1角5分。寄往陕西、甘肃、四川、云南、贵州、新疆的包裹资费加倍收取。1935年,包裹邮资每重100克收费5分,每件最低资费2角。1938年至1944年7月,包裹资费调整过64次。新中国成立后,普通包裹资费每件起算价为3000元(旧人民币)。1990年7月31日起,民用包裹资费按原资费加收150%,起算重量由100克改为500克,另收包裹处理费每件0.5元。商品包裹在民用包裹资费基础上加收50%,大件商品包裹每件另加收处理费1元。

汇兑

清光绪三十年(1904年),日照大清邮局开办普通汇票,称"汇寄银钞"业务。民国初年,日照中华邮局相继开办高额汇票、定额汇票、电汇汇票。1947年,日照战时邮局试办汇兑业务,寄发范围仅限于山东解放区。1952年2月起,个人汇票由邮局办理,企业汇票由银行办理。1958年10月1日,开办电报汇票业务。1960年,每笔汇款最高限额由1000元调整为300元。1981年8月1日,开办高额汇票业务,每笔最高限额为5000元。2000年,开办兑付汇票金额16.65亿元。2006年,完成各类汇票42万笔。

汇票汇费 清代,每汇款1元收2分。民国期间,日照中华邮政每张汇票最低收费5分,航空汇票加收航空费5厘。1953年起,普通汇款汇费每张2000元(旧人民币,折合新币0.2元),定额汇票汇费按汇款额15‰计收。1958年1月1日起,普通汇款汇费按汇款额1%计收,每笔汇款最低汇费为1角,电报汇款另加收电报费0.5元,附言每字按0.03元计收。1983年12月1日起,电报汇款加收的电报费改为1元,附言按每字0.07元计收。1988年起,快件汇款每笔加收快件费0.5元。1990年7月31日起,普通汇款每笔最低汇费改为0.3元。1992年7月1日起,快件汇款每笔加收的快件费改为1元。1993年1月起,电报汇款加收的电报费调整为每件2元,附言每字0.13元。

2006年6月20日,面向全国31个省(区、市)开办实时电子汇款业务。对国内邮政汇兑附言6个汉字(12个字节)以内免费,超过6个汉字部分,按每字0.10元收费。

报刊发行

战时邮局将报刊发行作为主要业务。1943年3月,《大众日报》发行部、党内交通、战时邮局合并。1949年,各类报刊发行份数达2840份,全县基本实现村村有报刊。1958年7月1日,中共日照县委主办的《日照红旗》创刊,交日照县邮政局发行。1977年起,在较大厂、矿、学校和农村设立报刊发行站(员)和报刊零售室、站。1980年7月,《日照县报》交邮局发行,1982年4月30日停刊。1988年《日照报》交邮局发行。1995年,实行报刊代号制度。2000年,报刊累计订阅3364.08万份,设报刊亭116处。新增信报箱18100个,零售报刊类增加至600种。2007年,订销各类报纸2979万份,杂志194万份。

邮政储蓄

1986年9月12日,邮政局开办邮政储蓄业务,经办个人储蓄业务。2006年起,开办小额质押贷款业务。

集邮

1982年11月,邮电局设立集邮专柜。1990年9月2日,设集邮门市部和集邮工会。2005年,成功组织国际欧洲级帆船世界锦标赛纪念邮资明信片发行和集邮展览。2007年,成功组织2007年水上运动会纪念邮资明信片发行和2007年水上运动会集邮展览,在全市发行"水上运动之都"中国·日照专用邮资图案邮资信封。

特快专递

1993年1月15日,开办特快专递业务。国际特快专递按内件性质分为"信函""文件资料""物品"三种。特快专递业务国际上通达193个国家和地区,国内通达130个城市。国内特快专递邮件收费标准为:每件起重200克,收费12元。每续重200克收费3元。航空里程在1500～2000千米,加收基本资费的10%,2000千米以上加收15%。

2003年8月30日起,国内特快专递邮件资费起重、续重计费单位由200克调整为500克,起重收费标准仍维持20元不变,并对续重部分由每个计费单位6元,调整为按空间距离分区计费。2007年,完成各类特快专递邮件64.2万件。

物流

中邮物流有限责任公司日照分公司于2003年初成立,采用市场化运作方式,为客户提供一体化物流、同城配送与分销、直递与零担货运、进出口货代等现代物流服务。2003年开办省内零担快递业务。

为服务"三农",开办物流配送服务,建设乡镇邮政支局、物流配送中心所、村级邮政所、"三农"服务站,服务范围覆盖全市96%以上的行政村。2006年,建设农资配送网点,配送各类农资、日用品100余万袋,完成日照海鲜大礼包配送

1400盒、运送绿茶2.335万吨。

代办电信

与各电信运营商展开业务合作，与中国联通、中国移动、中国电信、中国卫通公司建立合作关系。自2002年开始成为日照联通业务虚拟运营商，全面代办联通电信业务。2003年，同中国移动、中国电信签定全业务代理合作协议。开办移动、联通手机卡、固定电话及小灵通放号，宽带接入，销售各类电信卡，代收移动、联通话费等业务。2007年，代理各类电信放号4.6万户。

第二章　通信

清末，日照县有线电报开始营业。1947年始设无线电台。1931年日照长途电话开始营运，之后固定电话一直是点对点通讯的主要工具。新中国成立后，传真电报需求量逐年增大，1979—1989年，10年时间，业务量增长2倍多。90年代，固定电话、移动电话等通信手段迅速发展，电报业务量逐年减少。进入21世纪，互联网逐步走进千家万户。

民国时期，电信与邮政业务机构分设。新中国成立后，电信与邮政业务合办。其间曾有短时间分营。1998年，电信、邮政再次分营。此后，出现了多家通信营运商竞争的局面，日照先后组建了日照移动、日照网通、日照联通、日照铁通、日照电信等多家通信公司。

经过多年持续不断的基础设施建设，东港境内已建成了以光缆为主体的大容量、高速率、数字化、安全可靠的本地传输网，形成四通八达、稳定可靠的通信网络。

第一节　通信设施

线路

电报线路　1915年1月，建起日照至青口有线电报线路90千米，立杆860根。1920—1922年，先后架设日照至高密、淮阴至日照电报线路405.5千米。1954年，电报线路直通胶州。1971年，开通日照至临沂幻报电路1条。1983年，开通石臼所至临沂电传报路1条，石臼所至青岛用户电报机中继线1条。1985年同时开通8条载波电路，首次开通出租用户电报，开通石臼所至日本东京用户电报电路。1988年，日照市党、政机关租用市邮电局ZL3型晶体60路长途载波机CH1路作为传真电路。1989年，日照市有出租用户电报电路7条。20世纪90年代后，因用户业务减少，电报电路建设速度减缓。

电话线路　1931年，日照县有长途电话线路145千米，电杆1691根。1933年经莒县、沂水至临朐设长途线路，使用8号单线，电杆3669根。县内线有日照城至涛雒、至石臼所两条，分别架设电杆319根、119根，均用12号单线。1934年，架设日照城、沈疃至莒县龙山九里坡长途线路1条，长195.5千米。新中国成立初，长途电话借用沂水军分区设在日照的电话情报站线路，构成南连赣榆、北连藏马、胶南的长途线路网。1955年，架设农村电话8段单线线路，县城内电话杆路总长度1千米。1956年，首次架通日照至临沂长途线路，1959年复加挂铝线1条。1957、1964年两次架设县城内架空明线共62对千米，杆路总长度8千米。1958年，市话线路开始架设光缆，长度0.5皮长千米。架通日照城至高旺庄钢铁基地26.5千米专用线1条，农话线路1570千米。1964年，市话线路由架空电缆转向地下埋设，敷设地下电缆0.1皮长千米。1976年，至临沂线路加挂铜线1条，开通日照至临沂晶体管12路载波电路。1975—1984年，先后埋设地下电缆4.42皮长千米，地下电缆12孔管道5.7千米，短距离6孔道地下管道0.55千米，开通日照城至石臼所电话电路22条，建成日照至临沂4×4地下电缆工程，开通日照至临沂60路载波电路。开通石臼所至上海国际台长途电话电路。1985年市内自动电话割接成功。有4条架空电缆线路。开通使用出租电路，增设日照至临沂电路5条，至郯城1条，石臼煤炭码头至青岛4条。1988年新增15路。

1989 年，市话电缆长度 128 千米。乡村电话杆路长度 1098 千米，架空明线 1422 千米，电缆 36.9 千米。1990 年，石臼至日照采用光缆传输，至岚山采用微波转光缆传输，长途由干线微波扩容解决。1991 年实现割接投产。同年，日照首次开通 7000 门程控电话，至 1998 年，长途电话线路达到 2700 条，新增数据通信端 12800 个，新增 GSM 载频 99 个，新增模拟移动信道 302 个(2000 年移动电话模拟网关闭)。1999 年，配套线路扩容 8 万线，建设城市管道线路 24 千米，建设县区间、县乡间光缆线路 200 千米。“村村通程控电话”工程完成架设线路 600 多千米，通信光缆 1800 千米，其中 1999 年立杆 6000 余根，架设线路 500 千米。2000 年，共建互联网宽带传输工程线路 100 千米，建设光线直放站光缆线路 50 千米。2005 年，日照铁通铺设管线(含小区管道)孔 32.315 千米，铺设光缆 15 千米。

图 8-1　1991 年，日照市举办 7 千门程控电话开通庆祝活动

设备

电报设备　清光绪三十三年(1907 年)，日照县配有莫尔斯发报机 1 部。1947 年，战时邮政局设无线电台，配美式手摇发报机 1 部。1950 年，县电信局有人工电报机 1 部，备用机 1 台，配有 81 型无线电台 1 部。1954 年设立报房，增加人工电报机 1 部，音响机 1 部。1958 年配 81 型短波发讯机 1 部。1965 年，设自用无线电台 1 处，只传递党、政、军领导机关密码电报，1967 年停开。1970 年重新设立备用电台，配有主机 1 部、副机 1 部。1971 年改添 BD055 型电传打字机 2 台。1974 年增添 BZPD 单路载波机 1 部。1975 年报房更换 MF6 路载波机 1 部。1976 年更换国产 B2P04 路载波机 1 部。1978 年 7 月，县党政机关开始使用 UF-ZH 型传真机。1987 年，改用 7×20 型全电子电传机。1988 年配置中英文 4202 型发报机，1989 年配置中英文 JK411 型电传机。

电话设备　1931 年日照有电话交换机 2 部 25 门，话机 13 部。新中国成立初，长途电话设备与市话、农话合用 1 台 20 门磁石式交换机，后市话自用 1 台 15 门磁石式交换机，1954 年更换磁石交换机 20 门。1955 年，农话采用 10 门磁石交换机，装单机 17 部。1962 年，市话改换 100 门 5602 型交换机，用户使用 89 门。1964 年，长途电话独用 1 台 20 门磁石交换机，1966 年增加 2 台 100 门磁石交换机，1974 年增至 4 台。至 1974 年，交换机容量增至 400 门，用户实占 274 门。1976 年长途电话磁石交换机降为 2 台 2 座席。1980 年，市话交换机容量为 600 门，用户实占 36 门。

20 世纪 70 年代前，多采用电话线路传输广播信号，“乡话”(社内电话)受干扰且易失密。1989 年后，设备更新，“乡话”有交换机 40 部，容量 2120 门。1985 年 6 月，石臼所开通 HJ-921 纵横制千门自动电话交换

图 8-2　1992 年，日照第一个程控电话支局——涛雒邮电支局开通

机，装自动电话265部，用户交换机1210门，分机450部。其中供电交换机3台200门，自动交换机1台800门。长途电话使用JTS08C型供电交换机4台8座席，DD14型半自动对端设备1端，DD16型全自动16路对端设备1端。1986年，日照千门自动电话割接投产，采用多局制交换系统。日照城区、石臼所共装HT型纵横制交换机2000门，备用1000门。市内各单位用户交换机30部，农话交换机安装半自动拨号键盘。1988年，日照市电话总容量3000门，直接接入邮电局交换机1836部。1991年日照首次开通7000门程控电话，至1999年该工程全面完成。开通农村电话交

图8-3 1991年11月，全市首部程控电话装进农村

换网点156处，容量12.7万门。1991年还分别完成本地网优化改造工程、信息港工程、数字移动通信工程。1998年，日照长途交换机容量达到8000线，本地网交换机容量净增4.9万门，达到21万门，新增数据通信端口800个，达到1100个。1999年，完成交换机设备扩容40548门，开通接入网设备3.8万门，完成宽带多媒体通信网(ATM)建设工程、因特网(163)和多媒体通信网(169)扩容工程，开办电信“网吧”5处，在党政机关、企事业单位建立了网上站点。

2000年，完成“两网一港”(本地电话网、数据通信网、信息港)扩容工程，完成“三网”(传输网提速、上网提速、宽带网建设)扩容工程，新建基站20多个，总计达到100余个。互联网出口宽带由1999年的2M提高到2.5G。2003年，完成无线电话(小灵通)工程投资5500万元，新增设备5.2万线，基站总数达到266个。

2005年，日照网通对小灵通网络进行全面优化，日照移动新建基站100处，日照联通完成CDMA网目标网和GSM网十期工程建设，基站总数254个。2007年日照网通安排语音交换机项目9个，扩容6620线，完成全年ADSL建设项目，扩容4.9万线，新增节点66处。ADSL容量达到10万端口，城域网出口达20G。日照移动网络交换容量达300万户。日照联通完成GSM第十三、十四期工程，传输本地网第六、七期工程，CDMA五期工程，完成GSM/CDMA室内分布G五、C六期工程。

第二节 通信业务

电报

有线电报 清光绪三十三年(1907年)，日照有线电报正式营业，电路北通胶州局，与青岛通报。1914年，电报局撤销。1918年与青岛恢复通报。

1954年2月设立报房，开始接发气象电报。1986年以前，日照发往全国各地的电报，一般由临沂局转发，不直接发往落地局。

1985年首次开通出租用户电报。1987年，首次开通日照至济南电报电路。随后进入“济南电报自动报转网”。

无线电报 1947年，战时邮局设无线电台，1948年撤销。新中国成立后，电报业务量不断增长。1956年收发量1.6万张，1966年为4.2万张，1976年为5.4万张，1979年业务量为6.2万张，1985年为13万张，1989年业务量为20.8万张。进入20世纪90年代，因长途电话发展，电报业务量逐年减少。

固定电话

1931年前，长途电话仅限于县政府和一些重要区、乡镇使用。1933年，日照至临朐长途电话开通。1934年，全县有电话机20部，通话范围基本上是区(镇)公所一级。

新中国成立初，日照长途电话借用沂水军分区设在日照的电话情报站线路。县政府、邮电局营业室、汽车站3个部门安装电话单机3部。1954年电话用户单机发展到8部。1955年，开通日照城至涛雒，涛雒至安东卫，安东卫至岚山头，日照至两城、刘家楼、沈疃、三庄、崖头线路，装单

机 17 部。1976 年，全县 21 处支局全部开通农话载波电路。1983 年 9 月，石臼至上海国际台长话电路开通。1985 年，首次开通使用出租电路。1986 年，境内各支局农村电话交换机进行技术改造，安装半自动拨号键盘。1989 年，全市乡村电话机 860 部。1991 年 11 月，程控电话开通，232 个行政村通上电话。

1998 年，日照电信本地网电话放号 35136 户，公用电话放号 1942 户，新增数据基础用户 152 户，至年底，公用电话网固定电话用户达 12.47 万户，电话普及率达到 6.89 部/百人，其中市话普及率达到 43.65 部/百人。1999 年，新增城乡固定电话 5 万多部，其中新建 IC 卡公用电话亭 113 个，安装室内 IC 卡公用电话 237 部，安装投币电话 24 部。所有行政村全部开通程控电话。

2000 —2001 年，日照电信本地网电话放号 97928 户，总数达到 34 万户，主线普及率达 12.6 部/百人。开通 IP 电话新业务。

2003 —2007 年，日照电信本地网电话累计净增 5 万部，总数达到 44 万部，固定电话普及率达到 15.98%，新增智能公话 3646 部，总数达到 4814 部。日照网通本地网电话累计净增 6 万部，总数达到 50 万部，固定电话主线普及率达到 18.52%，智能电话总数达到 6100 部。日照铁通全年固话装机 22363 部。

无线寻呼

1992 年 6 月，市邮电局开通"126"人工寻呼台。1994 年 9 月，"127"自动寻呼系统开通投产，总容量为 2 万户，普及率达 0.39 部/百人。同年，无线寻呼实现全市联网。1995 年 6 月 1 日，无线寻呼实现全省联网，"BP 机"普及率为 0.87 部/百人。1997 年 7 月 20 日，第二寻呼台——"9898"台开通运行，并实现全省联网、异地漫游，同时可提供影视文化、股市、金融、天气预报、交通信息和邮电业务等信息广告服务。1998 年，日照电信无线寻呼放号 20255 户。2000 年 9 月，日照联通无线寻呼网建成。寻呼服务号码拥有全国特服号 198/199，全省特服号 126/127/128/129，寻呼市场占有率达到 85% 以上，联网范围达到 300 多个城市。2001 年 8 月，实施靓网工程，寻呼网新增基站，寻呼信号覆盖率市区达到 98%、郊区达到 90%。

随着移动通信发展，无线寻呼业务量逐渐减少。2002 年，山东联通对全省寻呼系统进行整合，整合后日照联通撤消寻呼系统机房及人工话台，系统挂靠在青岛联通，只保留呼基站发射系统。

移动电话

1992 年 12 月，日照市邮电局组建移动通信基站，开通模拟移动通信电话业务进入青岛网。1993 年手提电话(俗称"大哥大")开始在境内使用。1994 年 12 月，建成移动通信网，开通数字移动电话。东港移动电话用户 784 户。1995 年，日照移动电话进入全国网，实现全国漫游。至 1997 年，市移动电话实现国际直拨，"大哥大"普及率为 0.67 部/百人。

1999 年，日照移动网络规模 11 万户，网上用户 5 万户，"全球通"网号 139、138、137、136、135 全部开通。至 2001 年，移动通信网上客户突破 10 万户，新增移动通信客户近 5 万户，推出中文短消息(1258)、"神州行"预付费卡，全球通 IP 电话、信息点播、全球通 WAP 业务，网络客户总量达到 20 万户。2003 年，无线市话(小灵通)累计装机 3.5 万部，总数达到 4.5 万户。日照移动客户总量达到 20 万户。

2004 —2007 年，移动通信发展迅速。日照移动网络交换容量扩展到 300 万户，客户总量突破 100 万户。日照移动东港分公司负责境内的"134、135、136、137、138、139、150、151、152、158、159、182、187 及 3G 专属号段 147、157、188"、数字移动网的规划、建设和运营。拥有"全球通""动感地带""神州行"等著名品牌。在基本语音业务基础上广泛应用移动梦网、随 e 行、彩铃、彩信、WAP、MO 手机上网、小区短信等业务。日照联通移动用户达 40 余万户(GSM/CDMA)。

互联网

1999 年，日照电信先后完成宽带多媒体通信网(ATM)建设、因特网(163)和多媒体通信网(169)的设备扩容工程，开办电信"网吧"5 处，有 22 个党政机关、企事业单位在网上建立正式站点，其中政府站点 7 个，163、169 上网用户达到 4532 户。

2001 年，日照电信境内互联网出口宽带由 1999 年的 2M 提高到 2.5G，宽带网覆盖面达

7000余户，开通宽带用户4224户，在互联网上建立政府站点39个，企业站点90多个，注册上网用户达3.5万户。2003年，新增宽带用户7000户，总数达到9000户。日照联通“165”互联网用户数达到284户。日照移动互联网用户达到20万户。2005年，日照网通新增宽带用户1.5万户，总数达到4万户。日照联通“165”互联网用户达到695户。日照铁通互联网装机总数达1904户。

2007年，日照网通城域网出口达20G，政务网向乡镇一级政府延伸，乡镇政府建站率达到100%。推广“宽带商务”平台应用，“宽带商务”企业客户达到647户，平台账号数达451个，城市家庭宽带入户率达到33.84%。日照铁通互联网装机5630户。

第三节　通信公司

日照网通分公司

1998年10月，邮政、电信分营，设立日照市电信局。2001年，日照市电信局改制，成立山东省电信公司日照市分公司。2002年，中国电信南北拆分，更名为中国网通(集团)山东省通信公司日照市分公司(简称日照网通)。内设10个职能部门、5个分局、7个中心和2个办事处，拥有66个营业网点。2007年5月，成立东港区分公司。分公司下设海曲西路、海曲中路、涛雒、河山、两城、三庄、西湖、南湖、陈疃、尹家河、竖旗11处营业部，近30个营业网点。分公司内设综合部、市场部、维护部、服务质量检查室4个主要部门。公司主要经营传统的固定电话、移动通信、宽带接入、数据、无线市话(小灵通)、智能电话、公用电话、各类电话卡和各种增值业务等。

日照移动分公司

1999年7月9日，成立山东省移动通信有限责任公司日照分公司(简称日照移动)，负责老城区、石臼、新市区一线市场业务发展。公司下设综合部、财务部、人力资源部、市场经营部、网络部和东港、新市区等5个分公司。

2001年3月，日照营销中心搬至东港区海曲中路5号办公，下设办公室、代办管理室、直销部、清欠办、海曲中路营业厅、百货大楼营业厅、三联营业厅、凌云营业厅、海纳营业厅。5月，直销部从

图8-4　东港区移动通信服务厅　　　　(摄于2005年)

营销中心分离，直接划归市公司市场部管理，负责城区直销业务和乡镇业务开展。

日照联通分公司

1999年9月16日，中国联通有限公司日照分公司(简称日照联通)成立。下设东港等4个县、区分公司，37个部室、中心，70个营业分支机构。2001年6月，日照联通城区经营部成立。2004年6月，该经营部改建为日照联通东港分公司。分公司下设综合部、集团客户部、直销部、营业厅、清欠部5个部门，后又增设财务部、客户维系部、市场部、渠道部。日照联通主要为客户提供固定通信、移动通信、宽带及多媒体、数据及增值业务的全方位、多层次的综合通信服务。

2002年3月，日照营销服务中心更名为山东省移动通信有限责任公司东港分公司。2006年10月，更名为中国移动通信集团山东有限公司东港分公司。至2007年，移动通信主要经营移动电话通信业务(含语音、数据、多媒体等)、IP电话及互联网接入服务，从事移动通信、IP电话和互联

图8-5　东港区联通业务服务厅　　　　(摄于2007年)

网等网络的设计、建设、维修以及与之相关的系统集成、结算、技术开发、技术服务、设备销售及出租。

日照铁通分公司

2002年1月18日，中国铁通日照分公司(简称日照铁通)成立，下设综合科、财务科、市场部、建设部、网运部、计费营收中心、大客户部7个管理部门。境内有日照、日照西2个分局。公司主要经营：国际国内长途通信、移动通信(133CDMA和130/131/132GSM)、无线寻呼、互联网和IP电话、技术咨询和技术服务等业务。

日照电信分公司

2003年6月5日，中国电信集团北方电信有限公司日照市分公司(简称日照电信)正式挂牌成立。内设3个职能部门、2个中心、2个分局，下设3个区县分公司。公司主要经营国内国际各类固定电信网络与设施(含本地无线网络)，基于固定电信网络的语音、数据、图像及多媒体通信与信息服务，与通信及信息业务相关的系统集成、技术开发。

图8-6　东港区电信业务服务厅　　(摄于2003年)

第九编

体制改革

中共十一届三中全会后，境内进入改革开放新时期。

1980年，农村开始逐步实行家庭联产承包责任制，以粮食生产为主的农业、农村经济迅速增长。1984年，人民公社体制撤销。经过几次机构改革，党政机关职能逐步向服务型转变。中共十三大以后，改革重心由农村转向城市，计划投资、财税、金融和物价管理等领域的体制改革全面展开。企业改革实行“利改税”，推行和不断完善企业承包经营责任制。企业招工实行合同制，废除“顶替制”（子女接替父母工作的制度）。计划经济开始向社会主义市场经济转轨。

东港区建立后，经济体制改革的主要任务是：由计划经济向社会主义市场经济全面过渡，取消生产资料价格双轨制，放开商品和服务市场价格，基本形成市场经济体系。1993年始，进行企业股份制改革试点。1997年，境内各类国有、集体企业通过改组、联合、租赁、承包经营、出售等形式，逐步建立起现代企业制度。同时，农村统分结合的双层经营机制更趋完善，农村税费及配套改革取得阶段性成果。社会化服务体系进一步建立健全，农村合作基金、供销社股金顺利清盘，社会统筹和个人账户相结合的养老保险、医疗保险、失业保险、社会救济制度及城镇居民最低生活保障制度初步建立。

2002年后，境内各项改革深入推进、稳步进行。就业和社会保障工作得到加强，农村五保供养制度、农村特困对象救助制度全面落实，城乡居民实现基本养老和医疗保险，全面取消农业税，农村各项补贴政策得到落实。公务员制度进一步完善，事业单位用人实行公开招聘，党政机关从管理型向服务型转变。

第一章　农村体制改革

第一节　农村土地经营体制改革

20世纪50年代末至1978年前，境内实行“队为基础”的农村土地集体经营体制。1978年春，小段包工定额计酬、专业承包联产计酬、联产到劳、包产到户、包干到户等多种形式的生产责任制在境内出现。1979年春，涛雒公社高旺庄大队探索实行“四定一奖”(定地块、定人员、定产量、定质量、超产奖励)劳动管理办法。夏季，南湖公社实行“以产定工、多劳多得、各计奖惩”生产责任制。三庄公社试行将口粮田包给社员，收入归己办法。

1980年冬，在马庄公社小后村等大队试点推行联产承包责任制，实行联产计酬、包产到户。1982年在县内全面推开。到年底，49.5万农户签订家庭联产承包合同，承包土地45113公顷。当年粮食亩产508千克，实现历史最好水平。

实行“大包干”后，对原来由集体经营的林、牧、渔业项目和生产大队、生产小队的工副业项目，也采取专业承包办法，由生产大队与承包户签订合同，合同期一般3～5年。

1984年冬，贯彻中共中央〔1984〕1号文件精神，进行土地打价定级承包经营试点。将土地分等级作价，进行合理补偿，水利设施、农田基本建设则由集体统一管理和组织，土地承包期为15～20年。1985年年初，家庭联产承包责任制开始推广到林、牧、副、渔各业。

1985年1—6月，集中进行撤队建村后财务清理移交工作，原生产大队、生产小队两级账务全部移交给村民委员会。农村经营管理重心转到促进承包合同兑现、完善生产责任制上来。1986年，全市各乡镇设立农业承包合同管理站和村合同管理小组，建立健全农业合同管理体系。

针对部分农户粗放经营、弃农撂荒情况，境内对土地承包形式进行部分调整和改进。1989年，尝试“两田制”，即以村或村民小组为单位，把全部耕地分为“口粮田”和“责任田”。口粮田按人口均分，责任田按劳力承包，实行“两田制”。

1997年，东港区贯彻中共中央办公厅、国务院办公厅《关于进一步稳定和完善农村土地承包关系的通知》精神，结合农村土地承包陆续到期的实际，制定具体政策措施。从1999年2月开始，对全区14个乡镇农村土地实行“二轮延包”，坚持“大稳定、小调整”原则，将农村土地承包期限延至2029年。

针对二轮土地延包中大部分村存在超比例留取机动地、规划预留地及搞长期高价发包问题，2004年始，在农村开展“两田制”清理整顿，变“两田制”为“均田制”，按照农村人口数量平均分配土地资源。本着积极、稳妥的原则，东港区政府制定《关于农村“两田制”清理整顿工作的实施意见》，与各镇、街道签订“两田制”清理整顿工作目标责任书，明确工作目标，落实清理措施。全区有清理整顿任务的村共584个，涉及耕地面积4660公顷。至当年年底，有359个村完成整顿工作，清理整顿面积3840公顷。

2005年，已完成清理任务的村开展“回头看”活动。突出抓住清理整顿高价地这个重点，对“高价地”按照政策规定，一律按人口平均延包到户，一定30年不变，不再收取土地承包费。凡是在耕地上建起的各类农业设施栽培项目，不论当时实行什么承包形式，只要不是按人口平均承包到户的，都必须和其他耕地一样，按人口平均延包到户。到年底，共签订延包合同9.5万份。

2007年，贯彻落实新修改的《中华人民共和国农村土地承包法》和山东省“实施办法”，东港区政府制定《关于全区农村土地突出问题专项治理工作的实施意见》，认真做好“延长土地承包期30年”的后续完善工作，切实解决有关遗留问题。要求：凡是尚未开展延包的，应严格按规定程序组织好延包；农户土地承包期不到30年的，一律延长至30年；承包地块没有落实到户的，一律落实到户。共签订延包合同0.8万份，土地承包责任制得到完善。

第二节　林地经营体制改革

20世纪50年代后期至1978年前，境内各生产大队(村)的山岭、河滩等林地、林木的林地所有、使用、林木所有、林木经营四种权利基本属于生产大队(村)集体所有(1958年对私有林木全部作价入社)。全区推行土地联产承包责任制后，林地所有权的集体性质没有发生根本变化。林地经营权、林木所有权和经营权随着林权制度改革开始出现新的变化。

1982年以后，全县借鉴“联产计酬”的经验，开始推行林业生产责任制，划分自留山、责任山，采取家庭承包方式，把部分山滩林木分到农户经营，同时保留一些成片林木归大队集体经营。由大队集体经营的林地，其四项权利仍为集体所有；被农户和个人承包经营的林地所有权仍然归大队集体所有，林地使用权和林木所有权、林木经营权则归承包林地的农户或个人所有。到1984年，全县划分自留山、责任山1.23万公顷，承包到户经营，其余1.31万公顷山滩林木仍由集体经营。到1991年，通过理顺林业承包关系，由集体统一经营的面积为2.08万公顷，占总林地面积的82%。建区后，全区山林经营基本没有变动。1996年以后，由于大力推进农业产业结构调整，农民自发在承包的责任田内发展各类经济园林，土地所有权属于村集体，其他的三项林权则归农民个人所有。

20世纪90年代中后期，许多公司、单位、联合体开始跨地区、跨行业承包经营集体山场、荒滩等，进行林业综合开发，使林业管理向市场经济转化，林地经营权、林木所有权和林木经营权开始从农村集体和农民手中向外部经济单位及个人转移。到2007年，全区林地、林木经营权属土地约有3000公顷对外承包经营。其中竹洞天、龙门崮、驻龙山、磴山、峤子山等风景区经营面积较大，其他个人到农村承包的经济林、丰产林有1000多公顷。

2003年年初，根据《山东省人民政府关于推进林权制度改革的意见》，区政府部署开展全区森林林木林地确权发证工作。这次确权发证是新中国成立后的第三次。林权证种类和发证范围是：国有林场、苗圃按规划范围发放森林、林木、林地所有权证和使用权证；集体所有的森林、林木、林地按现状和区级以上人民政府规划，发放所有权证和使用权证；对承包经营国有和集体林地、林木的，其林地所有权归属国有和集体，只对林地使用者发放林地使用证，对其所有的林木发给林木所有权证。同年2月，按照“明晰所有权、搞活使用权、放开经营权、保护受益权”的原则，在黄墩镇进行确权发证试点。通过申请、公示、勘界、审核等工作程序，于9月底结束试点。共确权登记林地1504宗(集体682宗、个人312宗)共6415公顷。其中,防护林127宗,2790公顷;经济林437宗,2615公顷;用材林376宗,468公顷;其他林36宗,524公顷。经济林中,苹果园71宗,桑园125宗,茶园20宗,桃园12宗,板栗园221宗。

第三节　渔业经营体制改革

1978年后,境内渔业进入快速发展时期。1985年3月中共中央、国务院发布《关于放宽政策、加快发展水产业的指示》后,境内水产业进入全面改革阶段。渔业生产"以养为主"方针得到贯彻执行。沿海渔业全面推行包产到户(人)、船网折价归个人等各种形式的生产责任制。调整水产品购销政策,取消在计划经济体制下实行近30年的统一收购和派购办法,在农副产品中率先放开价格,实行市场调节。

1980年冬,日照县政府在涛雒公社孙家村大队试行生产队对船组"大包干"责任制。具体办法是:在落实全年产量、产值、生产费用和各项提留计划的基础上,把应上交生产队的提留款包到船组,完成包干任务后剩余部分,全部归船组分配。1981年在全县推广,并分别在全省、全国水产工作会议上介绍经验。1983年,又在涛雒公社刘家湾大队试点,推行把船网折价归船组,以船组为核算单位的经营体制。1984年后十几年间,境内出现造船热,并开始发展大马力渔船,海洋捕捞实现由近岸、近海到远外海生产的转变。

1984年以前,水产品收购、加工、销售和柴油、木材、桐油、钢材等主要渔需物资实行计划管理体制,统一由县水产供销公司经营。1985年,中央1号文件下发,水产品(除对虾)一律取消计划价格,采取自由交易、按质论价、议购议销。渔需物资供应也实行政策放开,一些个体工商户开始从事水产品的收购、加工、销售等活动,形成以县水产供销公司为主体、其他经济成份为补充的水产品收购、加工、销售及渔需物资供应新体制。建区后,境内逐步形成市、区、乡、村、个体、联合体的渔需物资供应网络。

1987年始,境内先后建成日照、石臼、金阳等多处水产品批发交易市场。通过多元化经营模式,大量水产品输出到市外、省外和国外市场。同时,外地水产品也进入境内市场。

随着渔业市场体系的发展和变化,沿海渔民群众在家庭承包经营基础上,按照"民办、民管、民受益"原则,自愿组织起一种新型水产业经营组织——渔业专业合作社,实现在技术、资金、信息、生产、加工、购销等方面的互助合作,解决一家一户不能解决的服务断线和经营困难问题。2007年7月1日,《中华人民共和国农民专业合作社法》正式实施,为新型渔业合作组织给予法律支持,2007年全区渔业专业合作组织发展到3家。

第二章　企业改革

第一节　国有企业改革

新中国成立后至20世纪90年代初,境内国有企业基础一直比较薄弱。1992年12月,日照市设区带县后,日照市政府即把原日照县境内地方国有企业绝大部分划归市管理,留在东港区的较大型工业企业只有日照市食品公司及商业、供销、粮食等部门的附属加工企业。1994年后,区直部门利用对上争引(向市、省、国家争取)的资金创办一批企业,但经营状况大都不好。按照省市部署,东港区对所有国有企业进行调查摸底,提出改制具体步骤和措施。在搞好乡镇企业改制试点的基础上,从1997年开始,对区属国有企业采取出售、拍卖、注销、脱钩等方式进行改制,将企业完全推上市场。

日照市食品公司,经营时间长、亏损数额巨大,1998年8月申请破产。区专门成立破产清算领导小组和工作班子。2000年3月完成破产清算任务。至此,境内国有企业改革完成。

1997—1999 年东港区区属主要国有企业改制情况表

表 9-1

企业名称	隶属	改制前企业性质	改制形式	改制年份	改制后企业性质
日照市食品公司	—	国有	破产	1998	—
东港区百信饮料厂	经委	国有	注销	1997	—
东港区汇鑫裘革工业公司	经委	国有	注销	1997	—
东港区恒生化肥厂	经委	国有	注销	1997	—
东港区经济技术开发公司	经委	国有	注销	1997	—
日照市纺织品抽纱公司	经委	国有	注销	1997	—
东港区纺织服装外贸公司	外经委	国有	注销	1997	—
东港区鲁秀工艺公司	外经委	国有	注销	1997	—
东港区饮料厂	计委	国有	破产	1997	—
东港区饲料公司	粮食局	国有	注销	1999	—
东港区电器厂	旅游局	国有	脱钩	1999	民营
东港区复合玻璃板厂	土地局	国有	出售	1998	—
东港区科技印刷厂	科委	国有	脱钩	1999	民营
东港区商业印刷厂	商业局	国有	注销	1999	—
东港区工艺品厂	商业局	国有	注销	1998	—
东港区淀粉厂	粮食局	国有	拍卖	1998	—
东港区东粤花生制品厂	粮食局	国有	股份	1998	民营
东港粮油工业公司	粮食局	国有	拍卖	1998	民营
东港一轻粮油工业公司	经委	国有	注销	1997	—

第二节　集体企业改革

区属集体企业改革

1994—1997 年，东港区区直部门创办起一批区属集体企业。因正处于经济转型期，创办之初采取计划经济与市场经济相结合的管理模式。主管部门对企业干预太多，企业经营不够灵活。随着企业改革的不断深化，开始进行区属集体企业改革。1997 年，东港区政府制发《关于深化企业改革的实施意见》，把区属企业和乡镇企业作为重点改制范围，提出“坚持全面推进，重点突破，循序渐进，积极稳定，因企制宜，先易后难”原则，允许个人购买、发展民营经济。强调“加大改革的力度、广度和深度，力求做到产权一次买断、资产一次变现、债务一次划转、改革一步到位”。具体工作中，坚持以股份制和出售、拍卖为主。在“多兼并联合”“少破产”的前提下，对个别长期亏损、资不抵债的困难企业，依法实施破产或注销。

1997 年始，借鉴乡镇企业改制经验，对发展前景好的企业实行股份制改造，一些挂靠主管部门的全部实行脱钩(如东港塑料厂)；对于亏损严重又不符合破产条件的实行注销(如日照百信饮料厂)；对投资规模大又亏损严重的依法实施破产(如日照康翔食品有限公司)。到 2005 年，区属集体企业相继实行股份制和股份合作制，政府主管部门的产权全部退出企业。企业实现自主经营、自负盈亏。主管部门不再直接管理企业，不再为企业承担连带责任。

1995—1999年东港区区属主要集体企业改制情况表

表 9-2

企业名称	隶属	改制前企业性质	改制形式	改制年份	改制后企业性质
日照市环之有限责任公司	乡企局	集体	股份制	1997	民营
日照市新星针织厂	就业办	集体	脱钩	1997	民营
日照市劳动开发中心	就业办	集体	脱钩	1997	民营
日照市华联木制品公司	外经委	集体	注销	1997	—
日照得利金银首饰公司	外经委	集体	股份制	1999	民营
日照东升水产有限公司	水产局	合资	吊销	1995	—
东港区农经印刷厂	农委	集体	脱钩	1999	民营
日照市育才实业总公司	教委	集体	脱钩	1999	民营
东港区育才校服厂	教委	集体	脱钩	1999	民营
东港区果疏加工厂	农业局	集体	拍卖	—	民营
东港区恒生总公司	经委	集体	注销	1997	—
日照市印塑股份有限公司	经委	股份	注销	1997	—
日照市制版印刷服务中心	经委	集体	注销	1997	—
东港区生物化肥厂	经委	股合	注销	1997	—
日照康翔食品有限公司	商业局	合资	破产	1998	—
东港区福利印刷厂	教委	集体	脱钩	1999	民营
东港区福利轮胎翻新厂	民政局	民政局	脱钩	1998	民营
东港区塑料厂	经委	集体	脱钩	1997	民营

乡镇企业改革

乡镇企业经营机制相对于国有企业更为灵活，但由于乡镇政府干预企业生产和销售，对企业利润无偿划拨及职工实行固定工资制等，直接制约生产力的发展。改革开放后，乡镇企业借鉴农村改革经验，在内部推行经营承包责任制，开始打破传统的管理模式。企业引入竞争机制和风险机制，普遍推行奖罚制度，职工劳动所得与自我贡献及企业效益挂钩。同时，拉开分配档次，“多劳多得、按劳分配”的原则得到体现。

1992年5月，国家体改委颁布〔1992〕30号文件，指导企业实行以公有制为主体与企业职工利益相结合的企业产权制度改革，政府和企业“风险共担，利益共享”。其目的是：转换企业经营机制，促进政企分开，实现企业的自主经营、自负盈亏、自我发展和自我约束，提高国有、集体资产的运营效率，实现国有、集体资产的保值增值。1992年上半年，对日照市拖车厂进行产权改革试点。7月，日照街道企业改制领导小组成立。经过资产评估，职工募股，于9月改制完毕。改制后，企业总资本119万元，街道政府占51%；法人及职工占49%，成为境内第一个乡镇政府控股、企业参股的股份制企业。1994年12月，对该企业进行第二次改革，街道政府股权全部退出，企业成为法人控股、职工参股的民营企业。

1993年年初，省政府提出把股份合作制作为乡镇企业深化改革的重要内容，要求到“八五”末新建企业原则上都要实行股份合作制，原有骨干企业基本上都要改制为股份合作企业。4月，东港区乡镇企业局制定《东港区乡镇企业推行股份合作制工作实施方案》，按照“同股同利、利益共享、风险共担”和“因乡、因村、因企制宜”的原则，对乡镇企业进行股份制改革。当年，全区有8家乡镇办企业进行股份制改革，推行股份制改革的村办企业有40多家。

1994年8月，在陈疃镇通用机厂试行产权改革。由镇政府、区乡镇企业局、区审计局等部门组成改制领导小组。小组内设财务组、财产清查组、设备评估组、厂房评估组、产品材料评估组、财产物资评估组。核查评估该厂净资产120万元，扣除正式职工退休前应缴养老保险金40万元后，确定净资产80万元，由企业分三年向镇政府交清。企业占用的土地4公顷，由企业每年按1平方米1元钱租赁费上交镇政府。改制后，企业成为法人控股、职工参股的民营企业。

1997年，乡镇企业改革全面推开。主要内容为转让企业集体产权，以股份制改革为中心，完善现代企业制度建设。在改革过程中，借鉴外地经验，对一些小企业、微利企业和亏损企业实行兼并、拍卖或租赁；对规模较大又亏损严重的企业依法实施破产；对不宜实施破产和整体改制有困难的企业，实行分离经营、分块、分步改制，由职工入股成立新公司，经金融部门同意后，租赁原厂的资产，通过向原厂支付租金的形式偿还留在原厂的债务；一些规模较大、效益好的企业实行股份制和股份合作制改革。到2000年，有日照日升塑料有限公司、石臼网具厂、涛雒冷藏厂、河山金属制品厂4家企业实行破产；日照市染织厂、西湖水泥厂等8家企业实行有限责任公司改制；日照水泥制品厂、日照刺绣厂、日照市新型建材厂等17家企业实行股份合作制改革；河山涂料厂、两城冷藏厂、日照市印染厂等23家企业实行租赁经营；秦楼街道玻璃钢厂、西湖农机厂等13家企业出售、拍卖；日照街道服装厂、河山砂轮厂、秦楼冷藏厂等9家企业实行划转。

到"十一五"初期，境内乡镇集体产权基本上从企业里退出，共有183家乡镇企业成为股份制企业、股份合作企业和私有企业。产权关系的变更使企业由生产型转为生产经营型，乡镇政府对企业的职能也实现由生产管理到服务职能的转变。

1992—1999年东港区乡镇骨干企业改制情况表

表9-3

企业名称	隶属	改制前企业性质	改制形式	改制年份	改革后企业性质
河山金属制品厂	河山镇	集体	破产	1999	—
日照日升塑料有限公司	涛雒镇	集体	破产	1999	—
石臼网具厂	石臼街道	集体	破产	1999	—
涛雒冷藏厂	涛雒镇	集体	破产	1999	—
日照市染织厂	日照街道	集体	有限责任公司	1997	民营
秦楼民爆供应公司	秦楼街道	集体	有限责任公司	1995	民营
西湖水泥厂	西湖镇	集体	有限责任公司	1995	民营
三庄内配厂	三庄镇	集体	有限责任公司	1997	民营
南湖面粉厂	南湖镇	集体	有限责任公司	1995	民营
陈疃粮油加工厂	陈疃镇	集体	有限责任公司	1995	民营
西湖板材厂	西湖镇	集体	有限责任公司	1995	民营
涛雒东方包装公司	涛雒镇	集体	有限责任公司	1992	民营
日照水泥制品厂	日照街道	集体	股份合作制	1995	民营
日照刺绣厂	日照街道	集体	股份合作制	1995	民营
日照市新型建材厂	日照街道	集体	股份合作制	1995	民营
日照广告装潢公司	日照街道	集体	股份合作制	1995	民营
河山建材厂	河山镇	集体	股份合作制	1995	民营
石臼塑料厂	石臼街道	集体	股份合作制	1992	民营
日照市工艺刺绣厂	石臼街道	集体	股份合作制	1999	民营
石臼织布厂	石臼街道	集体	股份合作制	1999	民营
日照拖车厂	日照街道	集体	股份合作制	1992	民营
涛雒造船厂	涛雒镇	集体	股份合作制	1999	民营
石臼建材厂	石臼街道	集体	股份合作制	1995	民营
涛雒龙泰水产公司	涛雒镇	集体	股份合作制	1999	民营

续表 9-3

企业名称	隶属	改制前企业性质	改制形式	改制年份	改革后企业性质
陈疃水泥厂	陈疃镇	集体	股份合作制	1995	民营
南湖农机厂	南湖镇	集体	股份合作制	1995	民营
南湖建材厂	南湖镇	集体	股份合作制	1995	民营
尹家河钢窗厂	南湖镇	集体	股份合作制	1995	民营
尹家河纸箱厂	南湖镇	集体	股份合作制	1995	民营
日照街道石料厂	日照街道	集体	租赁	1999	民营
河山涂料厂	河山镇	集体	租赁	1999	民营
两城冷藏厂	两城镇	集体	租赁	1995	民营
两城粮油厂	两城镇	集体	租赁	1995	民营
秦楼农机厂	秦楼街道	集体	租赁	1992	民营
秦楼盐场	秦楼街道	集体	租赁	1992	民营
石臼预制厂	石臼街道	集体	租赁	1999	民营
石臼第一冷藏厂	石臼街道	集体	租赁	1999	民营
石臼家禽厂	石臼街道	集体	租赁	1999	民营
涛雒拖拉机配件厂	涛雒镇	集体	租赁	1998	民营
涛雒红旗水产公司	涛雒镇	集体	租赁	1998	民营
涛雒绿茶厂	涛雒镇	集体	租赁	1998	民营
尹家河锯片厂	南湖镇	集体	租赁	1995	民营
三庄丝织厂	三庄镇	集体	租赁	1995	民营
三庄纸箱厂	三庄镇	集体	租赁	1995	民营
三庄福金公司	三庄镇	集体	租赁	1995	民营
西湖冷藏厂	西湖镇	集体	租赁	1995	民营
西湖长毛绒厂	西湖镇	集体	租赁	1995	民营
涛雒面粉厂	涛雒镇	集体	租赁	1999	民营
涛雒新型建材厂	涛雒镇	集体	租赁	1999	民营
河山粮油厂	河山镇	集体	租赁	1995	民营
日照市印染厂	日照街道	集体	租赁	1998	民营
涛雒三泰纺织品厂	涛雒镇	集体	租赁	1999	民营
秦楼玻璃钢厂	秦楼镇	集体	出售	1996	民营
西湖农机厂	西湖镇	集体	出售	1995	民营
西湖缫丝厂	西湖镇	集体	出售	1995	民营
西湖木器厂	西湖镇	集体	出售	1995	民营
西湖地毯厂	西湖镇	集体	出售	1999	民营
西湖乙炔厂	西湖镇	集体	出售	1996	民营
西湖电木厂	西湖镇	集体	出售	1996	民营
西湖玩具厂	西湖镇	集体	出售	1996	民营
尹家河花岗岩石厂	南湖镇	集体	出售	1995	民营
三庄五金厂	三庄镇	集体	出售	1995	民营
南湖服装厂	南湖镇	集体	出售	1995	民营
三庄泡花碱厂	三庄镇	集体	出售	1995	民营
三庄海棉厂	三庄镇	集体	出售	1997	民营
日照街道服装厂	日照街道	集体	划转	1995	民营
日照恒利公司	日照街道	集体	划转	1999	民营
河山砂轮厂	河山镇	集体	划转	1997	民营
两城电子工业公司	两城镇	集体	划转	1997	民营
秦楼冷藏厂	秦楼镇	集体	划转	1995	民营
南湖地毯厂	南湖镇	集体	划转	1997	民营
南湖石材厂	南湖镇	集体	划转	1997	民营
南湖佳美电器厂	南湖镇	集体	划转	1997	民营
南湖石料加工厂	南湖镇	集体	划转	1997	民营

说明：表内所列企业均为各乡镇(街道)政府办工业企业

第三节　企业用工制度改革

1980年8月，根据国家调整产业结构和企业所有制结构要求，境内开始对劳动就业制度实施改革。主要有两项内容：(1)改革城镇劳动力统一由国家包揽，向全民和县以上集体所有制企事业单位安置固定工的办法，积极贯彻在国家统筹规划和指导下，劳动部门介绍就业、自愿组织起来就业和自谋职业相结合的“三结合”就业方针，调动社会各方面积极性，共同努力解决城镇就业问题。(2)改革劳动力由国家统包统配，一次分配定终身的就业制度。

1984年，根据劳动人事部《关于积极试行劳动合同制的通知》要求，结合调整产业结构和所有制结构，企业单位招工，除特殊工种或需要外，全部实行劳动合同制。用签订劳动合同的形式，规定劳动者和用人单位的义务与权利，实行责、权、利相结合。全民所有制单位和县以上集体所有制单位使用合同制工人，必须根据生产、工作需要和国家下达的劳动计划，尽可能在城镇经过就业前培训的待业青年中招用。从农村招收的合同制工人，必须从严控制。合同制工人在企业工作期间由企业管理，解除劳动合同后，城镇人员由劳动服务公司管理，农村人员回社队安置。

1986年7月，根据国务院《国营企业实行劳动合同制暂行规定》《国营企业招用工人暂行规定》《国营企业辞退违纪职工暂行规定》，开始启动国营企业用工制度的市场化改革与探索。核心内容是推行劳动合同制，规定企业用工制度改革首先要在新增职工中打破固定工制度，废止“子女顶替”制度。

1987年，根据国务院和省政府关于改革招工办法的规定，境内建立劳务市场，实行“面向社会、公开招收、全面考核、择优录用”的招工制度，为企业和职工提供双向选择的条件。

1990年1月，根据劳动部《职业介绍暂行规定》，进一步贯彻“三结合”就业方针，充分发挥职业介绍在劳动就业服务工作中的作用。除全民所有制单位按照国家计划安排就业外，更多的靠发展集体经济和发挥个体经济、私营经济的作用，广开就业门路。合理控制农村劳动力转移，减轻城镇就业压力，严格控制“农转非”过快增长，挖掘企业潜力，妥善安置企业富余人员。

1992年7月，落实国务院《全民所有制工业企业转换经营机制条例》，日照市首先在商贸等系统的企业进行试点，企业开始享有劳动用工权。企业用工形式、数量、考核等方面都由企业自己决定，企业有权依照法律、法规和企业规章，解除劳动合同，辞退、开除职工。

1992年10月，中共十四届三中全会提出培育和发展“劳动力市场”目标。次年，东港区在兴海路建立第一个劳动力市场。为加强就业、再就业服务工作，1993年8月30日，东港区劳动就业办公室成立(加挂区劳动服务公司的牌子)，负责劳动就业、再就业、职业介绍、失业人员管理服务工作。11月，根据《中共中央关于社会主义市场经济若干问题的决定》，把开发利用和合理配置人力资源作为发展劳动力市场的出发点，广开就业门路，更多吸纳城镇劳动力就业。发展多种就业形式，运用经济手段调节就业结构，形成用人单位和劳动者双向选择、合理流动的就业机制。

1994年3月，市劳动局对市区劳动就业服务工作提出划管意见：一是城乡劳动力资源统计、管理、培训及劳务输出工作，由所在乡镇、街道负责。二是求职、用工登记打破区域界限，求职者可根据自己的意愿到各职业介绍机构求职；用工单位可自行选择职业介绍机构进行用工登记；具体招收、招聘手续由同级职业介绍机构办理。三是劳动就业服务企业的管理和失业保险工作，执行国家、省、市现行规定，实行分级管理。四是就业和转岗训练工作根据市场就业需求，面向所有用工、求职者开展，不受区域限制。同年5月，东港区政府制定《东港区职业介绍暂行办法》，规定职业介绍执行“国家宏观调控、城乡自主用人、各人自主择业、市场调节供求、社会提供服务”的劳动就业方针。

1995年9月，根据劳动部《就业登记规定》，区城镇劳动者失业、求职和城镇用人单位招聘劳动人员，都按照规定进行登记。其中，对在法定劳动年龄内有劳动能力、有就业要求的城镇失业人员进行失业登记。从而准确掌握劳动力供求状况，实现劳动力社会化管理，保证就业服务各项工作的落实。

1998 年 6 月，根据中央要求，东港区提出“劳动者自主择业、市场调节就业、政府促进就业”的就业方针，就业政策更加开放，更加符合市场经济的要求。

2000 年 12 月，根据劳动和社会保障部《劳动力市场管理规定》，用人单位招用人员，应当面向社会、公开招收、公平竞争、择优录用。职业介绍实行行政许可制度。开办职业介绍机构或其他机构开展职业介绍活动，须经劳动保障行政部门批准。劳动力就业市场化基本形成。

2003 年 6 月，东港区对新成长的城镇劳动力实行劳动预备制度、职业资格证书制度和就业准入制度。其中，对城镇未能及时升学、农村准备向非农产业转移及进城务工的初、高中毕业生实行劳动预备制。至 2007 年，有 2700 人参加劳动预备制培训。

2003 年 10 月，根据《中共中央关于完善社会主义市场经济体制若干问题的决定》，努力改善创业和就业环境。坚持劳动者自主择业、市场调节就业和政府促进就业的方针。鼓励企业创造更多的就业岗位，改革发展和经济结构调整与扩大就业紧密结合。在产业类型上，注重发展劳动密集型产业；在企业规模上，注重扶持中小企业；在经济类型上，注重发展非公有制经济；在就业方式上，注重采用灵活多样的形式。完善就业服务体系，加强职业教育和技能培训，帮助特殊困难群体就业。规范企业用工行为，保障劳动者合法权益。

2007 年 3 月，占地 4000 平方米的东港区人力资源市场投入使用。为求职者和用人单位进行就业指导、就业解释和择业指导，为达成协议的劳动力供求双方签订劳动合同，办理养老、失业保险等业务，受理再就业培训申请、社会职业教育机构办学申请，受用人单位和劳动者委托管理职工档案，为办理劳动保障相关业务提供服务。全区企业用工制度和劳动服务机构得到健全和完善。

第四节　企业工资制度改革

1985 年 1 月，国务院《关于国营企业工资改革问题的通知》、劳动人事部等五部门《国营企业工资改革实行办法》和《山东省企业工资改革实施方案》发布，境内进行第三次企业工资制度改革。目的是为增强企业活力，逐步消除工资分配中的平均主义，制定新的工资标准，进一步理顺工资关系。主要内容为：企业职工实行新工资标准，提高工资地区类别，企业干部实行职务等级工资，提高新进人员工资待遇和职工进行工资升级。

1985 年 7 月 1 日起，企业工人、干部全部实行新工资标准。新工人工资标准仍为 8 级，2 ～ 8 级加副级。工资标准分为三类，按产业不同分别执行不同的工资标准。工人以所在岗位原工资标准的工资额为基数，就近套入新标准。企业行政、专业技术人员，按确定的等级对照关系改行新工资标准。企业行政人员按大、中、小企业类型和所任职务纳入职务工资等级线。工人、干部套入新工资标准后，再普升一级工资，少数职工升两级。学徒工津贴标准和新参加工作职工的工资待遇亦有不同程度提高。

1985 年开始，在国营大中型企业中，实行工资总额与经济效益挂钩，国家对企业的工资实行分级管理，企业与国家机关、事业单位工资标准脱钩。企业根据劳动保障部门、财政部门核定的工资总额基数、经济效益基数和挂钩浮动比例，按照企业经济效益增长实际情况提取工资总额，并在国家指导下按“以丰补欠、留有结余”的原则合理发放工资。为 178 家企业 1.09 万人套改工资，增资额 9.19 万元；为 8952 名企业职工升级，月增资额 8.53 万元。7 月 1 日起，全市改按五类地区工资标准执行。

1985 年 9 月，企业开始执行《工资基金暂行管理办法》，凡经济独立核算的单位，支付给职工属于工资总额以内的各项工资、奖金、津贴及建筑业转账支付的工程人工费等，不论资金来源和分配形式，均包括在工资基金管理范围之内，不论支取现金或转账，都必须通过银行监督支付。各单位建立“工资基金管理簿”“工资总额计划与工资支取卡”“奖励基金来源与奖金支取卡”“工资基金台账”等一整套管理办法。财政、计划、税务、劳动、银行各部门，分工负责，共同监督各单位按核准的工资基金计划执行。

1986 年 7 月 1 日起，境内由五类工资区调为六类工资区。凡执行 1985 年新的企业工资标准的单位，工人工资标准最低一级为 35 元、36 元、37 元的，分别按 36 元、37 元、38 元执行。行政、技术人员，统一将最低一级工资标准36元，改按37元执行。

1992年，根据国务院《全民所有制工业企业转换经营机制条例》，境内企业享有工资、奖金分配权。企业的工资总额依照政府规定的工资总额与经济效益挂钩办法确定。企业在相应提取的工资总额内，有权自主使用、自主分配工资和奖金，有权根据职工的劳动技能、劳动强度、劳动责任、劳动条件和实际贡献，决定工资、奖金的分配档次。

1993年11月，根据《中共中央关于建立社会主义市场经济体制若干问题的决定》，境内国有企业有权在职工工资总额增长率低于企业经济效益增长率，职工平均工资增长率低于企业劳动生产率增长的前提下，根据劳动就业供求变化和国家有关规定，自主决定工资水平和内部分配方式。

1993年11月，劳动部发布《企业最低工资规定》，全区开始实行最低工资制度。劳动者在法定工作时间内进行正常的劳动，其所在企业应支付最低劳动报酬。

最低工资的标准确定，实行政府、工会、企业三方代表民主协商的原则，主要根据本地区低收入职工收支状况、物价水平、职工赡养系数等综合因素确定。当上述因素发生变化时，适时调整最低工资标准，每年最多调整一次。

最低工资保障制度适用于东港境内所有企业。实行计件工资或提成工资等工资形式的企业，进行合理折算，其折算额不得低于按时、日、周、月确定的相应的最低工资率。

1995年1月，《中华人民共和国劳动法》颁布实施，工资分配原则以法律形式予以规范。根据规定，境内用人单位根据本单位生产经营特点和经济效益，依法自主确定本单位工资分配方式和工资水平；用人单位支付劳动者的工资不低于当地最低工资标准，工资应当以货币形式按月支付给劳动者本人，不得克扣或者无故拖欠劳动者工资。

2007年，境内规定用工单位在用工之日起一个月内必须与劳动者签订劳动合同，否则支付双倍工资；超过一年不与劳动者签订固定期限劳动合同，或连续签订两次固定期限劳动合同，而不与劳动者签订无固定期限劳动合同，必须支付双倍工资。

第三章　宏观经济体制改革

第一节　计划投资体制改革

20世纪50年代中期至1978年前，境内实行高度统一的计划投资体制。

1978年后，贯彻“对外开放，对内搞活”的经济方针，遵循计划经济为主、市场调节为辅的原则，对计划管理体制进行改革。逐步减少管理范围，下放管理权限，缩小指令性计划，扩大指导性计划和市场调节，做到大的方面管住管好，小的方面放开搞活。

1982年，由编制国民经济计划改为编制国民经济和社会发展计划。对计划投资体制的改革主要有：下放管理权限，企业成为自主经营、自负盈亏的生产和经营者；逐步缩小指令性计划范围，适当扩大指导性计划和市场调节范围；加强各种经济杠杆的运用。

1985年10月，根据山东省政府《关于改革计划体制的若干暂行规定》，境内开始进行计划体制改革，指令性计划范围进一步压缩，指导性计划和市场调节范围逐渐扩大。日照市(县级)在编制“第七个五年计划”的安排上，对农业生产实行指导性计划，减少计划种类，只下达主要农作物种植面积。粮食、油料等主要农副产品实行合同定购，完成计划后的部分实行市场调节。工业总产值和主要产量指标，由指令性计划转为指导性计划，城乡集体企业，只对主管部门下达总产值。属于国家供应原材料和燃料的产品，实行指令性计划；属于自找原材料和燃料，实行价格补贴纳入国家计划产品，实行指导性计划；其他的实行市场调节。

1992年10月，境内开始改革计划经济体制模式，向社会主义市场经济体制模式过渡。重点是改进计划方法，合理确定国民经济和社会发展的战略目标。搞好经济发展预测、总量调控、重大结构与生产力布局规划，集中必要财力、物力进行重点建设，综合运用经济杠杆，促进经济更快更好发展。

1993 年 11 月，进一步深化计划投资体制改革的具体内容，宏观经济调控指标体系与社会主义市场经济体系相适应的计划管理体制逐渐成熟。计划、投资体制改革进入以建立社会主义市场经济的新型计划、投资体制为主要内容的制度创新阶段。

1995 年后，计划职能不断调整和改革。国民经济和社会发展的年度计划、中长期计划的重点，转变到对国民经济和社会发展各种重大比例关系的调整和指导上，计划成为经济和社会发展综合平衡的一种预测性指导，与市场经济体制相适应的新的计划管理模式逐步建立起来。

2002 年 4 月起，对原有 12 项行政审批事项进行清理，共取消 7 项，保留 5 项。其中，审批事项 2 项(权限内固定资产投资项目及概算、权限内吸收外商投资项目)、审核项目 1 项(行政事业性收费标准)、核准项目 2 项(固定资产投资项目许可证、收费许可证)。对不属于国家产业政策限制发展的竞争类项目，由企业自主决策，只进行登记备案，不再审批；对必须由区政府审批的项目，只保留可行性研究报告一个审批环节。自此，计划投资体制改革进入完善社会主义市场经济体制的新阶段。

2006 年起，贯彻执行《国务院关于投资体制改革的决定》《产业结构调整指导目录》《国务院关于发布实施〈促进产业结构调整暂行规定〉的决定》，计划管理走向宏观导向体制，注重对产能过剩行业的限制和引导，落实可持续发展的方针，推动产业结构调整和优化升级，完善和发展现代产业体系。

第二节　财政体制改革

从新中国成立到中共十一届三中全会前，财政管理一直在计划经济指导下，实行高度集中的统收统支体制。

1978 年后，财政体制改革逐步展开。从 1980 年起，临沂地区对日照县实行“定额补助”体制。1981 年，确定工商税收按“二八”(地八县二)增长分成，并提高县级商业利润留成比例。1982 年将“增长分成”调整为“超收分成”，超收分成比例为 50%。1983 — 1984 年，对恢复开征的牲畜交易税收入全部留归县级，并将中央开征的能源交通重点建设基金超收部分，按 50% 留归县级。

1985 年，临沂地区对日照市实行“收入倒三七(地三市七)分成，不足部分定额补助”的办法。1986 年，仍沿袭上年度财政管理体制并根据财政部《乡(镇)财政管理办法》，全市在 22 个乡镇建立财政所，市对乡镇实行“定收定支、超收分成”的财政管理体制。1988 年，将“超收分成”调整为“增长分成”，市对乡镇“增长分成”的财政管理体制一直延续到 1992 年。

1987 年，临沂地区对日照市实行“定额上缴、比例递增”的财政管理体制。1988 年，仍延续这一体制，实质性内容基本没有变化。1989 年，日照市升格为地级市，山东省对日照市实行“定额上缴，每年递增 8%，增长 8% 以上部分全留市”的财政管理体制。该体制一直沿用到 1992 年。

东港区建立初期，由于底子薄，税源小而分散，日照市对东港区实行“统收统支，核定收入，增长分成，一年一定”的财政管理体制。把全区财政收入捆在一起，所有财力区、乡(镇、街道)两级共享，乡(镇、街道)财政保证完成区财政下达的收入任务，区财政保证区、乡(镇、街道)两级的支出，集中主要财力保工资、保吃饭、保障全区经济发展的正常运行。同年，市财政局确定东港区的收入基数为 3448 万元、支出基数为 5146 万元、体制补助基数 1698 万元。

1994 年，区财政局核定各乡(镇、街道)的当年收入和支出基数，除国家政策性增支因素外，一般不增加支出基数，当年收入增长部分，采取增长分成办法，增长分成比例为 8.82%。超额完成收入任务部分，实行分类分档超收分成办法：收入任务占税源比重 50% 以上的巨峰、高兴两镇超收全留；收入任务占税源比重 40% ~ 50% 以上的日照街道、大坡乡、西湖镇、陈疃镇、南湖镇、尹家河乡六乡(镇、街道)采取倒“二八”(区二乡八)超收分成办法；收入任务占税源比重小于 40% 的河山、两城、奎山、后村、三庄、竖旗、黄墩七乡镇采取倒“三七”(区三乡七)分成办法;收入任务占税源比重小于东港区财政局预算计划的石臼街道、丝山乡、涛雒镇,采取“五五”分成办法。

1995年1月1日起至1997年12月31日,东港区实行第一轮分税制财政管理体制,即“划分税种,核定收支,缺口分担,增支自负,自求平衡,一定三年”的财政管理体制。区、乡两级各有固定收入,不设置共享税,是比较彻底的分税制财政管理体制。区级固定收入有:区属企业(不含中央四大部门)增值税25%部分、营业税(不含银行和四大部门所属企业营业税)、城市维护建设税(不含铁路等部门缴纳部分)、城镇土地使用税(不含省、市企业缴纳部分)、印花税(不含省、市企业缴纳部分)、资源税、区级企业所得税、企业上缴利润及亏损补贴、耕地占用税85%部分、城镇教育费附加、国有土地使用权有偿使用收入85%部分、行政性收费、排污费、工商税收滞补罚收入、其他收入。乡(镇、街道)级固定收入有:乡(镇、街道)属工商税、企业所得税、上缴利润和亏损补贴(含乡镇供销社)、农业税、农业特产税、契税、行政性收费、其他收入。

区乡两级收入基数,按上述确定的收入范围,并经区十三届人大三次会议批准的收入预算为基数;区乡两级支出基数,按人员经费和公用经费及专项支出进行预算。人员经费按1993年机构改革后的实有单位和1994年工资套改后的实有人数工资水平计算。公用经费按区政府确定的财政预算分类分档标准和1994年在职实有人数确定。各项事业费(乡镇企业、土地管理、体育、统计、科学、工交商等费用)、支农资金、农业综合开发资金、企业挖潜改造资金支出、教育费附加支出、城市维护费、价格补贴、住房公积金支出、环境保护补助等专项经费,列区级支出。

收支基数确定后,乡镇财政管理体制出现两种形式,即上解资金体制和补助资金体制。其中,日照街道、丝山乡、涛雒镇、石臼街道、两城镇为上解资金体制,其他13个乡镇为补助资金体制。为保证收支基数的相对稳定,东港区政府规定,因国家政策或上级对区财政体制发生变化时,在保证乡(镇、街道)级既得利益的前提下,对乡(镇、街道)级收支基数作相应的调整。对涉及收入级次和支出范围的上下划问题,由东港区财政局与各乡(镇、街道)在年终或次年初预算安排之前相应调整收支基数。

1995年后,东港区财政局不再代编乡(镇、街道)级财政预算。各乡(镇、街道)根据区财政局预算编制的具体要求和办法,遵照“预算法”的规定,本着量财办事、量力而行和收支平衡的原则编制本级预算草案。并经法定程序确定后报东港区财政局。东港区财政局根据各乡(镇、街道)的预算草案编制区级预算,经本级人民代表大会批准后实施。

1998—2000年,东港区实施第二轮分税制财政体制,对第一轮体制进行完善和优化。该体制按1997年各乡(镇、街道)上解(补助)资金额,然后用财政收支增长因素对比计算收支净增加量,确定1998年各乡(镇、街道)上解(补助)资金额,并依照确定的基础比例逐年按5%递增(递减)上解(补助)资金。递增上解资金的乡(镇、街道)有日照街道、石臼街道、秦楼街道、涛雒镇、两城镇。递增补助资金的乡镇有奎山镇、高兴镇、巨峰镇、尹家河乡。递减补助资金的乡镇有河山镇、大坡乡、后村镇、西湖镇、陈疃镇、南湖镇、三庄镇、黄墩镇、竖旗乡。在第二轮分税制财政管理体制下,区乡之间仍不设置共享税,并适当调整区乡两级财政收入,扩大乡(镇、街道)级财政收支范围。1998年,将区级增值税25%部分和资源税下划为乡(镇、街道)级固定收入。1999年,又将工商税收滞补罚收入下划为乡级财政收入。同年,取消按5%逐年递增上解资金和递减补助资金规定,让利于乡(镇、街道)级财政,用于弥补乡(镇、街道)经费之不足。其间,对第一轮分税制财政管理体制下划给日照、石臼街道的区属企业收入,重新界定为区级收入,两街道财政因上划减少的收入基数,年终通过财政结算予以补助。

2001—2007年,东港区仍实行“划分税种、核定收支、自求平衡”的财政管理体制。因撤并乡镇,对有关乡镇的收入基数作了相应调整,完善了区镇两级财政收入分享机制。

第三节　税制改革

国家实行计划经济体制后至1983年前,境内对国营企业只征收工商税,集体企业只征收工商税和工商所得税。企业实现的利润除按规定抵留款项外，必须于次月10日前足额上缴国库。在此税制下，企业缺乏创利动力。1983年起，先后对国有企业实行两次利改税。第一步对国有大中型工业企业按利润55%的税率，对小型国有工业企业按八级超额累进税率(最高55%、最低7%)，服务业按15%税率征收所得税。第二步对小型国营企业实行新八级超额累进税率，提高所得税级距。对大中型国营企业按55%的比例税率征税后，对利润超过核定标准的合理留利部分，再征收国营企业调节税。

在实行利改税的同时，把工商税根据不同的征税对象，划分为产品税、增值税、营业税，三税并存，互不交叉。并先后开征或恢复若干税种：1982年7月开征燃油特别税；1983年10月开征建筑税；1984年1月开征国营企业奖金税，同年9月开征国营企业调节税和资源税；1985年开征国营企业工资调节税，集体企业、事业单位奖金税，城市维护建设税，集体企业所得税；1986年1月开征城乡个体工商业户所得税，9月恢复征收房产税；1987年开征个人收入调节税；1988年6月开征私营企业所得税和筵席税，8月恢复征收印花税，9月恢复征收城镇土地使用税；1989年2月开征特别消费税；1991年4月开征固定资产投资方向调节税，同时废止建筑税；1992年开征外商投资企业和外国企业所得税。

改革后的工商税种类有：产品税、增值税、营业税、城市维护建设税、牲畜交易税、盐税、国营企业所得税、集体企业所得税、国营企业调节税、国营企业奖金税、集体企业奖金税、事业单位奖金税、国营企业工资调节税、城乡个体工商业户所得税、个人所得税、个人收入调节税、建筑税、固定资产投资方向调节税、屠宰税、房产税、车船使用税、城镇土地使用税、印花税、工商所得税、工商税、工商统一税、私营企业所得税、外商投资企业和外国企业所得税。

1994年上半年，东港区落实国务院《关于实行分税制财政管理体制的决定》《工商税制改革的实施方案的通知》和山东省政府《关于实行分税制财政体制的意见》等文件精神，对税收体制进行一系列改革。

1994年7，将税务局分设为“东港区国家税务局”和“东港区地方税务局”，并对各自负责征收的税种进行划分。

根据税务机构分设要求，东港区国家税务局负责征收的税种：增值税、消费税、中央企业所得税、金融保险企业所得税、金融保险企业5%税率以外的营业税、外商投资企业和外国企业所得税、利息所得税、集贸市场和个体工商业户的税收、中央与地方所属企事业单位组成的联营企业和股份制企业的所得税。东港区地方税务局征收的税种：营业税、地方企业所得税、个人所得税、城市维护建设税、资源税、固定资产投资方向调节税、屠宰税、土地使用税、车船使用税、房产税、印花税、土地增值税、涉外企业的车船使用牌照税和城市房地产税。

1996年2月，对个体工商业户的税收，按收入归属原则，增值税、消费税仍由国税局征收，营业税、个人所得税等其他税种由地税局征收。涉外企业营业税、个人所得税及其他地方税种由地税局征收。

2002年1月起，新开业登记企业其所得税由国税局征收。2006年开始征收车辆购置税。

在实行分税制财政管理体制的同时，对税制分别进行全面的、结构性的改革，建立起以增值税为主体，以消费税和营业税为补充的新型流转税制度。

流转税是东港区的主体税种，收入多、涉及面广，是改革的重点。一是建立规范的增值税制，扩大增值税征收范围，实行普遍征收；征税环节由工业生产环节延伸到商品批发、零售环节。税率由原来12档改为3档，由价内税改为价外税。二是取消产品税，开征消费税。三是缩小对营业税的征收范围。营业税主要对第三产业的交通运输、金融保险、邮电通讯、文化娱乐及服务业收入，以及转让无形资产或销售不动产收入征税。

企业所得税改革，即取消按经济成份设置的国营企业、集体企业、私营企业所得税，取消国营企业调节税，统一征收企业所得税，改变原来承包企业所得税做法。个人所得税改革，把原来征收的个人所得税、个人收入调节税和城乡个体工商业户所得税三税合并，统一开征个人所得税。“工资薪金”所得税月起征点为800元，余额部分按比例缴纳个人所得税。2006年3月，起征点调整为1600元。

其他税种改革主要有：扩大资源税征收范围，开征土地增值税，取消盐税、牲畜交易税、集市交易税、燃油特别税、奖金税和工资调节税等。2006年开征烟叶税，2007年1月取消车船使用税，开征车船税。

2002年起，实行农村税费改革，执行《山东省农业税征收暂行办法》，逐步递减农业税费的征收比例。2002年，农业税实行比例税率，税率为6%，农业税附加比例为农业税的40%；2003年，除黄烟征收特产税外，全面取消农业特产税;2004年，农业税率调整为3%，农业税附加同步降低；2005年，农业税率下调为1%，附加比例仍为40%；2006年1月1日起，全面取消农业税。

1994年起，将农林特产税改为征农业特产税。2004年起，除对烟叶征收农业特产税外，取消其他农业特产品的农业特产税。其中，在农业税计税土地上生产的农业产品，改征农业税。在非农业税计税土地上生产的农业特产品，不再征收农业税。2006年起，对烟叶收购环节征收的农业特产税改征为烟叶税，由地方税务局征收。

经过税制全面改革，至2007年，东港区征收税种有：农业税收类有耕地占用税、契税；工商税收类有：增值税、消费税、营业税、资源税、城镇土地使用税、企业所得税、个人所得税、外商投资企业和外国企业所得税、固定资产投资方向调节税(2000年停征)、城市维护建设税、房产税、车船使用税(2007年取消)、车船税、屠宰税、土地增值税、车辆购置税、烟叶税。

第四节　价格体制改革

实行计划经济体制后至1978年前，境内对主要商品实行定价购销。1978年下半年起，先后提高粮食、棉花、油料、生猪、鲜蛋、黄烟、果品和水产品等农副产品收购价格。

1982年11月，开始实行“放开小商品价格，实行市场调节”和“三类工业品实行企业协商定价”及“工商企业产品自销”新办法。工商企业商定价的品种有：针织品类20种，百货文化类184种，五金、交电、化工类86种，食品类18种，出口食品类25种，日用杂品类41种。

1984年12月，根据中央经济体制改革的精神，进一步放宽物价政策和物价管理权限。主要是：适当扩大浮动价格范围；全面放开农产品议购议销价格；搞活鲜活商品价格，实行鲜活差价和季节差价；允许部分商品实行浮动价和花色差价；改革批发商品作价办法，允许国营商业和供销合作社实行批发起点差价；全面放开小商品价格；属于企业自销商品或完成国家计划后超产部分商品，在不高于国家规定出厂价20%范围内，企业有权自定价格等。

1985年，有计划地进行部分价格改革。4月，理顺农村粮油购销价，粮食由统购改为合同定购。5月，放开生猪购销价，实行指导性的购销价。鲜蛋、蔬菜、果品、海水鱼等农副产品价格全部放开，实行市场调节。1986年，对水泥销价及电费、水费、农机作业等收费进行调整。

1987年9月，将单一的国家牌价改为国家定价、国家指导价和市场调节价3种价格管理形式。并初步建立以物价部门为主，工商、计量、税务、公安等有关部门及人民群众参加的价格管理监督体系。

1987年10月，开展对行政事业性收费登记、清理、整顿工作。到1989年，基本查清各级行政事业性单位制定的收费项目和自制的收费标准。对政策依据不足，既不合法又不合理的收费项目予以取缔；有政策依据、合理合法的收费项目，发给“行政事业性收费许可证”，实行统一票据、凭证收费、标准公开的管理办法。至2007年年底，全区共有收费单位261个，收费项目2000余项，全部纳入法制化管理轨道。

1989年，为缓解物价上涨，恢复一些生活必需品由国家补贴和定量供应办法，对石油、铜、铝、紧俏钢材等实行统一经营，严禁倒卖。分别选择一批较重要的价格放开的工业消费品，实行工商企业提价申报制度。在治理整顿基础上，根据国家价格改革措施对价格结构作相应调整，除提高粮、棉、油、糖、油脂等主要农副产品收购价和进一步理顺农业内部与工业产品比价外，1989年，开始着手生产资料结构性调整，提高计划内原油、部分钢材、化工产品、煤炭和棉纺织品等19类产品价格。1991年，又相继调整钢铁、水泥、原油、铁路货运价格，大幅度提高25年未动的平价粮油价。

1993年，基本上放开粮油、大部分钢材、统配煤和部分水泥价格，对中央外汇进口的粮食、化肥、棉花等原料实行代理作价。后又连续两年坚持“调管放”相结合的方针，通过调放来转换价格形成机制，理顺比价关系。在调放中有管，以管来保证调放价格措施的实现。为防止和制止市场价格出现暴涨暴跌，做到放而不乱、管而不死，实行粮食、棉花、食用油、原油、成品油等重要商品的流通体制改革办法：提高原油价格并实行价格“并轨”，对成品油实行计划内外价格并轨，一律实行国家定价。1998年5月，《中华人民共和国价格法》正式实施，对价格活动作出系统的、全面的法律规范。2000年，继续深化价格改革，放开一批重要商品价格，进一步完善价格形成机制。取消医疗服务收费政府定价，实行政府指导价和市场调节价，取消市场调节价药品流通差率控制。

2001年1月起，东港区落实国家物价管理部门、发改委、商务部、财政部等颁布的《关于商品和服务实行明码标价的规定》《价格行政处罚程序的规定》《制止价格垄断行为暂行规定》《价格违法行为举报规定》《价格违法行为行政处罚实施办法》《物业服务收费明码标价规定》《政府制定价格行为规则》《零售商品促销行为管理办法》《行政事业性收费管理暂行办法》等一系列文件精神。2004年10月，开通12358价格违法行为举报电话。其后，每年都利用专项治理、集中检查、媒体监督、社会监督等多种措施，规范行政事业收费行为，制止乱收费、乱涨价，巩固了价格改革成果，对规范和整治价格秩序起到重要作用。

2007年，在管理和规范价格秩序的同时，继续深化价格管理体制改革，加强价格管理工作。一是合理确定粮食收购价格，坚持优质优价和按保护价敞开收购农民余粮。二是实施支持水利和公用事业发展的价格政策，按照“补偿成本，合理盈利”的原则，提高水利工程供水和农业、城市供水价格，并推行两部制水价和阶梯式水价。提高污水处理征收标准，促进节约用水和保护水资源。三是实施政府价格决策听证制度，提高政府管理价格的透明度和科学性。

第四章　流通领域体制改革

第一节　商业体制改革

20世纪50年代中期至1978年前，商品流通实行高度集中体制，不能适应市场经济发展的需要。1978年后，境内商业经济体制改革逐步展开，商品经营逐步放开，由单一计划经济商业体制逐步向市场化商业体制迈进。

商业管理体制改革

改革的重点是从政府主导型向企业自主型转化。

1979年1月，商业系统全部实行经理(厂长)基金制度，同时取消企业基金制度。

1980年7月，省、地组织商业改革工作组，到日照县进行扩大企业自主权试点工作。在县百货公司、五金交电站、糖业烟酒公司、饮食服务公司进行改革试点。同年8月，商业系统推广扩大企业自主权试点经验，成立“日照县国营商业零售公司”等。1983年6月，县百货大楼(公司级)成立，经营自主权不断扩大。

1983年前，各企业实现的利润净额，除按规定抵留款项外，在次月10日前足额上缴国库。1983年1月1日起，改为按企业实现的利润征收所得税，即“利改税”。企业足额上缴税款后，职工工资直接与企业经营效益挂钩。

1984年春，商业企业进行以“清左、松绑、放权、搞活”为主要内容的整顿，企业在人事、经营、分配方面有了自主权。同年10月，商业系统9家企业全部建立职工代表大会等制度，并实行经理(厂长)负责制。

1994年，东港区商业局对所属9家企业实行工效挂钩考核办法，规定对超额完成利润指标或亏损企业负责人按一定比例予以奖罚。1997年，区商业局对所属企业实行国有资产保值增值考核办法。

2005年7月，实施“商贸富区”战略，积极引导、支持服务业发展。东港区贸易办公室(服务业办公室)成立。后又更名为东港区商贸局,加挂东港区服务业办公室的牌子。随着商业管理体制改革的不断深入,商贸企业开始新的创业发展。

商业经营体制改革

改革重点是从管理型向服务型转化。

1981年9月,境内企业推行利润包干、超利分成、浮动工资、联产联销计酬、超定额提成工资、计件工资等多种形式的经济责任制。至年底,县商业局系统47个单位均推行适合自己特点的经济责任制,涉及1229名职工,占职工总数的95%。“企业吃国家大锅饭,职工吃企业大锅饭”和“干多干少一个样、干孬干好一个样”的问题得到解决。

1988年8月起,商业企业大部分实行不同形式的承包经营责任制。即由上级主管部门根据企业前几年经营状况,在保持一定递增比例的前提下,拟定各项经济指标,通过演讲、答辩、民意测验、考评组综合打分,确定承包经营者。

1998年,境内商业企业进行改制(日照拍卖行除外)。根据“因企制宜”和实现企业“四自”(自主经营、自负盈亏、自我约束、自我发展)原则,对所属企业分别实施注销营业执照;资产整体出售、一次买断,依法破产,股份合作等多种改制形式。1999年,国有资产被百货大楼职工全权买断,由国有企业改为股份制企业。到2002年,境内商业所属企业全部完成改制,实现与主管部门彻底脱钩,累计处理不良资产1600余万元,兑付集资220余万元。至此,境内国有资本完全退出商贸流通企业。

商品购销体制改革

改革重点是从计划调拨向市场经营转化。

1979年,境内恢复按经济区划采购工业品,除计划内商品及部分二、三类商品从青岛二级站调拨外,大部分实行自由采购。1980年后,国营商业商品购进渠道,按经济区划以计划调拨为主,有时也从厂家直接进货。1981年“三多一少”(多种经济成份、多种经营形式、多渠道、少环节)经营体制逐步形成,商品日益丰富,卖方市场逐步转为买方市场。1984年,烟酒公司茶厂设有批发部,并在基层乡镇设批发点,自己定价直接销售商品。商品价格逐步放开,由企业和经营者定价,关系国计民生的重要商品价格继续由国家各级物价管理部门分级分类定价。商品购销向购销区域性总经销、总代理、单品类、专业性、关联性、厂家直销和售后服务经营方式发展。随着商业流通体制改革的不断深入,境内多种所有制商贸企业兴起,商品流通市场呈现多渠道竞争格局。

第二节　粮油经营管理体制改革

20世纪50年代后期至1978年前,境内粮油经营体制实行高度统一的管理制度和流通体制。1978年后,粮食经营体制改革逐步展开,粮油的购、销、调、存、加工及多种经营蓬勃发展。

粮油流通体制改革

1979年起,境内放开粮食集市贸易,恢复国营粮食商业的议价粮油经营。

1983年以后,进一步放开粮食市场,统购以外的余粮实行多渠道经营。粮油议购议销业务不断扩大。1986年,议价收购食用油脂总折油6329吨,议价收购原粮8655吨。1990年,粮油议购议销范围由省内扩展到7个省。国有粮食部门在多渠道流通中起着主渠道作用。

1991年,国家允许在完成定购任务的前提下,放开粮食经营,集体、个体、私营都可以经营和批发粮食。

1992年,粮食销价放开。1998年,国家先后颁布《粮食收购条例》和《粮食购销行为处罚办法》,将粮食购销行为纳入法制化管理的轨道。各类粮食经营企业和个体工商户在取得粮食收购资格后,可从事有关粮食品种的收购销售业务,粮油经营呈现多元化。

2004年10月,省粮食局、工商行政管理局联合印发《山东省粮食收购资格审核暂行办法》,对入市收购主体、资格条件、办理程序等作出明确规定,为依法管理粮食流通奠定基础。随着粮食流通体制改革的不断深入,东港区粮食股份制企业、民营企业崛起,粮食市场呈现多渠道竞争格局。

粮油管理体制改革

1979年,县粮食局基层各单位一律实行独立核算,自负盈亏,粮食部门由管理分配型向经营型转化。1981年1月起,改粮油征购、销售、调拨、库存“四统一”管理为购销调拨包干制度,包干基数一定三年不变。1981年6月30日以前,所存粮油动支权归中央和省，6 月 30 日以后，多购少销而增加的粮油库存动支权归地方。包干之后，收购完不成计划的，其差额部分相应抵减当地开支；销售超销不补，节余归地方；调拨如完不成计划，欠调部分找补评议差价；调入地区如需增加计划外调入，以议价粮补给。财务管理体制也相应改革，由全省统收统支下放到县级管理。

1988 年，市粮食局在全系统实行经营承包责任制，对超额完成承包利润的企业实行奖励制度。对所辖企业实行独立核算，职工工资直接与企业经营效益挂钩。

1993 年东港区粮食局成立。随之进行了一系列改革。1998 年，建立两条线运行机制，即政策性业务与商业性经营分开，单独核算。政策性业务由区粮食局委托粮所代理，对于粮油的购、销、调、存、加工等政策性费用由区粮食局统一核定拨补，政策性亏损由区粮食局承担，企业的经营性业务实行自负盈亏。

1999 年 7 月，对粮食管理机构进行改革。根据区政府《关于粮食流通体制改革的意见》，区粮食局成为区政府全额财政拨款的正科级事业单位，同时组建东港区粮食收储管理中心和东港工贸集团公司两个正科级事业单位，形成“三位一体”的粮食运行格局：粮食局负责贯彻落实国家有关政策规定；粮食收储管理中心为自收自支事业单位，主要从事政策性粮油的购、销、存业务；工贸集团公司主管原粮食系统附营业务。同时，对粮油企业内部人员进行精简分流，竞争上岗。

1999 年下半年，局直属企业有条件的进行股份制改造，没条件的通过脱壳经营返租倒包、整体拍卖、整体买断以及分解租赁，时机成熟后再分别进行股份制改造。至 2000 年 6 月，全区粮食系统新组建 19 家股份制企业，累计吸纳股金 690 万元，接收原企业职工 212 人，占原总人数的 54.2%。通过企业改革和人员分流，改变了国有粮食企业人员多、包袱重、效率低的局面。

2005 年 10 月，根据区政府《关于深化粮食流通体制改革和国有粮食企业改革实施意见》和《东港区国有粮食企业改革实施方案》，开始对全区粮食企业人员进行身份置换，由国有企业人员置换为社会人员，即解除劳动关系。2005 年 12 月底，以身份置换为重点的粮食企业改革基本结束，分流安置职工 708 人，其中 664 人与所在企业解除劳动关系，44 人办理内退手续。支付经济补偿金 781 万元，补缴各项保险金 1277 万元。解除劳动关系的人员全部纳入社会保障体系和再就业工程。

2007 年 11 月，针对区粮食局和区粮食收储中心业务重叠、科室重复等实际，进行业务合并、人员调整、科室设置整合，形成一个单位对外两块牌子体制，对内实行党委集体领导制，最高决策机构是粮食局党委扩大会，下设党委办公室、粮食行政执法大队等 9 个职能科室，承担起两个单位的工作职能。

粮油购销体制改革

1979 年，夏粮征购时，境内执行国务院提高粮食统购价格超收加价决定，超购加价幅度由原来的 30% 调整为 50%。粮食征购基数也进行调减，这次调减重点照顾到西部山区以及多年完不成包购任务的个别困难大队。调减后全县粮油征购基数为 2.55 万吨。

1981 年，山东省在全国率先实行粮油购销差额管理、调拨包干办法，明确粮食征购、销售和调拨包干基数，一定三年不变。为了与国家政策衔接，根据山东省政府要求，境内实行的“包干”办法延续至 1984 年。

1985 年 1 月 1 日，中共中央、国务院发出《关于进一步活跃农村经济的十项政策》，明确粮食、棉花取消统购，改为合同定购。3 月，省政府发出《关于调整农村粮油购销政策和价格的通知》，决定从 4 月 1 日起取消粮食统购，改为合同定购。粮食合同定购价格按“倒三七”比例(30% 原统购价，70% 原超购价)计价，取消超购粮加价。定购品种为小麦、玉米、稻谷、花生。对超过合同定购部分和定购外其他粮食品种，由农民自由购销。粮油合同定购任务经调整，在比较合理的基础上基本稳定下来。粮食销售的平价部分逐步减少，议价部分相对增多。

1988 年 4 月，工商行业用粮全部退出统销，改为从市场自由采购。1991 年，将合同定购改为国家定购。1991 年，油脂油料实行购销同价。1992 年 4 月 1 日起，粮食定购价格提高，油料收购价格根据市场行情每年进行调整。1992 年 10 月，除军供粮油按国家规定统销价继续供应外，其他用粮油价格全部放开。

粮票作为粮食短缺时期的购粮凭证，在革命战争和计划经济时期为保证军需民食发挥过重要作用。1978年后，人民对熟食品和粮油制品需求量增加，粮票由过去以流动人口购粮为主转变为以城镇居民购买食品为主，粮票流通量逐年增加。为此，省粮食厅制定新的《山东省粮(油、料)票管理办法》，于1982年施行。该办法对粮票的发放管理都作出新的规定，强调"城镇居民领取粮票，相应地扣减口粮计划；农业人口须用粮票，均应按规定或有关证明以现粮兑换"。但随着粮票需用量加大和粮食平、议价格的差异，境内一些煎饼加工户和饮食服务单位开始通过市场购买粮票再到粮食部门以平价买粮，议价卖出，从中赚取差价。1989年冬季，境内粮价上涨，平、议价差价增大，套购全国粮票购粮现象越来越突出，对国营粮店产生很大压力。为此，1989年12月，境内各粮油食品店对粮票购粮开始限制。1992年10月，随着粮食销售价格的放开，东港区停止各种粮油票证在社会上流通。

1993年，为保护农民种粮积极性，粮食收购实行保护价制度。保护价格为：每50千克小麦32.50元、玉米21元、粳稻35元、瓜干17.6元。粮油销价放开后，从1993年开始出现全国性的粮价大波动。为稳定粮价，从1995年1月开始，东港区城镇居民实行定量限价供应。由于市场粮价连年上涨，1994年、1996年先后提高粮食定购价格，定购价格提高到每50千克小麦76元、玉米63元、粳稻78元，为东港区历史上主要粮食最高定购价。由于粮价上调幅度过大，1997年夏粮丰收后，市场粮价开始回落，出现平议价格倒挂现象(定购牌价高于市场价)。

1998年以后，市场粮价继续下滑，粮食销售量下降，库存粮出现积压。为保护农民种粮积极性和防止粮食企业进一步亏损，对粮食购销企业采取"敞开收购、顺价销售、资金封闭运行"和深化粮食企业改革。1998—2000年，先后调减粮食定购价和保护价。经过三年调整，粮食定购价和保护价有了较大幅度下降，基本恢复到1995年调价前水平。

2001年5月1日起，全国取消《市镇居民粮食供应转移证明》，城镇居民户口迁移时不再办理粮食供应转移手续。同时，农业人口转为非农业人口不再办理供粮手续，实际已取消人口粮食定量供应。1999—2003年，为遏制市场粮价下滑，保护农民种粮积极性，国有粮食部门继续采取保护价敞开收购、顺价销售政策。这些政策对促进市场粮价回升、保护农民利益起到一定作用，但粮食企业却出现库存积压、效益下降问题。

2004年起，根据省、市统一部署，东港区放开粮食市场和粮食价格，取消粮食定购任务。

2006年，对市场粮食实行托市收购。原则是：当市场粮价低于托市收购价时，国有粮食企业按托市价敞开收购；当市场粮价高于托市价时，不得高于托市价格收购。2006年，经中国储备粮公司审核批准，区粮食储备库、涛雒购销站、三庄购销站为托市收购点，当年实际收购小麦6044.8吨。2007年，继续实行粮食托市收购政策。

粮油经营体制改革

1980年2月，县粮食局成立日照县粮油议价购销公司。粮食部门本着"一业为主、多种经营"原则，大力开展议价粮油经营和粮油食品综合经营，开展粮油深加工和精加工，发展饲料和饲养业，丰富食品供应。1986年，基层粮食企业均有了食品加工业，形成前店后厂格局，生产各种糕点和大众化食品达40多个品种。1984—1988年，粮食系统熟食加工总量8801吨、饲料加工总量3.57万吨，食品、饲料年均加工量分别为1760吨和7140吨。

1993年，各基层粮所发展"四小工业"(小饲料、小食品、小油坊、小面粉加工业)。同时，开展跨行业经营。先后开展建筑装璜、海上养殖、养鸡、养猪、纯净水加工、编织袋加工、汽车运输、饮食服务等业务。粮食主附营业务开始分离。多种经营和跨行业经营项目主要承包给职工个人经营，有条件的企业实行股份制改造。2000年后，一批粮油加工企业应运而生。山东裕伟食品有限公司、亚泰食品有限公司、大地粮油有限公司等企业已成为东港区花生加工出口龙头企业。

经过粮油经营体制的改革，全区粮油经营、加工企业步入市场良性竞争发展轨道。

第三节　供销经营体制改革

实行计划经济体制后至1978年前，境内供销社企业实行计划生产、计划调拨、计划分配、计划价格，职工实行的是计划工资，难以调动企业和职工的积极性。1978 年后，在保持供销社农村商贸流通主体地位的同时，开始进行供销经营体制改革。

1983 年 5 月，供销社开始试行多种形式的经营责任制。最早实行“六定一奖”责任制，即对门店部位定销售、定农副产品收购、定库存、定费用、定资金周转天数、定经营品种。完成“六定”计划发基本工资，超额奖励，完不成计划下浮工资。随后实行“联销联购计酬”责任制，最初只在农村代购代销店和分销店实行，以后扩大到全部门店。1985 年，巨峰社、黄墩社试行“店组单独核算、联利计酬”责任制办法。将原来在饮食服务、加工、农副产品采购部位使用的利润承包、超额分成办法推广到工业品销售门店。尽管经营责任制形式多样，但始终以“拨货计价、实物负责制”为基础。该办法对供应产品以售价入账，对供销合作社各部位、门店的商品资金严格控制，一社之内，执行统一价格，集体经营难以与灵活多变的个体经营户竞争。随着大部分商品逐步实行随行就市，自由定价，集体经营的劣势更加突出。再加上供销社的日用生活用品市场占有率越来越小，微利经营的农资商品销售比重越来越大，供销合作社的销售综合毛利率从计划经济时期的 13% ～ 14% 降到 5% ～ 7%，而职工工资和各种费用只增不降，各项税费逐年增加，多数供销社企业收不抵支，出现亏损。至 1993 年年初成立东港区社时，基层供销社亏损面达 80% 以上。

面对以上严峻形势，1992 年，两城供销社试行“四放开”改革，即“经营放开、价格放开、用人放开、分配放开”，给经营门店“松绑”，以利参与市场竞争。各门店的销售价格可以随行就市，一社之内不再执行统一价格；可以多渠道进货，不再单一从供销社仓库进货；人员实行竞争上岗、自由组合；将由供销社统一核算、统一发工资的办法，改为门店向供销社上交承包利润之后自主分配。实行 30 多年的“拨货计价、实物负责制”随“四放开”而结束。河山、秦楼、石臼、城关等社相继推行这项改革。这次改革，在短时期内出现销售增长、职工收入增加的形势。实行一段时间后，负面效应显露出来：商品库存资金管理失控。门店现金进货、资金体外循环，门店经营盈亏不实，出现亏空不易分析原因，两金(承包利润、资金占用利息)欠缴难处理。多渠道进货采购，假冒伪劣商品流入，败坏供销社声誉。销售毛利率继续下降，出现销售增长，效益下降的局面。承包期满更换承包人进行交接时，发生以次充好或以贱充贵的情况，难以办理交接。部分门店负责人一人说了算，分配不公，“亲化组合”，导致职工下岗。

1993 年 3 月，黄墩供销社试行“抽本承租、社有民营”改革。针对在承包过程中有问题商品前清后生(前边清理出、后又重入库)、重复削价、恶性循环的弊端，首先对商品资金所有权进行置换，商品一次性作价卖给承租职工。以后如发生承租人更换，由交接双方自由协商商品价格，供销社不再承担削价损失。根据门店地理位置确定租金数额，实行招标，由挑头承包人公开竞标上岗，自由组合人员经营。签订承包合同一定三年。一次抽本确有困难的，可分批交清抽本资金；未交清抽本资金的，向企业缴纳资金占用费。承租金一个月一缴，不准拖欠。对农资批发部、采购站、饭店、加工厂实行风险抵押承包。首先缴纳一定数额的押金，完不成承包任务以风险押金抵补。同时，精简行政后勤管理人员，基层社副主任参与竞争上岗，到店组挑头承包，工资从承包部位领取。企业收取的抽本资金用于农资、农采(农副产品采购)业务扩大经营。至 1993 年末，全区有黄墩、涛雒、巨峰、大坡、西湖、南湖、尹家河、陈疃、三庄等 9 处基层社推行这项改革。

“抽本承租”是在供销社面临资金短缺、经营出现大面积亏损形势下的一项应急改革措施，在一定时期内给供销社经营注入活力。试行当年，效果明显，5 处基层社年末出现盈利，遏制住大幅度亏损势头。至 1996 年，逐渐显露出弊端：供销社发展失去后劲，部分企业收取的资金不足支付公共行政支出，企业继续亏损；门店各自为战，群体优势削弱，不利于开展系统内合作；抽本不彻底的门店出现亏空，所欠本金抽不上来，经营差的欠缴两金，经营好的攀比欠缴的，出现拒缴、拖缴现象。黄墩、西湖、三庄、下湖等社发生大面积欠缴“两金”情况，社有资金大量流失。

1995 年，中央和省委对供销社改革方向提出要求：“除少数边小微亏、专销生活资料和餐饮服务业门店、柜组外，一律不准搞社有民营或社有个营。”年末，区供销社下发《关于进一步改革完善主体部位经营责任制的意见》，分析“社有民营、社有个营”的弊端，要求在制定1996年企业责任制时，主体部位不宜搞集体大包干，更不准搞个人或家庭承租，建议对大部位实行目标计划考核、岗位工资制；中部位实行集体承包、超利分成；小部位实行保死基数，超额归己。对其他经营门店的责任制形式不搞一刀切，已实行社有民营、抽本承租的不急于恢复集体经营，条件成熟一个，回来一个。由于供销社没有按照规范的合作制进行产权改革，经过三年的实践证明，大部位恢复集体经营是不成功的。

2000年，全国供销合作总社统计供销社系统挂账包袱情况。发现供销社集体经营的大部位是最大的亏损源。由于供销社大部位的利润、利息上交采取挂账形式，造成企业虚假盈利。而大部位出现大面积挂亏情况与资金供给上的大锅饭、经营决策上的盲目拍板、开支上的大手大脚、固定资产的盲目投资、经营者负盈不负亏是分不开的。实践证明，在供销社进行规范的合作制改造和股份制改造之前，由供销社统一筹资，向部位、门店提供资金进行经营的路子走不通，比“抽本承租”经营造成更大的亏损。

1997年下半年，市政府召开企业改制会议，要求全市中小型企业都要大胆出售企业产权，要求产权一次买断，资产一次变现，债务一次化解，做到产权明晰、政企分开，完成股份制改造。区供销社结合贯彻全国总社关于制止对供销社资产进行拍卖的指示作出决定，供销社改革仍以中央5号文件精神为指导。对区直企业可以先搞股份制试点，对基层社不搞拍卖，也不搞股份制，继续在转换经营机制、减人增效、竞争上岗方面深化改革。区社派出两个工作组，对资不抵债的农资公司、土产公司进行股份制改造试点，基层社维持原改革路子。

1998年，全区社员股金发生挤兑。为稳定全区形势，1999年5月，区委、区政府介入供销社改革，成立粮食、供销社改革领导小组，以改革化解股金风险，对供销社实行彻底的产权置换，将供销社的固定资产本着“先内后外”原则，出售变现，兑付股金。至2004年，全区有392个门店进行产权置换，真正成为自筹资金、产权明晰、风险自担的经营实体。除城区、石臼两社外，16处基层社基本歇业。2000年末，未兑付的社员股金和剩余资产移交当地政府处置，供销社只留2～3人，作为留守人员，配合当地政府处理改革遗留问题。

2001年，区供销社系统企业改制结束。农资公司改制为东港良丰农业生产资料有限公司，果品公司改制为东港区大地果品公司，从日联土产棉麻有限公司中分离出东港区汇鑫烟花爆竹有限责任公司，储运公司改制为东港区富而美有限公司，组建东港区大地商贸有限责任公司、东港区益民废品回收中心等，城区供销社改制为丽阳大厦，石臼供销社改制为九洲商贸有限公司。

经营体制改革后，区供销社积极探索生产资料、生活必需品供销新路子。对上争引资金建设镇级便民服务中心，并在陈疃镇上蔡庄试点建立农村社区新型综合超市。

第五章　社会保障制度改革

第一节　基本养老保险制度改革

企业职工养老保险

企业职工养老保险改革分两个阶段：1986—1995年，境内职工养老保险逐步铺开，主要是建立企业职工基本养老保险制度；1996年后，主要是扩大养老保险覆盖范围，深化完善养老保险制度。

1986年，日照市根据国务院《国营企业实行劳动合同制暂行规定》和省政府《国营企业实行劳动合同制暂行规定实施细则》，开始对县一级国有企业职工，实行养老保险金的统一收缴和发放；对全民所有制和县以上集体所有制企业招收的合同制工人，收缴“合同制工人养老金”，用人单位按合同制工人工资总额的18%、合同制工人本人月标准工资的 3% 分别缴纳该项养老金。

根据《山东省国营企业职工退休费用社会统筹试行办法》，1988 年对企业职工退休费用实行社会统筹。根据“以支定收、略有结余”原则，全民所有制企业按固定职工工资总额加离退休(职)费用总额的 17% 缴费，集体所有制企业按 32% 缴费。至 1993 年 6 月底，收缴企业职工养老保险统筹基金 3061 万元，支付离退休(职)费用 2990 万元，解决了企业之间养老金负担不均衡和部分企业无力承担问题。

1991 年，根据国务院《关于企业职工养老保险制度改革的决定》，实行基本养老保险、企业补充养老保险和职工个人储蓄性养老保险相结合的养老保险制度，费用由国家、企业和个人共同负担，养老保险费实行社会统筹。

1993 年，根据国务院、省政府文件和日照市政府《关于改革企业职工基本养老金统筹和基本养老金计发办法的意见》，对固定职工退休费用统筹基金和合同制职工养老基金合并为“一金”征集。统一称为职工养老保险基金。养老保险基金，企业按在职职工工资总额的 19% 缴纳，个人按本人工资总额的 2% 缴纳。当年共收缴合同制工人养老保险金 3421.5 万元，此标准一直实行到 1995 年年底。

1996 年 10 月 1 日起，根据国务院《关于深化企业职工养老保险改革的通知》和日照市政府《日照市企业职工基本养老保险办法》，区政府下发相关规定：企业职工基本养老保险费用由单位和个人负担，个人以上年度月平均工资收入的 3% 缴纳，企业按全部职工缴费工资之和的 19% 缴纳。并为参加基本养老保险的人员建立基本养老保险个人账户，职工个人账户的基本养老保险费按照职工缴费工资的 11% 记入。

1997 年 7 月起，东港区建立统一的企业职工基本养老保险制度，并从 1999 年 1 月起实施新的基本养老保险办法：职工个人按其本人上年度月平均工资收入的 5% 缴纳，以后每两年提高 1%，最终达到 8%，统一基本养老保险金个人账户，按个人缴费工资 11% 的数额记入个人账户，其余部分从企业缴费中划入。随着个人缴费比例的提高，企业划入部分逐步降到 3%。2006 年 1 月 1 日起，基本养老保险个人账户规模由 11% 调整为 8%，全部由个人缴费形成。

机关事业单位养老保险

东港区于 1993 年开始对机关事业单位合同制工人、乡镇聘用制干部收缴养老保险金。个人按照本人月工资总额的 2% 缴纳，单位部分按照在职职工月工资总额的 19% 缴纳。

从 1996 年 1 月开始，全区机关事业单位干部和固定工人纳入保险统筹范围。保险金缴费标准：个人缴纳部分为本人月工资总额的 2%，单位缴纳部分，财政金额拨款的单位不列入统筹，差额拨款、自收自支单位干部和固定工人单位按 21% 收缴。

2005 年 1 月起，统一机关单位和全额、差额、自收自支事业单位缴费比例，即单位部分为在职职工工资总额与离退休费之和的 24%，个人部分为本人工资的 2%。

至 2007 年，全区 195 个机关事业单位的 1.27 万名干部职工全部参保，2700 名离退休、退职人员领取离退休费用，单位和个人投保率、保险金收缴率及养老金支付率均为 100%。全区机关事业单位人员实现应保尽保。

农村养老保险

1994 年，东港区开始实行农村养老保险。根据国家“八五”计划和民政部《县级农村社会养老保险基本方案》，区政府制发《东港区农村养老保险暂行办法》，当年即开始在农村收缴社会养老保险金。参保对象是非城镇户口、不由国家供应商品粮的农村人口，年龄为 20 ～ 60 周岁。采取“储蓄积累式”办法，由个人分月交纳，集体适当补助。在实行过程中，多数参保农民选择保费最低档(2 元/月)。

由于参保人数少，缴费水平低，难以解决支付问题，1999 年中止执行。

2006 年 5 月，根据省劳动和社会保障厅《关于建立新型农村社会养老保险制度的指导意见》，东港区在涛雒镇大草坡村开展新型农村养老保险试点工作。养老金由个人缴费(占 40%)、集体补助(占 30%)、政府补贴(占 30%)三部分组成。参保人按照退休时月领取 60 元、80 元、100 元三个档次自愿选择，年满 60 岁按月领取养老金。至 2007 年，全区参保人数 16 万人，基金累计 3764 万元，领退保 1.51 万人，累计领取养老保险金

921.2 万元。

2007 年 5 月，根据山东省政府《关于建立失地农民基本生活保障制度的意见》，开始在秦楼街道王家皂村进行此项制度试点。养老金由个人缴费、集体补助、政府补贴三部分组成。至 2007 年，100 人参保，收取保费 146 万元，当年有 35 人享受退休待遇。

第二节　住房制度改革

东港区住房制度改革始于 1993 年。主要内容是：改革住房建设投资体制，由原来国家或单位统包的住房投资体制转变为国家、单位、个人三者合理负担的投资体制。改革住房分配体制，由原来的行政手段、福利性质、实物分配制度，转变为按劳分配为主的货币分配制度。建立住房公积金制度，由职工个人和所在单位分别交缴占职工工资一定比例的资金，作为职工个人住房基金，以增强职工住房消费能力。

实行公有住房出售

1993 年 6 月至 2001 年 1 月，实行公房出售。先后经历每平方米 230 元、433 元、成本价售房三个阶段。

按日政发〔1993〕79 号文件，实施出售公有住房暂行办法。执行的标准价格为每平方米 230 元，1993 年 6 月 1 日起执行，1994 年 6 月 28 日止。全区有 23 个单位按该办法进行房改。后来又有 22 个单位根据新的房改政策进行成本价过渡套改，将购房款补到成本价购房款的数额，拥有产权 100%。

按日政发〔1994〕44 号文件、日房改发〔1994〕1 号文件要求，实施出售公有住房价格为每平方米 433 元。执行时间，1994 年 7 月 1 日起，1997 年 9 月 5 日止。全区有 32 个单位按照此政策进行房改。后来又有 25 个单位进行成本价过渡套改，将购房款补到成本价，产权达到 100%。

(1)按日政发〔1997〕153 号文件规定，出售公有住房的价格为每平方米 660 元。执行时间，1997 年 7 月 1 日起，2001 年 1 月 1 日止。政策实施后，东港区大部分原按标准价售房的单位进行过渡套改，共计有 66 个单位 3489 户。

(2)按日政发〔1998〕131 号文件规定，出售公有住房的价格为每平方米 850 元。2001 年 1 月执行。东港区只有区人武部的部分住房按照此政策进行房改。

1998 年，随着全区住房制度改革的深入推进，公有住房已经基本消失，只有部分没有建设房改房的单位保留有少量公有住房。

同年 10 月 1 日后，实行住房货币化分配。根据《山东省职工住房货币化分配暂行办法》和日房委发〔1998〕10 号、日财房字〔2000〕1 号文件，东港区住房补贴标准不断提高，并随工资发放。1998 年 10 月 1 日起，按在职职工月基本工资额的 15% 执行；2003 年 1 月 1 日起，按在职职工月基本工资额的 25% 执行；2006 年 1 月 1 日起，按在职职工月基本工资额的 35% 执行。

实行住房货币化分配以后，各部门、单位不准再自行建设住房参加房改。

实行住房公积金制度

1994 年 7 月 1 日起，逐步建立个人公积金账户，并不断提高缴交比例。根据《日照市提高公有住房租金暂行办法》和《关于提高住房公积金缴交比例和职工住房补贴标准的通知》，成立区住房资金管理中心并设立单位及个人公积金账户。住房公积金缴交比例不断提高。1994 年 7 月 1 日起，缴交比例为个人月工资的 5%，2005 年 7 月 1 日起，提高到 6%。截至 2007 年，东港区 220 个单位缴存住房公积金余额 2.26 亿元，实行公积金人数 1.20 万人，累计发放住房贷款 1.21 亿元。

1996 年 1 月起，东港区贯彻执行《日照市住房资金筹集、使用和管理的暂行办法》，建立单位住房资金、个人住房资金，并对两项住房基金实行预算外管理，由区住房资金管理中心按专户储存、收支两条线的形式管理，单位需用住房资金须报经资金管理中心审核批准。

实行职工住房货币直补办法

2000 年，按照《日照市关于贯彻<山东省职工住房货币化分配暂行办法>实施细则》，市区经济适用住房建设工程于 2000 年 4 月正式开工。首期经济适用住房“荣华小区”规划建设面积总量 22.6 公顷，建筑面积 21.48 万平方米。其中，住宅建设为 18.90 万平方米，公建 4.56 万平方米，为 500 多户中低收入职工家庭解决住房困难。东港区第二生活小区也属此类型。

2003年起，区政府坚持从实际出发，在不改变国家经济适用住房保障政策的前提下，对其运作方式进行改革创新。坚持政府监管与市场调节相结合，变划拨建设用地为招标、拍卖、挂牌出让；把补贴在经济适用住房建设过程中的优惠改为给“双困”家庭发放货币补贴，变定向购买住房为市场化选择。通过市场化手段，变“暗补砖头”为“明补人头”，建立起“用地市场化、补贴货币化、购房自主化、运作透明化”的经济适用房运作新模式。5年来，东港区共有650户符合条件的的住房困难户参加经济适用住房货币直补报名，有381户获得补助。

第三节　卫生管理体制改革

新中国成立后至1978年前，境内卫生事业由国家主办，财政全额拨款，内部运行不核算，加之政策限制过严、过死，严重影响各方面积极性。1985年4月，落实国务院批转卫生部《关于卫生工作改革若干政策问题的报告》和山东省政府批转省卫生厅《关于贯彻执行国务院国发（1985）62号文件的意见》，卫生体制改革逐步展开。

乡镇卫生事业单位管理体制改革

1987年6月，区政府根据省卫生厅《关于将卫生院划归乡镇政府管理的报告》，开始将卫生院划归乡镇管理，卫生院划转后，乡镇政府“负责制定卫生院发展规划和乡镇卫生工作年度计划，编制乡镇卫生经费预决算，负责卫生院的基本建设。卫生院性质不变、人员身份不变、工资待遇不变、任务不变”。1989年，由财政局、卫生局等部门组成乡镇卫生院划归领导小组，对所属22所乡镇卫生院(8所全民，14所集体)进行逐一清产核资，逐步完成卫生院移交乡镇政府管理工作。1991年6月，市政府办公室转发《市卫生局关于筹措资金改造乡镇卫生院基础设施的报告》。境内先后有后村、高兴、黄墩、陈疃、三庄、西湖、秦楼、石臼、奎山等9所卫生院经乡镇政府集资500余万元，盖起门诊楼或对卫生院进行整体搬迁，完成医院改貌任务。其他乡镇也多方筹资，改善卫生院办医条件。

1991年10月，区政府落实山东省政府《关于进一步加强农村卫生工作的通知》精神，对境内中心卫生院进行合理布局，重点建设，并加强人员配备、医疗设备购置、基础设施建设。南湖、两城、三庄等6所卫生院被省卫生厅确定为中心卫生院，并由省、市、乡(镇)三方投资，进行器械配套和改貌建设，使其成为当地的医疗技术指导中心。

1996年，区政府下发《关于加强农村卫生工作的意见》，规定对乡镇卫生院的管理“实行区卫生局和乡镇政府双重领导，以区卫生局为主的管理形式。”乡镇负责卫生院的党务、政务、财务和基本建设及设备维修、更新、配套；区卫生局负责卫生院人员调配、业务指导和考核奖惩，在征求乡镇党委政府意见的基础上，负责对卫生院院长的任免。

2001年，为贯彻国家体改委等八部门《关于城镇医药卫生体制改革的指导意见》，区政府下发《日照市东港区医疗机构分类管理实施意见》，区卫生局对有管辖权的医疗机构进行分类核定，核定为政府办非营利医疗机构20个、其他非营利性医疗机构33个、营利性医疗机构13个。此后，医疗机构分类核定转入正常，新设医疗机构在办理登记注册时一并核定。

2004年后，相继对区内卫生资源进行调整，将大坡、尹家河、竖旗三处卫生院分别并入巨峰、南湖和三庄卫生院。2004年8月，经区政府、市卫生局同意，省卫生厅、省中医药管理局批准，将石臼街道卫生院改建为东港区中医医院，改变了东港区没有中医医院的状况。2005年10月，经区政府批准，秦楼街道卫生院(人、财、物)整体划归东港区人民医院管理，并经市卫生局批准，将该院改建为日照市老年康复护理院。

至2007年，全区建有卫生院7处，中心卫生院3处，区级综合医疗医院、妇幼保健站(院)、卫生防疫站、中医医院各1处，各类协作医院3处，基本形成门类齐全、布局合理、功能完善的医疗预防保健服务体系。

卫生事业单位内部运行机制改革

1985年开始，境内卫生系统落实卫生部《关于卫生改革若干政策问题的报告》和山东省政府有关文件精神，进行卫生事业单位内部运行机制改革。全市卫生系统从市直医疗卫生单位到22所乡镇卫生院全部落实院(站、所、校)长负责制，干部实行聘任制，工人实行合同制。计划免疫接种和卫生监督检测开始实行有偿服务；医疗机构内部实行责、权、利相结合的各种形式的管理责任制。

1992年11月，落实省卫生厅《关于深化卫生改革扩大对外开放的意见》，将竞争机制引入卫生事业单位，逐步实行考选制、聘任制、试用制和合同化管理。境内14所集体性质的乡镇卫生院对业务技术干部实行聘任制，共聘任业务技术干部209人。

东港区建立后，贯彻国务院转发卫生部关于《深化卫生医疗体制改革的几点意见》，积极推进卫生改革。在转换运行机制、推进劳动人事及工资制度改革方面，实行责、权、利相结合的综合目标管理责任制和绩效工资制(按德、绩、勤、能等方面综合考核发放)，推行专业技术职务聘任制，并与工资挂钩。在医疗服务方面，在确保提供基本医疗服务的前提下，开展专家门诊、特约会诊、病人选医生、高档病房、特需护理、家庭病床等特殊服务。

2000年3月，为进一步推行卫生专业技术职务聘任制，打破专业技术职务终身制，调动专业技术人员的积极性，区卫生局在区医院和西湖卫生院进行专业技术职务竞争聘任工作试点。105名中级职称以上人员参加竞争聘任，有9人落聘后由高级职称低聘下级岗位。竞聘后，工资与实际聘任的职务挂钩。此后，卫生专业技术职务评聘分开、竞聘上岗制度在全区卫生系统全面推开。

2002年，继续深化干部人事制度改革，完善院、站、所长负责制。区医院在全市卫生系统率先以自愿报名、民主推荐、公开答辩、组织考察等程序，公开选聘副院长3人，并与之签订聘用合同。

2004年7月，根据区人事局《关于对事业单位新进人员实行聘用制进行人事代理的意见》，为乡镇卫生院公开招聘录用医学院校毕业生19人，并实行聘用制管理和人事代理，聘期内享受同等在职人员待遇。自此，境内卫生系统初步建立起适应市场经济要求、能进能出的新型用人机制。

村级卫生组织和社区卫生服务管理体制改革

改革开放前，境内农村兴办村卫生室。房屋、设备、药品、周转金归村集体所有，由村集体提供，村医生被称作“赤脚医生”，报酬由村记工分。农村实行大包干后至1985年，农村集体卫生室基本解体。农村出现办医乱，办医条件差和“炕头医”的局面，药品和医疗质量难以保证。为此，卫生系统不断探索农村和社区卫生服务管理体制改革路子。

1990年，市卫生局在高兴乡搞试点，对农村卫生室实行“集体举办、村办乡管”的管理体制。在卫生室设置上基本实行一村一室。在总结试点经验的基础上，市政府制定《日照市农村卫生室管理暂行办法》，在全市推行卫生室乡村一体化管理，但多数乡镇办起来又解体。

1996年，区政府印发《关于加强农村卫生工作的意见》，提出：“村卫生室实行村办乡管、乡村一体化管理的办法。”1997年，区政府制定《东港区乡村卫生一体化管理办法》。对村卫生室推行以“三制”(聘任制、工资制、养老保险制)、“五统一”(行政、业务、人员、财务、药品)为主要内容的乡村卫生组织一体化管理。村卫生所不受村域限制，实行统一设置，卫生所法人代表为乡镇卫生院院长，实行院长领导下的卫生所长负责制。1998年，村卫生室一体化管理率达80%以上。1999年后，该项工作再度出现滑坡。

2004年3月，区政府在西湖镇召开镇村卫生一体化管理工作现场会，继续在全区推行镇村卫生组织一体化管理。各镇街道按照“三制五统一”管理体制和“二通一平五分开”(即水通、电通、路平，诊断室、治疗室、观察室、值班室、药房分开)的标准，加强农村卫生室建设与改造。到2007年，全区334所卫生室(所)纳入镇村卫生一体化管理的有302所。各镇(街道)基本实行镇村卫生组织一体化管理。

2007年，东港区按照《日照市区域2006—2010年卫生规划》关于“每个街道办事处设置一所社区卫生服务中心，每个社区设置一处社区卫生服务站”的要求，经市卫生局批准，将秦楼、日照和石臼3所街道卫生院改建为社区卫生服务中心，在城区按社区设置卫生服务站。到2007年，建成社区卫生服务站13个。

社会办医管理体制改革

1981年，省卫生厅印发《山东省个体开业行医和联合诊所管理试行办法》，日照县按照《办法》审批个体开业行医，到1985年相继审批19处。其中，中医诊所3处，中西医诊所1处，膏药店1处，牙科诊所14处。1990年，省政府发布《个体开业行医管理办法》，规定对符合办医条件申请个体开业者，由市卫生局审批。

1978 年前，境内规模较大的企事业单位卫生室或医务室，主要是对内服务。1985 年，国务院批转卫生部《关于卫生工作改革若干政策的报告》后，单位卫生机构逐渐向社会开放。日照建市后陆续迁入或成立的大型企业医疗机构，也相继对社会服务。同时，一些单位和个人未经批准就开业行医，境内一度出现“乱办医、办医滥”的问题。

1994 年，落实国务院《医疗机构管理条例》，对境内医疗市场进行整顿。对符合条件者，登记注册、颁发执业许可证；不符合条件者，予以整顿或取缔。境内医疗市场纳入法制管理轨道。

2003 年，贯彻落实省委、省政府《关于进一步加强农村卫生工作的决定》，坚持“以公有制为主导、多种所有制形式共同发展”的原则，社会办医有较大发展。至 2007 年，境内有对外开放的企事业单位医院(疗养院)6 所、门诊部 3 处、卫生室(医务室)48 处、民营医院 9 所、个体医疗点 80 个。

卫生执法监督体制改革

1982 年，县政府落实《中华人民共和国食品卫生法(试行)》，成立卫生防疫站食品监督检验所。并设置 7 名食品卫生监督员，由县政府发给卫生监督员证。次年成立食品卫生监督检验所，隶属县卫生防疫站，行使食品卫生监督权。1993 年，成立东港区卫生防疫站，设立食品卫生监督检验所，负责食品卫生监督检验工作。

1995 年，区政府根据《中华人民共和国食品卫生法》，食品卫生执法主体由县卫生防疫站食品卫生监督检验所改为县卫生行政部门，东港区食品卫生监督检验所撤销。在卫生行政执法主体还不够理顺的情况下，根据省卫生厅有关规定，区卫生局书面委托区卫生防疫站暂行卫生监督执法，设综合卫生监督员 11 人。1996 年 6 月，区卫生局制定《关于卫生监督工作程序的有关规定》，规范卫生行政执法行为。

2000 年，根据卫生部《关于卫生监督体制改革的意见》，卫生行政管理从“办卫生”转变为运用法律、法规和政策、规划等手段“管卫生”。按照“依法行政、政事分开和综合管理”原则，调整卫生资源配置，理顺和完善现行卫生监督体制，建立结构合理、运转协调、行为规范、程序明晰、执法有力、办事高效的卫生监督新体制。区卫生局设卫生监督科，具体负责卫生监督工作。

根据 2001 年新修订的《中华人民共和国药品管理法》，2002 年 8 月，将区卫生行政部门药品监督职能划归市药品监督局。

2005 年，东港区成立行政审批服务中心，卫生局在该中心设立业务窗口，派驻工作人员，负责办理各项卫生审批事项。同年，区卫生局成立“区卫生监督执法大队”，负责区内医疗市场的监督管理。

医疗保障制度改革

实行“人民公社化”后至 1978 年前，公费医疗实行县、公社两级管理，经费县掌管 40%，公社掌管 60%，医疗经费每年超支。1988 年，实行医疗经费包干，采取确定基数、节约有奖的办法，超支现象得到控制。

1993 年 10 月，区政府成立公费医疗管理委员会。下设公费医疗办公室，隶属区卫生局。医疗费由财政、定点医疗机构和个人三方承担，其中，定点医院承担 5%，个人根据工龄承担相应比例。1999 年 12 月，区公费医疗办公室撤销，人财物归区社会医疗保险事业处。2002 年 1 月 1 日，东港区城镇职工基本医疗制度正式实施，大额医疗救助制度同步实施。到 2007 年，全区医疗保险参保单位 269 个，参保 2.02 万人。

境内的农村合作医疗，始办于 1968 年。几经反复，80 年代基本解体。1995 年，区政府办公室转发区卫生局《关于在全区农村推行合作医疗保障制度的报告》，在全区推行“乡办乡管”合作医疗，农村合作医疗制度得到恢复。由于合作医疗资金主要来源于农民个人，缺乏国家和集体的经济支持，筹资额度小、报销比例低，农民的参加积极性不高，未能巩固。

2002 年 12 月，区政府组织引导农民建立以大病统筹为主的新型农村合作医疗制度。2004 年 3 月，东港区被确定为省级新型农村合作医疗试点区。6 月，区政府制定《东港区建立新型农村合作医疗制度实施方案》和《东港区新型农村合作医疗管理暂行办法》，并召开全区新型农村合作医疗(以下简称“新农合”)省级试点工作动员会议，部署全区新农合省级试点第一周期的工作。各乡镇(街道)按照会议部署，广泛宣传发动，引导农民自愿参加新农合。要求以户为单位，按每人每年10元的标准筹集合作医疗基金。同时，建立健全区、镇(街道)新农合管理组织、经办机构和区监督组织，审核确定合作医疗定点医疗机构295处。第一周期参加新农合22.17万人，参合率48.81%。个人缴纳合作医疗基金共221.67万元，省、市、区三级财政各按每人每年10元的标准资助新农合，共筹集资金443.34万元。新农合基金由区财政局实行专户储存。

2004年7月1日，新农合第一周期开始运转。“参合”农民可持“新型农村合作医疗证”到合作医疗定点医疗机构就诊；需要转诊的，由区新农合管理办公室办理转诊手续。在定点医疗机构就诊住院的，由定点医疗机构按报销比例给予即时报销；转到区外住院的，其住院医药费用由本乡镇(街道)新农合管理办公室按规定比例给予报销。卫生院和村(居)设公示栏，对合作医疗报销情况进行定期公示，区新农合管理办公室设立监督举报电话，接受群众监督。卫生、财政、审计等部门负责对合作医疗定点医疗机构、合作医疗基金管理使用等情况进行监督、检查、审计。2005年6月30日，第一周期新农合结束，累计门诊报销19.71万人次，住院报销1891人次，报销金额301.69万元，其中报销万元以上的有6人次。

新农合每个运行周期为一年，合作医疗基金每个周期筹集一次。2006年，按照省要求，将新农合运转周期调整为自然年度(第三周期时间为2006年7月1日至2007年12月31日)。当年，投资10万余元购置设备，实行区新农合经办机构与区医院、区妇幼保健站及10个镇、街道卫生院微机联网，提高新农合管理水平和工作效率。并逐步简化转诊、报销手续，方便群众。第三周期新农合，农民参合率为87.5%，筹措资金2803.06万元，医药费报销2767.57万元，受益群众42.92万人次，其中，114人报销达2.25万元封顶线。

到2007年，东港区新农合已逐步建立起群众参与、户为基础、镇村负责、区级统筹、集体扶持、政府资助的合作医疗基金筹措机制；财政代收、银行代理、专户储存、专账管理、专款专用、钱账分离、封闭运行的基金管理机制；大病补偿为主，兼顾门诊报销、即时结算的补偿机制；医疗机构定点化、医疗服务规范化、医疗收费标准化的医疗服务机制和行政、审计、群众监督的综合监督机制。

2004—2007年东港区新农合情况统计表

表9-4

运行周期	参合人口(人)	参合率(%)	总筹资标准(元/人)	政府资助及个人缴纳(元/人)				筹资总额(万元)	利息收入(万元)	报销金额(万元)	门诊报销(人次)	住院报销(人次)	分娩报销(人次)
				省	市	区	个人						
一	221673	48.81	20	5	1	4	10	443.34	1.404	301.69	197108	1891	0
二	242523	52.98	20	5	1	4	10	485.09	3.049	559.92	546494	3682	0
三	400491	87.5	70	24	9.5	21.5	15	2803.06	13.83	2767.57	410801	18437	2327
合计								3731.49	18.283	3629.18	1154403	24010	2327

说明：运行周期(简称周期)，指每一个筹资年度开始补偿日到终止补偿日之间的时期，第一周期：2004年7月1日—2005年6月30日；第二周期：2005年7月1日—2006年6月30日；第三周期：2006年7月1日—2007年12月31日。

2004—2007 年东港区新农合各周期报销比例及封顶线情况表

表 9-5

运行周期	门诊报销比例（%）		住院报销比例（%）				住院报销起付线（元）			封顶线	
	村级卫生室	一级医院	千元以下	一级医院	二级医院	三级医院	一级医院	二级医院	三级医院	门诊（元）	住院（万元）
一	10	20	≤3	30	25	15	200	400	500	600/户	1/户
			3～5	35	30	20					
			5～8	40	35	25					
			8～15	45	40	30					
			＞15	50	45	35					
二	10	25	≤3	35	30	20	200	400	500	600/人	1/人
			3～5	40	35	25					
			5～8	45	40	30					
			8～15	50	45	35					
			＞15	55	50	40					
三	20	25	≤3	45	35	25	100	400	500	300/人	2.25/人
			3～5	50	40	30					
			5～8	55	45	35					
			8～15	60	50	40					
			＞15	65	55	45					

第六章　党政机构与干部制度改革

第一节　党政机构改革

党的机构改革

1978 年，日照县委设办公室(下设：信访组、档案组、行政组、报道组、武装部)、组织部、宣传部、统战部、机关党委、“57 干校”。1978 年后，县委机构逐渐健全。1979 年，县委增设纪检委、农工部。

1982 年 1 月，县委设纪检委、办公室、组织部、宣传部、统战部、机关党委、档案(馆)局、党校、政法委、干休所。

1984 年 1 月 21 日，根据中共中央《关于经济体制改革的决定》精神，县委设办公室、组织部、宣传部、统战部、农工部、企工部、政法委、党校。至同年 12 月，县委编制 143 人、实有 130 人。

1985 年 3 月，日照县和临沂地区石臼港办事处合并建立日照市(县级)，设中共日照市委。市委设办公室、纪检委、组织部、宣传部、统战部、农工部、企工部、政法委、党史委、信访办(1987 年 7 月设)、机关党委、研究室(1986 年 6 月设)、行政科、机要科、组织员办公室、老干部局、日照报社(1987 年 7 月设)、党校。

1989 年 6 月，日照市升格为地级市。市委设置办公室、组织部、宣传部、统战部、政法委、党校、老干局等部门。隶属市委、市政府机关性质事业单位的有接待处、党史委、经济研究中心、经济技术协作办等部门。之后，机构有增减或升格。

1993 年 4 月，中共东港区委员会(以下简称东港区委)组建。设办公室(包括政策研究、机要、保密、档案、信访等工作)、组织部(包括老干工作)、宣传部(包括对外宣传、广播电视、精神文明建设等工作)、统战部(包括对台、民族、宗教工作)、政法委(包括社会治安综合治理工作)等工作部门。1995年5月,设立区委党校筹建委员会。1996年7月,区委、区政府信访办更名为区委、区政府信访局,由区委、区政府共同管理,以区委管理为主;设立档案局与区档案馆一个机构两块牌子,由区委办管理。1996年11月,设立区委政策研究室,为区委所属正科级机关单位,列区委工作部门序列,原区委办政策研究室撤销;设立区委保密办公室(挂区政府保密局的牌子)、区委机要局,为正科级机关单位,由区委办管理,原区委办保密室、机要科同时撤销;设立区委党史研究室,为正科级事业单位,由区委办管理;设立文联、精神文明办、对外宣传办,由宣传部统一管理。

2002年,根据鲁发〔2001〕5号、16号和日委〔2002〕36号文件规定,东港区进行区级党的机构改革。

通过改革,区委设工作部门7个,即区纪律检查委员会(监察局与其合署)、办公室、组织部、宣传部、统一战线工作部、政法委员会(社会治安综合治理办公室与其合署)、区直机关工作委员会。

按照上级机构改革的要求,镇、街道党委、政府(办事处)机构统一设置为3个,即党政办公室、经济发展办公室和社会事务办公室(挂计划生育办公室、社会治安综合治理办公室牌子)。

至2007年,区、镇两级党的机构设置没有大的变化。

政府机构改革

1978年前,日照县革委设办公室、人事局、民政局、工交办、农林水办、文教办、财贸办、体委、多种经营办、气象站、农电所、教育局、文化局、卫生局、计生办、外贸局、商业局、工商局、粮食局、计委、财税局、供销合作社、交通局、邮电局、盐务局、物资局、基建局、工业局、农业局、林业局、科研组、水利局、灌溉局、水产局、农机站、公安局、法院、人民银行日照支行、建设银行日照支行39个部门。

1978年后,全党工作重点转移到经济建设上来。先后增设科委、沼气办、环保办、地震办、计量局等单位,农电所改称电业局、公社工业局改称第二工业局。1979年,县革委增设侨办、安全生产委员会。1981年,县革委增设统计局、物价局、司法局、农委、经委。

1982年1月,撤销县革命委员会恢复县人民政府。县政府设办公室、人事局、民政局、事务管理局、侨务办、安全办、计委、统计局、物价局、劳动局、物资局、环保办、农委、农业局、林业局、水利局、水产局、农机局、畜牧局、沼气办、科委、地震办、标准计量局、建委、城建局、财委、商业局、供销合作社、粮食局、工商局、财税局、外贸局、建行、多种经营办、经委、工业局、公社企业局、交通局、电业局、盐务局、职教办、沿海办、文教办、文化局、计生局、教育局、卫生局、广播局、体委、爱卫会、司法局、公安局、法院、检察院54个部门。

1984年1月,根据中共中央《关于经济体制改革的决定》精神,县政府设办公室、计委、经委、科委、城建环保委、体委、计生委、民政局、人事局、劳动局、审计局、财政局、税务局、工商局、统计局、物价局、商业局、交通局、农牧局、林业局、水利局、水产局、乡企局、粮食局、教育局、卫生局、文化局、司法局、公安局29个部门。撤销工交办、农林水办、文教办、财贸办、多种经营办、知青办,建设银行日照支行直接归属上级业务部门领导。9月30日,设立人才交流服务中心,隶属人事局领导,设立经济技术协作办,隶属计委领导。同年12月,县政府编制467人,实有602人。

1985年3月22日,根据国务院《关于山东省撤销日照县建日照市的批复》,撤销日照县、临沂地区石臼港办事处,建立日照市。按省政府关于"小市要当大市建,要注意沿海港口城市的特点"指示精神,经临沂地区批复,县改市后机构调整为:市政府设办公室、计委等41个部门。供销联社、电业公司、外贸公司、建材矿产公司、盐业公司、农机公司等经济组织列事业单位,信访科归市政府办公室领导,职教办归经委领导,公证处、法律顾问处归司法局领导。市政府编制711人。

1989年6月,日照市升格后政府工作部门设置:办公室、计委等49个部门;隶属市委、市政府机关性质事业单位有党校、接待处、党史委、经研中心、经济技术协作办等11个。升格前日照市政府定编765人。

1993年4月,东港区政府机构组建,区政府设置部门26个。市委批复区级机构编制650名,在职498名(含按划管原则从市直抽调人员160名)、空编152名。乡镇机构精减45%，实行“一办五委”(即党政办公室和农委、工交委、财贸委、社会保障委、文委)制，编制控制数额625人，在职596人、空编29人。

区政府设：区政府办公室、经贸委(与乡镇企业局合署)、农委、计委、外经贸委、建委、教委、科委、体委、计生委、司法局、民政局、人事局(与编办合署)、劳动局、财政局、统计局、交通局、水利局、卫生局、审计局、土地管理分局、海洋与水产局、文化局、农业局、林业局。部门管理的正科级行政机构4个：由区委办公室、区政府办公室管理的区委、区政府信访局，区委办公室内设的保密办公室(区政府保密局)，由政府办公室管理的体改委，由计委管理的物价局。部门所属的副科级行政机构1个：由区政府办公室管理的法制局。正科级直属行政性事业单位15个：农机局、畜牧局、地矿局、旅游局、广播电视局(由宣传部管理)、侨办(与侨联合署)、供销联社、商业行业办、物资行业办、行管局、茶业管理局、档案馆(馆、局合一，由区委办管理)、粮食局、国有资产管理局与预算外资金管理局(由财政局管理)。

区级机构设立运转后，实现边组建、边改革。先后有区公安分局、工商局上划市管理，区税务局分设为区国家税务局和区地方税务局，并相继上划垂直管理。

1995年，根据省编委《关于进一步深化完善县乡机构改革的通知》和日编发〔1994〕42号文件精神，区级机构相继进行调整。区文化体育委员会分设为区体育委员会和区文化局，区农业局、区林业局由行政性事业单位调整为区政府组成部门。

2002年，根据《山东省县级党政机构改革的意见》和日委〔2002〕36号文件，进行区级党政机构改革。

通过改革，区政府设：办公室、经贸局、农业局、发展计划局、城乡建设局、科教局、文体局、计生局、民政局、人事局(与编委办公室合署办公)、劳动和社会保障局、财政局、交通局、水利局、海洋渔业局、卫生局、审计局、统计局、司法局、国土资源局20个部门。此后不久，区国土资源系统、广播电视系统整建制上划市管理，区科技教育局分设为科技局和教育局，政府工作部门仍为20个。

区级党政机关人员编制总额由改革前的541名精简到427名，减少114名，精简21.1%。司法部门专项编制由改革前的269名，精简到250名，减少19名，精简7%。

第二节 干部制度改革

干部管理制度改革

1984年10月，日照县委制定《关于干部管理范围的意见》，主要是县委把股级干部的管理权限下放给基层党委或党组。1988年5月，日照市委制定《日照市干部管理暂行规定》。进一步明确把党政机关股级干部放到各单位管理，任命前征求组织部和分管领导意见，本着“事权和人事权相统一”原则，企业党政工干部全部放到主管部门管理，与党政机关脱钩，使专业技术干部合理流动。1994年7月，区委制定《关于搞好干部管理的意见》，明确副科级以上干部由区委统一管理，并由区委组织部代行日常管理职能。属区委管理的干部调配，由区委常委会研究，组织部办理手续。党群、人大、政协、政法、人武系统一般干部由主管领导人提出意见，由区委组织部审批并办理手续。其他干部调动由区人事局审批办理。逐步形成职责明确、条块分工协作的干部管理格局。

1998年开始，区委决定，对领导干部，特别是部门、单位“一把手”实行定期交流制度，一般结合换届选举进行。在实施过程中，有计划、有步骤、分期分批地进行。每一次交流，都有一定的比例，并注意发挥干部的长处，根据实际工作需要，妥善安排。对于领导薄弱的单位和部门，通过交流，给以充实和加强。

1998年，区委制定《关于对领导干部实行谈话、函询和诫勉的意见》和《关于对一把手进行经济责任审计的意见》，主要对规定范围内领导干部的党风廉政建设情况进行警示和经济方面的责任情况进行审查。要求五年内对全区规定范围内的领导干部至少审计一次。到2007年，共对133名干部进行经济责任审计。对20名有问题的干部进行诫勉谈话。

从2002年开始，对副科以上干部实行到龄离岗制度。规定：副科满50周岁、正科满53周岁的领导干部，不再占领导职数和行政编制，同时，对全区副处级以上领导干部，按市委规定实行到龄离岗。2002 年，全区 15 处乡镇街道党政班子成员由 262 职减为 158 职，区直党政群部门领导职数由 155 职减为 132 职。至 2007 年仍实行该制度。

区委自 2003 年开始，对部分干部实行任期责任制管理，其主要做法是通过公布竞聘资格条件、自愿报名、资格审查、民主推荐、演讲答辩、组织考察等步骤，确定聘任人员。在公示的基础上，由选聘单位主要负责人与受聘人签订合同，并发放聘书。聘期一般为三年。同时，还实行任期目标责任制。规定领导干部在任期内所要达到的发展目标和实现发展目标的责任，以及监督和奖罚办法。干部在任职期间，每年对其年度目标完成情况进行考核，一年内考核不称职或完不成年度目标任务的，进行诫免谈话；连续两年考核不称职或完不成年度任务的，免除职务；经考核能胜任现职的可继续连任，表现优秀的，可晋级或提拔使用。

在实行干部任期责任制的同时，对各级各类干部分别定出职责范围，明确每一个干部应当承担哪些责任、完成哪些工作任务、达到什么质量标准等。检查干部岗位责任制执行情况和干部考核相结合。凡是认真履行岗位职责，成绩显著的，给予表扬或奖励，优秀者晋升；不能胜任本职的，限期转变；到期仍无转变的，另行安排工作；对失职或渎职的，追究党纪或行政责任、经济责任、甚至法律责任。

干部选拔任用制度改革

机关事业单位干部选用　1980 年，日照县委落实中央关于选拔优秀年轻干部工作座谈会精神，加强对年轻干部的培养力度，先后提拔 20 名年轻干部担任公社党委正副书记和县直部委办局正副职。

1984 年起，把公开、公平、竞争机制引入干部选拔制度。县委积极探索实施考任、选聘、民主推荐以及竞争上岗等多种形式的选拔任用干部制度。1984 年年初，对现任的县委常委、县政府领导班子进行民主测验，对拟进县级领导班子人选进行民主推荐。其后，又对人大、政协、纪委 3 个领导班子人选进行民主推荐。

1988 年，市委决定市委机关选拔干部，在符合被选任干部必须具备条件的情况下，实行文化考试、面试、组织考察相结合的办法，择优录用。当年共选拔副科级干部 23 人，其中女干部 9 人。

1989 年，市委推行干部队伍建设竞争激励机制，制定《关于在全市党政群机关推行竞争上岗的意见》，在党政群机关中，全面推行中层领导班子职务竞争上岗制度。建区以后，区委在区直机关中层干部中逐步实行这一制度。到 2007 年，全区有 294 人参加竞争，有 233 人通过竞争担任中层科室负责人。

1997 年，日照市委通过公开推荐与考试考核相结合办法，选拔 10 名副处级干部。东港区委积极鼓励所有符合条件的 84 名干部报名参加选拔，有 1 人被录用。

2003 年以后，区委探索实施事业单位领导干部选聘办法。通过公布竞聘资格条件、自愿报名、资格审查、民主推荐、演讲答辩、组织考察等步骤，确定聘任人员。在聘前公示的基础上，由选聘单位主要负责人与受聘人签订合同，并发放聘书。当年共选聘干部 34 人，聘期一般为 3 年。合同期满后，双方商定是否续聘，不续聘的回原生产或工作岗位。2007 年不再实行该办法。

农村干部选用　区委注重从优秀农村青年中培养选拔干部。1993 — 2000 年年底，全区先后有 18 名农村党支部书记和镇(街道)企业负责人被选拔进入乡镇(街道)领导班子。

1999 年，推广涛雒镇党委经验，实施农村党支部成员选举“两推一选”办法。即先由党员和户代表分别推荐，对党员和群众推荐票比较集中的人选，由镇街道党委组织考察，按程序和规定的差额比例确定候选人，然后召开党员大会进行选举，选举结果报镇(街道)党委批准。

村民委员会成员的选举过去是由村党支部提出候选人，经镇党委审批后选举产生。从 1998 年第六届“村民委员会换届”开始，村民委员会成员实行选民直接选举，再报镇政府(街道办事处)备案。

2002 年，推行农村干部兼职，控制“两委”成员职数，提倡村党支部书记兼任村民委员会主任，称“一肩挑”。2002 年，“一肩挑”的村有 525 个，占村总数的 58.2%；2004 年有 514 个村，占 90%；2007 年有 499 个村，占 85.5%。2000 人以下的村，“两委”成员一般不超过 3 职，2000 人以上的村一般不超过4职。人口较少的村经党员同意，成立联村党支部。

2000年开始，采取以镇为单位“面向社会、公开考聘、双向选择、异村任职”的方法，选拔、任用村会计。被考聘的村会计由镇培训管理，实行异村任职。全区共有775个村居实行会计异村任职，占村总数的94.8%。2007年起，有部分村居退出异村任职机制。

妇女干部选用　2001年，为适应计划生育和妇女工作新形势，全区实行公开考选能够胜任农村计生主任、妇女主任、“两委”成员“三职兼任”的女干部。实施这一办法，全区村级女干部的平均年龄由原来的43.8岁下降到31.2岁，高中以上文化程度的占35%，减少村干部职数1900多个。

2006年，区委根据街道党委换届工作和全区选拔优秀年轻干部和女干部的工作需要，在全区范围内，经过自愿报名、单位推荐、资格审查、张榜公示、笔试、面试、组织考察、任前公示等环节，公开选拔9名30岁以下年轻女干部充实进街道党政领导班子。

建区以来至2000年，全区有171名35岁以下女同志被提拔为副科级干部，占副科级干部的17.8%；18处乡镇(街道)、妇女比较集中的部门都配上女干部，先后有5名女干部担任镇(街道)党委书记。2001—2007年，全区共提拔任用妇女干部56人，其中副科级44人，正科级9人，副处级3人。

干部培养制度改革

区(县、市)委注重对干部素质的培养，并探索出一些新的方式方法。一是在职业余学习。1985年，注重对干部知识化培养，在要求自学的同时，组织干部参加农业广播学校、电视大学、函授教育、自学考试等形式的学习。区委党校自2002年起，开设省函授经济管理专科班及本科班、中函班和法律本科班，境内大批党政干部入班参加学习。二是离职脱产学习。1985年，县委党校开设党政干部大专进修班1个、中专进修班2个，学制两年，接收县内党政干部入校学习。其间，一批党政干部考入省内外院校离职学习。三是挂职培养锻炼。2000年以来，选派30名青年干部到韩国进行半年的韩语培训；选派30名新提拔的镇(街道)党委书记、镇长、办事处主任和区直部门干部到上海、温州、宁波、江阴等地挂职学习；选派20名科级干部到高科园和规模以上企业挂职锻炼。

干部考察考核制度改革

1983年年底至1984年年初，按照干部队伍“革命化、年轻化、知识化、专业化”标准，对现任县级领导班子进行民主测验，为组建新一届县级领导班子作准备。

1987年11月开始，日照市委组织部利用民主评议方法对干部进行考察。评议对象是乡镇(街道)党政正副职和党委委员；市直部委办局、公司(局级)领导班子正副职。结合年终总结，每年进行一次，形成制度。2004年，区委制定《关于对领导班子和领导干部进行经常性考察的实施意见》，以对领导干部履行岗位职责及适应情况为重点，每年进行一次考察。同时还规定：对区委、区政府作出的重大决策、重要工作部署以及发生重大自然灾害、疫情、安全事故、群体性事件等重大事件进行即时考察。重点考察领导干部在关键时刻的政治态度、负责精神和解决复杂问题的能力。从2006年开始，区委把落实科学发展观的实际成效作为考核干部政绩的根本标准，采取民主测评、调查分析等方法，对每名干部的德、能、勤、绩作出综合评价。

干部任免制度改革

2003年以后，为建立科学规范的干部任免制度，在干部任用过程中，实施三项制度：(1)干部任免票决制。对镇、街道党政“一把手”和区直部门一把手的拟任人选，由区委全委会审议，进行无记名投票表决。至2007年，共对54名调整任职的科级干部进行票决或征求意见。(2)干部任前公示制。将拟提拔干部的职务及有关情况，在一定范围张榜公布，广泛听取群众反应和意见。至2007年，区委对拟提拔任职的284名干部和89名由非领导职务改任领导职务的干部，分别进行任前公示。(3)建立干部任职试用期制度。领导干部任职试用期为一年。其间，履行所任职务职责，享受相应待遇。试用期满，由区委对其进行考核，经考核合格的由组织部门办理正式任职手续；不合格的，免去试用职务。

第十编

经济综述

新中国成立前，境内以农业为主体的自然经济一直占主导地位。据1919年《山东各县乡土调查录》记载：日照“土地硗瘠，沙田无量，故生计异常艰窘。富庶之家不过十之一二”，“农产除六谷外，以花生、地瓜、萝卜为大宗”，“工业仅有县立贫民工厂一处，所造产品仅为苇折、竹器”。工业产品也仅限于陶器、山茧丝、山茧绸。

20世纪30年代，境内经济有所发展。据1931年的《山东农业调查》记载，日照县主要农作物年产量为：“大麦133510斗，小麦212408斗，谷子933450斗，黍子13040斗，稷子4884斗，高粱94344斗，旱稻4682斗，糯稻8850斗，绿豆3574斗，豌豆7380斗，玉米18514斗，荞麦3118斗，爬豆2410斗，黄豆141580斗，地瓜25924.2万斤，花生4910.6万斤。1936年，全县粮食总产量22645万斤，亩产188.2斤。其中，薯类产量占42.5%，花生总产皮干果1833万斤，大豆2688万斤，棉花3.877万斤”。工业有官办平民工厂，常年生产花布、柳条布、白粗布等布匹，年产量760匹。有私人办的进步火柴厂、织布厂、发网公司、女子职工工厂、肥皂厂、铸铁厂。另有一些散布于城乡各地的手工业作坊，主要从事土纺、土织、铁、木、条编、印染、缝纫等行业。商业初步活跃，有药材商100多家，钱庄10家以上。1931年，境内经营进出口业务的著名商号有祥兴、源兴公、三合栈、公顺福、义丰永、永记、裕源、永祥、广记、同记等15家。输出品为：花生米、肉披、猪牛皮、茧丝、海鱼、竹品、蓑衣。输入品有：煤油、火柴、大布、洋布、纸张、红白糖、煤炭等。涛雒、石臼所沿街店铺林立，涛雒有轮船、银行、土特产、百货、药材等300多处商摊、店铺。货运船只可通达青岛、大连、上海、宁波、广州等港口。

1939年6月，日本侵略军侵入日照城，占领石臼、涛雒等沿海重镇及各交通要道，境内经济受到严重破坏，许多商号相继破产。日军在石臼所办起物产公司、森田洋行、富士商会、若松洋行、济鲁洋行、藤本洋行等机构，大肆掠夺农副产品和其他资源，大量输入洋货。1942年，日军掠夺输出物资17143207.3担，输入洋货约6379318担。

1943年冬，日照抗日根据地开展大生产运动。开盐田，垦荒山、荒滩，提高种粮、种菜产量，饲养猪、鸡、鸭等家畜、家禽，发展纺织业、修理业、商业，为打破敌人经济封锁，夺取抗战胜利奠定了经济基础。

新中国成立之初，经过土地改革和社会主义改造，广大群众积极投入经济建设，国民经济得到迅速恢复和发展。境内逐步增加工业投资，新建一批工业企业。1950—1957年，建立全民企业42家(含公私合营)。其中，县以上工业企业9家，工业总产值462.8万元，比1949年增长1078.5%。1958—1960年，在全县范围内大办工业、大炼钢铁，各部门竞相建厂，工业规模迅速扩大。1958年，工业企业猛增到484家，比1957年增加442家。工业发展速度远远超出原材料和能源供应能力。许多企业和建设项目因资金、技术、原材料、设备条件限制，不久被迫下马。此后，工业发展速度缓慢。1966年开始的“文化大革命”，又对工业生产造成了严重冲击。

1978年后，以农村改革为先导，逐步对工业企业进行改革，经济形势出现快速稳定发展局面。1989年，社会总产值277067万元，按1980年不变价格计算为167710万元，比1978年增长2.67倍，年平均增长12.4%。其中，工农业产值219824万元，按1980年不变价格计算为137097万元，比1949年增长30培，年平均增长8.7%。

建区后，区委、区政府带领全区人民，发扬“艰苦创业、奋发图强、和衷共济、振兴东港”精神，立足城区、沿海、沿路优势，实施工业带动战略，大力发展民营经济，辐射带动区域经济，国民经济迅速发展。2006年，实现地区生产总值1549000万元，按可比价格计算，比1993年增长9.54倍，年平均增长18.9%。2007年，实现地区生产总值1933300万元，增长18.1%。其中，第一产业增加值176200万元，增长4.5%；第二产业增加值791400万元，增长23.1%；第三产业增加值965700万元，增长16.5%。

第一章　经济概况

第一节　工农业总产值

新中国成立初，境内工业企业几近空白，农业落后，经济基础薄弱。

新中国成立后，人民政府领导群众大力发展生产，恢复经济。广大农民在土地改革后，表现出极大生产热情。1953年，逐步开展互助合作化运动，完成社会主义改造，发展农业合作社，加强农田水利基本建设，农业生产条件得到改善，农业生产发展迅速。

1957年，境内农业总产值4027.12万元，比1949年增长28.4%。完成对私营工商业、手工业的社会主义改造，建立和发展以全民所有制、集体所有制为主体的社会主义公有制经济。建立全民、集体所有制工业企业42家。其中，县属以上工业企业9家。工业总产值461万元，比1949年增长10.8倍，年平均增长36.1%。1957年，工农业总产值6373万元，比1952年增长16.1%，比1949年增长43.6%。

1958年开始的“大跃进”受“高指标、瞎指挥、浮夸风和共产风”为主要标志的“左”倾错误思想影响，农村强调“一大二公”，大办公共食堂，取消社员自留地、家庭副业和生产经营自主权，挫伤了农民积极性，加上三年自然灾害，农业生产连年下降。在缺乏资金、技术、材料和机械设备情况下，大办工业，强调“以钢为纲”，全民动员大炼钢铁。企业盲目上马，建设规模膨胀，经济急于求成。由于违背经济规律，造成了严重后果。1962年，工农业总产值7306万元，比1959年减少28.1%。

1963—1965年，中央提出“调整、巩固、充实、提高”八字方针，各级政府及时对境内经济结构进行调整。在农村，实行“三级所有，队为基础”的核算制度，恢复社员自留地和家庭副业，恢复劳动定额管理，将生产经营权交给生产队，农业生产逐步恢复。根据中央颁布的工业70条和手工业35条精神，对境内工业企业采取“关、停、并、转”等措施进行调整。到1965年，调整工作基本完成，工农业总产值11007万元，比1959年增长50.6%，比1957年增长72.7%。

1966—1975年，受“文化大革命”影响，工农业生产秩序遭到严重破坏，劳动生产率降低。1970年，工农业总产值13073万元，比1965年增长18.77%，年平均增长3.5%。“文化大革命”时期的后五年，贯彻“安定团结，把国民经济搞上去”的方针，认真开展农业学大寨、工业学大庆运动，整顿生产秩序，工农业生产出现较好发展势头。1975年，工农业总产值25404万元，比1970年增长94.3%，年平均增长14.2%。

中共十一届三中全会提出“把党的工作重心转移到经济建设上来”以后，境内经济呈现迅猛发展态势。1980年开始，逐步推行家庭联产承包责任制，开展科技下乡活动，积极推行科学种田，努力改善农业生产条件。1984年，把粮食派购改为合同定购，大力发展商品生产，农工商各业综合发展。1990年，农业总产值115198万元，比1985年增长113%。工业生产，认真贯彻落实中央关于“改革、开放、搞活”方针，调整产业结构和产品结构，加强企业各项责任制管理，按照现代工业专业化组织生产。1984年，企业改革逐步展开，企业内部推行承包经营责任制和厂长负责制，优化劳动组合，实行利改税，减少指令性计划，扩大企业生产经营自主权，各种生产要素配置趋向合理。企业开展横向经济联合、技术协作和技术创新。1988年，积极发展外向型经济，引进国外资金，学习先进技术及现代企业管理方法，给经济发展注入新活力。1990年，工业总产值140081万元，比1985年增长560%。“五五”和“六五”期间，工农业总产值，年平均增长分别为8.7%、10.9%；人均产值，年平均分别增长8.9%和9.6%。

随着市场经济的发展，工业企业通过股份制、股份合作制为主要内容的产权制度改革，实行“抓大放小搞活”，膨胀一批骨干企业，带动发展大批中小企业，工业经济迅速发展。东港区建立后，实施工业强区战略，积极招商引资，发展高科技工业园区，建设乡镇工业项目基地，全区工业生产呈现出勃勃生机。不断加快农业产业结构调整步伐，农业产业化水平逐步提高。茶叶、水产、蔬菜、苹果、板栗等特色产业优势凸现。大力开发旅游特色产业，实现滨海旅游与民俗旅游有机结合，旅游经济发展势头强劲。商贸流通日趋活跃，民营经济、镇域经济发展迅速，私营经济在经济总量中的比重逐步提高。2000 年，全区工农业总产值 672813 万元。2005 年，工农业总产值 1387090 万元，比 1995 年增长 224%。“十五”期间，工农业总产值年平均增长 17.5%，人均产值年平均增长 17.5%。2007 年，全区工农业总产值 2191837 万元。

1993—2007 年东港区工农业总产值情况统计表

表 10-1　　　　单位：万元

年份	工农业总产值	农业	工业	年份	工农业总产值	农业	工业
1993	301084	138742	162342	2001	727749	306449	421300
1994	482703	206707	275996	2002	785578	305678	479900
1995	428545	265567	162978	2003	825968	263668	562300
1996	755704	295695	460009	2004	1124373	230973	893400
1997	550391	262269	288122	2005	1387090	249190	1137900
1998	603049	271750	331299	2006	1681467	259367	1422100
1999	565251	272209	293042	2007	2191837	307337	1884500
2000	672813	292123	380700				

第二节　社会总产值

新中国成立前，境内对社会总产值缺少统计资料。20 世纪 80 年代，随着农村经济体制和工业企业体制改革不断深入，各行各业全面发展，社会总产值不断增长。1988 年，境内实现现价社会总产值 243640 万元，比 1978 年增长 2.2 倍，年平均递增 12.4%。工业、农业、建筑业、运输邮电业、商业总产值，年平均增长率分别为 24.5%、14%、18.1%、17.3%、14.7%。1989 年，实现现价社会总产值 277067 万元，比 1988 年增长 14%。2002 年，实现现价社会总产值 1236442 万元，比 1993 年增长 2.07 倍，年均增长 13.3%。人均占有社会总产值，年平均增长 14%。工业总产值年平均增长 12.8%，农业总产值年平均增长 9.2%，建筑业总产值年平均增长 14.4%，运输邮电业总产值年平均增长 25.5%，批发和零售贸易、餐饮业总产值年平均增长 14.4%。2007 年，实现现价社会总产值 5943843 万元。

1993—2007 年东港区社会总产值情况统计表

表 10-2　　　　单位：万元

年份	社会总产值	第一产业	第二产业	第三产业	年份	社会总产值	第一产业	第二产业	第三产业
1993	402695	138742	210316	53637	1996	711100	295700	303600	111800
1994	637000	207000	365000	65000	1997	761288	262269	354470	144549
1995	707600	265600	261800	180200	1998	764766	257773	339434	167559

续表 10-2

年份	社会总产值	第一产业	第二产业	第三产业	年份	社会总产值	第一产业	第二产业	第三产业
1999	826712	272209	368965	185538	2004	3139335	230973	1525832	1382530
2000	987672	292113	482567	212992	2005	3986106	249190	2109896	1627020
2001	1111479	306450	555313	249716	2006	4769709	254696	2607450	1907563
2002	1236442	305678	640553	290211	2007	5943843	307337	3342480	2294026
2003	2491314	199772	1085556	1205986					

1993 年，全区粮食总产量 238125 吨，油料总产量 74339 吨，水果总产量 50080 吨，肉类总产量 31237 吨，水产品总产量 115088 吨。实现农业总产值 138742 万元，工业总产值 162342 万元。全社会固定资产投资 37016 万元，实现社会消费品零售总额 42945 万元。2002 年，全区粮食总产量 295714 吨，油料总产量 68388 吨，水果总产量 80966 吨，肉类总产量 37082 吨，水产品总量产 224000 吨。实现农业总产值 305678 万元，年均增长 9.2%。实现工业总产值 479900 万元，年均增长 12.8%。完成全社会固定资产投资 125076 万元，年均增长 14.5%。实现社会消费品零售总额 158203 万元，年均增长 15.6%。2006 年，全区粮食总产量 164487 吨，油料总产量 42026 吨，水果总产量 44402 吨，肉类总产量 20802 吨，水产品总产量 166700 吨。实现农业总产值 259367 万元，工业总产值 1422100 万元，全社会固定资产投资 1100000 万元，社会消费品零售总额 622400 万元。2007 年，全区粮食总产量 167824 吨，油料总产量 42645 吨，水果总产量 49089 吨，肉类总产量 22686 吨，水产品总产量 206400 吨。实现农业总产值 307337 万元，工业总产值 1884500 万元，全社会固定资产投资 1587500 万元，社会消费品零售总额 737300 万元。

第三节　国民生产总值

新中国成立后，随着国民经济不断恢复，境内国民生产总值逐年提高。1978 年开始，全面实行经济体制改革，经济政策放宽，商品经济迅速发展，促进了国民生产总值增长，国民收入不断增加。1988 年，国民收入实现现价 114239 万元，比 1978 年增长 147.5%，年平均增长 13%。其中，工业净产值现价 21623 万元，比 1978 年增长 5.6 倍，年平均增长 22.9%；农业净产值现价 70468 万元，比 1978 年增长 70%，年平均增长 6%；建筑业净产值现价 7272 万元，比 1978 年增长 2.5 倍，年平均增长 23%；运输邮电业净产值现价 5811 万元，比 1978 年增长 2.3 倍，年平均增长 21%；商业饮食业净产值现价 8985 万元，比 1978 年增长 1.6 倍，年平均增长 15%。1989 年，国民收入实现现价 117526 万元。其中，工业净产值 29089 万元，农业净产值 64486 万元，分别比 1988 年增加 5.3%、27%。1988 年，境内人均国民收入 1128 元，比 1978 年增长 2.7 倍，年平均增长 14%，比 1985 年增长 97.2%，年平均增长 25.4%。1989 年，人均国民收入 1144 元。

建区后，国民生产总值继续增加。1993 年，全区国民生产总值实现现价 146916 万元。其中，工业增加值现价 25718 万元，农业增加值现价 87809 万元，建筑业增加值现价 13475 万元，交通与运输邮电业增加值现价 14047 万元，商业饮食业增加值现价 5867 万元。

2006 年，国民生产总值实现现价 1549000 万元。其中，工业增加值现价 444800 万元，农业增加值现价 38484 万元，建筑业增加值现价 176900 万元，交通与运输邮电业增加值现价 114678 万元，商业饮食业增加值现价 216600 万元，其他行业增加值现价 557538 万元。

第四节　地区生产总值

1978年,开始实行以地区生产总值作为衡量一个行政区域国民经济发展水平的综合指标。1993年,全区实现地区生产总值146916万元。其中,第一产业增加值87809万元,第二产业增加值39193万元,第三产业增加值19914万元。人均地区生产总值1678元。2002年,实现地区生产总值527113万元,年均增长15.2%。其中,第一产业增加值172135万元,第二产业增加值164908万元,第三产业增加值190070万元。人均地区生产总值5512元。2007年,实现地区生产总值1933300万元。其中,第一产业增加值176200万元,第二产业增加值791400万元,第三产业增加值965700万元。人均地区生产总值28060元。

1978—1989年部分年份日照县(市)人均地区生产总值情况表

表10-3

年　份	人均地区生产总值(元)
1978	307
1980	372.4
1985	636.8
1986	737.4
1987	910.5
1988	1262
1989	1335

1988年日照市地区生产总值情况分析表

表10-4

	地区生产总值现价(万元)	按1980年不变价格(万元)	比1978年增长(倍)	年平均增长(%)
总　值	127846	69271	1.55	14.3
第一产业	17568	32424	1.3	16
第二产业	9466	17470	3.5	31.6
第三产业	10499	19377	2.6	24

1993—2007年东港区地区生产总值情况统计表

表10-5　　单位：万元

年份	地区生产总值	第一产业	第二产业	第三产业
1993	146916	87809	39193	19914
1994	222429	121291	67961	33177
1995	266109	157310	57582	51217
1996	305592	165844	70322	69426
1997	306204	143511	74594	88099
1998	346258	150719	87051	108488
1999	373338	154344	98394	120600
2000	421430	162058	117308	142064
2001	473336	170902	140113	162321
2002	527113	172135	164908	190070
2003	527024	152624	195400	179000
2004	802371	12671	376500	413200
2005	1260600	138000	498700	623900
2006	1549000	148300	621700	779000
2007	1933300	176200	791400	965700

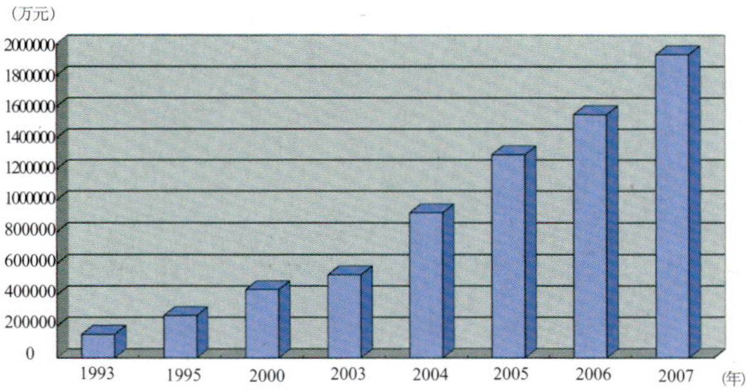

图10-1 1993—2007年国内(地区)生产总值图

第五节　固定资产投资

新中国成立前,境内国有固定资产极少,地主富商的资金多用于购置土地和经商,很少投资工业实业和基础设施建设。新中国成立初,地方财政极为困难,用于基本建设的资金只占财政支出的5%左右。

建区前固定资产投资

1949—1988年,境内累计投入建设资金178699.7万元。其中,主要为国家与集体投资,占总投资的 62.9%，生产性投资 108259 万元，占国家集体总投资的 86.3%。随着经济发展和建设规模扩大，固定资产投资不断增加。1981 — 1988 年，是固定资产投资幅度较大的时期，投资主要用于生产性建设项目，用于非生产性投资 15138 万元，仅占总投资的 12.5%。1989 年，全面清理固定资产在建项目，压缩投资规模，严格控制新开项目，集中力量保重点、保竣工。

中央投资　1980 — 1988 年，中央对境内全民所有制单位基本建设投资 69091 万元，占总投资的 75.1%。1983 — 1984 年，是中央投资最多年份，占总投资的 95.2%。主要用于港口、铁路建设。部门建设投资中，工业建设投资、农林水气象投资、交通运输邮电投资、商业外贸金融投资、科学文教卫生投资、公共基础设施投资，分别占总投资的 13.5%、3.2%、71.0%、5.9%、2.7%、3.7%。

工业建设投资　新中国成立后至 1989 年，境内工业建设投资先后出现三次高潮：第一次，"二五"计划期间(1958 — 1962 年)。由于全民大炼钢铁、大办工业，工业建设投资额 757.4 万元，占整个计划总投资的 40.9%。先后兴建 23 个地、县工业企业。第二次，"五五"计划期间(1976 — 1980 年)。前三年工业投资 1186.8 万元，占该时期工业投资 65.1%。后两年，根据国民经济发展要求调整工业投资规模，工业投资 637.3 万元，占该时期工业投资 34.9%。第三次，"六五"计划期间(1981 — 1985 年)。境内已拥有电力、化工、机械、建材、食品、纺织、皮革、造纸、造船等十几个工业门类，涉及 300 多种产品、11792 家企业。其中，乡镇及乡镇以上企业 261 家。扩大再生产由外延为主转向内涵为主。工业投资额 3640 万元，占"六五"计划总投资 46.8%。

交通运输邮电建设投资　新中国成立后至 1989 年，境内交通、运输、邮电建设累计投资 86691.4 万元。其中，石臼港建设投资占 93.2%，岚山港建设投资占 3.3%，公路建设投资占 2.1%，邮电建设投资占 0.6%，其他投资占 0.8%。

金融商业建设投资　新中国成立后，政府对商业、粮食、供销 3 个系统投资较大。投资主要用于建设粮食、商品、油料仓库及住房和营业用房等。1989 年，对商业、外贸、供销、金融建设投资 8417.1 万元。其中，全民企业投资占 75.9%，商业系统投资占总投资 37.9%，粮食系统投资占总投资 31.5%，供销系统投资占总投资 31.6%。

科学文教卫生建设投资　1950 — 1989 年，政府对科研、文化、教育、卫生、体育、广播事业基本建设投资 3889 万元。其中，教育投资 1641.1 万元，占 42.2%，用于学校"六配套"标准建设。科研、文化、体育、广播投资 970.36 万元，占 25%。文化建设投资，用于建影院、文化宫和广播事业，占该项总投资的 57.8%。医疗卫生投资，用于兴建医院、诊所、防疫站、保健站等，建立健全三级医疗网，购置先进设备和扩建病房楼等。

公共设施建设投资　1950 — 1989 年，累计总投资 4483.1 万元。其中，用于机关办公用房和住宅建设的投资占 72.9%，用于城市综合治理，完善城市供水、排水系统、拓宽、硬化、新建城市道路的投资占 27.1%。

建区后固定资产投资

1993 — 2003 年，全区累计完成固定资产投资 16400 万元，年均增长 14.5%。10 年间，区委、区政府统筹规划、合理安排、借助外力、启动内力、挖掘潜力，通过实施以城区村(居)为重点的旧城改造，加快了城市化进程，较好改善了机关、医院、学校、文化、金融、交通等部门的办公条件。其中，教育投资 3.29 亿元，新增校舍建筑面积 49.82 万平方米。1995 — 2000 年，先后投资 7200 万元，建成东港区职业教育中心、日照第二实验小学和日照实验高级中学。投资 9280.87 万元，建成档案楼及第一、第二、烟台路、芙蓉 4 个机关生活区。投资 7550 万元，建成财政局宿舍楼。投资 7000 万元，建成信合广场。2007 年，规模以上固定资产投资项目 462 个。其中，新开工项目 295 个。累计完成规模以上固定资产投资 1587500 万元，增长 55.1%。其中，区及区以上完成投资 760000 万元。

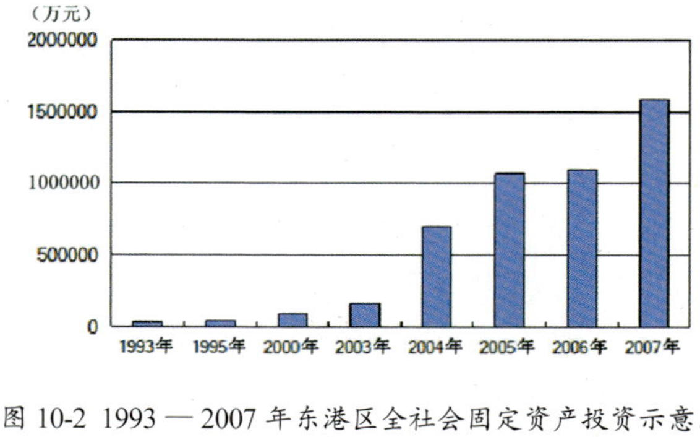

图 10-2 1993 — 2007 年东港区全社会固定资产投资示意图

1993 — 2007 年东港区固定资产投资情况统计表

表 10-6

单位：万元

年份	全社会固定资产投资	年份	全社会固定资产投资
1993	37016	2001	107428
1994	37717	2002	125076
1995	44202	2003	164000
1996	51533	2004	700600
1997	52109	2005	1070000
1998	57816	2006	1100000
1999	62624	2007	1587500
2000	89886		

第二章　经济结构

第一节　所有制结构

工业企业结构

1950 年，境内工业产值中，全民所有制占 0.6%，集体所有制占 3.6%，个体所有制占 95.8%。1957 年，经过对个体手工业社会主义改造，所有制结构发生明显变化，全民所有制占 54.6%，集体占 33.4%，个体占 12%，全民、集体所有制经济所占比重明显上升。1958 — 1959 年，个体经济所占比重极少。改革开放后，允许并鼓励个体经济发展。1986 年，逐步形成多种工业经济类型并存格局。全民所有制比重相应下降，乡镇办工业迅速发展，村及村以下工业比重增大。1988 年，全民工业比重较 1985 年下降 16.4%。1989 年，全民工业比重较 1988 年下降 4.5%，村及村以下比重上升 9.8%。1992 年，计划经济开始转向社会主义市场经济。1997 年，国有企业改革方向是建立现代企业制度，推进企业公司化改造、股份制改造和企业集团建设。全区以置换公有产权为主要内容的企业产权制度改革全面展开。全民工业比重下降，非公有制工业经济比重上升。2007 年工业总产值中，国有占 16.7%，集体占 4.2%，非公有制占 79.1%。

农业结构

1951 年土地改革完成后，土地为农民个体所有，种植业属个体经营。在互助组和初级农业合作社阶段，农业仍属个体经济。1957 年，境内普遍建立高级社，土地逐步为集体所有。总耕地面积中，国营占 3.6%，集体占 90.5%，个体占 5.9%。粮食总产量比例，集体占 94%，其他占 6%。1958 — 1980 年，耕地及所有农产品，基本都归集体所有。1982 年，农村实行家庭联产承包责任制。农村种植业、土地使用权，实行以户经营为主，但土地所有权仍归国家和集体。至 2007 年，粮食、油料等产品全部归个体所有。

林业结构

新中国成立初，境内林业皆为个人所有。随着合作化和人民公社化的实行，1957 年，境内林地面积 31400 公顷中，集体占 99.8%，国营占 0.2%。到 1958 年逐步归集体和国家所有。1980 年，在所有制不变情况下，将集体林地承包给个人经营。1985 年，实有林地中，国营占 1.4%，集体占 98.6%。林业总产值中，集体和国营占 65%，个体占 35%，个体比重较 1980 年上升了 11%。

畜牧业结构

1957 年以前，畜牧业只表现为家庭饲养畜禽，未形成产业。1957 年后，境内畜牧业有所发展，集体占 32%，个体占 68%。1962 年，集体占

6.8%，个体占93.2%。80年代出现了一批养殖专业户，户养量愈来愈大，集体饲养大幅度减少。随着市场经济不断发展，集体饲养逐渐退出畜牧业市场。至2007年，畜牧业全部为个体饲养，畜牧业生产总值65931万元。

副业结构

1971年，队办企业兴起，集体副业生产比重上升。1980年，副业总产值3406万元，集体占58%，个体占42%。实行家庭联产承包责任制后，副业全部由个体经营。

渔业结构

传统渔业为一家一户生产方式。1949年，沿海组织渔业合作社，在生产中实行互助合作，但仍属个体经济。从建立高级渔业社开始，渔户船网等生产资料打价入社，集体渔业经济建立并迅速发展。1956年，渔业总产量20018吨。其中，集体占99.7%。境内国营渔业经济，从1959年开始出现，产量比重仅占总产量的0.18%。1980年，上升到0.95%。1985年，集体渔业生产资料打价归船组或个人所有。从此，渔业个体经济占主要成分。2007年，渔业总产量为166700吨，全部为个体经营。

商业结构

抗日战争时期，抗日民主政府在根据地创办全民性质商业机构，以后又发展集体性质的供销合作经济。1954年，社会商品零售总额比例，全民占3.3%、集体占69.8%、私营占26.9%。1957年，在基本完成对工商业社会主义改造后，商业所有制结构发生巨大变化。当年，社会商品零售总额比例，全民占33.1%，集体占66.9%。1960年后，三年经济困难时期，为顺利渡过难关，缓解商品供应紧张局面，境内部分恢复个体私营商业。1962年，个体私营商业占社会商品零售总额4.9%。“文化大革命”期间，个体商业全部被取缔。1978年后，个体商业恢复，全民与集体商业经济比重逐渐下降，个体比重逐渐上升，农民商业经济比例开始增加。随着社会主义市场经济体制的确立，个体商业迅速发展。1993年，社会消费品零售总额104323.7万元。其中，国有51941.1万元，占49.8%；集体25942.3万元，占24.9%；个体及其他26440.3万元，占25.3%。2007年，三者比重分别为9%、4.2%和86.8%。

第二节　产业结构

社会生产结构

新中国成立前，社会经济以农业为主。20世纪70年代，社会生产结构虽然发生一些变化，但仍以农业为主。1980年，国家重点工程石臼港和兖石铁路开始全面建设，建筑业等乡镇企业随之迅速崛起。商业、饮食服务业以及物资流通等领域逐步扩大，社会产业结构发生很大变化。1983年，社会总产值比例为：农业产值比重49.3%、工业20.1%、建筑业19.4%。随着经济体制改革不断深入，工业企业发展较快，社会产业结构发生新变化。1989年，社会总产值比例为：农业比重35.1%、工业比重44.2%。

1993年，社会总产值402695万元。其中，农业产值34.5%，工业产值40.3%，建筑业产值11.9%，第三产业13.3%。2007年，社会总产值5943843万元。其中，农业产值5.17%，工业产值31.7%，建筑业产值24.53%，第三产业38.6%。

国内生产总值结构

随着港口建设和城市发展，全市农村劳动力不断向第二、三产业转移。1980年，从事农、林、牧、渔业劳动力占总劳动力的90%，参加社队集体工副业劳动力占9.1%，从事其他行业劳动力占0.9%。1986—1989年，各年份参加农、林、牧、渔业劳动力占总劳动力比重依次为86%、82.9%、75.2%、72.9%。第二、三产业劳动力比重逐年增加。1993年，第二、三产业劳动力分别占总劳动力的15.2%和36.6%。2007年，第二、三产业劳动力分别占总劳动力的24.9%和24.3%。

劳动力转移，促使国内生产总值结构发生变化。1994年，实现国内生产总值222429万元，按可比价计算，比1993年增长51.4%。其中，第一产业增加值121291万元，增长38.1%；第二产业增加值67961万元，增长73.4%；第三产业增加值33177万元，增长66.6%。三次产业比例为54.5∶30.6∶14.9。2000年，实现国内生产总值421430万元，按可比价计算，比1996年增长41.2%，年均增长8.2%。其中，第一产业增加值162058万元，下降2.3%；第二产业增加值117308万元，增长66.8%；第三产业增加值

142064万元，增长105%。三次产业比例为38.5∶27.8∶33.7。2007年，地区生产总值193.33亿元，按可比价计算，比2006年增长18.1%。其中，第一产业增加值17.62亿元，增长4.5%；第二产业增加值79.14亿元，增长23.1%；第三产业增加值96.57亿元，增长16.5%。三次产业比例9.1∶40.9∶50.0。

农轻重结构

新中国成立初，工业在国民经济中比重很小，农业占绝大部分。

1993年，境内工农业总产值301084万元，农、轻、重产值比例结构：农业46%，轻工业41.1%，重工业12.9%。2000年，工农业总产值672813万元。农、轻、重比重分别为：43.4%、45.7%、10.9%。2007年，工农业总产值2191837万元。其中，规模以上农业307337万元，占14%；规模以上轻工业783647万元，占35.7%；规模以上重工业707660万元，占32.2%。

境内部分年份“农轻重”比例结构情况表

表10-7　　单位：%

年　份	1952	1980	1986	1988	1993	2000	2007
农业	98.2	74	60.4	40.3	46	43.4	15.4
轻工业	1.7	18	28.6	39	41.1	45.7	54.8
重工业	0.1	8	11	20.7	12.9	10.9	30

第三节　财政收支结构

财政收入中，1988年与1978年、1985年相比，企业收入分别增长10.4%和下降1.2%，工商税收增长18.5%和5.6%，农业税下降32.4%和1.1%。

2000年，国家进行农村税费改革，农业税比重增大，全区地方财政收入完成13316万元，财政支出完成19301万元。2004年，国家开始减免农业税。2006年，全部取消农业税。

1993—2007年东港区地方财政收支情况统计表

表10-8　　单位：万元

年　份	财政收入	财政支出	年　份	财政收入	财政支出
1993	2895	6335	2001	14207	21342
1994	3749	7714	2002	14961	25754
1995	5847	9725	2003	17606	27491
1996	7529	12193	2004	15492	28873
1997	8909	13814	2005	51108	33333
1998	10512	15973	2006	68588	42868
1999	11880	18029	2007	93108	59786
2000	13316	19301			

第三章　居民生活

第一节　居民收入

城镇居民收入

1950年，全县干部职工实行供给制，将个人生活部分合并折发代金，全年工资总额69.9万元，人均303元。

1952年，经济得到恢复，职工队伍逐渐扩大。1953—1955年6月，机关工作人员、教师和国营企业职工，改实物供给制为包干制。1955年7月，全部实行货币工资制。1956年，党政机关、企事业单位进行工资改革。企业中，开始建立八级工资制，全年职工工资总额177万元，人均400元。

1957年，职工工资收入增加较快。全县全民所有制职工5683人，工资总额280.1万元，人均493元。

1958年“大跃进”期间，大办企业，职工增加迅猛，人均工资相对下降。1960年，人均工资总额下降到437元。

1965年，随着经济的不断发展，职工工资有所提高。全县全民所有制职工7315人，工资总额372.8万元，人均510元。

“文化大革命”10年间，职工人数和工资增长缓慢。1976年，职工人数1.22万人，平均每年增长11%，人均工资960元，平均年增长5.9%。1978年，国家调整地区工资差和部分职工工资，给职工增加副食品补贴。

1985年，国家进行工资改革，实行基础工资、职务工资、工龄工资三项工资为主的结构工资。职工工资收入明显增加。1986年，全部职工人数3.34万人，工资总额3573万元。1988年，全部职工人数4.32万人，比1978年增长1.3倍，年平均增长8.6%。全部职工年人均工资1546元，比1978年增长199%，年均增长11.6%。其中，全民所有制、集体所有制职工年人均工资分别为1623元和1325元。1989年，全部职工5.03万人，工资总额8546万元，年人均工资1737元。

1993年，全区财政收入2895万元，全部职工年人均工资3120元。2002年，财政收入14961万元，在岗职工年人均工资9681元。2006年，财政收入68588万元，在岗职工人均工资18042元。2007年，在岗职工，人均年工资收入23624元。

1993年，城市居民可支配收入2745元。2001年，城市居民人均可支配收入6996元。2004年，城镇居民人均可支配收入9083元。2007年，城镇居民人均可支配收入13021元。

农村居民收入

新中国成立后，农业生产得到恢复和发展，农民收入水平逐步提高。1957年，农民人均收入42元。

1958—1965年，受“大跃进”和自然灾害影响，农民收入不稳定。1958年，人均分配42.3元。1961年，人均分配51.6元。1963年，人均分配36元。1966—1976年，农民人均收入在60～70元之间。1978年，人均收入102元。

1980年，农村全面推行家庭联产承包责任制，提倡多种经营，大力发展商品生产，农民收入增长较快。1985年，人均收入497元，比1978年增加395元，增长387.3%。比1980年增长355元，增长250%。“六五”期间，平均每年增长28.5%。

1986年，在实行“大包干”责任制的基础上，进一步深化农村经济体制改革，农民收入持续增长。当年，全市农民人均纯收入509元。1989年，农民人均纯收入781元。

建区后，农业产业结构逐步调整优化，农业收入逐渐提高。同时，大量农村富余劳动力开始转移，从事二、三产业，经济来源相对增加。1993年，农民人均纯收入1032元。1994年，人均纯收入1358元。1998年，自然灾害比较严重，农业造成较大损失，农民收入有所下降，人均纯收入2258元，比1997年降低20元。2003年，人均纯收入3308元，比1993年增加2276元，平均每年增长22.76%。2007年，农民人均纯收入5374元。

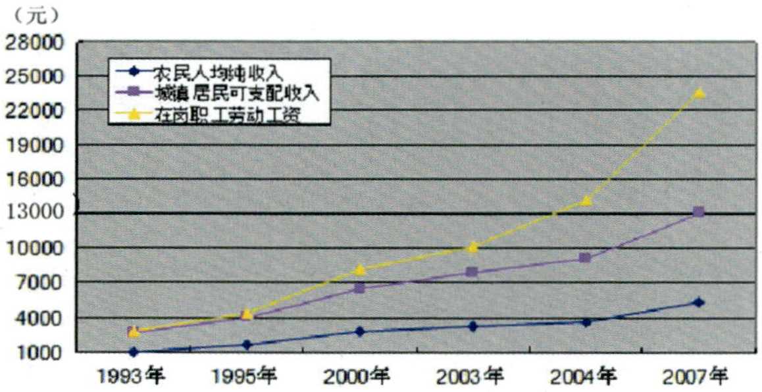

图10-3 1993—2007年东港区居民收入情况图

1993—2007年东港区农民人均纯收入和在岗职工年工资总额情况统计表

表10-9　　　　单位：元

年份	农民人均纯收入	在岗职工人均工资
1993	1032	2881
1994	1358	4322
1995	1690	4429
1996	2169	5621
1997	2278	5377

续表 10-9

年份	农民人均纯收入	在岗职工人均工资
1998	2258	6013
1999	2688	6422
2000	2857	8147
2001	2975	8728
2002	3122	9681
2003	3308	10148
2004	3676	14208
2005	4129	15442
2006	4609	18042
2007	5374	23624

第二节　消费支出

随着国民经济发展，城乡居民生活消费支出逐步增长。1958年，城乡居民人均年生活消费59.8元。在三年困难时期的1962年，消费支出46.3元。1983年，消费支出320元。1989年，消费支出705元。1993年，消费支出1285.5元。2002年，消费支出3729元。2007年，消费支出6194元。

城镇居民消费支出

随着职工收入水平提高，消费支出相应增加。1978年，城乡非农业居民人均消费支出472元。1980年，消费支出544元。1985年，消费支出562元。1989年，消费支出906元。1993年，消费支出1838元。2002年，消费支出5316元。2007年，消费支出9223元。

随着城乡居民消费支出增加，消费结构发生明显变化。1978年，物质消费支出占总消费支出92.3%，文化生活支出占7.7%。1986年，物质消费支出占总支出84%，比1978年下降8个百分点；文化生活消费支出占15.9%。

1993年，城市居民人均消费支出1838元。年末，每百户城市居民家庭，拥有彩电88台，电冰箱84台，洗衣机86台，照相机42架。2000年，城市居民人均消费支出4721元。年末，每百户城市居民家庭，拥有彩电109台，电冰箱120台，洗衣机87台，摩托车59辆，自行车213辆。

2004年，城市居民人均消费支出6545元。年末，每百户城市居民家庭，拥有小轿车3辆，彩电108台，电冰箱89台，洗衣机86台，照相机54架，摩托车66辆，影碟机60台，空调器40台，电脑27台，固定电话99部，移动电话103部。

2007年，城市居民人均消费支出9223元。年末，每百户城市居民家庭，拥有彩电112台，电冰箱110台，洗衣机86台，照相机38架，摩托车67辆，空调器75台，电脑49台，互联网27户，移动电话153部，小轿车12辆。

农村居民消费支出

随着农村经济发展，农民消费支出明显增加。1978年，农民人均消费支出95元；1980年，人均消费支出155元；1985年，人均消费支出298元；1989年，人均消费支出681元。

1983—1986年，据对90户农村居民人均生活消费情况调查，高档及一般日用品、文化娱乐品的消费，1986年比1983年增长65.1%，比1985年增长29.1%。住房消费支出，1986年比1983年增长29.4%。日常消费，1986年人均购买猪肉11.05千克，比1983年增加2.15千克。1986年人均消费卷烟27包，比1983年增加13包。商品消费量都有不同程度提高。1986年，每百户农民主要物质生活用品拥有量：缝纫机45台，收录机0.6台，座钟60个，手表140只，自行车每百户90辆，黑白电视机1台，电风扇0.7台。据1989年年末农村抽样调查：每百户拥有自行车137辆，缝纫机71台；钟表251个，电风扇38台，洗衣机4台。

1993年，全区农民人均生活消费支出733元。每百户拥有彩电10台，电冰箱8台，洗衣机5台，电风扇117台，录放机17台。

2004年，农民人均生活消费支出2422元。每百户拥有彩电76台，电冰箱53台，洗衣机25台，电风扇216台，影碟机40台，摩托车81辆，自行车156辆，移动电话46部。

2007年，农民人均生活消费支出3165元。每百户拥有彩电97台(其中接入有线电视网71户)，电冰箱60台，洗衣机29台，空调机5台，摩托车77辆，自行车120辆，电话机64部，移动电话80部，家用计算机10台，汽车(生活用)13辆。

1993—2007年东港区城市与农村居民人均消费支出情况表

表10-10　　单位：元

年　份	城市居民	农村居民	年　份	城市居民	农村居民
1993	1838	733	2001	4818	1781
1994	2722	847	2002	5316	2142
1995	3395	1007	2003	5844	2269
1996	3587	1189	2004	6545	2422
1997	4209	1124	2005	7208	2570
1998	4204	1332	2006	8897	2274
1999	4093	1488	2007	9223	3165
2000	4721	1704			

第三节　居住条件

新中国成立后，城镇居民居住条件逐步改善。1986年，实有房屋建筑面积222万平方米，实有住宅建筑面积118万平方米，实有居住面积38万平方米，人均居住面积6.67平方米。1989年，城镇居民实有住宅建筑面积144万平方米。其中，居住面积65万平方米。人均居住面积8.5平方米。90年代，城镇居民居住条件进一步改善。1993年，人均居住面积10.86平方米，2000年13.67平方米，2003年20.5平方米，2007年29.5平方米。

新中国成立前，农民基本居住于草房、土屋。新中国成立后，随着经济发展，少数村庄统一规划建房，居住水平有所提高。1986年统计，全市24.55万农户，拥有房屋1657.13万平方米，农户人均17.8平方米，比新中国成立前增长1倍多，比1980年增长48.3%。1978年后，农村建房数量、质量明显提高。1982—1986年，农房建设投资28999.7万元，占总投资43.7%，新增建筑面积414.28万平方米，农村人均新增4.4平方米，住进新居的农民超过总农户的四分之一。1989年，户均房屋5.94间，使用面积80平方米。1993年，人均居住面积18.02平方米。2000年，人均37.28平方米。2003年，人均30.99平方米。2007年，人均43.75平方米。

1993—2007年城乡居民人均居住面积情况表

表10-11　　单位：平方米

年份	城市	农村	年份	城市	农村
1993	10.86	18.02	2001	14.65	39.97
1994	11.94	30.66	2002	19	32.25
1995	13.1	26.4	2003	20.5	30.99
1996	13.5	24.9	2004	20.7	35.95
1997	15.58	27.83	2005	22.56	39.49
1998	16.33	33.55	2006	23.08	44.5
1999	13.42	37.22	2007	29.5	43.75
2000	13.67	37.28			

第十一编

招商引资

招商引资活动作为东港区中心工作始于2000年。区委、区政府发挥本地区位、资源、环境等优势，制定优惠政策吸纳辖区外的资金、技术和管理经验，重点招引一批重大工业和高新技术产业项目落户东港，以加快经济建设。

全区招商引资工作在不断总结经验、提高质量和水平的过程中发展前进。2000—2002年，实行目标责任制，打开招商引资新局面；2003—2005年，健全、完善激励机制和有关配套政策，招商引资工作取得较大进展；2006年后，落实科学发展观，由招商引资转入招商选资、调整提高阶段，呈现出量、质并举新态势。

第一章　招商管理

第一节　招商工作机构

招商局

2000年3月，东港区招商工作办公室成立。2002年6月，东港区招商局成立，为正科级全额预算管理事业单位，李先民、刘刚先后任局长。2003年7月，区招商局更名为东港区投资服务局，内设综合部、国内项目部、国外项目部、督查部等4个部室。2006年8月，区投资服务局对外加挂招商一局牌子。2007年7月，区投资服务局与区高新区管委合署办公，李兆玉任局长。同时，区政府驻青岛办事处划归投资服务局管理，并新设立高新区招商局(为高新区管委所属内设机构)，履行专业招商职能。

招商引资委员会

2003年，区委、区政府成立东港区招商引资委员会(简称“招商委”)，区长任主任。

2006年8月，对区招商引资委员会组成人员进行调整充实，并成立区招商委项目预审、大项目推进、软环境建设督导、招商引资考核4个办公室。

专业招商机构

为调动各级各部门招商引资的主动性、积极性，2006年8月，区发展计划局、区经贸局、区外经贸局、区贸易办公室分别对外加挂东港区招商二局、三局、四局、五局牌子。

第二节　招商工作机制

落实责任

2000年始，全区实施全员招商引资措施，将招商引资任务具体分派到区直各部门、单位以及各镇(街道)，按照“指标到个人、考核到部门”的原则，落实招商引资工作目标责任制。承担招商引资任务的机关、单位包括国家、省、市属驻东港各单位。

区直部门招引落户到镇(街道)工业聚集区的项目，原则上按照实际考核认定数额的50%分别抵顶区直部门和镇(街道)的任务，或者按照双方协商的分配比例抵顶各自任务。镇(街道)招引落户高科园的项目同等对待。

2006年，全区招商引资考核任务指标为61.35亿元。其中，各部门、单位考核任务指标为37.35亿元，各镇(街道)考核任务指标为24亿元。2007年度，全区招商引资计划任务在2006年度基础上增长33.3%。

考核奖惩

区委、区政府于2003年3月6日，制定《东港区招商引资考核奖惩办法》和《东港区招商引

图11-1　全区2005年度招商引资暨对上争引奖惩兑现大会　(摄于2006年)

资动态考核实施细则》，建立项目预审机制、动态考核机制。2004 年 6 月，建立招商引资项目数据库，实行大项目跟踪督导和重点项目调度机制。

2005 年 7 月，成立专门考核办公室，负责全区招商引资考核工作，并对招商引资项目进行调度、汇总及督查，实行单位主要领导政绩评定与本单位招商引资项目考核结果直接挂钩。

2003—2007 年东港区招商引资项目考核情况表

表 11-1　　单位：个

年份	工业	商业	旅游、服务业	其他	合计
2003	289	181	227	105	802
2004	300	270	352	68	990
2005	322	290	156	14	782
2006	355	369	289	20	1033
2007	346	341	267	14	968

第二章　投资环境

东港区陆、海交通发达，投资环境优越。境内海关、出入境检验检疫、外轮代理等涉外服务机构齐全，拥有各类金融机构 300 余处。

2000 年始，区委、区政府积极改善全区投资软、硬件环境，建立高新技术产业园区，设立投资服务大厅，制定灵活政策，对投资者实行“一站式”、全程跟踪服务，便于广大客商前来投资兴业。

第一节　硬件建设

全区在优越的自然环境及区位优势基础上，重点强化人力资源、产业配套能力及基础配套设施等硬件环境建设。

人力资源

为吸引大批中、高级管理人才和科技人员前来发展创业，区委、区政府在人事局设立人才市场，定期召开人才招聘交流会。不断加大对职业中专和各类农民工培训机构的扶持力度，为企业提供充足的技术人力资源。

产业配套

自“十五”初期始，全区着力发展骨干企业和支柱产业。“十一五”期间，全区高新技术产业企业数量连年增长，各企业不断增强自主创新能力，加大技改资金投入，并注重专利权申请与保护。至 2007 年，全区有工业企业 6515 家，获得省级以上著名(驰名)商标 15 个。其中，销售收入过亿元的企业达到 16 家。初步形成纺织抽纱、食品加工、机械制造、医药化工、木制品、建材六大支柱产业。

进入 21 世纪，境内传统商业逐步转向现代流通业。市百货大楼、友谊商店、凌云集团、银座商城、利群商城和贵和购物商厦等一批超市、购物中心，都实现了商品的购、销、存及财务的网络化管理。规模以上商贸流通企业统一采购、统一配送比分别达到 90% 和 80% 以上。依托日照港口，以煤炭、矿石、粮油、石油液化品、木材、建材等大宗货物的运输、仓储、配送为重点，建起南方家园、日照茶博园、中盛临港物流等大型物流园区。五矿船代、日照昆达等一批投资过千万元的物流企业投入运营。初步形成了以港口为端点、以内陆物流中心为集散地的综合流通网络。

基础设施

2000 年始，全区高标准规划产业布局，逐步加强高新技术产业园(以下简称“高科园”)和各镇(街道)工业聚集区的基础设施建设。2007 年，全区各类工业园区共完成基础设施投入 10.9 亿元，修建道路 76 条，计 107.55 千米，基本实现园区水、电、路、讯、燃气、供热、排污、有线电视等“八通”。各园区根据发展规划，明确入园项目侧重方向，初步搭建起功能完备、布局合理、适宜创业、有利竞争的招商引资平台。

境内金融保险与社会服务业积极为客商提供贷款、信托、汇兑、转账、保险等各类金融服务。各类超市、商场、宾馆为中外客商提供良好的购物和食宿、娱乐环境。同时，建成大批写字楼、标准厂房等供投资者入驻。

第二节　软件建设

区委、区政府于2003年6月成立软环境建设工作领导小组，下设办公室，负责全区软环境建设日常调度、检查、提报、研究和处理投诉问题。先后成立行政投诉监察中心、行政审批服务中心等专门负责软环境建设工作的职能部门。成立日本、韩国及台湾企业家协会，为境外投资客商提供协调保障服务。各镇(街道)、区直各部门也成立相应的领导组织和办事机构。

2007年年底，对全区党风廉政建设、精神文明单位创建、“平安东港”建设、行风政风建设、政务厂务公开等各项软环境建设活动的成效调查显示，95%以上企业对投资软环境表示满意。

政策环境

2000年与2007年，区政府先后两次印发《东港区招商引资优惠政策》，对到东港区投资新建并在地方缴纳流转税和所得税的企业及公益性、基础设施等项目的投资者，在财政扶持政策、收费政策等方面做出优惠规定。区政府设立财政补助专项资金，鼓励投资者到东港投资兴业。根据新办企业实现实际地方收益的额度实行财政扶持政策，无偿支持企业膨胀规模和技术创新。对新建企业达到市财政扶持政策相关规定的，同时享受市财政扶持政策。

新办企业(固定资产投资额在1000万元人民币以上的内资项目，注册资本100万美元以上的外资项目)，自投产之日起，根据其为区内地方财政的实际收益额度，第一、二年按50%比例返还其实际收益，第三至第五年按30%比例返还。

兼并、收购、投资区内原有工业、商业企业，对原有工业、商业企业增资或技改，投资额在1000万元人民币以上的，扣除原有企业上年度对区内地方财政贡献基数后，第一、二年按50%比例返还实际收益，第三至第五年按30%比例返还。新办外资企业，除享受国家规定的优惠政策外，同时适用东港区财政补助政策。

固定资产投资额在1000万元以下内资项目、注册资本在100万美元以下外资项目，年为区内地方财政增加实际收益50万元以上企业，同样享受区财政扶持政策。固定资产投资额在1亿元以上内资项目、注册资本在1000万美元以上外资项目，区委、区政府根据实际情况，在不违背《东港区招商引资优惠政策》的基础上，实行一事一议，给予更加优惠的扶持政策。落户镇、街道园区的新建企业，参照区级财政扶持政策执行，也可由镇(街道)与投资方共同协商给予更优惠扶持政策。

对认定的省级及以上新产品、高新技术企业、科技企业孵化器及“在孵企业”，自投资经营之日起，连续五年将其当年度实现的税收形成的区内地方财政收益比上年度新增部分，奖励给该企业，作为政府专项扶持资金。对依托日照港口从事进口、出口、仓储、中转、批发、营销、配送、海运、陆运的新建投资企业，在执行市优惠政策的基础上，自投产经营之日起，连续五年将其当年度实现税收形成的区内地方财政收益的50%，用于扶持该企业扩大生产经营。对新引进的大型企业集团总部(含分部)，在东港区汇总缴纳税收的，除享受市优惠政策外，自投产经营之日起，连续五年将其当年度实现税收形成的区内地方财政收益的50%，用于扶持该企业发展创新。对投资数额大且对区内地方财政贡献也大的项目，根据投资者要求，采取“一事一议”的办法，协商确定其所享受的优惠政策。投资者投资项目建成投产后，区内地方财政没有受益的，则不享受上述优惠政策。

对投资新建的工业、企业项目，从立项、审批到投产经营之日起，在办理相关手续时，除收工本费和代国家、省、市收取的行政事业性费用以外，免收其他行政性费用，事业性收费按最低标准收取。进入各级园区的外来投资新建工业、企业项目，自投产经营之日起，三年内除水资源费、环保排污费及超标准排污费、污水处理费、工本费和代国家、省、市收取的行政事业性费用以外，免收其他行政性费用，事业性收费按最低标准收取。在各镇投资新建工业项目，免收小城镇基础设施配套费。

法制环境

严格规范行政执法行为，杜绝以权谋私。区内行政事业性收费(除水资源费、排污费外)一律按最低标准征收。规范行政检查工作，除执法、执纪机关调查违法违纪案件外，一般检查必须由区委、区政府批准。例行执法收费(税)检查,分片、定时、集中进行。不准对企业进行多头重复检查,不准违反规定向企业收取检查费用。

公安、工商等执法部门,依法整顿市场经济秩序,严厉打击欺行霸市、坑蒙诈骗、制假售假、坑害投资者、恶意欠税、逃避债务等违法行为。依法保护投资者人身财产安全,对敲诈勒索、强买强卖、强装强卸、强行承包工程、索要"保护费""提成费"和冲击围堵建设投资者、生产与办公场所等不法行为,从重、从快予以打击、处理,确保外商来的放心、住的安心、干的舒心。

服务环境

各级各部门通过培训会、座谈会、发放宣传材料等方式,对全区党员干部进行道德法制、接待服务礼仪等教育培训,全面提高综合素质和文明程度。树立"人人都为引资着想、事事关系东港形象"的观念,塑造文明开放、友好待客、热情服务的对外形象,形成"投资者是贵客、引资者是功臣、损害招商引资者是罪人"的浓厚氛围。

加强公民思想道德建设,形成全社会关心诚信建设,人人参与诚信建设的良好局面。逐步建立企业和个人信用资质评价体系,规范完善信用评估制度、失信制裁制度。规范中介机构服务行为,对搞弄虚作假等行为的中介机构和执业人员严肃追究处理。

对重点项目实行全程代办制度,从项目洽谈、手续办理到项目投产,全程为客商跟踪服务。对重大项目实行"一个项目、一个责任人、一抓到底"的领导包保制度,协调解决企业在建设、生产、经营中存在的困难和问题。

2005 年 9 月,区行政审批中心 70% 的审批项目实行"一站式办理、一条龙服务"。土管、城建、公安、工商、税务等职能部门在高新区园内设

图 11-2　区审批中心为客户服务　(摄于 2005 年 11 月)

立代办机构,招引项目从洽谈立项、审批入园到开工建设、投产运营、后续管理,都能在园区内办理相关手续。

2007 年,区行政审批大厅办理各项业务 3.8 万余件,其中审批事项 2.6 万余件,按时办结率、准确率均达 100%。

第三章　招商活动

招商引资活动中,区委、区政府先后组团赴东营、潍坊、青岛等地考察,学习先进招商机制及方式。经过不断实践、创新,逐步探索出一套适合本地发展的招商模式,由初期以政府为招商主体,发展为政府、社会合力招商;由坐等客户上门,变为主动走出去,联络、邀请投资者入驻。

第一节　招引投资领域

全区根据经济发展和市场需求实际,确定重点发展现代机械与设备制造、电子信息、海洋生物医药、新能源环保、新材料技术与应用六大产业。积极鼓励客商以各种形式投资参与,促进相关产业升级、换代,发展壮大。

现代机械与设备制造业

重点发展汽车和船舶制造业。围绕整车配套,进一步提高发动机、车厢、模具、连杆等关键零部件生产能力和水平。形成以关键零部件协作配套的汽车、远洋捕捞船舶、高速豪华游艇等高附加值产业制造能力。

电子信息产业

重点发展计算机及配套部件、工业自动化装备及控制系统,开发生产高性能数字程控交换机、基站设备、光纤通信及系统配套设备等。形成以计算机及外围设备、网络与通信、新型元器件和软件等为支撑的电子信息产业群。

海洋生物医药产业

在现有甲醇、褐藻酸钠、甘露醇的基础上，进一步发展新领域高附加值的精细化工和医药产业。

资源加工产业

水产品加工　重点开发、生产保鲜及精细水产品，建成对韩国、日本出口基地。

茶叶加工　主要进行茶叶精细加工和新产品开发，以发展成为中国长江以北名符其实的绿茶生产、加工基地。

丝绸加工　引进先进技术和装备，发展丝绸深加工，建设名牌丝绸生产企业。

花生加工　重点发展对韩国、日本的花生加工出口基地。

蔬菜加工　鼓励引进优良蔬菜品种，建设生产基地和现代化保鲜仓储、精细加工企业。

第二节　招商方式

小分队招商

区委、区政府组织招商团队，先后赴美、韩、日、新加坡等国家和北京、上海、深圳、东莞、香港等国内重点城市及威海、青岛等省内先进地区开展招商引资活动。组织参加大规模投资说明会80余次，洽谈项目1270余个。加强与长三角、珠三角地区商会组织联系，分别在台州、乐清、厦门、东莞等地举办投资说明会。与乐清工商联合会等多个团体、机构缔结友好商会关系。先后邀请上海中科集团、浙江万事利集团、台州中房集团、锦江集团、五金协会、鞋革工业协会、厦门两岸兴投资有限公司等商团百余批次，到东港进行投资考察，促进双方交流与合作。

接轨青岛促招商

2004年5月，设立驻青岛办事处，并与青岛市南区结为友好城区，搭建起接轨青岛平台。先后组织赴青岛考察招商160余批次，促成多家韩国服装、箱包等企业确定投资东港意向。同时，依托青岛部分企业实行委托招商。2006—2007年，参加中日韩(青岛)产业交流会、中国青岛韩国周、中国青岛跨国采购洽谈会暨交易会、亚欧中小企业博览会、日照—青岛经济技术交流合作会等，对外推介东港区的重点招商引资项目，共引进投资项目32个，计划投资18亿元。其中，投资5300万元的泽达机电项目落户高新区。

社会招商

充分利用激励机制，发动全社会招商。2003年3月始，在全区范围内推行招商引资目标责任及奖惩制度。根据引进项目投产后实际上缴的税金额(上缴税收地方财政所得部分)，按照一定比例连续两年(指两个纳税年度)对引资人进行奖励。同时，对固定资产实际到位资金在2000万元以上的工业项目，再给予一次性奖励。

区政府每年年初与各镇(街道)、区直部门签订责任书，做到目标责任与奖惩制度的有机结合，促进全区形成“上下联动、全民招商”的氛围。广大干部群众利用亲戚、朋友等各种关系，积极开展亲情招商。2003—2007年，全区各级利用春节、“五一”“十一”等节假日召开各种形式座谈会400余次，发放《投资指南》及宣传画册2.8万余本，走访重点客商3000余人，搜集各类招商信息1.2万多条，洽谈项目673个。同时，充分利用区位优势，以南方家园、江豪建材等商贸中心为载体，搜集市场信息，做活招商文章。借助西湖、三庄、陈疃西部三镇生态资源社会宣传活动，推进韩国花仙子、蓝莓生产基地等特色生态农业项目落户东港。

以商招商

以“政府搭台、企业唱戏”方式，东港区先后举办“金通产品配套招商会暨东港区汽配产业招商推进会”“山东临工汽车桥箱公司2005年服务

图11-3　金马化工施工现场　　　　(摄于2007年)

商、经销商工作会议”，成功实现山东金马集团、日照兴业集团等企业与韩国、日本等世界知名大企业合作。

台商工业园成功招引泉成抽纱、山花食品、山河环境工程等建设项目。同时，鼓励和引导以村企联合、镇村联办、土地入股等形式开展招商活动。至2007年，村(居)或企业招商项目172个，投资额21.36亿元。

园区招商

高新区及镇级工业聚集区不断提高基础设施配套能力，形成以高新区为主体，涛雒、两城、河山工业基地为“两翼”，其他镇级工业基地为补充的园区格局。园区招商规模逐步扩大，新项目不断落地。至2007年年底，高新区累计吸引投资46亿元，进园企业202家。

图11-4 涛雒镇招引项目签约仪式 (摄于2007年)

第三节 重要招商活动

2001年9月，东港区分别举办北京同乡联谊会，福建厦门、浙江金华投资说明会。

2003年，举办青岛同乡联谊会、上海恳谈会和乐清推介会，宣传推介东港。后与上海虹口区四川北路街道缔结友好街区，与乐清工商联合会缔结友好商会。推动全区与上海、温州等地交流合作。参加日照市首届中韩(日照)投资贸易博览会，签约项目30个，总额6.36亿美元。考察走访浙江万事利集团、中国长城电气集团、中国人民电气集团和日本三菱商社、日鲁株式会社等投资企业200余家。同时，邀请并接待上海物流协会、浙江万事利集团和韩国明星企业家考察团等团商100余批次，累计洽谈项目410个。

2004年，提出“国外突破日韩、开拓欧美，海外突破港台，国内紧盯江浙，省内接轨青岛”的招商思路。先后赴日本、韩国和上海、北京、江浙闽粤等地以及省内青岛、烟台、潍坊、临沂等地进行专题招商推介活动，举办投资说明会12次。与韩国首尔江南区缔结为友好城区，与浙江台州椒江区工商联合会结为友好商会。走访商会、行业协会20余家，考察投资企业近200家，与当地企业、客商建立密切联系。

2005年1—7月，组织赴韩国、中国香港、北京、上海、温州、深圳、东莞、天津、徐州、青岛等重点地区的专题招商活动21批次，推进项目26个，计划投资31.6亿元。先后组织参加香港投资说明会、茶博会北京新闻发布会、上海投融资及资源开发洽谈会。东港区党政考察团赴广东学习考察，对全区重点村居党支部书记进行招商引资专题培训。8月，组织参加第十届“金凤凰奖”外来项目签约活动，有25个项目签约，合同利用资金40.97亿元。9月，参加鲁台(潍坊)经贸洽谈会，签约项目6个；赴欧洲进行招商引资考察，先后拜访博优集团、安特卫普港、阿拉斯集团、比中经贸协会等，联系设立驻欧办事处及筹备召开经济合作推介会等相关事宜。10月，赴韩国首尔参加第八届世界华商大会，进行招商推介；赴日本考察住宅产业化；邀请台商经贸考察团一行40余人到东港进行投资考察，有14个项目签约，合同利用外资2700万美元；赴新西兰、澳大利亚进行招商引资考察；组织参加“2005海外华商·博士创业与投资山东日照对接项目洽谈会”，并就投资环境进行推介；接待韩国中华总商会副会长薛荣福、韩国首尔中国侨民协会首席副会长王琇德、爱富集团执行总经理兼常务理事周宗皓，承办韩国工业园项目到东港考察、签约事宜，并向薛荣福颁发高级经济顾问证书。11月，赴韩国首尔召开韩国工业园暨汽车配件投资说明会。赴东莞、珠海、深圳等珠三角地区开展招商活动。12月，赴韩国开展招商活动。

2006年3月，参加省政府组织的赴日本、韩国经贸洽谈活动。4月，赴美国明尼苏达州拜访当地华人协会，并签订委托招商协议。6月，参加东莞招商活动。7月，赴日本、韩国开展招商活动。10月，赴上海洽谈对接嘉瑞那酒店项目，并签订投资协议。11月，赴新加坡、中国香港地区开展系列招商活动。12月，赴上海举办东港区对外推介投资说明会。

2007年4月，参加韩国大型招商和城市推介活动，其间洽谈汽车配件项目和旅游项目。5月，组织赴浙江省杭州、宁波、温州市考察招商活动。8月，参加新加坡、中国香港地区上市企业推介及招商引资活动。9月，赴台湾开展招商考察活动。10月，赴南宁参加中国——东盟合作论坛会。

第四章　招商引资成果

第一节　引进资金、项目

到位资金

2000年，全区招商引资到位资金3.7亿元。2001年，到位资金6.3亿元。2002年，到位资金8.85亿元。2003年，到位资金18.3亿元。2004年，到位资金27.6亿元。2005年，到位资金42.22亿元。2006年，全年考核到位资金67.13亿元。2007年，考核到位资金63.9亿元，实际利用外资5370万美元。

招引项目

全区在招商引资工作中，逐步呈现出大项目多、工业项目多、外资项目多、科技含量高、资金到位率高的“三多两高”发展趋势。2003年，投资过1000万元的项目101个，过5000万元的项目20个，过亿元的项目14个。2004年，投资过1000万元的项目189个，过5000万元的项目23个，过亿元的项目17个。2005年，计划投资过1000万元的项目292个，过5000万元的项目37个，过亿元的项目22个。工业项目322个、三产项目446个。

2006年，投资过千万元的项目176个，过5000万元的项目26个，过亿元的项目12个。

2007年，全区共招引到位资金项目693个，其中过5000万元的项目91个，过亿元的项目49个。韩国锦湖集团总投资5700万美元的化工项目、新加坡凯德置地集团总投资6000万美元的新天地商业广场项目顺利启动。

经济效益

招商引资的快速发展，促进全区地区生产总值和财政收入连年大幅增长。同时，也促进第三产业协调发展，经济结构进一步优化。

2003年，全区实现地区生产总值52.7亿元，比2002年增长16.5%；地方财政收入1.76亿元，比2002年增长17.65%。2004年，全区实现地区生产总值47.2亿元，比2003年增长128%。地方财政收入1.55亿元，比2003年增长45.41%。2005年，实行市、区税收属地管理后，全区地区生产总值首次突破百亿元大关，实现地区生产总值107.8亿元，同比增长128%；地方财政收入也首次突破5亿元大关，实现地方财政收入5.11

图11-5　日照锦湖金马化工乳胶项目奠基开工仪式　　(摄于2007年)

亿元，比2004年增长230%。同年，三次产业比例由2000年的25∶39∶36调整为12∶43∶45，全区经济发展史上首次实现三产超越二产。2006年，地区生产总值151.8亿元，比2005年增长17%；地方财政收入6.86亿元，属地分享收入年均比2005年增长28.2%。2007年，地区生产总值193.33亿元，比2006年增长18.1%；地方财政收入9.31亿元，属地分享收入年均比2006年增长35.75%。

第二节　重点企业简介

日照嘉林重工业有限公司

韩国独资项目，2001年开工建设，总投资2000万美元，占地8公顷，位于高新区内。主要从事管件、钢结构等的设计、制造、安装与船舶、汽车零配件及化工设备的制造。产品主要销往韩国、日本、美国。2007年，实现产值2716万元，利税132万元。

长富洁晶医药工业

由山东长富洁晶药业有限公司2002年开工建设，2005年建成投产。总投资3亿元，占地13.33公顷，位于高新区内。建设2条塑瓶、4条玻瓶、2条软袋输液生产线及配套设施，形成年产各类输液2亿瓶(袋)，针剂2亿只，原料药500吨规模。2007年，实现产值1.6亿元，利税2111万元。

日照格瑞菲斯纺织有限公司

由英国格瑞菲斯纺织有限公司2002年投资兴建，总投资1000万美元，占地5.59公顷，位于高新区内。产品为阿克明斯特顶级纯羊毛地毯，主要用于四、五星级高档酒店大堂和餐厅。一期计划安装8台英国生产的高速织机，其中一台为第二代阿克明特地毯高速织机。该项目自2005年始，边建设、边投产。2007年，实现产值1087万元，利税11万元。

东升百瑞铺地材料有限公司

由中国东升集团与比利时百瑞集团合资，2002年开工建设，2004年投产。总投资1亿元，征地33.33公顷，建筑面积20.89万平方米，位于高新区内。是大型地面铺装材料生产项目，集科研、生产和销售于一体，是欧洲企业在日照市投资规模最大的项目。产品主要为汽车用地毯、会展用地毯等。其中，车用地毯产品填补了国内空白。2007年，实现产值3993万元，利税63万元。

山东同泰集团股份有限公司

是山东同泰集团股份有限公司整体搬迁项目，2002年开工建设，总投资2.2亿元，用地面积8.43公顷，位于高新区内。主要生产机电一体化通用机械和农用机械。2007年，实现利税1332万元。

山东国恒能源有限公司

北京中恒投资控股有限公司投资，2003年投资建设，属高新技术产业，征地19.67公顷。主要从事锂离子电池及电池钴材料、镍材料的生产与销售。一期工程投资2.5亿，建设日产35万～50万枚锂电池厂区。投产后，日生产锂电池15万～20万枚。二期工程投资2亿元，生产钴镍电池材料，年产量5000吨。2007年，实现产值1210万元，利税34万元。

图11-6　高新区国恒能源企业生产车间　　(摄于2007年9月)

日照金通车辆制造有限公司

2003年，一期总投资3.9亿元，征地61.6公顷，位于日照街道，是专业的车辆制造配套产业园区。2007年，实现产值10亿元，利税2685万元。

日照岚桥富凯木业有限公司

由美国富凯集团与日照岚桥木业有限公司合资，2002年7月开工建设，2003年8月正式投产。总投资3000万美元，用地13.27公顷，位于高新区内。主要生产室内高档木制品家具、卫浴洁具。产品有100多个品种，主要售往美国、法国、加拿大等国家。2007年，实现产值1.3亿元，利税800万元。

日照华伟纺织有限公司合作项目

由日照华纬纺织公司与中纺集团宏大投资公司、欧洲康米泰有限公司、香港精英有限公司合资。2002年开工建设，总投资2.1亿元，征地10.07公顷，位于高新区内。年可生产3000万平方米高档服装面料，主要出口日本、欧美等市场。一期工程建设厂房1.76万平米，引进国内先进喷气无梭织机300台，2007年建成试产。

中盛工业项目

由市直企业投资1.5亿元，征地20公顷，位于涛雒镇。2005年10月开工建设，2006年4月建成投产。主要生产铝塑型材，并新上注塑项目和纸箱项目。2007年，实现产值6000万元，利税700万元。

海恩锯业建设项目

海恩锯业与德国博科公司合资项目，2003年搬迁至高新区。投资1.2亿元。主要产品是低噪声圆锯片机体、普通锯片机体、双向切割主机、应力检测设备和超薄复合锯片等5个系列产品。2007年，实现产值4855万元，利税281万元。

韩国锦湖日照金马化工项目

山东金马化工有限公司与韩国锦湖韩亚集团合资，2007年5月开工建设，计划2009年建成。总投资2亿元。位于涛雒镇，用地面积10公顷。主要生产丁苯吡啶胶乳、造纸和纺织用羧基丁苯胶乳等系列产品。

第十二编

工　业

境内工业生产可追溯到殷商时代，那时的先民已掌握烧陶、冶铜等技术。在两城镇、东海峪出土的精致黑陶，是这一时期高超的工艺产品。清代，民间有土纺、土织、印刷、木工、副食、酿造、制陶、油坊、编织和打铁等小作坊。民国初期，开设织布厂、铁工厂等小企业。1927年，青岛资本家方敏斋在县城办火柴厂。1936年创办"国际火柴股份有限公司"(又称进步火柴厂)，后因日本侵略军入侵破产。新中国成立前夕，仅剩少量土纺、土织、铁业、木业、条编、印染等手工业。

新中国成立至1952年经济恢复时期，县委、县政府一方面努力恢复个体手工业，另一方面着手建立新型工业企业。国民经济发展第一个五年计划("一五")时期，境内工业得到初步发展。1958—1959年，在"大跃进"运动中，兴办一大批工厂，1960年部分下马，以剩余的工厂为基础，在"调整、巩固、充实、提高"方针指导下，至1962年，初步建起县域工业基础。1965年，日照县有地方国营和集体工业企业45家，工业总产值963万元。"三五""四五"时期，因受"文化大革命"冲击，工业增长缓慢。

改革开放后，乡镇企业异军突起，各社队充分利用当地资源，积极开展横向联合，引进技术、人才，开办工厂。1985年，全县完成工业总产值21232万元，比1978年增长163%，实现利税1710万元。1989年，全市乡镇以上企业有279家(全民40家，集体238家，私营1家)，拥有机械、纺织、化工、电力、建材、食品、造船、皮革、制盐等28个行业、62个门类，固定资产28201万元。

图12-1　市、区领导调研工业生产　　　　(摄于2007年)

1993年5月至1995年，全区创办区属企业31家，形成固定资产1.5亿元，职工1360余人。1999年，171家乡及乡以上企业中，有154家改制为民营企业。"十五"期间，通过大力招商引资，到2007年，全区有工业企业6515家。其中，规模以上企业164家，完成工业总产值113.79亿元。

第一章　工业结构

第一节　所有制构成

新中国成立后至1952年国民经济恢复时期，境内逐步建起一些集体性质的新型工业生产合作社。1957—1977年，日照县先后建起酒厂、化肥厂、化工厂、麻纺厂、棉纺厂、木器厂、玻璃厂、啤酒厂、制革总厂、皮件厂等一批地方国有企业和县有大集体企业。至1978年，全县有工业企业2055家。其中，地方国有企业19家，县营大集体企业17家，社办企业119家，队办及个体(包括联户办企业)企业1900家。

改革开放后，国家制定一系列政策，鼓励通过多形式、多层次、多门类、多渠道方式建立乡镇办企业、村办企业、农民联营的合作企业和个体企业。门类包括农业、工业、交通运输业、建筑业以及商业、饮食、服务、修理等行业。1992年境内共有工业企业11556家。其中，地方国有企业66家，市属大集体企业91家，乡(镇)办企业164家，村办及农村个体企业11235家。

1993年东港区成立时，原有的地方国有、大集体企业划归市管，区属企业处于空白状态。同年为振兴东港区工业经济，区委、区政府决定创办一批区属企业。经过两年艰苦努力，至1995年全区建起工业企业5253家。其中，国有企业40家，区属集体企业48家，中外合资及港、澳、台合资企业15家，乡(镇)办企业153家，村办及农村个体私营企业4506家，农村经济联合体491家。企业实行产权制度改革后，部分区属和乡镇企业改制为股份制企业或私有企业。到1997年底，全区工业企业共7376家。其中，国营企业22家，区属集体企业14家，乡镇办企业110家，港、澳、台独资合资企业16家，村办及农村个体私营经济7214家。

企业改制后统计分为两大类，一类是规模以上企业(年销售收入500万元以上)，一类是规模以下企业(年销售收入500万元以下)。2007年，全区工业企业6515家。其中，规模以上企业164家，股份合作企业、股份有限公司以及有限责任公司130家，外商及港、澳、台投资企业29家。规模以下企业6351家，其中个体企业5649家。

1978—1997年境内工业总产值情况统计表

表12-1　　单位：万元

年份	全民工业	县(市)区有集体工业	乡办工业	其他类型工业	村及村以下工业	总计
1978	2957	1610	1369	—	3517	9453
1979	4412	1596	1794	—	3079	10881
1980	4291	1909	1965	—	2681	10846
1981	4994	1799	1873	—	4255	12921
1982	5073	1484	2400	—	4461	13418
1983	5960	1887	2889	—	6290	17026
1984	7134	997	3082	—	5937	17150
1985	9742	2126	3701	—	5663	21232
1986	14383	3846	4842	—	9763	32834
1987	22186	4902	6806	—	14144	48038
1988	28366	7693	13254	194	36093	85600
1989	35365	10887	17784	612	57927	122575
1990	41733	13811	21474	646	62377	140041
1991	56573	13267	26369	1570	71184	168963
1992	64336	20153	33326	8188	10562	136565
1993	6927	3433	43085	2519	106378	162342
1994	18797	4873	99428	10629	142269	275996
1995	7642	1775	43419	1825	108317	162978
1996	19006	5081	106819	3386	325717	460009
1997	12682	4453	61694	3800	205493	288122

说明：同比下降主要原因是统计口径调整和区划变动

1998—2007 年东港区工业企业总产值情况统计表

表 12-2　　单位：万元

年份	规模以上企业					规模以下企业		总计
	独资企业	合作、合伙企业	股份有限公司	有限责任公司	合计	其中：个体	合计	
1998	34693	8237	5810	14775	63515	108284	267785	331300
1999	31422	9403	—	96617	137442	105800	242613	293055
2000	43882	9758	—	11283	64923	132908	315801	380724
2001	42522	9510	—	17476	69508	152386	351773	421281
2002	47840	12560	—	33612	94012	167600	385888	479900
2003	42187	31192	2506	56401	132286	186800	430014	562300
2004	—	—	—	—	559100	153700	334300	893400
2005	345301	22129	91981	344688	804099	154200	333800	1137899
2006	244559	165714	124977	503264	1038514	177500	383600	1422114
2007	393977	202635	52993	841702	1491307	170000	399200	1890507

说明：自 2004 年始，规模以上工业实行“在地统计”

第二节　行业构成

1949 年，全县从事手工业生产的共有 7329 户。其中，从事纺织业的 3315 户，占 45%；草柳编织业 1849 户，占 25%；铁木业 941 户，占 13%。他们的生产工具简单，如纺织业纺线用手摇纺线机，织布用脚踏织布机。

新中国成立后，在手工业合作社的基础上发展起机械、建材、食品、化工、纺织等行业。机械、建材行业是支柱行业。机械行业的产品种类是中小农具，特别是社办企业，其主要产品是锄、镰、镢、锨。建材行业的主要产品是砖、瓦、沙、石。1976 年随着西湖、陈疃水泥厂建立，水泥制品业逐步发展起来。80 年代，食品行业，特别是沿海一带的水产冷藏、加工业迅速膨胀。

东港区成立之初，机械、建材、食品仍是支柱行业。进入“十五”时期，医药化工行业得到较快发展。到“十一五”时期初，全区纺织抽纱、食品、机械、建材、木制品、医药化工成为主导产业，其经济总量占整个工业的 70% 以上。

1978 年日照县社办及社办以上工业企业主要产品及生产企业表

表 12-3

行业类别	主要产品	生产企业	企业性质	地址
机械	中小农具、汽车配件、拖内配件、农机具配件、机动渔轮、农用船、交流电动机、小发电机、金属切削机床（铝床刨床）、简易机床、半机械化脱粒机、喷灌泵、花生脱壳机、三行播种机、饲料打浆机、铸铁件	日照县造船厂	地方国有	石臼七村
		日照县农机修理制造厂	地方国有	海曲西路
		日照县水利制修厂	地方国有	城关小岭南头
		日照县汽车修理厂	县有集体	海曲东路北端
		日照县农具厂	县有集体	城关
		城关农机修造厂	社办集体	城关
		石臼农机厂	社办集体	石臼
		两城农机厂	社办集体	两城
		涛雒农机厂	社办集体	涛雒
		三庄农机厂	社办集体	三庄
		河山农机厂	社办集体	河山

续表 12-3

行业类别	主要产品	生产企业	企业性质	地址
机械	中小农具、汽车配件、拖内配件、农机具配件、机动渔轮、农用船、交流电动机、小发电机、金属切削机床(铝床刨床)、简易机床、半机械化脱粒机、喷灌泵、花生脱壳机、三行播种机、饲料打浆机、铸铁件	丝山农机厂	社办集体	丝山
		奎山农机厂	社办集体	奎山
		西湖农机厂	社办集体	西湖
		陈疃农机厂	社办集体	陈疃
		南湖农具厂	社办集体	南湖
		尹家河农机厂	社办集体	尹家河
		竖旗农机厂	社办集体	竖旗
		涛雒造船厂	社办集体	涛雒
		丝山船厂	社办集体	丝山
建材	砖、瓦、水泥、石灰、石料、水泥预制件	日照县砖瓦厂	地方国有	城关山庄
		日照县水泥厂	地方国有	城关十里铺
		陈疃水泥厂	社办集体	陈疃鲍村
		西湖水泥厂	社办集体	西湖驻地
		恒新建材厂	社办集体	丹阳路
化学	肥皂、轮胎翻新、碘醇、胶	日照县化肥厂	地方国有	城关大古城
		日照县化工厂	地方国有	海曲西路南
		日照县轮胎厂	县有集体	日照南路
		日照县颗粒厂	县有集体	城关后楼
纺织	棉布、丝、土丝、土丝制品	日照县缫丝厂	地方国有	海曲西路南
		日照县染织厂	社办集体	日照北路西
		竖旗缫丝厂	社办集体	竖旗
		西湖缫丝厂	社办集体	西湖
		三庄缫丝厂	社办集体	三庄
缝纫	服装、布鞋、皮鞋、皮棉鞋、皮手套	日照县被服厂	县有集体	望海路北
		日照县鞋厂	县有集体	城关八村
		南湖服装厂	社办集体	南湖
		陈疃服装厂	社办集体	陈疃
		两城服装厂	社办集体	两城
		城关服装厂	社办集体	城关
食品	原盐、食用植物油、面粉、大米、茶叶、水产冷制品、白酒、糕点、酱油、豆酱、黄酒、食醋、糖果	日照县粮食加工厂	地方国有	海曲西路北
		日照县副食品加工厂	地方国有	正阳东路
		日照县酒厂	地方国有	日照南路
		日照县外贸冷库	地方国有	海曲东路南
		石臼冷库	地方国有	石臼
		日照县茶厂	地方国有	海曲西路北
木器	家具、木制农具	日照县木器厂	县有集体	海曲西路
工艺美术	刺绣	日照县工艺美术厂	县有集体	兴海中路南

续表 12-3

行业类别	主要产品	生产企业	企业性质	地址
金属制品	日用粗铝制品、菜刀、铁水桶	日照县铝制品厂	县有集体	城关八村
电子电器	起动机、起动补尝器、交流接触器	日照县电器厂	县有集体	海曲东路北
		日照县变压器厂	社办集体	秦楼滕家村
		石臼电器厂	社办集体	石臼
印刷	印刷制品	日照县印刷厂	县有集体	日照中路东

2007年东港区规模以上工业企业主要产品表

表 12-4

行业类别	主要产品
机械	水泵、车床、电动机、柴油机、碾米机、粉碎机、脱粒机、搅拌机、发电机、发动机、面粉机、播种机、拖拉机配件、电动农用运输车、轻卡车、电动自行车、船舶、摩托车、减速机、防伪包装机、制钉设备、纺机摇架、车床、模具、锯片、钢结构、体育器材、碾米机筛片、飞轮、锻造件
建材	砖、瓦、水泥、花岗石板材、大理石板材、加气混凝土砌块、排水管、电线杆、地面砖、墙体砖、涂料、乳胶漆、双钉板、混凝土、塑钢门窗、钢结构厂房
化工	甘露醇、柠檬酸、褐藻酸钠、白胶乳、碘、输液系列药、合成喹诺酮类药、大环内酯类药、抗菌素类药、消炎类药、心脑血管类药、抗病药、营养类药、碳酸氢氨、碳氨、有机钙磷肥、有机专用生态肥、合成氨、硫酸钾复合肥、复混肥、工业硫酸、甲醇、溶解乙炔、饮料吸管、印染助剂、塑料袋、聚乙烯管件、三角带
纺织	纯棉坯布、混纺布、化纤布、针织布、纱线、毛巾被、毛巾、床单、白厂丝、桑蚕丝
缝纫	服装、被罩、床罩、蚊帐、针织内衣、绗缝被
食品	食用油、面粉、挂面、酱菜、脱水蔬菜、大蒜制品、花生制品、水产制品、水产品速冻、白酒、啤酒、葡萄酒、肉类制品、糕点、佐料、、果奶、豆制饮品、白条肉、海带丝、白瓜子、制冰
木器	木制家具、文件柜、办公桌、咖啡桌、餐桌、椅、门、地板
纸制品印刷	书刊、报纸、画册、表格、纸箱、纸板、笔记本
工艺美术	抽纱、刺绣、地毯、地巾、黑陶
金属制品	五金手工具、锁具、铜球、建筑扣件、金属配件、工具架、钢球、不锈钢微丝
电子电器	系列电力变压器、配电箱、高低压开关柜、自耦减压起动控制柜、智能网络电话机、电子设备元器件、电子线圈、分电器、灯具、仪表板、滤波器、全电子电能表、载波器

2007年东港区工业名牌产品目录

表 12-5

名优产品名称	商标名称	名优级别	生产厂家
机织提花地毯	东升	中国名牌	日照东升地毯有限公司
白厂丝	三维	中国名牌	日照海通丝业有限公司
超薄复合圆锯片基体	海恩	山东名牌	日照海恩锯业有限公司

续表 12-5

名优产品名称	商标名称	名优级别	生产厂家
给水用聚乙烯(PE)管材	博源	山东名牌	日照博大管业有限公司
电动自行车(TD系列)	五征	山东名牌	日照五征电动车有限公司
绿茶	旭日	山东名牌	日照北极春茶业有限公司
合成胶乳	SHENZHOUJINMA	山东名牌	山东金马集团股份有限公司
大容量注射剂	洁晶	山东名牌	山东长富洁晶药业有限公司
工业泵	日机	山东名牌	山东同泰集团股份有限公司
铁辊喷风碾米机	日机	山东名牌	山东同泰集团股份有限公司
气动摇架	裕华	山东名牌	日照裕鑫动力有限公司

第二章　机械工业

20世纪50年代末期，境内机械工业是作坊式生产，以红炉锻造业为主，主要产品是中小农具。60年代，机械工业虽有发展，但设备简陋，产品以犁、铲、锄、镰、锨、镢、水车等小农具制造为主。70年代中期，金属切削机床、锻压设备等较为先进的设备用于机械工业。主要产品有水泵、车床、电动机、柴油机、碾米机、粉碎机、花生脱壳机、玉米脱粒机、小麦脱粒机以及空腹钢制门窗等。

进入90年代，新技术、新设备、新工艺得到广泛应用，一批技术含量高、产品性能好的机械产品打入国内市场，并走出国门。2007年，全区规模以上机械工业企业20家，完成工业总产值26.25亿元，实现利税1.35亿元。

第一节　铸造及锻造业

铸造业

清末民初，日照县从事铁业生产的作坊有碑廓炉坊、庞家庄子炉坊。20年代初，河北省一些铸铁手工业开始流入境内。其中，交河县白佛堂村的韩文苍与几个徒工到日照城，与当地曹仲洪、曹英三、平建亭等人集资合股，筹建起“城北炉坊”。其设备是用焦炭粉与土搅拌后砌成一筒型大炉，炉旁设大风箱，工作时需用5人以号子协调动作同时用力拉动，铁材熔化后进行浇铸。炉坊的生产常受季节、气候制约，如遇雨天只能停产。1924年成立的“立泰铁工厂”(位于今日照街道湖西头村)和1926年苏氏成立的碑廓一村“广生铁工厂”(又名万聚园)，主要铸造锅、炉、犁等产品。

新中国成立之初，境内铸、锻工业发展较快。到“一五”时期末，全县先后办起城关、石臼、三庄、南湖、涛雒等18处铁业社。部分铁业社后来发展为乡镇农机厂或县、市属企业。如80年代中期，石臼铁业社、城关公社铁业社、城关修配社分别发展为日照市五金机械厂、第二机械厂、电器厂。

改革开放后，传统工艺受到很大冲击。有些企业及时调整产品，逐步发展成机械龙头企业，如陈疃农机厂、南湖农具厂等。

锻造业

原始的锻造业即红炉业，以打铁为主。境内从事铁业生产的作坊比较普遍，主要打制小农具。民国时期，涛雒、日照城、陈疃等地打铁业较为集中。1949年，全县有610人从事打铁业，年工业总产值15.7万元。合作化时期个体打铁业加入合作社，这些合作社逐步发展成机械行业。

70年代末，农机具修造业的冲床等机械逐步代替手工锻打。改革开放后，农村普遍实行家庭联产承包责任制，农民对中小农具的需求增加，个体锻造业户又多起来。1972年成立的城关农机修造厂，先后开发出6P—435切片机、45A爪式粉碎机筛片、550型小麦脱粒机三种产品。1984年，又开发出适合农田作业的7CH—Ⅰ型拖斗及配套农机具。1987年5月，改为日照市拖车厂。1992年9月，改制为股份制企业，生产的拖斗畅销鲁东南11个县、市。1995年，生产拖车3000辆。

"九五""十五"时期，境内制造业的发展带动了锻造业的发展。始建于1994年11月的兴达锻造厂，2002年通过技术改造、扩大规模，在涛雒镇工业园内成立锻造有限公司，集锻造、机械加工、模具铸造为一体，引进摩擦压力机、气锤、冲床、磨床、电脉冲、线切割、喷沙机、反射炉等科技含量高的生产设备，主要生产五金工具、锁具、线路紧具等产品。2005年，日照中盛锻造有限公司在涛雒工业园内建成，占地面积6.67公顷，有4条锻造线及生产设备和检测实验设备，产品以快装工业链条、五金工具和各种汽车用锻造件为主。

第二节　农机制造

1948年，日照县碑廓铁工厂引进一台旧车床和一台旧钻床制造农具。1953年，碑廓铁工厂迁入日照县城，归县供销社管理。1954年，添置皮带车床2台，牛头刨床、钻床、11千瓦柴油机各1台。主要生产犁、铲、錾子、锅、水车等产品。后又生产各类水泵、车床、发电机、发动机、柴油机等产品。1968年，全县生产农用水泵1306台、铁制小农具29.8万件、花生脱壳机115台、地瓜切片机1241部、新式犁480部、开山工具3.2万件。

1978年，全县有农机厂21处，从业者1300人。主要产品有面粉机、动力打稻机、三行播种机、1500型脱谷机、500型脱谷机、搅泥机、机动轻便步犁、拖拉机配件、农用泵、工业泵等。

进入80年代，乡镇农机修造业不断调整生产结构，注重市场预测，增加适销对路产品生产。1980年，在临沂地区社办工业产品质量检查评比中，三庄内燃机配件厂生产的195式水泵被评为名牌产品。石臼五金机械厂生产的解放车半轴、八角锤以及高兴齿轮厂生产的泰山—12拖拉机齿轮均被评为优质产品。1987年，第三机械厂生产的7CB—1.5吨农用挂车、红旗5T—450脱粒机获省农机鉴定推广证书。1988年，乡办农机厂生产播种机300台、三行播种机158台、拖斗2792台、小农具28.05万件、内拖配件27.2万件、修理农具1.2万件。市属水泵厂和第二机械厂生产的N50、N120两种碾米机及花生脱壳机先后被评为山东省优质产品，出口马来西亚、泰国等国家，创汇26万美元。

进入"十五"时期，随着市场经济的不断完善，一些科技型农机企业注重新产品开发，在市场上争得一席之地。日通泵业有限公司生产的NS系列自吸离心泵年产两万台，出口欧洲及东南亚各国。2007年，全区农机修造业共生产各种农用器械18万台。

第三节　船舶、车辆修造

船舶

1961年，省水产厅投资36万元，在石臼所建立渔轮修造厂。初建时，主要修造中小型渔船和修造各种渔业机械配件。1965年以后逐步增加设备扩大生产。当年生产渔政船和木壳船各1艘。1973年生产水泥船23艘，齿轮箱148台，实现工业总产值80.4万元。1985年，日照市造船厂固定资产208.1万元，职工173人。主要机械设备有1.5吨冲天炉、5吨航车、30车床、20车床、4米龙门刨、磨床和空气锤，年工业总产值121.7万元。同年，境内共生产各式机动渔船90艘、8.8千瓦船用齿轮箱410台、挂机150台。1987年，市造船厂进行企业改革，实行经营承包责任制，年产876型钢质渔船2艘、齿轮箱70台、挂机31台、拆船5980吨，完成工业总产值180.7万元，实现利润15.2万元，全员劳动生产率为9219元/人，是建厂初期的9倍。1988年，建造钢质渔轮2艘，机动渔轮4艘。1989年，生产民用钢质船舶3艘。其中，钢渔轮2艘。90年代生产能力、效益逐渐下滑。2004年，建造8112型钢渔轮12艘，修理船舶40艘。2005年10月，搬迁至岚山区虎山韩家营子村。

日照顺风船业股份有限公司，位于涛雒镇。建厂之初以船舶修理为主，后逐渐制造农用船和小型木制船。80年代后期到90年代中期，年造长20米以上木质船300艘，长30米以上木质船10

多艘。90 年代中后期，沿海相继建起丝山乡大泉沟、张家台、任家台、桃花崖和涛雒镇孙家村、海员村、东风等村级造船厂。90 年代后期，渔船修造业受市场冲击，生产萎缩。2007 年，沿海小型修造船业从业 156 人，固定资产 1780 万元，完成工业总产值 570 万元，共修造 20 米以下的木质船 950 艘。

车辆

80 年代初，农民对拖拉机需求扩大，产品供不应求。一些农机厂开始进行拖拉机配件生产。两城农机厂到临沂等地购买零部件组装拖拉机。后随着市场饱和而停产。

“十五”期间，通过招商引资，境内先后建成日照金通车辆制造有限公司、日照五征电动车有限公司，引进外来技术、工艺，生产“一汽金杯”和“日发”牌农用运输车及其配套部件、电动自行车、轻型卡车等。日照五征电动车有限公司 2001 年 3 月投产，建成 10 万台电动车生产流水线，10 万台电控装置流水线，开发生产多种型号的电动自行车和电动客、货三轮车等多个系列产品。日照金通车辆制造有限公司 2005 年 9 月投产，日产低速三轮载重车 100 台，2007 年产能达到 5 万台。日照裕鑫动力有限公司生产的“先锋”牌摩托车通过国家“CCC”认证，2007 年生产三轮摩托车 2439 辆。

2006 年，韩国现代汽车集团威亚株式会社、现代自动株式会社、起亚自动株式会社和山东日照港(集团)有限公司共同投资 4.9 亿美元的威亚汽车发动机(山东)有限公司在日照开发区落户。2007 年 4 月，威亚汽车发动机项目一期工程投产，主要生产 A — III 系列、Q 系列、Y 系列 1.4、1.6、1.8、2.0、2.4、2.6 汽车发动机，年产能力 10 万台，产品主要销往印度、俄罗斯等地。

第四节　其他机械

1972 年，两城农机厂引进制钉设备生产各类钉子。改革开放后，先后开发生产碾米机、脱粒机、拖拉机(组装)。1985 年，更名为日照市制钉设备厂。1986 年兼并丝山农机厂，成立日照市制钉设备总厂。生产的制钉设备工艺先进，产品供不应求。到 1989 年，生产设备 80 余台套，固定资产 1.2 亿元，年产值 2000 万元，年利润 400 万元。1997 年始，产品供过于求，产品积压，效益下滑，生产陷入低谷。2007 年 3 月，企业进行重组，成立日照利源股份有限公司，加强内部管理，引进先进生产技术，产品提挡升级，元钉合格率提高到 98% 以上。

始建于 1965 年的山东第一机械厂(原 976 厂，国有大二型军工企业)1981 年由沂源县搬迁至海曲东路。2002 年，企业改制为山东正力有限责任公司，具有金属切削、冲压、热表处理、精密铸造、工具和设备制造、木制品加工等综合生产加工能力，先后研制生产胶印机、运动枪械、精密铸造等产品。2007 年，企业破产拍卖。

第五节　重点企业简介

图 12-2　高新区汽车配件生产车间　　（摄于 2006 年 1 月）

山东同泰集团股份有限公司

企业前身为建于 1926 年的碑廓广生铁工厂，1952 年改名为日照县供销合作社铁工厂。1953 年迁往日照县城。1958 年改名为日照县先锋农具机械厂，转为地方国有，隶属县工业局管理。1960 年，改称日照县第一机械厂。1964 年，改称山东日照机械厂。1970 年，改称为日照县农机修理制造厂。1983 年，更名为日照县水泵厂(与日照县机械厂并称)。1985 年更名为日照市水泵厂(日照市机械厂并称)，职工增至 400 人。主要产品为各种工业水泵、农用水泵、2 号、3 号铁辊碾米机、N 系列喷风碾米机、粉碎机等，为国家二级企业。1993 年企业进行股份制改造，更名为日照机械(集团)股份有限公司。1995 年企业实行分厂制。1998 年更名为山东同泰集团股份有限公司。

2007 年，公司下设日照机械厂、日照水泵厂、日照华冷制冷设备有限公司、日照电器厂四个分厂和日照市机械研究所、顺达机电设备供应公司、机电设备安装公司、劳动服务公司、炊事机械设备公司等五个子公司。企业生产的“日机”牌工业泵为“山东名牌”“山东省质量免检产品”，“日机”牌碾米机为“中国机械工业名牌”“山东名牌”“全国质量免检产品”。

图 12-3　日照裕鑫动力有限公司生产车间　(摄于 2007 年)

日照裕鑫动力有限公司

企业前身为山东裕华修配厂(国有九三五四厂)，始建于 1966 年，国家大二型军工企业。1982 年从沂源县整建制搬迁至境内。1995 年，更名为中国轻骑集团日照摩托车公司。2004 年改制成立日照裕鑫动力有限公司。2007 年 9 月，公司占地面积 10 公顷，建筑面积 5 万平方米，职工 851 人。下设全资公司 1 个，控股公司 4 个，相对控股公司 1 个，拥有机械加工、冲压加工、表面处理、热处理、装配、工模具加工等生产线及设备，主要产品有摩托车、纺机摇架、碾米机筛片、外贸出口机械加工 4 大系列 150 余个品种。年工业产值 8948 万元，税收 926 万元，利润 190 万元。

其主营产品“裕华”牌纺织气动加压摇架于 2003 年获山东省标志性产品，2006 年，气动加压摇架系列产品被评为山东省名牌产品。

第三章　建材工业

境内建材生产历史悠久，主要有砖、瓦、石灰。1949 年，全县从事砖瓦生产的个体业户 199 户，从业者 284 人。

50 年代后期到 60 年代，有的公社、大队建起砖瓦厂、石灰窑。70 年代，农田基本建设、兴修水利对建材产品的需求增加，西湖、陈疃等地相继建起水泥厂。八九十年代，城乡建设快速发展，建材产品需求量加大，水泥及水泥制品成为建材行业的主导产品。

“九五”时期末、“十五”时期初，水泥预制和石料开采、加工及传统的砖瓦逐步被环保型和资源综合利用型产品所代替。

第一节　沙石开采与加工

境内黄沙储量丰富，总储量 1.6 亿吨以上，可直接采掘、便于运输的储量有 7000 万吨。主要分布于东部沿海，以吴家台、董家滩、蔡家滩、刘家湾等储量最大。新中国成立前，黄沙资源无人管理，民间自采自用。新中国成立后，政府开始对黄沙资源进行管理，收取资源费和开发费。石臼、日照、秦楼等沿海一些社队，组织黄沙采挖和运输，销往苏北、青岛、上海等地。

80 年代初，黄沙开采成为建材行业的拳头项目。除了工矿和城乡建筑用沙外，每年都有大量黄沙运销到上海、苏北等工业区。1988 年，向日本出口黄沙4170吨。

东港花岗岩石料资源丰富，主要有流纹、细晶、斑纹花岗石三种。料石的开采历来以村办、个体企业开采为主，集中在石臼、日照、秦楼等街道。1985年，全市有乡镇办的采石场6处。石臼、秦楼等地生产的十几种规格的斑纹花岗石材，出口日本、中国香港及东南亚等地。

1993年，乡、村两级集体采石厂达73处，从业960人。大量无序开采使成片的土地、山林环境遭到破坏。市、区关停沿海一带沙、石开采场，并引导内地开采业调整产品结构，采石业由开采石料为主转向开采与加工并重，以出售荒料为主转向板材制品为主。

南湖石材加工区于1994年进行石子加工。2002年，发展起石材加工，原料为五莲县的“五莲红”“五莲花”等石料，主要以生产板材为主。2007年，南湖石材加工区石子加工企业发展到82家，有石子加工机械176台，年生产能力300万立方米。石材加工企业有95家，年生产能力270万立方米。产品除在当地销售外，还销往广东等地。

陈疃镇石材小区始建于2000年，从分散到集中，逐步形成石材加工区。2004年始，石材加工区逐步完善大锯循环池，沉淀、干化池等污水处理设施。2007年，有石材加工户达89家，拥有大锯105台、砌机117台、磨机122台。在生产板材的同时，还搞异型加工、石刻等，年产板材200万平方米，异型材40多立方米，石刻2亿件。

第二节　砖瓦　石灰

砖瓦

明清时期，境内砖瓦业已颇具规模。民国年间，山庄、卜落子、韩家村等处都建有窑厂，生产青色小瓦、钩子瓦、抱刀瓦、脊瓦、青砖。1949年，从事砖瓦生产的有200余户。

农业合作化时期，有申家楼、王家庄、山西头、卜落子、沈疃五家窑业社，最大的卜落子窑业社有工人90名。当时，砖瓦生产全部为手工操作，季节性生产，土法烧制，工艺陈旧，产量较低。1956年，窑业社全被划归农业社。同年，境内第一家全民所有制砖瓦企业“红星砖瓦窑厂”在城关山庄成立。建厂初期有手摇砖瓦机1部，土窑1座，厂房10间，厂区面积2.66万平方米，正式职工18人。1958年生产规模扩大，职工增加到226人。主要产品有红砖、红瓦、耐火砖等。

60年代初，全县社队砖瓦厂有19家，从业者153人。拥有压瓦机、柴油机等设备，产量有所增加。1960—1965年，砖瓦生产比较稳定，砖产量年平均在550万块左右，瓦产量在160万片左右。1976年，有砖瓦厂6家。其中，县属企业1家，社队企业5家，年产砖759万块、瓦252万片，实现工业总产值135万元。同年，县砖瓦厂搬迁到山庄村后进行扩建，建成24门轮窑1座，添置35型制砖机和手拉模压瓦机等比较先进的机械设备，年产红砖1133万块、红瓦176.83万片，实现工业总产值72.98万元。

80年代中期，随着日照两港(石臼港、岚山港)两路(兖石铁路、坪岚铁路)的兴建，建筑材料用量猛增。1985年，全市有砖瓦生产企业30家，固定资产696.2万元，从业者2368人，实现工业总产值634.6万元，上缴利税111.9万元。年产红砖1.7亿块，红瓦0.3亿片。1989年，生产规模进一步扩大，年产红砖4.48亿块、红瓦0.82亿片。

1993年，东港区乡、村集体砖瓦制造企业72家，从业3182人，生产红砖2.6亿块、红瓦0.27亿片。因用传统工艺生产砖瓦对土地资源破坏严重，“九五”时期，根据国家政策，关闭大部分以粘土为原料的生产企业，以再生资源取而代之。如用石子、石粉、煤渣、炉灰生产空心砖，用炉灰、电石泥生产实心砖，用粉煤灰生产混凝土砌块等。

2004年，全区有资源综合利用企业5家，利用再生资源4.7万吨。日照三禾工贸公司用炉渣生产砌块1.4万立方米，用粉煤灰生产混凝土磨面瓦0.88万平方米。日照市新型建材有限公司用粉煤灰生产蒸压加气混凝土砌块7.59万立方米。东港区宏基轻集砖厂用炉渣、粉煤灰生产砖0.16万立方米。2007年，全区资源综合利用企业8家，加工利用再生资源7.8万吨。

石灰

境内新中国成立前石灰产量很少，主要集中在竖旗、南湖等乡镇。此外，金家沟、孔家湖子村也有零星生产。1949年，全县生产石灰324吨。60年代初，有社队办石灰窑5家，年产量1万吨左右。1985年，有乡镇办和村办石灰厂各1家，年产生石灰6300吨。1989年,石灰产量仅为710吨。90年代初期,由于新型墙体材料(如仿瓷涂料)普及应用,石灰生产行业逐渐退出市场。

第三节　水泥及水泥制品

水泥

1958年7月,境内在孔家湖子建成水泥厂,称山东省临沂专区水利指挥部第四水泥厂。建厂初期仅有马车1辆,土窑1座,石碾1盘,职工85人。全部手工操作,年产水泥94吨。后来增加球磨机、破碎机等设备,最高年产量560吨。1959年1月,高旺铁矿改称县第二水泥厂,主要生产石灰、水泥。60年代末,各水泥厂因缺乏原料、成本过高等原因而停产。70年代初,县水泥厂在城西十里铺落成,水泥产量逐年增加。1985年后,市水泥厂挖潜改造并增加新设备,扩大生产规模。1986年,生产水泥4.1万吨,实现工业总产值197.55万元,利润45.32万元,跨入全市10大骨干企业行列。1988年,新上年产8.8万吨水泥生产线1条。到1989年,拥有固定资产749万元,职工367人,年产水泥5.36万吨,实现工业总产值365万元,利税20万元。同年,全市有水泥企业4家,除市水泥厂外,另有碑廊水泥厂、西湖水泥厂和陈疃水泥厂,年产量为7.38万吨。

1998年,日照市水泥厂改成股份制企业,更名为日照市新型建材有限公司。2002年4月破产。2003年4月被荣安集团(房地产企业)收购。2002年,日照第二水泥厂(原西湖水泥厂)更名为日照东港盛发水泥有限公司,致力于粉煤灰等工业废渣综合利用,主要产品为“石岚”牌ISO32.5级普通硅酸盐水泥、复合硅酸盐水泥。2004年,利用粉煤灰、炉渣、硫酸渣生产水泥12.96万吨,综合利用产品产值2286万元。日照第三水泥厂(陈疃水泥厂),主要生产“恒春”牌32.5级普通硅酸盐水泥、矿渣硅酸盐水泥和水泥熟料,年生产能力达到60万吨。2004年,利用粉煤灰、高炉煤渣、硫酸渣、柠檬酸渣等再生资源生产32.5级复合硅酸盐水泥31.8万吨。2007年完成工业总产值7310万元,利润485万元,上缴税金571万元。

水泥制品

1971年,日照县建筑公司建立水泥预制件车间,生产空心楼板、槽行楼板、梁、檩条等水泥制品。随后,各公社建筑队也先后建立水泥预制件厂。

1985年,全市有水泥制品企业11家。主要产品有水泥预制构件、电线杆、渡槽板、水泥管、水泥瓦等。共有固定资产142.1万元,从业者296人,实现工业总产值141.2万元,利税20.5万元。1985年以后,日照、石臼、岚山等镇村办、个体办的水泥制品业迅速发展。

1993年,东港区乡、村两级集体水泥制品业发展到50家,从业者2680人。90年代后期,随着楼房建设整体浇灌取代水泥预制板(楼板),境内水泥主要产品为排水管、六角块、方砖、电线杆等。

图12-4　日照第三水泥厂　(摄于2007年8月)

2000年4月,日照市新型建筑材料厂改制为日照市恒新建材有限公司。企业自筹资金300多万元,对原生产工艺进行技术改造,利用华能日照发电厂粉煤灰生产“粉煤灰蒸压加气混凝土砌块”系列产品,被省“墙改办”认定为新型墙材建筑节能技术产品。该项目年可利用粉煤灰5万吨,节约土地4.67公顷。2005年,恒新建材有限公司被确定为日照市第二批循环经济试点单位。年可利用煤渣、粉煤灰生产建材产品1万立方米,资源综合利用产值100万元。

第四节 其他建筑材料

进入21世纪，建材生产向节能、环保方向发展。2006年4月，位于两城镇工业聚集地内的瑞丰轻体墙板有限公司建成投产。公司依托中国农业大学、河南农业大学技术支持，经科学研制，主要以麦秸、玉米杆等农作物秸秆为原料，生产植物纤维轻体墙板，年产量达25万平方米。产品具有防火耐高温、防水耐潮湿、隔音、保暖、防裂纹、抗冲击且无毒、无味、无污染、无有害辐射的优点。具有可锯、可刨、可钻、可钉、可粘、可贴的特点。

随着人们居住条件改善和住房装修的多样化、高档化，一批为家庭装修提供专业化产品的企业应时而生。南湖镇驻地的日照惠尔厨卫有限公司，2006年3月开工建设，8月正式投产，主要生产各种整体厨房、整体浴室等，总投资1500万元。年生产能力1500套，实现产值1200万元。

第四章 陶瓷及玻璃制品工业

第一节 陶器 陶瓷

日用陶器

新中国成立前，三庄、巨峰、虎山等地有民间土窑50多座，生产盆、罐、缸、壶等制品。南湖、城关也有传统作坊，除烧制日常生活用品外，也烧制花盆等。随着人民生活水平的提高，土陶日用品已很少使用，保留下来的几家土窑厂主要生产花盆、章鱼罐等。

特种陶瓷

1994年5月，日照市环之特种陶瓷有限公司成立。公司由东港区乡镇企业局与清华大学化工系合作创立，注册资金100万元，租赁秦楼街道南王家村厂房，建成氧化锆、氧化铝生产线1条，于1995年3月投产。生产原料是从南方购进的含氧化铝纯度极高的红色土，主要产品是氧化锆、氧化铝电子承烧板。1996年，氧化锆承烧板被评为国家级新产品，填补国内空白。1997年10月，企业迁入奎山工业园，总投资300万元，场地0.97公顷，厂房1800平方米，办公楼500平方米，建成后固定资产达到450万元。1998年12月，改制为股份制企业，又增加氧化锆砖、氧化锆磨介，氧化锆水口、匣体等品种。产品主要销往广东、福建、江苏等地。2001年，打入国际市场，销往美国洛杉矶。2007年，公司开发研制出氧化锆涂层型电子承烧板，并申请国家专利，全年生产氧化锆、氧化铝制品90吨。

第二节 玻璃制品

1970年前，县红星砖瓦厂设玻璃球制品车间，主要生产养殖海带用的玻璃漂浮瓶。1972年，日照县玻璃制品厂建立。先后生产过玻璃漂浮球、美术花瓶、鱼缸、酒杯、茶杯、电表壳等产品。至1978年，6年间工业总产值累计200万元，利润40万元。

1979年，县玻璃制品厂研制生产黑白电视机显像管玻璃壳，填补山东电子工业一项空白。1981年，与青岛显像管厂配套生产的12英寸青岛牌黑白电视机，在全国评比中荣获第一名，企业全年完成工业总产值418.2万元，利润31.6万元。1982年，由于黑白电视机显像管玻壳大批进口，造成县产玻璃壳产品滞销、积压。1984年下半年，试产500毫升罐头瓶。1985年，投资264万元扩建1.5万吨500毫升的罐头瓶生产线。同年，玻璃制品厂改称日照市玻璃厂，先后与香港毫胜工业公司、山东省机械进出口公司签订合同，引进国外先进技术和资金，合资兴建玻璃马赛克车间，成为境内第一家合资企业。同时，购买中国科学院半导体研究所专利，生产具有80年代国际先进水平的节能新光源彩虹玻璃灯具，当年完成工业总产值305万元，利润15.2万元。1987年，为适应市场需求，及时转产450毫升白酒瓶、普通酒瓶和异型酒瓶。当年生产罐头瓶4194.66万只，普通酒瓶815.8万只，异型酒瓶43.1万只，产品形成4大系列、40多个品种，实现工业总产值723.85万元，上缴税金80万元。1988年，彩虹玻璃灯具获省一轻厅优秀产品一等奖，次年又获部优称号。同年，市玻璃厂被授予“山东省省级先进企业”称号。1989年，500毫升罐头瓶被评为省优质产品。同年，玻璃厂固定资产达到771.06万元，生产玻璃制品3.5万吨，玻璃马赛克11.12万箱，完成工业总产值2055万元，税金212万元，利润80万元。

1990年12月，日照市玻璃厂评定为国家中(一)型企业。1999年6月，改制为山东鼎新玻璃有限公司。主要产品有电子玻璃、日用玻璃、药用玻璃三大系列。拥有美国MHOT公司及国内先进的制瓶生产线10条，生产各类中、高档瓶罐8000只，品种1000余个。引进日本、中国台湾等先进的小型显像管玻璃壳生产线10条，产品为3.5—10英寸单色、彩色两大系列，有平面直角、纯平、扁平、宽屏幕、投影等小玻壳20余个品种，年产量2000万套，居国内首位。被山东省科技厅认定为“高新技术企业”，生产的小型显像管玻壳被国家经贸委评为“国家级新产品”。

2005年，公司从海曲东路整体搬迁到日照经济技术开发区。

第五章　化学工业

境内化学工业，主要有海洋化学工业、化学肥料工业、医药化学工业、日用化学工业等。

2007年，全区规模以上化学工业21家，完成工业总产值116434万元，实现销售产值112848万元，利税总额7491万元。

第一节　日用、医药化工

民国初年建立的县“平民工厂”，曾从事小规模肥皂、雪花膏生产。30年代，县内先后建起5家私人肥皂作坊，年产肥皂27.1万条。生产所用原料基本来自外地，有牛油、豆油、椰子油、火碱、香料等。

1959年1月，在高旺矿区成立日照县第一化工厂，生产纯碱、盐酸、硫磺、氯化钾等产品，1961年工厂关闭。1967年，县酒厂开始筹建化工车间。1969年1月建成投产，利用海带等原材料，当年生产碘0.16吨、甘露醇0.8吨、海藻酸钠12.75吨，实现工业总产值16.86万元。1976年5月，化工车间与酒厂分家，9月实行独立核算，成立日照县化工厂，固定资产110.37万元。当年生产碘1.15吨、甘露醇3.28吨、海藻酸钠78.1吨，工业总产值101.49万元，亏损4.1万元。1979年改革生产工艺，使海藻酸钠的生产工艺从酸化法变为钙化法，产量成倍增长。1981年企业扭亏为盈，年产碘3.27吨、甘露醇45.4吨、海藻酸钠125.38吨，创工业总产值304.88万元，利润85万元。1983年企业进行技术改造，提高生产能力和产品质量。“洁晶”牌甘露醇以纯度高、色泽好、溶解快、杂质含量低、质量稳定等特点，深受医药卫生、农业、冶金、化工等行业用户欢迎。甘露醇销往日本、瑞士等国家，“洁晶”牌褐藻酸钠销往联邦德国、瑞士和东南亚国家。1986年“洁晶”牌褐藻酸钠获农业部优质产品称号。同年，市化工厂下设制碘、制胶、甘露醇、海带丝、机修、锅炉6个车间，职工352人。1987年，引进国外先进设备，改造海藻胶生产工艺，把单一的纺织印染型海藻胶生产，改为批量食品型海藻胶生产。每吨产品外销价格提高万元以上。当年增建一条年产300吨果冻的生产线。全厂年产碘5吨、甘露醇165吨、海藻胶281.7吨、海带丝103.3吨，实现工业总产值946.58万元。1988年，甘露醇、褐藻胶获部优产品称号，碘获省优质产品称号，海带丝被评为地区优良产品。

1989年，全市4家化工企业共实现工业总产值1186万元。1993年年初，东港区有乡办化工企业5家，均为粗放型生产，其主要产品是日用化学制品。90年代末，相继引进一批化工企业。1999年，金马化工成立，资产总额1.05亿元，主要生产造纸用羧基丁苯胶乳、纺织用羧胶乳、丁苯吡啶胶乳及液晶、医药中间体等九大系列产品。山东金太阳制药有限公司于2001年成立，年合成喹诺酮类、大环内酯类、抗菌素原料药600吨。1999年11月，山东长富洁晶药业有限公司成

图 12-5　山东洁晶药业塑瓶输液生产线　　(摄于 2004 年 8 月)

立(前身为山东洁晶集团下属的日照海洋药厂)，主要产品有抗菌类消炎药、心脑血管类、抗病毒类、营养类等 27 个品种 43 个规格医药制品，市场销售网络遍布全国 30 余个省份。

第二节　化肥

1958 年，境内开始化肥生产。先后建成县属化肥厂、菌肥厂各 1 家，利用海泥及草木灰等原材料生产肥料。同时，建成公社办氮肥厂、颗粒肥厂 8 家。1960 年，全县生产土化肥 7182 吨，后因各厂经济效益差而停产。

1972 年，国家投资 250 万元，在今日照街道大古城村西筹建日照县化肥厂。1974 年 10 月建成投产，主要生产合成氨和氨水，年产合成氨 587 吨、氨水 2825.7 吨。1976 年增加投资 192 万元，安装 2D 型氮氢气压缩机 2 台，煤气发生炉 1 台，产品由普通农用氨水改为生产农用碳化氨水，当年生产合成氨 3093 吨，农用化肥折纯量 2432 吨。1978 年又投资 172 万元，更新合成塔、铜洗塔，新建 2 台煤气发生炉、1 台锅炉，固定资产增至 515.7 万元，合成氨生产能力提高到 7000 吨/年。1981 年，为提高化肥质量，投资 84 万元扩建碳化工程，将农用碳化氨水生产改为碳酸氢氨生产。1982 年 5 月，碳酸氢氨试产成功。1987 年，年产合成氨 9303 吨，碳酸氢氨 35737 吨，实现工业总产值 561.04 万元。1989 年投资 627 万元，对合成、铜洗二段进行技术改造，淘汰旧工艺系列，合成氨生产能力达到 1.5 万吨/年，实现工业总产值 750 万元，上缴利税 104 万元。

90 年代中后期，由于市场竞争激烈及企业经营管理不善等问题，化肥厂长期处于亏损状态。2001 年 1 月，改制为股份制企业，更名为日照市金秋化工有限公司。2005 年 1 月，日照市金秋化工有限公司被山东荣安集团(房地产企业)并购。恢复化肥生产一年后企业关闭，厂区变为房地产开发项目。

2002 年，日照市农福乐有机复混肥厂建成投产，总投资 350 万元。成立之初利用城市生活垃圾制造有机肥料。后企业又以日照市糖厂的废渣和化工厂的废水为主要原料研制开发新型环保型绿色肥料。2004 年，全区生产碳氨、复合肥料、复混肥的厂家有 7 家。

2007 年 5 月，位于南湖镇的山东双圆肥业有限公司建成投产。主要从事现代化农业高效有机肥料的研制与生产，年生产能力 5 万吨。

第三节　塑料

1982 年，日照第一塑料厂成立。1985 年试产，主要产品为渔网单线。1985 年，境内有塑料制品厂 3 家。其中，市属企业 1 家、乡镇企业 2 家，年产塑料制品 14 吨、聚乙烯编织袋 6 万条，完成工业总产值 113 万元。1988 年，深化企业改革，成立以日照市塑料总厂为龙头的塑料集团公司。1989 年，境内塑料制品业实现工业总产值 1105 万元，生产塑料制品 638 吨。

东港区建立后，塑料制品企业发展到 6 家，完成工业总产值 229 万元，塑料制品产量 921 吨。2001 年 9 月，日照博大管业有限公司投产，固定资产 1200 多万元，拥有 PP-R 管材生产线 2 条，管件生产线 4 条，PE 生产线 5 条，食品饮料吸管生产线 1 条。主要生产“博源”牌聚乙烯(PEI)燃气供水管管件、聚丙烯(PP-R)管材管件，年产各类管材、管件 1.2 万吨。2006 年，日照正源塑料有限公司出资成立荣源工贸有限公司，投资 3000

余万元，占地0.4公顷，建成饮料配套吸管供应基地。生产U型吸管系列、饮料直管、饮料弯管、单支包装系列、勺型管系列、艺术吸管系列等6大系列吸管产品，50多种规格。产品远销日本、美国、西欧等国家和地区。

2007年，全区塑料制品业有规模以上企业9家，完成工业总产值1.78亿元；利税总额931万元。

第六章　纺织工业

1949年，境内民间有1835户从事土纺土织业，从业者4431人。这种家庭作坊式的土纺土织业一直持续到60年代末。

70年代起，境内相继办起日照县棉纺厂、日照县针织厂、日照县麻纺厂。随后部分乡镇也陆续办起不同规模的纺织工业。

第一节　棉、麻纺织

新中国成立前，农村居民多进行自纺、自织，几乎户户纺纱，村村织布，较大的村庄设有织布作坊。清宣统二年(1910年)2月，夏陆沟村留日学生马官和与栈子村人叶友彭曾合资在栈子村开办织布工厂，有织布机20台，使用锅驼机作动力，工人七八十名，主要生产白布、方格布。后来由于受“洋布”冲击停产。

1913年，山东省建设厅拨款，由日照县知事公署筹划，从潍县华丰厂购进1台大织布机和4台小织布机，在日照城北园街(城隍庙)建成“贫民工厂”。起初，仅生产白布，大机日产5丈，小机日产2丈。后来生产规模逐渐扩大，织布机增至8台，产品也由单一的白布增加到方格布、阴丹士林布、毛巾等。1928年，“贫民工厂”改称“平民工厂”，年织布760匹，生产毛巾1000打。30年代中期，厂房扩建到21间，织布机19台，工人40余名，产品销至莒县、沂水、临沂等。1938年，因日本侵略军入侵，“平民工厂”被迫关闭。

1947年，民主政府广泛发动群众纺线织布支援前线。1948年，以纺织为主业的“利民合作社”成立，有职工250多人，铁机80台，主要生产宽、窄幅白布。新中国成立后，土纺、土织、印染、弹(棉)花等作坊依然存在。

1976年，城关染织厂建立，当年产咔叽布、条格布7.5万米。1981年8月改名为日照县棉织厂。1988年8月，改名为日照市染织厂。1993年创产值2076万元，利税76.13万元。1997年企业改制为股份有限公司。1999年，公司与香港精英有限公司合作成立日照华伟纺织有限公司。2001年，投资3700万元在日照市高科技工业园扩建纺纱分厂，建成3万纱锭新型纺纱生产线。突破单一生产坯布的局限，实现纺纱、织布、床上用品“一条龙”生产经营格局。2004年，公司实现工业总产值8011万元，销售收入9380万元，利税600多万元。2007年，公司下设两个分厂和一个营销公司，总资产8000万元，占地面积7.3公顷，职工1100人。拥有5万锭纺纱生产线和宽幅、特宽幅两条坯布生产线及配套设施。年纺各种纱线5000吨，生产坯布2300万平方米，产销额近亿元。产品有纯棉、涤棉、化纤3大系列50多个品种，70%出口美国、澳大利亚、日本、韩国、中国香港等国家和地区。

图12-6　日照华伟纺织有限公司车间　(摄于2003年7月)

1977年8月,日照县麻纺厂在向阳河村西开工建设,1980年正式投产,主要生产标准型号的各式麻袋。1984年日照县针织厂在石臼所西建成投产,主要生产各种针织内衣。1985年,日照市棉纺厂在石臼所西正式投产,主要生产棉混纺布、纯化纤布、彩条床单布、蚊帐布和纯棉纱宽幅棉布等。1985年,境内有纺织企业5家,其中市属企业3家,乡镇企业2家。1987年,石臼街道建立织布厂,主要生产棉坯布、混纺交织布。1989年,全市有纺织企业7家,其中市属企业3家,乡镇企业4家。年产棉纱2711吨,棉布937万米,麻袋62.2万条,针织内衣172.3万打。

1993年,境内有乡镇棉纺织企业3家,从业959人,完成工业总产值3946万元,出口交货值1704万元。"十五"时期末,境内纺织企业发展到36家,其中规模以上6家,产品有棉纱、坯布到纯棉、涤棉、晴棉混纺、色织、染色、印花、中长混纺交织、针织涤纶等。

2007年,境内纺织企业年产棉布1100万米、棉混纺交织布700万米。

第二节　丝绸业

境内农民自古就有种桑养蚕缫丝习惯。西部山区柞蚕面积很大,是重要的蚕丝产区。

国有丝绸企业

1945年春,山东省战时行政委员会实业厅批准,在洪凝镇(今属五莲县)正式创建滨北行署蚕业推进社大纶缫丝厂。1949年,工厂有木缫丝机20台,工人13名。1952年,工厂进行工艺改革,全部缫丝由大圹丝改为小圹丝。小圹丝规格为35/40D,由于拉力强,纤度均匀,被誉为"南山丝"。1956年秋,改木框缫丝为立缫半机械化缫丝。1958年,缫丝厂改为地方国有,在日照城西扩建缫丝厂,并改名为日照县建华缫丝厂,1959年7月正式投产。1967年建华缫丝厂又更名为日照县丝绸厂,开始生产桑茧白厂丝,产品出口日本、罗马尼亚等国家。1973年,产品全部转为桑茧白厂丝,技术上推广73立缫操作法,产品质量大幅度上升,平均等级达到3A47级。1977年产丝69吨。1979年,建成织绸车间,增加真丝电力纺、人造丝羽纱、素线绨、交织素软缎等产品。80年代初,丝绸厂先后增加丝织机72台,动力机械总功率为923千瓦,成为白厂丝出口专业厂,白厂丝创省优质产品。1984年,产品20/22D规格梅花牌白厂丝成为受市场欢迎的稳定型产品。1989年,市丝绸厂生产白厂丝89.9吨,正品率达到99.51%。

1993年5月,日照丝绸厂更名为山东日照制丝厂。1994年4月,改制为股份制企业,更名为山东三维丝绸有限公司,注册资金1200万元。1996年,公司生产能力达到国家中一型企业水平,企业经济效益逐年攀升。2003年11月,三维丝绸公司进行二次改制,更名为日照海通丝业有限公司。2005年"三维"牌白厂丝,被评为"中国名牌产品"和"山东名牌产品"。2007年,公司固定资产达3600万元,生产白厂丝550吨,产品远销日本、韩国及西欧等市场。

乡镇(社办)丝绸企业

1976年,竖旗公社建起一家缫丝厂,当年产丝0.1吨。1977年,西湖、三庄缫丝厂相继投产,共产丝6.7吨。1980年,三庄缫丝厂开始生产丝绸,当年产绸13.54万米,被面10645床。1989年,乡镇缫丝企业缫丝17.9吨,产丝织品12.6万米,被面255条。

1994年,竖旗缫丝厂因设备老化,资金短缺,资不抵债而关闭。1996年,三庄丝织厂因产品销路问题停产。1998年,三庄镇政府将厂房设备租赁给个人经营,由原来的丝织转产为缫丝,年产白厂丝70吨。西湖缫丝厂于1998年1月与山东万方投资有限公司合作,组建股份合作制企业。设备科技含量和自动化程度有较大提高,淘汰原有2400绪/120台立缫,更新为2000绪/100台自动缫,生产的白厂丝远销欧洲及韩国等国际市场。

第三节　印染业

境内家庭作坊式印染业,伴随着土纺土织的发展而产生。1949年,民间有印染户39户,从业61人。新中国成立后至"文化大革命"末期,印染业仍以个体作坊式形式存在。改革开放后,人们的穿着走向多样化,个体染坊退出市场。

境内专业印染厂为日照市印染厂。1985年由日照镇投资创建。90年代中期由于产品销路与企业经营不善问题，企业处于停产、半停产状态。1998年，日照街道通过企业改制，将厂房、设备出租给济南客商经营，成立日照市东元布艺有限公司。

第七章　缝纫、皮革工业

新中国成立前，境内有缝纫铺对外揽活，主要以手工缝制为主，亦有少数缝纫机。

新中国成立后，在合作化运动中，缝纫业户也办起合作社。1956年，缝纫合作社有职工90人，用缝纫机做服装。“五五”时期大办社队企业，不少公社、大队办起服装厂或缝纫组。到“十五”时期，大部分缝纫企业改制成股份制或私有企业。

第一节　服装业

民国初，境内始有裁缝铺，加工便衣。30年代，境内的裁缝师已能制作中山装。1949年，城关有5家缝纫铺。

1953年，城关成立缝纫组，归手工业联社管理，有缝纫机6台，职工7人，主要承揽社会零活，生产衬衣、单帽、棉帽等。1954年，城关缝纫组转为缝纫合作社，社员48人，缝纫机29台，主要加工民用服装，小批量生产衬衣、单帽、棉帽等。1956年，石臼、涛雒成立缝纫社。三处缝纫社职工共90人，年加工成衣7万件。

1959年，城关缝纫社划归商业局管理，转为地方国有，主要设备增至62台，职工67人。1960年划归工业局管理。1962年，城关缝纫合作社更名日照县被服厂，职工55人，该年完成产值26万元。此后十几年间，年产值稳定在30万元左右。70年代中期，有些公社办起小型服装加工厂。1976年，南湖、马庄、陈疃、两城、城关等7个公社建成服装厂，年产服装3万多件。此外，一些生产大队也相继办起服装厂或缝纫组。1980年，境内有社办服装厂23家(年产各类服装20万件)、生产大队建服装厂210家、个体缝纫组90个。生产大队和农村个体缝纫户的加工方式一般为本村社员来料加工，加工费大多不用现金支付，而以“工分”(当时社员参加生产劳动报酬的形式是记工分，年终决算)兑现。

1981年，县被服厂更名为服装厂，开始生产出口服装。1984年，企业实行计件工资制，推行全面质量管理，产品质量合格率提高到99.83%。1985年，更名为日照市服装厂。80年代末至90年代初，个体服装加工业快速发展。日照兴旺家用纺织品厂于1992年成立，主要产品为手工及机器制作的绗缝被、枕套、床套及各种服装，产品出口到欧洲、日本、美国、澳大利亚等国家和地区。

1993年，全区有乡、村两级集体办服装企业63家，从业262人，生产服装12430万件，其中童装0.6万件，工业总产值1790万元。在5家乡镇办服装企业中，有3家成为出口创汇企业，出口交货值582万元。其中，南湖舒丽服装厂出口创汇115万美元，日照维罗娜时装有限公司出口创汇30万元。90年代末，服装业向多元化发展，从单一生产服装到生产内衣、运动服、被子、床罩等多个品种并重。个体服装加工也从简单来料加工发展到进行复杂工艺的制作。

1996年，日照天成服装有限公司成立，职工1200名，生产中高档休闲装，流水线年产服装160万件，产品全部销往欧美、日本、韩国。

1999年10月，日照市服装厂被日照经济开发区所属国有企业日照星明制衣厂收购。2002年12月，改制为股份制企业，更名为日照星明制衣有限公司，职工1000余人。针织服装和梭织服装两大生产流水线年产服装600万件(套)。2007年，主要产品有运动装、牛仔裤、工作服、防寒服、睡衣、童装等20多个品种。产品出口澳大利亚、新西兰、欧洲、日本、韩国、美国等国家和中国香港地区。

第二节　鞋帽业

新中国成立前，滨海军区军工厂生产牛皮鞋底、布帮五眼鞋，民间鞋匠主要从事鞋子修补。人民公社化运动中，许多生产大队成立鞋业组。1958年，境内有126个做、修鞋业户转入鞋业社

(组),成为农村工副业。

布鞋

1953年,城关鞋业社在海曲中路租一街面房,挂牌"城关鞋店"对外营业。从业者不足10人,由手工业联社管理,产品为:翻皮鞋、布帮、布底鞋,全部用手工缝制。

1958年秋,在城关鞋店基础上成立日照县红光鞋厂(后改为日照县鞋厂)。从各公社鞋业社(组)抽调100多人,从事一线生产,设备是普通缝纫机和纳鞋底的"四、四"缝纫机。1959年生产皮、布鞋8.6万双。年底由于原料不足开始下放人员,到1960年年初,人员精简到30人。1962年,经济有所好转,逐渐增加到70多人。1973年,年产皮、布鞋9.72万双。1977年,增加注塑、注胶底鞋,年产6.12万双。70年代末,丝山、三庄、陈疃三个公社各建一家鞋厂,80年代初相继关闭。随着人们物质条件的改善,布鞋需求量减少。1983年仅产布鞋0.17万双。1985年,将布鞋厂人员分流到塑料厂、皮鞋厂、皮件厂,日照县鞋厂关闭。

皮鞋

1981年,从日照县鞋厂分离出部分人员、物资,组建日照县皮鞋厂,借用汽车修理厂厂房开工生产。拥有固定资产13.66万元,流动资金6万元,职工287人。主要生产男式线缝皮鞋、男女胶粘皮鞋,当年完成工业总产值48万元,创外汇3.1万元。1982年,贷款30万元,新上一条皮鞋流水线。因设备安装未达到设计要求,产品缺乏竞争力,造成产品积压、企业亏损。1984年停止线缝皮鞋生产,全部转产男女胶粘皮鞋,年生产皮鞋4.5万双。后由于产品缺乏创新等原因,企业资不抵债。1998年宣告破产。

帽业

制帽业依附于服装行业。1981年,年产布帽12.21万顶。1984年下降为2.74万顶。80年代后期,集体帽业生产逐步退出市场,少数个体编织业零星从事针织帽子生产,也只是个人制作,简单加工。

第三节　皮革业

清末及民国初,境内始有制革业。主要加工牛、羊皮等制品。新中国成立前,民间有皮毛手工作坊,专门从事裘皮生产,产品主要有皮袄、皮裤、皮马甲、皮褥子等。

1949年,全县建起皮革合作社4家,22户入社,42人从事皮革制造。1957年,从事皮革生产的个体经营户28户。1958年,日照县皮革厂建成(后改为日照制革总厂),企业性质为地方国有。有制革、制裘、皮件、车马挽具四个车间。1962年,县皮革厂转为县属大集体,划归日照县工业局管理。拥有固定资产4.33万元,职工241人,完成工业总产值19.1万元,创汇2.99万元。

1981年,日照县皮件厂建成,固定资产14万元,主要产品是兔皮褥子和劳保用品。5月,县皮革厂的皮革车间与车马挽具车间撤销,人员、设备并入新成立的皮件厂。1984年,皮件厂开发新产品50余种,完成产值58万元。1985年,皮件厂增挂"日照市篷布厂"牌子,并在日照市百货大楼设联营专柜。皮革产品已发展至猪底革、猪皮修面革、猪皮劳保手套、猪皮服装革、猪皮剖层手套革、水牛皮修面革、黄牛皮修面革、各种手提包、公文包、背包、文件夹、旅游包、轻便包、家用皮箱、电工用包、出口劳保手套等。

1995年,皮件厂被日照市化肥厂兼并而停产。同年,制革总厂与香港金麟投资有限公司合资成立日照金宝皮革有限公司。2002年企业破产。

第八章　食品工业

新中国成立前,境内有油坊、粉坊、磨坊、豆腐坊、酱菜加工、酿酒等传统食品加工业。20世纪50年代后期,随着社队工业的出现,农村食品生产有所发展。进入80年代,食品工业占整个工业的23%以上。按门类分为粮食加工、油料加工、屠宰及肉食加工、酱菜佐料加工、水产加工、蔬菜加工、副食品加工、饮料制作等。

2007年,全区规模以上食品制造企业7家,农副产品加工企业 30 家。

第一节　酱菜、佐料及蔬菜加工

清朝咸丰、同治年间，涛雒、夹仓、官庄、城关等处都有酱菜生产。最有名的为京冬菜，用大白菜作原料腌制而成。民国年间，涛雒“裕源”酱菜很受欢迎。

图 12-8　日照市裕源酿造有限公司　(摄于 2007 年)

新中国成立初，城关、涛雒、黄墩、西湖、陈疃等供销社都生产各种咸菜、豆酱。1950 年，县供销社在城关十村建立酱园，靠铁锨、大锅等工具手工操作，年产豆酱、酱菜、酱油 216 吨。1957 年 6 月，城关供销社糕点厂并入酱园，成为生产多种副食品的加工企业。8 月，更名为日照县副食品加工厂。60 年代初，酱菜生产企业增加机械设备，生产黄酒、食醋、酱菜、酱油等几十种产品。1971 年，县副食品加工厂增添锅炉，将酱油生产改为水浴发酵，以化学指标调控生产，产品质量逐步提高。1981 年，县副食品加工厂生产的“京冬菜”、三级酱油、二级食醋获临沂地区优质产品奖，红方豆腐乳名列地区同行业第一名。1983 年，县副食品加工厂分设为县酿造厂和县糕点厂。1986 年，全市各乡镇酱菜厂(园)共生产酱油 2798 吨、豆酱 152 吨、食醋 126 吨、京冬菜 2 吨、各种咸菜 192 吨。1988 年，市副食品酿造厂佐料产品品种从建厂初期的 5 个增加到 20 多个，产量增长 10 多倍，当年生产的京冬菜获北京食品博览会铜牌奖。1989 年，市酿造厂完成工业总产值 83 万元，利税 16 万元。1998 年 12 月该厂改制成股份制企业，更名为日照裕源酿造有限公司。

图 12-7 20 世纪 80 年代日照县酿造厂

80 年代初，两城、马庄等公社的大队开始成立佐料生产企业。1988 年生产酱油 165 吨。1989 年，境内乡镇集体企业生产各种调味品 80 吨，村办企业生产调料品 63 吨。90 年代，乡村调味企业由于产品质量、市场等原因逐步退出市场，随之出现一些规模较大的私营和股份制企业，产品向多元化方向发展。

1995 年，日照华泰食品有限公司成立，总投资 1250 万美元。拥有日本进口金属探测仪、真空包装设备、净水设备、螺旋式及液氮超低温速冻机等，主要进行蔬菜、水产品加工，产品有速冻混合蔬菜、绿竹笋、薯条及各种水煮菜等。1997 年，公司通过输美水产品 HACCP 认证，产品远销日本、美国、韩国、欧洲等。

21 世纪初，食品加工企业多从事外向型蔬菜、海产品加工，产品主要面向国际市场。盛华水产集团公司引进蔬菜加工项目，年出口蔬菜 3000 吨，产品销往日本、韩国。日照市益康食品有限公司生产大蒜、辣椒、大姜制品，产品 80% 销往国外及中国台湾等地。

第二节　副食品加工

20 世纪 30 年代初，城关、涛雒、石臼、夹仓等地先后有过几十家糕点作坊或店铺。县城的“福昌”“永生”“园兴斋”“益香斋”等店铺，主要生产核桃酥、兰花根、长寿糕、蜜饯、虾仁酥、羊角蜜、月饼等，有名的是五色馃和盒点心。日本侵略军侵占日照后，糕点业日渐萧条。

新中国成立初，各区供销社都设有副食品加工点，生产各类糕点。60年代末，副食品加工企业增加压面机、饼干机、拌面机、链子炉等机械设备，生产糕点的品种、数量和质量都有增加和提高。1978年，饼干生产由原来的土火炉加工发展为电热管炉加工，卫生条件显著改善。1983年5月，日照县副食品加工厂撤销，成立日照县糕点厂和日照县酿造厂。县糕点厂新添滚筒式钢带炉1座，采用远红外线辐射电炉生产饼干。当年，饼干、蛋糕、糕点生产过程中的和面、压皮、切块、压模、装盘、冷却、整理、成型等工序均实现机械化。糕点的品种已发展到70多个，总产量较60年代中期增长了0.5倍。1985年，全县生产各式糕点5200吨，糖果4吨。1986年12月，县糕点厂更名为日照市食品总厂。1989年，食品总厂生产糕点1448吨，完成工业总产值215万元，利润17万元。

图12-9 20世纪80年代县糕点厂

80年代，食品行业在乡镇、村发展起来，有糕点厂、糖果厂、罐头厂、粉丝厂、面条厂等。1988年，村办糕点厂生产糕点80吨，个体糕点厂生产糕点40吨。粉丝产量，村办企业生产127吨，个体企业生产1317吨。1993年，村办糕点厂6家，完成工业总产值365万元。1993年生产糕点2216吨，生产挂面624吨。

1995年4月，由区商业局、东海峪村及香港兴隆洋行共同投资的日照康翔食品有限公司建成投产，主要生产豆奶、花生奶饮料。企业投产后一直亏损，1999年9月，整体出售给日照华盛集团公司。90年代末，经企业改制，多数乡、村集体办副食加工企业退出市场。

“十五”时期，一些规模较大的副食加工企业得到发展。如东盛食品有限公司、河山花生制品有限公司、日照裕伟花生食品有限公司、惠中粮油食品有限公司等。2003年5月，日照市食品总厂改制为股份制企业，更名为日照宝利来经贸有限公司。2003年11月，位于三庄镇大王家寨村的日照更好食品有限公司成立，注册资金500万元，引进国际化标准的全自动饼干生产流水线，为境内最大的糕点食品生产企业，主要生产“更好”系列发酵饼干、酥性饼干、韧性饼干、法式薄饼等中高档产品，年生产能力6000余吨。

2007年，全区有规模以上花生制品企业4家。其中，裕伟花生食品有限公司年产量最大，成为全省最大的花生食品加工企业之一。

第三节　酿酒

白酒

新中国成立前，制酒业多为家庭作坊生产，以地瓜干、高粱作酿造原料。1937年前，有十里铺“恒泰”、日照城南油坊、石臼“广茂永”以及涛雒镇十几处铺号酿酒。品种有高粱白酒和少量黄酒，年产量不过几百篓。1941年前后，吴竹宣在城关曾办过白酒厂。

1957年，日照酒厂在日照岭西合村东开工建设，1958年投产。固定资产0.72万元，共有职工6名，当年生产白酒180吨，工业总产值2.8万元。1966年，固定资产增加到22.53万元，完成工业总产值35.28万元，利润9.67万元。1977年，酒厂搬迁至日照南路99号，占地面积5.65公顷，建筑面积17190平方米，固定资产增加到60.09万元，职工109人。产品主要有地瓜干酒和粮食酒。1980年以后，酒厂进行技术革新，开发窖酒生产。产品有海曲老窖、高粱大曲、小锅酒、五粮琼浆等15个品种。1985年，生产白酒5751吨，实现工业总产值835.5

图 12-10　日照尧王集团白酒生产线　(摄于 2005 年)

万元，利润 78.1 万元。1988 年，酒厂 44°、54°尧王城白酒创省优质产品，“石港”牌白果露和“尧王”牌白酒获国家保健协会“优质保健产品金鹤杯”。石港牌桑蜜琼浆获国家保健协会“优质保健产品新星杯”。高粱大曲、古城春、桑蜜琼浆创省厅优质产品，全年完成工业总产值 2004 万元，利税 608.67 万元，被省政府授予“省级先进企业”称号。1989 年，年产量达到 1.33 万吨，实现工业总产值 2220 万元，利税 764 万元，产品销往 20 多个省市。1993 年 7 月，酒厂更名为山东尧王城酒厂。1996 年 10 月，更名为山东日照酿酒(集团)总厂。2001 年 4 月，企业改制为山东日照尧王酒业有限公司。2005 年 3 月，以山东日照尧王酒业集团公司为核心，组建成立山东日照尧王集团，下设 11 个子公司和 4 个独立经营单位，资产过亿元。拥有年产万吨酒精，3000 吨粮食酒，总产量 5 万吨的生产能力，产品主要有以“尧王醇”“金日照”“日照特曲”“日照红”为代表的白酒系列产品及其他产品。“尧王醇”“日照特曲”等产品在省、市各项评比中连续获奖，“尧王”牌低度浓香型白酒被授予“山东省名牌产品”称号，企业被授予“山东省白酒行业十大品牌”等称号。2007 年，企业职工 1600 人，完成工业总产值 1760 万元，实现利润 35 万元，上缴税金 830 万元。

啤酒

1986 年，市政府投资 2892 万元在海曲东路建设日照市啤酒厂。占地面积 10.71 公顷，建筑面积 2.3 万平方米。从罗马尼亚引进两条罐装生产线，并与北京市啤酒厂联营，有主要设备 448 台(套)，生产“北京”牌啤酒。1988 年 9 月投产，年生产能力 5 万吨，是日照市第一家中型企业，属省重点工程。1994 年 6 月，开始生产“八方”牌啤酒，企业名称变更为山东日照八方啤酒厂。

1997 年 8 月，青岛啤酒股份有限公司连同青啤广发公司与日照市人民政府签订收购协议(11 月 22 日签订正式协议)，由青啤公司出资 950 万元，控股 95%，青啤广发公司出资 50 万元，持股 5%，收购山东八方啤酒厂全部固定资产及 50 年的土地使用权(公司占地 22 公顷)，安置在册职工 570 人，成立青岛啤酒(日照)有限公司。公司成立后，开始生产“汇泉”牌啤酒，市场销路大开，连续多年被山东省质量技术监督局评定为省“免检产品”，并被授予“山东标志产品”“山东名牌产品”“全国酒类产品质量安全诚信推荐品牌”。

2000 年后，“汇泉”啤酒先后通过国际 ISO—9002 质量体系认证、ISO9001—2000 版的换版升级认证、ISO22000 国际食品安全管理体系认

图 12-11　青岛啤酒(日照)有限公司厂区　(摄于 2001 年 9 月)

证等。2004 年，公司生产能力由原来的年产 3 万吨增至 10 万吨，总资产增至 1.5 亿元。

2007 年，完成工业总产值 30554 万元，实现利润 9693 万元，上缴税金 17751 万元。

葡萄酒

1988 年 8 月，丝山乡(今秦楼街道)高家村投资 100 万元建起葡萄酒厂，主要生产“华日”牌红、白普通葡萄酒，“华日”牌干红、干白葡萄酒系列，年生产能力 200 吨。2002 年 1 月，企业由村集体所有改制为股份制企业。2005 年，企业固定资产 660 万元，年产量达 480 吨。主要产品有解百纳高级葡萄酒、解百纳干红葡萄酒、D·R·W 至尊高级干红葡萄酒、华日干红葡萄酒、秋香葡萄酒等 30 多个品种。2007 年 3 月，企业搬迁至日照经济技术开发区。

第四节　果品加工

1979 年西湖公社建成果脯厂，当年产果脯 51.21 吨。由于原料价格不稳、成本过高，1985 年停产。

1985 年，县果品公司自筹资金 60 万元、省果品公司投资 20 万元，在县城东岭建起果品加工厂。初期生产糖水山楂和果丹皮罐头。1986 年，增加糖水梨、糖水苹果罐头等 8 个品种，全年生产水果罐头 153 吨，工业总产值 31.5 万元。1987 年，生产果丹皮罐头 260 吨。1998 年，由于亏损严重而停产。2002 年 7 月破产。

1999 年 4 月，盛华水产集团对原东港区商业总公司所属日照康翔食品有限公司(于 1998 年 12 月破产)进行重组，产品仍使用“康翔”牌商标。2005 年，投资近 500 万元，新上 500 毫升、350 毫升国内一流热灌装生产线，生产 40 余个品种和规格的“康翔”系列果汁、果奶，年生产能力 10 万吨。康翔饮品选用原生水果为原料，采用英国 APV 超高温瞬间灭菌工艺和德国康美无菌保鲜包装系统，其部分包装选用耐热环保的 PEI 及 BOPP 包装材料，属无公害绿色饮品。

2007 年，全区规模以上果品加工企业 2 家，年生产果汁及果汁饮料 1500 吨。

第五节　肉类加工

新中国成立初期，县肉食类加工企业主要是为青岛组织生猪调运。各区供销社收购组将收购的生猪运到石臼食品转运站，装船运往青岛，每年运量在万头以上。

1978 年，县肉类联合加工厂投产，有流水作业生产线 1 条，日加工生猪 300 头。1979 年冷库加工车间建成投产，每年加工生猪 4 ～ 5 万头。1980 年进行设备更新改造，增添打毛机、分割机设备，增加白条肉、分割肉猪和鸡熟食品加工项目。班加工生猪 800 头。1982 年，冷库容量扩大到 340 吨。全厂设有饲养、屠宰、分割及熟食加工车间。1985 年，投资 294 万元，建成生产能力 5000 吨的出口分割肉车间，各道工序全部实行自动化，班加工生猪达到 1000 头。同时，肉联厂把饲养、加工、分割、熟食 4 个车间变为分厂。1987 年，扩大生产规模，投资 210 万元建成罐头车间，生产红烧肉、猪蹄、排骨、猪肚、午餐肉等 20 多种罐头。

1993 年 8 月，市政府将肉联厂划归东港区。此时，企业资不抵债，1998 年 11 月破产。2002 年 12 月，下岗职工自筹资金成立日照市方鑫食品有限公司，公司注册资本 260 万元，固定资产 800 多万元，职工 187 人。公司下设 14 处乡镇(街道)食品站。2003 年，投资 200 万元，在秦楼街道建起高标准机械化生猪屠宰厂，日屠宰生猪 800 头，不仅满足地方市场供应，还有部分产品销往上海等地。2007 年，完成工业总产值 1021 万元。

第六节　水产品加工

新中国成立前，境内水产品加工主要靠腌制和干晒加工海产品。20 世纪六七十年代，建起一批冷库用以保鲜。1988 年，全市有乡镇集体办水产加工企业 7 家，职工 240 人，完成工业总产值 1601 万元；村集体办水产加工企业 12 家，从业 146 人，完成工业总产值 2386 万元。

1993 年，乡镇(街道)办水产加工企业有：日照市东港区第二冷藏厂、石臼所冷藏厂、两城冷藏厂、日照红旗水产总公司、日照惠盈水产有限公司、丝山冷藏厂、奎山冷藏厂、西湖福利冷藏厂等8家企业，职工367人，完成工业总产值5840万元，实现利税211万元。90年代末，一些规模小的企业因产品不适应市场需求被迫关闭，而一些势力较强、产品质量较高的企业得到长足发展，产品主要面向国内大、中城市场及国际市场。2007年，全区214家水产品加工企业实现产值34000万元，利税20500万元。

第七节　粮油加工

油料加工

新中国成立前，境内较大的油坊有"恒泰""源泰""德顺""公兴""同兴"5家，主要加工经营花生油和豆油。1949年全县加工食用油6901吨。

新中国成立初，油料加工仍主要靠农村油坊。1953年，全县有个体油坊466户。1956年，经过合作化运动，私人油坊全部交农业合作社经营。1958年1月1日始，全县的油坊由粮食部门统一管理。1966年，县粮油加工厂不再榨油，榨油生产全部放到社队油坊。

1983年后，农村实行生产承包责任制，社队集体油坊转为个人承包经营。1985年，境内有榨油企业63家，其中乡镇企业3家，其余为个体(户组)油坊。1988年9月，市粮食局先后投资1069万元，在昭阳路中段建成日照市植物油厂。

1993年，全区植物油加工企业101家。其中，多数为村办小油坊，1998年后相继改制成私人经营。2001年1月，日照植物油厂采取租赁经营形式进行改制，职工出资参股组建日照普日油脂工业有限公司。改制后固定资产2000多万元，日加工原料350吨。2004年，公司从美国以期货贸易形式购进大豆，造成企业严重亏损并停产。2006年3月，公司被东辰集团兼并，转为房地产业。

2002年9月，临沂三维集团在开发区注册成立日照大豆油脂有限公司，2003年10月投产。2005年，三维集团与世界500强企业美国邦基公司合资，将日照大豆油脂有限公司改建成邦基三维有限公司。邦基公司占投资总额的61%，临沂三维占39%。引进美国炼油设备。主要以加工大豆油脂、豆粕为主，兼营饲料和粮油贸易，年加工大豆70万吨。产品销往四川、江苏、河北、河南、安徽和省内市场，全国市场占有率为4%。

粮食加工

20世纪60年代前，境内农村粮食加工一直沿用古老的石磨、石碾、石碓。1951年，县粮油加工厂设面粉加工车间，有磨粉机3台，日加工标准面粉2500千克，主要供应县直机关和驻军。1959年，面粉加工机增加到4台，年加工面粉2637吨。同年增添生产能力为1吨/小时的碾米机，开始加工大米。1967年，碾米车间进行扩建改造，新增3台碾米机、1台砻谷机、2台高频碾动筛、1台比重去石机。1971年，大米加工能力达到日产30吨。至1973年，县粮油加工厂年加工大米5458吨、面粉5371吨，实现工业总产值337万元。小型粮食机械加工在农村社队普及。

1993年，东港区乡、村集体办粮食加工企业224家。1998年下半年始，各乡镇对集体企业进行不同形式的改制，95%以上的改制成股份企业或私营企业。一些小面粉厂因产品质量低、销路不好等原因逐步退出市场。1996年，日照市粮食局将日照市粮食加工厂、日照储运库、城西粮店等6家单位合并成立日照新瑞集团。1999年6家单位又各自独立，市粮食加工厂改成日照新瑞食品专用粉有限公司。2000年6月，改制为股份制企业，国有控股70%，职工个人持股30%，年生产面粉7万多吨、挂面3000多吨。2006年后改制成民营企业。

2007年，全区共有粮油加工企业218家，实现产值11900万元，利税4500万元。

第八节　重点企业简介

山东裕伟食品有限公司

位于日照市高科技工业园，成立于2000年12月。2004年食品加工产量2.5万吨，实现销售收入12680万元，实现利税590万元，出口产品总量2.2万吨，出口创汇额1240万美元，企业净资产2258万元。2007年，实现产值2.9亿元，利税900万元。

公司建有现代化中心实验室，与青岛捷安信实验室合作，采用的检测标准和方法与山东检验检疫技术中心一致，确保检测结果准确可靠。公司已发展成山东省最大的花生、瓜子等农副产品出口加工企业之一，主要市场分布于欧盟、东南亚、美洲、非洲、中东、俄罗斯、日本等国家和地区。2005 年 6 月，被欧洲客商“OLAM”评定验收为定点供应商。同年 12 月，被农业部授予“全国乡镇企业创名牌重点企业”称号。

图 12-13　荣信集团公司水产品加工车间　(摄于 2004 年 8 月)

日照市盛华水产集团有限公司

位于日照市东港区石臼海滨一路 59 号，股份制企业。公司始建于 1992 年，称日照市盛华实业总公司。1996 年，更名为日照市盛华水产集团公司。1998 年改制后成立日照市盛华水产有限公司。2007 年，占地面积 35.93 公顷，建筑面积 23.7 万平方米，总资产 22193 万元。下设日照市盛华包装制品有限公司、日照盛华食品有限责任公司、日照市盛水海珍品养殖育苗有限公司、日照市盛华集团建筑公司、日照市盛华水产食品加工冷藏厂。主要生产加工水产品、包装制品、果汁果奶等。实现工业总产值 3.57 亿元，税收 1925 万元，利润 1807 万元。是省级“重合同守信用企业”、市级“重点龙头企业”。

图 12-12　盛华水产集团有限公司冷藏厂区　(摄于 2002 年)

山东荣信集团公司

位于日照市海港路。公司前身为始建于 1951 年的石臼水产供销站。1991 年，更名为日照市石臼第二水产冷藏厂。1999 年改制为荣信水产食品有限公司。辖日照日荣水产食品有限公司、日照荣兴食品有限公司、日照荣隆食品开发有限公司、日照日鲁荣信食品有限公司、舟山中兴食品有限公司 5 家中外合资企业和日照市诚信大酒店等 4 个独资、内资子公司。资产 5 亿元，员工 3500 余人，集团公司主导产品为水产食品，产品 80% 以上外销。

2007 年，公司拥有 3.6 万吨低温冷库，4 万平方米精加工车间，具有先进水平的水产食品加工、速冻、产品检测、化验、包装等设备，年加工各类水产食品 3.5 万余吨。生产鲜活、冷冻、蒸煮、烧烤、油炸、漂烫、盐渍等生熟即食系列产品 400 余个花色品种。产品主要出口日本、韩国、美国、欧盟并畅销国内北京、上海等大城市。“日荣”牌系列产品连续多年荣获国际农博会金奖和名牌产品。

第九章　木器、金属制品加工业

第一节　木器加工

20 世纪 30 年代，境内有较大木匠铺 20 余家，工人百余名。铺号的资金一般由几家合伙人入股筹集，由精通木匠手艺的师傅主持，雇用长、短工从事木器加工。1949 年，木器加工业户 600 个，从业者 778 人。

图 12-15　日照岚桥富凯木业生产车间　　(摄于 2007 年 2 月)

“一五”时期，经过农业合作化运动，木器手工业者逐渐加入生产合作社。1956 年，全县有木业合作社 11 家，从业 430 人。

1953 年，城关木业合作组成立，有社员 13 人，生产全部为手工操作，仅能制作大众化的农具和生活用具。1957 年，划归手工业联社管理。1958 年与城关铁业社、城关修配社合并建立城关机械厂，归城关公社管理。1963 年又一分为三，归县工业局管理。1966 年增添三八刨床、刨光机、轮子锯等机械设备。1968 年，再次与城关铁业社、城关修配社合并为城关修配社，下放给城关公社管理。一年后又一分为三。

1972 年，城关木业社改为日照县木器厂，为县办大集体企业，划归县工业局管理。1978 年，企业增加 17 台设备，产品由粗笨的家具、农具发展到三开门大衣柜、书柜、包心写字台、沙发等，完成工业总产值 51.4 万元。1982 年，企业产值达 77.8 万元。1984 年，生产新型 84K — 4 写字台、大衣柜、梳妆台、食品柜、高低柜、双人床、茶几等产品，并不断更新换代。1985 年，投放海绵床、角柜、沙发等 26 种新产品。1987 年，产品发展到两大系列、40 多个品种，小牛皮波浪式沙发在临沂地区家具展销会上获一等奖。1989 年，全厂实现工业总产值 88 万元，利税 4 万元。1990 年，全市有市属木器加工厂 2 家，乡镇企业 7 家，村办企业 36 家。

图 12-14　日照县爱国人民公社修配厂铁木业工人制造的产品　　(摄于 1958 年 11 月)

1993 年，石臼、西湖、南湖 3 个乡镇(街道)各有一家集体所有制木制品加工企业，从业者 416 人，年生产木制家具 4 万件，实现工业总产值 1420 万元。村办家具制造企业 42 家，从业者 427 人，年生产木制家具 5 万件，实现工业总产值 2712 万元。个体家具业制作木制家具 12 万件，价值 3626 万元。到 90 年代末期，乡、村两级集体办木器加工企业大多改制成为股份制企业或私有企业。

“九五”“十五”期间，一些规模化木制品加工企业相继投产。2003 年 8 月，日照岚桥富凯木业有限公司正式投产，公司位于日照市高科技工业园内，为中美合资企业，注册资本 800 万美元。以生产卫浴储柜、室内家具及集成材等高档木制品为主，产品全部销往欧美市场。2007 年 4 月，日照志诚金和木业有限公司投产，以生产实木办公桌、餐桌为主，同时设计生产各种高档书柜、酒店用椅等日常木制用品，产品全部出口欧美各国和澳大利亚。年可加工木制品 60 万件，实现产值 4800 万元。

日照大华木业有限公司位于河山工业园，系民营企业。原为日照街道城关三村大华木制品厂(始建于 1994 年)，2003 年 4 月迁入。2007 年，公司固定资产 1800 万元，总资产 2400 万元，职工 200 人，拥有生产实木家具生产线、油漆自动生产线 2 条，主要生产实木咖啡桌、椅、文件柜等 3 大系列 100 多个品种，产品全部销往北美、欧洲等国家和地区。全年实现工业总产值 3000 万元，税收200万元,利润160万元。

2007年,全区规模以上木制品加工制造企业10家,完成工业总产值3.9亿元,实现利润2215万元,上缴税金875万元。

第二节　金属制品加工

境内金属制造业历史久远。清末,城关人孙浦父子利用锡板制作茶具、酒具等,工艺精巧,人称"孙锡壶"。

20世纪40年代,镀锌白铁传入境内,白铁业开始兴起。产品有烟筒、烧水壶、水桶、端子、聚口等。1949年,从事铁业生产的有260户,从业398人。生产材料为各种铁皮,产品主要是农业生产工具和炊具用品。新中国成立初期,金属制品业比较薄弱。到1956年,全县共建铁业合作社18家,从业618人。这些铁业社后来发展成公社办农机厂。

60年代,集体办金属制品企业主要生产石工锤、扁铲、阀门等产品。70年代,主要生产铸铁水管、工具锤、元钉、合页、三角铁等。1977年,虎山农机厂金属制品车间分出,迁入县城,成立日照市铝制品厂,固定资产4.2万元,主要生产铝壶、铝锅。1984年,有职工31人,生产各种铝制品2.3万件,镀锌铁件190吨,产品有铝壶、铝锅、铝扣、铝锅盖、铝铸件、镀锌铁件等。1985年,并入日照市第一塑料厂。1986年,境内从事金属制品业的企业有9家。其中,市属集体企业2家,乡镇企业7家。共有固定资产449.8万元,职工914人。年工业总产值865.8万元,上缴利税114.9万元。产品主要有金属门窗、橱柜、铝制盆、锅、八角锤、元钉机等。1986年,石臼五金机械厂转为市办合作工厂,拥有固定资产187.24万元,职工357人,产品有八角锤、石工锤、扁铲等。1988年生产的美式八角锤获省优质产品称号。1993年,全区有乡镇办金属制品企业4家,从业257人;村办金属制品企业12家,从业322人。乡、村两级企业生产铁制小农具48万件,铁制小农具修理46万件,制作手工工具52万把,铝合金门窗12吨。1994年3月,东港区伟业五金工具厂成立。1995年,被山东五金矿产进出口公司命名为定点生产厂家。生产锤子、斧子、锄头、镐头、钢叉等90多种产品,180余万件,年出口交货值1000多万元。日照市建业锻造有限公司,集锻造、机加工、模具为一体。主要生产五金工具、锁具、线路紧具等产品,年产值600多万元,利税100多万元。日照市东泰门窗工业有限公司,已发展成集木门、铝塑门窗及防火产品加工制作为一体的规模企业。年产值5000多万元。2002年1月,日照捷杰工具制造有限公司在日照市高新科技园区成立,为外商独资企业,主要生产销售组合式车库、活动车架、体育器材、五金手工具等五金机电类产品,销往美国、欧洲、加拿大、南非、东南亚等20多个国家和地区。2007年,产值3000万元,创汇400万美元。南湖镇工业基地先后建成日照立希林金属制造有限公司和日照精思特殊材料有限公司等企业。2007年5月,立希林金属制造有限公司部分车间投产,主要从事各种金属精密零部件生产加工,产品应用于国内外各种升降机机械设备及建筑行业。日照精思特殊材料有限公司由上海精思机械设备公司投资建成,注册资金500万元,2007年6月投产运营。主要生产不锈钢微丝,产品用于航空、航天、医疗、电子、化工、汽车、高档针织、通讯科技等行业。

第十章　造纸、印刷工业

第一节　造纸

新中国成立前,境内就有土造烧纸和包装纸生产销售活动。

70年代末,建起日照市造纸厂、黄海造纸厂两家现代技术造纸企业。

1988年4月,奎山乡政府投资创建黄海造纸厂,总投资1380万元,职工340人,设计年生产能力5000多吨。主要产品是30克有光纸、30～50克书写纸及小批量卫生纸和草纸。有光纸和书写纸的生产原料是麦秧,卫生纸和草纸的原料主要是企业生产的下角料和再生纸。1991 年，30 克有光纸获"部优产品"称号。1994 年和 1995 年，企业生产达到鼎盛时期。1995 年，生产 30 克有光纸 1480 吨，生产 30 ～ 50 克书写纸 3000 吨，实现利税 220 万元。后因污染问题，1996 年 7 月关闭。

2002 年 10 月，由日照市第一轻工业公司和山东省国际信托公司共同投资的日照市木浆厂建成投产。厂址位于日照经济开发区，集制浆、造纸于一体，主要产品是漂白硫酸盐化学木浆和高档白卡纸板。2005 年 8 月，企业与新加坡金鹰国际集团的子公司亚太资源集团合作，共同投资 113 亿元，成立山东亚太森博浆纸有限公司，原投资方一轻公司和信托投资公司各占 5% 的股权，新加坡亚太资源集团占 90% 的股权。公司年产阔叶硫酸盐商品浆 100 万吨，产品主要销往省内、华南、东北地区。木浆产品国际市场占有率 7% 左右，白卡纸板市场占有率 20% 左右。2007 年 10 月 29 日，山东亚太森博浆纸有限公司二期工程——100 万吨木浆项目正式开工建设。

图 12-16　山东亚太森博浆纸有限公司生产车间　　(摄于 2006 年 8 月)

第二节　印刷

20 世纪 20 年代初，境内主要有碑廓和宋家庄 2 家石印局，印制小票、广告和家谱。30 年代，有城关安成斋兄弟办的"福来"石印局、佘润生办的"同文"石印局，丁禄卿、丁明斋在涛雒办的"友文"石印局(亦称丁家印刷厂)，涛雒葛氏办的"广生"石印局和石臼"长记"轮船公司印刷所。其中，"友文""福来""同文"石印局的设备较为完备。长记轮船公司印刷所有铅印机 2 台、石印机 6 台、转盘机 1 台。主要承印县内各商号及社会团体的文书、账簿、商标、广告、包装盒等，每逢年节还能印制套色年画。日本侵略军侵占日照后，印刷业相继倒闭或转行。

1945 年，"福来"石印局改成新华书店印刷厂，后并入县印刷厂。有石印机 8 台，职工增至 70 余人。涛雒的"友文"石印局接受民主政府领导，加入滨中印刷厂，并由涛雒迁往日照城关。滨中印刷厂的石印机，一人摇车，一人滚墨，一台石印机每天印刷 1500 ～ 1600 页。土地改革运动开始后，滨中印刷厂印制大量的土地文书。1947 年国民党军队进攻日照，滨中印刷厂从日照转移到五莲，后又迁到莒南境内。1948 年，滨中印刷厂行政人员参加整编，职工全部回乡，印刷厂关闭。

1952 年，成立城关印刷生产合作社(后改为日照县印刷厂)，属县手工业联社管理。有石印机 2 台，印刷表册、账簿及小布告等。1956 年，增加 3 台铅印机及部分设备，产品品种也扩大到各种表格、账册、学生用品、单据、书刊、报纸等。1958 年，印刷厂转为地方国有企业，业务隶属"日照红旗"报社，更名为日照县红旗印刷厂，年工业总产值 8.87 万元。1959 年日照红旗报社撤销，隶属县工业局管理。"文化大革命"期间，企业管理趋向混乱。1974 年，停产半年。1979 年后，经过整顿，企业经济效益提高。1980 年，添置胶彩印设备，发展彩印产品，业务范围扩展到平邑、沂南、临沂等地。1984 年又增加塑料包装等新产品。1985 年，工厂下设排版、铅印、装订、制版、胶彩印、凹印 6 个车间，主要设备 23 台，年产量达 1925 万印张，实现工业总产值 103 万元。1989 年，固定资产 121.03 万元，完成工业总产值 176.2 万元，利税 26.18 万元。1990 年，日照市印刷厂并入日照报社。2002 年 10 月改制成股份制企业，更名为日照报业有限公司，固定资产 2000 余万元，职工 120 多人，拥有印前、印中、印后设备 60 余台套，主要从事书刊、报纸、彩色包装、精美彩页、企业简介、产品画册、表格、文件红头及各种社会零活的印刷装订业务。图书印装质量连续10年在山东省及国家新闻出版总署组织的评比中名列前茅，1000余种图书被省和国家新闻出版总署评为优质产品。

1989年，境内有城关、石臼等乡镇印刷厂及一些学校、企业办的印刷厂。1990年，有乡镇印刷企业4家，从业166人，完成工业总产值210万元；村办印刷企业5家，从业178人，完成工业总产值390万元。全年书刊印刷品19.1万令，本册1.6万本。90年代中期，随着微机、复印机等自动化办公设备的普及，小型印刷业受到冲击，纷纷停产。而一些私营彩印厂和以包装物生产为主的综合性印刷厂相继投产。

“十一五”初期，全区印刷企业发展到81家。其中，股份制企业18家、个体私营企业63家。印刷技术也由单一铅字印刷，发展到彩色平面印刷、凸版印刷和不干胶印刷等。2007年，全区15家印刷企业实现产值1.2亿元，利税600万元。

图12-17　日照日报印务中心装订车间　(摄于2007年)

第十一章　工艺美术工业

境内工艺美术业源远流长。风筝、彩灯、剪纸、泥塑、编织、刺绣、陶艺等工艺流传于民间的能工巧匠之手，其工艺品地方特色和时代气息浓郁，深受人民群众喜爱。

第一节　抽纱刺绣

新中国成立前，民间巧妇手工制作各种绣花鞋、绣花鞋垫、绣花帽子、绣花枕套、绣花门帘等。直到现代，民间手工绣仍经久不衰。

20世纪70年代后期，刺绣业开始进行规模生产。1981年，石臼工艺刺绣厂建成投产，主要生产线缝、抽纱、勾针等，产品大部分出口。企业先将原材料发放到社会加工点，进行粗加工，然后收回再进行细加工。先后发展社会加工点60处。90年代初期，全区乡镇办抽纱刺绣企业6家，村办抽纱刺绣企业21家。后期，乡、村集体办抽纱刺绣企业多转为股份制或私营企业。日照惠艺绣品有限公司、日照市工艺刺绣厂、日照市东美抽纱有限公司、日照市凯利绣品有限公司、日照市博源绣品织造有限公司、日照华龙绣品公司、日照鸿泰抽纱有限公司、日照市美丽达抽纱有限公司等规模企业也快速发展起来。抽纱刺绣行业规模不断扩大，生产设备逐年更新，电脑绣花机、电动万能绣花机、电脑绘图设备得到广泛的应用，产品档次、质量得到大幅度的提升。规模企业在自身发展的同时，也带动周边区域个体手工、机绣的发展，解决了部分农村剩余劳动力就业问题。如陈疃镇南鲍疃、北鲍疃、沈疃三村、下家庄几个村庄居民

图12-18　日照惠艺绣品有限公司生产车间　(摄于2007年)

为大企业进行刺绣产品初加工。2007年,全区抽纱刺绣企业发展到257家,实现产值5.4亿元,利税1.7亿元。

第二节　地毯

1986年,境内有丝山乡秦家楼村等村办地毯厂13家,从业530人。1987年7月,日照市外贸局与西湖乡政府共同投资(外贸局占70%,西湖占30%),在西湖乡驻地建起日照市外贸地毯厂,职工100多人,当年生产羊毛地毯3178平方米。1989年,全市村办地毯厂发展到27家,从业1105人,完成工业总产值583万元。1990年1月,外贸局撤出日照市外贸地毯厂投资。西湖乡政府利用原厂房继续生产地毯,更名为日照市西湖地毯厂,职工130人。在西湖多个村和黄墩、莒县等地设加工点,总人数超过3000人,年产值200多万元。同年,外贸局在海曲东路建成日照市外贸地毯厂,在原有160名技术工人的基础上又招工100多名。并在莒县、五莲、平邑、诸城、临曲、莒南及当地的几个乡、村设加工点69家。

1993年,全区有日照市西湖地毯厂、日照市竖旗山地毯加工厂等3家乡镇集体办地毯厂。从业119人,完成产值369万元,实现利税9万元,生产地毯19022平方米。1995年5月,市外贸地毯厂与市外贸服装厂合并,改为日照市兴旺纺织服装厂。

“十五”时期末,全区有地毯企业7家。日照东升地毯有限公司年生产能力2300万平方米。其中,威尔顿机织地毯800万平方米,针刺地毯1200万平方米。2006年“东升”牌机织提花地毯被评为中国名牌产品。2007年,全区地毯企业实现产值9.8亿元,利税8000万元。

图12-19　东升地毯集团有限公司生产车间　(摄于2007年)

第三节　竹、草、条柳编织

新中国成立前,民间主要有柳条编、竹编、蒲编、苇编、草编等,产品为提篮、提盒、簸箕、�童子、提篮、草帽、斗笠、蓑衣、席子、酒篓、驮篓、筐、筛等。城关小莲村和涛雒镇李家潭崖村的竹编业、城关七里河子的蒲编业最负盛名。

1913年,在日照平民工厂增设竹编科,有1名技师和十几名工人,生产各式提篮、扣盒等。竹器材料多用绿竹,加工精巧细密。“七七事变”后,工厂被迫关闭。此后,手工编织业在民间逐步扩展。据1959年日照县手工业管理局调查统计,新中国成立前存在于民间的编织业有1543户,从业2160人。

50年代,在大办合作社的高潮中,城关七里河村成立蒲业生产供销社,涛雒李家潭崖村成立竹业生产供销社,崔家庄子村成立席业生产供销社,入社人数614人。

改革开放后,编织业快速发展。许多生产大队(村)办起草柳竹编,有一些产品走出国门,出口创汇。80年代中后期,塑料制品(特别是塑料篮子、盘子、雨衣)涌入市场,冲击传统编织业,竹藤棕草制品业逐渐萎缩。2003年后,山东隆迪纺织有限公司实行多元化生产,在生产纺织、抽纱的基础上,开发研制草柳编有关技术,生产各式花篮、宠物玩具等,将草柳编制品推向高层次、高品位。2007年,全区竹、草、条柳编织企业共25家,实现产值9000万元,利税200万元。

图12-20　竹编成品　(摄于2006年5月)

第十二章　电器、电子工业

第一节　电器

1956年，国家投资600元、工人集资13万元创建日照县电器修理厂，归县手工业联社管理，修理以手工操作为主。1971年起，开始生产电器产品。1973年4月划归县工业局管理，固定资产20万元，职工69人。1977年，从城关南门外迁至海曲东路，拥有固定资产40万元，职工135人。1985年，更名为日照市电器厂(与日照市钢窗厂并称)，划归日照市机械化工局管理。1986年，固定资产增加到127万元，职工147人。先后生产交流电动机、电力变压器、起动补偿器、起动箱、汽车及拖拉机发电机、交流接触器、气动控制器、配电盘等。于1996年合并到日照市水泵厂。

日照市电器开关厂，1995年被电力部、机械工业部确定为成套电器专业生产厂家。2003年，率先获得国家强制性CCC产品认证证书和ISO 9001质量管理体系认证证书。2005年10月，改制成立日照市阳光电器有限公司。公司下设日照市变压器厂、日照市电器开关厂。主要生产高、低压开关柜、ZBM箱式变电站、减压起动控制柜、ZOB系列自耦变压器、JR1型软起动控制装置、插接式母线槽、户外电缆分线箱等产品。

2007年8月，日照埃森德电源有限公司在南湖镇投入运营，公司拥有“Ascender”“攀登”两大品牌，产品包括汽车起动用电池、动力循环用电池、工业电池、镍镉镍氢电池、锂聚合物电池等，广泛应用于汽车、电子、移动通讯、电力、UPS、航空等领域，年生产能力36万组。

2007年，全区电器企业发展到30多家，主要产品为高低压开关柜、配电箱及各种型号的动力柜等。实现产值1.4亿元，利税1190万元。

第二节　电子

1989年，日照比特电话机厂在日照北路建成，主导产品是电子配件。1992年开始电话机生产，拥有7条专用生产流水线，以及波峰焊机、回流焊机、自动插件机、SMT全视觉自动贴片机、超声波清洗仪等100多台套先进的生产设备。1997年底，日照比特电话机厂被兖矿集团收购，重组成立山东比特电子有限公司。1998年起，产品大量出口欧美，成为国际著名的三大酒店专用电话品牌之一。

1993年7月，日照街道东十里村投资100万元，建成金兰通讯设备厂，职工60人。1994年生产各种电话机2万多部，年产值4000多万元。1996年改制成股份制企业，由村集体控股，145名职工参股。2000年12月，金兰通讯设备厂改制成民营企业，并在深圳设分公司，主要产品有JL—1型低压电力线载波自动抄表系列产品、JL1.1型(水、电、汽)基于“蓝牙”技术的无线集抄系统系列产品、全封闭宽电压长寿命电能表计量模块、DDS168单相交流电能表、DDSY168预付费电能表、DDSF复费率电能表、预付费水表、防火盗报

图12-21　日照市立德电子科技有限公司生产车间　(摄于2003年7月)

警器、QLB—I燃气泄露报警器、QLB—II燃气泄露报警自锁器，以及与产品配套的相关软件。

1999年下半年，日照市立德电子科技有限公司(成立于1997年)进行产品结构调整，开始进行掌上手写电脑的开发研究。2001年，又投资100多万元，购入3条现代化电子产品生产流水线，年产50万台波峰焊机等高技术设备。并成功开发出IP专用拨号器、智能IP电话机，进行批量生产。

2002年1月，日照汇丰电子有限公司在涛雒成立，为中外合资高新技术企业，注册资金1800万元。主要生产晶体、电子设备、元器件等产品。

2007年，全区电子企业共5家，完成工业总产值30491万元，实现利税2605万元。

第十三章 电力工业

第一节 管理机构

1969年11月，成立日照农电机械管理所。1970年9月更名为农电所。1978年6月，建立电业管理局。1984年5月，改称电业公司。1988年5月，恢复设立电业局，与电业公司合署办公。1989年11月，地级市建立后，电业局升为处级单位，王绪升任副局长。下设用电管理所、线路工区、变电工区等单位。1990年12月，日照市电业局划归山东省电力工业局领导。1993年，又划为市直部门。

图12-22 电业局办公楼 (摄于2007年3月)

东港区成立后，境内电力工业由日照电业局管理。1995年12月，成立日照电业局农电所。2002年1月，改称日照电业局东港农电所，9月又改称日照供电公司东港供电部，负责东港区的供电、用电工作。

第二节 电力生产

1921年，商人李育宸创办石臼启明电灯有限公司，有14千瓦柴油发电机1台。1924年开始发电，主供石臼商号照明，装灯泡约300盏。由于经营不利，1926年停止发电。

1956年10月，县广播站装置1台7.5千瓦柴油发电机，发电量仅供站内广播播出和照明。1958年，由县财政拨款7.9万元在城西建成灯塔电厂。用2台柴油发电机组发电，供县直机关、学校、部队及企业事业等75个单位照明，装灯泡约5100余盏，年发电量约19.8万千瓦时。1963年5月柴油发电机停止运行。1960年3月，日照水电站在日照水库破土动工。1963年1月正式发电，年发电量61.8万千瓦时。

20世纪60年代初开始，境内化工、机械、农机、石棉等工业发展较快，石臼所港1000吨泊位码头即将投产，工业用电负荷成倍增长，缺电严重。1965年，省电力工业局批准在灯塔发电厂旧址建设火力发电厂。1968年9月，一号机组(中温中压瑞典2400千瓦机组)开始发电。二号机组(D、DK44:2400千瓦发电机组)于1972年7月投入运行。第二期工程N6—35—1:6000千瓦机组(三号机组)于1974年11月开工，1977年2

月投入运行。全县发电量从1967年的127.3万千瓦时，上升到1978年的3573.2万千瓦时。

1968—1972年，日照水电站进行扩建，装置1台800千瓦水轮发电机组。水电站从建站到发电共投资140万元，年发电量最高可达300万千瓦时。1975年和1981年，分别在马陵水库、巨峰水库及石嘴子干渠建小水电站3处，装发电机4台，总容量325千瓦，但因受水量限制，发电时断时续。

为了弥补电力生产的不足，一些市属厂矿和乡镇企业陆续自备小型发电设备。1986年，全市有不同功率的柴油发电机组167部，总容量7824千瓦，年发电量在4万千瓦时左右。1987年，全市有火力发电厂1处，水利发电站4座。火力发电厂年发电量4568万千瓦时，是1958年的230倍。1989年，全市发电量为0.72亿千瓦时。

90年代初，国家治理、整顿“五小”企业，小发电厂先后被取消。日照市热电厂保留下来为城市居民集中供热。1996年，日照市热电厂进行改制，称日照市东方热电有限公司。2004年，改制为民营企业，总资产为1.94亿元，其中固定资产9.3亿元。至2007年，公司总资产为2.1亿元。90年代中后期，国家在日照规划建设一座新建大型燃煤火力发电厂，规划装机总容量250万千瓦。

图12-23　东方热电公司　(摄于2007年10月)

1997年3月18日，华能日照电厂正式开工兴建。一期工程2×35万千瓦机组，总投资51.08亿元，其中环保投资3.58亿元。两台机组分别于1999年9月15日、2000年1月13日投产发电。2001年，电厂直接进入国家一流火力发电厂行列。2002年12月，电力体制改革资产划转后，中国华能集团公司拥有日照电厂60%的股权，成为第一股东。2007年5月16日，华能日照电厂二期工程正式开工建设，工程静态总投资41.5亿元，动态总投资44亿元，由华能国际电力股份有限公司全资建设。二期工程建设2台68万千瓦国产超临界燃煤火力发电机组，同步安装海水脱硫装置，并对一期2台35万千瓦燃煤发电机组实施脱硫改造。二期工程建设将缓解日照市和青岛市的缺电问题。

第三节　输电网络

新中国成立后，境内建成的小型水电站和火电厂，主要向近距离的周边地区供电，未建设输电网络。

1969年，开始筹建日照县电厂至高旺输变电工程，线路为两线一地制，共24千米，于1970年12月建成。1971年12月，新建高旺变电站正式送电，主变容量为1000千伏安，为日照第一个35千伏输变电工程。

1974年4月，日照县电厂至李家沟输变电工程竣工投运，线路全长29.3千米，主变压器容量1000千伏安。1978年，35千伏水库变电站和日照县电厂至水库变电站输电线路建成投运，主变压器1台，1000千伏安，线路长13.2千米。同年年底，日照县电厂至河山35千伏输电线路和河山变电站建成投运，线路长12.93千米，主变压器1台，容量1800千伏安。1979—1984年间，共架设35千伏高压输电线路66.8千米，建成城北、石臼、南湖等35千伏变电站。形成以日照县电厂为中心，向四面辐射的35千伏独立供电网络。1982年7月，在临沂地区莒南县十字路镇兴建的110千伏临时简易变电站投入运行，经过莒南坪上、日照碑廓两个35千伏变电站向日照供电，解决日照港和兖石铁路建设用电问题，1984年退出运行。1982年，220千伏临沂至日照输变电工程开始筹建。1984年1月全部竣工，线路全长132.4千米，日照境内长37.43千米，主变压器1台，容量90000千伏安。该工程是日照港建设的

图 12-24　日照地区第一座 220 千伏变电站　(摄于 1984 年)

连接，全长 87.27 千米，从此日照电网实现双电源供电。12 月，110 千伏黄海变电站竣工投运，主变压器 1 台，容量 31500 千伏安，(日)照黄(山)线路全长 15.3 千米。该输变电工程的建成，进一步缓解了石臼地区用电紧张局面。1995 年 2 月，110 千伏正阳Ⅰ、Ⅱ支线投运。7 月，110 千伏正阳变电站竣工投运，主变压器 1 台，容量 31500 万千伏安。1997 年，为保证日照发电厂电力顺利送出，加大电网建设，主网架开始向 220 千伏迈进，电网规模迅速壮大。1998 年 6 月，

重要配套项目。同年 6 月，日照电网与山东电网联网，缓解日照用电紧张问题。7 月，35 千伏照明线路建成投运，使 220 千伏日照变电站(后改称兴海变电站)与日照热电厂实现连接。同年 12 月建成投运 35 千伏日照变电站至南湖输变电工程。并新建南湖变电站 1 座，主变压器 1 台，容量 2000 千伏安，线路全长 10.34 千米。1986 年 5 月，35 千伏奎山变电站建成投运，主变压器 2 台，容量 2000 千伏安，线路全长 6.96 千米。同年 12 月，建成投运 35 千伏南湖至三庄输变电工程。新建三庄变电站 1 座，主变压器 1 台，容量 1800 千伏安，线路全长 16.54 千米。

1988 年 12 月，35 千伏日照变电站至城东岭输变电工程建成投运，新建城东变电站 1 座，主变压器 2 台，容量 6300 千伏安，线路全长 6.18 千米。1989 年 5 月，建成投运 35 千伏奎山变电站至涛雒变电站输电线路，长 11 千米。1990 年，全市共建成 220 千伏变电站 1 座，主变压器 1 台，容量 9 万千伏安，220 千伏线路 37.43 千米；35 千伏变电站 13 座，主变压器 14 台，容量 65550 千伏安，35 千伏线路 246.8 千米。年供电量 23420.4 万千瓦时。1991 年 10 月，110 千伏(日)照汾(水)线建成，全长 38.13 千米，是市区与南部乡镇主要电力通道。1994 年 9 月，220 千伏万(家)(日)照线投入运行，线路北起潍坊万家变电站，南与日照变电站

对原 220 千伏万照线进行改造，自万照线 116 号至 117 号杆断开，分为(日)照(五)莲、万(家)(五)莲两条线路，220 千伏日照变电站也由受电端变为送电端。11 月，220 千伏电海线竣工并投入运行，线路全长 23.59 千米。1999 年 7 月，对原 220 千伏(日)照九(莲)线进行改造，由原来的 220 千伏日照变电站出线更改为日照发电厂出线，线路由照九线更名为电(厂)九(莲)线，全长 50.575 千米。2000 年 1 月，220 千伏电港 I 线、电港 II 线竣工，线路全长 7.39 千米。5 月，220 千伏东港变电站竣工投运，主变压器 1 台，容量 18 万千伏安。2001 年 4 月，550 千伏日照变电站竣工投运，主变压器 1 台，容量 500 千伏安。2005 年 1 月，110 千伏兴(海)学(大学城)线投运，线路长度 15.3 千米。3 月，220 千伏照莲Ⅱ线投运，线路长 39.1 千米。2006 年 12 月，兴(海)古(镇)线和港(口)古(镇)线投运，线路长度分别分 12.5 千米、10 千米。

2007 年，东港境内电网共有 500 千伏变电站 1 座，主变压器 1 台，容量 500 兆伏安。500 千伏线路 1 条，95.4 千米。220 千伏变电站 2 座，主变压器 4 台，容量 570 千伏安。220 千伏线路 9 条，401.5 千米。110 千伏变电站 7 座，主变压器 11 台，容量 383.5 千伏安。110 千伏线路 12 条，183.5 千米。35 千伏变电站 6 座，主变压器 10 台，容量 91.5 千伏安。35 千伏线路 10 条，182 千米。

2007年东港区境内35千伏以上变电站情况表

表12-6

站名	变电站投运时间	电压等级（千伏）	主变压器			站址
			台数	型号	容量(兆伏安)	
日照站	2001年4月	550	1	ODFPS-167000/500	500	陈疃镇
兴海站	1984年6月	220	1	SFPS3-90000/220	90	日照街道屯沟村
	1992年10月		1	SFPS7-120000/220	120	
东港站	2000年1月4日	220	1	SFPSZ7-180000/220	180	日照开发区疏港路中段
	2005年12月		1	SFSZ10-180000/220	180	
公园站	2001年6月	110	1	SZ10-50000-110/10	50	泰安路东首，青岛路东侧
	2001年12月		1	SZ9-31500-110/10	31.5	
黄海站	1994年12月	110	1	SFZ7-31500-110/10	31.5	石臼街道小滩
	1999年3月		1	SFZ8-31500-110/10	31.5	
正阳站	1999年3月	110	1	SFZ8-31500-110/10	31.5	正阳路
	1995年8月		1	SFZ7-31500-110/10	31.5	
滕家站	2000年7月	110	1	SFZ9-31500-110/10	31.5	日照中小企业园
	2001年11月		1	SZ9-31500-110/10	31.5	
大学城站	2003年12月	110	1	SZ9-31500-110/10	31.5	日照新市区
古镇站	2006年12月	110	1	SZ10-50000-110/10	50	奎山镇
十里站	2006年12月	110	1	SZ9-31500-110/10	31.5	日照十里铺
涛雒站	1994年8月	35	1	SZ11-20000-35/10	20	涛雒镇
	1999年8月		1	SZ11-20000-35/10	20	
南湖站	1984年12月	35	1	SZ7-6300-35/10	6.3	南湖镇
	1994年12月		1	SZ9-6300-35/10	6.3	
三庄站	1995年10月	35	1	SZ7-5000-35/10	5	三庄镇
	2001年1月		1	SZ7-5000-35/10	5	
河山站	1995年12月	35	1	SZ7-6300-35/10	6.3	河山镇
	2002年12月		1	SZ9-6300-35/10	6.3	
于家站	2004年12月	35	1	SZ9-10000/35	10	两城镇于家村
陈疃站	2006年1月	35	1	SZ9-6300/35	6.3	陈疃镇

2007年东港区境内35千伏及以上输电线路情况表

表12-7

线路名称	电压等级（千伏）	起止地点	投运时间	线路长度（千米）	导线型号	杆塔总数（基）
日照站	550	沂蒙站—崂山站	2001年3月	95.4	4*LGF-400/35	260
电九线	220	发电厂—九莲站	1999年6月	50.575	LGJ-400/50	166

续表 12-7

线路名称	电压等级（千伏）	起止地点	投运时间	线路长度（千米）	导线型号	杆塔总数（基）
电海线	220	发电厂—兴海站	1998 年 11 月	23.592	2*LGJ-300/40	81
电港Ⅰ线	220	发电厂—东港站	2000 年 1 月	7.395	2*LLBJ-300/40	26
电港Ⅱ线	220	发电厂—东港站	2000 年 1 月	7.395	2*LLBJ-300/40	26
照港线	220	日照站—东港站	2001 年 4 月	35.806	2*LLBJ-300/40	130
照海Ⅰ线	220	日照站—兴海站	2001 年 4 月	20.457	LGJ-400/50	79
照海Ⅱ线	220	日照站—兴海站	2001 年 4 月	19.429	LGJ-400/50	61
照莲Ⅰ线	220	日照站—五莲站	2001 年 4 月	38.293	LGJ-400/5	117
照莲Ⅱ线	220	日照站—五莲站	2005 年 3 月	39.184	LGJ-400/50	112
兴园港线	110	兴海—公园—港口	1984 年	15.070	LGJ-185	43
兴滕线	110	兴海站—滕家站	1984 年	7.222	LGJ-185	28
兴岚线	110	兴海站—汾水站	1991 年 11 月	31.024	LGJ-150	169
兴正线	110	兴海站—正阳站	1995 年 12 月	6.44	LGJ-240	34
港黄Ⅰ线	110	东港站—黄海站	2000 年 7 月	2.88	LGJ-240	15
港黄Ⅱ线	110	东港站—黄海站	2000 年 7 月	2.88	LGJ-240	15
港正线	110	东港站—正阳站	2000 年 7 月	10.04	LGJ-240	48
港滕线	110	东港站—滕家站	2000 年 7 月	5.576	LGJ-240	28
东园港线	110	东港—公园—港口	2000 年 7 月	13.882	LGJ-240	44
兴学线	110	兴海站—大学城站	2005 年 1 月	15.3	LGJ-240/40	79
兴古线	110	兴海站—古镇站	2006 年 12 月	12.571	LGJ-240	36
兴十线	110	兴海站—十里站	2007 年	5.985	LGJ-300/40	32
兴河线	35	兴海站—河山站	1975 年 10 月	12.492	LGJ-150/25	123
热电厂线	35	东港站—热电厂站	1984 年 7 月	2.16	LGJ-120	14
兴南线	35	兴海站—南湖站	1984 年 12 月	10.173	LGJ-150/25	83
奎涛线	35	奎山站—涛雒站	1989 年 5 月	11.127	LGJ-95	95
兴化线	35	兴海站—化肥厂	1999 年 4 月	5.186	LGJ-150/20	56
奎后线	35	奎山站—后村	2001 年 4 月	12.592	LGJ-150/25	113
三黄线	35	三庄站—黄墩	2001 年 5 月	13.163	LGJ-150/200	114
河于线	35	河山站—于家站	2005 年 1 月	7.4	LHJ-240	37
南陈线	35	南湖站—陈疃站	2005 年 8 月	10.83	LGJ-150/25	72
三陈线	35	三庄站—陈疃站	2005 年 8 月	8.137	LGJ-150/25	61

第四节　用电

境内电力最先应用于城区商业、机关单位照明，后广泛应用于工业、农业、居民生活。1986年，河山镇窝落村通电后，境内实现户户通电。20世纪90年代后，供电企业创新和探索新型服务管理方式，完善供电、故障抢修等服务措施，满足工农业生产、交通运输及居民生活需求。

农业用电

日照电网原为农网，面向农村，为农业生产和农民生活服务。1963年，有农业专用线路6.25千米，小型电灌站6处，配变250千伏安，灌溉面积46.67公顷。1970年，全县有农电线路55.1千米，90个生产大队用电，电灌站19处，装机容量1670千瓦，灌溉面积1333.33公顷。到1985年，6～10千伏农用线达801.3千米，0.4千伏以下线路1680.6千米。22个乡镇、1002个村、19.2万户用上电，用电户占全市总户数的81.17%。有电灌站51处，机井78眼，装机总容量3774千瓦，灌溉面积4333.33公顷，用电量达280万千瓦时。1985年，全市农村有300个不同类型的企业，总装机容量达47506千瓦，用电量达3249万千瓦时(含生活照明)，占全市用电量的52%。1989年，农村用电基本满足要求，用电量达到2430万千瓦时。

90年代后，全区农、林、牧、渔、水利业用电逐年稳步增长。2002年，用电9451万千瓦时，占全区总用电量的3.31%。2007年，用电10741万千瓦时，占总用电量的3.15%。

工业用电

境内工业从20世纪50年代末兴起，多数企业没有电源，以柴油机作动力。1967年，只有发电厂附近几家工厂使用电力，装机总容量500千瓦。1975年，电力线路开始普及，但由于受电力能力限制，仅供日照城和石臼范围内的水泥、化肥、缫丝、化工、机械、农具、造船等部分企业用户用电，装机容量4225.5千瓦，年用电量879.05万千瓦时。1985年，工业用电户遍及全市，装机3012台，功率28715千瓦，年用电量达4301.2万千瓦时。1989年，工业用电量上升到8943万千瓦时。

2000年，全区工业用电量为20.59亿千瓦时，占全区总用电量的74.23%。2005年，工业用电量为24.99亿千瓦时，占总用电量的75.48%。2006年，工业用电量为25.5亿千瓦时，占总用电量的74.82%。2007年，工业用电量为26.98亿千瓦时，占总用电量的78.39%。

交通运输用电

1958年，石臼渔港自备8千瓦汽油发电机组1部。1968年架设发电厂至石臼10千米长的10千伏高压输电线路，装100千伏安变压器2台。由于港口吞吐量增加，1980年重调180千伏安变压器1台，装机406千瓦，自备180千瓦柴油发电机1部，年用电量22.3万千瓦时。

1985年石臼港建成投产后，专配110千伏变电站1处。主变压器2台，功率2万千伏安，1985年3月投运。直接为码头服务的5个配电工程，大都采用国外先进技术及设备，配置12台9000千伏安变压器，6千伏高压电机37台、18135千瓦。为港区服务的9个变电工程，共配变压器11台，3940千伏安。1987年，港区用电增加到1161万千瓦时。1990年，日照港用电量为1726.14万千瓦时。

2000年，境内交通运输业用电12683万千瓦时，日照港务局全年用电量4348.2万千瓦时。2007年，全区交通运输业用电15229万千瓦时，占全区总用电量的6.32%。其中日照港用电量为9018万千瓦时。

生活用电

1958年，全县生活照明用电量只有0.7万千瓦时。灯塔发电厂发电后，生活用电有较大普及。1959年4月，日照城的机关、部队、部分厂矿企事业单位和一些住户用上照明电，装灯5100余盏，用电量接近10万千瓦时。

1979年，电力事业基本普及全县，生活用电达128.3万千瓦时。农村用电户发展到1.9万多户，用电量380万千瓦时。1983年，农村照明用电户增加到10万余户，用电量达1137.2万千瓦时，年平均每户用电98.5千瓦时。1985年，农村用电户增至19.27万户，占全市农户的81.13%，生活用电1673.5万千瓦时，人均用电24.8千瓦时。1989年，生活用电2988万千瓦时。1990年，市政生活用电达到2867万千瓦时，占全市总用电量的20.4%。

2000年，全区城乡生活用电22346万千瓦时，占全区总用电量的8%。其中，乡村居民生活用电13787万千瓦时，城市居民生活用电8559万千瓦时。

2007年，全区城乡生活用电27738万千瓦时，占全区总用电量的8.14%。其中，乡村居民生活用电17033万千瓦时，城市居民生活用电10705万千瓦时。

第十四章 工业园区

第一节 工业聚集地

2000年，区委、区政府提出“工业强区、商贸富区、旅游兴区、农业稳区”发展战略，并按照“高起点规划、高标准建设、高速度推进”要求，开展产业聚集区建设。全区将镇级工业聚集区作为培植经济快速增长的重要载体，以实现土地资源集约利用，集中配套服务设施，形成相关产业链，带动全区工业的发展和扩张，促进全区工业化进程。

2003年开始建立涛雒工业聚集区，基础设施累计投入4500万元。三庄、西湖、陈疃三个相邻镇于2004年在交界处联合创办日照市郊区工业聚集区，总规划面积600公顷。坐落在河山镇的国际工业聚集区，运用市场化开发模式，把工业建设与房地产开发结合起来，调动各方积极性，做到政府、开发商和客商三个满意。南湖镇镇、村联办工业聚集地，解决工业发展用地问题，达到富民、富财政和保社会稳定目的。

镇级工业聚集区不断加强软、硬环境建设，增强载体功能，成为招商引资的有效平台。至2007年，全区工业聚集区基础设施累计投入41760万元，整修道路156.7万平方米，装电总计达4277.69万千伏安。

至2007年，全区各镇(街道)共引进企业253个，项目投资26.56亿元，其中固定资产投入19.98亿元。入驻企业中已投产的为133家。

附：镇级工业聚集区简介

河山工业聚集区 2004年，河山镇采用市场化运作方式，同荣安集团合作建设国际工业园。园区总开发面积600公顷，一期工程占地33.33公顷。2005年，投资1980万元，进行山海一路、山海二路、山海三路、山海四路和临沂北路建设，与204国道、潮石路、开发路共同构建了“三纵五横”的园区路网框架。

2006年，投资6000万元进行园区基础设施配套建设。园区给水、雨污分流制排水、燃气、电力、通讯、宽带、有线电视、热力供给多种管线全部一次性入地。建成后，道路硬化总长度13.8千米，硬化面积17.49公顷，绿化面积37.71公顷。基础设施建设总概算投资17954万元。至2007年，园区内共招引项目48个，计划投资15.6亿元，已到位资金5.8亿元，其中已投产23家、在建15家、已签协议待开工10家。

两城镇项目聚集区 两城项目集中区位于两城镇驻地以南、青岛路以西，2004年开始建设。规划面积500公顷，分项目建设区、生活服务配套区、休闲娱乐区3个区域。

项目集中区服务配套设施齐全。至2007年，已开发300公顷，基础设施已完成投入5680万元。铺设供水管道8千米，铺设排水管道9.6千米，安装变压器18台，架设供电线路18千米，通讯线路5.8千米，安装路灯473盏，整修道路18条，长23.5万米，硬化面积160公顷，绿化面积13.5公顷。引进食品加工、纺织、木器加工及机械制造57个项目入住园区，计划总投资18.26亿元，已到位资金7.11亿元。其中过5000万元的项目有6个，投资2000万元～5000万元的项目12个，投资1000万元～2000万元的项目18个。已投产的项目有新丰食品厂、广德服装、泰达家纺、鑫隆机械制造、志诚家纺、东明铸造等16个。

南湖镇工业聚集区 南湖镇工业聚集区位于335省道与县道南王公路交汇处。2003年进行一期开发，开发面积25.33公顷；2004年5月进行二期开发，开发面积28公顷；2006年3月进行三期开发，开发面积21.33公顷。至2007年，总开发面积为74.67公顷，累计投入资金1200万元，完善水、电、路、讯等基础设施，新修拓宽道路12.6千米，硬化6千米，基地内呈现四纵四横的道路交通格局。

至2007年，基地共招引项目53个，总投资6.5亿元，已有38个项目投产运营。培育规模企业13家，引进外资企业4家。形成以机械电子、纺织服装、木器加工、新型建材、食品加工为主的综合性新型工业基地。

涛雒加工制造聚集区 涛雒加工制造聚集区坐落于涛雒镇驻地，规划面积1000公顷。2003年辟建，至2007年，已建成“四纵四横”8条主干道，硬化道路、铺设供排水管道、绿化配套面积900公顷。已有55个项目入驻基地，建成投产的有22家，实际到位资金7.8亿元。

郊区工业聚集区(陈疃区域) 日照市郊区工业基地陈疃区域于2004年开始建设，规划面积，1200公顷。至2007年，陈疃镇政府共投入基础设施配套资金1200万元，硬化道路4.8公顷，埋设供排水管道13千米，分别架设两条高、低压供电线路，整平土地33.33公顷，完善了通信、有线电视、宽带等配套设施。共招商引资项目12个，已投产运营的8个，到位资金5000万元，实现年产值1.6亿元，利税1200万元，解决农村富余劳动力500余人。

郊区工业聚集区(三庄区域) 日照市郊区工业园三庄项目区，自2003年开始建设，至2007年底已开发面积100公顷，投资1200余万元，修建硬化道路，铺设自来水管道，架设10千伏、35千伏供电线路，新上程控电话等配套建设，基本实现“六通一平”(水、电、路、电信、宽带、广播电视通，场地平整)。先后招引21家企业落地园区，总投资3.3亿元，实际到位资金2.1亿元。已有更好食品、益民家纺、安杰机械、斯诺尔混凝土等19家企业投产见效。

第二节 日照高新技术产业园区

园区规划与管理

2000年，区委、区政府决定在山东路北、昭阳路东建立东港区高科技工业园，规划面积为137公顷。同年4月，成立东港区高科技工业园管理委员会，为正科级事业单位，郭建波兼任管委会主任。2002年4月，市委、市政府对园区重新定位，将东港区高科技工业园管理委员会更名为日照市高科技工业园管理委员会，管委会升格为副处级单位。2003年1月，孔凡征兼任管委会主任。6月，管委会设立办公室、政治工作部、招商部、企业管理部4个直属工作机构。园区规划面积扩大为1863公顷，北到山海路以北1千米，东到临沂路，南到山东路，西到同三高速公路。

2006年，省政府批准高科园为省级开发区，名称为山东日照工业园区。同年3月，省政府批复同意将山东日照工业园区更名为山东日照高新技术产业园区。4月，通过国家发改委审核，园区规划范围为：北到学苑路，东到沙墩河，南到山东路，西到昭阳路，面积400公顷。同年12月，高月光任高新区党工委书记、管委会主任。

2007年8月，园区管委会迁至山东路507号，下设办公室、企业服务局、投资服务局(合署办公)。11月，高月光任管委会党工委书记，白建民任管委会主任。

图12-25 日照高新技术产业园办公楼 (摄于2007年7月)

园区建设

为尽快实现由一般工业园区向高新技术产业园区转变，园区聘请专家学者，对园区的规划建设等进行编制，按照“双心两轴、八大片区”的规划布局，通过分期建设、有序开发，把日照高新区建成为产业发达、功能完善、设施齐备、环境优美、人际和谐的高新技术产业园区。

至2007年，已累计投入资金8.5亿元，对园区进行全面建设，实现了供水、供电、排水、供热、供气、通讯、有线电视及场地平整等“七通一平”。

道路工程　在修筑好山东路、昭阳路、兖州路、临沂路、聊城路、莒阳路、滨州路、学苑路等8条市政道路的基础上，通过多方筹资，修建科技路、纬一路、纬二路、纬三路、园中南路、园中北路、园中经路、园中纬路、东园中路、金马路等10条园中路。至2007年，园区内已建成“七纵十横”骨干道路网络，铺修道路总长度48.5千米，面积76.4公顷，修筑桥梁2座、管涵30余座。

图12-26　园区道路建设　（摄于2003年7月）

排水工程　对园区内已修建道路全面进行排水配套工程建设。学苑路以南区域采用雨污合流系统，学苑路以北采用雨污分流系统。2007年又修建聊城路西段、莒阳路北段区域内六条道路排水工程，排水主管道长23千米。园区内已铺设雨水管道86千米，污水管道33千米。

绿化、亮化工程　已硬化道路全部完成绿化。2007年，绿化总里程32千米，绿化总面积达64公顷。园区内科技路、兖州路、滨州路、学苑路、园中南路五条道路都安装了路灯。

供水、供电工程　2007年，已完成园区学苑路以南供水工程，从马陵水库调水工程共铺设引水管道16千米，位于学苑路南侧、莒阳路东侧日供水2万立方米的自来水厂已建成。园区昭阳路以东区域的供电工程已完成，建成11万千伏的变电站1座，共铺设供电线路23千米。

燃气、供汽工程　2007年，完成滨州路、科技路、兖州路、昭阳路等路段燃气工程。已为荣兴水产、五征电动车等企业供应燃气。热电厂一期工程正在建设中，完成3台75吨锅炉及2台1.5万千瓦发电机组建设。

通讯(弱电)工程　园区内北环路以北、山海路以南区域的通讯(弱电)工程已完成。

园区服务

2003年6月，园区设立投资服务大厅，区财政局、公安分局、市国土资源局以及市建委、市环保局、市行政执法局等有关部门先后在园区设立临时办事机构，对入园项目进行全程、全方位服务。采取“一事一议”办法，给予企业更大支持。园区还设立专项资金，奖励企业争创名牌产品、驰名商标、著名商标，鼓励企业加强研发、自主创新，提高产品科技含量和竞争力。因此，吸引大批投资者前来考察、投资，已逐步形成以生物制药、新型环保材料、电子信息、食品加工、纺织抽纱、机械制造等产业为主导的工业格局。

2007年，入园企业已达91家，实现年工业总产值40亿元，地方税收4000万元。

企业选介

日照荣兴食品有限公司　是由山东荣信集团控股的中日合资企业，建筑面积7.8万平方米，有员工1500多人。主要进行章鱼、墨鱼、鱼虾蟹等水产品精深加工，年产能力1.2万吨。已与日本、俄罗斯、美国、欧盟等十几个国家和地区的几十家知名商社建立经贸关系，并成为日照市最早通过美国HACCP质量体系认证和产品输欧盟注册认证的企业之一。公司被评为省级“食品卫生A级单位”。2007年，实现产值3.35亿元，利税1742万元。

日照锦绣纺织有限公司　是山东锦绣抽纱制品有限公司引进德国外资建成的中外合资企业，总投资2.2亿元。拥有世界上最先进的比利时比佳乐公司OMNIPLUS340布机96台(一期规模180台)，其中多臂提花机40台。年可织10S-110S单纱及120S以上合股、多喷纯棉和其他新型纤维材料高档床上用品及服装面料600万米。2007年，产值1.1亿元，利税656万元。

山东旭日汽车饰件集团　是大二型民营企业。占地面积12.8公顷，员工1200人，总资产4.1亿元，固定资产2.1亿元。集团在园区内建有日照旭日汽车灯具有限公司、日照旭颖汽车内饰有限公司和汽车旭明模塑有限公司3个企业。主要生产汽车内外装饰件、全套汽车灯具及模具等4大系列600多个产品品种，形成年生产内外饰件50万套、

图 12-27　山东旭日汽车饰件集团生产车间　(摄于 2004 年)

于 2006 年 3 月投产。以水产、面食系列产品加工出口为主，销往欧盟、美国、日本、中国香港等发达国家和地区。2007 年，实现产值 1247 万元，利税 74 万元。

日照立德电子科技有限公司　是一家集研发、生产、销售通信终端产品为一体的高科技企业。主要生产智能 IP 网络电话、智能 IC 卡管理电话、商务电话、信息电话、智能卡式电话等产品。公司注册资本 250 万元，有员工 128 人。公司已通过 ISO9001 认证及 3C 认证。拥有现代化电子产品生产线、流水线。两台年产 50 万台套的波峰焊机生产线配有先进的生产工具及检测仪表，能自主生产各种技术含量的通信终端设备。2007 年实现产值 1 亿余元，利税 802 万元。

汽车灯具 15 万套生产能力。产品主要为北汽福田、北汽有限、二汽、中国重汽、吉利、沈阳中顺、华泰现代、中国轻骑等 20 多个知名厂家的轻卡、重卡、轻客、大客、商务车、轿车等主流车型配套。2006 年，“旭祥”牌内外装饰件被评为“山东名牌”产品。2007 年实现销售收入 7899 万元，利税 677 万元。

日照佳食食品有限公司　是一家集食品加工与出口于一体的大型综合企业，占地 7 公顷。公司建造万吨冷库 2 座、加工车间 9 个。一期工程建筑面积 3.1 万平方米，已建成 2 万吨低温冷藏库 1 座、符合国际食品加工出口要求的标准化全封闭水产品加工车间 4 个、熟制面食品加工车间 1 个，以及化验、净化水处理、办公、生产保障和生产污水处理等配套设施。一期项目

图 12-28　日照立德电子科技有限公司　(摄于 2005 年 1 月)

第十五章　工业管理

第一节　管理机构

清代，县衙设六房，其中“工房”管理课税、劳务等地方工业经济。

1920 年，日照县知事公署设劝业所，管理全县工、商业。1923 年，成立县实业局。此后相继改称县建设局、县政府第四科，管理全县农、工、商、运输等行业。

新中国成立后，政府设立实业科指导、扶持、管理工业生产。

1955 年 7 月，县人民委员会设手工业联社管理科，胡燕臻、秦振玉先后任主任(科长)。1956 年 8 月，成立手工业管理局，王维成任局长。1957 年 7 月，成立日照县工业局，秦振玉任局长。1965 年 1 月，工业局改称手工业管理局，韩玉祥任局长。

1969 年 11 月，县革委决定在工业系统成立“手工业联社革命领导小组”。1970 年 9 月，成立日照县工业局革命领导小组。1971 年 5 月，日照县工业局革命领导小组改称日照县革命委员会工业局。1977 年 10 月又设公社工业局、第二工业局、社队企业局。1982 年 1 月，日照县革命委员会工业局改称日照县工业局，郑全德任局长。1984 年 11 月，机构改革时，工业局改为工业公司，褚玉钦任经理。1984 年 9 月，设乡镇企业局，辛崇顺任局长。1985 年 5 月，日照撤县建市，设日照市轻工纺织工业局，牟乃善、单文瑾先后任局长。日照市第二轻工业局(与轻工纺织工业局合署办公)、日照市机械化工局，冯重斯任局长。1990 年 8 月，乡镇企业局升为处级单位，袁文清任局长。同时，轻工业局(包括二轻局)、纺织工业局和机械化工局升为处级单位，许忠、郭勘、栾仁科分别任局长。

1993 年 3 月，成立东港区乡镇企业局，孙运锋、高悦军先后任局长。1999 年 1 月，区经贸委与区乡镇企业局合署办公，焦光顺任经贸委主任。2002 年 6 月，乡镇企业局、经济贸易委员会与对外贸易委员会合并为东港区经济贸易局，王文军任局长。2003 年 6 月至 2007 年 11 月，李先民、何昭博先后任局长。

第二节　经营、管理体制

新中国成立前，境内没有大的工业，经营基本靠自然调节。

1949 年上半年始，日照县在原有合作社(解放区的生产合作组织和供销合作组织)基础上，逐步建立起一些新型生产合作社。这些合作社由群众集资入股建成，合作进行生产和生活资料的供销、调节。

新中国成立初，日照县对分散经营的个体工业，实行“统筹安排、全面指导”的方针。1953 年起，全县贯彻“发展生产、繁荣经济、公私兼顾、劳资两利”政策，开展手工业合作化运动。根据“由小到大、由低到高”原则，从产品供销入手，适当发展手工业合作社(组)。当年全县共建立手工业生产合作社(组)13 个，社员 317 人，资金 6.03 万元。1954 年发展到 29 个行业，2288 人。1956 年，基本实现手工业合作化，全县有手工业社(组)37 个，1635 人。1957 年，手工业总产值完成 370.5 万元。

1958 年“大跃进”运动中，境内工业领域各部门竞相投资建厂、扩厂。至 8 月，全县建有大、小厂矿 3734 个。其中，县有 17 个，乡办 113 个，社办 3604 个。同时，为适应“大炼钢铁”运动需要，工业局分为重工业局和轻工业局。日照县第一钢铁厂、第二钢铁厂、五一石棉矿、红星砖瓦厂、县水泥厂等地方国有工业企业属重工业局管理，其他国有工厂归属轻工业局管理。大量的社、乡办手工业合作社(组)由手工业联社管理。

1959 年，根据省委指示，日照县按照人民公社“统一领导、分级管理、权力下放”的原则，将农村服务性、副业性较强的小工厂下放给人民公社管理，生产大队的工副业分别由生产大队管理。

1960 年，贯彻党中央对经济“调整、巩固、充实、提高”八字方针，对工业采取缩短基本建设战线以及关停并转措施。1961 年，第一水泥厂、农药厂、化工厂、高旺铁矿、高旺铁厂等企业先后停办，1111 名职工被裁减。1962 年，日照县被服厂、皮革厂、印刷厂、鞋厂、砖瓦厂转为集体所有制的合作工厂。1963 — 1964 年，地方国有厂矿企业划归临沂专区管理。

1966 年，“文化大革命”开始，工业生产受冲击。1971 年，全县有 14 家企业亏损，亏损面达 35%。1972 年工业系统进行整合，原属手工业联社的合作工厂、社办企业统归县工业局管理，生产得到恢复和发展，全年产值比 1971 年增长 125.8%。1974 年，“批林批孔”运动开始，工业生产又受到冲击，全年产值 817.18 万元，为 1973 年度的 45.9%。1975 年，进行工业整顿，各厂陆续恢复生产，全年共完成产值 1892 万元。多数企业超额或提前完成年度计划，各项经济指标情况也趋向好转。

1984 — 1985 年，企业逐步实行承包经营责任制和厂长负责制，企业内部实行管理体制改革。根据“责权利相结合”与“按劳分配”的原则，推行岗位责任制和计件工资制，解决长期以来企业职工劳动报酬上的“平均主义”和吃“大锅饭”问题。1987 年，市属 76 家企业公开招标承包，有 42 家企业与政府签定承包合同。1989 年，全市实现工业总产值(按现行价格计算)12.2 亿元。其中，轻工业产值8.49亿元,重工业产值3.76亿元,分别占工业总产值的69.3%、30.7%。90年代始,各级企业主管部门对企业管理逐步由微观管理转向宏观调控,企业的生产经营逐步走上市场经济发展轨道。

1993年建区后,在乡镇企业之间组建起食品、机械、建材3个企业集团,以骨干企业带动整个行业发展。先后培植起日照市水产集团、日照华泰食品有限公司、东港花生制品集团和日照龙泰水产发展有限公司等一批省、市级区域性龙头企业。1995—1998年,全区工业系统开展“管理效益年”活动。企业实行各项定额管理、质量管理、现场管理、财务管理等新的管理办法。2007年后,区工业经济管理部门的主要职能调整为调控全区工业企业经济运行,调度、统计、分析规模企业、民营企业的经济运行情况,研究和拟定企业体制改革方案,负责企业资源节约、综合利用和组织企业职工技能培训等。

附:工业学大庆运动

1964年1月,中共中央主席毛泽东发出“工业学大庆”的号召。同月,山东省委部署全省开展“工业学大庆”活动,2月27日,中共日照县委组织县直机关干部1200多人,听取上级有关大庆油田会战报告,组织企事业单位职工学习、讨论3天,学习大庆油田在生产管理中形成的 “三老、四严、四个一样”(即做老实人、说老实话、办老实事;严格的要求、严格的组织、严肃的态度、严明的纪律;工作时白天和黑天一个样,坏天气和好天气一个样,领导在场和不在场一个样,没有人检查和有人检查一个样)优良作风。随后,各工业企业把学习和工作结合起来,广泛开展技术练兵、清资查库、修旧利废,增产节约运动及“比、学、赶、帮、超”竞赛。

1966年5月,“文化大革命”爆发,在“政治挂帅”“以阶级斗争为纲”的口号影响下,工业生产秩序遭到破坏,工业学大庆活动处于停滞状态。1969年4月后,中共各级组织相继恢复,工业学大庆又提上日程。

1971年6月18日,日照县革命委员会提出“高举《鞍钢宪法》光辉旗帜,深入开展‘工业学大庆’的群众运动”,把“学大庆变成活学活用毛泽东思想的过程”,变成“巩固无产阶级专政”“进行两条路线斗争”的过程。

1971年8月,日照县在全县工、交、财贸系统掀起“工业学大庆”高潮。在企业车间、仓库中贴满“工业学大庆”,“三老、四严、四个一样”,“一不怕苦、二不怕死”,“革命加拼命,拼命干革命”等标语口号。许多企业成立毛泽东思想宣传队,宣传大庆精神。

在毛泽东主席“抓革命,促生产”指示引领下,各工业企业开始加强企业管理。县委、县革委贯彻上级“以路线为纲,以提高产品质量为重点,继续开展工业学大庆的群众运动”指示,全县掀起大规模的工业学大庆、加强企业管理热潮。工、交、财贸战线干部、职工通过“比、学、赶、帮、超”活动,扭转生产被动局面,产值上升,成本下降,取得初步成效。1972年,日照县工业经济主要指标达到历史最好水平,年完成总产值1634.27万元,实现利润191.49万元,比1971年增长125.8%。

1973年1月18日,县革委召开工业学大庆先进生产者代表大会,出席会议代表430人。会上有9名代表作“当好革命工人”“争当企业红管家”等典型发言。25日,代表们向全县工、交、财贸战线的广大职工发出《倡议书》,主要内容是:认真看书学习;进一步落实中央各项方针、政策;继续整顿和加强企业管理;大力支援农业生产;继续开展节约运动和社会主义劳动竞赛等。同年7月31日,县工业局表彰11个学大庆先进单位,分别是:日照县农机厂、日照县缫丝厂、日照县化工厂、日照县鞋厂、日照县印刷厂5家县属企业,石臼、两城、高兴、西湖、虎山、三庄农机厂6家公社企业。

1974年,“批林批孔”运动开始,工业学大庆运动再次处于停滞状态。1976年3月,全省加强对工业学大庆运动的领导,境内“工业学大庆、建设大庆式企业”的群众运动再度开展起来。

1977年5月,全国工业学大庆会议后,县委、县政府贯彻上级指示精神,层层发动开展工业学大庆、增产节约、技术革命运动。全县工业产值明显增长,并评选表彰了一大批学大庆先进企业和学大庆先进个人。

1978年,临沂地区命名日照县印刷厂为临沂

图 12-29 1977 年 4 月，日照财贸战线举行学大庆庆祝游行活动

地区“大庆式先进企业”。1979 年 1 月，县委、县革委命名日照县农机厂、日照县发电厂、三庄供销社、日照县饮食服务公司、石臼银行、石臼信用社、日照县化肥厂、廒头盐场、日照县物资局 9 家企业和单位为日照县“大庆式企业”。

中共十一届三中全会以后，随着国家经济体制改革的深入，逐渐改变依靠群众运动推动经济建设的做法。1980 年以后，工业学大庆运动逐步淡化、停止。

日照县大庆式企业验收名单

表 12-8

企业名称	验收部门	批准文号	批准时间
日照县印刷厂	临沂地委		1978 年 4 月 21 日
日照县三庄供销社	日照县委	日发〔1979〕11 号	1979 年 1 月 30 日
日照县饮食服务公司	日照县委	日发〔1979〕12 号	1979 年 1 月 30 日
日照县石臼银行	日照县委	日发〔1979〕13 号	1979 年 1 月 30 日
日照县石臼信用社	日照县委	日发〔1979〕13 号	1979 年 1 月 30 日
日照县农机厂	日照县委	日发〔1979〕2 号	1979 年 1 月 5 日
日照县化肥厂	日照县委	日发〔1979〕3 号	1979 年 1 月 5 日
日照县发电厂	日照县委	日发〔1979〕4 号	1979 年 1 月 5 日
日照县廒头盐场	日照县委	日发〔1979〕5 号	1979 年 1 月 5 日
日照县物资局	日照县委	日发〔1979〕6 号	1979 年 1 月 5 日

第十三编

农　业

境内产业自古以农业为主。新中国成立前，由于封建土地所有制的长期束缚以及社会动荡、战争破坏、灾疫频发等原因，农业生产发展极为缓慢。农民难得温饱，一直生活在困苦之中。

新中国成立后，经过土地改革和对农业的社会主义改造，广大群众发扬“自力更生，艰苦奋斗”精神，大力开展农田基本建设，改革耕作制度，推广优良品种，实行科学种田，小麦、玉米、地瓜、水稻、花生等粮油作物产量逐步提高。20世纪60年代中期，日照县由历史上的缺粮县变成余粮县。1978年后，逐步调整农业生产结构，建立和完善家庭联产承包责任制，调动了广大农民的生产积极性，粮油产量和农业总产值大幅度增长。

东港区成立后，不断推进科技进步，农业生产有了新的发展。1993年，全区耕地面积5.32万公顷。全年粮食作物播种面积4.76万公顷，总产23.81万吨；蔬菜瓜类面积3513公顷，总产16.37万吨。农民人均纯收入1032元。2007年，由于区划及产业调整等原因，全区耕地面积为2.75万公顷，全年粮食总产16.78万吨；蔬菜瓜类面积1475.6公顷，总产5.89万吨。农民人均纯收入5374元。

第一章　土地所有制

第一节　封建土地所有制

新中国成立前，土地为私有制。地主、富农占有大量土地，贫雇农则无地或仅有少量土地。地主、富农依土地谋利，贫雇农靠出卖劳动力、租种土地谋生。

1945年，境内耕地为118.58万亩，共有10.93万户，51.82万人，人均土地2.29亩。其中，地主2056户，1.22万人，占有耕地25.63万亩，人均20.97亩；富农3336户，2.01万人，占有耕地15.26万亩，人均约7.58亩；中农19.17万人，占有土地41.8%；贫雇农29.54万人，占有土地27.27万亩。占总人口6%的地主、富农所拥有土地，占到总耕地的34.5%；而占总人口57%的贫雇农所拥有土地，仅占总耕地的23.7%，人均0.96亩，多属山岭薄地。

封建土地制度下，农业生产主要以家庭为单位分散进行。地主、富农经营的主要方式是地租和雇工。

地租租制主要有三种。定租：农民租种地主的土地，不论丰歉，必须按定额向地主交租。租额一般按粮食收获总量的“四六”“五五”或“六四”比例确定，以“五五”比例居多。钱租：佃农按定额向地主交纳租金，通常春秋两次交纳。典种地：价格一般为地价的50%～60%，通常典种1—3年。典种期间，土地所有权仍归地主，到期按原价赎回。

雇工主要有两种类型。一是长工，俗称“觅汉”，雇用时间多为1年。一般农历二月初二上工，十月初一下工，负担雇主的田间农活和日常杂活。除管吃外，年报酬一般为1～2担粮食。二是短工，即农忙季节工，时间1天或数天不等，工酬面议，按日计算。

第二节　农民个体所有制

土地改革时期

1946年5月4日，中共中央发布关于土地问题的指示，把实行减租减息改为没收地主多余土地归农民所有。境内首次土地改革于是年7月开始，10月底基本结束。土改是在“减租减息”基础上进行的，提出的口号是：“耕者有其田”“人人有地种”。这次土改共没收地主富农土地76000多亩，全部分给贫雇农。1947年7月，中共日照县委根据中共中央华东局发出的《关于山东土改复查新指示》，进行土改复查工作。1951年，土地改革全部结束，县人民政府向获地农民颁发土地证26.05万份，2010512亩土地、山林归农民所有。

互助合作时期

经过土地改革，农民分得了土地，生产积极性十分高涨。但一家一户的个体生产中，有的农户因劳力不足或耕畜农具缺乏造成生产困难。1946年下半年始，人民政府号召农民组织互助组、变工组，至1949年，全县有季节性互助组5937个，1.97万户参加。1950年，随着土改工作的结束，互助合作组织又有新的发展。到1951年，全县有季节性互助组8772个，常年互助组2736个。

初级农业生产合作社时期

1952年，在不断巩固提高互助组的基础上，全县建立了4个初级农业生产合作社。到1954年，全县初级社发展到88个。1955年，全县形成办社高潮，初级社发展到1256个，土地、耕畜、大型农具所有权仍归个人所有，折价按股入社，归合作社统一使用。入社社员划组作业，按劳动所得工分和股份计酬，夏秋两季预分，年终决算。

第三节　集体所有制

随着农业生产合作化的发展，农民土地所有制逐步转变为集体土地所有制。其主要生产组织形式经历了高级农业合作社、人民公社、联产承包责任制三个阶段。

高级农业生产合作社时期

1956年，根据中共中央《关于高级农业生产合作社示范章程》的要求，当年全县建起541个高级农业生产合作社。到1957年，高级社发展到920个。境内12.27万农户和85607公顷耕地，全部加入农业合作社。高级社实行土地归集体所有，取消土地报酬；耕畜、大型农具等主要生产资料折价入社。社员参加集体劳动，实行按劳分配。

人民公社时期

1958年8月中共中央《关于在农村建立人民公社问题的决议》下达后，全县迅速开展人民公社化运动，境内900余个高级社合并为25个人民公社。土地、牲畜、农具、山林、水面统归人民公社所有，县和公社可以随意平调、划拨土地及其他生产资料。1960年冬，县委贯彻《农村人民公社条例(草案)》，着手解决“一平二调”问题。1962年下半年，中共八届十中全会通过的《农村人民公社工作条例(修正草案)》提出，人民公社实行土地与其他生产资料“三级集体所有制”，即人民公社、生产大队、生产小队“三级所有、队为基础”的管理经营体制。同时，恢复自留地与家庭副业生产。

家庭承包责任制时期

1982年春，全县推行联产承包责任制。以生产队为单位，把耕地分为“口粮田”和“责任田”。口粮田按人均分配，不承担定购任务。责任田按劳承包，承担农产品定购任务。实行“两田制”后，口粮田因人口变动实行及时调整划分办法。责任田划分在较长时期保持不变。农户与生产队签订承包合同，明确土地使用性质、范围和期限，按土地等级和数量上缴国家税金和村提留款、社会统筹等费用。其余收入归农户所有，自负盈亏，称“大包干”。土地承包期一般为15年。至1983年1月，全县有6245个生产队实行“大包干”。到1984年，境内所有生产队全部实行以“大包干”为主要形式的家庭联产承包责任制。农民的生产积极性被调动起来，粮油产量大幅度提高。1986年，境内在粮田面积减少2773公顷情况下，实现粮食总产39.90万吨，比1982年增收1.85万吨。亩产639千克，比1982年增产67千克，增产12%。花生面积比1982年增加2.41万公顷，总产9.37万吨；总增2.14万吨，亩产259千克，比1982年亩增29.5千克，增长12%。

对原来集体所有的林、牧、渔等多种经营项目和工副业项目，也采取承包的办法，由集体与承包户签订合同，合同期一般为3～5年不等。承包户除按合同上交一定的承包费和社会负担费用外，收入归己，自负盈亏，经济效益大幅提高。

1999年2月至2000年6月底，全区农村土地实行二轮延包，803个村(包括黄墩、后村、巨峰、高兴四镇)完成土地延包任务，占全区总村数的95%。延包土地4.12万公顷，占全区耕地的95%。共签订30年不变承包合同书20.41万份，发放土地经营权证19.4万本，“一证一书”到户率均为95%以上。

2004年，针对二轮土地延包中不完善、不彻底的问题，开展了“两田制”清理整顿，变“两田制”为“均田制”，按农村人口数量平均分配土地资源。全区有清理整顿任务的村584个，涉及机动地4660公顷，有359个村完成整顿工作，占有任务村数的94.9%，共清理整顿面积3840公顷。

2007年，区政府制定《关于全区农村土地突出问题专项治理工作的实施意见》，要求做好延长土地承包期的完善工作，做到承包地块、承包面积、承包合同、经营权证、基本农田“五到户”，

图 13-1 农民在自家承包的土地上耕种 (摄于 2000 年)

执行承包期内“增人不增地、减人不减地”政策，按照均田制原则，按人口将土地平均发包到户。机动地不超过 5%，不足 5% 的不再增加。未留机动地的不再留机动地。严格“四荒”地界限，禁止将适宜家庭承包的土地以“四荒”地形式进行发包，维护农民土地承包权益。

自 2005 年 3 月始，贯彻国家《农村土地承包经营流转管理办法》，实行土地流转。形式主要有：(1)转包，即承包人将土地经营权出让给受让方，受让方享有转包合同规定的权利和义务；(2)出租，即承包方将土地经营权租赁给他人从事经营；(3)互换，即为方便耕种和管理，承包方之间进行土地互换使用，实现土地连片经营；(4)转让，即承包方将未到期的土地使用权一次性转让给集体或受让方，原土地承包人因转让而终止与发包方签订的承包合同；(5)入股，即承包方将土地经营权作价入股，实行股份经营。2006 年，全区土地流转面积 776 公顷，占耕地总面积的 2.82%。主要用于发展经济园林、大棚蔬菜、花卉苗木等特色农业。其中经济园林 407 公顷，花卉苗木 133 公顷，大棚蔬菜 168 公顷，其他用地 68 公顷。

第四节 全民所有制

新中国成立后，境内属全民所有制的耕地集中在两个单位：一是农业科学研究所，位于日照街道迟家村，建于 1961 年，拥有土地 4 公顷，供试验、示范及农作物品种提纯复壮。1993 年 5 月，划归市农业局管理。二是良种场，位于高兴镇大芳沟村东，建于 1976 年，有土地 26.7 公顷，其中农田 24 公顷，用于培育良种。2002 年 12 月，整建制移交给区林业高科技示范园。

第二章 农田治理与开发

第一节 耕地

清代光绪年间，全县有原定额交公粮的耕地 85.9 万亩，定额以外交公粮的耕地 1.25 万亩，超过定额的耕地 1326 亩，新开垦耕地 1.493 万亩。另有原定额荒田 5.3 万亩，学校公田 6316 亩。以上共计 94.7 万亩。

据 1919 年 11 月调查，全县共有耕地 120.89 万亩，除荒田、道路、村庄、坟墓所占外，实有耕地 85.14 万亩。另据该年《山东各县乡土调查录》记载，全县有耕地 94.7 万亩。据 1932 年县建设局调查，全县有耕地 100.91 万亩。其中，水田(涝洼地)20.18 万亩、旱田 50.41 万亩、山地 30.32 万亩，平均每户 11.7 亩。另外尚有荒田 370 亩。

新中国成立后，人民政府奖励开荒，规定生荒 5 年、熟荒 3 年免税。1950 — 1952 年，垦荒 1000 公顷。到 1953 年，全县耕地由 1946 年的 8.90 万公顷增至 9.13 万公顷。1958 年以后，随着工厂、学校、水利工程、公路、房舍的不断兴建占地，耕地逐年减少。80 年代，日照港和兖石铁路占地兴建后，耕地又有减少。境内耕地面积 1984 年为 7.07 万公顷，1989 年降为 6.61 万公顷。1993 年全区耕地面积 5.193 万公顷，人均耕地面积 0.07 公顷。2004 年区划调整后，全区实有耕地面积 2.82 万公顷，人均耕地面积 0.042 公顷。

第二节 土地治理

境内 70% 为丘陵山地，土层薄，抗旱耐涝差，水土流失严重。平湖地涝洼减产。

山岭地改造

新中国成立后，在党和政府领导下，人民群众为改变低产面貌和生产条件，与“穷山恶水”进行了顽强斗争。1957 年，学习莒南县厉家寨整修梯

图 13-2 20 世纪 80 年代，大搞农田基本建设

田经验，在山上大搞鱼鳞坑、水平沟、水簸箕、蓄水池等蓄排工程，与加高地堰、整平地面、挖排水沟结合起来，使部分土地加深了活土层，减少了水土流失。1958 年，农业“大跃进”中，深刨、深翻、整地、改土 1.67 万公顷。1964 年，开展“农业学大寨”运动，全县共整地 1.2 万公顷，整修地堰 23 万道，改造涝洼地 4000 公顷，扩大水浇面积 2000 公顷。1970 年后，农田基本建设呈现新高潮。1971 — 1974 年，全县整地 3 万公顷，扩大水浇面积 3867 公顷。1975 年冬至 1980 年年底，每年上阵劳力 15 万人左右，每年治理土地 6667 公顷。到 1980 年冬，境内共整治水平梯田 5.68 万公顷。

涝洼地治理

境内涝洼地千亩以上地块有王家滩湖、安家村湖、两城南湖、秦家楼南湖、日照城南湖、右所湖、小海湖、下元北湖、廒头湖、刘家寨湖等十几处。新中国成立后，采取挖排水沟、压沙换土等措施进行改造。1950 — 1954 年，首先在日照城南湖挖沟排水。其他涝洼地都以此方法，先后进行治理。到 1963 年底，累计开挖大小排水沟渠 30.04 万条，长 1157.8 千米。其中，1956 — 1957 年，对南湖河涝洼地进行治理，排涝 4333 公顷；在两城湖、小古城湖排涝 4320 公顷。1961 — 1963 年，结合大中型水库灌区配套建设，在涛雒灌区开挖支、斗、毛渠，排涝 1900 公顷。1964 — 1965 年，在各涝洼地区搞稻改，两年时间开挖排水沟 7396 条，长 97 千米。境内 1.10 万公顷涝洼地得到治理。

盐碱地改造

据 1949 年统计，全县共有盐碱地 3392 公顷。其中，耕地 2601 公顷、荒地 791 公顷。67 公顷以上的成片盐碱地 10 处。主要分布于两城、石臼、奎山、涛雒等乡镇。新中国成立前，大片盐碱地为“不毛之地”。新中国成立后，通过治理，逐步被开发利用。水洗、压沙、冬耕，是民间普遍使用的传统改碱法。水洗，即利用冬闲整平土地，筑方围埝，蓄淡(雨水)洗碱。压沙，即用沙压碱。冬耕，即冬耕晒垡，把盐渍控制在耕种层以下，以利保苗。条台田改碱，即在两台田间深挖排水沟，台面换土压沙，铺层略厚于除涝台田，再把台面整平围埝、灌水，使盐碱化程度减低。1949 — 1956 年，改碱措施以压沙换土和挖排水沟为主。1957 — 1960 年，以筑沟洫、条台田、稻改为主。1966 — 1980 年，以改种水稻和排灌沟渠配合为主。至 1980 年，盐碱化耕地全部改造完毕。

第三节　黄淮海平原综合开发

农业综合开发

1988 年，国家投入配套资金对黄淮海平原农业进行综合开发。境内农业综合开发经历四个发展阶段。

第一阶段(1988 — 1993 年)。实施农业综合开发项目 8 个，以改造中低产田、水利配套和田间林网建设为主。在奎山、高兴、碑廓、涛雒四镇改造中低产田 1.23 万公顷，开发 2667 公顷夏花生中低产田。其中疏浚渠道 139.2 千米，衬砌渠道 53.4 千米，整修道路 66 千米，补植林网 2267 公顷。在后村、河山等镇改造低产果园 6667 公顷。另在农科所建 1100 吨恒温库 1 座。共完成投资 1005 万元。

第二阶段(1994 — 1997 年)。1994 — 1996 年，在大坡、巨峰等项目区，实施三个农业综合开发项目，扩大灌溉面积 273 公顷，恢复改善灌溉面积 653 公顷，增加、改善除涝面积 67 公顷，年增加机械作业量 667 公顷。1997 年，实施综合开发项目 3 个，分别是奎山、涛雒、东港苗圃项目区。共用土石 40 万立方米，开挖沟渠 21.4 千米，

铺设地下管道13.5千米，打机井14眼，建扬水站8座，修桥涵及渠道建筑物98处，修路56千米，整地667公顷，新建林网667公顷。扩大灌溉面积240公顷，项目区林木覆盖率由开发前的10%提高到19.1%。累计投资1278万元。

图13-3 西湖镇优质黑木耳标准化生产示范基地 (摄于2006年)

第三阶段(1998—2002年)。实施奎山街道、后村镇、日照街道、巨峰镇、两城镇、黄墩镇、涛雒镇、河山镇中低产田改造、日照市茶叶贸易有限公司茶场扩建、农业高科园科技示范等项目。工程共投资2423万元，改造中低产田6133公顷，完成土石255.5万立方米，挖沟渠266千米，衬砌石渠73.6千米，埋地下管道81.14千米，配套涵洞765千米，建扬水站66座，打机井106眼，配套机电设备36台套，修生产路308.5千米，新建农田林网5633公顷，植树32.5万株。改善灌溉面积3500公顷，除涝1733公顷，林木覆盖率由14.6%提高到20.45%。改造后的中低产田基本达到“田成方、林成网、渠相连、路相通、路林桥涵闸相配套”的标准，使农业生产条件得到改善，综合生产能力提高。

第四阶段(2003—2007年)。从2003年始，以水土保持和特色农业开发为重点。在三庄、陈疃、西湖、南湖四镇小流域治理土地5200公顷。挖沟渠139.9千米，埋地下管道69.2千米，建桥涵221座。截潜流41处，建排灌站8座。打大口井9眼，机井12眼。安变压器2台，架设输变电线路7.02千米。建渠系建筑物163座、拦河坝10道，修路55千米。建塘坝8座、蓄水池6座、扬水站6座，砌石渠620米。建农田林网733公顷。在蔡家滩和青墩建苗木繁育基地两处共100公顷，培育新品种苗木70余万株，砌石渠2500米，建蓄水池两座，可蓄水1.2万立方米。修生产路4.9千米、桥梁2座、渠道0.5千米，铺地下管道1.8千米。打机井2眼，安装供水设备1套。铺路沿石6千米，建院墙2.5千米，整地33公顷。在日照街道将帅沟等地新建绿茶生态科技示范项目2处共200公顷。为茶园配套机井1眼、控制泵站1座，建塘坝2座，挖渠3.5千米，铺地下管道2千米，修桥2座，修生产路30千米。购检测仪器7台、频振式杀虫灯10台、剪茶机2台。此外，还推广旱地示范种植667公顷，推广栽植甜椒、茄子、番茄新品种的蔬菜大棚9个。总投资3137.71万元。

农业高科技示范园建设

日照市国家农业综合开发高新科技示范项目，于2001年1月经国家开发办立项批复实施。规划建设面积667公顷，项目区北至马陵水库干渠，西至204国道，南至迟吴路，东至日照街道和秦楼街道接壤处，辐射带动面积6667公顷，技术依托单位是中国农业科学院。为组织实施该项目，2001年3月23日，东港区委、区政府设立日照市国家农业综合开发高科技示范园管理委员会办公室。

项目实施后，引进新品种及相关栽培管理新技术122个(项)；建设优质农作物、经济园林、蔬菜、花卉示范基地391公顷，特种动物养殖示范基地2.7公顷；建设植物组培脱毒快繁中心1处

图13-4 区农科园花卉生产基地 (摄于2004年)

(750 平方米),进口球根花卉处理库 1 处(140 平方米),集中供暖设施 1 处,科技培训教室 200 平方米,仓库 800 平方米;建设智能温室 5500 平方米,日光温室 20 座(1.6 万平方米),花卉、苗木繁育基地 98 公顷,农作物良种繁育基地 237 公顷;购置仪器设备 212 台(套)。

2006 年 9 月,国家开发办检查验收组对农业高科技示范园、河山镇沙沟湖项目区、日照街道将帅湖项目区进行实地检查,对项目档案、资金与账务进行查验,对项目实施工作给予较高评价。

第三章 农业种植

第一节 耕作制度

新中国成立前,境内长期沿袭一年一作、二年三作的耕作制度。作物以地瓜、花生、高粱和谷子为主。1949 年,全县耕地 8.9 万公顷。其中,一年一作 4.86 万公顷,占 54.6%;二年三作 3.6 万公顷,占 40.5%;一年二作 2533 公顷,仅占 4%。粮田复种指数为 125.9%。

新中国成立后,随着生产关系的变革和生产力的发展,耕作制度也相应发生变化,土地利用率不断提高,粮田复种指数逐年提高。自 70 年代起,随着夏播早熟作物品种的推广普及,春播面积逐年减少。二年三作和一年二作的耕作方式逐步发展。二年三作的耕作方式是:春种玉米、谷子、高粱或大豆等,收获后种小麦,次年小麦收获后,种植大豆、地瓜、玉米、高粱或谷子等。一年二作制的耕作方式是:小麦收后,种水稻、玉米、谷子、大豆或高粱等。

80 年代,实行联产承包生产责任制后,夏播作物面积增加,一年二作面积扩大。1981 年,全县耕地面积 7.25 万公顷。其中,二年三作 2.78 万公顷,占 38.4%;一年二作 2.63 万公顷,占 36.4%;一年一作 1.61 万公顷,占 22.2%。粮田复种指数为 161.5%,比 1949 年增加 35.6 个百分点。90 年代后,主要是调整农业结构,发展高产优质高效农业。全区粮食与经济作物种植比例由 1993 年的 3:1 上升到 2006 年的 1:1。

第二节 作物种植

粮食作物

据清康熙十二年(1673 年)县志记载,主要有高粱、稻、稷、大麦、小麦、豆类、黍、穇子、荞麦。光绪十一年(1885 年)县志记载,主要有黍、稷、穇子、稻、高粱、大麦、小麦、荞麦、豆类、玉米、穄子。其中穇子,耐旱耐涝,糠秕皆可食,农民赖以度荒,故种植面积较大。

民国年间,主要有大麦、小麦、穇子、谷子、黍子、稷子、高粱、旱稻、糯稻、绿豆、豌豆、玉米、荞麦、爬豆、黄豆、黑豆、地瓜,以大麦、小麦、穇子、谷子、高粱、稻、黄豆、地瓜种植面积较大。

据 1931 年《山东农林报告》,日照粮食亩产量:小麦和稻子约 70 千克,大豆约 90 千克,地瓜干约 250 千克。县建设局调查,是年小麦播种 12 万亩,总产 1.116 万吨;其他粮食总产:大麦 1.1 万吨,稻子 2690 吨,穇子 4.29 万吨,高粱 6277.5 吨,粟子 2885 吨,黍 905 吨,玉米 860 吨,大豆 6820 吨,地瓜干 9.31 万吨。

新中国成立后,在 60 年代前,粮食作物与民国年间基本相同,夏粮中的大麦、豌豆,秋粮中的谷子、高粱、大豆、黍稷、穇子、荞麦、碱谷、绿豆等,仍普遍种植。1949 年和 1957 年,上述作物种植面积分别占粮食总播种面积的 42.7% 和 35.6%,产量分别占粮食总产的 30% 和 33.3%。1963 年后,上述作物种植面积急剧减少,黍稷、穇子、绿豆、荞麦等,已濒于绝种,代之以小麦、地瓜、玉米、水稻等。高粱播种面积由 6733 公顷降为 600 公顷,谷子由 6733 公顷降为 167 公顷,大豆由 1.01 万公顷降为 2600 公顷。1949 — 1988 年,小麦播种面积由 2.88 万公顷增加到 4.19 万公顷,玉米由 1367 公顷增加到 8940 公顷。新中国成立后,地瓜种植面积一直占粮食总播种面积的 30% 以上;到 80 年代初,由于子实作物播种面积和产量大幅度增长,地瓜种植面积才明显下降。

1989年，全市耕地面积6.61万公顷，粮食总产40.68万吨，其中小麦面积4.23万公顷，亩产282千克，总产17.85万吨；水稻面积3747公顷，亩产420千克，总产2.35万吨；玉米面积9733公顷，亩产441千克，总产6.2万吨；地瓜面积2.08万公顷，亩产瓜干421千克，总产13.2万吨。

1993年，小麦面积3.49万公顷，亩产286千克，总产14.9万吨；玉米面积为8933公顷，亩产478千克；地瓜面积1.57万公顷，亩产瓜干538千克，总产13.5万吨。1995年，小麦收获面积3.38万公顷，亩产322千克，总产16.3万吨，分别比上年增13%和11%。

秋粮主要农作物为玉米、地瓜、水稻。1993年，玉米种植面积为8933公顷，2004年种植面积8333公顷，2007年种植面积9000公顷。1993年地瓜栽种面积1.67万公顷，2004年栽种面积4467公顷，2007年3400公顷。地瓜干最高产为2000年，亩产596千克。1993年水稻面积3267公顷，2004年水稻面积867公顷，2007年水稻面积933公顷。

作物品种

1950—2004年，境内共推广优良品种300多个。

小麦　新中国成立前，沿袭下来的小麦品种有“红秃头”“老芒麦”“小火麦”等。

新中国成立后至80年代初，小麦品种更新5次：1952—1957年，引进推广“徐州438”和“胶东扁穗”。1957—1960年，引进推广“碧蚂1号”“碧蚂4号”“蚰子麦”等。1960—1970年，引进推广“济南2号”“北京8号”“济南8号”“济南9号”“石家庄407号”“徐州14号”等。1970—1975年，引进推广“泰山1号”“泰山5号”“莒农4号”“百泉40”“冀麦7号”“徐州17号”等，尤以“泰山1号”普及面广。1975—1983年，引进推广“济南13号”“莱阳467”“郑州761”“冀麦20”“白高38”“山农辐63”“寨选1号”“昌乐5号”等，尤以“济南13号”普及面广。1984年后，又陆续引进“鲁麦3号”“鲁麦4号”“鲁麦5号”“鲁麦7号”“鲁麦8号”等新品种，并逐步推广。

1993年后，引进并推广小麦优良品种26个，主要有“鲁麦21号”“鲁麦22号”“鲁麦23号”

图13-5　区农技人员在南湖镇指导小麦生产　(摄于2007年)

“54368”“烟辐188”“烟D27”“烟103”“济核916”“92021”“924142”“84139”“白玉149”“山农65”“鲁麦15号”等普通型品种和“济南17号”“烟农15号”“935031”等优质型品种。

地瓜　新中国成立前，主要品种有“老时地瓜”“大红袍”，红、白泽地瓜等，其蔓长、产量低。1953—1970年，推广“胜利百号”品种，其种植面积占地瓜总面积的80%以上。1975年后，逐渐被“52—45”“华北117”“济薯1号”“济薯5号”“徐薯18号”等新品种替代。

1980年后，推广优良品种主要有“烟薯1号”“青农2号”“鲁薯1号”“鲁薯2号”“鲁薯3号”“鲁薯4号”“鲁薯5号”。1990年至今推广品种有“烟薯16号”“鲁薯6号”“鲁薯7号”“鲁薯8号”“济薯14号”。

玉米　新中国成立前，传统品种有“小粒红”“白马牙”等。1952—2004年，玉米品种更新5次：1952—1960年，主要推广“金皇后”“坊杂2号”等。1962—1968年，以推广杂交种子的双交种为主，如“双跃3号”、中熟的“双跃150”、早熟的“新双1号”等。1969—1978年，推广以单交种为主，以三交种为辅的优良品种，如“烟三6号”“烟三10号”“丹玉6号”“鲁单3号”等。1980—1996年，以推广单交种为主，如“中单2号”“聊玉5号”“沈单3号”“鲁原单4号”“沈单7号”“丹玉13号”等。1996年以后，主要推广紧凑型高产优质单交种。如“农大108”“郑单958”“鲁单50”“鲁单981”“鲁单984”等。

水稻　传统农家稻谷品种为旱稻。60年代初期，推广水稻种植。引进晚熟高产型品种，有“黄壳早”“桂花黄”“桂花球”等。早熟低产型品种有

图 13-6 日照街道大古城村水稻田 (摄于 2006 年)

“水源三百粒”“银坊”“农垦 39”“农垦 40”“中籼 399”等。70 年代始，以早熟高产品种为主。有“南粳 15”“京引 119”“京引 153”“丰锦”“广选 3 号”“东粳 1 号”“南优二号”“南优六号”等。90 年代后推广品种有“临稻 4 号”“临稻 5 号”“临稻 9 号”“临稻 10 号”“临稻 11 号”“阳光 2000”等品种。

高粱　50 年代种植面积较大，传统品种有“麦子皮”“猴子眼”“黄落伞”“打锣锤”“长梃子”“利母鸡”等。60 年代后期，开始推广杂交新品种，有“遗杂 7 号”“遗杂 5 号”“鲁育大歪头”。1970 年后，新品种有“原杂 10 号”“晋杂 5 号”“沈杂 1 号”“鲁杂 3 号”多穗高粱等。1980 年后种植“原杂 14 号”等新品种。1993 年后种植“渤杂 3 号”“鲁梁 15 号”等。

谷子　曾是境内主粮之一，传统品种有“刀把齐”“金钱子”“竹杆青”“老来松”“大毛谷”等。新中国成立后，推广的主要新品种有“昌潍 69”“柳条青”“六十日还仓”“平阳谷”“秋谷”等。80 年代，引进推广“铁杆黄”“豫谷 1 号”等。90 年代后引进“鲁谷 4 号”“鲁谷 8 号”，仅有少量种植。

第三节　经济作物

经济作物以花生为主，其次有烟草、大豆、棉花、麻类、芝麻、蓖麻、向日葵和药材等。1949 年，粮食作物播种面积占耕地面积的 89.9%，而经济作物仅占 8.2%，二者之比为 11∶1。作物的结构、布局，在新中国成立后发生了重大变化。1981 年，粮食作物播种面积占耕地面积的比例下降到 64.1%，而经济作物则上升到 30.4%，二者之比为 2∶1。2004 年后二者比例为 1∶1。

花生

境内始种于清朝中叶。最早种植的是龙生型，棵细、粒小、产量低。光绪十五年(1889 年)，大花生传入，逐渐成为主要油料作物和输出商品。1919 年，种植 98212 亩，鲜果亩产 250 千克，总产 2.46 万吨。

新中国成立后，花生播种面积占经济作物播种面积的 90% 以上，主要分布在三庄、陈疃、南湖、尹家河、西湖等乡镇。1949 年，种植 6800 公顷，干果亩产 75 千克，总产 7650 吨。1956 年，亩产 110 千克，比 1949 年增加 46.67%。1968 年，单产比 1949 年增加 124%。以后种植面积逐渐扩大，产量大幅度上升。1982 年，种植 2.1 万公顷，亩产 229.5 千克，总产 7.23 万吨，产值占种植业的 30% 以上，向国家交售 3.93 万吨，商品率为 66.8%，外贸出口花生仁 135 万千克。80 年代，花生生产发展迅速，境内成为省重点花生产区。1989 年，全市种植 2.3 万公顷，亩产 220 千克，总产 7.6 万吨。

建区后，花生仍是农业主要经济作物。种植

图 13-7 三庄镇孙家庄子花生田 (摄于 2005 年)

面积一般在 1.7 万公顷左右。亩产为 269 ～ 337 千克。地膜覆盖、综合防治病虫害、平衡施肥等技术的普及，奠定了花生稳产高产的基础。

2004 年，区划调整后，花生种植面积减至 1.05 万公顷，亩产和总产分别为 254 千克、4 万吨；2007 年花生栽培面积 1.04 万公顷，亩产和总产分别为 273 千克、4.3 万吨。

境内最早的花生品种是“四粒红”。沿袭下来的品种有传统大花生“匍伏秧”“半站秧”，亩产 50 千克左右。新中国成立后，品种逐步更新。50 年代，以“伏花生”为主，其次是“大粒半蔓”“半蔓”等。60 年代推广“白沙 1016”“白沙 171”“花 27”“杂选 4 号”“大油果”等。70 年代推广“徐州 68-4”“徐系 1 号”“花 11”“花 28”“花 2 旷”“花 37”等。80 年代推广“73-43”“花 39”“海花 1 号”“徐花 3 号”“新城早”等。

图 13-8　三庄镇花生高产片验收　(摄于 2006 年 9 月)

90 年代以后，引进推广的花生新品种有“鲁花 10 号”“鲁花 11 号”“丰花 1 号”“丰花 2 号”“丰花 3 号”“潍花 8 号”“花育 21”“花育 22”。

烟草

境内从烟草传入至 70 年代，主要栽培晒烟，俗称土烟、匝子烟、拐子烟。晒烟在广大农村多为自种自吸，购销范围较小。1976 年，日照县烤烟(俗称黄烟)被列入国家种植收购计划，境内种植面积 293 公顷，主要分布在两城、河山、丝山等公社的 89 个村。1982 年，烤烟种植遍及城关、河山、丝山、两城、陈疃、南湖、尹家河、西湖、三庄、竖旗等公社(乡镇)，1986 年，种植面积发展到 533 公顷。1989 年，种植 1253 公顷。1992 年后，由于价格和区划调整等原因，种植面积有所下降。

图 13-9　区农技人员指导烟田管理　(摄于 2007 年 7 月)

2007 年，全区种植烤烟 195 公顷，总产量 390.8 吨。烟农收入 395.8 万元，实现烟叶税 87.1 万元。

品种　1976 — 1977 年是发展试种时期，引进“金星 6007”“偏金黄”等品种。1980 年后，以“G140”“中烟 14”“中烟 15”“Nc82”“Nc89”“K326”“中烟 100”为主要品种。

1976 — 2007 年日照县(市)、东港区烤烟种植面积统计表

表 13-1　　单位：公顷

年份	种植面积	年份	种植面积	年份	种植面积
1976	293	1987	1033	1998	96
1977	313	1988	1207	1999	141
1978	360	1989	1253	2000	335.3
1979	300	1990	987	2001	454
1980	113	1991	515	2002	621
1981	200	1992	816	2003	439
1982	707	1993	333	2004	551
1983	473	1994	65	2005	88
1984	233	1995	88	2006	156
1985	300	1996	447	2007	195
1986	533	1997	474		

烘烤　烟叶成熟后，多以早上采摘，中午绑竿，下午装炉点火，当日采烟，当日装炉，当日点火，不过夜烘烤。

图 13-10　黄烟烘烤房　(摄于 2007 年)

图 13-11　保护地生产茄子　(摄于 2007 年)

扶持政策　从 1976 年开始，政府实行按烤烟等级奖售平价化肥，上等烟每担奖售 50 千克，中等烟 15 千克、下等烟 10 千克，低等烟不奖售。公社及乡镇政府对烟草种植制定相关扶持政策，如以烟顶油、粮油烟通算等。

其他经济作物

主要有大豆、芝麻、蓖麻、向日葵等。在明、清和民国时期，大豆种植普遍，面积较大，仅次于小麦种植面积。大豆分有春播和夏播两种。1964 年前，年种植面积 1 万公顷以上。1972 年后，年种植 2000 ～ 3000 公顷。2004 年后，因区划调整每年种植面积维持在 1000 公顷左右。沿袭下来的品种有“爬蔓青”“大粒黄”“牛毛黄”“气死洼”“平顶黄”“老鼠皮”等。60 年代，引进“齐黄 1 号”“莒选 23”“新发户”等。70 年代，引进“向阳 1 号”“东解 1 号”“兖黄 1 号”“临豆 3 号”“文丰 5 号”“文丰 7 号”等。80 年代，引进“鲁豆 2 号”“鲁豆 4 号”等。后引进“鲁豆 8 号”“鲁豆 11 号”“潍豆 8 号”“鲁豆 13 号”“鲁豆 9 号”“鲁豆 10 号”“鲁豆 11 号”“鲁豆 12 号”。

少量经济作物面积较分散。芝麻多种于梯田地边，或间作套种。蓖麻、向日葵多种于房前屋后，路边地堰。药材种植面积逐年扩大，效益增加。棉花仅有个别地方零星种植。

第四节　蔬菜

蔬菜品种

据清光绪《日照县志》载，境内蔬菜种植品种有蔓菁、萝卜、白菜、菠菜、茼蒿、芫荽、莴苣、辣菜、苋菜、韭菜、葱、辣椒等。

新中国成立后，随着农业生产的发展，蔬菜品种越来越多。到 2007 年，按农业生态学分类，已形成 10 个大类、150 多个品种。即白菜类：大白菜、小白菜、荠菜、甘蓝等；根菜类：萝卜、胡萝卜、山芋等；绿叶菜类：菠菜、芹菜、苔菜、莴苣、茼蒿等；茄果类：辣椒、茄子、番茄等；瓜类：黄瓜、南瓜、冬瓜、西瓜、梢瓜、菱瓜、丝瓜等；豆类：芸豆、扁豆、豆角等；葱蒜类：大葱、大蒜、韭菜、圆葱等；薯芋类：马铃薯、芋头、生姜、菊薯(洋生姜)等；食用菌类：蘑菇、木耳、银耳等；芽菜类：黄豆芽、绿豆芽等。其中，种植面积较大的有大白菜、萝卜、辣椒、茄子、黄瓜、马铃薯、番茄、芹菜、大葱、菠菜等。

蔬菜种植

新中国成立前，多是自产自用，露天种植。县城附近的后楼、店子、石桥等村，涛雒附近的石梁

图 13-12　南湖镇相家官庄蔬菜大棚　(摄于 2005 年)

头、高兴南辛庄子、张家庄子等村，有部分农民种菜出售。

新中国成立后，蔬菜生产有很大发展。50 年代，在县城附近发展常年蔬菜基地 6.7 公顷，季节性菜园 13 公顷。80 年代，政府加强对蔬菜生产的领导。举办蔬菜生产技术培训班，积极引进新品种，改进栽培技术，由利用风障、阳畦发展到利用温床、地膜覆盖、小拱棚、塑料大棚、玻璃温室栽培。

1986 年，全市蔬菜种植面积 3980 公顷(其中，小拱棚 100 公顷，塑料大棚 33 公顷，保护地种黄瓜、蕃茄、甜椒等面积达 167 公顷)，亩产 2955 千克，还涌现出十几个蔬菜专业村，1500 多个蔬菜专业户。1989 年，蔬菜种植面积 3607 公顷，亩产 3222 千克。温室棚发展到 63 公顷，中小拱棚达 333 公顷，覆膜蔬菜 667 公顷。1992 年，蔬菜种植面积达 3867 公顷，其中，大棚蔬菜达 1200 公顷。

1993 年，蔬菜生产主要分布在日照街道、涛雒镇和两城镇。1996 — 1997 年，区政府扶持在两城、河山、日照、涛雒、南湖等乡镇发展“越夏度淡”蔬菜和冬暖大棚蔬菜。2007 年，全区蔬菜面积发展到 2733 公顷。其中，冬暖大棚 213 公顷，年产鲜菜 16 万吨。同时在全区推行无公害蔬菜生产。建立了南湖西沈马庄、涛雒东石梁、日照将帅、两城九村等示范基地 12 处，面积达到 2333 公顷。南湖西沈马庄村和日照街道小古城村申报的无公害蔬菜基地已被国家认证。

图 13-13　美佳食品集团出口蔬菜基地　(摄于 2003 年)

第五节　种植技术

新中国成立后，合理密植、间作套种、旱地增产栽培、无公害生产、配方施肥、综合防治病虫害、良种培育等农作物种植技术广泛应用，为农业增产发挥了重要作用。

合理密植

新中国成立前，域内农作物栽培主要采用大垅稀植的传统方式。新中国成立后，贯彻“农业八字宪法”(土、肥、水、种、密、保、管、工)，总结实践经验，不断调整作物种植密度。80 年代初期，提出主要农作物适宜的栽培密度：小麦基本苗 8 万株～ 10 万株/亩；玉米播种量 3 千克/亩左右，平展型品种 0.3 万株～ 0.35 万株/亩，紧凑型品种 0.45 万株～ 0.55 万株/亩；夏地瓜 0.45 万株～ 0.5 万株/亩；早熟花生 0.9 万墩～ 1.2 万墩/亩，中熟花生 0.8 万墩～ 0.9 万墩/亩，晚熟花生 0.7 万墩～ 0.8 万墩/亩；水稻基本苗 10 万株～ 15 万株/亩；夏大豆 1.2 万株～ 2 万株/亩。

合理密植成为农作物增产的基本措施。小麦传统种法是大犁点麦，50 年代末改为条播，行距 10 ～ 12 寸，后逐渐缩行。80 年代，小麦播种使用三行播种机，每亩基本苗 11 万株～ 12 万株，玉米平均密度约 3750 株/亩。1994 年种植密度达到 5.25 千株～ 6 千株/亩，亩产量提高 36%。

间作套种

间作套种是传统农业增产技术。1956 年《全国农业发展纲要(草案)》中，明确提出“合理轮作(换茬)、间作、套种和密植，是增加农作物产量的重要措施”。进入 80 年代，间作套种技术已广泛应用，成为集约利用资源的重要耕作技术。

1993 年后，主要间作套种类型有：

粮粮型　以小麦、玉米为主体作物，在保证粮食作物稳定增产的前提下，套、间作经济作物或瓜、菜作物。如小麦间作玉米套种大豆，小麦套种越冬菜间作玉米，再间作大白菜等。

粮油型　在小麦套种花生一年两熟的基础上，利用套种花生的套作行再间套瓜菜。如小麦套种越冬菜间

图 13-14 三庄镇花生覆膜示范田 (摄于 2001 年)

作花生，再套种西瓜，小麦套种西瓜、套种花生再间套玉米等。

此外还有粮菜、粮肥、粮菌等间套复种类型。

塑料薄膜覆盖

1982 年，花生地膜覆盖栽培试验获得成功后，迅速应用于大田生产，并逐步扩展到蔬菜和瓜果栽培上。各种作物利用地膜覆盖一般增产 30% 左右。1993 年，地膜覆盖栽培面积 1.83 万公顷。其中，花生 1.54 万公顷，占总播种面积的 84%。

旱地种植技术

1993 后，在总结推广抗旱作物、抗旱品种种植的基础上，引进并推广以配方施肥提高土壤肥力为重点的以肥济水技术，以培育壮苗、培育高产低耗群体为重点的经济用水技术，以种抗旱作物为重点的节水技术。

增产剂使用

境内施用的植物增产剂有 5 大类：生长素类、赤霉素类、细胞分裂素类、乙酸类和脱落酸类。1980 年后，乙烯剂、矮壮素、助壮素、比久等开始广泛应用于生产。1983 年，开始在小麦、玉米、花生等主要农作物种植过程中广泛应用三十烷醇。1990 年以来，农作物使用的主要有喷施宝、叶面宝、光合微肥、丰产素等增产制剂。

图 13-15 区农技人员指导春耕备播 (摄于 2005 年)

无公害生产

1994 年，按照山东省农业厅颁布的《山东省无公害农产品管理办法》、山东省技术监督局颁布的《山东省无公害农产品地方标准》组织实施无公害生产，全区无公害农业生产面积 6667 公顷，此后逐年发展。至 2007 年，已发展到 2 万公顷，两城镇的西红柿获绿色产品认证，南湖镇西沈马庄的茶叶获无公害产品认证。

配方施肥

对土壤含肥量、作物需肥量、土壤供肥性能与肥料效应进行测评，测评出作物生产期间所需氮磷钾及微量元素的适宜用量，作出配方，播种时依据配方施足基肥。

图 13-16 区农技人员指导配方施肥 (摄于 2005 年)

病虫害综合防治

利用多种防治措施，把作物病虫害控制在允许的水平范围内。这些防治措施主要包括农业种植措施、物理防治、生态防治、生物防治及药剂防治。

第六节 肥料

农家肥料

人粪尿、厩肥 新中国成立前，种庄稼主要靠农家肥料。新中国成立后，农家肥料仍被普遍重视。1957 年，推广石臼管家村对人粪便日产日清、拌土泥封的经验。1958 年，推广奎山、涛雒、城关公社“四改造”(厕所、猪圈和牛栏、鸡窝、泼水

汪)和马庄公社“三圈到田”(猪圈、牛圈、羊圈)的经验。1964年,总结推广马庄区崖头建肥库和黄墩区葛疃积肥造肥的经验,大搞“五建设”(肥库、尿池、干灰库、沤肥池、牛粪汪)、“六统一”(人粪尿、猪羊牛驴粪、鸡粪、泼水汪、炕土、干灰统一管理、统一使用),使肥料的数量增加、质量提高。至1969年,全县新建改建厕所23万个,肥库、干土库1700间,猪、牛、羊圈13万个,肥池、尿池、干灰池2.1万个,有积肥造肥专业队伍3万余支,其中粪便管理员1万余人。1973年,基本实现“四、五、六建设”和“三圈到田”,每个生产队有粪便管理员2～3人,粪肥的积造管理更加完善。80年代初,继续发展“四、五、六建设”,广开肥源。为适应生产责任制形式,改造厕所、猪圈,实行厕所、猪圈、沼气三连通,又造气又沤肥。耕地每亩农家肥施用量逐年增加:1957年1350千克,1969年2500千克,1978年4000千克。到1984年增加到近5000千克,比60年代初增长3倍多。

80年代后期,随着化肥施用量增加,大田作物有机肥施用量减少,一般每亩施用量为2000千克左右。菜园、茶园、果园有机肥施用量增加,一般每亩施用量为5000千克以上。2000年后,随着产业结构优化、保护地栽培面积的增加,全区有机肥施用量更加不平衡,普通粮油作物施用量每亩1500千克左右,经济作物每亩施用量达到8000千克,大棚菜每亩有机肥施用量为1.2万千克。

绿肥 沤造绿肥始自50年代。绿肥用作基肥或追肥,原料为苕子、草木樨、田菁、紫穗槐等草本植物。绿肥有机质丰富,压青效果明显;500千克田菁绿肥相当于2500千克圈肥的肥效,500千克苕子绿肥接近于500千克大粪的肥效。涛雒右所大队、奎山丁家楼大队等用苕子和紫穗槐压青种水稻,增产30%～57%。后随化肥的推广应用,绿肥应用减少。90年代后,化肥、复混肥大量应用,绿肥技术不再应用。

土杂肥 包括炕土、草木灰、河泥、海泥等,氮、磷、钾成分皆备,大量施用,可以提高地力、改良土壤。境内习惯在春秋两季拆旧炕,盘新炕。每盘炕可产炕土肥1500～2500千克。草木灰,俗称“小灰”,有庄稼壮根强秆肥叶作用。60年代中期,提倡草木灰单积、单存、单用,每年都有大量草木灰投入耕地。其后,随着农村生活条件的改善,炕土、草木灰数量逐年减少。土杂肥数量也随着减少。

饼肥 主要有花生饼、豆饼、棉籽饼。饼肥是优质的有机肥料,一般用作基肥和追肥。新中国成立前后,部分农田施用饼肥。但饼肥含有丰富的蛋白质,也是家畜的好饲料,用作肥田成本高。合作化时期,政府提倡用饼喂猪,猪粪肥田。2000年后,个别优质茶园为提高茶叶质量,使用饼肥。

人造肥 主要是堆肥和沤肥。堆肥,又称“四合一”肥。原料是用人粪尿或畜肥、麦糠、泥土,加适量水混合翻拌,堆成方形、圆形,以泥严封,经发酵而成,肥性与圈肥类似。沤肥,一般是在夏季将杂草、棉槐叶、麦糠、畜肥、泥土加水拌匀,在水渍条件下密封、沤烂发酵而成,肥性较堆肥差。80年代后,随着化肥用量的增加,逐渐终止。

化学肥料

新中国成立初期,政府提倡施用化肥。为使农民认识化肥增产的作用,曾免费提供化肥,供农民作试验。50年代中后期,化肥被普遍认识,群众称之为“肥田粉”。其品种有硫酸铵、硝酸铵、氯化铵、尿素、过磷酸钙、钙镁磷肥、硫酸钾、氯化钾等。60年代普遍施用氨水、碳酸氢铵、尿素、过磷酸钙、钙镁磷肥。1980年以后,主要施用尿素、碳酸氢铵、复合肥。随着生产发展,农业投入增加,化肥施用范围从大田农作物扩展到蔬菜、林果种植业,几乎无地不施化肥,肥料使用量呈增加趋势。1985年,施用化肥7202.5万千克,平均每亩施用量为69千克。1989年,施用量增至8601.7万千克,每亩施用量达86.7千克。1993年,化肥施用量达1.67万吨,每亩施用量125千克。2004年,化肥施用量达到8.54万吨,每亩施用量136千克。2001年以后,大力推广无公害农业生产技术,化学肥料使用量有下降趋势。在化学肥料使用中,偏重氮肥,钾肥相对使用不足。

硫酸铵 1952年开始推广应用,含氮量20%～21%,每亩施用量为10～20千克,1982年后销量大减,90年代后很少使用。

硝酸铵 50年代初开始使用,含氮量32%～35%,80年代后开始大量使用,每亩施用量逐渐增大,小麦、玉米亩追施量达到40～50千克。由于用量过大,庄稼倒伏、土地板结。2002年秋季，国家开始禁止在农业生产中过量使用。

尿素　60年代初开始施用，含氮量46%，用于各种作物的追肥、种肥和叶面施肥，每亩施用量为5～26千克。1980年以前以进口为主，以后国产数量增加并占主导地位，使用较为普遍。

氯化铵　60年代初开始施用，用于追肥，每亩施用量10～25千克，由于含有氯离子，2000年后农民很少使用。

氨水　60年代中期开始使用，含氮量12%～17%，用于各种作物的追肥、基肥，但易挥发，不便运输和贮藏等，后被碳酸氢铵代替。

碳酸氢铵　80年代初开始使用，含氮量17%，用于各种作物基肥和追肥，每亩施用量30～50千克，该肥因其易购、肥效好、价格低，使用普遍。

过磷酸钙　50年代中期开始使用，适用于各种作物的基肥，极少的用于根外追肥，一般每亩施用量40～50千克。

钙镁磷肥　50年代初开始使用，含磷12%～16%，用于作物的基肥，每亩施用量30～50千克。

重过磷酸钙　80年代，从国外进口的高效磷肥，含磷46%，用作基肥，每亩施用量10～20千克。

硫酸钾　80年代初开始应用，含钾50%，适用于各种作物，每亩施用量15～20千克，保护地每亩施用量18～50千克。

氯化钾　含钾50%～60%，主要用于禾本科作物，每亩施用量10～15千克，因此肥含氯离子，施用量较少。

磷酸二铵　80年初从国外进口，含氮18%，五氧化二磷46%，用于各种作物基肥，每亩施用量10～15千克，全区每年施用量达到5000吨。但因不含钾素，加上三元复合肥的大量使用，1998年后，用量迅速减少，到2000年，全区用量不足1000吨。

三元复合肥　80年代从国外进口。90年代，国内开始生产含有氮、磷、钾的三元复合肥，品种类型迅速增加。由于三元复合肥养分全，使用效果好，增产显著，施用量越来越大，每亩施用量由最初的10～20千克，增加到40千克。

硫酸锌　80年代开始用于各种作物，作基肥和根外追肥，基肥每亩施用量为2～5千克，根外追肥浓度0.2%～0.5%。

叶面肥　90年代，叶面肥使用面积逐步扩大，是根外施肥的一种有效形式。主要有有机叶面肥、无机叶面肥和生物叶面肥。

其他微肥　主要有硼砂和铁肥。硼砂叶面喷施300～500倍，基肥0.5～1千克。铁肥每亩施用量为4～5千克，作基肥。

微生物肥料　50年代中期，开始推广花生根瘤菌。当时未被农民普遍认识，施用面积不足花生播种面积的50%。1970年，推广“5406”“920”“磷细菌”等，后因效果不明显，逐渐停用。90年代，开始使用生物钾肥、生物磷肥等微生物肥料，至90年代末，全区推广面积3000多公顷。2000年后，主要推广的生物肥为复合型微生物肥料，该肥主要用在茶园等反季节栽培的作物上，全区推广面积2000公顷左右。

第七节　病虫害防治

新中国成立前，受社会制度、历史条件制约，农作物病虫害防治一直处于无检测、无预报、无组织、无药物状态。新中国成立初期，因缺少农药，政府植保工作的方针是：以人工防治为主、药剂防治为辅，提倡治早、治小、治了。60年代，逐步开展药物防治病虫害。1975年提出了“预防为主，综合防治”的植保工作方针，县乡农技站设专人从事植保工作。1978年，农业局设立植保站，在全县设立5处病虫测报点，重点大队配备专职测报员，形成测报网及时指导防治。建区后，继续加强定点预测，适时发布病虫情报，指导开展病虫害综合防治。2000—2007年，按照农业标准化生产的要求，大力推广高效低毒低残留农药，开展“一减双保”行动，减少施药强度和次数，通过物理、化学、生物等

图13-17　茶园里设置太阳能杀虫灯（摄于2006年）

综合方法，既提高防效，又降低农药残留，保障了农业生产安全。

主要病害及防治

小麦锈病　农民俗称“疸”，分黄疸(叶锈、条锈统称)、黑疸(杆锈)。历史上多有发生，以叶锈发生最多。一般黄疸危害较轻，黑疸危害严重，因此有“黄疸吃饼，黑疸归种”的俗语。1950年，始用“石硫合剂”防治，效果不够明显。1970年，始用“敌锈钠”防治，但成本较高，效果一般。1980年后，开始使用“粉锈宁”“井冈霉素”“羟锈宁”防治，效果较好，加上近些年来推广选用抗病品种，小麦锈病危害已基本得到控制。

小麦腥黑穗病　是历史遗留病害。清末民初，危害较重，平均减产二成以上。1950年，采用泥水选种，粪种分离和用“西力生”“赛力散”等药剂拌种防治。到1965年此病基本消灭。

小麦全蚀病　70年代引进烟台“白包”麦种时传入，是一种毁灭性病害。一般由零星发生到成片死亡。该病防治主要推广病地轮作，最低三年不种小麦，增施有机肥和磷钾肥，提高小麦的抗病能力。80年代后，用“粉锈宁”拌种或对播种后10天左右的幼苗喷雾防治，有一定的效果。其中以轮作为最根本的防治方法，基本控制危害。

小麦白粉病　是小麦生长中后期一种常发性病害，在群体过大，氮肥施用过多的麦田，特别容易发病。该病在90年代初曾暴发流行，随后的几年发生程度大幅度减轻，2000年后，由于栽培条件改善及选用抗病品种，只有零星发生。

地瓜黑斑病　1953年，引进“胜利百号”地瓜种时传入，逐渐蔓延。主要采取精选无病瓜种和温汤浸种法防治。1970年，采用油纸窗育苗，建立二级采苗圃、高剪苗、药液浸苗等综合防治措施。到1980年初基本控制该病。

地瓜茎线虫病　70年代初，从崂山、即墨等地引进“烟薯1号”瓜种时传入，后在推广“窝瓜下蛋”时蔓延。对黑斑病的综合防治亦兼治此病。1980年后，此病危害程度大减。1990年后，使用“神农丹”颗粒剂撒施插秧穴中，防效较好。

水稻白叶枯病　60年代引种时传入，稻区发病比较普遍。推广使用30%的“402”抗菌乳剂浸种，有一定效果。后主要采用抗病品种及合理施肥等综合措施，80年代后基本控制其危害。

稻瘟病　60年代引种时传入，稻区发病普遍。1975年推广80%的“402”抗菌乳剂2000倍浸种3～4天，有一定效果。1975年推广稻瘟净、多菌灵、三环唑等喷雾防治，同时推广抗病品种和合理施肥等综合防治措施，效果较好。90年代，推广甲基托布津、多菌灵、异稻瘟净等药剂，适时喷布，基本能控制其危害。

玉米叶斑病　又叫“风干叶子”病。70年代从烟台引种传入，曾在当时流行。重者地块大部叶片干枯，减产严重。现在选用抗病品种，基本控制危害。

玉米粗缩病　此病是由灰飞虱带毒传播的一种病毒病，玉米植株变粗变矮，严重影响玉米产量，发生严重的地块造成绝产。发病后没有特效药防治。境内于1996年首次发现玉米粗缩病，近几年呈加重发生趋势。

花生叶斑病　花生叶斑病主要有褐斑病、黑斑病、网斑病。是花生生长中后期普遍发生的主要病害，每年都有不同程度的发生。1980年以前，花生叶斑病主要是褐斑病和黑斑病。此后网斑病迅速发展成为叶斑病的主要病害。该病最初用多菌灵，波尔多液防治，效果一般。90年代后期经药剂筛选，选用三唑醇、代森锰及其一些复配农药防治效果较好。

主要虫害及防治

黏虫　俗称“五色虫”“行军虫”，因其繁殖快，成为全国性重要农业害虫。主要危害小麦、玉米、谷子等。1958年、1967年、1971年、1973年、1976年、1977年、1984年，境内都有发生，造成小麦减产10%～20%。60年代开始用“六六六”农药喷粉防治，至70年代使用黏虫散防治。90年代以后，主要使用乐果、毒死蜱、高效氯氰菊酯、辛硫磷、丁硫克百威及其复配药剂。2005年，三庄镇引进实验佳多频振杀虫灯诱杀成虫，效果很好。

玉米螟　俗称钻心虫，主要危害玉米。1935年由国外传入后，年年发生。虫区减产轻者10%～20%，重者40%～50%。新中国成立前，主要采用摘枯心叶灭虫防治。1950—1979年，推广“六六六”毒沙灌心叶及穗期防治。80年代开始，使用辛硫磷颗粒剂灌心，或用赤眼蜂进行生物防治，现已控制危害。

麦蚜　小麦生长期、穗期主要害虫。几乎年

年发生，除天敌防治外，80年代初到90年代末，主要用氧化乐果、敌敌畏、甲胺磷。2000年后改用扫螨净、菊马乳油等药剂防治。

麦红蜘蛛　麦红蜘蛛主要有麦长腿红蜘蛛和麦圆红蜘蛛。新中国成立前发生危害较轻。新中国成立后发生较重，几乎每年都有发生。60年代，推广用石硫合剂或“六六六”喷雾防治，或是趁浇水时将其击落水中淹死，但是效果都不很好。70年代，推广乐果乳剂防治效果较好。90年代，根据虫情及时用药，基本控制其危害。主要使用哒螨灵、甲氰菊酯、三唑锡、三氯杀螨醇等及其一些复配农药。

甜菜夜蛾　过去发生较轻。2000年，由于气候严重干旱，出现大面积的发生，危害多种蔬菜和大田作物，造成大量减产。2001年以后每年都小到中等发生，对蔬菜和大田作物均有不同程度的危害。此虫抗药力强，消杀用药量大。防治用药使用有机磷和菊酯类农药混配，效果较好。另外阿维菌素、灭幼脲类效果也很好。

美洲斑潜蝇　1996年，境内首次发现的一种检疫性害虫，危害十几种作物，特别是黄瓜、芸豆、西葫芦受害最重，受害严重的叶片上有虫道上百条。防治用药有氧化乐果、灭多威和阿维菌素等。

南美斑潜蝇　2001年在境内发现，给蔬菜生产带来较大损失。推广阿维菌素、灭蝇胺和乐斯本等药剂喷雾效果较好。

花生蛴螬　俗称大牙、地漏子，其成虫称金龟子，农民又叫瞎眼撞子、铜克郎。是危害历史悠久的主要地下害虫。在境内其优势种群为暗黑腮金龟和铜绿金龟。一年发生一代，主要危害花生、大豆，其次是小麦和谷子。1985—1992年发生较重。1993年后，由于防治措施得力，虽然年年发生，但是程度较轻。防治用药一直采用辛硫磷、甲胺磷、辛拌磷撒施，或用苏化203兑水灌墩防治。

稻飞虱　水稻上的主要害虫，历年发生。1985—2002年，有过几次大的危害。2000年前，主要用敌敌畏、久效磷、1605、甲胺磷、扑虱灵等防治。2000年后，使用吡虫啉防治效果较好。

稻纵卷叶螟　俗称卷叶虫，是一种迁飞性水稻害虫。稻区每年有不同程度发生。防治用药主要是久效磷、磷铵、甲胺磷、灭多威、杀虫霜等。

主要农作物草害及防治

麦田杂草　分为两类：(1)双子叶阔叶杂草。主要有麦蒿、荠菜、唐芥、繁缕、婆婆纳、通泉草、猪秧秧、泥瓦罐等，这些杂草发生较重，以前多用手拔。1976年，开始推广化学除草，主要应用敌稗、除草醚等。近几年主要应用苯磺隆、乙草胺除草。(2)禾本科杂草。主要是看麦娘、裨草、野燕麦、狗尾草、马唐。1990年之前无有效药剂防治，多采取人工除草。1990年试验推广杀草丹、绿麦隆，防除效果不理想。1992—2007年，普遍施用绿麦隆、甲磺隆、2甲四氯、苯磺隆。

稻田杂草　主要有稗草、莎草、牤草、飘拂草、水莎草、鸭舌草等。1970年前靠手工拔除。1980—1998年主要使用除草醚。1999—2007年施用农思他、丁草胺、丁农和丙草胺等，效果比较理想，一直推广应用。

玉米田杂草　主要有马唐、牛筋草、反枝苋、凹头苋、铁苋菜及少量莎草科杂草。历史上主要依靠人工锄除。1990—2007年试验推广乙草胺、甲磺隆、莠去津及其复配药剂除草。

花生田杂草　主要有马唐、牛筋草、反枝苋、凹头苋、铁苋菜及莎草科杂草。结实前，靠锄除草；结实后，用手拔除。1982年使用氟乐灵除草。1985年后使用拉索、杜尔防除杂草。1991—2007年大部分采用乙草胺和扑草净除草。

第四章　农业管理

第一节　农业管理机构

民国前，县内无专门管理农业的机构。1923年，县知事公署设实业局，管理全县农业，费墨林任局长。1928年改为建设局，费墨林、胡长涧、徐奉先相继任局长。1933年，改为日照县政府第四科，宋宏毅任科长。1940年，县抗日民主政府建立后，设实业科，申友鸿、秦亢青、张富志、杨俊卿、刘丙先、袁肇扬先后任科长。1951 年，改为建设科，袁肇扬任科长。1954 年 3 月，建设科分出农业技术指导站(科级)，王宜荣任站长。1956 年 5 月，撤销县农业技术指导站，成立农业科，王宜荣任科长。同年 9 月，改为农业局，王宜荣、马守堂先后任局长。1968 年，农业局与林业局合并为农业组，王宜荣任组长。1971 年 5 月，成立县革命委员会农业局，任增恩任局长。1976 年 6 月，纪志全任局长。1982 年 1 月，县革委会农业局改为县人民政府农业局，纪志全任局长。1984 年 6 月，农业局与畜牧局合并，改称农牧局，崔俊章主持工作。同年 12 月，尹永培任局长。自 1954 年始，农业管理机构中，均设置“会计辅导站(组)”或“经管站”，负责全县农村财会经营管理工作。各乡、镇(区、公社)亦设专职“会计辅导员”。

1993 年 3 月，设立东港区农业局，陈为刚任局长。同年 8 月，成立东港区农业委员会，焦安润任主任。内设办公室、财务科、生产指导科、开发办、经管站、基金会。1999 年 10 月、2002 年 1 月，贾世禄、崔久军先后任农业局局长。2002 年 6 月，区农业委员会与区农业局合并，组建新的区农业局，至 2007 年，王文军、李海峰、彭基岭先后任局长。

第二节　农业经营管理

劳动、财务、物资管理

新中国成立初至 1953 年，以个体经营为主，兼以换工办法(以人工换人工，以牛工换人工，用工时找补等)组织劳力生产。财力、物资则由农户自行管理。

初级农业合作社建立后，生产劳动和财务由社员民主选举产生的社委会管理。社委会定出各项农活的标准工分，按劳动强弱和社员技术高低派活包工，完成定额记分。农业社设有日记账、总分类账和明细分类账。生产工具、粮食、种子、农药等物资，多贮存到户，集中使用。农具，小者自备，大者保管到户，按使用成色定补贴，年终付给报酬。

高级农业合作社建立后，劳动组织多为常年作业组。根据需要也组织季节性和临时性的作业组。劳动管理以定额承包为主，临时险、重活评工为辅，所得工日在组内参加分配。财务管理贯彻“勤俭办社、民主理财”方针。社内设主管会计，开支权限有明确规定，账、钱、物专人管理，账目日清月结。

1958 年秋，成立人民公社。以“大兵团”作战形式组织生产，经营管理混乱。次年，恢复以生产队为单位的劳动组织，劳动管理实行“三包一奖四固定”，即包工、包产、包成本，超产奖励，生产队固定土地、劳力、牲畜、农具。社员劳动评工记分，农作物管理包工到人、到户。1962 年，管理体制实行公社、生产大队、生产队三级所有，队为基础，以生产队为基本核算单位，实行“四小管理”(小段计划、小组作业、小段评比、小段检查验收)，体现“各尽所能，按劳分配”原则。1975 年春，推行大寨“标兵工分，自报公议”办法(先评出“标兵”工分，再由群众对照“标兵”自报公议)，社员劳动只记出勤天数，每月或数月评议一次工分。

1979 年春，贯彻中共十一届三中全会议精神。夏季，试行“以产定工、多劳多得、各计奖惩”生产责任制。1982 年中央一号文件下达后，逐步实行家庭联产承包责任制。对原来集体的林、牧、渔等多种经营项目及生产大队、生产队的工副业项目采取专业承包的办法，由村委与承包户签订合同，合同期一般 3 ～ 5 年不等。承包者除按合同上交给村集体一定的承包费和社会负担费用外，收入归己，自负盈亏。为了解决土质有孬有好，收入不平衡问题，1984 年冬，县委在时家村、西草坡、南草坡三个村进行土地打价定级承包试点。翌年全面推开，承包期一般为 15 ～ 20 年。村委统一管理水利设施，统一规划和组织农田基本建设，并建立农业生产服务组织。1985 年上半年，进行撤队建村后的财务清理移交工作。将原生产大队、生产队两级组织的账务全部移交给村民委员会。农村经营管理的中心工作转到贯彻农村经济政策、促进合同兑现、完善生产责任制，以正确处理国家、集体、农民三者利益关系。

1988 年，各乡镇经管站成立农村集体经济审计站，配备专职审计人员，普遍开展农村财务审计工作。1990 年春，对农村财务实行“双代管”，即实行村设报账员、镇(街道)成立农村财务管理中心代管村账。从 2000 年始，由各镇政府面向社会公开招考村会计，经培训合格到异村任职。

收益分配

初级农业合作社时，按入社生产资料和劳动工分所占比例进行分配。分配办法是：口粮按人口七成、工分三成，即“人七劳三”分配；现金在农业收入总值扣除农业税、生产费用、公积金、公益金后，剩余部分按土地四成、工分六成，即“四六”分成。高级农业合作社时期，土地不再参加分红。粮食分配，在完成上交任务、留足种子后，按“人六劳四”分配；现金分配，在扣除生产费用、公积金、公益金、农业税后，按劳动工分分配。

人民公社化初期，农业收益实行平均分配。1962年，分配原则是多劳多得、按劳取酬。口粮分配大部分社队实行“人五劳四肥一”的办法。肥料以质定价，以价代粮，柴草随粮分配。对烈军属、残废军人补优待工，优待工与实干工一起参加粮食、现金分配。优待工值从公益金中支付。对“五保户”实行补工日或直接补现金、发口粮。国家干部、职工家属的口粮标准，相当于一般农户，出工不足部分，投资参加分配。农村干部实行误工补助。

随着联产承包责任制的落实，承包户实行自负盈亏。国家征购、派购的粮油及其他农业税，按土地承包面积分摊。有户交售、队结算和户交售、户结算两种结算方法。1985年，国家对粮油由统购改为合同定购，合同一年一定。2004年，粮食市场放开，取消粮油定购。

2006年，国家取消农业税，并对种粮户进行补贴。村干部享受定额补贴，经济条件好的村，干部实行退休制。烈属、“五保户”除享受国家补助优待外，村里还给予适当照顾。

合同管理

1982年秋，开始对土地划等定级，发证到户。开展农村第一轮土地承包，实行合同管理(当时经济园林一般合同承包期为3年、5年、10年，土地承包期一般15年)。1999年2月，开始实施第二轮土地延包，土地承包期延长30年不变。2004年，取消“两田制”(口粮田、责任田)，实行“均田制”(按农业人口平均承包土地)。2006年，允许土地承包权以赠送、租赁、入股等形式流转。

1986年，为解决果园、茶园、四荒原承包额过低问题，通过协商提高承包指标。并按照“同等条件下原承包户优先承包”的原则，重新进行发包。1991年以后，各乡镇经管站都成立了农村承包合同管理站，村建立承包合同档案管理室，落实专人管理。加强对土地承包合同签订、鉴证、纠纷调解的处理。

村务公开

1998年秋，区委、区政府制定推行村务公开制度，主要有四方面内容：(1)扩大村务公开内容。从“化热点、攻难点、解疑点、治乱点”着手，突出群众性、实用性。(2)狠抓民主理财。各村民主选举理财小组。理财小组集审议权、财务监督权、不合理开支否决权“三权”于一体，每月由民主理财小组对村中的收支单据逐一审核把关。(3)财务公开。对当月发生的财务收支，逐张单据逐笔款项由审批人、理财组长、村会计等签字，加盖镇审计站公章，然后公布于众。(4)建立专题公开、专题质询和公开举报制度。

第五章　畜牧业

境内畜牧业历史上以家庭饲养畜禽为主。

农户把畜禽视为经济收入和农家肥的主要来源。但因饲养管理粗放、缺医少药、畜禽品种不良等因素，致使畜牧业生产长期处于停滞不前的状态。新中国成立前畜牧业产值仅占农业总产值的5%左右。

新中国成立后，人民政府重视发展畜牧业。成立畜牧兽医管理机构，对畜牧业生产和畜禽疫病防治工作进行指导与管理，并通过推广优良畜禽品种和饲养管理技术，使畜牧业有了长足的发展。

改革开放后，畜牧养殖业开始向专业化、工厂化规模养殖发展。建区后，区委、区政府制定一系列政策，促进全区畜牧业快速发展。2007年，全区共存栏大家畜0.89万头、猪20.3万头、羊12.1万只、禽393.9万只、兔35.4万只；实现肉类总产3.4万吨、禽蛋总产1.8万吨；实现牧业收入6.1亿元，占农业总收入的23%。

第一节 畜禽品种

境内畜禽品种有哺乳纲偶蹄目的牛、羊、猪、鹿，哺乳纲奇蹄目的马、骡、驴，哺乳纲啮齿目的兔、犬、貉、狐、貂，鸟纲禽目的鸡、鸭、鹅、鸽子、鹌鹑、鹧鸪等。

大家畜

黄牛　当地黄牛，耐粗饲，易管理，繁殖力强，遗传性能稳定，生产性能好，役、肉兼用，体型中等，体质强壮。以龙门角、三角居多，蹄大而坚，毛色以黄色为主，黑色次之。2 ～ 3 岁成熟，12 岁终配，母牛终生能产 8 ～ 9 头牛犊。中等体型役牛，挽力 110 千克，日耕田 0.17 ～ 0.2 公顷，年负担耕作 3 ～ 5 公顷，年积肥 6500 千克。自 1961 年始，多次引进鲁西黄牛为父本，与当地黄牛进行杂交，效果良好。

图 13-18　东港区三庄镇饲养的黄牛　（摄于 2003 年）

自 1980 年开始又引进利木赞、西门塔尔等公牛的冻精颗粒，在全区范围内开展较大规模的杂交改良工作。生产的杂交肉牛，体型改善，肉质优良。

水牛　本地水牛，已有 500 多年历史。东部平湖水田区饲养为多。水牛周身呈灰褐色，体躯高大，肌肉丰满，骨骼粗壮，额宽口方，臀部肌肉发达，尾粗短，不宜行走山路。颌下有七点白毛，称之“七星”，颈下胸前有两条长 40 ～ 60 厘米、宽 10 ～ 15 厘米的带状白毛，俗称“大小二海”，故以“七星”“二海”“五大旋”为特征。角为拱状，呈弧形，向后伸展弯曲。背毛稀少，毛细而短。汗腺不发达，既怕冷，又怕热，夏季需要常洗澡，冬季需保暖防寒。成年公牛平均体高 135 厘米，体长 140 厘米，胸围 140 厘米，体重 530 千克；母牛平均体高 130 厘米，体重 470 千克。一般役牛，挽力 150 千克以上，每日深耕 13 ～ 18 厘米砂壤地 0.2 ～ 0.33 公顷。新中国成立后，为适应旱田改为水田的需要，水牛饲养量逐年增加，从 1949 年的 1612 头发展到 1981 年的 1.21 万头，占大家畜的 42%。随着农村机械化程度的不断提高，水牛存养量逐步减少。2007 年，全区仅存水牛 257 头。

图 13-19　境内东部平湖地区水牛　（摄于 2007 年）

奶牛　成年公牛体重达 1000 千克以上，成年母牛体重 500 ～ 600 千克。母牛性情温顺，易于管理，适应性强，耐寒不耐热。犊牛初生体重一般在 45 ～ 55 千克。泌乳期 305 天，第一胎产乳量 5000 千克左右，优秀牛群泌乳量可达 7000 千克。少数优秀者泌乳量在 1 万千克以上。

图 13-20　东港区日康奶牛场优质奶牛　（摄于 2005 年）

新中国成立前，境内无养奶牛记载。1959 年，日照县食品公司从济南奶牛场引进黑白花奶牛 6 头(公牛 1 头)。1989 年存栏奶牛 75 头，1992 年存栏 103 头。

2004 年，区委、区政府制定扶持政策，规定对区内新上成龄奶牛 3 头以上的养殖户，按每头 1 万元贷款的 1 年贴息标准由区财政给予扶持；对新上成龄奶牛 50 头以上的养殖大户，按每头 2 万元的贷款的 1 年贴息标准由区财政给予扶持。2004 年区政府兑现财政补贴款近 10 万元。三庄镇农民徐茂颂，2004 年在日照街道小桃园村新建日照市日康乳品厂，养奶牛 193 头，建有鲜奶、酸奶、无菌奶流水生产加工线 3 条，日加工鲜奶能力达 2 吨，成为全区规模最大的奶牛养殖加工厂。2004 年，全区存养奶牛达到 652 头，年产鲜奶达 1850 吨。2007 年达到 1811 头，鲜奶年产 5084.8 吨。

驴　用于耕地、拉磨、拉车、驮运等。成年驴平均体高 116.2 厘米，体长 92.3 厘米，胸围 125.9 厘米，体重 165.6 千克，役畜驮力 169.7 千克，二头一犋劳役 6 小时，可耕砂地 0.2 ～ 0.27 公顷。境内 1949 年存养 6918 头，占大牲畜总量的21.6%。70年代，随着农业机械化的发展，饲养量逐渐下降。1981年存栏1654头，1992年存栏895头。至2007年年底，仅有山区个别村民零星饲养，存养数量22头。

骡、马　因当地农民无饲养习惯，数量不多。1949年共有21匹，1964年有马16匹，1986年有马699匹，1989年有骡650匹、马386匹，1992年共有758匹，多用于拉车运输。2007年，全区存养骡马20匹。

骆驼　主要在交通不便地区用于驮运货物。据记载，1953年境内饲养骆驼3头。到1958年发展到4头。随着交通机械化作业的发展，1973年境内终止了饲养。

小家畜

猪　农家普遍饲养，其品种多为历代繁衍的当地土种黑猪，属沂蒙黑猪品系。母猪一般6月龄后可繁殖仔猪且高产多仔，仔猪15千克断奶入圈饲养。1961年后，引进四川荣昌猪，以当地黑猪为母本，进行杂交改良。杂交猪耐粗饲育肥快，数年之内形成一个类群，出栏量占社会商品猪的80.2%。1979年前后，为发展商品瘦肉型猪，先后引进杜洛克、大约克、汉普夏等新品种，用当地黑猪为母本进行杂交，提高了猪的瘦肉率和商品率。1985年，农业部将日照市列为瘦肉型猪生产基地；1988年，被农业部定为瘦肉型猪基地续建县(市)。90年代，生猪生产逐步由以农户普遍饲养为主过渡到以专业户饲养为主，集约化程度不断提高。全区普遍推广猪的人工授精技术、仔猪提前补料技术及暖圈改造技术，生猪生产全部实现程序免疫，免疫率达到98%。育肥猪已经由二元杂交全部实行三元杂交，育肥猪瘦肉率已由34.5%提高到55%，出栏率已由70年代的85%提高到175%。至2007年，全区存养100头以上规模养猪场达233个，全区生猪共存栏20.3万头，出栏31.4万头。

图13-21　沂蒙黑猪　(摄于2006年)

图13-22　东港区畜牧局种猪场优质种猪　(摄于2005年)

羊　品种有山羊、绵羊、奶山羊，以山羊为主。

山羊(本地山羊)，西部山区饲养量最多，体型颜色不一，黑色山羊占26.8%，青灰色占46.7%，白色占26.5%。80年代初期，曾引进青山羊与本地山羊杂交，取羔羊裘皮出口创汇。当地黑山羊，属沂蒙黑山羊品系，一般成羊体高56厘米，体长64厘米，胸围72厘米，体重34千克。本地山羊生长速度慢，出肉率低。后黑色和青灰色羊显著减少，白色山羊占90%以上。

1998年4月，东港区畜牧局首次从山东省畜禽良种繁育推广中心购进世界著名肉用山羊品种波尔山羊冻精细管，用冷配方法，对本地山羊进行杂交改良，杂交优势明显。波尔山羊原产南非，性情温顺，生长发育快，成年公羊体重可达145千克，母羊可达90千克。当年分别在三庄镇、南湖镇试点成功。1998年6月，购进原种波尔山羊二只(一公一母)，由三庄镇上崮后村饲养。2000年，东港区被农业部确定为全国秸秆养羊示范县。2002年6月，从省畜禽良种繁育推广中心引进波尔山羊24只，在原有波尔山羊繁育及杂交改良示范基地的基础上，新建波尔山羊良种繁育场和波尔山羊良种推广中心各一处。2004年，全区共存养山羊7.4万只，年出栏10.7万只。2007年，存养量12.1万只，年出栏24.7万只。

绵羊，东部饲养为多，以从外地购进的改良羊为主。1957年，先后3次从新疆、内蒙古购进美利奴种公羊82只，开展绵羊生产和品种改良工作。1999年，开始引进肉毛兼用的小尾寒羊，在部分区域进行推广。至2007年，全区存养小尾寒羊1000只。

小尾寒羊是中国乃至世界著名的肉裘兼用型绵羊品种，具有早熟、多胎、多羔、生长快、体格大、产肉多、裘皮好、遗传性稳定和适应性强等优点。体重平均周岁公羊为65千克，母羊为46千克；成年公羊为95千克，母羊为

图13-23　小尾寒羊　(摄于2005年)

49 千克。剪毛量平均公羊 3.5 千克，母羊 2 千克。性成熟早，出生后 5 ~ 6 个月发情，当年可产羔，产羔率 260% ~ 270%。

奶羊，50 年代末开始从外地购进饲养。1980 — 1982 年从青岛购进崂山奶山羊 300 余只，由高兴公社部分农户分散饲养。后因资金、生产技术等原因，奶业加工厂未能建成，奶山羊只能用于肉羊生产。域内 1989 年存养 5882 只，1992 年存养 1256 只。2000 年后用奶山羊做母本，以波尔山羊做父本，进行杂交生产，收到较好效果。2004 年，全区奶山羊主要作为波尔山羊和本地山羊杂交肉羊的生产母本，纯种奶山羊不再饲养。

崂山奶山羊全身白色，毛细短，皮肤粉红有弹性，适合山区、丘陵、平原放牧饲养。正常饲养的母羊 7 个月体重达到 25 千克以上。产奶期 8 个月，最高可达 10 个月，最高产奶可达 1300 千克。出生后 4 ~ 6 个月开始发情，怀孕期 150 天，年产一胎，平均产羔率 170%。屠宰率 50.44%。

兔 有肉用、毛用、皮用三种。

肉用兔品种以日本大耳白、新西兰、青紫兰、布列塔尼亚兔为主。1959 年开始引进，70 年代始农家普遍饲养，80 年代少量出口冻兔肉换取外汇。1985 年存养 12.40 万只，占养兔群体的 72.1%，1986 年饲养量达 65.66 万只。2007 年，存栏肉兔 32.6 万只。

毛用兔(长毛兔)，1981 — 1982 年，日照县外贸局牵头，先后引进德系长毛兔 200 只，存养在大坡公社，至 1984 年已普及各乡镇。1986 年存养 7.7 万只，占养兔群体的 27.9%。由于市场原因，毛用兔存栏量逐年减少。2007 年，全区毛用兔存栏 1.2 万只。

皮用兔，是 2000 年以来新兴的养殖兔，至 2007 年，全区存养 1.6 万只，品种以獭兔为主。

貂 以黑水貂为主。1969 年 6 月，由日照县外贸局购进水貂 460 只。境内 1981 年养貂数量达 1.46 万只，出口皮张 8560 张；1986 年 5.2 万只，1987 年达 14 万只。1993 年，全区存养 3.25 万只，2004 年存养 4.1 万只，2007 年存养量达到 18 万只。

貉 以乌苏里貉为主。1986 年 5 月，由日照县外贸局购进貉 600 只，1993 年全区存养量达到 2.13 万只。受市场行情影响，饲养量不断波动，2004 年全区存养量 2.7 万只，2007 年存养量为 1.2 万只。

狐 以芬兰改良狐、银黑狐为主。1985 年，日照镇屯沟村万克宣首次自江苏省赣榆县引进英国蓝种狐 4 对。后不断繁育扩群，全区各镇街道均有饲养，至 1993 年全区英国蓝狐饲养量达到 1.1 万只。1996 年，全区饲养量达到 9.7 万只，英国蓝狐饲养量达到最高峰。后英国蓝狐因品质问题逐渐被芬兰纯种北极狐所改良，至 2003 年，英国蓝狐纯种狐在东港区已全部改良。

1998 年 11 月，为提高全区种狐群质量，日照市万帜养狐场首次自国外引进芬兰纯种北极狐 165 只。1999 年 3 月，对本场狐种进行人工授精，获得成功，当年受孕率达到 100%。2000 年，该场投资 60 万元一次性引进芬兰纯种北极狐 276 只，并进行纯繁纯育。2007 年，芬兰改良狐已成为全区人工饲养的主要饲养品种，全区饲养量达到 11 万只。

家禽

鸡 境内家庭养鸡历史久远，多为蛋鸡。农家饲养多系“日照麻鸡”，占鸡饲养群体的 75%。公鸡身躯较大，冠大直立，颈、肩、鞍羽呈金黄色，其余为红褐色，素以“火红大公鸡”著称。母鸡体略小，开产日龄 6 ~ 7 个月，一般饲养条件下年产蛋 150 枚，少数个体达 200 枚以上。平均蛋重 55.9 克。蛋壳颜色为粉红色，蛋形指数为 1.33 ~ 1.34。

1978 年开始，陆续引进海赛克斯、星杂 288、星杂 579 等蛋鸡品种，逐步替代“日照麻鸡”。至 2007 年，存养的“日照麻鸡”大部分以提供肉食为主，产蛋鸡已经以海赛克斯、伊莎、罗曼、海兰褐等品种为主。

图 13-24 日照麻鸡 (摄于 2007 年)

1989 年开始，逐渐引进肉用鸡品种，以 AA 肉鸡、艾维因肉鸡为主。

鹅、鸭 鹅有白鹅和雁鹅之分，鸭为麻鸭。1980 年饲养 20 万只。日照麻鸭产蛋为绿壳蛋，蛋重 50 ~ 85 克。1985 年 8 月，下湖乡购进五龙鹅种蛋 5 万枚和文登鸭种蛋 1 万枚，孵化繁殖饲养。

第二节　畜禽饲养

牛

在传统的农业社会，牛在农业生产中具有重要作用。新中国成立后，政府对保护、发展大牲畜非常重视。1959 年 5 月，省政府发布《保护耕牛条例》。60 年代，国务院、省政府分别颁布《关于发展大牲畜的几项规定》。80 年代改革开放后，农业机械发展迅速，大牲畜饲养量逐年减少。同时将役用牛转向肉用牛方向发展，奶牛生产发展较快。

境内部分年份大牲畜饲养情况一览表

表 13-2　　单位：头

年份	大牲畜存栏量	其中				
		驴	马（匹）	牛	奶牛	骡（匹）
1949	32020	6918	100	24900	0	102
1956	31881	6200	200	25300	6	175
1965	27816	5500	100	22000	9	207
1970	34432	6100	100	28000	11	221
1975	31267	5000	600	25300	15	352
1981	28981	1654	700	26300	52	275
1989	23511	1200	386	21200	75	650
1992	15756	895	700	14000	103	58
2004	6505	31	11	5800	652	11
2007	8910	22	7	7057	1811	13

饲养方式　新中国成立前为农家私养，一般种田 20 亩养畜 1 头。1952 年成立互助组，耕畜参与农业变工劳役。1953 年试办初级农业合作社后，渐有公养。1955 年，合作社养牛 3420 头，占全部饲养量的 76.8%。1958 年人民公社化后，牲畜所有权归集体所有，全部为公养。实行农业家庭联产承包责任制初期，饲养方式有二种：一是牲畜打价承包到组，仍为集体所有。二是打价承包到户，所有权归个人。1983 年后，全部归属农户或专业户。

饲管方法　传统方法是，夏秋季节，放牧于野；冬春草衰，转为舍饲，喂以干草、豆荚皮、麸皮及少量豆饼、花生饼等。1951 年，开展群众性护畜保畜工作，制定爱畜保畜公约。1952 年后，集体饲养的耕畜，开展“看槽保畜”活动。1956 年，推行“四定”(使用权、使役时间、饲养使役责任、饲养报酬)和包工包养责任制。1957 年，推行“六定”(专人喂养、饲养员工分、报酬、草料数量、积肥数量、耕畜膘情、交接制度)、“一奖”(评比检查奖励)制度，主要是比管理、比卫生、比繁殖、比膘情，喂养上推行“五勤”(添草、垫栏、除粪、检查、刷槽)和“五净”(草料、饮水、栏圈、用具、饲槽)，注重对饲养、使役人员的技术培训。1983 年牲畜归属个体后，以舍饲和放牧相结合为主。90 年代后期，黄牛饲养从以役用为主转向以肉用为主。为促进肉牛增肥，加大了对精料的供给，加快育肥，提前出栏。育肥期定量喂给精料，自由饮水，夏天饮凉水，冬天饮不低于 20℃ 的温水，尽量限制其活动，保持环境安静，经过 4 ～ 6 个月育肥，体重达 400 ～ 500 千克

图 13-25　南湖镇上坳奶牛厂　　(摄于 2007 年)

时出栏。近几年运用青贮饲料和饲料添加剂，集中饲养育肥，效果更明显。

猪

养猪为农家传统饲养业，昔日以攒圈肥为主要目的，有俗语“养猪图攒粪，挣钱是枉然”。据资料记载，境内1934年存养猪5.5万头，1949年存养5.1万头。新中国成立后，政府鼓励农民养猪，1952年存养量达到14.6万头，1968年为7.76万头，1971年为12.7万头。1988年，全年饲养17.27万头。2003年，全区存栏生猪21.4万头，出栏31.5万头。2004年年底，区划调整后的全区存栏生猪7.9万头，出栏12.5万头。2005年，存栏达到11.2万头。2006年，受全国性猪高热病影响，存栏为9.9万头。2007年8月开始，东港区开始实施母猪补贴(每头50元)，母猪政策性保险、猪人工授精补助等扶持养猪政策，全区养猪业发展迅速。2007年，全区存栏生猪20.3万头，出栏31.4万头。

饲养方式　新中国成立前为农家私养。1958年，人民公社贯彻“公、私养并举”，公养猪占总量的50.8%。1976年，公养猪2.98万头，占总量的29.94%。1983年后，开始发展养猪专业户，建设规模养猪场。2007年年底，全区年出栏100头猪以上的规模化养猪场达320个，规模养猪场出栏数量占全区年总出栏数量的82%以上。

饲管方法　传统有圈养和放牧两种。圈养有利于积肥和猪的发育。秋收后放牧于闲茬地块。新中国成立后，以圈养为主。饲料有谷类、菜根、青干草、厨房弃物等。1956年，公养猪推行“四定”(定饲料、定膘肥、定积肥、定喂养)。1963年后，推广发酵饲料。1969—1971年，推广糖化饲料。猪圈多为斜坡式向阳圈。

1973年后，推行打浆青贮喂猪。1981年，逐步采用配合饲料喂猪。90年代后，开始出现工厂化养猪，按照母猪配种、妊娠、分娩、保育、育成、肥育等环节组织生猪工厂化生产。母猪妊娠后，转入妊娠母猪舍；饲养至107天后，转入分娩哺乳母猪舍；仔猪在哺乳35日后断奶，转到幼猪保育舍；饲养至70日后，转入肥育猪舍，经3—4个月饲养后出栏。

羊

饲养方式　新中国成立前为农家私养。新中国成立后，政府重视养羊生产。1958年，有少数生产单位集体饲养，饲养量甚少。此后有公养和私养两种方式。农户私养一般饲养一两只，集体公养的数量在十几只或几十只。1983年后，公养羊折款归户。

饲管方法　有圈养、放养两种。春、夏、秋多放牧于野，专以草饲，草质不良，给以补饲，饮以清水；冬季舍饲，喂以干草、树叶、玉米秸、牛草渣，每天给以适量饮水，稍加食盐。农家养羊，大小混养，成年羊公、母分饲；多以圈养、栓养为主，喂以干草、花生秧、青贮或氨化饲料，并定时防疫、消毒、驱虫，适量添加微量元素、维生素等添加剂。为加快育肥，加大精料的供给，促使提前出栏。

兔

饲养方式　分为笼养、栅养两种。

图13-26　南湖镇报子沟养猪厂　(摄于2007年)

笼养分为室内笼养和室外笼养。室内笼养是修建标准兔舍或简易兔舍，把兔笼存放在室内。其主要优点是夏季易防暑，冬季易防寒，雨季易防潮，平时易防兽害。室外笼养是把兔笼整年放置在室外，笼顶设盖，笼内养兔。优点是通风良好，但防暑、防寒、防潮、防敌害等不及室内笼养。

栅养即小群饲养。一般在室外空地或室内用竹片、木棍或铁丝网围成栅圈，每圈占地8～10平方米，养兔20～30只。兔舍定期消毒，以减少疾病传染。栅内设置采食和饮水器具，有条件的还设置隔粪地板。

饲管方法　饲料以青料为主，精料为辅。注重饲草、饲料的品质，倡导"十不喂"：一不喂霉烂、变质饲料；二不喂带雨、露水的青绿饲料；三不喂粪、尿污染的饲料；四不喂农药污染的饲料；五不喂冰冻饲料；六不喂发芽马铃薯和带黑斑病的甘薯；七不喂未经蒸煮或焙烤的豆类饲料；八不喂有毒植物；九不喂大量的牛皮菜、菠菜等；十不喂大量的紫云英等青绿饲料。

图 13-28　秦楼街道宏远养鸡厂自动捡蛋车间　　(摄于 2007 年 6 月)

家禽

1934 年，境内饲养 21.4 万只；1949 年，饲养 40.3 万只；1956 年，饲养 66.15 万只；1978 年，饲养量达 186.32 万只。其中，鸡 150.71 万只、鸭 22.36 万只、鹅 13.25 万只。1988 年，饲养量高达 228.9 万只。1991 年 3 月，区畜种改良站引进 AA 肉种鸡父母代 3000 套，开始孵化推广商品代肉鸡。1994 年出栏最高达 600 万只。

饲养方式　长期以来为农家分散饲养。1958 年，始有少数集体养殖。1979 年，奎山公社建起麻鸡饲养场。1983 — 1985 年，有 8 个乡镇畜牧兽医站建立养鸡场。1984 年，出现养禽专业户 617 户，养禽 14.82 万只。1989 年，境内共养禽 218.6 万只。自 90 年代初期开始，蛋鸡饲养向规模化、集约化方向发展，部分乡镇开始建立蛋鸡养殖专业小区，专业小区内养殖专业户少则五六户，多则几十户，饲养数量上万只。园区内形成集鸡病防疫、饲料加工、种鸡饲养、孵化、育雏和鲜蛋销售于一体的系列生产服务体系。2007 年，全区蛋鸡养殖专业小区达到 178 个，专业户达到 3568 户。

图 13-27　秦楼街道宏远养鸡厂　　(摄于 2007 年)

饲管方法　传统方法是农户于庭院内外散养，不定时喂食，对产蛋鸡任其自由觅窝产蛋。1959 年推行农家鸡舍楼梯式，分为上下二层，下层夜晚栖息，可漏粪于地面，上层设产蛋窝。20 世纪 70 年代，有的农户采用棚栏饲养，棚内配有栖息架和产蛋箱。80 年代，部分养鸡户用梯式大笼立体饲养和大笼平养，一笼少者四五十只，多者百十余只。笼内配有产蛋槽。90 年代，对肉食鸡采用塑料大棚饲养，大棚三面用土墙围成，向阳面及中间部分用竹竿搭架，上面覆盖双层厚塑料薄膜，冬季用草毡覆盖保温。大棚地面用麦秸等铺盖，肉鸡饲养于草面之上。夏季炎热时，将薄膜卷起通风；冬季寒冷时，在棚内搭建火炉保温。每个大棚多则饲养近万只，少则饲养几千只，每年可出栏肉鸡 6 批。90 年代中期始，秦楼街道、涛雒镇逐渐出现工厂化蛋鸡饲养场，采用通风、消毒、饮水、喂料、捡蛋、清粪全部实现自动化操作的全封闭式鸡舍，劳动效率高，每名饲养员可管理万只蛋鸡。鸭、鹅饲养，多用中小棚栏，白天赶放于汪塘，晚间赶回栏内，每日补饲一次。肉食鸭也有专业户养殖。

第三节　饲草饲料

天然饲料

境内供作饲料用的农作物秸秆主要有花生秧、地瓜秧、玉米秸、大豆秸、麦秸、稻秧等。另有沿海水产品鱼虾、贝壳等动物性饲料和部分农副产品，如麸皮、豆饼、花生饼、酱油渣、啤酒糟等。

精饲料主要有大豆、花生、玉米和部分杂粮(高粱、谷子等)。80年代以前,精饲料不足,粗饲料的作物秸秆、青干草、树叶等成为牲畜主要饲料来源。据统计,全县产各种秸秆秧、蔓藤等40.5万吨,用于饲料19万吨。80年代以后,推广饲料青贮和氨化技术,使饲料秸秆的利用率大大提高。随着畜牧业的快速发展,又陆续引进紫花苜蓿、串叶松草、墨西哥玉米、黑麦草等国外优质牧草。2002年,全区牧草种植面积6.7公顷。2007年,牧草种植面积达9公顷。

配合饲料

1989年,日照市饲料公司成立,专门生产猪、鸡的混合饲料和配合饲料,年生产能力1.2万吨。1994年,青岛正大饲料公司在东港区推广浓缩饲料和全价饲料。至1996年,全区90%以上的畜禽饲养户使用浓缩饲料和全价饲料。2007年,全区各类规模饲料生产企业有15家,年加工各类饲料、浓缩料1.5万吨。

第四节　疫病防治

新中国成立前,以民间中兽医为主体,以针灸、中草药治疗牲畜的一般内、外科疾病,对传染病、寄生虫病基本无能力防治。新中国成立后,随着畜牧兽医机构的建立,畜牧兽医队伍不断壮大,兽医诊疗技术不断提高,以防为主、防治结合。一些严重危害畜和人体健康的疫病被消灭或者得到有效控制。2002年,东港区被国家列为无规定动物疫病区缓冲区,并建立和完善了畜禽疫病预防和控制体系。

畜禽疫病

牲畜口蹄疫　口蹄疫是一种急性接触性传染病。家畜中牛、羊、猪都敏感,其中牛最易感,不同年龄的动物易感程度有差别,以年幼动物发病最严重,死亡率高。该病一年四季均可发生,以春、秋两季易流行。1998年境内流行,给畜牧业生产造成较大损失。1999年,成立东港区防治牲畜口蹄疫指挥部,各乡镇街道也成立防治牲畜口蹄疫领导小组,每年春秋季节对牲畜口蹄疫进行强制免疫,有效地控制了该病的发生。

高致性猪蓝耳病　为猪繁殖与呼吸综合征(俗称猪蓝耳病),以母猪繁殖障碍(早产、流产和死胎),仔猪及育成猪呼吸系统症状为主要特征。仔猪发病率可达100%,死亡率可达50%以上,母猪流产率可达30%以上,成年猪也可发病死亡。2007年7月,高致性猪蓝耳病列入政府强制免疫计划,全区共计强制免疫生猪18.6万头,免疫率达到99%以上。

猪瘟　该病是由猪瘟病毒引起的烈性传染病,流行面广,死亡率高。1953年秋,开始用猪瘟弱毒疫苗接种预防,此病逐渐被控制。90年代后,推广商品猪阉割时实行一次性免疫。2007年秋季,猪瘟被列入政府强制免疫计划,全区猪瘟强制免疫率达到100%。

猪丹毒　是一种急性热性传染病,夏秋季节发病率高。1952年,因此病死猪3.5万头。1953年秋,始用猪丹毒菌苗预防接种。此后,境内通过采取防疫、检疫、治疗、消毒等综合措施,基本控制住该病的发生和传播。

猪链球菌病　该病是人畜共患病,常见的有猪败血性链球菌病和猪淋巴结脓肿两种类型,发病猪群的死亡率可以达到80%以上。根据《中华人民共和国动物防疫法》及其有关规定,把该病列为二类动物疫病。该病既可用疫苗预防,又可用敏感抗生素治疗。

狂犬病　俗称"疯狗病",是家畜被病犬或带毒犬咬伤后感染引起的传染病。1979年,境内发病黄牛23头,水牛12头,猪5头,羊2只,全部死亡。同年,政府成立狂犬病防治领导小组,发动群众,将病犬、病畜扑杀焚烧深埋。次年对剩余犬逐个登记,注射狂犬疫苗,使此病得到有效控制。

牛流行热　俗称"三日热""麻筋黄"。1955年8月,流行此病,持续2～3个月,发病率30%～50%。1983年流行此病,持续1个月,发病率60%以上。病牛除老弱者易死亡外,其余皆能治愈。

禽流感　禽流行性感冒的简称。高致病性禽流感被国家列为强制免疫对象。2004年2月,东港区成立防控高致病性禽流感指挥部,制定防控应急预案。每年春秋两次对家禽进行高致病性禽流感疫苗强制免疫,免疫率100%。

鸡新城疫　俗称"鸡瘟",属一类传染病。春季多见,发病率高达90%。1951年,开始推广疫苗接种,使发病率逐渐下降。80年代,因种鸡和种蛋的流动面广,发病率回升。至90年代开始推广程序免疫技术，防疫密度达100%，之后未见疫情报告。

鸡传染性法氏囊病　是由病毒引起的一种幼鸡急性、高度接触性传染病。该病于1989年初传入境内，发病率为50%，死亡率一般为15%～20%，严重发病的鸡群，死亡率高达70%。应用高免抗体及药物综合治疗，效果较好。该病已按照正常免疫程序进行免疫，得到有效控制。

鸡传染性支气管炎　该病是由病毒引起的一种急性、高度接触传染性的呼吸道疾病。于90年代初传入境内，发病率20%～30%，雏鸡死亡率为10%～30%左右，成年鸡死亡率在0.5%～1%。该病用疫苗免疫可以预防发病，病后采用对症治疗和消毒、检疫等措施，可减轻传播和降低死亡率。

鸡传染性喉气管炎　该病是由病毒引起的一种急性呼吸道传染病。于90年代初传入境内，发病率在30%～40%之间，死亡率一般在10%～20%之间。之后，推广疫苗免疫接种，发病死亡率逐年降低。

小鹅瘟　是由小鹅瘟病毒引起的一种急性、败血性传染病。30日龄内雏鹅易发病，日龄越小死亡率越高。对孵化用具、设备和种蛋消毒，雏鹅注射小鹅瘟血清，可以有效控制该病。

寄生虫病　境内畜禽寄生虫病有32种。牛寄生虫病感染率为57.5%，其中肝片吸虫占11.5%，双口吸虫病占39.5%，新蛔虫占3%，结节虫占3.5%；猪寄生虫感染率为60%，其中蛔虫占29.5%，结节虫占24.5%，囊虫占3%，肺丝虫占3%；羊寄生虫感染率为76.6%，其中结节虫占33.3%，双口吸虫占13.83%，肝片吸虫占9.67%，捻转胃虫占6.67%，马歇尔线虫占13.13%；鸡寄生虫感染率为20%；家兔球虫感染率为40%。新中国成立后，开始开展寄生虫病防治工作，通过综合防治，发病率逐年降低。

兔病毒性败血症　又称“兔瘟”。该病是1984年由于引种不慎传入境内，最初呈暴发性流行，发病和死亡率高达90%以上，冬春季节易发。应用疫苗免疫接种后，发病死亡率逐渐下降。

防疫检疫

畜禽防疫　新中国成立后，政府重视畜禽防疫工作，1951年开始推广鸡新城疫疫苗接种。1956年秋，开始猪瘟、猪丹毒疫苗预防接种。

70年代，逐渐推广畜病合作防治制度，对猪、牛包防疫、包治疗、包阉割。1983年1月开始推行畜牧兽医技术承包责任制。到1986年，基本控制了一度危害严重的猪瘟、猪丹毒、鸡新城疫、兔瘟、水貂犬瘟热、小鹅瘟等畜禽疾病。2006年，随着《重大动物疫病应急处理办法》实施，成立了东港区重大动物疫病防控指挥部，各镇、街道也相应成立了领导小组，政府一把手任指挥、组长。2007年，全区牲畜口蹄疫、猪瘟、鸡新城疫的免疫密度分别达到99%、98%、95%，畜禽受检率达到95%，畜禽产品受检率达到97%。

动物检疫　境内从1953年开始兽医卫生检疫工作，组织基层兽医人员对活畜禽、白条肉检疫，对上市牲畜做一般体质体温检查，控制病畜禽交易。同时，常年对外调畜禽、食品站、个体屠宰户进行检疫、实行监督。

1959年11月1日，《肉品卫生检验试行规程》由农业部、卫生部、对外贸易部、商业部等部门联合发布实施。首次对国有屠宰厂、肉类联合加工厂的检疫检验的对象、检疫操作方法、标准、处理方法作出明确规定，在国有屠宰厂、肉类联合加工厂内设立检疫检验科室，配备专职的兽医检疫检验人员。

1985年，国家《家畜家禽防疫条例》发布并于7月1日实施，随后陆续发布实施《家畜家禽防疫条例实施细则》及《关于畜禽检疫工作的规定》等若干配套的规章和规定。由兽医卫生检疫员依法实施产地检疫、屠宰检疫、运输检疫、市场检疫和监督管理工作。

1989年，设立日照市兽医卫生监督检验所，具体负责畜禽防疫、检疫和监督管理工作。

1993年，设立日照市东港区兽医卫生监督检验所，各乡镇兽医站设立兽医卫生检疫站，各站辖区内的检疫工作由各检疫站的检疫员具体实施检疫。食品公司肉联厂的检疫仍由厂家负责。

1998年1月1日，《中华人民共和国动物防疫法》实施，使动物防疫、检疫工作进入法制化管理的轨道，并以法的形式确定动物检疫的主体(动物防疫监督机构)、检疫的对象、检疫的方法、检疫的标准。由动物检疫员具体实施动物及其动物产品的检疫工作。随后国家发布一、二、三类动物疫病病种名录，制定国家标准的七个检疫技术规范等配套的规章、规定。监督机构每年组织对动物检疫员业务技术和法律知识的培训考试，不断提高动物检疫员的行政执法水平。动物检疫员都规定行政执法的区域范围和责任目标。检疫的重点转向产地检疫和屠宰检疫，加强运输环节和市场的监督检查，国有屠宰场和肉类联合加工厂的检疫工作也由动物防疫监督机构的动物检疫员具体实施。从此，屠宰检疫与厂家的肉品品质检验彻底分开，动物检疫工作全部纳入行政执法的范畴。

2002年，开始派驻动物检疫员或官方兽医，对规模动物饲养场的动物防疫条件、饲养管理、饲料、用药、防疫、消毒等进行全程监管，对出口企业的饲养场进行审查备案。同年4月，经省政府批准，在日照街道设立道路防疫监督检查站，对过往运载畜禽车辆及畜禽产品进行检查。截至2007年，累计检查消毒运载动物的过往车辆1.9万辆，检查运载的猪23.88万头、牛9384头、鸡1192万只、羊9008只，检查运载的动物产品1.16万吨，共检出病死动物猪1300头、鸡6.98万只。对病死动物按规定进行无害化处理，有效控制了畜禽疫病的流动传播。

第五节 管理机构

新中国成立前，未设立畜牧兽医管理、服务机构。境内只有四五家民间阉割人，走村入户对猪、牛等进行阉割和治病。

新中国成立后，畜牧兽医机构陆续建立。1953年，成立县兽医站，隶属农业局。1959年11月，成立日照县畜牧局。后撤销，畜牧工作仍划归农业局管理(设日照县兽医站、兽医服务站)。1981年2月，恢复畜牧局建制，周祥山任局长。1984年6月，畜牧局与农业局合并为农牧局，尹永培任局长。1988年，畜牧管理工作与日照市食品公司业务合并，成立日照市畜牧食品公司，叶庆琳任经理。1989年划归日照市农委管理，更名为日照市畜牧办公室，李村业任办公室主任。1993年6月成立东港区畜牧局，卢延斌任局长。原市兽医工作站更名为东港区兽医站，原市畜种改良站更名为东港区畜种改良站，并先后成立区兽医卫生监督检验所、区铁路兽医卫生检疫站、区兽药监察所、区种猪场、东港区兽医药械服务站。

1956年，分别在两城等地成立4处兽医联合诊所。1958年先后又组织成立南湖、涛雒、城关等7处诊所，从业人员45人。1960年，兽医诊所解体，1963年恢复，改名为兽医站，为集体所有制事业单位。51名基层畜牧兽医工作人员转为非农业户口，行政管理隶属当地政府，业务受县兽医站指导。1986年，有乡镇畜牧兽医工作站21处，共有专业职工202名。1994年，兽医站由集体事业单位定为全民事业单位。2007年，全区有10处镇街道畜牧兽医工作站，共有职工101人。

第六章 农业机械

境内劳动人民在长期的生产实践中，创造和研制了耕种、收割、脱粒、粉碎加工等各种农用机械。

新中国成立后，随着农业生产的发展，全县农具不断改革创新，先后引进、生产、推广胶轮小推车、胶轮大车、新式步犁、马拉收割机、马拉播种机、马拉圆盘耙等农具。在与农具匹配的动力上，不断由人力、畜力发展到汽油机、柴油机、电动机，并出现一批半机械化、机械化农具。

1978年后，境内农业机械迅速发展，农业机械化水平有大幅度提升。农机作业项目已由过去的耕、播、运、加工迅速扩展到植保、铺膜、插秧、施肥、开沟、收割、脱粒、运输、灌溉、农产品加工等农业生产各个方面。2004年，中央实施农机购置补贴政策，促进了全区农机化发展。2007年，全区农用总动力42万千瓦。有农用拖拉机3.12万台，19.56万千瓦。其中，小型拖拉机3.07万台，18.53万千瓦。农用运输车、农用汽车7680台，12.3万千瓦。各类座机5210台，4.44万千瓦。各种配套农机具5.35万台(部)。机械化、半机械化农具，已在全区23个农业生产环节上得到广泛应用。农业生产机械化率达80%。

第一节　农具

传统农具

境内劳动人民在长期农业生产实践过程中，发明创造了适合本地区的农业生产工具，品种繁多，门类齐全。许多传统农具流传至今。

耕作类农具

犁　自明朝万历年间，知县杜一岸从陕西引进铁木结合较为轻便的犁代替了笨重的木犁。此犁用1～2头牲畜牵引，可耕深10厘米左右，日耕地0.13～0.27公顷。80年代后，此犁基本淘汰，但偏远山区仍有使用。

耙　由木框和铁耙齿组成，1人操作，1～2头牲畜牵引。操作者站立耙上，或在耙上加装配重物以增加压力。系轧碎坷垃、耙平地面的主要农具。至今境内山区仍有使用。

耮　前有框，凿有榫孔。两边有堵头(又叫耮腿)，中有横板。将腊条或柞条穿孔别于横板下。夏季播种后，耮上站人，役畜牵拉，两脚交替踩压，平土覆盖种子。

镢　刨地使用的主要农具，除用于翻刨土地外，还可用来开沟、筑畦、捣粪和收获块根作物。还有镢身薄，镢刃像月牙斧，用来灭茬的镢。境内仍广泛应用。

齿镐　又名"抓钩"。用于捣粪、拉抓草垛。也可用于收获马铃薯和花生。

铁锨　主要用于掘土整地、装卸土肥杂物等。另有一种短柄(长80厘米左右)弧形刃铁锨，柄与锨头的夹角为180度，主要用于挖穴开沟等。境内广泛使用。

镐　又名钢镐、洋镐。近代传入。主要用于较坚硬土地的掘刨和清理树根、田间杂物等。境内仍使用。

筢　分为木制和铁制筢头两种。铁筢主要用于小面积土地刨翻后的平整、打畦，也用于播种后的覆土盖种和捣粪。木筢主要用于场间作业。

播种类农具

耧　俗名耩子。由耧腿、耧斗、耧架组成，木质结构(仅耧腿末端装有三角形铁质耩铧子)，人牛结合，粪种同时下地，每趟播种2—3行。

砘车　由木框中轴和两个石磙组成，石磙距与耧的播幅相等。播种后用人或牲畜牵引，镇压垄沟，防止土壤水分散发。上述两种传统播种农具境内已基本淘汰。

中耕类农具

锄　由铁制锄刃、锄钩和木制锄柄组成。锄刃形状有方膀、圆膀、直刃、月牙刃等。主要用于田间管理时的中耕除草间苗等，俗称"锄地"。另有一种小锄，其制作方式与大锄相同，仅形体缩小。多为妇幼蹲在菜园间苗使用，俗称"菜锄"。

瓜铲　种类繁多，大小不一。均用于松土、除草、间苗和瓜、菜移植，为瓜农必备工具。

提水类农具

撑杆　学名"桔槔"，又叫吊杆。是古代流传下来用戽斗提水浇地的设施，俗称打水架子。境内已淘汰。

辘轳　设在深井口，将绳子缠在摇把上用来提水。境内大部分地区已淘汰，部分偏远山区极个别的保留有实物，但已基本不用。

其他提水工具：水罐、木筲、铁桶(即洋筲)等，广泛应用于提水。已被塑料制筲桶替代。

收获脱粒类农具

镰刀　用于收割小麦、谷、穇、黍、稷等。目前境内成片农田已淘汰不用，偏远山区、丘陵地带及小块不能用机械收割的农田仍使用。

铡刀　用于铡饲草。境内已基本淘汰，但偏远山区养牛户偶有使用。

碌碡　起楞的石磙子，人、牛牵引，场间使用，可用于小麦、高粱、谷子等脱粒。境内已淘汰不用。

木锨　场间作业工具，用于扬场等。境内已

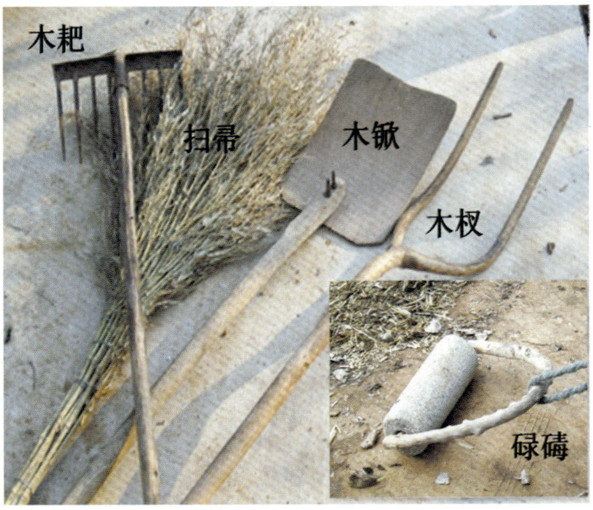

基本淘汰，偏远农村及山区有使用。

木杈　用于翻场上的秸穰或垛垛等。境内已基本淘汰，偏远农村及山区有使用。

扫帚　主要用于打扫卫生，偏远农村及山区仍用于打扫场上的粮食，境内仍广泛使用。

农副产品加工工具

碓　由臼石和粗木组成，用碓可以舂掉谷物的皮壳，也可用以粉碎籽粒以成粉状。

磨　有大磨、水磨之分。大磨在清末民初用于磨小麦面粉。水磨又分干膛、湿膛。干膛可磨各种面粉，湿膛(带水)可磨糊子。用1～2人推转或用1头驴拉转，谷物从磨眼徐徐添入，随磨齿均匀散开被磨碎，最后从两个磨扇间夹缝中流到磨盘上。

碾　境内使用的碾主要有槽碾、磙碾和石冈碾3种。槽碾：用手来回推动横木，使石磙在一个梭形石槽中往复运动，碾轧需要粉碎之物。磙碾：有花碾(踉砣有槽沟)和光碾之分。花碾用于谷物的脱壳去皮；光碾用1～2人推转木框，即带动碾砣绕立轴旋转，碾轧碾盘上的谷物。石冈碾：由槽碾发展而来，过去油房多用其粉碎豆子榨油。

罗　用薄椿木板做圆圈，用马尾或尼龙丝做网作罗底用来筛东西，即用手来回推拉抖动，即可获得较细面粉。

榨油工具　新中国成立前，用石锤楔挤压出油。后改用铁制丝杠榨油，现用气榨榨油。

运输类农具

扁担　用来挑担重物，在扁担两头安装上挂钩，俗称钩担。80年代以前是农家必备工具，现在偏远农村及山区仍用来挑水或挑运小的物件。

牛车　新中国成立前是木轮子，50年代后期换上胶轮，类似马车。用以运载禾捆时，车厢前后各装一高木架；运载土杂肥时，车厢前后各装一用荆条编成的半圆档板。后逐渐淘汰。

地排车　50年代后期使用的运输工具，胶轮，车箱轻便，类似马车。一般运输人拉，如运重物可配驴或再加人，可载500千克左右。

独轮推车　装载量一般为200千克，是农村普遍使用的运载工具。20世纪50年代以后，车轮由木制改为胶轮。

篓　主要有三种。一种是粪篓，与手推车配套使用，以运送粪土为主。二是抬筐，筐上有绳索，与扁担配套使用。三是驮篓，每件两个驮斗，中间连接，适用牲畜和车辆驮负。目前境内除偏远农村及山区使用外，平原地区已淘汰。

改良农具

新中国成立后，境内开展农具改良创新工作，制作了一批改良农具。

耕种农具

20号步犁　俗称七寸步犁。比传统犁耕幅宽、耕得深，且省力、耐用。

2BX—3型小麦播种机　适用于小麦及高粱、大豆、玉米等作物的条播，并能进行小麦的半精量播种。以人、畜牵引，每小时播种0.17公顷左右。

2BYD—1型玉米、大豆同穴套播耧　2人操作，每小时可播0.17公顷。

2BGR—2—1F型小沟麦播种施肥机　3～4人操作，每小时可播0.1～1.3公顷。

铺膜农具

3RF—1型地膜覆盖机。使用时2～3人操作，每小时铺膜0.13～0.27公顷。

提水灌溉工具

解放式畜力水车　是农具推广工作中成效最显著的一种提水工具。

解放式手摇水车　两人摇转，日浇地0.13公顷。

植保农具

手动喷雾器　有多种。背负式喷雾器，有圆筒式或扁筒式两种，用水兑药，充气，背负，手持喷头，拧开开关喷雾。手动高压式喷雾器，功效较高、用水量大，不便随意挪动，适用于果园和小面积的丰产林使用。另有怀抱式喷粉器，可喷粉剂。

脱粒农具

手摇玉米脱粒机　1人操作，1小时可脱粒50～100千克。

脚踏式打稻机　2人操作，每小时脱粒150～180千克。

手摇地瓜铡　原用的“地瓜铡”，一手按地瓜，一手拢铡把，费力且工效低。后改良使用手摇地瓜切片机。90年代后期，在手摇切片机的基础上加以改造，利用手扶拖拉机带动，功效大为提高。

第二节　农机

20世纪50年代境内引进两台捷克产拖拉机，作为农业机械化的样机。进入70年代，农业生产机械化进程加快。到90年代末期，农业机械化有了飞跃的发展。

农业动力机械

固定作业机械

汽油机　一般为2.2千瓦或2.6千瓦，主要用于农田排灌。该机体积小，搬移方便，受农民欢迎。80年代后，社会保有量呈下降趋势。

柴油机　1955年开始应用于农业固定作业，后逐年发展。区内使用的柴油机多为195、495型，主要应用在粮食加工机械、渔船、水泵等机械的配套动力。

电动机　70年代初，随着农电线路的架设，在农业生产中开始使用。到2007年，全区有2730台、14960千瓦。主要应用于抽水、粮食加工等。常用机型是10千瓦、7.5千瓦、5.5千瓦、4.5千瓦等四种功率的电动机。

行走作业机械

拖拉机　1957年开始在农业生产中使用，主要机种：大型拖拉机有东方红—802链式拖拉机和上海50、天津60、东方红—100等轮式拖拉机。中型拖拉机以泰山—25、30为主；小型拖拉机以泰山—12、15、18、200、220为主，现发动方式以电起动为主；手扶拖拉机有广西南宁产桂花牌、临沭产沂河牌拖拉机。2007年，全区拖拉机保有量3.12万台，19.56万千瓦。除应用于农田作业外，还用于道路运输等。

图13-29　市农机局80年代中期引进的小手扶拖拉机—180

图13-30　60年代末，县农机局引进的小四轮拖拉机

农用汽车　60年代后期出现。开始只有少数办副业的村队和个体户使用，至2007年，全区农用汽车达890辆、4.25万千瓦，70%的农用汽车燃用柴油。

机动三轮车　80年代有了较快发展。到2007年，全区拥有农用机动三轮车3260辆，2.84万千瓦。

变型拖拉机　全称为拖拉机变型运输车。90年代境内开始大量使用。到2007年全区保有量1800台左右。

机械化农具

耕种机械

机引犁　主要有东方红—54/75等拖拉机配套使用的1LJ—535型牵引五铧犁，东方红—54/75拖拉机配套使用的1LXZ—435型悬挂重型四铧犁，与上海—50拖拉机配套使用的1L—427型悬挂四铧犁，与泰山—12拖拉机配套使用的1L—220型悬挂二铧犁。90年代初开始推广使用与泰山—12拖拉机配套使用的1L—25型单铧深耕犁。

图13-31　刨地机在河山镇开展作业　（摄于2006年）

旋耕机　80年代，开始引进推广与泰山—12拖拉机配套使用的1GL70型，与泰山—25拖拉机配套使用的1G—125型和与大拖拉机配套

使用的 1GN — 175 型、180 型旋耕机。

开沟机　区内多使用 1KSQ — 35 型圆盘式开沟机。主要用于稻茬麦撒播后的开沟覆土作业。该机由联接架与拖拉机采用前置方式联接。作业时，拖拉机动力通过传动机构带动开沟机刀盘旋转，开出一条深 25 ～ 35 厘米、宽 9 ～ 13 厘米的矩形沟(也可开梯形沟)，并将开出的泥土均匀地抛向沟两侧 3 米以内，从而达到覆盖麦种的目的(覆土厚度 3 ～ 4 厘米)。配套动力为东风— 12 手扶拖拉机。日开沟 1 公顷。

机引耙　20 世纪 70 年代初开始引进。主要有与东方红— 54/75 和铁牛— 55 拖拉机配套使用的 1BY — 3.4 型 41 片牵引式圆盘耙，与装有液压输出机构的东方红— 75 拖拉机配套使用的 1BZ — 2.5 型 24 片牵引式缺口重耙，与铁牛— 55 拖拉机配套使用的 1BJBX — 2.5 型 24 片半悬挂中耙，与泰山— 50 拖拉机配套使用的 1BJBX — 2.0 型 18 片偏置悬挂中耙，与泰山— 25 拖拉机配套使用的 1BQX — 1.5 型 16 片悬挂轻耙，与泰山— 12 拖拉机配套使用的 1BQX — 09 型 10 片悬挂轻耙，与泰山— 25 拖拉机配套使用的 1BS — 317 型水田耙等。

播种机　(1)与泰山— 12 拖拉机配套使用的 2BL — 9A 型、2BL — 9B 型和与泰山— 25 拖拉机配套使用的 2BL — 11A 型、2BL — 11B 型等常量播种机。主要用于播种小麦、高粱、谷子、大豆等。该种类机型 70 年代中期开始引进，到 80 年代末基本淘汰。(2)与泰山— 12 拖拉机配套使用的 2BBJ — 6 型小麦半精量播种机。该机是在 2BX — 9 型谷物播种机的基础上，对排种机构作了改进的一种新型播种机。适用于小麦半精量播种和高粱、谷子的条播。该机型 20 世纪 90 年代初开始引进。(3)与泰山— 25 拖拉机配套使用的 2BJ — 2/3/4 型精量播种机，可点播玉米、大豆、高粱及穴播棉花，并可同时深施化肥。(4)莱芜拖拉机站生产的与泰山— 12 拖拉机配套的 2BMJ — 6 型精量播种机，该机采用锥式铝盘，盘盘有孔，利用地轮传动，亩播量不大于 6 千克/亩，主要播小麦。该机型从 1995 年开始推广。(5)自 2003 年开始推广花生覆膜播种机，主要配套手扶拖拉机及 12 马力四轮拖拉机。自 2006 年开始，区内开始推广使用小麦免耕播种机，配套动力一般为大中型拖拉机。

图 13-32　三庄镇小麦免耕播种机械作业现场　　(摄于 2006 年)

插秧机　2005 年 6 月，涛雒镇引进首台水稻插秧机，并进行示范推广。至 2007 年，全区已发展到 3 台。

图 13-33　水稻插秧机在涛雒镇作业　　(摄于 2007 年)

镇压器　区内使用的镇压器主要有 V 型和环型两种。用于犁耕后镇压、播种后镇压和麦田镇压。

植保机械

使用最普遍的是临沂农业药械厂生产的泰山— 18 型背负式机动弥雾喷粉机。该机配有 1E40PP 型汽油机(单缸，二冲程，风冷式，1.2 千瓦)，为离心式风机提供动力。适用于棉花、玉米、小麦、水稻等农作物病虫害的防治。喷粉时，4 人每小时可喷 0.67 ～ 2 公顷；喷雾时，3 人每小时可喷 0.4 ～ 0.47 公顷。此机比常量喷雾机节水 95% 以上。

收获机械

割晒机　20 世纪 80 年代后期在境内逐渐大面积使用。有与泰山、手

图 13-34 80 年代，涛雒镇使用稻麦割晒机割麦

图 13-36 稻麦联合收割机在涛雒镇作业　(摄于 2005 年)

扶拖拉机配套使用两种，利用割刀将小麦割倒晾晒，然后手工打捆再进行机械脱粒。现作为联合收割机的补充。

背负式联合收割机　与大中型拖拉机配套使用，1996 年以后境内开始推广使用，主要与上海— 50、天津— 60、泰山— 25 拖拉机配套。2002 年后基本淘汰。

自走式联合收割机　自 1998 年开始推广，主要有新疆— 2 型、福田谷神— 2 型和佳联— 3060 型。配套动力都是 495A — 4105L 型柴油机，用于收获麦、稻、谷子、大豆等，配用拾禾器可进行分段收获。新疆— 2 型每小时可收获 0.2 ～ 0.3 公顷，佳联— 3060 型每小时可收获 0.3 ～ 0.47 公顷，福田小麦联合收割机参数与新疆— 2 基本相似，但配套动力加大，作业效率高。2005 年，全区推广使用的履带式稻麦联合收割机，主要机型为久保田系列。

其他农作物收获机械　自 80 年代境内开始花生机械化收获，90 年代开始玉米、地瓜、土豆等机械化收获。

图 13-35　福田谷神— 2 型收割机在两城镇作业　(摄于 1997 年)

场间作业机械

脱粒机　60 年代末开始使用，使用较多的型号有 TJ — 1500 型、筒式 550 型、5TF — 70 型、丰收 DT — 1100 型、5TJ — 50B 型脱粒机。TJ — 1500 型脱粒机与 4.41 千瓦～ 8.82 千瓦的动力机械配套，可脱小麦、水稻、大豆、玉米和高粱等。筒式 550 型脱粒机，以脱小麦为主，可兼脱大豆、玉米、高粱、豌豆、绿豆等，配套动力为 2.75 汽油机或 2.8 千瓦电动机。工农 2S — 700 型脱粒机，双滚筒半复式构造，可脱小麦和豆类、高粱、谷子等，与 10 千瓦电动机或 8.82 千瓦柴油机配套，生产效率为 1000 千克～ 1800 千克/小时。5TF — 70 型脱粒机适合农村单户或联户使用，可脱小麦、水稻、高粱、谷子、大豆等，配套动力为 5.9 千瓦～ 8.9 千瓦，额定产率为 1000 千克/小时。丰收 DT — 1100 型脱粒机是丰收 JT — 1100 型的简化系列机型，可脱小麦、水稻、大豆、高粱、谷子等多种作物，该机与 7.5 千瓦电动机配套，额定生产率 2000 千克/小时。5TJ — 50B 型脱粒机，可脱小麦、水稻、豆类、玉米和高粱，配套动力为 5.5 千瓦电动机，生产效率为 800 千克～ 1200 千克/小时。

花生脱壳机　70 年代末期开始使用。有日照市第二机械厂生产的 TH — 340 型花生脱壳机，主要用于花生脱壳和风选谷物。配套动力为 1.1 千瓦，3 人操作，生产效率为 400 千克～ 500 千克/小时。

粮油加工机械

磨面机　俗称锥磨。有莒县农业机械厂生产的 FMZ — 278 型，20 世纪 60 年代开始使用。8.82 千瓦柴油机或 7.5 千瓦电机带动，用于加工小麦、玉米、豆类、高粱、谷物和薯干，并能加工青饲料、食盐等。配套动力为 7.5 千瓦电动机或 8.9 千瓦柴油机。每小时磨小麦(58 目/英寸)100 千克，出粉率 85%；玉米(31 目/英寸)120 千克，出粉率 95%；豆类(31 目/英寸)100 千克，出粉率 95%；薯干(不用筛)200 千克～ 250 千克，出粉率 100%。

面粉机 从投料到面粉装袋一次完成，生产率 6000 千克/小时，出粉率 85% 以上，而且能将面粉分级。80 年代境内广泛使用。

碾米机 主要有 N — 400 型和 N — 70 型。N — 400 型采用横式铁辊筒，可将稻谷一次碾成白米。配套动力为 4.5 千瓦，每小时碾米 400 千克～ 500 千克，出米率 68%。N — 70 型喷风碾米机，郯城县机械厂生产，可与砻谷机配用，将糙米碾成白米，也可直接将稻谷一次碾成白米。配套动力为 10 千瓦～ 13 千瓦，每小时碾米 500 千克～ 600 千克。

榨油机 主要有 ZL — 75 型螺旋和 6YS — 90 型液压型。ZL — 75 型螺旋榨油机主要用来榨取棉籽、大豆、花生、油菜籽等油料作物的油脂。配套动力为 4.5 千瓦。每小时榨棉籽 50 千克～ 70 千克，大豆 100 千克～ 120 千克，花生米 110 千克～ 130 千克，菜籽 100 千克～ 110 千克。榨油后饼切成碎片。6YS — 90 型液压榨油机系立式手动液压榨油机，工作时无需动力配套，每 3 人一组即可从事生产。可压榨棉籽、花生、大豆、菜籽、芝麻、桐籽等油料作物。榨油后饼能成型，每小时榨油 34 千克～ 50 千克。出油率为：花生 40% ～ 50%，大豆 11% ～ 14%，棉籽 13% ～ 18%，菜籽 35% ～ 40%。

饲料加工机械 境内饲料加工机械主要是红旗牌 FFC 系列的粉碎机。该系列粉碎机可与多种动力配套，可加工玉米、大豆、高粱、地瓜干，也可粉碎豆饼、地瓜秧、玉米秸、青草、花生皮等多种饲料。

第三节 农机服务

技术推广

境内农具的改良使用源远流长，多由民间能工巧匠仿制推广。新中国成立后，有针对性地进行农机推广工作。1954 — 1958 年，一批新式农具和农业机械得到普及推广，其中推广步犁、单铧犁、双铧犁 5897 部，十行播种机 23 部，马拉摇臂收割机 23 部，马拉圆盘耙 23 部。1959 — 1960 年，以推广滚珠轴承、绳索牵引化为中心的农具改良运动，均未成功。70 年代，重点试验推广割台式小麦收割机、水稻插秧机、水车改制脱粒机等。80 年代，指导全县农机技术的试验、示范、推广、人员培训、技术咨询和宣传教育等。重点引进推广机械化喷灌技术，至 1987 年，完成机械喷灌面积 4267 公顷，占全县有效灌溉面积的 11.6%。建区后，重点推广小麦精量半精量播种、化肥深施、花生覆膜播种、玉米贴茬免耕播种、小麦玉米联合收获等一大批农机化新技术新机具。进入 21 世纪，大力推广设施农业机械、花生生产机械、旱作节水农业机械、茶叶生产机械、秸秆加工机械、保护性耕作技术等。

技术培训

农业机械操作技术人员的培训始于 1960 年，当年举办 5 期座机司机培训班，共培训农机手 1000 人。1963 年，开始进行拖拉机驾驶员培训。是年，由临沂专区农机局代培 2 名拖拉机驾驶员。70 年代成立县农机培训班，1973 — 1974 年共举办 8 期培训班，培训机手 550 人。1985 年，成立日照县农业机械化学校，农机培训扩大到专业农机手、农机管理干部、农机修理工、经营管理人员以及农机专业技能岗位培训等。1993 年东港区成立后，设立区农机化学校。1993 — 2007 年，共累计培训农机管理人员、农机驾驶员、农机专业技术人员等 2.44 万人次。

拖拉机站

1960 年 8 月，在奎山公社傅疃村建立日照县第一拖拉机站。1965 年 4 月，日照县人民委员会决定，日照县第一拖拉机站改为日照县拖拉机站。县拖拉机站建立后，有计划地到各公社为生产大队耕地。60 年代末 70 年代初，按照“要依靠人民公社的力量，在自力更生的基础上，逐步实现农业机械化”的要求，各人民公社先后成立拖拉机站，其性质为社有社营单位。80 年代末，乡镇拖拉机站、农机管理站、农用柴油供应站实行“三站合一”，称农机管理服务站，三部门仍各司其职。90 年代后，随着服务功能弱化，拖拉机站逐步解体。2007 年，仅有涛雒、河山等站有服务项目，并进行了体制改革。

跨区作业

1996年，首次引进江苏南通生产的与上海—50拖拉机配套的小麦联合收机2台，成立东港小麦机收作业队，在全区开展跨区域作业。农机技术人员全力搞好技术跟踪服务，帮助机手进行安装、调试、操作，加强对联合收割机跨区作业的组织、

图13-37 涛雒镇设立跨区作业接待站 (摄于2005年)

管理和服务。1998年，国家制定有关扶持政策，规定凡进行跨区作业的联合收获机械免收相关公路费和过桥费。农机跨区作业快速发展。1999年，东港区农机局在日照市首次组织了13台以新疆—2型联合收割机为主的小麦联合收获跨区作业队，派农机局副局长任跨区作业队总指挥，分别到安徽省淮北市、江苏省徐州市和省内济宁市、枣庄市、临沂市，历经15天，收获小麦800公顷左右。

2000年，规范境内小麦联合收获作业中介服务组织，对中介人员进行正规化培训发证，农业机械跨区作业得到进一步规范。至2007年，三夏跨区作业共开展13年，派出联合收割机300余台次，接收外地联合收割机1800余台次。跨区作业由收割小麦逐步向玉米、水稻收获延伸。

第四节 农机管理

管理机构

1959年11月，县农业机械局成立，局长孙树铭。1961年撤销。1962年夏，恢复县农业机械管理局。1972年，杨润聪任局长。1973年，21处公社都设农机管理站，每站配备1～2名农机管理员。1978年，郑世法任局长。1983年，县农机局下设农业机械化研究所、农业机械安全监理站、农业机械化学校。1985年改为日照市农业机械管理局，5月改称农业机械服务总公司，一个单位两块牌子(对外和对上仍称日照市农业机械管理局)。6月，于刚业任总公司党总支书记主持工作，郑世法任局长，增设机务油料科、人秘科、计财科。1986年，安茂贵任总支书记，王万琳任局长。1989年，日照升格为地级市，日照市农业机械管理局改称日照市农业机械管理办公室，隶属市农委，王万琳任主任。农业机械安全监理站同时升格为正科级事业单位，陈常礼任站长。1993年5月16日，成立东港区农业机械管理局，夏国明、王廷俭、夏良起、王敦宏、张永峰、刘相明先后任局长。内设综合科、计划财务科、人事科、基层管理科，下设农机推广站(副科级)、农机监理站、农机化学校、农机维修站及10个镇街道农机管理站。

安全监理

70年代后，在农机局机务股内设立1名专职农机安全监理员，主要职能是对农用拖拉机驾驶员进行农机安全生产督导检查，农机安全生产知识宣传，负责考核农机手，核发“山东省农用拖拉机驾驶证”，同时，开展农业机械“保养升级赛”，并根据农业机械的技术状况，挂发甲、乙牌照。

1983年，建立日照县农业机械安全监理站。1985年，开始对农用拖拉机进行登记、建档、检验，核发“中华人民共和国农用拖拉机行驶证”和“中华人民共和国农用拖拉机驾驶证”，并首次挂发15—2****(15代表

图13-38 区农机局跨区作业队出征 (摄于2006年)

山东，2 代表日照)全国统一编号的农用拖拉机号牌。1989 年，根据省公安厅、农机局联合发出的《关于农用拖拉机委托管理的通知》，接受公安部门的委托开始全面负责拖拉机的安全技术检验、驾驶员考核和核发拖拉机道路行驶牌照、驾驶员驾驶证等项工作。1989 — 1992 年，共挂发拖拉机号牌 8000 余副，办理驾驶证 9119 个，办理行驶证 1.57 万个，年检年审拖拉机 4.74 万台、驾驶员 3.66 万人次。1993 年 8 月，设立东港区农业机械安全监理站。1999 年，按照《联合收割机及驾驶员安全监理规定》，对联合收割机及驾驶员进行安全管理。是年，在机构改革中增加对农用运输车的安全管理职能，开始挂发"九二式"号牌。2004 年《中华人民共和国道路交通安全法》实施后，东港交警部门将拖拉机及驾驶员的安全及牌照核发和驾驶证的考核发证等工作移交给东港区农业机械安全监理站。2006 年开始挂发"05 式"号牌。至 2007 年，共挂发拖拉机和农用运输车、联合收割机号牌 2.26 万副，办理行驶证 2.24 万个，办理驾驶证

图 13-39　执法人员在日照街道开展拖拉机专项检查
(摄于 2006 年)

2.22 万个，年检年审拖拉机 2.25 万台，驾驶员 2.25 万人次，处理农机事故 630 起，并在西湖、陈疃、南湖镇部分村开展农业机械安全专项治理活动。

按照《山东省农业机械事故处理暂行规定》，1994 年始，区农机监理站正式负责处理农机安全事故。对拖拉机在国道和省道上与其他机动车发生的道路交通事故，由区农机安监站协助东港区公安交警大队进行处理。

维修管理

1993 年以前，农机修配网点的审定、审验、考

图 13-40　区农机局组织技术人员开展维修服务
(摄于 2006 年)

核、发证，以及农机维修从业人员的资格鉴定、证书发放等工作，由市农机维修站负责。1993 年设立区农机维修站，开始对农机配件供应(销售)点进行监督管理。1999 年，增设农机鉴定管理职能，协助进行农机产品鉴定工作。2002 年增加农机职业技能鉴定职能，对农机驾驶操作人员、农机维修人员、农机营销人员等进行考核，鉴定技术等级。至 2007 年，鉴定发放农机职业资格证书 1200 个。

购机补贴

2004 年，国家开始实施农机购置补贴。补贴种类为半喂入式联合收割机、机械粉碎青贮、小麦播种机等机械，补贴比例为机械原价的 20%、50% 两个档次。当年有 290 户农民受益，获得补贴资金 22 万元。2005 年，落实省、市财政农机购置补贴资金 52 万元。其中，省级补贴资金 40 万元，补贴的机具种类及所占资金比例为耕作机械 20%、种植机械 10%、收获机械 20%、37 千瓦以上拖拉机 50%，补贴标准为不超过购机价格的 30%；市级补贴资金 12 万元，补贴类型为玉米联合收获机、青贮饲料收获机、花生覆膜机、自走式稻麦联合收割机及花生收获机。玉米联合收获机、青饲料收获机实行在省级补贴 30% 基础上，市级资金再补贴 20%，花生覆膜播种机每台补贴 800 元，其他机具补贴比例不超过原价的 30%。省、市共补贴各类机具 72 台。2006 年，市级农机补贴资金 11 万元，补贴种类为耕作机械、种植机械、收获机械、田园管理机及 29 千瓦大中型拖拉机，补贴标准为不超过购机价格的 30%。共补贴 17 户，补贴三大类型机具 18 台。2007 年，省、市

图 13-41 区农机局举行农机补贴机具发放仪式 (摄于 2007 年)

农机购置补贴资金 32 万元。其中,省级补贴资金 20 万元,补贴范围为收获机械、拖拉机、种植机械、耕作机械、植保机械、多功能田园管理机、电动卷帘机等七大类,补贴标准为不超过购机价格的 30%;市级农机补贴资金 12 万元,补贴机具类型有玉米联合收获机、小麦免耕播种机、拖拉机等机械,补贴标准为定额补贴和不超过购机价格的 30% 两种。共补贴各类机械 124 台套,受益 116 户。

附:农业学大寨运动

1964 年 2 月 10 日,《人民日报》发表题为《大寨之路》的长篇通讯报道,介绍山西省昔阳县大寨大队自力更生、艰苦奋斗、大搞农业基本建设,实现农田稳定高产的事迹。不久,毛泽东主席发出"农业学大寨"号召。3 月,中共日照县委号召全县人民"大学大寨艰苦奋斗改造山河的革命精神,坚决攻下'四四高地'(粮食四亿斤,花生四千万斤)"。全县农业学大寨运动开始。

1964 年 4 月初,县委在黄墩区召开农业先进集体代表会议。会议提出:农业学大寨要结合本县实际,把原来学莒南县厉家寨修梯田"深翻整平不乱土层、外撅嘴、倒流水"的做法再深入一步,推广黄墩区治岭整地的经验做法,建造更高标准的梯田,沿海盐碱地挖沟排碱,建条、台田,创造条件引淡水灌溉冲洗盐碱。并把黄墩区的葛疃、马庄区的崖头等 19 个农业先进单位列为全县学大寨排头兵。各区也树立 57 个生产大队为标兵。会后,各级对照大寨和先进单位找差距、定措施,迅速掀起比学、赶、帮、超运动。

1965 年春,县委总结推广城关公社大香店村"五改造"(厕所、猪圈、鸡窝、牛栏、泼水汪改造)、"六统一"(人粪尿、猪羊牛驴粪、鸡粪、泼水汪、炕土、干灰统一管理、统一使用)的做法。5 月,在 2008 人参加的四级干部大会上讨论并通过日照县"三五"规划,提出:到 1970 年,实现全县人均 0.67 公顷水浇田,山岭、涝洼地基本完成治理,荒山、河滩、海滩、村庄要全部绿化的目标。12 月 9 日,县委邀请大寨大队党支部书记陈永贵到日照"传经送宝"。10 日,县委下发通知,要求在全县范围内更广泛、更深入地掀起"学大寨精神,走大寨之路"的热潮。

1966 年冬至 1969 年冬,受"文化大革命"冲击,农业学大寨运动停止。1971 年下半年,各级党组织逐步恢复。11 月,县委召开全委(扩大)会议,提出:"以批陈整风为纲,以思想和政治路线教育为主要内容,促进'斗、批、改'和'农业学大寨'群众运动深入发展,为夺取革命和生产的伟大胜利而奋斗"。1972 年 1 月,县委召开农村工作会议,县、社、管理区、生产大队、生产队五级干部 8700 多人参加。邀请莒南县大山公社两个大队的代表介绍学厉家寨"愚公移山、改造中国"、大搞农田基本建设的经验,全县 13 个单位介绍农业学大寨的事迹。会议研究

图 13-42 整治大寨田 (摄于 1975 年)

制定当年"农业学大寨"和农业生产计划以及增产措施。1973 年 3 月，县委常委带领各公社党委书记和县直部门负责人共 56 人，赴大寨大队学习取经。同年 11 月，县委召开全县农村工作会议，县委书记牟步善作《深入批林整风，加快农业学大寨步伐，为实现党的十大提出的各项战斗任务而努力奋斗》的报告。1974 年 1 月，县委在马庄公社邢家沟大队召开公社干部会议，传达全省农业学大寨会议精神，总结全县开展农业学大寨运动经验。参观马庄公社和邢家沟大队治山改水现场，有 9 个单位和个人作典型发言。1975 年 2 月，全县农业学大寨会议召开，县、公社、管区、大队、小队五级干部 1.1 万人参加会议。县委书记牟步善作《坚持党的基本路线，继续深入"批林批孔"，把农业学大寨的群众运动推向新高潮》报告，县委对 3 个公社、1 个管理区、183 个生产大队进行表彰奖励。同年 10 月，为贯彻落实全国农业学大寨会议精神，县委组织 1958 人参加的县农业学大寨工作队，进驻城关等 6 个公社 447 个村，帮助指导农业学大寨工作。各公社组织工作队同时入点开展工作，农业学大寨运动在全县形成高潮。1976 年 2 月，县委再次召开全县农业学大寨会议，全县五级干部 7800 多人参加。会上交流农业学大寨经验，表彰粮食跨《纲要》的 20 个公社，"过长江"的 4 个公社、272 个大队和"超千斤"的 48 个大队。县委书记牟步善作《以阶级斗争为纲，坚持党的基本路线，把农业学大寨运动推向新高潮》的报告。1976 年 11 月，日照县被省委、省革委授予全省农业学大寨先进县。授予石臼、碑廓、河山、丝山、黄墩、大坡、下湖、西湖、马庄、高兴、两城、巨峰、三庄 13 个公社为全省农业学大寨先进公社。

1977 年 3 月、7 月、10 月，县委先后召开全县农业学大寨先进单位代表座谈会、农业学大寨经验交流会、农业学大寨先进单位汇报会，全县学大寨运动掀起更大高潮。当年冬，农田基本建设分 24 个战场，投入 1700 多万个工日，搬动土石 2180 万立方米，新建大寨田 3500 公顷，新建机、电灌站 6 座，打机井 553 眼，扩大水浇地 287 公顷。1978 年 2 月，县委召开 1.5 万人参加的五级干部农业学大寨会议，县委书记张洪荣作《全党动员，大办农业，向高标准大寨县进军》的报告。会上表彰涛雒等 3 个公社为学大寨先进公社，葛疃等 9 个大队为大寨式大队，命名 30 多个学大寨红旗单位和 117 个学大寨先进单位。会上，县委提出当年冬要新建大寨田 1.33 万公顷，并把植树造林和建设茶、果、桑、竹"四园"提上日程。要求全县打破社、队界限，统一规划，统一施工，实行大兵团作战和专业队相结合。提倡相邻大队发扬共产主义风格，今年治这片，明年治那片，一治一条线，一治一片岭，一治一个流域。轮换施工，工换工，当年记清，三年找平。农村班子要解决"软、散、懒"的问题。脱产干部要深入基层和社员同吃、同住、同劳动。并规定"三同"时间：县级干部每年 100 天，社级干部 200 天，生产大队干部 300 天。

连年大规模的农田基本建设，全县累计造大寨田 4 万公顷，治理易涝盐碱土地 2.67 万公顷。配套、完善大型水库 1 座，中型水库 2 座；新建和配套小(一)型水库 18 座，小(二)型水库 100 座，塘坝 894 座，引河工程 18 处，机井 1386 眼，深井 10 眼，大口井 953 眼，固定式喷灌 3 处。建成有效灌溉面积近 3.33 万公顷。治理水土流失面积 4.98 万公顷，占总面积的 48%。粮食产量大幅度提高，由历史上的缺粮县变成余粮县。中共十一届三中全会以后，农村管理体制和农村经营体制的改革在全县逐步展开，农业学大寨运动结束。

第十四编

林　业

境内林业属于沭东水源林、鲜果林亚区。历史上曾有“翠叠峰无数”“林深不见日”“鸟栖兽集”景象。20世纪40年代，由于乱砍滥伐和战争破坏，森林资源面积锐减。

新中国成立初期，政府坚持“自采、自育、自栽”方针，发动群众植树造林和封山育林，林业生产得到一定恢复。60年代初，沿海以大沙洼、刘家湾、蔡家滩等为重点，选用黑松、刺槐、枫杨(枰柳)和紫穗槐营造防护林，使大片农田和村庄得到保护。70年代末，境内山头、河流及村庄四旁基本绿化，先后被国家和省绿化委员会授予“全国先进绿化单位”“先进绿化县”称号。

1993年，经过农业产业结构调整，林业的经济、社会和生态效益进一步提高。1994年，通过全省“八五”期间绿化达标验收。1997年，被国家林业局授予“全国沿海防护林体系建设先进单位”称号。2007年，全区有林地面积28660公顷，林木蓄积380000立方米，森林覆盖率达到33.1%。

第一章 林业资源

第一节 树木种类

据2000年森林资源调查，全区木本植物共有71科168属396种(亚种)。

用材树

东港区用材树有梧桐、柏、槐、楸、楝、枫杨、柞树、杨树等。杨树有白杨、黑杨两派。白杨即毛白杨，是境内优良树种。黑杨有加拿大杨和意大利杨。加拿大杨于1914年前后引入境内。意大利杨，1981年春由江苏引进，品种有“214杨”“69杨”“72杨”等。刺槐，又名洋槐，20世纪初由德国引进。泡桐，70年代从河南引进。

防护林树

有松树、刺柏、麻栎(橡子树)、枫杨等。松，分赤松、黑松、火炬松等。赤松耐干瘠，适应性强，是控制山区水土流失的优良树种。黑松于20世纪初从美国引进。火炬松，1989年从江苏省东海县李埝林场引进，在邢家沟、大阡里试栽成功。

绿化树种

松类有雪松、白皮松、落叶松、火炬松、湿地松、班克松、钢松等；柏类有侧柏、桧柏等；杉类有刺杉、水杉、池杉等；栎类有麻栎、槲栎、栓皮栎等；杨类有毛白杨、小叶杨、青杨等；柳类有旱柳、垂柳、毛柳、杞柳等；泡桐有楸叶桐、毛泡桐、兰考桐等；法桐，即悬铃木，品种分三球悬铃木、二球悬铃木、一球悬铃木。此外还有竹类、银杏、火炬树、紫穗槐(棉槐)、柽(柳)、枫杨、刺槐、国槐、合欢、腺柳、绒毛白蜡等。

图14-1 东港区林业高科园育苗基地 (摄于2007年)

竹林有淡竹林和毛竹林两种。淡竹林分布较广，各镇、街道均有。毛竹，从1959年试引，1966—1976年，分别从浙江的临安、安吉，安徽的祁门、福建的三明等地引进。到1971年，栽植25.2公顷。日照街道东将帅沟成林20余公顷，长势喜人，有20%的毛竹直径达14厘米以上。此外，还有少量的斑竹、罗汉竹、金镶玉竹等。

图14-2 日照街道竹洞天毛竹林 (摄于2005年)

花木品种

有小叶杜鹃、照山白、金银花、芫花、迎春花、探春花、雪柳、黄荆、单叶蔓荆、连翘、水蜡树、蜡梅、月季、桂花、紫薇、紫荆、紫藤、木槿、栀子花、玉兰、广玉兰、樱花、海棠、丁香、小檗、梅花、紫叶李、沙棠等。

古树名木

有银杏、海棠、小叶朴(黑弹)、厚壳、桧柏、黄连木、丹桂、赤松等。银杏被称为“活化石”“公孙树”,树龄300年以上者尚有8株。以西湖镇大花崖村花园寺遗址上唐代的银杏为最大,树龄有1000余年,高27米,胸径235厘米,冠幅平均30.5米。海棠以区政府院内的两株为最大,树龄在300年以上。梨树以南湖镇大宅科村山上的一株树龄最长,号称“梨树王”,高6.5米,胸径40厘米,已有150余年的树龄。丹桂以日照街道上李家庄子的最大,树龄300多年,高5米,根围205厘米,冠形似伞,四季长青。花期30余天,飘香数里,被称为“齐鲁第一桂”。1997年,因受肥害而死亡。

图 14-4 西湖镇大花崖村银杏树 (摄于2005年)

图 14-3 区政府院内海棠树 (摄于2007年)

图 14-5 日照街道上李家庄子丹桂 (摄于1996年)

东港区首批保护古树名木名录

表 14-1

树种	坐落位置	树高（米）	胸径（厘米）	树龄（年）	备注
赤松	秦楼街道庙山后村西北	10	35	500	—
银杏	西湖镇大花崖村东	27	235	1000	植于唐代
桂花	涛雒镇党委院内	2.5	20	80	—
银杏	涛雒镇东石良村内	15	70	100	2株
黄连木	三庄镇上卜落崮村前	11	70	220	—
小叶朴（黑弹）	三庄镇西王寨村后	10.5	106	170	—
银杏	陈疃镇南鲍疃村内	12	60	150	—
银杏	陈疃镇石旺沟村后	15	51.7	100	—
银杏	日照街道下李庄西山	12	66	300	—
银杏	日照街道西安家庄村前	15	102	300	—
银杏	日照街道大桃园村前	14	55	80	—

续表 14-1

树种	坐落位置	树高（米）	胸径（厘米）	树龄（年）	备注
合欢	日照街道大桃园西南山	5	240	100	—
银杏	两城镇于家村西山	15	120	110	—
小叶朴（黑弹）	秦楼街道厉家村村前	3	35	55	—
银杏	河山镇西黄庄村内	10	55	300	雌株
银杏	南湖镇万家坪东山北沟	6	33	90	—
圆柏	南湖镇万家坪村内	6	55	120	—
梨树	南湖镇大宅科东山	6.5	40	150	—
银杏	三庄镇西王家村罗湖庙	12	81	300	—
海棠	东港区政府院内	10.3/9.5	地径 59.8/49.5	300	2 株
银杏	西湖镇爱国村回龙观	16	124	300	雌株
银杏	西湖镇大炮楼村内	13	60.5	400	雌株
银杏	西湖镇大炮楼村前	11	57	400	雌株
银杏	西湖镇上栗山村内	18	78	200	雌株
银杏	南湖镇大山沟麻风病院内	16	63	200	雌株
银杏	三庄镇窝疃村内	11	58	90	雌株
国槐	三庄镇高家庄子村北	10	92	500	—
侧柏	三庄镇塔山村西	16	40	100	18 株
侧柏	三庄镇陈家店子村内	9	40	200	2 株
流苏	河山镇汪家官庄汪照义家	10	30	100	—
金镶玉竹	日照街道小莲村	3.7	2	50	—
玉镶金竹	日照街道前将帅	5	2	50	—

第二节　林地分布与蓄积

林地面积与分布

据《中国实业志》[①]载：1926 年日照县有官林 185 公顷，民营公有林 1480 公顷，县立中学、小学租用下元、相家结庄等荒山 1060 公顷，农民私有 19333 公顷，全县总计有林用地 22058 公顷。

1975 年，有林用地 38461.2 公顷。其中，有林地 37953.1 公顷，森林覆盖率为 20.4%。

1988 年，森林资源清查(包括今岚山区)有林用地 52400 公顷。其中，有林地 35200 公顷，疏林地 5600 公顷，未成林造林地 6400 公顷。森林覆盖率为 24.7%。林地主要分布在西部山区，黄墩、三庄两镇各占 3300 公顷以上。虎山、巨峰、河山、尹家河、小后村、竖旗山等乡镇均在 2000 公顷以上。

2000 年，森林资源二类调查，东港区林业用地 38940 公顷，森林覆盖率为 25.8%。其中，有林地 37713 公顷，疏林地 39.6 公顷，未成林地 8527.6 公顷。在有林地中，有杨树 2053.6 公顷，刺槐 3076 公顷，泡桐约 300 公顷，松类等防护林 18215.1 公顷，经济林 18680.8 公顷，竹林 212.1 公顷。2007 年，全区林业用地面积达到 30630 公顷，有林地面积达到 28660 公顷，森林覆盖率为 33.1%。其中，杨树 1878.9 公顷，松树 13083.6 公顷，刺柏 66.7 公顷，麻栎 652 公顷，枫杨 100 公顷，经济林 12874.4 公顷。

林地主要分布在山丘、河流、路沿、村庄四旁，西部山区最多。三庄、南湖两镇林地面积在

注：①《中国实业志》，1935 年实业部国际贸局编，上海实业部国际贸局出版。

3500 公顷以上。北部主要分布在黄山、河山、丝山山系。日照街道有 2500 公顷,陈疃、河山等镇均在 2000 公顷以上。

立木蓄积量

1975 年,林木蓄积为 390634 立方米。1983 年,林木蓄积为 39.05 万立方米。自 1982 年起,县委、县政府大力发展以欧美杨为主的速生丰产林,至 1990 年,林木蓄积量增加到,72.76 万立方米。2000 年再次调查,全区活立木总蓄积量 48.4 万立方米,人均占有 0.55 立方米。各主要林种立木蓄积:用材林 21.24 万立方米,占 43.8%;防护林 10.78 万立方米,占 22.3%;其他林 1.67 万立方米,占 3.5%;疏林地 0.2867 万立方米,四旁树木 14.43 万立方米,占 30.4%。

有林地主要树种立木蓄积:松树 11.39 万立方米,每亩平均 0.37 立方米;刺槐 9.78 万立方米,每亩平均 2.36 立方米;杨树 11.76 万立方米,每亩平均 6.38 立方米;其他 0.4 万立方米。"四旁"杂树 560 万株,林木蓄积量 14.43 万立方米。2007 年,全区林木蓄积 38 万立方米。

境内部分年份林地面积、林木蓄积量、森林覆盖率情况统计表

表 14-2

年份	林业用地面积(公顷)	林地面积(公顷)					林木蓄积量(立方米)	森林覆盖率(%)
		合计	用材林面积	防护林面积	经济林面积	其他林面积		
1975	38461.2	37953.1	10333	18685	8745.8	189.3	390634	20.4
1983	35753.7	32553.1	3798.7	19341.7	7925.9	1486.8	390519	19.9
1990	45159.9	39324.8	4146.5	19052.6	15373.7	752	727610	23.06
2000	38940	37713	605	18215.1	18680.8	212.1	484000	25.8
2006	30607.1	27207.7	1894.7	12691.1	12581.9	40	379959	30.3
2007	30630	28660	2168.3	13547.3	12874.4	70	380000	33.1

第二章　造林绿化

境内居民自古就在房前屋后、地头、路边植果、桑及用材树,并会采种育苗,用以造林。据清光绪十一年(1885 年)《日照县志》记载:在清朝康熙年间,汉皋陆村即开始用松子立畦育苗,并总结了育松苗的方法。1920 年,县知事公署劝业所商会在蚕校试验场划出 10 亩地作为苗圃,播种桑、枫杨、刺槐、国槐等,各产苗木 4 万余株。1923 年,县知事公署劝业所在城关辟苗圃 28.5 亩,育桑、刺槐、枫杨等树苗 10 万余株,分到农村催动栽植。新中国成立后,县政府积极领导育苗、植树造林。同时发动群众合作育苗。所产苗木除自用外还支援外地。

第一节　育苗引种

1953 年,县林业所在丝山区大卜家庵子村和巨峰区马疃村租地 9.23 公顷,培育大量苗木,供给沿海和山区绿化。1955 年,县实业科无偿支持磴山、幽尔崮、圣公山、韩家山等山区橡树、松树种 2500 余千克,实行种子直播造林。

20 世纪 60 年代,随着林业专业队的建立,开展了群众性的采种育苗活动,重点培育松类、刺槐及果苗等。1962 年,由费县调入黑松种子 1000 千克分配给公社育苗。1967 年 5 月,县林业局在巨峰公社赵家村进行紫穗槐营养钵育苗试验,发动群众完成 70 万个,育苗成功,并在全县推广。70 年代继续进行林木良种引种驯化和林木选优。重点进行杂交杨、欧美杨、水杉、毛白杨等良种苗木繁育。年平均育苗约 700 公顷。

1971 年,由江西庐山引进柳杉、枫香等种子 1200 千克,育苗 60 万株。1984 年由省种苗站引进印度雪松种 0.5 千克,分给苗圃等单位育苗。

90 年代初,开始推广容器育苗新技术。1990

图 14-6　南湖镇大宅科龙柏育苗　　(摄于 2007 年)

年春，奎山国营苗圃培育火炬松、晚松、班克松等容器苗 13.14 万株。

1991 — 1992 年，引进火炬松种子 117.5 千克，刚松种子 5 千克、晚松种子 1.25 千克。

图 14-7　东港区林业高科园育苗基地　　(摄于 2006 年 4 月)

从 1988 年始，连续购进银杏种 5 万余千克，育苗 67 公顷，产苗 2000 余万株，除自用外，还支援外地。1997 年 11 月，林业局租奎山河套村 4.66 公顷土地，建立临时苗圃，培育银杏、日本栗、黑松等苗木。

至 2007 年，境内有各类苗圃 60 余个，面积达 600 余公顷。

第二节　植树造林

封山育林

新中国成立前，境内山场面积占土地总面积的 24.8%，多为荒山。新中国成立后，在“普遍护林、重点造林”的方针指导下，广泛开展了荒山造林和封山育林活动。1950 年，县政府成立护林委员会，各区、乡村普遍成立护林组织，制订封山护林公约。严禁扒山皮、刨草、乱放牛羊，并提倡“牛坐糟、羊圈养”。至 1957 年，封山 1465 公顷、造林 6650 公顷，80% 的山场得到绿化。

1958 年，全县学习推广河南省济源县治山经验。先后在九条沟、三柱山、小煤垛山、官山抓治山样点。举办训练班，培训村干部和技术员，发动群众挖鱼鳞坑、闸山沟等活动。1965 年春，县林业局与团县委在虎山桥南头举办治山训练班，历时 5 天，培训青年干部 1000 余人。

1966 年 4 月，县委、县人委与省委“四清”工作团，组织 1800 人在城关黄山奋战 5 天，营造用材林 66.7 公顷。林业部门在西湖区进行地堰栽桑的试点，在面上推广。1973 年 1 月 2 日，《人民日报》、中央人民广播电台以《日照县山滩等全部实现绿化》为题予以报道。

1975 年，县革委采取窄幅水平梯田方式，指导丝山公社冯家沟等村栽刺槐 150 公顷、河山公社环岭前村栽刺槐 53 公顷作为样板。并提出“山上松，山中槐，山下四园(果、茶、桑、竹)巧安排”的林业生产布局。1982 年，修环山经济路 1050 余千米，治山整地 5333 公顷，补植造林 1000 余公顷，新栽苹果、山楂等 76 万株。

1993 — 2007 年，治山整地 1200 余公顷，新修环山经济路 500 余千米，新发展茶园 1726 公顷。

沿海防护林

新中国成立前，沿海北起两城河口，南至绣针河口，93.1 千米的海岸线上，有近 2000 公顷宜林沙滩，历代荒芜。沿海的村庄由于缺少树木，常遭风暴侵袭。

20 世纪 50 年代初，县委、县政府倡导和带领沿海群众进行海滩造林，并租用 9.2 公顷土地进

图 14-8 大沙洼沿海防护林 (摄于 2007 年)

行育苗，专供沿海绿化。1954 年春，丝山区董家滩、尹家庙、乔家墩子、苗家村、王家皂等村响应县委、县政府号召，率先在沿海造林。1955 年春，林业部门与团县委联合召开青少年绿化海滩誓师大会，在涛雒区刘家湾、桥东头等 7 个村发动干群在北起夹仓口、南至龙王庙长达 2.5 千米、450 公顷沙滩上栽植黑松、紫穗槐等树 100 万株(墩)，直播麻栎、枫杨种 6000 余千克。

1959 年，金沟公社兴办蔡家滩林场(后为县营)，绿化了 100 余公顷沙滩。1960 年春，成立国营日照大沙洼林场，组织机关干部栽植刺槐、黑松、紫穗槐、欧美杨等，绿化沙滩 520 余公顷。1970 年后，相继引进水杉、池杉等珍稀树种及国外花卉，在林场进行育苗、移栽，使林场树木多元化。80 年代初，在沿海营造以黑松为主的防护林 1.2 万公顷。1993 年后，投资 35 万元，进行断带补植，栽植火炬松、雪松、绒毛白蜡等树种 5 万余株。

河滩造林

新中国成立后，全县人民响应毛泽东主席“绿化祖国”的号召，在封山育林的同时，在平原河岸普栽加拿大杨和刺槐。西部山区在植加拿大杨和刺槐的同时，对原有的枫杨(枰柳)、察杨、毛白杨、小叶杨加以培植保护。1975 — 1979 年，西湖公社大花崖村在家前河滩营造水杉丰产林近 3 公顷。水杉抗病、抗虫害，长势旺盛，15 年可长到 21 米高，胸径 23.9 厘米，每公顷木材蓄积量高达 465 立方米。80 年代初，各公社(乡镇)普遍利用河滩营造“Ⅰ— 69 杨”“Ⅰ— 72 杨”丰产林。其杨生长快，号称三年成檩、五年成梁。1980 — 1981 年，全县共造杨树丰产林 300 余公顷。1989 年，全县有丰产林 3300 余公顷，其中水杉近 100 公顷。据 1985 年测算，全县河滩各种树的立木蓄积量是 60 年代初期的 3 倍多。

田间林网

1974 年春，县委、县革委调入大官杨、太青杨 20 余万株，在城关公社莲村湖生产路两边栽植，建成农田林网 330 余公顷。1976 年 3 月，县委、县革委在城关公社小莲村召开平原林网建设现场会议。随后，涛雒、奎山、两城等公社(乡镇)相继进行林网建设。到 1989 年，全市农田林网面积达 6667 公顷。1993 — 2007 年，结合黄淮海平原综合开发，又补植林网 8700 余公顷。

绿色通道

2000 年春，区政府在兖石铁路，日东、同三高速公路，204 国道、222 省道和主要县乡道路两边，采取“统一规划、统一整地、统一购苗、统一栽植标准”等措施，先后栽植各类苗木 300 多万株。营造杨树等丰产林、栗树等经济林 800 多公顷。

图 14-9 西湖镇荻竹洞一村道边绿化 (摄于 2006 年)

2003—2007年，又对896.3千米“村村通”道路进行了绿化。

村镇绿化

新中国成立前，农民就有在村旁、宅旁、房前、院内植榆树、国槐、椿树、楸树、梧桐、苦楝、柽柳、枫杨、淡竹等习惯。

1958年，“大炼钢铁”中，伐树烧焦炭，“四旁”树木毁掉大部。1961年，落实林业政策，对树木进行确权发证，强调社员种植的零星树木仍归社员所有，调动了社员植树积极性，加快了农村绿化进程。至1966年，大部分村庄基本实现绿化。之后，每年农村“四旁”植树都有增长。1975年，全县“四旁”植树达到1311.1万株，人均14.8株。2007年，全区镇村“四旁”植树1667万株。

第三节　科技造林

新中国成立初期，政府推广群众在实践中创造出的造林新技术、新经验。随着林业生产的不断发展和新品种的引进，重点推广介绍新品种及栽培技术。70年代，引种泡桐，林业局技术员张天印编写《泡桐育苗造林技术》一书，得到广泛应用。1966年春，开展“南竹北移”栽种活动，林业技术部门密切配合，开展技术培训和现场指导。1973年以后，相继引进大官杨、Ⅰ—72杨、Ⅰ—69杨等。1993年建区后，凡引进新品种，区林业部门都及时提供相关技术服务，传授银杏授粉、速生林栽培，板栗高枝换头嫁接、日本栗优质壮苗培育、凯特杏早期丰产、红美丽李早期丰产、日本甜柿栽培管理、火炬松容器袋育苗技术等。

此外，区政府还聘请外国专家传授新技术。2001年8月，日本宫城县仙台市日本栗专家佐藤吉应邀到东港指导日本栗栽培、管理技术，有500多人参加了培训学习。2007年4月，日本农学博士荒木齐到东港传授日本栗高产栽培技术，陈疃镇有300多人参加培训。

第四节　采伐更新

次生林改造

20世纪60年代初，推广涛雒区华山营造赤松与刺槐混交林和巨峰区薄家口村刺槐上山改造次生林的经验，即对赤松留优去劣，补植刺槐。到80年代初期，共改造次生林6700余公顷。

1991春，先后在日照街道三柱山、陈疃乡上蔡庄后山等处采取隔离带整地等方式，栽植火炬松2公顷。1993年后，采取板栗、果树进山等方式，对次生林进行改造。

迹地更新

60年代中期，进行河滩林杨树更新。采取“间伐”做法，即留小去老，留强去病。

1975年前后，山地刺槐林陆续成材，提倡对10年生刺槐用材林实行轮伐。70年代末至80年代初，随着欧美杨Ⅰ—69杨、Ⅰ—72杨的引进，再次对河滩的加拿大杨林进行采伐更新。自1985年始，境内采伐量每年约5000立方米左右。其中，1994年为12794立方米，2004年为6428立方米，2007年为5901立方米。

图14-10　陈疃镇日照水库环库林带建设　（摄于2007年）

退耕还林

在“以粮为纲”的年代，境内曾出现以粮挤林现象。1982年，农业生产实行大包干后，曾出现无序毁林种植粮油作物行为。按照国家规定和农业内部产业结构调整规划，自2000年始，对25°以上坡耕地退耕还林，改种苹果、山楂、板栗、茶叶等经济林。

第三章　全民义务植树

历史上境内民众即有在清明前后植树的良好习惯。清宣统元年(1909 年),省推广种树办法,县署组织大力植树。1915 年,民国政府正式通令,清明节为全国植树节。1928 年,南京国民政府又将清明植树节改为"总理逝世纪念植树节"。1930 年,国民政府农矿部将每年 3 月 5 日—19 日定为"造林运动宣传周"。在植树节、造林宣传周期间,境内均有植树活动。日本侵略军侵占日照后,植树活动中止。

新中国成立后,各级政府带领群众响应国家"普遍护林、重点造林"的号召,遵守"只准造林、不准开荒"的规定,从封山育苗入手,坚持不断开展造林绿化活动。

1979 年 2 月 23 日,第五届全国人大常委会第六次会议通过决定,3 月 12 日为中国植树节。义务植树在境内已成常态化。

第一节　城乡机关义务植树

自 1981 年起,县委、县政府每年在植树节期间,组织各机关开展义务植树活动。1993 年,东港区即成立以区长为主任的绿化委员会,负责组织全民义务植树。

每年植树节期间,区绿化委员会根据各单位在编人数,分配一定数量的挖树穴或植树任务,部署在规划地点按要求进行植树。同时,区委、区人大、区政府、区政协、区纪委主要负责人,均以身作则参加义务植树。

各镇(街道)选定 1 ～ 2 个植树点进行示范,推动植树造林活动开展。区绿化委员会对区直部门义务植树实行"三包"(包栽、包管、包活)制度。2005 年,分别在日照陡山、河山、丝山、卧龙山等处对区直部门划定植树点,一包三年。每个单位都按分配的植树地点、工作量和标准要求,开展义务植树活动。先后栽植黑松、侧柏近百万株,绿化山头 50 多个。

在城内,市、区结合,先后对北京路、迎宾路、山海路、青岛路、临沂路两侧进行绿化。

第二节　群团组织义务植树

新中国成立后,在植树节未确立之前,团县委每年都利用"团日""队日""志愿者日",开展营

图 14-11　日照街道黄山植树现场　　(摄于 2006 年)

造"青年纪念林""青少年绿化基地""青少年苗圃"等活动。设立植树节后,植树活动开展得更广泛。

2000 年春,团区委、区林业局对傅疃河东港段 18 千米进行科学规划,发动团员青年对堤带、复河床边缘、复河床和河滩地四大区域进行了整修改造,植速生杨 13 万株、金丝柳 3600 株、蜀桧 7200 株,建起了傅疃河青少年绿化基地。据统计,自 80 年代以来,每年组织青少年参加义务植树活动达 30 万人次,义务植树 500 万株。到 2007 年,全区共建立"青年林""红领巾苗圃""志愿者

图 14-12　西湖镇瞻埠潭村育苗基地　　(摄于 2006 年)

绿化基地”30多个。

妇女组织树立“前人栽树、后人乘凉”的思想，自80年代始，每年组织“三八”义务植树活动，创建“三八”绿色工程基地50多个、“三八”育苗基地300余公顷。

第三节　解放军义务植树

中国人民解放军驻境内部队，把驻地当成第二故乡，始终和当地人民一起植树造林，对营区和周围山川进行绿化、美化。在60年代大沙洼林场初建时，曾调用四个连的兵力，连续作战一个多月，整理沙地200公顷。改革开放以来，驻地部队经常与机关、学校、村居开展军民共建联谊活动，开展义务植树。2006年3月，驻军某部与日照街道后楼村栽植友谊树3万余株，造林2公顷。某部官兵与区林业局干部职工一起开展“为山头添绿、为军营增美”活动，共栽植黑松、桧柏近万株。

第四节　个人植树

改革开放以来，随着全民义务植树运动的深入开展，个人植树也出现新局面。在个人承包责任田的周边及房前、屋后或其他经营场地周围，凡能植树的地方都普遍栽树。至2007年，“四旁”有树1667万株。

第四章　果业

境内栽培果树，历史悠久。栽培的果树有梨、桃、杏、柿、李、梅、板栗、银杏、山楂、樱桃、葡萄、苹果、石榴、核桃等10余种，以梨、桃、枣、柿、板栗较多，杏、樱桃次之。山楂、苹果、葡萄、银杏、核桃等为零星栽植。至新中国建立前，境内有各类果树总计20.15万株，年产量16.75万千克。

新中国成立初期，果品总产量60万千克。50年代中后期，随着苹果的发展，果品产量逐年增加。1956年，果品总产量上升到216.3万千克。1985年，果品总产4807.5万千克。1989年，果树栽培面积11867公顷，果品总产4734.5万千克。

图14-13　河山镇申家坡村高产果园一角　（摄于2003年）

到1999年，果品总产量达到11000.3万千克。2002年后，出现“供大于求”的现象，导致果业效益下滑。其间，曾出现刨树现象。2007年，全区果树总面积为2313公顷。

第一节　果树品种

苹果

20世纪30年代，境内开始引进苹果树种。新中国成立初期，仅有巨峰区大卜落村、碑廓一村、二村、南湖区大宅科4个苹果园，面积27公顷，苹果树820株。1952—1955年，国家扶持老革命根据地建设，从辽宁省大连调入苹果苗13万株，分配到南湖、河山、巨峰、马庄、西湖、黄墩、城关等地栽植。品种为小国光、红星、金帅、秋花皮、伏花皮、大国光、祝光等。1956—1958年，在政府倡导下，群众采用野生砧木，嫁接和引进苗木等方法，培育苹果苗14.8万株。河山高家沟发展苹果33公顷，成为全县的典型。1967—1972年，新栽苹果79.87万株，建果园2000公顷。

1968年，奎山郭家湖子村6年生小国光、金帅早期丰产园亩产4000多千克，被全省推广。

1978年，全县苹果达到109.14万株，面积4000公顷，并出现了河山公社高家沟、高兴公社潘家洼两个村科学管理连年高产及西湖公社马鞍村果园养猪、以猪促果的生产先进单位。1980年，果园进行了承包。1982—1983年，新栽苹果121万株，新发展果园3300公顷，苹果总面积达6667公顷。多数为红富士、新红星、乔纳金、北斗等新品种。对老品种小国光、大国光、金帅等进行改良，“大树高接换头、小树进行芽接”，更换为红富士、新红星等。其间，日照县被商业部确定为果品生产基地县。

1993年后，先后引进首红、魁红、新乔纳金、藤木一号、新嘎啦等新品种。2007年，东港区有苹果园1553公顷，产量4134万千克。

图14-14　对出口苹果进行精选包装　(摄于2007年)

梨

1963年，产梨111.5万千克。南湖大宅科村有梨树8000余株，1965年产梨19万千克，户均收入94元。当时，境内主要栽培当地老蜜梨和秋白品种。后来，老品种逐渐被淘汰，从黄县引进长把梨接穗近万株。1975年，又从威海引进日本“三吉梨”接穗。90年代，引进黄金梨、丰水梨。其中，两城镇安门庄栽植黄金梨0.67公顷，年产量8000千克。2007年，全区有梨园6.2公顷，年产量57万千克。

桃

原有品种主要为六月鲜、五月红、蟠桃、秋白、毛桃等。1955—1956年，从青州引进蜜桃种1000千克、苗1万株，栽后因管理不善，逐渐淘汰。1965年，引进上海水蜜、春绵、麦香等品种。

80年代，开始引进冬桃、美国油桃、礼品桃等。至90年代引进中华寿桃。其中，河山罗花二村

图14-15　河山镇萝花二村中华寿桃　(摄于2005年)

栽植1.33公顷，年产量4万千克。至2007年，全区有桃园105.3公顷，年产量268万千克。

杏

境内栽培历史悠久。品种分面杏、刺杏、荷包杏、麦黄杏、杏梅等。新中国成立前，除少数大地主有杏园外，贫民百姓多在房前屋后栽培。50年代末至80年代初，部分生产队在苹果园边进行栽培，果实除食用外，少量到市场出售，不成规模。

山楂

新中国成立前后，仅有零星栽植。1977年，南湖安代疃始建山楂密植园，收益颇丰，境内各村仿效。至80年代初，由泰安、临沂等地引进大金星、敞口等优良品种栽植。1986年，全县共栽植14万株，建山楂园470公顷。1989年，达到100万株，面积达到1400公顷，产量达77.5万千克。90年代，因价格和销路问题，多数树被伐转产。2007年，全区山楂园面积10公顷，总产量10万千克。

板栗

板栗零星栽培历史久远。新中国成立后，有较大发展。1963年，由郯城调入板栗0.6万千克进行育苗，1966—1973年，共栽板栗423万株。90年代初，林业局在三庄镇陈家沟进行沂蒙短枝板栗栽培试验获得成功，开始大力推广。从1995年始，先后引进“华丰”“华光”“石丰”“国见”“银寄”“石槌”“金华”等新品种20余个，在黄墩、三庄、陈疃等镇建基地园4000余公顷，总产量达212.8万千克。2007年，区内板栗面积仅有0.22万公顷，总产量310万千克。

银杏

90年代之前，境内银杏树甚少。1993年，东港区把银杏列为一项产业，区林业局设立银杏生产办公室。对现有银杏人工授粉及雄树换头嫁接，以促进结果。并引进“大佛手”“大金坠”“大白铃”等优良品种60万千克，育苗400公顷。培育银杏苗4000余万株，定植银杏15万株，建立一批银杏园。至2007年，区内共有银杏19万株，产量1.5万千克。

图14-16　两城镇东屯村银杏园　(摄于2004年)

葡萄

境内零星栽培历史悠久。20世纪70年代初，由平度引进巨峰、泽香、泽玉等良种，先后在奎山平台村、丝山高家村等地栽植建园。酿造品种，有佳丽酿、苏-58、白羽等。1981年，县果茶站刘勤德发明“葡萄倒悬催根法”，成活率高，能够当年栽植、二年丰产。“巨峰”葡萄二年亩产可达2779千克，佳丽酿亩产1495千克。同时研究出葡萄一年催根、二年丰产栽培法，被国家资料库收存。至1989年，共建葡萄园66.7公顷，年产量50万千克。

2000年，全区有葡萄园81.6公顷，年产量81.3万千克，2007年，区内葡萄面积仅剩8公顷，年产8.5万千克。

草莓

1983年，河山良种场从烟台果树研究所引进有鸡心、达娜、宝交早生草莓品种。当年发展0.27公顷。后在范家官庄、梁家官庄、费家官庄、许家官庄一带成片发展。采用铺设地膜，搭建小弓棚及冬暖式大棚等技术，亩产3000千克左右。2007年，已发展草莓10公顷，年总产量在45万千克左右。

图14-17　陈疃镇农民收获蓝莓　(摄于2007年)

樱桃

1985年以前，主要栽植小樱桃。1985年，从烟台福山引进大樱桃品种那翁、大紫1500株，在日照镇烟墩岭、丝山乡双庙、东陈疃乡堰村成片发展，其他乡镇有零星栽植。2007年仍不成规模。

蓝莓

原产于美国，又称美国蓝莓。2006年，由青岛沃林公司引进，在陈疃镇西尚沟村试栽成功，到2007年，已栽植10公顷。

另外，柿、石榴、猕猴桃也有少量栽培。

第二节　果树管理

土肥水管理

50年代，果树多为小穴栽植。到60年代，挖1米见方的穴，回填熟土栽植。对小穴栽植的果园进行深翻扩穴、施肥。到80年代，新栽果树开大沟栽植，并推广果园覆草和地膜覆盖，果园浇封冻水、花前水、花后水等技术。90年代后，推广施用多元素专用复合肥，树上喷速硼钙、锌硼钙、补钙等。

果树修剪管理

新中国成立前，果树不修剪。新中国成立后，果树整形修剪逐渐被人们接受，多为冬季一次修剪。到了70年代，开始推广“轻剪、长放、多留枝、整形、人工授粉、结果”的修剪技术，改一年一次修剪为一年四季修剪。冬季修剪壮树势，春季修剪调花量，夏季修剪促花芽，秋季修剪见阳光。实行疏花疏果、摘心、扭梢、环剥(割)、拿枝、拉枝等多项技术。90年代，重点推广以花定果，果实套袋(纸袋和微膜袋)、摘叶转果技术，以提高果品质

图 14-18　区农技人员传授果树管理技术　(摄于 2000 年)

图 14-19　河山镇萝花一村苹果套袋　　(摄于 2002 年)

量。

品种不同，修剪方法各异。苹果一般是基层 3 大主枝、二层 2 个主枝，三层 1 个主枝。80 年代后期，新栽植的短枝苹果树，多为密植矮化，采用小冠形(4×5 米)、纺锤形(3×4 米)、自由纺锤形(2×3 米)。

其他果树，根据其特点，使用不同修剪方式。梨树多采用小冠形和纺锤形。桃树采用"开心形"盘状整枝。葡萄采用"篱壁式"和"棚架式"两种。

病虫害防治

新中国成立前，只用人工捕捉害虫。新中国成立初期，用"六六六"和"滴滴涕"农药喷雾防治。60 年代后，杀虫多用"1605"、氧化乐果、敌敌畏、水胺硫磷等有机磷农药。杀菌用福美砷、退菌特、多菌灵等。80 年代后，推广菊脂类农药，如蚜虱净、螨死净、桃小灵、甲基托布津、代森猛锌等。药械机动高压喷雾器逐步取代手摇喷雾器。90 年代后，推广应用高效低毒农药灭幼脲 3 号、阿维菌素、多抗霉素、农抗 120、猛杀生、杜邦易保、福星等。

第五章　林木保护

第一节　病虫害防治

人工防治

新中国成立前，防治松毛虫主要用剪刀剪松毛虫茧、打疫树皮等方法。在长期的治虫实践中，群众摸索出秋季人工采蚁(初孵幼虫)、冬季绑草把诱杀越冬幼虫等方法。新中国成立后，采用人工防治和药物防治、生物防治相结合的方法，效果较明显。1972 年，发动群众摘除松毛虫茧 16.75 万千克，捉拿成虫 39.5 万千克，采卵粒 957 千克。1989 年春，全市发动约 10 万群众上阵，共摘茧 1.5 万千克，采集收购松毛虫卵粒 1205.5 千克，捉拿老熟幼虫 3 万千克。

化学防治

1955 年春，林业部门在薄家口林区进行施用

图 14-20　河山镇防治美国白蛾　　　　　　(摄于 2007 年 8 月)

"六六六"防治松毛虫的试验，杀虫效果显著，后被逐步推广应用。政府每年扶持"六六六"农药数十吨，春季采取单管喷雾器喷杀松毛虫，秋季则用纱布袋撒"六六六"粉杀初孵幼虫。除施用"六六六"、敌百虫、DDT 农药防治外，又陆续采用"1605""1059"等各种剧毒农药。

1973 年 8 月，境内使用飞机喷撒二二三乳剂。以磴山林区为起点，出动飞机 673 架次，防治面积 1.13 万公顷。1975 年 8 月，进行第二次飞防，防治面积 1 万公顷。1978 年 5 月，进行第三次飞防，重点是沿海一带的林区，防治面积 6700 余公顷。3 次飞防，均收到较好的效果，杀虫率达 94%。80 年代中期，为消灭越冬幼虫，有些乡镇还推广了树干绑毒绳法，颇有成效。

生物防治

林木害虫的天敌昆虫有 60 余种，隶属 5 目、9 科。主要有广腹螳螂、大草蛉、瓢虫、寄生蝇、赤眼蜂、蜻蜓、食虫椿象等。1976 年，林业局首次繁殖利用赤眼蜂，在大旺山、磴山等林区进行放蜂治虫试验，取得一定效果。1973 年，省分配松毛虫杆菌、杀螟杆菌 500 千克。1977 年秋，林业局从荣成调进苏支金杆菌 2500 千克，分配给蔡家滩林场和虎山、南湖等地进行菌类防治试验，对初孵幼虫的杀死率达 90%。1977 年 4 月，县林业局成立以张天印为技术指导的课题小组，在华山、梭罗树等村山林设点，进行人工驯养灰喜鹊防治松毛虫。试验证明，一只灰喜鹊每年可食用 15000 余条松毛虫，还能取食大袋蛾、金龟子等 30 余种害虫。千只灰喜鹊可使 150 余公顷松林有虫不成灾。后在大沙洼林场、冯家沟、回龙观、山庄、前鹅庄等地设立驯鸟治虫点，并逐步在重点林区推广，使以鸟为主的生物防治面积扩大到 4000 余公顷。1980 年 9 月 9 日，《大众日报》以《森林的"天兵"》为题作了报道。1982 年 8 月，中央新闻纪录电影制片厂摄制《巧调"天兵"》新闻纪录片。1982 年 9 月 20 日，北京科教电影制片厂摄制科教片《灰喜鹊》。1985 年 7 月，省政协主席李子超视察大沙洼林场，看到利用灰喜鹊治虫成果后，兴然赋诗："长林万亩郁葱葱，天兵天将除害虫。巧驯灰鹊听号令，人人处处胜天工"。1984 年，张天印编写的《驯养灰喜鹊防治松毛虫》由中国林业出版社出版。

1993 年后，林业局利用白僵菌和性诱、灯诱成虫等生物和物理措施灭虫，减少药物对生态环境污染。

第二节 野生动植物保护

稀珍树保护

由于自然、人为等原因，区内现存的古树名木株数和品种不多，百年以上树龄的古树仅有 31 株。其中，300 年以上 12 株，千年以上的 1 株。2001 年春，区人大常委会作出《关于加强对古树名木及珍稀树种保护决议》。区政府对遭受病害、虫害、人为威胁的部分古树名木，拨专款挂牌予以保护。

动物保护

区内常见的有益动物主要有青蛙、壁虎、中华蟾蜍、游蛇、蜥蜴、狐狸、狼、黄鼬、刺猬等。90 年代后，由于生态环境受污染，野生动物的生存空间日趋缩小，种类和数量锐减。根据国家有关法律、法规，境内野生动物保护工作重点放在环境保护和打击乱捕滥猎野生动物行为上。通过宣传教育，人们对保护野生动物的意识大有提高。2004 年 11 月，涛雒镇上元一村村民发现捕鸡巨蛇，擒获后交林业部门处理，后放入大沙洼林场动物园。对滥捕乱猎有益动物的人和事，有关部门都能及时禁止和处理。

鸟类保护

据清光绪十一年(1885 年)《日照县志》记载，清代磴山一带曾有"鹳鹤上下"。60 年代初，尚见鹭类等鸟营巢于高大的杨树上。许多悬崖绝壁，亦有雕鸮、隼类等猛禽及岩鸽栖息繁殖。活动于田野、林间的喜鹊、灰喜鹊、灰椋鸟、乌鸦、家燕、黄雀、长耳鸮等更为常见。据 1985 年年初调查，境内陆地共有鸟类 22 目、44 科、200 余种。其中，农林益鸟 67 种。珍稀鸟类有丹顶鹤、大天鹅、大鸨、白鹳、白鹅雁、草鸮、黄嘴白鹭、雕鸮、鸳鸯、灰鹤、三宝鸟、纵纹腹小鸮等。主要留鸟有山鸡、喜鹊、灰喜鹊、家燕、山雀、布谷鸟、啄木鸟等。沿海一带主要是海鸥等。

1979 年，县科委、林业局、文化局、教育局、团县委、妇联联合下达《关于大力保护益鸟的通知》。1982 年 4 月，县政府制定并发布《关于鸟类保护管理条例》，利用广播、电视讲话、座谈会、表彰会、电影晚会、鸟类图片、标本展览等形式，宣传国家有关保护鸟类的法令及爱鸟护鸟知识，教育广大群众人人爱鸟护鸟。境内将灰喜鹊、喜鹊、杜鹃、大山雀、灰椋鸟、猫头鹰、家燕、啄木鸟、伯劳、黄鹂、夜莺、戴胜、大苇莺等列为重点保护对像，并确定每年4月23日—29日为“爱鸟周”。建立起磴山、幽尔崮、回龙观、甲子山及大沙洼林场等自然保护区，面积达6700公顷。

1985年2月，市野生动物保护协会成立。3月，市政府发出《关于大力保护和利用野生动物资源的通知》。保护益兽、爱护益鸟逐渐形成社会风气。1989年12月，涛雒镇华山村一位退休干部发现一只不能飞的丹顶鹤幼鸟，带回家精心饲养了十几天后，献给国家。2003年11月，两城镇一中学生救护一只雌性丹顶鹤，经精心护养，放飞未果，寄养于大沙洼动物园。

第六章　场圃

新中国成立后，日照县人民政府贯彻国家“封山育林、绿化祖国”的号召，利用原官山、庙产、海滩、河岸建立四处林场和多处苗圃、园艺场，总面积达830余公顷。这些林场、苗圃为绿化荒山、海滩、河岸，推广优良苗种，起到示范和保证作用。

第一节　林场

大沙洼林场

位于两城镇河口以南，吴家台以北，始建于1960年2月。建场时面积700公顷，1970年扩大至800公顷，属国有林场。赵明稳、胡润志、张先进、潘兆喜、邱洪兑、魏守信、郑培宏先后任场长。1992年9月，经林业部批准，在林场基础上设立鲁南海滨国家森林公园(与林场两块牌子，一套班子)。1993年5月，划归东港区管理。该林场有林地面积606.84公顷，林木覆盖率为78%。主要树种为黑松、雪松、刺槐、紫穗槐、水杉、杨树等。

图14-21　蔡家滩林场　(摄于2007年8月)

蔡家滩林场

位于傅疃河入海口北岸，始建于1959年11月，原为金沟公社林场。首任场长路维政。1963年移交县林业局，属大集体。1993年5月，划归东港区管理。2004年5月，划入东港区林业高科技示范园。该林场占地面积94.89公顷，有林地66.7公顷，林木覆盖率为80%。主要树种为黑松、杨树、紫穗槐(棉槐)及各类新引进花卉树种。

傅疃河林场

位于傅疃桥上下两侧，约100公顷。1959年建立，系平调临近村林地形成。1962年解体，林权仍归各村所有。

第二节　园艺场

新中国成立后，境内共有园艺场4处，其中蚕场2处。

奎山苗圃

建于1956年9月，属国营苗圃。初有圃地33公顷。1960年后扩至80公顷。1994年7月，更名为国有东港苗圃，2002年9月，合并到东港区林业高科技示范园。

林业高科技示范园

2002年9月，东港区政府将国有东港苗圃与原农业良种场合并，组建东港区林业高科技示范园，以培育各类新品种花卉苗木为主。2004年3

图 14-22 东港区林业高科技示范园 (摄于 2007 年 8 月)

月，东港区林业高科技示范园兼并蔡家滩林场，成为林业高新科学技术推广中心。

南岭园艺场

位于日照街道小岭南头东侧、兴海路 30 号市林业局宿舍楼南侧。原为岭岗墓地，1958 年红星(城关)人民公社创建为园艺场。面积 8 公顷，内有苹果园和养猪场。1963 年，改称南岭园艺场。1993 年前，主要经营苹果，其后，林地不断被征用，1994 年仅剩 4 公顷。

三庄蚕场

建于 1950 年 1 月，总面积 54.2 公顷。其中，柞岚 53.3 公顷、桑园 0.87 公顷。1982 年移交县丝绸公司。

图 14-23 日照街道花卉园艺场 (摄于 2002 年)

马家庙蚕场

建于 1958 年，位于马家岭村北，总面积 4 公顷。1962 年，转让给县药材公司，用于种植药材。

第三节 个体苗圃

1993 年后，个人苗圃纷纷建立。2007 年，区内有个人苗圃 56 处，面积 300 多公顷。

将帅花木场

建于 2000 年春。位于日照街道前将帅村西、竹洞天风景区后，经营面积 20 公顷。主要经营黄金柳、栾树等绿化苗木，年可供苗木 60 万株。

大宅科苗圃

建于 2005 年春。位于南湖镇大宅科村，面积 20 公顷。经营侧柏、紫薇等绿化树种，年可供苗木 3000 万株。

春雨苗圃

建于 2000 年春。位于河山镇大沙沟村西，面积 18.5 公顷。经营柿、梨等经济林树种，年可供苗木 560 万株。

吴家台苗圃

建于 2001 年春。位于大沙洼林场西侧，面积 18.5 公顷。经营雪松等绿化树种，年可供苗木 20 万株。

附：南竹北移

新中国成立后，供销合作社每年都要从南方购进大量毛竹竿和竹枝，制成竹排、竹帚、竹笆、竹筷等器具，以满足境内人民生产生活需求。1958 年，县委县人委在研究供销服务和林业发展问题时，提出引栽南方毛竹的设想，交县林业局和县供销合作联社探索和办理。

1959 年 3 月初，县林业局派员赴杭州临安县联系毛竹移植事宜。毛竹经由杭州火车站托运，10 天后到达胶县火车站。县林业局派车运往崖头、丁家皋陆等多个试验点栽植。由于起竹时带土少，运竹时间长，竹株失水多，栽植前选择竹母不严，加上栽后初期旱、中期涝、后期冻等原因，第二年春，全部干枯。

1966 年春，县林业局会同县供销联社，重新启动“南竹北移”工作。林业局负责技术指导，县供销联社负责资金支持。当年，从福建省移来毛竹1028株，分别植于邢家沟、川村、牟家小庄、将帅沟、大司官庄、巨峰二村等河边。各村固定专人管理，采取引鞭施肥措施，至1971年，部分发笋，成活49株。

1970年，林业科技人员会同村队管护人员仔细研究毛竹生长特性，认真总结以前引植过程中的经验教训，严格把好选株起运关。选择背风向阳、排水性能好的河滩地段栽植，并加强毛竹各生长环节的管理，加快引进步伐。1971年春，从福建南平引进毛竹795株，成活92株。1972年春，从福建引进1956株，成活812株。1974年春，从浙江吉安引进9000株，成活3119株。1975年春，从安徽祁门引进1600株，成活1260株。1976年春，又从福建三明引进1512株，成活1209株。此时，早期栽植的毛竹园已可间伐，证实毛竹可在境内生长。至1979年，全县毛竹发展到近20公顷，发笋达12万株。

1980年5月，省林业厅、省供销社联合在涛雒召开毛、淡竹管理座谈会，总结日照县南竹北移的经验。巨峰二村“南竹北移栽培措施”荣获临沂地区科学大会奖。

图14-24　日照街道将帅沟毛竹林　（摄于2005年）

2007年，境内有毛竹近30公顷。管理利用最好的是东港区日照街道将帅沟村毛竹园。面积已达20多公顷，生长毛竹达30余万株，毛竹最大胸径14.3厘米。该竹园于2003年被辟为“竹洞天旅游风景区”，年入园游人10万多人次，门票收入200多万元，初步实现了社会、经济和生态效益的有机统一。

第七章　林业管理

第一节　林业管理机构

清朝末期，由县衙工房管理农林事务。民国时期，先后由县知事公署劝业所、实业局，县国民政府建设局、第四科掌管林业。

1940年3月，县抗日民主政府设立实业科，主管农、林、水利事业。1942年，改为农林科。1945年9月，林业归县民主政府实业科管理。

1952年11月，县人民政府设立林业所。1955年8月，改为林业科，胡润志任科长。1958年4月，改为林业局，胡润志任局长。1962年1月至4月，郑世胜继任局长。1962年5月，农、林二局合并为农业局，王宜荣任局长。1963年5月，恢复林业局，主管林、蚕、果业，韩梓仲主持工作。1964年3月，杨克好任局长。1968年春，林业生产由县革委生产指挥部负责。1976年10月，恢复县林业局，杨克好、贾沧源(副局长主持工作)、蔺世魁、丛发生先后任局长。1985年5月，成立日照市林业局，丛发生、周绪贵先后任局长。1989年12月，市林业局改称林业办公室，李乃仕任主任。

1993年5月，成立东港区林业局，至2007年，赵龙宝、丁立宁、白健民、杨洪启、郑培宏、彭基岭、崔乐玖先后任局长。林业局下设林业站、森保站、种苗站、经济林站、检疫站，各乡、镇(街道)设林业站。

第二节　林权变革

自古境内林权即有“官山”“公有”“私有”三部分。官山包括“官有林”、庙产、学田，权属政府。公有林包括村有、族有、伙有，权属公议。私有指户有，权属户。

新中国成立前，除官有、公有外，私有山林19333余公顷。其中，地主富农占有8660余公顷，占私有山林面积的44.8%；中农占有7300余公顷，占私有山林面积的37。9%；贫苦农民仅有3433公顷，占私有山林面积的17.3%。

1950年颁发土地证，农民原有和依法分得的山滩林木也随之发放林权证。或作为附属物填入土地证，权属户。

1955年，有77处农业社自发进行林木打价入社。1956年，县委在小羊圈村(今涛雒镇华山村)进行林木打价入社试点，年内全县有933公顷山场打价入社。1958年，林木全部打价入社，权属集体。

1961年6月，中共中央下达《关于确定林权、保护山林和发展林业的若干政策规定(试行草案)》(简称林业政策十八条)，重申“谁造谁有，谁平调谁兑现”。当年秋，全县下放山林1240公顷，由生产队和社员经营。集体林木和个人的树木均由县人民委员会颁发林权证。1982年，再次进行林木确权发证，全县18处公社1010个生产大队共发证19.5万张，发证到户率95%。

1983年，开始推行林业生产责任制。全县共划分自留山、责任山1.225万公顷，承包到户经营，林地权仍属集体，林木权属户。

2003年年初，根据《山东省人民政府关于推进林权制度改革的意见》，对国有林场、苗圃按规划范围发放森林、林木、林地所有权证和使用权证；集体所有的森林、林木、林地按现状和县级以上人民政府的规划，发放所有权证和使用权证；对承包经营国有和集体林地、林木的，其林地所有权归属国有和集体，对林地使用者发放林地使用证，对其所有的林木发给林木所有权证。此次共确权登记林地1504宗(集体682宗、个人312宗)。其中，防护林127宗，经济林449宗，用材林376宗，其他林36宗。经济林中，苹果71宗、桑园125宗、茶园20宗、桃园12宗、板栗园221宗。

第三节　森林防火

70年代后，随着树木密度增加、荒草落叶无人拾和人们上坟、烧纸、游玩、吸烟等活动，火警火灾时有发生。1988年春，发生森林火灾13起，烧毁林地36公顷，直接经济损失7万元。2002—2003年，发生森林火灾6起，森林火警9起。2003年4月4日，秦楼街道秦家官庄村民上坟引起火灾，过火林地18公顷，烧死烧毁松、槐、柞树7.59万株，茶4.78万墩，经济损失达11万元。同日，河山镇大暖帐村村民上坟烧纸引发山林火灾，烧毁松林47公顷，计22.5万株，直接经济损失25万元。2005年4月4日上午11时许，南湖镇上坳村村民因上坟烧纸在河山西坡引发森林火灾，过火面积达147.5公顷，烧死松树11000株、刺槐5600株，直接经济损失8万余元。2007年4月9日，河山镇小卞庄西山一户村民用火不慎引发森林火灾，过火林地面积15.6公顷，烧死烧伤树木26208株，直接经济损失17万元。

图14-25　南湖镇凤凰山森林防火演练　(摄于2007年)

80年代以后，政府号召时时、处处防火，并规定每年10月至翌年5月为森林防火期。以冬至节、春节、清明节家祭期间为重点。通过广播、电

图 14-26 秦楼街道山海路防火检查站 (摄于 2006 年)

视、宣传车，宣传国家有关法令，使森林防火进家庭、进学校、进工厂。区、镇街道两级设立以行政首长为总指挥的森林防火指挥部，规定区、镇、村行政负责人为森林防火第一责任人。推广在林中墓区集中建“烧纸池”730 个，“祭祀房”7 个，挖隔离带、建隔离墙等。并建立护林专业队伍，实行扑火机械化。灭火弹、风力灭火机普遍得到推广和使用。到 2007 年，全区有护林员 1040 人，风力灭火机 216 台。

第四节 林业执法

林业执法由林业局林政科配合公安等部门，在政府分管负责人协调下，查处破坏森林资源、乱猎野生动植物的重大案件。

查处案件

1984 年《中华人民共和国森林法》颁布时，森林多为集体所有，盗伐树木时有发生。林木承包经营后，未批先伐、批少伐多、不报即伐等滥伐现象有所上升。2006 年秋，涛雒镇华山村由于村干部随便伐树，引起群众滥伐松、刺槐等树木 1.1 万株，直接经济损失 20 多万元。林业执法部门会同有关部门，对涉案人员刑事拘留 4 人，行政处罚 72 人，罚款 8 万余元。

林地管理

对重点工程建设征用林地、沿海防护林地，都严格按程序办理。建区以来共审批征用林地 120 余项，占用林地面积 300 余公顷，其中审查转报占用林地 168.7 公顷，征收植被恢复费 224 万元。对申报少、占用多的 21 起乱占林地行为进行调查。对查出的违法占用 53 公顷林地，均按《日照市沿海防护林管理办法》进行了严肃处理。

专项行动

2002 年春始，先后开展打击滥占林地的“绿剑行动”、滥捉鸟类的“候鸟二号行动”。林业执法人员深入集贸市场、宾馆饭店进行检查，及时处理乱采滥挖、乱捕滥猎、收购贩运野生动植物资源的违法行为。2002 年 5 月，依法查处浙江宁波私人非法贩运青蛙案，没收活蛙 141 箱，重约 1410 千克，约 30 余万只，并及时放归自然。2003 年春，收缴捕鸟网具 500 余米，查获受保护鸟 70 余只，没收并放生青蛙 2 万余只。

木材检疫

1993 年 6 月，区林业局设立木材检疫机构，负责木材检疫和木材外运许可签证工作。年均检疫审发 80 余份、签发省内木材运输证 60 余份。2007 年，签发外运木材许可证 120 余份。

行政审批

从 2002 年始，区政府本着管少、管好的原则，林业行政管理审批权由原来的 14 项减少到 10 项。其中，审批 5 项、审核 3 项、核准 2 项。2007 年 4 月始，行政审批注重对林业政策的研究，及时解决苗头性问题。

第八章 蚕业

境内自古就有养柞蚕和桑蚕的传统。清末民初有较快发展。据《中国实业志》记载：1912 年，境内(包括今五莲洪凝一带)有 52 户养柞蚕，产茧 4500 公斤；有桑树 3 万余株，522 户养桑蚕，产茧 1.6 万公斤。新中国成立后，县委、县政府领导山区培植新柞岚，平原改单株桑树为密植桑园，使蚕业生产有了飞速发展。1989 年，产柞茧 55.7 万千克，桑茧 35.2 万千克。到 2007 年，柞茧退出市场，桑茧产量达192.5万千克。

图14-27　两城万亩桑园生产示范区　　(摄于2006年)

第一节　植桑

品种

鲁桑为境内主要地方品种。有黄鲁、黑鲁、鸡冠鲁、蒙阴黑鲁等。民国初年，从浙江杭嘉湖地区购进红皮大种(湖桑)栽植。70年代后，湖桑32号、7号、197号、199号，伦教34、40号，剑持、桐乡青、一之濑、新一之濑、梨叶大、育成7307、育2号、红皮大种、一五一等优良品种，相继从浙江、江苏省大批引入境内。以湖桑32号为大宗，是全境专用桑园的主要品种。90年代中后期，开始引进农桑系列，有农桑8号、12、14号。1998年，西湖引进农桑8号，栽桑24公顷。2003年后，新建桑园苗木大部分以农桑12号和农桑14号为主。

栽植

自古农民多是移植野生桑栽于宅旁。到20世纪30年代多在村旁农田间植桑。80年代后，大都成园栽培。亩栽1300株左右，多南北向，少东西向，既可春栽又可冬栽。

管理

50年代前，所栽桑树任其生长，只有少数桑园进行施肥、锄草、修剪。70年代后，专用桑园普遍施肥、排灌、中耕、锄草、疏芽、整枝、剪梢、线条、复壮。从2004年起，推广使用农用黑色聚乙烯塑料薄膜覆盖桑园地面，达到增温、保水，促桑叶芽早发快长。

第二节　桑蚕

桑蚕生产

据《中国实业志》载，民国初期，日照有桑3万株，522户养蚕，年产茧1.6万公斤。1920年，全县植桑4.6万株，桑蚕产量4633公斤。1924年有桑26万株。1926年达到37.5万株。30年代初下降，年产桑茧仅500公斤左右。后因战乱几乎绝产，直到50年代才逐渐得到恢复。1952年，产桑茧175千克。1954年上升为1208千克。1956年，购进桑种60千克，进行育苗，并栽桑17万株。1957年，育桑苗3.3公顷，移植桑苗150万株，栽桑120万株。1958年，育桑苗26.7公顷，嫁接桑40万株，栽桑120万株。因管理粗糙，植桑保存数仅21.5万株，用于养蚕的只有一半，年产桑茧6625千克。1965—1967年，育桑苗14.5公顷，嫁接桑49万株，植桑77.5万株。除发展地堰桑外，还建立一批专用桑园。1970年，桑茧产量达1.5万千克。其间，林业部门加强技术指导，县供销联社投放资金27.5万元，从外地购买大批桑苗，扶持160个村发展桑蚕生产。县丝绸公司投资9.1万元，支援46个村栽桑养蚕。到1980年，境内实有桑园268公顷，零星栽桑5000余株。产茧13.18万千克。1985年，桑蚕产量上升到21.62万千克，1989年达35.19万千克。1994年，桑园面积发展到1200公顷，放种量达5.18万张。后由于桑蚕价格下降，挫伤了蚕农积极性，出现毁桑弃蚕现象。1998年，蚕茧价格回升，桑蚕又有新的发展。2002年，东港区有桑园2667公顷，放种8.8万张，收购鲜茧300万千克。有养蚕

图14-28　区丝绸公司引进桑蚕新品种　(摄于2006年6月)

村530个，养蚕户数1.8万余户。大棚养蚕面积达46%以上。至2007年，东港区有桑园1388公顷，养蚕户数6000余户，养蚕大棚2000余个，大棚养蚕桑园面积占整个养蚕桑园面积的60% 。

蚕种

1920年前，蚕种多系蚕户自制。采茧时，选其光泽丰润、形体胖大者为种。如自己所养之蚕不佳，则向邻户购买优等茧作种。制种时将茧置于筐内，待雌雄蛾出自由交配，尔后将雌蛾择开，放于种纸上产卵。30年代初期，日照县人许奉先创办县立蚕种制造所，亦用此法制造蚕种。

卵孵化成蚕，多为三眠，个别四眠。1922年，县劝业所购进上海白蚕种售给蚕农饲养。1932年后，山东省立蚕业试验场开始制新园、诸桂、意新园、中九、中五、一O一、鲁白一号、二号、三号、鲁黄一号到十九号等普通蚕种。从50年代到60年代初期，全境淘汰退化品种，饲养新杂交种。有华九×润旱(正反交)、华九×润汶(正反交)、苏17×苏16(正反交)。80年代初再次更换新品种，试养青松×皓月(正反交)，新四元等。以青松×皓月(正反交)饲养效果最好，后成为当家品种。

90年代后，蚕种又不断更新，有鲁玉×曙光(正反交)，有高产的鲁七×9202(正反交)、春蕾×镇珠(正反交)等。抗氟化物品种有873×874(正反交)、秋丰×白玉等。所养蚕品种多由丝绸公司统一从山东省各蚕种场购进。

蚕种管理

50年代到70年代，蚕种由山东省农林部门监管。从1981年开始，由山东省丝绸公司监管。省丝绸公司每年对蚕种场下达制种计划，规定品种、数量，对制种质量严格按照蚕种检验标准进行，不合格者不得制种。

1990—2007年东港区桑蚕生产情况表

表14-3

年份	桑园面积（公顷）	社会放种量（张）	社会产茧量（万千克）	省丝绸公司全年收购均价（元/千克）
1990	413	14305	38.4	10.1
1991	757	21200	63.3	10.83
1992	893	30400	95.3	10.4
1993	1000	34523	108	10.41
1994	1200	51800	153	13.33
1995	1290	55748	164.4	13.4
1996	1067	46100	140	12.61
1997	955	41300	124	14.71
1998	1067	48000	144	14.12
1999	1685	75800	227	13.65
2000	1833	80000	240	16.02
2001	3000	100000	300	15.58
2002	2667	88000	300	10.7
2003	2167	95000	285	14.32
2004	1993	90000	280	18.3
2005	1177	53000	186	21.65
2006	1398	54000	189	28.65
2007	1388	55000	192.5	19.23

科技推广

1990年，蚕业技术部门推广幼龄桑园高产栽培技术，使二年生桑园亩产茧达150千克。编著出版《幼龄桑园高产栽培技术》，荣获日照市科技进步一等奖。1996年，开始对大棚养蚕及配套伐桑技术进行探讨，试养三季蚕，获得成功，并荣获日照市科技进步三等奖。2003年开始，全面推行三季蚕大棚饲养，使蚕茧产量、质量有较大幅度提高。1999年，在蚕种催青室安装电脑控制温湿度系统，使蚕种在催青期间感温均匀，一日孵化率达95%以上。对烘茧风扇车子灶炉膛的高度、墙火垄内径与主烟道的比例及倾斜度、排湿系统进行不断的改进，使其散热、排湿性能更趋合理。2000—2001年，在两城蚕茧站等安装循环式热风机，实现自动送茧烘烤。

图 14-29　南湖镇樊家岭村的养蚕大棚　　(摄于2007年7月)

第三节　柞蚕

据《中国实业志》记载：1912年，日照(包括当时所辖的洪凝、街头、洪河)有52家放养柞蚕，年产柞茧4500公斤。新中国成立后，西部山区有柞岚11200公顷。以三庄、黄墩等地较为集中。50年代中期，放蚕面积由1949年的667公顷扩大到4667公顷，柞茧年产量由3万千克增加到25万千克。

1960年前后，境内开始对柞岚进行培植管理。除直播橡子补植柞岚外，还提倡留、放拐、清理柞岚等，并推广柞蚕良种，柞蚕数量大幅度增加。1958年放柞蚕蛾143万头，柞茧总产量达36.83万千克。1963—1965年，推广柞蚕选育及杂交新技术，有229个村放养，面积5067公顷，产柞茧28.42万千克。

1970年，由于厂家不再以柞蚕丝生产丝绸，致使柞岚、柞蚕业渐趋萎缩。1973年，柞岚面积减为4333公顷，柞茧产量徘徊在10万千克上下。1974年，柞茧产量下降为7750千克。1981年推行承包责任制后，柞蚕生产有所恢复。1987年，有16个村放养，产柞茧2.97万千克。1989年，上升为55.7万千克。1990—1997年，每年发放柞蚕籽150余千克，产茧7.5万千克。1997—2007年，每年发放柞蚕籽100余千克，产茧7.5万千克，所产蚕蛹主要食用，茧皮被河南地毯厂收购制作地毯。

第四节　桑蚕茧收烘

收茧

新中国成立前，个体分散经营。在集市，买者与卖者自行议价。收购蚕茧者有四：一是厂丝业，二是土丝业，三是丝线店，四是小商贩。每至新茧上市，业厂丝者和土丝者派人至产茧乡镇集市采购或设庄收购。丝线店等多在店中收购。小商贩下乡向蚕户购买，再将茧运至各大集或外地，售给厂家。新中国成立后，由供销社采购站专营，按国家统一制定的标准价收购，然后集中转售丝厂。1981年后，由丝绸公司蚕茧站收购后转交指定丝厂。在蚕茧收购市场未放开前，国务院制定了有关蚕种、蚕茧、丝厂生产经营等一系列规范性文件。山东省政府制定并印发《山东省鲜茧收购资格认定实施细则》，对鲜茧收购经营资格等作出明确规定：当地茧站布点有规划，有稳定的鲜茧茧源；具有与收购能力相适应的资金实力；具备完善、科学的质量保证体系和相关管理制度；具有与其承担的鲜茧收购量和茧处理量相配套的收购、检验和贮存场地；鲜茧收购、检验和烘茧所需的设备齐全等。

根据国家和省的有关法规，日照市人民政府于1991年下发关于加强蚕茧市场管理工作的文

图 14-30　蚕农向蚕茧站出售蚕茧　(摄于 2007 年 10 月)

件。强调:“市丝绸公司要与蚕农签订收购合同,每张蚕种收取一定的技术服务押金,在履行合同交售鲜茧后,退还本息。若蚕茧外流,技术服务押金不再退还本人。”在蚕茧收购季节,各级政府还专门成立蚕茧市场联合执法小组,维护蚕茧市场收购秩序。

其间,江苏省的某些蚕茧经营部门以高价引诱境内蚕农到江苏卖茧。为此,国务院有关部委组成联合桑茧检查组,先后两次到苏鲁边界检查关于蚕茧专营的有关政策。协调临沂地区与连云港市及有关县(市)区,签订《关于加强省际毗邻地区蚕茧收购管理的协议》。蚕茧外流问题得到解决。

图 14-31　技术人员进行蚕茧收购质量检验　(摄于 2007 年 10 月)

烘茧

民国初期,大都采用“盐腌法”和“笼蒸法”。到 20 世纪 20 年代,境内出现“烘茧法”。70 年代后,陆续出现了双列推进式烘茧灶、车烘茧灶、循环式烘茧灶、风扇车烘茧灶等。90 年代中后期出现热风灶。2001 年,分别在两城、高兴茧站各引进一台热风烘茧机,实现自动送茧烘烤。

第五节　蚕业管理

管理机构

1946 年 4 月,滨海行署蚕业指导所在藏马县中疃村(今属五莲县)建立柞蚕场,有柞岚 33 公顷。翌年 6 月,蚕场改为滨海行署蚕业合作推进社育种股。1948 年冬迁至三庄镇。1949 年春,改称山东省鲁中南区第六行政专员公署蚕场。有职工 35 人、蚕室 7 间、宿舍 9 间,征用柞岚 54.5 公顷。1950 年春,开始制桑蚕种。1951 年,改称山东省沂水专区日照县蚕场。1956 年,改称临沂专区日照蚕场。1981 年,交由临沂地区丝绸公司。到 1985 年,有资产 5.2 万元、柞岚 54.4 公顷、桑园 3.7 公顷。1988 年 3 月,临沂地区丝绸公司将日照蚕场改为日照市丝绸公司三庄蚕茧站,所有资产、土地、房屋移交日照市丝绸公司管理。

丝绸公司

1982 年 1 月,日照县成立县丝绸公司。在城关、西湖、巨峰等地始建蚕茧站,开展蚕业技术指导及蚕茧收烘业务。1985 年,企业更名为日照市丝绸公司。1988 年 3 月,三庄蚕种场撤销。制种业务转到临沭县,财物移交日照市丝绸公司。1993 年,日照市丝绸公司变更为日照市东港区丝绸公司。2001 年 12 月,日照市东港区丝绸公司变更为日照长宇丝绸有限责任公司,企业注册资金为 203 万元。

2005 年 9 月,省丝绸集团总公司进行改革,以租赁方式成立新的民营企业日照博宇丝绸有

图 14-32　日照东港海通蚕茧有限公司　(摄于 2006 年)

限公司，注册资本为120万元。2006年3月，更名为日照市东港海通蚕茧有限公司。下设3部、13处蚕茧站。

附：大沙洼林场

大沙洼林场建于1960年，总面积800公顷，有林面积620公顷。树种以黑松、水杉、池杉、刺槐为主。是一处以防风固沙、抵御海潮侵袭、阻挡海风海雾为主要功能的生态公益型林场。1992年9月，经国家林业部批准，建立为鲁南海滨国家森林公园。2000年4月，成立鲁南海滨国家森林公园管理委员会，与林场合署办公，是由区政府直接管理的正科级事业单位。2002年1月，更名为日照海滨国家森林公园。郑培宏任管委会主任。

林场建立

20世纪50年代末，日照县委按照"林种、树种结构合理，带、网、片、点有机结合，生态、经济、社会效益显著"的要求，在东部沿海荒滩地带建起具有防风、固沙、抗潮的沿海防护林带。唯有北端大沙洼一带万亩荒滩未绿化。冬春季节，风、沙危害农田庄稼，影响农民正常生产生活。县委经过调查研究，决定建大沙洼林场。1960年2月，招收26名林场工人，开始植树造林。1960年4月开始，县直各部、委、办、局机关干部分期分批到大沙洼林场参加植树劳动，经过三年努力，整地造林266公顷。1962年春，在驻军帮助下，一个月整地造林200余公顷。林场规模迅速扩大到467公顷。

图14-33　大沙洼林场远眺　　(摄于2005年9月)

树种引种和推广

建场初期，林场栽植多样树种进行试验，最后确定栽植黑松、刺槐为基本树种。同时开展外来树种的引种试验和本地树种的选优推广工作。1973年，在林场刺槐林中选出刺槐"730010"(号称10号)，被山东省林业厅认定为刺槐优良品种。该品种具有无棘刺、生长快、干型直、效益高等特点。1978年开始对其无性繁殖，进行推广，现在成为山东省刺槐主要栽植品种。1975年，首次引种水杉。1979年，引种火炬松。1997年，引种刚松、班克松。2002年，引种雪松用于沿海防护林成片造林实验，引种欧杉、蓝杉用于绿化美化。2006年，引种毛竹、黄山栾、加拿大红枫、金叶女贞等树种进行造林实验。

林木培育

图14-34　大沙洼林场黑松育苗苗圃　　(摄于2007年)

林场不断加大苗木树种的培育繁殖力度。自2002年开始，林场培育板栗、黄栌、三倍体毛白杨、木槿、紫薇、华山松等苗木8万余株。2003年，培育刚松、短叶松20万株。2004年，培育刚松、马褂木、合欢等苗木21.4万株。2005—2007年，培育黑松118万株。2006年春，在场外肖家村租赁土地3.7公顷，用于苗木繁育，培育合欢、侧柏、白皮松、流苏、黑松、池杉等10万株。2007年，培育侧柏苗20万株。

花卉品种引进及培育

2000年4月，从大连引进盆栽矮牵牛16个花色1万盆。2001年，引进各色品种郁金香5000株。2002—2007年，共培育矮牵牛、三色堇、一串红、百日草、孔雀草、彩叶草、洋凤仙等15个品种21个花系24万株花卉，用于夏季组花美化。培育万寿菊、羽衣甘蓝等地被花卉11万株，用于国庆及元旦节庆美化。引进石岩杜鹃4170株，播种波斯菊、翠菊、唐菖蒲、美人蕉等野花组合10公顷，美化公园环境。

生态建设

林场在已开发的海滨荒滩上，收购洼塘、闲置耕地进行改造，造林面积逐年增加。植被景观质量逐年提高，着力创造优美的旅游观光和休闲度假环境，达到“三季有花、四季常青、鸟语花香”的效果。

2001年，林场会同日照市可持续发展综合实验区办公室进行沿海防护林改造实验，采取客土移植雪松、枫杨(枰柳)、木槿、合欢、女贞、垂柳、蜀桧、淡竹等树种，实行针阔、常绿、落叶混交方式，发展立体复式混交造林。同时，探索“林中造林，树下栽树”沿海防护林更新改造技术，累计完成林区更新改造330公顷，残次林改造130公顷。引进的树种大部分生长良好，逐渐适应沿海立地条件，增强抗病虫害能力，提高防护效能。

护林防火

林场建有森林消防队，队员30余人。通过不断完善森林防火工作负责制和责任追究制，实行林区划片承包，签订《护林防火承包责任书》。组织人员进行巡查，并对园区内宾馆、酒店及杂货小摊位进行安全设施检查。组织防火培训和演练，保持队员时刻处于战备状态。2004年，投资300余万元，在原有办公场所的地址上建成集森林消防专业队营房、森林防火监控中心、防火瞭望塔、派出所办公楼于一体的森林防火指挥中心。林场多年无森林火灾火警事故。

旅游开发

1980年，林场由全额拨款划归为自收自支事业单位。由于过去长期靠财政拨款，只注重生态效益，单纯依靠林业发展林业，经济效益低下，发展举步维艰。1993年，林场累计欠款321万元，职工23个月未发工资，大部分职工为谋求生路而离场，各项工作陷于瘫痪。1993年11月，林场职工自己动手在海边修建几间活动板房，做为冲洗房，购置旧渔网制作成防鲨网，开辟海水浴场，开始最初的森林旅游开发。1994年8月3日，公园海水浴场正式挂牌营业。

1995年，林场筹资30万元，建起两座森林别墅。1996年完善森林浴场，在林中建成5处休憩点。为加快发展旅游业，林场积极开展招商引资。1997年5月，招引台商来场投资近200万元，建起海上栈桥平台，配套建设部分旅游设施。当年林场实现旅游收入10万元。1998年5月，引进民族特色旅游项目——蒙古大营。同年，接待游客15万人次，实现收入50万元。林场逐步探索出一条以森林旅游养林业发展的新路子。

1998年12月28日，市委主要领导带领市建委、电业、交通和水利等有关部门主要负责人到林场现场办公，研究解决林场水、电、路、防潮堤等基础设施落后问题。1999年2月6日，区政府下发《关于加快鲁南海滨国家森林公园开发建设决定》文件。2月7日，区政府主持召开公园开发建设新闻发布会，鲁南海滨国家森林公园开发建设被区委、区政府列为1999年全区重点工程。在较短的时间内，林场基础设施建设累计完成投资1.2亿元，建成日供水能力5000立方米的供水工程，架设10千伏供电专线，拓宽硬化林场道路并贯通北沿海旅游道路，建设联通、移动通信基站各1处，按照1000部容量设计安装程控电话，按50年一遇标准修筑防潮堤2900米及跨河桥1座，一举改变林场基础

图14-35　大沙洼林场水杉林　(摄于2004年)

设施建设滞后的状况。截至2003年，完成投资开发项目31个，投资总额约1.8亿元。建成动物园、姜太公文化园、水下鲨鱼馆和森林河道等人文景观，以及海水浴场、森林浴场等自然景观，建成“林海”“百盛”等综合服务设施28处，能同时满足3000人食宿，改善了旅游的最基本要素——“吃、住、行、游、购、娱”的问题。每年来园旅游人数多达45万人次以上，门票收入达1000多万元。

第十五编

茶 业

1966年，“南茶北引”在境内获得成功。经不断探索试验，逐步扩大种植规模，总结出一套成熟的培植技术，茶叶产量、品质持续提高。至1992年，茶园面积发展到644公顷，产量450吨。建区后，区委、区政府把茶业列入特色主导产业。通过政策启动、龙头带动、科技推动、市场拉动，茶园面积逐步扩大。至2003年，新增茶园面积2925.2公顷，总面积3569.2公顷。区划调整后，东港区茶叶面积仅存695公顷，经过三年的重新发展，到2007年，全区茶园面积2422公顷，产量641吨，产值5771万元。

图15-1　日照街道相家庄村生态茶园　(摄于2007年)

第一章　茶树种植

第一节　引种南茶

境内居民有饮茶习惯，特别是沿海渔民，不可一日无茶。每年需从南方大量购进茶叶供应当地市场。1958年冬，为满足人民生活需要，解决群众喝茶问题，按照省政府部署，日照县启动“南茶北引”试验。1959年春，从福建、浙江引进茶籽750千克，在大沙洼林场采用点播种植办法试种，由于茶苗出土后未及时跟上管理，冬季又未采取防护措施，幼苗全部因冻旱枯死。1965年秋，省糖业烟酒公司派吕新、陈德熙二人到日照县总结经验，再次进行选点试种。由县商业局、林业局、气象部门配合，选定丝山区双庙村和安东卫北山村(今属岚山区)为试种点，县糖业烟酒公司派员给予具体指导。1966年春，种茶0.58公顷，成活0.15公顷。当年秋季，打顶采叶炒制后，茶味醇厚、浓郁、耐冲泡，完全可代替南方茶。

“南茶北引”试种成功，引起各级领导的重视。县委、县政府决定把茶叶种植、产销作为重要经济作物加以推广。在有关公社、大队选择背风向阳、黄棕壤、质地良好的山坡地、岭前地成片种植。同时，在引种成功的村召开现场会议，推动面上种茶，派出干部和技术人员到各个种茶点现场指导。要求种茶前深翻土地80～100厘米，山坡整成水平梯田，石头、生土培堰，熟土表面土回填。概括出“背风向阳酸性土、土层深厚水源足、缓坡低于25度”的种茶经验。每年4月上中旬，地温达到摄氏13℃，即可下种。在茶园东、西、北三面利用松树、侧柏建造防护林带，有条件的还要配套建设塘坝、水井等灌溉设施。1967年，种茶扩展到9处公社14个大队，播种面积7.7公顷。1968年，种茶区域又扩展8处公社23个大队，茶树成活率达95%以上。随后，许多大队陆续开始茶树种植。在实践中总结出“适时停采封园、深施

图15-2　播种前，茶叶技术人员检测土壤成份
(摄于1968年)

越冬肥、浇足越冬水、搭防风帐和围帐、地面铺草和蓬面撒草、幼龄茶园培土越冬”等管理技术。这些经过实践、探索总结出的种茶经验，引起省和国家农业科研部门的重视。1970年，日照种茶经验得到中国农业科学院茶叶研究所专家们的认可。1973年10月，中国茶叶研究所在日照县召开全国六省(区)“南茶北引西迁”现场经验交流会。同年12月，日照引种南茶的做法和经验被山东

图 15-3 1973 年，六省(区)“南茶北引西迁”经验交流会在日照召开

省农业电影社拍摄成《南茶北引》科教片，在全省推广。1979 年，在全国茶叶区划会议上，正式将日照列入江北茶区，改写了北纬 30 度以北不产茶的历史。当年秋季，城关公社上李家庄子和厉家顶子、马庄公社邢家沟等地的茶园照片，在《人民画报》第四期上刊登。“南茶北引”成功并在日照大面积种植的消息得到广泛传播。

第二节　规模发展

1980 年，境内有 21 处公社 333 个大队种植茶树，茶园面积达到 616.68 公顷。其中，茶园面积 6.67 公顷以上的大队 15 个，3.35 公顷以上的大队 50 个。在城关公社上李家庄子村和巨峰公社后黄埠村出现了 0.07 公顷茶园产茶 150、200、250 千克的丰产地块。1982 年，实行家庭联产承包责任制后，大部分茶园承包到户。因部分承包茶农缺乏管理技术和经验，又遇冬季气候寒冷，茶树遭受严重冻害，茶园面积有所减少。加之市场销路不畅，炒青绿茶和黄大茶价格下降，影响了茶农的种茶、管茶积极性。90 年代初，随着市场经济的发展和广大茶农驾驭市场能力的增强，茶叶生产逐步纳入产业化发展的轨道。许多茶叶专业户和技术能手靠种植、经营茶叶走上了发家致富的道路。1999 年 3 月，区委、区政府决定将茶业作为特色支柱产业，制定下发《关于加快茶业发展步伐，建设江北第一绿茶基地的意见》。提出：利用三年时间，重点发展“两条线”(222 省道和 335 省道)、“九大片”(日照街道李家山流域，南湖镇会稽山流域，南湖、陈疃两镇的大山流域，陈疃、三庄两镇的五姑洞山流域，西湖镇的栗山流域，后村镇的龙山口流域，高兴、巨峰两镇的白云山流域、杨家山流域，巨峰镇的圣公山、甲子山流域)，沿路镇、村连片开发，建成南北、东西两条绿色长廊。实施一系列鼓励发展的优惠政策和措施。包括：“对新发展茶园 3 年内免收农林特产税”“对从事茶业生产经营的企业、大户提供贴息贷款”“在茶叶销售环节上实行税收优惠”“进一步完善承包责任制，支持茶园优先向懂技术、会管理的茶农集中，并进一步培训茶农和技术人员”等。

从 2000 年始，经过 4 年的发展，全区新增茶园面积 2925.2 公顷，总面积达到 3569.2 公顷。在后村、高兴两镇建立 240 公顷中心示范园区，引进“龙井 43”“龙井长叶”等国家级良苗 100 余万株、良种 20 余万千克，扩建良种茶园 533.33 公顷。

2004 年区划调整后，茶叶面积较大的巨峰、后村、高兴等镇划归岚山区，东港区茶园面积仅剩 694.93 公顷。区委、区政府按既定计划，仍把

图 15-4　中国茶叶研究所建设江北茶叶示范区签字挂牌仪式在日照举行（摄于 2000 年）

茶业列为特色支柱产业，作为镇、村农业产业结构调整的工作重点之一。新茶园开发向北延伸到河山镇、秦楼街道、两城镇等流域。至2007年，全区新辟茶园1727公顷，总面积2422公顷。培育出日照街道文山茶园、瑜山茶园，南湖镇北叶青、太极芽润茶叶基地、秦楼街道御海湾茶园、苏家村茶园等一批茶业示范园。

图15-6　区茶业局召开茶叶春管会，薄子宝介绍茶园管理情况　(摄于2007年)

第三节　培植创新

大棚茶培植

1994年冬，东港区借鉴北方大棚蔬菜生产经验，在巨峰镇秦家小庄茶园建立茶叶冬暖式大棚，开展大棚茶生产试验。大棚覆盖面积0.03公顷，生产加工出大棚茶叶18千克，味道堪比春茶。通过示范带动，大棚茶生产技术逐步推广，填补了北方冬季无新茶的市场空白，实现了四季产茶，提高了茶叶生产的经济效益，大棚茶成为日照绿茶的“特中之特”。2004年春，全区大棚茶面积突破133公顷，年产量5万千克，产值2000余万元。其中，巨峰镇薄家口村大棚茶面积达20公顷，仅此一项年人均增收1000余元。在总结大棚茶生产技术的基础上，示范推广夏季覆盖遮阳网栽培技术。区划调整后，全区大棚茶园面积仅剩3.1公顷。区委、区政府在扩大茶叶种植面积的同时，继续引导大棚茶生产。到2007年，全区冬暖式大棚茶园面积发展到5.8公顷。大棚普遍采用无立柱铝合金棚架结构、水泥预制棚架结构。采用聚氯乙烯无滴膜覆盖，其透光、保温、抗老化等效果良好。采用人工补光、补施二氧化碳气肥、温湿度调节和自动卷帘等栽培管理新技术，提高了大棚茶的产量和质量。

图15-5　冬暖大棚茶　(摄于2007年)

无公害茶培植

随着人民生活水平的提高和健康意识的增强，无公害茶受到广大消费者的欢迎。区茶业部门研究制订出《日照绿茶无公害生产技术规程》，在全区推广应用。引导广大茶农在茶园管理中实行科学配方施肥，不用或少用化肥，多用土杂肥。浇好返青水、肥后水和越冬水。实行物理防治、生物防治，综合防治病虫害。推广应用高效、低毒、低残留药剂，待药剂安全间隔期过后再采摘，为无公害茶叶生产提供技术保障。2007年，“北叶青”“瑜山翠龙”“芽润”“北极春”等4个品牌的茶叶产品获得无公害农产品认证。

1966—2007 年境内茶叶种植面积及产量情况统计表

表 15-1

年份	种植面积（公顷）	产量（千克）	年份	种植面积（公顷）	产量（千克）
1966	0.58	未投产	1987	732	355000
1967	7.7	未投产	1988	623	346000
1968	24.3	725	1989	537	300000
1969	35.7	3350	1990	681.2	345340
1970	64	6657	1991	628	351585
1971	96	10382	1992	644	450000
1972	132	21265	1993	617.3	470000
1973	162.3	41374	1994	730	376600
1974	347	40341.5	1995	630	419000
1975	377.3	80268	1996	636	497000
1976	454.3	115000	1997	610	493000
1977	493	68667	1998	610	590000
1978	571.3	139029	1999	867.5	707000
1979	679.3	202737	2000	1820.6	925000
1980	616.68	112063.5	2001	2181.5	1146000
1981	668	243366.5	2002	3044	1531000
1982	679	300371	2003	3569.2	1824000
1983	707	350000	2004	694.93	378560
1984	693	200000	2005	1407	496000
1985	715	283510	2006	1985	542000
1986	724	298400	2007	2422	641000

第二章　茶叶加工

第一节　鲜叶采摘

图 15-7　茶叶采摘　　(摄于 2006 年)

日照绿茶生产有春茶、夏一轮、夏二轮、秋茶和冬季大棚茶若干批次。20 世纪 60 — 90 年代，生产的大宗茶为炒青绿茶、烘青绿茶，多采摘一芽二、三叶原料。随着市场需求的变化和生产经验的积累，鲜叶采摘技术不断提高。根据不同树龄、季节和制茶等级需要，确定鲜叶采摘方式和采摘标准。

适时采摘

幼龄茶园以养为主，采养结合。遵循“采高留低、采大留小、采顶养侧”的原则。对 3 年以上成龄茶树，按照“嫩、匀、净、鲜”的鲜叶质量要求，实行“按标准、及时、分批、留叶”采摘。即春季有 5% 左右，夏、秋季有 10% 左右的茶蓬新梢达到采摘标准时，便进行采摘。春季、秋季 3 ～ 4 天采一批，夏季 2 ～ 3 天采一批，全年采摘 30

批次左右。春季早期留余叶采摘，后期留一叶采摘，夏秋季留一至二叶采摘。冬季大棚茶主要有春节前和春节后两个采摘批次。

图 15-8　后村共青茶厂工人挑拣鲜叶　(摄于 2003 年 5 月)

采摘标准

随着名优绿茶的不断发展，鲜叶采摘技术也日趋精细化。特级茶叶主要采摘一芽一叶初展或单芽，一级茶叶主要采摘一芽一叶至二叶初展，二级茶叶主要采摘一芽二叶至三叶初展，三级茶叶主要采摘一芽三叶。采摘时不采雨(雾)水叶，不采紫芽叶，不采虫蛀叶和病害叶，不采空心(无芽)叶，只采摘饱满芽叶。冬季大棚茶强调“早采”“精采”和“嫩采”，以采摘一芽一叶为主，兼顾一芽二叶。茶叶采摘摒弃“掐采”“捋采”等不当手势，采用拇指与食指配合的“提采”手势。此法具有效率高和对原料损伤轻等特点，在各茶区得到广泛应用。

鲜叶存放

鲜叶采摘后，多盛放于清洁干燥、通透性好的篮、篓内，并及时送往加工场所。避免日晒、雨淋、挤压和接触异味。鲜叶运至加工场所后，按照等级分类摊放。早期多使用篾席摊晾鲜叶，目前大部分使用竹筛，采用架式分层摊放。露天茶园鲜叶摊晾 4 ～ 6 小时后再加工。大棚茶鲜叶因水分含量高，摊晾时间要达到 6 小时以上。鲜叶摊晾的厚度不宜太厚，一般不超过 5 厘米。摊晾期间，每隔 1 ～ 2 个小时，轻轻翻动一次，使鲜叶均匀失水和促进氨基酸、糖类、芳香类等有益物质的转化、分解。

第二节　加工储存

炒茶技术

从 1968 年开始，日照县采取“派出去，请进来”的办法，学习炒茶技术。先后派 5 批 21 人次，到安徽、浙江学习制作绿茶。引进珠兰、茉莉、玉兰花茶制作方法，掌握窨制花茶的技术。在日照茶厂多次举办炒茶技术培训班，请上级和外地技术人员现场示范、讲解，培训制茶技术人员 350 名。1969 年，公社、大队茶园进入试产试制阶段，初期以手工制茶为主，产品为炒青绿茶。1970 年，巨峰公社西赵家庄子大队创办联营半机械化制茶厂，定名为“九一六制茶厂”。1973 年，城关公社上李家庄子创办机械化制茶初级茶厂。1975 年，省商业厅投资 50 余万元在日照县城西郊建成精制茶厂，月加工能力 1.5 万～ 2.5 万千克。毛茶分为六级，一至三级直接出售，三级以下用于窨制茉莉花茶、珠兰花茶等。1984 年，各茶厂主要分级加工炒青绿茶、烘青绿茶。加工过程中，采用“高温快速杀青”“老叶嫩杀”“嫩叶老杀”等工艺，按照“前期轻揉、中期重揉、后期再轻揉”的揉捻原则，实行“嫩叶凉揉、老叶热揉、老嫩适中叶温揉”，干燥温度按照“前期高、中期低、后期高”的办法。所用设备主要为滚筒、揉捻机和烘干机、烘笼。所制作的烘青绿茶条索略松、锋毫显露、色泽绿润、汤色绿亮、滋味醇和、清香持久。

图 15-9　茶叶高温杀青　(摄于 2004 年 6 月)

加工模式

茶园承包到户后，个体、集体、联合体等多种经济成份的茶叶加工厂相继建成。区茶业主管部门按照国家标准，集中培训茶叶加工技术人员，支持各种形式的加工。加工形式主要有三种模式：(1)家庭作坊式。早期加工设备主要使用偏锅，制作炒青绿茶和少量卷曲形中高档绿茶。有的使用电炒锅，制作扁形绿茶。其原料大多采用自家茶园采摘的鲜叶。(2)个人挑头承包或租赁集体原有茶厂,联合多户组织开展茶叶加工。规模较大的有日照街道上李家庄子、烟墩岭、厉家顶子和巨峰镇李家庄子、常家庄子、平家村茶厂以及涛雒镇亚月茶厂等。主要产品有机械炒青、烘青和各种高中档名优绿茶等。(3)部分市场经济意识强、懂技术、会管理的人独资或合资建立茶厂,从事茶叶生产、加工、销售一条龙生产经营。各茶厂花样翻新、各显其能、产品质量不断提高。1997 年,全区新建、扩建规模较大的茶厂 12 家,知名度较高的茶叶加工企业已达 50 余家。1999 年,投资 1000 余万元在山东路中段兴建日照市茶叶贸易有限公司茗家春茶厂。该厂选用自动化温显温控杀青机、理条机、烘干机和鲜叶分级机等现代化制茶设备。采用电、煤气、油等燃料,严格按出口标准生产,年加工能力 10 万千克。

2001 — 2007 年,重点产茶镇街道新建、扩建茶叶企业 156 家。各茶厂新引进微波杀青干燥设备、蒸青设备、乌龙茶加工设备等茶叶加工机械 1000 余台(套),研制开发新产品 10 余个。采取手工与机械结合、蒸烘炒结合工艺,提高产品质量,丰富茶叶花色品种。

图 15-10　茗家春茶厂加工车间　(摄于 2005 年)

恒温保鲜

绿茶易受温度、湿度、光照、异味等因素影响,发生氧化变质,使茶叶香气、滋味、汤色降低。为保持绿茶新鲜味道,茶叶科研部门研究推广茶叶恒温保鲜技术。利用保温、防潮材料和压缩机制冷设备建成茶叶保鲜库存放茶叶,很受茶叶生产经营者和消费者的欢迎。到 2007 年,全区新建、改造茶叶恒温保鲜库 30 余个,储存能力 10 万余千克。

第三节　品牌开发

试制名茶

1975 年,在中国茶叶研究所虞富莲研究员帮助和指导下,在上李家庄子研制出日照名茶“雪青”。系采用茂盛茶蓬上的一芽一叶原料精制而成。该茶色泽青绿、身披白毫,取名“雪青”能够体现其主要外部特征。“雪青”茶的加工工艺为杀青—揉捻—解块—揉团—提毫—干燥(提香)。经中国茶叶研究所专家评审认为:“雪青”茶条索细紧显毫,色泽绿润,香气高爽持久,滋味浓鲜,汤色黄绿明亮,叶底嫩匀,属高档绿茶。之后,又研制开发扁形绿茶“冰绿”。“冰绿”茶的外形扁、平、直、滑,色泽黄绿,香气鲜爽,滋味醇厚。其加工工艺为杀青—理条—做形(压扁)—辉锅,主要采取“抖”“抓”“甩”“捺”“拉”“磨”等炒制手法。“雪青”和“冰绿”采用一芽一叶初展鲜叶原料,每 0.5 千克干茶约需 3.5 万个芽头。2010 年始,试制红茶。红茶所用原料和绿茶相同。其加工工艺分两个阶段,第一阶段为杀青—揉捻—发酵—干燥,制成毛茶;第二阶段为筛选—风选—切碎—拣剔—干燥—匀堆,加工成品质不同的红茶。试制的红茶品质优良,在小范围试销。

机械制茶

随着茶叶制作机械化进程的加快,名茶加工由手工为主向手工与机械结合的方式转变。采用“机械杀青、揉捻、解块,手工揉团、提毫,机械干燥(提香)”工艺,加工卷曲形绿茶。此茶外形细紧略弯,色泽绿润,滋味醇厚,香气高爽。这类产品主要有:日照市茗家春茶叶有限公司生产的“茗家春”茶,南湖镇西沈马庄北叶青茶业有限公司生产的“北叶青”茶,南湖镇许家庵太极茶厂生产的“芽润”茶,日照市润之春茶叶有限公司生产的“润之春”茶,日照街道厉家顶子瑜山茶场生产的“栖凤”茶,日照街道烟墩岭文山茶场生产的“凤眉”茶、日照市林苑茶业有限公司生产的“极北云岫”茶等。采用“机械杀青、理条、做形(压扁),手工辉锅”工艺加工的扁形茶,外形扁平挺直,色泽黄绿,滋味浓厚、香气浓爽。这类产品主要有:日照街道厉家顶子瑜山茶场生产的“瑜山翠龙”茶,日照街道东将帅绿萌茶业有限公司生产的“将帅”

茶等。

获奖名牌

1989年，“雪青”茶被农业部认定为部优产品，是山东省第一个获得部优称号的茶叶产品。1994年，日照绿茶公司生产的“河山青”牌碧绿茶获第29届布鲁塞尔国际博览会金奖，1995年获第二届中国农业博览会银奖，1997年获第三届中国农业博览会名牌产品认定，2000年列入《中国名茶志》，2004年列入《山东名优特产品》。1999年，在第三届“中茶杯”全国名优茶质量评比中，“雪毫”茶获二等奖，“雪青”茶获优质奖。

2000年，组织开展东港区名优茶质量评比。农业部茶叶质量监督检验测试中心茶叶审评专家对全区51个茶样进行审评。评出特等奖10个、一等奖12个、二等奖21个。其中有5个参评茶样达到国家一类产品水平。2001年，在第四届“中茶杯”全国名优茶质量评比中，“河山青”茶、“巨峰春毫”茶获优质奖。同年，“茗家春”茶获第四届中国国际农业博览会名牌产品认定。2002年，在济南第二届国际茶博会名优茶评比颁奖中，“北垛春”茶获金奖。2003年，在第五届“中茶杯”全国名优茶质量评比中，“茗家春”茶获优质奖。2004年，全省首届名优茶质量评比中，全区有9个产品获特等奖，17个产品获一等奖，18个产品获二等奖，16个产品获优质奖，获奖数量占全省获奖总数的60%以上。形成了“茗家春”“瑜山翠龙”“北叶青”“极北云岫”“北垛春”“共青”“云翠”“碧波”“北极春”“陆羽春”“润之春”等名优绿茶群体。2006年，“瑜山翠龙”“北叶青”“极北云岫”茶被省农业厅、省质量评价协会、省茶文化协会评为“山东省十大优质茶”。2007年，在第七届“中茶杯”全国名优茶质量评比中，日照清吟茶业有限公司生产的“清吟”茶获一等奖。

图15-11　东港区名优茶评比颁奖大会　（摄于2000年）

注册商标

日照绿茶誉满江北。1999年，区委、区政府启动申请注册“日照绿茶”证明商标工作。2002年5月21日，国家工商总局商标局批准东港区茶叶技术协会注册“日照绿茶”证明商标，8月21日正式启用。区政府先后在济南、日照召开“日照绿茶”证明商标新闻发布会。国家和省、市报刊、电视台等20多家新闻媒体记者30余人参会，进行系列报道。2004年6月，“日照绿茶”被省工商行政管理局认定为山东省著名商标。之后，又被国家工商总局认定为中国驰名商标。2006年3月，“日照绿茶”获国家质检总局颁发的原产地保护产品认证，成为地理标志产品。2007年，有106家企业纳入“日照绿茶”证明商标使用管理范围。

图15-12　东港区“日照绿茶”证明商标新闻发布会　（摄于2002年）

第三章　茶叶营销

第一节　销售

计划销售

计划经济时期，商业系统负责茶叶购销工作。从1975年开始，一直由基层供销社采购站收购地产茶，其收购验质技术人员由日照县糖业烟酒公司派出。种茶大队自留总产量的5%分配给社员，其余出售给当地收购站，当地供销社留收购量的30%在本地销售，其余全部上调日照县糖业烟酒公司。茶叶收购价格执行山东省统一规定的价格标准：一级茶叶每千克收购价5.4元，零售价6元；二级茶叶每千克收购价4.6元，零售价5元；三级茶叶每千克收购价3.6元，零售价4元；秋剪茶每千克收购价1.6元，零售价2元。1981年，临沂行署物价局、商业局、供销社联合下达地产茶叶提价通知，收购和销售价格分别提升22%～27%。1983年5月20日以后，对当地茶的收购和销售实行季节差价，以促使生产茶队多售春茶。是年，共收购茶叶19.64万千克。

市场销售

实行家庭联产承包责任制以后，茶园大都承包到农户经营，不再实行茶叶统一购销，出现了“家家炒茶、户户卖茶”、千家万户闯市场的局面。随着市场经济的不断发展，茶叶加工流通企业逐年增多，一度出现管理混乱局面，影响了日照绿茶的声誉。为此，区政府引导茶叶生产销售向集约化、规范化方向发展。首先指导茶叶加工企业以收购鲜叶自己加工为主,因而出售鲜叶的茶农增多，形成南湖、后村、巨峰等较大的鲜叶市场，最高日交易额20余万元。其次是建立茶叶交易市场，作为示范。在日照商场、海曲西路和产茶较集中的镇、街道引导茶农适当集中交易。2003年，东辰企业集团兴建日照茶叶大型市场，实现干茶的批量交易，年交易额2310万元，外销量占80%以上。2007年，由区政府和有关单位出资，在日照迎宾路西段北侧、崮子路以东、张家河以西兴建茶博园，占地面积4公顷。该项目集茶叶商贸流通、茶叶博览和茶文化展示、观光旅游、休闲娱乐于一体，被列为2007年度日照市、东港区重点工程。2007年，境内从事茶叶经营的场(厂)、苑(园)、店、铺、馆等共965家。在旅游景点、宾馆旅社中设茶馆，进行茶艺表演，组织旅客品茶等，对日照绿茶的销售、推广发挥了重要作用。

第二节　市场开拓

省内市场

1968—1984年，日照县商业系统累计销售茶叶219.66万千克，销售额1555万元。随着茶园规模的扩大，茶叶加工流通企业数量增加，日照绿茶销售市场逐步向市外扩展。1993年后，区农业、茶业等部门组织企业参加2000年、2002年两届济南国际茶博会和青岛小交会等省内系列会展活动。“日照绿茶”率先在济南打开市场，继而开发了东营、临沂、青岛、济宁、泰安、潍坊等市场。随着日照绿茶市场的不断拓展，烟台、威海等

图15-13　日照绿茶在济南打开市场　（摄于2002年）

地的饮茶也逐步由饮用花茶向饮用日照绿茶转变。日照绿茶在烟台、威海市场上的年销量达30余万千克。

图15-15　第三届中国(日照)国际茶博览会　（摄于2005年）

外埠市场

区农业、茶业管理部门组织茶叶企业参加在北京农展馆举办的1995年第二届中国农业博览会、1997年第三届中国农业博览会、2001年中国国际农业博览会、2004年北京市石景山区与湖北英山县联合举办的茶叶节、2006年青岛崂山国际旅游和茶文化节、2007年济南国际安全食品博览会等一系列会展活动。在会展活动现场，设立日照绿茶展示专区，累计发放各类宣传材料、音像资料2万余份，使更多的省外消费者了解日照绿茶。日照绿茶的省外销售市场逐渐拓展到北京、河北、山西、新疆、内蒙古及东北等地。同时，也引起国际有关人士的关注。

1997年，韩国国际茶文化研究会在巨峰镇投资建立日照大东保健茶有限公司，选用当地茶叶加工，年产量达3000余千克，以礼品茶的形式在韩国销售。1998年12月，经外经贸部批准，日照市茶叶贸易有限公司获得茶叶出口专营权，东港区成为江北唯一拥有茶叶出口专营权的县(区)。2004年，销往韩国、日本、俄罗斯、朝鲜等国的日照绿茶2万余千克。

图15-14　俄罗斯客人参观茶园　（摄于2007年）

茶博会推介

自2003年始，日照市和东港区人民政府连续举办三届茶叶博览会。

2003年8月25日—28日，首届中国日照茶博会暨茶文化旅游节在东辰企业集团日照市茶叶市场举办。东港区布展摊位63个，占全市参展摊位的70%。组织21家企业开展现场炒茶比赛。茶博会期间，全区累计茶叶交易金额220万元，协议金额1600万元。区茶业管理局“日照绿茶”网站共接到邮件820封，订单200万元。2004年6月26日—29日，举办第二届中国(日照)国际茶博会，来自台湾、贵州、浙江、江苏、福建等产茶省的知名企业和日照市茶叶企业的展销摊位共126个，韩国、日本、俄罗斯以及欧洲客商应邀参会。日照绿茶累计交易金额1800万元，协议金额3600万元。2005年6月28日至7月2日，以“魅力日照、绿茶飘香”为主题的第三届中国(日照)国际茶博会在日照会展中心举行。茶博会期间，举办名茶评比、茶艺茶道表演、制茶能手大奖赛等茶事活动。东港区参评茶样62个，获奖50个。东港区36家企业制茶能手获奖。日照绿茶实现销售额3200余万元，签订购销合同金额6000余万元。

图15-16　北叶青茶艺人员表演茶艺　（摄于2006年）

第四章　茶业管理

第一节　管理机构

1966—1984年，由日照县商业局管理茶叶生产、销售。1985年，由日照县林业局管理茶叶种植、生产。1986年1月，茶叶生产移交日照市农牧局管理。1989年，日照市农委农业办公室负责管理茶叶生产。1993年东港区建立后，由东港区农业局管理茶叶生产。1998年12月，设立东港区茶叶技术协会和茶业管理局，辖茶叶科学研究所。陈为刚、夏国明、陈占联、崔乐玖、李勇先后任茶业管理局局长。各产茶镇、街道设立茶业办公室。

第二节　商标管理

自2002年5月，国家工商总局批准东港区茶叶技术协会注册“日照绿茶”证明商标后，东港区对“日照绿茶”商标享有专用权。凡使用“日照绿茶”商标者，必须经协会同意并接受管理：(1)产地范围。使用“日照绿茶”商标的产地范围为日照市两城镇驻地以南，巨峰镇幽崮山以北，黄墩镇浮棚山以南偏东，秦楼街道双庙村以西，共辖15个镇、街道。(2)产地规模。在日照绿茶产地范围内，茶叶企业法人要拥有13公顷以上的茶叶基地。(3)使用商标要具有营业执照、企业机构代码、税务登记、食品生产流通许可证，基地加工场所简介及照片及当年度茶叶质检报告。对使用“日照绿茶”商标的单位，进行定期年审，年审不合格者，取消使用资格，收回许可证和编码并进行公示。

第十六编

水　利

境内春秋多旱，夏季易涝。沿海偶有海洋风暴潮侵袭。劳动人民在与水旱灾害的长期斗争中，采取打井、挖汪塘、筑堤、疏河等措施兴利除害。

新中国成立初期，党和政府带领广大群众以疏河筑堤、导水防洪为主兴办水利。1955年后，在平原地区进行除涝改碱、打井抗旱，在沿海筑堤防潮，在山丘地区兴修水库、塘坝、涵闸、扬水站等水利设施。

建区后，进一步完善防洪、防潮、除涝、农田水利、水土保持等水利设施。至2007年年底，全区共有大型水库1座，中型水库1座，小(一)型水库4座，小(二)型水库49座，塘坝719座，扬水站117处，机电井1148眼，沿海防潮堤64千米。治理水土流失面积49150公顷。

第一章　蓄水

第一节　水库　塘坝

大型水库

境内大型水库是日照水库。日照水库位于境内中西部的傅疃河中游，坝址在小代疃村西(今岚山区后村镇)。由临沂地区水利建设指挥部测量设计，1958年10月13日奠基，翌年6月6日主体工程竣工。1962年12月31日，水库水电站建成发电。经历年保安全工程基建和岁修，已成为防洪、发电、养鱼、向市区供水等综合大型水利工程。总库容为3.1805亿立方米，兴利库容1.823亿立方米。

水库建成后，按百年一遇洪水核算，可削减傅疃河洪峰50%；按千年一遇洪水核算，可削减洪峰54%。设计灌溉能力为21333公顷，有效灌溉面积1.3万公顷。

图16-1　日照水库大坝　(摄于2006年)

中型水库

境内中型水库是马陵水库。马陵水库位于南湖镇东马陵村北。原称“共青团花山水库”，后改称马陵水库。1959年1月3日奠基，1960年4月20日竣工。水库控制流域面积48平方千米，总库容2100万立方米，兴利库容1906万立方米。水库大坝东西走向，为黏土心墙沙壳坝。坝长764米，底宽135米，顶宽5.25米，坝顶高程62.5米，防浪墙高1米。坝前有石护坡，坝后有锥形排水体等设施。溢洪道位于大坝右端，四孔平板钢闸门，每秒泄量730立方米。水库设计防洪标准50年一遇，校核防洪标准1000年一遇。

图16-2　马陵水库　(摄于2006年10月)

马陵水库灌区于1966—1969年建成。干渠长54千米，支渠14条，长44.6千米，建筑物600座。受益乡镇5处，设计灌溉面积3200公顷，有效灌溉面积1800公顷。

1990—1997年，对干渠进行三次维修。衬砌干渠36.75千米，搬动砂土21.1万立方米，砌石5.5万立方米。改道2.49千米，修改建建筑物178座，砌石3.2万立方米，防渗铺底长36.75千米，修复涵洞1处。两项用工17.84万个，投入资金751.67万元。

2000—2007年，两次对水库除险加固。将大坝迎水面翻坡碾压，干砌石护坡翻修，坝脚抛石震压，改建坝顶防浪墙和放水洞，坝背坡培建排水沟，坝基防渗灌浆等，总投资1315.33万元。

小型水库与塘坝

20世纪50年代到60年代初，按照“以蓄为主，小型为主，社队自办为主”的水利建设方针，境内因地制宜建起一批小型水库与塘坝等蓄水工程。70年代，进行小型水库与塘坝的配套。80年代后，重点加强库塘工程管理工作。

1958年11月，第一座小(一)型水库在高兴乡卜家村开工，1960年5月竣工。总库容105万立方米，兴利库容40.5万立方米，设计灌溉面积267公顷。之后，一批小(一)型水库先后上马。1959年冬，三庄公社的贺庄水库兴建。1964年，西湖区栗山水库开工。1965年，南湖区下湖和大宅科水库同时动工。1966年冬，丝山区的军民水库和三庄区四亩地水库先后动工。

50年代后期至80年代初期，日照县建成小(二)型水库104座。其中，60年代建成63座，70年代建成26座，80年代建成4座。总库容3564万立方米，有效灌溉面积4720公顷。

至2007年，全区有小型水库53座。其中，小(一)型水库4座，总库容828万立方米，兴利库容536万立方米。小(二)型水库49座，总库容1140万立方米，兴利库容776万立方米。

境内第一座塘坝位于陈疃镇北疃村。1953年12月建成，蓄水2.4万立方米，自流灌溉3.3公顷。1954年春季，丝山区拦截山沟建塘坝4座，当年抗旱浇地53.3公顷。50年代后期，掀起“千库万塘”治水运动，山区有关村庄先后建立塘坝894座，总容量0.222亿立方米，灌溉面积4193.3公顷。至2007年年底，区内有塘坝719座。

2007年东港区小(一)型水库一览表

表16-1

所在镇街道	水库名称	开工、竣工年月	流域面积（平方千米）	总库容（万立方米）	兴利库容（万立方米）	灌溉面积（公顷）	投资额（万元）
三庄镇	贺　庄	1959年10月 1966年6月	7.2	107	80	167	29
三庄镇	四亩地	1966年11月 1967年12月	6.8	272	194	400	67
南湖镇	大宅科	1965年10月 1967年3月	9.4	247	124	133.3	35
南湖镇	下　湖	1965年10月 1967年4月	3.3	202	138	67	23
合计	—	—	26.7	828	536	767.3	154

2007年东港区小(二)型水库一览表

表16-2

所在镇街道	水库数量（座）	流域面积（平方千米）	总库容（万立方米）	兴利库容（万立方米）	灌溉面积（公顷）	投资额（万元）
日照	2	4.1	81	59	133	9
秦楼	4	4.6	194	135.6	867	19
两城	5	5.3	80	49.9	127	13
河山	9	8.9	221	154.2	507	86
南湖	8	6.1	122	81.1	225	38
陈疃	2	3	37	25.9	63.3	8
三庄	12	15	209	139.7	323.3	86
西湖	7	5.7	196	130.6	230	33
合计	49	52.7	1140	776	2475.6	292

第二节 河道蓄水

20世纪50年代后期，境内开始在较大的河中截潜流，在小河上建石坝，引水浇地。

图16-3 涛雒镇栈子河橡胶坝 （摄于2002年）

建区后，对各流域河道先后进行清障、护堤治理。在治理的河流上建潜流400余道，蓄水300万立方米，扩大灌溉面积3333公顷。其中，栈子河橡胶坝工程按20年一遇防洪、防潮标准设计。坝总长168米，总蓄水量542.8万立方米，兴利蓄水量392.8万立方米。解决涛雒镇22个行政村、2.4万人的饮水困难，可灌溉土地367公顷，淡水养殖300公顷。

第三节 水井

新中国成立前，境内农灌水井仅有小土井121眼，均为人工提水，水浇面积77.5公顷。新中国成立后，县、区、乡组织农民在农闲季节打井浇地。其中，1953年打土井167眼，配备解放牌水车124台；1955年春，推广城关六村抗旱打井经验，打土井、砖石井649眼，解放牌水车增至388部，井灌面积287公顷。1957年，县水利局组成20余人的水利队，在高兴乡牟家村周围试打井55眼，改造旧井601眼，农井灌溉面积扩大到1789公顷。1958年秋，县自制打机井工具300套，组织8000余名基干民兵，打机井1200眼。配备各种机械27台，井灌面积达到2133公顷。至1966年，全县累计打机井6967眼，配备抽水机械3793部，井灌面积2715公顷。

1971年，在丝山、河山、两城等地的低洼地段打井197眼。井径为0.8～1.0米，井深为7～15米，单井1小时出水量10～15立方米，单井灌溉面积0.33～2公顷。因不便管理，几年后即自然塌落或淤积，废井率40%左右。1972年，在砂质含水层部位试打新型机井，即用垫筋缠丝包网滤水管护套井筒，井管外充填砂砾、石子，高水位以上填黏土压实。此种井井体稳固，涌水量大，便于管理。30%的浅机井为固定配套，建平顶单间机泵管理房。采用“二井一机一泵”抽水轮灌。单井出水量每小时50～90立方米，单井灌溉面积3.3～5.3公顷。到1978年，累计有浅机井922眼，配套524眼。同时，在涛雒、两城等地下水富水区，打出一批“对口抽”浅机井，使用寿命、涌水量都有提高。

1964年秋开始建造大口井。当年建成4眼，均为方型石砌，井深4～7米。1972年试打圆型石砌大口井。井径3～12米，井深4～15米，单井出水量每小时20～100立方米，单井灌溉面积6.7～40公顷。1978年，新建大口井286眼，配套189眼。截至2007年，境内建成大口机电井1148眼，其中深井17眼，配套机电井552眼，装机498台、6750千瓦。

图16-4 陈疃镇大口井 （摄于2005年）

第二章　水土保持

第一节　水土概况

境内大部分地区属砂土山区，结构松散，易被侵蚀。1984 年水土保持普查结果：境内水土流失面积 163327 公顷，年平均侵蚀量 489.97 万吨。其中，轻度侵蚀面积 115783 公顷，中度侵蚀 31005 公顷，强度侵蚀 8050 公顷，剧烈侵蚀 63.06 公顷。东部滨海平原为轻度侵蚀区，包括两城、日照、涛雒和石臼 4 个镇(街道)，水土流失面积 57060 公顷，占境内水土流失面积的 34.93%。西部丘陵为中强度侵蚀区，包括三庄、陈疃 2 个镇。水土流失面积 3633.3 公顷，占境内水土流失面积的 23.92%。西、北部丘陵区亦属中度侵蚀区，包括河山、南湖、西湖 3 个镇。水土流失面积为 40233.3 公顷，占境内水土流失面积的 24.72%。

2004 年区划调整后，全区总面积 103000 公顷，水土流失面积 87000 公顷，占 84.5%。

第二节　水土保持工程

工程建设

新中国成立后，水土保持工程建设陆续启动。本着“先支沟后干沟，先上游后下游”的治理原则，以闸山沟、建谷坊为主。1952 年，闸山沟 1185 道。到 1954 年 4 月，累计投工 6.79 万个，建谷坊 2685 座，植树造林 166 公顷，封山 1000 公顷，治理面积达 7000 公顷。

1956 — 1965 年，根据“全面规划，综合治理，沟坡兼治”的建设方针和“以蓄为主，小型为主，社办为主，大中小结合”的治水原则，掀起建水库、塘坝、筑谷坊、修梯田群众性治水热潮。累计建小水库 187 座、塘坝 321 座，修“三合一”(即深翻整平、修地堰、倒流水)梯田 319 公顷，修台田 14.4 公顷，培地埂 78.3 公顷，打地埝 10248 道，闸山沟 314 道，拾山约子 335 道，封山育林 9667 公顷，控制水土流失面积 5600 公顷。1958 年春，县委在城关九条沟村召开全县水土保持现场会议，发动群众治山、治水。当年，631 处农业社成立 2.22 万人的水保工程基建队，修梯田 24513 公顷，治理山头 50 个，植树造林 4520 公顷，建小水库 60 座，建塘坝 774 座，挖鱼鳞坑 62.34 万个，挖水平沟 347 道 67 千米，累计治理面积 3693 公顷。1960 — 1962 年，重点转入 3 座大中型水库的续建、加固配套和巩固西部山区的水土保持成果。1964 年，全县成立水土保持专业队伍 1950 个，共 2.25 万人，新建小水库 173 座、塘坝 367 座。按照“因地制宜，山、水、林、田、路统一治理”的方针，总结推广黄墩区葛疃村治山治水、建稳产高产田经验，修梯田 15600 公顷，控制水土流失面积 3900 公顷。1965 年秋，全县上阵劳力 20.1 万人。其中，治水劳力 5.3 万人、治土劳力 14.8 万人。年内，水库开工 136 座，完成 16 座；塘坝开工 214 座，完成 50 座；整修梯田 6667 公顷；增加控制水土流失面积 9400 公顷。

1975 年，县成立农田基本建设指挥部，坚持大中小型相结合，国家扶持与集体办相结合。进一步落实山水林田路统一规划、综合治理的既定方针。重点推广梭罗树等小流域山顶戴松帽、山腰植刺槐、山脚建茶园果园、坡地修“三合一”水平梯田的治理经验。1976 — 1977 年，全县建立 58 个农田基本建设作战区。城关、丝山、石臼三社治理“三岭二沟”北大片，一冬春整地 2000 公顷。1978 — 1979 年，全县投入农田基本建设劳力 20 万人，建设水土保持项目 1050 个。其中，深翻整平土地 4800 公顷，水土保持面积达 3727 公顷。1980 年，全县分 40 个工地，13.5 万人上阵，新建稳产高产田 1400 公顷，治理水土流失面积 378 公顷。

1993 — 2007 年，治理水土流失面积 49150 公顷，整修水平梯田 8400 公顷，营造水保林 5800 公顷，经济园林 6067 公顷，建谷坊 5392 座，塘坝 97 座，水窖水池 416 个，扩大恢复改善灌溉面积 2867 公顷。完成土石 4832 万立方米、完成工日 3592 万个，投资 6530 万元。

1999 年始，先后对陈疃镇陈疃、西湖镇铨园、三庄镇龙门崮、战家及南湖镇王家官庄等小流域

图 16-5　三庄镇龙门崮小流域治理　(摄于 2006 年)

进行规划,实施综合治理。

陈疃小流域总面积 3823.82 公顷,水土流失面积 3063.06 公顷。1999 年,争取国家部分资金进行水土保持。整修“外噘嘴、倒流水”水平梯田 367 公顷,建生物地堰 50 千米。兴建农田林网折实面积 6.7 公顷。新建水保林 40 公顷、经济园林 46.7 公顷、疏林补密 46.7 公顷、封山育林 20 公顷。沟河护岸 4.5 千米,建蓄水谷坊 20 座、拦沙谷坊 100 座、截潜流 5 座。新打机电井(大口井)5 眼,建塘坝 3 座、蓄水池 4 座,衬石渠 2 千米。发展茶园微喷灌 6.7 公顷,半固定式粮田喷灌 13 公顷。新建育苗基地 2 公顷。新修、整修道路 20 千米、生产路 10 千米。共投资 274.2 万元,投工 84.06 万个,动用土石 89.25 万立方米,1701.7 公顷水土流失面积得到治理。2000 年 12 月,顺利通过淮河治理委员会、省水利厅、省计委专家组的验收。被水利部、财政部命名为“全国水土保持生态环境建设示范小流域”。

铨园小流域总面积 3053.05 公顷,水土流失面积 2502.50 公顷。2001 年,建板栗等经济园林 259 公顷、桃园 27.3 公顷、桑园 18.3 公顷。建水土保持林 35.2 公顷、茶园自压管灌 26.7 公顷、坡地改梯田 366 公顷、疏林补密 160 公顷、封山育林 153 公顷。河道衬砌 7.2 千米,河道疏浚 1.9 千米。打井 5 眼,修建蓄水池 3 座、蓄水谷坊 10 座、拦沙谷坊 6 座、塘坝 1 座,完成投资 534.2 万元。其中,中央财政专项资金 40 万元。投工 129 万个,动用土石 108.4 万立方米。

监督管理

1996 年始,东港区政府先后颁布《日照市东港区水土保持实施办法》《日照市东港区水土保持设施补偿费、水土流失防治费征收和使用管理暂行办法》和《日照市东港区水土保持监督管理办法》等文件,规范水土保持的监督管理。同时,东港区水利局聘请 50 名专、兼职水土保持监督检查员,各镇、街道任命 919 名村级管护员,形成区、乡、村三级水土保持监督管理网络。1998 年,东港区被省水利厅列为全省第四批水土保持监督执法试点县(区)。1999 年 3 月,通过省水利厅水土保持监督执法试点验收。

2000 年 1 月,东港区政府下发《关于加强城区水土保持工作意见的通知》,明确要求对需要改造的水土保持设施,必须提供经专家论证的请示报告方可施工。对水土保持设施造成破坏者,要依法惩处。

第三章　河道治理

第一节　综合整治

境内有大小河流 180 余条,流域面积大于 1000 公顷以上的河流 40 余条。主要河流 4 条,即傅疃河、两城河、竹子河、川子河。河系特点是上游支流多,河道窄,自然岸多。下游主河道落差小,流速慢,多为人工岸堤。汛期洪水如遇海潮顶托,屡有滞洪现象发生。1840 — 1950 年,几乎年年有洪涝灾害,沿河群众饱受水患之苦。

新中国成立后,党和政府领导群众对河道进行治理。1949 — 1955 年,以疏河筑堤为主,并对部分河流进行改道。国家投资 78.9 万元,先后对林子头河、川子河、崮河、傅疃河、两城河、陈疃河等河流进行治理。民办公助治理南湖河，由国家辅助投资 21.6 万元，其余由区乡集资。沈疃河、代疃河、王家寨河、刘家楼河、贺庄河等小型河流，皆由沿河村民集资治理。1956 — 1971 年，侧重于挖河筑堤和排洪除涝工程建设。国家先后投资 38.6 万元，对傅疃河、崮河、两城河、南湖河、川子河等进行岁修。1977 — 1980 年，先后对南湖河、金银河、川子河、营子河、秦家楼河等河道进行裁弯取直、挖河筑堤、修桥建闸。1981 — 1989 年，河道治理转入常轨，汛前进行防洪检查，制订和实施岁修任务，不断提高河道防洪能力。

1993 — 2000 年，先后对陈疃河、铨元河、河山河、柳行河、营子河、板石河、川子河、香店河、北陈家沟河等流域面积大于 1001.01 公顷的河流，进行清淤开挖、培堤加固。治理河道 69.33 千米，衬砌 42.53 千米。

2001 — 2007 年，以保护日照马陵水库水源清洁为主，在上游大量植树种草。

第二节　重点治理

傅疃河治理

近代，傅疃河多次决堤，泛滥成灾。新中国成立后，多次对其治理。

1952 — 1957 年，除对中下游主河道进行两次疏河筑堤外，重点对中上游的陈疃河、南湖河等支流疏浚治理 21 次。累计治河长度 108.37 千米，总投资 176 万元。共修建较大桥涵 25 座，石砌护堤 3562 米。1958 — 1960 年，先后在中上游修建日照水库和马陵水库。1963 年春，又对其中游较大支流南湖河进行挖河筑堤、裁弯取直，治河总长 14 千米，河堤防洪能力为 20 年一遇标准。

1975 — 1979 年，对傅疃河中下游分五期进行治理：第一期，1976 年 3 月 6 日动工。调集沿河 5 处公社 2 万余民工，历时 1 个月，进行河道清障。第二期，同年 4 月 15 日，调集 18 处公社 4.2 万民工，奋战 1 个月，完成日照水库大坝以下至入海处 18.67 千米河段的挖河筑堤。第三期，1977 年春开始。对主河道大堤加高增厚，对险要河段采用石砌护堤。第四期，1978 年 7 月，调集城关、奎山、南湖、三庄 4 处公社的 3000 名民工进行续建工程。对各支流汇入口段和河道主要弯段内堤进行石砌。第五期，1979 年 3 — 12 月，修建排水涵闸。工程结束后，中下游河道宽度分别达到 360 ～ 400 米。河道两堤平均加高 2.5 米，堤高达到 5 米，原河床平均下挖 0.5 米。石砌护岸 8 处，长 2562 米。建排水涵闸 10 座 18 孔。河道行洪能力由原来的 400 立方米/秒，提高到 2930 立方米/秒。

2003 年冬，整修堤顶防汛路 14.43 千米，拓宽河道、新筑河堤 2593 米。2004 年春，新建跨堤桥 2 座、跨河漫水桥 2 座，漫水桥扩建维修 1 座，截潜流 1 道，导流坝 5 处，护滩及险段石砌 4 处，堤坝配套排水涵洞(管)9 处。堤坝路栽蜀桧 0.84 万株、金丝柳 0.54 万株、杨树 6 万株、杞柳 4 万株。堤坝及河滩地段种植草皮 2 万平方米。

两城河治理

新中国成立前，两城河经常泛滥成灾。新中国成立后，先后治理 9 次。其中，1953 年春挖河筑堤 5.61 千米，完成砂土 14.5 万立方米。1956 年 3 月，县人委成立工程指挥所，调集 9120 名民工，修复旧堤 6 千米，筑新堤 7.5 千米，平均堤高 2.75 米。安家村前北岸石砌护堤 217 米，建排水涵洞 2 座。对支流金银河新筑河堤 6.5 千米。1957 年 11 月底至 12 月中旬，调集民工 13186 人，续建芦沟河的分洪工程。挖河筑堤、裁弯取直 12.5 千米，建涵洞 9 座，修建分水石坝 1 处。1961 — 1967 年 5 月，对芦沟河口分水坝进行改建，对支流金银河进行 4 次整修。裁弯取

图 16-6　傅疃河拦河闸　　（摄于 2005 年）

直、挖河筑堤10.43千米，建涵洞3座、桥2座、石护堤300米。下游河道行洪能力由原来的300立方米/秒提高到450立方米/秒，达到20年一遇防洪标准。

崮河治理

崮河发源于丝山、河山南麓、城山东麓，流域面积15968公顷。主要支流有丝河(中游称沙墩河)、七里河(中游称香店河)、后楼河、向阳河(中游称营子河)、郭家湖子河。在奎山街道大岭南头村西汇合成宽100余米的河道，经崮河崖村东南入傅疃河。该河上游坡度大，水流湍急，遇有山洪爆发，下游河堤常有溢漫、决口，造成城南湖、刘家寨湖农作物被淹，村庄亦受洪水危害。

1952年4月，县政府调集周围乡、镇万余名民工，对后楼河和七里河进行截弯取直，将营子河原经县城向南河道改道向东入香店河，对刘家寨湖小河沟进行疏通。三处工程共疏河筑堤5千米，改道筑堤3千米，完成砂土60万立方米，用工27万个。1954年5月，县政府组织民工加固河堤5.6千米，投资2516元建成泰石公路城东小庄子村西、胶新公路迟家村前、后崮子村前3座漫水桥，完成砂土31万立方米、石料136立方米。1965年11月，城关区又组织莲村和七里两处公社20个大队、200名民工对七里河进行改道取直、疏河筑堤4千米，建生产桥4座、公路桥1座，完成砂土17万立方米、石头1100立方米、用工25万个，投资8万元。1974年12月至1975年5月，奎山公社组织干部民工1000余名，对崮河口以上7千米的主河道进行综合治理：将两条老河合并为1条，在河中开子河1条，河道断面加宽50米，新河宽达150米，新筑河堤14余千米，河堤加高1～2米，建公路桥2座，建排水涵洞12个，装3～5吨启闭机12台。共完成砂土70余万立方米、石料1200立方米，用工15万个，投资11万元。1976年12月，丝山公社组织万余名民工对沙墩河上游进行截弯取直，加固河堤7千米，建生产桥4座。搬动砂土59万立方米，用石料900立方米，用工13万个。1978年2—3月，城关公社对营子河段加宽8米，使行洪道达25米，河堤加高1.5～2米。同年8月，因山洪爆发，河堤多处决口，县城被水淹。再次调集民工将2.7千米河床加宽到40米。右岸用块石砌护，并修拱桥一座。两次共搬运砂土21万立方米、石料1.5万立方米，用工23万个，投资27万元。

从1952—1978年，对崮河先后进行10余次治理。累计筑堤43.6千米，修桥11座，修大小涵洞12个，石砌护坡2.77千米，搬动砂土214.43万立方米，石料1万余立方米，用工122.75万个，投资41.64万元。防洪能力达到20年一遇标准。

1993年后，对崮河的治理纳入城建范围。2000年，区政府投资1695万元，对崮河支流营子河治理3.25千米。其中清淤22万立方米，铺设污水管3.9千米，衬砌护坡5万平方米，整修路面1.2万平方米，铺设路沿石6.5千米，建拦河坝、橡胶坝14座。对兖石铁路以北的香店河、沙墩河两岸，由市建委衬砌护坡6万余立方米，建拦水坝、橡胶坝10余座。

南湖河治理

南湖河发源于五莲县上高家沟北岭。经境内南湖镇花家岭、盛代疃，在安家代疃村南汇入傅疃河。境内干流长22.2千米，流域面积17030.03公顷。该河弯多，沿岸冲蚀严重，河床多处淤积。雨季山洪爆发，常发生河堤决口，洪水漫溢，给沿岸造成灾害。

1946年11月，南湖区公所组织沿河村民疏河筑堤2千米，搬动砂土10万立方米，用工5万个。1953年4月，县政府组织南湖区村民在东、西沈马庄南北挖河筑堤9千米，搬动砂土9.65万立方米，用工3.24万个。1962年12月至1963年4月，南湖区组织沿河29个村4300名民工，将空冲水村至西沈马庄村长14千米的河道截弯取直，挖河筑堤，在急弯险段砌石护坡。搬动砂土35万立方米、石料7500立方米，用工18万个，投资8万余元。1976年11月至1977年5月，南湖公社组织1.1万余名民工，对大北湖村西段改道取直，凿挖石岭2.5千米，筑堤2.5千米，建桥2座。搬动砂土50万立方米，砌石1000立方米，用工26万个，投资38.2万元。经过4次治理，南湖河防洪能力达到20年一遇标准。

川子河治理

1999年，按20年一遇防洪标准，对川子河河道进行清淤加宽，加高加宽河堤 6.06 千米。其中，护砌 1.85 千米，截潜 34 道，增加蓄水 10 万立方米。搬动砂土 36 万立方米，浆砌块石 2660 立方米，用工 26 万个，投资 340 万元。

铨园河治理

1998 年，投资 390 万元，按 20 年一遇防洪标准治理河道 7.9 千米。截潜 116 道，增加蓄水 100 万立方米，扩大灌溉面积 266.67 公顷。搬动砂土 39.27 万立方米，浆砌块石 2.7 万立方米，投入工日 9.43 万个。

三庄板石河治理

1998 年，投资 270 万元，按 20 年一遇防洪标准治理河道 4.75 千米。截潜 70 道，增加蓄水 50 万立方米，开挖土石方 20 万立方米，衬砌石块 2 万立方米，投入工日 6 万个。

陈疃镇石寨河治理

1999 年，投资 650 万元，按 20 年一遇防洪标准治理河道 8.65 千米。截潜 94 道，增加蓄水 100 万立方米。动用土方 73.5 万立方米，浆砌块石 4.6 万立方米，投入工日 28 万个。

第四章　水资源利用

第一节　扬水站

村办扬水机灌站

1961 年 4 月，涛雒公社亚月机灌站奠基，1964 年竣工。引提日照水库南灌区渠水，扬程 18 米，灌溉面积 43.3 公顷。1965 — 1974 年，全县共建扬水站 65 座，2547.8 千瓦，灌溉面积 1800 公顷。1975 — 1981 年，境内扬水站发展到 199 座，平均每年建成 28 座。

县办荻竹涧电灌站

位于日照水库西岸的西湖区荻竹涧二村东。1970 年 12 月中旬奠基，一、二级渠首及干支渠配套工程于 1975 年 12 月底竣工。1977 年 10 月 13 日抽水试灌。该站分二级提水。一级站渠首是钢筋混凝土预制漂浮船。船体长 24 米，宽 7.6 米，排水量 180 吨。装机 6 台、600 千瓦，配水泵 6 台，供水能力为 1.1 立方米/秒。二级渠首建在山腰，建机房 9 间，安装电机 9 台、675 千瓦，供水能力为 0.9 立方米/秒。灌区开挖一、二级干渠各 1 条。总长 30.3 千米；支渠 6 条，总长 21 千米。渠系建筑物 2357 座。建设投资累计 275.3 万元，用工日 232 万个。竣工后，因渠系配套不健全，从未开机送水。

日照城东岭电灌站

位于城东崮河东岸。1965 年 11 月奠基，翌年 4 月中旬竣工。渠首建翻板式拦河铁闸 1 座，长 70 米，高 1.4 米。修引水暗渠 1 条，长 100 米。建机房 5 间，装机 4 台 222 千瓦，配水泵 4 台。渠系修干渠 1 条、支渠 4 条、斗渠 20 条，建渠系建筑物 125 座。按设计灌溉日照、丝山、奎山 3 个区 23 个村的 800 公顷农田。建设投资 19 万元，用工日 8.5 万个。1967 — 1977 年，灌区渠系失修，跑水漏水，灌溉面积日趋减少，后废除。

图 16-7　两城镇南岭渡槽　　(摄于 2005 年)

大古城电灌站

坐落在日照城西大古城村西北，为马陵灌区配套工程。提日照水库东干渠渠水，输送给马陵灌区渠系。1963 年 10 月奠基，1969 年 10 月竣工。渠首建机房 11 间，装机 6 台 410 千瓦。开挖底宽 1.5 米的引水渠 320

米，铺设铁管180米，修筑引水钢筋混凝土薄壳渡槽200米。渠系主要有干渠1条，长15千米；支渠6条，长29千米；斗渠长55千米，建筑物121座。设计灌溉面积1000公顷，实灌面积347公顷。建设投资78万元，用工日28.5万个。1992年后，渠系失修废弃。

石臼扬水站

主体工程坐落在蕉柯庄村北，引提傅疃河水。设计灌溉丝山、石臼、日照等3个公社、51个村的2400公顷土地，有效灌溉面积667公顷。工程于1977年11月奠基。1978年4月试车抽水，浇地467公顷。渠系建筑物110座。建设投资135万元，用工日100万个。1982年后，因灌溉成本高和城市建设等原因废弃。

第二节 灌区工程

日照水库灌区

处于境内中部和东部，灌溉区域为南湖、日照、涛雒、高兴、巨峰五乡镇、街道，约20000余公顷土地。

图16-8 涛雒镇日照水库斗渠 （摄于2003年）

日照水库灌区分总干渠、东干渠、南干渠、南分干渠、大洼分干渠5条干渠，总长106千米。干渠下设支渠29条，总长91.2千米；支渠下设斗渠，总长300余千米。全灌区干支渠上有建筑物1230座。其中，骨干建筑物694座。斗渠以下建筑物2100座。在干渠上建大小引渠扬水站31处，装机38台，1031.1千瓦。

图16-9 后村镇日照水库干渠 （摄于2003年）

马陵水库灌区

灌区于1966年兴建。设计灌溉面积3200公顷，有效灌溉面积1800公顷。灌溉区域为南湖、日照、河山、秦楼、石臼5个区。至2007年，灌区有干渠1条，总长43.2千米；支渠5条，总长11千米。因城市建设占用，灌区面积缩小到204国道以西区域。

四亩地水库灌区

1967年12月建成。总干渠1条，长1.88千米。分干渠2条，总长4.27千米，均已衬砌。设计灌溉面积707公顷。2002年，通过招投标方式，争取上级扶持配套资金400万元、群众自筹65万元，建成节水灌溉工程。并于2004年成立用水户协会，负责灌区用水管理。

第三节 节水灌溉

境内节水灌溉工程始于1993年。在自流灌区中普遍推行渠系配套和渠系防渗技术，以提高用水系数，增加灌溉面积。在提灌区则推广管灌、喷灌、滴灌、微灌等节水措施。至2004年年底，节水灌溉面积已发展到4313公顷。其中，防渗渠道灌溉893公顷，喷灌1633公顷，微灌507公顷，低压管道灌溉1280公顷。至2007年，节水灌溉面积达5387公顷。

四亩地节水灌溉区

2002—2004年，投资465.61万元，建成四亩地节水灌溉区。该项目借自然地势，充分发挥水源与灌区高差大的特点，全部实行自压灌溉。根据不同高差选择不同节水灌溉形式，采取管灌、喷灌、微灌等节水措施与农艺节水措施相结合技术方案，年可节水124万立方米。

节水灌溉示范项目

该项目位于市区西4千米的文山脚下，面积73.3公顷。工程于2003年10月奠基，2005年4月竣工。投资128万元，投工0.8万个，建成茶园微喷灌溉面积73.3公顷。在茶叶栽培区安装13.3公顷自动化灌溉控制系统。灌溉控制系统具有监测控制(监测土壤墒情自动完成灌溉)、预置控制(根据用户预置时间自动完成灌溉)、手动选择控制(根据用户随机操作完成灌溉)、全球监控(用手机发短信进行实时控制)、无线遥控五种控制方式。实现精确灌溉,达到节水、省工、提高茶叶品质、产量、方便用户管理等目的。

图16-10 西湖镇自来水进农家 (摄于2004年12月)

第四节 农村供水

2003年以前,已建成的饮水工程主要是为农村集中供水工程。以"井一水塔(高位水池)一管网一用水户"工程形式居多。其余采用恒压变频、压力罐等。也有少数工程由于水源地势高,未设调节构筑物,直接引水至管网。水质多达到生活饮用水标准。

2004年,饮水安全工程建设启动。全区共建成自来水工程32处。完成投资340万元,投工8万个。铺设各类管道291.6千米,安装供水设备38台套。保障32个村、2.16万口人的饮水安全。根据饮水安全评价指标,至2007年年底,全区农村饮水安全人数为41.67万人,占全区农村总人口的94.53%。

农村自来水以集体管理为主。并入城区自来水管网的由市自来水公司统一管理;并入乡镇供水管网的由乡镇水利站管理。

第五章 抗旱 防汛 防潮

第一节 抗旱

1951年春,县水利委员会组织全县人民打井抗旱、浇地春播。1953年3月,举办抗旱工程建设技术训练班,开展抗旱工程建设。从1960年起,由县抗旱防汛指挥部具体制定抗旱计划,发动群众抗旱。

1973年后,设立县抗旱打井办公室,具体负责全县抗旱打井工作。随着水利事业的发展,抗旱工程由单一型发展到综合型。在山岭地区兴修水库、塘坝等蓄水工程,并兴建一批机电扬水站和喷灌工程。在平原地区打新型浅机井和石砌大口井,代替使用期短、出水量小和无机械配套的土井、砖石井。1989年,境内水利工程的抗旱能力达32013公顷。1993年,设立东港区抗旱服务中心,具体负责全区原有水利设施的维修,新型水利设施的筹划、设计、安装等。2000—2007年,抗旱工程建设纳入小流域治理。

第二节 防汛

新中国成立后,境内各级政府十分重视防汛工作,成立防汛指挥机构,建立抗洪抢险队伍,防汛指挥部与各单位签定防汛责任书,明确防汛责任。本着"以防为主、防重于抢"的原则,无汛期进行除险加固,汛前对水库、塘坝、河堤进行检查,备足砂石、土方、草袋等防汛物资。相关单位的人员、车辆、船只等防汛工具随时服从调用。

1951年4月,安东卫、黄墩设立雨量测报点。1958年5月,三庄、南湖、下湖、响水河设立群众性雨量观测点。1959年5月,日照水库设水文站,各中小水库普遍建立水尺测定水位。1977年5月,各水库配置对讲机。1985年5月,更换为长江303型双功能电台。1998年7月,区政府对辖区内14座小(二)型以上水库通讯设

图 16-11　东港区军民联合抗洪防汛　　(摄于 2007 年)

备进行检修,安装卫星云图接收设施,加强天气预测预报。

1960 年前,境内水库少,汛期以防河堤决口为主。1960 年后,以防水库大坝坍塌为主,兼防河堤溃决。大雨来临,洪水暴发,各级领导亲临前线指挥,抗洪抢险队伍迅速进入分工险段。1975 年 8 月 14 日,降特大暴雨,日照中南部降雨 376.9 毫米,日照水库水位猛涨,泄洪量 3000 立方米/秒,水库以下 18.67 千米河堤决口 123 处,204 国道中断,奎山公社驻地以南被淹没。县委、县革委防汛主要负责人立即从石臼调大小渔船 21 艘溯傅疃河而上,驻军某部派 10 余只橡皮船参与救援,救出被洪水围困的 28 个大队万余名群众。15 日下午,县委从县直机关抽调百余名干部组成抗洪救灾工作组,到有关公社协助抗洪救灾。涛雒公社川子村、巨峰公社贾家桃园村被淹,多数房屋倒塌。工作组会同涛雒公社和巨峰公社党委,动员有经济实力的村支援被淹两村。涛雒公社在川子村西高地无偿盖房 1200 余间,巨峰公社在贾家桃园河南高地无偿盖屋 1600 余间,两村受灾群众不到 1 个月时间即全部搬到新房居住。为防傅疃河再次泛滥,1976 年 3 — 4 月,分两批调集全县 22 处公社 6.2 万民工将傅疃河下游 18.67 千米长的河床平均下挖 0.5 米,河道展宽 100 ~ 159 米,将帅沟以下河道拓宽至 360 ~ 400 米。两边河堤平均加高 2.5 米,河堤平均高达 5 米。1977 — 1979 年,在险段用块石护坡 8 处,建排水闸 10 座。全部工程用工 210 万个,投资 136.57 万元。治理后的傅疃河行洪能力由 400 立方米/秒提高到 2530 立方米/秒,防洪能力达到 30 年一遇的校核标准。

2003 年 9 月 2 日— 3 日,日照水库上游连降暴雨,水库溢洪,冲刷河堤,多处出现险情。区防汛指挥部调集后村、陈疃、南湖三镇的抗洪应急分队按预案及时进行抢险加固,排除了险情,河堤、塘坝安全渡过汛期。2007 年八九月份,两次突降暴雨,两城镇孙家官庄村、秦楼街道路家村、涛雒镇华山村塘坝出现险情,区、镇、街道防汛领导及时赶赴现场,紧急转移 6071 人,按防汛预案,对三处塘坝进行加固,险情解除。

第三节　防潮

东港区海岸防潮堤多为土沙堤,很难抵御大的风暴潮。1998 年始,全区共进行六期防潮堤工程建设。其中,第一期工程位于大沙洼林场。使用国债资金 1080 万元(国债转贷 900 万元,无偿 180 万元),建设 50 年一遇防潮堤 2.232 千米。该工程于 1999 年 8 月 26 日奠基,2000 年 4 月竣工。2000 年 9 月通过省水利厅专家组验收,评为优良工程。第二期防潮堤工程位于任家台和大沙洼林场。2000 年 6 月动工,2001 年 5 月竣工。该工程使用国债资金 150 万元,在任家台建成 20 年一遇防潮堤 400 米和大沙洼林场南端 50 年一遇防潮堤 240 米。第三、四期工程合并实施,使用国债 300 万元。主要沿大沙洼林场一期工程向北修建 50 年一遇防潮堤 434.5 米。工程于 2003 年 7 月开工,2003 年 12 月竣工。第五期工程位于刘家湾赶海园,建成 20 年一遇防潮堤 520 米。该工程 2003 年 2 月至 2004 年 5 月完成,使用配套资金 214.8 万元。第六期防潮堤工程位于任家台至肥家庄段,使用国债资金 200 万元,建成 20 年一遇防潮堤 504 米。工程于 2004 年 4 月开工,6 月竣工。

万宝防潮堤位于日照市东港区两城镇东、两城河入海口与胶南白马河入海口之间。1975 —

1978 年，两城公社组织民工搬运砂土 112 万立方米，筑起长约 4 千米的土大坝，围海造田 144 公顷。后万宝集团出资 180 余万元，购坡石 3.2 万立方米进行砌筑，提高防潮能力。1990 — 1992 年，万宝集团又自筹资金 1020 万元，动用砂土 84 万立方米、石料 2.4 万立方米，在老防潮堤坝外面，修筑了一条长 3 千米的新防潮堤。1997 年，受十一号热带台风侵袭，防潮堤坝多处受损，万宝集团又投资 372 万元对受损处进行修复。此后，万宝集团每年都对防潮堤进行维修加固，确保堤坝安全。

第六章　机构与管理

新中国成立前，较大的河道由县政府管理，水井、汪塘，多由富家、家族、村对其进行管理。从 20 世纪 50 年代始，村建的水库、塘坝由村管。一个流域几个村合建的小型水库，由受益村组织专业队伍管理。凡公社以下的小型水利设施都在公社水利站指导下进行管理使用。随着大中型水库和灌区建设发展，境内水利管理部门按照“兴建与管理并重，发展与巩固并重”的水利管理方针，逐步建立健全管理机构及管理队伍，加强对大中型水库、渠系河道和闸坝等工程的管理。80 年代农村实行家庭联产承包责任制后，各类水利工程亦实行不同形式的管理责任制。

第一节　管理机构

民国时期，水利事业由县国民政府建设局管理。1940 年，由日照县抗日民主政府实业科兼管水利。申友鸿、张富志、杨俊卿、刘炳先、袁兆扬、陆为金先后任科长。1950 年成立县人民政府建设科，兼管水利。袁兆扬、王宜荣、袁兆仲先后任科长。1956 年 3 月，成立日照县人民委员会水利局，宋世义、胡日旺先后任局长。1971 — 1977 年，宋世义任日照县革命委员会水利局教导员，张善进任军代表，胡日旺任局长。1977 — 1989 年，魏茂贵、孙学战先后任局长。1989 年 11 月，成立日照市水利办公室，孟宪传任党总支书记、主任。1993 年 5 月，组建东港区水利局。至 2007 年，王延伦、隋日若、赵龙宝、白建民、焦建秋、惠林江先后任局长。水利局内设办公室、人事科、财务科、水政科、工程管理科。事业机构有水土保持办公室、基建移民办公室、防汛办公室、农水站、水利建设安装公司、抗旱服务中心、水利物资站等。另设马陵水库管理局、东港区水政监察大队。各乡镇设水利站。

新中国成立后，每年都成立县(市)区抗旱防汛指挥部，党委、政府主要负责人任正、副指挥，有关部门的负责人为成员。各乡镇(公社)街道、大中型水库设防汛指挥所，负责境内抗旱防汛。

第二节　管理项目

农业灌溉管理

为保证农业及时、安全、节约用水，各灌区均建立了管理队伍。自 1965 年秋始，按亩配水，按亩收费。日照水库灌区，旱田每年每亩收费 0.5 元，水田每年每亩收费 0.7 元，水田外加稻谷 0.5 千克、旱田 0.2 千克。1983 年夏，采取“库水预分，按亩配水，按方收费”的办法管理。马陵水库灌区，旱田每立方米水收费 0.012 元，水田每 400 立方米水再加收稻谷 0.5 千克。1990 年，按照每立方米水收费 0.03 元。1999 年起，每立方米水收费 0.06 元。

水土保持设施、水土流失管理

根据国家、省、市有关规定，1996 年，加强对水土保持设施、人为造成水土流失进行管理：凡从事资源开发、生产和建设致使地貌和植被被占压和破坏的单位和个人，按占压和破坏植被、地貌面积，每平方米征收补偿费 2 元；占用和破坏水土保持工程设施、试验场地的，必须经区水土保持监督管理站批准并按实际价值给予补偿；对于季节性、流动性、临时性作业造成的水土流失，按应治理的被破坏地貌、植被面积，每平方米缴纳防治费 3 元；烧砖瓦等直接用土、沙作生产原料的，按每立方米征收防治费 2 元；采矿、选矿、探矿、采石、石子加工、淘沙金等，按堆砌的体积，每立方米征收防治费4元;需要采取工程措施的,按实际工程造价交纳防治费。2001—2007年,共处理违规案件48起,罚款36万元。

河道工程维护管理

2002—2007年,按省、市政府有关规定,东港区政府确定向临近河道的企事业单位征收河道工程维护管理费,征收标准为:企、事业单位和其他经济组织按上年销售收入或营业收入的1‰;银行、保险公司按上年保费收入的0.6‰;其他信托投资公司、财务公司等非银行金融机构按上年收入的1‰。对逾期未缴费的,按缴费额日加收2‰的滞纳金。滞纳金计入维护管理费。

水资源费管理

1990年11月9日,日照市确定工业用水每立方米征收水资源费0.06元,生活用水每立方米征收水资源费0.03元。1999年5月28日,东港区按有关文件规定,对水资源收费作了调整:公共供水每立方米收0.10元,自备水源每立方米收0.20元。2002—2007年,东港区执行省政府135号令:从河流、水库、湖泊取水的,每立方米收0.30元;从地下取水的,公共供水每立方米收0.65元;自备水源每立方米收0.80元。

自1994年起,收取的水资源费列区财政专户管理,由区政府统一支配,用于开发水源、水资源保护、水资源综合利用研究、节水灌溉等。

河道采砂管理

1993年,区政府为加强对傅疃等河道的管理,设立河道管理所。1998年,设立东港区河道采砂管理处。2002年,河道采砂管理处并入区水政监察大队。对河砂实行拍卖,由水政大队从规划、发证、收费到监督管理实行一条龙服务。拍卖价款由区、镇、村三级按比例分配。水利、国土部门按国家、省有关规定负责办理相关手续,并收取管理费。

水工程占用管理

2006年,区政府执行省财政厅、省物价局对堤防坝、排灌工程、库区、护堤区等水利工程占用补偿费的征收标准:对临时性占用(3年以下)的,一次性征收。其中堤防大坝、灌排工程设施1平方米每月12元,滩地、护堤地、库区地1平方米每月6元,水域1平方米每月10元。对长期性占用(3年以上)的,按使用年限1平方米每年10元,管线(电缆、通信缆、管道等)1平方米每年50元。

占用农业灌溉水源、灌排工程设施管理

根据《中华人民共和国水法》和《占用农业灌溉水源、灌排工程设施补偿办法》及1998年《山东省占用农业灌溉水源、灌排工程设施补偿细则》的规定,凡占用农业灌溉水源、灌排工程设施的个人或单位,要等效、等量予以恢复建设或折价补偿。

附:日照水库建设

日照水库位于东港区驻地西16千米,335省道以南,222省道以东。是境内唯一一座具有防洪、灌溉、供水、发电、养殖等综合功能的大(二)型水利枢纽工程。

水库于1958年10月动工兴建,1959年6月建成,同年下半年开始蓄水。后历经多次续建加固,水库总库容达3.18亿立方米,兴利库容1.82亿立方米,兴利水位42.50米,设计洪水位44.02米,校核洪水位46.51米,防洪能力达百年设计、五千年校核标准。控制流域面积54854.85公顷,水库灌区控制灌溉面积22733公顷,设计灌溉面积21333公顷。

建设决策与设计

境内典型大旱灾十三年一遇,中旱三五年一遇,小旱几乎年年有;大涝九年一遇,中涝三四年一遇,平湖地小涝年年发生。境内最大的河流——傅疃河水,在大旱之年得不到利用,在涝年又成水灾。

新中国成立后,中共日照县委和县政府在傅疃河流域相继开展了一系列水土治理工作,水患灾害逐渐减少,人民群众逐步认识到兴修水利所带来的巨大效益。但遇到大旱、大涝灾害还是难以抗拒。为夺取农业更大丰收,综合利用傅疃河水源,把水害变水利,成为广大群众的迫切要求。

1958年2月21日—22日,中共日照、五莲县委联合在沈疃召开会议,讨论根治傅疃河的办法和措施,决定成立统一的傅疃河流域规划委员会。日照县委提出:先治理傅疃河,并决定兴建水库一座。1958年初,日照县副县长袁肇扬、农村合作部长任增恩带领水利技术人员到傅疃河中上游进行水文、地质调查。通过调查认为:这一地区雨量充沛,地质坚硬,地形起伏,是兴建大型水库的

图 16-12　日照水库一角　(摄于 2006 年)

各公社抽调精壮劳力6000余名，按军队编制组建水利营。于10月13日在张古潭举行开工典礼。首先，用两个月的时间建设拦河坝，截断干流引河改道。1958年12月2日大坝清基工程正式开工，至1959年1月15日基本完成。然后，进入大坝全面填筑阶段。历时半年，于1959年7月1日竣工。大坝填筑包括底槽清基、筑黏土心墙和砂壳坝、大坝合拢、护坡、排水棱体修筑等工程。黏土心墙宽14米，每层厚25厘米。两侧护上沙土后在迎水面垒砌块石护坡。副坝修建自1959年6月2日开始，6月底完工。副坝为黏土宽心墙坝，顶宽6米，心墙顶宽3米。

主副坝工程修建中，近万名民工奋战在南起崮山、小代疃西崮，北到庙云山10平方千米的工地上，每天有4000多辆独轮小车运土，1500多人打夯，夜以继日苦干、巧干。累计动用土石432.38万立方米，用工427.9万个。工地上涌现出许多模范人物和英雄事迹，涛雒公社水利营60名青壮年跳进寒冷刺骨的冰凌中，破冰抢修拦河坝，抬沙包、堵决口，奋不顾身。“铁姑娘班”巾帼不让须眉，一车推三个篓子往千米外运土，每天往返三四十趟。为保障水库建设材料供应，县里相继建立制磺厂、炸药厂、水泥厂、机械工具厂。参加水库修建工程的劳动力、指挥部工作人员、后勤供给人员总计达2.86万人。

理想地域。

1958年，中共日照县委向临沂地委提出在傅疃河中上游兴建大中型水库的请示报告。临沂专区水利建设指挥部给予极大支持，派专家与日照县水利局技术人员一起开展勘查测量工作。20多天后，他们就坝址选定提出两个方案：一个是占卜潭，另一个是该潭以下3千米处的张古潭。两潭都是因上游来水冲向南岸陡山形成的深水潭，两潭的出口处，都像个瓶颈，瓶颈之上就是蓄水的瓶肚。通过同水利专家们反复研究，县委认为，把水库大坝建在张古潭要比建在占卜潭有三大好处：一是，占卜潭南岸是山、北岸是岭，而张古潭南、北两岸都是山，在此建大坝优于占卜潭。二是，在占卜潭建大坝只能形成一个瓶肚，而在张古潭建大坝可以形成两个瓶肚，两个瓶肚要比一个瓶肚蓄水多。三是，两潭相比，在张古潭建大坝可以减少几个村的移民。为此，县委最后决定把日照水库大坝建在张古潭。

1958年10月，日照水库大坝和配套工程初步设计完成。设计主坝长116米，底宽180米，坝高47.4米，顶宽6米；副坝长285米，高45.2米。大坝北起庙云山，南与代疃山(崮山)陡壁相接，放水洞设在大坝的南端，溢洪道在大坝北端，庙云山与副坝相邻。建成后，正常淹没面积2602.60公顷，最大淹没面积3903.90公顷，水库蓄水量为2.6亿立方米。涉及19个村需要全部搬迁，6个村部分搬迁。

施工与建设

第一期工程　主副坝建设。1958年9月，县政府组建水库建设指挥部，副县长袁肇扬任指挥。

图 16-13 1958 年 10 月，日照水库举行开工典礼

放水洞建设。1960年，在主坝南端新建输水洞和发电站。放水洞工程共计完成浆砌石1261立方米，开挖土石基础1.5万立方米，使用钢筋7.08吨、水泥153.55吨。输水洞最大下泄量18.5立方米/秒，平均每年向下游输水1.35亿立方米。水电站装机容量1440千瓦，年均发电140万千瓦时。

溢洪道工程。溢洪道设计为无控制式的自由溢洪道。溢洪道工程与副坝工程同步施工。道底宽78米，设敞开式溢洪大闸7孔，闸高7米，单孔宽10米。共完成总土方量1.32万立方米，使用定额工日2.31万个。

主坝、副坝、放水洞、溢洪道等主体工程及有关附属工程总投资197.665万元，实际开支190.292万元。

第二期工程　溢洪闸建设。工程由溢洪闸和副坝组成。溢洪闸建在原溢洪道子河内，闸孔中心线与子河中心线重合，交通桥与副坝中心线约成165度交角。溢洪闸由引水段、闸室、陡坡组成，建筑物长74米。闸底板高程为35.5米，3孔10×7米闸门。为提高抗滑稳定性与承受底板下浮托力，采用锚筋加固。机架桥双曲拱10米一跨。副坝由原副坝北端至闸南端，全长210米，设计顶宽6米，坝顶高程45.2米，防浪墙高1米，墙顶高程46.2米。溢洪闸工程分两期进行，一期工程自1970年11月24日动工，1971年8月7日完工。

溢洪闸二次扩建工程于1975年1月15日开工，10月竣工。新建溢洪闸7孔，设10×7米平面闸门，修建闸下陡坡段挑流坎、迎水面及泄槽护坡，新建钢筋混凝土双曲拱交通桥60米。

管理与配套工程建设

管理机构　1959年6月，设立日照水库管理所。1960年3月，改为日照县水利灌溉局。1988年6月，更名为日照水库管理处，为副科级单位。1989年升格为副处级管理单位。

灌区配套建设　日照水库灌区由总干渠、东干渠、南干渠、南分干渠、大洼分干渠及支、斗渠等渠系组成。灌区工程自1959年10月29日开工建设，至1960年3月8日，南、东两大干渠配套工程全部完成。共建成东、南干渠2条，长68.5千米。支渠21条，长46.5千米。斗渠56条，长67千米。农渠172条，长54.5千米。大小建筑物616座。工程共完成土石方665万立方米。其中，石方141万立方米，砌石1.71万立方米。投入工日145.82万个，总投资230万元(国家投资45万元，其余为地方自筹)。后经过多次续建配套，灌区总干渠长4.7千米；分干渠4条，总长101.3千米；支渠28条，总长85.5千米。修建干支渠建筑物1230座，斗渠以下建筑物2100座。控制面积22733公顷，设计灌溉面积21333公顷。其中，提灌面积9333公顷，有效灌溉面积13000公顷。

水电站建设　日照水库水电站于1960年3月开工建设，1963年元旦建成发电。建成投产后，日照柴油发电厂与水电站合二为一经营水电业务，属地方工业企业，归日照发电厂管理。1963年4月，撤销柴油机发电厂，设日照县灌溉局水电站，隶属水利系统管理。财务上单独核算，自负盈亏。管理人员编制由县人委统一安排。1964年8月，水电站重新转为工业企业管理。1968年5月，日照水电站增机扩容工程开工，全部土建工程于1968年10月完成。至2007年，已运行44年，累计发电9000万千瓦时。

供水工程建设与管理　1994年11月，日照市水利局成立供水筹建办公室，进行日照水库供水工程建设的初期可行性研究和前期准备工作。至2007年，已相继完成奎山供水一期、奎山供水

图16-14　日照水库南干渠建设工地　(摄于1959年)

二期、岚山调水一期、岚山调水二期供水工程。主要为日照市临港各大工业企业及日照经济开发区、岚山区、新市区城市居民生活提供用水服务。

图 16-15　日照水库除险加固工地现场　　(摄于 2005 年)

除险加固工程　2002 年元月，水库除险加固工程动工。2005 年 4 月，主体工程竣工。累计完成土石方 39 万立方米，砌石 6.9 万立方米，混凝土 2.9 万立方米，完成投资 9063.5 万元。水库加固后，总库容由 2.72 亿立方米提高到 3.18 亿立方米，在确保下游城市及工矿企业和人民群众生命财产安全的同时，也为全市工农业生产和生活用水提供充足的水资源保障。

日照水库的建成，不仅对境内防洪减灾、灌溉农田发挥重要作用，而且为改革耕作制度，扩大复种指数，增加粮食单产打下基础。同时，对日照市、东港区现代化城市建设与经济、社会发展提供了十分重要的资源条件。

第十七编

渔　业

东港区濒临黄海，历代“滨海之民，多以渔为业”。至民国初期，沿海有40多个村庄从事渔业生产。1936年有渔民3000余户，帆船1135艘，水产品12835吨。1939年，日本侵略军占领日照沿海城镇，渔业生产遭到严重破坏。1949年，有帆船854艘，水产品7645吨。

新中国成立后，政府支持发展渔业生产。1957年，渔船及水产品大量增加。之后，渔业生产虽有起伏，但总体呈上升态势。1986年《中华人民共和国渔业法》颁布实施后，境内渔业生产进入一个新的发展时期。1996年后，区委、区政府高度重视渔业生产，先后印发《关于加快“海上东港”建设的决定》和《关于加快发展水产业的决定》。使全区水产业快速发展，钢质船只增加，功率增大，渔场外拓，产量提高。养殖、加工、育苗业全面发展。渔业后勤配套设施逐步完善。至2007年，全区有机动渔船1396艘，70255千瓦。海洋捕捞量105596吨、海水养殖产品61665吨、淡水养殖产品4129吨。

第一章　经营体制

第一节　个体渔业

新中国成立前，境内渔民多以家庭户为单位从事捕捞经营。少数渔业大户占有大型渔船、较好的网具和充裕的资金，雇用渔工为其下海捕鱼。富裕渔民利用拥有的捕捞工具及活动资金，独立经营或与其他渔民合伙经营，除自己劳动收益外，还获得生产资料分红。一般渔民，占有一些普通捕捞工具，独立或同其他渔民合伙经营。贫苦渔民多无船网，只有少量简单的捕捞工具，从事原始式的捕捞活动。渔工，主要依靠出卖劳动力为生，被称为“干踏板”。在人口数量上，渔业资本家和富裕渔民约占6%，一般渔民占30%，渔工和贫苦渔民占60%以上。

自古以来，沿海渔村的闲散村民，在局部海域捉蟹、捞虾、耙蛤、垂钓、放小网等进行一些涉渔活动，被称作“下小海”。

第二节　集体渔业

1950—1952年，沿海渔村相继建立互助组。2～3条船、10来户渔民结为一组，合伙进行生产，按劳动力与工具所占比例进行分配(劳力占6～7成，船网占3～4成)。劳力按技术高低、船网按性能和质量，分别评出参加分配的分数，按“分”取酬。

1954年，沿海94户渔民组织起4个初级渔业合作社。1955年1月，渔业合作社发展到100个，入社渔民2569户，入社渔民占全县渔民总数的48%。合作社的经营方式为船、网折价入股，统一搭配使用。根据生产需要，一般1～2条船划分为一个作业组。收入扣除生产费用后为劳动所得，按照劳力强弱、技术高低评定基分，按分分配；工具所得，按工具折价入股的金额分配。

1955年秋至1956年春，100余个渔业初级社经过升级、合并，建起54个高级渔业生产合作社。在数量上，一般一村一社，个别一村数社。高级社船网渔具全部折价归公，统一调配使用。实行定船网、定劳力、定产值、定费用、定工日经营。超额完成产值时，超额部分按比例提奖。按照出勤天数和复评的基本工分参加分配。

1958年9月，成立人民公社。沿海渔村66个高级渔业合作社改为渔业生产大队，其下划分为160个生产队，以生产大队为基本核算单位。1962年，沿海渔村划为185个渔业生产队，普遍改为以生产队为基本核算单位。

第三节　国营渔业

新中国成立后，全民所有制渔业有所发展。1951年，在渔业供销联社基础上，建立水产品供销公司，主管水产品的收购、加工、销售和渔需物资供应。下设贸易货栈、物资供应站，并相继设立岚山、涛雒、石臼、张家台、虎山等水产供销站和岚山、石臼水产冷藏厂。县水产部门还组建机动船队，进行海洋捕捞。1958年建立海水养殖场，1960年建立淡水养殖试验场，分别进行海水贝、藻类育苗，海、淡水养殖技术指导。1972年建立水产研究所，进行虾、蟹、鱼、贝等各种水产珍品的人工育苗和养殖试验。1978年建立海水育苗场，主要从事海带、对虾育苗。1987年建立前三岛开发公司，在前三岛海域进行水产品养殖和开发。

新中国成立初到20世纪80年代，水产品收购、加工、保鲜、销售及渔需物资供应全部纳入国有经营体制。

第四节　多元经营渔业

1980年冬，在涛雒公社孙家村，试行生产队对船组实行“大包干”责任制。把应上交生产队的提留款包到船组，完成包干任务后的剩余部分全部归船组分配。1983年以后，经过在涛雒区刘家湾村试点，又实行把船网折价归船组、以船组为核算单位的经营形式。

1985年3月，中共中央、国务院发布《关于放宽政策，加快发展水产业的指示》以后，水产品购销及渔需物资供应全面放开，取消国家计划控制，形成国有、集体、个体、联合体、股份制等多元化经营格局。1992年5月，石臼街道裴家渔业公司与美国皇宫餐饮有限公司合资成立境内第一家中外合资水产经营企业——日照皇宫水产有限公司。此后，中外合资水产企业不断增加。至2007年，全区共有各类水产企业493家，其中国有企业10家、集体企业250家，个体、民营、股份制企业220家，中外合资、外商独资企业13家。

第二章　渔业生产

第一节　水产资源

滩涂资源

据1984年青岛西部海区资源调查报告显示，境内沿海滩涂面积有5059公顷。其中，软质滩涂4400公顷，占87%；硬质滩涂658.5公顷，占13%。浅海面积，水深10米左右的有20000公顷。水深15米左右的有26667公顷。水深20米左右的有186000公顷。

图17-1　东港区沿海滩涂　　（摄于2007年）

近海海产品种

鱼类主要有鲅鱼、黄姑鱼、白姑鱼、黄鲫鱼、鮸鱼、海鳗、星鳗、牙鲆、舌鳎、条鳎、鮟鱇等；头足类常见的有长蛸、短蛸（八带鱼）、墨鱼、籽乌等；甲壳类有对虾、鹰爪虾、虾婆等；贝类品种主要有西施舌、文蛤、大竹蛏、四角蛤、昌螺、弯竹蛏。另外，在潮间带以方蟹、红线黎明蟹、马蹄蟹、豆孝蟹为代表的甲壳类较多。北自任家台，南至奎山咀一带，有棘皮动物海参、海胆栖息。

主要海产资源变化

据日照水产年报统计，20世纪60年代初期，日照沿海主要经济鱼类有带鱼、小黄鱼、鳓鱼、鲅鱼、鮸鱼、黄姑鱼、白姑鱼和海珍加吉鱼等。60年代中期以后，黄鲫鱼、鲅鱼、鲐鱼、乌贼、对虾等海产资源比较稳定。小黄鱼、白鳞鱼、加吉鱼、带鱼等基本无渔获。

第二节　渔场

境内渔民从事海上渔业活动，都有自己传统的作业场区。除在本口渔场作业外，在鱼汛旺季也到外口渔场捕鱼。

本口渔场

新中国成立前，境内渔民多在近海利用定置网具从事渔业生产。据1927年《中外渔业概况》载，日照主要有岚山头、东湖、涛雒、王家滩、石臼所、童家口、连五村(金家沟、裴家村、陆家村、张家村、韩家湖口)等近海作业区域。北起白马河，南至海洲湾秦山岛以东海域为本口渔场。各村渔民均在所属的海口外打箔撑网作业。其所属海区及撑网地，均沿用历史名称和分界。新中国成立初，政府将这些行地确权给沿海有关村庄。在鱼汛旺季，境内大网船也经常到“前三岛”、连云港大山后一带打箔撑网。

外海渔场

历史上，沿海渔民除在本口渔场捕鱼外，较大的渔船也到外口渔场作业。清道光年间，境内渔船就到舟山、吕泗渔场捕捞带鱼、黄花鱼。外口渔场有南口、北口之分。南口渔场：20世纪50年代初，征得当地政府同意，境内渔民先后开辟了潮河、苗湾湖、大洋港、新黄河口等作业渔场。北口渔场：20世纪20年代中期，境内渔民辗转于渤海湾各海口从事渔业活动，有的在辽东半岛鲅鱼圈定居。目前，已成千户大村，日照籍人约占半数。

70年代前，海上渔业生产多采用定置网具，主要方式是打箔撑坛子网，俗称“张大网”。70年代后，大功率机动渔船逐渐增多，网具不断改进，海上渔业由“张大网”逐步转向以流动拖网为主。北起辽东湾，南至大陈岛，都有境内渔民涉猎的渔场。按生产习惯，每年初春到青石、大沙、长江口等渔场捕捞越冬虾。4月份，到长江口以北海域捕捞鲳鱼。初夏，到海洲湾、青海等渔场捕捞鲅鱼、鲐鱼和其他杂鱼。

渤海渔场　渤海渔场包括辽东湾、滦河口、渤海湾和莱州湾4个渔场，盛产对虾等几十种经济鱼虾。70年代中期至90年代初，是境内渔民拖网、对虾流网和海蜇张网作业的重要渔场。每年秋汛都有大批渔船到此生产。

烟威渔场　烟威渔场产青鱼、鲅鱼、白姑鱼、对虾、鹰爪虾、带鱼和鲆鲽类等。早在20世纪20年代中期，境内就有渔民(如石臼所山后村张传礼等)在蓬莱赵戈庄、白石等沿海村庄定居、生产。

石岛渔场　石岛渔场有青鱼、对虾、鲆鲽和部分头足类。60年代后期到80年代后期，是境内围网渔船春季和拖网渔船秋冬季作业的重要渔场。

青海渔场　青海渔场位于山东半岛南部，是境内流网、围网、钓钩和部分小型底拖网渔船作业渔场。主要捕捞品种有对虾、鲅鱼、鲐鱼、带鱼、鲆鲽等。

连青石渔场　连青石渔场是境内拖网渔船主要作业渔场。主要渔获物有鲅鱼、鲐鱼、带鱼、白姑鱼、黄姑鱼、黄鲫鱼、对虾、鲳鱼、鳓鱼和头足类。

海洲湾渔场　海洲湾渔场位于日照近海。是定置网、各种流刺网、钓钩、乌贼笼、罟篓蝼、笮网等渔具的主要作业渔场。主要捕获带鱼、鲅鱼、鲐鱼、鳓鱼、黄鲫鱼、对虾、鹰爪虾、鲳鱼、梭子蟹、金乌贼和蛸类。

舟山和吕泗渔场　舟山和吕泗渔场是境内传统的作业渔场。清道光年间，境内帆船即到舟山和吕泗渔场捕捞黄花鱼。20世纪50年代初，吕泗渔场北部，海州湾渔场南部，灌河口(日照俗称潮河)、射阳河口(俗称苗湾湖)、新黄河口等一带，一直是境内渔民坛子网生产的重要渔场。后因跨界作业受限，于90年代退出。

大沙渔场　大沙渔场水深40～70米左右，适合底拖网作业。主要捕捞对象有小黄鱼、带鱼、鳗鱼、鲆鲽等。

长江口渔场　长江口渔场是境内大功率渔船拖网作业渔场。主要捕捞对象有带鱼、鲳鱼、鳓鱼、大小黄花鱼、乌贼、鱿鱼和海鳗等。

第三节　人工渔港

新中国成立前，境内无人工渔港，渔船多停靠自然港口避风或装卸货物。新中国成立后，境内先后建设渔港17座。后因日照港向西扩建，至2005年有10座渔港被征用。2007年仍在使用的有7座。

东港区渔港情况表

表 17-1

渔港名称	建设年份	总投资(万元)	码头长度(米)	码头宽度(米)	泊位(个)	停泊能力(艘)	备注
张家台渔港	1958	66	300	4	15	230	—
任家台渔港	1972	20	280	15	12	100	—
石臼渔港	1979	42	370	30	23	200	2005 年被征用
振兴路渔港	1990	20	160	20	6	30	2005 年被征用
海滨二路居委第二渔港	1990	62	155	12	5	20	2005 年被征用
海滨二路居委第三渔港	1990	60	180	20	10	50	2005 年被征用
文化路渔港	1990	58	200	15	8	50	2005 年被征用
万宝渔港	1992	1942	1255	30	20	110	—
大泉沟渔港	1992	15	200	5	7	40	—
海滨四路渔港	1992	70	200	40	15	14	2005 年被占用
小海渔港	1993	34	180	9	8	50	—
盛华渔港	1995	18	260	26	8	50	2005 年被征用
观海路渔港	1995	16	260	20	16	60	2005 年被征用
中盛渔港	1995	100	350	20	12	80	2005 年被征用
桃花岛渔港	1996	68	780	9	20	120	—
阜鑫渔港	1998	200	2000	50	86	300	—
海滨二路居委第一渔港	1998	56	190	20	6	30	2005 年被征用

第四节　渔汛与捕捞

境内沿海捕捞汛期有春汛和秋汛之分。春汛从惊蛰到夏至。其间，在深海越冬的各种鱼、虾、蟹相继到近海觅食繁殖，是大小渔船出海捕鱼的旺季。近海经济鱼虾的捕捞汛期是：

章鱼(俗名八带鱼)，春分到谷雨。

梭子蟹，清明至立夏。

黄鲫鱼，清明至谷雨。

鲅鱼(蓝点马鲛)，立夏至芒种。

鲐鱼，上半年的汛期和鲅鱼基本相同，下半年不成渔汛。

带鱼(刀鱼)，立夏至芒种为旺汛。7—10 月份也有个体较小的带鱼，但鱼群小而分散。

对虾，4 月下旬至 5 月上旬为旺汛。5 月下旬后，大部分对虾产卵后死亡。20 世纪 90 年代，因资源衰退已不成渔汛。

乌贼，立夏至芒种为旺汛。6 月上旬后，大部分乌贼产卵后陆续死亡。

伏季不下远海，只在近海垂钓和拉筐。自 80 年代国家规定：从 6 月中旬至 9 月中旬为黄、渤海休渔期，其间，严禁渔民出海捕鱼。

秋汛，从立秋到小雪，捕获鱼的种类和春汛相同，但产量逊于春汛。

自 70 年代始，随着大功率机动渔船和拖网投入使用，到外海冬捕已成规模。改变了坐等渔汛，冬季不出海的习惯。据史料记载：清道光年间(1821—1850 年)，日照沿海有 40 多个村庄从事渔业生产。春汛期间，小帆

图 17-2　渔轮泊港卸鱼
(摄于 2007 年)

船在近海网捕或垂钓。五桅大船到舟山群岛和吕泗渔场捕黄花鱼，俗称"下有南海打黄花"。1936年，境内汛期出海大小渔船有1135只。1939年，日本侵略军侵占日照沿海村镇，渔业生产遭到严重破坏。到1949年，境内汛期出海渔船仅剩854只。新中国成立后，各级政府扶持渔民发展生产，渔船、渔具不断发展和更新。到1957年，境内有大小汛期出海帆船1164只。进入80年代，有出海机动渔船3127艘。1993年，东港区有出海机动渔船2091艘。随着区划调整和过期渔船报废制度的实施，至2007年，境内符合国家标准的出海机动渔船1396艘，70255千瓦。

境内部分年份渔业生产情况表

表17-2

年份	渔船数（只）			水产品量（吨）			
	合计	帆船	机船	合计	海洋捕捞	海水养殖	淡水养殖
1936	1135	1135	—	12835	12835	—	—
1946	统计数失考	—	—	3686	3686	—	—
1947	统计数失考	—	—	4825	4825	—	—
1948	统计数失考	—	—	2598	2598	—	—
1949	854	854	—	7645	7645	—	—
1950	983	983	—	7745	7745	—	—
1951	1008	1008	—	8690	8690	—	—
1953	1100	1100	—	9025	9025	—	—
1955	1155	1155	—	13920	13920	—	—
1957	1164	1162	2	10938	10937	—	1
1961	1191	1180	11	9579	9296	233	50
1965	1294	1270	24	22347	21911	430	6
1971	1999	1899	100	27000	23353	3620	27
1973	2359	2089	270	36290	31517	4710	63
1979	2238	1482	756	34475	27393	6582	500
1982	1492	454	1038	28100	26321	1279	500
1984	2173	649	1524	36609	33894	1596	1119
1986	2904	269	2635	45471	41726	3058	687
1988	3160	273	2887	67604	57321	9445	838
1989	3310	183	3127	80121	67616	11680	825
1993	2091	—	2091	115088	88798	24994	1296
1994	2338	—	2338	148812	104082	42844	1886
1995	2642	—	2642	212661	144456	66693	1512
1996	3143	—	3143	212162	130006	81253	903
1997	2296	—	2296	208689	158653	49367	669
1998	2169	—	2169	226819	169919	55941	959
1999	1903	—	1903	227730	169319	56732	1679
2000	2304	—	2304	236068	169514	64307	2247
2001	2129	—	2129	228069	160846	64995	2228
2002	2015	—	2015	224342	155352	66728	2262
2003	1485	—	1485	152969	113429	37672	1868
2004	1357	—	1357	158500	107818	49187	1495
2005	1251	—	1251	162140	107818	53083	1239
2006	1420	—	1420	166680	104551	59410	2719
2007	1396	—	1396	171390	105596	61665	4129

第五节　渔船

舢板

又称“三板”“拨摇”。是以人力推进的无甲板木质小船。境内主要用于定置网、流网、钓钩作业。20 世纪 60 年代后，“三板”主要用做围网渔船的“子船”、养殖船和港内交通船。

风船

以帆借风为动力的渔船。为木质结构，又称“木帆渔船”。有单桅、三桅、五桅帆船之分。按载重量可分为大、中、小型三类。大型渔船的载重量一般为 20 ～ 50 吨，最大的超过 100 吨；中型渔船的载重量一般为 10 吨；小型渔船的载重量一般为 2 ～ 3 吨。

图 17-3 60 年代岚山头的木帆渔船出海作业　(摄于 1966 年)

机帆船

有帆并安装机器的渔船。1957 年，县渔业指导船“日政一号”(主机为 44.1 千瓦火头机)建成下水。以后，木帆渔船上多装设挂桨机、卧机。

木质机动渔船

1963 年，日照造船厂始造成 14.7 千瓦机动渔船。70 年代，相继新建和改装大批 8.82 千瓦小船。随着外海作业的发展，大功率渔船发展迅速。80 年代后期，境内共建造 29.4 ～ 99.1 千瓦机动拖网渔船 2000 余艘。进入 21 世纪后，又建造 88.1 ～ 180 千瓦渔船 300 余艘。2007 年，东港区共有木质机动渔船 793 艘。

图 17-4　在东港区阜鑫渔港泊港的木质机动渔船　(摄于 2000 年)

水泥渔船

1975 — 1980 年，境内共建造 30 余艘 14.7 千瓦钢丝网水泥渔船，投入海洋渔业生产。至 1984 年该类型渔船全部报废淘汰。

钢质渔船

20 世纪 80 年代，境内陆续建造一批 HC813 型(99.1 千瓦)、HC814 型(136 千瓦)和 YDV876 型(136 千瓦)钢质机动拖网渔船。至 90 年代末期，境内大功率拖网渔船主要为 SDW868、SWD839、SRC891、SRC898 型，主机为 WD615 和 Z6170ZLCZ — 1 系列柴油机，功率为 110 ～ 220 千瓦，最大为 330 千瓦。2007 年，东港区共有钢质拖网渔船 294 艘。

图 17-5　东港区泊港的钢质渔船　(摄于 2007 年)

玻璃钢渔船

2002 年 12 月，东港区渔政监督管理站委托青岛玄马玻璃钢船舶有限公司建造 1 艘 176.4 千瓦玻璃钢渔政船。2006 年 6 月 9 日，又委托威海中复西港船舶有限公司建造 1 艘 205 千瓦玻璃钢渔业执法船，航速可达 18 节。同年 8 月，东港区涛雒镇栈子三村委托威海中复西港船舶有限公司建造 105 千瓦玻璃钢拖网渔船 2 艘。

第六节　渔网　渔具

在长期渔业生产实践中，渔民创造和改进多种捕鱼网具。大致分为网渔具、钓渔具和笼篓鱼具三大类。网渔具又分为定置网和流动网两类。

渔网

20世纪60年代前，网衣材料主要用棕、麻和棉等捻线制成。使用前用猪血、桐油等浸染、蒸煮。1964年，改用锦纶、乙纶等化纤材料，网仍为手工编织。1986年，日照市渔业技术推广站开始推广机织渔网，手工织网逐渐淘汰。

图17-6　东港渔村妇女编织渔网　（摄于2006年）

流网　流网是传统作业渔具之一。主要用于网捕鲅鱼、对虾、鲳鱼、黄鲫鱼等。

围网　境内历史上有圆围网和蓊团网。现代围网是60年代逐步发展起来的一种较圆网、蓊团网更为先进的渔网。主要捕捞对象为鲐鱼、鲅鱼、青鱼等。

拖网和浮拖网　拖网始于60年代初，作业方式为双船底层拖网。浮拖网，1990年由胶东引进。主要用于136千瓦以上的钢质渔船，捕捞小鳞鱵、鲅鱼、带鱼、鲳鱼等经济鱼类。现为大功率渔船的主要作业流动网具。

坛子网　俗称"大网"，因用陶土坛子作浮子而得名，是境内重要的定置网具。用其捕捞的产量曾占到海洋捕捞总产量的一半以上。

落网　俗称老牛网，属建网型导陷式陷阱类大型渔具。1989年夏季由牟平县引进，落户于丝山乡任家台村，次年在邻村逐步发展。

推网　主要捕捞毛虾等。现多为渔民赶小海和休闲作业的一种渔具。

迷魂网　是小功率渔船的生产工具。在沿海的平坦海域捕捞作业。

旋网　又名撒网，主要在沿岸港口、河口附近作业。现多作为游渔工具和池塘养殖的收获工具。

另有挂网、海蜇网等。

境内历史上还曾使用过笮网、裤裆网、插网、虾板网、锚张网、方网等，已先后淘汰。

渔具

钓渔具　钓钩是沿海渔民传统作业渔具之一。主要有带鱼延绳钓、黄姑鱼延绳钓、鲨鱼延绳钓和鳗鱼延绳钓等。其次还有手钓、岸钓等。

笼篓渔具　有乌贼笼和罟篓(又称"海螺网")。乌贼笼主要捕捞乌贼，罟篓网主要捕捞蛸类(章鱼)。

蛤耙　蛤耙是属齿耙型拖曳式耙刺类渔具，分为人工蛤耙与机船蛤耙两种。人工蛤耙为渔民赶小海或池塘、滩涂养殖贝类的收获工具；机船蛤耙主要在近海作业，主要捕捞品种为蛤类。

第七节　渔船修造

境内渔民自古就有槐木作龙骨，柏木作船帮(壳)，自家或合伙聘请匠人，手工制作渔船的传统。20世纪60年代初期造船厂建立后，渔船多为船厂修造。

1961年，日照县在石臼九村南建立造船厂。拥有1500吨重轨坞道一条，横移区及船台20余座，晒装码头80米，各种加工机械、吊装设备及配套设施220余台(套)，制造中、小船舶。70年代，涛雒镇造船厂建成。随着海洋捕捞业的发展，90年代渔船修造厂陆续增多。2007年，境内有渔船修造厂12家，以修造木质渔船为主。

图17-7　建造中的木质机动渔船　（摄于2007年）

境内渔船修造厂情况表

表 17-3

名　　称	建立年份	总投资（万元）	坞道数量（条）	坞道长度（米）	备　　注
日照县造船厂	1961	3800	25	1200	2005 年被征用
日照县东港渔轮厂	1974	580	34	2860	—
观海路船厂	1981	300	9	350	2005 年被征用
海滨二路船厂	1984	30	7	400	2005 年被征用
任家台渔船修造厂	1989	42	6	360	—
小海船厂	1990	105	6	780	—
张家台渔船修造厂	1990	70	5	625	—
孙家村渔船修造厂	1993	238	19	1848	—
东方船舶修造厂	1995	480	4	920	—
东海渔业公司渔船修造厂	1995	160	6	360	—
大泉沟村渔船修造厂	1994	450	5	750	—
阜鑫渔港服务中心渔船修造厂	2000	200	18	3600	—

第三章　苗种生产

20 世纪 60 年代初，中国水产科学院在石臼黄海水产研究所进行水生物育苗生产。80 年代中期，境内有海带育苗场、淡水养殖试验场等单位从事育苗生产。2001 年，又新上梭子蟹育苗场 41 家，育苗场达到 102 家。2003 年，部分育苗场试养牙鲆、大菱鲆。从 2005 年始，育苗生产实行许可证制度。2007 年，境内有 33 家育苗场取得育苗生产许可证。

图 17-8　20 世纪 80 年代，县水产研究所对虾育苗池一角。

第一节　虾蟹类育苗

中国对虾

1961 年，中国水产科学研究院黄海水产研究所在玻璃水箱中育出虾苗 1700 尾。1974 年，县试验场用土池育出虾苗 1100 万尾。翌年，增长到 2700 万尾。1986 年以后，育苗场遍及境内沿海乡镇。1987 年，境内育苗 90 亿尾，创产值 1800 万元。1993 年由于虾病爆发，养殖需求量有所减少。2007 年，只育 5 亿尾左右。

日本对虾

1994 年，日本对虾苗由福建、浙江等地引进境内育苗场进行试育。2001 年，市水产研究所工程师王辉，在秦楼街道桃花岛一育苗场培育日本对虾苗及成虾获得成功。2005 年，境内有 11 家育苗场进行此种虾苗培育，生产虾苗 10 亿尾以上，创产值 500 万元左右。

南美白对虾

2001 年，由日照职业技术学院水产研究所引进、培育成功。2004 年，全区育苗 20 亿尾，实现产值 800 万元。2007 年，繁育虾苗 5.5 亿尾。

罗氏沼虾

1995 年，日照市龙泰水产发展有限责任公司开始培育罗氏沼虾苗种，当年生产 1 厘米虾苗 1

亿尾。2002 年以后停止生产。

河蟹

1976 年由海水养殖试验场育出蟹苗 4 万只。1978 年，育出蟹苗 182 万只，约 9 千克。1984 年，省水产局把河蟹育苗交日照水产研究所和省海水养殖研究所合作实施，当年育出蟹苗 2820 万只，约 139 千克。1986 年，育出蟹苗 11258 万只，约 555 千克。1987 年，经国家科委和农牧渔业部批准，境内河蟹育苗场为国家定点场。2000 年前，境内有十多个场家生产，年产量 7 ～ 8 吨。后因市场价格影响，只有个别场家育河蟹苗，2007 年只育蟹苗 3043 万只，约 150 千克。

梭子蟹

1994 年，两城镇安家岭村安丰斌首次利用土质水池培育出梭子蟹Ⅲ期苗 2000 只。次年，又在室内进行育苗试验，培育出梭子蟹Ⅲ期苗 2 万只，多销售周围的养殖户养殖。2004 年，全区 60 多家育苗场培育梭子蟹苗，产量达 9806 千克(约 9800 万只)。2007 年，98 家育苗场培育梭子蟹苗 14985 千克，约合 1.5 亿只。

第二节　贝类育苗

贻贝

1976 年，海水养殖试验场育出壳高 0.5 厘米的商品贝苗 1800 多万粒。供石臼一带在浅海湾内养殖。

西施舌

1978 年，日照市水产研究所开始试养。当年育出壳高 5 毫米的贝苗 2 万粒。1984 年，育出壳高 1 毫米的贝苗 200 万粒，经过培养后放流在奎山前海区。

海湾扇贝

1986 年，日照市海水育苗场开始试育。1987 年，在 20 立方米水体中育出壳高 300 微米以上的贝苗 600 万粒，放入浅海和虾池中试养。1988 年，育出海湾扇贝苗 25.6 亿粒，栉孔扇贝苗 8 亿粒。1989 年，育出海湾扇贝苗 16 亿粒。1993 年以后，有七八家育苗场进行海湾扇贝苗种生产。2004 年，生产海湾扇贝苗种 62 亿粒，2007 年达 1452 亿粒。

泥蚶

1993 年，日照市河蟹育苗场开始泥蚶苗种生产。当年生产苗种 25 千克，价格 16200 元/千克。同年，日照市西江育苗场与山东省海水养殖研究所共同承担“泥蚶立体育苗课题”，获得成功。至 1999 年，因市场价格影响，不再进行育苗生产。

鲍鱼

1994 年，西江育苗场进行皱纹盘鲍育苗试验，育苗水面 380 平方米，育成鲍鱼苗 70 万头。2001 年停止生产。

太平洋牡蛎

1995 年，西江育苗场进行生产性育苗试验，育出太平洋牡蛎 300 万粒，销往莱州。以后未再生产。

大竹蛏

日照市水产研究所于 2001 年开始育苗研究。当年育出 0.5 ～ 1.0 厘米的苗种 20 万粒。2002 年，育出 60 万粒。2004 年，育出 2000 万粒。2005 年，育出 3000 万粒。2006 年育出 4097 万粒。2007 年，育出 5 毫米的大竹蛏 1064 万粒。育

图 17-9　东港区浅海区产出的西施舌　　(摄于 2005 年)

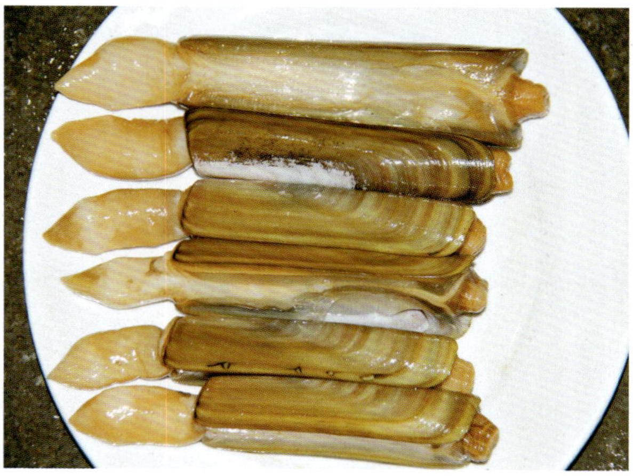

图 17-10　东港区浅海区产出的大竹蛏　(摄于 2005 年)

出的蛏苗多次投放境内大竹蛏保护区(涛雒以东海域)。

魁蚶

1993年,日照市水产综合育苗场开始育苗。在560立方米水体中育出魁蚶苗种17亿粒,创产值170万元。以后,该项生产时断时续。

第三节　鱼类育苗

河豚

1989年,日照市水产研究所开展黄鳍东方豚育苗试验,获得成功。2001年,日照市名优水产育苗场开展黄鳍东方豚育苗试验,获得成功。在100立方米水体中培育出体长10厘米的鱼种5万尾。由于销路不畅,停止养殖。

真鲷

1990—1992年,日照市水产研究所利用两龄亲鱼在室内达到性成熟产卵,成功培育出484.5万尾真鲷鱼苗。后,生产不成规模。

牙鲆

1989年,日照市水产研究所成功培育出3000尾牙鲆鱼苗。1995年,生产苗种100万尾。除本地养殖外,还销往威海环翠、荣成等地。2004年,有3家育苗场生产牙鲆鱼苗120万尾。2007年,有10家育苗场生产牙鲆鱼苗400万尾,主要用于工厂化养殖。

大菱鲆

2002年,日照福源水产育苗养殖研究所成功培育出5～6厘米的大菱鲆鱼苗51万尾。从2003年始,部分育苗场转产进行大菱鲆育苗。2004年,培育大菱鲆鱼苗320万尾。2005年培育大菱鲆鱼苗500余万尾,销售收入1200万元。2007年,受市场影响,停止生产。

鲤、鲫及其它

鲤、鲫人工孵化始于1958年,日照县淡水鱼场育出鲤鱼苗6万尾,鲫鱼苗2万尾。1978年育出白鲢鱼苗300多万尾。1983年始,淡水鱼育苗发展较快,品种逐渐增多。1985年全市育苗1500万尾。1987年,境内育苗3500万尾。1993年以后,受市场价格影响,鱼苗产量逐渐缩减。

第四节　海参育苗

海参育苗始于1976年,县海水育苗场育出体长5毫米的稚参7万头。次年育出73万头。1978—1982年,每年育出1厘米以上的大参苗2万头。2001年,南湖镇陈常礼在秦楼街道任家台村自建育苗大棚进行海参育苗生产,育成幼参500头。2004年5月,蓬莱市多种经营公司孙鹏到境内承包名优育苗场,进行海参育苗生产,培育幼参340余千克、18万头。2007年,境内从事海参育苗生产的场家8家,培育幼参23吨、1300万头。

第四章　海水养殖

第一节　藻类养殖

海带

境内海带养殖生产始于1958年,种苗由黄海水产试验所培育提供。以石臼海湾为中心,逐渐向丝山、臧家荒、涛雒等海区发展。60年代,发展到286.7公顷,产量2550吨。至1980年,发展到666.7公顷,产量5940吨。之后,由于港口建设,海水养殖场被征用,不再养殖海带。

图17-11　海带收获　(摄于1980年)

裙带菜

1971年，县海带养殖场由青岛引进裙带菜苗，在石臼海区试养，亩产400～600千克。次年，利用自育的裙带苗，放养3.3公顷，收获20余吨。后因销路不畅而中止。

条斑紫菜

1978年，县渔技站在涛雒口潮间带养殖0.33公顷。翌年，在涛雒刘家湾海区进行潮间带半浮式养殖0.67公顷，亩产98.5千克。1993年后，日照市万宝水产集团总公司在拦海大坝北部以东，养殖13.3公顷。岚阳公司在日照市万宝水产集团总公司水域内和蔡家滩林场前滩涂上，养殖紫菜26.7公顷。2007年，仅有刘家湾养殖12公顷。

石花菜

1982年秋，日照县与山东省海水养殖研究所合作，在丝山张家台海区就地取苗，养殖0.13公顷，当年收获干品112千克。1983年秋，养殖0.15公顷，亩产128千克。1984年春，养殖0.11公顷，亩产129千克。后因苗源等问题，养殖中止。

龙须菜

2006年，秦楼街道任家台渔民在市、区渔业部门帮助下，从福建省莆田购进龙须菜苗种进行浅海试养3.3公顷，获得成功。2007年，秦楼街道有关村龙须菜栽培面积73.3公顷，平均亩产鲜菜3吨，产值2万元。

图17-12　秦楼街道养殖的龙须菜　　（摄于2004年）

第二节　虾蟹类养殖

中国对虾

1962年，石臼九村、十村出劳力，中国水产科学研究院黄海水产研究所提供虾池、虾苗试养二年，获得成功。1967年，丝山公社港湾养殖场，两城公社王家滩、安家岭，涛雒公社宋家坨、沙岭子、刘家湾、东南营相继开始对虾养殖，养殖面积180公顷。

图17-13　涛雒镇大朝阳村收获的中国对虾　（摄于2006年）

因养殖的中国对虾成本高、价格低，养殖一度出现滑坡。1978年后，国家提高了收购价格，又有新发展。1980年，对虾养殖面积275.7公顷，总产量58.3吨。1989年养殖1667.9公顷，总产量2245吨。1992年养殖面积1562.9公顷，总产量3092吨，产值7351.97万元。1993年，对虾暴发流行性疾病，养殖面积下降，全区中国对虾养殖面积1117.3公顷，收获1062吨，产值1757万元。

经过几年的实践、探索，涛雒镇宋家坨、朝阳、马家村等渔村的养殖户总结出池内减少尾数、虾蟹混养、提前捕捞等经验，收到较好效果。2005年，全区养殖中国对虾369.3公顷，总产量202吨，产值1000多万元。由于修建沿海公路和世帆赛基地征用部分虾池，养殖面积逐渐减少。2007年，养殖300公顷，产量110吨，产值800万元。

日本对虾

20世纪90年代中期开始在境内试养。到2002年，沿海虾池凡有沙质或沙泥质池底的，全部与梭子蟹混养。一般一年2～3茬，并轮捕轮放，捕大留小。年亩产15千克左右，有的亩产达到50千克。2004年，养殖面积656公顷，产量389.5吨。2007年养殖面积565公顷，产量231吨。

图17-14　东港区养殖的日本对虾　（摄于2006年）

梭子蟹

1994年，两城镇安家岭村安丰斌利用虾池养梭子蟹成活率达80%，收获成蟹650千克。此做法在养虾户中迅速推广，到1998年，全区多数虾池虾蟹混养，每亩产梭子蟹35～70千克。2001

年全区养殖梭子蟹面积1353.3公顷，产量812吨，产值3818万元。2007年，养殖936公顷，产量1051吨，产值5250万元。

图17-15　人工养殖梭子蟹　　(摄于2003年)

第三节　鱼类养殖

黑鲷

1991年，日照市水产研究所自育苗种近万尾，养殖面积4600平方米。1998年5月，秦楼街道水产工作站从莱州购进黑鲷鱼种800尾，放在万平口两个海水渔池内养殖。当年11月收获，平均每条重500克以上，售价40元/千克。2003年，海兴渔业养殖有限公司开展黑鲷网箱养殖5万尾。2004年，养殖4.5万尾。2007年养殖6万尾。

图17-16　秦楼桃花岛工厂化养殖场的黑鲷鱼　(摄于2006年)

牙鲆

1995年，日照市水产研究所自育苗种，养殖面积1万平方米，产量150吨，产值1000余万元。至2003年，全区养殖面积2万多平方米，产值3000多万元。2004年，全区养殖面积达3.1万平方米，产量221吨，产值1626万元。2007年养殖1.2万平方米，产量120吨，产值432万元。

图17-17　涛雒小海养殖场的牙鲆鱼　(摄于2005年)

大菱鲆

1999—2001年，万宝水产集团公司、日照凯乐普海洋科技有限公司、日照市裴家渔业公司先后进行工厂化养殖。由于水温不适宜，造成大量大菱鲆鱼死亡。2001年7月，日照永发养鱼场投资50万元，在海边打深水井，引用地下海水养殖大菱鲆获得成功。此模式迅速在全区推广。2004年，境内大菱鲆养殖单位(户)有179家，养殖面积31.73万平方米，产量1503吨，产值15085万元，约占全区水产品总产值的1/5。2006年，全区工厂化养殖发展到284家，面积43万平方米，产量3309吨，产值16500万。年底，因药物残留超标，导致价格由每千克60～80元，下降到每千克不足20元，养殖厂家锐减。2007年，全区收获大菱鲆鱼只有1940吨，产值4200万元。

图17-18　涛雒镇栈子养殖场的大菱鲆　(摄于2004年)

美国红鱼

1994年，日照市淡水养殖场在淡水池塘进行美国红鱼养殖试验。1996年，石臼街道山后二村申由在海水池中放养美国红鱼苗1万尾，收获时平均体重900多克。2001年，日照市水产研究所进行池养5万尾，实现产量20余吨，产值50万元。2004年，日照市海兴渔业有限公司深水网箱养殖5.5万尾，日照美佳水产集团养殖公司深水网箱养殖6万尾，当年收获，平均每条700克以上，总产量80.5吨，产值177万元。2007年，日照美佳水产集团网箱养殖6万尾，平均每条600克以上，总产量35吨，产值80万元。

图17-19　石臼工厂化养殖场的美国红鱼　(摄于2001年)

第四节　贝类养殖

贻贝

1975年秋，贻贝苗种从烟台、大连引进，放养

13.3公顷。次年5月收获，亩产3～4吨。1976年，自育春、秋两茬贻贝苗种，在石臼海区养殖3.3公顷。此后，境内贻贝养殖业迅速发展。1988年，养殖66.7公顷，总产量4900吨。1992年，养殖144公顷。1993年，养殖298公顷，产量18257吨，产值2370万元。2007年，养殖4665公顷，产量46245吨。

扇贝

1986年，市海水养殖试验场等单位，从长岛县引进扇贝苗试养，获得成功。1988年，平均亩产2.5吨。

图17-20 秦楼任家台万亩浅海养殖区 （摄于2007年）

1992年，境内扇贝养殖面积41.4公顷，产量1749吨，产值532万元。1993年，养殖298公顷，产量18257吨，产值2370万元。1995年，扇贝发生病害。渔业科技人员和养殖户探索反季节养殖，冬季从烟台、蓬莱等地育苗场购买栉孔扇贝“老头苗”，翌年7月以前收获。每亩(400笼)产量在3.2吨左右，产值1.28万元，纯收益约5000元。2001年，境内养殖扇贝总产量8200吨，产值2642万元。

2004年，秦楼街道任家台村任守克、任宗夫等开始试养中科红海湾扇贝。养殖12.4公顷，产量100吨，产值100万元。2007年，养殖面积45公顷，产量430吨。

文蛤

1992年，涛雒镇滩涂联合公司8个单位将夹仓河口以南、小海河口以北530余公顷滩涂进行看护，投放文蛤苗种570吨。由于放养密度过大、缺乏管理经验，出现大面积死亡。1993—1994年，养殖获得成功。1997年前后，改为池塘单养或与对虾混养，养殖面积在130公顷左右。2007年，全区养殖面积进一步减少，年产量不过百吨。

缢蛏

1993年，两城镇王家滩一村王炳臣到浙江省乐清县购买缢蛏苗400千克，在潮间带试养成功。1996年，缢蛏养殖扩大到奎山、秦楼、石臼、涛雒等镇、街道。2001年全区缢蛏养殖面积183.3公顷，产量3050吨，产值2250万元。2007年，全区缢蛏养殖面积553公顷，产量3470吨，产值3025万元。

第五节 海参养殖

2003年，两城镇、涛雒镇、日照市万宝水产集团总公司、秦楼街道任家台村等单位，在潮间带滩涂拦海砌池养殖海参获得成功。亩产海参500千克左右，鲜销价格80～140元/千克。2004年，山东省水利厅投资，在秦楼街道任家台至肥家庄一带建起2.7公顷海水池塘养海参。是年，全区海参养殖产量约10吨。2007年为18吨。

第六节 人工增殖

20世纪80年代初，国家提倡将报废的渔船和碎石块投入近海，为鱼虾类栖止繁殖筑礁。以后，发展为育苗放流。

图17-21 万宝水产集团在浅海区置放人工鱼礁 （摄于2005年）

中国对虾

1982年，日照市万宝水产集团总公司开始对虾人工增殖放流。1987年，山东省海洋渔业资源增殖站在日照市海珍品育苗场进行中国对虾育苗、增殖放流。1988年，经省水产局批准，成立日照两城海洋水产资源增殖站。境内中国对虾增殖放流任务由这两个增殖站负责。每年放流在1亿尾以上。1993年，对虾暴发流行性疾病后，中国对虾增殖放流减少。2002年，每个站增殖放流中国对虾3000万尾左右。

从2003年开始，省海洋与渔业厅对中国对虾增殖放流面向社会招标，苗种价格根据市场调节，由日照市万宝水产集团总公司组织实施。2006年，放流2478万尾。2007年，放流3491万尾。

图17-22　两城万宝对虾放流现场　　(摄于2006年)

乌贼

1987年，日照市水产局开展乌贼资源保护移植试验，即在6月上旬乌贼产卵结束时，从沿海一带收集篛子，集中放在试验海区自然孵化繁殖，并在涛雒镇刘家湾建立海洋水产资源增殖站。

1992年，山东省水产局正式批准将乌贼列为境内增殖品种，每年收集、投放附卵千粒以上的篛子或乌贼笼5万个。1997年后，停止投放。

日本对虾

1997—2002年，由日照海洋水产资源增殖站负责增殖，每年增殖1000万尾左右。后日照市海天水产育苗场也参与增殖活动。2003—2007年，共增殖1.7亿尾。

海参

图17-23　万宝集团养殖场的海参　(摄于2005年)

1958年，从青岛引进刺参放养在丝山张家台海区，生长良好，并有繁殖。1976年，在石臼海湾放流体长5毫米的自育参苗7万头。1977年，在石臼、丝山海区放流体长5毫米的自育参苗73万头。1978—1982年，在丝山海区和前三岛周围每年放流1厘米以上的大参苗2万头。1997年以来，大连、烟台等地客户承包秦楼街道任家台、肥家庄一带海域，人工底播增殖海参上千万头。由于自然灾害等原因，2000年后不再进行增殖活动。

第七节　工厂化养殖

境内工厂化养殖始于1999年春。当年日照万宝水产集团在场内建养殖池300平方米，水深1米左右。从威海引进大菱鲆1100尾，使用过滤水试养。2000年夏，日照凯乐普海洋科技有限公司在石臼街道山后一村租地13.3公顷，一期工程建室内大棚池118个，面积4985.5平方米，水深0.8～1.1米，利用日照电厂余热水试养。2001年3月，日照市裴家渔业公司投入80余万

图17-24　工厂化养殖　　(摄于2004年7月)

元，建大棚养殖池 50 个，面积 3360 平方米，水深 1.12 米，亦使用沙过滤水试养。由于大菱鲆适宜在 8℃～20℃水温内生长，3 家养殖场使用的水温均超 23℃，造成大菱鲆死亡而先后停止试养。2001 年 7 月，日照永发养殖场投资 50 万元，在沿海公路蔡家滩南侧建室内养殖场 1 处。采用打深水井，抽取 20℃以下海水养殖大菱鲆，解决了大菱鲆安全度夏问题。此经验在全区推广，石臼、涛雒、两城三地为工厂化养鱼推广重点区域。2007 年底，全区工厂化养殖已发展到 284 家，面积 43 万平方米，规模占全国工厂化养殖面积的 8%，占全省的 10%，产值占全区渔业生产的 20%。

第五章　淡水渔业

1958 年，境内农民在涝洼荒滩开挖鱼池，在小水库、塘坝中进行淡水养殖，后延伸到大、中水库。鱼苗由武汉空运，主要是鲢鱼。70 年代前，境内居民多食海鱼，少食淡水鱼，因而养殖效益不高。80 年代后，由于城市扩大，食淡水鱼的人员增多，淡水养殖面积逐年扩大，养殖品种逐渐增多，主要有鲢、鲤、鳙鱼、青鱼、草鱼、鲂鱼、红鲤、甲鱼、罗非鱼、罗氏沼虾、南美白对虾、河蟹等。

1984 年境内淡水养鱼面积 1933.3 公顷，总产 1119 吨，平均亩产 38.6 千克。1993 年养殖面积 933 公顷，总产 1297 吨，平均亩产 92.7 千克。2007 年，养殖面积 2278 公顷，其中水库 1561.7 公顷，池塘 716.3 公顷，产量 6129 吨。

第一节　水库养殖

散养

1958 年，境内先后建有大型水库、中小型水库 50 余座。水库建成后，放养一定数量的草鱼、鲢鱼苗，任其自然生长。由于管理、捕捞等不配套，不成规模。

网箱养殖

1995 年，在贺庄水库投放 2×2×1.5 的网箱 6 个，主养建鲤和罗非鱼。其中建鲤 2 箱，罗非鱼 4 箱。投放尾重 150 克的建鲤鱼种 1000 尾，成活率达到 60%；尾重 75 克的罗非鱼 3 万尾，成活率为 85%。收获时平均尾重 500 克。1997 年，龙口水库投放 5×5×2.5 米的网箱 20 个，每箱投放尾重 75 克的建鲤 2500 尾，成活率 80%，收获时建鲤平均尾重 500 克。2002 年，莱芜人在马陵水库进行网箱养鱼，放养 100 个网箱左右。后因马陵水库水源纳入城市用水而不再养殖。

拦网养殖

1997 年，在马陵水库上游的杜家坪村试养。用网目 4 厘米，长 150 米、宽 6 米的网衣沿水库边围起一块水域养殖。当年投放尾重 150 克的鲢鱼、鳙鱼共 250 千克，8 月份被暴雨冲毁未有收获。2005 年，因水源纳入城市用水不再养殖。

增殖

主要进行鲢、鳙、鲤、草鱼、团头鲂的增殖。因鲤鱼捕捞困难，后不再放养增殖。1996 年，日照水库增殖太湖大银鱼苗 30 万尾。1997 年，马陵水库增殖太湖大银鱼苗 15 万尾，第二年收获时经济效益较好。之后，因价格影响终止增殖。

第二节　池塘养殖

20 世纪 60 — 70 年代，池塘养殖的青、草、鲢、鳙“四大家鱼”，主要自食，上市较少。1978 年以后，随着农村经济体制的改革，淡水养殖成为一业。池塘养殖面积迅速扩大，品种增加。2000 年，全区池塘养殖面积 11529 公顷，产量 2110 吨。2007 年，池塘养殖面积 716.3 公顷，产量 3529 吨。

河蟹

1984 年起，涛雒镇开始养殖河蟹（中华绒毛蟹）。后来养殖户多进行罗氏沼虾与河蟹混养。

罗氏沼虾

1994 年，始养罗氏沼虾。每千克销售价格 60 余元，池塘养殖快速发展。至 2000 年，涛雒镇开挖、改造淡水池塘 553.3 公顷，主要养殖罗氏沼虾、河蟹等。后因销路、价格等因素，养殖规模不断缩小。2007 年养殖面积不足 100 公顷。以罗氏沼虾为主，产量 2250 吨，总值 450 万元。

图 17-25　涛雒川子村收获罗氏沼虾　　(摄于 2007 年)

南美白对虾

1999 年，日照市水产研究所与全国水产技术推广总站共同引进南美白对虾 SPF 苗种，开始在日照海水池塘中试养。后在淡水池塘养殖获得成功，效益较好。2004 年，全区南美白对虾池塘养殖面积 133.3 公顷，产量 355 吨。2007 年，涛雒镇养殖 40 公顷，产量 100 吨。

甲鱼

1988 年，开始甲鱼养殖。在庭院、空闲地及农田里，开挖大小不一的池塘进行养殖。涛雒镇有关村庄养殖较多，其他各镇都有养殖户。由于价格、市场因素，后逐渐减少。

鳜鱼

1998 年 7 月，日照市淡水养殖试验场从省淡水养殖研究所引进鳜鱼苗 2000 尾，在淡水池塘中试养成功。当年年底出池，大的 500 克，小的 150 克，平均体重 250 克。由于养殖成本高，后不再养殖。

第三节　其他养殖方式

1996 年，涛雒镇东川子村在稻田养蟹，获得成功。当年养成的 100 ～ 149 克成蟹每千克 150 元，150 克以上的每千克 220 元。1999 年，境内稻田养蟹户有 70 余家，养殖面积 33.3 公顷。2000 年后，稻田养殖多改为池塘养殖。

第六章　水产品加工

第一节　保鲜

海上保鲜

旧时，境内渔获物的海上保鲜，主要采取加盐储存的方法。进入 20 世纪 80 年代，采取加冰保鲜。80 年代以后，所捕的经济渔获物，可保活的用保活箱(仓)活体养储。不能保活的用木箱、塑料箱加冰保鲜，非经济渔获物一般是鱼冰混藏储存。1996 年，秦楼街道张家台村申延甫通过改造自己的渔船，安装船用冷冻机保鲜技术，对渔获物进行保鲜。以后，区内渔船皆仿效。

陆上保鲜

1958 年，境内始建冰库。1978 年，石臼水产冷藏厂建成，冷冻、冷藏、制冰兼备。冷藏能力达 1200 吨，日速冻水产品、制冰各 40 吨。1985 年，涛雒镇政府建起涛雒镇冷藏厂。石臼港办事处明望乡、刘家楼乡也分别建起水产冷藏厂。石臼六村、七村等建起小型水产冷藏厂。1986 年，境内有小型水产冷藏厂 9 家，冷藏能力 1700 多吨。1988 年，乡镇、村、个体水产冷藏厂发展到 20 多家。1993 年，全区有水产冷藏厂 40 家。日速冻能力为 126 吨，日制冰能力为 725 吨，日冷藏能力 8800 吨。2007 年，全区有水产冷冻库 84 座。日制冰能力为 4482 吨，日速冻能力为 6490 吨。

第二节　加工

卤晒加工

境内卤晒干制水产品历史悠久。“一把盐、一把刀”的加工方法，至今沿用。所加工的各种鱼干，咸淡适宜，色美味香。墨鱼、鱿鱼、鹰爪虾的加工，至今不衰。垛盐带鱼、甜晒带鱼、风蛸干、鲛鲏鱼肉条、青鳞鱼干、墨鱼干、鱿鱼干、墨鱼蛋、金钩虾米、海蜇皮、虾皮等数十种产品被评为国内名优产品。墨鱼蛋被定为国宴用品。

水产品精深加工

1990 年，石臼水产冷藏厂建成 2000 平方米的无菌加工车间，进行水产品精加工。2000 年，华泰食品有限公司投资 300 万元，建水产品加工流水线 1 条 加工黑鲽(从日本进口)、黄金鲽(从荷兰进口)。是年，全区新发展水产品深加工生产线 6 条，总数 9 条，主要进行来料加工，年出口创汇 2.2 亿美元。2007 年，华泰、荣信、美佳公司等被农业部确定为“农产品加工出口示范企业”。

图 17-26　荣信水产集团加工车间　(摄于 2005 年)

第三节　名优产品

墨鱼干

为金乌贼加工而成的干品。既是美味佳肴，也是上好的滋补品，闻名全国。1964 年，在全国农业展览会上成为著名的展品之一。1984 年，在全国水产品展销会上被评为名优产品。

金乌贼

金乌贼既可鲜食，又可加工制干。内脏中的缠卵腺是加工乌鱼蛋的主要原料；卵巢可加工成“乌籽饼”；肝脏可做“乌黄酱”“乌黄油”。乌贼骨(俗称“乌子盖”)可入药。

乌鱼蛋

为雌乌贼的缠卵腺，共两对，状如卵。以卵体饱满光洁、色乳白为上品。可制成干品或腌制。清康熙十一年《日照县志》即有记载。属八珍之一，清末列为贡品。境内加工的乌鱼蛋在 1964 年全国农展会和 1984 年全国水产品展销会上，被评为名优产品。

扁米

又叫金钩虾米，以羊毛虾加工而成。体扁、色黄、味美，是虾米中之上品，闻名国内。20 世纪 50 年代末至 60 年代初，外贸部门曾专门组织加工扁米出口，年产量为 2 ～ 5 吨。后因羊毛虾产量较少，生产的扁米仅在境内销售。

海蜇皮

渔民习惯用盐和矾把鲜海蜇加工成蜇头和蜇皮。色乳白，肉坚实。做成菜肴，松脆爽口，有滋补之功能，是宴席之佳品。1984 年全国水产品展销会上，被评为名优产品。

西施舌

境内沿海产的西施舌，以体大、壳薄、艳丽、肉脆嫩、味甘美而闻名。据县渔技站 1984 年检测，最大的西施舌个体鲜重 100.9 克，壳高 8 厘米，壳长 8.5 厘米。在 1959 年全国群英会上，劳动模范柴立清曾代表日照人民向毛泽东主席和周恩来总理敬献过活体西施舌。西施舌在日照沿海均有分布，尤以涛雒为多。境内年产量 10 吨左右。

虾皮

用毛虾等小海虾加工而成的干品。毛虾等在境内沿海均有分布，一年有两次汛期。第一次在 5

图 17-27　刘家湾渔民演示推虾皮　(摄于 2000 年)

～6月份，虾体较大，在2厘米左右，渔民叫“二称钩”。第二次在9月份前后，虾体较小，一般体长1厘米左右，渔民叫“红绒”。

捕捞毛虾等靠手推网，俗称“推虾皮”。技术高的好手，可踏木跷，到深水推网。以涛雒、两城沿海较多。

石花菜

俗名沙根子，是加工冻粉(学名琼胶)的主要原料。产区主要在秦楼街道、石臼街道的浅海区域。石花菜生长在浅海沙石之间，植株高30厘米左右、洁净、出胶率高、凝胶强度大，国内闻名。1980年以前，石花菜主销青岛。1980年冬，海水养殖试验场试制冻粉并获成功，年产1～2吨。1990年以后，沿海一带石花菜锐减。到2007年，沿海野生石花菜稀少。

瞻埠潭鲻鱼

是广盐性鱼类，其规律是每年5—8月份沿夹仓河入海口逆流而上，进入瞻埠潭。其个大，肉质丰满，油脂含量高，味道鲜美。晒至半干，从尾部点火，则可一气燃尽。故有“瞻埠潭的鲻鱼一点火就着”之说。

崮河鲫鱼

崮河通海，中下游海淡水交融，形成半咸水，俗称阴阳水。鲫鱼系淡水鱼，适应性强，生长在崮河里的鲫鱼，个体较大、营养丰富，属强身健体的滋补品。20世纪80年代以后，崮河污染，数量锐减。

第七章　水产贸易

第一节　渔货销售与渔需供应

据史料记载，自清朝末年至民国初期，日照县南有岚山、涛雒、夹仓，北有石臼所、安家口等临海商埠经营海产品。除在本地和沂蒙山区销售外，还南到上海、北到天津等外埠销售，并从外埠购回网线、桐油、漆等渔需品。1939年，日本侵略军侵入境内，石臼所的渔业经营商号，基本控制在日本人手上。

新中国成立后，沿海各渔村先后建立渔业供销合作社，日照县渔业供销联社经营渔获物和渔需物资。1956年3月，在渔业联社的基础上成立县水产供销公司。同时，在王家滩、金家沟、石臼所、张家台、涛雒、岚山头设置水产供销站。至此，全县的渔获物收购、加工、销售和渔需物资供应全部纳入国营。70年代，水产品的收购、加工、销售和主要渔需物资的供应，由县水产供销公司负责。

80年代初期，全县渔业生产体制进行改革，渔货、渔需品等价格放开，允许个体或联合体经营水产品和渔需物资。1985年，石臼九村、六村相继建起冷藏加工厂，经营水产品。渔需物资供应仍主要依靠县水产供销公司。其间，有的渔村为了服务本村渔业，也开展渔需物资经营。1993年，东港区水产局相继成立东港区水产供销公司、东港区水产综合贸易公司、东港区水产协作办冷藏厂、东港区水产协作办物资公司等经营贸易单位，均于1995年改制为民营企业。1996—2007年，全区渔货购销、渔需供应逐步形成镇办、村办、个体、联合体股份制等多种形式并存、竞争的市场化格局。

第二节　水产品出口

国家实行对外开放后，石臼水产冷藏厂首次

图17-28　山东美佳集团水产品加工车间　(摄于2005年)

将水产品出口到日本。1992年5月，日照市裴家渔业公司与美国皇宫餐饮有限公司合资，成立日照皇宫水产有限公司。同年，市水产局、石臼五村、九村分别与中国香港、美国等客商合资兴办3家水产企业。1995年2月，建立中美合资日照华泰食品有限公司，开展进料加工业务。2007年，全区有山东美佳、山东荣信、日照佳苑、日照美加、日照美佳、日照日荣、日照鑫源、日照盛嘉等中外合资水产企业10多家。产品出口到日本、韩国、英国、德国、俄罗斯等十几个国家和地区，每年出口创汇4200余万美元。2007年水产品出口创汇8826万美元。

第三节　水产品市场

新中国成立前，水产品销售主要靠各地渔行经营，大的客户到渔行批发，雇佣车船送到外地销售；小商小贩、少量渔户到乡村集市零售。1956年，水产品实行统购统销，由水产站收购本地渔民生产的水产品。水产品除满足本地供应外，根据国家计划，由县水产供销公司负责转到外地销售。

国家取消计划价格控制后，水产品购销出现大进大出的购销格局。有关单位和个人先后在城区、石臼街道开设水产品批发交易市场，在裴家村前拦海大坝开设鲜活水产品批发交易市场，在日照街道开设金阳水产品批发市场。水产品除在本地销售外，还大量输出到市外、省外和国外市场。2007年，虾米、仔乌、干鱿鱼、鱼片、海蜇、干品刺参、虾皮等也从江苏、青岛、岚山安东卫批发市场进入东港市场。

第八章　机构与管理

第一节　机构

渔业行政机构

清代渔业生产由县衙工房分管。1920—1933年，渔业生产先后由日照县国民政府实业局、建设局、第四科分管。1940年3月，县抗日民主政府经建科兼管渔业。1945年8月，归县政府实业科分管。1950年3月，日照县人民政府设立水产科，陆为金任科长。1956年9月改称水产局，梁增培任局长。1968年12月撤销水产局，设立日照县水产服务站，马振兴任站长。1969年11月改称县革委生产指挥部水产组，马振兴任组长。1971年5月，改为县革委水产局，马振兴任局长。1982年1月，改为日照县水产局，刘维德任局长。1985年5月，改为日照市水产局，相玉平任局长。1989年11月，地级日照市水产局升格为处级单位，于刚业任副局长。1993年3月，成立东港区水产局。1996年11月，更名为东港区海洋与水产局。2002年6月，更名为东港区海洋与渔业局。1993年后，于治会、肖建华、李增森、杨洪启、田文钊、张玉京、安玉刚先后任局长。

事业单位

1958年，日照县渔业技术推广站成立后，陆续建立海水养殖试验场、淡水养殖试验场等。至1992年，市渔业系统共有20个事业单位。2007年，东港区渔业系统有区渔政监督管理站、区渔船渔港监督管理站、区渔业技术推广站、区渔业通讯管理站、区淡水养殖试验场、区渔业技术培训中心、区海珍品养殖试验场、区水产协作办公室，以及涛雒、石臼、秦楼、两城4个沿海镇、街道水产工作站等12个事业单位。

第二节　渔政

资源保护

境内海洋与淡水渔业资源保护，从1957年始，逐步实行政策性、法规性管理。政府及主管部门印发通告、布告，明确规定每年7、8月份禁止坛子网、拖网和其他密目网具捕鱼作业。同时，加强春汛、秋汛期间，对虾亲虾和增殖对虾的管理保护，控制亲虾捕捞量，严格执行增殖虾开捕时间。1993年7月，东港区渔政监督管理站成立。进一步加强海、淡水资源保护，查处渔业违法行为，维护渔业生产者合法权益；组织实施全区渔业资源、渔业水域生态环境及水生、野生动植物的保护、检疫、病害防治等。

图 17-29 东港区渔政船巡航 (摄于 2006 年)

渔政管理

境内渔政管理始于 1957 年。县政府为贯彻执行国家渔政法规，在水产主管部门设立渔政管理科，专设 2 艘船只，执行渔政管理任务。1976 年后，又有 5 艘渔政船投入管理工作。负责渔船安全生产督查；进行国家专属经济区巡航等。2000 — 2007 年，区渔政监督职能部门先后购置 110 千瓦木质渔政船和 176.4 千瓦玻璃钢质渔政船、110 千瓦快艇，投入海上执法活动，并配备雷达、卫星电话、卫星导航仪、摄像机等现代执法工具。对违反禁渔区、禁渔期规定进行捕捞，使用炸、毒、电等破坏性、灭绝性方法进行捕捞，或者使用最小网目尺寸的网具进行捕捞的当事人，一律按有关法规没收其渔获物和违法所得，并处 5 万元以下罚款。情节严重的，没收渔具，吊销捕捞许可证。情节特别严重的，没收渔船。构成犯罪的，依法追究刑事责任。

第三节 港监及船检

新中国成立初期，境内渔船检验登记工作由交通部门管理。1957 — 1970 年，由水产部门接管。1970 — 1979 年，由县渔业技术推广站管理。1979 — 1980 年，由日照县渔业生产指挥部管理。1981 年 11 月，日照县渔船渔港监督管理站成立，实行渔船检验、渔港监督、港务管理一体化。同时负责境内 44.1 千瓦以下渔业船舶的检验及发证工作。

1993 年 7 月，东港区渔船渔港监督管理站成立。按照市主管部门的规定，负责 28.7 千瓦及以下渔业船舶的检验工作。1998 年，东港区渔船渔港监督管理站得到山东渔船检验局的授权，执行 44.1 千瓦～ 75 千瓦非国有渔业船舶的检验工作。1996 — 2007 年，渔船检验的重点是安全设备配备、安全生产技术标准和操作规程的贯彻情况。严查渔业船舶持有“三证”(渔业捕捞许可证、渔业船舶登记证、渔业船舶检验证)情况。对无“三证”船、套牌船、假标示船进行依法处理。同时，每年利用深冬、初春渔闲季节，对渔船船员、五等甲(乙)驾长、司机，集中进行法规、技术培训。

第四节 安全管理

新中国成立前，出海作业靠船老大一人凭经验看天气预测风暴，望星座辨别方向。近海航行一般参照陆地较高的物标，如丝山顶、奎山顶、石臼嘴龙王庙、涛雒凤凰山顶的“银杏树”等为导航目标。雾天夜间航行，在桃花岛的南栏、北栏，山后嘴、霸王鞭等处经常发生船沉人亡事故。

新中国成立后，随着渔业生产的发展，贯彻国家“预防为主，安全第一”方针，在石臼渔港、涛雒口等地分别设立进港航道，航道设灯标，并在石臼港、霸王鞭、山后嘴(今日照电厂)设立航标浮灯。另外，在石臼渔港内建立风情汛息传递标志杆等，如有暴风，悬挂大风警告标识，告示渔民及时防风避险。

1958 年，县水产局在办公驻地和渔业指导船上设 15 瓦“八一型”陆用电台和船用电台各 1 部。1974 年，渔业船用电台发展到 25 部，陆用电台改用 150 瓦发射机。如有风暴，陆、船及时联系，指导渔船及时回港避风。

1979 年，渔业船用电台发展到 31 部，小功率无线电话机 302 部。1989 年，日照市渔业通讯管理站成立。设立远洋捕捞生产指挥调度短波单边带话网，渔政船海上管理、抢险救灾话网，乡镇渔村近海生产对讲机协调指挥话网，海水养殖、滩涂管理甚高频无线电话网。1989 年，已安装船用大功率短波电台 36 部，小功率无线电话机 1400 部，船用导航雷达 21 部，无线电定位仪 180 部，探鱼仪 80 部，陆地电台、车载电台、基地电台 15 部，手持机 35 部。

1993 年 7 月，东港区渔业通讯管理站设立。重新布置渔业通讯网络。1999 年，渔船更新、安装渔业安全救助话网对讲电话机 300 部，单边带电台 18 部，通讯距离达 300 海里以上。2001 年，新组建甚高频生产通讯话网，渔船安装使用甚高频电话对讲机 80 部。2007 年，区海洋与渔业局成立渔业安全生产办公室，与联通公司合作的 CDMA 网络平台投入使用。小型近海作业渔船 200 多艘配备了 CDMA 手机，安装使用大功率短波单边带电台 300 部，小功率无线电对讲机 1000 部(其中安全网话机 500 部，甚高频无线电对讲机 200 部，其他对讲机 200 部)，陆地电台 18 部，卫星电话 5 部。

第五节 海域滩涂管理

根据中华人民共和国“海域使用管理法”“渔业法”和《山东省海域使用管理条例》，以及农业部《关于印发〈完善水域滩涂养殖证制度试行方案〉的通知》精神，东港区人民政府对“两证”(海域使用权证、水域滩涂养殖使用证)，分四批进行发放。2003 — 2007 年，累计发放海域使用权证书 174 本，确权面积 6213.705 公顷。其中，2003 年发放 1 本，面积 240 公顷；2004 年 1 本，面积 81.25 公顷；2005 年 133 本，面积 1356.375 公顷；2007 年 39 本，面积 4536.08 公顷。水域滩涂养殖使用证从 2004 年开始发放。2005 年发放 42 本，确权面积 1383.138 公顷；2006 年发放 112 本，729.75 公顷；2007 年发放 53 本，166.854 公顷。

第六节 水产品质量管理

根据农业部、国家质量监督检验检疫总局 2002 年 4 月 29 日发布的《无公害农产品管理办法》，境内从 2003 年开始，开展无公害农业品产地认定和无公害农产品质量认证工作。

图 17-30 东港区在涛雒镇举办水产品质量安全培训班 (摄于 2006 年)

无公害农产品产地认定

2003 年，日照市水产研究所首例申请无公害农产地认定。2004 年，日照市万宝水产集团总公司、日照华泰食品有限公司、日照市海兴渔业有限公司、日照美佳食品集团有限公司申请无公害农产品产地认定。2005 年 8 月 1 日，日照市盛水海珍品养殖育苗有限公司等 4 个单位申请无公害农产品产地认定。2006 年 8 月 15 日，日照泰达水产养殖场等 10 个单位和涛雒镇宋家坨村、朝阳村、孙家村、东南营等 4 个村民委员会申请无公害农产品产地认定。经山东省海洋与渔业厅审核，上述单位获得山东省无公害农产品产地认定证书，有效期三年。到 2007 年年末，东港区共有 31 个单位获得山东省无公害农产品产地认定证书，认定产地规模 2543.9 公顷。

无公害农产品认证

无公害农产品认证工作由政府推动，认证后由农业部和国家认监委共同公告。2003 年，日照市水产研究所申请认证中国对虾。2004 年，日照市万宝水产集团总公司申请认证三疣梭子蟹、文

441

蛤和日本对虾，日照市海兴渔业有限公司申请认证大菱鲆和牙鲆。2005年，日照市盛水海珍品养殖育苗有限公司申请认证大菱鲆，日照荣信水产食品集团有限公司申请认证海蜇。2006年，日照泰达水产养殖场申请认证大菱鲆，日照市任家旅游产品开发有限公司申请认证栉孔扇贝，日照市红旗水产总公司申请认证中国对虾，日照市淡水养殖试验场申请认证南美白对虾，日照市龙泰水产发展有限责任公司申请认证大菱鲆，日照市海洋资源增殖站申请认证半滑舌鳎，涛雒先进养鱼场、涛雒镇禄鑫育苗场、东港区金源水产养殖场、东港区长东养殖场等单位申请认证大菱鲆，日照福源水产育苗养殖研究所申请认证牙鲆，日照美佳食品集团有限公司申请认证美国红鱼，涛雒镇宋家圪和东南营两个村民委员会分别申请认证中国对虾。上述单位的申请认证，均获得国家法定机构审验批准，取得了“无公害农产品证书”，有效期为三年。

到2007年年末，东港区共有23个单位获得“无公害农产品证书”，涉及虾鱼蟹贝4类、11个品种、29个产品。

第十八编

盐　业

境内盐业资源丰富，生产历史悠久。西汉时境内就设有盐官。宋代，涛雒是全国重要的产盐区。抗日战争初期，沿海产盐区大部被日本侵略军占领，盐业生产遭到极大破坏。抗日战争后期，解放区军民开辟新盐田，盐业生产有新的起色。

新中国成立后，人民政府领导盐业职工克服困难，改造日滩，改革生产工艺，开发新产品，生产面貌发生重大变化。进入20世纪80年代，各盐场已实现扬水、提卤、压池、收盐、运盐、集坨机械化，生产效率、原盐产量成倍增长，质量也大幅度提高。从新中国成立初只能生产三等盐，发展到可以大批生产特优一级精盐。同时，不断开发新产品，满足广大群众生活和生产用盐需要。

第一章　盐田　盐场

第一节　盐田

清朝以前，境内盐区面积无确切文字记载。清顺治十八年(1661年)，经山东巡抚会同巡盐御使丈量确认，有灶地26355亩，草荡地31760亩。康熙二年(1663年)，从县内民地划出灶地23147亩，草荡地3002亩归属涛雒场，从民地划出灶地4788亩归属信阳场。雍正八年(1730年)，涛雒场有原灶地与新垦灶地24181.93亩，自首灶地(即不纳税的黑地)569.55亩，共计灶地24751.48亩。嘉庆十三年(1808年)，涛雒场共有土淋滩865副(副为盐田面积计量单位，各时期无统一标准)，分布在涛雒镇东、南、北19个村。

1912年，涛雒场滩池计有759副。1915年山东盐运使司派员清丈，规定为177副，注册灶丁1139人。1925年，又令清丈，规定100方尺晒池为1份，计盐滩177副，10276亩。灶户大多农副渔兼营，以制盐为生的735户。1932年，涛雒场开晒盐滩177副，有滩池577份，8850亩，滩户

图18-1　驻军、政府机关开辟盐田　　(摄于1944年)

1161户。1933年，涛雒场有盐滩799.5份，滩主766户，滩丁(盐民)1599人。

1941年春，国民政府军何志斌部在王家滩北门外辟建盐田3300余公亩。1942年，汉奸陈成功部在南店村东南部建顺池滩2500余公亩。

1944年，八路军滨海军区、滨海警备团、滨海工商局、日照县民主政府等部队、机关在荻水一带(今岚山区)先后开辟盐田8000公亩。1946—1949年，县民主政府拨款在宋家坨、马家村、南店、庄家坨、王家村建滩3457公亩。此时，境内盐区有盐滩22137公亩，土淋滩74047公亩。

1949年，全国首届盐务会议后，山东省盐务局对日照制定"维持现状，改造土淋滩，对少数不便管理的土淋滩实行裁废"的生产方针。1949—1950年，先后裁废孙家村、夹仓、右所、小刘庄、东海峪、林家滩等19个村的全部和廒头、西灶子、涛雒、南店的部分土淋滩，累计减转裁废盐田42584公亩，转业盐民1050人，生产能力下降1万吨。1951年，县内盐区由裁废转入维持现状阶段。年底，盐场管理处共有盐田68881公亩。从1953年起，盐区开始对土淋滩进行改造和扩建。

1956年，经省盐务局批准，对涛雒土淋滩改建扩建盐田20558.42公亩。将成家廒头、尹家廒头等村土淋滩12329.75公亩，改建成海滩田13480公亩。1958年，小场场务所改造、扩建盐田33995公亩，涛雒场务所改造、扩建盐田14522公亩，廒头盐场扩建海滩田6148公亩。县人民委员会组成建滩委员会，开发建设王家滩盐场，建成盐田11877公亩。1960年，王家滩盐场新建盐田7345公亩，董家滩盐场土淋滩改建海滩田4179公亩。年底，县内盐田总面积达到96201公亩。其

中，土淋滩3056公亩。由于受“左”的错误影响，强调速度，忽视质量，新建不久的盐田先后被废除．至1966年，共废除24200余公亩，实有海滩173副，总面积77002公亩，盐工612人。

图18-2　盐田收获　(摄于1997年)

1972—1980年，王家滩盐场对制卤、结晶区进行两次技术改造，共扩建盐田面积1500公亩。1978—1981年，廒头盐厂对老滩进行技术改造，两期工程共建设结晶区1200公亩，改造制卤区8700公亩。

1989年，市内尚有盐田总面积95637公亩。其中，市属盐场50692公亩，乡镇盐场19252公亩，村营盐场25693公亩。东港区建立后，由于修路征用和改为养虾、养鱼、养蟹池等，盐田面积逐年减少。至2007年，区内尚有盐田40660公亩。

第二节　盐场

廒头盐场

位于涛雒镇东北7千米处。1956年，成立5处盐业生产合作社，对原有土淋滩进行改造扩建，1958年投产，称廒头盐场。1971年8月，转为县营集体企业，称县廒头盐场。

图18-3　廒头盐场结晶区（局部）　(摄于1994年)

1978—1979年，进行第一期老滩改造工程。重点是改移河道，修建桥梁、五孔泄水闸，加高外圩、盐台和挡潮坝的砌石护坡，总投资20.5万元。1980—1981年，进行第二期改造工程。改造结晶区和高级制卤区，加固水库、圩坝，总投资53.37万元。

1984年，调整产业结构，开发以对虾养殖为主的多种经营。1991年研发洗精盐项目。1993年，被省盐务局确定为加碘企业。

2007年，盐田总面积为25460公亩。产盐3100吨。

王家滩盐场

图18-4　王家滩盐场　(摄于1990年)

位于两城镇东北8千米处。1941年春，国民政府军何志斌部驻两城，在王家滩北门外垦盐田3300余公亩。1958年，县人委又新建盐田900余公亩。两滩合并，称王家滩盐场。1971年8月，转为县营集体企业，称县王家滩盐场。1972—1980年，先后进行两次老滩改造，共投资10.21万元，生产能力提高到5000吨/年。盐场产品品种较多。1980年加工粉盐，年加工能力1500吨。1983年起，开辟以对虾养殖为主的多种经营渠道，为企业发展注入新的活力。1984年8月，上加碘食盐项目。2007年，盐田总面积15200公亩。产盐3500吨。

涛雒镇红旗盐场

属镇办集体盐场，位于涛雒镇东北5千米处，1974年建场。1987年，有盐田5614公亩，产盐1434吨，全部为一级品。自1992年起，盐田陆续改为虾、蟹、鱼池，2002 年不再产盐。

丝山乡盐场

属镇办集体盐场，位于丝山乡董家滩村南万平口，1974 年建场。1987 年，有职工 25 人，固定资产 27 万元，盐田 3679 公亩，产盐 464 吨，全部为一级品。2003 年，因城市建设需要，盐场废除。

涛雒小盐区

涛雒镇各村办盐田，分布在北起川子河岸，南至栈子河口以北，长约 10 千米的海岸线上。南部滩田集中，北部与农田交错。有盐业生产的 11 个自然村均设盐业队，产销计划及场政管理属涛雒盐务所。1987 年，马家村、宋家坨、王家村、庄家坨、朝阳、小朝阳等村有 11 个盐业队，下设 33 个生产小队，有专业盐民 267 人，盐田 18950 公亩，产盐 6890 吨。自 1992 年起，盐田陆续改为虾、蟹、鱼池，2002 年不再产盐。

丝山小盐区

主要分布在丝山的董家滩和乔家墩子两个村以南。1987 年，两村共有 10 个盐业生产小队，盐民 36 人。盐田 2254 公亩，产盐 686 吨。2001 年与 2003 年，盐田两次被国家征用，盐场废除。

第二章　盐业生产

第一节　原盐生产与加工

制盐

煮盐　自汉代始，直接以锅煮海水得盐。

煎盐　宋代始，渐以锅煎卤水制盐。先开引海水，铺筑晒土场撒(刮)土淋卤，先制卤后熬盐。此法沿用到清末明初。

土淋晒盐　清初，由煎盐向晒盐过渡。清康熙年间，灶户掘滩建池开始晒盐。到清雍正年间，涛雒场大部分灶户已采用晒盐的生产工艺。

海滩晒盐　始于 1941 年，直接开沟渠引海水，生产过程为：纳潮→制卤→结晶→扒盐→归坨。1942 年后，境内盐区逐步采用此法。

20 世纪 50 年代初，开始推行羊口盐场晒大粒盐的经验，改进滩池，加高池埝，改造续水沟，合理调用卤水，续卤前检查结晶卤水浓度，根据气候量卤灌池。在结晶池管理上实行“晨续卤、除混、撤卤、盐种漫撒”等措施。1954 年，在制卤方面又推行“拉长走水线，卤水倒扬，刷、抹、压荒水及卤水薄放勤跑，冰下抽咸”等操作技术。结晶方面，推广“草绳稳卤法”，采用一天一投卤，延长结晶时间，当靠即靠、当捞即捞的晒制方法。

1955 年，盐管处成立生产技术研究委员会，建立纳潮工作责任制，利用荒滩废池储存海水，扩大蒸发面积，推行留底水的跑水方法，使结晶池扒盐存留碴盐，延长结晶周期。

1959 年，普遍执行“水(海水)、卤(卤水)、结(结晶)、滩(滩田)、工(工艺)、气(气象)、管(管理)”的七字生产技术方针，改用卤咬卤制卤法，利用风天制卤，推广立体蒸发法，利用自然条件加速结晶，增加产量，提高质量。

1964 年，开始推行“新(新卤)、深(深卤)、长(长期结晶)”的结晶工艺，产量增长 10%，质量提高 2%。

1978 年，各盐场由工人、技术人员、干部组成三结合改革小组，试行塑料薄膜苫盖工艺。原盐产量增加 20%，年产量达到 55236 吨，创历史最高纪录。

1983 年春，王家滩、廒头等盐场开始实行串联加卤、死碴盐池板结晶的新工艺，冬季也可结晶产盐。在管道输洗、冬季晒、扒盐一次归坨新工艺的基础上，实行串联加卤。这样既提高原盐的产量、质量，又减少卤水三段结晶时的调卤损耗及人工、燃料费用，原盐氯化钠含量达 96.3%。1984 年以后，部分盐田改成海水养殖池，原盐产量逐年减少。2007 年，全区产盐 6600 吨。

1950—1992年日照县(市)原盐产量情况表

表 18-1　　　　　　　　　　　　　　　　　　　　　　　　　　　　　　单位：吨

年份	产量	年份	产量	年份	产量	年份	产量
1950	4144	1961	20029	1972	23486	1983	25895
1951	16294	1962	27222	1973	21535	1984	24739
1952	18167	1963	11451	1974	22331	1985	19803
1953	13517	1964	7458	1975	19149	1986	27270
1954	14669	1965	30669	1976	20727	1987	25652
1955	35262	1966	25765	1977	38816	1988	33434
1956	15632	1967	18384	1978	55236	1989	36576
1957	29157	1968	27901	1979	30401	1990	16332
1958	22265	1969	18064	1980	21817	1991	20000
1959	25469	1970	16823	1981	39513	1992	35550
1960	26840	1971	20521	1982	31743		

1993—2007年东港区原盐产量情况表

表 18-2　　　　　　　　　　　　　　　　　　　　　　　　　　　　　　单位：吨

年份	1993	1994	1995	1996	1997	1998	1999	2000	2001	2002	2003	2004	2005	2006	2007
产量	21620	20360	20700	18900	29260	12744	23595	22258	19940	26325	15640	16100	15776	10500	6600

加工盐

粉盐　1980年，王家滩盐场开始加工粉盐。选用优质原盐，经管道输洗去掉杂质，然后粉碎、烘干、筛选、包装。粉盐纯度高，杂质少，粒度均匀，色泽洁白。1980—1996年，共计加工粉盐14688吨。

图 18-5　王家滩盐场食用加碘盐仓库　　　　　　(摄于2005年10月)

加碘盐　1984年7月，县政府确定，王家滩盐场为加碘盐生产基地，负责南湖、三庄、后村、竖旗山、东陈疃等7个乡镇地甲病区的加碘盐供应。其加工方法是：在食盐堆筑过程中喷洒碘化钾溶液，然后密封。碘盐比例为1∶20000。1984—1990年，共生产碘盐9898吨。

腌制盐　1997年，王家滩盐场开始生产咸菜加工和海产品腌制专用盐。该产品是由管道捞出的原盐经烘干后按1∶40000的比例加碘而成。1996—2004年，共生产腌制盐7120吨。

洗精盐　1991年，廒头盐场投资100万元，开工建设年生产能力1.5万吨的洗精盐厂。1992年建成投产。

1996年12月，廒头盐场洗精盐厂通过中国盐业总公司验收。1997

年，采用计量泵自动加碘，加碘均匀度大幅度提高。2000年10月，在省、市盐务局的支持帮助下，引进安装一条全部为不锈钢材质的碘盐生产线，12月1日，该生产线通过中国盐业总公司复检合格。当年通过国家经贸委组织的调整验收，被确定为全省九家食盐定点生产企业之一。

1992—2007年廒头盐场洗精盐产量情况统计表

表18-3

年份	1992	1993	1994	1995	1996	1997	1998	1999
产量(吨)	470	2550	3970	4650	4510	4474	6291	7838
年份	2000	2001	2002	2003	2004	2005	2006	2007
产量(吨)	9522	8245	9195	9423	9616	3223	3012	2434

盐的副产品

钙皮 在制卤过程中，当海水浓缩到16～22波美度时，钙皮(硫酸钙)析出量达80%。制取1立方米卤水，可得钙皮15.97千克。钙皮是一种工业原料。

卤膏(卤块) 熬制卤膏是涛雒一带传统的盐副产品。以苦卤为原料，加热熬制冷却凝固而成。主要用于做豆腐。

芒硝 冬季晒盐结晶后的混合卤，经兑卤低温结晶而成，有粗硝、水精硝两种。境内所产芒硝，主要用于土法制革、医药、畜用等。

老卤 在结晶过程中撤出的卤度30波美度以上卤水称之为老卤。其主要成份氯化镁，主要用作制造活动板房的原料及民间做豆腐之用。

图18-7 日照旧时制盐提水车 (摄于1980年)

20世纪50年代末，轴流泵应用于生产，排灌工效提高数倍。60年代末70年代初，风力机、压池机、皮带输送机进入生产过程，使抽汲海水、碾压滩池、原盐集坨等生产环节实现了机械化，提高工效数十倍。进入80年代，管道扒盐机组投产运行，使繁重的捞盐工序系统化、自动化，盐业生产进入一个崭新的时代。

第二节 原盐生产工具与设施

生产工具

旧时盐业生产工具简单粗笨，其中盐锅使用历史最长。清雍正十三年(1735年)涛雒场“贞”字坨即有盐锅15面。到1924年，信阳场裁掉最后20面盐锅。其他如戽斗、石磙、盐耙、水车、扒类等工具，至今仍在一些盐场中使用。

图18-6 日照旧时盐田提水风车 (摄于1980年)

生产设施

坨地 原盐归坨始于清雍正六年(1728年)，山东都转盐运使到涛雒场勘察，主持建造“乾、元、亨、利、贞”5处盐坨供灶户存盐。雍正十年至乾隆五年(1732—1740年)，因灶户滩池距盐坨太远，港叉阻隔归坨不便，又增建副坨14处。1917年，涛雒盐务稽核支所为便利存盐、方便稽查，耗资22062.5元(银元)，在乔家墩子、董家滩、林家滩等地建官坨10处，面积小者2666.8平方米，大者10000.5平方米，共57669.5平方米。原有正副坨一并取消。

图 18-8　成品盐集坨存放　　(摄于 2006 年)

新中国成立初期，仍沿用旧坨地，以后逐年扩建。1950 年，盐场管理处修建涛雒场务所所属的马家坨、庄家坨、廒头坨，面积 14370 平方米；董家滩场务所所属的董家坨，面积 4225 平方米；小场场务所的沙岭、港东两个坨，面积 4080 平方米。共计修建坨地 22675 平方米，总容量 2 万吨。1955 年，修建乔家墩子坨，面积 1683 平方米。至 1956 年，共有坨地 7 处，面积 19358 平方米，总容量 63612 吨。1958 年，小场场务所的沙岭、港东坨划归胶南县。1959 年，新建王家滩坨，1960 平方米，容量 4000 吨。廒头盐务所废除旧坨，新建坨地 20600 平方米。1977 — 1978 年，马家坨、庄家坨建临时坨 4 处。1989 年，境内计有坨地 7 处，贮存能力达 69800 吨。至 2007 年，全区尚有存盐坨地 2 处，贮存能力达 30000 余吨。

防潮(洪)坝　境内盐区所筑土坝，重要部位均以石方护坡。

王家滩盐场：从 1960 年开始，对 3000 米防潮坝的迎海面进行石方护坡、水泥加固，并修建东坝 200 米。1963 年，又修建东坝 180 米。1975 年修建东坝、东南坝 1000 米。1982 年，修建北坝 400 米。累计完成石墙护坡 1780 米，高 2.5 ～ 3 米，宽 0.4 米。2002 年，清淤、加固防洪大坝 1000 余米。

廒头盐场：1978 年，开始盐田改造，建成全长 6150 米的防潮、防洪土坝。其中，川子河岸、夹仓河口 500 米外砌石坝，内筑土方加固。1979 — 1981 年，修建东西石坝 1150 米。1985 年夏，加固南坝。1996、1999 年，先后加固维修盐场外围防潮坝。2004 年，加固东大坝 210 米。

涛雒盐务所内盐场：1982 年，以石方护坡 550 米。1986 年，对大朝阳 6 号滩北边、南店河下游南岸 250 米堤坝进行砌石护坡。

扬水站　境内盐区纳潮原依赖潮汐，海水由港沟流入水库，受风向潮汐制约，缺水现象时常发生，影响生产。廒头盐场于 1969 年 2 月，自筹资金 5 万元，在原 1 号滩东建机械扬水站 1 座，扬水能力 2430 ～ 5000 立方米/小时。1985 年 5 月，投资 4.5 万元扩建，提高扬水能力近 1 倍。

1969 年 10 月，王家滩盐场建扬水站 1 座。2001 年 7 月，更新扬水设备，扩建扬水站，解决盐场生产用水。1972 — 1973 年，省盐务局拨款 6 万元，在涛雒镇东近河处建机械扬水站 2 座，解决涛雒区内十几个村办盐场生产用海水问题。

1974 — 1978 年，涛雒公社红旗盐场、丝山公社盐场先后建成 29.4 千瓦～ 73.5 千瓦的机械纳潮扬水站。

销盐公路　区内盐区现有销盐公路 2 条，全长 4.8 千米。其中，廒头盐场至 204 国道 1.5 千米水泥路，王家滩盐场至 204 国道 3.3 千米，盐场至王家滩村为沙土路，其余为水泥路。交通运输便利。

第三节　原盐质量管理

民初，即有原盐质量检验标准。1934 年，两淮运使署派员视察涛雒盐区盐务，对营子等 8 个坨的原盐进行过一次化验分析。除此之外，因缺乏化验设备，盐的质量只能凭眼观手捻确定。例如，当时涛雒场原盐的质量标准是：粒小而坚，色纯白而明，味咸无异味，质轻而干燥。

1955 年，日照盐场管理处建立化验室，配备 5 名专职化验员，并在小场、董家滩建立简易化验站，以化验数据调节生产，原盐质量提高很快。1952 年前，原盐的氯化钠含量在 85% 左右，均为二、三等盐。1955 年，一等盐产量占总产量

58.41%，二等盐占 39.93%，三等盐占 1.66%。

1964 年，盐务局为提高原盐质量，制定 10 项制度，对平整池埝、灌池续卤、靠晒、捞盐等生产程序做出细致严格的规定。从 1971 年始，先后采取分段结晶，新、老卤分晒，加深卤水等措施，进一步提升原盐质量。1976 年，原盐一级品率比 1971 年上升 30%，二级品率下降 29.81%，消灭三级品。

从 1977 年起，盐业系统以"质量升一级，打好翻身仗"为目标，严格执行新工艺，革除旧习惯。1979 年，贯彻省一轻局《加强原盐质量管理办法》，建立健全质量管理制度，恢复原来两个基层化验站，成立质量检查小组，实行质量奖和优先公收销售，历史上第一次生产出占年总产量 26.05% 的优级盐。同年，王家滩盐场实行塑苫技术与新工艺配合的措施。该场二班所产原盐 70.3% 是优级品，荣获省一轻局授予的"质量信得过班组"称号。1981 年，王家滩盐场生产的原盐被省轻工业厅评为优良产品。

1983 年后，进行企业整顿，通过完善经济承包责任制，提高经济效益。1983 — 1984 年王家滩盐场生产的原盐，一级品率达 100%，1986 年被评为地区优良产品。1989 — 2007 年，王家滩、廒头两盐场所产原盐全部为一级品。

第三章　运销

第一节　集坨

清代规定，凡灶户产盐除留下食用外，其余全部运入坨仓集中储存，报场大使分户注册，场署抽派灶民看守，编设"十家保甲"制度，互相稽查，以防贩私。为使归坨及时、保量，清代中期除正式仓坨外，还先后在涛雒增设若干副坨。1917 年，涛雒场因滩场过多、分散，不便管理，经盐务稽核总所核准，取消分散在各处的正副坨，重建官坨，产盐全部归入官坨，并且按指定地点堆放，规定灶户每家堆放一堆，盐坨筑成圆型，加盖"验"或"卤"字样封印，用草苫遮盖，并于盐堆侧面插一竹(木)牌，标明灶户姓名、担数，注册待售。

新中国成立初期，仍实行原盐归坨制度。1950 年，开始定等、计量、集坨、公收。要求归坨时填写"进盐坨单"，以作持运凭证。到大坨验证后，按实收量以 60 千克作为正盐一担填写进盐坨单，分等级、数量记入分账户。1951 年，集坨制度逐步完善，省盐务局印发"滩盐归坨证""盐民集坨领款折"，代替原来的"进盐坨单"。坨盐放销按先陈后新的顺序进行。

1961 年，为节省集坨费用，减轻集坨工作压力，减少中间环节，原盐集坨和就滩放销同时进行。1970 年，结合老滩技术改造，在结晶区附近建设储盐坨基，原盐出池后，不再运到大坨。到 1987 年，尚未进行改造的老滩，仍继续实行原盐集坨。交通便利的生产班组、生产队采取就滩放销。雨季汛期前，为保证安全，滩盐全部集坨。

第二节　装运

清代，食盐装运制度严格，手续繁杂，对盐包重量、捆扎方式都有明确规定，不得随意改变。清雍正八年(1730 年)，清廷规定，在道路崎岖之处，每包盐可分为 4 小包，每小包 28.125 千克。

1913 年，政府规定，每包每票一律为 200 千克。1914 年，涛雒场通往销区的道路多为山路，大包不利运输，改包为袋，每袋净盐 50 千克。后为便利骆驼、驴、小车及人力运输，对每袋重量不再严加限制，要求每放盐一担连皮共计 52 千克。运输方法分车运、畜运、人挑、船载 4 种。

民国初年，涛雒场盐外运，从涛雒起，运输里程及运费标准分别为：至日照县城 22.5 千米，每担 0.4 元；至沂水县城 127.5 千米，每担 2.5 元。1918 年始，由东纲公所组织协合公司在涛雒设立的春运局承办运输。

新中国成立初期，原盐装运仍为人力、畜力。1956 年后，逐渐改由汽车等机动车辆运输。1962 年，盐斤加耗随着盐的供求形势变化又作具体规定。1981 年，日照盐务局规定加耗标准为：坨盐每 50 千克加耗 0.5 ～ 1.5 千克，滩盐每 50 千克加耗1.5～2.5千克，以运达目的地不亏损为原则。1977—1989年，原盐运输费吨千米为0.18元。装包过磅及装车费，散装每吨0.88元，袋装每吨1.25元。其后，装卸费又有多次变动，既按法规亦由市场调节。

第三节　销售

销售制度

宋代，实行引岸制，即盐商纳税后，领得盐引，凭引支盐，自己运输，到指定区域贩卖。

清代，推行“票法”，盐商领票运销。各州县的行销额均由户部核准，发放引票由盐商经营。清道光十三年(1833年)，莒县、日照、沂水、蒙阴等地的食盐运销开始由地方官办。至道光二十九年(1849年)涛雒场的盐运销一律改为官收官运官销制度。

1914年，引票制度废除，改用部颁运盐执照(简称部照)，实行国家专卖，就场征税放销，商人自由买卖。1917年8月，山东盐运使核准涛雒场运销额，日、莒两县每年运销4.8万担，每担以0.4元为税率，超额部分每担以1.25元征收盐税。临沂、郯城、费县、沂水4县运销定额9.7万担。1932年，南京政府财政部准许临沂、郯城、费县、沂水4县盐运可以由商人承办。1933年4月，上述4县改为自由贸易区，可以兼销淮盐。

1940年3月，抗日民主政府废除封建剥削专卖制，统一盐运，平定市价，防止商人垄断。1944年8月，山东解放区对食盐实行轻税倾销政策，鼓励经销。1949年以后，实行统购统销政策。1952年，运销实行指令性计划，由供销社包销，停止一切盐贩零售。1960年，轻工业部颁发《原盐分配销售管理办法》，对盐的运销做出详细规定。1982年，国家放宽销售范围，对持有营业执照的个体经销户，实行就场放盐，自运自销。

1989年，日照市对盐产品实行专营。1990年，市政府《关于整顿食盐流通秩序做好市场供应的通知》指出：食盐的生产、分配、调整均由市盐务局统一管理和经营，其他任何部门和单位都不得插手经营。国营商店、集体单位和个人经营的食盐零售业务，必须经市工商部门批准发给营业执照，并到指定的盐务所、盐场进货，严格执行国家规定的价格。

放销

清代，盐商到涛雒场运盐，须向省盐运使司缴纳银两领票，然后持引票(古代官府发给商人的运销凭证)经场署审核再到滩地交价买盐，经过升、斗计量筑包(每斗56.25千克，2斗可筑1包)，由场员用官秤验准，再经场署对盐票截角，签署日期放行。盐运到销地还要经地方官稽查，对盐票核实无讹后再截角签署日期，方可售买。1914年，废除引票，改用部照。涛雒场放盐有商运、民运两类。临沂、郯城、费县、沂水的盐商在涛雒设立春运局，直接向山东盐务稽核分所缴税，持领取的准运单到运使署领取执照，再凭准运单和部照从涛雒场运盐。此外，涛雒场还放销上海、临沂、费县、莒县等地猪盐、渔盐。渔盐一般由涛雒直接运往吴淞口。

抗日战争时期，为粉碎敌人经济封锁，发展盐产运销，民主政府在解放区边沿地带设立盐业交易所、盐店，大量收购从敌占区运来的食盐，再运往内地换取棉布、杂货以及其他日用物资。抗日战争胜利后，食盐销售，凭购运证直接到盐店缴款销票，再到指定滩坨由验放员过秤，并在税票上加盖印记出场。

1950年，盐的销售统一使用华东区盐务管理局印制的新税票。购盐单位或自由商贩购盐，先开单纳盐税、盐价款，再凭收款单向填票员报明运销地点，经限定在途运输日期，领取税票，然后持税票和收款单赴指定滩坨装盐，经验放人员查验过磅，加盖验讫印后，税票随盐同行。1953年后，销盐由使用现金逐步改为转账支票和银行托收等结算方法。

1958年，税票取消，销盐手续逐步简化。放销实行五联销盐凭单，盐税、盐价分项列在同一联单上。20世纪60年代后，各盐务所开始对销区内固定经营原盐的单位，实行代办托运，承运单位直接到坨装盐，由坨地开具原盐发货单，运输人持单到指定地点交货，盐务所按期通过银行划款结算。

1994年1月，市盐务局《关于加强食盐、工业用盐管理的通知》规定，凡是出场的各类盐一律由盐务所开票放销，各场停开任何有关放销盐的发货凭证。

盐价

古有“食盐官营，低价收购、高价卖出”之说。

盐价构成十分复杂，官府规定的盐价实际是批发价，各地食盐的零售价格受运输成本及行情影响，出现较大差异，市场价格极不统一。

金时　初定山东盐价每斤42文。至大定二十九年(1189年)，减为每斤32文。当时的私盐市价，每斤仅为25文。

民国时期，官方虽有规定，但受销售畅滞制约，盐价浮动较大。据涛雒盐场记载，1920年，原盐销价为每担0.32元(银元)，1922年为每担0.62元，1928年为每担0.60元。

1950年4月，盐场管理处对原盐实行公收统销，盐价核定逐步合理完善。食盐出场价由公收价、储存费、运输费、管理费、盐工福利费、盐场建设费、平衡差价、其他费用共八项构成。1965年，县集体盐场一等盐的出场价为每吨34.00元。其中，收购价20.80元、运输费1.80元、储存费2.50元、行政管理费2.00元、其他费用0.40元、盐场建设费3.00元、平衡差价3.50元。

1988年，食用原盐的二级批发价为181.00元/吨，市场零售价为220.00元/吨。1989年11月，国家物价局提高盐价，日照市区驻地原盐市场零售价由0.12元/500克提高为0.20元/500克。

1996年，粉洗盐收购价为351.14元/吨，市场批发价为700.00元/吨。

2003年，复膜精盐市区批发价为1410.00元/吨，零售价为0.78元/500克。

2006年，市区零售盐价为：纸塑再制盐1.50元/500克，复膜粉精盐1.20元/500克，复膜粉洗盐1.00元/500克，钙强化营养盐2.90元/500克。

销区销量

清代　涛雒场盐行销沂州境内的兰山(今临沂市区)、郯城、费县、莒州、日照、沂水、蒙阴等地。销盐数量按照官定盐票的数字执行，不得随意更改销地和销盐数量。盐票分官办和商办两种。

1913年12月，涛雒场运销区域分民岸、商岸两种。民岸有日照、莒州；商岸有郯城、临沂、费县、沂水。费、沂两县下设50处子店，日、莒两县有35处集镇销售食盐。涛雒场每年约销2万包(每包390斤)。1918年7月，东纲公所组织涛雒协合公司承办临、郯、费、沂4县的食盐运销，每年平均运销9.7万担。20世纪30年代初，临沂、郯城、沂水3县食盐改由广济公司运销。1933年4月，临、郯、费、沂改为自由贸易区域，也允许淮北食盐销售。

抗日战争和解放战争时期，盐运购销基本为抗日民主政府控制。

新中国成立后，日照食盐的销区主要是临沂、莒南、沂水、沂南、日照、莒县等地，郯城、苍山及枣庄为日照、淮北盐并销区；蒙阴、沂源、费县为日照、潍坊盐并销区；胶南、五莲、诸城等县为日照盐非固定销区。日照食盐年销售总量在2.5万吨左右。其中，渔业用盐6000吨以上，工业、农牧业用盐1000吨左右。1984年，省盐务局确定日照盐产地销。1985年后，由于产不敷销，省税务局、省盐务局多次批准由胶南、昌邑、寿光等县调拨原盐，以缓解紧张局面。至1987年，共调入原盐4.1万吨。1989年，日照共销售原盐28766吨。其中，食盐27471吨，渔业用盐913吨，工业用盐380吨，农牧业用盐2吨。2001年起，所产盐产品仅供应日照市。根据实际需要，开始从市外调入原盐和精制盐。2007年，由市外调入盐产品计18319吨。其中调入原盐5045吨，精制盐13075吨，营养盐199吨。

第四章　盐政

第一节　管理机构

西汉时期，境内即设有盐官。北宋至道二年(996年)，密州设涛雒场。元大德九年(1305年)，涛雒场并入信阳场。延祐六年(1319年)，重设涛雒场。明洪武元年(1368年)，信阳、涛雒等场隶属山东都转盐运使司胶莱分司。明景泰三年(1452年)，涛雒场设司令、司丞、管勾各1员。

清顺治元年(1644年)，涛雒场设盐课大使。雍正六年(1728年)，涛雒场设盐课大使、攒典各1员。道光十二年(1832年)，信阳场并入涛雒场。

1912 年，涛雒场成立场公署，设知事 1 员，下设董家滩等 4 个坨务处。1914 年 5 月，涛雒盐务稽核支所成立。1916 年 7 月，改组旧盐巡，成立涛雒盐务警察公署，下设分所 9 处。1922 年 9 月，王家滩正式设立盐税稽征处。12 月，涛雒盐务稽核支所改称盐税征收局。1929 年 3 月，涛雒盐务被南京国民政府接管，并由金口调盐警 52 名，重建盐警署。1931 年 2 月，盐警署改为盐警局。5 月，盐警局划归盐税征收局领导，改称税警局。1933 年 4 月，涛雒盐税征收局与淮北青口盐税征收局合并，改组为涛青盐务稽核支所，隶属淮北盐务稽核分所。9 月，南京国民政府将涛雒场与淮北临兴场合并为涛青场。1937 年 9 月，国民政府盐务机关迁往后方。日本侵略军占领境内，盐务工作由伪政府把持。

1948 年 10 月，鲁中南工商局滨海分局在柘汪设立盐务局，石理成任局长。下设涛雒、廒头、石臼所等盐务所。

1950 年 4 月，日照盐场管理处成立，朱润生、丁履廉、陈同义先后任处长。1958 年 4 月撤销日照盐场管理处，成立日照县盐务局，尹德岩任局长。1962 年 11 月，成立安东卫、廒头、王家滩 3 处合作盐场和涛雒、董家滩 2 处盐务所。“文化大革命”期间，成立日照县盐场革命委员会。1971 年 5 月，恢复县盐务局，马承汉、成之庆、肖增行先后任局长。1984 年 5 月，县盐务局改为县盐业公司，王庆隆任经理。1985 年 5 月，改称市盐业公司。1988 年 5 月，恢复市盐务局，与市盐业公司合署办公，王庆隆任局长(经理)。1989 年 12 月，市盐务局升格为处级事业单位。境内盐业工作由市级管理。

第二节　用盐管理

食用盐

历代的食盐管理方法颇多。古时，在煎盐期间，灶丁起煎，首先要向灶长报明时刻，领取灶牌，同时报坨垣和场署备案，以备核查盐数。清代，涛雒场设盐课大使专司盐务，对滩池大小、盐田裁废等都有严格规定，不准私产私卖，有违反者一律治罪。民国初年，仍沿袭清代查滩、验封制度，规定以挂旗为号，始得扒盐。山东运使署多次派员丈量涛雒场的盐田副数。1933 年，涛青场按国民政府规定，按期办理制盐许可证，并设专职生产员和验放员，分片管理，定时巡滩，严防食盐被盗。

滩户私自刮埋盐者，要按情节轻重分别给予停晒滩或罚苦工等处罚。收盐运坨均须在规定时间内进行。1934 年 9 月，涛雒盐税征收局布告所属各处，未经允许，私自转移盐滩产权者，取缔其产权；凡继承或典卖盐滩，应向盐税征收局申请注册始生效，否则，即以私滩论处。

抗日战争时期，境内盐区大部被日本侵略军占据，场产管理陷入混乱状态。

新中国成立后，场产管理除沿用旧时查滩、验封、归坨制度外，还实行查、报、评产办法，即检查滩盐，防止偷漏私盐，产盐报数归坨，加盖封印，评定生产计划。原盐实行统一收购、统一分配销售、统一价格的制度。1951 年秋，山东省盐务管理局颁发“制盐许可证”，无证晒盐则为非法。1964 年 12 月，省轻工业厅颁发“制盐许可证”，日照县集体盐场均依法领证。如盐场改变组织形式、所有权或改变生产规模，应重新申请，经批准发给新证。集体单位及国家机关开辟的盐田，自愿转业或放弃停产的，经审查批准，吊销其制盐许可证。20 世纪 70 — 80 年代，原盐生产、销售严格执行国家指令性计划。改革开放后，盐业法律法规不断完善，原盐生产、销售均须办理许可证。1995 年 1 月，全市食盐由市盐业公司专营，对碘盐供应实行计划管理。廒头盐场等 6 家制盐企业经山东省盐务局批准，申领到制盐许可证。截至 2007 年，廒头盐场有制盐生产许可证和食盐生产许可证，王家滩盐场有制盐生产许可证。

图 18-9　日照市盐务局盐政宣传车　　(摄于 2007 年)

渔业用盐

渔盐的文字记载，见于《清·盐法志制》“渔盐课税”税目。1915年7月，涛雒盐务稽核支所规定，每年3月1日至5月30日渔汛期，发放陆地、海上两种渔盐。凡用盐渔户、渔行必须事先具保，先向稽核支所申领渔盐折子，后持折向验放处纳税，领取准单，再到渔盐放销处装运。海上渔盐直接由放销处起运装船，用于在海上腌制渔货，并发给渔船号牌一面，以备稽查。陆地渔盐装运由各村公推1名代表，向盐务机关领取押运执照，承担押运责任，如有不符及舞弊者，除代表受惩罚外，还要停止全村渔盐发放。1935年12月，实行渔盐变色办法，在盐内加炭屑、麦麸等物，成本计入盐价内。渔盐配放地点，涛雒场有黑七子、石臼、董家滩等9处。对渔户用盐逐日登记进出数量。渔户、渔行门首都要装以号牌，注明村名、姓名、渔行额、盐折号数，以便稽查。涛雒场陆地渔盐年放销限额3.3万担．至1936年，经两淮运使批准，增加石臼渔盐销售点，渔盐销售增至6万担。

新中国成立后，人民政府制定一系列渔盐管理法规。1950年12月，财政部批准施行《渔盐发售规则》。省盐务管理局下发《渔盐记税办法》。沿海渔村渔业用盐按上级审批计划由合作社统一购销。合作社持已登记的渔盐申请书，向附近盐务机关领取购盐照折，凭折购盐。渔汛期间出海捕鱼的渔船，如备盐不足，可持折向所在地盐务机关购盐。准购后在照折上注明数量、放盐单位，以备原发照折机关检查。渔船返港，须经合作社会同盐务机关检查，方准卸货。渔汛过后，剩下的渔盐封存备用。腌鱼后的乏盐，如需出售，须经盐务机关同意并补税后出售。1957年，国务院规定，淡水渔盐按渔业用盐减税供应。1984年，山东省渔业用盐每吨按29元征收。自1986年12月起，渔业用盐与食盐同税，不再给予减征照顾。

工业用盐

境内盐区工业用盐主要用于制革等。按照财政部、轻工业部1955年8月规定，工业用盐可免收盐税。1984年5月，对免税范围作了调整，制革工业用盐，改为按全税10%征收。

1990年6月，省政府规定，定点供应的工业用盐单位，年用量在5000吨以上(或者一次运量在500吨)，需报请省盐务局统一安排供应。其余工业用盐单位，从市盐务局指定的盐务所、盐场进货。工业用盐要专盐专用，不得转手出售，违犯者，除补交税款外，要依法处理 。

1994年12月，国家计委《关于改革盐价管理的通知》规定，大工业用盐的价格实行国家指导性价格，由国家计委规定出场价的浮动范围，供需双方合同定价。

2002年，根据山东省物价局《关于工业盐价格问题的批复》，日照市盐务局对小工业用盐(两碱用盐除外)价格作出具体规定，东港区的价格为440元/吨。

农牧用盐

新中国成立初期，国家规定农牧业单位的选种用盐、饲畜用盐一律按当地食盐税率的40%计征盐税。其用盐量，按盐务机关会同农牧业主管机关评定的标准，就近供应。实行专盐专用，不准移作他用。1958年后，农牧业用盐改由税务机关批准，盐务机关按计划供应，并增加对小麦播种、防疫、花生种植、农业防病、肥田几项农牧业用盐给予减税的规定。1984年，税务总局规定，凡向国营农场、牧场、农牧业集体单位承包的牧业专业户、重点户所需的农牧盐，仍按规定每吨征收55.8元盐税。1986年12月起，农业用盐与食盐同税，不再给予减征照顾，牧业用盐仍按原规定减征盐税。1989年12月起，牧业用盐与食盐同税。

第三节 缉私护税

为保证国家盐税收入，历代都重视缉私工作，制定缉私法律，专设缉私机构，严禁贩卖私盐，偷私漏税。

清乾隆二年(1737年)，涛雒场设巡役35人。乾隆五十三年，清政府允许盐商自雇一定数量的巡役，责成地方官监督管理。稽查官发给商巡腰牌，按季点卯。其时，涛雒场销地各州县有商巡18人。

清道光十八年(1838年)，江苏淮北及山东东岸私盐侵销涛雒场销地。沂州府协副将、安东卫都司、佘家巷守备(驻无棣)奉令在日照境内各地及莒州境内，设卡布防，堵截私盐。

民国时期，涛雒场为商运区域，设警较早。

1916年，涛雒盐警署有马步兵52名。1917年2月，涛雒场销区三界首、大兴镇两地成立掣验局，各调巡勇10名赴涛雒场守护。1918年盐警达85人。1924年，涛雒盐警署有盐警111名，枪77支，后因兵事解散，直到1929年才重新布防。1930年，成立游击缉私队，设巡勇20余人。1931年，涛雒税警局有11个派出所，有税警158人，负责涛雒销区各州县私盐稽查活动。

1932年12月，山东盐务稽核分所派"绥远"号巡舰前往涛雒一带巡缉。1933年1月，涛雒税警在驻军协助下，在崖下(今胶南小场附近)缉获私盐船14只。在安东卫缉获私盐船1只。同年6月，"建安"缉私巡舰在贡口截获私盐船4只。

1943年以后，盐务归民主政府工商机构管理。日照县工商局内设盐务股和武装缉私队。各工商事务所、海关、检查站负责食盐缉私与物资监管。

1948年，滨海盐务局成立，设立工作队负责滨海区缉私护税。1950年4月，组建山东盐警第四大队，下设两个中队，即九中队和十中队。九中队驻防日照盐区。同年5月，中共沂水地委发出《关于护盐护税工作的指示》，要求各县区加强群众盐税政策的宣传和教育，加强缉私工作。

1951年8月，日照盐场管理处与石臼所海防公安局签订港口查缉私盐协约，加强港口及沿海一带的私盐查缉工作。1952年7月，盐警部队缩编，日照盐管处成立盐警科，小场、董家滩各驻1个小队。同年9月，盐警科撤销。

1953年以后，盐场向集体所有制过渡，偷私漏税已属个别现象。1958年7月，山东盐税征收工作，交由税务机关办理。同时，日照盐区查缉的私盐案件，全部移交当地税务机关处理。

1990年，国家《盐业管理条例》颁布实施，盐业法律法规逐步完善。市县两级盐务管理机关均取得行政执法主体资格，建立健全盐政执法机构，独立处理盐业违法案件。按照盐业违法案件处理程序，对事实清楚、情节简单、后果轻微的盐业违法行为，采用简易程序处理；对案值较大、情节较复杂、后果较严重的案件，采用一般程序。对情节特别严重，构成犯罪的案件，依法移交公安机关处理。1993—2007年，市内共发生盐业案件13118起，查获私盐8372吨，立案2468起，判刑10人，其余以经济处罚结案。

第十九编

商　业

境内商业始自集市贸易与海运通商。清康熙年间(1662—1722年),石臼、夹仓、涛雒、栈子、王家滩等海口先后对外通商,跨域贸易开始繁荣。清朝末年,涛雒、石臼所及日照城的大户商号,利用口岸优势,兴办船行、运庄、当铺、钱庄,大量进出外埠工业品和当地土特产品,日照逐渐成为商贸重地。

抗日战争前,私营商业兴盛,大量洋货进入日照市场,境内大批农、副、土特产品运往上海、江浙、青岛、大连、天津等地。1934年,全县大小商号320余家。"七七"事变后,日本侵略军占领日照,商号停业,商业贸易日趋萧条。抗日战争、解放战争期间,革命根据地成立部分公营商业机构,至新中国成立,日照各类商号发展到110家。

新中国成立后,国营商业机构开始设立。1956年,国家对私营工商业完成社会主义改造,国营商业和供销商业控制境内市场。1959—1961年,部分商品供应紧张。1961年秋,国家对糕点、烟、酒、糖等副食品实行高价销售。1963—1965年,商品趋于丰富,供求形势好转。一般工业品基本能够满足市场需求,大部分商品价格恢复到国家牌价水平。1966—1976年,个体商贩受限制,国营和供销社商业处于垄断地位。

改革开放初期,商业、供销、粮食、物资四大系统仍是城乡商品流通的主渠道。其他行业开始兴办商店、旅店、饭店,开展各种商业活动。20世纪80年代中后期,个体私营商业快速发展,商品交易市场活跃,社会商品供应日益丰富。

进入21世纪,域外商贸流通企业开始在境内投资设立分支机构。境内大的商业店铺注册成立股份制商贸公司。国有及集体企业、股份制企业、个体私营业、外商投资企业多种经济成分并存的流通格局形成。"十一五"期间,城区商业形成三大购物中心:老城区以百货大楼为中心,构成利群购物广场、太阳城市场、丽阳大厦、天德商贸城、银座购物商场贸易圈;石臼城区以友谊商店为中心,构成海纳商城、中韩名品城、石臼市场、利群瑞泰商城等区域商贸圈;新市区以银座商城为中心的王府大街、日百新玛特、贵和商厦等构成新市区商贸圈。2007年,全区实现社会消费品零售总额73.71亿元,同比增长18.5%。其中,个体民营私有经济实现零售额64.02亿元,国有经济和集体商贸经济实现零售额8.91亿元,港澳台商贸经济0.42亿元,外商经济0.36亿元。

第一章　商业网点

第一节　商号

20世纪二三十年代,境内夹仓、涛雒、石臼、日照城的较大规模商号有200余家,小商贩近千人。经营规模大的商号分别有涛雒的"广记""裕源",夹仓的"开泰""恒记",石臼所的"公顺福""长记轮船公司"等。经营范围主要为船运业、金融业、土特产业、百货业、中西药业、典当业、茶庄业、菜庄业等行业。其经营方式:一是贸易批发,出口土特产品,进口百货、洋油、洋货。二是收购运销,一些资本雄厚的大商号一般是地主兼商号、船运兼商业、批发兼零售,基本包揽了本地土特产品的收购运销和货物进口的绝大部分商业活动。资本少、规模小的商号店铺多经营零售业务。

夹仓商号

明朝末年,江苏和山西人前来经商,分设江苏会馆和山西会馆,夹仓商业日趋繁荣。

清末,尹曰遴(举人)设"开泰"商号,是夹仓经商最早、发展最快、规模最大的一家商号。因夹仓有官宦人家,被封为"义集",做买卖曾一度不纳税,故数百里外的商人、小贩争相前来经商。清咸丰年间,夹仓商业一度繁荣。咸丰十一年(1861年)9月12日,峄县滕化光(又名滕四)率幅军数千人攻占夹仓圩,对商号进行抢掠、焚烧,夹仓商业衰败。

民国初期,夹仓商业进入复兴时期,大小商号发展到25家。有"福记""和记""恒记""森泰""新茂""开泰"等。大都经营土产、杂货、京冬菜、酱菜、油坊、绸缎、糕点,并设运庄。货物大部分销往上海、宁波等地。1939—1945年,日本侵略军封锁海口,商业再度凋敝。

涛雒商号

图 19-1 民国初期涛雒同生商号

涛雒商业始于清朝中叶。清乾隆五十年(1785年),山西典当商来此开办当铺。咸丰年间,丁开轩开办“广记”商号,主要收购生米、生油、披猪等土特产,销往上海,购进士布、大米、面粉、糖类等,成为涛雒最大的商号。咸丰六年(1856年),“裕源”商号成立,开办菜庄、茶庄,经营土特产。其生产的“京冬菜”多销往上海,购进的商品以茶为主,每年从安徽歙县进茶叶500担以上。清同治、光绪年间,“永记”“协记”“同生”等商号先后开办。清宣统年间,潍县绸缎商进入涛雒,立号“同元福”。

民国时期,涛雒商业已有船运、土特产、百货、中药等行业,商号七八十家,以“同生”“裕源”“升源”“协记”“益昌”5家最大,大部分由地主兼营。

1940年2月,日本侵略军占领涛雒,各商号相继倒闭。

石臼所商号

清朝中叶,石臼所已与上海、芜湖、连云港通商。清光绪三十四年(1908年),李开荣首立“公顺福”商号,兴办海运,建造5桅大风船1条。富有者纷纷立户开张,海运业兴盛。至民国初年,有私人风船96条。通商口岸扩大到青岛、营口、石岛等港口。有各种商号70余家,旅店30多家,小铺店百余户。较大的商号有:“公顺福”“长盛”“增盛”“福春”“同丰”“德祥”“德生堂”“益和”“福和”“广和”“益和公”“仁祥”“三合”“广兴”等。各商号到临沂、沂水、诸城、潍县、青口等地设庄,收购当地农副土特产品,集运石臼所出口。至“七七”事变前夕,通商口岸扩大到宁波、温州、福州、大连、安东等地。

1939年6月15日,日本侵略军侵占石臼所,各大商号相继关闭,商人陆续外逃。日本侵略军拼揍20多家小铺号,开办16家洋行,为其推销洋货,搜刮土特产品。

1947年,在共产党领导下解放区建立起“和生”“东兴”“兴群”“福慎”“新华”“利华”“振民”等8家私营商行,开展贸易活动。营业人员39人,资金415万元。主要向上海、苏中、大连等地输出土特产品,购进火柴、布匹、火油等日用百货。为支援解放战争,改善解放区群众生活发挥了重要作用。

日照城商号

清末,日照城有“恒聚”“祥兴”“德利”“永泰”“瑾盛”“顺和”等商号。经营土产、布匹、杂货、药业。民国年间“西慎利”“广仁和”“德昌”“福源来”“西成”“德立栈”“日丰公司”等60多家商号相继成立,其经营范围主要是土特产,书籍,红货、酱园、茶业以及饮食服务业等。

“恒聚”业主刘相臣,原为涛雒“广记”二掌柜,以主客身份住青口,后回日照城自立商号,既批发,又零售,生意兴隆。并置地6顷,30年代初败落。

“瑾盛”业主吕泽安,主营土产、布匹、杂货兼营油坊。设运庄,外运生米、生油等土产。置地6顷余,为地主兼商业大户。

1919年,涛雒人丁仞秋以2万吊钱收购黄县人张永祚开办的当铺,改号“日丰公司”,经营土产杂货。1921年扩为钱庄,并在临沂设有分庄。后因兵祸,生意萧条,1934年歇业。

30年代,县城商业有土产、杂货、布匹、茶业、红货、糕点、医药、鱼类、图书、酱菜、饮食服务业等54家。日本侵略军侵占县城后,各商号被迫关闭,日本商人组合了所谓十大商号经营土产杂货转运业务,控制日照城及其周围的商业活动。

附:外国侵略者在日照开办的洋行

“七七”事变前,随着外国商品涌入日照市场,“德士古”“亚细亚”“美孚”“大明公司”4大公司相继在涛雒建立代理店,直属青岛各大公司。推销的主要商品是火油。

1939年,日本侵略军侵占石臼所后,石臼所成立伪商会,拼凑起“祥顺”“义生堂”“德记”“万祥”“同德”“公泰”“裕祥”“万兴”等10家转运行。日本人又相继办起藤田洋行、丰田洋行、东泰公司、水产组合、仓库组合、杂货组合等,搜刮农副产品,推销洋货,进行经济掠夺,控制石臼所的海陆贸易。

第二节　网点

国营商业

1945 年，山东军区、滨海军区后勤机关在日照设立“永胜”“宏泰”“同利永”3 家商号。1946 年秋，改称“华东贸易公司”，下设商店、分店。

1946 年春，由工商总局二分局在石臼所成立“福滨商行”等 10 家公营商号。同年，华东工商部沿海一分局分别在涛雒、安东卫设立“新华”“东海”贸易公司，省政府机关生产股、沿海二分局、大众日报社、滨北专署、滨海邮政总局等机关、部队相继在日照城、石臼等地设立 11 家分营商行。

新中国成立后，国营商业网点逐步增加且集中在日照城内，发展成为大公司。

1949 年，建立日照烟酒专卖处。1950 年 6 月，成立新浦百货公司日照经营组。1951 年，改称中国百货公司山东省日照县支公司。之后，各国营公司相继建立。1957 年 1 月，成立服务局，下设百货、食品、烟酒糖茶、石油、餐饮服务 5 个公司。1958 年 6 月，县供销社、服务局和水产公司与商业局合并，5 个国营专业公司同时撤销，另设日用杂货、百货、生产资料、饮食、食品、土产品、水产等 7 个经理部。70 年代，成立蔬菜、农机等公司。

1984 年，百货公司有批发部 6 处，零售点 2 处，五金交电化工公司有批发部 1 处，零售点 1 处，糖业烟酒公司有批发部 2 处，零售点 4 处，蔬菜公司有零售门市部 6 处，百货大楼有批发部 1 处，零售点 3 处。1985 年，商业局下属企业有百货公司、副食品公司、五金交电公司、食品公司、饮食服务公司、蔬菜公司、对外供应公司、石油公司、百货大楼、食品总厂、酿造厂等 11 家。1986 年 3 月，石油公司从商业局分出。1987 年 3 月，食品公司从商业局分出改名为畜牧食品公司。1988 年，建立华侨公司。同年，境内全民所有制商业有商业局所属的百货、五金交电化工、蔬菜、副食品、对外供应、商业贸易、华侨友谊供应、商业开发等公司及商业贸易中心、百货大楼。有食品总厂、酿造厂等企业。有畜牧食品、石油、外贸、烟草、水产、丝绸、农机等公司，有物资局所属的燃料、木材、机电、金属、化轻、建材、金属回收、物资配套、承包等公司

图 19-2　原日照人民商场　　(摄于 1995 年)

和物资贸易中心。有乡镇企业局所属的综合服务公司、供销公司、建材公司。共有商业经营机构 231 个。

东港区商业网点除原有的日照市属国营商业网点外，又增加了日照市东港区抵押拍卖总行(后改为日照拍卖中心)、东港区百货公司、东港区五交化公司、东港区商业装饰公司、康翔食品有限公司、东港区商业服务中心、商业储运总公司、商业对外贸易公司、饮食服务中心等区属商业网点。

1997 年 10 月，日照市东港区电力油料供应处破产。至年底，大部分区属企业面临亏损、停产。1998 年 12 月，日照市康翔食品有限公司破产。至 1999 年，除日照拍卖中心、东方工艺品厂外，其他企业都改制或注销、破产。2000 年 6 月，日照拍卖中心改成股份合作制企业。2002 年 7 月，东方工艺品厂，因负债严重注销。至此，东港区所属国营商业全部改制、破产或注销。

附营商业

附营商业作为国营商业的补充，是一个特定时期的产物，资本为国有，所有制形式为集体。1978 年下半年，境内出现附营商业，日照县工业局、乡镇企业局先后办起营业网点。日照县劳动服务公司，于 1981 年 5 月办起 14 个营业网点。1982 年又发展到 19 处，安置待业青年 109 人。1984 年，附营商业网点 27 个。县食品公司、文化局、粮食局、电业局开办商业经营网点，最多时全县附营商业网点近百

个，职工200多人。90年代初，网点逐步与原开办机关脱钩，或撤销，或推向社会自主经营。1993年，附营商业网点均转为其他经济成分。

集体商业

1930年，国民政府县合作指导所在日照创办消费社、生产社各1处，信用社2处，拥有社员227人。1931年，合作社发展到10处。1934年，有合作社15处，社员500人。至1938年，全县合作社已达66处。日本侵略军侵占日照后，合作社全部解散。

1939年，中共日照县委在根据地创办第一处合作社。1940年，抗日民主政府建立盐业社、消费社、榨油厂各1处。1941年，日伪成立10余个乡镇合作社(时称“组合”)，至1945年日本投降后全部消亡。1944年，县民主政府在根据地创建消费社、医药社、渔业合作社、纺织社。至1945年，仅纺织社已有纺车千余架，布机300余张，年产布3510匹，基本达到自给自足。1947年，各类合作社发展至450处。下半年因战事等原因减至276处。1949年，各村社、区中心社发展到300余处，入股社员13万户。

1956年，全县有公私合营商店1处、合作商店51处、代购代销(简称“双代”)点128处。1966年，有双代网店655处。1969年，全县有供销合作社15处，双代店706处，服务店157处。

1972年，供销合作商店设分销店148处。至1977年，有双代店987处。1983年，全县有合作社22处，双代店938处，门市部、站、店539处。1984年，44处双代店改为自营店，三庄供销合作社发展自筹资金代销户87处。1985年之后，部分双代店退出供销合作社资金，进行个体经营，时有双代店1110处。1989年，双代店降至759处。

1994年，全区双代店减至320处。1995年，全区双代店增至675处。1998年，减为218处。1999年，全区供销社变卖资产，兑付社员股金。2000年，除石臼、日照城区两处供销社整建制保存外，区供销系统出售门店403处，全区供销合作社集体所有制变为民营制。

2005年，东港区被确定为“万村千乡”市场工程试点单位。2007年，区供销总社在农村社区建成消费品店55个，服务中心8处，乡镇超市10处，农资农家店97处。

供销社社办工业

20世纪40年代，县供销合作社成立，建起纺织业、木业、染坊、油坊。50年代末，纺织业和铁木业移交二轻局管理。进入80年代，各社普遍建了面粉、煤球酿造、糕点等加工厂。丝山、城关、涛雒三社依据沿海优势建起低温库，进行水产品加工出口业务。三庄社、陈疃社建成地毯加工厂，城区社建成印刷厂。到1993年，区基层供销社有社办工业项目56处，年产值2800万元，年实现利润120万元，从业人员达到470人。

1995—1997年年初，投资近3000万元建成一批农副产品加工项目。主要有：东港区果品公司冷风库、河山供销社冷风库、秦楼供销社低温库。涛雒、西湖、三庄社利用闲置仓库，改造成冷风库。冷风库的主要功能是加工储存果品、蔬菜、山栗子、花生米等。至1997年，全区供销社共有冷风库7座，年储存加工能力6000吨。低温库4座(秦楼2座，涛雒、城区各1座)，年加工水产品能力2000吨。有社办工业项目42个，从业人员606人，年产值4453万元，利润196万元。

1998年，发生股金挤兑后，社办工业项目多数停产。工业项目减少到28个，年产值4003万元，从业人数269人，利润74万元。

1999年，多数社办工业的厂房、设备产权权属发生变化。同年9月，累计完成产值1442万元，利润46万元。2000年，供销社工业企业先后转为民营经济。

第二章　流通方式

新中国成立前，境内商业基本为个体商号，营销模式以批发、零售为主。新中国成立后，实行商品计划流通，国家设立商业、供销、粮食、物资四大商业系统，不同商品划归不同商业系统经营，对部分商品实行专卖、专营。改革开放后，市场经济逐步建立，商品市场全面放开。

第一节　批发　零售

批发

新中国成立前，境内经济实力较为雄厚的几家商号，从外地批量购进商品，既零售，又批发。

新中国成立后到20世纪80年代初，国营商业一直是境内唯一商品批发商。商品由上级专业公司按计划、分季度供给调入，然后再由县级批发公司对境内国营零售商店、基层供销社和特供单位进行批发。

改革开放后，单一批发渠道和固定批发对象的批发模式逐渐消失。90年代初，供销社成立系统内自己的批发公司——工业品批发公司。随后，境内国营、集体、个体批发商日渐增多，一些生产厂家设点批发其产品。

21世纪初，境内从事批发业务的商贸公司逐年增多。个体私营批发店铺主要集中在老城区的大型批发市场内及其附近路段，各乡镇街道也都有成规模的综合批发部。批发业户以商品批发为主要业务，附带进行商品零售业务。批发商不断改进经营策略和服务方式，采取电话预约订货、送货到门、延期付款、货物调换、让利"回扣"等方式进行营销。

零售

金代起，境内即有零售商贩。明、清时期零售的商品门类、品种有所增加。到民国时期，零售商贩数量大增，设摊叫卖、游走四乡的零售商贩遍及城乡。

抗日战争、解放战争时期，沿海口岸贸易萧条，零售业户大多弃商另谋生计。1952年，境内个体零售商户2042家，摊贩1753户。

"文化大革命"时期，取消个体零售业户。城区只有国营零售商店经营商品，乡镇以下由供销社设立零售门市部、商品代销店(点)，代销店(点)到供销社以现金进货，上架零售商品种类少且经常断档缺货。

进入21世纪，商业零售网点遍布城乡。城区营业面积万平方米以上的大型零售超市10家。中石化、中石油设立的以汽、柴油零售为主的加油站数量、规模不断扩大，在部分规模较大加油站设立便利连锁店。

各商家实行薄利多销策略，开展名目繁多的促销活动。节假日实行让利、优惠。各大超市打造独具特色的服务品牌。如百货大楼的"不满意就退货"，凌云大厦的"购物在凌云　满意带回家"，银座购物广场超市的"购物银座　享受生活"，利群购物广场的"周二答谢日"等。对车辆、家电等大件商品，实行"团购优惠""先用后买"等促销措施。

2007年，全区零售业实现消费品零售额40.38亿元，同比增长22.8%。

1993—1998年东港区主要商品零售情况表

表19-1

品名	单位	年份					
		1993	1994	1995	1996	1997	1998
食糖	吨	322	312	256	250	246	232
卷烟	5万支箱	4714	2695	3415	2718	1184	848
各种酒	吨	2566	2690	2340	3540	9323	5329
茶叶	百千克	400	400	551	466	172	114
各种布	百米	4875	3250	10599	7786	1634	1364
各种服装	百件	1018	966	2984	1523	312	162
各种鞋	百双	2648	1683	2779	2331	1060	532
缝纫机	架	3937	2216	3532	2698	2039	1187
手表	只	1593	1243	817	534	241	958
自行车	辆	3822	3245	4422	4221	4038	1581
摩托车	辆	16	21	22	26	76	26
黑白电视机	台	2529	1980	2238	2046	712	360
彩色电视机	台	171	93	232	359	480	168
收录机	台	347	211	510	487	186	116
录像机	台	13	1	—	1	1	—
电风扇	台	7761	13179	12816	11378	12219	3883
洗衣机	台	149	15	46	38	47	68
电冰箱	台	137	371	1995	356	288	62

第二节　专卖　拍卖

专卖

新中国成立前，有布店、药材店、副食品店等专卖店。新中国成立后，部分重要商品的经营权由国家控制，实行专卖管理，由专门机构经营。改革开放后，除烟草、盐类等少数商品仍实行国家专卖外，其他大部分商品可自由买卖。

20世纪90年代，专卖店逐渐增多，一般位于老城区商业区的商业街、批零市场或百货店、购物中心内，以著名品牌、大众品牌为主，主要有服装、洗化品等。90年代中期，新郎西服专卖店成立，为生产厂家直营连锁店。

图 19-3　新郎西服专卖店　　(摄于 2005 年 9 月)

21世纪初，手机、家电、摩托车、汽车等大型专卖店发展较快。其中，汽车专卖店规模较大，许多国内外知名品牌汽车都在境内设立集销售、服务于一体的“S”店。2005年8月，“国美电器”日照商场开业，随后，苏宁电器也在境内设立家用电器商场，专营国内外知名品牌家电、数码科技产品。

拍卖

1992年10月，日照拍卖行办理了营业执照，未挂牌营业。1993年9月，日照市东港区抵押拍卖行成立，主要拍卖经济纠纷案件封存扣押物品、依法不返还物品。10月，举办首次拍卖会，拍卖涉案资产108万余元。1994年5月，更名为“日照市抵押拍卖总行”。1996年12月，又更名为“日照市东港拍卖行”。1998年3月，更名为“日照拍卖中心”。日照拍卖中心业务范围仅局限于拍卖执法部门查封、扣押、抵税等物品。

进入21世纪后，先后有多家拍卖公司成立，拍卖标的品种不断增加。经营范围：为国家执法、监督机关缉私、罚没物资，破产企业的动产、不动产资产，超储、抵押、无主物资，机动车、房产地产、无形资产、科技成果、技术专利，企事业单位和个人委托的财产权利和物品等。2007年，境内注册的拍卖行共有7家，从业人员50人，其中拍卖师11人。

第三节　回收

改革开放前，境内的废旧物资由供销社和物资局所设企业回收。1987年，国家鼓励再生资源回收利用。一些从业人员下村串户收购金属、塑料、纸、酒瓶等废旧物资，然后交到废旧物资回收点。回收点将回收的再生资源分拣整理后，大部分以原形态销往临沂等地，被再加工利用。

90年代，生产、流通、消费等过程中产生废旧物品增加，促进了再生资源流通的发展，废旧物资回收点及从业人员增多。进入21世纪，回收的废旧物资增加了旧家电、电脑等。2007年，从事再生资源收购、储运业务的人员近3000人，年购销额过亿元。

第三章　商品购销

清朝末年，私营商业购进商品，多采取派客常驻，坐庄收购，临时派员采购等形式。

民国时期，各海口私营商号均为坐商，多以零售为主，少数商号兼营批发业。

抗日战争时期，出现公营商业。公营商业的商品购进和销售，以军需物资为主，兼顾当地群众生活用品。

新中国成立后，国营和集体商业逐渐形成。商品购进多由系统内调拨，按年度计划分季调入。

20 世纪 50 — 80 年代初，计划内商品实行计划调拨，主要由国营、集体商业营销。

90 年代初期，市场经济逐步建立，商品市场进一步放开，计划类商品全部取消，国营、集体、民营商业增长迅速。

进入 21 世纪，境内烟草、食盐实行专卖管理，成品燃油销售主要由国有石油、石化企业控制，其他商品购销基本全面放开。

第一节　日用百货

新中国成立前，日用百货多为私营商业经营，以生活日用品为主。计划经济时期，国营商业和供销合作社分别担负着城市和农村的生产、生活物资供应任务。在经营品种分工上，国营商业主营日用百货，供销社兼营日用百货。供销社日用百货的进货渠道是国营商业各专业批发公司。代购代销店则分片从各基层供销社门市部进货。

新中国成立初期，日用百货多从济南、青岛等地购进。主要工业品有棉布、针纺、食糖、石油、自行车、碱粉、铁丝、元钉、白酒、酒精、卷烟等 500 多个品种。

1958 年，先后派出 120 名采购员，购进煤炭 1.54 万吨、焦炭 2470 吨，煤油、机油 395 吨和一批五金交电器材。1962 年，工业品购进渠道以青岛为主，临沂为辅。同时从新浦、徐州、济南、益都、滕县等地进货。

1970 年，日用百货仍由青岛调入。1979 年，除计划内商品及部分二、三类商品由青岛二级站调拨外，大部分商品实行自由采购。80 年代初，日用百货等工业用品计划商品减少，选择商品增多，商家"以热带冷"搭配供货。

至 1992 年，全市各集镇都形成了相当规模的小百货市场，日用百货日益丰富。基层供销社的经营范围相继扩大，日用品从手表、自行车、缝纫机，逐渐发展为彩电、冰箱、摩托车、空调等。

1993 年，在全区供销社系统实行联购分销，可以经营日用百货的任何品种。2005 年，开始实施商务部"万村千乡"市场工程。至 2007 年，东港区供销总社在大的村镇建社区商业综合服务中心 26 处，在集镇建百货综合超市 26 处，在农村建农家店 286 处。

2004 — 2007 年东港区社会消费品零售总额表

表 19-2　　　　单位：万元

年份	社会消费品零售总额	同比增长（%）
2004	458000	17.8
2005	552900	15.1
2006	622400	14.0
2007	737300	18.5

第二节　生产资料

农具

1946 — 1948 年，锨、镢、锄、镰、筐、皮条、绳索等农具由供销合作社组织铁匠、木匠、编织匠制作。1948 年，6 个区供销合作社制作小农具 10 万余件。1949 — 1950 年，供销合作社以高价从各行业收购中小农具供应农民。1952 年，开始供应新式农具及农药器械。全年贷放水车 176 部、七寸步犁 314 部、十寸步犁 8 部、耘锄 3 部、移苗器 5 部、大喷雾器 20 架、小喷雾器 313 架、喷粉器 1 架，其他农具 2.70 万件。1953 年，对生产资料采取吸收群众资金、统一价格标准、将现售与预售相结合的办法进行供应。1955 年，中小型农机具、农药器械供应，从分配制转变为要货制，减少硬性搭配。县供销合作社在城关、沈疃、涛雒设新式农具销售点。1956 年，农具归农业合作社集体购置。农具品种增加了胶轮马车、手推车、双铧犁、圆盘耙、播种机、抽水机、收割机等。下半年对新式农具实行订购预售合同制。

1962 年始，全县制造销售各种小农具 42.58 万件，维修农具 69.3 万件。1963 年，购进小农具 19 万件，同时，从德州购进小车桩 1046 副。

1975 年，对农具实行统一供、管、修。建立前店后厂，制造、销售急需小农具及零配件。当年制造各种小农具和配件 19 种，10.3 万件，改造农机具 27 种，718 件。供应机动农药器械 10 台(套)、轮式拖拉机528台、动力脱谷机296台、粉碎机148台、柴油机699台、汽油机4台、水泵886台、电动机34台。1978年，县农机公司负责农机具供应。

1989年，全市销售铁制小农具194万件，销售拖拉机710台，4188千瓦，农用电动机28台，6654千瓦，柴油机6415千瓦，水泵279台，喷灌机390台。1998年，全区供销系统销售中小农具1.4万件。1999年，16处基层供销社改制后，供销社农具业务经营基本结束，其后多为个体私营户购销农具。

化肥

1951年，供销合作社首次购进硫酸铵，当年推销1000吨。1953—1955年，化肥现售金额占总售金额的80%以上。对资金不足的农业合作社、互助组，烈、军、工属，贫苦农民、灾民实行赊销。1956—1958年，供销合作社对化肥实行计划供应，按作物种植面积统一分配和奖售。60年代初，化肥用量激增。国家对进口优质大化肥采取平价计划供应政策，对氨水、碳酸氢铵、小磷肥、复混肥等敞开供应。实行平价计划供应的化肥为：粮油奖售化肥、生产专用化肥、救灾化肥、多种经营奖售化肥，外贸出口产品换购化肥。化肥品种为尿素、碳酸氢铵、三元素复合肥、硫酸钾、磷酸二铵等。粮油奖售化肥依据粮食部门提供的粮油收购量和奖售标准计算分配。生产专用化肥依据各县区的作物面积和国家引导政策分配。救灾化肥为特项供肥，多种经营奖售化肥和外贸换购化肥，实行随收随兑现。计划供应化肥由省农资公司直接下达计划到各县、区政府，由各县、区农资公司组织调运、分配和供应。1963年后，化肥供应实行全省统一计划，分级管理，分级核算，"统负盈亏"的办法。1968年后，大量推广使用钙镁磷肥，销量较1958年增长40%。1973年，供销合作社开始经营复合肥和钾肥。

1978年后，开展计划外化肥采购供应，实行与厂家产销挂勾，产销联营，代存代销等形式。1983年后，在计划内化肥减少40%的情况下，购进计划外标准化肥2.78万吨。1989年，销售标准化肥7.13万吨。

1993—1999年，计划供应逐渐取消。区供销社以区农资公司为"龙头"，以基层社为依托，推行"县基联营"。实现"统一计划、统一进货、统一价格、统一管理"的"四统一"管理，建立起区农资经营一体化体系。1999年，供销社改制后，化肥主要由良丰农业生产资料有限公司经营。2002年，销售标准化肥1.56万吨。2004年，销售标准化肥4.7万吨。

农药

新中国成立前，供销合作社只经营少量农药，其中有砷石(砒霜)、苦楝树皮。新中国成立后，合作社重视农药推广使用。1952年，农药品种有滴滴涕、鱼骨粉、白砷石、西力生、石灰硫磺合剂、氟化钠等。1953年，增加"六六六"。1954年后，农药的经销依据调查的需求量制定出购销计划，由县供销社经营，基层供销社代销。

1956—1958年，新农药"1605"等被广泛使用。1979年，对计划外的农药经营，采取"产销挂勾，产销联营，为产地代销"的办法。改变了供应方式，拆整卖零，降低了销售起点。1983年后，农药销售量略有下降，但品种齐全，新添50%辛硫磷、比久、拉索。淘汰可湿性"六六六"、223乳剂、DDT粉、粘虫脒、敌百虫。报废二臭氯丙烷、稻脚青、除草剂，禁用稻脚青。

1985年后，农药由粉剂转向乳剂，向高效低毒转化。新添除草剂、植物生长调节剂等。1989年销售1488吨，1998年销售1889吨。

2005年，区供销社以区农资流通协会为依托，吸收全区各乡镇信誉好的农资经营部作会员。至2007年，农资流通协会会员达320家。

1993—1998年东港区供销社农资销售情况表

表19-3

项目 / 年份	化肥(吨)	农药(吨)	农地膜(吨)	农资销售总值(万元)
1993	68232	552	637	6283
1994	80900	1239	1825	6763
1995	109183	1970	1163	14245
1996	126285	1918	938	12592
1997	137223	1449	866	12617
1998	199677	1889	1786	15900

第三节　农副产品

计划经济时期农副产品收购是供销社的主营业务。50年代初期，供销社农副产品收购业务覆盖范围几乎无所不包。1953年，随着国家购销体制改革，供销社农副产品收购业务范围缩小，品种逐渐减少。

1993年，供销社农副产品收购业务为果品、蔬菜、杂品等，粮食和花生米必须在国家粮油征购任务完成之后进行收购。中药材实行为药材公司代购方式。20世纪90年代中期，增加蒜薹收购业务。

1993年后，区供销社经营品种主要有：苹果、板栗、花生米、瓜干、银花、蜂蜜、鲜蛋、蒜薹、草编制品、各种小药材等。1993—1998年，农副产品收购总额达4亿元。全区供销社形成果品、粮油、水产品、畜产品和其他农产品五大系列的农副产品收购销售网络。收购网点下伸到农村基层社门市部和代购代销店。

生猪

1952年前，生猪由屠宰者自由购销，商号与各供销社收购点加工成披猪外运。1953年2月，中国食品公司山东省日照县石臼购销站成立，委托基层供销社代购披猪，付给2.5%的手续费。1955年下半年，实行生猪派养派购，经营单位与养猪单位或养猪户签定交售合同。在完成派购任务后，增养不增购。

1956年，县食品公司经营生猪逐渐取代屠宰户个体经营，当年收购生猪26866头，2078吨。1957年，采取联购联销、联购分销、代购代销、自购自销的生猪购销形式，收购生猪35496头，2630.15吨。1958年，实行统一收购。1959年下半年恢复派购，实行包购超额奖励合同制度。1959—1960年，物价上涨，肉食供应十分紧张，非农业人口凭票供应。1961年4月，开始恢复定购合同制，猪肉供应仍然紧张，全县销售生猪2043头。1962年，改用按猪派购，售一留一，计划外收购奖售工业品和议价收购的办法，当年收购生猪是1961年的3倍。1964年，对计划外售猪奖售工业品，改为奖售饲料、化肥和布票。1967年改为2千克生猪奖售粮食500克的办法，改派购为计划统一收购。1978年，购销放开，当年收购生猪86731头。

1985年后，生猪价格全部放开，畜牧食品公司实行“三包一支持”(包良种繁殖、包防疫、包收购，支持养猪专业大户)的政策，保证猪源。1989年，销售总额11590万元，实现利润102万元。

2005—2007年东港区违规生猪案件查处情况表

表19-4

年　份	案件起数	查获问题生猪产品(千克)	罚没款(元)
2005	151	2230	20010
2006	99	2530	10430
2007	56	594	5200

90年代初，生猪贸易逐步实行市场化，个体私营屠宰户增多，部分冷藏加工厂也从事屠宰、收购、销售。1998年，实行生猪定点屠宰管理，未取得生猪定点屠宰证照的单位、个人不得从事生猪屠宰业务。监管单位对生猪产地、进厂检疫、屠宰加工、质量检验、产品流向实行严格管理，对违规生猪案件进行严肃查处。1999年7月，对21家企业颁发生猪定点屠宰许可证。进入21世纪，生猪贸易主要由境内几家生猪定点屠宰企业控制，形成生猪收购、屠宰、销售业务一条龙。在集市、农贸市场、超市等都设有厂家的猪肉销售点，供应量稳定。2007年，境内生猪定点屠宰企业共8家，日照方鑫食品有限公司的生猪产品供应城区，其他7家乡镇定点屠宰企业的生猪产品限在当地镇村销售。同年，全区建立“放心肉”销售店(点)31处。

鲜蛋

1952年，石臼所设食品收购站，鲜蛋收购远至莒南、五莲等地，销往青岛、上海等城市。1953年，委托基层供销社收购。1955年，由五莲、莒县、莒南及本县个体商贩自由收购后集中交石臼购销站，再运销各地。1955年12月，县食品支公司根据国家对主要农副产品实行派购的政策，对鲜蛋实行派购。1959年12月以后，改为按比例收购，规定每只母鸡每月交售4个蛋。1961年，实行自愿出售，在市场协商收购。“文化大革命”期间恢复派购，禁止自由买卖。1980年以后，涌现出许多养鸡专业户、重点户，商品蛋源丰富。国家取消派购任务，实行自由购销，价格随行就市。1988年，收购鲜蛋388吨。1989年，收购619吨。1993年，收购176吨。1996年，随着养鸡专业村、专业户的增多，基层供销社相继成立禽蛋专业合作社。1996年，供销系统收购鸡蛋20吨，1997年，收购641吨，1998年，收购178吨。供销社改制后，鲜蛋购销完全放开，价格随市场行情。

苹果

1957年，国家开始收购苹果。1968年，苹果由供销系统专营。1972年，供销系统对果农实行奖售政策，每交售等内苹果5万千克，奖给标准化肥5000千克。1978年，县果品公司向果农投放无息贷款20万元。1979年，苹果树发展到1111.2万棵，年产苹果3.25万吨，收购6650吨。1980—1983年，供应果农标准化肥1600余吨，预付定金7万余元，并从苹果调拨出口中每吨扣出0.5元返给果农。4年间，全县苹果社会产量累计14.42万吨，收购5.73万吨，占社会产量的40%，奖售给果农标准化肥5726吨。

1984年后，苹果由2类改为3类农副产品，允许自产自销，放开经营，多渠道购销。供销系统立足生产，建立果园生产管理样板基地和技术联络网，为果农提供信息，扶持资金，优先供应化肥、农药、柴油，让利给果农，扶持果农发展苹果生产。1984—1987年，发放扶持生产资金150余万元，调进优良果树种籽2.5吨，苗木30余万株，返还利润30余万元。社会产量累计18.47万吨，收购4.11万吨。1993—1998年，收购苹果4.45万吨。1999年后，供销系统苹果购销业务全面停止。进入90年代，果品购销逐渐以个体经营为主。从80年代中后期，三庄镇就有农户开始从事果品购销。90年代后，个体苹果流通联合体迅速发展，到1999年，发展到300多个，购销人员5000余人。果品收购区域延伸到省内各苹果产区，销往苏、浙、沪、闽、粤等省、市。常年在外销售人员300余人，年流通量1.2亿千克。

茶叶

70年代前，境内茶叶主要购自南方。1975年，开始收购当地茶。基层供销社受国营商业的委托进行收购。收购比例是：种茶村自留总产量的5%，当地供销社留收购量的30%用于本地销售，其余上缴国营商业经营单位。1984年后，茶叶划为三类农副产品，全部由种茶单位自产自销。1988年，全市销售茶叶785吨，金额1178万元。1989年，收购当地茶叶73吨，销售885吨(含外地进货)。90年代后期，日照绿茶除供应本地外，开始销往省内、外市场。至2004年，销往韩国等国外市场绿茶20吨。2007年，在北方各大、中城市，设营销网点120多处。

蔬菜

1975年前，机关、部队、学校、厂矿及城镇居民食用蔬菜，主要从蔬菜市场购买。

1976年，县蔬菜公司成立，并设蔬菜零售门市部。1977年，在县城附近建立蔬菜基地26.67公顷，季节性菜田13.33公顷。所产蔬菜由蔬菜公司包购包销。部分季节性蔬菜仍靠市场供应。1983年，蔬菜基地面积增加到53.33公顷，供应紧张局面略有好转，初步达到自给。季节性早市蔬菜需由临沂、诸城、江苏等地调入。

1984年，非农业人口猛增，蔬菜供应点增加5处，其中石臼所2处。国家拨付20万元的亏耗指标，平抑菜价，实行"高进低出"的供应办法，仍不能保证蔬菜供应。1985年，蔬菜销售总额为8.5万元，亏耗15.4万元。1988年，政府拨付20万元，扩大菜田16.67公顷，蔬菜数量与品种逐渐增多。当年销售总额为325万元，利润总额为10万元。1989年，蔬菜销售总额192.8万元，亏损13.51万元。

90年代，农副产品经营权放开，受个体蔬菜经营业户影响，蔬菜公司连年亏损，2006年破产。

瓜干

从1993年起，石臼港成为瓜干出口地。区储贸公司与竖旗供销社、陈疃供销社、黄墩供销社联合建立瓜干货源基地，收购点辐射到周边10多个县市，近50个乡镇。1993—1994年，代理瓜干出口14万吨，创汇2亿美元。1995年起，石臼港停止瓜干出口，收购瓜干依靠内销，购销业务萎缩。

海产品

民国时期，合作社就开始经营海产品。新中国成立后，合作社对咸鱼、虾皮等海产品进行批发零售，以经营干货为主。1985 年，丝山、涛雒、城区 3 处基层供销社在渔期收购海产品，并依靠本社的冷藏厂，进行深加工。收购品种主要有章鱼、安康鱼、鲅鱼、带鱼、对虾等，大部分货物出口韩国和日本。1996 年，区总社以丝山供销社冷藏厂为依托，与韩国连峰有限公司合资建起“日照日峰水产品有限公司”，产品全部出口韩国，1999 年，公司变为私营企业。至 2007 年，干、鲜海产品主要由个体私营者和各大超市经营。

其他

从 1980 年开始，各基层供销社开展花生米收购业务，购销方式采取零收整调，主要销往江苏、浙江、广东一带。西湖社引导农民种植芋头，1995 年收购芋头 200 吨。下湖等基层供销社与药农签订合同，每年为药材公司代购金银花。90 年代后期，供销社农产品购销业务融入市场化大格局。

第四章 物资供应

新中国成立前，煤炭、木材等多用船从青岛、天津、上海等地购进。新中国成立后，国家对煤炭、有色金属、农机、电器、化工产品、木材等十余种重要物资实行计划统配。1963 年前，木材、煤炭等购销业务均属商业局。后物资机构建立，县物资部门按指定地点分季自行促调物资。60 年代后期，开始组织计划外物资，到 1978 年，计划统配物资只占整个物资供应量的 25%。

中共十一届三中全会后，物资供应企业逐步放开物资经营权。物资流通由计划统配转为经营服务。80 年代，物资系统在保证完成国家计划内调拨物资的同时，通过协作、联营、补偿贸易、串换调剂、开订货业务会来稳定物资货源。计划外物资的购进额愈来愈大：1986 年，已占整个购进额的 87%，1988 年为 94.4%，1989 年为 97%。

80 年代后期，部分物资允许由个体私营商业经营。90 年代初期，大部分物资取消计划供应，实行市场化经营。至 1998 年，物资系统各企业基本停止运营。21 世纪初，区物资系统所辖企业全部被吊销经营资格，物资计划统配流通体制退出市场。境内生产、生活资料全面实行市场化经营。

第一节 金属材料

新中国成立后，金属材料多靠当地收购，供手工业联社、铁木业社使用。60 年代后期，主要依靠国拨计划，由地区物资部门、工业部门经营，年进货量百余吨。70 年代初，钢材仍以计划统配为主，种类向大中型过渡，县物资系统开始购进计划外钢材。

1978 年，市场钢材匮乏。1982 年，采取调剂、串联、协作、求援等多种方式，当年购进计划外各种钢材 2300 余吨，主要购进单位为临沂地区金属材料公司。生铁主要货源为莱芜钢铁厂，大规格钢筋或板材主要货源为鞍山钢铁厂、济南钢铁厂、上海钢铁厂等。

1982 年后，每年购进计划内、外各种钢材约 5000 ～ 6000 吨，年购进额 400 万元左右。1985 年始，购进各种钢材 1.62 万吨。

1992 年后，国家对钢材经营全部实行市场化。1995 年，钢材年购进量降为 400 吨左右，年购进额 90 万元左右。金属材料的主要购货点是河北省的青县、山东省的临沂、沂水、青岛、莱芜、淄博、日照市各区县、惠民地区、烟台、潍坊及天津市等地的钢厂和金属经销企业，主要销售地点是江苏省邗江县、云南省橡胶集团经营部、山东省莒南县、兖州矿业集团、日照市各区县等地的建筑行业和钢材经销企业。1997 年，国有钢材流通基本停止，钢材流通主要由个体私营商业经营。进入 21 世纪，建筑用钢材需求迅速增长，境内建成江豪建材市场等多家专业钢材批发、零售市场。

第二节 石油

1952 年 10 月，省石油公司在日照石臼设立供应组，负责日照县石油供应。供应组几经易名，隶属关系多次变更，1985 年 4 月，改称山东省石油公司日照支公司。1986年，支公司建成日照第一座加油站，当年完成吞吐量8.88万吨，完成销售额2744.8万元，实现利税84.7万元。1989年，石油支公司建成加油站4座，完成吞吐量11.8万吨，销售额5202万元，实现利税213.3万元，利润132万元。1990年3月，组建山东省石油公司日照分公司。10月，扩建5万立方米中转油库，总库容量达6.2万吨，完成吞吐量172万吨，销售额6900万元，利税306万元，利润180万元。1992年8月，省石油公司与中化新加坡国际有限公司投资890万元，建罐4万立方米，总库容量达10.2万立方米，完成吞吐量38万吨，销售额2.1亿万元，利税340万元，利润182万元。

1993年，山东石油公司日照分公司更名为山东省石油集团日照总公司，2000年，更名为中国石油化工股份有限公司山东日照石油分公司(简称中石化日照分公司)。同年，销售油品41.98万吨，零售15.32万吨，直属库完成吞吐量87.2万吨，完成销售额11.2亿元，利润1103万元。2001年，中国石油山东日照销售分公司(简称中石油日照分公司)成立，同年，设加油站17座，销售成品油19.5万吨，实现利润243.83万元。仅石臼营业室，日销售量达150吨，月销量4000多吨。分公司固定客户发展到80多家，销售区域延伸到青岛、潍坊、临沂。2003年，中石化日照分公司在东港境内设加油站29座，成品油零售6.16万吨。中石油日照分公司新投运加油站4座，新建加油站3座。销售成品油13.72万吨，实现利润422.34万元。

2007年，中石化日照分公司建成加油站32座，成品油零售11.24万吨。中石油日照分公司在境内有加油站10座，销售成品油9.47万吨，销售收入4.5亿元，利润1106万元。成品油零售在东港区市场占有率为：中石化日照分公司约为65%，中石油日照分公司为9%，社会石油经营单位约为26%。

第三节　煤炭

新中国成立前，境内一些商号用船载或车运方式从青岛、临沂、枣庄等地购入煤炭。

新中国成立初期，煤炭购进由上一级商业部门直拨。1956年，县煤建公司建立，专营煤炭购销。购进方式是，由国家分季下达计划指标，青岛二级站供应，县煤建公司直接负责收货。主要供应厂矿，少量供应渔民及城镇居民。1958年，工业品按行政区划分配，煤炭购进由青岛供应改为临沂专区计划批发，县煤建公司按指定地点派员催调。60年代初，全县生产、生活用煤极为紧张。自1961年，利用秋末至春耕前农闲时间组织运煤队直接到煤矿购运。当年秋，组织900余人800多辆胶轮车，分赴淄博、枣庄两地煤矿往返运煤，持续三年，共购进计划外煤炭5万多吨，重点供应急需煤炭的渔村、农村。在全县发放煤票购煤。“文化大革命”期间，一度出现供应中断。1978年，除按季派员赴煤矿催调外，另派员常驻催调。

1979年后，煤炭部门多方协作购进计划外煤炭。1980年，购进计划外煤炭9000多吨。1993年起，煤炭市场完全放开，多元化煤炭经营格局逐步形成。1995年7月，燃料中心成立，先后与烟台、临沂等地的煤炭经营企业和生产企业建立购货合作关系。销售地点主要为江苏、浙江、河北省一些地区及山东省内的黄岛、莒南、日照、费县等地。当年购进煤炭1.86万吨。1997年，物资系统停止煤炭经营，煤炭全部由个体私营企业经营。

第四节　机电设备

新中国成立初期，小型机电设备由上一级公司直拨商业部门，不准跨省采购，主要供应县手工业联社及区铁木业社。1964年，机电产品由县物资站经营，由青岛机电设备公司供货。主要购进二类机电产品，品种近百种。小型电动机、轴承、铅线，主要供应县发电厂、农机修造厂。柴油机配件、各类轴承，供应各区农机修造厂、生产大队。

1972年，购进小型车床、拖拉机、电焊机、电动机、粉碎机、变压器等。仅1973年，就从上海、上饶、牡丹江、北京、连云港、青岛等地购进机电产品百余种。

1980年，购进汽车27辆。1981年市场放开后，计划外货源地主要是临沂、淄博、潍坊、烟台。1983年，机电产品购进实行分片包干责任制。1984年，机电设备公司成立。机电物资主要由公司购进，部分由各供应站、门市部、服务公司购进。

1992年后，国家取消机电产品的计划供应，经营机电类商品的个体私营企业逐步增多。1997年，物资系统停止机电设备经营。机电设备由个体经营商经销。

第五节　化轻建材

新中国成立初，所需化轻建材产品由青岛商业部门按计划分季直拨。产品有玻璃、轮胎、沥青、水泥、化肥等，进量较小。1960年，部分化轻建材开始按需自行采购，购进地为青岛、临沂、新浦、济南等。

1964年年初，省、地物资部门下达计划指标。1968年，在"农业学大寨"运动中，炸药、水泥、胶轮车胎、三角带、平机带供不应求，境内开始购进计划外物资。1971年，计划外化轻建材的购进地点增加赣榆、连云港两地。1975年，城市建设速度加快，水泥、玻璃供应紧张。当年，从外地购进水泥1050吨、玻璃500箱。70年代末，主要化轻建材仍以计划统配调入为主，计划外调节为辅。

中共一一届三中全会后，化轻建材购进转向以计划外为主。1980年，沥青、水泥、玻璃、纯碱、烧碱、轮胎、电石等物资的购进，主要靠求援、协作。1983年，大部分产品由化轻建材公司经营。

东港区物资总公司经营的品种主要有玻璃、水泥、各类化工原料。至1998年，随着物资系统企业的撤销，化轻建材由个体经营商经营。

第六节　木材

民国初年，木材供应除自产外，主要依靠沿海口岸的商行、运庄购进。木种以南方杉、东北红松为主。新中国成立初，由商业部门经营。1963年归临沂专区物资局石臼木材组经营。进货靠省、地计划分配，年分配1000立方米左右。1970年后，购进部分计划外木材，以东北木材为主，年购1000立方米以上。木材销售对象以水产业为主，木种多为中小规格的红、白落叶松和长杉木。

中共十一届三中全会后，专营或兼营木材的单位逐年增多，其中包括一些乡镇属单位和个体者。几年内，由几家发展到60多家。县木材公司担负计划供应和市场调节双重任务。所购木材，除原有的落叶松和少量的水曲柳、黄菠萝、榆、椴、马尾松外，又增加杉木、南柞、栲木、美国松及少量的印度尼西亚柳安木等。1980年前，木材主要购进点有内蒙古、黑龙江、吉林、福建、湖北、浙江等省区。1983年后，以大量的计划外购进为主。

1993—1998年，木材主要来源，一部分是直接与吉林省林业部门联营购进，一部分靠日照市木材公司统购分销。主要木材种类有红白落叶松、榆木、椴木、桦树、曲柳、柞木、马尾松、美国松、各种色木等。销售客户主要是本市区的建筑装饰工程公司和沿海造船行业。至1998年，物资系统木材经营业务因连年亏损，停止经营。木材由个体经营商经销。

1993—1998年东港区物资系统购销主要物资情况表

表19-5

年　份	品种类别	购　进		销　售	
		数　量	金额(万元)	数　量	金额(万元)
1993	化肥	465.95吨	25	465.95吨	27
	玻璃	5667平方米	11	5311.8平方米	10
	化工原料	332.62吨	232	332.67吨	240
	机电产品	汽车1辆	13	汽车1辆	13
	木材	415.59立方米	49	288.77立方米	38

续表 19-5

年份	品种类别	购进		销售	
		数量	金额(万元)	数量	金额(万元)
1994	钢材	838.47 吨	231	818.25 吨	240
	化工原料	2832 吨	1864	2738.3 吨	1902
	机电(汽车)	12 台	43	12 台	44
	木材	1337.5 立方米	123	1255.2 立方米	128.7
	水泥	100 吨	2	100 吨	2
	农药	48 吨	101	43 吨	69
	化肥	1073 吨	122	1030 吨	134
1995	化工原料	4089 吨	3582	3893 吨	3492
	机电(汽车)	1 台	5	1 台	5
	钢材	415.4 吨	91	329 吨	79
	农药	64.47 吨	124	65 吨	154
	化肥	1168.3 吨	240	1348 吨	260
	农膜	68 吨	77	68 吨	81
	煤炭	18621 吨	122	22399.8 吨	410
	木材	941.8 立方米	87.8	1038.3 立方米	154.3
1996	钢材	99 吨	24	170.2 吨	42
	化工原料	3068 吨	2094	3195.4 吨	2277
	牛皮纸	2.96 吨	1	2.96 吨	1
	木材	50.5 立方米	5	237 立方米	26
	土豆	107247 吨	2	64367 吨	3
	化肥	375 吨	87	184 吨	81
	农药	5.5 吨	12	1.4 吨	7
	冰箱	20 台	6	1 台	0.3
1997 — 1998	钢材	48.5 吨	20	81 吨	31
	化工原料	5443 吨	3015	5598 吨	3074
	煤炭	163 吨	4	89 吨	3
	化肥	556 吨	176	609 吨	184
	农药	1.5 吨	16	10 吨	36
	冰箱	30 台	9	49 台	15

第五章　烟草经营

清末，卷烟(包烟)传入日照，由私营商业经营。抗日战争和解放战争时期，人民政府在解放区的巨峰等地建立了一些公营商业机构，从事卷烟生产和卷烟经营。

新中国成立初期，国家对经营分散的烟草行业逐步进行重组和改造，实行国营、私营兼顾，以销定产、贸易自由的政策。1949 — 1978 年，居民以吸旱烟为主，卷烟除销售数量有所增长，在质量、价格、档次上变化不大。

改革开放后，居民卷烟消费水平不断提高。20 世纪 80 — 90 年代，主要消费青岛、青州烟厂的中低档卷烟。进入 21 世纪，卷烟销量增长趋向平稳，卷烟消费逐步转向吸食省内外中高档卷烟。

第一节　管理体制

清末，卷烟主要由个体私营商业经营。民国时期，卷烟流通行业主要通过同业组织管理。抗日战争时期，中共党政军机关在根据地建立了一些商业机构，部分从事卷烟生产和卷烟经营。同时，私营烟庄也得到发展。解放战争时期，石臼“福滨商行”等10家公营商号，从外地输入卷烟，向苏中输出烟叶。

新中国成立初期，国家对卷烟实行统购包销，由烟酒专卖分销处负责境内卷烟市场的管理。卷烟的购进实行商业内部调拨，由上级公司直拨。1953年，国家对卷烟价格实行高度集中管理，县内卷烟销售价格由上一级业务单位统一制定。1954年后，逐步形成计划经济下卷烟单一渠道的流通模式，价格由政府物价综合部门、商业行政部门和企业三个机构管理。1961年，全县对领导干部实行卷烟特殊供应，对农业人口婚丧嫁娶以及渔民所需卷烟实行照顾供应。同年秋，国家对卷烟等副食品实行“凭票定量供应”和“高价烟”政策。1964年，生产和市场情况迅速好转，停止对领导干部的特殊供应。1966年5月至1976年10月，经营管理出现混乱，供、产、销矛盾突出，卷烟销售不稳定，经济效益受到影响。

1981年5月起，烟草行业实行国家专营。中国烟草总公司对烟草行业的产供销、人财物实行集中统一、垂直管理。1983年，烟草公司实行卷烟专营，卷烟的购进实行计划调拨、合同签订。卷烟产品的价格制定、调整由全省集中统一管理，调整批准权属省局(公司)。此后一段时期，卷烟价格(牌价)未作过多调整。随着整体物价水平的变化，实际价格上升，黑市价猖獗，1988年，国家对“中华”牌等13种名烟放开零售价格。1989年，日照烟草公司委托供销合作社批发卷烟业务。1990年9月，烟草公司与19处基层供销社签定委托批发合同书。1991年12月至1992年年底，境内卷烟零售价格、三级批发价格和卷烟出厂价、调拨价格相继放开。基层供销社销售的主渠道作用丧失，个体商业迅速发展，成为烟草公司卷烟销售的主要渠道。1992年8月，停止委托供销合作社批发业务。烟草公司主要依靠个体经营卷烟的大户销售卷烟。1993年9月20日起，卷烟统一执行最低批发限价，规范卷烟市场和价格行为。

2001年2月，全省推行卷烟零售“一价制”，后因税收和市场方面等原因取消。2004年6月10日起，全部卷烟实行批发“一价制”。2005—2007年，烟草公司所设卷烟批发网点撤销，卷烟销售实行集中配送制度。

第二节　烟叶购销

收购

1976年，境内烤烟大面积引进种植后，由县供销社土产杂品公司负责组织生产、收购，具体收购业务由各基层社采购站代收。同年，土产杂品公司在河山乡建烟叶收购站1处。

1976—1983年，烤烟由生产队集体种植。收购时由生产队集体向所在地供销社采购站交售。收购的烟叶由县(市)供销社土产杂品公司逐级上交。1984年，烤烟交售由以生产队为单位交售转变为一家一户交售。同年，日照烟草支公司在竖旗山乡建立烟叶收购站，后又分别在三庄、南湖等乡建烟叶收购站。

1986年后，国家烟草专卖局全面推行购销合同制，实行“以销定购，以购定产”。农民出售烟叶需凭合同在本地收购站交售，各收购站点凭合同在上级划定的区域内定点收购。1990年，日照市自设基层烟叶收购站5处，设临时收购站点3处，收购的烟叶逐级交省烟草公司。90年代后，推行微机收购。1998年7月，推行烟叶收购预检制度。

1999年3月起，对基层烟叶收购站进行改造整顿。至2003年，全区实现烟叶收购、数据上传、数据处理现代化。同年，东港烤烟生产实行户籍化管理，对植烟村、户登记造册，并输入微机。2004年，境内设有三庄、河山等4个烟叶收购站。2005—2007年，东港设三庄、河山2个烟叶收购站。

销售

1976—1979年间，日照烟叶主要供应青岛、益都等烟厂。1980年，销售范围除原有省内烟厂外，开始销往南京、徐州、芜湖卷烟厂。1981年，与沂水、临沂、兖州等烟厂建立烟叶供求关系。1983—1984年,相继与济南、滕县、菏泽、蚌埠、淮阴等省内外烟厂建立供求关系。1987—1990年,分别与中国烟草山东烟叶进出口公司、厦门卷烟厂建立供销关系。1991—1995年,与兰州卷烟厂、天水卷烟厂等建立供求关系。济南、青岛、青州卷烟厂先后在日照设立优质烟叶生产基地。1996—2007年,相继建立张家口、石家庄、杭州、青岛、济南、上海、宁波及红安卷烟厂等供销关系。

第三节　卷烟购销

省内烟销售

1949年12月,县烟酒专卖分销处与合作社开展信用购销,品牌主要为青岛产的"鹿驼"牌卷烟、济南产的"千里驹"牌卷烟。

1960年,城市实行定量供应,发烟票购烟。1962年12月10日起,各种卷烟批发和零售价,一律在原价格基础上提高10%。1964年,价格低廉每盒零售价8分钱的"经济牌""大众牌"烟很受欢迎。1983年,境内卷烟购进渠道以青岛卷烟厂为主,其次从益都(青州)、沂水、济南卷烟厂购进。主要卷烟牌号有青岛产"前门""青岛""金鹿";青州产"云门""丰收""金鱼""长胜"等;沂水产"蒙花""雪兰"等;济南产"泉城""琥珀"等。1986年,卷烟购销两旺,全年计划外调剂卷烟2375箱。1990年,卷烟销售比1989年和1988年分别下降6.4%和5.5%。

1993年,区烟草公司以销售青岛和青州烟厂的卷烟为主。1995年,计划外调进卷烟3.78万箱,占卷烟调入总量的22.6%。1996年,全区粗支卷烟销售牌号由18个减到8个,随后粗支卷烟全部停产而退出销售市场,过滤嘴卷烟占据市场。1997年,境内卷烟销量3.61万箱。2000年,卷烟销售2.08万箱,主要销售全包"宏图"、全包"青州"、全包"时代"、全包"哈德门"、全包"红金"、全包"大鸡"、盖"红金"7个规格卷烟牌号,占卷烟销售量的35.4%。其中,一类卷烟以"泰山"为主,占鲁产一类卷烟销售量的50.2%。2002年,对销量小、盈利水平低的鲁产卷烟进行精简,由经营的74个规格牌号卷烟精简到50个规格牌号。2005年,卷烟批发网点撤销。卷烟销售实行电话访销、集中配送。2007年,全区卷烟销售167830万支,销售收入40326万元,实现毛利11339万元。

省外烟销售

清末,卷烟等物资由涛雒、栈子、夹仓、石臼所等海口运进,当地许多商号经营包烟(卷烟)。"七七"事变前后,洋烟等洋货大量涌入境内市场。民国23年(1934年),全县外洋进口纸烟(卷烟)300箱。

新中国成立初期,卷烟实行商业内部调拨,由上级公司从新浦、道口、黄台、青岛等地直拨购进。70年代,省外卷烟主要销售高档卷烟,以上海产卷烟为主,由上级业务部门分配,属特供烟。牌号为:"中华""红双喜""牡丹""凤凰"等。80年代,安徽、天津、北京、东北等省外中、低档卷烟"芜湖""昆湖""黑鹰""恒大""金叶""牡丹""石林"等20多个牌号批量进入日照市场。1989年,省公司规定13种名烟由分公司统一组织调入,其他牌号卷烟一律不准调入。境内销售省外卷烟主要有:"云烟""玉溪""红塔山""茶花""阿诗玛""大重九""恭贺新禧""石林"等牌号。

1990年,省局(公司)规定县公司由省外购进畅销烟后全部销往省外,不准在省内销售,即外购外销。90年代,省外烟销售以云南烟为主。1999年起,增加上海、宁波、杭州、长沙、南京、福建、武汉、淮阴、徐州等十几家烟厂的卷烟,销售牌号达100多个,但主销牌号仍集中在云南各厂家卷烟。

2000年,对省外中档卷烟实行定点、定量销售。在全区大商场、超市、宾馆、酒店选定100个销售点,重点销售省外26个规格牌号的卷烟。同年,鲁产低档卷烟货源不足,从安徽、河南分别调入"烟妹""红茶花"卷烟150万支和305万支,在涛雒、两城等乡镇市场定量、定向销售。2003—2007年,省外卷烟通过销售网络按全省统一批发价格入网销售。

销售网点建设

1983年,烟草公司开始在经济较发达的农村乡镇驻地租房设立批发网点,或利用烟叶收购站兼营卷烟批发业务。公司对网点实行统一管理,统一配备营业设施、统一分配货源、统一价格。网点负责人与公司签订内部承包合同,按照合同规定进行经营。1993年，全区销售网点由1983年的5处增至10处。1994年后，网点建设逐步规范，由单纯经营向服务监督、经营管理转变。1995年，全区共建卷烟批发网点13处，其中乡镇批发点11处，城区批发点2处。1998年，各网点配备机动送货车辆，为卷烟经销户送货上门服务。2001年8月，市烟草公司成立卷烟配送中心，负责对区县公司卷烟配送。2002年12月，全区推行卷烟销售访送分离的营销模式，主要运作程序是：先访销后送货，每周送货1～2次。2003年9月后，区公司实行电话访销。

2004—2007年，全区推行电话订货。形成集中电话访销，集中统一配送，取消县级公司卷烟库存，境内实现当日访销、当日分拣、次日送货的卷烟物流体系。

图19-4　东港区烟草公司为销售网点配货（摄于2007年11月）

第四节　烟草专卖

管理队伍

1991年，国家颁布《中华人民共和国烟草专卖法》。1993年2月，日照市东港区烟草专卖局设专卖管理科。1998年，区局增设专卖稽查大队，下设专卖监督检查站。1999年，在城区、河山、三庄、涛雒4个乡镇成立烟草专卖管理所和专卖稽查中队，对辖区实行划片管理。2000年4月，区局对专卖管理机构设置和人员的配备进行调整。设立稽查大队、稽查中队。2005年，区局设立“特情、特行、户管”中队。特情中队重点负责全区专卖管理、市场检查、情报信息的收集及案件处理和大要案件侦破工作。特行中队重点负责对酒店、宾馆等高档卷烟经营场所的监控管理，彻底规范其进货渠

图19-5　东港区烟草专卖稽查中队依法对烟草专卖店督导检查（摄于2007年7月）

道。户管中队（户管员的配备与客户经理对应）重点负责掌握和了解辖区内市场及零售户的经济状况、消费水平、经营品牌、销量增减等有关信息和情况。2005年，全区共有稽查中队5个，稽查员37人。2007年，设立专卖管理所5个，稽查中队2个，稽查员44人。

证照管理

新中国成立初期，国家规定对专卖品实行专卖许可制度，1951年5月，发布《专卖事业暂行条例（草案）》。1983年9月，《烟草专卖条例》颁布后，对烟草制品经营实行烟草专卖许可制度。至1987年，日照县共发放烟草专卖许可证4300个，其中专卖批发许可证12个，专卖零售许可证4288个。1988—2003年，共进行4次换发专卖许可证工作。2004年，发放零售许可证5882个。2005年，发放零售许可证6245个。2007年，发放零售许可证7185个。

图19-6　东港区烟草专卖局为业户办理烟草专卖许可证（摄于2007年7月）

1983—2007年东港区烟草专卖证照发放情况一览表

表 19-6　　单位：个

年份	批发许可证	零售许可证	合计	年份	批发许可证	零售许可证	合计
1983	—	—	—	1996	15	1656	1671
1984	—	3114	—	1997	15	1731	1746
1985	10	3475	3485	1998	13	2795	2808
1986	10	3843	3853	1999	12	3469	3481
1987	12	4288	4300	2000	12	3469	3481
1988	12	4772	4784	2001	12	3603	3615
1989	—	3342	—	2002	12	4394	4406
1990	—	3866	—	2003	10	4816	4826
1991	29	937	966	2004	—	5882	5882
1992	29	997	1026	2005	—	6245	6245
1993	29	1004	1033	2006	—	6667	6667
1994	14	1008	1022	2007	—	7185	7185
1995	14	1567	1581				

市场监管

1953年开始，国家对卷烟经营管理一直实行统购包销的政策。1986年，市烟草专卖局先后组织400余次市场集中检查和开展《烟草专卖条例》宣传工作，共查处违法案件50起，罚没假冒卷烟900余条、烟叶3万千克，罚款1700元。1989年，市烟草专卖局在全市开展取缔非法烟草批发市场和打击走私贩私等集中整治活动，共查处违法案件307起，查获各类违法卷烟759.8条，罚款2169.2元。

图 19-7　区烟草专卖局开展打假专项活动　(摄于 2007 年)

1993年，区烟草专卖局共查处违法案件808起，查获各类违法卷烟5417条，罚款239.4万元。

1996年3月，区烟草专卖局对辖区的卷烟生产经营和市场实施监管。11月1日起，凡未加贴区烟草专卖局规定的“防伪标识”卷烟一律不准在本地卷烟市场销售。后用喷墨式或激光打码机把“防伪标识”喷印至盒包装上，实行监销到盒。2001年，对卷烟经销户实行A、B、C分级管理，并对全区卷烟市场集中清理整顿。10月26日至11月26日，一个月时间内，查办案件78起。

2003年，对卷烟市场实行重点监控。实行访销、送货、稽查三位一体管理措施，共打击取缔违法大户115户，整顿规范“二类户”78户，端掉制假售假窝点9个，刑事拘留涉烟违法分子19人。2005—2007年，继续查办违法涉烟案件，对涉烟违法分子进行查处。仅2007年，就查办大要案20起，刑事拘留17人，取保候审1人。

1993—2007 年东港区涉烟案件查处情况表

表 19-7

年份	案件(起)	涉案卷烟(条)	罚没款(万元)	年份	案件(起)	涉案卷烟(条)	罚没款(万元)
1993	808	5417	239.4	2001	5708	2203	3.7
1994	307	2217	31	2002	7540	1764	10
1995	556	4758	4.8	2003	6077	1421	9.3
1996	442	1514	45	2004	3538	8158	14
1997	683	6859	16	2005	756	14760	20
1998	944	1657	30	2006	977	10145	18
1999	2954	797	4.7	2007	934	8981	3.56
2000	3773	1122	8.6				

第六章　饮食与服务

新中国成立前，境内饮食、服务业为私营，包括餐饮、修鞋、理发、钉马掌等。改革开放前，发展较慢。改革开放后，饮食与服务业发展迅速，经营范围逐步扩大。90 年代初期，个体服务业数量及从业人员快速增长。进入 21 世纪后，饮食与服务业范围遍布城乡，涉及社会各个方面，成为经济、社会发展的重要组成部分。2006 年，东港区被省政府表彰为全省“服务业发展先进区”。

2007 年，区委、区政府把发展服务业列为全区重点经济工作之一。境内服务业包括：酒店、宾馆、洗浴、理发、美容、按摩推拿、婚纱摄影、庆典礼仪、修理修补、服装洗染、家政服务、快递配送、信息咨询、配戴眼镜、打字复印、广告装饰、洗车等行业。

第一节　饮食业

新中国成立前，餐饮业均为私营。30 年代初，县城有饭店 25 家，从业人员 55 人。比较大的有东门里吴家、东门外吕家、东关齐家、王家和常家 5 处。主要经营熟肉、水饺、蒸包及各种风味小吃。其他以经营油条、火烧、面条等大众食品为主。涛雒镇有大小饭店四五十家，最著名的数高家、黄家面锅，他们经营的羊肉面久负盛名。“七七”事变后逐渐萧条。

新中国成立后，国营饭店开始设立。1950 年，城关开设大众饭店，由机关合作社代办代管。1952 年，县招待所设立，食宿一体，服务对象是公务出差客人或县直部门以上会议与会人员。1957 年，日照县第一饭店(位于日照路与海曲路交汇西北处)开张营业，俗称西饭店，为境内第一家国营饭店。设有雅座单间和餐饮大厅，主要经营炒菜、面条、蒸包、烧饼、馒头、油条等，并设有小卖部兼营烟、酒、茶等。从业人员 31 人，年收入 7.48 万元，利润 0.9 万元。1958 年，全县饭店 30 家，其中商业和供销社办饭店 29 家，私人饭店 1 家。1960 年，国营和供销社办饭店减至 22 家。

图 19-8　文登路餐饮街　　　　(摄于 2007 年)

1976年，日照城有3家国营饭店，第一饭店、第二饭店(位于海曲路与东关南路交汇西南处)主要经营大众饮食。第三饭店(位于海曲中路南，日照市药材公司对过)为三层楼，设施设备较豪华，接待水平较高。后又成立第四饭店(后改为食品酒家)，位于丽阳大厦东门处，主要经营酒宴。和面、切菜、压面条等加工环节，开始采用机械操作。1978年，恢复日照传统名吃，四季海味俱全。1983年，第三饭店实行承包经营责任制。1986年，第二饭店改名为“溢香阁”，楼上设有鸳鸯厅、宾客厅等，可一次容纳百余人参加宴会。石臼所先后兴建起一大批饭店，至1988年，发展到42家。著名的除专家招待所餐厅、友谊饭店、供销合作社招待所餐厅外，尚有车站饭店、海味饭店、天府酒家、春城酒家、滨海饭店等。

图 19-9　福海路餐饮夜市　　(摄于2007年)

1989年，全市饮食业共有448家：全民所有10家，集体所有77家，个体361家。90年代，餐饮业发展迅速。羊肉馆、豆腐店、海鲜酒楼等随处可见。阳光华府、碧波大酒店、富豪大酒店、山孚大酒店、怡然酒店、凯莱大酒店(后称德泰大酒店)、日照大酒店、和平饭店等档次较高大酒店相继建成开业。1994年，区商业局租赁石臼拖拉机房屋开办“康翔酒家”，设单间雅座和普通餐厅，1995年停业关闭。国营饭店在经济体制改革中，有的改做商场，有的被租赁经营，国有资本全部退出。至1999年，境内有大小餐饮企业和个体户2850家(户)，年销售额200万元以上的有2家，年营业总收入8828万元。

进入21世纪，外来投资增多，民营餐饮业迅速发展。境内先后成立雅禾国际大酒店、王朝饭店、山水大酒店、海纳君豪酒店等高档大酒店。快餐业及西式餐饮在境内兴起，影响较大的有速8酒店、咖啡之翼、福星快餐、立京快餐店、肯德基日照连锁店、山东金德利快餐连锁、台湾永和美食林、名典咖啡语茶西餐厅、梦保咖啡西餐店、迪欧咖啡日照店等。

个体餐馆数量迅速增长，规模档次和服务水平进一步提高，许多餐馆租用平房经营，成立渔家院、农家院、生态美食园等。在沿海民俗旅游村，家家户户都开设宾馆饭店，在城区福海路、文登路、海滨五路、正阳路、望海路等路段形成美食、小吃一条街。

2007年，境内营业额超过200万元的大酒店有27家，其中国营饭店4家，集体1家，中外合资和港澳台商独资4家，其他18家。餐饮业全年零售额2.65亿元，其中，个体经营户零售额达2.18亿元。

第二节　服务业

宾馆、旅社

新中国成立前，各城镇及交通要道旁的村庄都设有旅店(俗称坊子)。据不完全统计，“七七事变”前，仅涛雒镇即有50多家，日照城有11家。店内食宿兼营，但房屋低矮，设备简陋。

新中国成立初期，日照城尚无国营旅店，过路客商多由私营店家接纳。1955年，设国营日照

图 19-10　日照第一旅社　　(摄于1973年)

第一旅社，位于海曲路与日照路交汇处，有平房12间，职工4人，可容纳旅客42人，主要接待过路客商或乡下进城办事人员。1972年，第一旅社原地重建三层楼房，1973年投入运营，客房2300平方米，有单人间、双人间、四人间，共330个床位，附设食堂、会议室及职工宿舍。

1960年，第二旅社建成，位于海曲中路南(区武装部对过)。有平房22间，550平方米，职工55人。1964年，扩大到44间、990平方米，200个床位。1980年，第二旅社新建一座1700平方米的3层楼，可容纳200名旅客，设有可供160人同时进餐的食堂。

图 19-11　改革开放后第一家个体旅馆

80年代，相继建起一大批旅馆。不少部门和单位也相继建起自己的招待所。1983年，石臼港务局建起专家招待所，3层楼，43个房间，84个床位。室内空调、沙发、彩电、地毯、电话等一应俱全，档次较高，主要为外宾和专家服务。另有石臼建港指挥部招待所、市水产局招待所、文化艺术中心招待所、山东省石油公司日照支公司招待所、工商银行石臼办事处招待所、西湖建筑公司招待所、日照街道办事处招待所等。1989年，全市共有旅馆817家，其中国营8家，集体78家，个体731家。

90年代初，境内宾馆业在数量、档次上得到突飞猛进的发展。日照汽车站附近个体旅社迅速增加，福海路成为宾馆、旅社一条街。富豪、红都、海景等星级宾馆相继建立。1993年，全区有宾馆77家。其中，碧波大酒店档次最高，客房配有空调、冰箱、卫星电视系统、宽带网络、电子门锁系统，设独立安全保险柜，设有商务中心，方便客人进行商务活动。1996年6月，凯莱大酒店开业，有套房、标准房155间，大小会议室6个、餐位900余个。后多家宾馆相继成立。

进入21世纪，境内快速发展的旅游业带动了宾馆业规模膨胀，在城区及沿海旅游、风景区，宾馆、酒店鳞次栉比。每年"五一"至"十一"旅游旺季期间，无论星级宾馆，还是家庭小旅社，客房都十分紧张。

图 19-12　雅禾国际大酒店
(摄于2006年8月)

2002年8月，雅禾国际大酒店建成开业，位于兴海路96号。2005年，成为日照首家四星级大酒店。2007年8月，君临天下大酒店开业，是日照首座国际标准四星级产权式酒店，由世界第一酒店品牌——美国戴斯酒店管理集团负责管理。2007年，境内有雅禾大酒店、龙特宾馆、海景宾馆、银河宾馆、良友大酒店、君临天下大酒店等高级宾馆31家，普通宾馆59家。规模较大、档次较高的酒店、宾馆一般集餐饮、娱乐、住宿、商务、休闲、旅游于一体。宾馆业全年零售

图 19-13　建国君豪酒店　(摄于2007年)

额为1.31亿元。其中,个体经营户零售额为6020万元。

机关招待所

1952年,县招待所在原县中红楼建立,不久迁至海曲路北(武装部院内)。有2层楼3栋。1958年,在海曲路南新建伙房、办公室、食堂、宿舍。1968年,全迁至路南,建成1座3层楼,设61间客房(俗称西楼)。1972年,再建3层楼1座,122个房间(俗称东楼)。1976年和1983年先后建起3号、4号客房楼,占地1750平方米,共110间客房。1983年,更名为“日照县人民政府招待所”。1984年,建起大型二层餐厅1处,2700平方米。1985年,改称“日照市招待所”。1989年,建起5号楼,设46个标准客房,设施先进,装修豪华。1992年,被批准为日照市旅游涉外宾馆,先后接待过胡耀邦、李鹏、江泽民、朱镕基等党和国家领导人。2000年7月1日,市招待所整建制移交东港区管理,隶属东港区政府,更名为“日照市东港区区级机关招待所”,为正科级自收自支事业单位。2000年10月,招待所1号楼、2号楼拆除,建起街心花园。2000年,投资230万元,对3号楼和1号、2号餐厅进行装修改造,可容纳260人住宿,600人就餐。2001年,投资110万元,改造装修4号客房楼,竣工后改为6号楼。2006年,建起宴会大厅1座,可容纳460人就餐。

2007年,招待所占地面积2.34公顷,干部职工73人,有办公楼1座、客房楼3座、餐厅3个、大小会议室8套、床位268个、餐位750个,是区委、区政府直属的一家涉外宾馆。

照相　摄影

民国初年,日照始有照相馆,最早的是葛家照相馆,后又有吴家照相馆开张,两家照相馆营业至新中国成立前。

新中国成立初期,县城有私营照相馆1处。1956年,供销社照相馆成立,先后在涛雒、安东卫、石臼所设营业点。1959年,日照照相馆成立,位于丽阳大厦东门处,为境内第一家国营照相馆,只能提供普通黑白照片服务。1976年,各乡镇驻地照相馆仍隶属供销社。同年,日照照相馆迁入新建营业楼,位于海曲路中路(日照市药材公司对过),营业面积560平方米,业务范围扩大,设有艺术、普通、彩照3个摄影室,有3个照相小组,并常年下乡流动服务。1984年,职工16人,营业投入4.09万元,利润0.99万元。

80年代,集体和私营摄影业发展迅速。1988年,境内共有照相馆110家,从业人员250人。同年,日照照相馆与青岛天真照相馆以租赁形式开展彩扩业务。此后,全区各乡镇都开展彩照业务。1989年,全市共有照相馆79家,从业人员231人。

90年代后,日照照相馆实行租赁经营,私人经营的彩色摄影发展迅速,经营范围除冲、扩、印等以外,婚纱艺术摄影等也逐渐兴盛。90年代末,照相馆进行改制,国营、集体企业逐渐退出照相行业。

进入21世纪,彩色照相机逐渐普及,照相馆业务转向冲、扩、印等多种业务,部分转向婚纱摄影。后又有多家婚纱影楼相继开业,主要为新婚青年拍摄结婚艺术照,业务由单纯拍摄黑白、彩色照片,逐渐发展到套餐式婚庆服务,包括拍摄室内、室外结婚照,化妆美容,装饰婚车,出租婚纱,结婚录相等服务。2005年后,多家专为婴幼儿摄影的影楼成立,专门进行儿童摄影,为小孩百日、周岁及生日等拍摄纪念照、制作影集等。2007年,数码相机进入普通家庭,胶卷相机逐渐退出使用,照相业主要从事扩、印照片,拍摄艺术照、婚纱照、制作影集等专业业务。

理发　美容

民国年间,农民多剃光头,城里少数人始用木把推子(法国制造)理发。剃头铺均由私人经营,每逢集日,挑担赶集,露天理发。

1956年,成立合作理发店,从业人员16人,使用手工理发推子。1960年,商业局选调20名女青年,去青岛培训半年,成立国营“三八”理发店(位于海曲中路,新郎西服专卖店处)。1970年后使用电推子。1980年后增设吹风、烫发等服务项目。1986年,实行租赁经营。80年代末,乡、村集体和个体理发馆发展较快。1989年,全市理发店共有248家,理发员307人。90年代后,国营、集体理发业逐渐退出,全部由私人经营,除从事传统的理发业外还从事美发、美容、化妆等业务。

进入21世纪,境内出现美体、足疗、减肥中心,部分美发、美容店也兼营美体、足疗、减肥等业务。足疗店主要从事中药泡脚,脚部按摩、修剪等业务。2007 年,境内共有美容美发店 787 家、从业人员 1869 人,足疗店 22 家,从业人员 101 人。

洗浴

民国年间,日照城有浴池 4 处,从业人员 18 人。1929 年,涛雒镇即有浴池。新中国成立初期,日照城、涛雒镇各有浴池 1 处。1953 年,县直机关合作社在县城开设一处浴池,位于日照路与望海路交汇处西南侧,为平房结构。1960 年,划归商业局。1976 年,在原处扩建,设男、女浴池及男、女休息室 24 间。1982 年平房拆除,在原址新建成 2300 平方米的三层楼房。1984 年,有职工 10 人。后浴池改建为商业零售网点。1993 年,全区有国营浴池 2 家。90 年代中后期,个体浴池发展迅速,城区乡镇驻地都有个体浴池。在城区出现档次较高的洗浴中心,进行泡澡、淋浴,开展按摩、桑拿、搓背、修脚、捏脚等业务。

进入 21 世纪,随着家用太阳能热水器和电热水器的应月,个体浴池数量减少,高档洗浴中心相继开业,部分星级酒店也设有洗浴中心。2004 年,碧波大酒店建成休闲洗浴中心 5 层,建筑面积 7800 平方米。2007 年,全区共有洗浴业 191 家,其中洗浴中心 38 家,从业人员 693 人。

休闲娱乐

新中国成立前,境内流行掷骰子、押宝、推牌九、打麻将、玩纸牌等抵押钱物赌输赢休闲娱乐活动。新中国成立后一度绝迹。80 年代后,打纸牌又出新花样,如:扎金花、打保皇、够级、三打一、对主等。人们休闲娱乐的场所和形式增多。90 年代中后期,卡拉 OK 传入境内,部分酒店、饭店设有卡拉 OK 包间、歌舞厅等。晚间在繁华居民区、商业区出现露天卡拉 OK。在大的商场广场、居民区广场上每晚都有自发聚集的老年人跳舞。进入 21 世纪,境内出现茶楼、咖啡馆、酒吧、KTV 歌厅、迪厅等场所。2007 年,境内共有茶楼 17 家,咖啡馆 8 家,酒吧 3 家。

中介服务

中介发源于牛、马等牲口市的经纪业务。古代称为牙行,从业人称为牙商,也称“市侩”。清代,境内商业逐步发展,出现民间私牙,官府也办“官牙”。新中国成立初,一度被限制,改革开放后又出现。90 年代后期,中介服务业开始发展,主要为企业招工,帮个人介绍工作,实行有偿服务。21 世纪初,中介业务逐渐扩大至婚姻介绍、家政服务、房屋租售等业务。2003 年,出现专业的房地产中介公司。部分中介公司建立网站,进行网上中介服务,服务范围进一步扩大,包括求职、招聘、房屋租售、生活服务、二手市场信息、交友征婚,代办企业、车辆的注册登记、年检等业务。2007 年,共有各类中介公司 77 家,其中房产中介 14 家。

庆典礼仪

21 世纪初,庆典礼仪公司开始在境内兴起,主要为各种庆典礼仪活动进行策划。服务内容有:婚礼庆典、开业庆典、厂庆校庆、开工奠基、竣工封顶、楼市开盘、迁址入住、剪彩开幕、颁奖揭牌、成立大会、产品促销和各类综艺演出等。婚庆服务公司提供婚庆礼仪策划,婚庆摄影、婚庆主持人、婚庆花车、婚礼庆典等服务。兼营或出租庆典用品。2007 年,共有庆典礼仪公司 10 家。

第七章　市场贸易

第一节　集贸市场

集市

境内集市一般选在四乡较为集中的自然村镇或庙宇所在地,集市日期固定。

康熙一一年《日照县志》载,城关有 5 集:东关、南关、北关、西关、西岭。南乡有 2 集:涛雒、夹仓。西乡有 1 集:沈疃。西北乡有 2 集:洪凝、青泽。西南乡有 3 集:巨峰、碑廓、高兴。到清光绪十二年(1886 年),日照集市发展到 28 处。其中大集 11 处,小集 17 处。1934 年,境内有集市 15 处。

1955 年,境内集市有 42 处,其中大集 6 处、中集 7 处、小集 29 处。1961 年,全县集市 33 处。1966 — 1975 年,集市规模、交易范围受到限制。1970 年全县统一集日后,集市贸易一度萧条冷落。

中共十一届三中全会后,逐步恢复农村集市贸易。1980 年,废除统一集日规定,仍实行 5 天一集，全县有集市39处。1985年，集市发展到62处，其中万人以上大集12处，5000人以上12处，5000人以下集市38处。1989年，集贸市场发展到70处。90年代后，对部分占道经营、影响交通的集市进行搬迁，固定集市位置，并在集场建部分固定摊位，但集期等未发生变化。1993年，全区城乡集贸市场64处。后由于区划调整，境内集市减少。2007年，东港区有村镇集市39处。

东港区镇(街道)村集贸市场一览表

表19-8

所在乡镇	集市名称	集日(农历)
日照街道	城关大集	五、十
	将帅集	四、九
河山镇	河山大集	四、九
	罗花集	五、十
涛雒镇	苗家村集	三、八
	涛雒大集	五、十
	东风集	二、七
	高旺集	三、八
	下元集	四、九
	大草坡集	二、七
	栈子集	一、六
西湖镇	小花崖集	四、九
	大石集	三、八
	响水集	一、六
	新村集	五、十
秦楼街道	秦家楼集	三、八
	后滩西集	一、六
	张家台集	四、九
	厉家庄子集	二、七
	刘家楼集	一、六
陈疃镇	陈疃集	四、九
	上蔡庄集	三、八
	西石礅集	一、六
两城镇	两城集	二、七
	前下庄集	三、八
	王家滩集	四、九
南湖镇	南湖集	三、八
	西明照现集	四、九
	战家村集	二、七
	大宅科集	四、九
	上湖集	二、七
	下湖集	一、六
	尹家河集	五、十
三庄镇	陈家沟集	四、九
	石沟崖集	三、八
	大沈马庄集	五、十
	竖旗集	一、六
	卜落固集	四、九
	三庄集	二、七

市场建设

1994年，太阳城市场在老城区破土动工。该工程时为鲁东南最大的小商品批发市场。1999年，陆续建成日照街道大石场市场、河山大沙沟市场、日照市东港区建筑装饰材料市场等3处市场。改造扩建日照街道十一村旧货市场、三泰农机市场和日照木材市场、日照大集等4处市场。2000—2004年，全区市场建设投资6000多万元，其中，个人投入840万元、村投入1492万元、乡镇政府投入2755万元，有关企业投入1000万元。先后新建、改造38处市场。市场专用面积130万平方米，其中，占地面积110.11公顷，室内面积10多万平方米。全区89处市场中，室外露天市场79处，室内市场10处。

2006年，开办日照家纺城市场，扩建金阳果蔬批发市场。2007年，完成日照大集和木材市场的搬迁，完成对石臼市场、城区供销市场、十二村副食品市场的改造。

集市交易

集市定期开市交易，交易货物各有其地理自然特点。境内西部的三庄、西湖、陈疃等集市，交易物品多是水果、家禽、山间野味；东关、两城、厉家庄子等集市以粮食、蔬菜、果品为主；东部沿海的涛雒、金家沟、夹仓、张家台等集市，以海味、日用品为主。

新中国成立前，集市交易采取自由方式，价格随行就市，交易双方议价买卖，协商成交。交易的物品有：棉花、棉纱、茶叶、桐油、糖类、纸张、面粉、火柴、生米、生油、土产禽品、蔬菜水果、中药材、海产品等。官府在集市设“斗官”“牙人”，以中间人的身份参与买卖双方的交易，评议市价，收取佣金。

新中国成立后，专设集市管理机构，颁布管理政策。1958 年“大跃进”期间，关闭了大部分农村集市，交易活动被迫转入“黑市”进行。1959 — 1961 年三年经济困难时期，对小商贩进行登记，发给营业执照，允许交易双方自行定价。1960 年，各公社成立市场管委会，并根据市场需要，安排各行业私营工商业户，仅城关市场就安排了 361 户，381 人。

1963 年，集市交易活跃，上市物品 600 余种。粮食、家禽、蔬菜、副食品等 13 个品种价格逐步回落，第三季度比第一季度下降 20%，比 1962 年第四季度下降近 50%。1966 — 1976 年，对上市交易物品进行种种限制。特别是 1976 年实行“逢五、排十”统一集日后，赶集人数、上市物品大幅萎缩。

中共十一届三中全会后，恢复集市贸易，放宽上市物资品种，允许长途贩运，不受品种数量及地区的限制，交易量开始上升。80 年代，集市贸易逐步扩大。1980 年，万人以上的集市有 6 处。1981 年，集市的粮食成交量 1.32 万吨，猪、鸡、鱼和土特产品上市量大增，商品总额达 1221 万元。较大集市还形成专业市场。日照集的木材、牲畜、服装市场，涛雒集的海货，两城集的缝纫、布匹专业市场，规模较大。1985 年，万人以上的集市发展到 12 处，其中 6 万人以上的集市 5 处。全年集市贸易成交额 4632 万元。1988 年，集市成交额 1.32 亿元。1989 年，全市集贸市场 70 处，成交额 1.55 亿元。1990 年年底，市场成交额为 1.7 亿元。1999 年，境内各类集贸市场发展到 88 处，年市场成交额 11 亿元。

图 19-14　20 世纪 80 年代工业品贸易市场

进入 21 世纪，受遍布城乡商店、商场的影响，部分规模较小的集市交易量逐步减少。规模较大的集市交易仍较活跃。交易的商品种类多，包括粮食、蔬菜、水果、糕点、海产品、畜产品、服装、布匹、日化品、厨具、农机具、牲口等生产、生活用品。2003 — 2007 年，全区城乡集贸市场年均成交额为 12.9 亿元。

庙会山会交易活动

日照每逢山会、庙会期间，方圆几百里外善男信女、巨贾小商、巫医乐师、百工杂役等数万人，从四面八方云集而至，络绎不绝。除本县乡民、商人外，潍县、即墨、黄县(今龙口市)、高密、费县、临沂、青岛、烟台及江苏、安徽、河南、山西等地的客商也争相参加。庙会、山会一般都在万人

图 19-15　日照大集　　（摄于 2003 年）

以上,有时达三四万人之多。交易商品除本县农副产品、水产品、竹器之外,另有潍县的百货丝绸、安徽与掖县的文房四宝、沂水的烟叶、诸城的山货、江苏的大米、河南的药材、山西的皮货以及胶州的杂货、临沂的剪刀、匠人工具等。

日照山会以十月山会规模最大。古历十月期间,正值秋季丰收之后,乡民农活忙完,有时间,有交换货物。外地客商,一般都在会期的前三四天赶来,扎蓬落脚,设点摆摊。1939年,日本侵略军占领日照后,山会失去往日繁荣,时有时无,人数和上市物资也较民国初期锐减。

新中国成立后,人民政府开放山会交易。1952年9月始,全县相继组织15次城乡物资交流会。据统计,城关山会第一次成交金额167亿元(旧人民币),其中国营商业占48.8亿元,合作社占49.2亿元,私营工商业占22.5亿元。1958年后,山会逐渐萧条。"文化大革命"期间,山会停止。

1980年,城关、两城、南湖、涛雒、夹仓、三庄、秦家楼、陈疃等处山会相继恢复。1985年10月,城关山会达12万人之多,与会者有6省20多个县市,上市商品1800余种,摊位货点2000余个,成交额100多万元。90年代始,由于商业网点的增多和日常集市的繁荣,山会逐渐消失。

第二节　农贸市场

改革开放前,居民需到国营、集体商店或逢集时购买粮食、蔬菜、肉类等农副产品。改革开放后,城区人口密集区出现部分农副产品经营摊位。80年代中期到90年代末,城区相继建成一批农贸批发、零售商场。

进入21世纪,城区农贸市场迅速发展,规模日益扩大,经营品种日益齐全,部分商场既经营农副产品,又经营日用百货、土杂产品,带动商场周边区域饮食服务业的发展。涛雒、两城等乡镇驻地出现固定的农贸小市场,经营范围逐步扩大。2007年,城区范围内有固定设施并办理市场登记的农贸市场12处(老城区7处、新市区5处),无固定设施的自发摊点群10处(规模较大的有观海苑和林家滩摊点群),经营业户5000余户,露天经营业户占三分之一,从业人员1.2万余人,年成交额约5亿元,税费达1000万元。

日照商场

1985年,由日照市工商局投资50万元建成日照商场(俗称中大棚),结构为半封闭式大棚,全长212米,宽20米。建有房间72间,可容纳220余个摊位。房间和摊位面向社会租赁经营,以零售为主。主要销售蔬菜、水产品、肉类、禽、蛋等农副产品。1992年,东港副食水产市场(俗称北大棚)建成,面积8500平方米,房间160个,货台960米,经营户250个。主要经营农副产品。后又建成东关商场(日照商场南大棚),主要经营服装等。

石臼商场

1992年5月,由石臼居委会投资建设的石臼商场一期工程建成使用。位于海滨二路西侧,黄海一路南侧,设4个单元,经营房160间,售货台960米,投资为320万元。第二期工程于1994年10月建成使用。设三个单元,经营房100间,货台440米,并建成沿街楼1处1260平方米,经营房84间。1996年,石臼商场三期工程投入使用,共建4个单元和1处蔬菜批零市场,占地面积为6600平方米,经营房126间。至此,石臼商场成为1处半封闭顶棚式以农副产品零售为主的综合性市场,经营商品有:服装、布匹、针织品、鞋帽、小百货、肉类、干鲜水产品、蔬菜、粮油、禽蛋、土产杂品、小家电、五金、药品等1000多个品种。商场有餐饮、旅馆、理发及其他修理服务业。同年,石臼北京路农贸市场投入使用。

日照市农副产品批发市场

1992年10月建成使用,位于日照路北首。市场主要经营干鲜蔬菜,以批发为主,批发蔬菜品种达50多种。蔬菜主要来自本地的城郊、碑廓、涛雒、莒县、五莲等地。此外有胶南、寿光、诸城、临沂、沂水、费县、章丘、安丘、江苏、安徽、内蒙古、黑龙江等全国十几个省市的蔬菜。

东关商场

1998年,东关商场经改造投入使用,改为开放式大棚,面积1800平方米,经营户32户,北半部分主要经营厨房用具、塑料制品、土杂产品,南半部分为花鸟市场。

正阳路市场

由正阳路居委、市农机局合资于1998年1月兴建,1999年1月启用。共有大房间19间,小房间33间,水泥货台44个,可容纳200户经

图 19-16 正阳路农贸市场 (摄于 2004 年)

营。主要经营农副产品，市场年成交额 1300 万元。

金阳果品蔬菜批发市场

2003 年 5 月建成。位于山东路北侧，西环路以西。主要批发水果、蔬菜、肉制品等农副产品。2005 年年初，金阳果品蔬菜批发市场进行扩建，更名为金阳农贸中心，占地 6 万多平方米，拥有钢结构大棚 1400 平方米，库房 1300 平米，交易摊位 1300 余个，从业人员达 1.3 万余人，是大型综合性批发市场。市场内设有多个商品区，主要以蔬菜、海货、粮油、副食、果品、干调、肉制品、蛋、禽等商品批发为主。金阳农贸中心采取统一的计算机收款、结算，在全省农贸市场中率先实行计算机管理办法。农贸中心建有自己的网站，每天的交易情况和交易价格发布在网上。建立检测室，对农药超标的产品坚决不准入场，不合格的产品坚决销毁，以保障消费者的权益。

第三节 专业市场

90 年代前，境内农副产品在农贸市场集中交易，其他商品由各商家在自家店铺销售，分散经营。90 年代初期，境内商业迅速发展，商铺逐渐增多，商品日益丰富，零星经营的店铺不能满足商业发展需要，部分经营同类商品的店铺自发集中到一条街或一定区域经营。90 年代中后期，政府或村居、单位开始兴建部分建材、家具、家电专业商场。1995 年，凌云家电城开业，为境内第一家专业家电商场。

观海苑建材市场

1997 年建成使用，位于石臼，北靠火车站，南临长途汽车站。结构为商住两用楼，一楼为商铺，有 200 多家经营户。主要经营铝型材、胶合板、陶瓷、木龙骨、石膏线、五金、卫生洁具、乳胶漆、不锈钢等上千种建筑装饰材料。

蓝天家具城

1996 年，在原物资局蓝天批发市场基础上进行改造。1998 年竣工。建筑面积约 7600 平方米。1999 年 11 月 20 日，由浙江省商人承租正式开业，有经营业户 20 户。主要经营各类成品家具，包括家用衣柜、床、桌椅、沙发、茶几及办公桌椅等。

手机专业市场

2001 年，在原邮政局办公楼一楼大厅(位于海曲路与正阳路交叉处)成立境内第一家手机专业商场，主要经营品牌手机及手机配件等，在其辐射带动下，附近区域成为境内数码产品销售、维修集中区。

丽阳大厦服装市场

2003 年 10 月，在原城区供销社旧址(位于丽阳路和望海路交叉处)建成开业，占地 1.7 万平方米，分四层，一、二层为服装超市，三、四层为住宅楼。营业面积 8000 平方米，有服务经营户 240 户。年销售额过亿元。

江豪建材市场

位于后楼村，2005 年，一、二期工程投入使用，占地 26.67 公顷，建设面积 12 万平方米，分为装饰材料市场、陶瓷卫浴市场、铝塑市场、玻璃市场、钢材市场、旧金属市场，成为境内经营品种最全、规模最大的建材市场。

其他专业市场

21 世纪，在老城区范围内相继成立了智宇数码广场、东方灯具市场、日照路五金机械商场、汽车配件商场、凯盛家纺市场及家具商场等。在新市区建成了电子科技市场、王府兴业大街科技市场及家具商场等。在石臼成立了韩国商贸城。2004 年，在日照城南开发建设汽车城，国内外许多汽车厂家都在此设立销售服务店，各种型号的家用、商务、运输汽车均有销售。2006年，国美电器日照分店在海曲中路开业。2007年，苏宁电器在老城区海曲路和石臼海滨一路设立分店。形成凌云、国美、苏宁三大家电商场相互竞争的格局。

图 19-18　日百新玛特购物广场　　（摄于 2007 年）

第四节　超级市场

境内传统的商店，设立售货柜台或橱窗将货物与顾客隔离。超级市场区别于传统的商店，市场内只设立货架，顾客可直接到货架前查看挑选货物，是一种消费者自我服务、敞开式的自选售货的零售企业。

1992年，齐鲁超市日照连锁店营业，由山东省齐鲁超市投资开办，为境内第一家超市。主要零售日用百货、食品、服装等（一年后歇业）。随后，日照百货大楼、人民商城、日照商场、友谊商店、钟楼商厦、太阳城商厦等原国营、集体商场也都转变经营模式，以超市形式经营。1993年，华联商厦在石臼海滨二路开业。后凌云大厦、海纳商城、新瑞超市等超市相继开业。超市以商品零售业务为主，主要商品有服装、副食品、酒水饮料、洗涤、化妆品、文具、五金、家用电器、金银首饰等。90年代末，日照百货大楼、凌云大厦、友谊商店等大型超级市场，开始在周边区县、乡镇或城区设立连锁分店。同时，各镇街道驻地、城区、居民区一些个体办的小型超市迅速建立起来。

进入21世纪，省内外知名大商贸企业相继入境设立超市。各大超市完善配套服务设施，实行现代管理理念，强化员工服务意识，逐步向综合服务发展。开展各种促销优惠活动，扩大地上停车场或增设地下停车场，在商场内设立快餐店及银行柜台等各种服务设施。超市运作方式，主要实行柜台出租或货物代销，由销货方承包柜台、店面经营，或销货方直接供货，商场代为经营，商场一般不直接出资进货，降低经营成本和风险。

图 19-17　凌云大厦超市　　（摄于 2007 年）

2004年10、11月，由山东银座商城股份有限公司投资设立的两个子公司，分别在老城区(海曲西路原新瑞超市)和新市区(北京路与泰安路交汇处)投入运营。2004年10月，青岛利群集团在日照海曲中路76号设立购物广场。2005年9月，日照百货大楼有限公司在新市区新玛特购物广场营业。2007年10月，贵和商厦在新市区营业。这些大型超级市场均集购物、休闲、餐饮、娱乐等功能于一体。

2007年，城区范围有多家大型超市，各镇驻地及部分村居都设有连锁超市。年底，日照百货大楼在境内设有大型综合超市4家，凌云贸工集团有11家，友谊商店有13家。

2007年东港区大型超级市场一览表

表19-9

超市名称	成立时间	地　址
日照百货大楼	1983年5月	海曲路与正阳路交汇东北处
友谊商店	1985年	海滨三路30号
海纳商城	1996年	黄海一路
凌云大厦	1993年	兴海路与昭阳交汇西北处
日照银座商城（新市区店）	2004年10月	北京路与泰安路交汇西北处
日照银座商城（老城区店）	2004年11月	海曲西路
日照利群购物广场	2004年12月	海曲中路
日百新玛特购物广场	2005年9月	烟台路与泰安路交汇东北处
贵和购物广场	2007年10月	烟台路与泰安路交汇西南处处

日照百货大楼

日照百货大楼有限公司日照店位于正阳路46号，是日照百货大楼有限公司商业主业的旗舰店。前身为日照县商业局所属百货公司第二门市部。1983年6月，百货大楼建成。1999年，进行股份制改造。2002年，进行连锁经营。日照店自成立以来历经两次大的扩建，营业面积1.3万平方米，从业员工1000余人，年销售额3亿元。经营范围包括日用百货、家用电器、针纺织品、服装、鞋帽、副食品、五金交电、家具、重型机械、机电产品(不含小轿车)，国内版图书、音像制品、日用杂品，美容、食品加工销售，餐饮服务，彩扩、摄像。经营方式以零售为主、批发为辅。先后向社会推出“五为主”和“不满意就退货”承诺，先后荣获山东省商业名牌企业，省级文明单位、全国商业信誉企业、全国守合同重信用企业、中国商业名牌企业、全国青年文明号、全国商业服务业安全放心消费场所、全国诚信单位等荣誉称号。

第五节　综合批发市场

太阳城市场

1993年，区人民政府开始筹备建设太阳城市场，1994年，列入“市长工程”。工程分三期进行。一期工程建筑面积5.34万平方米，1994年5月动工，1995年8月竣工，建成南区和东区，10月

图19-19　太阳城市场　　（摄于2007年）

1日试营业。二期工程建筑面积2.46万平方米，1998年4月开工，11月中旬竣工，建成西区和北区，1999年元旦投入运营。三期工程于1999年开通南大门丽阳路。2000年，在市场北区设立温州商城。太阳城市场占地5.06公顷，建筑面积7.8万平方米，总投资1.2亿元。市场设计为楼群框架结构，分内环、外环建筑，楼楼相通，层层相连，主体为三层，局部为四至五层。经营区分为烟酒糖、土产杂品、饮食服务、日用副食、五金交电、婚纱摄影、服装布匹、鞋帽、针纺织品、小百货、家具沙发等，形成日杂百货批发、服务零售为主，其他商品经营为辅的经营格局。四、五层为休闲、娱乐、仓储、办公区。市场内部管理机构齐全，设有管理委员会、工商所、警区、国地税办公室等机构。2007年，进场经营业户1280户，从业人员3000多人，年成交额4亿元。

天德批发市场

1998年，天德集团在正阳路西、市中医院北，城关十村批发市场东侧开发建设天德批发市场。市场共五层，为商住一体楼。一楼、二楼主要批发烟酒糖、日用副食、小百货等。地下一层和三楼、四楼经营家具。东侧靠正阳路沿街店铺主要经营酒水、饮料等。2007年，天德批发市场改为服装市场。

第八章　对外经贸

新中国成立前，境内与国外无直接贸易往来。新中国成立后至改革开放前，以农副产品出口为主进行对外贸易，但数量较少。中共十一届三中全会后，主要由国营进出口贸易公司从事对外贸易业务。

90年代后，外贸经营权逐步放开，境内经营对外贸易业务的企业增多。2000年，东港区已与世界五大洲的50多个国家和地区建立了经贸合作关系，有30个国家和地区的客商在境内投资兴办企业。

2004年，境内许多生产企业、流通公司及民营企业开始进入外贸领域，2007年，各类对外交往关系已涉及一百多个国家、地区。

第一节　出口

70年代前，境内出口商品以农副产品为主，主要有花生、槐叶粉、白瓜子、猪鬃、蚕丝、水产品等，数量较少。本地收购后由外贸机构转销国外。70年代起，工艺品、工业品、冷冻食品等开始出口，但仍以食品类、土产类及畜产品出口为主，如海带胶、甘露醇、冻兔肉、海产品等。

1978年，全县出口总值913.9万元，占全县工农业总产值的2.63%。1979年，土产类完成出口值437.33万元，占年计划的205.6%。畜产类完成186.05万元，占年计划的100.8%。1983年，全县出口总值为2401.2万元，占全县工农业总产值的4.8%，5年平均增长速度为21.3%，绝对值增加1487万元。

1976—1978年日照县土产类、畜产类产品出口情况表

表19-10　　单位：万元

品名	年份	1976	1977	1978
土产类	白瓜子	9.2	18.3	14
	蚕蛹子	6.5	4.6	2.7
	槐叶粉	32	55.7	41.7
	槐米	2.5	0.3	9.8
	桐木	0.6	2.1	2.6
	蜂蜜	8	8.8	20.3
	桃杏仁	—	0.2	—
畜产类	猪革皮	35	62	66.1
	猪鬃	0	11.3	2.7
	猾皮	3.6	3.5	6.2
	其他皮	18.6	2.5	5
	水貂皮	22	38	43.4
	猪肠衣	—	0	3.5
合计		138	207.3	218

1984年，外贸出口商品收购超额完成任务，占年度计划的119.46%。1985年，提前三个月完成全部出口商品收购计划，实际完成出口额3181.41万元，占年度计划的208.96%，首次突破

出口值3000万元。1987年，全市出口商品共有粮油、食品、土产、工艺品、畜产品、五金矿产、化工产品、机械产品、丝绸、纺织品等10大类110多个品种，产品销往美国、日本、韩国、马来西亚、苏联等十几个国家和地区。其中，粮油类、纺织类、丝绸类、化工类等产品出口量增幅较大。

改革开放后，出口商品结构发生变化，农副产品相对减少，纺织品、化工产品、五金、食品、服装等工业产品成份逐渐增多。新增花生烤果、地毯、黄沙、食品胶、绣花品、扁铲等6个出口产品。1988年，外贸出口总值为1.03亿元(可比价)，1989年，外贸出口总额为4650万美元。

1993—1999年，全区累计完成自营出口创汇7406万美元，平均年增长39%。其中，1999年出口创汇1701万美元，比1993年增长384%，是1993年前的30倍。出口商品有粮油食品、水产品、纺织品、工艺品、化工品、建材等20多个大类100多个品种，其中以粮油食品、水产品、纺织品、工艺品、化工品、建材为重点。主要销往美国、日本、韩国、德国和中国香港等40多个国家和地区。全区有日照茶叶贸易有限公司、日照工贸集团公司、日照工艺抽纱厂、日照永发建材装饰工程有限公司4家自营进出口工贸企业。2000年，东港区全年外贸出口1364万美元，比1999年增长78.0%。2001—2005年，自营出口共计10.76亿美元。2006年，全区出口4.9亿美元，占目标的111.3%，加工贸易出口14782万美元，占目标的109.5%。2007年，全区出口突破1000万美元，企业已增至10家，出口总额4.14亿美元，增长47.1%。

第二节　进口

新中国成立前，民间俗称的“进口”商品，实际上是由国内上海、青岛、苏北、江西等地购进的国产茶叶、大米、瓷器、面粉、糖类、布匹、桐油、煤炭、火油等生活日用品。

改革开放前，境内基本无进口贸易，引进少数国外进口商品，也多为间接贸易。

1985年始，进口贸易迅速发展。80年代，进口商品多为木材、机械、化肥、水泥、车辆等。1988年，外贸口岸进口总额为3176万美元(海关数)，1989年，增长到5930万美元。1999年，境内口岸的木材进口商已由5家发展到20多家，进口木材品种从单一的奥古曼发展到柳桉木、辐射松等20多种，木材来源由加蓬、赤道几内亚等少数国家增至马来西亚、刚果、俄罗斯、新西兰等四大洲十几个国家。2003年，日照口岸已经成为山东省最大的原木进口集散地。

进入21世纪，进口产品主要有大豆、矿石、木薯干、木材等，机电和高新技术产品进口有较大增长。2007年，日照口岸镍矿进口数量占全国总进口量的四成左右，成为全国最大的进口镍矿中转口岸。铁矿石进口超越黄岛，成为全国第一大铁矿石进口口岸。同年，境内进口贸易绝对值10.23亿美元，同比增长41.5%。

2002—2007年东港区进出口贸易情况表

表19-11

年份	进出口		出口		进口	
	绝对值(亿美元)	同比增长	绝对值(亿美元)	同比增长	绝对值(亿美元)	同比增长
2002	0.67	76.3	0.61	92.4	0.06	6.3
2003	0.99	47.8	0.84	111.6	0.15	192.6
2004	3.26	229.3	1.46	73.9	1.8	16.4
2005	7.1	117.8	3.8	160.3	3.3	83.3
2006	12.1	60.8	4.9	32.8	7.2	87.5
2007	16.54	60.9	6.3	28.9	10.23	41.5

第三节 利用外资

改革开放后，境内始有外资流入，多为华侨、在外华人捐款、捐献。80年代中期，部分企业开始利用外资合资办厂。1985年，市玻璃厂引进利用外资，成为日照第一家合资企业。1988年，旅美华侨周发亢投资44万美元，独资成立日照大发工艺品有限公司，成为日照首家华侨独资企业。后又有多家外资企业兴建。

1993—2000年，全区合同利用外资4435万美元，是1993年前的7.1倍；实际利用外资2525万美元，是1993年前的6.31倍；累计批准利用外资项目107个，是1993年前的5.5倍。其中，2000年合同利用外资1388万美元，比1993年增长220%；实际利用外资558万美元，比1993年增长92%。外商投资企业出口创汇占全区出口总值的94%，全区107个批准利用外资项目中有57家已正常运转。其中，第一产业9家，占总投资额的22%，主要投资领域是以山区开发为主的种植业和养殖业。第二产业32家，占总投资额的51%，主要有食品加工、轻工、纺织、机械、建材等行业。第三产业16家，占总投资的27%，主要有房地产开发、宾馆及旅游开发等行业。至2000年末，东港区组团参加广交会、青洽会、乌洽会、厦交会、烟台APEC博览会、全美国际商品订货会、韩国加工贸易洽谈会、香港经贸洽谈会等国内外经贸会议40余次，参加的部门和企业70余个、500多人次。2001年，全年实际利用外资902万美元，同比增长61.6%。合同利用外资1600万美元，同比增长64.1%。2003年，全区共批准外商投资企业24家，实际利用外资2796万美元，同比增长117.4%，合同利用外资3633万美元，同比增长69.3%。

2006年后，利用中日韩产业交流会、"鲁港经贸合作活动周"、国际贸易投资洽谈会、中国进出口商品交流会等进行招商活动，吸收利用一批技术含量高、行业前卫的项目落户东港区。其中，日照大兴信息服务有限公司、日照衡悦海曲商用设施经营管理有限公司等生产性服务企业，项目投资额大，出资快，并拥有国际先进的商务管理经验。现代物流业、交通运输等产业项目利用外资额度也逐步增长。

2006—2007年，全区新批利用外资项目41个，办理增资项目5家，完成合同外商直接投资19551万美元，完成实际外商直接投资6975.6万美元。为20家企业争取进口设备免退税、中小企业开拓国际市场资金、农轻纺促进等政策性资金500余万元。

2007年，全区投资总额超过百万美元的外贸企业30多家，其中，投资总额过千万元的外贸企业近10家。外商投资已涉及机械、化工、电子、食品、建材、轻工、纺织、房地产、农业和旅游服务业等领域。

第四节 对外合作

对外劳务合作

90年代前，境内基本无对外劳务输出业务。90年代后，政府有关部门开始组织向日本、新加坡输出劳务人员。1993—2000年，全区输出劳务人员820人次，其中，2000年劳务输出150人次，主要派往日本、韩国、新加坡等国家，从事水产加工、食品加工、服装加工等劳动密集型行业。日照雅乐玩具有限公司投资5万美元在美国设立了办事处。21世纪初，规模较大的企业开始组织国际劳务派遣活动。

2006年，经省外经贸厅批准山东省外派劳务日照基地成立，由区外经贸局设立日照市东港区

图19-20 山东省外派劳务(日照)基地 (摄于2006年7月)

外派劳务服务中心，内设报名咨询大厅、信息中心、宣教部、人力资源部、培训部、业务部，负责全市外派劳务的宣传、组织、招选、培训以及协调服务等工作。服务中心位于日照市区，办公场所1000多平方米，设大型培训中心(与区职教中心合作)，有教职员工18人。建立语音教学室、车床电焊加工实训车间、电动缝纫加工实训车间各一个，可容纳200人同时学习培训。基地外设水产、机械、电子、缝纫实训基地4处。在乡镇、街道设报名便民咨询点10个。主要招选、培训赴日本、新加坡、韩国、澳大利亚、俄罗斯等国劳务人员。区外派劳务领导小组制定《东港区应对外派劳务纠纷和突发事件处理办法》，对外经公司、劳务人员合法权益作出明确规定，并健全了外派劳务纠纷及突发事件应急处理体系。

2007年，新签外派劳务合同额11830万美元，完成营业额7830万美元，外派劳务5840人次。外派劳务市场扩展到俄罗斯、罗马尼亚等24个国家和地区，涉及农业、建筑工程、店铺管理等18个行业。

境外投资

1993年9月，东港批准第一家境外投资企业。进入21世纪，企业境外投资主要有三种形式，一是市场服务性投资，企业通过设立办事处形式，建立国际营销或服务网络。二是出口导向型投资，企业通过设立贸易公司的形式，针对国内纺织、服装等优势产业，开拓国际市场。三是资源利用型投资，把企业的生产加工基地转移到国外，充分利用境外矿产资源。

至2007年，先后批准境外投资企业17家，投资总额508万美元。其中，开始运营的有9家，保留的3家，已撤销的5家。境外投资主要分布在美国、日本、俄罗斯、德国、越南、菲律宾等9个国家和地区，投资行业涉及矿产资源开发、建筑材料加工、服装纺织贸易等10个行业。

1993—2007年东港区境外投资情况表

表19-12　　单位：万美元

企业名称(中文)	国内投资单位名称	投向国家	协议投资	中方投资	企业性质	批准时间	备注
中蒙合资结晶药业有限公司	山东洁晶集团股份有限公司、日照洁晶贸易有限公司	蒙古	138.00	110.40	非贸(加)	2002年11月	与济宁合作
布拉戈维申斯克振兴建筑材料有限公司	日照振兴房地产开发公司	俄罗斯	100.00	100.00	非贸(加)	2001年12月	经营
山东隆迪纺织有限公司美国办事处	山东隆迪纺织有限公司	美国	10.00	10.00	机构	2004年11月	经营
中国日照锦绣抽纱德国办事处	日照锦绣抽纱制品有限公司	德国	10.00	10.00	机构	2001年10月	经营
日照开源食品有限公司驻日本办事处	日照开源食品有限公司	日本	1.24	1.24	机构	2005年12月	经营
日照锦绣工艺(美国)有限公司	日照锦绣抽纱制品有限公司]	美国	30.00	30.00	贸易	2001年11月	经营
日照日兴贸易有限公司	日照纺织抽纱集团公司	韩国	11.00	11.00	贸易	2005年4月	经营
至中(美国)有限公司	日照至中家用纺织品有限公司	美国	10.00	10.00	贸易	2005年12月	经营
兴利贸易菲律宾镍矿开采项目	日照兴利贸易有限公司	菲律宾	400	160	贸易(生产)	2008年5月	经营
日照东升有限公司俄罗斯办事处	日照东升有限公司	俄罗斯	10.00	10.00	机构	2003年3月	保留
日照东昇地毯有限公司纽约办事处	日照东昇地毯有限公司	美国	10.00	10.00	机构	2002年9月	保留

续表 19-12

单位:万美元

企业名称（中文）	国内投资单位名称	投向国家	协议投资	中方投资	企业性质	批准时间	备注
日照通盛木制品有限公司美国办事处	日照通盛木制品有限公司	美国	10.00	10.00	机构	2003 年 8 月	保留
日照雅乐工艺玩具有限公司驻美国办事处	日照雅乐工艺玩具有限公司	美国	0.00	0.00	机构	1999 年 12 月	注销
东河商贸旅游发展总公司	东港粮油总公司	越南	21.68	17.34	贸易	1997 年 4 月	注销
中国太阳城有限公司	日照市供销社集团公司农资总公司	俄罗斯	10.00	10.00	贸易	1993 年 9 月	注销
同泰贸易有限公司	日照粮油食品出口公司	美国	5.00	5.00	贸易	1996 年 1 月	注销
欧亚贸易进出口股份有限公司	日照海纳企业集团公司	比利时	7.00	3.85	贸易	1999 年 12 月	注销

第九章　商业管理

清宣统元年(1909 年),在日照城、石臼所、涛雒、夹仓等地设立商会,以加强对私营工商业的控制和管理。民国时期,沿袭清末对私营工商业的管理方法。

抗日战争时期,民主政府对个体工商业实行统一管理。

新中国成立初期,县人民政府加强对行商和居间商管理,成立县工商业联合会,负责对全县私营工商业的业务指导和管理。1956 年全县私营工商业改造结束。1958 年后,私营工商业基本过渡到国营商业和人民公社集体商业。1961 年,私营工商业有所恢复。“文化大革命”期间,私营工商业和小商贩经营活动受到抑制,大多停业。

改革开放后,各类工商协会活动得到快速恢复和发展。进入 21 世纪,私营商业蓬勃发展。政府对民营商业管理逐步完善。2007 年,境内除“银座商城”等两家为国有控股商业企业外,其他均为股份制民营企业。

第一节　管理机构

商业机构

抗日战争和解放战争时期,中共党政军机关在根据地建立了一些商业机构。1940 年冬,苏鲁边区税务总局成立。

1942 年 7 月,贸易、税务两局合并,成立滨海贸税局。1943 年 9 月 15 日,滨海工商管理局和一分局(日赣分局)建立。滨海区通过岚山头、柘汪等口岸对敌占区的上海、大连、安东等地开展贸易活动,在岚山头和柘汪等口岸建立公营商店和商行。1944 年 10 月,日照县抗日民主政府建立工商管理局,下设总商店和 4 个分店。

1945 年 8 月,县民主政府对公营商业机构进行改编,省工商总局在滨海区设一、二、三分局,二分局驻日照城。日照工商管理局改为日照工商支局,隶属二分局,驻石臼所,总商店设在石臼所。1947 年春,华东工商部(省商业厅前身)设立沿海第一分局(驻岚山区巨峰镇柳古庄)。9 月,二分局划归沿海一分局,原日照工商支局机关归沿海一分局领导。日照支局合并为竹日支局。

1950 年 5 月,日照县政府设工商科,主管全县国营商业、私营商业、手工业及全县的市场管理工作。1956 年 6 月,工商科改称商业局。1957 年 1 月成立服务局,负责全县食品、烟酒糖茶、杂货、饮食服务业管理工作,下设百货、食品、烟酒糖茶、石油、餐饮服务 5 个公司。1958 年 6 月,县供销社、服务局和水产公司合并到商业局。1961 年,县供销社与商业局分开,商业局原属各公司恢复建制。1971 年 7 月，商业局与县供销社再度合并，1975 年 7 月再次分设。1978 年上半年，商业局内工商办公室撤销，另设工商局。

1984 年 9 月，临沂行署设立石臼工委办事处，设石臼工委商业局。1985 年 5 月，石臼工委商业局并入市商业局，两局所属公司归属日照市商业局。1989 年 6 月，市商业局组建地级日照市商业局。1993 年 6 月，东港区商业局成立，同时加挂东港区商业总公司牌子。2003 年 3 月，东港区商业总公司依法破产，东港区商业局撤销。

图 19-21　东港区供销合作总社　（摄于 2004 年）

1943 — 2003 年，梁克一、张兴、朱光军、张鹤林、薛清和、黎元哲、陆自奋、吴本初、王树柯、王维成、袁肇仲、黄振吉、吕守梓、申永范、刘嘉群、孙开顺、刘勇、樊金亮、王敦宏等先后任科、局长。2005 年 7 月，东港区贸易办公室成立，同时加挂东港区服务业办公室牌子，高月军任主任。2007 年 11 月，朱庆会任主任。

供销合作机构

1929 年，日照建立合作指导所。1933 年 8 月，县国民政府设合作指导办公处。后并入县府第四科。1936 年，县合作指导办公处归属第三科。1938 年 6 月，合作社解散。同年 11 月，中共日照县委在黄墩区创办革命根据地第一处合作社，在安东卫组建运输合作社和晒盐合作社。

1943 年春，县抗日民主政府在碑廓建立公营“日丰合作社”，丁风南任社长。1947 年 12 月 14 日，成立“日照县合作社联合社”，日丰合作社逐步并入县联社。1948 年 4 月，县联社迁入城关镇。11 月，改称“日照县合作推进社”。

1950 年，县合作推进社改称“日照县合作总社”。5 月，划归沂水专区合作总社，仍称日照县合作总社。1951 年 5 月，改称“日照县合作社联合社”。1952 年 4 月，改称“山东省日照县供销合作社”。1958 年 4 月，县服务局和临沂水产分公司并入县供销社，称“日照县供销合作社水产经理部”。7 月 1 日，县供销社并入县商业局。1961 年 7 月，从商业局分出。1971 年 7 月，县供销合作社与县商业局合并，统称日照县商业局。1975 年 7 月，再度分设。1978 年 5 月，县供销合作社更名为“山东省日照县供销合作社”。1983 年 3 月，更名为“山东省日照县供销合作社联合社”。

1985 年 5 月，县供销合作社联合社改称“日照市供销合作社联合社”。1988 年 4 月，供销企业实行个人承包，有 22 个基层供销合作社和 7 家市直企业被承包。

1993 年 1 月，开始筹建东港区供销合作总社。5 月 31 日，市联社将两城等 18 处基层社划归区总社管理。6 月 18 日，成立“日照市东港区供销总公司”。对外使用“日照市东港区供销合作总社”名称。内设办公室、业务科、财务科、企业管理科。8 月 8 日，区总社、供销总公司正式挂牌办公。全区供销系统有干部职工 1978 人。

1996 年 11 月，区供销合作总社改为自收自支事业单位，正科级建制。1999 年，除城区、石臼两基层社外，其余 16 个基层供销社全部进行产权制度改革，基层供销社名存实亡。

2004 年 1 月，奎山供销社整体移交市经济开发区。10 月 10 日，巨峰、大坡、后村、高兴、黄墩 5 处基层社划归岚山管理。1947 — 1993 年，刘丙先、牟仲玉、王智民、刘光荫、仲绪贤、王树柯、毕乃芬、秦洪记、刘希增、丁银昌、陈淑和、田增喜等先后任县、市联社(合作社)经理、主任。1993 年起，刘贤亭、王敦宏、樊金亮、辛崇玉先后任区总社主任。

物资管理机构

1963年2月，成立临沂专区物资局石臼木材经营组，隶属临沂专区物资局。1964年6月，改称临沂专区物资局日照物资供应站，行政业务领导仍隶属临沂专区物资局。1971年3月，日照县物资供应站撤销，成立日照县革命委员会物资局，隶属县革委，主管全县的物资工作。

1978年，县燃料公司成立，归物资局领导。同年6—10月，先后建立城关、石臼、三庄、安岚、马庄(后村)、巨峰、两城7个物资供应站。1981年，物资综合门市部开业，城关物资供应站随即撤销与之合并。1982年4月，县革命委员会物资局更名为日照县物资局。1983年7月，成立物资服务公司。1984年6月，物资局更名日照县物资综合公司。1985年4月，日照县物资综合公司改为日照市物资局。1983—1985年，物资局先后成立金属材料公司、机电设备公司、金属回收公司、物资交易中心。1986年9月20日，物资服务公司亏损累计达30多万元，宣布关闭。

1989年，成立物资配套承包公司。物资局所属企业有燃料、木材、机电、金属、化轻、建材、金属回收、物资配套承包公司和物资贸易中心、乡镇物资供应站等，共有职工535人，年销售总额为2.84亿元。同年，物资局升格为正处级单位。1992年，物资局划归日照市管理。

1993年8月，日照市东港区物资总公司成立，为全民所有制企业，对外可使用日照市东港区物资局名称(一套班子，两块牌子)。履行行政管理和企业管理双重职能，内设办公室、财务科，并相继成立多家下属企业。1996年11月，对外停用区物资局名称。1997年4月，区物资总公司加挂区物资行业管理办公室牌子，为正科级自收自支全民事业单位，行使行业管理职能，区物资总公司原所属的企业仍由该单位管理。至1998年6月，区物资总公司先后成立东港区物资贸易公司、木材公司、金属回收公司、生产资料服务公司、化轻建材公司、日松木材联营公司、物资开发公司、燃料中心、物资销售中心、日照蓝天地毯有限公司等共11家下属企业。至2000年11月，区物资系统所辖11家企业全部被吊销经营资格，仅留有物资行业办公室，主要处理债权债务、信访稳定等工作。至2000年，王均诠、刘升杰、相振铭、刘相进、范伟文、孙开顺、侯学平等先后任局长。

对外贸易管理机构

新中国成立初期，对外经贸业务由县供销社管理。1958年6月，由县商业局管理。1976年8月，成立日照县革命委员会对外贸易局，亦称日照县对外贸易公司，魏延著任局长，两个机构合署办公，政企合一，主管贸易。经济技术合作业务由县计划委员会业务科和县经济委员会科技科管理。

1985年5月，日照市对外贸易委员会成立。日照县对外贸易公司改称为日照市对外贸易公司，为市对外贸易委员会下属公司。1988年，日照市对外经济贸易公司从人、财、物等方面与市对外贸易委员会彻底脱钩。李竹芳、彭志堂先后任主任。1989年，设立日照市对外贸易局，1990年4月，该局亦称对外贸易综合公司，系一个机构、两块牌子。下设粮油食品经理部、机械化工经理部和土产畜产经理部。1991年年初，市对外贸易局合并于市外经贸委。1992年，外经贸委划归日照市管理。魏延著、庞培鹤、秦玉奎、董瑞昌等先后任局长。

1993年7月，设立东港区对外经济贸易委员会，为区政府综合管理全区对外经济贸易工作的职能部门，陈为平任主任。同年，先后成立日照市东港区对外贸易公司、日照市东港区对外贸易开发公司，隶属区对外贸易经济委员会。2002年6月，区对外贸易经济委员会并入区经济贸易局。

2006年3月，东港区对外贸易经济合作局成立，为区政府直属正科级行政性事业单位。王汉日任党组书记，闫华章任局长。下设办公室、外商投资管理科、对外贸易管理科3个职能科室。2007年11月，王允周任局长。

烟草管理机构

民国时期，卷烟流通由同业组织管理。1944年秋，日照县抗日民主政府成立工商管理局。1949年12月，成立"日照县烟酒专卖事业处"。1954年，改称"日照县烟酒专卖公司"。1957年8月，县烟酒专卖公司取消公司建制，并入县服务局，改称为"日照县服务局糖业烟酒经理部"。1961年9月，恢复公司建制，改称"日照县糖业公司"。1966年11月，"日照县糖业公司"并入百货公司。1976年，改称"糖业烟酒公司"。

图 19-22　东港区烟草公司办公楼　（摄于 2006 年）

1983 年 3 月，成立日照烟草支公司。1984 年 4 月，成立日照县烟草专卖局与县烟草公司，一个机构两块牌子，内设专卖科。1985 年 3 月，县烟草专卖局(公司)改称日照市烟草专卖局(公司)。1991 年 7 月，撤销原县级日照市烟草专卖局(公司)，成立日照市烟草专卖局(公司)，直接由山东省烟草专卖局(公司)领导。

1993 年 2 月，成立"日照市东港区烟草专卖局""山东省烟草公司日照市东港区公司"。1994 年 5 月，区烟草公司加入青岛烟草集团公司。1995 年 6 月，更名为颐中烟草(日照)有限公司东港区分公司。1998 年，成立日照市东港区烟草专卖局、山东烟草购销(集团)有限公司日照分公司东港公司、东方烟草(集团)有限公司鲁东分公司东港区公司，三个单位一个党委班子。至 2007 年，刘桂田、朱崇鼎、王为勋、韩志钟、丁元波、杜永利等先后任局长。

第二节　管理体制

民营商业管理

清宣统元年(1909 年)，日照城、石臼所、涛雒、夹仓等地设立商会，加强对私营工商业的管理。民国时期，基本上沿袭清末对私营工商业的管理方法，并得到改进和加强。民国 18 年(1929 年)，国民政府制定颁布《工商同业公会法》，进一步加大对私营工商业的管理。

日照县抗日根据地对私营工商业实行营业登记，颁发营业执照，限定经营范围，严禁无证经营管理方法，并对一些重要物资实行专营。

新中国成立初期，县人民政府对私营工商业进行登记，加强对行商和居间商管理，压缩其经营范围、经营方式，限制经纪人和行栈的发展。1953 年，成立县工商业联合会，负责对全县私营工商业的业务指导和管理。1954 年，对全县私营工商业改造，1956 年，改造基本结束，大部分业户参加合作经营。1958 年后，由于私营工商业基本改造过渡到国营商业和人民公社集体后，对其管理自行消失。

1961 年，私营工商业开始兴起。2 月，县人民委员会颁布四项规定：(1)二类物资管理范围划分为产区与非产区两种管理方法，产区不允许上市，非产区允许上市；(2)有营业证的商贩允许参加指定市场经营，无营业证的不能营业；(3)农民自产自销产品需向市场管理所办理自产自销证明；(4)工业产品除国营商业经营外，个人不得经营倒卖。

1962 年，在全县私营工商业中开展社会主义教育运动。"文化大革命"期间受到限制，私营工商业和小商贩被迫停业。

中共十一届三中全会后，实行工商行政管理部门注册登记制度，严禁无证经营。成立个体劳动者协会，进行自我管理。依法查处个体私营商业的违法、违规行为，保护国家利益和消费者权益，维护市场经营秩序，使其得到快速恢复和发展。

进入 21 世纪。政府对民营商业管理逐步完善，民营商业蓬勃发展。2007 年，境内除"银座商城"等两家为国有控股商业企业外，其他均为股份制民营企业。境内规模较大的民营商业企业有日照百货大楼股份有限公司、利群购物广场、海纳商城、利群瑞泰商城、日照友谊商店、日照凌云集团、日照金阳农贸公司等。民营商业行政管理，一是经工商行政管理部门批准发给营业执照；二是由税务部门办理税务登记证。如鞭炮、农药、化肥、烟草、食盐、食品、宾馆旅社等经营，需经安监、农业、烟草、盐政、卫生、公安等部门备案。

个体私营商业

新中国成立前，商业以私营为主。新中国成立初，私营商业发展较快，个体私营商业为社会提供绝大部分商品供应。1952年年底，全县个体商业1333户，摊贩7201户，手工业(包括修理业)3112户。1953—1959年，社会主义改造期间，个体私营商业经营受制约。

1956—1957年，全县接受改造的个体商业者2208户，2511人。其中，过渡到供销社为职工的187人，合作商(饭)店131处，528人，合作小组137处，877人，继续自营的741人。1958年，个体工商户大部分转入人民公社，有的合并到供销社，仅有193人继续自营。

1961年，根据中央指示，采取"开笼放鸟"政策，允许个体工商户为国营商业供销社代销或自己经营，个体商业得到恢复和发展。1965年，恢复到7240户。"文化大革命"期间，个体工商户受到冲击。1976年，全县商业个体户不足百户。

中共十一届三中全会后，国家对个体私营商业逐步放开。鼓励有营业执照的个体私营商业的发展，将部分原属于集体办的商业店铺承包给个人经营，经营商品的种类逐步增多。1980年，发证个体商业1249户，从业人员1251人，注册资金8.84万元。1982年，发展到3755户，3804人，注册资金52.10万元，全年营业额达887.81万元。农村代销店发展到1008户，2016人。1984年，个体工商户发展到8592户，10021人，从业人员占全县总人口的1.1%。1988年为1.30万户，2.35万人，占有资金2716.8万元。1989年为1.04万户，1.33万人，占有资金2418万元。

90年代后，个体私营商业发展迅速，经营方式灵活多样，可以经营国有商业经营的各种商品，进货渠道不受任何限制。1993年，全区有个体工商户3209户。1995年，区政府把发展个体私营经济列入全区经济工作四大重点之一，年底全区个体工商业户发展到2.61万户，从业人员6.92万人。90年代中后期，政府鼓励下岗失业人员及未就业人员自谋职业，境内兴起全民经商热。城区、农村兴办大批个体私营商业，商业网点迅速增加。1997年，境内个体私营商业3.64万户，从业人员9.16万人。

2002年，境内个体私营商业共9836户，从业人员2.44万人。2006年，个体私营商业共1.33万户。

国营商业

战争年代，境内公营商业主要任务是调节市场、平抑物价、供应军需，支持战时财政。

1942年，抗日根据地为打破敌人经济封锁，先由滨海工商税务管理局来日照设立关卡，以控制根据地与敌占区商品进出。1943年9月至1948年8月，日照县工商局(支局)除负责税务稽征、武装缉私工作外，还经营商业贸易。下设总商店，总商店再下设分店。1948年8月，商业机构整编开始。新中国成立前夕，境内贸易公司机构撤销，成立粮食、百货、油脂、花纱布等专业公司，业务垂直领导。

新中国成立后，国家实行严格的计划经济，经营权完全归政府管理，国营商业担负着"主渠道"作用。这时实行的仍是上级专业公司对下级专业公司的垂直领导。

1970年6月，国家对商业体制进行改革，地方商业局作为地方政府对国营商业的管理部门，从计划编制执行、商业网点设置到经理厂长任

图19-23　新市区银座商城　(摄于2007年9月)

命、企业用工等人、财、物诸方面掌握决定权,实行高度集中统一的领导。企业作为被管理者、执行者,只负责经营,盈亏均属国家。

1980年下半年,进行扩大国营商业企业自主权试点,推行党委领导下的经理负责制,企业有了一定的经营自主权。1984年下半年,整顿商业企业,实行经理(厂长)负责制,企业经营自主权进一步扩大。80年代末,由计划经济向市场经济转变,国有商业企业进行一系列改革。1990年后,对国有小门店进行租赁、拍卖、抽本经营、公有民营。

1993年6月,东港区商业局(总公司)成立,后相继组建多处商业企业。商业局(总公司)对所属企业实行利润包干考核办法,超定额利润部分总公司、企业3∶7分成。

1995年后,国有商业进行股份制改革,国有商业变更为股份制公司。1998年,企业改制进入实质阶段。1999年,百货大楼改制为股份制企业。2002年,贸工集团实行租赁经营。至2007年,理发、洗浴、照相、旅社等原国有行业全部改为个人经营。商业经营体制形成多样化局面。

集体商业

计划经济时期,国营商业和供销合作社分别担负着城市和农村的生产、生活物资供应任务。在经营品种分工上,国营商业主营日用百货,供销社主营农业生产资料、废旧物资、土产、棉麻、日用杂品,同时兼营日用百货。供销社日用百货的进货渠道是国营商业各专业批发公司,如纺织品公司、烟酒糖茶公司、五金交电公司等。在经营体制上,由各基层供销社集中进货,通过仓库拨到驻地各专业门店和农村综合门市部。代购代销店则分片从各基层供销社门市部进货。

新中国成立初期,日用百货的购进由上一级公司按计划直拨。1953年,实行计划调拨不准跨省采购。1958年,按行政区划设置批发机构,工业品纳入国家计划分配。1962年,恢复按经济区划设批发机构,允许跨区采购和直接到厂家进货,计划分配商品减少。1970年,国家将大部分日用百货及工业用品纳入计划,按行政区划分配商品,不准跨省采购,由临沂各专业公司分口批复计划。1978年后,商业和供销在经营范围上互相交叉,计划经济的分配机制随之消亡。

1979年,再次恢复按经济区划购进商品的做法。较紧俏畅销的商品,除按计划调入部分外,一般由业务关系推荐,以渔、农、土特产品为协作条件,到产地、工厂购进。

80年代初,“三多一少”(多种经济成份、多种经营形式、多渠道、少环节)的经济体制逐步形成,商品的种类、品种日益增多,卖方市场开始转为买方市场。供货单位送货上门,实行延期付款、销后付款或代销提手续费等办法。90年代初,供销社相继成立工业品批发公司。至1992年,渠道进一步放开,从传统经营的小百货逐渐向城市现代化消费发展。

1993年,基层供销社可以在全国任何地方的厂家和批发公司进货。同年,区基层供销社在全区试行“四放开”改革和“社有民营”改革(经营放开、价格放开、用工放开、分配放开以及抽本承租经营)。基层供销社的经营门店可以在本社以外的任何厂家和公司进货,价格随行就市。1998年,全区社员股金发生挤兑,至1999年,除城区、石臼2处基层供销社外,其余16处基层供销社全部改制为民营。2005年,商务部实施“万村千乡”市场工程,东港区被列为全市第一个试点单位。至2007年,日用百货均变为民营商业由个体业主经营。

图19-24　涛雒供销社开元购物超市　　(摄于2007年)

第二十编

粮　油

新中国成立前，境内农业生产力落后，粮油产量低下，百姓过着“半年糠菜半年粮”的生活。新中国成立后，人民政府高度重视粮油生产，产量稳步提高，逐步实现自给有余。1978年改革开放后，粮油产量大幅增长，大量余粮调入国家储备粮库。

据清光绪版《日照县志》载，明、清时期，官署、民社为保证朝廷、军队及赈灾用粮，设常平仓、社仓、义仓等，用以储粮。民国时期，政府和军队用粮油向民间摊派，民间粮油由私商经营或集市流通。抗日战争时期，民主政府按计划征收公粮，采取藏粮于民的方法储存粮油。军队和地方党政人员按计划定量供应，非农工商业者用粮油，由私营粮商供应或去集贸市场购买，农民用粮油自食其有，少量进入集市流通。

新中国成立初，人民政府对无序粮油市场进行行政干预和市场调节。1953年11月，把粮食列为第一类战略物资，实行统购统销。1978年后，境内粮食经营体制开始改革。逐步放开粮食集市贸易，粮食、油料由统购改为合同定购。1992年，除军供粮油外，其他用粮油价格全部放开。同时，废止各种粮油票证。为保护农民种粮积极性，实行保护价政策，不断调整、提高粮食收购价格。

1993年，东港区粮食局对所辖企业实行独立核算，对部分企业进行股份制改造。1998年起，粮食购销纳入法制化管理轨道。粮食企业改革不断深化，完成国家粮油购销任务后，允许开展多种经营。经过近30年的改革，至2007年，东港区逐步建立、健全了粮油购销机制和粮油储备体系。

第一章　经营体制

第一节　机构

管理机构

清光绪版《日照县志》记载，明代境内设粮食管理仓贮大使。清代，该职由知县兼理。1928年，民国县政府设财政局，下设钱粮征收处，掌管全县钱粮收购。1940年3月，日照县抗日民主政府设立财粮科，负责征收救国公粮。1942年春，财粮科分为财政科和粮秣科。1944年年底，两科合并仍称财粮科。1946年春，日照设立县粮库，下辖6个区粮库，负责全县粮食收购、储存管理。1947年6月，取消县粮库，成立日照县人民政府粮食局，刘鸿若兼任局长。1950年4月，改称日照县中央公粮分库，分库下辖6个支库。同年11月，改称日照县人民政府粮食局。1956年3月，改称日照县粮食局。1968年9月，改称日照县粮油棉服务站。1969年10月，改称为日照县革命委员会粮食局，刘希增、别怀进先后任局长。1982年1月15日，改称日照县粮食局。1985年5月1日，改称日照市粮食局，崔砚尊、葛允洪、杨科田先后任局长。1989年11月，粮食局升格为处级单位，邵士增任局长。

1993年6月18日，东港区粮食局成立。王相修、白建民、林祥鹤、朱庆会、陈占联，先后任局长。1999年7月，组建东港区粮食收储管理中心和东港工贸集团公司两个正科级事业单位，归区粮食局管理。2007年12月，区粮食局、区粮食收储管理中心、东港工贸集团本着“人员身份不变、工作职能不变、资产权属不变”的原则，进行合并，一个单位三块牌子，下设9个科室。

基层机构

1940年3月，日照县抗日民主政府财粮科在各区设财粮站。1941年5月，分别在安岚、碑廓、巨峰等区设立粮库。1950年春，全县有城关、城东、两城、丝山、奎山、涛雒、安岚、碑廓、巨峰、望海、芦山、沈疃、石臼13个区粮库。1954年10月，粮食局所属各粮库实行双重领导。即业务上接受粮食局领导，行政上归各区直接领导。次年4月15日，区粮库改称区粮食管理站。1956年，改称粮食管理所。1958年1月，改称粮油管理所。1959年1月，粮油管理所下放到人民公社，公社财贸部设立粮食管理科。1960年年底，恢复粮油管理所名称。1962年6月，增设陈疃粮所，原金家沟粮所撤销，改为金家沟粮站，隶属石臼粮所。1963年，下元粮所并于涛雒粮所，下湖粮所并于南湖粮所，陈疃粮所并于西湖粮所，虎山粮所并于安岚粮所。此时，全县共设立15个粮油管理所，下辖 38 个粮站。1971 年，日照县划为 21 个公社，新设河山、虎山、大坡、下湖、陈疃、竖旗 6 个粮所，全县共计 21 个粮所。1975 年，黄墩粮所新建双疃粮站。1981 年 12 月，安岚公社分为岚山公社和汾水公社，原安岚粮所改称汾水粮所，新增设岚山粮所。1984 年 5 月，公社粮油管理所改称区粮油管理所。1993 年 5 月，虎山、汾水、碑廓、岚山四处粮所划归岚山工委管理。2002 年，竖旗粮所并于三庄粮所，尹家河粮所并于南湖粮所。2003 年 4 月，奎山粮所划归日照开发区管理。2004 年 10 月，巨峰、高兴、大坡、后村、黄墩粮所划归岚山区。2007 年年底，全区粮食系统有 9 个粮所和 5 家直属企业。

第二节 经营机制

新中国成立后，境内粮食购销机制经历自由购销、统购统销、计划调控和市场化购销几个阶段。

自由购销(1949—1952 年)

这一时期，国营粮食商业刚刚建立，农业税征收与粮食收购分别进行，私营粮商在粮食市场上占据优势。县政府粮食局在各区下设粮库，负责公粮征收入库、保管、调度和军粮供应管理工作。1950 年 3 月，成立粮食公司和油脂公司，负责城乡粮油自由购销和粮食市场管理。其间，粮食公司先后从十几个省(主要东北 3 省)调入 1.63 万吨原粮，平抑粮价。

统购统销(1953—1984 年)

1953 年 11 月，全县实行粮食统购统销。1954 年 7 月，全县各大集镇设立国营粮食市场，计划经济粮油购销机制全面建立。各乡镇粮所人、财、物统归县粮食局管理。粮食收购、销售、调拨、储存以“统”为主，基层粮所没有动支权。1978 年后，县粮食局直属粮油企业、基层粮食单位一律实行独立核算，自负盈亏。1980 年 2 月，成立日照县粮油议购议销公司，粮食部门在坚持统购统销、保证完成国家征购任务前提下，强化粮油议购议销业务。1983 年 5 月，对基层企业实行经营责任制。

计划调控与市场调节相结合(1985—2003 年)

1985 年，取消粮食统购，实行合同定购。定购以外允许自由购销，粮食企业进一步放开搞活。1997 年 3 月，区粮食局对企业实行目标经营承包制，对企业经营费用进行目标管理。

1998 年，根据国家提出“四分开、一完善”(政企分开、中央与地方分开、储备与经营分开、新财务挂账分开和完善粮食价格机制)改革原则，各基层粮所将政策性业务与商业经营分开，实行单独核算。1999 年 7 月，组建东港区粮食收储管理中心和东港工贸集团公司。区粮食收储管理中心下设粮食购销站，主要从事政策性粮油购、销、储存业务；东港工贸集团公司主管原粮食系统附营业务。2000 年 6 月，全系统股份制改革全部完成，全区粮食部门共新组建 19 家股份制企业。

市场化经营

2004 年，根据省、市统一部署，东港区取消粮食定购任务，放开粮食市场和粮食价格。2005 年 10 月，开始对全区粮食企业人员进行身份置换。2007 年 5 月，粮食收储中心对所属购销管理站实行对外租赁，部分粮食改制企业场地实行拍卖。至此，全面建立起市场化粮油经营机制。

第二章 粮油收购

第一节 粮油征购

粮食征购

明代以来，日照所征田赋主要有税粮、地丁粮、漕粮、和屯粮四种。民国初期，田赋承袭清制。1941 年 6 月，县抗日民主政府征收公粮，按农户贫富程度划分为特穷户、一般户和特富户，前者不负担，后者负担额由区公所分配，一般户再划分 10 个等级负担公粮。同年 11 月，改用按地级折合负担亩分配公粮办法。1942 年 11 月后，相继实行对土地定级，依地级定产，按产量累进率和按地亩多少缴纳公粮。1948 年，应征麦粮 2099 吨，实征 1698 吨。1949 年 7 月，将田赋、公粮、柴代粮、乡村经费附加粮合并征收，称为“农业税”。当年征粮7030吨，农民人均留粮142千克。

1950—1952年，国家征购粮食2.84万吨。1953年，开始大规模经济建设，粮食需求猛增。不法私营粮商趁机抢购、套购、囤积居奇，粮价暴涨。同年11月，全县取缔粮食自由市场，实行粮食计划收购(简称“统购”)，规定余粮户在留足口粮、种子、饲料和应缴农业税后，国家购其余粮的80%～90%，当年购粮9140吨(1953—1985年度为原粮)，购后人均留粮109.5千克。1954年，对统购粮发放预购定金，其额为统购粮折款的20%，春耕前发放，麦秋统购粮时收回，当年发放预购定金62万元，同年购粮1.85万吨，购后人均留粮141.5千克。统购粮价格定为每50千克：小麦9.5元、玉米7.07元、瓜干4.69元、大豆9.28元。1955年，粮食统购实行“定产、定购、定销”和“超产部分增购量不超过增产总量的40%”的政策，全年购粮1.83万吨，购后人均留粮148千克。

1958年，粮食征购实行包征包购，当年征购粮食2.68万吨，购后返销1.60万吨。1959年，粮食减产，征购任务却增长，给农民生活和农业生产造成严重困难。1960—1962年，粮食征购开始以实收产量为依据，对粮食产购比例进行调整。从1960年起，对统购粮食实行加价，鼓励卖粮。以人均50千克统购粮为基数，超过部分按统购价的10%加价。1961年，粮价提为每50千克：小麦11.78元、玉米8.29元、瓜干6.8元、大豆12.8元。1962年，国家对任务内和超购粮奖售棉布、胶鞋、针织品、烟糖、化肥等工业品。1966年，统购任务实行“一定三年不变”，全县平均每年任务基数为2.30万吨(实际执行到1970年)。同时，统购粮再次提价，每50千克：小麦13.6元、玉米9.5元、大豆14.2元、瓜干7.7元、粳稻11.3元、籼稻9.6元。并对超购部分实行加价，加价幅度为统购价的20%。1971年，对超购粮奖售工业品，超购粮每百元奖售化肥40～60千克。从1978年起，超购加价幅度为30%。

1979年，统购粮提价，每50千克：小麦16.7元、玉米11.7元、大豆23元、瓜干9.4元、粳稻13.6元、籼稻11.6元。超购加价幅度由30%提高到50%。全年粮食统购任务调减为2.55万吨，当年实购6.76万吨，购后人均口粮253.5千克，超购加价568.93万元，奖售化肥6827.2吨。1981年，实行粮食征购包干“一定三年不变”。1981—1984年，包干基数为4.65万吨，包干基数包括征购基数和超购任务数，征购基数仍然为2.55万吨。1980—1984年，平均每年征购粮食5.54万吨。五年共超购加价2010.27万元，奖售化肥1.77万吨。

1985年，粮食由统购改为合同定购，合同一年一定。农民在完成定购任务后，余粮可自由处理。定购品种有小麦、玉米、稻谷。粮食合同定购价格按“倒三七”比例(30%原统购价，70%原超购价)计价，取消超购粮加价，对合同定购粮食奖售平价化肥、柴油。当年，合同定购任务3.30万吨(贸易粮)，实购3.59万吨(贸易粮)，购后人均占有粮食386.5千克。1986年，定购品种又增加瓜干、大豆。1987年，国家提高部分粮价。合同定购粮价格，每50千克：玉米12.3元、大豆34.5元、粳稻14.35元、籼稻12.7元、瓜干10.14元。1986—1989年，每年合同定购任务为2.70万吨。其中，1989年购粮2.73万吨，购后农民人均留粮312千克。1991年，合同定购改为国家定购。1992年4月1日起，粮食定购价格提高，每50千克定购价：小麦64元、玉米42元、粳稻64元。

1993年，全区定购粮(原粮)任务2.77万吨(包括虎山、汾水、碑廓镇)，当年完成2.11万吨(不包括虎山、汾水、碑廓镇)。同时，粮食收购实行保护价，收购价每50千克：小麦32.50元、玉米21元、粳稻35元、瓜干17.6元。1994—1996年，全区粮食定购任务(原粮)分别为2.22万吨、2.24万吨、2.23万吨。1994年，再度提高定购粮价格，每50千克定购价：小麦为54元、玉米41元、粳稻56元。1995年，每交售定购小麦50千克，按省定零售价供应国产尿素5千克，定购以外，随行就市收购。1996年，市场收购价格提高到每50千克：小麦76元、玉米63元、粳稻78元。1997年，粮食定购任务调减为1.93万吨。1998—2002年，粮食定购任务(原粮)每年为2.13万吨。1998年夏粮受灾，小麦质量普遍下降，对定购价和保护价进行调减，每50千

图 20-1　东港区粮食企业收购新粮入库　(摄于 2007 年)

克定购价:小麦为 73 元、玉米 61 元、粳稻 78 元。每 50 千克保护价:小麦 64 元、玉米 54 元。当年实际收购粮食 2.13 万吨。其中,定购等外小麦 3803 吨。1999 年,实行定购价与保护价并轨,进一步降低收购价格,每 50 千克定购价:小麦 64 元、玉米 46 元、粳稻 60 元。2000 年,又进行适当调整,每 50 千克保护价:小麦 57 元(标准品由冬花麦改为白麦),玉米 49 元,粳稻 60 元。2002 年,小麦保护价下调为 55 元,秋粮退出保护价范围,继续实行定购制度,秋粮定购价格确定为每 50 千克:玉米 45 元、稻谷为 55 元。2003 年,定购粮任务调减为 1.87 万吨,小麦保护价与 2002 年相同,秋粮仍实行定购制度,玉米收购指导价为 55 元/50 千克,粳稻收购指导价 65 元/50 千克。2004 年,粮食市场放开,取消粮食定购。但市政府分配东港区粮食收购建议数量 2.7 万吨,其中夏粮 1.9 万吨,秋粮 0.8 万吨。当年实际收购小麦 4467 吨。2006 — 2007 年,为保护农民种粮积极性,对市场粮食实行托市收购,小麦中级收购价定为 69 元/50 千克(花麦)。2006 年,实际收购小麦 6044.8 吨。2007 年,因市场粮价远高于托市收购价,国营粮食企业未进行市场收购。

油料征购

新中国成立前,日照县油料主要由私商经营,以花生、大豆为主。1950 年 3 月,中国油脂公司新浦支公司石臼所办事处成立,其业务主要是按市场价收购境内油脂、油料并进行转运。

1953 年 11 月,国家对油料实行统购。统购品种以花生为主,对其他小油料如芝麻、棉籽、蓖麻籽等也进行部分统购,不准私商收购。花生统购比例(统购占产量的比例)一般在 70% 左右。当年收购油料折油脂 4255 吨。油料收购价每 50 千克:花生果 10.6 元、花生仁 17.4 元、花生油 39.7 元、芝麻 23.37 元、豆油 42 元、精炼棉籽油 36.7 元。1954 年,采取划片定产办法评定花生产量,按政策划分余油户和缺油户,核定统购任务,每户扣除种子,人均不足 6 千克花生米的,不予统购,余者全部统购。1955 年秋,对油料统购办法进行改进,贯彻“多产多得,增产多留”分配原则,对扣除自食油料、种子和征实部分后的余油,按一定比率确定统购任务。1956 年,对花生统购政策作了调整,提高花生仁每亩留种量。增产部分,只增购 40% ~ 50%,余者自由处理。增加奖饼政策,对完成任务的农业社和农户,每多交售 50 千克花生仁供应饼肥 25 千克。1957 — 1960 年,全县花生连年减产,油脂供应十分困难。1961 年后,油料产量和收购量逐年上升。1961 — 1970 年,征购油脂 2.82 万吨。1971 年,花生统购开始实行包购基数,并对生产队完成国家花生统购任务后的超购部分进行加价奖励 20%,1972 年提高到 30%,1979 年提高到 50%。超购油料奖售化肥,每 50 千克大、小花生仁奖化肥 12.5 ~ 27.5 千克。1971 — 1979 年,包购基数每年为 8250 吨(折油 3217.5 吨),实购油脂 4.04 万吨,年均收购 4484.3 吨。1979 年,每 50 千克收购价:花生果 31.2 元、花生仁 48 元、花生油 115 元、芝麻 58 元、豆油 116 元。1980 — 1982 年,花生包购基数每年为 7750 吨(折油 3022.5 吨)。1983 年,对花生统购政策作了调整,实行按比例计价的办法,40% 按统购价,60% 按超购价。生产队、户完成国家统购任务后余油,可自由出售。

1985 年 4 月,取消花生包购,实行合同定购。同时,不再超购油料。当年花生定购合同任务数为 2.05 万吨,实际完成 2.09 万吨。1986 — 1988 年,每年花生定购任务为 1.7 万吨。1989 年,定购任务数调减。1991 年,定购任务数进一步调减为 1.05 万吨。1985 — 1992 年,共收购花生仁 11.72 万吨,年均收购 1.46 万吨。1985 年,合同内油料按“倒四六”(即 40% 按统购价，60% 按超购价)比例计价收购，50 千克花生果、花生仁、花生油定购价格分别为：40.56 元、62.4 元、149.5 元。对合同定购油料，继续实行奖售化肥、柴油政策，每交售 50 千克花生仁(分大、小花生仁)，奖售平价优质化肥 22.5 ～ 27.5 千克。1987 年，油脂油料收购价提高，每 50 千克花生果、花生仁、花生油定购价格分别为 46.80 元、72 元、172.5 元。1989 年 4 月，每 50 千克油脂油料定购价上调为：花生果 54.1 元、花生仁 76.80 元、花生油 183.90 元。1990 年，每 50 千克花生仁定购价提高到 96.50 元，花生油定购价提高到 231 元。1991 年，油脂油料实行购销同价。1992 年起，油料收购价格根据市场行情每年进行调整。

1993 年，全区花生仁定购任务为 9000 吨(包括虎山、汾水、碑廓镇)，实际完成 7167 吨(不包括虎山、汾水、碑廓等镇收购)。1994 年，花生定购任务 7547 吨。1995 年，国家恢复油料定购，1995 — 2001 年，花生年定购任务 7672 吨。1997 年秋旱，花生定购任务调减为 4881 吨，当年实际完成 4831 吨。2002 年，任务 7492 吨，实际完成 2445 吨，占任务的 33%。2003 年，因区划调整，任务调减为 5900 吨，实际完成 2325 吨，占任务的 39%。2004 年，东港区取消粮油定购，粮油市场放开。

1949—1992 年日照县粮油征购情况表

表 20-1　　单位：吨

年　份	粮食征购	花生米征购	年　份	粮食征购	花生米征购
1949	7030	—	1971	27420	10770
1950	8000	—	1972	37100	12040
1951	9250	—	1973	45670	15050
1952	11120	—	1974	30870	9620
1953	9140	11490	1975	41410	11280
1954	18540	12480	1976	34820	7490
1955	18250	13410	1977	39400	8670
1956	9430	14606	1978	44470	11310
1957	13110	6000	1979	67640	18920
1958	26810	3520	1980	59760	20510
1959	31750	12140	1981	50020	22930
1960	27280	2920	1982	51420	25190
1961	28720	4090	1983	58220	24430
1962	25340	4480	1984	57800	22390
1963	20930	6130	1985	35890	20480
1964	26750	7390	1986	34120	15600
1965	26180	6460	1987	32210	16840
1966	26110	9960	1988	28610	16430
1967	37650	14870	1989	27310	13370
1968	42630	17480	1990	37590	17370
1969	33930	8240	1991	31030	10000
1970	31200	11380	1992	31903	7099

1993—2003 年东港区粮油定购情况表

表 20-2

单位：吨

年份	年度粮食任务	实际完成	其中：				年度油料任务	实际完成（花生米）
			小麦	稻谷	玉米	瓜干		
1993	20970	20970	15516	1827	1809	1818	7295	7167
1994	22173	22174	16447	2000	2393	1334	7547	7547
1995	22375	22377	17945	2047	2077	308	7672	7672
1996	22275	22275	18165	2036	2074	—	7672	7668
1997	19333	19364	17551	928	885	—	4881	4831
1998	21330	21295	16045	1949	3265	—	7672	7578
1999	21330	21118	15840	1881	3397	—	7672	7601
2000	21330	21017	15797	2031	3189	—	7672	7571
2001	21330	20913	15532	1988	3393	—	7672	5680
2002	21330	17701	14978	1776	947	—	7492	2445
2003	18653	14479	12891	563	1025	—	5900	2325

第二节　粮油议购

1950 年 3 月，设立粮食公司和油脂公司，议价收购粮油。1953 年，粮油统购统销后，一切业务由粮食部门经营。1962 年秋，粮油议购改为供销社经营，次年 8 月，重归粮食部门。1966 — 1977 年，粮油集市贸易时开时闭。其中，1968 — 1969 年，议购粮食分别为 290 吨、235 吨。1976 — 1977 年，无粮油议购。

1979 年，粮油议价经营得以恢复，粮油议价经营量逐年增加。1980 年 2 月，县粮食局成立粮油议购议销公司，购销业务全面展开。1983 — 1992 年，议购油脂 2.52 万吨、油料 11.65 万吨、原粮 8.73 万吨，年均议购油脂、油料、原粮分别为 2518.3 吨、1.17 万吨、8731.9 吨。其中，1989 — 1992 年，从省外议购小麦 918 吨、大米 157 吨、大豆 65 吨、芝麻 108 吨、花生米 221 吨、桐油 113 吨。

1993 — 1997 年，年平均议购原粮、油料、油品分别为 1.36 万吨、6389 吨、284 吨。1999 — 2003 年，议购原粮 1.91 万吨，年均议购 3825 吨。油料、油品收储企业议购很少。民营企业和股份制企业议购量逐年加大。2004 年，收购小麦 4467 吨。2005 年后，粮价开始下滑，粮食企业顺价销售困难，议价购销粮业务基本停止。2007 年，国有粮食企业停止收购议价粮。

1963—1992 年日照县粮油议价收购情况表

表 20-3

单位：吨

年份	粮食				油脂油料	
	合计	小麦	稻谷	杂粮薯类	食用油脂总折油	其中：花生米
1963	170	70	15	85	89	55
1964	9060	145	285	8630	152	146
1965	6540	1100	1450	3990	87	36
1966	3875	2000	790	1085	77	1
1967	3515	1858	310	1347	95	—
1968	290	70	10	210	—	—
1969	235	25	—	210	—	—
1970	165	65	—	100	10	—

续表 20-3

年份	粮食				油脂油料	
	合计	小麦	稻谷	杂粮薯类	食用油脂总折油	其中：花生米
1971	140	60	35	45	327	1
1972	410	45	15	350	414	2
1973	3230	15	—	3215	391	1
1974	120	—	—	120	291	—
1975	40	—	10	30	245	1
1978	1510	—	25	1485	623	320
1979	350	170	—	180	574	84
1980	340	130	5	205	1291	1373
1981	285	85	—	200	1617	1934
1982	590	125	5	460	1013	1147
1983	4730	555	15	4160	4208	8709
1984	2145	505	85	1555	10597	24643
1985	1295	215	—	1080	7527	7645
1986	8655	975	115	7565	6329	9939
1987	5745	3110	200	2435	4389	7577
1988	11300	4665	2695	3940	6775	13823
1989	7858	5289	228	2341	7535	13799
1990	5301	1057	363	3881	5826	7128
1991	12263	10616	233	1414	4434	5865
1992	28027	22865	1093	4069	12859	15950

1993—2004 年东港区粮油市场收购情况表

表 20-4　　　　单位：吨

年　份	粮　食				油　料			食用油品
	合计	小麦	稻谷	杂粮薯类	合计	花生米	花生果	
1993	5581	3004	397	2180	12178	11787	391	461
1994	19398	10630	2051	6717	5594	5584	10	498
1995	16355	9922	2224	4209	5881	5810	71	198
1996	13069	9181	501	3387	5401	5210	191	120
1997	12593	9034	421	3138	2889	2707	182	141
1998	3941	2515	343	1083	616	616	—	24
1999	6012	5991	—	21	13	13	—	—
2000	2776	2766	7	3	—	—	—	—
2001	10183	10183	—	—	—	—	—	—
2002	152	—	—	152	—	—	—	—
2003	—	—	—	—	—	—	—	—
2004	4467	4467	—	—	—	—	—	—

第三章 粮油销售

第一节 粮油计划供应

1940年，日照县抗日民主政府成立后，对人民军队和地方党政机关工作人员实行粮食供应，供应标准随着战争形势变化而调整。其中，1942—1944年，每人每日供应标准为1～1.25千克。

1950年3月，粮食公司和油脂公司专事粮油购销经营，调剂余缺，平抑粮价。1953年年底，实行粮食统购统销政策，对城镇居民口粮、工商业用粮、农村缺粮户和驻军实行计划供应。从1984年开始，逐步放开工商行业用粮。1989年，供应统销粮油范围只保留军队、城镇定量人口和农村缺粮群众。1992年10月，放开粮油销售价格，取消军队以外的粮油计划供应。

城镇人口定量粮油供应

1955年10月，执行《山东省〈市镇粮食定量供应暂行办法〉实施细则》，对全县非农业人口实行粮、油按工种、年龄段等定量供应。

粮食供应主要为面粉、大米、杂粮和薯类。尔后，定量标准根据粮食供需形势，进行三次调整，分别为1959年5月、1961年9月和1971年10月。

部分年份日照县非农业人口粮食定量标准情况表

表20-5

人员等级 \ 定量标准及调整时间		千克/人·月			
		1955年10月	1959年5月	1961年9月	1971年10月
特重体力	1	30	30	27	28
	2	27	28	25	26
	3	25	25	23	24.5
重体力	1	24.5	24.5	21	23
	2	22	22.5	19	21.5
	3	20	20	17	19.5
轻体力	1	19.5	18.5	15.75	17
	2	17	17.5	14.75	16
	3	14.5	16	13.75	15.5
脑力职工	1	16	15.5	23.5	16.5
	2	15.5	16.5	16.5	15
	3	15	15	15	15
	4	13.5	13.5	13.5	—
大中学生	1	18	18	15.25	17.25
	2	17	17	14.25	16
	3	16	16	13.25	15
	4	14.5	14.5	14.25	14.5
居民		12～14.25	13.5	11.5	13.5
儿童	六至不满十岁	9～11.5	9～11.5	8.5～1.5	10～13
	三至不满六岁	6～8.5	6～8.5	5.5～7.5	7～9
	一至不满三岁	3～5.5	3～5.5	2.5～4.5	3.5～6

食油供应标准：1955年10月，每人每月0.16千克。1959年9月，机关团体、学校教职员工，每人每月0.19千克；居民及中学生每人每月0.09千克。1960年10月，机关团体、学校教职员工每人每月0.11千克；居民、中学生、职工家属、儿童为0.05千克；在集体食堂就餐的儿童按职工标准供应。1963年3月，定量人口全部按0.06千克供应。1964年12月，定量人口食油供应调为0.15千克。1973年4月1日，改为按每人每月0.25千克供应，从事有毒、有害、高温及井下作业人员，以及复员回乡老红军、重残荣军人、病员、归国探亲华侨等进行补助供应。1972—1992年，国庆节和春节期间补助供应0.1～0.5千克。

1955—1958年，豆类纳入定量供应范围。1992年后取消定量供应。

享受定量供应粮油人员调动工作，随迁移证明办理地方《城镇居民粮食供应转移证明》。1992年6月1日，启用由商业部统一印制的《市镇居民粮食供应转移证明》，原粮食供应转移证明同时废止。粮食市场放开后，2001年5月1日起，城镇居民户口迁移和农业人口转为非农业人口时不再办理粮食供应转移手续。

定量供应总量

1955—1957年，定量人口粮食供应总量1.06万吨，年均3516吨。随着定量人口增长，每年供应量都有增加。1958—1961年，年均粮食供应量6798吨、油脂117吨。1962—1978年，年均粮食供应量5944吨、油脂为81吨。1979—1992年，定量人口粮食供应总量22.98万吨。1992年10月，油脂市场放开，不再供应。1993—1998年，东港区定量人口供应总量为3.05万吨。

工商行业供应

从1953年起，工商行业用粮油实行计划供应。1955年10月，实行以粮带油供应制度。国营饮食业和糕点业，按每50千克粮食带2千克食油供应。1960年，业户根据实际需要编造计划，报县粮食局批准后，按批准计划供应。1958年10月，开始对农村食品业供应粮油，供应标准与国营食品业供应标准相同。1966年，停止供应。1980年，恢复对公社、大队和个体开办的食品业，实行粮油计划供应。1981年停止。1981年1月，恢复以粮带油供应制度。饮食业按每50千克成品粮带2.5千克食油供应，糕点业按每50千克成品粮带9千克食油供应。1984年7月，改为“包干制”。全县包干基数为：饮食业粮食2490吨，食油122.55吨；糕点业粮食1900吨，食油362.1吨；副食业粮食95吨，酿造业粮食850吨，酒精业粮食5吨，食油2.5吨。1985年4月，酒精等工业用粮改供议价粮或由用粮单位自行采购解决，1988年4月，工商行业用粮全部退出统销市场。

农村粮油供应

农村供应包括农村粮油统销和救助粮供应。粮食统销的主要对象是沿海盐、渔民，灾区缺粮农民，山区缺粮农民，库区农民，城建区失地农民，供应标准为每人每年160千克。此后，供应标准多次调整。1981年，对沿海和内地停止供应。1992年10月，取消农村粮食统销。

农村食油统销始于1955年10月，供应对象是沿海盐、渔民及内地缺油农民。1961年9月，对内地缺油农民实行以粮换油办法。1955—1961年，不分沿海、内地，按每人每年发票1.5千克供应。1961年10月后，按照临沂地区粮食局分配的农村食油统销指标照顾供应。1985年4月1日起，食油供应又恢复到每人每年1.5千克。1992年10月，取消农村食油统销政策。

救助粮供应

1953年2月，日照县人民政府发放救济粮150吨，扶持军属困难户和灾民进行春耕生产。对农村灾民一般实行统销粮方式进行救助。1992年10月，粮食价格放开，政府对农村灾民和个别困难户仍实行救助粮供应。至1996年，东港区先后两次发放救助粮，共计1000吨。2000年春节期间，发放救灾面粉40吨。2000年3月，发放救灾面粉223.2吨。2003年10月，发放救助面粉59.13吨。2004年，共发放救助面粉126.36吨。2005—2007年，发放救济面粉625吨。

粮油票证

1941年6月，日照县开始使用滨海专员公署统一印发的(含金)支粮票。发放范围主要是享受供给制待遇的机关团体外出工作人员和部队。1946年6月，山东省政府决定粮票发行权归山东省粮食总局，并责成鲁中、鲁南、滨海3个分库凭山东省粮食总局支拨书代印代发。1947—1948年，使用山东省粮食总局发行的新粮、料、草票，分麦粮票、秋粮票、马料票、柴草票、马草票5种。1949年7月1日起，停用原山东省粮食总局发行的旧版粮草票，同时启用山东省粮食局新发行的粮、料、草(柴)票。

新中国成立后至1953年，流通粮票仍为1949年版山东省粮票。1950年7月15日，日照开始通用华东财政经济委员会印发的麦秋粮票。其中，秋粮票改为杂粮票，并增设大米票。

1953年，机关团体工作人员由供给制改为薪金制，有价粮票停用。1955年，日照开始使用全国通用粮票和省粮食厅印发的山东省粮、油、料票证。

1978年8月1日，日照县开始流通山东省革命委员会粮食局印制的“山东省侨汇专用粮票”。1992年10月，除军用粮票外，其他粮票一律停止流通。

图20-2　山东省料票

图20-3　山东省粮票

1955年10月，食油票开始流通，日照农村缺油户、半缺油户、沿海盐、渔民开始使用“山东省商业厅农村食油购买票”。1956年，开始流通使用临沂专员公署工商科印制发行的农村食油购买票。1957年，流通使用山东省粮食厅印制发行的食油购买票。1958年1月，农村食油票停止使用。

1960年1月，日照县定量人口及内地缺油农民，沿海盐、渔民开始统一使用山东省粮食厅印制发行“山东省食油票”。该票分季使用，跨季或过季无效。1961年10月，油票使用期限由季改为年，但仍只限流通一次。1966年7月1日，改为循环使用。油票作为城镇定量人口和农村统销人口购油凭证。1992年10月，食油票停止流通。

1955—1992年日照县(市)粮食供应情况表

表20-6　单位：吨

年份	合计	定量人口用粮	农村统销粮	工商行业用粮	其他用粮
1955	17620	2625	7390	5700	1905
1956	24875	3720	10165	5135	5855
1957	26255	4205	12435	2370	7245
1958	27825	6285	13290	2495	5755
1959	27315	7220	6965	4350	8780
1960	18865	7960	6115	730	4060
1961	16210	5725	6710	140	3635
1962	13190	4875	4930	160	3225
1963	16825	4770	9235	195	2625
1964	17815	5025	9700	430	2660
1965	16160	5805	6140	225	3990
1966	18710	5830	6385	320	6175
1967	19815	5920	4420	4330	5145
1968	29180	5510	3025	15745	4900
1969	27305	5610	3275	13515	4905

续表 20-6

年份	合计	定量人口用粮	农村统销粮	工商行业用粮	其他用粮
1970	15340	5635	3825	1265	4615
1971	21410	6070	8640	1660	5040
1972	19870	6310	5465	4640	3455
1973	29250	5795	4665	15890	2900
1974	18480	5905	4290	2980	5305
1975	25200	6390	6830	6790	5190
1976	30350	6930	9085	7345	6990
1977	32740	7820	11355	8190	5375
1978	28715	6850	10720	6770	4375
1979	66955	7465	5515	10175	43800
1980	28965	7725	6200	6050	8990
1981	40880	8730	7010	13390	11750
1982	41350	8970	7675	14205	10500
1983	53765	10045	6615	26800	10305
1984	83475	16085	8085	40905	18400
1985	45810	17680	3330	5275	19525
1986	44755	18400	6705	6260	13390
1987	45295	21390	6850	7045	10010
1988	46760	22520	8920	9300	6020
1989	39540	23800	7960	—	7780
1990	39090	25390	7840	—	5860
1991	36600	26630	7110	—	2860
1992	17679	14970	251	2333	125

1953—1992 年日照县(市)油脂供应情况表

表 20-7　　　　单位：吨

年份	食油 （含料折油）	年份	食油 （含料折油）
1953	20	1973	3980
1954	660	1974	6540
1955	1120	1975	3490
1956	950	1976	2970
1957	890	1977	690
1958	820	1978	5010
1959	840	1979	1680
1960	740	1980	2450
1961	540	1981	3250
1962	230	1982	2210
1963	180	1983	2200
1964	190	1984	2170
1965	240	1985	2760
1966	380	1986	2440
1967	300	1987	2500
1968	290	1988	2030
1969	290	1989	1370
1970	210	1990	1690
1971	1530	1991	460
1972	1150	1992	4942

第二节　议价销售

1953年前，粮食部门开展粮油议购议销业务。1962年8月，粮油议价销售归供销社系统。1963年8月，粮油议价经营归口粮食部门。1964年，全县实行议价粮降价补助办法，当年议销粮食685吨，食油9吨。1967年，进一步压缩议价粮油销售，流动人口一律凭粮票吃饭。1968—1978年，全县议销粮食2880吨，年均262吨；议销食油52吨，年均4.7吨。

1979年，议价销售粮食3.74万吨。1981年，议价销售油脂602吨。1983年后，粮食实行多渠道经营。1984年后，工商行业用粮油由平价供应改为议价供应。1988年，行业用粮油全部退出统销。1982—1988年，议价销售粮食3.29万吨，年均4696吨；议价销售油脂1.04万吨，年均1486吨。1991年，议销粮油扩大到广东、江苏、河南、黑龙江等7个省，省外议销花生油1059吨，花生米3560吨。1989—1992年，议销粮食(贸易粮)5.61万吨，年均1.40万吨；议价销售食用油1.30万吨，年均3250吨；议价销售油料3.58万吨，年均8938吨。其中，销往省外食用油脂3858吨，油料1.87万吨。

1994年6月10日起，小麦、玉米、稻谷销售价格纳入国家定价。1995年1月，城镇居民粮油销售实行限量限价供应。1993—1996年，东港区粮食部门原粮销售11.18万吨，年均2.79万吨；油料销售4.52万吨，年均1.13万吨；食用油品销售2578吨，年均645吨。

1997年，粮食市场出现市价倒挂，粮食销售出现困难。1998年，在按保护价敞开收购农民余粮的同时，为减少国有粮食企业亏损，实行粮食顺价销售，销售价格不能低于库存粮油成本价。1999—2002年，销售粮食12.30万吨，销售花生米2.69万吨。2003年10月，小麦价格由每60元/50千克涨到70元/50千克。2004年3月底，小麦价格达到83元/50千克，一些加工企业出现抢购粮食现象。为稳定粮食市场，2004年，收储中心销售小麦4万余吨，扭转了粮食收储企业多年库存积压、顺价销售困难局面。2007年，地方储备粮开始轮换，年销售粮食7000吨以上。

第四章　粮油储运

第一节　仓库

仓库古称仓廒，境内有日照仓廒和安东卫仓廒。历史上境内仓库种类主要有常平仓、广丰仓、预备仓、社仓、义仓、保持仓6种。

晚清，仓廒渐被废弃，至民国初期荡然无存。

抗日战争和解放战争期间，县民主政府征收的公粮没有专门仓库储存。征收的公粮大多存放在民房，有些存放在山洞或地窖里。

新中国成立初期，粮食部门利用没收地主的瓦房和庙宇、祠堂，或租借民房作仓库。1954年9月，日照县粮食局在城关粮库建苏式简易储运库，容量1000吨。1957年，全县有仓库558座，容量2.07万吨。其中，粮食系统新建仓库85座，容量8230吨；租借民房662间，容量4395吨；庙宇、祠堂等848间，容量8075吨。

1955—1962年，安岚、城关、两城、三庄、西湖等粮所及县城粮油加工厂建苏式仓。60年代中期兴建房式仓，后又建拱形仓。1971年，建土圆仓43个，容量1350吨。

1984年，粮食局分别在河山、巨峰、虎山、朱槽、碑廓等粮站，建造具有隔热保温性能"双笆仓"。1985年，岚山粮食转运站建两座容量各为2500吨"双笆仓"。1991年，全市共有仓库565座，容量10.6万吨。

1997年，东港区粮食部门仓房容量为5.29万吨。1999年5月，租借汾水外贸公司仓库2座，库容量7000余吨。2000—2003年，东港区粮食收储管理中心通过新建、维修增加仓容1.51万吨。其中，在城北外环路边征地2公顷，新建一处仓容8000吨粮食储备库。至2003年3月，收储中心仓库总容量达到6.03万吨。2007年，全区粮食系统有仓库135座，总容量2.54万吨。

第二节　粮油保管

粮食保管

清代，官府对储粮管理定有严格奖惩制度。康熙四十三年(1704 年)清政府规定，州县仓谷一任霉烂者革职留任，限一年追赔复职，逾年不完解任，三年不完定罪。雍正二年(1724 年)规定，对正副社长管理十年无过者，则以八品冠带给之。官府在收粮入库后，封门上锁，派差役守护，适时进行推陈储新。

抗日战争时期，公粮由存粮户代管。新中国成立初期，粮食保管主要防止粮食霉变，成立护粮组织，利用武装部队、民兵保护粮食，逐步建立健全保粮机构和仓库管理制度。

1953 年后，粮食保管任务开始转到保证安全和降低费用及降低损耗等。1955 年，全县开展以“无虫、无霉、无鼠雀、无事故”为内容的“四无”粮仓活动。

60 年代中期，化学药剂杀虫保粮法在全县普及。70 年代，开始推广低温密闭储粮法，同时配合低氧、低药剂(双低)保粮手段。80 年代，“双低”储粮综合防治措施进一步加强。进入 21 世纪，开展绿色储粮，降低药剂残留，延缓粮食陈化，保持粮食品质，成为保粮工作重点。

至 2007 年，地方储备粮“双低”储粮率均达 100%。

油脂保管

1965 年以前，油脂保管多用油篓、铁桶、大瓷缸盛装。1965 年以后，利用油池和小油罐盛存。70 年代初，开始用钢板油罐存油。80 年代初，油脂保管普遍实行散存罐装。1984 年，为防止油品散存罐装溢出问题，县粮食局在各粮所先后安装自行研制的“150 吨以下油罐自动保安器”，较好解决了散存罐装油脂溢出问题。1989 年 5 月，“万吨食用油罐”在石臼粮油转运站建成。1991 年，全市已有钢板油罐 73 个，总容量为 3.49 万吨。1993 年，东港区粮食局共有油罐 40 个，容量 3940 吨。随着粮油销售价格放开，油罐存油量逐年减少。2007 年，各单位油罐已全部拆除。

第三节　战备粮油

康熙版《日照县志》载：“本县旧有北廒、东廒、西廒各三间”，专用于存放军队和官员粮饷而设立的战备仓。民国时期，无固定战备粮仓。抗日战争时期，抗日军民筹集的战备粮，存放在抗日根据地部分村庄。新中国成立后，战备粮油由粮食部门代存。1965 年，日照县开始储存战备粮油。1970 年，储存战备粮 4500 吨，品种分别为小麦、谷子、玉米、稻子。储存食油任务为 225 吨。

1970 — 1980 年，储存战备粮 525 吨。1982 年，储存战备花生油 15 吨。1983 年，战备粮油及装具全部撤销。

图 20-4　东港区粮食局为农民发放科学储粮示范仓　(摄于 2007 年 9 月)

第四节　国家、地方储备粮

1990 年年底，日照市粮食局储存国家专项储备粮小麦 6363 吨。1991 年国储粮小麦增加到 1.5 万吨，1992 年达到 1.7 万吨。

1993 年，东港区粮食局代市局存国储小麦 9152 吨，当年年底调减为 8000 吨，同时增加地方专项储备粮小麦 5000 吨。1995 年，增加地方储备粮玉米 500 吨，1997 年增加到 1285 吨，1998 年，地方玉米粮储备取消。1996 年，增加地方储备花生油 300 吨，1999 年，地方取消花生油储备。

图 20-5　东港区粮食储备库

2000 年，东港区只储存地方储备粮小麦。2002 年，位于城北外环路北侧东港区粮食储备库建成，地方储备粮统一由区粮食储备库专仓储存。2007 年，东港区地方储备小麦规模增加到 1 万吨。

第五节　粮油调运

粮油调拨

清代，国家粮油调运分皇粮和军粮。向京都和军队驻地集储，外运主要靠海上运输。清雍正以后，以银钱代粮。上解钱粮，靠木轮车和牲畜驮运，由武装人员徒步护送。

抗日战争和解放战争时期，粮油调拨服从于战争需要。日照县抗日民主政府根据上级计划，进行组织安排，按时完成。1942 年 12 月，为支援甲子山战役，筹集大米 15 吨运往甲子山前线。1947 年 5 月上旬，为支援孟良崮战役，调运小米 75 吨至孟良崮前线。1948 年 9 月初，为支援济南战役，日照紧急筹运 150 吨军粮，运至新泰前线。1948 年 10 月至 1949 年 1 月，为支援淮海战役，日照县共筹运军粮 3860 吨，食油 180 吨。

新中国成立初期，公粮调拨一直由国家统一安排。1959 年以前，日照属粮食调入县，每年粮食调入量大于调出量。1953 年，净调入杂粮 9095 吨。1957 年，调入 1.47 万吨。1959 年开始，日照县成为粮食净调出县。1959 — 1983 年，净调出粮食 25.79 万吨。1984 年起，由于港城建设，产业工人增加，日照县又成为缺粮地区。1984 — 1992 年，年均净调入粮食 6680 吨。1992 年 10 月，取消省、地区间定购粮调拨制度。1993 — 1994 年，因市场粮价波动，1995 年又恢复定购粮调拨制度。1993 — 1997 年，东港区净调出原粮 2.67 万吨，年均净调出 5348 吨。

1953 — 1992 年期间，油脂调拨除 1974 年和 1978 年调入大于调出外，其他年份调出均大于调入。年均净调出油脂（折油）3618 吨。

1998 年起，取消定购粮油调拨制度，粮油调运由市场调节。

粮油运输

新中国成立前，日照粮油陆路运输主要靠人力木轮车和畜力车，海上运输主要靠石臼所、岚山头、涛雒、夹仓、王家滩等海口，通过木船运出、入粮油。抗日战争和解放战争时期，日照县抗日民主政府组织民工支前运粮主要靠木轮车。支援孟良崮战役，动用木轮小车 500 余辆；支援济南战役，动用木轮小车 1200 余辆；支援淮海战役，动用木轮车 4524 辆。

新中国成立后，境内粮油运输逐步转向汽车和火车。1959 年 1 月，石臼粮油转运站和岚山粮油转运站建成后，外运粮油多由汽车集运至上述两转运站后调往外地。自 1980 年开始，每年有 1 万吨粮油需经江苏省盐坨火车站转运。1987 年 12 月，粮食局在巨峰火车站开始办理粮油转运业务。1991 年，随着石臼、岚山港粮油专用码头建成，东港区粮油进、出口主要通过日照港、岚山港海运。2001 — 2007 年，地方储备粮出口主要通过日照港和青岛港靠集装箱运输。

第五章　粮油加工

第一节　粮食加工

国有粮食加工

历史上，境内民间使用石磨、石碾、石碓等工具，进行粮食加工。直到1951年，日照县才有专业化粮食机械加工业。

制粉　1951年，政府收回亨利榨油厂，买进3台磨粉机和1台11千瓦柴油机，在巨峰镇大坡村扩建成为第一个国有粮油加工厂，日产面粉2.5吨。1953年，该面油厂迁往日照城西，改名“日照县曙光油面厂”。1959年，日照县曙光油面厂新增磨粉机4台，日产面粉7.5吨。1965年，面粉车间增加磨粉机、洗麦机、平筛、面粉包装机和缝口机各1台，日产面粉12.5吨。1965年12月，面粉达到军供粮标准。1985年3月，在原面粉厂东边扩建一个特制粉车间，投资173万元，购进“四皮四心一渣”国内先进制粉设备，日产面粉120吨，可生产特一粉、特二粉、标准粉、全麦粉，均达到国家质量标准。

1993年，后村粮管所筹资7万元，建成日加工5吨小型面粉厂。1997年年底，东港区高兴、陈疃、黄墩、大坡、三庄、奎山、丝山、两城、涛雒等粮所及东港区粮油工业公司先后建成面粉厂。各面粉厂大多采取来料加工方式，为农民加工面粉。1999年后，各面粉厂由个人承包自主经营。

碾米　1959年11月，日照县曙光油面厂买进1台时产1吨联合式碾米机，加工大米。由于碾米设备不配套，碾出大米质量不达标。1967年，原榨油车间扩建改造为碾米车间，增加3台碾米机，1台砻谷机，2台高频振动筛，1台比重去石机，时产大米6吨，大米质量达到国家标准。

1993年11月，东港区粮食局投资50万元，引进高精洁度大米加工生产线1条，日产大米30吨。2000年，日照粮食购销管理站在将帅粮站投资80万元，新上大米生产线1条，日加工大米50吨。2002年，从深圳引进大米色选机，使大米质量达到军供粮标准。

2007年，粮食加工全部转为民营。

社队粮食加工

60年代中期，粮食机械加工在农村逐渐兴起。1966年7月，全县共有磨坊345家，钢磨28台，碾米机25台，粉碎机129台，柴油机116台，汽油机12台，电动机28台。70年代，磨坊在农村社队普及。1986年，全市22个乡镇均建立面粉厂。90年代，乡镇、农村集体面粉厂逐步转化为个体经营。

粮油食品加工

日照煎饼加工古代即有。用铁鏊，烧柴草，由家庭妇女承担。

1958年，县粮食局在城关粮所建立一个煎饼加工厂。有厂房32间，工人47名，鏊炉45盘。采取手工操作，日产量750千克。

1981年7月，粮食局利用局食堂筹建熟食加工厂。主要设备有电烤箱、绞面机等。经营项目有桃酥、面包、枇杷梗、蜜饯、油条等，平均日产300千克。1986年5月，熟食品加工厂停产，机械设备移交城关粮所。

1982年，石臼粮所开展糕点食品附营业生产。到1984年上半年，已有15个粮所开展煎饼、大饼、馒头、油条等大众化食品生产，加工品种由1982年的6个，增加到40多个。各粮管所逐步形成前店后厂格局。1985年5月，汾水粮所在安东卫粮站建成一个小型酿造厂，开始制作酱油和醋，年产量1500吨。1988年，日照粮油食品店从青岛市引进面包制作技术。1984—1988年，粮食系统加工熟食8801吨，年均加工量1760吨。

1993年年底，全区小食品加工厂19处，食品生产设施30多套(台)。1998年，各粮管所食品加工作为附营业，主要由个人承包经营。2000年3月，东港工贸集团公司所属工业公司，在日照北路投资20万元，注册资金5万元，成立“日照三水馒头加工厂”，主要生产三水馒头。2005年10月后，由于粮食企业经营体制改革，各粮管所食品加工业务基本停产。

第二节　油料加工

私营榨油

境内民间榨油，历史悠久。据《中国实业志》1933年统计，日照全年榨油需用大豆4100担、花生5760担。1913—1933年，境内有"恒泰""元太""德顺""公兴""同兴"5处规模较大油坊。抗日战争、解放战争时期，只剩亨利榨油厂1处。

1953年，全县有私人油坊466家。1956年，油坊由农业社经营，全县共有油坊50家，其中有铁榨68部，木榨82部，生产能力每月可加工大豆650吨。1966年，日照县粮油加工厂榨油车间停产，榨油业主要放在农村社队。80年代，社队集体油坊转化为个体户或专业承包组油坊。1992年，随着大型榨油加工厂的建立，民间油坊逐步被拥有技术含量高、设备先进的大中型榨油企业替代。

国有榨油

1948年，民主政府收回亨利榨油厂。1951年，榨油厂扩建为粮油加工厂。1960—1966年，共加工生油2711.3吨。1966年，榨油车间停产。1985年，日照部分粮所新购榨油设备，开展榨油业务。1988年9月，日照市粮食局投资839万元，建成日照市植物油厂。各粮所榨油车间、作坊停产。

1993年，区粮食局在部分粮管所又新建小油坊6处。1994年，区粮食局投资180万元，新征土地2公顷，在南湖镇相家官庄建成年产1000吨榨油车间1处。1998年，各粮所油坊转由职工个人承包经营。

花生加工

1980年以前，粮食部门收购花生主要以榨油为主。进入90年代，境内花生出口贸易量逐年加大，花生深加工业务兴起。1993年12月，区粮食局在南湖镇相家官庄粮站，投资250万元，建成年产分级花生1万吨、脱皮花生仁3000吨花生加工生产线1条。1994年，秦楼、两城、黄墩等粮管所先后建成小型花生加工厂。1994年11月，区粮食局从广东省粮油进出口公司引进资金150万元，投资300万元，合资成立"日照东粤花生制品有限责任公司"，当年实现出口花生3600吨。

1998年年底，东港区粮食系统先后有中谷粮油有限公司、瑞丰粮油有限公司、东港区粮油贸易公司、正阳粮油贸易公司、东粤花生制品有限公司、恒阳花生制品有限公司6家花生加工企业。2002年8月，区粮食收储管理中心注册资金300万元，在河山粮管所成立"日照华丰粮油加工厂"，主要从事花生系列产品深加工业务。2007年，区粮食系统建有6个年经营花生1万吨以上花生加工厂。

图20-6　东港区粮油贸易公司花生加工车间　　(摄于2002年9月)

第三节　饲料加工业

一般饲料生产

1967年，粮油加工厂开始利用米糠和下脚粮加工饲料。80年代初，饲料生产时断时续，没有形成专业化饲料生产工业体系。

专业化饲料生产

1983年，县粮食局在县城北、胶新公路西侧建成一处饲料加工厂，1984年7月投产。1985年，粮食局饲料公司在22处基层粮所设立饲料站，在12处粮所配备12套班产能力10吨左右加工机组，全县总计形成年班产能力3万吨。

1993年，日照市饲料公司划归为东港区粮食局，更名为东港区饲料公司。1994年1月，东港区粮食系统有饲料机组17处。1998年年底，东港区饲料公司及各粮所饲料站处于半停产状态。2007年，国营粮食企业已退出饲料加工业。

第六章 粮油贸易

第一节 粮商粮贩

清朝前期，境内从事粮油贸易者极少。康熙版《日照县志·艺文志·厉山冯公遗爱碑记》载：民众"虽丰年不得自饱……而其俗且乏商贾转贩之利"，一直过着自给自足的小农经济生活。清朝末年至民国初年，私营粮油贸易开始繁荣，石臼所、岚山头、涛雒、夹仓、王家滩等海口，发展成粮食集散交易重镇。涛雒口经营农副产品的粮商有"泰昌""开元""同生""六和""春泰""益昌""协记""顺昌""隆祥""广运商行""日丰公司"等120余家。夹仓口粮油商行27家，进出夹仓口经营生米、生油等农副产品船舶一天达100余只。巨峰、韩家村、沈家村、牟家村等许多村庄的地主纷纷开设"花生庄""米子行"，专门经营花生果、花生米。

日本侵略军入侵境内后，日照私营粮商多因战乱倒闭。据夹仓村调查统计，当时能经营粮油农副产品者，由27家减到不过10家。抗日战争胜利后，私营粮商有所恢复。据1947年统计，日照海口私营商行有"和生""东奥""奥祥""福填""新华成""利华""镇民""民船"8家。

新中国成立初期，私营粮商有一定发展。1952年10月，秋粮上市，部分粮商粮贩趁机抢购粮食，进行囤积居奇，造成粮价暴涨。1953年11月25日，日照县人民政府开展取缔粮商粮贩活动，改变私人粮商操纵粮价局面。1954年7月，全县各大集镇全部建立国家市场，私商经营只能在国家规定原则下进行。1956年4月始，对国家粮食市场进行整顿，粮商粮贩被取缔。

第二节 集市贸易

民国时期，一些大的乡镇集市，设立粮食交易市场。新中国成立后，粮油集市贸易进一步恢复发展。国家对粮食实行统购统销后，农民在缴纳公粮和计划收购粮以外的余粮可以在粮食市场交易。1954年7月，全县各大集镇全部建立粮食交易市场(亦称国家粮食市场)。农民余粮可入市交易，不受任何限制，缺粮户到国家粮食市场购粮不抵扣国家供应量。1957年8月始，粮食市场先后被关闭。1963年6月，允许生产队和社员个人上市出售粮油，允许缺粮油农民和职工、居民上市购买自食粮油。但不允许生产队"四坊"(油坊、粉坊、磨房、豆腐坊)上市买卖，也不允许机关、团体、部队、学校、厂矿等单位上市购买粮油。"文化大革命"期间，粮食集市部分关闭。

1979年，粮食集市贸易放开。允许社员通过集市进行粮食、油料买卖。至2007年，东港区各镇、街道驻地，部分村庄集市，设立了固定粮油交易市场。

第三节 个体化经营

1983年，国家对农产品购销政策作出调整，允许供销社和农村其他合作组织及个人参与购销活动。农村粮油个体经营随之兴起，经营形式一般为门市收购、串乡收购或外来贩运。收购粮油大多议价卖给国营粮食部门、粮油加工企业或粮油外贸部门和农村油坊、粉坊、磨坊、豆腐坊和饮食业。1987—1989年，粮食紧缺，为加强粮食管理，国家规定私人不准搞粮食批发。1988年，日照市粮食部门对大米实行专营。1991，国家允许集体、个体经营和批发粮食。1998年，对粮食收购和批发企业或个体工商户，实行经营资格申报审批制度。根据规定，各类粮食经营企业和个体工商户，收购小麦、玉米、稻谷等粮食品种，均需经所在地县级以上粮食行政管理部门审查，认定其粮食收购资格，并经所在地县级以上工商部门核准登记颁发《粮食收购证明》，方可从事有关粮食品种收购业务。2004年5月，国务院颁布《粮食流通管理条例》，山东省政府于6月份发布《山东省粮食收购管理办法》。对入市收购主体、资格条件、办理程序作出明确规定。2007年年底，境内取得粮食收购资格法人企业9家。

第四节　粮油股份制合作经营

1997年10月至2000年6月，东港区国营粮食系统股份制改革基本完成。共新组建19家股份制企业，累计吸纳股金690万元，接收原国有粮食企业职工212人。

2000年12月，日照中谷粮油有限公司引进资金成立“山东裕伟食品有限公司”。生产“裕伟”“福星”两个花生品牌，通过ISO9001国际质量体系，取得英国皇家UKAS质量管理体系认证。产品畅销东南亚，远销欧、亚、非、美洲20多个国家和地区。2004年后，先后有裕伟、亚泰、新正、源丰、大地、兴海等有限公司取得自营进出口权，出口渠道更加畅通。

2007年，东港区花生出口业务大部分由这些股份制公司承担。其中，山东裕伟食品有限公司为日照市花生出口加工龙头企业，被评为“山东省民营食品30强”。

图20-7　日照亚泰食品有限公司花生加工车间一角　(摄于2005年10月)

第二十一编

旅　游

东港区旅游资源丰富。绵延57千米海岸线，蓝天、碧海、金沙滩独具魅力。区内有国家级海滨森林公园、毛竹园。有载入上海吉尼斯世界纪录的河山摩崖石刻——“日照”巨书。有奥林匹克水上运动中心，有河山、丝山、龙门崮、太阳山、天台山、驻龙山等景区。有姜太公文化景点和两城、东海峪等“龙山文化”遗址。

东港区建立后，相继开发建设了桃花岛风情园、灯塔风景区、万平口海滨生态广场、刘家湾赶海园、竹洞天风景区、丁肇中祖居等一批省内外知名旅游风景区。2007年，全区旅游景区(点)及海水浴场20处，A级景区4处。全区不断提升旅游接待能力，拥有旅游饭店、宾馆2500多家。其中，四星级酒店4家，三星级21家，二星级3家。旅游接待推荐单位200余家，其他旅游宾馆酒店1000余家。旅游接待床位20万张。民俗旅游村16个，其中，全国农业旅游示范点7个。旅游商品、纪念品，定点生产单位12家。市区有挂证导游3000余名，出租车及其他旅游客车2000余辆，旅行社105家。其中，国际旅行社3家。

第一章　旅游资源

第一节　山林景观

河山风景区

位于东港区驻地北10千米处，地跨河山镇、日照街道、南湖镇，总面积16平方千米，以“众河之源”而得名。山势峥嵘，气势雄伟。清光绪十一年《日照县志》称“峭壁端严，屹然一邑屏障”。有大小山峰28座，118景。

河山景色有“五奇”。

峰险：主峰月光峰，海拔628.9米。南面峭壁，高约80米，壁面光滑平整。由著名书法家孙鑫题写的日照电视台台标“日照”两字镌刻其上。“日”字高20米、宽17.5米，“照”字高25米、宽25.5米，是迄今为止汉字摩崖石刻之最，1994年载入上海吉尼斯世界纪录。

图21-1　河山风景区一角(碧溪幽谷)　　(摄于2003年9月)

松奇：山下树形矮小苍劲，盘根错节、造型别致，山顶上的松树高大挺拔。

石怪：集中分布于怪石岭和“龙王沟”。有“狗蛙戏龟”“仙道醉酒”“群猴朝拜”“锦鸡鸣晓”等造型。

谷幽：河山地形坡高相对较缓，两边悬崖沟壑幽深，山北侧有著名的“葫芦套”。

云秀：山顶白云常浮，“河山戴帽”即出于此。河山因离海近，山体走向与海岸线平行，海上湿气沿山东坡上升形成各种云雾。有“玉带云”“草帽云”“海潮云”等。

此外，山上有望海石亭，以及老母阁、山神庙、老戏台等遗迹。

1997年9月，河山风景区被确定为东港区第一个市级风景名胜区。

丝山风景区

位于日照市新市区以北12千米，海拔411米。东接黄海，西对河山，北面延伸到两城镇。丝山因“悬流如丝”而得名。沿丝山南麓顺百层石阶拾级而上，可直达顶峰。顶峰有一巨石，远望状若张口向海高唳的鹰嘴，故名“鹰石”。传说是“八仙”弈棋的地方，形状如桌，故又称“石桌”。主峰东侧，有一条宽约60余米的峡谷，俗称“黑涧沟”，又称“胡同口”。这里地势险要，相传隋末杨广兵败曾困于此。丝山北麓，有驻跸岭、驻跸庙。传说唐太宗李世民东征曾驻兵于此，岭内有其卸甲休息的地方。后敕令尉迟敬德鄂公监修“驻跸庙”。清光绪《日照县志》记云：“有褚遂良书，今存残碑数十字”可予佐证。

丝山东南麓为商周文化遗址，有“太公祠”。沿太公祠东去，向东能望见“太公岛”。丝山素有“小蓬莱”之称。有侧身方可进入，仅容数十人的“神仙洞”。古时有许多和尚、道士在此参禅打座。

太公山风景区

位于日照新市区北部秦楼街道境内，海拔245米，属丝山山系。太公山怪石嶙峋，植被茂密，自然景观丰富。景区内有秦家官庄旧石器时代遗址，有省级文物保护单位——苏家村龙山文化遗址及姜太公钓鱼台、试剑石等。

龙门崮风景区

原名崮崖山，地处东港区三庄镇。海拔447米，为国家3A级旅游风景区，景区总面积15.8平方千米。

龙门崮景区奇、秀、险、怪、幽、旷六大特色共存。石人、石鸡、龙门石、试心石、情侣石，石石有故事；天洞、仙女洞、望海洞、仙螺洞、文心洞，洞洞皆传说。龙门崮传说是梁代杰出文学理论批评家刘勰读书的地方。清代道士夏亨在此修理老母洞、罗汉洞、仙人洞、井、臼、渠、池等。

图21-2　龙门崮风景区　(摄于2006年11月)

2004年，三庄镇政府联合有关单位对龙门崮进行规划开发。建有“龙湖”“梅园”“竹园”“桃园”“松园”等。景区植被茂盛，是市级森林公园。苹果、山楂、大枣、李子、梨等经济林木遍野，芙蓉、国槐、柞树等生态林木布满山峦。有唐槐、江北第一皂角树、梅王等古树名木。建有“鸡鸣寺”“百龙街”“龙王庙”“龙凤塔”等主体景观，以及龙湖山庄、草坪广场、停车场等辅助设施。龙门崮风景区成为集登山、观光、洗浴、冲浪、垂钓于一体的休闲、娱乐、民俗旅游风景区。

驻龙山风景区

座落在两城镇南与秦楼街道东北交界的沿海丘陵地带。主峰海拔268米，占地533.53公顷。驻龙山有大小山峰十余座，层次分明、起伏跌宕，植被良好，松林茂密。有始建于唐代贞观年间的玉皇庙遗址，有直径0.8米、树龄180余年的银杏树。风景区以姜太公武文化为主体，已建成龙山寺、太公府、武圣殿、封神台、神林等景点。

竹洞天风景区

为国家3A级旅游风景区，位于日照城西将帅沟村西，南靠傅疃河，水源充足，竹林面积66.67公顷。其中，毛竹面积13.33公顷，水域面积26.67公顷，其他竹子面积26.67公顷。有毛竹、淡竹、斑竹、箬竹、紫竹、刚竹、金镶玉竹等100多个品种。景区分为竹文化园、民族文化园、休憩园、水上娱乐园、原生毛竹林及农家乐生态园等6个功能区，构成“品茶赏竹、休闲娱乐”民族文化主题。

图21-3　竹洞天风景区　(摄于2005年6月)

民族文化园内建有侗族鼓楼、茶苑及民族文化村寨等30多处景点，配套建设餐饮、住宿、旅游购物等服务设施。少数民族演出团常年为游客表演竹竿舞、娶亲、上刀山下火海、斗鸡、套鸭等娱乐节目。竹林间百鸟争鸣，河面上白鹭嬉戏，游客可乘竹排、篷船在水上游玩，尽享北方江南风光。

第二节 海滨景观

图 21-5 日照灯塔广场 (摄于 2007 年)

国家森林公园

为国家 4A 级风景区，位于日照市碧海路北首，距市区 15 千米。公园东濒黄海，南接新市区，总面积 788 公顷，森林覆盖率 73.5%。森林景观以常绿针叶林、落叶针叶林、落叶阔叶林和经济观赏林为主。主要有黑松、雪松、水杉、池杉和杨树等树种。公园地势平坦，南北长，东西窄，跨海岸线 7 千米，潮间带平均宽度 200 米。公园空气清新，海水洁净，沙质细软。集休闲观光、避暑度假、会议展览、游泳、赛艇、沙雕等于一体，被誉为"东方夏威夷"。是"山东省十佳森林公园"之一。

2007 年，园内有动物游乐园、姜太公钓鱼中心、卡丁车游乐场、水下鲨鱼馆等游乐项目设施。各式酒店宾馆 13 家，能同时容纳 3000 人住宿、1 万人就餐。

万平口风景区

位于市区东部沿海。景区内泻湖，自元朝时期，就是南来北往商船停泊之地。有"万艘船只平安抵达口岸"之意，故称为"万平口"。

东边海岸线长 5 千米，南端与世帆赛基地相邻，北端为水上运动公园。景区自然环境宜人、空气湿润清新、沙滩宽阔洁净、海水清澈透明。游客可以在此享受沙浴、海水浴、日光浴、沙雕作画、沙滩排球等运动。2007 年，景区集餐饮、购物、停车、娱乐、洗浴为一体，成为观光、避暑、度假、运动、休闲的理想场所。

灯塔风景区

位于市区正东灯塔处。灯塔建于 1985 年，高 41 米，底面直径 12 米，光射 9 千米，有螺旋式阶梯可直达塔顶，面积 20 万平方米。海岸基岩景色壮丽，礁石突兀奇特。是日照市观海、观日出的最佳去处。历史上这里就是著名风景区，清代诗人曹贞吉《日照道中观海》诗句"一天霁色迎朝日，十里潮声卷落沙"是此处景色的写照。

风景区由灯塔广场、观石广场、观涛广场、护岸、木栈道、白色张拉膜等组成。2007 年，大面积绿地和水、石、亭等点状，带状景观有机结合在一起，成为集人文、自然景观于一体的休闲旅游景区。

图 21-4 万平口景区 (摄于 2007 年 8 月)

刘家湾赶海园

为国家 4A 级旅游风景区，位于东港区涛雒镇刘家湾村以东，规划面积 280.28 公顷。园区内 1000 公顷潮间带，滩平沙细。浅海盛产文蛤、四角蛤等 40 余种贝类和马蹄蟹、花旦蟹等 10 余种蟹类及虾类、海蛰等多种海珍品。游客进行沙滩拾贝、推虾皮、支"迷糊网"、挖海蟹、海贝等赶海活动，并可观日出、观海潮、听涛赏月。岸边千亩防护林被誉为"天然氧吧"，是一个集赶海、观光、度假、休闲于一体的大型综合旅游景区。

景区陆上部分为：中心服务区、

图 21-6　刘家湾赶海园　(摄于 2007 年)

民俗风情苑、民俗村、渔家圣台和配套游乐区。至 2007 年，游乐区内建有 15 万平方米的中心文化广场、造型别致的生态景观房、1300 米的木栈道、接待客厅等。

桃花岛

位于秦楼街道桃花岛村东，距岸 1000 米。面积 0.35 平方千米，海拔 4.6 米。四周裸露岩石经海浪冲蚀，形成形态各异的石景。岛中心有一淡水小泉——“神水泉”。传说古时南夷进犯，安北王抵抗战败逃至该岛得以活命，其后人每年来此岛祭祀，故得“逃活岛”之名，后演变为“桃花岛”。1999 年，桃花岛村在岛上修建“安然”“同心”两亭。在岛外建设游船码头，游客可乘游船登岛游玩。2004 年，桃花岛风情园被国家旅游局命名为首批“全国农业旅游示范点”。2007 年，全村有 100 余处家庭旅馆，接待床位 3000 余张。

图 21-7　桃花岛风情园　(摄于 2004 年 8 月)

第三节　人文景观

丁肇中祖居

位于涛雒镇驻地，始建于清光绪二十四年(1898 年)。由“种德堂”“观兰堂”“同生堂”“古梅轩”“慎德堂”五个小庭院组成，时称“五宅”，占地面积 1 万平方米。院落为正方形，按南北轴线对称布置。房屋均为瓦房，砖木结构，硬山起脊，斗拱翘檐，砖铺地面，别具一格。新中国成立后，大部分房屋曾用作镇政府办公场所。2002 年 11 月，涛雒镇政府对其进行修复。修复古房 63 间，建筑面积 1345 平方米。祖居为三进院落，占地面积 4300 平方米，自西向东依次为大门、茶楼、西学堂、南房、二门、外宅区、三门、内宅区。内宅区为四合院式，分为东南西北四个厢房，四周配有柴草房、牲口棚、粮仓、存书房、角储室、碾房等。在建筑上保持了明清时期北方建筑特点。先后搜集丁肇中祖上及其本人大量文字材料和照片 300 余幅，集中展现丁肇中教授家族史和他立志成才、勇攀科学高峰的历程。2007 年，建成丁肇中科技展馆，成为科普和爱国教育基地，向社会开放。

姜太公文化园

位于大沙洼林场。整个园区分为姜太公纪念馆、太公文化广场、姜太公钓鱼中心和娱乐中心四部分，占地 13.3 公顷。游客可以在这里悠然垂钓，瞻仰武祖姜太公的风采。

图 21-8 姜太公文化园 （摄于 2004 年 7 月）

民俗旅游村

1999 年起，东港区发挥海洋旅游资源优势，大力发展“渔家乐”民俗旅游。截至 2007 年，全区共发展民俗旅游村 17 个。

王家皂民俗村　位于山海天旅游度假区内。1993 年，该村利用村东优质海滩开发建设海水浴场、民俗文化广场等景点。1998 年，成立民俗旅游度假村，开始接待游客。1999 年 4 月，推出“吃住在渔家，游乐在海上”为主题的渔家风情游。向游客提供“食、住、游、乐、购”一条龙服务。相继推出“乘船出海、赶海垂钓、登岛探密、游览海底世界”等游乐项目。2004 年，被国家旅游局命名为首批“全国农业旅游示范点”。2007 年，全村 103 户办起“渔家乐”民俗家庭旅馆，接待床位 3000 余张。

任家台民俗村　位于秦楼街道东北部，北距日照海滨国家森林公园 1 千米，南距市区 12 千米。碧海路绕村通过与青岛路相连，交通便捷。拥有 600 米观光长廊、渔码头、海水浴场、海石园、黑松林等海滨景观。海岸线长 3000 米，沙滩宽阔平整，海水清澈。

2002 年开始，利用近海资源优势发展民俗旅游。2004 年，成立游船公司，策划推出乘游艇海上观光、模拟撒网捕鱼等旅游项目，被国家旅游局命名为首批“全国农业旅游示范点”。2007 年，渔家旅馆发展到 300 余户，总床位数 1.5 万余张，共接待游客 40 多万人次。

乔家墩子民俗村　位于秦楼街道东部沿海。海水浴场沙粒细小纯净，海湾开阔，水质清洁。附近有姜公台，传说姜太公曾在此垂钓。娱乐项目有旅游快艇、空中飞伞、沙滩摩托、海上潜水、沙滩篝火晚会。2006 年，被国家旅游局命名为“全国农业旅游示范点”。至 2007 年，全村民俗旅游户发展到 350 户，接待床位 2 万余张。接待游客 50 余万人次。

图 21-10 乔家墩子民俗旅游度假村 （摄于 2002 年）

肥家庄民俗村　位于碧海路中段，秦楼街道东北部，东临黄海，西依卧龙山，北邻日照海滨国家森林公园，南临桃花岛风情园，距市区 12 千米。主要有海水浴场、停车场、礁石栏、海产品购物市场等景点。2000 年起，推出“乘船出海、撒网捕鱼、吃住在渔家”等特色旅游项目。至 2007 年，民俗旅游户发展到 230 户，床位 8000 张，年接待游客 30 多万人次。

图 21-9 游客拉网捕鱼 （摄于 2007 年 4 月）

第二章　旅游活动

第一节　旅游市场促销

1994 年，区旅游局首次组团参加由国家旅游局举办的 1994 年中国(深圳)国内旅游交易会。

1997 年 3 月 3 日—4 日，区旅游局参加市旅游局组织的“97 年中国(日照)旅游年”活动。制作多种旅游印刷宣传品、旅游声像制品(电视片录音带等)。确定 7 月份为“夏季旅游促销月”，先后赴蒙阴、曲阜、泰安、新汶等地进行宣传促销。在旅游年活动中，开通国内旅游线路 31 条(其中精选线路 18 条)，新开辟国际旅游线路 10 条。

1998 年 4 月，区旅游局组团参加在潍坊举办的“98 山东旅游博览会”。5 月，参加“98 北京北方旅游交易会”。8 月，参加在郑州召开有当地新闻单位参加的座谈会，进一步宣传了日照丰富的旅游资源。10 月，参加在上海举办的‘98 国际旅游交易会。12 月，参加在福建泉州举办的国内旅游交易会。

1999 年，组织全区旅游系统和行业参加昆明国内旅游交易会、太原北方旅游交易会和烟台沿黄十省区旅游交易会。2000 年，全面提高旅游促销活动。参加市旅游局举办的迎新千年曙光活动，组团并布展参加大连全国度假区、风景区旅游博览会、乌鲁木齐中国国内旅游交易会。

2001 年，市场促销以三线一面为重点(日照至北京、日照至西安、同三高速三条线和周边)，进行深度客源开发。5 月，在北京召开姜太公钓鱼节暨太公文化发展研讨新闻发布会，参加中国济南国际旅游交易会，举办姜太公钓鱼节等。2002 年 4 月，刘家湾赶海园等单位参加日照市政府在人民大会堂举行的旅游新闻发布会。参加 2002 年中国国内(南京)旅游交易会，在南京整体展示日照(东港)旅游形象，重点推介刘家湾赶海园、王家皂渔村民俗旅游等特色旅游项目。与山东国商旅行社、山东电视台综艺台联合举办“万人游日照大行动”和“日照旅游风光摄影大赛”。

2003 年，策划组织“山、海、圣人游”线路(日照、临沂、曲阜三地)北京旅行社推介会，周边 100 家旅行社、380 人参加联谊活动，为山东山、海、圣人游和黄金海岸线游连接出一条绿色通道。组织 20 人参加由省旅游局组织的“山东之旅”南下专列促销。参加由青岛、烟台、威海、日照四市旅游局共同发起的中国“黄金海岸”合作整体促销联合体会议。自 1994 年春至 2007 年，全区共接待国内游客 6159 万人次。

1994—2007 年东港区接待国内游客情况统计表

表 21-1

年份	国内人数（万人次）	增长（%）	国内收入（亿元）	增长（%）
1994	150	10	1.5	8
1995	180	25	1.8	25
1996	200	11	2	20
1997	220	20	2.2	20
1998	280	27	3.8	27
1999	290	4	4	4
2000	300	4	6	4
2001	320	6.6	7.4	23
2002	260	12.5	8.2	9
2003	326	25.4	10.3	25.6
2004	560	71.8	17.8	72.8
2005	810	44.6	26.7	50
2006	1003	26.9	35.28	35.4
2007	1260	25.6	50.5	43

第二节 旅游线路

市内外旅游路线

至2007年，日照开辟的旅游线主要有：

泰安—曲阜—日照线

曲阜(儒)—日照五莲山(佛)—青岛崂山(道)宗教线

市内金海岸赶海观光一日游

赶海园—河山-海滨观光二日游

赶海园—五莲山—浮来山三日游

赶海园—五莲山—琅琊台—花果山五日游

农业茶、竹、果生态观光一日游

东港区开辟境内主要旅游线路组合有以下8条：

海滨观光线(2条)：日照港—灯塔旅游区—万平口生态公园—奥林匹克水上运动公园

梦幻海滩公园—碧海路海滨大道观光—日照海滨国家森林公园

民俗旅游线(2条)：乔家墩子民俗村(住渔家屋、品渔家饭)—王家皂渔村新貌

桃花岛风情园(乘船游海、登岛赶海拾贝、观海上养殖区)—肥家庄民俗村(住渔家屋、品渔家饭)—观任家台民俗村(乘船游海、撒网捕捞、观海上养殖区)

农业生态观光旅游线：文山茶厂(采茶、炒茶、品茶)—竹洞天风景区—西湖花仙子花卉园

山岳生态观光旅游线：驻龙山风景区—河山风景区—龙门崮风景区—太阳山风景区

赶海休闲体验线：刘家湾赶海园—丁肇中祖居—天台山风景区

古今名人故里旅游线：丁肇中祖居—姜太公武文化园一日游

境外旅游路线

80年代末至90年代初，境内居民通过国际旅行社，开始赴新加坡、马来西亚、泰国及日本、韩国、俄罗斯等国家旅游。进入21世纪，旅游目的地逐步扩展到欧美国家及世界各国。

80年代中期，有经济实力的境内居民开始赴港澳地区旅游。1990年后，随着境内居民经济收入的提高，赴港澳旅游成为常态。进入21世纪后，境内居民开始赴宝岛台湾省旅游。

第三节 入境旅游

1985年，日照国际旅游业务开始起步。当年驻山东外国专家留学生春季旅游团一行13人到日照观光，1987年，接待PPC山东地质矿产局中英合作队旅游团一行5人，1988年，日本商务旅游考察团一行20人到日照旅游，1988—1991年，先后有英国、美国、澳大利亚、罗马尼亚、加拿大、法国、荷兰、波兰、马来西亚、奥地利、德意志联邦共和国、日本、韩国等12个国家和地区的游客到日照观光旅游。

1992—1995年，先后在海外建立起20个联络点，与16个华侨、华人社团建立并保持经常联系，邀请63名华侨及港澳同胞重点人物回乡观光考察，接待华侨、华人和港澳同胞，涉及50多个国家和地区，游客达8708人次。至2007年，全区共接待海外入境游客41.8万人次。

图21-11 俄罗斯游客游览竹洞天 (摄于2007年6月)

1994—2007年东港区接待海外游客情况统计表

表21-2

年份	接待旅游人数（总人次）	外国人（人次）	华侨、港澳台同胞（人次）	海外旅游收入（万美元）
1994	1500	1000	500	50.00
1995	8708	7500	1208	283.00
1996	8000	6000	2000	260.00
1997	9300	7200	2100	210.57
1998	10300	8500	1800	227.31
1999	15200	12000	3200	250.00
2000	16600	13000	3600	262.5
2001	18400	15000	3400	315.53
2002	23000	18500	4500	335.60
2003	28000	23000	5000	408.60
2004	40000	30000	10000	850.00
2005	55000	44000	11000	1700
2006	72000	71850	150	2500
2007	112213	111600	613	3141.8

第四节 旅游节庆活动

林海风情节

2005年始，每年7—8月举办，举办地点在日照海滨国家森林公园内。风情节期间有杂技表演、夏威夷草裙舞表演等，游客在享受森林浴的同时，尽享夏日林海风情。至2007年，共举办3届林海风情节。

中国(日照)北方竹文化旅游节

2005年起，每年4月底至“五一”黄金周期间，在竹洞天风景区内举办中国(日照)北方竹文化旅游节。其间，举办竹文化书画展、文艺演出、茶道、茶艺表演等活动。至2007年，共举办3届竹文化旅游节。

图21-12 日照3S旅游节 (摄于2006年8月)

3S旅游节

为充分发挥阳光(SUN)、海水(SEA)、沙滩(SPEACH)“3S”优势，展现日照海滨旅游魅力和海洋文化底蕴，推出“3S旅游节”。每年7月底至8月初举办，举办地点在沿海景区或海水浴场。2006年8月1日，在北苗家村太公岛海水浴场举办首届和第二届3S旅游节。2007年7月14日—20日，第三届3S旅游节在董家滩金沙滩海水浴场举办。

中国(日照)海滩国际旅游文化节

以“沙滩”“海洋”为主题，展示日照魅力、打造海滩文化品牌。首届海滩国际旅游文化节由东港区文体局承办，2005年7月23日—29日，在秦楼街道山海天海水浴场、乔家墩子广场和日照海滨国家森林公园举办。

赶海旅游节

2007年7月，举办首届赶海旅游节，地点在刘家湾赶海园。赶海节推出赶海拾贝大赛、渔家女织网大赛、海洋知识问答大赛等活动。

沙雕节

2004年8月25日，中国日照首届国际沙雕节，在日照海滨国家森林公园举办。沙雕节名为“海的传说”，以神话故事为题材，主题作品为《八仙过海》。其余作品有：《哪吒闹海》《海市蜃楼》《子牙作法》《精卫填海》《海的女儿》《鲁滨逊漂流记》《美人鱼》等。作品主体为8米高巨型沙雕1座。并邀请西班牙、孟加拉国、比利时、马来西亚等四国沙雕艺术家及6位国内著名沙雕家共同献艺。活动期间，还推出沙雕吧等娱乐活动，让游客在国内外沙雕艺术家的指导下进行现场制作。

图 21-13　森林公园沙雕作品　　(摄于2004年8月)

第三章　旅游服务与管理

第一节　导游

20世纪90年代后，境内导游队伍发展迅速。2007年，全区有导游3000余人。导游人员须经旅游部门培训机构培训，考核合格取得导游证才能上岗。导游证分地方颁发和国家颁发。境内持全国导游资格证的导游有1000多人。境内导游培训发证由市旅游局负责。

第二节　旅行社

国际旅行社

1992年，成立日照市国际旅行社(二类旅行社)，与日照旅行社合署办公。2000年，日照市国际旅行社被注销。2001年，经国家旅游局批准重新设立日照国际旅行社。其主要业务为接待外国旅游者、华侨和香港、澳门、台湾同胞回内地旅游者。为其安排交通、游览、住宿、饮食、购物、娱乐及提供导游、代购、代订国内外交通客票和行李服务等。同时，也为出境旅游人员办理相关手续。2007年年底，市区有日照国际旅行社、日照港碧波国际旅行社、日照凯莱国际旅行社3家。

国内旅行社

主要业务是招徕旅游者在国内旅游。为其安排交通、游览、住宿、饮食、购物、娱乐及代购、代订国内交通客票和提供行李服务。2007年年底，东港区域内共有国内旅行社102家。

1986—2007年东港区国内旅行社一览表

表 21-3

名称	成立年份	地址	名称	成立年份	地址
日照旅行社	1986	黄海一路86号	日照东港旅行社	1999	海曲中路19号
日照中国旅行社	1997	海曲东路141号	日照红帆旅行社	1999	海曲中路
日照青年旅行社	1997	兴业世纪城	日照山海天旅行社	1999	万盛大酒店
日照升阳旅行社	1998	兖矿疗养院	日照金秋旅行社	2000	利群瑞泰商城
日照国铁旅行社	1998	海滨五路1号	日照春秋旅行社	2000	日照南路16号
日照和平旅行社	1998	黄海二路8号	日照金太阳旅行社	2000	长城大厦
日照公交旅行社	1999	海曲中路	日照天马旅行社	2000	海曲东路141号
日照康辉旅行社	1999	海滨三路	日照港中旅旅行社	2000	海滨三路
日照凯莱旅行社	1999	昭阳路18号	日照山水旅行社	2000	海滨五路

续表 21-3

名称	成立年份	地址	名称	成立年份	地址
日照华通旅行社	2000	日照南路 70 号	日照太阳之都旅行社	2004	北京路中段
日照华夏旅行社	2000	望海路 26 号	日照紫帆旅行社	2004	海滨五路
日照阳光旅行社	2000	海滨二路	日照鑫海旅行社	2004	泰安路天宁宾馆
日照神州旅行社	2001	海曲中路 109 号	日照晨星旅行社	2004	华益大厦 406 室
日照金桥旅行社	2001	黄海二路	日照百盛旅行社	2004	森林公园百盛酒店
日照新闻旅行社	2002	海曲东路 70 号	日照新世纪旅行社	2004	丽阳路
日照东方旅行社	2003	望海楼宾馆	日照钓鱼岛旅行社	2004	钓鱼岛大酒店
日照海峡旅行社	2003	泰安路 179 号	日照中信旅行社	2004	海曲东路 141 号
日照风光旅行社	2003	海曲中路 27 号	日照文帆旅行社	2004	海滨三路
日照观光旅行社	2003	海滨二路韩国城	日照现代旅行社	2004	黄海一路
日照金海旅行社	2003	海滨三路	日照秋实旅行社	2004	北京路中段
日照海能旅行社	2003	北京路	日照金色假期旅行社	2004	黄海三路
日照友好旅行社	2003	昭阳路	开发区日森旅行社	2004	海滨五路
日照银河旅行社	2003	威海路 133 号	日照林海旅行社	2004	山东路 687 号
日照假日旅行社	2003	艳阳路	日照中青旅旅行社	2004	海滨二路
日照新华旅行社	2003	海滨五路	日照五洲旅行社	2004	黄海一路 118 号
日照世纪行旅行社	2003	海滨二路	日照海泉旅行社	2004	海曲路
日照中联旅行社	2003	友谊商店斜对过	日照碧海旅行社	2004	正阳路 120 号
日照光大旅行社	2003	艳阳路 18 号	日照九州旅行社	2004	黄海一路
日照世纪联华旅行社	2003	韩国商贸城	日照大海旅行社	2004	黄海三路
日照尧王旅行社	2003	日照南路 99 号	日照开发区旅行社	2004	海滨五路
日照森林旅行社	2003	望海路 25 号	开发区海和旅行社	2004	海曲路
日照环球旅行社	2003	天津路铁路疗养院	日照海滨旅行社	2004	正阳路
日照海洋旅行社	2003	兴业世纪城	日照米兰旅行社	2004	黄海一路
日照运通旅行社	2003	黄海一路 99 号	日照环宇旅行社	2005	黄海一路
日照嘉禾旅行社	2003	望海小区 35 号	日照海景旅行社	2005	海安路
日照红太阳旅行社	2003	黄海一路	日照金海滩旅行社	2005	东方大厦
日照虹桥旅行社	2003	瑞泰商城	日照大沙洼旅行社	2005	森林公园
日照商务旅行社	2003	菏泽路与泰安路交汇处	日照鸿运旅行社	2005	海滨二路 29 号
日照蓝海旅行社	2003	北京路荷疃	日照佳香旅行社	2005	海曲中路 48 号
日照招商旅行社	2003	海滨三路	日照金辉旅行社	2005	黄海三路
日照国美旅行社	2003	兴海路 39 号	日照华青旅行社	2005	黄海二路 10 号
日照香海旅行社	2003	海滨二路	日照昶阳旅行社	2006	黄海三路
日照大众旅行社	2003	黄海三路	日照海韵旅行社	2006	海曲中路 68 号
日照海之旅旅行社	2003	山东路与枣庄路交汇处	日照永安旅行社	2006	北京路水产集团
日照金海花园旅行社	2003	太公一路	日照展辉旅行社	2006	北京路会展中心
日照云波旅行社	2003	海曲东路	日照志远旅行社	2006	日照南路 64 号
日照中远旅行社	2003	华益大厦	日照欢乐时光旅行社	2007	韩国商贸城
日照报业旅行社	2004	北京路北段	日照丝绸之路旅行社	2007	威海路 139 号
日照海情旅行社	2004	威海路南段	日照宏日旅行社	2007	荟阳路 97 号
日照大自然旅行社	2004	昭阳路北段	日照天桥旅行社	2007	泰安路 179 号
日照康海旅行社	2004	黄海二路	日照春天旅行社	2007	海曲路

第三节　旅游接待

为适应旅游业发展，区内旅游饭店数量不断增加。1994 年 10 月，碧波大酒店、怡然酒店被省旅游局评定为首批“二星级旅游涉外饭店”。1999 年 10 月，碧波大酒店经过装修改造，为境内第一家“三星级旅游涉外饭店”。2007 年，境内共有星级饭店 29 家。其中，四星级旅游饭店 2 家，三星级旅游饭店 21 家，二星级旅游饭店 6 家。

2007 年东港区旅游星级饭店一览表

表 21-4

饭店名称	地址	等级	饭店名称	地址	等级
日照雅禾国际大酒店	艳阳路	四星级	汇源商务酒店	太公一路	三星级
碧波大酒店	海滨二路 78 号	四星级	日照良友大酒店	海滨二路	三星级
嘉豪商务大酒店	北京路劳动大厦	三星级	日照山水大酒店	海滨五路 35 号	三星级
德泰大酒店	昭阳路 18 号	三星级	日照大酒店	海滨五路 39 号	三星级
山孚大酒店	海曲路 68 号	三星级	怡然酒店	海滨二路 68 号	三星级
览海宾馆	北京路 399 号	三星级	中豪国际	海滨三路	三星级
金海花园大酒店	碧海路	三星级	曲师大商务酒店	东营路	三星级
阳光华府大酒店	海滨二路 22 号	三星级	富豪大酒店	艳阳路 23 号	三星级
东晨佳缘商务酒店	高科园北园一路	三星级	王朝饭店	海曲路 10 号	二星级
东海饭店	黄海二路 59 号	三星级	聚顺德大酒店	艳阳路 38 号	二星级
魏园度假山庄	太公一路中段	三星级	永和大厦酒店	日照北路 69 号	二星级
广电大酒店	烟台路	三星级	天宁宾馆	泰安路 55 号	二星级
兖矿圣园酒店	济南路	三星级	云波酒店	海曲路东段	二星级
翰林酒店	山海天路	三星级	龙特宾馆	海曲公园北侧	二星级
东辰大酒店	海曲西路 115 号	三星级			

第四节　旅游交通

铁路旅游交通

1986 年，兖日铁路开通后，承担着普通游客的运送任务。随着日照旅游业的发展，铁路客运量明显增大。1987 年 4 月 1 日，增开日照、济南 N400/N399 次、N398/397 次直快列车一对。1997 年，增开日照至郑州 2151/2152 次直快列车。1998 年，开设日照至北京 K51/K52 次特快列车。1989 年，发送旅客 14 万人次。2002 — 2003 年，在旅游旺季加开日照至西安、日照至郑州旅游专列 1 对。加开临时旅客列车日照至张家界 2 对。2007 年，输送旅客 80 万人次。

公路旅游交通

1984 年，境内旅游业刚刚起步，个体专业户开始购买大客车从事旅游客运业务。1988 年，全市有私人大客车 11 辆、小面包车 34 辆，除境内业务外，也开展市、县际旅游客运业务。1989 年，日照汽车站有营运客车 59 辆，日始发车 90 班次。年输送旅客 220 万人次。1997 年 11 月，日照运总成立东方高速客运公司，拥有高级豪华客车 42 辆。为方便旅客出行，开通省内线路 4 条，省际线路 6 条，日发客车 29 个班次。2004 年，日照客运站站场改造后，日始发客车 1060 班次，日接待旅客 1.5 万多人次，年输送旅客 537.7 万人次。班车可直达京、津、沪、苏、豫、冀、皖、陕、吉、黑、浙、闽、晋等 3 个直辖市 10 个省 60 多个城市。2007 年，客运量 4400 万人次。

海上旅游客运

1995 年，第一艘 15 客位旅游船舶投入运营。1997 年，新增客运力 110 客位，总运力达到 260

客位。此后，旅游客运力逐年增加，2002年达到575客位，完成客运量9.5万人次。2003年，境内海上旅游客运迅猛发展，新增客运力254客位，总运力达到829客位，拥有40客位以上豪华游艇2艘，海上旅游客运公司3家。

2003年7月1日，日照市—韩国平泽市客箱班轮航线正式开通(里程350海里)，每周两班。2004年1月，该航线为每周三班。同年，日照至平泽航线共运送出入境旅客7.33万人次。2007年年底，全区共有50座以上豪华游船12艘，游艇78艘。

旅游公交

1982年6月，日照市公共汽车公司成立，经营城市公交客运和小客车出租业务。沿海各旅游景点全部设立公交车站点。沿海旅游线路开通双层旅游观光巴士。2007年，市区有公交线路27条。日照海滨国家森林公园、万平口风景区、灯塔风景区、王家皂民俗旅游村、竹洞天风景区等主要景区都有公交车专线直达。

为打造旅游品牌，突出“蓝天、碧海、金沙滩”日照特色，2003年10月，将原夏利出租车车体颜色更换为上蓝下黄。2005年，出租车公司对轿车进行更新换代，以桑塔纳、捷达、富康等中档车型为主，以红旗、奥迪、桑塔纳2000等高档车型为辅。

2007年，境内出租车公司13家，拥有出租轿车968辆。个体客运出租三轮车850辆。

第五节　旅游管理

管理机构

1986年8月，日照市旅游局成立，与外事办合署办公。1989年，与外事办、侨办和归国华侨联合会合署办公。1990年10月，外事、侨务办公室重新分设，外办挂旅游局牌子。1993年6月29日，东港区旅游局成立，为正科级事业单位。万东林、李先民、王均波、肖建华、王海洲、刘相宝先后任局长。2003年4月，编制由6人增至10人。设办公室、行业管理科、规划宣传科。2007年9月，成立东港区旅游执法大队。

旅游管理

1994年开始，每年旅游旺季由区旅游局牵头，公安、工商、卫生、消防、环保、税务等部门组成旅游综合管理办公室，负责旅游市场管理。旅游淡季，对从业人员进行岗前业务知识和法律法规培训，提高从业人员素质和旅游服务质量。根据国家相关旅游政策法规和《山东省旅游条例》，东港区先后出台一系列管理规范性文件。1997年，出台《东港区旅游管理暂行规定》《关于切实加强旅游工作的通知》《关于加强景区(点)管理的通知》。1999年，出台《东港区旅游景区(点)管理暂行规定》。2002年，出台《关于东港区民俗旅游及海滨浴场经营秩序规范管理办法》。2007年，出台《关于加强民俗旅游管理的意见》，开展评选“四星级民俗旅游示范户”活动，建立了王家皂、任家台、乔家墩子等多个被国家旅游局命名的“全国农业旅游示范点”。

图21-14　区旅游局为“四星级民俗旅游示范户”挂牌（摄于2007年）

第二十二编

财政　税务

境内古时的财政税收来源主要是田赋和盐税。清朝末年开征关税、厘金。民国初年，除继续推行清末的田赋制度外，新增许多苛捐杂税，仅附加税就超过正税的3.5倍。抗日战争和解放战争时期，人民政权实行战时财政体制，公平税赋、合理负担。

新中国成立后，财政体制逐步确立，由"统收统支，高度集中"到多种形式的"统一领导，分级管理"。20世纪50年代，执行《全国税政实施要则》，统一税率，合并、简化税种税目，多次降低、减少税率，改进征税办法。60年代，停征利息所得税、集市交易税和文化娱乐税。1984—1985年，开征资源税、大中型企业调节税、燃油税、增值税、城市维护建设税、奖金税、车辆购置税等。农业税收，增产不增税，直至取消。

日照县(市)财政收入从1950年的156.5万元增长到1992年的1.08亿元，平均年增长12.16%。财政支出增长340.6倍，年增长17.62%。

1993年5月，实行市、区财政分设，财政进行一系列改革。改革财政体制、预算体制，加强预算外资金管理。全区财政收入由1993年的2894万元增长到2007年的9.31亿元，年增长28.14%。财政支出由1993年的6335万元增加到2007年的5.98亿元，年均增长17.39%。

2007年，东港区国家税务局和地方税务局，分税种税收收入分别为4.36亿元和2.43亿元。

第一章　财税机构

第一节　财政机构

图22-1　东港区财政局办公楼　　(摄于2007年)

民国前，钱粮征收和官吏开支由县衙管理。1915年，民国日照县公署设财政处，管理财政和税收。1930年，国民政府设财政局，后改称二科，下设钱粮征收处和金库。1940年3月，日照县抗日民主政府成立，设财粮科(二科)，牟纪安任科长。各区设财粮助理员，负责田赋、公粮的征收和保管。1949年1月，地方税收移交县财政科。1953年7月，农税科与财政科合并，成立财粮科，牟翰周、刘升杰先后任科长。1956年1月，财粮科更名财政局，刘升杰、辛崇湘先后任局长。1962年，财税分设。1968年3月，财税合并，成立财税组，惠汝治、许鸿文为负责人。1971年，财税、金融合并，成立财政金融局，郑培成任局长。1976年，改为财政税务局，惠汝治、许鸿文先后任局长。1983年8月，财税分设，许鸿文任财政局局长。1989年，财政局升为处级单位，单联云任局长，内设14个科室。

1993年3月，东港区财政局成立，赵明甫、张厚峰、王纪栋、辛崇良、刘利明先后任局长。至2007年，区财政局内设国有资产管理局等4个正科级单位和政府采购中心等8个副科级单位。另有财政监督检查局等4个副科级事业单位和10个镇(街道)财政所。

第二节　税务机构

1927年，在石臼所建立货物税局，许廉世任局长。工商税收机关设有营业税征收局、货物税局、统税局和海关组织，由省直接管理，税收任务由商会承包。

图 22-2　东港区地税局办公楼　(摄于 2007 年)

成立财税组。1971 年，财税、金融合并，成立财政金融局，郑培成任局长。1976 年，改为财政税务局，惠汝治、许鸿文先后任局长。1983 年 8 月，财税分设。1988 年 3 月，建立石臼税务分局。1989 年，税务局升为处级单位，杨作田任局长，内设 6 个科室。22 个乡镇(街道)均设财政所、税务所。

1993 年 3 月，东港区税务局成立，侯波任局长，下设日照、石臼两个分局。1994 年 7 月，东港区国家税务局和地方税务局分设。至 2007 年，国家税务局由侯波、王军木、纪淑奎、邱中国、白田福先后任局长，下设 11 个分局。地方税务局先由丁肇斌(正科)、韩其文为负责人，后由张成平、庄宿文、李卫林先后任局长。下设稽查局等 10 个分局。

1940 年冬，滨海区税务总局成立。1941 年年初，成立税务总局一分局(日赣分局)，任霞协任局长。1943 年 9 月，建立滨海工商管理总局，下设 5 个分局。日照属一分局(日赣分局)，下设 3 个事务所和 7 个检查站。1948 年 8 月，成立日照县税务局。

1949 年 1 月，地方税收移交县财政科，科内设税务股，下设 8 个税务所。

1950 年 5 月，工商税收从财政科分出，成立税务局，下设 16 个税务所，牟子苓、匡玉考、安玉巽先后任局长。农业税收从粮食局分出，成立农税科，辛崇湘任科长。1953 年 7 月，农税科与财政科合并。

1958 年，税务局、保险公司并入财政局。1962 年，财税分设，庞培鹤任税务局局长。1968 年 3 月，财税合并，

图 22-3　东港区国税局办公楼　(摄于 2007 年)

第二章　财政

第一节　财政体制

明清时期，财政实行中央集权制，所有赋税征收、解缴、留用均由朝廷决定。知县负责征收赋税责任。官吏薪俸等由国库按定例开支，地方公益事业所需资金由地方自筹。清末成立清理财政局，划分国地收支范围，有县财政自治之称，但日照县并没实行。

民国初年，仍沿用清朝旧制。1919 年，北京国民政府颁布《县自治法》，将田赋、契税划为地方税，归省级财政所有。南京国民政府成立后，县级财政仍归省管理，未形成县一级财政体制。

抗日战争初期，各抗战团体实行“自筹自用，

分散管理”并以八路军的名义同旧政府交涉，要求划分供应地区。1940年后，实行统收统支的财政管理体制。根据山东省战时工作推行委员会决定，各项收入分为省级和地区级，各级各项开支必须经过当地行政机关最高首长批准。解放战争时期，根据华东财政办事处决定，实行“划定收支、分级管理、核定概算、自行筹划、盈余留用、亏空不补”的财政体制。

新中国建立后，实行“高度集中，统收统支”的财政管理体制。1953年，财政管理从高度集中转入“统一领导、分散管理”，实行“固定比例，收入分成，支出包干”的管理体制。1955年，实行“固定收入，固定比例分成、调剂收入”。将印花税、利息所得税、屠宰税、牲畜交易税、房地产税、文化娱乐税，全部归地方。工商营业税按65%、工商所得税按60%、农业税按25%归地方。公债收入全部上缴。1958年，实行“固定收入，固定分成，调剂收入，以收定支”财政政策。原企业收入、地方事业收入、地方税收入、地方工业收入和其他收入归地方。国营商业利润收入按20%，调剂收入(商品流通税、货物税、工商所得税、工商营业税)按55%、农业税按60%、公债按80%的比例划归地方收入。同时，建立公社级财政，下放财政管理权，财政管理出现混乱现象。1959年，开始实行收支下放、定收定支、超收分成、收支挂钩等财政政策。1980年，进行财政体制改革，“划分收支、分级包干”(分灶吃饭)，一定5年不变。1988年，实行“收入全留、定额上交”管理体制。1986年，建立“定收定支，超收分成”的乡镇财政管理体制。1988年，改“超收分成”为按“上年增长”分成。1993年5月，市、区财政分家。1994—2007年，根据国家政策统一企事业所得税，建立增值税为主体的流转税体系。对乡镇(街道)实行“划分税种、核定收支、自求平衡”的分税财政体制。

第二节　财政收入

清朝财政收入主要有田赋、盐税和杂税。清雍正四年(1726年)，清政府推行“摊丁入亩制”，将丁银并入田赋按亩征收。从此，丁银成为田赋的一项附加数额。日照县共征地丁银2.11万两。光绪三十四年(1908年)，包括耗费附加、班匠银、灶丁银共计征2.23万两。

中华民国时期财政收入，自1914年改征银元。1919年，日照县征收地丁税4.6万元，田赋附加4601元，租课264元，课税2979元，酒税171元，酒捐牌照税1150元，共5.52万元。

1930年，民国日照县年经常性预算收入为附捐5.25万元，杂捐1.07万元，公款627元(省款补助建设费及公款生息)，公产50元，共6.38万元。年临时性收入为偿还军费券6000元。以上两项年收入6.98万元。1938年，两项年收入共14.97万元。

人民财政收入，按1940年中共山东分局《关于对各种工作的指示》，“统一财政制度，实行统筹统支，建立公粮征收、田赋税收制度”。1941年，实行以不超过生产量20%的全省统一征收救国公粮制度。

1942年，根据地财粮收入减少，军需民食遇到极大困难。县委、县政府机关开垦荒地，种粮种菜，同时办起被服厂、磨面厂、鞋厂和运输队，自力更生，解决根据地军需民用。

1947年，全县实征田赋7545.61万元(北海币)，征收契税7291.64万元，征收战争动员费1835.93万元，征收复员费681.76万元。群众捐献922万元。

新中国成立后，由战时财政转向建设财政，境内财政收入逐年增加。1990年后，企业收入急剧减少，工商税收入逐步加大。从1959年开始，将盐税划归地方收入，1992年后纳入工商税。农业税在三年恢复期占财政收入的一半以上，到1992年，仅占财政收入的6.1%。

1950—1992年日照县(市)财政收入情况表

表22-1

项目 / 数额 / 年份	财政收入(万元)	各项收入所占百分比			
		企业收入(%)	工商税收(%)	农业税收(%)	其他收入(%)
1950—1952	733.4	0.7	43.9	55	0.4
1953—1957	1634	0.4	55.9	40.3	3.4
1958—1962	3821.9	17.8	61.9	19.5	0.66
1963—1965	2312.6	15.3	65.7	18	1.02
1966—1970	4142.7	5.9	75	18.7	0.37

续表 22-1

项目 / 数额 / 年份	财政收入(万元)	各项收入所占百分比			
		企业收入(%)	工商税收(%)	农业税收(%)	其他收入(%)
1971 — 1975	5393.5	17.6	68.5	13.2	0.72
1976 — 1980	6357.8	11.7	76.8	11.2	0.35
1981 — 1985	12064.2	15.1	77	7.6	0.26
1986 — 1990	27249.5	-0.4	84.8	6.6	2.5
1991 — 1992	20302	-1	85.8	6.1	9.1

1993 年 5 月，市、区对固定资产、工业、企事业单位权属及其债权债务进行划管时，市对东港区、岚山工委的财政收入与支出进行划分。1993 年，市直、东港区、岚山工委预算内收入为 9903 万元，支出为 1.08 亿元，缺口为 900 万元。

市对东港区支大于收的 1259 万元财政缺口给予定额补助，即从 1993 年始，补助 1027 万元作基数，当年一次性补助东港区 232 万元，以后每年增长 5%，暂定三年。

1993 — 1995 年，东港区财政收入 1.25 亿元，工商税占 52.8%，农业税占 42%。第九个五年计划(1996 — 2000 年)期间财政收入 5.21 亿元，工商税收占 51%，农业税占 40%。第十个五年计划(2001 — 2005 年)财政收入 8.29 亿元，工商税占 56.1%，农业税占 32%，其他 10.4%。2006 — 2007 年，财政收入 16.17 亿元，工商税占 81.22%，农业税占 12.11%，其他 6.67%。

“九五”期间，东港区财政收入较“八五”期间的后三年增长 317.5%，“十五”期间较“九五”期间增长 59%。

1993 年市直、东港区、岚山工委财政收支情况表

表 22-2　　单位：万元

项目 / 金额 / 单位	收入	支出	收支差额
市　直	5587	5313	274
东港区	3495	4754	-1259
岚山工委	821	736	85
合　计	9903	10803	-900

1949—1992 年日照县(市)预算内收入情况表

表 22-3　　单位：万元

项目 / 数额 / 年份	全额预算收入							上级补助收入	调入各项资金	上年结余			总计
	企业收入	工商税收	盐税收入	农税收入	契税收入	其他收入	合计			专款结余	净结余	合计	
1949 年	3.0	72	—	137	—	—	212	11	—	—	—	—	223
三年恢复(1950 — 1952)	4.9	322	—	403.3	—	3.2	733.4	242	—	—	—	—	975.4
一五计划(1953 — 1957)	6.3	913.6	—	646.8	11.4	55.9	1634	257	—	—	—	56.5	1947.5
二五计划(1958 — 1962)	682.2	1292.2	1075.1	729.3	17.8	25.3	3821.9	728.7	170.8	—	—	102.8	4824.2
三年调整(1963 — 1965)	352.9	938.2	581.2	416.6	—	23.7	2312.6	431.8	56.2	—	—	72.1	2872.7
三五计划(1966 — 1970)	245.1	1586.3	1519.8	776.1	—	15.4	4142.7	861.5	52.7	—	—	388	5444.9
四五计划(1971 — 1975)	948.5	2316.4	1380.1	709.6	—	38.9	5393.5	1210.7	26.7	—	—	382.4	7013.3
五五计划(1976 — 1980)	742.5	3608.9	1271.1	713	—	22.3	6357.8	1394.5	10.1	—	—	-229.5	7532.9
六五计划(1981 — 1985)	1827.3	7293.6	1990.4	921	—	31.9	12064.2	1476.3	19.6	—	—	-137.6	13422.5
七五计划(1986 — 1990)	-111.2	23266.9	1637.2	1785	396	275.6	27249.5	12224.3	398.8	—	—	207.9	40080.5
八五计划(头两年)(1991 — 1992)	-205	17068	356	1238	424	1421	20302	5202	1243	—	—	507	27254

1993—2007 年东港区预算内收入情况表

表 22-4 单位：万元

项目/数额/年份	全额预算收入					国债转贷收入	社会保险基金收入	上级补助收入	调入各项资金	上年结余			总计
	工商税收	农税收入	专项收入	其他收入	合计					专款结余	净结余	合计	
八五计划(后三年)（1993—1995）	6593	5225	191	481	12490	—	834	11163	402	—	—	6	24895
九五计划(1996—2000)	26388	21118	435	4205	52146	650	2338	27533	2128	—	—	48	84843
十五计划(2001—2005)	46458	26357	1591	8451	82857	—	—	62277	1572	—	—	179	146885
十一五规划(前两年)（2006—2007）	131329	19578	4634	6155	161696	—	—	45445	—	—	—	74	207215
合计	210768	72278	6851	19292	309189	650	3172	146418	4102	—	—	307	463838

1994—2007 年东港区预算外资金收支决算情况表

表 22-5 单位：万元

项目/数额/年份	纳入管理单位		区级代管资金			第二预算								
						收入			支出			政府调剂		
	财政代管	第二预算	收入	支出	结余	小计	区直	镇街道	小计	区直	镇街道	小计	区直	镇街道
1994	38	—	380	369	11	—	—	—	—	—	—	—	—	—
1995	63	—	1646	1512	134	—	—	—	—	—	—	—	—	—
1996	70	—	3660	3145	515	—	—	—	—	—	—	—	—	—
1997	79	59	1054	879	175	7527	2895	4632	6971	2339	4632	556	556	—
1998	79	53	956	783	173	5918	1719	4199	5292	1453	3839	626	266	360
1999	70	52	1862	1536	326	5541	2196	3345	4819	1865	2954	722	331	391
2000	65	50	2090	1645	445	6477	3357	3120	5690	2923	2767	787	434	353
2001	59	50	2382	1965	417	7692	4811	2881	6868	4310	2558	824	501	323
2002	59	50	2721	2363	358	7050	4528	2522	6333	4080	2253	717	448	269
2003	59	50	5117	3350	1767	7518	5410	2108	6680	4943	1737	611	467	144
2004	57	54	2779	2576	203	8108	6092	2016	7189	5296	1893	561	438	123
2005	49	47	2550	1282	1268	8381	6385	1996	7566	5686	1880	524	408	116
2006	89	51	10135	8478	1657	8837	6777	2060	8280	6220	2060	557	557	—
2007	92	37	20262	17717	2545	6198	6198	—	5567	5567	—	631	631	—
合计	928	553	57594	47600	9994	79247	50368	28879	71255	44682	26573	7116	5037	2079

第三节　财政支出

官衙财政支出

县级财政支出主要用于政权机构开支和上解。据清光绪十一年(1885 年)记载，日照上解朝廷户部及各道、院署共 2.49 万两。县衙全年总支出 1588.99 两。其中官吏薪俸 1219.80 两，里甲、马夫支银 152.24 两，其他杂支银 212.95 两。

中华民国时期，县署支出有增无减。据山东省 1929 年度预算所列，日照县党务费年支 1.08 万元，内政费年支 1.13 万元，合计为 2.21 万元。1930 年，上解正赋 8.52 万元，附加 4.90 万元，合计 13.42 万元，1932 年，上解正赋 8.4 万元，附加 5.99 万元，合计 14.39 万元。

人民政府财政支出

1940 年，政务费支出 22.09 万元(币种不详)。1941 年，政务费支出 1.5 万元，武装费 3000 元(北海币)。1942 年，政务费 2.10 万元，军务费 2.42 万元。1945 年后，全省实行统收统支，收入全部上解，每月支出由财政科向上级领报。主要开支是人员供给，以实物供给为主。

新中国成立后，随着经济建设和各项事业的发展，财政支出逐年增加。

1950—1992 年日照县(市)预算总支出情况统计表

表 22-6　　　　按新版人民币计(万元)

年　份	全县(市)预算内财政总支出	上解支出		地方实际财政支出					
		总支出	占预算总支出比例(%)	总支出	经济建设支出比例(%)	基本建设支出比例(%)	社会文教支出比例(%)	行政管理费支出比例(%)	其他支出比例(%)
1950—1952	733.4	495.9	67.62	237.5	8.1	—	37	49.1	3
1953—1957	1873.3	937.9	50.1	935.4	5.1	—	48.5	46	—
1958—1962	4455.7	1777.5	39.8	2678.2	41.4	—	36.5	21.1	—
1963—1965	2799.6	1464	52	1335.6	23.2	—	52.3	22	—
1966—1970	4532.4	2047.4	47	2485	17.6	5.9	52.8	20.7	—
1971—1975	6656.1	2090.3	31.4	4565.8	22.9	8.3	48.8	18.5	—
1976—1980	7728.3	1141	14.8	6587.3	28.2	—	50.2	18.1	—
1981—1985	16049	5802.5	34.1	10246.5	19.4	—	50.3	25.6	—
1986—1990	40080.5	6084.1	14.4	33996.4	16.9	—	28.1	15.9	—
1991—1992	27254	4818	14.66	22436	16.2	—	32	18	—

1950—1992 年，预算内财政总支出 11.22 亿元。上解总支出 2.67 亿元，占总支出 22%。地方财政总支出为 8.55 亿元。其中，基本建设与工农业投资占 17.6%，教科文卫投资占 36.2%，行政管理费和其他开支占 18.8%。43 年来，财政支出的重点用于经济建设和社会文教事业的发展，根据上级指示，采取量入为出、勤俭节约的原则，有计划地安排支出，收支基本平衡。

自 1993 年东港区财政建立至 2007 年，实现财政总支出 35.93 亿元。上解 1.2 亿元，占总支出的 3.4%。地方财政总支出 34.25 亿元，年均支出 2.28 亿元，年均增长 17.39%。其中，经济建设支出占 3.3%，科教文卫支出 47.2%，行政管理费占 16.4%，其他经费支出占 33.1%。

1952—1985年日照县(市)财政支出决算表

表 22-7　　　　单位：万元

项目 ＼ 数额 ＼ 年份		三年恢复时期(1950—1952年)	"一五"计划时期(1953—1957年)	"二五"计划时期(1958—1962年)	三年调整时期(1963—1965年)	"三五"计划时期(1966—1970年)	"四五"计划时期(1971—1975年)	"五五"计划时期(1976—1980年)	"六五"计划时期(1981—1985年)
基本建设支出		—	16.8	442	—	155.1	380.5	—	—
行政事业支出		210.6	883.8	1679.4	1210.7	1889.2	3137.2	4569.9	8492.7
流动资金支出		—	—	—	8.3	4.8	65.5	149.5	9.2
支援农业支出		19.6	30.6	484.5	25	378.7	936.6	1687.4	1118.9
水库移民支出		—	—	—	91.6	53.5	—	—	—
四项费用支出		—	—	—	—	—	37.2	114.2	104.1
农村退赔支出		—	—	61.4	—	0.9	—	—	—
预留工资支出		—	—	—	—	—	—	—	6
其他支出		7.3	4.2	10.9	—	2.8	8.8	66.3	533.6
支出合计		237.5	935.4	2678.2	1335.6	2485	4565.8	6587.3	10264.5
上解支出		495.9	937.9	1777.5	1464	2047.4	2090.3	1141	5360.5
上解小钱柜支出		—	—	—	18.8	—	—	—	—
中央借调支出		—	—	—		—	—	—	421
年终结余	小计	—	74.2	128.9	44.3	445.6	357.2	-290.4	-23.5
	其中专项款	—	—	17.6	35.3	—	—	—	—
总计		733.4	1947.5	4584.6	2862.7	4978	7013.3	7437.9	16022.5

1986—1992年日照市财政支出决算表

表 22-8　　　　单位：万元

项目 ＼ 数额 ＼ 年份	"七五"计划时期(1986—1990年)	"八五"计划头两年(1991—1992年)
企业挖潜改造资金	119.4	399
简易建筑费	20.9	45
科技三项费用	44	79
支援农村生产支出	1414.4	1009
农林水气象部门事业费	1305.8	890
工业交通部门事业费	234.6	222
城市维护费	1400.5	892

续表 22-8

项目 \ 数额 \ 年份	“七五”计划时期 (1986 — 1990 年)	“八五”计划头两年 (1991 — 1992 年)
城市青年就业经费	68	90
文教卫生事业费	9513.3	7130
科学事业费	41.1	42
其他部门事业费	1486.4	1492
抚恤和社会福利救济费	1809	1154
行政管理费	4174.6	2754
公检法支出	1221	1285
价格补贴支出	7855.4	2091
专款支出	306.7	443
社会保险基金支出	—	367
其他支出	2981.3	2052
支出合计	33996.4	22436
上解支出	5577.9	3290
中央借调支出	185.7	—
年终滚存结余	320.5	173
减：中央返还的能源交通基金结余	218.9	—
减：结转下年支出	907.2	493
减：排污费、水资源费结余	69.1	—
社会保险基金支出	—	1355
净结余	-874.7	-320
总计	40080.5	27254

1993—2007 年东港区财政支出决算表

表 22-9

单位：万元

项目 \ 数额 \ 年份	“八五”计划(后三年)(1993 — 1995 年)	“九五”计划(1996 — 2000 年)	“十五”计划(2001 — 2005 年)	项目 \ 数额 \ 年份	“十一五”规划(第一年)(2006 年)	项目 \ 数额 \ 年份	“十一五”规划(第二年)(2007 年)
企业挖潜改造资金	320	260	590	企业挖潜改造资金	90	一般公共服务经费	8243
科技三项经费	10	478	368	科技三项经费	120	公共安全经费	2915
支援农村生产支出	911	1419	1013	农业支出	2707	教育事业经费	17780
农业综合开发支出	217	1853	1714	林业支出	388	科学技术经费	234
农林水气象部门事业费	872	4393	10726	水利和气象支出	626	文化、体育与传媒	189

续表 22-9

项目 \ 数额 \ 年份	“八五”计划(后三年)(1993—1995年)	“九五”计划(1996—2000年)	“十五”计划(2001—2005年)
城市维护费	193	635	450
土地、海域开发费	—	26	—
文体广播事业费	677	1895	5068
教育事业费	9883	28670	44530
科学事业费	2	161	145
卫生经费	1162	3344	2776
行政事业单位离退休费	—	4672	1860
行政管理费	3990	12886	16770
公、检、法、司经费	1107	2128	3598
税务部门事业费	1208	2616	6799
社会保障补助费	—	132	13658
政策性补贴费	933	1002	301
抚恤和社会救济费	1226	2720	5740
专项支出	191	804	843
其他支出	872	9216	19844
地方财政支出合计	23774	79310	136793
上解支出	275	2279	9503
国债转贷收入支出	—	650	—
社会保险基金支出	666	1935	—
社会保险基金结余	168	403	—
调出资金		208	450
年中滚存结余	12	58	139
财政总支出	24895	84843	146885

项目 \ 数额 \ 年份	“十一五”规划(第一年)(2006年)
工业交通部门事业费	40
流通部门事业费	60
文体广播事业费	1240
教育事业费	11633
科学事业费	71
卫生经费	1799
税务部门事业费	2191
抚恤和社会救济费	2197
行政事业单位离退休费	118
社会保障补助费	4900
行政管理费	4372
公、检、法、司经费	1545
城市维护费	80
政策性补贴费	100
专项支出	690
其他支出	7901
—	—
—	—
—	—
—	—
—	—
—	—
本年支出合计	42868

项目 \ 数额 \ 年份	“十一五”规划(第二年)(2007年)
社会保障和就业	9538
医疗卫生经费	2103
城乡社区事务经费	1086
农林事务经费	5120
交通运输	188
工业商业金融事务费	3298
其他支出	9092
—	—
—	—
—	—
—	—
—	—
—	—
—	—
—	—
—	—
—	—
—	—
—	—
—	—
—	—
—	—
本年支出合计	59786

1993—2007 年东港区地方财政支出情况表(分区乡两级)

表 22-10

单位：万元

年份	1993	1994	1995	1996	1997	1998	1999	2000	2001	2002	2003	2004	2005	2006	2007	年均增长(%)
全区合计	6335	7714	9725	12193	13814	15973	18029	19301	21342	25754	27491	28873	33333	42868	59786	17.39
一、区直小计	3516	3665	4396	5327	6461	7684	8133	8174	10122	11354	13836	16766	18798	26371	49981	20.88
二、乡镇小计	2819	4049	5329	6866	7353	8289	9896	11127	11220	14400	13655	12107	14535	16497	9805	9.31
日照	384	581	799	1162	1247	1293	1524	1557	1730	1789	1669	2267	2445	2905	1545	10.46
河山	117	155	220	286	304	317	372	430	494	664	618	730	844	987	419	9.54
两城	127	174	205	230	225	296	343	417	596	772	843	996	1073	1129	559	11.17
秦楼	214	311	426	531	592	580	786	824	1036	1119	1124	1933	2481	2480	1465	14.73
石臼	264	370	569	752	879	1272	1488	1800	780	565	458	956	1981	2614	2812	18.41
奎山	180	265	361	407	383	461	554	608	664	882	—	—	—	—	—	—
涛雒	224	286	332	518	609	621	664	745	601	1011	1167	1098	1314	1550	859	10.08
巨峰	228	331	437	565	560	571	797	939	993	1390	1411	—	—	—	—	—
高兴	132	185	243	290	282	322	373	434	465	730	803	—	—	—	—	—
后村	180	251	338	394	397	445	555	614	642	987	1008	—	—	—	—	—
西湖	120	166	206	219	268	289	317	390	492	610	680	842	862	950	442	9.76
陈疃	120	168	197	236	230	264	316	324	527	617	641	778	786	851	443	9.78
南湖	204	313	397	471	524	554	696	751	856	1123	1167	1193	1426	1545	698	9.18
三庄	204	315	353	455	461	549	599	692	750	1184	1195	1314	1323	1486	563	7.52
黄墩	121	178	246	350	392	455	512	602	594	957	871	—	—	—	—	—

第三章　财政管理

第一节　行政事业财务管理

1953 年前，行政事业经费由县级统一编造预算、决算，按月向上一级领报核销，结余上交或抵顶下期经费。1953 年后，逐步建立单位预算，在核定年度预算内严格控制，实报实销。1959 年后，对行政事业单位的收支预算实行包干管理，划分为全额预算、差额预算、自收自支三种类型，实行预算包干，结余留归单位。1980 年，管理办法进一步改善，实行定员定额定项包干使用，并按结余部分提取节余奖。

1993 年，东港区财政建立初期，区财政对各级行政单位及部分事业单位实行全额预算管理，即收入上缴财政，支出由财政划拨。自1995年以后，对行政单位一直沿用“收支统一管理，定额定向拨款，超支不补，结余留用”的预算管理办法。对于支大于收的事业单位，实行差额预算管理。对区、乡镇卫生院的集体人员按工资总额10%给予补助。对防疫和包片医务人员给予100%的补助。自1999年始，对有收入的医疗单位、每年压减30%的财政定额补助。2007年开始，对幼儿园每年压减20%的补助额，促进差额预算管理单位向自收自支单位过渡。对中小学、计划生育、文化体育等单位实行“核定收支，定额补助，超支不补，结余留用”预算管理办法。

第二节　预算外资金管理

地方、部门、单位收取的各项资金，均属预算外资金。明、清时期，地方就有各种浮收。1914年，北京政府财政部通令规定：“在钱粮正额之外加征10%”。新中国成立后，从1956年起，将工商税附加、农业税附加、渔业自筹、财政集中的企业收入、海沙收入、其他收入等，划出作预算外资金，由县级掌握使用。1980年后，对事业单位实行企业化管理，结余资金留给单位，预算外资金额进一步扩大。1984年始，对147个单位的30多种预算外资金，实行专户存储、集中代管、收入全缴、支出下拨、全额管理。1988年起，对乡镇(街道)的20多种预算外资金，由乡镇财政所专户代管。1989年，日照市规定，所有单位的预算外资金在所有权、使用权不变的情况下，采用由财政“专户储存，计划管理，财政审批，银行监督”的管理办法。后对所属22处乡镇(街道)的预算外资金亦实行“收支两条线”管理。

1994年，东港区财政局设综合科，将38个单位的预算外资金纳入财政代管。1997年，对67个行政事业单位的预算外资金实行财政第二预算及收支两条线管理。2000年，实行“部门开票，银行收款，财政统管”的管理制度。2004年，根据财政部《关于加强政府非税收入管理的通知》规定，东港区对非税收入管理范围进行界定，加强对非税收入的政策、收缴、票据、预算等诸项管理。至2007年，累计实现非税收入1.18亿元，占同期财政收入的6%。其中，5594万元纳入国库管理。

第三节　企业财务管理

固定资产管理

新中国成立后，按“统一领导，分级管理”的原则，对企业房屋、生产用建筑物、动力设备、传导设备、生产设备等作出固定资产界定。1951年规定价值100元，1953年调整为200元。1961年，调整较大型企业价值在500元、使用在一年以上的资产列为固定资产。1973年，按财政部规定，日照的商业、粮食及其所属外贸等大型企业单位价值在800元以上、中小型企业在500元以上的资产实行折旧。1990年，根据财政部规定，日照市将国营企业固定资产单位价值提高为1000元、1500元和2000元，文教企业提高为600元、1000元、1500元，国营商业、粮食、外贸、金融等企业单位价值提高到1400元。1994年，东港区财政执行省财政厅、市财政局有关规定，对工业、企业及商业、粮食、外贸、供销等固定资产、属生产(经营)使用在一年以上，不属生产(经营)使用在两年以上，价值在2000元以上资产按固定资产进行管理，并计提固定资产折旧金，所提折旧金均记入财政。同时，对金融保险及股份制企业中的固定资产都进行规范和管理。

生产成本管理

1953年，将原材料、辅助材料、燃料、动力、工人工资、附加工资、新产品试制费、废品损失、停工损失、车间经费和管理费11项列入企业生产成本。1955年，对大型设备计提大修理基金，直接计入生产成本。另外，附加工资中的医疗卫生补助金列入生产成本。1965年，对列入生产成本的费用作出小部分调整。到1970年，将医药卫生补助金、福利补助金、奖励基金合并为“职工福利基金”，按企业工资总额的11%提取。1992年，日照市规定列入成本的职工福利费，改按工资总额扣除各种奖金(计件工资、浮动工资、提成工资等)后的14%提取，列入成本的职工教育经费按工资总额1.5%提取。1994年，对境内各类工业企业的成本和费用划分为产品制造成本、管理费用、财务费用和销售费用四部分。所提取的职工福利费、职工教育费在扣除各种奖金后，按实发工资总额14%和15%计提，工会经费按2%计提。商品流通企业、农机供销企业、金融保险业中职工福利、职工教育和工会费提取比例与工业企业相同。1994年,实行分税制后,财政部门不再参与企业的日常管理。

利润分配管理

1950—1951年,企业经营利润和折旧费全额上缴财政,企业扩大再生产所需资金及发生的亏损,由财政划拨。1952—1957年,国营企业实行奖励基金和超计划利润分成,从计划利润中提取2.5%～5%,从超计划利润中提取12%～20%,提取的企业奖励基金不得超过全年工资总额的15%。1958—1961年,国营企业实行利润留成制度。1962年,停止利润留成,恢复企业奖金制度。"文化大革命"期间,取消企业奖励基金制度,只按工资总额11%提取职工福利基金留给企业,其余的利润全额上缴财政。1980年,国营企业恢复利润留成制度。1982年,对中外合资、合作经营企业税后利润分配进行规范。1983年,第一步"利改税"后,按55%税率缴纳利润所得税后,留利60%作企业发展基金,职工福利和奖金各占20%。第二步"利改税"后,留利50%作企业发展基金,20%作职工福利,30%作奖励基金。1991年,商业企业按上缴利润基数实行"递增包干加超收分成"的办法,对政策性亏损企业继续实行"额外补助加减亏分成"办法。

东港建区初期,只有乡镇工业,利润分配由乡镇企业局负责,沿用日照市利润分配办法。1994年后,东港区对国有工业、企业、商品流通企业、金融保险企业的利润分配一直沿用财政部的相关规定进行管理。

第四节 农业财务管理

新中国成立初期,财政对农业事业单位实行供给制,有少量非经营性收入的农业事业单位实行收入上缴财政,所需经费由财政划拨。1986年,财政对有经常性收入,但不能达到自给的农口事业单位实行"定期定额补助,增收节支留用,减收超支不补"的预算包干办法。对没有收入的农口事业单位实行"核定支出,包干使用,超支不补,结余留用"的预算管理办法。对已实行企业化管理的农口事业单位,实行"独立核算,自负盈亏"的管理办法。根据山东省人民政府规定,自1989年建立农业发展基金,由省、市、县、乡镇四级管理,以财政部门管理为主,实行专款专用。1991年,对支农专项资金,农、林、水、气象专项经费和财政支农周转金等3项资金的来源与使用、发放与回收、占用费的收取与使用、核算与报表均实行系统管理。

东港区财政建立初期,沿用市财政对农业事业单位的管理办法。1998年后,将农业事业单位实行预算管理形式改为"核定收支,定额或定向补助,超支不补,结余留用"的预算管理办法。

第五节 社会集团购买力管理

1960年,全县机关多方挖潜,全年节约支出18.4万元,完成省分指标的80%。1961年完成60.7万元,较1960年购买力实际压缩49.8%。1985年后,各单位确需专控商品必须按规定上报,经审批后才能购买。自1988年,从严控制社会集团购买力,每年压缩20%。

东港区根据国家有关规定,缩小指令性指标,扩大指导性指标,社会集团购买力连续6年总体控制在市财政下达的指标范围内。1994—1995年,指标均为1350万元,指令性指标均为740万元,完成指标分别为675.3万元和571.26万元,分别占指令性指标的91.3%和77.2%。1996年,实行专控商品审批制度,专项指标580万元,实际支出447万元,占指标的77%。1997年,专控指标500万元,实际支出516万元,占指标的103.3%。1998—1999年,专控指标均为500万元,实际支出与指标持平。2000年6月,建立"东港区政府采购中心"。至2007年,采购中心在采购有关商品时,确立邀请招标和公开招标为主的采购模式,并建立标书评审和基数指标等制度。

2000—2007 年东港区政府采购情况统计表

表 22-11　　单位：万元

年份	采购规模	采购金额	节约资金	节支率 %
2000	847	686	161	19
2001	955.6	817.35	138.25	14.47
2002	2294.64	1825.73	468.91	20.4
2003	3120.19	2476.25	643.94	20.6
2004	1001	861	140	14
2005	2238.94	1811.94	427	19.1
2006	2638	2201	437	16.6
2007	1971	1665.4	305.6	15.5
合计	15066.37	12344.67	2721.7	18.06

第六节　公债及现金管理

新中国成立初期，为解决财政困难，日照县发行胜利折实公债 9100 万元(旧人民币)，年息 5 厘，分 5 年偿还，于 1956 年 11 月 30 日前全部偿清。1954 — 1958 年，发行经济建设公债 35.5 万元，于 1968 年全部偿还。1981 — 1988 年，共发行国库券 1474.9 万元。其中，集体购买 510 万元，机关、团体、企业、部队中的个人购买 410.9 万元，农民购买 554 万元。1989 年，发行国库券 732.1 万元。其中，新发行保值公债 398 万元，特种国债 103 万元，无论集体、个人购买的各种债券都按期偿还。

1993 — 1994 年，国库券发行，除对公民个人、机关团体和企事业单位外，增加了定向单位发行的形式。向单位发行的范围：劳动部门的两劳基金，民政部门的农村社会养老保险基金，保险公司的人寿保险责任准备金，专业银行、国债服务部门。1993 年，东港区发行国库券收入 728.56 万元。1994 年，发行国库券收入 430 万元。其中，发行特种定向债券 35 万元。

1995 — 2000 年，东港区财政局只负责发行特种定向债券(凭证式国债只发行一期)。无记名国债、凭证式国债、记账式国债均由专业银行受理。1995 年，发行特种定向债券收入 2 万元。1996 年收入 85 万元，1997 年收入 85 万元。其中，发行凭证式债券收入 50 万元、特种定向债券收入 35 万元。1999 年，发行特种定向债券收入 50 万元。2000 年，发行特种定向债券收入 40 万元。

1993 — 2000 年，东港区发行国库券、凭证式国库券和特种定向债券收入累计 1420.56 万元(1998 年无收入)。此时期的债务收入，均属中央财政收入。

2001 年以后，特种定向债券裁撤。自此，地方财政部门不再受理中央财政债务收入业务。东港区的凭证式国债、无记名国债和记账式国债的发行，均由中国人民银行日照市中心支行负责。

第七节　会计事务管理

清朝以前，会计称为账先生，一般采用单式记账法记账。单式记账法，不能全面、系统地反映经济业务的全貌，不便于检查账户记录的准确性。一些较大的商号、店铺多采用复式记账法。明末清初，在境内流行的“龙门账”就是一种复式记账法。这种记账法把全部账目分为进、缴、存、该四个部分，相当于收入、费用、资产、负债资本。1947 年，开始启用账薄记账。1949 年后，开始实行会计报表制度。1950 年，贯彻新的会计制度，所有会计业务一律采用复式记账。

新中国成立初，从职工中选拔财会人员，集中进行会计培训。六七十年代，实行会计网长制度，负责对网内会计人员的业务指导和培训。自 1987 年进行会计职称评定，日照县企事业单位共评定会计师95名,助理会计师和会计员916名。

1988年,成立山东省临沂会计师事务所日照分所,承担会计师业务和会计业务培训。在市财政局下设中华会计函授学校,先后举办10个大专班,培训500余人。

1993年,东港区财政局设立会计科,负责全区会计人员管理、会计培训等。1995年6月,建立会计师事务所,对境内各单位会计进行管理,开展查账、验证、会计咨询和基本建设决算等业务。

为加强对乡镇(街道)一级财政的管理,对农村会计实行异村聘任制和对区属事业单位实行会计派任制。区财政局会同有关部门以中华会计函授学校东港分校为基地,自1994—2007年,先后举办会计培训班和会计继续教育培训班150期,培训会计人员3万多人次。共有4500名会计人员以考试等形式取得会计从业资格。通过考评,报上级批准,晋升会计师168名,助理会计师和会计员550名。对各级和各类会计人员均实行持证、注册管理。对495个单位的总账、明细账、银行存款日记账、现金日记账进行财政监管(包括手工会计账簿和计算机输出的会计账簿)。

第八节 国有资产管理

1993年前,国有资产由资产所有单位纳入财务管理。

1993年5月29日,市、区对国有资产进行划管,划归东港区的有:

办公场所

1. 海曲路19号为东港区政府所在地,市政府借用。东港区政府及有关部门暂借日照街道办事处办公楼办公。2. 除法院、检察院外,新组建的东港区区直部门办公设施,由市直部门对口帮助解决。

工业企业

东港区所辖乡镇企业。

流通企业

1. 东港区所辖乡镇食品站。2. 原兴海路41号市粮油食品供应公司归东港区粮食局,作为办公场所。饲料厂及昭阳路、正阳路、兴海路、石臼食品中心店、海滨二路、三路、海港路、金家沟等8个粮店,辖区各乡镇粮所。3. 供销社企业,东港区所辖乡镇供销社和果品公司。

农、林、水

1. 良种场、畜牧改良站、兽医站。2. 大沙洼、蔡家滩林场及奎山苗圃场。3. 马陵河、巨峰河、土山河上三座水库及荻竹涧电灌站。4. 涛雒、奎山、石臼、丝山、两城五处水产工作站。

教育、卫生、文化

1. 除日照师范、日照一中、经济学校、实验中学、实验一小、日照电大及岚山工委辖区学校外,其余全日制普通中小学校及日照航海学校。2. 原市中医院和东港区所辖乡镇卫生院、计划生育指导站。3. 原日照剧院,市、区共用。

工商、税务

东港区所辖各乡镇工商、税务所。

财产划管后,东港区对行政、事业、城镇集体企业进行清产核资。1993年,资产总额1.32亿元。其中,固定资产9843万元,占资产总额的74.4%。1994年,在区财政局设立东港区国有资产管理局,由一名副局长兼任局长。区国有资产管理局根据国家、省、市有关法律、法规,对全区行政事业单位国有资产进行管理。1996年,国企产权登记57户,资产总额7.3亿元,负债3.1亿元,国有资产4.3亿元。1998年,对城镇集体企业进行产权界定,45户城镇集体企业合计投入资金1.24亿元。其中,国家投入58万元,集体投入2684万元,职工投入759万元,其他投资者投入8882万元,集体权益1196万元,国家权益2万元。2002年,具有法人资格、实行独立核算的行政事业单位201户,占有资产总额8.88亿元,净资产6.56亿元,固定资产6.35亿元。共登记行政事业单位243户,并核发《中华人民共和国国有资产产权登记证》。

东港区本着“优化资产,增强活力,提高效益”原则,对国有企业进行重组和股份合作制改造。至2007年,共改制30户,其中股份制7户,股份合作制6户,出售转让5户,破产3户。经过评估确认6户,账面资产9960万元,确认价值8328万元,减幅16%,净资产-92万元。

1993—2007年东港区国有资产总量分布情况表

表 22-12

单位：亿元

项目＼数额＼年份	1993	1994	1995	1996	1997	1998	1999	2000	2001	2002	2003	2004	2005	2006	2007
合计	1.13	2.34	4.38	4.42	4.58	4.58	4.69	4.93	5.38	6.79	6.83	7.2	7.9	7.48	8.0
国有企业	0.3	0.34	0.35	0.23	0.21	-0.3	0.09	0.03	0.06	0.23	0.24	0.1	0.1	0.1	0.1
行政事业单位	0.83	2	4.03	4.19	4.37	4.88	4.6	4.9	5.32	6.56	6.59	7.1	7.8	7.38	7.9
其中区级	—	1.33	2.5	2.6	2.48	2.71	2.65	2.91	2.98	3.34	3.77	5.1	5.7	5.28	5.25
镇级	0.83	0.67	1.53	1.59	1.89	1.87	1.95	1.99	2.34	3.22	2.82	2.0	2.1	2.1	2.65

2007年东港区行政事业单位土地房产登记表

表 22-13

单　位	坐落位置	土地		房屋建筑物
		面积(平方米)	土地性质	面积(平方米)
区政府	海曲路北、望海路南、丽阳路东、华阳路西	17187	国有划拨	26353.46
区党校	西海路南、金阳路东	10455.8	国有划拨	1679
财政局	海曲路南、昭阳路西	12118	国有划拨	4156
教育局	望海路北、荟阳路西	1700	国有划拨	3400
日照二中	三庄镇驻地	52447	国有划拨	9600
日照四中	西海路北、丹阳路东	33460	国有划拨	42287
日照五中	涛雒镇驻地	44026	国有划拨	24518
日照六中	海滨三路东、天津路南	36000	国有划拨	14407
日照七中	南湖镇驻地	1517	国有划拨	3292
两城中学	两城镇驻地	37341	集体	4848
实验高中	济南路南、菏泽路西	186398	国有划拨	103930
职教中心	山东路北、香店河东	75160	国有划拨	25000
河山分校	河山镇驻地	46844.4	国有划拨	18536
第二实验中学	山东路南、香店河东	36103	国有划拨	15106
第二实验小学	兴海路北、嘉阳路东	14920	国有划拨	3525
第三实验小学	兴海路南、张家河东	19867	国有划拨	5361
实验幼儿园	金阳路东、望海路北	4794.15	国有划拨	2377
聋哑学校	市实验中学东、营子村北	19656	国有划拨	4634
计生局	西海路北、金阳路西	6700	国有划拨	1458.08
计生服务中心	西海路北、金阳路西	—	—	1920

续表 22-13

单　位	坐落位置	土地		房屋建筑物
		面积(平方米)	土地性质	面积(平方米)
审计局	兴海路南、艳阳路西	1925	国有划拨	4510
交通局	山东路南、荟阳路东	14918	国有划拨	5494.45
民政局	营子河北、荟阳路东	3761	国有划拨	4650
水利局	山东路南、荟阳路东	3333	国有划拨	1670
抗旱服务中心	山东路南、荟阳路东	320	—	120
马陵水库	南湖镇驻地东北	1516655	国有划拨	2270
水利工程公司	昭阳路东、济南路北	400	—	230
农业局	兴海路南、艳阳路东	1374.31	国有划拨	5688
剧院	海曲路北、东关路东	5070	国有划拨	—
航海学校	海滨二路东、连云港路南	2407	国有划拨	—
区医院	望海路北、营子河西	35351	国有划拨	33000
防疫站	昭阳路东、莒州路南	6600	国有划拨	2613
妇保站	兴海路北、固子路东	2100	国有划拨	2300
区卫校	昭阳路东、莒州路南	8000	国有划拨	3000
淡水养殖场	涛雒镇驻地东	119879.2	国有划拨	52618
大沙洼林场	吴家台北、两城河口南、肖家村、东河南村东、东临大海	—	—	1826
农机局	海曲西路北、文阳街东	13986	出让 2331 平方米	1780
畜牧局	日照路西、兴海路南	2668	国有划拨	—
兽医站	日照路西、兴海路南	—	—	1155.67
畜种改良站	海曲西路 109 号	7533.9	国有划拨	1725.9
收储中心	海曲路南、翠阳路东	149408	国有划拨	10300
农业示范园	山海路南、204 国道东	—	—	6885
林业高科园	青赵公路北、204 国道西和蔡家滩林场	1047799.06	国有划拨	3793.4
残联	迎宾路北、正阳路东	2920	国有划拨	3157
区法院	兴海路南、日照路西	54829.02	国有划拨	25095
检察院	兴海路南、正阳路西	7566.4	国有划拨	4178
市政处	丹阳路东、山东路南	178	国有划拨	178
劳动局	东关南路东、兴海路南	10005	国有划拨	2718
招待所	正阳路西、海曲路南	23229	国有划拨	17729.24
区直小计	—	3698910.24	—	515072.2
日照街道	山东路南、金阳路西	271502.52	国有划拨	60701.3
秦楼街道	山海路南、北京路东	285101.09	国有划拨	52113.5
石臼街道	海滨二路西、天津路北	79274.84	国有划拨	29451
涛雒镇	204 国道东、涛雒镇驻地	279870.79	国有划拨	59804.06
两城镇	204 国道西、两城镇驻地	130951.60	国有划拨	43297.74
河山镇	204 国道西、河山镇驻地	208450.7	国有划拨	32619.35
南湖镇	南湖镇驻地	428085.58	国有划拨	65442.13
陈疃镇	陈疃镇驻地	176552.85	国有划拨	44111.88
西湖镇	西湖镇驻地	344944.55	国有划拨	71541.65
三庄镇	三庄镇驻地	274753.56	国有划拨	48347.83
镇(街道)合计	—	2479488.08	—	507430.44
合　计	—	6178398.32	—	1022502.64

第九节　住房资金管理

1994 年，东港区成立住房公积金管理中心。负责区属党政、事业单位及部分企业单位住房公积金、住房补贴的建立与归集，单位售房、租房收入，单位职工住房公用部位、共用设施维修基金的归集和管理。1995 年，建立公积金管理制度，个人按月工资的 5% 比例缴纳，2005 年 1 月，缴纳比例提高到 6%。筹集的住房公积金与其他住房资金分账核算。建立住房公积金总账、单位明细账、个人明细账三级账户。实行国家指定专业银行、专户储存、专人管理，财政监督。至 2003 年，全区有 260 个单位建立住房公积金制度，1.38 万人缴纳公积金。职工支取公积金须提供个人申请、本人身份证、购房合同或付款收据，由单位会计统一到公积金管理中心审批后，再到指定公积金管理银行办理支取手续。

2003 年 12 月，东港区住房资金管理中心划归日照市住房公积金管理中心统一管理，设立日照市住房资金管理中心东港管理部，其他住房资金留归区财政局作非税收入资金管理。至 2007 年，全区共有 222 个单位 1.09 万人缴纳住房公积金，公积金余额 7403 万元，累计归集金额 1.75 亿元。

第十节　财政监督

清朝财政监督，由督察院派往各省的财政监理官员负责。南京国民政府时期，日照县财粮预决算自 1933 年受山东省地方财政监察委员会监督。抗日战争时期，日照县抗日民主政府的财粮预决算受滨海专署审计处审计监督。新中国成立后，日照县财政科于 1950 年设专职检查员。1952 年更名专职监察员。以后，时撤时设。1979 年恢复财政监察机构。县财政税务局设财经纪律监察股。1984 年后，县财政监督工作除内部监督外，又受审计局审计监督，形成双轨监督机制。

1989 年 1 月，市财政局设税收、财务、物价大检查办公室。1993 年 3 月，东港区财政局建立时沿袭市制。1998 年 12 月后，更名为“财政监督局”。

专项监督

监交利润　1962 年 4 月至 1965 年年底，部分企业只顾本单位利益，欠交或少交利润。财政监督部门采取措施，4 次监交 79 个利润企业，监交预算收入 540.18 万元。

冻结控制银行存款　为控制通货膨胀、压缩集团购买力、回笼货币。1961 年 12 月至 1963 年，境内先后冻结存款 126 万元，1964 年 9 月解冻。1981 年春，冻结各机关、团体、部队、事业和企业单位 1980 年银行存款 727.8 万元，经过清理，实际控制存款 96.2 万元，占银行存款的 13.2%，随后陆续解冻。

清理“小钱柜”“小金库”　1964 年 4 月，对单位的“小钱柜”“小金库”进行清理。共清理 88 个单位。其中，有 45 个单位存在“小钱柜”“小金库”问题，清出资金 36.4 万元。在清理过程中，还清理 1961 年前占用财政资金 205.2 万元，1963 年财政遗留资金 143 万元，公社债权资金 198.6 万元，债务资金 239.4 万元。1995 年，根据区委、区政府的统一部署，税收财务物价大检查办公室对区行政事业单位的“小金库”进行清理，共查出违纪金额 198 万元，应收缴入库 186 万元，实际入库 176 万元。

1999 年 7 月，区财政监督部门重点检查交通、城建、教育、卫生、环保、农业、民政、劳动、土地管理、质量技术监督、计划生育、出入境检验检疫等 12 个部门。查出 7 个单位不同程度存在问题，违纪金额共 158.71 万元。对上述单位分别下达“检查结论与处理决定”。

治理教育乱收费　2003 年，根据国家发改委等 6 部门下达的《关于开展全国治理教育乱收费专项检查的通知》规定，区财政局会同物价局、教育局、监察局、审计局和纠正行业不正之风办公室等 6 部门组成专项检查组，对东港区属中小学校违犯规定擅自设立收费项目、提高收费标准、扩大收费范围等 15 项内容进行检查，共查出 6 所学校违规乱收费 750.96 万元，对有关责任人作了处理。

联合监督

1984 年，日照县审计局建立后，与税收财务大检查办公室形成双轨监督机制。健全财会机构，充实财会人员。指导帮助各行政、事业、企业单位健全财产物资管理制度及实施细则。同年，县财政局《转发财政部〈关于财务物价大检查中处理财务问题的若干规定〉的通知》，并对截留、挪用、侵占国家收入、偷税、漏税、擅自多留利润或多提减亏分成及违犯国家规定发放奖金、补贴和实物等15种违规、违纪行为分别作出处理。1986年，根据国务院税收财务物价大检查办公室颁发的《关于税收、财务、物价大检查处理经济违纪问题的若干政策界限》规定，将1984年的15种违规、违纪行为归纳为6种。并对粮食系统欠缴3.29万元作违纪金额处理，予以追缴。1988年，根据临沂地区财政局《关于开展乡镇财政执法财政法规情况检查的通知》，由市财政局分管人带队，抽调122人，组成23个检查组，对1840家重点企业和个体工商大户进行重点检查，共查出违纪金额161.8万元。其中，偷税、漏税144.5万元，应补缴金额158.8万元，全部追缴入库。

日常监督

1998年，区财政监督局出台《财政日常监督检查实施办法》，对财政工作实行日常监督检查。采用调账与进点检查相结合，边检查、边定案、边处理、边入库。同年，对两城镇卫生院1997年违反票据管理规定变更收费标准、违纪收费2.42万元的违纪行为，按清退、上缴财政和处罚进行处理。2000年，区财政监督局重点抽查三个方面：一是对执行执罚单位的国有土地使用权出让金，各项行政事业性收费非税性质的预算收入进行抽查；二是对农业税、农林特产税、契税和耕地占用税的收征情况进行抽查；三是对国税、地税税收征管质量进行联合抽查。2001年，区财政局、监察局、审计局联合对各级行政机关、事业单位、社会团体在银行开设的账户实施监督检查。此次监督检查，对行政事业性收费和罚没收入等收缴入库1196万元。

2003年2月，区财政局、监察局对2002年度政府采购项目进行监督检查，共检查46个行政事业单位，查出违纪金额1791.6万元。按《中华人民共和国政府采购法》有关规定进行处理。2004年，对支农资金的使用情况进行检查，涉及8个区直单位和14个镇（街道），查出违纪金额219.98万元，占资金投入总额的9.8%。2005年后，再次对支农资金进行检查，重点是10个镇（街道）财政所，共查出滞留、挪用各类支农资金96.78万元。按国务院第427号令发布的《财政违法行为处罚处分条例》相关规定，对违规单位分别进行处理。

第四章　税种　税收

第一节　农业税收

封建社会，境内农业税主要有税粮、地丁粮、漕粮和屯粮4种。结算成银两分夏税、秋税两次交纳。

据康熙十一年《日照县志》载：日照地丁税人均0.35两，土地税亩均0.02两，熟荒地亩征银0.01两。全县按承粮地85.9万亩，熟荒地5.3万亩摊派征收，每年征收田赋银2.08万两。雍正四年(1726年)，推行"摊丁入亩"。摊丁入亩后共征银2.11万两。光绪三十四年(1908年)，实征成熟田94.70万亩，计征地丁银2.23万两。由农户到县衙库房缴纳。

清末，全县田赋所征地丁正银定额基本未变，但各种附捐逐渐增加。庚子赔款，全县每年按"地丁银"加征十分之三。中华民国初，袁世凯以"整饬盐务""清理漕费""地丁提盈"为名，全县每年加征7300两。1915年黄河决口，每地丁银1两加征2角2分。同年12月，袁氏"登基"称帝，向日照征银3000多两。张宗昌督鲁期间，田赋附捐超过正税。1927年秋，南京国民政府又加征临时附捐1元，黄河决口加征4角4分。军事特捐、军械捐、军鞋捐、讨赤捐、教育附捐、河工特捐、赈济特捐、修汽车路捐等，全年每两丁银加征6元6角之多。

1930年，韩复渠主鲁将地丁正、附税归并统称地丁。随后，又增加地亩捐、警察捐、民团捐、银行捐、富户捐、飞机捐、国大竞选、呈验地契、丈量土地等捐。1932年，征收地丁银8.4万元，附加

5.99万元。1934年，奉令废银改元，每银1两改征洋4元。1938年，征收地丁银折洋8.4万元，附加6.57万元。

1940年前后，部分日伪顽统治区更是横征暴敛。涛雒区赵家庄子，是敌、伪、顽时常出没之地，也属八路军游击区。全村共50家(能负担的只38家，其余皆赤贫者)，500口人，130亩地(老亩)。对各方的负担详记如下：

1. 对日伪的负担(4月30日至8月26日)：小麦440.75千克，白面79.75千克，大米80.25千克，小米252.5千克，煎饼9.5千克，黄瓜40.5千克，干柴1883千克，麦秸69千克，木头25棵，茶壶1把，砖头244块，糯米10千克，鸡蛋312个。以上所征共合洋7313.59元。

2. 对顽军的负担(4月27日至7月20日)：小麦1765千克，麦粉25.8千克，大米87.5千克，煎饼76.25千克，糯米7.75千克，马料费68元；干柴415千克，鞋子费348.50元。以上所征共合洋9413.55元。

3. 本村公用费(5月至8月)：包括出差、送夫、雇壮丁、招待费等，共计洋1403.65元。

从1942年4月27日到8月25日，负担1.93万元。每月每家负担128.38元，每人平均负担12.84元，每亩每月平均负担49.37元以上。

1941年，省战工会在抗日根据地颁布《山东省税收暂行条例》，规定田赋暂定全年每两银征收正税4元，附加不得超过正税。每标准亩征收5角(相当于0.75千克小麦的价格)。1945年，日照县每亩标准地征银0.02两，按省规定每两折征4元，亩计征银元0.08元。

1947年，山东省政府《征收公粮暂行办法(草案)》规定，将土地划分等级折成标准亩累进征收，每标准亩产量定为75千克，征收率最高不得超过产量的35%。全县实耕地5.66万公顷，非耕地8726.67公顷，合计6.53万公顷，实征田赋7545.6万元，实征契税291.6万元。

1949年，山东省政府《农业税征收暂行办法》规定：农业人口不分男女老幼，每人皆有7分免税标准地。其余每标准亩全年负担公粮15千克，田赋粮2.5千克，柴草粮2.5千克，附加乡村经费3千克，共23千克。缴纳除瓜干以外的杂粮，斤顶斤，不折扣，由村组织农户就近送缴政府粮库。

1950年，依全部土地全年收入，每人扣除免税点50千克，其余每50千克按9千克计征农业税，地方附加按15%征收。1951年7月，全省统一税制。依全户农业收入，按规定的农业人口每人全年扣除50千克免税额后，其余每50千克按10千克计征农业税，地方附加按20%征收。

1958年6月，颁布《中华人民共和国农业税条例》。根据1952年查田定产确定后的常年产量，税率一般为常年产量的12%～15%。1984年，全县计征土地7.31万公顷，亩均常年产量为55.65千克，税率为10.16%，亩均折款1.22元。此项规定至1992年一直未变，但价格随收购价上调。如：1984年标准粮价每千克0.45元，到1992年每千克0.68元。农业税分夏秋两季征收，实行全年统算，减免在秋季办理，一律以生产大队为单位和区、乡政府结算。

1993—2001年，东港区的农业税收，仍按1958年的国家规定，正税与附加税同时征收。自2002年起，农村实行税费改革。按农业计税面积，粮食年产量、标准粮计税价和规定的税率计算征收。东港区农业税计税面积：1993年年初为6.23万公顷。2004年10月，实有农业税计税面积4.27万公顷。按1994—1998年主要农作物5年平均产量和省统一规定，东港区常年亩产量为706千克，每千克标准1.10元，税率6%，一定5年不变。由农民人均上交的村提留改为农业税附加，比例为农业税的40%。2004年，农业税率由6%调整为3%，2005年调减为1%，农业税附加亦同步降低。自2006年1月起，按国家规定取消农业税。

按照国家政策规定，1988年开征耕地占用税和农业特产税。耕地占用税税率：国家和集体单位占用税为每平方米3.8元，农村居民建房占用税每平方米1.9元。收入实行中央与地方五五分成，1989年三七分成。农业特产税率：园艺收入6%，林木收入5%，烤烟类最高20%，水产收入5%。1989年，实行全国统一税率，海、淡水养殖收入为10%(其中海珍品15%)，园艺收入为10%(其中苹果15%)，原木为8%。自2006年起，按国家规定取消农业特产税。

新中国成立后，自1952年开征契税。凡土地房屋买卖，典当与交换，均由承典人缴纳契税。买契税按买价征收6%，典契税按典价3%，赠与按现价值6%征收，1959年停征。1982年，按原税率恢复征收。从1997年10月1日起，对国有土地使用权出让、转让、房屋买卖、房屋赠与和交换的行为，执行山东省财政厅规定，税率为3%。1998—2007年，全区共征收契税2.72亿元。

1949—1992年日照县(市)农业税收入情况统计表

表22-14　　单位：万元

年份	金额	年份	金额	年份	金额	年份	金额
1949	137	1960	136.6	1971	148.4	1982	179.6
1950	121	1961	132.9	1972	152	1983	173.7
1951	137.8	1962	135.2	1973	146.7	1984	168.7
1952	144.5	1963	133.7	1974	130.6	1985	228.3
1953	138.5	1964	142.9	1975	131.9	1986	227.1
1954	104	1965	140	1976	125.9	1987	273.5
1955	128.2	1966	147.7	1977	135.2	1988	226.8
1956	141.3	1967	157.4	1978	138.4	1989	226.8
1957	134.8	1968	162.3	1979	147.2	1990	246.2
1958	168.9	1969	156.7	1980	166.3	1991	262
1959	155.7	1970	152	1981	170.7	1992	318

日照县(市)部分年份契税收入情况统计表

表22-15　　单位：万元

年份	1952	1953	1954	1955	1956	1958	1992
税额	16.04	4	5.2	1.9	0.3	17.8	4

1993—2007年东港区农业税收收入情况统计表

表22-16　　单位：万元

税目 数额 年份	农业税	农业特产税	耕地占用税	契税	总计
1993	315	146	191	4	656
1994	469	880	151	10	1510
1995	463	2031	324	14	2832
1996	688	2549	77	21	3335
1997	664	3012	63	25	3764
1998	664	3342	59	194	4259
1999	634	3688	71	203	4596
2000	550	3799	600	215	5164
2001	499	3171	210	202	4082
2002	3007	2790	499	159	6455
2003	2748	3702	418	1041	7909
2004	1029	100	422	1942	3493
2005	269	30	314	5273	5886
2006	—	—	371	6780	7151
2007	—	—	1217	11209	12426
合计	11999	29240	4987	27292	73518

第二节　工商税收

中华民国前，境内政府除征收田赋外，主要有牙税、货物税、当税、烟酒税等。清同治年间(1862—1874年)，田赋、盐税、关税、厘金成为日照财政收入的四大支柱，占税收总额的80%以上。自光绪二十七年(1901年)开征酒税，每50千克制钱8文，后提高到16文。光绪二十八年(1902年)开征烟税，每千克制钱75文，后提高到300文。

中华民国建立后，境内地方税捐名目繁多。1913年开征印花税。1915年开征花生税、棉花税、枣税，税率为15%。1918年开征油税，对榨制大豆、花生等植物油每天出油150千克的油坊征税2元。屠宰税：牛每头1元，猪每头3角，羊每只2角。牙税：牙贴有效期5年，分六等。一等300元，二等250元，三等200元，四等150元，五等100元，六等60元。根据等级，每年纳税分别为200元、150元、100元、70元、40元、20元。1943年改征营业税，同时开征牲畜交易税，按头纳税，每头税率为3%。大的当铺每年纳银600元，5年换贴1次，再缴纳贴费200元，印刷费2元。1920年，每千克酒征税0.51元，熏烟税每大炉12元、中炉10元、小炉8元。1929年，每千克酒征税0.01元，每千克烟丝征税0.01元，每炉熏烟征税9元。1931年，烟酒税合并改称货物税。当年，厘金改为营业税。1936年开征所得税。1939年，开征非常时期过分利得税、遗产税。渐次形成关税、盐税、直接税、货物税和地方各税等5个税系。

抗日战争初期，境内根据地没有统一的税收法规。1940年，省战工会制定税收暂行条例，对工商各税税率作出具体规定。货物税共列28个品目，税率最低5%，最高100%。其中，禁止出境免税的23个，出境征税、入境免税的9个，出境免税、入境征税的12个，出境率高、入境率低的7个。牲畜交易税3%，屠宰税5%。大牲畜禁止出口，没牙的牛犊、马驹、驴驹出口征税10%～20%。自1949年8月1日起，境内一律免征出口税。1949年，全县征收的货物税、迷信品产销税、手工卷烟税、屠宰税、交易税、营业税、印花税等17个序列。烟酒税率最高，为100%，面粉最低，为2.5%。

1950年，根据政务院《全国税政实施要则》，按全国统一的税种、税率征收。有货物税、工商业税、存款利息所得税、印花税、交易税、使用牌照税等12种。从7月起，货物税由1136个简并为358个，印花税由30个简化为25个。并降低部分税目的税率，工商业税1%～3%，所得税5%～30%，交易税1.5%～6%，货物税3%～12%。

1953年1月，对卷烟、皮毛、酒类、木材等22项58目产品征收商品流通税，货物税由358个品目简化为174个。对私营批发商仍为一道营业税，税率有所调整，最高卷烟类为6%～66%，最低化肥等为2%～5%。

1958年9月，根据《中华人民共和国统一税条例(草案)》规定，将原商品流通税、货物税、营业税、印花税合为工商统一税，税率为1.5%～55%，对20多种一般工业产品征一道税，适当调整税率。自此，工商所得税成为一个单纯的税种。

1959年，停征利息所得税。1965年9月，停征集市交易税。1966年10月，停征文化娱乐税。至此，工商税共有9种。

1973年，根据《中华人民共和国工商税条例(草案)》规定，合并税种，简化税目税率，改变征税办法。把企业缴纳的工商统一税及其附加、车船使用牌照税、屠宰税合并为工商税，税率为3%～66%。税目由原来的108个减为44个，税率最低为3%，最高为66%。

1982年4月，开征燃油特别税和增值税。1983年4月，开征国营企业所得税。当年9月，又开征建筑税。1984年10月1日，实行第二步利改税和改革工商税制，把原工商税分解为产品税、增值税、盐税、营业税4个税种。产品税率为3%～6%，营业税率为3%～15%，增值税率为6%～16%。对采掘企业开征资源税。对国营大中型企业开征调节税。产品税目按产品类别设置，共24类，270个品目，税率3%～60%。增值税分甲乙两类，甲类5目，税率6%～14%，乙类7目，税率8%～16%。

1985年，相继开征城市维护建设税、个人所得税、奖金税，税率分别为3%、100%、300%。1986年开征车船使用税，乘人汽车每吨每年收108～240元，载重汽车按吨位每年每吨42元。2007年，载客大型车辆为600元、中型480元、小型420元、微型240元。载重汽车、轮式专用汽车每吨96元,三轮汽车、低速货车每吨60元,摩托车60元。机动船按净吨位收取,150吨以下年吨税额1.2元,100吨以下5元。房产税:按房价70%计税,年税率为1.2%。出租者,按租价计算,税率为12%。1987年,开征个人收入调节税。境内按六类及六类以下工资区,计算基数为100元,超基数3倍以上部分征收个人调节税,税率20%~60%。利息、红利收入按20%税率征税。1988年,开征城镇土地使用税,应税土地分三个等级,政府驻地(即城区)为一级,每平方米0.46元;乡镇驻地为三级,每平方米0.25元。印花税税率分5档:分别为千分之一、万分之五、万分之三、万分之零点五和万分之零点三。适用万分之零点五的为"借款合同",适用万分之三的为"购销合同""技术合同"等。自1984年10月,开征各种产品税,税率不断调整,基本稳定在8%~45%。

图22-4　东港区国税局为十佳诚信纳税户送光荣牌
（摄于2006年）

营业税率3%~15%,国营所得税率为7%~55%。国营调节税:核定税率时,以1993年实现的利润为基数,调减各种税后的利润,为核定的基期利润,再减去55%的所得税和1993年合理留利后的余额,以基期利润的比例为调节税税率。当年利润比基期利润增长部分,减征7%的调节税后,利润增长部分按比例计算,一定7年不变。集体企业所得税,自1985年按新的八级超额累进税率,缴纳所得税。对个别缴税有困难的特殊企业,经批准可以部分减免。城乡个体工商业户所得税按10级超额累进税税率7%~60%征收。城乡维护建设税:凡缴纳产品税、增值税、营业税的单位和个人一律按所缴纳税款7%缴纳城乡建设税。畜宰税:1993年,猪每头4元,牛、驴、骡、马每头8元。1994年,调为猪每头10元,牛、驴、骡、马每头20元。后调为按屠宰户缴税,分三类:A类200元、B类150元、C类100元。2003年停收屠宰税。牲畜交易税由买方缴,税率按交易额的5%。个人所得税:对有经常稳定收入的工资、薪金等,采用七级超额累进税率按月征收。最低一级,月收入在1500元以下的税率5%。最高一级,月收入在1.2万元以上部分,税率45%。每月收入都扣除800元(2006年3月调整为1600元)的费用余额,按超额累进税率征税。国营企业奖金税以企业为纳税义务人,实行超额累进税率,按年计征。全年发放奖金总额人均不超过4个月标准工资的免征,超过4~5个月部分税率为3%,超过5~6个月部分税率为100%,超过6个月部分税率为300%。企业年内发放的奖金累计超过4个月标准工资时,应先缴税,后发奖金。此后,对各个行业、各个工种、各类奖金税都先后有所调整。建筑税在国家计划内安排的,自筹基本建设和技术改造项目投资、其他相关的自筹资金建设工程投资,税率为10%。自筹建设投资额,超过国家计划的部分,国家计划外安排自筹资金建设项目和技术改造项目,未按规定向税务有关机关抄送计划的,税率为20%。楼堂馆所和应当控制的非生产建设项目及提高建设标准的项目,税率为3%。固定资产投资方向调节税,按不同的投资项目,税率为5%、10%、30%。消费税率为3%~45%。车辆购置税税率为10%。企业所得税,采用比例税率,纳税人年应纳税所得额在3万元以下的税率为18%,3万元~10万元税率27%,超过10万元的为33%。资源税:石英砂每吨3元,大理石、花岗石每吨3元,其他建筑石料、沙、土

图22-5　东港区地税局税务人员开展税源普查
（摄于2006年4月）

等每立方米 1 元。土地增值税增值额未超过 5% 部分税率为 3%，未超过 100% 部分税率 40%，未超 200% 的部分税率为 50%，超过 200% 的部分税率为 60%。烟叶税，实行 20% 的比例税。

1994 年 1 月，开始征收企业、个人所得税。对商品的生产、批发、零售和进口全面开征增殖税、消费税、营业税。此外，取消集市交易税、牲畜交易税、燃油特别税、奖金和工资调节税，将特别费并入消费税。取消对外资企业外资人员征收的城市房地产税和车船使用税。改革后的工商税种由 32 个减至 18 个。同年 7 月，建立国家与地方两个税务机构以后，农业税及其附加和契税、耕地占用税由各级财政部门征收管理。自 2001 年 1 月 1 日起开征车辆购置税，由日照市市区国家税务局征收。2006 年 2 月，由东港区国家税务局征收。

2007 年，东港区国家税务局征收的主要税种有：增值税、消费税、中央企业所得税、金融保险企业所得税(自 2003 年 1 月 1 日停止征收此税种)、外商投资企业和外国企业所得税、利息所得税、集贸市场和个体工商业户的税收、中央与地方所属企事业单位所组成的联营企业、股份制企业的所得税。

2007 年，东港区地方税务局征收的主要税种有：企业单位应交纳的营业税、地方企业所得税、个人所得税、城市维护建设税、资源税、固定资产投资方向调节税、屠宰税、土地使用税、车船使用税、房产税、印花税、土地增值税。对涉外企业征收牌照税和城市房地产税。(根据国家规定，在征收范围和税种上与国税局互有调整)。

1950—1982 年日照县工商税收情况统计表

表 22-17

单位：万元

年份 \ 数额 \ 税目	工商业税	工商营业税	工商所得税	工商统一税	商品流通税	货物税	屠宰税	牲畜交易税	车船使用牌照税	利息所得税	集市交易税	印花税	棉纱统销税	文化娱乐税	交易税	工商税	盐税	合计
1950	9.5	—	—	—	—	10.5	7.8	—	0.1	—	—	1.6	—	—	6.6	—	101.7	137.8
1951	37.3	—	—	—	—	35.6	18.3	—	0.3	—	—	4.4	0.1	—	19.3	—	186.2	301.5
1952	77.4	—	—	—	—	44.5	21.4	—	0.2	—	—	7.4	0.1	—	20.6	—	178.8	350.4
1953	—	54.2	10.8	—	3.4	38.7	26.5	9.4	0.2	0.1	—	1	—	—	—	—	209.7	354
1954	—	64.6	28.7	—	3.8	29.2	14.0	7	0.3	0.1	—	1.5	—	—	—	—	176.3	325.5
1955	—	65.3	37.2	—	5.3	59.0	22.5	4.9	0.3	0.1	—	1.9	—	—	—	—	165.9	362.4
1956	—	82.4	40.6	—	7.1	69.3	26.2	2.5	0.3	0.1	—	3.4	—	—	—	—	163.6	395.5
1957	—	68.9	30.1	—	7.7	59.9	18.1	2.6	0.4	0.1	—	3.4	—	—	—	—	216.1	407.3
1958	—	—	16.7	176.7	—	—	12.4	1.2	0.4	0.2	—	—	—	0.1	—	—	222.8	430.5
1959	—	—	8.5	206.1	—	—	11.5	0.5	0.4	—	—	—	—	—	—	—	231.2	458.2
1960	—	—	27.6	219.9	—	—	7.9	—	0.4	—	—	—	—	—	—	—	328.3	584.1
1961	—	—	9.4	200.0	—	—	12.8	—	0.4	—	—	—	—	0.3	—	—	283.5	506.4
1962	—	—	48.5	272.5	—	—	23.9	20	1	—	13	—	—	0.3	—	—	236.5	615.7
1963	—	—	33.0	263.1	—	—	21.3	14.3	0.9	—	13.3	—	—	0.3	—	—	168.5	514.7
1964	—	—	14.5	196.0	—	—	20.1	12.5	1.3	—	6.3	—	—	0.2	—	—	219.5	470.4
1965	—	—	35.6	261.1	—	—	22	7.1	1.4	—	9.3	—	—	0.3	—	—	193	529.8

续表 22-17

税目 数额 年份	工商业税	工商营业税	工商所得税	工商统一税	商品流通税	货物税	屠宰税	牲畜交易税	车船使用牌照税	利息所得税	集市交易税	印花税	棉纱统销税	文化娱乐税	交易税	工商税	盐税	合计
1966	—	—	35.8	196.2	—	—	12.3	0.4	0.8	—	—	—	—	—	—	—	278.6	524.1
1967	—	—	47.0	215.5	—	—	27.8	—	0.3	—	—	—	—	—	—	—	348.8	639.4
1968	—	—	51.6	249.8	—	—	46.9	—	0.4	—	—	—	—	—	—	—	339.8	688.5
1969	—	—	59.9	252.5	—	—	52.8	—	0.3	—	—	—	—	—	—	—	348.9	714.4
1970	—	—	20.8	252.2	—	—	57.8	0.1	0.7	—	—	—	—	—	—	—	203.7	535.3
1971	—	—	20.8	319.1	—	—	49	—	0.1	—	—	—	—	—	—	—	206.1	595.1
1972	—	—	29.9	394.6	—	—	48.9	—	0.2	—	—	—	—	—	—	—	287.1	760.7
1973	—	—	91.4	—	—	—	12.1	0.1	0.1	—	—	—	—	—	—	430.7	318.6	853
1974	—	—	88.7	—	—	—	2.8	0.1	0.1	—	—	—	—	—	—	321.2	305.1	718
1975	—	—	113.1	—	—	—	2.6	0.1	0.1	—	—	—	—	—	—	389.9	263.2	769
1976	—	—	122.8	—	—	—	0.6	0.1	0.1	—	—	—	—	—	—	497.8	229.3	850.7
1977	—	—	157.2	—	—	—	0.1	0.1	0.1	—	—	—	—	—	—	496.4	231.1	885
1978	—	—	230.4	—	—	—	1.7	—	—	—	—	—	—	—	—	511.1	267.3	1010.5
1979	—	—	182.9	—	—	—	0.5	0.1	—	—	—	—	—	—	—	649.2	248.1	1080.8
1980	—	—	202.5	—	—	—	0.9	0.1	—	—	—	—	—	—	—	613.8	295.3	1112.6
1981	—	—	194.5	—	—	—	2.3	0.4	—	—	—	—	—	—	—	709.1	365	1271.3
1982	—	—	180.5	—	—	—	0.5	1.3	—	—	—	—	—	—	—	1131.8	432.7	1746.8
总计	124.2	335.4	2171	3675.3	27.3	346.7	606.3	84.9	11.6	0.7	41.9	24.6	0.2	1.5	46.5	5751	8250.3	21499.4

1983—1992年日照县(市)工商税收情况统计表

表22-18　　单位：万元

年份 \ 税目	工商税	产品税	增值税	营业税	建筑税	国营企业所得税	屠宰税	牲畜交易税	国营企业奖金税	个人所得税	国营企业调节税	城市维护建设税	工商所得税	盐税	工商统一税	集体企业所得税	城乡个体工商户所得税	事业单位奖金税	集体企业奖金税	个人收入调节税	印花税	城镇土地使用税	国营企业工资调节税	中外合资经营企业所得税	固定资产投资方向调节税	私营企业所得税	合计
1983	1080.9	—	7.4	—	—	—	4	27.1	—	—	—	—	231.4	422.4	—	—	—	—	—	—	—	—	—	—	—	—	1773.2
1984	833.7	170.9	19.1	158.9	20.4	478	3.9	14.6	—	—	—	—	237.8	473.8	—	—	—	—	—	—	—	—	—	—	—	—	2411.1
1985	—	781.7	36.7	738.6	83.1	369.7	5.1	13.4	61.2	4.6	88.2	81.9	167.3	363.2	—	—	—	—	—	—	—	—	—	—	—	—	2794.7
1986	—	832.8	97.3	1057.7	110.2	303.2	9.2	10.6	32.8	0.5	68	144.9	282	383.4	3.8	241.9	7.2	0.9	5.2	—	—	—	—	—	—	—	3591.6
1987	—	921.6	326.5	1457.4	62.6	269	4.2	7.3	12.8	—	49.7	194.8	250	364	0.8	220.2	8.8	—	—	—	—	—	—	—	—	—	4149.7
1988	—	861.6	428.3	1934.1	219.7	363.1	4.8	5	9.4	—	67.8	229.7	326.3	542.1	54.6	278.4	32.2	—	—	0.5	2.9	—	—	—	—	—	5360.5
1989	—	1181.9	539	2557.9	79.6	371.1	—	4	12.3	—	57.6	283.4	230.7	378.1	56.7	214.9	38.5	—	—	4.6	52	57.8	13.6	—	—	—	6133.7
1990	—	1443.7	640	2884.2	365.3	244.6	—	—	6.3	0.7	—	370.3	—	207.8	36.8	288.3	36.7	—	—	6	16	68.5	—	4.5	—	—	6619.7
1991	—	1299	740	3161	316	417	—	—	28	24	10	396	—	208	183	447	57	—	—	10	26	63	—	5	243	—	7633
1992	—	1702	1373	3969	103	410	—	—	9	44	3	465	—	148	256	150	20	1	1	16	23	65	6	71	325	1	9161
总计	1914.6	9195.2	4207.3	17918.8	1359.9	3225.7	31.2	82	171.8	73.8	344.3	2166	1725.5	3490.8	591.7	1840.7	200.4	1.9	6.2	37.1	119.9	254.3	19.6	80.5	568	1	49628.2

1993—2007年东港区工商税收情况统计表

表 22-19　　　　　　　　　　　　　　　　　　　　单位：万元

税目/数额/年份	增值税	营业税	企业所得税	个人所得税	资源税	固调税	城建税	房产税	印花税	土地使用税	车船使用税	屠宰税	产品税	土地增值税	滞补罚款	烟叶税	合计
1993	—	844	181	9	36	66	146	32	6	14	11	1	238	—	194	—	1778
1994	491	875	133	30	19	65	222	33	6	25	11	36	—	—	113	—	2059
1995	567	1052	211	110	11	148	252	67	33	37	12	55	—	—	201	—	2756
1996	664	1386	358	275	19	144	424	119	51	56	47	132	—	—	98	—	3773
1997	845	1680	327	355	22	233	530	180	31	51	72	90	—	—	80	—	4496
1998	917	1947	397	392	41	500	459	230	44	112	166	118	—	—	—	—	5323
1999	957	2426	269	478	45	520	451	241	55	220	177	157	—	—	—	—	5996
2000	1114	2981	335	372	57	491	472	236	46	229	262	205	—	—	—	—	6800
2001	1408	2655	2190	464	141	—	437	226	35	223	297	173	—	28	—	—	8277
2002	1627	2950	570	232	67	—	580	304	81	300	452	8	—	13	—	—	7184
2003	1867	3605	399	177	79	—	715	323	68	627	524	—	—	20	—	—	8404
2004	1070	4993	551	235	22	—	865	410	86	633	212	—	—	234	—	—	9311
2005	2404	7092	838	426	16	—	1118	366	128	462	311	—	—	121	—	—	13282
2006	4027	12165.6	1756	935.3	16.8	—	1574.8	523.1	175.3	750.4	220.1	—	—	369.5	2.5	54.3	22570.7
2007	4949	17433.5	2361.8	1830.5	22.2	—	2273.9	479.2	281.1	826.2	351.7	—	—	311.1	3.5	87.1	31210.8

说明：1.此表为财政决算统计口径　　　　2.表中数字为区财政收入

1994—2007年东港区国家税务局税收(分税种)收入情况统计表

表 22-20　　　　　　　　　　　　　　　　　　　　单位：万元

项目/税额/年份	增值税	消费税	营业税	企业所得税	个人所得税	城建税	车船使用税	屠宰税	房产税	固调税	印花税	外资企业所得税	车购税	滞补罚	合计
1994	1971	—	89	194	18	55	—	—	—	74	—	—	—	—	2401
1995	2423.4	—	142.8	96.5	48.9	34	2.4	34	2.8	2.6	0.3	—	—	74.7	2862.4
1996	2860.6	7	—	15.1	—	—	—	—	—	—	—	1	—	1.4	2885.1
1997	3500.1	7.5	22	19.7	—	—	—	—	—	—	—	1	—	16.6	3566.9
1998	3740	7.1	25	14.5	—	—	—	—	—	—	—	3	—	—	3789.6
1999	3556.1	0.1	30.1	28	4.1	—	—	—	—	—	—	2	—	—	3620.4
2000	4130.1	3	295	203.4	551.7	—	—	—	—	—	—	46.8	—	—	5230
2001	9750	320	377	568	1049	—	—	—	—	—	—	44	—	—	12108
2002	11359	684	271	634	1059	—	—	—	—	—	—	75	—	—	14082
2003	12278	348	21	370	831	—	—	—	—	—	—	86	—	—	13934
2004	10112	290	—	602	797	—	—	—	—	—	—	113	—	—	11914
2005	11477	329	—	1210	832	—	—	—	—	—	—	102	—	—	13950
2006	16106	291	—	2661	1050	—	—	—	—	—	—	233	17162	—	37503
2007	19795	305	—	5245	1247	—	—	—	—	—	—	271	16716	—	43579

说明：此表为税务统计口径

1994—2007年东港区地方税务局税收(分税种)收入情况统计表

表 22-21　　　　单位：万元

年份	合计	营业税	企业所得税	个人所得税	资源税	城市维护建设税	房产税	印花税	土地使用税	土地增值税	车船使用税	固调税	屠宰税	烟叶税	滞补罚	附列资料		
																教育费附加	地方教育附加	文化事业费
1994	1595.8	1123.4	112.5	12.1	19.3	167.3	33.1	5.8	24.9	—	7.8	64.5	25.1	—	—	30.9	—	—
1995	2225.7	1272.9	218.5	61.3	11.1	218.4	63.8	32.2	36.9	—	9.5	145.5	20.6	—	135	25.2	—	—
1996	3496.8	1817.7	314.7	274.9	19.2	423.4	119.4	50.7	55.9	—	47	144.3	131.5	—	98.1	70.4	—	—
1997	4401.3	2405.8	351.2	355.1	21.6	530.2	179.6	31.4	51.2	—	71.7	232.6	90.5	—	80.4	84.4	—	—
1998	5189.7	2733.4	394.2	391.3	41.4	459	230.2	43.6	112.3	—	165.7	500.3	118.3	—	—	81.9	—	—
1999	5820.4	3209.5	267	477.5	45	451.3	241.5	55	219.6	—	176.8	520.2	157	—	—	121.8	—	—
2000	6054.9	3396.5	288.1	372.2	57.3	472.1	235.8	46.3	229	—	262.1	490.6	204.9	—	—	156.1	—	—
2001	7136	2955	2156	464	141	437	226	35	223	28	298	—	173	—	—	191.3	—	—
2002	6663.9	3686.9	707.6	464	67.4	580.5	303.9	80.9	300.2	13.2	451.8	—	7.5	—	—	246.6	—	—
2003	8051.6	4506.1	747.8	441.8	78.7	715.1	323	67.8	626.6	20.4	524.3	—	—	—	—	302.3	—	—
2004	10265.7	6241.3	975.3	586.7	21.9	865.3	410.2	85.5	633	234.2	212.3	—	—	—	—	369.6	—	—
2005	13407.2	8864	1256.8	764.6	16.5	1117.7	366	128.5	462.8	120.4	309.9	—	—	—	—	481.6	116.1	—
2006	17369.7	12165.6	905	672.3	16.8	1514.8	523.1	175.3	750.4	369.5	220.1	—	—	54.3	2.5	646.1	213.5	—
2007	24271.8	17433.5	683.8	1518.5	22.2	2273.9	479.2	281.1	826.2	311.1	351.7	—	—	87.1	3.5	970.9	326.6	4.2

说明：1.此表为税务统计口径　　　2.附列资料不在合计数内

1993—2007年东港区工商税收入分级次增长比数情况统计表

表 22-22　　　　单位：万元

年份 \ 数额 \ 税目	总收入		国家税务局		地方税务局		备注
	合计	比上年增减（%）	收入数	比上年增减（%）	收入数	比上年增减（%）	
1993	3633	—	—	—	—	—	国、地税未分设
1994	3996.8	10	2401	—	1595.8	—	—
1995	5088.1	27.3	2862.4	19.22	2225.7	39.47	—
1996	6381.9	25.43	2885.1	0.79	3496.8	57.11	—
1997	7968.2	24.86	3566.9	23.63	4401.3	25.87	—
1998	8979.3	12.69	3789.6	6.24	5189.7	17.91	—
1999	9440.8	5.14	3620.4	-4.46	5820.4	12.15	—
2000	11284.9	19.53	5230	44.46	6054.9	4.03	—
2001	19244	70.53	12108	135.51	7136	17.85	—
2002	20745.9	7.8	14082	16.3	6663.9	-6.62	—
2003	21985.6	5.98	13934	-1.05	8051.6	20.82	—
2004	22179.7	0.9	11914	-14.5	10265.7	27.5	—
2005	27357.2	23.34	13950	17.09	13407.2	30.6	—
2006	54872.7	100.5	37503	168.84	17369.7	29.56	—
2007	67850.8	23.7	43579	16.2	24271.8	39.74	—

说明：此表为税务统计口径

1993—2007 年东港区工商税收分预算级次情况统计表

表 22-23　　　　单位：万元

税目 数额 年份	合计	中央级			省级			市级			区级			备注
		合计	国税	地税	合计	国税	地税	合计	国税	地税	合计	国税	地税	
1993	1778	—	—	—	—	—	—	—	—	—	1778	—	—	国、地税未分设
1994	3997	1648	1648	—	290	—	290	—	—	—	2059	753	1306	—
1995	5088	1968	1968	—	364	—	364	—	—	—	2756	894	1862	—
1996	6382	2177	2177	—	432	—	432	—	—	—	3773	708	3065	—
1997	7969	2722	2722	—	751	—	751	—	—	—	4496	845	3651	—
1998	8980	2871	2871	—	786	—	786	—	—	—	5323	919	4404	—
1999	9440	2669	2669	—	775	—	775	—	—	—	5996	951	5045	—
2000	11285	4069	4069	—	416	—	416	—	—	—	6800	1161	5639	—
2001	19244	9670	9670	—	300	—	300	997	997	—	8277	1441	6836	—
2002	20746	10948	10362	586	1408	600	808	1206	1206	—	7184	1914	5270	—
2003	21986	10857	10143	714	1330	369	961	1395	1395	—	8404	2027	6377	—
2004	22179	10183	9246	937	1702	376	1326	983	983	—	9311	1309	8002	—
2005	27357	11857	10644	1213	2218	230	1988	—	—	—	13282	3076	10206	—
2006	55464.6	32845.4	31899	946.4	2997.9	389	2608.9	—	—	—	19621.3	5215	14406.3	—
2007	68825.9	37249.4	35928	1321.4	4404.9	628	3776.9	—	—	—	27171.6	7023	20148.6	—

说明：“区级”为财政决算数字

第三节　涉外税收

中华民国前，日照县的进出口业务都是间接的，洽谈生意由商号自行办理。

新中国成立后，对境内外经贸业务先后由县供销合作社和县商业局管理。

工商统一税

自 1986 年起，对境内涉外工农业产品、商业零售、交通运输和服务行业征收工商统一税。税率为 1.5% ~ 55%，并依工商统一税税额征收 1% 的地方附加。1994 年税制改革后取消。

中外合资企业所得税

自 1986 年起，对境内的中外合资经营企业，以每一纳税年度的收入总额，减除成本、费用及损耗后的余额，为应纳税的所得额，税率为 30%。另按应纳所得税额附征 10% 的地方所得税。合营者从企业分得的利润汇出国外时，按汇出额缴纳 10% 的所得税。1991 年 7 月 1 日起停止执行。

外商投资企业和外国企业所得税

从 1991 年 7 月 1 日起，以每一纳税年度的收入总额，减除成本、费用及损耗后的余额，为应纳税的所得额，税率为 30%。地方所得税，按应纳税的所得额计算，税率为 3%。对设在经济开发区的企业，按 24% 税率征收企业所得税。属于能源、交通、港口、码头或国家鼓励的其他项目，按 15% 税率征收企业所得税。

个人所得税

自 1985 年起，个人所得税仅对日照境内的外籍人员工资、薪金所得征收。采用七级超额累进税率，最低一级税率为 5%，最高一级税率为 45%。扣除额度为每月 800 元，每月收入超过 4000 元的，定率扣除 20%。

城市房地产税、车船使用牌照税

自 1990 年 1 月 1 日起，对外商投资企业征收房产税和车船使用税，税率按 1986 年房产税、车船使用税条例规定执行。1993 年，对中外合资企业自有房产按房产税条例规定征收房产税，对华侨、侨眷用侨汇购买或建造的住宅，其房屋自发给产权证之日起，免征房产税5年。对饭店拥有的房屋征收房产税。对中外合资企业的车船按车船使用税条例规定征收车船使用牌照税。2007年1月1日起，改称车船税。

印花税

境内自1988年6月开始征收印花税。1994年1月1日以后，修改合同增加金额或合同到期续签合同的，按规定贴花。对记载资金的账簿，1994年1月1日以后，实收资本和资本公积增加的，就其增加部分贴花。1994年1月1日以后，启用的其他账簿按规定贴花。对1993年12月31日以前，企业取得的产权转移书据和权利许可证照，在1994年1月1日以后更改、换证换照、转让的，按规定贴花。

增值税、消费税

自1994年1月1日起，外商投资企业的工商统一税改征增值税、消费税。对涉外企业的税收优惠政策有：出口免税，出口退税。1995年5月至2000年年底，对废旧物资回收经营的增值税，实行增值税先征后返，返还额为已入库增值税额的70%。

营业税

1994年1月1日，执行新的营业税条例，对原“工商统一税”改为“营业税”，适用税率为5%。

2007年，涉外税收又增加土地使用税和土地增值税两个税种。

第四节　盐税

清代，日照县盐课分为灶课和商课两种。向灶户征收的灶课有：灶丁、灶地、盐锅、荡滩地等项课税。清康熙二年(1663年)，灶地每亩征银6厘，再加摊丁银，共实征银203两4钱5分4厘。康熙十一年(1672年)，每丁征银2钱6分4厘。清雍正四年(1726年)，丁银一半摊入地银项下征收，其余按丁摊银。雍正八年(1730年)实有灶丁1107人，征灶丁银161两6钱7分5厘。

向盐商征收的盐税为商课。涛雒场的商课分正课、加价、盐厘和杂款4项。正课又分票课、加课及二五加课3种。清初，日照县年销盐票831张，课银105两4钱。清乾隆八年(1743年)始行“输粟充商法”。日照县输谷1500石，领盐票1500张，计课银325两1分，连同加课共征银1130两1分。盐厘每票征银4分6厘，各种加价每票征银1两4钱5分，杂款项目繁多，有几十种。清光绪年间，每年累计征银2000余两。

1913年，民国政府废除摊丁入亩课银，改为就场征税，自由贸易。涛雒场销区每石盐征洋1.25元。1915年后，每石盐征税0.4元。除正课外，尚有不同名目的加征加厘等杂项加派，而且哨卡遍地，层层附加，致使盐价不断上涨。1932年8月，涛雒场销区，每担盐征税4.5元。

抗日战争初期，由盐务署派员征收盐税。1941年，食盐每担征收出场税3元，渔盐酌量减轻。在产盐区内由政府统一办理，由敌占区运来者每担征收入境税1元。1943年后，对食盐实行“轻税倾销”政策，税率为盐价的10%。1946年，食盐每担征税30元(北海币)。到1948年8月，提高到3000元。

1942年秋，根据滨海盐务署指示，征收救国公盐，依总产量按等级累进税5%～7%征收。

1950年，根据提高税额、从量核定、就场征收、税不重收的方针，盐税每担一律征小米(或大米)50千克。同年6月1日，为减轻人民负担，鼓励生产，增加出口，食盐每担征税7元，工农业用盐及出口盐全部免税，渔业用盐按食盐税的30%征收。1956年9月1日，农牧业用盐按食盐税的40%征收。

1958年7月1日，盐税由盐务机关代征，税务机关管理。1973年，工商税制改革，仍按原办法单独征收。

1984年5月，调整八类工业用盐税率，盐税从工商税中划出，仍作为一个单独的税种管理。

1986年7月，山东省内销食盐每吨减税12元。10月，原盐税额每吨减税18元，精制盐每吨减税21元，洗粉盐每吨减税18元，洗粉精盐每吨减税16元。12月，国家调整盐税税额，国营盐场原盐每吨征税124元，集体盐场每吨盐征税120元，洗粉盐110元/吨，洗粉精盐102元/吨。渔业、农业用盐仍按55.8元/吨征税。1991年，原盐盐税由每吨124元调为125元，洗粉精盐由102元调为95元，精制盐由97元调为75元。每吨盐出场价由210元调为232元。

1994年税制改革，盐税纳入工商税。

1920—1935年涛雒盐场盐税收入情况表

表 22-24

单位：元

年份	1920	1921	1922	1923	1924	1925	1926	1927
盐税收入	65415	82049	85773	60725	25070	65844	118249	34443
年份	1928	1929	1930	1931	1932	1933	1934	1935
盐税收入	4699	20016	96669	125772	121962	—	1750461	1920184

说明：1933年4月1日，涛雒场与赣榆县临兴场合并，1933年4月至1935年的盐税收入含临兴场的收入

1959—1992年日照县(市)征收盐税情况统计表

表 22-25

单位：万元

年份	税额	年份	税额	年份	税额
1959	231	1971	206	1983	423
1960	324	1972	287	1984	461
1961	284	1973	319	1985	319
1962	236	1974	305	1986	367
1963	169	1975	263	1987	364
1964	219	1976	229	1988	381
1965	193	1977	231	1989	378
1966	279	1978	267	1990	207.8
1967	349	1979	248	1991	208
1968	340	1980	295	1992	148
1969	349	1981	365		
1970	204	1982	433		

第五章　税务管理

第一节　税务登记

农业税登记

清朝农业税赋登记实行简明清册。据记载：光绪三十四年(1908年)，日照实有成熟田94.71万亩，征地银2.23万两。民国时期对赋税征收亦编制清册造钱粮串票，1918年，日照粮田仍按清末地亩数。抗日民主政府建立后，仍用民初地亩数。1947年，经过土改丈量，全县实有耕地848255亩，非耕地130922亩。1952年，对土地登记造册，全县共有土地91026.67公顷。1961年，全县共有1154个纳税单位，征税土地78186.67公顷。1963年，有6409个纳税单位，计税面积77200公顷。1964年，有6286个纳税单位，计有土地76833.33公顷。1966年，因基建、水利、造林、水冲沙压等，共核减土地531.2公顷，实有计税土地76300公顷。1981年后，实行联产承包责任制，纳税仍以村为单位进行登记，全县共有纳税单位1095个。1985年3月至1989年年底，全市纳税单位1281个。

1993年，对农业税纳税人进行逐户登记，全县共有纳税单位(户)22.8万个，计税面积59666.67公顷。2002年，对纳税人的计税面积、常年产量、适用税率，逐户造清册(岚山工委四乡镇单独统计)全区纳税户数22.4万户，计税面积46533.33公顷。2004年10月后，东港实有纳税12.5万户，计税面积30866.67公顷。2006年，国家免除农业税，农业税务登记同时取消。

工商税登记

清朝末年，工商税务登记和税赋结合进行。民国时期，对开办、歇业的工商业户均由工商管理部门发营业执照，停业将执照交还发照机关注销。1940年3月，抗日民主政府规定，工商业户每

半年到工商机关办理登记证，对逾期不办理税务登记者，按情节轻重给予处罚。1946 年 5 月，日照有公营商行 12 家，火柴公司 1 家，卷烟厂 1 家。各大商号、水产行、合作社、私营商行、北海银行共计 36 家。铁机织布机 68 架、摊贩 321 户。凡在境内从事屠宰、造烧纸、销售各种货物、入口货物的经营者和经纪人员等，均向当地税收机关登记，领取登记证方准营业。

图 22-6　区工商分局工作人员到企业进行诚信纳税宣传教育　　　　　　　　　　　　　　　　　　　（摄于 2007 年 4 月）

1949 年 12 月，境内有工业 64 户、商业 111 户、手工业 515 户、合作社 40 处。1951 年，全县共登记国营企业 8 户，合作社 21 处，私营业户 5285 户，1 ～ 10 吨船只 853 只。1956 年 6 月，专业商店 40 处，综合性商店 17 处，中心商店 54 处，百户以上村庄小店铺 23 处，农业社代销代售 134 户，农民代销点 117 处。同年 9 月底，有合作商店 157 处，合作饭店 40 处，合作小组 128 处，手工业社 42 处。1964 年，国营企业 34 户，集体企业 4 户，供销社 17 处，手工业社 30 个，运输合作社 5 个，小商小贩 1018 户，手工业 1095 户，汽车 3 辆，人力车 169 辆，兽力车 29 辆，机动船 19 只，非机动船 1435 只。1980 年，全县有工业企业 137 户，有证个体商业 1249 户、农村代销点 1008 处。

1993 年，东港区税务局成立后，对辖区内纳税户重新登记，国家企业 67 户、集体企业 162 户、有限责任公司 64 户、私营独资 26 户、私营有限责任公司 45 户，其他内资企业 14 户。另外，纳入控管，尚未办理的税务登记应税船舶 1289 只，应税各种车 245 辆，各种类型的个体工商户 3821 户。1994 年，登记涉外企业 8 户，港澳台资企业 2 户，独资经营企业 6 户，中外合资经营企业 8 户，中外合作经营企业 1 户，外商独资企业 6 户，个体工商业户 2012 户。自 2005 年 4 月 1 日起，区国税局、地税局联合办理税务登记，统一使用税务登记表，税种登记表和税务登记证件，税务登记证正、副本加盖两局印章。2007 年，国、地税两局联合办证 1215 户。

1994–2007 年东港区工商税务登记情况统计表

表 22-26　　　　　　　　　　　　　　　　　　　　　　单位：万元

税目 / 户数 / 年份	合计	国有企业		集体企业		股份合作企业		有限责任公司		股份有限公司		私营企业		其他企业		涉外企业		个体工商户	
		国税	地税	国税	地税	国税	地税	国税	地税	国税	地税	国税	地税	国税	地税	国税	地税	国税	地税
1994	3142	67	25	151	338	—	4	66	184	—	24	73	176	14	19	22	34	1945	—
1995	3199	66	25	146	338	—	4	66	235	—	24	80	176	14	19	22	34	1950	—
1996	7731	67	25	146	338	—	4	67	264	—	24	92	176	14	19	23	34	1968	4470
1997	8110	58	108	119	302	—	4	80	249	—	24	119	161	14	19	28	34	1978	4813
1998	8667	58	100	117	295	—	4	85	242	—	24	125	150	14	20	28	34	2009	5362
1999	8845	57	100	102	300	—	4	85	247	—	26	141	150	14	20	28	37	2004	5530
2000	9250	57	105	98	313	1	4	85	272	3	26	141	156	14	20	27	38	2057	5833
2001	10666	57	105	99	315	1	4	87	277	3	26	146	156	14	20	28	38	2080	7210
2002	12030	64	110	112	327	1	6	161	282	4	26	193	161	15	20	40	38	2562	7908
2003	13572	67	120	115	353	1	6	252	352	4	31	265	172	15	22	63	50	3272	8412
2004	15449	75	120	131	353	1	6	494	476	6	40	455	488	4	31	87	63	4173	8446
2005	18682	66	65	124	196	1	23	1063	1898	8	47	478	141	13	9	109	93	5290	9058
2006	14841	45	58	90	173	1	16	1662	250	11	34	312	109	115	14	57	93	5494	6307
2007	18301	45	50	91	146	1	8	2251	3236	14	28	317	13	148	21	57	93	6217	5565

第二节　纳税申报

申报制度

抗日战争时期，在革命根据地内，货物在起运前或运入时，承办人应将货物名称、数量、价值及运输地点连同货单向就近征税机关报请纳税后始得起运。商贩已经报税给票，如沿途加载，应预先向就近征收机关报请补税，否则，其加载部分则以偷税论处。

新中国成立初期，纳税申报制度，在各个税种之中都有规定。纳税大户须按期以表格形式(纳税申报表或会计报表)向税务机关进行申报。个体工商户则采取自行申报，税务机关按申报额及其他纳税资料，核定应纳税额。

1962年，对财务制度比较健全的国营企业、供销合作社、手工业、运输合作社以及社队企业实行“三自纳税”(自报、自核、自缴)。1986年，对纳税申报作了统一规定，纳税人纳税申报时间和代征人申报时间，按税种划分为一天、三天、五天、十天、十五天、一个月不等，或按次、按季、按年，由税务机关根据税法作具体确定。

1988年起，在全市推行纳税人上门申报纳税为主体的征管改革。要求国营、集体、私营企业的申报率达到100%，查账征收的个体工商业户达到95%以上，其他个体工商业户要达到85%，临时经营者达到75%。

申报方式

东港区农业税收纳税申报的主要方式是直接申报。依照税收机关核定的《农业税收纳税事项核定书》确定报缴期限。

农业特产税的纳税申报，采取集体申报与纳税人自行申报相结合的办法。对个体农户由所在村的村民委员会进行统一登记，集体申报。对从事水产捕捞、黄烟种植及宾馆饭店等纳税人，则由单位(个人)直接申报纳税。

区国税局要求缴纳增值税的一般纳税人，纳税申报资料分为主报资料和备查资料。对小规模企业纳税人申报要求较为简单，只填报销售额、税额等情况。

1997年，纳税申报的方式由直接申报扩展为邮寄申报和电子申报三种方式。1998年，全面推行电子申报。

2001年，推行“多元化”纳税申报方式。在纳税人自愿基础上，推行银行网点申报、网上申报和电话申报。全区有2400户纳税人实行银行网点申报，450户企业实行网上申报。

2005年7月至2007年，区国税局统一在办税服务厅设立申报征收窗口，受理增值税一般纳税人的纳税申报。实行“一窗一人一机”的“一窗式”管理模式。纳税申报分为远程申报(网络、电话等)和上门申报。

图22-7　区地税局工作人员向纳税人介绍“纳税申报”

(摄于2006年)

东港区地税局对负有缴纳地方税收义务的纳税人，在纳税期间，无论当期有无应税义务，均应按规定期限，向地税机关报送纳税资料。对偏远地区或规模较小的个体户，由按月申报改为按季申报；月纳税额20～50元的，按半年申报；20元以下的，按年申报。

第三节　征管方式

清代，工商税称杂税，由税收承包人负责，县公署户房征收。民国时期，日照县设税务局，地方税仍采取层层包征的方法，承包人多是当地有权势的地主豪绅。

抗日战争时期，根据地内废除承包收税制度，建立税收队伍。1940年冬，苏鲁边区税务总局成立，日照设立税务分局，并建立募稽队。

新中国成立后，税种、税目、税收全国统一。建立税管员岗位责任制，发动群众协税、护税。1955年，实行合作化后，推行专管员带票下乡，征收到户。对固定企业征收到门，在集市征收到现场，对定额商贩征收到摊。1962年，全县企业推行

“三自”(目行结算、自行填缴款书、自行交库)纳税。1985年,实行查账征收、查验征收、定期定额征收、代扣代缴征收等。同时,采取税务专管员管户制度,实行一员进厂(单位),各税统管的征管模式。1993年,东港区税务局实行征收、管理、检查三分离征管模式。1994年,采取“以计算机网络为依托,集中征收、重点稽查”的征管模式。1995年2月,东港区国税局在城区建立多功能征收服务大厅,实行银行划转缴税。在农村,纳税人在金融机构开设预储税款账户。

1998年,东港地税局对车辆、屠宰、印花、土地、房地产、建筑、安装、装饰、文艺演出等,都委托其主管单位按国家有关税收法律法规代扣代缴税款。2004年3月,将全区纳税单位、纳税人分为“大、中、小”三类,对79个“大户”实行监控缴税,对1435个“中户”实行查账征收,对4810个“小户‘实行微机定税缴纳。与96个行政事业单位签定代征税款协议书。地税局开通8条2M网络光纤,实现区局与7个基层分局连接。至2007年,一直为纳税人提供快速纳税通道。

第四节 税务检查

清末及民国时期,税务检查多由省政府或专员公署组织进行,检查的内容和重点多为国家税收。

1941—1949年,日照革命根据地税务机关在重要集镇设立稽征所,负责税务检查工作。对解放区内货物运往其它地区或从海上运进货物,不论公私商号、工厂以及群众合作社,均须照章接受检查,并办理纳税手续。查缉人员查获违章漏税案件,将货物暂予扣留,发给扣留证。情节严重的,立即报告主管机关依法处理。

1950年,县政府税务局设立检查股,各基层征收单位设立检查组、稽查员或查账队。

1953年9月,县政府规定,对税务违章情节轻微,经教育即可结案者,由税务所自行处理。对行商罚没案件距县局较远,交通不便的,由上级核准后给予税务所不超过1万元的处理权限,但必须报请当地党政领导批准。罚没金额在10万元以下者,报当地财委批处、专署局备案。10万元以上的报专署局处理。

1984年,税务机关开始试行“征、管、查”三分离的检查模式。

1985年5月,在22个乡镇分别成立协税护税委员会,在农村设立协税护税小组897个。1987年,市税务局设立税务稽查队。市检察院在市税务局设立税务检察室。

1993年,东港区税务局成立后,设立税务稽查队。同年4月7日,区人民检察院在区税务局设立税务检察室。6月4日,区人民法院在区税务局设立巡回法庭。

1951—1992年日照县(市)有关年度税务稽查入库情况表

表22-27 单位:万元

年份	入库税额	年份	入库税额
1951	1.7358	1965	7.7831
1952	1	1967	0.1204
1953	1.7487	1972	4.6904
1954	0.04465	1977	21.0508
1955	5.4532	1981	1.0708
1957	0.5226	1985	147.28
1959	9.1599	1987	144.5
1960	9.2429	1988	68
1961	15.4263	1989	57.8
1962	16.326	1990	917.3
1963	10.3944	1991	922
1964	12.47	1992	18652.1

东港区国家税务局于1995年1月成立稽查分局。2001年3月撤销,2003年月5月恢复。税务稽查分为全面稽查、专项稽查和专案稽查。稽查方式采取调回账簿检查,进驻实地检查。

2002年,推行“阳光稽查”“一家查账,多家认账”。

从2003年7月开始,对涉税违法案件应用CTAIS,通过“12366”服务热线,受理纳税人咨询和群众举报税务违法案件。

东港区地方税务局于1994年7月设立稽查局。自2002年起,执行“选案不查案,查案不审案,审案不定案,定案不执行”的税务稽查“四分离”制度,发挥各个环节的监督制约作用。2007年,继续实行“一家查账,多家认账”的阳光稽查。

1994—2007年东港区税务局稽查入库情况表

表 22-28　　单位：万元

年份	地税局	国税局	备注
1994	208.9	397.26	—
1995	347.8	328.1	—
1996	118.6	140	—
1997	176	300	—
1998	527	1119.9	—
1999	152	234	—
2000	510.9	86	—
2001	393.8	40	市局管理
2002	928.8	38	—
2003	231.1	35.9	—
2004	200	148.7	—
2005	231	262	—
2006	167	380	—
2007	235	430	—

第二十三编

金　融

明清时期，境内资金融通主要由当铺、钱庄承担。清末境内共有钱庄15家，大当铺4家，小当铺几十家。民国初年，当铺、钱庄和银号控制着金融市场。“七七”事变后，钱庄、银号相继关闭。日伪军在占领区滥发各种票券，金融市场失控。1943年，北海银行在日照抗日根据地设办事处。1946年，在石臼所设办事处(后改称日照办事处)经办境内金融业务。

新中国成立后，由中国人民银行日照支行统一管理经营境内金融业务。80年代，境内有人民银行、农业银行、工商银行、建设银行、中国银行、商业银行、信用社联合社、城市信用社、保险公司及证券公司分支机构，多家金融机构并存，金融业繁荣发展。1993年建区后，市各金融机构陆续在境内开设办事机构。至2007年，先后开办货币存贷款、国际结算、邮政储蓄及各种跨行、跨地区使用的银行卡、代收、代付等40多种新业务。人民银行和银监会加强金融监管，全力支持全区经济发展。

第一章　机构

第一节　当铺

大当铺

1834年，山西人张元梓在涛雒开设“德源”当铺，1864年歇业。1889年，黄县人丁氏在日照县城开设“阜昌”当铺，后转卖给黄县人张永祚。1919年，张永祚将当铺以两万吊铜板卖给以涛雒人丁纫秋为代表的富商经营，改号“日丰公司”，设董事会、总经理等职，并在临沂设分公司。主要业务：一是典当，常年收付当款，一般数额为六七十万元，遇到灾年，数额增加。二是存钱，主要收存货栈、商行、铺号和一些家族公账等现金。三是汇兑，公司与大商号联合派人常驻青岛、上海联系业务，价款一律汇兑，同时也办理私人汇款。四是放钱、放粮，凡是借钱、借粮者都找担保人，指地立契，按月行息，到期偿还。五是换钱、出票子，即以银元换铜板，以铜板换银元，从中赚取差价。其当品，既收珠宝细软之物，也收衣服、皮货、农具等，几乎无所不当。利率为月息2.5～3分。当价一般按当物实际价值五成到七成计。当期最短1月，最长2年，到期不赎即为“当死”，公司可拍卖。1931年秋，土匪刘黑七抢劫日丰公司，致使该公司于1934年倒闭。

小当铺

民国时期，境内乡村、集市设立的小当铺，多为小业主自立门户营业，也有赶集出摊收当或为大当铺代当的。新中国成立后，典当业在境内绝迹。

改革开放后，典当业开始出现。20世纪80年代，成立了明仁和鲁银典当行，不久倒闭。2002年11月，诚信典当行成立。2005年7月，大华典当行、兴业典当行先后开业。2007年12月，天元典当行成立营业。

第二节　钱庄　银号

钱庄

多为独资开办，也有少数合资经营。主要从事钱币兑换，大钱庄还办理存钱、放钱、汇兑和发行庄票等业务。

1914年，安东卫人王渭川、王孟培在日照城合资开办“万顺和”钱庄。1924年，丁鲁泉在涛雒开办“利生”钱庄。其存钱分定期和活期两种。定期存款月息1.5～2分，放款2.5～4分。放款一般10个月为一期。贷款需立好文契，注明“到期不还，利上转利，利账搒折”。“七七事变”后，各钱庄相继关闭。

银号

1920年，境内称银号者只有涛雒“汇昌银号”一家，由丁廉泉和郑东府等人合资开办，集资约1.5万元。银号设董事会，丁伯弢任董事长，丁廉泉任经理，银号业务由郑东府具体指导。并在临沂、巨峰分设“汇通”“汇丰”银号。各银号都出票子，开展存款和放款业务。放款月息2.5～3分，存钱月息1分。1927年，因经营、管理不善，银号关闭。

第三节　银行

北海银行日照办事处

1941年7月，北海银行设立滨海区办事处，9月改为滨海分行。1946年3月4日，北海银行在石臼所设办事处。同年10月迁至县城，改称日照办事处。

1947年8月，国民党军队占领石臼所，办事处随县人民政府转移至县境西部。1948年4月，石臼所解放，办事处返回石臼所，开始兑换货币，发放贷款，进行生产自救。7月，迁址县城城隍庙(旧址在县城北端)。

中国人民银行日照市中心支行

1949年11月，北海银行日照县办事处改称中国人民银行日照县办事处。1950年3月，改称日照支行。办理公私存款、农渔贷款和工商信贷与汇兑业务。并在各乡、镇设办事处、营业所。1984年1月，改称中国工商银行日照县支行，代理人民银行业务。

图23-1　中国人民银行日照市中心支行办公大楼（摄于2007年）

1986年4月，恢复中国人民银行日照市支行。1989年12月，支行升为正处级单位。日照支行在辖区内贯彻执行信贷政策，监督管理金融市场。根据有关规定，参与辖区系统性金融风险的防范化解，维护地区金融稳定；维护辖区支付结算系统的正常运行、大额和可疑支付交易报告制度的实施和反洗钱案件的协查；承担辖区内外汇管理，经营国库、货币发行及人民币流通管理；统一研究、征信管理、安全保卫等。1998年11月后称中国人民银行日照市中心支行。2004年，先后组织开展了9届市、县级银企合作推介会。通过推介、对接，涉农涉企业项目到位资金100亿元。2007年，仅农业贷款余额就达70.6亿元。

中国农业银行日照市分行

1964年3月，设立中国农业银行日照县支行。1965年12月，合并于日照县人民银行。1980年12月，恢复中国农业银行日照县支行。1985年1月，建立中国农业银行石臼港支行，同年7月撤销，合并于中国农业银行日照市支行。该行主管全市农村金融业务，领导信用社工作。1990年1月，支行升格为正处级单位，更名中国农业银行日照市分行。1993年3月，东港区设立支行，辖22个乡镇营业所、办事处。随着事业发展和区划变更，至2007年，先后有城关、海曲中路、望海路、秦楼4个分理处升格为支行。设黄海一路、涛雒、海曲中路、奎山、两城、开发区、新市区、山海天、市场、兴海路、正阳路、海滨二路12个分理处。

图23-2　农业银行日照市分行办公楼（摄于2003年）

中国农业发展银行日照市分行

1996年11月，中国农业发展银行日照市分行在境内成立。主要业务为办理粮棉油收购、储备、调销和深加工、转化及市场体系建设领域的贷款。办理开户企业保险代理业务，为各级财政建立补贴资金、专户并输入拨付、存款和结算。2007年，该行各项存款9381万元，各项贷款75337万元。同年，该行突出抓“两基”(基础管理工作、基层行工作)工作，全面加强队伍建设，各项贷款余额、经营利润创历史新高。

中国工商银行股份有限公司日照市分行

1984年1月，由日照县人民银行转为日照县工商银行，代理人民银行业务。1985年，改称中国工商银行日照市支行。1986年，人民银行恢复后，工商银行主要办理城镇工商信贷、储蓄存款和汇兑。1989年11月，支行升格为正处级单位，称中

图 23-3　中国工商银行日照分行办公楼　　(摄于 2007 年)

国工商银行日照市分行。1993 年 2 月，设立东港区支行。辖海曲、昭阳 2 个分理处。2004 年 5 月，在境内先后设立新市区、开发区、高新区 3 个二级支行。2006 年 10 月，支行更名中国工商银行股份有限公司日照市分行。至 2007 年，该行累计发行各类银行卡 37.5 万张，贷记卡刷卡消费达 18.7 亿元。网上银行交易量 4000 亿元。

中国建设银行股份有限公司日照分行

1964 年 7 月，中国人民建设银行日照办事处设立。1965 年 2 月撤销，1974 年 9 月恢复。1976 年 8 月，改称日照县支行。负责管理全市固定资产投资和拨款监督、基建贷款等业务。

图 23-4　中国建设银行东港区支行办公楼　(摄于 2007 年)

1985 年，改称中国人民建设银行日照市支行。1990 年 3 月，支行升格为正处级单位。2004 年 9 月，更名为中国建设银行股份有限公司日照分行。1993 年 1 月，设立东港区支行。2005 年，更名中国建设银行股份有限公司日照市东港支行。至 2007 年，先后设立铁路、正阳路、海曲、王府、昭阳路、济南路、市中、北京路 8 个支行和荷泽路、望海小区、海纳商城、大学城、西海路 5 个分理处。

中国人民建设银行石臼港专业支行

1980 年 4 月设立，主要负责港口拨款监督和基建贷款。1989 年，与日照建设银行合并。

中国银行股份有限公司日照分行

图 23-5　中国银行日照分行办公楼　　(摄于 2007 年)

1984 年 4 月，设立中国银行石臼港西办事处。1985 年 11 月，改称中国银行日照支行。1988 年 3 月，改称中国银行石臼支行，办理人民币存、贷款、票据贴现、发行金融债券、发行代理兑付、销售政府债券、买卖政府债券；代理收付款项及代理保险业务。外汇存款、贷款、汇款。外币兑换、国际结算、外汇票据承兑和贴现；经中国银行业监督管理委员会批准的其他业务。4 月，成立日照办事处。1990 年 1 月，支行升格为石臼分行。1993 年 4 月，石臼分行更名为日照分行。1994 年 6 月，设立中国银行日照市东港区支行。2005 年，分行更名为中国银行股份有限公司日照分行，支行更名为中国银行股份有限公司日照东港支行。至 2007 年，中国银行股份有限公司日照分行先后在境内成立石臼、新市区、开发区、高科园、海曲中路、北京路 6 个支行和威海路、泰安路 2 个办事处。

日照市商业银行

2000 年 12 月 25 日，日照市商业银行成立。营业部设在烟台路。该行经人民银行批准，由地方财政、企业法人入股和原城市信用社股东转股基础上组建。党务政务隶属日照市委、市政府。业

图 23-6　日照市商业银行办公楼　　(摄于 2006 年)

务受人民银行日照市中心支行和日照银监分局领导和监督。下辖东港、港城、昭阳、兴海、日照路、荟阳路、海曲中路、太阳城、高科园、银海、港口、石臼、新市区、海滨二路、开发区、黄海一路、北京路、大学城等18个支行。至2007年，有职工539人，存款106.82亿元，贷款99.92亿元。

图23-7　东港区农村信用社　(摄于2007年)

中国银行业监督管理委员会日照监管分局

2003年12月，中国银行业监督管理委员会日照分局成立。依据山东银监局授权，准确把握宏观调控政策，促进银行业又好又快发展，强化法人治理和资本监管，推动地方银行机构发展健康有序。认真落实监管运行新机制，提高监管服务水平。2007年，银行业改革取得重大进展，内部控制水平不断提高，金融服务水平进一步提升，实现了全市银行业存贷款业务稳定增长。年末，各项存款余额450亿元，各项贷款余额420亿元。

附：境内人士在外地开办的银行

1918—1926年，时任山东省财政厅厅长的日照城关人安善圃与高兴镇夏陆沟人马官和合资创办了山东工商银行。在济南设总行和3个办事处，在青岛、上海、天津等地设分行和支行。山东工商银行资本约200万元。

第四节　信用社

1933年，日照县国民政府曾在秦家楼办过信用社，社员147人，股金1200元。

1950年，县政府支持人民银行协助城关利民合作社，试办利民信用部。经理、会计由合作社人员兼任，资金由人民银行拨出。根据“存者有利、保证信用”原则，办理现金、粮食存贷业务，次年停办。1951年10月，日照县人民银行，试办岚山信用社。1953年2月，试办西沈马庄信用社。

1954年春，随着农业合作化发展，县政府号召各区、镇试办信用社。至年底，全县共建立信用社118处，入股社员4.24万人(股)，每股5元。1955年年底，全县202个小乡全部建立信用社。1959年，在存放业务大的村庄建起信用站，代办存、贷款业务。1985年，全县有522个信用站，代办存款数占农储总数的40%。

1972年，信用社进行体制改革，由102处合并为21处。1984年，入股社员占全县农户81.5%。1987年，有信用社22处，职工421人，股金47万元，公积金265万元，固定资产590万元，年盈余212万元。同时，对农村代办员试行劳动保险和提留退休金等制度。

1994年4月，东港区农村信用合作社联合社成立，辖22处法人社。2004年8月，山东农村信用社联合社日照办事处成立。领导全市区、县信用社工作，行使行业管理职能。至2007年，东港区农村信用合作社联社下辖两城、河山、秦楼、城关、海曲中路、奎山、涛雒、西湖、南湖、陈疃、三庄、海滨二路、开发区13个信用社和山海天、张家台、西郊、市北、荟阳、高家村、金家沟7个分社。

附：城市信用社

1988年，日照县城和石臼所分别建立城市信用社。由市经济委员会管理。有职工21人，股民934户，股金153万元。

2000年8月，经上级批准转入商业银行，人事及债、权、利等，由商业银行负责。

第二章　货币

第一节　金属币

古代金属币

有制钱、铜元、银两和银元4种。制钱,有青、黄铜之分,圆形方孔,俗称小钱。明代制钱有一文“崇祯通宝”“大明通宝”等5种。清代制钱有“咸丰重宝”和铸有清朝各年号“通宝”12种。每枚制钱称“一钱”,又称“一文”,一千文为一吊。制钱一直沿用到民国初期。

图23-8　汉三清朝铜币　(摄于2007年)

铜元

俗称铜板。流通有“光绪元宝”“大清铜币”“孙中山开国纪念币”和一些省制铜元,还流通一些省制半分、一分铜币,五分、十分、二十分镍币。铜元一直使用到1937年抗日战争爆发。

银两

即称量货币。流通有元宝、中锭,还有“碎银”作为辅币。1933年,“废两改元”,停止流通。

银元

银元俗称洋钱。外国银元在中国流通,严重损害中国利益。清朝道光年间,林则徐主张铸银元,由吉林、广东首先试制,但形式、重量成色不一。

北洋军阀政府铸重七钱二分,银九钢一银元,形式、成色、重量划一,通行全国。流通有“大清银币”“袁世凯头像币”“孙中山开国纪念币”。1935年,南京国民政府禁止银元流通,改为纸币。

清末民初境内流通的金属币值情况表

表23-1

名称	别名	基础单位		货币单位	式样重量	币值进位
		单位	币值			
制钱	铜钱	枚	一文	佰、吊	圆型、薄板,中间方空,每枚重5钱	每枚值一文,百文为“佰”,千文为“吊”
	小钱					
铜元	大铜板	枚	二十文	吊、串、贯,三者币值相同	圆型,薄板,每枚当十文的重库平二钱	大铜板每枚值二十文,小铜板每枚值十文;大铜板五十枚为一吊,但市场习惯二十五枚为一吊
	小铜板		十文			
银两	元宝	支	五十两	两	元宝,马蹄型,重五十两;元锞子,馒头型,重一～五两;碎银一两以下	1933年“废两改元”,后禁止银两流通,以银元为本位币
	元锞子		一～五两			
	碎银	一两以下	按两计算			
银元	洋钱	枚	一元	元	圆型,薄板,每枚重库平七钱二分	铜元与银元比值随市场浮动,起初铜元两吊八顶银元一枚,后到十吊顶一枚
	大洋					

第二节 纸币

交子

宋、金时曾发行交子、会子和交钞，又称钞引，用纸张印刷。面额大的称大钞，小的称小钞，与金银币同时使用。元、明、清三朝还发行宝钞，也是纸币，境内俗称纸币为钞票。

图 23-9 清末纸币 (摄于 2007 年)

法币

1935 年，南京国民政府实行币制改革，宣布白银国有，禁止银元、铜元流通。以中央、中国、交通三银行发行纸币为法定货币，简称“法币”。在日照流通面额主要有：1912 — 1942 年，交通银行发行的壹圆、伍圆、贰拾伍圆、壹百圆券。1918 — 1942 年，中国银行发行的壹圆、伍圆、拾圆、伍佰圆、壹仟圆券和壹分、伍分、壹角券等辅币。1935 — 1941 年，中国农民银行发行壹角、壹圆、伍佰圆等券。还有 1935 年，中国实业银行发行的壹圆券。

图 23-10 法币 (摄于 2007 年)

地方券

1918 — 1936 年，山东省银行发行壹圆、拾圆券。山东省民生银行发行贰角、伍角券。1916 — 1936 年，山东平市官钱局、青岛市农工银行、徐州平市官钱局发行伍拾枚铜元券、壹佰枚票券和角票。其间，县政府和国民党驻军，制作货币代用券也在市面流通。1937 — 1941 年，国民党赣榆县和日照县发行“赣榆县田赋流通券”壹圆券、“日照县田赋流通券”壹圆和伍圆券。1940 年，国民党五十七军驻日照部队和驻五莲山区张步云部队发行“陆军第一百一十一师粮秣流通券”“陆军保安第二师粮秣流通券”壹圆券。

1937 — 1945 年，日本侵略军侵占日照，日伪“中国联合准备银行”发行票面拾圆、壹佰圆、伍佰圆伪币，在沦陷区日照城、涛雒、石臼所等地流通。

土杂票

民国初期，因时局不稳，货币泛滥，境内民间商号相继印制土杂票。1937 年前，有民间商(铺)号 518 家，出票子 441 家。土票开始用毛笔书写，面额有贰佰、肆佰、陆佰、壹吊、贰吊、伍吊、拾吊，通称“佰票”“吊票”。1935 年，“币制改革”，土票发展到铅印，面额有壹角、贰角、壹圆、贰圆，通称“角票”“圆票”。土杂票泛滥，老百姓深受其害。

北海币

1940 年，八路军山东纵队二旅进驻境内，北海币随之流入。1941 年 1 月，北海币在日照抗日根据地普遍使用。面额有壹角、伍角、壹圆、伍圆、拾圆券。后有佰圆、千圆券。1945 年 9 月，日照县城解放，北海币在全县通用。

1948 年 9 月，各解放区先后流入日照的货币，按一定比值与北海币通用。北海币与冀南币比价为 1 比 1，与华中币为 1 比 1，与东北币固定比价为 1 比 10，与晋察冀边币为 1 比 10，与西北农民币为 1 比 20。1949 年 11 月 20 日，北海币全部收回。

图 23-11 北海币 (摄于 2007 年)

人民币

1948 年 12 月 1 日，中国人民银行第一套人民币发行。

北海银行日照县办事处，受中国人民银行委托，在日照先后发行面额壹圆、伍圆、拾圆、贰拾圆、伍拾圆、壹佰圆、贰佰圆、伍佰圆、壹千圆、伍千圆、壹万圆、伍万圆券等 12 种。人民币与北海币按 1 比 100 固定比值流通，北海币只收不放。

图 23-12 第一套人民币 (摄于 2007 年)

1955 年 3 月 1 日，中国人民银行日照支行代国家发行第二套人民币，收回通行第一套人民币。新币面额：主币有壹圆、贰圆、叁圆、伍圆、拾圆 5 种，辅币有壹分、贰分、伍分、壹角、贰角、伍角 6 种。所有旧币按法定比值全部收回。同年 4 月 1 日，第一套人民币停止流通。

1962 年 4 月 15 日，中国人民银行开始发行

图 23-13 第二套人民币 (摄于 2007 年)

第三套人民币。面额有壹圆、贰圆、伍圆、拾圆、壹角、贰角、伍角等。1964 年 4 月 15 日，苏联代印叁圆、伍圆、拾圆 3 种人民币停止流通。截至 5 月 14 日，全县共收兑 123.96 万元，经复点核实，全部上解销毁。1984 年，县人民银行陆续发行人民币面额贰角、壹圆、拾圆票券，壹分、贰分、伍分镍质硬币。1987 年 4 月，中国人民银行发行第四套人

图 23-14 第三至第五套人民币选录 (摄于 2007 年)

民币。市人民银行代国家先后发行面额伍拾圆人民币和面额壹佰圆人民币。1999 年 10 月 1 日，国家发行第五套人民币。有壹佰圆、伍拾圆、贰拾圆、拾圆、伍圆、壹圆和金属币(1 元、5 角、1 角)。与第三套、第四套人民币在市场等值，共同流通。2000 年 7 月 1 日，停止第三套人民币在市场上流通。

第三节 特种货币

流通纪念币

1979 年以来，中国人民银行日照支行在境内发行金属流通纪念币 41 套。有中华人民共和国成立三十五周年、四十周年、五十周年纪念币，有联合国成立和抗日战争胜利五十周年纪念币，有

香港、澳门回归纪念币，有毛泽东、周恩来、刘少奇、宋庆龄诞辰100周年和朱德诞辰110周年纪念币，有国家运动会、亚运会、乒乓球锦标赛纪念币，有大熊猫、金丝猴、华南虎、丹顶鹤、中华鲟纪念币，有发现敦煌藏经洞100周年纪念币，有兵马俑、长城、故宫、孔庙纪念币。1979年，国务院正式授权中国人民银行发行金银纪念币。这是中国现代金银币发行的起点。金银币不直接参与货币流通，但属国家特种法定货币，具有观赏、收藏价值。至2007年，已发行10大系列、130多个项目、1300多个品种。题材涉及中国上下五千年历史。主要有重大纪念性题材系列、杰出人物系列、珍稀动物系列、12生肖系列、古典文学名著系列、中国传统文化及佛教艺术系列等。中国现代金银纪念币，设计雕刻精美，有明确规格、成色和质量标准，并严格限定发行量。

银行卡

1989年，市工商银行推出牡丹卡。1990年，农业银行发行金穗信用卡，建设银行发行龙卡。至2007年，各银行涉及储蓄卡、信用卡、公交卡、医保卡、加油卡等。市、区居民每4人就有1人持卡。为方便顾客，各行均设自助银行取款机。

图23-15　东港区农村信用社自助银行服务　　(摄于2006年)

第三章　货币管理

第一节　保护本币

1937年，日本侵略军在上海、天津等沦陷区抢劫的法币，向根据地大量倾销。内战期间，国民政府滥发纸币，造成物价暴涨。境内法币按一百元为单位计算，1937年，可买两头牛。1939年，可买一头猪。1941年，可买一袋面粉。1943年，可买一只鸡。1945年，可买两个鸡蛋。1947年，仅买一盒火柴。对此，根据地对外采取“以货易货”“禁用伪币、限制法币”的贸易政策。物价逐步转向平稳，迫使伪、法币贬值，提高了北海币信誉。

1943年，日伪军在青岛、潍县伪造北海币红版拾圆券，向境内倾销。根据地民主政府在集市、边境设立识别所，禁止假币入境，维护了北海币信誉。1952—1957年，日照境内先后发现伪造人民币，在有关部门配合下很快破案。

1971—1977年，发现“揭页币”33起，“拼凑币”6起。第四套50元、100元人民币发行后，大额人民币成为不法分子伪造、变造的主要对象。为了打击此类不法分子，1996年，日照市成立由各金融机构、工商、海关以及公检法等18个单位参与的反假货币联合组织。在城镇、乡村集市，大力开展反假钞宣传，加强对银行临柜人员反假培训，加大技防投入，各营业网点普遍配置反假鉴

图23-16　公安、检察、法院等部门联合开展反假币宣传活动　　(摄于2007年2月)

别仪，杜绝假币流通。

1990年，人民银行积极协同公安机关开展打击制贩假币犯罪活动，共破获各类假人民币案件20余起，收缴假人民币100余万元。1992年，在巨峰集市抓获2名贩卖假币不法分子，当场缴获假币2010元，从其家中搜出假币1.30万元。1994年7月，境内破获一起1.42万元假币案，抓获犯罪分子9人。至2007年，仍有不法分子利用假币行骗。

第二节　金银与现金管理

1941年，境内抗日根据地以北海币为本位币。生金、白银、元宝、银元不准在市场当货币流通，严禁一切金银带出解放区。新中国成立后，国家授权县人民银行对境内金银集中经营，统一管理。1946—1950年，北海银行石臼所办事处和县人民银行，先后办理收兑金银、银元业务。1955年，区、镇、乡银行营业所也收兑银元。对生产单位所需金银，经批准后统一配售。

1951年1月，县人民银行对企业实行现金管理。向县城、石臼所、涛雒等36个单位发“库存现额证”。1952年，有60个重点单位执行“季度货币收支计划”。1958年失控，1960年恢复。1977年11月，开始执行国务院决定，单位现金库存超过现额要如数送存银行。到外地采购，不准携带现金，必须通过汇兑结算。单位库存零用钱不得超过30元。

1956年6月，农村实行现金管理。生产队出售农产品要转账结算，1962年9月停办。1978年3月，在石臼公社企业、生产大队、生产队进行现金管理试点，同年秋推广全县。1982年，农村实行联产承包责任制，转账或支取现金由农民自便。为使现金管理坚持正常，每年进行现金管理检查。改革开放初期，企业坐支和外出采购人员较为普遍，现金管理一度流入形式。1988—2007年，落实国务院再次发布《现金管理条例》和中国人民银行制定实施细则，明确规定不准坐支现金，各开户单位要核定库存限额，不准将公款以个人名义存入储蓄所。对违反条例的行为明确了处罚标准，现金管理工作逐步纳入正规。

第三节　金库管理

财政金库

1945年，县抗日民主政府金库设在财粮科。1946年11月，移交北海银行日照办事处。1950年5月，县设中央金库日照支金库，由县人民银行代理。1951年3月，石臼所、涛雒、安东卫3处营业所为日照支金库征收处。1952年，县人民银行所属各区、镇营业所均为支金库征收处。1993—2007年，银行金库仍由中国人民银行日照分行(中心支行)管理。

1945年，县抗日民主政府规定，一切财政收入缴金库，没有上级金库命令，任何人不得支领、借用。1948年，实行财政统一收支，及时入库，县每5日一次转总金库。1952年，坚持日结日报，库款及时上解。20世纪60年代至2007年，县、市、区财政严格执行国家金库管理制度，确保金库安全。

发行基金库

1949年2月，北海银行日照办事处设立发行基金库，配备中国人民经济警察保卫、解运。1958—1962年，先后在沈疃、西湖、涛雒营业所设立发库保管点。发库制度规定，没有上级库的出库现额和调拨命令，任何地区、单位和个人无权动支发行基金，业务库超过限额及时缴回发库。此规定1974年10月撤销。

第四节　账户管理

新中国成立初期，执行“账户开销登记簿”规定。开、销账户，需经主管部门证明，银行同意。1958年取消，1961年恢复，“文化大革命”期间废止。1977年，执行总行关于单位只准在当地一个银行开户的规定，分别确定，设基本账户、专用账户和辅助账户。1979年，为适应“对外开放、对内搞活”政策，准予经营规模小的单位开户，并准予单位自选银行开户。1988年，全市各专业银行开户单位有5363个，设账户1.05万个。农村信用社开户单位1.41万个，共设账户3.41万个。2003—2007年，随着区划的变动和事业的发展，单位和账户都在不断变动和调整。

第四章　存贷款　拨款

第一节　储蓄　存款

储蓄

1911年，涛雒“汇昌”银号、“日丰公司”曾办理储蓄，分定期(有息)、活期(无息)两种。

1946年，北海银行石臼所办事处开始办理储蓄。1948年，北海银行日照办事处适应物价变化，曾开办以小米、小麦、白布3种定量“折实定期存款”。新中国成立后，县人民银行始设储蓄机构。实行“存款自愿、取款自由”的政策。1950年，县人民银行为控制通货膨胀、保障储户利益，开办以小麦、小米、玉米、高粱、大豆5种定量“折实定期储蓄”。即存入时按当日牌价折实，支取时如折实牌价上升，按折实支付。若折实牌价下落，则按原存金额支付，确保储户利益。1952年，物价趋于稳定，银行始办货币储蓄。主要有定期、活期、定额、有奖等形式储蓄。1956年11月，设支行储蓄所，后撤销。

1958年，银行、信用社曾把生产队年终决算应发给社员的现金转为社员储蓄，虚增储蓄余额。1968年，由于“文化大革命”冲击，经济发展缓慢，群众储蓄明显下降。

图23-17　银行支付系统宣传进大集　　(摄于2007年2月)

“文化大革命”结束后，金融部门开展“储户至上、服务第一”文明礼貌活动，储蓄余额逐年上升。1987—1988年，金融机构内部开展竞争，各银行开始增设储蓄所、代办所、办事处。储蓄网点设的过多，相互拉客户，存款不断转移，造成人、财、物浪费，扰乱了金融市场秩序。1989年，进行整顿，储蓄活动的秩序趋于正常。1996年，各行陆续开通同城、全省、全国储蓄通存通兑，储蓄业务大增。2007年，又开办牡丹灵通卡异地通存通兑业务，进一步推动了储蓄业的发展。

存款

1946年，北海银行石臼所办事处开办“活期透支存款”。主要对象是公、私商号。1948年，办理驻城机关、团体、公私企业单位存款。1951年，县人民银行执行国家现金管理规定，对一切企业、事业、机关、团体、部队、学校、集体经济单位，除按规定库存日常需用少量现金外，其余款项必须送存银行。存款种类，分为财政性存款、机关团体存款、企业存款、农村集体存款等。

1998年，金融部门以防范化解金融风险为重点，深化金融改革，融资总量不断扩大，年末各项存款达101亿元。2005年，各项存款余额349.4亿元。至2007年，金融事业继续保持健康、平稳发展势头。年末银行存款余额450亿元。

第二节　贷款

自由借贷

民间向他人求借现金或实物，分无息、有息两种。邻里、亲朋之间互借，多无息。有息者，一般月息1.5～2分。期限从几个月到一年，多为春借秋还，或农历传统节日前归还，称“年齐”或“月齐”。

高利贷

旧社会，高利贷经营者多为当铺、钱庄、银号老板，也有少数地主、富商。境内高利贷主要有：①“驴打滚”。借钱到期不还，利息加倍，利再长利。期限一般一年，月息5分。②“渔付钱”。把借钱额按低于市价折成鱼斤数，价格随市场浮动，听涨不听跌。期限1个月左右，月息高达60分。③“行杠钱”。一般借钱额只占全船总资本半数左右，期限二、三个月。按春季汛期全船总收入的50%抽利，月息30分以上。④“太平份子”。放钱额一般占全船总资本四分之一左右，期限二、三个月。按船老大标准分红，月息30分。⑤“渔滚利”。借钱还鱼，低价算鱼，高价出售。期限一般两个月，月息高达60分。⑥“七当十”“八当十”。借7元还10元，或借8元还10元，期限一般4个月，月息6～11分。⑦“转风钱’。一般为短期借贷，每天转几次风，长几次利。

农副业贷款

1943年，北海银行日照办事处在民主政府领导下，曾在境内抗日根据地发放农贷，支持抗属、烈属和贫苦农民发展生产。1945年2月，日照发放农渔贷款扶持农业生产。1948—1950年，为保障贷户利益不因物价波动受影响，银行实行实物贷款。3年共放出小麦、高粱、黄豆、谷子、花生米、地瓜干等2671吨。

1950—1957年，贷款支持农业社购买农具、种子、肥料和发展养猪。对遭受自然灾害的农村，随时贷款扶持。1956年，为支持农业合作社发展，发放贫农合作基金贷款，扶持社员缴纳入社股份基金。1962年，发放长期无息生产设备贷款，支持困难较大的生产队兴修水利，添置耕畜。1966年，发放极贫户贷款，期限3～5年，帮助搞副业生产，救济因遭遇天灾人祸生活困难的群众等。1984年，对农民贷款用途放宽，支持以种养为主的专业户、重点户。贷款时，实行“贷户申请、集体审议、一次核定、分期发放”管理办法。1998年，为支持农业产业化、“两高一优”(高产量、高效益、品质优)农业和特一级信用企业的发展，累计发放贷款16.20亿元。2007年，农副业贷款达58亿元。

渔、盐贷款

抗日战争和解放战争时期，由北海银行发放贷款，支持贫困盐民修建滩池、添置工具和购买口粮。1955年，发放贷款支持盐民走合作化道路。当年，涛雒盐区贷款5万元，解决生产建设中遇到的困难。1958年，盐业贷款转工商贷款指标管理。分生产设备贷款、生产费用贷款和专项贷款。通过贷款，引导渔民走合作化道路，支持渔业生产向机械化发展。专项贷款，有贫困渔民合作基金贷款和长期无息贷款。用于缴纳入社基金和购买渔船设备等。渔业生产遇到特殊灾害，随时贷款扶持。1978年后，按照“区别对待，择优扶持”原则，优先支持经营好的渔业承包户和专业户。支持渔民改革捕捞工具，向远洋作业、机械化作业迈进。1993年，东港区成立后，贷款重点向鱼、虾、蟹育苗和浅海养殖，科技含量高，有出口潜力的企业倾斜。1989年，以推进小企业贷款业务发展为主线，推动市场导向的风险创新，渔、盐企业发展取得明显成效。2000年9月，为进行盐业技术改造，贷款188万元，建设新型玻璃钢瓦顶棚成品库1座。

图23-18　为渔、盐农户办理联保贷款　　(摄于2007年)

2007年，贷款360万元，建成日照食盐分装项目库1座。该企业所产食盐全部为自动包装加工，化验室具备分析碘含量能力，企业的自动化、现代化水平明显提高。

工业企业贷款

主要有国营工业贷款、集体工业贷款、手工业合作社贷款等。1946年，北海银行对芦山烟社、

图23-19　惠农卡发放到渔家　　(摄于2007年)

民生纺织社、船业工会、裕泰酱园等公、私企业，发放贷款支持。对石臼所、县城和涛雒镇等地的土纺、土织、弹花、榨油、打绳、运输、铁匠、木匠等手工业者，发放贷款进行生产自救。1950年，县人民银行贷款发展手工业生产，繁荣农村经济。1952年，发放国营工业贷款支持恢复国民经济。1954年，贷款支持手工业者走合作化道路。1958年，对公社小型农具厂及食品加工厂，银行给予贷款支援。

1959年，对公社实行“存贷相抵，差额包干”办法。1962年，贯彻“有宽有严，紧中有活，区别对待”原则，严格控制贷款规模。“文化大革命”初期，强调信贷要为政治服务，由于注重政治，忽视生产，工业信贷发展受限。1970年，银行分别给予周转贷款和设备贷款两种，用于购置原材料和新建、扩建所需机械设备。1979年，贷款支持新建、扩建、出口创汇产品企业。

改革开放初期，银行虽然按照“择优扶持”原则，对经济效益高的单位优先支持，但由于放款量过大，出现贷款难以收回局面，后改为控制发放。1983年，试行浮动利率，超占用贷款按20%加息，信贷资金使用状况好转。1989年，银行先后实行“限长促短，扶优限劣”“保优不包优、限劣不卡劣”方针。1993年，东港区利用贷款，扶持一批企业。1995年，贯彻“集中资金，保证重点”原则，将贷款转向重点优质客户、个体工商户和民营企业。2007年，贷款65.87亿元，重点支持临港较大工业项目发展。

基本建设贷款

1975年，日照县建设银行向技术革新、小型基本建设、建筑企业和特种专项贷款设立15个项目。其中，水泥企业产量翻番，效益大增。1990年，按国家制定的产业政策，优先支持国家重点项目。支持日照港建设和洁晶集团、同泰集团技术改造，推进“工业强市”战略实施。1993年，建设银行扶持日东、同三高速公路建设、铁路改造、港口扩建、交通重点项目、房地产开发等大中项目，成为拉动国民经济快速增长主要因素。2007年，发放贷款56亿元，重点支持港口工业、临港工业、重点骨干企业、民营企业的基本建设与发展。同时，加大对农业产业化龙头企业的支持力度，推动了地方经济的健康发展。

商业贷款

1946年，北海银行对县总商店和“宏大”“永利”“春和”等公私商行、货栈贷款，支持农产品出口，换回解放区军需民用布匹、医药和工业品。1951年，贯彻“广泛开展，深入联系，大出大进，公私两利”原则。采取降低利率、缩小利差、简化手续、加强服务措施。向国贸单位发放贷款，调运国计民生所需物资，以平抑市场物价。1952年，县人民银行贯彻“城乡互助，内外交流”政策，重点支持国营商业和供销合作社扩大商品流通，稳定市场物价。1953年，对私营商业实行“利用、限制、改造”政策，压缩对私商贷款。1956年，支持国营、合作商业扩大经营，满足人们对市场需求。

1958年，贷款一度失控。“文化大革命”期间，银行正常秩序受冲击，使贷款计划不能正确执行。1968年，贷款余额高达2677万元。比1966年增加63.7%。

1979年，银行对经营好、效益高的单位实行优先扶植。1985年，设立中国银行日照支行。承办外贸货款，支持外销煤炭和“小五金”及临港产业产品出口。木材、铁矿石、石油等大量进口，使进出口贸易迅速发展。2005年，商业性贷款达2.12亿元。2007年，各行对下岗职工自谋职业及买车、买房等个人消费进行贷款。

豁免

根据国务院和总行指示，农业贷款有3次减免，1次豁免。1954年2月，减免1953年年底到期、因灾无力归还贷款2205户，14454万元(旧人民币)。1956年11月，减免由国家统一组织到东北移民无力归还贷款1.02万元。1962年4月，减免1955年和1956年放出，1961年年底未收回贫农合作基金贷款3.70万户，59.5万元。1964年6月，对1961年前未收回农、渔贷款563万元，全部豁免。

1993—2007年中国农业银行等五银行日照分行在境内存贷款余额情况表

表 23-2

单位：万元

单位 数额 年份	农业银行		农业发展银行		工商银行		建设银行		中国银行	
	存款	贷款	存款	贷款	存款	贷款	存款	贷款	存款	贷款
1993	38928	45123	—	—	30991	52494	31602	22645	21485	25599
1994	48973	25746	—	—	37223	58066	43550	27058	31703	32026
1995	56401	30024	—	—	41834	66719	58336	47907	38306	45147
1996	58260	35264	237	35392	59118	78755	114207	83047	42176	54920
1997	67908	47075	1206	47895	73654	84975	107829	84110	51110	69109
1998	82080	54875	598	42500	90953	101514	124969	90392	62789	74537
1999	89026	66941	267	36907	115590	114876	131951	93448	83689	83344
2000	83671	57045	437	35756	136246	100462	153044	97410	104014	79165
2001	98843	68284	495	34901	147697	114272	164709	163719	117771	225379
2002	127496	97873	603	39860	156386	169134	205936	197757	143778	274964
2003	170470	126639	927	42373	198432	200107	226720	270597	178927	329865
2004	208442	182287	2325	46851	228986	396241	245535	274415	214562	427975
2005	247426	241255	6077	58084	234719	595668	281414	352210	283992	446179
2006	275625	363836	9485	73077	284290	781411	322895	427098	358938	627892
2007	337477	442100	9381	75337	334192	888969	390558	534842	614973	629980

2001—2007年日照市商业银行在境内存贷款余额情况表

表 23-3

单位：万元

年份	本外币存款	本外币贷款	年份	本外币存款	本外币贷款
2001	151798	90226	2005	670369	593431
2002	196968	145922	2006	825577	847305
2003	291993	283652	2007	1068170	999176
2004	424706	422232			

1996—2007年东港农村信用社联社存贷款余额情况表

表 23-4

单位：万元

年份	存款	贷款	年份	存款	贷款
1996	80538	58091	2002	166775	130333
1997	95173	68117	2003	194374	148742
1998	107258	81527	2004	240016	168665
1999	120090	89489	2005	260359	207225
2000	129144	104599	2006	336702	269123
2001	146754	118243	2007	403681	320701

第三节　基金　股金

农村合作基金会

为了抑制民间高利贷款，按照农业部和中国人民银行《关于加强农村合作基金会管理的通知》要求，1988年，日照市农村合作基金会在后村乡试点创办。1991年，在全市推广。结合农村社教，开展以清理农村财务为重点的“村财乡管”活动。1992年3月，全市21个乡镇全部建立农村合作基金会。1993年，乡镇区划变动，合并为18个。1994年11月，东港区成立农村合作基金会联合会。

基金会资金主要包括四个方面：一是会员股金，二是代管资金，三是自身积累资金，四是有关部门扶持资金。凡是乡村集体经济组织暂时闲置资金，包括集体历年各项积累资金，都可以入股或代管的形式，纳入农村合作基金会资金渠道。股金和代管资金，必须通过《股金证》《代管资金证》进行确认。坚持资金所有权不变，严防“一平二调”。1999年6月，全区19处农村合作基金会(含区联合会)融资总额2.3亿元。

资金投放对象，主要是本会会员。在投放资金时，对项目进行可行性论证，对农户生产经营活动进行指导，减少分散经营中的盲目性。1988—1999年，全区农村合作基金会为农业生产投放资金累计10.6亿元。为乡村企业和农民发展二、三产业累计投放资金8.4亿元，起到了弥补农村信贷资金不足、帮贫扶困、抑制民间高利借贷的作用。

1999年，按照国务院办公厅《整顿农村合作基金会工作小组清理整顿农村合作基金会工作方案的通知》精神，6月13日，东港区召开全区清理整顿农村合作基金会会议，6月14日，向全区基金会员发布《公告》。对全区19处农村合作基金会进行清盘关闭。同时，成立东港区清理整顿农村合作基金会领导小组，各乡镇成立清理整顿工作组。清理整顿工作主要内容：“清产核资、分类处置、清收借款、分期还本付息。”部分农村合作基金会因不能按期回收借款而影响退还会员股金的，区、乡镇(街道)政府向入会者承诺，由中央财政专项贷款，以五年期限，分年度保证退还个人本金和国家规定利息。国务院下拨东港区专项贷款5600万元，由区和各镇、街道财政负责分年度偿还。1999年1月2日，兑付工作开始。全区首期兑付股民4万户。其中，一次性兑付本息2万户(1000元以下)，一次性兑付本金1.24万户，占兑付总户数81.2%。全区首期兑付股金5370.31万元，占首兑计划65.3%。2003年，全区农村合作基金会会员基金全部兑付完毕。

供销合作社社员股金

供销合作社社员股金是供销社成立之时的原始资本。供销社在财务管理上一直把社员股金作为自有资金管理。

供销社历史上曾多次增、扩股金。1962年，供销社恢复集体所有制性质，开展全国性扩股工作。1978年改革开放后，私营企业和个体工商户迅速发展，供销社在农村一统天下的局面被打破。供销合作社由于体制僵化，历史包袱沉重，在竞争中处于劣势。金融部门也逐渐压缩贷款规模，供销社流动资金越来越少，连简单的再生产都难以维持。1983年，为把供销合作社办成农村综合服务中心，社内实行体制改革，再一次展开扩股、集资活动。1993年年初，东港区18处基层社共有社员股金243万元。

1995年年初，供销社大力发展社员股金，各基层社纷纷成立股金办事机构。仅1995年4月份一个月就吸纳股金202万元。1995年年底，股金余额达5000万元，1997年达1.5亿元。

区供销社于1995年成立股金调配中心，先后从河山、秦楼、涛雒、高兴、西湖、石臼等社调剂资金1800万元，分别借给资金严重短缺的区农资公司、区土产杂品公司、区储运贸易公司、竖旗供销社、下湖供销社、奎山供销社等。1996—1997年，区果品公司、黄墩社、河山社、后村社、西湖社、三庄社、涛雒社用社员股金共兴建蔬菜冷风库7座，秦楼供销社兴建低温库1座，巨峰社改造兴建饭店宾馆楼1座，竖旗供销社兴建储运贸易货场2处，西湖社新建酒楼1处，后村供销社扩建化肥厂1处，三庄供销社新建果品包装厂1处，河山供销社新建橡胶厂1处。其余各社也不同规模地兴办一些营业设施。1995—1998年，以社员股金进行固定资产投资高达3994万元。1992—1997年，受国家紧缩银根影响，金融部门的贷款利率高，供销合作社吸收的社员股金成本控制在低于农村信用社的贷款利率，各社资金利息平均年息在13%～15%之间。1995—1998年4年间，全系统共付给入股社员红息4600万元。河山、石臼、涛雒、巨峰4社还将富余资金拆借给外系统480万元。部分社用社员股金归还银行借款1100万元。

1997年下半年，区供销社召开专题会议。按省社召开的全省基层社改革会议精神，分析股金发展和管理使用中存在的问题和潜在的风险，认识到当前的主要问题：一是身份股和投资股不分。二是“保息分红”在执行中不是保息后再根据年终盈利情况分红，而是搞“红息率”。三是在股金投向上违规收不回来。为防止引发股金挤兑，确定首先规范操作程序，并在信誉较好的基层社试点，取得成功后再全面铺开，制定紧急处置办法，要求各社保持一定规模的速动资产，压缩商品库存，业务开展服从于应付挤兑。专题会议后，各社逐步下调分红利率，股金发展速度回落，全面停止固定资产投资，大力清收外借资金，但股金规范工作始终没有展开。

1998年5月初，受市供销社及所属企业股金挤兑影响，竖旗供销社发生股金挤兑，并很快波及到黄墩、河山、涛雒、陈疃等社。1998年年底，全区爆发大规模挤兑风波，数万股民到区供销社要求退股。各经营部门流动资金被抽净，用于兑股，但现金缺口仍很大。区社调剂到区直企业和贫困社的资金，无法抽回用于兑股。至1999年4月，近一年时间，全区兑付社员股金不到2000万元。剩余1.3亿元社员股金无兑付资金来源。

针对社员股金挤兑形势，1999年5月，区委、区政府果断决定成立由纪检、公检法、工商、建委、土地、审计、财政、税务等13个部门组成的粮食、供销改革领导小组，抽调专人成立办公室，研究改革措施，化解股金风险。各镇、街道相继成立改革领导小组，全面主持供销社改革。首先由镇、街道政府、基层供销社和区供销社三方面所有股民作出兑付股金的书面承诺，分三年将股金兑付完毕。同时，印发以深化供销社改革、化解股金风险为主要内容的东发〔1999〕15号文件，对供销合作社进行以产权置换为内容的改革。对基层社的固定资产采取“宜卖则卖，宜租则租，以卖为主”的做法，出售门店392处，变现资金5400万元，全部纳入各镇、街道财政专户，用于股金兑付。同时在区公检法部门大力支持配合下，清理清收各项欠款，所清资金全部用于兑付股金。为加快股金兑付进度，东港区利用中央下拨的专项贷款2670万元，连同各企业的变现清欠资金，用于兑付社员股金，至2001年年末，共兑付社员股金7127万元，尚有6050万元未兑付，剩余资产评估值约为4000万元。从2002年起，区供销社兑付机关内部及区直公司的社员股金。城区社和石臼社股金皆由自己化解。各基层社未兑付的社员股金和未处置资产移交给当地镇、街道政府，未兑付的社员股金从继续变现资金或租金中兑付，无资产兑付的由当地政府财政资金逐年解决。

截至2007年年底，区供销社未兑付的股金余额3537.62万元，其中：基层社2203.38万元，区总社及区直企业(包括城区、石臼两社)1334.24万元。

第四节　拨款

拨款业务

国家、地方财政对基本建设和农、林、水、畜牧系统投资，以及对人民公社各项资金支援，都由县级财政会同有关部门研究分配。银行办理、监督使用。1964年10月，始办全县农业拨款、基建拨款。1979年，规定基本建设资金由建设银行统一管理。

日照港是国家“六五”期间重点建设项目，总投资7.0619亿元。岚山港是省“六五”计划重点建设项目，累计拨款3673.8万元。其中，“拨改贷”250万元。兖(兖州)石(石臼所)铁路是石臼港配套工程，日照段总投资1.25亿元，都由市建设银行与石臼建设银行按照计划拨付。

拨款监督

财政在分配和使用资金过程中，会同银行通过检查和审核等形式，对拨出资金进行监督。监督措施：一是深入现场监督。1966年，国家拨付支农资金21万元，用于建设城东岭电灌站、开挖马陵水库渠道和6处引河工程。县农业银行、信用社派员深入工地参与勘察，逐项监督，为国家节约投资4.2万元。二是坚持柜面监督。对满20万元项目,逐笔审查。1980—1985年,共审查工程预算590份,造价2.61亿元。其中,审定465份,造价2.25亿元。核减1383万元,核增65万元,为国家节约拨款1073万元。三是协助招标承包。1981—1985年,建设银行协助石臼港推行工程招标承包,共推行472项,包干造价3.1亿元,占工程预算投资的90%,工程质量项项达标。至2007年,石臼港累计拨款6.61亿元。其中,计划内投资4.06亿元,实际投资3.93亿元,比概算节约1341万元。

第五章　金融市场

第一节　钱市

清朝末年,县城和乡镇各集市曾出现规模不同的货币市场和货币商人。1910年,清政府颁布"币制则例"。规定银元为本位币、铜元为辅币,在市场流通并可随时浮动。银元币值高,铜元币值低。到钱市换钱的人大都是赶集的商贩。上集时,为售货找零,用银元换铜元。散集时,为携带方便铜元换银元。1935年10月,禁止银元流通,境内钱市消失。

第二节　债券

折实公债

1950年1月,中央人民政府发行人民胜利折实公债,年息5厘,5年分期偿还。每年3—9月还本付息。债券单位为"分",按定量大米、面粉、白细布和煤平均批发价计算。县和各区、镇成立公债推销委员会。公债由银行代理推销,并定期公布。当年2—3月,共推销人民币910万元。1951年开始,由中国人民银行日照支行分期还本付息,1955年9月30日兑付完毕。

经济建设公债

1954—1958年,国家连续发行经济建设公债,年息4厘。每年1—11月推销,次年9月兑付。抽签对码,分期偿还。1954年发行的公债,分8年偿还。1955—1958年发行的公债,分10年偿还。5年累计发行公债62.65万元。1968年全部偿还。

国库券

1981年开始,国家每年发行国库券。单位购买,年息4厘,个人购买,年息8厘。每年1—6月缴款,7月1日计息,从第6年分期抽签偿还。至1987年,累计发行国库券1237.47万元。1989年,发行国库券505万元。1997年,根据财政部和人民银行的通知要求,国库券停止对单位和个人销售,由各金融机构组建承购保销团,承销国库券的发行。

期票

1944年,滨海商店因北海币紧缺,经抗日民主政府批准,发行商业期票。面额有一百元、二百元、五百元3种,流通于境内抗日根据地。后因驻赣榆日伪军伪造期票,扰乱解放区金融市场,1945年4月,宣布收回。1958年,在"共产风"影响下,无偿平调了农民一些物资。1961年,国家发行退赔期票,专用于对农民退赔。临沂专署分配到日照县期票147.2万元。面额有五元、十元、二十元、五十元、一百元5种。1966年,国家对境内部分村庄兑付了期票。

外汇

1958年,境内人民银行始办侨汇。1986年1月,改由中国银行石臼支行办理。

1960年,专设侨汇物资供应门市部,因物资难以兑现,侨汇较少。1963年,侨汇物资增加供应,当年侨汇金额1.19万元。1978年后,落实"便利侨汇,服务侨胞"政策,银行专设侨汇管理员,送汇到门,做到"保密、保送、不迟解、不错解",侨汇逐年增加。2000年,外币存款2209万美元,本外币贷款折合人民币超过12亿元。2007年,为支持进出口类企业的发展,灵活运用外汇贷款和贸易融资手段,引进资金10亿元,推动了地方出口创汇经济的发展。

第三节　证券市场

图 23-20　日照齐鲁证券营业部　　(摄于 2007 年 12 月)

黄海金融市场

1987 年 4 月，市工商银行在石臼所创办黄海金融市场。本着“平等自愿、互利互惠、协商一致、恪守信用”原则，开展同业拆借、票据买卖、承兑、贴现等业务。1988 年 4 月，定期交易 10 次，苏、鲁、豫、皖、浙、辽和京、津等 15 个省、市 75 家银行、300 多家金融机构参加，融通资金 103 亿元。其中，拆入 55 亿元，拆出 48 亿元。是年，市农业银行建立内部资金市场，进行内部资金调剂。1987 — 1988 年，共调剂资金 1.57 亿元。

天同证券有限责任公司日照黄海二路证券营业部

1996 年 11 月，建设银行日照市分行证券部和农业银行日照市分行信托证券部从各自所属机构脱钩后，被山东证券公司整体收购，成立山东证券公司日照证券交易营业部。1997 年 8 月，变更为山东证券有限责任公司日照营业部。2001 年 8 月，变更为天同证券有限责任公司日照黄海二路证券营业部，注册资本为 20.36 亿元。2005 年，完成 A、B 股、基金、权证交易量 21.82 亿元，实现营业收入 837 万元。2007 年，下设舒斯贝尔商业街证券服务部、石臼交易厅等 3 处营业网点。

山东省齐鲁证券经纪有限责任公司日照黄海一路证券营业部

由原山东省日照产权交易所，经山东省齐鲁证券经纪有限责任公司吸收合并而成，2002 年 8 月，在城区开业。

该营业部以证券经纪业务为主，为客户提供证券代理买卖，代理还本付息、分红派息、证券代理保管、鉴证，代理登记开户等业务。2007 年，实现网上交易、电话委托、自助委托、柜台委托和驻留委托等多种交易方式，与电信部门合作，为客户提供加入虚拟网、宽带网等优惠服务。

第四节　汇兑　结算

清末民初，境内无官方金融机构，只有私营日丰公司当铺和几家钱庄办理汇兑。1943 年，北海银行在抗日根据地办理汇兑。1944 年，日照抗日根据地银行业务并入工商局金融科，在柘汪设立汇兑所。1946 年，北海银行石臼所办事处与北海银行胶东各行通汇。仅上半年即汇兑北海币 290 万元。1948 年，北海银行确定，日照为鲁中南地区 9 处通汇点之一。1950 年，县人民银行建立，与全国各地汇通。

1946 年，存款用现金缴款单、支票存单。支款用支票和一种起点 10 万元的本票。1947 年，改用汇票、信汇和自带信汇等。1950 年，主要用存折支票、托收承付、付款委托书、计划结算、委托付款、限额支票等。1985 年，各行采取委托收款、托收承付、特种账户、采购账户、限额支票、限额结算等。到 2007 年，各行均与全国各大城市办理电子汇兑业务。

第六章　保险

1951 年 3 月，境内开办保险业务，先由中国人民银行日照支行开办。12 月，境内成立中国人民保险公司日照支公司，独立开展工作。1958 年，经办险种 11 个。1959 年 1 月，支公司撤销，保险业务停办，1981 年恢复。至 2007 年，先后有 14 家保险机构在境内开展工作，各种保险业务达数百种。

第一节 机构

中国人民财产保险股份有限公司日照分公司

公司成立于1951年12月。到1958年开办险种达11个。1959年1月，支公司撤销，境内保险业务停办。1981年，支公司恢复保险业务。先后在各乡镇设立代办处。1987年12月，日照支公司升格为分公司。1992年12月，划归市管辖。并设立中国人民财产保险股份有限公司东港区支公司。辖22处乡镇代办处。因区划调整，至2007年，有10处镇、街道代办处。

图23-21 中国人民财产保险日照分公司 （摄于2007年）

中国人寿保险股份有限公司日照分公司

1996年6月，中保人寿营业机构从人民保险支公司分出。12月，中保人寿保险有限公司日照分公司营销业务部正式成立。

图23-22 中国人寿保险日照分公司 （摄于2007年）

2003年10月，中国人寿保险公司日照分公司更名中国人寿保险股份有限公司日照分公司。年末，设东港支公司及营业一部。在开发区设营业三部。2007年，在黄海一路设营销部。

中国太平洋财产保险股份有限公司日照中心支公司

1998年10月，中国太平洋保险公司日照支公司正式成立。财险、寿险分业经营。2000年，成立中国太平洋财产保险股份有限公司日照中心支公司，与全市95%的企业建立了业务关系。至2007年，先后为日东、同三高速公路以及日照发电厂、森博浆纸有限公司、日照港务局、日照钢铁厂等办理了保险业务。

图23-23 中国太平洋财产保险日照中心支公司 （摄于2006年）

中国太平洋人寿保险股份有限公司日照中心支公司

2000年12月，中国太平洋人寿保险股份有限公司日照支公司成立。承接原中国太平洋保险公司日照支公司的人寿保险、年金保险、健康保险、意外伤害保险等业务。2001年11月，升格为中心支公司。

图23-24 中国太平洋人寿保险日照中心支公司 （摄于2006年）

2001年3月，济南分公司在日照实行个险业务与团险业务分开经营试点，即对外一个公司，统一财务管理，对内分开经营。同年，个险业务分别在境内设立业务部。2007年，又将上述业务部门统一规范为中国太平洋人寿保险股份有限公司日照中心支公司服务部和镇、街道营销服务部。

中国平安财产保险股份有限公司日照中心支公司

1996 年 12 月，中国平安保险股份有限公司日照支公司成立。2003 年 2 月，中国平安保险股份有限公司人寿保险与财产保险业务分业经营，财产保险业务由中国平安财产保险股份有限公司经营，属中国平安保险(集团)股份有限公司三级机构。2003 年，设东港区支公司、东港营销服务部、石臼营业部、山海天营业部。主要开展车辆保险、财产损失保险、责任保险、信用保险、团体意外险和短期健康保险等。

图 23-25　中国平安财产保险日照中心支公司　(摄于 2007 年)

中国平安人寿保险股份有限公司日照中心支公司

1996 年 12 月，中国平安保险股份有限公司日照支公司成立。

2003 年 2 月，中国平安保险股份有限公司产、寿险分业经营，人寿保险业务由中国平安人寿保险股份有限公司日照中心支公司经营，隶属于中国平安人寿保险股份有限公司青岛分公司，

图 23-26　中国平安人寿保险日照中心支公司　(摄于 2007 年)

在东港下设黄海一路营销部、海曲中路营销部。

泰康人寿保险股份有限公司日照中心支公司

2002 年 5 月，泰康人寿保险股份有限公司日照中心支公司成立。2007 年，开展医疗险、意外险、养老险、分红险、一张保单保全家等业务。境内设东港支公司和石臼营销服务部。

天安保险股份有限公司日照中心支公司

2003 年 8 月，天安保险股份有限公司济南分公司开始在城区筹建日照中心支公司。开展财产保险、责任保险、信用保险、意外伤害保险、健康保险、金融服务保险等业务。2007 年，设东港营销服务部。

新华人寿保险股份有限公司日照中心营业区

2004 年 7 月，新华人寿保险股份有限公司进入日照。设日照中心营业区。2007 年，主要经营人寿保险、健康保险和人身意外伤害保险业务。

永安财产保险股份有限公司日照中心支公司

2005 年 2 月，永安财产保险股份有限公司日照中心支公司成立。主要经营财产保险、责任保险、信用保险、农业保险、保证保险、短期健康保险和意外伤害保险等保险业务。

中国大地财产保险股份有限公司日照中心支公司

2005 年 8 月，中国大地财产保险股份有限公司日照中心支公司成立。主要经营企业财产保险、机动车辆保险、家庭财产保险、货运保险、责任保险、及各银行代理保险等。2007 年，在境内日照南路、秦皇岛路设支公司，在山东路北设营销服务部。

中华联合财产保险股份有限公司日照中心支公司

2006 年 4 月，中华联合财产保险股份有限公司日照中心支公司成立。主要经营除寿险以外的各类财产保险和再保险。境内，设东港支公司，在新市区、开发区、山海天设营销服务部。

安邦财产保险有限公司日照中心支公司

2004 年 9 月，安邦财产保险有限公司日照中心支公司成立，主要开展以车险为中心的业务。与 20 多家汽车销售商、大企业集团建立联系，为

其提供保险服务。2007年，设东港营销服务部、新市区营销服务部、开发区营销服务部、山海天营销服务部。

阳光财产保险股份有限公司日照中心支公司

2006年9月，阳光财产保险股份有限公司日照中心支公司成立。2007年，设东港营销服务部。主要经营财产损失保险、责任保险、意外保险等业务。

第二节　业务

1951年3月，境内开办保险业务，先由中国人民银行日照支行开办，12月，境内成立中国人民保险公司日照支公司，独立开展工作。1958年，经办险种11个。1959年1月，支公司撤销，保险业务停办。1981年恢复。1998年，境内保险公司实现保险收入16.2亿元，理赔支出5.73亿元。至2007年，先后有14家保险机构在境内开展工作，各种保险业务达数百种。

中国太平洋财产保险股份有限公司日照中心支公司成立后，与全市95%企业建立了业务关系。至2007年，先后为日东、同三高速公路以及日照发电厂、森博桨纸有限公司、日照港务局、日照钢铁厂等办理了保险业务。当年，实现保费收入8260万元，共支付各项赔款2210万元。

2000年12月，中国太平洋人寿保险股份有限公司日照支公司成立。承接原中国太平洋保险公司日照支公司的人寿保险、年金保险、健康保险、意外伤害保险等业务。2007年，公司实现保费收入4027万元。全年，共理赔各类案件664起，支付理赔200万元。

2003年，中国平安保险股份有限公司日照支公司在东港区设立支公司，主要开展车辆保险、财产损失保险、责任保险、信用保险、团体意外险和短期健康保险等。

2007年，泰康人寿保险股份有限公司日照中心支公司开展医疗险、意外险、养老险、分红险、一张保单保全家等业务。当年，公司实现综合保费收入3000万元。至2007年，新华人寿保险股份有限公司、永安财产保险股份有限公司日照中心支公司、中国大地财产保险股份有限公司日照中心支公司、中华联合财产保险股份有限公司日照中心支公司、安邦财产保险有限公司日照中心支公司、阳光财产保险股份有限公司日照中心支公司、天安保险股份有限公司等7家保险公司，先后在境内开展各类保险业务。主要经营人寿保险、财产保险、健康保险、责任保险、信用保险、农业保险、车辆保险、家庭财产保险等业务。到2007年年末，各公司在中国银监会日照监管分局的领导下，保险经营业务运行良好，成效明显，为地方社会经济的发展做出了突出贡献。

第二十四编

经济管理

新中国成立后，境内各级党委、政府逐步加强对经济工作的计划管理，注重突出统的功能。“文化大革命”结束后，贯彻“对外开放，对内搞活”的经济方针，坚持计划经济为主、市场调节为辅的原则，逐步减少指令性计划指标，扩大指导性计划比例并引入市场调节机制。

东港区设立以来，不断深化经济领域的各项改革，推进计划经济向市场经济转变。发挥计划、统计、工商、物价、审计、质检、安监、国土资源等管理部门的职能，对各种经济活动进行宏观调控、监督与管理，保证社会经济活动健康发展。

第一章　计划管理

境内从1953—1980年，执行国家有计划、按比例的社会主义经济建设的五个五年计划。社会主义经济建设取得巨大成就。同时，也暴露出计划统的过多、过死，导致经济发展缺乏活力，违背经济发展规律等问题。特别是第二个五年计划时期受“大跃进”的冲击，第三个五年计划和第四个五年计划受“文化大革命”的干扰，经济发展速度与质量受到严重影响。1981—1985年，指令性计划逐年减少，指导性计划和市场调节不断加强。1986—1990年，计划工作注重工农产业内部调整。1991—2000年，计划工作转移到宏观调控上来，除关系到国计民生的少数生产、生活资料由国家控制外，多数由市场调节。2001—2005年及“十一五规划”的前两年（2006—2007年），在执行指导性计划的同时，注重经济目标预测、经济信息收集、项目筛选论证等工作。采取计划与市场相结合、放开搞活的方针，促进了国民经济持续、快速、健康发展。

第一节　机构沿革

新中国成立初期，日照县计划工作由财经委员会统计科负责。1955年2月，县计划委员会成立，刘光荫任主任。各经济主管部门也相应建立计划股(组)，配备专职计划人员。1958年4月，县计委与统计局合并为计划统计局。1959年10月，计划统计局改为计划委员会，张金华、丁履廉、庄茂禄先后任主任。1967年成立县生产指挥部计划办，1968年3月改为计划组，1971年改称计划局，成之庆任局长。1973年，恢复计划委员会，傅承玺（兼）、秦洪志、张海东先后任主任。1989年11月，市计划委员会升格为处级单位，方凌任主任。

1993年7月，东港区政府设立计划统计委员会，刘泽喜任主任。1994年4月，恢复计划委员会，刘泽喜、宋洪茂、陈为刚先后任主任。2002年6月，区计划委员会与区物价局合并，更名为区发展计划局。陈为刚、陈国祥、安佰森、宋昱桦、孙钰先后任局长。

第二节　计划制定与执行

第一个五年计划时期(1953—1957年)

计划管理采用直接计划和间接计划相协调、阶段性经济计划和行业性生产计划相结合的形式进行，经济计划直接下达到生产单位。其间，贯彻国家社会主义过渡时期总路线，对农业、私营工商业、手工业进行社会主义改造。同时，通过征购、统销、产品税收、生产加工合同等经济手段予以管理。1957年，工农业总产值完成6373万元，比1952年增长16.1%，每年平均增长4.6%。其中农业总产值增长5.4%，工业总产值增长550.9%。所有经济指标都超额完成计划。

第二个五年计划时期(1958—1962年)

贯彻党在社会主义建设时期的总路线，开展大跃进、人民公社化运动。计划管理逐步执行单一的指令性计划，盲目追求高指标、高积累，严重脱离实际。固定资产投资757.4万元，资金主要投向工业。原定计划被打乱，造成工农业生产比例失调。1959—1962年，工农业总产值完成7306万元，比1959年减少28.1%。1963—1965年，三年国民经济调整时期，接受“大跃进”的经验教训，贯彻国民经济“调整、巩固、充实、提高”八字方针，恢复执行有计划、按比例制定经济计划的指导原则，工农业生产逐步恢复和发展。

1965 年，全县工农业总产值完成 11007 万元，比 1962 年增长 50.7%。其中，农业总产值增长 53.7%，工业总产值增长 33.4%。

第三个五年计划时期(1966 — 1970 年)

“文化大革命”期间，计划失控，落实不力。1970 年，农业总产值完成 11432 万元，工业总产值完成 1641 万元。年工农业生产总值平均递增仅为 3.5%。

第四个五年计划时期(1971 — 1975 年)

其间，强调“政治挂帅”“以阶级斗争为纲”，计划管理时常处于“无政府”状态。但由于广大干部群众坚持工作和生产，特别是 1975 年贯彻“安定团结、把国民经济搞上去”的工作方针，工农业生产增长较快。1975 年，农业总产值完成 22876 万元，工业总产值完成 2528 万元。

第五个五年计划时期(1976 — 1980 年)

对计划经济管理体制逐步进行改革。下放管理权限，企业逐步实行自主经营、自负盈亏。缩小指令性计划范围，适当扩大指导性计划和市场调节。加强各种经济杠杆的运用，农业只下达主要农作物种植面积计划指标。粮食、油料等主要农副产品实行合同定购，完成计划后的部分实行市场调节。1980 年，完成社会总产值 51525 万元。其中，农业总产值完成 27882 万元，工业总产值完成 10623 万元。

第六个五年计划时期(1981 — 1985)

贯彻中共十一届三中全会精神，把工作重点转移到经济建设上来。计划编制注重生产、积累、消费之间的比例关系。国家继续下放计划管理权限，缩小指令性计划，扩大指导性计划和市场调节范围，扩大企业自主权，促进全县国民经济快速发展。1985 年，农业总产值完成 44380 万元，工业总产值完成 20348 万元。

第七个五年计划时期(1986 — 1990 年)

坚持改革开放，坚持社会总要求和总供给的基本平衡，坚持把提高经济效益和提高产品质量放在突出位置。在计划安排上，注重调整经济结构，稳定发展第一产业，优先发展第二产业，大力发展第三产业。使农轻重比例关系逐步协调，工业基础得以加强，第二产业稳中求进，第三产业起步发展。1990 年，农业总产值完成 115198 万元，工业总产值完成 140081 万元。

第八个五年计划时期(1991 — 1995 年)

围绕建立有中国特色的社会主义市场经济管理模式，进行全方位改革。逐步建立起以“市场调节、经济协调、总量控制、综合平衡、服务监督”为主要内容的宏观经济调控体系。东港区成立时，正处在第八个五年计划执行中的中间阶段，全区执行市政府制定的第八个五年计划后三年的计划。1993 — 1995 年，国内生产总值完成 635454 万元。第一产业完成 366410 万元，第二产业完成 164736 万元，第三产业完成 104308 万元。

第九个五年计划时期(1996 — 2000 年)

实行经济运行体制和经济增长方式的两个转变，放开微观、着重宏观，正确处理改革、发展与稳定的关系，初步建立起社会主义市场经济条件下的管理体制。国内生产总值计划为 172.3 亿元，实际完成 176.3 亿元。第一产业计划为 99.36 亿元，实际完成 77.64 亿元。第二产业计划为 73.4 亿元，实际完成 44.76 亿元。第三产业计划为 45.12 亿元，实际完成 52.86 亿元。

第十个五年计划时期(2001 — 2005 年)

围绕提高经济增长质量和效益的中心目标，完善社会主义市场经济条件下的计划管理体制和体系，逐步建立起与国际经济接轨的计划运行机制。其间，执行属地统计办法，在东港的省、市企业纳入东港区统计。国内生产总值计划为 270.6 亿元，实际完成 373.54 亿元。其中，第一产业计划为 78.95 亿元，实际完成 76.13 亿元。第二产业计划为 99.56 亿元，实际完成 535.56 亿元。第三产业计划为 92.64 亿元，实际完成 156.84 亿元。

第十一个五年规划时期前两年(2006 — 2007 年)

以科学发展观统领经济社会全局，以跨越发展为主题，以改革创新和结构调整为主线，充分发挥港口、交通、区位优势，深入实施依市兴区、工业强区、开放活区战略，着力抓好招商引资、园区经济、旧城改造、旅游开发、农民增收等工作重点，推动经济社会的持续、快速、健康、协调发展。努力实现人均生产总值赶超全省经济强县水平，在全市率先全面建成小康社会，跨入全省经济 30 强县(区)。2006 — 2007 年，地区生产总值计划为 292.01 亿元，实际完成 348.23 亿元。其中，第一产业计划为 76.1 亿元，实际完成 32.45 亿元。第二产业计划为 136.36 亿元，实际完成 141.31 亿元。第三产业计划为 114.33 亿元，实际完成 174.47 亿元。

第二章　物价管理

新中国成立后，国家为稳定市场，顺利进行社会主义建设，十分重视物价管理工作，实行国家、省、地、县分级分类管理体制。20 世纪 60 年代初期，由于工业品和农副产品“剪刀差”拉大，县政府根据国家法规，多次调整各类物资价格。“文化大革命”结束后，随着经济体制改革的深入发展，对物价管理体制进行改革。1982 年，国务院《物价管理暂行条例》实施后，各企业根据市场需求，自定购销价格。物价管理部门根据国家有关法规，对市场物资价格进行登记、调查、检查和监督。

第一节　管理机构

新中国成立初，物价工作由县工商科管理。1958 年 4 月，物价工作由计划统计局负责。“文化大革命”期间，物价工作先后由县革委生产指挥部计划组与县计划委员会负责。1979 年，计划委员会设物价科。1981 年 1 月，成立物价局，刘升杰、相振铭、刘相进、范伟文先后任局长。1989 年 11 月，市物价局升为处级单位，范伟文、胡日仁先后任局长。1993 年东港区设立后，区工商分局设物价科负责物价管理。1997 年 2 月，成立东港区物价局，叶连祜主持工作。下设物价检查所。同年 10 月，设立价值认定信息中心。2003 年 3 月，价值认定信息中心更名为价格认证中心。2002 年 6 月，区物价局与区计划委员会合并成立区发展计划局，加挂区物价局牌子。

第二节　物价管理体制

分级分类管理

新中国成立后，物价管理按照“统一领导，分级管理”的原则，商品价格沿用划类分级的管理办法，根据商品在国计民生中的重要程度分别由中央、省、市、县分级分类管理。一类商品如粮、棉、油、煤等，由国务院有关部委制定出统一的购销价格标准，各地根据实际情况合理遵循、执行。二类商品猪、羊、禽、蛋等，由国家实行派购派销，执行国家规定的购销价格。三类商品(指一、二类以外的其他商品)，一般由地方管理，根据地区差价或季节差价，合理核价自由购销。随着经济体制改革的深入发展，计划价格不断放开，多数商品价格改成市场调节，少数计划商品保留计划价格。出现同一种商品分计划内、计划外两种价格(也称“双轨制”)。

归口管理

在以计划经济为主的体制下，价格的计划管理占主导地位。1980 年后，为发挥市场调节作用，对各种商品价格逐步放开，实行“归口管理”。大部分商品价格管理权限下放给各工商企业。1982 年，根据国务院《物价管理暂行条例》，由各企业根据市场需求自行掌握购销价格。同时，物价局各项物价管理制度也不断建立和完善，主要有：物价登记制度、物价调整制度、物价检查制度、明码标价制度、商品削价制度、物价资料整理制度、物价保密制度、奖惩制度等。

事业性收费

1987 年 10 月，对全市行政事业性收费进行登记、清理和整顿。到 1989 年，对法规依据不足，不合法、不合理的收费项目予以取消。有法规依据、合理合法的收费项目，发给“行政事业性收费许可证”，实行统一票据、凭证收费、标准公开的管理办法。至 2007 年，全区共有事业性收费单位 261 个，收费项目 2000 余项，全部纳入法制化管理轨道。

第三节　价格管理

从 20 世纪 20 年代初到 1937 年“七七”事变前，除歉年外，农副产品价格变化轻微。主要工业产品由私人商号从青岛、上海运到县内，价格虽有升有降，也较为稳定。日本侵略军侵入日照后，物价开始攀升。1942年后，物价上涨速度加快。以小麦为例：1938年，每斤0.065元(法币)，到1943年，涨至每斤2.40元(法币)，上涨36倍。抗战胜利后，国民党为发动内战，乱发纸币，粮油类价格上涨64倍、白布上涨20倍、火柴上涨27倍。迫使市场多以实物相交换。为了稳定物价以物换物，民主政府规定了实物交换折扣标准：上等棉1斤换15斤粗粮，次棉1斤换12斤粗粮，花生米1斤换2斤4两粗粮，生油1斤换4斤5两粗粮。鞋每双换玉米13～15.5斤，袜子每双换土布7尺。这些规定使新中国成立前夕境内物价狂涨的局面得到一定控制。

平抑物价

新中国成立初，人民政府一方面积极组织货源投放市场，另一方面在农村供销合作社、中心社严格控制货物批发对象，以批发价格进行市场销售。对故意抬高物价者从严打击，加强市场管理，使物价逐渐稳定，为国民经济的恢复和发展奠定了基础。1951年3月，国家对粮棉麻的比价作了适当调整。粮(小米)棉比价为8.5∶1；粮(小米)麻比价为3.5∶1。

1952年，又对5615种商品扩大批零差率，调整部分商品的批发起点，扩大174种商品的地区差价，紧缩国营商业经营范围。在发挥国营商业流通主渠道的同时，扩大农村供销合作社经营网点，开展工业品下乡，实行明码标价，挂牌销售，适时吞吐调剂商品余缺，使市场物价日趋稳定。这时期的物价指数：1950年为100，1951年为109.5，1952年为107.1。1953年，取消粮食、油料、棉花、大麻等农副产品季节差价，对粮油实行统购统销，调整部分不合理日用小百货和食糖、纸张、煤油等商品价格。1954年，对国营商业和供销合作社经营商品统一销售价格，同时提高食用油、卷烟和计划供应的食用糖价格。1956—1957年，工业品价格基本未动，大麻、生猪、水产品等部分农产品价格适当进行调整，从而缩小了工业品与农产品的比价。

1958—1961年，由于经济工作指导方针的错误导致经济比例失调，工农业生产下降，许多商品供不应求。集市贸易价格大幅度上升，高于计划价格3～5倍。县委、县人委从1961年起，根据中央指示，扩大商品定量供应范围，增加商品生产。对敞开供应高档商品，实行高价销售以回笼货币。并将农产品分为统购、派购、议购3类进行管理。为稳定物价，国家规定粮食、棉布、针织品、絮棉、食盐、鞋、鱼、肉、食油、食糖、糕点、蔬菜、火柴、煤炭、煤油、文具等18类生活必需品价格稳定在当时水平上，不许变动。同时，对主要消费品实行定量供应。到1965年10月，高档高价商品分3次全部恢复平价敞开供应，同时调整部分粮油统销价格，解决粮油购销倒挂问题，使物价逐步趋向稳定。“文化大革命”期间，市场物价基本冻结。由于商品紧缺，黑市交易变相涨价或随意提价现象时有发生。1971年，根据国家规定，分别对油脂、油料收购价格提高16.7%，石油、化肥等支农产品降价15%左右。1973年，又提高部分农副产品收购价格，调整铁制小农具价格和服装、铁木器加工收费标准。1979年上半年，大幅度提高粮、棉、油、猪、牛、羊、禽蛋、水产品、蔬菜等主要农副产品价格。1979年比1978年农副产品收购总指数上升22.1%，社会零售物价总指数上涨1.9%。当年，为解决农副产品提价后副食品长期购销倒挂的矛盾，猪、牛、羊肉提价33%，鲜蛋、家禽提价20%，水产品提价42.3%，牛奶提价16.7%。国家为保证职工生活水平不下降，每人每月增加副食补贴5元。

物价改革

为缩小工农业产品“剪刀差”，自1978年下半年起，先后提高粮食、棉花、油料、生猪、鲜蛋、黄烟、果品和水产品等农副产品收购价格。1982年，县人民政府规定“放开小商品价格，实行市场调节”和“三类工业品实行企业协商定价”。工商企业商定价的品种有：针织品类20种，百货文化类184种，五金、交电、化工类86种，食品类18种，出口食品类25种，日用杂品类41种。

1984年，进一步放宽物价政策和物价管理权限。主要是：适当扩大浮动价格范围，全面放开农产品议购议销价格，搞活鲜活商品价格。实行鲜活差价和季节差价，允许部分商品实行浮动价和花色差价。改革批发商品作价办法，允许国营商业和供销合作社实行批发起点差价，全面放开小商品价格。属于企业自销商品或完成国家计划后超产的部分商品，在不高于国家规定出厂价20%的范围内，企业有权自定价格等。

1985年4月，理顺农村粮油购销价，粮食由统购改为合同定购。5月，放开生猪购销价，实行指导性购销价。对鲜蛋、蔬菜、果品、海水鱼等农副产品价格全部放开，实行市场调节。1986年，对水泥销价及电费、水费、农机作业等收费进行整顿。

到1987年9月，将过去单一的国家牌价改为国家定价、国家指导价和市场调节价3种价格管理形式。初步建立以物价部门为主，工商、计量、税务、公安等有关部门及人民群众参加的价格管理监督体系。

物价调控

1982年，对748种小商品价格放开，实行市场调节。1983年，按照国务院规定，对化纤布平均降价20%左右，棉纺织品平均提价20%左右，小商品实行企业定价。1984年，调整医疗收费标准，重新修订和整顿车辆修理收费和电影票价及沿海客运运价。1985年，调整粮油购销政策，生猪购销价格放开，整顿理发、浴池、电视录像、广告收费标准，在全市范围内实行三色标价签。

1986年，降低碳酸氢铵价格，调整农机作业收费标准，统一制订沙石开采出场价和电力、自来水收费标准，进一步放开965种小商品价格。

1990年，对各流通企业的主要商品实行最高限价和提价审报制度，全市零售物价指数仅比1989年上升2.4%。同年4月，调整油料、油脂收购价格，花生仁每千克由1.5374元调为1.930元，花生油每千克调为4.62元。11月，絮棉(三级27毫米)零售价格调整为每千克10.4元。

1991年4月，调整商业经营化工商品进销差率和地区差率，进销差率由7%～10%调整为10%～13%。5月，调整粮油统销价格，小麦(冬花麦三等)每千克0.42～0.30元，粳稻0.44元，谷子0.30元，瓜干0.24元，特一面粉0.76元，特二粉0.68元，标准粉0.56元，花生油4.62元，花生米1.86元，统销价格开始与定购价格持平。10月，开始执行农村分类综合电价，工业用电每千瓦时0.285元，农业用电每千瓦时0.20元，化肥用电每千瓦时0.167元，照明用电每千瓦时0.21元。1992年5月，调整售电价格，照明用电每千瓦时0.25元，化肥用电每千瓦时0.188元，农业用电每千瓦时0.24元，工业用电每千瓦时0.30元。10月，调整自来水价格，工业用水，民用水统一执行每立方米0.28元。

1994年4月，调整电价，居民生活用电每千瓦时0.285元，工业用电每千瓦时0.41元，农业用电每千瓦时0.337元，化肥用电每千瓦时0.209元。5月11日，调整桑蚕茧收购价，中准级每千克由8.6元提高到12.8元。7月1日，调整粮食销售价格，特二粉每千克0.94元。棉花价格于4月、9月和10月3次调整，每千克由6.6元提高到10元(不含价外补贴)。

物价放开

1991年8月1日，国家放开51种(类)省及省以下管理的商品价格，12月10日，全面放开卷烟零售价格，地区及以下管理的商品和服务价格也基本放开。

1992年，市场零售物价指数为4.4%。3月中央和省放开100种(类)商品价格。4月1日，提高粮食定购价格，小麦(冬花麦三等)每千克0.64元，玉米0.42元，粳稻0.64元，瓜干0.36元，统销价格与定购价格持平。1993年7月，国务院和省政府取消14项涉及农民负担的行政事业性收费。10月，调整粮油定购价格，玉米每千克0.550元，稻谷0.748元，花生米2.56元。11月下旬面粉上涨25%以上，花生油上涨达50%。11月和12月，区内市场物价总水平分别比10月份跃升2.8和3.6个百分点。

2004年，全区居民消费价格总水平比上年上升3.8%。其中，非食品价格上升0.4%，服务项目价格上升4.2%，消费品价格上升3.7%，食品类价格上升11.4%，烟酒及用品价格下降0.7%，衣着价格下降4.9%，娱乐教育文化用品及服务价格上升4.5%。

2005年，居民消费价格总体水平上升1.1%。其中，非食品价格上升0.6%，服务项目价格上升2.3%，消费品价格上升0.7%。在调查的八大类居民消费价格中，与2004年相比，食品类价格上升2.2%，烟酒及用品价格下降0.4%，衣着价格上升1.2%，家庭设备用品及维修服务下降2.6%，医疗保健和个人用品下降5.0%，娱乐教育文化用品及服务上升10.0%。工业品出厂价格和原材料购进价格平稳上涨。全年工业用品出厂价格总水平上升0.7%。生产资料出厂价格上升2.2%，生活资料出厂价格下降1.8%。企业原材料价格上升3.3%。房地产价格涨幅趋缓。房屋销售价格比2004年上升8.6%，涨幅比2004年回落7.4个百分点，房地产租赁价格下降1.0%，土地交易价格上升13.0%。

2006年，工业品出厂价格总水平上升1.2%。房屋销售价格比2005年上升3.5%，涨幅比2005年回落5.1个百分点。房地产租赁价格上涨2.6%，土地交易价格上升9.5%。

第四节 物价监督与收费

价格监督检查

价格监督检查主要分正常监督检查、节日性、时令性商品监督检查和专项商品价格监督检查3种。

20世纪50年代初，开始实行审价制度。凡是国家下达的商品牌价，包括批发和零售，一律实行明码标价。各级有关企业主管部门经常组织定期或不定期的自审、互查或由管理部门组织重点抽查。1960—1962年，由于三年经济困难，商品价格一度出现混乱。县政府组织开展审价工作，针对发现的价格错调、漏调、擅自提级提价等问题，建立相应的管理制度，维护了消费者利益。

1979年后，随着议购议销范围的扩大，价格管理权限由高度集中逐步下放。与此同时，有的企业自定价、乱定价、扩大差率增加收入等违价现象时有发生。政府每年都组织物价大检查。1984年6月，县物价检查所成立，物价检查工作进一步加强。1985年10月，市政府制定4条标准：执行物价政策规定的基本情况要清楚；违反物价纪律要作出处理；广大干部群众要受到一次物价方针政策教育；国家控制物价的各项措施应得到落实。同年12月底，全市开展近3个月的自查、互查及重点抽查，查出违价单位36个，违价金额3.15万元。共没收和罚款0.2万元，退赔用户3474元。从1982年上半年到设立东港区前，全市物价部门共查出违反物价纪律案件60起，罚款和没收金额2.28万元。

1993—1996年，价格监督检查由区工商分局物价科监管。1994年9月，对面粉、民用煤球等21种居民生活必需品和服务价格实行监审。7月4日，第三批取消国家管理的49项不合理收费。同年，市场零售物价指数上升15.4%，1995年比1994年同期上涨20%。1996年，组织第11次物价检查，完善居民生活必需品价格监审制度，物价秩序得到整顿，过快增长势头得到遏制，市场零售物价涨幅为7.3%，市场物价相对稳定。

1998年，区物价检查所开展药品价格、餐饮业价格、粮食价格、中小学收费、税务收费等多项专项检查活动，共查处价格违法金额284.06万元，实行经济制裁30余万元。同年5月1日，《中华人民共和国价格法》正式实施，价格管理正式纳入法制化轨道。零售物价总体水平比1997年下降3.4%，居民消费价格总水平比1997年下降0.4%。1999年，区物价局大力整顿价格秩序，规范市场交易行为，推行明码标价制度，共查处价格违法案件11起，实行经济制裁13万元。

2000年，开展涉农收费检查。共查处价格违法案件48起，实行经济制裁410.22万元，其中退还缴费者407.86万元，上缴财政2.36万元。

2001年，继续开展涉农收费大检查。共检查涉农收费单位100余个，查处价格违法案件26起，实行经济制裁30.82万元，其中退还缴费者6.08万元，上缴财政24.74万元。同年，开通“12358”价格举报电话，实行24小时值班，共受理价格举报案件35起，全部在规定时限内办结并将查处情况反馈举报人。2002年，重点开展教育收费检查，共查处教育乱收费420余万元，全部退还学生家长。

2003年4月，受全国部分地区发生非典型性肺炎的影响，一度出现部分防治非典的药品价格上涨。全区成立防治非典相关商品和药品价格专项检查组，严厉查处乱涨价行为。区物价部门按省的规定，实行价格干预措施，将84消毒液每500克最高限价确定为4元。全区共检查有关单位264家，实行紧急制裁31.78万元，其中退还消费者24.66万元，罚款7.12万元，全区相关商品价格得以平稳。

2004年，按照“定规则、当裁判、搞服务”的职能定位，加大对市场价格监管和转型整治力度，共检查价格收费单位123家，实行经济制裁12.7万元，其中退还消费者12.6万元，罚款0.1万元。

2005年，共查处价格违法案件100余起，实行经济制裁948.52万元，其中退还用户884.20万元，上缴财政64.32万元。2006—2007年，重点组织开展教育收费、药品和医疗服务价格检查，以及涉及食品生产加工、运输、经营环节的“涉粮收费专项检查”和旅游市场价格检查，共检查价格收费单位130余家，查出违纪金额60余万元。

2007年，针对市场物价上涨过快的势头，认真贯彻执行《山东省发展和改革委员会等十部门关于加强价格调控保障市场供应的通知》精神，加强价格监测预警措施，完善应急预案，严格控制出台调价项目，组织开展多次市场价格专项检查，严厉打击合谋涨价、造谣惑众等价格违法行为，规范了经营者的经营行为。

收费管理

1997年，对全区行政事业性收费实行年度审验制度。到2005年，审验总金额15万元，发放或换发收费许可证2430个次，对审验过程中查出的问题全部依法进行了严肃处理。

2002年起，组织收费项目专项清理，对全区30多个部门的收费、罚款、押金和政府基金执收情况进行全面清理。共清理收费项目276大项，收费标准5625项，取消或降低收费标准790项。同时，编制收费目录。同年9月，区政府办公室下发《东港区人民政府办公室关于转发区发展计划局、区监察局关于实行涉农价格和收费公示制度的通知》，在全区推行涉农价格和收费公示制度。同年10月14日，区政府在陈疃镇组织召开现场会，随后在全区推广。至10月底，共设立收费公示栏935个，免费发放《涉农收费公示监督手册》24.5万册，实现镇镇有牌子，村村有版面，户户有手册。建立义务监督站14个，聘请涉农价格和收费义务监督员1895人，建立起区、镇、村三级价格监督网络，实现“收费有规矩，乱收有人管”的目标。同时，公布取消专向农民的收费项目88项。

2004年6月始，在推行涉农收费公示制度的基础上，全面推行价格和收费公示制度。全区所有收费单位按规定在收费地点设立收费公示栏公示收费项目，全区行政性事业性收费管理工作得到进一步规范。

2007年1月20日起，境内县级及县级以上非营利性医疗机构经营政府定价药品，一律执行不超过15%的进销差率。东港区物价局先后于春、秋两季四次对全区卫生院、农村卫生院药品价格进行检查，药品乱涨价行为受到遏制。

第三章　工商行政管理

清末民初军阀混战，特别是日本侵略军占领日照和蒋介石发动内战期间，物价飞涨，黎民百姓人心惶惶。解放区建立工商行政管理机构对市场进行管理，局部市场较为稳定。新中国成立后，县政府认真落实国家有关工商管理的法律法规，市场管理走上正轨。进入发展社会主义市场经济新时期，工商管理坚持“管而不死、活而不乱”的工作方针，各类市场呈现商品充裕、交易活跃的繁荣景象。

第一节　机构沿革

境内工商业在新中国成立前一直由官府管理。清代，商会协助县衙管理。民国时，县政府设实业局管理。1943年9月，日照县抗日根据地在巨峰区李家土山组建县工商管理局，下设黄墩、马庄、巨峰、碑廓4个工商事务所和7个检查站。局内设干部、稽征、合作、盐务4个股和1个武装缉私队。1946年2月，改称山东省工商总局第二分局日照支局。1947年9月，日照支局与竹庭(赣榆)支局合并，改称竹日工商局，陆自奋任局长。

1949年9月，县工商机构撤销。1950年5月，县人民政府设立工商科，牟子岭任科长。1956年6月，工商科撤销，工商业务由商业局与县联社共管。1957年6月，成立市场管理委员会，县长丁履廉兼任主任。同时，在城关、碑廓、巨峰、沈疃、两城5个区镇建立市场交易管理所。1958年，工商业务由供销社代管。1972年12月，工商行政管理工作由商业局代管，对外挂工商局的牌子。各公社交易所改称工商行政管理所。1978年工商局与商业局分署办公，万克超任局长。1984 年 9 月，费树恒任局长。1989 年 11 月，工商局升为处级单位，陈淑和任局长。

1993 年 3 月，东港区工商局组建，与东港区物价局、东港区技术监督局合署办公，对外统称东港区工商行政管理局，杨成波任局长。1994 年 8 月，上划归市，更名为日照市工商行政管理局东港分局。2001 年起，沈德胜、兰启云、秦绪方、熊潇先后任东港分局局长。管辖日照、石臼、秦楼、两城、河山、涛雒、南湖、陈疃、西湖、三庄、烟台路、正阳路市场、太阳城市场、山海天 14 个工商所。

图 24-1　东港工商分局加强队伍建设会议　　(摄于 2006 年)

第二节　市场管理

稳定物价

1948 年 1 月，粮油价格暴涨。滨海行署发出严禁粮食走私的布告。同年 5 月，省政府拨出专粮供应滨海区，使日照粮油价格趋于稳定。

1949 年 12 月— 1952 年，市场管理重点是稳定物价、反对投机倒把，禁止买空卖空，保护国营商业牌价不受私商破坏。对私营工商业采取限制政策，实行开业登记发证制度，防止无证经营。国家第一个五年计划建设期间，市场管理的基本任务是稳定市场物价，组织物资交流。为农业、手工业和资本主义工商业社会主义改造服务。1958 年，在人民公社化过程中，受“共产风”影响，市场贸易一度萧条。1961 年，县人委发出《加强粮、棉、油、烟、麻市场管理的通知》和《加强市场物价管理的通知》，大力恢复农村集市贸易。同时，对所有商贩进行登记、审查、整顿，禁止投机违法活动。1961 — 1966 年春，对农村市场实行“大胆地放，认真地管”，全县城乡集市购销两旺，上市商品品种和数量日益增加，价格逐步回落。以日照城关集市 1961 年 12 月价格为例：小麦每 0.5 千克由 1.2 元下降到 0.8 元，花生油每 0.5 千克 3.8 元下降到 2.45 元，猪肉由每 0.5 千克 3.5 元下降到 1.6 元，鸡蛋每 0.5 千克 3.2 元下降到 1.9 元，白菜每 0.5 千克 0.16 元下降到 0.05 元，萝卜每 0.5 千克 0.16 元下降到 0.05 元。

“文化大革命”期间，集市贸易受到限制。1981 年始，境内的大、中集市落实“三定、五包”(定人员、定岗位、定职责，包管理、包服务、包秩序、包宣传、包卫生)管理措施。2001 年，日照市工商局东港分局先后受理 50 处市场变更请求，督促 20 处市场增添消防设施。2006 — 2007 年，指导日照家纺城市场、日照城关大集、石臼市场、城区供销社市场等多处市场搬迁、改造，全区各类市场繁荣有序。

市场整治

1993 年始，对集市的管理坚持“管而不死，活而不乱”的原则，实行异地区域交互巡查和片警式整治。1994 年，重点查处欺行霸市、强买强卖、假冒伪劣、食品卫生等问题。1995 年初，工商、卫生、公安、物价等部门联合执法，清理整顿医疗市场和农资市场。共取缔不合格按摩所 15 处，取缔游医 31 人，查处劣质氧化乐果农药、除草醚坑农案件，为全区 2300 户农民赔偿经济损失 115 万元。1997 年，积极推行“市场巡查制”。先后查处无照经营 254 户，限期办照 213 户，治安处罚 14 次，打掉市霸 18 人次。1999 年，从事农资经营的单位和个人必须与工商行政管理机关签订“农资经营守法责任书”，建立进货台账。经核准可从事农资经营的，统一悬挂“农资定点经营单位”牌匾。

自 2000 年开始，工商部门在市场管理中推行“预警制”“互查制”等新的监管模式。2001 年，查处一般程序案件 382 件，大要案件 59 件，查处 300 余起扰乱市场秩序的违法行为。其中，立案查处 27 件。2002 年，全年共端掉制假窝点 19 个，查

图 24-2 20 世纪 80 年代，工商管理人员在集市上检查杆秤

获假劣商品 230 多种，货值 90 余万元。2003 — 2004 年，制定实施方案、考核量化标准，定期调度，签订责任书 5600 多份，发放《市场管理制度汇编》5000 多份、经营证 1500 个、整改通知书 230 份，拆除私搭乱建棚房 120 余间，清除占道、店外经营摊点 350 余个。与市场主办单位签订《集贸市场消防安全责任书》，严禁气体打火机、鞭炮等易燃易爆物品进入市场。联合相关部门对加油站、液化气站、煤气灶具及其他化学危险物品经营户进行检查，确保市场安全。2005 年初，工商分局与公安分局联合成立市场监管执法大队，查处屡禁不

图 24-3　区工商管理人员进行集贸市场检查　（摄于 2007 年）

改的“钉子户”506 个。其中，扣留、封存物品 81511 件，清理占道经营点 20 处，查办案件 483 起。2006 — 2007 年，清理占道经营点 5000 多处，查办违规案件 9356 起，端掉制假窝点 53 个，查获假劣商品 230 多种，货值 473 万元。

特种市场管理

80 年代初，境内工商行政管理部门根据国家政策和有关法律法规，对化肥、种子、农药等主要农业生产资料及粮油、棉花、蚕茧等作为特种商品进行管理，保证市场贸易稳定有序发展。

粮油市场管理　1978 年前，在粮油征购任务未完成时，关闭粮油市场，完成任务后再放开。改革开放后，粮油市场管理政策放宽，粮油允许个人经营，但必须经工商部门批准发照。

1998 年，区政府成立工商、公安、物价、技术监督、粮食等部门人员组成的规范粮食市场领导小组，加强对粮食市场管理。

棉花市场管理　主要是对棉花收购、加工等资格认定的管理，对未获得资格认证的企业和个人一律不准从事棉花收购、加工、经营。

蚕茧市场管理　1994 年起，根据国家有关法规，对鲜茧收购实行资格认定制度。收购单位必须具有固定收购场地、收茧仪器、烘茧和仓储设施，具有相应的收购资金，具有国家规定相应专业技术和管理人员。在市场管理上，取缔未经鲜茧收购资格认定擅自经营鲜茧收购业务的单位和个人。

农资市场管理　计划经济时期，化肥、农膜的经营主渠道是供销社。80 年代中后期，允许乡镇农技站、林果站、土肥站经营化肥、农药等。农用良种由种子公司经营。其他单位和个人未经批准，一律不得经营重要农资。

图 24-4　区工商管理人员进行农资市场检查　（摄于 2007 年）

1994 年，对农资经营单位进行集中清理整顿，重新核准、登记、挂牌。1997 — 2007 年，每年春耕秋种季节，区工商管理部门都组织不同规模的农资市场“打假”活动。

第三节　企业登记管理

企业登记

清末工商业登记管理与户籍登记、市场管理和赋税征收合为一体进行。民国时期，县政府对

各类工商企业开办、经营实行登记发照。1940 年冬，滨海苏鲁边税务总局成立，掌管税收、工商登记事宜。1946 年 4 月，县工商支局照章对所有公营民营商店、摊贩进行登记。全县共登记公营商行 12 处、工厂 1 处，民营商号 8 家、摊贩 321 户。1949 年 12 月，日照县完成集镇工商业的登记发证工作，共登记工业 64 户、工人 95 人，商业 111 户，手工业 515 户、611 人。合作社 40 处、社员 8985 人，资金 5793.69 万元(旧人民币)。

新中国成立初期，县人民政府对私营工商业实行登记，健全经营管理制度，限制行商、居间商、经纪人、行栈的经营范围和经营方式。对公营企业和公私合营企业实行全面登记，1952 年，全县共有私营工商业 7023 户，从业人员 8911 人。1954 — 1956 年，企业登记管理工作由对私营企业监督管理转向对私营、合营企业的社会主义改造。1963 年 3 月起，根据 1962 年 12 月国务院的《工商企业登记管理试行办法》，对境内所有企业实行登记管理。1964 年 12 月，工商企业登记发照工作顺利完成。

“文化大革命”期间，工商企业冻结登记。“文化大革命”结束后，工商企业登记管理工作恢复。1979 年年底，全县共登记各类工商企业 2180 户。其中，社办 196 户，队办 1001 户，个体 827 户，特种行业 156 户，只登记不发营业执照的 1129 户。1980 年，对全县工业企业进行普查登记，共有 137 户。按类型分，中型企业 1 户，小型企业 136 户。按所有制分，国营工业 12 户，县以上大集体企业 16 户，其他部门办企业 7 户，农村社队企业 102 户。上述企业重新换发省工商局统一制作的营业执照。1981 年，完成对国营商业、饮食服务业、建筑业的登记。1982 年，对农村油坊、豆腐坊、粉坊、面坊、条编、木工、采石场、砖瓦窑等行业不再登记，允许自主经营。1984 年，县工商局改革审查、核准、发照办法，由原来每月固定审批改为随报随批。同时，对“两户一体”(重点户、专业户和经营联合体)的开办条件、经营范围、地点、请帮手、带徒弟等政策放宽，鼓励农民进城务工、经商等。到年底，共登记发证工商企业 2001 户，分支机构 1385 处。1989 年年底，共为 5644 户工商企业登记发证。

2002 年，全年新登记个体工商户 2014 户，私营企业 244 家。全区累计登记个体私营业户 9836 户，从业人员 24426 人。2005 年，办理个体工商户登记权限下放至各工商所，办照时间由 5 天缩短到 3 天。全年新登记个体工商户 2560 户。至 2005 年年底，全区共有个体工商户 10413 户。2006 年，共登记个体工商户 2839 家。核准个体工商户名称 1058 个。2007 年，共登记个体工商户 3837 户。

企业注册

1993 年 5 月，东港区工商局正式受理企业登记注册工作。1994 年 7 月，统一使用有国家工商行政管理局制定的公司登记注册书、变更登记注册书、注销登记注册书。1995 年 3 月，开始清理无登记注册企业 182 家，注销 137 家。1996 年，进行企业改组改制、企业营业执照正本和副本封皮换发和企业登记档案资料查询工作。1997 年，为 21 家邮电通讯企业办理注册登记。对区域内已登记的 10 家煤炭经营企业进行清理和规范。1998 年，对全区部分粮食收储和加工企业进行登记注册。2000 年，加强红盾信息网建设，发展红盾网员 133 个，发放 IC 卡 1025 个。2001 年，认真贯彻落实政府“提速”要求，精简登记材料，降低准入门槛，缩短办事时限，全年累计新登记注册企业 130 家，变更 26 家，注销 253 家。

2002 年，对公司出资行为进行规范整顿，查处虚假出资、抽逃资金公司 285 家，罚款 8 万元。同年 8 月，企业注册局成立。建立上岗证、办事效率调查表、监督牌、意见箱。当年为日照金马化工有限公司核发东港区第一份加注“外商投资”“企业投资”企业法人营业执照。至 2004 年年底，全区累计登记注册私营企业 1260 家，内资企业 1064 家。2005 年，新登记各类企业 489 家。代办挂市名、省名企业 59 家。截至 2005 年年底，全区共有私营企业 1573 户，内资企业 840 户。2006 年，登记注册各类企业 1845 户。2007 年，注册企业 672 户。

1993 — 2007 年东港区企业登记情况表

表 24-1

年份	开业(企业个数)	变更(企业个数)	注销(企业个数)
1993	645	220	—
1994	459	193	348

续表 24-1

年份	开业(企业个数)	变更(企业个数)	注销(企业个数)
1995	339	201	659
1996	190	178	425
1997	207	240	390
1998	118	74	316
1999	74	36	326
2000	118	8	677
2001	130	26	253
2002	219	30	270
2003	471	54	72
2004	515	475	253
2005	575	72	153
2006	994	592	99
2007	1053	432	140

经纪人注册

1987 年，经纪人注册工作启动。1993 年始，区工商分局和区科学技术委员会联合举办技术经纪人资格培训班，规定技术经纪从业者，必须持有工商部门与科委发给的《技术经纪人资格证》和《技术经纪人服务许可证》。1995 年 10 月，国家《经纪人管理办法》明确提出管理的主要内容为：经纪人资格认定，经纪人登记注册，依照有关法律、法规和经纪人管理法对经纪人进行监督管理，对经纪人经培训合格发放资格证书。2003 年 5 月，根据《山东省经纪人管理条例》，对经纪人有关组织进行全部清理、整顿，重新注册发证。1993 — 2007 年，共注册船货代理、物流、广告、房地产等经纪人(中介)459 家。

第四节　私营经济管理

个体工商业发展

明、清时期，境内已有土纺、土织、印刷、面粉加工、酿造、食品制作、榨油、红炉、锡器、白铁、编制、砖瓦、瓦罐、瓦盆、织绸、石刻等个体工商业。商业有日用杂货店、服装、布匹、鞋帽、染坊、中西药房、饭店、旅店等。清末至民国初年，私营商业兴盛。

日本侵略军占领日照后，个体工商业纷纷破产。抗日战争胜利后，战时停业的一些商号陆续复业。

1956 年，92% 以上的私营工商业走上合作化道路。1963 年年底，个体工商业发展到 7240 户，从业人员 7350 人。“文化大革命”期间，计划内商品不准个体经营，许多个体经营业户停业。1979 — 1981 年年底，日照县个体工商业发展到 2098 户，从业人员 3078 人。1985 年，有城乡个体工商业 8625 户，从业人员 10790 人，注册资金 833.35 万元。到 1989 年，全市个体工商业者发展到 1.5 万余户，从业人员达 2.45 万名。

1993 年，东港区有个体工商户 3209 户。1995 年，区政府把个体私营经济工作列入全区经济工作的重点之一。对个体私营经济从业人员进行政治上鼓励、组织上重用，有 98 人被任命为乡镇、村级干部，28 人被聘为国有集体企业负责人。1995 年年底，全区个体工商户发展到 26094 户，从业人员 69158 名。私营企业 279 户，从业人员 5463 名。其中，新发展个体工商户 9094 户，私营企业 172 户。

1996 年，全区个体工商户累计发展到 33659 户，从业人员 83068 名。私营企业累计发展到 416 家，从业人员 7037 名。个私经济实现产值 48017 万元，营业额 135758 万元。1997 年，个体工商户累计发展到 36411 户，从业人员 91566 名。私营企业累计发展到 451 家，从业人员 7499 名，各类专业村已累计发展到 87 个，经济小区发展到 22 个。2000 年年底，全区个体工商户发展到 5240 户，私营企业 172 家，从业人员 14788 名，经济园区 1 个，专业村 5 个。2007 年，全区个体工商户发展到 10598 户，私营企业 1521 家，从业人员 17605 人。经营范围包括餐饮服务、生产加工、商贸、房地产、咨询中介等行业。

个体工商业管理

清代，县衙对企业登记、收费与户籍管理、税赋的征收合为一体进行。1929 年，国民政府颁布《工商同业公会法》。规定“凡在同一区域内经营各种正当之工业或商业者，均得以本法设立同业公会”。当时日照有粮行业、饭店(庄)业、茶馆业、酒楼业、杂货业、土产业、百货业、山果业、船运业、金融业、典当业等 30 多个同业公会。地方官署给予商会、同业公会以主管官署委办事项的权力。一些个体手工业者按照行业各自成立行会组织,比较著名的有铁匠的"老君会",泥、木、雕、石、漆等行业的"鲁班会",缝纫、编织、丝绸等行业的"三皇会"等。1929 年,仅日照、涛雒、石臼所就有同业公会 43 个,代表商号 389 家。

1953 年,县工商业联合会成立,负责对个体工商业的业务指导和管理。1978 年以后,每年对个体工商户进行一次验照贴花和年检。定期换照,经常性地查处无照经营。2001 年,工商部门对 300 多户存在问题的企业和个体工商户进行重点规范,督促其提交前置许可,对在限期内未取得许可的 35 户办理变更登记,注销 13 户。2002 年始,在个体私营业户及企业中开展争创"重合同守信用单位""消费者满意单位""光彩之星""文明经营区"创建活动。同年,在全区评出"重合同守信用单位"1 个,"消费者满意单位"37 个。2004 年,评出省市级"文明诚信民营企业"12 家,私营企业有 12 家获得市级"精神文明单位"称号。4 名女民营企业主评为"日照市优秀女民营企业家"。2005 年,3 家企业评为国家级"光彩之星"企业,2 户个体工商户评为国家级"光彩之星"个体户,10 户个

图 24-5 区工商管理人员为文明诚信经营户授牌 (摄于 2004 年)

体私营业户评为市级"青年文明号",2 名外来务工青年获"全市十佳外来务工青年"荣誉称号。全年认定 7 家企业为市级"消费者满意单位",6 家企业为"省级食品安全诚信单位"。2006 年,2 家企业评为"全国青年文明号",3 家企业评为"省级青年文明号",7 家企业评为"市级青年文明号",4 家企业评为"省级文明诚信企业",3 家个体工商户评为"省级文明诚信个体工商户"。2007 年,又有 5 家企业评为"市级青年文明号",1 家企业评为"省级诚信企业"。

第五节 经济合同管理

明清时期土地契约均盖有县衙官印。民国年间一般是由商会或同行业组织监督执行。1950 年,根据政务院《机关、国营企业、合作社等签订契约暂行办法》,对境内一些主要商贸业务不能马上清结的,开始签订合同。1979 年 8 月后,根据国家经委、工商总局、中国人民银行联合发布的《关于管理经济合同若干问题的联合通知》,日照县工商局开展经济合同试点工作。1982 年 7 月 1 日,《中华人民共和国经济合同法》实施后,日照县工商行政管理局设立经济合同管理股,在各基层所指定专人负责合同管理。

合同鉴证

境内合同鉴证管理始于 1980 年。1981 年,对果品公司与各生产队苹果收购合同进行鉴证,使全县苹果收购合同全部履行。1983 年,共鉴证各类经济合同 4380 份,金额 5938 万元。1984 年,鉴证合同 1522 份,金额 284 万元。1985 年,经济鉴证重点转向农村粮、油、猪等定购合同。对国营与集体、国营与个体、集体与集体、集体与个体之间在 10 万元以上的经济合同,一律由工商行政管理机关鉴证。共鉴证各类经济合同 1903 份,金额达 7193 万元。1987 年始,在全市工商企业建立经济合同管理机构,培训考核合同管理员。1989 年,全年鉴证各类经济合同 1593 份,总值 4211 万元。1993 — 2002 年,共为企业培训合同管理人员 4786 人次,帮助 90% 以上企业建立合同管理制度,鉴证 2796 份,金额 147673 万元。检查合同 79553 份,金额 294695 万元,避免当事人经济损失 1653 万元。处理经济合同纠纷 629 起,为当事人追回欠款 891 万元。2002 年 11 月,工商管理部门不再进行合同鉴证。

调解与仲裁

新中国成立后到 80 年代初,经济合同纠纷,一般有业务主管部门自己主持调解、仲裁。1984 年 4 月,县工商局成立经济合同仲裁委员会,专司经济合同纠纷案件。至 1986 年,共受理经济合同纠纷 19 起,争议金额 14 万多元,均得到合理解决。1987 — 1989 年,共受理经济合同

纠纷85起，争议金额78万元。1990年10月，日照市工商局经济合同仲裁委员会成立。翌年8月，成立日照市建筑市场管理所，设立日照市建筑市场经济合同仲裁庭。调解、仲裁工作与工商管理部门分离。

创建“守合同、重信用”企业

2002年，东港区工商管理部门主导开展争创“守合同，重信用”企业活动，共评出“守合同，重信用”企业63家。2004年年检中，撤销10家企业“守合同、重信用”称号。新评出12家省、市级“守合同，重信用”企业。2005年，8家企业申请并荣获“守合同、重信用”企业称号。2006年，认定省、市级“守合同、重信用”单位48家。至2007年，全区共评出国家、省、市级“守合同、重信用”企业198家。

第六节　商标注册登记管理

域内使用商标始于清末民初，一些厂店为了把自己的商品同别人的商品区别开来，开始使用标记(商标)。这一时期，商标大多沿用店名、商号，较有名气的商标有“协记”“益昌”“公福顺”和“汇昌银号”。

20世纪40年代初，日照抗日根据地生产的香烟以“进步”牌为商标。解放战争时期，日照县生产的香烟以“大鸡”牌为商标。

商标注册

新中国成立至1960年，国家实行自愿注册原则。日照县机械厂“旭日”牌扳手商标，经国家工商局核准注册，颁发商标注册证书。1964年9月，临沂专署工商局规定酒厂生产瓶装酒由临沂专署工业局统一设计注册商标。1965年，日照酒厂生产的“日照”牌白酒获得国家注册商标。

1982年8月22日，国家颁布“商标法”后，日照县注册商标4件。1988年10月起，一律实行国际上标准分类表中制定的商标类别和商品名称填写上报。同年，共注册商标47件。2003年8月5日，日照市慧诚商标事务所有限公司成立，负责代理商标申请及其他有关商标事宜。2004年，建立《注册商标续展登记台账》，及时向注册商标有效期将满的企业，下发续展通知书。5月，区政府转发区工商分局报送的《关于深入实施商标战略，推动全区经济发展的意见》，商标注册工作进一步规范。

争创著名商标

90年代中期始，东港工商分局指导企业、个体工商户运用商标战略开拓市场，帮扶各类企业积极申报山东省著名商标并争创驰名商标。“雪青”“北垛春”牌绿茶等一批涉农商标先后注册成功。中央电视台以《商标已成为日照农民商战武器》为题，专门报道日照农民利用注册商标抢占商机的经验、做法。1998年，在全省第二届著名商标评选中，“洁晶”海藻酸钠获得“山东省著名商标提名奖”。2002年5月，成功注册“日照绿茶”商标。2003年，建立注册商标续展提示制度、注册商标档案卡和22个申请注册商标帮扶联系点。协助申请商标注册35件。2005年，帮助企业申请注册商标6件，指导日照市茶叶贸易公司、日照市北叶青茶叶公司申请山东省著名商标。2007年，尧王白酒列入驰名商标。1994—2007年，全区共有1700多家企业申请、注册商标2000件。

东港区全国驰名商标、山东省著名商标一览表

表24-2

商标名称	使用商标	注册人	认定时间	备注
日照绿茶	茶叶	东港区茶叶技术协会	2002年5月	山东省著名商标
东昇	地毯	日照东昇地毯公司	2003年7月	驰名商标
尧王	白酒	日照尧王酒业有限公司	2007年3月	驰名商标

商标监管

1999年8—9月，对城区主要市场的商品商标违法行为进行专项治理和非法户外广告查处。共查处违法使用商标商品52种991件，没收非法商标标识341件，进行户外广告清理96次，拆除无商标使用许可合同的门匾、灯箱、门牌广告12个，收缴、清除违法户外广告17227件。2000年，查处商标违法案件24件。配合市局查处市区13个路段和太阳城市场中擅自非法使用他人注册商标的专卖店160家。发出限期整改通知书100份。2001年，以太阳城市场为中心，重点对各类专卖、经销、代理行为进行专项检查，查办商标违法案件29起，收缴违规商标、标识1万余件。2002年，查办商标案件3起，商标侵权案件2起。1999—2007年，全区共查办商标案件93起。

第七节　广告业管理

广告发展

清朝至民国时期，广告的形式一般为“幌子”、招牌、实物陈列和文字广告。

新中国成立后，随着国民经济逐步恢复和发展，广告业务有所发展。1981年起，日照城区广播站、工艺美术公司、城关美术公司、市印刷厂从事兼营广告制作、播放、印刷业务。1987年4月，经省工商局批准，“日照市广告总公司”成立。东港区设立后，工商管理主管部门建立健全广告发布、审查、监管等各项制度，加大对户外广告的登记及规范管理，全区广告业快速、健康发展。

广告管理

1982年10月，贯彻国务院发布的《广告管理暂行条例》，广告管理工作纳入正规。1985年8月，对日照城区、石臼港区的户外广告进行清理整顿，查处、拆除内容失真、欺骗群众的虚假广告及有碍交通影响市容的路牌广告。同年9月，市工商局、市公安局联合发出《加强广告管理的通知》，明确规定广告管理的内容、程序、办法和依据。1987年后，对广告张贴和广播广告实行审查把关和定期检查制度。2000年，工商分局以打击虚假广告为重点，共查处广告违法案件26件，清理各类户外广告8000多份。2001年，开展以“揭谎治谎月”为重点的专项治理，收缴违法广告7.8万份，查处广告违法案件22起。2002年，开展户外广告专项整治，建立《户外广告登记管理台账》。5月，印发《关于对市区内广告清理整顿的通知》。收缴非法印刷品广告10余类7500份。2003年，发放户外广告登记证151个，规范广告用语45条。驳回户外广告登记申请30份，没收非法小报式广告2.7万余份，查处广告违法案件14起。2004年，共受理户外广告登记申请200余份，发放《户外广告登记证》146份，驳回并禁用广告用语40条。2007年，按已有法律条规继续对户外广告检查清理与登记台账相核对，对违规、违法广告进行纠正或查处，共规范广告用语153条，查处违法广告案件98起，登记户外广告609块，收缴非法广告小报、卡片12700余张。

第八节　行政执法

打击投机倒把

新中国成立初期，社会主义经济结构尚未形成。一些不法分子大肆抢购套购粮食、棉花等物资，囤积居奇，哄抬物价，扰乱市场。

1951年，县政府根据国家有关法规发出《严格取缔扰乱市场投机商业活动的通知》和《关于取缔投机商业的规定》，在全县私营工商业及广大农村中，组织开展“反行贿、反偷税漏税、反偷工减料、反盗窃国家资财、反盗窃国家经济情报”的“五反”运动。

1958年后，生产、生活资料紧缺，投机倒把活动增多。县人民委员会成立打击投机倒把办公室，严查倒买倒卖行为。同时，对肉食、禽蛋、食糖、烟草等实行凭票供应，严禁个人经营一、二类物资。

1964—1965年，县政府从公安局、检察院、法院、商业局、供销社、市场管理委员会抽调干部，组成工作队，严厉打击投机倒把活动。两年间，查获投机倒把案件4671起。其中，转交司法机关处理的14起，处理投机惯犯38名，逮捕法办2名。“文化大革命”期间，继续进行打击投机倒把活动。

打击走私诈骗

1979年后，随着市场放开，走私贩私、投机盗卖国家计划物资、利用票证、发票投机诈骗等违法案件增多。1981 年，县工商局在日照汽车站、石臼、两城、汾水、陈疃、巨峰等乡镇设立物资检查站，对过往旅客携带物品进行检查。全年共查获投机违法案件 585 起，处理各类物资 100 多个品种，罚款 7397.96 元。1982 年，工商局对内外勾结、盗卖国家紧缺物资、破坏市场经济秩序、无证经营、非法开业、扰乱正常商品流通渠道、买空卖空、投机诈骗的严重违法活动进行严厉打击。查获投机违法案件 295 起，处理 35 起，罚款 1.88 万元。2003 年，开展企业注册资金违规违法问题大检查，累计检查企业 75 家，对有问题的 16 家企业进行查处。2004 年 9 月，对两家企业开展的“消费储值”非法经营活动进行全面调查处理。对 210 家从事“消费储值”的加盟商，下达《关于立即停止“消费储值”及其他类似非法经营活动的通知》。1993—2007 年，全区打击、取缔传销和变相传销窝点 52 个，遣返传销人员 1500 余人次，立案查处传销案件 5 起。

打击假冒伪劣

1994 年，东港工商分局成立经济检查所。至 1997 年，办理各类案件 868 起，移交司法案件 4 起，罚没款 70 万元。受理各类消费者申诉 900 余起，其中受理重大申诉案件 2 起。共查获假劣化肥 327 吨，农药 2.3 吨，为全区农民挽回损失 115 万元。各类假冒酒 235 箱，假冒摩托车 47 辆，假冒卷烟 100 箱，伪劣食品 3000 余千克。1999 年，成立

图 24-6　区工商管理人员销毁假冒伪劣商品　(摄于 2007 年 1 月)

“12315”消费者申诉举报中心，在基层工商所设立“12315”消费者举报投诉站。2001 年，查处连云港生产的假冒美国二铵复合肥 150 余吨，罚没款 15 万元。2003 年 10 月，在公安机关的配合下，深夜查处一处制造假酒窝点。现场查扣设备 1 套，假酒 420 余箱，包装箱 2000 余件，假标签、瓶盖等 1 宗。2007 年，查处假劣商品 8 大类 30 个品种，货值 400 万元。

第九节　消费者权益保护

1994 年 3 月，日照市消费者协会正式成立。随后，东港区成立 22 个乡镇分会，设立 268 个消费者投诉站。1998 年 3 月 13 日至 15 日，开展“3·15”送法下乡活动。1999 年，市工商局和东港工商分局“12315”投诉举报专线电话开通运行。各基层工商所设立“12315”消费者举报投诉站，负责辖区内的消费者申诉举报的受理、处理。2002 年 3 月 11 日至 14 日，再次开展“3·15”宣传下乡活动，有 33 家企业组装自己的宣传车参

图 24-7　区工商管理人员街头普法　　(摄于 2005 年)

加巡回宣传。同年 7 月，东港工商分局成立消费者权益保护科。2003 年 3 月 12 日—15 日，在日照信合广场举行“3·15”纪念活动，有 47 家企业进场参展。同年，共受理消费者申诉举报案件 329 起，为消费者挽回经济损失 89.6 万元，办理经济案件 4 起，罚款 4 万元。2004 年，为加强流通领域的商品质量监管，由各工商所所长与经营业户层层签订责任书。建立 4112 份监管档案。各片区负责人不定期的对经营业户进行巡查。全年共受理消费者申诉举报案件 364 起，为消费者挽回经济损失 107 万元。至 2007 年，共受理消费者申报、举报损害消费者利益的案件 2000 多起，为消费者挽回经济损失 750 万元。办理经济案件 190 起，罚款 47 万元。

第四章　土地及矿产资源管理

历代官府都重视土地管理，土地权属统一登记在册。土地变动，必须办理过户、税赋转移等手续。1950年土改结束后，土地变动报当地区公所批准。1956年，土地全部入社，归集体所有。国家征用集体土地给予赔偿。各级政府对强占、浪费和破坏土地者，按国家有关法规给予行政或法律处分。

改革开放后，日照县(市)、东港区政府不断加强土地及矿产资源的依法管理，土地保护与利用都在法律框架内运行。

第一节　机构

明代，施行土地私有制和屯田制，清沿明制。“役归于地、量地计丁、计亩征收、折银征收”等皆由县户房负责。民国时期，日照县政府成立民政科，主管土地的买卖、出租、抵押、典当、赠与、继承等事宜。1946年7月，解放区开始土地改革运动。县、区、乡、村成立不同层次的土改组织，负责土地改革工作。

新中国成立后，土地管理工作由县民政局负责。1982年12月，土地管理移交农业局，设土地管理股。1987年2月，成立日照市土地管理办公室。同年7月，改称市土地管理局，刘洪法任局长。1989年11月，市土地管理局改称日照市土地管理办公室，刘洪法任主任。

1993年2月，东港区土地管理局成立，1996年，更名为日照市土地管理局东港分局。1998年4月，日照、石臼、秦楼、奎山4街道土地管理所由区土地管理分局实行垂直管理。2002年6月，市土地管理局东港分局与区地质矿产局合并，组建市国土资源局东港分局，实行垂直管理，分局下设10个行政科室，6个事业单位和日照街道、两城、涛雒、河山、巨峰、陈疃、高兴、黄墩、后村、三庄、南湖、西湖12个国土资源所。2003年4月，奎山街道整建制划归开发区管理。2004年，岚山区成立后，黄墩、后村、高兴、巨峰四镇划归岚山区管理。至2007年，区国土资源分局共设办公室、法规宣教科、耕地保护科、地籍管理科、土地利用管理科、矿产开发管理科、矿产资源勘查储量管理科、规划测绘管理科等10个行政科室及国土资源执法监察大队(副科级)，机关事务管理中心、地价所、民房站、土地整理中心、地租征收所、档案室7个事业单位。下设高新区办事处和日照街道、两城、涛雒、河山、陈疃、三庄、南湖、西湖8个国土资源所，王勤平、厉建忠、齐立东先后任局长。

第二节　地籍管理

土地登记

历代官府为征收税赋，都重视对土地登记管理。登记内容主要是土地所有者和土地使用者的权属、坐落、面积、用途等。有关部门在专门的簿册上填写、登记、盖章，才具有法律效力，成为征收税赋、土地买卖、典当、析产、抵押、赠予等经济活动的凭证。

1950年，境内土地改革任务完成并为土地所有人颁发土地证，土地所有权得到法律保证。1956年合作化时期，土地全部入社，土地归集体所有。

1988年11月，日照市开始城镇土地使用权申报登记，次年3月完成，同时开展权属调查和地籍测量。农村宅基地和农村集体土地建设用地登记发证工作于1995年年底完成，发证率为92%以上。农村集体土地所有权登记工作1996年底全面完成。2002年，城镇土地登记发证和全区城镇居民住房土地登记发证工作全面完成，发证率达95%以上。

土地调查统计

1989年6月至1991年9月，日照市进行土地利用现状调查，编制市、乡(镇、街道)、行政村(居)的土地总面积和各分类面积统计表。编绘1∶5万土地利用现状图，乡(镇、街道)1∶1万土地利用现状图和行政村1∶1万地籍图。编绘1∶1万分幅土地权属界线图，编绘市、乡(镇、街道)土地边界接合表图，编绘市土地资源调查报告和乡

(镇、街道)土地资源调查说明书,编制市、乡(镇、街道)、行政村三级耕地坡度分级面积统计表,进行土地初始登记、统计和土地变更登记、统计,建立健全地籍档案。

1993年,东港区建立土地调查统计制度,做到每年土地变化量、土地利用现状统计数据和实地实际变化量一致。到2007年,累计形成地籍档案26700卷。其中,土地资源调查档案3900卷,城镇及村庄地籍调查和土地登记档案22800卷。

第三节　用地管理

农业用地管理

土改结束后,全县土地分国有和农民所有两种形式。1955年12月,县人民政府下达《关于农村土地转移及契税工作应注意掌握的几个问题》文件,规定“土地产权转移、变动,均应首先报请乡人民政府审核,转区公所、镇人民政府批准”。1956年农村土地改为集体所有制。同年10月,县人民委员会发出文件,停止农村土地产权变动登记。1958年8月,土地所有权归人民公社,有耕地面积91198.27公顷,到1961年初全县有耕地面积80299.33公顷。1958—1961年共减少耕地10898.93公顷。人民公社使用土地是无偿拨用。直到1962年《农村人民公社工作条例修正草案》颁布,确立“三级所有,队为基础”的管理制度。

1982年《中华人民共和国宪法》又明确重申,“农村和城市郊区的土地,除有法律规定属于国家所有的以外,皆属集体所有,宅基地和自留地、自留山,也属集体所有”。承包农户只拥有土地使用权,所有权仍归生产大队。1988年10月,发布《日照市人民政府关于城乡居民建房用地规定的布告》,对城乡居民建房占地批准条件及占地数量作出严格规定。确定农民建房的原则是“旧村改造,向山坡转移,向空中发展,调整规划布局”。1989年,市人民政府发布《关于农村推行宅基地有偿使用的通知》,为25.5万户居民办理宅基地有偿使用手续,占总农户的96%。同时鼓励个人和单位开发利用荒滩、荒地,对闲散地、工矿废弃地进行复垦。同年 市人民政府发布《关于在农业内部产业机构调整中严格控制滥占乱用耕地的通知》,对全市农业用地进行严格管理。

建设用地管理

1956年,县民政科开始负责国家建设征用土地的勘察、丈量工作,经县人委以上机关审批后,办理过拨手续。土地价格以占用前2～4年的总产值为标准计算。县人委的审批权限在66.67公顷以下。1958年1月,国务院公布施行新的国家建设征用土地的办法,县人委的审批权限调至20公顷以下。1962年,国务院发出通知,规定将征用土地的审批权限收归省、自治区、直辖市掌握。1964年,国务院关于国家建设征用土地审批权限适当下放,规定县人委审批土地的权限在0.67公顷以下。

“文化大革命”期间,国家建设征用土地的审批工作由县革委负责。1978年1月17日,县革委发布《关于加强土地管理坚决制止浪费土地的布告》,严格审批权限。

1982年,根据国务院《国家建设征用土地条例》,县政府的审批权限为:耕地0.2公顷以下,林地、草地0.67公顷以下,其他土地1.33公顷以下。征用土地要由用地单位向被征地单位支付土地补偿费、安置补助费、青苗补助费、附着物补助费和新菜地开发基金等。1982—1986年,全县共征用土地640.01公顷。其中,工业用地占7.07%,农林水建设占1.31%,交通邮电占4.17%,文教卫生占6.56%,市政建设占7.07%,港口、铁路占60.79%,财贸占6.70%,其他用地占5.70%。

1987年1月1日起,实施《中华人民共和国土地管理法》。同年2月,全市各乡镇建立土地管理办公室(1989年改称土地管理所)。从1987年起,国家对非农业建设用地实行计划指标管理。据1989年的统计,三年上级下达的非农业建设用地指标503.73公顷,实际占用367.62公顷,节约土地136.12公顷。

1990年,市政府制定《日照市对建设项目用地实行统一征用、划拨的暂行办法》,明确规定建设项目用地范围、审批程序和征地费补偿标准,加强非农业建设项目的审批管理。1993年7月到1997年8月,区内建设用地在县级审批权限范围内(总面积0.67公顷以下,耕地0.2公顷以下)由东港区人民政府批准。1999年1月1日起,严格按照新的土地管理法规审核报批各类建设用地，凡涉及征用土地、农用地转为建设用地的，均报山东省人民政府审批。

1993—2007年东港区建设用地面积情况统计表

表 24-3

单位：公顷

年份	批准用地面积	其中		
		国家建设用地	集体建设用地	居民建房用地
1993	34.3	20.98	10.38	2.94
1994	94.35	49.9	35.6	8.85
1995	15.52	7.83	7.69	0
1996	25.42	4.63	8	12.79
1997	3.32	1.03	1.83	0.46
1998	60.82	38.19	22.16	0.47
1999	23.4	22.55	0	0.85
2000	106.6	97.43	9.17	0
2001	300.2	300.2	0	0
2002	347.49	347.49	0	0
2003	80.45	0	78.58	1.87
2004	5.49	5.49	0	0
2005	25.56	23.53	0	2.03
2006	235.52	226.81	5.6	3.11
2007	37.5	34.12	0	3.38

2000年9月30日，省国土资源厅印发《关于进一步规范建设用地审查报批工作有关问题的通知》。自2000年10月1日起，各地报省审批的城市建设用地规模范围内的新增建设用地申报材料，必须全部实行分批次办理，严格按规定及时足额缴纳新增建设用地土地有偿使用费。

2000—2007年，省政府批复农转用及土地征用44个批次，总面积1287.85公顷。其中，新增建设用地1000.7公顷，上缴新增建设用地有偿使用费15882.0094万元。

2000—2007年东港区土地征用面积情况统计表

表 24-4

单位：公顷

年份	征用土地面积			
	总计	其中新增建设用地		
		合计	其中农用地	
			小计	其中耕地
2000	33.33	33.33	33.33	26.47
2001	58.5	48.24	46.72	31.12
2002	17.65	16.98	16.98	12.61
2003	80.56	75.17	74.23	56.93
2004	309.55	252.4	247.69	171.53
2005	414.07	338.87	322.99	226.45
2006	358	235.71	223.95	150.75
2007	16.19	0	0	0

土地保护

1994年8月，区政府成立基本农田保护领导小组，制定《东港区基本农田保护责任制度》《东港区基本农田环境保护制度》《东港区基本农田保护监督检查制度》《东港区基本农田质量保护制度》《东港区基本农田严格审批与占补平衡制度》等制度。1996年，东港区编制《东港区基本农田保护规划》，对全区已划定的基本农田依法实行特殊保护。规划基期年为1996年，目标年为2010年。1996年全区基期年耕地面积68216.37公顷，划定基本农田58065.78公顷，保护率为85.12%。各项指标全部分解下达到镇、街道。区政府与镇、街道，镇、街道与村委会，村民委员会与农户分别签订责任书。镇、街道成立基本农田保护领导小组，设立保护标志，落实奖惩措施。基本农田保护区落实到村，落实到地块，做到统计簿、保护区图与实际地块相符，保护面积与上级下达的指标相符。

1999—2007年，全区共争取实施5个国家级、5个省级、49个市级土地开发整理项目，争取上级扶持资金1.7亿元。整理面积11571.92公顷，新增耕地1178.59公顷。3个国家级土地开发整理项目分别在黄墩、巨峰、三庄、两城、陈疃，面积3514.89公顷，新增耕地471.82公顷。省级土地开发整理项目5个，面积2540.09公顷，新增耕地200.62公顷。市级土地开发整理项目49个，共整理面积5516.93公顷，新增耕地506.19公顷。

补偿安置

被征地农民安置主要采取货币安置、农业安置、就业安置、留地安置等方式。

1982年，按照国务院发布的《国家建设征用土地条例》规定，征用土地由用地单位向被征地单位支付土地补偿费、安置补助费、青苗补助费、附着物补助费和新菜地开发基金等。

1993—1999年，执行1992年9月10日公布实施的《山东省实施〈中华人民共和国土地管理法〉办法》规定。1999—2004年，建设用地补偿执行1999年8月22日山东省第九届人民代表大会常务委员会第十次会议通过的《山东省实施〈中华人民共和国土地管理法〉办法》规定。

第四节　土地使用制度改革

国有土地出让

改革开放前，城镇国有土地实行的是单一行政划拨制度，国家将土地使用权无偿、无限期提供给用地者，土地使用权不能在土地使用者之间流转。80年代起，土地的使用权和所有权分离，使用权变过去无偿、无限期使用为有偿、有限期使用，真正按照其商品的属性进入市场。

1994年，东港区开始出让第一宗国有土地使用权，受让单位为日照市一轻粮油食品公司，面积1.99公顷，出让价款共47.68万元，位于南湖镇东明照村东335省道以南，用于建设货场。

2002年7月1日，国土资源部招标拍卖出让国有土地使用权规定实施，东港区开始推行国有土地使用权招标拍卖挂牌。商业、旅游、娱乐和商品住宅等各类经营性用地全部实行公开出让。

2003—2005年，公开出让土地47宗，面积为36.91公顷，成交总价款为27765.2万元。其中，对破产企业土地的处置为5宗，面积为2.09公顷，成交总价款为314.4万元。对粮食系统所属的10宗土地进行拍卖，面积为5.36公顷，成交总价款为3159万元。对沿街旧城改造的26宗土地进行挂牌，土地面积为0.99公顷，政府纯收益为184.3万元。对学校整合等闲置办公场所的3宗土地进行拍卖，土地面积为3.54公顷，成交总价款为7008万元。对储备土地3宗进行拍卖，土地面积为25.26公顷，成交总价款为16690万

图24-8　区政府组织国有土地使用权拍卖现场　　(摄于2007年)

元。同时，为促进企业改制，对供销系统中的4宗土地补办土地出让手续，土地面积为0.62公顷，土地出让金60.4万元，全部用于兑付社员股金。为13家企业的改制办理土地出让手续，土地面积为17.98公顷，土地出让金总额为1064.86万元。2006年12月，涛雒刘家湾赶海园内1宗土地经政府积极争取，实行拍卖出让，以总额1.13亿元(每亩86万元)成交。(土地使用权出让的最高年限：居住用地70年，工业用地50年，教育、科技、文化、卫生、体育用地50年，商业、旅游、娱乐用地50年，综合或者其他人用地50年。)

2003—2007年东港区经营性用地公开出让情况统计表

表24-5　　单位：公顷、万元

年份	合计		拍卖		挂牌	
	面积	总价款	面积	总价款	面积	总价款
2003	12.69	5500	12.69	5500	—	—
2004	12.40	3362.23	0	0	12.40	3363.23
2005	10.98	7225.75	7.98	0.53	10.45	7139.15
2006	26.05	24375.63	334.87	22.32	3.72	1072.63
2007	1.27	1039	0	0	1.27	1039
总计	63.39	41502.61	533.07	35.54	27.85	12613.01

土地储备

2004年，根据日照市《关于建立并实施土地储备制度的意见》，依法将批次转用、征用后的新增建设用地、存量闲置土地、旧城改造腾出的土地、破产企业用地、机关企事业单位搬迁后腾出的土地和涉案土地资产，统一纳入政府土地储备的范围，共储备土地147.87公顷，利用已储备土地进行招标拍卖挂牌。出让土地5宗，面积46.26公顷，成交总价款为2.7亿元，实现政府收益2.6亿元。

地价管理

2007年7月23日，日照市政府批准城区土地级别与基准地价。对主城区"北起山海路、南至蔡家滩(傅疃河入海口)、西至同三高速公路、东至海岸线"范围内共计187.1平方公里的土地实行分类定级，按照商业、住宅、工业三类土地用途分别划分5个级别，地价管理有章可循。

2007年日照市城区基准地价情况表

表24-6

土地级别	商业用地	住宅用地	工业用地
一级地	2039元/平方米	1823元/平方米	489元/平方米
二级地	1485元/平方米	1467元/平方米	380元/平方米
三级地	1085元/平方米	1080元/平方米	297元/平方米
四级地	690元/平方米	689元/平方米	258元/平方米
五级地	462元/平方米	453元/平方米	227元/平方米

第五节　土地法制建设

土地法制宣传

东港区成立后，每年都开展以“3·19”矿法颁布纪念日、“4·22”世界地球日、“6·25”全国土地日和“12·4”全国法制宣传日为主题的纪念宣传活动。采用设立咨询台、组装宣传车、举办座谈会、举办知识竞赛等形式，提高社会各界对国土资源法律法规的认识。

2004年，区国土资源分局与区文明办联合，将国土资源法制宣传与全区农村文明一条街建设结合起来，在全区各村上墙栏目中，登载国土资源宣传内容，把国土资源法律法规宣传到基层。

土地执法监察

坚持日常动态巡回检查和集中清理整顿相结合，先后开展非农业用地清查、居民建房用地清查、清理土地隐形市场、房地产用地清理清查、土地市场治理整顿等10余次土地集中执法活动。

1997年4月，在全区开展非农业用地大清查工作。核查非农业用地8388宗，查处各类违法用地359宗，占地89.76公顷。其中，耕地34.98公顷。依法拆除违法用地建筑设施2650平方米，腾出土地1.38公顷。

1999年，落实国务院办公厅《关于加强土地转让管理严禁炒卖土地的通知》要求，全区查处非法交易土地行为180宗，非法出租土地18宗。

2003年3月，全国规范和整顿土地市场工作开展后，全区对近8000宗各类非农业建设用地进行清查摸底。查处各类违法案件312起，面积73.13公顷。制止违法占地建筑苗头49起，挽回经济损失250余万元。同年12月，国土资源部门会同公安、法院、检察、建设等部门对违法占地建筑进行大规模的集中拆迁行动。对在治理整顿期间顶风而上抢占乱占土地的违法建设进行依法拆除，共强制拆除违法占地建筑20余处，房屋近200间，占地面积2000多平方米。为进一步加大土地违法查处力度，按照上级统一部署，分别于1985、1998、1999、2003、2006、2007年开展土地市场治理整顿活动，共立案查处土地违法案件900余件，处结率达到98%，收缴行政罚款和补缴土地款项3000余万元。

第六节　矿产资源管理

1989年日照市矿产建材管理局设立，范建文任局长。1993年7月，东港区设矿产资源管理局。1997年3月，改称东港区地质矿产局，林祥鹤、张胜英先后任局长。下设矿管科、法规科等5个职能科室，8个基层地矿所(日照所、奎山所、石臼所、秦楼所、高兴所、涛雒所、陈疃所、河山所)和区矿产品检查监督站。2002年6月，市土地管理局东港分局与区地质矿产局合并，称日照市国土资源局东港分局。

矿业产权市场

东港区陆域面积1632.4平方公里，区内已开发利用的矿产资源主要有钾长石、萤石、各类花岗岩、河砂、黑陶土、砖瓦黏土等。至2007年，全区共有集体和个体矿山企业100家，矿业开发实现产值超过6000万元。2002年1月，区政府印发《关于加强河砂开采管理工作的通知》和《关于治理河砂开采运销秩序的通告》等政策性文件，进行河砂采矿权拍卖。2003年，东港区所有矿种采矿权取消审批制度，全部通过招标、拍卖、挂牌方式进行市场化运作。至2007年，公开出让采矿权115宗。其中，河砂19宗、花岗岩96宗，成交价款1350万元。其中，河砂1127万元，花岗岩223万元。

矿山环境治理

80年代始，砖瓦黏土矿闭坑后，多数进行整平复耕和植树造林。市区花岗岩开采形成的矿坑，多数治理修建成水域公园。如：银河公园、碧霞湖公园和清风湖公园。至2007年，未治理的矿坑有涛雒下元一村西山，河山九山子、西黄庄、中黄庄村北山，陈疃大山沟一带的山体矿坑。

地质灾害治理

东港区山体滑坡灾害主要发生在三庄镇。1994—2005年，齐家沟村有三次500余立方米山坡土石滑入河道，15户村民受灾。2006年，区、镇投资5万元进行除患治理。2000年，上崮后村山腰出现30厘米～40厘米裂缝，2001年，区、镇投资10万元进行初步治理，上部灌浆塞缝，下部垒石墩支撑。2004—2007年，讲合沟村东西两山发生四次滑坡，1310万立方米土石移动下滑。被省、市、区列为搬迁避让项目，拨款1200余万元，资助全村整体搬迁。海水入侵是沿海地区的自然灾害之一，主要集中在傅疃河入海口处、涛雒镇境内204国道以东地段、两城河下游及万平口一带。海(咸)水入侵的成因主要是地下水过度开采、乱采河砂及沿海滩涂区养殖业用水等原因引起。造成大片农田受灾，农作物减产。为治理海水入侵灾害，市、区两级政府建立海洋生物保护区、海岸线环境功能保护区和河流入海口、岛屿、礁石、岬嘴、海堤保护区。1999年，区政府印发《东港区地质地貌景观保护区工作规划》。依据区内地质地貌景观类型、分布特征，划分III级保护区。2007年，已建成保护区7处，总面积206平方公里。

矿产资源开发管理与监督

矿产资源开发主要以建筑用花岗岩、建筑用砂为主。大量开采始于80年代初期。随着日照港口建设和城市开发建设的发展，石料开采业不断壮大，从奎山、丝山逐渐外延到日照街道、河山、弓山等地。

至2007年，有矿山企业92家，全部为建筑用花岗石矿山。其中，南湖53家、日照街道24家、陈疃8家、涛雒6家、两城1家，共有破碎机116台(套)，年生产能力约200万立方米，年实际开采量约150万立方米，总产值约5000余万元。

根据《中华人民共和国矿产资源法》和有关法规政策，2000年，区政府制定《东港区矿产资源总体规划》(2001—2010年)。新设置矿业权必须符合矿产资源总体规划，开采矿产资源具备环境影响评价、营业执照、采矿许可证、安全生产许可证等法定手续。2002年后，根据城市发展的需要关停城市规划区范围内采石场点80余处，建立尹家河规范化集中开采区，对石料厂实行集约管理，严厉打击无证开采、乱采滥挖、破坏矿产资源和生态地质环境等违法行为。2001—2007年，先后对抓获的20多艘外籍违法采砂船只进行严厉惩处。同时，关闭或查处违法采砂场点200余处，拆除违法采砂船90只(次)，查处违法运输河(海)砂车辆3000余辆(次)，有效制止了私采乱挖矿砂行为。

图24-9　区政府组织宣传“矿产资源法”　(摄于1998年3月)

第五章　统计管理

第一节　机构

民国前境内统计事宜由官府管理。民国年间由县府有关科(局)兼管。

新中国成立后，县政府1953年12月设统计科，各级各部门、企事业单位相应配备专职、兼职统计人员。1958年4月，撤销统计科，与县计委合并，成立计划统计局。1962年，设立统计局，孙常乐主持工作。1965年2月，李建永任局长。1968—1969年，统计机构撤销，统计工作中断。1970—1972年，在县革委生产指挥部计划组设专职统计员2～3人。1973—1978年，在县计划委员会内设专职统计员3～4人。1979年恢复统计科。1981年设立统计局，许传贵任局长。1989年11月，统计局改为统计办公室，隶属计划委员会。1994年3月，成立东港区统计局。王玉兰、刘安一、刘海一、崔社勇、孙钰、张善伟先后任局长。内设办公室、法规监察科、国民经济综合核算科3个行政科室和农村社会经济调查队、普查中心2个事业单位。

第二节　统计调查

县政统计调查

1919年，县农会曾对全县农作物耕作面积、作物种类、产量、价格进行统计调查。财政收支、工商税收和田赋每年都有统计调查。1919年和1933年，两次调查全县概况、面积、人口、土地、区划、农业、商业、交通、教育、礼俗等。

自1954年起，各种统计调查均由县统计科统一组织实施。当年，全县开展粮食情况调查统计得知，当时缺粮户占28.4%，户均缺粮100千克左右。同时，对商业进行统计调查。社会商品零售额中，国营商业所占比重为3.27%，供销社商业占68.98%，合作商业占0.91%，私营商业占26.93%。为此，县政府采取一系列调整措施，到1957年，国营企业所占比重为33.09%，供销社商业占38.14%，合作社组织商业占28.77%。

1955年，对农业产量的统计资料表明，玉米单产110千克，地瓜干单产122千克，小麦单产41.5千克。据此，县委、县政府及时调整种植结构，增种高产作物以提高粮食总产量。同时全县选择不同类型村及部分典型户进行农家收支统计调查。

1958年，由县计划统计局进行统计调查。受“大跃进”浮夸风影响，工业主要产品产量由5日一报改为每日一报，后又改为时报，统计数字层层虚报。农业种植面积、管理、收获进度和农作物产量等都采用形象统计图表的形式(用卫星、飞机、火车、汽车、牛车图等)表示。有的生产队为“放卫星”“夺红旗”，甚至搞假现场，统计严重失实。

“文化大革命”时期，统计工作由县革委生产指挥部计划组负责。

综合统计调查

1978年，统计调查增加经济效益项目。1980年，增加社会商品购买力项目。1982年，增加村、镇办工副业和外贸采购、出口情况及个体工商业户经营情况等项目。

1985年，统计调查的内容主要有：工业方面总产值、净产值、主要产品产量、企业劳动生产率等。农业方面总产值和净产值，播种面积与产量，收益分配等。商业方面社会商品零售额、农副产品收购量等。基本建设方面全民、集体所有制单位建设和科技投资，市属企业固定资产投资等。物资方面全民、集体所有制单位物资消费与库存等。劳动工资方面全民与集体所有制单位及市属以下企业人员的工资额，全民、集体所有制单位职工增减变动、职工分类、福利保险等。物价方面农副、土杂品零售平均价格等。综合平衡方面社会总产值，国民收入及消费情况等。其他系统有财政、金融、运输、邮电、气象、环保、科技、文化、教育、体育、卫生、外经外贸统计等。农村经济户调查，涉及7个乡镇30个行政村300户农民家庭收入及需求情况。

1993年，根据国家统计报表制度规定，统计调查项目有新变化。统计调查内容主要有：综合、国民经济核算、农业、农经、工业、投资、建筑、贸易、外经、劳动工资统计等。2007年，统计调查的主要内容为：综合、农业、工业、建筑业、固定资产投资、批发贸易餐饮业、劳动工资、财政、文化教育、农村住户调查、城市居民生活水平、市场物价、人口与计划生育等13部分。

第三节　专项统计

人口普查

新中国成立以来，先后于1953年、1964年、1982年、1990年和2000年7月1日零时开展五次人口普查。普查内容主要有：家庭人口、文化程度、婚姻状况、职业等。

1990年，第四次人口普查资料显示，全县总人口1027724人。其中，男520978人，女506746人。

2000年，第五次人口普查资料显示：全区总户数303564户。总人口919160人，其中男性461178人，女性457982人。当年出生人数11458人，死亡人数5873人。

农业普查

1997年，开展第一次全国性农业普查(以后每10年进行一次)。普查涉及基础调查表6种，调查项目38个，调查指标687个，普查时点为1996年12月31日。普查结果：农业生产经营单位203727个，从业人员488853人。农业户数

211706户,农业人口721804人。农业企业单位308个,从业人员3294人。各类非农乡镇企业795家,从业人员27658人。

第三产业普查

1993年,首次进行第三产业普查。普查范围是全区从事第三产业的的所有单位。普查内容:第三产业发展的规模指标,反映第三产业生产经营活动情况的指标,反映第三产业实物资产情况的指标。普查结果:1992年,全区共有第三产业单位932个。其中,企事业、行政单位46个,个体户7448户。全区从事第三产业的人员7951人,城乡个体户11313户。全区1992年第三产业增加值17973万元。

工业普查

新中国成立后,境内先后于1950年、1985年和1995年进行三次工业普查。其中,1950年,第一次工业普查资料表明,在工业总产值中,个体占96%,集体占3.55%,全民占0.55%。1995年,第三次工业普查资料显示:全区有工业企业单位4962个,从业人员53434人,产品销售收入82482万元,实现利润487万元,工业总产值16.6亿元。

基本单位普查

1996年,全区进行首次基本单位普查,共普查基本单位4591个。其中,法人单位2405个,产业活动单位2186个。2001年,进行第二次基本单位普查。普查资料表明,东港区全部法人单位3395个。其中,企业法人1366个,事业法人96个,机关法人124个,社团法人25个,其他法人1784个,产业活动单位4458个,个体工商户17552户。

第四节 专项调查

1983年,日照县成立农村社会经济抽样调查队,负责农业统计和农村社会经济抽样调查任务,当年调查户数60户。1985年扩大到90户,后又扩大为660户。1989年扩大到100个村,1000个户。对村民经济收入、农业生产情况进行记账调查。

1988年10月,成立城市社会经济调查队,在日照和石臼城区8000多户非农业居民中,抽取50户进行记账调查,研究居民收入情况、消费水平、消费结构、开支动向、市场物价变动对居民生活的影响。在20个商店、3个集贸市场、5个农副产品收购点,建立物价调查点,聘请26名物价调查员,定期进行调查,按月编制物价指数,每月通报1次,反映物价动态。

1993年,区农村社会经济调查队成立。当年设市级调查户550户。调查内容主要为农村住户基本情况、农作物种植、动物饲养、主要产品出售、农户耐用消费品拥有量等。1996年调整为280户。1998年220户,2001年120户。

从2006年始,设市、区级调查户100户,镇级调查户200户。主要内容为农户基本情况,农村住户人均居住情况,农业生产结构及生产技术应用情况,期末生产性固定资产拥有情况,农村住户人均总收入与总支出情况,农村住户粮食收支情况,农村住户百户主要耐用消费品拥有情况等。

第五节 统计监督

1953年起,由县统计科统一对各种统计调查进行统计监督。1958年,撤销统计科后,由县计划统计局进行统计监督。"大跃进"中"浮夸风"盛行,统计监督失去作用。"文化大革命"时期,统计工作受到冲击。

1984年,《中华人民共和国统计法》和国务院《关于加强统计工作的决定》相继颁发,统计工作的法制建设得到加强。

1989年,组织全市统计执法大检查,市统计部门向市人大常委会做了《中华人民共和国统计法》执行情况汇报。

1997年,成立区统计局法规科,对工业、农业、劳动工资、基建投资和商业等方面的所有单位进行统计执法检查。1998年5月,开始组织统计"宣传月"活动,对全区各级各类报表进行统计执法检查。1999年,在全区开展统计管理登记,有1500多个单位依法进行登记。同时,将《中华人民共和国统计法》列入"三五""四五"普法的重要内容。联合区纪委、区监察局、区司法局组织中央"两办通知"贯彻落实情况大检查,严肃查处统计违法行为。

第六节　统计改革

1994 年起，实施新国民经济核算体系，按季度编制新国民经济核算体系报表。1996 年起，区统计局打破全面报表统计调查模式，实施周期性重大国情国力普查，逐步扩大抽样调查方法的应用范围，适时进行各类专项调查。

1998 年起，将工业企业分为规模以上（年销售收入 500 万元以上）和规模以下两类，规模以上工业企业统计实行全面报表，每月一报。规模以下工业企业实行抽样调查，每季一报。

2000 年后，进一步完善地区国民经济核算体系。启动国民经济核算体系与各专业统计的联动机制，加强资金流量核算、资产负债核算与国内生产总值核算的衔接。

2004 年始，开展并逐步完善粮食产量、城乡住户、价格、人口变动和劳动就业等方面的抽样调查。扩展了抽样调查在工业、批发零售贸易业、餐饮业、服务业、劳动工资和农村固定资产投资等专业领域中的应用。在各镇、村建立农村调查网络，设立农村住户记账点和农产量点，提高抽样调查的覆盖面和准确性。同时，进一步完善企业景气状况统计指标体系和现代企业制度跟踪监测统计指标体系。建立适合区情的社会经济发展综合评价指标体系，增加文化、体育、旅游、环保等产业指标体系。准确反映居民生活质量和反映妇女儿童发展状况。初步形成较为系统的社会发展统计指标体系以及与之配套的社会发展监测指标体系。

根据 2003 年 5 月市政府规定，从 2004 年 3 月份开始，东港区全面推行“在地统计”。凡在东港辖区内所有单位均归东港负责统计。东港区的报表单位由原来的 798 个增加到 3000 多个。

第七节　统计服务

资料服务

1981 年，搜集整理出 1949 — 1980 年《日照县国民经济统计资料》。

从 1985 年开始编印《统计调查》，对国民经济发展和社会发展情况进行分析。从 1992 年起，每年编制《统计年鉴》。

2000 年，区统计局制定《关于加强统计分析调研工作的意见》和详细的考核评比办法。对经济运行态势、重点热点难点问题、统计改革与发展等作为重点内容进行专题研究，为党委、政府决策发挥了重要作用。

信息服务

从 1994 年开始，为配合每年人大、政协两会的召开，区统计局提供的国民经济和社会发展的统计资料，由以表格为主发展到有数字、有观点、有图表和统计特色鲜明的系列资料。同时，由提供纸质统计资料发展到利用计算机信息系统进行查询，内容不断丰富，形式日趋多样。还定期召开新闻发布会，发布国民经济和社会发展情况及主要统计数据，准确描述经济运行态势，反映新情况、新问题。及时利用统计简报向各级领导和有关部门提供统计信息。建立和完善统计信息网站，利用现代技术向社会发布统计信息，不断扩大统计工作的服务领域和服务范围。

第六章　审计监督

第一节　机构

新中国成立后，审计工作由日照县财政局监察股负责。1984 年 5 月，建立县审计局，庄培华任局长。1985 年 5 月，撤县设市，更名为日照市审计局。1989 年，升格为处级单位，刘景峦任局长。

1993 年 4 月，东港区审计局成立。相统生、焦安润、王纪栋、张胜英、白宗春、王允周先后任局长。1994 年 6 月，区审计师事务所成立，为副科级全民所有制自收自支事业单位。1999 年 10 月，审计事务所与审计局脱钩，隶属省注册会计师协会管理。同年 12 月，成立东港区领导干部任期经济责任审计办公室。2004 年 8 月，加挂东港区固定资产投资审计办公室牌子，为股级事业单位。

第二节　国家审计

日照县(市)1984—1992年，审计项目740个，查处违规违纪金额7689万元，上缴财政金额674万元，移送案件线索38件。

东港区审计局1993—2007年，审计(调查)项目690个，查处违规违纪金额6.6亿元，上缴财政金额610.2万元，移送案件线索5件。

1993—2007年东港区审计情况表

表24-7

年份	审计(调查)项目(个)	查处违规违纪金额(万元)	上缴财政金额(万元)	备注
1993	12	94	23.2	—
1994	25	427	25	—
1995	26	1105	26	移送案件线索2件
1996	28	328	36	—
1997	43	3200	143	—
1998	50	3609	117	—
1999	59	3790	19	—
2000	41	880	10	—
2001	43	3474	5	移送案件线索1件
2002	53	6049	23	移送案件线索1件
2003	71	13736	55	—
2004	27	3024	20	移送案件线索1件
2005	43	3541	82	—
2006	42	5052	26	—
2007	127	18000	—	—

预算执行和财政财务收支审计

1993年，对3个乡镇和1处银行的财务收支、利率执行等情况进行审计。查处挤占挪用专项资金22.8万元、漏缴和截留财政收入17万元、违控购置小轿车3辆及农业税减免不到位、财政收支核算不规范、管理不严格、漏提漏缴税金等问题。对1个装饰公司和1个乡镇供销社开展资产负债、损益和财务收支审计，查处违控购置小轿车1辆、挤列成本费用7.3万元、少转成本18.7万元、漏缴税金1万元，以及财务管理混乱、收支核算不合规、不及时、财务成果不实等问题。

1994年，对4个乡镇财政收支和3个专业银行的财务收支进行审计。共查出漏缴税费、隐瞒收入、违规收费、违规发放补贴、违控购置专控商品等违规违纪金额143万元，应上缴财政金额28万元。对3个区属企业开展财务收支审计，查处违纪金额10万元。对3个区属企业的资产、负债和损益情况进行审计，审减资产741万元、负债278万元、实收资本248万元，查出浪费、损失143万元，查明潜亏214万元。1995年，对6个乡镇(街道)的财政收支及4个乡镇(街道)的“农业四税”征收管理情况进行审计调查，查处违控购置金额77万元，违规收费32万元，挪用统筹款53万元，截留财政收入9万元，农业税减免不到位3万元，账外收支795万元，以及农业特产税等征管办法不合规、税收票据管理不严格等问题。对6家企业的资产、负债、损益和财务收支情况进行审计，审减资产231万元，审增负债46万元，审减所有者权益277万元，查明企业亏损375万元(其中潜亏264万元)及账外经营、偷漏税收、内控机制不健全、企业管理混乱等问题。根据审计结果，区委、区纪委分别对两个区直单位的相关责任人作出撤销职务和党纪处分的决定。对4个信用社1994年度及1995年部分月份的财务收支进行审计，查处违控购置14.8万元，挤占成本40.4万元，违规发放补贴6.6万元等问题。1996年，对5个乡镇1995年度财政收支决算进行审计，查出违规收费30万元，挪用专项资金3.3万元，违控购置3.3万元，截留罚没收入、违规借款、专款拨付不到位等问题。对1个公司的资产、负债、损益情况和1个区直单位借用财政信贷资金的使用情况及其财务收支进行审计，查出隐瞒营业收入153.4万元，漏缴税金8.7万元及企业财务管理不严格、会计核算不规范等问题。对3个区直部门及其所属单位财务收支进行审计，查出专项资金使用不到位16万元，漏提、漏缴税金2.7万元及无计划投资建设、违控购置等问题。1997年，对12个一级预算单位和所属单位进行审计，查出违规违纪金额655.3万元，上缴区财政133万元。1998年，对14个单位的1997年度本级预算执行情况和其他财政收支进行审计，查处违规违纪金额881万元，收缴财政70万元。2000年，对两处乡镇农村信用社的资产、负债、损益情况进行审计，指明要求纠正不规范问题金额146万元。2001年，对区直部门、单位的预算执行情况和其他财政收支以及3个镇(街道)2000年度乡镇财政状况进行审计，查出虚列支出1070万元，违规挪用专项资金491万元，违规收费945万元，小金库7.7万元，偷漏税款12万元，其他违纪金额947.6万元等问题。

图24-10　区审计局组织预算执行审计　(摄于2007年8月)

2007年，按照审计署和省、市审计机关的统一要求，制定并以区政府文件转发《东港区2006年度预算执行审计工作方案》，组成7个审计组，对13个部门单位的预算执行情况进行审计。审计过程中，严把审计质量关，审计共查处一般预算支出转暂存款、延压税款、社保资金管理不规范等方面问题7个，提出加强预算管理、严格税收征管等建议10条。之后又组成两个检查组，利用20天时间，对全区审计整改情况进行全面检查。对审计查出存在的26个方面共性问题，提出整改方法，制定《东港区审计局关于加强审计整改的指导意见》，印发到全区镇街道和区直各部门。区政府专题召开由各单位“一把手”参加的审计整改情况通报会议，审计局对各单位存在的问题和整改情况进行通报。

领导干部经济责任审计

1999年始，对17个乡镇政府、区直部门、事业单位主要负责人进行任期经济责任审计，查处私设“小金库”2个，金额32万元，违规收费379万元，偷漏税款138万元及虚拨经费等问题。

2000年，由区纪委、组织部、人事局、监察局建立经济责任审计工作联席会议制度，并以区委、区政府两办正式文件印发到乡镇(街道)党委和区直各部门。对18个单位20名主要负责人进行离任审计，查出挤占挪用资金154万元、国有资产流失32万元等问题。

图24-11　区审计局对任内干部进行经济责任审计

(摄于2007年11月)

2001年，区委、区政府转发市委、市政府《关于党政领导干部和国有企业领导人员经济责任审计的意见》，成立区经济责任审计工作领导小组。先后对6个撤并乡镇进行清产核资、财产财务移交，对镇、部门4名负责人进行经济责任审计，查出贪污挪用公款的案件1起。

2002年，对5个镇(街道)、29个区直部门单位的34名主要负责人任期经济责任进行审计，查出虚增税收、挪用专项资金、偷漏税款、违规收费等违规违纪金额4261万元，处理、处罚金额82.2万元，移送财务人员涉嫌贪污犯罪案件一起。

2003年，对13个镇(街道)、17个区直部门和12所学校及镇教委53名主要负责人任期经济责任进行审计，查处支出不实、挤占挪用专项资金、白条抵库、往来账清理不及时等违规违纪金额8789万元。

2005年，对4名区直部门单位负责人进行离任审计，查处违规违纪金额585万元，管理不规范金额579万元。

2006年，对2005年以来全区开展经济责任审计情况进行梳理汇总，将领导干部履行经济责任情况载入个人档案，为区委组织部门合理任用干部提供参考依据。开展任中审计项目10个，对16名离任领导进行离任审计。2007年，对65名提拔、调整、交流的领导干部进行审计。发挥经济责任审计超前防范的警示作用，从源头上减少违纪现象发生。

基建审计

1993年起，对在建项目进行审计、查处。先后对12个基建项目进行审计和调查，查处挪用基建项目计划和无计划建设、基建资金无来源、偷漏投资方向调节税等违规违纪金额22万元，收缴财政14万元。1994年，对5个基建项目进行审计，查处挪用基建项目计划、无计划、超计划建设以及基建资金无来源、偷漏投资方向调节税等违纪金额53万元。1995年，对两个基建项目进行审计，查出超规模投资、资金不落实、偷漏税金等问题金额1437万元，违纪金额39万元，应上缴财政5万元。1996—2006年，制定《东港区国家建设项目审计监督暂行办法》，对全区的国家建设项目进行审计调查。完成刘家湾沿海防潮堤二期工程建设项目审计和南沿海公路东港段全程跟踪审计，提出审计建议6条，仅3个项目部路基土方回填工程一项，通过审计签字认证，节省财政资金400万元。

图24-12　区审计人员对刘家湾赶海园基建项目进行现场调查(摄于2007年)

2007年，继续对南沿海公路东港段、刘家湾赶海园等工程进行审计，审减额1700余万元。其中南沿海公路东港段审计，审减工程造价848万元，审减比例达到10%以上。

专项资金审计

1993年，对两个镇1992年的黄淮海平原农业综合开发资金使用管理情况进行审计，查处部分资金下拨不及时，无偿拨款部分没有与用款村和单位签订资金使用合同等问题。对两个乡1992年财政支农资金的管理使用情况及农民负担情况开展审计调查，发现部分财政支农资金投向不合理、周转缓慢、资金使用效益差、回收难度大及乡统筹、村提留普遍超出规定，管理混乱、挤占挪用等问题。1994年，对行政性、事业性收费、罚没收支管理情况进行审计，查出挤占挪用专项资金、截留罚没收入、漏缴税费、违控购置专控商品等违规违纪金额129万元，应上缴财政金额38万元。对东港区基层供销社“公有民营”改革试点情况进行审计调查，查出存在抽本难度大，企业资产有所流失，实行抽本承租经营的店组财务制度不健全问题。同时，对乡镇及个别部门违规乱收费、加重农民负担等问题提出改进措施和加强宏观调控力度的建议。1995年，对民政事业费开展审计，查处挪用养老保险金和失业保险金11万元，挪用统筹资金、优抚救济款2.6万元，向企业摊派资金4160元，截留社会捐助款5.3万元等问题。对全区党政机关所办经济实体的情况进行审计调查，查出亏损实体13家，共计亏损额97.27万元；盈利实体10家，9家有未上交管理费或利润问题。1996年，对国有土地出让金、养老基金进行专项审计。查出违控购置、虚列支出等挤占挪用专项资金问题。对两个企业利用外资情况进行审计调查，查出未按合同规定出资、合资一方随意抽逃资本、经济效益较差、财务管理不严格等问题。对3个1995年市级重点技改项目进行审计调查，查出项目资金缺口较大、优惠政策不落实、突破计划建设等问题。1997年，对两个镇农民负担情况进行审计调查，查出农民负担分摊不尽合理、违规集资、乡镇统筹管理部门不统一、有关文件与中央政策相抵触、报刊征订乱摊派等问题。同时，查出5个施工企业三角债、工程款拖欠严重，虚报注册资本、偷漏税款数额较大等问题。对27个单位年度预算单位银行开户情况进行审计，查出多头开户、公款转存储蓄等问题。1998年，对区粮食系统1992年至1997年粮油经营情况进行审计，查出虚增收入、财政应拨挂账利息多年未予解决、坏账损失严重等问题。

1999—2007年，对所有区直部门、乡镇街道进行全面审计。对发现带有倾向性、苗头性的问题，提出建议和整改意见，并跟踪监督落实情况。

第三节　内部审计

1986年县级日照市组建内审机构。1987年制定“内部审计工作制度”，内审工作走上制度化、规范化轨道。

1993年，东港区设置专、兼职内部审计机构10个。区供销总社通过对所属企业进行财务收支审计和承包人离任经济责任审计，查出潜亏挂亏1100万元，比账面多出挂账包袱434万元，纠正错账和违规账务1400多笔。1994年，全区内审机构增加到15个，配备内审人员30人，审计项目80个。查出损失浪费金额23万元，纠正违纪金额74万元，促进提高经济效益金额11万元。

1995—2007年，共审计项目774个，纠正各类违规违纪金额180万元。查出经济案件3起，查出损失浪费金额389万元。促进提高经济效益金额99.2万元，提出并被采纳的建议137条。

第四节　社会审计

1993年，区审计师事务所完成验资单位129个，验资金额1.2亿元。开展资产评估1个，评估金额127万元。承包经营责任审计2个，审计金额123万元，查出潜亏金额62万元。开展基建工程预决算审计验证项目17个，审计工程预决算总造价1249万元，审减工程造价267万元，占总造价的21.38%。1994年，完成受托资金验证316份，比1993年增长189%。验证资金总额1.18亿元，核减虚假验资390万元，受理案件鉴定2个。开展基建工程预决算审计验证项目51个，审计工程总造价2900万元，分别比1993年增长198%和132%。审减工程支出350万元，核减率达11%。1995年，共完成委托验资项目374个，验证资金总额2.6亿元。审检虚假资金495万元，完成企业委托审计查证业务9项。完成基建工程预决算项目40个，审计工程总造价6340万元，审减工程支出966万元，审减率达14.17%。1996年，共完成委托验资项目633个，验证资金总额3.9亿元。完成审计查证项目11个，查证金额8675万元。完成工程决算审计项目34个，审计资金总额1563万元，审减工程支出157万元。1997年，完成委托验资项目269个，验证资金总额1.1亿元。完成审计查证项目14个，查证金额109万元。完成工程决算审计项目51个，审计资金总额2723万元，审减工程支出496万元。为6家区属企业提供注册资金查证报告，保证企业产权制度改革顺利进行。1998年，完成企业查证、资产评估、基建审计、验资、年检等委托事项907项，查证资金总额6.5亿元。完成基建审计项目10个，审核资金总额4000万元。核减工程结算金额600万元，各项业务指标比1997年有较大幅度增长。1999年，完成企业查证、资产评估、基建审计、验资、年检等委托事项95项，查证资金总额4652万元，核减工程结算金额180万元。2000年后，社会审计工作由山东省注册会计师协会管理。

2000—2001年，东港区会计事务所应聘对日照海星针织服装有限公司会计报表进行审计，发现企业对原料的采购、购货合同审核、商品入库验收等缺乏制度制约。帮助公司健全购、销、存各个环节的内控制度。2002年，应聘对东港区政府第二生活小区建设项目申报金额2436万元进行审计，审减486万元，审减率为20%。同年10月，应聘对日照洁具有限公司申报资产总额828万元(主要为进口设备及建筑物)进行审计评估。根据设备来源，查阅海关、商检等部门资料，评估资产总值为1420万元，比申报多出592万元。

2001—2007年，会计师事务所应聘审计较大项目360个，审计总额为24亿元。

第七章　质量技术监督

境内历代政府都重视对度量衡的监督、改进。但社会上一些不法奸商用大斗大秤进、小斗小秤出等手段欺诈、盘剥民众的现象始终存在。新中国成立后,日照县政府根据国家法令,组织有关部门对境内的度量衡器具进行统一检修。

1959年6月,按照国家规定,确定公制为基本计量制度与市制换算标准。1963年改木杆秤16两制为10两制。在供销、商业和大的企业单位推广台案称。1985年实施《中华人民共和国计量法》,境内的度量衡质量技术监督进一步走向规范化。

第一节　机构

1932年,县城设立度量衡检定所。新中国建立初期,标准计量工作由县区交易所兼管。1963年,县工业局生产科设专职计量员1人。1978年,设日照县标准计量局,魏延柱任局长。1984年撤局设所。1985年6月,设日照市标准计量局。1986年,下设日照市产品质量检验所、计量测试所及3处计量站。1989年,市标准计量局升格为处级,更名为日照市技术监督局,副局长张永宣主持工作。1990年3月,设市产品质量检验所、市计量测试所、市衡器管理所。1992年6月,市衡器管理所改名为日照市标准情报所。1994年10月,设立市纺织纤维检验所,挂靠市产品质量监督检验所。同月,市衡器管理所更名为市技术监督稽查所。

1996年,成立东港区质量技术监督站。同年8月撤销,其工作职能收归市技术监督局。2005年1月20日,成立日照市质量技术监督局东港分局,史清琛、董世文先后任局长。内设机构有办公室、质量监督科、特检科、综合业务科、食品科、法制科、稽查科7个科室。负责东港区、日照经济开发区和山海天旅游度假区的质量、计量、标准化及特种设备的"四位一体"的综合管理与行政执法工作。

第二节　计量器具

度

民国初年,沿用清制,以10分为寸,10寸为尺,10尺为丈,10丈为引。1尺合标准长度32厘米。1929年2月,国民政府公布新度制为市尺,每市尺合标准长度为33.33厘米。而各行业度制各有差别,如裁尺1尺合法定尺1.08尺,绸布店进货用庄尺合法定尺1.22尺,亦有布店以"码"计算。1959年,国家确定新的度量单位米,规定3市尺为1米,当时市面上多数仍保留市制。70年代后期开始,要求推行米制。但至今尺、寸和米、厘米两种长度度量仍并用。

量

1929年前,沿用清制,10合为1升,10升为1斗,5斗为1斛,2斛为1石。清户部铁方升合标准容量1043毫升。1929年2月,国民政府公布新量制为市升,1市升合标准容量1000毫升。1959年,粮食废除升、斗、斛量器。到80年代中期开始,液体以毫升、升为计量单位。

衡

民国前期,衡器按清制(老秤),16两为1斤,1两合标准重量37.4克。1929年公布新制为市斤,每两合标准重量31.25克。1959年,将16两制改为10两制,实行公制,即1千克等于2市斤,1市斤等于10两,每两合标准重量50克。部分行业仍保留旧衡制,如中医药行业。20世纪80年代初期,秤砣开始定为定量砣,相等秤可用相同规格重的砣。1985年,《中华人民共和国计量法》开始实施,统一实行法定计量单位,逐步取消10市两制,改为公制,以克、千克为计量单位。但在民间市场上,多以杆子秤市斤为计量单位。

2007年,国家产品标准中列入的十大类衡器(案秤、台秤、地上衡、地中衡、吊秤、皮带秤、料斗秤、检验秤、轨道衡和特种秤)实现了电子化。一批具有国际先进水平的衡器产品和技术(如定量包装秤、自动重量检验秤、标签计价秤、电脑组合秤、耐压式计量给煤机及应变计、称重传感器、称重显示器)已进入境内市场。

第三节　计量监督与管理

新中国成立前，城镇、乡村所用度量衡器具十分杂乱。量器有“东关升”“涛雒升”“巨峰升”，衡器中老秤100斤相当于120市斤。一些封建地主、不法商人乘机混水摸鱼，暗中欺人。

统一计量器具

新中国成立后，开始对城镇和乡村使用的木杆秤、竹直尺和量器等度量衡器进行检定检修。1959年6月25日，确定公制为国家基本计量制度。1963年5月，县计量制修合作社成立，负责全县的台案秤、木杆秤的制造修理。同年，开展取消16两制、采用10两制的计量改革。全县15个区的供销、商业等集体、个人使用的台案秤、木杆秤，全部改为10两制。同时对全县国营、合营商业和小摊贩进行检查，取缔非法旧器具。

计量改革

1967—1974年，相继建立长度(游标千分尺)、法码(二等)、温度(一般温度计)、压力(0.4级)标准。1978年，全县进行计量第二次改革，将中医处方用药计量单位采用的16两为一斤的旧制一律采用“克”为单位，中西药计量制达到全县统一。同时，规定新制木杆秤实行定量砣。1980年，建立大法码标准(2等50千克)。1984年5月，全县新制木杆秤一律实行公制并对全县17处厂矿计量器具进行验收，发放计量合格证和标准质量合格证。1987年5月，根据计量法规定，对全市29名个体木杆秤制造修理人员进行技术考核，颁发许可证。在全市推行新液体量提(液体商品用器具)。1990年，全市有64家工业企业进行计量定级和升级，其中二级计量单位9家。建立社会公用标准(小容量、长度、压力表、硬度、天平等)10类15种，授权企业建立标准器12种。

计量监督检查

1978年，建立标准计量管理局后，先后在城乡各副食店、百货店、粮店等单位设“公平秤”“公平尺”，便利群众复秤、复尺，进行监督管理。1990—1994年，加强工业和商业计量监督管理。每年检定杆秤10000余支，公案秤3000余台，加油机、天平、压力表等计量器具500余件。

1996年，东港技术监督站成立。1997年，成立日照市质量技术监督局东港稽查所。1998年，首次对民用水表销售市场、眼镜行业使用的计量器具进行监督检查，抽样合格率分别为45.4%和36.6%。同年，配合省计量科对全市卫生医疗部门使用的B超、血压计、心脑电图仪、X光机、CT机等进行监督检查，抽样合格率为95%。2002年，配合市局对市区加油站、出租车计价器、衡器、电话计费器等重点计量器具进行监督管理。同时，逐步开展民用“四表”(水表、电流表、煤气表、热能表)的检测检定工作。

2005—2007年，共检测台、地、案秤及木杆秤1700台(支)，计量加油机680台次，天平790台，“四表”1.6万块，心电图机560台次，B超机332台次，X光机245台次，血压计780块。查处计量违法案件36起，调解仲裁计量纠纷74起，为企业消费者挽回经济损失70余万元。1996—2007年，共举办工业企业计量管理人员培训4期次，培训人员200人次。为37家企业进行计量定、升级考核，对68个加油站签发计量认可证书，对6个销售计量器具的单位签发销售计量器具许可证。

第四节　质量监督与管理

1981年，对全县工业产品和食品进行质量检验。日照县水泵厂生产的T4B20—6B20A水泵被评为省优产品，日照县化工厂生产的洁晶牌甘露醇被评为部优产品，另有6种产品为临沂地区优良产品。1985年10月，市标准计量局设化验室。1986年4月成立产品质量监督检验所，设食品检验室。1987年5月，质检所设立建材检验室。1988年，对全市产品质量监督检验达299批次。1989年，达320批次。1994年，共查处市区假冒伪劣商品近百批，罚没款26万元。

2005年，东港区的产品质量监督工作由市划归东港区。至2007年，建立各类企业质量档案358份(食品生产企业120份，特种设备使用企业97份，其他企业141份)。录入电子监管信息系统并上传的企业150家，开展电子询查企业150家。对食品生产企业及特种设备使用单位，实行安全承诺制度，签订《食品质量安全承诺书》120份、《特种设备安全承诺书》97份，强化企业质量安全责任。辖区产品质量综合抽样合格率为87%。

第五节　标准化监督与管理

标准化管理

1973年，开始进行标准化管理工作。1979年，国家颁布《标准化管理条例》，标准化管理工作得到进一步加强。日照县政府召开标准化会议，对县属各厂矿企业产品执行情况进行调查，开展标准化标准的制(修)订、产品质量监督、检验、检查。1988年，市标准计量局先后帮助企业制订涂料、齿轮、管钳、泡沫石棉、手动拉模压瓦机等10种地方标准，上报批准发布实施。据对轻工业产品调查，主要产品227种，按标准化生产的130种。其中，执行国家标准的46种，部级标准的12种，地方标准的72种。1989年，全市标准化管理工作全面展开。同年，市技术监督局发布《日照市企业标准备案办法》，计备案标准14个，有美式钢锤、碘、离心泵等6个产品通过国际标准验收。

1992年，日照市标准计量所成立，至1994年，市区有近20家企业的30种产品取得采用国际标准验收合格证书。其中，9种达到国际先进水平，3种列入国家级重点新产品试制鉴定计划。1994年年底，市区有20家企业按照GB/T19000建立健全标准体系，取得企业标准化合格证书。区以上工业企业产品标准覆盖率达98%，乡镇达85%。

2005—2007年，东港管辖区域内先后有17家食品生产企业获得QS证书，11家建筑外窗生产企业及5家玻璃幕墙生产企业获得工业产品生产许可证。帮助1家企业采用国际标准，帮助5家企业申报全国农业标准化示范区。搜集整理收藏国家、行业、地方标准470个，为企业技术培训500人次，制订、修订企业标准600个，产品标准登记备案550个，企业产品标准覆盖率为60%。先后取得采用国际标准证书的企业13家，产品50个。

质量体系认证

2005—2007年，东港管辖区域内先后有6家企业通过ISO9000系列体系认证，1家企业通过ISO14000环境体系认证，2家企业通过HACCP认证，8家企业通过3C认证。

机构代码管理

1994年，按照《山东省组织机构代码管理办法》的规定，全区开始组织机构代码办理工作。1998年，实行年度检验制度。至2007年，全区办理机构代码780个，办理IC卡500个，为企业办理商品条码560个。

第六节　特种设备监督管理

1982年，日照县设立安全生产委员会，对全县特种设备的安全实施监督管理。2000年，因国家政策调整，东港区特种设备监督管理工作转由质监部门负责，原东港区安全生产委员会办公室人员、设备、职能一并纳入日照市质量技术监督局管理。2005年1月，日照市质量技术监督局东港分局成立，下设特种设备监督检验科，管理东港区锅炉、压力容器(含气瓶)、压力管道、电梯、起重机、客运索道和大型游乐设施。2007年，印发相关法律法规4000余份，培训220余人次。出动执法人员150人次，对70余家特种设备使用单位进行检查，涉及各种设备400余台套。查处违规行为30余起，对20余起违规行为进行了经济处罚，罚款金额100余万元。

第七节　名牌产品评选与管理

2005年9月，区政府印发《关于实施名牌战略的意见》并提出具体方案。当年，“日照绿茶”获得地理标志保护产品。日照海通丝业有限公司的“三维”牌桑蚕丝获得“中国名牌”称号。山东金马集团的合成胶乳和山东长富洁晶药业集团的大容量注射液获得“山东名牌”称号。2006年，日照东升地毯有限公司的“东升”牌机织地毯获得“中国名牌”称号。日照海恩锯业有限公司的海恩牌超薄复合圆锯片基体、日照博大管业有限公司的博源牌高密度聚乙烯管材、日照北极春茶业有限公司的旭光牌绿茶、日照五征电动车有限公司的五征牌电动自行车(TD系列)获得“山东名牌”称号。同时，日照海滨国家森林公园的“林海情深”游客接待服务及海纳商城的“真诚海纳”商业零售服务获得“山东服务名牌”称号。

2005—2006年东港区获得中国名牌产品表

表24-8

单位名称	产品名称	创牌年份
日照海通丝业有限公司	三维牌桑蚕丝	2005
东升地毯有限公司	东升牌机织地毯	2006

2005—2007年东港区获得国家免检产品表

表24-9

单位名称	产品名称	创牌年份
山东同泰集团股份有限公司	日机牌N系列碾米机械	2005
东升地毯有限公司	东升牌机织地毯	2007

2004—2007年东港区获得山东名牌产品表

表24-10

单位名称	产品名称	创牌年份
山东日照酒业有限公司	尧王牌低度浓香型白酒	2004
日照海通丝业有限公司	三维牌桑蚕丝	2005
东升地毯有限公司	东升牌机织地毯	2005
山东金马工业集团股份有限公司	SHENZHOUJINMA牌合成胶乳	2005
山东结晶集团股份有限公司	结晶牌褐藻酸钠	2005
青岛啤酒（日照）有限公司	汇泉牌啤酒	2005
日照泰山结晶生化有限公司	RZBC牌柠檬酸	2005
山东长富结晶药业有限公司	结晶牌大容量注射剂	2005
日照北极春茶业有限公司	旭光牌绿茶	2006
日照五征电动车有限公司	五征牌电动自行车（TD系列）	2006
日照裕鑫动力有限公司	裕华牌气动摇架	2006
日照海恩锯业有限公司	海恩牌超薄复合圆锯片基体	2006
日照博大管业有限公司	博源牌高密度聚乙烯管材	2006
山东同泰集团股份有限公司	日机牌工业泵	2006
山东同泰集团股份有限公司	日机牌铁辊喷风碾米机	2006
山东美佳集团有限公司	鲈鱼	2006
日照市可意食品有限公司	花生	2006

2005—2007年东港区获得山东省服务名牌表

表24-11

单位名称	品牌名称	创牌年份
日照百货大楼有限公司	不满意就退货（商业零售）	2005
日照市海纳商城有限责任公司	真诚海纳（商业零售）	2006
日照海滨国家森林公园	林海情深（游客接待服务）	2006

第八章　安全监督管理

新中国成立后，境内各级政府历来重视安全生产管理。工业、矿产、交通运输、建筑、水利、渔业等安全事故易发行业及生产一线单位始终把安全生产放在头等位置，采取积极措施防范安全事故发生。但是，也存在有关法规、政策不健全，日常管理不到位，无安全生产专门机构等问题。

东港区设立后，安全生产管理由安全生产委员会负责，劳动、工业、公安、国土、建设等安全生产委员会成员单位分别承担相关工作。

2002 年 6 月，东港区安全生产监督管理局成立，与区安全生产委员会办公室合署办公，陶瑞安、杨玉柱先后任局长。2004 年，境内各镇、街道设立安全生产监督管理办公室，业务上受区安全生产监督管理局的指导。

第一节　宣传教育和制度建设

2003 年起，区安监局每年与各镇（街道）和部分部门、单位签订安全生产责任书，建立起全区安全生产责任体系。每年 6 月，定期组织并集中开展安全生产宣传月活动，通过发放宣传材料、开展咨询活动、张贴悬挂宣传标语、举办培训班、出动宣传车巡回宣传等方式，宣传安全生产法律法规和安全常识。

2005 年，各类生产安全事故起数比 2002 年减少 368 起，死亡人数减少 108 人，年均分别递减 14% 和 18%。2006 年，全区开始实行安全生产信息定期报送制度，有关单位必须每月定期报送安全生产情况，形成严密的安全生产信息网络。2007 年起，安监部门在全区范围内定期排查安全隐患，对排查出的安全隐患实行区级领导包案制度，明确隐患责任单位和责任人，限期整改，隐患不整改不销号。至年底，隐患整改率达 100%。

图 24-13　市、区安全生产宣传月活动现场　（摄于 2006 年 9 月）

应急救援体系建设

根据《中华人民共和国安全生产法》要求，东港区陆续出台危险化学品、民用爆炸物品、森林火灾、道路交通、非煤矿山、特种设备、建设工程、火灾、燃气、公共卫生、中毒等各类重特大事故应急救援预案，定期组织模拟演练，形成应急救援快速反应机制和救援体系。至 2007 年，全区共组织各类应急演练 30 多次，提高了突发事件的应急处置能力。

图 24-14　应急事故处理现场　（摄于 2005 年）

第二节　安全生产监督管理

区安监局对非煤矿山、危险化学品、烟花爆竹等重点行业严格落实安全生产许可证制度，强化源头管理，促进企业安全生产工作规范化。

非煤矿山安全监管

2002 年，境内共有非煤矿山企业 120 家，全部为露天采石厂。2003 年起，区安监局加强对非煤矿山安全监管，对所有非煤矿山进行安全评价。至 2007 年，对 12 家不符合安全生产条件的非煤矿山企业责令停产，所有非煤矿山企业都聘请专业公司制订开采设计方案，严格按照符合安全标准的方案施工。

危险化学品安全监管

2003年，督促、指导富民化工公司、西湖乙炔气厂、金马化工公司、锦湖金马化工公司、广大化工公司等7家危险化学品生产企业及境内加油站、油漆经营企业、农药经营企业等取得“危险化学品经营许可证”“易制毒备案证”。2006年，全区开展安全生产标准化企业创建活动。2007年，先后有3家企业取得全省二级安全标准化示范企业称号。2003—2007年，先后对未取得“危险化学品经营许可证”“易制毒备案证”的30余家企业进行查处。

烟花爆竹安全监管

2003年，境内烟花爆竹批发企业有日照市汇鑫烟花爆竹公司，烟花爆竹常年零售店18家，临时店300余家。2004年后，安监部门逐年减少烟花爆竹临时店。至2007年，烟花爆竹临时店基本控制在200家左右，全区未发生致人死亡的安全事故。

图24-15　区安监局组织烟花爆竹安全检查　(摄于2007年3月)

第三节　安全执法检查

安全监察队伍建设

2004年6月，东港区安全生产指导站成立。2006年2月，东港区安全生产监察大队成立。东港区安全生产指导站在编人员划归东港区安全生产监察大队，安全监察人员全部配备执法防护服。

2007年，全区10个镇(街道)和高新区都成立安监中队，配备专(兼)职安全生产管理人员2—4人，实现机构、编制、人员、经费“四落实”。行政村及部分企事业单位配备兼职安全管理人员，公司、车间、班组安全责任明确到个人。形成全方位、立体化、横到边、纵到底的安全监管网络。

图24-16　区安监局执法人员进行安全检查　(摄于2005年7月)

安全检查

2003年起，根据行业安全生产工作特点，把冬、夏两季的安全检查和五一、十一、元旦、春节等关键时期的安全检查固定为常规性检查，把非煤矿山、危险化学品、道路交通、建筑施工等行业作为重点进行专项检查，安全检查做到制度化、规范化、程序化。对检查出的隐患限期整改。

专项整治活动

2002年起，全区连续5年开展安全生产专项整治活动，集中排查消除事故隐患。2007年，对所

图24-17　区安全生产专项整治活动现场　(摄于2006年)

有非煤矿山企业、危化品经营单位、重点生产企业等进行检查整治，对重大安全事故、安全隐患立案查处，下达整改指令书80余份。

隐患监控

2005年，对全区所有重点危险源全部进行普查登记，纳入隐患监控，实行数字软件管理，建立起安全隐患数据库。有60余家企业被纳入重点管理，安装重大危险源普查软件。

2003—2007年东港区安全事故情况统计表

表24-12

年份	事故起数	死亡人数	受伤人数	直接经济损失（万元）
2003	854	106	433	357.7
2004	584	86	335	210.3
2005	486	58	241	153.45
2006	465	51	173	110.59
2007	308	35	128	135.63

附：重大安全事故案例

2004年11月1日15时左右，日照市高科园供水工程管道铺设大古城段施工过程中，10名施工人员在已开挖的沟槽内铺设管道时，管道南侧的沟坡突然发生塌方，将其中6人埋在土下，经现场人员和随后赶到的公安、消防等人员抢救，6人全部挖出。其中5人经抢救无效死亡，1人受伤。死亡人员中除1人属济南山水集团售后服务人员外，其余全部是日照市城区水利工程有限公司雇佣的农民工。事故发生后，日照市政府责成市安监局牵头，市监察局、市公安局、市总工会、市建委、市水利局、东港区政府等部门和单位参加，组成事故调查处理组，依据《中华人民共和国安全生产法》《山东省安全生产监督管理规定》等法律法规开展事故调查处理工作。经调查，造成塌方的直接原因：一是沟槽边坡的坡度不符合规范。二是沟槽南北两侧堆土高度超过2米，南侧(塌方)坡顶在有荷载的情况下，施工人员未进行边坡稳定性计算与加固。事故调查组认为，该事故是一起违反安全生产有关法律法规和技术标准规定，违章施工，盲目蛮干而导致的重大责任事故。

事故调查处理组对造成事故的责任人和责任单位依法追究责任并进行处理，组成专门的事故善后处理小组，事故死伤人员的补偿及家属的安抚工作顺利完成。